Josef L. Schulte
HERAUSGEBER

HANDBUCH
Fusionskontrolle

BEARBEITER

Heiner Bruhn · Claus Crede · Michael Ewen
Horst Greiffenberg · Horst Henschen
Oliver Koch · Claudia Korthals · Josef L. Schulte
Peter A. Spitze · Elke Zeise

Bibliografische Information Der Deutschen Bibliothek

Die Deutsche Bibliothek verzeichnet diese Publikation in der Deutschen Nationalbibliografie; detaillierte bibliografische Daten sind im Internet über *http://dnb.ddb.de* abrufbar.

ISBN 3-472-03635-4

www.luchterhand-fachverlag.de

Alle Rechte vorbehalten.

© 2005 Wolters Kluwer Deutschland GmbH, München/Unterschleißheim.
Luchterhand – eine Marke von Wolters Kluwer Deutschland.

Das Werk einschließlich aller seiner Teile ist urheberrechtlich geschützt. Jede Verwertung außerhalb der engen Grenzen des Urheberrechtsgesetzes ist ohne Zustimmung des Verlages unzulässig und strafbar. Das gilt insbesondere für Vervielfältigungen, Übersetzungen, Mikroverfilmungen und die Einspeicherung und Verarbeitung in elektronischen Systemen.

UMSCHLAGSKONZEPTION Erich Kirchner, Heidelberg
SATZ Stahringer Satz GmbH, Ebsdorfergrund
DRUCK Betz-Druck, Darmstadt
Printed in Germany, Mai 2005

∞ Gedruckt auf säurefreiem, alterungsbeständigem und chlorfreiem Papier

Herausgeber:

Dr. Josef L. Schulte

Bearbeiter:

Heiner Bruhn, Regierungsdirektor im Ministerium für Wirtschaft und Arbeit
Claus Crede, Leitender Regierungsdirektor und Berichterstatter im Bundeskartellamt
Michael Ewen, Rechtsanwalt in Frankfurt/M.
Dr. Horst Greiffenberg, Generalsekretär der Monopolkommission
Horst Henschen, Rechtsanwalt in Frankfurt/M.
Dr. Oliver Koch, Beamter der Europäischen Kommission in der Generaldirektion Wettbewerb
Claudia Korthals, Regierungsdirektorin im Bundeskartellamt
Dr. Josef L. Schulte, Rechtsanwalt in Frankfurt/M.
Dr. Peter A. Spitze, Syndikus und Rechtsanwalt bei der Deutschen Bank in Frankfurt/M.
Elke Zeise, Regierungsdirektorin im Bundeskartellamt

Vorwort

Das vorliegende Handbuch bietet erstmals eine zusammenfassende Darstellung, die sich auf die Fusionskontrollen in Deutschland und der Europäischen Union als Teilbereich des jeweiligen Kartellrechtskreises konzentriert. Es richtet sich vornehmlich an den wissenschaftlich interessierten Praktiker, der erkennen muss, dass die Fusionskontrolle als eine der tragenden Säulen des Kartellrechts an praktischer Bedeutung zunimmt. Die Fusionskontrolle folgt als staatliches Eingriffsrecht in die unternehmerische Freiheit, Unternehmen zu erwerben und zu veräußern, verfahrens- wie materiellrechtlich eigenen Prinzipien. Der Handel mit Unternehmen und Unternehmensteilen spielt im Zuge globalen Wettbewerbs – wie sich an zunehmenden Fallzahlen der Kartellbehörden ablesen lässt – eine immer bedeutendere Rolle. Dabei hat die deutsche Fusionskontrolle bei der Entstehung der europäischen Fusionskontrolle als Vorlage gedient. Inzwischen hat sich die europäische Fusionskontrolle weiter entwickelt und nimmt Einfluss auf die deutsche Rechtsentwicklung und Anwendungspraxis, zumal die Europäische Fusionskontrolle vorrangig gegenüber allen nationalen Fusionskontrollen der Europäischen Union wirkt.

Das Handbuch erscheint zu einem Zeitpunkt, in dem sich das gesamte Kartellrecht im Umbruch befindet: Am 1. Mai 2004 sind sowohl eine erneute Änderung der Europäischen Fusionskontrollverordnung als auch die vollständig neue Kartellverordnung 01/2003 in Kraft getreten. Gleichzeitig vollzieht das deutsche GWB die Anpassung an das europäische Recht im Rahmen der 7. GWB-Novelle. Zur Zeit der Drucklegung des Buches ist der Regierungsentwurf zur 7. GWB-Novelle vom 26. 5. 2004 noch aktuell, wenn sich auch abzeichnet, dass einige zunächst vorgesehene Änderungen (z. B. die Einfügung in § 36 Abs. 1 a und Abs. 1 b) nicht Gesetz werden. Mit Ausnahme dieser wenigen sehr wahrscheinlich entfallenden Vorschriften geht das Handbuch vom Text des Regierungsentwurfs vom 26. 5. 2004 aus, so dass die 7. GWB-Novelle, die voraussichtlich in den nächsten Monaten in Kraft tritt, eingearbeitet wurde.

Das Handbuch berücksichtigt die neuesten Entwicklungen im deutschen wie im europäischen Fusionskontollrecht. Die 7. GWB-Novelle sieht Änderungen der Fusionskontrolle im Bereich des Pressewesens sowie der Rechte Dritter vor. Im europäischen Recht ist erneut dem Subsidiaritätsprinzip durch die Weiterentwicklung des Verweisungssystems zwischen den Mitgliedsstaaten der Kommission Rechnung getragen worden. Die materielle Fusionskontrolle wurde in Anlehnung an ein US-amerikanisches Verfahren mit dem neuen Prüfungsmaßstab des sog. »SIEC-Tests« (Significant Impediment to Effective Competition) versehen. Danach soll die erhebliche Behinderung des Wettbewerbs im gemeinsamen Markt zur Untersagung eines Zusammenschlusses führen. Alle verfahrens- und materiellrechtlichen Neuerungen werden im Handbuch beschrieben und bewertet. Ziel war es, ein Werk für Praktiker zu schaffen, aber auch wissenschaftliche Anregungen zu geben. Schwerpunkt des Buches ist die Darstellung der Praxis des Bundeskartellamtes und der EG-Kommision, um den Anwender durch das fusionskontrollrechtliche Kartellverwaltungsverfahren zu führen. Dabei spielt sowohl das Verfahrensrecht eine besondere Rolle, als auch die Anwendung der materiellrechtlichen Vorschriften und ihre wettbewerbspolitische Bedeutung in der täglichen Fusionskontrollpraxis.

Vorwort

Der Kreis der Autoren setzte sich aus Praktikern des Bundeskartellamtes, der EG-Kommision, kartellrechtlich spezialisierten Rechtsanwälten und Unternehmensjuristen zusammen, die ihre praktische Erfahrung in wissenschaftlicher Form in diesem Handbuch niedergelegt haben. Die Autoren verfügen über besondere fachliche Kompetenz und langjährige Erfahrungen in der Anwendung der Fusionskontrollvorschriften in beiden Rechtskreisen.

Besonderen Dank schulden Autoren und Herausgeber Herrn Michael Schwidtal, der das Werk mit seiner germanistischen und redaktionellen Betreuung gerade in der letzten Phase hervorragend unterstützt hat. Weiterhin gilt Herrn Dietmar Behl besonderer Dank, der mit seinem unermüdlichen Einsatz bei der Textverarbeitung dafür gesorgt hat, dass das Werk nach Abschluss der Arbeiten dem Verlag zügig zum Druck überreicht werden konnte.

Frankfurt, im März 2005   Der Herausgeber

Abkürzungsverzeichnis

a. A.	anderer Ansicht
a. a. O.	am angegebenen Ort
a. F.	alte Fassung
ABl.	Amtsblatt
Abs.	Absatz
AG	Die Aktiengesellschaft (Zeitschrift)
AktG	Aktiengesetz
Alt.	Alternative
AO	Abgabenordnung
Art.	Artikel
Aufl.	Auflage
BAnz	Bundesanzeiger
BB	Betriebsberater
BGB	Bürgerliches Gesetzbuch
BGBl.	Bundesgesetzblatt
BGH	Bundesgerichtshof
BKartA	Bundeskartellamt
BR-Drucks.	Bundesratsdrucksache
BT-Drucks.	Bundestags-Drucksache
Buchst.	Buchstabe
BVerfGE	Entscheidungen des Bundesverfassungsgerichts
BVerwGE	Entscheidungen des Bundesverwaltungsgerichts
bzgl.	bezüglich
bzw.	beziehungsweise
CR	Computer und Recht (Zeitschrift)
d. h.	das heißt
DVO	Durchführungsverordnung
EAS	elektronische Artikelsicherungssysteme
ebd.	ebenda
ECA	European Competition Authorities
ECLR	European Competition Law Review
ECU	European Currency Unit
EG	Europäische Gemeinschaft
EGKS	Europäische Gemeinschaft für Kohle und Stahl
EGKSV	Vertrag über die Gründung der EG für Kohle und Stahl v. 1. 3. 1989
EGV	Vertrag zur Gründung der Europäischen Gemeinschaft
EG-WbR	EG-Wettbewerbsrecht
endg.	endgültig
etc.	et cetera
EU	Europäische Union
EuG	Europäisches Gericht erster Instanz
EuGH	Europäischer Gerichtshof
EURATOM	europäische Atomgemeinschaft

EuZW	Europäische Zeitschrift für Wirtschaftsrecht
EWG	Europäische Wirtschaftsgemeinschaft
EWGV	Vertrag zur Gründung der Europäischen Wirtschaftsgemeinschaft
EWR	Europäischer Wirtschaftsraum
EWRA	Abkommen über den Europäischen Wirtschaftsraum
f(f).	folgend(e)
FIW-Schriftenreihe	Schriftenreihe des Forschungsinstituts für Wirtschaftsverfassung und Wettbewerb e.V. in Köln
FK	Frankfurter Kommentar zum GWB
FKVO	Europäische Fusionskontrollverordnung
Fn.	Fußnote
FS	Festschrift
GD	Generaldirektion
gem.	gemäß
GG	Grundgesetz
ggf.	gegebenenfalls
GK	Gemeinschaftskommentar
grds.	grundsätzlich
GU	Gemeinschaftsunternehmen
GVBl. NW	Gesetz- und Verordnungsblatt Nordrhein-Westfalen
GVG	Gerichtsverfassungsgesetz
GWB	Gesetz gegen Wettbewerbsbeschränkungen
h.M.	herrschende Meinung
HGB	Handelsgesetzbuch
HHI	Herfindahl-Hirschman-Index
Hrsg.	Herausgeber
Hs.	Halbsatz
i.d.R.	in der Regel
i.S.d.	im Sinne des
i.S.v.	im Sinne von
i.Ü.	im Übrigen
i.V.m.	in Verbindung mit
I/M	Immenga/Mestmäcker, Gesetz gegen Wettbewerbsbeschränkungen
Kap.	Kapitel
KG	Kammergericht
KWG	Kreditwesengesetz
L/B	Langen/Bunte, Kommentar zum deutschen und europäischen Kartellrecht
lit.	litera
m.E.	meines Erachtens
m.w.N.	mit weiteren Nachweisen
Mio.	Million(en)
Mrd.	Milliarde(n)
MünchKomm	Münchner Kommentar
NJW	Neue Juristische Wochenschrift
Nr.	Nummer

o.	oben
o.g.	oben genannt
OECD	Organisation for Economic Cooperation and Development
OLG	Oberlandesgericht
OWiG	Ordnungswidrigkeitengesetz
Pkt.	Punkt
PostG	Postgesetz
Rdnr.	Randnummer
Reg.E.	Regierungsentwurf
RGBl.	Reichsgesetzblatt
RGZ	Entscheidungen des Reichsgerichts in Zivilsachen
Rs.	Rechtssache
Rspr.	Rechtsprechung
s.	siehe
S.	Seite
Slg.	Sammlung
sog.	so genannt
str.	streitig
TB	Tätigkeitsbericht
TKG	Telekommunikationsgesetz
u.a.	unter anderem
u.U.	unter Umständen
umfangr.	umfangreich
Unterabs.	Unterabsatz
UStG	Umsatzsteuergesetz
UWG	Gesetz gegen den unlauteren Wettbewerb
VAG	Versicherungsaufsichtsgesetz
verb.	verbunden(e)
VerfO	Verfahrensordnung
vgl.	vergleiche
VO	Verordnung
VwGO	Verwaltungsgerichtsordnung
VwVfG	Verwaltungsverfahrensgesetz
WB	Wettbewerbsbericht
WiStG	Wirtschaftsstrafgesetz
WRP	Wettbewerb in Recht und Praxis (Zeitschrift)
WTO	World Trade Organization
WuW	Wirtschaft und Wettbewerb (Zeitschrift)
z.B.	zum Beispiel
z.T.	zum Teil
ZHR	Zeitschrift für das gesamte Handels- und Wirtschaftsrecht
Ziff.	Ziffer
ZPO	Zivilprozessordnung
ZWeR	Zeitschrift für Wettbewerbsrecht

Literaturverzeichnis

I. Kommentare/Lehrbücher

Ahlt, Michael/Deisenhofer, Thomas, Europarecht, 3. Auflage, München 2003
Bechtold, Rainer, Kartellgesetz, Gesetz gegen Wettbewerbsbeschränkungen (GWB), 3. Auflage, München 2002
Bechtold, Rainer, Kartellgesetz, Gesetz gegen Wettbewerbsbeschränkungen (GWB), 2. Auflage, München 1999
Bechtold, Rainer, Fusionskontrolle bei Übernahme von börsennotierten Unternehmen, Schriften zum Kapitalmarkt Band 3, in: Rosen, Rüdiger/Seifert, Werner G., Die Übernahme börsennotierter Unternehmen, Heusenstamm 1999
Bellamy & Child, European Community Law of Competition, edited by Peter M. Roth, QC, 5. Auflage, London 2001
Cook, John/Kerse, Christopher, EEC Merger Control Regulation 4064/89, 3. Auflage, London 1999/2000
Drauz, Götz/Schroeder, Dirk, Praxis der Europäischen Fusionskontrolle, 3. Auflage, Kommunikationsforum 1995
Eberz, Arnim, Der Schutz der unternehmerischen Geheimnissphäre im Kartellbeschwerdeverfahren, Frankfurt am Main 2000
Emmerich, Volker, Kartellrecht, 8. Auflage, München 1999
Emmerich, Volker, Kartellrecht, 9. Auflage, München 2001
Faull, Jonathan/Nikpay, Ali, The EC Law of Competition, Oxford 1999
Frankfurter Kommentar: siehe *Glassen/Hahn/Kersten/Rieger*
Gabler, Wirtschaftslexikon, 15. Auflage, Wiesbaden 2001
Gemeinschaftskommentar: siehe *Müller-Henneberg/Hootz/Abeltshauser*
Gerwing, Bernd, Kooperative Gemeinschaftsunternehmen im EWG-Kartellrecht unter besonderer Berücksichtigung der Abgrenzungsfrage, FIW-Schriftenreihe, Band 157, Köln 1994
Glassen, Helmut/Hahn, Helmut v./Kersten, Hans-Christian/Rieger, Harald, Frankfurter Kommentar zum Kartellrecht: Mit Kommentierung des GWB, des EG-Kartellrechts und einer Darstellung ausländischer Kartellrechtsordnungen, Köln, Stand Mai 1999
Groeben, Hans/Thiesing, Jochen/Ehlermann, Claus-Dieter, Kommentar zum EU-/EG-Vertrag, 5. Auflage, Baden-Baden 1999
Hawk, Barry E./Huser, Henry L., European Community Merger Control: A Practitioner's Guide, 1996
Hildebrand, Doris, The Role of Economic Analysis in the EC Competition Rules, 2. Auflage, Den Haag u. a., 2002
Hofmann, Herwig, Good Governance in European Merger Control: Due Process and Checks and Balances under Review, ECLR 2003 (Vol. 24 No 3), S. 114ff.
Immenga, Ulrich/Mestmäcker, Ernst-Joachim, Gesetz gegen Wettbewerbsbeschränkungen (GWB), Kommentar zum Kartellgesetz, 3. Auflage, München 2001
Immenga, Ulrich/Mestmäcker, Ernst-Joachim, Gesetz gegen Wettbewerbsbeschränkungen (GWB), Kommentar zum Kartellgesetz, 2. Auflage, München 1992

Immenga, Ulrich/Mestmäcker, Ernst-Joachim, Kommentar zum EG-Wettbewerbsrecht, München 1997

Karl, Matthias, Der Zusammenschlussbegriff in der europäischen Fusionskontrollverordnung, 1. Auflage, Baden-Baden, 1996

Kirschner, Heinrich/Klüpfel, Karin, Das Gericht erster Instanz der Europäischen Gemeinschaften, 2. Auflage, Köln 1998

Kleinmann, Werner/Bechtold, Rainer, Kommentar zur Fusionskontrolle, 2. Auflage, Heidelberg 1989

Koch, Oliver, Der Grundsatz der Verhältnismäßigkeit in der Rechtsprechung des Gerichtshofs der Europäischen Gemeinschaften, Berlin 2003

Körber, Thorsten, Die Konkurrentenklage im Fusionskontrollrecht der USA, Deutschlands und der Europäischen Union, Baden-Baden 1996

Lange, Knut-Werner, Handbuch zum deutschen und europäischen Kartellrecht, Heidelberg, 2001

Langen, Eugen/Bunte, Hermann-Josef, Kommentar zum deutschen und europäischen Kartellrecht, 9. Auflage, Neuwied 2001

Langen, Eugen/Bunte, Hermann-Josef, Kommentar zum deutschen und europäischen Kartellrecht, 8. Auflage, Neuwied 1997

Levy, Nicholas, Dominance versus SLC: A Subtle Distinction?, in: Drauz, Götz/Reynolds, Michael, EC Merger Control: A Major Reform in Progress, 2003

Löffler, Heinz, Kommentar zur europäischen Fusionskontrollverordnung, Neuwied u. a. 2001

Müller-Henneberg, Hans/Hootz, Christian/Abeltshauser, Thomas E., Gesetz gegen Wettbewerbsbeschränkungen und Europäisches Kartellrecht: Gemeinschaftskommentar, 5. Auflage, Köln 1999 f.

Schmidt, Karsten, Münchener Kommentar zum Handelsgesetzbuch, Bd. 4, München 2001

Schröter, Helmuth/Jakob, Thinam/Mederer, Wolfgang, Kommentar zum Europäischen Wettbewerbsrecht, 1. Auflage, Baden-Baden 2003

Schwintowski, Hans-Peter, Die Abwägungsklausel in der Fusionskontrolle, Göttingen, 1983

Smith, Adam, An Inquiry into the Nature and Causes of the Wealth of Nations, London 1776 (in deutscher Übersetzung: Der Wohlstand der Nationen, hrsg. von H. C. Recktenwald, München 1988)

Staudenmayer, Dirk, Der Zusammenschlussbegriff in Art. 3 der EG-Fusionskontrollverordnung, Dissertation, FIW-Schriftenreihe, Heft 189, Köln 2002

Stockenhuber, Peter, Die Europäische Fusionskontrolle – Das materielle Recht, Baden-Baden 1995. Zugleich: Dissertation an der Universität Wien, 1995

Stockmann, Kurt/Schultz, Klaus-Peter, Kartellrechtspraxis und Kartellrechtsprechung 1994/1995, 10. Auflage, Köln 1995

Wagemann, Markus/Pape, Fabian, Kartellrechtspraxis und Kartellrechtsprechung 2001/2002, 17. Auflage, Köln 2002

Wagemann, Markus, Rechtfertigungs- und Entschuldigungsgründe im Bußgeldrecht der Europäischen Gemeinschaften, 1992

Wiedemann, Gerhard, Handbuch des Kartellrechts, München 1999

Zilles, Stephan, Die Anfechtungslegitimation von Dritten im europäischen Fusionskontrollrecht, Heidelberg 1997

II. Aufsätze

Abbamonte, Giuseppe B./Rabassa, Valérie, Foreclosure and Vertical Mergers – The Commission's Review of Vertical Effects in the Last Wave of Media and Internet Mergers: AOL/Time Warner, Vivendi/Seagram, MCI/Worldcom/Sprint, in: European Competition Law Review, Issue 6, 2001, S. 214 ff.
Bechtold, Rainer, Das neue Kartellgesetz, in: NJW 1998, S. 2769 ff.
Bechtold, Rainer, Zum Referenten-Entwurf der 6. GWB-Novelle, in: BB 1997, S. 1853 ff.
Büdenbender, Ulrich, Kurzkommentar zu OLG Düsseldorf, Beschluss vom 18. 09. 2002 »E.ON/Ruhrgas«, in: EWiR 2003, S. 65 ff.
Calliess, Christian, Kohärenz und Konvergenz beim europäischen Individualrechtsschutz, in: NJW 2002, S. 3577 ff.
Caspari, Manfred/Schwarz, Dieter, Europäische Fusionskontrolle: Ein Historienspiel, in Festschrift für Werner Benisch, Köln 1989, S. 383 ff.
Christensen, Peder/Rabassa, Valérie, The Airtours decision: Is there a new Commission approach to collective dominance? In: European Competition Law Review Issue 6, 2001
Emmerich, Volker, Fusionskontrolle 1998/1999, in: AG 1999, S. 529 ff.
Emmerich, Volker, Fusionskontrolle 1996/1997, in: AG 1997, 529 ff.
Emmerich, Volker, Fusionskontrolle 1995/1996, in: AG 1996, 529 ff.
Fine, Frank, Revised Notice on the Distinction between Concentrative and Co-operative Joint Ventures, in: ECLR 1994, S. 291 ff.
Fitzpatrick, Edmund/Davison, Leigh, Competition Policy and the Competing Interpretations in: European Business Review 1997, S. 179 ff.
Happe, Claus-Michael, Die Fristen im EG-Fusionskontrollverfahren in: Europäische Zeitschrift für Wirtschaftsrecht 1995, S. 303 ff.
Henschen, Horst/Ewen, Michael, Der Erwerb eines wettbewerblich erheblichen Einflusses in der Entscheidungspraxis, in: WuW 1999, S. 941 ff.
Immenga, Ulrich, Wettbewerbsbeschränkungen durch Minderheitsbeteiligungen, in: Andrea, Clemens-August/Kirchhoff, Jochen u. a.: Festschrift für Werner Benische, Köln u. a. 1989, S. 327 ff.
Janicki, Thomas, EG-Fusionskontrolle auf dem Weg zur praktischen Umsetzung, in: WuW 1990, S. 195 ff.
Kopke, Alexander, Study of Past Merger Remedies, in: Competition Policy Newsletter, Summer 2003, No. 2
Körber, Torsten, Gerichtlicher Drittschutz im deutschen Fusionskontrollrecht, in: BB 2000, S. 1532 ff.
Körber, Thorsten, Gerichtlicher Rechtsschutz in der Fusionskontrolle, in: RIW 1998, S. 910 ff.
Körber, Thorsten, Konkurrentenklagen in der europäischen Fusionskontrolle, in: EuZW 1996, S. 267 ff.
Laufkötter, Regina, Die Rolle des Dritten im neuen Recht der Zusammenschlusskontrolle, in: WuW 1999, S. 671 ff.
Lohse, Andrea, Gemeinschaftsunternehmen nach Inkrafttreten der Fusionskontrollverordnung – Die neue Bekanntmachung der Kommission über die Unterscheidung zwischen konzentrativen und kooperativen Gemeinschaftsunternehmen als Ergebnis einer wirtschaftlicheren Betrachtungsweise in der Verwaltungspraxis, in: ZHR 159 (1995), S. 164 ff.

Montag, Frank/Leibenrath, Christoph, Die Rechtsschutzmöglichkeiten Dritter in der europäischen Fusionskontrolle, in: ZHR 164 (2000), 176 ff.

Müller, Bernhard, Einstweiliger Rechtsschutz für Unternehmen im Fusionskontrollverfahren, in: WRP 2002, S. 1037 ff.

Nitsche, Rainer/Thiliert, Julia, Die ökonomische Analyse auf dem Vormarsch – Europäische Reform und Deutsche Wettbewerbspolitik, in: WuW 2004, S. 250 ff.

Rakovsky, Claude, Remedies: A Few Lessons from Recent Experience, in: EC Merger Control: Ten Years on, Papers from the EC Merger Control 10th Anniversary Conference in September 2000 in Brussels, International Bar Association 2000

Reuter, Alexander, Informale Auskunftsbitten der Kartellbehörden – Praxis contra legem?, in: WuW 1986, S. 92 ff.

Riesenkampff, Alexander, Treuhandverhältnisse in der Fusionskontrolle und die Zurechnungsklausel des § 23 Abs. 2 Nr. 2 Satz 2 GWB, in: WuW 1996, S. 5 ff.

Sacksofsky, Eike, Nicht untersagte Zusammenschlüsse: Deutsche Post/Postbank, Fresenius/Pharmacia-Upjohm, in: WuW 1999, S. 256 ff.

Schmidt, Karsten, Beiladung und Rechtsschutz Dritter im Verfahren der Zusammenschlusskontrolle nach dem GWB, in: DB 2004, 527 ff.

Schmidt, Karsten, Zur Komplettierung des kartellverwaltungsrechtlichen Gerichtsschutzes, in: DB 1992, S. 1277 ff.

Schulte, Josef L., Änderungen der Fusionskontrolle durch die 6. GWB-Novelle, in: AG 1998, S. 297 ff.

Schultz, Klaus-Peter, Geschäftsgeheimnisse in Kartellverwaltungssachen, in: CR 1987, S. 489 ff.

Strohm, Andreas, BASF/Pantochim/Eurodiol: Change of Direction in European Merger Control?, in: Competition Policy Newsletter, No. 3 October 2001, S. 22 ff.

Thurnher, Victor, Zur Zurechnung des Treugutes im Fusionskontrollrecht, in: WuW 1994, S. 303 ff.

Venit, James, The Treatment of Joint Ventures under the EC Merger Regulation – Almost through the Ticket, in: International Antitrust Law & Policy, 1999, 26th conference, Corporate Law Institute, Fordham University School of Law, Chapter 21, S. 465 ff.

Vesterdorf, Bo, Recent CFI Rulings on Merger Cases, Interim Measures and Accelerated Procedures and Some Reflections an Reform Measures Regarding Judicial Control, in: Drauz, Götz/Reynolds, Michael, EC Merger Control – A Major Reform in Progress, Richmond 2003, S. 83 ff.

Völcker, Sven, Das beschleunigte Verfahren in EU-Wettbewerbssachen: Effektiver Rechtsschutz in der Fusionskontrolle?, in: WuW 2003, S. 6 ff.

Weitbrecht, Andreas, Rechtsschutz für Unternehmen im Verfahren der Fusionskontrolle, in: Schwarze, Jürgen: Instrumente zur Durchsetzung des europäischen Wettbewerbsrechts, Baden-Baden 2002, S. 60 ff.

Werner, Michael-Jürgen, Freistellung von der fusionsrechtlichen Kontrolle bei einem Anteilserwerb durch ein Kreditinstitut, in: WuW 1996, 463 ff.

Werner, Rosemarie, Die Praxis des Kammergerichts im Auskunftsverfahren, in: Schwerpunkte des Kartellrechts 1981/1982, Bd. 103, Köln u. a. 1983, S. 19 ff.

Werner, Rosemarie, Der Konflikt zwischen Geheimnisschutz und Sachaufklärung im Kartellverfahren, in: Gamm, Otto F. F. v./Raisch, Peter/Tiedemann, Klaus: Strafrecht, Unternehmensrecht, Anwaltsrecht: Festschrift für Gerd Pfeiffer zum Abschied aus dem Amt als Präsident des Bundesgerichtshofes, Köln 1988, S. 821 ff.

Inhaltsübersicht

A.	Ordnungspolitische Grundlagen	1
I.	Einführung	1
II.	Das Ordnungsprinzip Wettbewerb	1
III.	Einrichtung eines wettbewerblichen Ordnungsrahmens	13
B.	Deutsche Fusionskontrolle	25
I.	Formelle Fusionskontrolle	25
II.	Materielle Fusionskontrolle	93
III.	Ermittlungsverfahren und Verfahrensgrundsätze	195
IV.	Rechtsmittel	205
V.	Entflechtung	223
VI.	Ministererlaubnis	230
C.	Europäische Fusionskontrolle	245
I.	Einleitung	245
II.	Anwendungsbereich der FKVO (Aufgreifkriterien)	260
III.	Materielle Beurteilung	322
IV.	Sondertatbestand: Vollfunktions-Gemeinschaftsunternehmen	412
V.	Nebenabreden	459
VI.	Verfahren	470
VII.	Rechtsmittel	571

Inhaltsverzeichnis

Vorwort VII
Abkürzungsverzeichnis IX
Literaturverzeichnis XIII
Inhaltsübersicht XVII

A.	Ordnungspolitische Grundlagen	1
I.	Einführung	1
1.	Bedeutung der Fusionskontrolle	1
2.	Thematische Übersicht	1
II.	Das Ordnungsprinzip Wettbewerb	2
1.	Ausrichtung der staatlichen Wirtschaftspolitik	2
a)	Wirtschaftspolitische Grundsatzentscheidung	2
b)	Systemwandel und Konvergenzen	3
c)	Interdependenz von Wirtschaftssystem und politischer Ordnung	4
2.	Wirtschafts- und gesellschaftspolitische Ordnungsvorstellungen	5
a)	Denkansätze des klassischen Liberalismus	5
b)	Ideengeschichtliche Weiterentwicklung	6
c)	Leitbilder der praktischen Wettbewerbspolitik	8
3.	Aufgaben einer Wettbewerbsordnung	10
a)	Steuerung der Marktprozesse	10
b)	Dynamische Marktentwicklung	10
c)	Freiheitssicherung und Machtkontrolle	11
d)	Sozialpolitische Korrekturen	12
4.	Schlussfolgerungen	13
III.	Einrichtung eines wettbewerblichen Ordnungsrahmens	13
1.	Maßnahmen einer Politik gegen Wettbewerbsbeschränkungen . . .	13
a)	Staatliche Aufgabenwahrnehmung	13
b)	Kartellrechtlich relevantes Marktverhalten	14
c)	Anwendungsgrundsätze des Kartellrechts	16
d)	Konzeptionelle Fragen der Fusionskontrolle	17
2.	Entwicklungsgeschichte des deutschen Wettbewerbsrechts . . .	19
a)	Wettbewerbspolitik vor 1945	19
b)	Der Einfluss der alliierten Besatzungsmächte	20
c)	Die Entstehung des GWB	20
3.	Europäische Konzentrationskontrolle	21
a)	Entstehung und Zielsetzung des Gemeinsamen Marktes . . .	21
b)	Rechtsgrundlagen zur Sicherung des Wettbewerbs	22
c)	Die Fusionskontrollverordnung von 1990	23

B.		Deutsche Fusionskontrolle	25
I.		Formelle Fusionskontrolle	25
1.		Einführung	25
	a)	6. GWB-Novelle / 7. GWB-Novelle	25
	b)	Systematik der Fusionskontrolle	25
	c)	Verhältnis zum EG-Recht	27
		(1) Vorrang der Fusionskontrollverordnung	27
		(2) Verhältnis zu Art. 81 EGV	28
	d)	Fusionskontrolle und Kartellverbot des § 1 GWB	29
	e)	Prüfungsreihenfolge	30
		(1) Inlandsauswirkung des Zusammenschlussvorhabens (§ 130 Abs. 2 GWB)	30
		(2) Zuständigkeit des BKartA	30
		(3) Kontrollpflicht des Zusammenschlussvorhabens	30
2.		Zusammenschlusstatbestände	31
	a)	Bedeutung und Systematik	31
	b)	Unternehmensbegriff	32
	c)	Zusammenschlusstatbestände	32
		(1) Vermögenserwerb (§ 37 Abs. 1 Nr. 1 GWB)	33
		(a) Erwerbsgegenstand	33
		(b) Erwerbsbegriff	34
		(2) Kontrollerwerb (§ 37 Abs. 1 Nr. 2 GWB)	35
		(a) Kontrollbegriff	35
		(b) Gegenstand des Kontrollerwerbs	35
		(c) Erwerber	36
		(d) Kontrollerwerb	36
		(e) Alleinige und gemeinsame Kontrolle	37
		(3) Anteilserwerb und Gemeinschaftsunternehmen (§ 37 Abs. 1 Nr. 3 GWB)	40
		(a) Anteilserwerb (§ 37 Abs. 1 Nr. 3 Satz 1 GWB)	40
		(b) Zurechnung von Anteilen (§ 37 Abs. 1 Nr. 3 Satz 2 GWB)	41
		(c) Gemeinschaftsunternehmen (§ 37 Abs. 1 Nr. 3 Satz 3 GWB)	42
		(d) Doppelkontrolle	42
		(i) Gemeinschaftsunternehmen (GU)	42
		(ii) Verhältnis zum Kartellverbot des § 1 GWB	43
		(iii) Verwaltungsgrundsätze von 1978	45
		(iv) Gemeinschaftsunternehmen im EG-Kartellrecht	47
		(4) Wettbewerblich erheblicher Einfluss (§ 37 Abs. 1 Nr. 4 GWB)	48
		(5) Wesentliche Verstärkung einer bestehenden Unternehmensverbindung (§ 37 Abs. 2 GWB)	51
		(6) »Bankenklausel« (§ 37 Abs. 3 GWB)	53
		(a) Regelungsgegenstand	53
		(b) Regelungszweck	54
		(c) Voraussetzungen	55
		(i) Kreditinstitut / Finanzinstitut / Versicherungsunternehmen	55
		(ii) Anteilserwerb	56
		(iii) Geschäftsbetrieb	56

		(iv) Zum Zwecke der Veräußerung	57
		(v) Veräußerungsfrist	57
		(vi) Verbot der Stimmrechtsausübung	58
	(d)	Wegfall der Voraussetzungen	59

d) Fusionskontrollrechtliche Bewertung von Optionen und
Treuhandlösungen 59
   (1) Wirtschaftliche Treuhand 60
      (a) Maßgebliches Kriterium: Weisungsgebundenheit oder
          Risikoverteilung? 60
          (i) Die Entscheidung »Klöckner / Seitz« des BKartA 61
          (ii) T & N / Kolbenschmidt 62
          (iii) Stellungnahme 62
      (b) Sonstige Auswirkungen 63
   (2) Call-Optionen 64
   (3) Put-Optionen 65
   (4) Vorkaufsrecht / Pfandrecht 65
   (5) Befreundete Dritte 65

3. Umsatzschwellen 66
a) Allgemeines / Schwellenwerte 66
b) Beteiligte Unternehmen 67
c) Toleranzklauseln (§ 35 Abs. 2 GWB) 69
   (1) Allgemeines 69
   (2) »de minimis«-Klausel (§ 35 Abs. 2 Satz 1 Nr. 1 GWB) 70
   (3) Bagatellmarktklausel (§ 35 Abs. 2 Satz 1 Nr. 2 GWB) 70
   (4) Besonderheiten im Presserecht (§ 35 Abs. 2 Satz 2 GWB) 71
d) Umsatzberechnung 72
   (1) Allgemeines 72
   (2) Berechnung der Umsatzerlöse 72
      (a) Umsätze aus der gewöhnlichen Geschäftstätigkeit 73
      (b) Handelsunternehmen 73
      (c) Presse- und Rundfunkunternehmen 74
      (d) Kreditinstitute und Versicherungsunternehmen 74

4. Inlandsauswirkungen 74
5. Anmeldung und Allgemeiner Verfahrensablauf gemäß § 40 GWB 76
a) Struktur des BKartA, Übersicht über die Beschlussabteilungen 76
b) Überblick über das Verfahren; Informelles Verfahren 77
c) Vorprüfverfahren (Phase 1) 79
d) Hauptprüfverfahren (Phase 2) 81
   (1) Entscheidungen im Hauptprüfverfahren 82
      (a) Freigabe 82
      (b) Freigabe mit Nebenbestimmungen 84
      (c) Untersagung 84
      (d) Begründung der Entscheidung 85
   (2) Verfahrensbeteiligte / Beteiligung Dritter 85
   (3) Rechtsmittel 86
e) Vollzugsverbot 87
   (1) Vollzug 87

		(2) Befreiung vom Vollzugsverbot	88
f)		Verfahren bei Vollzug ohne Anmeldung	89
g)		Rechtsfolgen des Vollzugs ohne Anmeldung, der unterbliebenen Anmeldung und anderer Verstöße gegen das GWB	91
		(1) Bußgelder	91
		(2) Zivilrechtliche Folgen	92
h)		Verwaltungsgebühren	93
II.		Materielle Fusionskontrolle	93
1.		**Marktabgrenzung**	93
a)		Allgemeines	94
b)		Sachliche Marktabgrenzung	99
		(1) Bedarfsmarktkonzept	99
		(a) Besondere Ausprägungen des Bedarfsmarktkonzepts	100
		(i) Produktbezogene Marktabgrenzungskriterien	100
		(ii) Kundenpräferenzen als Marktabgrenzungskriterien	101
		(b) Typische Fallbeispiele für die Anwendung des Bedarfsmarktkonzepts	102
		(2) Besonderheiten bei der Konkurrenz von Nachfragern	105
		(3) Fallbeispiel zur sachlichen Marktabgrenzung	106
c)		Geographische Marktabgrenzung	106
d)		Zeitliche Marktabgrenzung	109
e)		Beispiele im tabellarischen Überblick	109
2.		**Untersagungsvoraussetzungen**	120
a)		Einzelmarktbeherrschung	120
		(1) Begriff der Marktbeherrschung	122
		(2) Die gesetzliche Einzelmarktbeherrschungsvermutung	123
		(3) Prognoseentscheidung	124
		(4) Überragende Marktstellung	125
		(a) Marktanteil	126
		(i) Art des Zusammenschlusses	131
		(ii) Gemeinschaftsunternehmen	133
		(b) Ressourcentheorie/Finanzkraft	134
		(c) Umfassendes Sortiment	137
		(d) Struktur der Nachfrageseite	137
		(e) Verflechtungen	139
		(f) Marktzutrittsschranken/Potentieller Wettbewerb	139
		(g) Dynamische Marktphase	140
		(h) Ausreifungs- und Stagnationsphase	141
		(5) Zugang zu vor- oder nachgelagerten Märkten	141
		(6) Substitutionswettbewerb	142
		(7) Umstellungsflexibilität/Ausweichmöglichkeiten	143
		(8) Überkapazitäten	143
		(9) Gesamtwürdigung	144
		(10) Kausalität/Drittwirkung	145
		(11) Verstärkung einer Marktbeherrschung	146
		(12) Horizontale Zusammenschlüsse	151
		(13) Vertikale Zusammenschlüsse	152

		(14) Konglomerate Zusammenschlüsse	153
	b)	Oligopolistische Marktbeherrschung	154
		(1) Marktbeherrschungsvermutung im Oligopol	155
		(2) Widerlegung der Marktbeherrschungsvermutung	155
		(3) Entstehung oder Verstärkung einer beherrschenden Stellung durch Zusammenschluss	156
		(4) Marktstrukturkriterien beim Oligopol	157
		(a) Binnenwettbewerb; symmetrisches und asymmetrisches Oligopol	158
		(b) Marktanteilsveränderungen	159
		(c) Entscheidungspraxis des BKartA	159
3.		Abwägungsklausel	163
	a)	Regelungsgegenstand und Regelungszweck	163
	b)	Voraussetzungen	164
		(1) Verbesserungen der Wettbewerbsbedingungen	164
		(2) Überwiegen der Verbesserungen gegenüber den Nachteilen der Marktbeherrschung	167
		(3) Nachweis durch die beteiligten Unternehmen	169
	c)	Rechtsfolgen	169
4.		Zusagen, Bedingungen und Auflagen	170
	a)	Sinn und Zweck von Zusagen, Bedingungen und Auflagen	170
	b)	Zusagen	172
		(1) Unterscheidung in Vorfrist- und Nachfristzusagen	172
		(a) Vorfristzusagen	173
		(b) Nachfristzusagen	173
		(2) Typen der Zusagen bis zur 6. GWB-Novelle	174
		(a) Zusagen der Veräußerung	174
		(b) Zusagen zur Einflussbegrenzung	175
		(c) Zusagen zur Öffnung	176
		(3) Schwachstellen der Zusagenpraxis	176
	c)	Bedingungen und Auflagen	178
		(1) Zustandekommen von Bedingungen und Auflagen zwischen BKartA und Unternehmen	179
		(2) Bisherige Praxis des BKartA bei Bedingungen und Auflagen	180
		(3) Verhältnis Nebenbestimmung und Verbot laufender Verhaltenskontrolle	192
	d)	Aufhebung einer Freigabeverfügung mit Bedingungen und Auflagen . .	194
		(1) Nichterfüllung einer Bedingung	194
		(2) Nichterfüllung einer Auflage	194
		(3) Weitere Möglichkeiten der Aufhebung	194
III.		Ermittlungsverfahren und Verfahrensgrundsätze	195
1.		Untersuchungstätigkeit des BKartA	195
	a)	Grundsätzliches	195
	b)	Informelle Anfragen	197
	c)	Die hervorgehobene Bedeutung des Auskunftsverlangens des § 59 Abs. 1 Nr. 1 GWB	197

XXIII

		(1)	Die allgemeinen Voraussetzungen des § 59 GWB	197
			(a) Das Verdachtsmoment	197
			(b) Die Erforderlichkeit	198
		(2)	Die besonderen Voraussetzungen des Auskunftsersuchens gemäß § 59 Abs. 1 Nr. 1 GWB	198
			(a) Adressaten	198
			(b) Gegenstand des Auskunftsersuchens	199
		(3)	Auskunftsverweigerungsrechte der auskunftspflichtigen Unternehmen	199
2.	Umfang der Untersagung			200
3.	Formelle Anforderung an eine Untersagung			201
4.	Rechtliches Gehör, Akteneinsicht und Geheimnisschutz			201
a)	Das rechtliche Gehör			201
	(1) Grundsätzliche Überlegungen			201
	(2) Geltungsbereich und Umfang			202
b)	Das Akteneinsichtsrecht			203
	(1) Grundsätzliche Bemerkungen			203
	(2) Umfang			203
	(3) Grenzen des Akteneinsichtsrechts, Rechtsmittel bei Versagung des Akteneinsichtsrechts			204
c)	Verletzung des rechtlichen Gehörs			205
IV.	Rechtsmittel			205
1.	Beschwerde (§§ 63 ff. GWB)			206
a)	Allgemeines			206
	(1) Beschwerdearten			206
	(a) Anfechtungsbeschwerde			206
	(b) Verpflichtungsbeschwerde / Untätigkeitsbeschwerde			207
	(c) Leistungs- und Feststellungsbeschwerde			207
	(2) Zulässigkeitsvoraussetzungen			208
	(a) Beschwerdebefugnis und Rechtsschutzinteresse			208
	(b) Verfahrensbeteiligte			210
	(c) Fristen			210
	(d) Form / Inhalt der Beschwerde			211
	(e) Handlungs- und Postulationsfähigkeit			212
	(3) Wirkung der Beschwerde			212
	(4) Das Beschwerdeverfahren			213
	(a) Verfahrensgrundsätze			213
	(i) Untersuchungsgrundsatz			213
	(ii) Mündlichkeitsprinzip			214
	(b) Akteneinsicht			214
	(c) Prüfung des Beschwerdegerichts und Beschwerdeentscheidung			214
b)	Besonderheiten der Beschwerde im Rahmen des fusionskontrollrechtlichen Verfahrens			215
	(1) In der ersten Phase ergangene Mitteilungen			215
	(a) Freigabe in der ersten Prüfungsphase			215

				(b) Freigabefiktion nach Ablauf der Monatsfrist des § 40 Abs. 1 Satz 1 GWB	216

            (b) Freigabefiktion nach Ablauf der Monatsfrist
                des § 40 Abs. 1 Satz 1 GWB 216
            (c) Abschluss der ersten Prüfungsphase durch sog. Monatsbrief . 216
        (2) Verfügungen im Hauptprüfverfahren (zweite Phase) 216
            (a) Freigabeverfügung 216
                (i) Gerichtlicher Drittschutz in Form der Anfechtungs-
                    beschwerde 217
                (ii) Anfechtung der Freigabefiktion nach Fristablauf
                    des § 40 Abs. 2 Satz 2 GWB 217
            (b) Freigabeverfügung mit Nebenbestimmungen 218
            (c) Untersagungsverfügung 218
                (i) Beschwerde 218
                (ii) Antrag auf Erteilung der Ministererlaubnis und
                    Beschwerde 219
        (3) Entscheidung des Bundesministers für Wirtschaft
            gem. § 42 Abs. 1 GWB 219
        (4) Neue Entwicklungen beim Rechtsschutz Dritter –
            der Fall »E.ON/Ruhrgas« 220

2. Rechtsbeschwerde (§§ 74 ff. GWB) 221
  a) Zulassung 221
  b) Statthaftigkeit 222
  c) Rechtsbeschwerdeberechtigung / -befugnis 222
  d) Frist / Form 222

3. Kosten der Rechtsmittelverfahren 223

V. **Entflechtung** 223

1. **Verfügung bei Vollzug trotz Untersagung oder ohne Anmeldung** 224
  a) Voraussetzungen der Verfügung 224
  b) Keine automatische Auflösung 224
  c) Ermessen hinsichtlich der Mittel zur Entflechtung 225

2. **Inhalt der Verfügung** 225
  a) Verpflichtung der betroffenen Unternehmen 225
  b) Verpflichtung des Veräußerers 226
  c) Teilentflechtung 226
  d) Zwischenzeitliche Änderungen des Zusammenschlussvorhabens 226
  e) Neugestaltung des Vorhabens, öffentlich-rechtlicher Vertrag 227
  f) Treuhandmodelle 227

3. **Durchsetzung** 228

4. **Entscheidungspraxis und Problematik der Entflechtung** 229

VI. **Ministererlaubnis** 230

1. **Grundlagen** 230
  a) Ordnungspolitisches Vorverständnis 230
  b) Rechtssystematische Einordnung 231

XXV

Inhaltsverzeichnis

2.	Durchführung des Erlaubnisverfahrens	232
a)	Tatbestandsmerkmale	232
b)	Beurteilungsmaßstäbe für die Abwägung	234
3.	Bewertung der Antragsgründe in den bisherigen Fällen	235
a)	Internationale Wettbewerbsfähigkeit	236
b)	Rationalisierungsvorteile	237
c)	Sanierungsfusionen und Sicherung von Arbeitsplätzen	237
d)	Sicherung der Energie- und Rohstoffbasis	238
e)	Erhaltung betrieblichen Know-hows	239
f)	Sonstige einzelfallbezogene Gründe	240
4.	Beurteilung der Entscheidungspraxis	241

C.	Europäische Fusionskontrolle	245
I.	Einleitung	245
1.	Rechtsgrundlagen der FKVO	245
2.	Entstehungsgeschichte der Fusionskontrollverordnung	246
a)	Die Vorgeschichte der Verordnung (EWG) Nr. 4064/89	246
b)	Novellierung der FKVO im Jahr 1998	249
c)	Revision der FKVO im Jahr 2004	250
3.	Anwendungsbereich und Exklusivität der FKVO	252
a)	Sachlicher Anwendungsbereich	252
	(1) Exklusivität der FKVO für Zusammenschlüsse von gemeinschaftsweiter Bedeutung (Art. 21 FKVO)	252
	(2) Verweisung an die Kommission (Art. 22 FKVO und Art. 4 Abs. 5 FKVO)	252
b)	Ausnahmen	254
	(1) Militärische Erzeugnisse (Art. 296 Abs. 1 Buchst. b EGV)	254
	(2) Verweisung an die zuständigen Behörden der Mitgliedstaaten (Art. 9 und Art. 4 Abs. 4 FKVO)	255
	(3) Schutz anderer berechtigter Interessen (Art. 21 Abs. 4)	256
c)	Räumlicher Anwendungsbereich (EWR)	257
d)	Extraterritorialität	258
II.	Anwendungsbereich der FKVO (Aufgreifkriterien)	260
1.	Zusammenschlusstatbestand	261
a)	Funktion und Aufbau des Art. 3	261
b)	Fusion (Art. 3 Abs. 1 Buchst. a FKVO)	262
c)	Kontrollerwerb (Art. 3 Abs. 1 Buchst. b FKVO)	263
	(1) Erwerber und Kontrollgegenstand	264
	(a) Erwerber	264
	(b) Kontrollgegenstand	264
	(c) Unternehmensbegriff	264
	(d) Unbeachtlichkeit konzerninterner Umstrukturierungen	265
	(2) Bestimmender Einfluss	266
	(a) Positive Abgrenzung	267

			(i) Einfluss auf strategisches Marktverhalten	268
			(ii) Einfluss auf Kernbeschlussfassungen	268
		(b)	Negative Abgrenzung	270
	(3)	Dauerhaftigkeit der strukturellen Veränderung	271
	(4)	Unterschiedliche Kontrollarten	273
		(a)	Alleinige Kontrolle (Kontrollarten)	273
			(i) De jure und de facto Kontrolle	274
			(ii) Positive und negative Kontrolle	275
			(iii) Überblick über die Kontrollarten bei alleiniger Kontrolle .	276
		(b)	Gemeinsame Kontrolle – Gemeinsamkeit	276
			(i) Paritätische Beteiligungen	277
			(ii) Disparitätische Beteiligungen	278
			(iii) Stimmbindungsverträge	278
			(iv) Starke gemeinsame Interessen	279
			(v) Instrumental zwischengeschaltete Gemeinschaftsunternehmen	281
			(vi) Mehrstufige Einigungs- und Schlichtungsverfahren	282
	(5)	Formen des Kontrollerwerbs	283
		(a)	Kontrolle durch Anteilserwerb (Share Deal)	283
			(i) Erwerb von Anteilen	283
			(ii) Erwerb von Optionen	284
		(b)	Kontrolle durch Vermögenserwerb (Asset Deal)	285
		(c)	Kontrolle durch vertragliche Vereinbarungen	286
		(d)	Kontrollerwerb in sonstiger Weise	287
		(e)	Änderungen in der Art der Kontrolle	288
			(i) Änderungen bei alleiniger Kontrolle	289
			(ii) Veränderungen der Anzahl kontrollierender Unternehmen	290
			(iii) Erweiterungen der Aktivitäten eines Gemeinschaftsunternehmens	291
d)	Zurechnungsklausel (Art. 3 Abs. 3 Buchst. b FKVO)			292
e)	Verbundene Erwerbsvorgänge (Art. 3 Abs. 4 FKVO)			293
f)	Ausnahmetatbestände (Art. 3 Abs. 5 FKVO)			296
	(1)	Überblick		296
	(2)	Die Bankenklausel (Art. 3 Abs. 5 Buchst. a FKVO)		297
	(3)	Die Insolvenzklausel (Art. 3 Abs. 5 Buchst. b FKVO)		299
	(4)	Die luxemburgische Klausel (Art. 3 Abs. 5 Buchst. c FKVO) . . .		299

2. Gemeinschaftsweite Bedeutung (Aufgreifschwellen) 300

a)	Umsatzschwellen		300
	(1)	Art. 1 Abs. 2 FKVO	300
	(2)	Art. 1 Abs. 3 FKVO (»Mehrfachanmeldungen«)	301
b)	Umsatzberechnung (Art. 5 FKVO)		304
	(1)	Der Begriff der beteiligten Unternehmen	305
		(a) Fusion	305
		(b) Erwerb der alleinigen Kontrolle	305
		(c) Erwerb der gemeinsamen Kontrolle	306
		(d) Erwerb der Kontrolle durch ein Gemeinschaftsunternehmen .	307

		(2)	Der Begriff des Umsatzes	308

- (2) Der Begriff des Umsatzes 308
  - (a) Umsatzkriterium 308
  - (b) Maßstab: Normale Geschäftstätigkeit 309
  - (c) Keine sektorspezifischen Berechnungen 309
  - (d) Währung 309
- (3) Regeln der Umsatzberechnung für verschiedene Transaktionen .. 310
  - (a) Maßgeblicher Zeitraum für die Umsatzberechnung 310
  - (b) Berechnung des Umsatzes beim Erwerb von Unternehmensteilen (Art. 5 Abs. 2 Unterabs. 1 FKVO) 311
  - (c) Gestaffelte Transaktionen (Art. 5 Abs. 2 Unterabs. 2 FKVO) .. 311
- (4) Umsatzzurechnung 313
  - (a) Konzernumsatz (Art. 5 Abs. 4 FKVO) 313
  - (b) Umsatz von Unternehmen im Staatsbesitz 317
- (5) Geographische Zurechnung des Umsatzes 318
- (6) Sonderfälle der Umsatzberechnung 319

3. Weiteres Verfahren bei Unanwendbarkeit der FKVO 321

III. Materielle Beurteilung 322

1. Der relevante Markt 323
a) Grundsätze der Marktdefinition 324
b) Der Produktmarkt 325
- (1) Kriterien zur Produktmarktabgrenzung nach dem Bedarfsmarktkonzept 326
  - (a) Verbraucherpräferenzen 326
  - (b) Kosten eines Produktwechsels beim Kunden 327
  - (c) quantitative Tests 328
    - (i) Preiselastizitäten 328
    - (ii) Kreuzpreiselastizitäten 328
    - (iii) Preiskorrelationen 329
    - (iv) quantitative Tests in der Praxis 329
  - (d) Beispiele der Substitution in der Vergangenheit 330
  - (e) Die Existenz von verschiedenen Kundengruppen und die Möglichkeit von Preisdiskriminierung 330
- (2) Korrektur des Bedarfsmarktkonzepts 330
  - (i) Angebotssubstituierbarkeit 331
  - (ii) Herstellersortiment 331
  - (iii) Produktumstellungsflexibilität 331
  - (iv) Systemmärkte 332
c) Der geografische Markt 333
- (1) Kriterien zur Marktabgrenzung 333
  - (a) Nachweise für eine Umlenkung von Aufträgen in andere Gebiete 333
  - (b) Verbraucherpräferenzen 334
  - (c) Käuferverhalten/Handelsströme 334
  - (d) Schranken und Kosten bei der Verlagerung von Aufträgen an Unternehmen in andere Gebiete 334
- (2) Die verschiedenen räumlichen Märkte 335
  - (a) Lokale und regionale Märkte 335

		(b) Nationale Märkte	336
		(c) Größere als nationale Märkte	338
d)	Verhältnis der Kriterien der Marktabgrenzung zu einander		340
e)	Offenlassen der Marktabgrenzung		340
2.	**Beurteilungsmaßstab**		341
3.	**Wettbewerbliche Beurteilung**		343
a)	Die Beurteilungskriterien		345
	(1)	Marktstellung der am Zusammenschluss beteiligten Unternehmen	345
		(a) Marktanteil	346
		(b) Konzentrationsgrad des Marktes	349
	(2)	Finanzkraft	351
	(3)	Weitere Vorteile der am Zusammenschluss beteiligten Unternehmen gegenüber ihren Wettbewerbern	352
	(4)	Nachfrage-Gegenmacht	354
	(5)	Potentieller Wettbewerb	355
	(6)	Fusionsspezifische Effizienzvorteile	358
b)	Bagatellmärkte		360
c)	Horizontale Zusammenschlüsse		361
	(1)	Einzelmarktbeherrschung	361
	(2)	Oligopole ohne koordiniertes Marktverhalten	364
	(3)	Gemeinsame Marktbeherrschung	366
		(a) Anwendbarkeit der FKVO auf Oligopole	367
		(b) Hoher Konzentrationsgrad des Marktes	368
		(c) Form der Koordinierung	368
		(d) Bedingungen für eine stillschweigende Koordinationsmöglichkeit auf dem Markt	368
		(e) Voraussetzungen eines marktbeherrschenden Oligopols	371
		(f) Auswirkungen des Zusammenschlusses auf die Beziehungen zwischen den Oligopolmitgliedern	374
d)	Vertikale Integration		374
e)	Konglomerate Zusammenschlüsse		377
f)	Kausalität des Zusammenschlusses für die Behinderung des Wettbewerbs		379
4.	**Zusagen**		382
a)	Rechtsquellen		382
b)	Besonderheiten bei Zusagen in Phase I		383
c)	Bedingungen und Auflagen		385
d)	Initiative bei der Abgabe von Zusagen		386
e)	Förmliche Erfordernisse bei der Abgabe von Zusagen		387
f)	Inhaltliche Anforderungen		387
g)	Verfahren nach Abgabe der Zusagen		388
	(1)	Interne Abstimmung	388
	(2)	Markttest	388
	(3)	Konsultation der Mitgliedstaaten	389
	(4)	Die Entscheidung	390
	(5)	Fristen	390

h)	Frühzeitige Vorbereitung möglicher Zusagen		391
i)	Abgabe von Zusagen nach Fristablauf		392
	(1)	Vorgeschichte	392
	(2)	Vorliegen außergewöhnlicher Umstände	393
	(3)	Keine Beeinträchtigung des ordnungsgemäßen Verfahrensablaufs	394
j)	Art der Zusagen		394
	(1)	Die Veräußerungszusage	394
	(2)	Über die Beseitigung der Überschneidung hinausgehende Anforderungen	395
	(3)	Weitere Anforderungen	397
		(a) Kronjuwelen	397
		(b) Upfront-buyer	397
		(c) Der Verkauf virtueller Unternehmen	399
		(d) Teilveräußerung/Entflechtungszusagen	400
	(4)	Andere Formen der Zusage	401
	(5)	Verhaltenszusagen	402
	(6)	Zusagen, die in der Regel nicht akzeptiert werden	404
		(a) Bedingte Zusagen	404
		(b) Zusagen, deren Verwirklichung von Dritten abhängt	404
		(c) Zu komplexe Zusagen	405
		(d) Oligopole	406
		(e) Firewalls	406
		(f) Zusagen, von denen die Kommission nur Kenntnis nimmt	407
k)	Verfahren bei nicht fristgemäß erfüllten Zusagen		407
l)	Die Durchführung der Zusagen		409
	(1)	Treuhänder	410
	(2)	Käufer	411
m)	Reviewklausel		412
n)	Studie über die Wirksamkeit von Zusagen		412

IV. Sondertatbestand: Vollfunktions-Gemeinschaftsunternehmen 412

1. Wirtschaftliche Bedeutung und kartellrechtliche Einordnung von Gemeinschaftsunternehmen (GU) 413
a) GU zwischen Struktur- und Verhaltenskontrolle 413
b) Die Behandlung von GU in der Vergangenheit 417
c) Die Systematik der aktuellen FKVO 419

2. Voraussetzungen eines Vollfunktions-GU 421
a) Gemeinsame Kontrolle 421
b) GU als selbständige wirtschaftliche Einheit 423
   (1) Selbständigkeit 424
       (a) Notwendige Ressourcen 424
       (b) Operationelle Autonomie des GU 427
   (2) Vollfunktion (im engeren Sinne) 428
       (a) Zugang zum Markt entsprechend vergleichbaren Unternehmen 428
       (b) Lieferbeziehungen mit den Muttergesellschaften 429
           (i) Lieferbeziehungen in der Anlaufphase 430

		(ii) Auf Dauer angelegte Lieferbeziehungen	431
	(3)	Dauerhaftigkeit	432

3. Materiellrechtliche Bewertung von Vollfunktions-GU 434
a) Materielle Doppelkontrolle 434
b) Überblick über die wettbewerbsrechtlichen Prüfungskreise 435
c) Abgrenzung potentieller Koordinierungsmärkte (Candidate Markets) . . 438
d) Prüfungskriterien des Art. 2 Abs. 4 und 5 FKVO 440
   (1) Einleitung 440
   (2) Wahrscheinlichkeit der Koordinierung 441
      (a) Anforderungen an den Grad der Wahrscheinlichkeit 442
      (b) Bedeutung der GU-Aktivitäten für die Muttergesellschaften . . 443
      (c) Besondere Marktstrukturen 444
         (i) Marktstrukturen als Indiz für Wahrscheinlichkeit 444
         (ii) Gegen die Wahrscheinlichkeit einer Koordinierung sprechende Strukturen 446
         (iii) Für die Wahrscheinlichkeit einer Koordinierung sprechende Strukturen 447
      (d) Koordiniertes Verhalten in der Vergangenheit 448
   (3) Spürbarkeit der Koordinierung 449
   (4) Kausalität der Errichtung des GU für Koordinierung 450
   (5) Freistellungskriterien des Art. 81 Abs. 3 EGV 452
4. Verfahrensrechtliche Behandlung von Vollfunktions-GU 453
5. Kategorien von GU und ihre kartellrechtliche Behandlung 454
a) Überblick 454
b) GU, die unter die FKVO fallen 455
   (1) Vollfunktions-GU ohne Gruppeneffekt 455
   (2) Vollfunktions-GU mit Gruppeneffekt 456
c) GU, die nicht unter die FKVO fallen 456
   (1) Vollfunktions-GU ohne Gruppeneffekt bei Nichterfüllung der Schwellenwerte 456
   (2) Vollfunktions-GU mit Gruppeneffekt bei Nichterfüllung der Schwellenwerte 457
   (3) Teilfunktions-GU 458

V. Nebenabreden 459
1. Begriff der Nebenabrede 459
2. Unmittelbar verbundene und notwendige Vereinbarungen 460
3. Verfahrensrechtliche Behandlung von Nebenabreden 461
a) Entwicklung der Behandlung von Nebenabreden 461
b) Aktuelle Behandlung von Nebenabreden 463
c) Praktische Auswirkungen der aktuellen Behandlung 463
4. Inhaltliche Beurteilung von Nebenabreden 464
a) Wettbewerbsverbote 465
   (1) Wettbewerbsverbote bei Unternehmensveräußerungen 465
   (2) Wettbewerbsverbote bei Gemeinschaftsunternehmen 466

XXXI

		(3)	Wettbewerbsverboten gleichgestellte Nebenabreden	467
	b)	Lizenzvereinbarungen		467
		(1)	Lizenzvereinbarungen bei Unternehmensveräußerungen	467
		(2)	Lizenzvereinbarungen bei Gemeinschaftsunternehmen	468
	c)	Bezugs- und Lieferpflichten		469
VI.	Verfahren			470
1.	Vollzugsverbot			470
	a)	Vollzugshandlungen		471
	b)	Legalausnahmen vom Vollzugsverbot nach Art. 7 Abs. 2		474
	c)	Freistellung vom Vollzugsverbot im Einzelfall		475
	d)	Verfahren		477
	e)	Rechtsfolgen bei Verstoß gegen das Vollzugsverbot		479
2.	Anmeldung und Fristen			480
	a)	Anmeldung		480
		(1)	Anmeldepflicht	480
			(a) Anmeldebefugnis	480
			(b) Anmeldefrist	481
			(c) Anmeldefähigkeit	481
		(2)	Form der Anmeldung	483
			(a) Erstellung des Formblatts CO	484
			(i) Umfang der erforderlichen Angaben	484
			(ii) DG Competition Best Practices Guidelines	486
			(b) Das vereinfachte Verfahren	488
	b)	Verfahrensfristen		490
		(1)	Die Fristen des Artikels 10	491
			(a) Die Phase I	491
			(b) Die Phase II	492
			(c) Frist nach Aufhebung der Entscheidung durch den Europäischen Gerichtshof	493
			(d) Die Genehmigungsfiktion	493
			(e) Weitere Fristen	493
		(2)	Fristenberechnung	493
			(a) Der Fristbeginn	493
			(b) Das Fristende	494
		(3)	Fristverlängerung	495
	c)	Entscheidungen		497
		(1)	Entscheidungen nach Art. 6 FKVO	498
		(2)	Entscheidungen nach Art. 8 FKVO	499
		(3)	Sonstige Entscheidungen	501
	d)	Veröffentlichung der Entscheidungen		502
	e)	Gebühren		503
3.	Das Verweisungssystem auf Gemeinschaftsebene			503
	a)	Verweisung an die Mitgliedstaaten nach Art. 9 FKVO		504
		(1)	Antragsteller	504
		(2)	Materielle Verweisungsvoraussetzungen	505
			(a) Gesonderter Markt i. S. d. Art. 9 Abs. 2 FKVO	506

		(b) Wesentlicher Teil i.S.d. Art. 9 Abs. 2 Buchst. b FKVO	506
	(3)	Verfahren vor der Kommission	507
	(4)	Entscheidungsmöglichkeiten der Kommission	510
		(a) Verweisungsanträge nach Art. 9 Abs. 2 Buchst. a	510
		(b) Verweisungsanträge nach Art. 9 Abs. 2 Buchst. b FKVO	513
	(5)	Umfang der Verweisung	513
	(6)	Fortführung des Verfahrens in den Mitgliedstaaten	515
b)	Verweisung an die Mitgliedstaaten nach Art. 4 Abs. 4 FKVO	516
c)	Verweisung an die Kommission nach Art. 22 FKVO	519
	(1)	Antragsteller	520
	(2)	Materielle Verweisungsvoraussetzungen	520
	(3)	Verfahren	520
	(4)	Prüfungsumfang durch die Kommission	523
d)	Verweisung nach Art. 4 Abs. 5 FKVO	524

4.	Ermittlungsbefugnisse der Kommission (Art. 11, 12 und 13 FKVO) . .	527
a)	Auskunftsverlangen	527
	(1) Adressat eines Auskunftsverlangens	527
	(2) Einfaches Auskunftsverlangen oder Auskunftsverlangen durch Entscheidung	529
	(a) Einfache Auskunftsverlangen	529
	(b) Auskunftsverlangen durch Entscheidung	531
	(c) Verfahrensfragen	532
b)	Nachprüfungen	533

5.	Sanktionen	533
a)	Geldbußen (Art. 14 FKVO)	534
	(1) Bußgeldbewehrte Verstöße	534
	(a) Verstöße gegen formelle Bestimmungen (Art. 14 Abs. 1 FKVO)	535
	(b) Verstöße gegen materielle Bestimmungen (Art. 14 Abs. 2 FKVO)	538
	(2) Adressat	540
	(3) Vorsatz oder Fahrlässigkeit	540
	(4) Höhe der Geldbuße	541
	(5) Verjährung	542
	(6) Verfahrensfragen	542
b)	Zwangsgelder (Art. 15 FKVO)	542
	(1) Mit Zwangsgeld durchsetzbare Handlungen	543
	(2) Höhe des Zwangsgeldes	543
	(3) Verfahrensfragen	544

6.	Rechte Beteiligter und Dritter im Verfahren	544
a)	Verfahrensbeteiligte	544
b)	Dritte	545
c)	Rechtsgrundlagen	546
	(1) Verfahrensrechte der Anmelder	547
	(2) Verfahrensrechte der anderen Beteiligten	549
	(3) Verfahrensrechte Dritter	550

d)		Die Verordnung über den Zugang der Öffentlichkeit zu Dokumenten des Europäischen Parlaments, des Rates und der Kommission	553
	(1)	Die wesentlichen Bestimmungen der VO (EG) Nr. 1049/2001	554
	(2)	Konsequenzen der Verordnung für die Verfahrensrechte Beteiligter und Dritter in Verwaltungsverfahren der Generaldirektion Wettbewerb	555
		(a) Die Ausnahmeregelung des Art. 4 Abs. 2 der VO (EG) Nr. 1049/2001	555
		(b) Die Ausnahmeregelung des Art. 4 Abs. 3 der VO (EG) Nr. 1049/2001	556
	(3)	Das Antragsverfahren auf Zugang zu einem Dokument	556
7.		Das Fusionskontrollverfahren der Kommission	557
a)		Aufbau der Generaldirektion Wettbewerb	557
b)		Die Organisation des Verfahrens	559
	(1)	Zuständiges Direktorat	559
	(2)	Zusammenstellung der case teams	560
	(3)	Vor Beginn des Verfahrens – Planung des Verfahrensablaufes	560
	(4)	Verfahrensschritte in Phase I	561
		(a) Anmeldung	561
		(b) Veröffentlichung im Amtsblatt der Europäischen Gemeinschaften	562
		(c) Unterrichtung des Wettbewerbskommissars	562
		(d) Ermittlungen	563
		(e) Entscheidungsvorschlag	563
		(f) Entscheidung	563
		(g) Veröffentlichung der Entscheidung	564
	(5)	Das vereinfachte Verfahren	564
	(6)	Verfahrensschritte in Phase II	564
c)		Juristischer Dienst	566
d)		Chefökonom	567
e)		Der Anhörungsbeauftragte	567
f)		Information und Austausch mit den Mitgliedstaaten	568
g)		Internationale Zusammenarbeit	570

VII. Rechtsmittel	571
1. Praktische Bedeutung der gerichtlichen Anfechtung von Fusionskontrollentscheidungen	571
2. EuG und EuGH als Beschwerdegerichte in Fusionssachen	572
3. Klagearten im Hauptsacheverfahren	573
a) Nichtigkeitsklage	573
(1) Klagegegenstand: »anfechtbare Entscheidungen« i. S. d. Art. 230 EGV	574
(a) *Rechtswirkung* und *Beschwer* als Elemente des Entscheidungsbegriffs	574
(b) Beispiele anfechtbarer Entscheidungen im Fusionsverfahren	575
(2) Klagebefugnis	578

		(a) Adressatenklagen: Keine Pflicht zur Darlegung einer Klagebefugnis 578

- (a) Adressatenklagen: Keine Pflicht zur Darlegung einer Klagebefugnis 578
- (b) Konkurrentenklagen: »Unmittelbare und individuelle Betroffenheit« als entscheidende Hürden 579
  - (1) Unmittelbare Betroffenheit 579
  - (2) Individuelle Betroffenheit 580
    - (a) Erstes Kriterium: Beteiligung am Verwaltungsverfahren 581
    - (b) Zweites Kriterium: Potenzielle Beeinträchtigung der Marktstellung von Wettbewerbern 581
  - (3) Frist 582
  - (4) Begründetheitsprüfung 583
    - (a) Mögliche Nichtigkeitsgründe 583
    - (b) Kontrolldichte 584
  - (5) Folgen der Aufhebung einer Kommissionsentscheidung 586
- b) Untätigkeitsklage 586
- c) Schadensersatzklage 587

4. Möglichkeiten zeitnahen Rechtsschutzes in Dringlichkeitsfällen: Einstweiliger Rechtsschutz und beschleunigtes Verfahren 588
   - a) Einstweiliger Rechtsschutz gegen Fusionsentscheidungen 588
   - b) Beschleunigtes Verfahren 592

5. Rechtsmittel 593

6. Form- und sonstige Verfahrensvorschriften 593

Anlage 595

1. Verordnung (EG) Nr. 139/2004 des Rates vom 20. Januar 2004 über die Kontrolle von Unternehmenszusammenschlüssen (»EG-Fusionskontrollverordnung«) 597

2. Verordnung (EG) Nr. 802/2004 der Kommission vom 7. April 2004 zur Durchführung der Verordnung (EG) Nr. 139/2004 des Rates über die Kontrolle von Unternehmenszusammenschlüssen 627

3. Formblatt CO zur Anmeldung eines Zusammenschlusses gemäß der Verordnung (EWG) Nr. 139/2004 des Rates 638

4. Vereinfachtes Formblatt zur Anmeldung eines Zusammenschlusses gemäß der Verordnung (EG) Nr. 139/2004 des Rates 654

5. Formblatt RS für begründete Anträge nach Artikel 4 Absätze 4 und 5 der Verordnung (EG) Nr. 139/2004 664

6. Commission Note on a simplified procedure for treatment of certain concentrations under Council Regulation (EC) No 139/2004 673

7. Leitlinien zur Bewertung horizontaler Zusammenschlüsse gemäß der Ratsverordnung über die Kontrolle von Unternehmenszusammenschlüssen 680

8. DG Competition Best Practices on the conduct of EC merger control proceedings 700

9. Commission Notice on Case Referral in respect of concentrations . . . 709
10. Commission Notice on restrictions directly related and necessary to concentrations 730
11. Verordnung (EG) Nr. 1/2003 des Rates vom 16. Dezember 2002 zur Durchführung der in den Artikeln 81 und 82 des Vertrags niedergelegten Wettbewerbsregeln 738
12. Verordnung (EG) Nr. 1049/2001 des Europäischen Parlaments und des Rates über den Zugang der Öffentlichkeit zu Dokumenten des Europäischen Parlaments, des Rates und der Kommission 747
13. Organisationsplan der Generaldirektion Wettbewerb der Europäischen Kommission 755
14. EG-Vertrag (Auszug) 758
15. Bundeskartellamt: Merkblatt zur deutschen Fusionskontrolle (November 2000) 791
16. Bundeskartellamt: Merkblatt zur Inlandsauswirkung (Januar 1999) . . 800
17. Bundeskartellamt: Auslegungsgrundsätze (Oktober 2000) 803
18. Organisionsplan des Bundeskartellamtes 842
19. Gesetz gegen Wettbewerbsbeschränkungen (GWB) Siebenter Abschnitt: Zusammenschlußkontrolle 844
20. Verordnung (EG) Nr. 447/98 der Kommission vom 1. März 1998 über die Anmeldungen, über die Fristen sowie über die Anhörung nach der Verordnung (EWG) Nr. 4064/89 des Rates über die Kontrolle von Unternehmenszusammenschlüssen 849
21. Bekanntmachung der Kommission über ein vereinfachtes Verfahren für bestimmte Zusammenschlüsse gemäß der Verordnung (EWG) Nr. 4064/89 des Rates 876
22. Mitteilung der Kommission über den Begriff des Vollfunktionsgemeinschaftsunternehmens nach der Verordnung (EWG) Nr. 4064/89 des Rates über die Kontrolle von Unternehmenszusammenschlüssen . 880
23. Mitteilung der Kommission über im Rahmen der Verordnung (EWG) Nr. 4064/89 des Rates und der Verordnung (EG) Nr. 447/98 der Kommission zulässige Abhilfemaßnahmen 884
24. Mitteilung der Kommission über den Begriff des Zusammenschlusses der Verordnung (EWG) Nr. 4064/89 des Rates über die Kontrolle von Unternehmenszusammenschlüssen 897
25. Mitteilung der Kommission über den Begriff der beteiligten Unternehmen in der Verordnung (EWG) Nr. 4064/89 des Rates über die Kontrolle von Unternehmenszusammenschlüssen 907
26. Mitteilung der Kommission über die Berechnung des Umsatzes im Sinne der Verordnung (EWG) Nr. 4064/89 des Rates über die Kontrolle von Unternehmenszusammenschlüssen 919

A. Ordnungspolitische Grundlagen

I. Einführung

1. Bedeutung der Fusionskontrolle

In Deutschland wurde die Fusionskontrolle (Kontrolle von Unternehmenszusammenschlüssen) 1973 im Rahmen der Zweiten Novelle des Gesetzes gegen Wettbewerbsbeschränkungen (GWB) eingeführt. Die Einrichtung dieses wettbewerbspolitischen Instruments gegen unerwünschte wirtschaftliche Konzentration war in der öffentlichen Debatte nicht unumstritten und von kontroversen Diskussionsbeiträgen aus Wissenschaft und Praxis begleitet. Inzwischen bildet – nach mehrfacher Novellierung des GWB – die Fusionskontrolle einen herausragenden Pfeiler der Entscheidungspraxis des BKartA. Seit 1990 ist die Fusionskontrolle auch Bestandteil des europäischen Kartellrechts und in den meisten nationalen Kartellrechten der Mitgliedstaaten der Europäischen Union verankert. 1

Die Fusionskontrolle hat weitreichende Eingriffe in die Entscheidungsfreiheit der von Fusionsverboten betroffenen Unternehmen zur Folge. Eine derart tief greifende staatliche Kontrollbefugnis bedarf einer besonderen Legitimation, die sich in erster Linie an **wirtschaftlichen** und – eng damit verknüpft – gleichzeitig auch an **gesellschaftspolitischen Kriterien** zu orientieren hat. Hierzu gehören die Fragen nach der Zweckmäßigkeit des Wettbewerbs als Ordnungsprinzip wie auch nach der Sinnfälligkeit staatlicher Maßnahmen in der konkreten Ausgestaltung des jeweiligen wettbewerbspolitischen Ordnungsrahmens. 2

2. Thematische Übersicht

Die Grundausrichtung staatlicher Ordnungspolitik in der Wirtschaft wird bestimmt durch die in der Wirtschaftsverfassung vorgegebene Aufgabenverteilung zwischen dem Staat und seinen Bürgern, die eine (eher) zentralistische oder (eher) marktwirtschaftliche Ausprägung haben kann (II.1). Diese (politische) Grundsatzentscheidung reflektiert eine ganz konkrete Vorstellung von der Ordnung von Wirtschaft und Gesellschaft; hiermit haben sich die unterschiedlichen staatsphilosophischen Theorien auseinander gesetzt und versucht, geeignete Lösungen zu entwerfen (II.2). Wenn man sich (aus pragmatischen oder ideologischen Gründen) für eine Wettbewerbsordnung entscheidet, dann sind damit bestimmte wirtschafts- und gesellschaftspolitische Zielvorstellungen verbunden (II.3). Hieraus ergeben sich Schlussfolgerungen für die Wirtschaftspolitik (II.4). 3

Beschränkungen des wirtschaftlichen Wettbewerbs haben unterschiedliche Ansatzpunkte und vielfältige Erscheinungsformen; der Staat hat die Aufgabe, mit wirksamen Maßnahmen für den Schutz der Funktionsfähigkeit der bestehenden Wettbewerbsordnung zu sorgen (III.1). In Deutschland hat sich erst nach dem Zweiten Weltkrieg die Grundidee eines streng an marktwirtschaftlichen Kriterien ausgerichteten Wirtschaftssystems durchgesetzt, deren Entwicklung in die Entstehung des GWB und die Einrichtung einer Fusionskontrolle mündete (III.2). Im gleichen 4

A. Ordnungspolitische Grundlagen

Zeitraum nahm die europäische Einigung mit der Schaffung eines Binnenmarktes konkrete Gestalt an, und es entwickelte sich eine Wettbewerbsordnung im europäischen Rahmen mit einer eigenständigen Konzentrationskontrolle (III.3).

II. Das Ordnungsprinzip Wettbewerb

1. Ausrichtung der staatlichen Wirtschaftspolitik

a) Wirtschaftspolitische Grundsatzentscheidung

5   Zur Wahrnehmung von Staatstätigkeiten gehört als eine Aufgabe von herausragendem Rang die Ordnung der Wirtschaft. Mit den Mitteln der Wirtschafts-, Finanz- und Sozialpolitik schafft der Staat ein Regelungssystem, das den gesellschaftlichen Rahmen gestaltet und die Entfaltungsmöglichkeiten des Einzelnen in starkem Maße beeinflusst. In einer Welt knapper Ressourcen stellt ein möglichst verschwendungsfreier Gütereinsatz eine wichtige Voraussetzung für die Förderung der gesamtgesellschaftlichen Wohlfahrt dar. Die hochgradige Arbeitsteilung, ein Merkmal der modernen Industriegesellschaften, führt durch eine damit einhergehende Spezialisierung tendenziell zu einer Komplizierung der Koordinations- und Verteilungsprobleme in einer Volkswirtschaft.

6   Der Regelmechanismus für Produktion, Konsumtion und Verteilung knapper Güter lässt sich prinzipiell nach zwei verschiedenen Denkansätzen gestalten, die in ihren »reinen Formen« als abstrakte Grenzfälle wohl vorwiegend didaktischen Modellcharakter haben: Die Organisation der Wirtschaftsabläufe kann entweder durch zentrale Steuerung oder aber durch dezentrale Koordination der individuellen Wirtschaftspläne realisiert werden. Im ersten Fall wird die Entscheidungskompetenz für wirtschaftliche Sachverhalte auf eine übergeordnete Instanz übertragen (**Zentralverwaltungswirtschaft**). Bei der zweiten Elementarform einer Wirtschaftsordnung nehmen die Teilnehmer am Wirtschaftsleben mit ihren Einzelentscheidungen Einfluss auf die ökonomischen Prozesse und gestalten damit zugleich das gesellschaftliche Umfeld (**Marktwirtschaft**).

7   In Wirtschaftsordnungen mit staatlicher Planwirtschaft hat sich der Einzelne dem volkswirtschaftlichen Gesamtplan unterzuordnen. Eine Zentrale Plankommission legt für eine bestimmte Periode die Bedingungen für die Produktion von Gütern (und damit implizit auch für deren Konsum) fest; die notwendigen Informationen (Wirtschaftsdaten über die vorhandenen Rohstoffe, Halbfabrikate, Produktionskapazitäten, Arbeitskräfte, etc.) werden von einem bürokratischen System über die verschiedenen Hierarchieebenen in die Zentrale weiter gemeldet. Nach Abschluss der Planaufstellung werden auf umgekehrtem Wege jeder subsidiären Einheit Direktiven erteilt, die das Plansoll vorgeben. Anreize in Form von Belohnungen und Strafen sollen innerhalb eines umfassenden Kontrollsystems bei Über- bzw. Unterfüllung des Plansolls Steuerungsfunktionen entfalten. Unterstützend für die Durchsetzung dieser Wirtschaftsplanung wirkt die staatliche Verfügungsgewalt über die wirtschaftlichen Güter; die Abschaffung von Privateigentum und die ausschließliche Zulassung von kollektivem (»sozialistischem«) Eigentum an den Produktionsmitteln begründet letztlich die politische Macht zur Gestaltung der ökonomischen Prozesse und der Lebensbedingungen der Staatsbürger.

Im Kontrast zur zentral verwalteten Wirtschaft herrscht in der Marktwirtschaft das **Individualprinzip** vor. Die Unternehmen und Haushalte stellen jeweils ihre eigenen Produktions- und Konsumpläne auf und versuchen, diese im Wettbewerb am Markt durchzusetzen. Die Informationsgewinnung und -verarbeitung erfolgt auf einzelwirtschaftlicher Basis. Steuerungs- und Lenkungswirkung gehen von Kosten und Preisen aus, die Richtgrößen für die (iterative) Anpassung der Einzelpläne darstellen; wenn bei hinreichend großer wirtschaftlicher Macht individueller Einfluss auf die Höhe von Kosten und Preisen genommen werden kann, entschärft sich der wettbewerbliche Anpassungsdruck insoweit. Die Koordination der Einzelpläne erfolgt durch Rückkopplungsprozesse im dezentralen Regelungssystem. Der Mobilisierungsmechanismus in einem solchen Umfeld beruht auf Chancen und Risiken, die sich in Gewinnen oder Verlusten für die Marktteilnehmer konkretisieren. Das Privateigentum an Produktionsmitteln ist dabei ein wesentlicher Teil des Anreizsystems; es begünstigt die Verwirklichung einer auf Gewinn ausgerichteten Wirtschaftsordnung durch die kontrollierende Wirkung des Eigeninteresses der Eigentümer. 8

b) Systemwandel und Konvergenzen

Von den beiden idealtypischen Wirtschaftssystemen entstanden sowohl in den Wirtschaftsordnungen der verschiedenen sozialistischen Länder als auch in den Marktwirtschaften der westlichen Industriestaaten jeweils abweichende Ausprägungen. Eigenständige Entwicklungslinien und historische Erfahrungen sowie der Versuch, aufgetretene oder sich abzeichnende systemimmanente Mängel oder Schwächen zu überwinden, führten (hüben wie drüben) zu wirtschafts- und gesellschaftspolitischen Konzepten, die eine Abgrenzung unterschiedlicher realtypischer Erscheinungsformen zulassen. In den zentral gesteuerten Volkswirtschaften ergab sich vor allem aus Gründen fehlender ökonomischer Effizienz und unzureichender individueller (Gestaltungs-)Freiheit ein gesellschaftlich begründeter Reformdruck. Im Gegensatz zu diesem »**Staatsversagen**« waren es in den westlichen Volkswirtschaften vor allem das mangelnde Vertrauen in die Leistungsfähigkeit des Wettbewerbs und die wachsenden, vom Markt nicht (ausreichend) zu bedienenden Kollektivbedürfnisse, die – nicht zuletzt unter den Ansprüchen einer »sozialen Verteilungsgerechtigkeit« – Korrekturen des »**Marktversagens**« durch aktive staatliche Wirtschaftstätigkeit herausforderten. 9

Allen marktwirtschaftlich ausgerichteten Industriestaaten scheint eine ausgeprägte Tendenz zur Zunahme der Staatsquote[1] immanent zu sein – wenngleich mit erheblichen Unterschieden in den einzelnen Ländern. Hauptursache hierfür sind vor allem größere finanzielle Anforderungen an die staatlichen Leistungen und damit die Expansion des Wohlfahrtsstaates. Die jüngsten Erfahrungen (aus unterschiedlichen Staaten) zeigen, dass sich diese schleichende Entwicklung (gelegentlich auch als »Samtpfotensozialismus« bezeichnet) nur schwer und gegen massive Widerstände zurückdrehen lässt. Einen weiteren »**Systemfehler**« in marktwirtschaftlichen Ordnungen bilden staatliche oder öffentliche Unternehmen, die zumeist in so genannten wirtschaftlichen Ausnahmebereichen (häufig mit Monopolcharakter) tätig sind, in denen Wettbewerbsversagen unterstellt wird. Gerade bei den in solchen Berei- 10

---

1 Prozentualer Anteil der Staatsausgaben am Bruttosozialprodukt.

A. Ordnungspolitische Grundlagen

chen ursprünglich vermuteten »natürlichen Monopolen« (z. B. Telekommunikation, Elektrizitätswirtschaft) hat sich nicht zuletzt durch veränderte ökonomische Denkansätze und weit mehr noch durch neuere technische Entwicklungen in jüngster Zeit ein Trend zum Abbau staatlicher Wirtschaftstätigkeit durchgesetzt.

11 Reformen und Wandel in den Wirtschaftsordnungen unterschiedlichster Verfassung haben eine Diskussion darüber entzündet, ob und inwieweit gegebenenfalls sich die an unterschiedlichen Ideologien ausgerichteten Wirtschafts- und Gesellschaftssysteme mit der Zeit aufeinander zu bewegen[2]. Diese so genannte »**Konvergenz-Hypothese**« schien Anfang der 60er Jahre durch die Beobachtungen der gesellschaftlichen Modernisierungsbemühungen in allen Staaten bestätigt zu werden. Letztlich haben sich die mit der Konvergenz-Hypothese verbundenen politischen und ökonomischen Erwartungen allerdings nicht erfüllt. Die jüngste deutsche und osteuropäische Geschichte deutet vielmehr darauf hin, dass wirtschaftlich-gesellschaftliche Transformationen größeren Ausmaßes nicht als kontinuierliche Entwicklungsprozesse, sondern in Form von abrupten Veränderungen auftreten.

c) Interdependenz von Wirtschaftssystem und politischer Ordnung

12 Die Dualismen von zentraler (staatlicher) und dezentraler (marktwirtschaftlicher) Gestaltung der Wirtschaftsprozesse sowie von totalitärer und demokratischer Gesellschaftsordnung haben nicht nur eine Vielzahl struktureller Gemeinsamkeiten, sondern weisen auch einen inneren (**System-)Zusammenhang** auf. Besonders deutlich wird dies bei der Betrachtung der Grundlagen von Markt und Demokratie. Beide Konzepte unterliegen dem gleichen freiheitlichen Prinzip: Der Bürgersouveränität im Staat entspricht die Konsumentensouveränität auf dem Markt. Folgt man dem Ansatz, dass die individuelle Freiheit unteilbar ist, so ist daraus ein inhaltlicher Zusammenhang abzuleiten zwischen der persönlichen, der wirtschaftlichen und der politischen Freiheit (**Ludwig Erhard**).

13 Der Interdependenzgedanke wird deutlich bei der Betrachtung bestimmter **Unvereinbarkeiten** im wirtschaftlichen und im politischen System. Ein Verzicht auf zentrale Planung würde in totalitären Staaten zu einem Kontrollverlust führen, der die Befugnisse der Einheitspartei als bestimmendem politischem Organ aushöhlt und damit das Herrschaftssystem in Frage stellt. Umgekehrt wäre die Einführung einer zentralen Wirtschaftsplanung in einer Demokratie[3] mit der Einrichtung einer Planbürokratie verbunden, die sich leicht der demokratischen Kontrolle entziehen könnte und die für eine dezentrale politische Ordnung konstitutive Machtbalance aufheben würde.

14 Die Interdependenz von wirtschaftlicher und politischer Ordnung lässt sich aber auch auf die normativen Vorgaben des jeweiligen **gesellschaftlichen Wertesystems** stützen. Die zur Demokratie gehörenden individuellen Freiheitsrechte sind durchweg von ökonomischer Relevanz; ihre Wahrnehmung ist weder mit totalitären An-

---

2 So ging etwa der Nationalökonom Joseph A. Schumpeter davon aus, dass den Industriegesellschaften ein »Marsch in den Sozialismus« bevorstehe.

3 Auf eine Bestimmung und Diskussion des Demokratiebegriffs muss aus Gründen der gestrafften Darstellung verzichtet werden. Es ist aber daran zu erinnern, dass der Begriff auch von sozialistischen Staatsphilosophien ideologisch besetzt wird, wie die Bezeichnungen »Volksdemokratie« und »Deutsche Demokratische Republik« aufzeigen. Eine solche Art von »Demokratie« ist in den Ausführungen zu diesem Abschnitt nicht gemeint.

sprüchen der Politik noch mit den Erfordernissen zentraler Verwaltung vereinbar. Demgegenüber kann die zentrale Wirtschaftsplanung ihre politischen Prioritäten nur ohne Berücksichtigung der individuellen Konsumvorstellungen realisieren; alle persönlichen Freiheiten und Wirtschaftstätigkeiten haben sich dem Zentralplan und seinen Kontrollmechanismen unterzuordnen.

Die gleichen gedanklichen Grundsätze spielen auch für die Ideengeschichte der wirtschaftlichen Ordnungsvorstellungen eine Rolle. Die wirtschaftspolitischen Konzeptionen beschränken sich nicht auf eine isolierte Betrachtung des »ökonomischen Prinzips«, sondern stellen übergreifend auf eine **Gesamtschau** von Staat, Wirtschaft und Gesellschaft mit in der Regel umfassender sozialethisch-philosophischer Fundierung ab.

2. Wirtschafts- und gesellschaftspolitische Ordnungsvorstellungen

a) Denkansätze des klassischen Liberalismus

Die moderne Wirtschaftspolitik in marktwirtschaftlichen Ordnungen ist zurückzuführen auf die geistigen Wurzeln des klassischen Liberalismus, die sich vor allem mit dem Namen des Nationalökonomen und Moralphilosophen **Adam Smith** verbinden. In seinem 1776 veröffentlichten Hauptwerk[4] geht er auf die gesellschaftlichen Wirkungen eigeninteressierten Handelns ein und entwickelt dabei wesentliche Grundsätze sozialer Zusammenhänge im Ablauf wirtschaftlicher Prozesse. Das Ergebnis seiner Überlegungen lässt sich in die These fassen, dass individuelle Freiheit und private Wirtschaftstätigkeit im Einklang mit dem Wohlstand des Gemeinwesens stehen.

Ursprünglich stellte das Konzept des klassischen Liberalismus eine geistige Gegenbewegung zum Merkantilismus der absolutistischen Herrscher dar, der die Steigerung der nationalen Wirtschafts- und Handelskraft durch zentrale dirigistische Rahmensetzungen mit staatlichen Interventionen zu erreichen suchte. Dazu gehörte insbesondere eine protektionistische Außenhandelspolitik mit Förderung oder Verbot von Ein- und Ausfuhren auf Kosten des wirtschaftlichen Wachstums in allen übrigen Ländern. Im Gegensatz hierzu setzten die klassischen Nationalökonomen, deren philosophischen Hintergrund die Ideen der Aufklärung und des Liberalismus bildeten, mit ihren Überlegungen zur ökonomischen und sozialen Dynamik der Volkswirtschaft auf die Prinzipien von Arbeitsteilung und Freihandel. Das zu Grunde liegende **ordnungspolitische Leitbild** war dementsprechend eine von staatlichen Interventionen freie Wirtschaft (im Extremfall ein Laissez-faire-Liberalismus mit einem Minimalstaat, der lediglich eine »Nachtwächterfunktion« zu erfüllen hat). Die Gestaltungsaufgabe des Staates bestand vor allem in der Schaffung eines rechtlichen Ordnungsgefüges (auch für den wirtschaftlichen Bereich); seine aktive Teilnahme am Wirtschaftsleben hatte sich jedoch auf die Bereitstellung öffentlicher Güter zu beschränken, deren Produktion privatwirtschaftlich nicht rentabel ist. Individuelles Interesse und gesamtwirtschaftliche Wohlfahrt stehen nach Adam Smith in einer solchen Ordnung von Staat und Wirtschaft in völliger Harmonie: Strebt

---

4 »An Inquiry into the Nature and Causes of the Wealth of Nations« (das Buch erschien fast zeitgleich in deutscher Übersetzung; eine jüngere deutsche Edition wurde herausgegeben von H. C. Recktenwald unter dem Titel »Der Wohlstand der Nationen«, München 1988).

A. Ordnungspolitische Grundlagen

jeder Einzelne nach seinem höchstmöglichen Vorteil, so dient er damit – ohne es zu beabsichtigen oder zu wissen –, wie von einer »unsichtbaren Hand« gelenkt, dem Interessenausgleich und dem Nutzen der Gesellschaft insgesamt.

b) Ideengeschichtliche Weiterentwicklung

18 Als Widerspruch zu den Vorstellungen des Liberalismus von der Selbstregulierungsfähigkeit der Marktwirtschaft und die systemimmanente Verwirklichung eines gewissermaßen »naturgesetzlichen« Zustands gesellschaftlichen Wohlstands formierte sich eine Kritik, die ihren Ausgangspunkt von der Beobachtung tatsächlicher sozialer Missstände nimmt. Vor allem der **wissenschaftliche Sozialismus**, dessen theoretische und philosophische Grundlagen umfassend von **Karl Marx** und **Friedrich Engels** gelegt wurden, sieht im Prozessablauf der »kapitalistischen Wirtschaft« eine gesetzmäßige Entwicklung, die zwangsläufig zu immer stärkerer Konzentration des Kapitals und zunehmend größerer Verelendung der Arbeiterschaft (des »Proletariats«) führen muss. Die Folge sind immer länger andauernde zyklische Krisen, an deren Ende unausweichlich der (gewaltsam herbeigeführte) Untergang des Kapitalismus und seine Ablösung durch die »Diktatur des Proletariats« steht. Als Grundübel für die nicht aufzuhaltende wirtschaftliche und gesellschaftliche Evolution wurde das »Klassenmonopol« der Unternehmer an den Produktionsmitteln angesehen. Hinzu trat die Kritik an der »Anarchie der Märkte«, in der sich eine fundamentale Unterschätzung des Allokations- und Koordinationsproblems in einer Volkswirtschaft ausdrückte.

19 Die **christliche Soziallehre** ist in der Katholischen Sozialphilosophie begründet, deren Wurzeln bis ins Mittelalter zurück reichen. Ihr Ziel ist die Gestaltung einer menschlichen, der christlichen Überzeugung und der Menschenwürde verpflichteten Ordnung mit z. T. naturrechtlicher Fundierung. Die christliche Soziallehre lässt sich nicht als eine einheitliche Denkvorstellung mit verbindlichen Aussagen zusammenfassen; es handelt sich vielmehr um eine Mehrzahl normativer, von christlichen Wertvorstellungen geleiteter Positionsbestimmungen in Abhängigkeit von den jeweiligen geistigen Strömungen und gesellschaftlichen Problemen der verschiedenen Epochen. Gemeinsam ist den christlichen Ordnungsvorstellungen der Versuch, eine eigenständige Antwort auf die »soziale Frage« zu geben, womit zugleich eine Abgrenzung zum Individualismus der liberalen Klassiker und zum Kollektivismus der Sozialisten verbunden ist. Abgelehnt wird sowohl ein uneingeschränktes Konkurrenzprinzip als auch der totalitäre Anspruch von Sozialismus und Kommunismus. Soziale Abhängigkeiten und allzu große gesellschaftliche Ungleichheit werden als Missstände empfunden, die im Einzelfall der staatlichen Korrektur bedürfen. Die individuelle sittliche Verantwortung findet ihren Ausdruck im Prinzip der Subsidiarität, nach welchem die vom Einzelnen oder von untergeordneten Gruppierungen zu leistenden Aufgaben nicht dem Gemeinwesen übertragen werden sollen. Folgerichtig sind in den Ordnungsvorstellungen Ansätze enthalten, die sich für die Vereinigung in (berufsständischen) Organisationen oder für den Ausbau der Mitbestimmung einsetzen; andererseits werden aber auch Forderungen nach staatlichem Eingriff gestellt, falls wirtschafts- und sozialpolitische Korrekturen unter der Maxime einer Solidarität mit den in der Gesellschaft Benachteiligten erforderlich erscheinen. In der deutschen Nachkriegsgeschichte hat die christliche Soziallehre wesentlichen Einfluss auf die Gesellschaftspolitik ausgeübt. Ihre Ideen schlagen sich in vielfältiger Weise im Konzept der **sozialen Marktwirtschaft** nieder; das

zeigt sich im Besonderen in der grundgesetzlich verankerten Sozialpflichtigkeit des Eigentums, in der Freiheit der Tarifparteien sowie in der ausgeprägten, durch Gesetze etablierten Mitbestimmung der Arbeitnehmer.

Als kritische Antwort auf den wirtschaftlichen Interventionismus und den absoluten Machtanspruch der totalitären Staaten erfolgte bereits in der Phase zwischen den beiden Weltkriegen eine stärkere konzeptionelle Rückbesinnung auf die individuellen Freiheitsrechte in Politik und Wirtschaft. Die Einsichten und geistigen Strömungen, welche die Grundideen des klassischen Liberalismus in zeitgemäße gesellschaftspolitische Konzepte einbringen wollten, werden als **Neoliberalismus** bezeichnet[5]. Die Lehren, die aus dem Chaos der Weimarer Republik sowie dem nationalsozialistischen Regime für die Gestaltung von Staat und Gesellschaft in der Nachkriegszeit zu ziehen waren, forderten die Schaffung einer demokratischen Ordnung, die verhindert, dass wirtschaftliche und politische Machtzusammenballungen die Freiheit des Einzelnen und die Funktionsfähigkeit des Ganzen bedrohen. Der Staat muss den Rahmen für eine freie und offene Gesellschaft schaffen, deren Mitglieder – in den Grenzen des Verfassungsrechts und der Regeln des Zivil- und Strafrechts – ihre Interessen eigenständig wahrnehmen und ihr Leben weitgehend selbstbestimmt gestalten können. Die Offenheit der Gesellschaft (i.S. einer evolutorischen Aufgeschlossenheit) folgt aus der Skepsis bezüglich Idealbildern von Mensch oder Gesellschaft, die es zu verwirklichen gelte. Die Vermachtung der Wirtschaft muss durch entsprechende staatliche Vorkehrungen verhindert werden. Im Übrigen muss auch die wirtschaftliche Entwicklung für Veränderungen offen bleiben. In einer solcherart »spontanen Ordnung« ist der Wettbewerb als »Entdeckungsverfahren« (**Friedrich August von Hayek**) für Marktergebnisse anzusehen, die weder planbar noch überhaupt vorhersehbar sind.

Das neoliberale Gedankengut lässt sich verschiedenen, teilweise auseinander fallenden Denkrichtungen mit gleichem Grundansatz zuordnen. Eine davon ist die so genannte »**Freiburger Schule**«, die den **Ordoliberalismus** begründete. Dessen Vorstellungen schlagen sich in einer ordnungspolitischen Konzeption nieder, die den Schutz der individuellen wirtschaftlichen Handlungsfreiheit (auch gegenüber dem Staat) in den Mittelpunkt stellt. Ein starker Staat hat eine auf allgemeinen, strikt einzuhaltenden Regeln aufgebaute Wettbewerbsordnung mit möglichst »vollständiger Konkurrenz« (gleichbedeutend mit größtmöglicher Machtlosigkeit der Marktteilnehmer) zu etablieren. Dazu bedarf es nach ordoliberaler Auffassung einer radikalen Antimonopolpolitik, die sich auch gegen kollektive Machtformen in Kartellen oder in Konzernen richten müsse. Hingegen ist der Staat gehalten, von steuernden Interventionen in Wirtschaftsprozesse abzusehen. Die Erkenntnis über eine wechselseitige Abhängigkeit von Rechtsordnung und Wirtschaftsordnung, von Privatrechtsgesellschaft und Marktwirtschaft führte zum Ansatz einer ordnungspolitischen Gesamtausrichtung, dem »Denken in Ordnungen« (**Walter Eucken**). Der gesamte Ordnungsrahmen bildet zugleich das Werte- und Referenzsystem für die Entscheidung über weitere gesellschaftlich relevante Fragen.

---

5 In der derzeitigen politischen Auseinandersetzung ist der lediglich klassifizierende und an sich wertneutrale dogmenhistorische Terminus »neoliberal« immer häufiger zum Unwort verkommen und wird vielfach als Agitationsklischee gegen politisch missliebige Versuche verwendet, ein ausuferndes sozialstaatliches Leistungssystem den an sich notwendigen Rückführungen zu unterwerfen.

22 Das wirtschaftspolitische Leitbild der **sozialen Marktwirtschaft** kann als Konkretisierung der ordoliberalen Vorstellungen aufgefasst werden. In diesem Ordnungskonzept soll das Prinzip der Freiheit auf dem Markt mit dem Prinzip des sozialen Ausgleichs verbunden werden (**Alfred Müller-Armack**), was im Ergebnis die Zulassung von gesellschaftlich bzw. sozial begründeten staatlichen Interventionen bedeutete. Das Konzept der sozialen Marktwirtschaft sollte im Grunde das Spannungsfeld zwischen freiheitlicher Gesellschaft und staatlicher Vorsorge auflösen. Dabei dürfen die Interventionen die »Marktapparatur« nicht stören, sie müssen marktkonform sein; der freie Markt ist Voraussetzung für die Schaffung von Wohlstand. Sofern die Selbststeuerung des Wettbewerbs (auch unter Einsatz des wettbewerbspolitischen Instrumentariums) keine zufrieden stellenden Ergebnisse zeigt[6], ist der Staat gefordert. Er kann kollektive Güter, die der Markt nicht oder nur in unzureichendem Maße hervorbringt, durch öffentliche Unternehmen bereitstellen oder ein »natürliches Monopol« durch Regulierung möglichst ordnungskonform kontrollieren.

c) Leitbilder der praktischen Wettbewerbspolitik

23 Die neoliberale Ordnungskonzeption hatte es – ebenso wie bereits die wegbereitenden Denkansätze der Klassiker – unterlassen, die Bedingungen herauszuarbeiten, unter denen sich als Ergebnis von wirtschaftlichem Wettbewerb der harmonische Ausgleich der Einzelinteressen und des Gesamtwohls einstellt. Der im wirtschaftlichen Prozessablauf erwartete Gleichgewichtszustand wurde mehr und mehr zum Referenzmaßstab für rein ökonomische Betrachtungen, die in immer feiner ausgearbeiteten, stark mathematisch ausgerichteten **preistheoretischen Modellen der vollständigen Konkurrenz** gipfelten. Der Blickwinkel dieser Wettbewerbsmodelle verengte sich auf die Bedingungen des Zustands am Ende des Wettbewerbsprozesses und war damit statischer Natur; prozessbezogene, dynamische Aspekte blieben dagegen unberücksichtigt. Die preistheoretische Ausrichtung reduzierte darüber hinaus die Frage nach der Preisbildung im Gleichgewichtszustand bzw. im Falle von Störungen (durch veränderte Marktkonstellationen) auf lediglich einen Parameter, der zudem durch die Modellbedingungen determiniert wird und (auf mathematischem Wege) genau ermittelt werden kann. Der wesentlichste Einwand gegen die neoklassischen Modelle der vollständigen Konkurrenz war und ist daher der begrenzte Erklärungsgehalt für die praktische Wettbewerbspolitik. Die mathematisch präzise Berechenbarkeit der Modelle wurde erkauft durch einen hohen Abstraktionsgrad der Modellannahmen[7], die im Kontrast zur realen Welt standen. Die entsprechende Kritik (die zuweilen auch auf die gesamte neoliberale Konzeption übertragen wird) verkennt allerdings den eigentlichen Zweck der Modellanalyse, deren Aussagekraft sich in der Erforschung von Wirkungszusammenhängen des Markt-

---

6 Der Interpretationsspielraum zur Beurteilung dieses Sachverhalts ist beträchtlich. Dies ist (zusammen mit der Variationsbreite möglicher Anspruchsniveaus an den Staat und seine Leistungen) ein wesentlicher Grund für die derzeit zu beobachtende Überforderung des Sozialstaats. Die unzureichenden Ergebnisse sind insoweit zumeist auch nicht Ausdruck eines »Marktversagens«, sondern eher das Ergebnis von »Staats- oder Politikversagen«.

7 Streng-rationales Verhalten der Marktteilnehmer; Fehlen von sachlichen, räumlichen und zeitlichen Präferenzen; völlige Homogenität der Güter; (unendlich) große Reaktionsgeschwindigkeit; sehr große Zahl von Anbietern und Nachfragern mit jeweils sehr geringen Marktanteilen; totale Markttransparenz; unbegrenzte Mobilität.

mechanismus (Marktsystems) erschöpft. Für die Leitbildvorstellung hat dies hingegen keine Bedeutung: Die vollkommene Konkurrenz als erstrebenswerter Zustand wird also nicht in Frage gestellt, obwohl kein Erreichen, sondern nur eine (größtmögliche) Annäherung an die Idealvorstellung realisierbar ist.

Die Realitätsferne der Prämissen im neoklassischen Modell lieferten den Anlass für Weiterentwicklungen. Einerseits handelte es sich dabei um Modifikationen der Modellbetrachtung durch das Konzept des unvollständigen Wettbewerbs, die innerhalb der preistheoretischen Denktraditionen verharrten. Zum anderen wurden aus der Erkenntnis, dass die schrittweise Beseitigung von Unvollkommenheiten nicht notwendig eine Annäherung an den Idealzustand bedeutet, sondern auch zur Verschlechterung der Wettbewerbsbedingungen führen kann, die bisherigen Denkmuster aufgegeben. In dem auf diesen Einsichten beruhenden **Konzept des funktionsfähigen Wettbewerbs** (»workable competition«) sind Marktunvollkommenheiten, wie z. B. Anpassungsverzögerungen, Inhomogenität von Produkten oder Einschränkungen der Markttransparenz, nicht nur unabänderliche und somit hinzunehmende Erscheinungen in einer unvollkommenen Welt, sondern sogar essentielle Funktionsvoraussetzungen und Stimulanz für wirksamen Wettbewerb (**John M. Clark**). In Weiterführung dieses Ansatzes ist beim **Konzept der optimalen Wettbewerbsintensität** (**Erhard Kantzenbach**) die für den Wettbewerb günstigste Marktform das »weite Oligopol« mit einer überschaubaren Anzahl von Anbietern, die ihre unternehmerischen Entscheidungen in Reaktionsverbundenheit mit ihren Konkurrenten treffen müssen.

Um die Bedingungen für den Wettbewerb und seine Auswirkungen marktbezogen zu erfassen, können die Merkmale, die einen Markt bestimmen, in die Kategorien **Marktstruktur, Marktverhalten und Marktergebnisse** eingeteilt werden. Dieses auf die so genannte **Harvard School** zurückgehende Paradigma legt eine Beziehungsabfolge nahe, nach welcher aus der Struktur eines Marktes das Verhalten der Marktteilnehmer bestimmt wird und daraus wiederum das Ergebnis. Damit lässt sich jedoch keine strikte Kausalkette, sondern lediglich ein undeterminierter Wirkungszusammenhang (mit Rückwirkungen von Verhalten und Ergebnissen auf die Marktstruktur) begründen. Wettbewerbspolitische Konsequenz dieses Ansatzes ist eine primär marktstrukturorientierte Ausrichtung, was sich beispielsweise in einer an Marktanteilen orientierten Fusionskontrolle zeigt. Gegen das Struktur-Verhalten-Ergebnis-Paradigma wendet sich das **Konzept der bestreitbaren Märkte** (»contestable markets«), nach welchem der Struktur allenfalls eine untergeordnete Bedeutung für die Beurteilung der Wettbewerbseffizienz eines Marktes zukommt. Im Falle bestreitbarer Märkte kann demnach das Drohpotenzial eines Marktzutritts von (bisher) potenziellen Wettbewerbern ausreichen, um selbst einen Monopolanbieter zu disziplinieren. Dieses Ergebnis steht allerdings unter den sehr restriktiven Annahmen eines Fehlens von Marktzutritts- und Marktaustrittsschranken.

Das Konzept des funktionsfähigen Wettbewerbs wird von der so genannten **Chicago School**, einer ebenfalls neoliberalen Denkrichtung, abgelehnt. Sie geht davon aus, dass sich langfristig die vorteilhafteste Marktstruktur von selbst herausbildet, sofern keine staatlichen Zugangsbeschränkungen errichtet werden. Nach dieser ausschließlich an der ökonomischen Effizienz ausgerichteten Konzeption wird im Wettbewerb der Leistungsfähigste überleben (»Survivor-These«). Konzentration und Wettbewerb sind nicht als Widerspruch anzusehen, da die Unternehmen durch Zusammenschlüsse ihre wettbewerbsoptimale Unternehmensgröße herausfinden wol-

A. Ordnungspolitische Grundlagen

len und auch erreichen können. Die Konzeption geht von ausreichenden Selbstregulierungskräften aus, die langfristig den Wettbewerb im Markt sichern. Da nach vorliegender Auffassung nur horizontale Absprachen (Kartelle) als wettbewerbsschädlich anzusehen sind, empfiehlt sich eine über diesen Regelungsgegenstand hinausgehende prinzipielle Enthaltsamkeit der staatlichen Wettbewerbspolitik, wozu auch eine starke Zurückhaltung gegenüber Unternehmenszusammenschlüssen gehört.

3. Aufgaben einer Wettbewerbsordnung

27 Allen marktwirtschaftlichen Ordnungskonzepten gemeinsam ist die Grundüberlegung, dass sich durch den wirtschaftlichen Wettbewerb Vorteile ergeben, die den gesamtgesellschaftlichen Wohlstand fördern. Der Wettbewerb erfüllt hierbei unterschiedliche Funktionen. Er ist einerseits ein **Motivationssystem**, mit welchem das individuelle Erwerbsstreben von Anbietern und Nachfragern in friedlicher Rivalität nutzbar gemacht wird (Anreizfunktion). Zum anderen ist der Marktmechanismus ein **Instrument zur Lenkung von Marktprozessen**, in denen die Entstehung wie auch die Erosion wirtschaftlicher Macht auftreten (Steuerungsfunktion). Zugleich zwingt er solche Anbieter, die im Wettbewerb dauerhaft unterlegen sind, zum Ausscheiden aus dem Markt (Selektionsfunktion).

a) Steuerung der Marktprozesse

28 In einer Marktwirtschaft entsteht durch einen funktionsfähigen Wettbewerb ein Druck auf die Preise und Kosten. Deutlich über den Herstellungskosten liegende Preise ermöglichen hohe Unternehmergewinne, die andere Anbieter zum Marktzutritt ermutigen. Nehmen diese als neue Wettbewerber bei fehlenden oder hinreichend geringen Marktzutrittsschranken ihre Chancen wahr, so entsteht für alle Marktteilnehmer ein Leistungsdruck, sich durch Kostensenkungen oder qualitätssteigernde Produkt- und Verfahrensinnovation von den Konkurrenten abzuheben. Der Marktpreis hat insoweit Signalcharakter, nicht zuletzt auch für die Koordination der einzelwirtschaftlichen Pläne von Unternehmen und Haushalten. Er zeigt als Knappheitsindikator die Bedarfsintensität von Gütern und Dienstleistungen an und erfüllt somit die **Funktion einer Angebotssteuerung** entsprechend den Präferenzen der Nachfrager. Zugleich zwingt der Wettbewerb zum möglichst sparsamen Einsatz der Produktionsfaktoren. Über ihren Knappheitspreis, der bei alternativen Einsatzmöglichkeiten eine unterschiedlich effiziente Nutzung anzeigt und dementsprechend zu einem unterschiedlich hohen Entgelt führen kann, werden die Produktionsfaktoren an den jeweiligen Ort ihrer optimalen Verwendung gelenkt (**Funktion der Faktorallokation**). Damit ist implizit eine monetäre Bewertung der Einsatzfaktoren verbunden, die sich in einer Primärverteilung des Einkommens entsprechend der am Markt erbrachten Leistung niederschlägt (**Verteilungsfunktion**).

b) Dynamische Marktentwicklung

29 Die bisher beschriebenen Funktionen (Angebotssteuerung, Allokation, Verteilung) stellen auf die Ergebnisse ab, die sich bei funktionsfähigem Wettbewerb im Zu-

stand des Gleichgewichts einstellen, und haben insofern den Charakter einer statischen Betrachtung. Wettbewerb ist aber zugleich ein dynamischer und interaktiver Prozess, der Weiterentwicklungen des Marktes durch mehrere Phasen (**Ernst Heuss**) berücksichtigt wie auch seinerseits anstößt. Auf Nachfragerseite ergeben sich im Zeitablauf Veränderungen der Bedarfsstruktur und damit auch der Käuferpräferenzen. Gleiches gilt für die Rahmenbedingungen, unter denen Angebot und Nachfrage auf Märkten ausgeglichen werden. Aber auch innerhalb der Unternehmen findet ein Wandel der Angebotsstruktur als Ergebnis von Produkt- oder Verfahrensinnovationen statt. Auf neue Rahmenbedingungen müssen sich die Unternehmen unverzüglich einstellen, wenn sie (weiterhin) erfolgreich sein wollen. Der Wettbewerb erzwingt diese unternehmerischen Reaktionen auf Veränderungen der Umwelt (**Anpassungsfunktion**), weil er als Sanktionsmechanismus mit wirtschaftlichem Erfolg belohnt und mit Misserfolg bestraft, im äußersten Fall mit dem Ausscheiden aus dem Markt.

Die **Innovationsfunktion** des Wettbewerbs bewirkt, dass die Unternehmen durch Einführung des technischen Fortschritts leistungsfähiger werden. Eine erfolgreiche Innovation verschafft dem initiativen Unternehmer einen Vorsprung im Wettbewerb, der gelegentlich (vor allem im Falle der Kreation neuer Produkte) zu einer temporären Monopolstellung führen kann. Eine vorübergehende Besserstellung des Pionierunternehmers ist dabei unter Anreiz- und Motivationsgesichtspunkten wettbewerbspolitisch gewollt und wird typischerweise durch staatliche Schutzvorkehrungen (Patentrecht) gefördert und gestützt. Die übrigen Wettbewerber auf dem Markt können durch Imitation des technischen Fortschritts oder durch eigenständige Innovationen die Marktentwicklung ihrerseits vorantreiben. Die in der Marktdynamik begründeten Wechsellagen sind insofern systembedingte, einen Strukturwandel vielfach einleitende (oder zumindest begünstigende) ungleichgewichtige Wettbewerbszustände, die durch Anpassung und Gegenreaktionen der Marktteilnehmer ständig in Bewegung sind. 30

c) Freiheitssicherung und Machtkontrolle

Neben der Durchsetzung ökonomischer Effizienz hat der Wettbewerb zusätzlich eine **gesellschaftspolitische Funktion**. Die schon von den klassischen Nationalökonomen unterstellte Wohlstandsförderung ist das Ergebnis einer marktwirtschaftlichen Ausrichtung des staatlichen Ordnungsrahmens. Am »Prinzip der Konsumentensouveränität« orientierte Wirtschaftsabläufe sichern dem Verbraucher zudem ein Höchstmaß an individueller (Wahl-)Freiheit. Zugleich sorgt ein funktionsfähiger Wettbewerb i.S. eines Verbraucherschutzes für die Verhinderung von Konsumentenausbeutung durch die Anbieter von Gütern und Dienstleistungen und damit der Einschränkung der materiellen Verbraucherfreiheit. 31

Wenn der Wettbewerb als »das großartigste und genialste Entmachtungsinstrument der Geschichte« (**Franz Böhm**) aufgefasst wird, so ist damit die Kontrolle wirtschaftlicher Macht gemeint. Die individuellen Freiheiten aller Marktteilnehmer werden in dem Rahmen gewährleistet, den der Markt (ergänzt durch die Rechtsgarantien der Verfassung und der Gesetze) umreißt. Funktionsfähiger Wettbewerb ist gleichbedeutend mit der Absicherung einer freiheitlichen Nutzung von Handlungsalternativen. Zugleich manifestiert sich das gesellschaftspolitische Freiheitsziel in den durch Wettbewerb geschaffenen Freiheitsräumen sowie in den Begrenzungen 32 wirtschaftlicher Macht und ihrer Missbrauchsmöglichkeiten. Schutz des Wettbewerbs ist somit stets gleichzusetzen mit dem Schutz der individuellen Freiheiten.

33 Ein Aspekt der Machtbegrenzung betrifft auch die politische Dimension wirtschaftlicher Macht. Aus der Interaktion von Politik und Wirtschaft ergeben sich Einflussstränge zwischen diesen Polen, die in beide Richtungen weisen. Der Einfluss der Politik auf die Wirtschaft liegt auf der Hand: Die Gestaltungsmöglichkeiten durch den Erlass von Gesetzen umfassen die Rahmensetzung, aber auch die Feinsteuerung, die gegenüber Produzenten und Konsumenten Wirksamkeit entfaltet. Umgekehrt kann auch die Politik in eine Abhängigkeit geraten, die auf wirtschaftlichem Potenzial fußt. Die faktische Konkursunfähigkeit von Unternehmen oberhalb einer bestimmten Größenordnung zeigt dies anschaulich. Ein anderes Beispiel sind internationale Großgeschäfte, die teilweise massive außenpolitische Wirkungen entfalten. Maßnahmen zur Begrenzung wirtschaftlicher Macht sind insofern (der Tendenz nach) zugleich Maßnahmen gegen unerwünschte politische Einflussnahme von starken wirtschaftlichen Kräften.

d) Sozialpolitische Korrekturen

34 Die Verteilungsfunktion des Marktes entsprechend dem Leistungsbeitrag des einzelnen Marktteilnehmers wird unter sozialpolitischem Aspekt häufig als unbefriedigend empfunden. Einerseits können im Falle der Güterknappheit die auf dem Markt erzielbaren Preise als ungleichgewichtig überhöht und damit als nicht leistungsgerecht beurteilt werden; zum anderen stellen die Markteinkommen nicht notwendigerweise auf die tatsächlichen Bedürfnisse ab und können daher in einzelnen Fällen leistungsschwächeren Einkommensbeziehern das Existenzminimum oder einen gesellschaftlich geforderten Mindeststandard an persönlicher Wohlfahrt nicht sichern. Nach dem Konzept der sozialen Marktwirtschaft bedürfen in einem solchen Fall die Marktergebnisse einer Korrektur: Neben das (marktwirtschaftliche) Prinzip der **Verteilung nach der Leistung** tritt subsidiär das (sozialpolitische) Prinzip der **Verteilung nach dem Bedarf**. Der korrigierende staatliche Eingriff führt zu einer Umverteilung des Einkommens innerhalb der verschiedenen gesellschaftlichen Gruppierungen: zwischen Jungen und Alten, zwischen Beschäftigten und nicht (mehr) Aktiven, zwischen Wohlhabenden und Armen, zwischen Beziehern von hohen und von niedrigen Einkommen etc. Die beiden Verteilungsprinzipien müssen – das ist in heutiger Zeit insbesondere bei den Anhängern einer »Politik stärkerer sozialer Gerechtigkeit« gelegentlich in Vergessenheit geraten – gemeinsam beachtet werden. Wenn die marktwirtschaftliche Verteilungskomponente über Gebühr vernachlässigt wird, ergeben sich daraus zwangsläufig negative Auswirkungen auf die Anreizfunktionen und die Steuerungsaufgaben des Marktes.

35 Die Frage nach der Höhe der Transferleistungen (und ggf. auch nach der Richtung der Umverteilung) innerhalb des sozialen Ausgleichs lässt sich nicht anhand objektiver Maßstäbe ermitteln. Das Ausmaß bedarfsorientierter Korrekturen ist das Ergebnis der jeweils bestehenden, zeitlichem Wandel unterworfenen gesellschaftlichen Werte und wird damit zugleich zum Gegenstand politischen Handelns. Da die Umverteilung einzelne gesellschaftliche Gruppierungen belastet und andere begünstigt, wird das Ausmaß des sozialpolitisch wünschenswerten Ausgleichs zwischen den verschiedenen Interessengruppen regelmäßig umstritten sein.

4. Schlussfolgerungen

Als Konsequenz der voranstehenden Überlegungen ergibt sich, dass marktwirtschaftliche Systeme im Verhältnis zu Zentralverwaltungswirtschaften nicht nur durch höhere ökonomische Effizienz ausgezeichnet sind, sondern auch ein dynamischeres Wachstum und einen größeren Wohlstand für breite Bevölkerungsschichten generieren. In dezentralen Wirtschaftsordnungen sind Markt und Wettbewerb elementare Bestandteile des Systems und zugleich Schutzobjekt staatlicher Politik. Das staatliche Leitbild in einer sozialen Marktwirtschaft kann sich daher nicht in einer »Nachtwächterfunktion« erschöpfen; ein starker Staat muss die Rahmenbedingungen des Wirtschaftens mit der Zielvorgabe der individuellen Freiheit und der ökonomischen (Markt-)Effizienz schaffen und erhalten. Da sich Marktlagen verändern und sich ein Gleichgewichtszustand i. S. d. klassisch-liberalen Harmonievorstellungen nicht automatisch einstellt, muss staatliche Politik die Selbststeuerung der Märkte durch rigorose Maßnahmen gegen Wettbewerbsbeschränkungen unterstützen. Außerdem ist zur Sicherung des Wettbewerbssystems notwendig, dass der Staat seinerseits Maßnahmen vermeidet, die über Gebühr in den Marktmechanismus eingreifen. Das gilt nicht nur für die Wirtschaftstätigkeit der öffentlichen Hand (in Bund, Ländern und Gemeinden), sondern auch für die insbesondere sozialpolitisch motivierten umverteilenden Eingriffe in den Markt. Zur weitgehenden Erhaltung der Funktionsfähigkeit von Märkten müssen staatliche Maßnahmen das Subsidiaritätsprinzip beachten, nach welchem der Entfaltung der individuellen Möglichkeiten und der personellen Selbstverantwortung am besten in einer Organisation Rechnung getragen werden kann, in welcher der Staat nur solche Aufgaben der Daseinsvorsorge und -gestaltung übernimmt, die den Einzelnen bzw. die gesellschaftliche Gruppe überfordern würden (Vorrang der Selbsthilfe). Zum anderen muss auch die Intensität des notwendigen staatlichen Eingriffs möglichst ordnungskonform sein, um gravierende Beeinträchtigungen des Wettbewerbs zu vermeiden.

III. Einrichtung eines wettbewerblichen Ordnungsrahmens

1. Maßnahmen einer Politik gegen Wettbewerbsbeschränkungen

a) Staatliche Aufgabenwahrnehmung

Staatliche Wettbewerbspolitik ist in mehrfacher Hinsicht gefordert, Freiheit und Funktionsfähigkeit des Wettbewerbs zu sichern. Kritisch zu hinterfragen sind aber auch solche Beschränkungen des Wettbewerbs, die letztlich durch staatliches Handeln verursacht werden. Diese finden sich vorrangig in solchen Bereichen des Wirtschaftslebens, in denen Wettbewerb unerwünscht ist, besonders dann, wenn die Bereitstellung bestimmter Güter und Dienstleistungen als **originäre staatliche Aufgabe** begriffen wird; dazu gehören z.B. Ausbildung oder innere Sicherheit sowie die klassischen Bereiche der Daseinsvorsorge. Generell übernimmt die staatliche Wirtschaftspolitik zudem eine aktive Rolle in solchen Wirtschaftsbereichen, in denen (erwiesenes oder vermutetes) »**Marktversagen**« zu wirtschafts- bzw. gesellschaftspolitisch unbefriedigenden Marktergebnissen führt. Solches Marktversagen kann auf mangelnder Marktfähigkeit von sog. meritorischen Gütern beruhen, was

A. Ordnungspolitische Grundlagen

sich im Wettbewerb in einer Unterversorgung der Bevölkerung ausdrückt (gemessen am gesellschaftlich wünschenswerten Versorgungsgrad). Marktversagen liegt ebenfalls in den Fällen des »natürlichen Monopols« vor, wo die Marktversorgung aus wirtschaftlichen oder technischen Gründen am kostengünstigsten von nur einem Anbieter vorgenommen werden kann. Staatliche Wirtschaftspolitik übernimmt in den Fällen des Marktversagens die Verpflichtung, eine als defizitär empfundene Versorgung durch die Produktion öffentlicher Güter sicherzustellen bzw. die Wirtschaftsbereiche mit Monopolstrukturen einer Regulierung zu unterwerfen, welche ersatzweise die Aufgaben erfüllt, die im funktionsfähigen Wettbewerb durch den Markt sichergestellt werden. Darüber hinaus ist die Wirtschaftspolitik gefordert, die Feststellung des Marktversagens immer wieder neu zu hinterfragen und mehr Wettbewerb zuzulassen, sofern dies (z. B. nach Fortfall der früheren technischen Restriktionen) möglich erscheint. Überall dort, wo der Staat Verantwortung für die wirtschaftliche Versorgung übernommen hat, muss er durch Deregulierung bzw. Rückzug aus der Wirtschaftstätigkeit den Strukturwandel ermöglichen und fördern.

38 Die staatliche Aufgabenwahrnehmung im Bereich der privat verursachten **Beschränkungen des Wettbewerbs** richtet sich zunächst gegen den Einsatz unfairer Wettbewerbspraktiken. Die Rahmenbedingungen für funktionsfähigen Wettbewerb erfordern einen hinreichenden Schutz der Vertragsparteien nicht nur vor Betrug und Nötigung (die durch die Strafgesetzgebung verfolgt werden können), sondern auch vor Täuschung und Behinderung im Geschäftsverkehr. Rechtsgrundlage für das Verbot von Handlungen, die gegen die guten Sitten verstoßen, ist das Gesetz gegen den unlauteren Wettbewerb (UWG), das bereits 1909 erlassen und seitdem mehrfach novelliert worden ist; weitere auf das Verhalten von Unternehmen im Wettbewerb abstellende gesetzliche Vorschriften waren die Zugabeverordnung, das Rabattgesetz und das Gesetz über die Allgemeinen Geschäftsbedingungen. Im Gegensatz zum UWG, das den Wettbewerber und den Endverbraucher schützen soll, hat das Kartellrecht den Schutzzweck, die Existenz des Wettbewerbs zu sichern. Es wendet sich gegen unerwünschte Beeinflussung der Marktabläufe, die in unterschiedlichen Erscheinungsformen auftreten.

b) Kartellrechtlich relevantes Marktverhalten

39 Unternehmen können bei marktkonformem Verhalten ihre Wettbewerbsposition stärken, indem sie (z. B. durch Rationalisierung) ihre Kosten senken oder (z. B. durch Innovationen) ihr Angebot von Gütern und Dienstleistungen verbessern. Andererseits fördert der vom Markt ausgehende Wettbewerbsdruck aber auch solche Verhaltensweisen, die geeignet sind, ein Unternehmen durch Wettbewerbsbeschränkungen unbequemen Zwängen oder wirtschaftlichem Risiko zu entziehen. Die staatliche Wettbewerbspolitik muss solche unternehmerischen Dispositionen durch ein **System von Kontrollen und Verboten** erfassen. Im Sinne einer Güterabwägung bedeutet der staatliche Eingriff in die wirtschaftliche Selbstbestimmung des Einzelnen zugleich eine Einschränkung der Vertragsfreiheit sowie der Verwertungsmöglichkeiten des Privateigentums.

40 Die Ansätze für Beeinträchtigungen des Wettbewerbs lassen sich systematisieren in:
 – Kooperation,
 – Monopolisierung und
 – Konzentration.

Gemeinsamer Zweck dieser Verhaltensweisen ist eine stärkere unternehmerische Kontrolle des Wettbewerbsgeschehens, im äußersten Falle bis zum Erreichen einer marktbeherrschenden Stellung. Im Hinblick auf die Stoßrichtung innerhalb der Wirtschaftsstufen bzw. Märkte haben horizontale Wettbewerbsbeschränkungen, die sich auf der gleichen Produktionsstufe bzw. auf dem gleichen sachlich relevanten Markt auswirken, den unmittelbarsten Einfluss auf das Verhalten und die Ergebnisse im Markt. Bei vertikalen Wettbewerbsbeschränkungen im Käufer-/Verkäufer-Verhältnis und unter besonderen Voraussetzungen auch bei **unverbundenen Märkten** kann eine bestehende Marktbeherrschung auf eine andere Marktebene übertragen werden. 41

Über **Kooperationen** (Kartelle, vertikale Preisbindungen) können Unternehmen ihr Verhalten zu Lasten Dritter abstimmen und unmittelbar auf das Marktergebnis einwirken. Daraus resultieren kollektive Wettbewerbsbeschränkungen, die den Beteiligten die Marktrisiken abnehmen und – ganz besonders im Falle der Marktbeherrschung – ihren Markterfolg vergrößern sollen. Derartige Verhaltensabstimmungen münden in Preis-, Konditionen- und Mengenkartellen; gerade die Märkte mit großer Produkthomogenität eignen sich zu vertraglichen Wettbewerbsbeschränkungen, wobei im Falle hoher Marktzutrittsschranken auch die Gefahren durch Außenseiterwettbewerb reduziert werden. Denkbar sind aber auch wettbewerbsförderliche Kooperationen (z.B. im Bereich Forschung und Entwicklung), wenn dadurch Projekte realisiert werden, welche die kooperierenden Unternehmen (unter Risiko- oder Finanzierungserwägungen) allein nicht durchführen würden. 42

Praktiken zur **Monopolisierung** von Märkten bezwecken eine Verdrängung oder Behinderung anderer Wettbewerber durch Aufbau bzw. Absicherung überragender Marktstellungen. Wenn die darauf abzielenden Verhaltensweisen nicht auf überragender Marktleistung dynamischer Unternehmer beruhen (z.B. im Falle von Innovationen), stellen sie eine Gefährdung der Funktionsfähigkeit des Wettbewerbs dar und sind als missbräuchlich einzuordnen. Neben der Verdrängung und Behinderung aktueller Wettbewerber wirkt auch die Verhinderung des Marktzutritts (als Beschränkung der potenziellen Konkurrenz) wettbewerbsschädlich. Im Erfolgsfall führt dieses Verhalten zu einer Monopolstellung oder zu einem engen Oligopol von Anbietern, die sich dem Wettbewerbsdruck entziehen und den Markt gemeinsam beherrschen; dadurch wird im Verhältnis zu den Geschäftspartnern auf der Marktgegenseite eine Ausbeutung möglich, der diese sich wegen fehlenden Wettbewerbsdrucks und mangelnder Alternativen nicht entziehen können. 43

Durch **Konzentration** infolge von Unternehmenszusammenschlüssen wird ein beherrschender Einfluss auf einen vormals selbständigen Anbieter ermöglicht. Die Konzentrationswirkungen sind in solchen Fällen besonders gravierend, wenn sich Unternehmen zusammenschließen, die als unmittelbare Konkurrenten auf dem gleichen Markt tätig sind. Einerseits können sich positive Wirkungen des Zusammenschlusses infolge betriebswirtschaftlicher Vorteile einstellen, wenn z.B. eine Rationalisierung bei Produktion oder Vertrieb ermöglicht wird und diese Effizienzgewinne an den Verbraucher etwa in Form von niedrigeren Preisen weitergegeben werden. Zum anderen entstehen bei einer Marktverengung als Folge einer Fusion Verbesserungen der Marktstellung, die bei hohem Konzentrationsgrad (im engen Oligopol) zur Marktbeherrschung mit den genannten nachteiligen Folgen führen. 44

A. Ordnungspolitische Grundlagen

c) Anwendungsgrundsätze des Kartellrechts

45 Eine wirksame Wettbewerbspolitik muss den kartellrechtlich relevanten Praktiken der Kooperation, Monopolisierung und Konzentration (soweit sie wettbewerbsbeschränkenden Charakter haben) energisch entgegentreten. Ein wesentlicher Beitrag hierzu ist die **Offenhaltung der Märkte** für den Zutritt neuer Konkurrenten; damit geht (nach Ansicht der Chicago School sogar mit hinreichender Erfolgsaussicht) eine Erosion der bestehenden Machtstellungen einher. Weitergehende wettbewerbspolitische Maßnahmen müssen auf die Verhaltensweisen selbst abstellen. Hierbei lässt i. S. d. Struktur-Verhalten-Ergebnis-Paradigmas ein Ansatz bei der **Strukturkontrolle** die nachhaltigsten Erfolge erwarten. Die Beeinflussung des Marktverhaltens mit dem Ziel, ein wettbewerbsanaloges Marktergebnis zu erreichen, ist demgegenüber immer nur die zweitbeste Lösung.

46 Durchgängig sind der Anwendung des Kartellrechts Überlegungen vorgeschaltet, unter welchen allgemeinen Prinzipien die Spielregeln zur Erhaltung des Wettbewerbs stehen. Die institutionelle Ausgestaltung des Wettbewerbsrechts muss in der Praxis Maßstäbe für die Feststellung der Wettbewerbswidrigkeit von Markthandlungen entwickeln, die den staatlichen Eingriff rechtfertigen. Es kommt in Betracht, allgemeine Regeln zur Richtschnur des Marktverhaltens aufzustellen, deren Verletzung ein **per se-Verbot** nach sich zieht. Dieser wettbewerbspolitische Ansatz, bei dem ein Marktverhalten innerhalb der gesetzten Regeln keinem Zwang unterliegt, entspricht am ehesten der Grundidee individueller Freiheit (sofern das Regelwerk nicht ausfernd dicht ist und die Handlungsspielräume im Übermaß einengt). Damit können allerdings im Einzelfall durch die wenig differenzierende Anwendung der allgemeinen Normen, die unabhängig von der konkreten Konstellation der Marktbedingungen erfolgt, Nachteile für die Effizienz des Wettbewerbs verbunden sein (wenn z. B. im Ergebnis der einzelne **Wettbewerber** und nicht der Wettbewerb als solcher zum Schutzobjekt der Entscheidungspraxis würde). Derartige Überlegungen sprechen eher für eine Anwendung des Rechts im Einzelfall (**rule of reason**). In einer so gestalteten Kartellrechtsordnung müssen die Maßnahmen auf die Bedingungen des Einzelfalls zugeschnitten sein. Da insbesondere wegen der Komplexität des marktwirtschaftlichen Systems in einer Volkswirtschaft präzise Voraussagen über die Marktentwicklung bzw. den Wirkungszusammenhang staatlicher (kartellrechtlicher) Eingriffe nicht möglich sind, kann man sich vielfach lediglich auf Mustervorhersagen stützen (aufgrund empirischer Beobachtung oder theoretischer Deduktion). Das bedeutet im Kern die Anwendung von »Daumenregeln« mit einer gewissen Irrtumswahrscheinlichkeit. Für eine Rechtsordnung, die Rechtsfolgen an eine hohe Beweiskraft der Eingriffsvoraussetzungen im Einzelfall bindet, kann sich somit eine partielle Wirkungslosigkeit der Rechtsanwendung ergeben, wenn – ähnlich den Grundprinzipien des modernen Strafrechts – der Zweifel für den Angeklagten spricht.

47 Ein weiterer Aspekt der Einzelfallentscheidung liegt in der möglichen Vermischung ökonomisch-marktbezogener und allgemein-wirtschaftspolitischer Erwägungen. Eine »**Politisierung**« der Kartellrechtsanwendung, wie sie etwa in einigen europäischen Staaten vorherrschte oder noch vorherrscht, stellt im konkreten Fall die staatliche Aufgabe der Erhaltung des Wettbewerbs in den Gesamtzusammenhang von Nützlichkeitserwägungen des öffentlichen Interesses und rückt dementsprechend vom generellen Ordnungsprinzip des Wettbewerbs als Eingriffsmaßstab ab.

Die Gegensätze zwischen Entscheidungen in Gestalt von per se-Regeln und rule of reason-Ansätzen werden in der wettbewerbspolitischen und kartellrechtlichen Praxis vernünftigerweise an Schärfe verlieren. Per se-Verbote können in ihrem verallgemeinernden Charakter durch Ermessensspielräume für Grenzfälle oder durch Ausnahmeregeln aufgelockert werden und sich somit einer Einzelfallorientierung annähern. Andererseits bewegt sich eine Anwendung der rule of reason unter Einbeziehung generalisierender Tatbestände, die sich etwa aus einer Fortentwicklung der einschlägigen Rechtsprechung ergeben, umgekehrt in Richtung regelgebundener Entscheidungen[8]. 48

Eine konzeptionelle Frage ganz anderer Art ist die Berücksichtigung privater Interessen als Instrument zur Durchsetzung der Wettbewerbsregeln. Die amerikanische kartellrechtliche Entscheidungspraxis wird stark geprägt durch **Privatklagen**. Offensichtliche Ursache hierfür ist der dreifache Schadensersatz (»treble damages«), den ein Kläger im Falle eines Prozesserfolgs – im wahrsten Sinne des Wortes – **gewinnen** kann. In diesem Anreiz zur Privatklage liegt allerdings die große Gefahr, dass die Ziele des Wettbewerbsrechts in der Entscheidungspraxis von materiellen Beweggründen dominiert werden und die Rechtsanwendung zugunsten eines privaten, außermarktlichen Gewinnstrebens instrumentalisiert wird. Im Vergleich zum amerikanischen Antitrustrecht sind im GWB die Ansätze für Schadensersatzklagen jedoch gering. 49

d) Konzeptionelle Fragen der Fusionskontrolle

Wenn die Einrichtung einer Fusionskontrolle bestimmten ordnungspolitischen Grundprinzipien genügen soll, so ist dies maßgeblich für die **konkrete Ausgestaltung**. Das gilt zunächst für die im vorigen Abschnitt behandelte Frage der alternativen Eingriffskonzepte einer Einzelfallanwendung des Rechts oder eines per se-Verbots. Denkbar wäre auch die an bestimmte Größenordnungen (Höhe des Marktanteils oder des Umsatzes) geknüpfte Verfügung eines per se-Verbots, während die unterhalb der als kritisch vorgegebenen Schwelle bleibenden Fälle einer genaueren Wettbewerbsanalyse unterfallen. Dies könnte zugleich den politischen Willen reflektieren, bestimmte Grade wirtschaftlicher Machtzusammenballungen nicht mehr zu tolerieren und insoweit die Beweisanforderungen für die Wettbewerbsschädlichkeit von Fusionen solcher Größenordnung zu verringern oder ganz aufzuheben[9]. 50

---

8 Im deutschen Kartellrecht finden sich sowohl per se-Verbote als auch rule of reason-Elemente. Ersteres äußert sich im generellen Verbot von Kartellen (§ 1 GWB), das freilich durch einen Katalog von Ausnahmen (§§ 2 bis 8 GWB) aufgeweicht wird. In der Missbrauchsaufsicht und in der Fusionskontrolle sieht man dagegen vom Verbotsprinzip ab und stützt sich bei der Einzelfallbetrachtung auf eine Eingriffsschwelle, die sich an der Marktmacht orientiert. Bestimmte Marktverhaltensweisen sind nur bei Vorliegen einer marktbeherrschenden Stellung verboten, und Fusionen werden nur von einer Untersagung bedroht, wenn sie die Entstehung oder Verstärkung einer marktbeherrschenden Stellung erwarten lassen.

9 Weitergehend gelten diese Überlegungen auch für den extremen Fall der Normierung eines vollständigen Fusionsverbots; damit verbindet sich die Vorstellung, dass die mit einer Fusion verbundene Ex-ante-Koordination von zuvor unabhängigen Marktteilnehmern per se antikompetitiv zu beurteilen ist.

A. Ordnungspolitische Grundlagen

51 Wie einschneidend sich das Instrument der Fusionskontrolle auswirkt, ist nicht zuletzt abhängig von der **Höhe der Eingriffsschwelle** bezogen auf unterschiedliche Intensitäten des Wettbewerbs. So kann daran gedacht werden, grundsätzlich jede Fusion, durch die eine (wesentliche) Verschlechterung der Wettbewerbsbedingungen eintritt, zu untersagen. Wesentlich **höher als** diese »**Eignung**« eines Unternehmenszusammenschlusses zur Wettbewerbsbeschränkung **ist** dagegen ein **Kontrolleingriff**, wenn zu erwarten ist, dass die Funktionsfähigkeit des Wettbewerbs nachhaltig gestört ist und die fusionierenden Unternehmen sich dauerhaft der Kontrolle des Marktes entziehen können.

52 Als unterschiedlich zu behandelnde Formen von Marktmachtbildungen lassen sich in ökonomischer Betrachtung insoweit Kooperationen und Fusionen ansehen. Die vom Zweck her auf eine Beschränkung des Wettbewerbs angelegten Kartelle beschränken Effizienz und Freiheit des Wettbewerbs gleichermaßen und rechtfertigen daher am ehesten ein per se-Verbot. Bei Unternehmenszusammenschlüssen ist dies nicht zwingend; zudem können sie im Einzelfall auch positive Wettbewerbseffekte nach sich ziehen. Insofern lässt sich bei der Fusionskontrolle eine höhere Eingriffsschwelle vertreten. In einer solchen unterschiedlichen Behandlung ist zugleich ein »Konzentrationsprivileg« enthalten, das letztlich – über die ökonomische Begründung hinaus – dem Gedanken Rechnung trägt, dass die Eigentümer der Produktionsmittel am besten beurteilen können, wie ihre Mittel am produktivsten verwendet werden[10].

53 Diese Überlegung stellt sich auch im Zusammenhang mit der **grundrechtlichen Eigentumsgarantie**. Eine am Übermaßverbot ausgerichtete Fusionskontrolle kann nur bei schwerwiegenden Nachteilen, die mit einem Zusammenschluss verbunden sind, eingerichtet werden. Die weiter gehende Frage, ob allein schon durch die Fusionskontrolle die Eigentumsrechte an sich unbillig beschränkt werden, hat in der deutschen Diskussion dagegen keine wesentliche Rolle gespielt.

54 Aus heutiger Sicht werfen die **Globalisierung** der Märkte und die **Internationalisierung** des Handels auch für die Fusionskontrolle zusätzliche Fragen auf. Die Unterstellung, dass eine an nationalen Bezügen ausgerichtete Fusionskontrolle einen »Anachronismus« darstelle, war von Kreisen der Wirtschaft in Deutschland bereits vor der Einführung der Fusionskontrolle vorgetragen worden. Insbesondere die traditionell starke außenwirtschaftliche Verflechtung der deutschen Volkswirtschaft hatte von Anfang an die Forderung nach Ausgestaltungen für eine (deutsche) Fusionskontrolle aufgeworfen, die sich an den wirtschaftlichen Gegebenheiten und Entwicklungen im Weltmaßstab anzupassen habe. Ob oder inwieweit in der globalisierten Welt die Wirksamkeit der nationalen (und ebenso der europäischen) Fusionskontrolle tatsächlich an ihre Grenzen stößt, ist eine umstrittene Frage. Auch die gegenwärtigen – im Ergebnis eher zaghaft ausfallenden – Bemühungen, dem Wettbewerbsprinzip im Rahmen einer weltweiten Freihandelsordnung uneingeschränkte Geltung zu verschaffen, liefern noch keine schlüssigen Antworten. Die Ergebnisse der vom amerikanischen Vorbild beeinflussten Einführung der Fusionskontrolle in nationales und europäisches Recht lassen eher vermuten, dass es sich auch in engeren geographischen Grenzen um ein »Erfolgsmodell« handelt.

---

10 Inwieweit durch Zusammenschlüsse die Effizienz tatsächlich gesteigert wird, ist eine offene und nur im Einzelfall zu entscheidende Frage. Es besteht eine starke empirische Evidenz, dass die Mehrzahl der Fusionen keine effizienzfördernden Wirkungen hat.

III. Einrichtung eines wettbewerblichen Ordnungsrahmens

2. Entwicklungsgeschichte des deutschen Wettbewerbsrechts

a) Wettbewerbspolitik vor 1945

Mit den Erfahrungen zunehmender Industrialisierung verband sich in der zweiten Hälfte des 19. Jahrhunderts zugleich die Frage, wie die individuellen Freiheitsrechte von Marktteilnehmern gegenüber wirtschaftlichen Machtzusammenballungen staatlich durchgesetzt werden können. Die Gesellschafts- und Rechtsordnungen der einzelnen Staaten haben darauf unterschiedliche Antworten gegeben. Die **Vereinigten Staaten** entwickelten als erster Industriestaat eine Wettbewerbspolitik, die sich vor allem gegen die Monopolisierung von Märkten richtete. Das 1890 erlassene Antitrustgesetz (Sherman Act) griff dabei auf die Rechtsprinzipien des englischen »Common Law« zurück. Es war insbesondere erfolgreich gegenüber aggressivem Marktverhalten zum Zwecke des gezielten Konkurrenzabbaus und der Monopolisierung; um subtilere Formen von Wettbewerbsbeschränkungen zu erfassen (darunter insbesondere die Konzentration wirtschaftlicher Macht durch Unternehmenszusammenschlüsse), war eine ergänzende Gesetzgebung notwendig, deren Marksteine im Clayton Act (1914) und im FTC Act (1914) sowie im Celler-Kefauver Act (1950) zu sehen sind.

In **Deutschland** gab es demgegenüber keine wirksame Wettbewerbspolitik gegenüber der Bildung oder der Ausübung von Marktmacht. Eine nahezu ungehemmte Kartellbildung wurde möglich, nachdem das Reichsgericht in einem Urteil von 1897[11] Kartelle als prinzipiell vereinbar mit dem in der preußischen Gewerbeordnung von 1869 niedergelegten Grundsatz der Handels- und Gewerbefreiheit angesehen hatte[12]. In der Folge nahm die Zahl der Kartelle daher rapide zu. Daran änderte auch die Kartellverordnung von 1923[13] nichts, die mit leichter Hand eine Missbrauchsaufsicht über solche Kartelle einführte, welche die Gesamtwirtschaft oder das Gemeinwohl zu gefährden drohen; da die Verordnung jedoch eine zivilrechtliche Gültigkeit selbst von solchen Marktvereinbarungen anerkannte, deren wettbewerbsbeschränkender Charakter feststeht, blieb sie im Ergebnis ohne praktische Bedeutung.

Nach der nationalsozialistischen Machtergreifung mussten sich ab 1933 infolge des Zwangskartellgesetzes auch Außenseiter einem Kartell anschließen; eine Kontrolle des Machtmissbrauchs marktstarker Unternehmen war damit weitgehend obsolet. Mit der Preisstopverordnung von 1936 und den nach 1939 erlassenen kriegswirtschaftlichen Verordnungen wurden staatliche Wirtschaftslenkung und Konkurrenzabbau weiter ausgedehnt. Ergebnis dieser Politik war eine durchgängig konzentrierte deutsche Wirtschaft.

---

11 RGZ 38, 155 »Sächsischer Holzstoff-Fabrikanten-Verband«.
12 Bemerkenswert ist der in der Satzung des Verbands angegebene Zweck des Zusammenschlusses:
   »1. Verhinderung eines verderblichen Wettbewerbs der Fabrikanten untereinander für die Zukunft,
    2. Erzielung eines angemessenen Preises für ihr Fabrikat.«
13 Verordnung gegen den Missbrauch wirtschaftlicher Machtstellungen vom 2. 11. 1923, RGBl. I, 1923, 1067, 1090.

A. Ordnungspolitische Grundlagen

b) Der Einfluss der alliierten Besatzungsmächte

58 Unter dem Eindruck der Wirtschaftslenkung in den totalitären Staaten hatte – z. T. bereits in der Zeit zwischen den beiden Weltkriegen – insbesondere auf wissenschaftlicher Seite eine Rückbesinnung auf die an **Freiheit und ökonomischer Effizienz** ausgerichteten marktwirtschaftlichen Prinzipien eingesetzt. Die Politik der westlichen Besatzungsmächte unmittelbar nach dem Zweiten Weltkrieg beschleunigte die praktische Umsetzung solcher Ideen. Die alliierten Dekartellierungs- und Entflechtungsgesetze waren aber nicht nur von den Prinzipien der Wettbewerbsfreiheit, sondern auch sehr stark von **Sicherheitsüberlegungen** geleitet: Nach der Erfahrung von zwei Weltkriegen sollte die Beseitigung deutscher Wirtschaftsmacht und Rüstungskapazität verhindern, dass Deutschland in Zukunft die Sicherheit seiner Nachbarn bedrohte und erneut zu Kriegshandlungen in der Lage wäre. Der Ursprung für die Dekonzentrationspolitik der Besatzungsmächte war bereits im Potsdamer Abkommen vom 2. 8. 1945 enthalten, das die Beseitigung der übermäßigen Konzentration und der Kartelle in der deutschen Wirtschaft vorsah. Das Konzept war wesentlich beeinflusst vom Morgenthau-Plan, nach welchem Deutschland zur endgültigen Ausmerzung von Faschismus und Militarismus ent-industrialisiert und in ein Agrarland umgewandelt werden sollte. Als Folge der alliierten Regelungen wurden große Unternehmensgruppen und Konzerne des Montanbereichs und der chemischen Industrie sowie die Filialgroßbanken entflochten. Am nachhaltigsten hat die Entflechtung der IG-Farben Industrie AG gewirkt; in den übrigen Bereichen kam es vielfach zu Rückentflechtungen und zur erneuten Bildung wirtschaftsstarker Einheiten.

59 Das Auftreten der Ost-West-Spannungen zwischen den Siegermächten veränderte die internationale Sicherheitslage und zugleich die wirtschaftspolitische Einstellung gegenüber Deutschland. Der Wiederaufbau und die Stärkung des Wirtschaftspotenzials erhielten Vorrang gegenüber dem Antitrustgedanken. Gleichwohl wurde die gesellschaftspolitische Problematik wirtschaftlicher Macht nicht verkannt. Die Besatzungsmächte dekretierten ein Kartellverbot, das dem Vorbild der Antitrustgesetzgebung in den Vereinigten Staaten entsprach. Das Verbot sollte solange gültig bleiben, bis die inzwischen gegründete Bundesrepublik Deutschland ein eigenes Gesetz mit entsprechendem Regelungsinhalt erließe. Dies geschah später mit dem Inkrafttreten des GWB Anfang 1958.

c) Die Entstehung des GWB

60 Eine kartellrechtliche Gesetzesinitiative der amerikanischen Militärregierung von 1946 (das »Militärgesetz Nr. 56«), die seitens der deutschen Wirtschaftsverwaltung auf Ablehnung stieß, bildete den Ausgangspunkt für eigene Arbeiten an einem Nachfolgegesetz von deutscher Seite. Erstes vorläufiges Ergebnis war der »Entwurf zu einem Gesetz zur Sicherung des Leistungswettbewerbs und zu einem Gesetz über das Monopolamt«, der von einer Sachverständigenkommission (nach ihrem Vorsitzenden auch als »**Josten-Kommission**« bezeichnet) im Auftrag des damaligen Verwaltungsrats für Wirtschaft[14] ausgearbeitet worden war. Der im Juli 1949 vor-

---

14 Die amerikanische und die britische Militärregierung in Deutschland hatten 1946 bis 1949 ihre Besatzungszone zu einem Vereinigten Wirtschaftsgebiet zusammengeführt (Bizone), damit bestimmte Verwaltungsaufgaben gemeinsam wahrgenommen werden konnten. Die von ihnen eingesetzte deutsche Wirtschaftsverwaltung, der Verwaltungsrat

gelegte Josten-Entwurf enthielt ein generelles Kartellverbot, einen Kontrahierungszwang für marktmächtige Unternehmen und sogar Maßnahmen der Unternehmensentflechtung als »ultima ratio« der Wettbewerbspolitik. Zusätzlich sah das zugleich vorgelegte zweite Gesetzesvorhaben die Einrichtung eines unabhängigen und gerichtsähnlich aufgebauten Monopolamts vor. Der Josten-Entwurf, der stark von der ordoliberalen Konzeption beeinflusst war, scheiterte letztlich an den massiven Widerständen aus Politik, Wirtschaft und Verwaltung.

Im Jahre 1952 begannen die Beratungen für den Entwurf eines Wettbewerbsgesetzes, das schon frühzeitig als »**Grundgesetz der Marktwirtschaft**« apostrophiert wurde. Der Entwurf durchlief bis zu seinem Inkrafttreten noch mehrere Phasen mit zahlreichen Modifikationen, die wesentliche Veränderungen zur Folge hatten. In der ursprünglichen Fassung enthielt das Gesetz eine Schieflage, weil es zwar ein Kartellverbot gab, nicht jedoch eine Kontrolle von Unternehmenszusammenschlüssen. Diese wurde in der 2. GWB-Novelle von 1973, der **bis heute noch weitere vier** Novellen gefolgt sind, eingeführt. Mit der 6. GWB-Novelle, die am 1. 1. 1998 in Kraft trat, wurde insbesondere im Bereich der Fusionskontrolle eine deutliche Anpassung an das europäische Kartellrecht vorgenommen. Derzeit liegt ein Regierungsentwurf (Stand: Ende 2004) für die 7. GWB-Novelle vor, die frühestens am 1. 5. 2005 in Kraft treten könnte[15]. Diese hat insbesondere die Anpassung der Regelungen des Kartellverbots (§§ 1 ff. GWB) an die am 1. 5. 2004 wirksam gewordene Verordnung 01/2003 zum Ziel; im Übrigen sieht der Entwurf eine Lockerung der Fusionskontrolle für wirtschaftlich gefährdete Zeitungsverlage vor, die in der öffentlichen Diskussion äußerst umstritten ist.

3. Europäische Konzentrationskontrolle

a) Entstehung und Zielsetzung des Gemeinsamen Marktes

Die Triebkräfte für die Idee eines **politisch vereinten Europas** lassen sich bis weit ins Mittelalter zurückverfolgen; der europäische Gedanke wurzelt in einem historischen Zusammengehörigkeitsgefühl und dem Bedürfnis, die ständige Rivalität der europäischen Völker und die damit einhergehenden Machtkonflikte zu überwinden. Mehrere Initiativen für eine Vereinigung der europäischen Völker und Staaten im Anfang des 20. Jahrhunderts, die unter dem Eindruck der Schrecken des ersten Weltkrieges entstanden waren, enthielten z. T. sehr weit reichende Vorstellungen über einen Souveränitätsverzicht der Mitgliedstaaten. Diese paneuropäischen Anstöße wurden nach dem Zweiten Weltkrieg wieder aufgenommen und führten zur Gründung der Montanunion[16] im Jahre 1952. Die sechs EGKS-Gründerstaaten schlossen 1957 die Verträge über die Europäische Wirtschaftsgemeinschaft (EWG) und die Europäische Atomgemeinschaft (EURATOM) und übertrugen die Zustän-

---

für Wirtschaft (zunächst Wirtschaftsrat genannt), endete mit der Gründung der Bundesrepublik Deutschland, auf welche die Rechte und Pflichten des Verwaltungsrates für Wirtschaft übergingen. Dabei wurde das bizonale Recht zu Bundesrecht, das auf das Gebiet der französischen Besatzungszone ausgedehnt werden konnte, sofern die entsprechenden Landesregierungen dem zustimmten.

15 BT-Drucks. 15/3640 vom 12. 8. 2004.
16 Europäische Gemeinschaft für Kohle und Stahl (EGKS).

A. Ordnungspolitische Grundlagen

digkeiten und Befugnisse nationaler auf europäische Organe in den drei Gemeinschaftsverträgen. Nach mehreren »Beitrittswellen« – mit zuletzt zum 1. 5. 2004 dem Beitritt von zehn vor allem mittel- und osteuropäischen Staaten – hat die Europäische Union nunmehr 25 Mitglieder.

63 Wesentliche Anstöße für die europäische Einigung waren das Interesse Frankreichs an einer ökonomischen und politischen Einbindung der Bundesrepublik Deutschland in einen supranationalen Rahmen und das gemeinsame Interesse an der Überwindung des deutsch-französischen Gegensatzes. Der EGKSV nennt neben den wohlfahrtsorientierten Zielsetzungen in Art. 2 (Ausweitung der Wirtschaft, Steigerung der Beschäftigung und Hebung des Lebensstandards) in der Präambel zusätzlich die Integrationsabsicht und die Friedenssicherung als Gegenstand und Aufgabe. Die Zielsetzungen des EGV konkretisieren außer den wirtschaftspolitischen Bestrebungen auch die Gemeinschaftsaufgabe einer politischen Stärkung Europas und fordern darüber hinaus die anderen europäischen Völker auf, sich den entsprechenden Zielen und Bestrebungen anzuschließen.

64 Neben der stufenweisen Abschaffung aller Handelsrestriktionen für Kohle und Stahlerzeugnisse zwischen den Mitgliedstaaten und einer gemeinsamen Zoll- und Handelspolitik ist vor allem die Verwirklichung der in den Art. 23 ff. und 39 ff. geregelten »**vier Freiheiten**«[17] Kern des EGV. Diese »Grundordnung« des Gemeinsamen Marktes stützt sich auf die Prinzipien der Verhinderung privater und staatlicher Wettbewerbsbeschränkungen im grenzüberschreitenden Warenverkehr (einschließlich staatlicher Beihilfen und technischer Handelshemmnisse für Konstruktion oder Beschaffenheit von Waren). Soweit erforderlich haben sich auch die einzelstaatlichen öffentlichen Sektoren unter Beachtung der Spielregeln eines funktionsfähigen Wettbewerbs in den Gemeinsamen Markt einzufügen. Wettbewerb ist dabei aber kein Selbstzweck, sondern ein Mittel zur Erreichung der allgemeinen Vertragsziele.

b) Rechtsgrundlagen zur Sicherung des Wettbewerbs

65 Mit der im EGV vorgesehenen Errichtung eines **Systems unverfälschten Wettbewerbs** innerhalb des Binnenmarktes wird eine gemeinsame Wettbewerbspolitik verwirklicht; diese ist aber nicht umfassend angelegt, sondern richtet sich nur gegen solche Wettbewerbsbeschränkungen im zwischenstaatlichen Handel, die für die Entwicklung des Gemeinsamen Marktes besonders schädlich sind. Die Grundlage für die Befugnisse zur Durchsetzung des europäischen Wettbewerbsrechts wurden mit der Verordnung Nr. 17[18] der Europäischen Kommission übertragen. Das Instrumentarium für Maßnahmen gegen Wettbewerbsbeschränkungen ist in Art. 81 (Verbot wettbewerbsbeschränkender Vereinbarungen und Verhaltensweisen) und Art. 82 (Missbrauch einer marktbeherrschenden Stellung) des EGV niedergelegt[19].

66 Im EGKSV ist in Art. 66 neben einem Kartellverbot eine Fusionskontrollvorschrift enthalten: Zusammenschlüsse von Unternehmen des Montanbereichs bedürfen

---

17 Freizügigkeit der Arbeitnehmer und Niederlassungsfreiheit für Selbständige, freier Warenverkehr, freier Dienstleistungsverkehr sowie freier Zahlungs- und Kapitalverkehr.
18 Verordnung Nr. 17 des Rates: Erste Durchführungsverordnung zu den Art. 85 und 86 des Vertrages (VO Nr. 17/62) (ABl. C 13/204 vom 6. 2. 1962).
19 Die Artikel 85 und 86 des Gründungsvertrags sind (mit unverändertem Wortlaut) als Artikel 81 und 82 in der gegenwärtig gültigen Fassung des EGV enthalten.

– soweit mindestens eines der beteiligten Unternehmen eine Produktions- oder Vertriebstätigkeit im Gemeinsamen Markt für Kohle und Stahl ausübt – einer **vorherigen Genehmigung**. Die wettbewerbspolitische Zielsetzung der durch die Europäische Kommission anzuwendenden Norm ist die Aufrechterhaltung des Wettbewerbs, wobei einer Gleichgewichtslage der jeweiligen Marktbeteiligungen im Hinblick auf deren Selbständigkeit und ihre Wettbewerbschancen Rechnung getragen werden soll. Die Fusionskontrolle des EGKSV hat Vorrang gegenüber dem entsprechenden Recht der Mitgliedstaaten. Eine parallele Kontrolle kann allerdings erforderlich sein, soweit sich der Zusammenschluss auch auf Produkte erstreckt, die nicht dem EGKSV, sondern nationalen Regelungen unterliegen.

Eine dem EGKSV vergleichbare rechtliche Vorschrift für Unternehmenszusammenschlüsse war in den Wettbewerbsregeln des EWG-Gründungsvertrages nicht enthalten. Aber schon in den Sechziger Jahren vertrat die Europäische Kommission die Auffassung, dass Art. 82 des EGV (damals: Art. 86 EGV) anzuwenden sei, wenn ein marktbeherrschendes Unternehmen den Wettbewerb durch Übernahme eines anderen wirtschaftlich selbständigen Unternehmens ausschaltet. Diese Rechtsauffassung, **dass auch ein Zusammenschluss ein missbräuchliches Verhalten darstellen kann**, wurde durch mehrere Entscheidungen des EuGH bestätigt[20]. Art. 81 EGV lässt sich ebenfalls auf Zusammenschlussvorhaben anwenden, selbst wenn diese als solche kein wettbewerbsbeschränkendes Verhalten darstellen[21]. Maßgeblich ist indessen die **Instrumentalisierung des Zusammenschlusses**, um durch Vereinbarungen das Geschäftsverhalten der beteiligten Unternehmen i. S. einer Einschränkung oder Verfälschung des Wettbewerbs zu beeinflussen. 67

Eine Fusionskontrolle nach den Art. 81, 82 EGV ist allerdings nur eingeschränkt möglich; zudem ist die Europäische Kommission nach diesen Vorschriften nur zur nachträglichen Kontrolle befugt. Art. 82 EGV greift erst in solchen Fällen, in denen eine Marktbeherrschung bereits **besteht** (und nicht erst durch Zusammenschluss herbeigeführt wird); fraglich ist die Anwendung auf ein marktbeherrschendes Oligopol, bei dem keines der zugehörigen Unternehmen für sich genommen marktbeherrschend ist. Im Falle von Unternehmenszusammenschlüssen ist auch die Reichweite von Art. 81 EGV umstritten. Eine Konzentration durch Anteilserwerb ohne gleichzeitige Verhaltenskoordination überfordert jedenfalls die Tragfähigkeit dieser Vorschrift. 68

c) Die Fusionskontrollverordnung von 1990

Wegen der offenkundigen Defizite bei den Anwendungsmöglichkeiten von Art. 81 und 82 EGV im Rahmen einer Zusammenschlusskontrolle erscheint eine eigenständige, umfassende europäische Fusionskontrollvorschrift nicht nur aus Gründen der **Klarstellung und der Rechtssicherheit für die betroffenen Unternehmen** dringend erforderlich. Die Anfang der Sechziger Jahre hierüber begonnene Auseinandersetzung stieß auf erhebliche Vorbehalte der Mitgliedstaaten. Nach langjähriger Diskussion und der Erarbeitung mehrerer (teilweise wiederholt modifizierter) 69

---

20 Die erste und zugleich wegweisende Entscheidung ist das Urteil im Fall »Continental Can«: EuGH, 21. 2. 1973, »Continental Can Company«, Slg. 1973, 215 ff.
21 So etwa im Falle »Philip Morris/Rothmans«: EuGH, 17. 11. 1987, »Philipp-Morris/Rothmans«, Slg. 1987, 4487 ff.

A. Ordnungspolitische Grundlagen

Vorschläge wurde eine Europäische Fusionskontrollverordnung (FKVO) Ende 1989 verabschiedet und damit das Nebeneinander von verschiedenen Vorschriften bzw. das Fehlen von Eingriffsmöglichkeiten in bestimmten Fallgestaltungen überwunden. Die Einigung auf eine gemeinschaftsweite, einheitliche Regelung wurde nicht zuletzt deshalb zu einem mühevollen Prozess, weil in den Mitgliedstaaten höchst unterschiedliche Rechtsordnungen wie auch historische Entwicklungen und – dadurch bedingt – stark abweichende Vorstellungen über die wettbewerbspolitischen Zielsetzungen und die Funktion einer Fusionskontrolle vorherrschten. In anderen europäischen Ländern wurde bzw. wird Wettbewerbspolitik eher als subsidiärer Bestandteil der Wirtschaftspolitik verstanden; die einzelne wettbewerbspolitische Entscheidung spiegelt insoweit eine dem öffentlichen Interesse unterworfene Nützlichkeitserwägung wider. In Deutschland trifft die Wettbewerbsaufsicht dagegen an ordnungspolitische Maßstäbe gebundene Regelentscheidungen, die den Wettbewerb als generelles Ordnungsprinzip durchsetzt und scharf abgegrenzte Ausnahmetatbestände enthält.

70 Dieser konzeptionelle Gegensatz spielte in den Beratungen zur Einführung der FKVO eine dominierende Rolle. Hier standen sich **wettbewerbs- und industriepolitische Zielvorstellungen** gegenüber. Während der Verhandlungen beharrte insbesondere die deutsche Seite auf einer einstufigen Fusionskontrolle nach ausschließlich wettbewerblichen Kriterien. Dagegen stand die von anderen Ländern getragene Idee einer Regelung, welche Wettbewerbsbeeinträchtigungen hinnimmt, sofern ein Zusammenschluss zugleich wesentliche außerwettbewerbliche Kriterien (wie sie etwa in Art. 81 Abs. 3 EGV enthalten sind) erfüllt oder allgemeine Vertragsziele (i. S. v. Art. 2 EGV) realisiert. Letztlich wurde in der FKVO allerdings eine **rein wettbewerbsorientierte Fusionskontrolle** mit lediglich geringfügigen industriepolitischen Ansätzen normiert.

71 Ein anderer gravierender Einwand gegen unerwünschte Auswirkungen außerwettbewerblicher Einflüsse im Fusionskontrollverfahren bezog sich auf die institutionelle **Zuständigkeit**. In jedem Fusionsfall entscheidet grundsätzlich die Gesamtheit der 25 Mitglieder der Europäischen Kommission als Kollegialorgan. Das hat zu der Befürchtung geführt, dass in der FKVO nicht vorgesehene politische Interessen für die Entscheidungspraxis eine nicht überprüfbare Rolle spielen und sich gegen die Sacherwägungen des zuständigen (Wettbewerbs-) Kommissars durchsetzen könnten. Die Bedenken stützen sich einerseits auf den Umstand, dass die Kommissionsmitglieder sich möglicherweise in der Einzelfallentscheidung überwiegend von den Interessen ihrer speziellen Ressorts leiten lassen; zum anderen ist auch nicht auszuschließen, dass auf die Kommissare ein politischer Druck seitens ihrer Herkunftsländer ausgeübt wird. Die Existenz politischer Einflüsse ist plausibel und nicht unwahrscheinlich, lässt sich aber in ihrem konkreten Ausmaß durch die Fusionskontrollpraxis nicht belegen. Die geeignete – freilich nicht unumstrittene – institutionelle Lösung dieses Problems läge in der Schaffung eines Europäischen Kartellamtes als nicht weisungsgebundener Behörde. Hierfür sprechen vielfältige rechtliche, verwaltungsökonomische und politische Gründe. Die Diskussion über institutionelle Änderungen (und sonstige Möglichkeiten zur Abwehr sachfremder Entscheidungen) ist inzwischen beendet. Ein politischer Konsens innerhalb der Mitgliedstaaten in dieser Frage, der die Voraussetzung für die erforderliche Änderung des EGV wäre, ist in absehbarer Zeit nicht zu erwarten.

B. Deutsche Fusionskontrolle

I. Formelle Fusionskontrolle

1. Einführung

a) 6. GWB-Novelle / 7. GWB-Novelle

Seit der am 1. 1. 1999 in Kraft getretenen 6. GWB-Novelle ist die Fusionskontrolle in den §§ 35 bis 43 GWB geregelt. Die **Systematik der Neuregelung** ist im Vergleich zur früheren Fassung **übersichtlicher**, da die Fusionskontrolle jetzt in einem eigenen Abschnitt behandelt wird, während sie zuvor zwischen Regelungen der Missbrauchsaufsicht über marktbeherrschende Unternehmen (§§ 22 Abs. 4 bis 6 GWB a. F.) und den Aufgaben der Monopolkommission (§ 24b und c GWB a. F.) unter den § 23, 23a, 24 und 24a GWB vorzufinden war. Zu der besseren Transparenz der Neuregelung hat zudem beigetragen, dass – statt der früheren Unterscheidung zwischen anzeigepflichtigen (§ 23 GWB a. F.) und anmeldepflichtigen Zusammenschlüssen (§ 24a GWB a. F.) – **nunmehr ausschließlich das präventive Anmeldeverfahren** gilt (§ 39 Abs. 1 GWB). Transparenter wird zudem auch die Entscheidungspraxis des BKartA, da jetzt nicht nur Untersagungsentscheidungen, sondern – nach Einleitung des sog. Hauptprüfverfahrens (§ 40 Abs. 1 Satz 2, Abs. 2 GWB) – **auch Freigabeentscheidungen** durch förmliche Verfügungen abzuschließen und im Bundesanzeiger **bekannt zu machen** sind (§ 43 Abs. 1 Nr. 2 GWB). Damit haben die am Verwaltungsverfahren Beteiligten sowie – unter bestimmten Voraussetzungen – auch Dritte die Möglichkeit, gegen förmliche Freigabeentscheidungen im Wege der Beschwerde gemäß § 63 GWB vorzugehen (s. unten B III. 1 c).

72

Nachdem am 4. 3. 2003 ein so genannter »Entwurf von Eckwerten einer 7. GWB-Novelle« veröffentlicht wurde und die betroffenen Verbände am 11. 6. 2003 hierzu gehört wurden, hat das Bundeswirtschaftsministerium einen Entwurf eines 7. Gesetzes zur Änderung des GWB (Referentenentwurf, Stand 17. 12. 2003) vorgelegt. Die 7. GWB-Novelle hat insbesondere das Ziel, die Regelungen des GWB zum Kartellverbot (§§ 1 ff. GWB) der Europäischen Verordnung 01/2003, die am 1. 5. 2004 in Kraft getreten ist, anzupassen. Das Fusionskontrollrecht ist voraussichtlich hauptsächlich im Bereich der Pressefusionskontrolle betroffen. Daneben soll der vorläufige Rechtsschutz Dritter im Falle förmlicher Freigaben des BKartA oder der Erteilung einer Ministererlaubnis beschränkt werden. Nach derzeitigem Stand (Mai 2004) wird die 7. GWB-Novelle wahrscheinlich am 1. 1. 2005 in Kraft treten.

73

b) Systematik der Fusionskontrolle

Die im 7. Abschnitt des GWB geregelte Fusionskontrolle beginnt in § 35 GWB mit der Vorschrift über ihren Geltungsbereich, dem gemäß § 35 Abs. 1 und 2 GWB nur Zusammenschlüsse mit einer durch Umsatzschwellen definierten Größenordnung der beteiligten Unternehmen (§ 35 Abs. 1 Nr. 1 und 2 GWB und § 35 Abs. 2 Nr. 1 GWB), sowie des betroffenen Marktes (§ 35 Abs. 2 Nr. 2 GWB) angehören, sofern nicht wegen der europaweiten Bedeutung des Zusammenschlusses ausschließ-

74

B. Deutsche Fusionskontrolle

lich die EU-Kommission gemäß der Fusionskontrollverordnung zuständig ist (§ 35 Abs. 3 GWB).

75 Allgemeine Voraussetzung für die Anwendung des GWB ist zudem, dass der Zusammenschluss eine **Inlandsauswirkung** i. S. d. § 130 Abs. 2 GWB hat[22]. Die verschiedenen **Zusammenschlusstatbestände** sind im § 37 Abs. 1 Nr. 1 bis 4 GWB **enumerativ** geregelt. Im Unterschied zur Fusionskontrollverordnung beschränkt sich der Katalog der Zusammenschlusstatbestände nicht auf die Fusion und den Kontrollerwerb, vielmehr stellt beispielsweise auch eine bloße Minderheitsbeteiligung von **25 % des Kapitals** oder der Stimmrechte (§ 37 Abs. 1 Satz 1 Nr. 3b GWB) oder – unter bestimmten Voraussetzungen – sogar eine noch geringere Beteiligung einen Zusammenschluss i. S. d. GWB dar (§ 37 Abs. 1 Nr. 4 GWB).

76 Die Vorschrift des § 38 GWB regelt die Berechnung der Umsatzerlöse, wobei die Umsätze der i. S. d. § 36 Abs. 2 GWB verbundenen Unternehmen zu berücksichtigen sind. Für den Handel, Presse und Rundfunk sowie Banken und Versicherungen sehen die Absätze 2 bis 4 z. T. verschärfende und entlastende Regelungen vor.

77 § 39 GWB bestimmt in Abs. 1, dass die in den Geltungsbereich der Fusionskontrolle fallenden Zusammenschlüsse **vor Vollzug** beim BKartA **anzumelden** sind[23].

78 Die in § 39 Abs. 2 GWB genannten Anmeldepflichtigen haben zumindest die in § 39 Abs. 3 GWB aufgeführten Angaben zu machen. Mit der Vollständigkeit der Anmeldung beginnt sodann ein Prüfverfahren, das entweder – bei der weit überwiegenden Zahl der unproblematischen Fälle – mit einer formlosen Freigabemitteilung innerhalb einer Frist von einem Monat beendet wird oder durch den sog. Monatsbrief in ein Hauptprüfverfahren übergeleitet werden kann (§ 40 Abs. 1 GWB). Im Falle der Einleitung eines Hauptprüfverfahrens gilt grundsätzlich **ab Eingang der vollständigen Anmeldung eine Frist von vier Monaten**, innerhalb derer das BKartA den Zusammenschluss durch eine förmliche Entscheidung untersagen oder mit Bedingungen und Auflagen freigeben kann (§ 40 Abs. 2 GWB). Ergeht bis zum Ablauf der – mit Zustimmung der anmeldenden Unternehmen verlängerbaren – Frist **keine Verfügung**, gilt der Zusammenschluss als **freigegeben**.

79 § 41 Abs. 1 GWB statuiert ein grundsätzliches **Vollzugsverbot** für die Dauer des Fusionskontrollverfahrens. Auf Antrag kann das BKartA eine Befreiung vom Vollzugsverbot erteilen, wenn die beteiligten Unternehmen hierfür wichtige Gründe geltend machen (§ 41 Abs. 2 GWB).

80 In den Absätzen 3 und 4 des § 41 GWB ist das sog. **Entflechtungsverfahren** geregelt. Danach kann das BKartA im Falle eines vollzogenen Zusammenschlusses, den es untersagt oder dessen Freigabe es widerrufen hat, die zur Auflösung des Zusammenschlusses erforderlichen Maßnahmen anordnen.

81 Gemäß dem in § 42 GWB geregelten sog. **Ministererlaubnisverfahren** kann der Bundesminister für Wirtschaft auf Antrag die Erlaubnis zu einem vom BKartA untersagten Zusammenschluss erteilen, wenn im Einzelfall die Wettbewerbsbeschränkung von gesamtwirtschaftlichen Vorteilen des Zusammenschlusses oder einem überragenden Interesse der Allgemeinheit aufgewogen wird. Die Erlaubnis kann pa-

---

22 Zu den Einzelheiten der Inlandsauswirkung s. B. I. 5.
23 Die frühere Unterscheidung zwischen nur anzeigepflichtigen Zusammenschlüssen (§ 23 GWB a. F.) und anmeldepflichtigen Zusammenschlüssen (§ 24 GWB a. F.) ist damit aufgehoben worden.

rallel zum gerichtlichen Beschwerdeverfahren beantragt werden. Ihre Erteilung wird gegebenenfalls mit Bedingungen und Auflagen verbunden (§ 42 Abs. 2 GWB).

Am Ende des Abschnitts zur Fusionskontrolle werden im § 43 GWB alle Sachverhalte aufgezählt, die im Fusionskontrollverfahren einer **Veröffentlichung im Bundesanzeiger** bedürfen[24]. Die Veröffentlichung hat zudem im Unterschied zur früheren Regelung nicht erst nach Eintritt der Unanfechtbarkeit der Entscheidung, sondern bereits zum Zeitpunkt ihrer Bekanntgabe zu erfolgen. Neben der Bekanntmachung der Entscheidungen – dem Tenor nach – im Bundesanzeiger erfolgt neuerdings auch eine Veröffentlichung des Volltextes der Verfügungen nach § 40 Abs. 2 GWB im Internet (www.bundeskartellamt.de/entscheidungen/fusionskontrolle/htm). 82

c) Verhältnis zum EG-Recht

(1) Vorrang der Fusionskontrollverordnung

Art. 21 FKVO statuiert für Zusammenschlüsse i. S. v. Art. 3 FKVO, die eine gemeinschaftsweite Bedeutung i. S. d. Art. 1 Abs. 2 und 3 FKVO aufweisen, den **grundsätzlichen Vorrang der europäischen Fusionskontrolle** vor dem Wettbewerbsrecht der Mitgliedstaaten. Aus dem nunmehr auch in § 35 Abs. 3 GWB geregelten Vorrangprinzip folgt, dass derartige Zusammenschlüsse nur bei der EU-Kommission anzumelden sind und grundsätzlich nur von dieser abschließend geprüft werden (sog. one-stop-shop-Prinzip). 83

Ein Zusammenschluss gemäß Art. 3 FKVO liegt vor, wenn bisher selbständige Unternehmen fusionieren oder wenn ein oder mehrere Unternehmen die Kontrolle über ein anderes Unternehmen erlangen (zu den Einzelheiten siehe Mitteilung der Kommission zum Zusammenschlussbegriff vom 2. 3. 1998 Amtsblatt Nr. C 66/5). Im Unterschied zum GWB stellen **bloße Minderheitsbeteiligungen**, die keinen bestimmenden Einfluss auf die Tätigkeit des Beteiligungsunternehmens gewähren, **keinen Zusammenschluss** dar. 84

Gemeinschaftsweite Bedeutung hat ein Zusammenschluss, wenn er die Schwellenwerte des Art. 1 Abs. 2 FKVO erreicht, also der weltweite **Gesamtumsatz aller beteiligten Unternehmen** zusammen **mehr als 5 Mrd. ECU** und der gemeinschaftsweite Gesamtumsatz von mindestens zwei beteiligten Unternehmen jeweils mehr als 250 Mio. ECU beträgt und die beteiligten Unternehmen nicht jeweils mehr als zwei Drittel ihres gemeinschaftsweiten Gesamtumsatzes in ein und demselben Mitgliedstaat erzielen. 85

Werden die Schwellenwerte des Art. 1 Abs. 2 FKVO nicht erreicht, hat ein Zusammenschluss dennoch gemeinschaftsweite Bedeutung, wenn ein **Fall der sog. Mehrfachnotifizierung** vorliegt (Art. 1 Abs. 3 FKVO). Diese erst durch die Änderungsverordnung von 1997 seit dem 1. 3. 1998 eingeführte Neuregelung soll bei Zusammenschlüssen, die sich gemäß einer differenzierten Schwellenwertregelung in mindestens drei Mitglied- 86

---

[24] Im Unterschied zu § 58 Nr. 3 GWB a. F. sind nunmehr gemäß § 43 Satz 1 Nr. 2 GWB nicht nur Untersagungsverfügungen, sondern auch die im Hauptprüfverfahren nach § 40 Abs. 2 GWB ergehenden Freigabeverfügungen bekannt zu machen. Damit soll die Transparenz der Verfahren, in denen eine Freigabeverfügung ergeht, gerade auch wegen des seit der Neuregelung gegebenen Rechtsschutzes Dritter (Konkurrentenklage) gewährleistet werden.

staaten auswirken (vgl. Art. 1 Abs. 3 Buchst. a) bis d) FKVO), den Unternehmen die Notwendigkeit einer mehrfachen Anmeldung in den Mitgliedstaaten ersparen.

87 Von dem Grundsatz der ausschließlichen Zuständigkeit der Kommission für Zusammenschlüsse mit gemeinschaftsweiter Bedeutung gibt es zwei Ausnahmen: zum einen die der **Verweisung eines Falles an eine nationale Kartellbehörde** (Art. 9 FKVO), zum anderen die der »Geltendmachung berechtigter Interessen« der Mitgliedstaaten i. S. v. Art. 21 Abs. 3 FKVO.

88 Praktisch bedeutsam ist allein die Verweisungsregelung des Art. 9 FKVO. Danach kommt eine Verweisung des Zusammenschlusses an die nationale Kartellbehörde in Betracht, wenn der Mitgliedstaat der Kommission mitgeteilt hat, dass der Zusammenschluss den Wettbewerb auf einem Markt in diesem Mitgliedstaat, der alle Merkmale eines gesonderten Marktes aufweist, erheblich zu beeinträchtigen droht oder den Wettbewerb auf einem Markt in diesem Mitgliedstaat beeinträchtigt, der alle Merkmale eines gesonderten Marktes aufweist und keinen wesentlichen Teil des gemeinsamen Marktes darstellt (Art. 9 Abs. 2 FKVO). Sofern die Kommission den Fall nicht selbst behandeln will, verweist sie ihn ganz oder teilweise an die zuständige nationale Kartellbehörde. Der Mitgliedstaat wendet sodann seine eigenen nationalen Wettbewerbsvorschriften an. Im Falle einer Verweisung an das BKartA wird dort nach einer erforderlichen Anmeldung in deutscher Sprache das Verfahren nach den §§ 35 ff. GWB durchgeführt. Seit der Revision der FKVO hat auch die Kommission ein Initiativrecht für die Stellung eines Verweisungsantrages.

89 Die Regelung des Art. 21 Abs. 3 FKVO, die den Mitgliedstaaten zum Schutze bestimmter anderer berechtigter Interessen – ausdrücklich genannt sind die der öffentlichen Sicherheit, der Medienvielfalt und des Aufsichtsrechts – die Befugnis einräumt, von der Kommission genehmigte Zusammenschlüsse zu untersagen oder von Bedingungen und Auflagen abhängig zu machen, wurde seitens der Bundesrepublik Deutschland bisher nicht genutzt.

(2) Verhältnis zu Art. 81 EGV[25]

90 § 35 Abs. 3 GWB regelt ausdrücklich nur den Anwendungsvorrang der FKVO für Zusammenschlüsse von gemeinschaftsweiter Bedeutung i. S. d. Art. 3 i. V. m. Art. 1 Abs. 2 und 3 FKVO. Zusammenschlüsse, die die Schwellenwerte des Art. 1 Abs. 2 und 3 FKVO nicht erreichen oder die wegen des im Vergleich zum GWB engeren

---

25 Bis zu dem Zeitpunkt des Außerkrafttretens des Vertrages über die Gründung der Europäischen Gemeinschaft für Kohle und Stahl (EGKSV) am 23. 7. 2002 galt das GWB nicht für Zusammenschlüsse, die von der Fusionskontrolle des Art. 66 EGKSV erfasst wurden. Der Anwendungsausschluss des GWB ergab sich auch ohne ausdrückliche Kollisionsregelung aus dem Vorrang des Gemeinschaftsrechts vor dem nationalen Recht der Mitgliedstaaten. Nach Art. 66 § 1 EGKSV unterlagen Zusammenschlüsse zwischen Unternehmen, von denen mindestens eines im räumlichen Geltungsbereich des EGKSV im Bereich der Produktion und des Vertriebs von Kohle und Stahl i. S. d. Art. 80 EGKSV tätig war, der vorherigen Genehmigung der Kommission. Für Zusammenschlüsse, die sich nur auf den Märkten des Art. 66 des § 1 EGKSV auswirkten, hatte das BKartA mithin keine Untersagungskompetenz nach § 36 Abs. 1 GWB. Soweit sich die Zusammenschlüsse allerdings über den Montanbereich hinaus auch auf dritten Märkten auswirkten (sog. gemischte Zusammenschlüsse), konnten sie zugleich der nationalen Fusionskontrolle nach dem GWB unterliegen.

Zusammenschlussbegriffs des Art. 3 FKVO keinen Zusammenschluss i. S. d. FKVO darstellen, unterliegen daher grundsätzlich der Fusionskontrolle nach dem GWB. Sie sind, sofern die Anwendungsvoraussetzungen des GWB (§ 130 Abs. 2, §§ 35 ff. GWB) vorliegen, beim BKartA anzumelden, jedoch können sie zugleich – sofern die Voraussetzungen des Art. 81 EGV gegeben sind – in den Zuständigkeitsbereich der Kommission fallen. Da eine auf der Grundlage des Art. 83 Abs. 2 Buchst. e) EGV mögliche Kollisionsregelung bisher nicht getroffen wurde, kann es somit zu einer **parallelen Anwendung der Wettbewerbsregeln** des EGV und des GWB **auf denselben Sachverhalt** kommen. Führen die parallelen Verfahren zu divergierenden Ergebnissen, ist der Konflikt auch hier grundsätzlich nach dem Prinzip des Vorrangs des Gemeinschaftsrechts zu lösen. Der Vorrang des Gemeinschaftsrechts gilt jedenfalls bei förmlichen Entscheidungen der Kommission[26]. Dagegen ist insbesondere die Frage ungeklärt, ob der in der Kommissionspraxis übliche sog. comfort-letter als nicht förmliche Entscheidung eine Vorrangwirkung auslösen kann[27].

d) Fusionskontrolle und Kartellverbot des § 1 GWB

Nicht durch jede Form eines Zusammenschlusses wird, wie bei dem Kontrollerwerb des § 37 Abs. 1 Nr. 2 GWB, die wirtschaftliche Selbständigkeit des erworbenen Unternehmens durch Übernahme beseitigt. Vielmehr können sich Unternehmen insbesondere in Form von Gemeinschaftsunternehmen oder Minderheitsbeteiligungen auch zusammenschließen, ohne dass dadurch formal eine neue wirtschaftliche Einheit entsteht. Erfolgen derartige Zusammenschlüsse zwischen Unternehmen, die auf demselben Markt tätig sind, stellt sich die Frage, ob das Kartell- bzw. Abstimmungsverbot des **§ 1 GWB neben den Vorschriften der Fusionskontrolle** anwendbar bleibt oder ob ausschließlich die Vorschriften der Fusionskontrolle anzuwenden sind. 91

Die Beantwortung dieser Frage ist von großer Tragweite, da Wettbewerbsbeschränkungen aufgrund von **Kartellen** oder abgestimmten Verhaltensweisen bereits bei **Spürbarkeit** der Marktbeeinflussung grundsätzlich **verboten** sind, wohingegen **Unternehmenszusammenschlüsse** erst bei Entstehung oder Verstärkung einer **marktbeherrschenden Stellung untersagt** werden können. Es besteht somit ein Konzentrationsprivileg in dem Sinne, dass Unternehmenszusammenschlüsse in einem weiteren Umfang zulässig sind als Kartelle bzw. abgestimmte Verhaltensweisen. 92

Dagegen gibt es nach der h. M. keinen allgemeinen Vorrang der Fusionskontrollvorschriften vor dem Kartellverbot, vielmehr erfasst das Kartellverbot insbesondere auch solche Fusionen, in denen ein Kartell sich der Form eines Gemeinschaftsunternehmens (GU) bedient. 93

Die Rechtsprechung[28] hat für die Fälle von Gemeinschaftsunternehmen klargestellt, dass die Vorschriften der **Fusionskontrolle** und das **Kartellverbot grundsätzlich parallel anwendbar sind** (sog. Zweischranken-Theorie; siehe auch Rdnr. 157 ff.). 94

---

26 EuGH, 13. 2. 1969, »Farbenfabriken Bayer/Walt Wilhelm (Teerfarben I)«, Slg. 1969, 1, 13 ff.
27 Vgl. dazu Wiedemann, in: Wiedemann, Handbuch des Kartellrechts, § 6 Rdnr. 3; Bunte, in: L/B, 8. Aufl., Art. 85 Rdnr. 158 m.w.N.
28 BGH, 22. 6. 1981 »Transportbeton Sauerland« WuW/E BGH 1810; 1. 10. 1985 »Mischwerke« WuW/E BGH 2169.

B. Deutsche Fusionskontrolle

Das GWB enthalte an keiner Stelle ein »Konzentrationsprivileg«, das die ausschließliche Anwendbarkeit der Fusionskontrolle vorsehe. Es hänge vielmehr von den Umständen des Einzelfalles ab, ob bei der Prüfung eines GU neben der Fusionskontrolle auch das Kartellverbot in Betracht zu ziehen sei[29]. Die Rspr. trägt damit dem Problem Rechnung, dass die Beteiligung an einem GU zugleich der Abstimmung von unternehmerischen Interessen der GU-Gesellschafter untereinander dienen kann.

95 In der Praxis wird deshalb bei der Anmeldung von Gemeinschaftsunternehmen zur Fusionskontrolle regelmäßig geprüft, ob neben der Fusionskontrolle das Kartellverbot anzuwenden ist.

96 Bei Minderheitsbeteiligungen – auch bei solchen zwischen Wettbewerbern – wird dagegen bei Erreichen der gesetzlichen Schwellen regelmäßig nur das Fusionskontrollverfahren durchgeführt, obwohl an sich auch hier das Kartellverbot anwendbar sein könnte, da die Beteiligungsunternehmen im Unterschied zu beherrschten Konzernunternehmen wirtschaftlich selbständig und damit formal Wettbewerber bleiben. Die Monopolkommission hatte bereits in ihrem 6. Hauptgutachten ausgeführt, dass Minderheitsbeteiligungen an Wettbewerbern regelmäßig keine bloßen Finanzbeteiligungen im Sinne einer Kapitalanlage darstellen, sondern insbesondere bei Hinzutreten weiterer faktischer Einflussmöglichkeiten relevanten Einfluss auf die Geschäftspolitik des Wettbewerbers vermitteln können[30]. Auch der EuGH führte im Fall Philip Morris/Rothmanns[31] aus, dass der Erwerb einer **Minderheitsbeteiligung** an einem Wettbewerber unter bestimmten Voraussetzungen gegen das Kartellverbot des Art. 85 EGV verstoßen könne. In Anbetracht der Tatsache, dass Minderheitsbeteiligungen je nach Rechtsform und Satzung des Beteiligungsunternehmens u. U. weitreichende Informations-, Mitsprache- und Kontrollmöglichkeiten gewähren, liegt jedenfalls bei derart qualifizierten Minderheitsbeteiligungen, sofern sie zwischen den Unternehmen einvernehmlich herbeigeführt werden, oder gar bei wechselseitigen Minderheitsbeteiligungen die **Gefahr einer Verhaltensabstimmung** nahe. Solange derartige Verflechtungen nicht zu neuen wettbewerblichen Einheiten führen, die als Marktstrukturveränderungen allein der Fusionskontrolle unterliegen, bleibt Raum für die Anwendung des Kartell- bzw. Abstimmungsverbots nach § 1 GWB[32].

e) Prüfungsreihenfolge

(1) Inlandsauswirkung des Zusammenschlussvorhabens (§ 130 Abs. 2 GWB)

(2) Zuständigkeit des BKartA

97 – keine ausschließliche Zuständigkeit der EG-Kommission gemäß Art. 21 Abs. 1 FKVO

(3) Kontrollpflicht des Zusammenschlussvorhabens

98 – Unternehmenseigenschaft der Beteiligten (siehe hierzu auch § 36 Abs. 3 und § 130 Abs. 1 GWB)

---

29 BGH, 1.10.1985 »Mischwerke« WuW/E BGH 2169, 2170.
30 Monopolkommission, Hauptgutachten VI, Rdnr. 432 ff.
31 EuGH, 17.11.1987, »Philipp-Morris/Rothmans«, Slg. 1987, 4487 ff.
32 Siehe dazu auch Immenga, in: FS f. Benisch, S. 327, 330.

- Vorliegen eines Zusammenschlusstatbestands gemäß § 37 Abs. 1 Nr. 1–4 GWB
- Überschreiten der Umsatzschwellen des § 35 Abs. 1 Nr. 1 und 2 GWB
  - weltweiter Umsatz der beteiligten Unternehmen von insgesamt mehr als 500 Mio. Euro
  - Inlandsumsatz mindestens eines beteiligten Unternehmens von mehr als 25 Mio. Euro

(bei der Umsatzberechnung sind die Verbundklausel des § 36 Abs. 2 Satz 1 GWB und die Mehrmütterklausel des § 36 Abs. 2 Satz 2 GWB zu beachten)
- Keine Bagatellfälle i. S. d. § 35 Abs. 2 Nr. 1 oder Nr. 2 GWB.

2. Zusammenschlusstatbestände

a) Bedeutung und Systematik

Der **Begriff** des **Zusammenschlusses** hat im Rahmen der formellen Voraussetzungen der Fusionskontrolle zentrale Bedeutung. Nur bestimmte Formen von Unternehmensverbindungen und Vereinbarungen zwischen Unternehmen unterliegen der Fusionskontrolle. **99**

Idealtypisch soll der Begriff des Zusammenschlusses alle für den Wettbewerb möglicherweise – vorbehaltlich einer näheren Prüfung – nachteiligen strukturellen Unternehmensverbindungen erfassen und gleichzeitig möglichst Unternehmenskonzentrationen i. S. d. Fusionskontrolle von Unternehmenskooperationen i. S. d. Kartellverbots abgrenzen. Der Begriff des Zusammenschlusses i. S. d. GWB grenzt diese beiden Bereiche allerdings nicht vollständig voneinander ab. Trotz Vorliegens eines Zusammenschlusses i. S. d. § 37 GWB ist grundsätzlich eine so genannte **Doppelkontrolle** des Vorhabens zugleich auch unter dem Gesichtspunkt eines etwaigen Verstoßes gegen das Kartellverbot des § 1 denkbar[33]. **100**

§ 37 Abs. 1 GWB enthält die Definition der **Zusammenschlusstatbestände** und damit den wesentlichen Aufgreiftatbestand für die Anwendung der materiellen Fusionskontrolle[34]. **101**

In der Praxis erlangt die Definition der Zusammenschlusstatbestände besondere Bedeutung, wenn aufgrund der Marktstellung der beteiligten Unternehmen nicht auszuschließen ist, dass die Untersagungsvoraussetzungen des § 36 Abs. 1 GWB vorliegen. Dann kann die Frage des Vorliegens eines Zusammenschlusstatbestands zugleich über die fusionskontrollrechtliche Zulässigkeit der Unternehmensverbindung insgesamt entscheiden. **102**

Die gewählte **Reihenfolge** der Zusammenschlusstatbestände des § 37 Abs. 1 GWB gibt Hinweise auf die vom Gesetzgeber zu Grunde gelegte unterschiedliche **Intensität der jeweiligen Unternehmenskonzentrationen**, die durch diese Vorschriften erfasst werden. **103**

- So betrifft § 37 Abs. 1 Nr. 1 GWB mit dem **Vermögenserwerb** die dingliche Verbindung von Unternehmensgegenständen, die infolge der einheitlichen Verfügungsbefugnis des jeweiligen Eigentümers als intensivste Form eines Zusammenschlusses angesehen werden kann. **104**

---

[33] Siehe Rdnr. 91 f., 157 f.
[34] Ruppelt, in: L/B, 9. Aufl., § 37 Rdnr. 1 m. w. N.

105 – Demgegenüber enthält § 37 Abs. 1 Nr. 4 GWB mit dem Zusammenschlusstatbestand des **wettbewerblich erheblichen Einflusses** die im Grundsatz als schwächste Stufe einer Unternehmenskonzentration anzusehende Verbindung.

106 Besondere Bedeutung erlangen die unterschiedlichen Konzentrationsintensitäten, die durch die Zusammenschlusstatbestände des § 37 Abs. 1 GWB verwirklicht werden, im Rahmen der Prüfung nach § 37 Abs. 2 GWB.

107 Diese Vorschrift stellt klar, dass Zusammenschlüsse i. S. d. § 37 GWB auch zwischen Unternehmen erfolgen können, die schon i. S. d. § 37 Abs. 1 GWB zusammengeschlossen sind. Dies gilt nur dann nicht, wenn der zu prüfende neue Zusammenschluss nicht zu einer **wesentlichen Verstärkung der bestehenden Unternehmensverbindung** führt.

108 § 37 Abs. 3 GWB enthält schließlich eine auf den vorübergehenden Anteilserwerb durch Kreditinstitute, Finanzinstitute oder Versicherungsunternehmen zielende **Ausnahmeregelung**[35].

b) Unternehmensbegriff

109 Die Fusionskontrollvorschriften richten sich – wie auch die übrigen Vorschriften des GWB – auf die Kontrolle einer **unternehmerischen Tätigkeit**. Zusammenschlüsse i. S. d. § 37 GWB finden nach dem insofern eindeutigen Wortlaut der §§ 35 ff. GWB zwischen Unternehmen i. S. d. Gesetzes statt.

110 Obwohl der Begriff des Unternehmens damit ein zentraler Begriff dieses Gesetzes ist, wird er nicht weiter definiert, sondern vorausgesetzt. Der Unternehmensbegriff des GWB insgesamt – und auch der §§ 35 ff. GWB – ist **funktional** auszulegen. Vorrangig geht es darum, unternehmerische insbesondere von privaten Tätigkeiten abzugrenzen. Im Vordergrund steht also nicht die Rechtsform des Handelnden, sondern der Inhalt des Handelns. Insoweit kann auch der **Staat** unternehmerisch tätig werden. Steht einer Person oder Personenvereinigung, die nicht Unternehmen ist, die Mehrheit an einem Unternehmen zu, gilt sie nach § 36 Abs. 3 GWB als Unternehmen.

c) Zusammenschlusstatbestände

111 Die heute geltenden Zusammenschlusstatbestände sind durch die am 1. 1. 1999 in Kraft getretene **6. GWB-Novelle** neu gefasst worden. Der Zusammenschlussbegriff hat durch die Novelle nicht unwesentliche – insbesondere formelle, aber auch gewisse materielle – Änderungen erfahren. So hat der Gesetzgeber die Zahl der Zusammenschlusstatbestände von sechs auf vier reduziert und durch die Änderungen – beispielsweise den Wegfall des früheren § 23 Abs. 2 Nr. 2 Satz 4 GWB a. F. – zugleich die praktische Bedeutung insbesondere des Auffangtatbestandes des wettbewerblich erheblichen Einflusses in § 37 Abs. 1 Nr. 4 GWB weiter erhöht. Zudem wurde der Wortlaut der Zusammenschlusstatbestände teilweise geändert. Solche Änderungen betreffen in besonderem Maße den Zusammenschlusstatbestand des Kontrollerwerbs nach § 37 Abs. 1 Nr. 2 GWB. Ob die Änderungen im Wesentlichen redaktionellen Charakter haben oder darüber hinaus auch zu einer inhaltlichen Veränderung der Zusammenschlusstatbestände führen werden, lässt sich in Ermange-

---
35 Siehe Rdnr. 197 ff.

lung entsprechender höchstrichterlicher Rechtsprechung noch nicht abschließend beurteilen.

Das deutsche Fusionskontrollrecht enthält – anders als das der FKVO auf EU-Ebene – zur Definition der Zusammenschlusstatbestände in § 37 Abs. 1 GWB neben **unbestimmten Rechtsbegriffen** wie beispielsweise der »Kontrolle« i.S.d. § 37 Abs. 1 Nr. 2 GWB und des »wettbewerblich erheblichen Einflusses« i.S.d. § 37 Abs. 1 Nr. 4 GWB auch im Regelfall leichter zu bestimmende Tatbestände wie beispielsweise den des Erwerbs von Anteilen oder Stimmrechten i.S.d. § 37 Abs. 1 Nr. 3 Satz 1 GWB. 112

Durch letztere Tatbestände wird für eine Vielzahl von Fällen, in denen Beteiligungen in Höhe von mindestens 25% bzw. 50% der Anteile an einem anderen Unternehmen erworben werden, klargestellt, dass in jedem Fall ein Zusammenschluss i.S.d. Gesetzes vorliegt. 113

Angesichts der Existenz eines Auffangtatbestandes wie des § 37 Abs. 1 Nr. 4 GWB bedarf es allerdings im umgekehrten Fall vielfach einer detaillierteren Analyse, ob ein bestimmtes Vorhaben keinen Zusammenschlusstatbestand erfüllt. 114

(1) Vermögenserwerb (§ 37 Abs. 1 Nr. 1 GWB)

Der Vermögenserwerb i.S.d. § 37 Abs. 1 Nr. 1 GWB, die intensivste Form einer Verbindung unternehmerischer Ressourcen, setzt den **Erwerb** des **Vermögens** eines **anderen Unternehmens ganz oder zu einem wesentlichen Teil** voraus. 115

Unternehmen A erwirbt beispielsweise eine Produktionsanlage des Unternehmens B. Während bei einem Beteiligungserwerb von A an B keine unmittelbare dingliche Beziehung zwischen dem erwerbenden Unternehmen A und der Produktionsanlage entstehen würde, sondern A lediglich Einflussrechte auf das Unternehmen B erwerben würde, über die es mittelbar Einfluss auf die Produktionstätigkeit nehmen könnte, entsteht beim Vermögenserwerb eine unmittelbare dingliche Beziehung. 116

Die Vorschrift enthält bei materieller Betrachtung zwei wesentliche Tatbestandsmerkmale.

(a) Erwerbsgegenstand

Zum einen setzt sie einen bestimmten **Erwerbsgegenstand** voraus. 117

Als **Vermögen** eines Unternehmens wird im Allgemeinen die Gesamtheit aller geldwerten Güter und Rechte eines Unternehmens ohne Rücksicht auf Art, Verwendung und gesonderte Verwertbarkeit angesehen, wobei nur auf das Aktivvermögen abgestellt wird[36].

Dabei will die Vorschrift nicht jede Form des Erwerbs von Vermögen eines anderen Unternehmens erfassen, sondern nur die Fälle, in denen dieses Vermögen **ganz oder zu einem wesentlichen Teil** erworben wird. Hinsichtlich des Inhaltes des Vermögensbegriffes und der Definition eines wesentlichen Vermögensteils lässt sich in 118

---

36 Vgl. Ruppelt, in: L/B, 9. Aufl., § 37 Rdnr. 7; KG, 22.5.1985 »Coop Schleswig-Holstein/ Deutscher Supermarkt« WuW/E OLG 3591, 3593; 23.5.1991 »Folien und Beutel« WuW/E OLG 4771, 4775; Bechtold, 3. Aufl., § 37 Rdnr. 5 möchte dies auf unternehmerisch genutzte Vermögensgegenstände begrenzen; gegen Bechtold aber Mestmäcker/Veelken, in: I/M, 3. Aufl., § 37 Rdnr. 14.

B. Deutsche Fusionskontrolle

Ermangelung entsprechender Änderungen durch die 6. GWB-Novelle im Grundsatz auf die frühere Fallpraxis verweisen[37].

119 Da es an ausdrücklichen Maßstäben dafür fehlt, wann ein **Teil** des Vermögens **wesentlich** i. S. d. Vorschrift ist, sollte zur Auslegung dieses Tatbestandsmerkmals weiterhin auf den Zweck der Vorschrift abgestellt werden, die Übertragung von Unternehmenspotentialen zu kontrollieren. Hierbei kann sowohl eine – gemessen an dem Gesamtvermögen – quantitative, insbesondere aber auch eine qualitative Bewertung zur Annahme der Wesentlichkeit i. S. d. Vorschrift führen[38].

120 Entsprechend ist das **BKartA** im Fall »TLZV/WAZ«[39] davon ausgegangen, dass »ein Erwerb des Vermögens eines anderen Unternehmens zu einem wesentlichen Teil i. S. d. § 23 Abs. 2 Nr. 1 GWB« vorliegt, »wenn – vom übrigen Vermögen abtrennbares – **Vermögen** eines Unternehmens **übernommen wird**, das tragende Grundlage seiner Stellung auf dem relevanten Markt und demgemäß geeignet ist, diese **Marktstellung von dem Veräußerer auf den Erwerber zu übertragen** und dadurch die Stellung des Erwerbers auf dem relevanten Markt spürbar zu stärken«. Folgt man diesem Ansatz, so ist im Rahmen einer qualitativen Beurteilung beispielsweise im Gegensatz zu einer rein quantitativen Bewertung nicht der Umfang des sonstigen unternehmerischen Potentials des Veräußerers maßgebend, das nicht **Gegenstand des Erwerbsvorgangs** ist, sondern die eigenständige unternehmerische Funktion eines Erwerbsgegenstandes, um ihn als wesentlichen Vermögensteil i. S. d. Vorschrift zu erfassen.

(b) Erwerbsbegriff

121 **Zum anderen** setzt die Vorschrift einen bestimmten **Erwerbsbegriff** voraus. Veräußerer i. S. d. Vorschrift ist ein **anderes Unternehmen**.
§ 37 Abs. 1 Nr. 1 GWB ist insoweit durch die 6. GWB-Novelle **sprachlich gestrafft** worden, ohne dass aber die Absicht, inhaltliche Veränderungen vorzunehmen, erkennbar würde. Richtigerweise erfasst die Vorschrift den Erwerb von Vermögen ohne Rücksicht auf die im Einzelfall gewählte Form der Vermögensübertragung. Für die Zwecke der Fusionskontrolle kommt es auf das Ergebnis, nicht aber auf den zu Grunde liegenden Geschehensablauf[40] an[41]. Das Tatbestandsmerkmal des Erwerbs ist daher weiterhin funktionell auszulegen, weshalb beispielsweise die Fusion zweier bisher selbständiger Unternehmen auch weiterhin als Erwerb des Vermögens eines anderen Unternehmens i. S. d. Vorschrift anzusehen ist[42]. Insoweit haben sich auf für die Erfassung einer Umwandlung i. S. d. § 1 UmwG keine Veränderungen ergeben[43].

---

37 Vgl. z. B. Bechtold, 3. Aufl., § 37, Rdnr. 6f.; Mestmäcker/Veelken, in: I/M, 3. Aufl., § 37, Rdnr. 14.
38 Vgl. zu dieser im Einzelnen streitigen Frage: Ruppelt, in: L/B, 9. Aufl., § 37 Rdnr. 8ff. m.w.N.; Mestmäcker/Veelken, in: I/M, 3. Aufl., § 37, Rdnr. 17f.
39 BKartA, 23. 11. 1998 »TLZV/WAZ« AG 1999, 426, 428; vgl. auch BGH, 7. 7. 1992 »Warenzeichenerwerb« WuW/E BGH 2783, 2786.
40 So kann es beispielsweise weder darauf ankommen, ob dem Erwerb schuldrechtlich ein Kauf oder ein Tausch zu Grunde liegt, noch darauf, ob das Vermögen im Wege der Einzelrechtsnachfolge oder Gesamtrechtsnachfolge auf den Erwerber übergeht.
41 Vgl. im Einzelnen Ruppelt, in: L/B, 9. Aufl., § 37 Rdnr. 11 ff. m.w.N.
42 Vgl. BKartA, 14. 10. 1999 »Westfälische Ferngas«, WuW/E DE-V 195, 197; BKartA, 3. 7. 2000 »RWE/VEW« B 8–309/99, Rdnr. 65.
43 So auch Bechtold, 2. Aufl., § 37 Rdnr. 4; Ruppelt, in: L/B, 9. Aufl., § 37 Rdnr. 13; Mestmäcker/Veelken, in: I/M, 3. Aufl., § 37, Rdnr. 6ff.

Für den **Vollzug** eines Erwerbs wird wohl im Regelfall das Entstehen einer im **122**
sachenrechtlichen Sinne **dinglichen Verbindung** des erwerbenden Unternehmens
mit dem Erwerbsgegenstand gefordert werden können, die aber nicht unbedingt in
Form des Alleineigentums entstehen muss. Eine weite Auslegung des Tatbestandsmerkmals ist nach Sinn und Zweck der Vorschrift erforderlich, soweit der Erwerb
wirtschaftlich gleichwertiger Einflussmöglichkeiten nicht durch § 37 Abs. 1 Nr. 2
und 4 GWB erfasst werden würde[44].

(2) **Kontrollerwerb** (§ 37 Abs. 1 Nr. 2 GWB)

Ein Zusammenschluss i. S. d. § 37 Abs. 1 Nr. 2 GWB liegt im Falle des **Erwerbs** der **123**
unmittelbaren oder **mittelbaren Kontrolle** durch **ein oder mehrere Unternehmen**
über die Gesamtheit oder Teile eines oder mehrerer anderer Unternehmen vor. Dieser im deutschen Fusionskontrollrecht neue Begriff des Kontrollerwerbs ist durch
die 6. GWB-Novelle in das Gesetz eingefügt worden.

(a) **Kontrollbegriff**

In Anlehnung an den Zusammenschlusstatbestand des Art. 3 FKVO ersetzt der **124**
Kontrollbegriff in erster Linie den früheren Zusammenschlusstatbestand des **be-
herrschenden Einflusses**. Gleichzeitig wird er als **Zusammenfassung** der früheren
Einzeltatbestände des **Erwerbs einer Mehrheitsbeteiligung** nach § 23 Abs. 2 Nr. 2
Buchst. c) GWB a. F., der **Unternehmensverträge** nach § 23 Abs. 2 Nr. 3 GWB a. F.
und der **personellen Verflechtung** nach § 23 Abs. 2 Nr. 4 GWB a. F. gesehen, die mit
Inkrafttreten der auf der 6. GWB-Novelle beruhenden Änderungen entfallen sind[45].
Zwischen der Gesamtheit dieser früheren Zusammenschlusstatbestände und dem
neuen Kontrollbegriff dürfte allerdings **keine vollständige Kongruenz** bestehen.
Zutreffenderweise wird sich aus den Umständen der jeweiligen Einzelfälle ergeben,
ob und inwieweit es hier Unterschiede gibt[46].

(b) **Gegenstand des Kontrollerwerbs**

Gegenstand des Kontrollerwerbs sind nach § 37 Abs. 1 Nr. 2 Satz 1 GWB die **Ge- 125
samtheit oder Teile eines oder mehrerer anderer Unternehmen**. Insoweit stellt die
Vorschrift in erster Linie klar, dass der von ihr erfasste **einheitliche Erwerbsvor-
gang** hinsichtlich der **erfassten Erwerbsgegenstände** einer vertraglichen Vielfalt zugänglich ist.

Die Regelung des § 37 Abs. 1 Nr. 2 Satz 2 Buchst. a) GWB hinsichtlich des Erwerbs **126**
von **Teilen eines anderen Unternehmens** stimmt zwar weitgehend mit § 37 Abs. 1
Nr. 1 GWB überein, allerdings fehlt hier die Erwähnung des Tatbestandsmerkmals
des »wesentlichen« Teils. Trotz dieser insoweit fehlenden Eingrenzung im Wortlaut
der Vorschrift dürfte es in der Praxis unter Zugrundelegung einer weiten Auslegung dieses Begriffs im Rahmen der Prüfung nach § 37 Abs. 1 Nr. 1 GWB zu keinen abweichenden Ergebnissen führen[47].

---

44 Vgl. Ruppelt, in: L/B, 9. Aufl., § 37 Rdnr. 12.
45 Vgl. Ruppelt, in: L/B, 9. Aufl., § 37 Rdnr. 15; Mestmäcker/Veelken, in: I/M, 3. Aufl., § 37,
Rdnr. 19 ff.
46 So zutreffend Ruppelt, in: L/B, 9. Aufl., § 37 Rdnr. 15.
47 Vgl. Ruppelt, in: L/B, 9. Aufl., § 37 Rdnr. 17, der eine identische Auslegung der Begriffe des
wesentlichen Vermögensteils nach § 37 Abs. 1 Nr. 1 GWB und des Vermögensteils nach
§ 37 Abs. 1 Nr. 2 Satz 2 Buchst. a) GWB vertritt.

(c) Erwerber

127 Der Kontrollerwerb findet grundsätzlich durch ein **Unternehmen** an einem **anderen Unternehmen** statt. Sofern eine Person nicht bereits unter Zugrundelegung eines weiten Unternehmensbegriffes als Unternehmen i.S.d. Vorschrift anzusehen ist, kommt auch eine entsprechende Anwendung des § 36 Abs. 3 GWB in Betracht[48]. Als an dem Kontrollerwerb beteiligte Unternehmen sind im Falle des Erwerbs alleiniger Kontrolle der Erwerber und das Zielunternehmen und im Falle des Erwerbs gemeinsamer Kontrolle – entsprechend der Praxis zu Art. 3 FKVO – alle gemeinsam kontrollierenden Anteilseigner und das Zielunternehmen anzusehen[49].

(d) Kontrollerwerb

128 Kontrolle kann **unmittelbar oder mittelbar**[50] erworben werden, wobei die **Art und Weise** eines Kontrollerwerbs in § 37 Abs. 1 Nr. 2 Satz 2 GWB näher bestimmt wird. Er wird danach durch **Rechte, Verträge** oder **andere Mittel** begründet, die **einzeln oder zusammen unter Berücksichtigung aller tatsächlichen und rechtlichen Umstände** die **Möglichkeit** gewähren, einen **bestimmenden Einfluss** auf die Tätigkeit eines Unternehmens auszuüben. In der Praxis war der Zusammenschlusstatbestand der Kontrolle insbesondere in Verbindung mit einem Anteilserwerb von Bedeutung[51].

129 § 37 Abs. 1 Nr. 2 Satz 2 Buchst. a) GWB nennt hier insbesondere **Eigentums- oder Nutzungsrechte**[52] an einer Gesamtheit oder an Teilen des Vermögens des Unternehmens und § 37 Abs. 1 Nr. 2 Satz 2 Buchst. b) GWB **Rechte oder Verträge**[53], die einen **bestimmenden Einfluss** auf die **Zusammensetzung**, die **Beratungen** oder **Beschlüsse der Organe des Unternehmens** gewähren[54]. Diese Formulierung trägt nunmehr auch ausdrücklich der besonderen wettbewerblichen Bedeutung der personellen Besetzung von Unternehmensorganen Rechnung. Im Gegensatz zum früheren Recht wird beispielsweise nicht mehr auf den Zustand der Personengleichheit von Unternehmensorganen abgestellt, sondern maßgebend ist der Einfluss auf die Zusammensetzung. Insoweit ist die Formulierung sowohl enger als auch weiter gefasst als der frühere § 23 Abs. 2 Nr. 4 GWB a. F.[55]

130 Wichtig ist, dass es für die Annahme eines Kontrollerwerbs nicht maßgebend ist, **wie** er erfolgt[56]. Da er nach dem Wortlaut der Vorschrift auch **auf andere Weise** erfolgen kann, bleiben die einen entsprechenden Einfluss vermittelnden Umstände offen. Insoweit werden nicht nur rechtliche, sondern auch faktische Einflussmöglichkeiten erfasst.

---

48 Vgl. Ruppelt, in: L/B, 9. Aufl., § 37 Rdnr. 30.
49 Vgl. im Einzelnen Bechtold, 3. Aufl., § 37 Rdnr. 15 ff.
50 Mittelbare Kontrolle kann vorliegen, wenn sie nur über Dritte ausgeübt werden kann; vgl. Ruppelt, in: L/B, 9. Aufl., § 37 Rdnr. 29.
51 Vgl. TB 2001/2002, S. 17.
52 Insoweit können auch Betriebsüberlassungsverträge Kontrolle i.S.d. Vorschrift begründen; vgl. Ruppelt, in: L/B, 9. Aufl., § 37 Rdnr. 18; Bechtold, 3. Aufl., § 37, Rdnr. 17.
53 In Betracht kommen hier beispielsweise Unternehmensverträge, die nach früherem Recht von § 23 Abs. 2 Nr. 3 GWB a.F. erfasst wurden; vgl. im Einzelnen Ruppelt, in: L/B, 9. Aufl., § 37 Rdnr. 22 ff.
54 Die Vorschrift stimmt vom Wortlaut her mit Art. 3 Abs. 3 FKVO überein.
55 Vgl. im Einzelnen Ruppelt, in: L/B, 9. Aufl., § 37 Rdnr. 25 ff. m.w.N.
56 Vgl. im Einzelnen Ruppelt, in: L/B, 9. Aufl., § 37 Rdnr. 28 ff. m.w.N.

Es kommt – wie beim früheren § 23 Abs. 2 Nr. 5 GWB a. F. – auch nur auf die **131** **Möglichkeit** eines bestimmenden Einflusses, nicht aber auf die tatsächliche Ausübung dieses Einflusses an[57].

Richtigerweise liegt ein kontrollierender Einfluss jedenfalls dann vor, wenn das herr- **132** schende Unternehmen über die **Geschäftspolitik** des abhängigen Unternehmens insgesamt **entscheiden** und diese Entscheidung **durchsetzen** kann[58]. Angesichts des Schutzzwecks der Vorschrift soll es für Kontrolle im Sinne eines bestimmenden Einflusses ausreichen, dass das herrschende Unternehmen dem abhängigen Unternehmen den Spielraum seiner wettbewerblichen Aktivitäten tatsächlich zuweisen kann[59]. Die eine alleinige Kontrolle begründenden Umstände dürften denen entsprechen, die nach § 23 Abs. 2 Nr. 5 GWB a. F. beherrschenden Einfluss begründeten.

(e) **Alleinige und gemeinsame Kontrolle**
Kontrolle können **ein oder mehrere** Unternehmen erwerben, d. h. Kontrolle kann **133** grundsätzlich in Form der **alleinigen Kontrolle** und in Form der **gemeinsamen Kontrolle** erworben werden. § 37 Abs. 1 Nr. 2 GWB enthält insofern zwei unterschiedliche Qualitäten von Zusammenschlüssen, weshalb der **Übergang** von der gemeinsamen Kontrolle zur alleinigen Kontrolle[60] bzw. der Übergang von der alleinigen Kontrolle zur gemeinsamen Kontrolle jeweils einen eigenständigen Zusammenschluss i. S. d. Vorschrift begründen kann[61].

Typische Form der **alleinigen** Kontrolle ist eine **Mehrheitsbeteiligung**[62], die dem **134** Anteilseigner zugleich die **Mehrheit der Stimmrechte** im Zielunternehmen verschafft, wenn einer Ausübung der damit verbundenen Rechtsstellung im Unternehmen keine anderweitigen Vereinbarungen entgegenstehen[63]. Liegt bereits alleinige Kontrolle vor, kann diese allerdings durch eine Erhöhung der Beteiligung nicht nochmals begründet werden. Ob allein eine **Kapitalmehrheit** einen Kontrollerwerb auslösen kann, wenn mit ihr nicht zugleich die Mehrheit der Stimmrechte verbunden ist, ist zweifelhaft und muss im Einzelfall näher geprüft werden. Im Hinblick auf den Zusammenschlusstatbestand des § 37 Abs. 1 Nr. 3 Satz 2 Buchst. a) GWB dürfte diese Frage aber im Regelfall keine praktische Bedeutung erlangen. Schließlich können auch Beteiligungen in Höhe von 50% der Geschäftsanteile[64] oder Min-

---

57 Vgl. BGH, 30. 9. 1986 »Mischguthersteller« WuW/E BGH 2321, 2323.
58 KG, 22. 3. 1983 »Rewe/Florimex« WuW/E OLG 2862, 2868; Ruppelt, in: L/B, 9. Aufl., § 37 Rdnr. 29 m. w. N.
59 Vgl. Ruppelt, in: L/B, 9. Aufl., § 37 Rdnr. 29 m. w. N.; BGH, 18. 11. 1986 »Hussel/Mara« WuW/E BGH 2337, 2339.
60 Dies entspricht auch der ständigen Praxis zur Auslegung des Art. 3 FKVO.
61 Vgl. Bechtold, 3. Aufl., § 37 Rdnr. 9; Mestmäcker/Veelken, in: I/M, 3. Aufl., § 35, Rdnr. 25.
62 Vgl. Bechtold, 3. Aufl., § 37 Rdnr. 10; Ruppelt, in: L/B, 9. Aufl., § 37 Rdnr. 19 m. w. N.
63 Sofern durch gesellschaftsrechtliche Abreden einem anderen Gesellschafter besondere Vetorechte eingeräumt werden, ist im Einzelfall genau zu prüfen, ob die Rechte bereits so weitgehend sind, dass sie einer alleinigen Kontrolle des Unternehmens entgegenstehen. Gegebenenfalls wäre zu prüfen, ob sich beispielsweise aus der Natur dieser Abreden oder aus anderen Umständen zumindest eine gemeinsame Kontrolle herleiten lässt. Könnte dies ebenfalls nicht festgestellt werden, verbliebe es bei der Möglichkeit, dass der Erwerb aufgrund des Umfangs der erworbenen Anteile den Zusammenschlusstatbestand des § 37 Abs. 1 Nr. 3 GWB oder auch die Voraussetzungen des § 37 Abs. 1 Nr. 4 GWB erfüllt.
64 Vgl.. z. B. BKartA, 11. 2. 2000, »Dürr/Alsthom«, B 4–138/99, Rdnr. 7.

derheitsbeteiligungen[65] zu einem alleinigen Kontrollerwerb führen, wenn sich aus **rechtlichen**[66] oder **faktischen** Umständen ein bestimmender Einfluss auf das Zielunternehmen ergibt[67]. Eine **faktische** Kontrolle kommt insbesondere – entsprechend den zu Art. 3 FKVO entwickelten Grundsätzen – aufgrund einer gesicherten Hauptversammlungsmehrheit in Betracht, die aus einer entsprechend niedrigen Hauptversammlungspräsenz in den letzten Jahren abgeleitet wird. Auch dem Erwerb alleiniger Kontrolle aufgrund faktischer Umstände kommt allerdings angesichts der Existenz der weiteren Zusammenschlusstatbestände – im Gegensatz zu ihrer Bedeutung im Rahmen der Prüfung nach Art. 3 FKVO – weniger beim erstmaligen Erwerb einer Beteiligung an einem anderen Unternehmen praktische Relevanz zu, sondern eher im Falle der Erhöhung einer Minderheitsbeteiligung, wenn daraus der Erwerb neuer, faktischer Einflussmöglichkeiten folgt, die erstmalig den Kontrollerwerb begründen.

135 Soweit Kontrolle von **mehreren** Unternehmen erworben werden kann, ist es zunächst erforderlich, dass diese Unternehmen **gemeinsam** dieselben Einflussmöglichkeiten im Zielunternehmen haben, die auch für den Erwerb alleiniger Kontrolle erforderlich sind[68]. Darüber hinaus wird gefordert, dass sich die Gemeinsamkeit der Kontrolle aus zusätzlichen Umständen ergibt[69].

136 Von praktischem Interesse wird sein, wie sich die höchstrichterliche Rechtsprechung zum Inhalt des Begriffs der gemeinsamen Kontrolle im Verhältnis zu den bisherigen Voraussetzungen gemeinsamer Beherrschung i. S. d. § 23 Abs. 2 Nr. 5 GWB a. F. entwickeln wird. Entsprechend stellt sich die Frage, ob § 36 Abs. 2 und § 37 Abs. 1 Nr. 2 GWB weiterhin korrespondierend ausgelegt werden können.

137 Hier wird sich zeigen, ob aus der sprachlichen Neufassung insoweit nur redaktionelle Änderungen folgen und zur Auslegung des Begriffes auf die bisherige Rechtsprechung zum Beherrschungsbegriff zurückgegriffen werden kann oder ob mit der Neufassung zugleich eine Änderung der Inhalte des Zusammenschlusstatbestandes verbunden ist.

138 Bei systematischer Betrachtung fällt jedenfalls auf, dass in den §§ 35 ff. GWB nunmehr an drei Stellen, in denen eine Zurechnung begründende Unternehmensverbindungen definiert werden, unterschiedliche Wortlaute verwendet werden.
 – Die **Unternehmenseigenschaft** einer Person oder Personenvereinigung wird nach dem Wortlaut des § 36 Abs. 3 GWB weiterhin durch eine Mehrheitsbeteiligung an einem Unternehmen begründet.
 – Die **Verbundklausel** des § 36 Abs. 2 GWB verbleibt beim alten Beherrschungsbegriff.

---

65 Gleiches gilt natürlich auch für eine Mehrheit der Kapitalanteile, die nicht die Mehrheit der Stimmrechte in der Gesellschaft vermittelt.
66 Zu denken ist hier an ergänzende vertragliche Vereinbarungen.
67 Vgl. Ruppelt, in: L/B, 9. Aufl., § 37 Rdnr. 21 m.w.N.
68 Vgl. für den Fall des Erwerbs einer Minderheitsbeteiligung z. B. BKartA, 11. 6. 2001, B 10–23/01, S. 6.
69 Vgl. Bechtold, 3. Aufl., § 37 Rdnr. 12 ff.; Mestmäcker/Veelken, in: I/M, 3. Aufl., § 37, Rdnr. 26; siehe allerdings BKartA, 14. 2. 2003, B 2–93/02, Rdnr. 4 f., das BKartA machte in dem Fall des Erwerbs von jeweils 50 % der Geschäftsanteile an einem Gemeinschaftsunternehmen keine Ausführungen zur Begründung der Gemeinsamkeit der Kontrolle, die sich in diesem Fall aber möglicherweise daraus herleiten ließe, dass das Gemeinschaftsunternehmen ausschließlich seine Muttergesellschaften beliefern sollte.

– Allein der bisher damit korrespondierende Zusammenschlusstatbestand des § 23 Abs. 2 Nr. 5 GWB a. F. ist durch den **Kontrollbegriff** des § 37 Abs. 1 Nr. 2 GWB ersetzt worden.

Nach der Regierungsbegründung soll der deutsche Rechtsanwender bei der Auslegung und Anwendung dieses im deutschen Fusionskontrollrecht neuen Begriffs die **europäische Rechts- und Verwaltungspraxis** berücksichtigen, in der dieser Begriff eine »hinreichende Konkretisierung« erfahren habe. Bei einer Orientierung an der europäischen Rechtspraxis darf aber nicht übersehen werden, dass zum einen der Begriff des Kontrollerwerbs im deutschen Fusionskontrollrecht in einem anderen systematischen Zusammenhang als der entsprechende Begriff des Art. 3 FKVO steht und es zum anderen eine ausdrückliche höchstrichterliche Rechtsprechung in Deutschland zum früheren Beherrschungsbegriff gab, die in einem nicht unwesentlichen Punkt von der Entscheidungspraxis zu Art. 3 FKVO abweicht[70]. 139

Während der **deutsche Beherrschungsbegriff** davon ausgeht, dass eine **positive Beeinflussung** in Form einer Bestimmung der Willensbildung des beherrschten Unternehmens wesentliches Merkmal des Beherrschungsbegriffes ist, weshalb eine bloße Blockademöglichkeit wesentlicher unternehmerischer Entscheidungen infolge einer Sperrminorität jedenfalls nicht als solche ausreicht, bedurfte es i. S. d. genannten **europäischen Anwendungspraxis** einer besonderen, über eine **reine Sperrminorität** bei wichtigen Fragen hinausgehende, Gestaltungsmöglichkeit zum Erwerb einer Kontrolle nach Art. 3 FKVO bisher nicht[71]. 140

Aus systematischen Gründen spricht vieles dafür, die unverändert gebliebenen Kriterien der **Konzernverbundklausel** des § 36 Abs. 2 GWB auch als maßgeblich für den Erwerb gemeinsamer Kontrolle i. S. d. § 37 Abs. 1 Nr. 2 GWB zu Grunde zu legen[72]. Dann reicht zur Annahme gemeinsamer Kontrolle nicht die Möglichkeit, bestimmte Entscheidungen im Unternehmen zu verhindern, sondern es ist die gesicherte einheitliche Einflussnahme durch die gemeinsame Kontrolle ausübenden Anteilseigner festzustellen[73]. 141

Vorausgesetzt wird, dass die **gemeinsam** kontrollierenden Unternehmen im Sinne einer gemeinsamen Unternehmenspolitik die eigenen Wettbewerbsinteressen im Verhältnis zueinander und gegenüber dem abhängigen Unternehmen abstimmen und durchsetzen können[74]. 142

---

70 Vgl. Ruppelt, in: L/B, 9. Aufl., § 37 Rdnr. 16 m.w.N.
71 Ruppelt, in: L/B, 9. Aufl., § 37 Rdnr. 32, vertritt insoweit die Auffassung, dass paritätische Beteiligungen – anders als nach der Praxis zu Art. 3 FKVO – hier weiterhin nicht allein ausreichen, um eine gemeinsame Kontrolle zu begründen. Er weist allerdings darauf hin, dass schon der aus der Parität folgende Einigungszwang, insbesondere wenn er bei der Gründung einer Gesellschaft freiwillig geschaffen wurde, und ein ausgeglichenes Kräfteverhältnis für gleichgerichtete und eine gemeinsame Unternehmenspolitik gewährleistende Interessen der Gesellschafter sprechen. Deshalb vertritt er die Auffassung, dass jedenfalls für den aus dem EG-Recht übernommenen Begriff der Kontrolle durch mehrere Unternehmen bei einer 50/50-Beteiligung vom Vorliegen dieses Tatbestandes auszugehen sei, wobei wohl auch ansonsten nicht die Möglichkeit einer disparitätischen Entscheidungsfindung vorliegen darf.
72 So auch Ruppelt, in: L/B, 9. Aufl., § 37 Rdnr. 31 ff. m.w.N.
73 Vgl. Bechtold, 3. Aufl., § 37 Rdnr. 12 f.
74 Vgl. BGH, 18. 11. 1986 »Hussel/Mara« WuW/E BGH 2337, 2339; 19. 12. 1989 »Springer/Kieler Zeitung« WuW/E BGH 2620, 2623.

143 Die Gemeinsamkeit kann dabei auf verschiedene Weise begründet werden[75]. Ausreichend können auch über die für Personengesellschaften typische **gemeinsame Interessenlage** der Gesellschafter hinausgehende tatsächliche Umstände sein, die eine gesicherte einheitliche Einflussnahme auf der Grundlage einer auf Dauer angelegten Interessengleichheit erwarten lassen[76], wobei alle relevanten Umstände des Einzelfalles zu berücksichtigen sind[77].

144 Bei **paritätischen** Beteiligungen liegt, insbesondere im Falle der Gründung eines solchen Gemeinschaftsunternehmens, die Annahme einer gesicherten einheitlichen Einflussnahme nahe, muss dann aber im Gegensatz zur Anwendung des Art. 3 FKVO in jedem Einzelfall aufgrund weiterer Umstände festgestellt werden.

145 Bei **disparitätischen** Beteiligungen kann gemeinsame Kontrolle beispielsweise durch Vereinbarungen der Gesellschafter herbeigeführt werden. So hat das BKartA dies im Falle der paritätischen Besetzung eines Beirates bejaht, dem umfassende Einflussrechte in allen wesentlichen unternehmerischen Angelegenheiten übertragen werden, wodurch beide Gesellschafter umfassende Sperrrechte erlangen[78].

(3) Anteilserwerb und Gemeinschaftsunternehmen (§ 37 Abs. 1 Nr. 3 GWB)

(a) Anteilserwerb (§ 37 Abs. 1 Nr. 3 Satz 1 GWB)

146 Der in der Praxis weiterhin wichtigste Zusammenschlusstatbestand ist der des Anteilserwerbs. § 37 Abs. 1 Nr. 3 Satz 1 Buchst. a) und b) GWB enthält auch die im Grundsatz am eindeutigsten zu bestimmende Form eines Unternehmenszusammenschlusses. Danach liegt ein Zusammenschluss im Falle des **Erwerbs von Anteilen** an einem anderen Unternehmen vor, wenn die erworbenen Anteile **allein** oder **zusammen mit sonstigen, dem Unternehmen bereits gehörenden Anteilen**[79] entweder **50%** oder **25%** des **Kapitals** oder der **Stimmrechte** des anderen Unternehmens **erreichen**[80]. Das Erreichen der höheren Beteiligungsstufe des Buchst. a)

---

[75] Dabei kommt auch eine Vereinbarung außerhalb der Gesellschaft in Betracht, beispielsweise ein Stimmbindungsvertrag oder eine vertragliche Zusammenarbeit; denkbar sind auch gesellschaftsvertragliche oder satzungsmäßige Regelungen, die beispielsweise Zustimmungserfordernisse für wichtige Unternehmensentscheidungen vorsehen und so den Willen zur gemeinsamen Führung einer Gesellschaft unterstreichen; vgl. BGH, 22.9.1987 »Gruner+Jahr/Zeit« WuW/E BGH 2433, 2439 f; Ruppelt, in: L/B, 9. Aufl., § 37 Rdnr. 31.

[76] Vgl. BGH, 22.6.1981 »Transportbeton Sauerland« WuW/E BGH 1810 f.; Ruppelt, in: L/B, 9. Aufl., § 37 Rdnr. 32.

[77] Vgl. KG, 4.12.1987 »Springer/Kieler Zeitung« WuW/E OLG 4075, 4078; BKartA, 18.7.1989 »Westdeutscher Rundfunk/Radio NRW« WuW/E BKartA 2396, 2400 f.

[78] Vgl. BKartA, 20.9.1999 »Henkel KGaA/Luhns GmbH« WuW/E DE-V 177.

[79] Es kommt also für die Erfüllung dieses Zusammenschlusstatbestandes nicht auf den konkreten Umfang der neu erworbenen und der Prüfung unterliegenden Anteile an, sondern der Aufgreiftatbestand bezieht sich auf eine strukturelle Situation, die durch das Erreichen dieser Beteiligungsgrenzen eintritt. Die Frage, ob die neu erworbenen Geschäftsanteile tatsächlich zu einer Änderung der bereits bestehenden Unternehmensbeziehung führen, wird als qualitative Frage nicht im Rahmen der Prüfung dieses Tatbestandsmerkmals relevant, sondern muss, wenn die Unternehmen bereits vorher i.S.d. § 37 Abs. 1 GWB zusammengeschlossen waren, im Rahmen einer Prüfung nach § 37 Abs. 2 GWB beurteilt werden.

[80] Insoweit kommt es nicht darauf an, ob die genannten Beteiligungsgrenzen überschritten werden.

erfüllt vorbehaltlich der Voraussetzungen des § 37 Abs. 2 GWB auch dann einen neuen Zusammenschlusstatbestand, wenn der Erwerber bereits i.S.d. Buchst. b) mit dem anderen Unternehmen zusammengeschlossen ist[81]. Demgegenüber soll der sukzessive Erwerb entsprechender Kapitalanteile und Stimmrechte keine gesonderten Zusammenschlüsse darstellen[82].

Erworben werden Anteile oder Stimmrechte durch Erlangung der mit ihnen verbundenen gesellschaftsrechtlichen Position, wobei es grundsätzlich auf den Erwerb des Vollrechts ankommt[83]. Der Erwerbsbegriff erfasst sowohl die Begründung dieser Rechtsstellung durch Übergang des Rechts von einem vorherigen Rechtsinhaber als auch deren Begründung im Rahmen einer Unternehmensneugründung. Grundsätzlich kommt es nicht auf das **Wie** des Erwerbs an, sodass auch Fälle erfasst werden, in denen beispielsweise die Einziehung der Anteile eines Gesellschafters zu einem Anwachsen der Anteile der verbleibenden Gesellschafter führt[84]. Bei **Treuhandverhältnissen** kommt es auf die konkrete Ausgestaltung im Einzelfall an. Maßgebend soll nicht unbedingt die formelle Eigentümerstellung sein, sondern es kommt auch auf das wirtschaftliche Risiko des Beteiligungserwerbs an[85]. 147

Die Vorschrift stellt auf die **relative Höhe** der erworbenen Anteile oder Stimmrechte ab. Bei deren Berechnung ist vom Gesamtbetrag des Kapitals bzw. der Gesamtzahl der Stimmrechte auszugehen. 148

Bei Kapitalgesellschaften sollen die Anteile außer Ansatz bleiben, die dem Zielunternehmen **selbst** oder einem anderen **für Rechnung** des Zielunternehmens gehören, während dies nicht ohne weiteres bei Personengesellschaften gilt, da Stimmrechte hier nicht kraft Gesetzes, sondern allenfalls aufgrund gesellschaftsvertraglicher Regelung ruhen[86]. 149

Zu den zu **berücksichtigenden** Anteilen oder Stimmrechten des Erwerbers zählen neben den im zu prüfenden Fall erworbenen auch diejenigen, die bereits **zuvor** von demselben Unternehmen gehalten wurden, sowie die Anteile, die dem erwerbenden Unternehmen nach § 36 Abs. 2 GWB und § 37 Abs. 1 Nr. 3 Satz 2 GWB **zugerechnet** werden können[87]. 150

(b) Zurechnung von Anteilen (§ 37 Abs. 1 Nr. 3 Satz 2 GWB)

Nach § 37 Abs. 1 Nr. 3 Satz 2 GWB rechnen zu den Anteilen, die dem Unternehmen gehören, auch die Anteile, die einem anderen **für Rechnung** dieses Unternehmens gehören und, wenn der Inhaber des Unternehmens ein Einzelkaufmann ist, auch die Anteile, die sonstiges Vermögen des Inhabers sind. Die Vorschrift zeigt, dass bei der fusionskontrollrechtlichen Betrachtung nicht die formale Eigentümerstellung entscheidend ist. Die Zurechnungsklausel umfasst der Sache nach auch 151

---

81 So auch Bechtold, 2. Aufl., § 37 Rdnr. 23 ff.; Ruppelt, in: L/B, 9. Aufl., § 37 Rdnr. 39.
82 Vgl. Bechtold, 2. Aufl., § 23 Rdnr. 12; Mestmäcker, in: I/M, GWB, 2. Aufl., § 23 Rdnr. 166; Ruppelt, in: L/B, 9. Aufl., § 37 Rdnr. 39.
83 Vgl. Bechtold, 3. Aufl., § 37 Rdnr. 22; im Einzelnen Ruppelt, in: L/B, 9. Aufl., § 37 Rdnr. 35 m.w.N.
84 Vgl. BKartA, 19. 7. 1984 »TUI/Air Conti« WuW/E BKartA 2169 ff.
85 Vgl. im Einzelnen Ruppelt, in: L/B, 9. Aufl., § 37 Rdnr. 36 f.
86 Vgl. BGH, 6. 10. 1992 »Pinneberger Tageblatt« WuW/E BGH 2795, 2800; im Einzelnen Mestmäcker, in: I/M, GWB, 2. Aufl., § 23 Rdnr. 162; Ruppelt, in: L/B, 9. Aufl., § 37 Rdnr. 41.
87 Vgl. Ruppelt, in: L/B, 9. Aufl., § 37 Rdnr. 41 m.w.N.

den Anwendungsbereich des § 36 Abs. 3 GWB, wobei der BGH die Auffassung vertreten hat, dass die Regelung nur zu Ungunsten des Erwerbers wirken könne[88].

(c) Gemeinschaftsunternehmen (§ 37 Abs. 1 Nr. 3 Satz 3 GWB)

152 § 37 Abs. 1 Nr. 3 Satz 3 GWB enthält einen weiteren, von § 37 Abs. 1 Nr. 2 GWB abweichenden Begriff eines Gemeinschaftsunternehmens, wobei allerdings mit Rücksicht auf die Einführung des § 37 Abs. 1 Nr. 2 GWB mit der 6. GWB-Novelle die frühere Legaldefinition entfallen ist[89]. Erwerben **mehrere Unternehmen** gleichzeitig oder nacheinander[90] **Anteile im von § 37 Abs. 1 Nr. 3 Satz 1 GWB erfassten Umfang** an einem anderen Unternehmen, gilt dies hinsichtlich der Märkte, auf denen **dieses andere Unternehmen tätig** ist[91], auch als **Zusammenschluss der sich beteiligenden Unternehmen untereinander**. Neben einem vertikalen Zusammenschluss liegt dann auch ein horizontaler Zusammenschluss der Muttergesellschaften vor, der allerdings auf die Märkte des Gemeinschaftsunternehmens begrenzt ist[92]. Das BKartA hat beispielsweise bei der Aufstockung einer Minderheitsbeteiligung von 23 % auf 26 % der Anteile neben dem Zusammenschlusstatbestand des § 37 Abs. 1 Nr. 2 Satz 1 Buchst. b) GWB in Bezug auf den Zusammenschluss mit dem Beteiligungsunternehmen angesichts der Existenz zweier weiterer Anteilseigner, die bereits mit 48 % bzw. 26 % der Anteile am Zielunternehmen beteiligt waren, zugleich die Erfüllung des Zusammenschlusstatbestandes des § 37 Abs. 1 Nr. 3 **Satz** 3 GWB bejaht[93]. Nicht erforderlich ist dabei, dass die Muttergesellschaften einen gemeinsamen Zweck mit ihren jeweiligen Beteiligungen verfolgen[94].

(d) Doppelkontrolle

(i) Gemeinschaftsunternehmen (GU)

153 Beteiligen sich mehrere Unternehmen gleichzeitig oder nacheinander im Umfang von mindestens 25 % des Kapitals oder der Stimmrechte an einem anderen Unternehmen, gelten die beteiligten Unternehmen auf den Märkten des GU als untereinander zusammengeschlossen (§ 37 Abs. 2 Nr. 3 Satz 3 GWB; sog. **Fiktion einer Teilfusion der Muttergesellschaften**). Es wird hier also neben den vertikalen Zusammenschlüssen zwischen den Gesellschaftern und dem GU ein horizontaler Zusammenschluss zwischen den Gesellschaftern fingiert. Mit dieser dem § 23 Abs. 2 Nr. 2 Satz 3 GWB a. F. entsprechenden Regelung soll der Problematik Rechnung ge-

---

88 Vgl. Bechtold, 3. Aufl., § 37 Rdnr. 28 f. m.w.N.
89 Vgl. Ruppelt, in: L/B, 9. Aufl., § 37 Rdnr. 42.
90 Es kommt beispielsweise weder auf eine gemeinsame Erwerbsabsicht der Anteilseigner, noch auf eine besondere zeitliche Nähe der Erwerbsvorgänge an. Die Vorschrift erfasst eine strukturelle Verbindung, die anlässlich des Hinzutreten des weiteren Anteilseigners geprüft wird; vgl. auch Kleinmann/Bechtold, 2. Aufl., § 23 Rdnr. 127; Ruppelt, in: L/B, 9. Aufl., § 37 Rdnr. 42.
91 Es geht also hier um die Märkte, auf denen das Gemeinschaftsunternehmen i. S. d. § 37 Abs. 1 Nr. 3 S. 3 GWB tätig ist.
92 Siehe auch im Folgenden die Ausführungen zur Doppelkontrolle und Fiktion der Teilfusiuon der Muttergesellschaften.
93 BKartA, 12. 3. 1999 »LEW/EGS II« AG 1999, 429, 430; 20. 9. 1999 »Henkel KGaA/Luhns GmbH« WuW/E DE-V 177.
94 Vgl. Ruppelt, in: L/B, 9. Aufl., § 37 Rn. 43 m.w. N.

tragen werden, dass die Gesellschafter auf den Märkten des GU sowie u.U. auch auf anderen Märkten auf die Kooperation in dem GU Rücksicht nehmen mit der Folge eines nachlassenden Wettbewerbs auch unter den Gesellschaftern (**sog. Gruppeneffekt**).

Die Fiktion der Teilfusion der Gesellschafter eines GU hat für die formelle Fusionskontrolle (§§ 35, 39 GWB) zur Folge, dass im Rahmen des § 39 Abs. 3 Satz 2 Nr. 4 GWB auch die Marktanteile der anderen GU-Gesellschafter auf den Märkten des GU einbezogen werden. Bei der Berechnung der Umsatzerlöse der Beteiligten gemäß § 35 GWB sind die Gesamtumsätze der GU-Gesellschafter zu berücksichtigen, denn das Gesetz geht für die formelle Fusionskontrolle davon aus, dass sie dem GU ihre gesamten Ressourcen zur Verfügung stellen. 154

Für die materielle Fusionskontrolle (§ 36 Abs. 1 GWB) erfolgt eine Zusammenrechnung der Ressourcen allerdings nur dann, wenn die Gesellschafter untereinander oder mit dem GU tatsächlich eine **wettbewerbliche Einheit** bilden[95]. Dafür bedarf es der Feststellung, dass über den gesetzlich fingierten Zusammenschlusstatbestand hinaus die Möglichkeit gegeben ist, die Ressourcen des anderen Anteilseigners entweder im Wettbewerb einzusetzen oder ihre Wirksamkeit im Verhältnis zur eigenen Tätigkeit auszuschließen, so dass eine Erweiterung des vom Wettbewerb nicht mehr kontrollierten Verhaltensspielraums stattfindet[96]. Hierbei ist vor allem auf die Interessenlage der Beteiligten abzustellen, für deren Einschätzung insbesondere die Bedeutung des GU in Relation zu den eigenen Aktivitäten der Gesellschafter sowie die Marktstruktur und Wettbewerbsintensität auf dem betroffenen Markt von wesentlicher Bedeutung sind. Die Annahme einer wettbewerblichen Einheit kommt daher insbesondere bei einer gemeinsamen Neugründung eines GU in Betracht, da hier zumindest von einer übereinstimmenden Interessenlage der Beteiligten auszugehen ist. Wenn sich die Gesellschafter jedoch trotz ihrer Beteiligungen an dem GU tatsächlich als Konkurrenten gegenüber stehen, ist eine Zusammenrechnung der Ressourcen im Rahmen der materiellen Fusionskontrolle (§ 36 Abs. 1 GWB) nicht zulässig. 155

Die Fiktion der Teilfusion der Gesellschafter eines GU (§ 37 Abs. 1 Nr. 3 Satz 3 GWB) setzt voraus, dass sich mehrere Gesellschafter mit mindestens 25% des Kapitals oder der Stimmrechte an dem GU beteiligen. Für GU, an denen mehrere Gesellschafter mit weniger als 25% beteiligt sind, kommen die Zusammenschlusstatbestände des § 37 Abs. 1 Nr. 2 GWB (Gemeinsamer Kontrollerwerb) und des § 37 Abs. 1 Nr. 4 GWB (Gemeinsamer wettbewerblich erheblicher Einfluss) in Betracht, für die das Gesetz allerdings keinen horizontalen Zusammenschluss der Gesellschafter fingiert. 156

(ii) **Verhältnis zum Kartellverbot des § 1 GWB**

Die Zusammenarbeit mehrerer Gesellschafter in einem GU kann einen Verstoß gegen § 1 GWB darstellen, zumal jedes Kartell sich der Form eines GU bedienen kann. Der **BGH** hat in seinem grundlegenden **Mischwerkebeschluss**[97] entschieden, dass auf die Gründung eines GU sowohl die Fusionskontrolle als auch das Kartell- 157

---

[95] BGH, 12.12.1978 »Erdgas Schwaben« WuW/E BGH 1533, 1538; 12.2.1980 »bituminöses Mischgut« WuW/E BGH 1763, 1765 ff.
[96] KG, 10.1.1979 »bituminöses Mischgut« WuW/E OLG 2093, 2095.
[97] BGH, 1.10.1985 »Mischwerke« WuW/E BGH 2169 ff.

verbot angewandt werden können (**Zweischranken-Theorie**). Besteht bei einem GU die Gefahr einer horizontalen Verhaltensabstimmung der Gesellschafter, sind neben den Vorschriften über die Fusionskontrolle auch die Vorschriften der §§ 1 ff. GWB anwendbar. Die Frage, in welchen Fällen von GU von einer Verhaltenskoordinierung der Gesellschafter auszugehen ist, hat eine große Tragweite, da zwischen den Regelungsbereichen der Fusionskontrolle und des Kartellverbots erhebliche verfahrens- und materiellrechtliche Unterschiede bestehen.

158 Materiellrechtlich hat die Prüfung gemäß § 1 GWB das Marktverhalten der Beteiligten zum Gegenstand, wobei festzustellen ist, ob eine Verhaltensabstimmung zwischen Unternehmen vorliegt, die zu einer spürbaren Marktbeeinflussung durch Wettbewerbsbeschränkung führen kann (**Verhaltenskontrolle**).

159 Im Fusionskontrollverfahren wird dagegen auf die Marktstruktur abgestellt und untersucht, ob durch einen Zusammenschluss eine marktbeherrschende Stellung entsteht oder verstärkt wird (**Strukturkontrolle**).

160 Außer den unterschiedlichen Kontrollansätzen bestehen auch bei der Prüfung der Marktauswirkung unterschiedlich hohe Schranken. Während im Rahmen der Fusionskontrolle die Schranke der Marktbeherrschung gilt – diese wird gem. § 19 Abs. 3 GWB ab einem Marktanteil von einem Drittel vermutet –, gibt es im Rahmen des Kartellverbotes des § 1 GWB grundsätzlich keine untere Marktanteilsgrenze, bis zu der eine Wettbewerbsbeschränkung als generell unproblematisch gilt. Doch hat das GWB in §§ 2–7 GWB Ausnahmetatbestände vorgesehen, bei deren Vorliegen eine Legalisierungsmöglichkeit gegeben ist, wie etwa für die in der Praxis häufig vorkommenden Mittelstands- (§ 4 Abs. 1 GWB) oder Rationalisierungskartelle (§ 5 GWB). Die Marktanteilsgrenzen sind je nach Legalisierungstatbestand unterschiedlich. Mittelstandskartelle dürfen gemäß § 4 Abs. 1 Nr. 1 GWB den Wettbewerb auf dem Markt nicht wesentlich beeinträchtigen. Die kritische Grenze liegt hier – jedenfalls wenn von dem Kartell auch die Preisgestaltung erfasst ist – bei rund 15% Marktanteil. Rationalisierungskartelle i.S.d. § 5 GWB, für die im Vergleich zu den Mittelstandskartellen höhere Anforderungen hinsichtlich der Rationalisierung gelten, sind dagegen bis zur Grenze der Marktbeherrschung freistellbar.

161 Im Übrigen bestehen auch verfahrensrechtliche Unterschiede zwischen der Fusionskontrolle und dem Kartellverbot. Der Fusionskontrolle unterliegen nur solche Zusammenschlüsse, bei denen die Beteiligten die Umsatzschwellen des § 35 GWB erreichen. Das Kartellverbot gilt dagegen für alle Unternehmen unabhängig von ihrer Größe.

162 Außerdem gibt es nur im Fusionskontrollverfahren eine ausschließliche Zuständigkeit des BKartA, während für das Verfahren nach §§ 1, 32 GWB das BKartA nur dann zuständig ist, wenn die Wirkung des wettbewerbsbeschränkenden Verhaltens über das Gebiet eines Bundeslandes hinausreicht. Andernfalls ist die jeweilige Landeskartellbehörde zuständig (§ 48 Abs. 2 GWB).

163 Ein weiterer Unterschied liegt darin, das für das Fusionskontrollverfahren eine Frist von vier Monaten ab Eingang der Anmeldung gilt, wohingegen das Verfahren nach §§ 1, 32 GWB an keine Frist gebunden ist.

164 Die aufgezeigten Unterschiede zwischen dem Fusionskontrollverfahren und dem Kartellverfahren verdeutlichen die Notwendigkeit, geeignete Kriterien für die Charakterisierung von GU zu formulieren. Der BGH hat in dem o.g. Mischwerkebeschluss ausgeführt, das ein GU nur dann ausschließlich der Fusionskontrolle untersteht, wenn es eine neue selbständige Planungseinheit darstellt, die nicht zu einer

Verhaltenskoordinierung der Gesellschafter führt. In der unternehmerischen Selbständigkeit des GU sieht der BGH das entscheidende Abgrenzungskriterium zu einer dem Kartellverbot unterliegenden Verhaltensabstimmung der Gesellschafter. Die Selbständigkeit des GU muss insoweit gegeben sein, dass die Gründungsgesellschafter nicht durch die Bestimmung der unternehmerischen Tätigkeit des GU ihre Interessen koordinieren können. Letztlich muss durch eine Gesamtwürdigung aller Umstände des Einzelfalls entschieden werden, ob das Kartellverbot ausscheidet[98].

(iii) **Verwaltungsgrundsätze von 1978**
Im Tätigkeitsbericht 1978 (S. 23 f.) hatte das BKartA Verwaltungsgrundsätze für die Behandlung von Gemeinschaftsunternehmen veröffentlicht. Um die Problematik der Doppelkontrolle wenigstens in einem Teilbereich zu lösen, sollten die Verwaltungsgrundsätze Kriterien für diejenigen Gemeinschaftsunternehmen aufführen, die rein konzentrativer Natur sind und keine ins Gewicht fallenden kooperativen Elemente aufweisen. Es wurde hierbei nach der tatsächlichen Ausgestaltung der aus dem Gemeinschaftsunternehmen resultierenden Verbindung zwischen den beteiligten Unternehmen sowie nach Wesen und Zweck des Gemeinschaftsunternehmens differenziert. Als rein konzentrativ wurde ein Gemeinschaftsunternehmen angesehen, wenn 165

– es sich um ein funktionsfähiges Unternehmen mit den wesentlichen Unternehmensfunktionen handelt;
– es marktbezogene Leistungen erbringt und nicht ausschließlich oder überwiegend auf einer vor- oder nachgelagerten Stufe für die Muttergesellschaften tätig ist;
– die Muttergesellschaften selbst auf dem sachlichen Markt des Gemeinschaftsunternehmens nicht oder nicht mehr tätig sind.

Unter diesen Voraussetzungen sollte das Kartellverbot des § 1 GWB seitens des BKartA jedenfalls nicht auf folgende Tatbestände angewandt werden: 166
– Auf die Gründung von rein konzentrativen Gemeinschaftsunternehmen;
– auf Wettbewerbsverbote, soweit sie in sachlicher, räumlicher und zeitlicher Hinsicht nicht über den Gegenstand des rein konzentrativen Gemeinschaftsunternehmens hinausgehen;
– auf andere wettbewerbsbeschränkende Nebenabreden, die für die Funktionsfähigkeit des Gemeinschaftsunternehmens erforderlich sind.

Bei Gemeinschaftsunternehmen, die sich von den rein konzentrativen lediglich dadurch unterscheiden, dass sie überwiegend für die Muttergesellschaften auf der vorgelagerten Produktionsstufe tätig sind, sollte das Kartellverbot nicht auf die Gründung des Gemeinschaftsunternehmens selbst sowie die für die Funktionsfähigkeit des Gemeinschaftsunternehmens erforderlichen Wettbewerbsverbote und sonstige wettbewerbsbeschränkenden Nebenabreden angewandt werden. 167

Nach der o.g. Mischwerkentscheidung des BGH hat das BKartA die vorgenannten Verwaltungsgrundsätze förmlich aufgehoben, weil der BGH die Typologie »konzentrativ/kooperativ« nur noch als Hilfsmittel zur Abgrenzung der Anwendungsbereiche der Fusionskontrolle und des Kartellverbots anerkannt hat, letztlich aber eine Bewertung der Gesamtumstände des Einzelfalles fordert[99]. 168

---

98 Siehe auch Bunte, in: L/B, 8. Aufl., § 1 Rdnr. 107 ff.
99 BKartA, TB 1985/86, S. 24.

B. Deutsche Fusionskontrolle

169 Ein Entwurf neuer Verwaltungsgrundsätze aus dem Jahr 1986, der das vom BGH in der Mischwerkeentscheidung für maßgebend gehaltene Kriterium der selbständigen Planungs- und Wirtschaftseinheit in den Vordergrund stellte, gelangte nicht zur Veröffentlichung[100]. In der Praxis des BKartA werden stattdessen die Verwaltungsgrundsätze von 1978 noch als Abgrenzungshilfe herangezogen. Wegen der Vielzahl der Erscheinungsformen von GU ist es jedoch nicht möglich, zwischen den GU, die ausschließlich der Fusionskontrolle unterstehen sollen, und denen, für die das Kartellverbot parallel anwendbar bleiben soll, abschließende Unterscheidungskriterien zu formulieren. Die parallele Anwendbarkeit des § 1 GWB kommt zwar in Betracht, wenn die Gesellschafter des GU auf dessen Markt weiterhin als Wettbewerber tätig bleiben. Unter welchen Umständen dann eine nach § 1 GWB verbotene Koordinierung des Marktverhaltens der Gesellschafter zu erwarten ist, bleibt allerdings eine schwierige Frage. Ob ein GU für das Entstehen eines Gruppeneffekts ursächlich sein wird, hängt vor allem von der wirtschaftlichen Bedeutung des GU ab, insbesondere gemessen an den übrigen Aktivitäten der einzelnen Gesellschafter auf dem betroffenen Markt.

170 So hat das BKartA in jüngerer Zeit die Gründung eines GU auf dem Schlachtviehsektor durch zwei Großunternehmen dieser Branche sowohl fusionsrechtlich als auch auf der Grundlage des Kartellverbots untersagt. Die beiden vorwiegend in Süddeutschland tätigen Schlachtunternehmen wollten ihre Schlachtbetriebe in den neuen Bundesländern in ein GU einbringen. Wegen der erheblichen wirtschaftlichen Bedeutung des GU für die beiden Gesellschafter wurde die Entstehung eines gegen § 1 GWB verstoßenden Gruppeneffektes angenommen, da rationales Unternehmerverhalten unter den strukturellen Gegebenheiten zur Koordinierung des Marktverhaltens der Gesellschafter sowohl auf den Absatzmärkten als auch auf ihren dem GU räumlich benachbarten Erfassungsmärkten führen werde[101]. Das Kammergericht hat die Untersagung auf der Grundlage des Kartellverbots im Ergebnis bestätigt[102]. Die Untersagung nach § 24 GWB a.F. wurde allerdings durch einen zweiten Beschluss, einen sog. Schlussbeschluss, vom Kammergericht aufgehoben, weil die Untersagungsvoraussetzungen der Fusionskontrolle nicht gegeben seien[103]. Nach Rechtsbeschwerden gegen die beiden vorgenannten Beschlüsse hat der **BGH** im Fall Ostfleisch entschieden, dass die Rechtsbeschwerde der Beteiligten gegen den Teilbeschluss des Kammergerichts zurückgewiesen wird und auf die Rechtsbeschwerde des BKartA der Schlussbeschluss des Kammergerichts aufgehoben wird[104]. Der BGH hat außerdem die Entscheidung über die Beschwerde der Beteiligten insgesamt mit dem Inhalt neu gefasst, dass die Beschwerde der Beteiligten gegen den Beschluss des BKartA zurückgewiesen wird.

171 Nach § 1 GWB ist auch ein GU zu beurteilen, das nur Hilfsfunktionen für die Gesellschafter wahrnimmt, indem es bspw. den Einkauf oder den Vertrieb für seine Gesellschafter besorgt und so als bloßes Koordinierungsinstrument seiner Gesellschafter fungiert. Als ein derartiges Koordinierungsinstrument hat das BKartA die von sechs Versicherungsunternehmen gegründete **carpartner-Autovermietungs**

---

100 Siehe dazu Stockmann, WuW 1988, 269 ff.
101 BKartA, 21.8.1997 »Ostfleisch« WuW/E DE-V 9, 15.
102 KG, 14.10.1998 »Ostfleisch« WuW/E DE-R 277.
103 KG, 29.9.1999 »Ostfleisch« WuW/E DE-R 439.
104 BGH, 8.5.2001 »Ostfleisch« WuW/E DE-R 711.

GmbH angesehen, die den Zweck hatte, die Nachfrage von Versicherungsunternehmen nach dem Abschluss bilateraler Verträge mit Autovermietern für das Unfallersatzgeschäft zu bündeln und die Ausweichmöglichkeiten der Marktgegenseite zu beschränken. Die Untersagung des BKartA nach § 1 GWB und Art. 85 EGV[105] hat das KG mit der Feststellung bestätigt, dass es sich bei carpartner nicht um eine selbständige Planungseinheit i. S. d. Mischwerkentscheidung des BGH handele. Das Marktverhalten des Unternehmens sei nicht an eigenen Renditeinteressen, sondern an den Interessen der Gesellschafter ausgerichtet, denen an einem niedrigen Referenzpreis im Unfallersatzgeschäft gelegen sei[106].

Die Anwendbarkeit des § 1 GWB scheidet dagegen in der Regel aus, wenn die GU-Gesellschafter auf dem Markt des GU nicht oder nicht mehr tätig sind (sog. konzentrative GU). Das BKartA wendet das Kartellverbot auch dann nicht an, wenn die GU-Gesellschafter vor ihrem vollständigen Rückzug aus dem Markt des GU auf diesem Markt Wettbewerber waren, obwohl darin eine Beschränkung des potentiellen Wettbewerbs zwischen den Gesellschaftern liegen kann. Hat die Beteiligung an einem GU, auf das alle bisherigen diesbezüglichen Aktivitäten der Gesellschafter übertragen werden, aber lediglich den Zweck, den Wettbewerb zwischen den Gesellschaftern zu beenden, bleibt § 1 GWB anwendbar[107].

(iv) Gemeinschaftsunternehmen im EG-Kartellrecht

GU i. S. d. FKVO sind Unternehmen, die von mehreren Unternehmen gemeinsam kontrolliert werden. Wie im deutschen Recht kommt es nicht darauf an, ob das GU durch gemeinsame Gründung im Wege des gleichzeitigen Erwerbs der Beteiligungen oder durch Beteiligungserwerb zu unterschiedlichen Zeitpunkten entsteht. Im Unterschied zum GWB genügt hier aber nicht die Beteiligung mehrerer Unternehmen in Höhe von 25 % des Kapitals oder der Stimmrechte, vielmehr muss eine gemeinsame Kontrolle über das Gemeinschaftsunternehmen vorliegen.

Seit der ab 1. 3. 1998 geltenden Neuregelung werden sämtliche **Vollfunktions-GU** – das sind Unternehmen, die auf Dauer alle Funktionen einer selbständigen wirtschaftlichen Einheit erfüllen[108] – nach Maßgabe der FKVO beurteilt, sofern die dort in Art. 1 niedergelegten Umsatzschwellen erreicht werden, wobei auf ein Vollfunktions-GU, das eine Koordinierung des Wettbewerbsverhaltens unabhängig bleibender Unternehmen bezweckt oder bewirkt, Art. 85 Abs. 1 und 3 (81) EGV daneben anwendbar bleibt (Art. 2 Abs. 4 und 5 FKVO). Gemäß Art. 2 Abs. 4 Satz 2 FKVO ist für die Beurteilung des Koordinierungsaspektes insbesondere zu berücksichtigen, ob mindestens zwei der Gesellschafter selbst auf dem sachlichen und räumlichen Markt des GU oder auf einem eng mit ihm verknüpften Markt weiterhin tätig bleiben und ob den Gesellschaftern durch die Koordinierung die Möglichkeit eröffnet wird, für einen wesentlichen Teil der betreffenden Produkte den Wettbewerb auszuschalten. Die Kriterien für die Beurteilung, wann eine Koordinierung des Wettbewerbsverhaltens anzunehmen ist, entsprechen im Übrigen weitgehend denen der deutschen Praxis.

---

105 BKartA, 7. 7. 1995 »CP-System« WuW/E BKartA 2795 ff.
106 KG, 29. 5. 1996 »CP-System (carpartner)« WuW/E OLG 5677, 5689 ff., bestätigt durch BGH, 13. 1. 1998 »CP-System (carpartner)« WuW/E DE-R 115, 117 ff.
107 BGH, 13. 11. 1990 »Nassauische Landeszeitung« WuW/E BGH 2675, 2677 ff.
108 Siehe Mitteilung der Kommission über den Begriff des Vollfunktions-GU, ABl. C 66/1 ff. vom 2. 3. 1998.

176 Die Einordnung auch der kooperativen Vollfunktions-GU unter das Reglement der FKVO hat zur Folge, dass sich das Verfahren nicht mehr nach der Verordnung 17 richtet, sondern innerhalb der kurzen Fristen des Art. 10 FKVO durch eine Entscheidung der Kommission nach Art. 6 oder 8 FKVO abgeschlossen wird. Für GU, die die Schwellenwerte des Art. 1 Abs. 2 und 3 FKVO nicht erreichen, ist jedoch die Verordnung 17 die maßgebende Verfahrensordnung (zur Umsatzberechnung bei GU gem. Art. 5 Abs. 5 FKVO s. unten C II 2b (4) (b).

177 In der alten Fassung der FKVO unterlagen nur die konzentrativen Vollfunktions-GU der FKVO (Art. 3 Abs. 2 Unterabs. 2 a. F.), während die kooperativen Vollfunktions-GU ebenso wie die Teilfunktions-GU und die nicht auf Dauer angelegten Gemeinschaftsunternehmen nach Maßgabe des Art. 85 EGV beurteilt wurden.

(4) Wettbewerblich erheblicher Einfluss (§ 37 Abs. 1 Nr. 4 GWB)

178 Nach § 37 Abs. 4 Nr. 4 GWB begründet auch jede **sonstige Verbindung** von Unternehmen, auf Grund derer **ein oder mehrere Unternehmen** unmittelbar oder mittelbar einen **wettbewerblich erheblichen Einfluss** auf ein anderes Unternehmen ausüben können, einen Unternehmenszusammenschluss[109]. Diese Vorschrift soll im Grundsatz ein Aufgreifen von Fällen ermöglichen, bei denen der erworbene Einfluss zwar unterhalb der Aufgreifschwellen nach § 37 Abs. 1 Nr. 1–3 GWB bleibt, aber aufgrund einer Wettbewerbsbeziehung zwischen den beteiligten Unternehmen gleichwohl Wirkungen entfalten kann, die im Rahmen einer Prüfung nach § 36 Abs. 1 GWB relevant sein können.

179 Eine Wettbewerbsbeziehung i. S. d. § 37 Abs. 1 Nr. 4 GWB kann sowohl in einem **Horizontal**- als auch in einem **Vertikalverhältnis** liegen. Die Vorschrift kann also nicht nur Beteiligungserwerbe an Konkurrenten betreffen[110], sondern auch in Fällen des Einflusserwerbs auf vertikaler Ebene eingreifen, wenn beispielsweise ein Lieferant durch einen Erwerb von weniger als 25 % der Anteile an einem seiner Abnehmer versucht, seinen Absatz zu sichern[111]. Ein wettbewerblich erheblicher Einfluss soll unabhängig von der Frage, ob es sich um eine horizontale oder vertikale Unternehmensverbindung handelt, immer dann vorliegen, wenn es dem Erwerber möglich ist, bei der Entscheidung über den Einsatz der Ressourcen des anderen Unternehmens die eigenen Wettbewerbsinteressen zur Geltung zu bringen[112].

180 In der **Regierungsbegründung** zum früheren § 23 Abs. 2 Nr. 6 GWB wird ausgeführt, dass ein wettbewerblich erheblicher Einfluss vorliege, »wenn aufgrund des zwischen den Unternehmen bestehenden Beziehungsgeflechts zu erwarten ist, dass der Wettbewerb zwischen den beteiligten Unternehmen so wesentlich eingeschränkt wird, dass die Unternehmen nicht mehr unabhängig am Markt auftreten«.

---

109 Vgl. Bechtold, 3. Aufl., § 37 Rdnr. 33 ff.; Henschen/Ewen, Der Erwerb eines wettbewerblich erheblichen Einflusses in der Entscheidungspraxis, WuW 1999, 941 ff.
110 Auch wenn dies die vorrangige Zielrichtung des Gesetzgebers gewesen sein mag.
111 Vgl. BKartA, TB 1997/98, S. 122; TB 2001/2002, S. 17; BKartA, 6. 11. 1997 »Axel-Springer-Verlag/Stilke« WuW/E DE-V 1, 4; BKartA, 21. 3. 2003, B 8–24/02, Rdnr. 12; BGH, 21. 11. 2000 »ASV/Stilke«, WuW/E BGH DE-R 607, 609; Ruppelt, in: L/B, 9. Aufl., § 37 Rdnr. 52 m.w.N.; vgl. beispielsweise auch Emmerich, AG 1999, 529, 532 m.w.N.
112 Vgl. BKartA, 6. 11. 1997 »Axel-Springer-Verlag/Stilke« WuW/E DE-V 1, 4; so auch Emmerich, AG 1999, 529, 532.

Dabei soll nicht jede beliebige Verbindung zwischen Unternehmen diesen Zusammenschlusstatbestand erfüllen, sondern nur eine, die i.S.d. vorrangigen Zusammenschlusstatbestände gesellschaftsrechtlich vermittelt ist[113]. Rein faktische Abhängigkeiten reichen insofern zwar nicht aus, können aber im Rahmen einer **Gesamtbeurteilung** herangezogen werden, die bewertet, ob die entstehenden gesellschaftsrechtlichen Verbindungen wettbewerblich erheblichen Einfluss vermitteln[114]. 181

Praktische Relevanz erlangt die Vorschrift insbesondere bei Beteiligungserwerben in Höhe von weniger als 25% der Anteile oder Stimmrechte, die gegebenenfalls noch mit **weiteren vertraglichen Abreden** verbunden sein können. Nach Wegfall des § 23 Abs. 2 Nr. 2 Satz 4 GWB a. F. durch die 6. GWB-Novelle ist die Erlangung der Rechtsstellung eines so genannten **Schachtelaktionärs**, also der Rechtsstellung einer aktienrechtlichen Sperrminorität, mit einer Beteiligung in Höhe von unter 25% der Anteile **oder** Stimmrechte ein typischer Anwendungsfall für § 37 Abs. 1 Nr. 4 GWB. Nichts anderes kann gelten, wenn ein solcher Einfluss zwar nicht rechtlich vermittelt wird, aber beispielsweise aufgrund geringerer **Hauptversammlungspräsenz** faktisch hinreichend gesichert besteht[115]. Ergibt sich eine entsprechende Rechtsstellung unmittelbar aus dem **Gesetz**, gilt Entsprechendes[116]. Die hierdurch vermittelten Einflussmöglichkeiten werden, wenn sie der Rechtsstellung eines so genannten Schachtelaktionärs entsprechen[117], als wettbewerblich erheblich i.S.d. Vorschrift angesehen sein. Dieser Zusammenschlusstatbestand war zuletzt insbesondere bei der Prüfung von Unternehmensverbindungen im Bereich der leitungsgebundenen Energieversorgung von besonderer Bedeutung[118]. Vor allem bei vertikalen Zusammenschlüssen zwischen Regionalversorgungsunternehmen und von ihnen mit Energie belieferten Stadtwerken hatte das BKartA die nach den Ausführungen in dem Tätigkeitsbericht 2001/2002 allerdings mittlerweile wieder aufgegebene Praxis entwickelt, einen wettbewerblich erheblichen Einfluss unterhalb einer Beteiligungsschwelle von 20% nur anzunehmen, wenn weitere insbesondere rechtliche Einflussmöglichkeiten hinzukamen. Das BKartA hat in dem Tätigkeitsbericht 2001/2002 erklärt, dass nunmehr im Einzelfall aufgrund einer Gesamtschau zu prüfen sei, ob ein konkreter Beteiligungserwerb den Zusammenschlusstatbestand des § 37 Abs. 1 Nr. 4 GWB erfülle[119]. 182

Im Fall »E.ON/Gelsenberg«[120] nahm das BKartA einen wettbewerblich erheblichen Einfluss im Verhältnis E.ON/Ruhrgas insbesondere auf Grundlage eines teilweise bereits erfolgten, teilweise beabsichtigten Erwerbs verschiedener Beteiligungen an einem Beteiligungs-Pool, also mittelbarer Beteiligungen, an. Dies ließ nach seiner Auffassung zumindest erwarten, dass diese Anteilseigner bei Abstimmungen nicht 183

---

113 Vgl. Bechtold, 3. Aufl., § 37 Rdnr. 35 ff.
114 Vgl. Ruppelt, in: L/B, 9. Aufl., § 37 Rdnr. 46 m.w.N.
115 Vgl. auch Ruppelt, in: L/B, 9. Aufl., § 37 Rdnr. 47 f.
116 Vgl. Ruppelt, in: L/B, 9. Aufl., § 37 Rdnr. 48 m.w.N.
117 Wobei es unter Zugrundelegung der bisherigen Rspr. zu § 23 Abs. 1 Nr. 2 Satz 4 GWB a.F. nicht darauf ankommt, ob einer solchen Rechtsstellung identische Rechte eingeräumt werden, sondern ob eine wertende Gesamtbetrachtung vorgenommen werden muss; vgl. im Einzelnen Ruppelt, in: L/B, 9. Aufl., § 37 Rdnr. 50 f. m.w.N.
118 Vgl. BKartA, TB 2001/2002, S. 17.
119 Vgl. BKartA, TB 2001/2002, S. 17.
120 Vgl. BKartA, 17. 1. 2002 »E.ON/Ruhrgas« WuW/E DE-V 511, 513.

mehr gegen die Interessen des Erwerbers agieren würden[121]. In einem anderen Fall sah das BKartA den Erwerb einer Beteiligung in Höhe von 19,9 % an einem Stadtwerk durch ein auch in der Regionalversorgung tätiges Energieversorgungsunternehmen in einer Gesamtschau als ausreichend an, um einen wettbewerblich erheblichen Einfluss anzunehmen[122]. Die Erhöhung einer Beteiligung von 20 % auf 24,9 % der Geschäftsanteile hat nach Auffassung des BKartA den Zusammenschlusstatbestand des § 37 Abs. 1 Nr. 4 GWB erfüllt, wobei sich dies bereits aus der Höhe der gehaltenen Beteiligung eines Gasversorgers an einem seiner bedeutenden Abnehmer und der aufgrund dieses Vertikalverhältnisses zu erwartenden gegenseitigen Rücksichtnahme auf die beiderseitigen wettbewerblichen Interessen ergebe. Daneben wurde auf eine mittelbare Verflechtung und weitere Umstände abgestellt[123]. Den Erwerb einer Beteiligung in Höhe von 20 % an einem Stadtwerk durch ein Konzernunternehmen eines der großen Energieversorgungsunternehmen sah das BKartA als einen Zusammenschluss i.S.d. § 37 Abs. 1 Nr. 4 GWB an, da die Beteiligung nur unwesentlich unter der Schwelle des § 37 Abs. 1 Nr. 3 Buchst. b) GWB liege und insbesondere auch die Vereinbarung aus einem Bietergemeinschaftsvertrag mit einem anderen Erwerber von Geschäftsanteilen an dem Stadtwerk dem Unternehmen Einflussmöglichkeiten vermittele, an der Entscheidungsfindung bei den Stadtwerken mitzuwirken, die es auch für die von ihm verfolgten Zwecke nutzbar machen könne[124]. Nach Auffassung des BKartA vermittelte in einem Fall, der nicht die leitungsgebundene Energiewirtschaft betraf, der Erwerb einer Beteiligung in Höhe von 24,8 % in Verbindung mit dem Recht zur Entsendung von zwei Mitgliedern des Aufsichtsrates einen wettbewerblich erheblichen Einfluss, wobei das BKartA auf eine Gesamtschau der rechtlichen und tatsächlichen Einflussmöglichkeiten abstellte und darauf hinwies, dass es für die Feststellung eines wettbewerblich erheblichen Einflusses nicht notwendig sei, dass die Zusammenschlussbeteiligten auf denselben Märkten tätig seien. Ausreichend sei, dass die zu prüfende Unternehmensverbindung einen Wettbewerbsbezug aufweise, der auch gegeben sein könne, wenn die Unternehmensverbindung für den Zugang zu den Beschaffungs- oder Absatzmärkten erheblich oder mit dem Einsatz der Finanzkraft eines Beteiligten zugunsten des anderen Unternehmens zu rechnen sei[125]. Einen wettbewerblich erheblichen Einfluss nahm das BKartA auch im Falle des Erwerbs einer Beteiligung in Höhe von 20 % an, weil daneben auch Organpräsenzrechte und Sperrminoritäten vorgesehen waren[126].

184 Der Erwerb wettbewerblich erheblichen Einflusses setzt **nicht** voraus, dass die zur Begründung erforderlichen Einflussmöglichkeiten im Rahmen eines **einheitlichen Vorhabens** erworben werden. So hat beispielsweise das BKartA die zur Unterstützung einer Beratertätigkeit im Rahmen eines Gaslieferungsvertrages erworbenen Rechte des Anteilseigners eines Stadtwerkes auch gemeinsam mit bereits bestehenden Einflussmöglichkeiten bewertet[127].

---

121 Vgl. dagegen Bechtold, 3. Aufl., § 37 Rdnr. 42.
122 Vgl. BKartA, 19. 11. 2002, B 8–144/02, S. 6 ff.
123 Vgl. BKartA, 21. 3. 2003, B 8–24/02, Rdnr. 12 ff.
124 Vgl. BKartA, 20. 12. 2001, B 8–118/01, S. 4 f.
125 Vgl BKartA, 20. 11. 2001, B 9–88/99, B 9–100/01, S. 6 ff. unter Hinweis auf in: I/M, 3. Aufl., § 37 Rdnr. 90.
126 Vgl. BKartA, TB 2001/2002, S. 223.
127 Vgl. BKartA, 3. 7. 2000 »Stadtwerke Neuss« WuW/E DE-V 325 ff.

Wettbewerblich erheblicher Einfluss kann auch durch **mehrere Unternehmen gemeinsam** ausgeübt werden. Für die Annahme einer gesicherten Grundlage der gemeinsamen Ausübung dieses Einflusses gelten dieselben Anforderungen wie für das Vorliegen einer gemeinsamen Kontrolle i. S. d. § 37 Abs. 1 Nr. 2 GWB[128].

(5) Wesentliche Verstärkung einer bestehenden Unternehmensverbindung (§ 37 Abs. 2 GWB)

Grundsätzlich können nacheinander **mehrere** Zusammenschlüsse i. S. d. § 37 GWB zwischen denselben beteiligten Unternehmen stattfinden, da die Zusammenschlusstatbestände des § 37 Abs. 1 GWB nicht voraussetzen, dass die Zusammenschlussbeteiligten zuvor in vollem Maße unabhängig voneinander waren.

Nach § 37 Abs. 2 GWB liegt ein Zusammenschluss auch dann vor, wenn die beteiligten Unternehmen bereits vorher zusammengeschlossen waren, es sei denn, der Zusammenschluss führt nicht zu einer **wesentlichen Verstärkung** der bestehenden Unternehmensverbindung.

Die Vorschrift setzt voraus, dass die am **erneuten** Zusammenschluss beteiligten Unternehmen bereits zuvor i. S. d. § 37 Abs. 1 und 2 GWB zusammengeschlossen waren. Dabei ist unerheblich, wann dieser Zusammenschluss erfolgte[129].

– Insoweit stellt die Vorschrift zum einen nur klar, dass neue Zusammenschlussvorhaben von Unternehmen, die bereits i. S. d. § 37 Abs. 1 GWB miteinander zusammengeschlossen sind, auch erneut die materielle Fusionskontrolle auslösen können.

– Zum anderen enthält sie aber auch eine Einschränkung des Zusammenschlussbegriffs, die als Ausnahme formuliert das wesentliche Element der Regelung ist. Die Beweislast liegt daher bei den beteiligten Unternehmen[130].

Eine **Verstärkung** der bestehenden Unternehmensverbindung liegt vor, wenn die Möglichkeiten des Erwerbers, über die den Gegenstand des Zusammenschlusses bildenden Ressourcen zu verfügen oder auf ihn Einfluss zu nehmen, rechtlich oder tatsächlich verbessert werden[131].

Wesentlich ist eine Verstärkung, wenn sie, gemessen an den Zwecken der fusionskontrollrechtlichen Prüfung eine erneute materielle Prüfung rechtfertigt. Das Merkmal ist daher wettbewerbsbezogen zu interpretieren[132].

Bei der Beurteilung, ob eine wesentliche Verstärkung einer bestehenden Unternehmensverbindung vorliegt, sollen der Gesamtzustand der Unternehmensverbindung vor und nach dem erneuten Zusammenschluss **verglichen** werden[133]. Insoweit setzt die Verstärkung einer bestehenden Unternehmensverbindung voraus, dass sie nicht bereits die höchstmögliche Intensität erreicht hat.

– Bei der Beurteilung werden in der Regel bestimmte Erfahrungssätze zu Grunde gelegt. So wird angenommen, dass erfahrungsgemäß das **wirtschaftliche Interes-**

---

128 Vgl. Bechtold, 2. Aufl., § 37 Rdnr. 43.
129 Vgl. Mestmäcker/Veelken, in: I/M, GWB, 3. Aufl., § 73 Rdnr. 114.
130 Vgl. BGH, 27. 5. 1986 »Süddeutscher Verlag/Donau-Kurier« WuW/E BGH 2276, 2282; Ruppelt, in: L/B, 9. Aufl., § 37 Rdnr. 55.
131 Vgl. Mestmäcker, in: I/M, GWB, 3. Aufl., § 23 Rdnr. 115.
132 Mestmäcker/Veelken, in: I/M, GWB, 3. Aufl., § 37 Rdnr. 115; BGH, 27. 5. 1986 »Süddeutscher Verlag/Donau-Kurier« WuW/E BGH 2276, 2282.
133 Mestmäcker, in: I/M, GWB, 3. Aufl., § 23 Rdnr. 116.

B. Deutsche Fusionskontrolle

se eines Unternehmens an einer Beteiligung mit der **Erhöhung dieser Beteiligung** steigt[134].
- Ebenso wird man als Faustregel annehmen können, dass die **Zusammenschlusstatbestände** des § 37 Abs. 1 Nr. 1–4 GWB nicht nur **unterschiedliche Intensitäten** eines Zusammenschlusses betreffen, sondern auch der Sprung zur jeweils nächst höheren Stufe der Intensität im Regelfall als wesentliche Verstärkung einer Unternehmensverbindung angesehen werden kann. In einem Fall, in dem ein Zusammenschluss in der Form des wettbewerblich erheblichen Einflusses vorlag und durch weitere Beteiligungserwerbe der Zusammenschlusstatbestand des § 37 Abs. 1 Nr. 3 Buchst. b) GWB jeweils erfüllt wurde, nahm das BKartA eine wesentliche Verstärkung der bestehenden Unternehmensverbindung trotz der bereits vorliegenden nicht unwesentlichen Rechte der Gesellschafter an, da ein Anteilseigner ausscheide, der bisherige Mehrheitseigner sich auf einen Anteil von 26 % zurückziehe, dieses sich in den Stimmverhältnissen und Besetzungsrechten im Aufsichtsrat zugunsten der erwerbenden Gesellschafter widerspiegele und deren Einfluss insgesamt insbesondere durch die neue Möglichkeit steige, gemeinsame Mehrheitsentscheidungen im Aufsichtsrat herbeizuführen[135].

192 Die **höchstmögliche Intensität** einer Unternehmensverbindung liegt jedenfalls bei einer dinglichen Verbindung mit dem Erwerbsgegenstand i.S.d. § 37 Abs. 1 Nr. 1 GWB vor[136].

193 Im Übrigen stellt sich die Frage, ob auch **andere Unternehmensverbindungen** unter Berücksichtigung des Sinn und Zwecks der Fusionskontrolle bereits als Unternehmensverbindung anzusehen sind, die ebenfalls nicht mehr i.S.d. § 37 Abs. 2 GWB wesentlich verstärkt werden kann. In Betracht kommt allein eine Unternehmensverbindung in der Form alleiniger Kontrolle nach § 37 Abs. 1 Nr. 2 GWB, wobei die Voraussetzungen im Einzelnen streitig sind.
- Ob ein bestehender Zusammenschluss in Form der alleinigen Kontrolle beispielsweise durch eine Fusion der bereits miteinander verbundenen Unternehmen noch verstärkt werden kann, hängt davon ab, ob aufgrund der konkreten Umstände des Einzelfalls die bestehende Unternehmensverbindung bereits als uneingeschränkt angesehen werden muss. Besteht bereits eine uneingeschränkte Unternehmensverbindung, ist eine wesentliche Verstärkung nicht mehr möglich[137].
- Bei 100 %igen Tochtergesellschaften wird eine solche Verbindung nach herrschender Meinung jedenfalls angenommen[138]. Richtigerweise wird man eine solche Verbindung aber auch bei Beteiligungen unterhalb von 100 % der Anteile und Stimmrechte annehmen können, wenn jedenfalls ausgeschlossen ist, dass andere Gesellschafter noch eine fusionskontrollrechtlich relevante Beteiligung an diesem Unternehmen halten oder halten können, die ihnen über Sperrrechte nicht unwesentlichen Einfluss in der Gesellschaft verschafft[139].

---

134 Vgl. BKartA, 1.10.1998 »Premiere« WuW/E DE-V 53; AG 1999, 285, 286; Emmerich, AG 1999, 529, 532.
135 Vgl. BKartA, 18.12.2002, B 8-107/02, S. 4 f.
136 Vg. Mestmäcker/Veelken, in: I/M, GWB, 3. Aufl., § 37 Rdnr. 117.
137 Vgl. Ruppelt, in: L/B, 9. Aufl., § 37 Rdnr. 56.
138 Vgl. Mestmäcker, in: I/M, GWB, 3. Aufl., § 37 Rdnr. 118; Ruppelt, in: L/B, 9. Aufl., § 37 Rdnr. 56.
139 Vgl. Ruppelt, in: L/B, 9. Aufl., § 37 Rdnr. 56 f.

– Auch eine wesentliche Verstärkung einer Unternehmensverbindung zweier Unternehmen innerhalb eines bereits **bestehenden Unternehmensgeflechts** ist möglich. Im Fall des Erwerbs der Postbank AG durch die Deutsche Post AG wurde dies trotz der jeweiligen Eigentümerstellung des Bundes bejaht, weil angenommen wurde, dass die Postbank AG dadurch in eine unmittelbare Abhängigkeit von der Deutschen Post AG gelangt[140]. Ähnlich gelagert ist der Fall, wenn die nach § 37 Abs. 1 Nr. 1 GWB zusammengeschlossenen Unternehmen früher in einer Bietergemeinschaft verbunden waren. Hier kommt es durch den Zusammenschluss zu einer dauerhaften Strukturveränderung[141].

Erwirbt ein Unternehmen **erstmalig** alleinige Kontrolle an einem anderen Unternehmen, so wird hierin regelmäßig auch dann eine wesentliche Verstärkung einer bestehenden Unternehmensverbindung gesehen werden können, wenn der Erwerber zuvor bereits gemeinsam kontrollierenden Einfluss besaß. Angesichts der mit dem Kontrollerwerb verbundenen Einflussmöglichkeiten ist es insoweit auch nicht relevant, ob der Erwerber bereits eine Kapitalbeteiligung am erworbenen Unternehmen in Höhe von über 50% der Anteile hielt, die ihm aber keinen kontrollierenden Einfluss vermittelte. 194

Im Einzelfall kann **Kontrolle** bereits mit Beteiligungen unterhalb der Schwelle des § 37 Abs. 1 Nr. 3 Satz 1 Buchst. a) GWB erworben werden, woraus sich die Frage ergibt, ob der spätere erstmalige **Erwerb von 50% der Anteile** an dem bereits kontrollierten Unternehmen noch zu einer wesentlichen Verstärkung einer bestehenden Unternehmensverbindung i. S. d. § 37 Abs. 2 GWB führen kann. Hier bedarf es einer eingehenden Prüfung des Einzelfalls. 195

Angesichts der Bedeutung der Höhe der gehaltenen Kapitalanteile für das wirtschaftliche Interesse und der in einer Erhöhung der Stimmrechte liegenden Absicherung gesellschaftsrechtlichen Einflusses wird bei einem erstmaligen Erwerb einer Beteiligung in Höhe der Aufgreifschwellen des **§ 37 Abs. 1 Nr. 3 Buchst. a) und b) GWB** in der Regel von einer wesentlichen Verstärkung einer Unternehmensverbindung ausgegangen werden können, falls die Unternehmen zuvor i. S. d. **§ 37 Abs. 1 Nr. 4 GWB** miteinander verbunden waren. Im Hinblick auf die Fallgruppen, die von dieser Vorschrift erfasst werden können, bedarf es aber gerade hier einer sorgsamen Prüfung des Einzelfalls. 196

(6) »Bankenklausel« (**§ 37 Abs. 3 GWB**)

(a) Regelungsgegenstand

Nach § 37 Abs. 3 Satz 1 GWB liegt ein Zusammenschluss trotz Vorliegens der Voraussetzungen des § 37 Abs. 1 GWB nicht vor, wenn ein **Kreditinstitut, Finanzinstitut** oder **Versicherungsunternehmen** Anteile an einem anderen Unternehmen zum Zwecke der Veräußerung erwirbt, solange der Erwerber das Stimmrecht nicht ausübt und die Veräußerung innerhalb eines Jahres erfolgt. Die »Bankenklausel« des § 23 Abs. 3 Satz 2 GWB a. F. wurde damit im Rahmen der 6. GWB-Novelle in Anlehnung an die vergleichbare Bestimmung in Art. 3 Abs. 5a FKVO auf Finanzinstitute und Versicherungen ausgedehnt. Neu aufgenommen wurde in § 37 Abs. 3 Satz 2 197

---

140 Vgl. Sacksofsky, »Deutsche Post/Postbank«, WuW 1999, 256; Mestmäcker/Veelken, in: I/M, GWB, 3. Aufl., § 37 Rdnr. 123.
141 Vgl. BKartA, 21. 4. 1999 »Pfleiderer/Coswig« WuW/E DE-V 145.

GWB – ebenfalls entsprechend der FKVO-Regelung – die Möglichkeit einer Fristverlängerung, während das in § 23 Abs. 3 Satz 2 GWB a. F. enthaltene Erfordernis einer Veräußerung »auf dem Markt« sowie die ausdrückliche Sonderregelung einer Ausnahme vom Stimmrechtsverbot gestrichen wurden. In der 7. GWB-Novelle ist keine Änderung vorgesehen.

(b) Regelungszweck

198 Zur Geschäftstätigkeit von Banken, aber auch von anderen Finanzinstituten und Versicherungsunternehmen gehört es, Unternehmensanteile zu erwerben, um sie nach einem überschaubaren Zeitraum wieder zu veräußern. Dies geschieht in der Regel, um für den bisherigen Inhaber oder das Unternehmen selbst spezielle, für die Veräußerung erforderliche Dienstleistungen zu erbringen, z. B. im Zusammenhang mit der beabsichtigten Platzierung von Aktien (»IPO«). Ein solcher »Zwischenerwerb« führt grundsätzlich nicht zu nachteiligen Strukturveränderungen auf den betroffenen Märkten und soll daher – ohne Rücksicht auf die Umsatzzahlen der beteiligten Unternehmen – nicht dem formalen Fusionskontrollverfahren unterworfen werden[142]. Zur Verdeutlichung diene das nachfolgende Beispiel:

199 Ein erfolgreiches Familienunternehmen, die D-GmbH, produziert Lacke, deren Qualität weltweit führend ist. Da die Forschungs- und Entwicklungskosten erheblich sind und der Kapitalbedarf kontinuierlich steigt, beschließt man, 40 % des Unternehmens an der Börse zu platzieren. Mit der X-Bank, einer deutschen Großbank, wird vereinbart, dass diese zunächst im Rahmen einer Kapitalerhöhung 40 % der Geschäftsanteile der D-GmbH erwirbt. Sodann soll die Umwandlung in eine Aktiengesellschaft vorgenommen und der von der X-Bank gehaltene Anteil zu einem im Bookbuilding-Verfahren ermittelten Preis an der Börse platziert werden. Der an der Börse im Vergleich zu dem von der Bank gezahlten Preis zu erwartende Mehrerlös soll zwischen den Familiengesellschaftern und der Bank geteilt werden. Die Bank geht davon aus, dass die Platzierung innerhalb von acht Monaten durchgeführt werden kann, und hat im Übrigen keinerlei Interesse daran, auf die Geschäftspolitik der D-GmbH oder den Markt für die Produktion von Lacken Einfluss zu nehmen.

200 Soweit ersichtlich, hat die praktische Bedeutung der »Bankenklausel« seit Inkrafttreten der 6. GWB-Novelle am 1. 1. 1999 zugenommen. Die Regelung führt zu einer sinnvollen und aus wettbewerblicher Sicht unschädlichen Erleichterung nicht nur für die privilegierten Kreditinstitute, Finanzinstitute und Versicherungen, sondern insbesondere auch für deren Kunden, die die Anteilsveräußerung durchführen wollen und letztlich die Kosten hierfür zu tragen haben. Auch mit Blick auf die nicht seltene Einbindung von Banken und Versicherungen im Rahmen von **Sanierungskonzepten** ist die in § 37 Abs. 3 GWB enthaltene Regelung von Vorteil[143].

---

142 Vgl. Ruppelt, in: L/B, 9. Aufl., § 37 Rdnr. 62.
143 Nach einer Mitteilung der Europäischen Kommission findet die Bankenklausel der FKVO in der Regel bei sog. Rettungsaktionen unter anderem deshalb keine Anwendung, weil im Rahmen der Umstrukturierung oft strategische Entscheidungen getroffen werden müssen, die sich auf das Marktverhalten auswirken würden; außerdem nähmen solche Maßnahmen oft mehr als ein Jahr in Anspruch, vgl. Teil C, Rdnr. 1045. Für die Bankenklausel des GWB sollten hieraus aber keine Rückschlüsse gezogen werden; vielmehr ist in jedem Einzelfall das Vorliegen der Voraussetzungen des § 37 Abs. 3 GWB zu prüfen.

(c) Voraussetzungen

(i) Kreditinstitut / Finanzinstitut / Versicherungsunternehmen

Der Begriff des **Kreditinstitutes** im GWB entspricht der Definition des § 1 Abs. 1 KWG[144]. Die Definition des **Versicherungsunternehmens** im GWB ergibt sich aus § 1 VAG[145]. Der im Hinblick auf den Zweck des § 37 Abs. 3 GWB zur sachgerechten Erweiterung neu aufgenommene Begriff des **Finanzinstituts** war seit der 6. KWG-Novelle von 1997 – und somit im Zeitpunkt des Inkrafttretens des neuen § 37 Abs. 3 GWB am 1. 1. 1999 – im KWG nicht mehr enthalten. Tätigkeiten, die im ehemaligen § 1 Abs. 3 KWG zur Definition der »Finanzinstitute« aufgeführt waren, sind jetzt im Wesentlichen gem. § 1 Abs. 3 des geltenden KWG dem neu geschaffenen Begriff der »Finanzunternehmen« zugeordnet; z. T. fallen sie nach der aktuellen KWG-Terminologie auch unter die »Finanzdienstleistungsinstitute« gem. § 1 Abs. 1a KWG. Äußerungen verschiedener Beschlussabteilungen des BKartA lassen vermuten, dass das Amt davon ausgeht, dass lediglich die Anpassung des Wortlautes des § 37 Abs. 3 GWB versäumt wurde und zumindest Unternehmen, die unter den ehemaligen KWG-Begriff des »Finanzinstitutes« gefallen wären und jetzt als »Finanzunternehmen« i. S. v. § 1 Abs. 3 KWG anzusehen sind, auch die Voraussetzungen für ein Finanzinstitut i. S. d. § 37 Abs. 3 GWB erfüllen[146]. Typischerweise dürften jedenfalls alle Unternehmen, die aufgrund ihres (Haupt-)Geschäftszweckes Beteiligungen erwerben (vgl. § 1 Abs. 3 Nr. 1 KWG) bzw. befristet halten, aber keine Kreditinstitute oder Versicherungsunternehmen sind, als Finanzinstitute i. S. d. § 37 Abs. 3 GWB zu qualifizieren sein[147]. In Zweifelsfällen empfiehlt sich aber immer eine vorherige Kontaktaufnahme mit der zuständigen Beschlussabteilung des BKartA[148].

Auf hundertprozentige Tochtergesellschaften von Kreditinstituten hat das BKartA die Bankenklausel des § 23 Abs. 3 Satz 2 GWB a. F. angewandt, wenn diese die Funktion von »Beteiligungsgesellschaften« hatten[149]. Danach braucht die erwerbende Tochtergesellschaft nicht selbst ein Kreditinstitut zu sein, sofern deren Tätigkeit im Halten von Beteiligungen besteht und keine eigenen wettbewerblich relevanten Ziele verfolgt werden. Entsprechendes muss im Rahmen des jetzt geltenden § 37 Abs. 3 GWB für Tochtergesellschaften von Finanzinstituten und Versicherungen gelten. Nachdem derartige »Beteiligungs-Tochtergesellschaften« nach dem oben Gesagten aber im Hinblick auf § 1 Abs. 3 Nr. 1 KWG in der Regel selbst als Finanzinstitute i. S. d. § 37 Abs. 3 GWB anzusehen sein dürften, wird in den meisten Fällen § 37 Abs. 3 direkt Anwendung finden können, ohne dass es auf die Qualifizierung der Muttergesellschaft ankommt.

201

202

---

144 Bechtold, 3. Aufl., § 37 Rdnr. 48, § 29 Rdnr. 3.
145 Bechtold, 3. Aufl., § 37 Rdnr. 48, § 29 Rdnr. 3.
146 Obwohl die Ausdehnung der Bankenklausel des GWB auf Finanzinstitue (ebenso wie auf Versicherungsunternehmen) Art. 3 Abs. 5a FKVO entlehnt ist, kann aufgrund dieser Besonderheiten des deutschen Rechtes nicht ohne weiteres davon ausgegangen werden, dass die Definition des Finanzinstitutes in der FKVO mit der des GWB deckungsgleich sein muss; a. A. Mestmäcker/Veelken, in: I/M, GWB, 3. Aufl., § 37 Rdnr. 77.
147 Bechtold, 3. Aufl., § 37 Rdnr. 48.
148 Die für Bankwesen zuständige Beschlussabteilung (seit dem 1. 3. 2002 ist dies die 4. Beschlussabteilung) kommt am ehesten als Ansprechpartner in Betracht; ggf. wird diese die Anfrage an die nach dem Geschäftsgegenstand der zu erwerbenden Beteiligung zuständige Beschlussabteilung weiterleiten.
149 BKartA, TB 1985/86, S. 95; zustimmend Werner, WuW 1996, 463, 465.

B. Deutsche Fusionskontrolle

(ii) Anteilserwerb

203   Es muss ein **Erwerb von Anteilen** an einem anderen Unternehmen vorliegen. Gleichgültig ist, ob dadurch im Übrigen die Voraussetzungen des § 37 Abs. 1 Nr. 2 oder Nr. 3 GWB erfüllt werden[150]. Tatbestände des § 37 Abs. 1 GWB ohne Anteilserwerb, also der Kontrollerwerb gem. § 37 Abs. 1 Nr. 2, der nicht durch die Übernahme von Anteilen erfolgt, sowie die Fälle des § 37 Abs. 1 Nr. 1 und 4 GWB, werden nicht erfasst[151].

204   In Anlehnung an den Wortlaut der im § 23 Abs. 3 Satz 2 GWB a. F. enthaltenen Ausnahme von der Stimmrechtsausübung (»in der ersten Hauptversammlung«) wird teilweise angenommen, dass es sich um einen Anteil an einer Aktiengesellschaft handeln müsse[152]. Der neue § 37 Abs. 3 GWB, in dem der Begriff der Hauptversammlung nicht mehr enthalten ist, bietet für eine solche einschränkende Interpretation keine Anhaltspunkte mehr. Es ist also jedweder Anteilserwerb, unabhängig von der Rechtsform des betreffenden Unternehmens, erfasst[153]. Diese Auffassung stimmt wohl auch mit der aktuellen Handhabung durch das BKartA überein. Wie der Beispielsfall[154], in dem eine Bank aus bestimmten Gründen bereits Anteile an einer GmbH vor deren Umwandlung in eine Aktiengesellschaft erwerben möchte, zeigt, entspricht dieses Verständnis auch den Bedürfnissen der Praxis. Im Übrigen spricht hierfür die teleologische Auslegung des § 37 Abs. 3 GWB, da durch die Vorschrift wettbewerbsrechtlich sinnlose Anmeldungen vermieden werden sollen und insoweit kein Unterschied zwischen dem Erwerb einer Beteiligung an einer Aktiengesellschaft oder einer anderen Unternehmensform besteht.

(iii) Geschäftsbetrieb

205   Das in § 23 Abs. 3 Satz 2 GWB a. F. enthaltene Tatbestandsmerkmal des Erwerbs durch ein Kreditinstitut »im Rahmen seines Geschäftsbetriebes« ist durch die 6. GWB-Novelle weggefallen. Aus Sinn und Zweck der bestimmte Unternehmen privilegierenden »Bankenklausel« lässt sich aber schließen, dass der Anteilserwerb zumindest in irgendeinem **Zusammenhang mit dem Geschäftsbetrieb** des Erwerbers stehen muss[155]. Bei der durch § 37 Abs. 3 GWB privilegierten Erwerbergruppe (Kreditinstitute, Finanzinstitute und Versicherungsunternehmen) sollte es aber nur ganz ausnahmsweise der Fall sein, dass gar kein Zusammenhang mit dem sonstigen Geschäftsbetrieb besteht. Allenfalls bei Spekulationsgeschäften und außergewöhnlichen Vorgängen, die mit der sonstigen Tätigkeit nichts zu tun haben, kann angenommen werden, dass sie von § 37 Abs. 3 GWB nicht erfasst werden[156], obwohl die Absicht zur kurzfristigen Veräußerung bei Erwerb der Beteiligung bestand.

---

150   Bechtold, 3. Aufl., § 37 Rdnr. 48.
151   Vgl. Ruppelt, in: L/B, 9. Aufl., § 37 Rdnr. 62.
152   Mestmäcker/Veelken, in: I/M, 3. Aufl., § 37 Rdnr. 78; vgl. zu § 23 GWB a. F.: Werner, WuW 1996, 463, 466 m.w.N.
153   Ruppelt, in: L/B, 9. Aufl., § 37 Rdnr. 62; vgl. auch zu § 23 GWB a. F.: Kleinmann/Bechtold, 2. Aufl., § 23 GWB a. F. Rdnr. 230; Paschke, in: FK, (Stand) Juli 1993, § 23 GWB a. F. Rdnr. 71; a. A. Mestmäcker/Veelken, in: I/M, 3. Aufl., § 37 Rdnr. 78.
154   Vgl. oben Rdnr. 199.
155   Vgl. Bechtold, 3. Aufl., § 37 Rdnr. 48; Richter, in: Wiedemann, Handbuch des Kartellrechts, § 19 Rdnr. 123; Ruppelt, in: L/B, 9. Aufl., § 37 Rdnr. 62.
156   Vgl. zu § 23 Abs. 3 Satz 2 GWB a. F.: Werner, WuW 1996, 463, 468.

(iv) Zum Zwecke der Veräußerung

Zur Erfüllung dieses subjektiven Tatbestandsmerkmals genügt es, dass die **Absicht, die Beteiligung wieder zu veräußern,** als **Zweck** des Erwerbs gegeben ist. Nicht erforderlich ist, dass diese Absicht tatsächlich verwirklicht werden kann[157]; auch wenn ein Veräußerungshindernis möglicherweise beim Erwerb hätte erkannt werden können, ist dies unschädlich. Die Veräußerungsabsicht muss aber ernsthaft und bereits im Zeitpunkt des Erwerbs bestehen[158] sowie auf eine Veräußerung innerhalb der Jahresfrist des § 37 Abs. 3 Satz 1 GWB abzielen.

206

Die in § 23 Abs. 3 Satz 2 GWB a. F. enthaltene weitere Voraussetzung einer Veräußerung »auf dem Markt« ist mit Blick auf den Zweck der Vorschrift überflüssig und deshalb im Rahmen der 6. GWB-Novelle richtigerweise entfallen. Es besteht deshalb auch kein Grund, diese Voraussetzung wieder in die Neufassung hineinzuinterpretieren[159]. Es steht danach der Anwendung der »Bankenklausel« nichts entgegen, wenn der zukünftige Käufer im Zeitpunkt des Erwerbs bereits feststeht[160]. Hiervon zu unterscheiden ist der Erwerb auf Risiko bzw. für Rechnung eines Dritten. In einem solchen Fall agiert der Erst-Erwerber möglicherweise als Treuhänder, so dass stets zu prüfen ist, ob der Vorgang fusionskontrollrechtlich von vornherein als Erwerb des späteren Käufers anzusehen ist[161]. Zu beachten ist aber, dass nicht jede Risikoübernahme ein Treuhandverhältnis – das grundsätzlich Weisungsrechte des Treugebers voraussetzt – begründet. Es sind daher immer die Umstände des Einzelfalles zu berücksichtigen.

207

(v) Veräußerungsfrist

Die **Veräußerung** muss grundsätzlich **innerhalb eines Jahres** erfolgen. Die Frist beginnt i. d. R. im Zeitpunkt des Erwerbs durch das Kreditinstitut, Finanzinstitut oder Versicherungsunternehmen. Etwas anderes kann sich aus Sinn und Zweck der Befristung ergeben. Wird eine Beteiligung, die z. B. durch ein Kreditinstitut im Rahmen des § 37 Abs. 3 GWB ohne fusionskontrollrechtliche Anmeldung erworben wurde, innerhalb der Jahresfrist zulässigerweise wiederum unter Ausnutzung der »Bankenklausel« auf eine Tochtergesellschaft übertragen – eine solche konzerninterne »Umhängung« kann z. B. aus steuerlichen oder sonstigen Gründen sinnvoll sein –, so kann dies nicht dazu führen, dass die Tochtergesellschaft erneut die Jahresfrist in Anspruch nehmen kann. Zur Begründung bedarf es nicht der Wiedereinführung des früheren Tatbestandsmerkmals einer Veräußerung »auf dem Markt«[162], sondern lediglich der teleologischen Auslegung des § 37 Abs. 3 GWB, die zu dem eindeutigen Ergebnis kommt, dass konzerninterne Übertragungen, bei denen die Konzernobergesellschaft

208

---

157 Ruppelt, in: L/B, 9. Aufl., § 37 Rdnr. 63.
158 Bechtold, 3. Aufl., § 37 Rdnr. 48; Ruppelt, in: L/B, 9. Aufl., § 37 Rdnr. 63.
159 Bechtold, 3. Aufl., § 37 Rdnr. 48; a. A.: Mestmäcker/Veelken, in: I/M, GWB, 3. Aufl., § 37 Rdnr. 78 unter Berufung auf die Regierungsbegründung 1987 zum Entwurf des im Rahmen der 6. GWB-Novelle neuen § 37 Abs. 3 GWB (BT-Drucks. 13/9720), in der von einer Änderung aus redaktionellen Gründen die Rede ist. Auch insoweit sollte in Zweifelsfällen eine Abstimmung mit der zuständigen Beschlussabteilung – nach Möglichkeit unter Einbeziehung der für Bankwesen zuständigen 4. Beschlussabteilung – erfolgen.
160 Bechtold, 3. Aufl., § 37 Rdnr. 48.
161 Vgl. Bechtold, 3. Aufl., § 37 Rdnr. 48; Richter, in: Wiedemann, Handbuch des Kartellrechts, § 19 Rdnr. 126.
162 Vgl. oben S. 58, Rdnr. 26.

weiterhin die Kontrolle über die erworbene Beteiligung ausüben kann, nicht zu einer fristgerechten Veräußerung im Sinne der »Bankenklausel« führen können.

209 Nach § 23 Abs. 3 Satz 2 GWB a. F. war die Jahresfrist endgültig, was in der Praxis zu Problemen geführt hat[163]. Nach § 37 Abs. 3 Satz 2 GWB n. F. kann – entsprechend Art. 3 Abs. 5a FKVO – die **Frist** auf Antrag **verlängert** werden, wenn von den beteiligten Unternehmen glaubhaft gemacht wird, dass die fristgerechte Veräußerung **unzumutbar** war. Die Verlängerungsmöglichkeit ist sinnvoll, da sich nach dem Erwerb herausstellen kann, dass sich der zunächst beabsichtigte Zeitplan für die Veräußerung innerhalb eines Jahres nicht oder nur unter Inkaufnahme erheblicher Nachteile verwirklichen lässt. Es ist sachgerecht, den Beteiligten auch in einem solchen Fall eine formale Anmeldung zu ersparen, wenn aus Sicht des den Verlängerungsantrag überprüfenden BKartA keine den Wettbewerb schädigenden Folgen zu befürchten sind.

210 Die – wirtschaftliche – Unzumutbarkeit kann sich insbesondere dann ergeben, wenn die Beteiligung, z. B. aufgrund einer Baisse an der Börse oder einer sonstigen den Wert beeinträchtigenden Situation, nur unter Inkaufnahme erheblicher Verluste fristgerecht veräußert werden könnte. Auch im Rahmen von Sanierungsfällen kann es vorkommen, dass die Veräußerungsfähigkeit nicht entsprechend der ursprünglichen Planung innerhalb eines Jahres herbeigeführt werden kann[164]. Nicht erheblich ist dabei, ob die die Unzumutbarkeit begründenden Umstände vom Erwerber bereits von Anfang an hätten vorhergesehen werden können, da das Gesetz eine solche Voraussetzung nicht aufstellt. Hat der Erwerber allerdings von vornherein den festen Plan, die Beteiligung länger als ein Jahr zu halten, fehlt es an der Absicht der Veräußerung innerhalb eines Jahres, so dass die Voraussetzungen des § 37 Abs. 3 GWB bereits im Erwerbszeitpunkt nicht vorliegen[165]. Der Wortlaut des Gesetzes (unzumutbar »war«) deutet darauf hin, dass ein Antrag auf Verlängerung auch nach Fristablauf gestellt werden kann[166]. Kritische Äußerungen von Seiten des BKartA zur Antragstellung nach Fristablauf zeigen aber, dass man sich auf diese Möglichkeit nicht verlassen sollte. »Glaubhaftmachung« ist untechnisch, also nicht i. S. d. ZPO zu verstehen[167].

(vi) **Verbot der Stimmrechtsausübung**

211 Die Privilegierung gilt nach dem Wortlaut des § 37 Abs. 2 Satz 1 GWB nur, solange das **Stimmrecht** aus den erworbenen Anteilen **nicht ausgeübt** wird. Die in § 23 Abs. 3 Satz 2 GWB a. F. enthaltene Ausnahme, nach der bei der Gründung eines Unternehmens die Stimmrechtsausübung in der ersten Hauptversammlung nach der Gründung unbeachtlich war, wurde im Rahmen der 6. GWB-Novelle mangels praktischer Relevanz, nicht um auch diesen Fall nunmehr zu erfassen, gestrichen[168]. Das »Stimmrechtsverbot« ist dann problematisch, wenn in der vom Erwerb betroffenen Gesellschaft Beschlüsse gerade deshalb gefasst werden müssen, um die Weiterveräußerung zu ermöglichen. Dies kann bei Umstrukturierungen im Rahmen

---

163 Vgl. Schulte, AG 1998, 297, 34.
164 Vgl. hierzu oben, Rdnr. 200.
165 Vgl. oben, Rdnr. 206.
166 Bechtold, 3. Aufl., § 37 Rdnr. 50.
167 Bechtold, 3. Aufl., § 37 Rdnr. 50.
168 Begründung zum Regierungsentwurf, BT-Drucks. 13/9720 (vom 29. 1. 1998); vgl. Richter, in: Wiedemann, Handbuch des Kartellrechts, § 19 Rdnr. 124.

von Börsengängen, Fusionen oder Sanierungsfällen der Fall sein. Bei einem Hundertprozent-Erwerb durch das Kreditinstitut oder bei einem Mehrheitserwerb bei gleichzeitigem Vorhandensein von Minderheitsgesellschaftern, die Beschlüsse blockieren wollen, kann es insoweit zu Komplikationen kommen. Die »Bankenklausel« der Fusionskontrollverordnung enthält daher in Art. 3 Abs. 5 a FKVO eine entsprechende Einschränkung. Danach ist nur erforderlich, dass der Erwerber die Stimmrechte nicht ausübt, um das Wettbewerbsverhalten des betroffenen Unternehmens zu bestimmen, oder die Stimmrechte lediglich ausübt, um die Veräußerung der Beteiligung vorzubereiten. Da der Zweck des Stimmrechtsverbotes darauf gerichtet ist sicherzustellen, dass eine unternehmerische Einflussnahme und damit eine Einflussnahme auf den betroffenen Markt verhindert wird, und in der Regierungsbegründung zu § 37 Abs. 3 GWB ausdrücklich auf die entsprechende Vorschrift der FKVO Bezug genommen wird[169], spricht vieles dafür, im Rahmen einer teleologischen Auslegung bzw. teleologischen Reduktion des § 37 Abs. 3 Satz 1, 2. Hs. GWB anzunehmen, dass die Stimmrechtsausübung bei Beschlussfassungen, die aus wettbewerblicher Sicht unschädlich sind bzw. nur der Weiterveräußerung dienen, unbeachtlich ist. Auch in solchen Fällen empfiehlt sich allerdings dringend die vorherige Abstimmung mit dem BKartA.

(d) Wegfall der Voraussetzungen

Sobald die Veräußerungsabsicht nicht mehr gegeben ist, die Stimmrechte entgegen § 37 Abs. 3 GWB ausgeübt werden oder die Frist abläuft, ohne dass es zu einer Veräußerung gekommen ist, wird der Anteilserwerb ex nunc zu einem Zusammenschluss[170]. Sofern die Voraussetzungen der »Bankenklausel« beim Erwerb vorlagen, sind jedoch die zu Grunde liegenden Verträge zivilrechtlich wirksam und das Vollzugsverbot nach § 41 Abs. 1 GWB gilt nicht[171]. Es ist dann im Nachhinein eine Anmeldung zur Fusionskontrolle vorzunehmen. Im Hinblick auf die nach § 37 Abs. 3 Satz 2 GWB mögliche Fristverlängerung sowie die in problematischen Fällen stets zu empfehlende Möglichkeit der frühzeitigen Kontaktaufnahme mit dem BKartA kann Problemen durch nachträglichen Wegfall der Voraussetzungen weitgehend vorgebeugt werden.

212

d) Fusionskontrollrechtliche Bewertung von Optionen und Treuhandlösungen

In bloßen schuldrechtlichen Vereinbarungen, wie etwa dem Abschluss eines Kaufvertrags über Gesellschaftsanteile, ist noch kein Vollzug eines Zusammenschlussvorhabens zu sehen. Dies gilt auch, wenn der dingliche Vollzug zwar bereits vereinbart wurde, aber unter der aufschiebenden Bedingung der Genehmigung durch das BKartA steht. Der bloße Abschluss von Optionsverträgen oder die Einräumung von Andienungsrechten lösen üblicherweise wiederum keinen Zusammenschlusstatbestand aus, solange die Ausübung der Option oder des Andienungsrechts ungewiss ist und die Zurechnungsklausel gem. § 37 Abs. 1 Nr. 3 Satz 2 GWB nicht ver-

213

---

169 Begründung zum Regierungsentwurf, BT-Drucks. 13/9720 (vom 29. 1. 1998).
170 Ruppelt, in: L/B, 9. Aufl., § 37 Rdnr. 64; Richter, in: Wiedemann, Handbuch des Kartellrechts, § 19 Rdnr. 127.
171 Richter, in: Wiedemann, Handbuch des Kartellrechts, § 19 Rdnr. 127.

wirklicht wird. Eine Pflicht zur Anmeldung ergibt sich im Regelfall erst dann, wenn die Option bzw. das Andienungsrecht tatsächlich ausgeübt und dabei die Aufgreifschwellen der deutschen Fusionskontrolle erfüllt werden (Umsatzschwellen, Zusammenschlusstatbestand).

214 Für einen fusionskontrollrechtlich relevanten »Erwerb« von Gesellschaftsanteilen kommt es gem. § 37 GWB auf den Vollerwerb der Anteile an (Ausnahme: Nießbrauch an Kapitalgeschäftsanteilen).

(1) Wirtschaftliche Treuhand

215 Es gibt allerdings eine dem zivilrechtlichen Erwerb vorgelagerte Stufe, auf der ein Zusammenschluss verwirklicht werden kann. Dies ergibt sich aus der Zurechnungsklausel gem. § 37 Abs. 1 Nr. 3 Satz 2 GWB, die eine ökonomische Betrachtungsweise eröffnet. Danach zählen zu den Anteilen, die einem Erwerber gehören, auch die »für seine Rechnung« gehaltenen Anteile.

Die Zurechnungsklausel kann nicht nur zur Zurechnung bereits treuhänderisch verwalteter Anteile im Falle eines Folgeerwerbs führen, sondern auch zu einem Zusammenschluss im Fall der Eingehung einer Treuhand (Ersterwerb). Auch Optionsverträge können nach Maßgabe des § 37 Abs. 1 Nr. 3 Satz 2 GWB einen Zusammenschluss darstellen (siehe unten Rdnr. 227).

(a) Maßgebliches Kriterium: Weisungsgebundenheit oder Risikoverteilung?

216 In der Literatur wird z. T. vertreten, dass die Zurechnungsklausel nur erfüllt ist, wenn der andere in der Ausübung der Verwaltungs- und Stimmrechte den **Weisungen** des »Erwerbers« unterliegt[172].

217 Demgegenüber wird von dem BKartA und einem Teil der Literatur auf die wirtschaftliche Risikoverteilung abgestellt. Das Handeln für Rechnung eines anderen setzt nach dieser Auffassung keine Weisungsrechte des Treugebers voraus[173]. Auf Grund der gebotenen wirtschaftlichen Betrachtungsweise werden von der Fusionskontrolle nicht lediglich solche Konstruktionen erfasst, die ausdrücklich eine Geschäftsbesorgung für den Treugeber (Erwerber) zum Inhalt haben. Da in diesen Fällen die dingliche Berechtigung und die wirtschaftliche Verfügungsmöglichkeit auseinander fallen, ist darauf abzustellen, bei wem das **Schwergewicht der unternehmerischen Dispositonsbefugnis** liegt. Dabei hindert die ausdrückliche vertragliche Einräumung eines weisungsfreien Stimmrechts zugunsten des Treuhänders die Annahme einer wirtschaftlichen Treuhand zugunsten des Treugebers nicht[174].

218 Nach Auffassung des BKartA genügt es, wenn der Erwerber die »wesentlichen wirtschaftlichen Chancen und Risiken« der Beteiligung trägt[175]. Wer das wirtschaftliche

---

172 Vgl. Kleinmann/Bechtold, 2. Aufl., § 23 GWB a. F. Rdnr. 114.
173 Vgl. BKartA, 13. 6. 1983 »Klöckner/Seitz« WuW/E BKartA 2087, 2090; Mestmäcker, in: I/M, GWB, 3. Aufl., § 37 Rdnr. 65; vgl. i. ü. auch KG, 12. 6. 1981 »Metro« WuW/E OLG 2517, 2518.
174 Siehe BKartA, a. a. O., Fn. 173.
175 So bereits BKartA, 13. 6. 1983 »Klöckner/Seitz« WuW/E BKartA 2087, 2089; 27. 2. 1998 »WAZ/IKZ« WuW/E DE-V 40; BGH, 19. 1. 1993 »Zurechnungsklausel« WuW/E BGH 2882, 2887 ff.; siehe auch BKartA 6. 7. 1995 »Kolbenschmidt« WuW/E BKartA 2829 ff.; 6. 2. 1997 »Herlitz/Landré« WuW/E BKartA 2894; KG 20. 10. 1999 »Herlitz/Landré« WuW/E-DE-R 451, 454; Bechtold, GWB 3. Aufl., § 37 Rdnr. 28; vgl. auch BKartA, 2. 2.

Risiko der Beteiligung trägt, ist nach Treu und Glauben und aufgrund der ökonomischen Lebenserfahrung auch tatsächlich in der Lage, Einfluss auf die Ausübung der mit der Beteiligung verbundenen Stimmrechte zu nehmen[176]. Zu den wesentlichen wirtschaftlichen Chancen und Risiken gehören Ertragschancen und -risiken (z. B. bezogen auf den Erhalt von Dividenden bzw. Gewinnen oder Verlusten aus einem laufenden Geschäftsbetrieb), Verwertungs- bzw. Erlöschancen und -risiken (bezogen auf eine Gewinn- oder Verlustrealisierung im Fall der Veräußerung der Anteile) sowie Insolvenzrisiken.

(i) **Die Entscheidung »Klöckner/Seitz« des BKartA**
Leitentscheidung zur Frage der Zusammenschlusskontrolle in Fällen der wirtschaftlichen Treuhand ist der Fall »Klöckner/Seitz«. Die Klöckner-Werke (»Klöckner«) übernahmen 24 % des Grundkapitals der Seitz Enzinger Noll Maschinenbau Aktiengesellschaft (»Seitz«) von der Badischen Kommunalen Landesbank Mannheim, die unmittelbar vorher im Rahmen eines mit Klöckner abgestimmten Sanierungsprogramms die Mehrheit an Seitz erworben hatte und auch nach der Veräußerung des Aktienpaketes an Klöckner weitere 26,1 % der Anteile hielt. Im Rahmen des Sanierungsprogrammes war vereinbart worden, dass die Bank die – dann weiterveräußerten – 24 % der Anteile »als Treuhänderin« für Klöckner erwerben sollte und dass Klöckner eine Call-Option zum Erwerb sämtlicher weiterer von der Bank gehaltenen Anteile an Seitz zu den Anschaffungskosten der Bank erhalten würde. Für diese Option zahlte Klöckner eine jährliche Vergütung in Höhe von 1,75 % über dem Zinssatz für Jahresgeld im Interbankenverkehr (abzüglich der ausgeschütteten Dividenden) bezogen auf den Anschaffungspreis an die Bank, die wiederum einseitig die Option zu gleich bleibenden Konditionen verlängern konnte. Klöckner weigerte sich, den Vorgang als Zusammenschluss anzuzeigen. Das BKartA drohte die Verhängung von Zwangsgeld zur Durchsetzung der Anzeigepflicht an. Das BKartA begründete seine Entscheidung damit, dass § 23 Abs. 2 Nr. 2 Satz 2 GWB a. F. (**Zurechnungsklausel**) und damit auch ein Zusammenschlusstatbestand erfüllt sei, wenn das **wesentliche wirtschaftliche Risiko** auf Seiten des »Erwerbers« liege. Bei der Ermittlung, welche Partei das wirtschaftliche Risiko trägt, stellte das BKartA auf das **Ertrags-, Erlös- und Insolvenzrisiko** ab. Das BKartA argumentierte in diesem Fall, dass der »Treuhänder« zwar die Anteile mit eigenen Mitteln gekauft, der »Treugeber« jedoch in Form der Zahlung eines bestimmten Zinssatzes eine »Renditegarantie« übernommen hatte. Damit habe der »Treuhänder« kein Ertragsrisiko getragen.

219

2004, »Tagesspiegel/Berliner Zeitung II«, WuW/E DE-V 271 ff.; bestätigt durch OLG Düsseldorf, 27. 10. 2004 »Tagesspiegel/Berliner Zeitung II« WuW/E DE-R 1361 ff.
176 Vgl. BKartA, 27. 2. 1998 »WAZ/IKZ« WuW/E DE-V 40; bestätigt durch KG, 16. 12. 1998 »WAZ/IKZ« WuW/E DE-R 336, das der Übernahme des wirtschaftlichen Risikos durch den Treugeber eine auf die Innehabung der Leitungsmacht gerichtete indizielle Bedeutung zuwies. Die Rechtsbeschwerde wurde zurückgewiesen, BGH, 21. 11. 2000 »Treuhanderwerb« WuW/E DE-R 613 ff.; der BGH führt aus, dass die gebotene wirtschaftliche Betrachtungsweise regelmäßig die Vermutung rechtfertige, dass derjenige, der das wirtschaftliche Risiko einer Beteiligung trägt, auch auf die Ausübung der mit dieser verbundenen Stimmrechte Einfluss nehmen kann und seine Interessen auch ohne Weisungsrecht berücksichtigt werden. Dies gelte insbesondere im Falle der Beteiligung an einem Wettbewerber.

220 Auch das **Erlösrisiko** habe beim Treugeber gelegen, weil der Treuhänder einer Erlösminderung im Fall des Verkaufs der Anteile an einen Dritten nach Ablauf der Optionsfrist durch eine Verlängerung des Optionsvertrages begegnen und in diesem Fall weiterhin die Renditegarantie in Anspruch nehmen konnte. Dies genügte dem BKartA für die Annahme, der »Treugeber« habe das wesentliche wirtschaftliche Risiko getragen. In der Folge dessen wäre der Treuhänder dann aufgrund des unabdingbaren Grundsatzes von Treu und Glauben verpflichtet, auf die Interessen des Treugebers Rücksicht zu nehmen[177]. Andererseits habe die Bank keinerlei dem Erlösrisiko gegenüberstehende Gewinnchancen (»Ertragsrisiko«) gehabt, da nach der Call-Option der von Klöckner zu zahlende Kaufpreis den ursprünglichen Anschaffungskosten der Bank entsprechen sollte und der Bank nur ein Aufwendungsersatz zustand.

221 Dass das Insolvenzrisiko bei dem Treuhänder verbleibe, sei demgegenüber unerheblich, zumal im Rahmen der Sanierung in erheblichem Umfang Eigenkapital zugeführt worden sei und eine Insolvenz daher nicht zu erwarten stehe.

(ii) T&N/Kolbenschmidt

222 Auf einer ähnlichen Linie wie die Entscheidung Klöckner/Seitz liegt die Untersagung des Zusammenschlusses »T&N/Kolbenschmidt«[178]. T&N – die bereits 25% minus eine Aktie an Kolbenschmidt von einer Bank erworben hatte – trug für weitere Anteile das wirtschaftliche Risiko: sie hatte flankierend zu einer Call-Option der Bank zugesagt, einen etwaigen Verlust zu übernehmen, der bei einem anderweitigen Verkauf der Aktien wegen Nichtausübung der Option entstehen könnte. Das BKartA bekräftigt in dieser Entscheidung, dass eine Zurechnung auch stattfinden kann, wenn keine Weisungsrechte bestehen.

(iii) **Stellungnahme**

223 Die vom BKartA entwickelten Kriterien zur Zurechnung von Anteilen im Falle einer wirtschaftlichen Treuhand hatte die Rechtsprechung noch nicht umfassend zu überprüfen. Die gegen die Entscheidung »T&N/Kolbenschmidt« eingelegte Beschwerde wurde zurückgenommen. Im Fall »Metro/Kaufhof«[179] haben die Beteiligten vor der mündlichen Verhandlung die ursprünglich vereinbarte Option wieder aufgehoben. Das ursprüngliche Vorhaben hatte vorgesehen, dass 24% der Anteile an der Kaufhof AG von der Metro-Gruppe erworben würden und eine Call-Option auf weitere 2,5% bestände, bei der eventuelle Kursverluste von Metro und nicht von der Bank getragen worden wären. Das Gericht bestätigte beiläufig und

---

177 Die Rücksichtnahme zugunsten des Treugebers kann sich auch aus anderen Umständen ergeben, z.B. wenn der Treugeber im Zusammenhang mit dem Erwerb der Anteile durch den Treuhänder diesem einen Kaufpreis garantiert, der das Erlösrisiko auf Seiten des Treuhänders deckt oder minimiert, wenn er dem Treuhänder eine Stillhalteprämie einräumt, die das Erlösrisiko deckt oder minimiert, oder wenn er für den Fall einer Untersagung des von ihm angestrebten Erwerbs und den Verkauf des Treuguts an einen Dritten einen etwaigen Mindererlös seitens des Treuhänders auszugleichen hat. Weitere Anhaltspunkte können sich ergeben, wenn der Treugeber die Anschaffung finanziert und die Kapitalkosten (Finanzierungs-/Opportunitätskosten), sowie ggf. anfallende Kapitalsteuern trägt.
178 BKartA, 6.7.1995 »Kolbenschmidt« WuW/E BKartA 2829.
179 KG, 12.6.1981 WuW/E OLG 2517 ff.

ohne nähere Begründung, dass das ursprüngliche Vorhaben einen Zusammenschlusstatbestand erfüllt hätte, was implizit als eine Bestätigung der Linie des BKartA zu werten sein dürfte. Allerdings äußerte das Gericht Zweifel an der Unterstellung des Amtes, eine Großbank habe keine Branchenkenntnis und sei zur unternehmerischen Einflussnahme gar nicht in der Lage. Außerdem betonte der Senat, dass eine rechtlich nicht abgesicherte Interessengleichheit zweier Unternehmen nicht zur Zusammenrechnung der von ihnen gehaltenen Anteile ausreicht.

Für die Ansicht des BKartA, dass Anteile im Falle einer wirtschaftlichen Treuhand allein aufgrund der Risikoverteilung auch ohne ausdrückliche Weisungsrechte zusammenzurechnen sind, spricht § 37 Abs. 1 Ziff. 3 GWB, der alternativ an den Erwerb von Kapitalanteilen oder an den Erwerb von Stimmrechten anknüpft. Im Falle einer von der Gegenansicht vorgeschlagenen Unterscheidung danach, ob dem Treuhänder oder dem Treugeber aufgrund der vertraglichen Regelung die Stimmrechte aus den Anteilen zustehen, hätten letztlich die Parteien die Dispositionsbefugnis darüber, ob ein Vorgang als Zusammenschlusstatbestand zu sehen ist. Außerdem wird es tatsächlich so sein, dass derjenige, der ein finanzielles Risiko eingeht, auch wirtschaftliche Interessen hat, Rendite erzielen will und deshalb versuchen wird, Einfluss auf den Geschäftsbetrieb zu nehmen[180]. Im Übrigen können sich rechtliche Bindungen des Treuhänders aufgrund der Ausgestaltung des Vertrages beispielsweise aus dem Grundsatz von Treu und Glauben ergeben, der nicht – auch nicht vertraglich – abdingbar ist. Dagegen wird teilweise eingewandt, dass Konstellationen denkbar seien, in denen ein Kaufinteressent eine Bank ohne Umgehungsabsicht beauftragen möchte, Anteile treuhänderisch für seine Rechnung zu erwerben und so lange zu halten, bis das BKartA im Fusionskontrollverfahren entschieden habe. In diesen Fällen sollte keine Zurechnung stattfinden, wenn der Kaufinteressent zwar das wirtschaftliche Risiko trage, aber keine Leitungsmacht ausüben könne[181]. Eine Differenzierung einer Treuhandlösung anhand ihrer Dauer dürfte das BKartA als systemfremd ablehnen, zumal die gesetzliche Dauer des Verwaltungsverfahrens im Falle einer Beschwerde gegen eine Untersagung deutlich überschritten werden kann. Dieser Auffassung folgt das BKartA allerdings nicht. Zudem dürfte es praktisch selten vorkommen, dass ein Kaufinteressent bereit ist, das vollständige wirtschaftliche Risiko des Erwerbs zu tragen, wenn er keinerlei Einflussmöglichkeiten hat und zudem die Möglichkeit eines Erwerbs – aufgrund des schwebenden Fusionskontrollverfahrens – ohnehin noch unsicher ist. Durch die mit der 6. GWB-Novelle aufgenommene Möglichkeit der Befreiung vom Vollzugsverbot gem. § 41 Abs. 2 GWB hat die praktische Relevanz dieser diskutierten Alternative im Fall des Vorliegens der entsprechenden Voraussetzungen abgenommen.

224

(b) Sonstige Auswirkungen

Mit der Formulierung »zu den Anteilen, die dem Unternehmen gehören, rechnen auch die Anteile, die einem anderen für Rechnung dieses Unternehmens gehören« kann im Fall des Erwerbs weiterer Anteile die Schwelle für einen anmeldepflichtigen Zusammenschluss eher überschritten werden; es kann aber auch der Effekt

225

---

180 Thurnher, WuW 1994, 303 ff., 312.
181 Riesenkampff, WuW 1996, 5 ff.

B. Deutsche Fusionskontrolle

auftreten, dass durch die Zurechnung eine Schwelle bereits überschritten ist und der Erwerb weiterer Anteile daher nicht mehr fusionskontrollpflichtig ist[182].

226 Die Zurechnungsklausel greift auch ein, wenn eine Bank i. R. der Bankenklausel gem. § 37 Abs. 3 GWB Anteile bzw. Aktien erwirbt[183], obwohl ein solcher Erwerb zunächst auf ein Jahr beschränkt wäre und die Bank keine Stimmrechte ausüben würde. Dies beruht darauf, dass die Zurechnungsklausel keine Anknüpfung an Leitungsmacht voraussetzt, sondern eine Zurechnung von Kapitalanteilen (ohne Stimmrechte) genügt.

227 Die Eingehung einer Treuhand unterliegt für den Treugeber den fusionskontrollrechtlichen Regelungen und kann auch einen Verstoß gegen das Vollzugsverbot darstellen.

(2) Call-Optionen

228 Eine **Call-Option** kann dann einen Zusammenschlusstatbestand verwirklichen, wenn diese zu einem jederzeitigen Erwerb der Anteile berechtigt. Dies gilt auch dann, wenn der Optionsinhaber entscheiden kann, welches dritte Unternehmen die Möglichkeit erhält, die von der Option erfassten Anteile zu erwerben[184]. Das BKartA geht bei der Vereinbarung einer jederzeit ausübbaren Call-Option davon aus, dass »Stimmrechte, auf deren Erwerb ein Unternehmen ein vertraglich gesichertes und jederzeit ausübares Gestaltungsrecht besitzt, solchen Stimmrechten gleichzusetzen [sind], die dem Unternehmen unmittelbar zustehen«[185].

Damit hat das BKartA nicht erst die Ausübung einer Option auf eine entsprechend hohe Beteiligung, sondern bereits den lediglich von der jederzeit möglichen Ausübung einer Option abhängigen Erwerb von Anteilen einem vollzogenen Erwerb gleichgestellt und den Zusammenschlusstatbestand des Anteilserwerbs gem. § 23 Abs. 2 Nr. 2 GWB a. F. bejaht[186]. Als Begründung wird angegeben, dass dem Berechtigten einer Call-Option, die jederzeit ausübar ist, stets die Möglichkeit gegeben ist, durch einseitige Willenserklärung unmittelbar ein inhaltlich bereits fixiertes Vertragsverhältnis herbeizuführen. Darüber hinaus treffe den Optionsverpflichteten während der Laufzeit die (konkludente) vertragliche (Neben-)Pflicht, den Optionsgegenstand nicht zu zerstören oder zu beschädigen, anderweitig zu veräußern oder zu belasten. Schließlich wird die Zurechnung auch mit dem Argument begründet, dass im Übrigen der Optionsverpflichtete üblicherweise unter dem Druck stehe, dass der Optionsberechtigte die Option jederzeit ausüben kann, wenn seine Interessen nicht gewahrt werden. Damit sei die Annahme eines wettbewerblichen Einflusses aufgrund eines solchen Optionsvertrages gerechtfertigt.

229 Die Gestaltung der Ausübungstermine ist für die Beurteilung einer Option von großer Bedeutung. Sofern die Ausübungstermine immer nur kurzfristig und mit relativ weitläufigen zeitlichen Intervallen ausgestaltet sind, ist ein geringerer unmit-

---

182 Str., vgl. Bechtold, GWB, 3. Aufl. § 37 Rdnr. 28; BGH, 19. 1. 1993 »Zurechnungsklausel« WuW/E BGH 2882 ff.
183 Vgl. Ruppelt, in: L/B 9. Aufl. § 37 Rdnr. 63 a. E.
184 Vgl. BKartA 6. 2. 1997 »Herlitz/Landré« WuW/E BKartA 2894 ff. Vgl. aber auch BGH WuW/E BGH 2270
185 So BKartA, 13. 6. 1983 »Klöckner/Seitz« WuW/E BKartA 2087, 2089.
186 Vgl. auch BGH, 28. 9. 1982 »Springer/az« WuW/E BGH 1954, 1957.

telbarer Einfluss feststellbar, als bei einer langfristigen, jederzeit ausübbaren Option.
Nach Auffassung des BKartA soll es dabei nicht entscheidend sein, ob die Option lediglich einen schuldrechtlichen Anspruch auf Übertragung der Anteile oder bereits eine dingliche Verfügung über diese bewirkt[187]. 230

(3) Put-Optionen

Im Falle einer Put-Option besteht keine unmittelbare Möglichkeit des Optionsgebers (Zielerwerbers), auf die Anteile zuzugreifen. Eine Zurechnung liegt also auf den ersten Blick weniger nah als bei Call-Optionen. Dennoch ist auch die Vereinbarung einer **Put-Option** im Hinblick auf die Zurechnungsklausel nicht unproblematisch. Eine Put-Option kann, wenn der Kaufpreis für den Optionsgeber in entsprechender Höhe bereits im Zeitpunkt des Erwerbs des Optionsguts durch den Optionsnehmer (Ersterwerber) feststeht, das Erlösrisiko auf den Optionsgeber verlagern. Gleichzeitig trägt der Optionsgeber in einem solchen Fall das Insolvenzrisiko, weil die Verpflichtung besteht, die Geschäftsanteile trotz schlechter Geschäftslage abzukaufen. Zu prüfen ist aber auch im Fall einer Put-Option die zeitliche Staffelung der Ausübungstermine[188]. 231

(4) Vorkaufsrecht / Pfandrecht

Die bloße schuldrechtliche Vereinbarung eines **Vorkaufsrechtes** ist fusionskontrollrechtlich nicht problematisch. Auch die dingliche Absicherung dieses Vorkaufsrechts durch ein Pfandrecht führt nicht zu einem Erwerbstatbestand. An der wirtschaftlichen Zuordnung des Vermögensgutes ändert sich durch dieses Sicherungsrecht nichts. 232

(5) Befreundete Dritte

Denkbar ist auch, dass Anteile für ein Unternehmen durch **befreundete Dritte** gehalten werden. Auch dies ist fusionskontrollrechtlich grundsätzlich unschädlich. So reichen z. B. familiäre Beziehungen zwischen Anteilseignern an einem Zielunternehmen für einen »wirtschaftlichen Durchgriff« in der Regel nicht aus[189]. Etwas anderes könnte sich aber etwa dann ergeben, wenn ein Familienmitglied über keine unternehmerische Erfahrung verfügt und für Entscheidungen stets die Beurteilung des unternehmerisch erfahrenen Familienmitglieds erforderlich ist. Eine Zurechnung kann auch stattfinden, wenn in der Übertragung der Anteile auf Angehörige eine Wettbewerbsstrategie zur Umgehung der Fusionskontrolle erkannt wird, wie dies der BGH[190] angenommen hat, als bereits zum zweiten Mal Angehörige der WAZ-Gesellschafter die Anteile übernahmen, nachdem ein von der WAZ beabsichtigter Zusammenschluss untersagt worden war. 233

---

187 Vgl. BKartA, 13. 6. 1983 »Klöckner / Seitz« WuW/E BKartA 2087, 2090.
188 Für die Qualifizierung einer **Unterbeteiligung** als mögliche Treuhandkonstruktion kommt es wiederum auf die Risikoverteilung und die begleitenden Umstände an.
189 Vgl. BKartA, TB 1985, S. 65, 76.
190 Vgl. BGH, 21. 11. 2000 »Treuhanderwerb« WuW/E DE-R 213 ff.; vgl. auch KG, 16. 12. 1998 »WAZ/IKZ« WuW/E DE-R 336; BKartA 27. 2. 1998 »WAZ/KZ« WuW/E DE-V 40 ff.

234 In den Entscheidungen WAZ/IKZ und Pirmasenser Zeitung[191] hat das BKartA, bestätigt vom BGH, einen Gleichordnungskonzern gem. § 18 Abs. 2 AktG angenommen. Im Fall Pirmasenser Zeitung hielten 5 Familien die Anteile an der Rheinpfalz/Medien-Union-Gruppe. Diese waren im gleichen Verhältnis auch am Akquisitions-Vehikel beteiligt, allerdings durch andere Mitglieder der jeweiligen Familien repräsentiert. Dennoch bestand nach Auffassung des BKartA eine so enge Verflechtung, dass die Annahme eines Gleichordnungskonzerns gerechtfertigt sei.

3. Umsatzschwellen

a) Allgemeines / Schwellenwerte

235 Die Regelungen in § 35 GWB präzisieren anhand von Umsatzschwellen den Geltungsbereich der deutschen Fusionskontrolle. Das nationale Recht ist gegenüber der europäischen Zusammenschlusskontrolle gem. Art. 21 Abs. 3 FKVO[192] lediglich subsidiär anwendbar. Die FKVO greift bei Zusammenschlüssen von gemeinschaftsweiter Bedeutung i. S. d. Art. 3 FKVO unter Berücksichtigung der in Art. 1 FKVO genannten Aufgreifkriterien ein[193]. § 35 Abs. 3 GWB, der ausdrücklich auf den Vorrang der FKVO verweist, hat lediglich klarstellende Bedeutung.

236 Mit der Festlegung von **Schwellenwerten** sowohl für die Anwendbarkeit der Zusammenschlusskontrolle in § 35 Abs. 1 GWB als auch für die Ausnahmeregelung in § 35 Abs. 2 GWB stellen die genannten Vorschriften zunächst quantitative Aufgreifkriterien auf. Zusätzlich sind die Erfordernisse für einen Zusammenschlusstatbestand i. S. d. § 37 GWB zu berücksichtigen[194].

237 Die für die Anwendung der deutschen Fusionskontrolle geltenden Umsatzschwellen gem. § 35 Abs. 1 GWB sind dann überschritten, wenn die beteiligten Unternehmen **insgesamt weltweit Umsatzerlöse** von mehr als **500 Mio. Euro** (§ 35 Abs. 1 Nr. 1 GWB) und **mindestens ein beteiligtes Unternehmen im Inland** Umsatzerlöse von mehr als **25 Mio. Euro** (§ 35 Abs. 1 Nr. 2 GWB) erzielt haben. Gem. § 35 Abs. 1 GWB kommt es dabei auf das letzte Geschäftsjahr, d. h. auf das letzte abgeschlossene Geschäftsjahr vor dem Zusammenschluss, an. Sofern die entsprechenden Jahresabschlüsse noch nicht festgestellt worden sind, weil ein Zusammenschlussvorhaben kurz nach Ablauf eines Geschäftsjahres angemeldet werden soll, sind im Rahmen der Anmeldung zur Fusionskontrolle die Zahlen gem. den aktuellsten Jahresabschlüssen anzugeben. Dabei sollte das BKartA auf wesentliche Veränderungen, die sich schon vor Feststellung der neuen Jahresabschlüsse abzeichnen, hingewiesen werden. Liegen die neuen Jahresabschlüsse vor Abschluss des Fusionskontrollver-

---

191 Vgl. BGH, 8.12.1998 »Pirmasenser Zeitung« WuW/E DE-R 243, 248; vgl. KG, 12.3.1997 »Rheinpfalz/Medien Union« WuW/E OLG 5907 ff. Der BGH führte aus, dass die bloße Übereinstimmung der Beteiligungsstrukturen und die bloße Familienzugehörigkeit »nicht ausreicht, um von einer Beherrschung durch eine andere Gesellschaft auszugehen«. Allerdings stelle die Übereinstimmung ein »gewichtiges Indiz« dar. Vgl. auch das Verfahren BKartA B 6-U-120/03 in dem die engen, persönlichen Verflechtungen berücksichtigt wurden.
192 Die Angaben zur FKVO beziehen sich auf die ab dem 1.5.2004 geltende Fassung.
193 Vgl. hierzu Teil C. II. 2.
194 Vgl. oben B. I. 2. Rdnr. 99 ff.

fahrens vor, sind die aktuellen Zahlen nachzureichen. Es empfiehlt sich dringend, in diesen Fällen die Verfahrensweise im Einzelnen mit der zuständigen Beschlussabteilung des BKartA zu besprechen. Gem. § 39 Abs. 3 Nr. 3 GWB sind neben den nach § 35 GWB relevanten Angaben auch die in der Europäischen Union erzielten Umsatzerlöse mitzuteilen, damit das BKartA prüfen kann, ob gem. der FKVO die Europäische Kommission zuständig ist und damit die Notwendigkeit eines deutschen Fusionskontrollverfahrens entfällt.

b) Beteiligte Unternehmen

238 Der Bestimmung, welche Unternehmen **beteiligte Unternehmen** i.S.d. § 35 Abs. 1 GWB sind, kommt eine entscheidende Bedeutung zu, da durch Addition der nach § 38 GWB ermittelten Umsatzerlöse der »beteiligten Unternehmen« berechnet wird, ob die in § 35 Abs. 1 GWB genannten Umsatzschwellen überschritten werden.

239 Im Rahmen der Fusionskontrolle ist zwischen **formell und materiell beteiligten Unternehmen** zu unterscheiden. Alle am Fusionskontrollverfahren nach § 54 Abs. 2 GWB beteiligten Unternehmen sind formell beteiligte Unternehmen. Materiell beteiligt sind nur diejenigen Unternehmen, zwischen denen sich das Zusammenschlussvorhaben vollzieht[195]. Der Veräußerer, der lediglich eine Beteiligung abgibt und danach gar keinen Einfluss mehr ausübt, ist demgemäß nicht materiell beteiligt. Nur die **materiell** an dem Zusammenschluss gem. § 37 GWB beteiligten Unternehmen sind auch **beteiligte Unternehmen** i.S.d. § 35 Abs. 1 GWB, da es nur insoweit zu Marktanteilsadditionen, die der Fusionskontrolle unterliegen, kommen kann.

240 Ist am Zusammenschluss ein **abhängiges** oder **herrschendes Unternehmen** i.S.d. § 17 AktG oder ein Konzernunternehmen i.S.d. § 18 AktG auf Erwerberseite beteiligt, werden die so verbundenen Unternehmen gem. § 36 Abs. 2 Satz 1 GWB als ein **einheitliches Unternehmen** angesehen. Unabhängig von der jeweiligen Rechtsform werden sie also als wettbewerbliche Einheit betrachtet[196]. Für die Umsatzberechnung i.S.d. § 35 Abs. 1 GWB bedeutet dies, dass die Umsatzerlöse der gesamten Gruppe zu berücksichtigen sind. Dies gilt unabhängig davon, ob die Konzernmutter selbst aktiv an dem Zusammenschluss mitwirkt[197].

241 Wichtiges Kriterium für die Frage nach der Abhängigkeit eines Unternehmens ist, ob das Unternehmen in seiner wirtschaftlichen Planung frei und selbständig handeln oder sich in dieser Hinsicht insoweit dem Einfluss eines anderen Unternehmens nicht entziehen kann. Letzteres ist vor allem dann anzunehmen, wenn das andere, herrschende Unternehmen die Kontrolle insoweit innehat, als es die Organe des abhängigen Unternehmens jederzeit austauschen könnte. Hält ein Unternehmen die Mehrheit der Anteile eines anderen Unternehmens, geht das BKartA in entsprechender Anwendung des § 17 Abs. 2 AktG in der Regel davon aus, dass das Unternehmen

---

195 Schröer, in: Lange, Handbuch zum deutschen und europäischen Kartellrecht, Kap. 5, § 2 Rdnr. 24.
196 BGH, 8. 5. 1979 »WAZ« BGHZ 74, 359, 364; Schröer, in: Lange, Handbuch zum deutschen und europäischen Kartellrecht, Kap. 5, § 2 Rdnr. 25.
197 Schröer, in: Lange, Handbuch zum deutschen und europäischen Kartellrecht, Kap. 5, § 2 Rdnr. 25.

beherrschenden Einfluss auf das andere Unternehmen ausüben kann[198]. Auf eine Mehrheitsbeteiligung kommt es allerdings nicht zwingend an. Ein entsprechender Einfluss kann sich also z.B. auch aus Stimmbindungsverträgen ergeben. Entscheidend ist, dass eine Einflussnahme möglich ist, nicht aber, ob die Beherrschungsposition tatsächlich ausgeübt wird.

242 Üben mehrere Unternehmen **gemeinsam** einen **beherrschenden Einfluss** auf ein am Zusammenschluss beteiligtes Unternehmen aus, so gilt jedes dieser Unternehmen nach der so genannten »**Mehrmütterklausel**« in § 36 Abs. 2 Satz 2 GWB als herrschendes und ist in der Umsatzberechnung entsprechend mit seinem Umsatz zu berücksichtigen. Für die Annahme der gemeinsamen Beherrschung muss neben der gemeinsamen Interessenlage aufgrund bestimmter Umstände eine auf Dauer gesicherte, beständige und einheitliche Einflussnahme der Mütter zu erwarten sein[199]. Ein solcher Umstand kann auch ein rechtlicher sein, so z.B. eine entsprechende Vereinbarung der Muttergesellschaften über einen Einigungszwang. Danach muss allein die paritätische Beteiligung (je 50%) zweier Muttergesellschaften nicht zwingend zur Beherrschung der Tochtergesellschaft führen; andererseits ist es durchaus denkbar, dass drei oder auch wesentlich mehr Muttergesellschaften eine Tochtergesellschaft gemeinsam beherrschen.

243 Konsequenz der gemeinsamen Beherrschung ist, dass dem Gemeinschaftsunternehmen die Umsatzerlöse der beherrschenden Unternehmen, und der Umsatzerlös des Gemeinschaftsunternehmens den beherrschenden Unternehmen zugerechnet werden. Die Umsatzerlöse der beherrschenden Unternehmen werden den jeweils anderen Muttergesellschaften jedoch nicht zugerechnet.

244 Soweit ein Zusammenschluss gemäß § 37 Abs. 1 Nr. 1 GWB durch **Erwerb des Vermögens** oder **eines Teils des Vermögens** eines anderen Unternehmens gegeben ist, sind sowohl der Erwerber als auch der Veräußerer materiell beteiligte Unternehmen i.S.d. § 35 Abs. 1 GWB[200]. Dies ist gerechtfertigt, da mangels Handlungsfähigkeit des veräußerten Vermögensteils die mit der materiellen Beteiligung verbundenen verfahrensrechtlichen Pflichten den Veräußerer als solchen treffen müssen[201]. Es kommt in diesem Fall, wie bei der Veräußerung eines Unternehmens, jedoch nur zu einer fusionskontrollrechtlich erheblichen Addition der Umsatzerlöse (und Marktanteile) des Erwerbers und des veräußerten Vermögensteils. Gemäß § 38 Abs. 5 GWB ist daher für die Berechnung der Umsatzerlöse (und der Marktanteile) des Veräußerers nur auf den **veräußerten Vermögensanteil** abzustellen.

Zur Verdeutlichung, welche Unternehmen im Falle eines Zusammenschlusses materiell beteiligt i.S.v. § 35 Abs. 1 Satz 1 GWB sind, folgende Beispiele:

245 – Das Unternehmen K, ein Konzernunternehmen des X-Konzerns, erwirbt vom Unternehmen V dessen bisherige Tochtergesellschaft T zu 100%. Es liegt ein Zusammenschluss gemäß § 37 Abs. 1 Nr. 3a) GWB vor. Der Erwerber K sowie die anderen Unternehmen des X-Konzerns sind gemäß § 36 Abs. 2 Satz 1 GWB als einheitliches Unternehmen anzusehen. An dem Zusammenschluss sind der

---

198 Richter, in: Wiedemann § 19 Rdnr. 27. In Bezug auf die Widerlegung der Vermutung tragen die beteiligten Unternehmen die materielle Beweislast, Richter aaO.
199 BGH, 22.6.1981 »Transportbeton Sauerland« NJW 1981, 2699, 2700.
200 Vgl. Ruppelt, in: L/B, 9. Aufl., § 35 Rdnr. 14.
201 Vgl. Bechtold, GWB 3. Aufl., § 38 Rdnr. 9.

I. Formelle Fusionskontrolle

X-Konzern sowie das »Kaufobjekt« T materiell beteiligt i. S. d. § 35 Abs. 1 GWB, nicht aber der Veräußerer V.
- Die – voneinander unabhängigen – Unternehmen K 1, K 2 und K 3 erwerben vom Unternehmen V je ein Drittel an der bisherigen 100%igen Tochtergesellschaft T des V. K 1, K 2 und K 3 wollen zukünftig in der Gesellschafterversammlung der T die Stimmrechte in gleicher Weise ausüben und vereinbaren, sich zuvor jeweils untereinander abzustimmen. Es liegt ein Zusammenschluss gemäß § 37 Abs. 1 Nr. 3 a) GWB vor, wobei gemäß § 36 Abs. 2 Satz 2 GWB jedes der Erwerber-Unternehmen als herrschendes gilt. Materiell am Zusammenschluss beteiligte Unternehmen i. S. d. § 35 Abs. 1 sind T sowie alle drei Erwerber-Unternehmen. 246
- Das Unternehmen K erwirbt einen wesentlichen Teil des Vermögens des Unternehmens V i. S. d. § 37 Abs. 1 Nr. 1 GWB. Es handelt sich um einen Sonderfall. Gemäß § 38 Abs. 5 GWB ist der veräußerte Vermögensteil gedanklich wie ein selbständiges Unternehmen zu bewerten, also mit den anteiligen Umsätzen (und Marktanteilen) einzubeziehen[202]. Die Umsatzzahlen des Veräußerers V sind also nicht zuzurechnen. Die mit der materiellen Beteiligung am Zusammenschlussvorhaben verbundenen verfahrensrechtlichen Pflichten gelten aber auch für den Veräußerer[203]. Materiell beteiligt i. S. d. § 35 Abs. 1 GWB ist also neben dem Erwerber-Unternehmen der veräußerte Vermögensteil sowie der Veräußerer V, ohne dass jedoch dessen Umsätze bei der Prüfung der Umsatzschwellen gemäß § 35 Abs. 1 GWB zu berücksichtigen wären. 247

c) Toleranzklauseln (§ 35 Abs. 2 GWB)

(1) Allgemeines

Das Gesetz kennt zwei Formen von Toleranzklauseln: die »de minimis«-Klausel (§ 35 Abs. 2 Satz 1 Nr. 1 GWB) und die Bagatellmarktklausel (§ 35 Abs. 2 Satz 1 Nr. 2 GWB)[204]. Unter den dort genannten Voraussetzungen entfällt die Fusionskontrolle, auch wenn die Umsatzschwellen des § 35 Abs. 1 GWB überschritten sind. Es bestehen weder Mitteilungs- noch Anzeigepflichten beim BKartA, insbesondere ist der Vollzug nicht nach § 39 Abs. 6 GWB anzuzeigen[205]. Hat das BKartA Kenntnis von dem Zusammenschluss und bestehen Zweifel an den Voraussetzungen der Toleranzklauseln, hat es den Sachverhalt zur Beseitigung dieser Zweifel aufzuklären. Ist eine weitere Aufklärung nicht möglich, folgt daraus keine Beweislastumkehr zu Lasten der beteiligten Unternehmen[206]. Dennoch sind die relevanten Umstände, insbesondere im Hinblick auf die Bagatellmarktklausel, durch die beteiligten Unternehmen so weit wie irgend möglich zu ermitteln. Sie tragen im Falle einer falschen Einschätzung der Voraussetzungen der Toleranzklauseln das wirtschaftliche Risiko eines Verstoßes gegen das Vollzugsverbot des § 41 Abs. 1 Satz 1 GWB. Hier ist neben der Unwirksamkeit der gegen dieses Verbot verstoßen- 248

---

202 Bechtold, GWB, 3. Aufl., § 38 Rdnr. 9.
203 Bechtold, GWB, 3. Aufl., § 38 Rdnr. 9.
204 Zu deren rechtssystematischer Einordnung Richter, in: Wiedemann, Handbuch des Kartellrechts, § 19 Rdnr. 40.
205 Richter, in: Wiedemann, Handbuch des Kartellrechts, § 19 Rdnr. 53.
206 So die h. M., vgl. Richter, in: Wiedemann, Handbuch des Kartellrechts, § 19 Rdnr. 53 m. w. N.

den Rechtsgeschäfte gem. § 41 Abs. 1 Satz 2 GWB[207] insbesondere die in § 41 Abs. 3 und 4 GWB zwingend vorgesehene Entflechtung durch das BKartA zu nennen. Es empfiehlt sich immer, das BKartA in den Abstimmungsprozess mit einzubeziehen.

249 Durch die »de minimis«-Klausel wird der Erwerb kleiner oder mittlerer Unternehmen privilegiert[208]. Die Bagatellmarktklausel ist Ausdruck des allgemeinen Verhältnismäßigkeitsgrundsatzes[209]. Mit ihr werden Märkte, die gesamtwirtschaftlich unbedeutend sind, von der Fusionskontrolle ausgenommen[210]. Soweit der Wettbewerb im Pressebereich beschränkt wird, ist gem. § 35 Abs. 2 Satz 2 GWB die »de minimis«-Klausel nicht anwendbar[211].

(2) **»de minimis«-Klausel (§ 35 Abs. 2 Satz 1 Nr. 1 GWB)**

250 Nach der **»de minimis«-Klausel** des § 35 Abs. 2 Satz 1 Nr. 1 GWB gelten die Vorschriften der Fusionskontrolle nicht, wenn sich ein Unternehmen, das **nicht** von einem anderen i. S. d. § 36 Abs. 2 GWB **abhängig** ist und im letzten Geschäftsjahr weltweit Umsatzlöse von **weniger als 10 Mio. Euro** erzielt hat, mit einem anderen Unternehmen zusammenschließt. Die Größe desjenigen Unternehmens, dem sich das kleine Unternehmen anschließt, ist irrelevant[212]. Auf abhängige Unternehmen ist die »de minimis«-Klausel unanwendbar, es sei denn, der Umsatz der gesamten Gruppe liegt unter 10 Mio. Euro[213]. Diese Beschränkung dient dem Zweck, Großunternehmen, die sich von ihren Tochterunternehmen trennen wollen, von der Privilegierung dieser Vorschrift auszunehmen.

(3) **Bagatellmarktklausel (§ 35 Abs. 2 Satz 1 Nr. 2 GWB)**

251 Die **Bagatellmarktklausel** des § 35 Abs. 2 Satz 1 Nr. 2 GWB schließt die Fusionskontrolle für den Fall aus, in dem ein **Markt** betroffen ist, auf dem seit **mindestens fünf Jahren** Waren oder gewerbliche Leistungen angeboten werden und auf dem im letzten Kalenderjahr **weniger als 15 Mio. Euro** umgesetzt wurden.

252 Da derartige kleine Märkte keine gesamtwirtschaftliche Relevanz haben, erscheint eine Fusionskontrolle nicht erforderlich. Allerdings werden durch das Zeitkriterium (»seit mindestens fünf Jahren«) neue Märkte, die sich sehr schnell entwickeln können und dadurch eventuell eine größere Bedeutung haben, als sich dies in den

---

207 Die Vorschrift des § 134 BGB findet insoweit keine Anwendung. Die fraglichen Rechtsgeschäfte sind schwebend unwirksam, da bei späterer Freigabe durch das BKartA Heilung eintritt; vgl. Richter, in: Wiedemann, Handbuch des Kartellrechts, § 21 Rdnr. 39; Mestmäcker / Veelken, in: I / M, GWB, 3. Aufl., § 41 Rdnr. 12 f.
208 Vgl. Bechtold, GWB, 3. Aufl., § 35 Rdnr. 27.
209 BGH, 19. 12. 1996 »Raiffeisen (HaGe Kiel / RHG Hannover)« AG 1996, 266, 267 f.; Emmerich, AG 1996, 529, 534.
210 Regierungsbegründung zu § 24 Abs. 8 GWB a. F., BT-Drucks. 6/2520; BGH, 19. 12. 1995 »Raiffeisen (HaGe Kiel / RHG Hannover)« NJW 1996, 1820, 1822; 18. 12. 1975, NJW 1980, 1381, 1382.
211 Im Rahmen der 7. GWB-Novelle wird derzeit (Februar 2005) die Pressefusionskontrolle noch kontrovers diskutiert, vgl. unten Rdnr. 255.
212 Schröer, in: Lange, Handbuch, § 2 Rdnr. 28.
213 Schulte, AG 1998, 297, 36.

Umsatzzahlen widerspiegelt, von der Bagatellmarktklausel ausgenommen. Für die Marktabgrenzung finden die im Rahmen des § 19 Abs. 2 GWB entwickelten Regeln Anwendung[214,215]. Wenn ein Zusammenschluss mehrere Märkte betrifft, von denen nur einige die Bagatellkriterien erfüllen, muss sich die Prüfung des Zusammenschlusses nur auf die nicht dem Bagatellkriterium unterfallenden Märkte beziehen[216]. Nach der vom BKartA entwickelten »Bündeltheorie« sind jedoch benachbarte, im Wesentlichen übereinstimmende Märkte zusammenzurechnen[217]. Bei der Festlegung der einzelnen Märkte und der Berechnung des Marktanteils können sowohl hinsichtlich der Marktabgrenzung als auch hinsichtlich der von den anderen Beteiligten erreichten Inlandsmarktanteile Zweifel bestehen. Es empfiehlt sich bei Unsicherheiten auch hier eine Abstimmung mit dem BKartA angesichts möglicher Sanktionen[218] oder der drohenden Unwirksamkeit der Verträge gem. § 41 Abs. 1 Satz 2 GWB.

(4) Besonderheiten im Presserecht (§ 35 Abs. 2 Satz 2 GWB)[219]

Nach § 35 Abs. 2 Satz 2 GWB in der geltenden Fassung gilt, soweit durch den Zusammenschluss der Wettbewerb beim **Verlag**, bei der Herstellung oder beim Vertrieb von **Zeitungen** oder **Zeitschriften** oder deren Bestandteilen beschränkt wird, lediglich die Bagatellmarktklausel. Die »de minimis«-Klausel ist nicht anwendbar. Ziel dieser Vorschrift ist der Schutz der Pressevielfalt durch eine den Marktstrukturen des **Presserechts** angepasste Zusammenschlusskontrolle[220].

Der Begriff der Zeitungen und Zeitschriften ist in § 35 Abs. 2 Satz 2 GWB wie in der »Presserechenklausel« des § 38 Abs. 3 GWB zu verstehen[221]. Rundfunkunternehmen werden dem nicht gleichgestellt[222]. § 35 GWB erfasst sowohl reine Pressefusionen als auch gemischte Zusammenschlüsse, d. h. Zusammenschlüsse zwischen Verlagen und sonstigen Industrieunternehmen oder Werbemittlern[223]. Beim ge-

253

254

---

214 Emmerich, Kartellrecht, 9. Aufl., S. 262.
215 Insoweit ist auf eine Änderung betr. die räumliche Marktabgrenzung im Rahmen der 7. GWB-Novelle hinzuweisen: § 19 Abs. 2 GWB wird in der Weise ergänzt, dass ausdrücklich festgestellt wird, dass der räumlich relevante Markt weiter sein kann als der Geltungsbereich des Gesetzes. Damit soll der Entscheidung des OLG Düsseldorf (vom 30. 4. 2003 – Kart 9/00 (V)) entgegen getreten werden, weiterhin einen normativen, auf das Inland begrenzten räumlichen Marktbegriff anzuwenden. Dies kann für die Feststellung eines »Bagatellmarktes« von Bedeutung sein; vgl. Regierungsentwurf zur 7. GWB-Novelle vom 26. 5. 2004, BR-Drucks. 441/04, S. 50.
216 Schröer, in: Lange, Handbuch, Kap. 5, § 2 Rdnr. 29.
217 BKartA, 9. 12. 1999 »Emerson (Krautkrämer) / NUKEM« AG 2000, 378 f; KG, 1. 3. 1989 »Schleswig-Holsteiner Anzeigenverlag« WuW/E OLG 4379; BGH, 19. 12. 1995 »Raiffeisen (HaGe Kiel / RHG Hannover)« NJW 1996, 1820; Schulte, AG 1998, 297, 36.
218 Z. B. können Bußgelder in den in § 81 Abs. 2 GWB genannten Fällen bis zur dreifachen Höhe des durch die Zuwiderhandlung erlangten Mehrerlöses betragen.
219 Ausführlich: Mestmäcker/Veelken, in: I/M, GWB, 3. Aufl., § 35 Rdnr. 22 ff.
220 Vgl. BGH, 18. 12. 1979, NJW 1980, 1381, 1383.
221 Emmerich, Kartellrecht, 9. Aufl., S. 280; ausführlich mit Definitionen Mestmäcker/Veelken, in: I/M, GWB, 3. Aufl., § 38 Rdnr. 28 ff.
222 Mestmäcker/Veelken, in: I/M, GWB, 3. Aufl., § 35 Rdnr. 25.
223 BGH, 18. 12. 1979, NJW 1980, 1381, 1383; Mestmäcker/Veelken, in: I/M, GWB, 3. Aufl., § 35 Rdnr. 24.

mischten Zusammenschluss führt § 35 Abs. 2 Satz 2 GWB dazu, dass im Rahmen des § 36 Abs. 1 GWB ausschließlich auf die Wirkungen des Zusammenschlusses auf den Pressemarkt abzustellen ist, d. h. auf den Leser- und/oder Anzeigenmarkt[224].

255 Es bestehen Bestrebungen, den Anwendungsbereich der »de minimis«-Klausel im Rahmen der 7. GWB-Novelle auf Zusammenschlüsse von Presseunternehmen, deren Umsatzerlöse weniger als zwei Millionen Euro betragen, auszudehnen. Eine entsprechende Änderung ist im Regierungsentwurf vom 26. 5. 2004[225] in § 35 Abs. 2 Satz 2 GWB enthalten. Durch die sich daraus ergebende Fusionserleichterung soll nach der Begründung zu dem zuvor vom Bundeswirtschaftsministerium vorgelegten Referentenentwurf vom 17. 12. 2003 sehr kleinen Presseunternehmen die volle Verwertung der in ihnen steckenden Vermögenswerte ermöglicht werden[226]. Angesichts der Diskussionen, die das Streben der Bundesregierung nach Vereinfachung von Presseunternehmenszusammenschlüssen heraufbeschworen hat, bleibt abzuwarten, inwieweit die beabsichtigte Änderung tatsächlich umgesetzt wird.

d) Umsatzberechnung

(1) Allgemeines

256 Für die Umsatzberechnung ist gem. § 35 Abs. 1 GWB grundsätzlich das letzte Geschäftsjahr vor dem Zusammenschluss maßgeblich[227]. Dabei kommt es, wie auch im EU-Recht, auf die Umsätze aller am Zusammenschluss beteiligten Unternehmen unter Einbeziehung der mit ihnen gem. § 36 Abs. 2 GWB verbundenen Unternehmen an. Die Umsätze der materiell beteiligten Unternehmen werden addiert[228].

(2) Berechnung der Umsatzerlöse

257 Für die **Berechnung der Umsatzerlöse** verweist § 38 Abs. 1 Satz 1 GWB auf § 277 Abs. 1 HGB. Nach der Legaldefinition des § 277 Abs. 1 HGB sind Umsatzerlöse die Erlöse aus dem Verkauf und der Vermietung oder Verpachtung von für die **gewöhnliche Geschäftstätigkeit** typischen Erzeugnissen und Waren sowie aus für die gewöhnliche Geschäftstätigkeit typischen Dienstleistungen nach Abzug von Erlösschmälerungen und der Umsatzsteuer[229].

258 Grundsätzlich werden Umsatzerlöse aus allen sachlichen und räumlichen Tätigkeitsgebieten ohne Beschränkung auf die vom Zusammenschluss betroffenen Gebiete einbezogen. Zu berücksichtigen sind hiernach sämtliche Lieferungen und Leistungen auf allen Gebieten, auf denen das Unternehmen tätig ist[230]. Auslandsumsätze sind für die Berechnung der weltweiten Umsatzerlöse gem. § 35 GWB

---

224 BGH, 18. 12. 1979 »Springer-Elbe Wochenblatt« WuW/E BGH 1685, 1692; KG, 3. 7. 1981 »Fall Springer/ AZ« AG 1982, 77, 79.
225 BT-Drucks. 15/3640 vom 12. 8. 2004.
226 Vgl. Begründung zum Referentenentwurf vom 17. 12. 2003, S. 57 »zu Nummer 18 (§ 35 Abs. 2) zu Buchstabe b (Satz 2)«.
227 Vgl. hierzu oben Rdnr. 237.
228 Vgl. oben Rdnr. 238 ff.
229 Entgegen seinem Wortlaut findet § 277 HGB hier auf Unternehmen jeder Rechtsform Anwendung, also nicht nur auf Kapitalgesellschaften; Bechtold, 3. Aufl. § 38 Rdnr. 2.
230 Bechtold, 3. Aufl., § 38 Rdnr. 2; Mestmäcker/Veelken, in: I/M, GWB, 3. Aufl., § 38 Rdnr. 4.

ebenfalls uneingeschränkt zu berücksichtigen[231]. Dies beruht auf dem Verständnis des Gesetzgebers, Umsätze seien ein Indiz für die potentielle wirtschaftliche Macht eines Unternehmens[232].

(a) **Umsätze aus der gewöhnlichen Geschäftstätigkeit**
Für die Beurteilung, ob die Umsätze aus der **gewöhnlichen Geschäftstätigkeit** stammen, ist der tatsächlich verfolgte Zweck, nicht die entsprechende Regelung in der Satzung oder im Gesellschaftsvertrag, maßgeblich[233]. Eine allgemein gültige Definition der Umsatzerlöse kann es insoweit nicht geben. Es ist im jeweiligen Einzelfall zu prüfen, welche Geschäftstätigkeit für das Unternehmen typisch ist[234]. Außerordentliche Erträge werden generell nicht berücksichtigt. Zu solchen außerordentlichen Erträgen gehören z. B. die Gewinne und Verluste im Rahmen von Umstrukturierungen oder Änderungen der Geschäftstätigkeit[235]. Beteiligungserträge bleiben ebenfalls außer Betracht, sofern deren Erzielung nicht typischer Geschäftszweck ist[236]. 259 260
Die auf dem beschriebenen Weg ermittelten Umsatzerlöse sollen die tatsächlich bestehende Ertragssituation darstellen. Von den ermittelten Umsatzerlösen sind daher bestimmte Positionen abzuziehen, um sie als wirtschaftliche Nettogröße sichtbar zu machen[237]. Abzuziehen sind insbesondere die so genannten **Erlösschmälerungen**. Hierzu gehören z. B. Preisnachlässe, Treuerabatte bzw. -prämien, Fracht und Verpackungskosten, tatsächlich in Anspruch genommene Skonti sowie die Zuführungen zu Rückstellungen für diese Erlösschmälerungen[238]. 261
Außer Betracht bleiben gem. § 38 Abs. 1 Satz 2 GWB außerdem Umsätze zwischen verbundenen Unternehmen (sog. Innenumsätze). 262
Bestimmte Steuern fließen in die Umsatzberechnung ebenfalls nicht mit ein. In § 277 Abs. 1 HGB wird die **Umsatzsteuer** als abzuziehende Position ausdrücklich genannt. Nach dem eindeutigen Wortlaut des § 38 Abs. 1 Satz 2 GWB bleiben die unterschiedlichen **Verbrauchsteuern** (z. B. Mehrwert-, Mineralöl-, Tabaksteuer etc.) außer Betracht. Bei im Ausland erzielten Umsätzen sind die entsprechenden ausländischen Umsatz- und Verbrauchsteuern abzuziehen. 263

(b) **Handelsunternehmen**
Bei **Handelsunternehmen** sind gem. § 38 Abs. 2 GWB nur drei Viertel der Umsatzerlöse in Ansatz zu bringen. Die Kürzung des Umsatzerlöses bei Handelsunternehmen beruht darauf, dass Handelsunternehmen, die Waren i. d. R. kaufen und un- 264

---

231 KG, 16. 10. 1984 »Metro Kaufhof« WuW/E OLG 3367, 3383; Bechtold, 3. Aufl., § 38 Rdnr. 2; von Rosen/Seifert: Die Übernahme börsennotierter Unternehmen, S. 491; Richter, in: Wiedemann, Handbuch des Kartellrechts, § 19 Rdnr. 57.
232 Mestmäcker/Veelken, in: I/M, GWB, 3. Aufl., § 38 Rdnr. 5.
233 Beater, in: MünchKommHGB, § 277 Rdnr. 7; Mestmäcker/Veelken, in: I/M, GWB, 3. Aufl., § 38 Rdnr. 9 m.w.N.
234 Vgl. zu den umfangreichen möglichen Fallgestaltungen Beater, in: MünchKommHGB, § 277 Rdnr. 8 m.w.N. zur Rspr.
235 Vgl. Beater, in: MünchKommHGB, § 277 Rdnr. 37 m.w.N. und zahlreichen Beispielen.
236 KG, 12. 6. 1991 »Iserlohner Kreisanzeiger« WuW/E OLG 4835, 4845; Schröer, in: Lange, Handbuch, Kap. 5, § 2 Rdnr. 30.
237 Beater, in: MünchKommHGB, § 277 Rdnr. 11 m.w.N.
238 Beater, in: MünchKommHGB, § 277 Rdnr. 13 f. mit weiteren Beispielen.

verändert verkaufen, aufgrund des hieraus resultierenden hohen Anteils an so genanntem »Durchsatz« am Umsatz im Vergleich zu Produktionsunternehmen von gleicher wirtschaftlicher Bedeutung deutlich höhere Umsätze erzielen.

(c) Presse- und Rundfunkunternehmen

265 Bei **Presse- und Rundfunkunternehmen** wird hingegen gem. der derzeit (Februar 2005) noch geltenden Fassung des § 38 Abs. 3 GWB das Zwanzigfache der Umsatzerlöse als Grundlage für die Umsatzberechnung genommen. Im Gegensatz zur Bagatellmarktklausel wird von dieser Vorschrift auch der Rundfunkbereich erfasst. Im Pressebereich soll mit dieser Regelung der Tatsache Rechnung getragen werden, dass es bei Zeitungen und Rundfunkleistungen zahlreiche regionale und lokale Märkte gibt, die trotz verhältnismäßig niedrigen Umsätzen der hier tätigen Unternehmen schutzwürdig sind[239]. Im Regierungsentwurf zur **7. GWB-Novelle** vom 26. 5. 2004[240] ist eine Änderung des Multiplikators von 20 auf 10 für Presseunternehmen vorgesehen (§ 38 Abs. 3 GWB); Rundfunkunternehmen sind hiervon nicht betroffen.

(d) Kreditinstitute und Versicherungsunternehmen

266 An die Stelle der Umsatzerlöse tritt gem. § 38 Abs. 4 Satz 1 GWB bei **Kreditinstituten, Finanzinstituten und Bausparkassen** der Gesamtbetrag der in § 34 Abs. 2 Satz 1 Nr. 1 Buchst. a bis e der **Verordnung über Rechnungslegung der Kreditinstitute** vom 10. 2. 1992 (BGBl. I S. 203) genannten Erträge abzüglich der Umsatzsteuer und sonstiger direkt auf diese Erträge erhobene Steuern. Die Umsatzberechnung wird damit der EG-Fusionskontrolle angepasst[241].

267 Die vor der 6. GWB-Novelle geltende Regelung in § 23 Abs. 1 Satz 4 GWB a. F., die bei Kreditinstituten und Bausparkassen 10 % der Bilanzsumme an Stelle der Umsatzerlöse vorsah, kann aber oft nach wie vor einen ersten Anhaltspunkt für die Beurteilung eines Zusammenschlusses geben.

268 Bei **Versicherungsunternehmen** sind für die Umsatzberechnung gem. § 38 Abs. 4 Satz 2 GWB die **Prämieneinnahmen** des letzten abgeschlossenen Geschäftsjahres maßgeblich. Prämieneinnahmen sind gem. § 38 Abs. 4 Satz 3 GWB die Einnahmen aus Erst- und Rückversicherungsgeschäften einschließlich der in Rückdeckung gegebenen Anteile.

4. Inlandsauswirkungen

269 Die fortschreitende Globalisierung zahlreicher Wirtschaftszweige als Folge der internationalen Arbeitsteilung und das damit einhergehende Zusammenwachsen vieler Märkte zu größeren räumlichen Einheiten haben dazu geführt, dass ein erheblicher Anteil der vom BKartA im Rahmen der Fusionskontrolle geprüften Unternehmenszusammenschlüsse auch Unternehmen mit Sitz im Ausland betrifft. Da **das völkerrechtliche Territorialitätsprinzip** den Geltungsbereich der inländischen Rechtsordnung grundsätzlich auf das Staatsgebiet begrenzt, kommt die Anwend-

---

239 Emmerich, Kartellrecht, 9. Aufl., S. 256.
240 BT-Drucks. 15/3640 vom 12. 8. 2004.
241 Vgl. Teil C, Rdnr. 830 ff.

barkeit des deutschen GWB nur dann in Betracht, wenn sich eine Wettbewerbsbeschränkung im Inland auswirkt. Dieser in § 130 Abs. 2 GWB normierte Grundsatz bedeutet, dass die Fusionskontrollvorschriften nach den §§ 35 ff. GWB gemäß ihrem Schutzzweck dann anwendbar sind, wenn **durch den grenzüberschreitenden Unternehmenszusammenschluss die Struktur eines inländischen Marktes beeinflusst** werden kann. Eine Beeinflussung der inländischen Marktstruktur wird bei grenzüberschreitenden Zusammenschlüssen angenommen, wenn sich die in § 19 Abs. 2 GWB genannten strukturellen Marktmachtindikatoren spürbar ändern können, wobei an das Merkmal der Spürbarkeit relativ geringe Anforderungen gestellt werden[242]. Ungeachtet der Inlandsauswirkung findet das GWB jedoch dann keine Anwendung, wenn ein Zusammenschluss wegen seiner gemeinschaftsweiten Bedeutung in die ausschließliche Zuständigkeit der EU-Kommission fällt (vgl. § 35 Abs. 3 GWB) oder wenn die in § 35 Abs. 1 Nr. 2 GWB genannte Mindestschwelle für den Inlandsumsatz nicht überschritten wird.

270 Durch diese mit der 6. GWB-Novelle neu eingeführte Regelung des § 35 Abs. 1 Nr. 2 GWB, nach der mindestens ein beteiligtes Unternehmen im Inland Umsatzerlöse von mehr als 25 Mio. Euro im letzten Geschäftsjahr erzielt haben muss, sollen nunmehr Zusammenschlüsse mit nur marginalen wettbewerblichen Auswirkungen im Inland vom Anwendungsbereich der deutschen Fusionskontrolle ausgeschlossen werden[243]. Die Vorschrift erlangt Bedeutung insbesondere in den Fällen, in denen ein deutsches Unternehmen durch ein ausländisches Unternehmen übernommen wird oder sich ausländische Unternehmen zusammenschließen, die im Inland nur geringfügig tätig sind[244].

271 Sofern die Schwelle des § 35 Abs. 1 Nr. 2 GWB von keinem der beteiligten Unternehmen überschritten wird, ist die Prüfung der Inlandsauswirkung i. S. v. § 130 Abs. 2 GWB also obsolet. Wird dagegen die Umsatzschwelle des § 35 Abs. 1 Nr. 2 GWB seitens des zu erwerbenden Unternehmens überschritten, ist regelmäßig eine Inlandsauswirkung gegeben, sodass es auch hier keiner weiteren Prüfung bedarf.

272 Eine zusätzliche Prüfung der Inlandsauswirkung i. S. v. § 130 Abs. 2 GWB ist mithin in den Fällen erforderlich, in denen der Erwerber im Inland einen Umsatz von mehr als 25 Mio. Euro erzielt hat und das zu erwerbende Unternehmen im Ausland ansässig ist. Bei den im Ausland realisierten Zusammenschlüssen kommt eine Inlandsauswirkung in Betracht, wenn beide Zusammenschlussbeteiligte – beispielsweise über verbundene Unternehmen oder Niederlassungen – im Inland tätig sind. Doch auch wenn vor dem Zusammenschluss nur ein Unternehmen im Inland tätig ist, infolge des Zusammenschlusses aber Lieferungen eines ausländischen Beteiligten in den inländischen Markt wahrscheinlich sind oder ein Zuwachs an Finanzkraft oder Know-how für das inländische Unternehmen zu erwarten ist, nimmt das BKartA eine Inlandsauswirkung an[245].

273 Liegt danach eine Inlandsauswirkung i. S. d. § 130 Abs. 2 GWB vor, ist der Zusammenschluss beim BKartA gemäß § 39 GWB anzumelden.

---

242 Vgl. etwa BGH, 29. 5. 1979 »Organische Pigmente« WuW/E BGH 1613, 1615; BKartA, 23. 9. 1980 »Bayer/Firestone« WuW/E BKartA 1837.
243 Begründung in BT-Drucks. 13/9720 (vom 29. 1. 1998, S. 55).
244 Vgl. Begründung in BT-Drucks. 13/9720 (vom 29. 1. 1998, S. 55).
245 Zur Praxis des BKartA siehe Informationsblatt des BKartA vom Januar 1999.

274 Wenn die Anmeldung ohne weiteres erkennen lässt, dass die Untersagungsvoraussetzungen des § 36 GWB nicht erfüllt sind, wird das Zusammenschlussvorhaben vom BKartA regelmäßig in kurzer Frist durch formlose Verwaltungsmitteilung freigegeben.

275 Entsteht dagegen durch einen Auslandszusammenschluss eine marktbeherrschende Stellung im Inland oder wird eine bereits bestehende marktbeherrschende Stellung verstärkt, stellt sich die Frage nach der Reichweite der Untersagungsbefugnisse des BKartA. Aus völkerrechtlichen Gründen könnte bei einem Auslandszusammenschluss eine Beschränkung der Untersagung auf eine Teiluntersagung bezüglich der inländischen Tochtergesellschaften oder Unternehmensteile resultieren. So hat das BKartA die Untersagung des Zusammenschlusses »Linde/Lansing« auf die ausgegliederten inländischen Tochterunternehmen beschränkt[246].

276 Der BGH hat die vorgenannte Teiluntersagung wieder aufgehoben, weil durch sie eine erhebliche Behinderung des freien Warenverkehrs und damit Nachteile für die Wettbewerbsstruktur auf dem relevanten Markt entstehen könnten[247].

277 Da eine Aufspaltung des Zusammenschlusses in einen Inlands- und einen Auslandsteil wegen der wirtschaftlichen Verflechtungen oftmals keine Lösung darstellt, kann der Auslandszusammenschluss unter bestimmten Voraussetzungen auch insgesamt untersagt werden. Das BKartA ist nach der Entscheidung des BGH im Falle Linde/Lansing wieder dazu übergegangen, Zusammenschlüsse mit Inlandsauswirkungen insgesamt zu untersagen[248]. Nach Maßgabe des **Völkerrechts** ist eine Gesamtuntersagung jedoch nur zulässig, wenn das Ausmaß der Wettbewerbsbeschränkung im Inland und die Verbindung der beteiligten Unternehmen zur inländischen Rechtsordnung höher zu bewerten sind als die legitimen Interessen des betroffenen ausländischen Staates[249].

5. Anmeldung und Allgemeiner Verfahrensablauf gemäß § 40 GWB

a) Struktur des BKartA, Übersicht über die Beschlussabteilungen

278 Das für den Wettbewerbsschutz zuständige **BKartA** mit Sitz in Bonn ist eine selbständige Bundesoberbehörde und gehört zum **Geschäftsbereich des Bundesministeriums für Wirtschaft und Arbeit** (§ 51 Abs. 1 GWB). Die Zuständigkeit des BKartA erstreckt sich auf alle Wettbewerbsbeschränkungen, die sich in Deutschland auswirken, soweit die wettbewerbsbeschränkende Wirkung nicht nur in einem Bundesland eintritt. Im letzteren Falle wäre grundsätzlich die jeweilige Landeskartellbehörde zuständig.

279 Eine Ausnahme gilt für die Beurteilung der Zusammenschlussvorhaben. Hierfür ist gemäß §§ 36 ff., 48 Abs. 2 GWB ausschließlich das BKartA zuständig.

280 Der aktuelle **Organisationsplan des BKartA** ist als **Anlage im Anhang** abgedruckt. Gem. § 52 GWB sind allgemeine Weisungen des Bundeswirtschaftsministeriums für Wirtschaft und Arbeit gegenüber dem BKartA für den Erlass oder die Unterlassung von Verfügungen im Bundesanzeiger zu veröffentlichen. Eine solche allge-

---

246 BKartA, 3.3.1989 »Linde/Lansing« WuW/E BKartA 2363.
247 BGH, 10.12.1991 »Inlandstochter« WuW/E BGH 2731.
248 BKartA, 23.7.92 »Gilette/Wilkinson« AG 1992, 363; 15.4.93 »ZF Friedrichshafen/Allison« WuW/E BKartA 2521.
249 Vgl. dazu Rehbinder, in I/M, GWB, 3. Auflage, § 98 Abs. 2 Rdnr. 193 m.w.N.

meine Weisung ist z. B. die Weisung über die Behandlung von Auslandszusammenschlüssen.[250] Einzelweisungen sind nicht zu veröffentlichen. Gegenüber dem zuständigen Berichterstatter ist weder der Abteilungsvorsitzende noch der Präsident des BKartA weisungsbefugt[251].

Das BKartA hatte im Jahr 2002 ca. 270 Beschäftigte. Davon waren die 120 Beamten des höheren Dienstes jeweils etwa zur Hälfte Juristen und Ökonomen. **281**

Die Entscheidungen der Beschlussabteilungen des BKartA über Zusammenschlüsse sowie die sonstigen Entscheidungen des BKartA (etwa über Kartelle und missbräuchliche Verhaltensweisen) werden **in einem justizähnlichen Verfahren** jeweils als **Mehrheitsentscheidungen der zuständigen Beschlussabteilung** getroffen. In jeder Beschlussabteilung gibt es i. d. R. neben dem Vorsitzenden mindestens drei, i. d. R. vier oder fünf Berichterstatter (Beisitzende) sowie einen oder mehrere Referenten. Das zuständige Kontrollgremium der Beschlussabteilung besteht für jeden Fall aus einem Vorsitzenden und zwei Beisitzenden (vgl. § 51 Abs. 3 GWB). Die Beschlussabteilungen entscheiden selbständig und unterliegen keinen Weisungen des Ministeriums. **282**

Der für einen angemeldeten Zusammenschluss **zuständige Berichterstatter** betreut dieses Fusionskontrollverfahren federführend. Wer der für einen Fall zuständige Berichterstatter und wer das dritte Mitglied des Beschlussgremiums wird, ergibt sich in einigen Beschlussabteilungen aus einem internen Geschäftsverteilungsplan, in anderen wird dies jeweils von Fall zu Fall durch den Leiter der Beschlussabteilung festgelegt. **283**

Elf Beschlussabteilungen, deren Zuständigkeit nach Wirtschaftszweigen abgegrenzt ist, prüfen die an sie herangetragenen Vorgänge. Die elfte Beschlussabteilung wurde zum 1. 8. 2001 eingerichtet und ist zuständig für die Durchsetzung des Missbrauchs- und Diskriminierungsverbotes, die Gewährleistung des Netzzugangs und Überprüfung der Angemessenheit von Netznutzungsentgelten in der Elektrizitätswirtschaft. Hierdurch kommt es – entgegen der bisherigen Organisation des Amtes – zu einer Aufspaltung der zuständigen Beschlussabteilungen für den Bereich der Elektrizitätswirtschaft. Die 11. Beschlussabteilung soll verstärkt Einzelfälle aufgreifen und dafür sorgen, dass die Vorteile des Wettbewerbs beim Verbraucher ankommen, wohingegen die Fusionskontrolle für den Bereich der Elektrizitätswirtschaft nach wie vor der bislang für diesen Sektor zuständigen 8. Beschlussabteilung obliegt. **284**

b) Überblick über das Verfahren; Informelles Verfahren

Mit der am 1. 1. 1999 in Kraft getretenen 6. GWB-Novelle wurde die Unterscheidung zwischen vorheriger Anmeldepflicht und nachträglicher Anzeigepflicht im Fusionskontrollverfahren aufgegeben. Die **Fusionskontrolle** ist nunmehr **generell als präventive Zusammenschlusskontrolle** ausgestaltet. **285**

Sofern die im Gesetz geregelten Schwellenwerte für eine Anmeldepflicht überschritten sind, muss ein geplanter Zusammenschluss daher präventiv angemeldet werden und darf erst dann vollzogen werden, wenn die Genehmigung des BKartA vorliegt oder die Fristen, innerhalb deren eine Untersagung hätte erfolgen müssen, abgelaufen sind. Ein Verstoß gegen das Vollzugsverbot ist bußgeldbewehrt (vgl. **286**

---

250 Vgl. BAnz. Nr. 103 vom 7. 6. 1980.
251 Vgl. Bechtold, GWB 3. Aufl., § 52 Rdnr. 3.

§ 81 Abs. 1 Ziff. 1, Abs. 2 GWB) und führt dazu, dass die entsprechenden Rechtsgeschäfte schwebend unwirksam sind.

287 Zusammenschlussverfahren können **zwei Phasen** durchlaufen, nämlich das »Vorverfahren« (Phase 1) und das »Hauptprüfverfahren« (Phase 2).

288 Vor einer förmlichen Anmeldung, die dann die Fristen in Lauf setzt, kann die Durchführung eines **informellen Vorverfahrens** ratsam sein. Ein solches Verfahren dient der ersten Kontaktaufnahme mit der Beschlussabteilung. Ziel ist es, vor Einleitung eines offiziellen Verfahrensteils und Ingangsetzung der hiermit verbundenen Fristen zu eruieren, welche zusätzlichen Informationen das BKartA für notwendig erachtet, um den Vorgang zu einem **schnellen Abschluss zu bringen**, bzw. eine sichere Einschätzung zu erhalten, welche Bedenken die Beschlussabteilung gegen das Vorhaben erheben könnte und mit welchem zeitlichen Ablauf zu rechnen ist. Sofern zu einzelnen Punkten eine gesicherte Praxis des BKartA nicht besteht, können diese vorab geklärt werden. Dies kann z. B. die Frage betreffen, welche Umsätze der Parteien die Beschlussabteilung als zurechenbar ansieht, ob Inlandsauswirkungen zu bejahen sind, welche Marktabgrenzung verfolgt werden könnte oder welche materiellen Kriterien maßgeblich erscheinen. Ein informelles Vorgespräch mit der Beschlussabteilung sollte durch einen Anmeldungsentwurf vorbereitet werden.

289 Ein informelles Vorverfahren kann vor allem dann Vorteile bieten, wenn ein Vorhaben materiell problematisch erscheint und ein Hauptprüfverfahren zu erwarten ist. Diese Überlegung ist insbesondere im Fall des Hinzutretens weiterer Gesichtspunkte angebracht, etwa wenn die Öffentlichkeitswirkung eines langwierigen Fusionskontrollverfahrens das Zielunternehmen belasten würde. Ein informelles Vorverfahren kann sich im Einzelfall aber auch empfehlen, um ein nicht untersagungsträchtiges **Vorhaben effizient vorzubereiten** und möglichst in der 1. Phase abzuschließen. Ein 2. Phase-Verfahren bedeutet stets, dass die Entscheidung des BKartA mit Begründung veröffentlicht wird und die maximale Verfahrensdauer von vier Monaten dann i. d. R. ausgeschöpft wird.

290 Die Monatsfrist beginnt erst mit Einreichung einer vollständigen Anmeldung gem. § 39 Abs. 3 GWB. Eine einvernehmliche Verlängerung der 1. Phase zwischen dem BKartA und den Parteien ist nicht möglich (vgl. § 40 Abs. 2 Nr. 1 GWB). Allerdings kann auch eine vollständige Anmeldung zurückgenommen und später neu eingereicht werden. In diesem Fall würde die Frist neu zu laufen beginnen.

291 Grundsätzlich ist festzuhalten, dass die Einleitung eines Verwaltungsverfahrens im Rahmen der Zusammenschlusskontrolle auch ohne entsprechende Anmeldung mit der Kenntniserlangung seitens des BKartA beginnen kann. Nach § 54 **Abs. 1 GWB** vermag das BKartA ein **Kontrollverfahren auch von Amts wegen einzuleiten**. Die Fristen beginnen in einem solchen Fall, sobald das BKartA den Beteiligten zu erkennen gibt, dass es eine Anmeldung nicht erwartet. Dies kann durch ausdrückliche Mitteilung oder durch Untätigkeit während eines Zeitraumes geschehen, in dem eine Antwort des Amtes auf die Mitteilung eines Vorganges zu erwarten war. Fordert das BKartA binnen angemessener Zeit weitere Erklärungen, Angaben oder überhaupt eine Anmeldung, beginnt die Frist, sobald die Beteiligten dieser Aufforderung vollständig nachkommen[252].

Gem. § 39 Abs. 4 GWB ist eine Anmeldung nicht erforderlich, wenn die Kommission der Europäischen Gemeinschaften den Zusammenschluss an das BKartA

---

252 KG, 13. 2. 1991 »Pinneberger Tageblatt« WuW/E OLG 4737, 4745.

verwiesen hat und dem BKartA die Pflichtangaben gem. § 39 Abs. 3 GWB in deutscher Sprache vorliegen. Die Fusionskontrollfristen gem. § 40 Abs. 1, 2 GWB beginnen im Fall des § 39 Abs. 4 Satz 1 GWB mit dem Eingang der Verweisungsentscheidung beim BKartA, sofern in diesem Zeitpunkt bereits die Pflichtangaben gem. § 39 Abs. 3 GWB in deutscher Sprache beim BKartA vorliegen (vgl. auch die entsprechende Klarstellung gem. § 40 Abs. 5 GWB – Reg. E. 7. GWB-Novelle).

c) Vorprüfverfahren (Phase 1)

Im Vorprüfverfahren hat das BKartA zunächst festzustellen, ob die abgegebene Anmeldung vollständig ist und damit die Fristen des Vor- und Hauptprüfverfahrens in Lauf setzt und ob die Notwendigkeit der Eröffnung eines Hauptprüfverfahrens und damit einer Detailprüfung besteht. 292

Zur Vollständigkeit einer Anmeldung gehören alle gesetzlich in § 39 Abs. 3 GWB zwingend vorgeschriebenen Angaben. Dazu zählen die Form des Zusammenschlusses, die Bezeichnung sämtlicher am Zusammenschluss beteiligten Unternehmen einschließlich der mit diesen verbundenen Unternehmen[253], der Ort ihrer Niederlassung bzw. ihr Sitz sowie Angaben über die Art ihres Geschäftsbetriebes, die inländischen, EU-weiten und weltweiten Umsatzerlöse (vgl. zur Umsatzberechnung §§ 38, 36 Abs. 2 GWB) und die Marktanteile einschließlich der Grundlagen für deren Berechnung oder Schätzung, sofern diese im Geltungsbereich des GWB oder in einem wesentlichen Teil desselben für die beteiligten Unternehmen zusammen mindestens 20% erreichen. Im Falle des Beteiligungserwerbes ist darüber hinaus die Höhe der erworbenen und der insgesamt gehaltenen Beteiligung anzugeben. Ferner müssen Unternehmen mit Sitz im Ausland eine zustellungsbevollmächtigte Person im Inland benennen. Ist ein am geplanten Zusammenschluss beteiligtes Unternehmen ein verbundenes Unternehmen, so sind die geforderten Auskünfte auch über die verbundenen Unternehmen zu erteilen sowie die Konzernbeziehungen, Abhängigkeits- und Beteiligungsverhältnisse zwischen den verbundenen Unternehmen mitzuteilen. Die Umsatzerlöse und Marktanteile sind für die verbundenen Unternehmen gemeinsam zu ermitteln und anzugeben. 294

Die vorstehend beschriebenen Angaben sind auch dann erforderlich, wenn sie letztlich nicht entscheidungserheblich sind[254]. Das BKartA verzichtet ggf. auf Angaben über Firmenbezeichnung, Sitz und Art des Geschäftsbetriebs, wenn es sich um Auslandsunternehmen handelt, bzw. Unternehmen mit Sitz außerhalb der EU, wenn diese keinen Einfluss auf die inländischen Märkte haben können. Das BKartA bittet regelmäßig um Mitteilung, in welchen weiteren EWR-Staaten das Vorhaben angemeldet wird bzw. wurde. Im Rahmen des Netzwerks der ECA (European Competition Authorities) werden Anmeldungen, die zwei oder mehr Jurisdiktionen der ECA betreffen können, in das Intranet oder ECA eingestellt und stehen den ECA-Kartellbehörden damit zur Verfügung. 295

Die Pflichtangaben gem. § 39 Abs. 3 GWB sind für die an dem Zusammenschluss beteiligten Unternehmen, mithin für den Erwerber und das Zielunternehmen, zu machen. § 39 Abs. 3 Satz 3 GWB-Reg. E. 7. GWB-Novelle sieht in den Fällen des § 37

---

253 OLG Düsseldorf, 30. 10. 2002, »Sanacorp/ANZAG«, WuW/E DE-R 1033 ff.
254 Vgl. BGH, 12. 12. 1978 »Erdgas Schwaben« WuW/E BGH 1533; KG, 23. 3. 1977 »Erdgas Schwaben« WuW/E OLG 1895.

Abs. 1 Nr. 1 oder 3 GWB die Angaben gem. § 39 Abs. 3 Nr. 1 und 6 GWB auch für den Veräußerer vor.

296 Die Anmeldung eines Zusammenschlussvorhabens ist an **keine bestimmte Form** gebunden. Erforderlich sind nur die Mitteilung des anmeldepflichtigen Vorhabens und die Vorlage der zwingend vorgeschriebenen Angaben. Ausreichend ist eine Anmeldung per Telefax. Unterlagen oder Verträge sind nicht von vornherein vorzulegen.

297 Nach dem Eingang einer vollständigen Anmeldung eines Zusammenschlusses hat das BKartA in der **Phase 1 gem. § 40 Abs. 1 GWB binnen einer Frist von einem Monat** zu entscheiden, ob das Vorhaben mit einer Nichtuntersagung abgeschlossen werden kann oder ob eine eingehende Prüfung des Zusammenschlussvorhabens im Rahmen des Hauptprüfverfahrens und damit der Eintritt in Phase 2 des Verfahrens erforderlich ist. Dies ist insbesondere dann der Fall, wenn eine Untersagung des Zusammenschlusses in Betracht kommt, da Untersagungen nur im Rahmen des Hauptprüfverfahrens durch förmliche Entscheidungen ausgesprochen werden können.

298 Die Wirkung der Nichtuntersagung des Zusammenschlusses tritt auch dann ein, wenn die in § 40 Abs. 1 GWB genannte Monatsfrist ohne Versendung des Monatsbriefes abläuft. Das angemeldete Zusammenschlussvorhaben gilt dann als genehmigt und darf nach Ablauf dieser Frist vollzogen werden.

299 In die **Berechnung der Frist** und somit des Fristablaufs wird gemäß § 31 VwVfG i.V.m. §§ 187 ff. BGB der Tag des die Frist auslösenden Ereignisses nicht eingerechnet.

300 Wird beispielsweise ein Zusammenschlussvorhaben am 7. Januar angemeldet, so beginnt die Monatsfrist am 8. Januar zu laufen und endet mit Ablauf des 7. Februar. Eine am 8. Februar erfolgende Mitteilung über den Eintritt in Hauptprüfverfahren wäre somit verspätet.

301 Fällt das Ende einer Frist auf einen Sonntag, einen gesetzlichen Feiertag oder einen Sonnabend, so endet die Frist mit dem Ablauf des nächstfolgenden Werktages.

302 Fällt beispielsweise der 7. Februar auf einen Sonnabend, so endet die Frist also erst mit Ablauf des darauf folgenden Montags, mithin mit Ablauf des 9. Februar.

303 Für den Fristbeginn gibt es im deutschen Recht keine entsprechende Regelung. Eine an einem Sonnabend eingehende Anmeldung setzt somit die Monatsfrist in Gang.

304 In der **1. Phase** gibt das BKartA Zusammenschlussvorhaben durch Mitteilung der Nichtuntersagung in Form eines einfachen Verwaltungsschreibens frei, wenn eine weitere vertiefte Prüfungsphase nicht erforderlich ist und eine Untersagung nicht in Betracht kommt. Eine schnelle Freigabe kann z. B. dann erfolgen, wenn die addierten Marktanteile unabhängig von der jeweiligen Marktabgrenzung unerheblich sind. Auch in der 1. Phase wird häufig eine stichprobenartige bzw. kursorische Markterhebung hinsichtlich der Marktabgrenzung oder des Marktvolumens durchgeführt. I.d.R. werden im Rahmen einer solchen kursorischen Markterhebung, die meist der Bestätigung bzw. Überprüfung der Angaben in der Anmeldung dient, nur einige der wesentlichen Wettbewerber oder Nachfrager telefonisch oder schriftlich befragt.

305 Die formlose Verwaltungsmitteilung der Nichtuntersagung in der Phase 1 stellt **keinen Verwaltungsakt** dar und ist daher nicht anfechtbar. Vor diesem Hintergrund haben anmeldende Unternehmen ein erhebliches Interesse an einer formlosen

Freigabe in Phase 1, da Wettbewerber oder Konkurrenten keine Möglichkeiten der Intervention haben und die Freigabe somit sofortige Rechtssicherheit gewährleistet. Sofern der Eintritt in die 2. Phase, also eine detailliertere Prüfung erforderlich ist (vgl. § 40 Abs. 1 S. 2 GWB) und eine formlose Freigabe in der Phase 1 daher nicht in Betracht kommt, hat das BKartA dies den Anmeldenden **innerhalb der Monatsfrist** (Monatsbrief) mitzuteilen[255]. Auch diese Mitteilung ist formlos. Sie hat den alleinigen Zweck, die ansonsten eintretende Genehmigungsfiktion für den angemeldeten Zusammenschluss zu vermeiden und dem BKartA die Möglichkeit zu eröffnen, das Vorhaben innerhalb der vollständigen viermonatigen Frist des Hauptprüfverfahrens, welche sich ab Eingang der Anmeldung berechnet und somit das Vorprüfverfahren mit umfasst, genau zu untersuchen. 306

In der Praxis wird der Monatsbrief ebenfalls häufig per Telefax mit der Bitte um Eingangsbestätigung versandt, welche ebenfalls per Telefax übermittelt werden kann. Die Tatsache der Anmeldung eines Zusammenschlusses veröffentlicht das BKartA auf der eigenen Homepage. Dies kann im Einzelfall den Interessen des Anmelders bzw. der Anmelder zuwider laufen. § 43 GWB bestimmt, welche Informationen das BKartA veröffentlichen muss. Darüber hinaus ist das BKartA zu weiteren Veröffentlichungen bzgl. formeller Verfahren unter Beachtung der Geschäftsgeheimnisse befugt. 307

unbesetzt 308

d) Hauptprüfverfahren (Phase 2)

Übersendet das BKartA zu irgend einem Zeitpunkt innerhalb der 1. Phase dem Anmelder den Monatsbrief, ist damit das Hauptprüfverfahren eröffnet. Gemäß § 40 Abs. 2 Satz 1 GWB entscheidet das BKartA im **Hauptprüfverfahren** durch Verfügung darüber, ob der Zusammenschluss untersagt oder freigegeben wird. 309

Ergeht eine das Hauptprüfverfahren abschließende Verfügung nicht innerhalb einer Frist von vier Monaten seit Eingang der vollständigen Anmeldung (zur Fristberechnung siehe oben, Rdnr. 299 ff.), so gilt der Zusammenschluss gemäß § 40 Abs. 2 Satz 2 GWB als freigegeben. Die **Vier-Monatsfrist** kann gemäß § 40 Abs. 2 Nr. 1 GWB **verlängert werden**, sofern die Anmeldenden vor Ablauf der Frist einer solchen Verlängerung zugestimmt haben. Die Zustimmung bedarf keiner besonderen Form, muss sich jedoch auf einen konkret bestimmten Zeitraum beziehen, da ansonsten der Eintritt der Fiktionswirkung nicht bestimmbar wäre. Auch eine mehrmalige Verlängerung der Frist ist möglich. Die Erteilung der Zustimmung zu einer solchen Fristverlängerung mag im Einzelfall zur Vermeidung einer ansonsten drohenden Untersagung angebracht sein. Hierüber sollte aber nur nach gründlicher Einzelfallprüfung entschieden werden, da in diesem Zusammenhang auch der Verfahrensstand beim BKartA und die Verpflichtung des Amtes zur Begründung der Untersagung zu berücksichtigen sind. Ist ein Zustellungsbevollmächtigter im Inland entgegen § 39 Abs. 3 Ziff. 6 GWB nicht mehr benannt, entfällt die Freigabefiktion. Der Eintritt der Freigabefiktion entfällt gem. § 40 Abs. 2 Nr. 2 GWB auch, wenn das BKartA aufgrund unrichtiger Angaben oder wegen einer nicht 310

---

[255] Vgl. zu der Frage, ob der Monatsbrief auch den nicht selbst anmeldenden Anmeldepflichtigen zugehen muss, wenn die Anmeldung auch in deren Namen vorgenommen wurde, Ruppelt, in: L/B 9. Aufl. S. 40 Rdnr. 10.

rechtzeitigen Auskunft den Monatsbrief oder die Untersagung unterlassen hat. Diese Regelung bezieht sich auf Angaben in der Anmeldung, Angaben der beteiligten Unternehmen gem. § 39 Abs. 5 GWB und Angaben Dritter im Rahmen eines förmlichen Auskunftsverlangens gem. § 59 GWB[256]. Unzutreffende Informationen aus öffentlich zugänglichen Quellen heben die Freigabefiktion nicht auf.

311 In der 2. Phase findet eine **vertiefte Prüfung** statt, bei der Wettbewerber und Unternehmen der vor- oder nachgelagerten Marktstufe befragt werden. Die Ermittlung findet hier i.d.R. schriftlich statt. Die Erhebung durch entsprechende Fragebögen kann sehr detailliert sein. Sie wird üblicherweise auch »flächendeckend« sein, also mehr als 80 % der Marktteilnehmer erfassen.

312 *unbesetzt*

(1) **Entscheidungen im Hauptprüfverfahren**

(a) **Freigabe**

313 Durch die 6. GWB-Novelle wurde für den Fall der **Freigabe eines Zusammenschlusses** im Hauptprüfungsverfahren eine **förmliche Freigabeentscheidung** eingeführt. Im Rahmen des Hauptprüfverfahrens muss also jede abschließende Entscheidung des BKartA durch förmliche Verfügung getroffen werden. Im Gegensatz zu der in der Phase 1 vorgesehenen formlosen Mitteilung der Nichtuntersagung ist eine in der Phase 2 ergehende Freigabeentscheidung als **Verwaltungsakt** zu qualifizieren und daher ebenso wie eine Untersagung gemäß den Anforderungen des § 61 GWB zu begründen, mit einer Rechtsbehelfsbelehrung zu versehen und förmlich nach dem Verwaltungszustellungsgesetz zuzustellen. Eine Untersagung ist allen Verfahrensbeteiligten – auch den Beigeladenen – gem. § 54 Abs. 2 GWB innerhalb der Untersagungsfrist zuzustellen. Anderenfalls tritt gem. § 40 Abs. 2 Satz 2 GWB die Freigabefiktion ein[257]. Gem. § 40 Abs. 2 Satz 2 GWB-Reg. E. 7. GWB-Novelle tritt diese Freigabefiktion nur ein, wenn die Untersagung nicht innerhalb der Untersagungsfrist von 4 Monaten den Anmeldern zugestellt wird. Dies bedeutet eine erhebliche Verfahrenserleichterung für das BKartA. Die übrigen Verfahrensbeteiligten sind lediglich unverzüglich über den Zeitpunkt der Zustellung zu informieren (§ 40 Abs. 2 Satz 3 GWB-Reg. E. 7. GWB-Novelle). Verfügungen, die gegenüber einem Unternehmen mit Sitz außerhalb des Geltungsbereiches des GWB ergehen, stellt das BKartA der Person zu, die von dem Unternehmen gem. § 39 Abs. 3 Nr. 6 GWB als Zustellungsbevollmächtigte benannt wurde. Hat das Unternehmen keine zustellungsbevollmächtigte Person benannt, so stellt das BKartA die Verfügungen durch Bekanntmachung im Bundesanzeiger zu.

314 Die **Freigabeentscheidungen** sind zudem – wie bereits vor der 6. GWB-Novelle die **Untersagungsverfügungen** – gemäß § 43 Satz 1 Nr. 2 GWB im Bundesanzeiger **bekannt zu machen**. Hierdurch wird die Transparenz der Entscheidungspraxis des BKartA erheblich erhöht, da mit dieser Regelung eine zeitnahe Veröffentlichung sämtlicher förmlicher Entscheidungen des BKartA gewährleistet ist. Die Unternehmen sind somit nicht mehr auf die selektiven Informationen angewiesen, welche vor der 6. GWB-Novelle durch die Tätigkeitsberichte des BKartA oder die Gutach-

---

256 § 40 Abs. 2 Ziff. 2 GWB verweist auf § 50 GWB. Hierbei handelt es sich um ein Redaktionsversehen. Dieses wird durch § 40 Abs. 2 Ziff. 2 GWB-Reg. E. 7. GWB-Novelle korrigiert, der auf § 59 GWB verweist.
257 Vgl. KG 18. 3. 1998 »Hochtief/Philipp Holzmann«, WuW/E DE-R 94 ff., 95.

ten der Monopolkommission gegeben wurden. Die Bekanntmachungspflicht, welche bereits zum Zeitpunkt der Bekanntgabe der Entscheidung und nicht erst mit deren Unanfechtbarkeit besteht, dient unter anderem auch dem Rechtsschutz von eventuellen Drittbetroffenen. Diese sollen so früh wie möglich Kenntnis von der Entscheidung erlangen, um gegebenenfalls zeitnah Rechtsmittel gegen die Entscheidung ergreifen zu können. Insbesondere eröffnet die Veröffentlichung einem interessierten Dritten eine Grundlage für die Prüfung der Frage, ob er innerhalb der Rechtsmittelfrist noch eine Beiladung beantragen und damit ein Recht auf Akteneinsicht begründen will. Die Akteneinsicht ermöglicht unter Umständen bereits die Begründung einer Konkurrentenklage[258].

Die Bekanntmachung muss den Verfügungstenor, gemäß § 43 Satz 2 GWB die Unternehmensangaben nach § 39 Abs. 3 Satz 1 und Satz 2 Nr. 1 und 2 GWB und, soweit es sich hierbei nicht um Geschäftsgeheimnisse handelt, die tragenden Gründe enthalten. Eine wörtliche Wiedergabe dieser wesentlichen Entscheidungsgründe ist hingegen nicht erforderlich[259]. 315

Das **BKartA** veröffentlicht **Entscheidungen der 2. Phase** einschließlich Begründung relativ zeitnah auf der eigenen **Homepage im Internet**. Diese Veröffentlichungen enthalten den Volltext ohne Geschäftsgeheimnisse. Sie erfolgen in der Regel innerhalb eines Monats nach der Entscheidung. Der Zeitablauf hängt vor allem davon ab, wie lange die Beteiligten benötigen, um in der Entscheidung enthaltene Daten als Geschäftsgeheimnisse zu kennzeichnen. Gem. § 43 Abs. 2 Ziff. 1 GWB-Reg. E. der 7. GWB-Novelle soll diese Praxis künftig gesetzlich unterlegt sein[260]. 316

Im Bundesanzeiger werden Entscheidungen der 2. Phase in einer verkürzten Fassung veröffentlicht. Hier wird nur der Tenor der Entscheidung mitgeteilt. Die Veröffentlichung im Bundesanzeiger erfolgt typischerweise später als diejenige im Internet, weil hier zunächst eine gewisse Zahl von Entscheidungen abgewartet wird, bis diese dann gesammelt veröffentlicht werden. 317

Im Zusammenhang mit der Begründungs- und Veröffentlichungspflicht des BKartA ist es wegen der Freigabefiktion, welche durch den Ablauf der Viermonatsfrist eintritt, in Einzelfällen durchaus möglich, dass **keine begründete Freigabeentscheidung** vorliegt. In diesen Fällen werden Dritte, die sich durch die Freigabe in ihren eigenen Rechten beeinträchtigt fühlen, mangels Vorliegens eines Verwaltungsaktes mit überprüfbarer Begründung der Nichtuntersagung ihr Beschwerderecht nicht ausüben können. Diesbezüglich wird z.T. vertreten, dass die Behörde über eine **Verpflichtungsbeschwerde zu einer förmlichen Entscheidung** veranlasst werden müsste, was zumindest zu einer erheblichen Verfahrensverzögerung und damit zu einer Verlängerung der Angreifbarkeit der Entscheidung und der deswegen beste- 318

---

258 Vgl. Laufkötter, WuW 1999, 671 ff.
259 Vgl. Ruppelt, in: L/B, 9. Aufl., § 43 Rdnr. 5.
260 Gem. § 43 Abs. 1 GWB-Reg.E 7. GWB-Novelle sind auch die Einleitung des Hauptprüfverfahrens durch das BKartA und der Antrag auf Erteilung einer Ministererlaubnis unverzüglich im Bundesanzeiger oder im elektronischen Bundesanzeiger bekannt zu machen, gem. Abs. 2 Ziff. 2 die Ministererlaubnis sowie deren Ablehnung und Änderung, gem. Abs. 2 Ziff. 3 die Rücknahme und der Widerruf der Freigabe des BKartA oder der Ministererlaubnis und gem. Abs. 2 Ziff. 4 die Auflösung eines Zusammenschlusses einschließlich der Anordnungen des BKartA gem. § 41 Abs. 3, 4 GWB. Bekannt zu machen sind die Angaben gem. § 39 Abs. 3 Satz 1 sowie Satz 2 Nr. 1 und 2 GWB.

henden Unsicherheit führen könnte[261]. Nach anderer Auffassung ist in der fingierten Freigabe gleichfalls ein (fingierter) Verwaltungsakt zu sehen; der Fristablauf gilt als förmliche Verwaltungsentscheidung. Diese ist nach einer Drittanfechtung schon deswegen aufzuheben, weil sie keine Begründung enthält, und eröffnet daher mit der Rechtskraft der entsprechenden gerichtlichen Entscheidung gemäß § 40 Abs. 6 GWB erneut die Viermonatsfrist[262].

(b) Freigabe mit Nebenbestimmungen

319 § 40 Abs. 3 Satz 1 GWB ermächtigt das BKartA, die **Freigabe** von Zusammenschlussvorhaben mit **Bedingungen und Auflagen** zu verbinden. Mit dieser Vorschrift fand die bisherige Zusagepraxis des BKartA eine gesetzliche Regelung. Bei Zusammenschlüssen, die nur in Teil- oder Randbereichen wettbewerbsbeschränkende Wirkungen entfalten, wäre eine Untersagung des gesamten Zusammenschlussvorhabens unverhältnismäßig. Das BKartA hatte daher bereits in der Vergangenheit versucht, den wettbewerbsrechtlichen Bedenken eines Zusammenschlussvorhabens durch Zusagenvereinbarungen Rechnung zu tragen. Es handelte sich dabei in der Regel um Zusagen der Unternehmen, Unternehmensteile für den Fall der Freigabe des Zusammenschlussvorhabens zu verkaufen und damit der Entstehung marktbeherrschender Stellungen in Einzelbereichen entgegenzuwirken (sog. Nachfristzusagen). Da die gerichtliche Durchsetzbarkeit solcher nachfristigen Zusageverträge ungeklärt war, fehlte dem BKartA jedoch ein flexibles Instrument, das dem Verhältnismäßigkeitsgrundsatz im Rahmen der Zusammenschlusskontrolle Rechnung trug. Diese Lücke wurde durch die 6. GWB-Novelle mit der Möglichkeit einer Freigabe unter Bedingungen und Auflagen geschlossen[263].

320 Bedingungen und Auflagen ermöglichen **individuelle und flexible Reaktionen des BKartA** auf die durch einen Zusammenschluss verursachten Wettbewerbsbeschränkungen. Bedingungen und Auflagen dürfen jedoch nur dann mit einer Freigabeentscheidung verbunden werden, wenn der Zusammenschluss ohne sie zur Entstehung oder Verstärkung einer marktbeherrschenden Stellung führen würde und das Vorhaben daher untersagt werden müsste[264]. Nach der Abwägungsklausel des § 36 Abs. 1 Unterabs. 2 GWB ist es dabei nicht erforderlich, dass sämtliche fusionsbedingten Nachteile wie etwa die Verstärkung marktbeherrschender Stellungen durch die Erfüllung der Auflagen vollständig ausgeglichen werden[265]. Nebenbestimmungen kommen an Stelle einer Untersagung i. Ü. nur in Betracht, wenn der Zusammenschluss entsprechend teilbar ist und wenn die beteiligten Unternehmen die Nebenbestimmungen zu erfüllen bereit sind. Auflagen wird das BKartA regelmäßig nur erteilen, wenn zu erwarten ist, dass diese fristgerecht erfüllt werden.

(c) Untersagung

321 Nach § 36 Abs. 1 GWB ist ein Zusammenschluss zu untersagen, wenn zu erwarten ist, dass er eine marktbeherrschende Stellung begründet oder verstärkt. Der Ge-

---

261 Vgl. Ruppelt, in: L/B, 9. Aufl., § 40 Rdnr. 25; siehe auch Bechtold, GWB 3. Aufl., § 40 Rdnr. 15.
262 Richter, in: Wiedemann, Handbuch des Kartellrechts, § 21 Rdnr. 89 ff.
263 Vgl. Gesetzentwurf der Bundesregierung (BT-Drucks. 13/9720): zu § 40 Abs. 3.
264 Vgl. Ruppelt, in: L/B, 9. Aufl., § 40 Rdnr. 27; siehe auch Schulte, AG 1998, 297, 302, vgl. B. II. 4.
265 BKartA, 4. 9. 2000, »Hein-Gas«, WuW/E DE-V 360, 362.

setzgeber räumt dem BKartA insoweit kein Ermessen ein. Nach § 40 GWB kann die **Untersagung nur im Hauptprüfverfahren** ausgesprochen werden (vgl. § 40 Abs. 1 GWB) und hat durch Verfügung zu erfolgen (vgl. § 40 Abs. 2 GWB). Gemäß § 40 Abs. 4 GWB ist den obersten Landesbehörden, in deren Gebieten die beteiligten Unternehmen ihren Sitz haben, vor dem Erlass der Untersagungsverfügung Gelegenheit zur Stellungnahme zu geben.

(d) Begründung der Entscheidung

Die Entscheidung über die Freigabe in der 2. Phase oder die Untersagung eines Zusammenschlussvorhabens ist als Verfügung der Kartellbehörde gemäß § 61 GWB schriftlich auszufertigen und mit einer Begründung sowie einer Rechtsbehelfsbelehrung zu versehen. Die **verfahrensabschließende Verfügung** ist den Beteiligten bzw. den von diesen benannten Zustellungsbevollmächtigten **förmlich zuzustellen**. Hat ein im Ausland ansässiges Unternehmen keinen Zustellungsbevollmächtigten benannt, so hat das BKartA die Verfügung durch Veröffentlichung im Bundesanzeiger zuzustellen. 322

(2) Verfahrensbeteiligte / Beteiligung Dritter

Das Verfahren, in dem die Behörde die Zulässigkeit eines Zusammenschlussvorhabens prüft, ist ein Verwaltungsverfahren i. S. d. §§ 54 ff. GWB. An diesem Verfahren beteiligt sind gemäß § 54 Abs. 2 GWB grundsätzlich nur die von der kartellbehördlichen Maßnahme **unmittelbar Betroffenen**, bei einer Untersagungsverfügung also insbesondere die sich zusammenschließenden Unternehmen. In den Fällen eines Vermögenserwerbs (§ 37 Abs. 1 Nr. 1 GWB) und eines Anteilserwerbs (§ 37 Abs. 1 Nr. 3 GWB) ist auch der Veräußerer gemäß § 54 Abs. 2 Nr. 4 GWB Verfahrensbeteiligter[266]. Eine nur mittelbare oder wirtschaftliche Beeinträchtigung reicht dagegen nicht aus. Ansonsten wäre die explizite Aufzählung des Veräußerers als Beteiligter in § 54 Abs. 2 Nr. 4 GWB nicht erforderlich. Zu den nur mittelbar Betroffenen und daher zu den nicht notwendig Beteiligten gehören in der Regel auch die herrschenden Unternehmen[267]. 323

Bei Beteiligung **mehrerer Unternehmen** ist **jedes gesondert** über die **Verfahrensschritte zu informieren**. Verfügungen der Behörde sind diesen Unternehmen oder, sofern sie ihren Sitz im Ausland haben, ihren Zustellungsbevollmächtigten förmlich zuzustellen. Fehlt es an der förmlichen Zustellung einer Untersagungsverfügung so ist die Verfügung insgesamt unwirksam, selbst wenn die unterbliebene Zustellung nur einen Verfahrensbeteiligten betrifft. Gleiches gilt für den Fall, dass die Untersagungsfrist nur einem Verfahrensbeteiligten gegenüber nicht eingehalten wurde. Die Untersagungsverfügung ist in diesem Fall insgesamt aufzuheben, da es sich bei einer Untersagung eines Zusammenschlusses um einen nicht teilbaren Ver- 324

---

266 Als Zusammenschlussbeteiligte gelten demgegenüber nur der Erwerber und das Zielunternehmen. Nur auf deren Umsätze kommt es auch gem. § 35 GWB für die Umsatzberechnung an.
267 Gem. § 54 Abs. 2 Nr. 3 GWB-Reg. E. 7. GWB-Novelle soll geregelt werden, dass Interessen öffentlich geförderter Verbraucherverbände auch dann erheblich berührt werden, wenn sich die Entscheidung auf eine Vielzahl von Verbrauchern auswirkt und dadurch die Interessen der Verbraucher insgesamt erheblich berührt werden. BGH, 25. 6. 1985 »Edelstahlbestecke« WuW/E BGH 2150 ff.

B. Deutsche Fusionskontrolle

waltungsakt handelt, der gegenüber sämtlichen Betroffenen nur einheitlich ergehen kann[268].

325 *unbesetzt*

326 Bei der Beteiligung mehrerer Unternehmen des gleichen Konzerns reicht es hingegen aus, wenn die Konzernspitze bzw. – sofern diese ihren Sitz im Ausland hat – ihr Zustellungsbevollmächtigter informiert wird und ihr bzw. ihrem Zustellungsbevollmächtigten die Verfügungen der Kartellbehörde zugestellt werden.

327 Verfahrensbeteiligte sind ferner auch diejenigen Personen und Personenvereinigungen, die das BKartA gemäß § 54 Abs. 2 Nr. 3 GWB auf **ihren Antrag** zu dem Verfahren **beigeladen** hat, weil deren Interessen durch die Entscheidung erheblich berührt werden. Der Beigeladene hat alle Rechte eines an dem Verwaltungsverfahren Beteiligten, nämlich das Recht auf Akteneinsicht (§ 29 VwVfG), auf Information und die Abgabe von Stellungnahmen (§ 56 Abs. 1 GWB), auf Teilnahme an Anhörungen (§ 56 Abs. 3 Satz 1 GWB) und auf Einlegung von Beschwerden (§ 63 Abs. 2 GWB) und Rechtsbeschwerden (§ 76 Abs. 1 GWB).

328 Nach dem Gesetzeswortlaut des § 54 Abs. 2 Nr. 3 GWB erfordert die Beiladung nicht zwingend die **Berührung rechtlicher Interessen** des Beizuladenden. Vielmehr hat der Gesetzgeber auch die Berührung anderer Interessen, insbesondere also auch wirtschaftlicher Interessen genügen lassen, sofern diese Interessenberührung von einiger Erheblichkeit ist[269].

329 Die Beiladung kann, in jeder Phase des Verwaltungsverfahrens und auch noch nach Beginn eines gerichtlichen Beschwerdeverfahrens wirksam erfolgen, wenn nur der entsprechende Antrag vor dem unanfechtbaren Abschluss des Verwaltungsverfahrens bei dem BKartA gestellt wurde[270].

(3) Rechtsmittel

330 Gegen die Untersagung eines Zusammenschlussvorhabens können die Zusammenschlussbeteiligten gemäß § 63 GWB Beschwerde einlegen. Ein **Beschwerderecht** steht zudem auch den zum Verfahren Beigeladenen zu, die möglicherweise gegen eine Freigabeentscheidung vorgehen möchten. Wegen der Einzelheiten hierzu ist auf das Kapitel B IV zu verweisen.

331 Zunehmend gewinnt die Anfechtung einer Freigabeentscheidung des BKartA durch Dritte an Bedeutung. Ein solches **Beschwerderecht eines Dritten** besteht jedoch wegen ihrer Ausgestaltung als formlose Verwaltungsmitteilung nicht bei einer Mitteilung der Nichtuntersagung im Vorprüfungsverfahren.

332 Auch die Frage, ob das BKartA das **Hauptprüfverfahren** einleitet oder nicht, unterliegt **keiner gerichtlichen Kontrolle**[271]. Angreifbar ist allerdings eine Freigabe, die

---

268 Vgl. KG, 26. 11. 1980 »Synthetischer Kautschuk I« WuW/E OLG 2411, 2412; siehe auch BGH, 24. 3. 1987 »Coop Schleswig-Holstein / Deutscher Supermarkt« WuW/E BGH 2389 ff.
269 Vgl. BGH, 5. 12. 1963 »Zigaretten« WuW/E BGH 559, 560 f.; OLG Düsseldorf, 25. 6. 2001, »Trienekens«, WuW/E DE-R 681, 683. Vgl. auch Zöttl, WuW 2004, 474 ff.
270 Vgl. KG, 5. 4. 2000, »tobaccoland II«, WuW/E DE-R 641, 643. KG, 17. 5. 2000, »tobaccoland III« WuW/E DE-R 644, 643. Vgl. zu den Einzelheiten Kap. B IV 1.a) (2) (a) Rdnr. 705 ff.; vgl. zur Unanfechtbarkeit eines Zusammenschlusses durch Ablauf der Monatsfrist OLG Düsseldorf, 30. 6. 2004 WuW/E DE-R 1293 ff.; vgl. zur Unanfechtbarkeit einer »Freigabe« in der ersten Phase unten Rdnr. 732.
271 Vgl. Laufkötter, WuW 1999, 671 ff.; s. a. Bechtold, NJW 1998, 2769, 2773.

im Hauptprüfverfahren in Form einer Verfügung erlassen wurde. Ein solches Rechtsmittel hat keinen Suspensiveffekt, so dass das freigegebene Vorhaben vollzogen werden kann. Das Gericht kann die aufschiebende Wirkung aber auf Antrag des Beschwerdeführers anordnen. Gründe für die Anordnung der aufschiebenden Wirkung sind insbesondere »ernstliche Zweifel« an der Rechtmäßigkeit der Freigabeverfügung[272]. Dieser vorläufiger Rechtsschutz Dritter gegen Freigabeentscheidungen des BKartA soll gem. §§ 60, 64 Abs. 3, 65 GWB-Reg. E. 7. GWB-Novelle eingeschränkt werden[273].

e) Vollzugsverbot

Anmeldepflichtige Zusammenschlüsse dürfen erst dann vollzogen werden, wenn das BKartA ihre wettbewerbliche Unbedenklichkeit festgestellt hat bzw. wenn die Fristen gew. § 40 Abs. 1, 2 Satz 2 GWB abgelaufen sind. Vorher gilt das in § 41 GWB geregelte **generelle Vollzugsverbot**. 333

Das Vollzugsverbot besteht fort, wenn der Zusammenschluss untersagt oder nur unter Bedingungen freigegeben wird. Eine mit Auflagen versehene Freigabe führt zum Erlöschen des Vollzugsverbots. Ein Verstoß gegen eine Auflage trifft auf entsprechende Sanktionsbefugnisse des BKartA, die sich aus § 40 Abs. 3 Satz 3 GWB i.V.m. § 12 Abs. 2 Satz 1 Nr. 2 und 3 GWB ergeben. Danach kann die Freigabe widerrufen oder mit Bedingungen bzw. Auflagen versehen werden, wenn eine Auflage nicht erfüllt wird oder wenn die Bedingungen bzw. Auflagen auf unrichtigen Angaben beruhen bzw. arglistig herbei geführt wurden. 334

(1) Vollzug

Das **präventive Vollzugsverbot** soll vermeiden, dass wettbewerbswidrige Zusammenschlüsse umgesetzt werden und zu einer Störung des Wettbewerbs führen. Die Auflösung solcher bereits vollzogener Zusammenschlüsse ist in der Regel schwierig. Vor diesem Hintergrund ist durch § 41 GWB nicht nur der eigentliche Vollzug eines nicht freigegebenen Zusammenschlusses untersagt und mit der **zivilrechtlichen** Rechtsfolge der **schwebenden Unwirksamkeit** belegt. Verboten ist vielmehr auch jede Mitwirkung an einem unzulässigen Vollzug. Die Vornahme von gegen das Vollzugsverbot verstoßenden Rechtsgeschäften stellt zudem eine **Ordnungswidrigkeit** nach § 81 Abs. 1 Nr. 1 GWB dar. 335

Das Vollzugsverbot untersagt jede auf die Vollendung des Zusammenschlusses gerichtete Maßnahme, wie z.B. die Übertragung von Beteiligungen oder von Teilen des zu übernehmenden Vermögens in Fällen des Zusammenschlusses durch Vermögensübernahme[274]. Vorbereitungshandlungen sind zulässig. Die Zahlung des 336

---

272 Vgl. OLG Düsseldorf, 11. 4. 2001; »NetCologne«, WuW/DE-R 665 ff.; 25. 7. 2002 »E.on/Ruhrgas II«, WuW/E DE-R 926, 931; das Gericht hat nach Auffassung des OLG entgegen dem Wortlaut des § 65 Abs. 3 Satz 1 GWB keinen Ermessensspielraum. Zu Maßnahmen gegen durchgeführte Vollzugshandlungen vgl. Zöttl, WuW 2004, 474, 480.
273 Vgl. Kap. B IV 1.a) (3), Rdnr. 724.
274 BGH, 31. 10. 1978 »Metzeler Schaum« WuW/E BGH 1547 ff.; 31. 10. 1978 »Weichschaum III« WuW/E BGH 1556 f.; OLG Düsseldorf, 22. 3. 1977 »Bayer-Metzeler« WuW/E OLG 1833, 1835.

B. Deutsche Fusionskontrolle

Kaufpreises stellt ebenfalls keine Vollzugshandlung dar, auch nicht unter Berücksichtigung der Zurechnungsklausel gem. § 37 Abs. 1 Nr. 3 Satz 2 GWB. Wird ein Zusammenschluss anders als angemeldet vollzogen, entfaltet eine erteilte Freigabe keine Wirksamkeit. Der verwirklichte Zusammenschlusstatbestand und die übrigen fusionskontrollrechtlich maßgeblichen Strukturfaktoren des Zusammenschlusses müssen den Angaben in der Anmeldung entsprechen[275].

337 Eine Ausnahme von der grundsätzlichen Unwirksamkeit von Rechtsgeschäften, die gegen das Vollzugsverbot verstoßen, macht § 41 Abs. 1 Satz 3 GWB für Verträge über die Umwandlung, Eingliederung oder Gründung eines Unternehmens und für Unternehmensverträge i.S.d. §§ 291 und 292 AktG, sobald sie durch Eintragung in das zuständige Register rechtswirksam geworden sind. In diesen Fällen geht der öffentliche Glaube des Registers und der damit bezweckte Schutz der Öffentlichkeit vor. Gem. § 41 Abs. 1 Satz 3 GWB-Reg. E. 7. GWB-Novelle wird eine weitere Ausnahme für Grundstücksgeschäfte normiert, die durch Eintragung in das Grundbuch rechtswirksam geworden sind.

(2) Befreiung vom Vollzugsverbot

338 Mit § 41 Abs. 2 GWB wird die Möglichkeit eröffnet, durch einen entsprechenden beim BKartA zu stellenden **Antrag eine Befreiung vom Vollzugsverbot** zu erlangen. Einem solchen Antrag kann stattgegeben werden, wenn die beteiligten Unternehmen hierfür wichtige Gründe geltend machen, also beispielsweise der Vollzug notwendig ist, um schweren Schaden von den beteiligten Unternehmen oder von einem Dritten abzuwenden. In der Praxis wird auch berücksichtigt, wie wahrscheinlich eine Freigabe des Vorhabens erscheint. Je näher die Untersagung eines Vorhabens liegt, desto weniger wird eine Befreiung vom Vollzugsverbot in Betracht kommen. Ist ein Vorhaben fusionskontrollrechtlich unproblematisch wird allerdings auch eher eine schnelle Freigabe als eine Befreiung vom Vollzugsverbot in Betracht kommen.

339 Umstritten ist der tatsächliche Anwendungsbereich dieser Befreiungsmöglichkeit. Während Stimmen in der Literatur im Interesse der betroffenen Unternehmen eine Befreiungsmöglichkeit schon dann annehmen wollen, wenn das Unternehmen glaubhaft machen kann, dass die **Wahrscheinlichkeit der Untersagung gering** und die Entflechtung im Fall der Untersagung jederzeit problemlos möglich ist[276], sprechen sich andere für eine sehr zurückhaltende Anwendung dieser Befreiungsmöglichkeit aus. Eine Befreiung soll danach nur dann möglich sein, wenn **schwere Schäden** drohen, die nicht anders abwendbar sind, und ohne die Befreiung – etwa im Falle der Sanierungsfusion – der Zusammenbruch des Unternehmens und sein Ausscheiden aus dem Markt droht oder ähnlich gravierende Folgen zu befürchten sind[277].

340 Eine Befreiung vom Vollzugsverbot kommt in der Praxis nur in Ausnahmesituationen in Betracht, z.B. im Falle des Erwerbs aus einer Insolvenz, im Falle einer Sanierungsfusion oder wenn ein öffentliches Übernahmeangebot durchgeführt

---
275 Vgl. Ruppelt, in: L/B, 9. Aufl., § 40 Rdnr. 18.
276 Vgl. Schulte, AG 1998, 297, 300; Riesenkampff, WuW 1996, 5.
277 Ruppelt, in: L/B, 9. Aufl., § 41 Rdnr. 4.

werden soll[278]. Die antragsberechtigten Unternehmen trifft in diesen Fällen die Begründungspflicht und die Darlegungslast in Bezug auf die von ihnen für die Befreiung vorgebrachten wichtigen Gründe.

Die Entscheidung über den Antrag steht im pflichtgemäßen Ermessen der Behörde. Die Behörde muss daher im Einzelfall prüfen, ob das Vollzugsverbot angemessen ist oder ob dessen Zweck nicht auch durch Bedingungen und Auflagen erreicht werden kann. Es dürfte Einigkeit darüber bestehen, dass die Möglichkeit einer Befreiung unter Bedingungen und Auflagen dazu dient, die **Nachteile des präventiven Vollzugsverbotes** auf der einen Seite und der Notwendigkeit einer Entflechtung im Falle eines vorzeitig vollzogenen Zusammenschlusses auf der anderen Seite zu einem angemessenen Ausgleich zu bringen. Bedingungen und Auflagen werden daher auf die Erhaltung der Entflechtungsmöglichkeiten zielen und darauf, den Einfluss des Erwerbers auf die wettbewerblichen Aktivitäten des erworbenen Unternehmens einzuschränken. 341

Im Rahmen der Entscheidung über die Befreiung vom Vollzugsverbot gibt es keine Beschränkung der zulässigen Bedingungen und Auflagen. Insbesondere können sich die Bedingungen und Auflagen – anders als die Bedingungen und Auflagen, unter denen eine Freigabeentscheidung erfolgt – daher auch auf eine laufende, d.h. bis zum Abschluss des Verfahrens geltende Verhaltenskontrolle der beteiligten Unternehmen richten[279] und z. B. eine Stimmrechtsbeschränkung zu Lasten des Erwerbsvorsehen. 342

Im Falle der Nichteinhaltung der Auflagen kann die Behörde die Entscheidung über die Befreiung widerrufen. Gleiches gilt für den Fall, dass die Befreiung auf falschen Angaben der Antragsberechtigten beruht (vgl. § 12 Abs. 2 Satz 1 Nr. 2 und 3). 343

unbesetzt 344–345

f) Verfahren bei Vollzug ohne Anmeldung

Während das alte Recht vor Inkrafttreten der 6. GWB-Novelle neben der Möglichkeit der präventiven Fusionskontrolle für bestimmte Zusammenschlüsse auch die Möglichkeit einer nachträglichen Anzeige eines Zusammenschlusses vorsah, geht das GWB nun von einer uneingeschränkten präventiven Fusionskontrolle und einer grundsätzlichen Anmeldepflicht ab dem Erreichen bestimmter Umsatzschwellen aus. 346

Trotz der grundsätzlichen Anmeldepflicht enthält **§ 39 Abs. 6 GWB** nach wie vor eine Regelung über die (**nachträgliche**) **Anzeige** eines Zusammenschlusses. Bei dieser Anzeige handelt es sich aber nur noch um die nachträgliche Information des BKartA, dass der zuvor angemeldete und in der Fusionskontrolle geprüfte Zusammenschluss auch tatsächlich vollzogen wurde. Die Umstellung auf eine rein präventive Fusionskontrolle ändert allerdings nichts daran, dass es dazu kommen kann, dass Zusammenschlüsse, die hätten angemeldet werden müssen, tatsächlich ohne Anmeldung und Freigabe durch das BKartA vollzogen werden, etwa weil be- 347

---

278 Vgl. Ruppelt, in: L/B, 9. Aufl., § 41 Rdnr. 4; vgl. zur Befreiung vom Vollzugsverbot im Fall »DPAG/trans-o-flex« BKartA TB 2001/2002, S. 202 sowie zu den Voraussetzungen der Befreiung allgemein BKartA TB 2001/2002, S. 25; vgl. auch zur europäischen Praxis Löffler, in: L/B, 9. Aufl., Art. 7 FKVO Rdnr. 7.
279 Vgl. Ruppelt, in: L/B, 9. Aufl., § 41 Rdnr. 6.

B. Deutsche Fusionskontrolle

stimmte Umsätze bei der Umsatzberechnung gemäß § 35 GWB zu Unrecht nicht berücksichtigt wurden. In einem solchen Fall liegt ein Verstoß gegen das Vollzugsverbot des § 41 Abs. 1 GWB vor. Aus § 39 Abs. 6 GWB ergibt sich sodann die Pflicht zur nachträglichen Anzeige. Als Rechtsfolge eines Verstoßes gegen das Vollzugsverbot sieht § 41 Abs. 1 Satz 2 GWB die **schwebende Unwirksamkeit des Rechtsgeschäfts** vor. Das Geschäft wird nachträglich wirksam, wenn ein dann stattfindendes Fusionskontrollverfahren durch Freigabebescheid positiv abgeschlossen wird.

348 Nach altem Recht hatte das BKartA in Fällen der nachträglichen Anzeige eines Zusammenschlussvorhabens gemäß § 24a Abs. 2 GWB a. F. eine Frist von einem Jahr, innerhalb derer das Amt den Zusammenschluss materiell prüfen und untersagen konnte.

349 Es stellt sich daher die Frage, wie bei einer unterbliebenen Anmeldung zu verfahren ist und welche Prüfungsfristen in einem solchen Falle gelten. Eine explizite Regelung hierzu trifft das GWB nicht.

350 § 131 GWB enthält lediglich eine Übergangsbestimmung für Zusammenschlüsse, die vor dem Inkrafttreten des neuen GWB vollzogen und nicht angezeigt oder noch nicht abschließend vom BKartA geprüft worden sind. Für diese Fälle sollen die alten §§ 23 bis 24a GWB fortgelten, sodass es diesbezüglich bei der **Jahres-Frist** bleibt. Für alle Fälle, die nicht unter die Übergangsvorschrift des § 131 GWB fallen, bleibt es nach dem Gesetzeswortlaut offen, ob überhaupt eine Prüfungsfrist gelten soll und wenn ja, welche.

351 Dass eine Prüfungsfrist für ein nachträglich angezeigtes Zusammenschlussvorhaben gesetzlich nicht geregelt ist, könnte dreierlei bedeuten:
(1) Die Anzeige könnte eine einjährige Prüfungsfrist auslösen,
(2) die durch die Anzeige ausgelöste materielle Prüfung könnte zeitlich unbefristet sein oder
(3) das Prüfungsverfahren könnte in »analoger« Anwendung des § 40 GWB in dem dort genannten Verfahren und innerhalb der dort genannten Frist durchzuführen sein.

352 Weder der Begründung des Bundestages zur 6. GWB Novelle noch des Bundesrates lassen sich Hinweise darauf entnehmen, an welche Alternative der Gesetzgeber bei der Neuregelung des GWB gedacht hat. Für eine analoge Anwendung des § 40 GWB spricht, dass sonst die in einem – wenn auch nachträglichen – Fusionskontrollverfahren nötigen zeitlichen Beschränkungen nicht vorhanden wären[280].

353 Gegen die Annahme eine einjährigen Prüfungsfrist und somit der Anwendbarkeit des § 131 Abs. 9 GWB auf neue Fälle spricht schon der Umstand, dass der Gesetzgeber die Fortgeltung des alten Rechts in § 131 GWB auf einige klar umschriebene Sachverhalte begrenzt hat. Eine Anwendung des alten Rechts auf **weitere** Sachverhalte war daher nicht gewollt.

354 Ebenso wenig ist aber anzunehmen, dass der Gesetzgeber mit der Nichtregelung einer Prüfungsfrist seinen Willen ausdrücken wollte, die durch nachträgliche Anzeige ausgelöste materielle Prüfung unbegrenzt andauern zu lassen. Dagegen spricht vor allem die Tatsache, dass er für die präventive Fusionskontrolle in § 40 GWB eine vergleichsweise kurze Prüfungsfrist vorgesehen hat. Diese Frist ist – ähnlich wie die vergleichbare Frist in Art. 10 FKVO[281] – Ausdruck eines wichtigen Grund-

---

280 Vgl. Bechtold, 3. Aufl., § 39 Rdnr. 16 m. w. N.
281 Vgl. dazu Immenga, in: I/M, EG Wettbewerbsrecht, FKVO Art. 10 Rdnr. 1.

satzes der Fusionskontrolle: des **Beschleunigungsgebots**. Die an dem Fusionskontrollverfahren beteiligten Unternehmen haben ein Bedürfnis nach Rechtssicherheit und benötigen daher innerhalb überschaubarer Zeit eine Entscheidung über die Zulässigkeit ihres Zusammenschlussvorhabens. Die kurzen und streng einzuhaltenden Fristen des § 40 GWB dienen dazu, eben diese Rechtssicherheit herzustellen. Zusätzlicher Beschleunigungsdruck geht dabei von § 40 Abs. 2 GWB aus, der eine Freigabeerklärung fingiert, wenn das BKartA es versäumt, fristgemäß eine Entscheidung zu erlassen. Ist der Zusammenschluss schon vollzogen, aber wegen des Verstoßes gegen das Vollzugsverbot schwebend unwirksam, ist das Bedürfnis nach Rechtssicherheit und einer verbindlichen Entscheidung des BKartA nicht geringer. Selbst wenn es ein Unternehmen fahrlässig unterlassen hat, ein Vorhaben rechtzeitig anzumelden, darf dies nicht dazu führen, dass dieses Unternehmen über das rechtliche Schicksal des vollzogenen Zusammenschlusses längere Zeit im Unklaren gelassen wird, während sich der durch den unwirksamen Zusammenschluss entstandene Schaden weiter vertieft.

Im Ergebnis führt die **analoge Anwendung des § 40 GWB** dazu, dass das BKartA zunächst einen Monat Zeit hat, um den Unternehmen mitzuteilen, dass es in die Prüfung des Zusammenschlussvorhabens eingetreten ist. Dabei gilt es zu beachten, dass die Entscheidungsfrist bei der direkten Anwendung des § 40 GWB erst mit dem **Eingang der vollständigen Anmeldung** zu laufen beginnt. Für die Prüfung eines bereits vollzogenen Zusammenschlusses muss dies bedeuten, dass die Frist jedenfalls noch nicht in dem Zeitpunkt beginnt, in dem das BKartA – etwa durch Mitteilung eines Konkurrenten – erstmals von dem Zusammenschluss Kenntnis erlangt. Sie beginnt vielmehr erst dann, wenn die beteiligten Unternehmen ihrer Pflicht zur nachträglichen Anzeige nach § 39 Abs. 6 GWB in vollem Umfange nachgekommen sind und alle erforderlichen Unterlagen eingereicht haben.

355

Das eigentliche Hauptprüfverfahren muss in analoger Anwendung des § 40 Abs. 2 Satz 2 GWB binnen vier Monaten nach Eingang der vollständigen Anmeldung abgeschlossen werden. Diese Frist gilt aber dann nicht, wenn eine Entscheidung nur deswegen nicht ergehen kann, weil die beteiligten Unternehmen unrichtige Angaben gemacht haben (§ 40 Abs. 2 Satz 2 Nr. 2 GWB), vorausgesetzt, die unrichtigen Angaben sind einem der beteiligten Unternehmen zuzurechnen[282]. Rechtsfolge kann aber auch hier nicht sein, dass das BKartA nunmehr gar keine Frist mehr einzuhalten hat. Vielmehr dürfte davon auszugehen sein, dass die gesetzlichen Prüfungsfristen im Falle unrichtiger Angaben – ebenso wie bei unvollständigen Angaben – erst zu laufen beginnen, sobald dem BKartA richtige – und auch i. S. d. § 39 Abs. 3 GWB vollständige – Angaben vorliegen.

356

g) Rechtsfolgen des Vollzugs ohne Anmeldung, der unterbliebenen Anmeldung und anderer Verstöße gegen das GWB

(1) Bußgelder

Verstöße gegen die Verbote des GWB sind nach deutschem Recht als Ordnungswidrigkeiten mit erheblichen Geldbußen bedroht. Dabei richtet sich die Bußgeldandrohung gegen die natürlichen Personen, die durch ihre Handlungen den Verboten des GWB zuwiderhandeln.

357

---

282 Bechtold, GWB 3. Aufl., § 40 Rdnr. 12.

B. Deutsche Fusionskontrolle

358 Daneben kann gemäß § 30 OWiG als Nebenfolge auch eine Geldbuße gegen das Unternehmen festgesetzt werden, wenn vertretungsberechtigte Personen des Unternehmens Straftaten oder Ordnungswidrigkeiten begangen haben, durch welche die Pflichten des Unternehmens als solches verletzt wurden oder das Unternehmen bereichert wurde oder werden sollte.

359 Betriebsinhaber oder vertretungsberechtigte Organe des Unternehmen können darüber hinaus auch ohne unmittelbare Beteiligung an einem als Ordnungswidrigkeit einzustufenden Kartellrechtsverstoß gemäß § 130 OWiG mit einem Bußgeld belegt werden, wenn durch die Verletzung erforderlicher Aufsichtsmaßnahmen der Verstoß gegen unternehmensbezogene Pflichten und damit die Begehung von Ordnungswidrigkeiten aus dem Unternehmen heraus ermöglicht wurde.

360 Der Verstoß gegen das Vollzugsverbot ist gemäß § 81 Abs. 1 Nr. 1, der Verstoß gegen eine vollziehbare Auflage oder Anordnung gemäß § 81 Abs. 1 Nr. 5 und 6a GWB mit einer Geldbuße in Höhe von bis zu 500.000,— Euro und darüber hinaus bis zur dreifachen Höhe des durch den Verstoß erzielten Mehrerlöses bedroht. Ordnungswidrig ist ferner u. a. auch die unterlassene, unrichtige, nicht vollständige oder nicht rechtzeitige Anzeige eines Zusammenschlusses gemäß § 39 Abs. 6 GWB (§ 81 Abs. 1 Nr. 4 GWB) wie auch der Verstoß gegen die Anmeldepflicht bei einem Zusammenschlussvorhaben gem. § 39 Abs. 1 GWB (§ 81 Abs. 1 Nr. 7 GWB). Letztere Ordnungswidrigkeiten sind mit Geldbußen in Höhe von bis zu 25.000,— Euro bedroht.

361 Zuständig zur Verfolgung der oben bezeichneten Ordnungswidrigkeiten ist das BKartA.

(2) Zivilrechtliche Folgen

362 Neben den ordnungswidrigkeitenrechtlichen Folgen des Vollzugs ohne Anmeldung, der unterbliebenen Anmeldung und anderer Verstöße gegen das GWB sind auch die zivilrechtlichen Folgen solcher Verstöße zu berücksichtigen. Aus § 41 Abs. 1 Satz 2 GWB ergibt sich die **schwebende Unwirksamkeit** von gegen das GWB verstoßenden Rechtsgeschäften. Rechtsgeschäftliche Vollzugshandlungen treten mit der **Freigabe** des Zusammenschlussvorhabens bzw. mit dem als Freigabe wirkenden Fristablauf **rückwirkend in Kraft**[280] bzw. werden mit der Rechtskraft einer Untersagungsverfügung endgültig unwirksam und nichtig. Haben die Parteien in dem zu Grunde liegenden Unternehmenskaufvertrag vereinbart, dass die dingliche Übertragung der Anteile oder der Güter unter der aufschiebenden Bedingung der Freigabe durch die zuständige Kartellbehörde erfolgt, handelt es sich um eine Rechtsbedingung, sodass die Wirksamkeit dann (dinglich) nicht rückwirkend, sondern erst ab dem Tag der Freigabe eintritt. Schuldrechtlich kann demgegenüber aber auch eine Rückwirkung vereinbart werden.

363 Nach fast einhelliger Auffassung stellt die Untersagungsmöglichkeit des BKartA kein Schutzgesetz zu Gunsten der Wettbewerber oder der Kunden dar[281], so dass

---

280 BGH, 31.10.1978 »Metzeler Schaum« WuW/E BGH 1547; 31.10.1978 »Weichschaum III« WuW/E BGH 1556, 1559; OLG Düsseldorf, 22.3.1977 »Bayer-Metzeler« WuW/E OLG 1833, 1835.

281 Vgl. Bornkamm, in: L/B, 9. Aufl., § 33 Rdnr. 29; Topel, in: Wiedemann, Handbuch des Kartellrechts, § 50 Rdnr. 59; Roth, in: FK, Stand Mai 1999, § 35 Rdnr. 71 ff; a. A. Emmerich, in: I/M, GWB, 3. Aufl., § 33 Rdnr. 8, 61 m.w. N.

auf derartige Verstöße gestützte Unterlassungs- und Schadensersatzansprüche von Konkurrenten bzw. der Marktgegenseite zurzeit keine Aussicht auf Erfolg haben dürften.

h) Verwaltungsgebühren

Gemäß § 80 GWB werden im Verfahren vor den Kartellbehörden Verwaltungsgebühren erhoben. Auch die **Anmeldeverfahren** im Rahmen der Fusionskontrolle sind **gebührenpflichtig**. Zu den Gebühren treten ferner die Auslagen, welche dem BKartA wegen der öffentlichen Bekanntmachungen entstehen. 364

Die Gebührenhöhe bestimmt sich nach dem personellen und sachlichen Aufwand des BKartA unter Berücksichtigung der wirtschaftlichen Bedeutung des Zusammenschlussvorhabens. Sie soll insgesamt den Betrag von 50.000,— Euro nicht übersteigen, kann jedoch in außergewöhnlichen Fällen bis auf das Doppelte dieses eigentlichen Höchstbetrages erhöht werden. 365

II. Materielle Fusionskontrolle

1. Marktabgrenzung

Die deutsche wie auch die europäische **Fusionskontrolle** weisen einen **strikten Marktbezug** auf. Für die Untersagung eines Zusammenschlusses kommt es weder auf absolute Größe der beteiligten Unternehmen noch auf die Branche an, auf die sich der Zusammenschluss auswirkt. Nach § 36 Abs. 1 GWB ist der **Zusammenschluss zu untersagen**, wenn zu erwarten ist, dass er eine **marktbeherrschende Stellung** begründet oder verstärkt. § 19 Abs. 2 GWB konkretisiert, dass ein Unternehmen marktbeherrschend ist, soweit es als Anbieter oder Nachfrager einer bestimmten Art von Waren oder gewerblichen Leistungen auf dem sachlich und räumlich relevanten Markt[282] ohne Wettbewerber ist oder keinem wesentlichen Wettbewerb ausgesetzt ist oder eine überragende Marktstellung hat (vgl. § 19 Abs. 2 Ziffer 2 GWB). Die Marktbeherrschung wird nach § 19 Abs. 3 GWB vermutet, wenn das betreffende Unternehmen einen Marktanteil von einem Drittel hat. Die Marktabgrenzung entscheidet nach § 19 Abs. 2 Satz 2 GWB und § 19 Abs. 3 Satz 2 GWB auch über die Marktbeherrschung von Duopolen und Oligopolen[283]. 366

Voraussetzung für die Ermittlung der Marktbeherrschung ist eine **wettbewerblich orientierte Marktabgrenzung**. Der Markt ist nach sachlichen, örtlichen oder auch zeitlichen Kriterien abzugrenzen. Dieser sog. **relevante Markt** bildet die Bezugsbasis, anhand derer in einem zweiten Schritt der Beherrschungsgrad des oder der beteiligten Unternehmen nach strukturellen Kriterien festzustellen ist. Diese »Marktbeherrschung« ist ein **normativer Zweckbegriff**. Denn Marktabgrenzung und Feststellung des Beherrschungsgrades stehen in einer wertenden **Wechselwirkung** zueinander. Eine Marktabgrenzung, die zu einem hohen Marktanteil führt, 367

---

282 Die ausdrückliche Bezugnahme auf den sachlich und räumlich relevanten Markt wurde durch die 7. GWB-Novelle eingefügt.
283 Für die EG-Fusionskontrollverordnung vgl. Ziffer 5 der Erwägungsgründe und insbesondere Art. 2 I lit. b der FKVO.

B. Deutsche Fusionskontrolle

bringt den Zusammenschluss in die Nähe der Marktbeherrschung und damit der Untersagung, wobei ein hoher Marktanteil ohne weitere negative Strukturkriterien nicht allein die Marktbeherrschung belegen kann[284].

a) Allgemeines

368 Über die Frage der Marktabgrenzung ist bereits viel nachgedacht und geschrieben worden[285]. Für die **praktische Anwendung** ist es wichtig, sich klar zu machen, nach welchen Methoden eine Marktabgrenzung vorgenommen wird und welche **Entscheidungsbeispiele** ggf. verfügbar sind. Das BKartA und die Gerichte verfügen über eine fast **dreißigjährige Entscheidungspraxis** in der Fusionskontrolle. In der Regel treffen also die Anmelder eines Zusammenschlussvorgangs auf Marktabgrenzungskriterien, die einen gewissen Stand der Rechtsanwendungspraxis widerspiegeln. Aufwendige Untersuchungen in mehreren tausend Fusionskontrollfällen des dem Amtsermittlungsgrundsatz unterworfenen BKartA geben der Behörde ein gutes Abbild der Marktbeziehungen der handelnden Unternehmen und der Entwicklung der Märkte. In einer Reihe von Branchen haben sich **feste Marktabgrenzungskriterien** entwickelt, die das BKartA nahezu in allen Fällen aus dieser Branche zu Grunde legt. Es macht hier in der Regel wenig Sinn, in einer ersten Bewertung und Betrachtung des Fusionsfalles von den vom BKartA gewonnenen Erkenntnissen abzuweichen. Ansonsten würde man als Praktiker

---

284 Vgl. für viele: Möschel, in: I/M, GWB, 3. Aufl., § 19 Rdnr. 18 ff.

285 Die Definition des sachlich relevanten Marktes ist häufig problematisch. Weitgehende Einigkeit besteht darin, dass das zentrale Kriterium die ausreichende Substituierbarkeit von Produkten oder Dienstleistungen aus der Sicht der Marktgegenseite darstellt. Schwierigkeiten aber bereitet die praktische Anwendung dieser Erkenntnis, weil ein Markt streng genommen einheitlich und unzerlegbar ist und die einzelnen Märkte etwa hinsichtlich des Faktors Preis zusammenhängen und einander bedingen (sog. Interdependenz der Märkte). Folglich stellt der für den konkreten Fall zu ermittelnde »relevante Markt« ein theoretisches Konstrukt dar. In dieser Hinsicht ist er ein unbestimmter und damit auslegungsfähiger Rechtsbegriff. Zu seiner inhaltlichen Bestimmung wird grundsätzlich auf wirtschaftstheoretische Definitionsansätze zurückgegriffen. Beispielhaft seien hier genannt zunächst das sog. Industriekonzept, das auf eine physikalisch-technische Ähnlichkeit der Angebote abstellt, dann das sog. Elementarmarktkonzept, dessen Referenz der größte vollkommene (»homogene«) Teilmarkt ist, des Weiteren das auf den subjektiven Planentscheidungen der Unternehmer basierende sog. Konzept der Wirtschaftspläne, überdies das Konzept der Kreuzpreiselastizität von Angebot bzw. Nachfrage und die ferner damit verwandte sog. Theorie der Substitutionslücken (wenn die Kreuzpreiselastizität gleich Null) sowie schließlich das herrschende sog. Bedarfsmarktkonzept, das von einem gesellschaftlichen Grundbedürfnis aller Nachfrager ausgeht. Diese Ansätze haben allerdings samt und sonders fundierte Kritik erfahren, vor allem weil sie durchweg nur begrenzt sich zur Anwendung eignen. Den einen »relevanten Markt«, d.h. ein generell gültiges Konzept der Marktabgrenzung gibt es jedenfalls kaum. Vgl. Oberender, WiSt 1975, 575 f. Zudem ist der Markt aus empirischer Sicht nicht etwas Gegebenes, also kein Datum im Sinne einer exogenen Größe, wie er in den preistheoretischen Modellen erscheint. Vielmehr wird er i.S.d. wirtschaftstheoretischen Markttheorie durch das Handeln (Agieren und Reagieren) seiner Teilnehmer maßgeblich gestaltet; vgl. Schmidt, Wettbewerbspolitik und Kartellrecht, 7. Aufl., S. 49 ff. m.w.N.; Möschel, in: I/M, GWB, 3. Aufl., § 19 Rdnr. 24 ff. m.w.N.; Berg, Wettbewerbspolitik, in: Vahlens Kompendium der Volkswirtschaft, 7. Aufl., S. 299, 346 ff. m.w.N.

II. Materielle Fusionskontrolle

eine völlig falsche Einschätzung des Falles erhalten. Da es den Rahmen diese Handbuches sprengen würde, alle gewonnenen Erkenntnisse des BKartA hier zusammenstellen und darzustellen, werden im Folgenden Hinweise zur Orientierung gegeben.

Wie kann man die vom BKartA bereits gewonnenen Marktabgrenzungskriterien in Erfahrung bringen? **369**

Das Studium der **Tätigkeitsberichte des BKartA** ist eine gute Möglichkeit, um einen ersten Eindruck über die Abgrenzung eines Marktes zu erhalten. Das BKartA gibt alle zwei Jahre einen Bericht über seine Tätigkeit sowie über die Lage und Entwicklung auf seinem Aufgabengebiet (vgl. § 53 GWB). Dieser Bericht wird als Bundesdrucksache veröffentlicht und lässt sich inzwischen auch im Internet einsehen bzw. von dort herunterladen. **370**

In dem Bericht werden in einem allgemeinen Kapitel (Fusionskontrolle) neuere Entwicklungen der Marktabgrenzung dargestellt; in einem besonderen Abschnitt wird über die Tätigkeit des Amtes, gegliedert nach Wirtschaftsbereichen, berichtet. Mehr oder weniger ausführlich werden hier Marktabgrenzungskriterien nach Branchen wiedergegeben, soweit sie im konkreten Fall entscheidungserheblich waren oder aber von der bisherigen Entscheidungspraxis abgewichen wurde. Vielfach findet man in den Darstellungen zu untersagten oder freigegebenen Zusammenschlussfällen Hinweise auf die von den beteiligten Unternehmen erzielten Marktanteile. **371**

Nach der 6. GWB-Novelle haben sich die Informationsmöglichkeiten auch dadurch verbessert, dass das Amt **Freigabeentscheidungen** nach § 40 Abs. 2 Satz 1 GWB **veröffentlicht** und im Internet verfügbar macht. Seit 1999 sind nahezu alle Entscheidungen als Download abrufbar (**www.bundeskartellamt.de/Entscheidungen**). Die Aktualität der Datei ist sehr hoch; die veröffentlichten Entscheidungen sind z.T. nur wenige Wochen alt. Nachteilig ist allerdings, dass Freigaben (Nichtuntersagungen) vor 1999 regelmäßig nicht veröffentlicht wurden, also Marktabgrenzungen, die in früheren Entscheidungen eine Rolle spielten, im Internet nicht auffindbar sind. **372**

Hier helfen unter Umständen die **Hauptgutachten oder Sondergutachten der Monopolkommission** weiter. Die Monopolkommission mit Sitz in Bonn veröffentlicht alle zwei Jahre ihr Hauptgutachten (vgl. §§ 44ff. GWB), in dem sie unter anderem die Anwendung der Vorschriften der Zusammenschlusskontrolle würdigt (**Kapitel IV des Gutachtens**). In diesem Gutachten stellt sie aus ihrer Sicht wettbewerbspolitisch bedeutsame Fälle dar. Die Monopolkommission hat zur Erstellung ihres Gutachtens die Möglichkeit, im Wege einer **Aktendurchsicht beim BKartA** auch Erkenntnisse des Amtes aus den Fusionskontrollvorgängen zu verwerten und kritisch zu würdigen. Dabei spielen natürlich auch Kriterien der Marktabgrenzung eine erhebliche Rolle, die unter Umständen sehr detailliert wiedergegeben werden. Gleiches gilt für die Sondergutachten der Monopolkommission, die einerseits in Fällen des Ministererlaubnisverfahrens (siehe Kapitel B.VI.) und andererseits im Auftrag der Bundesregierung oder aus eigenem Ermessen erstellt werden (vgl. § 44 Abs. 1 Satz 3 und 4 GWB). Auch das Sondergutachten, das die Monopolkommission alle zwei Jahre aufgrund von § 81 Abs. 3 TKG und § 44 PostG erstellt, enthält Aussagen zur Marktabgrenzung (insbesondere im Hinblick auf den Telekommunikationssektor, der den zentralen Bereich des Sondergutachtens darstellt). **373**

Daneben bieten natürlich veröffentlichte **Gerichtsentscheidungen** und **Literaturquellen** einen reichen Fundus an Informationen; damit ist naturgemäß ein erheb- **374**

B. Deutsche Fusionskontrolle

licher Rechercheaufwand verbunden, der problematisch werden kann, wenn in kurzer Zeit eine fundierte Aussage zu Marktabgrenzungskriterien gemacht werden soll. Daher erscheint der Blick in die Tätigkeitsberichte des Amtes für eine erste schnelle Aussage Erfolg versprechender.

375 Soweit **Unternehmen oder Rechtsabteilungen** häufiger mit Fusionsvorhaben befasst sind, lässt sich aufgrund des bisherigen Kontaktes zum Amt in der Regel ableiten, welche Marktabgrenzungskriterien vom BKartA bei den Fusionsvorhaben des eigenen Unternehmens zu Grunde gelegt wurden. Hier ist es unerlässlich, eine **einheitliche Datenbasis** aus den bisherigen Anmeldungen anzulegen, um die anstehenden Vorgänge zuverlässig abwickeln und widerspruchsfrei zu früheren Anmeldungen argumentieren zu können. Hinzu kommt, dass die von dem Unternehmen **selbst erhobenen Marktdaten** nur in Ausnahmefällen für die fusionskontrollrechtliche Bewertung verwendet werden können. Zumeist werden bei der Erhebung von Marktdaten etwa in Vertriebsabteilungen andere, nämlich einzelwirtschaftliche Kriterien zu Grunde gelegt. Diese Kriterien legen regelmäßig eine andere Sichtweise zu Grunde als die wettbewerbsorientierte fusionskontrollrechtliche Marktbetrachtung. Gleichwohl ist die in dem Unternehmen vorhandene Marktkenntnis der Schlüssel zu einer korrekten Marktbetrachtung. Die nach den richtigen Marktabgrenzungskriterien zutreffend ermittelten Marktdaten können bei richtiger Gesamtbetrachtung entscheidende Hinweise für eine neue Anmeldung geben. Die Kartellbehörde ist nämlich nicht Marktteilnehmer und deshalb angewiesen auf Informationen über aktuelle Entwicklungen. Überlegen ist die Kartellbehörde jedoch darin, dass sie auf Grund ihrer hoheitlichen Befugnisse im Wege von Auskunftsbeschlüssen (vgl. § 57 und § 39 Abs. 5 GWB) Marktdaten sammeln kann.

376 Gleichwohl mögen diese praktischen Hinweise in Einzelfällen nicht weiterhelfen. Dies kann dann der Fall sein, wenn sich Märkte ändern, weil innovative Produkte auf den Markt gebracht werden und die selbst hergestellten Produkte in eine letzte **Marktphase** eintreten oder weil neue Märkte von Dienstleistungen oder Produkten entstehen, also eine frühe Marktphase zu erkennen ist.

377 Hier ist bei der Bewertung der ermittelten Marktanteile regelmäßig eine Marktausweitung durch Eintritte weiterer Konkurrenten bei der **Gesamtbetrachtung** zu berücksichtigen. Diese Gesamtbetrachtung des Marktes erfolgt **zukunftsorientiert** und hat auf die **allgemeinen Grundsätze der Marktabgrenzung** abzuheben.

378 Dabei sei davor gewarnt, grundsätzlich die Tendenz einer allgemeinen Globalisierung der Märkte vorauszusetzen. **Globale Märkte** im fusionskontrollrechtlichen Sinn, wenn die Wettbewerbsbeziehungen auf allen räumlich relevanten Märkten homogen sind, dürften nur in den seltensten Fällen gegeben sein. In der Regel zeigen sich auf den Produkt- und Dienstleistungsmärkten bereits zwischen den Staaten der Europäischen Gemeinschaft beträchtliche **Handelshemmnisse**, wie beispielsweise sprachliche Barrieren oder auch verhaltenstypische Unterschiede der Konsumenten. Finanzmärkte mögen durchaus global erscheinen. Aber auch hier wird in jedem Einzelfall zu prüfen sein, ob Kapitalflüsse sich international tatsächlich ungehindert bewegen können, also von gleichen und homogenen Wettbewerbsbedingungen auf allen Kapitalmärkten gesprochen werden kann.

379 Insoweit mag es dahingestellt bleiben, ob die Tendenz zur **Globalisierung**, also die Annahme von Weltmärkten, die Marktabgrenzung als evaluatives Kriterium noch hinreichend aussagekräftig erscheinen lässt, ob neue Entscheidungsgrundlagen für Konzentrationsvorgänge, die man als Groß- oder Megafusionen bezeichnet, entwi-

ckelt werden müssen, oder ob neue Institutionen zur Beurteilung solcher Großfusionen geschaffen werden sollten (Weltkartellbehörde)[286].

Zu beachten ist weiterhin, dass auch eine zutreffend vorgenommene Marktabgrenzung an **Randunschärfen** leidet. 380

Dafür sorgt schon der **potentielle Wettbewerb** (z. B. durch drohende ausländische Konkurrenz oder etwa im Falle eines Druckers von Bäckerkundenzeitschriften, der – trotz eines 100%igen Marktanteils – kein Marktbeherrscher ist, weil der Auftraggeber ohne große Probleme auf Zeitungsverlage mit ihren Kapazitätsüberschüssen im Druckbereich ausweichen kann). Für die Beurteilung eines fusionskontrollrechtlichen Falles ist es weitgehend unerheblich, ob man den Markt (unter Einbeziehung der potentiellen Konkurrenz) **weit** abgrenzt oder ob man ihn zunächst **eng** abgrenzt und den potentiellen Wettbewerb dann in einem **zweiten Schritt** berücksichtigt. Fehlt es im ersten Fall schon an einer Marktbeherrschung aufgrund des sehr geringen Marktanteils, so fehlt es im zweiten Fall an der Marktbeherrschung aufgrund des starken potentiellen Wettbewerbs. Ferner ist zu berücksichtigen, dass der potentielle Wettbewerb in räumlicher und sachlicher Hinsicht auftreten kann. 381

Zu weiteren Randunschärfen führt der **Substitutionswettbewerb**, der z. B. bei alternativen Verwendungsmöglichkeiten von Produkten auftreten kann. Bei einer hohen **Produktionsumstellungsflexibilität** konkurrieren etwa die Hersteller von Plastikbadewannen mit denjenigen von Plastikböden in der Herstellung von Produkten, wenn die Produktionsumstellung ohne bedeutende Maschinen-Rüstkosten möglich ist. Substitutionskonkurrenz kann auch beim Verbrauch auftreten, wenn beispielsweise die Essensbeilage »Kartoffel« wegen eines erheblichen Preisanstiegs durch Nudeln oder Reis ersetzt wird. **Ökonometrische Methoden** können somit bei der Marktabgrenzung ergänzende Anwendung finden. Die wechselseitigen Bezüge zwischen Preisanstiegen bei einem Produkt und den Ausweichreaktionen der Verbraucher auf ein anderes Produkt lassen sich durch **Kreuzpreiselastizitäten** oder **Preiskorrelationen** ermitteln[287]. Je größer die Kreuzpreiselastizität ist, desto enger ist die Beziehung der Substitutionalität bzw. Komplementarität; haben die Güter hingegen keine ökonomische Beziehung zueinander, so wird die Kreuzpreiselastizität einen Wert von Null aufweisen (was wegen der o.g. Interpendenz der Märkte kaum vorkommt). Führen also, um beim Beispiel zu bleiben, schon geringe Preisanstiege bei Kartoffeln zu einem Ausweichen der Verbraucher auf Nudeln oder Reis, so deutet dies darauf hin, dass die Nachfrageelastizität gering und ein einheitlicher Markt für solche Essensbeilagen **indiziert** ist. Im Rahmen 382

---

286 Allgemein zur Frage eines Weltkartellrechts und einer Weltkartellbehörde: Meessen, WuW 2001, 1027; Meibom/Geiger, EuZW 2002, 261; Mestmäcker, Multinationale Unternehmen und globaler Wettbewerb, in: Herausforderungen der Globalisierung, Göttingen 2003, S. 130 zum Fall »General Electric/Honeywell«; EU COMP/M.2220 ABl. L 48/1 vom 18. 2. 2004.

287 Als alleiniges Kriterium der Marktabgrenzung wäre die Kreuzpreiselastizität indes unzureichend, schon weil es sich dabei um eine rein statische Größe handelt, die nur zu einem ganz bestimmten Zeitpunkt und unter Ausschluss anderer Faktoren (z. B. Einkommen, Bevölkerung, Bedürfnisstruktur) die funktionale Beziehung zwischen zwei Variablen misst. Außerdem lässt sie den potentiellen Wettbewerb weitgehend außer Betracht und reduziert die Marktbetrachtung auf den unternehmerischen Aktionsparameter Preis.

B. Deutsche Fusionskontrolle

der EG-Fusionskontrollverordnung spricht man auch von dem so genannten »**SSNIP-Test**«[288].

383 Im Zusammenhang mit den Randunschärfen ist hier auch auf die sog. vor- und nachgelagerten sowie auf die sog. benachbarten oder eng verknüpften Märkte hinzuweisen. In einigen kartellbehördlichen Entscheidungen finden sie auch im Zusammenhang mit der Marktabgrenzung Erwähnung, ihre eigentliche Bedeutung liegt aber bei der darauf folgenden Frage nach dem Beherrschungsgrad[289]. Dies gilt gerade für den »**vor- bzw. nachgelagerten Markt**«, der eine Abhängigkeit umschreibt in dem Sinne, dass sich der eine (»vorgelagerte«) Markt auf die Vorprodukte oder Vorleistungen bezieht, die dann für die Produkte oder Leistungen des anderen (»nachgelagerten«) Marktes wesentlich sind[290]. Fusionskontrollrechtlich bedeutsam kann dies bei der Beurteilung des Zusammenschlusses eines Unternehmens mit seinem Vorlieferanten im Hinblick auf eine mögliche Marktmachtausweitung durch vertikale Integration sein[291]. Indes ist die Abgrenzung der Märkte grundsätzlich unproblematisch, schon weil der Nachfrager auf dem einen i.d.R. als Anbieter auf dem anderen Markt auftreten wird[292]. Schwieriger ist eine saubere Trennung sachlich »benachbarter bzw. eng verknüpfter Märkte«. Bei ihnen handelt es sich um eigenständige sachlich relevante Märkte, deren Produkte miteinander technisch oder wirtschaftlich verwandt sind, Teile eines umfassenden Produkts bilden oder sich in sonstiger Weise gegenseitig ergänzen und auch im Hinblick auf Kunden, Lieferanten und Wettbewerber vergleichbar sind[293]. Oft wird hier auch von »**Teilmärkten**« gesprochen. So nahm das BKartA unter ausdrücklicher Anerkennung der Randsubstitution beispielsweise eine Bildung eigenständiger Teilmärkte im Bereich der Werkstoffe für zahnheilkundliche Prothetik vor[294].

384 Zusammengefasst hat die Marktabgrenzung das Ziel festzustellen, wo und in welchem Bereich die **Wettbewerber mit ihrem Angebot aufeinander treffen**. Dies ist

---

288 Hierbei handelt es sich um einen so genannten »hypothetischen Monopoltest« (small but significant and non transitory increase in prices = SSNIP), der mit den Produkten beginnt, die von den beteiligten Firmen hergestellt werden. Die Frage ist, ob ein hypothetischer Monopolist die Preise für seine Produkte für ein Jahr um 5% anheben kann. Wenn nicht, werden weitere (substituierende) Produkte oder Gebiete hinzugefügt, bis eine Erhöhung der Preise möglich ist. Damit wird die Nachfrageelastizität geprüft. Nachteil: große Datenmengen erforderlich; Konzept versagt bei neuen Produkten und Dienstleistungen.
289 Dazu vgl. etwa die Regelungen des Art. 2 Abs. 4 FKVO oder des § 19 Abs. 4 Nr. 4 GWB.
290 Die Abhängigkeit dieser Märkte ist etwa Regelungsgegenstand des § 19 Abs. 4 Nr. 4 GWB aus dem Bereich der kartellrechtlichen Missbrauchsaufsicht über marktbeherrschende Unternehmen, insbesondere im Hinblick auf den Markt für Netznutzungsleistungen betreffend ein lokales Stromnetz und den nachgelagerten Markt für die Energiebelieferung der Endverbraucher, vgl. z.B. BKartA, 30.8.1999 »BEWAG/RWE« B 8–99/99.
291 Hierzu vgl. etwa BKartA, 5.4.2000 »Corning/RXS« WuW/E DE-V 270; ferner Kommission, 26.6.2001, M.2300 »YLE/TDF/Digita/JV«.
292 Vgl. etwa BKartA, 31.7.2002 »BASF/NEPG« B 3–27/02, Rdnr. 31, zur Abgrenzung von Vitamin C in Reinform gegenüber dem vorgelagerten Markt für Vitaminmischungen (»Premixe«); allgemein zur Marktabgrenzung bei vertikal integrierten Märkten: »Harbord/Graevenitz«, E.C.L.R. 2000, 151.
293 Schroer, in: FK, Stand Dezember 2002, Art. 2 FKVO Rdnr. 96. Auf der Ebene des Beherrschungsgrades erfordern hier etwaige wettbewerbliche Wechselbeziehungen eine eingehende Untersuchung.
294 BKartA, 27.9.2001 »Dentsply/Degussa Dental« B 4–69/01, Rdnr. 17.

der sachlich, örtlich und zeitlich relevante Markt. Randunschärfen sind bei der Marktabgrenzung hinzunehmen. Die Abgrenzung des relevanten Marktes ist ein **juristischer Bewertungsvorgang**, der zwar bestimmten Grundsätzen folgt, jedoch nicht schematisch vorgenommen werden kann. Die Abgrenzung des relevanten Marktes erfolgt auf verschiedenen Ebenen. Zu unterscheiden sind sachliche, geographische und zeitliche Kriterien, anhand derer die Bewertung vorzunehmen ist. Dabei ist der Grundsatz zu beachten, dass die Marktabgrenzung immer aus Sicht der jeweiligen Marktgegenseite zu erfolgen hat. Hier wird die Frage an die Unternehmen zu richten sein, **welche anderen Unternehmen sie mit welchem Angebot als Konkurrenten wahrnehmen**. Die Antworten sind sicherlich abzugleichen und zu gewichten, führen aber zum richtigen Ergebnis: Nur der tatsächlich vom Unternehmer erfahrene Wettbewerb führt zur Feststellung des Marktes. Eine gute, d. h. objektive Marktübersicht ist natürlich Voraussetzung für eine solche Feststellung.

b) Sachliche Marktabgrenzung

(1) Bedarfsmarktkonzept

Märkte, auf denen dem angenommenen einzelnen Nachfrager eine Vielzahl von Anbietern gegenüber stehen, zeichnen sich durch Ausweichmöglichkeiten des Abnehmers und einem dementsprechenden Wettbewerb zwischen den Anbietern aus. Dabei kommt es darauf an, welche Anbieter der Nachfrager überhaupt als denkbare Alternative in Betracht zieht. 385

Die sachliche Marktabgrenzung betrifft also die Frage, welche Waren oder gewerblichen Leistungen zueinander im Wettbewerb stehen. Dies wird anhand des oben bereits angesprochenen **Bedarfsmarktkonzepts bzw. des Konzepts der funktionellen Austauschbarkeit** entschieden. Danach gehören solche Erzeugnisse demselben sachlich relevanten Markt an, die aus der Sicht des Nachfragers nach ihren objektiven Eigenschaften, ihrem wirtschaftlichen Verwendungszweck und ihrer Preislage einander so nahe stehen, dass sie aus der **Sicht eines verständige Nachfragers**, d.h. eines durchschnittlichen Verbrauchers (sog. Bedarfsdisponent)[295] für die **Deckung eines bestimmten Bedarfs** geeignet sind[296]. 386

Dabei wird nicht auf die Anschauung einzelner Abnehmer abgestellt, für die aufgrund ihres spezifischen Bedarfs und ihrer Präferenzen die Produkte verschiedener Anbieter nur begrenzt austauschbar sind (abnehmerspezifischer »Elementarmarkt«)[297]. Es kommt auch **nicht auf physikalische oder chemische Identität** an. Entscheidend ist vielmehr allein, ob die Erzeugnisse **funktionell geeignet** sind, 387

---

[295] BKartA, 24. 1. 2003 »M+W Zander/Krantz TKT« B 4–211/02, Rdnr. 14; Emmerich, Kartellrecht, 9. Aufl., S. 168; vgl. Paschke/Kersten, in: FK, Stand Dezember 2002, § 22 GWB a. F. Rdnr. 68.

[296] Vgl. Bechtold, 1. Aufl., § 19 Rdnr. 6; stRspr. seit KG, 18. 2. 1969 »Handpreisauszeichner« WuW/E OLG 995 ff.; vgl. auch BKartA, 20. 11. 2001 »trans-o-flex« WuW/E DE-V 501, 503; s. a. Lademann, WuW 1988, 575, 577.

[297] BKartA, 20. 11. 2001 »trans-o-flex« WuW/E DE-V 501, 503. Hier lehnte es das BKartA deshalb ab, neben den Märkten für die Paket- und Stückgutbeförderung noch einen eigenen Markt für Kombifracht anzuerkennen, bei welcher der Nachfrager speziell »Mischsendungen« aus einzelnen Paketen, palettierten Kleinpackstücken und Paletten nachfrage.

B. Deutsche Fusionskontrolle

den gleichen Bedarf abzudecken[298]. Hierbei sind ausschließlich die **tatsächlichen Anschauungen** der Abnehmer ausschlaggebend, welche nicht unbedingt auf rationalen Kriterien beruhen müssen[299]. Sofern der Nachfrager die Entscheidung über die Auswahl nicht selbst trifft, sondern sie einem Dritten überlässt, wie es z. B. bei der Verordnung von verschreibungspflichtigen Arzneimitteln der Fall ist, tritt der Dritte, in diesem Falle der Arzt, an die Stelle des eigentlichen Nachfragers[300].

388 **Austauschbarkeit** wird nur dann zu bejahen sein, wenn der Wechsel zu einem anderen Produkt **keine besonderen sachlichen oder psychischen Anpassungsleistungen** des Abnehmers erfordert[301]. Beispielhaft für solche Anpassungsleistungen sind etwa Investitionen durch Umstellung auf andere Systeme (z. B. Gas- auf Ölheizung) oder schlicht die Umgewöhnung des Verbrauchers zu nennen, der bislang nur bestimmte Produkte oder Produktmarken verwendete, denen er besonderes Vertrauen entgegenbrachte (z. B. bei Medikamenten).

(a) Besondere Ausprägungen des Bedarfsmarktkonzepts

389 In einigen Fällen findet das Bedarfsmarktkonzept Anwendung, obwohl dies auf den ersten Blick für den Laien nicht zu erwarten wäre. Diese besonderen Ausprägungen, die die **Flexibilität dieses Konzeptes** demonstrieren, sollen im Folgenden dargestellt werden. Solche besonderen Fälle werden aus Gründen gebildet, die in dem jeweiligen Produkt oder in besonderen Marktverhältnissen für bestimmte Produkte liegen.

(i) Produktbezogene Marktabgrenzungskriterien

390 Eine **produktbezogene Ergänzung** des reinen Bedarfsmarktkonzepts ergibt sich aus der Tatsache, dass manche Produkte, obwohl sie aus Sicht des einzelnen Verbrauchers nicht austauschbar sind, **Produktfamilien** angehören, die sich dadurch auszeichnen, dass Hersteller **ohne erhöhten Aufwand jedes Produkt dieser Familie herstellen** können. So sind etwa aus Verbrauchersicht Schuhe verschiedener Größen nicht austauschbar. Zu große oder zu kleine Schuhe sind nicht geeignet, den Bedarf des Verbrauchers zu decken. Dennoch ist es für einen Schuhfabrikanten kein Problem, Schuhe aller Größen herzustellen. Der Bedarf wird daher angesichts der **Produktionsflexibilität** der Hersteller nach Produktgruppen typisiert[302]. Weitere Beispiele für eine solche Typisierung bei Massenartikeln sind etwa Kleidung, Schrauben, Autoreifen, Papierformate oder auch Chemikalien[303]. Letzteres ist wegen der geradezu unendlichen Vielzahl von chemischen Verbindungen, die nicht jeweils einen eigenen Markt bilden können, besonders einleuchtend. Der relevante Markt wird in diesen Fällen durch **abstrahierte Bestimmung der Verwendungszwecke** bestimmt. Das Bedarfsmarktkonzept ist dann unproblematisch anwendbar.

---

298 Vgl. Bunte, in: L/B, 9. Aufl., § 22 GWB, Rdnr. 11.
299 Vgl. Ruppelt, in: L/B, 9. Aufl., § 19 GWB, Rdnr. 11.
300 Vgl. Ruppelt, in: L/B, 9. Aufl., § 19 GWB, Rdnr. 10.
301 Monopolkommission, Hauptgutachten V, Rdnr. 621.
302 Vgl. Ruppelt, in: L/B, 9. Aufl., § 19 GWB Rdnr. 20.
303 Vgl. etwa für die verschiedenen Formen von synthetischem Vitamin C: BKartA, 31. 7. 2002 »BASF/NEPG« B 3–27/02, Rdnr. 34 ff.

Schließlich stellen auch die Fälle so genannter **Systemmärkte**[304] eine besondere Ausprägung des Bedarfsmarktkonzepts dar. Insbesondere in einzelnen Bereichen der Technik werden von den Herstellern zunehmend nicht nur Einzelteile, sondern **ganze Systeme nachgefragt**. So geht etwa im Motorenbau die Tendenz auf dem Markt für Kolben, Kolbenringe, Kolbenbolzen und Pleuel dahin, diese Teile nicht mehr einzeln, sondern als **Kolbensysteme** nachzufragen. Das BKartA ordnet diese **Komplettsysteme** einem eigenen relevanten Markt zu[305]. Daher können sich auf diesem Spezialmarkt deutlich andere Marktanteile ergeben als etwa auf dem Markt der Kolben-Einzelteile. Ähnlich hat das BKartA bei den **elektronischen Artikelsicherungssystemen (EAS)** entschieden. Hierbei geht es um Produktgruppen, die zur Diebstahlsicherung in Kaufhäusern, Warenhäusern und Supermärkten eingesetzt werden. Hier bestehe ein Wettbewerb zwischen den angebotenen Komplettsystemen. Daher müssten die EAS-Systeme einem einheitlichen Markt zugeordnet werden[306]. 391

(ii) Kundenpräferenzen als Marktabgrenzungskriterien
Neben den produktbezogenen Marktabgrenzungskriterien spielen auch **Kundenpräferenzen** oder **Verbrauchergewohnheiten** eine Rolle: 392

Eine besondere Ausprägung des Bedarfsmarktkonzepts ist der **Lebensmittelmarkt**, für den das BKartA unter Hinweis auf die Verbrauchergewohnheiten eine Marktabgrenzung wählt, die das **Konzept der funktionellen Austauschbarkeit erheblich ausdehnt**. Nach beinahe einhelliger Ansicht kann im Lebensmitteleinzelhandel nicht auf eine Vielzahl von Märkten für einzelne Warenarten abgestellt werden, wenn die Verbraucher aus Gründen der Zeitersparnis und zur Vermeidung zusätzlicher Wege bestrebt sind, das von ihnen **benötigte Warenbündel** in einem Geschäft zu kaufen und in diesem Laden auch die Möglichkeit zu Preis- und Qualitätsvergleichen haben möchten. Verbrauchergewohnheiten können zu einer Marktabgrenzung führen, die das **nachgefragte Sortiment** umfasst. Dabei werden in diese Art der Marktabgrenzung auch Produkte einbezogen, die zwar zu dem nachgefragten Warenbündel gehören, jedoch gänzlich andere Bedürfnisse befriedigen als Lebensmittel. Zu denken ist hier insbesondere an Körperpflege-, Wasch- und Reinigungsmittel, die ebenfalls dem relevanten Markt zugerechnet werden. Obwohl diesbezüglich eine funktionelle Austauschbarkeit nicht besteht, bezieht das BKartA diese Produkte in den relevanten Markt ein[307]. Diese Auffassung, dass auch ein Sortiment den sachlich relevanten Markt darstellen kann, ist durch den BGH bestätigt worden[308]. Mit einem Bedarfsmarktkonzept im strengen Sinne ist dagegen nur die abweichende Auffassung der Monopolkommission, nach der die Abgrenzung nach Produkten bzw. Produktgruppen erfolgen sollte[309], vereinbar. Erkennt man jedoch den **Hilfscharakter dieses Konzepts**, so werden die Meinungsunterschiede nach Auffassung 393

---

304 BKartA, 6. 7. 1995 »Kolbenschmidt« WuW/E BKartA 2829; vgl. BKartA, 29. 5. 2002 »Getinge/Heraeus« B 4–171/01.
305 BKartA, 6. 7. 1995 »Kolbenschmidt« WuW/E BKartA 2829, 2835; wesentlicher Diskussionspunkt auch in BKartA, 24. 1. 2003 »M+W Zander/Krantz TKT« B 4–211/02, Rdnr. 12 ff. und in BKartA, 29. 5. 2002 »Getinge/Heraeus« B 4–171/01.
306 BKartA, 3. 12. 1999 »Checkpoint Systems/Metro AG« B 7–173/99.
307 BKartA, 20. 11. 1989 »Tengelmann-Gottlieb« WuW/E BKartA 2441, 2442.
308 BGH, 11. 3. 1986 »Metro-Kaufhof« WuW/E BGH 2231, 2234.
309 Vgl. Monopolkommission, Hauptgutachten VII, Rdnr. 450 ff.

von Möschel[310] marginal: Bei der gebotenen Gesamtwürdigung aller Umstände sei nämlich der von Spezialanbietern und dem Lebensmittelhandwerk ausgehende wettbewerbliche Einfluss ohnehin in Rechnung zu stellen. Dieser Ansicht ist zuzustimmen. Offenbar haben sich die Kundenpräferenzen im Lebensmitteleinzelhandel nicht so deutlich entwickelt, dass ein bestimmtes typischerweise nachgefragtes Warensortiment einem sachlich relevanten Markt zugewiesen werden könnte.

(b) **Typische Fallbeispiele für die Anwendung des Bedarfsmarktkonzepts**

394 Die Existenz **verschiedener Abnehmergruppen** für ein Produkt oder die Tatsache, dass **verschiedene Verwendungsmöglichkeiten** bestehen, sind Faktoren, die geeignet sind, durch Anwendung des Bedarfsmarktkonzepts die Marktabgrenzung zu beeinflussen.

395 So sind z.B. **unterschiedliche Nachfragestrukturen** nach ein und demselben Produkt geeignet, die **Bildung von Teilmärkten** zu rechtfertigen, wenn zwischen den unterschiedlichen Nachfragergruppen dauerhafte Preisdifferenzierungen möglich sind. So ist etwa im **Elektrizitätsversorgungssektor** von Teilmärkten für gewerbliche Großabnehmer und privaten Haushalten auszugehen[311]. Im **Arzneimittelmarkt** ist zwischen einem Krankenhausmarkt und einem öffentlichen Apothekenmarkt zu unterscheiden. Bei Bauteilen wird zwischen getrennten Märkten für den Serienbau und das Ersatzteilgeschäft unterschieden.

396 **Verschiedene Verwendungsmöglichkeiten** für ein bestimmtes Produkt begründen hingegen im Regelfall nicht die Bildung von Teilmärkten, wenn die Anbieter nicht gleichzeitig in der Lage sind, die Preise entsprechend den Verwendungszwecken zu differenzieren und die Verwendung zu kontrollieren. Ein Beispiel für die Bildung von Teilmärkten in diesem Bereich ist der **Heizöl- bzw. Dieselöl-Markt**. Ein Beispiel für den Regelfall, der eine Bildung von Teilmärkten nicht erfordert, ist etwa der **Markt für flüssige Kohlensäure**, die außer in der Getränkeindustrie auch in der Lebensmittel- und Kältetechnik sowie zum Schweißen verwendet wird. Das BKartA hat hier einen **einheitlichen Markt** angenommen, weil die Anbieter keine unterschiedlichen Marktstrategien für die verschiedenen Verwendungszwecke durchführen können[312].

397 Gerade im Zusammenhang mit unterschiedlichen Verwendungszwecken können auch **unterschiedliche Absatzstrategien, Vertriebsmöglichkeiten und Lieferbedingungen** Einfluss auf die Marktabgrenzung haben. Aus diesen Gründen wurde etwa für **Hotel- bzw. Gastronomiegeschirr** ein besonderer Markt angenommen, da die gewerbliche Verwendung, Stapelfähigkeit, vergleichsweise geringe Bruchanfälligkeit, Mikrowellentauglichkeit und Spülmaschinenfestigkeit sowie Liefersicherheit und Nachliefermöglichkeit auch größerer Mengen erfordere. Tafelgeschirr aus Porzellan für den gewerblichen Bedarf werde bei den Herstellern organisatorisch von den anderen Produkten getrennt und bei der Herstellung, im Vertrieb und in der Werbung gesondert behandelt[313]. Des Weiteren wurde im Fall »Melitta« ein einheit-

---

310 Möschel, in: I/M, GWB, 2. Aufl., § 22 Rdnr. 25.
311 Vgl. aus jüngerer Zeit etwa BKartA, 25. 2. 2003 »E.ON Bayern/Stadtwerke Straubing« B 8–144/02; 18. 12. 2002 »Stadtwerke Eberswalde« B 8–107/02.
312 Vgl. BKartA, 13. 12. 1985 »Linde/Agefko I« WuW/E BKartA 2213, 2218 ff.
313 KG, 28. 6. 1991 »Hotelgeschirr« WuW/E OLG 4865, 4875.

licher Markt für **Staubsaugerbeutel** angenommen[314]. Die Hersteller weisen trotz technisch unterschiedlichster Anforderungen für verschiedene Staubsaugermodelle eine hohe **Umstellungsflexibilität** auf. Eine Bildung von Teilmärkten je nach Absatzkanal (Gerätehersteller, Einzelhandel, Sortimentsanbieter) könne jedoch nicht vorgenommen werden; die Funktion der Abnehmer sei nicht bedeutsam wegen der geringen Preisunterschiede.

Schließlich spielen für die Frage der Marktabgrenzung auch die Verhaltensgewohnheiten und Ansichten der Verbraucher im Hinblick auf **Markenwettbewerb bzw. unterschiedliche Qualitätsanforderungen** eine entscheidende Rolle. Der Bekanntheitsgrad bestimmter Markenprodukte und das Vertrauen der Verbraucher auf die damit verbundene gute Qualität ist mitunter so groß, dass der Marken führende Handel auf diese Markenprodukte nicht verzichten kann und nur zur Ergänzung des Sortimentes nebenbei eine Billigmarke oder ein No-name-Produkt anbietet. Anbieter von gut eingeführten Markenprodukten können daher ihre Preise mitunter unabhängig von denen der anderen Hersteller, die keine eingeführten Marken anbieten, festlegen. In solchen Fällen bilden daher **Markenprodukte einen eigenständigen Teilmarkt** innerhalb eines Produktmarktes[315]. Dies betrifft das Verhältnis zwischen Einzelhandel und Händler. Gleiches gilt für Qualitätsprodukte. So haben etwa das BKartA und ihm folgend das KG und der BGH entschieden, dass **Edelstahlbestecke** gegenüber versilberten Bestecken und namenlosen Billigprodukten einen eigenen Markt haben. Begründet wird dies unter anderem mit der unterschiedlichen Lebensdauer der Produkte, der deutlichen Preisunterschiede sowie damit, dass versilberte oder Silberbestecke auch als Geldanlage und als Ausdruck besonderer Tischkultur gesehen werden und Edelstahlbestecken höherer Preislagen ebenfalls ein Prestige- und Repräsentationswert zugemessen wird[316]. Hingegen wurde bei **Wasch- und Reinigungsmitteln** nicht zwischen den Bereichen **Markenartikel** und **Handelsmarken** unterschieden, da keine unterschiedliche Preisgestaltung erkennbar sei und der Verbraucher nicht aufgrund der Präsentation zwischen beiden Bereichen unterscheiden könne[317].

Auch die **Änderung des Nachfrageverhaltens** kann zur Änderung der Marktabgrenzung führen. In der Sache »Deckel/Maho« hat das BKartA die ursprünglich gefundene Marktabgrenzung für die so genannten »**Universal Fräs- und Bohrmaschinen**«(Werkzeugmaschinenmärkte für automatisierte Fräs- und Bohrmaschinen einerseits und für konventionelle Universal- Fräs- und Bohrmaschinen andererseits) abgewandelt und das Aufkommen der so genannten »Horizontalen Bearbeitungszentren« in die Marktabgrenzung aufgenommen. Horizontale Bearbeitungszentren deckten nach ihrer Markteinführung als Fräs- und Bohrmaschinen nahezu 90 % der damals üblichen Kundenwünsche bei Fräs- und Bohrvorgängen im Vergleich zu den von Maho und Deckel hergestellten Universal Fräs- und Bohrmaschinen ab, wobei erstere preiswerter und schneller waren. Der zusammengefasste

---

314 BKartA, 21. 6. 2000 »Staubsaugerbeutel« WuW/E DE-V 275, [**nicht rechtskräftig!**].
315 Vgl. BKartA, 14. 4. 1989 »Melitta/Kraft« WuW/E BKartA 2370, 2373; KG, 16. 12. 1987 »Kampffmeyer-Plange« WuW/E OLG 4167, 4169.
316 BKartA, 4. 3. 1981 »Rheinmetall/WMF« WuW/E BKartA 1867 f.; KG, 9. 9. 1983 »Rheinmetall/WMF« WuW/E KG 3137, 3142; BGH, 25. 6. 1985 »Edelstahlbestecke« WuW/E BGH 2150, 2153; KG, 16. 4. 1997 »WMF/Auerhahn« WuW/E OLG 5879.
317 BKartA, 20. 9. 1999 »Henkel KGaA/Luhns GmbH« WuW/E DE-V 177.

Marktanteil von Deckel und Maho von ursprünglich 60% bei Universal Fräs- und Bohrmaschinen erwies sich damit als nicht mehr entscheidend. Die Nachfrager ersetzten zunehmend Universal Fräs- und Bohrmaschinen durch horizontale Bearbeitungszentren. Sie waren daher in die Marktabgrenzung für Fräs- und Bohrmaschinen aufzunehmen[318].

400 Insbesondere auf dem **Dienstleistungsmarkt** (Markt für Bau- oder andere Dienstleistungen wie etwa Anwalts- oder Architektenleistungen) gibt es keine homogene Gruppe von Nachfragern, die ein homogenes Bündel von Gütereigenschaften nachfragen. Vielmehr sind diese Leistungen durch ihre Heterogenität geprägt.

401 Wegen der Individualität der geplanten Bauobjekte, ist aus Sicht des Nachfragers, d.h. hier des Bauherren, kein Bauwerk durch ein anderes austauschbar. Das BKartA hat in seinem Beschluss vom 24.1.1995 (»Hochtief/Philipp Holzmann«)[319] ausgeführt, ein Bauvorhaben sei immer durch seine besonderen technischen Anforderungen, die sich in den individuellen Bauplänen niederschlagen, durch seinen Standort und vor allem auch durch den Zeitraum, in dem es realisiert werden soll, definiert. Daher sei es in Wirtschaftsbereichen, in denen das »Produkt« jeweils aus der Erbringung einer ganz spezifischen, für den Nachfrager nicht austauschbaren Dienstleistung besteht, für die Marktabgrenzung notwendig, auf die »Angebotsflexibilität« der Marktteilnehmer abzustellen. Für die Beurteilung der Markt- und Wettbewerbsverhältnisse ist laut BKartA danach zu fragen, **welche Anbieter aufgrund ihres Leistungsprofils** in der Lage sind, bestimmte Aufträge von nachgefragten Projekten unterschiedlicher Art und Größe im jeweils vorgegebenen Zeitrahmen durchzuführen. Eine Eingrenzung des Marktes erfolgt nach Ansicht des BKartA insbesondere durch die Berücksichtigung von **Größenkriterien**, wenn beim Überschreiten bestimmter Grenzen Angebot und Nachfrage auf andere Weise aufeinander treffen als im Bereich darunter, weil die Abwicklung von Aufträgen einer bestimmten Größenordnung besondere Anforderungen an das Leistungsprofil der Anbieter, etwa an die personellen und technischen Kapazitäten, an die Management- und Logistikkapazitäten, an die finanzielle Potenz und an die Zuverlässigkeit in der Bauausführung stellen[320]. Das BKartA hielt im vorliegenden Fall eine Grenzziehung bei einem Auftragswert von 50 Mio. DM für richtig, bezog aber zusätzlich auch weitere Aspekte wie etwa die räumliche Präsenz in die Betrachtung ein.

402 Insgesamt ist für Dienstleistungsmärkte scheinbar weniger auf die Austauschbarkeit bestimmter Leistungen als auf die **Leistungsfähigkeit, das Leistungsprofil und die Flexibilität in der Angebotsumstellung** der Anbieter abzustellen. Aber auch hier ergeben sich deutliche Konvergenzen zum Bedarfsmarktkonzept: Der Nachfrager von Bauleistungen vergleicht nicht das Bauprodukt (es existiert noch nicht), sondern die **sekundären Elemente**, die aus seiner Sicht es dem Anbieter des konkreten Bauvorhaben erlauben, das Bauvorhaben zu erstellen. Je größer das Bauvorhaben, umso entscheidender ist die Reputation des Bauunternehmens.

403 Das **Bedarfsmarktkonzept** ist die **Richtschnur** bei der Bestimmung des sachlich relevanten Marktes. Im Einzelfall kann es durch Berücksichtigung ergänzender Fak-

---

318 BKartA, TB 1993/94, S. 81.
319 BKartA, 24.1.1995 »Hochtief/Philipp Holzmann« WuW/E BKartA 2729, 2737.
320 Größenkriterien waren auch bei der »Backofenmarkt«-Entscheidung des BGH (BGH, 24.10.1995 »Backofenmarkt« WuW/E BGH 3026) maßgeblich für die sachliche Marktabgrenzung.

(2) Besonderheiten bei der Konkurrenz von Nachfragern

Nachfragekonkurrenz ergibt sich auf Märkten, auf denen ein Anbieter auf die Nachfrage eines Kunden oder die einer Gruppe nicht verzichten kann, diese Kunden bzw. Kundengruppen also Nachfragemacht haben[321]. Entsprechend dem **Bedarfsmarktkonzept**, das für die Ermittlung relevanter Angebote entwickelt wurde, ist bei der Bestimmung von Nachfragemacht **spiegelbildlich** von der Austauschbarkeit aus der Sicht der Anbieter auszugehen[322]. Zum relevanten Beschaffungsmarkt sind alle Produkte zu zählen, die aus Lieferantensicht als kurzfristige Angebotsalternativen angesehen werden (sog. **Angebotsumstellungskonzept**). Es ist danach zu fragen, inwieweit ein **Anbieter** dem Verhalten eines Nachfragers oder einer Nachfragergruppe dadurch **ausweichen kann**, dass er seine **Produktion umstellt**[323].

404

Ein **einheitlicher Beschaffungsmarkt** ist zu Grunde zu legen, wenn die Nachfrager einer **homogenen Anbietergruppe** gegenüberstehen[324]. Dies ist etwa auf dem Markt für landwirtschaftliche Produkte wie **Rohmilch oder Schlachtvieh** durch den Landhandel der Fall, weil die bäuerlichen Erzeuger über keine Absatz- oder Produktionsalternativen verfügen[325]. Teilmärkte sind hingegen dann zu bilden, wenn unterschiedliche und **unterscheidbare Lieferantengruppen** existieren, die eine unterschiedliche Angebotsumstellungsflexibilität aufweisen und zwischen denen die Nachfrager aufgrund von Bezugspreisen und Zahlungskonditionen dauerhaft differenzieren können[326]. Besonders ist hier wiederum auf den Lebensmittelmarkt hinzuweisen. Im Gegensatz zur Angebotsseite des **Lebensmittelhandels** kommt es auf der Nachfrageseite wegen der Betrachtung aus Sicht des Anbieters nicht auf das Sortiment, sondern auf das **einzelne Produkt** des Anbieters und dessen Absatzmöglichkeiten an[327]. Dabei sind neben dem Lebensmitteleinzelhandel auch alternative Absatzmöglichkeiten wie etwa in der Gastronomie zu berücksichtigen.

405

---

321 Vgl. Möschel, in: I/M, GWB, 2. Aufl., § 22 Rdnr. 41.
322 Zur »Spiegelbildtheorie« vgl. Schmidt, Wettbewerbspolitik und Kartellrecht, 7. Aufl., S. 54 m.w.N.
323 Vgl. BGH, 23. 2. 1988 »Sonderungsverfahren« WuW/E BGH 2483, 2487; Möschel, in: I/M, GWB, 2. Aufl., § 22 Rdnr. 41.
324 Vgl. Ruppelt, in: L/B, 8. Aufl., § 22 Rdnr. 24 m.w.N.
325 KG, 9. 11. 1983 »Milchaustauschfuttermittel« WuW/E OLG 3124 ff.
326 Vgl. Monopolkommission, Hauptgutachten V, Rdnr. 674 f.
327 Vgl. KG, 5. 11. 1986 »Coop/Wandmaker« AG 1987, 285.

B. Deutsche Fusionskontrolle

(3) Fallbeispiel zur sachlichen Marktabgrenzung[328]

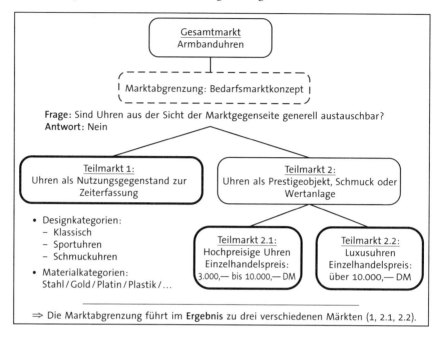

c) Geographische Marktabgrenzung

406 Der für die Bestimmung des tatsächlichen Wettbewerbsgeschehens relevante Markt ist ferner auch **räumlich abzugrenzen**, da eine funktionelle Austauschbarkeit sachlich gleichwertiger Güter aus Sicht der Marktgegenseite dann nicht gegeben ist, wenn wegen tatsächlicher oder rechtlicher Gründe ein Wettbewerb über bestimmte räumliche Grenzen hinweg nicht stattfindet. Der **geographisch relevante Markt** ist wie folgt definiert:

407 Der geographisch relevante Markt umfasst das Gebiet, in dem die beteiligten Unternehmen die relevanten Produkte oder Dienstleistungen anbieten, in dem die **Wettbewerbsbedingungen hinreichend homogen** sind und das sich von benachbarten Gebieten durch **spürbar unterschiedliche Wettbewerbsbedingungen** unterscheidet. Dabei richtet sich die räumliche Marktabgrenzung – wie die sachliche auch – nach den **Austauschmöglichkeiten der Marktgegenseite**, wobei wiederum die **tatsächlich zur Verfügung stehenden Angebotsalternativen** sowie deren **tatsächliche Handhabung**, d.h. etwa die Anschauungen und Verhaltensweisen der Abnehmer, maßgeblich sind[329].

408 Nach der bis zur 6. GWB-Novelle geltenden Rechtsanwendungspraxis konnte der geographisch relevante Markt im Rahmen der Feststellung einer marktbeherrschen-

---

328 Vgl. BKartA, 1. 12. 2000 »Richemont/LMH« WuW/E DE-V 385; Materialien zum Kartellrecht vom Lehrstuhl Prof. Dr. Jan Busche, www.jura.uni-duesseldorf.de/dozenten/busche.
329 BKartA, 29. 4. 2002, B 10–219/01, Rdnr. 34 ff. m.w.N.; BKartA, 24. 5. 2002 »RWE Nord« B 10–248/01, Rdnr. 65 ff. m.w.N.; vgl. BKartA, 27. 2. 2002 »Berlin Online GmbH/Berlin.de« B 6–136/01 Rdnr. 16.

den Stellung nach dem GWB nur so groß sein wie das **Bundesgebiet**, da die Anwendbarkeit des Gesetzes auf das Bundesgebiet beschränkt war und es für das GWB auf die Feststellung einer marktbeherrschenden Stellung im Inland ankam. Der insofern maßgebliche Beschluss des BGH zum Backofenmarkt[330] hatte in der Literatur heftige Kritik hervorgerufen, zumal er dem Streben nach zunehmender Integration in einen gemeinsamen europäischen Binnenmarkt widerspräche[331]. Der Gesetzgeber hat mit der 6. GWB-Novelle in § 19 Abs. 2 Satz 1 Nr. 2 GWB normiert, dass der »tatsächliche oder potentielle Wettbewerb durch **innerhalb wie außerhalb des Geltungsbereichs des GWB** ansässige Unternehmen« zu berücksichtigen ist. Damit wird – im angeblichen Gegensatz zu einer normativen – eine wirtschaftliche oder **ökonomische Marktbetrachtung** über das Bundesgebiet hinaus in das GWB aufgenommen[332]. Das BKartA hat danach in einer Reihe von Fällen aus ökonomischer Sicht grenzüberschreitende räumliche Märkte festgelegt[333].

Im Fall »Babcock / Steinmüller« – einem der ersten Fälle nach Einführung der 6. GWB-Novelle – hat das BKartA einen ökonomisch internationalen Markt für »Großdampferzeuger« angenommen. Obwohl sich die inländische Anbieterstruktur von drei auf zwei verengte, nahm das BKartA einen erheblichen **ausländischen Wettbewerbsdruck** an, der auch von den inländischen Stromverbundunternehmen als Nachfrager wahrgenommen werden würde[334]. **409**

Mit der 7. GWB-Novelle hat der Gesetzgeber in § 19 Abs. 2 GWB eingefügt, dass der räumlich relevante Markt weiter sein kann als der Geltungsbereich des Gesetzes. Damit sollte insbesondere der Entscheidung des OLG Düsseldorf (30. 4. 2003 – Kart 9/00 (V)) entgegengetreten werden, »weiterhin ein(en) normative(n), auf das Inland begrenzte(n) räumliche(n) Marktbegriff« anzuwenden[335]. Ausgehend von einer ökonomischen Betrachtung der räumlich relevanten Marktabgrenzung hätte es einer solchen Ergänzung des GWB nicht bedurft. **409 a**

Der (ökonomisch) räumlich relevante Markt wird maßgeblich von **realen (Austausch-) Verhältnissen** bestimmt, die auch über die Grenzen des Bundesgebietes hinaus reichen können. Gefragt wird nach den **Ausweichmöglichkeiten der inländischen Nachfrager**, wobei folglich auch ausländische Wettbewerbstätigkeit berücksichtigt werden muss[336]. Allerdings darf die **Internationalität der Wettbewerbsbeziehung** bei der fusionskontrollrechtlichen Betrachtung nicht überschätzt werden. Voraussetzung für »**kommunizierende Röhren**« vergleichbarer internationaler oder globaler Märkte ist die **Homogenität der Wettbewerbsbeziehungen**, die einen deutlichen Unterschied zu angrenzenden Märkten zeigt[337]. Stellt etwa die Kartellbehörde fest, dass die Betroffenen in Deutschland einen hohen Marktanteil, in anderen Staaten dagegen einen deutlich geringeren Marktanteil haben, so würde sie – bei weiteren festgestellten strukturellen Marktkriterien – von unterschiedlichen **410**

---

330 BGH, 24. 10. 1995 »Backofenmarkt« WuW/E BGH 3026.
331 Ausführlich zur Argumentation des BGH und seiner Kritiker: Mäger, BB 2001, 1105 ff. m.w.N.
332 BKartA, TB 1999/2000, S. 20; Schultz/Wagemann, Kartellrechtspraxis und KartellRspr. 2000/01, S. 98.
333 BKartA, TB 1999/2000, Tabelle auf S. 20.
334 BKartA, 18. 1. 1999 »Großdampferzeuger« WuW/E DE-V 81.
335 Vgl. BR-Drucks. 441/04, S. 50.
336 Vgl. Ruppelt, in: L/B, 9. Aufl., § 19 Rdnr. 25 m.w.N.
337 BKartA, TB 1999/2000, S. 20.

Marktstrukturen für die jeweiligen nationalen Märkte von getrennten nationalen Märkten und damit nur von einem **nationalen** Markt ausgehen.

411 Der geographisch relevante Markt deckt sich mit dem **Hauptabsatzgebiet** eines Produktes. Denkbar ist daher auch die Bildung von regionalen oder lokalen Teilmärkten aus rechtlichen oder tatsächlichen Gründen. Da sich regionale Teilmärkte in **Grenzgebieten überlappen**, ist es kaum möglich, eine exakte Grenze zwischen diesen Märkten zu ziehen. Abgrenzungen von räumlichen Teilmärkten sind z. B. dann erforderlich, wenn wegen der Ortsgebundenheit eines Angebotes, wie sie beispielsweise im Bereich des stationären Einzelhandels oder bei regionalen Tageszeitungen gegeben sind, wegen der hohen **Transportkosten** der Ware im Verhältnis von Größe und Gewicht zu ihrem Wert, wie dies etwa bei Asphaltmischgut, Betonfertigteilen, Zement oder Mehl der Fall ist, oder wegen der Sperrigkeit von Gütern wie etwa Fertighäusern **erhebliche regionale Unterschiede** deutlich erkennbar sind. Räumliche Teilmärkte bestehen ferner auch für den Pharma-Großhandel, für die Hörfunkwerbung wegen der begrenzten technischen Reichweite sowie bei Strom und Gas wegen der auf dem Letztverbrauchermarkt jeweils faktisch noch bestehenden geschlossenen Absatzgebiete der einzelnen Versorgungsunternehmen[338].

412 In der Fusionskontrollpraxis des **Handels** werden regionale und lokale Märkte durch die Ortsgebundenheit des Angebotes und die eingeschränkte Mobilität der Nachfrager auf einzelne Städte und deren Umland begrenzt, wobei die tatsächlichen Verbrauchergewohnheiten sowie die zurückzulegenden Entfernungen unter Berücksichtigung der Verkehrsanbindung maßgeblich sind[339]. Erfahrungsgemäß wird daher der geographisch relevante Markt für den Lebensmitteleinzelhandel auf dasjenige Gebiet beschränkt, das in zwanzigminütiger **Fahrzeit** erreichbar ist, das im Regelfall also in einem Radius von **20 bis 25 km**[340] liegt. Für **Asphaltmischgut** wird das relevante Gebiet auf einen Radius von ca. **25 km**[341] um die Asphaltmischanlage begrenzt, während bei Waren aus **Steinbrüchen** ein Radius von etwa **80 bis 100 km** und beim **Chemiehandel** von **70 bis 120 km** gezogen wird. Für **Transportbeton** wird dann ein Radius von **40 km** (normalerweise 25 km) zu Grunde gelegt, wenn eine Reihe von Werken ein im Wesentlichen identisches Absatzgebiet hat[342].

413 Zu beachten ist, dass mehrere nebeneinander liegende **regionale Märkte** einen **Gesamtmarkt** bilden können. So hat der BGH in der »Raiffeisen«-Entscheidung[343] festgehalten, die »Bagatellmarktklausel« finde dann keine Anwendung, wenn ein **flächendeckendes Netz von regionalen Märkten** bestehe. Habe ein Wettbewerber auf dem so abgedeckten Gebiet eine marktbeherrschende Stellung, so lasse dies den Schluss zu, dass ihm auch auf den kleineren Regionalmärkten eine entsprechende Marktmacht zukommt. Eine überragende Marktstellung im Gesamtgebiet müsse sich auch auf die Einzelmärkte auswirken[344].

---

338 Vgl. zum Beispiel BKartA, 3. 7. 2000 »RWE/VEW« WuW/E DE-V 31.
339 Ruppelt, in: L/B, 9. Aufl., § 19 Rdnr. 27.
340 Für viele : BKartA, 10. 2. 2000 »EDEKA Nordbayern« B 9–192/99.
341 BKartA, 15. 11. 1999 »ROBA/VBU« B 1–160/99; BKartA, 6. 5. 2003 »Basalt-Actien-Gesellschaft/Deutsche Asphalt« B 1–80/02.
342 BKartA, 30. 8. 2000 »NordBeton/Rollbeton« B 1–113/00; vgl. hingegen BKartA, 6. 5. 2003 »Basalt-Actien-Gesellschaft/Deutsche Asphalt« B 1–80/02.
343 BGH, 19. 12. 1995 »Raiffeisen/Bagatellmarktklausel« WuW/E BGH 3037, 3042.
344 Vgl. BKartA, TB 1999/2000, S. 18.

d) Zeitliche Marktabgrenzung

Der relevante Markt kann sich schließlich auf einen **bestimmten Zeitraum** beschränken. Dies ist etwa bei Sportveranstaltungen, Messen und Ausstellungen, Konzerten und ähnlichem der Fall. Es handelt sich hierbei jedoch um eine Ausnahmesituation, welche sich dadurch auszeichnet, dass ein Unternehmen bedingt durch einen kurzzeitigen Umstand eine lediglich vorübergehende Marktmacht hat[345]. Der bekannteste Fall eines zeitlich begrenzten Marktes führte zu einer BGH Entscheidung aus dem Jahr 1987[346]. Es handelt sich dabei um das **UEFA-Cup Fußballspiel** zwischen Inter Mailand und dem 1. FC Köln vom 20.3.1985. Der BGH stellte fest, dass beispielsweise ein Fußballspiel der Ersten Bundesliga nicht austauschbar ist mit einem solchen der Amateurklasse und verneint die Austauschbarkeit konsequenterweise auch im Verhältnis zwischen Teilnahme an einem internationalen Wettbewerb und einem Serienspiel in der Ersten Bundesliga, weil es sich bei der Mannschaft von Inter Mailand um ein Team der europäischen Spitzenklasse handele. Unter diesen Umständen hat der BGH den sachlich, räumlich und zeitlich relevanten Markt auf das fragliche Spiel begrenzt.

e) Beispiele im tabellarischen Überblick

Relevanter Markt 1) sachlicher Markt 2) geographischer Markt	Begründung	Entscheidung (Az., Datum)
1) Markt für containerisierte Linienschifffahrtsdienste 2) Häfen des Mittelmeerraums und Nordeuropas	zu 1) Fracht ist im Transatlantikverkehr weitgehend containerisiert; Vorteil: Schnelle Be- und Entladung. zu 2) Wegen geographischer Lage; Unterscheidung zwischen nordeuropäischen Häfen und Mittelmeerhäfen.	CP Ships / Transportación Marítima Mexicana B 9–184/98 vom 13.1.1999
1) Im Bereich Umwelttechnik: Müllverbrennungsanlagen; Gasreinigungsanlagen; Anlagen zur Wasser- und Abwasserbehandlung und Kompostierungs- und Vergärungsanlagen Im Bereich Anlagenbau: Märkte für Abhitzkessel; Wasserrohrkessel bis 200 (t/h) und für Großdampferzeuger 2) weltweit	zu 1) **Müllverbrennungsanlagen** trennen sich in Märkte für Hausmüll- und Sondermüll; **Gasreinigungsanlagen** trennen sich in Märkte für Rauchgasentschwefelungs- (für Kraftwerke); Rauchgasentstickungs- (Kesselbefeuerung) und Rauchgasreinigungsanlagen (für Hausmüllverbrennungsanlagen); **Wasser- und Abwasserbehandlungsanlagen** sind auch: Aufbereitungsanlagen für Trinkwasser, Anlagen zur Behandlung von Industrieabwasser, Deponiesickerwasser, Siedlungsabwasser und Klärschlamm.	Babcock / Steinmüller B 5–130/98 vom 18.1.1999

---

345 Emmerich, Kartellrecht, 8. Aufl., S. 184.
346 BGH, 26.5.1987 »Inter-Mailand-Spiel« WuW/E BGH 2406, 2408 f.

B. Deutsche Fusionskontrolle

Relevanter Markt 1) sachlicher Markt 2) geographischer Markt	Begründung	Entscheidung (Az., Datum)
	Abhitzkessel werden für Gas- und Dampfkraftwerke (GuD-Kraftwerke); Wasserrohrkessel bis 200 (t/h) für kleine Kraftwerke und Müllverbrennungsanlagen; Großdampferzeuger nur von Großkraftwerken und den überregionalen Elektrizitätsversorgungsunternehmen verwendet.	
1) Markt für den Großhandel mit Tabakwaren (Zigaretten, Pfeifentabak, Feinschnitt, Zigarren u.ä.) 2) Regionalmärkte entsprechend einem oder mehreren Bundesländern	zu 1) Dieser Markt umfasst sowohl das gesamte Rechnungsgeschäft des Tabakfachhandels (ohne Automaten) als auch den Tabakwarengroßhandel des Lebensmittelhandels (Cash & Carry – Großhandel), da er für den selbständigen Tabakwaren- und Lebensmittelhandel eine Bezugsmöglichkeit darstellt. Die Differenzierung zwischen konventionellem Tabakwarengroßhandel und Systemkundengeschäft rechtfertigt nicht die Zuordnung zu unterschiedlichen Märkten.	Lekkerland/tobaccoland B 9–164/98 vom 25.2.1999
1) Anzeigenmärkte 2) Verbreitungsgebiet der AZ für lokale Anzeigen, in Kombination mit Anzeigenmarkt der AZ-Pfalz und AZ-Baden	zu 2) Die Rheinpfalz/Medien Union Gruppe hatte schon vor dem Zusammenschluss eine marktbeherrschende Stellung inne gem. § 19 Abs. 2 GWB.	Rheinpfalz/Hock B 6–145/98 vom 2.3.1999
1) Letztversorgung mit Elektrizität und Gas 2) Gebiete, in denen die 6 beteiligten Anbieter jeweils ein Leitungsnetz zur Versorgung ihrer letztverbrauchenden Kunden unterhalten	zu 1) Substitutionsbeziehungen bei der Erzeugung von Raumwärme und der Warmwasserbereitung. Bei der Belieferung von Weiterverteilern sind Gas und Strom nicht austauschbar. zu 2) Auch durch den Durchleitungswettbewerb entsteht kein größerer Markt, da dieser aufgrund vorhandener technischer Schwierigkeiten nicht die erforderliche Intensität erreicht.	RWE/Erdgas Schwaben etc. B 8–274/98 vom 12.3.1999
1) Traditionelles Lebensmitteleinzelhandelssortiment (Feinkost, Beilagen, Trockensortiment/Cerealien, Fertiggerichte und Non-Food (Kosmetik, Drogerie etc.) 2) regionaler Markt	zu 1) Non-Food wurde in diesem Fall nicht berücksichtigt. zu 2) Regionaler Lebensmittelmarkt (20 Auto-Minuten; 20–25 km Radius um die sich überschneidenden Standorte).	Edeka/Preuß B 9–243/98 vom 15.3.1999
1) Vermittlung von touristischen Reisen; Geschäftsreisen 2) Regionalmärkte beschränkt	zu 1) Aufgrund unterschiedlicher Zielgruppen, Art der Reise und Art der Buchungsvorgänge sowie	Hapag Touristik/First B 9–220/98 vom 9.4.1999

II. Materielle Fusionskontrolle

Relevanter Markt 1) sachlicher Markt 2) geographischer Markt	Begründung	Entscheidung (Az., Datum)
(50 km Umfeld) bzgl. Nachfrager nach touristischen Reisen Im Firmenkundengeschäft Nachfrage bundesweit	unterschiedlicher Leistungsträger und aufgrund des Auftretens von auf Geschäftsreisen spezialisierter Anbieter bestehen zwei Märkte.	
1) Markt für Kolben; Markt für Kolbenringe; Markt für mit Kolben bestückte Kolbenringe 2) Deutschland	zu 1) Kolben und Kolbenringe sind komplementäre Produkte und daher nicht austauschbar. Der Direktvertrieb von Kolben mit Ringen ist nicht branchentypisch gewesen und somit aufgrund anderer Beschaffungsverhältnisse einem anderen Markt zuzuordnen.	Federal – Mogul/Alcan B 5–16/99 vom 27. 5. 1999
1) Herstellung und Vertrieb von Standard-Glasfaserkabeln (GFK) an die Betreiber oder Errichter von Telekommunikationsnetzen 2) Deutschland	zu 1) Entsprechend dem Verwendungszweck (z. B. Tiefseekabel) werden eigenständige Märkte angenommen. Je nach Bestandteilen (Faserart, Kupferanteil etc.) werden gesonderte Märkte angenommen.	Corning/BICC B 7–43/99 vom 2. 7. 1999
1) Markt für Lacke für die Serienlackierung von Straßenfahrzeugen, sog. OEM Lacke (Original Equipment Manufacturers); Markt für Lacke für Schienenfahrzeuge; Markt für Lacke für Militärfahrzeuge; Markt für Industrielacke 2) Europaweiter Markt für OEM Lacke; Nationaler Markt für Lacke für Schienen- und Militärfahrzeuge; Markt für Industrielacke: wurde offen gelassen	zu 1) Hierbei werden die Märkte nach Fahrzeugarten unterschieden; Fahrzeuglacke werden aber grundsätzlich von Industrielacken getrennt; Weiter werden im Hinblick auf die konkrete Art der Aufbringung (spachteln, sprühen, erste oder zweite Lackschicht) verschiedene Märkte unterschieden.	PPG Industries/ICI Lacke und Farben B 2–33/99 vom 16. 7. 1999
1) Universalwaschmittel; Spezialwaschmittel; Weichspüler; Maschinengeschirrspülmittel; Handgeschirrspülmittel; Wasserenthärter; Bad-/WC-Reiniger; Haushaltsreiniger 2) Deutschland	zu 1) Die genaue Marktabgrenzung im Bereich Bad-/WC-Reiniger, Haushaltsreiniger wurde offen gelassen. Bei den anderen Produkten wurde auf die aus Verbrauchersicht spezifischen und funktionellen Verwendungszwecke abgestellt. Die Produktkonsistenz (flüssig, Pulver etc.) ist unerheblich. zu 2) National unterschiedliche Präferenzen bei Wasch- und Reinigungsmitteln.	Henkel/Luhns UNTERSAGUNG B 3–20/99 vom 20. 9. 1999
1) Markt für Backwaren zu Endverbraucherpreisen (EVP) 2) Regionalmärkte: West; Süd; Nordwest; Nordost	zu 2) für einen bundesweiten Markt hätten Produktionsstandorte im Bundesgebiet verteilt sein müssen, da sonst keine Frischprodukte geliefert werden können.	Kamps/Wendeln B 2–104/99 vom 29. 10. 1999
1) Märkte nach Fachgebieten: Für die Rechtswissenschaften gibt es Märkte für nicht-rechtskundige und rechts-kundige Berufsständler.	zu 1) Abgrenzung nur aus Sicht der Nachfrager war nicht möglich, da Fachpublikationen so gut wie nie vollständig austauschbar sind.	Beck/Nomos B 6–104/99 vom 9. 11. 1999

B. Deutsche Fusionskontrolle

Relevanter Markt 1) sachlicher Markt 2) geographischer Markt	Begründung	Entscheidung (Az., Datum)
Bei den Rechtskundigen gibt es einzelne Märkte für Bücher; Zeitschriften; Onlinedienste 2) Deutschland	Fachinformationen auf CD-ROM bilden keinen eigenständigen Markt.	
1) Vertrieb von Systemen für elektronische Artikelsicherung (EAS) einschließlich der erforderlichen Sicherungsetiketten an Endverwender 2) Deutschland	zu 2) Bezug nehmend auf gesetzliche Gründe ist der Markt das Inland, obwohl 95% der Hardware im Ausland hergestellt wird.	Checkpoint Systems/Meto B 7–173/99 vom 3.12.1999
1) Markt für Farbdrucker; Laserdrucker	zu 1) Laser- und Tintenstrahldrucker haben unterschiedliche Märkte. Laser ist pro Seite billiger und auf große Mengen ausgerichtet. Solid-ink Tintenstrahldrucker werden dennoch zu den Laserdruckern gerechnet.	Xerox/Tectronix B 7–225/99 vom 22.12.1999
1) Ein Markt für Diagramm- und Designsoftware für professionelle und technische Anwendungen 2) Deutschland	zu 1) Dieser Markt besteht aus mehreren Segmenten, z.B. Computer Aided Design, Diagrammsoftware, Desktop-Publishing, Flow Charts, die jedoch keine eigenen Märkte darstellen.	Microsoft/Visio B 7–238/99 vom 7.1.2000
1) Lesermarkt; Anzeigenmarkt 2) regionaler und lokaler Markt	zu 1) Dem Anzeigenmarkt werden neben dem Segment Abonnementtageszeitungen auch noch die Straßenverkaufszeitungen und die Anzeigenblätter zugeordnet, dies bei regionalen Zeitungen aber nur, sofern sie Anzeigenbelegungseinheiten anbieten, die – ggf. in Kombination – mit denjenigen der regionalen Abonnementtageszeitungen im Wesentlichen deckungsgleich sind.	WAZ/OTZ UNTERSAGUNG B 6–118/99 vom 12.1.2000
1) Markt für Express-Paketdienste 2) Deutschland	zu 1) eine genaue Markabgrenzung blieb in dieser Entscheidung offen. zu 2) Alle Wettbewerber sind über ein bundesweites Netzwerk präsent.	trans-o-flex/Lingenbrink B 9–193/00 vom 23.1.2000
1) Markt für Untersuchungshandschuhe; Markt für chirurgische Handschuhe 2) Deutschland	zu 2) Es handelt sich trotz international tätiger Anbieter auf der Herstellerebene und auf der Vertriebsebene um nationale Märkte, da die Endabnehmer (z.B. Krankenhäuser) auf kurzfristige Belieferung (just in time) angewiesen sind.	Ansell/Johnson & Johnson B 3–120/99 vom 24.2.2000
1) Markt für die aktiven Komponenten von Datennetzwerken 2) Deutschland	zu 1) hierbei wird unterschieden in den Markt für aktive Komponenten von IT Netzwerken und	Cisco/IBM B 7–22/99 vom 3.3.2000

II. Materielle Fusionskontrolle

Relevanter Markt 1) sachlicher Markt 2) geographischer Markt	Begründung	Entscheidung (Az., Datum)
	den Markt für passive Komponenten von IT Netzwerken. Der Markt für aktive Komponenten unterteilt sich in den Markt für Sprachübertragung und den Markt für Datenübertragung. zu 2) Gegen einen supranationalen Markt spricht, dass insbesondere einige kleine inländische Hersteller nur in geringem Umfang Auslandsumsätze erzielen.	
1) Märkte für Direktmarketing; Risikomanagement; Dienstleistungen 2) Deutschland	zu 1) Direktmarketing: Alle Werbeaktivitäten, bei denen der Beworbene eine direkte Reaktionsmöglichkeit hat; Risikomanagement dient der Informationsbeschaffung über die Bonität von gewerblichen Kunden. zu 2) Sprachbarrieren und unterschiedliche postalische Vorschriften, wie z.B. das Fehlen einer Normierung der Schreibweise von Anschriften, stehen der Annahme von grenzüberschreitenden Märkten entgegen.	Quelle/Neckermann/InFoScore/Schober B 9–196/99 vom 4.4.2000
1) Märkte für die Herstellung und den Vertrieb von Bier 2) regionaler Markt	zu 1) Bier ist weder mit anderen alkoholischen noch mit nicht alkoholischen Getränken austauschbar. Der Biermarkt ist in die sachlichen Teilmärkte »Absatz an die Gastronomie u.ä.« (Fassbier) und »Absatz an den Lebensmittelhandel u.ä.« (Flaschen und Dosenbier) zu unterteilen. zu 2) Der deutsche Vertriebsmarkt für Bier ist zersplittert und durch regional unterschiedliche Wettbewerbsverhältnisse und Strukturen gekennzeichnet (bzgl. der abgesetzten Biersorten, Marktanteile, Betriebsgrößenstruktur, Nachfragepräferenzen).	Holsten/König-Brauerei B 2–8/00 vom 26.4.2000
1) Absatzmarkt für Kosmetik und Parfümwaren; Beschaffungsmarkt für exklusive, auf der Basis von Depotverträgen selektiv vertriebene Kosmetik (»Depotkosmetik«) 2) regionaler Absatzmarkt, aber bundesweiter Beschaffungsmarkt	zu 1) Der Absatzmarkt beinhaltet die Produktgruppe Kosmetik- und Parfümwaren; nicht hierzu gehört die Produktgruppe Körperpflege.	Douglas/Yaska B 192–99 vom 18.5.2000
1) Märkte für Krankenhausinformationssysteme (KIS); radiologische Informationssysteme (RIS); Systeme zur Archivierung und	zu 1) zu KIS gehören AI (administrative Informationssysteme) und CI (klinische Informationssysteme).	Siemens/Shared Medical Systems Corp. B 7–118/00 vom 28.6.2000

B. Deutsche Fusionskontrolle

Relevanter Markt 1) sachlicher Markt 2) geographischer Markt	Begründung	Entscheidung (Az., Datum)
Kommunikation von Bildaufnahmen (»Picture Archiving and Communication Systems« – PACS) 2) Deutschland	zu 2) Wegen nationaler Besonderheiten, vor allem im Abrechnungswesen, ist der Markt derzeit national geprägt.	
1) Transportbeton 2) regionaler Markt	zu 2) für den Raum Berlin im Umkreis von 40 km um den Alexanderplatz.	TBG Nord-Beton / Rollbeton / Norddeutsche Mischwerke / Lemke Baustoffhandel B 1–113/00 vom 30. 8. 2000
1) Zwei Märkte für Informationstechnologie und Telekommunikation 2) Europa	zu 1) Informationstechnologie unterteilt sich in IT-Hardware und IT-Dienstleistungen. zu 2) Alle bedeutenden Anbieter sind zumindest europaweit tätig.	Deutsche Telekom / debis B 7–99/00 vom 25. 9. 2000
1) Internetmarktplatz für die elektronische Geschäftsabwicklung im Bereich business to business (B2B); Markt für die gehandelten Güter und Dienstleistungen 2) Deutschland	zu 2) Der räumlich relevante Markt ist zumindest das Inland. Aus ökonomischer Sicht spricht bei beiden Märkten vieles für einen europäischen Markt.	BASF / Degussa-Hüls / Henkel / SAP B 3–76/00 vom 23. 10. 2000
1) Markt der Sammlung und des Transportes von Abfällen aus privaten Haushalten und von hausmüllähnlichen Gewerbeabfällen 2) Europa	zu 2) Aufträge zur Sammlung und zum Transport von Siedlungsabfällen werden europaweit ausgeschrieben. Ausländische Unternehmen agieren jedoch nur über ihre inländischen Töchter.	Trienekens / Stadtwerke Köln B 10–101/00 vom 17. 11. 2000
1) Eigenständige Märkte für die Vitamine B1, B2, B5 (Calpan), B6 und Folsäure in Reinform 2) Deutschland	zu 1) Diese Märkte sind jeweils noch einmal unterteilt in die Anwendungsbereiche Tierfutter einerseits und Nahrung / Pharma andererseits. zu 2) Aus ökonomischer Sicht handelt es sich angesichts guter Transport- und Lagerfähigkeit sowie jeweils einheitlicher Preise um mindestens europaweite Märkte. Normativ ist das BKartA nur für Deutschland zuständig.	BASF / TAKEDA B 3–91/00 vom 30. 11. 2000
1) Markt für luftseitige Bodenabfertigungsdienste auf Flughäfen 2) Flughafen Hamburg	zu 2) Jeder Flughafen repräsentiert einen eigenen räumlichen Markt.	Flughafen Hamburg / STARS / NTT / Stars Berlin B 9–149/00 vom 20. 2. 2001
1) Markt für Mauerwerkstoffe für das aufgehende Hintermauerwerk 2) Nordrhein-Westfalen	zu 1) Hierzu gehören auch: Kalksandsteine, Ziegel, Porenbeton-, Bims- sowie Betonsteine, da diese gegeneinander austauschbar sind. zu 2) Kalksandsteine gehören zu den Mauerwerkprodukten, die in der Regel nicht weiter als 150 km um den Produktionsstandort abgesetzt werden.	Haniel Bau-Industrie GmbH / Baustoffwerke Rhein-Ruhr / Kalksandstein Rheinland u. a. B 1–178/00 vom 21. 2. 2001

II. Materielle Fusionskontrolle

Relevanter Markt 1) sachlicher Markt 2) geographischer Markt	Begründung	Entscheidung (Az., Datum)
1) Letztversorgung von Wasser 2) regionaler Markt	zu 2) Die räumlich relevanten Märkte sind jeweils die Wasserversorgungsgebiete der Beteiligten. Die Wasserversorgung in Deutschland erfolgt auf Endverteilerstufe regelmäßig lokal durch überwiegend kommunale Wasserversorgungsunternehmen.	Gelsenwasser/Dortmunder Energie- und Wasserversorgung B 8–243/00 vom 28. 2. 2001
1) Internetportal in Form eines B2C Marktplatzes 2) Deutschland	zu 1) Durch das Portal werden Inhalte und Dienste angeboten, die z. T. bereits über die beiden Mutterunternehmen angeboten werden. Es handelt sich hierbei um einen buissness to consumer (B2C) Markt.	DaimlerChrysler AG/DCX.Net/T-online B 5–14/01 vom 26. 3. 2001
1) Papierschneidemaschinen 2) Deutschland	zu 1) Der Markt unterscheidet sich in Dreiseiten-Schneidemaschinen und Einmesser-Schneidemaschinen.	MAN/Wohlenberg Buchbindesysteme/Wohlenberg Schneidesysteme/Wohlenberg Vertriebs und Service GmbH B 4–154/00 vom 3. 4. 2001
1) Einspeisung, Durchleitung, Lieferung, und Freigabe von Fernsehprogrammen auf verschiedenen Netzebenen (NE) 2) Bundesland, regional, lokal (Köln/Hürth)	zu 1) Die Märkte teilen sich entsprechend den 4 Netzebenen (Inhaltsproduzenten zu den Schaltstellen; Signale bis zu den Breitbandkabel-Verstärkerstellen, terrestrisch oder per Satellit; Einspeisung in das Kabelnetz; Transport von der Grundstücksgrenze bis zur Kabelkopfstation).	Callahan NRW/NetCologne, Gas- Elektrizitäts- und Wasserwerke Köln/SK Köln/KSK/eBiscom B 7–205/00 vom 4. 4. 2001
1) Bei weiter Marktabgrenzung: Markt für wiederaufladbare Batterien für den industriellen Bedarf (OEM Markt); Bei enger Marktabgrenzung: Markt für wiederaufladbare NiMH-Batterien für den industriellen Bedarf (OEM Markt) 2) Deutschland	zu 1) Eine Entscheidung bzgl. der Wahl einer weiten oder engen Marktabgrenzung blieb aus. Zu den wiederaufladbaren Batterien gehören die Standards Nickel-Cadmium (NiCd), Nickel-Metall-Hybrid (NiMH), und Lithium-Ionen (Li-Ion). zu 2) Aus ökonomischer Sicht handelt es sich um einen weltweiten Markt, bei der fusionsrechtlichen Prüfung beschränkt sich der Markt jedoch auf das Inland.	Sanyo/Toshiba B 7–18/01 vom 11. 4. 2001
1) Pleuelstangen; Nockenwellen 2) Europa	zu 1) Bei den Pleuelstangen unterscheidet man geschmiedete, sintergeschmiedete und gegossene Pleuelstangen. Geschmiedete und sintergeschmiedete sind austauschbar, gegossene jedoch nicht. Der Markt für Nockenwellen unterteilt sich in geschmiedete	Mahle/Brockhaus Söhne B 5–54/01 vom 4. 7. 2001

B. Deutsche Fusionskontrolle

Relevanter Markt 1) sachlicher Markt 2) geographischer Markt	Begründung	Entscheidung (Az., Datum)
	Nockenwellen und in gebaute bzw. gegossene Nockenwellen. zu 2) Die Automobilindustrie schreibt europaweit aus.	
1) Einzelhandel mit Möbeln und Einrichtungsgegenständen 2) regionaler Markt	zu 1) Für den Möbelhandel ist die Unterscheidung zwischen Grund- bzw. Kern- und Rand- bzw. Ergänzungssortiment sachgerecht, nicht aber eine weitere Differenzierung in Produktgruppen oder sogar einzelne Produktarten. zu 2) Umkreis von etwa 60 km und Fahrtzeit von etwa 45 Minuten um den Standort, weil ländlicher Raum mit mehreren örtlichen Zentren und nicht konzentrierter Ballungsraum.	Lutz Österreich / Möbel Engelhardt GmbH & Co. KG, Haßfurt B 9–15/01 vom 19. 9. 2001
1) Innerdeutscher Linienflugverkehr 2) Deutschland	zu 1) Aufgrund des Zeit- und Kostenvergleichs besteht im innerdeutschen Reiseverkehr kein einheitlicher Markt für luft- und erdgebundene Verkehrsmittel. Eine weitere Unterteilung des Marktes für Flugreisen nach Geschäftsreisenden und nach Ferienreisenden ist nicht sachgerecht. 2) V. a. wegen der Umstellungsflexibilität der Anbieter bei sehr heterogenem Bedarf der Passagiere werden einerseits der Gesamtmarkt für den innerdeutschen Linienflugverkehr und andererseits einzelne Strecken betrachtet.	Lufthansa / Eurowings B 9–147/00 vom 19. 9. 2001
1) Werkstoffe für die Zahnprothetik (Teilmärkte: EM-Legierungen, NEM-Legierungen, Galvanoverfahren, Vollkeramik); Verblendmaterialien für Zahnersatz (Teilmärkte: Verblendkeramik, Verblendkunststoffe); Prothetische Konstruktionselemente; Künstliche Zähne; Implantate; Endodontieprodukte; Füllungsmaterialien / Zemente (Teilmärkte: temporäre Füllungen, permanente Füllungen, Zemente); Zahnärztliche Instrumente; Dentalröntgengeräte; Abformmaterialien; Anästhetika; Materialien zur Prophylaxe; Dubliermaterial; Einbettmassen; Dentalkeramiköfen 2) Deutschland	zu 1) Trotz Randsubstitution ist von verschiedenen Teilmärkten insbesondere im Bereich der Werkstoffe für zahnheilkundliche Prothetik auszugehen. Ferner lehnt Beschlussabteilung aus qualitativer und quantitativer Betrachtung sowie Verwendungszweck einen Gesamtmarkt für Verblendmaterialien ab. Im Bereich der zahnärztlichen Instrumente erwägt sie eine weitere Unterscheidung zwischen rotierenden und Handinstrumenten. zu 2) Aufgrund der »Backofenmarkt«-Entscheidung des BGH wird der Markt auf das Bundesgebiet begrenzt, obgleich er ökonomisch betrachtet im Einzelfall größer sein könnte.	Dentsply / Degussa Dental B 4–69/01 vom 27. 9. 2001

II. Materielle Fusionskontrolle

Relevanter Markt 1) sachlicher Markt 2) geographischer Markt	Begründung	Entscheidung (Az., Datum)
1) Recycling von mineralischen Baureststoffen; Ablagerung von Boden- und Bauschuttgemisch sowie Bodenaushub; Recycling von Baustellenabfällen 2) regional	zu 1) Entsorgung von Baureststoffen bzw. von mineralischen Baustoffen bedarf der Unterteilung in mehrere sachlich relevante Märkte, da diese sich durch unterschiedliche Wettbewerbsbedingungen voneinander unterscheiden.	Trienekens/remex B 10–131/01 vom 26.11.2001
1) Belieferung von Endkunden mit Rundfunksignalen (»Endkundenmarkt«); Einspeisung von Signalen in Breitbandkabelnetze (»Einspeisemarkt«); Belieferung von Netzbetreibern der Netzebene 4 mit Signalen (»Signallieferungsmarkt«) 2) lokal	zu 1) Nicht zum relevanten Endkundenmarkt gehört mangels direkter Kundenbeziehung die Rundfunkübertragung auf terrestrischem Wege oder über Satellit. zu 2) Im Endkundenmarkt ist grds. jedes Netz ein gesonderter räumlicher Markt, ebenso beim Einspeisemarkt. Auch der Signallieferungsmarkt ist daher lokal abzugrenzen.	Liberty/VIOLA B 7–168/01 vom 22.2.2002
1) Garantieversicherungen, Reparaturkostenversicherungen 2) Deutschland	zu 1) Die Zusammenfassung beider Versicherungstypen zu einem Markt wird offen gelassen: Einerseits bestehen Unterschiede in der Vertragsgestaltung, andererseits sichern beide Versicherungen das Reparaturrisiko.	Nürnberger Versicherung/Car Garantie B 10–186/01 vom 26.2.2002
1) Internetwerbung 2) grds. Deutschland	zu 1) In diesem Spezialfall ist wegen des regional begrenzten Informationsangebots ein eigenständiger Markt für sog. Regionalportale anzunehmen. Im Übrigen sind inhaltsgleiche Anzeigen in regionalen Abo-Tageszeitungen, Kaufzeitungen und Anzeigenblättern kein Teil des hier relevanten Marktes. zu 2) Weil hier die tatsächliche (im Gegensatz zur möglichen) Nutzung hauptsächlich regional ist, besteht ausnahmsweise kein bundesweiter Markt.	Berlin Online GmbH/Berlin.de B 6–136/01 vom 27.2.2002
1) Hörfunkwerbung 2) lokal	zu 2) Der geographische Bezug des Programms – und damit des überwiegenden Hauptteils der Werbung – entspricht i.d.R. dem Sendegebiet des Senders.	Radio L12 GmbH & Co. KG B 6–159/01 vom 25.4.2002
1) Operationstische (Mobile OP-Tische, OP-Tischsysteme); Operationsleuchtsysteme; DVE 2) (noch) Deutschland	zu 1) Kein einheitlicher sachlich relevanter Systemmarkt für OP-Saal-Ausrüstungen, schon weil kaum ein Wettbewerber über ein ausreichend breites Sortiment verfügt. zu 2) Trend zu europäischen Märkten.	Getinge/Heraeus B 4–171/01 vom 29.5.2002

B. Deutsche Fusionskontrolle

Relevanter Markt 1) sachlicher Markt 2) geographischer Markt	Begründung	Entscheidung (Az., Datum)
1) Märkte im Bereich des Hypothekenbankengeschäfts (hier: Märkte für Immobilienfinanzierungen, Staatskredite und Pfandbriefe) 2) Deutschland, ggf. regional	zu 1) Kein eigener Markt für Hypothekenbanken. Vielmehr ist im Bankenbereich grds. zwischen Einlagen- und Kreditgeschäft zu unterscheiden, und dabei jeweils nach Fristen, Verwendungszwecken und Modalitäten. Abzugrenzen sind als weitere sachlich relevante Märkte z.B. das Wertpapier-, Leasing-, Factoring-, Emissions-, Bausparkassen-, Außenhandelsfinanzierungs-, Kapitalbeteiligungs- und Fondsgeschäft. zu 2) Schon wegen alter BGH-Rspr. (»Backofenmarkt«) nur auf Deutschland beschränkt; evtl. kommt auch regionale Begrenzung in Frage (hier nicht relevant).	Eurohypo B 4–37/02 vom 19.06.2002
1) Synthetisch hergestelltes Vitamin C in Reinform 2) bundes- bzw. weltweit	zu 1) Abgrenzung zu Vitaminmischungen (nachgelagerter Markt) und natürlichem Vitamin C (anhand technischer Einsetzbarkeit). Dafür handelt es sich beim synthetischen Vitamin C trotz aller Derivate infolge der Produktionsumstellungsflexibilität auf Anbieterseite um einen einheitlichen Produktmarkt. zu 2) Das BKartA hat sich entspr. der alten BGH-Rspr. (»Backofenmarkt«) hier auf einen bundesweiten Markt beschränkt, obgleich es ökonomisch einen Weltmarkt anerkannte.	BASF / Northeast Pharmaceutical Group (NEPG) B 3–27/02 vom 31.7.2002
1) Technische Gebäudeausrüstungen, Luft- und Klimatechnik (insb. Prozessluft- u. Reinraumtechnik für individuelle Anwendungen, Herstellung lüftungstechnischer Komponenten). 2) Deutschland	zu 1) Aus Nachfragersicht (Bauherren oder Baugeneralunternehmer) besteht keine funktionale Austauschbarkeit zwischen der Installation luft- und klimatechnischer Anlagen und der kompletten techn. Ausrüstung von Gebäuden und der Herstellung lüftungstechnischer Komponenten.	M+W Zander / Krantz TKT B 4–211/02 vom 24.1.2003
1) Versorgung mit Strom, Erdgas 2) Deutschland bzw. regional/lokal	zu 1) Abzugrenzen sind Strommärkte, die Endverbraucher (unterschieden nach industriellen/ gewerblichen Großkunden und nach Kleinkunden) beliefern von solchen, die Weiterverteiler (Stadtwerke und Regionalversorgungsunternehmen) beliefern. Bei Gasmärkten sind innerhalb des vertikal gegliederten Vertei-	E.ON Bayern / Stadtwerke Straubing B 8–144/02 vom 25.2.2003

II. Materielle Fusionskontrolle

Relevanter Markt 1) sachlicher Markt 2) geographischer Markt	Begründung	Entscheidung (Az., Datum)
	lungssystems die Belieferung regionaler und lokaler Wiederverkäufer sowie die Versorgung von Endkunden (unterteilt nach Industrie-/Sondervertragkunden und HuK-Kunden) zu unterscheiden. zu 2) Bei Strom sind Märkte für Belieferung von Weiterverteilern und von industriellen/gewerblichen Großkunden nach der Liberalisierung als bundesweite Märkte anzusehen, der Markt für die Belieferung von Kleinkunden hingegen als regionaler/lokaler Markt. Die Gasmärkteabgrenzung erfolgt regional nach den Netzgebieten der Beteiligten (da noch kein Durchleitungsmechanismus zu erwarten ist).	
1) Liniengebundene Personennahverkehrsdienstleistungen (ÖSPV/SPNV) 2) regional	zu 1) Offengelassen wird, ob die relevante Marktgegenseite der Fahrgast oder der Aufgabenträger ist; Stadt- und Regionalverkehr sind ein einheitlicher Markt, ebenso wohl auch SPNV i. S. d. AEG und ÖPNV i. S. d. PbefG (ÖSPV); hingegen ist motorisierter Individualverkehr als nicht marktwirksame Form der Eigenerbringung von Beförderungsleistungen ebenso wenig Bestandteil des Marktes wie der Taxiverkehr. zu 2) Keine Beschränkung auf das Zuständigkeitsgebiet des Aufgabenträgers, sondern Einschluss der unmittelbar angrenzenden Städte und Landkreise.	HHB u. a./SVL B 9–228/02 vom 8.4.2003 (ebenso Deutsche Bahn AG/DB Regio AG/Norddeutsche Landesbank Girozentrale/üstra Hannoversche Verkehrsbetriebe AG/üstra intalliance AG/Regionalbus Braunschweig GmbH); B 9–91/03 vom 2.12.03
1) Asphaltmischgut; Gebrochener Hartstein; Kies und Sand; Transportbeton 2) regional	zu 2) Asphaltmischgut: Umkreis von ca. 25 km um Mischwerk (für die Ermittlung des Marktvolumens sind jedoch Lieferungen aus sog. Einlieferungsgebiet mit Radius von 50 km rund um relevanten Standort einzubeziehen); Gebrochener Hartstein: grds. max. 80 km um Steinbruch; Kies und Sand: 80 km um Grube; Transportbeton: 25 km um Werk.	Basalt-Actien-Gesellschaft/Deutsche Asphalt B 1–80/02 vom 6.5.2003
1) Branntkalk 2) regional	zu 1) Keine Austauschbarkeit mit ungebranntem Kalk, da unterschiedliche Einsatzzwecke, Marktteilnehmer und Preise. Kein eigen-	Rheinkalk GmbH/Kalkwerk Lengerich B 1–180/02 vom 10.10.2003

B. Deutsche Fusionskontrolle

Relevanter Markt 1) sachlicher Markt 2) geographischer Markt	Begründung	Entscheidung (Az., Datum)
	ständiger Markt für Graukalk, da Austauschbeziehung. zu 2) Grds. Absatzradius von 200 km.	
1) Markt für deutschsprachige Taschenbücher der allgemeinen Information- und Unterhaltungslektüre 2) Deutschland	zu 1) Taschenbücher unterscheiden sich hinsichtlich Ausstattung, Preis und Stellung in der Verwertungskette von Hardcover- und Paperback-Büchern und dem modernen Antiquariat. Kinder- und Jugendbücher gehören nicht zum relevanten Markt, da sie eine andere Lagergruppe ansprechen.	Random House GmbH/ Wilhelm Heyne Verlag GmbH B 6–7/03 vom 24.11.2003
1) Markt für die Herstellung und Lieferung küchenfertiger Salate 2) Deutschland	zu 1) Küchenfertige Salate sind zu unterscheiden von ungewaschenem Salat, der zunächst gewaschen, geschnitten und von schadhaften Stellen befreit werden muss, was mit einem zeitlichen Aufwand verbunden ist. Es besteht auch keine Austauschbarkeit mit sonstigen Feinkostsalaten aufgrund einer Unterschiedlichkeit der Ausgangsprodukte in Bezug auf materielle Eigenart, Geschmack und Verzehranlass bzw. Funktion innerhalb der Mahlzeit. Gesonderte Märkte für die Belieferung von Großverbrauchern und des Lebensmitteleinzelhandels sind nicht zu bilden, da die Produkte identisch sind.	Bonduelle Frais Investissements S.A./Vita Holding GmbH B 2–129/03 vom 22.12.2003

2. Untersagungsvoraussetzungen

a) Einzelmarktbeherrschung

414 Gem. § 36 Abs. 1 GWB ist ein Zusammenschluss vom BKartA zu untersagen, wenn zu erwarten ist, dass hierdurch eine **marktbeherrschende Stellung** auf einem der betroffenen Märkte entsteht oder verstärkt wird. Eine Ausnahme gilt nur, falls die beteiligten Unternehmen nachweisen, dass durch den Zusammenschluss auch Verbesserungen der Wettbewerbsbedingungen eintreten und dass diese Verbesserungen die Nachteile der Marktbeherrschung überwiegen (Abwägungsklausel)[347].

---

[347] Vgl. zur Zulässigkeit einer »Teiluntersagung« im Fall eines Auslandszusammenschlusses BKartA, 24.3.2004 »Synthes-Stratec/Mathys« WuW/E DE-V 931 ff.; vgl. auch BGH, 24.6.2003 »HABET/Lekkerland« WuW/E DE-R 1163 ff. Gemäß § 36 Abs. 1 Buchst. a GWB Reg. E. 7. GWB-Novelle soll eine Fusion von Presseunternehmen unter den Voraussetzungen des Abs. 1 Buchst. b nicht untersagt werden, wenn die erworbene Zeitung

II. Materielle Fusionskontrolle

Nach Maßgabe des Reg. E. 7. GWB-Novelle ist die Einführung eines neuen § 36 Abs. 2 GWB für die Pressefusionskontrolle vorgesehen, demzufolge im Bereich der Presse die Untersagungsvoraussetzungen nicht gegeben sind, wenn die erworbenen Zeitungen oder Zeitschriften langfristig als selbständige publizistische Einheit erhalten bleiben, der Erwerber nicht die Titelrechte erlangt und die inhaltliche Ausrichtung der Zeitung oder Zeitschrift nicht maßgeblich bestimmen kann. Diese Voraussetzungen werden gem. § 36 Abs. 2 Nr. 1, 2 GWB vermutet, wenn der Veräußerer oder ein unabhängiger Dritter mit mehr als 25 % der Stimmrecht an dem Zielunternehmen beteiligt bleibt oder ihm Vetorechte für die Erhaltung der Zeitung oder Zeitschrift als einer selbständigen publizistische Einheit zustehen. 415

Bei der Beurteilung der Entstehung oder Verstärkung einer marktbeherrschenden Stellung kommt es darauf an, ob sich die Wettbewerbsstrukturen durch den Zusammenschluss auf den betroffenen Märkten in der Weise verändern[348] dass der Zusammenschluss **funktionsfähigen Wettbewerb**[349] auf einem betroffenen Markt ernsthaft gefährdet. Es gibt verschiedene ökonomische Konzepte, die sich mit der Frage befassen, welche Form des Wettbewerbs wünschenswert ist bzw. wann tatsächlich funktionsfähiger (wirksamer) Wettbewerb noch besteht[350]. Das GWB folgt keinem dieser Konzepte unmittelbar und gibt nicht vor, welche Form des Wettbewerbs angestrebt wird. Auch weist das GWB dem BKartA nicht die Aufgabe zu, Idealmärkte anzustreben. Vielmehr sollen auf der Grundlage des GWB wettbewerbliche Strukturen erhalten werden, oder anders gesagt, es soll verhindert werden, dass anmeldepflichtige Unternehmen in Folge externen Wachstums die Möglichkeit erhalten, sich in nennenswertem Umfang unabhängig von ihren Konkurrenten bzw. von der Marktgegenseite zu verhalten. 416

Auch nach einem Zusammenschluss müssen die Funktionen des Wettbewerbs, d. h. seine Anreiz-, Auslese- und Entmachtungs- sowie Verhaltenskontrollfunktionen, erhalten bleiben. Diese Funktionen betreffen den Einsatz aller Wettbewerbsparameter, also vor allem Preise, Konditionen, Qualität, Forschung, Innovation und Werbung[351]. Könnten die Zusammenschlussbeteiligten einzelne Wettbewerbsparameter einsetzen, ohne auf Konkurrenten oder die Marktgegenseite Rücksicht nehmen zu müssen, wären die wesentlichen Funktionen des Wettbewerbs gefährdet. Es gibt keine gesicherten ökonomischen Regeln des Inhalts, dass ab einem bestimmten Marktanteil oder Marktanteilsabstand funktionsfähiger Wettbewerb nicht mehr bestehen kann. Auch bestehender Restwettbewerb schließt eine solche Stellung nicht aus. Ob die Grenze zwischen einer noch hinnehmbaren Wettbewerbsdämpfung – z.B. 417

---

als eigenständige redaktionelle Einheit erhalten bleibt. Hierzu sind in Nrn. 1–3 Vermutungstatbestände vorgesehen. Das BKartA hat solche Regelungen in der Auflagenpraxis bisher nicht als hinreichend angesehen.
348 BGH, 6. 10. 1992 »Pinneberger Tageblatt« WuW/E BGH 2795, 2804; 15. 7. 1997 »Stromversorgung Aggertal« BGHZ 136, 268, 27; 12. 12. 1978 »Erdgas Schwaben«, WuW/E BGH 1533, 1536; der BGH hat hier eine Marktbeherrschung bejaht, wenn ein »vom Wettbewerb nicht hinreichend kontrollierter Verhaltensspielraum« erreicht wird. Bechtold, 2. Aufl., § 36 Rdnr. 2; Emmerich, Kartellrecht, S. 302; Richter, in: Wiedemann, Handbuch des Kartellrechts; § 20 Rdnr. 146.
349 Vgl. zu diesem Begriff: BGH, 21. 2. 1978 »Kfz-Kupplungen« WuW/E BGH 1501, 1506; 2. 12. 1980 »Klöckner-Becorit« WuW/E BGH 1749, 1754.
350 Siehe hierzu das Kapitel Ordnungspolitische Grundlagen.
351 Vgl. auch Monopolkommission, Hauptgutachten VIII, Rdnr. 525.

durch eine Zunahme der Verflechtungen auf dem Markt – und einer Beseitigung wesentlichen Wettbewerbs tatsächlich überschritten wird bzw. dies zu befürchten ist, ist eine Maß- und Gradfrage, die jeweils im Einzelfall zu beantworten ist. Hierbei ist jeweils eine Gesamtbetrachtung aller relevanten Wettbewerbsbedingungen auf dem betroffenen Markt vorzunehmen[352].

(1) Begriff der Marktbeherrschung

418 Gesetzliche Grundlage für die Beurteilung der Frage, ob eine marktbeherrschende Stellung gem. § 36 Abs. 1 GWB entsteht bzw. verstärkt wird, ist § 19 GWB. Eine marktbeherrschende Stellung kann gemäß den beiden Alternativen in § 19 Abs. 2 Nr. 1 GWB entstehen, wenn die beteiligten Unternehmen nach dem Zusammenschluss »ohne Wettbewerber« sind (1. Alt.) oder »keinem wesentlichen Wettbewerb ausgesetzt« sind (2. Alt.), bzw. gem. § 19 Abs. 2 Nr. 2 GWB, wenn die Beteiligten eine im Verhältnis zu ihren Wettbewerbern »überragende Marktstellung« haben. In der Praxis ist eine Differenzierung zwischen diesen drei Alternativen nicht von Bedeutung und wird nachfolgend daher nur kurz dargestellt.

419 Die 1. Alternative des § 19 Abs. 2 Nr. 1 GWB zielt auf Monopol-Situationen, die 2. Alternative greift ein, wenn das Unternehmen auf dem relevanten Markt in der Lage ist, sein Marktverhalten unabhängig von den Konkurrenten zu bestimmen. Dies dürfte im Fall der Einzelmarktbeherrschung mit besonders hohen Marktanteilen bzw. im Fall eines **marktbeherrschenden Oligopols** gegeben sein, wobei es zwar noch Wettbewerber auf dem Markt gibt, diese im Vergleich zu dem marktbeherrschenden Unternehmen allerdings erheblich schwächer sind. Auch bei außerordentlich hohen Marktanteilen ist allerdings nicht automatisch von einer Marktbeherrschung auszugehen, sodass die weiteren Marktgegebenheiten stets mit zu berücksichtigen sind[353]. Insoweit können bei der an sich verhaltensbezogenen Beurteilung dieser Situation Aspekte der überragenden Marktstellung gem. § 19 Abs. 2 Satz 1 Nr. 2 GWB eine Rolle spielen.

420 Ein Unternehmen hat im Verhältnis zu seinen Wettbewerbern eine überragende Marktstellung (§ 19 Abs. 2 Nr. 2 GWB), wenn der Verhaltensspielraum des Unternehmens aufgrund markt- oder unternehmensbezogener Strukturkriterien nicht hinreichend kontrolliert wird[354]. Das Bestehen wesentlichen Wettbewerbs schließt eine überragende Marktstellung nicht aus[355]. Die überragende Marktstellung ist gleichsam ein Gefährdungstatbestand, der an die Überlegung anknüpft, dass das strukturell überlegene Unternehmen aufgrund seiner gesicherten Vormachtstellung[356] mit hoher Wahrscheinlichkeit wesentlichen Wettbewerb beseitigen kann[357].

---

352 Vgl. BGH, 21. 2. 1978 »GKN/Sachs«, WuW/E BGH 1504 ff.
353 Vgl. BGH, 3. 7. 1976 »Vitamin B 12« WuW/E BGH 1435, 1441; 16. 12. 1976 »Valium« WuW/E BGH 1445, 1449; 22. 6. 1981 »Bleihütte Braubach« WuW/E BGH 1824, 1827 f.; 4. 10. 1983 »Texaco/Zerssen« WuW/E BGH 2025, 2028; KG, 2. 7. 1982 »Texaco/Zerssen« WuW/E OLG 2663, 2667; BKartA, 24. 2. 1982 »Morris/Rothmans« WuW/E BKartA 1943, 1949.
354 Vgl. BGH, 2. 12. 1980 »Klöckner/Becorit« NJW 1981, 1786; 12. 12. 1978 »Erdgas Schwaben«, WuW/E BGH 1533, 1536; KG, 7. 11. 1985 »Pillsbury/Sonnen-Bassermann« WuW/E OLG 3759; Möschel, in: I/M, GWB, 3. Aufl. § 19 Rdnr. 52 ff.
355 BKartA, 6. 2. 1997 »Herlitz/Landré« WuW/E BKartA 2894; BGH, 21. 2. 1978 »KFZ-Kupplungen« WuW/E BGH 1501, 1504.
356 Vgl. Stockmann/Schultz, in: Kartellrechtspraxis und Kartellrechtsprechung 1994/95, 10. Aufl., S. 96.
357 Vgl. BGH, 2. 12. 1980 »Klöckner/Becorit« WuW/E BGH 1754.

In der Praxis hat die Annahme der überragenden Marktstellung eine weit größere Bedeutung als die anderen beiden Alternativen der Marktbeherrschung.
Zur Feststellung der überragenden Marktstellung sind die acht Strukturkriterien gemäß § 19 Abs. 2 Nr. 2 GWB zu analysieren[358]. Daneben können im Einzelfall aber auch noch andere Aspekte für die Marktstruktur von Bedeutung sein[359]. **421**

(2) Die gesetzliche Einzelmarktbeherrschungsvermutung

Zunächst sind bei der Beurteilung der Marktanteile der an einem Zusammenschluss Beteiligten die speziellen Marktbeherrschungsvermutungen im Rahmen des § 19 Abs. 3 GWB zu prüfen. Diese gelten auch für die Fusionskontrolle und nicht nur im Rahmen der Missbrauchsaufsicht. Gemäß § 19 Abs. 3 Satz 1 GWB ist die gesetzliche Vermutung für eine Einzelmarktbeherrschung ab einem Marktanteil von 33,3 % erfüllt. **422**

Die Marktbeherrschungsvermutung wird relevant, wenn eine marktbeherrschende Stellung weder auszuschließen noch zu bejahen ist (non liquet). Die Beteiligten tragen dann die **materielle Beweislast** für das Vorliegen der Untersagungsvoraussetzungen, wenn die gesetzliche Marktbeherrschungsvermutung vorliegt. Ergibt sich dabei ein non liquet, weil eine Marktbeherrschung auch bei umfassender Ermittlung und Würdigung weder zu bejahen noch auszuschließen ist, so ist aufgrund der Vermutung gem. § 19 Abs. 3 GWB zu Lasten der Beteiligten eine marktbeherrschende Stellung anzunehmen[360]. **423**

Das BKartA muss den relevanten Sachverhalt im Rahmen des Untersuchungsgrundsatzes von sich aus vollständig ermitteln und zwar auch dann, wenn ein Vermutungstatbestand eingreift. Dem BKartA obliegt daher die (formelle) Beweisführungslast. Das als Beschwerdegericht zuständige OLG Düsseldorf könnte aufgrund dessen eine Untersagung des BKartA mangels hinreichender Sachverhaltsaufklärung aufheben. Das Gericht kann zwar selbst Ergänzungsermittlungen vornehmen bzw. durch das BKartA vornehmen lassen. Grundlegende Untersuchungen wird das Gericht allerdings nicht im gerichtlichen Verfahren durchführen. **424**

Die Parteien können die **Marktbeherrschungsvermutung** widerlegen und nachweisen, dass sie keine überragende Marktstellung einnehmen werden und die konkrete Marktstruktur künftig noch wesentlichen Wettbewerb erwarten lässt, obwohl die Marktanteilsschwelle gem. § 19 Abs. 3 GWB erreicht bzw. überschritten ist[361]. **425**

Die Beteiligten sollten zur **Widerlegung** auch das tatsächliche Marktgeschehen schildern und zwar in Verbindung mit bestimmten strukturellen Gegebenheiten des Marktes, da Aspekte des Wettbewerbsverhaltens und der Marktstruktur nicht immer völlig trennscharf sind[362]. **426**

Greift sowohl die Einzelmarktbeherrschungsvermutung ein als auch die Oligopolvermutung, ist anhand des Innenverhältnisses zwischen den führenden Marktteil- **427**

---

358 BKartA, Auslegungsgrundsätze zur Prüfung von Marktbeherrschung in der deutschen Fusionskontrolle, Stand Oktober 2000, 40.
359 Vgl. Möschel, in: I/M, GWB, 3. Aufl., § 19 Rdnr. 55.
360 Vgl. BGH, 11. 3. 1986 »Metro/Kaufhof« WuW/E BGH 2231, 2237 ff.
361 Vgl. BGH, 2. 12. 1980 »Klöckner/Becorit« WuW/E BGH 1754.
362 Vgl. BKartA, 23. 8. 1993 »Fresenius/Schiwa« WuW/E BKartA 2591, 2602 ff.; 15. 4. 1993 »Zahnradfabrik Friedrichshafen/Allison« WuW/E BKartA 2521, 2530 ff.; BGH, 2. 12. 1980 »Klöckner/Becorit« WuW/E BGH 1749, 1754 ff.

nehmern zu ermitteln, welche wettbewerblichen Schwerpunkte die Marktstruktur ausmachen[363].

428 Umgekehrt kann auch dann, wenn die Schwellen der gesetzlichen Vermutungen gemäß § 19 Abs. 3 GWB nicht erreicht werden, ein Zusammenschluss zu einer marktbeherrschenden Stellung der Beteiligten führen oder eine solche verstärken. Dann obliegt allerdings dem BKartA die materielle Beweislast. Entscheidend ist die Marktstruktur, die für die Zeit nach dem Zusammenschluss zu prognostizieren ist[364].

(3) Prognoseentscheidung

429 § 36 Abs. 1 GWB ergänzt die Vorschrift des § 19 GWB im Rahmen der Fusionskontrolle um eine **Zukunftsprognose** für die mittelfristige Entwicklung der Marktstruktur.

430 Die Begründung oder Verstärkung der marktbeherrschenden Stellung muss durch den Zusammenschluss nicht mit unmittelbarer Wirkung eintreten. Sie muss nach § 36 Abs. 1 GWB lediglich zu »erwarten« sein. Dabei ist die künftig zu erwartende Wettbewerbslage ohne den Zusammenschluss mit der durch den Zusammenschluss entstehenden Wettbewerbslage zu vergleichen[365]. Neben den direkt mit dem Vollzug des Zusammenschlusses eintretenden Änderungen der Marktstruktur müssen auch die längerfristigen Wirkungen berücksichtigt werden, die infolge der mit dem Zusammenschluss geschaffenen Wettbewerbsbedingungen nach der ökonomischen Lebenserfahrung voraussichtlich eintreten werden[366]. Ebenso wie bei den direkten Zusammenschlusswirkungen sind hierbei nicht nur Verschlechterungen, sondern auch Verbesserungen des Wettbewerbs denkbar[367].

431 Jede **Prognoseentscheidung** stellt letztlich eine Annahme dar, so dass Aussagen über die weitere Entwicklung der Marktstrukturen mit Unsicherheiten verbunden sind und ggf. von der tatsächlichen künftigen Entwicklung widerlegt werden[368]. Deshalb setzt die Berücksichtigung derartiger **Entwicklungen** voraus, dass diese aufgrund konkreter Umstände mit hoher Wahrscheinlichkeit alsbald zu erwarten sind[369] und auf einer hinreichend konkreten Tatsachengrundlage beruhen[370].

---

363 Vgl. KG, 7. 11. 1985 »Pillsbury/Sonnen-Bassermann« WuW/E OLG 3759, 3765; BKartA, 11. 8. 1994 »Lindner Licht GmbH« WuW/E BKartA 2669, 2647; 23. 3. 2000 »TNT-NET Express/NET Nacht Express«.
364 Drei Vermutungstatbestände gemäß § 23a GWB a. F. sind mit der 6. GWB-Novelle wieder gestrichen worden. Dies betraf die Eindringensvermutung, die Finanzkraftvermutung sowie die Großfusionsvermutung.
365 BGH, 21. 2. 1978 »Kfz-Kupplungen« WuW/E BGH 1501, 1507; Emmerich, Kartellrecht, 8. Aufl., S. 302; Ruppelt, in: L/B, 9. Aufl., § 36 Rdnr. 44.
366 BGH, 21. 2. 1978 »Kfz-Kupplungen« WuW/E BGH 1501, 1507; Ruppelt, in: L/B, 9. Aufl., § 36 Rdnr. 44. Seitens der Rspr. wird zwischen Wirkungen unterschieden, die »mit« dem Zusammenschluss eintreten und solchen, die sich »durch« ihn erst später ergeben.
367 Bechtold, GWB, 3. Aufl., § 36 Rdnr. 3; Ruppelt, in: L/B, 9. Aufl., § 36 Rdnr. 4.
368 Emmerich, Kartellrecht, 8. Aufl., S. 302 spricht zutreffend davon, dass die Zukunft prinzipiell offen sei; Richter, in: Wiedemann, Handbuch des Kartellrechts, § 20 Rdnr. 49; Ruppelt, in: L/B, 9. Aufl., § 36 Rdnr. 43.
369 BGH, 21. 2. 1978 »Kfz Kupplungen« WuW/E BGH 1501, 1507; 15. 7. 1997 »Stromversorgung Aggertal« BGHZ 136, 268, 276; Emmerich, Kartellrecht, 8. Aufl., S. 303; Ruppelt, in: L/B, 9. Aufl., § 36 Rdnr. 45.
370 Vgl. BGH, 30. 4. 2003 »Melitta/Airflo« WuW/E DE-R 1112, 1118.

Bevorstehende Gesetzesänderungen finden nur dann Berücksichtigung, wenn für eine konkret umrissene Änderung eine hohe Wahrscheinlichkeit spricht[371]. Ausgangspunkt einer Prognoseentscheidung ist stets die aktuelle politische und rechtliche Lage[372].

Im Rahmen der Prognose kann z. B. zu berücksichtigen sein, dass durch den Abbau von Zollschranken potentielle Wettbewerber **konkret und dauerhaft auf den Markt treten werden**. Zu berücksichtigen sind dann auch die Kapazität und Liefersicherheit sowie die Qualität von Produkten und Dienstleistungen solcher Wettbewerber und die Präferenzen der Nachfrager. Weiter können ggf. das Ausscheiden bisheriger Wettbewerber, konkret umrissene politische Änderungen, technischer Fortschritt, aber etwa auch ein Wandel im Abnehmerverhalten einzubeziehen sein[373]. Schließlich sind ggf. konkret zu erwartende Kundenverluste aufgrund des Zusammenschlusses als »Abschmelzeffekte« zu berücksichtigen. Dies kommt beispielsweise in Betracht, wenn zu den Kunden des Beteiligungsunternehmens Wettbewerber des übernehmenden Unternehmens gehören[374], die großen Wert auf mehrere Bezugsquellen legen.

Eine generelle Aussage über den bei der Prognose zu berücksichtigenden Zeitraum kann wegen der Unterschiedlichkeit der Fallgestaltungen nicht getroffen werden. Das BKartA nimmt bei Nichtvorliegen besonderer Umstände einen **Prognosezeitraum von drei bis fünf Jahren** an[375].

Bei entsprechend längeren Nachfragezyklen oder bei einer z. B. durch langfristige Verträge festgelegten Marktstruktur[376] können auch längere Prognosezeiträume in Betracht gezogen werden[377]. Vor der Liberalisierung hatte das BKartA z. B. die Prognosen im Bereich der Energieversorgung an der Laufzeit der Konzessionsverträge orientiert[378].

(4) Überragende Marktstellung

Ob durch einen Zusammenschluss eine überragende Marktstellung entsteht, ist vorrangig nach Maßgabe der **Strukturfaktoren** gemäß § 19 Abs. 1 Nr. 2 GWB zu ermitteln.

Zu berücksichtigen sind vor allem der Marktanteil des Anbieters bzw. Nachfragers, sein Marktanteilsabstand zu den übrigen Wettbewerbern, seine Finanzkraft, sein Zugang zu den Beschaffungs- oder Absatzmärkten, Verflechtungen mit anderen Unternehmen sowie im Übrigen rechtliche oder tatsächliche Schranken für den Marktzutritt anderer Unternehmen, tatsächlicher oder potentieller Wettbewerb, die Umstellungsflexibilität des Angebots oder der Nachfrage und die Ausweichmöglichkeiten der Marktgegenseite.

---

371 BGH, 15. 7. 1997 »Stromversorgung Aggertal« BGHZ 136, 268, 27; zustimmend: Bechtold GWB 3. Aufl., § 36 Rdnr. 2; Emmerich, Kartellrecht, 8. Aufl., S. 32.
372 Emmerich, Kartellrecht, 8. Aufl., S. 32.
373 Emmerich, Kartellrecht, 8. Aufl., S. 33.
374 BKartA, 20. 9. 2000, WuW/E DE-V 337 »DTAG/dSH«; hier lagen entsprechend konkrete Aussagen der bisherigen Kunden vor.
375 BKartA, Auslegungsgrundsätze zur Prüfung von Marktbeherrschung in der deutschen Fusionskontrolle, Stand Oktober 2000, 40.
376 Vgl. BGH, 15. 7. 1997 »Stadtwerke Garbsen« WuW/E BGH 32.
377 Vgl. BKartA, 18. 1. 1999 »Steinmüller/Babcock« WuW/E DE-V 81.
378 Vgl. KG, 28. 12. 1984 »EVS/TWS« WuW/E OLG 3443, 3447.

B. Deutsche Fusionskontrolle

438 Das Wettbewerbsverhalten der Marktteilnehmer kann durch vorübergehende Umstände geprägt sein, beispielsweise durch Überkapazitäten aufgrund eines saisonalen Nachfragerückgangs. Auch kann sich ein Marktbeherrscher wettbewerblich verhalten, um auf Wettbewerbsvorstöße eines Konkurrenten zu reagieren und auf diese Weise seine Marktposition zu sichern[379]. Für die Fusionskontrolle ist aber entscheidend, ob die Marktstruktur auch künftig wesentlichen Wettbewerb ermöglicht[380].

(a) Marktanteil

439 Der **Marktanteil** ist nach wie vor das in der Praxis gewichtigste Strukturkriterium und der erste Ansatzpunkt bei der Analyse der Marktposition eines Unternehmens, wenngleich die Strukturfaktoren aufgrund der gesetzlichen Regelung gem. § 19 Abs. 2 Nr. 2 GWB grundsätzlich gleichgewichtig sind[381].

440 Je höher der Marktanteil[382] der zusammengeschlossenen Unternehmen und je höher der Marktanteilsabstand (relativer Marktanteil) zum nächststärkeren Wettbewerber ist[383] und je zersplitterter die Marktanteile der übrigen Wettbewerber sind, desto eher führt dies in der Entscheidungspraxis des BKartA und der Gerichte zu der Annahme einer überragenden Marktstellung des führenden Unternehmens[384]. Der BGH hat zu der Bedeutung des Marktanteils und eines **hohen Marktanteilsabstandes** Folgendes festgestellt:

»Diese Indizwirkung wird aber regelmäßig schwächer sein, wenn die absolute Höhe des Marktanteils geringer ist. Entscheidend ist jeweils, ob nach den tatsächlichen Verhältnissen zu erwarten ist, dass der Vorsprung vor den Wettbewerbern nach dem Zusammenschluss so groß und aus besonderen Gründen so gefestigt ist, dass von einem Verhaltensspielraum auszugehen ist, der durch den Wettbewerb nicht hinreichend kontrolliert wird[385].

441 Die Indizierung des Marktanteilsabstands ist schwächer, wenn die absolute Höhe des Marktanteils geringer ist.

442 In dem Fall »Tagesspiegel/Berliner Zeitung[386]« stellte das BKartA auf die hohen Marktanteile der Beteiligten und die hohen Marktanteilsabstände zu den nach-

---

379 Vgl. BKartA, 6. 2. 1997 »Herlitz/Landré« WuW/E BKartA 2894.
380 Vgl. BGH, 2. 12. 1980 »Klöckner/Becorit« WuW/E BGH 1749, 1756; vgl. auch BKartA, 8. 11. 1985 »Kampffmeyer-Plange« WuW/E BKartA 2223, 2227 ff.; bestätigt durch BGH, 7. 3. 1989 »Kampffmeyer-Plange« WuW/E BGH 2575.
381 Vgl. BGH, 7. 3. 1989 »Kampffmeyer-Plange« WuW/E BGH 2575, 2580; 28. 4. 1992 »Kaufhof/Saturn« WuW/E BGH 2771, 2773; 2. 12. 1980 »Klöckner/Becorit« WuW/E BGH 1749, 1756; BKartA, 22. 5. 2003 »BASF/Bayer Crop Science« WuW/E DE-v 801 ff.; 24. 3. 2004 »Synthes-Stratec/Mathys« AG 2004, 557.
382 Vgl. BGH, »Krupp/Daub« BGHZ NJW 1996, 595; vgl. auch 28. 4. 1992 »Kaufhof/Saturn« NJW 1992, 2289; vgl. auch für den Fall eines engen Duopols: BKartA, 23. 7. 1992 »Gillette/Wilkinson« AG 1992, 363.
383 Vgl. KG, 22. 3. 1983 »Rewe-Florimex« WuW/E OLG 2862, 2863 f., wo ein Marktanteil von 12 % bei einem erheblichen Marktanteilsabstand zum nächst stärkeren Wettbewerber, der einen Marktanteil von 0,25 % hatte, genügte.
384 Vgl. BGH, 25. 6. 1985 »Edelstahlbestecke« WuW/E BGH 2150, 2155; BKartA, 24. 1. 1995 »Hochtief/Philipp Holzmann« WuW/E BKartA 2729, 2750; 6. 2. 1997 »Herlitz/Landré« WuW/E BKartA 2894, 2898; 21. 4. 1999 »Pfleiderer/Coswig« WuW/E DE-V 145.
385 BGH, 28. 4. 1992 »Kaufhof/Saturn« WuW/E BGH 2771, 2773.
386 Vgl. BKartA, 12. 12. 2002 »Tagesspiegel/Berliner Zeitung« WuW/E DE-v 695; vgl. auch BKartA, 2. 2. 2004 »Holtzbrinck/Berliner Verlag« B 6-U-120/03.

II. Materielle Fusionskontrolle

folgenden Wettbewerbern ab. Mit dem Zusammenschluss war die Übernahme des Herausgebers der regionalen Abonnement-Tageszeitung »Berliner Zeitung«, der Straßenverkaufszeitung »Berliner Kurier«, der Stadtillustrierten »tip« sowie von drei Anzeigenblättern durch die Holtzbrinck-Gruppe verbunden, die in Berlin den »Tagesspiegel« herausgibt. Auf dem Lesermarkt für Abonnement-Tageszeitungen in Berlin erreichten die Beteiligten einen Marktanteil von mehr als 60 Prozent und damit fast doppelt so viel wie der auf dem Markt nachfolgende Axel Springer Verlag.

Ein hoher Marktanteil, der über mehrere Jahre hinweg unangefochten besteht, ist i. d. R. ein besonders aussagekräftiges Indiz für eine marktbeherschende Stellung. Dies deutet darauf hin, dass gegenläufigen Strukturfaktoren keine wesentliche Bedeutung zukommt[387] und dass sich aufgrund nur geringer Ausweichmöglichkeiten der Marktgegenseite ein gewisser Verhaltensspielraum für das Unternehmen ergibt. Selbst **spürbare Preiserhöhungen** würden dann ggf. nicht dazu führen, dass der Marktanteil des Unternehmens entsprechend zurückgeht, weil z. B. die Kapazitäten der kleineren Marktteilnehmer nicht hinreichen, um die dann auf sie gerichtete Nachfrage kurzfristig befriedigen zu können und die Marktanteile der sich zusammenschließenden Unternehmen zu übernehmen. **443**

Für die **Berechnung der Marktanteile** werden in der Regel das Marktvolumen und die entsprechenden Anteile der an dem Zusammenschluss Beteiligten im letzten abgeschlossenen Kalenderjahr zu Grunde gelegt. Die Marktanteile der beteiligten Unternehmen werden bei der Berechnung der Vermutungsschwelle der Einzelmarktbeherrschung direkt addiert, ohne dass hierbei theoretisch denkbare Abschmelzeffekte berücksichtigt werden. **444**

Für die formelle Fusionskontrolle (z. B. für die Bagatellmarktklausel) sind üblicherweise nur die Märkte relevant, auf denen das Zielunternehmen tätig ist[388]. Ggf. werden von einem wirtschaftlich einheitlichen Geschäft mehrere regionale oder lokale Märkte betroffen. Im Rahmen der materiellen Prüfung können neben dem »Zielmarkt« auch benachbarte bzw. vor- oder nachgelagerte Märkte relevant werden, auf denen der Erwerber tätig ist. **445**

Zur **Berechnung des Marktvolumens** werden üblicherweise die zu einem Markt gehörenden Produkte wertmäßig und auch mengenmäßig ermittelt. Eine mengenmäßige Erfassung kommt vor allem bei erheblichen Preisunterschieden der zu dem relevanten Markt gehörenden Waren in Betracht. Üblicherweise stellt das BKartA auf das wertmäßige Marktvolumen und den entsprechenden Marktanteil ab, weil dieser den Markterfolg der Beteiligten eher ausdrückt als der an Mengen orientierte Marktanteil. Bei der Berechnung des Marktvolumens sind Exporte abzuziehen **446**

---

[387] Vgl. BGH 13.7.2004 »Sanacorp/ANZAG« AG 2004, 674, 676; anders die Vorinstanz, die auf die Finanzkraft der Wettbewerber abgestellt hat: OLG Düsseldorf, 30.10.2002 »Sanacorp/ANZAG« WuW/E DE-R 1033 ff.

[388] Im Einzelfall kann str. sein, inwieweit benachbarte oder vor- bzw. nachgelagerte Märkte auf denen der Erwerber tätig ist für die Frage der Anmeldepflicht einzubeziehen sind. Vgl. BKartA 9.12.1999 »Krautkrämer/Nutronik«, WuW/E DE-V 203 ff., 204; 14.2.2003 »Marzipanrohmasse« BKartA WuW/E DE-V 527 ff., 529; 24.9.2003 »Homag« WuW/E DE-V 864 ff.; 14.4.2004 »Deutsche Lufthansa/Globe Ground«, B 9 – U 7/04; 8.6.1984 »Glasfaserkabel« WuW/E BKartA 2143; KG, 5.11.1986 »Coop/Wandmaker« WuW/E OLG 3917, 3921; 24.10.1979 »Siegerländer Transportbeton« WuW/E OLG, 2259 f.; BGH, 19.12.1995 Reiffeisen« WuW/E BGH 3037.

und Importe hinzuzurechnen[389]. Mehrwertsteuern und Innenumsätze sind abzuziehen. Zum Teil wird zur Ermittlung des Marktvolumens und der Marktanteile auf die Auftragssumme (in der Bauwirtschaft) auf das Passagieraufkommen (im Luftverkehr) oder aber auf die Höhe der Werbeeinnahmen (TV-Märkte) rekurriert. Bei langlebigen Wirtschaftsgütern ist ggf. nicht nur auf das Jahr vor dem Zusammenschluss abzustellen, sondern es sind die Marktanteile über einen längeren Zeitraum zu analysieren[390].

447 Zur Berücksichtigung der **Eigenproduktion** einzelner Marktteilnehmer bei der Berechnung des Marktvolumens hat das Kammergericht entschieden[391], dass eine Einbeziehung der Eigenverbrauchsmengen geboten ist, wenn diese Mengen dem Markt zur Verfügung stehen und auf die Wettbewerbsverhältnisse einwirken können.

448 Die auch im Straßenbau tätigen Asphaltmischguthersteller hatten in dem dieser Entscheidung zu Grunde liegenden Fall ihren eigenen Bedarf teilweise durch Zukäufe gedeckt, um auf der anderen Seite die entsprechenden Mengen ihrer eigenen Produktion absetzen zu können. Das Kammergericht ging davon aus, dass bei entsprechender Nachfrage der Anteil des Fremdabsatzes auch hätte erhöht werden können, wenn dies vorteilhaft für den Hersteller gewesen wäre. Die von den Bauunternehmen produzierten Mengen beeinflussten nach Auffassung des Kammergerichts die Wettbewerbsverhältnisse aber auch deshalb, weil die nicht vertikal integrierten Asphaltmischguthersteller (Nur-Mischer) sich darauf einstellen müssten, dass die Bauunternehmen ihren Bedarf aus eigener Produktion decken und sich mit ihren Mischanlagen an örtlichen Ausschreibungen beteiligen. Wenn ein Bauunternehmen mit eigener Mischanlage sich um einen Auftrag bewirbt, dann stehe diese Menge im Wettbewerb mit den Mengen der Nur-Mischer. Wenn ein solches Bauunternehmen einen Zuschlag nicht erhält, könne es aufgrund der räumlich begrenzten Lieferbarkeit ihre Mischkapazitäten auch dazu einsetzen, die entsprechenden Mengen an Fremdunternehmen abzusetzen. Die Konkurrenten müssten sich daher auf die Kapazität der Bauunternehmen mit eigenen Mischanlagen einstellen.

449 Tritt ein Unternehmen allerdings mit seiner Eigenfertigung dauerhaft nicht als Anbieter in Erscheinung, sondern verarbeitet dieses Produkt generell im Unternehmen weiter, ist die Eigenproduktion dem Marktvolumen nicht hinzuzurechnen[392]. Ggf. kann die Eigenproduktion dann aber unter dem Gesichtspunkt des potentiellen Wettbewerbs gewürdigt werden[393]. Die Hinzurechnung bestimmter Mengen zum Marktvolumen kann sich entscheidend auf die Höhe der jeweiligen Marktanteile auswirken.

450 Neben der berechneten Höhe der Marktanteile stellt das BKartA auch auf die **Entwicklung der Marktanteile** in der Vergangenheit und auf die zu erwartende Entwicklung in der Zukunft ab[394].

---

389 Vgl. BGH, 24. 10. 1995 »Backofenmarkt« WuW/E BGH 3026, 3031.
390 Vgl. BKartA, 18. 1. 1999 »Babcock/Steinmüller« B 5–130/98.
391 Vgl. KG, 9. 12. 1981 »Bituminöses Mischgut« WuW/E OLG 2633, 2638/39.
392 Vgl. BGH, »Kfz-Kupplungen«, WuW/E BGH 1501 ff., 1503; KG, 18. 5. 1979 »Mannesmann/Brüninghaus« WuW/E OLG 2120 ff., 2123, vgl. auch KG, 18. 10. 1995 »Fresenius/Schiwa« WuW/E OLG 5549, 5560.
393 Vgl. BKartA, 15. 4. 1993 »Zahnradfabrik Friedrichshafen/Allison« WuW/E BKartA 2521, 2538, sowie BKartA, 23. 8. 1993 »Fresenius/Schiwa« WuW/E BKartA 2591, 2602, wo potentieller Wettbewerb im Ergebnis aber verneint wurde.
394 Vgl. FIW-Dokumentation H. 15, Marktbeherrschung in der Fusionskontrolle.

451 Sofern die Marktanteile der Beteiligten in den letzten zwei bis drei Jahren deutlich zurückgegangen sind oder aber **deutlichen Schwankungen** unterlegen waren, spricht dies gegen eine überragende Marktstellung[395]. Eine solche Situation tritt z. B. bei funktionierendem Preiswettbewerb und geringer Markentreue ein[396]. Nur leichte Verluste bei den Marktanteilen sprechen allerdings noch nicht unbedingt gegen einen unkontrollierten Verhaltensspielraum[397]. Denkbar ist auch, dass ein Beteiligter seinen hohen Marktanteil durch knapp kalkulierte Preise »erkauft« hat und sich die Marktanteile wirtschaftlich nicht aufrechterhalten lassen. Außerdem können sich Anhaltspunkte dafür ergeben, dass ein Zielunternehmen mit einem hohen Marktanteil nicht mit derselben Marktstrategie von dem Erwerber weitergeführt werden soll. Hier wäre dann im Rahmen der Prognose ein entsprechender **Abschmelzeffekt** zu berücksichtigen. Das auf dem Markt typische Nachfrageverhalten lässt Abschmelzeffekte nach einem Zusammenschluss erwarten, wenn beispielsweise die Nachfrager stets zwei oder mehr Lieferanten gelistet haben. Sofern Kunden sowohl von dem Erwerber als auch von dem Zielunternehmen beliefert wurden, werden sie versuchen, sich neben dem zusammengeschlossenen Unternehmen eine weitere Quelle zu sichern. Dies dürfte umso eher dann gelten, wenn der Erwerber 50 % oder mehr der Anteile an dem Zielunternehmen erworben hat.

452 Eine technologische Entwicklung, deren entsprechende Marktbedeutung innerhalb des üblichen Prognosezeitraums von 3 bis 5 Jahren sicher zu erwarten ist, kann aktuell bestehende hohe Marktanteile der Beteiligten relativieren. Dies ist insbesondere dann der Fall, wenn die am Zusammenschluss beteiligten Unternehmen auf dem betroffenen traditionellen Markt zwar hohe Marktanteile erreicht haben, im Rahmen eines zu erwartenden, **neuen technischen Standards** aber keinesfalls über eine überlegene Ausgangsposition verfügen werden, weil beispielsweise andere Unternehmen hier über Vorsprünge im Know-how oder gewerbliche Schutzrechte verfügen. Den Erwerb des Geschäftsbereichs Betriebsfunk der Robert Bosch GmbH durch die Motorola Inc. hat das BKartA nicht untersagt, obwohl es auf dem Endgerätemarkt für den Bündelfunk zu addierten Marktanteilen von über 50 % kam. Neben den zu erwartenden Abschmelzeffekten war für die Freigabe entscheidend, dass der wettbewerbliche Verhaltensspielraum von Motorola nach dem Zusammenschluss durch den technologischen Vorsprung von Wettbewerbern bei der Einführung der neuen digitalen Betriebsfunktechnik begrenzt werden würde[398].

453 Der **Auslandswettbewerb** wurde auch schon vor der »Backofenmarkt«-Entscheidung vom BKartA in die Betrachtung einbezogen[399]. In der Entscheidung »Groß-

---

395 Vgl. BKartA, 29. 5. 2001 »Mölnlycke / Johnson & Johnson«.
396 Vgl. BKartA, 6. 11. 2001 »Kuraray / Clariant« für den Bereich des Standard-Polyvinylalkohols.
397 Vgl. KG, 18. 10. 1995 »Fresenius / Schiwa« WuW/E OLG 5549, 5560; 16. 4. 1997 »WMF / Auerhahn« WuW/E OLG 5689, 5883; BKartA, 6. 7. 1995 »Kolbenschmidt« WuW/E BKartA 2829, 2837; ebenso bei einem Marktanteil von insgesamt ca. 60 % und einem Marktanteilsrückgang um ca. 2 % in den letzten drei Jahren; BKartA, 6. 2. 1997 »Herlitz / Landré«, WuW/E BKartA 2894.
398 Vgl. BKartA TB 1997/98, S. 110.
399 Vgl. z. B. Voith / Sulzer, Monopolkommission, Hauptgutachten 1988/89, Rdnr. 526 sowie Rdnr. 530 ff., wo Fälle angesprochen werden, die trotz Marktanteilen von 70–80 % aufgrund des Auslandswettbewerbs bzw. Nachfragemacht nicht untersagt würden; BGH, 24. 10. 1995 »Backofenmarkt« WuW/E BGH 3026, 3031, wo der BGH in den wirtschaft-

dampferzeuger« wurde die Freigabe des Zusammenschlusses von zwei der drei inländischen Anbieter aufgrund des hohen Wettbewerbsdrucks ausländischer Konkurrenten erteilt[400]. In dem Fall »BASF/Northeast Pharmaceutical Group Corp.« untersuchte das BKartA den inländischen Markt für Vitamin C, berücksichtigte aber auch den Umstand, dass der ökonomische Markt ein Weltmarkt ist und weltweit wirksame Wettbewerbsbedingungen bestehen[401]. Für die geographische Zuordnung eines bestimmten Umsatzes kommt es i.d.R. auf den Standort des Kunden bzw. in besonderen Fällen auf den Ort der Rechnungsadresse an.

454 Das BKartA hat auch bereits bei verhältnismäßig **niedrigen Marktanteilen** eine beherrschende Stellung angenommen. In dem Fall »**Rewe/Florimex**« plante die Rewe-Gruppe, 50% an dem Schnittblumenhändler Florimex zu erwerben. Florimex hatte auf dem Markt des Großhandels mit Schnittblumen in der Region Bayern und in der Umgebung von Ravensburg und Freiburg einen Marktanteil von ca. 12%. Das BKartA ging davon aus, dass Florimex auf diesem Markt marktbeherrschend sei und dass die Beteiligung der Rewe diese marktbeherrschende Stellung verstärke. Auf dem Markt gab es zwar eine Vielzahl von Konkurrenten, die allerdings jeweils Marktanteile von deutlich unter 5% hielten und daher deutlich schwächer waren als Florimex[402]. Zudem berücksichtigte das BKartA die Finanzkraft und den Zugang zum Beschaffungsmarkt von Florimex. In einem anderen Fall lag bei einzelnen regionalen Märkten für das Recycling mineralischer Baustoffe der Marktanteil der Beteiligten unter 30%[403]. Das BKartA hat die beherrschende Stellung mit einem signifikanten Marktanteils- und Ressourcenvorsprung begründet, da das »Verfolgerfeld« aus zahlreichen mittelständischen Unternehmen bestand. Im Fall »Beck/Nomos« wurde das Bestehen einer marktbeherrschenden Stellung trotz Marktanteilen unterhalb der Vermutungsschwelle ernsthaft geprüft[404]. Für das Entstehen einer überragenden Marktstellung sprachen u.a. der bevorzugte Zugang auf einen Stamm namhafter Autoren und die eigenen Buchhandlungen des Beck-Verlages.

455 Im Bereich der **Handelsmärkte** wird zwar die Vermutungsgrenze von 33,3% nur in seltenen Fällen durch ein einzelnes Unternehmen erfüllt sein. Aber auch bei **Marktanteilen unterhalb dieser Vermutungsgrenze** kann gerade im Handelsbereich eine marktbeherrschende Stellung erreicht werden, da die auf der Marktgegenseite befindlichen Endverbraucher kaum Nachfragemacht ausüben können und weil i.d.R. bereits bei Marktanteilen oberhalb von 25% in diesem Bereich die Marktanteilsabstände relativ deutlich sein dürften. In einem Fall, in dem es um

---

lichen Marktbegriff und den normativen Marktbegriff unterschieden hat. Danach kann das BKartA von wirtschaftlich grenzüberschreitenden Märkten ausgehen, vgl. BKartA, 28.4.1999 »Dow Chemical/Shell« WuW/E DE-V 109; 16.7.1999 »OEM-Lacke« WuW/E DE-V 165; 6.8.1999 »Druck Sensor« WuW/E DE-V 157; 19.11.1999 »Siemens/NEC« B 7–217/99; 9.12.1999 »Krautkrämer/Nutronik« WuW/E DE-V 203; 7.1.2000 »Microsoft/Visio« B 7–238/99; 8.3.2000 »Saft/Tadiran« B 7–216/99; 11.4.2001 »Sanyo/Toshiba« B 7–18/01; 18.1.1999 »Babcock/Steinmüller« WuW/E DE-V 81. Monopolkommission, Hauptgutachten VII und VIII.

400 BKartA, 18.1.1999 »Babcock/Steinmüller« WuW/E DE-V 81.
401 Vgl. BKartA TB 2001/02, S. 19.
402 BKartA, 30.1.1981 »Rewe/Florimex« WuW/E BKartA 1876 ff.; KG, 22.3.1983 »Rewe/Florimex« WuW/E OLG 2862 ff.
403 BKartA, 26.11.2001 »Trienekens/remex«; BKartA, 19.9.2001 »Lutz/Engelhardt«.
404 BKartA, 9.11.1999 »Beck/Nomos«, WuW/E DE-V 191.

Chemikalienhandel ging, wurde der Erwerb eines Händlers durch einen bedeutenden Hersteller untersagt, mit dem der Hersteller einen Marktanteil von über 40 % auf dem Handelsmarkt erreicht hätte[405]. Im Bereich der Bauwirtschaft hat das Kammergericht die Entstehung einer marktbeherrschenden Stellung bei einem Zusammenschluss verneint, bei dem die beteiligten Unternehmen auf dem Markt für Großprojekte (Auftragsvolumen über DM 50 Millionen) knapp unter 33,3 % blieben. Das BKartA hatte hier die Untersagungsvoraussetzungen aufgrund der hohen Marktanteilsabstände und der Ressourcenstärke der beteiligten Unternehmen sowie aufgrund eines Vorsprungs im Know-how vor kleineren Unternehmen, der Präferenz der Nachfrager für deutsche Bauunternehmen und damit einer Zugangshürde für ausländische Bauunternehmen für gegeben erachtet. Das Kammergericht stellte demgegenüber auf den intensiven **Ausschreibungswettbewerb** um große Bauaufträge ab und hob die Untersagungsverfügung auf[406].

(i) Art des Zusammenschlusses

Verfügt einer der Beteiligten bereits über eine **Minderheitsbeteiligung ohne Beherrschungsmöglichkeit** an einem Wettbewerber und verwirklicht er später einen weiteren Zusammenschluss (Zweiterwerb) an einem anderen Wettbewerber, so ist die vorher erworbene Minderheitsbeteiligung nicht vollständig zu addieren, d. h. die Marktanteile dieses Beteiligungsunternehmens werden dem Erwerber bei der fusionskontrollrechtlichen Analyse des Zweitzusammenschlusses nicht vollständig zugerechnet. Eine vollständige Zurechnung wäre nur im Fall einer bestehenden Mehrheitsbeteiligung bzw. einer (Mit-) Beherrschung möglich (vgl. § 36 Abs. 1 GWB). Das Bestehen einer Minderheitsbeteiligung an einem Wettbewerber kann fusionskontrollrechtlich im Rahmen eines zeitlich nachfolgenden Zweitzusammenschlusses **lediglich als Verflechtung** und damit als wettbewerbsdämpfender Umstand berücksichtigt werden[407]. 456

Das BKartA nimmt allerdings im Rahmen der Prüfung eines angemeldeten künftigen Erwerbs nicht nur im Falle des Kontrollerwerbs oder des Mehrheitserwerbs, sondern auch im Falle einer Minderheitsbeteiligung, in der Regel eine vollständige Addition der Marktanteile vor[408]. Die Marktanteile des zu erwerbenden Unternehmens werden dem Erwerber bei der Prüfung des Erwerbs dieser Beteiligung – anders als in der Situation des Folge- bzw. Zweiterwerbs (s. u.) – also vollständig zugerechnet[409]. 457

---

405 Vgl. BKartA, 3. 6. 1997 »Merck/KMF« AG 1997, 475.
406 Vgl. KG, 18. 3. 1998 »Hochtief/Philipp Holzmann« WuW/E DE-R 94, 96 ff; vgl. auch BKartA, 17. 11. 2000 »Abfallwirtschaft« WuW/E DE-V 48.
407 Üblicherweise geschieht dies in der Weise, dass die Marktanteile der mit den Beteiligten verflochtenen Unternehmen, die auf dem Markt tätig sind, aus dem Marktvolumen herausgerechnet werden. Die Marktanteile der Beteiligten steigen dann entsprechend, allerdings nicht so stark wie im Falle einer Addition.
408 Vgl. BKartA, 19. 1. 2001 »Lufthansa/Eurowings« B 9–147/00; 24. 1. 1995 »Hochtief/Philipp Holzmann« WuW/E BKartA 2729 ff.; sowie KG, 18. 3. 1998 »Hochtief/Philipp Holzmann« WuW/E DE-R 94; vgl. auch BKartA, TB 1983/82, S. 21 f.; Monopolkommission, Hauptgutachten IV, Rdnr. 571 f.; Mestmäcker/Veelken, in: I/M, GWB, 3. Aufl., § 36 Rdnr. 101 f., 111.
409 Vgl. Mestmäcker/Veelken, in: I/M, 3. Aufl., § 36 Rdnr. 103, m.w.N. sowie Rdnr. 94 ff. zum Streitstand; vgl. auch BGH, 19. 12. 1995 »Raiffeisen« WuW/E BGH 3037, 3040.

458 Eine vollständige Addition der Marktanteile findet auch im Falle des Erwerbs einer Minderheitsbeteiligung jedenfalls dann statt, wenn sich aufgrund der Beteiligungshöhe und des Wettbewerbsverhältnisses zwischen den Zusammenschlussbeteiligten das Bild einer »wettbewerblichen Einheit« ergibt[410].

459 Die in der Praxis des BKartA entwickelte Figur der »**wettbewerblichen Einheit**« setzt keinen Verbund i. S. d. § 36 Abs. 2 GWB voraus. Vielmehr genügt es, wenn das Wettbewerbsverhältnis zwischen den Beteiligten durch die Beteiligung aufgehoben oder doch erheblich eingeschränkt ist[411]. Das BKartA geht davon aus, dass kein Unternehmen sich an einem Konkurrenten (horizontaler Zusammenschluss) nur aus bloßem Finanzinteresse beteiligt. Vielmehr seien hier stets auch Wettbewerbsinteressen gegeben. Zwischen Unternehmen, die durch eine Minderheitsbeteiligung miteinander verbunden sind, trete daher eine **Wettbewerbsdämpfung** ein. Eine steigende finanzielle Beteiligung geht mit einem stärkeren Interesse des sich beteiligenden Unternehmens an dem Zielunternehmen einher. Dies stellt sich allerdings anders dar, wenn Interessengegensätze zwischen dem sich beteiligenden Unternehmen und dem Zielunternehmen bestehen oder eine wettbewerbliche Einflussmöglichkeit nicht begründet wird[412]. In dem Fall Sanacorp/ANZAG[413] entschied der BGH, dass ANZAG nach dem Zusammenschluss ein i. S. v. § 17 AktG von Sanacorp abhängiges Unternehmen sein würde. Mangels Widerlegung der Vermutung des § 17 AktG sei von einem einheitlichen Unternehmen auszugehen, das auf Effizienzgewinne hinarbeiten würde, z. B. durch Kosteneinsparung beim Einkauf nicht preisgebundener Produkte oder im Bereich der Logistik. Dies könne zu Verhaltensspielräumen der Unternehmen führen und gegenläufigen Umständen, wie der Finanzkraft von Wettbewerbern die Bedeutung nehmen.

460 Bzgl. der Höhe der eingegangenen Minderheitsbeteiligung berücksichtigt das BKartA bei Vorliegen hinreichender Anhaltspunkte auch die Möglichkeit, zukünftig die Beteiligung fusionskontrollfrei auf knapp 50 % aufzustocken, sofern nicht im Einzelfall ein Kontrollerwerb verwirklicht wird[414].

461 Die Berücksichtigung einer solchen künftigen Entwicklung setzt allerdings voraus, dass die Aufstockung einer Beteiligung konkret möglich erscheint[415].

462 Auch dann, wenn das Wettbewerbsverhältnis zwischen den Beteiligten bereits erheblich eingeschränkt ist, kann durch eine Aufstockung der Beteiligung auf 50 % oder mehr die Verbindung zwischen den Unternehmen allerdings weiter verstärkt werden[416].

---

410 Vgl. Ruppelt, in: L/B, 9. Aufl., § 36 Rdnr. 7, 8 m.w.N.; vgl. aber auch Kleinmann/Bechtold, 2. Aufl., § 24 a. F. Rdnr. 44; vgl. BKartA, TB 1981/82, S. 21; BGH, 22. 9. 1987 »Gruner+Jahr/Zeit« WuW/E BGH 2433, 2440; 28. 9. 1982 »Springer/az Anzeigenblatt« WuW/E BGH 1954, 1958.
411 Vgl. Ruppelt, in: L/B, 9. Aufl., § 36 Rdnr. 8.
412 Vgl. BKartA, 13. 8. 2003 »Novartis/Roche« WuW/E DE-V 858; 4. 4. 2001 »Callahan/NetCologne« WuW/E DE-V 413; 9. 6. 2004 »Deutsche Bahn/RSW/KVS« WuW/E DE-V 937.
413 Vgl. BGH, 13. 7. 2004 »Sanacorp/ANZAG« AG 2004, 674, 676.
414 Vgl. Ruppelt, in: L/B, 9. Aufl., § 36 Rdnr. 7 m.w.N.
415 Vgl. BGH, 19. 4. 1983 »VEW/Gelsenwasser« WuW/E BGH 2013, 2016; a.A. Monopolkommission, Hauptgutachten V, Rdnr. 453.
416 Vgl. KG, 15. 3. 1979 »Steinkohlenstromerzeuger« WuW/E OLG 2113; Monopolkommission, Hauptgutachten III, Rdnr. 483.

(ii) Gemeinschaftsunternehmen

463 Erwerben zwei oder mehr Unternehmen gleichzeitig oder auch nacheinander eine Beteiligung in Höhe von 25% oder mehr an dem gleichen Unternehmen, handelt es sich um ein Gemeinschaftsunternehmen. Die sich beteiligenden Unternehmen gelten für den Markt, auf dem das Gemeinschaftsunternehmen tätig ist bzw. tätig werden soll, als zusammengeschlossen. Gem. § 37 Abs. 1 Nr. 3 Satz 3 GWB wird daher ein partieller Horizontalzusammenschluss zwischen den Mutterunternehmen fingiert (sog. Fiktion einer Teilfusion der Mutterunternehmen). Bei der Prüfung der Umsatzschwellen gem. § 35 Abs. 1 GWB sind daher die Gesamtumsätze der Mutterunternehmen, die eine Beteiligung in Höhe von 25% oder mehr an dem Gemeinschaftsunternehmen erwerben oder halten, zu berücksichtigen. Erwirbt ein aufgrund seiner Umsätze nicht anmeldepflichtiges Unternehmen daher eine Beteiligung in Höhe von 25% oder mehr an einem Gemeinschaftsunternehmen i. S. d. § 37 Abs. 1 Nr. 3 Satz 3 GWB, so wäre ggf. dieser Vertikalzusammenschluss mangels Erreichens der Umsatzgrenzen gem. § 35 Abs. 1 GWB nicht anmeldepflichtig. Eine Anmeldepflicht dieses Vorgangs ergäbe sich aber dann, wenn ein aufgrund seiner Umsätze anmeldepflichtiges Unternehmen ebenfalls 25% oder mehr an dem Gemeinschaftsunternehmen hält. Die Pflichtangaben gem. § 39 Abs. 3 GWB wären dann – ggf. auch bzgl. der materiellen Marktgegebenheiten – auch für das »Kleinunternehmen« zu leisten. Die Fiktion der Teilfusion der Mutterunternehmen gilt nur für die formelle Fusionskontrolle. Im Rahmen der materiellen Fusionskontrolle werden die Ressourcen der Mutterunternehmen auf dem Markt des Gemeinschaftsunternehmens nicht automatisch addiert, sondern es kommt auch hier darauf an, ob die Mutterunternehmen eine wettbewerbliche Einheit bilden.

464 Das Vorliegen einer **wettbewerblichen Einheit** zwischen den Muttergesellschaften hängt im Wesentlichen davon ab, wie sich das Gemeinschaftsunternehmen, z.B. aufgrund seines Gewichts und seiner Bedeutung für die Muttergesellschaften, auf deren Geschäft auswirkt. Es ist in jedem Einzelfall zu untersuchen, inwieweit die Mütter Leitungsmacht ausüben, sie ihre Ressourcen zugunsten des Gemeinschaftsunternehmens einsetzen und inwiefern dadurch der Wettbewerb zwischen den Müttern untereinander bzw. zwischen den Müttern und dem Gemeinschaftsunternehmen reduziert wird[417].

465 Sofern es sich um Gemeinschaftsunternehmen handelt, kann der Übergang von gemeinsamer Beherrschung durch mehrere Mutterunternehmen zur **alleinigen Beherrschung** durch ein einzelnes Mutterunternehmen als dekonzentrativer Vorgang zu einer **wettbewerblichen Verbesserung** führen, weil dadurch die Gefahr eines Zusammenwirkens der Mütter reduziert wird. Umgekehrt kann aber die Erhöhung einer Beteiligung von einer Minderheits- zu einer Mehrheitsbeteiligung ggf. auch eine marktbeherrschende Stellung des Erwerbers verstärken[418].

466 Wird ein Gemeinschaftsunternehmen gemeinsam von den Muttergesellschaften beherrscht, so ist eine wettbewerbliche Einheit besteht aus den Muttergesell-

---

[417] BGH, 12. 12. 1978 »Erdgas Schwaben« WuW/E BGH 1533, 1538; 12. 12. 1980 »bituminöses Mischgut; WuW/E BGH 1763, 1765 f.
[418] KG, 15. 3. 1979 »Steinkohlenstromerzeuger« WuW/E OLG 2113, 2119; vgl. auch BKartA, 3. 8. 2004 »G + J/RBA« WuW/E DE-V 955 ff.

schaften einerseits und dem Gemeinschaftsunternehmen andererseits anzunehmen[419].

467 Ist eines der Mutterunternehmen auf einem Markt bereits beherrschend, kann dessen Beteiligung an dem Gemeinschaftsunternehmen in materieller Hinsicht zu einer Verstärkung der marktbeherrschenden Stellung führen. Dies ist umso eher anzunehmen, je größer die Bedeutung des Gemeinschaftsunternehmens für die Muttergesellschaft ist.

468 Wenn zwischen dem Gemeinschaftsunternehmen und einem seiner Mutterunternehmen **Substitutionswettbewerb** besteht, kann die Beteiligungsnahme zur Verstärkung einer eventuellen marktbeherrschenden Stellung des Mutterunternehmens führen. Dies muss allerdings im Einzelfall untersucht werden und kann nicht schon aufgrund der fingierten Teilfusion der Mütter unterstellt werden[420]. Ebenso wenig trägt die Zusammenschlussfiktion die Annahme der Verstärkung eines marktbeherrschenden Oligopols. Ihre Wirkung beschränkt sich auf die am Zusammenschluss beteiligten Unternehmen und erfasst nicht andere am Zusammenschluss unbeteiligte Oligopolmitglieder. Entsprechende Auswirkungen auf andere Märkte und Oligopolmitglieder können aber im Einzelfall anhand der gegebenen Interessenlage zwischen den Unternehmen festgestellt werden[421].

(b) **Ressourcentheorie/Finanzkraft**

469 Überlegene Finanzkraft ist geeignet, einem Unternehmen Verhaltensspielräume zu eröffnen und Konkurrenten hierdurch sowie durch die Forschungs- und Entwicklungskapazitäten, vorhandenes technisches oder kaufmännisches Knowhow oder sonstige nicht-finanzielle Ressourcen zu entmutigen[422]. Das Merkmal der **Finanzkraft** ist neben dem Marktanteil das in der Praxis wichtigste Kriterium für die Feststellung der Entstehung bzw. Verstärkung einer Marktbeherrschung.

470 Eine gegenüber den Mitkonkurrenten **überragende Finanzkraft**
– kann dazu führen, dass ein Unternehmen wirtschaftlich schwierige Phasen eher übersteht als ressourcenschwächere Wettbewerber und dass ihm genügend Mittel zur Verfügung stehen, um Wettbewerber durch eine entsprechende Preisstrategie langfristig unter Druck zu setzen oder aber im Rahmen des Innovationswettbewerbs (Forschung und Entwicklung) Vorsprünge zu erzielen;
– kann das finanzkräftige Unternehmen auch in die Lage versetzen, nachstoßenden Wettbewerb abzuwehren oder einen Gewinntransfer bzw. Verlustausgleich über verschiedene Märkte hinweg vorzunehmen;
– kann sich außerdem auf die Fähigkeiten des Unternehmens in den Bereichen Produktion und Vertrieb auswirken sowie, wenn Risiken durch Haftung bzw.

---

419 Sofern der Erwerber das Zielunternehmen nicht beherrscht, ist in materieller Hinsicht die Art der Verflechtung bei der Beurteilung im Rahmen der Gesamtwürdigung zu bewerten. Vgl. BGH, 19.12.1995 »Raiffeisen« WuW/E BGH 3037, 3040; BKartA, 13.1.1999 »CP Ships/Transportación Maritima Mexicana« B 9–184/98.
420 Mestmäcker/Veelken, in: I/M, § 36 Rdnr. 19.
421 BGH, 22.9.1987 »Gruner+Jahr/Zeit« WuW/E BGH 2433, 2439f.; KG, 15.1.1988 »W+i Verlag/Weiss-Druck« WuW/E OLG 4095, 4106f.
422 Dies gilt vor allem, wenn Wettbewerber deshalb mit Verdrängungsstrategien der Zusammenschlussbeteiligten rechnen, vgl. BKartA, 2.3.2004 »Ontex/Rostan« WuW/E DE-V 905ff.

II. Materielle Fusionskontrolle

Gewährleistung vorhanden sind oder wenn zur Durchführung eines Geschäfts ein Vorfinanzierungsbedarf besteht, zu Vorteilen führen.

Auch nicht-finanzielle Ressourcen werden von der Ressourcenstärke eines Unternehmens erfasst. 471

Eine überlegene Sortimentsbreite oder überlegene personelle Ressourcen, z. B. auf Märkten, die intensive Forschung und Entwicklung verlangen, können als Ausdruck von Ressourcenstärke maßgebliche Vorteile gegenüber Wettbewerbern bedeuten und für die Marktbetrachtung eine Rolle spielen[423]. 472

Auch überlegene Produktionskapazitäten sind in der Lage als »Ressourcenvorteil« Verhaltensspielräume schaffen. Bewegen sich die Konkurrenten an ihrer Kapazitätsgrenze, so wird deren Preisaktivität für die verbleibende restliche Kapazität eher nachlassen. Hier hat das ressourcenstarke Unternehmen die Chance, die Situation zu nutzen und über den Preis besonders wichtige Aufträge zu akquirieren. 473

Die Finanzkraft lässt sich von außen vor allem anhand des Umsatzes des Unternehmens ablesen. Der Umsatz allein bildet die Ressourcenstärke eines Unternehmens aber nicht unmittelbar ab. Präzisere Parameter sind die **Eigenfinanzierungskraft**, gemessen am so genannten Cashflow, sowie die Möglichkeit zur Fremdfinanzierung. Auch Gewinne, liquide Mittel sowie der Zugang zu den Kapitalmärkten können Ausdruck von Finanzkraft sein[424]. 474

Da in der Entscheidungspraxis des BKartA und der Gerichte der **Abschreckungs- und Entmutigungseffekt** bei aktuellen und potentiellen Wettbewerbern entscheidend ist (Ressourcentheorie), kommt es allerdings auf deren Vorstellung von der Finanzkraft eines Unternehmens an[425]. Außenstehende können sich von der Finanzkraft eines Unternehmens in erster Linie anhand des Umsatzes eine Vorstellung bilden. Andere Kriterien, wie etwa die Verfügbarkeit der Mittel, sind von außen in der Regel nicht ohne weiteres erkennbar. 475

Das BKartA geht davon aus, dass allein das Bestehen von Finanzkraft genügt, um diese auf ihre Marktwirkung hin zu untersuchen. Unerheblich ist, ob ein überdurchschnittlicher **Ressourceneinsatz** tatsächlich konkret geplant oder zu erwarten ist und ob investitionsbereite Mittel **tatsächlich zur Verfügung** stehen[426], solange nur die Möglichkeit zum Ressourceneinsatz besteht[427] und dieser von aktuellen 476

---

423 Vgl. BKartA, 23. 8. 1993 »Fresenius / Schiwa« WuW/E BKartA 2591; 20. 9. 1999 »Henkel / Luhns« WuW/E DE-V 177; 2. 7. 1999 »Corning / BICC« WuW/E DE-V 170.
424 Vgl. Begründung zum Regierungsentwurf der 2. GWB-Novelle, BT-Drucks. 6/2520; Monopolkommission, Hauptgutachten V 1982/83, Rdnr. 793, 798 sowie Hauptgutachten X 1992/1993, Rdnr. 426; BKartA, 6. 2. 1997 »Herlitz / Landré« WuW/E BKartA 2894, wo der Zugang von Herlitz als börsennotierte AG zu den Kapitalmärkten als Aspekt der Finanzkraft angesehen wurde.
425 Vgl. BGH 25. 6. 1985 »Edelstahlbestecke«, WuW/E 2150, 2157; 21. 2. 1978 »Kfz-Kupplungen« WuW/E BGH 1501, 1510; BKartA 2. 3. 2004 »Ontex / Rostan« WuW/E DE-V 905 ff.
426 Vgl. BGH, 25. 6. 1985 »Edelstahlbestecke« WuW/E BGH 2150; vgl. auch BKartA, 24. 1. 1995 »Hochtief / Philipp Holzmann« WuW/E OLG 2729, 2750; BGH, 21. 2. 1978 »Kfz-Kupplungen« NJW 1978, 1320; anders zuvor KG, 1. 12. 1976 »Sachs« WuW/E OLG 1745 ff., wonach der Ressourceneinsatz bei kaufmännisch vernünftigen Erwägungen zu erwarten sein muss; BGH, 25. 6. 1985 »Edelstahlbestecke« NJW RR 1986, 525; BKartA, 6. 7. 1995 »T & N / Kolbenschmitt« AG 1992, 522.
427 Vgl. BKartA, 24. 1. 1995 »Hochtief / Philipp Holzmann« WuW/E 2729, 2742 f.; BGH, 21. 2. 1978 »Kfz-Kupplungen« WuW/E BGH 1501, 1510.

B. Deutsche Fusionskontrolle

und potentiellen Wettbewerbern erwartet wird[428]. Kleinere Unternehmen könnten aus Sicht des BKartA aufgrund der überlegenen Ressourcen eines Wettbewerbers vom Markteintritt bzw. von vorstoßendem Wettbewerb abgehalten werden[429]. Ein entsprechender Abschreckungs- und Entmutigungseffekt auf ressourcenschwächere Wettbewerber trete generell ein.

477 Dabei kann berücksichtigt werden, dass der Einsatz vorhandener Ressourcen ggf. nicht eine bloß theoretische Möglichkeit ist[430], sondern auch ein starkes Interesse am Ressourceneinsatz nachgewiesen werden kann. Relevant ist daher auch, inwieweit auf dem Markt Ressourcen überhaupt erfolgreich eingesetzt werden können bzw. wie wichtig die Ressourcen für das Bestehen auf dem Markt sind[431].

478 Ein Ressourceneinsatz des erwerbenden Unternehmens dürfte vor allem im Fall einer Mehrheitsbeteiligung anzunehmen sein. Aber auch im Fall einer Minderheitsbeteiligung wird in der Praxis ein Ressourceneinsatz angenommen[432], jedenfalls dann, wenn eine wettbewerbliche Einheit entsteht.

479 Zu berücksichtigen ist auch, inwieweit andere finanzkräftige Unternehmen auf dem Markt tätig sind. Ein **Abschreckungs- und Entmutigungseffekt** ist umso unwahrscheinlicher, je stärker die Finanzkraft der Wettbewerber ist[433].

480 Ein Ressourcenzuwachs als singuläres Kriterium wird eher zur Verstärkung einer marktbeherrschenden Stellung führen können als zu deren erstmaliger Entstehung[434]. Wenn das ressourcenstarke Unternehmen bereits eine Beteiligung an dem anderen Unternehmen hält, und diese lediglich aufgestockt wird, kann auch darin eine Verstärkung der marktbeherrschenden Stellung liegen, da die Erhöhung der Beteiligung möglicherweise zu verstärkter gegenseitiger Rücksichtnahme führt. Zudem folgt aus der erhöhten finanziellen Beteiligung ein stärkeres Interesse am Erfolg des Beteiligungsunternehmens und eine größere Bereitschaft zum Einsatz der vorhandenen Ressourcen[435].

481 Umgekehrt kann eine überragende Finanzkraft der Wettbewerber der am Zusammenschluss Beteiligten vorhandenen Wettbewerb auf dem relevanten Markt langfristig absichern. Sie gibt die Fähigkeit, Preiswettbewerb aufzunehmen, und ist vor allem auf Märkten von Bedeutung, auf denen ein hoher Investitionsbedarf besteht[436]. In dem Fall »3M/ESPE«[437] hatte ESPE einen Marktanteil zwischen 40 und 50% und 3M einen solchen von 0–2%. Der nächst stärkere Wettbewerber hatte einen Marktanteil von 10–20%. Da die Wettbewerber von ESPE ein Vielfa-

---

428 Vgl. auch BGH, 25. 6. 1985 »Rheinmetall/WMF« WuW/E BGH 2157; 7. 3. 1989 »Kampfmeyer-Plange« WuW/E BGH 2575, 2582.
429 Vgl. BGH, 21. 2. 1978 »Kfz-Kupplungen« WuW/E BGH 1501, 1510.
430 Vgl. BKartA, 24. 1. 1995 »Hochtief/Philipp Holzmann«, WuW/E BKartA 2729 ff.
431 Vgl. KG, 18. 3. 1998 »Hochtief/Philipp Holzmann« WuW/E DE-R 94.
432 Vgl. BKartA, 24. 1. 1995 »Hochtief/Philipp Holzmann« WuW/E BKartA 2729, 2742 f.
433 Vgl. BGH, 24. 6. 1980 »Mannesmann/Brüninghaus« WuW/E BGH 1711, 1717.
434 Vgl. BKartA, 15. 4. 1993 »Zahnradfabrik Friedrichshafen/Allison« WuW/E BKartA 2521, 2533 ff.; BGH, 24. 10. 1995 »Backofenmarkt« WuW/E BGH 3026, 3033; 21. 2. 1978 »GKN Sachs« BGHZ 71, 12.
435 Vgl. KG, 16. 12. 1998, »WAZ/IKZ« WuW/E DE-R 336, 341 f.
436 Vgl. OLG Düsseldorf, 30. 10. 2003 »Sanacorp/ANZAG«, WuW/E DE-R 1033; vgl. aber die Aufhebungsentscheidung BGH, 13. 7. 2004 »Sanacorp/ANZAG« AG 2004, 674 ff.
437 Vgl. BKartA, 1. 2. 2001 »3M/ESPE« WuW/E DE-V 427; vgl. aber andererseits BGH, 13. 7. 2004 »Sanacorp/ANZAG« AG, 2004, 674, 676.

ches an Finanzkraft im Verhältnis zu ESPE aufzuweisen hatten und Produkte an den Großhandel vertrieben wurden und nicht direkt an die Verbraucher, wurde eine überragende Marktstellung von ESPE verneint.

(c) **Umfassendes Sortiment**

Eine bestimmte **Sortimentsbreite**[438] ist geeignet, einen besonderen Zugang zum Absatzmarkt zu schaffen, wenn eine erhebliche Anzahl von Abnehmern regelmäßig nicht Einzelgüter, sondern ein Sortiment von Gütern nachfragt und das Unternehmen mit diesem Angebot eine besondere Stellung auf dem Markt hat[439]. Ein Unternehmen, das einem Abnehmer ein ganzes Sortiment anbietet, kann häufig anders als eines, das nur wenige Produkte anbietet, über mehrere Produkte hinweg kalkulieren und Nachlässe (Rabatte) gewähren. Zum Teil gilt auch, dass eine Vielzahl verschiedener Lieferanten, z. B. aus logistischen Erwägungen, nicht gewünscht ist. Auch ist es denkbar, dass das Unternehmen, das über ein breites Sortiment verfügt, einen relativ frühen und guten Kontakt zu dem Abnehmer erhält, der ihm Vorteile gegenüber den Wettbewerbern verschafft[440]. Die Möglichkeit der Zusammenschlussbeteiligten, anstelle einzelner Komponenten ein komplettes System anbieten zu können, führt häufig zu erheblichen Wettbewerbsvorsprüngen, insbesondere wenn Konkurrenten auf das Know-how des zu erwartenden Komponentenherstellers angewiesen sind[441].

482

(d) **Struktur der Nachfrageseite**

Eine gegengewichtige **Nachfrageseite** kann den Verhaltensspielraum eines Unternehmens einschränken[442], während eine zersplitterte Nachfrageseite, z. B. auf Verbrauchermärkten, in der Regel eher die Entstehung einer marktbeherrschenden Stellung zulässt. Entsteht ein hoher Marktanteil dadurch, dass das Unternehmen einen bedeutenden Abnehmer als alleiniger oder als Hauptlieferant bedient, besteht eine starke Abhängigkeit des Anbieters von diesem Nachfrager. Der Nachfrager könnte beispielsweise im Rahmen einer Umstellung der Produkte die Marktstruktur auf der Anbieterseite entsprechend beeinflussen. Auch ein führender Anbieter wäre dann letztlich von dem Nachfrager abhängig[443]. Besteht eine entsprechende Umstellungsflexibilität der Anbieter, beeinflusst dies nicht nur die Marktabgrenzung, sondern schafft auch Ausweichmöglichkeiten für die Marktgegenseite[444].

483

---

438 Vgl. Wagemann/Pape, Kartellrechtspraxis und Kartellrechtsprechung 2001/02, Rdnr. 286 m.w.N.
439 Vgl. BGH, 25. 6. 1985 »Rheinmetall/WMF« WuW/E BGH 2157. Die Fähigkeit, Systeme oder ein bestimmtes Sortiment anzubieten, wird z.T. auch unter dem Begriff »Portfolio-Theorie« behandelt. Vgl. hierzu auch Emmerich, AG 2004, 629, 637 m.w.N., der auf die Bedeutung des Besitzes zahlreicher wichtiger Marken hinweist.
440 Vgl. BKartA, 25. 8. 1989 »WMF/Hutschenreuther« WuW/E BKartA 2829, 2837 f.
441 Vgl. BKartA 6. 7. 1995 »Kolbenschmidt« WuW/E BKartA 2829, 2839.
442 Monopolkommission, Hauptgutachten VII und VIII.
443 Vgl. BKartA, 11. 4. 2001 »Sanyo/Toshiba« B 7–18/01.
444 Vgl. KG, 24. 4. 1985 »Hussel/Mara« WuW/E OLG 3577, 3585. Vgl. zum aktuellen Wettbewerb durch Umstellungsflexibilität der Nachfrager und zum potentiellen Wettbewerb bzw. zur entsprechend weiteren Marktabgrenzung durch Umstellungsflexibilität der Anbieter Säcker, ZWeR 2004, 1 ff.

484 Eine Machtkontrolle geht von der Nachfrageseite auch dann aus, wenn die Nachfrager, um eine Abhängigkeit von den Anbietern zu vermeiden, grundsätzlich **mehrere Bezugsquellen** haben oder wenn sie keine langfristigen Bindungen eingehen, sondern regelmäßig die Angebote der Lieferer überprüfen[445].

485 Eine starke Nachfrageseite kann allerdings nicht ohne weiteres alle Funktionen wirksamen Wettbewerbs sicherstellen[446]. Dies dürfte nur dann gegeben sein, wenn die Nachfrageseite über eine **hinreichende Kostentransparenz** und **Entwicklungskompetenz** hinsichtlich der in Rede stehenden Produkte verfügt. Diese Aspekte des Wettbewerbs haben in der bisherigen Entscheidungspraxis im Bezug auf die nachfragestarke Gegenseite allerdings keine durchgreifende Rolle gespielt[447].

486 Die Nachfrageseite hat dann eine geringere Möglichkeit, Verhaltensspielräume des Anbieters zu kontrollieren, wenn der Anbieter ein Produkt herstellt und vertreibt, das die Nachfrageseite beispielsweise im Rahmen des Handels auf jeden Fall im Sortiment haben muss. Das BKartA hat in dem Fall »Melitta/Kraft« die starke Position der nachfragenden Lebensmittelhandelsunternehmen nicht als ausreichend angesehen, die überragende Marktstellung des über hohe Marktanteile verfügenden Haushaltsfolienanbieters Melitta in Frage zu stellen[448]. Der BGH[449] hat dem die Begründung hinzufügt, dass sich die marktstarke Stellung der Lebensmittelhandelsunternehmen auf alle Anbieter gleichermaßen auswirkt.

487 Das BKartA hat im Hinblick auf bestehende Nachfragemacht eine Reihe von Zusammenschlussvorhaben freigegeben: In einem Fall stand der führende Anbieter von Bergbauspezialarbeiten der Ruhrkohle AG als dem einzigen wichtigen Nachfrager gegenüber[450]. In einem anderen Fall ging es um den Zusammenschluss zweier Mitglieder des Oligopols der Hersteller von Kleinfeuerwerken, der mit Rücksicht auf die starke Position der Nachfrager, nämlich der großen deutschen Handelsorganisationen, die den wenigen Herstellern die Lieferbedingungen vorschreiben, freigegeben wurde[451]. Die Begründung eines engen Dreieroligopols für die Herstellung von Lacken für die Kraftfahrzeugindustrie wurde mit Rücksicht auf die übermächtige Position der Letzteren bei der Nachfrage nach solchen Lacken nicht untersagt[452]. Auch der Zusammenschluss eines führenden deutschen und eines französischen Herstellers von Lackieranlagen wurde trotz eines Marktanteils der drei größten Hersteller von 60 bis 65%, wiederum wegen der übermächtigen Position der Kraftfahrzeughersteller als der einzigen ins Gewicht fallenden Abnehmer, nicht untersagt, wobei noch hinzukam, dass der übernommene französische Anbieter bisher in Deutschland nicht präsent gewesen war[453]. Schließlich hat das BKartA der Begründung eines Dreieroligopols für Panzergesamtsysteme wegen der

---

445 Vgl. BGH, 2.12.1980 »Klöckner-Becorit« WuW/E BGH 1743, 1752.; BKartA, 19.12.2001 »Sandvik/Walter« B 4–120/01; 11.4.2001 »Sanyo/Toshiba« B 7–18/01.
446 Monopolkommission, Hauptgutachten VII und VIII.
447 Vgl. auch in diesem Zusammenhang KG, 18.3.1998 »Holzmann/Hochtief« WuW/E DE-R 94 f., wo das Kammergericht den Ausschreibungswettbewerb durch die Gegenseite hat durchgreifen lassen.
448 BKartA, 14.4.1989 »Melitta/Kraft« WuW/E BKartA 2370 ff.
449 BGH, 7.7.1992 »Melitta/Kraft« WuW/E BGH 2783.
450 BKartA, 1.6.1999 »Heitkamp/Deilmann-Haniel« WuW/E DE-V 135, 136 ff.
451 BKartA, 12.5.1999 »Comet/Piepenbrock« WuW/E DE-V 142, 144 ff.
452 BKartA, 16.7.1999 »PPG/ICI« WuW/E DE-V 165, 169 f.
453 BKartA, 11.2.2000 »Dürr/Alstom« WuW/E DE-V 235, 238 f.

vollständigen Abhängigkeit der Anbieter vom Bund als einzigem Nachfrager zugestimmt, dessen finanzieller Spielraum immer enger wird[454].
Die Monopolkommission geht demgegenüber davon aus, dass gegengewichtige Nachfragemacht dann wenig geeignet ist, wettbewerbliche Handlungsspielräume marktbeherrschender Unternehmen wirksam zu begrenzen, wenn auf der Nachfrageseite öffentliche Unternehmen oder die öffentliche Hand stehen. Hier sei nicht in jedem Fall eine Orientierung an Wirtschaftlichkeitskriterien gesichert[455]. 488

(e) **Verflechtungen**
Kapitalmäßige **Verflechtungen**, mithin Beteiligungen an anderen Unternehmen, die nicht die Voraussetzungen der Verbundklausel gem. § 36 Abs. 2 GWB bzw. einer wettbewerblichen Einheit erfüllen, können zu einer Wettbewerbsdämpfung führen. Eine solche Verflechtung muss nicht gesellschaftsrechtlicher Art sein, es sind auch personelle, rechtliche oder wirtschaftliche Verflechtungen denkbar, selbst z. B. durch wechselseitige Patentlizenz- oder Lieferverträge[456]. Eine Beteiligung an einem Wettbewerber, insbesondere, wenn auch ein oder mehrere Wettbewerber wiederum an diesem Unternehmen beteiligt sind, wird nicht nur kartellrechtlich kritisch beurteilt, sondern kann auch fusionskontrollrechtlich unter dem Aspekt der Verflechtung zu einer Verschlechterung der Marktstruktur führen. Typischerweise werden Verflechtungen eher geeignet sein, eine marktbeherrschende Stellung zu verstärken, als eine solche Marktstellung zu begründen. 489

(f) **Marktzutrittsschranken/Potentieller Wettbewerb**
Potentieller Wettbewerb ist in der Lage, einen unkontrollierten Verhaltensspielraum einengen, wenn er möglich und wahrscheinlich ist und wenn der Markteintritt zu Konditionen und mit Mengen erfolgen kann, die eine entsprechende Spürbarkeit auf dem Markt haben. 490

Hohe Marktzutrittschranken können potentielle Wettbewerber von einem Markteintritt abhalten[457]. 491

Marktzutrittsschranken werden typischerweise durch folgende Umstände errichtet: 492
– bestehender Patentschutz für maßgebliche Technologien auf dem Markt[458],
– verwaltungsrechtliche Anforderungen an eine Tätigkeit auf dem Markt, wie etwa Genehmigungsvorbehalte oder sonstige spezielle Zulassungsverfahren,
– knappe Rohstoffvorkommen,
– begrenzte Start- und Landezeiten (slots) im Bereich des Luftverkehrs,
– hoher Kapitalbedarf,

---

454 BKartA, 23. 3. 2000 »Rheinmetall/KUKA« WuW/E DE-V 246, 248.
455 Monopolkommission, Hauptgutachten XIV 2000/2001, Rdnr. 463; eine Orientierung an Wirtschaftlichkeitskriterien wird z. B. bei der Deutschen Bahn AG auch von der Monopolkommision angenommen.
456 Vgl. BKartA, 11. 8. 1994 »Lindner Licht GmbH« WuW/E BKartA 2669; 24. 2. 2000 »Ansel/Johnson und Johnson« B 3–120/99.
457 Vgl. BKartA, 27. 2. 1997 »Kali und Salz/PCS« WuW/E BKartA 2865; 27. 9. 2000 »GEC/TIP Trailer« WuW/E DE-V 353.
458 Insbesondere kann das sog. »ring-fencing«, also das Abdichten auch des Umfeldes einer Innovation mit Schutzrechten, zu Marktzutrittsbarrieren führen; so hat beispielsweise Henkel seine Tab-Technologie (Waschmittel in Tablettenform) durch etwa 60 Patente abgesichert, vgl. Monopolkommission, Hauptgutachten XIII, 1998/1999, Rdnr. 58.

- ein niedriges Preisniveau,
- die Notwendigkeit hoher Absatzmengen für eine Rentabilität eines Markteintritts und die Amortisierung der notwendigen Investitionen,
- das Bestehen langfristiger Lieferverträge auf dem Markt[459],
- bestimmte Normvorgaben, z. B. Formate oder Lineaturen bei Lernmitteln[460],
- Ressourcenstärke bereits auf dem Markt aktiver Unternehmen (Abschreckungswirkung), die über Verbundvorteile (economies of scope) oder Betriebsgrößenvorteile (economies of scale) verfügen,
- eine späte Marktphase, wenn also das Produkt auf dem Markt ausgereift ist, kaum Raum für Innovationen gegeben ist und die Gewinnerwartungen entsprechend niedrig sind,
- enger Kontakt der Abnehmer zu den Wettbewerbern und eine gewisse Kundentreue.

493 Sofern keine oder geringe Marktzutrittsschranken vorhanden sind, kann auch potentiellem Wettbewerb aus dem Ausland eine wichtige Bedeutung zukommen[461]. Potentieller Wettbewerb durch ausländische Konkurrenten wird durch tarifäre oder nicht tarifäre Handelshemmnisse, Sprachbarrieren oder eine Präferenz der Nachfrager für inländische Anbieter gebremst[462]. Bei **Chancengleichheit** ausländischer und inländischer Wettbewerber ist auch zu berücksichtigen, ob die ausländischen Wettbewerber ohne zusätzliche Kosten bestehende spezifische inländische Standards erfüllen können und ob die Transportbedingungen (Just-in-time) Lieferungen durch ausländische Unternehmen zulassen[463]. Wenn ausländische Wettbewerber mit Tochtergesellschaften im Inland vertreten sind und am Wettbewerb teilnehmen, wird dies üblicherweise nicht als Auslandswettbewerb oder als Zeichen einer internationalen Öffnung des Marktes angesehen[464].

494 Die Presse ist ein Beispiel für einen Bereich, in dem hohe Marktzutrittsschranken bestehen. Zudem sind hier ressourcenstarke Medienkonzerne tätig. Deren Möglichkeit zu externem Wachstum ist fusionskontrollrechtlich beschränkt, wie die Entscheidungspraxis des BKartA zeigt[465].

(g) **Dynamische Marktphase**

495 Wenn die Produkte eines Markts nicht ausgereift sind und sich der Markt noch stark entwickelt, relativiert dies häufig einen hohen Marktanteil. Durch eine hohe Innovationsgeschwindigkeit geht eine Marktführerschaft z. T. schnell wieder verlo-

---

459 Vgl. BGH 15. 7. 1997 »Stadtwerke Garbsen« WuW/E DE-R 32.
460 Vgl. BKartA, 6. 2. 1997 »Herlitz/Landré« WuW/E BKartA 2894.
461 Vgl. BKartA, 20. 12. 2002, »Marzipanrohmasse« WuW/E DE-V 257.
462 Vgl. BKartA, »Deckel/Maho« TB 1993/94, S. 81; »Freudenberg/Marelli« TB 1997/98, S. 21; »Schickedanz/Karstadt« TB 1997/98, S. 280, 284; 8. 12. 1986 »Hüls-Condea« WuW/E BKartA 2247, 2250; Kommission, 19. 6. 1998, »Krauss-Maffei/Wegmann« M.1153; BKartA, »ABB/AEG/LHW/Siemens/Deutsche Waggonbau AG« TB 1993/94, S. 80.
463 Vgl. BKartA, 18. 1. 1999 »Babcock/Steinmüller« WuW/E DE-V 81.
464 Vgl. BKartA, 24. 1. 1995 »Hochtief/Philipp Holzmann« WuW/E BKartA 2729.
465 Vgl. Emmerich, Kartellrecht, 8. Aufl., S. 317 ff. Vgl. auch BGH, 16. 2. 1982 »Münchener Wochenblatt«, AG 1982, 255, Bestätigung der Untersagung eines Zusammenschlusses zwischen einem Großverlag bzw. der Erstzeitung mit der Zweitzeitung bzw. einem Anzeigenblatt auf dem Markt.

ren. Im Übrigen kann auch das Marktvolumen schnell ansteigen und die Marktanteile selbst bei fortbestehendem Abnehmerkreis entsprechend sinken lassen[466]. Eine positive Marktentwicklung und entsprechende Gewinnerwartungen lassen darüber hinaus Marktzutritte wahrscheinlicher werden. Auch in dieser **Marktphase** wäre es allerdings problematisch, wenn der Zusammenschluss zu einer Abschottung des Marktes führen würde[467].

(h) Ausreifungs- und Stagnationsphase

In der Ausreifungs- und **Stagnationsphase** ist im Vergleich zur Experimentier- und Expansionsphase eine erheblich geringere Dynamik in der Entwicklung der Wettbewerbsbedingungen festzustellen. Es werden wenig neue Einsatzmöglichkeiten für die Produkte entdeckt, und die Produkte selbst können kaum weiterentwickelt werden. Auch Marktzutritte sind in dieser Phase seltener zu erwarten. Ein Markt in der Stagnationsphase wird i. d. R. weniger attraktiv für Newcomer sein als ein sich dynamisch entwickelnder Markt mit einem Nachfrageüberhang. Findet ein Zusammenschluss in einer solchen Marktphase statt, kann nur unter besonderen Voraussetzungen von künftigen Wettbewerbsimpulsen ausgegangen werden, die auch hohe Marktanteile relativieren würden[468].

496

(5) Zugang zu vor- oder nachgelagerten Märkten

Ein im Vergleich zu Wettbewerbern besserer **Zugang zu den Beschaffungs- und Absatzmärkten** kann einem entsprechend vertikal integrierten Unternehmen eine überragende Marktstellung im Verhältnis zu seinen Wettbewerbern verschaffen.
Ein Wettbewerbsvorteil kann sich insbesondere ergeben, wenn Konkurrenten hierdurch der Zugang zu Beschaffungsmärkten erschwert wird, weil auf dem vorgelagerten Markt beispielsweise Rohstoffe entsprechend knapp sind oder die beteiligten Unternehmen auf dem vorgelagerten Markt eine entsprechend starke Stellung haben. Ein denkbarer Vorteil kann auch darin bestehen, dass durch eine Integration der Absatzseite eine starke Nachfrageseite sich weniger nachteilig für das integrierte Unternehmen auswirkt[469]. Ist das Unternehmen auf Vorlieferungen durch Wettbe-

497

498

---

466 Vgl. BKartA, 3. 3. 2000 »Cisco/IBM« B7–221/99, wo trotz eines Marktanteils von 40 % die Vermutung gem. § 19 Abs. 3 Satz 1 GWB als widerlegt angesehen wurde, da mit weitreichenden Innovationen, Marktzutritten und steigendem Marktvolumen zu rechnen war. Auch kam es in den Jahren vor dem Zusammenschluss zu einem Marktanteilsrückgang von 80 % auf 40 %; 6. 8. 1999 »Texas Instruments/ISS« WuW/E DE-V 157.
467 Vgl. BKartA, 8. 6. 1984 »Glasfaserkabel« WuW/E BKartA 2143, 2146; 1. 10. 1998 »Premiere« WuW/E DE-V 53, 59.
468 Vgl. BKartA TB 1997/98 S. 110 »Motorola/Bosch-Betriebsfunk«; 18. 1. 1999 »Babcock/Steinmüller« WuW/E DE-V 81; hier war entweder eine Überleitung des Markts zu neuen innovativen Produkten beziehungsweise aufgrund der gesetzlichen Rahmenbedingungen intensiver Wettbewerb zu erwarten. Vgl. auch Wagemann/Pape, Kartellrechtspraxis und Kartellrechtsprechung 2001/02, Rdnr. 291 für den Fall, dass die Überkapazitäten zu Preissenkungen führen.
469 Vgl. BGH, 12. 12. 1978 »Erdgas Schwaben« WuW/E BGH 1533, 1536; 25. 6. 1985 »Edelstahlbestecke« WuW/E 2150, 2156; BKartA, 17. 4. 1989 »Daimler-Benz/MBB« WuW/E BKartA 2335, 2346; 3. 1. 1997 »Axel Springer Verlag/PSG Postdienst Service« WuW/E BKartA 2909; 6. 2. 1997 »Herlitz/Landré« WuW/E BKartA 2894.

werber angewiesen, kann dies umgekehrt einen hohen Marktanteil relativieren[470]. Hier kommt es darauf an, inwieweit die Konkurrenten über Herstellungskapazitäten verfügen und deren Kapazitäten ausgelastet sind[471].

499 Zu denken ist für den Zugang zu Absatzmärkten an eine herausragende räumliche Präsenz, z. B. durch ein enges Filialnetz oder eine etablierte Vertriebslogistik.
Das BKartA untersagte dem Axel Springer Verlag die Akquisition der PSG, die in den neuen Bundesländern 246 Presseeinzelverkaufsstellen (u. a. Kioske), davon 31 Bahnhofbuchhandlungen betrieb, weil dies zur Verstärkung der marktbeherrschenden Stellung des Axel Springer Verlages auf einzelnen lokalen Märkten für Straßenverkaufs-, Sonntags- und Abonnementtageszeitungen sowie den dazugehörigen Zeitungsanzeigenmärkten geführt hätte. Die Verstärkung wurde mit dem verbeserten Zugang zu Absatzmärkten begründet, z. B. weil die in Rede stehenden Titel verkaufsfördernd neben und vor der Kasse hätten angeboten werden können. Im Übrigen seien die Pressemärkte durch eine weitestgehende Trennung des Verlagswesens vom Handel gekennzeichnet, sodass die Einflussmöglichkeiten der Großverlage auf die Sortimentsgestaltung üblicherweise gering seien. In dem Fall »Herlitz/Landré« stellt das BKartA u. a. darauf ab, dass Herlitz als Hersteller zahlreicher Papierprodukte im Lernmittelbereich (wie Hefte, Blöcke etc.) über ein verbundenes Unternehmen auch im Bereich des Handelsgeschäfts für Papier tätig war. Dies ermögliche Herlitz einen bevorzugten Zugang zu den Beschaffungsmärkten für Papier[472]. Weiter bot Herlitz den Handelsunternehmen ein komplettes Regalmanagement an. Auch aufgrund der Kombination von Finanzkraft und Produktvielfalt hielt das BKartA einen herausragenden Zugang zu den Absatzmärkten für gegeben[473]. Im Bereich der Energiewirtschaft wird vertikale Integration bei bestehender Marktbeherrschung ebenfalls als Absicherung der Marktbeherrschung angesehen[474].

(6) Substitutionswettbewerb

500 **Substitutionswettbewerb** geht von solchen Produkten aus, die aus Sicht der Nachfrager zwar nicht austauschbar mit den zum Markt gehörenden Gütern sind, diese aber in gewissem Umfang in Randbereichen zu ersetzen vermögen. Substitutionswettbewerb erlangt daher typischerweise als Randwettbewerb Bedeutung. Zu berücksichtigen ist der Substitutionswettbewerb zugunsten der beteiligten Unternehmen aber nur dann, wenn er sich nicht gleichermaßen auf alle Anbieter des Marktes auswirkt, sondern nur den Verhaltensspielraum gerade der beteiligten Unternehmen beschränkt. Gegebenenfalls kann ein Produkt, das im Laufe des Prognosezeitraums mehr und mehr Bedeutung auf dem Markt erlangen und die Produkte, die gegenwärtig noch den Markt bilden, verdrängen wird, zu einer anderen

---

470 Vgl. BKartA, 2. 7. 1999 »Corning/BICC« WuW/E DE-V 170.
471 Vgl. KG, 1. 12. 1976 »Sachs« WuW/E OLG 1745, 1752; BKartA, 27. 2. 1997 »Kali + Salz/PCS« WuW/E BKartA 2885, 2887 ff.
472 Vgl. BKartA, 6. 2. 1997 »Herlitz/Landré« WuW/E BKartA 2894.
473 Vgl. BKartA, 6. 2. 1997 »Herlitz/Landré« WuW/E BKartA 2894.
474 Vgl. BKartA, 12. 9. 2003 »E.ON/Stadtwerke Eschwege« WuW/E DE-V 823 ff.; 20. 11. 2003 »E.ON/Stadtwerke Lübeck« WuW/E DE-V 837 ff.; 26. 2. 2003 »RWE/Kreiswerke Heinsberg« WuW/E DE-V 845 ff.

Beurteilung führen[475]. Umgekehrt kann der Erwerb eines Herstellers von Substitutionsprodukten zur Absicherung einer Marktstellung führen und entsprechend eine marktbeherrschende Stellung verstärken[476].

(7) Umstellungsflexibilität / Ausweichmöglichkeiten

Der Beispielkatalog gemäß § 19 Abs. 2 Nr. 2 GWB enthält als weiteres Kriterium zur Feststellung einer überragenden Marktstellung die Fähigkeit, »sein Angebot oder seine Nachfrage auf andere Waren oder gewerbliche Leistungen umzustellen, sowie die Möglichkeit der Marktgegenseite, auf andere Unternehmen auszuweichen [...]«. Dieses Kriterium soll eine bessere Erfassung der Nachfragemacht ermöglichen, die beispielsweise durch große Handelsunternehmen ausgeübt werden kann. Fehlende Ausweichmöglichkeiten sind aber erst dann als bedenklich anzusehen, wenn nicht nur ein einzelnes Unternehmen keine zumutbare Alternative bietet. Zudem muss sich die überragende Marktstellung im Verhältnis zu den Wettbewerbern ergeben. Insofern bestehen weitgehende Überschneidungen mit der Prüfung des Zugangs zu Absatz- und Beschaffungsmärkten, sodass die Umstellungsflexibilität und Ausweichmöglichkeiten in der Praxis des BKartA bisher keine Rolle gespielt haben[477]. 501

(8) Überkapazitäten

Gravierende **Überkapazitäten** sind geeignet, zu einer wettbewerblichen Marktstruktur beitragen, wenn die Überkapazitäten nicht lediglich kurzfristig, saisonal bedingt bestehen, sondern strukturell begründet sind[478]. Sie können auch hohe Marktanteile relativieren[479]. 502

Überkapazitäten führen i.d.R. dazu, dass die Beteiligten auf dem Markt sich einen starken Preis- und Qualitätswettbewerb bieten und die führenden Unternehmen einer ständigen Preiskontrolle unterliegen, da Kunden, die aufgrund von Preiserhöhungen der Marktführer einen anderen Lieferanten suchen, ohne langwierigen und u.U. riskanten Kapazitätsaufbau von den kleineren Unternehmen bedient werden können[480]. 503

Bei Überkapazitäten sind Konkurrenten insbesondere dann in der Lage die bestehende Nachfrage zu befriedigen, wenn es sich um homogene Massengüter (Commodities) handelt. Bei heterogenen Gütern können schnelle Wechsel von einem zum anderen Lieferanten u.U. schwieriger sein. 504

Sofern Überkapazitäten sich gleichmäßig auf die beteiligten Unternehmen und auf die Wettbewerber verteilen, schreibt das BKartA Überkapazitäten diese Wirkung 505

---

475 Vgl. BKartA »Motorola/Bosch-Betriebsfunk« TB 1997/98 S. 110; siehe auch Monopolkommission, Hauptgutachten VI, Rdnr. 429 ff.
476 Vgl. Monopolkommission Hauptgutachten VI 1984/1985, Rdnr. 429 ff.; BKartA, 13. 12. 1985 »Linde/Agefko I« WuW/E BKartA 2213, 2217; KG, 7. 11. 1985 »Pillsbury/Sonnen-Bassermann« WuW/E OLG 3759; BGH, 26. 5. 1987 »Niederrheinische Anzeigenblätter« WuW/E BGH 2425, 2430; BGH, 12. 12. 1978 »Erdgas Schwaben« WuW/E 1533 ff.
477 Ruppelt, in: L/B, 9. Aufl., § 19 Rdnr. 55.
478 Vgl. KG, 26. 5. 1981 »Braun/Almo« WuW/E OLG 2539, 2543; Mestmäcker, in: I/M, GWB, 2. Aufl., § 24 a.F. Rdnr. 95.
479 Vgl. BKartA, 27. 9. 2000 »Exide/GNB« B 7–177/00.
480 Vgl. BKartA, 27. 9. 2000 »Exide/GNB« B 7–177/00.

B. Deutsche Fusionskontrolle

nicht unbedingt zu, da das marktbeherrschende Unternehmen einem Versuch der Wettbewerber, Marktanteile hinzuzugewinnen, mit einer aggressiven Preispolitik entgegentreten könnte[481].

506 Sofern bestehende Überkapazitäten der Wettbewerber nur hinreichen, um einen Teil der Kunden des Marktführers zu beliefern, wären sie nicht in der Lage, die gesamte entstehende Nachfrage kurzfristig befriedigen, sondern müssten ggf. zunächst neue Kapazitäten aufbauen. Dies könnte einen **zeitlich begrenzten Verhaltensspielraum** des führenden Unternehmens bewirken. Eine hinreichende Preiskontrolle wäre nur dann anzunehmen, wenn die Wettbewerber ganz erhebliche Überkapazitäten hätten und den Markt weitgehend beliefern könnten.

507 Im Übrigen spielen Überkapazitäten bei der strukturellen Betrachtung eine nur untergeordnete Rolle. Allein aufgrund bestehender erheblicher Überkapazitäten kann das Bestehen wesentlichen Wettbewerbs i.d.R nur angenommen werden, wenn die Schwelle der Vermutung einer Einzelmarktbeherrschung nur knapp überschritten ist. Im Falle hoher Marktanteile dürfte das Bestehen gewisser Überkapazitäten zur Widerlegung der Einzelmarktbeherrschungsvermutung i.d.R. nicht genügen[482].

(9) Gesamtwürdigung

508 Eine überragende Marktstellung kann häufig nicht ausschließlich anhand eines einzelnen Kriteriums gemäß § 19 Abs. 2 Nr. 2 GWB festgestellt werden, es ist vielmehr eine **Gesamtwürdigung** anhand der bestehenden Marktstruktur vorzunehmen[483]. Es kommt in der Praxis vor, dass zwar wichtige Strukturkriterien wie etwa der Marktanteil für eine Marktbeherrschung sprechen, andere Strukturfaktoren dagegen auf strukturell gesicherten Wettbewerb hindeuten. Neben dem Marktanteil sind vor allem die Finanzkraft und das Bestehen von Marktzutrittsschranken Faktoren, denen in der Praxis ein besonderes Gewicht zukommt[484]. Schon ein einzelner entgegenstehender Umstand kann einen solchen überragenden Verhaltensspielraum ausschließen, z.B. wenn ein Konkurrent über überlegene finanzielle Ressourcen verfügt[485].

509 Bei der Beurteilung der Wettbewerbssituation auf dem Markt sind Verhaltensweisen der Wettbewerber nicht zu berücksichtigen, wenn diese nicht durch die Marktstruktur gesichert sind[486]. Allerdings kann das Wettbewerbsverhalten Einfluss auf die Wettbewerbsstruktur haben[487].

510 In kritischen Fällen sollte dem BKartA jedenfalls das für die Beteiligten sprechende Wettbewerbsverhalten geschildert werden, insbesondere das Bestehen von Preiswett-

---

481 Vgl. Wagemann/Pape, Kartellrechtspraxis und Kartellrechtsprechung 2001/02, Rdnr. 292.
482 Dieses Kriterium hat insbesondere dann nur eine untergeordnete Bedeutung, wenn sich die Überkapazitäten so verteilen, dass das marktbeherrschende Unternehmen auf expansives Verhalten der Wettbewerber mit einer aggressiven Preispolitik reagieren kann, vgl. BKartA, 26. 11. 2001 »Trienekens/remex«.
483 Vgl. BGH, 21. 2. 1978 »Kfz-Kupplungen« WuW/E BGH 1501; 16. 2. 1982 »SZ/Münchener Anzeigenblätter« WuW/E BGH 1908; 19. 12. 1995 »Raiffeisen« WuW/E BGH 3037, 3041.
484 Vgl. BKartA, 6. 2. 1997 »Herlitz/Landré« WuW/E BKartA 2894; 6. 7. 1995 »Kolbenschmidt« WuW/E BKartA 2829, 2837.
485 Vgl. BKartA, 1. 2. 2001 »3M/ESPE« WuW/E DE-V 427.
486 Vgl. auch Ruppelt, in: L/B, 9. Aufl., § 36 Rdnr. 16 m.w.N.
487 Vgl. BGH, 2. 12. 1980 »Klöckner/Becorit« WuW/E BGH 1749, 1754f.

bewerb, Marktanteilsverschiebungen sowie Umständen, die Innovationswettbewerb belegen, oder das immer wieder neu Wettbewerb entfachende Verhalten der Nachfrager. Preisrückgänge allein werden vom BKartA i. d. R. noch nicht als hinreichendes Indiz für das Fehlen einer Marktbeherrschung angesehen[488]. Entscheidend ist aber, dass der Wettbewerb strukturell gesichert und damit auch künftig zu erwarten ist.

(10) Kausalität / Drittwirkung

Die Verschlechterung der Marktstruktur muss durch den Zusammenschluss eintreten. Der Zusammenschluss muss daher **kausal** für die Entstehung oder Verstärkung einer marktbeherrschenden Stellung sein. Eine Mitursächlichkeit genügt. Findet lediglich ein Inhaberwechsel bei einem marktbeherrschenden Unternehmen statt, so erfüllt dies ohne zusätzliche Verschlechterung einer der in § 19 Abs. 2 GWB genannten Marktstrukturfaktoren nicht die Voraussetzungen einer Untersagung. 511

Eine wichtige, in der Praxis relevante Fallkonstellation ist der Fall der **Sanierungsfusion** (failing company defense). Eine Kausalität wäre nicht gegeben, wenn eine Verschlechterung der Marktstruktur, beispielsweise durch einen Marktanteilszuwachs auf Seiten des Erwerbers, auch ohne den Zusammenschluss erfolgen würde[489]. Dies wäre der Fall, wenn im Falle des Ausscheidens des erworbenen Unternehmens die Marktanteile ohnehin nur dem Erwerber zufallen und sich nicht auf verschiedene Marktteilnehmer verteilen würden, wenn kein anderer Erwerber für das ausscheidende Unternehmen in Betracht kommt und wenn das Zielunternehmen ohne den Zusammenschluss nicht überlebensfähig wäre[490]. Dieser Nachweis schwierig zu führen. 512

Ob das Entstehen einer marktbeherrschenden Stellung bei anderen als den am Zusammenschluss Beteiligten oder den mit diesen verbundenen Unternehmen die Untersagungsvoraussetzungen erfüllt, ist strittig[491]. Liegen die Untersagungsvoraussetzungen infolge des Zusammenschlusses bei dritten Unternehmen vor, will das BKartA dies ggf. ausreichen lassen. Das BKartA argumentiert dabei mit dem Schutzwweck des GWB, der die Funktionsfähigkeit des Wettbewerbs insgesamt sichert[492]. 513

Die Kriterien dafür, in welchem Ausmaß **Veränderungen bei dritten Unternehmen** infolge des Zusammenschlusses i. S. d. § 36 Abs. 1 GWB zu berücksichtigen sind, hat das BKartA inzwischen in mehreren Entscheidungen präzisiert. 514

Voraussetzung für eine solche Berücksichtigung ist, dass entweder – wie in der Entscheidung »RWE Plus AG/Stadtwerke Düren« in Bezug auf die mit RWE ver- 515

---

488 Vgl. Wagemann/Pape, Kartellrechtspraxis und Kartellrechtsprechung 2001/02, Rdnr. 292.
489 Vgl. BKartA, 21. 10. 2003 »Imation/EMTEC« WuW/E DE-V 848. Hier ist auch der Fall des Erwerbs kraft Gesetz zu beachten, vgl. BKartA, »Sodafabrik Bernburg« TB 1991/92, S. 23.
490 Vgl. BKartA, »Lufthansa/Interflug« TB 1989/90; 27. 2. 1997 »Kali+Salz/PCS« WuW/E BKartA 2885. Vgl. BKartA, »Kali+Salz« TB 1981/82, S. 38; »Darmstädter Echo/Darmstädter Tagblatt« TB 1985/86, S. 87; »Anzag/Holdermann« TB 1978, S. 75 f.; 17. 12. 1976 »Rheinstahl-Hüller« WuW/E BKartA 1665; dieser kumulativ zu erfüllenden Voraussetzung der Sanierungsfusion ist im Einzelfall 18. 5. 1977 »Mannesmann-Brüninghaus« WuW/E BKartA 1689.
491 Vgl. KG, 24. 10. 1979 »Siegerländer Transportbeton« WuW/E OLG 2259, 2261; BGH, 23. 10. 1979 »Zementmahlanlage II« WuW/E BGH 1655, 1660; vgl. auch Mestmäcker/ Veelken, in: I/M, GWB, 3. Aufl., § 36 Rdnr. 131 f., die die Entstehung oder Verstärkung einer marktbeherrschenden Stellung bei verflochtenen Unternehmen ausreichen lassen.
492 Vgl. Ruppelt, in: L/B, § 36 Rdnr. 25 m. w. N.; KG, 16. 4. 1997 »WMF/Auerhahn« WuW/E OLG 5879.

bundene Thyssengas – das fragliche dritte Unternehmen mit einem am Zusammenschluss beteiligten Unternehmen i. S. d. § 36 Abs. 2 GWB verbunden ist[493] oder – wie grundlegend in der Sache »Schwäbisch Gmünd« und in der Folge insbesondere in Sachen »E.ON/Ruhrgas« entschieden wurde – an dem dritten Unternehmen eine Beteiligung besteht, die ihrerseits kontrollpflichtig ist[494]. Dann ist in den Augen des BKartA eine Zusammenrechnung der Wettbewerbswirkungen nach Sinn und Zweck der Fusionskontrollvorschriften geboten und die Kausalität des Zusammenschlusses für die Veränderungen anzunehmen.

(11) **Verstärkung einer Marktbeherrschung**

516 Gemäß § 36 Abs. 1 GWB ist ein Zusammenschluss zu untersagen, wenn er entweder zu der Entstehung einer marktbeherrschenden Stellung führt oder aber die bereits bestehende marktbeherrschende Stellung eines Beteiligten verstärkt.

517 Die Marktbeherrschungsvermutung gem. § 19 Abs. 3 GWB gilt auch für § 36 Abs. 1 GWB, allerdings nur für das Entstehen einer marktbeherrschenden Stellung und nicht für die Alternative der Verstärkung einer marktbeherrschenden Stellung.

518 Die Verstärkungswirkung muss nicht eine bestimmte Schwelle der Spürbarkeit überschreiten, um zur Untersagung zu führen. Für die **Verstärkung einer marktbeherrschenden Stellung** genügt auch eine nur ganz geringfügige Verstärkungswirkung, z. B. durch Addition von Marktanteilen[495]. Aus dem Gesetz ist kein Anhaltspunkt dafür ersichtlich, eine hinreichende Verstärkungswirkung etwa erst ab einer Marktanteilsaddition in einer bestimmten Höhe festzustellen[496]. Im Falle der Verstärkung ist eine umso **geringfügigere Verstärkung** ausreichend, je eindeutiger die bereits bestehende Marktbeherrschung ist[497]. Auf Grund der Unumkehrbarkeit einer durch eine Fusion herbeigeführte Strukturveränderung kommt es nicht nur auf die alsbald und mit hoher Wahrscheinlichkeit zu erwartenden Wirkungen, sondern auch auf zu erwartende längerfristige Wirkungen an[498]. In der Entscheidung »WMF/Auerhahn« wurde die Verstärkung einer marktbeherrschenden Stellung angenommen, obwohl WMF durch den Erwerb lediglich einen Marktanteil von 2,5 % hinzu

---

493 BKartA, 22. 1. 2002 »RWE Plus AG/Stadtwerke Düren« WuW/E DE-V 553, 556.
494 BKartA, 26. 1. 2001 »Schwäbisch Gmünd« WuW/E DE-V 395, 400, Rdnr. 36; 17. 1. 2002 »E.ON/Ruhrgas« WuW/E DE-V 511, 519, Rdnr. 36; 26. 2. 2002 »E.ON/Ruhrgas II« WuW/E DE-V 533, Rdnr. 37; vgl. auch BKartA, 3. 4. 2001 »Fair Energie« WuW/E DE-V 460, 463, Rdnr. 31; vgl auch BKartA, 12. 9. 2003 »E.ON/Stadtwerke Eschwege« WuW/E DE-V 823 ff.
495 KG, 16. 4. 1997 »WMF/Auerhahn« WuW/E OLG 5879; BGH, 23. 10. 1979 »Zementmahlanlage« WuW/E BGH 1655 ff.
496 Vgl. auch BGH, 18. 12. 1979 »Springer/Elbe Wochenblatt« WuW/E BGH 1685, 1691.
497 Vgl. BGH, 21. 2. 1978 »Kfz-Kupplungen« WuW/E BGH 1501, 1509; 18. 12. 1979 »Springer/Elbe Wochenblatt« WuW/E BGH 1685, 1691 ff.; 10. 12. 1991 »Inlandstochter« WuW/E BGH 2731, 2737; KG, 18. 10. 1995 »Fresenius/Shiwa« WuW/E OLG 5549, 5560; 16. 4. 1997 »WMF/Auerhahn« WuW/E OLG 5879; BKartA, 20. 9. 1999 »Henkel/Luhns« DE-V 177; 21. 6. 2000 »Melitta/Schultink« WuW/E DE-V 275, wo bei einem Marktanteil von 55–60 %, hohen Marktanteilsabständen und überlegener Finanzkraft sowie überragendem Zugang zum Absatzmarkt ein Marktanteilszuwachs von 0,4 % für ausreichend angesehen wurde. Vgl. hierzu aber die Aufhebung dieser Untersagung, BGH, 30. 4. 2003 »Melitta/Airflo« WuW/E DE-R 1112 ff. Vgl. auch KG, 19. 5. 1999 »WAZ/OTZ« WuW/E DE-R 343.
498 Vgl. BGH, 21. 2. 1978 »Kfz-Kupplungen« WuW/E BGH 1501 ff.

gewinnen konnte. Ein Marktanteilsgewinn in der Größenordnung von nur 0,5 % kann nach Ansicht des BKartA in Sachen »Degussa Dental« die Annahme der Verstärkung einer marktbeherrschenden Stellung allerdings nur rechtfertigen, sofern im Einzelfall noch andere Faktoren hinzukommen, die die Position der verbundenen Unternehmen auf dem Markt verbessern[499]. Als ein solcher Faktor wurde in dieser Entscheidung die Verbindung zweier führender Anbieter in benachbarten sachlich relevanten Märkten mit der Möglichkeit des »**Cross-Marketings**« angeführt. Die rechnerische Addition eines Marktanteils von 0,4 % genügt nicht für eine Verstärkungswirkung i. S. d. § 36 Abs. 1 GWB, wenn dieser einige Jahre zurückliegt und ein aktueller Marktanteil nicht existiert[500].

Auch die bloße Absicherung einer marktbeherrschenden Stellung, ohne dass ein spürbarer Zuwachs der Marktanteile erreicht wird, entfaltet i. d. R. diese Verstärkungswirkung[501]. Es muss allerdings eine **Änderung in der Marktstruktur** herbeigeführt werden, damit die Untersagungsvoraussetzungen vorliegen[502]. 519

Die Absicherung einer marktbeherrschenden Stellung kann sich daraus ergeben, dass die Fähigkeit, nachstoßenden Wettbewerb abzufangen, verstärkt erhalten oder gesichert wird[503], z. B. durch den Erwerb eines potentiellen Wettbewerbers, eines Herstellers von Substitutionsprodukten oder durch die strukturelle Sicherung eines Absatzkanals. 520

Der durch den Zusammenschluss wegfallende potentielle Wettbewerb muss konkret zu erwarten gewesen sein[504]. Handelt es sich um eine kapitalintensive Branche, kann auch der Erwerb einer Minderheitsbeteiligung an dem Marktbeherrscher bereits genügen, um dessen marktbeherrschende Stellung zu verstärken[505]. 521

---

499 BKartA, 27. 9. 2001 »Degussa Dental« WuW/E DE-V 493, 498 ff., Rdnr. 81 ff.
500 Vgl. BGH, 30. 4. 2003 »Melitta/Airflo« WuW/E DE-R 1112, 1116.
501 Vgl. BGH, 7. 7. 1992 »Melitta/Kraft« WuW/E BGH 2783; KG, 16. 4. 1997 »WMF/Auerhahn« WuW/E OLG 5879; vgl. auch BGH, 21. 2. 1978 »Kfz-Kupplungen« WuW/E BGH 1501; BKartA, 4. 3. 1981 »Rheinmetall/WMF« WuW/E BKartA 1867, wo der Zusammenschluss eines finanzstarken Großunternehmens mit einem Marktbeherrscher geprüft wurde; OLG Düsseldorf, 13. 8. 2003 »DPAG/tof« AG 2004, 100 ff.; BKartA, 20. 11. 2001 »DPAG/tof« AG 2002, 620.
502 Vgl. BKartA, TB 1979/80, S. 88 ff.; dort ging es um ein Großunternehmen auf einem oligopolistischen Markt, der den kleinsten Oligopolisten erwerben wollte. Hier ging das BKartA davon aus, dass dieser Erwerb keine Abschreckungswirkung auf die anderen größeren Oligopolisten haben würde.
503 Vgl. BKartA, 8. 12. 1986 »Hüls/Condea« WuW/E BKartA 2247 f.; vgl. BGH, 7. 7. 1992 »Melitta/Kraft« WuW/E BGH 2783; BKartA, 3. 3. 1989 »Linde/Lansing« WuW/E BKartA 2363, 2367 f.; bestätigt von KG, 22. 3. 1990 »Linde/Lansing« WuW/E OLG 4537, 4545; aufgehoben aus anderen Gründen vom BGH, 10. 12. 1991 »Inlandstochter« WuW/E BGH 2731; BGH, 12. 12. 1978 »Erdgas Schwaben« WuW/E BGH 1533 ff.; BKartA 2. 8. 2004 »National Geographic« WuW/E DE-V 947 ff., wo es um den Erwerb einer Lizenz für die Herausgabe der gleichnamigen Zeitschrift durch Gruner + Jahr ging, der zu einer Verstärkung der marktbeherrschenden Stellung von Gruner + Jahr auf dem Lesermarkt für populäre Wissens-Zeitschriften geführt hätte. Vgl. auch BKartA 3. 8. 2004 »G + J/RBA« WuW/E DE-V 955 f., wo der Übergang von gemeinsamer zu alleiniger Beherrschung des GU zu einer Verstärkung einer marktbeherrschenden Stellung geführt hätte.
504 Vgl. KG, 28. 12. 1984 »EVS/TWS« WuW/E OLG 3443, 3446.
505 Vgl. für den Fall der Minderheitsbeteiligung eines potentiellen Wettbewerbers am Marktbeherrscher: BKartA, 27. 9. 1978 »BP-Gelsenberg« WuW/E BKartA 1719, 1725. Vgl. auch BGH, 12. 12. 1978 »Erdgas Schwaben« WuW/E BGH 1533, 1537.

522 Im Rahmen des **Verhältnismäßigkeitsgrundsatzes** kann mit zunehmender Konzentration auf dem Markt auch bereits ein nur geringer Substitutionsgrad zwischen den betroffenen Produkten zur Verstärkung einer marktbeherrschenden Stellung ausreichen. Auf monopolisierten Märkten, wie beispielsweise früher im Bereich der Stromwirtschaft auf dem heute auf dem Markt für ein Duopol angenommen wird, spielte der Wettbewerb anderer Energieträger, z. B. Gas, im Rahmen des **Substitutionswettbewerbs** eine große Rolle[506]. Die Beseitigung des Substitutionswettbewerbs zwischen Gas und Heizöl vermag auf dem Wärmemarkt zu einer Verschlechterung der Marktstruktur zu führen[507]. Daneben kann ein Verstärkungseffekt in der Bildung eines »Gesamtsortiments« nebeneinander stehender Produkte liegen. Hier können sich Synergien im Vertrieb ergeben, die entweder in dem besseren Zugang zum Absatzmarkt oder aber in Einsparungspotentialen liegen.

523 Im Bereich der Vertikalzusammenschlüsse in der Energieversorgung wurde aufgrund des zum Untersagungszeitpunkt bestehenden hohen Konzentrationsgrades bereits im Falle **gesellschaftsrechtlicher Absicherung bestehender Lieferverträge** die Verstärkung einer marktbeherrschenden Stellung gesehen[508]. Hier wurde die Verstärkung einer marktbeherrschenden Stellung angenommen, wenn ein marktbeherrschendes Energieversorgungsunternehmen eine Beteiligung von unter 25% mit bestimmten Mitwirkungsrechten an einem Stadtwerk einging, weil das Energieversorgungsunternehmen hierdurch in die Lage versetzt wurde, die eigene Stellung durch die Möglichkeit der Einflussnahme auf den Abnehmer und potentiellen Konkurrenten abzusichern.

524 Den Erwerb des Vertriebsunternehmens Stilke durch den Axel Springer Verlag untersagte das BKartA, weil der Verlag auf den regionalen und bundesweiten Märkten bereits eine beherrschende Stellung habe, die durch den **Zugang zu der Vertriebsseite** verstärkt werden würde[509].

525 Von der Verstärkung der marktbeherrschenden Stellung eines der beteiligten Unternehmen i. S. d. Veränderung der Marktstrukturdaten kann keine Rede mehr sein, wenn sich im Grunde »gar nichts ändert«, etwa in einem marktbeherrschenden Duopol der kleinere der beiden Anbieter einen Konkurrenten mit einem Marktanteil von lediglich 3,7% hinzu erwirbt[510].

526 Das BKartA hat die Verstärkung einer bereits marktbeherrschenden Stellung im Fall »Henkel/Luhns« bejaht. Henkel (mit den Marke Persil, Weißer Riese, Spee u.a.) wurde mit Marktanteilen zwischen 40 und 50% als unbestrittener Marktführer bei Universalwaschmitteln angesehen. Das BKartA bejahte die Voraussetzungen

---

506 Vgl. BGH, 12. 12. 1978 »Erdgas Schwaben« WuW/E BGH 1533, 1542; BKartA, 9. 9. 1983 »Thüringer Gas/Westerland« WuW/E BKartA 2110, 2112; bestätigt vom KG, 18. 2. 1985 »Thüringer Gas/Westerland« WuW/E OLG 3469f. Heute geht das BKartA im Bereich der Stromwirtschaft von einem marktbeherrschenden Duopol zwischen E.ON und RWE auf dem relevanten bundesweiten Markt aus, vgl.

507 Vgl. BKartA, 27. 9. 1978 »BP/Gelsenberg« WuW/E BKartA 1719, 1725; nach Auffassung des BGH ist der Substitutionswettbewerb nur insoweit zu berücksichtigen, als er sich nicht gleichmäßig gegen alle Konkurrenzprodukte richtet, vgl. BGH, 2. 10. 1985 »Gruner + Jahr/Zeit I« WuW/E BGH 2112, 2123.

508 Vgl. BGH, 15. 7. 1997 »Stadtwerke Garbsen« WuW/E DE-R 32; 15. 7. 1997 »Stromversorgung Aggertal« WuW/E DE-R 24.

509 Vgl. BKartA, 6. 11. 1997 »Axel-Springer-Verlag/Stilke« WuW/E DE-V 1, 5ff.

510 So jedenfalls BKartA, 16. 12. 1999 »Gießwalzdraht« WuW/E DE-V 201, 202f.

des § 36 Abs. 1 GWB bei der Gründung eines Gemeinschaftsunternehmens zwischen Henkel und Luhns, einem kleinen Hersteller von Handelsmarken, weil dadurch der Marktanteil von Henkel – wenn auch nur geringfügig – weiter erhöht werden würde. Weiter wurde die Entscheidung auch darauf gestützt, dass Henkel infolge seines **Eindringens in den Markt für Handelsmarken** seinen Verhaltensspielraum deutlich vergrößern müsse, wodurch zugleich die Abschreckungswirkung gegenüber potentiellen Konkurrenten gesteigert werde[511]. Auch ist Henkel als einziger der führenden Hersteller von Wasch- und Reinigungsmitteln auf der vorgelagerten Stufe der Waschmittelrohstoffe und -vorprodukte tätig.

527 Dass es für die Verstärkung einer marktbeherrschenden Stellung genüge, wenn der Zustand fehlenden wesentlichen Wettbewerbs gesellschaftsrechtlich und damit strukturell abgesichert wird, entschied das BKartA im Fall »WAZ/OTZ«[512]. Hier wurde die bisherige gemeinsame Marktbeherrschung (der OTZ über die WAZ zusammen mit dem früheren zweiten Anteilsinhaber) durch Beseitigung starker Minderheitsrechte (infolge eines Aufstockungserwerbs auf 100%) in eine alleinige Beherrschung verwandelt. Infolgedessen befürchtete das BKartA auch die zunehmende Bereitschaft der WAZ, ihrer neuen alleinigen Tochter OTZ die umfassenden Ressourcen des WAZ-Konzerns zur Verfügung zu stellen mit der notwendigen Folge einer weiteren **Abschreckung potentieller Konkurrenten**.

528 Die Übernahme der trans-o-flex Schnellieferdienst GmbH durch die Deutsche Post AG wurde aufgrund der Entstehung einer marktbeherrschenden Stellung der Deutschen Post auf dem Markt für Geschäftskundenpakete und aufgrund der Verstärkung einer bereits bestehenden marktbeherrschenden Stellung auf dem Markt für B2B-Standardpaketbeförderung (Versandhandelspakete) untersagt. Die Übernahme der automatischen Paketsortieranlagen zur Versendung von Standardpaketen der trans-o-flex könne von der Deutsche Post zur Sicherung und zum Ausbau ihrer beherrschenden Marktposition als Paketdienstleister auf dem Gebiet der Zustellung von Geschäftspaketen an Privathaushalte eingesetzt werden[513].

529 Für die Annahme der Verstärkung einer bereits marktbeherrschenden Position eines Unternehmens genügt es daher, wenn es Zugriff auf zusätzliche Produktionskapazitäten erhält und wenn dieses Unternehmen auf einem benachbarten sachlich relevanten Markt durch den Zusammenschluss seine Marktstellung verbessert. Letzteres gilt umso eher, je näher verwandt die Märkte sind.

530 Eine Verstärkung der bereits marktbeherrschenden Stellung eines der am Zusammenschluss beteiligten Unternehmen durch einen horizontalen Zusammenschluss mit dem größten Wettbewerber auf einem Markt bildet sich vergleichsweise deutlich ab[514].

531 So wurde z.B. entschieden, als eine regionale Tageszeitung mit einem Marktanteil von fast 90% dem einzigen wichtigen Konkurrenten mit erheblichen Ressourcen

---

511 BKartA, 20.9.1999 »Henkel/Luhns« WuW/E DE-V 177.
512 BKartA, 12.1.2000 »WAZ/OTZ« AG 2000, 520.
513 BKartA, 20.11.2001 »Trans-o-flex«, WuW/E DE-V 501, 57. Gerade bei den differenzierbaren Teilmärkten des nationalen Standardpaketmarktes handele es sich um sachlich relevante Märkte, die in einem engen wirtschaftlichen und wettbewerblichen Zusammenhang stehen. Vgl. auch OLG Düsseldorf, 13.8.2003 »OPAG/taf« AG 2004, 100ff.
514 Vgl. BKartA, 10.10.2003 »Lhoist (Rheinkalk/Dyckerhoff)« WuW/E DE-V 853ff.; 2.4.2004 »Wochenkurier/Lausitzer Rundschau« AG, 2004, 560ff.

zugeführt werden sollte[515]. Ebenso wurde auf Verstärkung einer marktbeherrschenden Stellung erkannt in einem Fall, in dem das marktbeherrschende Unternehmen seinen größten Konkurrenten übernahm, um so seinen **Zugang zum Fachhandel** deutlich zu verbessern, obgleich wegen des bekannten Widerstandes eines Teils des Handels gegen den Marktführer deutliche Abschmelzungseffekte zu erwarten waren[516]. Ein Fall des Erwerbs eines potentiellen Wettbewerbers betraf den Zusammenschluss benachbarter Energieversorgungsunternehmen. Hier erfolgte die Untersagung, weil der wichtigste potentielle Wettbewerb nach Aufhebung der Gebietsmonopole vorweg wieder beseitigt worden wäre[517]. In dem Fall »Herlitz/Landré«[518] war Herlitz auf den betroffenen Märkten für Schulhefte und Kladden, Zeichen- und Malblöcke, Ringbucheinlagen, Spiralartikel sowie Brief-, Schreib- und Notizblöcke mit Marktanteilen zwischen 40 und 50% marktbeherrschend. Dies beruhte auf erheblichen Marktanteilsvorsprüngen vor dem nachfolgenden Wettbewerber. Landré war jeweils der zweitgrößte Anbieter mit Marktanteilen zwischen unter 10% bis knapp 30%. Ein Zusammenschluss hätte die marktbeherrschende Stellung von Herlitz verstärkt, vor allem weil Herlitz hierdurch seine bisherige Lücke bei dem Vertrieb über den Fachhandel hätte schließen können.

532 Der Erwerb aller Aktivitäten der Deutschen Telekom im Bereich Breitbandkabelnetze der NE3 und NE4 einschließlich der sechs Regionalgesellschaften der Kabel Deutschland GmbH durch Liberty Media Corporation führte nach Auffassung des BKartA zur Verstärkung einer marktbeherrschenden Stellung auf den betroffenen Märkten im Bereich Kabelfernsehen (Einspeisemarkt, Nahlieferungsmarkt und Endkundenmarkt). Da Liberty auch Inhalteanbieter und durch die Beteiligung an den Netzbetreibern Primacom und EWT potentieller und im Raum Leipzig sogar aktueller Wettbewerber der Kabel Deutschland GmbH ist, komme es bei der Übernahme der Breitbandkabelnetze der Deutschen Telekom durch Liberty nicht zu einem bloßen Austausch eines Marktbeherrschers durch einen anderen. Auf den Endkundenmärkten käme es vielmehr zu einer Verstärkung der marktbeherrschenden Stellung aufgrund eines besseren Zugangs zu den Inhalten durch Liberty, die sich zum einen aus der Beteiligung von Liberty an Programmveranstaltern ergibt und zum anderen aus der größeren Einkaufsmacht, die Liberty als größter Kabelnetzbetreiber Europas besitzt. Auch führe die geplante Ausstattung der Haushalte mit set-top-Boxen ohne offene Schnittstelle zu einer Kundenbindung, die einen künftigen Wechsel des Kabelnetzbetreibers beim Auslaufen von Ausstattungsverträgen und damit Restwettbewerb unwahrscheinlicher werden lasse. Auf den Einspeisemärkten werde die marktbeherrschende Stellung der zu übernehmenden Regionalgesellschaften durch die Kombination mit den Netzen von EWT und Primacom sowie durch die Kombination mit Inhalteaktivitäten von Liberty verstärkt. Der Wettbewerb durch die Netzebetreiber Primacom und EWT mit ca. 1,7 Millionen Haushalten würde mit dem Zusammenschluss wegfallen.

---

515 KG, 16. 12. 1998 »WAZ/IKZ« WuW/E DE-R 336, 340 f.
516 KG, 20. 10. 1999 »Herlitz/Landré« WuW/E DE-R 451, 457 f.
517 BKartA, 14. 10. 1999 »Westfälische Ferngas« WuW/E DE-V 195, 199. In diesem Fall konnte die Untersagung deshalb nur durch verschiedene Auflagen abgewendet werden.
518 BKartA, 6. 2. 1997 »Herlitz/Landré« WuW/E BKartA 2894.

Durch diese vertikale Integration komme es zugleich zu einer Verstärkung der marktbeherrschenden Stellung der Zielgesellschaft auf dem Signallieferungsmarkt[519].

533

Das Vorhaben des Betonschwellenwerks Coswig, den Geschäftsbereich Eisenbahnschwellen von Wayss & Freitag zu übernehmen, wurde aufgrund der Verstärkung einer marktbeherrschenden Stellung untersagt. Auf dem Regionalmarkt Süddeutschland für Betonschwellen im Gleisbau hatte das zur Pfleiderer-Gruppe gehörende Betonschwellenwerk Coswig einen Marktanteil von 41%, der durch den Zusammenschluss auf 68% erhöht worden wäre. Hauptnachfrager mit etwa 92% der Gesamtlieferung des Marktes ist die Deutsche Bahn AG. Das BKartA begründete die Untersagung damit, dass Marktzutritte aufgrund der hohen Transportkosten und der Notwendigkeit von »just-in-time-Lieferungen« nicht zu erwarten seien. Die Monopolkommission steht dieser Begründung kritisch gegenüber. Die Deutsche Bahn AG könne aufgrund des Zwangs zu größerer Wirtschaftlichkeit verstärkt auf nicht in der Region ansässige und auch auf ausländische Anbieter zurückgreifen, wenn deren Angebote günstiger sind. Das BKartA hatte selbst zwei polnische Werke in Grenznähe angesprochen, die über günstige Kostenstrukturen verfügen sollen. Zudem übernehme die Deutsche Bahn den Transport in aller Regel selbst. Die Transportkosten könnten daher gegebenenfalls gesenkt werden bzw. müsse berücksichtigt werden, dass sich die Deutsche Bahn mit dem Transport von Bahnschwellen über größere Entfernungen selbst Geschäftsaktivitäten beschaffen könne[520]. Im Bereich der Stromwirtschaft geht das BKartA von einem marktbeherrschenden Duopol zwischen E.ON und RWE aus. Dieses Duopol würde nach Auffassung des BKartA durch jede weitere Beteiligung eines der beiden Unternehmen an lokalen oder regionalen Versorgungsunternehmen verstärkt werden[521].

534

(12) Horizontale Zusammenschlüsse

Im Fall eines **horizontalen Zusammenschlusses** kann der Erwerber weitere Marktanteile hinzu gewinnen. Er kann aber auch beispielsweise wesentliche Vermögensteile von Konkurrenten erwerben, um nachstoßenden Wettbewerb abzufangen und dadurch die eigene Marktstellung abzusichern[522]. Erreichen die am Zusammenschluss beteiligten Unternehmen einen addierten Marktanteil von 50% oder mehr bei gleichzeitig signifikanten Marktanteilsabständen, so dürfte in der Regel eine marktbeherrschende Stellung entstehen bzw. verstärkt werden[523].

535

---

519 Vgl. BKartA, 22. 2. 2002 »Liberty/KDG« B 7–168/01; vgl. auch Monopolkommission, Hauptgutachten 2000/2001, S. 272 ff.
520 Vgl. BKartA, 21. 4. 1999 »Pfleiderer/Coswig« WuW/E DE-V 145 ff.; vgl. auch Monopolkommission, Hauptgutachten 1998/99, S. 312.
521 Vgl. BKartA, 12. 9. 2003 »E.ON/Stadtwerke Eschwege« WuW/E DE-V 823 ff.; 20. 11. 2003 »E.ON/Stadtwerke Lübeck« AG, 2004, 533 ff.; 26. 8. 2003 »RWE/Wuppertaler Stadtwerke« WuW/E DE-V 831 ff.
522 Vgl. BGH, 7. 7. 1992 »Melitta/Kraft« WuW/E BGH 2783.
523 Vgl. BKartA, 10. 9. 1990 »Kampfmeyer/Plange« AG 1991, 180; 13. 5. 1992 »Krupp/Daub« B 4–173/91; KG, 5. 3. 1997 »T&N/Kolbenschmitt« Kart 20/95; 3. 6. 1999 »Herlitz/Landré« AG 2000, 81; 2. 8. 1988 »Messer Griesheim/Buse« WuW/E BKartA 2319; KG, 16. 4. 1997 »WMF/Auerhahn (Arrondierung des Sortiments)« WuW/E OLG 5879; BKartA, 3. 6. 1997 »Merck/KMF« WuW/E BKartA 2905; 23. 7. 1992 »Gillette/Wilkinson« AG

536 Bei **horizontalen Zusammenschlüssen** ergibt sich die Verschlechterung der Marktstruktur aus der Verringerung der Zahl der Anbieter und der Addition der Marktanteile der Beteiligten[524]. Außer der Addition von Marktanteilen kann auch der Ressourcenzuwachs zum Entstehen einer Marktbeherrschung oder zu deren Verstärkung führen. Hier sind insbesondere **größenbedingte Rationalisierungsvorteile** oder aber eine **überlegene Finanzkraft** zu berücksichtigen. Die Vorteile können beispielsweise in größeren Einkaufsmengen und damit günstigeren Einkaufspreisen liegen oder auch in der effizienteren Nutzung von Produktionsanlagen, Lagern oder sonstigen Kapazitäten, z. B. im Bereich der Forschung und Entwicklung sowie des Vertriebs. Weiter kann sich ein verbesserter Zugang zu Beschaffungsmärkten aufgrund **höherer Einkaufsvolumina** ergeben oder auch ein besserer Zugang zum Absatzmarkt aufgrund eines **breiteren Angebotssortiments** oder eine Verstärkung in besonderen, strategisch wichtigen Marktsegmenten. Dieser Effekt kann auch durchgreifend sein im Falle einer Akquisition im Vertriebsbereich oder im Fall der Übernahme von Händlerverträgen. Bei entsprechender Marktstruktur generieren diese Effizienzgewinne nicht intensiveren Wettbewerb, sondern sind eher geeignet, Verhaltensspielräume für die Beteiligten zu schaffen.

537 Betreffen bestimmte Entwicklungen, wie etwa ein **Konjunkturrückgang**, sämtliche Wettbewerber auf dem Markt, so ist dies bei der Beurteilung der Marktstruktur insgesamt zu berücksichtigen. Allein aufgrund eines solchen Effektes dürfte sich daher der Marktanteil und der Marktanteilsabstand zu den Wettbewerbern nicht verändern.

(13) Vertikale Zusammenschlüsse

538 Bei **vertikalen Zusammenschlüssen** kommt es nicht zu Marktanteilsadditionen. Dennoch kann auch im Fall eines vertikalen Zusammenschlusses eine marktbeherrschende Stellung entstehen oder verstärkt werden. Dies kann sich vor allen Dingen aus der Absicherung von Bezugsquellen oder Absatzwegen ergeben oder dadurch, dass das erwerbende Unternehmen ressourcenstark ist und deshalb auf dem nachgelagerten Markt Abschreckungswirkung entfaltet.

539 Bei vertikalen Zusammenschlüssen kann sich die strukturelle Verschlechterung auf dem Markt durch einen verbesserten Zugang zu Absatz- oder Beschaffungsmärkten ergeben. Eher als die Entstehung kommt hier die Verstärkung einer bereits bestehenden marktbeherrschenden Stellung in Betracht. Hier ist z. B. der Erwerb einer Beteiligung durch ein marktbeherrschendes Energieversorgungs-

---

1992, 363; 8. 12. 1986 »Hüls/Condea« WuW/E BKartA 2247; 23. 8. 1989 »MAN/Sulzer« WuW/E BKartA 245.
524 Vgl. KG, 1. 12. 1976 »Sachs« WuW/E OLG 1745, 1753; BGH, 18. 12. 1979 »Springer-Elbe Wochenblatt« WuW/E BGH 1685, 1691 f.; 23. 10. 1979 »Zementmahlanlage II« WuW/E BGH 1655, 1659; 2. 12. 1980 »Klöckner/Becorit« WuW/E BGH 1749 f.; KG, 7. 11. 1985 »Pillsbury/Sonnen-Bassermann« WuW/E OLG 3759, 3762. Die beiden letztgenannten Entscheidungen gingen davon aus, dass Abschmelzverluste aufgrund der bestehenden Unsicherheit zukünftiger Unternehmensstrategien außer Betracht zu bleiben haben. Dennoch bleibt Raum für eine Prognose über die zu erwartende Marktanteilsentwicklung.

unternehmen an einem abnehmenden Stadtwerk[525] zu beachten, ebenso das **Eindringen** eines marktbeherrschenden Zeitungsverlages in den Einzelhandelsmarkt durch den Erwerb eines bedeutenden Zeitschriftenhändlers, der Zeitungskioske oder Bahnhofsbuchhandlungen betreibt[526], oder die Übernahme eines bedeutenden Händlers durch den Marktführer bei der Herstellung von Laborchemikalien[527].

Auch Minderheitsbeteiligungen können bereits eine solche Verstärkungswirkung haben[528]. Insbesondere wenn die vertikale Integration einen **verbesserten Zugriff auf knappe Rohstoffe** bewirkt oder aber eine schuldrechtliche Lieferbeziehung durch gesellschaftsrechtliche Verflechtung maßgeblich absichert, kommt eine Verschlechterung der Marktstruktur durch einen solchen Zusammenschluss in Betracht[529]. 540

Eine vertikale Integration kann auch die Möglichkeit schaffen, Verluste wieder auszugleichen. Hierdurch können auch Marktzutrittsschranken für potentielle Wettbewerber erhöht oder geschaffen werden oder wichtige Wettbewerber der beteiligten Unternehmen in eine nachteilige Position geraten, die ihrerseits nicht vertikal integriert sind oder sogar auf den vor- oder nachgelagerten Märkten auf das beteiligte und vertikal integrierte Unternehmen angewiesen sind[530]. 541

(14) Konglomerate Zusammenschlüsse

Auch **konglomerate Zusammenschlüsse** können, ohne dass es hierdurch zu Marktanteilsadditionen kommt, zur Annahme einer marktbeherrschenden Stellung bzw. der Verstärkung einer solchen Stellung führen. Dies kann beispielsweise durch die Dämpfung des potentiellen oder – **wenn die Märkte eng benachbart sind** – des Substitutionswettbewerbs begründet werden. Weiter ist denkbar, dass durch einen solchen Zusammenschluss sich das Sortiment des Erwerbers in einer Weise erweitert, die den Erwerbern gegenüber der Marktgegenseite attraktiver erscheinen lässt[531]. 542

---

525 Vgl. BGH, 15. 7. 1997 »RWE / Aggerstrom« AG 1998, 338; 15. 7. 1997 »Hastra / Stadtwerke Garbsen« AG 1998, 335; vgl. BKartA, 29. 5. 1996 »Veba / Stadtwerke Bremen« AG 1996, 378.
526 Vgl. BKartA, 3. 1. 1997 »Springer / PSG« AG 1997, 275; 6. 11. 1997 »Axel-Springer-Verlag / Stilke« WuW/E DE-V 1.
527 Vgl. BKartA, 3. 6. 1997 »Merck / KMF« AG 1997, 475.
528 Vgl. BGH, 12. 2. 1980 »Bituminöses Mischgut« WuW/E BGH 1763, 1767; BKartA, Auslegungsgrundsätze zur Prüfung von Marktbeherrschung in der deutschen Fusionskontrolle, S. 11; vgl. auch BKartA, 13. 7. 1990 »Daimler Benz und MAN / Enasa« WuW/E BKartA 2335, 2346; »Bayer / Metzeler« TB 1975, S. 40 f.
529 Vgl. auch BGH, 29. 6. 1982 »Braun / Almo« WuW/E BGH 1949, 1952; KG, 8. 12. 1982 »Lufthansa F.I.R.S.T. Reisebüro« WuW/E OLG 2849, 2859; 22. 3. 1983 »Rewe / Florimex« WuW/E OLG 2862, 2866; BKartA, 30. 6. 1978 »RWE-Energieversorgung Leverkusen« WuW/E BKartA 1727, 1731; 29. 7. 1980 »Hastra / Stadtwerke Wolfenbüttel« WuW/E BKartA 1857 f.
530 Vgl. BKartA, 17. 4. 1989 »Daimler Benz / MBB« WuW/E BKartA 2335, 2346; 6. 7. 1995 »Kolbenschmidt« WuW/E BKartA 2829, 2837 ff.; BGH, 15. 7. 1997 »Stromversorgung Aggertal« WuW/E BGH 2429; 15. 7. 1997 »Stadtwerke Garbsen« WuW/E DE-R 32 ff.
531 Vgl. BKartA, 25. 8. 1989 »WMF / Hutschenreuther« WuW/E BKartA 2414, wo WMF als Hersteller von Hotelbedarf den Porzellanhersteller Hutschenreuther erwarb und in dem Bereich des Absatzes von Hotelgeschirr die eigenen Kundenkontakte in besonderer Weise nutzen konnte.

543 Auch ohne diese Effekte kann ein rein konglomerater Zusammenschluss die marktbeherrschende Stellung verstärken. Dies trifft insbesondere zu, wenn der Zusammenschluss einen Zuwachs an Ressourcen und Finanzkraft bewirkt. Dabei wird die Sicht der Bewerber und die sich aus dem Ressourcenzuwachs ergebende Abschreckungswirkung berücksichtigt.

b) Oligopolistische Marktbeherrschung

544 Oligopole können marktbeherrschend sein. Ein gleichförmiges Verhalten der Oligopolmitglieder beschränkt die Ausweichmöglichkeiten der Marktgegenseite. Mit der 6. GWB-Novelle ist eine einheitliche Oligopol-Vermutung in § 19 Abs. 3 GWB eingeführt worden, die dem § 23a Abs. 2 GWB a.F. entspricht. Die bisherige Unterscheidung zwischen einem Grundtatbestand der Oligopol-Vermutung für die Missbrauchsaufsicht (§ 22 Abs. 3 GWB a.F.) und der qualifizierten Oligopol-Vermutung für die Fusionskontrolle (§ 23a Abs. 2 GWB a.F.), die nur unter erschwerten Voraussetzungen widerlegt werden konnte, ist aufgegeben. Weiter ist die neue Oligopol-Vermutung nicht mehr an einen Marktanteil der Zusammenschlussbeteiligten von mindestens 15% gebunden, sodass jetzt auch ein schwaches Oligopolmitglied die Oligopolvermutung (asymmetrisches Oligopol) erfüllen kann.

545 Das GWB stellt für die Annahme eines marktbeherrschenden **Oligopols** in erster Linie auf die Marktstruktur ab. Insbesondere dann, wenn ein Markt hoch konzentriert ist, kann bei gleichzeitig hoher Markttransparenz die Reaktionsverbundenheit zwischen den führenden Unternehmen so groß sein, dass im Hinblick auf zu befürchtende Vergeltungsmaßnahmen der anderen Unternehmen Wettbewerbsvorstöße unterbleiben. Auch eine geringe Preiselastizität der Nachfrage und die Stagnation der Gesamtnachfrage können oligopolistische Strukturen begünstigen[532].

546 Eine **oligopolistische Marktbeherrschung** ist dann gegeben, wenn zum einen zwischen den Unternehmen des Oligopols kein wesentlicher Wettbewerb mehr besteht und zum anderen die Oligopolmitglieder gegenüber den Oligopolaußenseitern eine überragende Marktstellung (§ 19 Abs. 2 Nr. 2 GWB) haben oder keinem wesentlichen Wettbewerb durch die Außenseiter ausgesetzt sind (§ 19 Abs. 2 Nr. 1 GWB). In diesem Fall gilt jedes Unternehmen des Oligopols als marktbeherrschend[533].

547 Auch nachfragende Unternehmen können auf dem jeweiligen Nachfragemarkt marktbeherrschend sein und ein Nachfrageoligopol bilden[534].

548 Wie bei der Einzelmarktbeherrschung spielen die gesetzlichen Vermutungsregeln eine große Rolle. Aber auch außerhalb der Vermutung kann eine oligopolistische

---

532 Vgl. BKartA Tätigkeitsbericht 1999/2000, S. 21.
533 Vgl. KG, 10.1.1979 »Bituminöses Mischgut« WuW/E OLG 293 ff.
534 Vgl. BKartA, 14.8.1984 »Coop/Wandmaker« WuW/E BKartA 2161; hier wurden im Lebensmittelhandel die sechs Handelsunternehmen EDEKA, Coop, Rewe-Leibbrandt, Aldi, Metro und Tengelmann als marktbeherrschendes Nachfrageoligopol angesehen. Das KG hielt auf den Nachfragemärkten die Marktabgrenzung nach Sortimenten nicht für zutreffend und hob die Verfügung auf, vgl. KG, 5.11.1986 »Coop/Wandmaker« WuW/E OLG 3917, 3927. Vgl. BKartA, 23.3.1982 »Coop/Supermagazin« WuW/E BKartA 1970 ff.; BGH, 11.3.1986 »Metro/Kaufhof« WuW/E BGH 2231. Vgl. auch BKartA, »Asko/AVA« TB 1991/92, S. 116; »Metro/Asko« TB 1991/92, S. 56 ff., 114 ff.; »Karstadt/Hertie« WuW/E 1994, 322, wo Freigabe erst nach Aufgabe mehrerer Standorte erteilt wurde.

Marktbeherrschung vorliegen. Im Fall »Texaco/Zerssen« war die gesetzliche Oligopolvermutung nicht erfüllt. Dennoch hat das BKartA eine marktbeherrschende Stellung aller 16 inländischen Raffinerieunternehmen auf dem deutschen Heizölmarkt angenommen[535].

(1) Marktbeherrschungsvermutung im Oligopol

Gemäß § 19 Abs. 3 Satz 2 Nr. 1 GWB greift die Oligopol-Marktbeherrschungsvermutung ein, wenn bis zu **drei Unternehmen** zusammen **mindestens 50% Marktanteil** auf sich vereinigen können. Die Oligopol-Marktbeherrschung gemäß § 19 Abs. 3 Satz 2 Nr. 2 GWB greift ein, wenn bis zu fünf Unternehmen mit einem Marktanteil von mindestens zwei Dritteln auf dem Markt bestehen. 549

Erreichen zwei oder drei Unternehmen die Marktanteilsgrenzen gemäß Nr. 1 und gleichzeitig vier oder fünf diejenigen der Nr. 2, greifen die Marktbeherrschungsvermutungen nur gegenüber den Unternehmen ein, bei denen beide Alternativen erfüllt sind. Es wird aber auch vertreten, dass die Vermutung auch gegenüber dem vierten und fünften Unternehmen ohne weiteres angewandt werden kann[536]. Treffen die Monopol- und die Oligopolvermutung zusammen, ist entscheidend, wo der strukturelle Schwerpunkt liegt. Hat das führende Unternehmen einen deutlichen Marktanteilsabstand vor allen übrigen Wettbewerbern, ist bei Erreichen der Marktanteilsschwelle von der Monopolvermutung auszugehen, auch wenn rechnerisch gleichzeitig die Oligopolvermutung erfüllt ist. 550

(2) Widerlegung der Marktbeherrschungsvermutung

Gemäß § 19 Abs. 3 Satz 2 GWB kann die Vermutung alternativ widerlegt werden, wenn die Wettbewerbsbedingungen zwischen den Oligopolisten wesentlichen Wettbewerb erwarten lassen oder die Gesamtheit der Unternehmen im Verhältnis zu den übrigen Wettbewerbern (Oligopol-Außenseiter) keine überragende Marktstellung inne hat. Die Beteiligten müssen den Nachweis erbringen, dass wesentlicher Wettbewerb zwischen den Oligopolmitgliedern strukturell gesichert ist, bzw. dass eine überragende Marktstellung im Außenverhältnis fehlt. Anders als bei der Feststellung der Einzelmarktbeherrschung ist im Binnenverhältnis des Oligopols das Wettbewerbsverhalten maßgeblich. Zwar genügt aktuell bestehender Wettbewerb zwischen den Oligopolmitgliedern für die Widerlegung der Vermutung nicht[537], wohl aber kommt ihm eine Indizwirkung für künftigen Wettbewerb zu. Dieser zu erwartende Wettbewerb muss strukturell gesichert sein[538]. Zu beachten sind hier wiederum die Kriterien, die in § 19 Abs. 2 Satz 1 Nr. 1 und Satz 2 GWB niedergelegt sind[539]. Nur »gelegentliche« Wettbewerbshandlungen reichen nicht zur Widerlegung der Vermutung aus[540]. Maßgeblich sind vor allem Preis- und Quali- 551

---
535 Vgl. BKartA, 28. 10. 1980 »Texaco/Zerssen«, WuW/E BKartA 1840 ff.; aufgehoben durch KG, 2. 7. 1982 »Texaco/Zerssen« WuW/E OLG 2663 ff. wegen Bestehens wesentlichen Wettbewerbs; bestätigt durch BGH, 4. 10. 1983 »Texaco/Zerssen« WuW/E BGH 2025 ff.
536 Vgl. KG, 1. 7. 1983 »Morris/Rothmans« WuW/E OLG 3051, 3070 ff.
537 Vgl. BKartA, 13. 12. 1985 »Linde/Agefko I« WuW/E BKartA 2213, 2216.
538 Vgl. BKartA, 8. 12. 1986 »Hüls/Condea« WuW/E BKartA 2247.
539 Siehe oben Rdnr. 418 ff.
540 BKartA 2. 8. 2002 »Messer Griesheim/Buse« WuW/E BKartA 2326.

tätswettbewerb. Bei homogenen Massengütern sind auch an sich untergeordnete Wettbewerbsformen wie z.B. Service-, Konditionen-, Qualitäts- und Besatzungswettbewerb für die Feststellung wesentlichen Binnenwettbewerbs relevant[541]. Die vermutete überragende Marktstellung gegenüber den Oligopolaußenseitern kann allein anhand der Strukturkriterien widerlegt werden. Entscheidend sind hier in der Praxis des BKartA vor allem Marktanteile, Verpflichtungen, Resourcen und das Bestehen einer wirtschaftlichen Abhängigkeit der Oligopolaußenseiter vom Oligopol.

552 § 19 Abs. 3 Satz 2 GWB enthält eine echte Beweislastumkehr zu Lasten der Beteiligten. Diese tragen die formelle und die materielle Beweislast für beide Widerlegungsgründe (Binnenwettbewerb/Außenverhältnis). Dem BKartA obliegt nur die Prüfung der Erheblichkeit der behaupteten Tatsachen, die Überprüfung der behaupteten Tatsachen anhand der von den Beteiligten angebotenen Beweismittel und die Beweisaufnahme für behauptete Tatsachen, wenn die Beweisaufnahme Hoheitsbefugnisse erfordert[542]. Ist die Oligopolvermutung erfüllt und ist eine oligopolistische Marktbeherrschung weder festgestellt noch widerlegt (non liquet), gelten die Beteiligten zusammen mit den übrigen Oligopolmitgliedern als marktbeherrschend (materielle Beweislast).

553 Der Widerlegung einer überragenden Marktstellung kommt in der Praxis der Anwendung der Oligopolvermutung eine geringe Rolle zu, da die Vermutung an gewisse signifikante Marktanteilshöhen der Oligopolmitglieder insgesamt anknüpft, sodass die Außenseiter i.d.R. deutlich geringere Marktanteile als das Oligopol haben dürften. In der Praxis des BKartA wird die Oligopolvermutung häufig verneint[543], bzw. kommen allenfalls Zweier- und Dreier-Oligopole zum Tragen[544].

(3) Entstehung oder Verstärkung einer beherrschenden Stellung durch Zusammenschluss

554 Für die Annahme der Entstehung einer oligopolistischen Marktbeherrschung kommt es darauf an, ob künftig wettbewerbsbeschränkendes Parallelverhalten im Oligopol mit hoher Wahrscheinlichkeit zu erwarten ist. Für die Annahme der Verstärkung einer oligopolistischen Marktbeherrschung ist Voraussetzung, dass eine weitere Verschlechterung der Wettbewerbsbedingungen zu erwarten ist. Die Veren-

---

541 Vgl. BKartA, 28. 4. 1999 »Dow Chemical/Shell« WuW/E DE-V 109; vgl. auch BKartA, 24. 2. 1982 »Morris/Rothmans« WuW/E BKartA 1943 ff., 1952, wo Marken- und Werbewettbewerb nicht als hinreichender Nebenleistungswettbewerb angesehen wurde.
542 Vgl. KG, 1. 7. 1983 »Morris/Rothmans« WuW/E OLG 3051, 3071; Ruppelt, in: L/B § 19 Rdnr. 72, 78.
543 Vgl. z.B. BKartA, 28. 4. 1999 »Dow Chemical/Shell« WuW/E DE-V 109; 12. 5. 1999 »Kleinfeuerwerk« WuW/E DE-V 142; 2. 7. 1999 »Corning/BICC« WuW/E DE-V 170. Vgl. BKartA »Avery Dennison/Jackstädt«, TB 2001/02 S. 131; hier stellte das BKartA auf den intensiven Preiswettbewerb und die Produktdifferenzierung ab. BKartA »Newage/AVK«, TB 2001/02 S. 155; BKartA, 24. 1. 2003 »M+W Zander/Krantz TKT« WuW/E DE-V 711. Hier beruhte der hohe Marktanteil des Oligopols auf einzelnen Großaufträgen, während im Übrigen intensiver Wettbewerb herrschte.
544 Vgl. BKartA, 11. 8. 1994 »Lindner Licht GmbH« WuW/E BKartA 2669; 1. 10. 1998 »Premiere« WuW/E DE-V 53; 3. 7. 2000 »RWE/VEW« WuW/E DE-V 301.

gung eines Oligopols – also der Zusammenschluss von Oligopolmitgliedern – ist aufgrund der sich daraus ergebenden Wettbewerbsminderung innerhalb des Oligopols problematisch[545]. Ein Zusammenschluss eines Oligopolisten mit einem Oligopolaußenseiter kann eine überragende Marktstellung der Oligopolgruppe gegenüber den Oligopolaußenseitern entstehen lassen oder absichern, insbesondere im Fall eines Zusammenschlusses mit einem leistungsfähigen Oligopolaußenseiter[546].

Wird auch nur die **Stellung eines Oligopolmitgliedes** verstärkt, führt dies in der Entscheidungspraxis des BKartA und der Gerichte i.d.R. zu einer Verstärkung aller Oligopolmitglieder[547]. 555

(4) Marktstrukturkriterien beim Oligopol

Sowohl bei der Frage, ob auf einem Markt oligopolistische Strukturen herrschen, als auch bei der Folgefrage, ob ein Zusammenschluss die marktbeherrschende Stellung des Oligopols verstärkt, sind **Marktstrukturkriterien** und das Verhältnis der (möglichen) Oligopolmitglieder untereinander zu untersuchen. Eine oligopolistische Marktbeherrschung ist umso eher anzunehmen, je geringer die Zahl der Oligopolisten ist, je höher der Marktanteil ist, den sie auf sich vereinigen können, und je geringer die Zahl der Oligopolaußenseiter ist. Je geringer die strukturellen Unterschiede zwischen den Oligopolmitgliedern sind, desto eher kommt ein wettbewerbsbeschränkendes Parallelverhalten der Oligopolmitglieder in Betracht. In der Praxis des BKartA spielen vor allem gleiche Ressourcen und Kapazitäten der Oligopolmitglieder sowie homogene Produkte und eine hohe Markttransparenz als Strukturfaktoren im Rahmen des Innenwettbewerbs, die ein oligopolistisches Parallelverhalten wahrscheinlich erscheinen lassen, eine Rolle[548]. 556

Eine ausgeprägte Zusammenarbeit der Unternehmen auf dem relevanten Markt bzw. auf benachbarten Märkten spricht gegen einen lebhaften Wettbewerb und daher für oligopolistische Strukturen[549]. Auch kapitalmäßige oder personelle Ver- 557

---

545 Vgl. z.B. BKartA, 23.9.1985 »NUR/ITS« AG 1986, 377, 379; vgl. BKartA, 23.7.1992 »Gilette/Wilkinson« AG 1992, 363, wo die Entstehung eines Duopols angenommen wurde.
546 Vgl. auch KG, 1.7.1983 »Morris/Rothmans« WuW/E OLG 3051, 3078f.
547 Vgl. BGH, 12.2.1980 »Bituminöses Mischgut« WuW/E BGH 1763, 1765; BKartA, 28.10.1980 »Texaco/Zerssen« WuW/E BKartA 1840; 2.8.1988 »Messer Griesheim/Buse«, WuW/E BKartA 2319. Gegen die Annahme einer automatische Verstärkung KG, 16.1.1980 »Blei- und Silberhütte Braubach« WuW/E OLG 2234ff. BGH, 22.6.1981 »Tonolli/Blei- und Silberhütte Braubach« WuW/E BGH 1824ff.; vgl. auch BKartA, 27.7.1988 »Heidelberger Zement/Malik« WuW/E BKartA 2297ff., für den Fall der Verstärkung eines Oligopols, wenn ein Oligopolmitglied durch den Zusammenschluss Importwettbewerb ausschließt. Vgl. aber auch die Freigabeentscheidung BKartA, 2.7.1999 »NZDS-Glasfaserkabel« WuW/E DE-V 170, 176.
548 Vgl. BKartA, 31.7.2002 »BASF/NEPG« WuW/E DE-V 653, 660. Maßgeblich waren hier die Unterschiede zwischen den Unternehmen und die geringe Markttransparenz. BKartA TB 1999/2000, S. 21. Besonders wahrscheinlich erscheint eine oligopolistische Marktbeherrschung im Falle eines engen Oligopols, wenn gleichzeitig homogene Güter betroffen sind, hohe Marktzutrittsschranken bestehen und sich der Markt in der Stagnationsphase befindet und eine hohe Markttransparenz besteht.
549 BKartA, 2.8.1988 »Messer Griesheim/Buse« WuW/E BKartA 2321.

flechtungen können auf eine Wettbewerbsbeschränkung hinweisen, ebenso gleichgerichtete Interessen auf Drittmärkten[550].

(a) **Binnenwettbewerb; symmetrisches und asymmetrisches Oligopol**

558 Ob innerhalb eines Oligopols eher Wettbewerb zu erwarten ist, wenn das Kräfteverhältnis zwischen den Oligopolmitgliedern durch den Zusammenschluss ausgeglichener wird, oder eher, wenn es asymmetrisch wird, ist nicht durch ökonomische Erkenntnisse gesichert. Ein symmetrisches Oligopol wird allerdings als tendenziell wettbewerblicher angesehen[551].

559 Im Rahmen eines **asymmetrischen Oligopols** wäre es denkbar, dass hier Spielräume für individuelles Verhalten deshalb bestehen, weil bestimmte Asymmetrien auch bei den Selbstkosten gegeben und damit keine gleichen Vergeltungspotentiale vorhanden sind. Andererseits kann eine überlegene Marktmacht eine wettbewerbsdämpfende Abschreckungswirkung entfalten[552]. Wenn die Oligopolmitglieder zwar unterschiedliche Marktanteile haben, ansonsten aber den gleichen Rahmenbedingungen ausgesetzt sind und über vergleichbare Ressourcen verfügen, wird die unternehmensstrukturelle Gleichheit die marktstrukturelle Unterschiedlichkeit überwiegen[553].

560 Es kann auch der Fall eintreten, dass durch eine **Aufholfusion** zunehmende Symmetrie der Oligopolmitglieder dazu führt, dass ein vormals kleinerer Oligopolbeteiligter wettbewerbsfähiger wird und damit wettbewerbliche Strukturen auf dem Markt geschaffen werden[554].

561 Eine solche Differenzierung scheint allerdings nicht in jedem Fall überzeugend. Wenn die Unternehmen, die zu einem Oligopol gehören, untereinander ausgeglichen sind, mithin über ähnlich hohe Marktanteile verfügen, ähnlich starke Ressourcen haben, einen vergleichbaren Zugang zu Beschaffungs- und Absatzmärkten und eine vergleichbare Kostensituation, kann dies gegen Wettbewerb zwischen den Oligopolmitgliedern sprechen, weil wettbewerbliche Vorstöße für alle Oligopolmitglieder in gleicher Weise spürbar wären[555]. Das BKartA ging in dem Fall »Agrana/Atys«[556] von einer Aufholfusion und in Folge dessen von der Entstehung eines marktbeherrschenden Duopols mit dem Marktführer Zentis auf dem Markt für Fruchtzubereitungen aus. Agrano fiel als Außenwettbewerber weg, das Duopol wurde ausgeglichener und der Zugang von Atys zum Beschaffungsmarkt für Zucker wurde wesentlich verbessert, so dass ein intensiver Vorstoß durch Preiswettbewerb aus der Sicht von Zentis aussichtslos erschien.

562 In ökonomischer Hinsicht können sich verschiedene Anreize zugunsten oder auch gegen ein Parallelverhalten der Oligopolmitglieder ergeben. Werden auf einem

---

550 Vgl. KG, 1. 7. 1983 »Morris/Rothmans« WuW/E OLG 3051, 3075 ff.; BGH, 10. 12. 1985 »Abwehrblatt II« WuW/E BGH 2195, 2197; 22. 9. 1987 »Gruner+Jahr II« WuW/E BGH 2433, 2440; 19. 12. 1995 »Raiffeisen« WuW/E BGH 3037 ff.; KG, 12. 3. 1997 »Rheinpfalz/Medien-Union« WuW/E OLG 5907, 5914; KG. 12. 3. 1997 »Pirmasenser Zeitung« WuW/E OLG 5907, 5914; BKartA, 11. 8. 1994 »Philipps/Lindner Licht« WuW/E BKartA 2669, 2676; 21. 8. 1997 »Moksel/Südfleisch« WuW/E DE-V 9, 14.
551 Vgl. KG, 2. 7. 1982 »Texaco/Zerssen« WuW/E OLG 2663, 2675.
552 Vgl. KG, 2. 7. 1982 »Texaco/Zerssen« WuW/E OLG 2663 ff., 2669.
553 Vgl. EuGH, 31. 3. 1998, Kali und Salz, Slg. 1998 I, 1375, Rdnr. 226.
554 Vgl. KG, 1. 7. 1983 »Morris/Rothmans« WuW/E OLG 3081.
555 Vgl. BKartA, 24. 2. 1982 »Morris/Rothmans« WuW/E BKartA 1943 ff.
556 BKartA, 21. 4. 2004, »Agrana/Atys« WuW/E DE-V 923 ff.

Markt typischerweise langfristige Verträge abgeschlossen, kann der mit einem langfristigen Vertrag verbunden Gewinn die Aufrechterhaltung eines kollusiven Oligopols erschweren und ein Abweichen für die Oligopolmitglieder attraktiv sein. Kann die Nachfrage auch durch Preiszugeständnisse nicht stimuliert werden, ist ein Parallelverhalten eher zu erwarten als in Fällen elastischer Nachfrage, in denen durch Preiswettbewerb ein entsprechend höherer Gewinn realisiert werden kann.

Eine volatile Nachfrage macht es schwieriger zu verfolgen, ob ein Rückgang des eigenen Absatzes auf einen Rückgang der Nachfrage oder aber auf eine Preisunterbietung durch Wettbewerber zurückgeht. Die hinsichtlich dieses Umstands geringere Markttransparenz reduziert das Bestrafungsrisiko für das abweichende Unternehmen und lässt daher ein kollusives Parallelverhalten weniger wahrscheinlich erscheinen. Generell können Marktunsicherheiten die Durchsetzbarkeit von Parallelverhalten reduzieren[557]. 563

(b) **Marktanteilsveränderungen**

Gab es in den zurückliegenden Jahren nachhaltige Marktanteilsveränderungen innerhalb des Oligopols, so spricht dies für anhaltenden Wettbewerb, wenn es zwar zu Verschiebungen zwischen den Oligopolmitgliedern, aber nicht zu Marktanteilsverschiebungen zu Lasten der Außenseiter gekommen ist[558]. 564

Das BKartA geht davon aus, dass insbesondere kurzfristige Marktanteilsverschiebungen als Indiz für aktives Wettbewerbsverhalten gelten können, während längerfristige Verschiebungen auch auf sonstige marktstrukturelle Gegebenheiten zurückzuführen sein mögen, wie etwa einen Wandel im Bereich der Verbraucherpräferenzen. 565

Wenn dagegen die Marktanteile über Jahre hinweg fast konstant sind, ist dies ein Zeichen für fehlenden Wettbewerb zwischen den Oligopolmitgliedern[559]. Gleichförmiges Verhalten über einen längeren Zeitraum und eine entsprechende Reaktionsverbundenheit kann ein Indiz für fehlenden Wettbewerb sein. Gleiche oder »ähnliche« Listenpreise sagen aber nicht immer viel über die Wettbewerbsintensität aus, weil Wettbewerb auch über Preisbestandteile wie Frachtkosten oder über Rabatte oder schließlich auch über andere Wettbewerbsparameter geführt werden kann. 566

(c) **Entscheidungspraxis des BKartA**

In dem Fall des Erwerbs der Hüttenwerke Kayser AG durch die Norddeutsche Affinerie AG entschied das BKartA, dass die Erhöhung des Marktanteils eines Mitglieds eines möglicherweise marktbeherrschenden Duopols um 3,7 % die unterstellte marktbeherrschende Stellung nicht verstärkt[560]. Auf dem Markt für Gießwalzdraht war Alcatel mit einem Marktanteil von 30,5 % Marktführer. Die Norddeutsche Affinerie AG hatte hier einen Marktanteil von 20,5 % und die Hüttenwerke Kayser AG einen Marktanteil von 3,7 %. Neben Alcatel waren weitere Großunternehmen 567

---

557 Vgl. Nitsche/Thiliert, Die ökonomische Analyse auf dem Vormarsch – Europäische Reform und Deutsche Wettbewerbspolitik, WuW 2004, 250, 258.
558 Dies gilt insbesondere für innovative und stark wachsende Märkte, vgl. BKartA, 10. 4. 2000 »Chipkarten« WuW/E DE-V 267; 31. 8. 2000 »Imperial/EFKA« B 6–61/00; 1. 12. 2000 »Uhren« B 4–107/00.
559 BKartA, 2. 8. 1988 »Messer Griesheim/Buse« WuW/E BKartA 2325.
560 Vgl. BKartA, 16. 12. 1999 »Gießwalzdraht« B 5–U121/99.

mit erheblichen Kapazitäten auf dem Markt tätig. Rein rechnerisch war die Oligopolvermutung erfüllt, weil zwei Unternehmen einen Marktanteil von 50 % beziehungsweise mehr als 50 % erreicht hatten. Das BKartA stellte allerdings fest, dass die Gießwalzdrahtpreise in den letzten Jahren vor dem Zusammenschluss eine fallende Tendenz aufwiesen. Die strukturellen Voraussetzungen für beziehungsweise gegen ein wettbewerbliches Verhalten innerhalb des Oligopols wurden nach Auffassung des BKartA durch den Zusammenschluss nicht entscheidend verändert. Selbst wenn ein marktbeherrschendes Oligopol bestanden hätte, so wäre dies durch den Zusammenschluss daher nicht verstärkt worden.

568 In einem weiteren Fall beabsichtigte Dürr, 50 % der Geschäftsanteile an der Alstom Automation zu erwerben. Beabsichtigt war, die engen Lieferverbindungen zwischen Alstom Automation und den französischen Automobilherstellern zu übernehmen und hierdurch den Eintritt von Dürr Systems auf dem französischen Absatzmarkt zu erleichtern. Die Beteiligten fertigen Lackieranlagen und -komponenten und erbringen Modernisierungs- und Reparaturleistungen für industrielle Hersteller von Automobilen und deren Zulieferer. Die betroffenen Märkte waren zum einen komplette Lackieranlagen für die Automobil- und Zulieferindustrie sowie der Markt für Umbau und Modernisierung bestehender Lackieranlagen einschließlich Wartung und Reparatur. Auf dem Markt für Komplettlackieranlagen erreichte Dürr Systems in Deutschland einen Marktanteil von 25 bis 40 % in den dem Zusammenschluss vorangehenden drei Jahren und auf dem Markt für Umbau und Reparatur von Lackieranlagen einen Marktanteil von ca. 20 %. Auf dem deutschen Markt für Komplettlackieranlagen war Alstom Automation nicht tätig und auf dem Markt für Umbau und Reparatur von Lackieranlagen hatte Alstom Automation einen Marktanteil von ca. 5 %. Ein Wettbewerber hatte einen Marktanteil von 25 bis 30 % und ein weiterer einen solchen von 10 bis 15 %. Daneben gab es noch eine Zahl kleinerer Anbieter mit Anteilen von i. d. R. unter 5 %.

569 Die Oligopolvermutung gemäß § 19 Abs. 3 Nr. 1 GWB war zwar rechnerisch erfüllt. Durch das Zusammenschlussvorhaben wurde die aktuelle Marktposition der Wettbewerber für Komplettlackieranlagen aber nicht verändert, da Alstom Automation keine Marktanteile auf dem deutschen Markt hielt und auch nicht als bedeutender potentieller Wettbewerber angesehen wurde. Des Weiteren wurde lebhafter Binnenwettbewerb innerhalb der Oligopolgruppe festgestellt. Dies beruhte auf der Nachfragepraxis der Automobilhersteller und einer Reduktion der Anzahl der zu vergebenden Aufträge durch eine entsprechende Auftragsbündelung[561].

570 Der beabsichtigte Erwerb der Brunata/Minol durch die Viterra Energy Services beruhte auf der Feststellung des BKartA, dass ein marktbeherrschendes Oligopol bestehend aus der Vitera AG und der Techem AG auf dem Markt für die verbrauchsabhängige Ablesung und Abrechnung von Heiz- und Warmwasserkosten verstärkt wird. Gegen Binnenwettbewerb zwischen den Oligopolmitgliedern sprachen stabile Marktanteile, eine weitgehende Gleichheit der markt- und unternehmensbezogenen Strukturmerkmale der beiden Oligopolisten sowie ein erheblicher Marktanteilsabstand gegenüber den nächst größeren Wettbewerbern, schließlich die Homogenität der Leistungen, eine starke Kundenbindung und die hohe Markttransparenz. Im Verhältnis zu den Oligopolaußenseitern war entscheidend, dass es sich bei den Wettbewerbern überwiegend um kleine und mittlere Unternehmen handelte, denen eine

---

561 Vgl. BKartA, 11. 2. 2000 »Dürr/Alstom« B 4–U138/99.

II. Materielle Fusionskontrolle

geringere Finanzkraft zur Verfügung stand[562]. Die Zusammenschlüsse »Shell/DEA« und »Deutsche BP/VEBA Oel« ließen eine oligopolistische Marktbeherrschung auf dem Markt und auf dem Inlandsmarkt für Flugturbinentreibstoff erwarten. Das BKartA sah es nicht als erwiesen an, dass auch nach dem Zusammenschluss jeweils wesentlicher Wettbewerb innerhalb des Oligopols zu erwarten gewesen wäre und dass die Wettbewerber die Verhaltensspielräume der Oligopolisten wirksam hätten begrenzen können[563].

In dem Fall »RWE/VEW« war nach Auffassung des BKartA zu erwarten, dass ein wettbewerbsloses Duopol bestehend aus RWE/VEW und »VEBA/VIAG« (jetzt E.ON) auf den betroffenen Strommärkten entstehen würde. Auch hier lagen hinsichtlich der vertikalen Integration und der Ressourcen ähnliche Unternehmensstrukturen sowie gleichzeitig ausgeglichene Marktanteile und zahlreiche Unternehmensverflechtungen vor. Weiter handelt es sich bei Strom um ein homogenes Gut, sodann waren die Erzeugungspreise und Verkaufspreise transparent, und schließlich wurde die Preiselastizität der eher stagnierenden Stromnachfrage als gering angesehen. Ebenso wie der von der EG-Kommission geprüfte Parallelfall »VEBA/VIAG« wurde auch der Fall »RWE/VEW« nur unter weit reichenden Auflagen genehmigt[564]. 571

Auf den deutschlandweiten Märkten der Belieferung von industriellen/gewerblichen Stromgroßkunden sowie denen für die Belieferung von Stromweiterverteilern (regionale Stromversorgungsunternehmen und Stadtwerke) sieht das BKartA eine gemeinsame marktbeherrschende Stellung gemäß § 19 Abs. 2 Satz 2 GWB als gegeben an. Grundlage für ein wettbewerbsloses Duopol sind auch hier die symmetrischen Strukturdaten der Unternehmen, z.B. die Anteile an der Kraftwerkskapazität, die Anteile an Stromnetzen der verschiedenen Spannungsstufen, ähnliche Markanteile und ein besonders guter Zugang zu den Absatzmärkten sowie erhebliche Ressourcen. Die nachfolgenden Wettbewerber wie EnBW sowie Vattenfall Europe (Zusammenschluss von HEW, VEAG, Bewag und Laubag) oder Stromhändler können den überragenden Spielraum der Duopolisten nicht wirksam begrenzen. 572

Auf Grund dieser Situation wurden die beabsichtigten Mehrheitserwerbe der E.ON an der Gelsenwerk AG und der Bergemann GmbH, durch die E.ON mittelbar die Mehrheit an der Ruhrgas AG erworben hätte, vom BKartA als kritisch angesehen und untersagt[565]. 573

Der Erwerb einer Minderheitsbeteiligung an der Stadtwerke Lübeck durch E.ON wurde untersagt, weil es durch die Absicherung des Absatzes auf dem Weiterverteilermarkt zu einer Verstärkung von E.ON und damit des Duopols E.ON/RWE, das hier 60 bis 70% Marktanteil hat, kommen würde. Dies gelte auch für den Markt der Belieferung von Stromgroßkunden hinsichtlich der Marktanteile des Zielunternehmens und auch für die Belieferung von Stromkleinkunden, wodurch dem Zusammenschluss ein potentieller Wettbewerber entfalle[566]. 574

---

562 Vgl. BKartA TB 2001/02, S. 20.
563 Vgl. BKartA TB 2001/02, S. 20.
564 Vgl. BKartA TB 1999/2000, S. 21.
565 Vgl. BKartA TB 2001/02, S. 21. Der Zusammenschluss wurde dann im Ministererlaubnisverfahren freigegeben.
566 Vgl. BKartA, 20.11.2003 »E.ON/Stadtwerke Lübeck«, WuW/E DE-V 837.

575 Der Erwerb des Geschäftsbereichs »Selbstklebematerialien« der Jackstädt-Gruppe durch die Avery Dennison ist freigegeben worden, obwohl sich das aus drei Unternehmen bestehende Oligopol auf zwei Unternehmen verengte. Entscheidend waren hier der unterschiedliche vertikale Integrationsgrad der Unternehmen, die Inhomogenität der Produkte sowie die fehlende Preistransparenz und unterschiedliche Finanzkraft[567]. Auch im Fall des Erwerbs an der AVK/SEG durch die New Age International war die oligopolistische Marktbeherrschungsvermutung auf den meisten Märkten für Wechselstromgeneratoren für Newage/AVK und Emerson rechnerisch erfüllt. Entscheidend für die Freigabe waren hier der Preisverfall, Produktdifferenzierungen und das strategische Nachfrageverhalten, das Innovations- und Preiswettbewerb stützt[568].

576 In dem Fall »Premiere« hat das BKartA die Umwandlung von Premiere in ein paritätisches Gemeinschaftsunternehmen von Bertelsmann und Kirch untersagt, da die DF1 aus dem Pay-TV-Markt ausgeschieden wäre und dies zu einer Verstärkung der marktbeherrschenden Stellung von Premiere auf diesem Markt geführt hätte. Weiter hätte dieser Zusammenschluss nach Auffassung des BKartA auch zur Verstärkung eines marktbeherrschenden Oligopols im Bereich des deutschen Free-TV geführt. Auf dem Fernsehwerbemarkt hätten Bertelsmann und Kirch zusammen einen gemeinsamen Anteil von 91% erreicht, wenn man auf alle Sender abstellte, die dem wirtschaftlichen Einflussbereich von Bertelsmann und Kirch zuzurechnen seien. Weiter wäre mit dem Ausscheiden von Canal+ aus Premiere die Kooperationsmöglichkeit der beiden verbleibenden Gesellschafter bezüglich Programmgestaltung und -einkauf sowie bei der Abstimmung zwischen Pay-TV und Free-TV verbessert worden, sodass der noch bestehende Wettbewerb im Free-TV Bereich weiter eingeschränkt worden wäre[569].

577 Neben stark schwankenden Marktanteilen und Verhaltensspielräumen der Nachfrageseite hat das BKartA in dem Fall »Freudenberg/Burgmann Dichtungen« die extreme Produktheterogenität als wichtigen Gesichtspunkt gegen die Annahme eines Duopols auf dem betroffenen Markt für dynamische Dichtungen (industrielle Dichtungen für gleitende Flächen) durchgreifen lassen[570]. Der Erwerb der Gesellschaft für Abfallwirtschaft Köthen durch Rethmann KDN und Tönsmeier Entsorgungsdienste wurde untersagt. Auf den Märkten der Sammlung und des Transports von Siedlungsabfällen und von Altpapier auf dem Markt (100 km Radius) um das Ausschreibungsgebiet Köthen wäre es zu der Verstärkung eines marktbeherrschenden Oligopols gekommen. Ausschlaggebend war ein hoher Grad an Transparenz über voraussichtliche Wettbewerber einer Ausschreibung, deren Wettbewerbspotential und deren voraussichtliches Interesse an dem Ausschreibungsgebiet und die damit verbundene hohe Deaktionsverbundenheit im Oligopol[571].

578 *unbesetzt*

---

567 Vgl. BKartA TB 2001/02, S. 21, 131.
568 Vgl. BKartA TB 2001/02, S. 21, 155.
569 Vgl. Wagemann/Pape, in: Kartellrechtspraxis und Kartellrechtsprechung 2001/02, 17. Aufl., Rdnr. 302; BKartA, 1. 10. 1998 »Premiere« WuW/E DE-V 53, 61 ff.
570 Vgl. Wagemann/Pape, in: Kartellrechtspraxis und Kartellrechtsprechung 2001/02, 17. Aufl. Rdnr. 37.
571 Vgl. BKartA, 16. 11. 2004 »Rethmann/GFA Köthen« WuW/E DE-V 995 ff. Der Aspekt des Ausschreibungswettbewerbs spielte hier keine Rolle, da es nicht stets um ein neues Vorhaben handelte und »Altvertragsinhaber« daher im Vorteil waren.

3. Abwägungsklausel

a) Regelungsgegenstand und Regelungszweck

Nach § 36 Abs. 1, 2. Hs. GWB ist ein Zusammenschluss trotz Begründung oder Verstärkung einer marktbeherrschenden Stellung vom BKartA dann nicht zu untersagen, wenn von den beteiligten Unternehmen der Nachweis erbracht wird, dass durch den Zusammenschluss auch **Verbesserungen der Wettbewerbsbedingungen** eintreten, die die **Nachteile der Marktbeherrschung** überwiegen. Zweck der Regelung ist es zu vermeiden, dass ein Zusammenschluss, der sich bei »Saldierung« der positiven und negativen Folgen insgesamt positiv auf den Wettbewerb auswirkt, verhindert wird. 579

Die »Abwägungsklausel« des § 24 Abs. 1, 2. Hs. GWB a. F. wurde damit von der 6. GWB-Novelle unverändert übernommen. Der Regierungsentwurf hatte zunächst die Abschaffung der Abwägungsklausel vorgesehen mit der Begründung, die Regelung räume dem BKartA einen zu großen Beurteilungsspielraum ein, da die Abwägung von wettbewerblichen Vor- und Nachteilen eines Zusammenschlusses mangels geeigneter Kriterien zu schwierig sei[572]. Außerdem sei die Regelung überflüssig, da das BKartA nach § 40 Abs. 3 GWB n. F. Freigabeverfügungen mit Bedingungen und Auflagen versehen und damit sicherstellen könne, dass der Zusammenschluss wettbewerblich unschädlich sei[573]. 580

Der Gesetzgeber hat letztlich die Abwägungsklausel beibehalten[574] und insoweit keine Anpassung an die FKVO, die eine entsprechende Bestimmung nicht enthält, vorgenommen. Auch im Rahmen der 7. GWB-Novelle ist keine Änderung vorgesehen. 581

Unabhängig davon, inwieweit die Bestimmungen der FKVO eine Abwägung positiver und negativer Zusammenschlussauswirkungen auch ohne eine § 36 Abs. 1, 2. Hs. GWB vergleichbare Regelung zulässt[575], ist die Beibehaltung der Abwägungsklausel im deutschen Recht zu begrüßen. Zum einen kann ein Hinweis auf Schwierigkeiten bei der Anwendung nicht den Wegfall eines Regelungsbestandteils begründen. Zum anderen wird die Abwägungsklausel auch nicht durch die Möglichkeit von Freigabeentscheidungen unter Bedingungen und Auflagen (§ 40 Abs. 3 GWB) ersetzt, da die Veränderung eines angemeldeten Zusammenschlusses sachlich etwas anderes ist, als die Prüfung der wettbewerblichen Auswirkungen des unveränderten Zusammenschlusses[576]. Zweck der Fusionskontrolle ist letztlich immer der Schutz des Wettbewerbs. § 36 Abs. 1 GWB sieht grundsätzlich die Untersagung 582

---

572 Begr. zu § 36, 1998, S. 56.
573 Begr. zu § 36, 1998, S. 56; zur Kritik dieser Begründung vgl. Bechtold, BB 1997, 1853, 1856.
574 Zu den Gründen: Bericht 1998, Anl. 5 zu Art. 1 Nr. 10; Mestmäcker/Veelken, in: I/M, GWB, 3. Aufl., § 36 Rdnr. 284.
575 Artikel 2 Abs. 1 FKVO eröffnet die Möglichkeit, u.a. die Struktur aller betroffenen Märkte (lit. a) sowie die Verbraucherinteressen (lit. b) zu berücksichtigen. Schütz, in: GK, Zusammenschlusskontrolle, 5. Aufl., Einführung (vor § 35) Rdnr. 43, sieht daher in Art. 2 Abs. 1a FKVO auch eine »Abwägungsklausel«. Andere halten es für problematisch in Art. 2 FKVO eine Abwägungsklausel hineinzulesen, vgl. Wagemann, in: Wiedemann, Handbuch des Kartellrechts, § 16 Rdnr. 119 bis 121, m.w.N. Vgl. im Übrigen zur FKVO: C Europäische Fusionskontrolle.
576 Vgl. Schütz, in: GK, 5. Aufl., § 36 Rdnr. 147.

eines Zusammenschlusses bei Begründung oder Verstärkung einer marktbeherrschenden Stellung vor. Es ist dann aber auch konsequent, positive Auswirkungen, die trotz Begründung oder Verstärkung einer marktbeherrschenden Stellung entstehen, zu berücksichtigen, wenn diese die negativen Folgen des Zusammenschlusses überwiegen und damit der Wettbewerb insgesamt gestärkt wird.

b) Voraussetzungen

(1) Verbesserungen der Wettbewerbsbedingungen

583 Zu prüfen ist, ob ein Zusammenschluss, der an sich die Untersagungsvoraussetzungen des § 36 Abs. 1, 1. Hs. GWB erfüllt, gleichzeitig **Verbesserungen der Wettbewerbsbedingungen zur Folge hat**. In Betracht kommen nur strukturelle Verbesserungen auf deutschen Märkten[577]. Die **Marktstruktur** ist dabei im gleichen Sinne zu verstehen wie im Rahmen der Feststellung der Untersagungsvoraussetzungen i. S. d. § 36 Abs. 1, 1. Hs. GWB[578], nur, dass bei der im Rahmen der Abwägungsklausel zu stellenden Prognose zu erwartende positive Veränderungen festzustellen sind. Der Gesetzeswortlaut stellt klar, dass Vorteile, die nicht die Bedingungen des Wettbewerbs betreffen, im Rahmen der Abwägungsklausel keine Rolle spielen[579]. Unerheblich sind demgemäß gesamtwirtschaftliche Vorteile, sonstige Interessen der Allgemeinheit (diese Umstände können für die Ministererlaubnis gemäß § 42 Abs. 1 GWB eine Rolle spielen) sowie positive betriebswirtschaftliche Auswirkungen einschließlich der Vermeidung von Insolvenzen, wenn darin nicht zugleich eine Verbesserung der Bedingungen des Wettbewerbs gesehen werden kann[580].

584 Das Gesetz sagt nicht, auf welchen **Märkten** die Verbesserungen eintreten müssen. Danach könnten relevante positive Auswirkungen grundsätzlich sowohl auf dem Markt, auf dem die Konzentration stattfindet, als auch auf anderen, von der Konzentration nicht betroffenen Märkten eintreten[581].

585 Verbesserungen der Wettbewerbsbedingungen können insbesondere verursacht werden, wenn das Zusammenschlussvorhaben neben der grundsätzlich die Untersagungsvoraussetzungen des § 36 Abs. 1, 1. Hs. GWB erfüllenden konzentrativen Auswirkung auf anderen Märkten dekonzentrative Wirkungen erwarten lässt[582]. Ob die von § 36 Abs. 1, 2. Hs. GWB geforderte positive Auswirkung auch auf demselben Markt, in dem eine marktbeherrschende Stellung entsteht oder verstärkt wird, eintreten kann, ist zweifelhaft. In diesem Zusammenhang wird nicht selten die so genannte Sanierungsfusion erwähnt[583]. Hier stellt sich die Frage, ob es vorstellbar ist, dass eine Fusion, die zur Rettung von Unternehmen erforderlich ist, einerseits zu einer marktbeherrschenden Stellung führt, andererseits auf demselben betroffenen

---

577 Mestmäcker/Veelken, in: I/M, GWB, 3. Aufl., § 36 Rdnr. 290; Rösler, in: Lange, Handbuch, Kap. 5 Rdnr. 57.
578 BGH, 26. 5. 1987, »Niederrheinische Anzeigenblätter« WuW/E BGH 2425, 2431; Mestmäcker/Veelken, in: I/M, GWB, 3. Aufl., § 36 Rdnr. 290.
579 Bechtold, 3. Aufl., § 36 Rdnr. 22; Mestmäcker/Veelken, in: I/M, GWB, 3. Aufl., § 36 Rdnr. 292.
580 Bechtold, 3. Aufl., § 36 Rdnr. 22; weitere Beispiele bei Mestmäcker/Veelken, in: I/M, GWB, 3. Aufl., § 36 Rdnr. 290 f.
581 Vgl. Schütz, in: GK, 5. Aufl., § 36 Rdnr. 148.
582 Vgl. Emmerich, AG 1997, 529, 537 mit Beispielen.
583 Vgl. Emmerich, AG 1997, 529, 537; Bechtold, 3. Aufl., § 36 Rdnr. 25.

Markt aber gleichwohl die Verbesserungen der Wettbewerbsbedingungen überwiegen. Zur Verdeutlichung folgendes Beispiel:

Auf einem bestimmten Markt haben die in die Krise geratenen Unternehmen A und B jeweils 35% und das finanzstarke Unternehmen C 30% Marktanteil. Die Unternehmen A und B wollen fusionieren, da ohne den beabsichtigten Zusammenschluss die Insolvenz droht mit der Folge, dass die Marktanteile beider Unternehmen dem einzigen Wettbewerber C anwachsen würden. Im Falle der beabsichtigten Fusion erreicht das fusionierte Unternehmen AB einen – kartellrechtlich grundsätzlich unerwünschten – Marktanteil von 70%. Nur durch die Fusion kann aber das völlige Zusammenbrechen des Wettbewerbs durch Entstehung einer Monopolstellung des Unternehmens C verhindert werden.

586

Die Frage im Beispielsfall ist zunächst, ob eine solche Fusion überhaupt zur Begründung bzw. Verstärkung einer marktbeherrschenden Stellung i.S.d. § 36 Abs. 1, 1. Hs. GWB führen würde, ob der beabsichtigte Zusammenschluss also **kausal** für die zur Erfüllung des Tatbestandsmerkmals erforderliche Verschlechterung der Marktstruktur ist. Zur Beantwortung dieser Frage ist nicht, wie vielfach etwas ungenau formuliert, die vor dem Zusammenschluss bestehende Marktstruktur mit der nach dem Zusammenschluss zu erwartenden Situation zu vergleichen. Vielmehr ist eine Prognose für die ohne den Zusammenschluss zu erwartende Marktstruktur zu erstellen, und diese ist mit der bei Durchführung des Zusammenschlusses zu erwartenden Marktstruktur zu vergleichen[584]. Dieser Vergleich führt im Beispielsfall dazu, dass ohne Durchführung des Zusammenschlusses von einer zukünftigen Monopolstellung des Unternehmens C auszugehen wäre, während im Falle der Fusion noch Wettbewerb zwischen dem fusionierten Unternehmen AB und dem Unternehmen C stattfinden könnte, wenn auch auf einem Markt, der dann noch konzentrierter wäre als in der Vergangenheit. Im Ergebnis würde das Zusammenschlussvorhaben aber nicht zu einer Verschlechterung, sondern zu einer Verbesserung der zukünftig zu erwartenden Marktstruktur führen, sodass bereits die Voraussetzungen für eine Untersagung gem. § 36 Abs. 1, 1. Hs. GWB nicht gegeben sind. Für die Anwendung der Abwägungsklausel ist in einem solchen Fall kein Raum. Dies dürfte nicht nur für die so genannte Sanierungsfusion[585] gelten, sondern es ist wohl auch kein anderer Fall vorstellbar, in dem die von § 36 Abs. 1, 2. Hs. GWB geforderten Verbesserungen der Wettbewerbsbedingungen auf demselben Markt eintreten, auf dem auch die grundsätzlich eine Untersagung rechtfertigende Konzentration stattfindet[586]. Für den Praktiker ist es aber letztlich von geringer Bedeutung, ob ein Zusammenschlussvorhaben, das eine marktbeherrschende Stellung, aber gleichzeitig überwiegende Verbesserungen auf ein und demselben Markt zur Folge hat, mangels Vorliegen der Voraussetzungen des § 36 Abs. 1, 1. Hs. GWB oder im Rahmen der Abwägungsklausel vom BKartA freigegeben wird.

587

Die Verbesserungen der Wettbewerbsbedingungen, die nach der hier vertretenen Auffassung nur auf anderen Märkten als den von der Konzentration betroffenen

588

---

584 Vgl. o. Rdnr. 430.
585 Die Abwägungsklausel kommt auch bei einer Sanierungsfusion natürlich dann in Betracht, wenn dadurch auf einem Markt eine – ohne die Fusion nicht eintretende – Marktbeherrschung verursacht wird, aber Verbesserungen auf einem anderen Markt zu erwarten sind.
586 Im Ergebnis ebenso: Ruppelt, in: L/B, 9. Aufl., § 36 Rdnr. 50; Schütz, in: GK, 5. Aufl., § 36 Rdnr. 148f.

eintreten können, müssen **durch** das beabsichtigte Zusammenschlussvorhaben **verursacht** werden.

589 Entsprechend der Feststellung der Untersagungsvoraussetzungen gem. § 36 Abs. 1, 1. Hs. GWB, ist zur Feststellung der Kausalität – wie vorstehend bei der Erörterung des Sanierungsbeispiels dargelegt – im Rahmen einer Prognose ein Vergleich anzustellen zwischen den Wettbewerbsbedingungen, die voraussichtlich im Falle der Untersagung des Zusammenschlusses bestehen würden, und denjenigen, die bei Durchführung des Zusammenschlussvorhabens eintreten würden. Danach ist die erforderliche **Kausalität** nicht gegeben, wenn Verbesserungen zwar als Folge des Zusammenschlusses eintreten, ohne diesen aber auf andere Art und Weise in einem vergleichbaren Zeitraum ebenfalls zu erwarten wären[587]. Grundsätzlich reicht allerdings Mitursächlichkeit aus[588], sofern der Zusammenschluss nicht hinweggedacht werden kann, ohne dass die relevanten Verbesserungen entfielen bzw. wesentlich später einträten. Es **fehlt an der Kausalität**, wenn die positiven Auswirkungen nicht Folge des konkreten Zusammenschlussvorhabens sind, sondern etwa aufgrund anderer, gleichzeitig beabsichtigter Fusionen eintreten oder Folge eines Verzichtes der Beteiligten auf ein anderes Vorhaben sind, d.h. es kann keine Aufrechnung der Auswirkungen aus verschiedenen Zusammenschlussvorhaben vorgenommen werden[589]. Schließlich ist nach der Rechtsprechung zusätzlich erforderlich, dass die Verbesserungen nur durch den Zusammenschluss und nicht auf andere, weniger wettbewerbsbeschränkende Weise, zu erreichen wären[590]. Die zitierte Rechtsprechung handhabt dieses Erfordernis restriktiv, was die Gefahr einer ungerechtfertigten Einengung der Abwägungsklausel mit sich bringt. Darüber hinaus führt eine solche Auffassung dazu, dass im Rahmen der Abwägungsklausel andere, d.h. strengere Anforderungen an die Kausalität gestellt werden als im Rahmen der Feststellung der Untersagungsvoraussetzungen gem. § 36 Abs. 1, 1. Hs. GWB, was schon aufgrund des Gesetzeswortlautes nicht gerechtfertigt erscheint[591]. Zwar handelt es sich bei der Abwägungsklausel um eine Ausnahme vom grundsätzlichen Zusammenschlussverbot bei Marktbeherrschung, diese Ausnahme dient aber dem Schutze des Wettbewerbs. Diesem Ziel würde es zuwiderlaufen, wenn jede denkbare anderweitige Möglichkeit, die durch ein Zusammenschlussverfahren eintretende Verbesserung der Wettbewerbsbedingungen herbeizuführen, die Anwendung der Abwägungsklausel ausschlösse. Maßstab muss vielmehr die realistische Zukunftsprognose sein, welche Folgen es hätte, wenn der Zusammenschluss nicht durchgeführt würde. Weitergehende Anforderungen hätten mit der vom Gesetz geforderten Kausalität nichts zu tun und wären im Hinblick auf die teleologisch gebotene Auslegung des § 36 Abs. 1, 2. Hs. GWB bedenklich.

590 Verbesserungen der Wettbewerbsbedingungen können auch aufgrund von **Zusagen** der beteiligten Unternehmen im Fusionskontrollverfahren anzunehmen[592] oder als

---

587 Bechtold, 3. Aufl., § 36 Rdnr. 23.
588 Emmerich, Kartellrecht, 9. Aufl., S. 32.
589 KG, 18.10.1995 »Fresenius/Schiwa« AG 1996, 268, 271; Emmerich, Kartellrecht, 9. Aufl., S. 32.
590 BGH, 12.12.1968 »Erdgas-Schwaben« WuW/E BGH 1533, 1539 = BGHZ 73, 65, 79; KG, 4.3.1986 »Niederrheinische Anzeigenblätter« WuW/E OLG 3767, 3777; Emmerich, Kartellrecht, 9. Aufl., S. 302 f.; Mestmäcker/Veelken, in: I/M, GWB, 3. Aufl., § 36 Rdnr. 288 f.
591 Vgl. Bechtold, 3. Aufl., § 36 Rdnr. 23; zu § 24 Abs. 1 GWB a.F.: Kleinmann/Bechtold, 2. Aufl., § 44 Rdnr. 104 f.
592 Rösler, in: Lange, Handbuch, Kap. 5 Rdnr. 57.

Folge von **Auflagen** der Kartellbehörde[593] zu erwarten sein. Dem Kausalitätserfordernis ist also Genüge getan, wenn die zu erwartenden Verbesserungen gerade auf einer Zusage oder einer Auflage beruhen.

(2) Überwiegen der Verbesserungen gegenüber den Nachteilen der Marktbeherrschung

Hat ein Zusammenschlussvorhaben die «Doppelwirkung», dass einerseits auf einem Markt eine marktbeherrschende Stellung entsteht oder verstärkt wird und andererseits auf einem anderen Markt Verbesserungen der Wettbewerbsbedingungen eintreten, ist für die Anwendung des § 36 Abs. 1, 2. Hs. GWB im Rahmen einer Abwägung festzustellen, ob die **Verbesserungen** die **Nachteile überwiegen**. Aus rechtspolitischer Sicht wäre es ausreichend gewesen zu verlangen, dass die Vorteile die Nachteile aufwiegen, da sich dann die Wettbewerbsbedingungen insgesamt nicht verschlechtern[594]. Dies umso mehr, als in einem Rechtsstaat die vom Gesetz vorgesehene Möglichkeit der Untersagung beabsichtigter unternehmerischer Entscheidungen stets einer besonderen Begründung bedarf. Im Hinblick auf den Ausnahmecharakter der Abwägungsklausel hat der Gesetzgeber aber seinerzeit das Überwiegen der Vorteile verlangt. Im Rahmen der 6. GWB-Novelle, die zunächst die völlige Abschaffung der Abwägungsklausel vorsah[595], war eine Lockerung der Voraussetzungen nicht zu erwarten. 591

Die vorzunehmende **Abwägung** bringt häufig Schwierigkeiten mit sich, zumal die relevanten Verbesserungen in der Regel – nach der hier vertretenen Auffassung immer[596] – auf einem anderen Markt eintreten als die Nachteile. Neben den Auswirkungen innerhalb der einzelnen Märkte ist eine quantitative und qualitative Gewichtung der Märkte, deren Wettbewerbsbedingungen durch den Zusammenschluss betroffen werden, vorzunehmen[597], d. h. es ist auch die volkswirtschaftliche Bedeutung der Märkte zu berücksichtigen[598]. Voraussetzung ist nicht, dass die in die Abwägung einbezogenen Märkte in einer besonderen Beziehung zueinander stehen[599]. Die Rechtsprechung nimmt aber an, dass eine relevante Verbesserung insbesondere dann in Betracht kommt, wenn zwischen verschiedenen durch den Zusammenschluss negativ bzw. positiv beeinflussten Märkten Substitutionsbeziehungen bestehen (z. B. zwischen Strom- und Gasmarkt)[600] oder eine anderweitige wirtschaftliche Verbindung besteht[601]. 592

Soweit in der Literatur[602] angenommen wurde, dass im Falle der Entstehung einer marktbeherrschenden Stellung auf einem Markt eine ausreichende Verbesserung 593

---

593 Vgl. BKartA, 18. 5. 2001 »Stadtwerke Viersen« WuW/E DE-V 444, 445, 448; BKartA, 26. 1. 2001 »Schwäbisch Gmünd« WuW/E DE-V 395, 400 f.; BKartA, 3. 7. 2000 »RWE/VEW« WuW/E DE-V 301, 303 f., 308 ff.
594 Schütz, in: GK, 5. Aufl., § 36 Rdnr. 152.
595 Vgl. oben bei Rdnr. 580.
596 Vgl. oben bei Rdnr. 587.
597 Mestmäker/Veelken, in: I/M, GWB, 3. Aufl., § 36 Rdnr. 33.
598 Schütz, in: GK, 5. Aufl., § 36 Rdnr. 149.
599 Schütz, in: GK, 5. Aufl., § 36 Rdnr. 149.
600 BGH, 12. 12. 1978 »Erdgas Schwaben« WuW/E BGH 1533, 1538.
601 BGH, 29. 9. 1981 »Zeitungsmarkt München« WuW/E BGH 1854, 1858.
602 Vgl. Schwintowski, Die Abwägungsklausel in der Fusionskontrolle, 1983, S. 58, 98.

nur durch die Beseitigung einer Marktbeherrschung auf einem anderen Markt erzielt werden könne, entspricht dies nicht der gebotenen Berücksichtigung der Bedeutung der Märkte. Wenn ein Zusammenschluss auf einem lokal begrenzten und volkswirtschaftlich völlig unbedeutenden Markt zu einer marktbeherrschenden Stellung führt, ist eine für die Freigabe des Vorhabens ausreichende Verbesserung der Wettbewerbsbedingungen zweifelsfrei dann gegeben, wenn dadurch auf einem bedeutenden bundesweiten Markt, auf dem bereits eine Marktbeherrschung bestand, zwar diese Beherrschung nicht beseitigt wird, aber eine erhebliche Verbesserung der Marktstruktur eintritt. Auch wenn die Verhältnisse in den meisten Fällen nicht so eindeutig liegen, wird die Abwägung unter Berücksichtigung der durch den Zusammenschluss eintretenden Veränderungen auf den jeweiligen Märkten einerseits und der Bedeutung dieser Märkte andererseits der Kartellbehörde die sachgerechte Anwendung der Abwägungsklausel und damit auch die aus gesamtwettbewerblicher Sicht richtige Entscheidung i.d.R. ermöglichen. Als Beispiel soll folgender Sachverhalt dienen (vereinfachte Darstellung des einem Beschluss des BKartA vom 4.4. 2001[603] zu Grunde liegenden Falles):

Der beabsichtigte Erwerb der NetCologne Gesellschaft für Telekommunikation mbH (NetCologne) durch die Callahan Nordrhein-Westfalen-Gruppe (CNRW) hat eine Verstärkung der bereits bestehenden marktbeherrschenden Stellung von CNRW auf dem Markt für die Einspeisung und Durchleitung von Programmsignalen (Fernseh- und Hörfunkprogramme, Medien- und Teledienste) auf einer Netzebene des Breitbandkabelnetzes in Nordrhein-Westfalen zur Folge. CNRW führt an, das Kabelnetz stelle neben dem Telefonnetz der Deutsche Telekom AG (DT) die einzige weitgehend flächendeckende Infrastruktur für alternative leitungsgebundene Teilnehmeranschlüsse dar. Die nach dem Erwerb von NetCologne mögliche und beabsichtigte Aufrüstung des Breitbandkabelnetzes schaffe die Voraussetzung dafür, einen Infrastrukturwettbewerb zwischen Telefon- und Breitbandkabelnetz zu schaffen und damit das Monopol der DT im Teilnehmeranschlussbereich aufzubrechen. Unter anderem könne CNRW den bisher von NetCologne lediglich mit Programmsignalen belieferten Haushalten in Köln und Umgebung nach dem Zusammenschluss auch Telefonteilnehmeranschlüsse, Ortsgespräche und Internetzugang anbieten. Die Geschäftspolitik von CRNW sei darauf gerichtet, in die von DT beherrschten Märkte für Telefonanschlüsse, Ortsgespräche und Internetzugang einzudringen. Nach dem Zusammenschluss mit NetCologne werde es alsbald zu einer Verstärkung des Wettbewerbes auf diesen Märkten kommen. Da die zu erwartenden Verbesserungen der Wettbewerbsbedingungen die Nachteile überwögen, sei das Vorhaben freizugeben.

Das BKartA[604] führt dazu aus, dass DT auf den Märkten der Festnetztelefonie über nahezu monopolartige Stellungen und auf den Märkten für schmal- sowie breitbandige Internetzugänge wahrscheinlich über beherrschende, in jedem Fall aber ganz erhebliche Marktstellungen verfüge. Mit Hilfe der Ressourcen der NetCologne könne CNRW schneller sowohl in die Märkte für Festnetztelefonie als auch für schmal- und breitbandigen Internetzugang eindringen. Die CNRW sei dann nämlich in der Lage, eine zweite Telekommunikationsinfrastruktur neben dem Telefonnetz der DT aufzubauen und auf der Basis dieser eigenen Struktur als aussichtsrei-

---
603 BKartA, 4.4.2001 »Callahan NRW/Net Cologne« WuW/E DE-V 413.
604 BKartA, 4.4.2001 »Callahan NRW/Net Cologne« WuW/E DE-V 413, 418f.

cher Wettbewerber zur DT aufzutreten. Ähnliches gelte für den von CNRW geplanten Netzausbau für ein breitbandiges Internetangebot. Da sich dieser Markt noch in der Entwicklungsphase befinde, sei ein schneller Marktzutritt besonders wichtig und der Vorteil noch bedeutender als auf dem Markt für Festnetztelefonie. Im Rahmen der Abwägung stellt das BKartA dann fest, dass die »Quasimonopolstellung« bzw. beherrschende Stellung der CNRW auf dem bereits erwähnten Markt für Einspeise- und Durchleitungsleistungen von Programmsignalen durch den Zusammenschluss nur unwesentlich verstärkt werde[605]. An die durch den Zusammenschluss verursachten Verbesserungen der Wettbewerbsverhältnisse auf anderen Märkten seien daher nicht zu hohe Anforderungen zu stellen. Insgesamt kommt das Kartellamt zu dem Ergebnis, dass im Hinblick auf die sehr starke Stellung der DT die Vorteile auf den Märkten der Festnetztelefonie, insbesondere aber die Vorteile auf dem in Entwicklung befindlichen Markt für Internetzugang, die Nachteile überwiegen und daher der beabsichtigte Zusammenschluss unter Anwendung der Abwägungsklausel nicht zu untersagen ist.

(3) Nachweis durch die beteiligten Unternehmen

Gem. § 36 Abs. 1 GWB ist ein Zusammenschluss, der zu einer marktbeherrschenden Stellung führt oder diese verstärkt, vom BKartA nur dann nicht zu untersagen, wenn die **beteiligten Unternehmen** die in § 36 Abs. 1, 2. Hs. GWB genannten **Voraussetzungen nachweisen**. Aus diesem eindeutigen Wortlaut des Gesetzes ergibt sich, dass die den Zusammenschluss betreibenden Unternehmen sowohl die Darlegungslast als auch die formelle und materielle Beweislast für das Vorliegen dieser Voraussetzungen tragen. 594

Zu berücksichtigen ist jedoch, dass es sich bei den darzulegenden und nachzuweisenden Umständen um in der Zukunft liegende Entwicklungen handelt. Daher muss es ausreichen, dass die gegenwärtigen – nachzuweisenden – Umstände mit hoher Wahrscheinlichkeit den Schluss zulassen, dass nach allgemeinen wirtschaftlichen Erfahrungen und Erkenntnissen die vorgetragenen Verbesserungen der Wettbewerbsbedingungen eintreten werden und ohne den Zusammenschluss nicht oder erst wesentlich später eintreten würden[606]. In den Fällen, in denen von den beteiligten Unternehmen nur in sich schlüssige und insoweit überzeugende Einschätzungen vorgelegt werden, die exakten Tatbestände aber nicht von den Unternehmen, sondern nur vom BKartA ermittelt werden können, muss das Amt die erforderlichen Ermittlungen anstellen, z.B. durch die Einholung von Auskünften gem. § 59 GWB[607]. 595

c) Rechtsfolgen

Der Wortlaut des § 36 Abs. 1 GWB deutet darauf hin, dass ein eine marktbeherrschende Stellung begründender oder verstärkender Zusammenschluss nicht untersagt werden muss, wenn das Vorliegen der im Rahmen der Abwägungsklausel genannten Voraussetzungen von den beteiligten Unternehmen nachgewiesen wird. 596

---

605 BKartA, 4.4.2001 »Callahan NRW/Net Cologne« WuW/E DE-V 413, 421.
606 Vgl. Emmerich, Kartellrecht, 9. Aufl., S. 203; vgl. auch oben zur Kausalität bei Rdnr. 587.
607 Ruppelt, in: L/B, 9. Aufl., § 36 Rdnr. 57.

Danach könnte angenommen werden, dass dem BKartA auch bei Vorliegen dieser Voraussetzungen noch ein Ermessensspielraum verbleibe. Dies ist jedoch nicht der Fall; das Amt muss die Abwägungsklausel beachten[608] und **darf ein Zusammenschlussvorhaben nicht untersagen**, wenn das Vorliegen der in § 36 Abs. 1, 2. Hs. GWB genannten Voraussetzungen nachgewiesen wird. Ein anderes Verständnis hätte zur Folge, dass ein Zusammenschluss, der sich insgesamt auf den Wettbewerb positiv auswirkt, verhindert werden könnte, was dem Schutzzweck des § 36 Abs. 1 GWB zuwiderliefe.

597 Die Abwägungsklausel ist damit entgegen der im Rahmen der Verabschiedung der 6. GWB-Novelle teilweise vorgetragenen Auffassungen[609] keineswegs überflüssig, sondern ein wichtiges Instrument zum Schutze des Wettbewerbs. Wie zahlreiche Beispiele zeigen[610] kann für einen Zusammenschluss betreibende Unternehmen der Nachweis der in der Abwägungsklausel genannten Voraussetzungen die einzige Möglichkeit sein, die Untersagung des beabsichtigten Vorhabens zu vermeiden, sodass in Fällen zu erwartender hoher Marktanteilsadditionen stets geprüft werden sollte, ob Verbesserungen auf anderen Märkten eintreten. Allerdings sollte ein entsprechender Vortrag sorgfältig vorbereitet werden, da davon auszugehen ist, dass ein nicht überzeugender Hinweis auf angebliche Verbesserungen vom BKartA bzw. von den Gerichten als unzureichend erkannt wird[611] und die Überzeugungskraft der in der Anmeldung vorgetragenen Argumente eher schwächt.

4. Zusagen, Bedingungen und Auflagen

a) Sinn und Zweck von Zusagen, Bedingungen und Auflagen

598 Nach dem Wortlaut des § 36 Abs. 1 GWB ist das BKartA **verpflichtet**, ein Zusammenschlussvorhaben **zu untersagen**, wenn zu erwarten ist, dass der Zusammenschluss eine marktbeherrschende Stellung begründet oder verstärkt[612]. Diese **apodiktische gesetzliche Anordnung** stellte sich in der Vergangenheit bei solchen Fusionen als eher **unverhältnismäßig** heraus, die lediglich in wenigen Teilbereichen kartellrechtliche Bedenken aufwarfen, im Übrigen aber fusionskontrollrechtlich unbedenklich waren.

599 Bis zur **6. GWB Novelle**[613] war die **Entgegennahme von Zusagen** für das BKartA die einzige Möglichkeit, auf solche Zusammenschlüsse angemessen zu reagieren. »Zusagen« i. S. d. Fusionskontrolle sind Vereinbarungen zwischen Unternehmen und der Kartellbehörde, die darauf abzielen, **Untersagungen bei Zusammenschlüssen zu vermeiden**, die lediglich unter einigen Marktbeherrschungsgesichtspunkten

---

608 Richter, in: Wiedemann, Handbuch des Kartellrechts, § 20 Rdnr. 153.
609 Siehe oben Rdnr. 580.
610 Vgl. das Beispiel oben bei Rdnr. 593 = BKartA, 4. 4. 2001 »Callahan NRW/Net Cologne« WuW/E DE-V 413, sowie 18. 5. 2001 »Trienekens Niederrhein/Stadtwerke Viersen, Stadt Viersen« WuW/E DE-V 444; 26. 1. 2001 »EnBW/Stadtwerke Schwäbisch Gmünd« WuW/E DE-V 395; 4. 9. 2000 »E.ON/Heingas« WuW/E DE-V 360; Richter, in: Wiedemann, Handbuch des Kartellrechts, § 20 Rdnr. 153.
611 Vgl. Schütz, in: GK, 5. Aufl., § 36 Rdnr. 154.
612 Der Zusammenschluss »ist« zu untersagen; vgl. insoweit auch den Wortlaut der früheren Regelung in § 24 Abs. 1 und Abs. 2 Satz 1 GWB a. F.
613 In Kraft seit dem 1. 1. 1999.

Vorbehalten unterliegen⁶¹⁴. Echte Nebenstimmungen i. S. d. § 36 VwVfG waren hingegen nicht möglich, da das BKartA bis dato nur die Untersagungsverfügung, nicht aber die Freigabe als – auflagen- und bedingungsfähigen – Verwaltungsakt erteilen konnte⁶¹⁵; lediglich für die Ministererlaubnis sah § 24 Abs. 3 Satz 3 GWB a. F. die Möglichkeit von »Beschränkungen und Auflagen« vor.

Mit der Gesetzesänderung schuf der Gesetzgeber in § 40 Abs. 3 Satz 1 GWB die Möglichkeit, eine **Freigabe mit Bedingungen und Auflagen** zu verbinden. Da für die Zusagenpraxis des BKartA keine ausdrückliche gesetzliche Grundlage bestand, scheint die Gesetzesnovellierung mehr **Rechtssicherheit** zu bieten⁶¹⁶.

600

Freilich besteht auch weiterhin die Möglichkeit, die Ministererlaubnis mit Bedingungen und Auflagen zu verbinden (vgl. § 42 Abs. 2 GWB). Die materiellen Entscheidungskriterien hierbei unterscheiden sich indes wesentlich von denen des BKartA, weil sich der zuständige Bundesminister für Wirtschaft und Technologie nicht an dem Maßstab des § 36 Abs. 1 GWB zu orientieren hat, sondern insoweit an die Beurteilung durch das BKartA gebunden ist und vielmehr das öffentliche Interesse an dem Zusammenschluss prüft. Jüngst wurde von diesen Möglichkeiten in dem Verfahren »E.ON/Ruhrgas« umfänglich Gebrauch gemacht⁶¹⁷. Die E.ON hatte dabei insbesondere zugesagt, 6 bis 8 Mrd. Euro in die Ruhrgas zu investieren, die Möglichkeiten der Durchleitung von Gas zu verbessern (»Durchleitungszusagen«) und Veräußerungsauflagen zu akzeptieren (»Veräußerungszusagen«). Unter den der Ministererlaubnis beigefügten Auflagen befinden sich daneben noch Regelungen über einen Wechsel der Kapital- oder Stimmrechtsmehrheit bei E.ON (»Change of control«), über eine eventuelle spätere Veräußerung von Ruhrgas-Anteilen, den Erhalt von Ruhrgas als importierendes Ferngasunternehmen mit eigenem Leitungsnetz und Bezugsverträgen, ein *Legal Unbundling* (Ausgliederung des Transportgeschäfts in eine selbständige Tochtergesellschaft) und ein *Gas-Release*-Programm (Verkauf von Gas in einem Auktionsverfahren). Zudem wurde ein Sicherungstreuhänder für die Ausübung der Stimmrechte hinsichtlich der zu veräußernden Beteiligungen eingesetzt und ein Veräußerungstreuhänder vorgesehen für den Fall, dass die Veräußerungsauflage nicht fristgemäß erfüllt wird. Solchermaßen komplexe Zusagen bzw. Auflagen waren bislang vor allem auf europäischer Ebene bekannt.

601

Sowohl Zusagen als auch Bedingungen und Auflagen dürfen nur dann verfügt werden, wenn ohne sie die Entstehung oder Verstärkung einer marktbeherrschenden Stellung zu erwarten ist, die Maßnahmen also **unmittelbar der Beseitigung der negativen Folgen eines Zusammenschlusses dienen**⁶¹⁸. Ist dies nicht der Fall, ist die Verfügung unzulässig. Zusagen, Bedingungen und Auflagen haben in die-

602

---

614 Monopolkommission, Hauptgutachten XII, S. 238 Rdnr. 374.
615 Dies entsprach zumindest der h. M. und der Praxis des BKartA. Vgl. hierzu auch Mestmäcker/Veelken, in: I/M, GWB, 3. Aufl., § 40 Rdnr. 85 m. w. N.
616 Zunächst hatte der Bundestag eine gesetzliche Regelung der Zusagenpraxis nicht für notwendig gehalten, nachdem durch KG, 6. 10. 1976 »Weichschaum II« WuW/E OLG 1758, 1763 entschieden worden war, dass das BKartA »glaubwürdige, von der Verfügungsmacht gedeckte Zusagen« der beteiligten Unternehmen, die die Annahme einer marktbeherrschenden Stellung für die Zukunft ausschließen, berücksichtigen müsse. Vgl. hierzu Veelken, WRP 2003, 692, 694 und 700 f. m. w. N. insbesondere auch zur Kritik.
617 Verfügung vom 18. 9. 2002, Gz. I B 1 22 08 40/129.
618 Schulte, AG 1998, 297, 32.

B. Deutsche Fusionskontrolle

sem Zusammenhang allgemein die Funktion, die Entscheidungsbefugnisse des BKartA hinsichtlich der Untersagung eines angemeldeten Zusammenschlusses nicht nur flexibler zu gestalten, sondern auch dem **Verhältnismäßigkeitsprinzip hoheitlichen Handelns** in Anbetracht der durch die Zusammenschlusskontrolle beschränkten wirtschaftlichen Freiheit der beteiligten Unternehmen gerecht zu werden[619].

603 Durch die Möglichkeit, eine Freigabeverfügung mit Bedingungen und Auflagen zu verbinden, besteht für **Zusagen**, wie im Folgenden zu zeigen sein wird, **kaum noch ein Bedürfnis**. Teilweise wird allerdings die Auffassung vertreten, dass ein Anwendungsfall für die Zusagenpraxis noch im Hinblick auf **Auslandssachverhalte** bestehe. Dies soll der Fall sein, wenn Unternehmen vorschlagen, Bedenken gegen den Zusammenschluss dadurch zu beseitigen, dass sie ihre Beteiligungen an ausländischen Gesellschaften veräußern beziehungsweise hinsichtlich der Beteiligungsverhältnisse modifizieren[620]. Diesen Überlegungen ist das BKartA in seiner Entscheidung »CP Ships/Transportación Marítima Mexicana« vom 13.1.1999 nicht gefolgt, vielmehr hat es bei diesem weitgehenden Auslandssachverhalt seine Freigabeentscheidung unter einer aufschiebenden Bedingung und einer Auflage erteilt[621]. Das BKartA will vielmehr insgesamt auf die Zusagenpraxis verzichten[622]. Die Zusagenpraxis wird hier aber in diesem Werk trotzdem dargestellt, da **Zusagen auch künftig** in Gestalt der so genannten »**Vorfristzusagen**« möglich sind und ihre Bedeutung in Regelungsbereichen, die von Bedingungen und Auflagen nicht abgedeckt werden können, behalten können[623]. Es muss dem Unternehmen die Möglichkeit gewährt werden, im Wege einer öffentlich-rechtlichen Vereinbarung[624] mit den Kartellbehörden **Einigkeit über den Sachverhalt** zu finden. Die Zusagenpraxis des BKartA ist zudem in ihrer dogmatischen Ausprägung exemplarisch für die nach der 6. GWB Novelle auftretende Entscheidungspraxis des BKartA zu Bedingungen und Auflagen.

b) Zusagen

(1) Unterscheidung in Vorfrist- und Nachfristzusagen

604 Die Unterscheidung in Vorfrist- und Nachfristzusagen steht in Zusammenhang mit der **viermonatigen Untersagungsfrist**, innerhalb derer das BKartA entscheiden muss, ob es einen Zusammenschluss untersagen will[625].

---

619 Ausführlich zu den Bindungen der Auflagenkompetenz durch das allgemeine Verhältnismäßigkeitsprinzip: Veelken, WRP 2003, 692, 698 ff.
620 Bechtold, 2. Aufl., § 36 Rdnr. 28.
621 BKartA, 13.1.1999 »TMM/CPShips (WITASS)« WuW/E DE-V 122.
622 BKartA, TB 2000/01, S. 23.
623 Vgl. Schulte, AG 1998, 297, 302; Ruppelt, in: L/B, 9. Aufl., § 40 Rdnr. 26.
624 Vgl. §§ 54, 55 VwVfG und § 78 Nr. 3 AO.
625 Wie bereits ausführlich dargestellt, untersucht das Kartellamt in der »ersten Phase«, ob es in die Prüfung des Zusammenschlusses im Rahmen des Hauptverfahrens (»zweite Phase«) eintreten wird (vgl. § 40 Abs. 1 GWB). Dies ist dann der Fall, wenn sich im Rahmen der ersten Phase kartellrechtliche Bedenken ergeben, die im Hauptprüfverfahren eingehender untersucht werden müssen.

(a) Vorfristzusagen

Um eine Vorfristzusage handelt es sich nur dann, wenn die von den Unternehmen vorzunehmenden Maßnahmen das angemeldete Vorhaben **noch innerhalb der Untersagungsfrist** modifizieren. Um dabei einen größeren zeitlichen Handlungsspielraum zu haben, als § 40 Abs. 2 Satz 2 GWB mit der viermonatigen Frist vorgibt, besteht grundsätzlich die Möglichkeit, zwischen den beteiligten Unternehmen und dem BKartA die Frist einvernehmlich zu verlängern.

(b) Nachfristzusagen

Demgegenüber sind die sog. Nachfristzusagen dadurch gekennzeichnet, dass sie **erst nach Ablauf der Untersagungsfrist** durch die Unternehmen erfüllt werden, z.B. die Zusage der Veräußerung bestimmter Beteiligungen binnen einer Frist von ein oder zwei Jahren. Für das BKartA war damit die **Unsicherheit** verbunden, eine Freigabe innerhalb der Untersagungsfrist zu erteilen und gleichzeitig auf die Umsetzung der Zusagen durch die Unternehmen vertrauen zu müssen.

Um die Zusagen der Unternehmen in einem rechtlichen Rahmen einzubetten, wurden Nachfristzusagen **früher** ausschließlich in Gestalt **öffentlich-rechtlicher Verträge** entgegengenommen. Die formelle und materielle Zulässigkeit eines öffentlich-rechtlichen Vertrags richtet sich nach den §§ 54 ff. VwVfG. Qualitativ handelt es sich bei dem **Zusagenvertrag** um einen sog. »subordinationsrechtlichen« Vertrag[626], bei dem die Kartellbehörde, anstatt einen Verwaltungsakt zu erlassen, einen öffentlich-rechtlichen Vertrag mit demjenigen schließt, an den sie sonst den Verwaltungsakt richten würde[627]. In der Praxis kam ein solcher öffentlich-rechtlicher Vertrag dadurch zustande, dass die Unternehmen ihre Zusagen in Form einer Vertragsurkunde abgaben und das BKartA die Annahme der Zusage in der Urkunde bestätigte. **Mündliche Zusagen** sind gemäß §§ 38, 57 VwVfG, die für den öffentlich-rechtlichen Vertrag und Zusicherung zwingend die **Schriftform** vorschreibt, nicht bindend. Der Wortlaut der Zusagenverträge ist in den Tätigkeitsberichten des BKartA und im Bundesanzeiger **zu veröffentlichen**[628].

Nach der **6. GWB-Novelle** hat es praktisch **keinen Abschluss eines öffentlich-rechtlichen Vertrages** gegeben. Grundsätzlich besteht nämlich die Möglichkeit, auf der

---

626 Es besteht kein Gleichordnungsverhältnis zwischen den Vertragsparteien, vgl. K-P Schultz, Die Ausgestaltung der fusionsrechtlichen Zusagenregelung in der Praxis, WuW 1982, 429, 436. Es handelt sich auch nicht um einen Vergleichsvertrag i.S.v. § 55 VwVfG, da keine Ungewissheit hinsichtlich des Sachverhalts oder der Rechtslage durch den Vergleich werden soll. Auch ein Austauschvertrag gem. § 56 VwVfG kommt nicht in Betracht, da die Gegenleistung des Kartellamtes lediglich in der Freigabeverfügung gesehen werden kann, diese dem Kartellamt aber nicht zur Erfüllung ihrer öffentlichen Aufgaben dient.

627 Das BKartA kann gem. § 1 Abs. 1 Nr. 1 VwVfG als Behörde i.S.d. VwVfG angesehen werden. Die Entscheidung im Fusionskontrollverfahren in Gestalt einer Untersagung hinsichtlich der Freigabe erfüllt auch nach der 6. GWB-Novelle die Voraussetzungen eines Verwaltungsaktes gem. § 35 VwVfG.

628 Wegen der großen wettbewerbsrechtlichen Bedeutung der Zusagenpraxis hat der BMWi das BKartA im Jahre 1976 durch allgemeine Weisung gemäß § 49 GWB a.F. verpflichtet, Zusagen, die es im Fusionskontrollverfahren von Unternehmen entgegennimmt, zusammen mit den Gründen, aus denen das BKartA den Zusammenschluss im Hinblick auf die Zusagen nicht untersagt, im Bundesanzeiger und in seinen Tätigkeitsberichten zu veröffentlichen, vgl. BAnz Nr. 66 vom 3.4.1976.

B. Deutsche Fusionskontrolle

Grundlage der Zusage die Bedingungen und Auflagen zu formulieren[629]. Daher werden Nachfristzusagen in der Amtspraxis **nun ausschließlich** durch **Auflagen** erledigt.

(2) Typen der Zusagen bis zur 6. GWB-Novelle

609 Die Zusagenpraxis des BKartA ließ sich bis zur 6. GWB-Novelle in **drei Zusagetypen** differenzieren[630]:

(a) Zusagen der Veräußerung

610 Der **größte Teil** der Zusageregelungen entfiel auf die sog. »Veräußerungszusagen«, die in aller Regel die Veräußerung von Kapitalanteilen, Vermögensteilen oder auch Betriebsteilen der von der Fusion betroffenen Unternehmen sowie die Herauslösung von Produktions- oder Absatzbereichen aus einem durch die Fusion entstehenden Unternehmensverbund auf dem räumlich relevanten Markt zum Gegenstand hatten[631].

---

629 Bechtold, 2. Aufl., § 36 Rdnr. 28.
630 Das Hauptgutachten XIII der Monopolkommission enthält eine Überblickstabelle über die Zusagenpraxis des BKartAes von 1975 bis 1998 (S. 316 ff.), in der die nachfolgend genannten Fälle aufgeführt sind; vgl. auch Möschel, Recht der Wettbewerbsbeschränkungen, Rdnr. 881 ff.
631 BKartA, »Siemens / Osram« B 7–137/75; »Bayer / Metzler« B 6–63/74; »BBC / Ceag-Lus« B 7–102/79; »Les Cables de Lyon / kabelmetal electro« B 7–14/82; BKartA, »Bayernwerk (BAG) / Überlandwerk Unterfranken« B 8–182/82; »BASF / Immont« B 3–45/85; BKartA, 17. 2. 1986 »Daimler Benz / AEG« BAnz. Nr. 41/2358, B 7–122/85; 6. 5. 1986 »Orenstein & Koppel / Faun« BAnz. Nr. 89/6013, B 4–10/86; »Alfa-Laval / Krämer & Grebe« B 4–11/89; 9. 3. 1992 »Rheinbraun / Vertriebsgesellschaft für Brennstoffe« BAnz. Nr. 55/2219, B 8–72/91; 19. 5. 1992 »Krupp / Hoesch« BAnz. Nr. 100/4383, B 5–5/92; »Adolf Merckle / Reichelt Hageda / Otto Stumpf« B 3–28/92; 3. 2. 1998 »VNG / British Gas Deutschland« BAnz. Nr. 29/98, B 8–272/97; 10. 3. 1998 »Federal Mogul / T&N« BAnz. Nr. 57/98, B 5–130/97; »Gaz de France / GASAG Berliner Gaswerke« B 8–25/98; »EWE / Überlandwerk Nord-Hannover« B 8–300/97; 15. 3. 1994 »Karstadt / Hertie« BAnz. Nr. 65/3804, B 9–2088/93; »Überlandwerke Unterfranken / Energieversorgung Alzenau (AVA)« B 8–72/98; »Alsen-Breitenburg Zement- und Kalkwerke / Rüdersdorfer Zement GmbH« B 7–1086/90; 23. 12. 1993 »Heidelberger Zement / Cimenteries CBR« BAnz. Nr. 2/94, B 11–267/93; »Deutsche Bank / Flick« B 8–206/85; »Westdeutsche Allgemeine Zeitung / Neue Ruhrzeitung« B 6–146/75; 30. 5. 1991 »Springer-Madsack / Leipziger Volkszeitung« BAnz. Nr. 103/3792, B 6–44/91; »Philips / Grundig« B 7–9/84; »Asko / Schaper« B 9–2029/86; 8. 3. 1988 »Metro BLV« BAnz. Nr. 52/1199, B 9–2061/87; 9. 9. 1988 »Rewe Leibbrand / Deutscher Supermarkt« BAnz. Nr. 176/4231, B 9–2025/88; 9. 9. 1988 »REWE Leibbrand / St. Michael Drogerien« BAnz. Nr. 176/4231, B 9–2039/88; »Coop-SH / Wandmaker« B 9–2052/88; »REWE Zentral AG, Köln / REWE-Handelsgesellschaften West« B 9–2017/90; 11. 10. 1990 »REWE Zentral AG & Co. oHG / co op« BAnz. Nr. 190/5345, B 9–2042/90; 1. 2. 1991 »ASKO / co op« BAnz. Nr. 22/524, B 9–2106/90; 17. 9. 1992 »AVA / BVA« BAnz. Nr. 183/8011, B 9–2081/92; 23. 10. 1992 »Edeka / Gottlieb« BAnz. Nr. 208/8562, B 9–2092/92; 6. 11. 1992 »REWE Zentral AG Köln / SB-Lebensmittelhandelsbeteiligungs GmbH« BAnz. Nr. 217/8763, B 9–2133/92; 10. 12. 1992 »Metro / ASKO« BAnz. Nr. 239/9508, B 9–2067/92; 4. 11. 1993 »AVA / Nanz« BAnz. Nr. 217/10134, B 9–2981/92, B 9–2049/93; 15. 3. 1994 »Karstadt / Hertie« BAnz. Nr. 65/3804, B 9–2088/93; 5. 1. 1993 »Möbel Unger / Möbelhaus Wohnwelt 2000« BAnz. Nr. 8/249, B 9–2143/92; 6. 5. 2003 »Basalt-Actien-Gesellschaft / Deutsche Asphalt« B 1–80/02.

Dabei kann es sich auch um die **Veräußerung mittelbarer Beteiligungen** handeln[632]. 611
Sind Unternehmen an der Fusion beteiligt, die verschiedene Produkte anbieten, kann die Zusage ausreichen, die die Marktbeherrschung verursachende Marke zu veräußern, um die fusionskontrollrechtlichen Bedenken auszuräumen[633]. In der **Elektrizitätswirtschaft** kann dieses Ergebnis dadurch erzielt werden, dass fusionskontrollrechtlich kritische Versorgungsgebiete an unbeteiligte Dritte abgegeben werden[634] oder die Elektrizitätsversorger auf ihre **Rechte aus Konzessions- und Demarkationsvereinbarungen verzichten**[635]. Soweit durch den Zusammenschluss die Verstärkung eines marktbeherrschenden Oligopols zu erwarten ist, sollte durch die Zusage erreicht werden, dass die Reaktionsverbundenheit der Oligopolisten durch Aufgabe von Beteiligungen an mit den übrigen Oligopolisten bestehenden Gemeinschaftsunternehmen aufgehoben wird[636].

Im Einzelfall sind Zusagen auch geeignet, durch die erwirkte Aufgabe von Beteiligungen an Unternehmen oder Betriebsteilen den Anwendungsbereich der **Abwägungsklausel** zu eröffnen[637]. So kann es durch die Veräußerung von Unternehmens- oder Betriebsteilen zu einer Verbesserung der Wettbewerbsstruktur auf benachbarten Märkten kommen, die die Strukturverschlechterungen, die durch den Zusammenschluss hervorgerufen werden, aufwiegen. Diese Betrachtung ist allerdings oft problematisch[638]. 612

(b) **Zusagen zur Einflussbegrenzung**

Zusageregelungen, die eine Einflussbegrenzung beinhalten, sind darauf gerichtet, die Einflussnahme eines Unternehmens auf ein anderes **ohne Anteilsveräußerung** zu beschränken. Dies wird in erster Linie mit **gesellschaftsrechtlichen Mitteln** erreicht[639]. 613

---

632 BKartA »Karstadt/Neckermann« B 6–73/76; »Bayernwerk (BAG)/Contigas« B 8–209/81; »SBV u.a./Coop« Banz. Nr. 37/903, B 9–2098/88.
633 Verkauf der Marke »Kukident«, BKartA »Procter & Gamble/Blendax« BAnz. Nr. 232/15946, B 3–23/87.
634 BKartA »Lech-Elektrizitätswerke/Bayerische Elektrizitätswerke« B 8–134/75.
635 BKartA »Neckarwerke Elektrizitätsversorgung/Technische Werke der Stadt Stuttgart« BAnz. Nr. 243/96, B 8–138/96; »Bayernwerk (BAG)/Isarwerk« B 8–217/96; »Badenwerk/Kraftwerkübertragungswerke Rheinfelden/Kraftwerk Laufenburg« B 8–121/97, B 8–250/97; »VEW/Gasversorgung Sachsen-Anhalt/Erdgas Mark Brandenburg« B 8–23/98, B 8–70/98, B 8–90/98.
636 N.V. BKartA »Philips Gloeilampenfabriken/Felten & Guilleaume« B 7–91/78; vgl. auch Monopolkommission, Hauptgutachten VII, S. 179 Rdnr. 44.
637 BKartA »Westdeutsche Allgemeine Zeitung/Neue Ruhrzeitung« B 6–146/75; »PWA Graphische Papiere/SCA« B 6–28/80; »Bayernwerk (BAG)/Überlandwerk Unterfranken« B 8–182/82; »Deutag/Nordhessische Asphaltmischwerke« B 7–59/83; »L'air Liquid/Agefko« BAnz. Nr. 43/2187, B 3–74/86; »AGA/Rommenhöller« BAnz. Nr. 43/2186, B 3–119/86; BKartA »Karstadt/Neckermann« B 6–73/76; »Procter & Gamble/Blendax« BAnz. Nr. 232/15946, B 3–23/87.
638 Vgl. Monopolkommission, Hauptgutachten VII, S. 174 und 177 Rdnr. 387f. und Rdnr. 398f.
639 BKartA »Westdeutsche Allgemeine Zeitung/Neue Ruhrzeitung« B 6–146/75; »Iran/Krupp« B 7–168/76; Verzicht auf Stimmrechtsausübung BKartA »Preussen Elektra/Bewag« BAnz. Nr. 192/97, B 8–144/97; »VNG/British Gas Deutschland« BAnz. Nr. 29/98, B 8–272/97.

614 Dazu zählen beispielsweise die Übertragung der Stimmrechte aus einer Beteiligung auf einen weisungsungebundenen Treuhänder[640], der Verzicht, die kaufmännischen Entscheidungsträger oder bestimmte Gremien in dem fusionierten Unternehmen durch das beteiligte Unternehmen zu benennen[641] oder auch die Zusage, sich in entscheidungsbefugten Gremien im Rahmen von Abstimmungen neutral zu verhalten[642].

(c) Zusagen zur Öffnung

615 Bei den Öffnungszusagen liegt die eigentliche wirtschaftliche Zielsetzung nicht in der Lösung oder Auflockerung von Unternehmensverbindungen, sondern in der wirtschaftlichen **Öffnung von Märkten** durch das zusagende Unternehmen für bestimmte andere (dritte) Unternehmen[643]. Öffnungszusagen können sich auf unterschiedliche Inhalte beziehen. Als **Vertriebsregelungen** bezwecken sie, Unternehmen bestimmte Bezugs- oder Absatzquellen zu eröffnen oder sie von Vertriebsbindungen bzw. -abhängigkeiten zu befreien[644]. Zu den Öffnungszusagen zählen auch Vereinbarungen zwischen dem BKartA und den beteiligten Unternehmen, wenn diese zusagen, dritten Unternehmen, die auf dem gleichen oder einem benachbarten Markt tätig sind, **Zugang zu dem vorhandenen Know-how** zu eröffnen bzw. dieses zur Verfügung zu stellen[645]. In weiteren Öffnungszusagen, die das BKartA entgegengenommen hat, wurde Unternehmen die Möglichkeit eingeräumt, sich an anderen, in der Regel marktführenden Unternehmen zu beteiligen, um **Zugang zum Absatz- oder Beschaffungsmarkt** zu erhalten[646].

(3) Schwachstellen der Zusagenpraxis

616 Der **Hauptkritikpunkt an der Zusagenpraxis** bestand **vor Einführung des § 40 Abs. 3 Satz 1 GWB** durch die 6. GWB-Novelle in den unzureichenden rechtlichen

---

640 BKartA »Preussag/Hapag Lloyd/TUI« BAnz. Nr. 55/98, B 9–92/97; »Siemens/Osram« B 7–137/75 TB 1975, BT-Drucks. 7/5390, S. 37 f.; »Bayernwerk/Contigas« B 8–209/81, TB 1981/82, BT-Drucks. 10/243, S. 107; »WAZ/NRZ« B 6–146/76, nicht veröffentlicht; »Iran/Krupp« B 7–168/76, BAnz. Nr. 159/78.
641 BKartA »VEW Energie Erdgas West-Sachsen« BAnz. Nr. 6/98, B 8–288/97; »VNG/British Gas Deutschland« BAnz Nr. 29/98, B 8–272/97.
642 BKartA »RAG/Saarbergwerk« B 10–125/98. Vgl. auch BKartA, 6. 5. 2003 »Basalt-Actien-Gesellschaft/Deutsche Asphalt« B 1–80/02, wo die Verpflichtung als Auflage zum Abschluss eines Stimmrechtsbeschränkungsvertrages mit dem Inhalt angeordnet wurde, die mit einer Beteiligung erworbenen Stimmrechte bei bestimmten Beschlüssen nicht auszuüben.
643 BKartA »Siemens/Osram« B 7–137/75; »ASK/Rexnord« B 7–138/80; vgl. auch Schultz, WuW 1982, 429, 432 ff.
644 BKartA »Siemens/Osram« B 7–137/75; »Ruhrkohle/Chemie-Beteiligungsgesellschaft« B 8–20/75; »BP/Saarberg« B 8–178/80; »Greenland/KHD« B 4–79/88; Verzicht auf Gesamtbedarfsdeckungszusagen BKartA »RWE Energie/Thyssengas« BAnz. Nr. 106/97, B 8–216/96; »VNG/British Gas Deutschland« BAnz. Nr. 29/98, B 8–272/97; zuletzt noch BKartA »Pfalzwerke/Stadtwerke Neustadt an der Weinstraße« B 8–131/97.
645 BKartA »Mannesmann/Kienzle« B 7–44/81; »ASK/Rexnord« B 7–138/80; 29. 5. 2002 »Getinge/Heraeus« B 4–171/01; 22. 5. 2003, »BASF/Bayer Crop Science« B 3–6/03.
646 BKartA »Deutsche Gesellschaft für Wiederaufbereitung von Kernbrennstoffen/KEWA« B 8–139/77; »Feldmühle/Kopparfors« B 6–56/80; »PWA Graphische Papiere/SCA« B 6–28/80; »BP/Saaberg«; in diesen Fällen wurde der Marktzugang durch Kapitalbeteiligung an einem Gemeinschaftsunternehmen eröffnet.

Möglichkeiten des BKartA, auf die Nichtdurchführung einer Zusage seitens der Unternehmen reagieren zu können[647]. Die Probleme stellten sich vor allem deshalb, weil nach Ablauf der viermonatigen Prüfungsfrist nach dem Wortlaut des Gesetzes eine Untersagung nicht mehr möglich war. Das BKartA hatte sich teilweise damit geholfen, dass es mit den Unternehmen in den Zusagenverträgen vereinbarte, bei deren **Nichterfüllung** in das Untersagungsverfahren erneut einzutreten bzw. es wieder aufzunehmen[648]. Das zusagende Unternehmen konnte gegebenenfalls den Zeitpunkt einer erneuten Überprüfung selbst bestimmen und entsprechend hinauszögern[649].

In einem Fall hatte das BKartA auch vereinbart, bei Nichterfüllung der Zusage, statt Ansprüche auf Erfüllung des Vertrages geltend zu machen, die Auflösung des angemeldeten Zusammenschlussvorhabens ohne erneute Prüfung nach § 24 Abs. 1 GWB a. F. unmittelbar mit den Zwangsmitteln des § 24 Abs. 7 GWB a. F. zu betreiben[650]. Dies wurde z. T. als rechtlich unwirksam angesehen[651]. Vorgeschlagen wurde auch, im Falle der Nichteinhaltung der Zusage, den Vollzug des Zusammenschlusses »anders als angemeldet« zu betrachten, sodass die Voraussetzungen für eine Entflechtung gegeben wären[652]. 617

Wurden zwischen dem BKartA und den beteiligten Unternehmen keine Vereinbarungen über die Rechtsfolgen der Nichteinhaltung der Zusagen getroffen, war zudem fraglich, welcher Rechtsweg dem BKartA zur Durchsetzung der Zusagen zur Verfügung stand. Der Erhebung einer verwaltungsgerichtlichen Feststellungs- oder Leistungsklage steht die im GWB gesondert geregelte Kartellgerichtsbarkeit gegenüber, die keine Feststellungs- bzw. Leistungsklage kennt und die eine ausschließliche Zuständigkeit des für das Kartellamt zuständigen Oberlandesgerichts (OLG Düsseldorf) in kartellrechtlichen Rechtssachen vorsieht[653]. 618

Diesen **Schwierigkeiten**, die auch in der **langjährigen Entscheidungspraxis** des BKartA nicht ausgeräumt werden konnten, kann das BKartA nun durch die **Anwendung von § 40 Abs. 3 Satz 1 GWB** scheinbar entgehen. Die nunmehr geschaffene Möglichkeit, die Freigabe mit Bedingungen und Auflagen zu versehen, beseitigt die Unsicherheiten für das BKartA insoweit, als das Vollzugsverbot im Falle der aufschiebenden Bedingung erst dann entfällt, wenn diese von den Unternehmen auch tatsächlich herbeigeführt wurde. Im Falle der Auflage kann das BKartA später die Freigabe widerrufen, wenn sich die Unternehmen nicht daran halten[654]. Daran würde sich ein Entflechtungsverfahren anschließen, die bei bereits durchgeführten Zusammenschlüssen bislang kaum von Erfolg gekrönt waren. Zu Recht weist die 619

---

647 Das BKartA hatte in den Jahren 1995/96 aus diesen Gründen überhaupt keine Zusagen mehr entgegen genommen, dann aber seine Praxis wieder fortgesetzt, vgl. BKartA, TB 1997/98, S. 18.
648 Monopolkommission, Hauptgutachten IV, S. 183 Rdnr. 635.
649 Monopolkommission, Hauptgutachten IV, S. 183 Rdnr. 635; Mestmäcker, in: I/M, GWB, 2. Aufl., § 24 Rdnr. 252.
650 Monopolkommission, Hauptgutachten IV, S. 184 Rdnr. 637 zu BKartA, 25. 2. 1994 »Krupp/Hoesch Brüninghaus« WuW/E BKartA 2625, 2627.
651 Richter, in: Wiedemann, Handbuch des Kartellrechts, § 21 Rdnr. 60.
652 Vgl. Bechtold, 2. Aufl., § 36 Rdnr. 34.
653 Mestmäcker, in: I/M, 2. Aufl., § 24 Rdnr. 252.
654 Vgl. unten Rdnr. 637, 659ff. zu § 40 Abs. 3 Satz 3 GWB; § 12 Abs. 2 Satz 1 Nr. 2 und Nr. 3 GWB.

Monopolkommission darauf hin, dass aus wettbewerbspolitischer Sicht eine Verbesserung der Rechtstellung des BKartA rechtstatsächlich kaum erreicht wird[655].

c) Bedingungen und Auflagen

620 Nach § 40 Abs. 3 Satz 1 GWB kann die als Verwaltungsakt ergehende Freigabe – in Anlehnung an **§ 36 Abs. 2 Nrn. 2 und 4 VwVfG**[656] – mit **Nebenbestimmungen** in Form von Bedingungen und Auflagen versehen werden. Unter einer »**Bedingung**« ist eine von den beteiligten Unternehmen zu erfüllende Voraussetzung zu verstehen, **von deren ungewissen Eintritt die Wirksamkeit der Freigabeverfügung abhängig ist** (vgl. § 36 Abs. 2 Nr. 2 GWB). Dabei kann bekanntlich zum einen unterschieden werden, ob es sich um eine »aufschiebende« oder eine »auflösende« Bedingung handelt, und zum anderen, ob der Eintritt des Ereignisses vom Willen der Freigabeadressaten abhängt (»Potestativbedingung«) oder nicht (»Zufallsbedingung«)[657]. Indes wird mit einer »**Auflage**« den beteiligten Unternehmen ein bestimmtes **Tun, Dulden oder Unterlassen vorgeschrieben** (vgl. § 36 Abs. 2 Nr. 4 GWB), das geeignet ist, die **fusionskontrollrechtlichen Bedenken auszuräumen**.

621 Ist die Freigabe mit einer **aufschiebenden Bedingung** versehen, darf der Zusammenschluss **erst vollzogen** werden, wenn die **Bedingung eingetreten** ist[658]. Demgegenüber kann eine **Freigabe**, die **mit einer Auflage verbunden** wurde, **sofort vollzogen** werden. Für Unternehmen wird die Erteilung einer Auflage damit oft vorteilhafter sein, obgleich das BKartA im Gegenzug gesteigerte Anforderungen an die tatsächliche Erfüllbarkeit der Auflage stellen wird[659]. Kommen die Unternehmen ihren Verpflichtungen nicht nach, kann das BKartA die Freigabe widerrufen[660].

622 Die **Abgrenzung von Auflage und Bedingung** lässt sich nach ihrer Bedeutung für die zu Freigabe nach zeitlichen Kriterien vornehmen: Die Bedingung suspendiert, zwingt aber nicht, die Auflage hingegen zwingt, suspendiert aber nicht die Freigabe. Soweit zweifelhaft ist, ob eine Bedingung oder Auflage gemeint ist, wird zugunsten für die Betroffenen das Vorliegen einer »weniger belastenden« Auflage anzunehmen sein[661].

623 Ebenso wie bei den Zusagen ist für die Nebenbestimmungen des § 40 Abs. 3 Satz 1 GWB erforderlich, dass ohne sie der Zusammenschluss vom BKartA zu untersagen wäre, d.h. dass ohne Bedingungen und Auflagen die Entstehung oder Verstärkung einer marktbeherrschenden Stellung zu erwarten ist, die Nebenbestimmungen also **unmittelbar der Beseitigung der negativen Folgen eines Zusammenschlussvorhabens dienen**. Des Weiteren können sich die durch eine Auflage begründeten Pflichten nur auf **wettbewerbsrelevante Elemente der Unternehmens- und Marktstruktur** beziehen. Denn die Fusionskontrolle erfordert allgemein eine **Prognose** über die langfristig zu erwartenden Marktverhältnisse

---

655 Monopolkommission, Hauptgutachten XIII, S. 329 Rdnr. 517.
656 Vgl. Emmerich, Kartellrecht, 9. Aufl., S. 319; Uhlig, WuW 2000, 574.
657 Mestmäcker/Veelken, in: I/M, GWB, 3. Aufl., § 40 Rdnr. 49 m.w.N.
658 Die aufschiebende Bedingung entspricht im Prinzip der ehemaligen »Vorfristzusage«.
659 Eingehend Uhlig, WuW 2000, 574, 576 f. m.w.N., der auch darauf hinweist, dass eine aufschiebende Bedingung deshalb mehr dem Interesse des BKartAes entspricht.
660 Die Auflage oder auflösende Bedingung entspricht der ehemaligen »Nachfristzusage«.
661 Vgl. Kopp/Ramsauer, VwVfG, 7. Aufl., § 36 Rdnr. 34 m.w.N.

bzw. Wettbewerbsbedingungen⁶⁶². Dabei dürfen die Nebenbestimmungen freilich **nicht** dazu führen, dass die am Zusammenschluss beteiligten Unternehmen einer **laufenden Verhaltenskontrolle** unterworfen werden (vgl. § 40 Abs. 3 Satz 2 GWB). Das Verbot der laufenden Verhaltenskontrolle soll mit der 7. GWB-Novelle für den Bereich der Pressefusionskontrolle entfallen. Im Übrigen ist auch der für das GWB und für Nebenbestimmungen allgemein geltende verwaltungsrechtliche Bestimmtheitsgrundsatz (§ 37 Abs. 1 VwVfG) zu beachten, sodass gerade die Auflage einen **vollstreckbaren Inhalt** aufweisen muss⁶⁶³.

(1) Zustandekommen von Bedingungen und Auflagen zwischen BKartA und Unternehmen

Da Bedingungen und Auflagen zur **Modifikation eines Zusammenschlusses** nur dann sinnvoll sind, wenn die Unternehmen, die sie verwirklichen sollen, auch tatsächlich bereit sind, sie in ihre Planungen aufzunehmen, ist vor deren Verfügung auf jeden Fall eine **informelle Abstimmung** zwischen den beteiligten Unternehmen und dem BKartA erforderlich. Dabei werden regelmäßig die Vorstellungen des Amtes über die Wettbewerbsstruktur der betroffenen Märkte und die Vorstellungen der Beteiligten über ihr externes Wachstum im Hinblick auf den in Rede stehenden Zusammenschluss in Übereinstimmung gebracht⁶⁶⁴. **624**

Die Initiative, dass die Freigabeverfügung mit Bedingungen und Auflagen verknüpft wird, kann sowohl von den beteiligten Unternehmen selbst, als auch vom BKartA ausgehen. Der **Ermessensspielraum**, der dem BKartA in § 40 Abs. 3 Satz 1 GWB bei der Frage eingeräumt ist, ob die Freigabe mit Bedingungen und Auflagen versehen werden kann⁶⁶⁵, wird einerseits durch den **Amtsermittlungsgrundsatz** und andererseits durch das **Verhältnismäßigkeitsprinzip** begrenzt. Der Amtsermittlungsgrundsatz legt dem BKartA zunächst die Pflicht auf, zu untersuchen, ob eine Freigabe mit Bedingungen und Auflagen anstelle einer Untersagung möglich ist. Wenn dann durch geeignete Bedingungen und Auflagen die Untersagungsvoraussetzungen beseitigt werden können, besteht die Pflicht des BKartA, eine solche Entscheidung auch zu erlassen, denn eine Untersagung wäre dann nicht mehr verhältnismäßig. Das Ermessen der Behörde reduziert sich auf Null. Eine Untersagung ohne Auflagen wäre rechtswidrig⁶⁶⁶. **625**

Gleichzeitig ist es für die beteiligten Unternehmen wichtig, die Hinweise des BKartA, die z. T. aus einem weiteren Informationsbedarf des Amtes herausgelesen werden können, z. T. aber auch ausdrücklich vom Kartellamt angesprochen werden, aufzunehmen und entsprechend zu verwerten. **Parallel** zum fusionskontrollrechtlichen Verfahren sollte daher stets überlegt werden, ob und welche **Modifikationen des Zusammenschlusses aus unternehmerischer Sicht** möglich wären, die dann zu gegebener Zeit dem BKartA zur Disposition vorgeschlagen werden könnten. Dies gilt vor allem dann, wenn das BKartA in die zweite Phase des Fusionskontrollverfahrens, das Hauptprüfverfahren, eingetreten ist. **626**

---

662 Veelken, WRP 2003, 692, 695 m.w.N.
663 Veelken, WRP 2003, 692, 703 m.w.N.; vgl. Kopp/Ramsauer, VwVfG, 7. Aufl., § 37 Rdnr. 3.
664 Vgl. BKartA, TB 1999/2000, S. 23.
665 Vgl. den Wortlaut: »Die Freigabe **kann** mit Bedingungen und Auflagen verbunden werden.«
666 Ruppelt, in: L/B, 9. Aufl. § 40 Rdnr. 28.

B. Deutsche Fusionskontrolle

(2) Bisherige Praxis des BKartA bei Bedingungen und Auflagen

627 Es ist zu erwarten, dass die **Praxis** des BKartA – wie bei den Zusagen – schwerpunktmäßig **Veräußerungsverpflichtungen** betreffen wird, unter denen sich die Unternehmen von bestimmten Beteiligungen oder wesentlichen Vermögensgegenständen zu trennen haben. Das BKartA hat angekündigt, dass es aus ordnungspolitischen und systematischen Gründen der **aufschiebenden Bedingung den Vorzug** vor der Auflage geben wird[667]. Tatsächlich wird überwiegend von Auflagen Gebrauch gemacht, der den früheren Nachfristzusagen entspricht. Bedingungen und Auflagen können auch zur Einflussbegrenzung bzw. zur Öffnung des Marktes in Gestalt der Übertragung von Know-how oder der Einflussnahme auf Vertriebsregelungen der beteiligten Unternehmen eingesetzt werden[668].

628 Drei **Entscheidungen**, in denen das BKartA sein Freigabeverfügung mit Bedingungen und Auflagen versehen hat, werden exemplarisch dargestellt; die weiteren Entscheidungen entnehmen Sie bitte nachfolgender Tabelle.

629 In der Sache »**CP Ships / Transportación Marítima Mexicana**«[669] hat das BKartA sowohl von der Möglichkeit einer aufschiebenden Bedingung als auch der Verknüpfung der Freigabe mit Auflagen Gebrauch gemacht. In dem Verfahren ging es um die Errichtung eines Gemeinschaftsunternehmens, durch das zwei ausländische Unternehmen ihre Übersee-Linienfrachtdienste zusammenlegen wollten. Auf dem betroffenen Markt hat das BKartA einen addierten Marktanteil von mehr als 50 % ermittelt, ist allerdings in Anbetracht der konkreten Wettbewerbsbedingungen, die sich in hohen Überkapazitäten und Nachfragemacht der Marktgegenseite niederschlugen, allein noch nicht von einer überragenden Marktstellung ausgegangen. Entscheidend war allerdings, dass eines der beteiligten Unternehmen Mitglied einer Linienkonferenz war, die die Koordinierung des Marktverhaltens ihrer Mitglieder zum Gegenstand hat und der auch weitere große Anbieter auf dem Markt angehörten. Die Freigabe wurde dementsprechend unter der aufschiebenden Bedingung des Austritts aus der Vereinigung erklärt, um den anderen Anbietern einen unabhängigen Marktauftritt zu ermöglichen und somit effektiven Wettbewerb zu gewährleisten. Zugleich ist die Freigabe mit der Auflage verbunden worden, dass die Zusammenschlussbeteiligten der Linienkonferenz nicht wieder beitreten, wobei für den Fall einer maßgeblichen Änderung der Marktverhältnisse die Aufhebung der Auflage in Aussicht gestellt wurde.

630 Im Verfahren »**Lekkerland / Tobaccoland**«[670] ist das BKartA davon ausgegangen, dass es auf einem regionalen Markt für den Großhandel mit Tabakwaren zur Entstehung einer marktbeherrschenden Stellung komme, dies aber durch die Abgabe eines Teiles des Großhandelsumsatzes, der zu einer Senkung der Marktanteile der beteiligten Unternehmen auf dem Regionalmarkt auf rund 20 bis 30 % führt, vermieden werden könne. Der Zusammenschluss ist daher mit einer Veräußerungsauflage freigegeben worden, die sehr detailliert die zu übertragenden Vermögensgegenstände sowie die dem Erwerber zu gewährenden Namensrechte und

---

667 BKartA, TB 1999/2000, S. 23.
668 Für die gestalterischen Möglichkeiten kann auf die obigen Ausführungen zur Zusagenpraxis verwiesen werden, vgl. oben Rdnr. 609–615; vgl. Monopolkommission, Hauptgutachten XIII, S. 329 Rdnr. 517; BKartA, TB 1999/2000, S. 23.
669 BKartA, 13. 1. 1999 »TMM / CP Ship (WITASS)« WuW/E DE-V 122.
670 BKartA, 25. 2. 1999 »Habet / Lekkerland« WuW/E DE-V 116.

Wettbewerbsverbote auflistet. Weitere Auflagen mit Öffnungscharakter sollten hier sicherstellen, dass sich der Erwerber auf dem Markt auch als ernsthafter Wettbewerber etablieren kann. Dazu zählte zum einen die Möglichkeit, den in dem regionalen Markt mit einem hohen Bekanntheitsgrad versehenen Namen des Veräußerers zu nutzen und den Erwerber gleichzeitig mit einem nennenswerten Bestand an Zigarettenautomaten auszustatten, der es diesem ermöglicht, zusätzliche Kostendeckungsbeiträge aus dem rentableren, mit dem Großhandelsgeschäft eng verbundenen Automatengeschäft zu erwirtschaften. Dem Erwerber wurde schließlich auch das Recht eingeräumt, mit einem der Zusammenschlussbeteiligten ein Wettbewerbsverbot zu vereinbaren, das allerdings auf den für seinen Zweck unabdingbaren Zeitraum von sechs Monaten beschränkt wurde.

In dem Verfahren »**BAG/Deutsche Asphalt**« sollte eine veräußerungsähnliche Wirkung mit Verpflichtungen zum Abschluss rein schuldrechtlicher Verträge erzielt werden. So wurde etwa im Bereich der Gewinnung von mineralischen Rohstoffen (insbesondere Hartstein und Kies) die **Verpachtung** bestimmter Steinbrüche eines Zusammenschlussbeteiligten für die Dauer von zehn Jahren an einen unabhängigen Dritten angeordnet; der Pächter erhielt dabei sogar eine Verlängerungsoption für weitere zehn Jahre für den Fall, dass das BKartA rechtzeitig ein weiteres Vorliegen der Untersagungsvoraussetzungen des § 36 Abs. 1 GWB feststellen würde[671]. Gleiches gilt für Stilllegungsauflagen für Asphaltmischwerke.

Weitere Nebenbestimmungen von Freigabeverfügungen des BKartA sind in beigefügter Tabelle untergebracht.

lfd. Nr.	Kurzbezeichnung	Bemerkung	Inhalt der Bedingung oder Auflage	Einordnung
1	B 9–184/99 13. 1. 99	CP Ships/ Transportación Marítima Mexicana	Durch den Zusammenschluss konnte die Entstehung einer marktbeherrschenden Stellung auf dem Markt für containerisierte Linienschiffe zwischen Nordeuropa und Mexiko/US-Golfküste entstehen.	Austritt aus einer internationalen Kartellorganisation (Linienkonferenz für das Fahrtgebiet Nordeuropa/Mexiko: WITASS); kein zukünftiger Zutritt zu demselben oder einem ähnlichem Kartell.	– aufschiebende Bedingung zur Einflussbegrenzung; – Auflage zur Einflussbegrenzung.
2	B 9–164/99 25. 2. 99 (siehe oben)	Lekkerland/ Tobaccoland	Entstehen einer beherrschenden Stellung im regionalen Markt für Großhandel mit Tabakwaren (Berlin/ Brandenburg/ Mecklenburg-Vorpommern).	Veräußerung von funktionsfähigen Geschäftsteilen des Tabakwarengroßhandels mit Umsätzen in Höhe von mindestens 170 Mio. DM in der betreffenden Region.	– Veräußerungsauflage.
3	B 5–16/99 27. 5. 99	Federal Mogul/ Alcan	Entstehung eines marktbeherrschenden Duopols zwischen Federal Mogul und Male GmbH (Beteiligung an der König	Veräußerung der Beteiligung der Federal Mogul GmbH an dem österreichischen Kolbenhersteller König KG.	– Auflage zur Veräußerung; – Auflage zur Öffnung.

---

671 BKartA, 6. 5. 2000 »Basalt-Actien-Gesellschaft/Deutsche Asphalt« B 1–80/02; vgl. ferner BKartA, 19. 9. 2001 »Lutz Österreich/Möbel Engelhardt GmbH & Co. KG, Haßfurt« B 9–15/01.

B. Deutsche Fusionskontrolle

lfd. Nr.	Kurzbe-zeichnung	Bemerkung	Inhalt der Bedingung oder Auflage	Einordnung
		KG) auf dem inländischen Markt für Kolben für Kfz-Motoren.	Auflage: Federal Mogul überträgt allen interessierten Unternehmen Patentnutzungsrechte und das Know-how für die Produktion von Kolbenringen zu angemessenen Bedingungen.	
4	B 8–141/99 14. 10. 99	VEW / Westfälische Ferngas / Westfälische Gasversorgung	Entstehung bzw. Verstärkung einer marktbeherrschenden Stellung bei der Belieferung von Letztverbrauchern und Weiterverteilern mit Erdgas in bestimmten regionalen Märkten.	– Öffnung von Gaslieferverträgen; – zeitliche Begrenzung von Lieferverträgen; – Einräumung von Durchleitungsrechten.	– Auflagen zur Öffnung und zeitlichen Begrenzung von Gaslieferverträgen; Auflagen zum Zwecke der Durchleitung, d. h. Öffnung der Netze.
5	B 5–73/99 16. 12. 99	Bilfinger + Berger Bau AG / Buderus AG	Entstehung einer marktbeherrschenden Stellung im Bereich der Schachtabdeckungen und Punktentwässerung	Die Erhöhung der Beteiligung der Bilfinger und Berger Bau AG an der Buderus AG auf insgesamt 27,6 % wurde mit der Auflage freigegeben, den Geschäftsbereich Entwässerungs- und Abscheidetechnik der Passavant Rödiger Umwelttechnik GmbH an einen Dritten zu veräußern. Der Mehrheitserwerb wurde unter der aufschiebenden Bedingung freigegeben, dass die Auflage zuvor erfüllt wird.	– Auflage zur Veräußerung; – Aufschiebende Bedingung zur Veräußerung.
6	B 8–309/99 3. 7. 00	RWE / VEW	Entstehung von marktbeherrschender Stellung in der Stromwirtschaft, Gaswirtschaft und der Entsorgungswirtschaft. Entstehung duopolistischer Angebotsstrukturen im Bereich der Energieversorgung; – mögliche Entstehung marktbeherrschender Stellungen im Bereich der Entsorgungswirtschaft; – marktbeherrschende Stellungen im Bereich der Entsorgungswirtschaft;	Weitreichende Entflechtungsauflagen: – Aufgabe der über 80 %igen Beteiligung am ostdeutschen Verbundunternehmen Vereinigte Energiewerke AG (VEAG). – Aufgabe der Beteiligung der Braunkohlenvorlieferantin Laubak. – Beseitigung der Verflechtung zwischen REW/VEB und PE/BAG in der Rhenag Rheinische Energie AG, der Gelsenbacher AG und VEW.	– Auflage zur Veräußerung; Einsatz von Sicherungs- und Veräußerungstreuhändern; wegen Vorgaben der EG Kommission nach der FKVO war die Freigabe unter der aufschiebenden Bedingung der Veräußerung der RWE/VEW-Beteiligungen nicht möglich.

II. Materielle Fusionskontrolle

lfd. Nr.		Kurzbezeichnung	Bemerkung	Inhalt der Bedingung oder Auflage	Einordnung
			– marktbeherrschende Stellungen im Bereich der Gasversorgung für die Belieferung von Sondervertragskunden, Stadtwerken sowie Haushalts- und Kleinkunden in benachbarten Netzgebieten; Wegfall des potentiellen Wettbewerbs.		
7	B 8–132/00 4.9.00	E.ON/Hein Gas	Belieferung von Weiterverteilern, industriellen und gewerblichen Großkunden und Haushalts- und Kleingewerbekunden mit Erdgas.	Detaillierte Auflagen der Öffnung (Durchleitung) des Gasverteilungsnetzes und zur Öffnung des Marktes für Strom-Regelenergie.	– Auflagen zur Netzöffnung.
8	B 1–135/00 12.9.00	STRABAG/ Josef Riepl	Verstärkung marktbeherrschender Stellungen auf regionalen Märkten für Asphaltmischgut.	Veräußerung zweier Asphaltmischwerke.	– Auflage zur Veräußerung.
9	B 6–88/00 27.9.00	Axel Springer/Jahr Verlag	Entstehung einer marktbeherrschenden Stellung auf dem sachlich eigenständigen Lesermarkt für Zeitschriften (Marktanteile: 70–80%).	Verkauf der Titel/ Zeitschriften (»Route & Rolle«, »Kutter & Küste«) innerhalb einer festgelegten Frist an Dritte.	– Auflage zur Veräußerung.
10	B 8–109/00 11.10.00	Contigas/ Stadtwerke Heide	Verstärkung einer marktbeherrschenden Stellung im Bereich der Gasversorgung bei der Belieferung von industriellen/gewerblichen Großkunden und von letztverbrauchenden Haushalts- und Kleinkunden.	Durchleitungsrecht durch das eigene Gasversorgungsnetz; – öffentliche Bekanntgabe der Durchleitungspreise; – Herstellung von physischen Verbindungen ins Gasnetz; Einräumung von Sonderkündigungsrechten bisheriger Gasgroßkunden; Beendigung von Verträgen, die über den 31.12.2003 hinauslaufen.	– Auflagen zur Öffnung von Gasverteilungsnetzen, Lieferverträge etc.
11	B 8–202/00 26.1.01	EnBW/ Stadtwerke Schwäbisch-Gmünd	Die Entstehung einer marktbeherrschenden Stellung bei der regionalen Belieferung von Gasweiterverteilern.	Wie vor.	– Wie vor.
12	B 8–262/00 26.3.01	Neckarwerke Stutt-	Auf dem Markt für die Belieferung von Gas-	Wie vor.	– Wie vor.

B. Deutsche Fusionskontrolle

lfd. Nr.	Kurzbezeichnung	Bemerkung	Inhalt der Bedingung oder Auflage	Einordnung
		gart/Nürtinger Infrastruktur	weiterverteilern Verstärkung der marktbeherrschenden Stellung der Fair Energie, an der die Neckarwerke Stuttgart (NWS) beteiligt sind, durch Absicherung ihrer Vorlieferantenstellung.		
13	B 8–236/00 3.4.01	Neckarwerke Stuttgart/ Stadtwerke Reutlingen	Marktbeherrschende Stellung im Bereich der Gasversorgung.	Wie vor.	– Wie vor.
14	B 8–264/00 3.4.01	EnBW/ Stadt Biberach	Grds. wie vor; Sicherung der Vorlieferantenstellung infolge Gründung eines Gemeinschaftsunternehmens.	Wie vor.	– Wie vor.
15	B 8–291/00 18.5.01	Trienekens Niederrhein GmbH & Co. KG/ Stadtwerke Viersen GmbH	Entstehung von marktbeherrschender Stellung im Bereich der Gasversorgung.	Wie vor.	– Wie vor.
16	B 8–29/01 28.5.01	EnBW Regional/Stadt Schramberg	Entstehung von marktbeherrschender Stellung im Bereich der Gasversorgung.	Wie vor.	– Wie vor.
17	B 6–56/01 22.8.01	SV-C Verwaltungs GmbH/ WEKA	(Fach-) Zeitschriften (Leser- und Anzeigenmärkte, insbesondere Anzeigenmarkt für Elektronikfachzeitschriften) und Bücher.	Veräußerung der Fachzeitschriften »Elektronik Industrie« und »Elektronik Journal«.	– Aufschiebende Bedingung der Veräußerung.
18	B 9–15/01 19.9.01	Lutz Österreich/Möbel Engelhardt GmbH & Co. KG, Haßfurt	Strukturell bedingte Entstehung einer überragenden Stellung auf dem regionalen Markt für den Einzelhandel mit Möbeln des sog. Grundsortiments und Einrichtungsgegenständen.	Übertragung eines Geschäftsbetriebes für den Einzelhandel in Form eines SB-Möbelmarktes unter Ausgliederung eines Teils der Gesamtnutzfläche, der als Verkaufsfläche an den künftigen Betreiber mind. für 3 Jahre zu verpachten ist. – Betreiber muss ordentlichen Geschäftsbetrieb aufrechterhalten und Einzelhandel mit Möbeln und Randsortiment betreiben;	– Auflage zur Veräußerung; – akzessorische Auflagen zur getrennten Fortführung des Geschäftsbereichs durch den Erwerber und begrenztes Wettbewerbsverbot für den Veräußerer.

II. Materielle Fusionskontrolle

lfd. Nr.	Kurzbe-zeichnung	Bemerkung	Inhalt der Bedingung oder Auflage	Einordnung
			– Lutz-Gruppe darf ohne Zustimmung des künftigen Betreibers 3 Jahre lang kein gleichartiges Geschäft am Standort Haßfurt betreiben.	
19	B 9–147/00 19.9.01	Lufthansa / Eurowings	Verstärkung der beherrschenden Stellung der Lufthansa auf dem Markt für den innerdeutschen Linienflugverkehr, was durch Übertragung von Luftverkehrsdiensten auf die European Air Express Luftverkehrsgesellschaft mbH (EAE) – und damit durch deren Markteintritt auf diesen Strecken – kompensiert werden kann.	– Festschreibung der Frequenzen und Sitzplatzkapazitäten der Beteiligten unter Sicherstellung der Start- und Landerechte (»Slots«) zugunsten der EAE; außerdem Verkauf mehrerer Flugzeuge an EAE. – Bereitstellung und Überlassung bestimmter Slots bei deutschen Flughäfen für alle Wettbewerber; Lufthansa muss ferner Boni aus Kundenbindungsprogramm (»Miles & More«) auch den Kunden der Wettbewerber gewähren.	– Auflagen primär zur Marktöffnung zugunsten der EAE; zudem Auflagen zur Veräußerung; – Auflagen zur Öffnung des innerdeutschen Luftverkehrsmarktes.
20	B 4–69/01 27.9.01	Dentsply / Degussa Dental	Verstärkung einer marktbeherrschenden Stellung auf den Märkten für Dentallegierungen aus Edelmetall und für Verblendkunststoffe.	Verkauf sowohl der Produktlinie »Carat«-Verblendkeramik als auch des Dentallegierungsgeschäfts jeweils an einen unabhängigen Dritten; dieser muss zudem entsprechendes technisches Training für die Herstellung der Verblendkeramik erhalten.	– Veräußerungsauflagen, flankiert durch begrenzte akzessorische Wettbewerbsverbote zu Lasten Dentsplys.
21	B 10–131/01 26.11.01	Trienekens / remex	Betrifft verschiedene regionale Märkte im Bereich der Entsorgung von Baureststoffen bzw. von mineralischen Baustoffen.	– Fristgerechte Übertragung aller an bestimmten Gesellschaften gehaltenen Kapital- und Stimmrechtsanteile sowie bestimmter Betriebsstätten an unabhängige Wettbewerber; – Aufgabe von sämtlichen gesellschaftsrechtlichen Verflechtungen mit	– Auflagen zur Veräußerung. Dazu akzessorische Auflagen (primär zur Einflussbegrenzung) zwecks Sicherstellung der Funktionsfähigkeit der Veräußerungsgegenstände: Ruhenlassen aller Stimmrechte bis zur Erfüllung der Auflagen bzw. anteilige Übertragung auf

B. Deutsche Fusionskontrolle

lfd. Nr.	Kurzbezeichnung		Bemerkung	Inhalt der Bedingung oder Auflage	Einordnung
				bestimmten Gesellschaften.	Mitgesellschafter; Einsatz eines Treuhänders; wirtschaftlicher Erhalt unselbständiger Betriebsstätten.
22	B 8–102/01 19.12.01	Shell/DEA	Erwartete Begründung einer beherrschenden Stellung in Form eines Oligopols auf dem inländischen Tankstellenmarkt sowie auf Inlandsmärkten für Flugturbinentreibstoff Jet A1.	– Veräußerung von Tankstellen; – Kraftstoffbelieferung mittelständischer Erwerber der veräußerten Tankstellen (bis zu 5 Jahre); Abschluss von Verträgen mit Dritten ohne eigene Raffinerie in der Bundesrepublik über Bereitstellung von Kraftstoff an diversen Ausspeisepunkten der RMR-Pipeline (für 10 Jahre); – Rückzug der Beteiligten aus einem der 3 Betankungsunternehmen am Frankfurter Flughafen; Unterstützung der Aufnahmebegehren Dritter bei einem dieser Betankungsunternehmen.	– Veräußerungsauflage; – Öffnungsauflagen: Die mit Kraftstoffen belieferten Erwerber/Dritten sollen so ihre Wettbewerbsposition stärken können; ebenso dienen die Auflagen bzgl. des Frankfurter Flughafens zur Öffnung der vorhandenen Infrastruktur und der Versorgungswege für die Wettbewerber.
23	B 8–130/01 19.12.01	BP/E.ON (ARAL)	Wie vor.	Auflage zur Erfüllung der von den Beteiligten gemachten Zusagen über Maßnahmen zur Veräußerung von Geschäftsanteilen, Tankstellen und bestimmten Mengen an Jet A1-Treibstoff.	– Auflage zur Veräußerung.
24	B 8–111/01 22.1.02	RWE Plus AG/Stadtwerke Düren	Veränderung bei Dritten hervorrufender Zusammenschluss mit Stadtwerken (Strom-, Gas-, Wärme- und Wasserversorgung).	Auflage zur Erfüllung der von den Beteiligten gemachten Zusagen über Maßnahmen zur Marktöffnung im Gasbereich betreffend Transparenz, Netzzugangsanfragen und Engpassmanagement.	– Auflage zur Öffnung.
25	B 1–187/01 26.3.02	Haniel/Fels	Entstehung einer beherrschenden Stellung der Haniel auf Regionalmärkten für aufgehendes Hintermauerwerk.	Primär Verpflichtung dazu, durch Veräußerung mittelbar gehaltener Beteiligungen an einem Gemeinschaftsunternehmen die ge-	– Aufschiebende Bedingung zur Veräußerung.

II. Materielle Fusionskontrolle

lfd. Nr.	Kurzbezeichnung	Bemerkung	Inhalt der Bedingung oder Auflage	Einordnung
			sellschaftsrechtlichen Verflechtungen mit diesem aufzulösen.	
26	B 1–263/01 26.3.02	Haniel/ Ytong	Wie vor.	Primär Veräußerung bestimmter Werke, inkl. aller ihnen zugeordneten Vermögensgegenstände, der zugehörigen Vertriebsorganisation und des Kundenstamms an geeigneten Erwerber.	– Aufschiebende Bedingung zur Veräußerung.
27	B 2–37/01 25.4.02	BayWa/ WLZ	Zusammenschluss betreffend Märkte für Landhandel, Getreide und Feldfrüchte bei ausgeprägten Verflechtungen der Beteiligten mit Dritten.	Auflagen zur Veräußerung des Geschäftsvolumens und daraus resultierende Standortveräußerung im Waren- und Betriebsmittelgeschäft des Landhandels innerhalb bestimmter Fristen (bei deren Überschreitung muss ein Treuhänder die noch offenen Auflagen erfüllen).	– Auflagen zur Veräußerung.
28	B 10–219/01 29.4.02	Trienekens/ Entsorgungsbetriebe Essen	Verstärkung der beherrschenden Stellung auf dem Markt für Sammlung und Transport von Siedlungsabfällen.	Trienekens muss sämtliche Anteile, die es an einem bestimmten Unternehmen hält, an einen unabhängigen Dritten veräußern.	– Aufschiebende Bedingung zur Veräußerung (Bedingung: Abschluss des Kaufvertrages, Zustimmung des BKartA).
29	B 10–248/01 24.5.02	RWE Umwelt/GAB Pinneberg	In Ausschreibungsmärkten (Sammlung und Transport von Siedlungsabfällen u. a.) relevanter Zusammenschluss.	Neuausschreibung mittels eines neutralen Dritten von bestimmten, zurzeit von privater Seite durchgeführten Leistungen für die Zeit nach Auslaufen dieser Verträge.	– Auflage zur Öffnung, da sonst Leistungspflichten auf GAB übergegangen wären mit Folge eines hohen Marktanteilszuwachses bei RWE.
30	B 4–171/01 29.5.02	Getinge/ Heraeus	Verstärkung der schon jetzt marktbeherrschenden Stellung von Getinge/Maquet auf dem Markt für OP-Tischsysteme.	– Bedingung, bestehende Patentrechtsstreitigkeiten mit einem Wettbewerber einvernehmlich beizulegen; – Auflage, Produkte 10 Jahre lang unter Verzicht auf den Direktvertrieb an Krankenhäuser nur über den Fachhandel zu vertreiben; dabei dürfen die Fachhändler keiner-	– Aufschiebende Bedingung zur Öffnung; – Auflagen zur Öffnung: Auch kleinere Wettbewerber können künftig über den Fachhandel vertreiben bzw. konkurrieren im Direktvertrieb nicht mit für sie nicht realisierbaren Paketangeboten der Beteiligten.

B. Deutsche Fusionskontrolle

lfd. Nr.	Kurzbe- zeichnung	Bemerkung	Inhalt der Bedingung oder Auflage	Einordnung
			lei Vertriebsbe- schränkungen bzgl. konkurrierender Produkte unterlie- gen.	
31	B 9–164/01 3.7.02	DB AG/ Stadt- und Regionalbus Göttingen	Freigabe eines Zusam- menschlusses im öf- fentlichen Personen- nahverkehr (»ÖPNV«) unter Vergabeauflagen, ohne die die Beseiti- gung des nur schwa- chen Restwettbewerbs zwischen den Zusam- menschlussbeteiligten um die Wiedererte- lung von Linienver- kehrsgenehmigungen zu erwarten wäre.	– innerhalb einer Frist von 4 Jahren Verga- be der gesamten Verkehrsleistung als einheitliches Linien- bündel für 8 Jahre im Wege des Aus- schreibungswettbe- werbs, und zwar im offenen Verfahren i.S.d. VOL/A; – Verzicht auf perso- nenbeförderungs- rechtliche Linien- verkehrsgenehmi- gungen; – Bieter können in den Vergabebedingungen zur Übernahme von Personal- und Be- triebsmittel ver- pflichtet werden; zudem Verpflich- tung der Beteiligten zur Gewährung dis- kriminierungsfreien Zugangs der Bie- ter zu der für die Erbringung der Verkehrsleistung erforderlichen Infrastruktur.	– Primär Auflagen zur Öffnung der ÖPNV-Märkte (allerdings unter kartellbehördlichem Widerrufsvorbehalt stehend).
32	I B 1–22 08 40/129 5.7.02	E.ON/ Ruhrgas (I)	Ministererlaubnis betreffend einen untersagten Zusam- menschluss in den Energiemärkten (Übernahme der Ruhrgas durch E.ON).	– »Change of Con- trol«-Auflage, wo- nach E.ON Anteile an Ruhrgas veräu- ßern soll, falls ein Dritter bei E.ON selbst die Stimm- rechtsmehrheit er- werben würde und nationale energie- politische Interessen somit in Sorge stehen könnten; – E.ON soll Ruhrgas im Wesentlichen erhalten und da- rüber dem BMWi über 10 Jahre jährlich berichten;	– Auflagen zur Ver- äußerung und Öff- nung.

II. Materielle Fusionskontrolle

lfd. Nr.	Kurzbezeichnung	Bemerkung	Inhalt der Bedingung oder Auflage	Einordnung
			– verschiedene »Wettbewerbsauflagen«, die v. a. Anteilsveräußerungen beinhalten; – Verpflichtung, durch »Legal Unbundeling« das Erdgastransportgeschäft über das Fernleitungsnetz der Ruhrgas in eine zu diesem Zweck gegründete, weitgehend selbständige Transportgesellschaft auszugliedern, die selbst Erdgas für Dritte diskriminierungsfrei zu transportieren hat; – »Gas Release«- Auflage.	
33	B 8–23/02 29. 7. 02	EnBW / ZEAG	Verstärkung der marktbeherrschenden Stellung der ZEAG auf dem mit ihren städtischen Stromnetzen abgegrenzten Markt der Belieferung von Kleinverbrauchern mit Strom.	– Bekanntgabe bestimmter gegenüber der Beschlussabteilung abgegebener Zusagen der ZEAG betreffend Netznutzungsentgelte und Netznutzungshandlings im Internet; – EnBW muss den von ihr belieferten Strom-Verteilerwerken schriftlich ein Sonderkündigungsrecht einräumen.	– Auflösende Bedingungen zur Öffnung, mit denen den Wettbewerbern ein erleichterter Marktzugang ermöglicht wird.
34	I B 1–22 08 40/129 18. 9. 02	E.ON / Ruhrgas (II)	Modifizierte Ministererlaubnis, veranlasst durch erfolgreiche Beschwerden beim OLG Düsseldorf gegen die Erlaubnis aus lfd. Nr. 32.	Prinzipiell wie unter lfd. Nr. 32, wenn auch unter einzelnen Modifikationen insbesondere im Bereich der »Wettbewerbsauflagen«.	– Wie lfd. Nr. 32.
35	B 8–107/02 18. 12. 02	EWE, E.DIS / Stadtwerke Eberswalde	Die Beteiligten haben in Laufe des Verfahrens Änderungen des Gesellschaftsvertrages und des Konsortialvertrages, beide betreffend die Stadtwerke Eberswalde, angeboten.	Die Beteiligten müssen die Beurkundung der zugesagten Änderungen nachweisen.	– Auflage zur Einflussbegrenzung.

Schulte   **189**

B. Deutsche Fusionskontrolle

lfd. Nr.		Kurzbezeichnung	Bemerkung	Inhalt der Bedingung oder Auflage	Einordnung
36	B 3–8/03 2.5.03	Ajinomoto/ Orsan	Erwerb der alleinigen Kontrolle über die Orsan S.A. durch die Ajinomoto Co., Inc. betreffend den Markt für Mononatriumglutamat (MSG).	Die Beteiligten dürfen keine Anträge bei der EG-Kommission gemäß VO Nr. 384/96 auf Verlängerung der in Kraft befindlichen oder – bis zum 1.10.2006 – auf Erlass neuer Antidumpingzölle auf Einfuhren von MSG stellen.	– Auflösende Bedingungen zur Öffnung. Das BKartA widerruft auf Antrag die Bedingung betreffend den Erlass neuer Zölle, wenn die Beteiligten eine Änderung der Verhältnisse belegen können, wonach eine Marktbeherrschung ihrerseits ausgeschlossen ist, und es zudem aufgrund erheblicher gedumpter MSG-Einfuhren in die EG für die Beteiligten unzumutbar geworden ist, auf eine Untersuchung durch die EG und die Beantragung geeigneter Maßnahmen mit Wirkung vor dem 1.10.2006 zu verzichten.
37	B 1–80/02 6.5.03	Basalt-Actien-Gesellschaft/ Deutsche Asphalt	Umfangreiche Einzelerwerbungen auf den Märkten für Asphaltmischgut, gebrochenen Hartstein, Kies und Sand sowie Transportbeton.	– Beteiligungsveräußerungen; – Schließung oder – wahlweise – Veräußerung mehrerer Asphaltmischanlagen durch BAG; – Nichtausübung der Stimmrechte aus 2 erworbenen Beteiligungen betreffend bestimmte Beschlüsse (Stimmrechtsbeschränkungsverträge); – BAG muss bestimmte Steinbrüche für die Dauer von 10 Jahren an unabhängige Dritte verpachten.	– Auflagen zur Veräußerung; – Auflagen zur Einflussbegrenzung.
38	B 3–6/03 22.5.03	BASF/Bayer Crop Science	Erwerb bestimmter Pflanzenschutzmittel der Bayer CropScience AG durch die BASF AG.	BASF muss bis 1.1. 2004 einem einzigen, von ihr unabhängigen Unternehmen, das insbesondere über finanzielle Ressourcen und Erfahrungen ver-	– Auflösende Bedingung zur Öffnung.

II. Materielle Fusionskontrolle

lfd. Nr.		Kurzbe-zeichnung	Bemerkung	Inhalt der Bedingung oder Auflage	Einordnung
				fügt, eine exklusive, unterlizenzierbare Vertriebslizenz (über bestimmte Mindestinhalte, z. B. Markennutzung, Zugang zu Vorräten, Daten, Kundenlisten etc.) für die Getreidefungizidprodukte Flamenco FS, Sportak sowie Sportak Alpha erteilen (Lizenzlaufzeit mind. 5 Jahre, räumlich bezogen auf die BRD als Geltungsbereich des GWB).	
39	B 8–83/03 26. 8. 03	RWE Rhein-Ruhr / Stadtwerke Wuppertal, Velbert, Remscheid, Oberhausen	Verstärkung eines marktbeherrschenden Duopols auf bundesweiten Märkten für Strom und Gas (Großkunden und Weiterverteiler) und auf lokalen Endkundenmärkten.	Zwei Stadtwerke werden aus dem wettbewerblichen Einflussbereich des RWE-Konzerns gelöst.	– Aufschiebende Bedingung zur Veräußerung; – Auflage zur Veräußerung.
40	B 1–180/02 10. 10. 03	Rheinkalk GmbH / Kalkwerk Lengerich	Verstärkung einer marktbeherrschenden Stellung auf dem Markt für Branntkalk im Regionalmarkt West.	Endgültige Stilllegung von drei Ringschachtöfen, Begrenzung der Produktionskapazität.	– Auflage zur Stilllegung und Produktionsbegrenzung.
41	B 9–91/03 2. 12. 03	DB Regio AG u. a. / üstra intalliance AG	Erwerb einer Beteiligung an einem im Bereich Linienverkehr mit Kfz, Straßenbahn und Stadtbahn tätigen Unternehmens durch die DB Regio AG.	Die Region Hannover muss stufenweise Verkehrsleitungen im Wettbewerb vergeben. Die Beteiligten müssen im Rahmen ihrer Möglichkeiten sicherstellen, dass der bei der Vergabe obsiegende Bieter nicht durch Genehmigungsrechte oder vertraglich vereinbarte Rechte der Beteiligten an der Erbringung der Verkehrsleitungen gehindert wird. Die Beteiligten müssen diskriminierungsfrei Zugang zu den notwendigen Infrastruktureinrichtungen gewähren und die Unterlagen zum Vergabeverfahren an das BKartA übersenden.	– Auflösende Bedingungen zur Öffnung; – Auflage zu Kontrollzwecken.

B. Deutsche Fusionskontrolle

lfd. Nr.		Kurzbe-zeichnung	Bemerkung	Inhalt der Bedingung oder Auflage	Einordnung
42	B 4–7/04 7.6.2004	Henry Schein demedis/ Euro Dental	Handel mit Dentalprodukten und zugehörige Dienstleistungen, drohende Entstehung einer marktbeherrschenden Stellung auf dem Handelssortimentsmarkt für Verbrauchsartikel für den zahnärztlichen Bedarf	Veräußerung eines Betriebsteils, so dass einerseits der Marktanteil des Erwerbers reduziert wird und andererseits ein weiterer Marktteilnehmer erhalten bleibt.	Auflage zur Veräußerung
43	B 7–65/04 17.8.2004	GE/InVision	Entstehung einer marktbeherrschenden Stellung auf dem Markt für zerstörungsfreie Prüftechnik mit stationären Röntgensystemen zur Grobstrukturanalyse	Tochtergesellschaft mit Aktivitäten auf dem Markt für zerstörungsfreie Prüftechnik wird aus dem Einflussbereich des GE-Konzerns gelöst.	Auflage zur Veräußerung

(3) **Verhältnis Nebenbestimmung und Verbot laufender Verhaltenskontrolle**

633 Jede inhaltliche Ausgestaltung der Bedingungen und Auflagen muss sich – ebenso wie bei den Zusagen – am **Verbot der laufenden Verhaltenskontrolle** (vgl. § 40 Abs. 3 Satz 2 GWB) messen lassen, das freilich nach der 7. GWB-Novelle im Bereich der Pressefusionskontrolle aufgeweicht werden soll. Das Verbot betrifft im Kern die Unterscheidung zwischen Maßnahmen, die eine strukturelle Veränderung im Marktauftreten der beteiligten Unternehmen bewirken und solchen, die die Unternehmen einer ständigen Kontrolle in ihren geschäftspolitischen Entscheidungen unterwerfen. Für letzteres besitzt das BKartA keine Ermächtigung, da sich seine Tätigkeit auf die einmalige und zeitlich beschränkte Kontrolle eines Zusammenschlussvorhabens beschränkt und der verfassungsrechtlich verankerte Vorbehalt des Gesetzes für belastende Maßnahmen insoweit eine strikte Grenze zieht.

634 Die z.T. sehr schwierige **Abgrenzung** zulässiger Nebenbestimmungen von der unzulässigen laufenden Verhaltenskontrolle orientiert sich daran, ob die Maßnahmen, die die Unternehmen als Bedingungen oder Auflagen ausführen sollen, geeignet sind, **unmittelbar die Marktstruktur zu beeinflussen**. Dabei sind inhaltlich weniger die in der Wettbewerbstheorie diskutierten Begriffsbestimmungen von »Marktstruktur« und »Marktverhalten« maßgeblich[672]. Vielmehr ist darauf abzustellen, ob künftig seitens der Unternehmen keine weiteren geschäftspolitischen Entscheidungen notwendig sind, um die **fusionskontrollrechtlichen Bedenken auf Dauer zu beseitigen**. Mit anderen Worten: Auflagen und Bedingungen sind dann zulässig, wenn sie auf die Marktstruktur bezogen sind, sich in einem **einmaligen Akt** voll-

---

672 Veelken, WRP 2003, 692, 712 f. Zum einen besteht auch auf dieser Ebene keine Einigkeit, zum anderen erscheint die Identität der Zielsetzungen gerade bei den wettbewerbstheoretischen workability-Konzepten einerseits und der Abgrenzung zulässiger und unzulässiger Auflagen in der Fusionskontrolle andererseits zumindest zweifelhaft.

ziehen und zu ihrer Kontrolle eine **einmalige Überprüfung** ausreicht, vorausgesetzt, die angestrebte Marktstruktur führt zum Wegfall der Untersagungskriterien des § 36 Abs. 1 GWB[673].

Veräußerungsauflagen sind daher im Allgemeinen zulässig, was in der Regel auch für die mit ihnen verbundenen und zum Zwecke ihrer Absicherung ergehenden sog. »**akzessorische Auflagen**« gilt[674] (z. B. begrenztes Wettbewerbsverbot zugunsten des Erwerbers, Verpflichtung zur getrennten Fortführung des zu veräußernden Geschäftsbereichs, kartellbehördliche Zustimmungserfordernisse usw.). Ist der Abschluss von Verträgen mit dritten Unternehmen Gegenstand der Bedingungen oder Auflagen, ist deren Laufzeit ein **Indiz** für ihren strukturellen Charakter[675]. Gleiches gilt für das Fehlen einer ordentlichen Kündigungsmöglichkeit solcher Verträge. Problematisch ist allerdings die laufende Überwachung der Einhaltung von **Austauschverträgen**, die leicht in eine »laufende Verhaltenskontrolle« abrutschen können[676]. Ebenso werden **Organisationsauflagen** zur Sicherung der Selbständigkeit von Unternehmensteilen innerhalb eines rechtlich einheitlichen Unternehmens grundsätzlich unzulässig sein, da ihre Einhaltung in der Regel zeitlich unbeschränkt und in vollem Umfang durch die Kartellbehörde zu kontrollieren wäre[677]. Ob auch **Auflagen zur Einflussbegrenzung** allgemein eine laufende Verhaltenskontrolle nach sich ziehen oder ob sie zulässige strukturelle Maßnahmen darstellen, ist umstritten[678].

635

Von den neueren Entscheidungen verdient neben der Sache »E.ON/Ruhrgas« – wo das BKartA die vorgeschlagenen Zusagen als nicht ausreichend ansah, diese dann aber in die Ministererlaubnis als Auflagen aufgenommen wurden – vor allem die Angelegenheit »Bild.de/T-Online« Erwähnung[679]. Dort hielt das BKartA den Inhalt der Aktionärsvereinbarung der »Bild.de/T-Online AG« über die Vermarktungsmodalitäten des T-Online-Internetzugangs für beachtlich, ebenso die dort enthaltene Zusage, dass der Zugang zu kostenpflichtigen Inhalten des Online-Angebots Bild.de nicht nur über T-Online möglich sei und kostenpflichtige Inhalte nicht ausschließlich über T-Online abgerechnet würden. Wohl weil es sich hier streng genommen um (unzulässige) Verhaltenszusagen handelt, vermeidet das Amt hier den Begriff »Zusage« und redet stattdessen von »Konkretisierungen, die von den Beteiligten zum rechtsverbindlichen Gegenstand der ursprünglichen Anmeldung erklärt wurden«.

636

---

673 Veelken, WRP 2003, 692, 713.
674 Vgl. Veelken, WRP 2003, 692, 713 m.w.N. Beispiele für akzessorische Auflagen sind etwa die Auflagen d) und e) in BKartA, 19.9.2001 »Lutz Österreich/Möbel Engelhardt GmbH & Co. KG, Hassfurt« B 9–15/01.
675 Bedingungen und Auflagen, die die Vergabe von Lizenzen zum Gegenstand haben, sind struktureller Natur, wenn die Vergabe unbefristet erfolgt.
676 Vgl. Monopolkommission, Hauptgutachten XIII, S. 330 Rdnr. 519.
677 Vgl. Veelken, WRP 2003, 692, 716 f. Zu beachten ist hierbei im Übrigen, dass zwar keine unmittelbare Strukturveränderung stattfindet, das Ergebnis einer solchen Auflage jedoch aufgrund der beeinflussten gesellschaftsrechtlichen Ausübungsrechte mit einer Strukturveränderung vergleichbar ist (Monopolkommission, Hauptgutachten VII, Rdnr. 417).
678 Vgl. hierzu Veelken, WRP 2003, 692, 717 ff. m.w.N., der schon die generelle Eignung dieser Auflagen anzweifelt und des Weiteren – im Gegensatz zum BKartA und zur Monopolkommission, jedoch mit großem Rückhalt in der Literatur – eine »laufende Verhaltenskontrolle« annimmt.
679 BKartA »Bild.de/T-Online« – B 6–144/01.

d) Aufhebung einer Freigabeverfügung mit Bedingungen und Auflagen

(1) Nichterfüllung einer Bedingung

637 Werden die auferlegten Bedingungen von den beteiligten Unternehmen nicht erfüllt, so besteht grundsätzlich dafür **kein Sanktionsbedürfnis**, denn die Freigabe wird im Falle einer aufschiebenden Bedingung **erst mit Bedingungseintritt wirksam**. Wurde eine auflösende Bedingung verfügt, entfällt die Freigabe nachträglich, wenn die darin genannten Voraussetzungen eintreten.

638 Eine solche auflösende Bedingung kann aber nur dann als zulässig erachtet werden, wenn das Ereignis, durch das die Auflösung der Freigabe bedingt ist, **zeitnah zum Fusionskontrollverfahren** eintreten kann. Ein Bedingungseintritt, der geeignet ist, auch noch in ferner Zukunft die Freigabe des Vollzuges aufzuheben und damit zu einer Entflechtung des Zusammenschlusses führen würde, müsste als unzulässige Verhaltenskontrolle eingestuft werden[680].

(2) Nichterfüllung einer Auflage

639 Ein **Sanktionsbedürfnis** besteht hingegen für die Auflagen, die mit der Wirksamkeit der zu Grunde liegenden Freigabeverfügung nicht unmittelbar verknüpft sind. Wurde der Zusammenschluss vollzogen, haben die Unternehmen die Auflagen aber nicht erfüllt, ist dem Kartellamt die Möglichkeit eröffnet, die **Freigabe zu widerrufen**. Gleiches gilt, wenn sich nach Vollzug herausstellt, dass die Bedingungen und Auflagen aufgrund unrichtiger Angaben oder arglistiger Täuschung herbeigeführt wurden (§ 40 Abs. 3 Satz 3 i.V.m. § 12 Abs. 2 Satz 1, Nr. 2 und 3 GWB Stand 6. GWB-Novelle bzw. § 40 Abs. 4 GWB Stand 7. GWB-Novelle)[681]. In allen genannten Fällen kann das BKartA auch anstelle des Widerrufs der Freigabe weitere Bedingungen anordnen, diese ändern oder die Freigabe mit neuen Auflagen versehen.

640 Hier stellt sich natürlich die Frage, inwieweit die durch Verhängung von Auflagen aufgehobene **Prävention** der Zusammenschlusskontrolle durch **Entflechtungsmaßnahmen** »wiederhergestellt« werden kann. Die hier bestehenden berechtigten Zweifel sind aber nach dem Gesetz eindeutig zu Gunsten der am Zusammenschluss beteiligten Unternehmen gelöst worden[682].

641 In diesem Zusammenhang sei noch darauf hingewiesen, dass die vorsätzliche oder fahrlässige Zuwiderhandlung gegen eine vollziehbare Auflage eine **Ordnungswidrigkeit** darstellt (§ 81 Abs. 1 Nr. 5, Abs. 2 GWB).

(3) Weitere Möglichkeiten der Aufhebung

642 Im Übrigen ist an die Möglichkeit der Rücknahme oder des Widerrufs eines begünstigenden Verwaltungsaktes, hier der Zusammenschlussfreigabe durch das BKartA nach § 40 Abs. 2 Satz 1 GWB, gemäß den **§§ 48 und 49 des Verwaltungsverfahrensgesetzes (VwVfG)** zu denken. Diese Regelungen sind anwendbar, soweit ihnen im Einzelnen nicht die Wertungen des GWB entgegenstehen[683]. So folgt etwa aus der

---
680 Vgl. oben Rdnr. 633.
681 Vgl. Bechtold, 2. Aufl., § 40 Rdnr. 20.
682 Vgl. Monopolkommission, Hauptgutachten XIII, S. 324 Rdnr. 515.
683 Vgl. Emmerich, Kartellrecht, 9. Aufl., S. 319.

Nichterwähnung des Widerrufsgrundes des § 12 Abs. 2 Nr. 1 GWB (Stand 6. GWB-Novelle) – wesentliche Änderung der Verhältnisse – in dem § 40 Abs. 3 Satz 3 GWB Stand 6. GWB-Novelle bzw. § 40 Abs. 4 GWB Stand 7. GWB-Novelle, dass auch unter den Voraussetzungen des vergleichbaren § 49 Abs. 2 Nr. 3 VwVfG kein Widerruf der Freigabe möglich ist[684]. Auf der anderen Seite gilt uneingeschränkt die Regelung des § 48 Abs. 4 VwVfG, sodass ein Widerruf der Freigabe bzw. der Erlass neuer Auflagen innerhalb einer Frist von einem Jahr ab Kenntnis des Widerrufsgrundes erfolgen muss[685].

III. Ermittlungsverfahren und Verfahrensgrundsätze

1. Untersuchungstätigkeit des BKartA

a) Grundsätzliches

Gemäß § 57 Abs. 1 GWB gilt für das kartellbehördliche Verwaltungsverfahren der Amtsermittlungsgrundsatz[686], wobei die von dieser Norm gemäß § 1 VwVfG verdrängten allgemeinen Vorschriften der §§ 24 Abs. 1 Abs. 2, 26 Abs. 1 Satz 1 VwVfG weiterhin als Auslegungsgrundsätze berücksichtigt werden können[687]. Trotz des unpräzisen und Fehldeutungen ermöglichenden Gebrauchs des Wortes »kann« in § 57 Abs. 1 GWB, obliegt der Kartellbehörde von **Amts wegen die Ermittlung des entscheidungserheblichen Sachverhalts**[688]. Hierbei muss die Untersuchungstätigkeit der Kartellbehörde eine derartige Tiefe erreichen, dass das Beschwerdegericht gemäß § 70 Abs. 1 GWB, wenn überhaupt, nur noch auf ergänzende eigene Sachverhaltsermittlungen angewiesen ist[689]. In diesem Zusammenhang ist es nicht erforderlich, dass sich die Untersuchungstätigkeit mit allen denkbaren Eventualitäten auseinander setzen muss. Keinesfalls darf das Beschwerdegericht aber dazu gezwungen sein, stellvertretend für die Kartellbehörde, die erste grundlegende Sachverhaltsaufklärung vornehmen zu müssen[690]. Im Hinblick darauf, dass das Kartellbeschwerdegericht ansonsten eine der ureigensten Aufgaben der zuständigen Kartellbehörde ausüben müsste, wäre es bei einer solchen **mangelhaften Sachaufklärung** gezwungen, die angefochtene kartellbehördliche **Verfügung aufzuheben**[691].

643

---

684 Vgl. Mestmäcker / Veelken, in: I / M, GWB, 3. Aufl., § 40 Rdnr. 65.
685 Vgl. Uhlig, WuW 2000, 574, 580.
686 Vgl. die Begründung des Regierungsentwurfs, Anlage 1 zur BT-Drucks. 2/1158 (S. 50) v. 22. 1. 1955 zu § 45 des damaligen Entwurfs; KG, 7. 2. 1989 »NUR« WuW/E OLG 4341.
687 KG, 7. 2. 1989 »NUR« WuW/E OLG 4341.
688 KG, 11. 1. 1974 »Erledigung, Kosten« WuW/E OLG 1443, 1445; 7. 2. 1989 »NUR« WuW/E OLG 4341.
689 KG, 29. 9. 1972 » Zahnbürsten« WuW/E OLG 1321, 1323; 23. 12. 1982 »Euglucon« WuW/E OLG 2892, 2896; Eberz, Der Schutz der unternehmerischen Geheimnissphäre im Kartellbeschwerdeverfahren, S. 73.
690 KG, 29. 9. 1972 »Zahnbürsten« WuW/E OLG 1321, 1323; Kollmorgen, in: L/B, 9. Aufl., § 70 Rdnr. 3; Karsten Schmidt in: I/M, GWB, 3. Aufl., § 70 Rdnr. 4.
691 KG, 29. 9. 1972 »Zahnbürsten« WuW/E OLG 1321, 1323; Karsten Schmidt, in: I/M, GWB, 3. Aufl., § 57 Rdnr. 10, 25.

B. Deutsche Fusionskontrolle

644 Es ist erforderlich, dass die Kartellbehörde die feststehende Überzeugung vom Vorliegen eines bestimmten Sachverhaltes[692] gewonnen hat, um durch den Erlass einer Verfügung eine rechtliche Außenwirkung erreichen zu können. Zunächst dienen hierzu die Erkenntnisse, welche der Kartellbehörde bereits aus **anderen Verfahren** vorliegen[693]. Einen Überblick liefern auch die Informationen, die aus **allgemein zugänglichen Quellen**, wie Statistiken und Zeitschriftenpublikationen, ermittelt werden können[694]. Diese Informationen sind jedoch in kritischen Fällen nicht ausreichend, um die im Rahmen der Fusionskontrolle erforderliche Marktabgrenzung durchführen zu können. Genauso wenig ist der **Sachvortrag** der gemäß § 54 Abs. 2 GWB am Verwaltungsverfahren **beteiligten Unternehmen** und Unternehmensvereinigung immer ausreichend, um eine derartige, abgesicherte Marktabgrenzung durchführen zu können. Diese Unternehmen bzw. Unternehmensvereinigungen können nämlich nur für ihren eigenen Tätigkeitsbereich genaue Angaben machen. Für die Abgrenzung relevanter Märkte ist es jedoch erforderlich, die **Daten einer ganzen Branche**, d.h. aller Wettbewerber, zur Verfügung zu haben[695]. Z.T. haben die anmeldenden Unternehmen allerdings eine gute Marktübersicht oder der betroffene Markt ist vergleichsweise transparent. In einem solchen Fall wird das BKartA, wenn es eine Freigabe erteilen will, nur noch relativ geringfügige Untersuchungen anstellen und den Sachvortrag durch Telefonate mit einigen Wettbewerbern oder Unternehmen der Marktgegenseite oder durch das Versenden relativ weniger Fragebogen bestätigen lassen. Im Falle einer Untersagung ist demgegenüber eine beinahe vollständige **Markterhebung** notwendig, um ein verlässliches Bild zu erhalten. Eine Befragung wird stets schriftlich durchgeführt werden und mindestens 80% der Marktteilnehmer erfassen. Der Arbeitsumfang der Kartellbehörden bezüglich einer solchen Marktabgrenzung kann im Einzelfall beträchtlich sein. In einem Fall hat das BKartA gemäß § 59 Abs. 1 Nr. 1 GWB gegen ca. 300 Lieferanten eines Unternehmens Auskunftsbeschlüsse erlassen, um Rabattvereinbarungen kontrollieren zu können[696].

645 § 57 Abs. 2 Satz 1 GWB beschränkt die Mittel der Sachaufklärung nicht auf die dort genannten Beweismittel Augenschein, Zeugen und Sachverständigen[697], sodass die gemäß § 59 Abs. 1 Nr. 1 GWB von der zuständigen Kartellbehörde erlassenen Auskunftsersuchen bzw. Herausgabeverlangen von Unterlagen wichtige Erkenntnisquellen darstellen.

646 Auf Antrag eines Beteiligten ist das BKartA gem. § 56 Abs. 1 GWB[698] verpflichtet, die Beteiligten zu einer **mündlichen Verhandlung** zu laden. Diese sind jedoch nicht verpflichtet, zu erscheinen. Auch das BKartA kann von sich aus die Beteiligten zu einer mündlichen Verhandlung laden.

---

692 BVerwG, NJW 1982, 1893.
693 KG, 4. 2. 1981 »Metro/Kaufhof I« WuW/E OLG 2433, 2438.
694 KG, 18. 6. 1971 »Importschallplatten« WuW/E OLG 1189, 1190.
695 KG, 23. 12. 1982 »Euglucon« WuW/E OLG 2892, 2896; Karsten Schmidt, in: I/M, GWB, 3. Aufl., § 57 Rdnr. 3 ff.
696 Eberz, Der Schutz der unternehmerischen Geheimnissphäre im Kartellbeschwerdeverfahren, S. 4, 74 mit weiteren Ausführungen.
697 Karsten Schmidt, in: I/M, GWB, 3. Aufl., § 57 Rdnr. 13, 24.
698 Gem. § 56 Abs. 1, 3 GWB-REG. E 7. GWB-Novelle entfällt die obligatorische mündliche Verhandlung auf Antrag eines Beteiligten, um auf die knappen Fristen im Fusionskontrollverfahren Rücksicht zu nehmen.

III. Ermittlungsverfahren und Verfahrensgrundsätze

Geben die Parteien nach ihrer Erklärung eine vollständige Darstellung des Sachverhalts oder bestimmter Bestandteile, ist das BKartA nicht verpflichtet, weitere Ermittlungen hierzu anzustellen, wenn sich die Lückenhaftigkeit dieses Sachvortrags nicht aufdrängt[699]. Gemäß § 60 GWB kann das BKartA einstweilige Anordnungen in der Fusionskontrolle vor allem zur Aufrechterhaltung eines bestehenden Zustandes erlassen[700].

647

b) Informelle Anfragen

Die sachlich zuständige Kartellbehörde erlässt oftmals keine **förmliche Auskunftsentscheidung**, sondern richtet auf telefonischem oder schriftlichem Wege so genannte »**informelle Anfragen**«[701] an die betreffenden Unternehmen. Diese »informellen Anfragen« stellen, rechtlich gesehen, lediglich unverbindliche Bitten an die Unternehmen oder Unternehmensvereinigung dar, die nachfolgend aufgeführten Fragen binnen einer bestimmten Frist zu beantworten[702]. Diese Vorgehensweise wird von der Kartellbehörde einerseits mit dem Hinweis verbunden, dass die Antwort freiwillig ist, andererseits wird aber gegenüber dem Adressaten oftmals kein Hehl daraus gemacht, dass bei Nichtbeantwortung ein formelles Auskunftsersuchen gemäß § 59 Abs. 1 Nr. 1 GWB erlassen werden kann[703]. Vor diesem Hintergrund ist verständlich, dass viele Unternehmen bereits aufgrund der »informellen Anfrage« der Kartellbehörde die gewünschte Auskunft geben.

648

c) Die hervorgehobene Bedeutung des Auskunftsverlangens des § 59 Abs. 1 Nr. 1 GWB

(1) Die allgemeinen Voraussetzungen des § 59 GWB

(a) Das Verdachtsmoment

§ 59 GWB bestimmt seinem Wortlaut nach, dass der jeweils sachlich zuständigen Kartellbehörde die Ermittlungsbefugnisse nur »zur Erfüllung der in diesem Gesetz der Kartellbehörde übertragenen Aufgaben« zustehen. Ein allgemeines »**Enquêterecht**«[704], verstanden als uneingeschränktes Ermittlungsrecht, steht den Kartellbehörden daher nicht zu. Vielmehr müssen ihre Ermittlungen immer von einem mit nachvollziehbaren Argumenten begründeten »**Anfangsverdacht**«[705] erfolgen, welcher das Vorliegen der Tatbestandsvoraussetzungen einer bestimmten Norm des GWB und daher den Erlass einer entsprechenden Verfügung als möglich erscheinen

649

---

699 Vgl. Schultz, in: L/B, 9. Aufl. § 57 Rdnr. 1.
700 Vgl. Schultz, in: L/B, 9. Aufl., § 60 Rdnr. 7; KG, 11. 1. 1993 »Ernstliche Untersagungszweifel« WuW/E OLG 5151, 5164.
701 Das Kammergericht verwendet diesen Begriff ausdrücklich in KG, 10. 2. 1982 WuW/E OLG 2767, 2769; Klaue, in: I/M, GWB, 3. Aufl., § 59 Rdnr. 3 spricht von »formlosen Auskunftsersuchen«. Es handelt sich bei den beiden vorgenannten Begriffen, wie auch bei der Bezeichnung »informale Auskunftsbitten«, die Reuter, WuW 1986, 93 gebraucht, um Synonyme.
702 Eberz, Der Schutz der unternehmerischen Geheimnissphäre im Kartellbeschwerdeverfahren, S. 74.
703 Reuter, WuW 1986, 93, 94.
704 Bechtold, GWB, 3. Aufl., § 59 Rdnr. 4.
705 Bechtold, GWB, 3. Aufl., § 59 Rdnr. 4.

lässt[706]. Rechtsgrundlage für das Tätigwerden der Kartellbehörde ist daher niemals § 59 GWB allein, sondern immer nur in Verbindung mit der jeweils einschlägigen Vorschrift des GWB[707].

(b) Die Erforderlichkeit

650 § 59 GWB bestimmt des Weiteren, dass der Kartellbehörde die Ermittlungsbefugnisse nur dann zustehen, wenn diese »erforderlich« sind. Es handelt sich hierbei lediglich um einen deklaratorischen Zusatz, weil sich dieses Erfordernis bereits aus dem verfassungsrechtlichen Verhältnismäßigkeitsgrundsatz ergibt[708]. Eine derartige »Erforderlichkeit« ist zu verneinen, wenn die Kartellbehörde bereits im Besitz der gewünschten Informationen ist[709] bzw. es sich um offenkundige Tatsachen handelt, die aus Publikation aller Art ohne Schwierigkeiten erlangt werden können[710]. Dem BKartA stehen die Ermittlungsbefugnisse gemäß § 59 GWB bis zum rechtskräftigen Abschluss des Beschwerde- und Rechtsbeschwerdeverfahrens zu, obwohl das BKartA dann selbst Partei des Gerichtsverfahrens ist und der Grundsatz der Waffengleichheit gilt. Diese Befugnis kann für das Nachschieben von Gründen durch das BKartA im Beschwerdeverfahren Bedeutung gewinnen[711].

(2) Die besonderen Voraussetzungen des Auskunftsersuchens gemäß § 59 Abs. 1 Nr. 1 GWB

(a) Adressaten

651 § 59 Abs. 1 Nr. 1 GWB legt fest, dass als Adressaten des in Form eines Verwaltungsaktes erlassenen und daher mit der Beschwerde anfechtbaren[712] **Auskunftsersuchen** lediglich Unternehmen und Vereinigungen von Unternehmen in Betracht kommen[713]. Es ist hierbei unerheblich, ob sich das Verwaltungsverfahren gegen den Auskunftsverpflichteten selbst richtet oder ob es sich um unbeteiligte Dritte handelt[714].

652 Die seitens der Kartellbehörde geforderte Auskunft ist gemäß der abschließenden Aufzählung des § 59 Abs. 2 GWB[715] durch **natürliche Personen**, nämlich die Unter-

---

706 KG, 23. 12. 1982 »Euglucon« WuW/E OLG 2892, 2894; OLG München, 19. 3. 1987 »Kathreiner« WuW/E OLG 3949, 3951; Bechtold, GWB, 3. Aufl., § 59 Rdnr. 4; Klaue, in: I/M, GWB, 3. Aufl., § 59 Rdnr. 6, 19; Schultz, CR 1987, 489, 490.
707 Klaue, in: I/M, GWB, 3. Aufl., § 59 Rdnr. 19.
708 Schultz, in: L/B, 9. Aufl., § 59 Rdnr. 13.
709 OLG München, 19. 3. 1987 »Kathreiner« WuW/E OLG 3949, 3950; Werner, in: Schwerpunkte des Kartellrechts, 1981/1982, S. 19, 26.
710 KG, 18. 6. 1971 »Importschallplatten« WuW/E OLG 1189, 1190; Werner, in: Schwerpunkte des Kartellrechts, 1981/1982, S. 19, 26.
711 Vgl. BGH, 24. 6. 2003 »HABET/Lekkerland« WuW/E DE-R 1163 ff.; vgl. auch § 59 Abs. 1 GWB-Reg. E 7. GWB-Novelle.
712 Bechtold, GWB, 3. Aufl., § 59 Rdnr. 9; Klaue, in: I/M, GWB, 3. Aufl., § 59 Rdnr. 66.
713 Bechtold, GWB, 3. Aufl., § 59 Rdnr. 7; Klaue, in: I/M, GWB, 3. Aufl., § 59 Rdnr. 15; Schultz, in: L/B, 9. Aufl., § 59 Rdnr. 17.
714 KG, 10. 3. 1981 »Auskunftsfrist« WuW/E OLG 2441, 2444; Bechtold, GWB, 3. Aufl., § 59 Rdnr. 10; Klaue, in: I/M, GWB, 3. Aufl., § 59 Rdnr. 16; Schultz, in: L/B, 9. Aufl., § 59 Rdnr. 17; Werner, in: Schwerpunkte des Kartellrechts 1981/1982, S. 19, 27.
715 Bechtold, GWB, 3. Aufl., § 59 Rdnr. 9; Schultz, in: L/B, 9. Aufl., § 59 Rdnr. 18.

nehmensinhaber oder deren Vertreter, bei Gesellschaften, juristischen Personen und nicht rechtsfähigen Personen durch deren Vertretungsberechtigte zu erteilen[716].

(b) Gegenstand des Auskunftsersuchens

Gegenstand eines Auskunftsersuchens sind die »**wirtschaftlichen Verhältnisse**« des Adressaten. Dieser unbestimmte Rechtsbegriff wird im Hinblick auf die Intention des GWB derart weit ausgelegt, dass er sich nicht nur auf die Vermögensverhältnisse, sondern auch auf die gesamte wirtschaftliche Betätigung des betreffenden Unternehmens oder der Unternehmensvereinigung erstreckt[717]. Die Antwort hat daher über den betrieblichen und gesellschaftlichen Bereich erschöpfend Auskunft zu geben[718]. 653

(3) Auskunftsverweigerungsrechte der auskunftspflichtigen Unternehmen

§ 59 Abs. 5 GWB sieht ein **Auskunftsverweigerungsrecht** lediglich für die Vertreter des auskunftspflichtigen Unternehmens und lediglich für die Fallvariante vor, dass ihnen selbst oder ihren in § 383 Abs. 1 Nr. 1–3 ZPO benannten Angehörigen die Gefahr straf- oder ordnungswidrigkeitenrechtlicher Verfolgung droht. 654

Hingegen normiert der Gesetzgeber in § 59 GWB keine Ausnahmen für den Fall, dass die von der Kartellbehörde abgefragten Informationen für das jeweilige Unternehmen Geschäftsgeheimnisse enthalten. Unter einem **Geschäftsgeheimnis** hat man jede im Zusammenhang mit einem Geschäftsbetrieb stehende, nicht offenkundige Tatsache zu verstehen, die für die Wettbewerbsfähigkeit des Inhabers von Bedeutung ist und nach dessen bekundetem Willen geheim gehalten werden soll[719]. Ursprünglich hatte der Gesetzgeber in der bis zum 31.12.1974 geltenden Fassung der §§ 46 Abs. 8, 47 GWB a. F. (seit dem 1.1.1975 geregelt in: §§ 203 Abs. 2, 204 StGB) unter Strafbewehrung festgelegt, dass die bei der Kartellbehörde beschäftigten oder von dieser beauftragten Personen sich jeder Verwertung der Betriebs- und Geschäftsgeheimnisse zu enthalten haben, deren Kenntnis sie durch die Auskunft des Unternehmens gewonnen haben. Diese Regelung lässt daher einzig und allein auf den gesetzgeberischen Willen schließen, dass die von dem Auskunftsverfahren betroffenen Unternehmen auch **ihre Geschäfts- und Betriebsgeheimnisse** gegenüber den Kartellbehörden preisgeben müssen[720]. Die Offenlegung der Geheimnisse ermöglicht es den Kartellbehörden nämlich erst, insbesondere durch die Aufklärung des jeweiligen Marktes, ihrem Gesetzesauftrag zu entsprechen[721]. Die Geschäftsgeheimnisse der Auskunft gebenden Unternehmen bleiben jedoch nicht 655

---

716 Bechtold, GWB, 3. Aufl., § 59 Rdnr. 9; Schultz, in: L/B, 9. Aufl., § 59 Rdnr. 18.
717 KG, 30.11.1977 »Flug-Union« WuW/E OLG 1961, 1962; Bechtold, GWB, 3. Aufl., § 59 Rdnr. 7; Klaue, in: I/M, GWB, 3. Aufl., § 59 Rdnr. 25; Schultz, in: L/B, 9. Aufl., § 59 Rdnr. 20 ff. Gem. § 59 Abs. 1 GWB-Reg. E 7. GWB-Novelle soll sich der Auskunftsanspruch auch auf Marktstudien erstrecken, die der Analyse der Marktlage dienen.
718 Bechtold, GWB, 3. Aufl., § 59 Rdnr. 7; Klaue, in: I/M, GWB, 3. Aufl., § 59 Rdnr. 25.
719 Schultz, in: L/B, 9. Aufl., § 56 Rdnr. 5; Eberz, Der Schutz der unternehmerischen Geheimnissphäre im Kartellbeschwerdeverfahren, S. 7 ff. mit ausführlicher Darstellung.
720 KG, 4.6.1982 »Trinkmilch« 2713, 2714; Bechtold, § 59 Rdnr. 9; Eberz, Der Schutz der unternehmerischen Geheimnissphäre im Kartellbeschwerdeverfahren, S. 78, 79; Klaue, in: I/M, GWB, 3. Aufl., § 59 Rdnr. 23.
721 Werner in: FS f. Pfeiffer, S. 821, 826

B. Deutsche Fusionskontrolle

ohne **Schutz**, da dieser durch besondere Geheimhaltungsvorschriften gewährleistet wird[722]. So hat der Gesetzgeber den Kartellbehörden für das Kartellbeschwerdeverfahren zunächst gemäß § 72 Abs. 2 Satz 2 GWB die Verpflichtung auferlegt, »die Zustimmung zur Einsicht in die ihr gehörigen Unterlagen zu versagen, soweit dies auf wichtigen Gründen, insbesondere zur Wahrung von Fabrikations-, Betriebs- oder Geschäftsgeheimnissen geboten ist«. Eine dem § 72 Abs. 2 Satz vergleichbare Geheimhaltungsverpflichtung der Kartellbehörden im Kartellverwaltungsverfahren lässt sich wegen einer nicht vorhandenen spezialgesetzlichen GWB-Normierung aus den insofern anwendbaren allgemeinen Bestimmungen der §§ 29, 30 VwVfG herleiten[723].

656 *unbesetzt*

2. Umfang der Untersagung

657 Eine Untersagung erfasst stets den angemeldeten **Zusammenschluss insgesamt**, nicht nur einen Teil davon. Haben die Beteiligten beispielsweise den Erwerb von 25,1 % der Anteile an einem anderen Unternehmen angemeldet und wird dieses Vorhaben untersagt, so wird nicht nur ein Teil des Vorhabens, nämlich der Erwerb von 0,2 % der Anteile untersagt, sodass die Parteien mit dem Erwerb der Anteile dann unterhalb der 25 Prozent-Schwelle und damit gegebenenfalls außerhalb der Fusionskontrolle lägen. Hierdurch würde den Parteien mittelbar aufgegeben, den zulässigen Teil des Vorhabens zu verwirklichen. Selbst wenn ein Zusammenschluss rechtlich und wirtschaftlich teilbar wäre, widerspräche eine **Teiluntersagung** dem Verhältnismäßigkeitsgrundsatz[724]. Werden durch einen Zusammenschlussplan mehrere Zusammenschlusstatbestände erfüllt oder werden aufgrund eines einheitlichen Gesamtplans Anteile an verschiedenen Unternehmen erworben, so erstreckt sich die **Untersagung auf das gesamte Vorhaben**. Dabei ist dann in den Gründen der Untersagung zu schildern, inwieweit das Vorhaben die Untersagungsvoraussetzungen gemäß § 36 Abs. 1 GWB erfüllt[725].

658 Wird der Erwerb von 25,1 % oder mehr durch das BKartA untersagt, so sind die Parteien frei, den Erwerb von 24,9 % der Anteile zu vereinbaren und durchzuführen, sofern dadurch nicht ein anderer Zusammenschlusstatbestand, zum Beispiel gemäß § 37 Abs. 1 Nr. 4 oder aber, was je nach Beteiligungshöhe auch möglich wäre, § 37 Abs. 1 Nr. 2 GWB erfüllt würde.

659 Sofern Zusammenschlüsse im **Ausland** stattfinden, die aber im Inland Auswirkungen haben, können diese gegebenenfalls nur hinsichtlich der inländischen Auswirkungen untersagt werden. Dies gilt jedenfalls dann, wenn die Unternehmen Tochtergesellschaften im Inland haben[726]. Dabei ist allerdings umstritten, ob hier eine

---

722 Eberz, Der Schutz der unternehmerischen Geheimnissphäre im Kartellbeschwerdeverfahren, S. 79 ff. mit ausführlicher Darstellung.
723 KG, 19. 8. 1986 »L'Air Liquide« WuW/E OLG 3908, 3910; Schultz, in: L/B, 9. Aufl., § 56 Rdnr. 5.
724 Vgl. BGH, 29. 9. 1981 »Zeitungsmarkt München« WuW/E BGH 8754, 8762.
725 Vgl. BKartA, 25. 3. 1976 »Babcock/Artos« WuW/E BKartA 1653, 1656 ff.; KG, 4. 12. 1987 »Springer/Kieler Zeitung« WuW/E OLG 4075, 4089; BGH, 20. 9. 1981 »Zeitungsmarkt München« WuW/E BGH 1854, 1861.
726 Vgl. KG, 1. 7. 1983 »Morris/Rothmanns« WuW/E OLG 3051, 3054 ff.; entgegen BKartA, 24. 2. 1982 WuW/E BKartA »Morris-Rothmans« 1943, 1953 ff.; insoweit nicht entschie-

Teiluntersagung zu erfolgen hat, oder aber ob ein Zusammenschluss insgesamt zu untersagen ist, dieser allerdings aufgrund der völkerrechtlichen Schwierigkeiten nur hinsichtlich der inländischen Verflechtungen aufzulösen ist[727].
unbesetzt 660–674

3. Formelle Anforderung an eine Untersagung

Die **Untersagungsverfügung** selbst hat gemäß § 61 Abs. 1 Satz 1 GWB eine Begründung sowie eine Rechtsmittelbelehrung zu enthalten, und sie muss sich ferner auf einen konkreten – in der Regel den angemeldeten – Zusammenschluss beziehen. Die Untersagungsverfügung ist den beteiligten Unternehmen innerhalb der Untersagungsfrist zuzustellen[728]. Vor Untersagung ist den Beteiligten im Rahmen des rechtlichen Gehörs die Absicht des BKartA, das Vorhaben zu untersagen, in einem Abmahnschreiben mitzuteilen, zu dem die Beteiligten in der festgesetzten Frist Stellung nehmen können. Ggf. können die Beteiligten eine Verlängerung der Stellungnahmefrist erreichen, wenn die anmeldenden Unternehmen einer entsprechenden Verlängerung der Untersagungsfrist gem. § 40 Abs. 2 Nr. 1 GWB zustimmen. Die Zustellung richtet sich nach dem Verwaltungszustellungsgesetz. Hier gilt eine **Zustellungsfiktion**. Die Zustellung hat an alle Verfahrensbeteiligten gem. § 54 Abs. 2 GWB einschließlich der Beigeladenen und in den Fällen des § 37 Abs. 1 Nr. 1 und 3 GWB einschließlich des Veräußerers zu erfolgen. Ein Unternehmen, das zwar zu einer Anmeldung verpflichtet ist, diese jedoch nicht selbst bewirkt, kann sich nicht auf den Fristablauf berufen. Beteiligte, die eine Zustellung treuwidrig vereiteln, können sich nicht auf eine Fristüberschreitung berufen[729]. Zustellungsmängel können nur innerhalb der Untersagungsfrist geheilt werden[730]. 675

676

4. Rechtliches Gehör, Akteneinsicht und Geheimnisschutz

a) Das rechtliche Gehör

(1) Grundsätzliche Überlegungen

Die Beteiligten eines Kartellverwaltungsverfahrens haben einen Anspruch auf **rechtliches Gehör**. Es handelt sich hierbei um eine unentbehrliche rechtsstaatliche Garantie jeden Verwaltungshandelns[731], wobei die verfassungsrechtliche Herleitung un- 677

---

den vom BGH, 29.10.1985, »Morris Rothmans« WuW/E BGH 2211; vgl. zur Zulässigkeit einer »Teiluntersagung« im Fall eines Auslandszusammenschlusses auch BKartA, 24.3.2004 »Synthes-Stratec/Mathys« WuW/E DE-V 931; vgl. auch BGH, 24.6.2003 »HABET/Lekkerland« WuW/E DE-R 1163 ff., 1169.
727 Vgl. auch BKartA, 23.8.1989 »MAN/Sulzer« WuW/E BKartA 2405, 2412 ff.; 15.4.1983 »Zahnradfabrik Friedrichshafen/Ellison« WuW/E BKartA 2521. Vgl. auch BGH, 10.12.1991 »Inlandstochter« WuW/E BGH 2731, 2734.
728 Vgl. KG, 26.11.1980 »Synthetischer Kautschuk« WuW/E OLG 2411, 2416; Bechtold GWB 3. Aufl. § 61 Rdnr. 5 ff. m.w.N.; vgl. auch zur 7. GWB-Novelle oben Rdnr. 313.
729 Vgl. zum vorstehenden Ruppelt, in: L/B, 9. Aufl., § 40 Rdnr. 13.
730 Vgl. BGH, 24.3.1987 »Koop Schleswig-Holstein/Deutscher Supermarkt« WuW/E BGH 2389, 2393.
731 K. Schmidt, in: I/M GWB, 3. Aufl., § 56 Rdnr. 1.

bestritten ist⁷³². Seiner Intention nach dient das rechtliche Gehör sowohl dem Rechts- und Interessenschutz der Beteiligten als auch der objektiven Richtigkeit der Verfahrensergebnisse⁷³³.

678 Seine positiv rechtliche Verankerung im GWB findet das rechtliche Gehör in § 56 Abs. 1 GWB, wonach die Kartellbehörde den Beteiligten Gelegenheit zur Stellungnahme zu geben und sie auf Antrag eines Beteiligten zu einer mündlichen Verhandlung zu laden hat⁷³⁴. Als spezialgesetzliche Normierung kommt hierbei dem § 56 Abs. 1 GWB Vorrang gegenüber der allgemeinen Bestimmung des § 28 VwVfG zu⁷³⁵.

(2) Geltungsbereich und Umfang

679 Lediglich im **förmlichen Verwaltungsverfahren** und nicht im Rahmen von kartellbehördlichen Vorermittlungen findet das rechtliche Gehör Beachtung⁷³⁶. Das rechtliche Gehör ist gemäß § 56 Abs. 1 GWB allen Beteiligten des Kartellverwaltungsverfahrens zu gewähren. Diesen Beteiligten ist die Möglichkeit einzuräumen, sich zu allen Tatsachen zu erklären, die seitens der Kartellbehörde oder der anderen Beteiligten in dem Verfahren vorgetragen worden sind⁷³⁷.

680 Eine derartige **Möglichkeit zur Stellungnahme** vor Erlass einer Untersagung erfordert jedoch zwangsläufig auch eine entsprechende Information, um dieses Recht überhaupt erst wirksam ausüben zu können⁷³⁸. Hierbei muss den Beteiligten die Möglichkeit eingeräumt werden, den Verfahrensstoff so zu übersehen, dass sie ihre Rechte und Interessen selbstverantwortlich wahrnehmen können. Ein **neu erfolgender Sachvortrag** seitens einer der Beteiligten führt daher dazu, dass die anderen Beteiligten hierzu angehört werden müssen. Die entsprechenden Schriftsätze brauchen jedoch nicht im Wortlaut den anderen Beteiligten zur Verfügung gestellt zu werden, vielmehr genügt eine zusammengefasste Mitteilung, welche jedoch dem Erfordernis einer genauen Unterrichtung entsprechen muss⁷³⁹. Um Überraschungsentscheidungen seitens der Kartellbehörde zu vermeiden, ist es auch erforderlich, dass diese die Beteiligten über die mögliche kartellrechtliche Beurteilung des Sachverhaltes unterrichtet⁷⁴⁰. Wichtig ist, dass die Nichtgewährung rechtlichen Gehörs bezüglich bestimmter Tatsachen dazu führt, dass diese Tatsachen nicht verwertet werden dürfen⁷⁴¹. Ein Verstoß gegen den Grundsatz des rechtlichen Gehörs stellt einen Verfahrensfehler dar, der dazu führt, dass die Verfügung zwar nicht nichtig, aber anfechtbar ist.⁷⁴²

---

732 Eberz, Der Schutz der unternehmerischen Geheimnissphäre im Kartellbeschwerdeverfahren, S. 87 mit weiteren Ausführungen; K. Schmidt, in: I/M, GWB, 3. Aufl., § 56 Rdnr. 1.
733 K. Schmidt, in: I/M, GWB, 3. Aufl., § 56 Rdnr. 1.
734 Bechtold, 2. Aufl., § 56 Rdnr. 1; K. Schmidt, in: I/M, GWB, 3. Aufl., § 56 Rdnr. 2; Schultz, in: L/B, 9. Aufl., § 56 Rdnr. 1.
735 K. Schmidt, in: I/M, GWB, 3. Aufl., § 56 Rdnr. 2.
736 K. Schmidt, in: I/M, GWB, 3. Aufl., § 56 Rdnr. 3.
737 Schultz, in: L/B, 9. Aufl., § 56 Rdnr. 1.
738 K. Schmidt, in: I/M, GWB, 3. Aufl., § 56 Rdnr. 4; Schultz, in: L/B, 9. Aufl., § 56 Rdnr. 1.
739 K. Schmidt, in: I/M, GWB, 3. Aufl., § 56 Rdnr. 5; Schultz, in: L/B, 9. Aufl., § 56 Rdnr. 1.
740 K. Schmidt, in: I/M, GWB, 3. Aufl., § 56 Rdnr. 6; Schultz, in: L/B, 9. Aufl., § 56 Rdnr. 1.
741 K. Schmidt, in: I/M, GWB, 3. Aufl., § 56 Rdnr. 6, der unter bestimmten Voraussetzungen eine geheime Verwertung solchen Materials zugunsten desjenigen, der es vorgelegt hat, als zulässig erachtet.
742 Karsten Schmidt, in: I/M, GWB, 3. Aufl., § 56 Rdnr. 9.

b) Das Akteneinsichtsrecht

(1) Grundsätzliche Bemerkungen

Vorbedingung für eine optimale Wahrnehmung der Verfahrensrechte eines Beteiligten ist, dass diesem ein Recht auf **Akteneinsicht** zusteht. Bei dem Recht auf Akteneinsicht handelt es sich um einen wichtigen Bestandteil des rechtlichen Gehörs, weil von diesem nur dann wirksam Gebrauch gemacht werden kann, wenn der Beteiligte vorher Informationen über den Stand des Verfahrens erlangt hat[743]. 681

Das GWB hat positivrechtlich die Frage der Akteneinsicht im Kartellverwaltungsverfahren nicht geregelt, sodass die allgemeine Norm des § 29 VwVfG zur Anwendung kommt[744]. 682

Vor Erlass einer Untersagungsverfügung hat das BKartA den Beteiligten rechtliches Gehör zu gewähren. Dies geschieht auf die Weise, dass den Beteiligten ca. zwei bis drei Wochen vor Ablauf der Untersagungsfrist eine **Abmahnung** übersandt wird. Diese enthält bereits den Tenor und die wesentlichen Entscheidungsgründe. Ein Verstoß gegen diese Vorschriften bleibt in der Regel folgenlos, zumal die Anhörung der Beteiligten in einem gerichtlichen Verfahren nachgeholt werden kann[745]. 683

Die Beteiligten müssen jeweils Gelegenheit erhalten, **zu allen Fakten Stellung zu nehmen**, die von der Kartellbehörde ermittelt werden oder die von anderen Beteiligten vorgetragen werden[746]. Das BKartA muss die Beteiligten daher über die mögliche kartellrechtliche Beurteilung des Sachverhalts unterrichten und auch eine hinreichende Frist zur Stellungnahme gewähren[747]. Zur Wahrung des Grundsatzes der Gewährung rechtlichen Gehörs ist auch eine hinreichende Frist zur Stellungnahme einzuräumen.[748] 684

(2) Umfang

§ 29 Abs. 1 Satz 1 VwVfG bestimmt, dass die Behörde den Beteiligten Einsicht in die das Verfahren betreffenden Akten zu gestatten hat, soweit deren Kenntnis zur Geltendmachung oder Verteidigung ihrer rechtlichen Interessen erforderlich ist. Von dem Akteneinsichtsrecht wird **nicht nur** die eigentliche **Verfahrensakte** umfasst, **vielmehr erstreckt** es sich auf **alle Schriftstücke, Karten, Fotografien** usw., welche mit dem Verfahrensgegenstand im Zusammenhang stehen, sodass diese für die Entscheidung von Bedeutung sein können[749]. Jedoch unterliegen Entscheidungs- 685

---

743 KG, 26.11.1980 »Synthetischer Kautschuk I« WuW/E OLG 2411, 2414; Eberz, Der Schutz der unternehmerischen Geheimnissphäre im Kartellbeschwerdeverfahren, S. 87.
744 Bechtold, 2. Aufl., Rdnr. 2; K. Schmidt, in: I/M, GWB, 3. Aufl., § 56 Rdnr. 11; Schultz, in: L/B, 9. Aufl., § 56 Rdnr. 4.
745 Vgl. BGH, 25.6.1985 WuW/E »Edelstahlbestecke« 2150, 2153 ; KG, 24.4.1995 »Hussel/Marar«WuW/E OLG 3577, 3580.
746 Vgl. Schultz, in: L/B, 9. Aufl., § 56 Rdnr. 1.
747 Vgl. Schultz, in: L/B, 9. Aufl., § 56 Rdnr. 2. m.w.N.
748 Vgl. KG, 24.4.1985 »Hussel-Mara« WuW/E OLG 3577, 3579ff.; die Frist kann u.U. nur wenige Tage betragen, vgl. BGH, 25.6.1985, »Edelstahlbestecke« WuW/E BGH 2150, 2152 ff.
749 Werner, in: Handbuch des Kartellrechts, S. 1545

B. Deutsche Fusionskontrolle

entwürfe und Arbeiten zu ihrer unmittelbaren Vorbereitung gemäß § 29 Abs. 1 Satz 2 VwVfG nicht dem Akteneinsichtsrecht.

686 Das Recht auf Akteneinsicht besteht **nur während des verwaltungsrechtlichen Verfahrens** und nicht mehr nach dessen Beendigung[750]. Hierbei hat die Einsicht grundsätzlich gemäß § 29 Abs. 3 Satz 1 VwVfG bei der aktenführenden Behörde zu erfolgen. Jedoch ist oft die Versendung der Akten zweckmäßig und wird auch durch das BKartA praktiziert[751]. Die Akteneinsicht erfolgt in der Regel aber auf die Weise, dass das BKartA **Kopien fertigt** und den Beteiligten zur Verfügung stellt. Dies kann auch in der Weise erfolgen, dass die Behörde die Aktenbestandteile den Parteien in elektronischer Form als **CD-ROM** zur Verfügung stellt. Im Übrigen kann aber auch ein anwaltlicher Vertreter der Parteien im BKartA die Akten einsehen und dort kopieren lassen. Sofern eine Akteneinsicht nur bei der Kartellbehörde erfolgen kann, sollte aus Gründen der »Waffengleichheit« dem Einsichtsberechtigten die Möglichkeit eröffnet werden, gegen Kostenersatz Kopien der entsprechenden Unterlagen anfertigen zu dürfen[752]. Die Verweigerung der Akteneinsicht ist selbständig angreifbar[753].

(3) Grenzen des Akteneinsichtsrechts, Rechtsmittel bei Versagung des Akteneinsichtsrechts

687 Als Beschränkung des Akteneinsichtsrecht kommen die §§ 29 Abs. 2, 30 VwVfG in Betracht[754]. Gemäß der vorgenannten Vorschriften ist die Behörde verpflichtet, die Akteneinsicht zu verweigern, sofern die Vorgänge wegen der berechtigten Interessen der Beteiligten, namentlich ihrer **Geschäftsgeheimnisse**, geheim gehalten werden müssen. Das VwVfG führt jedoch nicht dazu, dass dem Geheimnisträger ein absoluter Schutz einzuräumen ist, da § 30 VwVfG sich nur gegen die unbefugte Offenbarung wendet, also die Möglichkeit einer befugten Offenbarung gerade voraussetzt[755]. Der Konflikt zwischen beiden Rechtsgütern ist daher durch eine **Güterabwägung** zu lösen[756]. Bei dieser Abwägung ist zu berücksichtigen, dass die Geheimhaltungsbedürftigkeit nicht pauschal behauptet werden darf, sondern die Behörde im Wege einer Glaubhaftmachung die Umstände einleuchtend darlegen muss, sodass gegebenenfalls ein Gericht diese Wertung unter Berücksichtigung rechtsstaatlicher Belange noch als triftig anerkennen kann[757]. Stellt sich nach der Abwägung heraus, dass der Schutz der Geschäftsgeheimnisse unverzichtbar ist, muss erwogen werden, ob das rechtliche Gehör möglicherweise einschränkend durch Einschaltung eines Beweismittels gewährleistet werden kann.[758]

---

750 Werner, in: Handbuch des Kartellrechts, S. 1545
751 Werner, in: Handbuch des Kartellrechts, S. 1545
752 Schultz, in: L/B, 9. Aufl., § 56 Rdnr. 4; Werner, in: Handbuch des Kartellrechts, S. 1545.
753 Vgl. KG, 19. 8. 1986, WuW/E OLG 3908, 3909 ff.
754 KG, 19. 8. 1986 WuW/E OLG 3908, 3910; K. Schmidt, in: I/M, GWB, 3. Aufl., § 56 Rdnr. 11 ff.; Schultz, in: L/B, 9. Aufl., § 56 Rdnr. 5 ff.; Werner, in: Handbuch des Kartellrechts, S. 1545.
755 Schultz, in: L/B, 9. Aufl., § 56 Rdnr. 6.
756 Schultz, in: L/B, 9. Aufl., § 56 Rdnr. 6.
757 KG, 19. 8. 1986 WuW/E OLG 3908, 3911; Werner, in: Handbuch des Kartellrechts, S. 1546.
758 Eberz, Der Schutz der unternehmerischen Geheimnissphäre im Kartellbeschwerdeverfahren, S. 120 ff.; Schultz, in: L/B, 9. Aufl., § 56 Rdnr. 7.

Von dem Recht auf Akteneinsicht werden behördeninterne Vermerke und Unterlagen, auf die die Verfügung nicht gestützt werden soll, nicht erfasst[759]. 688

Nach überwiegender Auffassung kann die Versagung der Akteneinsicht mit der Beschwerde angefochten werden, da die Verweigerung eine Verfügung i.S.d. § 63 Abs. 1 Satz 1 GWB darstellt. 689

c) Verletzung des rechtlichen Gehörs

Eine **Verletzung des rechtlichen Gehörs** ist im GWB nicht ausdrücklich geregelt, sodass auf die Regelungen des VwVfG zurückzugreifen ist. Danach führt ein solcher Verstoß zur Rechtswidrigkeit der Verfügung. Eine Nachholung des rechtlichen Gehörs müsste gemäß § 45 Abs. 2 VwVfG bis zur Einlegung der Beschwerde nachgeholt werden, dürfte also kaum realisierbar sein. Gemäß § 46 VwVfG schlägt die mangelnde Anhörung nicht durch, wenn »keine andere Entscheidung« hätte getroffen werden können[760]. Dies ist nach Auffassung des Kammergerichts anzunehmen, wenn auch ohne Beweiserhebung keine sachlichen Bedenken gegen die Entscheidung des BKartA bestehen.[761] Kommt das Beschwerdegericht zu dem Ergebnis, dass keine sachlichen Bedenken gegen die Verfügung bestehen, also keine andere Entscheidung möglich gewesen wäre, ist die Verfügung nicht wegen unzureichender Anhörung aufzuheben[762]. 690

Das Beschwerdegericht ist nicht zur Beweiserhebung und zur Nachholung der Anhörung verpflichtet. Sofern das Beschwerdegericht weitere Ermittlungen für notwendig hält, kann es allerdings dem BKartA aufgeben, die noch notwendigen Ermittlungen nachzuholen. 691

Anhörungs- und Begründungsmängel können allerdings in der Regel ohne weiteres dazu führen, dass die Verfügung des BKartA rechtswidrig ist und daher aufzuheben ist. 692

IV. Rechtsmittel

Die Kartellbehörden werden im Fusionskontrollverfahren als Verwaltungsbehörden tätig. Gleichwohl sieht das GWB in den §§ 63 ff. besondere Rechtsmittel vor, das Verwaltungsprozessrecht der VwGO gilt insoweit nicht. Rechtsmittelgerichte sind aus sachlichen Gründen auch nicht Verwaltungsgerichte, sondern Zivilgerichte (Kartellsenate der Oberlandesgerichte und des BGH). 693

Das Kartellverfahrensrecht ist in §§ 63 ff. GWB jedoch nur in wesentlichen Grundzügen geregelt unter Hinweis auf bestimmte Vorschriften des GVG und der ZPO in § 73 GWB. Verbleibende Lücken sind durch analoge Anwendung von Vorschriften der ZPO und der VwGO zu schließen, wobei aufgrund der sachlichen Nähe zum Verwaltungsprozess die verfahrensrechtlichen Grundsätze der VwGO i.d.R. sachgerechter sind[763]. Auch die Regeln der VwGO bedürfen jedoch einer Anpassung an 694

---

759 Vgl. Schultz, in: L/B, 9. Aufl. § 56 Rdnr. 4.
760 Vgl. Schultz, in: L/B, 9. Aufl, § 56 Rdnr. 9.
761 Vgl. Schultz, in: L/B, 9. Aufl., § 56, Rdnr. 9, 10.
762 Vgl. Schultz, in: L/B, § 56 Rdnr. 10 m.w.N.
763 Bechtold, 3. Aufl., § 73 Rdnr. 1; Lange, in: Lange, Handbuch, Kap. 6, § 4 Rdnr. 98; Werner, in: Wiedemann, Handbuch des Kartellrechts, § 54 Rdnr. 63.

die Besonderheiten des Kartellverfahrens. Insbesondere ist zu beachten, dass kartellbehördliche Verfügungen im Gegensatz zu sonstigen Verwaltungsakten oft unmittelbare und weitreichende Auswirkungen auf den Inhalt von privatrechtlichen Verträgen haben. Im Übrigen überprüft das Beschwerdegericht gemäß § 71 Abs. 5 GWB entgegen den allgemeinen Grundsätzen des Verwaltungsprozesses auch die Zweckmäßigkeitserwägungen der Behörde; eine Beschränkung auf die Überprüfung der Rechtmäßigkeit der Verfügung besteht daher nicht. Das Gericht kann also prüfen, welche von verschiedenen rechtmäßigen Möglichkeiten der Ermessensausübung dem Sinn und Zweck des Gesetzes am ehesten entspricht[764].

1. Beschwerde (§§ 63 ff. GWB)

695 Gegen **Verfügungen der Kartellbehörde** sieht § 63 Abs. 1 S. 1 GWB die **Beschwerde** vor. Im Rahmen der Fusionskontrolle kommen als Verfügungen der Kartellbehörde, die mit dem Rechtsmittel der Beschwerde angegriffen werden sollen, insbesondere die Untersagung und die formelle Freigabe eines Zusammenschlussvorhabens durch das BKartA sowie die Entscheidung des Bundeswirtschaftsministers über den Antrag auf Erteilung der »Ministererlaubnis«.

696 Erste Instanz sind die Kartellsenate der Oberlandesgerichte. Seit der Sitzverlegung des BKartA von Berlin nach Bonn ist gemäß § 63 Abs. 4 Satz 1 GWB das **OLG Düsseldorf**[765] zur Entscheidung über Rechtsmittel gegen Verfügungen des BKartA zuständig. Aus § 63 Abs. 4 Satz 1, 2. Hs. GWB ergibt sich, dass dies auch für Rechtsmittel gegen Verfügungen des Bundesministers für Wirtschaft gilt, sodass im Rahmen der Fusionskontrolle immer das OLG Düsseldorf das Beschwerdegericht ist.

a) Allgemeines

(1) Beschwerdearten

697 Das GWB regelt die **Anfechtungsbeschwerde** (§ 63 Abs. 1 GWB), die **Verpflichtungsbeschwerde** (§ 63 Abs. 3 GWB) und die **Fortsetzungsfeststellungsbeschwerde** (§ 71 Abs. 2 und 3 GWB). Im Hinblick auf den nach Art. 19 Abs. 4 GG zu gewährleistenden lückenlosen Rechtsschutz erkennt die Rechtsprechung darüber hinaus weitere Beschwerdearten an. Folgende Beschwerdearten sind zu unterscheiden:

(a) Anfechtungsbeschwerde

698 Mit der **Anfechtungsbeschwerde** wird die Rechtswidrigkeit der Verfügung einer Kartellbehörde geltend gemacht. Streitgegenstand der Beschwerde ist das Begehren, die Verfügung ganz oder teilweise aufzuheben.

699 Voraussetzung für die Statthaftigkeit dieser Beschwerde ist somit das Vorliegen einer (kartellrechtlichen) **Verfügung**. Begrifflich entspricht die Verfügung dem Ver-

---

764 Werner, in: Wiedemann, Handbuch des Kartellrechts, § 54 Rdnr. 96.
765 Gem. § 92 Abs. 1 Satz 1 GWB ist durch Rechtsverordnung vom 2. 11. 1994 (GVBl. NW S. 1067) dem OLG Düsseldorf die ausschließliche Zuständigkeit für alle den Oberlandesgerichten des Landes Nordrhein-Westfalen zugewiesenen Kartellrechtssachen übertragen worden.

waltungsakt des allgemeinen Verwaltungsrechts, der auf die behördliche Regelung eines Einzelfalls mit Außenwirkung gerichtet ist. Fehlt es an der verwaltungsakttypischen Regelung eines Einzelfalls, liegt keine Verfügung vor; als statthaftes Rechtsmittel kommt dann allenfalls die allgemeine Leistungsbeschwerde in Betracht[766]. Nicht beschwerdefähig sind zum Beispiel innerdienstliche Maßnahmen der Kartellbehörde sowie Meinungsäußerungen und formlose Anfragen, da sie keine verbindliche Regelung enthalten[767].

(b) Verpflichtungsbeschwerde / Untätigkeitsbeschwerde

Mit der **Verpflichtungsbeschwerde** wird der Erlass einer abgelehnten oder einer unterlassenen Verfügung erstrebt, § 63 Abs. 3 GWB. Vorausgesetzt wird in jedem Fall, dass ein entsprechender Antrag auf Erlass einer kartellrechtlichen Verfügung gestellt worden ist. Die **Untätigkeitsbeschwerde** (§ 63 Abs. 3 Satz 2, 3 GWB) ist zulässig, wenn die Kartellbehörde über einen Antrag auf Erlass einer Verfügung ohne hinreichenden Grund nicht in angemessener Frist entschieden hat. Die »Angemessenheit« einer Entscheidungsfrist ist dabei abhängig von den konkreten Umständen des Einzelfalles, insbesondere den tatsächlichen und rechtlichen Schwierigkeiten des Antrags. 700

(c) Leistungs- und Feststellungsbeschwerde

Über die in § 63 GWB ausdrücklich geregelten Anfechtungs- und Verpflichtungsbeschwerde hinaus erkennt die Rechtsprechung zur Verwirklichung effektiven Rechtsschutzes die Möglichkeit einer **allgemeinen Leistungsbeschwerde** an, die nicht auf die Aufhebung oder den Erlass einer kartellrechtlichen Verfügung gerichtet ist, sondern sich gegenüber Rechtsbeeinträchtigungen durch sonstiges hoheitliches Handeln als Folgen- oder Störungsbeseitigungsanspruch darstellt[768]. 701

Steht das Verwaltungshandeln erst bevor, kann zu seiner Verhinderung eine **vorbeugende Unterlassungsbeschwerde** eingereicht werden, wenn ein qualifiziertes, gerade auf die Inanspruchnahme des vorbeugenden Rechtsschutzes gerichtetes Interesse auf Seiten des Beschwerdeführers vorliegt. Dieses ist gegeben, wenn das bevorstehende Verwaltungshandeln irreparable oder doch zumindest nur schwer wiedergutzumachende Nachteile zur Folge hätte, die durch nachträglichen Rechtsschutz nicht beseitigt werden könnten[769]. 702

Eine **allgemeine Feststellungsbeschwerde** ist hingegen im Hinblick auf andere Möglichkeiten des effektiven Rechtsschutzes von der Rechtsprechung bisher **nicht** 703

---

766 Vgl. KG, 15. 10. 1990 WuW/E OLG 4684, 4685; Bechtold, 3. Aufl., § 63 Rdnr. 2; die – ältere – Rspr. des BGH ging demgegenüber im Interesse des Rechtsschutzes von einer weiten Auslegung des Begriffs Verfügung aus und hat darunter jede hoheitliche Maßnahme, durch der die Beschwerdeführer in diesen Rechten verletzt zu werden behauptet, als Verfügung angesehen, vgl. BGH, 17. 5. 1973 »Asbach Uralt« WuW/E BGH 1264, 1264 f.; vgl. zu dieser Thematik auch die Auflistung anfechtbarer Verfügungen bei Werner, in: Wiedemann, Handbuch des Kartellrechts, § 54 Rdnr. 7–9.
767 Kollmorgen, in: L/B, 9. Aufl., § 63 Rdnr. 10.
768 BGH, 8. 5. 1959 »WAZ« BGHZ 74, 359, 360; 18. 2. 1992 »Unterlassungsbeschwerde« WuW/E BGH 2760, 2761.
769 BGH, 18. 2. 1992 »Unterlassungsbeschwerde« WuW/E BGH 2760, 2761; KG, 12. 10. 1990 »Bayerische Landesbank« WuW/E OLG 4645, 4647.

B. Deutsche Fusionskontrolle

zugelassen worden[770]. Es ist davon auszugehen, dass eine Feststellungsbeschwerde nicht generell ausgeschlossen ist, sondern aufgrund ihrer Subsidiarität zu allen anderen Beschwerdearten keinen Anwendungsbereich hat[771].

704 Dagegen ist gem. § 71 Abs. 2 Satz 2 GWB die sog. **Fortsetzungsfeststellungsbeschwerde** zulässig, wenn sich die Verfügung nach Einlegung der Beschwerde durch Zurücknahme oder auf eine andere Weise erledigt hat. Dies gilt sowohl bei Erledigung einer mit der Anfechtungsbeschwerde angefochtenen Verfügung, als auch bei vorzeitiger Erledigung einer Verpflichtungsbeschwerde. In erweiterter Auslegung des § 71 Abs. 2 Satz 2 GWB ist die Beschwerde in Anlehnung an die Rechtsprechung zu § 113 VwGO auch zulässig, wenn sich die Verfügung bereits vor Beschwerdeeinlegung erledigt hat. Erforderlich hierfür ist jedoch, dass ohne das erledigende Ereignis die Anfechtungs- oder Verpflichtungsbeschwerde zulässig gewesen wäre[772].

(2) Zulässigkeitsvoraussetzungen

(a) Beschwerdebefugnis und Rechtsschutzinteresse

705 **Beschwerdebefugt** sind bei der Anfechtungsbeschwerde nach § 63 Abs. 2 GWB die »am Verfahren vor der Kartellbehörde **Beteiligten** (§ 54 Abs. 2 und 3)«. Der Wortlaut des Gesetzes stellt allein auf die Verfahrensbeteiligung als solche ab (so genannte formalisierte Beschwerdebefugnis). Beteiligt sind danach die Unternehmen, die die Einleitung eines Verfahrens beantragt haben (§ 54 Abs. 2 Nr. 1 GWB) sowie die Unternehmen, »gegen die sich das Verfahren richtet« (§ 54 Abs. 2 Nr. 2 GWB). In Fusionskontrollverfahren »richtet« sich das Verfahren i. S. v. § 54 Abs. 2 Nr. 2 GWB gegen die materiell am Zusammenschluss »beteiligten« Unternehmen[773]. Des Weiteren ist in den Zusammenschlussfällen des § 37 Abs. 1 Nr. 1 oder Nr. 3 GWB neben den erwerbenden Unternehmen und dem Unternehmen, an dem die Anteile erworben werden, nach § 54 Abs. 2 Nr. 4 GWB auch der Veräußerer am Verfahren beteiligt. Neben diesen Fällen der notwendigen Beteiligung besteht die Möglichkeit der **Beiladung** durch die Kartellbehörde, § 54 Abs. 2 Nr. 3 GWB. Nach § 54 Abs. 2 Nr. 3 GWB können »Personen und Personenvereinigungen, deren Interessen durch die Entscheidung erheblich berührt werden,« auf Antrag zu dem Verfahren beigeladen werden – in Betracht käme dies in Fusionskontrollverfahren etwa für die von einem Zusammenschluss berührten Wettbewerber. Die Beiladung kann dabei bis zum rechtskräftigen Abschluss des Verwaltungsverfahrens erfolgen, ist also jedenfalls noch bis zur Einlegung der Beschwerde zulässig[774].

706 Fraglich ist, ob über den Gesetzeswortlaut hinaus auch solche **Dritte** beschwerdebefugt sind, die nicht am Verfahren beteiligt sind, die aber hätten beigeladen werden müssen, wenn sie Kenntnis von dem Fusionskontrollverfahren gehabt und einen entsprechenden Antrag auf Beiladung gestellt hätten. Angesichts des durch Art. 19 Abs. 4 GG garantierten Rechtsschutzes könnte eine (selbständige) Beschwerdebe-

---

770 Vgl. insbesondere KG, 18. 11. 1985 »Aral« WuW/E OLG 3685, 3697; 12. 7. 1974 »Sicherheitsglas« WuW/E OLG 1515, 1518.
771 Vgl. Schmidt, in: I/M, GWB, 3. Aufl., § 62 Rdnr. 11; Schmidt, DB 1992, 1277, 1278.
772 BGH, 31. 10. 1978 »Weichschaum III« WuW/E BGH 1556, 1558.
773 Bechtold, 3. Aufl., § 54 Rdnr. 2; vgl. zum Begriff »materiell beteiligt« oben Rdnr. 239.
774 BGH, 10. 4. 1984 »Coop-Supermagazin« WuW/E BGH 2077, 2080.

fugnis auch bei unterbliebener Beiladung zu bejahen sein, soweit der Dritte die Verletzung in eigenen Rechten geltend macht[775].

Weiter müssen die allgemeinen Zulässigkeitsvoraussetzungen für eine Beschwerde, insbesondere ein **Rechtsschutzinteresse**, geben sein[776]. Voraussetzung hierfür ist zunächst eine **formelle Beschwer** des Beschwerdeführers[777]. Diese liegt jedenfalls dann vor, wenn einem Antrag des Beschwerdeführers nicht oder nicht in vollem Umfang entsprochen wurde. Hat der Beschwerdeführer keinen Antrag gestellt, ist auf das von ihm als Beteiligter im Verfahren angestrebte Ziel abzustellen[778]; eine formelle Beschwer liegt vor, wenn die angegriffene Verfügung diesem Ziel nicht oder nicht vollständig entspricht. Daraus ergibt sich auch, dass eine formelle Beschwer nicht gegeben sein kann, wenn sich ein solches Ziel mangels hinreichender Äußerungen des Beschwerdeführers gar nicht feststellen lässt[779]. 707

Umstritten ist, ob zusätzlich eine **materielle Beschwer** vorliegen muss[780]. Die Rechtsprechung[781] verlangt eine materielle Beschwer; diese sei aber vom »Erfordernis einer Rechtsbeeinträchtigung«, welches nicht vorliegen müsse, zu unterscheiden. Danach wäre für die Beschwerde eines Beigeladenen nicht erforderlich, dass in dessen eigene Rechte eingegriffen wird[782]. Es genüge zwar nicht jede nachteilige Berührung wirtschaftlicher Interessen, aber die Beeinträchtigung einer »rechtlich geschützten Position«[783]. 708

Obwohl sich das Erfordernis einer materiellen Beschwer dem Wortlaut der §§ 63 Abs. 2, 54 Abs. 2 u. 3 GWB nicht entnehmen lässt, ist im Hinblick auf Sinn und Zweck der Beschwerdemöglichkeit, die einen effektiven Individualrechtsschutz ermöglichen soll, eine nur formelle Beschwer grundsätzlich nicht ausreichend, so dass der von der Rechtsprechung vertretenen Auffassung der Vorzug zu geben ist. Die Frage nach der materiellen Beschwer kann im Rahmen der Beschwerde eines Bei- 709

---

775 Gegen ein Drittbeschwerderecht ohne Beiladung: OLG Düsseldorf, 25. 3. 2004 »Zeiss/Leica« WuW/E DE-R 1291 ff.; Kapp/Meßmer, Keine Drittanfechtung ohne vorherige Beiladung, WuW 2004, 917 ff.; nach Bechtold, 3. Aufl., § 63 Rdnr. 4, ist der Dritte auf die Möglichkeit zu verweisen, sich noch nachträglich zum Verwaltungsverfahren beiladen zu lassen. Für die Möglichkeit der Drittbeschwerde ohne Beiladung: KG, 12. 1. 1982 »Gepäckstreifenanhänger« WuW/E OLG 2720, 2722; 26. 6. 1991 »Radio NRW« WuW/E OLG 4811, 4820; Werner, in: Wiedemann, Handbuch des Kartellrechts, § 54 Rdnr. 21; Schmidt, K., Beiladung und Rechtsschutz Dritter im Verfahren der Zusammenschlusskontrolle nach dem GWB, DB 2004, 527, 528 ff. Körber, Gerichtlicher Drittschutz im deutschen Fusionskontrollrecht, BB 2000, 1532, 1536.
776 Lange, in: Lange, Handbuch, Kap. 6, § 4 Rdnr. 92; Kollmorgen, in: L/B, 9. Aufl., § 63 Rdnr. 21.
777 BGH, 10. 4. 1984 »Coop-Supermagazin« WuW/E BGH 2077, 2079; Kollmorgen, in: L/B, 9. Aufl., § 63 Rdnr. 21; Bechtold, 3. Aufl., § 63 Rdnr. 5.
778 Bechtold, 3. Aufl., § 63 Rdnr. 5.
779 Bechtold, 3. Aufl., § 63 Rdnr. 5.
780 Vgl. Meyer-Lindemann, in: FK, § 63 Rdnr. 37 m.w.N.
781 OLG Düsseldorf, 19. 9. 2001 »NetCologne« WuW/E 1217 ff.; vgl. aus der älteren Rspr. BGH, 5. 12. 1963 »Zigaretten« BGHZ 41, 61, 65; 31. 10. 1978 »Air-Conditioning-Anlagen« WuW/E BGH 1562, 1564; 31. 10. 1978 »Weichschaum III« WuW/E BGH 1556, 1558; 10. 4. 1984 »Coop-Supermagazin« WuW/E BGH 2077, 2079; Kollmorgen, in: L/B, 9. Aufl., § 63 Rdnr. 21.
782 Vgl. Bechtold, 3. Aufl., § 63 Rdnr. 6.
783 OLG Düsseldorf, 19. 9. 2001 »NetCologne« WuW/E 1217, 1221 f.; BGH, 10. 4. 1984 »Coop Supermagazin« WuW/E BGH 2077, 2079.

geladenen problematisch sein. Da eine Beiladung gemäß § 54 Abs. 2 Nr. 3 GWB eine erhebliche Berührung der Interessen voraussetzt, wird die erforderliche materielle Beschwer aber auch in diesem Fall in der Regel gegeben sein[784]. Anerkannt ist im Übrigen, dass eine materielle Beschwer nicht vorliegen muss, wenn das BKartA als Beteiligter gemäß § 54 Abs. 3 GWB Beschwerde einlegt[785]. Dies ist richtig, da das Amt als Wirtschaftsaufsichtsbehörde tätig wird und die Beschwerde insoweit gerade nicht dem individuellen Rechtsschutz dient.

710 Bei der **Verpflichtungsbeschwerde** wird die Beschwerdebefugnis nicht durch die Verfahrensbeteiligung begründet; der Beschwerdeführer braucht also nicht an einem vorausgegangenen Verwaltungsverfahren beteiligt gewesen zu sein[786]. Nach § 63 Abs. 3 GWB ist vielmehr erforderlich, dass der Beschwerdeführer auf die Vornahme einer beantragten kartellbehördlichen Verfügung »ein Recht zu haben behauptet«. Die formelle Beschwer ergibt sich hier aus der Ablehnung oder dem Unterlassen einer Bescheidung des gestellten Antrags. Die materielle Beschwer ist gegeben, wenn der Sachvortrag des Beschwerdeführers einen Rechtsanspruch auf die beantragte Verfügung ergeben kann[787].

(b) Verfahrensbeteiligte

711 Gemäß § 67 GWB sind am **Beschwerdeverfahren beteiligt**:
- Der **Beschwerdeführer** (§ 67 Abs. 1 Nr. 1 GWB);
- die **Kartellbehörde**, deren Verfügung angefochten wird (§ 67 Abs. 1 Nr. 2 GWB);
- **Personen und Personenvereinigungen**, die die Kartellbehörde **beigeladen** hat (§ 67 Abs. 1 Nr. 3 GWB).

712 Nach mittlerweile wohl übereinstimmender Auffassung ist § 67 GWB, der insoweit als »verunglückt« gilt, in der Weise zu erweitern, dass an Beschwerdeverfahren in jedem Fall alle beteiligt sind, die gemäß § 54 Abs. 2 GWB am Kartellverwaltungsverfahren beteiligt waren[788].

713 Wenn sich die Beschwerde gegen eine Verfügung einer obersten Landesbehörde richtet, ist gemäß § 67 Abs. 2 GWB auch das BKartA am Beschwerdeverfahren beteiligt. Mangels Zuständigkeit der obersten Landesbehörden wird diese Vorschrift im Fusionskontrollverfahren nicht relevant.

(c) Fristen

714 Im Beschwerdeverfahren sind zwei Fristen zu beachten, die **Einlegungs-** (§ 66 Abs. 1 und 2 GWB) und die **Begründungsfrist** (§ 66 Abs. 3 GWB). Die Beschwerde ist nach § 66 Abs. 1 Satz 1 GWB binnen einer Frist von **einem Monat** bei der Kartellbehörde, deren Verfügung angefochten wird, schriftlich einzureichen. Es genügt, wenn die Beschwerde innerhalb dieser Frist bei dem Beschwerdegericht eingeht (§ 66 Abs. 1 Satz 4 GWB). Gem. § 66 Abs. 1 Satz 2 GWB beginnt die Frist mit der Zustellung der Verfügung der Kartellbehörde zu laufen. Dies gilt sowohl für die **Anfechtungs-** als auch für die **Verpflichtungsbeschwerde**, die auf eine Verfügung

---

784 Vgl. Bechtold, 3. Aufl., § 63 Rdnr. 6.
785 Schmidt, in: I/M, GWB, 3. Aufl., § 63 Rdnr. 27.
786 Meyer-Lindemann, in: FK (Stand Oktober 2002), § 63 Rdnr. 55.
787 Vgl. Bechtold, 3. Aufl., § 63 Rdnr. 7.
788 KG, 29. 6. 1965 »Bauindustrie III« WuW/E OLG 755, 756; Bechtold, 3. Aufl., § 67 Rdnr. 1; Bracher, in: FK (Stand Mai 2002), § 67 Rdnr. 11.

hin ergehen. Die **Untätigkeitsbeschwerde** ist dagegen gem. § 66 Abs. 2 GWB an keine Frist gebunden. § 66 Abs. 1 Satz 1 GWB ist auf die **Fortsetzungsfeststellungsbeschwerde** bei Erledigung der Hauptsache vor Einlegung der Beschwerde entsprechend anzuwenden[789]. Das KG hat auch für die **allgemeine Leistungsbeschwerde** die Fristgebundenheit angenommen[790]. Bei fehlender oder unrichtiger Rechtsbehelfsbelehrung beträgt die Beschwerdefrist entsprechend § 58 Abs. 2 VwGO ein Jahr. Strittig ist die Frage des Fristlaufs für den Fall der fehlenden Zustellung. In der Literatur[791] wird das Ingangsetzen einer Frist grundsätzlich verneint, also auch für den Fall, dass Verfahrensbeteiligte in anderer Weise Kenntnis vom Inhalt der Verfügung erlangt haben. Entgegen der Literatur hat das KG auch hier § 58 Abs. 2 VwGO entsprechend angewendet[792]. Eine besondere Regelung gilt, wenn nach Untersagung eines Zusammenschlussvorhabens durch das BKartA gemäß § 36 Abs. 1 GWB zunächst Antrag auf Erteilung der Ministererlaubnis gemäß § 42 GWB gestellt wird. Gemäß § 66 Abs. 1 Satz 3 GWB beginnt in diesem Fall die Frist zur Einlegung der Beschwerde gegen die Untersagungsverfügung des BKartA mit der Zustellung der Verfügung des Bundeswirtschaftsministers.

Gemäß § 66 Abs. 3 GWB ist die Beschwerde innerhalb **eines Monats** nach Einlegung **zu begründen**. Die Beschwerdebegründungsfrist kann durch das Beschwerdegericht gemäß § 66 Abs. 3 Satz 2 GWB verlängert werden. Unter Aufgabe der früheren Rechtsprechung hat der BGH[793] entschieden, dass die Frist auch nach Fristablauf verlängert werden kann, sofern der entsprechende Antrag bis zum Ablauf des letzten Tages der Frist eingegangen ist. Auch eine mehrfache Verlängerung ist möglich. 715

Die Berechnung der Fristen erfolgt gem. §§ 73 Nr. 2 GWB, 222 ZPO, 187 bis 193 BGB. Die Regeln der Wiedereinsetzung in den vorigen Stand sind gemäß §§ 73 Nr. 2 GWB, 233 ff. ZPO auf die Einlegungs- und Begründungsfrist anwendbar. 716

(d) Form/Inhalt der Beschwerde

Die Beschwerde ist – ebenso wie deren **Begründung** – **schriftlich** einzureichen und muss, sofern es sich nicht um die Beschwerde einer Kartellbehörde handelt, von einem bei einem deutschen Gericht zugelassenen **Rechtsanwalt** unterzeichnet sein, § 66 Abs. 5 GWB. Die Beschwerdeschrift muss nicht als solche bezeichnet werden; es muss aber erkennbar sein, dass überhaupt Beschwerde eingelegt werden soll, und es müssen der Beschwerdeführer und die Kartellbehörde, gegen die sich das Verfahren richtet, ersichtlich sein. Auch die angefochtene Entscheidung muss sich zumindest aus dem angegebenen Aktenzeichen, einer beigefügten Kopie o. ä. ergeben, wobei noch nicht angegeben werden muss, inwieweit die Verfügung angefochten wird, vgl. § 66 Abs. 4 Nr. 1 GWB. Bei der Verpflichtungsbeschwerde genügt, dass die Beschwerdeschrift das Begehren des Beschwerdeführers enthält, ohne dass der Streitgegenstand bereits ganz konkret bezeichnet werden müsste[794]. Ein bestimmter Antrag ist erst in der Beschwerdebegründung zu formulieren, ebenso Tat- 717

---

789 Werner, in: Wiedemann, Handbuch des Kartellrechts, § 54 Rdnr. 33.
790 KG, 14.12.1977 »Westdeutsche Allgemeine Verlagsgesellschaft« WuW/E OLG 1967, 1968; streitig, a. A. Schmidt, in: I/M, GWB, 3. Aufl., § 65 Rdnr. 7.
791 Bracher, in: FK, (Stand) November 2001, § 66 Rdnr. 5; in: I/M, GWB, 3. Aufl., § 65 Rdnr. 8.
792 KG, 14.12.1977 »Westdeutsche Allgemeine Verlagsgesellschaft« WuW/E OLG 1967, 1968.
793 BGH, 18.3.1982 NJW 1982, 1651.
794 Werner, in: Wiedemann, Handbuch des Kartellrechts, § 54 Rdnr. 40.

Spitze

sachen und Beweismittel, auf die sich die Beschwerde stützt, vgl. § 66 Abs. 4 Nr. 1 und 2 GWB. Die Beschwerde wird bei der Kartellbehörde, deren Verfügung angefochten wird, eingelegt (§ 66 Abs. 1 Satz 1 GWB); allerdings wird die Frist auch durch Einlegung der Beschwerde beim Beschwerdegericht gewahrt (§ 66 Abs. 1 Satz 4 GWB).

(e) Handlungs- und Postulationsfähigkeit

718 Für das gesamte Beschwerdeverfahren besteht für alle Beteiligten, mit Ausnahme der Kartellbehörde, gemäß § 68 GWB **Anwaltszwang**. Die Beteiligten sind nur handlungs- und postulationsfähig, wenn sie anwaltlich vertreten sind. Rechtsanwälte sind ohne Rücksicht auf ihre Lokalisierung nach §§ 18 ff. BRAO zugelassen. Ausnahmen vom Anwaltszwang ergeben sich lediglich aus § 78 Abs. 3 und 4 ZPO, die nach § 73 Nr. 2 GWB entsprechende Anwendung finden. Vor dem beauftragten oder ersuchten Richter, für Prozesshandlungen, die vor dem Urkundsbeamten vorgenommen werden können, und für vertretungsberechtigte Rechtsanwälte (die für sich selbst auftreten) gilt der Anwaltszwang mithin nicht. Die **Kartellbehörde** kann sich gemäß § 68 Satz 2 GWB durch ein Mitglied der Behörde vertreten lassen.

(3) Wirkung der Beschwerde

719 Mit Eingang der Beschwerde bei der Kartellbehörde ist die Beschwerde beim Beschwerdegericht anhängig. Die Beschwerde hat indes keinen Devolutiveffekt, d.h. das BKartA kann nach wie vor selbst in der Hauptsache entscheiden, etwa eine angefochtene Verfügung noch abändern und mithin auch eine Erledigung der Beschwerde herbeiführen[795].

720 Nur in bestimmten, in §§ 64 Abs. 1 sowie 55 Abs. 1 Satz 2 GWB besonders genannten Fällen hat die Beschwerde **aufschiebende Wirkung**, sog. **Suspensiveffekt**. Das bedeutet, dass die Wirksamkeit der kartellbehördlichen Verfügung zwar unberührt bleibt, deren Vollziehung aber gehemmt wird.

721 Die aufschiebende Wirkung setzt ordnungsgemäße Beschwerdeeinlegung voraus und wirkt auf den Zeitpunkt des Erlasses der Verfügung zurück. Die Kartellbehörde kann jedoch nach § 65 Abs. 1 GWB die sofortige Vollziehung ihrer Verfügung anordnen, und zwar schon vor Einreichung der Beschwerde (§ 65 Abs. 2 GWB). Auf Antrag kann das Beschwerdegericht dann wieder die aufschiebende Wirkung herstellen (§ 65 Abs. 3 GWB). Die Suspensivwirkung endet mit Abschluss des Beschwerdeverfahrens, also bei Rücknahme der Beschwerde oder Rechtskraft des Hauptsachebeschlusses.

722 Die Suspensivwirkung kommt nur bei Anfechtungsbeschwerden in Betracht, bei den übrigen Beschwerdearten kann der Beschwerdeführer einstweiligen Rechtsschutz über eine einstweilige Anordnung nach §§ 64 Abs. 3 i.V.m. 60 GWB zu erreichen suchen.

723 Bei den in § 64 Abs. 1 GWB aufgezählten Fällen und dem Fall des § 55 Abs. 1 Satz 2 GWB handelt es sich um eine abschließende Aufzählung, die vom Bundesverfassungsgericht als verfassungsgemäß beurteilt wurde[796]. Im Umkehrschluss ergibt sich,

---

795 Schmidt, in: I/M, GWB, 3. Aufl., § 63 Rdnr. 42; zur Zulässigkeit der Fortsetzungsfeststellungsbeschwerde vgl. oben Rdnr. 704.
796 BVerfGE 35, 263.

dass die Beschwerde in allen anderen Fällen, z. B. auch gegen eine **fusionskontrollrechtliche Freigabe- oder Untersagungsverfügung, keine aufschiebende Wirkung** hat. Die Kartellbehörde kann jedoch gemäß § 65 Abs. 3 Satz 2 GWB auch dann, wenn die Beschwerde keine aufschiebende Wirkung hat, die **Vollziehung aussetzen.** Sie soll dies tun, wenn die Vollziehung für den Betroffenen eine unbillige Härte zur Folge hätte, die nicht durch überwiegende öffentliche Interessen geboten ist (§ 65 Abs. 3 Satz 2 Halbs. 2 i. V. m. § 65 Abs. 3 Satz 1 Nr. 3 GWB). Auf Antrag kann das Beschwerdegericht im Falle einer solchen unbilligen Härte oder bei ernsthaften Zweifeln an der Rechtmäßigkeit der Verfügung die aufschiebende Wirkung ganz oder teilweise anordnen (§ 65 Abs. 3 Satz 3 i. V. m. § 65 Abs. 3 Satz 1 Nr. 2 und 3 GWB).

Im Rahmen der **7. GWB-Novelle** soll nach dem Regierungsentwurf vom 26. 5. 2004[797] die Möglichkeit der Anordnung der aufschiebenden Wirkung gem. § 65 Abs. 3 Satz 3 GWB beschränkt und dadurch im Kern den Rechtsschutzanforderungen des allgemeinen Verwaltungsprozessrechts angepasst werden. Danach kann das Beschwerdegericht eine solche Anordnung im Falle der Anfechtung einer Verfügung gem. § 40 Abs. 2 GWB (Entscheidung des BKartA in der 2. Phase) oder einer »Ministererlaubnis« gem. § 42 Abs. 1 GWB durch einen **Dritten** nur treffen, wenn der Dritte geltend macht durch die Verfügung oder Erlaubnis in seinen Rechten verletzt zu sein« (§ 65 Abs. 3 Satz 4 GWB des Regierungsentwurfs).

724

(4) Das Beschwerdeverfahren

Das **Verfahren vor dem Beschwerdegericht** ist im GWB nur unvollständig geregelt. Insoweit wird auf die einleitenden Ausführungen zum Abschnitt Rechtsmittel verwiesen[798].

725

(a) Verfahrensgrundsätze

Wesentliche Prinzipien des Beschwerdeverfahrens sind der **Untersuchungsgrundsatz** (§ 70 Abs. 1 GWB) und der **Grundsatz der Mündlichkeit** (§ 69 GWB). Das Beschwerdeverfahren ist Tatsacheninstanz. Gemäß § 63 Abs. 1 Satz 2 GWB kann die Anfechtungsbeschwerde auch auf **neue Tatsachen und Beweise** gestützt werden; die Regelung gilt auch für die übrigen Beschwerden. Das Gericht entscheidet nach seiner freien, aus dem Gesamtergebnis des Verfahrens gewonnenen Überzeugung (§ 71 Abs. 1 Satz 1 GWB).

726

(i) Untersuchungsgrundsatz

Das Beschwerdegericht ist gemäß § 70 Abs. 1 GWB verpflichtet, den Sachverhalt **von Amts wegen** aufzuklären. Der Umfang der Ermittlungen wird durch den Inhalt der Anträge der Beteiligten beschränkt. Weitere Grenze ist die Entscheidungserheblichkeit der aufzuklärenden Tatsache. Im Übrigen geht der BGH von einer weitgehenden Verpflichtung des Beschwerdegerichts zur Aufklärung des Sachverhaltes aus, wobei ergänzende Ermittlungen auch von der Kartellbehörde – nach Aufforderung durch das Gericht – vorgenommen werden können[799]. Gemäß § 70

727

---

797 BT-Drucks. 15/3640 v. 12. 8. 2004.
798 Vgl. oben Rdnr. 693 f.
799 BGH, 24. 6. 2003 »HABET/Leckkerland« WM 2004, 139, 141 f.; a. A. Bechtold, 3. Aufl., § 70 Rdnr. 1, der annimmt, dass das Beschwerdegericht lediglich »Ergänzungsermittlungen« durchzuführen habe.

Abs. 2 GWB hat der Vorsitzende darauf hin zu wirken, dass Formfehler beseitigt, unklare Anträge erläutert, sachdienliche Anträge gestellt, ungenügende tatsächliche Angaben ergänzt und ferner alle für die Feststellung und Beurteilung des Sachverhalts wesentlichen Erklärungen abgegeben werden. Die Beteiligten sind jedoch zur Mitwirkung gemäß § 70 Abs. 3 GWB und § 86 Abs. 1 VwGO verpflichtet, soweit das Gericht ihnen nach § 70 Abs. 3 GWB unter Bestimmung von Fristen aufgegeben hat, sich zu erklärungsbedürftigen Punkten des Sachverhaltes zu äußern.

(ii) Mündlichkeitsprinzip

728 Gemäß § 69 Abs. 1 GWB ist für die Sachentscheidung in der Hauptsache grundsätzlich die **mündliche Verhandlung** vorgesehen, es sei denn, alle Beteiligten erklären sich mit einer schriftlichen Entscheidung einverstanden. Die Entscheidung hat »aufgrund der mündlichen Verhandlung« zu erfolgen; entscheidungsrelevant sind daher nur Tatsachen und Beweise, die Gegenstand der mündlichen Verhandlung waren[800].

(b) Akteneinsicht

729 Beschwerdeführer und Kartellbehörde haben ein uneingeschränktes **Akteneinsichtsrecht** hinsichtlich der Gerichtsakten (§ 72 Abs. 1 i.V.m. § 67 Abs. 1 Nr. 1, 2 und Abs. 2 GWB). Dagegen liegt es gem. § 72 Abs. 3 GWB im Ermessen des Gerichtes, in welchem Umfang den Beigeladenen, die nach § 67 Abs. 1 Nr. 3 GWB beteiligt sind, Akteneinsicht gewährt wird[801].

730 Im Hinblick auf die Beigeladenen ist bei der Ermessensausübung zu differenzieren. Notwendig Beigeladene sind den Hauptbeteiligten in Bezug auf die Gewährung von Akteneinsicht gleichzustellen, da im Rahmen der einheitlichen Entscheidung nur Tatsachen und Beweismittel verwertet werden können, die auch der Beigeladene einsehen und sich dazu äußern konnte[802]. Einfach Beigeladene haben hingegen nur ein wirtschaftliches Interesse hinsichtlich des Falles, sodass im Rahmen der Entscheidung über die Akteneinsicht eine Interessenabwägung zu erfolgen hat. Bei der erforderlichen Abwägung sind die Geheimhaltungsinteressen einerseits[803] und der Anspruch auf rechtliches Gehör, der auch den Beigeladenen zusteht, auf der anderen Seite in Ausgleich zu bringen.

(c) Prüfung des Beschwerdegerichts und Beschwerdeentscheidung

Das Beschwerdegericht prüft die form- und fristgerechte Einlegung der Beschwerde (für die Frist gilt § 522 ZPO). Liegt insoweit ein Verstoß vor, ist die Beschwerde als unzulässig zu verwerfen. Ist die Beschwerde unbegründet, wird sie zurückgewiesen. Das Gericht **entscheidet durch Beschluss** (§ 71 Abs. 1 Satz 1 GWB), der zu begründen und mit einer Rechtsmittelbelehrung zu versehen ist (§ 71 Abs. 6 GWB). Ist die Anfechtungsbeschwerde zulässig und begründet, hebt das Beschwerdegericht die Verfügung der Kartellbehörde – ggf. teilweise – auf, § 71 Abs. 2 Satz 1 GWB. Die Begründetheit der Beschwerde kann sich auch ergeben, weil die angefochtene Verfügung aufgrund einer fehlerhaften Ermessensausübung der Kartellbehörde unzulässig oder unbegründet ist (§ 71 Abs. 5 GWB). Im Falle der Verpflich-

---

800 Bechtold, 3. Aufl., § 69 Rdnr. 1; Schmidt, in: I/M, GWB, 3. Aufl., § 68 Rdnr. 2.
801 Bechtold, 3. Aufl., § 72 Rdnr. 3.
802 Bechtold, 3. Aufl., § 72 Rdnr. 3.
803 Siehe dazu KG, 2. 10. 1981 WuW/E OLG 2603, 264.

tungsbeschwerde spricht das Gericht gem. § 71 Abs. 4 GWB die Verpflichtung der Kartellbehörde aus, die beantragte Verfügung vorzunehmen. Handelt es sich um einen Beschluss in der Hauptsache, so muss das OLG deutlich machen, ob die Rechtsbeschwerde zugelassen ist oder nicht, es sei denn, die Zulassung ist entbehrlich nach § 74 Abs. 4 GWB. Die Rechtsbeschwerde ist gem. § 74 Abs. 2 GWB zuzulassen, wenn eine Rechtsfrage von grundsätzlicher Bedeutung zu entscheiden ist oder die Fortbildung des Rechts oder Sicherung einer einheitlichen Rechtsprechung dies erfordert.

b) Besonderheiten der Beschwerde im Rahmen des fusionskontrollrechtlichen Verfahrens

Im Rahmen der **Fusionskontrolle** kann die Beschwerde gegen Verfügungen der Kartellbehörde, also des BKartA oder des Bundeswirtschaftsministers, gerichtet sein. Die Beschwerde hat hier **grundsätzlich keine aufschiebende Wirkung**, es sei denn, durch die angefochtene Verfügung wird eine »Ministererlaubnis« gem. § 42 Abs. 2 GWB widerrufen oder geändert. Das Beschwerdegericht kann aber z. B. gem. § 65 Abs. 3 Satz 3 i. V. m. Abs. 3 Satz 1 Nr. 2 GWB auf Antrag die aufschiebende Wirkung einer Beschwerde gegen eine Freigabeverfügung des BKartA (§ 40 Abs. 2 GWB) oder eine »Ministererlaubnis« anordnen, wenn ernstliche Zweifel an der Rechtmäßigkeit der Freigabeverfügung bestehen[804].

731

Wann eine Beschwerde in den verschiedenen Stadien des Fusionskontrollverfahrens in Betracht kommt, soll nachfolgend dargestellt werden.

(1) In der ersten Phase ergangene Mitteilungen

(a) Freigabe in der ersten Prüfungsphase
Eine »**Freigabe**« in der ersten Prüfungsphase – der in aller Regel informelle Vorgespräche der beteiligten Unternehmen mit dem BKartA vorausgehen werden – erfolgt durch formlose Verwaltungsmitteilung, aus der hervorgeht, dass das Amt eine Untersagung nicht beabsichtigt, und stellt keine förmliche Entscheidung dar. Folglich ist eine solche Freigabemitteilung weder anfechtbar noch kann sie mit Bedingungen und Auflagen nach § 40 Abs. 3 GWB verbunden werden. Dies erscheint angesichts der damit verbundenen Verkürzung des Rechtsschutzes für Dritte im Hinblick auf Art. 19 Abs. 4 GG nicht ganz unproblematisch. Gerechtfertigt wird dies aber damit, dass die Unternehmen ein berechtigtes Interesse daran haben, dass Freigaben in unproblematischen Fällen rasch und unbürokratisch durch formlose Mitteilung erteilt werden. Ausweislich der Gesetzesbegründung ist damit ein Kompromiss gefunden worden, der den Forderungen nach Transparenz, Rechtssicherheit und Rechtsschutz in den problematischen Fällen nachkommt und dem Bedürfnis nach einem zügigen Verfahren in der Masse der unbedenklichen Fälle, die eben keine weitere Prüfung im Hauptprüfverfahren erforderlich machen, gleichermaßen Rechnung trägt[805]. Die Möglichkeit für Dritte, Rechtsmittel gegen Freigaben von Zusammenschlüssen einzulegen, ist somit auf förmliche Freigabeverfügungen im Hauptprüfverfahren beschränkt.

732

---

804 KG, 25. 7. 2002 »E.ON/Ruhrgas« WuW/E OLG 980, 984 f.
805 Regierungsbegründung 1997, BT-Drucks. 13/9729 (vom 29. 1. 1998, S. 44).

B. Deutsche Fusionskontrolle

(b) Freigabefiktion nach Ablauf der Monatsfrist des § 40 Abs. 1 Satz 1 GWB

733 Lässt das BKartA die Frist des § 40 Abs. 1 Satz 1 GWB ohne Mitteilung an die anmeldenden Unternehmen verstreichen, so **gilt der Zusammenschluss als freigegeben**. Ein solcher Fall dürfte in der Praxis kaum vorkommen, da das Kartellamt den Beteiligten in unproblematischen Fällen vor Ablauf der Monatsfrist schriftlich mitteilt, dass eine Untersagung nicht beabsichtigt ist. Die – nach dem Gesetz mögliche – »Freigabe« durch Fristablauf in der ersten Prüfungsphase stellt jedenfalls ebenso wenig wie die »Freigabemitteilung« in der ersten Phase eine anfechtbare Verfügung dar[806]. Die Entscheidung, ob das BKartA das Hauptprüfungsverfahren eröffnet, unterliegt keiner gerichtlichen Kontrolle[807]. Die Erhebung einer auf Untersagung des Zusammenschlusses gerichtete Verpflichtungsbeschwerde kommt dementsprechend ebenfalls nicht in Betracht, da es an einem entsprechenden Rechtsanspruch fehlt.

(c) Abschluss der ersten Prüfungsphase durch sog. Monatsbrief

734 Hat das BKartA Bedenken gegen den Zusammenschluss und hält es eine eingehende Prüfung des Falles für erforderlich, so muss die Mitteilung über die Einleitung des Hauptprüfverfahrens innerhalb der Monatsfrist des § 40 Abs. 1 Satz 1 GWB erfolgen. Der so genannte **Monatsbrief** enthält nur die Mitteilung, dass das BKartA in die Prüfung des Zusammenschlusses eingetreten ist; dieser stellt – mangels Regelungscharakters – keine Verfügung dar und ist dementsprechend nicht anfechtbar.

(2) Verfügungen im Hauptprüfverfahren (zweite Phase)

(a) Freigabeverfügung

735 Die **Freigabeentscheidung im Hauptprüfverfahren** hat gemäß § 40 Abs. 2 Satz 1 GWB als **Verfügung** zu ergehen, die grundsätzlich durch Anfechtungsbeschwerde angefochten werden kann. Die Unternehmen, deren Zusammenschluss betrieben wird, und ggf. der Veräußerer, werden indes in aller Regel kein Interesse an der Anfechtung der Freigabeverfügung besitzen. Etwas anderes mag in Fällen sog. feindlicher Übernahmen gelten. Hier kann das gegen seinen Willen übernommene «Zielunternehmen» durch die Entscheidung des BKartA beschwert sein[808]. Insofern wäre

---

[806] Das Kammergericht hat in den Entscheidungen »tobaccoland« einer Drittbeschwerde jegliche Erfolgsaussicht versagt, weil der Zusammenschluss bzw. dessen Freigabe mit Ablauf der Monatsfrist kraft Gesetzes endgültig unmittelbar wirksam wird und damit die diesbezügliche Beschwerde in der Hauptsache bereits erledigt ist; KG, 5. 4. 2000 »tobaccoland« WuW/E DE-R 641, 642 f. = WuW 2001, 385, 386 f. Das Kammergericht räumte zwar später ein, es sei nicht auszuschließen, dass durch intensive informelle Vorbereitung, insbesondere in Vorgesprächen mit dem BKartA, Fälle zur formlosen Freigabe in die erste Verfahrensphase gelangten, die eigentlich zu den schwierigeren gezählt werden müssten, für die das Hauptprüfverfahren vorgesehen ist, welches nach der 6. GWB-Novelle auch im Falle der Freigabe mit einer grundsätzlich der Anfechtung zugänglichen Verfügung abschließt. Doch beraube die Möglichkeit einer solchen Handhabung das Gesetz nicht seiner Verbindlichkeit. Abhilfe könne insoweit nur durch den Gesetzgeber geschaffen werden, wenn sich herausstellen sollte, dass sich eine solche Praxis in einem Ausmaß durchsetze, die das mit der Neugestaltung des Hauptprüfungsverfahrens angestrebte Ziel der größeren Transparenz gefährde, KG, 17. 5. 2000 »tabaccoland« AG 2001, 527, 528.
[807] Laufkötter, WuW 1999, 671.
[808] Vgl. Emmerich, Kartellrecht, 9. Aufl., S. 318 f.; Mestmäcker/Veelken, in: I/M, GWB, 3. Aufl., § 40 Rdnr. 79.

eine Anfechtungsbeschwerde des von der Übernahme betroffenen Unternehmens mit dem Ziel, die Aufhebung der Freigabe zu erreichen, statthaftes Rechtsmittel.

(i) **Gerichtlicher Drittschutz in Form der Anfechtungsbeschwerde**
Anfechtungsbefugt sind im Übrigen die weiteren **am Fusionskontrollverfahren Beteiligten** gem. § 54 Abs. 2 GWB, wobei insbesondere eine **Anfechtung** durch die in § 54 Abs. 2 Nr. 3 GWB aufgeführten Personen und Personenvereinigungen, deren Interessen durch die Freigabeentscheidung berührt werden und die deswegen **beigeladen** wurden, als Beschwerdeführer in Betracht kommen. Auch **Dritte, die nicht beigeladen** wurden, können nach teilweise vertretener – bestrittener – Auffassung anfechtungsbefugt sein, wenn ihre Interessen durch die Freigabeentscheidung erheblich berührt werden und sie bei Kenntnis des Fusionskontrollverfahrens und entsprechendem Antrag hätten beigeladen werden müssen[809]. 736

Praktisch relevant wird der gerichtliche Drittschutz, wenn zu erwarten ist, dass ein Dritter aufgrund der Freigabe eines Zusammenschlusses durch das BKartA in seiner Wettbewerbsfähigkeit und -stellung spürbar beeinträchtigt wird. Dies kommt etwa in Betracht, wenn der Dritte auf von dem Zusammenschluss betroffenen Märkten selbst tätig ist und durch den Zusammenschluss eine marktbeherrschende Stellung auf diesem Markt entstehen würde. Ziel einer solchen Anfechtung durch Beschwerde kann nur die Aufhebung der Freigabe, nicht dagegen die Untersagung des Zusammenschlusses sein. Dabei ist zu beachten, dass die materielle Beschwer des Beschwerdeführers den Gegenstand der Überprüfung durch das Beschwerdegericht beschränkt[810]. Sofern der Beschwerdeführer durch den Zusammenschluss nur auf einem von mehreren in Rede stehenden Märkten nachteilig betroffen ist, muss er darlegen, dass die Freigabe gerade in Bezug auf diesen Markt nicht gerechtfertigt ist[811]. Der Beschwerdeführer kann daher nur dann eine Aufhebung der Freigabeentscheidung des BKartA erreichen, wenn der Zusammenschluss zu einer Entstehung oder Verstärkung einer marktbeherrschenden Stellung auf einen den Beschwerdeführer tangierenden Markt führt. 737

(ii) **Anfechtung der Freigabefiktion nach Fristablauf des § 40 Abs. 2 Satz 2 GWB**
Nach § 40 Abs. 2 Satz 2 GWB gilt der Zusammenschluss als freigegeben, wenn innerhalb einer Frist von vier Monaten keine abschließende Entscheidung des BKartA ergeht. Der Zusammenschluss wird also nicht etwa kraft Gesetzes endgültig wirksam, durch § 40 Abs. 2 Satz 2 GWB wird vielmehr das ergebnislose Verstreichen der Viermonatsfrist einer Freigabeverfügung des BKartA gleichgestellt. Dementsprechend ist davon auszugehen, dass gegen die **Freigabefiktion** die gleichen Rechtsschutzmöglichkeiten wie gegen die Freigabeverfügung bestehen, eine Verringerung des Rechtsschutzes mithin nicht gewollt ist[812]. Für beschwerdewillige Dritte ergäbe sich in diesen Fällen allerdings die praktische Schwierigkeit, dass es an einer kartellbehördlichen Begründung fehlt. Es erscheint jedoch nahezu ausgeschlossen, dass das BKartA zwar durch Übersendung des »Monatsbriefes« die zweite Prü- 738

---

809 Vgl. hierzu oben Rdnr. 706.
810 BGH, 24. 6. 2003 »HABET/Lekkerland« WM 2004, 139, 141.
811 BGH, 24. 6. 2003 »HABET/Lekkerland« WM 2004, 139, 141.
812 Mestmäcker/Veelken, in: I/M, GWB, 3. Aufl., § 40 Rdnr. 83 m.w.N.; a.A. Bechtold, 3. Aufl., § 40 Rdnr. 15.

fungsphase einleitet, dann jedoch – entgegen dem Gesetz – die Viermonatsfrist verstreichen lässt, ohne das Verfahren durch eine förmliche Verfügung abzuschließen.

(b) Freigabeverfügung mit Nebenbestimmungen

739 Ist das Zusammenschlussvorhaben in seinem wirtschaftlichen Kernbereich fusionskontrollrechtlich unbedenklich, wären jedoch in Randbereichen die Entstehung oder Verstärkung marktbeherrschender Stellungen durch den Zusammenschluss zu erwarten, wäre die Untersagung des gesamten Zusammenschlussvorhabens unverhältnismäßig. In diesem Sinne wird durch § 40 Abs. 3 S. 1 GWB die Möglichkeit eröffnet, die **Freigabeverfügung** mit **Bedingungen** und **Auflagen** zu verbinden, um auf diese Weise negativen Folgen des Zusammenschlusses entgegenzuwirken[813]. Entsprechend den allgemeinen verwaltungsprozessualen Grundsätzen ist es möglich, die Nebenbestimmungen isoliert mittels Anfechtungsbeschwerde anzugreifen, mit der Maßgabe, deren Aufhebung und damit eine unbedingte bzw. eine Freigabe ohne Auflagen zu erreichen. Voraussetzung dafür ist, dass die jeweilige Verfügung auch ohne die Nebenbestimmung sinnvoller- und rechtmäßigerweise bestehen bleiben[814] und die Nebenbestimmung als Verfügung verselbständigt werden kann[815]. Eine Auflage ist grundsätzlich von der Hauptverfügung trennbar und kann demgemäß mit der Anfechtungsbeschwerde selbständig angefochten werden[816]. Demgegenüber ist die einer Freigabe beigefügte Bedingung nicht mit der Anfechtungsbeschwerde anfechtbar[817]. Will sich ein an einem Zusammenschlussvorhaben beteiligtes Unternehmen dagegen wehren, dass die Freigabe durch das BKartA mit einer Bedingung verbunden wurde, ist Verpflichtungsbeschwerde, gerichtet auf die beantragte, d.h. unbedingte, Freigabeverfügung zu erheben[818].

(c) Untersagungsverfügung

(i) Beschwerde

740 Gegen die Untersagungsverfügung des BKartA im Fusionskontrollverfahren ist die **Anfechtungsbeschwerde** der statthafte Rechtsbehelf[819]. Im Falle der Untersagung eines beantragten Zusammenschlusses strebt der Beschwerdeführer zwar letztlich die Freigabe des Zusammenschlussvorhabens an, so dass auch eine Verpflichtungsbeschwerde in Betracht käme[820]. Eine Freigabe durch das BKartA ist jedoch bei erfolgreicher Anfechtung der Untersagungsverfügung nicht mehr erforderlich. Begründet wird dies damit, dass die Anfechtungsklage zwar nicht dazu führen könne, dass durch die Beseitigung der Untersagungsverfügung die mit Ablauf der Frist

---

813 Vgl. Mestmäcker/Veelken, in: I/M, GWB, 3. Aufl., § 40 Rdnr. 43.
814 BVerwGE 81, 185, 186.
815 K. Schmidt, in: I/M, GWB, 3. Aufl., § 63 Rdnr. 18.
816 BGH, 15. 5. 1984 WuW/E BGH 2095, 2096; K. Schmidt, in: I/M, GWB, 3. Aufl., § 63 Rdnr. 18.
817 Bechtold, 3. Aufl., § 63, Rdnr. 3; K. Schmidt, in: I/M, GWB, 3. Aufl., § 63 Rdnr. 18; a. A. Mestmäcker/Veelken, in: I/M, GWB, 3. Aufl., § 40 Rdnr. 72.
818 K. Schmnidt, in: I/M, GWB, 3. Aufl., § 63 Rdnr. 18.
819 Mestmäcker/Veelken, in: I/M, GWB, 3. Aufl., § 40 Rdnr. 71; Bechtold, GWB, 3. Aufl., § 40 Rdnr. 33.
820 Vgl. Kollmorgen, in: L/B, 9. Aufl., § 63 Rdnr. 23; vgl. auch oben Rdnr. 700.

von vier Monaten seit Eingang der Anmeldung für den Fall der Nichtuntersagung gemäß § 40 Abs. 2 Satz 2 GWB vorgesehene Freigabefiktion nachträglich eintritt[821]. Eine Freigabeverfügung sei aber nicht mehr erforderlich, da das Vollzugsverbot entfallen ist[822].

(ii) **Antrag auf Erteilung der Ministererlaubnis und Beschwerde**

Neben der Anfechtung besteht gem. § 42 GWB im Falle der Untersagung des Zusammenschlusses durch das BKartA die Möglichkeit, innerhalb eines Monats seit Zustellung der Untersagung (§ 42 Abs. 3 Satz 1 GWB), die Erteilung einer **Ministererlaubnis** zu beantragen[823]. **Beschwerdeverfahren und Antrag auf Ministererlaubnis** schließen sich **nicht** gegenseitig aus. Wird zunächst die Beschwerde gewählt, beginnt die Frist für die Beantragung der Ministererlaubnis erst nach rechtskräftigem Abschluss des Rechtsmittelverfahrens (§ 42 Abs. 3 Satz 2 GWB). Im umgekehrten Falle beginnt die Frist zur Einlegung der Beschwerde gegen die Untersagungsverfügung des BKartA im Zeitpunkt der Zustellung der Verfügung des Bundesministers für Wirtschaft (§ 66 Abs. 1 Satz 3 GWB). Die Beteiligten können dann die Verfügung des BKartA, durch die der Zusammenschluss untersagt wurde, die Verfügung des Bundesministers für Wirtschaft oder beide Verfügungen mit der Beschwerde angreifen[824]. Aus der dargestellten Regelung der Fristen in §§ 42 Abs. 3 Satz 2, 66 Abs. 1 Satz 3 GWB ergibt sich, dass das Beschwerdeverfahren gegen die Untersagungsverfügung des BKartA und das auf die Erteilung der Ministererlaubnis gerichtete Verfahren nach Wahl der Betroffenen nacheinander betrieben, aber nicht parallel zueinander eingeleitet werden können[825].

741

Jeder, dessen Beteiligung am Zusammenschluss untersagt worden ist, ist im Rahmen des Rechtsschutzbedürfnisses antragsberechtigt. Die Antragsberechtigung leitet sich aus der Beschwer durch die Untersagungsverfügung her.

742

(3) **Entscheidung des Bundesministers für Wirtschaft gem. § 42 Abs. 1 GWB**

Die Erteilung der **Erlaubnis** zu einem vom BKartA untersagten Zusammenschluss durch den **Bundesminister für Wirtschaft** stellt eine Verfügung i.S.v. § 63 Abs. 1 Satz 1 GWB dar, gegen die grundsätzlich mittels (Anfechtungs-) Beschwerde vorgegangen werden kann. Es bestehen insoweit dieselben Möglichkeiten wie im Falle einer förmlichen Freigabe oder Untersagung durch das BKartA in Hauptprüfverfahren. Gemäß § 63 Abs. 4 Satz 1, 2 Hs. GWB ist Beschwerdegericht, wie im Falle einer Entscheidung durch das BKartA, das OLG Düsseldorf.

743

Ist eine Frist von vier Monaten nach Stellung des Antrags auf Erteilung einer Ministererlaubnis ergebnislos verstrichen, kann **Untätigkeitsbeschwerde** i.S.v. § 63 Abs. 3 Satz 2 GWB erhoben werden; die Viermonatsfrist in § 42 Abs. 4 S. 1 GWB konkretisiert hier den Begriff der »Angemessenheit« einer Frist, innerhalb welcher die Kartellbehörde den Antrag zu bescheiden hat.

744

---

821 Mestmäcker/Veelken, in: I/M, GWB, 3. Aufl., § 40 Rdnr. 71 und § 41 Rdnr. 10.
822 Mestmäcker/Veelken, in: I/M, GWB, 3. Aufl., § 40 Rdnr. 71.
823 Mestmäcker/Velken, in: I/M, GWB, 3. Aufl., § 40 Rdnr. 71.
824 Vgl. Emmerich, Kartellrecht, 9. Aufl., S. 317.
825 Vgl. Emmerich, Kartellrecht, 9. Aufl., S. 317.

B. Deutsche Fusionskontrolle

(4) Neue Entwicklungen beim Rechtsschutz Dritter – der Fall »E.ON/Ruhrgas«

745 Dritte, die als **Beigeladene** am Fusionskontrollverfahren beteiligt waren, können, wie dargelegt[826], grundsätzlich Beschwerde gegen Verfügungen des BKartA im Hauptprüfverfahren einlegen; z. T. wird vertreten, dass dies unter engen Voraussetzungen auch für **Dritte** gilt, die **nicht beigeladen** waren[827]. Entsprechendes gilt für Entscheidungen des Bundeswirtschaftsministers über einen Antrag auf Erteilung der Ministererlaubnis gemäß § 42 Abs. 1 GWB[828].

746 Zu erheblichen Diskussionen führte der »**E.ON/Ruhrgas**«-Fall[829]. Nachdem das BKartA die geplante Fusion zwischen der E.ON AG und der Ruhrgas AG untersagt hatte[830], erteilte der Bundeswirtschaftsminister gem. § 42 Abs. 1 GWB die Erlaubnis[831]. An dem Verfahren waren neben den fusionswilligen Unternehmen zahlreiche Beigeladene beteiligt. Gegen die Ministererlaubnis legten verschiedene Energieversorgungsunternehmen beim OLG Düsseldorf Beschwerde ein und bewirkten, dass das OLG den Vollzug des Zusammenschlusses im Wege einer einstweiligen Anordnung aussetzte[832]. Das OLG Düsseldorf stützt seine Entscheidung auf § 65 Abs. 3 Satz 3 und Satz 1 Nr. 2 GWB und führt dazu aus, dass auch ein nur in seinen unternehmerischen Interessen beeinträchtigter Dritter, der Beschwerde gegen eine Freigabeverfügung gem. § 40 Abs. 2 GWB oder eine Ministererlaubnis gem. § 42 Abs. 1 GWB eingelegt hat, die aufschiebende Wirkung der Beschwerde bewirken kann[833]. Insbesondere gebe es keine Norm, die die Ministererlaubnis (sowie Freigabeverfügungen des BKartA) aus dem Anbindungsbereich des § 65 Abs. 3 GWB herausnehme, und die Anwendung sei in diesen Fällen auch sinnvoll und zwecksentsprechend[834].

747 Am 31. 1. 2003 kam es dann zu einer Einigung zwischen den Unternehmen E.ON und Ruhrgas einerseits und den Beschwerdeführern andererseits mit dem Ergebnis, dass alle Beschwerden zurückgenommen wurden. Es wurden Vermutungen geäußert, dass einige Beschwerdeführer im Rahmen dieses »Vergleiches« nicht unerhebliche Geldbeträge von den fusionswilligen Unternehmen erhalten haben. Der Fall zeigt, dass für Unternehmen und Verbände – unabhängig von wettbewerblichen Bedenken – durchaus rein wirtschaftliche Anreize bestehen können, sich um eine Beiladung im Rahmen komplizierter Fusionskontrollverfahren zu bemühen, um

---

826 Vgl. oben Rdnr. 736.
827 Vgl. oben Rdnr. 706.
828 Vgl. oben Rdnr. 743.
829 Vgl. zu »EON/Ruhrgas«: BKartA, 17. 1. 2002 »E.ON/Ruhrgas« WuW/E DE-V 511 ff.; 26. 2. 2002 »E.ON/Ruhrgas II« WuW/E DE-V 533 f.; Bundesminister für Wirtschaft und Technologie 5. 7. 2002 »E.ON/Ruhrgas« WuW/E DE-V 573 ff.; OLG Düsseldorf, 25. 7. 2002 »E.ON/Ruhrgas« WuW/E DE-R 926 ff.; OLG Düsseldorf, 18. 9. 2002 »E.ON/Ruhrgas« WuW/E D-ER 943 ff. = EWiR 2003, 65 f. mit Kurzkommentar Büdenbender sowie Zöttl, Drittrechtsschutz ohne Recht? WuW 2004, 474 f.
830 BKartA, 17. 1. 2002 »E.ON/Ruhrgas« WuW/E DE-V 511 ff.; 26. 2. 2002 »E.ON/Ruhrgas II« WuW/E DE-V 533 f.
831 Bundesminister für Wirtschaft und Technologie, 5. 7. 2002 »E.ON/Ruhrgas«, WuW/E DE-V 573 ff.
832 OLG Düsseldorf, 25. 7. 2002 »E.ON/Ruhrgas«, WuW/E DE-R 926 ff.; 18. 9. 2002 »E.ON/Ruhrgas«, WuW/E DE-R 943 ff.
833 OLG Düsseldorf, 25. 7. 2002 »E.ON/Ruhrgas«, WuW/E DE-R 926, 930.
834 OLG Düsseldorf, 25. 7. 2002 »E.ON/Ruhrgas«, WuW/E DE-R 926, 930.

dann durch Beschwerden gegen eine Freigabeentscheidung verbunden mit Anträgen auf Herstellung der aufschiebenden Wirkung der Beschwerden Druck auf die am Zusammenschluss Beteiligten ausüben zu können[835].

Dass dadurch Fusionskontrollverfahren nicht nur erheblich verzögert, sondern auch wesentlich aufwendiger werden können, liegt auf der Hand. Im Hinblick auf den Zeitdruck, unter dem gerade Großfusionen häufig stehen, wären die Fusionspartner unabhängig davon, wie sie den Ausgang des Beschwerdeverfahrens letztendlich einschätzen, gezwungen, den Beschwerdeführern ihre Beschwerden »abzukaufen«. Der »E.ON-Ruhrgas«-Fall war ursächlich dafür, dass in den Regierungsentwurf zur 7. GWB-Novelle vom 26. 5. 2004 ein neuer Satz 4 in § 65 Abs. 3 aufgenommen wurde, der klarstellt, dass im Falle der Anfechtung einer Freigabeverfügung gem. § 40 Abs. 2 GWB oder einer Ministererlaubnis nach § 42 Abs. 1 GWB durch einen Dritten das Beschwerdegericht die aufschiebende Wirkung der Beschwerde nur dann anordnen kann, wenn der Dritte geltend macht durch die Verfügung oder Erlaubnis in seinen Rechten verletzt zu sein[836]. Inwieweit sich diese vorsichtige und sicherlich gerechtfertigte Korrektur des Rechtsschutzes Dritter im Rahmen von Fusionskontrollverfahren auswirken wird, bleibt abzuwarten.

2. Rechtsbeschwerde (§§ 74 ff. GWB)

a) Zulassung

Die **Rechtsbeschwerde** bedarf grundsätzlich gemäß § 74 Abs. 1 GWB der **Zulassung**; etwas anderes gilt nur bei grundlegenden Verfahrensfehlern gemäß § 74 Abs. 4 GWB. **Rechtsbeschwerdegericht** ist der **BGH**.

Die in § 74 Abs. 4 GWB enthaltene Aufzählung der Fälle, in denen auch ohne Zulassung Rechtsbeschwerde eingelegt werden kann, entspricht im Wesentlichen dem Katalog der absoluten Revisionsgründe in § 547 ZPO, erweitert um die Versagung des rechtlichen Gehörs in § 74 Abs. 4 Nr. 3 GWB. Im Übrigen ist die Beschwerde gem. § 74 Abs. 2 Nr. 1 und 2 GWB zuzulassen, wenn eine Rechtsfrage von grundsätzlicher Bedeutung zu entscheiden ist oder die Fortbildung des Rechts oder die Sicherung einer einheitlichen Rechtsprechung eine Entscheidung des BGH erfordert. Eine grundsätzliche Bedeutung liegt nur dann vor, wenn die Sache über den vorliegenden Einzelfall hinaus von Interesse ist[837]. Zur Rechtsfortbildung oder Sicherung einheitlicher Rechtsprechung ist die Möglichkeit der Rechtsbeschwerde nötig, wenn die Rechtsfrage noch nicht höchstrichterlich oder unterschiedlich entschieden ist[838]. Die Entscheidung über die Zulassung der Rechtsbeschwerde erfolgt üblicherweise im Hauptsachebeschluss; ist das nicht geschehen, kann diese nachgeholt werden. Die Nichtzulassung der Rechtsbeschwerde kann innerhalb eines Monats selbständig durch **Nichtzulassungsbeschwerde** angefochten werden (§ 75 Abs. 1 GWB).

---
835 Es wird ausdrücklich darauf hingewiesen, dass derartige Motive den Beschwerdeführern im »E.ON/Ruhrgas«-Fall **nicht** unterstellt werden können.
836 Vgl. oben Rdnr. 724.
837 KG, 4. 2. 1985 »Märklin« WuW/E OLG 3501, 3507; Lange, in: Lange, Handbuch, § 4 Rdnr. 12.
838 Lange, in: Lange, Handbuch, § 4 Rdnr. 12.

b) Statthaftigkeit

751 Die Rechtsbeschwerde ist **statthaft** gegen **Beschlüsse des Beschwerdegerichts** in der Hauptsache. Die Rechtsbeschwerde gleicht der Revision des Zivil- und Verwaltungsprozesses. Gerügt werden können mit der Rechtsbeschwerde nur Gesetzesverletzungen, eine richterliche Aufklärung der tatsächlichen Verhältnisse findet nicht statt. Diese Gesetzesverletzung muss kausal für die Beschwerdeentscheidung sein[839]. In den Fällen der §§ 546, 547 ZPO, welche gem. § 76 Abs. 2 Satz 1 GWB entsprechend gelten, wird die Kausalität unwiderlegbar vermutet.

c) Rechtsbeschwerdeberechtigung / -befugnis

752 Sowohl die **Kartellbehörde** als auch die am **Beschwerdeverfahren Beteiligten** (§ 67 GWB) sind grundsätzlich **befugt**, Rechtsbeschwerde zu erheben (§ 76 Abs. 1 GWB). Voraussetzung ist aber, dass der Rechtsmittelführer durch die Beschwerdeentscheidung beschwert ist. Der Beschwerdeführer ist formell **beschwert**, wenn seinem Antrag ganz oder zumindest teilweise nicht entsprochen wurde[840]. Ob darüber hinaus eine »materielle« Beschwer erforderlich ist, ist streitig[841]. Die materielle Beschwer folgt jedenfalls aus dem für den Beschwerdeführer nachteiligen Regelungsgehalt der angefochtenen Entscheidung[842].

d) Frist / Form

753 Bei der Rechtsbeschwerde ist ebenso wie bei der Beschwerde zwischen der **Einlegungs-** und der **Begründungsfrist** zu differenzieren.

754 Die Einlegungsfrist beträgt einen Monat und beginnt für den einzelnen Beteiligten jeweils mit Zustellung der angefochtenen Entscheidung (§ 76 Abs. 3 Satz 2 GWB). Die Begründungsfrist beträgt einen weiteren Monat und beginnt mit der Einlegung der Rechtsbeschwerde (§ 76 Abs. 5 i.V.m. § 66 Abs. 3 GWB). Die Fristberechnung richtet sich nach §§ 76 Abs. 5, 73 Nr. 2 GWB, 222 ZPO, 187 bis 193 BGB.

755 Die Rechtsbeschwerde ist gem. § 76 Abs. 3 Satz 1 GWB **schriftlich** beim Oberlandesgericht (im Falle der Fusionskontrolle beim OLG Düsseldorf), dem **Beschwerdegericht**, durch einen bei einem deutschen Gericht zugelassenen **Anwalt** (§ 76 Abs. 5 i.V.m. §§ 66 Abs. 5, 68 GWB) oder die **Kartellbehörde** einzulegen. In der Begründungsschrift sind bei einer Verfahrensrüge die verletzte Verfahrensvorschrift und die Tatsachen, die den Verfahrensmangel ergeben anzugeben; bei materiellen Verstößen, die verletzte Rechtsnorm, auf die die Beschwerde gestützt wird[843]. Ferner ist gem. § 76 Abs. 5 i.V.m. § 66 Abs. 4 Nr. 1 und 2 GWB anzugeben, inwieweit die Beschwerdeentscheidung angefochten und ihre Abänderung oder Aufhebung

---

839 Kollmorgen, in: L/B, 9. Aufl., § 76 Rdnr. 3.
840 Kollmorgen, in: L/B, 9. Aufl., § 76 Rdnr. 2.
841 Dafür: BGH, 20. 4. 1984 »Coop-Supermagazin« WuW/ BGH 2077, 2079; Schmidt, in: I/M, GWB, 3. Aufl., § 76 Rdnr. 2; Werner, in: Wiedemann, Handbuch des Kartellrechts, § 54 Rdnr. 124; dagegen (materielle Beschwer ist entbehrlich): Lange, in: Lange, Handbuch, § 4 Rdnr. 10; Kollmorgen, in: L/B, 9. Aufl., § 76 Rdnr. 2; Bechtold, 3. Aufl., § 76 Rdnr. 1.
842 BGH, 20. 4. 1984 »Coop/Supermagazin« WuW/E BGH 2077, 2079.
843 BGH, 27. 6. 1968 »Zementverkaufsstellen Niedersachsen« WuW/E BGH 967; Kollmorgen, in: L/B, 9. Aufl., § 76 Rdnr. 7.

3. Kosten der Rechtsmittelverfahren

§ 78 GWB regelt die Kostentragung für das **Beschwerde-** und das **Rechtsbeschwerdeverfahren**. Die Entscheidung über die Kosten ergeht von Amts wegen; es bedarf daher keines Kostenantrages[844].

Hinsichtlich der Verteilung der Kostenlast weicht § 78 Satz 1 GWB – zumindest dem Wortlaut nach – von anderen Verfahrensordnungen ab, indem er eine Billigkeitsentscheidung durch das Gericht ermöglicht, die Kostenentscheidung also nicht grundsätzlich abhängig vom Ausgang des Verfahrens (wie z.B. bei § 91 ZPO, § 154 Abs. 1 VwGO) gemacht wird. Durchgängige Rechtsprechung der Kartellgerichte ist jedoch, dass die Billigkeitsentscheidung unter Abwägung der Umstände des Einzelfalles einschließlich des Verfahrensausganges zu treffen ist. Während hinsichtlich der Gerichtskosten seit jeher der Verfahrensausgang als maßgeblicher Gesichtspunkt für die Billigkeitsentscheidung gesehen wurde, ist nunmehr seit einem Beschluss des Bundesverfassungsgerichts[845] geklärt, dass dieser Grundsatz auch für die außergerichtlichen Kosten gilt. Das Bundesverfassungsgericht hat ausgeführt, dass es mit Art. 3 Abs. 1 GG unvereinbar ist, dem obsiegenden Beschwerdeführer im Normalfall einen Kostenerstattungsanspruch zu versagen. Zwar müsse dem Beschwerdeführer im Falle des Obsiegens nicht stets ein Kostenerstattungsanspruch zugebilligt werden; geboten sei aber jedenfalls eine Billigkeitsentscheidung, die alle Umstände des konkreten Einzelfalles einschließlich des Verfahrensausganges abwäge[846]. Danach ist grundsätzlich bei Fehlen entgegenstehender Billigkeitserwägungen der Verfahrensausgang maßgeblich[847].

V. Entflechtung

Im Rahmen der Entflechtung gem. § 41 Abs. 3 GWB geht es allein um die Beseitigung des Vorwegvollzugs untersagter Zusammenschlüsse (»Auflösungs-Entflechtung«). Dies betraf vor Inkrafttreten der 6. GWB Novelle im Wesentlichen die damaligen Anzeigefälle, also Zusammenschlüsse, die erst nach Vollzug angezeigt werden mussten. Die 6. GWB-Novelle führte generell das System der **präventiven Fusionskontrolle** ein, sodass der Vollzug eines anmeldepflichtigen Zusammenschlusses – abgesehen von den seltenen Fällen des § 41 Abs. 2 GWB – seither stets erst nach Freigabe zulässig ist. Eine **Auflösungsentflechtung** kommt in der Praxis vor allem im Falle des Verstoßes gegen das Vollzugsverbot in Betracht. Weitere

---

844 BGH, 14.3.1990 »Sportübertragungen« WuW/E BGH 2627, 2643 m.w.N; a.A. Schmidt, in: I/M, GWB, 3. Aufl., § 77 Rdnr. 14.
845 BVerfG, 3.12.1986 WuW/E VG 313,319; 5.10.1988 »Coop-Wandmaker« WuW/E VG 339, 342.
846 BVerfG, 3.12.1986 WuW/E VG 313, 319; 5.10.1988 »Coop-Wandmaker« WuW/E VG 339, 342.
847 Z.B. KG, 3.6.1988 »Coop-Wandmaker« WuW/E OLG 4328, 4330f.; insoweit nicht abgedruckt in BGH, 11.3.1997 »NJW auf CD-ROM« WuW/E BGH 3128.

denkbare Fälle sind freigegebene Zusammenschlüsse, bei denen die Freigabe widerrufen oder aufgehoben wurde (§§ 40 Abs. 3 Satz 3, 12 Abs. 2 Satz 1 Nr. 2 oder 3 bzw. § 40 Abs. 6 GWB) sowie vom Vollzugsverbot nach § 41 Abs. 2 GWB befreite, anschließend aber untersagte Zusammenschlüsse[848].

759 Daneben kommt eine (Teil-) Entflechtung auch als quasi »freiwillige Maßnahme« der betroffenen Unternehmen in Betracht, um die Voraussetzungen für die Genehmigung eines Zusammenschlusses zu schaffen. In derartigen Fällen kann das BKartA eine Genehmigung auch nur unter Auflagen erteilen (»Auflagen-Entflechtung«). Der Hauptanwendungsfall einer Entflechtung, den auch § 41 Abs. 3 GWB im Auge haben dürfte, ist jedoch die Auflösungs-Entflechtung, die im Folgenden näher betrachtet werden soll:

1. Verfügung bei Vollzug trotz Untersagung oder ohne Anmeldung

a) Voraussetzungen der Verfügung

760 Die Auflösungs-Entflechtung dient der **Wiederherstellung des früheren Zustandes** oder der anderweitigen Beseitigung der aus dem vollzogenen Zusammenschluss resultierenden Wettbewerbsbeschränkung.

761 Voraussetzung einer Auflösungsentscheidung des BKartA ist zunächst das **Vorliegen einer Untersagung** des angemeldeten und zumindest teilweise vollzogenen Zusammenschlusses bzw. des ohne vorherige Anmeldung entgegen den Regelungen des GWB vollzogenen Zusammenschlusses. Ferner ist eine Auflösungsentscheidung auch nach **Widerruf einer Freigabeentscheidung** denkbar. Ob eine Untersagung bzw. der verwaltungsrechtliche Widerruf einer Freigabe unanfechtbar geworden sein muss, bevor eine Auflösungsverfügung des BKartA ergehen darf, ist umstritten[849]. Eine gerichtliche Aufhebung der Freigabe genügt nicht als Grundlage für eine Auflösungsverfügung; hier muss das BKartA zunächst erneut das Verwaltungsverfahren einleiten und abschließen.

b) Keine automatische Auflösung

762 Die rechtskräftige und somit nicht mehr anfechtbare Untersagung eines Zusammenschlusses führt nicht von selbst die zivilrechtliche Folge einer Auflösungsentscheidung herbei. Sie begründet vielmehr nur die Verpflichtung, einen vollzogenen Zusammenschluss aufzulösen, und schafft somit die rechtliche Grundlage für eine spätere **Auflösungsverfügung durch das BKartA**. Durch eine solche Verfügung wird die zunächst abstrakte Verpflichtung zur Entflechtung eines untersagten Zusammenschlusses konkretisiert. Es ist allgemein anerkannt, dass auch fehlerhafte Gesellschaften Bestandsschutz genießen und nach Invollzugsetzung selbst bei Vorliegen eines Nichtigkeitsgrundes nicht von selbst aufgelöst werden, sondern nach den

---

848 Nach Maßgabe des § 41 Abs. 3 GWB-Reg. E. 7. GWB-Novelle ist ein Zusammenschluss aufzulösen, wenn er die Untersagungsvoraussetzungen erfüllt. Damit sollen auch der fehlende Eintritt einer aufschiebenden Bedingung oder der Eintritt einer auflösenden Bedingung vom Gesetz erfasst werden.

849 Vgl. Mestmäcker/Veelken, in: I/M, § 41, Rdnr. 36 (zum Erfordernis einer Bestandskraft tendierend) und Ruppelt, in: L/B, § 41, Rdnr. 8 (gegen das Erfordernis der Bestandskraft).

gesetzlichen Vorschriften wie eine wirksame Gesellschaft aufzulösen sind[850]. Dieser Gedanke schlägt auch auf die Entflechtung durch.

c) Ermessen hinsichtlich der Mittel zur Entflechtung

Das Ziel der Entflechtung besteht nicht darin, den Zusammenschlusses rückgängig zu machen, sondern die **Verschlechterung der Wettbewerbsbedingungen**, die durch die Entstehung oder Verstärkung einer marktbeherrschenden Stellung in Folge eines vollzogenen, aber untersagten Zusammenschlusses eingetreten ist, weitgehend **zu beseitigen**[851]. Sofern sich die früheren Marktstrukturen dadurch wieder herstellen lassen, dass der Zusammenschluss rückgängig gemacht wird, ist dies aber in der Regel das wirksamste Mittel der Entflechtung. Dem BKartA steht ein Ermessen in der Wahl der zur Entflechtung ergreifenden Maßnahmen zu. In der Praxis ist die Rückgängigmachung verhältnismäßig selten. Sie scheitert oft daran, dass das Zusammenschlussobjekt stillgelegt[852] oder eingestellt[853] wurde oder die Rücknahme dem Veräußerer faktisch nicht möglich ist. 763

2. Inhalt der Verfügung

Eine Auflösungsverfügung, die auf der Basis einer rechtskräftigen Untersagung ergangen ist, muss hinreichend bestimmt sein und die **vorzunehmenden Auflösungsmaßnahmen klar anordnen**. Andernfalls ist eine Vollstreckbarkeit der Anordnung nicht gewährleistet. Die Anordnungen müssen darüber hinaus geeignet sein, die wettbewerbsbeschränkenden Folgen des Zusammenschlusses zu beseitigen. 764

a) Verpflichtung der betroffenen Unternehmen

Den betroffenen Unternehmen kann insbesondere auferlegt werden, 765
– die neu gegründete Gesellschaft **zu kündigen**,
– erworbene Geschäftsanteile oder Unternehmen dem Verkäufer zurück **zu veräußern** oder an einen Dritten zu verkaufen,
– die Geschäftsleitung **umzustrukturieren**.

Regelmäßig wird eine Auflösungsanordnung bestimmte zeitliche Vorgaben enthalten, innerhalb derer eine Auflösung erfolgen muss. Üblicherweise enthält eine Auflösungsanordnung also Folgendes: 766
– Aufforderung zur Veräußerung/Rückabwicklung
– Qualifizierung möglicher Erwerber
– Zeitraum

Das Preisrisiko für eine Veräußerung von Anteilen oder Vermögensteilen als Auflösungsmaßnahme tragen die beteiligten Unternehmen[854].

---

850 KG, 2. 7. 1982 »Springer/Elbe-Wochenblatt II« WuW/E OLG 2753, 2762; Fischer, Großkommentar zum HGB, § 105 ff. Rdnr. 68 f.
851 KG, 15. 3. 1978 »Zementmahlanlage« WuW/E OLG 1989, 1993.
852 Vgl. BKartA »Zementmahlanlage« TB 1981/82, S. 46.
853 Vgl. BKartA »Springer/az-Anzeigenblatt« TB 1981/82, S. 77.
854 Vgl. Ruppelt, in: L/B, 9. Aufl., § 41 Rdnr. 10, 13; BGH, 31. 10. 1978 »Weichschaum III« WuW/E BGH 1556 ff.; KG, 22. 5. 1999 »Kampffmeyer/Plange II« WuW/E OLG 4558; 12. 1. und 6. 10. 1976 »Weichschaum« WuW/E OLG 1637, 1758.

b) Verpflichtung des Veräußerers

767 Auch der ursprüngliche **Veräußerer** kann nach Auffassung des BKartA durch die Auflösungsanordnung verpflichtet werden, indem der **Rückerwerb einer Beteiligung angeordnet wird**[855]. Der Veräußerer gehört somit neben dem Erwerber ebenfalls zum Kreis der Adressaten einer Auflösungsanordnung.

c) Teilentflechtung

768 Eine Auflösungsanordnung wird im Regelfall den konkreten Zusammenschlussfall in seiner **Gesamtheit** erfassen und somit den Zusammenschluss auch wieder vollständig aufzulösen versuchen. Dies ist an sich nicht zwingend. Ein Zusammenschlussvorhaben, das nur teilweise zu einer Anzeigepflicht führt, kann teilbar sein. Obwohl es bei einer Auflösungsentscheidung vorrangig um die Beseitigung der wettbewerbsbeschränkenden Auswirkungen eines Zusammenschlusses geht, ist es dem BKartA aber nicht zuzumuten, einen **einheitlichen Zusammenschluss** zu teilen. Dies wäre im Regelfall auch nicht im Interesse der beteiligten Unternehmen, da dann strategische Entscheidungen nicht selbst getroffen, sondern von Behörden angeordnet würden. Die beteiligten Unternehmen müssen vielmehr selbst Maßnahmen treffen, die das geplante Vorhaben aus dem Kontrollbereich hinausgelangen lassen. Bei einer vollständigen Auflösung steht es ihnen frei, z.B. einen neuen Beteiligungserwerb vorzunehmen, der dann nicht der Zusammenschlusskontrolle unterliegt.

d) Zwischenzeitliche Änderungen des Zusammenschlussvorhabens

769 Zu beachten ist, dass die Identität des untersagten Zusammenschlusses mit dem Gegenstand der Auflösungsentscheidung gegeben sein muss. Dies ist etwa dann nicht mehr der Fall, wenn das Zusammenschlussvorhaben durch eine neue vertragliche Ausgestaltung so wesentlich verändert wird, dass es **keinen Zusammenschlusstatbestand i.S.d. GWB mehr darstellt**. So wurde im Verfahren Springer/Elbe Wochenblatt[856] nach Auflösungsanordnung des BKartA das geplante Zusammenschlussvorhaben auf einen Anteilserwerb zurückgeführt, der die Voraussetzungen eines Zusammenschlusstatbestandes i.S.d. GWB nicht mehr erfüllte. Die Auflösungsanordnung war somit nach Auffassung des BGH hinfällig, da die Rückführung des Anteilserwerbs unter die Schwelle des Fusionstatbestandes ihr die Grundlage entzog.

770 Dass dieses Erfordernis der Identität des untersagten Zusammenschlusses mit dem Gegenstand der Auflösungsentscheidung für die wirksame Durchsetzung einer Entflechtung nicht unproblematisch ist, zeigt sich an dem Verfahren »Philip Morris/Rothmans«, dem ein untersagter Zusammenschluss zu Grunde lag. Während des Rechtsbeschwerdeverfahrens wurde der **Zusammenschluss umgestaltet**, so dass ein anderer kontrollpflichtiger Zusammenschluss i.S.v. § 23 Abs. 2 Nr. 5 a.F. vorlag.

---

855 Vgl. KG, 2.7.1982 »Springer/Elbe-Wochenblatt II« WuW/E OLG 2753, 2763; Bechtold, GWB, 3. Aufl., § 41 Rdnr. 13.
856 BKartA, 9.6.1981 »Springer-Elbe-Wochenblatt II« WuW/E BKartA 1888 ff.; KG, 2.7.1982 »Springer-Elbe-Wochenblatt II« WuW/E OLG 2753 ff.; BGH, 4.10.1982 »Springer-Elbe-Wochenblatt II« WuW/E BGH 2031 ff.

Der BGH entschied, dass eine Auflösungsanordnung nicht mehr ergehen kann, wenn die Betroffenen des Untersagungsverfahrens den Zusammenschluss in seinem Wesen so verändert haben, dass er von der Verfügung nicht mehr ergriffen wird. Außerdem entschied er, dass zum Zwecke der Rechtsklarheit, Rechtssicherheit und Bestimmtheit eine Auflösungsanordnung nur aufgrund und im Rahmen einer rechtskräftigen Untersagungsverfügung zulässig ist. Der Untersagungstatbestand müsse vollständig und unzweideutig erkennbar sein, damit die Betroffenen ihr künftiges Verhalten und ihre Maßnahmen danach richten könnten[857].

e) Neugestaltung des Vorhabens, öffentlich-rechtlicher Vertrag

771 Zur Vermeidung von Entflechtungsanordnungen seitens des BKartA bietet sich daher – im Regelfall – eine **Neugestaltung des Vorhabens** durch die betroffenen Unternehmen oder – in Einzelfällen – der Abschluss eines öffentlich-rechtlichen Vertrages mit der Behörde an. Ein solcher Vertrag, der an die Stelle einer Entflechtungsanordnung tritt, kann den verschiedenen Interessen der Beteiligten unter Umständen am ehesten gerecht werden. So wurde etwa nach der rechtskräftigen Untersagung eines Erwerbs von 75 % der Anteile an der Hüller Hille GmbH durch die Thyssen Industrie AG eine abgestufte Regelung gefunden[858]. Thyssen verpflichtete sich danach, die Beteiligung innerhalb einer festgelegten Frist auf 45 % des stimmberechtigten Kapitals zurückzuführen und die Anteile an einen oder mehrere Dritte abzugeben. Für den Fall, dass innerhalb der festgelegten Frist kein Käufer gefunden werden könne, wurde eine Treuhandlösung vorgesehen, nach der die Thyssen Industrie AG 55 % der Anteile an Hüller auf einen Treuhänder überträgt, der die Veräußerung der Anteile sodann in eigener Regie unter Wahrung der wirtschaftlichen Interessen von Thyssen übernimmt, ohne an deren Weisungen gebunden zu sein. Thyssen behielt sich daneben in einem gesonderten Schreiben das Recht vor,
– die Aufhebung des Vertrages zu verlangen, wenn die Voraussetzungen für die Untersagungsverfügung bzw. die Auflösungsanordnung entfallen,
– Ansprüche auf Entschädigung und Schadensersatz im Falle der Veräußerung der Anteile zu einem nicht angemessenen Gegenwert geltend zu machen und
– etwaige Verfügungen des BKartA in einem Entflechtungsverfahren anzufechten.

772 In der Praxis sind vielfältige Schwierigkeiten bei der Durchführung einer Auflösungsentscheidung zu beobachten. Eine Entflechtung durch Rückabwicklung des Zusammenschlusses ist häufig tatsächlich oder wirtschaftlich unmöglich.

f) Treuhandmodelle

773 Vor allem bei der Auflösung komplexer Zusammenschlüsse kann es vorkommen, dass die Anordnung einer Auflösung in Form eines Verwaltungsaktes nicht in Frage kommt. Eine flexiblere Möglichkeit, die vielfältigen rechtsgeschäftlichen und tatsächlichen Maßnahmen zur Auflösung des Zusammenschlusses durchzuführen, be-

---

857 BKartA, 24. 2. 1982 »Morris Rothmans« WuW/E BKartA 1943; BKartA, 9. 7. 1985 »Morris-Rothmans II« WuW/E BKartA 2204; BGH, 29. 10. 1985 »Morris-Rothmans« WuW/E BGH 2211.
858 Monopolkommission, Hauptgutachten IV 1980/81, Rdnr. 664 ff.

steht in der **Einsetzung eines Treuhänders**[859]. Das BKartA ist befugt, den Bereich, in dem der Treuhänder handeln darf, zu bestimmen. In diesem Umfang ruhen die Rechte der Betroffenen. Der Treuhänder hat die Stellung eines gesetzlichen Verwalters, die mit der Position eines Insolvenzverwalters vergleichbar ist. Der Treuhänder ist nicht an die Zuständigkeitsordnung der betroffenen Unternehmen gebunden, sondern nur an zwingendes Recht. Er kann zur personellen Entflechtung bestimmte Personen abberufen oder ihnen die Vertretungsmacht entziehen. Dem Treuhänder kann das Stimmrecht für entflechtungserhebliche Beschlüsse übertragen werden. Er ist an die Weisungen des BKartA gebunden. Bei Pflichtverletzungen haftet der Treuhänder den Betroffenen und dem BKartA.

3. Durchsetzung

774 Zur Durchsetzung einer Entflechtungsanordnung stehen den Kartellbehörden nach § 41 Abs. 4 GWB besondere Instrumente zur Verfügung, die neben den allgemeinen verwaltungsrechtlichen Zwangsmaßnahmen (wie etwa Ersatzvornahme und unmittelbarer Zwang) anwendbar sind.

775 So ist etwa das nach § 41 Abs. 4 Ziffer 1 GWB in solchen Verfahren mögliche **Zwangsgeld** mit Beträgen von 5.000,— bis 500.000,— Euro um ein vielfaches höher als das nach allgemeinem Verwaltungsrecht maximal mögliche Zwangsgeld nach Maßgabe des VwVG. Auch hier muss der Verhängung des Zwangsgeldes jedoch eine Androhung vorausgehen.

776 Nach Ziffer 2 dieser Vorschrift ist das BKartA ferner befugt, die **Ausübung von Stimmrechten zu untersagen** oder einzuschränken. Ziffer 3 sieht die Möglichkeit der Bestellung eines Treuhänders vor. Dessen Befugnisse sind in der Durchsetzungsverfügung des Amtes genau festzulegen. Diese Zwangsmaßnahmen greifen erheblich in die unternehmerische Freiheit der Betroffenen ein oder heben sie in dem durch die Verfügung gesteckten Rahmen sogar ganz auf.

777 In dem Fall Kampffmeyer-Plange[860] entschied das KG, dass Entflechtungsverfahren besonders zügig zu betreiben sind (insbesondere, wenn der mit dem unzulässigen Zusammenschluss geschaffene wettbewerbswidrige Zustand bereits mehrere Jahre andauert). Falls die Beteiligten eines Zusammenschlusses ihrer rechtskräftigen Verpflichtung zur Auflösung nach mehr als einem Jahr nicht nachgekommen sind, sind zur Beschleunigung geeignete Maßnahmen grundsätzlich am Platze, ohne dass es dafür zusätzlicher Gründe bedarf, die geeignet sind, Zweifel an der Ernsthaftigkeit des Auflösungswillens zu wecken.

778 Um den früheren Zustand wiederherzustellen, ist es für die Kartellbehörde erforderlich, die Einzelheiten der mit dem Zusammenschluss herbeigeführten Veränderungen in Erfahrung zu bringen. Hierfür ist die Anforderung der Kaufverträge das geeignete Mittel. Wird eine Veräußerung an Dritte in Betracht gezogen, erscheint es sinnvoll, zunächst beim ursprünglich gezahlten Kaufpreis anzusetzen.

779 *unbesetzt*
-787

---

859 Näher Mestmäcker/Veelken, in: I/M, 3. Aufl., § 41 Rdnr. 48.
860 KG, 22. 5. 1990 »Kampffmeyer/Plange« WuW/E OLG 4558.

4. Entscheidungspraxis und Problematik der Entflechtung

Entscheidungen zur Problematik der Entflechtung sind bislang nur wenige ergangen. Entflechtungsverfahren wurden in der bisherigen Praxis nicht im Wege von Anordnungen und deren – gegebenenfalls auch zwangsweiser – Durchsetzung abgewickelt, sondern durch einvernehmliche Beseitigung der durch den Zusammenschluss bedingten Wettbewerbsbeeinträchtigungen. 788

In anderen Fällen stellte sich die Durchführung eines Entflechtungsverfahrens im Ergebnis als nicht realisierbar dar. 789

So etwa im Fall Zementmahlanlage II[861]: Das BKartA hatte nach rechtskräftigem Abschluss des Untersagungsverfahrens durch Entscheidung des BGH[862] die Übertragung des erworbenen Zementwerkes auf einen Dritten gefordert, weil die Wiederherstellung des ursprünglichen Zustands durch Rückabwicklung materiell nichts an der fusionsbedingten Wettbewerbsbeschränkung geändert hätte. Da aber trotz Einschaltung eines Unternehmensmaklers kein Erwerber gefunden werden konnte, ist das Verfahren bis auf weiteres ausgesetzt worden[863]. 790

Auch im Fall »Anzag/Holdermann«[864] war eine Durchführung des Entflechtungsverfahrens nicht möglich. Bereits vor Einleitung des Verfahrens hatte sich die Holdermann GmbH als unverkäuflich erwiesen. Das BKartA hat daher von Entflechtungsmaßnahmen abgesehen und anstelle der Auflösung des Zusammenschlusses die des Unternehmens selbst angeordnet. Das BKartA vertrat die Auffassung, dass die Einbringung der Assets in eine neue Anzag-Filiale eine geringere Verstärkung der Marktposition von Anzag bewirke als die Weiterführung des von Anzag erworbenen Unternehmens als Holdermann GmbH. 791

In dem Fall »Krupp-Hoesch/Brüninghaus« sagte Krupp zur Abwendung einer Untersagungsverfügung in einem öffentlich-rechtlichen Vertrag zu, den in Rede stehenden Tragfedernbereich innerhalb eines bestimmten Zeitraums zu veräußern. Diese Zusage wirkte sich auf die vom BKartA zu stellende Prognosebeurteilung des Zusammenschlussvorhabens aus. Es wurde angenommen, dass es in dem hier kritischen Bereich der Tragfedern nicht mehr zu einer marktbeherrschenden Stellung der Beteiligten kommen werde. Im Laufe der Verkaufsfrist änderten sich die Marktgegebenheiten, sodass die Beteiligten an dem Zusagevertrag nicht mehr festhalten wollten. Das BKartA verfügte daraufhin mit einer Entflechtungsanordnung den kurzfristigen Verkauf des in Rede stehenden Bereichs und kündigte an, notfalls einen Treuhänder einzusetzen. Die Entflechtungsverfügung wurde aus dem Zusagevertrag abgeleitet. Grundsätzlich besteht das Risiko, dass durch bestimmte Maßnahmen, z.B. das Nutzen von Synergien oder das Hereinnehmen von Unterkostenaufträgen, das zu verkaufende Objekt letztlich unverkäuflich wird. Das BKartA ordnete daher in der Entflechtungsverfügung an, dass der Geschäftsbereich voll funktionsfähig fortzuführen sei und nicht auf verbundene Unternehmen übertragen werden oder mit diesen gemeinsam produzieren oder vertreiben dürfte[865]. 792

---

861 BKartA, 22.12.1976 »Zementmahlanlage« WuW/E BKartA 1667 ff.; KG, 15.3.1978 »Zementmahlanlage« WuW/E OLG 1989 ff.; BGH, 23.10.1979 »Zementmahlanlage« WuW/E BGH 1655 ff.
862 BGH, 23.10.1979 »Zementmahlanlage« WuW/E 1655 ff.
863 BKartA TB 1981/82 S. 24.
864 Vgl. Monopolkommission, Hauptgutachten III 1978/79, Rdnr. 693 ff.
865 Vgl. BKartA TB 1993/94 S. 86.

Hiergegen legte Krupp-Hoesch Beschwerde ein. Der Beschwerde kam nach Auffassung des KG hier aufschiebende Wirkung zu. Das Verfahren wurde dann letztlich für erledigt erklärt, weil Krupp-Hoesch zwar nicht das in Rede stehende Verkaufsobjekt, wohl aber zwei andere Unternehmensbereiche an einen Erwerber veräußern konnte. Das BKartA sah die Untersagungsvoraussetzungen damit nicht mehr als gegeben an.

In dem Fall des rechtskräftig untersagten Zusammenschlusses »WAZ/OTZ«[866] erließ das BKartA einen Auflösungsbeschluss und ordnete die Veräußerung der Anteile an einen Dritten an, der im Verlagsgeschäft tätig ist. Das BKartA hielt die von der WAZ angekündigte, freiwillige Veräußerung der in Rede stehenden 40% der Anteile an der OTZ an eine natürliche Person nicht für hinreichend. Der Erwerber habe keine hinreichende operative Erfahrung in der Medienbranche, aufgrund seines Lebensalters komme er als dauerhafte Lösung nicht in Betracht, im Falle des Todes des Erwerbers könne die WAZ den Käufer der in Rede stehenden Anteile bestimmen und der entsprechende Kaufpreis im Fall der Veräußerung dieser Anteile vermittle nur einen Teil etwaiger Wertsteigerungen, so dass das Interesse des Erwerbers an einem eigenen wettbewerblichen Einfluss gering sei. Das OLG Düsseldorf[867] ordnete die aufschiebende Wirkung der Beschwerde an, weil der Untersagungs- und Auflösungszweck durch den Anteilsverkauf erreicht werde. Im Fall der Rechtsnachfolge bzw. der Weiterveräußerung könne das BKartA ggf. ein Fusionskontrollverfahren durchführen. Schließlich sei dem Erwerber die Verlagsbranche nicht völlig fremd und er könne auch sachkundigen Rat einholen.

VI. Ministererlaubnis

1. Grundlagen

a) Ordnungspolitisches Vorverständnis

793 Das BKartA kann seine Fusionskontrollentscheidungen regelmäßig nur auf **wettbewerbsrelevante Sachverhalte** stützen; eine Berücksichtigung allgemeiner wirtschaftspolitischer Zielsetzungen, etwa solche industriepolitischer Natur, ist dem Amt dagegen verwehrt. Es lässt sich aber nicht ausschließen, dass innerhalb einzelner Fusionskontrollentscheidungen **Zielkonflikte** auftreten können zwischen der Sicherung des Wettbewerbs auf der einen und nicht wettbewerblichen staats-, wirtschafts- oder gesellschaftspolitischen Schutzgütern auf der anderen Seite. Zur Auflösung dieses Konflikts wurde als Gegengewicht zur Entscheidung des BKartA eine politische Interventionsbefugnis für den Bundeswirtschaftsminister eingerichtet, um ggf. höherwertige staatliche Belange zu sichern, die durch Fusionsverbote beeinträchtigt werden könnten. In dem Ministerverfahren werden der gesamtwirtschaftliche Schaden und der mögliche Nutzen einer wettbewerbsbeschränkenden Fusion gegeneinander abgewogen. § 42 GWB sieht dementsprechend vor, dass der Bundeswirtschaftsminister einen vom BKartA untersagten Zusammenschluss auf Antrag der beteiligten Unternehmen genehmigen kann, wenn dies durch damit ein-

---

866 Vgl. BKartA, 27.11.2003 »WAZ/OTZ« WuW/E DE-V 885 ff.
867 Vgl. OLG Düsseldorf, 25.3.2004 »Professor von S.« WuW/E DE-R 1370 ff.

hergehende gesamtwirtschaftliche Vorteile oder durch ein überragendes Interesse der Allgemeinheit gerechtfertigt ist. Insoweit verzichtet der Staat auf die Durchsetzung ordnungspolitisch begründeter Interventionen zugunsten anderer übergeordneter politischer Zielsetzungen.

Während der Beratungen zur Zweiten GWB-Novelle, mit der die Ministererlaubnis in das Gesetz eingeführt wurde, war kurzzeitig erwogen worden, die Befugnis zur Erlaubniserteilung einer unabhängigen Monopolbehörde zu übertragen, an deren Votum der Bundeswirtschaftsminister gebunden sein sollte[868]. Der Ausschuss für Wirtschaft entschied sich jedoch mehrheitlich gegen eine solche Regelung, weil eine so bedeutsame Aufgabe wie die Erteilung einer Ausnahmeerlaubnis in Fusionsfällen eine **politische Entscheidung** darstelle, die auch unter **politischer Verantwortung** getroffen werden müsse; diese könne nicht einer unabhängigen Instanz übertragen werden, die keiner parlamentarischen Kontrolle unterliegt[869]. 794

b) Rechtssystematische Einordnung

Das Ministererlaubnisverfahren steht aus der Sicht der betroffenen Unternehmen gleichberechtigt neben dem Recht zur Beschwerde gegen das Fusionsverbot vor dem zuständigen Oberlandesgericht; beide Verfahren können auch nacheinander geführt werden. Im Beschwerdeverfahren werden die Untersagungsgründe – ggf. mit neuen Beweismitteln – gerichtlich überprüft. Das Ministererlaubnisverfahren, steht hierzu jedoch nicht in Konkurrenz: Der Bundeswirtschaftsminister ist – anders als das Beschwerdegericht – bei seiner Sachverhaltsprüfung an die Tatsachenfeststellungen in der Untersagungsverfügung des BKartA gebunden und hat somit von der Rechtmäßigkeit des Fusionsverbots auszugehen[870]. 795

Der Minister hat bei seiner Entscheidung keinen **Ermessensspielraum;** er muss eine Genehmigung erteilen, soweit die Voraussetzungen hierzu entsprechend § 42 Abs. 1 GWB vorliegen. Dabei ergibt sich allerdings – insbesondere wegen der Unbestimmtheit der in der Vorschrift enthaltenen, normativ nicht festgelegten Rechtsbegriffe – ein teilweise erheblicher **Beurteilungsspielraum,** weil die von den Unternehmen vorgetragenen Gemeinwohlvorteile zwangsläufig subjektiven Bewertungen unterliegen. Hinzu kommt, dass (wirtschafts-)politische Bewertungen von Sachverhalten je nach dem persönlichen Standort des Urteilenden innerhalb des politischen Meinungsspektrums sehr unterschiedlich ausfallen können. 796

Auf Grund ihres **politischen Charakters** entzieht sich die Erlaubnisentscheidung durch den Bundeswirtschaftsminister einer umfassenden gerichtlichen Überprü- 797

---

868 Unterrichtung des Ausschusses für Wirtschaft (9. Ausschuss) zu dem von den Fraktionen der SPD, FDP eingebrachten Entwurf eines Zweiten Gesetzes zur Änderung des Gesetzes gegen Wettbewerbsbeschränkungen (Drucksache 7/76), BT-Drucks. 7/765 vom 13. 6. 1973, S. 8.

869 Unterrichtung des Ausschusses für Wirtschaft (9. Ausschuss) zu dem von den Fraktionen der SPD, FDP eingebrachten Entwurf eines Zweiten Gesetzes zur Änderung des Gesetzes gegen Wettbewerbsbeschränkungen (Drucksache 7/76), BT-Drucks. 7/765 vom 13. 6. 1973, S. 8.

870 Diese Rechtsauffassung ist im Allgemeinfall unstreitig. Es besteht in der Kommentarliteratur dagegen Uneinigkeit über die Bindungswirkung des Fusionsverbots für den Minister in solchen Fällen, in denen einer Untersagung des BKartA offensichtlich unrichtige Tatsachenfeststellungen zu Grunde liegen; Quack, in: FK, Stand Juli 1993, § 24 Rdnr. 138.

fung. Gegenstand eines Gerichtsverfahrens im Anschluss an die Versagung der beantragten Erlaubnis kann lediglich die Feststellung sein, dass bei der Würdigung des Sachverhalts durch den Bundeswirtschaftsminister ein Verfahrensverstoß vorliegt, indem z. B. bestimmte Tatsachen unrichtig oder unvollständig erfasst wurden[871]. Diese Kompetenzeinschränkung des Beschwerdegerichts für das Ministererlaubnisverfahren entspricht dem Grundprinzip der Gewaltenteilung in der Demokratie: Sie verhindert, dass sich das Beschwerdegericht mit der bestehenden Wirtschaftspolitik der jeweils gewählten Bundesregierung auseinander setzen und dabei zugleich Bewertungen konkreten politischen Handelns vornehmen muss.

2. Durchführung des Erlaubnisverfahrens

a) Tatbestandsmerkmale

798 Der gesetzliche Erlaubnistatbestand unterscheidet als gemeinwohlfördernde Kriterien die Merkmale »gesamtwirtschaftliche Vorteile« und »überragendes Interesse der Allgemeinheit«. Nach gängigem Sprachverständnis und übereinstimmender Literaturmeinung wird beim Merkmal »**gesamtwirtschaftliche Vorteile**« darauf abgestellt, die der Volkswirtschaft zugute kommenden positiven Zusammenschlusswirkungen zu würdigen (eingeschlossen den Nutzen für die beteiligten Unternehmen). Im Allgemeinen dürfte es sich dabei um – zumindest prinzipiell – quantifizierbare Größen handeln, wie z. B. Kostenersparnisse bei Rationalisierungen oder Beschäftigungssicherung bei Sanierungssachverhalten, die mit dem Zusammenschluss in Verbindung stehen.

799 Das Gemeinwohlkriterium »**überragendes Interesse der Allgemeinheit**« entzieht sich dagegen häufig einer Quantifizierung und ist zudem inhaltlich auch schwerer fassbar. Es umschreibt vielfältige außerökonomische Vorteile, die sich in einem breiten Spektrum von Politikfeldern bewegen. In der Entscheidungspraxis sind von den Unternehmen unter anderem verteidigungspolitische oder energiewirtschaftliche Sicherheitsinteressen, agrikulturelle Zielsetzungen sowie Regionalförderungsaspekte als Argumente für eine Erlaubniserteilung angeführt worden.

800 Als Gemeinwohlgrund ausdrücklich im Gesetz erwähnt ist die »**Wettbewerbsfähigkeit der beteiligten Unternehmen auf Märkten außerhalb des Geltungsbereichs dieses Gesetzes**«. In einer Abwägung zwischen der Marktbeherrschung als verbotsbegründender Inlandswirkung eines Zusammenschlusses und der Absicherung von Marktstellungen der beteiligten Unternehmen in Auslandsmärkten lassen sich solche Gemeinwohlvorteile erfassen, die durch außenwirtschaftliche unternehmerische Betätigung gewissermaßen »importiert« werden. Ein solches Argument erhält vor allem dann ein starkes Gewicht, wenn die Auslandsmärkte im Verhältnis zum Marktvolumen des Inlands besonders groß sind.

801 Die Zulässigkeit einer Ministererlaubnis wird begrenzt durch die gesetzliche Vorgabe, dass »durch das Ausmaß der Wettbewerbsbeschränkung **die marktwirtschaftliche Ordnung nicht gefährdet**« werden darf. Mit diesem unbestimmten Rechtsbegriff sind offenkundig Zusammenschlusswirkungen gemeint, die wesentlich über

---

871 Dies dürfte der Hauptgrund dafür sein, dass in Verbindung mit der Entscheidung im Fall »E.ON/Ruhrgas« (2002) erst zum zweiten Mal (nach »Thyssen/Hüller Hille«, 1977) gegen eine Ministerentscheidung geklagt wurde.

den der Untersagungsentscheidung zu Grunde gelegten Einzelmarkt hinausgehen. Dies kann bei umfassenden Bedarfsmärkten der Fall sein, »die wegen ihrer Größe und der Dringlichkeit, mit der ihre Produkte für Konsumzwecke oder im Produktionsprozess benötigt werden, eine erhebliche Bedeutung für die Gesamtwirtschaft haben«[872]. Ein herausragendes Beispiel ist der Energiemarkt, in dem die verschiedenen Primärenergieträger in starken Substitutionsbeziehungen zueinander stehen: Wenn in einem solchen Fall ein Zusammenschluss zur gleichzeitigen Marktbeherrschung auf den unterschiedlichen sachlich relevanten Energiemärkten führt, so erreicht der Grad der Marktbeherrschung eine besondere Qualität, weil sich der Nachfrager nunmehr dem Marktbeherrscher auch nicht durch Substitution anderer Märkte bzw. Energieträger, die den gleichen Bedarf decken (z. B. Heizöl und Strom oder Erdgas), entziehen kann. Darüber hinaus wird die Wettbewerbsbeschränkung in solchen Fällen auch zur wettbewerbsbeschränkenden Koordination von Investitionen sowie zum Rückgang von Innovationen führen und somit die Wettbewerbsverhältnisse langfristig noch stärker beeinträchtigen.

Die Ministererlaubnisentscheidung »kann mit **Bedingungen und Auflagen** verbunden werden.« Denkbar ist z. B. eine Teilerlaubis des Zusammenschlusses mit Ablehnung des Antrages im Übrigen; in anderen Fällen wurde eine Veräußerung von Unternehmensteilen oder von Beteiligungen, die bereits vor dem Zusammenschluss vorhanden waren, zur Voraussetzung einer Genehmigung gemacht. Durch Bedingungen und Auflagen kann bei an sich nicht erlaubnisfähigen Zusammenschlüssen die Wettbewerbsbeschränkung so weit reduziert werden, dass die Gemeinwohlvorteile letztlich überwiegen. Offen und in der rechtlichen Beurteilung umstritten ist die Frage, wie weit reichend die Eingriffe durch Bedingungen und Auflagen sein dürfen: Die überwiegende Kommentarmeinung argumentiert, dass es unzulässig sei, die Wettbewerbsbeschränkungen (als Untersagungsvoraussetzung) völlig aufzuheben[873]; dem entgegen besteht nach Auffassung der Monopolkommission die rechtliche Verpflichtung, »das Ausmaß der Wettbewerbsbeschränkungen in Übereinstimmung mit der festgestellten Ziel-Mittel-Relation auf das unerlässliche Maß zu beschränken«[874]. 802

Die Ministererlaubnis darf sich allerdings nicht solcher Bedingungen und Auflagen bedienen, welche die beteiligten Unternehmen einer **laufenden Verhaltenskontrolle** unterstellen[875]. Damit wird die Strukturbezogenheit der Fusionskontrolle, die auf wirtschaftliche Rahmenbedingungen und damit nur mittelbar auf das unternehmerische Verhalten (durch Marktmachtbegrenzung) abstellt, auch im Ministererlaubnisverfahren gewährleistet. Darüber hinaus wird vermieden, dass über die Fusionskontrolle eine industriepolitische Sektorensteuerung erfolgt und der Wettbewerb durch regelgebundene Verpflichtungen zum unternehmerischen Wohlverhalten verdrängt wird[876]. 803

---

872 Monopolkommission, Sondergutachten 2, Baden-Baden 1975, Rdnr. 31.
873 Kleinmann/Bechtold, 2. Aufl., § 24 Rdnr. 330.
874 Monopolkommission, Sondergutachten 2, Rdnr. 26.
875 Vgl dazu Veelken, Die Abgrenzung zwischen Strukturauflage und laufender Verhaltenskontrolle in den Freigabeentscheidungen des BKartAes und bei der Ministererlaubnis, WRP 2003, S. 692 ff.
876 Mestmäcker, in: I/M, GWB, 2. Aufl., § 24 Rdnr. 334.

b) Beurteilungsmaßstäbe für die Abwägung

804 Für die Entscheidung im Ministererlaubnisverfahren muss eine **Abwägung** zwischen dem Ausmaß der Wettbewerbsbeschränkungen und der Bewertung der Gemeinwohlvorteile vorgenommen werden. Das BKartA zeigt bei seiner Untersagung lediglich das Überschreiten einer kritischen Schwelle der Marktbeeinflussung oder Marktmacht auf, den die beteiligten Unternehmen durch den beantragten Zusammenschluss erreichen. Es liegt jedoch auf der Hand, dass z. B. ein wettbewerbsbeschränkender Zusammenschluss, durch den gerade ein dem Vermutungskriterium entsprechender Marktanteil von einem Drittel erreicht wird, weniger schwer wiegt als ein vergleichbarer Zusammenschluss, durch den der Markt vollständig monopolisiert wird. Für die Abwägung im Ministererlaubnisverfahren wird daher eine **eigenständige Gewichtung der Wettbewerbsbeschränkungen** erforderlich. Hierbei liefern zunächst das Volumen und die – sich auch in den Wachstumserwartungen niederschlagende – Bedeutung der Märkte, die von den beherrschenden Stellungen der beteiligten Unternehmen erfasst werden, einen ersten Anhaltspunkt für das **quantitative Gewicht** der Wettbewerbsbeschränkungen. Weitere quantitative Faktoren sind in dem marktstrukturellen Erscheinungsbild ablesbar, das die Stellung der antragstellenden Unternehmen absolut und im Verhältnis zu ihren (größten) Wettbewerbern beschreibt. Darüber hinaus ist aber auch das **qualitative Gewicht** der Wettbewerbsbeschränkungen zu berücksichtigen. Dies kann in den Besonderheiten der betroffenen Märkte (z. B. der Marktphase) oder des Unternehmensumfelds (z. B. dem Grad der Diversifizierung oder der vertikalen Integration) begründet sein.

805 Zur **inhaltlichen Ausfüllung des Begriffs der Gemeinwohlvorteile** lässt sich die Begründung zum Regierungsentwurf eines Zweiten Gesetzes zur Änderung des Gesetzes gegen Wettbewerbsbeschränkungen heranziehen. Demnach setzen die entsprechenden Tatbestandsmerkmale voraus, »dass der Zusammenschluss nicht nur den beteiligten Unternehmen nützt, sondern dass ein allgemeiner staats-, wirtschafts- oder gesellschaftspolitischer Rechtfertigungsgrund für den Zusammenschluss vorliegt.«[877] Genannt werden in diesem Zusammenhang die im Stabilitäts- und Wachstumsgesetz von 1967 aufgeführten gesamtwirtschaftlichen Ziele stabiles Preisniveau, hoher Beschäftigungsstand, außenwirtschaftliches Gleichgewicht, angemessenes und stetiges Wirtschaftswachstum. Für die Abwägung relevante wirtschaftspolitische Ziele müssen aber nicht in Gesetzen enthalten sein, sondern sie lassen sich darüber hinaus auch aus der von den zuständigen Verfassungsorganen formulierten Politik (z. B. aus dem Energieprogramm der Bundesregierung) ableiten. Davon zu unterscheiden sind tagespolitische Ereignisse (z. B. Äußerungen von Regierungsmitgliedern), die keinen förmlichen Beschluss wiedergeben und daher keinen präjudizierenden Charakter für das Ministererlaubnisverfahren haben können.

806 Der Regierungsentwurf zur Zweiten GWB-Novelle hebt die **hohen Anforderungen** hervor, die an eine Ministererlaubnis in einem marktwirtschaftlichen System zu stellen sind, in dem der Wettbewerb »grundsätzlich das unentbehrliche Steuerungsmittel für die Marktprozesse« ist. Eine solche Erlaubnis kann demnach nur erteilt werden, »wenn die anderweitigen Staats-, Wirtschafts- oder Gesellschaftsgründe

---
877 BT-Drucks. 6/2520 vom 18. 8. 1971, S. 31.

großes Gewicht haben, konkret nachgewiesen sind und wenn wettbewerbskonforme Abhilfemaßnahmen des Staates nicht möglich sind.«[878] In der Entscheidungspraxis hat sich – ausgehend von den seit der Vierten GWB-Novelle pflichtgemäß zu erstattenden Gutachten der Monopolkommission[879] – eine systematische Prüfungsabfolge ergeben.

Zunächst muss festgestellt werden, ob und inwieweit die jeweils vorgetragenen Gründe **prinzipiell als Gemeinwohlvorteile anzuerkennen** sind. Für die kapitalmarktpolitische Bedeutung eines Zusammenschlusses und seinen Einfluss auf die Zahlungsbilanz[880] gilt dies ebenso wenig wie für die Erhaltung einer starken genossenschaftlichen Organisationsstruktur[881]. Andere Antragsgründe – wie z. B. das Argument einer Unternehmenssanierung durch eine Fusion – stellen für sich allein noch keinen Gemeinwohlvorteil dar: Zu einem dynamischen Wettbewerbsprozess gehören Veränderungen der gesamtwirtschaftlichen Angebots- und Nachfragestruktur, die auch durch das Ausscheiden oder die Neugründung von Unternehmen erfolgen können. Sanierungsfusionen sind aber dann für eine Ministerentscheidung erheblich, wenn damit weitere konkrete gesamtwirtschaftliche Vorteile verbunden sind.

807

Für die im Rahmen einer Ministererlaubnis als Gemeinwohlvorteil prinzipiell tragfähigen Antragsgründe muss im Tatsächlichen geprüft werden, ob sie **konkret nachgewiesen, quantitativ erheblich, dem Zusammenschluss kausal zuzuordnen und nur durch den Zusammenschluss erreichbar sind**; Voraussetzung ist zudem, dass die Gemeinwohlvorteile nicht durch **wettbewerbskonformere oder weniger wettbewerbsbeschränkende Maßnahmen** zu realisieren sind. Die Erteilung einer Ministererlaubnis ist also in jedem Falle subsidiär zu **alternativen, wettbewerblichen Abhilfemaßnahmen des Staates**. Damit wird dem Prinzip der Verhältnismäßigkeit Rechnung getragen.

808

3. Bewertung der Antragsgründe in den bisherigen Fällen

In der **Entscheidungspraxis** wurde von den Unternehmen eine Vielzahl von Gründen vorgetragen, deren Tragfähigkeit und Gewicht zunächst in den Gutachten der Monopolkommission und nachfolgend in der ministeriellen Verfügung (überwiegend übereinstimmend) bewertet wurden. Die Breite der vorgetragenen Argumente entspricht den stark voneinander abweichenden Fallgestaltungen der Ministererlaubnisanträge, die von Unternehmen aus sehr unterschiedlichen Wirtschaftsbe-

809

---

878 BT-Drucks. 6/2520 vom 18. 8. 1971, S. 31.
879 Vor der Vierten GWB-Novelle von 1980 war die Auftragserteilung für ein Sondergutachten der Monopolkommission durch den Bundeswirtschaftsminister fakultativ. Bis dahin hatte der Minister aber nur in einem Falle (»VEBA/Gelsenberg«) auf die Mitwirkung der Kommission verzichtet; diese hatte daraufhin zu dem Zusammenschlussfall nachträglich ein Gutachten aus eigenem Ermessen erstattet.
880 Monopolkommission, Sondergutachten 10, Baden-Baden 1982, Rdnr. 49 f. Auch der Bundeswirtschaftsminister misst diesen Gründen in seiner Verfügung vom 9. 12. 1981 »keine besondere Relevanz« bei »IBH-Wibau« WuW/E BWM 177, 182.
881 Monopolkommission, Sondergutachten 22, Rdnr. 87. Der Bundeswirtschaftsminister hat sich in seiner Verfügung vom 16. 6. 1992 der Auffassung der Monopolkommission angeschlossen bei »BayWA AG/WLZ Raiffeisen AG« WuW/E BWM 213, 221 f.).

reichen gestellt wurden. Obwohl deshalb eine Systematisierung nicht zweckmäßig ist, kristallisieren sich doch einzelne Gründe heraus, deren Einordnung und Bewertung musterhaft für das Erlaubnisverfahren ist. Wegen des Ausnahmecharakters einer Ministerentscheidung und angesichts der Tatsache, dass Fusionen irreversible Strukturveränderungen zur Folge haben, werden die Gründe generell hohen Anforderungen unterworfen und nur restriktiv berücksichtigt.

a) Internationale Wettbewerbsfähigkeit

810 Die im Gesetz als Rechtsfertigungsgrund für einen wettbewerbsbeschränkenden Zusammenschluss genannte Wettbewerbsfähigkeit auf **Auslandsmärkten** stellt rechtssystematisch eine Besonderheit im GWB dar, das ansonsten grundsätzlich von den Wettbewerbsverhältnissen in seinem Geltungsbereich ausgeht. Mittelbar werden allerdings Wettbewerbseinflüsse von Auslandsmärkten bereits in der Entscheidung des BKartA erfasst, wenn geprüft wird, ob durch einen Zusammenschluss eine marktbeherrschende Stellung entsteht oder verstärkt wird. Hohe Importquoten, das Fehlen von Handelshemmnissen und die jederzeitige Ausweichmöglichkeit auf ausländische Anbieter können zu dem Urteil führen, dass trotz (temporär) hoher Inlandsmarktanteile keine Marktbeherrschung anzunehmen ist.

811 Eine als Gemeinwohlvorteil zu bewertende **Stärkung der Wettbewerbsposition durch einen Zusammenschluss** kann in der Ausschöpfung von Rationalisierungsmöglichkeiten sowie der Schaffung von Vertriebs- und Serviceorganisationen liegen, über die internationale Wettbewerber bereits verfügen, oder in Integrationsvorteilen begründet sein, die den Zugang zu internationalen Beschaffungs- und Absatzmärkten sichern. Dagegen ist der mit dem Zusammenschluss eintretende Größenzuwachs allein noch kein hinreichender Rechtsfertigungsgrund. Das Argument der internationalen Wettbewerbsfähigkeit erhält dann ein hohes Gewicht, wenn der Zusammenschluss die andernfalls gefährdete Präsenz der Unternehmen auf Auslandsmärkten erhält oder die Teilnahme am internationalen Wettbewerb erst ermöglicht. Dabei ist aber zu prüfen, ob die Fusion für diese Marktteilnahme unabdingbar ist: Die Möglichkeit, Großaufträge in Konsortien abzuwickeln, zeigt, dass sich auch kleinere Unternehmen im internationalen Geschäft behaupten können.

812 Eine Besonderheit bei der Beurteilung der Wettbewerbsfähigkeit auf Auslandsmärkten ergab sich in einem Fall durch die mit einem Zusammenschluss einhergehende Chance, die **Systemführungskompetenz** (für Wehrtechnik sowie für Luft- und Raumfahrt) bei den beteiligten Unternehmen zu stärken[882]. Dabei wurde unterstellt, dass diese Systemführungskompetenz – neben dem entsprechenden Know-how im Management – die technologische Beherrschung eines möglichst breiten Spektrums in der entsprechenden Industrie notwendig macht. Gerade in der Luft- und Raumfahrtindustrie erschien die Unternehmensgröße wichtig, um große und komplexe finanzielle bzw. technische Aufgaben zu bewältigen und die eigene Leistungsfähigkeit anhand konkreter Projekte immer wieder nachzuweisen.

---

[882] Monopolkommission, Sondergutachten 18, Rdnr. 187 f. (abweichend dazu das Sondervotum des Kommissionsmitglieds Immenga, Rdnr. 301 ff.).

VI. Ministererlaubnis

b) Rationalisierungsvorteile

Rationalisierungseffekte können – selbst wenn sie ein erhebliches Ausmaß errei- 813
chen – nicht in jedem Falle einen wettbewerbsbeschränkenden Zusammenschluss
rechtfertigen. Insbesondere solche Rationalisierungsvorteile, die bei der Mehrzahl
von Zusammenschlussvorhaben regelmäßig zu erwarten sind, müssen außer Betracht bleiben. Grundlage dieser Überlegungen ist, dass der Rationalisierungserfolg
als betriebswirtschaftlicher Vorteil innerhalb der beteiligten Unternehmen verbleibt
(und gegebenenfalls auch nur innerhalb eines begrenzten Zeitraums anfällt). Dagegen würde die gleichzeitig in Kauf zu nehmende Wettbewerbsbeschränkung zu
einer dauernden Schädigung der Steuerung durch den Markt und zugleich zu per-
manenten Nachteilen für eine Vielzahl von Marktteilnehmern führen. Etwas anderes gilt dagegen, wenn erst der Zusammenschluss Betriebs- und Unternehmens-
größen herbeiführt, die den Einsatz optimaler Verfahren oder eine eigenständige
Forschung und Entwicklung ermöglichen.

Grundsätzlich lassen sich nur solche Rationalisierungsvorteile unter Gemeinwohl- 814
erwägungen heranziehen, die als **reale Kosteneinsparungen** die Relationen von
Faktoreinsatz und Produktionsergebnis verbessern. Dagegen sind solche Kostenersparnisse nicht als gesamtwirtschaftlich vorteilhaft zu bewerten, die – infolge des
Marktmachtzuwachses – durch Druck auf die Preise von Vorprodukten entstehen
und nicht der Leistung am Markt entsprechen. Sie stellen keinen realen Vorteil dar,
sondern sind nur das Ergebnis einer (**machtbedingten**) **Umverteilung** von Einkommen zwischen den Marktteilnehmern.

c) Sanierungsfusionen und Sicherung von Arbeitsplätzen

Das bislang am häufigsten angeführte Argument bei Ministererlaubnisanträgen 815
stellt auf die Beschäftigungssituation der beteiligten Unternehmen ab. Die Antragsgründe, die eine Sanierung von Unternehmen durch einen Zusammenschluss zum
Gegenstand haben, haben ein weitgehend entsprechendes Erklärungsmuster.

Generell gilt, dass Unternehmenszusammenschlüsse **kein wirksames wirtschaftspo-** 816
litisches Mittel zur langfristigen Arbeitsplatzerhaltung sind, weil sie nicht an den
Ursachen der Gefährdung ansetzen. Insbesondere die mit Fusionen verbundenen
Rationalisierungseffekte führen zudem regelmäßig zur Freisetzung von Arbeitskräf-
ten bei den beteiligten Unternehmen. Sofern Arbeitsplätze eines Unternehmens
aufgrund mangelnder Anpassung an strukturelle Veränderungen in der Vergangenheit gefährdet sind, werden die notwendigen Maßnahmen nach dem Zusammenschluss in der Regel nachgeholt, womit auch eine Freisetzung von Arbeitskräf-
ten verbunden ist. Letztlich kommt es bei der Betrachtung aber nicht nur auf die
beteiligten Unternehmen an; maßgeblich ist vielmehr eine gesamtwirtschaftliche
Sicht: Im Falle des Angebotsausfalls infolge einer Unternehmensliquidation (bei
Ablehnung des Erlaubnisantrags) müssen auch Kompensationseffekte mit einer gewissen Mehrbeschäftigung bei den Konkurrenten berücksichtigt werden, sofern
sich deren Nachfrage entsprechend erhöht.

In den 70er Jahren ging man bei den Ministererlaubnisfällen unter dem Eindruck 817
des wirtschaftspolitischen Konzepts der Globalsteuerung davon aus, dass die Sicherung der Arbeitsplätze vorrangig über den Einsatz der beschäftigungspolitischen Instrumente (durch Bundesregierung und Bundesbank) erreicht werden könnte. Wett-

bewerbsbeschränkungen zur Erhaltung von Arbeitsplätzen waren deshalb nur dort in Erwägung zu ziehen, wo es sich um **langfristige strukturelle Arbeitslosigkeit** in wirtschaftlich benachteiligten Regionen handelte. Nachdem sich jedoch abzeichnete, dass eine allgemeine, alle Teile des Bundesgebiets umfassende »**Sockelarbeitslosigkeit**« (zusätzlich zur konjunkturellen, zyklisch auftretenden Arbeitslosigkeit) dauerhaft und resistent gegen staatliche prozesspolitische Steuerungsmaßnahmen bestehen blieb, änderte sich die Bewertung des Arbeitsplatzarguments. Nunmehr ergab sich das Erfordernis, auch das allgemeine Beschäftigungsziel (also nicht nur die Beschäftigung in strukturschwachen Gebieten) bei der Gemeinwohlentscheidung des Ministers zu berücksichtigen; das gilt in besonderem Maße, wenn sich die durch Zusammenschluss erreichbare Arbeitsplatzsicherung im Inland auswirkt und die kompensierende Minderbeschäftigung entsprechend im Ausland anfällt[883].

818 Eine Besonderheit im Falle von Sanierungsfusionen ist das herausragende Interesse des **Marktführers** an einem Erwerb des in finanziellen Schwierigkeiten steckenden Unternehmens[884]. Der Veräußerer wird keinen anderen Erwerber finden, der einen vergleichbar hohen Preis zahlen kann, weil sich in der Höhe des Entgelts die kapitalisierten Ertragserwartungen des Erwerbs niederschlagen (einschließlich der zusätzlichen Gewinne aufgrund gestiegener Marktmacht). Aber auch für die übrigen Interessengruppen des zu veräußernden Unternehmens gilt ein Zusammenschluss mit dem Marktführer als günstigster Ausweg:
– Die Gläubiger können am ehesten eine Absicherung ihrer Forderungen erwarten.
– Die Arbeitnehmer und ihre Gewerkschaften sehen hierin die beste Möglichkeit, Arbeitsplätze zu sichern.
– Für die Gemeinden und Länder zählen die Struktur- und regionalpolitischen Vorteile dieser Fusion.
– Die wirtschaftspolitischen Instanzen des Bundes unterstützen eine solche »pragmatische Lösung« unter Verzicht auf die Durchsetzung »bloßer wettbewerbspolitischer Prinzipien«, um sich dem Druck der politischen Interessen zu entziehen.

Eine solche Interessenlage rechtfertigt allerdings allein noch nicht die faktische Preisgabe der Fusionskontrolle als Instrument der Wettbewerbspolitik. Im Ergebnis würden auf diese Weise nämlich **Partialinteressen** zu Lasten des marktwirtschaftlichen Systems (und damit zum Schaden der Allgemeinheit) durchgesetzt. Grundsätzlich sind die privatwirtschaftlichen Investitionsrisiken von den Unternehmen selbst zu tragen und können nicht unter gleichzeitiger Realisierung eines Marktmachtzuwachses auf das Gemeinwesen abgewälzt werden.

d) Sicherung der Energie- und Rohstoffbasis

In mehreren Ministererlaubnisfällen wurde die Sicherung der inländischen Versorgung als Gemeinwohlgrund vorgetragen; das galt vor allem im Hinblick auf die **energiewirtschaftliche Bedarfsdeckung**. Das Argument der Energie- und Rohstoffsicherung erhält besonderes Gewicht im Falle von Importgütern. Der Aspekt der Versorgungssicherheit hängt allerdings sehr stark von der langfristig nur schwer

---
883 Monopolkommission, Sondergutachten 10, Rdnr. 64 ff.
884 Monopolkommission, Sondergutachten 5, Rdnr. 2 f.

kalkulierbaren Entwicklung auf den internationalen Energie- und Rohstoffmärkten ab. Die beiden Ölkrisen von 1974 und 1978 sowie die seinerzeit beherrschende Stellung des OPEC-Kartells haben die Bedeutung der Versorgungssicherheit, aber zugleich auch die Instabilität der entsprechenden Marktverhältnisse deutlich gemacht.

Im Zusammenschlussfall »VEBA/Gelsenberg« bestand der Gemeinwohlvorteil in der Schaffung eines leistungsfähigen deutschen Mineralölunternehmens, das – unter Berücksichtigung seiner finanziellen Möglichkeiten und seiner Kapazität – die deutschen Interessen auf dem internationalen Erdölmarkt mit der erforderlichen Verhandlungsstärke wirksam zur Geltung bringen kann[885]. Die Vorteile für eine langfristige Sicherung der Rohölversorgung ergaben sich für alle vertikalen Stufen von Exploration, Förderung, Transport und Raffination. Auch im Erlaubnisverfahren »E.ON/Ruhrgas«[886] spielte das Argument der Versorgungssicherheit (mit Erdgas) eine zentrale Rolle für die Ministerentscheidung.

Dass mit den Zukunftserwartungen über die Rohstoffsicherung gerade im Hinblick auf internationale Märkte erhebliche Unsicherheiten verbunden sind, zeigt sich im Vergleich der Ministererlaubnisfälle »VEBA/Gelsenberg« (1974) und »VEBA/BP« (1979): Die energiepolitischen Prognosen, die der Erlaubnis aus dem Jahre 1974 zu Grunde lagen, erwiesen sich bereits in der Argumentation des fünf Jahre später zu entscheidenden zweiten Falles mit Beteiligung der VEBA AG als überholt.

e) Erhaltung betrieblichen Know-hows

Die Bundesrepublik Deutschland ist insbesondere wegen ihrer Rohstoffarmut und des vergleichsweise hohen Lohnniveaus auf den **Export hoch technisierter Produkte** angewiesen. Hieraus lässt sich ein gesamtwirtschaftliches Interesse an Unternehmen ableiten, deren Erzeugnisse unter Anwendung von hohem technischem Know-how hergestellt werden. Sofern ein Zusammenschluss geeignet ist, wertvolles Konstruktions- oder Verfahrens-Know-how zu erhalten, ist dies bei der Abwägung, die der Ministererlaubnisentscheidung vorangeht, zu berücksichtigen. Solches technisches Know-how ist allerdings abzugrenzen gegenüber allgemeinem technischem Erfahrungswissen, das jedes in Marktnähe tätige Unternehmen entweder selbst schon besitzt oder ohne größeren Aufwand beschaffen kann.

Die hochspezialisierte, Know-how-intensive **Maschinenbauindustrie** (insbesondere die Fertigung von Sondermaschinen), in der deutsche Hersteller auf vielen Gebieten eine im Weltmaßstab führende Position innehaben, gehört ganz besonders zu den Industriezweigen mit hoher gesamtwirtschaftlicher Bedeutung. Wenn zu befürchten ist, dass bei Unternehmen, die vom Konkurs bedroht sind, überlegenes technisches Know-how verloren geht, so kann dessen Erhalt legitimierend für einen wettbewerbsbeschränkenden Zusammenschluss wirken.

Auch die **Luft- und Raumfahrt** wurde in einem Falle als zukunftsweisendes Hochtechnologiefeld angesehen. Eine starke oder zumindest angemessene Präsenz deutscher Unternehmen erschien insofern volkswirtschaftlich erwünscht. Im Zuge zu-

---

[885] Dieser Auffassung des Bundeswirtschaftsministers schloss sich die Monopolkommission im Ergebnis an; Monopolkommission, Sondergutachten 2, Rdnr. 22, 36 ff.
[886] Es handelt sich dabei um die Zusammenfassung der Ministererlaubnisanträge in den Zusammenschlussfällen »E.ON/Gelsenberg« und »E.ON/Bergemann«.

f) Sonstige einzelfallbezogene Gründe

822 Gesamtwirtschaftliche Nachteile einer **Strukturkrise** lassen sich durch Unternehmenszusammenschlüsse verringern. Um dem stetigen Preisverfall entgegenzuwirken, können die am Zusammenschluss beteiligten Unternehmen ihre Kapazitäten zum Zwecke der Spezialisierung und/oder planmäßigen Stilllegung zusammenfassen[888]. Voraussetzung ist wegen der Langzeitwirkung von Fusionen aber, dass es sich bei der Krise um einen dauerhaften, nachhaltigen Rückgang der Nachfrage und nicht lediglich um eine temporär begrenzt auftretende, konjunkturelle Schieflage handelt.

823 Ein speziell für den Pressesektor geltendes Gemeinwohlargument betraf die **Erhaltung der Meinungs- und Pressevielfalt,** unter anderem auch infolge der Bedrohung durch das Vordringen der elektronischen Medien. Sowohl die Monopolkommission als auch der Bundeswirtschaftsminister haben diesem Argument im Falle Burda/Springer (1981)[889] jedoch keine Gemeinwohlfähigkeit beigemessen[890]. Einerseits ist eine verfassungsrechtliche Bestandsgarantie für die in der Bundesrepublik erscheinenden (überregionalen) Tageszeitungen – einzeln oder insgesamt – abzulehnen. Auch der Erhalt einer Ausgewogenheit des inhaltlichen Meinungsspektrums im Pressewesen kann nicht Gegenstand einer wirtschaftspolitischen Entscheidung sein. Der Staat muss die Eigenständigkeit der Presse bei Beschaffung und Verbreitung sowie Kommentierung von Informationen oder Nachrichten vorrangig durch freien Zugang zum Pressemarkt sichern. Durch einen Zusammenschluss kann die inhaltliche Vielfalt des Pressewesens aber auch deshalb nicht garantiert werden, da es dem Erwerber nicht verwehrt ist, das Erscheinen der Tageszeitung einzustellen oder deren publizistische Grundhaltung zu verändern[891].

---

887 Monopolkommission, Sondergutachten 18, Rdnr. 98.
888 Sofern diese Ergebnisse auch durch ein Strukturkrisenkartell nach § 6 GWB zu erreichen sind, bedarf es des Zusammenschlusses, der die Unternehmens- und Marktstrukturen auf Dauer zum Nachteil verändert, dagegen nicht.
889 Monopolkommission, Sondergutachten 12, Rdnr. 36 ff.
890 Im Zusammenhang mit dem Zusammenschluss »Holtzbrinck/Berliner Verlag« (2003) ist die Monopolkommission noch einmal vertiefend auf die Sicherung publizistischer Vielfalt im Rahmen von Gemeinwohlerwägungen eingegangen; vgl. Monopolkommission, Sondergutachten 36, Rdnr. 113 ff.
891 Im Falle »Holtzbrinck/Berliner Verlag« wurde von den Antragstellern das sog. »Stiftungsmodell« zur Gewährleistung der redaktionellen Selbständigkeit einer Zeitung (»Der Tagesspiegel«) vorgeschlagen, da eine publizistische Trennung von zwei durch Zusammenschluss verbundenen Tageszeitungen absichern sollte. Die Monopolkommission hatte diesen Vorschlag abgelehnt, weil mit der Realisierung des »Stiftungsmodells« (wie auch mit allen sonstigen Modellen zur Aufrechterhaltung selbständiger Unternehmensteile in einem einheitlichen Unternehmen) eine kartellrechtlich unzulässige laufende Verhaltenskontrolle erforderlich wird (Monopolkommission, Sondergutachten 36, Rdnr. 155 ff., und dies., Sondergutachten 38, Rdnr. 84 ff.).

Auch die Existenzsicherung der Printmedien gegenüber dem Vordringen der elektronischen Medien ist kein stichhaltiges Argument für einen Zusammenschluss: Eine Verdrängung der Presse ist schon wegen der medienspezifischen Eigenarten und Unterschiede nicht zu erwarten; es ist eher davon auszugehen, dass die Medien komplementären anstatt substitutiven Charakter haben.

Die **Abwehr einer Auslandsabhängigkeit** kann für sich genommen nicht als Rechtfertigung für einen wettbewerbsbeschränkenden Zusammenschluss in Betracht gezogen werden. Sofern ein freier grenzüberschreitender Verkehr von Waren und Dienstleistungen für überlegene internationale Arbeitsteilung und länderübergreifenden Wettbewerb auf den Warenmärkten sorgt, sind solche Abhängigkeiten nicht zu befürchten. Tendenzen zur Monopolisierung infolge wettbewerbsbeschränkender Zusammenschlüsse stehen der Freihandelsorientierung einer internationalen Marktöffnung eher entgegen und sind insoweit besonders kritisch zu würdigen.

Auch die Sorge der **Überfremdung** kann keine Ministererlaubnis begründen. Aufkäufe von und Beteiligungen an deutschen Unternehmen wurden bisher generell nicht eingeschränkt; auch besteht kein Interesse der Allgemeinheit hieran. Im Zuge der Globalisierung nehmen derartige unternehmerische Erwerbsvorgänge eher zu, was dem Wettbewerb auf internationalen Märkten förderlich ist, sofern keine Marktbeherrschung im Weltmaßstab erreicht werden kann. Im Übrigen wären Zusammenschlüsse zur Überfremdungsabwehr ungeeignet, solange nicht dem Erwerber (mit einer rechtlich unzulässigen Verhaltensauflage) aufgegeben würde, seinerseits nicht an ausländische Interessenten zu verkaufen.

4. Beurteilung der Entscheidungspraxis

Der Erhaltung des marktwirtschaftlichen Ordnungsrahmens kommt eine hohe Bedeutung zu; der Wettbewerb ist in einer solchen Ordnung ein unentbehrliches Element der Steuerung von Marktprozessen. Das unterstreicht den **Ausnahmecharakter** einer Ministererlaubnis, an deren Voraussetzungen hohe Anforderungen gestellt werden (müssen). Dies reflektiert auch die Entscheidungspraxis des Bundeswirtschaftsministers, die sich bei der Anwendung von Ausnahmegenehmigungen als zurückhaltend gezeigt hat.

Voraussetzung einer Erlaubnisentscheidung ist die Abwägung von Tatbeständen unterschiedlicher Dimension, für die sich keine objektiven Vergleichsmaßstäbe aufstellen lassen. Ist die Beurteilung der Wettbewerbsbeschränkungen und des Gemeinwohlnutzens in der Fusionskontrolle je für sich schon stark von **subjektiven Prüfungsergebnissen** geleitet, so gilt dies umso mehr bei einer bewertenden Saldierung der unterschiedlichen Kategorien von Vor- und Nachteilen des Zusammenschlusses. Hier hat aber die Praxis der bisher 18 Verfahren[892] (davon 12 durch förmliche Entscheidung abgeschlossen) den für das Erlaubnisverfahren maßgeblichen Entscheidungskriterien deutliche Konturen verliehen und damit zu einem hohen Grad an Transparenz für die Unternehmen geführt.

Die Erfahrungen mit der Entscheidungspraxis belegen, dass die Erlaubniserteilung kein Instrument der **Struktursteuerung** ist. Dies wäre angesichts der Pro-

---

[892] Vgl. die nachfolgende tabellarische Übersicht.

blematik, gesicherte Prognosen zu entwickeln (wie sich in den Energiefällen von 1974 und 1978 erwiesen hat[893]), ohnehin ein sehr zweifelhafter wirtschaftspolitischer Ansatz.

829 In der Rückschau hat sich auch die **Überzeugungskraft** von einigen der vorgetragenen Gemeinwohlgründe stark relativiert. Das gilt insbesondere für das Argument der Beschäftigungssicherung durch einen Zusammenschluss[894]. Dies unterstreicht, dass ein wirtschaftlicher Strukturwandel (zumal in Zeiten zunehmender Globalisierung) durch eine Fusion in seinen Wirkungen bestenfalls abgefedert, aber nicht grundsätzlich aufgehalten werden kann.

Bisherige Ministererlaubnisverfahren in Zusammenschlussfällen (Stand: Dezember 2004)

Fall	Untersagungsbeschluss des BKartA	Antrag	Empfehlung der Monopolkommission[884]	Entscheidung des Bundeswirtschaftsministers
VEBA/Gelsenberg	WuW/E BKartA 1457	9.1.1974	Erlaubnis mit Einschränkungen (nachträglich[885]) Sondergutachten 2	Erlaubnis WuW/E BWM 147
VAW/Kaiser/ PREUSSAG	WuW/E BKartA 1571	24.1.1975	Ablehnung Sondergutachten 3	Ablehnung WuW/E BWM 149
Babcock/Artos	WuW/E BKartA 1653	28.4.1976	Ablehnung Sondergutachten 4	Erlaubnis mit Auflagen WuW/E BWM 155
Thyssen/ Hüller-Hille	WuW/E BKartA 1657	27.1.1977	Erlaubnis von 33 Prozent Sondergutachten 6	Erlaubnis von 45 Prozent WuW/E BWM 159 (Entflechtungsauflage wegen veränderter Marktverhältnisse aufgehoben)
GKN/Sachs	WuW/E BKartA 1625	21.3.1978	–[886]	Antrag zurückgenommen
BP/VEBA	WuW/E BKartA 1719	4.10.1978	Ablehnung Sondergutachten 8	Erlaubnis mit Auflagen WuW/E BWM 165
IBH/Wibau	WuW/E BKartA 1892	7.8.1981	Erlaubnis Sondergutachten 10	Erlaubnis WuW/E BWM 177
Burda/Springer	WuW/E BKartA 1921	17.11.1981	Ablehnung Sondergutachten 12	Antrag zurückgenommen
Klöckner/SEN	WuW/E BKartA 2178	8.11.1984	Ablehnung Sondergutachten 15	Antrag zurückgenommen (Untersagung des BKartA wegen veränderter Marktverhältnisse aufgehoben)

---

893 Vgl. oben Rdnr. 818, 819.
894 Monopolkommission, Hauptgutachten II, Rdnr. 452 ff.
895 Monopolkommission, Sondergutachten gemäß § 24 b Abs. 5 Satz 7 GWB a. F.
896 Monopolkommission, Sondergutachten in eigenem Ermessen (§ 24 b Abs. 5 Satz 2 GWB a. F.).
897 Die Zurücknahme des Antrags erfolgte vor der Fertigstellung des Sondergutachtens der Monopolkommission.

VI. Ministererlaubnis

Fall	Untersagungs-beschluss des BKartA	Antrag	Empfehlung der Monopolkommission[884]	Entscheidung des Bundeswirtschaftsministers
VEW/Sidéchar	AG 1986, S. 335	19.7.1985	Ablehnung Sondergutachten 16	Ablehnung WuW/E BWM 185 (Untersagung des BKartA wegen eines Formfehlers aufgehoben)
Rheinmetall/WMF	WuW/E BKartA 1867	23.7.1985	—[887]	Antrag zurückgenommen
Daimler Benz/MBB	WuW/E BKartA 2335	2.5.1989	Erlaubnis mit Auflagen Sondergutachten 18	Erlaubnis mit Auflagen WuW/E BWM 191
MAN/Sulzer	WuW/E BKartA 2405	20.9.1989	Ablehnung Sondergutachten 19	Ablehnung WuW/E BWM 207
Daimler Benz/MAN/ENASA	WuW/E BKartA 2445	14.8.1990	—[888]	Antrag zurückgenommen
BayWa/WLZ	AG 1992, S. 130	29.1.1992	Ablehnung Sondergutachten 22	Ablehnung WuW/E BWM 213
Potash/Kali und Salz	WuW/E BKartA 2885	26.3.1997	Ablehnung Sondergutachten 25	Ablehnung WuW/E BWM 225
E.ON/Gelsenberg	WuW/E DE-V 511	18.2.2002	Ablehnung[889]	WuW/E DE-V 573
E.ON/Bergemann	WuW/E DE-V 533	4.3.2002	Sondergutachten 34 und 35[890]	WuW/E DE-V 643[891]
Holtzbrinck/Berliner Verlag	WuW/E DE-V 695	13.1.2003	Ablehnung Sondergutachten 36 und 38[892]	Antrag zurückgenommen

---

898 Die Zurücknahme des Antrags erfolgte vor der Fertigstellung des Sondergutachtens der Monopolkommission.

899 Die Zurücknahme des Antrags erfolgte vor der Fertigstellung des Sondergutachtens der Monopolkommission.

900 Nach Untersagung der Zusammenschlüsse »E.ON/Gelsenberg« und »E.ON/Bergemann« (Erwerb von Anteilen an der Ruhrgas AG) wurden die in beiden Fällen beantragten Ministererlaubnisentscheidungen zu einem Verfahren (»E.ON/Ruhrgas«) zusammengezogen.

901 Monopolkommission, Sondergutachten gemäß § 42 Abs. 4 Satz 2 GWB, 13.5.2002 »E.ON/Ruhrgas« WuW/E DE-V 543 sowie ergänzendes Sondergutachten gemäß § 44 Abs. 1 Satz 4 GWB, 5.9.2002 »E.ON/Ruhrgas« WuW/E DE-V 631.

902 Modifizierte Ministererlaubnis (nach Beschwerde gegen die erste Ministererlaubnisentscheidung durch Beigeladene beim OLG Düsseldorf und anschließender gerichtlicher Anordnung der aufschiebenden Wirkungen dieser Beschwerden sowie ergänzender einstweiliger Anordnungen zum Vollzug der Zusammenschlüsse).

903 Monopolkommission, Sondergutachten gemäß § 42 Abs. 4 Satz 2 GWB, 10.4.2003 »Tagesspiegel/Berliner Zeitung« WuW/E DE-V 737, sowie ergänzendes Sondergutachten gemäß § 42 Abs. 4 Satz 2 GWB, 1.9.2003 »Tagesspiegel/Berliner Zeitung« (WuW/E DE-V 791).

C. Europäische Fusionskontrolle

I. Einleitung

1. Rechtsgrundlagen der FKVO

Am 21. 9. 1990 ist die Verordnung (EWG) Nr. 4064/89 des Rates vom 21. Dezember 1989 über die Kontrolle von Unternehmenszusammenschlüssen[893] in Kraft getreten. Sie wird im Allgemeinen Fusionskontrollverordnung oder kurz FKVO genannt. Damit ist die Rechtsgrundlage für die europäische Fusionskontrolle in Form einer Verordnung geschaffen worden. Nach weitreichenden Änderungen an einer Vielzahl von Bestimmungen gilt seit dem 1. 5. 2004 die Neufassung der FKVO[894]. Rechtsgrundlage für die FKVO sind die Art. 83 und vor allem 308 EGV, wonach sich die Gemeinschaft für die Verwirklichung ihrer Ziele zusätzliche Befugnisse geben kann[895].

830

Der EGV enthält im Gegensatz zu dem Vertrag über die Gründung der Europäischen Gemeinschaft für Kohle und Stahl (EGKSV)[896] keine Regelungen zur Fusionskontrolle. Anders als die Gründerstaaten des EGKSV, die eine Kontrolle der Unternehmenskonzentration in den Branchen Kohle und Stahl als notwendig ansahen, um eine erneute Konzentration der deutschen Ruhrindustrie zu verhindern[897], hielten die Gründungsmitglieder des EGV in anderen Branchen eine Konzentrationskontrolle nicht für erforderlich. Hinzu kam, dass sie in ihren jeweiligen nationalen Rechtsordnungen ebenfalls keine Notwendigkeit für Regelungen zur Fusionskontrolle sahen. Im EGV ist lediglich das Verbot von wettbewerbsbeschränkenden Absprachen (Art. 81 EGV) sowie das Verbot des Missbrauchs marktbeherrschender Stellungen (Art. 82 EGV) direkt verankert.

831

Neben der FKVO sind weitere relevante Rechtsquellen für die Kontrolle von Zusammenschlüssen durch die Kommission die Durchführungsverordnung[898] und eine Reihe von Mitteilungen der Kommission zur Auslegung und Anwendung der FKVO.

832

---

893 Verordnung (EWG) Nr. 4064/89 des Rates vom 21. 12. 1989, ABl. L 395/1 vom 30. 12. 1989; berichtigte Fassung ABl. L 257/13 vom 21. 9. 1990, zuletzt geändert durch die Verordnung (EG) Nr. 1310/97 des Rates vom 30. 6. 1997 zur Änderung der Verordnung (EWG) Nr. 4064/89 des Rates über die Kontrolle von Unternehmenszusammenschlüssen ABl. L 180/1 vom 9. 7. 1997; Berichtigung im ABl. L 40/17 vom 13. 2. 1998.
894 Verordnung (EG) Nr. 139/2004 des Rates vom 20. 1. 2004 über die Kontrolle von Unternehmenszusammenschlüssen ABl. L 24/1 vom 29. 1. 2004.
895 Erwägungsgründe 6–8 der FKVO, die dem eigentlichen Text der FKVO vorangestellt sind; ausführlicher zur Ermächtigungsnorm der FKVO Immenga, in: I/M, EG-WbR S. 782, Rdnr. 27.
896 Der EGKSV ist mit Wirkung zum 23. 7. 2002 ausgelaufen. Damit ist die ausschließliche Zuständigkeit der Kommission für Unternehmenszusammenschlüsse im Montanbereich beendet. Nunmehr werden Unternehmenszusammenschlüsse entweder nach europäischem Recht, speziell der FKVO, oder nach den entsprechenden einzelstaatlichen Gesetzen bewertet, sofern die in der FKVO festgelegten Schwellenwerte nicht erreicht sind.
897 Caspari/Schwarz, S. 383; Löffler, in: L/B, 9. Aufl., Vorbemerkungen zur FKVO Rdnr. 2.
898 Verordnung (EG) Nr. 802/2004 der Kommission vom 7. 4. 2004 zur Durchführung der Verordnung (EG) Nr. 139/2004 des Rates über die Kontrolle von Unternehmenszusammenschlüssen, ABl. L 133/1 vom 30. 4. 2004.

2. Entstehungsgeschichte der Fusionskontrollverordnung

a) Die Vorgeschichte der Verordnung (EWG) Nr. 4064/89

833 Der Verabschiedung der FKVO durch den Rat ist ein jahrzehntelanges Tauziehen um die Einführung einer Fusionskontrolle auf europäischer Ebene vorausgegangen. Die Kommission und der Europäische Gerichtshof[899] haben die Bedeutung einer gemeinschaftlichen Fusionskontrolle für die Gewährleistung eines effizienten Wettbewerbsschutzes und damit für die Vollendung eines einheitlichen Binnenmarktes schon früh hervorgehoben. Bereits der Spaak-Bericht[900] von 1956 zählte die Schaffung einer Fusionskontrolle zu den Angelegenheiten, die in den allgemeinen Durchführungsverordnungen zu den Art. 85 und 86 EWGV[901] (jetzt Art. 81 und 82 EGV) zu regeln seien.

834 Die Befürworter einer europäischen Fusionskontrolle fürchteten vor allem Wettbewerbsverzerrungen, wenn Zusammenschlüsse weiterhin nur der nationalen Kontrolle unterlägen. Während in Deutschland Fusionen einer bestimmten Größenordnung schon seit 1973 der Fusionskontrolle unterliegen, gab es in den meisten Mitgliedstaaten bis Anfang der 90er Jahre noch keine Fusionskontrolle. In einigen Ländern bestand somit die – theoretische – Möglichkeit einer Monopolisierung ganzer Wirtschaftszweige, die in Mitgliedstaaten wie Deutschland angesichts wirksamer Fusionskontrollvorschriften kaum denkbar war.

835 Darüber hinaus entziehen sich die Auswirkungen grenzüberschreitender Fusionen weitgehend der Kontrolle einzelner nationaler Wettbewerbsbehörden, welche nur die Inlandsauswirkungen eines Zusammenschlusses berücksichtigen und mit der Schwierigkeit konfrontiert sind, ihre Verbotsentscheidungen gegenüber Unternehmen mit Sitz im Ausland durchzusetzen. Würden mehrere Mitgliedstaaten ihre Vorschriften auf ein und denselben Zusammenschluss anwenden, so könnte dies zu einander widersprechenden Ergebnissen mit nachteiligen Folgen für das Wirtschaftsleben und die Integrationspolitik führen und erhebliche Rechtsunsicherheit für Unternehmen mit sich bringen. Unternehmensführer könnten angesichts unterschiedlicher nationaler gesetzlicher Ausgestaltungen auf die Idee kommen, Unternehmensstandorte nach den jeweiligen mitgliedstaatlichen Fusionskontrollvorschriften auszuwählen. Solchen denkbaren Tendenzen steuert eine gemeinschaftliche Fusionskontrolle entgegen. Sie hat somit eine erhebliche integrationspolitische Bedeutung[902].

836 In Ermangelung von gemeinschaftsweiten Fusionskontrollvorschriften war die Kommission in den 70er Jahren der Auffassung, dass Artikel 86 EWGV (jetzt Art. 82 EGV) zumindest dann auf Zusammenschlüsse anwendbar sei, wenn durch den Zusammenschluss eines marktbeherrschenden Unternehmens mit einem anderen Unternehmen der noch auf dem Markt bestehende Wettbewerb beseitigt und eine Monopolstellung geschaffen werde. Im Jahr 1971 stützte sie daher eine Untersa-

---

899 Urteil des EuGH vom 25. 10. 1977 zu der Rechtssache 26/76 »Metro/Kommission«, Slg. 1977, 1875, 1905.
900 Regierungsausschuss, eingesetzt von der Konferenz von Messina, Bericht der Delegationsleiter an die Außenminister, Brüssel, vom 21. 4. 1956, S. 60, in: Monopolkommission, Sondergutachten 17, Konzeption einer europäischen Fusionskontrolle S. 31.
901 Heute Art. 81, 82 EGV nach dem Vertrag von Amsterdam.
902 Ausführlich zur Entstehungsgeschichte der FKVO: Immenga, in: I/M, EG-WbR, S. 776, Rdnr. 3 ff.

I. Einleitung

gungsentscheidung gegen die Continental Can Company[903] auf Art. 86 EWGV. Der Europäische Gerichtshof bejahte im Fall »**Continental Can**«[904] die Anwendbarkeit der Verhaltenskontrolle des Art. 86 EWGV auf Strukturveränderungen. Die Entscheidung des Europäischen Gerichtshofes bestärkte die Kommission in ihrer Forderung nach der Schaffung einer gesetzlichen Fusionskontrolle, die unabhängig davon, ob an dem Zusammenschluss ein marktbeherrschendes Unternehmen beteiligt ist, eingreifen sollte. Entsprechende und mehrfach modifizierte Vorschläge der Kommission scheiterten bis spät in die 80er Jahre jedoch am Ministerrat.

Streitpunkte zwischen den Mitgliedstaaten waren 837

– der Anwendungsbereich der FKVO, d.h. die Höhe der Schwellenwerte 838

Deutschland und Großbritannien wollten einen möglichst weiten Anwendungsbereich für die eigene nationale Fusionskontrolle behalten und traten deshalb für hohe Schwellenwerte ein, während niedrigere Schwellenwerte vor allem von den kleineren Mitgliedstaaten befürwortet wurden, die überwiegend keine nationalen Fusionskontrollvorschriften hatten.

– das Prinzip der präventiven Fusionskontrolle 839

Deutschland setzte sich im Rahmen der Diskussion um die Einführung der gemeinschaftsweiten Fusionskontrolle gegen die südlichen Mitgliedstaaten mit seiner Forderung nach einer Vorabkontrolle von Zusammenschlüssen durch. Danach dürfen Fusionen vor ihrer Überprüfung nicht vollzogen werden; Verstöße gegen das Vollzugsverbot, d.h. die Vollendung eines Zusammenschlusses vor seiner Anmeldung oder der Freigabeentscheidung durch die Kommission, ziehen die zivilrechtliche Unwirksamkeit der Vollzugsgeschäfte nach sich und werden damit nicht nur mit Geldbußen geahndet, wie es die südlichen Mitgliedstaaten forderten.

– die Beurteilungskriterien und damit die Genehmigungsvoraussetzungen für Zusammenschlüsse auf Gemeinschaftsebene 840

Bei der Festlegung der Genehmigungsvoraussetzungen für Zusammenschlüsse zeigte sich der Konflikt in der Gemeinschaft zwischen industriepolitischen und wettbewerbspolitischen Zielen. Während insbesondere Spanien eine erweiterte, auf Gründe des wirtschaftlichen und technischen Fortschritts gestützte Genehmigungskompetenz der Kommission i.S.d. Art. 85 Abs. 3 EWGV (jetzt Art. 81 Abs. 3 EGV) forderte[905], setzte sich in der endgültigen Fassung die Forderung Großbritanniens und vor allem Deutschlands nach einer grundsätzlich wettbewerblichen Ausrichtung der Eingreifkriterien durch. Die darin enthaltenen industriepolitischen Ansätze sind lediglich geringfügig[906].

---

903 Kommission, 9.12.1971, L 7/25 »Continental/Can«, 1972. Den Missbrauch sah die Kommission in der Tatsache, dass Continental Can über ihre Tochtergesellschaft Europemballage Corporation etwa 80% der Aktien und Wandelobligationen des Unternehmens Thomassen & Drijver-Verblifa NV erworben hatte.
904 EuGH, 21.2.1973, »Europemballage Corporation and Continental Can Company/Kommission«, Rs 6/72, Slg. 1973, 215, 244 ff.
905 Janicki, WuW 1990, 195.
906 Vgl. die Beurteilungskriterien des Art. 2 Abs. 1 Buchst. b, nach denen bei der Prüfung eines Zusammenschlusses auch »die Interessen der Zwischen- und Endverbraucher sowie die Entwicklung des technischen und wirtschaftlichen Fortschritts, sofern diese dem Verbraucher dient und den Wettbewerb nicht behindert«, berücksichtigt wird.

Zeise

841 – die Entscheidungsbefugnisse der Kommission und der Umfang der Mitwirkung der Mitgliedstaaten

Die Kommission, Großbritannien und die Mitgliedstaaten ohne eigene Fusionskontrolle erhoben die Forderung nach einer ausschließlichen europäischen Zuständigkeit für Zusammenschlüsse von gemeinschaftsweiter Bedeutung. Dagegen stand das Interesse Deutschlands an der Aufrechterhaltung der eigenen Fusionskontrolle. In der endgültigen Fassung der FKVO ist die ausschließliche Zuständigkeit der Kommission für Zusammenschlüsse von gemeinschaftsweiter Bedeutung verankert (Art. 21 Abs. 2 FKVO). Ein relativ weiter Anwendungsbereich bleibt jedoch für die nationale Fusionskontrolle aufgrund der hohen Schwellenwerte. Die Kommission kann allerdings sogar Fälle ohne gemeinschaftsweite Bedeutung prüfen, wenn einzelne oder mehrere gemeinsam handelnde[907] Mitgliedstaaten dies beantragen (Art. 22 Abs. 1 FKVO). Diese Regelung geht auf die Initiative von Staaten ohne eigene Fusionskontrollvorschriften zurück, darunter die Niederlande. Entsprechend wird die Regelung auch als die **niederländische Klausel** bezeichnet. Die Möglichkeit der Verweisung von Fällen an die Kommission ist im Laufe der Zeit – und insbesondere durch die Revision der FKVO im Jahr 2004 – erweitert worden.

Daneben ist auf die Initiative Deutschlands die Verweisungsmöglichkeit des Art. 9 in die FKVO aufgenommen worden, nach der Zusammenschlüsse von überwiegend nationaler Bedeutung auch dann an die mitgliedstaatlichen Wettbewerbsbehörden verwiesen werden können, wenn sie die Schwellenwerte der FKVO überschreiten (Art. 9 FKVO)[908]. Die Regelung wird deswegen auch als **deutsche Klausel** bezeichnet.

842 Den letzten Anstoß für die Kommission und nachfolgend die Mitgliedstaaten, sich auf eine FKVO zu verständigen, gab im Jahr 1987 das Urteil des Europäischen Gerichtshofes in dem Verfahren »**Philip Morris**«[909]. Darin stellte der Europäische Gerichtshof erstmalig fest, dass Art. 85 EWGV (jetzt Art. 81 EGV) auch auf Zusammenschlüsse Anwendung finden kann. Der EuGH entschied, dass der Erwerb einer Beteiligung am Kapital eines Konkurrenzunternehmens, der durch Vereinbarungen zwischen Unternehmen geregelt wird, die nach dem Inkrafttreten dieser Vereinbarungen selbständige Unternehmen bleiben, durchaus ein den Wettbewerb einschränkendes Verhalten bewirken könne. Die Rechtsprechung des EuGH erlaubte damit zumindest eine selektive Anwendung des Art. 85 sowie des Art. 86 EWGV (jetzt Art. 82 EGV) auf Unternehmenszusammenschlüsse. Danach wäre Art. 85 EWGV ggf. eine Grundlage für die Prüfung vertraglich vereinbarter Erwerbsvorgänge gewesen, nicht jedoch für die Prüfung z.B. von feindlichen Übernahmen. Diese Diskriminierung konnte nur durch eine gesetzliche Regelung ausgeschlossen werden, die alle Konzentrationsformen gleichermaßen erfasst.

843 Am 21. Dezember 1989 wurde dann schließlich die FKVO verabschiedet. Die Kommission ist für den Erlass der in der FKVO vorgesehenen Entscheidungen institu-

---

907 Die Zuweisungsmöglichkeit durch mehrere gemeinsam handelnde Mitgliedstaaten in die Zuständigkeit der Kommission wurde allerdings erst bei der Novellierung der FKVO im Jahr 1998 eingeführt, vgl. unten Rdnr. 846.
908 Seit der Revision der FKVO besteht außerdem die Möglichkeit der Verweisung nach Art. 4 Abs. 4 FKVO.
909 Urteil des EuGH vom 17. 11. 1987 in den verbundenen Rechtssachen 142/84 und 156/84 »BAT und Reynolds / Kommission«, Slg. 1987, 4487.

tionell zuständig. In jedem vertieft in einer Phase II geprüften Fusionskontrollverfahren entscheidet die Gesamtheit der Kommissare als Kollegialorgan. Das hat vor allem in Deutschland zu der Befürchtung geführt, dass in der FKVO nicht vorgesehene politische Interessen für die Entscheidungspraxis eine nicht überprüfbare Rolle spielen und sich gegen die Sacherwägungen des zuständigen Wettbewerbskommissars durchsetzen könnten. Bedenken bestanden einerseits, dass die Kommissionsmitglieder sich möglicherweise bei der Entscheidung überwiegend von den Interessen ihrer speziellen Ressorts leiten lassen könnten; andererseits wurde auch die Ausübung politischen Drucks durch die Herkunftsländer der Kommission befürchtet. Die Existenz politischer Einflussnahme lässt sich aber in ihrem konkreten Ausmaß durch die Fusionskontrollpraxis nicht belegen. Die insbesondere von deutscher Seite regelmäßig vorgeschlagene institutionelle Lösung dieses Problems in Form der Schaffung einer nicht weisungsgebundenen Europäischen Wettbewerbsbehörde hat sich nicht durchgesetzt.

b) Novellierung der FKVO im Jahr 1998

Nach einigen Jahren praktischer Erfahrung mit der FKVO verabschiedete der Rat am 30. 6. 1997 die erste **Verordnung zur Änderung** der FKVO[910]. Diese trat am 1. 3. 1998 in Kraft. Die Grundsätze, die der FKVO zu Grunde liegen, blieben unverändert. 844

Geändert wurden jedoch die **Schwellenwerte** zur Bestimmung der gemeinschaftsweiten Bedeutung sowie die Anwendbarkeit der FKVO auf Gemeinschaftsunternehmen[911]. Bereits in den ursprünglichen Text der FKVO war auf Drängen kleinerer Mitgliedstaaten die Bestimmung des Art. 1 Abs. 3 a. F. aufgenommen worden. Danach sollten die in Art. 1 Abs. 2 FKVO festgelegten Schwellen vor Ablauf des vierten Jahres nach dem Erlass der FKVO vom Rat überprüft werden. Die Herabsetzung der Schwellenwerte wurde 1993 zunächst abgelehnt und bis zur Novellierung der FKVO vertagt. Im Ergebnis wurden die Umsatzschwellen durch die Änderung der FKVO nicht generell abgesenkt. Vielmehr wurde für kleinere Vorhaben, die ggf. einer Anmeldepflicht in mehreren Mitgliedstaaten unterliegen würden, eine Reihe von niedrigeren Umsatzschwellen eingeführt, sodass auch solche Vorhaben nunmehr dem »one-stop-shop«-Prinzip der europäischen Fusionskontrolle unterliegen. Als weitere Neuerung fallen alle **Gemeinschaftsunternehmen mit Vollfunktionseigenschaft**, die die Umsatzschwellen der FKVO erreichen, seither in deren Anwendungsbereich. 845

Zu den weiteren Änderungen der FKVO gehörte die Verlängerung des bis dato dreiwöchigen Vollzugsverbots. Ein Zusammenschluss darf nunmehr grundsätzlich erst nach einer Genehmigungsentscheidung der Kommission oder einer Vereinbarkeitsvermutung nach Art. 10 Abs. 6 FKVO vollzogen werden. Ferner wurden die Verweisungsvorschriften im Verhältnis zwischen Kommission und Mitgliedstaaten geändert. Art. 9 Abs. 2 FKVO ist um eine automatische Verweisungsmöglichkeit ergänzt worden, für den Fall, dass ein Mitgliedstaat einen Antrag auf Verweisung 846

---

910 Verordnung (EG) Nr. 1310/97 des Rates vom 30. 6. 1997 zur Änderung der Verordnung (EWG) Nr. 4064/89 des Rates über die Kontrolle von Unternehmenszusammenschlüssen, ABl. L 180/1 vom 9. 7. 1997; Berichtigung im ABl. L 40/17 vom 13. 2. 1998
911 Zum Gesetzgebungsverfahren im Einzelnen 26. WB 1996, Rdnr. 139.

eines Zusammenschlussvorhabens stellt, das den Wettbewerb auf einem gesonderten Markt dieses Mitgliedstaates beeinträchtigt, der keinen wesentlichen Teil des Gemeinsamen Marktes darstellt. Weiter können nunmehr auch mehrere Mitgliedstaaten aufgrund des neugefassten Art. 22 FKVO gemeinsam beantragen, dass die Kommission einen Zusammenschluss prüft, der die Schwellenwerte des Art. 1 FKVO nicht erfüllt. Die FKVO erkennt jetzt ausdrücklich die Möglichkeit für die an einem Zusammenschluss beteiligten Unternehmen an, bereits während der ersten Phase der Untersuchung ihr Vorhaben anzupassen, um wettbewerbsrechtliche Bedenken der Kommission auszuräumen. Die Umsatzberechnung für Finanzinstitute erfolgt ferner nicht mehr auf der Grundlage der Bilanzsumme, sondern auf der Grundlage des Einkommens, das aus Zinsen, Wertpapiererträgen, Provisionen, Nettogewinn aus Finanzgeschäften und sonstigen betrieblichen Erträgen erwirtschaftet wird.

c) Revision der FKVO im Jahr 2004

847 Die Revision der FKVO im Jahr 2004 ging ursprünglich auf die in der FKVO vorgesehene Überprüfung der Schwellenwerte des Art. 1 FKVO sowie der Verweisungsvorschrift des Art. 9 FKVO[912] im Jahr 2000 zurück[913]. Die Kommission nahm dies zum Anlass, die Funktionsweise der FKVO angesichts weltweiter Fusionen, der weiteren Marktintegration, der Einführung des Euro und der Erweiterung der Europäischen Union auf 25 oder mehr Mitgliedstaaten insgesamt zu überprüfen[914]. Um eine entsprechende Anpassung des bestehenden Fusionskontrollsystems zu gewährleisten, nahm die Kommission am 11. Dezember 2001 ein **Grünbuch über die Revision der Fusionskontrollverordnung** an[915]. Sie legte ihren Vorschlag für eine Verordnung des Rates über die Kontrolle von Unternehmenszusammenschlüssen[916] am 11. Dezember 2002 vor. Die vorgesehenen Änderungen betrafen Fragen der Zuständigkeit sowie des materiellen und des Verfahrensrechts und fanden weitgehend Eingang in die seit dem 1.5.2004 geltende Neufassung der FKVO.

848 Die Änderungen sollen an dieser Stelle lediglich schlagwortartig Erwähnung finden[917]. Sie werden im Rahmen der jeweils relevanten Kapitel ausführlicher dargestellt.

849 Das Ziel der Kommission, Mehrfachanmeldungen eines Zusammenschlussvorhabens in mehreren Mitgliedstaaten zu vermeiden und die Fälle optimal der jeweiligen Wettbewerbsbehörde zuzuweisen, wird durch eine **Änderung des Verwei-**

---

912 Art. 1 Abs. 4 und 5 FKVO a. F. sowie Art. 9 Abs. 10 FKVO a. F.
913 Bericht der Kommission an den Rat über die Anwendung der in der FKVO vorgesehenen Schwellenwerte vom 28.6.2000 KOM (2000) 399 endgültig, abrufbar unter www.europa.eu.int/comm/competition/mergers/review.
914 31. WB 2001, Rdnr. 272 ff.
915 Grünbuch über die Revision der Verordnung (EWG) Nr. 4064/89 des Rates vom 11.12. 2001, KOM (2001) 745/6 endgültig; abrufbar unter www.europa.eu.int/comm/competition/mergers/review/green_paper/de.pdf. Die Ergebnisse der anschließenden Konsultation der Mitgliedstaaten sowie der Vertreter aus Wirtschafts- und Rechtskreisen sind nachzulesen unter www.europa.eu.int/comm/competition/mergers/review/comments/summary_publication.pdf.
916 Vorschlag für eine Verordnung des Rates über die Kontrolle von Unternehmenszusammenschlüssen vom 11.12.2002, KOM (2002) 711 endgültig, ABl. C 20/4 vom 28.1.2003.
917 Eine Zusammenfassung enthält auch der 31. WB 2001, Rdnr. 273 ff.

sungssystems der Art. 9 und 22 FKVO angestrebt. Die wesentlichen Merkmale des neuen Verweisungssystems sind die folgenden:
– **Vereinfachung der Verweisungskriterien**
Im Falle des Art. 9 Abs. 2 Buchst. a FKVO muss eine Verweisung nicht mehr mit der Begründung beantragt werden, der geplante Zusammenschluss drohe eine beherrschende Stellung zu begründen oder zu verstärken. Eine eingehende wettbewerbsrechtliche Würdigung durch die antragstellenden Mitgliedstaaten kann unterbleiben, da sie nur noch darlegen müssen, dass der Zusammenschluss den Wettbewerb in einem gesonderten Markt ihres Staatsgebietes erheblich zu beeinträchtigen droht. Auch bei einer Verweisung an die Kommission nach Art. 22 FKVO ist u.a. Voraussetzung, dass der Zusammenschluss den Wettbewerb im Hoheitsgebiet des oder der antragstellenden Mitgliedstaaten erheblich zu beeinträchtigen droht.
– **Anwendbarkeit der Art. 9 und Art. 22 FKVO vor der Anmeldung**
Vor der Anmeldung liegt das ausschließliche Initiativrecht für Verweisungen bei den Anmeldern, da sie die Umstände des Falles besser kennen. Sie können in geeigneten Fällen einen mit Gründen versehenen Antrag auf Verweisung des Falles entweder an einen Mitgliedstaat oder an die Kommission stellen. Art. 4 Abs. 4 FKVO ist die Rechtsgrundlage für Verweisungen an die Mitgliedstaaten, Art. 4 Abs. 5 FKVO die Rechtsgrundlage für Verweisungen an die Kommission.
– **Möglichkeit für die Kommission, die Mitgliedstaaten aufzufordern, eine Verweisung gemäß Art. 22 FKVO oder eine Verweisung gemäß Art. 9 FKVO zu beantragen.**

850 Auf eine Modifizierung der Schwellenwerte des Art. 1 Abs. 3 FKVO, die im Grünbuch noch zur Diskussion gestellt war, wurde verzichtet. Die Anmeldepflichtigkeit eines Vorhabens in drei oder mehr Mitgliedstaaten wurde nicht als ausreichend für den Nachweis eines Gemeinschaftsinteresses angesehen[918].

851 Der **materielle Beurteilungsmaßstab des Art. 2 FKVO** ist geändert worden. An Stelle des bis dato geltenden Marktbeherrschungstests untersucht die Kommission nunmehr Zusammenschlüsse darauf, ob sie wirksamen Wettbewerb im Gemeinsamen Markt oder in einem wesentlichen Teil desselben erheblich beeinträchtigen würden. Danach kann die FKVO nunmehr auch solche (Oligopol-)Situationen erfassen, in denen die fusionierenden Unternehmen beispielsweise in der Lage sind, einseitig die Preise anzuheben und Marktmacht auszuüben, ohne dass sie ihr Verhalten abstimmen und obwohl sie nicht über den größten Marktanteil verfügen.

852 Die Neufassung der FKVO hat zudem eine Vielzahl von verfahrensrechtlichen Änderungen gebracht. Dazu gehören u.a. eine flexiblere Handhabung der Anmeldefristen sowie des die Anmeldung auslösenden Ereignisses. So wurde die Einwochenfrist für die Anmeldung gestrichen. Zusammenschlüsse können nunmehr bereits angemeldet werden, wenn die beteiligten Unternehmen der Kommission gegenüber glaubhaft machen können, dass sie gewillt sind, eine verbindliche Vereinbarung einzugehen. Weitere Änderungen betreffen die Ausnahmen vom Vollzugsverbot sowie die Berechnung von Fristen. Auch die Untersuchungsbefugnisse

---

918 Vgl. Vorschlag für eine Verordnung des Rates über die Kontrolle von Unternehmenszusammenschlüssen v. 11.12.2002, KOM (2002) 711 endgültig, ABl. C 20/4 vom 28.1.2003 Rdnr. 8 ff.

C. Europäische Fusionskontrolle

und Sanktionsmöglichkeiten der Kommission wurden verstärkt, um sie bei ihrer Sachverhaltsermittlung zu unterstützen.

3. Anwendungsbereich und Exklusivität der FKVO

a) Sachlicher Anwendungsbereich

(1) Exklusivität der FKVO für Zusammenschlüsse von gemeinschaftsweiter Bedeutung (Art. 21 FKVO)

853 Mit der FKVO wurde ein System der Fusionskontrolle mit Wirkung für die gesamte Europäische Gemeinschaft geschaffen. Die Kommission hat nach Art. 21 Abs. 2 die **ausschließliche Zuständigkeit**, die in der FKVO vorgesehenen Entscheidungen zu erlassen. Voraussetzung dafür ist, dass der geplante Zusammenschluss nach seiner Art und seiner Bedeutung unter die FKVO fällt. Dazu muss er den Zusammenschlusstatbestand des Art. 3 FKVO und die Umsatzschwellen des Art. 1 FKVO erfüllen. Auf geplante Zusammenschlüsse, die diese Voraussetzungen erfüllen, wenden die Mitgliedstaaten gemäß Art. 21 Abs. 3 ihr innerstaatliches Wettbewerbsrecht nicht an. Damit kann das BKartA – für den Mitgliedstaat Deutschland – auf Zusammenschlüsse von gemeinschaftsweiter Bedeutung weder die nationalen Fusionskontrollvorschriften noch § 1 GWB anwenden.

854 Für die Unternehmen haben Zusammenschlüsse von gemeinschaftsweiter Bedeutung also den Vorteil, dass sie für die Europäische Union nur ein wettbewerbsrechtliches Prüfungsverfahren benötigen (»**one-stop-shop**«-**Prinzip**). Eine Prüfung durch die Kommission und einzelne Mitgliedstaaten, wie sie im Rahmen der Verfahren nach Art. 81 und 82 EGV zumindest theoretisch denkbar ist, ist damit ausgeschlossen.

855 Die Wettbewerbsregeln des EGV gelten für **alle Wirtschaftsbereiche**, sofern nicht im EGV ausdrücklich das Gegenteil bestimmt ist. Eine Ausnahmeregelung enthält Art. 305 Abs. 1 EGV, nach dem die Bestimmungen des EGKSV von denen des EGV unberührt bleiben. Dementsprechend hatten die in Art. 65 und 66 KS[919] enthaltenen Regelungen zu Kartellen und Zusammenschlüssen im Montanbereich Vorrang vor den Bestimmungen der FKVO. Mit dem Auslaufen des EGKSV am 23. 7. 2002 werden nunmehr jedoch Zusammenschlüsse, die sich im bisherigen Geltungsbereich des EGKSV auswirken, nur noch nach der FKVO, sofern deren Schwellenwerte erreicht werden, oder nach den entsprechenden einzelstaatlichen Gesetzen bewertet.

(2) Verweisung an die Kommission (Art. 22 FKVO und Art. 4 Abs. 5 FKVO)

856 Grundsätzlich profitieren von dem Prinzip des »one-stop-shops« nur Zusammenschlüsse i. S. d. Art. 3 FKVO, die gemeinschaftsweite Bedeutung haben. Unternehmenszusammenschlüsse, die nicht unter die FKVO fallen, gehören grundsätzlich in den Zuständigkeitsbereich der Mitgliedstaaten. Die Zuweisungsmöglichkeit des Art. 22 Abs. 1 FKVO (»**niederländische Klausel**«) erweitert jedoch den Anwen-

---

[919] So die seit dem 1. 5. 1999 angewendete Zitierweise des EuGH und des EuG für die Artikel des EGKSV.

dungsbereich der FKVO. Danach wird die Kommission auch für die Prüfung von Zusammenschlüssen i.S.d. Art. 3 FKVO zuständig, die die Umsatzschwellen des Art. 1 nicht erreichen und damit keine gemeinschaftsweite Bedeutung i.S.d. Art. 1 haben. Die Möglichkeit der Zuweisung nach Art. 22 FKVO wurde ebenso wie die der Verweisung an einen Mitgliedstaat nach Art. 9 FKVO bei der Revision der FKVO weiter erleichtert. Das Ziel, die Fälle zu reduzieren, die in mehreren Mitgliedstaaten angemeldet werden müssen, wird nunmehr mit der flexiblen Zuweisung von Zusammenschlussfällen verfolgt. Der Vorschlag einer weiteren Absenkung der Schwellenwerte des Art. 1 Abs. 3 FKVO hat sich hingegen im Gesetzgebungsverfahren nicht durchgesetzt. Die flexiblere Zuweisung der Fälle verwischt jedoch auch die Grenze zwischen der Zuständigkeit der Kommission und der der Mitgliedstaaten.

Voraussetzung für eine Zuweisung nach Art. 22 Abs. 1 FKVO ist, dass ein Mitgliedstaat oder mehrere Mitgliedstaaten dies beantragen und dass das Vorhaben den Handel zwischen den Mitgliedstaaten beeinträchtigt[920] und den Wettbewerb im Hoheitsgebiet dieser Mitgliedstaaten erheblich zu beeinträchtigen droht. 857

Vor der Anmeldung eines Zusammenschlusses bei einer nationalen Wettbewerbsbehörde ist eine Verweisung an die Kommission gemäß Art. 4 Abs. 5 FKVO möglich. Gemäß Unterabs. 5 wird die **gemeinschaftsweite Bedeutung** des **verwiesenen Zusammenschlusses** fingiert, sofern keiner der Mitgliedstaaten, der nach seinem nationalen Wettbewerbsrecht den Zusammenschluss prüfen müsste, einer Verweisung innerhalb der in Art. 4 Abs. 5 FKVO genannten Frist widerspricht. In diesem Fall muss der Zusammenschluss bei der Kommission angemeldet werden. Eine parallele Prüfung des Zusammenschlusses durch nationale Wettbewerbsbehörden findet nicht statt. 858

Die Bezeichnung »niederländische Klausel« geht auf den Gesetzgebungsprozess der FKVO zurück. Darin hatten Mitgliedstaaten ohne eigene Fusionskontrolle, zuvorderst die Niederlande, eine möglichst umfassende Zuständigkeit der Europäischen Kommission für die Fusionskontrolle gefordert. Mit der Zuweisungsmöglichkeit an die Kommission erhielten auch diese Mitgliedstaaten die Möglichkeit, marktbeherrschende Stellungen in ihren Territorien zu unterbinden. Die praktische Bedeutung dieser Vorschrift war zumindest vor der Revision der FKVO aufgrund der Tatsache, dass mittlerweile alle Mitgliedstaaten mit Ausnahme Luxemburgs über eine eigene Fusionskontrolle verfügen, eher gering. In vier Fällen wurden bisher Zusammenschlüsse von einem Mitgliedstaat zur Prüfung an die Kommission verwiesen[921]. Von der Möglichkeit eines Verweisungsantrags durch mehrere Mitgliedstaaten wurde bislang nur zweimal Gebrauch gemacht[922]. 859

Verweisungen an die Kommission durch mehrere Mitgliedstaaten werden durch die Zusammenarbeit der nationalen Wettbewerbsbehörden im Rahmen der »**European Competition Authorities**« (ECA) erleichtert[923]. Die ECA ist ein Diskussions- 860

---

920 Näher zu den Entscheidungsmöglichkeiten unten unter Rdnr. 1930 ff.
921 Kommission, 17. 2. 1993, M.278 »British Airways/Dan Air«; 17. 7. 1996, M.553 »RTL/Veronica/Endemol«; 20. 11. 1996, M.784 »Kesko/Tuko«; 26. 6. 1997, M.890 »Blokker/Toys ›R‹ Us (II)«.
922 Kommission, 16. 4. 2002, M.2698 »Promatech/Sulzer Textil«; 17. 4. 2002, M.2738 »GEES/Unison«; 5. 12. 2003, M.3136 »GE/AGFA NDT«.
923 Siehe auch die Ausführungen zur internationalen Zusammenarbeit der Kommission, Rdnr. 2128 ff.

forum der Wettbewerbsbehörden der Länder im Europäischen Wirtschaftsraum sowie der Europäischen Kommission und der EFTA-Überwachungsbehörde. Das Forum besteht seit April 2001 und hat eine Verbesserung der Zusammenarbeit der Behörden und damit eine wirksame Durchsetzung des jeweiligen nationalen sowie des europäischen Wettbewerbsrechts zum Ziel.

861 Seit September 2001 unterrichten sich die nationalen Behörden gegenseitig über alle Fusionsfälle, die in mehreren ECA-Ländern anmeldepflichtig sind (Mehrfachnotifizierungen). Nach den ersten Erfahrungen wurde hierzu im April 2002 ein Verfahrensleitfaden (Procedures Guide) verabschiedet[924]. Die gegenseitige Unterrichtung hat dazu beigetragen, dass erstmals mehrere nationale Wettbewerbsbehörden gemeinsam Fusionsfälle gemäß Art. 22 an die Kommission verwiesen haben[925].

b) Ausnahmen

862 Der EGV und die FKVO sehen einige Ausnahmen von dem Grundsatz des »one-stop-shop« vor.

(1) Militärische Erzeugnisse (Art. 296 Abs. 1 Buchst. b EGV)

863 In der Vergangenheit wurden häufig bei Zusammenschlüssen im Verteidigungssektor Angaben zu Produkten, die militärischen Zwecken dienen, unter Berufung auf Art. 296 Abs. 1 Buchst. b EGV[926] unterlassen. Danach kann nur ein Mitgliedstaat, nicht aber eines der am Zusammenschluss beteiligten Unternehmen, die militärischen Aspekte eines Zusammenschlussvorhabens zur **Wahrung der nationalen Sicherheitsinteressen** einer wettbewerbsrechtlichen Prüfung durch die Kommission entziehen. Die Maßnahmen eines Mitgliedstaates zur Wahrung seiner wesentlichen Sicherheitsinteressen bestehen im Bereich der Zusammenschlusskontrolle in der Anweisung an die Unternehmen, die militärischen Aspekte eines Zusammenschlusses nicht anzumelden.

864 In der Vergangenheit hat die Kommission die Unterlassung der Anmeldung der militärischen Aspekte eines Zusammenschlusses jeweils akzeptiert, sobald sich ein Mitgliedstaat auf Art. 296 Abs. 1 Buchst. b EGV berief. Dies geschah unter der Bedingung,

---

924 Grundsätze für die Anwendung von Art. 22 der FKVO durch die nationalen Wettbewerbsbehörden des ECA-Netzwerks, veröffentlicht auf der website des BKartA unter www.bundeskartellamt.de/eca.html.
925 Näher dazu unten unter Rdnr. 1923 ff.
926 Art. 296 EGV
(1) Die Vorschriften dieses Vertrages stehen folgenden Bestimmungen nicht entgegen:
a) Ein Mitgliedstaat ist nicht verpflichtet, Auskünfte zu erteilen, deren Preisgabe seines Erachtens seinen wesentlichen Sicherheitsinteressen widerspricht;
b) Jeder Mitgliedstaat kann die Maßnahmen ergreifen, die seines Erachtens für die Wahrung seiner wesentlichen Sicherheitsinteressen erforderlich sind, soweit sie die Erzeugung von Waffen, Munition und Kriegsmaterial oder den Handel damit betreffen; diese Maßnahmen dürfen auf dem Gemeinsamen Markt die Wettbewerbsbedingungen hinsichtlich der nicht eigens für militärische Zwecke bestimmten Waren nicht beeinträchtigen.
(2) Der Rat kann die von ihm am 15. 4. 1958 festgelegte Liste der Waren, auf die Absatz 1 Buchst. b Anwendung findet, einstimmig auf Vorschlag der Kommission ändern.

dass die nicht-militärischen Aspekte eines Zusammenschlusses ordnungsgemäß angemeldet wurden. Außerdem sollten für den Bereich der dual einsetzbaren Produkte, die sowohl militärischen als auch zivilen Zwecken dienen, Auswirkungen auf den zivilen Bereich ausgeschlossen sein. Die Auswirkungen des Vorhabens sollten ferner außerhalb der direkt betroffenen Mitgliedstaaten unbedeutend bleiben.

Es ist davon auszugehen, dass die Kommission in Zukunft die Inanspruchnahme des Art. 296 Abs. 1 Buchst. b EGV nicht mehr ohne weiteres akzeptieren wird. Die zunehmende Konzentration im Verteidigungssektor wird in Europa für einige Produkte zu starken Marktpositionen einzelner Unternehmen führen, die gemeinschaftsweit Auswirkungen auf Lieferanten und Kunden haben dürften. Angesichts dieser Entwicklung wird sicher künftig genauer untersucht werden, ob die Nichtanmeldung der militärischen Aspekte eines Zusammenschlusses wirklich zum Schutz wesentlicher nationaler Sicherheitsinteressen erforderlich ist. In den Fällen, in denen Maßnahmen aufgrund Art. 296 EGV die Wettbewerbsbedingungen auf dem Gemeinsamen Markt verfälschen, kann die Kommission gemäß Art. 298 EGV[927] gemeinsam mit dem beteiligten Staat prüfen, wie diese Maßnahmen den Vorschriften des Vertrags angepasst werden können. 865

Die praktische Bedeutung dieser Vorschrift ist für Deutschland eher gering. Die Bundesrepublik Deutschland hat sich bislang erst einmal[928] auf Art. 296 Abs. 1 Buchst. b EGV berufen. 866

(2) Verweisung an die zuständigen Behörden der Mitgliedstaaten (Art. 9 und Art. 4 Abs. 4 FKVO)

Zusammenschlüsse von gemeinschaftsweiter Bedeutung, die bei der Kommission angemeldet sind, können auf Antrag eines Mitgliedstaates an dessen zuständige Wettbewerbsbehörde zurückverwiesen werden. Diese Möglichkeit eröffnet die »deutsche Klausel« des Art. 9[929]. 867

Voraussetzung für eine Verweisung ist das Vorliegen eines gesonderten räumlichen Referenzmarktes in dem betreffenden Mitgliedstaat, auf dem der Zusammenschluss den Wettbewerb erheblich zu beeinträchtigen droht (Art. 9 Abs. 2 Buchst. a FKVO). Ein Verweisungsantrag kann seit der Novellierung der FKVO im Jahr 1998 aber 868

---

927 Art. 298 EGV
 Werden auf dem Gemeinsamen Markt die Wettbewerbsbedingungen durch Maßnahmen auf Grund der Artikel 296 und 297 verfälscht, so prüft die Kommission gemeinsam mit dem beteiligten Staat, wie diese Maßnahmen den Vorschriften dieses Vertrages angepasst werden können. In Abweichung von dem in den Artikeln 226 und 227 vorgesehenen Verfahren kann die Kommission oder ein Mitgliedstaat den Gerichtshof unmittelbar anrufen, wenn die Kommission oder der Staat der Auffassung ist, dass ein anderer Mitgliedstaat die in den Artikeln 296 und 297 vorgesehenen Befugnisse missbraucht. Der Gerichtshof entscheidet unter Ausschluss der Öffentlichkeit.
928 Kommission, M.3596 »ThepsenKrupp/HDW«, bei Redaktionsschluss lag noch keine Entscheidung vor.
929 Nach Art. 6 des Protokolls 24 des EWRA sind auch Verweisungen an EFTA-Staaten möglich, sofern der Zusammenschluss sich hauptsächlich in einem dieser Staaten auswirkt. Siehe dazu näher unten in Rdnr. 873 ff. zum räumlichen Anwendungsbereich der FKVO. Wegen der geringen praktischen Relevanz und der weitgehend gleichen Verweisungsvoraussetzungen wird im Rahmen dieses Handbuches auf die Verweisungsmöglichkeit nach dem EWRA nicht näher eingegangen.

auch darauf gestützt werden, dass der Zusammenschluss auf einem gesonderten Markt in dem betreffenden Mitgliedstaat, der keinen wesentlichen Teil des Gemeinsamen Marktes darstellt, den Wettbewerb beeinträchtigen würde (Art. 9 Abs. 2 Buchst. b FKVO).

869 Die Voraussetzungen für eine Verweisung nach Art. 9 FKVO sind im Zuge der Revision der FKVO vereinfacht worden, um die Fälle flexibler der geeigneten Behörde zuweisen zu können. In verfahrensrechtlicher Hinsicht hat die Revision der FKVO als weitere Neuerung ein ausschließliches Initiativrecht der am Zusammenschluss beteiligten Unternehmen für einen auf Art. 4 Abs. 4 FKVO gestützten Verweisungsantrag im Vorfeld der Anmeldung eingeführt.

870 Art. 9 FKVO geht auf die Initiative der deutschen Delegation im Gesetzgebungsprozess der FKVO zurück. Die Vorschrift ermöglicht es, dass Zusammenschlüsse mit überwiegend nationaler Bedeutung auch weiterhin dezentral geprüft werden. Das war ein besonderes Anliegen Deutschlands, das seit 1973 über eine Fusionskontrolle verfügt und zumindest anfangs nur zögerlich Kompetenzen in diesem Bereich an die Europäische Kommission abgeben wollte. Von Art. 9 FKVO ist in der Vergangenheit in größerem Umfang Gebrauch gemacht worden als von der Zuweisungsmöglichkeit des Art. 22 FKVO.

(3) Schutz anderer berechtigter Interessen (Art. 21 Abs. 4)

871 Nach Art. 21 Abs. 3 FKVO können die Mitgliedstaaten ihr innerstaatliches Wettbewerbsrecht nicht auf Zusammenschlüsse gemeinschaftsweiter Bedeutung anwenden. Eine besondere Regelung gilt allerdings für den Fall, dass ein Zusammenschluss andere Interessen als die des Wettbewerbsschutzes berührt. Nach Art. 21 Abs. 4 FKVO können Mitgliedstaaten geeignete Maßnahmen zum **Schutz anderer berechtigter Interessen** treffen, die in der FKVO nicht berücksichtigt werden, sofern diese Interessen mit den allgemeinen Grundsätzen und den übrigen Bestimmungen des Gemeinschaftsrechts vereinbar sind. Als berechtigte Interessen werden in Unterabs. 2 beispielhaft die **öffentliche Sicherheit**, die **Medienvielfalt** und die **Aufsichtsregeln** genannt.

872 Die Kommission handhabt die Anerkennung berechtigter Interessen sehr restriktiv, damit Mitgliedstaaten nicht z. B. aus protektionistischen Gründen Zusammenschlüsse blockieren, die eine gemeinschaftsweite Dimension haben. Für Deutschland haben die in der Vorschrift genannten Ausnahmebereiche bislang keine Bedeutung gehabt. In jüngster Zeit lehnte die Kommission mehrere Maßnahmen portugiesischer Behörden gemäß Art. 21 Abs. 4[928] FKVO ab[929]. So kam die Kommission zu der Auffassung, dass die portugiesische Regierung durch die Blockierung des geplanten Erwerbs des portugiesischen Unternehmens Cimpor Cimentos de Portugal SGPS durch Secil Companhia Geral de Cal e Cimentos SA und die schweizerische Holderbank gegen ihre Verpflichtung aus Art. 21 FKVO verstoßen hat. Nach Meinung der Kommission diente das Verbot der Übernahme nicht dem Schutz der in Art. 21 FKVO vorgesehenen berechtigten Interessen. Das Verbot zielte wohl eher auf die Beschränkung ausländischen Anteilsbesitzes.

---

[928] Die Entscheidungen waren auf den gleich lautenden Art. 21 Abs. 3 a. F. gestützt.
[929] Kommission, 20. 7. 1999, M.1616 »BSCH/A. Champalimaud«; Kommission, 22. 11. 2000, M.2171 »Secil/Holderbank/Cimpor«.

c) Räumlicher Anwendungsbereich (EWR)

Die FKVO gilt in allen 25 Mitgliedstaaten der Europäischen Union. Die Kommission beurteilt Zusammenschlüsse darüber hinaus jedoch auch im Hinblick auf ihre Auswirkungen im gesamten **Europäischen Wirtschaftsraum** (EWR). Der Europäische Wirtschaftsraum besteht aus den 25 Mitgliedstaaten sowie den EFTA-Staaten Norwegen, Liechtenstein und Island. 873

Das Abkommen über den Europäischen Wirtschaftsraum (**EWRA**) ist am 1.1.1994 in Kraft getreten. Der EFTA-Staat **Schweiz** hatte das Abkommen am 2.5.1992 ebenfalls unterzeichnet. Da sich jedoch die Mehrheit der Schweizer Bevölkerung in einer Volksabstimmung gegen eine Ratifizierung des EWRA ausgesprochen hat, ist die Schweiz kein Teil des Europäischen Wirtschaftsraums[930]. 874

Das EWRA übernimmt das gesamte bestehende materielle Wettbewerbsrecht des EGV. Die Bestimmungen sind fast identisch mit denen des EGV. Art. 57 EWRA enthält die Regelungen zur Fusionskontrolle. Danach ist auch im Geltungsbereich des EWRA die erhebliche Behinderung wirksamen Wettbewerbs in dem Gebiet des EWR oder in einem wesentlichen Teil desselben, insbesondere durch Begründung oder Verstärkung einer beherrschenden Stellung mit dem Abkommen unvereinbar. Damit kann die Kommission seit 1994 einen Zusammenschluss auch dann untersagen, wenn er lediglich in einem EFTA-Staat dem Beurteilungsmaßstab der FKVO nicht standhält. 875

Nach Art. 108 EWRA setzen die EFTA-Staaten die **EFTA-Überwachungsbehörde** als unabhängiges Überwachungsorgan ein. Sie hat ihren Sitz in Brüssel. 876

Die **Zuständigkeitsverteilung** zwischen Europäischer Kommission und der EFTA-Überwachungsbehörde ist für die Fusionskontrolle in Art. 57 Abs. 2 EWRA geregelt. Danach ist die Europäische Kommission für alle Zusammenschlüsse zuständig, die die Schwellenwerte der FKVO erfüllen. Sofern die Umsatzschwellen des Art. 1 Abs. 2 oder 3 FKVO erfüllt sind, kann sie damit auch für die Prüfung von Zusammenschlüssen zuständig sein, die sich kaum in der Europäischen Gemeinschaft auswirken. Sie muss nach dem EWRA prüfen, welche Auswirkungen der Zusammenschluss auf Märkte des Europäischen Wirtschaftsraums außerhalb der Gemeinschaft hat. 877

Sofern bestimmte Umsätze in den EFTA-Staaten erreicht werden, arbeitet die Kommission mit der EFTA-Überwachungsbehörde zusammen. **Protokoll 24** des EWRA regelt die Zusammenarbeit beider Behörden im Bereich der Fusionskontrolle. Nach Art. 2 Abs. 1 des Protokolls 24 des EWRA findet eine Zusammenarbeit statt, wenn der gemeinsame Umsatz der beteiligten Unternehmen im Gebiet der EFTA-Staaten 25 % oder mehr ihres Gesamtumsatzes im EWR ausmacht, wenn mindestens zwei beteiligte Unternehmen einen Umsatz von mehr als 250 Mio. Euro im Gebiet der EFTA-Staaten erzielen oder wenn Zusammenschlüsse wirksamen Wettbewerb in den Gebieten der EFTA-Staaten oder in einem wesentlichen Teil derselben erheblich behindern könnten, insbesondere durch Begründung oder Verstärkung einer beherrschenden Stellung. 878

Nach Art. 2 Abs. 2 des Protokolls 24 des EWRA findet eine Zusammenarbeit ferner im Falle von Verweisungsanträgen eines EFTA-Staates nach Art. 6 des Protokolls 24 879

---

930 Ausführlich zum EWR Jestaedt, in: L/B, 8. Aufl., Wettbewerbsregeln des EWR-Abkommens.

statt. Nach Art. 6 ist auch die Verweisung an einen der EFTA-Staaten möglich[931], sofern der Zusammenschluss sich hauptsächlich in diesem Staat auswirkt. Schließlich sieht Art. 2 Abs. 2 FKVO eine Zusammenarbeit auch dann vor, wenn ein EFTA-Staat beabsichtigt, Maßnahmen zum Schutz berechtigter Interessen zu treffen. Das Verfahren der Zusammenarbeit ist in Art. 3 ff. des Protokolls 24 des EWRA geregelt.

d) Extraterritorialität

880 Die FKVO ist nach dem Wortlaut des Art. 1 anwendbar, wenn die am Zusammenschluss beteiligten Unternehmen bestimmte Umsätze sowohl weltweit als auch innerhalb der Europäischen Union erzielen. Dabei wendet die Kommission die FKVO auch auf Auslandssachverhalte an, die sich auf den Wettbewerb in Märkten außerhalb des EWR auswirken. Derartige Sachverhalte können in vielfältigen Formen auftreten. Ein außereuropäisches Unternehmen kann sich z. B. mit einem Unternehmen, das seinen Sitz in der Europäischen Union hat, zusammenschließen. Zu denken ist aber auch an Fälle, bei denen europäische Unternehmen ein Gemeinschaftsunternehmen gründen, das ausschließlich außerhalb der Europäischen Union tätig sein wird.

Bsp. 1: Zwei weltweit tätige Ölkonzerne erwerben die gemeinsame Kontrolle an einem brasilianischen Unternehmen, das in Brasilien Gas an Endkunden liefert. Das Vorhaben hat wegen der Umsätze der erwerbenden Ölkonzerne gemeinschaftsweite Bedeutung, obwohl das brasilianische Unternehmen weder Umsätze in Europa erzielt noch über Vermögenswerte in der Europäischen Union verfügt und auch zudem ausschließlich in Brasilien tätig ist.

Bsp. 2: Ein deutsches Unternehmen gründet mit einem britischen Unternehmen ein Gemeinschaftsunternehmen in Hong Kong, das eine Kantine für Betriebsangehörige und Dritte betreiben soll.

881 Häufig treten auch **reine Auslandssachverhalte** auf, bei denen die am Zusammenschluss beteiligten Unternehmen ihren Sitz außerhalb der Europäischen Union haben und bei denen sich der Zusammenschluss allenfalls geringfügig in Europa auswirkt[932].

Bsp. 3: Vier japanische Unternehmen gründen ein Gemeinschaftsunternehmen, das Telekommunikationsdienstleistungen ausschließlich in Japan anbieten wird[933].

882 Zu den Zusammenschlüssen von außereuropäischen Unternehmen, die ihren wirtschaftlichen Schwerpunkt außerhalb der Europäischen Union haben, zählen ferner beispielsweise der Zusammenschluss der Royal Bank of Canada mit der Bank of Montreal[934], die Verbindung von Chase Manhattan mit Chemical Banking[935] sowie der Zusammenschluss von Crédit Suisse und Winterthur[936].

---

931 Die erste und bislang einzige Verweisung ist in Kommission, 23. 1. 2002, M.2683 »Aker Maritime / Kvaerner (II)« erfolgt. Die Kommission hat den Teil des Zusammenschlusses, der sich auf die norwegischen Öl- und Gasmärkte auswirkte, auf Antrag an Norwegen verwiesen. Die zuständigen norwegischen Behörden haben den Zusammenschluss in der Folge ohne Zusagen freigegeben; eine Kurzdarstellung ist im 32. WB 2002, Rdnr. 272 sowie in Competition Policy Newsletter, Number 2, June 2002, S. 55 f. abgedruckt.
932 Beispiele bei Löffler in: L/B 9. Aufl. Art. 1 VO Nr. 4064/89 Rdnr. 30.
933 Kommission, 30. 6. 1993, M.346 »JCSAT / SAJAC«.
934 Kommission, 2. 4. 1998, M.1138 »Royal Bank of Canada / Bank of Montreal«.
935 Kommission, 26. 10. 1995, M.642 »Chase Manhattan / Chemical Banking Corporation«.
936 Kommission, 15. 10. 1997, M.985 »Crédit Suisse / Winterthur«.

Zu denken ist aber auch an Zusammenschlüsse von Unternehmen mit Sitz ausschließlich in Drittstaaten, die durchaus beträchtliche Auswirkungen innerhalb der Europäischen Union haben können. **883**

Bsp. 4: Die amerikanischen Unternehmen **Boeing** und **McDonnell Douglas** fusionieren[937]. Beide Unternehmen erzielen bedeutende Umsätze in der Europäischen Union mit dem Verkauf von Flugzeugen, haben aber keine Tochterunternehmen oder Betriebsstätten in Europa.

Bsp. 5: Das südafrikanische Unternehmen **Gencor** und das britische Unternehmen **Lonrho** wollen die gemeinsame Kontrolle über die südafrikanischen Unternehmen **Implats** und **LPD** erwerben[938]. Beide Unternehmen sind im Bereich des Bergbaus und der Raffinerie von Platinmetallen tätig.

Bsp. 6: Die Fusion der amerikanischen Unternehmen **General Electric** und **Honeywell** hätte nach Ansicht der Kommission auf mehreren Märkten für Flugzeugmotoren und -komponenten eine marktbeherrschende Stellung begründet oder verstärkt. Die Kommission hat den Zusammenschluss daher untersagt, obwohl er von den amerikanischen Wettbewerbsbehörden freigegeben worden war.

Trotz lediglich entfernter Auswirkungen ist der Zusammenschluss nach Art. 4 **884** Abs. 1 FKVO vor seinem Vollzug bei der Kommission anzumelden[939]. Die Anmeldung unter Verwendung des Formblatts CO[940] ist mit einem erheblichen finanziellen Aufwand verbunden. Der Zusammenschluss darf gemäß Art. 7 Abs. 1 FKVO erst vollzogen werden, bis er für vereinbar mit dem Gemeinsamen Markt erklärt worden ist[941]. Zumindest theoretisch hat die Kommission auch die Möglichkeit, bei einer Vernachlässigung dieser Verpflichtungen die nach Art. 14 FKVO vorgesehenen Sanktionen zu verhängen[942].

Die Kommission stützt bisher die **extraterritoriale Rechtsanwendung der FKVO** **885** im Ergebnis ausschließlich auf Art. 1 FKVO. Sie macht in ihren Entscheidungen grundsätzlich keine Ausführungen dazu, ob sie den Anwendungsbereich der FKVO auch nach den Prinzipien des internationalen Rechts untersucht[943]. Die Kommission prüft einen Zusammenschluss sogar, wenn sie »keinerlei Auswirkungen auf den Wettbewerb in der Gemeinschaft feststellen kann«[944]. Bei der Anwendung der Art. 81 und 82 EGV hingegen bestimmt die Kommission die Anwendbarkeit des Gemeinschaftsrechts ausdrücklich nach dem **Auswirkungsprinzip**. Danach wird das Gemeinschaftsrecht auf Handlungen von Unternehmen angewendet, die ihren

---

937 Kommission, 30. 7. 1997, M.877 »Boeing/McDonnell Douglas«.
938 Kommission, 24. 4. 1996, M.619 »Gencor/Lonrho«, bestätigt durch das Urteil des EuG vom 25. 3. 1999 in der Rechtssache T-102/96, »Gencor/Kommission«, Slg. 1999, II-753.
939 Näher dazu Rdnr. 1765 ff.
940 Näher dazu Rdnr. 1776 ff.
941 Näher dazu Rdnr. 1727 ff.
942 Näher dazu Rdnr. 1925 ff.
943 Die Entscheidung im Fall Kommission, 30. 7. 1997, M.877 »Boeing/McDonnell Douglas« enthält in Tz. 8 ff. allerdings Ausführungen zu den Auswirkungen des Zusammenschlusses auf die betroffenen Märkte innerhalb des EWR, ohne jedoch die Konsequenzen nach internationalem Recht näher zu erläutern.
944 Löffler, in: L/B, 9. Aufl., Art. 1 VO Nr. 4064/89 Rdnr. 30; Kommission, 7. 3. 1991, M.069 »Kyowa/Saitama Banks«.

C. Europäische Fusionskontrolle

Sitz zwar außerhalb der Gemeinschaft haben, deren Handlungen sich jedoch innerhalb der Europäischen Union auswirken[945].

886 Über die Schwellenwerte des Art. 1 hinaus enthält die FKVO keine Bestimmungen für ihre Anwendbarkeit auf Auslandssachverhalte. Im **deutschen Recht** wird der Geltungsbereich des GWB hingegen durch § 130 Abs. 2 GWB eingegrenzt, nach dem das Gesetz nur Anwendung auf Wettbewerbsbeschränkungen findet, die sich innerhalb seines Geltungsbereichs auswirken, auch wenn sie außerhalb seines Geltungsbereichs veranlasst werden. Wenn ein Zusammenschluss keine Auswirkung in Deutschland hat, ist eine Anmeldung demnach trotz Erreichens der Schwellenwerte des § 35 Abs. 1 GWB nicht erforderlich.

887 Das Gericht erster Instanz hat nunmehr in dem Zusammenschlussfall **Gencor/Lonrho**[946] erstmalig ebenfalls die **Geltung des Auswirkungsprinzips** für die Bestimmung des Anwendungsbereiches der EG-Wettbewerbsregeln bejaht. Ein Zusammenschluss fällt danach in den Geltungsbereich der FKVO, wenn er **unmittelbare, wesentliche und vorhersehbare Auswirkungen** auf den Gemeinsamen Markt hat[947].

888 Die Entscheidung des Gerichts erster Instanz stellt damit klar, dass das Auswirkungsprinzip in der europäischen Fusionskontrolle eine selbständige Bedeutung neben der gemeinschaftsweiten Bedeutung eines Zusammenschlusses i. S. d. Art. 1 FKVO hat. Genau genommen entfiele damit in den Fällen, in denen keinerlei Auswirkungen des Zusammenschlusses im Gemeinsamen Markt zu erwarten sind, die Pflicht zur Anmeldung des Zusammenschlusses und die Konsequenz wäre eine Entscheidung nach Art. 6 Abs. 1 Buchst. a. Es ist ratsam, die Vorgehensweise und insbesondere die Frage der Anmeldepflichtigkeit in Fällen, die kaum Auswirkungen auf den Gemeinsamen Markt haben, mit der Kommission abzustimmen.

II. Anwendungsbereich der FKVO (Aufgreifkriterien)

889 Die FKVO findet nur auf Zusammenschlüsse Anwendung, die Auswirkungen auf die Wettbewerbsbedingungen in der Europäischen Union haben und damit von gemeinschaftsweiter Bedeutung sind. Diese Zusammenschlüsse werden ausschließlich von der Europäischen Kommission geprüft. Damit entscheiden **zwei Aufgreifkriterien** über die Zuständigkeit der Kommission. Zum einen muss es sich bei der betreffenden Transaktion um einen **Zusammenschluss im Sinne von Art. 3 FKVO** handeln. Zum anderen müssen die **Umsatzschwellen des Art. 1 FKVO** überschritten werden. Beide Voraussetzungen müssen grundsätzlich **kumulativ** vorliegen.

Zusammenschlüsse von gemeinschaftsweiter Bedeutung werden ausschließlich von der Kommission geprüft. Sie entscheidet **mit Wirkung für den gesamten Europäischen Wirtschaftsraum**, ob ein Zusammenschluss freigegeben oder untersagt wird. Die einzelnen Mitgliedstaaten wenden ihr innerstaatliches Wettbewerbsrecht nicht

---

945 Kommission, 19. 12. 1984, IV/29.725 »Zellstoff« ABl. 1985 L 85/1 vom 26. 3. 1985, Rdnr. 79.
946 Kommission, 24. 4. 1996, M.619 »Gencor/Lonrho«, bestätigt durch das Urteil des EuG vom 25. 3. 1999, in der Rechtssache T-102/96 »Gencor/Kommission« Slg 1999 II-753.
947 Urteil des EuG, Rdnr. 92: »It is therefore necessary to verify whether the three criteria of immediate, substantial and foreseeable effect are satisfied in this case.«

II. Anwendungsbereich der FKVO (Aufgreifkriterien)

auf Zusammenschlüsse[948] von gemeinschaftsweiter Bedeutung an. Deshalb ist bei der Prüfung fusionskontrollrechtlicher Anmeldepflichten wegen des **Vorrangs der FKVO vor den nationalen Fusionskontrollvorschriften** zunächst die Anwendbarkeit der FKVO zu prüfen.

Fälle mit starkem nationalen Bezug können jedoch gemäß **Art. 4 Abs. 4** oder **Art. 9 FKVO** zur weiteren Prüfung an die Mitgliedstaaten verwiesen werden, obwohl die Aufgreifkriterien der FKVO erfüllt sind. Zusammenschlüsse im Sinne von Art. 3 wiederum können gemäß **Art. 22** oder **Art. 4 Abs. 5 FKVO** an die Kommission verwiesen werden, obwohl sie die Schwellenwerte des Art. 1 FKVO nicht erfüllen. Die Zuständigkeitsabgrenzung von Kommission und Mitgliedstaaten ist mit der Revision der FKVO im Jahr 2004 und aufgrund der mit ihr verbundenen Vereinfachung der Verweisungsvoraussetzungen noch flexibler geworden. 890

Grundsätzlich hingegen werden Zusammenschlüsse, die eines der Aufgreifkriterien der FKVO nicht erfüllen, von den nationalen Wettbewerbsbehörden geprüft, sofern sie in deren Anwendungsbereich fallen. Diese Aufgabenverteilung ist Ausdruck des **Subsidiaritätsprinzips**, nach dem in Bereichen der konkurrierenden Gesetzgebung die Gemeinschaft nur tätig wird,»sofern und soweit die Ziele der in Betracht gezogenen Maßnahmen auf Ebene der Mitgliedstaaten nicht ausreichend erreicht werden können und daher wegen ihres Umfangs oder ihrer Wirkungen besser auf Gemeinschaftsebene erreicht werden können« (Art. 5 EGV). 891

1. Zusammenschlusstatbestand

Der Zusammenschlusstatbestand ist in Art. 3 FKVO definiert. Neben der Fusion basiert der Zusammenschlussbegriff der FKVO im Wesentlichen auf dem so genannten **Kontrollkonzept**. Das Kontrollkonzept war eingeführt worden, um trotz der unterschiedlichen nationalen Gesellschaftsrechtsordnungen eine EU-weit einheitlich anwendbare Konzeption zu gewährleisten[949]. 892

Der Zusammenschlussbegriff umfasst also neben der Fusion vor allem den Fall, dass ein oder mehrere Unternehmen die rechtliche oder tatsächliche Kontrolle über ein oder mehrere andere Unternehmen erwerben. Danach wird der Zusammenschlusstatbestand verwirklicht, wenn ein Unternehmen die Kontrolle über die Gesamtheit oder Teile eines anderen Unternehmens erwirbt. Während der Kontrollerwerb über ein anderes Unternehmen auf der Ebene eines Über-/Unterordnungsverhältnisses geschieht (das erwerbende Unternehmen erlangt die Kontrolle über das Zielunternehmen), basiert die **Fusion** auf der Ebene der Gleichordnung. 893

a) Funktion und Aufbau des Art. 3

Das Vorliegen eines Zusammenschlusstatbestandes ist neben der gemeinschaftsweiten Bedeutung das zweite Kriterium für die Anwendbarkeit der FKVO. Der Zusam- 894

---

948 Für die Zwecke des vorliegenden Handbuchs werden die Begriffe »Zusammenschluss« und »Zusammenschlussvorhaben« synonym verwendet, obwohl vor Vollzug eines Zusammenschlusses »Zusammenschlussvorhaben« die sprachlich korrektere Variante ist.
949 Vgl. Schulte, AG 1998, 297, 303.

menschlusstatbestand ist damit ein wichtiges **Aufgreifkriterium**. Eine Definition des Zusammenschlusses enthält Art. 3; der Begriff ist ferner in der Mitteilung der Kommission über den Zusammenschlussbegriff erläutert[950].

895 Art. 3 FKVO stellt sich im **Aufbau** wie folgt dar:

896 • In **Abs. 1** wird der Begriff des Zusammenschlusses als Fusion bzw. Erwerb der Kontrolle definiert. Durch die Novellierung wurde in die Definition des Abs. 1 eingefügt, dass sowohl Fusion als auch Kontrollerwerb nur durch » eine dauerhafte Veränderung der Kontrolle« zustande kommen. Die Betonung der Dauerhaftigkeit der Veränderung trägt dem Wesen der Fusionskontrolle als Strukturkontrolle Rechnung. Die Dauerhaftigkeit von Zusammenschlüssen war vor der Revision als ungeschriebenes Tatbestandsmerkmal geprüft worden.

897 • **Abs. 2** enthält nähere Ausführungen zu den Mitteln, durch die Kontrolle erlangt werden kann und umschreibt die Kontrolle näher als einen »bestimmenden Einfluss auf die Tätigkeit eines Unternehmens«.

898 • **Abs. 3** identifiziert als mögliche Inhaber der Kontrolle sowohl natürliche Personen als auch Unternehmen und enthält Regelungen zur Zurechnung der Kontrolle.

899 • **Abs. 4** stellt klar, welche Arten von Gemeinschaftsunternehmen in den Anwendungsbereich der FKVO fallen. Dies sind lediglich sog. Vollfunktionsgemeinschaftsunternehmen, also Gemeinschaftsunternehmen, die auf Dauer alle Funktionen einer selbständigen wirtschaftlichen Einheit erfüllen.

900 • **Abs. 5** schließlich regelt drei Ausnahmetatbestände, bei deren Eingreifen trotz faktischen Kontrollerwerbs das Vorliegen eines Zusammenschlusstatbestandes verneint wird.

901 Als Aufgreifkriterium kommt dem Zusammenschlusstatbestand auch die Funktion der Abgrenzung der FKVO zu den Fusionskontrollrechten der Mitgliedsstaaten zu. Im **Vergleich zur deutschen Fusionskontrolle** ist festzustellen, dass zahlreiche Transaktionen, die nach § 37 Abs. 1 GWB einen Zusammenschluss nach deutschem Recht darstellen, die europäische Definition des Zusammenschlussbegriffes nicht erfüllen. Das Eingriffsniveau des deutschen Rechtes liegt insbesondere wegen der 25%-Anteilsschwelle des § 37 Abs. 1 Ziff. 3 GWB[951] und wegen des Zusammenschlusstatbestandes des Erwerbs eines wettbewerblich erheblichen Einflusses nach Ziff. 4 erheblich niedriger. Auch erfasst die Fusionskontrolle des GWB, anders als die FKVO, die Errichtung von Teilfunktions-Gemeinschaftsunternehmen, die lediglich einzelne Aufgaben wie Forschung und Entwicklung oder Produktion für ihre Mütter übernehmen und nicht über die erforderlichen eigenen Ressourcen für die Durchführung ihrer Tätigkeiten verfügen sowie keinen eigenen Marktzugang haben.

b) Fusion (Art. 3 Abs. 1 Buchst. a FKVO)

902 Ein Zusammenschlusstatbestand i. S. d. Art. 3 Abs. 1 FKVO wird erfüllt, wenn zwei oder mehr bisher voneinander unabhängige Unternehmen[952] fusionieren. Seit der

---

950 Mitteilung der Kommission über den Begriff des Zusammenschlusses der Verordnung (EWG) Nr. 4064/89 des Rates über die Kontrolle von Unternehmenszusammenschlüssen, ABl. C 66/5 vom 2. 3. 1998 (nachfolgend: Mitteilung über den Zusammenschlussbegriff).
951 Auch z. B. in Irland, Österreich und Polen können Zusammenschlüsse bereits durch Erwerb von 25%-Beteiligungen realisiert werden.
952 Zum Unternehmensbegriff siehe unten Rdnr. 910 ff.

Revision der FKVO ist klargestellt, dass auch die Fusion von zuvor voneinander unabhängigen Unternehmensteilen einen Zusammenschluss darstellt. **Fusion** i.S.d. Art. 3 Abs. 1 Buchst. a FKVO ist der Zusammenschluss zweier oder mehrerer Unternehmen zu einer neuen rechtlichen oder wirtschaftlichen Einheit, also im Ergebnis zu einem neuen Unternehmen[953]. Dieser Begriff ist weit auszulegen und erfasst neben der rechtlichen insbesondere auch die so genannte wirtschaftliche Fusion[954]. In der Fallpraxis der Kommission kommt die Verwirklichung des Fusionstatbestandes nur selten vor.

Die Frage, ob es sich um **zuvor unabhängige Unternehmen** handelt, ist nach den Kontrollverhältnissen zu bestimmen. Das Merkmal wird demnach nach den Kriterien des Art. 3 FKVO ausgelegt[955] und nicht anhand der in Art. 5 Abs. 4 FKVO enumerierten Kriterien, die lediglich zum Zwecke der Umsatzberechnung zur Anwendung gelangen[956]. Voneinander abhängig sind demnach Unternehmen, von denen das eine das andere i.S.d. Art. 3 FKVO »kontrolliert«.   903

Eine **rechtliche Fusion** liegt vor, wenn zwei bisher unabhängige Unternehmen zu einem neuen Unternehmen verschmelzen[957] oder wenn ein Unternehmen in einem anderen Unternehmen aufgeht, wobei das letztere seine Rechtspersönlichkeit behält, während das erstere als juristische Person untergeht[958].   904

Eine **wirtschaftliche Fusion** i.S.d. FKVO liegt dann vor, wenn zuvor unabhängige Unternehmen ihre Aktivitäten so zusammenlegen, dass eine neue wirtschaftliche Einheit entsteht, ohne dass rechtlich von einer Fusion gesprochen werden kann[959]. Dies ist zum Beispiel bei Gleichordnungskonzernen der Fall, wo zwei oder mehr Unternehmen vertraglich vereinbaren, sich einer gemeinsamen wirtschaftlichen Leitung zu unterstellen, ohne ihre Rechtspersönlichkeit aufzugeben[960]. Eine Fusion auf der Basis rein schuldrechtlicher Vereinbarungen wurde in dem Fall RTZ/CRA realisiert[961]. Hier wurde durch die Vereinbarungen sichergestellt, dass zwei voneinander unabhängige Unternehmen »so weit wie möglich« als eine neue wirtschaftliche Einheit operieren würden. Die Vereinbarungen bezogen sich z.B. auf die Verwaltungsräte, die Managementstruktur sowie insbesondere die wirtschaftlichen Interessen der Anteilseigner im Hinblick auf Dividenden etc.   905

c) Kontrollerwerb (Art. 3 Abs. 1 Buchst. b FKVO)

Der in der Praxis mit Abstand wichtigste Zusammenschlusstatbestand ist der Erwerb der Kontrolle über ein anderes Unternehmen oder über Unternehmensteile. Unter Kontrolle versteht die FKVO die Möglichkeit, **bestimmenden Einfluss** auf die Tätigkeit des anderen Unternehmens ausüben zu können. Ob diese Möglich-   906

---

953 Vgl. Mitteilung über den Zusammenschlussbegriff, Rdnr. 6 f.
954 Vgl. zum Ganzen ausführlich Schröder, in: FK, Art. 3 FKVO, Rdnr. 6 ff.
955 Vgl. etwa die Prüfung in Kommission, 7. 12. 1995, M.660 – »RTZ/CRA«, Rdnr. 7.
956 Vgl. Immenga in: I/M »EG-Wettbewerbsrecht«, Art. 3 FKVO, Rdnr. 10.
957 Vgl. Kommission, 17. 7. 1995, M.596 »Mitsubishi Bank/Bank of Tokyo«.
958 Mitteilung über den Zusammenschlussbegriff, Rdnr. 6.
959 Mitteilung über den Zusammenschlussbegriff, Rdnr. 7; vgl. z.B. Kommission, 21. 11. 1990, M.018 »Groupe AG/Amev«, Rdnr. 2.
960 Eine dem Gleichordnungskonzern vergleichbare Konstellation lag Kommission, 7. 11. 1990, M.004 »Volvo/Renault« zu Grunde.
961 Kommission, 7. 12. 1995, M. 660 »RTZ/CRA«, Rdnr. 5 ff.

keit besteht, wird anhand sämtlicher rechtlicher wie auch tatsächlicher Umstände des Einzelfalls ermittelt. **Formen des Kontrollerwerbs** sind nach Art. 3 Abs. 1 Buchst. b FKVO insbesondere der Erwerb von Anteilsrechten oder Vermögenswerten sowie der Abschluss von Unternehmensverträgen.

907 Zu unterscheiden ist zwischen dem Erwerb **alleiniger Kontrolle**, bei dem ein erwerbendes Unternehmen allein die entsprechenden Kontrollrechte erlangt, und dem Erwerb **gemeinsamer Kontrolle**, bei dem mehrere Unternehmen (nur) gemeinsam die Kontrolle über ein anderes Unternehmen ausüben können. Letzteres führt zur Errichtung eines so genannten Gemeinschaftsunternehmens[962].

(1) Erwerber und Kontrollgegenstand

(a) Erwerber

908 Nach Art. 3 Abs. 1 FKVO kommen als Kontrollerwerber in Betracht eine oder mehrere Personen, die bereits ein Unternehmen kontrollieren, oder ein oder mehrere Unternehmen[963]. Ist der Erwerber ein (Tochter-)Unternehmen einer Unternehmensgruppe, so stellt der Beteiligtenbegriff sicher, dass bei der Umsatz- und Marktanteilsberechnung die Ressourcen der gesamten Gruppe berücksichtigt werden. Anmeldepflichtiges Unternehmen ist in diesem Fall das direkt erwerbende (Tochter-)Unternehmen. Für Besonderheiten beim Kontrollerwerb durch natürliche Personen z. B. im Rahmen von Management Buy-outs siehe unten Rdnr. 914.

(b) Kontrollgegenstand

909 Gegenstand des Kontrollerwerbs sind zunächst andere Unternehmen. Zumeist werden an ihnen Anteilsrechte erworben. Allerdings stellt Art. 3 Abs. 1b FKVO klar, dass auch der Erwerb der (gesamten) Vermögenswerte, die ein Unternehmen ausmachen, einen Kontrollerwerb auslöst. Darüber hinaus stellt auch der Kontrollerwerb über Teile eines oder mehrerer anderer Unternehmen nach Art. 3 Abs. 1b FKVO einen Zusammenschluss dar. Als Unternehmensteile sind etwa einzelne Betriebsteile anzusehen; sie werden regelmäßig in Form von Vermögenserwerben übertragen[964].

(c) Unternehmensbegriff

910 Nach Art. 3 Abs. 1 FKVO können Zusammenschlüsse verwirklicht werden zwischen »Unternehmen«; auch Personen können Beteiligte eines Zusammenschlusses sein, sofern sie bereits mindestens ein »Unternehmen« kontrollieren.

911 Der EuGH hat den Begriff des Unternehmens[965] weit und, ähnlich wie im deutschen Recht, funktional abgegrenzt. Danach umfasst der **Unternehmensbegriff** jede Einheit, die eine wirtschaftliche Tätigkeit ausübt, unabhängig von ihrer Rechtsform und der Art ihrer Finanzierung[966]. Der Begriff abstrahiert also von den konkreten gesellschaftsrechtlichen Strukturen eines Unternehmens.

---

962 Vgl. hierzu unten Rdnr. 1503 ff.
963 Zum Unternehmensbegriff siehe sogleich unten (c).
964 Siehe hierzu im Einzelnen unten Rdnr. 996 ff.
965 Ausführlich: Karl, Der Zusammenschlussbegriff in der Europäischen FKVO, 1996, S. 79 ff.
966 So EuGH, 19. 1. 1994 »Eurocontrol« Rs. C-364/92 Slg. 1994 I-55 ff., Rdnr. 18.

Zu den sonstigen Personen, die bereits mindestens ein Unternehmen kontrollieren und damit nach Art. 3 Abs. 1 Buchst. b FKVO den Unternehmen gleichstehen, gehören auch Mitgliedstaaten und andere juristische **Personen des öffentlichen Rechts**[967]. Damit fällt also auch die öffentliche Hand unter den Unternehmensbegriff[968]. Das einem Staat zuzurechnende Wirtschaftssubjekt ist Unternehmen i. S. d. FKVO, wenn es eine mit autonomer Entscheidungsbefugnis ausgestattete wirtschaftliche Einheit ist, die wirtschaftlich handelt, so z. B. im Bereich des öffentlich-rechtlichen Rundfunks[969]. Darüber hinaus erfordert der Unternehmensbegriff keine Gewinnerzielungsabsicht[970], sodass ihm grundsätzlich auch sozialversicherungsrechtliche Organisationen und gemeinnützige Vereinigungen unterfallen. Der hoheitlich auftretende Staat ist dagegen genau wie der private Verbrauch und der Arbeitsmarkt aus dem weiten Unternehmensverständnis ausgeklammert[971]. 912

Schließlich ließen sich sogar **natürliche Personen** unter die Voraussetzungen des Unternehmens subsumieren, da es auf dessen konkrete gesellschaftsrechtliche Strukturen nicht ankommt. Für natürliche Personen stellt aber Art. 3 Abs. 1 FKVO klar, dass sie erst als Unternehmen i. S. d. Verordnung gelten, wenn sie bereits mindestens ein Unternehmen kontrollieren[972]. Üben sie dagegen noch keine (gemeinsame) Kontrolle über ein Unternehmen aus, so können sie ein Unternehmen erwerben, ohne einer Anmeldepflicht nach der FKVO zu unterliegen. 913

Daher sind **Management Buy-outs**, bei denen das bisherige Management die Kontrolle am Unternehmen erwirbt, ebenfalls fusionskontrollfrei, wenn die beteiligten Manager bislang kein anderes Unternehmen kontrollieren. Auch wenn die Manager für den Kontrollerwerb eine Holding in Form eines Gemeinschaftsunternehmens zwischenschalten, um ihre gemeinsamen Interessen zu bündeln, ergibt sich nichts anderes, da bei der Gründung eines Gemeinschaftsunternehmens für die Zwecke des Erwerbs eines anderen Unternehmens quasi durch das Gemeinschaftsunternehmen hindurch geschaut wird[973]. 914

(d) Unbeachtlichkeit konzerninterner Umstrukturierungen

Art. 3 Abs. 1 FKVO definiert als Zusammenschluss den Kontrollerwerb über ein »anderes« Unternehmen. Das für die Kommission maßgebliche Kriterium ist in diesem Zusammenhang die Frage, ob durch die betreffenden Transaktionen die 915

---

967 Vgl. Mitteilung über den Zusammenschlussbegriff, Rdnr. 8.
968 Siehe hierzu Erwägungsgrund 22 der FKVO.
969 Vgl. z. B. EuGH, 30. 4. 1974, »Sacchi«, Slg. 1974, 409, 430 f., wo bzgl. des Unternehmensbegriffs auch auf die fehlende Relevanz hingewiesen wird, dass die Einheit Aufgaben von öffentlichem Interesse erfüllt.
970 Siehe die Bestätigung in EuGH, 16. 11. 1995, »Fédération Française de Société d'Assurance«, Rs. C-244/94 Slg. 1995 I-4013 ff., Rdnr. 17 und 21.
971 Emmerich, Kartellrecht, 9. Aufl., § 37, 1 a). Wegen der unterschiedlichen Rechtstraditionen in den Mitgliedstaaten der EU kann die Abgrenzung hoheitlicher Tätigkeiten im Einzelfall schwierig sein. Für weitere Ausführungen hierzu siehe: Emmerich, in: I/M, EG-Wettbewerbsrecht, Band I, 1997, Art. 85 Abs. 1, Rdnr. 30 ff.
972 Siehe auch Mitteilung über den Beteiligtenbegriff, Rdnr. 51 f.
973 Vgl. Mitteilung über den Beteiligtenbegriff, Rdnr. 53 i. V. m. Rdnr. 28. Eine Anmeldepflicht ergibt sich in diesen Fällen regelmäßig erst, wenn das Management zur Finanzierung des Kontrollerwerbs einen Kapitalgeber (z. B. einen Investmentfonds) in die gemeinsame Kontrolle an dem zu erwerbenden Unternehmen einbezieht, der seinerseits Unternehmenseigenschaft besitzt.

Kontrolle **in andere Hände übergeht**⁹⁷⁴, also ein Kontrollwechsel stattfindet. Ein Zusammenlegen (oder Trennen z. B. im Falle von Outsourcing-Transaktionen) innerhalb ein- und derselben Unternehmensgruppe bewirkt jedoch keinen Kontrollwechsel. Solange also die Konzernobergesellschaft (»ultimate parent entity«) nach wie vor Kontrolle i. S. d. Art. 3 Abs. 1 FKVO über die an dem Zusammenlegen beteiligten (Konzern-) Unternehmen ausübt, wird kein Zusammenschlusstatbestand verwirklicht. Damit werden sog. **konzerninterne Zusammenschlüsse**, also Restrukturierungsprozesse innerhalb einer Unternehmensgruppe, grundsätzlich nicht von der FKVO erfasst⁹⁷⁵.

916 Der Grundsatz, dass zwischen Unternehmen, die bereits vor der Umstrukturierung unter der gleichen (gemeinsamen) Kontrolle standen, kein Zusammenschlusstatbestand verwirklicht werden kann, gilt auch für sich zusammenschließende **Unternehmen der öffentlichen Hand**. Voraussetzung ist insoweit, dass die betreffenden Unternehmen im Besitz desselben Staates sind und dass sie vor der Umstrukturierung einheitlicher Kontrolle im Sinne einer wirtschaftlichen Einheit unterlagen. Letzteres ist aber nicht automatisch der Fall. Entscheidend ist, ob die zuvor kontrollierenden Einheiten des betreffenden Staates jeweils autonome Entscheidungsbefugnis besaßen. Ist dies der Fall, dann liegt keine interne Reorganisation, sondern ein anmeldepflichtiger Zusammenschluss vor⁹⁷⁶. Gehörten die sich Zusammenschließenden hingegen der gleichen (Staats-) Holding an und unterlagen sie einer bestimmten koordinierten Strategie, so handelt es sich um eine bloße interne Restrukturierung, die keinen anmeldepflichtigen Zusammenschlusstatbestand auslöst⁹⁷⁷.

(2) Bestimmender Einfluss

917 Kontrolle i. S. d. Art. 3 Abs. 2 FKVO ist die Möglichkeit, bestimmenden Einfluss auf die Tätigkeit eines Unternehmens auszuüben. Die Tragweite des Begriffs der Kontrolle ist durch **Auslegung** sämtlicher rechtlicher wie auch tatsächlicher Umstände zu ermitteln. Die Auslegung orientiert sich an dem Zweck der Fusionskontrolle, Handlungen zu erfassen, die zu einer **dauerhaften Veränderung der Struktur der beteiligten Unternehmen** führen. Deshalb geht es bei dem Kontrollbegriff im Kern um die Beeinflussung der Verwendung der unternehmerischen Ressourcen und um den Einfluss auf das Auftreten des Gemeinschaftsunternehmens am Markt.

918 Das Merkmal des bestimmenden Einflusses »auf die Tätigkeit« des zu erwerbenden Unternehmens ist das **zentrale Element** der Definition des Kontrollerwerbs gemäß Art. 3 Abs. 2 FKVO⁹⁷⁸. Unerheblich ist, ob der bestimmende Einfluss tatsächlich ausgeübt wird; die **Möglichkeit der Ausübung** genügt⁹⁷⁹. Daher kommt es nicht

---

974 Vgl. Mitteilung über den Zusammenschlussbegriff, Rdnr. 8.
975 Vgl. Mitteilung über den Zusammenschlussbegriff, Rdnr. 8; Kommission, 17. 9. 2001. »M. Rheinbraun Brennstoff/SSM Coal«, Rdnr. 4 a. E.
976 Mitteilung über den Zusammenschlussbegriff, Rdnr. 8. Vgl. oben Rdnr. 91 zum Unternehmensbegriff der öffentlichen Hand.
977 Vgl. Mitteilung der Kommission über den Begriff der beteiligten Unternehmen in der Verordnung (EWG) Nr. 4064/89 des Rates über die Kontrolle von Unternehmenszusammenschlüssen, ABl. C 66/14 vom 2. 3. 1998, Rdnr. 55 f.
978 So Immenga in: I/M, EG-Wettbewerbsrecht, Art. 3 FKVO, Rdnr. 29.
979 Mitteilung über den Zusammenschlussbegriff, Rdnr. 9.

darauf an, ob das erwerbende Unternehmen die Absicht hat, die Kontrolle überhaupt auszuüben[980].

Gemäß Art. 3 Abs. 2 FKVO kann Kontrolle nicht nur durch Rechte und Verträge, sondern auch durch andere – möglicherweise auch faktische – Mittel begründet werden[981]. Es kommt also nicht darauf an, **auf welche Weise** bzw. mit welchen Mitteln die Kontrolle erworben wird bzw. ausgeübt werden kann. Entscheidend für den Kontrollbegriff ist nach Art. 3 Abs. 2, ob nach einer Gesamtbetrachtung aller Umstände die Möglichkeit besteht, einen **bestimmenden Einfluss** auf die Tätigkeit eines Unternehmens auszuüben, insbesondere durch 919

– Eigentums- oder Nutzungsrechte an der Gesamtheit oder an Teilen des Vermögens des Unternehmens;
– Rechte oder Verträge, die einen bestimmenden Einfluss auf die Zusammensetzung, die Beratungen oder Beschlüsse der Organe des Unternehmens gewähren.

Ob eine Transaktion zu einem Kontrollerwerb führt, hängt also von rechtlichen und/oder tatsächlichen Faktoren ab[982]. Daher ist die Frage, ob bestimmender Einfluss erworben wird, im Rahmen einer **Gesamtschau** aller faktischen und rechtlichen Einflussmöglichkeiten festzustellen. Die einem Erwerber insgesamt eingeräumten Einflussrechte – also einschließlich der unten behandelten Minderheitenschutzrechte – sind im Rahmen einer **Gesamtschau** zu bewerten. Nicht einzelne Einflussrechte werden isoliert betrachtet, sondern die Kommission prüft, ob die bestehenden Rechte insgesamt einen bestimmenden Einfluss gewähren[983]. 920

Bestimmender Einfluss kann positiv abgegrenzt werden durch Abstellen auf diejenigen Entscheidungen, die strategischen Einfluss auf das Verhalten des Zielunternehmens gewähren und auf die sich die Kontrollrechte daher beziehen müssen (siehe unten unter (a)). Er kann ferner negativ abgegrenzt werden durch die Bezeichnung von Rechten, auf die es im Kontrollbegriff nicht wesentlich, d.h. allenfalls im Rahmen einer Gesamtschau ankommt (siehe unten unter (b)). Im Ergebnis müssen die Entscheidungsbefugnisse insgesamt betrachtet deutlich über das Maß an Einfluss hinausgehen, welches die Rechtsordnungen der Mitgliedstaaten in Bezug auf den Schutz von Minderheitsrechten in den verschiedenen Gesellschaftsformen gewähren[984]. Hingegen ist ein bestimmender Einfluss auf die tägliche Geschäftsführung des Zielunternehmens nicht erforderlich[985]. 921

(a) Positive Abgrenzung

Die Kommission bejaht das Vorliegen bestimmenden Einflusses, wenn die erworbenen Kontrollrechte die Möglichkeit gewähren, die **strategische Geschäftsführung** eines Unternehmens zu bestimmen. 922

---

980 Dies kann insbesondere bei Finanztransaktionen wie z.B. Management Buy-Outs relevant werden, bei denen Finanzinvestoren zur Absicherung ihrer Investitionen Veto-Rechte erhalten, die ihnen bestimmenden Einfluss gewähren. Auch in diesen Fällen wird ein Zusammenschlusstatbestand verwirklicht.
981 Vgl. näher unter Rdnr. 989 ff.
982 Mitteilung über den Zusammenschlussbegriff, Rdnr. 9.
983 Vgl. hierzu Mitteilung über den Zusammenschlussbegriff, Rdnr. 29.
984 So ausdrücklich Kommission, 30. 5. 1991, M.10 »Conagra/Idea«, Rdnr. 14.
985 Vgl. Mitteilung über den Zusammenschlussbegriff, Rdnr. 23.

C. Europäische Fusionskontrolle

(i) Einfluss auf strategisches Marktverhalten

923 Bestimmender Einfluss wird (erst) dann erworben, wenn es dem Erwerber ermöglicht wird, auf das **strategische Marktverhalten** des Zielunternehmens maßgeblich einzuwirken. In der Mitteilung über den Zusammenschlussbegriff erklärte die Kommission bei der Erläuterung der gemeinsamen Kontrolle, dass bestimmender Einfluss die Möglichkeit bedeute, Aktionen blockieren zu können, die das »strategische Wirtschaftsverhalten eines Unternehmens« bestimmen. Weiter heißt es dort, dass die alleinige Kontrolle einem einzelnen Aktionär das Recht gebe, die »strategischen Entscheidungen des Unternehmens« zu bestimmen[986].

924 Eine aktiv gestaltende Einflussmöglichkeit verlangt der Kontrollbegriff nicht[987]. Das Bestehen von **Vetorechten** genügt, wenn diese die Beschlussfassung über das strategische Wirtschaftsverhalten des Zielunternehmens betreffen. Dabei kommt es nicht darauf an, ob diese tatsächlich ausgeübt werden.

(ii) Einfluss auf Kernbeschlussfassungen

925 In der Kommissionspraxis hat sich ein Bestand von **drei Kernrechten** herauskristallisiert, bei deren Vorliegen jedenfalls von einem Einfluss auf das strategische Marktverhalten und damit einem bestimmenden Einfluss i. S. v. Art. 3 Abs. 2 auszugehen ist. Diese Kernrechte[988] betreffen

- Entscheidungen über die Ernennung und Abberufung der Geschäftsführung (Besetzung der Unternehmensleitung);
- Entscheidungen über den jährlichen Finanzplan;
- Entscheidungen über den jährlichen Geschäftsplan.

926 Allerdings müssen nicht alle genannten Kernrechte in jedem Falle vorliegen, um einen bestimmenden Einfluss herzustellen. Einzelne dieser Rechte können für die Erlangung bestimmenden Einflusses genügen, insbesondere wenn sie zusammen mit **weiteren Einflussrechten** erworben werden wie z. B. Minderheitenschutzrechte und Zustimmungserfordernisse bzw. Vetorechte bei außerhalb des Geschäfts- bzw. Finanzplans liegenden Investitionen[989]. Liegt jedoch andererseits keines der drei Kernrechte vor, so ist regelmäßig davon auszugehen, dass kein bestimmender Einfluss auf das Marktverhalten und die Geschäftspolitik des betreffenden Unternehmens erworben wird[990].

927 In ihrer Mitteilung über den Zusammenschlussbegriff bezeichnet die Kommission bestimmenden Einfluss auf die Besetzung der Unternehmensleitung und die Finanzplanung als die wichtigsten Rechte[991]. Die Kommission erläutert in ihrer Mitteilung:

---

986 Siehe Mitteilung über den Zusammenschlussbegriff, Rdnr. 19.
987 Insoweit abweichend zum Beherrschungsbegriff nach dem GWB; vgl. oben Rdnr. 140.
988 Geprüft z. B. in Kommission, 12.3.1993, M.292 »Ericsson/Hewlett-Packard«, Rdnr. 6.
989 Als weitere »strategische« Rechte hat die Kommission u. a. die Entscheidungen über Gewinnverteilung, über Liquidation und über Fusionen mit anderen Unternehmen bezeichnet, vgl. Kommission, 25. 10. 2002, M.2830 »Lufthansa Cargo/Air France Finance/British Airways/Global Freight Exchange«, Rdnr. 6, Fn. 3. Zu den maßgeblichen »strategischen Entscheidungen« vgl. bereits Kommission im 21. WB 1991, Anhang IV, S. 396 sowie Mitteilung über den Zusammenschlussbegriff, Rdnr. 23.
990 In sehr seltenen Ausnahmefällen kann eine wirtschaftliche Abhängigkeit faktisch zur Erlangung der Kontrolle führen; vgl. hierzu Mitteilung über den Zusammenschlussbegriff, Rdnr. 9 sowie unten Rdnr. 1006 ff.
991 Vgl. Mitteilung über den Zusammenschlussbegriff, Rdnr. 25.

II. Anwendungsbereich der FKVO (Aufgreifkriterien)

- Das Recht, die **Unternehmensleitung** mitzubestimmen, sichert bestimmenden Einfluss auf die Geschäftspolitik. Hier geht es insbesondere um die Besetzung der Organe des Unternehmens, z. B. des Aufsichtsrats und des Vorstands[992]. Die entsprechenden Entsenderechte müssen aber auf Dauer gesichert sein (zum Beispiel als Bestandteil der Unternehmenssatzung). So hat die Kommission einen Kontrollerwerb abgelehnt in einem Fall, in dem Vetorechte bestanden bezüglich des Erwerbs von Assets in Höhe von mehr als ca. 3,5 Millionen DM und bezüglich der Ernennung des »Chairman« und des ersten, nicht jedoch auch späterer, »Chief Executives«[993]. Ebenso verneinte die Kommission (gemeinsame) Kontrolle in einem Fall, in dem ein Vetorecht hinsichtlich der Berufung und Abberufung der Geschäftsführung zwar bestand, in dem jedoch die Befugnisse der Geschäftsführung sehr begrenzt waren[994]. 928

- Das Recht der Mitbestimmung bei der **Finanzplanung** sichert ebenso einen unmittelbaren Einfluss auf die strategische Geschäftspolitik, da sich die Finanzplanung auf die Entfaltungsmöglichkeiten und vor allem auf die Höhe der Investitionen des Unternehmens auswirkt. 929

- Mitbestimmung bei der Erstellung eines detaillierten **Geschäftsplans**, der aufzeigt, welche Ziele ein Unternehmen verfolgt und mit welchen Mitteln sie verwirklicht werden sollen, wirkt sich ebenfalls unmittelbar im strategischen Marktverhalten des Unternehmens aus. Abzugrenzen ist der detaillierte Geschäftsplan allerdings von Grundsatzerklärungen zu den Geschäftszielen eines Unternehmens, die nicht ausreichend konkret sind, um daraus Einflussnahmen auf bestimmtes Marktverhalten ableiten zu können. 930

Aus der Fallpraxis der Kommission können für die Begründung bestimmenden Einflusses folgende Konstellationen beurteilt werden: 931

- (Gemeinsame) Kontrolle besteht jedenfalls dann, wenn die Entscheidung über den jährlichen Finanz- und Geschäftsplan einstimmig zu erfolgen hat[995].
- Mehrere Entscheidungen stellten im Wesentlichen auf die Kombination der Einflussrechte bezüglich der Zustimmung zum Geschäftsplan und der Ernennung von Führungskräften ab[996].
- Ebenso wurde wesentlich auf die Entscheidungen zur Ernennung und Abberufung von Führungskräften und zur Finanzplanung abgestellt[997].

---

[992] Im angelsächsischen Rechtskreis geht es meist um die Bestimmung des Chief Executive Officer (CEO) und der Mitglieder des Board of Directors.
[993] Kommission, 22. 12. 1995, M.673 »Channel 5«, Rdnr. 8, 9.
[994] Kommission, 11. 12. 1998, JV.13 »Wintershall/ENBW/MVV/WV/DEO«, Rdnr. 16. Alle Entscheidungen bezüglich des strategischen Wirtschaftsverhaltens des GU einschließlich größerer Investitionen sowie der Jahresplanung mit Investitions- und Finanzplan mussten dem Aufsichtsrat zur Genehmigung vorgelegt und mit Zwei-Drittel-Mehrheit beschlossen werden. Dabei konnte es zu wechselnden Koalitionen unter den Gesellschaftern kommen.
[995] Kommission, 12. 3. 1993, M.292 »Ericsson/Hewlett-Packard«, Rdnr. 6; 11. 5. 1995, M.560 »EDS/Lufthansa«, Rdnr. 7; ständige Entscheidungspraxis. In Kommission, 6. 11. 1995, M.544 »Unisource/Telefonica«, Rdnr. 10 bezeichnete die Kommission diese Gegenstände als »key issues« und verneinte – da die Entscheidungskompetenzen insoweit auseinander fielen – das Bestehen gemeinsamer Kontrolle.
[996] Kommission, 20. 3. 1995, M.561 »Securicor Data Trak«, Rdnr. 8; 22. 8. 1995, M.620 »Thomson-CSF/Teneo/Indra«, Rdnr. 7; 27. 6. 1995, M.598 »Daimler Benz/Carl Zeiss«, Rdnr. 5; 22. 12. 1995, M.676 »Ericsson/Ascom II«, Rdnr. 6.
[997] Kommission, 18. 10. 2002, M.2939 »JCI/Bosch/VB Autobatterien«, Abschnitt III. A.

932 Maßgeblich ist jedoch stets die **konkrete inhaltliche Ausgestaltung** der genannten Einflussrechte. Nach der Mitteilung über den Zusammenschlussbegriff soll sogar bereits ein Vetorecht über einen detaillierten Geschäftsplan, der die Ziele des GU und die Mittel der Umsetzung dieser Ziele definiert, unter Umständen für das Vorliegen gemeinsamer Kontrolle ausreichen können, ohne dass weitere Vetorechte bestünden[998]. An die inhaltliche Substanz eines solchen Geschäftsplans sind entsprechend hohe Anforderungen zu stellen[999].

933 Neben den drei Kernbeschlussfassungen sind bei der Prüfung, ob bestimmender Einfluss auf die Tätigkeit eines Unternehmens erworben wird, einige weitere Kriterien im Rahmen der Gesamtschau von besonderer Bedeutung. So kann etwa die Mitbestimmung bei **Investitionsentscheidungen** ebenfalls eine maßgebliche Rolle spielen. Allerdings ist hier die konkrete Ausgestaltung der Mitbestimmungsrechte entscheidend[1000]. Wenn nur sehr große Investitionsentscheidungen genehmigungspflichtig sind, dann entspricht dieser Mechanismus einem bloßen Minderheitenschutz. Sind dagegen Investitionen auf dem Markt, auf dem das betreffende Unternehmen tätig ist, von Bedeutung und müssen aufgrund der Bestimmungen häufig Investitionsentscheidungen genehmigt werden, dann indiziert dies ein wesentliches Mitbestimmungsrecht, das zu bestimmendem Einfluss führen kann.

934 In manchen Industriezweigen bestehen besondere Marktbedingungen, die rasches Reagieren der Marktteilnehmer in bestimmten Gebieten erfordert. In Technologiemärkten spielen zum Beispiel die Forschungs- und Entwicklungsaktivitäten eines Unternehmens eine herausragende Bedeutung. Bei entsprechenden Marktbedingungen berücksichtigt die Kommission deshalb bei der Prüfung des Erwerbs bestimmenden Einflusses diese so genannten **marktspezifischen Einflussrechte**, also z. B. Vetorechte bei neuen Forschungs- und Entwicklungsvorhaben[1001].

(b) Negative Abgrenzung

935 Für die Auslegung, wann bestimmender Einfluss vorliegt, ist der Zweck der Fusionskontrolle, die Marktstrukturen zu schützen, maßgeblich. Einflussrechte, die sich letztlich nicht entscheidend auf diese Marktstrukturen auswirken, sind daher für die Auslegung nur von nachgeordneter Bedeutung. Insoweit kann der Begriff des bestimmenden Einflusses negativ abgegrenzt werden, zu den als solchen nicht ausreichenden Investitionsschutzrechten, wie sie typischerweise Minderheitsaktionären gewährt werden, einerseits und zu den für bestimmenden Einfluss nicht notwendigen konkreten Weisungen hinsichtlich des Tagesgeschäfts andererseits.

936 • Für die Erlangung »bestimmenden Einflusses« reichen die üblicherweise größeren Minderheitsaktionären eingeräumten **Investitionsschutzrechte** wie z. B. Zustimmungspflichten bei Kapitalerhöhungen, bei Verkauf von wesentlichen Unternehmensteilen, bei Fusion mit anderen Unternehmen oder bei Investitionen in außerordentlich hohen Größenordnungen etc. nicht aus. Den genannten

---

998 Vgl. Mitteilung über den Zusammenschlussbegriff, Rdnr. 26.
999 Siehe z. B. Kommission, 13. 1. 1992, M.178 »Saab Ericsson Space«, Ziff. III (mit Ausführungen zum Inhalt des Geschäftsplanes); ferner Kommission, 9. 12. 1991, M.149 »Lucas/Eaton«, Rdnr. 8, wo die wesentlichen Inhalte eines Geschäftsplans aufgezeigt werden (allerdings bestanden in dieser Entscheidung weitere Einstimmigkeitserfordernisse bzgl. strategischer Finanzplanung).
1000 Vgl. Mitteilung über den Zusammenschlussbegriff, Rdnr. 27.
1001 Mitteilung über den Zusammenschlussbegriff, Rdnr. 28.

Sperrrechten kommt – auch wenn sie nicht ohne Einfluss auf das Wirtschaftsverhalten des Unternehmens bleiben, weil etwa eine Kapitalerhöhung verweigert oder großen Einzelinvestitionen nicht zugestimmt wird – im Wesentlichen die Funktion des Investitionsschutzes zu. Sie gewähren allein keinen ausreichenden Einfluss auf die strategische Ausrichtung und die Verwendung der unternehmerischen Ressourcen des Zielunternehmens und stehen nicht in Kollision mit dem Schutzzweck der Fusionskontrolle. Damit reichen Minderheitsrechte zum Schutz von Investitionen nicht aus, um den Kontrollbegriff des Art. 3 FKVO zu erfüllen. Dessen ungeachtet werden auch diese Minderheitsrechte im Rahmen der bei der Ermittlung des Bestehens bestimmenden Einflusses erforderlichen Gesamtschau berücksichtigt[1002].

- Verlangte man andererseits, dass der bestimmende Einfluss neben den wesentlichen Entscheidungen auch weit in die Verästelung des **Tagesgeschäfts** hineinreichen müsste, dann würden nur verhältnismäßig wenig Unternehmensverbindungen in den Anwendungsbereich der Fusionskontrolle gelangen. Es ist daher anerkannt, dass der Kontrollbegriff des Art. 3 FKVO nicht verlangt, dass sich der bestimmende Einfluss auch auf konkrete Weisungen auf das Tagesgeschäft eines Unternehmens beziehen muss[1003]. **937**

(3) Dauerhaftigkeit der strukturellen Veränderung

Die Fusionskontrolle soll kompetitive Wettbewerbsbedingungen in den Märkten sicherstellen. Sie ist daher Strukturkontrolle[1004]. Aus dieser Zielrichtung ergibt sich, dass die Fusionskontrolle nur auf **dauerhafte strukturelle Veränderungen** der Marktbedingungen anwendbar ist. Hierauf hat der Verordnungsgeber wie auch die Kommission wiederholt hingewiesen. So hieß es bereits im Erwägungsgrund 23 zur ursprünglichen FKVO Nr. 4064/69 vom 21. 12. 1989, der Begriff des Zusammenschlusses sei so zu definieren, »dass er nur Handlungen erfasst, die zu einer dauerhaften Veränderung der Struktur der beteiligten Unternehmen führen«[1005]. **938**

Für den Zusammenschlusstatbestand ergab sich hieraus bislang ein ungeschriebenes Tatbestandsmerkmal, sodass nur Sachverhalte, die zu einer dauerhaften strukturellen Veränderung führten, als Zusammenschluss angesehen wurden. Daher fallen zum Beispiel **Arbeitsgemeinschaften** für die zeitlich überschaubare Herstellung **939**

1002 Für eine detaillierte Erörterung der Abgrenzung von bloßen Minderheitsrechten zu Rechten, die eine (Mit-) Kontrolle gewähren, siehe Kommission, 19. 5. 1998, M.1146 »SHV Energy / Thyssen Klöckner Recycling«, Rdnr. 9 ff.
1003 Im Gegenteil ist es bei Gemeinschaftsunternehmen für die Anwendbarkeit der FKVO entscheidend, dass sie als selbständige wirtschaftliche Einheit am Markt auftreten und dass ihnen damit das Recht zukommt, autonom über die jeweiligen Angelegenheiten des Tagesgeschäftes zu entscheiden. Mitteilung der Kommission über den Begriff des Vollfunktionsgemeinschaftsunternehmens nach der Verordnung (EWG) Nr. 4064/89 des Rates über die Kontrolle von Unternehmenszusammenschlüssen, ABl. C 66/01 vom 2. 3. 1998, Rdnr. 12.
1004 Zu den Unterschieden zwischen Struktur- und Verhaltenskontrolle auch aus ökonomischer Sicht siehe unten Rdnr. 1509 ff.
1005 Dieser Grundsatz wurde wiederholt in Erwägungsgrund 5 der Änderungsverordnung Nr. 1310/97 vom 30. 6. 1997. Auch die Mitteilung über den Zusammenschlussbegriff verweist in Rdnr. 3 auf diesen Grundsatz.

C. Europäische Fusionskontrolle

konkreter Werke nicht in den Anwendungsbereich der FKVO. In der Mitteilung über Vollfunktions-GU führt die Kommission in Rdnr. 15 den Beispielsfall an, dass die Dauerhaftigkeit der Gründung des GU fehlt, »wenn ein Gemeinschaftsunternehmen für ein bestimmtes Vorhaben, wie etwa den Bau eines Kraftwerks, gegründet, nach Abschluss des Baus jedoch nicht mehr am Betrieb dieses Kraftwerks beteiligt sein wird«.

940 In der FKVO-Revision ist das **strukturelle Element nochmals bekräftigt** worden. In Erwägungsgrund 20 heißt es, dass der Zusammenschlussbegriff Vorgänge erfasse, die zu »einer dauerhaften Veränderung der Kontrolle an den beteiligten Unternehmen und damit an der Marktstruktur führen«. In Art. 3 Abs. 1 FKVO wurde das Merkmal der »dauerhaften Veränderung der Kontrolle« neu eingefügt. Diese Änderungen bewirken gegenüber der vorherigen Fassung der FKVO folgende Klarstellungen:

941 • eine Kodifizierung des bisher als ungeschriebenes Tatbestandsmerkmal berücksichtigten zeitlichen Elements. Ein Kontrollerwerb i.S.d. Art. 3 Abs. 1 FKVO findet nur bei Änderungen von Dauer statt;

942 • die Betonung der Bedeutsamkeit von Veränderungen in der Art der Kontrolle (alle Änderungen der Kontrollart i.S.d. Einflussmöglichkeiten auf die marktrelevanten Ressourcen des kontrollierten Unternehmens sollen erfasst werden);

943 • das Erfordernis der Kausalität zwischen Veränderungen in den Kontroll- und den Marktstrukturen, d.h. durch den Kontrollerwerb muss eine Veränderung hinsichtlich des Bestandes der fortan einheitlich durch das Erwerberunternehmen kontrollierten Ressourcen erfolgen (siehe die Formulierung »und damit« in Erwägungsgrund 20).

944 Da das Element der dauerhaften strukturellen Veränderung bereits bislang als ungeschriebenes Tatbestandsmerkmal berücksichtigt wurde, dürfte die Revision der FKVO in dieser Hinsicht weitgehend nur deklaratorischer Natur sein. Allerdings spricht die Stellungnahme der Kommission in Rdnr. 40 ihres Vorschlags für die FKVO-Revision[1006] für eine teilweise konstitutive Wirkung. Die Kommission führt aus, dass wegen der Änderung in Art. 3 Abs. 1 FKVO, derzufolge der Kontrollwechsel auf Dauer erfolgen muss, Änderungen in Art. 3 Abs. 6 FKVO (gemeint war der heutige Art. 3 Abs. 5 FKVO) nicht nötig seien[1007].

945 »**Zwischenerwerbe« von kurzer Dauer**, die sich nicht auf die Marktstrukturen auswirken, werden wegen des Fehlens einer dauerhaften strukturellen Veränderung nicht als Zusammenschluss angesehen. So entschied die Kommission z.B. im Rahmen eines Vorhabens, bei dem das Zielunternehmen für drei bis vier Wochen in ein 100%iges Tochterunternehmen eines der letztendlich die gemeinsame Kontrolle übernehmenden Unternehmens eingegliedert wurde. Bei diesem vorübergehenden Erwerb alleiniger Kontrolle handelte es sich erkennbar um einen Zwischenschritt von kurzer Dauer. Die Kommission stellte deshalb auf das Gesamtvorhaben ab und sah den vorübergehenden Erwerb alleiniger Kontrolle nicht als separaten Zusammenschluss an[1008].

1006 Siehe Vorschlag für eine Verordnung des Rates über die Kontrolle von Unternehmenszusammenschlüssen, KOM (2002) 711 endg. ABl. 1003 C 20/06 (nachfolgend »Vorschlag für die FKVO-Revision«).
1007 Vgl. hierzu näher unten Rdnr. 1042.
1008 Kommission, 23. 4. 1997, M.891 »Deutsche Bank/Commerzbank/J. M. Voith«, Rdnr. 5.

946 Ob das Tatbestandsmerkmal der Dauerhaftigkeit der Veränderung der Kontrolle in Zukunft weiter ausgelegt werden wird, kann erst die künftige Fallpraxis entscheiden. Unklar ist insbesondere, wie lange ein vorübergehender Zwischenerwerb andauern darf, ohne einen Zusammenschlusstatbestand auszulösen.

947 Im Übrigen ist zu beachten, dass die Stärkung des Merkmals der Dauerhaftigkeit keinesfalls das **bestehende Vollzugsverbot** nach Art. 7 Abs. 1 FKVO aufweicht[1009]. Vielmehr handelt es sich hier um getrennte Regelbereiche: liegt mangels Dauerhaftigkeit kein Zusammenschlusstatbestand vor, so besteht auch kein Vollzugsverbot. Wird aber ein Zusammenschlusstatbestand verwirklicht, kann dieser nicht etwa vor Freigabe mit dem Argument vollzogen werden, der Zeitraum bis zur Freigabeentscheidung sei nur von kurzer Dauer und daher ungeeignet, strukturelle Wirkungen zu erzeugen. Das Vollzugsverbot dient dem Zweck, das Schaffen vollendeter Tatsachen zu verhindern, und hat daher mit der Dauerhaftigkeit des Kontrollwechsels nichts zu tun.

(4) **Unterschiedliche Kontrollarten**

948 Die FKVO spricht von Kontrolle bzw. von bestimmendem Einfluss, ohne dabei irgendwelche Abstufungen vorzunehmen. Nach dem Wortlaut des Art. 3 Abs. 2 FKVO scheint zudem Kontrolle unabhängig davon, ob sie auf rechtlichen oder tatsächlichen Umständen beruht, gleich zu sein.

949 Kontrolle ist jedoch **kein homogener Begriff**. Vielmehr werden verschiedene Kontrollarten differenziert, was dazu führen kann, dass trotz bereits bestehender Kontrolle der Hinzuerwerb oder die Absicherung von Einflussmöglichkeiten einen neuen Zusammenschlusstatbestand auslösen. Unterschiedliche Kontrollarten sind jedenfalls die alleinige und die gemeinsame Kontrolle. Alleinige wie auch gemeinsame Kontrolle werden weiter wie folgt differenziert:

950 – Nach ihrer Absicherung wird unterschieden, ob sie auf der Grundlage einer rechtlich gesicherten Position oder lediglich aufgrund tatsächlicher Verhältnisse besteht.

951 – Nach ihrer Intensität wird sie zudem in positive und negative Kontrolle unterschieden.

Die Kontrollarten werden in diesem Abschnitt beschrieben. Die Frage, ob Veränderungen der Kontrollarten neue Zusammenschlusstatbestände auslösen, wird unten in Rdnr. 1010 ff. behandelt.

(a) **Alleinige Kontrolle (Kontrollarten)**

952 Alleinige Kontrolle wird erworben, wenn aufgrund einer Gesamtschau aller dem Erwerber zustehenden Einflussmöglichkeiten der Erwerber allein in der Lage ist, bestimmenden Einfluss auf die Tätigkeit des Zielunternehmens auszuüben. Die Kommission unterstellt in der Regel das Vorliegen alleiniger Kontrolle, wenn ein Unternehmen die Stimmrechtsmehrheit am Zielunternehmen erwirbt[1010]. Allerdings können Dritten eingeräumte Sonderrechte wie z. B. Zustimmungserfordernisse oder Vetorechte für bestimmte wichtige Entscheidungen bewirken, dass auch bei Vorliegen einer Stimmrechtsmehrheit keine rechtliche Alleinkontrolle gegeben ist.

1009 Siehe zum Vollzugsverbot unten Rdnr. 1727 ff.
1010 Mitteilung über den Zusammenschlussbegriff, Rdnr. 13.

953 Der Erwerb von **50,01% der Anteile** an einem anderen Unternehmen (bzw. 50% plus eine Aktie) genügt regelmäßig für den Kontrollerwerb, wenn keine weiteren besonderen Umstände vorliegen[1011].

953a Alleinige Kontrolle kann auch durch den Erwerb einer **qualifizierten Minderheitsbeteiligung** erworben werden. Dies sind Beteiligungen in Höhe von unter 50%, die jedoch entweder wegen faktischer oder rechtlicher Zusatzumstände die Möglichkeit gewähren, bestimmenden Einfluss auszuüben. Dies hat unter anderem zur Konsequenz, dass der Erwerb einer Stimmenmehrheit nicht per se einen Kontrollerwerb darstellt. Im Fall CCIE/GTE[1012] erwarb eine Investmentbank 81% der Anteile an dem Zielunternehmen. Dennoch fiel die alleinige Kontrolle dem verbleibenden 19%-Anteilsinhaber zu. Die Investmentbank hatte Kontrollrechte auf den Minderheitsaktionär übertragen, und wichtige Befugnisse im Bereich des Managements führten zwei Angestellte des Zielunternehmens aus[1013].

(i) De jure und de facto Kontrolle

954 Immer wenn durch Anteilserwerb oder in anderer Weise eine Rechtsstellung erworben wird, aufgrund derer bestimmender Einfluss in einem anderen Unternehmen ausgeübt werden kann, spricht man von rechtlichem oder **de jure Erwerb** von Kontrolle. Alleinige de jure Kontrolle wird zum Beispiel regelmäßig durch den Erwerb sämtlicher Stimmrechte an einer anderen Gesellschaft realisiert.

955 Ein de jure Kontrollerwerb kann auch bei qualifizierten Minderheitsbeteiligungen stattfinden, wenn zwar nur eine Minderheitsbeteiligung an einem Unternehmen erworben wird, jedoch Vorzugsanteile gehalten werden, die letztlich zu einer rechtlich gesicherten Stimmrechtsmehrheit führen[1014]. Ebenfalls in diese Kategorie fällt der Erwerb von anderen Sonderrechten (wie z.B. das Recht, die Hälfte der Mitglieder des Aufsichtsrats oder des Vorstands zu bestimmen) durch einen Minderheitsaktionär oder von rechtlich gesicherten Vetorechten, die ihm bestimmenden Einfluss gewähren. In allen diesen Fällen ist also die Minderheitsbeteiligung mit besonderen Rechten ausgestattet.

956 Ein faktischer oder **de facto Kontrollerwerb** liegt in Fällen vor, in denen (Minderheits-) Beteiligungen erworben werden, die keine rechtlich abgesicherte Stellung für die Ausübung bestimmenden Einflusses gewährleisten, bei denen jedoch aufgrund besonderer Umstände damit zu rechnen ist, dass die erworbenen Anteile faktisch ausreichen, um die wesentlichen strategischen Entscheidungen des Unternehmens treffen zu können[1015]. Zu diesen tatsächlichen Umständen können auch enge wirtschaftliche Beziehungen wie langfristige Lieferverträge oder Darlehen gehören, insbesondere wenn sie durch eine (strukturelle) Minderheitsbeteiligung unterlegt sind.

957 Die in der Praxis häufigsten Konstellationen des Erwerbs von de facto-Kontrolle sind Fälle, in denen eine Minderheitsbeteiligung erworben wird und sich die restlichen Stimmrechtsanteile in **Streubesitz** befinden, sodass auf den Hauptver-

---

1011 Vgl. Kommission, 23.9.1991, M.134 »Mannesmann/Boge«, Rdnr. 5 und Mitteilung über den Zusammenschlussbegriff, Rdnr. 13.
1012 Kommission, 25.9.1992, M.258 »CCIE/GTE«, Rdnr. 2ff.
1013 Siehe näher sogleich bei der Darstellung zur de jure und de facto Kontrolle.
1014 Vgl. Mitteilung über den Zusammenschlussbegriff, Rdnr. 14.
1015 Vgl. Mitteilung über den Zusammenschlussbegriff, Rdnr. 14.

sammlungen wegen der fehlenden Präsenz eines erheblichen Anteils der Stimmen die erworbene Minderheitsbeteiligung letztlich eine Mehrheit darstellt (sog. »faktische Hauptversammlungsmehrheit«). In der Praxis der Kommission wird in diesen Fällen in der Regel die **Hauptversammlungspräsenz** der letzten drei Jahre als Vergleichsmaßstab zu Grunde gelegt. Entsprach in diesem Zeitraum die erworbene Minderheitsbeteiligung einer Mehrheit der Stimmen in den Hauptversammlungen, so liegt ein Kontrollerwerb nahe[1016]. Zu beachten ist aber, dass durch den Erwerb der Minderheitsbeteiligung Verschiebungen in der Struktur der Beteiligungen an dem Zielunternehmen eintreten können. Daher ist neben der Rückschau auf die vergangenen Jahre immer auch eine Prognose in die nähere Zukunft anzustellen, um zu ermitteln, ob damit zu rechnen ist, dass die erworbene Minderheitsbeteiligung auch in Zukunft eine Mehrheit in der Hauptversammlung sichern wird.

958 Um die Ausübung von de facto-Kontrolle durch eine bloße Minderheitsbeteiligung ging es bereits in einer der ersten Kommissionsentscheidungen. Hier hatte der Erwerb von 39% des stimmberechtigten Kapitals genügt, um den Erwerb alleiniger Kontrolle zu begründen. In dem konkreten Fall waren weitere 107.000 Aktionäre betroffen, von denen keiner mehr als 4% und nur drei Aktionäre über 3% der Anteile hielten[1017]. In einem späteren Fall bejahte die Kommission den Erwerb von de facto-Kontrolle bei einem Anteil von 29,04% der Stimmrechte. In den Hauptversammlungen waren in den Jahren zuvor nie mehr als 36% der Stimmen vertreten gewesen. Neben dem (bereits vor dem geprüften Erwerb von einem anderen Anteilsinhaber gehaltenen) 29,04%-Paket bestanden nur wenige Anteilspakete. Ein weiterer Anteilsinhaber hielt 5,9%, weitere vier hielten mehr als 3% der Anteile. Die Kommission hob ferner hervor, dass die meisten Anteilspakete von Ausländern gehalten wurden. Das größte nationale Anteilspaket betrug lediglich 2%[1018].

959 In dem Fall »Valinox/Timet«[1019] hatten sich vor der Anmeldung des Zusammenschlussvorhabens erhebliche Veränderungen in der Anteilsstruktur ergeben, sodass die Kommission nicht mehr auf die faktische Hauptversammlungspräsenz der letzten Jahre abstellen konnte. Die Kommission nahm dennoch eine alleinige Kontrolle durch den Minderheitsaktionär Tremont an, der eine Beteiligung von 30% (plus 4,5% im Rahmen einer Call Option) an Timet hielt. Entscheidende Argumente für die alleinige Kontrolle waren, dass der nächstgrößte Anteilseigner mit 10% direkter Beteiligung plus 1,5% Call Optionen und der dann folgende Anteilseigner mit 5,7% erheblich geringere Anteile besaßen. Daher war für die Zukunft von einer faktischen Hauptversammlungsmehrheit für Tremont auszugehen.

(ii) **Positive und negative Kontrolle**
Zu unterscheiden ist ferner zwischen negativer und positiver Kontrolle[1020]:
- **960** **Positive Kontrolle** liegt vor, wenn das kontrollierende Unternehmen allein in der Lage ist, die strategisch wichtigen Entscheidungen in dem anderen Unterneh-

---
1016 Vgl. hierzu Mitteilung über den Zusammenschlussbegriff, Rdnr. 14.
1017 Kommission, 10. 12. 1990, M.025 »Arjomari-Prioux SA/Wiggins Teape Appleton plc«, Rdnr. 4.
1018 Kommission, 31. 7. 1995, M.613 »Jefferson Smurfit Group plc/Munksjo AB«, Rdnr. 6.
1019 Kommission, 12. 6. 1997, M.917 »Valinox/Timet«, Rdnr. 7 ff., 10.
1020 Beide Kontrollarten können sowohl bei alleiniger als auch bei gemeinsamer Kontrolle vorkommen.

C. Europäische Fusionskontrolle

men aktiv herbeizuführen und zu fällen. Gemeinsame positive Kontrolle liegt vor, wenn mehrere Unternehmen gemeinsam aktiv Entscheidungen treffen können. Positive Kontrolle ermöglicht also aktive Gestaltung der Geschäftspolitik des Zielunternehmens.

961 • Von **negativer Kontrolle** wird gesprochen, wenn ein Unternehmen strategisch wichtige Entscheidungen in dem anderen Unternehmen lediglich blockieren, also nicht aktiv selbst treffen kann. Der bestimmende Einfluss beschränkt sich also hier auf die Möglichkeit, unliebsame Entscheidungen zu verhindern. Eine aktive Gestaltung der Unternehmenspolitik ist nur im Einklang mit anderen Anteilsinhabern des Zielunternehmens möglich.

962 Die beiden Kategorien verdeutlichen den **unterschiedlichen Intensitätsgrad** der Kontrollarten: Kontrolle i. S. d. Art. 3 Abs. 2 FKVO wird bereits mit dem Erwerb einer Sperrposition durch Ausübung von Vetorechten über strategisch wichtige Entscheidungen erworben. Kann aber das kontrollierende Unternehmen nicht nur Entscheidungen blockieren, sondern selbst positiv seine Entscheidungen durchsetzen, kommt ihm ungleich mehr Einfluss auf das strategische Geschäftsverhalten des Zielunternehmens zu.

(iii) **Überblick über die Kontrollarten bei alleiniger Kontrolle**

Im Wesentlichen sind innerhalb der alleinigen Kontrolle drei relevante Fallkonstellationen zu unterscheiden[1021]:

963 • De jure, positive alleinige Kontrolle: Kennzeichen sind i.d.R. Mehrheitsbeteiligung, positive Entscheidungsbestimmung, Abwesenheit mitkontrollierender Minderheitsgesellschafter.

964 • De facto, positive alleinige Kontrolle: Kennzeichen sind Minderheitsbeteiligung, aber z.B. aufgrund faktischer Hauptversammlungspräsenz positive Entscheidungsbestimmung, Abwesenheit mitkontrollierender Minderheitsgesellschafter.

965 • Negative alleinige Kontrolle: Kennzeichen sind Minderheitsbeteiligung, fehlende Möglichkeit der Entscheidungsbestimmung, da nur Blockaderechte gegeben sind, Abwesenheit mitkontrollierender Minderheitsgesellschafter. Sie kann de facto oder de jure begründet sein.

(b) **Gemeinsame Kontrolle – Gemeinsamkeit**

966 Die Kommission geht vom **Vorliegen gemeinsamer Kontrolle** aus, wenn die Muttergesellschaften bei allen wichtigen Entscheidungen in Bezug auf das Gemeinschaftsunternehmen (GU) Übereinstimmung erzielen müssen[1022], weil sie sich sonst gegenseitig blockieren würden. Sie können also nur durch gemeinsames Handeln bestimmenden Einfluss auf die Tätigkeiten des GU ausüben.

967 Bei der Frage, ob die Kontrolle über ein GU gemeinsam ausgeübt wird, kommt es mithin nicht auf bloße Konsultationsrechte oder unverbindliche Abstimmungen an. Dies würde keine dauerhafte strukturelle Veränderung bewirken. Entscheidend ist die gesicherte Vetomöglichkeit von mindestens zwei Anteilseignern.

968 Ob bestehende Einflussrechte auch tatsächlich ausgeübt werden oder nicht, ist unerheblich; die **Möglichkeit**, bei der Kontrollausübung mitzuwirken, ist der maß-

---

1021 Zu Anmeldepflichten bei Wechsel zwischen den Kontrollarten siehe unten Rdnr. 1010ff.
1022 Mitteilung über den Zusammenschlussbegriff, Rdnr. 18.

gebliche Anknüpfungspunkt. Dies erlangt etwa Bedeutung, wenn Investmentbanken zwar grundsätzlich die ökonomische Führung des Zielunternehmens einem industriellen Mitinvestor überlassen wollen, sich aber dennoch vertraglich strategische Vetorechte sichern. In diesem Fall erlangen die Banken gemeinsame Kontrolle zusammen mit dem industriellen Investor.

Im Hinblick auf die Anmeldepflichtigkeit des Erwerbs gemeinsamer Kontrolle ist entscheidend, dass nicht nur der ursprüngliche Erwerb gemeinsamer Kontrolle ein anmeldepflichtiger Zusammenschlusstatbestand ist, sondern **Veränderungen der Anzahl mehrerer Kontrollinhaber** ebenfalls neue anmeldepflichtige Vorgänge darstellen, wenn sich die Anzahl der kontrollausübenden Unternehmen erhöht oder ein Wechsel innerhalb der kontrollierenden Unternehmen stattfindet[1023]. 969

Nachfolgend werden einige wichtige Fallkonstellationen gemeinsamer Kontrolle beschrieben:

(i) **Paritätische Beteiligungen**
Nach der Entscheidungspraxis der Kommission ist wegen des Einigungszwangs bei **paritätisch ausgestalteten Beteiligungen** stets von einer gemeinsamen Kontrollausübung auszugehen[1024]. Gemeinsame Kontrolle besteht also dann, wenn zwei Unternehmen die gleichen Stimmrechte von je 50 % in dem GU und den Leitungsorganen haben und keine Sondervereinbarungen über die Stimmrechtsausübung getroffen werden oder wenn beide beherrschenden Unternehmen die gleiche Anzahl stimmberechtigter Mitglieder in die Entscheidungsgremien des GU entsenden können[1025]. Dabei ändern zusätzliche wichtige Gremienmitglieder, die aus der Mitte des Entscheidungsgremiums gewählt werden, nichts am Bestehen der gemeinsamen Kontrolle[1026]. 970

Nach heutiger Auffassung ist es bei gleichen Stimmrechten auch unerheblich, ob eine der Muttergesellschaften zum Beispiel aufgrund besserer Kenntnisse in den Geschäftsbereichen des GU die **industrielle Führung** übernimmt[1027], eine Konstellation die häufig dann vorkommt, wenn eine der Muttergesellschaften eine Investmentbank ist. Dies ist konsequent, da es ohnehin nicht auf die tatsächliche Ausübung der Rechte ankommt, sondern die Möglichkeit der Ausübung bestimmenden Einflusses genügt. 971

1023 Vgl. etwa zur Auswechslung einer von zwei die gemeinsame Kontrolle ausübenden Muttergesellschaften: Kommission, 18. 10. 2002, M.2939 »JCI/Bosch/VB Autobatterien«, Abschnitt II. und III. Siehe näher unten Rdnr. 1015 ff.
1024 Vgl. nur Kommission, 16. 5. 1991, M.82 »ASKO/Jacobs/ADIA«, Rdnr. 1 und 3 sowie ausdrücklich Kommission, 28. 4. 1998, M.1020 »GE Capital/Sea Containers«, Rdnr. 6; anders verhält es sich aber, wenn sich aus sonstigen Umständen eine alleinige Kontrolle eines der beiden 50%-Inhaber ergibt, wie z.B. in Kommission, 20. 12. 1995, M.650 »SBG/Rentenanstalt«, Rdnr. 7 ff., wo der für die strategischen Entscheidungen des GU zuständige Verwaltungsrat, abweichend von der Kapitalbeteiligung, im Verhältnis 3:2 besetzt war und seine Beschlüsse mit einfacher Mehrheit fasste.
1025 Siehe Mitteilung über den Zusammenschlussbegriff, Rdnr. 20.
1026 Kommission, 18. 3. 1998, M.1183 »Nortel/Norweb«, Rdnr. 10, wo die beiden Muttergesellschaften je drei Gremiumsmitglieder wählten und der »Chief Executive« sowie der »Finance Director« von dem Gremium selbst ernannt wurden.
1027 Mitteilung über den Zusammenschlussbegriff, Rdnr. 36. Zur früheren Bedeutung der industriellen Führerschaft bei Gemeinschaftsunternehmen vgl. Rdnr. 1523.

C. Europäische Fusionskontrolle

(ii) Disparitätische Beteiligungen

972 Disparitätische Beteiligungen sind solche, bei denen mehr als zwei Anteilseigner bestimmenden Einfluss ausüben können oder bei denen entweder die Stimmrechtsanteile oder die Organentsendungsrechte unterschiedlich verteilt sind[1028]. Gemeinsame Kontrolle liegt bei **disparitätisch ausgestalteten Beteiligungen** vor, wenn z. B. in der Satzung des Gemeinschaftsunternehmens oder in einer Stimmrechtsvereinbarung zwischen den Anteilseignern geregelt ist, dass strategisch wichtige Entscheidungen nur einstimmig getroffen werden können oder aber wenn einzelne Anteilseigner trotz ungleicher Beteiligungshöhen bei strategisch wichtigen Entscheidungen jeweils ein Vetorecht haben. In diesen Fällen ist aufgrund einer Gesamtschau aller tatsächlichen und rechtlichen Verhältnisse zu untersuchen, welche der Muttergesellschaften gemeinsam Kontrollmöglichkeiten innehaben.

973 Können **mehr als zwei** Anteilseigner die strategischen Entscheidungen in Bezug auf das GU nur gemeinsam herbeiführen, so üben sie alle gemeinsam die Kontrolle über das GU aus[1029]. Dies kann auch in Fällen gelten, in denen die aufgrund eines Stimmbindungsvertrages einheitlich abstimmenden Minderheitsgesellschafter nur de facto Kontrolle ausüben. So entschied die Kommission in einem Fall, in dem drei Anteilseigner zusammen lediglich 25 % minus eine Aktie am Zielunternehmen hielten, wo jedoch aufgrund der Hauptversammlungspräsenz zu erwarten war, dass die drei Anteilseigner gemeinsam bestimmenden Einfluss ausüben würden[1030].

974 Allerdings **fehlt die Gemeinsamkeit** der Kontrollausübung regelmäßig in Fällen, in denen im Hinblick auf die strategischen Entscheidungen **wechselnde Mehrheiten** (»Shifting Majorities« oder »Shifting Alliances«) im Gesellschafterkreis zustande kommen können[1031]. In diesen Fällen sind die Gesellschafter nicht jeweils aufeinander angewiesen, sondern divergierende Interessen der Minderheitsgesellschafter können zu unterschiedlichem Abstimmungsverhalten führen. Ausnahmen von dieser Regel sind möglich, insbesondere wenn starke gemeinsame Interessen der Gesellschafter für eine Gemeinsamkeit des Stimmverhaltens sprechen[1032].

(iii) Stimmbindungsverträge

975 Häufig wird die Gemeinsamkeit der Kontrolle wird häufig durch **Stimmbindungsverträge**[1033] bewirkt. Eine Zusammenarbeit auf der Grundlage eines Stimmbindungsvertrages vereinbarten zum Beispiel die Unternehmen NAW und Saltano, die jeweils ein Drittel der Stimmrechtsanteile am Zielunternehmen hielten. Die wesentlichen Entscheidungen, die Einfluss auf die unternehmerische Tätigkeit des Zielun-

---

1028 Vgl. Mitteilung über den Zusammenschlussbegriff, Rdnr. 21.
1029 So Kommission, 13. 1. 1992, M.176 »Sunrise«, Rdnr. 15, für 5 Gesellschafter mit Anteilen zwischen 15 % und 25 % bei Einstimmigkeitsprinzip.
1030 Kommission, 5. 5. 1999, M.1479 »Thomson/Banco Zaragozano/Caja Madrid/Indra«, Rdnr. 5 f.
1031 Siehe Mitteilung über den Zusammenschlussbegriff, Rdnr. 35. Kommission, 27. 2. 1992, M.207 »Eureko«, Rdnr. 10 f.
1032 Siehe z. B. Kommission, 31. 3. 1993, M.331 »Fletcher Challenge/Methanex«, Rdnr. 8. Siehe näher sogleich unten Rdnr. 977 ff.
1033 Auch Stimmenpoolverträge genannt; siehe Mitteilung über den Zusammenschlussbegriff, Rdnr. 30 ff.

ternehmens hatten, mussten mit 65%-iger Mehrheit gefasst werden. Auf Grund des Stimmbindungsvertrages erwarben SAW und Saltano gemeinsame Kontrolle[1034]. Interessant war ferner die Konstellation, in der eine Gruppe von Anteilseignern, die zusammen 53,3% der Anteile an dem GU hielten, einen Stimmenpool vereinbarten. Dieser Pool entschied seinerseits mit 80%-iger Mehrheit seiner Mitglieder über strategische Entscheidungen bezüglich des GU. Beschlüsse konnten innerhalb des Pools nur herbeigeführt werden, wenn seine drei wichtigsten Mitglieder zustimmten. Die Kommission entschied, dass diese drei Pool-Mitglieder die gemeinsame Kontrolle über das GU ausübten[1035].

Von **poolähnlicher Wirkung** sprach die Kommission in einem Fall, in dem 40% der Anteile am Zielunternehmen von Frantschach erworben wurden und an dem drei Privatpersonen jeweils weitere 20% der Anteile hielten[1036]. Entsprechend der jeweils gehaltenen Anteile war die Stimmverteilung im entscheidenden Beirat des Zielunternehmens geregelt. Grundsätzlich brauchte also Frantschach nur jeweils eine der Privatpersonen zu überzeugen, um im Beirat die Stimmrechtsmehrheit herbeizuführen. Die Privatpersonen wählten aber die drei ihnen zustehenden Beiratsmitglieder gemeinsam, sodass diese nach Auffassung der Kommission ihr Mandat von den drei Privatpersonen insgesamt erhielten. Dies erzeuge eine poolähnliche Wirkung, was wechselnde Mehrheiten dauerhaft ausschließe. 976

(iv) **Starke gemeinsame Interessen**

Darüber hinaus kommen für die Begründung gemeinsamer Kontrolle **starke gemeinsame Interessen** an der Zusammenarbeit in Betracht, wobei in dieser Hinsicht besondere Anforderungen zu stellen sind[1037]. Die gemeinsamen Interessen müssen so stark sein, dass auch ohne Vetorechte etc. dauerhaft davon auszugehen ist, dass die Muttergesellschaften sich bei strategisch wichtigen Entscheidungen stets bewusst miteinander abstimmen und nicht gegeneinander votieren werden. Indiz für das Vorliegen solcher Interessen kann sein, dass zwischen den kontrollausübenden Unternehmen bereits vorher Verbindungen bestanden, aus denen sich ein belastbares Interessengeflecht ableiten lässt. Grundsätzlich gilt eine gemeinsame Interessenlage als umso unwahrscheinlicher, je mehr Muttergesellschaften an der gemeinsamen Kontrolle beteiligt sein werden[1038]. 977

Die Kommission geht davon aus, dass bei einem **neu gegründeten Gemeinschaftsunternehmen** im Gegensatz zum Erwerb einer Minderheitsbeteiligung an einem bereits bestehenden Unternehmen die Wahrscheinlichkeit des bewussten und dauerhaften Zusammenwirkens größer ist[1039]. Verstärkt wird dieser Aspekt noch, wenn jedes der Mutterunternehmen einen für das GU lebenswichtigen Beitrag leistet, 978

1034 Kommission, 26.2.1996, M.698 »NAW/Saltano/Contrac«, Rdnr. 6.
1035 Kommission, 19.7.1993, M.334 »Costa Crociere/Chargeurs/Accor«, Rdnr. 5ff.
1036 Kommission, 5.9.1995, M.581 »Frantschach/Bischoff + Klein«, Rdnr. 5ff., 7.
1037 Vgl. die Erläuterungen in: Mitteilung über den Zusammenschlussbegriff, Rdnr. 32ff.; Kommission, M.616 »Swissair/Sabena«, Rdnr. 9 (Gemeinsamkeit bejaht) und Kommission, 14.3.1995, M.548 »Nokia/SP Tyres UK«, Rdnr. 5ff. (Gemeinsamkeit verneint). Zu gleich gelagerten Interessen von Banken bei gemeinsamen Industriebeteiligungen vgl. Kommission, 3.12.1993, M.382 »Philips/Grundig« – IV. A.
1038 Siehe Kommission, 22.12.1998, JV.12 »Ericsson/Nokia/Psyion/Motorola«, Rdnr. 13.
1039 Vgl. Mitteilung über den Zusammenschlussbegriff, Rdnr. 34.

etwa weil es die örtlichen Marktverhältnisse kennt oder eine innovative Technologie beisteuert[1040].

979 Ob die **Nutzung komplementärer Vorteile** zur faktischen Gemeinsamkeit der Kontrollausübung führt, wurde in der Entscheidungspraxis unterschiedlich bewertet. Die Kommission entschied, dass zum Beispiel die Zusammenlegung von Stärken im Bereich Winterreifen und Sommerreifen[1041] oder auch das gemeinsame Interesse von Mobilfunkunternehmen an einem gemeinsamen Betriebssystem – selbst für den Fall, dass sie dieses als Industriestandard entwickeln und vertreiben möchten[1042] – nicht ohne weiteres ausreiche, um ein starkes gemeinsames Interesse an dauerhafter uneingeschränkter Zusammenarbeit zu gewährleisten. In einem anderen Fall erklärte die Kommission hierzu in einer Art obiter dictum[1043], dass ein die gemeinsame Kontrolle begründendes »faktisches gemeinsames Handeln« schon deshalb erwartet werden könne, weil jedes der Gründerunternehmen des GU einen **wichtigen technologischen Beitrag** zum GU leiste und das GU nur bei »uneingeschränkter Zusammenarbeit« betrieben werden könne. Offenbar sind an das Ausmaß dieser Zusammenarbeit hohe Anforderungen zu stellen. Wichtig kann sein, ob es bereits vorherige Projekte zwischen den beteiligten Unternehmen gibt, die sich »disziplinierend« auf das Abstimmungsverhalten auswirken.

980 In dem Fall Hutchison/RCPM/ECT nahm die Kommission eine ausführliche **Prüfung aller Gesamtumstände** vor und kam zu dem Schluss, dass Hutchison und RMPM – die Muttergesellschaft von RCPM – aufgrund starker gemeinsamer Interessen eng aneinander gebunden waren, sodass es unwahrscheinlich erschien, dass sie bei Abstimmungen gegeneinander stimmen würden[1044]. In dem Fall erwarben Hutchison (35 %) und RCPM (35 %) zusammen mit der Bank ABN (28 %) Anteile an dem bereits existierenden Unternehmen ECT. Strategische Beschlüsse wurden mit 60 %-iger Mehrheit gefasst, sodass im Prinzip wechselnde Allianzen möglich waren. Unter anderem aus den folgenden Gründen ging jedoch die Kommission vom Vorliegen starker gemeinsamer Interessen zwischen Hutchison und RMPM und damit gemeinsamer Kontrolle durch diese beiden Muttergesellschaften aus:
- zwischen den »strategischen« Investoren Hutchison und RMPM bestehe ein gemeinsames Grundverständnis, da sie den angemeldeten Zusammenschluss bereits früher auf andere Weise, nämlich durch Erwerb von je 50 % der Anteile an ECT, realisieren wollten;
- ABN war hingegen an dieser ursprünglich verfolgten Konzeption nicht beteiligt und sei auch lediglich ein Finanzinvestor, der zudem erklärt hatte, sich kurzfristig von mindestens der Hälfte seiner an ECT gehaltenen Anteile wieder trennen zu wollen;
- die Gesamtstruktur erschien der Kommission maßgeschneidert für gemeinsame Kontrolle durch Hutchison und RMPM;
- im Hinblick auf den künftigen Erfolg ECTs bestand nach Ansicht der Kommission eine hohe gegenseitige Abhängigkeit zwischen Hutchison und ECT[1045];

1040 Mitteilung über den Zusammenschlussbegriff, Rdnr. 34; vgl. hierzu Kommission, 20. 9. 1995, M.553 »RTL/Veronica/Endemol«, Rdnr. 11.
1041 Siehe Kommission, 14. 3. 1995, M.548 »Nokia/SP Tyres UK«, Rdnr. 5 ff.
1042 Siehe Kommission, 22. 12. 1998, JV.12 »Ericsson/Nokia/Psyion/Motorola«, Rdnr. 14, 16.
1043 Kommission, 9. 3. 1998, M.987 »ADTRANZ/Siemens/Thyssen-Transrapid Int«, Rdnr. 8.
1044 Kommission, 3. 7. 2001, JV.55 »Hutchison/RCPM/ECT«, Rdnr. 14 ff.
1045 Vgl. hierzu näher Kommission, 3. 7. 2001, JV.55 »Hutchison/RCPM/ECT«, Rdnr. 15, Buchst. c.

- Hutchison und RMPM gewährleisteten durch ihre gegenüber ABN gemeinsam abgegebene Garantie für Kredite ECTs einerseits, dass sie sich gegenseitig ihrer Verpflichtungen als Anteilseigner von ECT verbunden fühlten, und andererseits, dass ABNs Risiko im Hinblick auf die Finanzierung ECTs durch die Bonität der strategischen Investoren aufgefangen werde.

Auch ohne konkrete gemeinsame Interessen herauszuarbeiten, entschied die Kommission auf der Grundlage einer retrospektiv festgestellten, mehr als fünf Jahre andauernden **gemeinsamen Strategie** bei Abstimmungen in dem betreffenden Zielunternehmen, dass auch in Zukunft eine gemeinsame Stimmabgabe zu erwarten sei[1046]. An einem bereits seit über fünf Jahren bestehenden Zielunternehmen waren die Unternehmen TF1, M6 und Suez sowie ein viertes Unternehmen zu jeweils 25% beteiligt. Die Kommission hatte bei Errichtung des Zielunternehmens festgestellt, dass zwischen den vier Muttergesellschaften keine gemeinsame Kontrolle bestand. Mit dem angemeldeten Vorhaben erwarb TF1 die 25%-ige Beteiligung des vierten Unternehmens, stockte also seinen Anteil am Zielunternehmen auf 50% auf. Von den insgesamt zwölf Organmitgliedern ernannte TF1 sechs, und M6 und Suez gemeinsam die weiteren sechs Mitglieder. Die Kommission stellte fest, dass M6 und Suez seit Bestehen des Zielunternehmens ausnahmslos identisch abgestimmt haben und schloss daraus, dass diese beiden Muttergesellschaften im Rahmen der Zusammenarbeit im Zielunternehmen eine gemeinsame Strategie verfolgten, die stabil, dauerhaft und umfassend sei[1047]. Da M6 und Suez zudem ihre sechs Organmitglieder gemeinsam bestellten, ging die Kommission davon aus, dass durch das Vorhaben gemeinsame Kontrolle durch TF1 einerseits und M6 und Suez andererseits erworben wurde.

981

(v) Instrumental zwischengeschaltete Gemeinschaftsunternehmen

Eine weitere Fallgruppe stellen Konstellationen dar, in denen gemeinsame Interessen zusammen mit einem **rein instrumentalen Charakter eines Gemeinschaftsunternehmens** zur Annahme gemeinsamer Kontrolle führen. In einem Fall hatten drei italienische Stahlhersteller eine »Zwischenholding« gegründet mit dem ausschließlichen Zweck, 50% der Anteile an einem im Stahlbereich tätigen Gemeinschaftsunternehmen (KAI) zu halten. Die Entscheidungen in der Zwischenholding fielen mit einfacher Mehrheit, sodass hier unterschiedliche Koalitionen denkbar waren. Wegen des rein instrumentalen Charakters der Zwischenholding ging jedoch die Kommission davon aus, dass die Tatsache, dass keines der drei italienischen Unternehmen in der Lage war, mit seiner Stimme eine Entscheidung in der Zwischenholding zu verhindern, im vorliegenden Fall nicht von Bedeutung war. Vielmehr entschied die Kommission, dass die Zwischenholding deshalb gegründet worden war, um das Stimmverhalten zu bündeln und gegenüber den anderen Anteilseignern an dem operativ tätigen Stahlunternehmen KAI mit einer Stimme handeln zu können. Die Zwischenholding wurde daher als von den drei italienischen Unternehmen gemeinsam kontrolliert angesehen[1048].

982

1046 Kommission, 30. 4. 2002, JV.57 »TPS«, Rdnr. 8 ff.
1047 »stable, continue et entière«, vgl. Kommission, 30. 4. 2002, JV.57 »TPS«, Rdnr. 10.
1048 Kommission, 21. 12. 1994 »Krupp/Thyssen/Riva/Falk/Tadfin/AST«, Rdnr. 9.

983 In einem ähnlichen Fall[1049] gründeten drei Fluggesellschaften die Holdinggesellschaft »CIV«, in der Beschlussfassungen offensichtlich mit wechselnden Mehrheiten möglich waren. CIV war an dem Unternehmen GF-X zu 50% beteiligt, deren restliche 50% von GFEL gehalten wurden. CIV stimmte in den Organen der GF-X mit einheitlicher Stimme ab, sodass die drei Fluggesellschaften sich innerhalb CIVs auf die gemeinsame Stimmabgabe einigen mussten. Daher ging die Kommission vom Erwerb gemeinsamer Kontrolle durch die drei Fluggesellschaften einerseits und GFEL andererseits aus.

(vi) **Mehrstufige Einigungs- und Schlichtungsverfahren**

984 Des Öfteren sehen Vereinbarungen vor, dass in Fällen, in denen über wichtige Entscheidungen keine Einigkeit erzielt werden kann, einer der Anteilsinhaber am GU den **Stichentscheid** erhält. Besteht das Recht zur Ausübung des Stichentscheides für die Kernbeschlussfassungen, so begründet dies normalerweise die alleinige Kontrolle für das berechtigte Unternehmen[1050].

985 Allerdings können komplizierte und **mehrstufige Einigungs- bzw. Schlichtungsverfahren** für den Fall, dass zunächst keine einvernehmliche Entscheidung erreicht wird, die Gemeinsamkeit der Kontrolle rechtfertigen, selbst wenn am Ende des Einigungsverfahrens ein Stichentscheid durch eine der Muttergesellschaften möglich ist[1051]. Die Wirkung dieser Verfahren führt nach Einschätzung der Kommission im Ergebnis zu einer einvernehmlichen Entscheidungsfindung zwischen den Müttern.

986 So bejahte die Kommission im Fall Wacker/Air Products – trotz der Möglichkeit eines Stichentscheids durch eine der beiden Muttergesellschaften – das Vorliegen gemeinsamer Kontrolle, weil die Muttergesellschaften die Ausübung der entscheidenden Stimme im Fall der Uneinigkeit an einen dreistufigen Schlichtungs- und Einigungsprozess gekoppelt hatten, der sich über eine Periode von 90 Tagen ziehen sollte[1052]. Zusätzlich berücksichtigte die Kommission in diesem Fall die Tatsache, dass die beiden Mütter zwei parallele GU gegründet hatten, an denen jeweils eine der Mütter mehrheits- und die andere minderheitsbeteiligt war und bei denen jeweils die eine Mutter den wie oben beschrieben ausgestalteten Stimmentscheid innehatte. Diese Konstellation deutete die Kommission so, dass die Mütter kein Interesse an einer unabhängigen Führung der beiden GU hätten, weil eigenmächtigen Aktionen des Mehrheitsaktionärs in dem einen GU die Sanktionierung durch entsprechende Maßnahmen im anderen drohten[1053].

987 In einer anderen Entscheidung ging es um die gemeinsame Kontrolle durch zwei oder drei Muttergesellschaften über ein GU. In das kontrollausübende Leitungsorgan des GU entsandten die Muttergesellschaften fünf, vier bzw. zwei Vertreter. Entscheidungen über die jährlichen Finanz- und Geschäftspläne wurden im Voraus gefällt. Dabei war im Rahmen einer ersten Abstimmung eine Mehrheit von zehn

---

1049 Kommission, 25.10.2002, JV.57 »Lufthansa Cargo/Air France Finance/British Airways/Global Freight Exchange/JV«, Rdnr. 6.
1050 Mitteilung über den Zusammenschlussbegriff, Rdnr. 37 – e contrario.
1051 Mitteilung über den Zusammenschlussbegriff, Rdnr. 37; ähnlich, wenn am Ende des Einigungsverfahrens unabhängige Vermittler den Stichentscheid haben, vgl. Kommission, 21.12.1995, M.662 »Leisure Plan«, Rdnr. 11.
1052 Kommission, 4.8.1998, M.1097 »Wacker/Air Products«, Rdnr. 11.
1053 Kommission, 4.8.1998, M.1097 »Wacker/Air Products«, Rdnr. 12.

Mitgliedern des Leitungsorgans erforderlich, sodass die Vertreter aller drei Muttergesellschaften zustimmen mussten. Sollte keine Einigung erzielt werden, so war ein zweiter Abstimmungsprozess vorgesehen, der ebenfalls eine Mehrheit von zehn Mitgliedern vorsah. Danach jedoch konnte in einem dritten Durchgang der Geschäfts- und Finanzplan mit einer Mehrheit von lediglich noch neun Vertretern beschlossen werden, sodass die zwei großen Muttergesellschaften letztlich allein über die Pläne entscheiden konnten. Dennoch ging die Kommission hier von gemeinsamer Kontrolle durch alle drei Muttergesellschaften aus. Das Schlichtungsverfahren sei darauf angelegt, Einigung zu erzielen. Außerdem betonte die Kommission, dass alle drei Muttergesellschaften lebenswichtige Beiträge für die operativen Tätigkeiten des Gemeinschaftsunternehmens beisteuerten[1054].

Auch die Einschaltung eines **unabhängigen Vermittlers** kann trotz rechtlich auseinander fallender Kontrollbefugnisse eine de facto gemeinsame Kontrolle begründen. In der Entscheidung Leisure Plan[1055] hielten drei Muttergesellschaften jeweils ein Drittel der Anteile an dem Zielunternehmen. Entscheidungen sollten einvernehmlich getroffen werden. War dieses innerhalb von 90 Tagen nicht erreichbar, musste ein unabhängiger Vermittler (»mediator«) nach Anhörung der Parteien im Interesse des Zielunternehmens entscheiden. Die Wirkung dieser Regelung ist nach Ansicht der Kommission, dass alle Entscheidungen des Zielunternehmens durch die Muttergesellschaften einvernehmlich getroffen werden, sodass sie gemeinsame Kontrolle ausüben.

988

(5) Formen des Kontrollerwerbs

Gemäß Art. 3 Abs. 1 kann Kontrolle nicht nur durch Rechte und Verträge, sondern auch durch andere – möglicherweise auch faktische – Mittel begründet werden[1056]. Die FKVO spannt die Erwerbsarten also außerordentlich weit; es ist unerheblich, auf welche Weise bestimmender Einfluss erworben wird, maßgeblich ist allein, ob die Gesamtumstände einen solchen Einfluss ermöglichen.

989

Auch der Erwerbsbegriff ist weit gefasst. Mitumfasst sind z. B. auch der Tausch sowie der Erwerb durch Vermögensnachfolge.

990

(a) Kontrolle durch Anteilserwerb (Share Deal)

(i) Erwerb von Anteilen

Der Kontrollerwerb wird in den meisten Fällen durch Erwerb von Beteiligungen an anderen Unternehmen, teilweise in Verbindung mit dem Abschluss von Gesell-

991

1054 Kommission, 13. 11. 1997, M.975 »Albacom / BT / ENI / Media Set«, Rdnr. 10 ff., 12; die Argumentation der Kommission berücksichtigt nicht, dass die beteiligten Unternehmen – trotz der Erbringung wesentlicher Beiträge durch alle drei Muttergesellschaften – die letzte Entscheidung über die betreffenden Pläne gerade nicht allen drei Muttergesellschaften übertragen wollten. In den Verhandlungen um die Errichtung des GU gab es daher unterschiedliche Kräfteverhältnisse, die in der Entscheidung über die gemeinsame Kontrolle von der Kommission nicht widergespiegelt werden.
1055 Kommission, 21. 12. 1995, M.662 »Leisure Plan«, Ziff. II.
1056 Zu beachten ist, dass Art. 3 Abs. 1 erläutert, wie die Kontrollstellung erworben werden kann (z. B. durch Erwerb von Unternehmensteilen bzw. von Vermögenswerten), während der ähnlich formulierte Abs. 2 beschreibt, mit welchen Mitteln die Kontrolle ausgeübt werden kann (z. B. durch Geltendmachung der sich aus den erworbenen Anteilen bzw. aus der Eigentümerstellung ergebenden Rechte).

schaftervereinbarungen, verwirklicht. Für den Kontrollerwerb kommt es nicht auf den Erwerb der Stimmrechtsmehrheit an. Wie oben ausgeführt, können auch qualifizierte Minderheitsbeteiligungen einen Kontrollerwerb begründen. Soweit nicht andere rechtliche oder tatsächliche Einflussmöglichkeiten neben dem Anteilserwerb zu berücksichtigen sind, führt allerdings der Erwerb der Stimmrechtsmehrheit zu alleiniger Kontrolle[1057]. Während im deutschen Recht der bloße Erwerb von Kapitalanteilen (ohne Stimmrechte) gemäß § 37 Abs. 1 Nr. 3 GWB einen Zusammenschlusstatbestand begründet, sind im Rahmen der FKVO stimmrechtslose Beteiligungen i. d. R. irrelevant.

(ii) **Erwerb von Optionen**

992 Rechtsgeschäfte, die nicht unmittelbar den Anteilserwerb herbeiführen, begründen keine Kontrolle. Der Erwerb von **Optionen**, die zum Kauf oder zur Umwandlung von Anteilen berechtigen (Call-Optionen) oder die das Recht begründen, Anteile an einen bestimmten Käufer zu veräußern (Put-Optionen), verleiht grundsätzlich keine Kontrolle[1058] (ebenso wenig wie etwa die Einräumung von Vorkaufsrechten). In der Regel ist daher erst die Ausübung der Option ein Zusammenschlusstatbestand. Allerdings gibt es zu diesem Grundsatz eine Reihe von Besonderheiten, die es in der Praxis oft erschweren, den Erwerb von Optionen fusionskontrollrechtlich zu bewerten. Entscheidende Frage ist stets, ob die konkrete Optionsvereinbarung, z.B. über den Kauf von Anteilen, dem Optionsberechtigten bereits die (faktische) Möglichkeit verschafft, bestimmenden Einfluss auszuüben, obwohl der Optionsverpflichtete als der tatsächliche Inhaber der Anteile die Stimmrechte ausübt.

993 Ein wichtiger Aspekt bei der Beurteilung von Optionen als Zusammenschlusstatbestand ist die **zeitliche Nähe der Optionsausübung**. Der Abschluss einer Optionsvereinbarung kann regelmäßig nur dann bereits einen Zusammenschlusstatbestand erfüllen, wenn mit der Optionsausübung »in naher Zukunft« zu rechnen ist[1059]. Schwierig ist hier die Beurteilung der Frage, welche Zeiträume als »in naher Zukunft« liegend anzusehen sind. Da die Fusionskontrolle der Erfassung struktureller Veränderungen dient, dürfte hier ein Ausübungszeitraum von maximal drei Jahren noch zur Zurechnung führen. Spätere Zeitpunkte dürften auf die meisten, auch strategischen, Entscheidungen noch nicht so starke Auswirkungen haben, dass Optionsrechte zur Entstehung (faktischen) bestimmenden Einflusses führen. Bei späteren Ausübungszeitpunkten wird sich dann die weitere Frage stellen, zu welchem Zeitpunkt der Zusammenschlusstatbestand des Kontrollerwerbs erfüllt und eine Anmeldepflicht ausgelöst wird. Dies könnte zum Beispiel der Zeitpunkt von drei Jahren vor der (nächsten) Ausübungsverpflichtung sein. Die Praxis hierzu ist ungeklärt. In solchen Fällen sollte unbedingt die korrekte Vorgehensweise mit der Kommission besprochen werden.

994 Kritisch sind auch Optionen, die **jederzeit ausübbar** sind. Ist dies der Fall, so steht bei einer Call-Option der Anteilsinhaber unter erheblichem Zugzwang. Will er die Anteile (und die daraus resultierenden Dividenden etc.) halten, so wird er sich gezwungen sehen, keine Entscheidungen zu treffen, die dem Optionsberechtigten

---

1057 Vgl. Mitteilung über den Zusammenschlussbegriff, Rdnr. 13.
1058 Mitteilung über Zusammenschlussbegriff, Rdnr. 15.
1059 Mitteilung über den Zusammenschlussbegriff, Rdnr. 15 unter Hinweis auf EuGH, 19. 5. 1994, Slg. 1994, II-323, T-2/93 »Air France/Kommission«.

missfallen. Der tatsächliche Anteilsinhaber wird vielmehr in einer Art »vorauseilendem Gehorsam« die Interessenlage des Optionsberechtigten bei allen wichtigen Entscheidungen berücksichtigen und so dem Optioninhaber möglicherweise de facto bestimmenden Einfluss gewähren[1060]. Die Kommission hat dies in verschiedenen Fällen auch als »looking over the shoulder syndrom« bezeichnet. Im Fall BS/BT prüfte die Kommission für eine Put-Option, ob diese dem Ausübungsverpflichteten Anreize verschaffe, dem Optionsberechtigten bestimmenden Einfluss zu gewähren[1061]. In der Sache KLM/Air UK prüfte die Kommission den Erwerb von de facto Kontrolle durch eine umfangreiche Kreditvereinbarung zusammen mit einer Call-Option und hob die Bedeutung hervor, dass die Option im Fall einer wesentlichen Änderung der Geschäftstätigkeit des Zielunternehmens sofort ausübbar war[1062].

Je nach der konkreten Ausgestaltung der Option (zum Beispiel Festlegung des Ausübungspreises – »strike price« – der Option) ist es auch möglich, dass die **wesentlichen Chancen und Risiken** auf den Optionsberechtigten übergehen. Damit entstehen auf Seiten des Optionsverpflichteten möglicherweise Treuepflichten gegenüber dem Berechtigten[1063]. Hierdurch kann im Einzelfall ein Kontrollerwerb »in sonstiger Weise«, unter Umständen in Verbindung mit Art. 3 Abs. 2 FKVO, verwirklicht werden[1064]. 995

(b) **Kontrolle durch Vermögenserwerb (Asset Deal)**

Art. 3 Abs. 1 statuiert, dass ein Zusammenschluss auch durch den Erwerb von Vermögenswerten bewirkt werden kann, wenn dadurch Kontrolle über die Gesamtheit oder über Teile eines oder mehrerer anderer Unternehmen erworben wird. Eine Definition, was unter Vermögenswerten zu verstehen ist, gab die Kommission an versteckter Stelle in einer Fußnote der Mitteilung über den Begriff der beteiligten Unternehmen ab[1065]. Danach umfasst der **Begriff der Vermögenswerte** insbesondere Werte, die ein Geschäft darstellen (z.B. Tochtergesellschaften, Abteilungen eines Unternehmens), mit dem am Markt Umsätze erzielt werden. Insgesamt ist – bei gegebenem Marktbezug – der Begriff weit zu fassen. 996

Schwierige Fragen können auftreten, wenn nicht sämtliche Teile eines Unternehmens oder zumindest homogene Unternehmensbereiche, sondern **nur einzelne Vermögensteile** eines anderen Unternehmens erworben werden. Ähnlich wie im deutschen Recht geht auch die Kommission davon aus, dass der Erwerb einzelner Vermögenswerte einen Zusammenschlusstatbestand erfüllt, wenn sich dem Vermögenswert eindeutig ein **Marktumsatz zuweisen** lässt, was z.B. der Fall ist, wenn eine bekannte Marke erworben wird und davon auszugehen ist, dass wegen ihres Bekanntheitsgrades auch zukünftige Produkte, die nun der Erwerber unter dieser Marke vertreibt, abgesetzt werden. Es muss also davon auszugehen sein, dass der 997

1060 So Kommission, 7.3.1994, M.397 »Ford/Hertz«, Rdnr. 7ff.
1061 Siehe Kommission, 28.3.1994, M.425 »BS/BT«, Rdnr. 19.
1062 Kommission, 22.9.1997, M.967 »LM Air UK«, Ziff. 5ff., 12.
1063 Dies betont auch Immenga in: I/M, EG-Wettbewerbsrecht, Art. 3 FKVO, Rdnr. 40. Zur Praxis des BKartA im Rahmen des § 37 GWB siehe oben Rdnr. 228ff.
1064 Zutreffend Schröer in: FK, Art. 3 FKVO, Rdnr. 30.
1065 Siehe Mitteilung der Kommission über den Begriff der beteiligten Unternehmen in der Verordnung (EWG) Nr. 4064/89 des Rates über die Kontrolle von Unternehmenszusammenschlüssen, ABl. C 66/14 vom 2.3.1998, Rdnr. 46 (Fn. 17).

Erwerber aufgrund des Erwerbes der Marke in eine bestehende Marktstellung eintritt. Wenn dies der Fall ist, soll auch der Erwerb von Marken oder Lizenzen einen Zusammenschluss darstellen[1066]. In Betracht kommen dürften ferner Erwerbsvorgänge an einer Firma sowie an allen weiteren immateriellen und materiellen Gütern, denen im Einzelfall Marktbedeutung zufallen kann. Auch der Erwerb von Streckenrechten und Slots im Flugverkehr wurde daher als Vermögenserwerb gewertet[1067].

998 Die Anforderungen an den Vermögenserwerb von lediglich Teilen eines Unternehmens werden im Schrifttum unterschiedlich bewertet[1068]. Aus verschiedenen informellen Vorgesprächen bei der Kommission können wir entnehmen, dass die Kommission die Frage des Vermögenserwerbs undogmatisch und praxisgerecht behandelt, indem sie entsprechende Transaktionen im Hinblick auf ihren möglichen **wettbewerblichen Gehalt** hin analysiert, den Marktbezug also in den Vordergrund stellt. Entsprechend der Mitteilung über den Zusammenschlussbegriff greift die Kommission Verfahren auf, wenn Vermögensgegenstände, wie z.B. Produktionsanlagen, Marken usw. nach ihrem Übergang dem Erwerber eine erweiterte Marktstellung einzuräumen in der Lage sind. Die Übertragung von Kunden (zusammen mit der Beendigung der entsprechenden eigenen Belieferungsaktivitäten des Verkäufers) hat direkte Auswirkungen auf die Marktstellung und wurde daher als Zusammenschlusstatbestand angesehen[1069].

999 Grundsätzlich ist beim Erwerb von Vermögenswerten nur der auf den zu erwerbenden Vermögensteil entfallende Umsatz zu Grunde zu legen (Art. 5 Abs. 2, Unterabs. 1 FKVO)[1070]. In der Praxis treten dabei häufig schwierige Abgrenzungsfragen auch im Hinblick auf die Ermittlung des diesen Vermögenswerten **zuzurechnenden Umsatzes** auf, z.B. beim Erwerb von Produktionsanlagen. Hier ist grundsätzlich der Umsatz zu Grunde zu legen, der mit den Gütern erzielt wurde, die bisher mit der entsprechenden Produktionsanlage hergestellt wurden.

1000 Art. 3 Abs. 2 Buchst. a behandelt den Eigentumserwerb und den **Erwerb von Nutzungsrechten** gleich. Daher kann Kontrolle auch durch den Abschluss von Unternehmenspacht-[1071] und Betriebsüberlassungsverträgen erworben werden[1072].

(c) **Kontrolle durch vertragliche Vereinbarungen**

1001 Zusammenschlüsse können auch durch Vertrag bewirkt werden, insbesondere durch Verträge, die einen bestimmten Einfluss auf die Zusammensetzung, die

---

1066 Mitteilung über den Zusammenschlussbegriff, Rdnr. 11. Soweit ersichtlich wurde bislang noch nicht über den isolierten Lizenz- oder Warenzeichererwerb entschieden.
1067 Kommission, 13.9.1991, M.130 »Delta Airlines/Pan AM«, Rdnr. 3 und 7.
1068 Siehe hierzu: Immenga, in: I/M, EG-Wettbewerbsrecht, Art. 3 FKVO, Rdnr. 41.
1069 Kommission, 23.12.2002, M.2857 »ECS/IEH«, Rdnr. 9.
1070 Siehe auch Mitteilung der Kommission über die Berechnung des Umsatzes i.S.d. Verordnung (EWG) Nr. 4064/89 des Rates über die Kontrolle von Unternehmenszusammenschlüssen, ABl. C 66/5 vom 2.3.1998, Rdnr. 30f.
1071 Bosch erwarb u.a. durch den Abschluss eines Betriebspachtvertrages mit Rexroth die Kontrolle über letztere. Der Vertrag sah vor, dass die Ausübung des Geschäftsbetriebs der Rexroth allein Bosch obliege, die das gepachtete Unternehmen im eigenen Namen und für eigene Rechnung betreiben sollte, Kommission, 4.12.2000, M.2060 »Bosch Rexroth«, Rdnr. 10f.
1072 Vgl. Immenga, in: I/M, EG-Wettbewerbsrecht, Art. 3 FKVO, Rdnr. 42 m.w.N.

Beratungen oder Beschlüsse der Organe des anderen Unternehmens gewähren (vgl. Art. 3 Abs. 1 in Verbindung mit Abs. 2 Buchst. b).

Damit werden auch **Konsortial- und Stimmbindungsverträge** als Zusammenschlüsse erfasst. Stimmbindungsverträge können zum Beispiel dazu führen, dass zwei Gesellschafter eines Unternehmens, die beide jeweils nur Minderheitsbeteiligungen haben, sich verpflichten, bei der Stimmabgabe im Hinblick auf die strategischen Entscheidungen zusammenzuwirken. So war es etwa in der oben in Rdnr. 975 beschriebenen Entscheidung »NAW/Saltano/Contrac«[1073]. In einem ähnlich gelagerten Fall vereinbarten zwei Unternehmen, die gemeinsam 61% der Stimmrechte an dem Zielunternehmen hielten, den Vorstand (Conseil d'Administration) mit jeweils vier Mitgliedern zu besetzen, was eine eindeutige Mehrheit in diesem Gremium sicherte. Zudem wurde vertraglich ein Mechanismus vereinbart, der eine gemeinsame Entscheidungsfindung bezüglich der Geschäftspolitik, wie auch im Hinblick auf die Führung des Zielunternehmens, gewährleistete[1074]. 1002

Ein vertraglich vereinbarter Zusammenschluss kann des Weiteren durch den Abschluss **konzernrechtlicher Unternehmensverträge** vollzogen werden. Hier werden (Unterordnungs-) Konzerne durch eine gesteigerte Abhängigkeit geschaffen, durch die bestimmender Einfluss ausgeübt werden kann. Hauptbeispiele dafür bilden die – in der Entscheidungspraxis selten problematischen – Beherrschungs-, Betriebsüberlassungs-, Betriebsführungs- und Gewinnabführungsverträge[1075], die auch dem deutschen Recht bekannt sind. 1003

Sonstige Verträge, wie langfristige Liefer- und Bezugsverträge, Darlehensverträge, Kooperationsverträge etc. können regelmäßig keinen Zusammenschlusstatbestand begründen. In Einzelfällen ist es aber denkbar, dass in der Gesamtschau solche Verträge bestimmenden Einfluss auf strategische Entscheidungen eines Unternehmens gewähren könnten[1076]. Hierbei wird aber eine dauerhafte erhebliche wirtschaftliche Abhängigkeit des Zielunternehmens zu fordern sein, die im Einzelfall zu den entsprechenden Einflussmöglichkeiten führen kann. Soweit ersichtlich, haben derartige Fallkonstellationen in der fusionskontrollrechtlichen Praxis bisher keine große Bedeutung erlangt. 1004

(d) **Kontrollerwerb in sonstiger Weise**

Diese Form des Kontrollerwerbs ist in der Entscheidungspraxis äußerst selten[1077]. Zum möglichen Kontrollerwerb durch Abschluss einer bloßen **Kaufoption** über die Stimmrechtsanteile eines Unternehmens kann auf die Ausführungen unter oben Rdnr. 992 ff. verwiesen werden. 1005

Das Vorliegen **rein wirtschaftlicher Beziehungen** kann unter außergewöhnlichen Umständen zu einem Kontrollerwerb führen. Allerdings werden hier hohe Anforderungen an den Umfang und die Dauerhaftigkeit solcher Beziehungen zu stellen 1006

1073 Kommission, 26. 2. 1996, M.698 »NAW/Saltano/Contrac«, Rdnr. 6.
1074 Kommission, 25. 7. 1996, M.750 »IFIL/Worms/Saint Louis«, Rdnr. 4.
1075 Vgl. zu diesen Verträgen im Einzelnen: Staudenmayer, Der Zusammenschlussbegriff in Art. 3 der EG-Fusionskontrollverordnung, 2002, S. 93 ff.; Stockenhuber, Die Europäische Fusionskontrolle, 1995, S. 127 ff.
1076 Vgl. hierzu sogleich unten d).
1077 Vgl. hierzu die Darstellung bei Staudenmayer, Der Zusammenschlussbegriff in Art. 3 der EG-Fusionskontrollverordnung, 2002, S. 96 ff., der davon ausgeht, dass weniger als 1% der Kommissionsentscheidungen in diese Kategorie fallen.

C. Europäische Fusionskontrolle

sein, da sonst keine dauerhafte strukturelle Veränderung i. S. d. FKVO vorliegt. Voraussetzung ist stets, dass das gesamte bestehende Beziehungsgeflecht zwischen den betreffenden Unternehmen, zur Möglichkeit der Ausübung von Kontrolle, also letztendlich zu einer Abhängigkeit des einen Unternehmens von dem anderen, führt, sodass sich daraus eine de facto gesicherte Einflussnahmemöglichkeit auf das strategische Geschäftsverhalten ergibt.

1007 In dem Fall CCIE/GTE[1078] prüfte die Kommission ein wirtschaftliches Beziehungsgeflecht zwischen Siemens/Osram und einem von GTE an Finanzinvestoren unter Führung von CCIE veräußerten Unternehmensteil. Die Kommission kam letztlich zu dem Ergebnis, dass in dem konkreten Fall kein Kontrollerwerb durch Siemens/Osram erfolgte. Siemens/Osram gewährte dem Unternehmensteil einen vierjährigen Überbrückungskredit und darüber hinaus für die Dauer von bis zu zehn Jahren Lizenzen, sowie Zugang zu Forschungs- und Entwicklungsergebnissen. Ferner wurden Ingenieurleistungen und Produktionsfazilitäten auf Kostenbasis zur Verfügung gestellt. Abgerundet wurde dies durch gewisse Belieferungspflichten von Siemens/Osram gegenüber dem Unternehmensteil. Die Kommission kam zu dem Schluss, dass Siemens/Osram hierdurch lediglich begrenzten und vor allem keinen dauerhaften Einfluss auf den Unternehmensteil erlangte und daher keinen Kontrollerwerb verwirklichte.

1008 Die Kommission verneinte auch in dem Fall LMC/Loral[1079] einen Kontrollerwerb trotz einer bestehenden Minderheitsbeteiligung, der Übernahme von Garantieverpflichtungen in Höhe von USD 250 Millionen, der langfristigen Gewährung von Lizenzen und technischer Unterstützung sowie bestimmter personeller Verflechtungen. Allerdings behielt sich die Kommission vor, eine Verletzung des Art. 85 (heute: Art. 81) EGV zu prüfen.

1009 Im Fall Fujitsu/Amdahl ging die Kommission ebenfalls davon aus, dass, trotz einer Minderheitsbeteiligung von Fujitsu an Amdahl in Höhe von 42,14 % und weiteren wirtschaftlichen Verflechtungen, keine Kontrolle über Amdahl bestand. Fujitsus Beteiligung stellte keine faktische Hauptversammlungsmehrheit sicher. Darüber hinaus produzierte Fujitsu für Amdahl und vertrieb Amdahl-Produkte in einigen Ländern. Schließlich hatte Fujitsu auch einen Kredit über USD 100 Mio. zu marktüblichen Konditionen an Amdahl gewährt. Auch die Gesamtschau dieser Beziehungen stellte keine Kontrolle von Fujitsu über Amdahl dar[1080].

(e) Änderungen in der Art der Kontrolle

1010 Neben dem ursprünglichen Erwerb der Kontrolle fallen bestimmte **Änderungen der Kontrollverhältnisse** auch als Zusammenschlusstatbestand unter Art. 3 Abs. 1 und lösen eine erneute Anmeldepflicht aus. Wie oben in Rdnr. 949 ausgeführt, ist der Kontrollbegriff nicht homogen, sondern es werden je nach konkreter Art bzw. Beschaffenheit der Kontrolle, unterschiedliche Intensitätsstufen qualifiziert. Dabei entstehen schwierige Fragen im Hinblick auf die (erneute) Anmeldepflicht, wenn eine bereits bestehende Kontrolle durch Hinzuerwerb von Anteilen oder sonstigen Rechten in ein höheres Intensitätsstadium übergeht. Diese Fragen stellen sich so-

---

1078 Kommission, 25. 9. 1992, M.258 »CCIE/GTE«, Rdnr. 10 ff.
1079 Kommission, 27. 3. 1996, M.697 »Lockheed Martin Corporation/Loral Corporation«, Rdnr. 6 ff.
1080 Kommission, 8. 9. 1997, M.977 »Fujitsu/Amdahl«, Rdnr. 4.

wohl bei Intensivierungen innerhalb des Tatbestandes der alleinigen Kontrolle als auch bei Veränderungen der Anzahl kontrollierender Unternehmen.

Ähnliche Fragen stellen sich bei **Erweiterungen des Tätigkeitsgebiets** eines Gemeinschaftsunternehmen, da auch hier die zunächst bestehende Kontrolle verändert bzw. auf neue Aktivitäten ausgedehnt wird. 1011

(i) **Änderungen bei alleiniger Kontrolle**

Wie oben dargestellt, wird auch der **Tatbestand der alleinigen Kontrolle** nach unterschiedlichen Kontrollarten abgestuft betrachtet, denn es ist sowohl zwischen rechtlicher und (nur) tatsächlicher Kontrolle zu unterscheiden als auch zwischen negativer und positiver Kontrolle[1081]. So wird negative Kontrolle i. S. d. Art. 3 Abs. 2 FKVO bereits mit dem Erwerb einer Sperrposition durch Ausübung von Vetorechten über strategisch wichtige Entscheidungen ermöglicht. Kann aber das kontrollierende Unternehmen nicht nur Entscheidungen blockieren, sondern selbst positiv seine Entscheidungen durchsetzen, kommt ihm ungleich mehr Einfluss auf das strategische Geschäftsverhalten des Zielunternehmens zu. 1012

Heute gilt im Grundsatz, dass Intensivierungen bestehender Kontrollmöglichkeiten die Art der Kontrolle ändern und daher zu einem neuen Zusammenschluss führen. Zwar hatte die Kommission ursprünglich im Übergang von de facto zu de jure Kontrolle keine Änderung in der Qualität der Kontrolle gesehen[1082], revidierte diese Auffassung jedoch später. Im Fall VW/VW-Audi Vertriebszentren kam es zum Beispiel bei einigen Teiltransaktionen des insgesamt verbundenen Zusammenschlusses »zu einem Übergang von negativer Kontrolle durch Vetorechte zu einer positiven Kontrolle aufgrund einer Mehrheitsbeteiligung, die es VW nicht nur erlaubt, strategische Entscheidungen zu verhindern, sondern positiv Entscheidungen herbeizuführen. Hierin ist eine wesentliche Änderung in der Art der Kontrolle zu sehen«[1083]. Der **Übergang von auf negativen Vetorechten gegründeter Kontrolle zu positiver Kontrolle** aufgrund Mehrheitsentscheidung stellt deshalb einen neuen anmeldepflichtigen Zusammenschluss dar. 1013

Nicht eindeutig, sondern pragmatisch und einzelfallbezogen scheint die Beurteilung bei Intensivierungen von positiver de facto zu positiver de jure alleiniger Kon- 1014

1081 Siehe oben Rdnr. 948 ff.
1082 Vgl. Kommission, 7. 3. 1994, M.397 »Fortd/Hertz«, Rdnr. 6 und 10. Zu beachten sind ferner nationale Fusionskontrollvorschriften. In dem beschriebenen Sachverhalt geht zum Beispiel das BKartA davon aus, dass der Zusammenschlusstatbestand des § 37 Abs. 1 Ziff. 3 Buchst. a GWB erfüllt wird, da de jure Kontrolle im Verhältnis zu bloßer de facto Kontrolle eine wesentliche Verstärkung der Unternehmensverbindung i. S. d. § 37 Abs. 2 GWB bewirke. Auch wenn die Unternehmen die Umsatzschwellen des Art. 1 FKVO erfüllen, hielt das BKartA in der Vergangenheit in solchen Konstellationen eine Anmeldepflicht nach GWB für gegeben, was wegen der in Art. 21 Abs. 3 FKVO statuierten Exklusivität der FKVO nicht unproblematisch erscheint.
1083 Kommission, 29. 7. 2003, M.3198 »VW/VW-Audi Vertriebszentren«, Rdnr. 8. In der Entscheidung verweist die Kommission auf Rdnr. 39 der Mitteilung über den Begriff der beteiligten Unternehmen. Dieser Hinweis geht m. E. fehl, da Rdnr. 39 davon spricht, dass die Änderungen »Kontrollerwerb durch mindestens einen der Anteilseigner begründen«. Dies war in dem in Rdnr. 1020 zitierten Fall »Avesta II« auch gegeben. Im entschiedenen Fall M.3198 verfügte dagegen VW bereits über durch Vetorechte gesicherte alleinige Kontrolle.

trolle zu sein. Beide gewähren ja bereits positiven Einfluss. In diesen Fällen erscheint eine informelle Klärung mit der Kommission angeraten.

(ii) Veränderungen der Anzahl kontrollierender Unternehmen

1015 Besteht über ein Unternehmen bereits (alleinige oder gemeinsame) Kontrolle und ergeben sich im Kreis der Kontrollberechtigten Veränderungen, so ändert sich dadurch in der Regel die Beschaffenheit der Kontrolle, sodass eine Anmeldepflicht ausgelöst wird.

1016 Dies ist insbesondere der Fall bei jedem **Wechsel zwischen alleiniger und gemeinsamer Kontrolle**. Alleinige und gemeinsame Kontrolle stellen unterschiedliche Zusammenschlusstatbestände dar, da sich die Struktur der Kontrolle[1084] ändert, wenn unterschiedliche Kontrollinhaber bestimmenden Einfluss ausüben. Daher ist sowohl der Übergang von alleiniger zu gemeinsamer wie auch von gemeinsamer zu alleiniger Kontrolle ein neuer Zusammenschlusstatbestand, der bei Erfüllung der jeweiligen Umsatzschwellen zu einer Anmeldepflicht führt[1085].

1017 Auch **Veränderungen im Bestand mehrerer Kontrollinhaber** bewirken häufig einen neuen Zusammenschluss. Entscheidend ist die Frage, ob die Veränderungen im Kreis der kontrollausübenden Unternehmen tatsächlich zu einer Änderung der Art der Kontrolle führen[1086].

1018 Als Grundregel gilt hier: Sowohl der **Austausch** eines mitkontrollierenden Anteilseigners (Wechsel von Anteilseignern)[1087] als auch das **Hinzutreten** eines weiteren, Mitkontrolle ausübenden Anteilseigners zu den anderen an der gemeinsamen Kontrolle beteiligten Unternehmen führt zu einem neuen Zusammenschluss[1088].

1019 Bei **Reduzierung der Zahl der kontrollausübenden Unternehmen** wird dagegen nicht stets ein neuer anmeldepflichtiger Zusammenschlusstatbestand erfüllt. Die bloße Reduzierung von z. B. bisher vier kontrollausübenden Unternehmen auf nunmehr drei durch Wegfall eines der mitkontrollierenden Unternehmen führt normalerweise nicht zu einem anmeldepflichtigen Zusammenschlusstatbestand[1089]. Voraussetzung hierfür ist, dass es bei dieser Veränderung nicht zu einem Übergang von gemeinsamer zu alleiniger Kontrolle kommt und dass kein Neuzugang bzw. Wechsel innerhalb der kontrollierenden Unternehmen vorliegt. Es muss sich also

---

1084 So Mitteilung über den Zusammenschlussbegriff, Rdnr. 40; in diesem Zusammenhang wird auch über Änderungen der Qualität, der Art oder der Beschaffenheit der Kontrolle gesprochen.
1085 Beispiel: Kommission, 29. 11. 1995, M.665 »CEP/Group de la Cité«, Rdnr. 6 sowie Kommission, 29. 11. 2001, JV.56 »Hutchison/ECT«, Rdnr. 10 für den Wechsel von gemeinsamer zu alleiniger Kontrolle; Kommission, 24. 6. 1991, M.097 »Pechiney/Usinor-Sacilor«, Rdnr. 3 f.; Kommission, 27. 4. 1995, M.579 »Burda/Blockbuster«, Rdnr. 8 für den Wechsel von alleiniger zu gemeinsamer Kontrolle.
1086 Vgl. Mitteilung über den Zusammenschlussbegriff, Rdnr. 40 sowie ausführlich: Mitteilung über den Begriff der beteiligten Unternehmen, Rdnr. 30 ff.
1087 Vgl. Kommission, 6. 5. 1999, M.1487 »Johnson & Son/Melitta/Cofresco«, Rdnr. 6; Kommission, 18. 10. 2002, M.2939 »JCI/Bosch/VB Autobatterien«, Abschnitt II. und III.
1088 Vgl. Mitteilung über den Zusammenschlussbegriff, Rdnr. 40. An diesem Zusammenschluss sind alle an der Kontrolle gemeinsam beteiligten Unternehmen, also auch die bereits zuvor kontrollausübenden Unternehmen, sowie das Zielunternehmenn beteiligt, vgl. Mitteilung der Kommission über den Begriff der beteiligten Unternehmen in der Verordnung (EWG) Nr. 4064/89 des Rates über die Kontrolle von Unternehmenszusammenschlüssen, ABl. C 66 vom 2. 3. 1998, Rdnr. 44.
1089 Siehe Mitteilung über den Begriff des beteiligten Unternehmens, Rdnr. 38.

um den bloßen Wegfall eines kontrollierenden Unternehmens handeln, der die schon bisher bestehenden Kontrollmöglichkeiten der weiter beteiligten Unternehmen unberührt lässt. Wird dagegen ein bisher lediglich minderheitlich beteiligtes Unternehmen durch den Wegfall eines der mitkontrollierenden Anteilseigner nunmehr an der gemeinsamen Kontrolle beteiligt, so ändert sich die Art der Kontrolle und es liegt ein Zusammenschluss vor.

Allerdings ist die Kommission im Einzelfall von diesem Grundsatz bereits abgewichen und zwar in Fällen, in denen sich die Art der Kontrolle durch die bloße Reduzierung der Zahl der Kontrollausübenden **wesentlich veränderte** bzw. in denen sich **Verschiebungen in der internen Gewichtung** der verbleibenden Kontrollausübung ergaben. So entschied die Kommission in dem Fall »Canal+/VOX«[1090], dass die Reduzierung der die gemeinsamen Kontrolle ausübenden Unternehmen von drei auf lediglich noch zwei Unternehmen, als Zusammenschlusstatbestand anzusehen sei. Durch den Zusammenschluss stockte CLT-UFA ihren Anteil an VOX von 24,9% auf 74,8% auf, wodurch CLT-UFA nach Ansicht der Kommission ihr Gewicht in den Entscheidungsprozessen erheblich vergrößerte. Ebenso entschied die Kommission in einem Fall, in dem zunächst drei Unternehmen aufgrund von Vetorechten gemeinsame Kontrolle über ein Gemeinschaftsunternehmen ausübten und dann eines dieser Unternehmen aus dem Gesellschafterkreis ausschied, sodass die verbleibenden Muttergesellschaften jeweils 50% der Anteile hielten und nunmehr strategische Entscheidungen in gegenseitigem Einvernehmen treffen mussten. Die Kommission ging hier davon aus, dass sich die Beschaffenheit (oder die Art) der Kontrolle verändere, weil in der Zweierkonstellation wegen des nun bestehenden Einigungszwangs letztlich jedem der verbleibenden Mutterunternehmen eine Art Vetorecht zukam[1091]. In einem weiteren Fall[1092] hielten BS 40%, NCC 25,1%, Axel Johnson 7,54% und AGA 7,23% der Anteile an ASAB. Im Übrigen waren die Anteile an ASAB weit gestreut. Auf der Grundlage eines Shareholder Agreements vereinbarten die genannten Muttergesellschaften, dass bei wichtigen Entscheidungen BS und NCC einstimmig entscheiden und zumindest eine der beiden kleineren Anteilseigner Axel Johnson oder AGA zustimmen mussten. Dies begründete nach Ansicht der Kommission gemeinsame Kontrolle zwischen den vier Muttergesellschaften[1093]. In dem gegenständlichen Verfahren Avesta II prüfte die Kommission den Verkauf der Anteile durch Axel Johnson. Die obige Vereinbarung blieb zwischen den verbleibenden drei Gesellschaftern bestehen, sodass AGA hinfort bei allen wichtigen Entscheidungen zustimmen musste. Die Kommission schloss daraus, dass die Veräußerung anmeldepflichtig war, da sich aufgrund des Vetorechts die Position von AGA verstärkt hatte.

(iii) **Erweiterungen der Aktivitäten eines Gemeinschaftsunternehmens**
In der Entscheidungspraxis kaum behandelt ist die Frage, ob die Erweiterung des Tätigkeitsgebietes eines bereits bestehenden GU einen neuen, anmeldepflichtigen Zusammenschluss darstellt[1094].

1090 Kommission, 21.3.2000, M.1889 »CLT-UFA/Canal+/VOX«, Rdnr. 9.
1091 Vgl. Kommission, 27.5.1998, M.993 »Bertelsmann/Kirch/Premiere«, Rdnr. 12f.
1092 Kommission, 9.6.1994, M.452 »AVESTA (II)«, Rdnr. 8.
1093 Kommission, 9.6.1994, M.452 »AVESTA (II)«, Rdnr. 5.
1094 Vgl. zu dieser Frage ausführlich: Polley/Grave, Die Erweiterung eines bestehenden Gemeinschaftsunternehmens als Zusammenschluss, WuW 2003, 1010ff. Eine Anmeldung

1022 Da sich die in den Erwägungsgründen 8 und 20 der FKVO als Schutzbereich der Fusionskontrolle angesprochenen Marktstrukturen durch die Aufnahme neuer Tätigkeiten und die damit möglicherweise verbundene Zusammenführung vorhandener Ressourcen der Muttergesellschaften in dem GU ändern, liegt es nahe, dass der Anwendungsbereich der FKVO durch solche Erweiterungen eröffnet werden kann. Auf Grund der fehlenden Entscheidungspraxis sollten daher entsprechende Sachverhalte mit der Kommission abgesprochen und die Frage einer Anmeldepflicht geprüft werden.

d) Zurechnungsklausel (Art. 3 Abs. 3 Buchst. b FKVO)

1023 Die Zurechnungsklausel behandelt Fälle, in denen ein Vermittler (also z.B. ein zwischengeschaltetes Unternehmen) zwar rechtlich die Kontrollrechte innehat, jedoch (von vornherein) gar nicht beabsichtigt ist, dass er die Kontrolle ausüben soll. Der Vermittler wird vom eigentlichen Kontrollausübenden lediglich vorgeschoben. Typisch sind hier »Strohmann-Fälle« oder Treuhand- und Geschäftsführungsverhältnisse[1095].

1024 Art. 3 Abs. 3 Buchst. b FKVO bestimmt, dass die Kontrolle für diejenigen Personen bzw. Unternehmen begründet wird, die, obwohl sie aus den die Kontrolle vermittelnden Rechten oder Verträgen nicht selbst berechtigt sind, doch die Befugnis haben, die sich aus diesen Verträgen ergebenden Rechte auszuüben. Diese Regelung soll Umgehungen der FKVO ausschließen.

1025 Die Kommission beschreibt einen Fall der Zurechnungsklausel in der Mitteilung über den Zusammenschlussbegriff[1096]. Das Beispiel schildert den so genannten Strohmann-Fall. Hier schickt ein Unternehmen eine Person oder ein anderes Unternehmen vor, um eine kontrollierende Beteiligung über das Zielunternehmen zu begründen. Letztlich hat jedoch das ursprünglich erwerbende Unternehmen ausreichenden Einfluss auf die Person bzw. das Unternehmen, um die Kontrolle über das Zielunternehmen auszuüben. Die Kommission nennt in der Mitteilung als Indizien für das Vorliegen indirekter Kontrolle Verwandtschaftsbeziehungen oder die Zur-Verfügung-Stellung von Finanzmitteln.

1026 Auf Grund des weiten Zusammenschlussbegriffs des unmittelbaren und mittelbaren Kontrollerwerbs sind Umgehungen, wie sie Art. 3 Abs. 3 Buchst. b FKVO erfassen soll, in der Praxis äußerst selten. Einer der von der Kommission in der Mitteilung über den Zusammenschlussbegriff beschriebenen Strohmann-Fälle lag in der Entscheidung »KLM/Air U.K.«[1097] vor.

1027 Sollte im Rahmen eines Kontrollerwerbs der wahre Kontrollausübende verschwiegen werden und sollten dadurch entweder die Schwellenwerte des Art. 1 nicht erreicht

---

aus dem Grund der Erweiterung der Tätigkeit eines Gemeinschaftsunternehmens, das bislang lediglich produzierte, in Zukunft aber auch im Vertrieb tätig sein sollte, erfolgte in einem Verfahren nach Art. 66 EGKSV, vgl. Kommission, 16. 8. 1999, ECSC.1306 »Shell/Carbones del Zulia/Ruhrkohle«, Rdnr. 1 und 5 ff. Die Kommission prüfte die Errichtung einer Vertriebsgesellschaft und betonte, das bisherige Teilfunktionsgemeinschaftsunternehmen wandele sich durch die Aufnahme der Vertriebstätigkeiten zu einem Vollfunktionsgemeinschaftsunternehmen (vgl. Rdnr. 7 f.).

1095 Siehe hierzu im Einzelnen: Stockenhuber, Die Europäische Fusionskontrolle, 1995, S. 105 f.
1096 Siehe dort Rdnr. 10.
1097 Kommission, 22. 9. 1997, M.967 »KLM/Air U.K.«, Rdnr. 5 ff.

werden oder die Ressourcen des wahren Kontrollausübenden bei der wettbewerblichen Analyse unberücksichtigt bleiben, so liegt eine unvollständige Anmeldung vor, die zu entsprechenden bußgeldrechtlichen Konsequenzen führen kann.

e) Verbundene Erwerbsvorgänge (Art. 3 Abs. 4 FKVO)

In manchen Fallkonstellationen stellt sich die Frage, ob mehrere rechtlich unabhängige, aber **wirtschaftlich miteinander verquickte Transaktionen** als ein einziges Zusammenschlussvorhaben oder als getrennte Vorhaben zu werten sind. Dies kann vor allem Einfluss haben auf die Erfüllung der Aufgreifschwellen des Art. 1 und damit auf die Zuständigkeitsverteilung zwischen den Wettbewerbsbehörden sowie – wegen der Zusammenrechnung sämtlicher Ressourcen aller Zusammenschlussbeteiligten – auf die materielle Beurteilung. So vermutet die Vorschrift des Art. 5 Abs. 2 Unterabs. 2 FKVO, dass mehrere Erwerbsvorgänge, die innerhalb von zwei Jahren zwischen denselben Unternehmen getätigt werden, als ein einziger Zusammenschluss anzusehen sind, der zum Zeitpunkt des letzten Geschäftes stattfindet. Es handelt sich der Intention nach um eine Vorschrift, die Umgehungen der Anmeldepflicht durch Aufteilung eines einheitlichen Erwerbes in mehrere zeitlich gestaffelte Teilvorgänge – die möglicherweise jeweils individuell die Umsatzschwellen des Art. 1 nicht erfüllen – verhindern soll[1098]. 1028

Der Vorschlag der Kommission zur Revision der FKVO[1099] hatte noch vorgesehen, einen neuen Abs. 4 in Art. 3 einzufügen. Danach sollten mehrere Erwerbsvorgänge, die voneinander abhängen oder wirtschaftlich so eng miteinander verknüpft sind, dass sie als ein Zusammenschluss zu werten sind, als **verbundene Erwerbsvorgänge** und damit als ein einziger Zusammenschluss gelten; der Zusammenschlusstatbestand würde dann zum Zeitpunkt des letzten Rechtsgeschäfts verwirklicht werden. 1029

Mit der Revision wurde jedoch diese beabsichtigte Neuregelung letztlich nicht in den Verordnungstext aufgenommen. Lediglich der neue Erwägungsgrund 20 der FKVO greift das Konzept auf und regt an, dass »Erwerbsvorgänge, die eng miteinander verknüpft sind, weil sie durch eine Bedingung miteinander verbunden sind oder in Form einer Reihe von innerhalb eines gebührenden Zeitraums getätigten Rechtsgeschäften mit Wertpapieren stattfinden, als ein einziger Zusammenschluss behandelt werden«. Dieser Wortlaut deutet darauf hin, dass außerhalb von Wertpapiergeschäften ein Bedingungszusammenhang vorliegen müsse. Dies erscheint jedoch vor dem Hintergrund der bisherigen Entscheidungspraxis sehr eng, und es ist nicht zu erwarten, dass die Kommission von ihrer unten dargestellten großzügigeren Praxis abweichen wird. 1030

Die **Fallpraxis** ist relativ einheitlich im Hinblick auf die Zusammenfassung von mehreren rechtlich voneinander getrennten Erwerben z. B. einzelner Vermögensteile oder einzelner (Tochter-) Unternehmen oder auch bei der Gründung mehrerer Gemeinschaftsunternehmen, soweit in diesen Fällen ein zeitlicher und sachlicher (insbesondere auch markttechnischer) Bezug besteht. 1031

1098 Es handelt sich der Intention nach lediglich um eine Norm für die Umsatzzurechnung; das Problem der Berücksichtigung sämtlicher Ressourcen bei der materiellen Bewertung regelt die Vorschrift dagegen nicht.

1099 Vorschlag für eine Verordnung des Rates über die Kontrolle von Unternehmenszusammenschlüssen, KOM(2002) 711 endg. ABl. 2003 C 20/06.

C. Europäische Fusionskontrolle

1032 Komplexer verhält es sich, wenn mehrere voneinander getrennte Erwerbe zu unterschiedlichen Kontrollarten führen. Die Kommission führte in ihrer Mitteilung über den Begriff des Zusammenschlusses aus, dass der Erwerb gemeinsamer Kontrolle über einen Teil eines Unternehmens und alleiniger Kontrolle über einen anderen Teil nach der FKVO im Prinzip als zwei verschiedene Zusammenschlüsse anzusehen sind[1100]. In der Praxis hat die Kommission jedoch nach dem »Grundsatz der einmaligen Anmeldung«[1101] häufig mehrere Transaktionen als einen Zusammenschluss behandelt, wenn sich zwischen den Transaktionen aufgrund zeitlicher und sachlicher Nähe ein wirtschaftlicher Gesamtzusammenhang ergab.

1033 Für die Auslegung der **wirtschaftlichen Verknüpfung** dürfte die bisherige Kommissionspraxis relevant bleiben. Die Kommission hat einen einheitlichen Zusammenschluss trotz des Vorliegens mehrerer Erwerbsvorgänge im Wesentlichen bejaht, wenn eine **weitgehende Identität der Parteien** auf Erwerber- und Veräußererseite sowie ein enger **zeitlicher und wirtschaftlicher Zusammenhang** zwischen den einzelnen Erwerbsvorgängen bestand. Im Fall **hintereinander geschalteter Erwerbsvorgänge** hat die Kommission jedoch auch bereits einen einzigen Zusammenschluss bejaht, obwohl der letztendliche Erwerber an dem vorhergehenden Zusammenschluss nicht beteiligt war[1102]. Das Vorliegen eines Bedingungszusammenhangs war bisher lediglich eine von mehreren Fallgruppen verbundener Erwerbsvorgänge. Die wichtigsten Fallgruppen sind folgende:

1034 • Die Kommission wertete es als einen Zusammenschluss, wenn aus **steuerlichen oder gesellschaftsrechtlichen Gründen** mehrere Unternehmen gegründet oder zwischengeschaltet würden[1103].

1035 • Eine Behandlung als einheitlicher Zusammenschluss erfolgt bei mehreren Erwerbsvorgängen regelmäßig nur, wenn als Ergebnis der betreffenden Transaktionen **Kontrolle in gleicher Weise** (das heißt von gleicher Art[1104], wie z. B. jeweils gemeinsame Kontrolle durch die gleichen Unternehmen) über sämtliche von den Transaktionen betroffenen Unternehmensteile errichtet wird. Werden also zwischen dem gleichen Käufer und Verkäufer mehrere Anteile an Unternehmen veräußert und erwirbt der Käufer dabei **jeweils alleinige Kontrolle** über die betreffenden Unternehmen, dann kann dieser Gesamtvorgang, selbst wenn er vertragstechnisch aufgegliedert ist, als einheitlicher Zusammenschluss gewertet werden[1105]. So war es auch in der Entscheidung »VW/VW-Audi Vertriebszentren«. Hier erwarb VW alleinige Kontrolle an einer neuen Gesellschaft, zu der neun zuvor rechtlich selbständige Vertriebszentren verschmolzen wurden[1106]. Die enge Verknüpfung ergab sich einerseits aus dem einheitlichen Vertragswerk und andererseits aus dem Bedingungszusammenhang der Transaktionen untereinander, der bereits aus der Tatsache der Fusion herrührte.

1100 Mitteilung über den Begriff der beteiligten Unternehmen, Rdnr. 16.
1101 Vgl. hierzu Grünbuch über die Revision der Verordnung (EWG) Nr. 4064/89 des Rates, KOM (2001) 745/6 endg., vom 11. 12. 2001, Rdnr. 128.
1102 Vgl. Kommission, 11. 12. 1996, M.853 »CableMedia/Cable & Wireless/Videotron«, Rdnr. 2 f.
1103 Z. B. eine Holdinggesellschaft und deren Tochterunternehmen, vgl. Kommission, 21. 12. 1994, M.534 »Bayer AG/Hoechst AG/JV Textile Dyestuffs«, Rdnr. 3.
1104 Siehe hierzu unten Rdnr. 1010 ff.
1105 Kommission, 19. 9. 1997, M.957 »L'Oréal/Procasa/Cosmétique Iberica/Albesa«, Rdnr. 4.
1106 Kommission, 29. 7. 2003, M.3198 »VW/VW-Audi Vertriebszentren«, Rdnr. 9.

II. Anwendungsbereich der FKVO (Aufgreifkriterien)

- Auch die Gründung mehrerer Gemeinschaftsunternehmen, die unter jeweils **identische gemeinsame Kontrolle** fallen und im gleichen Markt tätig sind, wird häufig als einheitlicher Zusammenschluss gewertet. In dem Fall »Solvay/Wienerberger«[1107] erwarb Wienerberger an vier zuvor vollständig von Solvay gehaltenen Unternehmen in verschiedenen Ländern jeweils 50 % der Anteile. Die Unternehmen waren in den gleichen Produktmärkten tätig. Der Erwerb der gemeinsamen Kontrolle an den vier neuen Unternehmen wurde daher als einheitlicher Vorgang geprüft mit der Folge, dass sie bei der materiellen Prüfung auf den betreffenden Produktmärkten wie ein einziger Marktteilnehmer beurteilt wurden. Auch die Gründung von acht in unterschiedlichen Ländern gelegenen Gemeinschaftsunternehmen (vier durch einen Asset-Deal, vier durch einen Share-Deal) durch die gleichen Muttergesellschaften sah die Kommission als einheitlichen Zusammenschluss an[1108]. 1036

- Auch wenn in wirtschaftlich verquickten Transaktionen **unterschiedlich beschaffene Kontrollstrukturen** geschaffen werden, also manche Unternehmensteile gemeinsamer Kontrolle unterstellt werden, während andere Teile in die alleinige Kontrolle einzelner Beteiligter übergehen, kann es sich um verbundene Erwerbsvorgänge handeln. Die Kommission hat hier vor allem Fälle im Auge, bei denen der Veräußerer bei einigen zu veräußernden Unternehmen alleinige Kontrolle, bei anderen dagegen nur gemeinsame oder gar keine Kontrolle ausübt. Verbindendes Element dürfte hier neben der Tatsache, dass die Einzeltransaktionen in zeitlicher Nähe zueinander und zwischen dem gleichen Veräußerer und dem gleichen Erwerber stattfinden, vor allem eine enge wirtschaftliche Beziehung zwischen den einzelnen Transaktionen sein, etwa weil alle erworbenen Unternehmen **auf den gleichen Märkten tätig** sind. Die Kommission hielte hier eine Aufteilung der Erwerbsvorgänge in getrennte Zusammenschlüsse für künstlich. Sind dagegen die zu veräußernden Unternehmen auf unterschiedlichen Märkten tätig, spricht dies eher für getrennte Zusammenschlüsse, die unabhängig voneinander zu analysieren und anzumelden sind[1109]. 1037

- Auf Grund eines vereinbarten **Bedingungszusammenhangs** legt die Kommission einen einzigen Zusammenschluss bei zwei wirtschaftlich zusammenhängenden Transaktionen zu Grunde, deren Vollzug voneinander abhängig ist[1110]. So handelt es sich um einen einzigen Zusammenschluss, wenn zwar mehrere Unternehmen von verschiedenen Veräußerern erworben werden, es aber Bedingung jedes einzelnen Erwerbes ist, dass zeitgleich die jeweils anderen Unterneh- 1038

1107 Kommission, 17.3.1995, M.565 »Solvay/Wienerberger«, Rdnr. 5f., 15.
1108 Kommission, 29.4.1993, M.310 »Harrisons & Crosfield/AKZO«, Rdnr. 5f.
1109 So Kommission, 9.3.1994, M.409 »ABB/Renault Automation«, Rdnr. 4. Die Trennung der beiden angemeldeten Transaktionen führte dazu, dass eine der Transaktionen die Schwellenwerte des Art. 1 FKVO nicht erfüllte und daher wegen fehlender gemeinschaftsweiter Bedeutung nicht mehr von der Kommission geprüft wurde. Für solche Teil-Transaktionen können jedoch Anmeldepflichten nach nationalen Fusionskontrollvorschriften bestehen. Weitere Beispiele: Kommission, 21.12.1994, M.535 »Mannesmann Demag/Delaval Storck«; Rdnr. 5f.; Kommission, 4.11.1999, M.1587 »Dana/GKN«, Rdnr. 6; Kommission, 28.7.2000, M.2046 »Valeo/Robert Bosch/JV«, Rdnr. 6f.; anders jedoch Kommission, 29.8.1994 »Gencor/Shell«, Rdnr. 4–8.
1110 Siehe z.B. Kommission, 18.12.1996, M.861 »Textron/Kautex«, Rdnr. 4. Häufig kommt dies bei Tauschgeschäften vor.

men erworben werden[1111]. Allerdings stellte die Kommission in der Entscheidung auch klar, dass sichergestellt sein muss, dass alle (Teil-)Transaktionen auch tatsächlich verwirklicht werden. Nur die Verpflichtung eines Veräußerers, dafür Sorge zu tragen, dass der Inhaber eines (ebenfalls zu erwerbenden) Unternehmens nach Vollzug einen Kaufvertrag bzgl. des letzteren Unternehmens abschließen wird, genügt daher nicht. Ferner trennte die Kommission Transaktionen in unterschiedliche Zusammenschlusstatbestände, bei denen der **Vollzug** der jeweiligen Teil-Transaktion an die Gesamtgenehmigung aller Transaktionen durch die Kartellbehörden gekoppelt war. Ein solcher Fall bestand aufgrund einer Rahmenvereinbarung zwischen Fiat und Alcatel Alsthom, in der u. a. geregelt war, dass Alcatel die Mehrheit der Anteile an einer Alcatel-Tochter erwerben sollte. Die Kommission behandelte die jeweiligen Anteilserwerbe als separate Zusammenschlüsse[1112].

1039 • Die Fallgruppe der **Wertpapiergeschäfte** zielt auf schleichende Übernahmen über die Börsen[1113]: Vor allem bei feindlichen Übernahmen sieht die Kommission den Erwerb mehrerer Aktienpakete aus wirtschaftlicher Sicht als eine Einheit an, wenn deren Zweck darin besteht, die Kontrolle über das anvisierte Unternehmen zu erwerben.

f) Ausnahmetatbestände (Art. 3 Abs. 5 FKVO)

(1) Überblick

1040 Art. 3 Abs. 5 FKVO formuliert drei eng gefasste Ausnahmetatbestände für Fälle, in denen zwar grundsätzlich ein Zusammenschlusstatbestand verwirklicht wird, aufgrund besonderer Umstände jedoch ein Zusammenschluss i. S. d. FKVO nicht bewirkt wird. Als Folge entfällt die Anmeldepflicht.

1041 In der Entscheidungspraxis sind diese Fälle nur selten relevant geworden. Allerdings ist im Hinblick auf die Klauseln in Art. 3 Abs. 5 Buchst. a und Buchst. c FKVO (Bankenklausel und so genannte Luxemburgische Klausel) von einer nicht unerheblichen **Vorfeldwirkung** auszugehen, denn die unter diese Klauseln fallenden Transaktionen werden mangels Anmeldepflicht der Kommission gar nicht mehr zur Kenntnis gebracht oder sie gelangen nach etwaigen informellen Vorgesprächen mit der Kommission jedenfalls nicht der Öffentlichkeit zur Kenntnis, da keine förmliche Befreiungsentscheidung zu erfolgen hat.

1042 Die Ausnahmeklauseln wurden in der Praxis häufig für zu eng befunden. Insbesondere Investmentbanken sehen sich oft Situationen ausgesetzt, in der Zwischenerwerbe als reine Finanzbeteiligungen ohne Absicht konkreter Einflussnahme erfolgen. Der Vorschlag der Kommission zur Revision der FKVO erklärte in Ziff. 40, dass sich kein Änderungsbedarf bei den Ausnahmeklauseln ergebe, da in die Definition des Zusammenschlussbegriffes nach Art. 3 Abs. 1 FKVO das Merkmal des »**auf Dauer**« **angelegten Kontrollwechsels** aufgenommen worden

---

1111 Kommission, 18. 6. 1998, M.1188 »Kingsfisher/Wegert/ProMarkt«, Rdnr. 7.
1112 Kommission, 29. 5. 1991, M.043 »Magneti Marelli/CEAC«, Rdnr. 4 f.; Kommission, 12. 4. 1991, M.042 »Alcatel/Telettra«, Rdnr. 4.
1113 Vgl. hierzu Grünbuch über die Revision der Verordnung (EWG) Nr. 4064/89 des Rates, KOM (2001) 745/6 endgültig, vom 11. 12. 2001, Rdnr. 134.

sei[1114]. Allerdings wurde die Dauerhaftigkeit des Kontrollerwerbs auch in der bisherigen Praxis als ungeschriebenes Tatbestandsmerkmal bereits mit geprüft. Offenbar geht also die Kommission davon aus, dass mit der Revision des Art. 3 Abs. 1 FKVO eine Änderung des Prüfungsmaßstabes in Bezug auf die Dauerhaftigkeit bewirkt wird, der die Auslegung der Ausnahmetatbestände beeinflusst. Hierüber wird die zukünftige Entscheidungspraxis Aufschluss geben. In der Übergangszeit ist eine informelle Abstimmung mit der Kommission anzuraten.

(2) Die Bankenklausel (Art. 3 Abs. 5 Buchst. a FKVO)

Nach der Bankenklausel wird kein Zusammenschluss bewirkt, wenn Kreditinstitute, sonstige Finanzinstitute oder Versicherungsgesellschaften (im Folgenden zusammen als »Finanzinstitute« bezeichnet) unter eng definierten Voraussetzungen Anteile an einem Unternehmen erwerben. Der Zweck der Norm ist es, den Finanzinstituten das Geschäft und den Handel mit Wertpapieren nicht durch aufwändige Fusionskontrollverfahren zu erschweren, denn solche Geschäfte gehören zu den normalen Aktivitäten von Finanzinstituten. Daher ist von der Ausnahmeregelung nur der Kontrollerwerb durch den vorübergehenden Erwerb von Anteilen erfasst, nicht jedoch z. B. der Erwerb von Vermögensteilen. Erfolgt also ein Anteilserwerb im Rahmen der normalen **Handelsgeschäfte** der Finanzinstitute und insbesondere ohne die Absicht, die Stimmrechte strategisch einsetzen zu wollen, dann kann der Anteilserwerb fusionskontrollfrei erfolgen. In diesen Fällen ist keinerlei Anmeldung oder Bestätigung der Kommission erforderlich.

1043

Im Einzelnen hat die Bankenklausel folgende **Voraussetzungen**[1115]:

1044

- Der Erwerb muss von einem Kreditinstitut, einem sonstigen Finanzinstitut oder einer Versicherungsgesellschaft im Rahmen der oben beschriebenen Geschäftstätigkeit erfolgen.
- Der Anteilserwerb muss vorübergehend und zum Zwecke der Veräußerung innerhalb eines Jahres erfolgen. Die Kommission kann diesen Zeitraum auf Antrag verlängern, wenn die Veräußerung binnen Jahresfrist unzumutbar war[1116].
- Das erwerbende Unternehmen darf die Stimmrechte nicht ausüben, um das strategische Marktverhalten des Zielunternehmens zu bestimmen. Stimmrechtsausübungen dürfen nur der Vorbereitung der Veräußerung von Teilen des Unternehmens oder aber der Anteile dienen.

Zu beachten ist, dass die Bankenklausel regelmäßig keine Anwendung findet bei so genannten **Rettungsaktionen**. Solche liegen vor, wenn die Altschulden in ein neues Unternehmen umgewandelt werden, über das dann ein Bankenkonsortium die gemeinsame Kontrolle erlangt[1117]. Die Kommission führt hierzu in der Mitteilung über den Zusammenschlussbegriff aus, dass in diesen Fällen in der Regel ein Zusammenschluss anzunehmen ist, wenn sie zur Begründung von (gemeinsamer) Kontrolle führen; in diesem Zusammenhang weist sie darauf hin, dass gerade auch im Rahmen von Umstrukturierungen häufig strategisch wichtige Entscheidungen

1045

1114 Die schließlich verabschiedete Fassung bezeichnet dieses Merkmal als »dauerhafte Veränderung der Kontrolle«, vgl. Art. 3 Abs. 1. Siehe hierzu oben Rdnr. 938 ff.
1115 Vgl. Mitteilung über den Zusammenschlussbegriff, Rdnr. 42.
1116 Siehe zur Unzumutbarkeit die Ausführungen zu § 37 Abs. 3 GWB oben Rdnr. 209 f.
1117 So Mitteilung über den Zusammenschlussbegriff, Rdnr. 45.

C. Europäische Fusionskontrolle

getroffen werden müssen, die entsprechend das Marktverhalten des Zielunternehmens beeinflussen. Schließlich dauern solche Rettungsaktionen meist auch länger als ein Jahr[1118].

1046 Für die Praxis bedeutet dies in der Regel, dass auch bei Rettungsaktionen ein Fusionskontrollverfahren durchzuführen ist. Dass hierbei materiellrechtliche Probleme (im Sinne einer Untersagungswahrscheinlichkeit) auftreten, dürfte kaum einmal der Fall sein. Zumindest wird es bei Beteiligungen durch Banken nicht zu Marktanteilsadditionen kommen, und es dürfte sehr fraglich sein, ob die Zur-Verfügung-Stellung von lebensnotwendigem Kapital die finanziellen Ressourcen derart stärkt, dass dies eine marktbeherrschende Stellung begründen oder verstärken könnte. Damit liegt das praktische Problem ausschließlich in der Verfahrensabwicklung.

1047 Die wenigen **Kommissionsentscheidungen** zur Bankenklausel machen zudem deutlich, dass die Kommission die Tatbestandsvoraussetzungen eng auslegt. In einem Fall, der die finanzielle Restrukturierung eines Unternehmens durch ein Bankensyndikat von acht Banken betraf, verneinte die Kommission die Anwendung der Bankenklausel, da es keine Anzeichen dafür gab, dass die Banken die erworbenen Anteile innerhalb eines Jahres wieder veräußern würden[1119]. In einem weiteren Fall planten die erwerbenden Banken, die erworbenen Anteile innerhalb eines Jahres im Wege einer Privatplatzierung weiter zu veräußern. Die Kommission bemängelte, dass es jedoch für das Gelingen dieser Absicht keine Absicherung gebe. Die geschlossenen Verträge sahen keine Platzierungsverpflichtung der Banken vor. Zudem war nicht sicher, ob ausreichend Anteile platziert werden könnten, um die Kontrolle in andere Hände zu überführen. Ein weiterer Grund für die Nichtanwendung der Bankenklausel lag darin, dass die Banken ausdrücklich erklärt hatten, die Stimmrechte auch im Hinblick auf das Wettbewerbsverhalten des Zielunternehmens auszuüben. Damit war der Erwerb als normale, unternehmerische Beteiligung anzusehen und nicht als im Rahmen des Bankgeschäftes erworben[1120].

1048 Im Rahmen der Bankenklausel kann die **Abgrenzung der Stimmrechtsausübung** durch die Banken zur Vorbereitung der Veräußerung einerseits und zu wirtschaftsstrategischen Zwecken andererseits problematisch werden[1121]. In der Tat werden, um »die Braut schön zu machen«, Veräußerungen häufig mit teilweise strategischen Maßnahmen vorbereitet. Da sich der Entscheidungspraxis der Kommission hierzu keine weiteren Anhaltspunkte entnehmen lassen, sollten entsprechende Transaktionen auf jeden Fall in enger Koordinierung mit der Kommission abgewickelt werden.

1049 Entfällt eine der Voraussetzungen der Bankenklausel, sollen z. B. die Stimmrechte zur Beeinflussung des Wettbewerbsverhaltens des Zielunternehmens ausgeübt werden, dann entfällt die Ausnahmewirkung ex nunc[1122] und es ist ein fusionskontrollrechtliches Anmeldeverfahren durchzuführen.

1118 Mitteilung über den Zusammenschlussbegriff, Rdnr. 45.
1119 Kommission, 20. 8. 1991, M.116 »Kelt/American Express«, Rdnr. 6.
1120 Kommission, 23. 4. 1997, M.891 »Deutsche Bank/Commerzbank/J. M. Voith«, Rdnr. 7.
1121 Siehe hierzu Monopolkommission, Sondergutachten 17, Rdnr. 75.
1122 Siehe Staudenmayer, Der Zusammenschlussbegriff in Artikel 3 der EG-Fusionskontrollverordnung, Kapitel F. I.

(3) Die Insolvenzklausel (Art. 3 Abs. 5 Buchst. b FKVO)

Ein Zusammenschluss wird auch dann nicht bewirkt, wenn der Träger eines öffentlichen Mandats aufgrund der Gesetzgebung eines Mitgliedsstaats über die Auflösung von Unternehmen, den Konkurs, die Insolvenz, die Zahlungseinstellung, den Vergleich oder ähnliche Verfahren die Kontrolle über ein anderes Unternehmen erwirbt (so Art. 3 Abs. 5 Buchst. b FKVO). Auf Grund dieser Regelung sollen Mandatsträger zur Abwicklung – und damit zeitlich begrenzt – Kontrolle ausüben können.

1050

Zu beachten ist, dass spätere Veräußerungen durch den Mandatsträger an Dritte von dem Ausnahmetatbestand nicht erfasst sind[1123].

1051

(4) Die luxemburgische Klausel (Art. 3 Abs. 5 Buchst. c FKVO)

Auf Drängen von Luxemburg wurde die dritte Ausnahme in die FKVO aufgenommen, aufgrund derer Beteiligungsgesellschaften die Kontrolle über ein Unternehmen nicht erwerben, solange sie nicht in das strategische Marktverhalten des Zielunternehmens eingreifen, sondern ihre Stimmrechte nur dazu nutzen, ihre **Position als Investor** zu schützen.

1052

Die **Voraussetzungen** der luxemburgischen Klausel sind folgende:

1053

- Nur der Kontrollerwerb durch eine in Art. 3 Abs. 1 Buchst. b FKVO definierte Handlung wird erfasst. Dies dürfte im Zusammenhang mit dem weiteren Wortlaut der luxemburgischen Klausel und den normalerweise von Beteiligungsgesellschaften betriebenen Geschäften bedeuten, dass nur der Kontrollerwerb über den **Erwerb von Anteilen** an anderen Unternehmen (und z. B. nicht der Erwerb von Vermögensteilen) unter die Vorschrift fällt[1124].
- Die erwerbende Gesellschaft muss eine **Beteiligungsgesellschaft** sein. Dies sind Gesellschaften, deren einziger Zweck darin besteht, Beteiligungen an anderen Unternehmen zu erwerben sowie die Verwaltung und Verwertung dieser Beteiligungen wahrzunehmen, ohne dass diese Gesellschaft unmittelbar oder mittelbar in die Geschäftsführung dieser Unternehmen eingreift. Die Beteiligungen müssen sich also als reine Finanzanlagen darstellen, und der Erwerb und die Verwaltung einschließlich der Veräußerung solcher Finanzanlagen müssen das einzige Geschäft der Beteiligungsgesellschaft sein.
Damit scheidet die Anwendung der luxemburgischen Klausel auf die Vielzahl der **Venture Capital-Transaktionen** regelmäßig aus. Hier stellen Investmentgesellschaften Kapital zur Verfügung, erwerben jedoch häufig gleichzeitig (Mit-) Kontrollrechte, die regelmäßig auch ausgeübt werden. Die Praxis zeigt, dass solche Venture Capital Gesellschaften in aller Regel sehr starken Einfluss auf das Wirtschaftsverhalten des Unternehmens nehmen. Solche Transaktionen sind daher anmeldepflichtig.
- Die erworbenen Stimmrechte dürfen die Beteiligungsgesellschaften nur **zur Erhaltung des vollen Werts der Investitionen** ausüben und sie nicht dazu benutzen, um direkt oder indirekt das strategische Marktverhalten des kontrollierten

---

1123 Kommission, 11. 4. 1995, M.573 »ING/Barings«, Rdnr. 8.
1124 So auch Karl, Der Zusammenschlussbegriff in der Europäischen Fusionskontrollverordnung, 1995, S. 194.

C. Europäische Fusionskontrolle

Unternehmens zu bestimmen[1125]. Wie auch bei der Bankenklausel besteht hier erhebliches Konfliktpotential, da im Einzelfall z. B. die Besetzung der Organe wie auch andere Entscheidungen nicht losgelöst von strategischen Gesichtspunkten getroffen werden können. Auch hier empfiehlt es sich, das jeweilige Vorgehen mit der Kommission (informell) abzustimmen, da die Entscheidungspraxis der Kommission für solche Fälle bislang – in Ermangelung relevanter Entscheidungen – keine Anhaltspunkte liefert.

1054 Auch die Voraussetzungen der luxemburgischen Klausel werden eng auszulegen sein. Hierauf deutet die, soweit ersichtlich, einzige ausdrückliche Entscheidung der Kommission zu dieser Klausel hin. Die Kommission hatte in dem relevanten Fall die Klausel nicht angewandt, da in dem Gesellschaftsvertrag der erwerbenden Gesellschaft neben dem Zweck der Beteiligungsgesellschaft auch noch andere Gesellschaftszwecke aufgeführt waren. Damit war die Tatbestandsvoraussetzung, dass es einziger Zweck der erwerbenden Gesellschaft sein muss, Beteiligungen zu erwerben, nicht erfüllt[1126].

1055 Wie auch bei der Bankenklausel entfällt die Ausnahmewirkung der luxemburgischen Klausel in dem Moment (ex nunc), in dem ihre Voraussetzungen nicht mehr erfüllt sind[1127]. Vor strategischer Ausübung der Stimmrechte ist daher eine fusionskontrollrechtliche Anmeldung erforderlich.

2. Gemeinschaftsweite Bedeutung (Aufgreifschwellen)

1056 Die FKVO findet auf Zusammenschlüsse von gemeinschaftsweiter Bedeutung Anwendung. Gemeinschaftsweite Bedeutung hat ein Zusammenschluss, der sich nicht nur in einem Mitgliedstaat auswirkt.

a) Umsatzschwellen

1057 Aus Gründen der Rechtssicherheit und Praktikabilität wird nur nach **quantitativen Kriterien**, den sog. Umsatzschwellen des **Art. 1 Abs. 2 und 3 FKVO** beurteilt, ob ein Zusammenschluss gemeinschaftsweite Bedeutung hat[1128].

(1) Art. 1 Abs. 2 FKVO

1058 Die Umsatzschwellen des Art. 1 Abs. 2 sind unverändert seit Einführung der Europäischen Fusionskontrolle in der FKVO enthalten. Danach hat ein Zusammenschluss gemeinschaftsweite Bedeutung, wenn folgende Umsätze erzielt werden:

1125 So Mitteilung über den Zusammenschlussbegriff, Rdnr. 44.
1126 Kommission, 11. 12. 1995, M.669 »Charterhouse/Porterbook«, Rdnr. 6 ff.
1127 Siehe Staudenmayer, Der Zusammenschlussbegriff in Artikel 3 der EG-Fusionskontrollverordnung, Kapitel F. III.
1128 Marktanteilsschwellen, wie sie in einigen nationalen Wettbewerbsordnungen enthalten sind, und qualitative Kriterien, wie die »Eignung zur Beeinträchtigung des zwischenstaatlichen Handels«, die in den Artikeln 81 und 82 EGV die gemeinschaftsweite Bedeutung bestimmen, waren zwar in den ersten Entwürfen der FKVO enthalten. Letztendlich hat sich der Gesetzgeber aber gegen die Einführung dieser Kriterien entschieden.

- ein weltweiter Gesamtumsatz aller beteiligten Unternehmen von zusammen mehr als 5 Mrd. Euro und
- ein gemeinschaftsweiter, d. h. in einem oder mehreren Mitgliedstaat(en) der Europäischen Union erzielter Gesamtumsatz von mindestens zwei beteiligten Unternehmen von jeweils mehr als 250 Mio. Euro,

es sei denn,
- alle am Zusammenschluss beteiligten Unternehmen erzielen jeweils mehr als zwei Drittel ihres gemeinschaftsweiten Gesamtumsatzes in ein und demselben Mitgliedstaat (sog. **Zwei-Drittel-Klausel**).

Ziel der Zwei-Drittel-Klausel ist es, diejenigen Zusammenschlüsse von der Europäischen Fusionskontrolle auszunehmen, die sich schwerpunktmäßig in einem einzigen Mitgliedstaat auswirken. Wenn alle beteiligten Unternehmen den überwiegenden Teil ihres gemeinschaftsweiten Umsatzes in nur einem Mitgliedstaat erzielen, wird eine lediglich **nationale Bedeutung** des Zusammenschlusses unterstellt. Das gilt auch, wenn außerhalb dieses einen Mitgliedstaates im Bereich der Europäischen Gemeinschaft durchaus beträchtliche Umsätze erzielt werden. Mit zunehmender Globalisierung der Wirtschaft sowie mit der Verwirklichung des Gemeinsamen Marktes nimmt die Bedeutung der Zwei-Drittel-Klausel jedoch ab. 1059

Ein anschauliches Beispiel dafür, wie die Zwei-Drittel-Klausel zu unterschiedlichen Zuständigkeiten für durchaus vergleichbare Zusammenschlüsse führen kann, sind die Fusionen in der deutschen Elektrizitätswirtschaft im Jahr 2000. Die Fusionen von VEBA und VIAG[1129] sowie von RWE und VEW[1130] umfassten bedeutende Geschäftsbereiche in Deutschland und in geringerem Umfang in anderen Mitgliedstaaten. Unmittelbar wirkten sich beide Zusammenschlüsse in der Elektrizitätswirtschaft in Deutschland aus. Ebenfalls war jedoch in beiden Fällen mit erheblichen Auswirkungen auf die Elektrizitätsmärkte der Nachbarländer zu rechnen. Im RWE/VEW-Fall erzielte jedes der beteiligten Unternehmen mehr als zwei Drittel des europäischen Gesamtumsatzes in nur einem Mitgliedstaat, nämlich Deutschland. Im Fall VEBA/VIAG erzielte nur VEBA zwei Drittel seines Gesamtumsatzes in der Europäischen Union in Deutschland. Der Gesamtumsatz der VIAG lag knapp unter dieser Zwei-Drittel-Grenze. Der Zusammenschluss VEBA/VIAG fiel daher in den Zuständigkeitsbereich der Kommission, der Zusammenschluss RWE/VEW hingegen in die Zuständigkeit des deutschen BKartA. 1060

Die Zwei-Drittel-Klausel wird in der Regel jedenfalls dann nicht erfüllt sein, wenn die beteiligten Unternehmen ihren Sitz und damit auch häufig den Schwerpunkt ihrer Tätigkeit in verschiedenen Mitgliedstaaten haben. 1061

(2) Art. 1 Abs. 3 FKVO (»Mehrfachanmeldungen«)

Mit Wirkung zum 1. 3. 1998 ist als eine weitere Umsatzschwelle der Art. 1 Abs. 3 in die FKVO eingefügt worden[1131]. Damit wurde der Anwendungsbereich der FKVO erweitert. In der Diskussion war auch eine Absenkung der Schwellenwerte des 1062

1129 Kommission, 13. 6. 2000, M.1673 »VEBA/VIAG«.
1130 BKartA, 3. 7. 2000 »RWE/VEW« WuW/E DE-V 301.
1131 Verordnung (EG) Nr. 1310/97 des Rates vom 30. 6. 1997 zur Änderung der Verordnung (EWG) Nr. 4064/89 des Rates über die Kontrolle von Unternehmenszusammenschlüssen, ABl. L 180/1 vom 9. 7. 1997; Berichtigung im ABl. L 40/17 vom 13. 2. 1998.

Art. 1 Abs. 2, etwa durch eine niedrigere Festsetzung des für die Anmeldepflicht erforderlichen weltweiten und gemeinschaftsweiten Gesamtumsatzes der beteiligten Unternehmen. Dies scheiterte allerdings am Widerstand einiger Mitgliedstaaten, darunter Deutschland, die eine generelle Absenkung der Schwellenwerte als nicht geeignet ansahen, um die Fälle mit Bedeutung für die Europäische Gemeinschaft herauszufiltern. Der Rat der Europäischen Gemeinschaften hat sich stattdessen für Umsatzschwellen entschieden, die maßgeblich auf die Verteilung der Umsätze innerhalb der Europäischen Gemeinschaft abstellen. Art. 1 Abs. 3 findet subsidiär nur in dem Fall Anwendung, dass die in Art. 1 Abs. 2 festgelegten Schwellenwerte nicht erreicht werden. Die **Schwellenwerte des Art. 1 Abs. 3** gehen von der Annahme aus, dass Zusammenschlüsse, für die Anmeldungen in mehreren Mitgliedstaaten erforderlich sind (sog. »Mehrfachanmeldungen«), offenkundig grenzüberschreitende Wirkungen haben. Sie unterliegen auch dem »one-stop-shop«-Prinzip der FKVO. Nach Art. 1 Abs. 3 hat ein Zusammenschluss gemeinschaftsweite Bedeutung, wenn

– der weltweite Umsatz aller beteiligten Unternehmen zusammen mehr als 2,5 Mrd. Euro beträgt, und
– der Gesamtumsatz aller beteiligten Unternehmen in mindestens drei Mitgliedstaaten jeweils 100 Mio. Euro übersteigt, und
– in jedem von mindestens drei der Mitgliedstaaten, in denen der Gesamtumsatz aller beteiligten Unternehmen jeweils 100 Mio. Euro übersteigt, der Gesamtumsatz von mindestens zwei beteiligten Unternehmen jeweils mehr als 25 Mio. Euro beträgt, und
– der gemeinschaftsweite Gesamtumsatz von mindestens zwei beteiligten Unternehmen jeweils 100 Mio. Euro übersteigt,

es sei denn,

– alle am Zusammenschluss beteiligten Unternehmen erzielen jeweils mehr als zwei Drittel ihres gemeinschaftsweiten Gesamtumsatzes in ein und demselben Mitgliedstaat (sog. Zwei-Drittel-Klausel).

1063 Die Komplexität, ja beinahe Unverständlichkeit dieser zusätzlich eingeführten Schwellenwerte geht auf die kontroversen Verhandlungspositionen der Mitgliedstaaten zurück, die naturgemäß eher zurückhaltend bei der Abgabe von Kompetenzen an die Kommission sind. Das nachfolgende Schaubild verdeutlicht noch einmal schematisch die Prüfungsschritte, die zur Feststellung erforderlich sind, ob ein Zusammenschluss die Voraussetzungen des neuen Art. 1 Abs. 3 FKVO erfüllt:

II. Anwendungsbereich der FKVO (Aufgreifkriterien)

Schaubild 1

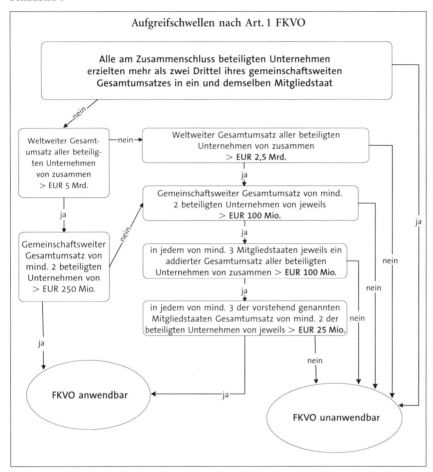

Die Kommission hat dem Rat der Europäischen Gemeinschaften am 28. 6. 2000, wie es **1064** Art. 1 Abs. 4 FKVO a. F. vorsah, einen **Bericht über die Anwendung der in den Art. 1 Abs. 2 und 3 FKVO vorgesehenen Schwellen und Kriterien**[1132] vorgelegt. Die Kommission hat nach Annahme dieses Berichts über die Funktionsweise der Schwellenwerte des Art. 1 weitere Untersuchungen durchgeführt, deren Ergebnisse eingehend im Anhang 1 des Grünbuchs über die Revision der FKVO[1133] beschrieben und erörtert sind.

Die Ergebnisse der Revisionstätigkeit der Kommission beruhen im Wesentlichen auf sta- **1065** tistischem Material der Kommission sowie auf Angaben der nationalen Wettbewerbsbehörden und der Vertreter von Unternehmen und Anwaltschaft. Die Kommission kam zu

---

1132 Bericht der Kommission an den Rat über die Anwendung der in der FKVO vorgesehenen Schwellenwerte vom 28. 6. 2000 KOM (2000) 399 endgültig, abrufbar unter www.europa.eu.int/comm/competition/mergers/review.

1133 Grünbuch über die Revision der Verordnung (EWG) Nr. 4064/89 des Rates vom 11. 12. 2001, KOM (2001) 745/6 endgültig; abrufbar unter www.europa.eu.int/comm/competition/mergers/review/green_paper/de.pdf.

C. Europäische Fusionskontrolle

dem Ergebnis, dass weder Änderungsbedarf hinsichtlich des Art. 1 Abs. 2 FKVO noch hinsichtlich der Zwei-Drittel-Klausel bestand. Beide Regelungen wurden als wirksam und mit dem Subsidiaritätsprinzip übereinstimmend gewertet. Entsprechend wurde auch von keinem Mitgliedstaat die Forderung nach einer erneuten Heraufsetzung der Schwellenwerte erhoben.

1066 Die Kommission ist jedoch zu der Auffassung gelangt, dass die Schwellenwerte des Art. 1 Abs. 3 FKVO ihr Ziel, Mehrfachanmeldungen in drei oder mehr Mitgliedstaaten zu verhindern, nicht erreicht haben. So haben zwar alle Fälle, die die Schwellenwerte des Art. 1 Abs. 3 FKVO erfüllen, nach der Feststellung der Kommission gemeinschaftsweite Bedeutung, eine Vielzahl von Fällen, die grenzüberschreitende Interessen berühren, wird hingegen nicht erfasst. Diese müssen weiterhin in mehreren Mitgliedstaaten angemeldet werden[1134]. Im Jahr 2000 wurden nur 20 Fälle aufgrund des Art. 1 Abs. 3 angemeldet, was rund 5 % der insgesamt 345 angemeldeten Zusammenschlüsse entsprach. Die Zahl der Mehrfachanmeldungen in drei oder mehr Mitgliedstaaten betrug hingegen 75[1135].

1067 Die Untersuchungen der Kommission haben ergeben, dass Mehrfachanmeldungen in drei oder mehr Mitgliedstaaten sowohl in absoluten Zahlen als auch in Relation zu der Zahl der aufgrund der FKVO angemeldeten Fälle ständig zunehmen. Die bevorstehende Erweiterung der Gemeinschaft im Jahr 2004 wird die negativen Wirkungen von Mehrfachanmeldungen in einer Vielzahl von Mitgliedstaaten nach Ansicht der Kommission noch zusätzlich verstärken[1136].

1068 Die Kommission hat im Ergebnis alle in ihrem Grünbuch zur Diskussion gestellten Änderungsmöglichkeiten des Art. 1 Abs. 3 FKVO verworfen[1137]. Durch die Revision der FKVO sind die Schwellenwerte nicht geändert worden. Vielmehr wird eine optimale Zuweisung der Fälle und eine Reduzierung der Mehrfachanmeldungen mit einer Stärkung der Verweisungsmöglichkeiten der Art. 9 und 22 FKVO angestrebt. So ist nunmehr die Stellung eines Verweisungsantrags durch die Unternehmen bereits vor der Anmeldung eines Zusammenschlusses möglich. Weitere Änderungen betreffen die Verweisungsvoraussetzungen.

b) Umsatzberechnung (Art. 5 FKVO)

1069 Nach Art. 1 FKVO ist für die Berechnung der Schwellenwerte der Umsatz der beteiligten Unternehmen maßgeblich. Sobald die an einem Zusammenschluss beteiligten Unternehmen identifiziert wurden, ist im nächsten Schritt ihr jeweiliger Umsatz gemäß Art. 5 unter Berücksichtigung des Umsatzes der dahinter stehenden Unternehmensgruppe zu berechnen, um die Zuständigkeit der Kommission zu klären.

1070 Die Berechnung des Gesamtumsatzes i. S. d. Art. 1 Abs. 2 und 3 FKVO bestimmt sich nach Art. 5. FKVO Der Gesamtumsatz ist nur von Bedeutung für die Feststellung der Zuständigkeit der Kommission. Unter Punkt 3.3. bis 3.5.2. des für die An-

---

1134 Auch nach Einführung des Art. 1 Abs. 3 müssen Zusammenschlüsse noch z. T. in bis zu acht (z. B. United Technologies Corp. / Electrolux Commercial Refrigeration) oder neun (z. B. CSM / Leaf) Mitgliedstaaten angemeldet werden.
1135 Grünbuch über die Revision der Verordnung (EWG) Nr. 4064/89 des Rates vom 11. 12. 2001 KOM (2001) 745/6 endgültig, Rdnr. 24.
1136 Ebd., Rdnr. 27.
1137 Ebd., Rdnr. 29 ff.

II. Anwendungsbereich der FKVO (Aufgreifkriterien)

meldung erforderlichen Formblattes CO[1138] werden die notwendigen Umsatzangaben abgefragt. Außer in den Bestimmungen des **Art. 5** sind die Grundsätze für die Berechnung des Umsatzes auch in der **Mitteilung der Kommission über die Berechnung des Umsatzes i. S. d. Verordnung (EWG) Nr. 4064/89 des Rates über die Kontrolle von Unternehmenszusammenschlüssen**[1139] enthalten.

(1) Der Begriff der beteiligten Unternehmen

Die FKVO enthält keine Legaldefinition der beteiligten Unternehmen. Die Kommission hat deshalb in ihrer **Mitteilung zum Begriff der beteiligten Unternehmen**[1140] den Begriff der beteiligten Unternehmen in Art. 1 und 5 FKVO näher bestimmt. Danach sind die beteiligten Unternehmen die **direkten Teilnehmer an einer Fusion oder einem Kontrollerwerb**. Es wird also auf einzelne Unternehmen abgestellt. Handelt es sich um ein einem Konzern angehörendes Unternehmen, ist nur der betreffende Teil des Konzerns beteiligt. Allerdings wird für die Umsatzberechnung des beteiligten Unternehmens der Umsatz des gesamten Konzerns zu Grunde gelegt. Welche Unternehmen beteiligt sind, bestimmt sich nach dem jeweiligen Zusammenschlussstatbestand: 1071

(a) Fusion

Bei der **Fusion** nach Art. 3 Abs. 1 **Buchst. a FKVO** sind die unmittelbar fusionierenden Unternehmen am Zusammenschluss beteiligt. 1072

(b) Erwerb der alleinigen Kontrolle

Im Falle des Kontrollerwerbs nach Art. 3 Abs. 1 Buchst. b FKVO sind das übernehmende und das Zielunternehmen beteiligt, wenn die alleinige Kontrolle über das **gesamte Unternehmen** erworben wird. 1073

Häufig erwirbt ein Unternehmen jedoch nur **Teile eines anderen Unternehmens**, z. B. durch den Erwerb eines Geschäftsbereiches oder besonderer Vermögenswerte, die als solche einen Geschäftsbereich darstellen, wie Lizenzen und Markenrechte. Die Kommission geht in ihrer Mitteilung über den Begriff der beteiligten Unternehmen offensichtlich davon aus, dass von einem Teil eines Unternehmens dann gesprochen werden kann, wenn den Vermögenswerten eindeutig ein Umsatz auf dem Markt zugeordnet werden kann[1141]. Die beteiligten Unternehmen sind in diesem Fall das übernehmende Unternehmen sowie der oder die übernommenen Unternehmensteile (Art. 5 Abs. 2 Unterabs. 1 FKVO). Erwirbt ein Unternehmen **im Laufe von zwei Jahren** nacheinander **mehrere Teile** desselben Unternehmens, etwa 1074

1138 Formblatt CO zur Anmeldung eines Zusammenschlusses gemäß der Verordnung (EG) Nr. 139/2004 des Rates, abgedruckt als Anhang I der Verordnung (EG) Nr. 802/2004 der Kommission vom 7. 4. 2004 zur Durchführung der Verordnung (EG) Nr. 139/2004 des Rates über die Kontrolle von Unternehmenszusammenschlüssen, ABl. L 133/1 vom 30. 4. 2004.
1139 ABl. C 66/25 vom 2. 3. 1998. Die Mitteilung ist auch für die Umsatzberechnung i. S. d. Verordnung (EG) Nr. 139/2004 maßgeblich. Sie wird derzeit überarbeitet.
1140 Mitteilung der Kommission über den Begriff der beteiligten Unternehmen in der Verordnung (EWG) Nr. 4064/89 des Rates über die Kontrolle von Unternehmenszusammenschlüssen, ABl. C 66/3 vom 2. 3. 1998.
1141 Ebd., Rdnr. 14.

zunächst die Markenrechte, später auch Fertigungsstätten, so liegt nach Art. 5 Abs. 2 Unterabs. 2 FKVO ein einziger Zusammenschluss vor. Beteiligt ist auf der einen Seite das erwerbende Unternehmen, auf der anderen Seite die Gesamtheit der erworbenen und zu erwerbenden Teile.

(c) **Erwerb der gemeinsamen Kontrolle**

1075 Im Falle der **Neugründung** eines Gemeinschaftsunternehmens sind nur die kontrollierenden Muttergesellschaften beteiligte Unternehmen. Die Neugründung besteht noch nicht und kann deshalb nicht als beteiligtes Unternehmen angesehen werden[1142]. Erwerben dagegen mehrere Unternehmen die gemeinsame Kontrolle über ein **bereits bestehendes Unternehmen**, ist neben den Muttergesellschaften auch das zu übernehmende Unternehmen beteiligt[1143]. Beim **Wandel alleiniger Kontrolle in gemeinsame Kontrolle** durch Aufnahme weiterer Mitgesellschafter ist jedes der kontrollierenden Unternehmen einschließlich des ursprünglichen Anteilseigners beteiligt, nicht jedoch das Gemeinschaftsunternehmen. Sein Umsatz ist Bestandteil des Umsatzes der ursprünglichen Muttergesellschaft[1144].

1076 **Scheiden hingegen Mitgesellschafter aus**, so dass ein bislang gemeinsam beherrschtes Unternehmen alleine von einem verbleibenden Gesellschafter beherrscht wird, sind der verbleibende Gesellschafter sowie das Beteiligungsunternehmen als beteiligte Unternehmen anzusehen[1145].

1077 Scheidet jedoch lediglich ein Gesellschafter aus, ohne dass sich die Kontrollverhältnisse ändern, wird man bereits einen Zusammenschlusstatbestand und damit die Anmeldepflicht insgesamt verneinen. Die Kommission bejaht einen anmeldepflichtigen Zusammenschlusstatbestand und stellt in der Folge die daran beteiligten Unternehmen nur dann fest, wenn sich die Beschaffenheit der Kontrolle ändert. Das wird in der Regel der Fall sein, wenn durch das Ausscheiden eines Mitgesellschafters ein verbleibender Gesellschafter ebenfalls die Kontrolle über das Gemeinschaftsunternehmen erhält. Das kann zum Beispiel der Fall sein, wenn der bisherige Minderheitsgesellschafter durch das Anwachsen der Beteiligungshöhe erstmalig über Vetorechte verfügt, mit denen er Entscheidungen blockieren kann, die für das Wirtschaftsverhalten des Gemeinschaftsunternehmens wesentlich sind. Beteiligt sind in einem solchen Fall nach Ansicht der Kommission neben dem Gemeinschaftsunternehmen nicht nur das Unternehmen, das erstmalig die Kontrolle erwirbt, sondern alle Anteilseigner. Ändert sich der Gesellschafterkreis eines Gemeinschaftsunternehmens, weil ein neues Unternehmen zusätzlich die Kontrolle erwirbt oder an die Stelle eines bisher kontrollierenden Gesellschafters tritt, ändert sich nach Ansicht der Kommission die **Beschaffenheit der Kontrolle**[1146]. Denn der Zutritt eines neuen Unternehmens hat Auswirkungen auf die Ausübung der Kontrolle aller kontrollierenden Unternehmen. Entsprechend sind auch in dieser Fallkonstellation die vorhandenen und die neuen Gesellschafter sowie das Gemeinschaftsunternehmen beteiligte Unternehmen.

1142 Ebd., Rdnr. 21.
1143 Ebd., Rdnr. 22.
1144 Ebd., Rdnr. 23.
1145 Ebd., Rdnr. 36.
1146 Ebd., Rdnr. 40 ff.

II. Anwendungsbereich der FKVO (Aufgreifkriterien)

(d) Erwerb der Kontrolle durch ein Gemeinschaftsunternehmen

Das zu übernehmende Unternehmen gilt als beteiligt. Auf der Erwerberseite aber ist fraglich, ob das Gemeinschaftsunternehmen oder vielmehr die Muttergesellschaften des Gemeinschaftsunternehmens als beteiligt anzusehen sind. Nach dem oben genannten Grundsatz, nach dem die direkten Teilnehmer an einem Kontrollerwerb als Beteiligte anzusehen sind, wären das übernehmende Gemeinschaftsunternehmen sowie das zu übernehmende Unternehmen als Beteiligte des Zusammenschlusses anzusehen. Das könnte Gestaltungsmöglichkeiten für den Fall eröffnen, dass das zu übernehmende Unternehmen weniger als 250 Mio. Euro bzw. weniger als 100 Mio. Euro innerhalb der Europäischen Gemeinschaft erzielt. Nach Art. 1 Abs. 2 Buchst. b FKVO müssen **mindestens zwei beteiligte Unternehmen** einen gemeinschaftsweiten Gesamtumsatz von jeweils mindestens 250 Mio. Euro erzielen, damit der Zusammenschluss gemeinschaftsweite Bedeutung hat und damit in die Zuständigkeit der Kommission fällt. Auch die subsidiär geltenden Aufgreifschwellen des Art. 1 Abs. 3 FKVO setzen in Buchst. d einen gemeinschaftsweiten Umsatz mindestens zweier beteiligter Unternehmen in Höhe von jeweils 100 Mio. Euro voraus. Mehrere Muttergesellschaften könnten also den Erwerb über ein Gemeinschaftsunternehmen ausführen, mit der Konsequenz, dass auf der Erwerberseite nur das Gemeinschaftsunternehmen als beteiligtes Unternehmen stünde. Wenn nur das Gemeinschaftsunternehmen als beteiligt anzusehen wäre, würden ihm die Umsätze der Muttergesellschaften zwar zugerechnet (Art. 5 Abs. 4 FKVO)[1148]. Da aber nur das erwerbende Gemeinschaftsunternehmen einen gemeinschaftsweiten Gesamtumsatz von über 250 bzw. 100 Mio. Euro hätte, das Zielunternehmen hingegen nicht, wäre die Kommission für die Prüfung des Zusammenschlusses nicht zuständig. Die Zwischenschaltung eines Gemeinschaftsunternehmens durch die Muttergesellschaften alleine zum Zwecke des Erwerbs eines anderen Unternehmens könnte demnach die Zuständigkeit der Kommission ausschließen. Die Kommission stellt bei derartigen Fallkonstellationen aufgrund einer wirtschaftlicher Betrachtungsweise fest, ob das zwischengeschaltete Gemeinschaftsunternehmen oder die dahinter stehenden Muttergesellschaften als beteiligte Unternehmen anzusehen sind[1149]. Sie wird das Gemeinschaftsunternehmen[1150] als an dem Kontrollerwerb beteiligt ansehen, wenn es sich entsprechend der Mitteilung der Kommission über den Begriff des Vollfunktionsgemeinschaftsunternehmens um ein solches voll funktionsfähiges Gemeinschaftsunternehmen handelt. Dazu sollte es über ausreichende finanzielle und andere Mittel verfügen, um dauerhaft einer Geschäftstätigkeit nachzugehen. Außerdem sollte es bereits auf dem Markt tätig sein[1151]. Die Muttergesellschaften werden hingegen als beteiligt angesehen, wenn das Gemeinschaftsunternehmen ein offensichtliches »**Erwerbsvehikel**« ist. Als bloßes Mittel für den Erwerb sieht die Kommission das Gemeinschaftsunterneh-

1078

1148 S. dazu ausführlich unter Rdnr. 1100 ff.
1149 Mitteilung der Kommission über den Begriff der beteiligten Unternehmen in der Verordnung (EWG) Nr. 4064/89 des Rates über die Kontrolle von Unternehmenszusammenschlüssen, ABl. C 66/14 vom 2. 3. 1998, Rdnr. 26.
1150 Mitteilung der Kommission über den Begriff des Vollfunktionsgemeinschaftsunternehmens nach der Verordnung (EWG) Nr. 4064/89 des Rates über die Kontrolle von Unternehmenszusammenschlüssen, ABl. C 66/1 vom 2. 3. 1998.
1151 Ebd., Rdnr. 27.

men insbesondere an[1152], wenn es speziell für den Erwerb des Unternehmens gegründet wurde, nicht als Vollfunktionsunternehmen anzusehen ist, sich noch in Gründung befindet oder lediglich eine Vereinigung von Unternehmen ist. Maßgeblich für die Beurteilung ist insbesondere im Falle von bereits bestehenden Gemeinschaftsunternehmen, ob das zu übernehmende Unternehmen in dessen Geschäftsfeld passt. Ist dies nicht der Fall, ist vor allem anhand der Geschäftsinteressen der Mutterunternehmen zu untersuchen, ob sie nicht die eigentlich Handelnden und damit als die am Zusammenschluss beteiligten Unternehmen anzusehen sind. In diesem Fall wird der »**Schleier des zwischengeschalteten Unternehmens gelüftet**«, wie die Kommission sich ausdrückt[1153]. Weitere Indizien, die Auskunft darüber geben, wer als treibende Kraft hinter einem Vorhaben steht, sind Organisation und Finanzierung des Vorhabens.

(2) Der Begriff des Umsatzes

1079 Nach Art. 5 Abs. 1 FKVO sind für die Berechnung der Gesamtumsätze der beteiligten Unternehmen **alle Umsätze** zusammenzuzählen, die die beteiligten Unternehmen im letzten abgelaufenen Geschäftsjahr mit Waren und Dienstleistungen erzielt haben und der normalen Geschäftstätigkeit der Unternehmen zuzuordnen sind.

(a) Umsatzkriterium

1080 Maßgeblich für die Frage, ob ein Zusammenschluss die Schwellenwerte des Art. 1 FKVO erreicht, ist die **Messung der Wirtschaftskraft** der beteiligten Unternehmen, die sich aus den jeweiligen Umsatzzahlen, bezogen auf die normale Geschäftstätigkeit ergibt, nicht jedoch aus Sondererlösen wie z. B. dem Verkauf von Vermögenswerten oder Betriebsteilen. Die entsprechenden Verkaufserlöse, in denen sich die Geschäftstätigkeit des Unternehmens widerspiegelt, sind demnach das entscheidende Kriterium für die Ermittlung des Umsatzes. Sie erscheinen in den Jahresabschlüssen der Unternehmen und werden auch in den Geschäftsberichten im Allgemeinen unter der Überschrift »Umsatzerlöse« veröffentlicht.

1081 Während die **Umsatzberechnung beim Verkauf von Waren** unproblematisch ist, können sich bei der **Umsatzberechnung von Dienstleistungen** Schwierigkeiten ergeben. Als Faustregel ist festzuhalten: In der Regel besteht der Umsatz eines Dienstleisters aus dem Gesamtbetrag der Erlöse aus Dienstleistungsverkäufen, wenn die Dienstleistung direkt an den Kunden verkauft wird. Dienstleistungen in bestimmten Gewerbezweigen (Fremdenverkehr, Werbung) können über Dritte vermittelt werden. Bei einem als Vermittler auftretenden Dienstleister (z. B. einem Reisebüro)[1154] wird der Gesamtbetrag der von ihm bezogenen Provisionen in der Regel der einzige Umsatz sein. Der Wert der vermittelten Dienstleistung bleibt in diesem Fall naturgemäß unberücksichtigt. Aus demselben Grund wird die Wirtschaftskraft für Unternehmen bestimmter Gewerbezweige nach abweichenden Regeln berechnet (vgl. Art. 5 Abs. 3)[1155].

1082 *unbesetzt*
–1083

1152 Ebd., Rdnr. 28; so in Kommission, 2. 12. 1991, M.102 »TNT/Canada Post, DBP Postdienst, La Poste, PTT Post & Sweden Post«, Rdnr. 10.
1153 Ebd., Rdnr. 26.
1154 Kommission, 20. 7. 1994, M.473 »Pechiney World Trade/Minemet«; Kurzdarstellung 24. WB 1994, Rdnr. 268.
1155 Siehe dazu unter Rdnr. 1118 f.

II. Anwendungsbereich der FKVO (Aufgreifkriterien)

Da der Umsatz die Wirtschaftskraft eines Unternehmens widerspiegeln soll, sind die Umsatzangaben gemäß Art. 5 Abs. 1 um »Erlösschmälerungen, Mehrwertsteuer[1156] und andere unmittelbar auf den Umsatz bezogene Steuern« zu bereinigen. Der berücksichtigungsfähige Umsatz ist somit ein **Nettoumsatz**. Unter Erlösschmälerungen sind Abschläge, Rabatte und andere Vergünstigungen, die Kunden gewährt werden, zu verstehen. Das versteht sich von selbst, insofern die Erlösschmälerungen den Verkaufspreis reduzieren und damit bereits als niedriger Umsatz ausgewiesen werden. In Abzug können jedoch auch Vergünstigungen gebracht werden, die Kunden gewährt werden und nicht in den Verkaufspreis einfließen. Auch indirekte Steuern wie die deutsche Umsatzsteuer erhöhen den Umsatz nicht, da sie nicht den Unternehmen zustehen, sondern von diesen sofort an den Staat abgeführt werden.

1084

Gemäß Art. 5 Abs. 1 Satz 2 sind bei der Berechnung des Gesamtumsatzes eines beteiligten Unternehmens die **konsolidierten Umsätze** anzugeben. Umsätze mit Unternehmen, die gemäß Abs. 4 dem gleichen Konzern gehören, sind nicht zu berücksichtigen. Erfasst werden also nur die Umsätze von Konzernunternehmen mit Dritten. Eine **Erfassung der konzerninternen Umsätze** würde zu einer Doppelzählung von Verkaufserlösen führen, da die konzernintern gelieferten Vorprodukte bei der Kalkulation des Verkaufspreises für das fertige Produkt bereits berücksichtigt werden.

1085

(b) Maßstab: Normale Geschäftstätigkeit

Berücksichtigungsfähig sind nur die **Umsätze aus dem normalen geschäftlichen Tätigkeitsbereich** eines Unternehmens. Dazu zählen die Verkaufserlöse aus Tätigkeiten, die dem Gesellschaftszweck entsprechen. Auch **Beihilfen** können unter Umständen von der Kommission als Umsatz gewertet werden. Das wird in der Regel jedoch nur dann der Fall sein, wenn sich die Beihilfe auf den Preis auswirkt und sich damit auf die normale geschäftliche Tätigkeit des betreffenden Unternehmens bezieht. Das trifft zu für Beihilfen, die der Subvention von Absatzpreisen dienen und damit in der Kalkulation des Unternehmens als Preisbestandteil angesehen werden.

1086

(c) Keine sektorspezifischen Berechnungen

Anders als in der deutschen Fusionskontrolle werden die Umsatzzahlen nicht für bestimmte Sektoren angepasst. Handelsumsätze werden also in voller Höhe und nicht nur zu 75 % (so § 38 Abs. 2 GWB), in Ansatz gebracht. Gleiches gilt für die Presseumsätze für die das deutsche GWB eine Sonderregelung enthält. Entsprechend werden reine Zeitungsverlage schwerlich Umsatzgrößen erreichen, die die Zuständigkeit der Kommission begründen können.

1087

(d) Währung

Die Umsatzangaben der Anmeldung sind in **EUR** zu machen[1157].

1088

Erzielt ein Unternehmen Umsätze in verschiedenen Währungen, wird zunächst der Gesamtumsatz für jedes Land in der jeweiligen Landeswährung ermittelt. Im ge-

1089

1156 In Deutschland ist darunter die Umsatzsteuer nach dem UStG zu verstehen.
1157 Darauf weist das Formblatt CO in der Einleitung, Punkt 1.6, hin, nach dem die unter den Ziffern 3.3 bis 3.5 verlangten Finanzdaten in EUR zum durchschnittlichen Wechselkurs in den betreffenden Jahren oder dem betreffenden Zeitraum anzugeben sind.

prüften konsolidierten Abschluss eines Unternehmens wird der Gesamtumsatz in der Währung des Abschlusses dieses Unternehmens ausgewiesen. Dieser Gesamtumsatz wird dann – im Falle von nicht zur Euro-Zone gehörenden Devisen – zum Durchschnittskurs der letzten zwölf Monate in EUR umgerechnet. Die Kommission veröffentlicht die **Umtauschkurse** für eine Reihe von Devisen auf ihrer Webseite[1158]. Eine Zugrundelegung lediglich des Jahresendkurses würde den wirtschaftlichen Erfolg und damit die Wirtschaftskraft eines Unternehmens nur unzureichend widerspiegeln. Die Umsatzhöhe wäre abhängig vom Devisenkurs eines Tages, während der Jahresdurchschnittskurs die Devisenenentwicklung eines gesamten Jahres berücksichtigt.

(3) Regeln der Umsatzberechnung für verschiedene Transaktionen

(a) Maßgeblicher Zeitraum für die Umsatzberechnung

1090 Der Umsatz soll Aufschluss über die Wirtschaftskraft der beteiligten Unternehmen zum Zeitpunkt des Zusammenschlusses bzw. zum Zeitpunkt des Vertragsabschlusses oder öffentlichen Übernahmeangebots geben. Eine Feststellung der genauen Umsätze für diesen Zeitpunkt wäre jedoch für die beteiligten Unternehmen nur mit unverhältnismäßigem Aufwand möglich, sodass der maßgebliche Zeitraum, auf den für die Umsatzberechnung abgestellt wird, nach Art. 5 Abs. 1 das **letzte abgeschlossene Geschäftsjahr** ist. In Sektoren, in denen das Geschäftsjahr länger[1159] oder kürzer als das Kalenderjahr ist, wird der dort maßgebliche Zeitraum als Geschäftsjahr zu Grunde gelegt.

1091 In der Regel sollen die **geprüften oder andere endgültige Jahresabschlüsse** für die Umsatzberechnung zu Grunde gelegt werden. Für Zusammenschlüsse, die in den ersten Monaten eines Kalenderjahres angemeldet werden, akzeptiert die Kommission in der Regel die Zahlen des vorletzten Geschäftsjahres. Für Anmeldungen im Jahr 2004 z.B. sind also grundsätzlich die Abschlüsse für das Jahr 2003 vorzulegen. Erfolgt die Anmeldung im Januar 2004, dürften hingegen die Jahresabschlüsse für das Jahr 2002 ausreichend sein. Gibt es jedoch Anhaltspunkte dafür, dass es größere Unterschiede zwischen den neueren, noch nicht testierten Umsatzzahlen und den Umsatzangaben des Vorjahres gibt, etwa aufgrund von zwischenzeitlichen Akquisitionen, werden die neueren Umsatzangaben zu Grunde zu legen sein. Dabei wird die Kommission auch nicht testierte Zahlen akzeptieren. Im Gegensatz dazu werden bei der materiellen Prüfung von Zusammenschlüssen die Umsätze im Kalenderjahr zugrundegelegt.

1092 Da der angegebene Umsatz die tatsächliche Wirtschaftskraft der beteiligten Unternehmen zum Zeitpunkt der Anmeldung bei der Kommission widerspiegeln soll, sind **Übernahmen und Veräußerungen**, die in den Geschäftsabschluss des vorhergehenden Jahres noch keinen Eingang gefunden haben, mit zu berücksichtigen. Umsätze in Geschäftsbereichen, die veräußert wurden, sind abzuziehen, Umsätze in übernommenen Bereichen hingegen hinzuzurechnen.

1158 www.europa.eu.int/comm/competition/mergers/others/exchange-rates.html. Die Kommission erläutert darin auch die Berechnung der Umsätze für den Fall, dass das Finanzjahr vom Kalenderjahr abweicht.

1159 So z.B. in der dänischen Milchwirtschaft, wo das Geschäftsjahr 52 1/5 Wochen lang ist.

(b) Berechnung des Umsatzes beim Erwerb von Unternehmensteilen (Art. 5 Abs. 2 Unterabs. 1 FKVO)

Der Umsatz auf der Veräußererseite wird wie im Anwendungsbereich der deutschen Fusionskontrolle festgestellt. Das bestimmt Art. 5 Abs. 2 Satz 1 FKVO. Danach ist im Falle eines Zusammenschlusses durch den Erwerb von Teilen eines oder mehrerer Unternehmen unabhängig von der Rechtspersönlichkeit dieser Teile »abweichend von Absatz 1 aufseiten des Veräußerers nur der Umsatz zu berücksichtigen, der auf die veräußerten Teile entfällt.« Da nur der erworbene Teil der Wirtschaftskraft des Erwerbers zugute kommt, ist es nur folgerichtig, dass die nicht veräußerten Betriebsteile oder Unternehmen bei der Umsatzberechnung keine Rolle spielen[1160]. Im Übrigen wird nur der zu übernehmende Unternehmensteil auf der Veräußererseite als beteiligtes Unternehmen angesehen. 1093

(c) Gestaffelte Transaktionen (Art. 5 Abs. 2 Unterabs. 2 FKVO)

Ein Zusammenschluss liegt nach Art. 3 FKVO im Falle der Fusion von bisher unabhängigen Unternehmen oder Unternehmensteilen sowie im Falle des Erwerbs der unmittelbaren oder mittelbaren Kontrolle über die Gesamtheit oder über Teile eines oder mehrerer anderer Unternehmen vor. Diese Definition gibt keine Auskunft darüber, ob **zwei oder mehr Erwerbsvorgänge**, die zu Änderungen in den Kontrollverhältnissen führen, einen einheitlichen Zusammenschluss darstellen. Zu denken ist an den Fall, dass ein Unternehmen A die Unternehmensgruppe B übernimmt. Die Übernahme könnte durch den sofortigen Erwerb der gesamten Unternehmensgruppe oder durch den zeitlich gestaffelten Erwerb von Unternehmensteilen erfolgen. Insbesondere um die Umgehung der europäischen Fusionskontrolle durch den schrittweisen Erwerb von Geschäftsbereichen zu verhindern, sieht daher Art. 5 Abs. 2 Unterabs. 2 FKVO vor, dass mehrere Erwerbsvorgänge i. S. d. Satzes 1 durchaus als ein einziger Zusammenschluss anzusehen sind. Voraussetzung für die Anwendbarkeit des Art. 5 Abs. 2 Unterabs. 2 FKVO ist, dass 1094

- **zwei oder mehr Erwerbsvorgänge**
- **i. S. von Unterabs. 1**, d. h. durch den Erwerb von Teilen eines oder mehrerer Unternehmen, unabhängig davon, ob sie eigene Rechtspersönlichkeit besitzen,
- **innerhalb von zwei Jahren**, was auch gleichzeitige Erwerbsvorgänge erfasst,
- **zwischen denselben Personen oder Unternehmen** stattfinden.

Wenn diese Voraussetzungen erfüllt sind, werden die verschiedenen Erwerbsvorgänge als ein einheitlicher Zusammenschluss angesehen, der zum Zeitpunkt des letzten Geschäfts stattfindet. In der Konsequenz werden die Umsätze der erworbenen Geschäftsbereiche addiert. Transaktionen der letzten zwei Jahre sind **mit der letzten Transaktion anzumelden**, mit der insgesamt die Schwellenwerte erstmals überschritten werden[1161]. So hatte beispielsweise AKZO im November 1993 1095

1160 Die deutsche Fusionskontrollpraxis ist mit Art. 5 Abs. 2 FKVO vergleichbar. Der Umkehrschluss aus § 39 Abs. 2 Nr. 2 GWB, nach dem auch der Veräußerer beim Vermögens- und Anteilsverkauf zur Anmeldung verpflichtet ist, ergibt, dass der Veräußerer in der Regel nicht als beteiligtes Unternehmen anzusehen sein wird. Entsprechend stellt § 38 Abs. 5 GWB klar, dass für die Berechnung der Marktanteile und der Umsatzerlöse des Verkäufers nur auf den veräußerten Vermögensteil abzustellen ist.

1161 So ausdrücklich Mitteilung der Kommission über die Berechnung des Umsatzes i. S. d. Verordnung (EWG) Nr. 4064/89 des Rates über die Kontrolle von Unternehmenszusammenschlüssen, ABl. C 66/25 vom 2. 3. 1998, Rdnr. 35.

das Vorhaben bei der Kommission angemeldet, die Mehrheit an der schwedischen Nobel Industrier im Wege eines öffentlichen Übernahmeangebots zu erwerben[1162]. Bereits zu Beginn des Jahres 1993 hatten die Parteien einen Austausch von Vermögenswerten vereinbart, der daraufhin von der deutschen und schwedischen Wettbewerbsbehörde genehmigt wurde. Die Kommission hat diese Austauschvereinbarungen gemäß Art. 5 Abs. 2 Satz 2 FKVO a. F.[1163] als Teil des angemeldeten Zusammenschlusses angesehen und geprüft. Die Anwendung des Art. 5 Abs. 2 Unterabs. 2 ist **grundsätzlich rückwirkend**. Nach Auffassung der Kommission ist in der Praxis auch eine vorgreifende Anwendung denkbar. So hat die Winterthur im April 1994 bei der Kommission das Vorhaben angemeldet, die Mehrheit und damit alleinige Kontrolle über die DBV zu erwerben[1164]. Der Erwerb sollte in mehreren Schritten auf der Grundlage eines einheitlichen verbindlichen Vertrages erfolgen, der einen engen Zeitrahmen mit festen Fristen vorsah. Die Kommission sah die einzelnen Erwerbsvorgänge als einen einzigen Vorgang an. Die Freigabe erfolgte, bevor der erste Erwerbsschritt umgesetzt war.

1096 Die Kommission hat in der Vergangenheit jedoch durchaus mehrere Erwerbsvorgänge auch dann als einen einheitlichen Zusammenschluss angesehen, wenn nicht sämtliche Voraussetzungen des Art. 5 Abs. 2 Unterabs. 2 erfüllt waren. Damit ist Art. 5 Abs. 2 augenscheinlich ein **gesetzliches Regelbeispiel** und keine abschließende Regelung dafür, welche Erwerbsvorgänge als ein einheitlicher Zusammenschluss zu werten sind.

1097 In den Fällen, in denen die Kommission einen einheitlichen Zusammenschluss trotz des Vorliegens mehrerer Erwerbsvorgänge bejaht hat, waren maßgebliche Kriterien eine **weitgehende Identität der Parteien auf Erwerber- und Veräußererseite** sowie ein enger **zeitlicher und wirtschaftliche Zusammenhang** zwischen den einzelnen Erwerbsvorgängen. Die bisherige Praxis ist nicht einheitlich. So hat die Kommission bei Übernahmevorgängen, bei denen der gesamte Geschäftsbereich eines anderen Unternehmens erworben wurde, ungeachtet der unterschiedlichen Kontrollverhältnisse die verschiedenen Transaktionen als einen Zusammenschluss angesehen[1165]. Das war insbesondere der Fall, wenn der wirtschaftliche Zusammenhang zwischen den einzelnen Transaktionen auf der Hand lag. Art. 5 Abs. 2 Unterabs. 2 spricht von dem Erwerb von Teilen eines oder mehrerer Unternehmen unabhängig davon, ob sie eine eigene Rechtspersönlichkeit besitzen. So können die erworbenen Kontrollverhältnisse an den verschiedenen Teilen sehr unterschiedlich sein. Diese Vorgehensweise der Kommission entspricht jedoch nicht den Ausführungen in ihren eigenen Veröffentlichungen. In ihrer Mitteilung über den Begriff des Zusammenschlusses[1166] führt die Kommission aus, dass der Erwerb gemeinsamer Kontrolle über einen Teil eines Unternehmens und alleiniger Kontrolle über einen anderen Teil nach der FKVO im Prinzip als zwei verschiedene Zusammenschlüsse anzusehen sind. Als bedeutend wurde in der Vergangenheit jedoch offensichtlich die

---

1162 Kommission, 10. 1. 1994, M.390 »AKZO/Nobel Industrier«.
1163 jetzt Art. 5 Abs. 2 Unterabs. 2 FKVO.
1164 Kommission, 30. 5. 1994, M.429 »Winterthur/DBV«.
1165 Kommission, 18. 9. 1998, M.1292 »Continental/ITT«; 29. 8. 1994, M.470 »Gencor/Shell«.
1166 Mitteilung der Kommission über den Begriff des Zusammenschlusses in der Verordnung (EWG) Nr. 4064/89 des Rates über die Kontrolle von Unternehmenszusammenschlüssen, ABl. C 66/5 vom 2. 3. 1998, Rdnr. 16.

II. Anwendungsbereich der FKVO (Aufgreifkriterien)

Identität der Parteien auf Erwerber- und Veräußererseite aufgefasst, sodass gestaffelte Erwerbsvorgänge meistens bei Identität der Parteien als ein Zusammenschluss gewertet wurden. Im Fall **hintereinander geschalteter Erwerbsvorgänge** hat die Kommission jedoch einen einzigen Zusammenschluss bejaht, obwohl der letztendliche Erwerber an dem vorhergehenden Zusammenschluss nicht beteiligt war[1167].

Die Kommission hat im Rahmen der Revision der FKVO eine rechtliche Regelung dafür vorgeschlagen, welche verbundenen Erwerbsvorgänge als ein Zusammenschluss zu werten sind[1168]. Der Rat hat diesen Vorschlag jedoch vor allem wegen der zu unbestimmten Formulierung und der damit verbunden Rechtsunsicherheit nicht umgesetzt. Jedoch ist in der FKVO klargestellt[1169], dass Erwerbsvorgänge, die in einem Bedingungszusammenhang stehen, oder schleichende Übernahmen über die Börsen innerhalb eines kurzen Zeitraums als ein Zusammenschluss behandelt werden sollten. Folgende Szenarien sind damit umfasst: 1098

– **Tausch von Vermögenswerten**[1170]: Tauschgeschäfte zwischen voneinander unabhängigen Unternehmen werden häufig in einem Vertrag besiegelt, wobei der eine Zusammenschluss nur stattfinden soll, wenn auch der andere genehmigt wird.
– **Schleichende Übernahmen** über die Börsen[1171]: Vor allem bei feindlichen Übernahmen sieht die Kommission den Erwerb mehrerer Aktienpakete aus wirtschaftlicher Sicht als eine Einheit an, wenn deren Zweck darin besteht, die Kontrolle über das anvisierte Unternehmen zu erwerben.

Vor der Revision der FKVO im Jahr 2004 wurde der Erwerb der gemeinsamen Kontrolle über einen und der alleinigen Kontrolle über einen anderen Teil eines Unternehmens[1172] u.U. als ein einheitlicher Zusammenschluss angesehen[1173]. Das Grünbuch enthielt den Vorschlag einer Klarstellung, dass diese Fälle als ein einheitlicher Zusammenschluss zu behandeln seien. Dieser Vorschlag wurde jedoch im Gesetzgebungsverfahren nicht umgesetzt. Es wird sich zeigen, ob die Tatsache, dass diese Fallgestaltung im Erwägungsgrund 20 zur FKVO nicht aufgeführt ist, die künftige Handhabung solcher Fälle durch die Kommission ändern wird. 1099

(4) Umsatzzurechnung

(a) Konzernumsatz (Art. 5 Abs. 4 FKVO)

Nachdem die beteiligten Unternehmen ermittelt worden sind, wird der Umsatz entsprechend der Mitteilung der Kommission über die Berechnung des Umsatzes für 1100

1167 Vgl. Kommission, 11.12.1996, M.853 »Bell CableMedia/Cable & Wireless/Videotron«; 18.6.1998, M.1188 »Kingfisher/Wegert/ProMarkt«; anders jedoch Kommission, 27.6.1995, M.593 »Volvo/Henlys«: Unternehmen A kauft Unternehmen B, nachdem dieses, von A gewollt, Unternehmen C gekauft hat.
1168 Grünbuch über die Revision der Verordnung (EWG) Nr. 4064/89 des Rates vom 11.12.2001 KOM (2001) 745/6 endg., Rdnr. 125 f.
1169 Erwägungsgrund 20 der FKVO.
1170 Grünbuch über die Revision der Verordnung (EWG) Nr. 4064/89 des Rates vom 11.12.2001 KOM (2001) 745/6 endg., Rdnr. 133.
1171 Ebd., Rdnr. 134.
1172 Ebd., Rdnr. 131.
1173 Kommission, 18.9.1998, M.1292 »Continental/ITT«; 29.8.1994, M.470 »Gencor/Shell«.

die beteiligten Unternehmen berechnet. Gehört eines der am Zusammenschluss beteiligten Unternehmen zu einem Konzern, so ist bei der Untersuchung, ob die Schwellenwerte erreicht sind, der **Umsatz des Gesamtkonzerns** zu Grunde zu legen.

1101 Im deutschen Recht werden Unternehmen, die miteinander i.S.v. § 17 oder § 18 AktG verbunden sind, als einheitliches Unternehmen angesehen (§ 36 Abs. 2 Satz 1 GWB). Einem beteiligten Unternehmen werden entsprechend die Umsätze der Unternehmen zugerechnet, mit denen es in diesem Sinne verbunden ist.

1102 Für die Bestimmung, welche mit einem beteiligten Unternehmen verbundenen Unternehmen als einem Konzern zugehörig anzusehen sind, ist in der europäischen Fusionskontrolle Art. 5 Abs. 4 FKVO maßgeblich. Danach setzt sich der Umsatz eines beteiligten Unternehmens i.S.d. FKVO unbeschadet des Absatzes 2 zusammen aus den **Umsätzen**

a) **des beteiligten Unternehmens**;

b) der Unternehmen, in denen das beteiligte Unternehmen unmittelbar oder mittelbar entweder
  – mehr als die Hälfte des Kapitals oder des Betriebsvermögens besitzt oder
  – über mehr als die Hälfte der Stimmrechte verfügt oder
  – mehr als die Hälfte der Mitglieder des Aufsichtsrats, des Verwaltungsrats oder der zur gesetzlichen Vertretung berufenen Organe bestellen kann oder
  – das Recht hat, die Geschäfte des Unternehmens zu führen
  (= **der Tochterunternehmen**);

c) der Unternehmen, die in dem beteiligten Unternehmen die unter Buchst. b bezeichneten Rechte oder Einflussmöglichkeiten haben
  (= **der Mutterunternehmen**);

d) der Unternehmen, in denen ein unter Buchst. c genanntes Unternehmen die unter Buchst. b bezeichneten Rechte oder Einflussmöglichkeiten hat
  (= **weiterer Tochtergesellschaften der Muttergesellschaften bzw. Schwestergesellschaften**);

e) der Unternehmen, in denen mehrere der unter den Buchst. a bis d genannten Unternehmen jeweils gemeinsam die in Buchstabe b bezeichneten Rechte oder Einflussmöglichkeiten haben
  (= derjenigen **Unternehmen, die von zwei oder mehreren Konzernunternehmen gemeinschaftlich kontrolliert werden**).

1103 Der Zweck dieser Bestimmung besteht darin, sämtliche wirtschaftlichen Vermögenswerte zu erfassen, die bei einem Zusammenschluss vereint werden. Anders als bei der Feststellung des Kontrollerwerbs nach Art. 3 Abs. 2 FKVO richtet sich die Zurechnung eines Unternehmens zu einer Unternehmensgruppe nach Art. 5 Abs. 4 Buchst. b FKVO überwiegend nach quantitativen Kriterien, d.h. nach der Höhe der an einem Unternehmen bestehenden Beteiligung. Die Kommission hatte in dem Grünbuch über die Revision der Verordnung (EWG) Nr. 4064/89 des Rates eine Angleichung beider Vorschriften zur Diskussion gestellt[1174], nach der der Leitgedanke, der Art. 3 Abs. 2 FKVO zu Grunde liegt, ebenfalls auf den Begriff der Unternehmensgruppe anzuwenden sein sollte. Eine Anpassung ist bei der Revision der FKVO dennoch unterblieben, was im Wesentlichen darauf zurückzuführen ist, dass sich die konsultierten Marktteilnehmer mehrheitlich für die unveränderte Beibehaltung

---

1174 Ebd., Rdnr. 145 ff., 152.

II. Anwendungsbereich der FKVO (Aufgreifkriterien)

des Art. 5 Abs. 4 FKVO ausgesprochen haben, da die Umsatzberechnung für eine Unternehmensgruppe mit Hilfe quantitativer Kriterien wesentlich leichter ist als bei Zugrundelegung des in Art. 3 Abs. 2 definierten Kontrollbegriffs. In der Regel werden die Ergebnisse kaum voneinander abweichen[1175].

Anhand des folgenden Schaubildes soll erläutert werden, welche Umsätze dem beteiligten Unternehmen (A) nach der derzeitigen Rechtslage zuzurechnen sind: **1104**

Schaubild 2

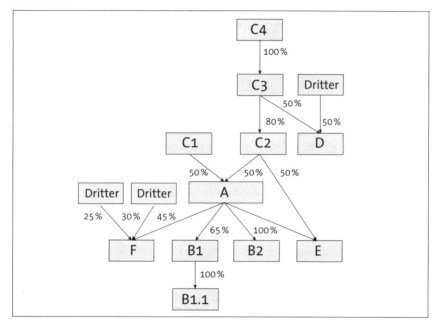

Die Umsätze der Unternehmen **B1** und **B2** werden A zugerechnet, da A mehr als die Hälfte des Kapitals besitzt und deswegen davon ausgegangen werden kann, dass A über die alleinige Kontrolle verfügt (Buchst. b). Da A beide Unternehmen **unmittelbar kontrolliert**, wird ihm der gesamte Umsatz, nicht etwa nur der seinem Gesellschafteranteil entsprechende Teil zugerechnet. **Mittelbar** über das Unternehmen B1 kontrolliert A auch **B1–1**, sodass auch dessen Umsätze dem Unternehmen A zugerechnet werden. **1105**

1175 Die Kommission führt aber als abweichendes Beispiel für einen Kontrollerwerb i.S.v. Art. 3 Abs. 2 FKVO den Fall an, dass ein Unternehmen zwar über deutlich weniger als die Hälfte der Stimmrechte in einem anderen Unternehmen verfügt, aber dennoch davon auszugehen ist, dass es bei der Hauptversammlung über eine Mehrheit verfügt. Umgekehrt ist auch beim Erwerb von 51 % oder mehr des Aktienkapitals bzw. der Vermögenswerte eines Unternehmens nicht sicher, dass hiermit auch die Kontrolle über das Unternehmen i.S.v. Art. 3 Abs. 2 FKVO erworben wird (z.B. dann nicht, wenn ein anderer Anteilseigner über mehr als die Hälfte der Stimmrechte in dem Unternehmen verfügt). Darüber hinaus erfasst Art. 5 Abs. 4 FKVO zumindest seinem Wortlaut nach nicht die Fälle der gemeinsamen Kontrolle, auch wenn dies in der Praxis durch eine analoge Anwendung des Art. 5 Abs. 4 Buchst. c FKVO ignoriert wird.

1106 A wird gemeinschaftlich von den Unternehmen C1 und C2 kontrolliert. Zwar sind nach dem Wortlaut der Buchst. c nur die Mutterunternehmen zu berücksichtigen, die die unter Buchst. b bezeichneten Einflussmöglichkeiten haben, insbesondere also mehr als die Hälfte des Kapitals oder der Stimmrechte besitzen, und demnach allein beherrschend sind. Der Fall, dass es sich bei A um ein Gemeinschaftsunternehmen handelt, ist nicht ausdrücklich von der FKVO erfasst. Da Buchst. c jedoch im Plural von dem Umsatz derjenigen Unternehmen handelt, die die Einflussmöglichkeiten der Buchst. b haben, leitet die Kommission in ständiger Fallpraxis daraus die Anwendbarkeit der Buchst. c auf **Gemeinschaftsunternehmen** ab. Demnach sind weiterhin die Umsätze der unmittelbaren (C1 und C2) und der mittelbaren (C3 und C4) Mutterunternehmen den Umsätzen des beteiligten Unternehmens A zuzurechnen.

1107 Das Unternehmen F wird gemeinsam von A sowie von zwei weiteren Unternehmen kontrolliert. Art. 5 Abs. 5 FKVO regelt lediglich den Fall, dass mehrere beteiligte Unternehmen gemeinschaftlich ein Unternehmen kontrollieren. Art. 5 Abs. 5 Buchst. b FKVO bestimmt, dass Umsätze mit Waren und Dienstleistungen, die dieses Gemeinschaftsunternehmen mit dritten Unternehmen erzielt, den beteiligten Unternehmen zu gleichen Teilen zuzurechnen sind. Diese Regelung soll verhindern, dass die Umsätze des Gemeinschaftsunternehmens **mehrfach berücksichtigt** werden, nämlich durch die Zurechnung der Umsätze des Gemeinschaftsunternehmens zu jedem der beteiligten Unternehmen. Ausdrücklich geregelt ist damit jedoch nur der Fall, dass ein Gemeinschaftsunternehmen zwischen zwei oder mehr an einem Zusammenschluss beteiligten Unternehmen besteht[1176]. Analog[1177] zu dem in Art. 5 Abs. 5 Buchst. b FKVO entwickelten Grundsatz verfährt die Kommission bei **Gemeinschaftsunternehmen von beteiligten Unternehmen und Dritten** dergestalt, dass dem beteiligten Unternehmen jeweils ein gleicher Umsatzanteil wie den übrigen Muttergesellschaften zugerechnet wird[1178]. Der Umsatz von F wird demnach dem beteiligten Unternehmen A zu einem Drittel zugerechnet, obwohl A 45% der Stimmrechte und des Kapitals hält. Die Kommission beruft sich dabei auf den Grundsatz der Vermeidung der Doppelzählung und der möglichst genauen Widerspiegelung der wirtschaftlichen Stärke der an dem Vorhaben beteiligten Unternehmen[1179]. Allerdings besteht zum einen die Gefahr einer Doppelzählung nicht, wenn ein beteiligtes Unternehmen ein Gemeinschaftsunternehmen mit einem Dritten unterhält. Der Umsatz des Gemeinschaftsunternehmens würde jedenfalls

---

1176 Die Unternehmen A und B kontrollieren gemeinsam das Unternehmen C. A beabsichtigt, eine Mehrheitsbeteiligung an B zu erwerben. A und B als beteiligten Unternehmen sind die Umsätze von C jeweils zu 50% zuzurechnen.

1177 Die Kommission hat diese Praxis der analogen Anwendung des Art. 5 Abs. 5 FKVO, die sie bislang lediglich in ihrer Mitteilung über die Berechnung des Umsatzes ausgeführt hat, anlässlich der Revision der FKVO nicht in den Wortlaut des Art. 5 FKVO aufgenommen. Ein entsprechender Vorschlag der Kommission im Grünbuch über die Revision der Verordnung (EWG) Nr. 4064/89 des Rates vom 11.12.2001, KOM (2001) 745/6 endgültig, Rdnr. 152, wurde nicht umgesetzt.

1178 Mitteilung der Kommission über die Berechnung des Umsatzes i.S.d. Verordnung (EWG) Nr. 4064/89 des Rates über die Kontrolle von Unternehmenszusammenschlüssen, ABl. C 66/25 vom 2.3.1998, Rdnr. 40 mit Verweis auf Kommission, 28.4.1992, M.126 »Accor/Wagons-Lits«.

1179 Ebd.

nur einmal, entweder durch Zurechnung zu dem beteiligten Unternehmen oder durch Zurechnung zu dem dritten Unternehmen berücksichtigt. Zum anderen steht die anteilige Zurechnung für die Berechnung der Schwellenwerte nicht in Einklang mit der Behandlung von Gemeinschaftsunternehmen bei der materiellen Beurteilung von Zusammenschlüssen. Dort werden das Potential und die Wirtschaftskraft den beteiligten Unternehmen in der Regel zugerechnet.

C3 kontrolliert gemeinsam mit einem dritten Unternehmen das Unternehmen D. Zu der Frage, ob, und wenn ja, in welchem Umfang die Umsätze von D dem Unternehmen C3 und damit A zuzurechnen sind, enthält Art. 5 keine Aussage. **Analog Art. 5 Abs. 5 Buchst. b FKVO** rechnet die Kommission auch in diesem Fall dem Unternehmen A die Hälfte der Umsätze von D zu. **1108**

Das Unternehmen E wird von den Konzernunternehmen A und C2 gemeinsam kontrolliert. A ist das beteiligte Unternehmen, C2 ist Mutterunternehmen i.S.d. Buchst. c. Entsprechend sieht Buchst. e vor, dass auch die Umsätze von E dem beteiligten Unternehmen A zuzurechnen sind. **1109**

(b) **Umsatz von Unternehmen im Staatsbesitz**

Nach Art. 5 Abs. 4 FKVO sind bei der Berechnung der Schwellenwerte neben den Umsätzen des beteiligten Unternehmens auch die Umsätze des Gesamtkonzerns zu Grunde zu legen. Dabei wird für die Frage der Zurechnung zum Gesamtkonzern maßgeblich darauf abgestellt, ob ein Unternehmen, das Verbindungen zu einem beteiligten Unternehmen hat, berechtigt ist, die Geschäfte des Unternehmens zu leiten, oder ob das beteiligte Unternehmen seinerseits diese Rechte in dem anderen Unternehmen hat. Dieser Grundsatz findet auch für **Unternehmen der öffentlichen Hand** konsequent Anwendung. So werden nicht alle Unternehmen, die im Staatseigentum stehen, bei der Umsatzberechnung für das beteiligte Unternehmen zusammengefasst. Vielmehr werden nur die Umsätze derjenigen Unternehmen berücksichtigt, die mit dem beteiligten Unternehmen eine **mit einer autonomen Entscheidungsbefugnis ausgestattete wirtschaftliche Einheit** bilden. Dieser Grundsatz ergibt sich aus Art. 5 Abs. 4 in Verbindung mit dem Erwägungsgrund 22 der FKVO, nach dem der **Grundsatz der Nichtdiskriminierung zwischen dem öffentlichen und privaten Sektor** auch in der FKVO zu beachten ist. Entsprechend sind nicht alle Unternehmen, die im Staatsbesitz stehen, nur aufgrund der Eigentumsverhältnisse als ein Konzern anzusehen, mit der Folge, dass alle Umsätze addiert würden. Vielmehr sollen die in Art. 5 Abs. 4 FKVO niedergelegten Maßstäbe auch im Bereich der öffentlichen Hand angelegt werden. **1110**

Inespal, eine Tochtergesellschaft der staatlichen spanischen Holding INI, beabsichtigte, 50 % an ihrer Tochtergesellschaft Palco an Alcan zu veräußern[1180]. Die alleinige Kontrolle an Palco wandelte sich damit in eine gemeinschaftliche Kontrolle durch Inespal und Alcan, beides beteiligte Unternehmen i.S.d. Art. 1 Abs. 2. Die Kommission hat nur Inespal und INI als eine mit einer autonomen Entscheidungsbefugnis ausgestattete wirtschaftliche Einheit angesehen. Entsprechend wurden Inespal nur die Umsätze der INI, nicht diejenigen weiterer Staatsunternehmen zugerechnet. In den Fällen, in denen die **Treuhandanstalt** als öffentlich-rechtliche Anstalt auf der Erwerberseite an einem Zusammenschluss beteiligt war, ließ die Kommission offen, in welchem Umfang die Umsätze der Treuhandanstalt und der **1111**

1180 Kommission, 14. 4. 1993, M.322 »Alcan/Inespal/Palco«.

von ihr verwalteten Unternehmen den beteiligten Unternehmen zuzurechnen seien. Sie schloss jedoch die Möglichkeit nicht aus, die verschiedenen organisatorischen Einheiten innerhalb der Treuhandanstalt bis zur Ebene der Direktorate als wirtschaftliche Einheiten mit autonomer Entscheidungsbefugnis anzusehen[1181].

1112 Die Regelung für die Umsatzzurechnung von Unternehmen im Staatsbesitz unterscheidet sich damit von der im deutschen Recht bestehenden Regelung. Nach dem GWB werden einem Unternehmen der öffentlichen Hand i. d. R. alle anderen Unternehmen zugerechnet, die vom selben Rechtsträger beherrscht werden, ohne dass dabei auf die Interessenlage, die tatsächliche Einflussnahme oder auf das Vorliegen einer wirtschaftlichen oder wettbewerblichen Einheit abgestellt wird[1182].

(5) Geographische Zurechnung des Umsatzes

1113 Die Zuständigkeit der Kommission für die Prüfung eines Zusammenschlusses ist abhängig vom Erreichen bestimmter Schwellenwerte, die sich am weltweiten und gemeinschaftsweiten Umsatz sowie am Gesamtumsatz der beteiligten Unternehmen in einem Mitgliedstaat orientieren. Die entsprechenden Angaben werden in der Form CO, Abschnitt 2, Punkt 3.3 ff. abgefragt. Angaben zu diesen Punkten setzen eine gebietsmäßige Zuordnung des Umsatzes sowohl zum Gebiet der Europäischen Gemeinschaft und zur übrigen Welt als auch zu den einzelnen Mitgliedstaaten voraus.

1114 Nach Art. 5 Abs. 1 Unterabs. 2 wird der Umsatz an dem Ort erzielt, an dem sich der Kunde zur Zeit der Transaktion befindet: »Der in der Gemeinschaft oder in einem Mitgliedstaat erzielte Umsatz umfasst den Umsatz, der mit Waren und Dienstleistungen für Unternehmen oder Verbraucher in der Gemeinschaft oder in diesem Mitgliedstaat erzielt wird.«

1115 Unabhängig davon, ob es sich um den Verkauf von Waren oder Dienstleistungen handelt, wird der Umsatz dem **Standort des Kunden** zugerechnet, da in den allermeisten Fällen dort der Vertrag zustande kommt, der entsprechende Umsatz erzielt wird und Wettbewerb mit anderen Anbietern stattfindet[1183]. Kauft ein deutscher Staatsbürger einen Pkw in Italien, gilt der Umsatz als in Italien erzielt, auch wenn der Pkw möglicherweise überwiegend in Deutschland gefahren wird. Der – vorübergehende – Standort des Kunden ist Italien. Bei Dienstleistungen gilt nichts anderes. Häufig werden Verkauf und Erbringung einer Dienstleistung am gleichen Ort stattfinden. Wird die Dienstleistung hingegen über einen Dritten erbracht, können der Ort des Verkaufs und der Ort, an dem die verkaufte Dienstleistung erbracht wird, auseinander fallen. Maßgeblich ist nicht, wo die Dienstleistung erbracht wird, sondern wo sie verkauft wird, da an diesem Ort der Wettbewerb um den Kunden stattfindet. Die Kommission nennt als Beispiel den Verkauf einer Pauschalreise über ein Reisebüro[1184]. Die Dienstleistungen, d. h. die Unterbringung in

---

1181 23. WB 1993, Rdnr. 250; vgl. auch Kommission, 14. 12. 1993, M.308 »Kali + Salz / MDK / Treuhand« Rdnr. 9.
1182 Bechtold, 3. Aufl., § 130 Rdnr. 8; Emmerich, in: I/M § 130 Abs. 1 Rdnr. 85; a. A. Jungbluth in: L/B, 9. Aufl., § 130 Abs. 1 Rdnr. 87.
1183 Kommission, 21. 5. 1992, M.213 »Hong Kong & Shanghai Bank / Midland«, Rdnr. 8.
1184 Mitteilung der Kommission über die Berechnung des Umsatzes i. S. d. Verordnung (EWG) Nr. 4064/89 des Rates über die Kontrolle von Unternehmenszusammenschlüssen, ABl. C 66/25 vom 2. 3. 1998, Rdnr. 46.

einem Hotel, die Reiseleitung etc., werden überwiegend nicht an dem Ort erbracht, an dem die Dienstleistung verkauft wird und dem der Umsatz zugerechnet wird.

Auch die **Bestimmung des Verkaufsortes** kann Schwierigkeiten aufwerfen. So nehmen Schifffahrtslinien z. B. Buchungen für afrikanische Kunden zwar in Afrika entgegen, erstellen die Rechnungen jedoch aus Gründen der höheren Währungsstabilität häufig in ihren Filialen in europäischen Hartwährungsländern. Auch in diesen Fällen erfolgt die Umsatzzuordnung nach dem Standort des Kunden, an dem der Buchungsvertrag geschlossen und die Dienstleistung dementsprechend verkauft wurde. Die Rechnungserstellung erfolgt lediglich aus finanztechnischen Gründen an einem anderen als dem Verkaufsort. **1116**

Wo es zum Wettbewerb um einen Vertrag kommt, ist häufig schwirig oder nur mit unverhältnismäßigem Aufwand zu bestimmen. Die geographische Zuordnung der Umsätze ist daher nicht immer leicht. Die beabsichtigte Übernahme des Geschäftsbereichs Unterwasser-Kabelverlegung von STC Ltd. durch Alcatel Cable SA im Jahre 1993 warf diese Frage auf[1185]. Unterwasserkabel werden in erster Linie in internationalen Gewässern verlegt und an internationale Konsortien von – meist – Telekombetreibern verkauft. Die in den Kabeln untergebrachten Leitungen werden den Konsortiumsmitgliedern im Verhältnis zu ihrer Beteiligung am Konsortium zugewiesen. Weil nur schwer festzustellen ist, wo der Wettbewerb um die Verträge stattfindet, hat die Kommission den Niederlassungsort der Kabelkäufer als ausreichendes Surrogat angesehen. Da es pro Kabel mehr als einen Käufer gab, wurde außerdem der Umsatz aus einem Vertrag den Betreibern im Verhältnis zu ihrer Beteiligung am Konsortium zugeordnet. **1117**

(6) **Sonderfälle der Umsatzberechnung**

Die FKVO enthält ebenso wie das deutsche GWB[1186] aufgrund des besonderen Charakters der **Finanz- und Versicherungstätigkeiten**[1187] spezielle Bestimmungen für die Umsatzberechnung in diesen Sektoren. **1118**

Die FKVO enthält keine Definition der Begriffe »Kredit- und sonstige Finanzinstitute« i. S. v. Art. 5 Abs. 3 Buchst. a FKVO. Die Kommission verwendet in ihrer Praxis die Begriffsbestimmungen aus der Ersten und Zweiten Bankrechtskoordinierungsrichtlinie[1188]. **1119**

1185 Kommission, 13. 9. 1993, M.366 »Alcatel/STC«; Kurzdarstellung in 23. WB 1993, Rdnr. 251 ff.
1186 Vgl. § 38 Abs. 4 GWB.
1187 Mitteilung der Kommission über die Berechnung des Umsatzes i. S. d. Verordnung (EWG) Nr. 4064/89 des Rates über die Kontrolle von Unternehmenszusammenschlüssen, ABl. C 66/25 vom 2. 3. 1998, Rdnr. 25.
1188 Erste Richtlinie des Rates vom 12. 12. 1977 zur Koordinierung der Rechts- und Verwaltungsvorschriften über die Aufnahme und Ausübung der Tätigkeit der Kreditinstitute (77/780/EWG), ABl. L 322/30 vom 17. 12. 1977; Zweite Richtlinie 89/646/EWG des Rates vom 15. 12. 1989 zur Koordinierung der Rechts- und Verwaltungsvorschriften über die Aufnahme und Ausübung der Tätigkeit der Kreditinstitute und zur Änderung der Richtlinie 77/780/EWG (89/646/EWG) ABl. L 386/1 vom 30. 12. 1989.

Zeise

1120 Danach ist ein **Kreditinstitut** ein Unternehmen, dessen Tätigkeit darin besteht, Einlagen oder andere rückzahlbare Gelder des Publikums entgegenzunehmen und Kredite für eigene Rechnung zu gewähren[1189].

1121 Ein **Finanzinstitut** ist danach ein Unternehmen, das kein Kreditinstitut ist und dessen Haupttätigkeit darin besteht, Beteiligungen zu erwerben oder eines oder mehrere der Geschäfte zu betreiben, die unter den Ziffern 2 bis 12 der im Anhang enthaltenen Liste aufgeführt sind[1190]. Damit gehören Holdinggesellschaften zu den Finanzinstituten. Ihre Haupttätigkeit besteht darin, Beteiligungen an Unternehmen zu erwerben und zu halten. Die Aktivitäten, die in Ziffer 2 bis 12 des Anhangs der Richtlinie genannt werden, sind im Einzelnen auch in der Mitteilung der Kommission über die Berechnung des Umsatzes[1191] aufgeführt.

1122 Mit der Novellierung der FKVO im Jahr 1998 ist an die Stelle des bis dato nach Maßgabe der Bilanzsumme ermittelten Umsatzes der Kredit- und sonstigen Finanzinstitute die Umsatzberechnung nach Maßgabe der **Bruttoerträge** i. S. d. Richtlinie 86/635 über den Jahresabschluss und den konsolidierten Abschluss von Banken und anderen Finanzinstituten getreten. Die Bruttoerträge eines Kredit- oder Finanzinstituts setzen sich nach Art. 5 Abs. 3 Buchst. a FKVO aus folgenden **Ertragsposten** zusammen:
i) Zinserträge und ähnliche Erträge,
ii) Erträge aus Wertpapieren:
   – Erträge aus Aktien, anderen Anteilsrechten und nicht festverzinslichen Wertpapieren,
   – Erträge aus Beteiligungen,
   – Erträge aus Anteilen an verbundenen Unternehmen,
iii) Provisionserträge,
iv) Nettoerträge aus Finanzgeschäften,
v) sonstige betriebliche Erträge.

1123 Ebenso wie bei den nach Art. 5 Abs. 1 errechneten Umsatzangaben sind die Mehrwertsteuer[1192] und sonstige direkt auf die genannten Erträge erhobenen Steuern abzuziehen. Umsätze von Kredit- und sonstigen Finanzinstituten aus Nichtbankgeschäften sind nach Art. 5 Abs. 1 zu berechnen[1193]. Entsprechend muss es sich bei den oben unter v) genannten »sonstigen betrieblichen Erträgen« um Erträge aus der typischen Geschäftstätigkeit eines Finanz- und Kreditinstituts handeln.

1124 Art. 5 Abs. 3 Buchst. a FKVO a. E. stellt vereinfachend klar, dass der Umsatz der Zweig- oder Geschäftsstelle eines Kredit- oder Finanzinstituts demjenigen Mit-

---

1189 Art. 1 der Ersten Richtlinie des Rates vom 12. 12. 1977 zur Koordinierung der Rechts- und Verwaltungsvorschriften über die Aufnahme und Ausübung der Tätigkeit der Kreditinstitute (77/780/EWG) ABl. L 322/30 vom 17. 12. 1977.
1190 Art. 1 Nr. 6 der Zweiten Richtlinie des Rates vom 15. 12. 1989 zur Koordinierung der Rechts- und Verwaltungsvorschriften über die Aufnahme und Ausübung der Tätigkeit der Kreditinstitute und zur Änderung der Richtlinie 77/780/EWG (89/646/EWG) ABl. L 386/1 vom 30. 12. 1989.
1191 Mitteilung der Kommission über die Berechnung des Umsatzes i. S. d. Verordnung (EWG) Nr. 4064/89 des Rates über die Kontrolle von Unternehmenszusammenschlüssen, ABl. C 66/25 vom 2. 3. 1998, Rdnr. 53.
1192 In Deutschland ist damit die Umsatzsteuer nach dem UStG gemeint.
1193 Kommission, 21. 5. 1992, M.213 »Hong Kong & Shanghai Bank/Midland Bank«, Rdnr. 11; Wagemann, in: Wiedemann, Handbuch des Kartellrechts, § 15 Rdnr. 104.

gliedstaat zugerechnet wird, der die o. g. Ertragsposten verbucht. Damit weicht die **Umsatzzuordnung für Finanzinstitute** von der allgemeinen geographischen Zuordnung anderer Branchen ab, die sich an dem Sitz des Abnehmers orientiert.

Auch der Umsatz von **Versicherungsunternehmen** wird abweichend von Art. 5 Abs. 1 FKVO berechnet. Nach Art. 5 Abs. 3 Buchst. b FKVO tritt bei Versicherungsunternehmen die Summe der Bruttoprämien an die Stelle des Umsatzes. Zu den Bruttoprämien zählen alle vereinnahmten **Prämien**[1194]. Die Bruttoprämien sind bereits um diejenigen Ausgaben bereinigt, die das Unternehmen zum Zwecke der Rückversicherung zahlt oder zu zahlen hat. Die Prämieneinnahmen beziehen sich auf alle Verträge, die in dem fraglichen Jahr noch laufen. **1125**

Die Kommission unterscheidet bei der Frage, ob und wie die Umsätze von Beteiligungsgesellschaften den Versicherungsunternehmen zuzurechnen sind, zwischen reinen **Finanzanlagen** und denjenigen **Investitionen, die zum Erwerb einer Mehrheitsbeteiligung an einem Unternehmen führen**. In den Fällen, in denen das Versicherungsunternehmen einen bestimmenden Einfluss auf die Geschäftsführung der Beteiligungsgesellschaft ausüben kann, greift Art. 5 Abs. 4 FKVO. Entsprechend ist der gesamte Umsatz des verbundenen Unternehmens zu dem Umsatz des Versicherungsunternehmens zu addieren. Versicherungen haben in der Regel ein großes Portfoliogeschäft, da sie gesetzlich verpflichtet sind, die eingenommenen Prämien zum Zwecke der Rücklagenbildung anzulegen. Erträge aus diesen reinen Finanzanlagen, wie z. B. Dividenden, gelten hingegen nicht als Umsatz von Versicherungsunternehmen[1195]. **1126**

Auch für Versicherungsunternehmen gilt die allgemeine Regelung, dass Steuern und sonstige Abgaben bei der Berechnung der Prämien keine Berücksichtigung finden. Für die **geographische Zuordnung** der erzielten Umsätze stellt Art. 5 Abs. 3 Buchst. b FKVO darauf ab, wo die Personen, die die Prämien leisten, ansässig sind. **1127**

3. Weiteres Verfahren bei Unanwendbarkeit der FKVO

Die Kommission entscheidet **innerhalb von 25 Arbeitstagen** (Frist gemäß Art. 10 Abs. 1), ob der angemeldete Zusammenschluss unter die FKVO fällt. Hat ein Zusammenschluss keine gemeinschaftsweite Bedeutung, stellt sie dies innerhalb dieser Frist gemäß Art. 6 Abs. 1 Buchst. a FKVO in einer Entscheidung fest. In der Regel wird die Frage der Erreichung der Schwellenwerte jedoch bereits in den informellen Vorgesprächen geklärt. Fälle, für die die Kommission mangels Erreichens der Schwellenwerte nicht zuständig ist, sind von den nationalen Wettbewerbsbehörden zu beurteilen. Die Kommission bestätigt auf Anfrage schriftlich, dass ein geplanter Zusammenschluss nicht in ihre Zuständigkeit fällt. Erforderlich ist dafür eine Kurzdarstellung des geplanten Zusammenschlusses mit allen Umsatzangaben. Dieses Schreiben reicht in der Regel den Wettbewerbsbehörden der Mitgliedstaaten aus, **1128**

1194 Wenn das Unternehmen im Rückversicherungsbereich tätig ist, zählen hierzu auch die vereinnahmten Rückversicherungsprämien; Mitteilung der Kommission über die Berechnung des Umsatzes i. S. d. Verordnung (EWG) Nr. 4064/89 des Rates über die Kontrolle von Unternehmenszusammenschlüssen, ABl. C 66/25 vom 2. 3. 1998, Rdnr. 56.

1195 Mitteilung der Kommission über die Berechnung des Umsatzes i. S. d. Verordnung (EWG) Nr. 4064/89 des Rates über die Kontrolle von Unternehmenszusammenschlüssen, ABl. C 66/25 vom 2. 3. 1998, Rdnr. 57.

um die Nichtzuständigkeit der Kommission anzuerkennen[1196]. Das Schreiben gibt jedoch keine vollständige Rechtssicherheit, da es unter der üblichen Einschränkung ergeht, dass es lediglich die Einschätzung des zuständigen Direktorats, nicht jedoch die der Kommission wiedergibt und in keiner Weise die Haltung der Europäischen Kommission vorwegnimmt bzw. diese bindet[1297]. Es steht der Kommission damit theoretisch noch frei, eine anders lautende Entscheidung in der Sache zu treffen.

1129 Ist also der Zusammenschlusstatbestand des Kontrollerwerbs erfüllt, während die Umsatzwerte des Art. 1 FKVO nicht gegeben sind, so gilt die Zuständigkeit der nationalen Wettbewerbsbehörden. Art. 21 Abs. 1 stellt klar, dass für Zusammenschlüsse i. S. d. Art. 3 FKVO die VO Nr. 1/2003[1198] grundsätzlich nicht gilt. Eine Prüfung dieser Zusammenschlüsse nach Art. 81 und 82 EGV durch die Kommission scheidet folglich aus. Eine Ausnahme besteht jedoch für diejenigen Gemeinschaftsunternehmen, die keine gemeinschaftsweite Bedeutung haben und die Koordinierung des Wettbewerbsverhaltens unabhängig bleibender Unternehmen bezwecken oder bewirken. Diese Gemeinschaftsunternehmen werden unter Umständen nach Art. 81 EGV geprüft. Die VO Nr. 1/2003 ist anwendbar. Das ist nur folgerichtig, da derartige Gemeinschaftsunternehmen, die die Schwellenwerte erreichen, aufgrund Art. 2 Abs. 4 FKVO einer »Doppelkontrolle« unterliegen. Sie werden sowohl nach der FKVO als auch nach Art. 81 EGV beurteilt. Die Notwendigkeit einer Prüfung nach Art. 81 EGV entfällt nicht mit dem Wegfall der gemeinschaftsweiten Bedeutung für die Fusionskontrolle. Die Kommission hat jedoch erklärt[1199], dass »es gewöhnlich Sache der einzelstaatlichen Wettbewerbsbehörden ist, die nicht den Schwellenwerten der Verordnung über Zusammenschlüsse entsprechenden Vollfunktions-Gemeinschaftsunternehmen zu kontrollieren, da diese Gemeinschaftsunternehmen nach Art. 3 Abs. 2[1200] FKVO dieser Verordnung Zusammenschlüsse ohne gemeinschaftsweite Bedeutung sind.«

1130 Sind die Umsatzschwellen überschritten, ohne dass ein Zusammenschluss i. S. d. Art. 3 FKVO vorliegt, finden ebenfalls die nationalen Fusionskontrollvorschriften Anwendung, soweit das Vorhaben in der jeweiligen Rechtsordnung die Schwellenwerte und den Zusammenschlusstatbestand erfüllt. Im Übrigen bleiben die VO Nr. 1/2003 sowie die nationalen Vorschriften über horizontale und vertikale Wettbewerbsbeschränkungen anwendbar.

III. Materielle Beurteilung

1131 Gemäß Art. 2 FKVO ist ein Zusammenschluss dann mit dem Gemeinsamen Markt für unvereinbar zu erklären, wenn er **wirksamen Wettbewerb im Gemeinsamen**

1196 Vgl. § 35 Abs. 3 GWB.
1297 Zur rechtlichen Relevanz dieser Einschränkung siehe Urteil des EuGH vom 29. 9. 2003 in der Rechtssache C-170/02 P »Schlüsselverlag Moser GmbH u. a./Kommission«, Slg. 2003, I-9889, Rdnr. 27 ff.
1198 Verordnung (EG) Nr. 1/2003 des Rates vom 16. 12. 2002 zur Durchführung der in den Artikeln 81 und 82 des Vertrags niedergelegten Wettbewerbsregeln, ABl. L 1/1 vom 4. 1. 2003.
1199 Vgl. Addendum zum I/A Punkt-Vermerk des Generalsekretariats des Rates für den Ausschuss der Ständigen Vertreter, Interinstitutionelles Dossier Nr. 96/0224 vom 20. 6. 1997.
1200 Art. 3 Abs. 2 FKVO a. F., jetzt Art. 3 Abs. 5 FKVO.

Markt oder in einem wesentlichen Teil desselben erheblich behindern** würde, insbesondere durch **Begründung oder Verstärkung einer beherrschenden Stellung**[1201].

Bei der Prüfung eines nach der FKVO angemeldeten Zusammenschlusses geht die Kommission im Wesentlichen in zwei aufeinander bezogenen Prüfungsschritten vor. Zunächst erfolgt die **Abgrenzung der sachlich und räumlich relevanten Märkte**. Dann folgt die wettbewerbliche Würdigung der Auswirkungen des Zusammenschlusses auf diesen relevanten Märkten.

1. Der relevante Markt

Die Definition des relevanten räumlichen und sachlichen Marktes ist notwendige Voraussetzung für die wettbewerbliche Beurteilung eines Zusammenschlusses. Erst nach Abgrenzung des relevanten Marktes können Marktanteile bestimmt und die wettbewerbliche Position der Anbieter beurteilt werden. Bei der Marktabgrenzung geht es im Wesentlichen darum, das den Kunden tatsächlich zur Verfügung stehende Alternativangebot zu bestimmen, und zwar sowohl in Bezug auf Waren und Dienstleistungen als auch auf den Standort der Anbieter[1202]. Nach Abgrenzung des Marktes ist es möglich, Marktanteile der Parteien und Wettbewerber zu berechnen.

Je enger der relevante Markt abgegrenzt wird, desto eher wird Marktmacht eines Anbieters oder mehrerer Anbieter festgestellt werden können. Es ist daher nicht überraschend, wenn Parteien, die einen Zusammenschluss bei den Wettbewerbsbehörden anmelden, versuchen, den Markt möglichst weit abzugrenzen[1203]. Um ihre Entscheidungspraxis transparenter zu machen, hat die Kommission eine Bekanntmachung über die Definition des relevanten Marktes im Sinne des Wettbewerbsrechts der Gemeinschaft veröffentlicht[1204]. Sie enthält Richtlinien darüber, wie die Kommission den relevanten Markt im Sinne des Wettbewerbsrechts der Gemeinschaft abgrenzt.

Die Kommission hat sich dabei auf ihre bisherige Praxis sowie auf die Auslegung gestützt, die der Europäische Gerichtshof und das Gericht erster Instanz dem Begriff des relevanten Marktes gegeben haben. Die Bekanntmachung gilt nicht nur für die Vorschriften der Fusionskontrolle, sondern für das gesamte europäische

---

1201 Erfasst werden nur wettbewerblich bedenkliche Positionen, die durch externes Wachstum, nicht hingegen durch Wachstum aus eigener Kraft oder durch eine eventuelle Änderung der rechtlichen oder sonstigen Rahmenbedingungen des Marktes entstehen.

1202 Bekanntmachung der Kommission über die Definition des relevanten Marktes im Sinne des Wettbewerbsrechts der Gemeinschaft, ABl. C 372/05 vom 9.12.1997, Rdnr. 13.

1203 Eine enge Marktabgrenzung kann allerdings auch dazu führen, dass die von den Parteien angebotenen Produkte nicht mehr einem Markt zuzurechnen sind, so dass es zu keinen Marktanteilsadditionen kommt. Es kommt daher auf den Einzelfall an, welche Marktabgrenzung die für die Parteien jeweils günstigste ist.

1204 Bekanntmachung der Kommission über die Definition des relevanten Marktes im Sinne des Wettbewerbsrechts der Gemeinschaft, ABl. C 372/05 vom 9.12.1997.

Wettbewerbsrecht[1205]. Sie wurde bei Redaktionsschluss dieses Handbuches von der Kommission überarbeitet.

1136 Gemäß der Bekanntmachung zur Definition des relevanten Marktes umfasst der **sachlich relevante Produktmarkt** sämtliche Erzeugnisse und/oder Dienstleistungen, die von den Verbrauchern hinsichtlich ihrer Eigenschaften, Preise und ihres vorgesehenen Verwendungszweckes als austauschbar oder substituierbar angesehen werden (dies entspricht dem im deutschen Wettbewerbsrecht gebrauchten Begriff des »**Bedarfsmarktkonzepts**«)[1206].

1137 Der **räumlich relevante Markt** umfasst das Gebiet, in dem die beteiligten Unternehmen die relevanten Produkte oder Dienstleistungen anbieten, in dem die Wettbewerbsbedingungen hinreichend homogen sind und das sich von benachbarten Gebieten durch spürbar unterschiedliche Wettbewerbsbedingungen unterscheidet[1207].

a) Grundsätze der Marktdefinition

1138 Gemäß der Bekanntmachung zur Definition des relevanten Marktes unterliegen Unternehmen Beschränkungen ihres wettbewerblichen Verhaltens durch a), b) Angebotssubstituierbarkeit und c) potentiellen Wettbewerb.

1139 **Nachfragesubstituierbarkeit** besteht dann, wenn Kunden ein anderes als das bisher bezogenen Produkt als für ihre Zwecke austauschbar ansehen und bei einer Preiserhöhung des Produktes des bisher bezogenen Produkts auf das andere Produkt ausweichen würden. Entsprechend bedeutet Nachfragesubstituierbarkeit im Rahmen der räumlichen Marktabgrenzung, dass Kunden Anbieter in einem anderen Gebiet als gleichwertig betrachten und zum Beispiel bei einer Preiserhöhung ihres bisherigen Lieferanten auf einen Anbieter in dem anderen Gebiet ausweichen würden. Die Kommission bewertet die Nachfrageaustauschbarkeit als wichtigstes und aussagekräftigstes Element bei der Definition des relevanten Marktes, weil sie dem Kunden ohne weiteres erlaubt, auf andere Produkte oder Anbieter auszuweichen. Von ihr geht daher die stärkste, weil unmittelbarste wettbewerblich disziplinierende Wirkung auf die Anbieter aus.

1205 Die Kommission berücksichtigt dabei jedoch, dass es sich bei der Fusionskontrolle um einen dynamisch in die Zukunft gerichteten Vorgang handelt, während im Rahmen von Art. 81 und 82 zeitlich zurückliegende Sachverhalte zu beurteilen sind. Das kann sich auch auf die Abgrenzung des räumlich relevanten Marktes auswirken und zu unterschiedlichen Ergebnissen führen. So kann der räumlich relevante Markt im Rahmen der Fusionskontrolle weiter sein, weil Entwicklungstendenzen, z.B. der Abbau von Handelsschranken oder potentieller Wettbewerb, berücksichtigt werden.

1206 Bekanntmachung der Kommission über die Definition des relevanten Marktes im Sinne des Wettbewerbsrechts der Gemeinschaft, ABl. C 372/05 vom 9.12.1997, Rdnr. 7; siehe auch Abschnitt 6 im Formblatt CO zur Anmeldung eines Zusammenschlusses gemäß der Verordnung (EWG) Nr. 4064/89 des Rates (ABl. C 66/25 v. 2.3.1998), abgedruckt als Anhang der Verordnung (EG) Nr. 447/98 der Kommission, ABl. L 61/1 vom 2.3.1998.

1207 Bekanntmachung der Kommission über die Definition des relevanten Marktes im Sinne des Wettbewerbsrechts der Gemeinschaft, ABl. C 372/05 vom 9.12.1997, Rdnr. 8; siehe auch Abschnitt 6 im Formblatt CO zur Anmeldung eines Zusammenschlusses gemäß der Verordnung (EWG) Nr. 4064/89 des Rates (ABl. C 66/25 v. 2.3.1998), abgedruckt als Anhang der Verordnung (EG) Nr. 447/98 der Kommission, ABl. L 61/1 vom 2.3.1998.

III. Materielle Beurteilung

Angebotssubstituierbarkeit oder auch **Produktumstellungsflexibilität** setzt voraus, dass Anbieter kurzfristig in der Lage sind, ihre Produktion auf die relevanten Erzeugnisse umzustellen und sie kurzfristig ohne spürbare zusätzliche Kosten oder Risiken auf den Markt zu bringen. Entsprechend müssen bei der Bestimmung des räumlich relevanten Marktes die Anbieter in einem anderen Gebiet in der Lage sein, ohne erheblichen zusätzlichen Aufwand oder Risiko in ein anderes Gebiet zu liefern. 1140

Potentieller Wettbewerb erzeugt zwar auch Wettbewerbsdruck auf die Anbieter, wird jedoch nicht zur Abgrenzung des relevanten Marktes herangezogen. Er erlangt Bedeutung zur Ermittlung der wettbewerblichen Stellung der fusionierenden Unternehmen auf dem relevanten Markt[1208]. Entgegen dieser Aussage in der Bekanntmachung der Kommission über die Definition des relevanten Marktes, erlangt potentieller Wettbewerb jedoch inzwischen auch bei der Marktabgrenzung mehr und mehr Bedeutung[1209]. 1141

b) Der Produktmarkt

Bei der Ermittlung des sachlich relevanten Marktes bzw. des **Produktmarktes** geht die Kommission konkret zunächst wie folgt vor: In einem ersten Schritt wird sie die funktionale Austauschbarkeit anhand der **Produktmerkmale** und des **Verwendungszweckes** überprüfen und so den Markt grob eingrenzen. Diese Einteilung wird von den Parteien selbst in der Anmeldung vorgenommen. Oft liefern Marktstudien, die von den Parteien erstellt oder in Auftrag gegeben worden sind, entsprechende Hinweise. Die Kommission wird Studien mehr Bedeutung beimessen, die nicht in der Absicht erstellt wurden, sie einer Wettbewerbsbehörde vorzulegen. Klassifizierungen, die z. B. zu Marketingzwecken vorgenommen wurden, sind nicht unbedingt für die Definition des wettbewerblich relevanten Marktes aussagekräftig. Es kommt vor, dass bereits brancheninterne Klassifizierungen existieren (so z. B. im Pharmabereich), die von den Marktteilnehmern übereinstimmend zugrunde gelegt werden. Sie können eine wertvolle Grundlage für die erste Einschätzung sein. 1142

Die funktionale Austauschbarkeit allein ist – insbesondere bei Konsumgütermärkten – jedoch noch kein entscheidendes Kriterium zur Ermittlung des relevanten Produktmarktes. Tatsächlich können Produkte, die demselben Zweck dienen, verschiedenen Märkten angehören[1210] Deshalb wird die Kommission in der Regel Marktuntersuchungen durchführen, um zu ermitteln, ob die Kunden bestimmte Produkte für gegeneinander austauschbar halten oder nicht. 1143

Zentral ist dabei der sogenannte **SSNIP-Test**[1211]. Untersucht wird, ob die Kunden der Parteien als Reaktion auf eine angenommene kleine, bleibende Erhöhung der 1144

1208 Bekanntmachung der Kommission über die Definition des relevanten Marktes im Sinne des Wettbewerbsrechts der Gemeinschaft, ABl. C 372/05 vom 9. 12. 1997, Nr. 24.
1209 s. Rdnr. 1198.
1210 Gern zitiertes anschauliches Beispiel ist Kommission, 25. 2. 1992, M.190 – »Nestlé/Perrier«, in dem die Kommission festgestellt hatte, dass verschiedene Getränke (Softdrinks, Quellwasser) nicht deshalb zum selben Markt gehören, weil sie alle geeignet sind, den Durst zu löschen.
1211 Small but Significant Non-transitory Increase in Price, dieser Test wurde 1984 vom US-amerikanischen Department of Justice in die Merger Guidelines eingeführt. Er wurde dann auch von der Kommission als Standardtext für die Marktabgrenzung übernommen.

C. Europäische Fusionskontrolle

relativen Preise (im Bereich zwischen 5 und 10%) für die betreffenden Produkte und Gebiete auf andere Produkte (oder Anbieter aus anderen Gebieten) ausweichen oder ob sie den höheren Preis akzeptieren würden. Ist die Substitution so groß, dass durch den damit einhergehenden Absatzrückgang eine Preiserhöhung nicht mehr einträglich wäre, so umfasst der sachlich relevante Markt auch das andere Produkt. Der Test wird solange auf andere verfügbare Produkte (bzw. Gebiete bei der Definition des räumlich relevanten Marktes) erweitert, bis kleine, dauerhafte Erhöhungen der relativen Preise einen Gewinn einbrächten. Dann ist die Grenze des Marktes erreicht, der Markt somit abgegrenzt.

1145 Die Kommission kann bei ihren Ermittlungen auf verschiedene Weise vorgehen. Sie kann die Abnehmer eines Produktes direkt über ihre Reaktion auf eine Preiserhöhung befragen. Sie kann aber auch mit ökonometrischen Mitteln, d.h. mit Hilfe mathematisch-statistischer Methoden vorgehen. Das hierzu notwendige Datenmaterial wird in diesem Fall nicht von der Kommission selbst ermittelt, sondern in der Regel von den Parteien geliefert. Dabei handelt es sich meist um Verkaufsmengen und Verkaufspreise über mehrere Jahre.

1146 Im Idealfall wird die Kommission Ergebnisse, die durch Marktbefragungen zustande gekommen sind, durch ökonometrische Methoden überprüfen. Zu den ökonometrischen Methoden im Einzelnen und ausführlicher weiter unten Rz. 16 ff.

(1) Kriterien zur Produktmarktabgrenzung nach dem Bedarfsmarktkonzept

1147 Im Einzelnen hat die Kommission in ihrer Bekanntmachung zur Definition des relevanten Marktes auf der Grundlage des Bedarfsmarktkonzepts folgende Faktoren für bei der Produktmarktabgrenzung relevant gehalten:

(a) Verbraucherpräferenzen

1148 Ob ein Kunde ein Produkt für austauschbar gegen ein anderes hält, kann von spezifischen nationalen, kulturellen oder persönlichen **Präferenzen** abhängen. Auch Preisunterschiede, die z.B. auf Qualitätsunterschieden basieren, spielen eine große Rolle.

1149 Illustrativ in diesem Zusammenhang ist der Fall »Procter & Gamble/Schickedanz«, in dem sich die Frage stellte, ob Damenbinden und Tampons einen einheitlichen Markt bilden oder einem einheitlichen Markt zuzuordnen sind. Die Kommission hat dies nach der Auswertung von Marktstudien, gestützt durch umfangreiche ökonometrische Untersuchungen, schließlich verneint, da sich gezeigt hatte, dass Preiserhöhungen für das eine Produkt sich nicht auf den Absatz des anderen Produktes auswirkten. Trotz funktionaler Austauschbarkeit führten somit die Unterschiede in den Produkteigenschaften in Verbindung mit **spezifischen Verbraucherpräferenzen** dazu, dass sich die Produkte wettbewerblich nicht beeinflussen. Damenbinden und Tampons waren somit unterschiedlichen Märkten zuzurechnen.

1150 Im Fall »Haniel/Fels«[1212] ging es um Wandbaumaterialien. Die Kommission stellte fest, dass die verschiedenen Wandbaustoffe alle für den Bau von Wänden geeignet sind. Die Marktuntersuchung ergab jedoch, dass das Nachfrageverhalten in den verschiedenen Mitgliedstaaten voneinander abweicht. Insbesondere in den Niederlanden befanden sich Produkte, die hauptsächlich in nicht tragenden Wänden

---

1212 Kommission, 21.2.2002, M.2495 – »Haniel/Fels«.

verarbeitet werden, nicht im Wettbewerb mit Wandbaustoffen, die in tragenden Wänden verwendet werden. Damit unterscheide sich das Nachfrageverhalten in den Niederlanden deutlich von dem in anderen Ländern, insbesondere in Deutschland. Die Kommission nannte als Gründe die unterschiedlichen Bautraditionen und ästhetischen Vorstellungen sowie die fortgeschrittene industrialisierte Bauweise in den Niederlanden. Hier führten somit trotz funktionaler Austauschbarkeit **nationale Besonderheiten** zu einem eigenen Produktmarkt in den Niederlanden.

Lehrreich sind auch die Ausführungen der Kommission in ihrer Entscheidung »Danish Crown/Vestjyske Slagterier«[1213], in der es u. a. um die Konsumgütermärkte für Rind- und Schweinefleisch ging. Die Parteien hatten geltend gemacht, dass alle Fleischarten, d.h. Schweine-, Rind-, Kalb, Schaf- und Lammfleisch sowie Geflügel zum selben Produktmarkt gehörten, da sie in der Ernährung ohne weiteres austauschbar seien. Zunächst hatte die Kommission auf die erheblichen Preisunterschiede (bis zu 50 %) zwischen den einzelnen Fleischarten hingewiesen. Außerdem spielten bei der Kaufentscheidung Eigenschaften wie Aroma, Geschmack, Nährwert, Einfachheit der Zubereitung sowie Tradition und Image einer Fleischart eine Rolle. Die Kommission hatte die Abnehmer (Supermärkte, Großhandel, Catering-Unternehmen) gefragt, ob ihrer Ansicht nach eine Preiserhöhung bei Schweine- bzw. Rindfleisch um 5–10 % zu einer Substitution durch andere Fleischarten führen würde. Dies wurde überwiegend verneint. **1151**

Verbraucherpräferenzen werden meist durch Befragung der Kunden ermittelt. Handelt es sich bei den Endkunden des Produktes nicht um industrielle Kunden, sondern um **private Haushalte**, scheidet eine direkte Befragung durch die Kommission aus. Unter Umständen kommt die Befragung von Einzelhandelsketten oder Großhändlern über das Kaufverhalten ihrer Kunden in Betracht. Häufig existieren auch Marktstudien, die im Idealfall unabhängig von dem aktuellen Fusionsvorhaben von Unternehmen zur Vorbereitung unternehmerischer Entscheidungen erstellt wurden. Solche Studien können Informationen über Verhalten und Einstellungen der Verbraucher und Angaben zum Käuferverhalten[1214], auch z.B. auf der Grundlage ökonometrischer Untersuchen, enthalten. **1152**

(b) Kosten eines Produktwechsels beim Kunden
Beim industriellen Kunden spielt es eine Rolle, in welchem Ausmaß ein Produktwechsel **Kosten** verursacht. Diese können durch eine notwendig werdende Anpassung des vorhandenen Maschinenparks oder zusätzliche Investitionen in Ausbildung und Arbeitskräfte entstehen. Auch das Image des Produkts oder regulatorische Hindernisse, wie nationale Standards oder Zulassungssysteme, können sich hinderlich auswirken. **1153**

In ihrer Entscheidung »Danish Crown/Vestjyske Slagterier«[1215] hat die Kommission die Nachfrage nach lebenden Schlachtrindern sowie lebenden Schlachtschweinen verschiedenen Produktmärkten zugeordnet. Die Marktuntersuchung hatte bestätigt, dass die Schlachtstraßen in Schlachthöfen tierartenspezifisch sind und nicht ohne erheblichen Zeitaufwand und Kosten umgerüstet werden könnten. **1154**

1213 M. 1313, Entscheidung vom 9. 3. 1999.
1214 Bekanntmachung der Kommission über die Definition des relevanten Marktes im Sinne des Wettbewerbsrechts der Gemeinschaft, ABl. C 372/05 vom 9. 12. 1997, Rdnr. 41.
1215 M.1313, Entscheidung vom 9. 3. 1999.

(c) quantitative Tests

1155 Es ist die erklärte Absicht der Kommission, die wirtschaftswissenschaftliche Fundiertheit ihrer Marktanalysen in Zukunft zu verstärken. Dazu eignet sich insbesondere die Anwendung quantitativer Tests zur Untermauerung eines über qualitative Instrumentarien bereits festgestellten Ergebnisses. Tests können sowohl für die Produkt- als auch die räumliche Marktabgrenzung sowie für den Nachweis von Nachfrage- und Angebotssubstituierbarkeit verwendet werden.
Durch **quantitative Tests** werden ermittelt:

(i) Preiselastizitäten

1156 Die Ermittlung der Preiselastizität ist ein Maßstab dafür, wie die Nachfrage nach dem Produkt X auf Änderungen des Preises von X reagiert. Niedrige Preiselastizität bedeutet, dass sich selbst bei hohen Preisänderungen die nachgefragte Menge des Produktes relativ wenig ändert. Sie ist daher ein Hinweis darauf, dass das betreffende Produkt nicht durch ein anderes ersetzbar ist.

1157 Im Fall »CVC/Lenzing«[1216] hatte die Kommission zunächst durch Versenden von Fragebögen die Haltung der Kunden erforscht. Dabei wurde nach ihrer Reaktion auf eine Preiserhöhung gefragt[1217]. Die Ermittlungen ergaben, dass die Kunden verschiedene Chemiefasern nur begrenzt für austauschbar hielten, da die Produkteigenschaften zu unterschiedlich seien. Als Reaktion auf eine Preiserhöhung wurde deshalb häufig die Weiterproduktion auf der Grundlage des bisher nachgefragten Produkts unter Inkaufnahme der Kostensteigerung oder aber die Einstellung der Produktion genannt.

1158 Im Fall »CVC/Lenzing« hat die Kommission das auf der Grundlage der Marktuntersuchungen gefundene Ergebnis zusätzlich durch die Untersuchung von Preiskorrelationen und Kreuzpreiselastizitäten überprüft. Dies geschah auf der Grundlage von Verkaufsdaten für einen Zeitraum von zehn Jahren, die von den Parteien zur Verfügung gestellt wurden.

(ii) Kreuzpreiselastizitäten

1159 Die Kreuzpreiselastizität zwischen den Produkten X und Y ist ein Maßstab dafür, wie die Nachfrage nach X auf Änderungen des Preises von Y reagiert. Sie zeigt an, in welchem Ausmaß zwei Produkte miteinander austauschbar sind. Dabei wird die prozentuale Veränderung der Nachfrage nach Produkt X in Relation gesetzt zu der prozentualen Veränderung der Preises von Produkt Y. Marktuntersuchungen zur Kreuzpreiselastizität wurden zum Beispiel im Fall »Tetra Laval/Sidel«[1218] durchgeführt. Dabei sollte bestimmt werden, ob PET-Verpackungen und Kartonverpackungen einen einheitlichen Markt bilden. Da die Kreuzpreiselastizität zwischen beiden Systemen zu gering war, wurde von zwei verschiedenen Märkten ausgegangen[1219].

1216 Kommission, 17. 10. 2001, M.2187 – »CVC/Lenzing«.
1217 Der Wortlaut der relevanten Fragen ist in Fn. 18 der Entscheidung wiedergegeben. Die Fragestellung bot den Kunden außerdem konkrete Umstellungsmöglichkeiten von einem auf ein anderes Produkt an. Die Fragestellung zielte auch auf konkrete Angaben zum Ausmaß der Senkung bzw. Erhöhung der Nachfrage nach den beiden Produkten (Kreuzpreiselastizität).
1218 Kommission, 30. 10. 2001, M.2416 – »Tetra Laval/Sidel« Rdnr. 162.
1219 Zum selben Ergebnis kamen Marktuntersuchungen mit Hilfe des SSNIP-Tests.

(iii) Preiskorrelationen

1160 Preiskorrelationen sind ein Maßstab für die Gleichartigkeit von Preisentwicklungen unterschiedlicher Produkte. Ein Koeffizient von 0 bedeutet die Abwesenheit von parallelen Entwicklungen. Ein Koeffizient von 1 zeigt die vollkommene Übereinstimmung der Preisentwicklungen. Eine hohe Ähnlichkeit des Preisniveaus bzw. der Preisentwicklung kann bedeuten, dass die Produkte sich wettbewerblich beeinflussen und somit einen einheitlichen Markt bilden. Allerdings müssen andere Ursachen ausgeschlossen werden. Entscheidend ist, ob es gelingt, »Scheinkorrelationen« zu identifizieren, also solche marktwirksamen Faktoren, die sich gleichermaßen auf die Preise von Produkt A und Produkt B auswirken, ohne dass deshalb beide Produkte zum gleichen Markt gehören. Das können z.B. Preiserhöhungen bei einem gemeinsamen Vorprodukt sein. Zum Umgang mit Preiskorrelationen äußert sich die Kommission in ihrer Entscheidung »CVC/Lenzing«[1220] wie folgt:

1161 *Die Kommission hat stets unmissverständlich erklärt, dass ein hoher Korrelationsgrad zwischen zwei Preisreihen weder eine notwendige noch eine hinreichende Bedingung dafür ist, dass zwei Produkte demselben Produktmarkt angehören. Für die Kommission sind Korrelationen vielmehr ein Hinweis auf den Wettbewerbsumfang in bestimmten Märkten. Die Kommission stimmt mit den Parteien darin überein, dass jede Korrelationsanalyse vorsichtig geprüft werden sollte. Beispielsweise können die Korrelationskoeffizienten überhöht sein (irrtümliche Positivkorrelation oder Scheinkorrelation), wenn die Preise von vergleichbaren Produktionsfaktoren (z.B. gemeinsamen Produktionskosten) und/oder einem gemeinsamen Trend bestimmt werden. Desgleichen können die Korrelationskoeffizienten z.B. aufgrund längerer Reaktionszeiten zu niedrig ausfallen. Diese Nachteile lassen sich jedoch vermeiden, wenn ein Kointegrationstest oder ein »Unit-root-Test« durchgeführt werden. Diese beiden Tests hat die Kommission im vorliegenden Fall durchgeführt.*

1162 Die Kommission hat bisher Korrelationenskoeffizienten von über 0,8 als hoch und solche von weniger als 0,65 als niedrig eingestuft[1221]. Den Koeffizienten von 0,7 für bestimmte Produkte in der Entscheidung »CVC/Lenzing« hat sie auf gemeinsame Kosten (die mehr als 75% der Gesamtkosten ausmachten) sowie gemeinsame Trends zurückgeführt. Es handelte sich somit nach ihrer Auffassung um eine Scheinkorrelation, die keinen Hinweis auf eine wettbewerbliche Interaktion zwischen den beiden Produkten darstellte.

(iv) quantitative Tests in der Praxis

1163 Diese quantitativen Untersuchungsmethoden werden ergänzend zu Marktbefragungen angewendet. Die Kommission kann nicht immer sicher sein, dass die Angabe der befragten Abnehmer, eine Preiserhöhung nicht akzeptieren zu wollen, realistisch ist und in tatsächlichen Ausweichmöglichkeiten eine Grundlage hat. Auch kommt es vor, dass die Fragestellung vom Empfänger nicht richtig verstanden wird. Die Kommission wird daher die Ergebnisse einer Befragung von Marktteil-

---

1220 Kommission, 17.10.2001, M.2187 – »CVC/Lenzing« Rdnr. 113. In dieser Entscheidung legt die Kommission sehr dezidiert ihren Umgang mit verschiedenen quantitativen Bemessungsmethoden auch im Verhältnis zu qualitativen Untersuchungsmethoden dar.
1221 Siehe z.B. Kommission, 19.7.2000, M.1939 – »Rexam (PLM)/American National Can« Rdnr. 11.

nehmern mit Vorbehalt behandeln. Die Anwendung quantitativer Methoden bei der Marktabgrenzung setzt jedoch den Zugriff auf umfangreiches und zuverlässiges Datenmaterial vorausetzt. Häufig ist solches Datenmaterial jedoch nur schwer erhältlich. Die Kommission unterliegt außerdem auch personellen und zeitlichen Begrenzungen, die einer umfangreichen, wissenschaftlichen Anforderungen standhaltenden Untersuchung häufig entgegenstehen. Die Anwendung wird daher auf besonders geeignete Fälle in der Phase II beschränkt bleiben müssen.

(d) Beispiele der Substitution in der Vergangenheit

1164 Der Nachweis der Austauschbarkeit zweier Produkte kann durch Beispiele für Substitution in der Vergangenheit erbracht werden. Kann zum Beispiel gezeigt werden, dass – als Reaktion auf eine Preiserhöhung des Produkts A – die Verkaufsanteile dieses Produktes zugunsten von Produkt B zurückgegangen sind, so ist der Schluss auf die Zugehörigkeit beider Produkte zum selben Markt zulässig (ökonometrisch handelt es sich um die Untersuchung der Kreuzpreiselastizität)[1222]. Die dazu benötigten Informationen, Preis- und Absatzentwicklungen über mehrere Jahre, Absatzentwicklung nach Einführung eines bestimmten Produkts etc., fordert die Kommission meist bei den Parteien und Wettbewerbern an.

(e) Die Existenz von verschiedenen Kundengruppen und die Möglichkeit von Preisdiskriminierung

1165 Schließlich wird die Kommission auch untersuchen, ob **abgrenzbare Verbrauchergruppen** existieren, für die die Austauschbarkeit von Produkt A und Produkt B aus bestimmten Gründen nicht gilt. Eine solche Kundengruppe kann einen engeren, eigenständigen Markt darstellen, wenn der Anbieter/Hersteller von ihr andere Preise für die gleiche Leistung/das gleiche Produkt verlangen kann als von der Vergleichsgruppe. Dafür ist Voraussetzung, dass der Anbieter zum Zeitpunkt des Verkaufs den Käufer als Angehörigen dieser Gruppe identifizieren kann. Weiter ist Voraussetzung, dass der Kunde sich die Ware nicht anderweitig beschaffen kann[1223]. Unterschiedliche Preise für dasselbe Produkt kommen z. B. vor, wo spezielle Studententarife möglich sind. Ein weiteres Beispiel sind länderspezifische Preise für bestimmte Automarken.

(2) Korrektur des Bedarfsmarktkonzepts

1166 Nicht immer führen die Ergebnisse bei der Marktabgrenzung aus Verbrauchersicht zu sachgerechten Ergebnissen. Insbesondere kann diese Methode zu sehr kleinen Produktmärkten führen, die den wirtschaftlichen Realitäten nicht Rechnung tragen. Die wichtigsten Fälle, in denen das Bedarfsmarktkonzept korrigiert wird, werden nachfolgend aufgeführt.

1222 Exemplarisch mit ausführlicher Darstellung in den Entscheidungsgründen: Kommission, 17. 10. 2001, M.2187 – »CVC/Lenzing«, wo es um Chemiefasern ging.
1223 Bekanntmachung der Kommission über die Definition des relevanten Marktes im Sinne des Wettbewerbsrechts der Gemeinschaft, ABl. C 372/05 vom 9. 12. 1997, Rdnr. 43.

(i) Angebotssubstituierbarkeit

1167 Für einen einheitlichen Produktmarkt kann die Substituierbarkeit von Produkten durch den Hersteller/Anbieter sprechen (**Angebotssubstituierbarkeit oder Produktumstellungsflexibilität**). Hierunter versteht die Kommission die Fähigkeit des Anbieters, in Reaktion auf kleine, dauerhafte Änderungen bei den relativen Preisen ihre Produktion auf die relevanten Erzeugnisse umzustellen und sie kurzfristig ohne spürbare Zusatzkosten oder Risiken auf den Markt zu bringen. Kurzfristig heißt dabei innerhalb eines Zeitraums, in dem es zu keiner erheblichen Anpassung bei den vorhandenen Produktionsanlagen und immateriellen Aktiva kommt[1224]. Nur dann komme der Angebotssubstitution eine ähnlich disziplinierende und unmittelbare Wirkung zu wie der Nachfragesubstitution[1225]. Angebotssubstituierbarkeit allein kann die fehlende Nachfragesubstitution meist nicht ersetzen. Sie wird daher meist als zusätzliches Argument bei bereits festgestellter Nachfragesubstitution herangezogen

(ii) Herstellersortiment

1168 Eigenständige Bedeutung kann die Angebotssubstitution erlangen, wenn die Marktabgrenzung aus Sicht der Nachfrager zu Märkten führt, die zu klein oder künstlich erscheinen. Dies gilt z.B. bei einem Herstellersortiment, bei dem die technischen Eigenschaften der verschiedenen Produkte zwar nur minimal differieren, die Unterschiede jedoch dazu führen, dass die einzelnen Produkte für den Kunden nicht mehr miteinander austauschbar sind.

1169 Im Fall »New Holland/Case«[1226] ging es um Landwirtschaftsmaschinen und verschiedene Traktortypen, die jedoch häufig im Design, in der Technologie und in bestimmten Komponenten übereinstimmten. Die Hersteller hatten ihre Produktpalette in den letzten Jahren ausgeweitet und stellten vielfach das volle Sortiment her oder waren jedenfalls dazu in der Lage[1227]. Die Kommission nahm daher einen einheitlichen Markt für alle Traktortypen an.

(iii) Produktumstellungsflexibilität

1170 Unklar ist in Fällen, in denen die Hersteller aktuell kein Produktsortiment herstellen, jedoch dazu in der Lage wären, wann die Angebotssubstituierbarkeit sich genügend »wirksam und unmittelbar« auswirkt, um einen einheitlichen Markt zu begründen. Die Bekanntmachung der Kommission über die Definition des relevanten Marktes nennt als Beispiel die Papierbranche[1228]. Gewöhnlich würden sehr unterschiedliche Papiersorten angeboten, die für den Nachfrager häufig nicht miteinander austauschbar sind. Da die Papierhersteller jedoch in der Lage seien, unterschiedliche Qualitäten herzustellen und die Produktion mit vernachlässigbar ge-

---

1224 Bekanntmachung der Kommission über die Definition des relevanten Marktes im Sinne des Wettbewerbsrechts der Gemeinschaft, Fn. 4.
1225 Bekanntmachung der Kommission über die Definition des relevanten Marktes im Sinne des Wettbewerbsrechts der Gemeinschaft, Rdnr. 20.
1226 Kommission, 28.10.1999, M.1571 – »New Holland/Case«.
1227 Hier ist auffallend, dass keine klare Abgrenzung zwischen potentiellem Wettbewerb und Angebotssubstituierbarkeit gemacht wird. Diese Ungenauigkeit ist in Kommissionsentscheidungen öfter zu beobachten.
1228 Rdnr. 22.

ringen Kosten in kürzester Frist umzustellen, stünden alle Hersteller miteinander im Wettbewerb.

1171 Die Kommission nennt jedoch als zusätzliche Kriterien, dass keine Probleme beim Vertrieb bestehen und die Lieferfristen genügend Zeit für die Anpassung der Produktion lassen. Im Fall »Mondi/Frantschach/Assidomän«[1229] hat die Kommission allerdings für die Herstellung von anderen Papiersorten als die vom Zusammenschluss unmittelbar betroffenen einen alternativen Markt angenommen und die genaue Marktabgrenzung am Ende offen gelassen.

1172 Im Fall »Pechiney/Samancor«[1230] hatte die Kommission die Produktumstellungsflexibilität verneint, da neben der technischen Umstellung, für die etwa zwei Jahre zu veranschlagen seien, die Hersteller sich einem umfangreichen Qualifizierungsverfahren beim Kunden unterziehen müssten, das zwischen einem und drei Jahren dauern könnte. In ihrer Entscheidung »Lucas/Eaton«[1231] hat die Kommission als kurzfristige Umstellungszeit, die eine erweiterte Marktabgrenzung rechtfertigen würde, ein Jahr genannt.

1173 Die Wahrscheinlichkeit, dass die Kommission die hohen Anforderungen als erfüllt ansieht, die sie an die Produktumstellungsflexibilität als eigenständige Grundlage für die Abgrenzung eines einheitlichen Marktes stellt, ist gering. Produktumstellungsflexibilität wird daher in der Regel als potentieller Wettbewerb und nicht bei der Marktabgrenzung Berücksichtigung finden[1232].

(iv) Systemmärkte

1174 Einen Sonderfall bei der Produktmarktabgrenzung stellen Systemmärkte dar. Bei dieser Fallgruppe haben die einzelnen Produkte zwar verschiedene Eigenschaften und Funktionen und sind daher nicht miteinander austauschbar. Sie gehören jedoch zu einer vollständigen Produktpalette, die vom Kunden meist gemeinsam nachgefragt und vom Anbieter vollständig angeboten wird. Als Beispiel sei die Entscheidung »Sanitec/Sphinx«[1233] genannt, in der es um Badezimmerausstattungen geht. Die einzelnen Produkte einer Linie wurden von der Kommission deshalb einem Markt zugerechnet, weil ein Großteil der Kunden die vollständige Palette von im Design zueinander passenden Produkten nachfragt[1234]. Dies galt sowohl für den Endkunden als auch für Großhändler und Distributoren. Auf der anderen Seite bieten die meisten Hersteller eine vollständige Produktpalette an, die in der Regel auch an einem Produktionsstandort hergestellt wird.

1175 Der Nachweis, dass verschiedene Produkte einem Systemmarkt zugehören, wird durch eine den Produkten gemeinsame Vermarktungsstrategie gestützt. So stellte die Kommission im Fall »Sanitec/Sphinx« auch darauf ab, dass die Hersteller typischerweise gemeinsame Rabatte für eine Produktpalette anbieten. Ähnlich im Fall

---

1229 Kommission, 31. 7. 2000, M.1884 – »Mondi/Frantschach/Assidomän«.
1230 Kommission, 26. 1. 1999, M.1330 – »Pechiney/Samancor«.
1231 Kommission, 9. 12. 1991, M.149 – »Lucas/Eaton«. In diesem Fall hat die Kommission eine solche kurzfristige Produktumstellung für unwahrscheinlich gehalten und die Rolle der Produktumstellungsflexibilität daher unter »Marktbeherrschung« geprüft.
1232 Kommission, 9. 12. 1991, M.149 – »Lucas/Eaton«.
1233 Kommission, 1. 12. 1999, M.1578 – »Sanitec/Sphinx«.
1234 Ausnahmen sind Badewannen, Duschwannen und Duschwände, die von Distributoren nicht als Bestandteil einer einheitlichen Badezimmerlinie, sondern häufig separat nachgefragt werden.

»Henkel/Nobel«[1235], der Körperpflegeprodukte betraf und in dem die Hersteller für die verschiedenen, jedoch sich ergänzenden Pflegemittel eine einheitliche Vermarktungsstrategie gewählt hatten.

Umgekehrt können unterschiedliche Vermarktungsmethoden (z. B. aufgrund unterschiedlicher Wettbewerbsverhältnisse bei verschiedenen Kundengruppen) bei ein- und demselben Produkt ein Indiz für unterschiedliche Märkte sein. Das war der Fall im Verfahren »Varta/Bosch«[1236], bei dem es um den Markt für Starterbatterien ging. Hier mussten die Hersteller ihre Vermarktungsstrategien an den unterschiedlichen Verkaufsmärkten (OEM und Ersatzteilmarkt) ausrichten[1237]. Im Fall »Danish Crown/Vestjyske Slagterier«[1238] hatte die Kommission ihre Schlussfolgerung, dass Rind- und Schweinefleisch unterschiedlichen Märkten zugehören, auch auf separate Marketingstrategien für beide Produkte gestützt.

1176

c) Der geografische Markt

(1) Kriterien zur Marktabgrenzung

Ausgangspunkt für die Bestimmung des geografisch relevanten Marktes ist meist die **Verteilung der Marktanteile** der fusionierenden Parteien und der Wettbewerber national, EU-weit, EWR-weit und gegebenenfalls weltweit. Die Grenze des geographischen Marktes findet sich zunächst dort, wo die Marktanteilsverteilung nicht mehr homogen, d. h. ähnlich wie auf dem nächst kleineren Markt ist. Diese Informationen werden in der Regel von den Parteien in der Anmeldung geliefert. Dabei werden sie nicht in jedem Fall Marktanteilsübersichten für verschiedene alternative räumliche Märkte erstellen. Häufig genügt auch eine Beschreibung der Angebots- und Nachfragestrukturen, die auf gleiche Wettbewerbsbedingungen in einem bestimmten räumlichen Gebiet schließen lassen. Von dieser Ausgangsbasis ausgehend können weitere Faktoren die Entscheidung beeinflussen.

1177

Die Kommission hat in ihrer Bekanntmachung zur Definition des relevanten Marktes die unten aufgeführten Faktoren als relevant für die räumliche Marktabgrenzung genannt.

1178

(a) Nachweise für eine Umlenkung von Aufträgen in andere Gebiete

Ein Indiz für einen weiteren räumlichen Markt liegt vor, wenn die Nachfrager eines Produkts als Reaktion auf eine dauerhafte Preiserhöhung ihres bisherigen Anbieters in Höhe von 5 bis 10 % auf Anbieter in anderen Gebieten ausweichen würden. Wenn die Frage mit ja beantwortet wird, ist dieses Gebiet dem räumlich relevanten Markt zuzurechnen. Manchmal können bereits frühere Kundenreaktionen auf Preisänderungen nachgewiesen werden. Entsprechendes Datenmaterial sollten die Parteien zur Verfügung stellen. Möglicherweise sind entsprechende Absatz- und Preisbewegungen anhand der eigenen Verkaufszahlen ersichtlich. In anderen

1179

1235 Kommission, 23. 3. 1992, M.188 – »Henkel/Nobel«.
1236 Kommission, 31. 7. 1991, M.12 – »Varta/Bosch«.
1237 Näher dazu *Hildebrand*, The Role of Economic Analysis in the EC Competition Rules, 2. Auflage, S. 344 f.
1238 M.1313 – 9. 3. 1999, Rdnr. 30.

Fällen ist aussagekräftiges Datenmaterial über Marktbeobachtungsstellen, Verbände oder kommerziell gehandelte Marktstudien erhältlich.

(b) Verbraucherpräferenzen

1180 Obwohl keine sonstigen Hindernisse für grenzüberschreitende Lieferungen bestehen, kann ein Markt rein national abzugrenzen sein, wenn Verbraucher weniger auf den Preis eines Produktes reagieren als vielmehr aufgrund bestimmter **kulturell bedingter Vorlieben** einheimische Produkte bevorzugen (z.B. bei Nahrungsmitteln). Auch **Sprachunterschiede** (z.B. bei Computer- oder Fernsehprogrammen) können Barrieren aufbauen. In anderen Branchen bestehen die Kunden auf die Gebietspräsenz des Anbieters im eigenen Land, also einen konkreten Ansprechpartner, der persönlich verfügbar ist und die eigene Sprache spricht (z.B. im Finanz- und Versicherungssektor sowie auf wartungsintensiven Märkten). Die Tatsache, dass international agierende Konzerne in jedem Mitgliedstaat dort ansässige Tochtergesellschaften oder Vertretungen haben, ist somit noch kein Indiz für einen europaweiten Markt, sondern spricht eher für nationale Märkte.

(c) Käuferverhalten/Handelsströme

1181 Hierbei untersucht die Kommission, wo und wie die Käufer tatsächlich einkaufen. Kaufen die Kunden von Unternehmen überall in der Gemeinschaft und/oder beziehen sie ihre Lieferungen über Ausschreibungen, an denen Unternehmen aus der gesamten Gemeinschaft teilnehmen, wird der Markt EU-weit abzugrenzen sein. Diese Informationen werden typischerweise mittels Fragebögen bei Abnehmern und Kunden ermittelt. Von den Parteien und ihren Wettbewerbern wird die Kommission eine Auflistung der Liefergebiete, die von ihren einzelnen Produktionsstandorten bedient werden, einfordern. Instruktiv ist auch die Analyse von Handelsströmen. Häufig sind Statistiken über Im- und Exporte eines bestimmten Produkts innerhalb der EU erhältlich. Wie hoch die **Import- bzw. Exportquote** sein muss, um einen Markt zu begründen, der übernational ist, hängt vom Einzelfall und dem Zusammenspiel mit anderen Faktoren ab. Eine Quote von 30% dürfte jedoch bereits ein starkes Indiz für einen übernationalen Markt sein, vor allem wenn nachgewiesen werden kann, dass die Quote in den letzten Jahren gestiegen ist.

(d) Schranken und Kosten bei der Verlagerung von Aufträgen an Unternehmen in andere Gebiete

1182 Das Fehlen grenzüberschreitender Käufe muss nicht bedeuten, dass der Markt nur nationale Ausdehnung hat. Solche Fälle sind z.B. denkbar, wenn der Nachfrager die öffentliche Hand ist. Es kommt darauf an, ob **Eintrittsbarrieren** bestehen, die das Entstehen von größeren räumlichen Märkten verhindern.

1183 Die Bekanntmachung der Kommission über die Definition des relevanten Marktes nennt als Hindernisse, die einem grenzüberschreitenden Handel entgegenstehen in erster Linie Transportkosten[1239]. Hohe **Transportkosten** können aber ausgeglichen werden, wenn die Produkte aus Ländern kommen, in denen geringere Rohstoff-, Energie- oder Arbeitskosten anfallen, und sich diese Einsparungen positiv auf den Gesamtpreis auswirken. Hindernisse, die einem Transport über weite Strecken ent-

---

1239 s. Rdnr. 50.

gegenstehen, können außerdem in der Beschaffenheit des Produkts liegen, wenn es sich z. B. um gefährliche oder unwirtschaftlich zu transportierende Güter, wie bestimmte Formen von Glas[1240], handelt. Der zusätzliche Aufwand, der hier für einen sicheren Transport über längere Strecken betrieben werden müsste, kann zu einer unverhältnismäßigen Verteuerung führen.

Neben Transportkosten nennt die Bekanntmachung der Kommission über die Definition des relevanten Marktes weiter regulatorische Hemmnisse, Kontingente und Zölle, hohe Investitionen in Vertriebssysteme und sonstige Umstellungskosten, die mit der Verlagerung von Lieferaufträgen in der Gemeinschaft auftreten können. 1184

(2) Die verschiedenen räumlichen Märkte

(a) Lokale und regionale Märkte

Auf der Grundlage der obigen Grundsätze sind **lokale Märkte** typischerweise Märkte, auf denen hohe Transportkosten anfallen, z. B. bei bestimmten Baustoffen wie Ziegeln oder Beton. Hier fallen die Transportkosten im Vergleich zum Wert des Produkts zu stark ins Gewicht, als dass ein Transport über weite Strecken ökonomisch wäre. Der relevante Markt wird in diesen Fällen durch konzentrische Kreise um die Produktionsstätten gebildet, innerhalb derer der Transport noch wirtschaftlich ist. 1185

Die Kommission sieht z. B. Transportkosten in Höhe von 15 % in Relation zum Wert eines Produktes als hoch, und Transportkosten in Höhe von 3 bis 7 % als niedrig an. Auch wenn der Wert eines Produktes relativ niedrig ist, müssen Lieferkosten nicht in jedem Fall hinderlich ins Gewicht fallen. Hohe Transportkosten können zum Beispiel vermieden werden, wenn kostengünstiger Schiffstransport möglich ist. Es muss auch berücksichtigt werden, inwieweit Hersteller in der Lage sind, in der Nähe ihrer Kunden Depots aufzubauen, die über Wasserwege beliefert werden, so dass der kostenträchtige Transport per LKW nur noch über die kurze Strecke vom Depot zum Endkunden erfolgen muss[1241]. 1186

Transportkosten können Lieferungen über weite Strecken entgegenstehen. Sie schließen jedoch grenzüberschreitende Lieferungen im grenznahen Bereich nicht aus. Solche grenzüberschreitenden Märkte werden im europäischen Wettbewerbsrecht als **regionale Märkte** bezeichnet[1242]. Sie werden meist durch die Analyse von Handelsströmen ermittelt. Ebenfalls sehr aussagekräftig sind Angaben der Parteien und der befragten Wettbewerber darüber, in welche Gebiete sie die Produktion eines bestimmten Standortes liefern. 1187

Ein regionaler Markt für eine Reihe von Produkten wird z. B. von den Benelux-Ländern, Nordfrankreich und Westdeutschland gebildet[1243]. Ein anderer regionaler Markt für eine Anzahl von Produkten besteht aus Süddeutschland, Ost-Frankreich, der Schweiz und Österreich. Ausgehend vom Konsumentenverhalten ist z. B. der Lebensmitteleinzelhandel ein typischer lokaler Markt. In der Regel ist der 1188

1240 Kommission, 21. 12. 1993, M.358 – »Pilkington-Techint/SIV«.
1241 Kommission, 10. 1. 2002, M.2176 – »Kali & Salz/Solvay JV«.
1242 Im deutschen Wettbewerbsrecht werden hingegen als regional abgrenzbare Märkte solche innerhalb Deutschlands bezeichnet.
1243 Siehe z. B. Kommission, 6. 6. 1991, M.81 – »VIAG/Continental Can«.

Kunde nicht bereit, mehr als 20 Autominuten zu fahren, um Lebensmitteleinkäufe zu tätigen[1244].

1189 Kommt man bei Anwendung der oben genannten Kriterien zu lokalen (bzw. regionalen) Märkten, so ist dennoch nicht ausgeschlossen, dass der Markt tatsächlich weiter abzugrenzen ist. Das ist dann der Fall, wenn vom Zusammenschluss eine Reihe von lokalen Märkten betroffen ist, die sich gegenseitig überschneiden und ein größeres Gebiet oder sogar das Gebiet eines Mitgliedstaates abdecken können (**Kettenmärkte**). In einem solchem Fall ist anzunehmen, dass sich der Wettbewerb nicht auf lokaler, sondern auf überregionaler oder sogar nationaler Ebene abspielt. Ein Kennzeichen dafür ist, dass bestimmte für das Marketing wesentliche Entscheidungen – etwa über das Sortiment einer Einzelhandelskette oder über Preise oder Preisaktionen – nicht vor Ort, sondern zentral getroffen werden. Beispiele für die Annahme größerer Märkte aufgrund der Überlappung einer Vielzahl lokaler Märkte sind die Fälle »Rewe/Billa«[1245] – hier ging es um den Lebensmitteleinzelhandel – und »Kali & Salz/Solvay«[1246]; diese Entscheidung betraf Salze.

(b) **Nationale Märkte**[1247]

1190 Erste Anzeichen für nationale Märkte sind z.B. **Preisunterschiede** in den Mitgliedstaaten[1248]. Weitere prima-facie-Indizien sind unterschiedlich hohe Marktanteile der verschiedenen Anbieter in den verschiedenen Mitgliedstaaten, national organisierte Vertriebs- und Marketingsysteme (selbst wenn die Produktion zentralisiert ist), geringe Export- und Import-Volumina, hohe Marktanteile der nationalen Anbieter, fehlende Standardisierung der Produkte oder unterschiedliche Zulassungsverfahren in den Mitgliedstaaten (etwa bei pharmazeutischen Produkten). Auch das **Käuferverhalten** kann eine wesentliche Marktzutrittsschranke darstellen, wenn z.B. generell einheimische Anbieter bevorzugt werden, so dass sich ausländische Anbieter erst gar nicht um einen Auftrag bewerben. Dies kann dazu führen, dass die Kommission – obwohl nach EU-Recht eine Verpflichtung zu EU-weiten öffentlichen Ausschreibungen existiert – dennoch einen Markt national abgrenzt[1249].

1191 Jedoch ist jedes dieser Indizien im Einzelfall genauer zu prüfen. Preisunterschiede müssen nicht Ausdruck eines diskriminierenden Potentials der Hersteller aufgrund voneinander abgeschotteter nationaler Märkte sein. Sie können auch auf unterschiedlichen Steuersätzen in den Mitgliedstaaten basieren. Unterschiedlich hohe Nettopreise, die keine Transportkosten enthalten, können so gestaltet sein, dass sich unter Einbeziehung der Transportkosten etwa gleiche Endpreise ergeben. In

---

1244 Kommission, 13. 7. 1992, M.242 – »Promodes/BRMC«.
1245 Kommission, 27. 8. 1996, M.803 – »Rewe/Billa«.
1246 Kommission, 10. 1. 2002, M.2176 – »Kali & Salz/Solvay JV«.
1247 Die Kommission hat in ihren Entscheidungen zwischen 1996 und 2001 in 184 von insgesamt 1295 Entscheidungen nationale Märkte definiert. In etwa 70% der Entscheidungen wurde die Marktabgrenzung offengelassen (siehe 31. WB 2001, Rdnr. 253).
1248 Siehe z.B. Kommission, 15. 3. 2000, M. 1672 – »Volvo/Scania«: In den Entscheidungsgründen setzt sich die Kommission ausführlich mit Einwänden der Parteien gegen die Methode der Kommission im konkreten Fall auseinander.
1249 Kommission, 3. 4. 2001, M.2139 – »Bombardier/Adtranz«. Diese Entscheidung macht jedoch auch deutlich, dass der eigentliche Grund für die Abwesenheit von ausländischen Bietern wahrscheinlich die fehlende Standardisierung des Produkts (Regionalzüge, Straßen- und U-Bahnen) ist.

der Vergangenheit haben auch Wechselkursrisiken eine Rolle gespielt. Unterschiedliche Preise in den Mitgliedstaaten können weiter auf unterschiedlich große Nachfrage sowie Spezifikation des Produkts zurückzuführen sein, ohne dass das zu Marktzutrittsbarrieren führt so dass ihnen daher keine Bedeutung für die räumliche Marktabgrenzung beizumessen ist[1250].

Aussagekräftiger als Preisvergleiche sind daher häufig **Preiskorrelationen**, d. h. der Vergleich von Preisentwicklungen in den Mitgliedstaaten. Sie werden mit Hilfe eines Korrelationskoeffizienten, der zwischen 0 und 1 liegt, gemessen, wobei der Wert 1 vollständige Parallelität der Preisbewegungen ausdrückt, während 0 deren völlige Abwesenheit bedeutet. Die Berechnung des Korrelationskoeffizienten erfordert naturgemäß umfangreiches, verlässliches und repräsentatives Datenmaterial über mehrere Jahre. Häufig lassen die Parteien extern Studien erstellen, um ihre Auffassung der Marktabgrenzung anhand der Preiskorrelation zu stützen. Dabei ist ein hoher Koeffizient allein noch kein ausreichender Beweis für einen einheitlichen Markt[1251]. 1192

Abgesehen davon, dass gleichförmige Preisbewegungen noch nicht unbedingt Ausdruck gleicher Wettbewerbsbedingungen in einem einheitlichen Markt sein müssen, da sie z. B. auch aus einer Erhöhung des Preises für ein gemeinsames Vorprodukt resultieren können, wird die Kommission auch immer das Vorhandensein anderer für die Marktabgrenzung wesentlicher Faktoren prüfen[1252]. Insgesamt scheint es, dass die Kommission Preiskorrelationen in ihren Entscheidungen bisher zwar teilweise untersucht hat[1253], diesen jedoch keine hohe selbständige Bedeutung bei ihre Marktabgrenzung beigemessen hat, sondern sich vielmehr entscheidend auf andere Faktoren zur Marktabgrenzung stützt. 1193

Auch geringe Im- und Exporte sowie hohe Marktanteile nationaler Anbieter müssen noch nicht zwangsläufig auf einen nationalen Markt hindeuten. Hohe Marktanteile können Nachwirkungen historisch gewachsener Marktstellungen der nationalen Anbieter sein und spiegeln nicht in jedem Fall die aktuellen Wettbewerbsverhältnisse wieder. Es kommt darauf an, ob wesentliche **Marktzutrittsschranken** bestehen, die den nationalen Markt abschirmen. Das können in erster Linie hohe Transportkosten sowie sonstige Transporterschwernisse sein, die sich aus der Beschaffenheit des Produktes ergeben[1254]. 1194

Regulatorische Hindernisse spielen dagegen eine immer geringere Rolle[1255]. Zudem wendet die Kommission bei ihrer Marktabgrenzung im Rahmen der Fusionskontrolle einen dynamischen Ansatz an, der die Entwicklungstendenzen des Marktes berücksichtigt. Gesetzgeberische Maßnahmen der EU zur Marktöffnung im Rahmen der Verwirklichung des Binnenmarktes spielen hier eine Rolle, begründen aber für sich allein noch keinen EU-weiten Markt. Sie können jedoch Grundlage dafür sein, dass die Kommission zu dem Schluss kommt, dass hohe Marktanteile der traditionellen Anbieter Ausdruck ihrer früheren Position im relevanten Gebiet, 1195

1250 Kommission, 19. 7. 2000, M.1882 – »Pirelli/BICC«, Rdnr. 42.
1251 Siehe dazu auch Rdnr. 1160.
1252 23. WB 1993, Rdnr. 291.
1253 Siehe z. B. Kommission, 31. 1. 1994, M.315 – »Mannesmann/Vallourec/Ilva«.
1254 Bekanntmachung der Kommission über die Definition des relevanten Marktes im Sinne des Wettbewerbsrechts der Gemeinschaft, Rdnr. 50.
1255 Z.B. bei pharmazeutischen Produkten.

nicht jedoch ihrer gegenwärtigen und zukünftigen Marktmacht sind. Es wird dabei wesentlich auf den Zeitrahmen ankommen, in dem die Auswirkungen der Marktöffnung spürbar werden. Die Kommission hat ihn bisher eher kurzfristig abgesteckt[1256].

1196 Trotz Deregulierung und Verpflichtungen zu EU-weiten öffentlichen Ausschreibungen, kann z.B. das Käuferverhalten zu Marktzutrittsschranken für ausländische Wettbewerber und somit zu nationalen Märkten führen. Das ist besonders in den Transport- sowie Transportmittelmärkten zu beobachten. Bisher war es so, dass bei Ausschreibungen überwiegend einheimische Anbieter zum Zuge kamen, so dass in der Folge ausländische Bewerber auf eine Bewerbung verzichteten[1257].

1197 Diese Tendenz ist besonders wahrscheinlich, wenn staatliche Unternehmen ein Nachfragemonopol haben. Die Kommission hat in solchen Fällen die Märkte oft national abgegrenzt. Der Möglichkeit des Kunden, sich der Marktmacht der nationalen Anbieter durch Beauftragung ausländischer Wettbewerber zu entziehen, kann jedoch bei der Marktbeherrschungsprüfung im Rahmen des potentiellen Wettbewerbs Rechnung getragen werden[1258]. Die Kommission misst dem potentiellen Wettbewerb auch bei der Marktabgrenzung zunehmend Bedeutung bei[1259].

(c) **Größere als nationale Märkte**

1198 Für EU-/EWR-weite Märkte bzw. weltweite Märkte sprechen in erster Linie der Abbau von Handelsschranken, gemeinsame Standards[1260] und niedrige Transportkosten. Transportkosten in Höhe von 3 bis 7% der Produktionskosten eines Produkts wurden von der Kommission bei Elektrokabeln als niedrig eingestuft[1261], während 10% bis 15% als Hindernis für Lieferungen von außerhalb Europas angesehen wurden.

1199 Die Notwendigkeit, just-in-time zu liefern, kann ein Hindernis für größere als nationale Märkte sein. Die Kommission wird in solchen Fällen untersuchen, wie lang die **Vorlaufzeiten für die Lieferung** sind. Vorlaufzeiten von ein bis zwei Wochen können durchaus ausreichen, um die benötigte Warenmenge zu importieren. Auch können unter Umständen Speicherplätze in der Nähe des Kunden aufgebaut werden, von wo die Ware kurzfristig und zu moderaten Kosten abgerufen werden kann[1262].

1256 In Kommission, 3.4.2001, M.2139 – »Bombardier/Adtranz« hatte die Kommission auf einen Zeitraum von fünf Jahren abgestellt.
1257 Siehe z.B. Kommission, 20.6.2001, M.2201 – »MAN/Auwärter«, betreffend Stadt- und Überlandbusse in Deutschland. Hier deuteten zwar gemeinschaftsweite Ausschreibungen sowie zunehmend ähnliche technische Standards auf einen gemeinschaftsweiten Markt hin. Dagegen sprachen jedoch die geringen Importquoten sowie hohe technische und Qualitätsanforderungen, welche die deutschen Kunden stellten. Die Kommission ließ jedoch schließlich die Marktabgrenzung offen.
1258 Die Kommission mißt dem potentiellen Wettbewerb gerade auch zum Ausgleich hoher Marktanteile auf nationalen Märkten zunehmend größere Bedeutung bei (siehe 31. WB 2001, Rdnr. 254 ff.).
1259 31. WB 2001, Rdnr. 256; Kommission, 9.7.2000, M.1882 – Pirelli/BICC, Rdnr. 46 ff.
1260 Siehe z.B. Kommission, 19.7.2000, M.1882 – Pirelli/BICC, Rdnr. 36 ff.; Kommission, 3.4.2001, M.2139 – Bombardier/Adtranz; Kommission, 20.6.2001, M.2201 – MAN/Auwärter.
1261 Kommission, 19.7.2000, M.1882 – Pirelli/BICC, Rdnr. 53.
1262 Kommission, 19.7.2000, M.1882 – »Pirelli/BICC«; Kommission, 10.1.2002, M.2176 – »Kali & Salz/Solvay JV«, Rdnr. 32.

Mögliche mindestens EU/EWR-weite Märkte sind z. B. solche, für die weitgehend **1200**
eine Verpflichtung zur **öffentlichen gemeinschaftsweiten Ausschreibung** nach dem
EG-Vergaberecht[1263] besteht. In ihrer Entscheidung »Pirelli/BICC«[1264], die Kabelmärkte betraf, hat die Kommission trotz weiterhin hoher Verkaufsanteile der nationalen Anbieter in ihren Heimatländern einen EWR-weiten Markt angenommen.
Dabei war maßgebend, dass die nationalen Anbieter einem hohen Wettbewerbsdruck durch ihre europäischen Mitkonkurrenten ausgesetzt sind. Kennzeichen
dafür war, dass eine Reihe europäischer Kabelhersteller regelmäßig an Ausschreibungen in den verschiedenen Mitgliedstaaten teilnehmen und die Kunden nach
eigener Aussage nicht zögern würden, ausländische Anbieter zu beauftragen, sollten die Preise der nationalen Anbieter um 5 bis 10 % erhöht werden. Die Kommission hat ferner darauf abgestellt, dass die **Importraten** innerhalb der EU allgemein
weiter ansteigen. Im für die Entscheidung relevanten Zeitraum betrug die Importrate etwa 20 %. Dass die Importraten je nach Mitgliedstaat stark variieren, stünde
einem gemeinsamen Markt nicht entgegen, sondern gebe nur die Unterschiede in
Geschwindigkeit und Ausmaß der Liberalisierung wieder.

In anderen Fällen hat die Kommission zwar einen Trend zur Internationalisierung **1201**
von Märkten festgestellt, diesen jedoch noch nicht für ausreichend gehalten, um
einen übernationalen Markt anzunehmen.

Im Fall »Bombardier/Adtranz«[1265] hat die Kommission trotz der Verpflichtung zu **1202**
gemeinschaftsweiten Ausschreibungen nach EG-Vergaberecht einen nationalen
deutschen Markt für Regionalzüge, Straßen- und U-Bahnen angenommen. Die
Marktanteile der nationalen Anbieter waren nach wie vor hoch, ausländische Anbieter beteiligten sich nicht an den Ausschreibungen. Die Kommission führte dies
auch darauf zurück, dass es für die zugrunde liegende Scheneninfrastruktur keine
gemeinschaftsweiten Standards gibt. Insbesondere hierin lag der Unterschied zum
Fall »Pirelli/BICC«[1266], da für Kabel bereits gemeinsame Normen existierten.

1263 Insbesondere nach Richtlinie Nr. 93/36/EWG des Rates vom 14. 6. 1993 über die Koordinierung der Verfahren zur Vergabe öffentlicher Lieferaufträge (ABl. L 199/1 vom 9. 8. 1993), Richtlinie Nr. 92/50/EWG des Rates vom 18. 6. 1992 über die Koordinierung der Verfahren zur Vergabe öffentlicher Dienstleistungsaufträge (ABl. L 209/1 vom 27. 7. 1992), zuletzt geändert durch die Richtlinie 2001/78/EG der Kommission (ABl. L 285/1 vom 29. 10. 2001) sowie die Richtlinie 93/37/EWG des Rates vom 14. 6. 1993 zur Koordinierung der Verfahren zur Vergabe öffentlicher Bauaufträge (ABl. L 199/54 vom 9. 8. 1993, zuletzt geändert durch die Richtlinie 2001/78/EG der Kommission), die inzwischen durch die Richtlinie 2004/18/EG des Europäischen Parlaments und des Rates vom 31. März über die Koordinierung der Verfahren zur Vergabe öffentlicher Bauaufträge, Lieferaufträge und Dienstleistungsaufträge (ABl. L 134/114 vom 30. 4. 2004) modernisiert und in einem Text zusammengefasst wurden, und nach der Richtlinie Nr. 93/38/EWG des Rates vom 14. 6. 1993 zur Koordinierung der Auftragsvergabe durch Auftraggeber im Bereich der Wasser-, Energie- und Verkehrsversorgung sowie im Telekommunikationsrecht (ABl. L 199/84 vom 9. 8. 1993), die durch die Richtlinie 2004/17/EG des Europäischen Parlaments und des Rates vom 31. 3. 2004 zur Koordinierung der Zuschlagserteilung durch Auftraggeber im Bereich der Wasser-, Energie- und Verkehrsversorgung sowie der Postdienste (ABl. L 134/1 vom 30. 4. 2004) neu gefasst worden ist.
1264 Kommission, 19. 1. 2000, M.1582.
1265 Kommission, 3. 4. 2001, M.2139 – »Bombardier/Adtranz«.
1266 Kommission, 19. 1. 2000, M.1582.

1203 Der Fall »EDF/EnBW«[1267] betraf den französischen Energieversorgungsmarkt. Auch hier war der betreffende Markt – der Strommarkt für gesetzlich bestimmte Kundengruppen, die ihren Stromversorger frei wählen dürfen, – bereits liberalisiert. Tatsächlich lagen die Stromimporte jedoch bei nur etwa 3%. Eine Erhöhung der Importe in naher Zukunft war nicht zu erwarten, da es an der erforderlichen Durchleitungsinfrastruktur fehlte. Die vorhandene Infrastruktur war aus technischen Gründen auf eine Importkapazität von 10% beschränkt. Die Kommission hat den betroffenen Markt daher national abgegrenzt.

1204 In der Entscheidung »Gerling/NCM«[1268], die verschiedene Versicherungsmärkte betraf, hat die Kommission die Liberalisierung der europäischen Versicherungsmärkte sowie die Internationalisierung des Geschäftes anerkannt. Multinationale Konzerne würden dazu neigen, globale Versicherungen abzuschließen, durch die ihre ausländischen Tochtergesellschaften mit abgedeckt seien. Die Märkte seien dennoch national abzugrenzen, da die lokale Präsenz des Versicherers sowie der persönliche Kontakt zum Kunden bei Vertragsabschluß und während der Laufzeit des Vertrages unabdingbar seien. Auch würden zwar die Mutterkonzerne **globale Rahmenverträge** abschließen, in den meisten Fällen vereinbaren jedoch deren Tochtergesellschaften zusätzliche Unterverträge mit nationalen Vertretungen des Versicherers. Auch unterschieden sich die Wettbewerbsbedingungen von Land zu Land.

d) Verhältnis der Kriterien der Marktabgrenzung zu einander

1205 In ihrer Bekanntmachung der Kommission über die Definition des relevanten Marktes stellt die Kommission fest, dass zur Ermittlung des relevanten Marktes alle empirischen, ökonometrischen, statistischen oder sonstigen Mittel zulässig sind, und dass sie für jede Argumentation offen ist, die geeignet ist, die Ausdehnung eines bestimmten Marktes zu begründen. Bei der Anwendung der in der Bekanntmachung genannten Faktoren geht sie weder in einer festgelegten Reihenfolge vor, noch misst sie jedem Kriterium stets das gleiche Gewicht bei. Es kommt vielmehr auf die Umstände des Einzelfalls an, wie die verschiedenen, sich möglicherweise widersprechenden Anhaltspunkte für die eine oder andere Marktabgrenzung gewichtet werden[1269].

e) Offenlassen der Marktabgrenzung

1206 Die Kommission lässt üblicherweise die endgültige Marktabgrenzung offen, wenn im konkreten Einzelfall im Rahmen aller denkbaren alternativen Marktabgrenzungen keine Wettbewerbsprobleme entstehen. Diese Situation ist die bei weitem häufigste. Insbesondere wird bei Fällen, die in Phase I abgeschlossen werden können, die Marktabgrenzung meist offengelassen. Die Kommission wird eine Marktabgrenzung – wenn möglich – auch deswegen vermeiden, um für die Zukunft keine unnötigen Präzedenzfälle zu schaffen.

1267 Kommission, 7.2.2001, M.1853 – »EDF/EnBW«.
1268 Kommission, 19.11.2001, M.2602 – »Gerling/NCM«.
1269 Bekanntmachung der Kommission über die Definition des relevanten Marktes im Sinne des Wettbewerbsrechts der Gemeinschaft, Rdnr. 25.

Für die Parteien bedeutet dies, dass sie auch in ihrer Ansicht nach unproblematischen Fällen der Kommission eigene Verkaufsanteile sowie Verkaufsanteile der Wettbewerber für verschiedene mögliche Marktabgrenzungen liefern müssen, insbesondere für die den Parteien ungünstigste. Besonders wichtig ist dies bei Fällen, die im vereinfachten Verfahren behandelt werden sollen, da dieses nur dann anwendbar ist, wenn sich bei keiner denkbaren Marktdefinition wettbewerbliche Probleme ergeben. Es empfehlen sich Vorgespräche mit der Kommission, um mögliche **alternative Märkte** zu identifizieren. 1207

Entstehen für einen Produktbereich (bzw. alternativen Markt) aufgrund des Zusammenschlusses wettbewerbliche Probleme, muss die Kommission ausschließen, dass es sich hierbei um einen der wettbewerblichen Beurteilung zugrundezulegenden relevanten Markt handelt. Dabei muss sie den Markt nicht in jedem Fall endgültig festlegen. Oft verschwindet das Wettbewerbsproblem bereits, wenn nachgewiesen werden kann, dass das relevante Produkt mit mindestens einem weiteren Produkt austauschbar ist. Für die Zwecke der Fusionskontrolle ist es dann nicht mehr erheblich, ob darüber hinaus noch andere Produkte mit dem relevanten Produkt austauschbar sind und wie viele Produkte dem Markt tatsächlich zuzurechnen sind. Auch hier empfehlen sich Vorgespräche mit der Kommission. 1208

2. Beurteilungsmaßstab

Die europäische Fusionskontrolle basiert auf dem Konzept der **Marktstrukturkontrolle**. Ihr Ziel ist die Verhinderung von Marktstrukturen innerhalb des Europäischen Wirtschaftsraums, durch die Unternehmen wirksamen Wettbewerb erheblich behindern können, insbesondere indem sie marktbeherrschend werden oder ihre bereits bestehende marktbeherrschende Position verstärken. Bei diesem Beurteilungsmaßstab, eingeführt im Zuge der Revision der FKVO im Jahr 2004, handelt es sich um eine europäische Lösung, die Elemente des amerikanischen Beurteilungsmaßstabes der wesentlichen Wettbewerbsminderung mit denen des bisherigen Marktbeherrschungstests verbindet. 1209

Bis zur Revision der FKVO im Jahr 2004 war der Beurteilungsmaßstab für Zusammenschlüsse der **Marktbeherrschungstest**. Ein Zusammenschluss wurde darauf geprüft, ob er eine marktbeherrschende Stellung begründete oder verstärkte. 1210

Die Diskussion darüber, ob der Marktbeherrschungstest der geeignetste Beurteilungsmaßstab für Zusammenschlüsse ist, wurde u. a. durch die unterschiedliche Bewertung des geplanten Zusammenschlusses von General Electric und Honeywell[1270] durch das amerikanische Department of Justice (DoJ) auf der einen und der Kommission auf der anderen Seite wieder entfacht[1271]. Die Kommission untersagte das Vorhaben, in den USA war es hingegen bereits Monate zuvor durch das 1211

1270 Kommission, 3. 7. 2001, M.2220 »General Electric/Honeywell«; vgl. Darstellung im 31. WB 2001, Kasten 9 nach Rdnr. 327.
1271 So Pries/Romani, »The GE/Honeywell Precedent« in: The Wall Street Journal Europe v. 21.6.2001. Die Fragestellung ist nicht neu. Bereits im Jahr 1977 war das Thema »Die Erfassung wettbewerbsbeschränkender Macht im Rahmen der Fusionskontrolle« Gegenstand einer Sitzung des Arbeitskreises Kartellrecht, bei der diskutiert wurde, ob das Marktbeherrschungskriterium zugunsten des Beurteilungsmaßstabes »erhebliche Behinderung der Wettbewerbsbedingungen« aufgegeben werden solle.

DoJ unter relativ geringfügigen Auflagen freigegeben worden. Der Beurteilungsmaßstab für die Genehmigungsfähigkeit von Zusammenschlüssen in den USA, ebenso wie z. B. in Kanada und Australien ist die **wesentliche Wettbewerbsverminderung** (»substantial lessening of competition«), der sog. SLC-Test. Letztlich war die unterschiedliche Beurteilung des Zusammenschlusses jedoch nicht auf die Verschiedenheit der Beurteilungsmaßstäbe[1272], sondern auf eine unterschiedliche Bewertung der Fakten zurückzuführen. Das DoJ sah die von der Kommission befürchteten und für die Untersagung maßgeblichen langfristigen Folgen[1273] des Zusammenschlusses als spekulativ an und ließ sich bei seiner Freigabeentscheidung von den seiner Meinung nach zu erwartenden kurzfristigen Vorteilen in Form von günstigeren Preisen für die Abnehmer leiten.

1212 Obwohl sich der Marktbeherrschungstest und der SLC-Test nach überwiegender Ansicht in ihren Ergebnissen kaum unterscheiden[1274], befürworten viele eine Abkehr vom bis dato geltenden Marktbeherrschungstest in der Europäischen Fusionskontrolle. Im Gesetzgebungsverfahren war die Frage des am besten geeigneten Beurteilungskriteriums einer der kontroversesten Erörterungspunkte. Der Beurteilungsmaßstab sollte folgende Ziele erfüllen:

1213 – Er sollte alle Formen von wettbewerbsschädlichen Zusammenschlüssen abdecken. Ob der bisher geltende Marktbeherrschungstest eine Untersagung von Zusammenschlüssen in oligopolistischen Märkten erlaubte, in denen sich nach dem Zusammenschluss weder eine Einzelmarktbeherrschung noch ein etwaiges koordiniertes Vorgehen nachweisen ließ, war umstritten und gerichtlich nicht geklärt. Als mögliche »Lücke« des Marktbeherrschungstests wurden Fälle ausgemacht, in denen es einem Unternehmen möglich sein kann, einseitig die Preise anzuheben und so Marktmacht auszuüben (sog. **unilateral effects**). Als Beispiel wurde in diesem Zusammenhang wiederholt der Zusammenschluss des zweit- und drittgrößten Unternehmens auf einem Markt angeführt, auf dem ihre jeweiligen Produkte relativ leicht gegeneinander austauschbar sind. In diesem Fall kann das fusionierte Unternehmen zwar kleiner bleiben als der Marktführer, aber dennoch die Möglichkeit einseitiger Preisanhebungen haben.

1214 – Er sollte zu einer internationalen Konvergenz mit anderen bedeutenden Rechtssystemen führen. Die Annäherung des Beurteilungsmaßstabes der FKVO an die wettbewerbsrechtlichen Konzepte anderer bedeutender Rechtssysteme wie z. B. dem der USA wurde als Möglichkeit angesehen, einen weltweiten Standard für die Prüfung von Unternehmenszusammenschlüssen zu schaffen.

1215 – Die Rechtssicherheit durch die langjährige Entscheidungspraxis der Kommission und der Gemeinschaftsgerichte sollte trotz Änderung des bisherigen Beurteilungskriteriums erhalten bleiben.

1272 Vgl. auch die entsprechende Analyse des BKartA in der Arbeitsunterlage des BKartA zur Sitzung des Arbeitskreises Kartellrecht am 8./9. 10. 2001 zum Thema »Das Untersagungskriterium in der Fusionskontrolle – Marktbeherrschende Stellung versus Substantial Lessening of Competition?«, S. 34 f.

1273 Vgl. Arbeitsunterlage des BKartA zur Sitzung des Arbeitskreises Kartellrecht am 8./9. 10. 2001 zum Thema »Das Untersagungskriterium in der Fusionskontrolle – Marktbeherrschende Stellung versus Substantial Lessening of Competition?«, S. 35.

1274 Vgl. Arbeitsunterlage des BKartA zur Sitzung des Arbeitskreises Kartellrecht am 8./9. 10. 2001 zum Thema »Das Untersagungskriterium in der Fusionskontrolle – Marktbeherrschende Stellung versus Substantial Lessening of Competition?«, S. 35.

Gegen die bloße Übernahme des SLC-Tests sprach vor allem, dass damit die Rechtssicherheit durch die bestehende Entscheidungspraxis der Kommission und der Gemeinschaftsgerichte aufgegeben worden wäre, die auf dem Marktbeherrschungstest beruht.

1216

Der neue Beurteilungsmaßstab behält die **Begründung oder Verstärkung einer marktbeherrschenden Stellung als Regelbeispiel** für die erhebliche Behinderung wirksamen Wettbewerbs bei. Damit ist das Ziel erreicht, die bisherige auf den Marktbeherrschungstest gestützte Rechtsprechungspraxis von Kommission und Gemeinschaftsgerichten beizubehalten. Gleichzeitig nähert sich der Maßstab dem amerikanischen SLC-Test an und schließt die mögliche Lücke, die bei der Anwendung des Marktbeherrschungstests auf Zusammenschlüsse in Oligopolsituationen bestehen könnte, in denen die Oligopolmitglieder ihr Marktverhalten nicht abstimmen. Eine entsprechende Klarstellung enthält insbesondere der Erwägungsgrund 25 der neugefassten FKVO.

1217

Ob der geänderte Wortlaut des Beurteilungskriteriums des Art. 2 FKVO sich in der Entscheidungspraxis der Kommission nennenswert auswirken wird, bleibt abzuwarten. Selbst auf der Grundlage des alten Marktbeherrschungstests bestanden kaum Unterschiede in der wettbewerblichen Beurteilung der Kommission im Vergleich zu den Wettbewerbsordnungen, die den SLC-Test anwenden. Auch diese berücksichtigen bei ihrer wettbewerblichen Beurteilung materielle Beurteilungskriterien wie Marktanteile, Marktstruktur, Marktzutrittsschranken etc[1275]. Damit steht das Kriterium der Marktmacht auch dort im Vordergrund der Prüfung. Die künftige Fallpraxis der Kommission wird auch zeigen, ob Zusammenschlüsse in Oligopolsituationen, in denen eine Verhaltenskoordinierung nicht feststellbar ist, mehr als nur eine theoretische Bedeutung[1276] auf europäischer Ebene erlangen werden.

1218

3. Wettbewerbliche Beurteilung

Die materiell-rechtliche Prüfung angemeldeter Zusammenschlussvorhaben wird nach Maßgabe von Art. 2 FKVO vorgenommen. Das Kriterium, das über die Vereinbarkeit eines Zusammenschlusses mit dem Gemeinsamen Markt entscheidet, ist die erhebliche Behinderung wirksamen Wettbewerbs, insbesondere durch die Begründung oder Verstärkung einer beherrschenden Stellung. Zusammenschlüsse, die wirksamen Wettbewerb im Gemeinsamen Markt oder in einem wesentlichen Teil desselben nicht erheblich behindern, sind gemäß Art. 2 Abs. 2 FKVO vereinbar mit dem Gemeinsamen Markt. Zusammenschlüsse, die wirksamen Wettbewerb im Gemeinsamen Markt oder in einem wesentlichen Teil desselben erheblich behindern, sind gemäß Art. 2 Abs. 3 FKVO unvereinbar mit dem Gemeinsamen Markt. Vollfunktionsgemeinschaftsunternehmen[1277], die die Koordinierung des Verhaltens un-

1219

1275 Vgl. Arbeitsunterlage des BKartA zur Sitzung des Arbeitskreises Kartellrecht am 8./9. 10. 2001 zum Thema »Das Untersagungskriterium in der Fusionskontrolle – Marktbeherrschende Stellung versus Substantial Lessening of Competition?«.
1276 Grünbuch über die Revision der Verordnung (EWG) Nr. 4064/89 des Rates vom 11. 12. 2001 KOM (2001) 745/6 endgültig Rdnr. 166.
1277 S. zum Begriff und den Voraussetzungen Rdnr. 1503 ff.

abhängig bleibender Unternehmen bezwecken oder bewirken, werden gemäß Art. 2 Abs. 4 FKVO zusätzlich nach den Kriterien des Art. 81 Abs. 1 und 3 EGV beurteilt[1278].

1220 Da in der folgenden Darstellung häufig auf Entscheidungen vor dem 1.5.2004 Bezug genommen wird, sind die entsprechenden Ausführungen zur Entstehung oder Verstärkung einer marktbeherrschenden Stellung im Rahmen des vorliegenden Kapitels zur materiellen Beurteilung entsprechend umfangreich. Auch nach der Änderung des Beurteilungskriteriums ist davon auszugehen, dass der Marktbeherrschungstest in dem Großteil aller Fälle als Maßstab für die Beurteilung eines Zusammenschlusses angewandt wird, da er als Regelbeispiel für die erhebliche Behinderung wirksamen Wettbewerbs im Beurteilungskriterium erhalten geblieben ist.

1221 Bislang hat die Kommission lediglich Fälle untersucht, in denen infolge des Zusammenschlusses die am Zusammenschluss beteiligten Unternehmen marktbeherrschend wurden. In seltenen Fällen kann es nach Ansicht der Kommission sogar vorkommen, dass durch ein angemeldetes Vorhaben ein Unternehmen in eine überragende Position gerät oder in ihr gestärkt wird, das an dem Vorhaben gar nicht beteiligt ist[1279].

1222 Die Kommission kann Zusammenschlüsse nur untersagen, wenn durch sie eine marktbeherrschende Stellung droht, allerdings nur dann, wenn ein Zusammenschluss **einen wesentlichen Teil des Gemeinsamen Marktes** betrifft. Die Voraussetzungen dafür sind nicht klar umrissen. Die FKVO selber enthält keine Definition des Begriffes »wesentlicher Teil«. Die bisherige Entscheidungspraxis zu diesem Punkt wird ausführlich im Rahmen der Verweisungspraxis der Kommission dargestellt. Angesichts der fehlenden Untersagungsmöglichkeit gibt es in den Fällen, in denen ein Zusammenschluss einen Markt betrifft, der keinen wesentlichen Teil des Gemeinsamen Marktes darstellt, seit der Novellierung der FKVO im Jahr 1998 auf Antrag des jeweiligen Mitgliedstaates die erleichterte Verweisungsmöglichkeit des Art. 9 Abs. 2 Buchst. b FKVO[1280]. Ausführungen zu diesem Kriterium enthalten die Entscheidungen der Kommission allenfalls bei Zusammenschlüssen, die lokale oder regionale Märkte betreffen.

1223 Die FKVO enthält, anders als das GWB, keine Legaldefinition des Begriffs der marktbeherrschenden Stellung. Der Begriff ist jedoch durch **Art. 82 EGV** und die dazu ergangene Rechtsprechung[1281] hinreichend konkretisiert. Nach der Definition des EuGH ist mit der marktbeherrschenden Stellung »die wirtschaftliche Machtstellung eines Unternehmens gemeint, die dieses in die Lage versetzt, die Aufrecht-

---

1278 Eine Erörterung des nach Art. 81 Abs. 1 und 3 EGV anzulegenden Beurteilungsmaßstabes würde den Rahmen des vorliegenden Handbuches sprengen. Einzelne der Kriterien, soweit sie nicht bereits in Art. 2 Abs. 5 aufgeführt sind, werden eingehender in der Darstellung der Gemeinschaftsunternehmen, Kapitel C IV Rdnr. 1503 ff. erörtert. Für eine systematische Darstellung wird an dieser Stelle auf die Mitteilung der Kommission über den Begriff des Vollfunktionsgemeinschaftsunternehmens nach der Verordnung (EWG) Nr. 4064/89 des Rates über die Kontrolle von Unternehmenszusammenschlüssen (ABl. C 66/1 vom 2.3.1998) verwiesen.
1279 Kommission, 29.9.1999, M.1383 »Exxon/Mobil«, Rdnr. 225–229.
1280 Von der Verweisungsmöglichkeit wird jedoch bislang nur selten Gebrauch gemacht. So erging in Kommission, 20.7.2001, M.2446 »Govia/Connex South« erstmalig eine auf Art. 9 Abs. 2 Buchst. b FKVO gestützte Verweisungsentscheidung.
1281 S. zu w. Nachw. Wiedemann, in: Wiedemann, Handbuch des Kartellrechts, § 22.

erhaltung eines wirksamen Wettbewerbs auf dem relevanten Markt zu verhindern, indem sie ihm die Möglichkeit verschafft, sich seinen Wettbewerbern, seinen Abnehmern und schließlich den Verbrauchern gegenüber in einem nennenswerten Umfang unabhängig zu verhalten«[1282]. Kurzum ist damit ein vom Wettbewerb nicht mehr hinreichend kontrollierter Verhaltensspielraum gemeint. Bei der Entscheidung der Kommission in Fusionskontrollverfahren handelt es sich jedoch um eine **Prognoseentscheidung** über die Folgen, die ein Zusammenschluss künftig für den Wettbewerb haben würde, während im Rahmen eines Verfahrens nach Art. 81 EGV das vergangene Verhalten eines Unternehmens beurteilt wird.

Die FKVO nennt **Kriterien** für die Beurteilung, ob ein Zusammenschluss zu einer marktbeherrschenden Stellung führt oder diese verstärkt. Sie sind in Art. 2 Abs. 1 Buchst. a und b FKVO niedergelegt. Sie entsprechen im Wesentlichen den Beurteilungskriterien, die im deutschen Recht für die Beurteilung von Marktbeherrschung herangezogen werden[1283]. **1224**

Die in Art. 2 Abs. 1 FKVO aufgeführten Kriterien stellen keinesfalls einen abschließenden Katalog dar. Es gibt auch keine Rangordnung der relevanten Faktoren, vielmehr besteht Ermessen bei der Frage, wo der Schwerpunkt in der Beurteilung von Zusammenschlüssen gelegt wird. Den Kriterien kommt jeweils nach den Umständen des Einzelfalls ein unterschiedliches Gewicht zu. Zunächst untersucht die Kommission die Marktstruktur[1284] anhand der Marktstellung der fusionierenden Unternehmen und ihrer sonstigen Vorteile gegenüber ihren Wettbewerbern sowie der Stärke der verbleibenden Wettbewerber. Strukturmerkmale wie die Nachfragemacht der Abnehmer und das Vorhandensein potentiellen Wettbewerbs sind daneben von besonderer Bedeutung. Danach ermittelt sie, wie sich der Zusammenschluss auf die Marktstruktur auswirkt und ob der Zusammenschluss den fusionierenden Unternehmen ggf. erhebliche Preiserhöhungen erlaubt. **1225**

a) Die Beurteilungskriterien

Die Kommission untersucht bei der wettbewerblichen Prüfung, welche Auswirkungen ein Zusammenschluss auf die Marktstruktur haben wird. Anhand der nachfolgend genannten Beurteilungskriterien wird zunächst die Marktstruktur vor dem Zusammenschluss ermittelt und der nach dem Zusammenschluss prognostizierten Struktur gegenübergestellt. **1226**

Die Kriterien, die die Kommission bei der Beurteilung eines Zusammenschlusses zugrundelegt, sind in Art. 2 Abs. 1 FKVO aufgeführt. **1227**

(1) Marktstellung der am Zusammenschluss beteiligten Unternehmen

Die Marktstellung der am Zusammenschluss beteiligten Unternehmen ist das erste Beurteilungskriterium, das in Art. 2 Abs. 1 Buchst. b FKVO aufgeführt wird. Die **1228**

[1282] EuGH, 14. 2. 1978, »United Brands / Kommission«, Rs. 27/76, Slg. 1978, 207.
[1283] § 19 Abs. 2 GWB; Unterschiede bestehen darin, dass nach Art. 2 Abs. 1 Buchst. b die Interessen der Zwischen- und Endverbraucher sowie die Entwicklung des technischen und wirtschaftlichen Fortschritts zu berücksichtigen sind, während sich diese Beurteilungskriterien im § 19 GWB nicht finden.
[1284] 22. WB 1992, Rdnr. 246.

(a) Marktanteil

1229 Obwohl der Marktanteil nicht gesondert in den Beurteilungskriterien des Art. 2 FKVO genannt wird, ist er doch ein wichtiges Mittel zur Beschreibung der Marktstruktur und einer der wesentlichen Indikatoren dafür, ob ein Zusammenschluss zu einer wettbewerblich bedenklichen Marktstellung führt.

1230 So wird der Marktanteil herangezogen, um den Umfang der in der Anmeldung erforderlichen Angaben festzulegen. Werden bestimmte Marktanteilsschwellen, die einen Markt zu einem »**betroffenen Markt**« machen[1285], nicht erreicht, werden den Anmeldern eine Reihe der für die Anmeldung normalerweise geforderten Angaben erlassen, da die Kommission die Auffassung vertritt, dass diese Zusammenschlüsse angesichts des niedrigen Marktanteils wirksamen Wettbewerb nicht behindern können.

1231 In materieller Hinsicht wertet die Kommission grundsätzlich Zusammenschlüsse als vereinbar mit dem Gemeinsamen Markt, wenn der Marktanteil der beteiligten Unternehmen 25% im Gemeinsamen Markt oder in einem wesentlichen Teil desselben nicht übersteigt[1286].

1232 Umgekehrt lässt sich jedoch nicht sagen, ab welchen Marktanteilen ein Zusammenschluss unvereinbar mit dem Gemeinsamen Markt ist.

1233 **Im deutschen Recht** existiert die gesetzliche Vermutung für die marktbeherrschende Stellung eines Unternehmens bei einem Marktanteil von einem Drittel[1287]. Entsprechende **Marktbeherrschungsvermutungen** bestehen im deutschen Recht auch für **Oligopole**.

1234 Marktbeherrschungsvermutungen gibt es hingegen in der FKVO nicht. Nach gängiger Fallpraxis sieht die Kommission jedoch sehr hohe Marktanteile von 50% und darüber vorbehaltlich außergewöhnlicher Umstände als Hinweis für die Existenz einer marktbeherrschenden Stellung an[1288]. Aber auch die Aussagekraft hoher Marktanteile wird u.U. relativiert durch die für den Markt charakteristischen Wettbewerbsbedingungen, wozu insbesondere niedrige Marktzutrittsschranken zu zählen sind. So betrug z.B. im Jahr 1992 der höchste genehmigte Marktanteil gemeinschaftsweit 48% und in einem Mitgliedstaat 79%[1289]. Die Kommission genehmigte auch die Fälle Philips/Agilent Health Care Solutions[1290], Pirelli/BICC[1291] und Gerling/NCM[1292], obwohl die Parteien in einzelnen Mitgliedstaaten Marktanteile von 40% bis über 60% erreichten.

1285 Abschnitt 6 des Formblatts CO; s. ausführlicher dazu oben unter Rdnr. 1788f.
1286 Erwägungsgrund 32 der FKVO. Dieses Indiz findet allerdings in Fällen der gemeinsamen Marktbeherrschung keine Anwendung, in denen der Zusammenschluss eine gemeinsame marktbeherrschende Stellung unter Beteiligung der Zusammenschlussbeteiligten begründen oder verstärken würde.
1287 § 19 Abs. 3 Satz 1 GWB.
1288 Leitlinien zur Bewertung horizontaler Zusmmenschlüsse gemäß der Ratsverordnung über die Kontrolle von Unternehmenszusammenschlüssen, ABl. C 31/5 vom 5.2.2004, Rdnr. 17 m.w. Rechtsprechungsnachweisen.
1289 22. WB 1992, Rdnr. 247.
1290 Kommission, 2.3.2001, M.2256 »Philips/Agilent Health Care Solutions«.
1291 Kommission, 19.7.2000, M.1882 »Pirelli/BICC«.
1292 Kommission, 11.12.2001, M.2602 »Gerling/NCM«.

Andere Zusammenschlüsse der letzten Zeit belegen hingegen, dass die Kommission 1235
die Möglichkeit der Marktbeherrschung – bedingt durch die weiteren für den
Markt charakteristischen Wettbewerbsbedingungen – durchaus auch in Fällen als
gegeben ansieht, in denen die Parteien einen gemeinsam Marktanteil von deutlich
unter 50% haben. So wurde in dem Verfahren Rewe/Meinl[1293] eine marktbeherrschende Stellung schon bei einem gemeinsamen Marktanteil von 37%, in dem Verfahren Hutchison Whampoa/RMPM/ECT[1294] bei einem gemeinsamen Marktanteil
von 36% angenommen. Auch die Zusammenschlüsse Carrefour/Promodès[1295], Nestlé/
Ralston Purina[1296], Unilever/Bestfoods[1297] und Bayer/Aventis Crop Science[1298] sind
Beispiele für Fälle, in denen die Kommission Marktbeherrschung bei Marktanteilen unter 40% angenommen hat. Die Fälle verdeutlichen, dass der Marktanteil nur
eines von mehreren zu untersuchenden Kriterien ist und die Bedeutung des
Marktanteils entscheidend von den Besonderheiten des jeweiligen zu untersuchenden Marktes abhängt.

Bei der Betrachtung des Marktanteils differenziert die Kommission ferner nach Zu- 1236
sammenschlüssen auf der Angebots- bzw. Nachfrageseite. Insbesondere bei Zusammenschlüssen von Handelsunternehmen sah die Kommission einen vergleichsweise
geringen Marktanteil von deutlich unter 40% auf den diversen **Beschaffungsmärkten** schon als ein starkes Indiz für Marktbeherrschung an[1299]. Dabei geht die Kommission von der Annahme aus, dass bereits bei relativ geringen Marktanteilen auf
der Beschaffungsseite die Nachfragemacht erheblich gestärkt werden kann, indem
die Wettbewerber des fusionierten Unternehmens von Lieferquellen abgeschottet
werden. Marktbeherrschung kann so regelmäßig schon bei sehr viel niedrigeren
Marktanteilen erreicht werden als bei Zusammenschlüssen auf der Angebotsseite.

Die Ermittlung der Marktanteile ist keine statische Betrachtung. Vielmehr ist für 1237
die Kommission die Entwicklung in den dem Zusammenschluss vorhergehenden
Jahren für ihre Prognoseentscheidung aussagekräftig, da sie Auskunft über die vermutliche künftige Bedeutung der Marktteilnehmer gibt. Die in der Anmeldung erforderlichen Angaben zu Marktanteil und -volumen sind dementsprechend für die
letzten drei Geschäftsjahre vor dem Zusammenschluss zu machen. Schwankungen
sprechen für intensiven Wettbewerb auf dem betroffenen Markt, während stabile
Marktanteile auf gefestigte Wettbewerbspositionen hindeuten.

Die Würdigung der Marktanteile und die Bedeutung des Wettbewerbs sind ent- 1238
scheidend abhängig von der **Marktphase**. Entsprechend differenziert die Kommission bei den in der Anmeldung erforderlichen Angaben zur Nachfragestruktur

---

1293 Kommission, 3.2.1999, M.1221 »Rewe/Meinl«.
1294 Kommission, M.1412 »Hutchison Whampoa/RMPM/ECT«, wiedergegeben im 39. WB
1999, Rdnr. 167; die Anmeldung wurde in der Phase II zurückgenommen, sodass keine
Entscheidung der Kommission erging. Die Unternehmen haben jedoch nachfolgend erneut ihr Zusammenschlussvorhaben in veränderter Form angemeldet, vgl. Kommission, 3.7.2001, JV.55 »Hutchison/RCPM/ECT« und Kommission, 29.11.2001, JV.56
»Hutchison/ECT«.
1295 Kommission, 25.1.2000, M.1648 »Carrefour/Promodès«.
1296 Kommission, 27.7.2001, M.2337 »Nestlé/Ralston Purina«.
1297 Kommission, 28.9.2000, M.1990 »Unilever/Bestfoods«.
1298 Kommission, 17.4.2002, M.2547 »Bayer/Aventis Crop Science«.
1299 Vgl. die Fälle Kommission, 25.1.2000, M.1684 »Carrefour/Promodès« sowie Kommission, 3.2.1999, M.1221 »Rewe/Meinl«.

nach den Marktphasen **Anlauf, Wachstum, Reife** und **Rückgang**[1300]. So wird der Marktanteil von 70% in einem ausgereiften Markt ein viel stärkeres Gewicht haben als in einer frühen Marktphase.

1239 Ein Unternehmen, das mit einer Neuentwicklung erst einen Markt schafft, hat immer einen hohen Marktanteil, da es zunächst alleine den Markt versorgen wird. Schmilzt dieser Marktanteil zum Beispiel innerhalb eines Zeitraums von drei Jahren auf 70% ab, ist dieser Marktanteil zwar immer noch hoch, kann aber sogar ein Zeichen für wirksamen Wettbewerb durch neue Wettbewerber und damit für fehlende Marktbeherrschung sein.

1240 Die absolute Größe eines Marktanteils wird unter Umständen stark relativiert durch die Marktstärke der übrigen Wettbewerber sowie die weiteren Wettbewerbsbedingungen des Marktes. Insofern ist die Aussagekraft des Marktanteils immer abhängig von der Marktstruktur. Ein absolut nicht besonders hoher Marktanteil kann dann Indiz für eine marktbeherrschende Stellung sein, wenn die Marktstruktur im Übrigen stark zersplittert und der Abstand zum nächst folgenden Wettbewerber groß ist.

Berechnung des Marktanteils[1301]

1241 Nach der Bestimmung des in sachlicher und räumlicher Hinsicht relevanten Marktes ermittelt die Kommission die Marktgröße und berechnet die Marktanteile der einzelnen Anbieter. Bei der Marktanteilsberechnung werden die jeweiligen Verkäufe der relevanten Produkte in dem relevanten Gebiet zugrundegelegt. Für die Berechnung des Marktanteils greift die Kommission ebenso wie das BKartA grundsätzlich auf den durch den **Umsatz** ausgedrückten Wertanteil eines Produktes am relevanten Markt zurück, da bei differenzierten Produkten davon auszugehen ist, dass der Wert der Verkäufe und der entsprechende Marktanteil die relative Position und Stärke der einzelnen Anbieter besser widerspiegelt.

1242 Die Kommission geht bei der wettbewerblichen Würdigung regelmäßig von den aktuellen Marktanteilen aus. Die Marktanteile nach dem Zusammenschluss werden unter der Annahme kalkuliert, dass der Marktanteil der neuen Einheit der Summe der Marktanteile der am Zusammenschluss beteiligten Unternehmen vor dem Zusammenschluss entspricht.

1243 In der Anmeldung sind jedoch neben den Umsatz- auch die **Mengenangaben** für den jeweiligen Markt zu machen[1302]. Die Mengenangaben sind insbesondere für Produktmärkte aufschlussreich, die sich durch differenzierte Preis- und Rabattgestaltung auszeichnen, die eine Bestimmung der Marktstellung der Unternehmen anhand der Umsatzangaben erschweren. Bei dem Umsatzwert und Volumen eines Marktes ist die Gesamterzeugung abzüglich Ausfuhren zuzüglich Einfuhren für die jeweiligen geographischen Gebiete anzugeben. Neben der Berechnung der Marktanteile auf der Grundlage der Verkaufszahlen gibt es, abhängig von dem jeweiligen Wirtschaftszweig, weitere Indikatoren, die Aufschluss über Position und Stärken der verschiedenen Marktteilnehmer geben. So kann die Kommission Angaben zu Kapazität, Anzahl der Wirtschaftsteilnehmer auf Ausschreibungsmärkten, Flotten-

---

1300 Punkt 8.7. Buchst. a des Formblattes CO.
1301 S. auch Bekanntmachung der Kommission über die Definition des relevanten Marktes i. S. d. Wettbewerbsrechts der Gemeinschaft, ABl. C 372/5 vom 9. 12. 1997 Rdnr. 53 ff.
1302 Abschnitt 7.1. des Formblatts CO.

einheiten im Bereich der Luftfahrt und Umfang der Reserven in Branchen wie dem Bergbau fordern.

1244 In der Praxis sind viele Angaben zur Marktgröße und zu den Marktanteilen in Schätzungen von Unternehmen und Studien von Verbänden vorhanden. Die Angaben über den relevanten Markt müssen aber nicht notwendigerweise mit der Marktabgrenzung durch die Kommission übereinstimmen. Die Kommission wird sie in jedem Fall durch eigene Ermittlungen bei Marktteilnehmern überprüfen.

1245 Bei der Berechnung von Marktanteilen werden **verbundene Unternehmen** als Einheit betrachtet. Umsätze, die unter verbundenen Unternehmen erzielt werden, sind nicht dem Markt zuzurechnen und finden keinen Eingang in die Berechnung des Marktvolumens. Beteiligungen an Unternehmen, die nicht zu einem Unternehmensverbund führen, werden unter dem Gesichtspunkt der Verflechtung berücksichtigt.

(b) **Konzentrationsgrad des Marktes**

1246 Im Rahmen der Strukturermittlung des betroffenen Marktes und damit der Zahl und Bedeutung der Wettbewerber errechnet die Kommission den Konzentrationsgrad des jeweiligen Marktes. Die Marktkonzentration wird anhand des **Herfindahl-Hirschman-Indexes (HHI)** gemessen[1303], der in der US-amerikanischen Fusionskontrolle schon seit den 80er Jahren verwendet wird. Der HHI ist die Summe der jeweiligen individuellen Marktanteile aller Unternehmen zum Quadrat, die auf dem Markt tätig sind. Der Index ist höher im Falle von asymmetrischen Marktstellungen mit einigen starken Unternehmen, niedriger, wenn die Verteilung der Marktanteile ausgeglichener ist.

1247 Der HHI vor dem Zusammenschluss wird dem HHI nach dem (unterstellten) Zusammenschluss gegenübergestellt. Die Veränderung des HHI gibt die Veränderung der Konzentrationsgrades infolge des Zusammenschlusses wieder. Die Veränderung des HHI wird **Delta** genannt. Das Delta wird ermittelt, indem das Produkt der Marktanteile der beiden am Zusammenschluss beteiligten Unternehmen mit dem Faktor 2 multipliziert wird[1304].

1248 **Bsp.:** Auf einem Markt haben die Anbieter Marktanteile von 42%, 18%, 20%, 10% und 10%. Anbieter Nr. 1 mit einem Marktanteil von 42% schließt sich mit Nr. 5 mit einem Marktanteil von 10% zusammen. Der HHI beträgt $42^2 + 18^2 + 20^2 + 10^2 + 10^2 = 2.688$. Das Delta beträgt $42 \times 10 \times 2 = 840$.

1249 Die Kommission hat Grundsätze dazu veröffentlicht, bis zu welchem Konzentrationsgrad eines Marktes das Vorliegen wettbewerblicher Bedenken unwahrschein-

---

1303 Ausführlich zur Thematik Doris Hildebrand, The Role of Economic Analysis in the EC Competition Rules, S. 97 f., 267, 275; vgl. auch Darstellung der Arbeitsunterlage des BKartA zur Sitzung des Arbeitskreises Kartellrecht am 8./9. 10. 2001 zum Thema »Das Untersagungskriterium in der Fusionskontrolle – Marktbeherrschende Stellung versus Substantial Lessening of Competition?«, S. 7 ff.
1304 Der Rechenweg lässt sich aus folgender Formel herleiten. Vor dem Zusammenschluss betrug der Beitrag der beiden am Zusammenschluss beteiligten Unternehmen am HHI $a^2 + b^2$. Nach dem Zusammenschluss ist ihr Beitrag $(a + b)^2 = a^2 + b^2 + 2ab$, sodass die Steigerung des HHI $2ab$ beträgt.

C. Europäische Fusionskontrolle

lich ist[1305]. Folgende Konzentrationsgrade sprechen danach dagegen, dass ein Zusammenschluss zu wettbewerblich kritischen Marktstrukturen führt[1306]:
- ein HHI nach dem Zusammenschluss von unter 1.000;
- ein HHI nach dem Zusammenschluss zwischen 1.000 und 2.000 und einem Delta unter 250;
- ein HHI nach dem Zusammenschluss über 2.000 und einem Delta unter 150.

1250 Für den o.g. Beispielsfall bedeutet dies, dass die Kommission die Zunahme des Konzentrationsgrades infolge des Zusammenschlusses als Indikator für eine wettbewerblich bedenkliche Marktstellung ansehen würde.

1251 Im Falle besonderer Umstände hingegen wird die Kommission den anhand des HHI gemessenen Konzentrationsgrad nicht als aussagekräftig ansehen und einen Zusammenschluss trotz des Unterschreitens der genannten Schwellen genauer auf wettbewerblich bedenkliche Auswirkungen untersuchen. Zu den exemplarisch genannten besonderen Umständen gehören die folgenden:

1252
- an dem Zusammenschluss ist ein potentieller Wettbewerber oder ein Unternehmen mit einem kleinen Marktanteil beteiligt, das vor kurzem in den Markt eingetreten ist;
- an dem Zusammenschluss sind Unternehmen beteiligt, deren Innovationspotenzial sich nicht in den Marktanteilen niederschlägt;
- zwischen den Marktteilnehmern bestehen Überkreuz-Beteiligungen in erheblichem Ausmaß;
- bei einem der fusionierenden Unternehmen handelt es sich um einen Einzelgänger, der ein koordiniertes Verhalten mit hoher Wahrscheinlichkeit stören wird;
- es liegen Anzeichen für Marktkoordinierung oder eine solche erleichternde Praktiken vor;
- der Marktanteil einer der fusionierenden Parteien beträgt wenigstens 50%.

1253 Der HHI ist bis zur Revision der FKVO im Jahr 2004 in der Entscheidungspraxis der Kommission allenfalls in Fällen herangezogen worden, die vertieft in Phase II geprüft wurden. Diese betrafen vornehmlich Fälle oligopolistischer Marktbeherrschung, für die die Messung der Konzentration des betroffenen Marktes besonders wichtig ist[1307].

1254 Es ist erklärte Absicht der Kommission, wirtschaftstheoretische Ansätze bei der Bestimmung der Marktstellung der Unternehmen sowie der Auswirkungen eines Zusammenschlusses verstärkt zu berücksichtigen. Entsprechend nehmen die Ausführungen zur Messung des Konzentrationsgrades anhand des HHI in den Leitlinien

---

1305 Leitlinien zur Bewertung horizontaler Zusammenschlüsse gemäß der Ratsverordnung über die Kontrolle von Unternehmenszusammenschlüssen, ABl. C 31 vom 5.2.2004, Rdnr. 19 ff.

1306 Nach den U.S. Merger Guidelines von 1992 wird ein Markt als nicht konzentriert angesehen, wenn der HHI unter 1.000 liegt, als mäßig konzentriert bei einem HHI zwischen 1.000 und 1.800 und als stark konzentriert bei einem HHI über 1.800. Betrifft das Vorhaben mäßig konzentrierte Märkte, so können den Richtlinien zufolge schwerwiegende Wettbewerbsbedenken auftreten, wenn der Zusammenschluss einen Anstieg des HHI um mehr als 100 Punkte bewirkt. Auf hochgradig konzentrierten Märkten genügt bereits ein Anstieg um 50 Punkte, um aus Sicht der Wettbewerbsbehörde zu der widerlegbaren Vermutung zu gelangen, dass der Zusammenschluss Marktmacht begründet, verstärkt oder ihre Ausübung erleichtert. Liegen der Konzentrationsgrad oder der Marktanteilszuwachs unterhalb der genannten Schwellen, ist es hingegen unwahrscheinlich, dass die Wettbewerbsbehörde gegen das Vorhaben vorgeht.

1307 Christensen/Rabassa, ECLR 2001, 227 ff.

der Kommission zur Bewertung horizontaler Zusammenschlüsse gemäß der FKVO[1308] einen größeren Raum ein. Es bleibt abzuwarten, welche Rolle der HHI in der künftigen Entscheidungspraxis der Kommission spielen wird.

(2) Finanzkraft

Das Kriterium der Finanzkraft hatte demgegenüber in der bisherigen Entscheidungspraxis der Kommission lediglich eine Bedeutung als **ergänzendes Argument für die Begründung oder Verstärkung von Marktbeherrschung**[1309]. Finanzkraft wirkt sich nur dann als Wettbewerbsvorteil aus, wenn sie erstmals einem am Zusammenschluss beteiligten Unternehmen zugute kommt. Bewirkt der Zusammenschluss lediglich die Verstärkung einer bereits bestehenden Unternehmensverbindung, ist hingegen davon auszugehen, dass die finanziellen Ressourcen dem beteiligten Unternehmen bereits in ähnlicher Weise vor dem Zusammenschluss zur Verfügung gestanden haben[1310]. 1255

In dem auf der Grundlage des EGKSV zu beurteilenden Zusammenschlussverfahren RAG/Saarbergwerke/Preussag Anthrazit II[1311] wurde erstmals im Rahmen eines Fusionsverfahrens untersucht, inwieweit die Zuwendung staatlicher Mittel, etwa in Form von Subventionen, die Finanzkraft der am Zusammenschluss beteiligten Unternehmen verstärkt[1312]. Das Unternehmen RAG wollte sämtliche Aktien an der Saarbergwerke AG sowie der Preussag Anthrazit GmbH erwerben. Der Kaufpreis für die Saarbergwerke betrug nur 2 DM (je eine DM für die Eigentümer Bundesrepublik Deutschland und Saarland). Die Entscheidung wurde von dem britischen Wettbewerber RJB Mining u. a. deswegen angefochten, weil die Stärkung der Finanzkraft der neuen Unternehmenseinheit aufgrund des ungerechtfertigt niedrigen Kaufpreises seines Erachtens wettbewerblich bedenklich sei, von der Kommission in ihrer ursprünglichen Entscheidung[1313] aber nicht geprüft worden war. Das EuG hob die ursprüngliche Entscheidung der Kommission auf[1314]. Es stellte fest, dass im Rahmen der Wettbewerbsanalyse über die Auswirkungen eines Zusammenschlusses zu prüfen ist, ob und ggf. inwieweit die finanzielle und damit wirtschaftliche Macht der zusammengeschlossenen Unternehmen aufgrund der finanziellen Unterstützung durch eine mögliche **Beihilfe** in Form des niedrigen Kaufpreises gestärkt wurde[1315]. Der Gesichtspunkt der Stärkung der Finanzkraft durch staatliche Beihilfen war zuvor bei Unternehmenskäufen durch staatliche Postunternehmen ebenfalls von Wettbewerbern 1256

1308 Leitlinien zur Bewertung horizontaler Zusammenschlüsse gemäß der Ratsverordnung über die Kontrolle von Unternehmenszusammenschlüssen, ABl. C 31/5 vom 5. 2. 2004.
1309 Wagemann, in: Wiedemann, Handbuch des Kartellrechts, § 16 Rdnr. 53 mit weiteren Literaturhinweisen.
1310 Wagemann, in: Wiedemann, Handbuch des Kartellrechts, § 16 Rdnr. 53 mit weiteren Hinweisen, in denen die Finanzkraft eine Rolle gespielt hat.
1311 Kommission, 7. 5. 2002, EGKS. 1350 »RAG/Saarbergwerke/Preussag Anthrazit II«.
1312 Kommission, 7. 5. 2002, EGKS. 1350 »RAG/Saarbergwerke/Preussag Anthrazit II«, Rdnr. 47 ff.
1313 Kommission, 29. 7. 1998, EGKS. 1252 »RAG/Saarbergwerke/Preussag Anthrazit«.
1314 EuG, 31. 1. 2001, »RJB Mining/Kommission«, Rs. T-156/98, Slg. 2001, II-337.
1315 Die Kommission hat in der darauf ergangenen Entscheidung in Kommission, 7. 5. 2002, EGKS. 1350 »RAG/Saarbergwerke/Preussag Anthrazit II« allerdings keine wettbewerblich bedenkliche Stärkung der Finanzkraft festgestellt.

vorgebracht, von der Kommission bei der Wettbewerbsanalyse jedoch nicht berücksichtigt worden[1316]. In der neueren Fallpraxis der Kommission[1317] wird eine finanzielle Unterstützung von Seiten des Staates durchaus darauf untersucht, ob sie unmittelbar oder mittelbar eine marktbeherrschende Stellung begründet oder stärkt. Die Entscheidungen beschränken sich jedoch zumeist auf die knappe Aussage, dass eine solche Wirkung der staatlichen Beihilfe nicht festzustellen war.

(3) Weitere Vorteile der am Zusammenschluss beteiligten Unternehmen gegenüber ihren Wettbewerbern

1257 Weitere Faktoren können bei der wettbewerblichen Beurteilung von Bedeutung sein, um die Marktmacht der fusionierenden Unternehmen zu ermessen.

1258 So hat die Kommission in dem Zusammenschlussverfahren »Hutchison/ECT/RMPM«[1318] festgestellt, dass die Marktstellung von ECT/Hutchison weitaus stärker gewesen wäre, als in ihrem gemeinsamen Marktanteil von 36% auf dem Markt für Stauerleistungen für Hochseecontainerschiffe in Nordeuropa zum Ausdruck kommt. Als Begründung für diese angenommene stärkere Marktstellung führt die Kommission die herausragende Position der Unternehmen beim Umschlag an, ihre Stellung bei der Fernostfracht sowie die Tatsache, dass ihre Terminals für größere Hochseeschiffe besonders geeignet sind.

1259 Auch in dem Verfahren »Rewe/Meinl«[1319] untersuchte die Kommission für die Beurteilung der Marktstellung beider Unternehmen nicht allein den Marktanteil, sondern stellte eine Reihe weiterer Vorteile, wie z.B. eine zentralisierte Struktur, einen hohen Anteil an günstigen Standorten sowie einen hohen Anteil an lukrativen Verkaufsflächen fest[1320]. In der Entscheidungspraxis der Kommission wurde als ein besonderer Vorteil der am Zusammenschluss beteiligten Unternehmen gegenüber ihren Wettbewerbern auch ein dichtes eigenes Verkaufsnetz[1321], eine etablierte Vertriebslogistik[1322] oder eine umfassende geografische Präsenz[1323] hervorgehoben. Ein Vergleich der Vertriebsstrukturen im Rahmen der Untersuchung der Marktstrukturen gibt Auskunft darüber, ob alle Anbieter in gleichem Maße Zugang zum Markt haben. So hat die Kommission in dem Zusammenschlussverfahren »Agfa-Gevaert/Du Pont«[1324] festgestellt, dass beide am Zusammenschluss beteiligten Unternehmen mit einer erheblichen Anzahl von Händlern ausschließliche Vertriebs-

---

1316 Vgl. z.B. Kommission, 15.2.1999, M.1405 »TNT Post Group/Jet Services«, Rdnr. 47.
1317 Kommission, 4.8.2003, M.3150 »SNCF/Trenitalia«.
1318 Kommission, M.1412 »Hutchison Whampoa/RMPM/ECT«, wiedergegeben im 29. WB 1999, Rdnr. 167; die Anmeldung wurde in der Phase II zurückgenommen, so dass keine Entscheidung der Kommission erging. Die Unternehmen haben jedoch nachfolgend erneut ihr Zusammenschlussvorhaben in veränderter Form angemeldet, vgl. Kommission, 3.7.2001, JV.55 »Hutchison/RCPM/ECT« und Kommission, 29.11.2001, JV.56 »Hutchison/ECT«.
1319 Kommission, 3.2.1999, M.1221 »Rewe/Meinl«, Rdnr. 28.
1320 Vgl. Darstellung im 29. WB 1999, Rdnr. 169.
1321 EuG, 15.12.1999, »Kesko/Kommission«, Rs. T-22/97, Slg. 1999, II-3775, Rdnr. 141 ff.
1322 Kommission, 31.1.2001, M.2097 »SCA/Metsä Tissue«, Rdnr. 147.
1323 Kommission, 2.2.2001, M.2033 »Metso/Svedala«, Rdnr. 195.
1324 Kommission, 11.2.1998, M.986 »Agfa-Gevaert/Du Pont«; 28. WB 1998, Rdnr. 153.

vereinbarungen für ihre Produkte getroffen hatten, anderen Wettbewerbern jedoch dieser gesicherte Zugang zum Markt fehlte.

In dem Zusammenschlussfall »Wolters Kluwer/Reed Elsevier« beruhte die starke Marktstellung der Unternehmen nach Auffassung der Kommission u. a. darauf, dass sie das Eigentum an bedeutendem urheberrechtlich geschütztem Material besaßen[1325]. Auch der Besitz der wichtigsten Marken[1326] sowie ein etablierter Ruf bieten strategische Vorteile gegenüber den übrigen Anbietern am Markt. Der Besitz patentgeschützter Erfindungen spielte im Pharmabereich eine Rolle. 1260

Für die Marktstellung bedeutsam ist weiter das Ausmaß der vertikalen Integration jedes der am Zusammenschluss beteiligten Unternehmen im Vergleich zu seinen größten Wettbewerbern[1327]. Hat eines der am Zusammenschluss beteiligten Unternehmen eine starke Marktstellung auf einem vorgelagerten Markt[1328], kann eine Produktionsausweitung für kleine Wettbewerber schwierig und teuer sein. 1261

In der Entscheidungspraxis der Kommission wurden ferner die nachfolgend genannten Strukturmerkmale als Vorteile der am Zusammenschluss beteiligten Unternehmen hervorgehoben. 1262

Der Zugang zu Technologien, wesentlichen Einrichtungen bzw. Netzen ist als besonders aussagekräftig im Bereich Telekommunikation und Energie angesehen worden. So verfügten in dem Verfahren »BT/MCI«[1329] z. B. die am Zusammenschluss beteiligten Unternehmen über erheblich höhere Kabelkapazitäten als ihre Wettbewerber. In dem Verfahren »VEBA/VIAG«[1330] wurde auch die installierte Erzeugungskapazität und das Eigentum an der Infrastruktur, den Übertragungsnetzen sowie an den Interconnectoren untersucht, die die Höchstspannungsnetze in dem betroffenen Mitgliedstaat mit denen der Nachbarländer verbinden. 1263

Auch die strukturellen Beziehungen, die im gleichen Tätigkeitsbereich zwischen den Beteiligten und Dritten bestehen, sind von Bedeutung, da sie Auskunft u. a. über die Wettbewerbsintensität zum Zeitpunkt des Zusammenschlusses geben können. So hat die Kommission in dem Verfahren »Elf Atochem/Rütgers«[1331] die Beteiligung ohne Kontrollrechte, die zwischen einem der Gründer des neuen Unternehmens und einem maßgeblichen Wettbewerber auf dem Markt bestand, untersucht und ist zu dem Ergebnis gekommen, dass von diesem Marktteilnehmer aufgrund der Verbindung kein unabhängiges Wettbewerbsverhalten zu erwarten ist. In dem Verfahren »VEBA/VIAG«[1332] bestand eine Vielzahl von Verflechtungen zwischen den Zusammenschlussbeteiligten und weiteren Marktteilnehmern, was ebenfalls nicht für ein vollständig unabhängiges Wettbewerbsverhalten dieser Beteiligungsunternehmen sprach. 1264

1325 28. WB 1998, Rdnr. 154.
1326 Kommission, 16. 1. 1996, M.623 »Kimberly-Clark/Scott«.
1327 Punkt 7.9 des Formblatts CO.
1328 EuG, 28. 4. 1999, »Endemol/Kommission«, Rs. T-221/95, Slg. 1999, II-1299, Rdnr. 167.
1329 Kommission, 14. 5. 1997, M.856 »British Telecom/MCI (II)«.
1330 Kommission, 13. 6. 2000, M.1673 »VEBA/VIAG«.
1331 Kommission, 29. 7. 1994, M.442 »Elf Atochem/Rütgers«.
1332 Kommission, 13. 6. 2000, M.1673 »VEBA/VIAG«.

(4) Nachfrage-Gegenmacht

1265 Eine wichtige Rolle für die Ausübung von Wettbewerbsdruck auf die am Zusammenschluss beteiligten Unternehmen kommt der Nachfrageseite zu. Sie kann die Anbietermacht beschränken und damit als Gegenkraft wirken. Unter Nachfragemacht versteht die Kommission[1333] die Verhandlungsmacht, die ein Käufer gegenüber seinem Lieferanten angesichts seiner Größe, seiner wirtschaftlichen Bedeutung für den Verkäufer und seiner Fähigkeit ausspielen kann, zu anderen Lieferanten überzuwechseln.

1266 Nachfragemacht könnte z. B. darin bestehen, dass ein Abnehmer sofort auf einen anderen Anbieter umsteigen oder glaubwürdig damit drohen kann, sich vertikal mit einem Unternehmen auf einem vorgelagerten Markt zu integrieren. Ein nachfragemächtiger Abnehmer kann auch **Markteintritte** auf den fraglichen Markt finanziell fördern, indem er z. B. einem potentiellen Neuanbieter Großaufträge fest zusagt[1334]. Allerdings muss immer im Einzelfall untersucht werden, ob es wahrscheinlich ist, dass ein Abnehmer seine Nachfragemacht auch wirklich ausübt. So wird er von der finanziellen Förderung eines Markteintritts u. U. absehen, wenn die Vorteile in Form billigerer Vorprodukte gleichermaßen seinen Wettbewerbern zugute kämen. Nachfragemacht werden nur große Abnehmer in Branchen mit einer **konzentrierten Abnehmerseite** ausüben können.

1267 Nachfragemacht besteht allerdings nur dann, wenn sie die **Marktmacht des Anbieters gegenüber allen Abnehmern beschränkt**[1335]. Unzureichend wäre es, wenn nur die großen Abnehmer für sich günstige Konditionen aushandeln könnten, ohne dass das Gegengewicht das Verhalten des Anbieters am gesamten Markt relativiert. Nachfragemacht muss nicht nur vor dem Zusammenschluss bestehen. Wichtig ist, dass die Nachfrageseite auch nach dem Zusammenschluss ein effektives Gegengewicht zu dem fusionierten Unternehmen darstellt. Das ist u. U. dann nicht der Fall, wenn zwei Anbieter fusionieren, und glaubwürdige Alternativen für die Nachfrager damit entfielen.

1268 Am Beispiel des Bereichs **Automobilzulieferung** zeigt sich deutlich die Wirkung von Gegenmacht im Wettbewerb. Auf diesen sowohl auf der Angebots- als auch auf der Nachfrageseite hoch konzentrierten Märkten schreiben die nachfragenden Automobilhersteller ihren Bedarf in der Regel für einen Zeitraum von bis zu drei Jahren europaweit aus. Erhält ein Zulieferer den Zuschlag, deckt er entweder alleine oder neben einem weiteren Anbieter den gesamten europaweiten Bedarf des Automobilherstellers ab. Für den Zeitraum der Belieferung wird seine Marktstellung daher sehr stark sein[1336]. Die Automobilhersteller haben es jedoch in der Hand, ihren Bedarf erneut auszuschreiben und einem anderen Zulieferer den Zuschlag zu erteilen. Die Marktstellung des bisherigen Zulieferers würde damit deutlich geschwächt. Die nachfragenden Automobilhersteller spielen eine entsprechend große Rolle bei der Einschätzung, ob ein Zusammenschluss wesentlichen Wettbewerb erheblich behin-

---

1333 Leitlinien zur Bewertung horizontaler Zusammenschlüsse gemäß der Ratsverordnung über die Kontrolle von Unternehmenszusammenschlüssen, ABl. C 31/5 vom 5. 2. 2004, Rdnr. 64.
1334 Kommission, 25. 11. 1998, M.1225 »Enso/Stora«, Rdnr. 89.
1335 EuG, 7. 10. 1999, »Irish Sugar/Kommission«, Rs. T-228/97, Slg. 1999, II-2969, Rdnr. 100 ff.
1336 In der Automobilzulieferung sind Marktanteile um die 50 % keine Seltenheit.

dern wird[1337]. Wichtig ist die relativierende Funktion der Nachfrageseite auch im Bereich der Rüstungsgüter. In diesem Sektor geht die Nachfrage von staatlichen Behörden aus, die auf den grundsätzlich betroffenen nationalen Märkten in der Regel die einzigen Nachfrager sind[1338] und bislang immer als hinreichendes Regulativ zur Verhinderung von Marktherrschung angesehen wurden.

(5) **Potentieller Wettbewerb**

In der Entscheidungspraxis der Kommission spielt die Beurteilung des potentiellen Wettbewerbs eine große Rolle. Wie die Kommission in ihren Leitlinien zur Bewertung horizontaler Zusammenschlüsse ausführt, ist es unwahrscheinlich, dass Zusammenschlüsse auf Märkten ohne nennenswerte Marktzutrittsschranken erheblichen Wettbewerbsbedenken begegnen[1339]. 1269

Potentieller Wettbewerb kann ausgehen von Anbietern, die noch nicht im sachlich oder räumlich relevanten Markt tätig sind, es aber z. B. aufgrund einer Produktionsumstellung oder durch Importe sein könnten, sowie von solchen, die bislang nur für den eigenen Bedarf produzieren bzw. Dienstleistungen nur für den eigenen Bedarf erbringen. 1270

Ein potentieller Markteintritt von Neuanbietern schränkt das Wettbewerbsverhalten dann in ausreichendem Maße ein, wenn er **wahrscheinlich** ist, **innerhalb kurzer Zeit** erfolgen kann und **einen ausreichenden Umfang erreicht**, um die drohenden wettbewerbswidrigen Folgen des Zusammenschlusses zu verhindern. 1271

Wahrscheinlichkeit des Markteintritts

Wirksamer potentieller Wettbewerb scheitert in der Regel an hohen **Marktzutrittsschranken**. Sind die Marktzutrittsschranken hoch, können die fusionierenden Unternehmen ihre Marktmacht ausnutzen und insbesondere die Preise anheben, ohne Markteintritte neuer Anbieter befürchten zu müssen, obwohl diese aufgrund des hohen Preisniveaus einen Anreiz für den Versuch eines Marktzutritts hätten. Marktzutrittsschranken ergeben sich aus **technischen**, **rechtlichen** oder **strategischen** Umständen[1340]. 1272

Technische Marktzutrittsschranken bestehen, wenn ein erfolgreicher Marktauftritt den Zugang zu einer Technologie, zu Lieferquellen und Rohstoffen oder zu einer wesentlichen Einrichtung erforderlich macht, die sich im Besitz von bereits auf dem Markt tätigen Anbietern befinden. So stellte die Kommission in dem Verfahren »VEBA/VIAG«[1341] fest, dass auf dem deutschen Markt für die Elektrizitätsabgabe von der Verbundebene wirksamer Wettbewerb durch Importe aus anderen Mitgliedstaaten daran scheiterte, dass die Kapazität der Interconnectoren, die die deutschen Verbundnetze mit denen der Nachbarstaaten verbinden, begrenzt ist. Meist sind Technologien, die Erfindungshöhe besitzen, zudem patentgeschützt, was 1273

1337 Kommission, 14. 12. 1998 »Knorr Bremse/Bosch«; 5. 2. 1999, M.1363 »Du Pont/Hoechst/Herberts«.
1338 Sog. monopsonistische Nachfragestruktur.
1339 Leitlinien zur Bewertung horizontaler Zusammenschlüsse gemäß Ratsverordnung über die Kontrolle von Unternehmenszusammenschlüssen, ABl. C 31/5 vom 5. 2. 2004, Rdnr. 68.
1340 Vgl. auch die Differenzierung in Punkt 8.10. des Formblatts CO.
1341 Kommission, 13. 6. 2000, M.1673 »VEBA/VIAG«.

einen Marktzutritt unmöglich macht, es sei denn, der Patentinhaber erteilt eine Lizenz für die geschützte Technologie. Die Kommission zählt zu den technischen Marktzutrittsschranken auch erforderliche Aufwendungen für Forschung und Entwicklung sowie Faktoren wie Größen- und Verbundvorteile und Vertriebs- und Verkaufsnetze.

1274 Zu den **rechtlichen Marktzutrittsschranken** zählen behördliche Genehmigungsverfahren. So sind für den Bau einer Produktionsanlage neben erforderlichen Baugenehmigungen auch teilweise Umweltverträglichkeitsprüfungen durchzuführen, was einen Markteintritt um einige Jahre verzögern kann. Die Kommission zählt zu den rechtlichen und behördlichen Eintrittsschranken Zulassungen, Genehmigungen, Normen jeglicher Art und Schranken in Form von Vorschriften über Produktzertifizierungsverfahren oder den Nachweis langjähriger Erfahrung[1342]. Hierzu zählen auch Beschränkungen der Zahl der Marktteilnehmer beispielsweise durch die Zahl von vergebenen Lizenzen.

1275 Zu den strategischen Marktzutrittsschranken zählen hohe Aufwendungen, die für Werbe- und Promotionstätigkeiten[1343] und Kundendienst erforderlich sind, sowie allgemein ein hoher Investitionsbedarf für einen erfolgreichen Marktauftritt[1344]. Ein Marktzutritt kann auch durch bestehende Verbraucherpräferenzen[1345] sowie Markenloyalität oder aufgrund von kulturellen Schranken[1346] erschwert sein. Grundsätzlich sind Marktzutrittsschranken in allen Industrien sehr hoch, die sich durch hohe versunkene Kosten[1347] auszeichnen; insbesondere zählen hierzu erforderliche Investitionen in Netzinfrastrukturen.

1276 Der Marktzutritt muss nicht nur theoretisch möglich, sondern auch mit **Rentabilitätsaussichten** verknüpft sein[1348]. Für die Beurteilung der Rentabilitätsaussichten ist die **voraussichtliche Marktentwicklung** zu berücksichtigen. In Märkten mit hohen Wachstumserwartungen sind Markteintritte eher rentabel als in voraussichtlich rückläufigen Märkten. So verneinte die Kommission ausreichenden potentiellen Wettbewerb in dem Verfahren »Procter & Gamble/Schickedanz«, weil das fi-

---

1342 Punkt 8.10. Buchst. b des Formblatts CO.
1343 Kommission, 21. 6. 1994, M.430 »Procter & Gamble/VP Schickedanz (II)«.
1344 Kommission, 17. 10. 2001, M.2187 »CVC/Lenzing«.
1345 Kommission, 9. 3. 1999, M.1313 »Danish Crown/Vestjyske Slagterier«.
1346 Kommission, 17. 10. 2001, M.2187 »CVC/Lenzing«,
1347 Nach Gabler Wirtschaftslexikon, Stichwort »Potentieller Wettbewerb« liegen »versunkene Kosten« vor, wenn sich die für einen speziellen Markt benötigten Kapitalgüter nicht amortisieren und wenn der Liquidationserlös bzw. der Alternativvertrag (Opportunitätskosten) der Kapitalgüter bei Marktaustritt zu einem Wert führen würde, der geringer ist als die beim Marktzutritt zu Grunde gelegten Kosten der in dieser bestimmten Verwendung gebundenen Ressourcen. Unter »versunkenen Kosten«, »irreversiblen Kosten« bzw. »sunk costs« sind damit Investitionen zu verstehen, die für einen Markteintritt unbedingt erforderlich sind, die jedoch im Falle des Marktaustritts keiner alternativen Verwendung dienen können und damit weitgehend wertlos werden.
Damit sind z. B. Investitionen in (verlegte) Eisenbahnschienen oder auch Gas- und Stromleitungen irreversible Kosten. Für ein Unternehmen, das die entsprechenden Investitionen bereits getätigt hat, sind irreversible Kosten nicht mehr entscheidungsrelevant, im Gegensatz zu potentiellen Wettbewerbern, die noch nicht investiert haben. Damit kann der Anbieter, der die irreversiblen Kosten bereits aufgewendet hat, potentielle Wettbewerber glaubhaft vom Marktzutritt abschrecken.
1348 24. WB 1994, Anhang II, S. 493 f.

nanzielle Risiko wegen der hohen Kosten für verkaufsfördernde Maßnahmen und Werbung im Bereich Haushaltspapier und Hygieneprodukte, die nicht zurückgewonnen werden konnten, für andere Hersteller sehr hoch gewesen wäre, obwohl die Kosten an sich keine unüberwindliche Barriere darstellten und die potentiellen Konkurrenten über die erforderlichen finanziellen Ressourcen verfügten.

Die Kommission bejahte ausreichenden potentiellen Wettbewerb zum Beispiel in dem Verfahren »Mannesmann/Vallourec/Ilva«[1349]. Sie sah es als gegeben an, dass japanische Hersteller, die bereits auf dem Markt für nahtlose nicht rostende Stahlrohre präsent waren, ihre Exporte erhöhen könnten, falls Preiserhöhungen ein solches Exportgeschäft attraktiv machen würden. Weiterhin befand sie, dass osteuropäische Hersteller mit modernen Produktionsanlagen in der Lage wären, schnell eine entsprechende Zertifizierung zu erlangen, um westeuropäische Kunden zu beliefern. Auf Grund wirksamen potentiellen Wettbewerbs erklärte die Kommission auch einige Zusammenschlussvorhaben der letzten Zeit für mit dem Gemeinsamen Markt vereinbar, obwohl die beteiligten Unternehmen beträchtliche addierte Marktanteile erreichten[1350]. 1277

In dem Verfahren »CVC/Lenzing«[1351] erklärte die Kommission den Zusammenschluss u.a. deswegen für unvereinbar mit dem Gemeinsamen Markt, weil ungeachtet niedriger Handelsschranken aufgrund des hohen Investitionsbedarfes, vermeintlicher Qualitätsunterschiede, kultureller Schranken und Hürden im Hinblick auf die Lieferlogistik der Eintritt neuer Wettbewerber in den EWR als im Prognosezeitraum nicht wahrscheinlich eingeschätzt wurde[1352]. 1278

Kurzfristigkeit des Markteintritts

Welcher Zeitraum als angemessen kurz angesehen wird, um die drohenden wettbewerbswidrigen Folgen eines Zusammenschlusses zu verhindern, hängt von den Umständen des Einzelfalls, den jeweiligen Marktbesonderheiten und den Fähigkeiten der potentiellen Wettbewerber[1353] ab. Er sollte normalerweise **innerhalb von zwei Jahren** zu erwarten sein. 1279

Das Vorliegen ausreichenden potentiellen Wettbewerbs verneinte die Kommission zum Beispiel in dem Verfahren »Procter & Gamble/Schickedanz (II)«[1354]. Sie sah keine potentiellen Wettbewerber, die imstande gewesen wären, die beherrschende Stellung des Unternehmens innerhalb einer Zeitspanne von zwei bis drei Jahren zu neutralisieren. Japanische Hersteller schieden aus, da ihnen Markterfahrung und Vertriebsnetze in Europa fehlten. Europäische Anbieter waren bereits auf dem betroffenen deutschen Markt für Frauenhygieneartikel tätig oder hatten zuvor erfolglos versucht, in den deutschen Markt einzutreten. 1280

Ausreichender Markteintritt

Markteintritte müssen in einem ausreichenden Umfang erfolgen, um das Wettbewerbsverhalten der vorhandenen Anbieter einzuschränken. Markteintritte in eine 1281

1349 Kommission, 31.1.1994, M.315 »Mannesmann/Vallourec/Ilva«; 24. WB 1994, Rdnr. 312.
1350 Kommission, 2.3.2001, M.2256 »Philips/Agilent Health Care Solutions«; 19.7.2000, M.1882 »Pirelli/BICC«; 11.12.2001, M.2602 »Gerling/NCM«.
1351 Kommission, 17.10.2001, M.2187 »CVC/Lenzing«.
1352 S. auch Darstellung im 31. WB 2001, Rdnr. 256.
1353 Kommission, 3.5.2000, M.1693 »Alcoa/Reynolds«, Rdnr. 31 f., 38.
1354 Kommission, 21.6.1994, M.430 »Procter & Gamble/VP Schickedanz (II)«; 24. WB 1994, Rdnr. 313.

Marktnische werden keine glaubwürdige Gegenmacht zu den vorhandenen Anbietern entfalten.

(6) Fusionsspezifische Effizienzvorteile

1282 Effizienzgewinne als Folge eines Zusammenschlusses werden in diversen Rechtsordnungen[1355] bei der Fusionskontrolle berücksichtigt. Zusammenschlüsse, die den Wettbewerb beeinträchtigen, sind in diesen Rechtsordnungen genehmigungsfähig, wenn die aus den Effizienzgewinnen resultierenden Vorteile für die Wirtschaft oder die Verbraucher größer sind als der aus der Wettbewerbsbeschränkung resultierende Schaden. Der Einwand der Effizienzvorteile (»efficiency defence«) wird jedoch überall nur in den Ausnahmefällen erfolgreich geltend gemacht werden können, in denen zu erwarten ist, dass Effizienzvorteile trotz der überragenden Stellung des betreffenden Unternehmens oder trotz der deutlichen Verminderung des Wettbewerbs an die Verbraucher weitergegeben werden[1356].

1283 Auch die Kommission berücksichtigt bei der Prüfung von Zusammenschlüssen die von den Anmeldern vorgetragenen Effizienzargumente. Nähere Ausführungen dazu enthalten die **Leitlinien zur Bewertung horizontaler Unternehmenszusammenschlüsse gemäß der Ratsverordnung über die Kontrolle von Unternehmenszusammenschlüssen**[1357]. Rechtsgrundlage dafür ist Art. 2 Abs. 1 Buchst. b FKVO, der die Kriterien für die Beurteilung von Zusammenschlüssen auflistet und in dieser Form seit Beginn der europäischen Fusionskontrolle in der FKVO enthalten ist. Danach trägt die Kommission der **Entwicklung des technischen und wirtschaftlichen Fortschritts** Rechnung, **sofern diese dem Verbraucher dient und den Wettbewerb nicht behindert**[1358].

1284 Bis zur Revision der FKVO im Jahr 2004 hatten fusionsspezifische Effizienzvorteile in der Entscheidungspraxis der Kommission allerdings keine Bedeutung. Dies wurde insbesondere von deutscher Seite mit Zufriedenheit zur Kenntnis genommen, wo bei Erlass der FKVO befürchtet worden war, dass dieses Kriterium zum Einfallstor für industriepolitische Aspekte im Rahmen der wettbewerblichen Überprüfung werden würde[1359]. In der Tat dürfte es sich um Ausnahmesituationen handeln, in denen mit hinreichender Wahrscheinlichkeit erwartet werden kann, dass Unternehmen trotz starker Marktstellung und damit einem vom Wettbewerb kaum hinreichend kontrollierten Verhaltensspielraum fusionsspezifische Effizienzvorteile an die Abnehmer weitergeben. Denn mit dem wirksamen Wettbewerb entfällt in der Regel der Mechanismus, der die Weitergabe von durch den Zusammenschluss realisierten Effizienzgewinnen an die Verbraucher strukturell sicherstellt[1360]. Die Kom-

---

1355 Vgl. die U.S.-amerikanischen merger guidelines.
1356 Grünbuch über die Revision der Verordnung (EWG) Nr., 4064/89 des Rates vom 11. 12. 2001 KOM (2001) 745/6 endgültig, Rdnr. 170 ff.
1357 ABl. C 31/5 vom 5. 2. 2004, Rdnr. 76 ff.
1358 Dieses Beurteilungskriterium wurde in Anlehnung an Art. 85 Abs. 3 EGV (jetzt Art. 81 Abs. 3 EGV) in die FKVO aufgenommen.
1359 Janicki, WuW 1990, 195 ff.
1360 Die Begründung in Kommission, 11. 7. 2001, M.2314 »BASF/Eurodiol/Pantochim« liest sich hingegen wie eine Darstellung von Effizienzgewinnen, obwohl es sich um einen Fall der Sanierungsfusion handelte. Vgl. Darstellung im 31. WB 2001, Rdnr. 285 ff.; s. auch den Kommentar von Strohm, Andreas, »BASF/Pantochim/Eurodiol: Change of

mission hat angekündigt, dass sie künftig sämtliche begründete Effizienzargumente bei der Gesamtwürdigung eines Zusammenschlusses einbeziehen wird[1361]. Effizienzvorteile werden dennoch bei Zusammenschlüssen, die wettbewerbliche Bedenken hervorrufen, nur in Ausnahmefällen erfolgreich geltend gemacht werden können.

Die Kommission wird einen Zusammenschluss nur dann trotz wettbewerblicher Bedenken für vereinbar mit dem Gemeinsamen Markt erklären, wenn die mit ihm verbundenen Effizienzvorteile sich **unmittelbar zum Nutzen der Verbraucher auswirken**, in **kausalem Zusammenhang zu dem Zusammenschluss** stehen und **nachprüfbar** sind[1362]. 1285

Der relevante Maßstab für die Beurteilung von Effizienzvorteilen ist grundsätzlich, dass die Verbraucher nach dem Zusammenschluss nicht schlechter gestellt sein dürfen als vorher. Effizienzvorteile zum **Nutzen der Verbraucher** wie niedrigere Preise oder neue und verbesserte Produkte durch Errichtung eines Gemeinschaftsunternehmens können sich vor allem durch Kosteneinsparungen bei der Produktion oder im Vertrieb ergeben. Sie werden sich nach Ansicht der Kommission dann eher zum Nutzen der Verbraucher auswirken, wenn sie durch eine Verringerung der variablen Kosten oder der Grenzkosten als durch eine Verringerung der Fixkosten entstehen. Die variablen Kosten variieren mit der Kapazitätsauslastung bzw. den Umsätzen in dem relevanten Zeitraum. Sie wirken sich – anders als die Fixkosten – direkt auf den Endabnehmerpreis aus. 1286

Die Effizienzgewinne wirken sich jedoch nur dann zum Nutzen der Verbraucher aus und haben für die Kommission damit nur dann bei der Würdigung eines Zusammenschlusses Gewicht, wenn sie **ohne große Verzögerung** und nicht erst zu einem späteren Zeitpunkt eintreten sollen. Je stärker die Stellung der am Zusammenschluss beteiligten Unternehmen ist, desto weniger wird ihr Verhaltensspielraum von Wettbewerbern kontrolliert werden und desto geringer ist der Anreiz für sie, Effizienzgewinne an die Verbraucher weiterzugeben. Je nachteiliger sich ein Zusammenschluss auf den Wettbewerb auswirken kann, desto **umfangreicher** bzw. bedeutender müssen die Effizienzgewinne sein, desto wahrscheinlicher muss ihre Realisierbarkeit und die Aussicht sein, diese an die Verbraucher weiterzugeben. 1287

Effizienzvorteile stehen in **kausalem Zusammenhang** zu dem Zusammenschluss, wenn sie sich unmittelbar aus ihm ergeben und ohne diesen nicht entstanden wären. Dabei untersucht die Kommission unter Berücksichtigung der Branchenpraxis sowie den Fähigkeiten der fusionierenden Unternehmen auch realistische und erreichbare Alternativen zu dem angemeldeten Zusammenschluss. Sofern keine weniger wettbewerbswidrige Alternativen nicht konzentrativer Art wie z. B. eine Lizenzvereinbarung oder ein kooperatives Gemeinschaftsunternehmen konzentrativer Art wie z. B. ein konzentratives Gemeinschaftsunternehmen oder ein anders strukturierter Zusammenschluss existieren, sind die Effizienzvorteile für die wettbewerbliche Würdigung erheblich. Effizienzvorteile müssen **nachprüfbar** sein, damit die Kommission mit ausreichender Sicherheit mit ihrem Eintreten rechnen kann. Sie muss nachprüfen können, ob die Effizienzvorteile umfangreich genug 1288

Direction in European Merger Control?« in: Competition Policy Newsletter No. 3 October 2001, S. 22 ff.
1361 Mitteilung der Kommission, Rdnr. 75.
1362 Mitteilung der Kommission, Rdnr. 76.

sind, um den möglichen Wettbewerbsnachteilen eines Zusammenschlusses für den Verbraucher entgegenzuwirken. Deshalb sollten Effizienzgewinne nach Möglichkeit **quantifiziert** werden. Da die meisten für die Beurteilung von Effizienzen erforderlichen Unterlagen im Besitz der Unternehmen sind, obliegt es ihnen, diese rechtzeitig vorzulegen. Sie tragen auch die **Beweislast** dafür, dass die Effizienzgewinne geeignet sind, den befürchteten negativen Wettbewerbsfolgen des Zusammenschlusses entgegenzuwirken und somit den Verbrauchern zugute zu kommen.

1289 Die Beurteilungsgrundsätze der Kommission zur Behandlung von Effizienzvorteilen sind allgemein gehalten und entbehren insbesondere konkretere Ausführungen anhand von Beispielen sowie eine praktische Anleitung zur Beurteilung von Effizienzgewinnen. Da die Kommission in der Vergangenheit keine nennenswerte Erfahrung mit der Würdigung von Effizienzen hatte, wird sich erst in der künftigen Entscheidungspraxis zeigen, welchen Stellenwert Effizienzvorteile bei der wettbewerblichen Beurteilung haben und welche konkreten Beurteilungsgrundsätze dabei zugrunde gelegt werden.

b) Bagatellmärkte

1290 Die Fusionskontrollsysteme einiger Mitgliedstaaten der Europäischen Union enthalten sog. De-minimis-Schwellen bzw. Bagatellmarktklauseln, mit dem Ergebnis, dass etwaige Marktbeherrschungsprobleme in kleinen Märkten nicht geprüft werden[1363]. In der FKVO gibt es keine derartige Ausnahme für kleine und damit volkswirtschaftlich unbedeutende Märkte. So hat sich die Kommission in der Vergangenheit nicht davon abhalten lassen, auch Zusammenschlüsse auf solchen Märkten vertieft in der Phase II zu prüfen, sofern sie Anlass zu ernsthaften Bedenken hinsichtlich ihrer Vereinbarkeit mit dem Gemeinsamen Markt gaben[1364].

1291 Die Kommission hatte allerdings in dem Grünbuch über die Revision der FKVO den Vorschlag aus Kreisen der europäischen Wirtschaft zur Diskussion[1365] gestellt, eine De-minimis-Schwelle einzuführen, wie sie bereits in einigen Mitgliedstaaten besteht. Der Vorschlag wurde jedoch nicht umgesetzt. Folgende Gründe sprachen letztendlich gegen die Einführung einer Bagatellmarktklausel[1366]:

1292 Die Definition der sachlichen und räumlichen Märkte ist u. U. fließend und damit ist nicht mit mathematischer Exaktheit zu ermitteln, ob ein Bagatellmarkt vorliegt. Ferner können kleinere Märkte, die durch technische Innovation entstanden sind, sich schnell entwickeln. Werden Wettbewerbsprobleme nicht frühzeitig adressiert,

---

1363 So heißt es in dem insofern einschlägigen § 35 Abs. 2 GWB: (2) »Absatz 1 gilt nicht, 1. ... 2. soweit ein Markt betroffen ist, auf dem seit mindestens fünf Jahren Waren oder gewerbliche Leistungen angeboten werden und auf dem im letzten Kalenderjahr weniger als dreißig Millionen Deutsche Mark umgesetzt wurden.«

1364 Kommission, M.1246 »LHZ/Carl Zeiss«: Die Kommission hatte ernsthafte Bedenken insbesondere hinsichtlich der Vereinbarkeit des Zusammenschlusses mit dem Gemeinsamen Markt auf dem Markt für Luftbildkameras, auf dem im Jahr 1997 weltweit weniger als 15 Mio. Euro umgesetzt wurden. Die Anmeldung wurde im Laufe der Phase zurückgezogen.

1365 Grünbuch über die Revision der Verordnung (EWG) Nr. 4064/89 des Rates vom 11.12.2001 KOM (2001) 745/6 endgültig, Rdnr. 178.

1366 Aufgeführt in den Stellungnahmen zu dem Grünbuch der Kommission www.europa.eu.int/comm/competition/mergers/review/comments/summary_publication, Rdnr. 133 ff.

wenn die Märkte noch unter die Bagatellmarktklausel fallen, können bleibende Schäden für die Marktstruktur hervorgerufen werden. Außerdem ist es möglich, dass ein Marktvolumen, welches bei gesamteuropäischer Betrachtung vernachlässigbar erscheint, dennoch eine wettbewerbliche Bedeutung haben kann, wenn es sich im Wesentlichen auf einen oder wenige Mitgliedstaaten verteilt. Hinzu kommt, dass den anmeldenden Unternehmen wenig geholfen wäre, wenn eine Bagatellmarktklausel auf europäischer Ebene dazu führen würde, dass ein Zusammenschluss anstelle der Kommission von mehreren nationalen Wettbewerbsbehörden geprüft würde.

c) Horizontale Zusammenschlüsse

Unter horizontalen Zusammenschlüssen werden Zusammenschlüsse von Unternehmen verstanden, die auf dem gleichen relevanten Markt Waren oder Dienstleistungen anbieten oder dort potentielle[1367] Wettbewerber sind. Die Kommission hat ihre Grundsätze für die Beurteilung horizontaler Zusammenschlüsse in **den Leitlinien zur Bewertung horizontaler Zusammenschlüsse gemäß der Ratsverordnung über die Kontrolle von Unternehmenszusammenschlüssen**[1368] dargelegt[1369]. Sie unterscheidet darin zwischen **Zusammenschlüssen ohne koordinierte Wirkungen** bzw. **Zusammenschlüsse mit einseitigen Auswirkungen** (sog. **unilateral effects**) und solchen mit **koordinierten Wirkungen**. Hinter der erstgenannten Art der Zusammenschlüsse verbergen sich insbesondere die Fälle, in denen der Wettbewerb durch die Entstehung oder Verstärkung von Einzelmarktbeherrschung erheblich behindert wird, sowie die Fälle, in denen auf oligopolistischen Märkten zwar kein Koordinierungsrisiko besteht, die fusionierenden Unternehmen aber dennoch die Möglichkeit zu einseitigen Preisanhebungen haben, ohne Marktführer zu werden. Zusammenschlüsse mit erhöhtem Koordinierungsrisiko umfassen die Fälle, in denen ein marktbeherrschendes Oligopol entsteht oder verstärkt wird.

1293

(1) Einzelmarktbeherrschung

Ein Zusammenschluss behindert den Wettbewerb insbesondere dann erheblich, wenn durch ihn entweder ein Unternehmen mit einer überragenden Marktmacht entsteht oder wenn er diese Macht durch die Beseitigung einiger der verbliebenen Wettbewerbskräfte weiter stärkt. Ein Unternehmen in einer solchen Position kann oft Preise über das normale Wettbewerbsniveau hinaus erhöhen, ohne dabei Einschränkungen aufgrund von Maßnahmen seiner Abnehmer oder seiner tatsächlichen oder potentiellen Wettbewerber befürchten zu müssen.

1294

Die Kommission beurteilt einen Zusammenschluss unter Gesamtwürdigung aller in Art. 2 Abs. 1 FKVO aufgeführten Beurteilungskriterien.

1295

1367 Zusammenschlüsse von bislang potentiellen Wettbewerbern werden teilweise auch als konglomerate Zusammenschlüsse in der Form von Markterweiterungszusammenschlüssen angesehen.
1368 ABl. C 31/5 vom 5. 2. 2004.
1369 Entsprechende Mitteilungen der Kommission für vertikale und konglomerate Zusammenschlüsse sind noch nicht veröffentlicht.

C. Europäische Fusionskontrolle

1296 Bei horizontalen Zusammenschlüsse kommt der Untersuchung der Marktanteile besondere Bedeutung zu. Nach ständiger Rechtsprechung[1370] können sehr hohe Marktanteile von über 50% bereits als Indiz für eine marktbeherrschende Stellung dienen, insbesondere wenn die Anteile der übrigen Anbieter auf dem Markt sehr viel geringer sind. Die Kommission hat in der Vergangenzeit aber z.T. auch Unternehmen mit deutlich niedrigeren Marktanteilen als marktbeherrschend angesehen[1371].

1297 Auch die Frage, ob ein Zusammenschluss zur Verstärkung einer marktbeherrschenden Stellung führt, kann nur unter Gesamtwürdigung aller Beurteilungskriterien beantwortet werden. Ein marktbeherrschendes Unternehmen verstärkt diese Stellung noch nicht notwendigerweise durch den Erwerb eines weiteren auf demselben Markt tätigen Unternehmens, das nur einen geringfügigen Marktanteil hat. In einem solchen Fall wird weiter zu untersuchen sein, welches Potential das Zielunternehmen aufweist.

1298 Neben Beurteilungskriterien wie Finanzkraft sowie weiteren Vorteilen, die die am Zusammenschluss beteiligten Unternehmen gegenüber ihren Wettbewerbern haben können, zeichnet sich die Frage **potentiellen Wettbewerbs** bei horizontalen Zusammenschlüssen als eines der bedeutendsten Prüfungskriterien in der Entscheidungspraxis der Kommission ab. Das hat die Kommission in ihren Leitlinien zur Bewertung horizontaler Zusammenschlüsse gemäß der Ratsverordnung über die Kontrolle von Unternehmenszusammenschlüssen entsprechend hervorgehoben. Dabei kann einerseits der **Zusammenschluss mit einem potentiellen Wettbewerber** wettbewerbswidrige Folgen nach sich ziehen. Potentieller Wettbewerb spielt aber auch eine wichtige Rolle bei der **Beurteilung von Gegenmacht** zu den fusionierenden Parteien.

– Zusammenschluss mit einem potentiellen Wettbewerber

1299 Der Zusammenschluss mit einem potentiellen Wettbewerber hat nach Auffassung der Kommission dann erhebliche wettbewerbswidrige Auswirkungen, wenn zwei Grundvoraussetzungen erfüllt sind. Der potentielle Wettbewerber muss zum einen bereits einen **erheblichen Wettbewerbsdruck entfalten** oder die Wahrscheinlichkeit muss hoch sein, dass er tatsächlich zu einer wirksamen Wettbewerbsmacht wird[1372]. Zum anderen dürfen **andere potentielle Wettbewerber**, die den gleichen Wettbewerbsdruck wie der fusionierende potentielle Wettbewerber nicht entfalten, **nicht in ausreichender Zahl vorhanden** sein.

1300 So stand die **Verdrängung potentieller Wettbewerber**[1373] im Mittelpunkt mehrerer vertiefter Untersuchungen in der Phase II im Jahr 2001[1374]. Der Erhalt potentiellen

---

1370 EuG, 28.4.1999, »Endemol/Kommission«, Rs. T-221/95, Slg. 1999, II-1299, Rdnr. 134; EuG, 25.3.1999, »Gencor/Kommission«, Rs. T-102/96, Slg. 1999, II-753, Rdnr. 205.
1371 Siehe ausführlich zu der Bedeutung der Marktanteile unter Rdnr. 1229 ff.
1372 Kommission, 22.11.1999, M.1681 »Akzo Nobel/Hoechst Roussel Vet«, Rdnr. 64.
1373 Der Zusammenschluss potentieller Wettbewerber wird in der Arbeitsunterlage des BKartA zur Sitzung des Arbeitskreises Kartellrecht am 8./9.10.2001 zum Thema »Das Untersagungskriterium in der Fusionskontrolle – Marktbeherrschende Stellung versus Substantial Lessening of Competition?«, S. 30, allerdings – abhängig von der Definition des relevanten Marktes – als Markterweiterungszusammenschluss und damit eine Form des konglomeraten Zusammenschlusses bewertet.
1374 Vgl. die Darstellungen im 31. WB 2001, Rdnr. 257 ff.

Wettbewerbs ist in stark regulierten Märkten, auf denen wenig Wettbewerb herrscht und die Kunden in hohem Maße von einer begrenzten Anzahl von Anbietern abhängen, besonders wichtig. So stellte die Kommission bei der geplanten Übernahme der EnBW durch die EdF und die OEW[1375] wettbewerbliche Bedenken auf dem französischen Markt für die Versorgung zugelassener Kunden fest. EdF besaß auf dem Markt einen Anteil von 90%. Die Beteiligung an EnBW hätte die marktbeherrschende Stellung nach Ansicht der Kommission verstärkt, da EnBW der EdF auf dem französischen Markt noch am ehesten hätte Konkurrenz machen können und aufgrund der Lage seines Versorgungsgebietes im Südwesten Deutschlands über die besten strategischen Voraussetzungen verfügte, um in den französischen Markt für die Versorgung zugelassener Kunden einzusteigen[1376]. Die mögliche Verdrängung von potentiellen Wettbewerbern war auch Anlass für die wettbewerblichen Bedenken der Kommission in dem Verfahren Südzucker/Saint Louis[1377]. Das Vorhaben hätte nach den Ermittlungen der Kommission die beherrschende Stellung von Südzucker auf den Märkten für Industrie- und Haushaltszucker in Süddeutschland und Belgien verstärkt, auf denen Saint Louis als starker potentieller Wettbewerber von Südzucker weggefallen wäre.

– **Potentieller Wettbewerb als Gegenmacht**

Potentielle Wettbewerber spielen in der Entscheidungspraxis der Kommission auch dann eine Rolle, wenn sie nicht am Zusammenschluss beteiligt sind. So veranlasste die Prognose wirksamen potentiellen Wettbewerbs auch nach Vollzug eines Zusammenschlusses die Kommission, selbst vergleichsweise hohe Marktanteile zu akzeptieren und einen Zusammenschluss freizugeben. Die Kommission hat in dem Verfahren SCA/Metsä Tissue[1378] auf einigen nationalen Märkten für Hygienepapiererzeugnisse trotz hoher addierter Marktanteile Marktbeherrschung ausgeschlossen, da Anbieter in Nachbarländern durchaus in der Lage gewesen wären, zu Wettbewerbspreisen diese Märkte zu beliefern. Das Zusammenschlussvorhaben wurde aber letztendlich untersagt, da auf den nationalen Märkten Schweden, Norwegen, Dänemark und Finnland keine potentiellen Wettbewerber vorhanden waren. In Finnland wäre mit der schwedischen SCA vielmehr sogar ein potentieller Wettbewerber von Metsä Tissue ausgeschaltet worden.

1301

Die Kommission genehmigte bisher Zusammenschlüsse trotz deutlich erhöhter Marktanteile auf nationaler Ebene[1379] in Fällen, in denen regelungsbedingte Schran-

1302

1375 Kommission, 7.2.2001, M.1853 »EdF/EnBW«.
1376 Ähnliche Bedenken hinsichtlich der Eliminierung eines potentiellen Wettbewerbers – allerdings unter dem Gesichtspunkt eines marktbeherrschenden Oligopols – bestanden in Kommission, 26.9.2001, M.2434 »Grupo Villar Mir/EnBW/Hidroeléctrica del Cantábrico«. Der Zusammenschluss hätte nach Ansicht der Kommission die gemeinsame marktbeherrschende Stellung von Endesa und Iberdrola auf dem spanischen Großhandelsmarkt für Strom gestärkt.
1377 Kommission, 20.12.2001, M.2530 »Südzucker/Saint Louis Sucre«.
1378 Kommission, 31.1.2001, M.2097 »SCA/Metsä Tissue«.
1379 31. WB 2001, Tz. 256; weitere Fälle, die die Kommission nach eigenen Angaben wegen des Bestehens potentiellen Wettbewerbs genehmigte bzw. in denen sie der Fusion zustimmte, weil der Wegfall der regelungsbedingten Schranken eine Ausweitung der räumlich relevanten Märkte zur Folge hatte, waren in letzter Zeit: Kommission, 2.3.2001, M.2256 »Philips/Agilent Health Care Solutions«; 19.7.2000, M.1882 »Pirelli/

ken oder lokale Anforderungen an den Vertrieb fehlten und potente Wettbewerber in der Nähe vorhanden waren. Sie hat im Fall von kleinen Volkswirtschaften regelmäßig höhere Marktanteile akzeptiert als auf größeren Märkten. Der Grund liegt darin, dass kleinere Märkte für potentielle Anbieter schneller zu erschließen sind und somit schneller Wettbewerbsdruck auf die etablierten Anbieter ausgeübt werden kann. Die Erschließung eines Marktes von der Größe eines großen Mitgliedstaates oder gar des EWR erfordert hingegen mehr Wettbewerbspotential von einem potentiellen Anbieter.

– Zusammenschlüsse, die Nachfragemacht begründen oder verstärken

1303 Die Kommission richtet ein besonderes Augenmerk auch auf Zusammenschlüsse von Wettbewerbern, durch die ihre Nachfragemacht auf dem vorgelagerten Markt begründet oder verstärkt wird[1380]. Dieser Gesichtspunkt hat bisher in der Praxis der Kommission insbesondere bei Zusammenschlüssen von Handelsunternehmen eine Rolle gespielt. Bei den Zusammenschlüssen von Handelsunternehmen[1381] sah die Kommission einen vergleichsweise niedrigen Marktanteil von unter 40 % auf den diversen Beschaffungsmärkten schon als starkes Indiz für Marktbeherrschung an. Wettbewerbsbedenken können u. a. dadurch entstehen, dass das fusionierte Unternehmen seinen Lieferanten aufgrund seiner Nachfragemacht vertikale Beschränkungen aufzwingt, durch die seine Wettbewerber von Lieferquellen abgeschottet werden. Ferner bestimmen die Marktanteile der Einzelhandelsunternehmen ihr Einkaufsvolumen, das umso größer ist, je höher der Handelsmarktanteil des Einzelhändlers ist. Je größer das Einkaufsvolumen, desto günstiger sind i. d. R. die Einkaufskonditionen, die dem Handelsunternehmen von seinen Lieferanten eingeräumt werden. Günstige Einkaufskonditionen können wiederum auf verschiedene Weise dazu benutzt werden die Marktposition auf dem Handelsmarkt zu verbessern, z. B. durch Wachstum oder auch durch gezielte gegen Wettbewerber gerichtete Niedrigpreisstrategien[1382].

Andererseits bekräftigt die Kommission, dass sie bei der Beurteilung eines Zusammenschlusses berücksichtige, ob sich die mit der erhöhten Nachfragemacht verbundenen Kosteneinsparungen nicht in Form niedriger Preise für die Verbraucher auswirke.

(2) Oligopole ohne koordiniertes Marktverhalten

1304 Die Einführung des neuen Beurteilungskriteriums der »erheblichen Behinderung wirksamen Wettbewerbs« zielte vor allem auf die Klarstellung, dass auch Zusammenschlüsse, die keine Marktbeherrschung zur Konsequenz haben, unvereinbar mit dem Gemeinsamen Markt sind, sofern das fusionierte Unternehmen in oligopolistischen Märkten zu einseitigen Preisanhebungen in der Lage ist, ohne sich mit

---

BICC«; 11. 12. 2001, M.2602 »Gerling / NCM«. Bei allen genannten Verfahren wurden in einigen Mitgliedstaaten Marktanteile von 40 % bis über 60 % genehmigt.

1380 Vgl. Leitlinien zur Bewertung horizontaler Zusammenschlüsse gemäß der Ratsverordnung über die Kontrolle von Unternehmenszusammenschlüssen, ABl. C 31/5 vom 5. 2. 2004, Rdnr. 61 ff.
1381 Z.B. Kommission, 3. 2. 1999, M.1221 »Rewe / Meinl«.
1382 Kommission, 3. 2. 1999, M.1221 »Rewe / Meinl«, Rdnr. 72.

III. Materielle Beurteilung

Wettbewerbern im Verhalten abzustimmen[1383]. Es war umstritten, ob der bis zur Revision der FKVO geltende Marktbeherrschungstest eine Untersagung derartiger Zusammenschlüsse erlaubt hätte. Die Kommission hat ihre Beurteilungsgrundsätze derartiger Zusammenschlüsse veröffentlicht.

Der Kommission dürfte es nunmehr leichter fallen, jene seltenen Zusammenschlüsse zu verhindern, die die folgenden Voraussetzungen erfüllen: 1305
- Koordiniertes Vorgehen auf dem oligopolistischen Markt[1384] lässt sich nicht belegen;
- Die Zusammenschlussbeteiligten werden durch den Zusammenschluss nicht zum Marktführer;
- Die Zusammenschlussbeteiligten sind auf einem eher heterogenen Produktmarkt besonders enge Wettbewerber und könnten nach dem Zusammenschluss eine Preisanhebung durchsetzen;
- Andere Marktbedingungen (Marktzutritt, leichter Wechsel zu anderen Anbietern) würde eine Preisanhebung nicht verhindern können.

Folgendes Beispiel wird häufig zur Illustration dieser Fallgruppe genannt[1385]: Neben einem Marktführer für Babynahrung mit einem Marktanteil von 65% gibt es im Wesentlichen zwei weitere Anbieter mit Marktanteilen von 17% und 15%. Neben dem Marktführer wird in der Regel in Supermärkten nur ein weiterer Anbieter von Babynahrung als Zweitmarke neben dem Marktführer gelistet. Zwischen dem Anbieter Nr. 2 und Nr. 3 besteht deswegen lebhafter Wettbewerb um den Zugang zu Supermärkten als Zweitmarke neben dem Marktführer. Die amerikanische FTC sah in dem Zusammenschluss der Anbieter Nr. 2 und 3 eine wesentliche Wettbewerbsminderung und untersagte den Zusammenschluss. 1306

Auch der Marktbeherrschungstest würde u.U. eine Untersagung des Zusammenschlusses ermöglichen. Sieht man Babynahrung als einen einheitlichen relevanten Markt an, könnte der Zusammenschluss zu der Entstehung einer kollektiven marktbeherrschenden Stellung führen. Die hohen Anforderungen, die seit der Airtours-Entscheidung des EuG an den Nachweis der Möglichkeit eines abgestimmten Verhaltens gestellt werden[1386], erschweren eine solche Feststellung jedoch deutlich. 1307

Die Kommission könnte weiter untersuchen, ob der Markt ggf. enger abgegrenzt werden muss. So würden die zweitgelisteten Babynahrungsanbieter auf einem Markt für zweitgelistete Babynahrung marktbeherrschend. Da die fusionierenden Unternehmen vor dem Zusammenschluss immer nur um die Zweitlistung in den Supermarktregalen konkurrierten, gäbe es zumindest starke Anhaltspunkte für eine derart engere Marktabgrenzung. 1308

Als dritter Ansatzpunkt des Marktbeherrschungstests ließe sich ggf. behaupten, dass die Fusion der Nr. 2 und der Nr. 3 auf dem Markt für Babynahrung die marktbeherrschende Stellung des Nr. 1 Anbieters stärken könnte. Die Kommission hat die Möglichkeit, dass ein Zusammenschluss nicht die marktbeherrschende 1309

1383 Eine Studie der Autoren Marc Ivaldi, Bruno Jullien, Patrick Rey, Paul Seabright und Jean Tirole (IDEI Toulouse) mit dem Titel »The Economics of Unilateral Effects« vom März 2003 ist auf der website der Kommission abrufbar unter www.europa.eu.int/comm/competition/mergers/review/the_economics_of unilateral_effects_en.pdf.
1384 Zu oligopolistischen Märkten siehe unter Rdnr. 1311 ff.
1385 Siehe ausführlicher Nicholas Levy, Dominance versus SLC: A subtle Distinction? in: Dranz & Reynolds, EC Merger Control: A major reform in Progress.
1386 EuG, 6.6.2002, »Airtours/Kommission«, Rs. T-342/99, Slg. 2002, II-2585.

Position der am Zusammenschluss Beteiligten, sondern die eines Dritten verstärkt, in dem Fall Exxon/Mobil[1387] erörtert. Ob die Gemeinschaftsgerichte diesem Konzept einer Verstärkung der Marktbeherrschung eines Dritten infolge eines Zusammenschlusses allerdings folgen würden, ist ungewiss.

1310 Mit dem seit Mai 2004 geltenden Beurteilungskriterium der erheblichen Behinderung wirksamen Wettbewerbs hat die Kommission die ausdrückliche Möglichkeit haben, diese Fälle der einseitigen Ausübung von Marktmacht zu untersagen. In der Vergangenheit war die Kommission jedoch noch nicht mit Fällen der einseitigen Ausübung von Marktmacht befasst[1388]. Erst die künftige Entscheidungspraxis wird zeigen, ob die Kommission aufgrund der hohen Beweisanforderungen, die das EuG für die oligopolistische Marktbeherrschung aufgestellt hat, Zusammenschlüsse verstärkt unter dem Gesichtspunkt einer einseitigen Ausübung von Marktmacht untersuchen wird.

(3) Gemeinsame Marktbeherrschung

1311 Die Kommission untersucht Zusammenschlüsse unter dem Gesichtspunkt der Entstehung oder Verstärkung gemeinsamer Marktbeherrschung, sofern ein Zusammenschluss keinen Anhaltspunkt für Einzelmarktbeherrschung gibt[1389].

1312 Die Wahrscheinlichkeit gemeinsamer Marktbeherrschung steigt mit dem **Grad der Marktkonzentration**. Dem Konzept der gemeinsamen Marktbeherrschung liegt die wirtschaftliche Annahme zu Grunde, dass es in hoch konzentrierten Märkten wahrscheinlich, wenn nicht sogar unvermeidbar ist, dass die wenigen verbliebenen Unternehmen ihre Abhängigkeit voneinander und die Schädlichkeit aggressiven Wettbewerbsverhaltens erkennen. Es liegt für die Unternehmen nahe, ihr Verhalten im Wettbewerb einander anzupassen, ohne sich i.S.d. Art. 81 EGV abstimmen zu müssen, und wie ein einziges marktbeherrschendes Einzelunternehmen aufzutreten.

1313 Die Kommission wird dazu in hoch konzentrierten Märkten zunächst untersuchen, ob die Marktbedingungen eine stillschweigende Abstimmung des Verhaltens überhaupt möglich machen. In der Folge wird die Wettbewerbsintensität vor dem Zusammenschluss unter Berücksichtigung des Verhaltens der Oligopolmitglieder in der Vergangenheit untersucht. In ihrer Prognoseentscheidung beurteilt die Kommission dann, ob es wahrscheinlich ist, dass die Änderung der Marktstruktur durch den Zusammenschluss die Oligopolmitglieder dazu verleiten wird, langfristig ihr Verhalten auf dem Markt abzustimmen. Haben diese Unternehmen ihr Verhalten nach den Feststellungen der Kommission bereits vor dem Zusammenschluss abgestimmt, wird untersucht, ob die Koordinierung durch die Fusion widerstandsfähiger gemacht wird und sich das Verhalten im Ergebnis noch weiter vom Wettbewerbsniveau entfernt.

1387 Kommission, 29.9.1999, M.1383 »Exxon/Mobil«.
1388 Grünbuch über die Revision der Verordnung (EWG) Nr. 4064/89 des Rates vom 11.12.2001 KOM (2001) 745/6 endgültig Rdnr. 166.
1389 Eine Studie der Autoren Marc Ivaldi, Bruno Jullien, Patrick Rey, Paul Seabright und Jean Tirole (IDEI Toulouse) mit dem Titel »The Economics of Tacit Collusion« vom März 2003 ist auf der website der Kommission abrufbar unter www.europa.eu.int/comm/competition/mergers/review/the_economics_of_tacit_collusion_en.pdf.

(a) Anwendbarkeit der FKVO auf Oligopole

Zusammenschlüsse, die wirksamen Wettbewerb erheblich behindern, insbesondere als Konsequenz der Begründung oder Verstärkung einer marktbeherrschenden Stellung, sind gemäß Art. 2 Abs. 3 FKVO nicht mit dem Gemeinsamen Markt vereinbar. Die FKVO enthält keine Aussage dazu, ob wirksamer Wettbewerb nur durch einzelne Unternehmen oder auch durch Fälle der oligopolistischen Marktbeherrschung durch mehrere Unternehmen erheblich behindert wird. 1314

Die Kommission hat zum ersten Mal 1991 in dem Zusammenschlussverfahren Nestlé/Perrier[1390] im Rahmen einer Phase II einen Fall kollektiver Marktbeherrschung angenommen. Seitdem hat sie diese Frage in einer Reihe weiterer Fälle geprüft. Mit der Entscheidung des Europäischen Gerichtshofes in dem Fall »Kali + Salz«[1391] sowie mit der Entscheidung des EuG in den Fällen »Gencor/Lonrho«[1392] und »Airtours/First Choice«[1393] wurde die grundsätzliche Anwendbarkeit der FKVO auf kollektiv beherrschende Stellungen inzwischen auch richterlich bestätigt. 1315

Mit der höchstrichterlichen Bestätigung, dass die FKVO auf Fälle der gemeinsamen Marktbeherrschung anwendbar ist, überprüfte die Kommission zunächst vermehrt Zusammenschlussvorhaben im Rahmen einer Phase II auf die Begründung oder Verstärkung einer gemeinsamen Marktbeherrschung[1394]. Die ersten Verfahren der Kommission im Bereich der kollektiven Marktbeherrschung hatten die Beherrschung eines Marktes durch zwei Unternehmen (Duopol) zum Gegenstand. Im Jahr 1999 hat die Kommission erstmals einen Zusammenschluss wegen der Gefahr einer Marktbeherrschung durch mehr als zwei Unternehmen untersagt. Nach den Feststellungen der Kommission hätte der Zusammenschluss von Airtours und First Choice[1395] zu einer kollektiven marktbeherrschenden Stellung von Airtours/First Choice, Thomson und Thomas Cook auf dem Markt für Kurzstrecken-Pauschalreisen in Großbritannien geführt. Das EuG hat jedoch im Juni 2002 die Untersagungsentscheidung der Kommission aufgehoben[1396]. Nach Auffassung des Gerichts hat die Kommission in ihrer Entscheidung nicht überzeugend darlegen können, dass der Zusammenschluss zu einer Struktur der gemeinsamen Marktbeherrschung führen würde. Die Anforderungen an den Nachweis, dass mehrere Unternehmen sich infolge eines Zusammenschlusses wie ein einheitliches Unternehmen am Markt bewegen und diesen gemeinsam beherrschen können, sind mit dieser Entscheidung deutlich gestiegen. Die Kommission ist nach der Entscheidung des EuG erkennbar zurückhaltender bei der Annahme eines den Markt dominierenden Oligopols geworden. 1316

1390 Kommission, 25. 2. 1992, M.190 »Nestlé/Perrier«.
1391 Kommission, 9. 7. 1998, M.308 »Kali + Salz/MDK/Treuhand«; EuGH, 31. 3. 1998, »Französische Republik, SCPA und EMC/Kommission«, verbundene Rechtssachen C-68/94 und C-30/95, Slg. 1998 I-1375.
1392 Kommission, 24. 4. 1996, M.619 »Gencor/Lonrho«, bestätigt durch EuG, 25. 3. 1999, »Gencor/Kommission«, Rs. T -102/96, Slg. 1999, II-753.
1393 Kommission, 22. 9. 1999, M.1524 »Airtours/First Choice«.
1394 Vgl. z.B. Kommission, 20. 5. 1998, M.1016 »Price Waterhouse/Coopers & Lybrand«; 25. 11. 1998, M.1225 »Enso/Stora«.
1395 Kommission, 22. 9. 1999, M.1524 »Airtours/First Choice«.
1396 EuG, 6. 6. 2002, »Airtours/Kommission«, Rs. T-342/99, Slg. 2002, II-2585.

(b) Hoher Konzentrationsgrad des Marktes

Zunächst stellt die Kommission die Anbieterkonzentration auf den Märkten fest, die von dem Zusammenschluss betroffen sind.

1317 Es lässt sich keine generelle Aussage dazu treffen, ab welchen Marktanteilen oder ab welchem Konzentrationsgrad und ab welcher Anzahl von Unternehmen die Gefahr einer kollektiven Marktbeherrschung besteht. In der FKVO fehlt ein dem deutschen Recht vergleichbarer Vermutungstatbestand für das Vorliegen eines Oligopols[1397]. Entsprechend liegt auch die **Beweislast** für die Begründung oder Verstärkung eines wettbewerbslosen Oligopols allein bei der Kommission[1398]. Einige Branchen, wie z.B. Pharma, Chemie und Automobilzulieferung haben jedoch bereits eine Marktkonzentration erreicht, bei der ein Zusammenschluss unter den wenigen verbleibenden Anbietern oft die Frage der gemeinsamen Marktbeherrschung aufwerfen wird. In den bisher von der Kommission untersuchten Oligopolfällen hatten die gemeinsam beherrschenden Oligopolmitglieder einen gemeinsamen Marktanteil von mindestens 60–70%[1399].

1318 Welche Unternehmen zu den Oligopolmitgliedern zu zählen sind und welche zu den Außenseitern gehören, hängt von den Gegebenheiten auf den jeweilig betroffenen Märkten ab. Haben zum Beispiel drei Unternehmen einen Marktanteil von jeweils 25%, die anderen Marktteilnehmer hingegen nur Marktanteile von unter 5%, liegt die Vermutung nahe, dass die kleineren Unternehmen nicht zum Oligopol gehörende Außenseiter sind. Denkbar ist jedoch auch die Zugehörigkeit eines kleineren Unternehmens zum Oligopol, sofern es zum Beispiel über den Zugang zu für den Markterfolg bedeutenden Rohstoffquellen verfügt.

(c) Form der Koordinierung

1319 Die Koordinierung von Verhalten im Wettbewerb kann verschiedene **Zielsetzungen** haben. Auf vielen Märkten wird übereinstimmendes Verhalten das Ziel haben, Preise über dem Wettbewerbsniveau zu erreichen. Auf anderen Märkten sind Entscheidungen über Kapazitätsausweitungen oder -stilllegungen[1400] wesentliche Wettbewerbsparameter und können damit das vordergründige Ziel einer Abstimmung sein. Die Abstimmung kann aber auch eine Aufteilung von Märkten anstreben. Dankbar ist eine Aufteilung nach Kundengruppen oder geographischen Gebieten.

(d) Bedingungen für eine stillschweigende Koordinationsmöglichkeit auf dem Markt

1320 Eine Koordinierung ist umso wahrscheinlicher, je einfacher deren Maßstäbe festgelegt werden können. Dies gilt sowohl für die Festlegung des Ziels einer Koordinierung als auch für ihre impliziten Regeln. Die **Marktbedingungen** müssen hin-

---

[1397] Vgl. § 19 Abs. 3 Satz 2 GWB: Danach gilt eine Gesamtheit von Unternehmen als marktbeherrschend, wenn sie aus drei oder weniger Unternehmen besteht, die zusammen einen Marktanteil von 50% erreichen, oder aus fünf oder weniger Unternehmen, die zusammen einen Marktanteil von zwei Dritteln erreichen.

[1398] Im deutschen Recht bewirkt das Vorliegen einer Oligopolvermutung hingegen die Beweislastumkehr. Die Beteiligten müssen also nachweisen, dass der Zusammenschluss nicht zur Begründung oder Verstärkung eines marktbeherrschenden Oligopols führt.

[1399] Christensen/Rabassa: ECLR 2001, 227, 230.

[1400] So z.B. in der Papierbranche, vgl. Ausführungen der Kommission im 31. WB 2001, Kasten 6 hinter Rdnr. 271.

reichend einfach und stabil sein, damit die Oligopolmitglieder ein gemeinsames Verständnis dafür entwickeln können, welches Marktverhalten als angepasst gelten kann und welches wiederum als abweichlerisch eingeschätzt und Gegenreaktionen der anderen Oligopolmitglieder auslösen würde.

Die nachfolgend genannten Marktbedingungen erleichtern die Koordinierung des gemeinsamen Marktverhaltens:

Homogene Produkte konkurrieren vornehmlich über den Preis und weisen daneben wenig Besonderheiten auf, die für die Bezugsentscheidung des Verbrauchers eine Rolle spielen. **Homogenität der Produkte** erleichtert daher Parallelverhalten über die Preisgestaltung. Die Kommission hat Zusammenschlüsse auf gemeinsame Beherrschung hin sowohl in homogenen[1401], als auch in solchen Märkten untersucht und bejaht, deren Produkte eine gewisse Heterogenität[1402] aufweisen. Entscheidend ist, dass die Produkte in gewissem Maß standardisiert sind, um den Oligopolmitgliedern einen schnellen Überblick über die Preisgestaltung und die Kapazitätsauslastung der anderen Marktteilnehmer zu ermöglichen[1403]. 1321

Ein **geringes Nachfragewachstum** und – damit verbunden – stabile Nachfrage- und Wettbewerbsbedingungen erleichtern paralleles Vorgehen. Starkes Nachfragewachstum und damit verbundener Strukturwandel führen dazu, dass das Verhalten der Marktteilnehmer immer wieder angepasst werden muss und deuten darauf hin, dass die derzeitige Lage nicht ausreichend stabil ist für das Zustandekommen koordinierter Verhaltensweisen. Die Kommission hat gemeinsame Marktbeherrschung in der Regel bei einem Nachfragewachstum von bis zu 4% feststellen können[1404]. 1322

Auch **geringe Preiselastizität der Nachfrage** begünstigt ein Parallelverhalten. Unter Preiselastizität wird die Fähigkeit und die Bereitschaft von Nachfragern verstanden, sich Substitutionsprodukten zuzuwenden oder Nachfrageverzicht zu üben, sobald Anbieter den Preis für ein nachgefragtes Produkt über das Wettbewerbsniveau anheben. Sind die Ausweichmöglichkeiten der Nachfrager beschränkt, kann eine spürbare Preiserhöhung über das Wettbewerbsniveau hinaus trotz Absatzrückgangs einen Zuwachs an Einnahmen verschaffen[1405]. 1323

Erschweren **hohe Marktzutrittschranken** den Zugang zum relevanten Markt, beschränkt sich der Wettbewerb ebenfalls weitestgehend auf die vorhandenen Marktteilnehmer, was eine Koordinierung erleichtert. 1324

Strukturelle Verbindungen[1406] wie Überkreuzbeteiligungen oder die Zusammenarbeit in Gemeinschaftsunternehmen können zu einer Angleichung der Verhaltens- 1325

1401 Kommission, 9.7.1998, M.308 »Kali+Salz/MDK/Treuhand«; 24.4.1996, M.619 »Gencor/Lonrho«; 13.6.2000, M.1673 »VEBA/VIAG«.
1402 Kommission, 25.2.1992, M.190 »Nestlé/Perrier«; 18.10.1995, M.580 »ABB/Daimler-Benz«; 20.5.1998, M.1016 »Price Waterhouse/Coopers & Lybrand«; 22.9.1999, M.1524 »Airtours/First Choice«.
1403 Christensen/Rabassa, aaO., S. 227, 231.
1404 Christensen/Rabassa, aaO., S. 227, 231.
1405 Vgl. Kommission, 13.6.2000, M.1673 »VEBA/VIAG«, Rdnr. 83 f. Während viele Güter substituierbar oder verzichtbar sind, ist das für die in dem Verfahren untersuchten Elektrizitätsmärkte nicht der Fall. Die Verbraucher können allenfalls versuchen, den Energieverbrauch zu reduzieren. Die Preiselastizität der Nachfrage war damit gering.
1406 Die Verflechtungen waren von besonderer Bedeutung in Kommission, 9.7.1998, M.308 »Kali+Salz/MDK/Treuhand«, und in Kommission, 13.6.2000, M.1673 »VEBA/VIAG«.

anreize zwischen Oligopolisten führen. Das EuG bestätigte in dem Verfahren »Gencor/Lonrho«[1407] die Auffassung der Kommission, nach der strukturelle Verflechtungen nicht notwendigerweise vorhanden sein müssen, um auf eine kollektive Marktbeherrschung zu schließen[1408], diese jedoch begünstigen. So können Gemeinschaftsunternehmen zwischen Oligopolmitgliedern auf dem betroffenen Markt[1409] zu einer gleichgerichteten Interessenlage führen. Die Kommission untersucht die Relevanz struktureller Beziehungen für die Möglichkeit koordinierten Verhaltens in jedem Einzelfall. So hat sie in dem Fall »Danish Crown/Vestjyske Slagterier«[1410] das gemeinsame Exportunternehmen dieser Parteien und ihres größten Wettbewerbers als einen Grund für die symmetrischen Kostenstrukturen der Oligopolmitglieder angesehen. In dem Verfahren VEBA/VIAG[1411] hat die Kommission die Beteiligung der Oligopolmitglieder an dem Gemeinschaftsunternehmen VEAG, das auf demselben Markt tätig ist, als wettbewerbsdämpfend angesehen. Die gemeinsame Beteiligung der Oligopolmitglieder an dem Unternehmen VEAG führte nach Ansicht der Kommission dazu, dass sich die Oligopolmitglieder zumindest hinsichtlich des herkömmlichen Versorgungsgebiets der VEAG in Ostdeutschland keinen Wettbewerb machten, da sie andernfalls aufgrund der damit verbundenen Kundenverluste zu Lasten der VEAG die gemeinsame Investition in dieses Unternehmen entwertet hätten.

1326 **Symmetrie** der Oligopolmitglieder erleichtert die Festlegung der Koordinierungsparameter[1412]. Insbesondere Unternehmen mit ähnlichen Kostenstrukturen, Marktanteilen und Kapazitätsauslastungsgraden werden in den verschiedenen Marktsituationen vergleichbare Preis- und Kapazitätsentscheidungen treffen. Insbesondere unterschiedliche Kostenstrukturen[1413] können einer Koordinierung im Wege stehen. Kosten sind ein wesentlicher Bestandteil bei der Preiskalkulation. Sind diese bei den einzelnen Oligopolmitgliedern unterschiedlich, erschwert das zumindest übereinstimmende Preissetzungsentscheidungen. Darüber hinaus bieten unterschiedlichen Kostenstrukturen auch einen Anreiz zu Wettbewerbsvorstößen für das Unternehmen mit der günstigsten Kostenstruktur.

1327 Manche Branchen weisen Besonderheiten auf, die ein abgestimmtes Verhalten erleichtern. So wird z.B. paralleles Verhalten im Bereich der Elektrizitätswirtschaft durch die Tatsache begünstigt, dass – am deutschen Beispiel[1414] – alle deutschen Verbundunternehmen bis zur Liberalisierung der Energiemärkte jahrzehntelang durch Gesetz geschützte Monopolisten in einem gegen angrenzende Versorger demarkierten Versorgungsgebiet waren. Die langjährige **Praktizierung geschlossener**

1407 EuG, 25.3.1999, »Gencor/Kommission«, Rs. T-102/96, Slg. 1999, II-753.
1408 Eine kurze Zusammenfassung des Urteils findet sich im 29. WB 1999, Rdnr. 160.
1409 Es wird die Ansicht vertreten, dass die gleichen wettbewerbsdämpfenden Effekte auch bestehen können, wenn das Gemeinschaftsunternehmen auf einem anderen als dem betroffenen Markt tätig ist; Christensen/Rabassa, ECLR 2001, 227, 232f.
1410 Kommission, 9.3.1999, M.1313 »Danish Crown/Vestjyske Slagterier«.
1411 Kommission, 13.6.2000, M.1673 »VEBA/VIAG«.
1412 EuG, 25.3.1999, »Gencor/Kommission«, Rs. T-102/96, Slg. 1999, II-753, Rdnr. 222.
1413 Die Kostenstrukturen wurden beispielsweise in Kommission, 25.2.1992, M.190 »Nestlé/Perrier«; 24.4.1996, M.619 »Gencor/Lonrho«; 9.3.1999, M.1313 »Danish Crown/Vestjyske Slagterier«; 13.6.2000, M.1673 »VEBA/VIAG« und 22.9.1999, M.1524 »Airtours/First Choice« untersucht.
1414 Kommission, 13.6.2000, M.1673 »VEBA/VIAG«, Rdnr. 80.

Versorgungsgebiete stellt ein geeignetes Verhaltensmuster für die Aufteilung von Märkten zur Verfügung.

Die Möglichkeit einer stillschweigenden Koordinierung des Wettbewerbsverhaltens ist im Übrigen nicht bereits dadurch ausgeschlossen, dass **Aufträge in Form öffentlicher Ausschreibungen** vergeben werden[1415]. Selbst wenn sich Ausschreibungsmärkte nicht für die klassischen Formen des bewussten Parallelverhaltens auf dem Gebiet der Preise oder der Mengen eignen mögen, kann es doch auch auf einem Ausschreibungsmarkt zu einer stillschweigenden Marktaufteilung anhand der stattfindenden Vergabeverfahren kommen. Die betroffenen Unternehmen können nämlich Elemente der bestehenden Marktsituation, etwa das Vorhandensein einer bedeutenden Anzahl von Stammkunden, stillschweigend als Referenz dafür ansehen, wer in Zukunft welche Ausschreibung gewinnen soll und sie könnten ihr künftiges Bieterverhalten an solchen Referenzwerten ausrichten. 1328

(e) **Voraussetzungen eines marktbeherrschenden Oligopols**

Das EuG sieht insbesondere drei Voraussetzungen als erforderlich dafür an, dass eine Verhaltensabstimmung von Unternehmen Bestand hat. Die Kommission hat weitere Ausführungen zu diesen Erfordernissen in Leitlinien zur Bewertung horizontaler Zusammenschlüsse gemäß der Ratsverordnung über die Kontrolle von Unternehmenszusammenschlüssen[1416] gemacht. Folgende Bedingungen hat das Gericht als unerlässlich für ein koordiniertes Vorgehen am Markt angesehen: 1329

- Jedes Oligopolmitglied muss mit hinreichender Genauigkeit und Schnelligkeit die Entwicklung des Verhaltens aller anderen Mitglieder auf dem Markt in Erfahrung bringen können (**Markttransparenz**). 1330
- Es muss genügend Abschreckungsmittel geben, die langfristig für einen Anreiz sorgen, nicht vom gemeinsamen Vorgehen abzuweichen (**Abschreckung**). 1331
- Die voraussichtliche Reaktion von tatsächlichen und potentiellen Wettbewerbern sowie der Abnehmer darf die erwarteten Ergebnisse des Oligopols nicht in Frage stellen können (**Reaktion der Wettbewerber und Kunden**). 1332

– Markttransparenz

Auch Unternehmen, die ihr Marktverhalten mit anderen abstimmen, werden geneigt sein, Umsatzzuwächse durch abweichendes Verhalten z. B. durch Preisnachlässe und Rabatte oder Kapazitätserhöhungen zu erzielen. Nur die Drohung rascher Sanktionen hält Unternehmen von einem solchen abweichenden Verhalten ab. Die Unternehmen werden aber nur dann erkennen, wann ein Unternehmen von dem koordinierten Verhalten abweicht, und darauf reagieren können, wenn die Märkte hinsichtlich der wesentlichen Wettbewerbsparameter ausreichend transparent sind. 1333

Wie transparent ein Markt ist, lässt sich aus der Art beurteilen, in der sich Angebot und Nachfrage begegnen. Hohe Transparenz besteht, wenn für die Produktmärkte 1334

[1415] Kommission, 20. 6. 2001, M.2201 »MAN/Auwärter«, Tz. 35. In diesem Fall sprachen nach Ansicht der Kommission die Sachumstände gegen die Annahme einer stillschweigenden Koordinierung.
[1416] ABl. C 31/5 vom 5. 2. 2004, Rdnr. 39 ff.

öffentlich verfügbare Preislisten existieren[1417]. Auch für Produkte, die über die Börse gehandelt werden, wie insbesondere diverse Rohstoffe, sind die Marktbedingungen sehr transparent.

1335 Die Transparenz wird hingegen dort eher gering sein, wo die Preise bilateral zwischen Verkäufer und Abnehmer ausgehandelt werden. Auch auf diesen Märkten können Marktteilnehmer jedoch das Verhalten ihrer Wettbewerber einschätzen, wenn z. B. Kunden den Anbietern üblicherweise Preisangebote von Wettbewerbern vorlegen[1418].

1336 Entscheidend ist, dass das Verhalten der Wettbewerber zu dem Zeitpunkt transparent ist, zu dem die wesentlichen Geschäftsentscheidungen über Preis oder Kapazität getroffen werden[1419]. So hat das EuG die Entscheidung der Kommission in dem Verfahren »Airtours/First Choice« deswegen aufgehoben, weil die Kommission nicht nachgewiesen habe, dass die Anbieter die Gründe für das Verhalten der anderen Marktteilnehmer in Erfahrung bringen konnten. Weder während der Planungs- noch während der Verkaufsperiode für Reisen sei die Markttransparenz hoch. Die Entscheidung der übrigen Reiseveranstalter im Bereich des Angebots für Reisen, die anderthalb Jahre später stattfinden, richtig zu interpretieren, sei sehr schwierig, da das Gesamtangebot auf einer heterogenen Gruppe von Einzelentscheidungen beruhe.

1337 Insbesondere in einem instabilen Marktumfeld kann es für Unternehmen schwierig sein festzustellen, ob seine Absatzverluste auf einen Rückgang der Nachfrage insgesamt oder auf besondere Niedrigpreisangebote von Wettbewerbern zurückzuführen sind.

1338 Auch auf Märkten, die aufgrund der Art, wie sich Angebot und Nachfrage begegnen, nicht transparent erscheinen, kann es Bedingungen geben, die den Anbietern die Interpretation der Entscheidungen von Wettbewerbern erleichtern. Dazu gehören Verflechtungen auf der Führungsebene konkurrierender Unternehmen, die Zusammenarbeit in Gemeinschaftsunternehmen ebenso wie die öffentliche Ankündigung von geschäftlichen Entscheidungen.

– Abschreckung

1339 Ein einheitliches Vorgehen setzt die Überzeugung der Oligopolmitglieder voraus, dass die Einhaltung der Koordinierungsparameter in ihrem Interesse ist. Voraussetzung dafür ist, dass für die Oligopolmitglieder ein Abweichen von dem gemeinsamen Verhalten nachteilig wäre. Nur die Drohung künftiger Gegenmaßnahmen

---

1417 Vgl. Kommission, 31. 1. 1994, M.315 »Mannesmann/Vallourec/Ilva«, Rdnr. 81, wo für die hergestellten Stahlröhren öffentliche Preislisten existierten; Kommission, 13. 6. 2000, M.1673 »VEBA/VIAG« für das Produkt Elektrizität. Die Aussagekraft öffentlicher Preislisten muss jedoch in jedem Einzelfall untersucht werden. Auf vielen Märkten ist die Gewährung von Rabatten auf die veröffentlichten Preise gängige Praxis, die dazu führt, dass die Preise für die Marktteilnehmer nicht transparent sind.
1418 Kommission, 25. 2. 1992, M.190 »Nestlé/Perrier«.
1419 EuG, 6. 6. 2002, »Airtours/Kommission«, Rs. T-342/99, Slg. 2002, II-2585, Rdnr. 148 ff. Das Gericht hat auf dem untersuchten Markt für Kurzstrecken-Pauschalreisen Transparenz über die Kapazitätsentscheidungen der Marktteilnehmer in der Planungssaison, nicht jedoch in der Buchungssaison als entscheidend angesehen und kommt zu dem Ergebnis, dass die Kommission den Nachweis hoher Transparenz zu diesem Zeitpunkt schuldig geblieben ist.

hält eine Koordinierung aufrecht. Auch wenn die Gegenmaßnahmen sich zunächst nicht nur zu Lasten des Abweichlers, sondern zu Lasten aller Oligopolmitglieder auswirken können, versprechen sie auf längere Sicht die Vorteile aus dem koordinierten Vorgehen. Auf Märkten, auf denen weitgehende Preistransparenz herrscht, würde z. B. jede Preissenkung eines Oligopolmitglieds sofort dazu führen können, dass die anderen in gleicher Weise reagieren, sodass keiner den Marktanteil vergrößert, alle jedoch Gewinneinbußen durch dieses Verhalten einkalkulieren müssen[1420]. Auch Kapazitätsüberschüsse, die bei jedem Oligopolmitglied vorhanden sind, wirken abschreckend, weil sie bei Wettbewerbsvorstößen die Gefahr von Vergeltungsmaßnahmen glaubhaft machen. Abschreckungsmaßnahmen sind jedoch nur dann glaubhaft, wenn sie unmittelbar, nachdem das abweichende Verhalten entdeckt wurde, eingesetzt werden. Wo nicht sicher ist, ob sie überhaupt eingesetzt werden, kann der Vorteil eines abweichenden Verhaltens größer erscheinen, sodass sich eine Koordinierung nicht auf Dauer durchsetzen lassen wird. Die Kommission nennt als Beispiel für Märkte, auf denen sich Abschreckungsmechanismen schwer etablieren lassen, solche, die durch eine unregelmäßige Vergabe von großen Auftragsvolumina gekennzeichnet sind. Darunter fallen z. B. Märkte für die Errichtung von Industrieanlagen. Abschreckungsmaßnahmen können auf derartigen Märkten schwer zu etablieren sein, da ein abweichendes Verhalten einen großen, sicheren und sofortigen Gewinn verspricht, wohingegen eine Maßnahme der Wettbewerber ungewiss sein wird und erst nach geraumer Zeit greifen würde.

1340 Das EuG hat in dem Fall »Airtours/Kommission« festgestellt, dass mögliche Vergeltungsmaßnahmen von Wettbewerbern auf ein abweichendes Verhalten nicht schnell und effektiv genug erfolgen könnten, da die Planungen jeweils bis zu 18 Monaten vor der Verkaufssaison stattfinden müssten und die Nachfrageentwicklung unvorhersehbar sei.

– Reaktion der Kunden und Wettbewerber

1341 Die Koordinierung kann nur dann auf Dauer erfolgreich sein, wenn die Reaktionen von Unternehmen, die nicht zum Oligopol gehören, oder Reaktionen der Kunden das Ergebnis der Koordinierung nicht gefährden können.

1342 Ein koordinierter Kapazitätsabbau durch die Oligopolmitglieder kann z. B. dann das Ziel einer gemeinsamen Preisanhebung verfehlen, wenn ein Außenseiter auf diesen Kapazitätsabbau mit einer entsprechenden Ausweitung der eigenen Kapazitäten reagieren würde. Die Kommission wird hierbei insbesondere die Bedeutung potentiellen Wettbewerbs[1421] untersuchen. In dem Verfahren »Rhône Poulenc-SNIA (II)«[1422] wurden beispielsweise die vertikal integrierten Kunden, die über überschüssige Kapazität für die Herstellung der relevanten Produkte verfügten, als eine wichtige Gegenkraft zu den Oligopolmitgliedern angesehen.

1343 Das EuG hat in seiner Entscheidung in dem Fall »Airtours/Kommission« ausgeführt, die Kommission habe die Rolle der kleinen Reiseveranstalter unterschätzt. Es hätte von der Kommission geprüft werden müssen, inwieweit die auf dem Markt tätigen kleinen Reiseveranstalter in ihrer Gesamtheit bei einem Nachfrageüberhang das Angebot erweitern könnten. Das war nach Ansicht des Gerichts der Fall, denn

---

1420 EuG, 6. 6. 2002, »Airtours/Kommission«, Rs. T-342/99, Slg. 2002, II-2585.
1421 Siehe dazu näher unter Rdnr. 1269 ff.
1422 Kommission, 8. 9. 1993, M.355 »Rhone Poulenc-SNIA (II)«.

C. Europäische Fusionskontrolle

die kleinen Reiseveranstalter hätten hinreichenden Zugang zu dem vorgelagerten und nachgelagerten Märkten (Flugsitze, Hotelbetten und Reisebürodienstleistungen). Auch ausländische Anbieter kämen als potentielle Wettbewerber in Betracht.

1344 Auch Kunden können eine dauerhafte Koordinierung unmöglich machen. Die Kommission wird in diesem Rahmen die Bedeutung von Nachfragegegenmacht[1423] untersuchen. Kunden, die aufgrund ihres Einkaufsvolumens eine starke Nachfrageposition haben, können wesentlichen Wettbewerbsdruck mit der Drohung eines Anbieterwechsels erzeugen. So wurde in dem Verfahren »SNECMA/TI«[1424] die Nachfrage nach Flugzeug-Landeeinrichtungen durch die wenigen existierenden Flugzeughersteller in Verbindung mit dem bestehenden potentiellen Wettbewerb durch lizenzierte Hersteller von Bauteilen für Landeeinrichtungen als eine ausreichende Gegenkraft zur hoch konzentrierten Anbieterseite angesehen. In dem Verfahren Enso/Stora[1425] hat die Kommission gemeinsame Marktbeherrschung auf dem Markt für Flüssigkeiten-Verpackungskartons letztendlich nur wegen der starken Nachfrageseite ausschließen können. Sie stellte fest, dass eine gegenseitige Abhängigkeit zwischen Käufern und Verkäufern bestand, die durch die Fusion höchstwahrscheinlich nicht aufgehoben würde.

1345 In ihrer Entscheidung »Airtours/Kommission« hat das EuG weiter festgestellt, dass die Kommission die Rolle der britischen Verbraucher unterschätzt habe, die im Falle eines Nachfrageüberhangs auf die preisgünstigeren Angebote kleinerer Reiseveranstalter ausweichen könnten. Im Übrigen verweist das Gericht darauf, dass Verbraucher im Falle eines Nachfrageüberhangs auf Langstreckenpauschalreisen bzw. andere Ziele ausweichen könnten.

(f) **Auswirkungen des Zusammenschlusses auf die Beziehungen zwischen den Oligopolmitgliedern**

1346 Die Kommission wird ihre Prognoseentscheidung darüber, wie sich der Zusammenschluss auf das Marktverhalten der Oligopolisten auswirken wird, unter Berücksichtigung aller Informationen treffen. Dazu gehören die Strukturdaten des Marktes, aber auch das bisherige Verhalten der Marktteilnehmer. Ein Zusammenschluss kann sich auf einem oligopolistischen Markt in vielfältiger Form auswirken. So kann ein Zusammenschluss zu symmetrischeren Kostenstrukturen oder zu einer symmetrischeren Marktanteilsverteilung führen oder die Markttransparenz erhöhen. Der Zusammenschluss mit einem Unternehmen, das bislang nicht zum Oligopol gehörte, kann die Koordinierung deutlich erleichtern. Welche der möglichen Faktoren letztlich ausschlaggebend für die Feststellung ist, dass ein Oligopol wirksamen Wettbewerb erheblich behindert, wird im Einzelfall nach Berücksichtigung aller Umstände entschieden.

d) Vertikale Integration

1347 Zusammenschlussvorhaben können auch dann wettbewerbliche Bedenken hervorrufen, wenn die am Zusammenschluss beteiligten Unternehmen auf einander nachgelagerten Marktstufen und damit auf unterschiedlichen sachlichen Märkten

---

1423 Siehe dazu näher unter Rdnr. 1265 ff.
1424 Kommission, 17. 1. 1994, M.368 »SNECMA/TI«.
1425 Kommission, 25. 11. 1998, M.1225 »Enso/Stora«.

tätig sind[1426]. Leitlinien der Kommission zur Bewertung vertikaler Zusammenschlüsse gemäß der Ratsverordnung über die Kontrolle von Unternehmenszusammenschlüssen sind in Vorbereitung. Darin wird die Kommission – wie in den bereits veröffentlichten Leitlinien zur Bewertung horizontaler Zusammenschlüsse – die Leitlinien darlegen, die sie bei der Würdigung vertikaler Zusammenschlüsse beachtet.

Reine Marktanteilsbetrachtungen werden der wettbewerbsrechtlichen Problematik in diesen Fällen nicht gerecht, die vielmehr auf eine mögliche Wechselwirkung zwischen den beiden Marktstufen hin zu untersuchen sind. Wettbewerbsbeschränkungen können insbesondere aufgrund des verbesserten Zugangs zu den Beschaffungs- und Absatzmärkten entstehen, wenn die Beteiligten dadurch die Kosten ihrer Wettbewerber zu erhöhen bzw. den Markt für andere Unternehmen abzuschotten vermögen. Maßgeblich hierfür sind die bestehende Marktstellung der beteiligten Unternehmen auf ihrer jeweiligen Wirtschaftsstufe sowie die Bedeutung der Versorgungs- und Absatzkanäle in der jeweiligen Branche. Wettbewerbsbeschränkungen sind in der Regel jedoch nur dann zu erwarten, wenn mindestens eine der Parteien über eine starke Marktstellung verfügt oder der Zusammenschluss eine Verhaltensänderung der Beteiligten auf einem der betroffenen Märkte begünstigt[1427]. 1348

Fälle, die zur Begründung oder Verstärkung von Marktbeherrschung ohne Marktanteilsadditionen führen, betrafen in der Vergangenheit vor allem Zusammenschlüsse im Bereich Medien und Internet, bei denen der freie Zugang zu Infrastruktur, Technologie, aber auch Inhalten durch vertikale Integration schnell gefährdet sein kann. 1349

So prüfte die Kommission im Jahr 2000 die Gründung eines Gemeinschaftsunternehmens von Vivendi und Seagram[1428], das zur vertikalen Integration des Pay-TV-Anbieters Canal+ mit Universal, des Anbieters von Pay-TV-Inhalten, geführt hätte. Die Kommission gelangte zu der Auffassung, dass die marktbeherrschende Stellung von Canal+ durch den exklusiven Zugang zu den von Universal hergestellten und mitfinanzierten Premium-Filmen sowie durch den Zuwachs an Finanzkraft verstärkt worden wäre. Für Wettbewerber von Canal+ auf nationalen Pay-TV-Märkten wäre der Zugang zu Inhalten ohne die im Laufe des Verfahrens angebotenen weitreichenden Zusagen zur Offenhaltung des Marktzugangs versperrt gewesen. 1350

Die Begründung von Marktbeherrschung aufgrund vertikaler Verflechtungen waren auch der Anlass für die Untersagung der miteinander verbundenen Fälle »Bertels- 1351

1426 Auch das BKartA hat Zusammenschlüsse untersagt, die nicht zur Addition von Marktanteilen führten, sondern lediglich in einer vertikalen Integration bestanden. Zu nennen sind u. a. die Fälle BKartA, 22. 2. 1995 »Stromversorgung Aggertal« WuW/E BKartA 2713, bestätigt durch BGH, 15. 7. 1997 »Stromversorgung Aggertal«WuW/E DE-R 24 sowie BKartA, 6. 11. 1997 »ASV/Stilke« WuW/E DE-V

1427 Vgl. Die Arbeitsunterlage des BKartA zur Sitzung des Arbeitskreises Kartellrecht am 8./9. 10. 2001 zum Thema »Das Untersagungskriterium in der Fusionskontrolle – Marktbeherrschende Stellung versus Substantial Lessening of Competition?«, S. 25 f.

1428 Kommission, 13. 10. 2000, M.2050 »Vivendi/Canal+/Seagram«; vgl. dazu die Ausführungen von Abbamonte/Rabassa, Foreclosure and Vertical Mergers – The Commission's Review of Vertical Effects in the Last Wave of Media and Internet Mergers: AOL/Time Warner, Vivendi/Seagram, MCI Worldcom/Sprint«, in: European Competition Law Review, 2001, S. 214 ff.

mann/Kirch/Premiere«[1429] und »Deutsche Telekom/BetaResearch«[1430]. Die Vorhaben hätten die Aktivitäten von Kirch im Digitalfernsehen sowie die d-box-Technik der für den digitalen Empfang erforderlichen Dekoderbox mit den technischen Diensten und der Infrastruktur der Deutschen Telekom sowie den Inhalten des bestehenden Gemeinschaftsunternehmens von Bertelsmann und Kirch CLT-UFA zusammengeführt. Die Kommission befürchtete die Entstehung marktbeherrschender Stellungen in technologischen Schlüsselbereichen.

1352 Vertikale Aspekte spielten neben den allerdings überwiegenden konglomeraten Aspekten in dem Zusammenschluss »General Electric/Honeywell«[1431] eine Rolle.

– **Vertikale gemeinschaftliche Marktbeherrschung**

1353 Den Fusionskontrollentscheidungen lagen bislang Fallgestaltungen zu Grunde, bei denen die gemeinschaftliche Marktbeherrschung zwischen Wettbewerbern, also eine horizontale Marktbeherrschung, festgestellt wurde. Das EuG hat – allerdings für einen auf Art. 86 EGV (jetzt Art. 82 EGV) gestützten Missbrauchsfall – eine Kommissionsentscheidung bestätigt[1432], die auf dem Konzept vertikaler gemeinschaftlicher Marktbeherrschung beruhte[1433]. Nach Auffassung der Kommission verhielt sich Irish Sugar, der einzige Zuckerrübenverarbeiter Irlands mit einem Marktanteil von ca. 90%, u.a. dadurch missbräuchlich, dass das Unternehmen den Kunden eines konkurrierenden französischen Importeurs selektiv niedrige Preise einräumte. Außer von Irish Sugar kamen diese Angebote auch von dem Unternehmen, das seine Produkte in Irland vertrieb. An der Muttergesellschaft dieses Unternehmens, Sugar Distributors Limited, war Irish Sugar mit 51% beteiligt. Das Gericht stellte fest[1434], dass keine Anhaltspunkte dafür bestünden, dass das Konzept der gemeinsamen Marktbeherrschung auf Unternehmen in einer vertikalen Marktbeziehung nicht anwendbar wäre[1435]. Anders als in Fällen horizontaler Marktbeherrschung hänge die gemeinschaftliche Marktbeherrschung in vertikaler Beziehung nicht davon ab, ob mehrere Unternehmen auf dem relevanten Markt eine gemeinsame Strategie verfolgten. Relevant sei vielmehr, dass das auf dem vorgelagerten Markt tätige Unternehmen das Verhalten des marktbeherrschenden Unternehmens auf dem nachgelagerten Markt beeinflusse. Das Gericht bejahte diesen Einfluss vor allem aufgrund der Beziehungen zwischen Hersteller und Vertriebsunternehmen. Es dürfte sich dabei um eine ausgesprochen seltene Fallgestaltung handeln, bei der zudem fraglich ist, ob es sich wirklich um zwei selbständige Unternehmen handelt, die gemeinschaftlich einen Markt beherrschen, oder nicht vielmehr um zwei Unternehmen eines Konzerns, die auf zwei sachlich relevanten Märkten jeweils einzelmarktbeherrschend sind.

1429 Kommission, 27.5.1998, M.993 »Bertelsmann/Kirch/Premiere«.
1430 Kommission, 27.5.1998, M.1027 »Deutsche Telekom/BetaResearch«.
1431 Kommission, 3.7.2001, M.2220 »General Electric/Honeywell«.
1432 EuG, 7.10.1999, »Irish Sugar/Kommission«,Rs. T-228/97, Slg. 1999, II-2969.
1433 Kommission, 14.5.1997, IV/34.621, 350.059/F-3 »Irish Sugar«; veröffentlicht im ABl. L 258/1 vom 22.9.1997, S. 1; vgl. Darstellung im 27. WB 1997, S. 170.
1434 EuG, 7.10.1999, »Irish Sugar/Kommission«, Rs. T-228/97, Slg. 1999, II-2969, Rdnr. 63.
1435 »… As the Commission points out, unless one supposes there to be a lacuna in the application of Article 86 of the Treaty, it cannot be accepted that undertakings in a vertical relationship, without however being integrated to the extent of constituting one and the same undertaking, should be able abusively to exploit a joint dominant position.«

III. Materielle Beurteilung

e) Konglomerate Zusammenschlüsse

Bei konglomeraten oder diversifizierenden Zusammenschlüssen sind Unternehmen beteiligt, die weder Wettbewerber sind noch in einem Bezugs- oder Lieferverhältnis zueinander stehen. Auch bei dieser Art von Zusammenschlüssen beruhen die wettbewerblichen Bedenken nicht auf der Addition von Marktanteilen. Leitlinien der Kommission zur Bewertung konglomerater Zusammenschlüsse sind in Vorbereitung, in der die Kommission Maßstäbe darlegen wird, die sie bei der wettbewerblichen Beurteilung solcher Zusammenschlüsse anlegt. 1354

Konglomerate Zusammenschlüsse werden häufig, abhängig von den Beziehungen zwischen den verschiedenen sachlichen Märkten, auf denen die beteiligten Unternehmen tätig sind, unterschieden in Markterweiterungszusammenschlüsse zwischen potentiellen Wettbewerbern[1436], Zusammenschlüsse, die zum so genannten Portfolio-Effekt führen, sowie schließlich Zusammenschlüsse von Unternehmen, die auf gänzlich voneinander unabhängigen Märkten tätig sind. Bei letzteren kann allenfalls der Zuwachs an Finanzkraft Wettbewerbsbedenken hervorrufen, sofern finanzielle Ressourcen auf dem betroffenen Markt überhaupt von Bedeutung sind[1437]. In der Entscheidungspraxis der Kommission ist – anders als in der Praxis des BKartA[1438] – der reine Zuwachs an Finanzkraft bei fehlender Verbindung zwischen den sachlichen Märkten, auf denen die Parteien tätig sind, bislang bedeutungslos geblieben. 1355

Das EuG hat erstmals in dem Verfahren »Tetra Laval/Kommission«[1439] einen Zusammenschluss geprüft, bei dem die Frage der Konglomeratbildung eine Rolle spielte[1440]. Dem Urteil lag eine Entscheidung der Kommission zu Grunde, mit der diese die Fusion von Tetra Laval, einem in der Schweiz ansässigen Unternehmen vornehmlich für Kartonverpackungen, mit Sidel[1441], einem französischen Unternehmen hauptsächlich für PET-(Kunststoff-)Verpackungsanlagen, als für mit dem Binnenmarkt unvereinbar erklärt hatte. Die Kommission kam in ihrer Entscheidung zu dem Schluss, dass beide Unternehmen zwar auf Märkten für unterschiedliche Produkte tätig waren, diese jedoch eng benachbart waren. Eine Verbindung beider hätte nach ihrer Auffassung die wettbewerbswidrige Folge einer marktbeherrschenden Konglomeratbildung gehabt. Auch wenn das Gericht die Kommissionsentscheidung im Ergebnis aufhob, bestätigte es doch, dass die Kommission berechtigt war, potentielle wettbewerbsschädigende Konglomerateffekte der Fusion zu beurteilen, obwohl Fusionen zwischen auf unterschiedlichen Märkten tätigen 1356

1436 Vgl. Darstellung oben unter Rdnr. 1293 ff.
1437 Vgl. Analyse des BKartA in der Arbeitsunterlage des BKartA zur Sitzung des Arbeitskreises Kartellrecht am 8./9. 10. 2001 zum Thema »Das Untersagungskriterium in der Fusionskontrolle - Marktbeherrschende Stellung versus Substantial Lessening of Competition?«, S. 30 f.
1438 So die höchstrichterlich bestätigten Entscheidungen des BKartA in den Zusammenschlussvorhaben BGH, 21. 2. 1978 »Kfz-Kupplungen« WuW/E BGH 1501, 1510 ff.; 25. 6. 1985 »Edelstahlbestecke« WuW/E BGH 2150 ff.
1439 EuG, 25. 10. 2002, »Tetra Laval/Kommission«, Rs. T-05/02, Slg. 2002, II-4381. Die Kommission hat gegen das Urteil Rechtsmittel eingelegt.
1440 Vgl. Kurzdarstellung der Entscheidung im 32. WB 2002, Rdnr. 246 ff.
1441 Kommission, 30. 10. 2001, M.2416 »Tetra Laval/Sidel«. Nach der Aufhebung der Entscheidung durch das EuG hat die Kommission den Zusammenschluss gemäß Art. 6 Abs. 2 am 13. 1. 2003 genehmigt.

Unternehmen nach Ansicht des Gerichts normalerweise keinen Anlass zu wettbewerbsrechtlichen Bedenken geben. Das Gericht räumte jedoch ein, dass die Kommission in diesem Fall anhand solider und objektiver Beweise nachgewiesen habe, dass zwischen den fraglichen Märkten eine enge Beziehung besteht und das fusionierte Unternehmen die Möglichkeit hätte, seine Position auszunutzen. Die Kommission hat gegen das Urteil Rechtsmittel eingelegt.

1357 Insbesondere in den letzten Jahren häufen sich die Fälle, bei denen die Kommission einen Zusammenschluss unter dem Gesichtspunkt des **Portfolio-Effekts** als bedenklich einstuft. Darunter fallen Zusammenschlüsse von Herstellern von Erzeugnissen, die funktional nicht gegeneinander austauschbar sind, aber einem Sortiment angehören. Sofern üblicherweise das gesamte Sortiment nachgefragt wird, verschafft die Erweiterung des Sortiments infolge des Zusammenschlusses den betroffenen Unternehmen einen Vorteil gegenüber der Konkurrenz. Der Grund liegt in der leichteren Durchführung von **Koppelungsstrategien**, die zur Verdrängung von Wettbewerbern führen können.

1358 Die sortimentsbedingte Marktmacht war bei der Entscheidung der Kommission im Verfahren Guinness/Grand Metropolitan[1442] im Jahr 1997 ausschlaggebend. Die **Sortimentseffekte** wirkten sich nach Ansicht der Kommission in besonderem Maße im Bereich der Verbrauchsgüter des täglichen Bedarfs, wie z.B. bei Getränken, aus. Der Zusammenschluss der Spirituosenbereiche beider Unternehmen wurde nur unter Auflagen freigegeben, da die Kommission der Meinung war, dass durch Zusammenführung der starken Marken beider Unternehmen die Marktmacht jeder einzelnen Marke noch größer würde, als wenn sie einzeln zum Verkauf käme. Der Inhaber des Markenportfolios könne seine Wettbewerbsstärke damit auf mehreren Märkten festigen. Der Grund liege in der größeren Flexibilität bei der Preisgestaltung, den Mengen- und Verbundvorteilen beim Vertrieb sowie der verbesserten Möglichkeit zur Koppelung von so genannten »must stock«-Produkten mit weniger attraktiven Märkten. Der Zusammenschluss erhöhe in der Konsequenz das Drohpotential einer Lieferverweigerung gegenüber dem Handel und die Wahrscheinlichkeit einer Verdrängung von Wettbewerbern.

1359 Sortimentseffekte waren aber auch maßgebend für die kritische Haltung der Kommission gegenüber Zusammenschlüssen auf einigen Industriemärkten. Im Verfahren »Boeing/McDonnel Douglas«[1443] hätte der Zusammenschluss das Monopol von Boeing im Segment der größten Großraumflugzeuge (Boeing 747) um ein weiteres Monopol im Bereich der kleinsten Schmalrumpfflugzeuge erweitert, womit Boeing als einziger Flugzeughersteller ein komplettes Sortiment großer Verkehrsflugzeuge hätte anbieten können. Nach Ansicht der Kommission wären neue Marktteilnehmer nicht imstande gewesen, diese Position anzugreifen, da die Zutrittsschranken zu diesem kapitalintensiven Markt extrem hoch seien.

1360 Als weiterer Fall, bei dem der Portfolio-Effekt eine Rolle spielte, ist der von der Kommission untersagte Zusammenschluss von General Electric und Honeywell[1444]

1442 Kommission, 20. 6. 1997, M.938 »Guinness/Grand Metropolitan«; vgl. Studie zum Fall in »Cook/Kerse«, E. C. Merger Control, 3. Aufl., S. 180 ff.
1443 Kommission, 30. 7. 1997, M.877 »Boeing/McDonnell Douglas«; vgl. auch Darstellung im 27. WB 1997, S. 218.
1444 Kommission, 3. 7. 2001, M.2220 »General Electric/Honeywell«.

zu nennen. Neben der vertikalen Integration verschiedener Märkte hätte der Zusammenschluss General Electric auch die Möglichkeit eröffnet, Flugzeugmotoren, Bordelektronik und weitere Flugzeugteile zu bündeln und bei Annahme des gebündelten Angebots Preisnachlässe zu gewähren. Trotz der für die Abnehmer weiterhin bestehenden Möglichkeit, die Produkte auch einzeln zu bestellen, sah die Kommission die Gefahr, dass Wettbewerber durch das Sortimentsangebot von den Märkten für Flugzeugmotoren, Bordelektronik und andere Flugzeugteile verdrängt worden wären[1445].

Das EuG hat in dem Verfahren »Royal Philips Electronics/Kommission«[1446] zum ersten Mal Stellung zum Portfolio-Effekt genommen. Die Entscheidung betraf den Zusammenschluss von SEB und Moulinex[1447], der von der Kommission mit Bedingungen und Auflagen freigegeben worden war. Beide Unternehmen sind Anbieter von kleinen Haushaltsgeräten wie z. B. Toastern, Waffeleisen, Kaffeemaschinen, Mixern und Bügeleisen. Die Produkte werden unter den Markennamen Krups, Tefal, Calor, Rowenta und Swan ebenso wie unter den Namen Moulinex und SEB angeboten. Die Wettbewerber Philips und De Longhi legten Rechtsmittel gegen diese Freigabeentscheidung sowie gegen die Entscheidung der Kommission ein, einen Teil des Zusammenschlusses an die französische Wettbewerbsbehörde zu verweisen. Das Gericht hat u.a. bestätigt, dass die Zusammenführung mehrerer starker Marken infolge eines Zusammenschlusses sich schädlich auf die Marktposition der Wettbewerber auswirken kann.

1361

f) Kausalität des Zusammenschlusses für die Behinderung des Wettbewerbs

Die Kommission kann in eng umgrenzten Fällen Zusammenschlüsse genehmigen, obwohl sie normalerweise wirksamen Wettbewerb erheblich behindern würden. Wichtigste Voraussetzung für eine Genehmigung ist, dass die anschließende Verschlechterung der Wettbewerbsstruktur nicht durch den Zusammenschluss verursacht wird. Das ergibt sich aus Art. 2 Abs. 3 FKVO. Danach sind Zusammenschlüsse, die wirksamen Wettbewerb erheblich behindern, für unvereinbar mit dem Gemeinsamen Markt zu erklären. Erforderlich ist demnach, dass die Zusammenschlüsse für die Begründung bzw. Verstärkung der Marktbeherrschung **kausal** sind. Marktbeherrschung hingegen, die durch internes Wachstum eines Unternehmens entsteht, kann ebenso wenig untersagt werden wie Marktbeherrschung, die im gleichen Maße auf dem betroffenen Markt durch das Ausscheiden des zu übernehmenden Unternehmens aus dem Markt oder durch die Übernahme durch einen anderen in Frage kommenden Käufer entstehen würde. In diesen Fällen fehlt es an der Kausalität des Zusammenschlusses für die Verschlechterung der Marktstruktur. Er müsste für vereinbar mit dem Gemeinsamen Markt erklärt werden.

1362

1445 Das ebenfalls mit der Prüfung des Zusammenschlusses befasste amerikanische Department of Justice sah eben diese von der Kommission befürchteten langfristigen Folgen als zu spekulativ an und gab den Zusammenschluss mit recht geringfügigen Auflagen frei. General Electric und Honeywell legten im September 2001 Rechtsmittel beim EuG gegen die Verbotsentscheidung (Rechtssachen T-209/01 und T-210/01) ein.
1446 EuG, 3. 4. 2003, »Royal Philips Electronics/Kommission«, Rs. T-119/02, Slg. 2003, II-1433.
1447 Kommission, 8. 1. 2002, M.2621 »SEB/Moulinex«.

1363 Die Voraussetzungen, unter denen die Kommission eine solche Kausalität verneint, sind jedoch restriktiv. Erfasst werden damit nur Fälle der **Sanierungsfusion**, bei denen Unternehmen mangels wirtschaftlichen Erfolges aus dem Markt ausscheiden, nicht hingegen Fälle der Geschäftsaufgabe aus anderen Gründen. Der Einwand der Sanierungsfusion stammt aus dem US-amerikanischen Recht und wird daher auch **failing firm defence**[1448] oder **failing company defence** genannt. Sie findet keine ausdrückliche Erwähnung in der FKVO. Die Kommission hat jedoch in Leitlinien zur Bewertung horizontaler Zusammenschlüsse gemäß der Ratsverordnung über die Kontrolle von Unternehmenszusammenschlüssen aus dem Jahr 2004 die Grundsätze veröffentlicht, die sie bei der Beurteilung von Sanierungsfusionen anlegt.

1364 Die Kommission akzeptierte die Einwand der Sanierungsfunktion bisher lediglich in wenigen Fällen[1449]. So wurde in dem Verfahren »Kali+Salz/MDK/Treuhand«[1450] eine Genehmigungsentscheidung auf der Grundlage des Konzepts der Sanierungsfusion für den deutschen Markt getroffen. In der Entscheidung wurden die nachfolgend genannten drei für die Anwendung des Konzepts unerlässlichen Kriterien[1451] aufgeführt, die im Wesentlichen durch das später in der Sache ergangene Urteil des Europäischen Gerichtshofes[1452] bestätigt wurden:
- Das erworbene Unternehmen hätte ohne die Übernahme in absehbarer Zukunft wegen finanzieller Schwierigkeiten aus dem Markt ausscheiden müssen;
- eine weniger wettbewerbsschädliche Übernahme durch ein anderes Unternehmen war ausgeschlossen;
- die Marktposition des erworbenen Unternehmens wäre im Fall seines Ausscheidens aus dem Markt dem erwerbenden Unternehmen zugewachsen.

1365 Insbesondere wegen des dritten Kriteriums konnte der Einwand der Sanierungsfusion in der Vergangenheit nur dann erfolgreich geltend gemacht werden, wenn durch das Ausscheiden des insolventen Unternehmens aus einem Duopol ein Monopol wurde.

1366 Die Kommission hat das Konzept der Sanierungsfusion weiterentwickelt und ihre Grundsätze zur Behandlung der Sanierungsfusionen in ihren Leitlinien zur Bewertung horizontaler Zusammenschlüsse gemäß der Ratsverordnung über die Kontrolle von Unternehmenszusammenschlüssen veröffentlicht. Bereits in dem Verfahren »BASF/Eurodiol/Pantochim«[1453] im Jahr 2001 hatte sich die Kommission von ihren bis dato geltenden Beurteilungsgrundsätzen entfernt[1454]. Der Zusammen-

---

1448 Vgl. US merger guidelines.
1449 Der Einwand der Sanierungsfusion wurde in weiteren Fällen erhoben, von der Kommission jedoch zurückgewiesen: Kommission, 26. 6. 1997, M.890 »Blokker/Toys ›R‹ US«; 27. 5. 1998, M. 993 »Bertelsmann/Kirch/Premiere«; 14. 2. 1995, M.477 »Mercedes/Kässbohrer«.
1450 Kommission, 9. 7. 1998, M.308 »Kali+Salz/MDK/Treuhand«.
1451 Vgl. Darstellung im 23. WB 1993, Rdnr. 300.
1452 EuGH, [31. 3. 1997], »Französische Republik«, »SCPA« und »EMC/Kommission«, verbundene Rechtssachen C-68/94 und C-30/95, Slg. 1998 I-1375, Tz. 112, 116; (Rs. C-68/94 »Frankreich/Kommission«, Slg. (1998), S. I-1375, Rdnr. 117–120; so in Notice on Horizontal Mergers, Fn. 50).
1453 Kommission, 11. 7. 2001, M.2314 »BASF/Eurodiol/Pantochim«.
1454 Vgl. Darstellung im 31. WB 2001, Rdnr. 285 ff.; s. auch den Kommentar von Strohm, Andreas, »BASF/Pantochim/Eurodiol: Change of Direction in European Merger Control?« in: Competition Policy Newsletter No. 3 October 2001, S. 22 ff. In der Folge wur-

schluss betraf die beabsichtigte Übernahme von Eurodiol und Pantochim, belgischen Tochterunternehmen der Sisas SpA, durch die BASF. Für beide Zielunternehmen war in Belgien das Vergleichsverfahren eröffnet worden.

Die Übernahme von Eurodiol hätte nach Ansicht der Kommission zu einer marktbeherrschenden Stellung von BASF auf den betroffenen chemischen Märkten[1455] geführt. Das für das Vergleichsverfahren zuständige belgische Gericht ordnete für den Zeitraum vom 16. 9. 2000 bis zum 15. 6. 2001 einen Zahlungsaufschub für die von Eurodiol zu bedienenden Forderungen an. Die nach belgischem Insolvenzrecht für diesen Zeitraum vorgesehene intensive Suche nach einem Erwerber blieb aber erfolglos. Nach den Feststellungen des belgischen Gerichts wäre Eurodiol ohne die Übernahme durch BASF im Juni 2001 insolvent geworden. Damit waren zwei der o. g. Voraussetzungen für eine Wertung der Sanierungsfusion erfüllt. **1367**

Das in dem Verfahren Kali+Salz aufgestellte Kriterium, nach dem die Marktposition des ausscheidenden Unternehmens nur dem erwerbenden Unternehmen zuwachsen konnte, war in diesem Fall jedoch nicht erfüllt. Auf dem Markt für bestimmte BDO-Derivative waren neben BASF noch weitere Anbieter wie Lyondell Chemical und ISP tätig, denen der Marktanteil ganz oder z. T. im Falle des Ausscheidens von Eurodiol und Pantochim hätte zuwachsen können. Die Kommission bejahte dennoch das Vorliegen einer Sanierungsfusion[1456]. Ausschlaggebend für die Kommission war die Tatsache, dass ohne die Übernahme durch BASF die Produktionskapazitäten unwiderruflich aus dem Markt genommen worden wären. Der Grund hierfür lag insbesondere in den hohen Umweltrisiken, die mit der Herstellung der Chemikalien verbunden waren. Der unwiderbringliche Verlust der Kapazitäten wiederum hätte nach Ansicht der Kommission zu Kapazitätsengpässen geführt, die für den Verbraucher weitaus nachteiliger gewesen wären als die Begründung einer marktbeherrschenden Stellung der BASF. Denn Kapazitätsengpässe hätten einen Anreiz zur Preisanhebung bedeutet, während von BASF im Falle der Übernahme preisliche Vorstöße zur Auslastung seiner Kapazitäten zu erwarten waren. Die Effizienzvorteile und die mit der Übernahme für den Verbraucher verbundenen Vorteile nehmen einen relativ großen Raum in der Entscheidung ein, was dafür spricht, dass sie letztendlich ausschlaggebend für die Genehmigung des Zusammenschlusses waren. **1368**

Die Kommission hat in ihren Leitlinien zur Bewertung horizontaler Zusammenschlüsse[1457] die folgenden drei Voraussetzungen für die Genehmigung als Sanierungsfusion genannt, die sich bereits in der vorhergehenden Entscheidungspraxis abzeichneten: **1369**

- Das erworbene Unternehmen hätte ohne die Übernahme in naher Zukunft wegen finanzieller Schwierigkeiten aus dem Markt ausscheiden müssen;

---

den dieselben Kriterien ohne ausdrückliche Charakterisierung als Sanierungsfusion auch in den Fällen Kommission, 1. 7. 2002, M.2810 »Deloitte & Touche/Andersen (UK)«; 27. 8. 2002, M.2824 »Ernst & Young/Andersen Germany«; 5. 9. 2002, M.2816 »Ernst & Young France/Andersen France« angelegt. Die Frage der Marktbeherrschung wurde letztendlich offen gelassen, da sich die angemeldeten Zusammenschlüsse jedenfalls nicht wettbewerbsschädlicher ausgewirkt hätten als alternative Übernahmeszenarien.

1455 Betroffen waren die chemischen Märkte für die BDO-Derivative GBL, NMP und THF.
1456 Vgl. Darstellung im 31. WB 2001, Rdnr. 288.
1457 Leitlinien zur Bewertung horizontaler Zusammenschlüsse gemäß der Ratsverordnung über die Kontrolle von Unternehmenszusammenschlüssen, ABl. C 31/5 vom 5. 2. 2004, Rdnr. 90.

- eine weniger wettbewerbswidrige Übernahme durch ein anderes Unternehmen war ausgeschlossen;
- die Vermögenswerte des konkursbedrohten Unternehmens würden ohne einen Zusammenschluss unvermeidlich vom Markt genommen.

1370 Bei Vorliegen dieser Voraussetzungen wird die Kommission davon ausgehen, dass eine Verschlechterung der Wettbewerbsbedingungen nach einem Zusammenschluss nicht durch diesen verursacht wird.

1371 Die **Beweislast** dafür, dass die drei genannten Voraussetzungen erfüllt sind und die anschließende Verschlechterung der Wettbewerbsstruktur nicht durch den Zusammenschluss selbst verursacht wurde, tragen die anmeldenden Unternehmen.

4. Zusagen

1372 Durch Verpflichtungen bzw. Zusagen können Unternehmen der Kommission die Möglichkeit geben, eine Fusion oder Übernahme zu genehmigen, die sonst wirksamen Wettbewerb im Gemeinsamen Markt erheblich behindert hätte. Zusagen sind somit ein Mittel, mit dem die Parteien den Verfahrensausgang nach der Anmeldung entscheidend beeinflussen können.

1373 Zusagen modifizieren die Anmeldung und zielen darauf ab, in dem Markt, in dem Wettbewerbsprobleme festgestellt wurden, die Voraussetzungen für wirksamen Wettbewerb auch nach dem Zusammenschluss zu schaffen. Sie haben in der Praxis der Fusionskontrolle große Bedeutung. Im Jahre 2000 konnten 28 von insgesamt 328 Fällen in Phase I und 12 von insgesamt 17 Fällen in Phase II nach Abgabe von Zusagen freigegeben werden[1458].

a) Rechtsquellen

1374 Die Zulässigkeit von Zusagen ergibt sich für Phase I des Verfahrens aus **Art. 6 Abs. 2 FKVO**, die entsprechend durch die Ratsverordnung[1459] mit Wirkung zum 1. 3. 1998 geändert wurde. Bis dahin war es bereits ständige Kommissionspraxis, Zusagen auch in der Phase I zu akzeptieren. Für Phase II ist die Zulässigkeit von Zusagen in Art. 8 Abs. 2 Unterabs. 2 FKVO geregelt. Weitere Regelungen enthalten Art. 6 Abs. 3 Buchst. b), Art. 8 Abs. 5 Buchst. b), Art. 8 Abs. 6 Buchst. b), Art. 8 Abs. 7 Buchst. a), Art. 10 Abs. 2 FKVO sowie in Zusammenhang mit der Möglichkeit, Buß- und Zwangsgelder zu verhängen, die Artikel 14 Abs. 2 Buchst. d) und 15 Absatz 1 Buchst. c) FKVO.

1375 Die **Verordnung Nr. 139/2004 der Kommission über die Kontrolle von Unternehmenszusammenschlüssen (DVO)**[1460] enthält ergänzende Regelungen zu den bei der Vorlage von Verpflichtungserklärungen einzuhaltenden Fristen (Art. 19) sowie dem Verfahren (Art. 20).

1458 Seitdem ist die Zahl der bedingten Freigabeentscheidungen wieder zurückgegangen. Die entsprechende Statistik ist auf der Website der Generaldirektion Wettbewerb http://europa.eu.int/comm/competition/mergers/cases/stats.html veröffentlicht.
1459 Verordnung (EG) Nr. 1310/97 des Rates vom 30. 6. 1997, ABl. L 180/1 vom 9. 7. 1997, berichtigt in ABl. L 40/17 vom 13. 2. 1998.
1460 ABl. L 133/01 vom 30. 4. 2004.

Die Kommission hat außerdem eine **Mitteilung über zulässige Abhilfemaßnahmen** 1376
veröffentlicht[1461], die sich auf Zusagen in beiden Verfahrensphasen bezieht. Diese
Mitteilung fasst die Erfahrung der Kommission mit der Würdigung, Genehmigung
und Durchführung von Abhilfemaßnahmen zusammen, die sie seit Inkrafttreten
der FKVO gesammelt hat. Sie orientiert darüber, welche inhaltlichen und prozessualen Erfordernisse Abhilfemaßnahmen in der Regel erfüllen müssen. Die Mitteilung ist nicht abschließend zu verstehen, sondern für eine Weiterentwicklung
durch die Anwendungspraxis offen. Entscheidungen des Gerichtshofs oder des Gerichts erster Instanz der Europäischen Gemeinschaften greift sie nicht vor.

Die Kommission hat außerdem **Mustertexte für die Abgabe von Veräußerungsverpflichtungen sowie die Bestellung eines Treuhänders** veröffentlicht. Auch diese 1377
Mustertexte beziehen sich auf beide Phasen des Verfahrens. Sie werden durch Erläuterungen ergänzt[1462].

Da Verhandlungen über Zusagen zwischen den Parteien und der Kommission re- 1378
gelmäßig unter großem Zeitdruck stattfinden, sollen die Leitlinien sowohl die
Kommission als auch die Parteien bei der Formulierung regelmäßig wiederkehrender Bestandteile von Zusagentexten und Treuhändermandaten entlasten sowie zu
mehr Effizienz, Kohärenz und Transparenz bei den Verhandlungen beitragen.

Der Mustertext für Veräußerungsverpflichtungen stellt ein Rahmenwerk dar, das 1379
diejenigen Klauseln enthält, die die Kommission in ihrer Verfahrenspraxis bisher
für in der Regel notwendig erachtet hat, um die Durchführung der Abhilfemaßnahmen und ihre Effektivität sicherzustellen. Sie sind jedoch keineswegs vollständig oder rechtlich verbindlich und sollen praxisbezogen fortgeschrieben werden.
Außerdem lassen sie Raum für die Anpassung des Textes an die konkreten Umstände der Fusion.

Der Mustertext für Veräußerungsverpflichtungen enthält z.B. Bestimmungen zur 1380
Beschreibung des zu veräußernden Geschäftsbereiches, zum Veräußerungsverfahren, zum Käufer sowie zu den Verpflichtungen, die die Parteien während der
Übergangszeit bis zur vollständigen Abwicklung eingehen. Der Mustertext für die
Bestellung eines Treuhänders enthält Regelungen über Aufgabe und Funktion verschiedener Arten von Treuhändern.

b) Besonderheiten bei Zusagen in Phase I

Die Anforderungen an eine Zusage variieren je nach Verfahrensphase, in der sie 1381
abgegeben wurde. In Phase I kann eine Verpflichtungserklärung nur akzeptiert
werden, wenn das Wettbewerbsproblem klar umrissen und durch eine einfache
Maßnahme zu lösen ist[1463]. In Phase II muss sie »dem Wettbewerbsproblem gerecht

---

1461 Mitteilung der Kommission über im Rahmen der Verordnung (EWG) Nr. 4064/89 des
Rates und der Verordnung (EG) Nr. 447/98 der Kommission zulässige Abhilfemaßnahmen, ABl. C 68/03 vom 2.3.2001.
1462 Veröffentlicht auf der Website der Generaldirektion Wettbewerb http:/europa.eu.int/
comm/competition/mergers/legislation.
1463 Mitteilung der Kommission über zulässige Abhilfemaßnahmen, Fn. 11, sowie Erwägungsgrund Nr. 8 der Verordnung (EG) Nr. 1310/97 des Rates vom 30.6.1997. Abweichend von diesem Prinzip hat die Kommission jedoch in der Vergangenheit auch
äußerst komplexe Zusagen in Phase I akzeptiert, z.B. M.2337 »Nestlé/Ralston Purina«,
Entscheidung vom 27.7.2001. Im Verfahren vor dem Gericht erster Instanz T158/00

werden und dieses völlig aus dem Weg räumen«[1464]. Wettbewerbsproblem und Lösung können also in Phase II komplizierter gestaltet sein.

1382 Das liegt daran, dass die Kommission in der ersten Verfahrensphase nach einer summarischen Prüfung nur »ernsthafte Bedenken« feststellt, während von ihr erst in Phase II für eine Untersagungsentscheidung der volle Beweis einer Wettbewerbsbeschränkung – auf der Grundlage einer eingehenden Marktuntersuchung – verlangt wird. Daher muss eine akzeptable Zusage in Phase I die Wettbewerbsprobleme lösen, ohne dass weitere Ermittlungen erforderlich sind. Es ist allerdings fraglich, ob es nicht – wie in Phase II – schlicht ausreicht, dass die angebotene Zusage das identifizierte Wettbewerbsproblem löst, unabhängig davon, ob es klar auf der Hand liegt oder einfach zu lösen ist. Das Gericht erster Instanz hat in seiner Entscheidung ARD/Kommission[1465] diese Frage offen gelassen.

1383 Für eine Zusagenlösung in Phase I kommen insbesondere Fälle mit hohen addierten Marktanteilen von mehr als 50 % in Betracht, da jedenfalls hier das Wettbewerbsproblem klar auf der Hand liegt. Eine einfache und offensichtliche geeignete Abhilfemaßnahme ist die (in der Regel vollständige) Veräußerung des entsprechenden Geschäftsbereichs durch eine der Parteien[1466]. In Fällen, in denen das Wettbewerbsproblem z. B. in der Begründung von strukturellen Verbindungen zwischen den Parteien und Wettbewerbern als (indirekte) Folge des Zusammenschlusses liegt, besteht eine einfache, für die Phase I geeignete Abhilfemaßnahme in der Lösung dieser Verbindungen[1467].

1384 Zusagen in Phase I bieten sich vor allem dann an, wenn mehrere Märkte vom Zusammenschluss betroffen sind und die Aktivitäten der Parteien in dem Markt, in dem die Wettbewerbsprobleme identifiziert wurden, im Verhältnis zur wirtschaftlichen Bedeutung des gesamten Zusammenschlussvorhabens unbedeutend sind, sofern das Wettbewerbsproblem durch die Zusage eindeutig gelöst wird. Häufig betreffen die Fälle, in denen die Kommission Zusagen in Phase I akzeptiert, Märkte, auf denen die Parteien Umsätze erzielten, die weniger als 10 % ihrer Gesamtumsätze ausmachten.

1385 Beispiele für Konstellationen, für die es keine einfache, klar auf der Hand liegende Abhilfemaßnahme gibt, die eine Freigabe in Phase I ermöglicht, sind z. B. solche, bei denen die wesentlichen Marktanteilsüberschneidungen nicht in allen betroffenen Märkten ohne weiteres beseitigt werden können. Notwendige Veräußerungszusagen können von den Parteien unter Umständen als unverhältnismäßig angesehen werden. Weiter kann sich auch aus den Reaktionen der befragten Kunden und

---

»ARD/Kommission«, das mit einem Urteil vom 30. 9. 2002 abgeschlossen wurde, hatte die ARD unter anderem vorgebracht, die Kommission hätte bestimmte Zusagen in Phase I nicht akzeptieren dürfen, da die Wettbewerbsprobleme nicht klar umrissen und leicht zu lösen gewesen seien. Das Gericht erster Instanz hat diese Rechtsfrage offen gelassen, da es der Klägerin schon nicht darin gefolgt ist, dass im konkreten Fall die Wettbewerbsprobleme nicht klar umrissen und leicht zu lösen waren.

1464 Siehe Erwägungsgrund Nr. 8 der Verordnung (EG) Nr. 1310/97 des Rates vom 30. 6. 1997, ABl. L 180/1 vom 9. 7. 1997, berichtigt in ABl. 40/17 vom 13. 2. 1998, durch welche die FKVO geändert worden ist.
1465 EuG, 30. 9. 2003, »ARD/Kommission«, Rs. T-158/00, Rz. 164 ff.
1466 Siehe z. B. M.2059 – »Siemens/Dematic/VDO/Sachs«, Entscheidung vom 29. 8. 2000.
1467 Siehe z. B. M.1080 »Thyssen/Krupp«, Entscheidung vom 2. 6. 1998.

Wettbewerber im Markttest herausstellen, dass die Abhilfemaßnahmen nicht zweifelsfrei zur Lösung des Wettbewerbsproblems führen[1468].

Können Zusagen in Phase I die ernsthaften Bedenken der Kommission nicht beseitigen, so erlässt sie eine Art. 6 Abs. 1 Buchst. c)-Entscheidung und leitet damit eine vertiefte Prüfung in Phase II ein. Ernsthafte Bedenken der Kommission in Phase I sind noch kein Präjudiz. Die eingehenderen Ermittlungen in Phase II können ergeben, dass ein Wettbewerbsproblem tatsächlich nicht besteht. Von Seiten der Anwaltschaft ist daher die Kritik geäußert worden, dass die Parteien sich in Phase I genötigt sehen könnten, Abhilfemaßnahmen anzubieten, die nicht notwendig seien oder die weiter gingen als erforderlich, nur um eine zeitintensive vertiefte Prüfung zu vermeiden. Auf der Grundlage der oben genannten Kriterien – klar umrissenes, einfach zu lösendes Wettbewerbsproblem – und bei Beachtung des Verhältnismäßigkeitsgrundsatzes, dem die Kommission in jeder Phase des Verfahrens unterliegt, sollten solche Erscheinungen jedoch ausgeschlossen sein. Nach Abgabe von Zusagen in Phase I[1469] bleiben der Kommission zudem noch 15 Arbeitstage, um weitere Ermittlungen durchzuführen. Wenn diese ergeben, dass die Wettbewerbsbedenken nicht erhärtet werden können, wird sie den Parteien die Gelegenheit geben, ihre Zusagen zurückzuziehen[1470]. **1386**

c) Bedingungen und Auflagen

Die FKVO unterscheidet bei Zusagen zwischen Bedingung und Auflage, jedoch ohne diese Begriffe zu definieren. Die Kommission machte in der Vergangenheit in ihrer Entscheidungspraxis die Unterschiede nicht deutlich und neigte dazu, beide Ausdrücke synonym zu verwenden. Erst die im März 2001 im Amtsblatt veröffentlichte Mitteilung der Kommission über zulässige Abhilfemaßnahmen enthält eine klare Abgrenzung beider Instrumente und beendet die Unsicherheiten[1471]. **1387**

Danach sind **Bedingungen** Maßnahmen, durch die der Markt strukturell so verändert wird, dass kein Wettbewerbsproblem mehr besteht. Dies kann z.B. durch die Veräußerung eines Geschäfts geschehen. Wird eine Bedingung nicht erfüllt, so wird die Genehmigungsentscheidung automatisch unwirksam. In Fällen, in denen nicht ohne weiteres ersichtlich ist, ob die Bedingung rechtzeitig oder vollständig erfüllt worden ist, ist zu erwarten, dass die Kommission deklaratorisch die Unwirksamkeit der Genehmigung erklärt. Die Kommission kann außerdem jede geeignete Maßnahme treffen, die den Wettbewerb wieder herstellt (Art. 8 Abs. 4, Art. 8 Abs. 5 FKVO für vorläufige Maßnahmen)[1472]. **1388**

1468 Weil z.B. unsicher ist, ob ein geeigneter Käufer für das zu veräußernde Geschäft gefunden werden kann, oder weil die tatsächliche Marktwirkung der angebotenen Abhilfemaßnahme unklar ist.
1469 Dies muss spätestens am 20. Arbeitstag ab dem Datum der Anmeldung geschehen.
1470 Siehe Mitteilung der Kommission über zulässige Abhilfemaßnahmen, Fn. 13. Werden die Zusagen nicht zurückgezogen, kann die Kommission die Vorschläge in ihrer Entscheidung entweder zur Kenntnis nehmen oder sie ignorieren.
1471 Mitteilung der Kommission über im Rahmen der Verordnung (EWG) Nr. 4064/89 des Rates und der Verordnung (EG) Nr. 447/98 der Kommission zulässige Abhilfemaßnahmen, ABl. C 68/03 vom 2.3.2001, Rdnr. 12.
1472 Siehe hierzu auch EuG, 25.10.2002, »Tetra Laval/Kommission«, Rs. T-80/02, Slg. 2002, II-4381, Rdnr. 36.

C. Europäische Fusionskontrolle

1389 Die zur Durchsetzung einer Bedingung erforderlichen Durchführungsmaßnahmen werden dagegen grundsätzlich in Form von **Auflagen** festgelegt (z.B. die Bestellung eines Treuhänders). Sie regeln das Veräußerungsverfahren im Einzelnen oder dienen der Erhaltung der vollen wirtschaftlichen Rentabilität und Wettbewerbsfähigkeit des zu veräußernden Geschäfts während des Veräußerungszeitraums und danach. Auch die Bestellung eines Veräußerungstreuhänders, Wettbewerbs- und Abwerbungsverbote, Käuferprofile, Berichtspflichten an die Kommission u.ä. sind Auflagen. Im Gegensatz zu den Bedingungen können die Auflagen als Durchführungsbestimmungen auch auf Initiative der Kommission festgesetzt werden. Das ergibt sich aus der Pflicht der Kommission, die effektive Durchsetzbarkeit der Bedingungen sicherzustellen.

1390 Bei Nichterfüllung von Auflagen kann die Kommission die Genehmigungsentscheidung widerrufen (Art. 6 Abs. 3 Buchst. b), Art. 8 Abs. 6 Buchst. b) FKVO. Sie kann außerdem Geldbußen oder Zwangsgelder auferlegen (Art. 14 Abs. 2 Buchst. d) und Art. 15 Abs. 2 Buchst. c) FKVO).

1391 Seit dem Jahr 2001 stellt die Kommission im Tenor einer Entscheidung systematisch klar[1473], welche Abhilfemaßnahme Bedingung und welche Auflage ist. Dies dient der Rechtssicherheit insofern, als keine Zweifel bestehen können, welche rechtlichen Folgen die Nichteinhaltung einer Zusage nach sich zieht.

d) Initiative bei der Abgabe von Zusagen

1392 Die Initiative für eine Zusage und deren Formulierung muss von den Parteien ausgehen. Den Parteien obliegt der Beweis, dass es außer der Verbotsentscheidung noch eine andere Möglichkeit gibt, den Wettbewerbsbedenken der Kommission Rechnung zu tragen. Auch ist es in einem Fusionskontrollverfahren nicht Aufgabe der Kommission, aktiv Strukturpolitik zu betreiben, indem sie den Parteien bestimmte Maßnahmen zur Erhaltung wirksamen Wettbewerbs vorschlägt. Die Unternehmen kennen zudem den relevanten Markt besser als die Beamten der Kommission und sind daher eher in der Lage, geeignete Abhilfemaßnahmen vorzuschlagen.

1393 Es kommt vor, dass Dritte der Kommission schriftlich oder im Rahmen einer Besprechung die Vorzüge einer bestimmten Zusage näher bringen wollen. Dabei kann es sich beispielsweise um die Veräußerung eines bestimmten Tochterunternehmens der Parteien handeln. Daran hat möglicherweise die Tochtergesellschaft selbst ein Interesse, wenn sie ihre Zukunft nach der Fusion besser bei einem Wettbewerber als bei der neuen Einheit gesichert sieht. Solche Dritten erwarten häufig, dass die Kommission in ihrem Sinne Druck auf die Parteien ausübt, z.B. um Arbeitsplätze zu erhalten oder weil an das Unternehmen staatliche Beihilfen gezahlt wurden, die zum Erhalt eines Standorts beitragen sollen. Solche Hoffnungen werden regelmäßig enttäuscht. Zwar mag die Kommission im Einzelfall eine Präferenz für eine bestimmte Abhilfemaßnahme haben. Sind die am Zusammenschluss beteiligten Unternehmen aber nicht bereit, die Maßnahme anzubieten, muss die Kommission dies akzeptieren und entweder den Zusammenschluss auf der Grundlage einer anderen angebotenen Abhilfemaßnahme freigeben oder, in Abwesenheit eines akzeptablen Angebots, den Zusammenschluss untersagen.

1473 Beispiele: 13. 3. 2001, M.1915 »The Post Office/TPG/SPPL«; Kommission, 20. 12. 2001, M.2530 »Südzucker/Saint Louis Sucre«.

III. Materielle Beurteilung

e) Förmliche Erfordernisse bei der Abgabe von Zusagen

Die Vorschläge für Verpflichtungen müssen fristgerecht bei der Kommission eingehen: in Phase I spätestens am 20. Arbeitstag nach Eingang der Anmeldung; in Phase II spätestens am 65. Arbeitstag nach Einleitung des Verfahrens (bzw. in Fällen des Art. 10 Abs. 3 Unterabs. 2 entsprechend später)[1474]. 1394

Der Verpflichtungsvorschlag muss von einer hierzu ordnungsgemäß befugten Person unterzeichnet, zumindest aber paraphiert sein. 1395

Die Parteien haben außerdem eine nicht vertrauliche Fassung ihrer Verpflichtungsvorschläge beizufügen[1475]. Diese wird zur Durchführung eines Markttestes benötigt und an die befragten Marktteilnehmer gesandt. Außerdem erhalten die Mitgliedstaaten die nicht vertrauliche Fassung des Zusagentextes. Zu den vertraulichen Inhalten gehört in erster Linie der Zeitrahmen für die Erfüllung der Zusagen. Die Kommission will vermeiden, dass z. B. im Fall von Veräußerungen potentielle Käufer die Verhandlungen mit Blick auf die gesetzten Fristen verschleppen, um so die Parteien unter Druck zu setzen und den Kaufpreis zu drücken. Generelle Kommissionspraxis ist es jedoch, die Erfüllung der Zusagen spätestens nach Ablauf von 6 bis 18 Monaten zu fordern. Darüber hinaus sind z. B. auch die konkreten Maßnahmen der Parteien, die den werterhaltenden Übergang des zu veräußernden Geschäfts sicherstellen[1476], von der Kommission im Einzelfall als Geschäftsgeheimnis anerkannt worden. Generell müssen die Parteien jedoch sorgfältig begründen, wenn sie über die Durchführungsfristen hinausgehende Informationen aus dem Zusagentext streichen wollen[1477]. Die Marktteilnehmer und die Mitgliedstaaten können die Effektivität der Abhilfemaßnahmen nur dann angemessen beurteilen, wenn ihnen ein umfassendes Bild der Verpflichtungen vorliegt. 1396

Artikel 20 Abs. 1 der DVO bestimmt, dass die Zusagen auch in elektronischer Form (in ihrer vertraulichen sowie ihrer nicht vertraulichen Fassung) übermittelt werden. 1397

f) Inhaltliche Anforderungen

Der Zusagentext muss bereits alle wesentlichen inhaltlichen sowie die Umsetzung betreffenden Elemente[1478] der Abhilfemaßnahmen enthalten. Diese sind so darzustellen, dass die Kommission ohne weiteres beurteilen kann, ob sie zur Beseitigung ihrer Bedenken geeignet sind. Die Mustertexte der Kommission geben eine Anleitung für die Gestaltung und Formulierung der Verpflichtungserklärung sowie der Bestellung eines Treuhänders. Detailprobleme können noch nach Ablauf der Frist gelöst werden, wobei die Kommission einen Ermessensspielraum hat, was sie im konkreten Fall noch als Detailproblem oder bereits als wesentliche Änderung der Zusage ansehen will. In dieser Phase des Verfahrens sind mehrere Treffen an aufeinander folgenden Tagen zwischen Unternehmensvertretern und dem case-team nicht ungewöhnlich. Reine Formulierungsfragen werden in der Regel im e-mail-Kontakt gelöst. 1398

1474 Mitteilung der Kommission über zulässige Abhilfemaßnahmen, ABl. C 68/03 vom 3. 3. 2001, Rdnr. 34 und 41, sowie Artikel 19 der Durchführungsverordnung zur FKVO.
1475 Art. 20 Abs. 2 DVO zur FKVO.
1476 Kommission, 13. 12. 2000, M.2060 »Bosch/Rexroth«.
1477 Siehe auch Artikel 20 Abs. 2 der DVO.
1478 Vgl. Mitteilung der Kommission über zulässige Abhilfemaßnahmen, Rdnr. 53.

1399 Die Zusagen sollten ohne weiteres und innerhalb eines kurzen Zeitrahmens umsetzbar sein. Außerdem sollten sie nach der Umsetzung keiner weiteren Überwachung durch die Kommission bedürfen. Die Kommission wird daher strukturell wirkenden Zusagen, wie z. B. dem Verkauf einer Tochtergesellschaft, den Vorzug vor reinen Verhaltenszusagen geben[1479].

1400 Die Parteien müssen darüber hinaus gesondert darlegen, wie durch die vorgeschlagenen Abhilfemaßnahmen das Wettbewerbsproblem gelöst wird. Sie müssen mit also erklären, auf welche Weise die Durchführung der Zusagen den Erhalt von wirksamem Wettbewerb nach dem Zusammenschluss sicherstellt. Dabei kann z. B. Bezug genommen werden auf Struktur und Besonderheiten des relevanten Marktes und die Stellung der Parteien und Wettbewerber auf diesem Markt.

g) Verfahren nach Abgabe der Zusagen

(1) Interne Abstimmung

1401 Das case-team unterrichtet den Direktor des zuständigen Direktorats und über den zuständigen Generaldirektor den Wettbewerbskommissar über die vorgeschlagenen Zusagen. Von deren Einschätzung hängt der weitere Verfahrensablauf ab und vor allem, ob auf der Grundlage der vorgelegten Zusagen weiter verhandelt wird. Je nach den Umständen des Falles wird das case-team bereits in einer frühen Phase der Verhandlungen auch die anderen beteiligten Dienste der Kommission informieren. Das wird vor allem dann der Fall sein, wenn nicht unmittelbar einsichtig ist, dass die abgegebenen Zusagen zur Beseitigung des Wettbewerbsproblems führen, und das case-team es deshalb für nötig hält, deren Eignung zur Lösung des Wettbewerbsproblems mit den beteiligten Diensten näher zu erörtern.

(2) Markttest

1402 Hat die Kommission einen Zusagentext zumindest vorläufig akzeptiert, wird sie in der Regel einen Markttest durchführen[1480].

1403 Der Fragebogen zum Markttest enthält eine kurze Darstellung des Zusammenschlussvorhaben sowie Erläuterungen zu dem sich daraus ergebenden Wettbewerbsproblem. Weiter werden die von den Parteien angebotenen Abhilfemaßnahmen vorgestellt. Der eigentliche Fragebogen enthält Fragen dazu, ob die angebotene Zusage nach Ansicht der befragten Marktteilnehmer das Wettbewerbsproblem löst. Bei der Verpflichtung zur Veräußerung von Geschäftsbereichen kommt es beispielsweise auf deren Lebensfähigkeit, Veräußerbarkeit und Potential an, eine wettbewerbliche Gegenkraft zu den zusammengeschlossenen Parteien zu bilden. Außerdem wird der Zusagentext in seiner nicht vertraulichen Fassung beigefügt.

1404 Die Frist zur Beantwortung des Fragebogen beträgt in der Regel eine Woche, kann jedoch unter Umständen auch kürzer ausfallen.

1479 Entsprechend auch EuG, 25. 3. 1999, »Gencor / Kommission«, Rs. T-102/96, Slg. 1999, II-753, Tz. 319.

1480 Es fällt in das Ermessen der Kommission, ob sie einen Markttest durchführt. Bei klarer, eindeutiger Lösung des Wettbewerbsproblems durch die Zusage wird dies nicht notwendig sein. Anders verhält es sich, wenn die Kommission Zweifel hat, ob eine Zusage das Wettbewerbsproblem löst oder durchführbar ist.

Adressaten des Markttestes sind in der Regel Wettbewerber und Kunden, gegebenenfalls auch Zulieferer der am Zusammenschluss beteiligten Unternehmen sowie Arbeitnehmervertreter. Die Kommission ist gehalten, die berechtigten Interessen Dritter zu wahren und zum Beispiel auch eventuellen Mitgesellschaftern bei zu veräußernden Anteilen an einem Gemeinschaftsunternehmen oder dem zu veräußernden Unternehmen selbst eine nicht vertrauliche Fassung der Verpflichtungserklärung zur Verfügung zu stellen. Dass dies regelmäßig geschieht, ist bisher in der Praxis der Kommission allerdings nicht zu beobachten gewesen. 1405

Gelegentlich bitten interessierte Dritte die Kommission um Übermittlung der im Verfahren versandten Fragebögen. Vor dem Hintergrund der inzwischen eingeführten Regeln über den Zugang zu Dokumenten von Rat, Kommission und Parlament dürfte dem heute nichts mehr entgegenstehen, es sei denn der Schutz des laufenden Verfahrens[1481]. 1406

(3) Konsultation der Mitgliedstaaten

Sobald der Text der Zusagen vorliegt, wird dieser in seiner nicht vertraulichen, um die Fristen bereinigten Fassung an die Mitgliedstaaten versandt, die damit zur Stellungnahme aufgefordert sind. Im Idealfall liegen verbindlich abgegebene und durch einen Markttest bestätigte Zusagen zu einem so frühen Zeitpunkt vor, dass sie in einem Entscheidungsentwurf nach Art. 8 Abs. 2 berücksichtigt werden können, der den Mitgliedstaaten zur Vorbereitung des Beratenden Ausschusses zugesandt wird. Ist das nicht der Fall, erhalten die Mitgliedstaaten einen Entscheidungsentwurf gemäß Art. 8 Abs. 3. In einem gesonderten Vermerk werden sie jedoch über die vorgeschlagenen Zusagen informiert. Allerdings sollte diese Situation nach der Neufassung des Art. 10 Abs. 3 Unterabs. 1 nicht mehr eintreten. Die Vorschrift sieht jetzt die Verlängerung der Frist für den Erlass einer Entscheidung vor, wenn ein Zusagenangebot erst am 55. Arbeitstag nach Einleitung des Verfahrens oder später eingeht. Die Fristverlängerung soll bewirken, dass mehr Zeit für eine angemessene Konsultation der Mitgliedstaaten bleibt. 1407

In der Sitzung des Beratenden Ausschusses selbst werden die Mitgliedstaaten mündlich über die weiteren Entwicklungen informiert, insbesondere auch über das Ergebnis des Markttests und die vorgesehenen Fristen. Das case-team wird daher bestrebt sein, dass zum Zeitpunkt der Ausschusssitzung bereits Aussagen von Marktteilnehmern vorliegen. Unter Umständen tritt der Beratende Ausschuss nach Abschluss des Markttests noch einmal zusammen. Die Mitglieder des Ausschusses können zu jedem Zeitpunkt mit dem case-team in Kontakt treten, um offene Fragen zu klären oder die Abhilfemaßnahmen zu kommentieren. 1408

Den Parteien wird vor der Konsultation des Beratenden Ausschusses die Möglichkeit gegeben, die Ansicht der Kommission zu den abgegebenen Zusagen noch einmal in einem »State-of-Play-Treffen« zu diskutieren und eventuell das Zusagenangebot im zulässigen Rahmen nachzubessern[1482].

1481 Vgl. hierzu auch Rdnr. 2051 ff.
1482 Siehe Leitfaden der Generaldirektion Wettbewerb für »Best practices on the conduct of merger control proceedings«, Rdnr. 33.

(4) Die Entscheidung

1409 Beseitigen die vorgeschlagenen Abhilfemaßnahmen die Wettbewerbsbedenken der Kommission, ist das so modifizierte Vorhaben durch eine Entscheidung gemäß Artikel 8 Abs. 2 freizugeben. Der entsprechende Entscheidungsentwurf durchläuft das übliche interne Konsultationsverfahren. Der Entwurf benötigt jedenfalls die Zustimmung des Juristischen Dienstes (Rdnr. 2115 f.). Die Konsultation anderer Dienststellen zur Genehmigung des Entscheidungsentwurfs findet naturgemäß zu einem späten Zeitpunkt des Verfahrens statt. Das ist in Phase II etwa zwei bis drei Wochen vor Terminierung der Kommissionsentscheidung und wenige Tage, bevor der Entwurf den Kabinetten zur Vorbereitung der beschlussfassenden Sitzung übermittelt werden muss. Das case-team wird daher schon vorher die am Verfahren zu beteiligenden Dienste der Kommission über die vom ihm vorgesehene Lösung der in den Beschwerdepunkten festgestellten Wettbewerbsbedenken informieren und sich ihrer grundsätzlichen Zustimmung versichern. Dennoch kommt es vor, dass der Juristische Dienst im Inter-Service-Meeting seine endgültige Zustimmung von Änderungen des Entscheidungsentwurfs – die mehr oder weniger weitreichend sein können – abhängig macht. Meist kann den Bedenken des Juristischen Dienstes noch Rechnung getragen werden. Die Parteien sollten jedoch darauf vorbereitet sein, dass in diesem Verfahrensstadium von ihnen noch äußerst kurzfristig (innerhalb von ein bis höchstens zwei Tagen) die Vorlage zusätzlicher Marktinformationen gefordert werden kann.

1410 Die Abhilfemaßnahmen sind Teil der Entscheidung. Sie werden im Entscheidungstext referiert und bewertet. Auch soweit die Kommission eine angebotene Zusage nicht akzeptiert, weil sie das Wettbewerbsproblem nicht löst oder weil sie zur Lösung des Wettbewerbsproblems nicht notwendig ist, stellt sie dies in der Entscheidung dar und legt die Gründe für die Ablehnung offen. Die Verpflichtungserklärung selbst wird in ihrer nicht vertraulichen Fassung der Entscheidung beigefügt und veröffentlicht. Deshalb muss sie zum Zeitpunkt der Entscheidung den unternehmensinternen Genehmigungsprozess vollständig durchlaufen haben. Insbesondere haben die Unterschriften der verantwortlichen Vorstandsmitglieder sowie die Genehmigung der Gesellschafterversammlung vorzuliegen. Die Verpflichtungserklärung ist Bestandteil der Entscheidung, wird jedoch, anders als der eigentliche Entscheidungstext, nicht in die Amtssprachen der Kommission übersetzt.

(5) Fristen

1411 Die Frist für die Vorlage von Zusagen beträgt in Phase I 20 Arbeitstage nach dem Tag des Eingangs der Anmeldung (Art. 19 Abs. 1 der DVO) und in Phase II 65 Arbeitstage nach Einleitung des Verfahrens (Art. 19 Abs. 2 der DVO). Die Frist für eine Entscheidung in Phase I verlängert sich von 25 auf 35 Arbeitstage, wenn die beteiligten Unternehmen fristgemäß anbieten, Verpflichtungen gemäß Art. 6 Abs. 2 FKVO einzugehen (Art. 10 Abs. 1 Unterabs. 2 FKVO).

1412 In Phase II verlängert sich die Frist bei einem Zusagenangebot von 90 auf 105 Arbeitstage, es sei denn, dass dieses Angebot weniger als 55 Arbeitstage nach Einleitung der Phase II unterbreitet wurde (Art. 10 Abs. 3 Satz 2 FKVO). Diese

Einschränkung soll einen Anreiz zu einer möglichst frühzeitigen Vorlage von Verpflichtungserklärungen liefern[1483].

Um den Zeitdruck in Phase II weiter zu mildern und dadurch eine gut begründete Entscheidung zu ermöglichen, kann die Frist in komplexen Fällen um bis zu 20 Arbeitstage verlängert werden, wenn die Parteien dies spätestens 15 Arbeitstage nach Verfahrens-einleitung beantragen oder einer entsprechenden Initiative der Kommission zustimmen (Art. 10 Abs. 3, Unterabs. 2 FKVO). In diesem Fall verlängert sich auch die Frist für die Abgabe von Zusagen von Zusagen entsprechend (Art. 19 Abs. 2 Unterabs. 2 DVO). Diese zusätzliche Zeitspanne gibt der Kommission Gelegenheit für aufwendigere Marktuntersuchungen, u.U. in Form ökonometrischer Analysen oder Studien oder einer Bewertung etwaiger Effizienzvorteile[1484]. 1413

h) Frühzeitige Vorbereitung möglicher Zusagen

Die genannten Fristen für das Angebot von Zusagen sind streng einzuhalten. Eine Fristverlängerung wird nur unter außergewöhnlichen Umständen gewährt[1485]. Die Einhaltung der Fristen ist notwendig, um der Kommission ausreichend Zeit zur Prüfung zu geben, ob die Zusagen tatsächlich für die Beseitigung des Wettbewerbsproblems geeignet sind. Dazu wird sie in der Regel einen »Markttest« durchführen, in dem sie Wettbewerber und Kunden zu den angebotenen Zusagen befragt. Weiter konsultiert die Kommission die Mitgliedstaaten, die zur Bewertung der Zusagen ebenfalls angemessene Zeit benötigen. 1414

Es empfiehlt sich daher, dass die Parteien bereits im Vorfeld der Anmeldung über mögliche Wettbewerbsprobleme und geeignete Abhilfemaßnahmen nachdenken. Um späteren Zeitdruck zu vermeiden, sollten auch schon früh interne Abstimmungs- und Genehmigungsverfahren stattfinden. Die Parteien sollten bei ihren Überlegungen berücksichtigen, dass die Kommission den relevanten sachlichen und/oder räumlichen Markt möglicherweise anders abgrenzt, als von den Parteien für zweckmäßig gehalten wird, und für diesen Fall entsprechende Alternativen bereithalten. 1415

Mögliche Zusagen können bereits in Vorgesprächen mit der Kommission abgestimmt werden. Offenheit der Parteien zahlt sich dabei aus, da sich so die Chancen erhöhen, Zusagenverhandlungen bereits in Phase I abzuschließen. Dies gilt umso mehr, je komplexer das Zusagenpaket ist, das die Parteien anbieten. Aussagekräftig in diesem Zusammenhang ist die Presseerklärung der Kommission im Verfahren BASF/Shell/JV – Project Nicole[1486]. 1416

In Phase II besteht noch mehr Anlass, frühzeitig über geeignete Abhilfemaßnahmen nachzudenken. Im Jahr 1999 wurden beispielsweise acht von neun Fällen erst nach der Abgabe von Zusagen freigegeben[1487]. Liegt das Wettbewerbsproblem nicht offen zu Tage, werden die Parteien in Phase II nach Erhalt der Beschwerdepunkte 1417

1483 Siehe Vorschlag der Kommission für eine Verordnung des Rates über die Kontrolle von Unternehmenszusammenschlüssen, ABl. C 20/4 ff., 28. 1. 2003, Rdnr. 75.
1484 Ebd., Rdnr. 76.
1485 Art. 19 Abs. 2 Unterabs. 3 DVO. Wurde die Frist versäumt, kommt auch die Rücknahme der Anmeldung und die Neuanmeldung unter Abgabe der Zusagen in Betracht. Auf diese Weise kann eine 6 1 (c)-Entscheidung noch vermieden werden.
1486 Kommission, 29. 3. 2000, COMP/M.1751; s. Rdnr. 1471.
1487 Im Jahr 2000 wurden 12 von 15 Fällen in Phase II unter Zusagen freigegeben, im Jahre 2001 waren es 10 von 20.

und gegebenenfalls nach der Anhörung in der Lage sein, das Gewicht der wettbewerblichen Bedenken gegen ihr Vorhaben einzuschätzen. Zu diesem Zeitpunkt werden etwa 8 bis 11 Wochen seit Einleitung des Verfahrens verstrichen sein[1488]. Spätestens jetzt müssen die Parteien entscheiden, ob und ggf. welche Zusagen sie anbieten möchten.

1418 Liegen das Wettbewerbsproblem und das geeignete Abhilfemittel klar zu Tage, ist den Parteien oft daran gelegen, die Verlängerung der Frist für die Kommissionsentscheidung in Phase I auf 35 Arbeitstage, die durch die fristgerechte Abgabe von Zusagen automatisch ausgelöst wird, zu vermeiden. Dies ist jedoch nicht möglich. Die Abgabe von Zusagen auch gleichzeitig mit der Anmeldung löst stets die längere Frist aus[1489]. Die Kommission wird in solchen Fällen jedoch bemüht sein, die Frist nicht auszuschöpfen[1490]. Es ist außerdem in einem solchen Fall ratsam, bereits im Vorfeld der Anmeldung Fakten zu schaffen, die die Kommission davon überzeugen, dass das Zusammenschlussvorhaben keine Wettbewerbsprobleme aufwerfen wird. Z.B. können die Parteien bereits im Vorfeld der Anmeldung einen Geschäftsbereich veräußern, wenn sie davon ausgehen, dass damit mögliche Wettbewerbsbedenken der Kommission zerstreut werden. Auch hier empfehlen sich Vorgespräche mit der Kommission.

i) Abgabe von Zusagen nach Fristablauf

1419 Gemäß Art. 19 Abs. 2 Unterabs. 3 der DVO kann die Kommission Verpflichtungsvorschläge auch nach Ablauf der Vorlagefrist akzeptieren, wenn außergewöhnliche Umstände dies rechtfertigen. Für die Würdigung der abgegebenen Zusagen durch Kommission, Mitgliedstaaten und betroffene Dritte sowie den Abschluss des internen Verfahrens vor einer Kommissionsentscheidung bleibt entsprechend weniger Zeit. Die Kommission wird daher ihren Ermessensspielraum eng handhaben.

(1) Vorgeschichte

1420 Die Kommission hat in der Vergangenheit mit Fristverlängerungen für die Vorlage von Zusagen in der Phase II schlechte Erfahrungen gemacht. Lehren wurden wohl aus den Verfahren »Boeing/McDonnell Douglas«[1491], »Bertelsmann/Kirch/Premiere«[1492] sowie »Deutsche Telekom/BetaResearch«[1493] gezogen. Im Verfahren »Boeing/McDonnell Douglas« waren die entscheidenden Zusagen erst einen Tag vor dem ursprünglich für die Kommissionsentscheidung angesetzten Termin eingereicht worden. In einer kurzfristig anberaumten zweiten Sitzung des Beratenden Ausschusses unterstützte die Mehrheit der Mitglieder den Entwurf einer Freigabeentscheidung

---

[1488] Die Beschwerdepunkte werden in der Regel etwa 6 bis 8 Wochen nach Einleitung des Verfahrens versandt. Eine Anhörung findet, auf Antrag der Parteien, etwa 2 bis 3 Wochen nach Versendung der Beschwerdepunkte statt.
[1489] Mitteilung über zulässige Zusagen, Rdnr. 33.
[1490] Siehe z.B. Kommission, 11.5.2001, M.2396 »IndustrieKapital/Perstorp (II)«. In diesem Fall wurden Zusagen gleichzeitig mit der Anmeldung abgegeben. Die Entscheidung erfolgte innerhalb der damals geltenden Monatsfrist.
[1491] Kommission, 30.7.1997, M.877.
[1492] Kommission, 27.5.1998, M.993.
[1493] Kommission, 27.5.1998, M.1027.

gemäß Art. 8 Abs. 2 FKVO. Die Kommission entschied schließlich einen Tag vor Ablauf der gesetzlichen Frist für den Abschluss des Verfahrens.

In den Verfahren »Bertelsmann/Kirch/Premiere« sowie »Deutsche Telekom/Beta- 1421
Research« legten die Parteien in einem sehr späten Stadium des Verfahrens – im erstgenannten Fall einen Tag nach Ablauf der Frist – Zusagen vor, die jedoch nicht befriedigend waren. Verhandlungen hierüber zogen sich bis zum letzten Tag vor der Entscheidung der Kommission hin. Hätten die Parteien – was nicht der Fall war – doch noch ausreichende Zusagen unterbreitet, wäre es für die Kommission sehr schwierig oder sogar unmöglich gewesen, in der noch verbleibenden Zeit alle prozessualen Schritte sowie die Bewertung der Zusagen ordnungsgemäß zu bewältigen.

(2) Vorliegen außergewöhnlicher Umstände

Im Lichte dieser Erfahrungen akzeptiert die Kommission Zusagen, die zwar formal 1422
fristgemäß abgegeben wurden, aber noch umfangreicher Nachverhandlungen bedürfen, in der Regel nicht mehr. Das Vorliegen außergewöhnlicher Umstände bei der Vorlage von Zusagen nach Ablauf der Frist wird sie genau prüfen und dabei insbesondere abwägen, ob noch genügend Zeit für den ordnungsgemäßen Ablauf des Verfahrens – vor allem für die Durchführung eines Markttests und die Konsultation der Mitgliedstaaten – bleibt. Wenn diese nicht der Fall ist, wird sie die Annahme der verspätet abgegebenen Zusagen ablehnen.

Außergewöhnliche Umstände wurden von der Kommission im Verfahren »Telia/Te- 1423
lenor«[1494] bejaht. In diesem Verfahren, das den Zusammenschluss zweier nationaler Telekommunikationsunternehmen betraf, hat die Kommission einer Fristverlängerung um eine Woche zugestimmt. Dem lagen folgende Umstände zu Grunde:

(i) Die Parteien hatten bereits innerhalb der Frist Verpflichtungen unterbreitet, die 1424
allerdings alleine nicht ausreichten, um das Wettbewerbsproblem zu lösen. (ii) Das Ersuchen um die einwöchige Verlängerung der Frist für die Vorlage weiterer Verpflichtungen ging bei der Kommission innerhalb der Abgabefrist ein. (iii) Das Ersuchen um Verlängerung umriss die Art der Verpflichtungen, die nach der einwöchigen Verlängerung unterbreitet werden sollten. (iv) Dritte hatten bereits in Phase I Kommentare zu einer möglichen Verpflichtung der Parteien abgegeben. (v) Die abgegebenen Verpflichtungen waren klar gefasst. (vi) Die beiden zuletzt genannten Umstände hatten es der Kommission ermöglicht, eine umfassende und regelgerechte Bewertung der geänderten Vorschläge durchzuführen, einschließlich einer adäquaten Konsultation der Mitgliedstaaten und dritter Parteien. (vii) Die Abgabe der Verpflichtungserklärung wurde verzögert, weil hierüber zunächst das norwegische und das schwedische Parlament gehört werden mussten, worauf die Parteien keinen Einfluss hatten.

Die Entscheidung darüber, ob die genannten Umstände eine Fristverlängerung 1425
rechtfertigen, wurde von der Kommission in der gleichen Sitzung getroffen, in der sie über den Entscheidungsentwurf abzustimmen hatte. Vorher hatte bereits der Beratende Ausschuss, der zu der Frage des Vorliegens außergewöhnlicher Umstände angehört wurde, die vorläufige Position der Kommission unterstützt.

1494 Kommission, 13. 10. 1999, M.1439; Rdnr. 378 ff.

(3) Keine Beeinträchtigung des ordnungsgemäßen Verfahrensablaufs

1426 Die Kommission wird jedoch nicht aus dem rein formalen Grund des Fristablaufs Zusagen zurückweisen. So wird sie Zusagen nach Fristablauf auch dann akzeptieren, wenn keine besonderen Umstände vorliegen, sofern ihr ausreichend Zeit zur Prüfung bleibt und die Rechte der Mitgliedstaaten nicht verkürzt werden[1495]. Nicht ungewöhnlich ist der Fall, dass die Parteien fristgemäß Zusagen abgegeben haben, die Prüfung der Kommission jedoch ergibt, dass die vorgeschlagenen Verpflichtungen nicht ausreichen, um das Wettbewerbsproblem zu lösen. Das kann z.B. der Fall sein, wenn der Markttest negativ ausgefallen ist. Ändern die Parteien ihre Verpflichtungsvorschläge daraufhin, kann die Kommission diese geänderten Vorschläge nur akzeptieren, wenn sie – auf der Grundlage ihrer Würdigung der im Laufe des Verfahrens erhaltenen Informationen – eindeutig feststellt, dass durch die Verpflichtungen die festgestellten Wettbewerbsprobleme gelöst werden, und wenn genügend Zeit für eine angemessene Konsultation der Mitgliedstaaten verbleibt[1496].

1427 Im Fall »Alcoa/Reynolds«[1497] besserten die Parteien nach einem negativen Markttest und nach Diskussionen mit der Kommission nach. Die neuen Zusagen lösten nach Ansicht der Kommission das Wettbewerbsproblem, ohne dass ein erneuter Markttest erforderlich war. Die Konsultation der Mitgliedstaaten konnte also kurzfristig erfolgen. Die Kommission sah daher keinen Anlass, die Zusagen aus dem formalen Grund des Fristversäumnisses zurückzuweisen.

1428 Anders bewertete die Kommission die verspätete Vorlage von Zusagen im Fall »Airtours/First Choice«[1498]. In diesem Fall wurde die verspätete Verpflichtungserklärung zwölf Tage nach Fristende und ohne Antrag auf Verlängerung der Frist unterbreitet. Airtours machte auch nicht geltend, dass besondere Gründe für die Verlängerung der Frist vorlägen. Stattdessen argumentierte das Unternehmen, dass verspätete Änderungen zulässig seien, da die ursprünglichen Verpflichtungen fristgerecht erfolgt seien. Zudem enthielt der verspätete Vorschlag von Airtours eine relativ komplizierte Reorganisation verschiedener kommerzieller Aktivitäten, und hätte daher erhebliche Zeit für eine ordnungsgemäße Bewertung in Anspruch genommen. Mit Blick darauf, dass die Bewertung sowie die Konsultation des Beratenden Ausschusses und dritter Parteien nicht mehr hätten erfolgen können, blieben die verspäteten Zusagen unberücksichtigt.

j) Art der Zusagen

(1) Die Veräußerungszusage

1429 Das bei weitem häufigste Abhilfemittel ist die Veräußerungszusage[1499]. Sie wirkt strukturell, ist einfach durchzuführen, benötigt nach der Umsetzung keine weiteren Überwachungsmaßnahmen durch die Kommission und wird von ihr deshalb als

---

1495 Bestätigt durch EuG, T-158/00, Entscheidung vom 30.9.2003, Rdnr. 386.
1496 Mitteilung der Kommission über zulässige Abhilfemaßnahmen, Rdnr. 43.
1497 Kommission, 3.5.2000, M.1693.
1498 Kommission, 22.9.1999, M.1524.
1499 Im Zeitraum von 1998 bis 2000 machten Veräußerungszusagen, die sich auf Geschäftsbereiche/Tochtergesellschaften, Gesellschafteranteile oder Vermögensgegenstände bezogen, 60% aller Zusagen aus.

das Mittel angesehen, das Wettbewerbsprobleme am einfachsten und eindeutigsten löst. Veräußerungszusagen bieten sich insbesondere – aber nicht nur[1500] – an, um Wettbewerbsprobleme zu beseitigen, die aus der Überschneidung von Geschäftsbereichen der fusionierenden Parteien und dem Entstehen hoher Marktanteile hervorgehen.

Veräußert wird dabei ein »lebensfähiges Geschäft« durch die Trennung von Kapitalanteilen, Betriebsteilen oder Vermögensgegenständen. Hierdurch sollen die hohen Marktanteile der beteiligten Unternehmen auf dem relevanten Markt reduziert und die Wettbewerbsfähigkeit eines konkurrierenden Unternehmens gestärkt werden. Der Kommission kommt es darauf an, dass der Geschäftsbereich, auf den die Parteien verzichten, als lebensfähige Einheit bestehen bleibt und von einem oder mehreren Wettbewerbern weitergeführt wird. Die bloße Beseitigung oder Reduzierung von Überschneidungen der Geschäftsbereiche der Fusionsbeteiligten – etwa durch die Schließung von Produktionsstätten – ist nicht ausreichend. 1430

Zu einem lebensfähigem Geschäft gehören jedenfalls materielle Vermögenswerte wie Produktionsstätten, der Vertrieb, Forschung und Entwicklung, Verkauf und Vermarktungstätigkeiten, aber auch immaterielle Vermögensgegenstände wie geistige Eigentumsrechte, good will, Personal-, Liefer- und Verkaufsvereinbarungen, Kundenverzeichnisse, Dienstleistungsvereinbarungen mit Dritten, technische Unterstützung u. a. Weiter muss gewährleistet sein, dass der Geschäftsbereich mit ausreichend erfahrenem Personal zu seiner Fortführung ausgestattet ist. 1431

Die Unternehmen müssen in ihrer Verpflichtungszusage die Vermögensgegenstände, die notwendig sind, damit der zu veräußernde Geschäftsbereich als lebensfähige Einheit am Markt fortbestehen kann, genau und umfassend beschreiben[1501]. Das ist insbesondere dann bedeutsam, wenn der zu veräußernde Geschäftsbereich bisher keine eigene Rechtspersönlichkeit besaß. Ausschlaggebend für die Auslegung der Veräußerungszusage ist jedoch nicht die Auflistung als solche, sondern das übergeordnete Ziel, ein lebensfähiges Geschäft zu definieren. Im Zweifel wird die Kommission daher eine Auflistung, die dieses Ziel nicht erreicht, als nicht abschließend ansehen. 1432

(2) Über die Beseitigung der Überschneidung hinausgehende Anforderungen

Um ein lebensfähiges Geschäfts zu gewährleisten, kann es notwendig sein, auch Tätigkeiten einzubeziehen, die Märkte betreffen, auf denen die Kommission keine Wettbewerbsprobleme festgestellt hat[1502]. Das kann z. B. der Fall sein, wenn für die Behauptung eines Anbieters auf dem Markt das Angebot einer möglichst vollständigen Produktlinie bedeutsam ist. So hatte die Kommission im Verfahren »Sanitec/Sphinx«[1503] Wettbewerbsprobleme im Bereich Sanitärkeramik, Duschwände und Badewannen festgestellt. Die Veräußerung des »Gustavsberggeschäfts« durch Sphinx ermöglichte es dem Käufer jedoch, auch das Geschäft mit Wasserhähnen und Mischbatterien zu erwerben. Das Ergebnis des Markttests überzeugte die Kommis- 1433

1500 Veräußerungszusagen kommen z. B. auch in Betracht, um Verflechtungen mit Wettbewerbern zu lösen.
1501 Siehe hierzu die Mitteilung über zulässige Abhilfemaßnahmen.
1502 Rdnr. 17 der Mitteilung über zulässige Abhilfemaßnahmen.
1503 Kommission, 1. 12. 1999, M.1578.

C. Europäische Fusionskontrolle

sion davon, dass die Vervollständigung des Sortiments durch diese Produkte für die uneingeschränkte Wettbewerbsfähigkeit des zu veräußernden Geschäfts auf dem Markt notwendig sei[1504]. Die Einbeziehung von Produkten in die Veräußerungsverpflichtung, bei denen keine Wettbewerbsbeschränkung festgestellt wurde, liegt auch in Fällen der vertikalen Integration nahe. Um die Unabhängigkeit des zu veräußernden Geschäfts sicherzustellen, kann es notwendig sein, auch Vorprodukte in das Veräußerungspaket mit aufzunehmen.

1434 Die Einbeziehung von weiteren Produkten kommt außerdem in Betracht, um das Veräußerungspaket insgesamt attraktiver zu machen und die Chancen zu erhöhen, einen geeigneten Käufer zu finden. Im Verfahren Siemens/Elektrowatt[1505] stellte die Kommission Probleme im Bereich der öffentlichen Payphones[1506] fest. Die Parteien verpflichteten sich, ihr gesamtes Payphone-Geschäft – einschließlich des Bereichs privater Payphones – zu veräußern. Um das Payphone-Geschäft im Hinblick auf die beabsichtigte Veräußerung »abzurunden«, hatte Elektrowatt außerdem eigens während des laufenden Verfahrens das Unternehmen GN Rathdown erworben.

1435 Bei der Annahme von Verpflichtungserklärungen, die Märkte betreffen, die keinen Anlass für Wettbewerbsbedenken geben, wird die Kommission jedoch auch immer den Verhältnismäßigkeitsgrundsatz im Auge behalten müssen. Im Verfahren Siemens/Elektrowatt sah sich die Kommission hierdurch nicht beschränkt. Sie führte aus:

1436 »Eine Beschränkung der Zusage käme nur in Betracht, wenn bereits eine derartige Zusage ausreichend wäre, um auf dem Markt für »öffentliche« Payphones in Deutschland die Entstehung oder Verstärkung einer marktbeherrschenden Stellung mit hinreichender Sicherheit abzuwenden. Es erscheint jedoch äußerst fraglich, ob sich für einen lediglich auf »öffentliche« Payphones in Deutschland beschränkten Veräußerungsgegenstand, soweit eine derartige Beschränkung überhaupt rechtlich und tatsächlich durchführbar wäre, ein geeigneter Erwerber finden ließe. Die vorgeschlagene Zusage ist deshalb erforderlich, um auf dem Markt für »öffentliche« Payphones in Deutschland die Entstehung oder Verstärkung einer marktbeherrschenden Stellung mit hinreichender Sicherheit abzuwenden.«

1437 Es kann auch erforderlich sein, dass die Parteien zu einem Preis verkaufen müssen, der keinen entsprechenden Gegenwert zu dem zu veräußernden Geschäft darstellt. Die Parteien haben keinen Anspruch auf einen angemessenen Erlös für das Geschäft, zu dessen Veräußerung sie sich verpflichtet haben[1507].

1504 Andere Beispiele sind die Verfahren M.1990 »Unilever/Bestfoods« vom 31. 10. 2000 und M.1802 »Unilever-Amora Maille«, Entscheidung vom 8. 3. 2000.
1505 Kommission, 18. 11. 1997, M.913.
1506 Payphones sind Telekommunikationsendgeräte, die der Allgemeinheit gegen Entgelt zugänglich gemacht werden.
1507 Die Umsetzung der Zusagen wird regelmäßig von einem Treuhänder überwacht. Gelingt es den Parteien nicht, innerhalb einer bestimmten Frist einen geeigneten Käufer zu finden, übernimmt diese Aufgabe ein vorher bestimmter »Veräußerungstreuhänder«. Dieser ist an einen Mindestpreis nicht mehr gebunden, hat jedoch bei seiner Tätigkeit die Interessen der Parteien im Auge zu behalten. Näheres hierzu enthält der Mustertext der Generaldirektion Wettbewerb für das Treuhändermandat.

(3) Weitere Anforderungen

In bestimmten Situationen ist es von vorne herein unsicher, ob für ein von den Parteien zur Veräußerung angebotenes Geschäft ein geeigneter Käufer gefunden werden kann. Solche Zweifelsfälle können z. B. durch Vorkaufsrechte Dritter oder durch – je nach Rechtslage des Mitgliedstaates – unterschiedliche Genehmigungserfordernisse begründet werden. Auch kann es im Einzelfall ungewiss sein, ob wichtige Verträge, Eigentumsrechte oder Mitarbeiter übertragbar sind[1508]. Es besteht weiterhin die Möglichkeit, dass das angebotene Geschäft uninteressant für potentielle Erwerber ist oder die wirtschaftlichen Erfolgsaussichten stark davon abhängen, wer der Käufer ist. Um eine solche zweifelhafte Zusage nicht von vorne herein ablehnen zu müssen, wird sich die Kommission, wie nachfolgend dargestellt, absichern.

1438

(a) Kronjuwelen

Eine Möglichkeit, die Ablehnung einer unsicheren Zusage durch die Kommission abzuwenden, ist die Veräußerung der so genannten »**Kronjuwelen**« als Alternative für den Fall, dass sich die erste Zusage nicht verwirklichen lässt[1509]. Dabei handelt es sich um Geschäftsbereiche der Parteien, die sicher geeignet sind, die Wettbewerbsbedenken der Kommission zu beheben. Häufig sind dies besonders profitable und bestens etablierte Tätigkeiten der Fusionsbeteiligten, Herzstücke, von denen sich die Parteien nur äußerst ungern trennen. Es hat daher in der Vergangenheit nicht viele Präzedenzfälle gegeben[1510]. Die Parteien sind oft eher bereit, auf das Zusammenschlussvorhaben zu verzichten, als sich von den Kronjuwelen zu trennen.

1439

(b) Upfront-buyer

Sind die Parteien zur Veräußerung von Kronjuwelen nicht bereit, kommt eine Vereinbarung über einen so genannten »upfront-buyer« in Betracht[1511]. Ist die Kommission im Zweifel, ob für das angebotene Geschäft ein geeigneter Käufer gefunden werden kann, wird sie das Zusammenschlussvorhaben nur genehmigen, wenn sich die Parteien verpflichten, das Vorhaben erst durchzuführen, nachdem sie mit einem von der Kommission genehmigten Käufer eine **verbindliche Vereinbarung** über das Veräußerungspaket abgeschlossen haben. Von dieser Möglichkeit wurde das erste Mal im Verfahren »Bosch/Rexroth«[1512] Gebrauch gemacht. Die Untersuchungen der Kommission hatten ergeben, dass durch den Zusammenschluss eine

1440

1508 Mitteilung der Kommission über im Rahmen der Verordnung (EWG) Nr. 4064/89 des Rates und der Verordnung (EG) Nr. 447/98 der Kommission zulässige Abhilfemaßnahmen, ABl. C 68/03 vom 3. 3. 2001, Tz. 22.
1509 Mitteilung der Kommission über im Rahmen der Verordnung (EWG) Nr. 4064/89 des Rates und der Verordnung (EG) Nr. 447/98 der Kommission zulässige Abhilfemaßnahmen, ABl. C 68/03 vom 3. 3. 2001, Tz. 23.
1510 Beispiele für eine Alternativ-Lösung: Kommission, 8. 4. 1999, M.1453 »AXA/GRE; Kommission«, 27. 7. 2001, M.2337 »Nestlé/Ralston Purina«.
1511 Mitteilung der Kommission über zulässige Abhilfemaßnahmen, ABl. C 68/03 vom 3. 3. 2001, Rdnr. 20.
1512 Kommission, 13. 12. 2000, M.2060, weitere Entscheidungen waren Kommission, 13. 3. 2001, M.1915 »The Post Office/TPG/SPPL«; Kommission, 15. 2. 2002, M. 2544 »Masterfoods/Royal Canin«; Kommission, 27. 7. 2001, M. 2337 »Nestle/Ralston Purina«.

marktbeherrschende Stellung von Rexroth und Bosch auf dem Markt für Hydraulik-Kolbenpumpen begründet worden wäre, da zwischen den von Rexroth hergestellten Axial- und den Radial-Kolbenpumpen von Bosch ein hohes Maß an Austauschbarkeit besteht. Um die Entstehung einer beherrschenden Stellung zu verhindern, war Bosch bereit, sein Radial-Kolbenpumpengeschäft zu veräußern[1513]. Die Untersuchungen der Kommission hatten außerdem ergeben, dass zur Erhaltung eines wirksamen Wettbewerbs ein starker Erwerber gefunden werden müsse. Andernfalls hätten Bosch/Rexroth die durch den Verkauf verlorenen Marktanteile möglicherweise allmählich wieder zurückgewonnen. Auch bestand die Gefahr, dass eine Schwächung des Radialkolbenpumpengeschäfts bereits in der Zeitspanne zwischen Durchführung des Zusammenschlusses und des Abschlusses einer bindenden Vereinbarung mit einem geeigneten Käufer eintreten würde.

1441 Um die Bedenken der Kommission im Hinblick auf eine mögliche Schwächung der betreffenden Geschäftsbereiche vor ihrer Veräußerung zu zerstreuen sowie die Zweifel auszuräumen, dass überhaupt ein starker Käufer gefunden werde könne, war Bosch bereit, an einen »upfront-buyer« zu verkaufen, das heißt, bis zur verbindlichen Vereinbarung der Veräußerung mit dem von der Kommission zu genehmigenden Käufer die Fortdauer des Vollzugsverbots für den Zusammenschluss nach Art. 7 Abs. 1 anzuerkennen. Die Erfüllung der Zusage erfolgt somit »upfront«, d.h. in diesem Zusammenhang vor Vollzug des Zusammenschlusses. Die »upfront-buyer«-Klausel veranlasste Bosch dazu, innerhalb kürzester Zeit und noch vor der Kommissionsentscheidung einen geeigneten Käufer vorzuschlagen, sodass der Zusammenschluss unmittelbar nach der Freigabeentscheidung der Kommission durchgeführt werden konnte.

1442 Der Begriff des »upfront-buyers«, wie ihn die Kommission zurzeit verwendet, unterscheidet sich vom entsprechenden Begriff in der US-amerikanischen Praxis der FTC[1514]. Die FTC genehmigt Zusammenschlussvorhaben erst, wenn die Zusammenschlussbeteiligten eine bindende Vereinbarung mit einem von der FTC genehmigten Käufer geschlossen haben. Dagegen macht die Kommission bisher nur die Durchführung des Zusammenschlusses von der Erfüllung der Zusage abhängig. Eine Weiterentwicklung dieser Praxis nach Maßgabe der Erfordernisse des Einzelfalls ist jedoch jederzeit möglich.

1443 Der »upfront-buyer« entspricht der Praxis des Kartellamts zur Freigabe unter einer aufschiebenden Bedingung wie zuletzt z.B. im Fall Trienekens/Entsorgungsbetriebe Essen[1515]. Hier hatte das BKartA seine Entscheidung mit der Bedingung verbunden, dass die Anteile der Trienekens-Gruppe an einen Wettbewerber veräußert werden. Der Tenor besagt, dass der Zusammenschluss erst vollzogen werden darf, wenn ein bindender Kaufvertrag mit einem vom Kartellamt genehmigten Erwerber abgeschlossen worden ist.

1513 Das Axial-Kolbenpumpengeschäft von Rexroth wäre das »Kronjuwel« gewesen.
1514 Auch quantitativ bestehen erhebliche Unterschiede zwischen der Praxis der EU-Kommission und der FTC: Die FTC macht bisher etwa 60% ihrer Genehmigungen, die auf der Basis einer Veräußerungszusage erteilt werden, von einem upfront-buyer abhängig.
1515 BKartA, 29.4.2002 »Trienekens/Entsorgungsbetriebe Essen« (B 10-219/01).

III. Materielle Beurteilung

(c) Der Verkauf virtueller Unternehmen

Im den Verfahren Südzucker/Saint Louis Sucre[1516] und EDF/EnBW[1517] hat die Kommission zur Lösung von Wettbewerbsproblemen den Verkauf »virtueller Unternehmen« als Abhilfemaßnahme akzeptiert. In diesen Fällen war die Vollveräußerung aus fallspezifischen Gründen nicht möglich. Stattdessen haben die Parteien angeboten, Wettbewerb zu fördern, indem sie Produktionskapazitäten bzw. einen Teil ihrer Produktion Wettbewerbern zur Verfügung stellen: 1444

Im Verfahren Südzucker/Saint Louis Sucre hatte die Kommission u.a. die Verstärkung einer marktbeherrschenden Stellung von Südzucker auf dem süddeutschen Markt für Industriezucker und Haushaltszucker durch den Zusammenschluss festgestellt. Diese Bedenken konnten nicht durch den Verkauf einer Zuckerfabrik in Süddeutschland behoben werden. Auf der Grundlage der »Gemeinsamen Marktorganisation für Zucker«, die den europäischen Zuckermarkt reguliert, ist der Verkauf einer Produktionsstätte für Zucker nur sinnvoll, wenn gleichzeitig eine entsprechende Produktionsquote auf den Käufer mit übergeht. Die Zuteilung von Quoten auf die nationalen Zuckerproduzenten und ihre Zuckerproduktionsstätten fällt in die Zuständigkeit der nationalen Regierungen. Das in Deutschland zuständige Bundesministerium für Verbraucherschutz, Ernährung und Landwirtschaft hatte mitgeteilt, dass es in ständiger Verwaltungspraxis seine Befugnisse bei der Neuverteilung von Zuckerproduktionsquoten nicht gegen den zu erwartenden Widerstand der betroffenen Landwirte ausübt. Ein solcher Widerstand wäre im konkreten Fall möglicherweise zu erwarten gewesen. Darüber hinaus wäre nach Überzeugung der Kommission die Veräußerung einer einzelnen Fabrik in Süddeutschland nicht geeignet gewesen, die Struktur des Zuckerrübenanbaus und der Zuckerherstellung zu verbessern. Denn Südzucker hat in Süddeutschland ein flächendeckendes Netz von Zuckerfabriken errichtet, die im Verbund operieren und in eine Konzernstruktur integriert sind, sodass ein Spezialisierungseffekt an einzelnen Standorten eintritt. Die Kommission ist daher zu dem Schluss gelangt, dass die Veräußerung einer Zuckerfabrik in Süddeutschland als Abhilfemaßnahme keine hinreichende Aussicht auf Erfolg gehabt hätte. 1445

Südzucker hat stattdessen angeboten, einem unabhängigen Handelsunternehmen oder einem Zuckerhersteller, der am Vertrieb von Zucker in Süddeutschland interessiert ist, bis zu 90.000 Tonnen Quoten-Zucker (die »virtuelle Zuckerfabrik«) aus ihrer Produktion zur Verfügung zu stellen. Der Preis errechnet sich auf der Basis des so genannten »Interventionspreises«, der deutlich unter dem Marktpreis liegt. 1446

Die Kommission war der Ansicht, dass diese von Südzucker angebotene Zusage unter den besonderen Wettbewerbsbedingungen der Gemeinsamen Marktorganisation für Zucker in ihrer Wirkung einer Veräußerungszusage im Wesentlichen gleicht. Dennoch stellt die Annahme dieser Zusage, die tatsächlich eine Verhaltenszusage ist, eine Ausnahme von dem Grundsatz der Kommission dar, bevorzugt Abhilfemaßnahmen zu akzeptieren, die das Wettbewerbsproblem strukturell lösen. 1447

Im Verfahren EDF/EnBW ergaben die Ermittlungen der Kommission, dass der ursprünglich angemeldete Zusammenschluss die Marktstellung von Electricité de France (EdF) bei der Stromversorgung gewerblicher Großkunden in Frankreich verstärkt hätte. Um diese Bedenken auszuräumen, sagte der Konzern u.a. zu, die Er- 1448

1516 Kommission, 20.12.2001, M.2530.
1517 Kommission, 7.2.2001, M.1853.

zeugung von 6.000 MW Strom konkurrierenden Unternehmen zu überlassen, da die Veräußerung eines Atomkraftwerks aus nahe liegenden Gründen nicht in Betracht kam. Damit wurden etwa 30 % des Marktes für den Wettbewerb geöffnet. Der Zugang zu diesen Erzeugungskapazitäten wird mittels Versteigerungen gewährt, die EdF unter der Aufsicht eines Treuhänders vorbereitet und durchführt.

1449 Auch in diesem Fall hat die Kommission[1518] betont, dass das Zusagenpaket auf den hochspezifischen Eigenarten des Einzelfalles beruht und nicht generell als Referenzfall herangezogen werden kann.

(d) Teilveräußerung / Entflechtungszusagen

1450 Die Veräußerung eines Geschäfts setzt die volle Veräußerung voraus, d. h. beim Verkauf von Anteilsrechten die Veräußerung des gesamten, von den Parteien gehaltenen Pakets. Die bloße Reduzierung der Anteile auf einen »wettbewerbsunschädlichen« Teil wird von der Kommission nur ausnahmsweise akzeptiert. Sie kommt in Betracht, wenn die Entstehung einer marktbeherrschenden Stellung nicht unmittelbar durch die Addition der Marktanteile der beteiligten Parteien droht, sondern wenn aufgrund von rechtlichen oder personellen Verbindungen zu Wettbewerbern oder vertikaler Verflechtungen die Minderung von Wettbewerb wahrscheinlich ist. In diesen Fällen zielt die Veräußerung der Anteile nicht darauf ab, Marktanteile der Parteien zu reduzieren, sondern die Verbindung zum Wettbewerber dauerhaft zu beseitigen oder zu reduzieren und so die Unabhängigkeit der Teilnehmer im betroffenen Markt zu sichern.

1451 Im Fall »Allianz / Dresdner«[1519] hat die Kommission als unmittelbare Folge des Zusammenschlusses keine Entstehung von Marktbeherrschung festgestellt. Allerdings bestanden zwischen den Beteiligten sowie der Münchner Rück beträchtliche Überkreuzbeteiligungen, die der Allianz / Dresdner nach dem Zusammenschluss die Möglichkeit gegeben hätten, ihren Einfluss in der Hauptversammlung der Münchner Rück erheblich zu verstärken. Die Möglichkeit, dass die Allianz den anderen führenden Allfinanzkonzern Deutschlands kontrollieren könnte und damit gemeinsam mit der Münchner Rück eine beherrschende Stellung auf einigen Märkten der Lebens- und Sachversicherung erlangen könnte, war nicht auszuschließen[1520]. Die Parteien haben sich daher verpflichtet, ihre Anteile auf 20,5 % zu reduzieren. Dadurch wurde sichergestellt, dass die Allianz / Dresdner nach dem Zusammenschluss keine Hauptversammlungsmehrheit in der Münchener Rück erreichen wird. Die Parteien haben sich außerdem verpflichtet, bis zur Veräußerung ihre Stimmrechte nur bis zur Höhe des genannten Anteils auszuüben.

1452 Im Verfahren »Nordbanken / Postgirot«[1521] hatte die Kommission festgestellt, dass Nordbanken durch den Zusammenschluss volle Kontrolle über eines von zwei existierenden Zahlungssystemen in Schweden erlangen würde. An Bankgirot, die das zweite konkurrierende Zahlungssystem betreibt, hielt Nordbanken eine erhebliche Minderheitsbeteiligung. Angesichts der engen Marktstruktur sah die Kommission die Gefahr, dass infolge der strukturellen Verbindungen zwischen Postgirot und Bankgirot diese beiden Institute ihr Marktverhalten koordinieren und eine gemein-

---

1518 31. WB 2001, Rdnr. 301.
1519 Kommission, 19. 7. 2001, M.2431 »Allianz / Dresdner«.
1520 Dies hätte möglicherweise in einer Untersuchung der Phase II geprüft werden müssen.
1521 Kommission, 8. 11. 2001, M.2567 »Nordbanken / Postgirot«.

sam marktbeherrschende Stellung begründen könnten. Um die Bedenken der Kommission auszuräumen, verpflichtete sich Nordbanken, ihre Beteiligung an Bankgirot auf 10 % und damit auf ein unschädliches Maß zu reduzieren.

In anderen Fällen wurde die vollständige Veräußerung von Minderheitsbeteiligungen an Wettbewerbern[1522] oder die Lösung personeller Verflechtungen verlangt[1523]. 1453

(4) Andere Formen der Zusage

Neben der Veräußerungszusage kommen zur Aufrechterhaltung von Wettbewerb auch andere Arten von Zusagen in Betracht. Die Mitteilung der Kommission über zulässige Abhilfemaßnahmen nennt ausdrücklich (1) die Beendigung von Ausschließlichkeitsvereinbarungen (Alleinbezugs- oder Alleinvertriebsvereinbarungen), (2) die Gewährung des Zugangs zu Infrastruktureinrichtungen (z. B. Netzen) für Wettbewerber und (3) zu besonderen Schlüsseltechnologien z. B. durch Veräußerung der Technologie oder Lizenzierung sowie schließlich (4) Paketlösungen, die die Veräußerung und andere Abhilfemaßnahmen kombinieren[1524]. 1454

Die genannten Maßnahmen zielen darauf ab, Marktabschottungseffekte zugunsten der am Zusammenschluss beteiligten Unternehmen zu verhindern, Marktzutrittsschranken niedrig zu halten und so die Märkte für vorhandene und künftige Wettbewerber offen zu halten. Insofern wirken sie strukturell. 1455

Sie bieten sich besonders im Zusammenhang mit Fusionen an, die neu sich entwickelnde Märkte z. B. im Bereich der Medien und der Telekommunikation, den Energiebereich oder den Luftverkehr betreffen sowie allgemein Bereiche, bei denen es auf den Zugang zu Netzen, Technologien oder sonstigen Infrastruktureinrichtungen ankommt. Darüber hinaus kommen sie generell bei vertikalen Zusammenschlüssen in Betracht. 1456

Im Fall »Newscorp/Telepiù«[1525] erwarb The News Corporation (Newscorp) die alleinige Kontrolle über Telepiù, den neben Newscorp einzigen Anbieter von satellitengestütztem Bezahlfernsehen (Pay-TV) in Italien. Die Kommission gab den Zusammenschluss frei, da es unwahrscheinlich war, dass zwei Anbieter auf dem italienischen Markt nebeneinander bestehen könnten. Sie verband ihre Freigabeentscheidung mit einem komplexen Zusagenpaket, das darauf abzielt, den Markt für aktuelle und potentielle Wettbewerber offen zu halten. Danach sollen Wettbewerber langfristig (bis zum Jahr 2011) Zugang zu Inhalten (Newscorp verzichtet auf seine langfristigen Exklusivitätsrechte und erteilt Unterlizenzen) und zur technischen Plattform von Newscorp sowie seiner Verschlüsselungstechnik erhalten. Darüber hinaus verpflichtete sich Newscorp Telepiùs Geschäftsbereich für die terrestrische Übertragung von Fernsehprogrammen an einen Käufer zu veräußern, der daran interessiert ist, Bezahlfernsehen über terrestrische Übertragungswege anzubieten. 1457

Im Verfahren »Vodafone-Airtouch/Mannesmann«[1526] bestand die Gefahr der Begründung einer marktbeherrschenden Stellung der Fusionsbeteiligten, da das neu 1458

[1522] Mit einer Liste von Fällen: 30. WB 2000, Rdnr. 278.
[1523] Kommission, 12. 1. 2000, M.1712 »Generali/Ina«.
[1524] Rdnr. 26 ff. Beispiele aus der Kommissionspraxis sind im Fußnotenapparat der Mitteilung enthalten.
[1525] Kommission, 2. 4. 2003, M.2876.
[1526] Kommission, 12. 4. 2000, M.1795 »Vodafone-Airtouch/Mannesmann«.

entstehende Unternehmen eine einzigartige Stellung auf dem sich neu entwickelnden Markt für gesamteuropäische nahtlose Mobilfunknetze gehabt hätte. Demgegenüber wären die Wettbewerber aufgrund ihrer stärkeren Segmentierung nicht so schnell in der Lage gewesen, integrierte Netze aufzubauen. Die Parteien verpflichteten sich daher, die Nutzung ihres integrierten Netzes durch andere Mobilfunkanbieter zuzulassen. Die auf diesen Zusagen beruhenden Verpflichtungen der Parteien waren auf drei Jahre befristet, da die Kommission davon ausging, dass die Wettbewerber in dieser Zeit eigene Infrastrukturen errichtet haben würden.

1459 Ähnliche Probleme ergaben sich im Fall »Vivendi/Canal+/Seagram«[1527]. Hier waren die sich neu entwickelnden Märkte für Pay-TV (Canal+ war der marktbeherrschende Anbieter) und Internet-Zugang (Vivendi) betroffen. Die Kommission sah die Gefahr der Verstärkung einer marktbeherrschenden Stellung bei Pay-TV durch den Zugriff des neuen Unternehmens auf die Filme der von der Seagram-Tochter Universal produzierten oder koproduzierten Filme. Im Bereich Internet-Zugang bestand die Gefahr von Marktbeherrschung durch die Koppelung mit dem Online-Musikangebot von Universal. Auch hier verpflichteten sich die Parteien, für eine Übergangszeit das Film- bzw. Musikangebot den Wettbewerbern zugänglich zu machen. Die Parteien sicherten außerdem zu, die TV-Erstverwertungsrechte von Canal+ auf 50% der von Universal produzierten oder mitproduzierten Filme zu beschränken[1528].

(5) Verhaltenszusagen

1460 Die ratio legis der Fusionskontrolle zielt darauf ab, wettbewerbliche Marktstrukturen zu erhalten. Daraus folgt, dass die Kommission strukturell wirkende Zusagen solchen vorzieht, die die Unternehmen zu einem bestimmten Verhalten verpflichten. Zudem laufen Verhaltenszusagen im Extremfall darauf hinaus, die durch einen Zusammenschluss entstehende Marktbeherrschung hinzunehmen und anschließend eine Art kontinuierliche Missbrauchsaufsicht durchzuführen. Sie erfordern jedenfalls häufig langfristig Überwachungsmaßnahmen, denen die Kommission ebenfalls nicht positiv gegenüber steht. Dennoch ist seit der Entscheidung in der Rechtssache »Gencor/Kommission«[1529] klargestellt, dass auch Zusagen, die »prima facie« Verhaltenszusagen sind, wie z.B. das Zur-Verfügung-Stellen von Produktionskapazitäten an Wettbewerber, zulässige Abhilfemaßnahmen sein können. Es ist nach Aussage des Gerichts jedoch nicht ausreichend, dass die Parteien sich lediglich verpflichten, ihre marktbeherrschende Stellung nicht zu missbrauchen[1530].

1461 Das **Gericht erster Instanz** hat in dem Verfahren ARD/Kommission[1531] erneut zur **Zulässigkeit von Verhaltenszusagen** Stellung genommen. Mit diesem Urteil bestä-

---

1527 Kommission, 13.10.2000, M.2050 »Vivenda/Canal+/Seagram«.
1528 Ein weiteres Beispiel ist der Fall Kommission, 29.3.2000, M.1751 »BASF/Shell/JV-Project Nicole« (Lizensierung von Patenten).
1529 T-102/96 »Gencor/Kommission«, Entscheidung vom 25.3.1999, siehe hier insbesondere Rdnr. 319.
1530 ebenda, Rdnr. 317; Mitteilung der Kommission über zulässige Abhilfemaßnahmen. Anders das Gericht erster Instanz in T-05/02, 25.10.2002 »Tetra Laval/Kommission«, Rdnr. 159–161. Die Kommission hat gegen dieses Urteil Berufung zum EuGH eingelegt.
1531 EuG, 30.9.2000, »ARD/Kommission«, Rs. T-158/00.

III. Materielle Beurteilung

tigte das Gericht die Kommissionsentscheidung im Fall »BSkyB/KirchPayTV«[1532]. Die Kommission hatte den Erwerb von gemeinsamer Kontrolle an dem damaligen deutschen Anbieter von Bezahlfernsehen KirchPayTV durch den britischen Anbieter von Bezahlfernsehen BSkyB durch eine Entscheidung in Phase I unter Auflagen und Bedingungen freigegeben. Die abgegebenen Zusagen zielten auf eine Absenkung der Marktzutrittsschranken, indem sich die Parteien verpflichteten, dritten Anbietern von Bezahlfernsehen Zugang zur technischen Plattform, insbesondere der d-box von Kirch zu gewähren. Außerdem sollte die Errichtung von konkurrierenden Plattformen erleichtert werden, indem Dritten Zugang zu Kirchs Pay-TV-Dienstleistungen gewährt wurde. Hiergegen hatte die ARD Klage von dem Gericht erster Instanz erhoben. Unter anderem machte sie geltend, dass die angebotenen Zusagen reine Verhaltenszusagen seien und über die Pflichten eines marktbeherrschenden Unternehmens nach Art. 82 nicht hinausgingen.

Das Gericht erster Instanz wies die Klage ab. Die Zusagen wirkten strukturell, da sie ein strukturelles Problem lösten, nämlich den Marktzutritt durch Dritte. Sie gingen insofern über die bloße Verpflichtung hinaus, eine marktbeherrschende Stellung nicht zu missbrauchen. Zudem erfolge durch die Freigabe unter Bedingungen und Auflagen in einem Fusionskontrollverfahren eine Umkehr der Beweislast. Die Parteien müssen beweisen, dass sie die Auflagen fristgerecht umgesetzt haben. Die Kommissionsentscheidung sieht außerdem ein Schiedsverfahren vor, das ebenfalls den Parteien die Beweislast dafür aufbürdete, ihren Verpflichtungen entsprochen zu haben. Demgegenüber müsse im Rahmen eines Missbrauchsverfahrens nach Art. 82 EGV die Kommission beweisen, dass der Marktbeherrscher seine Stellung missbraucht habe. Zudem seien die Sanktionsmöglichkeiten des Art. 8 Abs. 5 FKVO (a. F.) effektiver und weitreichender als die unter Art. 82 EGV, Art. 8 Abs. 5 FKVO (a. F.) sah den Widerruf der Freigabeentscheidung vor.

1462

Die ARD hatte auch vorgebracht, dass die Zusagen gegen die Prinzipien der Bekanntmachung der Kommission zu ihrer Zusagenpraxis verstoße, da sie mittelfristig die Überwachung der Einhaltung der Zusagen erfordere. Das Gericht erster Instanz hat festgestellt, dass die Bekanntmachung nicht jegliche Überwachung der Einhaltung von Zusagen ausschließen will, sondern nur sicherzustellen beabsichtigt, dass die Kommission nicht mit fortlaufender Überwachungstätigkeit belastet wird. Da die Kommissionsentscheidung die Einrichtung eines Schiedsverfahren vorsehe, das Streitfälle regele, sei diesem Erfordernis genüge getan. Sollte die Schiedsstelle zu dem Schluss kommen, dass die Parteien ihre Zusagen nicht einhielten, könne die Kommission ihre Freigabeentscheidung widerrufen.

1463

Das Gericht erster Instanz bestätigt einmal mehr[1533], dass die Kommission angebotene Zusagen daraufhin zu prüfen hat, ob sie das Wettbewerbsproblem lösen. Das hat unabhängig davon zu erfolgen, ob die in Frage stehende Zusage als Verhaltens- oder strukturelle Zusage einzuordnen ist. Die Entscheidung besagt jedoch nicht, dass die Kommission Verhaltenszusagen in jedem Fall zu akzeptieren hat. Die Kommission wird aber die Wirksamkeit angebotener Verhaltenszusagen sorgfältig zu prüfen haben. Eine pauschale Zurückweisung wird vor Gericht keinen Bestand haben.

1464

1532 Kommission, 21. 3. 2000, COMP/JV. 37.
1533 Wie schon in seiner Entscheidung vom 25. 3. 1999, »Gencor/Kommission«, Rs. T-102/96, Slg. 1999, II-753.

1465 Das Gericht erster Instanz steht mit dieser Entscheidung zumindest teilweise in Widerspruch zu seiner Entscheidung im Verfahren TetraLaval/Kommission[1534]. In dieser Entscheidung hatte das Gericht zwar auch die Auffassung vertreten, die Kommission könne angebotene Zusagen nicht mit der Begründung zurückweisen, es handele sich um bloße Verhaltenszusagen[1535]. Allerdings gingen in diesem Fall die angebotenen Zusagen nicht über das Versprechen hinaus, die Verpflichtungen einzuhalten, die Art. 82 EGV marktbeherrschenden Unternehmen auferlegt. Strukturelle Wirkungen, wie sie das Gericht im Verfahren ARD/Kommission für notwendig hielt, waren im dieser Entscheidung zu Grunde liegenden Fall nicht erkennbar. Darüber hinausgehend hatte das Gericht erster Instanz der Kommission aufgegeben, bei ihrer Untersuchung der möglichen Auswirkungen eines Zusammenschlusses, die abschreckende Wirkung von Art. 82 EGV, der missbräuchliches Verhalten untersagt und mit einem Bußgeld bedroht, in Betracht zu ziehen. Hiergegen hat die Kommission Berufung zum Europäischen Gerichtshof eingelegt.

(6) Zusagen, die in der Regel nicht akzeptiert werden

(a) Bedingte Zusagen

1466 Es kommt vor, dass die Parteien eine Verpflichtungszusage zwar fristgerecht vorlegen, diese jedoch abhängig machen vom Eintreten weiterer Umstände im Laufe des Verfahrens. Sie wollen sich z.B. endgültig erst nach der Stellungnahme des Beratenden Ausschusses festlegen oder das Ergebnis des Markttests abwarten. Hierdurch entstehen Unsicherheiten darüber, ob die Parteien tatsächlich eine verbindliche Zusage abgegeben haben, was die weitere Verfahrensführung für die Kommission erschwert. Außerdem veranlasst eine solche Praxis die Parteien zu Diskussionen über das Ergebnis des Markttests oder des Beratenden Ausschusses. Die Kommission wird daher auf der Vorlage unbedingter Verpflichtungszusagen bestehen. Dies steht einer späteren Rücknahme der Verpflichtung vor Verfahrensablauf durch die Parteien nicht entgegen.

(b) Zusagen, deren Verwirklichung von Dritten abhängt

1467 Dabei kann es sich z.B. um Zustimmungsrechte Dritter zu einer Veräußerung handeln oder um eine behördliche oder staatliche Genehmigung, die vor einer Veräußerung erforderlich ist. Solche Zusagen sind regelmäßig nicht geeignet, die Kommission davon zu überzeugen, dass durch sie wirksamer Wettbewerb wiederhergestellt werden kann. Die Parteien können ihre Zusage jedoch mit einer weiteren Zusage (»Kronjuwelen«) koppeln, die dann zum Zuge kommt, wenn die Verwirklichung der ersten Zusage scheitert.

1534 EuG, 25.10.2002, »Tetra Laval/Kommission«, Rs. T-5/02, Slg. 2002, II-4381, Rdnr. 161.
1535 Tatsächlich hatte die Kommission in ihrer angegriffenen Entscheidung »Tetra Laval/Sidel« vom 30.10.2001 die Zurückweisung der Verhaltenszusage auch begründet. Sie wurde von ihr als nicht ausreichend zur Lösung des Wettbewerbsproblems angesehen. Außerdem war die Kommission der Auffassung, dass die Einhaltung der angebotenen Zusage unmöglich zu überwachen sei.

(c) Zu komplexe Zusagen

Je komplexer die Zusage bzw. ein Zusagenpaket ist, desto schwieriger wird es für die Kommission, mit der notwendigen Gewissheit deren Eignung zur Beseitigung des Wettbewerbsproblems zu beurteilen. Sie wird solche Zusagen daher im Zweifelsfall ablehnen[1536]. 1468

Im Verfahren »MCI-WorldCom/Sprint«[1537] hat die Kommission die angebotenen Zusagen zurückgewiesen. Das Abhilfemittel bestand in der Veräußerung des Internet-Geschäftes durch Sprint. Dieses Geschäft war aber sehr eng mit den anderen Aktivitäten von Sprint verbunden, sodass es als selbständige Einheit nicht herausgelöst werden konnte. Die Parteien boten zusätzlich an, während einer Übergangszeit für den Käufer umfangreiche Dienstleistungen aus den übrigen Geschäftsbereichen von Sprint zu erbringen, die der Käufer benötigt, um das Internet-Geschäft wettbewerbsfähig betreiben zu können. Die Überwachung der Zusage hätte einen erheblichen zeitlichen und personellen Aufwand erfordert. Die Komplexität der Zusage führte außerdem dazu, dass die Kommission nicht mit Sicherheit von der Wirksamkeit des Abhilfemittels ausgehen konnte. 1469

Ein Beispiel für die Akzeptanz einer Zusage durch die Kommission trotz hoher Komplexität der Abhilfemaßnahme ist der Fall »BASF/Shell/JV-Project Nicole«[1538]. Hierbei ging es um das Zusammenführen der Aktivitäten von Shell und BASF in den Bereichen Polypropylen und Polyethylen. Um die wettbewerblichen Bedenken der Kommission auszuräumen, verpflichteten sich die Parteien zur Veräußerung von bestimmten Produktionsanlagen sowie des Novolen-Geschäftes. Im Bereich Metallocen sollten jedem interessierten Dritten Patentlizenzen eingeräumt werden. 1470

Die Pressemitteilung[1539] in dieser Sache bemerkt hierzu: 1471
»Das von den beteiligten Unternehmen angebotene Bündel von Verpflichtungen ist höchst komplex, insbesondere in Anbetracht der Tatsache, dass keine eingehende Prüfung stattgefunden hat. Es konnte im jetzigen Stadium nur akzeptiert werden, weil die beteiligten Unternehmen sich gegenüber der Kommission offen zu den möglichen Problemen des Zusammenschlusses geäußert, sie Probleme und mögliche Auswege mit der Kommission vor der förmlichen Anmeldung erörtert und sich in allen Abschnitten des Verfahrens kooperationsbereit gezeigt haben. Ohne eine solche Zusammenarbeit hätten die Bedenken der Kommission im jetzigen Stadium höchstwahrscheinlich nicht ausgeräumt werden können«.

Der Fall verdeutlicht auch, dass es sich auszahlt, Wettbewerbsprobleme frühzeitig, umfassend und offen mit der Kommission zu erörtern. Diese Strategie hat hier sogar dazu geführt, dass ein komplexes Zusagenpaket in der Phase I akzeptiert wurde, obwohl dies eigentlich nur dann möglich ist, »wenn das Wettbewerbsproblem klar umrissen ist und leicht gelöst werden kann«[1540]. 1472

Es darf auch nicht übersehen werden, dass es für einige Fälle keine (verhältnismäßigen) Abhilfemaßnahmen gibt. Das wird z.B. dann der Fall sein, wenn das neu 1473

1536 Rdnr. 32 der Mitteilung über zulässige Zusagen. Der Wettbewerbskommissar Monti hat sehr plastisch darauf hingewiesen, dass die Lösung nicht komplizierter sein kann als das zu lösende Problem (in »The main challenges for a new decade of EC Merger Control«, EC Merger Control 10th Anniversary Conference, Brussels, 14. bis 15.9.2000).
1537 Kommission, 28.6.2000, M.1741 »MCI-WorldCom/Sprint«.
1538 Kommission, 29.3.2000, M.1751 »BASF/Shell/JV-Project Nicole«.
1539 IP/00/313, 29.3.2000.
1540 FKVO, Erwägungsgrund 30.

entstehende Unternehmen um ein Vielfaches größer als seine nächsten Wettbewerber ist und es keine lebensfähigen Geschäftsbereiche gibt, die abgetrennt und veräußert werden können. Eine starke vertikale Integration kann dazu führen, dass selbständig veräußerbare Teile nicht herausgelöst werden können[1541].

(d) Oligopole

1474 Problematisch sind insbesondere auch oligopolistisch strukturierte Märkte. Jeder Zusammenschluss innerhalb des Oligopols führt zu dessen weiterer Verengung. Die Veräußerung von Geschäftsbereichen zum Zwecke der Beseitigung von horizontalen Überschneidungen scheitert häufig daran, dass die einzigen in Frage kommenden Käufer selbst Mitglieder des Oligopols sind, womit das Wettbewerbsproblem nicht gelöst, sondern nur verlagert würde. In Betracht kommen Veräußerungen, die die Verbindungen (etwa über Gemeinschaftsunternehmen) zwischen den Oligopolmitgliedern lösen, wenn die sichere Aussicht besteht, dass dadurch der Wettbewerb wieder ausreichend belebt wird. Beispiel hierfür war der Fall »VEBA/VIAG«[1542], den die Kommission zeitgleich zu der Prüfung der Fusion »RWE/VEW«[1543] durch das deutsche BKartA untersuchte. Die zwei neuen Unternehmen hätten über 80% des deutschen Marktes für die Stromabgabe von der Verbundebene kontrolliert. Neben anderen duopolistisches Verhalten fördernden Faktoren bestanden zwischen beiden Gruppen auch zahlreiche Verflechtungen. Die Parteien in beiden Verfahren boten an, diese Verflechtungen durch Veräußerung mehrerer gemeinsam gehaltener Beteiligungen zu lösen. Zusätzlich sollte die VEAG, ein von den Duopolisten gemeinsam kontrollierter Stromerzeuger, in einen unabhängigen Wettbewerber umgewandelt werden. Außerdem verpflichteten sich die Parteien zu einer Verbesserung der Bedingungen bei der Durchleitung durch ihre Übertragungsnetze.

(e) Firewalls

1475 Firewalls oder auch Chinese walls sollen den Informationsaustausch zwischen zwei Geschäftsbereichen eines Unternehmens verhindern.

1476 Sie kommen z. B. in Betracht, wenn ein Unternehmen Gründe hat (solche können steuerlicher Natur sein), ein Geschäft nicht vollständig an einen Wettbewerber zu veräußern, sondern Geschäftsanteile bis zu einer bestimmten Höhe weiter zu behalten. Um einen Informationsaustausch und einen Einfluss auf den Geschäftsbetrieb der Parteien auszuschließen, müssen umfangreiche Maßnahmen getroffen werden. Diese reichen von dem Verzicht auf die Ausübung bestimmter Rechte (Stimmrechte, Informationsrechte) über Geheimhaltungsverpflichtungen, denen Repräsentanten der Parteien in den Organen des Gemeinschaftsunternehmen unterworfen werden, bis zum Verbot der Besetzung von Positionen in den Organen der Parteien einerseits und denen des Gemeinschaftsunternehmens andererseits durch ein und dieselbe Person. Solche firewalls sind hochkomplex und bedürfen der Überwachung. Ihre Wirksamkeit kann nicht garantiert werden, sodass die Kommission sie mit hoher Wahrscheinlichkeit ablehnen wird[1544].

1541 Claude Rakovsky; Remedies: A few lessons from recent experience, in: EC Merger Control: Ten years on, 135, 137 f. mit Beispielen.
1542 Kommission, 13. 6. 2000, M.1673 »VEBA/VIAG«.
1543 BKartA, B8–309/99, Entscheidung vom 3. 7. 2000.
1544 Ein Fall, in dem die Kommission »firewalls« akzeptiert hat, ist JV.15 »BT/AT & T«, Entscheidung vom 30. 3. 1999.

(f) Zusagen, von denen die Kommission nur Kenntnis nimmt

So genannte »Take note-commitments« sind keine Zusagen. Es handelt sich dabei 1477
um Abhilfeverpflichtungen, die die Parteien im Laufe des Verfahrens zwar abgegeben haben, die Kommission aber nicht für notwendig gehalten hat, da entweder die weitere Prüfung gezeigt hatte, dass es kein Wettbewerbsproblem gab, oder das Wettbewerbsproblem nicht durch die angebotene Zusage beseitigt werden konnte. Nehmen die Parteien daraufhin die Zusage nicht zurück[1545], kann die Kommission sie in ihrer Entscheidung entweder ignorieren oder zur Kenntnis nehmen[1546]. Auch im letztgenannten Fall hat dies keinerlei rechtliche Wirkungen. Allerdings können von der Ankündigung beispielsweise einer Marktöffnungsmaßnahme seitens der Parteien positive Signalwirkungen auf die Marktteilnehmer ausgehen.

k) Verfahren bei nicht fristgemäß erfüllten Zusagen

Es kommt vor, dass sich eine Zusage, ohne dass die Parteien dies zu vertreten hätten, nicht innerhalb der Frist verwirklichen lässt und für diesen Fall keine Vorkehrungen in der Verpflichtungserklärung der Parteien getroffen worden sind. Dies führt ohne weiteres dazu, dass die Freigabeentscheidung unwirksam wird. 1478

Im Verfahren »Rhône Poulenc/Hoechst«[1547] haben die Parteien die Kommission 1479
zwei Tage vor Ablauf der Veräußerungsfrist darüber informiert, dass eine von acht eingegangenen Verpflichtungen, die Bedingung einer Freigabeentscheidung der Kommission gemäß Art. 6 Abs. 1 Buchst. b FKVO gewesen waren, nicht erfüllt werden konnte. Die Parteien hatten keinen Abnehmer für die Lizenz an dem medizinischen Produkt Revasc gefunden, da die Lizenzgebühr, auf die die Parteien keinen Einfluss hatten, zu hoch war. Die Parteien schlugen nunmehr vor, die Rechte an dem Alternativ-Produkt Refludan zu veräußern. Dieses Angebot war ersichtlich dafür geeignet, die Wettbewerbsprobleme ebenso gut oder sogar besser zu beheben als die ursprünglich angebotene Lösung. Da die Kommission somit keinen zusätzlichen erheblichen Ermittlungsbedarf mehr sah[1548] und zudem überzeugt war, dass die Parteien alles zur Veräußerung Notwendige getan hatten, war sie in diesem Fall, dem Grundsatz der Verhältnismäßigkeit folgend, bereit, neue Zusagen auch nach Ablauf der ursprünglich eingeräumten Veräußerungsfrist zu akzeptieren.

Um die ursprüngliche Zusage, die Bestandteil der ersten auf Art. 6 Abs. 1 Buchst. b) 1480
FKVO gestützten Entscheidung der Kommission war, durch die neue Zusage zu ersetzen, erließ die Kommission eine zweite Entscheidung nach Art. 6 Abs. 1 Buchst. b) FKVO, die im Übrigen die erste bestätigte. Die Entscheidung enthält eine kurze Beschreibung des Hintergrundes der ursprünglichen Zusage (Gründe für die Zusage und das Scheitern ihrer Durchführung), eine Beschreibung der alternativen Zusage und die Gründe, weshalb sie die ursprüngliche Zusage zu ersetzen geeignet ist. Da durch das Nichteinhalten der Veräußerungsfrist die Freigabeentscheidung automatisch ihre Wirksamkeit verliert, musste die zweite Entscheidung rückwirkend in

---

1545 Siehe dazu Mitteilung über zulässige Zusagen, Rdnr. 13.
1546 Z. B. Kommission, 29. 10. 2000, M.1879 »Boeing/Hughes«, Rdnr. 102; M.2876, 2. 4. 2003 »Newscorp/Telepiù«, im Hinblick auf die Verbindung zwischen Newscorp und Telcom Italia.
1547 Kommission, 9. 5. 1999, M.1378.
1548 Markttest und Konsultation der Mitgliedstaaten wurden natürlich durchgeführt.

Kraft treten. Zwischen Ablauf der Veräußerungsfrist und dem Datum der zweiten Entscheidung lagen vier Monate.

1481 Die Parteien können u. U. auch geltend machen, dass die Einhaltung der Zusage wegen der veränderten Marktverhältnisse zur Aufrechterhaltung von Wettbewerb nicht mehr notwendig sei[1549]. Die Kommission tritt in diesem Fall erneut in die Prüfung der Marktverhältnisse ein.

1482 Im Fall »Rexam (PLM)/American National Can«[1550] hatte die Kommission den Zusammenschluss mit Bedingungen und Auflagen für vereinbar mit dem gemeinsamen Markt und dem EWR-Abkommen erklärt. Eine dieser Zusagen bezog sich auf die Verpflichtung, eine Getränkedosenfabrik in Gelsenkirchen zu veräußern. Dieser Verpflichtung war Rexam auch nachgekommen.

1483 Später informierte Rexam die Kommission über eine wesentliche Veränderung der Marktverhältnisse. Die Kommission untersuchte, ob die Voraussetzungen von Rdnr. 49 der Mitteilung der Kommission gegeben seien. Sie stellte tatsächlich eine Reihe von wesentlichen Änderungen der Marktsituation fest. Zunächst war ein neuer, dem europäischen Markt zugetretener Wettbewerber nun Marktführer. Zweitens war die Nachfrage nach Getränkedosen wesentlich zurückgegangen. Drittens bestanden bei den Herstellern inzwischen erhebliche Überkapazitäten, während zum Zeitpunkt der Entscheidung vom 19.7.2000 Kapazitätsengpässe bestanden hatten. Die Kommission kam daher zu dem Schluss, dass der ursprünglich angemeldete Zusammenschluss unter diesen Umständen keine ernsthaften Bedenken mehr auslösen würde, die durch die Veräußerung der Fabrik in Gelsenkirchen zu beseitigen wären. Sie hat daher in einer die erste Entscheidung abändernden erneuten Entscheidung nach Art. 6 Abs. 2 festgestellt, dass Rexam mit dem teilweisen oder gänzlichen Rückkauf der Gelsenkirchener Getränkedosenfabrik nicht gegen die der Kommission gegenüber abgegebene Zusage verstößt.

1484 Im Verfahren »Shell/Montecatini«[1551] hatte die Kommission auf die Durchführung einer bestimmten Zusage verzichtet, da in der Zwischenzeit eine andere, gegenüber den US-Behörden abgegebene Zusage verwirklicht worden war. Dadurch wurde die gegenüber der Kommission abgegebene Zusage überflüssig. Diese Möglichkeit war in der Entscheidung der Kommission jedoch bereits ausdrücklich vorgesehen gewesen.

1485 Im Verfahren »Carrefour/Promodes«[1552] war ebenfalls bereits in der Entscheidung selbst die Möglichkeit vorgesehen, dass die Kommission die Frist zur Erfüllung der abgegebenen Zusagen verlängern könne, wenn rechtliche oder sachliche Umstände die Einhaltung der ursprünglichen Frist unmöglich machten. Carrefour hatte sich verpflichtet, seine Beteiligung an dem Konkurrenten Cora zu veräußern. Im Oktober 2000 bat Carrefour schriftlich um eine Fristverlängerung aus folgenden Gründen: (1) ein Käufer sei bereits gefunden; (2) der Vertragsabschluss verzögere sich aber aus »technischen« Gründen, die Carrefour nicht zu vertreten habe; (3) Carrefour befinde sich außerdem in einem Rechtsstreit mit Vertretern von Cora, der ein entscheidendes Stadium erreicht habe. Carrefour konnte außerdem seine Absicht

---

1549 Für Veräußerungszusagen ist diese Möglichkeit in Rdnr. 49 der Mitteilung der Kommission über zulässige Abhilfemaßnahmen erwähnt.
1550 Kommission, 19.7.2000, M.1939.
1551 Kommission, 24.4.1996, M.269.
1552 Kommission, 25.1.2000, M.1684, Entscheidung nach Art. 6 Abs. 1 Buchst. b) FKVO.

III. Materielle Beurteilung

glaubhaft machen, die notwendigen Schritte zum Verkauf der Beteiligung an Cora vorzunehmen. Die Kommission hat das Interesse von Carrefour an einer Fristverlängerung gegen die Auswirkungen auf den Wettbewerb abgewogen, die eine solche Fristverlängerung haben würde. Sie hat zugunsten von Carrefour entschieden, da das Weiterbestehen der Beteiligung an Cora für einen bestimmten Zeitraum den Wettbewerb nicht beeinträchtige, denn während des anhängigen Gerichtsverfahrens könne (1) Carrefour die Geschäftspolitik von Cora nicht wesentlich beeinflussen, (2) würden die Rechte von Carrefour an Cora von einem Treuhänder wahrgenommen, der außerdem dafür sorge, dass (3) während des Veräußerungsverfahrens die Wettbewerbsfähigkeit von Cora erhalten bleibe und dass (4) Carrefour keinen Zugang zu wettbewerbssensiblen Informationen erhalte. Die Kommission hat daher die Veräußerungsfrist in einer die erste Entscheidung abändernden Entscheidung nach Art. 6 Abs. 2 FKVO um neun Monate verlängert.

Insgesamt lässt sich feststellen, dass es sehr von den Umständen des Einzelfalles abhängt, wie die Kommission auf den Antrag der Parteien reagiert, eine abgegebene und zur Grundlage einer Freigabeentscheidung gewordene Zusage zu ändern. Es kann jedoch davon ausgegangen werden, dass die Kommission zu einer flexiblen Lösung bereit sein wird, wenn das Fehlschlagen der ersten Zusage auf unvorhersehbaren Umständen oder Veränderungen der Marktsituation beruht. **1486**

l) Die Durchführung der Zusagen

Die Verpflichtungszusage enthält neben den Abhilfemaßnahmen auch die Modalitäten für deren Durchführung. Die Mitteilung der Generaldirektion über zulässige Abhilfemaßnahmen gibt die Standardbedingungen für die Durchführung einer Veräußerungszusage an, die aber auch als Richtschnur für andere Formen der Zusage herangezogen werden können. Danach gehören zu den festzulegenden Regelungen die Beschreibung des zu veräußernden Gegenstandes, Vereinbarungen zur Übernahme von notwendigem Personal, Veräußerungsfristen, Kriterien für die Genehmigung der Wahl des Käufers, Regeln zur getrennten Verwaltung des zu veräußernden Geschäfts zwischen dem Zeitpunkt der Entscheidung und der endgültigen Veräußerung des Geschäfts, Einzelheiten über das Mandat eines Treuhänders sowie die Pflichten, die die Parteien während des Veräußerungsverfahrens gegenüber der Kommission und dem Treuhänder eingehen. Formulierungshilfen enthalten der »Mustertext für Veräußerungszusagen« und der »Mustertext für das Treuhänder-Mandat«, die auf der Website der Generaldirektion Wettbewerb veröffentlicht sind[1553]. Hierin hat die Kommission typische Formulierungen für regelmäßig wiederkehrende Klauseln, die in einer Verpflichtungszusage bzw. einem Treuhändervertrag enthalten sind, zusammengestellt. Sie sollen die Parteien und die Kommission bei den Verhandlungen über Zusagen – die regelmäßig unter hohem Zeitdruck stattfinden – entlasten. Gleichzeitig erhöhen diese Mustertexte die Konsistenz und Transparenz von Kommissionsentscheidungen. Die Kommission betrachtet die Mustertexte nicht als abschließend, sondern beabsichtigt, sie ständig **1487**

1553 Beide Mustertexte werden in der »Explanatory Note of the Commission's Model Texts for Divestiture Commitments and the Trustee Mandate under the EC Merger Regulation«, erläutert. Die Note ist ebenfalls auf der Website von der Generaldirektion Wettbewerb veröffentlicht.

im Lichte der Erfahrungen in der Zusagenpraxis sowie in Zusammenarbeit mit den Parteien und Treuhändern anzupassen.

Die Mustertexte in Verbindung mit der »Explanatory Note of the Commission's Model Texts for Divestiture Commitments and the Trustee Mandate under the EC Merger Regulation« geben einen ausgezeichneten Überblick über die Standardbedingungen, die die Kommission für die Durchführung von (Veräußerungs-) Zusagen regelmäßig für notwendig hält. Im Folgenden wird daher nur auf die Rolle des Treuhänders und die Anforderungen an einen Käufer näher eingegangen.

(1) Treuhänder

1488 Da die Kommission das Veräußerungsverfahren nicht selbst überwachen kann, werden in der Regel ein oder mehrere Treuhänder bestellt. Der Treuhänder wird von den Parteien vorgeschlagen und von der Kommission genehmigt. Die Kommission erteilt die Genehmigung, wenn sie sich davon überzeugt hat, dass der vorgeschlagene Treuhänder die erforderliche Eignung besitzt und an der Erfüllung seiner Aufgabe nicht durch Interessenkonflikte gehindert wird. Zu diesem Zweck wird die Kommission von den relevanten Personen die Vorlage von Lebensläufen sowie eine Auflistung der vertraglichen Beziehungen zu den Parteien in der Vergangenheit verlangen. In der Regel wird eine Investitionsbank, eine Managementberatungsfirma, ein Wirtschaftsprüfungsunternehmen oder eine ähnliche Einrichtung[1554] als Treuhänder bestimmt.

1489 Die Kommission unterscheidet in ihrem »Mustertext für das Treuhänder-Mandat« zwei Arten von Treuhändern: den aufsichtsführenden Treuhänder und den die Veräußerung durchführenden Treuhänder.

1490 Der **aufsichtsführende Treuhänder** überwacht die Einhaltung der Zusagen durch die Parteien. Zu den Pflichten der Parteien gehören die getrennte Verwaltung des zu veräußernden Geschäfts, Maßnahmen zur Erhaltung des Wertes sowie ihre Bemühungen, innerhalb des in der Verpflichtungszusage vorgesehenen Zeitraums einen geeigneten Käufer zu finden. Gelingt dies nicht, so ist regelmäßig vorgesehen, dass der Treuhänder (oder ein weiterer zu diesem Zweck bestellter Treuhänder) die Veräußerung in die Hände nimmt. In dieser Phase ist der **Veräußerungstreuhänder** zwar verpflichtet, zu den bestmöglichen Bedingungen zu verkaufen, er ist jedoch an einen Mindestpreis nicht gebunden.

1491 Die Parteien sind verpflichtet, dem Treuhänder zur Erfüllung seiner Aufgaben jede Unterstützung zu gewähren. Insbesondere haben sie ihm alle relevanten Unterlagen und sonstigen Informationen zukommen zu lassen, Zugang zu den Räumlichkeiten des Unternehmens zu gewähren, eventuell ein Büro zur Verfügung zu stellen, den Treuhänder an Besprechungen zu beteiligen und ihn regelmäßig zu unterrichten.

1492 Der Treuhänder kann alle Maßnahmen treffen, die er für notwendig erachtet, um die Erfüllung der Zusagen zu gewährleisten. Um die getrennte Vermögensverwaltung zur Erhaltung des zu veräußernden Geschäfts sicherzustellen, kann er beispielsweise auch Vertreter der Parteien in beschlussfassenden, beratenden oder sonstigen Gremien des zu veräußernden Geschäfts durch weitere Treuhänder ersetzen.

1554 Rdnr. 55 der Mitteilung über zulässige Abhilfemaßnahmen.

Der Treuhänder hat die Kommission regelmäßig – üblich ist eine Monatsfrequenz – über den Fortgang der Veräußerungsbemühungen zu unterrichten. Dies geschieht in Form eines schriftlichen Berichts. Die Kommission verlangt unter Umständen jedoch auch eine persönliche Präsentation in ihren Räumlichkeiten.

1493

Das Mandat des Treuhänders endet, wenn die Kommission ihn von seinen Pflichten entbindet. Das wird meist der Fall sein, wenn die Zustimmung der Kommission zu dem Erwerber vorliegt oder wenn die Veräußerung durchgeführt ist.

1494

(2) **Käufer**

Die Kommission misst der Wahl eines geeigneten Käufers bei der Erfüllung der Veräußerungszusage entscheidende Bedeutung zu, denn es kommt ihr nicht nur auf die Reduzierung der Marktanteile der Parteien an, sondern auch darauf, dass das Wettbewerbspotential des zu veräußernden Geschäfts langfristig erhalten bleibt und ein Gegengewicht zur Marktmacht der Parteien bildet.

1495

Aus diesem Grunde ist es wichtig, dass der Käufer willens und in der Lage ist, das Wettbewerbspotential entsprechend zu nutzen.

1496

Ein geeigneter Käufer erfüllt in der Regel die folgenden Kriterien:

1497

- er hat **ausreichende Erfahrung** und **Interesse an einer wettbewerbsaktiven Tätigkeit** im betroffenen Markt[1555]. Auf die Größe des Unternehmens kommt es dabei nicht immer an. Gerade kleine Unternehmen oder solche, die geographisch expandieren wollen, werden von der Kommission häufig gerne als Käufer akzeptiert, um eine zusätzliche wettbewerbliche Kraft im Markt zu etablieren. Dagegen werden Investoren mit bloß finanziellen Anlageinteressen ohne eigene industrielle Interessen ihren Willen und ihre Fähigkeit zur Nutzung des erworbenen Wettbewerbspotentials besonders nachweisen müssen;
- er muss vom Veräußerer **rechtlich und wirtschaftlich unabhängig** sein sowie auch das zu erwerbende Geschäft selbständig weiterführen können. Unter Umständen wird der Veräußerer verpflichtet, für einen begrenzten Zeitraum nach Veräußerung »technische« Unterstützung zu gewährleisten und den Käufer z. B. mit notwendigen Vorprodukten zu beliefern, bis dieser andere Bezugsquellen aufgetan hat;
- die Veräußerung an den Käufer darf keine wettbewerblichen Probleme aufwerfen. Das wäre zum Beispiel der Fall, wenn durch die Veräußerung die Gefahr der Entstehung eines Oligopols oder der Einzelmarktbeherrschung begründet würde.

Haben sich die Parteien verpflichtet, mehrere Unternehmen zu veräußern, wird die Kommission auch die Veräußerung an mehr als einen Käufer akzeptieren, wenn hierdurch nicht die Erhaltung des wettbewerblichen Potentials des zu veräußernden Geschäfts bedroht wird.

1498

[1555] Das Interesse, wirksamen Wettbewerb zu leisten, hatte die Kommission im Fall M.1628 »TotalFina/Elf Aquitaine«, Entscheidung vom 9. 2. 2000, verneint und die von TotalFina vorgeschlagenen Käufer für 70 Tankstellen in Frankreich zurückgewiesen.

m) Reviewklausel

1499 Die Aufnahme einer »Änderungskausel«[1556] in den Zusagentext ist sehr zu empfehlen. Sie ermöglicht der Kommission beim Auftreten außergewöhnlicher Umstände und auf Antrag der Parteien, die Zusagen nachträglich zu modifizieren oder die Frist für ihre Durchführung zu verlängern[1557].

1500 Ist diese Möglichkeit bereits im ursprünglichen Zusagentext vorgesehen, so können spätere Änderungen der Zusagen im Habilitationsverfahren ergehen, ohne dass eine erneute Entscheidung nach Art. 6 oder Art. 8 unter Einhaltung sämtlicher Förmlichkeiten des Verfahrens erforderlich ist.

n) Studie über die Wirksamkeit von Zusagen[1558]

1501 Die Generaldirektion Wettbewerb hat im Frühjahr 2002 begonnen, die tatsächliche Wirksamkeit von Zusagen zu überprüfen, die in der Vergangenheit Freigabeentscheidungen ermöglicht haben. Zu diesem Zweck wurden zunächst sämtliche Zusagenfälle aus dem Zeitraum 1991 bis 2002 systematisch erfasst. In etwa 40 ausgewählten Fällen, die in den Jahren 1998 bis 2000 abgeschlossen wurden, untersucht die Generaldirektion, wie die Zusagen umgesetzt worden sind, welche Schwierigkeiten dabei aufgetaucht sind und wie sich die Märkte nach dem Zusammenschluss entwickelt haben. Das geschieht durch Befragung von an der Umsetzung der Zusagen beteiligten Personen, z.B. des Veräußerers, des Käufers, des Treuhänders sowie unter Umständen auch von Wettbewerbern, Kunden und Zulieferern. Die Ergebnisse sollen im Laufe des Jahres 2004 veröffentlicht werden.

1502 Mit der breit angelegten Untersuchung sucht die Kommission statistisches Material über die Wirksamkeit von Zusagen zu sammeln und ggf. hieraus Lehren zu ziehen, die es in zukünftigen Fällen ermöglichen, angebotene Zusagen besser zu beurteilen. Die Veröffentlichung der Ergebnisse stellt dabei sicher, dass die Zusagenpraxis der Kommission auch in Zukunft so transparent wie möglich gestaltet wird.

IV. Sondertatbestand: Vollfunktions-Gemeinschaftsunternehmen

1503 Der Begriff des Gemeinschaftsunternehmens (»GU«) wird im europäischen Kartellrecht über das Vorliegen **gemeinsamer Kontrolle** definiert – anders als im deutschen Wettbewerbsrecht, das bereits dann von einem GU spricht, wenn zwei oder mehr Muttergesellschaften mit 25% oder mehr an dem GU beteiligt sind.

1504 Das Europäische Wettbewerbsrecht behandelt nicht alle GU gleich. Die FKVO wird nur auf die so genannten **Vollfunktions-GU** angewandt, bei deren Gründung die Zusammenschlussbeteiligten die Schwellenwerte des Art. 1 erfüllen. GU, die lediglich Hilfsfunktionen für ihre Muttergesellschaften erbringen (sog. **Teilfunktions-GU**), werden ggf. nach Art. 81 EGV i.V.m. der Durchführungsverordnung 1/2003 sowie fusionskontrollrechtlich nach den jeweiligen Rechten der Mitgliedstaaten

---
1556 Siehe Sektion F des »Mustertexts für Veräußerungszusagen«.
1557 Z.B. in Kommission, 3.5.2000, M.1693 »Alcoa/Reynolds«.
1558 Siehe hierzu Alexander Kopke, Study of past merger remedies, in: Competition Policy Newsletter, 2003, Nr. 2, S. 69.

überprüft. Aus diesem Grunde ist die Einordnung von GU als Vollfunktions- oder Hilfsfunktions-GU von herausragender praktischer Bedeutung.

Mit der Revision der FKVO wurde Art. 3 neu geordnet. Die Gründung eines GU, das auf Dauer alle Funktionen einer selbständigen wirtschaftlichen Einheit erfüllt, wird nunmehr in Art. 3 Abs. 4 FKVO als Zusammenschlusstatbestand geregelt (vormals Art. 3 Abs. 2 FKVO). Der Wortlaut der Bestimmung hat sich im Vergleich zu der durch die Änderungsverordnung (EG) Nr. 1310/97 vom 30. 6. 1997 hergestellten Fassung nicht geändert. 1505

1. Wirtschaftliche Bedeutung und kartellrechtliche Einordnung von Gemeinschaftsunternehmen (GU)

GU sind in der Wirtschaft ein unverzichtbares Instrument zur **Zusammenfassung von Ressourcen**. Sie können in zahlreichen Gestaltungsformen und für die unterschiedlichsten Zwecke gegründet werden. 1506

Ihrer wirtschaftlichen Bedeutung entsprechend haben GU einen hohen Anteil an den angemeldeten Zusammenschlüssen. In dem Zeitraum 1993 bis 2000 betrafen 46 % aller Anmeldungen die Konstellation von GU[1559]. 1507

Die wettbewerbsrechtliche Einordnung und Bewertung von GU ist schwierig. Die Ursache dafür ist, dass GU-Gründungen sich gleichzeitig auf zwei an sich getrennte kartellrechtliche Grundbereiche, nämlich die Verhaltenskontrolle und die Strukturkontrolle auswirken können. Beide Grundbereiche haben jeweils unterschiedliche Ziele und unterschiedliche Eingriffsschwellen. 1508

a) GU zwischen Struktur- und Verhaltenskontrolle

Die kartellrechtlichen Schwierigkeiten bei der Beurteilung von GU haben ihren Ursprung im Tatbestandsmerkmal der »gemeinsamen Kontrolle« über das GU durch die Muttergesellschaften. Hierdurch können sich GU-Gründungen letztlich sowohl auf die Marktstrukturen als auch auf die Verhaltensweisen der Muttergesellschaften in Märkten auswirken, die mit dem Markt, auf dem das GU tätig ist, in Zusammenhang stehen. Damit können GU-Gründungen kartellrechtlich relevante Auswirkungen sowohl im Hinblick auf die Struktur- als auch auf die Verhaltenskontrolle haben: 1509

- Zum einen beeinflusst die dauerhafte Zusammenführung von Ressourcen verschiedener (Mutter-) Gesellschaften in einem GU die **Marktstrukturen**, die mittelbar über den Schutz des Wettbewerbs Schutzobjekt der Fusionskontrolle sind[1560]. Denn über das Tatbestandsmerkmal der gemeinsamen Kontrolle erlangt jede der Muttergesellschaften strategischen Einfluss auf die Gesamtressourcen und bewirkt somit in der Regel Veränderungen in den Marktstrukturen.
- Zudem stimmen die Muttergesellschaften bei einer Zusammenarbeit in einem GU immer auch den Einsatz der zusammengelegten Ressourcen untereinander ab; wegen der Ausübung gemeinsamer Kontrolle sind sie regelmäßig gezwungen, das zu tun. Dabei besteht die Gefahr, dass die Muttergesellschaften das GU als Plattform zur Koordinierung ihrer wettbewerblichen **Verhaltensweisen** nutzen.

1559 30. WB 2000, F Statistischer Überblick, Schaubild 5.
1560 Vgl. Art. 2 Abs. 1 Buchst. a) sowie die Erwägungsgründe 8 und 20.

C. Europäische Fusionskontrolle

1510 Die Verhaltenskoordinierungen können sich, z.B. bei einem ausschließlich auf den Vertrieb ausgerichteten GU, auf den Markt beziehen, auf dem das GU selbst tätig ist, oder auch auf solche Märkte, die nicht durch das GU, sondern durch seine Muttergesellschaften bedient werden. Koordinierungen sind ferner möglich, wenn die Muttergesellschaften beide Vorprodukte an das GU liefern oder von diesem gefertigte Produkte abnehmen. Auf diesen mit den GU-Tätigkeiten in Zusammenhang stehenden Märkten kann es zu einer Koordinierung des Wettbewerbsverhaltens der Muttergesellschaften kommen. Die Tatsache der Gründung des GU wirkt sich dann in Koordinierungen der Wettbewerbsbeziehungen der Muttergesellschaften auf dem GU-Markt oder in Nachbarmärkten aus. Solche durch die Gründung des GU verursachten Koordinierungen der Muttergesellschaften auf Märkten des GU oder auf Märkten, die nicht direkt von dem GU bedient werden, werden als »Gruppeneffekt« oder »Spill-over-Effect« bezeichnet[1561].

1511 Die Abstimmung von Verhaltensweisen der Muttergesellschaften kann zu Wettbewerbsbeschränkungen und damit zu Problemen bei der Verhaltenskontrolle, also dem Anwendungsbereich des Art. 81 EGV führen. Der Gruppeneffekt wird dabei umso stärker sein, je enger die Tätigkeiten der Muttergesellschaften mit den Aktivitäten des GU verknüpft sind. Das auftretende Spannungsfeld wird durch das nachfolgende Schaubild verdeutlicht:

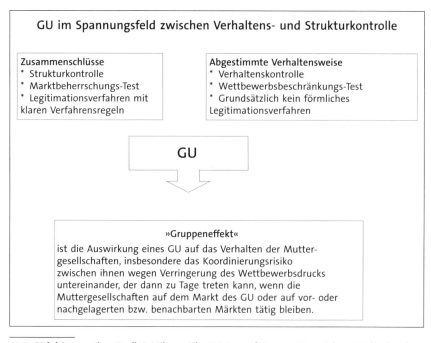

[1561] Vgl. hierzu näher Faull & Nikpay, The EC Law of Competition, Rdnr. 6.88 ff., der allerdings – wie einige weitere Autoren – den Markt, auf dem das GU selbst tätig ist, nicht unter den Spill-over-Effekt subsumiert. Der Begriff des Gruppeneffekts stammt ursprünglich aus dem EGVKS-Bereich. Im 4. WB (1975, siehe Rdnr. 39) hatte die Kommission »Gruppeneffekt« definiert als einen Umstand, wonach sich Unternehmen in der Regel untereinander auf dem Tätigkeitsgebiet des GU keinen Wettbewerb mehr liefern werden, wenn sie zusammen an einem GU beteiligt sind.

Die strukturellen und verhaltensbedingten Vorgänge werden wettbewerbsrechtlich an **verschiedenen materiellen Tests** mit unterschiedlich hohen Eingriffsschwellen gemessen. 1512

– Für die Strukturkontrolle gilt nach Art. 2 Abs. 2 und 3 der Test der erheblichen Behinderung wirksamen Wettbewerbs, insbesondere durch **Marktbeherrschung**[1562], in dem geprüft wird, ob durch die Zusammenlegung der Ressourcen ein Unternehmen entsteht, das Gewinn bringend seine Preise erhöhen oder weitere Wettbewerbsparameter beeinflussen könnte[1563]. Marktanteile von weniger als 25% sind ein starkes Indiz, dass wirksamer Wettbewerb nicht behindert wird[1564]. Zudem galt lange Zeit ein (gemeinsamer) Marktanteil von 40% als in aller Regel fusionskontrollrechtlich unbedenklich[1565]. Allerdings deutete die Kommission bereits im Jahr 1997 an, dass auch Marktanteile ab 30% unter bestimmten Umständen und bei erheblichen Marktzutrittsschranken die Gefahr der Entstehung einer beherrschenden Marktstellung begründen und eine eingehende Untersuchung der betroffenen Märkte erfordern können[1566]. Dies wurde durch die jüngste Kommissionspraxis bestätigt[1567]. 1513

– Der **Test der Verhaltenskontrolle** untersucht nicht die Entstehung unabhängiger Verhaltensspielräume eines Unternehmens. Der Test zielt vielmehr auf die Beurteilung der wettbewerblichen Auswirkungen der Verhaltenskoordinierung mehrerer, unabhängig bleibender Unternehmen. Nach bisheriger Praxis des deutschen und europäischen Wettbewerbsrechts setzt der Test der Verhaltenskontrolle bereits bei der **Spürbarkeitsschwelle** an. Er verlangt also lediglich, dass die Wettbewerbsbeschränkung am Markt »spürbar« sein muss. Dies ist in der Entscheidungspraxis der Kommission unter Umständen bereits bei Marktanteilen ab 10% der Fall[1568]. 1514

1562 Durch die Revision wurde der bisherig nur auf Marktbeherrschung zielende Test der FKVO erweitert. Grundlage des Tests ist nunmehr die Frage, ob der Zusammenschluss wirksamen Wettbewerb erheblich behindert (Significant Impediment of Effectice Competition – **SIEC**) (siehe dazu Rdnr. 1209 ff.). Gemäß Art. 2 Abs. 2 und 3 kommt es jedoch nach wie vor »insbesondere« auf die Begründung oder Verstärkung einer beherrschenden Stellung an. In diesem Abschnitt wird der strukturelle Test nach Art. 2 Abs. 2 und 3 auch als SIEC-Test« bezeichnet.
1563 Siehe Tz. 8 der Bekanntmachung der Kommission »Leitlinien zur Bewertung horizontaler Zusammenschlüsse«.
1564 Erwägungsgrund 32 sowie Tz. 18 der Bekanntmachung der Kommission »Leitlinien zur Bewertung horizontaler Zusammenschlüsse«.
1565 Vgl. auch 10. WB, Tz. 150; vgl. ebenso noch 28. WB, Tz. 40.
1566 Kommission, 11. 3. 1997, M.873 »Bank Austria/Creditanstalt«, Tz. 46, sowie bereits zuvor in: 20. 12. 1996, M.862 »Axa/UAP« für Versicherungsdienstleistungen.
1567 Kommission, 3. 2. 1999, M.1221 »REWE/Meinl«, Tz. 28: »32–43%« (der 29. Wettbewerbsbericht 1999 der Kommission spricht von einem Marktanteil von »weit über 30%«). In der Sache »ECT/Hutchinson« beanstandete die Kommission einen gemeinsamen Marktanteil von 36%, sodass die Parteien die Anmeldung zurücknahmen. In der Entscheidung Kommission, 25. 1. 2000, M.1684 »Carrefour/Promodes«, Tz. 40 stellte die Kommission einen Marktanteil von 25–30% fest und verlangte von den Parteien eine entsprechende Abhilfe.
1568 Siehe Bekanntmachung der Kommission über Vereinbarungen von geringer Bedeutung, die den Wettbewerb gemäß Art. 81 Abs. 1 des Vertrages zur Gründung der Europäischen Gemeinschaft nicht spürbar beschränken (de minimis), Abl. 2001 C 368/13 ff.

1515 Die **ökonomische Begründung** für die unterschiedlich hohen Eingriffsschwellen liegt im Wesentlichen in der Erzielung und der Weitergabe von **Effizienzgewinnen**[1569]. Dieser Überlegung liegt die Annahme zu Grunde, dass der Zusammenschluss zu betriebswirtschaftlichen Vorteilen (wie z. B. Rationalisierungen, Kombination von Know-how etc.) führt. Daher wird rein konzentrativen Zusammenschlüssen häufig eine größere Wahrscheinlichkeit für höhere Effizienzgewinne zugestanden als kooperativen Vorgängen, in denen aufgrund der Koordinierung möglicherweise unterschiedlicher Interessen häufig Reibungsverluste auftreten. Die Effizienzgewinne sind volkswirtschaftlich erwünscht.

1516 Bei **konzentrativen Zusammenschlüssen** i. S. d. Art. 3 verschlechtert sich in höher konzentrierten Märkten zunächst die Marktstruktur, da sich die Anzahl der miteinander im Wettbewerb stehenden Unternehmen verringert. Dies kann jedoch häufig durch die mit dem Zusammenschluss zu erwartenden Effizienzgewinne ausgeglichen werden. Sie können sich positiv auf den Wettbewerb im Gemeinsamen Markt auswirken[1570]. Wegen der grundsätzlich zu erwartenden höheren Effizienzgewinne bei konzentrativen Vorgängen beschränkt sich das hoheitliche Eingriffsrecht in der Fusionskontrolle traditionell auf die Aufrechterhaltung kompetitiver Marktstrukturen. Diese werden erst ab der Schwelle der Marktbeherrschung beeinträchtigt. Erlangt nämlich das fusionierte Unternehmen Marktmacht im Sinne unabhängiger Verhaltensspielräume, weil die verbleibenden Konkurrenten oder Marktteilnehmer (wie z. B. nachfragestarke Abnehmer) diese Spielräume nicht mehr hinreichend begrenzen können, so ist zu befürchten, dass die erzielten Effizienzgewinne nicht an den Markt weitergegeben werden. In der jüngeren Entscheidungspraxis der Kommission verlagert sich die Bewertung zunehmend von den Marktstrukturen zu der Berücksichtigung der Verbraucherintersessen.

1517 Soweit aber **Verhaltenskoordinierungen** auf den direkten Märkten des GU, d. h. Märkten, auf denen das GU selbst tätig ist, oder auf damit in Zusammenhang stehenden Märkten zu befürchten sind, wird von Ökonomen häufig unterstellt, dass die Effizienzgewinne, die mit der Zusammenlegung von Ressourcen unter gemeinsamer Kontrolle normalerweise entstehen, bei einer Zusammenlegung innerhalb eines GU nicht voll ausgeschöpft werden[1571]. Möglicherweise behindern sogar die Muttergesellschaften wegen ihrer individuell fortbestehenden Einzelinteressen das GU bei der Erzielung maximaler Effizienzen (sie könnten zum Beispiel das GU mit »überteuerten« Vorprodukten beliefern). Zwar ist anerkannt, dass auch Kooperationen volkswirtschaftlichen Nutzen haben können[1572]. Es besteht aber die Besorgnis, dass die Muttergesellschaften einen Teil der Effizienzgewinne, die durch die Zusammenlegung der Ressourcen erzielt werden, als »Kartellgewinne« abschöpfen und nicht in vollem Umfang an die Verbraucher weitergeben[1573]. Daher besteht kein volkswirtschaftliches Interesse, koordiniertes Verhalten mit einem »Konzentrationsprivileg« zu belohnen. Die Koordinierungen können nämlich Wettbe-

---

1569 Vgl. hierzu ausführlich: Faull & Nikpay, The EC Law of Competition, Rdnr. 6.56 ff.
1570 Siehe hierzu Erwägungsgrund 29; in diesem Sinne kann von einem »Konzentrationsprivileg« gesprochen werden.
1571 Vgl. Faull & Nikpay, The EC Law of Competition, Rdnr. 6.58.
1572 Siehe hierzu Bekanntmachung der Kommission – Leitlinien zur Anwendbarkeit von Artikel 81 EGV auf Vereinbarungen über horizontale Zusammenarbeit, ABl. 2001 C 3/2, Tz. 2–4 (»Horizontal Guidelines«).
1573 Vgl. Faull & Nikpay, The EC Law of Competition, Rdnr. 6.58.

werbsverzerrungen auf dem gesamten Markt verursachen und dadurch insgesamt zu niedrigeren volkswirtschaftlichen Effizienzen führen.

Die Frage, wie das Spannungsfeld zwischen Struktur- und Verhaltenskontrolle gelöst werden kann, beschäftigt die europäische Wettbewerbspolitik seit langem. Auch im deutschen GWB sind noch viele Detailfragen offen, jedoch ist im Anwendungsbereich des GWB das grundlegende **Prinzip der Doppelkontrolle** seit dem »Mischwerke«-Beschluss des BGH anerkannt. Danach gilt, dass jedes GU grundsätzlich sowohl nach § 1 GWB (Verhaltenskontrolle) als auch nach § 35 ff. GWB (Strukturkontrolle) zu überprüfen ist[1574].

1518

b) Die Behandlung von GU in der Vergangenheit

Das europäische Kartellrecht hat in der Vergangenheit sehr unterschiedliche Konzepte zur Lösung des oben beschriebenen Spannungsfeldes verfolgt[1575]. Zunächst wurden alle GU an der wettbewerbsrechtlichen Grundnorm des Art. 81 EGV (Art. 85 a. F.) gemessen. Auch nach Inkrafttreten der FKVO im Jahr 1990 kam es nicht zu einer einheitlichen Behandlung von GU. Die Kommission interpretierte die FKVO **im Laufe der Zeit unterschiedlich** und erläuterte die jeweilige Praxis in ihren Bekanntmachungen. Dabei kam es mitunter zu Wertungswidersprüchen. Es ist deshalb wichtig, die vorliegende Entscheidungspraxis der Kommission und der Gerichte auf der Grundlage der jeweils bei Erlass der Entscheidung praktizierten Konzepte zu bewerten.

1519

Mit der **Einführung der FKVO** im Jahr 1990[1576] erfolgte im europäischen Kartellrecht der Versuch einer Systematisierung mit der Folge der Zuordnung bestimmter GU ausschließlich zum Prüfungsrahmen der FKVO bzw. ausschließlich zu Art. 81 EGV[1577]. Maßgebliches Abgrenzungskriterium für den anwendbaren Rechtsrahmen war die Unterscheidung zwischen so genannten »konzentrativen« und »kooperativen GU«.

1520

Als **konzentrativ** wurden GU angesehen, die auf Dauer alle Funktionen einer selbständigen wirtschaftlichen Einheit erfüllen (also Vollfunktions-GU) und deren Muttergesellschaften sich vollständig aus dem Markt des GU zurückgezogen haben. Die FKVO in ihrer ersten Fassung war nur auf konzentrative GU anwendbar.

1521

Als **kooperativ** wurden GU angesehen, die eine Koordinierung des Wettbewerbsverhaltens der Beteiligten mit sich bringen können. Der Anwendungsbereich der

1522

1574 Anders als nach Art. 2 Abs. 4 ergeht jedoch im deutschen Fusionskontrollverfahren im Hinblick auf die Verhaltenskontrolle regelmäßig keine abschließende, »freigebende« Entscheidung. Vielmehr behält sich die Beschlussabteilung die Prüfung nach § 1 GWB meist vor und kann auch bei bestandskräftiger fusionskontrollrechtlicher Freigabeentscheidung später noch eine auf § 1 GWB gestützte Untersagung aussprechen.

1575 Vgl. hierzu ausführlich Venit, »The Treatment of Joint Ventures under the EC Merger Regulation – Almost through the ticket«, Fordham Corporate Law Institute, International Antitrust Law & Policy, 1999, 26th conference, Corporate Law Institute, Fordham University School of Law, Chapter 21, S. 465 ff.

1576 Verordnung (EWG) Nr. 4064/89 des Rates vom 21. 12. 1989 über die Kontrolle von Unternehmenszusammenschlüssen.

1577 Ziel war es, eine Doppelkontrolle von wirtschaftlich einheitlichen Vorgängen zu vermeiden; vgl. bereits Monopolkommission, Sondergutachten 17, »Konzeption einer europäischen Fusionskontrolle« Rdnr. 143, sowie Emmerich, in: I/M, EG-Wettbewerbsrecht, Art. 85 Abs. 1 Rdnr. 287.

C. Europäische Fusionskontrolle

FKVO a. F. erstreckte sich nicht auf eine Handlung, »die eine Koordinierung des Wettbewerbsverhaltens voneinander unabhängig bleibender Unternehmen bezweckt oder bewirkt« (Art. 3 Abs. 2 Unterabs. 1 FKVO a. F.). Für die Koordinierung stellte Art. 3 Abs. 2 Unterabs. 2 FKVO a. F. darauf ab, ob das »Wettbewerbsverhalten der Muttergesellschaften im Verhältnis zueinander **oder im Verhältnis zu dem Gemeinschaftsunternehmen**« koordiniert wurde. Diese Formulierung führte zu schwierigen Abgrenzungsproblemen. Denn einerseits war nach Art. 3 Abs. 1 FKVO a. F. Voraussetzung für jedes GU die Ausübung gemeinsamer Kontrolle durch die Mutterunternehmen; soweit die Mutterunternehmen Tätigkeiten ausübten, die im Zusammenhang mit den Aktivitäten des GU standen, impliziert die Kontrollausübung eine Koordinierung des Verhaltens zwischen Müttern und Tochter. Andererseits war es nach dem Wortlaut der FKVO a. F. und der Bekanntmachung von 1990 nicht zulässig, dass eine Koordinierung des Wettbewerbsverhaltens zwischen der jeweiligen Mutter und dem GU stattfand.

1523 Die Kommission versuchte schon bald, diesen Widerspruch durch das Konzept der »**industriellen Führerschaft**« zu lösen[1578]. Danach sollte eine Koordinierung des Wettbewerbsverhaltens zwischen den Muttergesellschaften und dem GU dann nicht vorliegen, wenn nur eine der Muttergesellschaften im gleichen Markt wie das GU tätig war und wenn diese Mutter die Hauptverantwortung für das Marktverhalten des GU trug, also die industrielle Führung bei dem GU innehatte. Die Schwäche dieses Konzepts lag freilich in der Abgrenzung zwischen gemeinsamer Kontrollausübung durch beide Muttergesellschaften als notwendige Voraussetzung für ein GU einerseits und der »industriellen Führerschaft« durch nur eine Mutter[1579] andererseits.

1524 Im Jahre 1992 führte die Kommission erstmals den Begriff der so genannten »**strukturellen kooperativen Gemeinschaftsunternehmen**« ein[1580]. Hierunter werden kooperative GU verstanden, die weitgehende Veränderungen in der Struktur der beteiligten Unternehmen dadurch bewirken, dass ihre Mütter nennenswerte Vermögenswerte übertragen. Es handelt sich also um große und für die beteiligten Unternehmen sehr bedeutungsvolle Projekte. Zwar war auch auf diese GU die FKVO nicht anwendbar. Seit 1992 legte sich aber die Kommission für die erste Prüfung der Vereinbarkeit solcher GU mit dem Gemeinsamen Markt nach Art. 81 EGV eine zweimonatige Frist auf, die allerdings lediglich eine Selbstbindung der Kommission, nicht jedoch eine rechtlich durchsetzbare Frist darstellte[1581].

1578 So erstmals in: Kommission, 23. 10. 1991 »Thomson-CSF/Pilkington Optronics« WuW/E EV 1724 ff.; vgl. ferner: Kommission, 11. 11. 1991 »UAP/Transatlantic/Sun Life« WuW 1992, 35, sowie zahlreiche weitere Entscheidungen; vgl. die umfangr. Nachw. bei Gerwing »Kooperative Gemeinschaftsunternehmen im EWG-Kartellrecht unter besonderer Berücksichtigung der Abgrenzungsfrage«, S. 70 ff.

1579 Kritische Stimmen zum Konzept der »industriellen Führerschaft«: Gerwing, »Kooperative Gemeinschaftsunternehmen im EWG-Kartellrecht unter besonderer Berücksichtigung der Abgrenzungsfrage«, S. 70 ff., insbesondere S. 83; Lohse, ZHR 159 (1995) 164 ff., 193 f.; Fine, »Revised Notice on the Distinction between Concentrative and Cooperative Joint Ventures«, ECLR 1994, 291, 293 f. Das Konzept wurde von der Kommission in ihrer Bekanntmachung über die Unterscheidung zwischen konzentrativen und kooperativen GU (ABl. 1994, Nr. C 385/1 ff.) nicht mehr erwähnt.

1580 Vgl. Kommission, 22. WB 1992, Rdnr. 122 ff.

1581 Das Konzept der strukturellen kooperativen GU dürfte nach Inkrafttreten der VO 1/2003 und dem damit einhergehenden Wegfall des Anmeldungssystems außerhalb der FKVO gegenstandslos werden.

IV. Sondertatbestand: Vollfunktions-Gemeinschaftsunternehmen

Mit der Bekanntmachung über die Unterscheidung zwischen konzentrativen und kooperativen GU von 1994[1582] erweiterte die Kommission die Anwendbarkeit der FKVO auf GU. Insbesondere erklärte die Kommission in Tz. 17 dieser Bekanntmachung, dass eine **Koordinierung zwischen den Gründern und dem GU** nur von Bedeutung sein könne, wenn sie ein Instrument für die Herbeiführung oder Stärkung der Koordinierung zwischen den Gründern selbst darstelle. Im Ergebnis wurden Vollfunktions-GU daher seit 1994 nur dann nicht von der FKVO erfasst, wenn eine (horizontale) Koordinierung des Wettbewerbsverhaltens zwischen den Muttergesellschaften des GU vorlag; etwaige Koordinierungen zwischen den Müttern einerseits und dem GU andererseits hinderten dagegen nicht die Anwendbarkeit der FKVO. Das Konzept der »industriellen Führerschaft« hat seither keine gesonderte Bedeutung mehr. — 1525

c) Die Systematik der aktuellen FKVO

Für die Anwendbarkeit der FKVO auf GU kommt es seit 1997 ausschließlich darauf an, dass es sich um ein sog. **Vollfunktions-GU** handelt. Dies ist ein GU, das auf Dauer alle Funktionen einer selbständigen Wirtschaftseinheit erfüllt[1583]. — 1526

Seit der Reform der FKVO durch die (Änderungs-) Verordnung (EG) Nr. 1310/97 (»VO 1310/97« oder »ÄnderungsVO«) ist für die Anwendbarkeit der FKVO also nicht mehr entscheidend, ob ein GU konzentrativ oder kooperativ ist. Auch kooperative GU, die eine Koordinierung des Wettbewerbsverhaltens ihrer Muttergesellschaften bewirken können, fallen seither in den Anwendungsbereich der FKVO, wenn sie Vollfunktionseigenschaft aufweisen. — 1527

Die damit einhergehende erneute Erweiterung des Anwendungsbereiches der FKVO basierte auf einer extensiveren Auslegung des **Merkmals der strukturellen Veränderung**. Schon die ursprüngliche FKVO von 1989 sollte nur auf Handlungen anwendbar sein, die zu einer dauerhaften Veränderung der Struktur der beteiligten Unternehmen führen. Dies bekräftigte die Änderungs-VO, indem sie in Erwägungsgrund 5 feststellte, dass der Begriff des »Zusammenschlusses« fortan Handlungen erfasse, die zu einer »dauerhaften Veränderung der Struktur der beteiligten Unternehmen« führen, weshalb es angebracht sei, «alle Vollfunktions-GU in den Anwendungsbereich» der FKVO einzubeziehen und deren Verfahrensvorschriften zu unterwerfen. Nach dieser neuen Auffassung der Kommission werden die für den Anwendungsbereich der Strukturkontrolle erforderlichen strukturellen Veränderungen vor allem dadurch bewirkt, dass ein GU einen eigenen Marktzugang hat und nicht nur Hilfsfunktionen für seine Muttergesellschaften erfüllt[1584]. Auf die eventuelle Koordinierung der Tätigkeiten der Muttergesellschaften auf eng mit dem GU verknüpften Märkten kommt es im Hinblick auf die Anwendbarkeit der FKVO seit der ÄnderungsVO nicht mehr an. — 1528

Die Gründung eines GU stellt also dann einen Zusammenschluss i.S.d. FKVO dar, wenn das GU »auf Dauer alle Funktionen einer selbständigen wirtschaftlichen Einheit erfüllt« (Art. 3 Abs. 4 FKVO). Sind die in Art. 1 genannten Schwellenwerte erfüllt, wird es **verfahrensrechtlich** ausschließlich nach den Bestimmungen der FKVO beurteilt. — 1529

1582 Vgl. Bekanntmachung der Kommission über die Unterscheidung zwischen konzentrativen und kooperativen Gemeinschaftsunternehmen, ABl. C 385/01 von 1994.
1583 Art. 3 Abs. 4; vgl. auch Ziff. 11 Mitteilung über den Begriff des Vollfunktions-GU.
1584 Vgl. hierzu Ziff. 12 der Mitteilung über den Begriff des Vollfunktions-GU sowie unten Rdnr. 1536 ff.

C. Europäische Fusionskontrolle

1530 Jedoch blieb damit das Problem bestehen, dass mögliche Koordinierungseffekte in Bezug auf das Verhalten der Muttergesellschaften allein auf der Grundlage des Marktbeherrschungstests der ursprünglichen FKVO nicht adäquat bewertet werden konnten. Daher musste die FKVO um ein weiteres materielles Prüfungskriterium erweitert werden. In den Erwägungsgründen der VO 1310/97 (siehe EG 5) heißt es deshalb, für die **materielle Bewertung** seien neben dem stets anwendbaren Marktbeherrschungstest des Art. 2 Abs. 2 und 3 FKVO auch die Kriterien des Art. 85 Abs. 1 und 3 (heute Art. 81) EGV heranzuziehen, wenn die Gründung des Vollfunktions-GU direkt eine spürbare Einschränkung des Wettbewerbs zwischen unabhängig bleibenden Unternehmen zur Folge habe. Die Anwendung des Art. 81 EGV wurde entsprechend in Art. 2 Abs. 4 in der Änderungs-VO geregelt (heute Art. 2 Abs. 4 und 5). Dies führte letztlich zu einer materiellen »Doppelkontrolle« von Vollfunktions-GU nach dem Marktbeherrschungstest und nach dem Verhaltenstest.

1531 Auf bestimmte Arten von GU ist die **FKVO nicht anwendbar**. Dies ist der Fall, wenn die Umsatzschwellen des Art. 1 FKVO nicht erreicht werden oder wenn das Vorhaben keinen Zusammenschlusstatbestand i. S. d. Art. 3 Abs. 5 FKVO darstellt, weil die Kriterien des (Vollfunktions-)GU i. S. der FKVO nicht erfüllt werden. Diese GU werden materiell nach Art. 81 EGV beurteilt und seit Mai 2004 nach der neuen Durchführungsverordnung (EG) Nr. 1/2003 behandelt. Nach der **früher geltenden Durchführungsverordnung Nr. 17/62** konnten Unternehmen, die ein GU gründeten, das nicht von der FKVO erfasst wurde, die Gründung des GU bei der Kommission anmelden, die dann die Zusammenarbeit in dem GU auf ihre Rechtmäßigkeit nach Art. 81 EGV hin überprüfte. In der Regel ergingen in diesem Verfahren allerdings keine bindenden Entscheidungen der Kommission, sondern lediglich so genannte Comfort Letters[1585].

1532 Die **neue Durchführungsverordnung Nr. 1/2003**[1586] beinhaltet eine Abkehr der Kommission von dem jahrzehntelang praktizierten Anmeldeverfahren. VO 1/2003 sieht grundsätzlich keine Anmeldung bei der Kommission (oder auch bei den Behörden der Mitgliedstaaten) mehr vor. Vielmehr wird die Prüfung der Rechtmäßigkeit zu gründender GU in den Verantwortungsbereich der beteiligten Unternehmen selbst verwiesen. Rechtskraftfähige (oder zumindest »Gutgläubigkeit« schaffende) Freigabeentscheidungen sind regelmäßig nicht mehr vorgesehen. Sämtliche Mitgliedstaaten wie auch die Kommission können die Gründung des GU auf eine Zuwiderhandlung gegen Art. 81 oder Art. 82 EGV überprüfen und festgestellte Zuwiderhandlungen abstellen (vgl. Art. 5 und 7 VO 1/2003). Zudem können Wettbewerber, Lieferanten und Abnehmer des GU etwaige Zweifel an der Rechtmäßigkeit der Gründung des GU bei den nationalen Gerichten überprüfen lassen[1587].

1533 Auf Grund der umfangreichen Fallpraxis der Kommission zu GU in der Vergangenheit und auch aufgrund bereits bestehender[1588] sowie angekündigter weite-

---

1585 Zu diesem früheren Verfahren vgl. z. B. Sauter in: I/M, EG-Wettbewerbsrecht, 1997 – Art. 85 Abs. 3, Rdnr. 1 ff., 6 m.w.N.
1586 Verordnung (EG) 1/2003 vom 16. 12. 2002 zur Durchführung der in den Artikeln 81 und 82 des Vertrages niedergelegten Wettbewerbsregeln; diese Verordnung ersetzt die frühere Durchführungsverordnung (EG) 17/62.
1587 Siehe im Übrigen unten, Rdnr. 1667 ff. zum Verfahren bei Teilfunktions-GU.
1588 Siehe insbesondere Bekanntmachung der Kommission – Leitlinien zur Anwendbarkeit von Artikel 81 EGV auf Vereinbarungen über horizontale Zusammenarbeit, ABl. 2001 C 3/02 (»Horizontal Guidelines«) sowie Mitteilung der Kommission – Leitlinien für vertikale Beschränkungen, ABl. 2000 C 291/01 (»Vertical Guidelines«).

IV. Sondertatbestand: Vollfunktions-Gemeinschaftsunternehmen

rer Bekanntmachungen der Kommission zum Prüfungsmaßstab der Art. 81 und 82 EGV unter anderem bei der Gründung von GU, wird es in einer Vielzahl von Fällen den beteiligten Unternehmen möglich sein, die Rechtmäßigkeit der jeweiligen GU-Gründung intern zu prüfen. In Zweifelsfällen dagegen wird in der Zukunft möglicherweise eine Rechtsunsicherheit auch nach der Gründung des GU fortbestehen, da nach der neuen VO 1/2003 in aller Regel keine positiven Entscheidungen der Behörden zu erwarten sind[1589].

Angesichts dieser erheblichen Unterschiede ist die Frage der »Einordnung« von GU unter das FKVO-Verfahren oder das Verfahren nach VO 1/2003 nach wie vor von entscheidender praktischer Bedeutung[1590]. 1534

Mit der Revision der FKVO im Jahr 2004 wurde die Klarstellung, dass die Gründung eines (Vollfunktions-)GU einen Zusammenschluss i.S.d. Art. 3 Abs. 1 Buchst. b FKVO darstellt, wortgleich vom bisherigen Abs. 2 in Abs. 5 des Art. 3 übertragen. Durch diese Verschiebung ergeben sich keine formellen oder materiellen Änderungen. Die aktuelle Beurteilung von GU ist in dem Schaubild »Gemeinschaftsunternehmen« (vgl. nächste Seite) schematisch dargestellt. Für erläuternde Ausführungen wird auf die nachfolgenden Abschnitte verwiesen. 1535

2. Voraussetzungen eines Vollfunktions-GU

Nach Art. 3 Abs. 4 stellt die Gründung eines GU, »das auf Dauer alle Funktionen einer selbständigen wirtschaftlichen Einheit erfüllt«, einen Zusammenschluss dar. Damit erfasst der Zusammenschlussbegriff der FKVO alle Vollfunktions-GU[1591]. 1536

Voraussetzung für die Anwendbarkeit der FKVO auf die Gründung von GU, die die Schwellenwerte des Art. 1 erfüllen, ist demnach: 1537
– das Vorliegen gemeinsamer Kontrolle (Art. 3 Abs. 1)
– über ein GU, das dauerhaft alle Funktionen einer selbständigen wirtschaftlichen Einheit (Vollfunktions-GU) erfüllt (Art. 3 Abs. 4).

a) Gemeinsame Kontrolle

Die Gründung eines GU stellt nur dann einen Zusammenschluss i.S.d. Art. 3 dar, wenn mehrere voneinander unabhängige Unternehmen die Kontrolle über das GU erwerben (»gemeinsame Kontrolle«). Die generalklauselartig verwendeten Begriffe der »Kontrolle« und der »Gemeinsamkeit« bedürfen einer Auslegung, bei der festzustellen ist, welche konkreten Einflussmöglichkeiten im Einzelnen vorliegen müs- 1538

1589 Nach Art. 10 VO 1/2003 (siehe auch dort Erwägungsgrund 14) der Durchführungsverordnung (EG) Nr. 1/2003 kann die Kommission »in Ausnahmefällen, wenn es das öffentliche Interesse der Gemeinschaft gebietet«, eine Entscheidung deklaratorischer Art erlassen, mit der die Nichtanwendung der in Art. 81 oder Art. 82 EGV verankerten Verbote festgestellt wird, um die Rechtslage zu klären und eine einheitliche Rechtsanwendung in der Gemeinschaft sicherzustellen.
1590 Siehe auch unten: Rdnr. 1649 ff.
1591 Erläuterungen hierzu finden sich in der Mitteilung der Kommission über den Begriff des Vollfunktionsgemeinschaftsunternehmens nach der Verordnung (EWG) Nr. 4064/89 des Rates, ABl. C 66/01 von 2.3.1998 (nachfolgend: »Mitteilung über den Begriff des Vollfunktions-GU«).

C. Europäische Fusionskontrolle

sen, um die Kontrollausübung über ein Unternehmen zu gewährleisten und welche Anforderungen an die Gemeinsamkeit dieser Kontrollausübung zu stellen sind[1592].

1538a

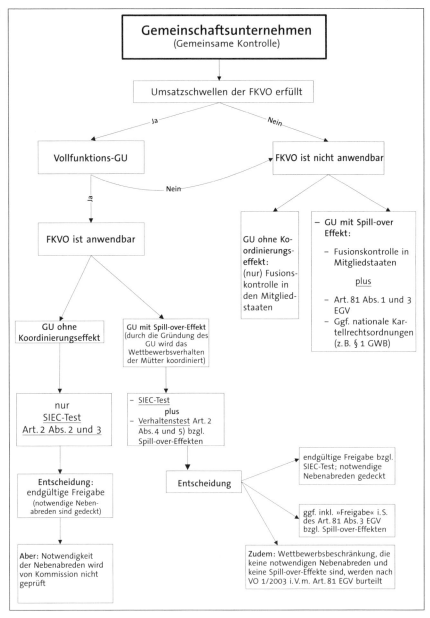

1592 Die Begriffe werden von der Kommission in einer Mitteilung erläutert, vgl. Mitteilung der Kommission über den Begriff des Zusammenschlusses der Verordnung (EWG) 4064/89 des Rates, ABl. 1998 C 66/5 ff. (nachfolgend: »Mitteilung über den Zusammenschlussbegriff«).

IV. Sondertatbestand: Vollfunktions-Gemeinschaftsunternehmen

Kontrolle bedeutet die auf Dauer angelegte rechtliche oder tatsächliche Möglichkeit, »einen bestimmenden Einfluss auf die Tätigkeit eines Unternehmens auszuüben« (Art. 3 Abs. 2). Im Wesentlichen wird Kontrolle dann begründet, wenn entweder durch positive Einflussrechte oder durch Vetorechte die strategischen wirtschaftlichen Geschicke eines Unternehmens bestimmt werden können. Gemeinsame Kontrolle liegt dabei dann vor, wenn die strategischen Geschicke zwangsläufig nur durch zwei oder mehr (Mutter-) Gesellschaften gemeinsam gelenkt werden können. Für Einzelheiten des Kontrollbegriffes wie auch des Begriffes der gemeinsamen Kontrolle wird verwiesen auf oben Rdnr. 906 ff. 1539

b) GU als selbständige wirtschaftliche Einheit

Nach Art. 3 Abs. 4 liegt ein Zusammenschluss i. S. d. FKVO nur vor, wenn das GU auf Dauer alle Funktionen einer selbständigen Wirtschaftseinheit erfüllt. In ihrer Mitteilung über den Begriff des Vollfunktions-GU erläuterte die Kommission, dass GU, die den in Art. 3 Abs. 2 FKVO a. F. (heute: Art. 3 Abs. 4) genannten Anforderungen entsprechen, eine dauerhafte Veränderung in der Struktur der beteiligten Unternehmen bewirken und als »**Vollfunktionsgemeinschaftsunternehmen**« bezeichnet werden[1593]. Als prägend für den Begriff des Vollfunktions-GU werden **drei Kriterien** angesehen, nämlich: 1540

- Selbständigkeit des GU, d. h. ein gewisser Grad wirtschaftlicher Unabhängigkeit von den Muttergesellschaften mit eigenem Marktauftritt;
- Ausübung einer Tätigkeit, die über bloße Hilfsfunktionen hinausgeht (Vollfunktion im engeren Sinne);
- sowie ein auf Dauer angelegter Bestand des GU[1594].

In der Entscheidungspraxis der Kommission wird deutlich, dass die Prüfung der einzelnen Kriterien im konkreten Fall häufig nicht voneinander zu trennen ist. Bereits die Mitteilung über den Begriff des Vollfunktions-GU unterscheidet hier nicht immer eindeutig. Als Beispiel kann das Erfordernis des selbständigen Marktauftritts gelten, ohne das grundsätzlich kein Vollfunktions-GU angenommen werden kann. Das Merkmal der Marktteilnahme kann sich auf die Selbständigkeit des GU gegenüber seinen Muttergesellschaften beziehen. Darüber hinaus ist die Marktteilnahme ein wichtiges Kriterium dafür, dass das GU nicht nur Hilfsfunktionen gegenüber seinen Muttergesellschaften wahrnimmt. Auch werden in der Literatur die genannten drei Kriterien nicht immer einheitlich bezeichnet[1595]. 1541

Nur wenn alle drei Kriterien erfüllt sind, handelt es sich um ein Vollfunktions-GU. Allerdings bestehen Ausnahmen während der **Anlaufphase eines GU**, die prinzipiell ca. 3 Jahre andauern darf. Während dieser Gründungsphase lässt die Kommission weitgehende Unterstützung durch die Muttergesellschaften zu, um dem GU die Möglichkeit zu verschaffen, sich am Markt zu etablieren. Allerdings muss bei 1542

1593 Vgl. Ziff. 11 der Mitteilung der Kommission über den Begriff des Vollfunktions-GU.
1594 Vgl. im Einzelnen Ziff. 11 ff. der Mitteilung der Kommission über den Begriff des Vollfunktions-GU.
1595 Vgl. etwa Kleemann in: Schröter/Jakob/Mederer, Kommentar zum Europäischen Wettbewerbsrecht, 1. Aufl. 2003, Art. 3 FKVO, Rdnr. 101 ff., der als die wichtigsten drei Kriterien die Marktteilnahme des GU, die Erfüllung wesentlicher Funktionen und das Verfügen über ausreichende Ressourcen bezeichnet. Materielle Auswirkungen scheinen sich durch die unterschiedliche Qualifizierung hingegen nicht zu ergeben.

der Anmeldung bereits eine Planung bestehen, die die selbständige Überlebensfähigkeit des GU am Markt erwarten lässt[1596].

1543 Die wichtigsten und in der Praxis am häufigsten untersuchten Kriterien betreffen die Selbständigkeit und die Ausübung nicht nur von Hilfsfunktionen (Vollfunktion im engeren Sinne), die auch i.S.v. **Mittelherkunft und Mittelverwendung** definiert werden können: Während im Rahmen des Kriteriums der Selbständigkeit die Mittelherkunft geprüft wird (ob das GU über ausreichende eigene Ressourcen verfügt oder aber dauerhaft auf Ressourcen der Mütter angewiesen ist), betrifft das Kriterium der Vollfunktion im engeren Sinne die Frage der Mittelverwendung (ob das GU mit seinen Ressourcen wie vergleichbare Wettbewerber am Markt auftritt).

1544 Bei der Ermittlung, ob diese Kriterien im konkreten Fall erfüllt sind, stellt die Kommission auf die **Branchenüblichkeit** ab, also auf eine Vergleichbarkeit des GU mit in der Branche tätigen eigenständigen Konkurrenzunternehmen.

1545 Die Kriterien für die Vollfunktions-Eigenschaft werden (Rdnr. 1538a) in einer **Übersicht** zusammen mit den materiellen Prüfungskriterien schematisch dargestellt.

(1) **Selbständigkeit**

1546 Das Kriterium der Selbständigkeit des GU ist vor dem Hintergrund auszulegen, dass die Muttergesellschaften die gemeinsame Kontrolle über das GU ausüben müssen. Während sich die »Kontrolle« auf das strategische Verhalten des GU bezieht, also die langfristigen und einschneidenden Entscheidungen betrifft, nimmt das Kriterium der Selbständigkeit auf das **aktive Auftreten des GU am Markt als eigene operative Einheit** Bezug und damit insbesondere auch auf das Tagesgeschäft.

1547 Die Selbständigkeit des GU bezieht sich insbesondere auf die **übertragenen Ressourcen** (Mittelherkunft), die für die vorgesehene Marktaktivitäten des GU ausreichend sein müssen, sowie auf die geschäftliche Leitung des GU[1597]. Ressourcen und Geschäftsleitung des GU müssen eine von den Muttergesellschaften weitgehend **unabhängige Tätigkeit** ermöglichen. Hierbei reicht es aus, wenn dem GU die Verfolgung eigenständiger wirtschaftlicher Interessen ermöglicht wird; ein Verbot jeglicher wirtschaftlicher Verknüpfung mit den Muttergesellschaften besteht dagegen nicht. Diese können in gewissem Rahmen an das GU liefern oder von diesem beliefert werden; auch ein Vertrieb der Produkte des GU durch die Mütter ist nicht völlig ausgeschlossen.

(a) **Notwendige Ressourcen**

1548 Die notwendigen Ressourcen beziehen sich insbesondere auf die finanzielle und personelle Ausstattung sowie auf die Zur-Verfügung-Stellung ausreichender materieller und immaterieller Vermögenswerte. **Maßstab** ist die Frage, ob sich das GU zu einem aus sich selbst heraus lebensfähigen Anbieter und Nachfrager auf dem Markt entwickeln kann[1598].

1596 In Kommission, 6.12.2002, M.2763 »Toray/Murata/Teijin«, Tz. 8 hatten sich z.B. die Muttergesellschaften verpflichtet, die zur Herstellung der geplanten Produkte erforderlichen Vermögenswerte erst ein Jahr nach GU-Gründung zu übertragen.
1597 Vgl. Ziff. 12 der Mitteilung über den Begriff des Vollfunktions-GU.
1598 Kommission, 13.4.1992, M.168 »Flachglas/Vegla«, Rdnr. 18.

IV. Sondertatbestand: Vollfunktions-Gemeinschaftsunternehmen

In dem Fall »ENW/Eastern«[1599] lehnte die Kommission das Vorliegen eines Vollfunktions-GU wegen unzureichender Ausstattung ab. Besonders hob die Kommission die zu geringe **finanzielle Autonomie** des GU hervor, die auch dadurch zum Ausdruck kam, dass die Muttergesellschaften vereinbarten, dass Kunden des GU für dessen Zahlungsverpflichtungen direkte Garantien bei den Müttern erhalten könnten[1600]. Insbesondere bei risikoreicheren Gründungen, etwa wenn das GU einen neuen Kundenkreis erst erschließen muss, um wirtschaftlich zu sein, oder wenn es um innovative Produkte geht, deren Marktchancen ungewiss sind, kommt der Prüfung der finanziellen Autonomie große Bedeutung zu. Dann werden Kapitalausstattung und etwaige Nachschusspflichten überprüft[1601]. Zur finanziellen Autonomie gehört schließlich auch die Einnahmeseite. Die Parteien müssen deshalb in der Anmeldung nachweisen, dass das GU ausreichende Umsätze generieren wird, um dauerhaft selbständig am Markt auftreten zu können. Dabei gesteht die Kommission i.d.R. eine Anlaufphase von 3 bis 5 Jahren zu[1602]. Diese Frage hängt zudem eng mit der Unabhängigkeit des GU von Lieferungen an seine Muttergesellschaften zusammen[1603]. 1549

Weitere Anzeichen für eine zu geringe Autonomie des GU sah die Kommission im Fall »Amadeus GLL« u. a. darin, dass das **Personal** des GU hauptsächlich von den Muttergesellschaften abgestellt werden sollte[1604] und dass die Muttergesellschaften zahlreiche **Serviceleistungen** gegenüber dem GU erbringen sollten, z. B. in den Bereichen Marketing, Erstellen von Angeboten und Informationstechnologie. Die Kommission erklärte die FKVO letztlich für nicht anwendbar, da kein Zusammenschlusstatbestand vorliege[1605]. 1550

Ein weiterer Aspekt bei der Bewertung, ob ausreichende eigene Ressourcen vorliegen, kann die **technologische Kompetenz** des GU sein, soweit sie auf dem entsprechenden Markt eine besondere Bedeutung hat[1606]. Beispielsweise auf pharmazeutischen Märkten hat ein GU grundsätzlich nur dann Vollfunktionscharakter, wenn es eine ausreichend ausgestattete Abteilung der Forschung und Entwicklung vorweisen kann. 1551

Schwierige Fragen stellen sich hinsichtlich der Übertragung der für die Aktivitäten des GU **erforderlichen Vermögenswerte**. In einer Entscheidung aus dem Jahr 1997 verneinte die Kommission den Vollfunktionscharakter bei einem GU, das die für die Erbringung von Transportleistungen erforderlichen Ausrüstungsgegenstände wie Spezialcontainer etc. nicht erhalten sollte; ihm stünden nicht alle zur Ausübung seiner Tätigkeiten erforderlichen Ressourcen zur Verfügung[1607]. Al- 1552

1599 Kommission, 15.10.1998, M.1315 »ENW/Eastern«, Rdnr. 7 ff.
1600 Vgl. zur fehlenden finanziellen Autonomie auch Kommission, 13.4.1992, M.168 »Flachglas/Vegla«, Rdnr. 21.
1601 Vgl. auch Kleemann, in: Schröter/Jakob/Mederer, Kommentar zum Europäischen Wettbewerbsrecht, 1. Aufl. 2003, Art. 3 FKVO, Rdnr. 108.
1602 Vgl. Kommission, 20.7.2000, JV.48 »Vodafone/Vivendi/Canal Plus«, Rdnr. 21.
1603 Vgl. unten Rdnr. 1567.
1604 Die Bereitstellung personeller Ressourcen während einer Anlaufphase von zwischen 18 und 24 Monaten dürfte unbedenklich sein; vgl. Kommission, 21.5.2002, M.2794 »Amadeus/GGL/JV«, Rdnr. 7.
1605 Die Anmeldung nach Formblatt CO wurde umgedeutet in eine Anmeldung nach Formblatt A/B (vgl. dazu Art. 5 der heute nicht mehr geltenden Durchführungsverordnung 447/98).
1606 Kommission, 2.2.2000, M.1786 »General Electric/Thomson CSF/JV«, Rdnr. 7.
1607 Vgl. Kommission, 2.4.1997, M.904 »RSB/Tenex/Fuel Logistic«, Rdnr. 6 ff., 9.

lerdings geht aus der nachfolgenden Entscheidungspraxis der Kommission der Grundsatz hervor, dass das GU nicht Eigentümer aller erforderlichen Vermögensstände sein muss[1608]. Einem anderen Transport-GU wurde Vollfunktionscharakter zugesprochen, obwohl es alle zu erbringenden Dienstleistungen von den Muttergesellschaften und von Dritten einkaufte und keine eigenen Transportmittel besaß[1609]. Jedenfalls genügt es, wenn die erforderlichen Vermögenswerte des GU von den Muttergesellschaften geleast sind, vorausgesetzt, das GU kann über den Einsatz uneingeschränkt entscheiden[1610]. Maßgeblich sind letztlich der Zugang zu und die **Dispositionsbefugnis** über die Vermögenswerte[1611]. Dies genügte im Fall »KLM/Alitalia«, in dem die Muttergesellschaften sich aus (nahezu allen) betroffenen Flugtransportmärkten zurückzogen und dem GU freien Zugriff (unconditional access) auf ihre Flugzeuge einräumten[1612].

1553 In manchen Fällen – häufig z. B. im Bereich der chemischen Industrie – ist es nicht möglich, **Teile von Produktionsanlagen** aus einer Gesamtanlage herauszunehmen und auf ein GU zu übertragen. Wirtschaftliche Gründe – häufig sind chemische Anlagen ein nicht ohne weiteres trennbarer Bestandteil eines umfangreichen Industriekomplexes – oder auch Sicherheitsrisiken können gegen eine solche Aufteilung sprechen. In derartigen Fällen hat die Kommission dennoch oft für das Vorliegen eines Vollfunktions-GU entschieden[1613], und zwar mit den Argumenten, dass entweder die betreffende Mutter die Anlage im Rahmen eines langfristigen Lohnvertrages (»Manufacturing Agreement«) unter der Kontrolle des GU betreibt oder dass das GU aufgrund eines Betriebsführungsvertrages (»Operating Agreement«) die Anlage unter eigener Kontrolle selbst führt[1614]. Entscheidend dürfte insoweit auch hier die Unabhängigkeit des GU in Bezug auf die **Disposition über die betreffenden Anlagen** sein, d. h. das GU muss frei über den Einsatz der Anlagen im Wettbewerb entscheiden können[1615] und ein etwaiger Austausch von Leistungen mit den Muttergesellschaften muss zu Marktbedingungen (auf arm's length-Basis), also wie zwischen fremden Dritten, erfolgen[1616].

1608 Siehe z. B. Kommission, 22. 6. 1998, »JV.2 – ENEL/FT/DT«, Rdnr. 13. Hier nutzte das GU ein bestehendes Leitungsnetz einer der Muttergesellschaften, um Telefondienstleistungen anzubieten. Siehe ferner die nachfolgend erwähnten Entscheidungen.
1609 Kommission, 15. 7. 2002 M.2859 »Deutsche Bahn Cargo/Contship Italia/JV«, Rdnr. 6, ohne weitere Analyse/Begründung. Geschäftskonzept des GU war der Einkauf und die Organisation von Transportleistungen. Möglicherweise bejahte die Kommission den Vollfunktionscharakter, da es in Transport- bzw. Logistikmärkten zu einem gewissen Grad branchenüblich ist, Leistungen von Dritten zuzukaufen.
1610 So Kommission, 28. 4. 1998, M.1020 »GE Capital/Sea Containers«, Rdnr. 8.
1611 So ausdrücklich Kommission, 11. 8. 1999, JV.19 »KLM/Alitalia«, Rdnr. 16.
1612 Kommission, 11. 8. 1999, JV.19 »KLM/Alitalia«, Rdnr. 13 ff. Entscheidend war hier offenbar, dass sichergestellt war, dass ausschließlich das GU über den Einsatz der Flugzeuge disponieren konnte; so hatten die Mütter kein Recht, die Flugzeuge Dritten zur Verfügung zu stellen, und andererseits war das GU verpflichtet, die gesamte zur Verfügung gestellte Kapazität auch zu nutzen (vgl. Rdnr. 5 und 8 der Entscheidung).
1613 Z. B. Kommission, 29. 4. 1993, M.310 »Harrisons & Crosfield/AKZO«, Rdnr. 10 ff.
1614 Vgl. Kommission, 23. 12. 1997, M.1041 »BASF/Shell II«, Rdnr. 19.
1615 So bereits Kommission, 27. 11. 1992, M.259 »British Airways/TAT«, Rdnr. 10.
1616 Siehe z. B. Kommission, 7. 10. 1996, M.791 »British Gas Trading/Group 4 Utility Services«, Rdnr. 9.

IV. Sondertatbestand: Vollfunktions-Gemeinschaftsunternehmen

1554 In Bezug auf z. B. für die Produktion oder den Vertrieb notwendige **geistige Eigentumsrechte** ist sicherzustellen, dass das GU während seiner gesamten Dauer über die entsprechenden Rechte verfügen kann[1617]. Diesem Erfordernis ist selbstverständlich durch Übertragung der Rechte auf das GU genüge getan; eine unwiderrufliche[1618] Lizenzierung der Rechte für die Dauer des Bestandes des GU reicht jedoch ebenfalls aus[1619].

1555 Problematisch kann die Übertragung nicht ausreichender Funktionen auf ein GU sein. Vollfunktions-Charakter besteht grundsätzlich nur, wenn das GU in der Lage ist, eine in der Branche **übliche** **Angebotspalette** selbst zu organisieren. Allerdings genügt es, wenn die Kernfunktionen ausgeübt werden. Deshalb war es im Fall »KLM/Alitalia« unschädlich, dass die Muttergesellschaften weiterhin die Bodenabfertigung sowie Wartungsarbeiten an den dem GU zur Verfügung stehenden Flugzeugen durchführten. Die Kommission entschied, diese Tätigkeiten seien keine Kernaktivitäten und könnten auch von Konkurrenten des GU jederzeit an Dritte vergeben werden. Im Übrigen hätte die Zusammenführung dieser Aktivitäten der Muttergesellschaften nach den Ermittlungen der Kommission dem GU keine nennenswerten Vorteile gebracht[1620].

(b) Operationelle Autonomie des GU

1556 Neben ausreichenden Ressourcen muss das GU über **operationelle Autonomie** verfügen, d.h., »über ein sich dem Tagesgeschäft widmendes Management«[1621]. Während die strategischen Entscheidungen in Bezug auf das GU Gegenstand der gemeinsamen Kontrolle der Muttergesellschaften zu sein haben, muss das **Tagesgeschäft** von der Geschäftsführung des GU selbst entschieden werden können[1622]. Das GU soll sich nicht nur als verlängerter Arm der Muttergesellschaften darstellen, sondern hat eigenständig auf den entsprechenden Märkten zu agieren. Die kurzfristige Geschäftspolitik und die rasche Reaktion auf Änderungen in den Marktgegebenheiten, muss daher von der Geschäftsleitung des GU autonom bestimmt werden können. In den Entwürfen zur Mitteilung der Kommission über den Begriff des Vollfunktions-GU stand insoweit noch die Bedingung, dass das GU über ein »eigenes« Management verfügen müsse. Dies deutete darauf hin, dass die Geschäftsführung des GU nicht zugleich Funktionen in einer der Muttergesellschaften ausüben durfte. Allerdings ist das Merkmal des »eigenen« Managements nicht in die endgültige Fassung der Mitteilung übernommen worden, sodass davon auszugehen ist, dass **Doppelfunktionen des Managements** im GU und in einer der

---

1617 Vgl. Kommission, 2.12.1995, M.527 »Thomson CSF/Deutsche Aerospace«, Rdnr. 10.
1618 Vgl. Kommission, 13.9.1993, M.353 »British Telecom/MCI«, Rdnr.5; in Kommission, 9.12.1991 M.149 »Lucas/Eaton«, Rdnr. 11 ff., hatte die Kommission die Lizenzierung für die Dauer des GU genügen lassen, obwohl die Lizenzen im Einvernehmen beider Parteien widerrufen werden konnten. Die Entscheidung erging aber zu einem Zeitpunkt, an dem das Konzept der Vollfunktions-GU noch nicht angewandt wurde.
1619 Vgl. »Thomson CSF/Deutsche Aerospace« a.a.O.; an der Lizenzierung der Schutzrechte für die Dauer des GU fehlte es in Kommission, 6.2.1991, M.058 »Baxter/Nestlé/Salvia«, Rdnr. 6, was mit zu dem Ergebnis der Kommission beitrug, dass es sich hierbei nicht um ein Vollfunktions-GU handele.
1620 Kommission, 11.8.1999, JV.19 »KLM/Alitalia«, Rdnr. 12.
1621 So Rdnr. 12 der Mitteilung über den Begriff des Vollfunktions-GU.
1622 Kommission, 2.2.2000, M.1786 »General Electric/Thomson CSF/JV«, Rdnr. 7.

Muttergesellschaften in Ausnahmefällen möglich sind[1623]. In jedem Einzelfall wird aber zu prüfen sein, inwieweit die Besetzung der Geschäftsleitung mit Angestellten der Muttergesellschaften die erforderliche operationelle Autonomie des GU in Frage stellt. Dies könnte insbesondere bei GU mit einem Schwerpunkt im Vertriebsbereich der Fall sein.

1557 Die von der Kommission entwickelten Kriterien wurden vom **EuGH** bestätigt. Das Gericht prüfte die »funktionelle Selbständigkeit« eines GU zweier Versicherungsunternehmen. Die Muttergesellschaften sollten dabei nahezu alle Dienstleistungen für das GU erbringen, die sich auf Produktion, Verwaltung und Vermarktung der Versicherungspolicen bezogen. Der EuGH kam zu dem Schluss, dass es zwar für den Charakter eines selbständigen GU unschädlich sei, wenn einzelne dieser Aufgaben an die Muttergesellschaft(en) delegiert würden; jedoch bestätigte er die Einschätzung der Kommission, dass wegen der Vielzahl der auf die Muttergesellschaften übertragenen Dienstleistungen das GU nicht über eine echte funktionelle Selbständigkeit verfügte[1624].

(2) **Vollfunktion (im engeren Sinne)**

1558 Vollfunktions-GU müssen auf einem Markt die Funktionen ausüben, die auch von anderen Unternehmen in diesem Markt wahrgenommen werden[1625], d. h. die auf sie übertragenen Mittel im Markt einsetzen (Mittelverwendung). Nehmen GU hingegen nur ausgewählte Funktionen aus dem Tätigkeitsbereich der Muttergesellschaften wahr und verfügen insbesondere nicht über einen eigenen **Zugang zum Markt**, dann werden sie nicht als Vollfunktions-GU angesehen[1626].

(a) **Zugang zum Markt entsprechend vergleichbaren Unternehmen**

1559 GU, die nicht wie vergleichbare Unternehmen in der betreffenden Branche selbst am Markt tätig sind, haben keinen Vollfunktionscharakter. Klassisches **Beispiel** für GU mit lediglich helfender Funktion ist die Ausgliederung von Back-Office-Leistungen (z. B. Datenverarbeitung), soweit das GU nur die Muttergesellschaften (und ggf. deren Konzerngesellschaften), nicht aber fremde Dritte beliefert. Aber auch reinen Forschungs- und Entwicklungs- bzw. Produktions-GU[1627] kommt in aller Regel lediglich eine Hilfsfunktion zu. Bloße Hilfsfunktion haben meist auch solche GU, die sich auf den Vertrieb von Erzeugnissen der Muttergesellschaften beschränken[1628].

1560 Bei der Beurteilung, ob lediglich Hilfsfunktionen erfüllt werden, kommt es entscheidend auf die **Branchenüblichkeit** an, d. h. auf einen Vergleich mit anderen Unternehmen, die im gleichen relevanten Markt tätig sind[1629]. Ein GU, das auch

---

1623 Anderer Ansicht Kleemann in: Schröter/Jakob/Mederer, Kommentar zum Europäischen Wettbewerbsrecht, 1. Aufl. 2003, Art. 3 Rdnr. 96.
1624 EuGH, 4. 3. 1999, »Generali/Unicredito« WuW/EU-R 261 ff., Rdnr. 70 f., 79.
1625 So Ziff. 12 der Mitteilung über den Begriff des Vollfunktions-GU.
1626 Vgl. Ziff. 13 der Mitteilung über den Begriff des Vollfunktions-GU.
1627 Siehe z. B. Kommission, 23. 12. 2002, M.3003 »Electrabel/Energia Italiana/Interpower«, Rdnr. 10 f.
1628 Vgl. Ziff. 13 der Mitteilung über den Begriff des Vollfunktions-GU.
1629 Vgl. z. B. Kommission, 12. 11. 1992, M.222 »Mannesmann/Hoesch«, Rdnr. 11; 2. 12. 1995 M.527 »Thomson/CFS/Deutsche Aerospace AG«, Rdnr. 10 (ständige Entscheidungspraxis).

die Produkte der Muttergesellschaften vertreibt, kann also ein Vollfunktions-GU darstellen, wenn in der betreffenden Branche typischerweise (auch) reine Handelsunternehmen agieren[1630]. Ein Vollfunktions-GU in einem **Handelsmarkt** muss letztlich über die für seine Funktion nötigen Einrichtungen verfügen und einen wesentlichen Teil seiner Lieferungen nicht nur bei den Muttergesellschaften, sondern auch bei anderen Wettbewerbern beziehen können[1631].

Andererseits spricht es nach der Kommissionspraxis nicht gegen das Vorliegen eines Vollfunktions-GU, wenn das GU die **Vertriebsorganisation der Muttergesellschaften** nutzt. Voraussetzung ist jedoch, dass die Muttergesellschaften »nur als Verkaufsvertreter« des GU tätig sind[1632] und deshalb keine operationellen oder administrativen Aufgaben wahrnehmen. Das (Vollfunktions-)GU muss also aktiv auf die Vertriebsstrategien seiner Produkte Einfluss nehmen können[1633]. Zudem müssen die geschäftlichen Risiken trotz der Aktivitäten der Muttergesellschaften als Verkaufsvertreter das GU selbst treffen[1634]. Unter diesen Umständen ist der fehlende eigene Zugang zum Markt, der eigentlich für bloßen Hilfsfunktionscharakter spricht, unschädlich. Dies gilt umso mehr, wenn ein Vergleich ergibt, dass in der betreffenden Branche auch andere Unternehmen Verkaufsvertreter nutzen[1635]. Solange also das GU selbst über die Marketing-Politik hinsichtlich seiner Produkte entscheidet und die Vertriebsorganisationen der Muttergesellschaften nur als Verkaufsvertreter ohne eigenes Risiko einschaltet, ist es unschädlich, wenn dem GU eine eigene Vertriebsmannschaft fehlt[1636] oder wenn das GU neben dem eigenen Außendienst auch den der Muttergesellschaften nutzt[1637]. 1561

(b) Lieferbeziehungen mit den Muttergesellschaften
Die **vertikalen Interdependenzen** zwischen Muttergesellschaften und GU nehmen bei der Beurteilung, ob ein Vollfunktions-GU vorliegt, eine besondere Rolle ein[1638]. In vielen Fällen wird nämlich das GU auf vor- oder nachgelagerten Märkten der 1562

1630 Zum Prüfungsumfang siehe Kommission, 3. 9. 1996, M.788 »AgrEvo/Marubeni«, Rdnr. 9.
1631 Vgl. Ziff. 14, dritter Absatz der Mitteilung über den Begriff des Vollfunktions-GU.
1632 Vgl. Ziff. 13 der Mitteilung über den Begriff des Vollfunktions-GU.
1633 In Kommission, 13. 9. 1993, M.353 »British Telecom/MCI«, musste das GU sämtliche Produkte an die Mütter verkaufen, die selbst über Preise und andere Produktparameter entschieden. Das GU erbrachte für den Vertrieb nur Hilfsdienstleistungen. Die Kommission hatte daher »ernste Zweifel«, ob es sich um ein Vollfunktions-GU handelte (vgl. Ziff. 6 f.).
1634 Kommission, 2. 12. 1991, M.102 »TNT/Canada Post«, Rdnr. 14.
1635 So war der Sachverhalt in Kommission, 22. 2. 1995, M.545 »Zurigo/Banco di Napoli, DBP Postdienst, La Poste, PTT Post & Sweden Post«, Rdnr. 8. Das GU kreierte eigene Lebensversicherungsprodukte, die über die Verkaufsorganisation einer der Muttergesellschaften vertrieben wurden. Die Kommission bejahte den Vollfunktionscharakter, weil a) die Muttergesellschaft nur als Verkaufsvertreter des GU auftrat und b) auch andere Versicherungsgesellschaften, die in dem gleichen Markt operierten, ihre eigenen Produkte durch unabhängige Vertriebskanäle vermarkteten.
1636 Siehe Ziff. 13 der Mitteilung über den Begriff des Vollfunktions-GU sowie die dort zitierte Entscheidung, Kommission, 2. 12. 1991, M.102 »TNT/Canada Post, DBP Postdienst, La Poste, PTT Post & Sweden Post«, Rdnr. 14; vgl. ferner Kommission, 30. 4. 2003, M.2861 »Siemens/Drägerwerk/JV«, Rdnr. 8.
1637 Vgl. Kommission, 3. 7. 1996, M.751 »Bayer/Hüls«, Rdnr. 4.
1638 Vgl. hierzu Ziff. 14 der Mitteilung über den Begriff des Vollfunktions-GU.

Muttergesellschaften tätig sein und somit entweder die Muttergesellschaften beliefern (Tätigkeit des GU auf vorgelagertem Markt) oder von diesen Produkte zur Weiterverarbeitung beziehen (Tätigkeit des GU auf nachgelagertem Markt). Als **Faustformel** gilt: je umfangreicher die Käufe bzw. Verkäufe zwischen Müttern und GU sind, desto weniger spricht dafür, dass es sich bei dem GU um eine selbständige Wirtschaftseinheit handelt. Die Kommission unterscheidet in diesem Zusammenhang zwei Prüfbereiche:

- **Dauer** der vertikalen Interdependenzen: während einer Anlaufphase gesteht die Kommission dem GU eine höhere Abhängigkeit bzw. eine größere Unselbständigkeit zu als bei dauerhaft angelegten Lieferbeziehungen;
- **Art** der dauerhaften Lieferbeziehungen zwischen den Muttergesellschaften und dem GU: Lieferungen des GU an die Mütter einerseits und von den Müttern an das GU andererseits.

(i) Lieferbeziehungen in der Anlaufphase

1563 Ein enges Belieferungsgeflecht zwischen den Muttergesellschaften und dem GU während einer **Anlaufphase** wirkt sich nicht auf den Vollfunktionscharakter aus. Die Länge der Anlaufphase ist abhängig von den jeweiligen Marktbedingungen, sollte jedoch einen Zeitraum von 3 Jahren grundsätzlich nicht überschreiten. Leider fehlen in vielen der veröffentlichten Entscheidungen der Kommission sowohl konkrete Zeitangaben über die Dauer der Anlaufphase als auch quantitative Angaben über die vertikalen Beziehungen. So kam die Kommission ohne Nennung konkreter Zeitpunkte in der Entscheidung EDS/Lufthansa zu dem Schluss, dass die Abhängigkeit des GU von einer der Mütter zwar mittelfristig gegeben sei, aber nur von vorübergehender Natur sein werde[1639]. In der Entscheidung »Mannesmann/RWE/Deutsche Bank« ließ die Kommission einen (geplanten) Umsatz des GU mit Dritten von ca. 50 % nach vier bis fünf Jahren und von 60–80 % nach sechs Jahren für den Vollfunktionscharakter ausreichen[1640].

1564 Bei der Überprüfung der Dauer und der Erforderlichkeit einer Anlaufphase kommt es wesentlich auf die Ermöglichung des Marktzutritts und die spätere Überlebensfähigkeit des GU im Markt an. Für die Parteien ist bei entsprechenden Anmeldungen entscheidend, die Notwendigkeit für eine Unterstützung des GU durch die Muttergesellschaften für die begrenzte Dauer des Marktzutritts darzulegen[1641]. Daher müssen die Zusammenschlussbeteiligten die »**Marktgängigkeit**« der Produkte (zumindest am Ende der vorgesehenen Anlaufzeit) aufzeigen. Dazu trugen Zusammenschlussbeteiligte zum Beispiel vor, innerhalb von drei Jahren werde das GU 50 % seiner Produktion an Dritte liefern, was Nachforschungen der Kommission im Wettbewerbsumfeld bestätigten[1642]. Schließlich kann es erforderlich sein, darzulegen, dass das GU gezwungen sein wird, seine Leistungen (auch) Dritten anzubieten[1643], etwa weil die ursprünglich vorhandenen Lieferverträge mit den Mut-

---

[1639] Kommission, 11.5.1995, M.560 «EDS/Lufthansa«, Rdnr. 11.
[1640] Kommission, 22.12.1993, M.394 »Mannesmann/RWE/Deutsche Bank«, Rdnr. 9.
[1641] Vgl. Kommission, 17.4.2000, M.1875 »Reuter/Equant – Project Proton«, Rdnr. 11; sowie 2.2.2000, »General Electric/Thomson CSF/JV«, Rdnr. 8.
[1642] Kommission, 5.2.1996, M.686 »NOKIA/Autoliv«, Rdnr. 6f.
[1643] Vgl. Kommission, 9.4.2003, M.3101 »Accor/Hilton/Six Continents JV«, Rdnr. 6, wo die Vollfunktion in den öffentlichen Entscheidungsgründen allein mit dem Hinweis auf dieses Erfordernis bejaht wurde.

tergesellschaften auszulaufen drohen[1644]. Die Kommission überprüft die Angaben anhand des Geschäftsplanes des GU und auch durch Nachfragen bei Kunden und Wettbewerbern.

(ii) **Auf Dauer angelegte Lieferbeziehungen**
Dauerhafte vertikale Beziehungen zwischen GU und Mutterunternehmen, die über eine bloße Anlaufphase hinausgehen, betrachtet die Kommission differenziert und auf den Einzelfall bezogen[1645]. Ein wichtiges Kriterium ist stets die **Abschlussfreiheit** bei Einkaufs- und Verkaufsentscheidungen, also die Frage, ob das GU prinzipiell Verträge auch mit Dritten abschließen kann[1646] und somit aktiv am Markt teilnimmt. Darüber hinaus unterscheidet die Praxis über die Vollfunktionseigenschaft von GU bei dauerhaften Lieferbeziehungen mit ihren Muttergesellschaften danach, ob und **in welchem Umfang** das GU Produkte an die Muttergesellschaften liefert oder von ihnen bezieht. 1565

Im Hinblick auf die **eigene Abschlussfreiheit** des GU verneinte die Kommission (trotz Übertragung ausreichender Ressourcen) in einer Entscheidung aus dem Jahr 1997[1647] die Vollfunktionseigenschaft, weil das GU verpflichtet war, seinen Bedarf an Vorprodukten bei den Mutterunternehmen zu decken, sodass es in der Wahl seiner Lieferanten gebunden war (Bindung des GU bei Beschaffungsentscheidungen). Zudem orientierten sich die Preise für die Vormateriallieferungen an das GU an den Bezugspreisen, die die Muttergesellschaften ihrerseits mit anderen Abnehmern vereinbart hatten. Auf das Ergebnis dieser Verhandlungen hatte das GU keinen Einfluss, sodass auch der Preisverhandlungsspielraum des GU gegenüber den Muttergesellschaften erheblich eingeschränkt war. 1566

Ist das GU im Verhältnis zu den Muttergesellschaften **auf einem vorgelagerten Markt tätig**, kommt es wesentlich auf den Anteil der Verkäufe an, den das GU an die Muttergesellschaften realisiert. Entscheidend ist, dass das GU in der Lage bleibt, auf den betroffenen Märkten eine selbständige und aktive Rolle zu spielen[1648]. Je höher der (**dauerhafte**) **Verkaufsanteil** an die Muttergesellschaften im Verhältnis zur Gesamtproduktion des GU ist, desto wahrscheinlicher wird eine Abhängigkeit des GU von den Muttergesellschaften. Das GU kann sich letztlich als gemeinsame Produktionsstätte der Muttergesellschaften darstellen. In der veröffentlichten Entscheidungspraxis wurde die langfristige Zulieferung von bis zu 15 % der Produktionskapazität des GU an eine Muttergesellschaft als nicht hinderlich angesehen[1649]. 1567

1644 So in Kommission, 7. 10. 1996, M.719 »British Gas Trading / Group 4 Utility Services«, Rdnr. 11.
1645 Vgl. d. umfangr. Nachw. zur Entscheidungspraxis bei Hawk/Huser, »European Community Merger Control: A Practitioner's Guide«, 1996, S. 45 ff.
1646 Vgl. z. B. Kommission, 4. 7. 1995, M.591 »Dow/Buna«, Rdnr. 11 (Freiheit, andere Vertriebskanäle zu nutzen); 3. 7. 1996, M.751 »Bayer/Hüls«, Rdnr. 11 (Freiheit, Bezugsverträge mit Dritten abzuschließen) und 1. 10. 1997, M.979 »Preussag/Voest Alpine«, Rdnr. 11 (kein Vollfunktions-GU wegen fehlender Freiheit, Vormaterialien bei Dritten einzukaufen). Im gleichen Sinne die erste unter der novellierten FKVO veröffentlichte Entscheidung: Kommission, 28. 4. 1998, M.1020 »GE Capital/Sea Containers«, Rdnr. 9; siehe auch Kommission, 17. 4. 2000, M.1875 »Reuter/ Equant – Project Proton«, Rdnr. 12; Kommission, 20. 7. 2000, JV.48 »Vodafone/Vivendi/Canal Plus«, Rdnr. 23.
1647 Vgl. Kommission, 1. 10. 1997, M.979 »Preussag/Voest Alpine«, Rdnr. 10 ff.
1648 Vgl. Ziffer 14, 2. Abs. der Mitteilung über den Begriff des Vollfunktions-GU.
1649 Kommission, 3. 7. 1996, M.715 »Bayer/Hüls«, Rdnr. 9.

Tatsächlich darf der Verkaufsanteil an die Muttergesellschaften in den meisten Fällen erheblich höher liegen. Die Kommission verneinte allerdings das Vorliegen eines Vollfunktions-GU und schloss daher die Anwendbarkeit der FKVO in einem Fall aus, in dem das GU 85% bis 95% seiner Produktion an die Muttergesellschaften abgeben sollte[1650].

1568 Ein weiteres wichtiges Kriterium ist in diesem Zusammenhang, ob das GU die Muttergesellschaften zu Vorzugsbedingungen beliefert oder ob die Lieferverträge auf **arm's length-Basis** abgeschlossen werden. Hierbei ist z. B. auch zu berücksichtigen, wer das finanzielle Risiko trägt. Für den Vollfunktionscharakter sprechen daher Lieferverträge wie unter fremden Dritten und die Tatsache, dass das GU selbst die finanziellen Risiken aus den Verträgen treffen.

1569 Ist das GU im Verhältnis zu den Muttergesellschaften **auf einem nachgelagerten Markt tätig** und kauft von den Muttergesellschaften Vorprodukte ein, kommt es für die Beurteilung seiner Autonomie neben der oben erwähnten Abschlussfreiheit und neben dem relativen Anteil, den diese Lieferungen an den gesamten von dem GU bezogenen Vorprodukten haben, entscheidend auf das Kriterium der **Wertschöpfung** an[1651]. So ging die Kommission von einem Vollfunktions-GU aus, obwohl die Muttergesellschaften 90% der von dem GU benötigten Ausgangsprodukte zulieferten. Die Weiterverarbeitung durch das GU bewirkte nämlich eine Wertschöpfung von ca. 40%, sodass das GU nach Ansicht der Kommission nicht als einfache gemeinsame Verkaufsgesellschaft der Gründer anzusehen war[1652]. Bei geringer Wertschöpfung hingegen erhält das GU den Anstrich einer gemeinsamen Verkaufsstelle der Muttergesellschaften und wird regelmäßig nicht als Vollfunktions-GU anzusehen sein.

1570 Ein besonderer Fall vertikaler Lieferbeziehungen besteht, wenn das GU in einem **Handelsmarkt** tätig ist. Nach dem Maßstab der Branchenüblichkeit, den die Kommission auch hier anlegt, muss ein solches GU über die erforderlichen Logistik- und Verkaufseinrichtungen verfügen und im Übrigen frei sein, einen wesentlichen Teil seiner Lieferungen auch bei Wettbewerbern der Muttergesellschaften zu beziehen[1653].

(3) Dauerhaftigkeit

1571 GU müssen auf Dauer angelegt sein. Bereits in einer frühen Entscheidung verwies die Kommission darauf, dass für das Merkmal der Dauer die durch die Gründung des GU bewirkte, **dauerhafte strukturelle Veränderung am Markt** entscheidend sei. Nicht maßgeblich sei die Frage, mit welchen Gesellschaften das GU auf Dauer am Markt tätig bleibe[1654]. Kein GU und damit kein Zusammenschlusstatbestand i. S. d.

1650 Siehe z. B. Kommission, 23. 10. 2002, M.3003 »Electrabel/Energia Italiana/Interpower«, Rdnr. 10 f. Die restlichen 5% bis 15% der Produktion wurden auch nicht an eigene Kunden geliefert, sondern an einen gesetzlich vorgegebenen Elektrizitätspool.
1651 Vgl. Ziff. 14, 3. Abs. der Mitteilung über den Begriff des Vollfunktions-GU, sowie Kommission, 17. 4. 2000, M.1875 »Reuter/Equant – Project Proton«, Rdnr. 13.
1652 Kommission, 22. 12. 1994, M.475 »Shell-Chimie/Elf Atochem«, Rdnr. 12.
1653 Ziffer 14, 3. Abs. der Bekanntmachung über den Begriff des Vollfunktions-GU unter Hinweis auf Kommission, 3. 9. 1996, M.788 »AgrEVO/Marubeni«, Rdnr. 9 f.; sowie Kommission, 9. 1. 1995, M.511 »Texaco/Norsk Hydro« mit ausführlicher Prüfung in den Rdnr. 6–12.
1654 So Kommission, 5. 12. 1991, M.152 »Volvo/Atlas«.

Art. 3 Abs. 5 wird deshalb verwirklicht bei von Anfang an befristeten Arbeitsgemeinschaften sowie bei Vertragskonstellationen, in denen zwar nicht der Bestand des GU (bzw. des Unternehmens) als solcher, wohl aber die Gemeinsamkeit der Kontrollausübung durch die Muttergesellschaften von vornherein (vertraglich) befristet ist[1655].

Von einer dauerhaften GU-Gründung geht die Kommission regelmäßig aus, wenn die Muttergesellschaften die entsprechenden **Ressourcen** für eine dauerhafte Markttätigkeit auf das GU übertragen[1656]. Hierbei ist es unschädlich, wenn die spätere Auflösung des GU bereits von vornherein vorgesehen ist, sofern diese weit genug in der Zukunft liegt[1657], oder wenn wie die Muttergesellschaften eine Kündigungsmöglichkeit des GU vorsehen[1658]. 1572

Aus der Entscheidungspraxis lässt sich bislang noch keine genaue **Mindestdauer** für das Bestehen von GU entnehmen. Eine dreijährige gemeinschaftliche Kontrolle sah die Kommission jedoch als unzureichend an[1659]. Dagegen wurden Vereinbarungen für die Dauer von 6 1/2 Jahren als ausreichend angesehen für eine dauerhafte strukturelle Veränderung der beteiligten Unternehmen, u. a. deshalb, weil sie den Bereich des Lufttransportes betrafen, in dem nach Einschätzung der Kommission schnelle und wichtige wirtschaftliche und rechtliche Veränderungen anstanden[1660]. In weiteren Entscheidungen bejahte die Kommission das Vorliegen eines Vollfunktions-GU bei Vereinbarungen über eine siebenjährige Dauer[1661]. Auch eine fünfjährige Dauer, allerdings im Zusammenhang mit einer Verlängerung des GU um weitere 3 Jahre, falls keine der Parteien die Vereinbarung beendete, ließ die Kommission genügen[1662]. Für nicht ausreichend befand die Kommission hingegen eine Übertragung ausreichender Aktivitäten und Ressourcen auf das GU nur im Falle eines positiven Ergebnisses einer Machbarkeitsstudie[1663]. 1573

1655 Zu beachten ist, dass das Ausscheiden einer mitkontrollierenden Muttergesellschaft eine qualitative Veränderung der Kontrolle über das »GU« bewirkt und daher einen erneuten Zusammenschluss darstellt, der bei der Kommission anzumelden ist, wenn die Schwellenwerte des Art. 1 FKVO erfüllt werden.
1656 So Ziffer 15 der Mitteilung über den Begriff des Vollfunktions-GU.
1657 Vgl. Ziffer 15 der Mitteilung über den Begriff des Vollfunktions-GU.
1658 Dies gilt zumindest, soweit die Kündigung an das Vorliegen üblicherweise vereinbarter wirtschaftlicher Gründe gebunden ist, vgl. Kommission, 7. 10. 1996, M.791 »British Gas Trading/Group 4 Utility Services«, Rdnr. 10 (»standard commercial reasons«).
1659 Siehe Kommission, 28. 3. 1994, M.425 »Banco Santander/British Telecom«, Rdnr. 16 ff., 20; ähnlich 15. 9. 1995, M.604 »ALBACOM«, Rdnr. 6 ff., 19; vgl. ferner 15. 4. 1996 M.722 »Teneco/Merill Lynch/Bankers Trust«, Rdnr. 15 f.
1660 Kommission, 27. 11. 1992, M.259 »British Airways/TAT«, Rdnr. 10.
1661 Kommission, 17. 2. 1992, M.090 »BSN-Nestlé/Cokoladovny«, Rdnr. 10 (Markt für Schokoladenbisquits etc.); und zuletzt 24. 4. 1997, M.901 »Go-Ahead/VIA/Thameslink«, Rdnr. 9 f.
1662 Kommission, 14. 1. 1992, M.152 »Volvo/Atlas«, Rdnr. 8. In: 7. 10. 1996, M.791 »British Gas Trading/Group 4 Utility Services«, Rdnr. 10 gab die Kommission in der public version der Entscheidung an, die Vereinbarung gelte für »mindestens« 5 Jahre.
1663 Kommission, 25. 7. 1995, M.551 »ATR/BAE«, Rdnr. 20.

3. Materiellrechtliche Bewertung von Vollfunktions-GU

a) Materielle Doppelkontrolle

1574 Gemäß Art. 2 Abs. 1 sind Zusammenschlussvorhaben auf ihre **Vereinbarkeit mit dem Gemeinsamen Markt** zu prüfen. Wie bei jedem Zusammenschluss i. S. d. FKVO ist auch bei Vollfunktions-GU zunächst der SIEC-Test (insbesondere in Form des Marktbeherrschungstests) durchzuführen. Hier ermittelt die Kommission, ob die Zusammenfassung der Ressourcen der Muttergesellschaften in dem GU zu einer erheblichen Behinderung wirksamen Wettbewerbs, insbesondere durch Begründung oder Verstärkung einer marktbeherrschenden Stellung, führen kann (Art. 2 Abs. 2 und 3).

1575 Für eine Vielzahl von Vollfunktions-GU bleibt es bei diesem einen Test. Dies ist immer dann der Fall, wenn nicht mehr als eine Muttergesellschaft auf dem Markt des GU oder auf benachbarten, vor- oder nachgelagerten oder eng verknüpften Märkten tätig bleibt, die Wirkungen des Zusammenschlusses also **konzentrativer Natur** sind.

1576 Bleiben hingegen mindestens zwei mitkontrollierende Muttergesellschaften auf den Märkten des GU oder auf damit in Zusammenhang stehenden Märkten aktiv, handelt es sich um ein Zusammenschlussvorhaben **kooperativer Natur**. Bei diesem kann der so genannte Gruppen- oder Spill-over-Effekt[1664] eintreten, d. h. es kann zu Koordinierungen des Verhaltens i. S. d. Art. 81 EGV von mindestens zwei Muttergesellschaften kommen. Für diese Fälle ist in der Änderungs-VO 1310/97 mit Art. 2 Abs. 4 (heute Art. 2 Abs. 4 und 5) ein zusätzliches Eingriffskriterium geschaffen worden. Es kommt damit materiell zu einer **Doppelkontrolle**. Im Rahmen des Art. 2 Abs. 4 und 5 werden allerdings **ausschließlich die Spill-over-Effekte geprüft**. Soweit zusätzlich eine Verhaltensabstimmung zwischen dem GU und der betreffenden Muttergesellschaft erfolgt, bleibt dies im Fusionskontrollverfahren unberücksichtigt.

1577 Der **Vorteil der Doppelkontrolle** liegt für die Zusammenschlussbeteiligten insbesondere darin, dass für beide Prüfungen einheitliche Fristen gelten, dass eine formelle, innerhalb der EU bindende Entscheidung ergeht und dass hierfür eine einzige Behörde, nämlich die Europäische Kommission, zuständig ist (Prinzip des »one-stop-shop«). Schließlich ist die komplexe Frage der Unterscheidung kooperativer und konzentrativer GU seit dieser Änderung nicht mehr entscheidend für die Frage der Anwendbarkeit der FKVO, sondern wird dort geprüft, wo die Frage relevant ist: bei der materiellen Beurteilung des Zusammenschlussvorhabens.

1578 Allerdings stellt sich nach dem Ersatz der früher maßgeblichen VO 17/62 durch die Verordnung 1/2003 die Frage, ob eine förmliche Bescheidung über die Vereinbarkeit mit Art. 81 EGV im Rahmen des FKVO-Verfahrens noch systemimmanent ist. VO 17/62 hatte für Prüfungen nach Art. 81 EGV förmliche Anmeldungen nach Formblatt A/B und Freigabeentscheidungen durch die Kommission vorgesehen. Die heute geltende Verordnung 1/2003 kennt kein Anmeldesystem und regelmäßig auch keine Freigabeentscheidungen mehr. Eine positive Freigabe von Art. 81-Sach-

---

[1664] Vgl. hierzu oben Rdnr. 1510 ff.

verhalten wird es also nur noch innerhalb von FKVO-Verfahren geben. Dies ist allerdings gerechtfertigt, da die Gründung von GU weitreichende Konsequenzen für die beteiligten Unternehmen hat und die Spill-over-Effekte oftmals nicht von den Tätigkeiten des GU separiert werden können. Eine fortlaufende Verhaltenskontrolle wäre kaum verhältnismäßig[1665].

b) Überblick über die wettbewerbsrechtlichen Prüfungskreise

Die oben genannten Tests, der Marktbeherrschungstest nach Art. 2 Abs. 2 und der Verhaltenstest nach Art. 2 Abs. 4 und 5, bilden die beiden Eingreifkriterien, die sich unmittelbar mit der Errichtung des GU und deren wettbewerblichen Auswirkungen befassen. Allerdings kann es **im Zusammenhang mit der GU-Gründung** weitere Wettbewerbsbeschränkungen geben. Sie sind nicht unmittelbar Gegenstand der oben genannten Tests:

- **Nebenabreden**, die mit der Errichtung des GU unmittelbar verbunden und dafür notwendig sind. Sie werden Gegenstand des fusionskontrollrechtlichen Verfahrens und werden von der Freigabeentscheidung automatisch mit abgedeckt[1666]; Art. 6 Abs. 1 Buchst. b, 2. Unterabsatz und Art. 8 Abs. 2, 3. Unterabsatz sprechen insoweit eine Genehmigungsvermutung aus.
- **Sonstige Wettbewerbsbeschränkungen**, die keine Nebenabreden darstellen und die nicht kausal durch die Errichtung des GUs begründet sind oder aber nicht die Koordinierung zwischen (mindestens zwei) Muttergesellschaften des GU betreffen. Solche Wettbewerbsbeschränkungen werden nicht im fusionskontrollrechtlichen Verfahren berücksichtigt und sind deshalb auch nicht von der Freigabeentscheidung abgedeckt. Vielmehr müssen die Parteien sie nach der Verordnung Nr. 1/2003 anhand der Kriterien des Art. 81 EGV beurteilen[1667].

Zu beachten ist, dass Art. 81 EGV auch auf die erwähnten sonstigen Wettbewerbsbeschränkungen, also z. B. Koordinierungen zwischen einer **Muttergesellschaft und dem GU**, grundsätzlich anwendbar ist. Allerdings findet insoweit nur das Verfahren nach VO 1/2003 Anwendung. Dies wäre nur dann nicht der Fall, wenn es sich bei Absprachen in derartigen Konstellationen um so genannten **konzerninternen Wettbewerb** handelte[1668]. Ein solcher liegt jedoch nur dann vor, wenn die an der Vereinbarung beteiligten Unternehmen eine wirtschaftliche Einheit (»single econo-

---

1665 Siehe auch Hirsbrunner, in: Schröter / Jakob / Mederer, Kommentar zum Europäischen Wettbewerbsrecht, 1. Aufl. 2003, Art. 2 Rdnr. 484 f. Unverkennbar bleibt allerdings, dass diese Argumentation auch auf die Gründung von Teilfunktions-GU (zum Beispiel Produktions-GU) zutrifft. Dennoch konnte sich die Kommission nicht entschließen, auch Teilfunktions-GU in den Anwendungsbereich der FKVO aufzunehmen.
1666 Allerdings grundsätzlich ohne eine ausdrückliche Prüfung der Nebenabreden durch die Kommission. Die Beurteilung, ob eine notwendige Nebenabrede tatsächlich vorliegt, erfolgt also auf Risiko der Zusammenschlussbeteiligten. Siehe EG 21 sowie im Einzelnen unten Rdnr. 1671 ff.
1667 Vgl. hierzu auch Ziff. 16 der Mitteilung über den Begriff des Vollfunktions-GU (unter Verweis auf die früher geltende VO 17/62).
1668 Vgl. dazu insgesamt: Bellamy & Child, European Community Law of Competition, 5. Aufl., Rdnr. 2–052 ff.

mic unit«) darstellen, innerhalb derer dem Tochterunternehmen (hier: dem GU) keine echte Entscheidungsautonomie bezüglich seines Marktverhaltens zukommt. Da die Tochtergesellschaften innerhalb einer wirtschaftlichen Einheit den Weisungen der Muttergesellschaft folgen müssen, kann die wettbewerbliche Freiheit der Tochterunternehmen nicht eingeschränkt werden, sodass ein Verbot nach Art. 81 Abs. 1 EGV nicht in Betracht kommt[1669]. Nach der Kommissionspraxis zu Art. 81 EGV[1670] liegt aber zwischen einer an der gemeinsamen Kontrolle beteiligten Muttergesellschaft und dem GU eine solche wirtschaftliche Einheit nicht vor, da Weisungen wegen der gemeinsamen Kontrolle nicht von einer Muttergesellschaft allein ausgehen können. Vereinbarungen zwischen einer Muttergesellschaft und dem GU, die geeignet sind, den Wettbewerb spürbar zu beschränken, fallen daher unter Art. 81 EGV i.V.m. VO 1/2003.

1581 Im Ergebnis sind bei der Errichtung von **GU drei Prüfungskreise** zu unterscheiden, von denen nur die beiden erstgenannten Gegenstand des Fusionskontrollverfahrens sind[1671]:
- Die fusionskontrollrechtlichen Auswirkungen der Errichtung des GU, die auf der Grundlage SIEC-Tests geprüft werden (Art. 2 Abs. 2 und 3 FKVO). Die Freigabeentscheidungen nach der FKVO decken dabei auch notwendige Nebenabreden automatisch ab (Art. 6 Abs. 1 und Art. 8 Abs. 2 FKVO).
- Auswirkungen aus Wettbewerbsbeschränkungen i.S.d. Art. 81 EGV, die sich als direkte Folge der Gründung des GU darstellen und die nach Art. 2 Abs. 4 und 5 FKVO geprüft werden (Gruppen- oder Spill-over-Effekte).
- Sonstige Wettbewerbsbeschränkungen i.S.d. Art. 81 EGV, die keine Nebenabreden i.S.d. FKVO sind und die keine direkte Folge der Errichtung des Gemeinschaftsunternehmens sind und/oder die nicht die Wettbewerbsbeziehungen zwischen den Muttergesellschaften, sondern zwischen einer Muttergesellschaft und dem GU betreffen. Sie sind nicht Gegenstand des Fusionskontrollverfahrens, sondern der VO 1/2003.

1582 Die kartellrechtliche Behandlung von Vollfunktions-GU, die nicht die Schwellenwerte des Art. 1 FKVO erfüllen, oder von Teilfunktions-GU, die nicht unter den Zusammenschlussbegriff des Art. 3 FKVO fallen, wird unten in Rdnr. 1649 ff. dargestellt.

1583 Da der SIEC-Test nicht nur für Vollfunktions-GU, sondern für alle Zusammenschlüsse gilt, kann an dieser Stelle auf die Ausführungen unter Rdnr. 1219 ff. verwiesen werden. Nachfolgend wird der auf Vollfunktions-GU zugeschnittene zusätzliche Test des Art. 2 Abs. 4 und 5 FKVO erläutert.

1669 Vgl. EuGH, 24. 10. 1996, »Ahmed Saeed Flugreisen«, Slg. 1996, I-5457.
1670 Siehe Kommission, 15. 5. 1991, IV, 32186, »Gosme/Martell-DMP«, Tz. 30; 16. 1. 1991, IV 32.732, Ijsselcentrale and others, Rdnr. 22 ff., 24.
1671 Die Prüfungskreise sind zusammen mit den Kriterien für das Vorliegen eines Vollfunktons-GU auch in der nachfolgenden Übersicht in Rdnr. 1583a schematisch dargestellt.

IV. Sondertatbestand: Vollfunktions-Gemeinschaftsunternehmen

Kriterien für das Vorliegen und die Prüfung von Vollfunktions-GU nach der FKVO[1672]

1583a

Kriterien für Vollfunktions-GU	1. Gemeinsame Kontrolle	Bei wichtigen (strategischen) Entscheidungen, die das GU betreffen, müssen die Muttergesellschaften Übereinstimmung erzielen.
	2. Auftreten des GU als dauerhaft tätige selbständige wirtschaftliche Einheit	• **Selbständigkeit (Mittelherkunft):** – wirtschaftliche Unabhängigkeit von den Muttergesellschaften = Auftreten des GU am Markt als eigene operative Einheit – ausreichende Ressourcen für Tätigwerden (Produktion, Vertrieb, Forschung und Entwicklung, Personal, Finanzen) – operationelle Autonomie bzgl. Tagesgeschäft (eigenes Management)
		• **Vollfunktion im engeren Sinne (Mittelverwendung):** Ausüben von Tätigkeiten am Markt, die mit den in der Branche tätigen unabhängigen Unternehmen vergleichbar sind: – Zugang zum Markt, – branchenübliches Funktionsspektrum, – trotz Lieferbeziehungen zu Müttern muss das GU nach einer Anlaufphase dazu bestimmt und in der Lage sein, eine eigene Rolle am Markt zu spielen.
		• **Dauerhaftigkeit:** Es muss die Absicht bestehen, das GU für eine gewisse Dauer zu betreiben.
Prüfungskriterien bei Errichtung des Vollfunktions-GU	1. SIEC-Test (Art. 2 Abs. 2, 3 FKVO)	• Bewirkt die Errichtung des GU eine erhebliche Behinderung wirksamen Wettbewerbs, insbesondere durch Begründung oder Entstehung einer marktbeherrschenden Stellung? • Ausgangspunkt der Prüfung sind die relevanten Märkte, auf denen das GU tätig sein wird. • Die Freigabeentscheidung deckt automatisch wettbewerbsbeschränkende Nebenabreden, die mit der Errichtung des GU in unmittelbarem Zusammenhang stehen und für diese notwendig sind mit ab, allerdings regelmäßig ohne Prüfung durch die Kommission.
	2. Verhaltenstest bzgl. Spill-over-Effekten (Art. 2 Abs. 4 und 5 i.V.m. Art. 81 EGV)	• Bezweckt oder bewirkt die Errichtung des GU die Koordinierung des Verhaltens voneinander unabhängig bleibender Unternehmen? • Ausgangspunkt der Prüfung sind die »Candidate Markets«.
	3. Verhaltenstest bzgl. sonstiger Wettbewerbsbeschränkungen	• Für Wettbewerbsbeschränkungen, die weder notwendige Nebenabreden noch eine direkte Folge der Errichtung des GU sind bzw. die das Verhalten zwischen einzelnen Müttern und GU betreffen. • Materiell gelten Art. 81 und 82 EGV; verfahrensrechtlich kommt VO 1/2003 zur Anwendung.

[1672] Vorausgesetzt ist das Erfüllen der Schwellenwerte des Art. 1 FKVO und das Bestehen gemeinsamer Kontrolle i.S.d. Art. 3 FKVO. Zu GU, auf die die FKVO keine Anwendung findet, siehe unten Rdnr. 1659 ff.

c) Abgrenzung potentieller Koordinierungsmärkte (Candidate Markets)

1584 Voraussetzung einer Koordinierung i. S. d. Art. 2 Abs. 4 FKVO ist nach Art. 2 Abs. 5 FKVO die nennenswerte und gleichzeitige Präsenz zumindest zweier Muttergesellschaften[1673] des GU auf dem Markt des GU oder auf einem diesem vor- oder nachgelagerten Markt oder auf einem benachbarten oder eng mit ihm verknüpften Markt. Nur auf solchen »**Candidate Markets**«, die zusammen auch als **mit dem GU in Zusammenhang stehende Märkte** bezeichnet werden[1674], kommt eine nach Art. 2 Abs. 4 FKVO relevante Koordinierung in Betracht.

1585 Zur Durchführung des Verhaltenstests nach Art. 2 Abs. 4 FKVO sind daher die **Candidate Markets** wie folgt zu ermitteln:
- Märkte, auf denen das GU und mindestens zwei der Gründerunternehmen präsent sind,
- **und/oder** Märkte, die den Märkten, auf denen das GU tätig ist, vor- oder nachgelagert oder benachbart oder mit ihnen eng verknüpft sind, und auf denen mindestens zwei der Muttergesellschaften präsent bleiben.

1586 Die Marktabgrenzung erfolgt also in Fällen, in denen die Kommission die wettbewerblichen Auswirkungen der »Gründung« eines Vollfunktions-GU analysiert, in **zwei separaten Ansätzen**:
- Zunächst grenzt die Kommission die Märkte ab, auf denen das GU tätig ist, und führt im Hinblick auf diese Märkte den SIEC-Test durch (ggf. unter Berücksichtigung der Aktivitäten der beteiligten Unternehmen auf vor- und nachgelagerten Märkten etc.).
- Nach Abschluss dieser Prüfung widmet sich die Kommission in einem vollständig neuen Prüfungsschritt dem Verhaltenstest des Art. 2 Abs. 4 FKVO. Hierfür werden die für diesen Test ausschließlich relevanten Candidate Markets abgegrenzt.

1587 Die Candidate Markets werden in sachlicher und räumlicher Hinsicht abgegrenzt. Die hierbei verwendete Terminologie wird nachfolgend kurz erläutert.

1588 **Vorgelagerte Märkte** (upstream markets) sind solche, die dem jeweiligen Hauptmarkt in der Produktionsstufe oder in der Vertriebskette vorgeschaltet sind. Rohstoffmärkte (Gewinnung von Rohstoffen) sind z. B. den Produktionsmärkten vorgelagert, ebenso ist die Großhandelsebene eine den Einzelhandelsmärkten vorgelagerte Marktstufe. **Nachgelagerte Märkte** (downstream markets) sind die jeweils dem Hauptmarkt in der Wertschöpfungskette nachfolgenden Marktstufen. Aus Sicht der Rohstoffmärkte sind also Produktionsmärkte nachgelagerte Marktstufen.

1589 **Benachbarte Märkte** (neighbouring markets) hat die Kommission in einer Bekanntmachung definiert[1675] als von dem (Ursprungs-) GU-Markt zwar getrennte, aber mit diesem eng verbundene Märkte, die ähnliche Merkmale hinsichtlich Technik, Kunden, Lieferanten und Wettbewerber aufweisen.

1673 Soweit in diesem Abschnitt von Muttergesellschaften gesprochen wird, sind stets solche Gesellschaften gemeint, die an der (gemeinsamen) Kontrolle beteiligt sind.
1674 Vgl. Kommission, 1. 12. 1999, JV.26 »Freecom/Dangaard«, Rdnr. 27.
1675 Vgl. Bekanntmachung der Kommission über die Unterscheidung zwischen konzentrativen und kooperativen Gemeinschaftsunternehmen, ABl. 1994 C 385/01, Rdnr. 18, letzter Spiegelstrich; die englische Version (»common characteristics including technologies, customers ...«) legt nahe, dass die Aufzählung der »ähnlichen Merkmale« nicht abschließend ist. Neben diesen sachlich benachbarten Märkten gibt es natürlich auch räumlich benachbarte Märkte.

IV. Sondertatbestand: Vollfunktions-Gemeinschaftsunternehmen

Aus der bisherigen Entscheidungspraxis zu Vollfunktions-GU sind die folgenden Fälle zu erwähnen:

1590 Ein **Beispiel für benachbarte Produktmärkte** ist der Fall »Hitachi/NEC-DRAM/JV«[1676], in dem das GU im Design von Speicherchips, so genannter DRAMs (Dynamic Random Access Memory) tätig war. Die Kommission ordnete sie dem Markt für elektronische Bauelemente (»electronic components«) zu und erklärte, dass die Märkte für Mikro-Computer, Mikrokomponenten, SRAMs (Static Random Access Memory) sowie andere elektronische Bauelemente als benachbarte Märkte anzusehen seien. Zur Begründung verwies die Kommission auf das Vorliegen ähnlicher Produktionstechniken sowie auf den Austausch von Forschungs- und Entwicklungsergebnissen. In einem anderen Fall entschied die Kommission, dass der Lebensversicherungsmarkt und der Nicht-Lebensversicherungsmarkt benachbarte Märkte seien[1677].

1591 Was **eng verknüpfte Märkte** (closely related markets) sind, hat die Kommission bislang nicht allgemein definiert. In der Fallpraxis erklärte die Kommission, der Markt für Werbung im Internet (konkret: Angebot von Such- und Navigationsdiensten), auf dem das GU tätig war, sei eng verknüpft mit dem Markt für Internet-Zugang und dem für entgeltliche Internet-Inhaltsangebote[1678]. Ferner entschied die Kommission, dass der klassische Markt für Internet-Zugang über das Telefonnetzwerk eng verknüpft sei mit denen für alternative Zugangsmittel wie Kabel, GSM, Satellit etc.[1679] Im Fall »Chronopost/Correos« war das GU im Markt für Express-Lieferungen von Postsendungen (Briefe und Päckchen) im Sektor »business to business« tätig. Die Kommission war der Ansicht, dass der für größere Postgutstücke relevante Markt für Express-Frachtdienste als ein eng verknüpfter Markt angesehen werden kann[1680]. Schließlich sah die Kommission den Markt für Linienflüge jeweils als eng verknüpft an mit denen für Charterflüge, Wartungsarbeiten an Flugzeugen und Bodenabfertigungsdienste.

1592 Als **geographisch eng verknüpfte Märkte** definierte die Kommission die deutschen und französischen geographischen Märkte für Sprach- und Daten-Telekommunikationsdienste einerseits und den entsprechenden italienischen Markt andererseits. Erstens lägen diese Märkte nah beieinander und zweitens seien Deutschland und Frankreich für Italien die wichtigsten bilateralen Länder für solche Dienste[1681].

1593 In einem anderen Fall war das GU im Telekommunikationsbereich außerhalb der EU in Marokko tätig. Da dieser Markt außerhalb der EU liegt, hat die Kommission grundsätzlich keine Prüfungskompetenz[1682]. Die Kommission sah jedoch

---

1676 Kommission, 3. 5. 2000, JV.44 »Hitachi/NEC-DRAM/JV«, Rdnr. 33.
1677 Kommission, 17. 8. 1999, JV.21 «Skandia/Storebrand/Pohjola«, Rdnr. 36. Zu verschiedenen Radar- und Flugüberwachungssystemen als benachbarten Märkten vgl. Kommission, 3. 7. 2001, M.2079 «Raytheon/Thales/JV«, Rdnr. 64.
1678 Kommission, 28. 9. 1998, JV.8 «Deutsche Telekom/Springer/Holtzbrink/Infoseek/Webseek«, Rdnr. 25 f.; ebenso bereits 27. 5. 1998, JV.1 «Telia/Telenor/Schibsted«, Rdnr. 36; sowie: 5. 5. 1999, JV.16 «Bertelsmann/VIAG/Game Channel«, Rdnr. 23.
1679 Kommission, 15. 9. 1998, JV.11 «Home Benelux B.V.«, Rdnr. 31; 4. 8. 1998, JV.5 «Cégétel/Canal+/AOL/Bertelsmann«, Rdnr. 28.
1680 Kommission, 1. 6. 1999, JV.18 «Chronopost/Correos«, Rdnr. 36.
1681 Kommission, 22. 6. 1998, JV.2 «ENEL/FT/DT«, Rdnr. 32.
1682 Es sei denn, die relevanten geographischen Märkte sind weltweit und die Verstärkung einer Marktstellung außerhalb der EU kann Auswirkungen auf die Marktstrukturen innerhalb der EU haben.

die Märkte für Telekommunikationsdienste in Spanien und Portugal, in denen je eine der Muttergesellschaften tätig war, als eng verknüpfte Märkte an[1683]. Daraus folgt, dass Candidate Markets innerhalb der EU, die nach Art. 2 Abs. 5 FKVO von der Kommission geprüft werden, auch dann bestehen können, wenn das GU selbst lediglich auf räumlichen Märkten außerhalb der EU tätig ist[1684]. Das Konzept der Candidate Markets beeinflusst also die **extraterritoriale Wirkung der FKVO**. Voraussetzung ist insoweit, dass sich die Gründung des außerhalb der EU tätigen GU auf Tätigkeiten der Muttergesellschaft in eng verknüpften Märkten innerhalb der EU auswirken kann. In solchen Fällen beschränkt sich die Prüfung des Art. 2 Abs. 5 FKVO selbstverständlich auf die betroffenen europäischen Märkte[1685].

1594 Die Prüfung **potentiellen Wettbewerbs** wird gelegentlich nicht oder nur kursorisch[1686] in den veröffentlichten Entscheidungen der Kommission angesprochen. Die Kommission verneinte im Fall »ENEL/FT/DT« die Wahrscheinlichkeit eines zukünftigen Markteintritts der Muttergesellschaften in einen noch nicht besetzten geographischen Markt. Ausschlaggebend für diese Einschätzung war die Tatsache, dass bereits erhebliche Investitionen in das für diesen räumlichen Markt gegründete GU geflossen waren, sodass es der Kommission wenig wahrscheinlich erschien, dass die Muttergesellschaften selbst noch einmal in diesen Markt investierten[1687]. In einem anderen Fall ging es um den Zutritt zum niederländischen Markt für Werbung im Internet; hier bejahte die Kommission den potentiellen Marktzutritt durch zwei Muttergesellschaften[1688].

d) Prüfungskriterien des Art. 2 Abs. 4 und 5 FKVO

(1) Einleitung

1595 Nach Art. 2 Abs. 4 FKVO wendet die Kommission im Rahmen ihrer fusionskontrollrechtlichen Prüfung die Kriterien des Kartellverbots des Art. 81 Abs. 1 EGV und die Freistellungskriterien des Art. 81 Abs. 3 EGV an. Die Kommission hat bisher noch nicht die in der Mitteilung über den Begriff des Vollfunktions-GU angekündigten[1689] Leitlinien für die Anwendung des Art. 2 Abs. 4 FKVO bekannt gemacht. Solange dies nicht der Fall ist, verweist sie für die Beurteilung der koordinierenden Effekte noch auf die Prinzipien der Nr. 17–20 der Mitteilung der Kommission über die Unterscheidung zwischen konzentrativen und kooperativen GU[1690].

1596 Die Prüfung des Art. 2 Abs. 4 und 5 FKVO wird in der Kommissionspraxis regelmäßig durch die folgenden Obersätze eingeleitet:

»Gemäß Art. 2 Abs. 4 FKVO (heute Abs. 4 und 5) ist ein GU, das die Koordinierung des Wettbewerbsverhaltens (von wenigstens zwei) seiner Gründerun-

---

[1683] Kommission, 17.12.1999, JV.23 «Telefonica/Portugal Telecom/Medi Telecom«, Rdnr. 27.
[1684] Siehe zum Beispiel Kommission, 11.8.1998, JV.4 »VIAG/Orange UK«, Rdnr. 30.
[1685] Kommission, 14.8.1998, JV.7 «Telia/Sonera/Lithuanian Telecommunications«, Rdnr. 28; Kommission, 4.7.2001, M.2493 «Norske Skog/Abitibi/Papco«, Rdnr. 7 f.
[1686] Siehe zum Beispiel Kommission 22.6.2000, JV.40 »Canal+/Lagardère«, zugleich JV.47 »Canal+/Lagardère/Liberty Media«, Rdnr. 46.
[1687] Kommission, 22.6.1998, JV.2 «ENEL/FT/DT«, Rdnr. 31.
[1688] Kommission, 15.9.1998, JV.11 »@Home Benelux B.V.«, Rdnr. 29.
[1689] Siehe Fn. 3 der Mitteilung über den Begriff des Vollfunktions-GU.
[1690] Siehe ABl. C 385/01 von 1994.

ternehmen¹⁶⁹¹ bezweckt oder beabsichtigt, nach den Kriterien des Art 81 Abs. 1 und 3 EGV zu beurteilen. Eine Wettbewerbsbeschränkung setzt voraus, dass die Koordinierung des Wettbewerbsverhaltens der Gründerunternehmen wahrscheinlich und spürbar ist. Darüber hinaus muss sie auf die Gründung des GU entweder als Zweck oder als Wirkung zurückzuführen sein.«

Damit gibt es **drei Prüfungskriterien** für die Frage, ob die Gründung eines GU zu einer Koordinierung des Wettbewerbsverhaltens der Gründerunternehmen führt: **1597**
- **Wahrscheinlichkeit** der Koordinierung des Wettbewerbsverhaltens der Muttergesellschaften;
- **Spürbarkeit** der Koordinierung des Wettbewerbsverhaltens der Muttergesellschaften;
- und **Kausalität** zwischen der Gründung des GU und der Koordinierung des Wettbewerbsverhaltens.

Hervorzuheben ist allerdings, dass diese Kriterien sich oft überschneiden. Daher werden vergleichbare Sachverhalte in der Praxis nicht immer demselben Kriterium zugewiesen. So führt etwa eine wirtschaftlich im Verhältnis zu den Gesamtaktivitäten der jeweiligen Muttergesellschaften geringe Bedeutung des GU dazu, dass eine Koordinierung mangels Interesse unwahrscheinlich wird; sie spricht aber auch gegen eine Kausalität der GU-Gründung für Koordinierungen. Dennoch identifizieren die einzelnen Kriterien unterschiedliche Problembereiche und werden deshalb von der Kommission in der Fallpraxis separat angewandt. **1598**

(2) Wahrscheinlichkeit der Koordinierung

Bei der Beurteilung des Verbots abgestimmter Verhaltensweisen im Rahmen der Prüfung fusionskontrollrechtlicher Sachverhalte prüft die Kommission zunächst regelmäßig die Wahrscheinlichkeit einer wettbewerbsbeschränkenden Koordinierung. Dieser **Wahrscheinlichkeitstest** erfolgt, weil bei der GU-Gründung bzw. bei Änderungen in der Art der Kontrolle eine etwaige zukünftige Koordinierung geprüft wird. Demgegenüber wird Art. 81 Abs. 1 EGV außerhalb von GU-Gründungen regelmäßig auf in der Vergangenheit getroffene Absprachen angewendet, sodass dort auf die Wahrscheinlichkeitsprüfung verzichtet werden kann. **1599**

Gegenstand der Prüfung des Art. 2 Abs. 4 und 5 FKVO sind, wie oben dargestellt, nur die so genannten Spill-over-Effekte. Entsprechend fällt eine **Koordinierung im Verhältnis der Muttergesellschaften zum GU** nicht in den Anwendungsbereich des Art. 2 Abs. 4. **1600**

Eine Anwendung des Art. 2 Abs. 4 FKVO scheidet auch aus, wenn alle Muttergesellschaften ihre bisherigen, auf den entsprechenden Candidate Markets bezogenen **1601**

1691 Mit dem Begriff »Gründerunternehmen« greift die FKVO den in Art. 3 Abs. 4 verwendeten Wortlaut »bei der Gründung« eines GU auf. Wie oben ausgeführt, greift die FKVO allerdings nicht nur bei der eigentlichen Gründung von GU, sondern sie erfasst auch Sachverhalte, bei denen sich die gemeinsame Kontrolle an GU im Laufe der Zeit (z. B. durch Aufnahme einer weiteren kontrollierenden Gesellschaft) verändert. Daher wird hier – wie auch in der englischen Fassung der FKVO – in der Regel der neutralere Begriff »Muttergesellschaft(en)« verwendet. Im Übrigen erfasst die FKVO mit dem Terminus Gründerunternehmen stets die gesamte Unternehmensgruppe.

Tätigkeiten vollständig in das GU einbringen und darüber hinaus nicht mehr auf mit dem GU-Markt in Zusammenhang stehenden Märkten tätig sind[1692]. Dies kann auch schon dann der Fall sein, wenn eine Muttergesellschaft die für ein Tätigwerden auf dem relevanten Markt erforderlichen Ausrüstungsgegenstände dem GU durch Leasing überlässt[1693].

1602 Schließlich ist in der Regel[1694] kein Raum für Spill-over-Effekte und besteht keine Gefahr einer Koordinierung i. S. d. Art. 2 Abs. 4 FKVO in Fällen, in denen **nur eine Muttergesellschaft** in dem Markt des GU oder in damit eng verknüpften Märkten tätig bleibt[1695].

(a) Anforderungen an den Grad der Wahrscheinlichkeit

1603 Die Koordinierung des Wettbewerbsverhaltens der Muttergesellschaften setzt keine ausdrücklichen vertraglichen Regelungen voraus. Bereits frühzeitig stellte die Kommission den Grundsatz auf, dass es eine nahe liegende Vermutung sei, in Konstellationen, in denen das GU und die Muttergesellschaften **in den gleichen räumlichen und sachlichen Märkten** tätig bleiben, von einer Koordinierung ihrer Aktivitäten auf diesen Märkten auszugehen[1696]. Diese Vermutungsregel wird heute nicht mehr ohne weiteres angewandt. Bei der Prüfung des Art. 2 Abs. 4 FKVO stellte die Kommission bisher relativ hohe Anforderungen an das Vorliegen einer Koordinierungswahrscheinlichkeit. In zahlreichen Entscheidungen blieben zwei oder mehr Muttergesellschaften auf Candidate Markets tätig, und die Kommission schloss trotz beträchtlicher Marktanteile im Rahmen einer Einzelfallbetrachtung ein Koordinierungsrisiko aus.

1604 **Für jeden einzelnen Candidate Market** wird das Koordinierungsrisiko separat geprüft[1697]. In der Regel geht die Kommission davon aus, dass die möglichen Koordinierungswirkungen nicht den mit der Gründung des GU verfolgten **Zweck** darstellen. Hierzu müssten konkrete Anhaltspunkte vorliegen[1698]. Zu prüfen ist jedoch in jedem Fall, ob es die **Wirkung** der Errichtung des GU ist, dass das Wettbewerbsverhalten zwischen den Muttergesellschaften koordiniert wird.

1692 Kommission, 27. 5. 1998, JV.1 »Telia/Telenor/Schibsted«, Rdnr. 32.
1693 Kommission, 22. 6. 1998, JV.2 »ENEL/FT/DT«, Rdnr. 30.
1694 Eine Ausnahme kommt in Betracht in Fällen des »Abkaufs von Wettbewerb«. Der Sachverhalt wäre etwa folgender: Eine Muttergesellschaft hat in einem Markt eine starke Stellung und muss befürchten, dass die zweite Muttergesellschaft selbständig in den Markt eindringt. Die Muttergesellschaften einigen sich dann, ein GU für diesen Markt zu errichten. Dieser Fall würde unter Art. 2 Abs. 5 FKVO fallen, da die Gründung des GU den Zweck verfolgt, das Verhalten der Muttergesellschaften zu koordinieren. Das Zusammenschlussvorhaben könnte also auch ohne das Entstehen einer marktbeherrschenden Stellung untersagt werden.
1695 Kommission, 27. 5. 1998, JV.1 »Telia/Telenor/Schibsted«, Rdnr. 31.
1696 Kommission, 13. 1. 1992, M.176 »Sunrise«, Rdnr. 30.
1697 Selbstverständlich ist es nicht ausgeschlossen, dass in Einzelfällen zusätzlich das gesamte Beziehungsgeflecht zwischen den Muttergesellschaften auf verschiedenen Märkten analysiert wird.
1698 In Kommission, 3. 7. 2001, M.2079 »Raytheon/Thales/JV«, Rdnr. 65 hatten die Muttergesellschaften vereinbart, sich auf dem Markt, in dem das GU tätig werden sollte, keinen Wettbewerb zu machen. Die Kommission stellte fest, dass die Gründung des GU daher nicht den Zweck verfolge, das Wettbewerbsverhalten der Muttergesellschaften zu koordinieren.

Die Kommission beurteilt die Frage, ob die Zusammenarbeit der Gründerunternehmen in dem GU eine Koordinierung ihres Wettbewerbsverhaltens bewirken kann, insbesondere anhand der folgenden **Prüfungskriterien**: 1605
- die Bedeutung der GU-Aktivitäten im Verhältnis zu den Aktivitäten der Muttergesellschaften;
- die Struktur der in Frage kommenden Märkte, einschließlich der Marktanteile der betreffenden Parteien und die strukturelle Änderung, die sich aus der Gründung des GU ergibt[1699]; sowie
- koordinierendes Verhalten in der Vergangenheit.

Darüber hinaus berücksichtigt die Kommission im Einzelfall auch besondere **vertragliche oder technische Mechanismen**, die einen Informationsaustausch zwischen den Muttergesellschaften von vornherein ausschließen, wie z. B. Vertraulichkeitsregeln, Firewalls und andere Sicherheitsvorkehrungen. Insbesondere wenn Informationen, die das GU über Markttätigkeiten der Muttergesellschaften und ihrer Wettbewerber erhält, bereits aus technischen Gründen nicht an die Muttergesellschaften weitergegeben werden können, schließt das ein Koordinierungsrisiko insoweit aus[1700]. 1606

(b) **Bedeutung der GU-Aktivitäten für die Muttergesellschaften**

Im Rahmen der Prüfung, ob die Gründung eines GU wahrscheinlich zu einer Koordinierung führt, ist die Bedeutung der GU-Aktivitäten für die Muttergesellschaften ein wesentlicher Faktor. Die Bedeutung kann sich aus verschiedenen Umständen ableiten, wobei der erste Gradmesser das **Verhältnis der Umsätze der jeweiligen Muttergesellschaften zu den künftigen GU-Aktivitäten** ist. Je gewichtiger die GU-Umsätze im Vergleich zu den übrigen Tätigkeiten der Muttergesellschaften sind, desto größer ist das Interesse der Muttergesellschaften an den GU-Tätigkeiten und desto wahrscheinlicher ist es, dass die Muttergesellschaften ein grundsätzliches Interesse an einer Koordinierung haben. 1607

Für die Wahrscheinlichkeit einer Koordinierung ist ferner die **relative Größe des Marktes**, auf dem das GU tätig ist, im Verhältnis zu den Candidate Markets, auf denen das GU nicht tätig ist, von Bedeutung. Sind die Märkte, auf denen das GU tätig ist, im Verhältnis zu dem Candidate Market (auf dem mindestens zwei der Muttergesellschaften aktiv sind) sehr klein, so reduziert dies die Wahrscheinlichkeit einer Koordinierung zwischen den Muttergesellschaften[1701]. In einem Fall war das Verhältnis der Einkünfte aus dem Markt des GU im Verhältnis zu den Einkünften des betroffenen Candidate Market 7 % zu 93 %[1702]. In einem anderen vertrieben die Muttergesellschaften nur 5 % der entsprechenden Leistungen an das gemeinsame 1608

1699 So Kommission, 1. 2. 2000, JV.35 »Beiselen/BayWa/MG Chemag«, Rdnr. 26.
1700 Kommission, 25. 10. 2002, M.2830 »Lufthansa Cargo/Air France Finance/British Airways/Global Freight Exchange«, Rdnr. 24. Hier war das GU in einem vorgelagerten Markt tätig, auf dem es Leistungen an die Muttergesellschaften und deren Wettbewerber anbot.
1701 Vgl. Kommission, 28. 2. 2000, JV.39 »Bertelsmann/Planeta/NEB«, Rdnr. 26 f. In Kommission, 17. 12. 1999, JV.23 »Telefonica/Portugal Telecom/Medi Telecom«, Rdnr. 29, prüfte die Kommission die relative Größe des GU-Marktes unter dem Kriterium der Kausalität.
1702 Kommission, 27. 5. 1998, JV.I »Telia/Telenor/Schibsted«, Rdnr. 45; ähnlich 11. 8. 1998, JV.6 »Ericsson/Nokia/Psion«, Rdnr. 38.

GU, die übrigen 95% aber an unabhängige Dritte, sodass die Kommission auch hier davon ausging, dass durch die Gründung des GU keine bedeutsamen wirtschaftlichen Anreize für eine Koordinierung des Wettbewerbsverhaltens geschaffen würden[1703].

1609 Ist das GU auf vorgelagerten Märkten tätig, so sind die **Kosten des vom GU hergestellten Vorprodukts** im Verhältnis zu den Gesamtkosten des später von den Muttergesellschaften vertriebenen Endprodukts von Bedeutung. Ist der Kostenanteil des vom GU hergestellten Produktes verhältnismäßig gering, so ist die Zusammenarbeit der Muttergesellschaften in dem GU regelmäßig nicht geeignet, zur Koordinierung des Preises auf dem Endproduktemarkt beizutragen[1704].

1610 Die Koordinierungswahrscheinlichkeit sinkt auch, wenn die Vorprodukte des GU bei ihrer Verwendung in den entsprechenden Endprodukten (auch der Muttergesellschaften) individuell angepasst werden können und somit die **GU-Produkte für den Endabnehmer »unsichtbar«** bleiben. In einem Fall entwickelte ein GU, an dem auch Mobiltelefonhersteller gemeinsame Kontrolle innehatten, Betriebssysteme für Mobiltelefone, Handhelds etc. Das GU vertrieb die Betriebssysteme an alle interessierten Mobiltelefonhersteller, die das Betriebssystem durch individuelle Programmierung frei ihrem eigenen jeweiligen »Referenz-Design« anpassen und ihre eigenen Marken anzeigen lassen konnten. Daher konnte der Nutzer letztlich das vom GU hergestellte Betriebssystem kaum identifizieren, was nach Ansicht der Kommission die Wahrscheinlichkeit einer Koordinierung reduzierte[1705].

(c) Besondere Marktstrukturen

(i) Marktstrukturen als Indiz für Wahrscheinlichkeit

1611 Die Kommission berücksichtigt bei der Prüfung der Wahrscheinlichkeit einer Koordinierung des Wettbewerbsverhaltens die Höhe der erzielten Marktanteile der Zusammenschlussbeteiligten, die Präsenz eines marktbeherrschenden dritten Unternehmens und andere marktstrukturelle Aspekte.

1612 Trotz beträchtlicher, weit jenseits der Spürbarkeit i.S.d. Art. 81 Abs. 1 EGV liegender Marktanteile der Zusammenschlussbeteiligten, gelangt die Kommission häufig zu dem Schluss, dass Absprachen wenig wahrscheinlich seien und daher das Kartellverbot nicht zur Anwendung gelangen könne. Das sonst bei der Prüfung des Art. 81 Abs. 1 EGV geltende Spürbarkeitskriterium scheint durch eine höhere Eingriffsschwelle ersetzt; die Kommission orientiert sich am Vorhandensein von **Marktmacht** (market power)[1706]. Selbst bei gemeinsamen Marktanteilen von bis zu 30% oder sogar mehr[1707] hat die Kommission im Rahmen des fusionskontrollrechtlichen Verfahrens häufig aus marktstrukturellen Gründen angenommen, dass im konkreten Fall keine Wahrscheinlichkeit für eine Verhaltensabsprache der betreffenden Unternehmen vorliege.

1703 Kommission, 15. 9. 1998, JV.11 »@home Benelux B.V.« Rdnr. 38.
1704 Kommission, 11. 8. 1998, JV.6 »Ericsson/Nokia/Psion«, Rdnr. 31.
1705 Kommission, 11. 8. 1998, JV.6 »Ericsson/Nokia/Psion«, Rdnr. 34.
1706 Vgl. Kommission, 17. 8. 1999, JV.21 »Skandia/Storebrand/Pohjola«, Rdnr. 40.
1707 In der Entscheidung Kommission, 19. 12. 2003, M.3230 »Statoil/BP/Sonatrach/In Salah JV«, Rdnr. 17, wurde die Wahrscheinlichkeit für eine Koordinierung »wegen« eines gemeinsamen Marktanteils von unter 40% verneint.

Die **Betonung marktstruktureller Aspekte** war bereits in den Erwägungsgründen zur Änderungsverordnung Nr. 1310/97 angelegt. In Erwägungsgrund 5 hieß es dort, dass Art. 85 (jetzt: Art. 81) EGV in der Regel nicht anwendbar sei, wenn das GU »vor allem strukturelle Wirkungen auf den Markt« habe. Dennoch hat es in der Anwendungspraxis bereits Fälle gegeben, in denen Art. 2 Abs. 4 und 5 FKVO gravierende Konsequenzen auf die Freigabefähigkeit des angemeldeten Zusammenschlussvorhabens hatte. 1613

Die Tendenz zu **stark strukturellen Betrachtungsweisen** auch im Rahmen des Verhaltenstests ist in der aktuellen Entscheidungspraxis der Kommission auffällig. Sie ist Ausdruck der »neuen ökonomischen Betrachtungsweise« innerhalb der Anwendung von Art. 81 EGV durch die Kommission[1708]. Besonders deutlich wurde dies in der Entscheidung »Skandia/Storebrand/Pohjola«[1709], in der die Kommission eine Verhaltenskoordinierung im Versicherungsbereich prüfte. Die Kommission stellte die Frage, ob es wahrscheinlich sei, dass die Gründung des GU zu einem spürbaren Grad an Koordinierung (»appreciable degree of coordination«) des Wettbewerbsverhaltens der beteiligten Unternehmen führen werde. Anschließend prüfte sie, ob die Beteiligten ausreichende »Marktmacht« hatten, um eine Koordinierung lohnend erscheinen zu lassen. In diesem Zusammenhang stellte die Kommission fest, dass die von den Beteiligten erreichten Marktanteile zwar nicht ausschlössen, dass sie die Möglichkeit hätten, Preise anzuheben oder das Absatzvolumen zu reduzieren, sich von Kunden unabhängig zu verhalten oder Wettbewerb auszuschließen. Allerdings sei dies wegen bestehenden Wettbewerbs und der Möglichkeit neuer Markteintritte nicht wahrscheinlich[1710]. 1614

Diese Prüfung entspricht dem Marktbeherrschungstest, was bemerkenswert ist, da sich die Kommission im Bereich der Verhaltenskontrolle befindet. Die Möglichkeit, aufgrund der erreichten Marktstellung unabhängige Verhaltensspielräume zu nutzen, Preise anzuheben etc., ist kennzeichnend für marktbeherrschende Unternehmen. Art. 81 Abs. 1 EGV geht jedoch in eine andere Richtung. Er will Verfälschungen des Wettbewerbs durch strukturell nicht unterlegte Unternehmenskoordinierungen unterhalb der Marktbeherrschungsschwelle, nämlich auf dem Niveau der Spürbarkeit erfassen. Art. 81 Abs. 1 EGV zielt nicht vorrangig auf Ausnutzung von Marktmacht[1711], sondern verbietet durch abgestimmte Verhaltensweisen herbeigeführtes wettbewerbsbeschränkendes Marktverhalten. 1615

Unbestritten ist, dass bei der ökonomischen Analyse im Rahmen des Art. 81 EGV die Marktstrukturen berücksichtigt werden müssen. Die derzeit vorherrschende Fokussierung der Kommission auf die marktstrukturellen Elemente in Verbindung mit einer Tendenz zur »Anhebung« der Spürbarkeitsschwelle im Rahmen fusionskontrollrechtlicher Prüfungen auf ein Marktmacht-Niveau trägt aber der Intention und 1616

1708 Teilweise wird in der Literatur befürwortet, dass die Koordinierung i.S.d. Art. 2 Abs. 5 FKVO aus der Sicht strikter ökonomischer Analyse definiert werde und dass sich deshalb auch der Verhaltenstest im Rahmen des Art. 2 Abs. 5 FKVO an der Existenz von Marktmacht auszurichten habe; vgl. Venit, The Treatment of Joint Ventures under the EC Merger Regulation – Almost through the ticket, International Antitrust Law & Policy, 1999, 26th Conference, Corporate Law Institute, Fordham University School of Law, Chapter 21, S. 465 ff., 479.
1709 Kommission, 17.8.1999, JV.21 «Skandia/Storebrand/Pohjola«, Rdnr. 36 f.
1710 Kommission, 17.8.1999, JV.21 »Skandia/Storebrand/Pohjola«, Rdnr. 39.
1711 Hierauf zielt vielmehr Art. 82 EGV.

der Systematik des Art. 2 Abs. 4 FKVO nicht hinreichend Rechnung. Sie verkennt insbesondere die im Bereich des Art. 81 Abs. 3 EGV dezidiert angelegte Möglichkeit der Abwägung und des **Ausgleichs der Vor- und Nachteile** der Koordinierung. Die mit der GU-Gründung einhergehenden Effizienzgewinne werden nämlich im Rahmen des Art. 81 Abs. 3 EGV positiv gewichtet und können etwa vorhandene Koordinierungsrisiken ausgleichen. Dieser Weg wird in der bisherigen Entscheidungspraxis zu Art. 2 Abs. 4 FKVO allerdings kaum eingeschlagen, obwohl er zu einer umfassenden Analyse der wirtschaftlichen Vor- und Nachteile der GU-Gründung führen würde.

(ii) **Gegen die Wahrscheinlichkeit einer Koordinierung sprechende Strukturen**

1617 Abgesehen vom Indizcharakter von Marktanteilen geht die Fallpraxis bei der Prüfung der Koordinierungswahrscheinlichkeit auch auf andere Marktstrukturen ein. Nach Ansicht der Kommission sprechen unter anderem folgende (kumulativ vorliegende) Marktbedingungen **gegen die Wahrscheinlichkeit einer Koordinierung**:
- hohes Wachstum (Wachstumsrate in den nächsten drei Jahren ca. 30%)[1712],
- niedrige Markteintrittsbarrieren,
- hohe Preissensitivität[1713] und
- geringe Umstellungskosten (»switching costs«).

1618 Die Kommission erklärte, dass auf einem solchen Markt die **Marktanteile nur geringe Bedeutung** hätten. Selbst bei hohen Marktanteilen von 35% oder mehr (in der öffentlichen Entscheidungsversion war eine mögliche Bandbreite von 35–65% angegeben) ging die Kommission davon aus, dass ein Markt mit den oben bezeichneten Strukturen für die Koordinierung des Wettbewerbsverhaltens nicht förderlich sei[1714].

1619 In einer weiteren Entscheidung hielt die Kommission trotz des Vorliegens gemeinsamer Marktanteilen von zwischen 25,6 und 39% eine Koordinierung für unwahrscheinlich, weil Markteintritte als möglich und wahrscheinlich angesehen wurden und weil es in den betreffenden räumlichen Märkten **Wettbewerber vergleichbarer Größe** gab[1715].

1620 Sind auf einem Candidate Market sehr **unterschiedliche Marktstellungen der Gründerunternehmen** festzustellen (wenn z.B. das eine Unternehmen Anteile unter 70%, das zweite unter 10% hat), so spricht dies nach Ansicht der Kommission selbst bei sehr hohen gemeinsamen Marktanteilen von 70–80% gegen die Wahrscheinlichkeit der Koordinierung[1716].

1621 Gründen **zwei kleinere Wettbewerber** ein GU auf einem Markt, auf dem die Marktbedingungen dafür sprechen, dass es keine wechselseitigen Abhängigkeiten

---

1712 Hier wird auf Elemente der Marktphasentheorie zurückgegriffen, wonach das Verhalten im Wettbewerb auch von der jeweiligen Marktreife (z.B. junger, dynamischer Markt, wachsender Markt, stagnierender Markt etc.) mitbestimmt wird.

1713 In der Regel wird die Preissensitivität desto größer sein, je homogener die in Wettbewerb stehenden Güter sind.

1714 Kommission, 27. 5. 1998, JV.I »Telia/Telenor/Schibsted«, Rdnr. 42 ff.; ähnlich: 5. 5. 1999, JV.16 »Bertelsmann/VIAG/Game Channel«, Rdnr. 26 f.

1715 Kommission, 17. 8. 1999, JV.21 «Skandia/Storebrand/Pohjola«, Rdnr. 38; hilfsweise prüfte die Kommission dennoch die Kausalität einer etwaigen Koordinierung, vgl. Rdnr. 40 ff.

1716 Kommission, 1. 2. 2000, JV.35 »Beiselen/BayWa/MG Chemag«, Rdnr. 28.

IV. Sondertatbestand: Vollfunktions-Gemeinschaftsunternehmen

unter den vier größeren Wettbewerbern gibt, dann liegen nach Ansicht der Kommission auch keine Anreize für eine Koordinierung des Wettbewerbsverhaltens zwischen den betreffenden Muttergesellschaften vor[1717].

Darüber hinaus berücksichtigt die Kommission, dass es in **heterogenen Produktmärkten** schwieriger ist, das Verhalten zu koordinieren, als in homogenen Märkten. Auch fehlende Preistransparenz sowie kenntnisreiche Kunden, die z.B. ähnliche Leistungen wie die von den Muttergesellschaften angebotenen auch selbst erbringen, erschweren Koordinierungen und machen sie daher weniger wahrscheinlich[1718]. 1622

(iii) Für die Wahrscheinlichkeit einer Koordinierung sprechende Strukturen
Für die Wahrscheinlichkeit einer Koordinierung sprechen gemäß der Entscheidungspraxis der Kommission Marktstrukturelemente wie hohe Wettbewerbskonzentration (z.B. ein Marktanteil der beiden größten Wettbewerber von zusammen ca. 70%), symmetrische Marktanteile der führenden Wettbewerber, relativ geringe Marktanteile (von jeweils unter 10%) der verbleibenden Wettbewerber sowie relativ hoher Reifegrad der Technologie[1719]. 1623

Im Fall »BT/AT&T«[1720] hat die Kommission eine spürbare Koordinierung des Wettbewerbsverhaltens der Muttergesellschaften auf einem dem GU benachbarten Markt angenommen und das Vorhaben nicht als nach Art. 81 Abs. 3 EGV freistellungsfähig erachtet. Die Muttergesellschaft British Telecom (BT) war in den relevanten Märkten häufig mit Abstand der stärkste Anbieter. Die zweite Muttergesellschaft, AT & T, oder ihre Tochtergesellschaften waren teilweise die **einzigen nennenswerten Konkurrenten** von BT. Daher ging die Kommission von einer hohen Wahrscheinlichkeit einer Koordinierung zwischen den Muttergesellschaften aus. Eine Einleitung der Phase II konnte nur durch die Zusage der Parteien abgewendet werden, dass sich eine der Muttergesellschaften durch Veräußerung ihrer entsprechenden Aktivitäten aus dem Candidate Market zurückziehen werde[1721]. Auf weiteren Candidate Markets mussten ebenfalls Zusagen gemacht werden, um Bedenken wegen einer möglichen Koordinierung des Wettbewerbsverhaltens der Muttergesellschaften auszuschließen[1722]. 1624

Im Fall »Fujitsu/Siemens«[1723] erklärte die Kommission, dass für die Frage, ob eine Koordinierung des Wettbewerbsverhaltens in Betracht komme, auf die gegenseitigen **Abhängigkeitsbeziehungen der fünf größten Marktteilnehmer** abzustellen sei. Zu prüfen sei, ob die vorherrschenden Marktbedingungen wechselseitige Abhängigkeit förderten. Beide Muttergesellschaften verfügten auf dem Markt für Workstations im Finanzgewerbe über Marktanteile von jeweils ca. 20–40% und erzielten damit zusammengenommen nahezu **symmetrische Marktanteile** mit dem führenden Marktteilnehmer NCR. Insbesondere dies führe auf dem durch reife Produkte gekennzeichneten Markt zu einer gegenseitigen Abhängigkeitsbeziehung zwischen 1625

1717 Kommission, 30. 9. 1999, JV.22 «Fujitsu/Siemens«, Rdnr. 53, 59.
1718 Siehe hierzu z.B. Kommission 22. 6. 2000, JV.40 »Canal+/Lagardère«, zugleich JV.47 »Canal+/Lagardère/Liberty Media«, Rdnr. 49.
1719 Kommission, 30. 9. 1999, JV.22 «Fujitsu/Siemens«, Rdnr. 63.
1720 Kommission, 30. 3. 1999, JV.15 «BT/AT&T«, Rdnr. 167 ff., 179 ff.
1721 Kommission, 30. 3. 1999, JV.15 «BT/AT&T«, Rdnr. 177 f. sowie 192 f.
1722 Kommission, 30. 3. 1999, JV.15 »BT/AT&T«, Rdnr. 192 f. sowie 196 f.
1723 Kommission, 30. 9. 1999, JV.22 »Fujitsu/Siemens«, Rdnr. 56.

C. Europäische Fusionskontrolle

Fujitsu/Siemens einerseits und NCR andererseits und damit zur Wahrscheinlichkeit der Koordinierung des Wettbewerbsverhaltens zwischen Fujitsu und Siemens[1724].

1626 Auch **vertikale Beziehungen** zwischen den Muttergesellschaften können Spill-over-Effekte begründen und damit zu Bedenken im Rahmen des Art. 2 Abs. 5 führen. So gründeten mehrere Muttergesellschaften ein GU, das in dem Bereich Pay-TV in Frankreich tätig werden sollte. Im spanischen Markt hatte eine der Muttergesellschaften (Canal+) über ein in Spanien ansässiges GU (Sogecable) starke Marktpositionen sowohl im Bereich des Pay-TV als auch im vorgelagerten Markt der Inhalte (Großhandel mit Film- und Sportrechten). Zwei weitere Muttergesellschaften übten gemeinsame Kontrolle über ein anderes Unternehmen (Cableuropa) aus, das in Spanien einer der bedeutendsten Wettbewerber von Sogecable war. Auf Grund verschiedener Verbindungen und Interessen der beteiligten Unternehmen in Spanien und Frankreich ging die Kommission davon aus, dass für Canal+ beträchtliche Anreize bestanden, Cableuropa bei dem Verkauf von Filmrechten für den spanischen Markt zu bevorzugen. Das Vorhaben wurde daher erst nach Abgabe zufrieden stellender Zusagen freigegeben[1725].

1627 Ebenfalls nur nach Zusagen wurde der Fall »Vodafone/Vivendi/Canal Plus« freigegeben, in dem ein GU für den Betrieb von Internet-Portalen gegründet wurde. Die Kommission nahm eine ausführliche Analyse der Koordinierungswahrscheinlichkeit vor. Die Gründerunternehmen, die im Markt für Mobiltelefone aktiv waren, übten bereits vor dem Zusammenschlussvorhaben in zwei verschiedenen, auf einem nachgelagerten spanischen Markt konkurrierenden Tochterunternehmen Mitkontrolle aus. Beide Tochterunternehmen (Airtel einerseits und Xfera andererseits) verfügten in Spanien über eine Lizenz zum Betrieb eines UMTS-Netzes und waren somit in dem nachgelagerten Markt des Mobilfunkbetriebs aktiv. Während jedoch Airtel bereits über die für den Netzbetrieb erforderliche Infrastruktur verfügte, musste Xfera eine solche erst noch aufbauen. Die Kommission berücksichtigte, dass das Angebot von Internet-Portalen durch den zukünftigen UMTS-Standard an Bedeutung zunehmen werde, und ging davon aus, dass aufgrund der hohen Entwicklungskosten für UMTS-Dienste hohe Anreize für eine Koordination der Tochterunternehmen auf dem Markt für Mobilfunkbetrieb bestünden, zumal die betreffenden Tochtergesellschaften verpflichtet waren, das Internet-Portal des neu gegründeten GU zu nutzen. Daher sei Airtel mit der vorhandenen Netzinfrastruktur der sich anbietende Betreiber, mit dem Xfera zusammen arbeiten werde. Außerdem könnten die beiden Tochterunternehmen gemeinsame Einkäufe tätigen. Insgesamt bestanden hohe Anreize für eine Koordinierung des Verhaltens der Tochtergesellschaften[1726]. Eine Abwägung nach Art. 81 Abs. 3 EGV war jedoch in Anbetracht der von den Parteien abgegebenen Zusagen entbehrlich[1727].

(d) Koordiniertes Verhalten in der Vergangenheit

1628 Auch in der **Vergangenheit liegendes Verhalten der Beteiligten** in den betroffenen Märkten wird von der Kommission berücksichtigt. Allerdings bleiben die Beweg-

---

1724 Kommission, 30. 9. 1999, JV.22 »Fujitsu/Siemens«, Rdnr. 64.
1725 Siehe Kommission, 3. 12. 1998, M.1327 »NC/Canal+/CDPQ/Bank America«, Rdnr. 33 ff. Die Entscheidung wird unter der Fallnummer »M« statt »JV« geführt.
1726 Kommission, 20. 7. 2000, JV.48 »Vodafone/Vivendi/Canal Plus«, Rdnr. 86 f.
1727 Kommission, 20. 7. 2000, JV.48 »Vodafone/Vivendi/Canal Plus«, Rdnr. 88.

gründe der Kommission, sich letztlich für oder gegen die Wahrscheinlichkeit einer Koordinierung auszusprechen, undurchsichtig. So gibt es Entscheidungen, in denen die Kommission eine Koordinierung als unwahrscheinlich bezeichnet, weil die Muttergesellschaften bereits zuvor gemeinsam an anderen GU beteiligt waren und es bislang nicht zu erkennbaren Koordinierungshandlungen kam[1728]. Vorangegangene Koordinierungen werden aber teilweise auch unter dem Aspekt der (fehlenden) Kausalität der Gründung des GU hinsichtlich zukünftiger Koordinierungshandlungen berücksichtigt[1729].

(3) Spürbarkeit der Koordinierung

Eine Verhaltenskoordinierung i. S. d. Art. 81 Abs. 1 EGV ist grundsätzlich nur verboten, wenn sie sich spürbar auf den Handel zwischen Mitgliedsstaaten und auf den Wettbewerb auswirkt[1730]. Unterhalb der Spürbarkeitsschwelle wendet die Kommission die Verbotsnorm grundsätzlich nicht an. **1629**

Unterhalb der Marktanteilsschwellen, die in der **Bekanntmachung über Vereinbarungen von geringer Bedeutung**[1731] genannt sind, geht die Kommission davon aus, dass Wettbewerbsbeschränkungen, die keine so genannten Kernbeschränkungen darstellen[1732], nicht spürbar sind und damit nicht gegen Art. 81 Abs. 1 EGV verstoßen. Nach den Grundsätzen der Bagatellbekanntmachung sind **1630**

- Wettbewerbsbeschränkungen zwischen Zusammenschlussbeteiligten, die tatsächliche oder potentielle Wettbewerber auf einem Candidate Market sind, nicht spürbar, wenn der gemeinsame Marktanteil 10 % nicht übersteigt (»**horizontale Wettbewerbschränkungen**«);
- Wettbewerbsbeschränkungen zwischen Unternehmen, die keine tatsächlichen oder potentiellen Wettbewerber auf einem Candidate Market sind, nicht spürbar, wenn der Marktanteil jedes Zusammenschlussbeteiligten 15 % nicht überschreitet (Vereinbarung zwischen Nichtwettbewerbern; »**vertikale Wettbewerbsbeschränkungen**«).

Es ist anerkannt, dass ein **Überschreiten** der in der Bagatellbekanntmachung genannten Marktanteilsschwellen nicht bedeutet, dass die betreffenden Vereinbarungen automatisch den Wettbewerb beschränken. Die Vereinbarungen können trotzdem nur geringfügige Auswirkungen auf den Wettbewerb im Gemeinsamen Markt haben[1733]. **1631**

1728 Siehe z. B. Kommission, 8. 7. 1998, JV.3 »BT/Airtel«, Rdnr. 25. Hier hatten allerdings die vorherigen Beteiligungen keine Kontrollrechte verliehen.
1729 Vgl. Kommission, 22. 6. 1998, JV.2 »ENEL/FT/DT«, Rdnr. 37.
1730 EuGH, 25. 11. 1971, »Béguelin«, Slg. 1971, 949, 960.
1731 So genannte »**Bagatellbekanntmachung**«, siehe Bekanntmachung der Kommission über Vereinbarungen von geringer Bedeutung, die den Wettbewerb gemäß Art. 81 Abs. 1 des Vertrages zur Gründung der Europäischen Gemeinschaft nicht spürbar beschränken (de Minimis), ABl. 2001 C 368/13 ff.
1732 Kernbeschränkungen (»Hard Core Restrictions«) sind insbesondere Preisabsprachen, Gebiets- oder Kundenaufteilungen, Beschränkungen passiver Verkäufe etc.; siehe im Einzelnen Ziff. 11 der Bagatellbekanntmachung.
1733 Vgl. Ziff. 2 Bagatellbekanntmachung. Nach der Rspr. des EuGH obliegt es der Kommission, im Einzelfall nachzuweisen, dass bei Überschreiten der Schwellen die Verbotsnorm des Art. 81 Abs. 1 EGV tatsächlich verletzt ist, EuGH 15. 9. 1998 »European Night Services/Kommission«, Rs. T-374/94, Slg. 1998, II-3141, Rdnr. 102.

1632 Für **bestimmte Arten der Zusammenarbeit** hat die Kommission Marktanteilsschwellen genannt, die – vorausgesetzt, es liegen keine Kernbeschränkungen wie Preisabsprachen, Gebietsaufteilungen etc. vor – regelmäßig keinen Verstoß gegen Art. 81 Abs. 1 EGV darstellen. Beispielhaft sei auf Produktions- und Spezialisierungsvereinbarungen hingewiesen, bei denen die Kommission eine relevante Schwelle bei gemeinsamen Marktanteilen von 20 % sieht[1734].

(4) Kausalität der Errichtung des GU für Koordinierung

1633 Eine als wahrscheinlich erachtete und spürbare wettbewerbsbeschränkende Verhaltenskoordinierung zwischen den Muttergesellschaften kann nur nach Art. 2 Abs. 4 i.V.m. Art. 81 Abs. 1 EGV verboten sein, wenn die Gründung des GU kausal für die Koordinierung ist. Bei der Kausalitätsprüfung legt die Kommission bislang einen eher **strengen Maßstab** an und hält die Kausalität für eine wahrscheinliche Koordinierung des Wettbewerbsverhaltens grundsätzlich nur für gegeben, wenn die Gründung des GU unmittelbar und erstmals zu einer Koordinierung führen kann. Nach der bisherigen Praxis reicht es nicht aus, dass die Gründung des GU zur Koordinierung lediglich beiträgt oder bestehende Koordinierungsmöglichkeiten weiter verstärkt. Allein die Tatsache, dass das GU eine marktnahe gemeinsame Plattform darstellt, in der gemeinsame Strategien auf mit dem Markt des GU eng verknüpften Märkten besprochen werden könnten, wird deshalb nicht als kausal angesehen.

1634 Ein Beispiel für die derzeitige **Auslegung des Kausalitätserfordernisses** im Rahmen des Art. 2 Abs. 5 ist die Entscheidung »BSkyB/Kirch PayTV«[1735]. Hier waren die Mütter auf einem vorgelagerten Markt tätig. Die Kommission äußerte Bedenken, die Muttergesellschaften könnten ein Interesse daran haben, ihr Verhalten beim Einkauf von europaweiten Sportsenderechten zu koordinieren und in Zukunft für solche Rechte gemeinsam bieten. Die Rechte könnten sie anschließend für einzelne Gebiete entsprechend ihren Präferenzen einander verkaufen, anstatt wie bisher um die Rechte zu konkurrieren. Die Kommission verneinte aber einen kausalen Zusammenhang zwischen der Gründung des GU und den genannten möglichen Koordinierungen, weil die Abgabe gemeinsamer Angebote im Rahmen des Ausschreibungsverfahrens (»Joint Bidding)« **auch ohne den Rahmen des GU** durchgeführt werden könne und weil das GU eine solche Angebotsabgabe nicht erleichtere.

1635 Im Fall »ENEL/FT/DT«[1736] stellte die Kommission fest, dass zwei Muttergesellschaften, nämlich France Télécom und Deutsche Telekom sich in ihren jeweiligen geographischen Heimatmärkten kaum Konkurrenz machten. Allerdings war dies nach Ansicht der Kommission auf das Bestehen anderer GU zwischen diesen beiden Unternehmen und letztlich auf deren **freie eigene Entscheidung** zurückzufüh-

---

1734 Siehe Bekanntmachung der Kommission – Leitlinien zur Anwendbarkeit von Art. 81 EGV auf Vereinbarungen über horizontale Zusammenarbeit, ABl. 2001 C 3/2, Rdnr. 78 ff., 93, 96 (»**Horizontal Guidelines**«).
1735 Kommission, 21. 3. 2000, JV.37 »BSkyB/KirchPayTV«, Rdnr. 91.
1736 Kommission, 22. 6. 1998, JV.2 »ENEL/FT/DT«, Rdnr. 37, 39; in der veröffentlichten Version dieser Entscheidung findet keine vertiefende Auseinandersetzung mit der Frage etwaiger Kernbeschränkungen (geographische Marktaufteilung) bzw. mit etwaigen Beschränkungen potentiellen Wettbewerbs statt.

IV. Sondertatbestand: Vollfunktions-Gemeinschaftsunternehmen

ren (»deliberate choice«). Daher sah die Kommission die in Rede stehende erneute Gründung eines GU, das auf dem italienischen Markt tätig werden sollte, nicht als kausal für eine etwaige Wettbewerbsbeschränkung an.

Die Kommission verneinte die Kausalität zwischen der Gründung des GU und der Verhaltenskoordinierung auch in einem Fall, in dem die Muttergesellschaften und das GU jeweils auf räumlich getrennten Telekommunikationsmärkten tätig waren, und zwar jeweils nur in Spanien und in Portugal. Das GU sollte ausschließlich in Marokko aktiv werden. Nach Ansicht der Kommission könnten die Muttergesellschaften potentielle Wettbewerber in ihren jeweiligen räumlichen Märkten sein. Die Kommission stellte aber fest, dass sie **auch in der Vergangenheit nicht miteinander konkurriert** hatten. Die Muttergesellschaften hatten Jahre vor der Gründung des GU ein Rahmenabkommen bezüglich gemeinsamer Expansionsstrategien außerhalb des EWR abgeschlossen. Dieses Abkommen war bei der Kommission nach der Verordnung 17/62 angemeldet und nicht beanstandet worden. Die Kommission erklärte, dass der Grund für das »Fehlen von Wettbewerb« zwischen den Muttergesellschaften deshalb nicht in der Gründung des GU liegen könne[1737]. 1636

Bei der Analyse von (Lebens- und Nichtlebens-) Versicherungsmärkten in Skandinavien prüfte die Kommission, ob das GU, das nur Nichtlebens-Versicherungen vertreiben sollte, ein geeignetes Mittel für die Koordinierung zwischen den Muttergesellschaften darstellte. Bei dieser Analyse unterschied die Kommission eine Reihe von Vertriebskanälen (eigene Verkaufsmannschaft, Franchisenehmer, Banken und Versicherungsbroker) und verneinte die Kausalität auf einem räumlichen Markt, in dem zwar mehrere Muttergesellschaften konkurrierende Versicherungsprodukte anboten, in dem es aber im Hinblick auf die identifizierten **Vertriebskanäle** keine oder nur wenig Überschneidungen gab[1738]. 1637

Nach Ansicht der Kommission begründen **Kauf- und Lieferbeziehungen** zwischen dem GU und ihren Muttergesellschaften jedenfalls dann keine Kausalität, wenn die Muttergesellschaften solche Beziehungen bereits mit der unabhängigen Rechtsvorgängerin des erworbenen GU unterhielten und die jeweiligen Einkäufe nunmehr zu marktüblichen Bedingungen fortgesetzt werden[1739]. 1638

In dem Fall »NC/Canal+/CDPQ/Bank America« allerdings bejahte die Kommission die Kausalität der Gründung eines GU im Hinblick auf eine **Koordinierung vertikaler Beziehungen** zwischen den Muttergesellschaften und deren verschiedenen GU. Die Muttergesellschaften übten – in teilweise unterschiedlichen Konstellationen – Kontrolle über verschiedene Unternehmen aus. Diese waren in Märkten tätig, die im Verhältnis zu dem in Rede stehenden GU nachgelagerte Aktivitäten darstellten. Diese Märkte wiesen nicht nur eine hochkonzentrative Struktur auf, sondern alle Marktteilnehmer waren auch in verschiedenen GU zusammen tätig. Die Kausalität für den Anreiz einer der Muttergesellschaften des im vorgelagerten 1639

[1737] Kommission, 17. 12. 1999, JV.23 »Telefonica/Portugal Telecom/Medi Telecom«, Rdnr. 29. Eine Verstärkung der Koordinierung durch Schaffung einer dauerhaften strukturellen Plattform wurde offenbar nicht geprüft.
[1738] Kommission, 17. 8. 1999, JV.21 »Skandia/Storebrand/Pohjola«, Rdnr. 44.
[1739] Kommission, 1. 2. 2000, JV.35 »Beiselen/BayWa/MG Chemag«, Rdnr. 30. Offenbar war es für die Kommission unerheblich, dass die Muttergesellschaften nach Erwerb des GU aufgrund der gemeinsam ausgeübten Kontrolle Einblick in ihre jeweiligen Kauf- und Verkaufspreise erhalten könnten.

Markt tätigen GU, dessen Leistungen möglicherweise zu bevorzugten Konditionen an die anderen Unternehmen abzugeben, wurde bejaht, weil die kontrollierenden Gesellschaften sich **erstmals alle gemeinsam als Muttergesellschaften** in dem betreffenden GU wiederfanden[1740].

(5) Freistellungskriterien des Art. 81 Abs. 3 EGV

1640 Eine nach Art. 81 Abs. 1 EGV verbotene Koordinierung kann nach Art. 81 Abs. 3 EGV gerechtfertigt und damit freistellungsfähig sein. Eine Rechtfertigung ist gegeben, wenn zwei positive und zwei negative Bedingungen erfüllt werden:
- **Positive Bedingungen**: Die Koordinierung muss erstens zur Verbesserung der Warenerzeugung oder -verteilung oder der Förderung des technischen oder wirtschaftlichen Fortschritts beitragen, und zweitens müssen die Verbraucher an diesem »Gewinn« angemessen beteiligt werden[1741].
- **Negative Bedingungen**: Die Koordinierungen dürfen erstens nur so weit reichen, wie sie für die Verwirklichung der positiven Bedingungen unerlässlich sind, und zweitens dürfen sie nicht die Möglichkeit eröffnen, für einen wesentlichen Teil der betreffenden Waren den Wettbewerb auszuschalten.

1641 Solange keine entsprechende Entscheidungspraxis der Kommission hierzu vorliegt, ist davon auszugehen, dass die Kriterien des Art. 81 Abs. 3 EGV im Verfahren der FKVO ähnlich wie bislang im Rahmen der Verfahren nach Verordnung Nr. 17/62 bzw. seit Mai 2004 nach Verordnung 1/2003 ausgelegt werden[1742].

1642 Im Ergebnis findet damit eine **Abwägung der Vor- und Nachteile** statt, die mit der GU-Gründung verbunden sind. In sie fließen alle Umstände des Einzelfalls ein. Daher sind auch die GU-Gründung als solche und insbesondere die damit einhergehenden Effizienzgewinne (positiv) zu berücksichtigen. Die Kommission prüft vor allem, ob zwischen den Muttergesellschaften trotz der Koordinierung noch hinreichender Binnenwettbewerb bestehen bleibt und ob die Marktstrukturen und die Stellung der beteiligten Muttergesellschaften auf den betroffenen Märkten auch nach dem Zusammenschluss noch hinreichenden Wettbewerb erwarten lassen (Außenwettbewerb).

1643 In den Fällen, in denen die Kommission Bedenken wegen eines Verstoßes gegen Art. 81 Abs. 1 EGV geltend machte, haben die beteiligten Unternehmen die entsprechenden Bedenken bislang in der Regel durch **untersagungsabwendende Zusagen** ausgeräumt[1743], sodass eine Prüfung der Kriterien des Art. 81 Abs. 3 EGV obsolet wurde[1744].

1740 Kommission, 3.12.1998, M.1327 »NC/Canal+/CDPQ/Bank America«, Rdnr. 33 ff.; zur Marktstruktur und den Verbindungen der Unternehmen untereinander Rdnr. 28 ff.

1741 Z.B. in Form von Preisreduzierungen, die aufgrund der durch die Zusammenarbeit im GU erzielten Effizienzgewinne entstanden sind und die an die Verbraucher weitergegeben werden.

1742 Eine ausführliche Kommentierung der Kriterien des Art. 81 Abs. 3 EGV findet sich bei Albers in: Groeben/Thiesing/Ehlermann, EUV-/EGV-Kommentar, 5. Aufl. 1999, Art. 2 FKVO, Rdnr. 552 ff.

1743 Vgl. z.B. Kommission, 3.12.1998, M.1327 »NC/Canal+/CDPQ/Bank America«, Tz. 40 ff. (Zusage in der Phase I); 30.3.1999, JV.15 »BT/AT&T«, Tz. 199 (Zusage in Phase II); Kommission, 20.7.2000, JV.48 »Vodafone/Vivendi/Canal Plus«, Tz. 83 ff., 90 ff.

1744 Ob die Kommission bei der Anwendung der Kriterien des Art. 81 Abs. 3 EGV auch weiterhin grundsätzlich mit dem Instrument solcher Zusagen arbeiten wird, kann erst die künftige Entscheidungspraxis zeigen.

IV. Sondertatbestand: Vollfunktions-Gemeinschaftsunternehmen

4. Verfahrensrechtliche Behandlung von Vollfunktions-GU

Vollfunktions-GU, die die Schwellenwerte des Art. 1 erfüllen, werden im Rahmen des **FKVO-Verfahrens** grundsätzlich abschließend auf ihre Vereinbarkeit mit dem gemeinsamen Markt hin geprüft. Materiellrechtlich findet sowohl der SIEC-Test als auch gegebenenfalls der Verhaltenstest Anwendung. Die Entscheidungsbefugnisse der Kommission ergeben sich aus Art. 6 (insbesondere Vereinbarkeitsentscheidungen) sowie aus Art. 8 Abs. 2 FKVO (Freigabeentscheidungen) und Art. 8 Abs. 3 FKVO (Unvereinbarkeitserklärungen). 1644

Mit der Novellierung der FKVO durch die Änderungsverordnung Nr. 1310/97 wurde auch eine neue Verordnung[1745] über die Anmeldungen, Fristen etc. nach der FKVO erlassen. Diese Verordnung enthält auch das Formblatt CO, mit dem Zusammenschlussvorhaben bei der Kommission anzumelden sind. In dieses Formblatt CO wurde ein völlig neuer Abschnitt 10 aufgenommen, der sich mit den kooperativen Wirkungen eines GU befasst. 1645

Nach dem Wortlaut der FKVO ist die fusionskontrollrechtliche Entscheidung auch insoweit »**endgültig**«, wie sie koordinierendes Verhalten der Muttergesellschaften i. S. d. Art. 2 Abs. 4 und 5 FKVO i. V. m. Art. 81 Abs. 1 und 3 EGV betrifft[1746]. Die FKVO sieht für den Art. 2 Abs. 4 FKVO betreffenden Teil der Entscheidung keine spezifischen zeitlichen Befristungen oder Widerrufsgründe vor. 1646

Im Hinblick auf direkt mit der Gründung des GU zusammenhängende Wettbewerbsbeschränkungen zwischen den Muttergesellschaften, für die im Rahmen des fusionskontrollrechtlichen Verfahrens ausdrücklich Ausnahmen nach Art. 2 Abs. 4 FKVO i. V. m. Art. 81 Abs. 3 EGV gewährt wurden, geht allerdings die Kommission selbst offenbar davon aus, dass ihr ein **Widerrufsrecht** zusteht. In einem öffentlichen Protokoll vom 20. 6. 1997 erklärte die Kommission, »dass sie in der Regel nicht beabsichtigt, von ihrer Befugnis Gebrauch zu machen, eine im Rahmen dieser (Fusionskontroll-)Verordnung gewährte Ausnahmeregelung nach Artikel 85 Abs. 3 (heute Art. 81 Abs. 3) des Vertrags zu widerrufen«. Allerdings erklärte die Kommission weiter, dass ein Widerruf nur in Ausnahmefällen erfolgen werde. Zudem werde sie folgende Punkte berücksichtigen: 1647

- die Zeit, die seit Gewährung der Ausnahmeregelung verstrichen ist;
- die Wirkung des Widerrufs auf die von den Parteien vorgenommenen Investitionen;
- und die Auswirkungen auf den Betrieb des GU.

Es ist in der Tat nicht zu erwarten, dass die Kommission von dieser Widerrufsmöglichkeit extensiven Gebrauch machen wird. Auch die **Rechtsgrundlage** eines solchen Widerrufsrechts scheint nicht geklärt. Die FKVO bietet keine. Früher kam eine Anlehnung an den thematisch einschlägigen Art. 8 Abs. 3 der Verordnung Nr. 17/62 in Betracht, der als Widerrufsgrund unter anderem vorsah, dass sich die 1648

1745 Verordnung (EG) Nr. 447/98 der Kommission vom 1. 3. 1998; Die aktuelle Durchführungsverordnung ist Verordnung (VO) Nr. 802/2004 von April 2004.
1746 Dieser Endgültigkeits-Grundsatz kollidiert zunächst mit den grundlegenden Prinzipien der Verhaltenskontrolle, die eben nicht über die Vereinbarkeit bestimmter Marktstrukturen mit dem Wettbewerb im Gemeinsamen Markt wacht (dies ist Gegenstand der Fusionskontrolle), sondern gegenwärtiges und in absehbarer Zukunft liegendes Verhalten der Beteiligten auf bestimmten Märkten beurteilt. Der Verhaltenskontrolle ist die kontinuierliche Überprüfung des Wettbewerbsgeschehens immanent.

C. Europäische Fusionskontrolle

tatsächlichen Verhältnisse in einem für die Ausnahmeerklärung wesentlichen Punkt geändert hatten. Die heute maßgebliche Verordnung 1/2003 enthält keine Art. 8 Abs. 3 der Verordnung 17/62 entsprechende Bestimmung mehr, da sie grundsätzlich keine Freistellungsentscheidungen vorsieht.

5. Kategorien von GU und ihre kartellrechtliche Behandlung

a) Überblick

1649 **Vollfunktions-GU mit gemeinschaftsweiter Bedeutung** (die also die Schwellenwerte des Art. 1 erfüllen) werden nach dem FKVO-Verfahren geprüft. Zur Anwendung gelangen der Marktbeherrschungs- und ggf. der Verhaltenstest (Doppelkontrolle). Nationale Fusionskontroll- oder Kartellvorschriften der Mitgliedstaaten sind daneben nicht anwendbar (Art. 21 Abs. 3 FKVO).

1650 GU, die die obigen Kriterien nicht erfüllen, fallen nicht in den Anwendungsbereich der FKVO. Es handelt sich hierbei entweder um Vollfunktions-GU, bei denen die **Schwellenwerte des Art. 1 nicht erfüllt** sind, oder – wenn die Schwellenwerte erfüllt sind – um **Teilfunktions-GU**, die also nicht als operationell autonome wirtschaftliche Einheit am Markt teilnehmen. Diese GU sind zunächst nach den Kriterien des Verhaltenstests des Art. 81 EGV i. V. m. der Verordnung 1/2003 zu prüfen.

1651 Darüber hinaus können **nationale Fusionskontrollverfahren** in den Mitgliedstaaten auf die Errichtung solcher GU anwendbar sein, da sie durchweg niedrigere Schwellenwerte enthalten als Art. 1 oder – wenn die Schwellenwerte erfüllt sind – ihre Anwendbarkeit von dem Erreichen bestimmter nationaler Marktanteile abhängt. Zudem werden z. B. in Deutschland auch Teilfunktions-GU als Zusammenschlusstatbestand erfasst.

1652 Bei der **Einteilung von GU** gibt es verschiedene Möglichkeiten der Kategorienbildung. Auch die Abgrenzung zwischen konzentrativen und kooperativen GU, die früher für die Anwendbarkeit der FKVO entscheidend war, hat heute noch ihren Sinn, da anhand dieser Unterscheidung festgelegt wird, an welchen materiellen Normen die wettbewerblichen Auswirkungen des GU zu überprüfen sind. Die für die vorliegende Darstellung gewählte Einteilung orientiert sich an der Anwendbarkeit der novellierten FKVO bzw. anderer Rechtsordnungen.

1653 Eine (nicht abschließende) Zusammenfassung über die auf die verschiedenen GU-Kategorien anwendbaren Rechtsvorschriften enthält die nachstehende **Übersicht**. Die in der Übersicht dargestellten Konstellationen sind anschließend nochmals kurz erläutert.

IV. Sondertatbestand: Vollfunktions-Gemeinschaftsunternehmen

Übersicht: Auf die strukturellen[1747] Auswirkungen der GU-Gründung anwendbare Kartellrechtsvorschriften[1748]

GU-Typ	Charakteristika	EG-Recht	Recht der Mitgliedstaaten
Voll-funktions-GU	1. Schwellenwerte des Art. 1 erfüllt, ohne Gruppeneffekt	FKVO anwendbar, nur SIEC-Test	Nicht anwendbar (Art. 21 Abs. 3) Ausnahmen: Verweisungen
	2. Schwellenwerte des Art. 1 erfüllt, mit Gruppeneffekt	FKVO anwendbar, Doppelkontrolle (VO 1/2003 i.V.m. Art. 81 direkt anwendbar außerhalb Gruppeneffekts)	Fusionskontrolle nicht anwendbar Ausnahmen: Verweisungen
	3. Schwellenwerte des Art. 1 nicht erfüllt, ohne Gruppeneffekt	FKVO nicht anwendbar Art. 81 greift nicht, da VO Nr. 1/2003 nicht anwendbar (Art. 21 Abs. 1, 2. Hs.)	Nationale Fusionskontrolle anwendbar Nationales Kartellrecht anwendbar
	4. Schwellenwerte des Art. 1 nicht erfüllt, mit Gruppeneffekt	FKVO nicht anwendbar VO 1/2003 i.V.m. Art. 81 anwendbar; aber Grundsatz: Kommission greift nicht ein	Nationale Fusionskontrolle anwendbar Art. 81 anwendbar Nationales Kartellrecht anwendbar
Teil-funktions-GU	Mit oder ohne gemeinschaftsweite Bedeutung bzw. mit oder ohne Gruppeneffekt	FKVO nicht anwendbar VO 1/2003 i.V.m. Art. 81 anwendbar	Nationale Fusionskontrolle anwendbar Ggf. nationales Kartellrecht anwendbar

b) GU, die unter die FKVO fallen

1654 **Zwei Grundvoraussetzungen** sind erforderlich, damit die FKVO auf GU überhaupt Anwendung finden kann. Diese Voraussetzungen sind:
- Erreichen der **Schwellenwerte** des Art. 1 Abs. 2 oder Abs. 3; und
- **gemeinsame Kontrolle** des GU durch mindestens zwei Mutterunternehmen, da es anderenfalls um den Erwerb alleiniger Kontrolle durch eines der Mutterunternehmen geht und damit kein GU-Sachverhalt vorliegt.

Unter diesen Voraussetzungen können folgende Kategorien von GU unterschieden werden:

(1) Vollfunktions-GU ohne Gruppeneffekt[1749]

1655 Vollfunktions-GU, deren Gründung nicht zu einer Koordinierung des Wettbewerbsverhaltens der Muttergesellschaften führt, fallen unter die FKVO. Materiell werden sie ausschließlich am SIEC-Test gemessen; Art. 2 Abs. 4 FKVO mit seinem Verweis auf Art. 81 Abs. 1 und 3 EGV ist nicht einschlägig.

1656 Auf die Errichtung des GU sind in Ermangelung eines Gruppeneffektes weder Art. 81 EGV noch nationales Recht der Mitgliedstaaten anwendbar. Selbstverständ-

---

[1747] Beachte: jenseits des Gruppeneffekts und außerhalb von notwendigen Nebenabreden bleibt im Verhältnis der Mütter zueinander und im Verhältnis der jeweiligen Mutter zum GU Art. 81 EGV i.V.m. VO 1/2003 anwendbar.
[1748] Gemeinsame Kontrolle i.S.d. Art. 3 FKVO über das GU ist in allen Fällen vorausgesetzt.
[1749] Siehe Übersicht Rdnr. 1653, Ziff. 1.

C. Europäische Fusionskontrolle

lich greifen die kartellrechtlichen Vorschriften und insbesondere Art. 81 EGV, wenn im »Umfeld« des GU wettbewerbsrechtlich relevante Absprachen getroffen werden (z. B. wenn das GU exklusive Lieferverträge mit Dritten abschließt).

(2) Vollfunktions-GU mit Gruppeneffekt[1750]

1657 Die Gründung dieser Vollfunktions-GU wird von Art. 3 Abs. 4 FKVO als Zusammenschlussvorhaben erfasst. Materiell kommt neben dem SIEC-Test auch der Verhaltenstest nach Art. 2 Abs. 4 FKVO i. V. m. Art. 81 Abs. 1 und 3 EGV zur Anwendung.

1658 Allerdings beschränkt sich der Verhaltenstest auf die Analyse der Spill-over-Effekte, also auf etwaige Koordinierungsmöglichkeiten zwischen den Muttergesellschaften, die kausal mit der Gründung des GU zusammenhängen. Auf darüber hinausgehende Wettbewerbsbeschränkungen, die keine notwendigen Nebenabreden[1751] i. S. d. FKVO darstellen, ist Art. 81 EGV in Verbindung mit Verordnung 1/2003 anwendbar.

c) GU, die nicht unter die FKVO fallen

1659 GU, die die beiden oben genannten Grundvoraussetzungen (Schwellenwerte des Art. 1 sowie Vorliegen gemeinsamer Kontrolle) nicht erfüllen, gelangen nicht in den Anwendungsbereich der FKVO. Ferner fallen nicht unter die FKVO solche GU, die zwar die Schwellenwerte erfüllen und gemeinsam kontrolliert werden, jedoch **lediglich Teilfunktionen erfüllen**. Sie erfüllen nicht den Zusammenschlussbegriff des Art. 3.

(1) Vollfunktions-GU ohne Gruppeneffekt bei Nichterfüllung der Schwellenwerte[1752]

1660 Da die Schwellenwerte nicht erfüllt sind, ist die FKVO auf diese GU nicht anwendbar (Ausnahme lediglich bei Verweisung durch Mitgliedstaaten an die Kommission nach Art. 22 FKVO). Allerdings sind die nationalen Fusionskontrollordnungen in den Mitgliedstaaten anwendbar, soweit ihre jeweiligen Aufgreifkriterien erfüllt sind. Die nationalen Kartellbehörden der Mitgliedstaaten können zudem grundsätzlich das jeweilige nationale Kartellrecht auf das GU anwenden. Dies ist allerdings wegen des in Art. 3 Abs. 2 VO 1/2003 formulierten Vorrangs des Art. 81 EGV nur auf Sachverhalte beschränkt, in denen die Zwischenstaatlichkeitsklausel nicht erfüllt ist[1753].

1661 Als Vollfunktions-GU erfüllt die Errichtung des GU allerdings den Zusammenschlusstatbestand des Art. 3 Abs. 2 FKVO. Die Regelung des Art. 21 Abs. 1, 2. Hs. FKVO sieht vor, dass die Verordnung 1/2003 sowie drei weitere Ausführungsverordungen zu Art. 81 EGV auf die Errichtung von GU unanwendbar bleiben, die die

---

1750 Siehe Übersicht Rdnr. 1653, Ziff. 2. a.
1751 Siehe dazu unten Rdnr. 1671 ff.
1752 Siehe Übersicht Rdnr. 1653, Ziff. 3.
1753 Denkbar ist ein solcher Fall bei räumlich sehr kleinen Märkten, die keinerlei Auslandsberührung aufweisen (wie z. B. den Märkten für Asphaltmischgut oder Transportbeton).

IV. Sondertatbestand: Vollfunktions-Gemeinschaftsunternehmen

Schwellenwerte nicht erfüllen und die keine Koordinierung des Wettbewerbsverhaltens unabhängig bleibender Unternehmen bezwecken oder bewirken. Die Kommission kann daher die Regelungen des Art. 81 EGV nicht direkt auf die Errichtung solcher Vollfunktions-GU anwenden.

Der Sinn dieser Regelung erschließt sich vor dem Hintergrund der »Continental Can«- und »Philip Morris«-Rechtsprechung des EuGH, der vor der Existenz einer europäischen Fusionskontrollordnung die Möglichkeit der Anwendung des Art. 85 [heute: Art. 81] EGV auf Beteiligungserwerbe an anderen Unternehmen festgestellt hatte[1754]. Art. 21 Abs. 1, 2. Hs. FKVO soll verhindern, dass die Kommission außerhalb des Anwendungsbereichs der FKVO eine (weitere) Prüfungskompetenz für Zusammenschlüsse erhält. Die FKVO soll vielmehr die Strukturkontrolle durch die Kommission abschließend regeln. Ist die FKVO nicht anwendbar, dann soll die Kommission Zusammenschlüsse nicht anhand der Kriterien des Art. 81 EGV messen können. Da in der FKVO, die lediglich gemeinschaftsrechtliches Sekundärrecht ist, der Regelungsgehalt des Primärrecht darstellenden Art. 81 EGV nicht eingeschränkt werden konnte, erklärt Art. 21 Abs. 1 lediglich die zitierten Ausführungsverordnungen für unanwendbar und erreicht damit faktisch, dass die Kommission Art. 81 EGV nicht anwenden kann.

Angesichts dieser Intention ist auch die Anwendung des Art. 81 EGV auf der Grundlage der wenig effizienten Regelungen der Art. 84 und 85 EGV (früher: Art. 88 und 89 EGV) umstritten[1755]. Im Rahmen einer solchen Anwendung hat die Kommission nur eingeschränkte Kompetenzen: sie kann bei ihren Ermittlungen keine Zwangsmittel anwenden und zur Lösung lediglich angemessene Maßnahmen zur Beendigung einer etwaigen Verletzung des Art. 81 EGV vorschlagen. Da aber in dieser Fallgruppe gerade keine Koordinierungen zwischen den Muttergesellschaften zu befürchten sind, gelangen diese komplizierten Regelungen in der Praxis kaum einmal zur Anwendung.

1662

1663

(2) Vollfunktions-GU mit Gruppeneffekt bei Nichterfüllung der Schwellenwerte[1756]

In dieser Konstellation ist die FKVO nicht anwendbar (Ausnahme lediglich bei Verweisung durch Mitgliedstaaten an die Kommission nach Art. 22). Nationale Fusionskontrollvorschriften der Mitgliedsstaaten finden hingegen Anwendung. Die nationalen Kartellrechtsvorschriften in den Mitgliedsstaaten sind ebenfalls auf diese GU anwendbar, wobei auch hier gemäß Art. 3 Abs. 2 VO 1/2003 der Vorrang des Art. 81 EGV zu beachten ist (vgl. oben).

1664

Nach Art. 21 Abs. 1, 2. Hs. FKVO sind die Verordnung Nr. 1/2003 sowie weitere Ausführungsverordnungen zu Art. 81 EGV anwendbar auf kooperative Gemeinschaftsunternehmen, die die Schwellenwerte nicht erfüllen.

1665

Allerdings hat die Kommission in der **Erklärung für das Ratsprotokoll** vom 20. 6. 1997 in Nr. 4 erklärt, dass sie es im Hinblick auf die dezentrale Anwendung der

1666

1754 EuGH, 21. 2. 1973, »Continental Can/Kommission«, Rs. 6/72, Slg. 1973, 215 ff.; 17. 11. 1987, »Philip Morris«, Slg. 1987, 4487 ff.
1755 Zu Einzelheiten siehe Wagemann, in: Wiedemann, Handbuch des Kartellrechts, § 15 Rdnr. 24 ff.
1756 Siehe Übersicht Rdnr. 1653 Ziff. 4.

C. Europäische Fusionskontrolle

Art. 81 und 82 des Vertrags gewöhnlich den einzelstaatlichen Wettbewerbsbehörden überlassen wird, kooperative GU kartellrechtlich zu überprüfen. Sie beschränkt ein direktes Eingreifen auf solche GU, »die erhebliche Auswirkungen auf den Handel zwischen Mitgliedsstaaten haben könnten«. Darüber hinaus führte die Kommission in der Erklärung aus, dass bei einer fusionskontrollrechtlichen oder kartellrechtlichen Untersagung der Errichtung eines solchen GU durch einen Mitgliedsstaat sich die Frage der Gewährung einer Ausnahmeregelung nach Art. 85 Abs. 3 (heute Art. 81 Abs. 3) EGV durch die Kommission nicht mehr stelle.

(3) Teilfunktions-GU

1667 Auf Teilfunktions-GU ist die FKVO nicht anwendbar, da sie grundsätzlich vom Zusammenschlussbegriff des Art. 3 FKVO nicht erfasst sind.

1668 Teilfunktions-GU überprüft die Kommission nach Art. 81 EGV auf der Grundlage der Verordnung Nr. 1/2003. Das frühere Verfahren nach VO 17/62 mit der Möglichkeit einer Anmeldung mit Formblatt A/B und ggf. nachfolgender Freistellungserklärung im Rahmen des Art. 81 Abs. 3 EGV steht nicht mehr zur Verfügung. Die Kommission setzt heute auf das eigenverantwortliche Verhalten der Unternehmen, die selbständig prüfen müssen, ob die Freistellungsvoraussetzungen des Art. 81 Abs. 3 EGV erfüllt sind. Anders als unter VO 17/62 liegt nach Art. 1 Abs. 2 VO 1/2003 keine Verletzung des in Art. 81 Abs. 1 EGV ausgesprochenen Verbots vor, wenn die Freistellungsvoraussetzungen des Art. 81 Abs. 3 EGV erfüllt sind[1757]. Das frühere Freistellungsmonopol der Kommission (nur die Kommission konnte Freistellungen nach Art. 81 Abs. 3 EGV erteilen) ist entfallen. Die Wettbewerbsbehörden der Mitgliedsstaaten sind zur Anwendung des Art. 81 Abs. 3 EGV ebenso befugt wie die nationalen Gerichte.

1669 Nur wenn das **öffentliche Interesse** es erfordert, wird die Kommission noch Freistellungsentscheidungen erlassen (siehe Art. 10 VO 1/2003). Diese Entscheidungen sind angesichts der direkten Freistellungswirkungen des Art. 81 Abs. 3 EGV lediglich noch deklaratorischer Art. Ein öffentliches Interesse liegt insbesondere in Fällen vor, in denen neue Formen von Vereinbarungen oder Verhaltensweisen zu beurteilen sind, die noch nicht in hinreichendem Maße durch die vorhandene Entscheidungspraxis bzw. im Rahmen von Gruppenfreistellungsverordnungen oder Mitteilungen der Kommission geklärt sind[1758].

1670 Daneben sind die nationalen fusionskontroll- und kartellrechtlichen Vorschriften durch die Behörden der Mitgliedsstaaten auf Teilfunktions-GU anwendbar. Die nationalen kartellrechtlichen Vorschriften der Mitgliedsstaaten werden allerdings regelmäßig durch den Vorrang des Art. 81 EGV verdrängt (vgl. Art. 3 Abs. 2 VO 1/2003 sowie oben).

1757 Die VO 1/2003 bewirkte damit einen Wechsel vom Anmeldesystem zum System der Legalausnahme, vgl. Erwägungsgrund 4 der VO 1/2003.
1758 Vgl. Erwägungsgrund 14 der VO 1/2003.

V. Nebenabreden

1671 Im Kontext von Zusammenschlüssen werden neben den Verträgen, die den eigentlichen Zusammenschluss durchführen (also zum Beispiel die Regelungen der Übertragung von Anteilen oder Vermögenswerten) häufig weitere Vereinbarungen getroffen. So gewährt möglicherweise der Veräußerer der Zielgesellschaft Lizenzen, die diese zur Fortsetzung ihrer Geschäftstätigkeit benötigt oder bei der Errichtung eines Gemeinschaftsunternehmens werden Wettbewerbsverbote zwischen den Muttergesellschaften vereinbart etc. Diese zusätzlichen Vereinbarungen können wettbewerbsbeschränkende Wirkungen haben und sind grundsätzlich nach den Kriterien des Art. 81 EGV i.V.m. VO 1/2003 zu prüfen.

1672 Eine Ausnahme hiervon sieht die FKVO jedoch für Vereinbarungen vor, die mit der Durchführung des Zusammenschlusses unmittelbar verbunden und für sie notwendig sind. Solche Vereinbarungen werden als **Nebenabreden** (»ancillary restraints« oder »ancillary restrictions«) bezeichnet. Sie gelten mit der den Zusammenschluss freigebenden Entscheidung als genehmigt[1759], selbst wenn sie wettbewerbsbeschränkende Wirkungen i.S. des Art. 81 EGV haben.

1673 Die aktuelle Praxis der Kommission zur Qualifizierung bestimmter wettbewerbsbeschränkender Vereinbarungen als Nebenabreden ist in der **Bekanntmachung der Kommission** über unmittelbar verbundene und notwendige Einschränkungen[1760] widergegeben.

1. Begriff der Nebenabrede

1674 **Nebenabreden** sind den Wettbewerb beschränkende Vereinbarungen zwischen Zusammenschlussbeteiligten, die bei der Gelegenheit des Zusammenschlusses getroffen werden und die einerseits im Verhältnis zum Zusammenschluss als solchem eine untergeordnete Rolle spielen andererseits eine unmittelbare wirtschaftliche Verbindung zum Zusammenschluss aufweisen. Zu den wichtigsten Nebenabreden zählen Wettbewerbsverbote, Lizenzvereinbarungen, Bezugs- und Lieferpflichten.

1675 **Keine Nebenabreden** sind solche Vereinbarungen, die das Wesenselement des Zusammenschlusses selbst darstellen und damit auch das Kernstück der fusionskontrollrechtlichen Beurteilung sind wie beispielsweise Vereinbarungen über die Herstellung einer wirtschaftlichen Einheit zwischen zwei zuvor unabhängigen Unternehmen oder die Herbeiführung einer gemeinsamen Kontrolle zweier Unternehmen über ein drittes Unternehmen. Ebenso sind keine Nebenabreden im Sinne der FKVO Vereinbarungen, die für die Durchführung des Zusammenschlusses nicht notwendig oder nicht unmittelbar damit verbunden sind. Letztere Vereinbarungen sind nach VO 1/2003 i.V.m. Art. 81 EGV zu prüfen[1761].

1759 So für die unterschiedlichen möglichen Entscheidungen der Kommission gleichlautend: Art. 6 Abs. 1 b), zweiter Unterabs., Art. 8 Abs. 1, zweiter Unterabs. und Art. 8 Abs. 2, dritter Unterabs. FKVO.
1760 Bislang nur auf englisch veröffentlicht und auf der Website der Kommission abrufbar: »Notice on restrictions directly related and necessary to concentrations« (im Folgenden: »Notice on Restrictions«).
1761 Ziff. 7 Notice on Restrictions.

2. Unmittelbar verbundene und notwendige Vereinbarungen

1676 Ob es sich bei einer Vereinbarung um eine Nebenabrede i.S.d. FKVO handelt, hängt davon ab, ob sie mit dem Zusammenschluss unmittelbar verbunden und für seine Durchführung notwendig ist. Dies ist anhand **objektiver**[1762] Kriterien zu bestimmen:

1677 • Die Vereinbarung muss zunächst geeignet sein, die Handlungsfreiheit der Zusammenschlussbeteiligten auf dem Markt zu begrenzen, d.h. **wettbewerbsbeschränkender** Natur sein (andernfalls ist sie kartellrechtlich unproblematisch).[1763] Die potentielle Einschränkung muss dabei die Beziehung der Beteiligten untereinander betreffen, sie darf nicht die wettbewerbliche Handlungsfreiheit zu Lasten Dritter beschränken.[1764] Dies bedeutet etwa bei der Gründung von **Gemeinschaftsunternehmen**, dass zu unterscheiden ist zwischen einschränkenden Bestimmungen zu Lasten der Muttergesellschaften und solchen zu Lasten des GU. So werden zum Beispiel von den Muttergesellschaften vereinbarte Beschränkungen des GU hinsichtlich dessen Absatzmengen, Preise, Kunden oder Liefergebiete etc. regelmäßig nicht als Nebenabreden anzusehen sein, weil sie die freie Betätigung des GU einschränken.

1678 • Die Vereinbarung muss mit der Durchführung des Zusammenschlusses **unmittelbar verbunden** sein. Ein lediglich loser sachlicher und zeitlicher Zusammenhang mit dem Zusammenschluss genügt nicht. Vielmehr muss die Vereinbarung mit dem Zusammenschluss insofern in enger Beziehung stehen, dass sie eine reibungslose wirtschaftliche Abwicklung des Zusammenschlusses gewährleistet.[1765]

1679 • Schließlich muss die Vereinbarung für die Durchführung eines Zusammenschlusses **notwendig** sein. Das Notwendigkeitserfordernis bezieht sich nicht (direkt) auf den geschäftlichen Erfolg des Zielunternehmens, sondern es ist zu bestimmen, ob die Beschränkung für die Durchführung (d.h. die Verwirklichung) des Zusammenschlusses notwendig ist[1766]. Notwendig für die Durchführung ist eine Vereinbarung, wenn ohne sie der Zusammenschluss entweder gar nicht oder nur unter ungewissen Voraussetzungen, zu wesentlich höheren Kosten, über einen spürbar längeren Zeitraum oder mit erheblich größeren Schwierigkeiten durchgeführt werden kann.[1767] Notwendige Vereinbarungen zielen typischerweise auf den Schutz der übertragenen Werte, stellen kontinuierliche Lieferverhältnisse sicher oder ermöglichen die Errichtung einer neuen Unternehmenseinheit (zum Beispiel während einer Anlaufphase). Entsprechend dem **Grundsatz der Verhältnismäßigkeit** haben die Unternehmen eines Zusammenschlusses bei mehreren möglichen vertraglichen Varianten diejenige zu wählen, die objektiv gesehen den

---

1762 Siehe Ziff. 11 Notice on Restrictions.
1763 Vgl. Hierzu die frühere Bekanntmachung der Kommission über Nebenabreden zu Zusammenschlüssen nach der Verordnung (EWG) Nr. 4064/89 des Rates vom 21.12.1989 über die Kontrolle von Unternehmenszusammenschlüssen, Ziff. II. 3 (außer Kraft).
1764 I/M, EG-Wettbewerbsrecht, 1997, FKVO, Abschnitt E, Rdnr. 7.
1765 Vgl. Ziff. 12 Notice on Restrictions; Siehe auch Wiedemann, Handbuch des Kartellrechts, 1999, § 16 Rdnr. 128.
1766 EuG, 18.9.2001, T 112/99 »Métropole télévision (M6), Suez-Lyonnaise des eaux u.a./Kommission«, Rdnr. 109.
1767 Ziff. 13 Notice on Restrictions; siehe auch Kommission, 18.12.2000 COMP/M.1863 »Vodafone/BT/Airtel JV«, Rdnr. 20;

Wettbewerb am wenigsten einschränkt.[1768] Dies bedeutet, dass Nebenabreden im Hinblick auf ihren Gegenstand, ihre Dauer und ihre geographische Wirkung angemessen sein müssen.

3. Verfahrensrechtliche Behandlung von Nebenabreden

Für das Verständnis der aktuellen Verfahrensregeln, die in der Notice on Restrictions niedergelegt sind, ist es wichtig, das frühere Verfahren zu Nebenabreden zu kennen. Es ist nicht auszuschließen, dass wesentliche Rechtsgrundsätze des zum früheren Verfahren ergangenen Urteils des Gerichts erster Instanz in der Sache Lagardère SCA, Canal+ SA[1769] (siehe dazu sogleich) weiterhin Bedeutung beanspruchen und eine Änderung der aktuellen Kommissionspraxis erfordern werden.   **1680**

a) Entwicklung der Behandlung von Nebenabreden

Gemäß Art. 8 Abs. 2 Unterabs. 2 FKVO a. F. erstreckte sich die Entscheidung der Kommission über die Vereinbarkeit eines Unternehmenszusammenschlusses mit dem Gemeinsamen Markt auch auf die **mit der Durchführung des Zusammenschlusses unmittelbar verbundenen und für sie notwendigen Einschränkungen**. Dasselbe galt gemäß Art. 6 Abs. 1 Buchst. b) Unterabs. 2 FKVO a. F. auch für die Freigabeentscheidungen im Vorprüfungsverfahren.   **1681**

Nebenabreden wurden danach stets in Verbindung mit dem Zusammenschluss durch die Kommission **geprüft**.[1770] Das Formblatt CO sah einen eigenen Abschnitt vor, in dem die Parteien wettbewerbsbeschränkende Vereinbarungen darstellten und ihre Behandlung als Nebenabreden beantragten. Soweit sie mit der Durchführung des Zusammenschlusses unmittelbar verbunden und für diese notwendig waren, gelangten Nebenabreden kraft der ausschließlich auf sie anwendbaren FKVO nach Prüfung durch die Kommission durch positive Verbescheidung in den Genuss der Freigabewirkung der Kommissionsentscheidung.[1771]   **1682**

Für die am Zusammenschluss beteiligten Unternehmen hatte dies den Vorteil eines »one-stop shop«-Verfahrens. Nebenabreden mussten nicht separat vom Zusammenschluss im Rahmen des Art. 81 EGV überprüft werden, wie das noch vor dem Inkrafttreten der FKVO der Fall war. Und mit der Freigabeentscheidung hatten die am Zusammenschluss beteiligten Unternehmen die Gewissheit, dass auch die Nebenabreden von der Kommission mit dem Gemeinsamen Markt für vereinbar erklärt worden waren.   **1683**

Im Jahre 2001 änderte die Kommission die Behandlung von Nebenabreden. In ihrer **Bekanntmachung vom Juli 2001**[1772] vertrat die Kommission den Standpunkt,   **1684**

1768 Ziff. 13 Notice on Restrictions.
1769 EuG, 20. 11. 2002, Rs. T-215/00, »Lagardère/ Canal+ SA/Kommission«, Slg. 2002, II-4825.
1770 Bekanntmachung der Kommission vom 21. 12. 1989 über Nebenabreden zu Zusammenschlüssen nach der Verordnung (EWG), ABl. Nr. L 395/1 vom 30. 12. 1989 (ausser Kraft).
1771 Vgl. Dittert in: Schröter, Jakob, Mederer: Kommentar zum Europäischen Wettbewerbsrecht, 1. Auflage, 2003, Abschnitt Fusionskontrollverordnung, Art. 8 Rdnr. 63., der auf die Bekanntmachung vom 27. 6. 2001 verweist.
1772 Bekanntmachung der Kommission über Einschränkungen des Wettbewerbs, die mit der Durchführung von Unternehmenszusammenschlüssen unmittelbar verbunden für diese notwendig sind, ABl. C 188 vom 4. 7. 2001 (außer Kraft).

dass ihre Beurteilung von Nebenabreden in fusionskontrollrechtlichen Entscheidungen stets nur deklaratorischen Charakter gehabt habe. Zudem kündigte die Kommission an, dass sie künftig in ihren fusionskontrollrechtlichen Entscheidungen davon absehen werde, Nebenabreden einzeln zu würdigen und förmlich auf sie einzugehen.

1685 Die Kommission begründete ihre neue Politik damit, dass sie trotz der gesetzlichen Regelung in der FKVO nicht verpflichtet sei, die genannten Einschränkungen zu beurteilen. Seit September 2000 verzichtete sie bereits im vereinfachten Verfahren auf eine gesonderte Prüfung von Nebenabreden.[1773]

1686 Für die an einem Zusammenschluss beteiligten Unternehmen bedeutete dies, dass fortan die Beurteilung von Nebenabreden und die Anwendbarkeit der FKVO auf sie in ihrer **eigenen Verantwortung** lag. Sie mussten selbst entscheiden, ob und inwieweit eine Nebenabrede als mit dem Zusammenschluss unmittelbar verbunden und zu seiner Durchführung als notwendig angesehen werden konnte.[1774] Sofern es hierbei zu Unklarheiten zwischen den Beteiligten kam, waren laut der Bekanntmachung der Kommission, die einzelstaatlichen Gerichte zur Klärung zuständig.

1687 In der Entscheidung »Lagardère SCA, Canal+ SA«[1775] ging das EuG auf die in der Bekanntmachung vom Juli 2001 beschriebene neue Kommissionspraxis ein. Nach Ansicht des Gerichts liegt der Bekanntmachung der Kommission eine falsche Interpretation der Pflichten zugrunde, die der Kommission durch die FKVO (alt) übertragen sind. Nach der FKVO (alt) habe die Kommission nämlich die **ausschließliche Kompetenz**[1776] für Entscheidungen darüber, ob die FKVO auf Nebenabreden anwendbar ist oder nicht.

1688 Die Beteiligten, die das strenge Anmeldeverfahren durchzuführen haben, hätten einen Anspruch darauf, dass ihnen **Rechtssicherheit** in Bezug darauf gewährt wird, ob es sich bei ihren Vereinbarungen um Nebenabreden im Sinne der FKVO handelt oder nicht. Ihnen könne es nicht zugemutet werden, ein Parallelverfahren führen zu müssen, um in Bezug auf einschränkende Vereinbarungen Rechtssicherheit genießen zu können.[1777] Daher sei die Kommission verpflichtet, über die Nebenabreden zu entscheiden, sofern die Beteiligten einen **genauen und eindeutigen Antrag** (darauf) stellen[1778].

1689 Schließlich stellt das Gericht klar, dass jede Beurteilung von Nebenabreden durch die Kommission einen **bindenden Rechtsakt**[1779] darstelle und wiederspricht damit ausdrücklich der Ansicht der Kommission, dass ihre Entscheidungen in Bezug auf Nebenabreden nur deklaratorischen Charakter hätten. Zur Begründung führt das Gericht an, dass die Kommission Vergünstigungen, die durch die FKVO gewährt werden (wie z.B. die automatische Freigabewirkung der Kommissionsentscheidung für Nebenabreden), den Beteiligten nicht vorenthalten dürfe. Auch wenn die Kommission sich auf verwaltungsrechtliche Schwierigkeiten berufe, stehe es ihr nicht

---

1773 Vgl. hierzu die Bekanntmachung der Kommission über ein vereinfachtes Verfahren für bestimmte Zusammenschlüsse gemäß der Verordnung (EWG) Nr. 4064/89 des Rates, ABl. C 217 vom 29.7.2000.
1774 Vgl. Dittert, Fusionskontrollverordnung, Art. 8, Rn. 67.
1775 EuG, 20.11.2002, Rs. T-215/00 »Lagardère/ Canal+ SA/Kommission« Slg. 2002, II-4825.
1776 EuG, 20.11.2002, »Lagardère/ Canal+ SA/Kommission« Rdnr. 87.
1777 EuG 20.11.2002 »Lagardère/ Canal+ SA/Kommission« Rdnr. 104.
1778 EuG, 20.11.2002, »Lagardère/ Canal+ SA/Kommission« Rdnr. 90.
1779 EuG, 20.11.2002, »Lagardère/ Canal+ SA/Kommission« Rdnr. 90 und 109.

zu, der FKVO einen Teil ihres Inhalts nehmen. Es sei die ausschließliche Aufgabe des Gemeinschaftsgesetzgebers, die FKVO gegebenenfalls auf Vorschlag der Kommission abzuändern.[1780]

b) Aktuelle Behandlung von Nebenabreden

Mit der Revision der FKVO ist der Wortlaut der Art. 6 und 8 FKVO entsprechend dem Vorschlag der Kommission[1781] abgeändert worden. Einschränkungen, die mit der Durchführung des Zusammenschlusses unmittelbar verbunden und für diese notwendig sind, **gelten** durch eine Entscheidung der Kommission zur Genehmigung eines Zusammenschlusses **als genehmigt** (»shall be deemed to cover« statt zuvor »shall also cover«).[1782] Damit stellt die FKVO im Hinblick auf Nebenabreden eine **Genehmigungsfiktion** auf. Insbesondere ist die VO 1/2003 i.V.m. Art. 81 EGV auf unmittelbar verbundene und notwendige wettbewerbsbeschränkende Vereinbarungen nicht mehr anwendbar, da Art. 21 Abs. 1 deren Anwendung ausschließt[1783]. 1690

Nach der Revision der FKVO prüft die Kommission grundsätzlich nicht mehr, ob Bestimmungen »Nebenabreden« im Sinne der FKVO darstellen. Diese Beurteilung müssen vielmehr die Zusammenschlussbeteiligten selbst vornehmen und tragen insoweit ein **Einschätzungsrisiko**. Interpretationshilfe bietet hierfür die Notice on Restrictions. Nur in Ausnahmefällen, d.h. für **neue und noch ungeklärte Fragen** steht die Kommission in Zukunft auf Antrag der Zusammenschlussbeteiligten noch zur Beurteilung von Nebenabreden zur Verfügung[1784]. Damit passt sich die neue Behandlung von Nebenabreden den Grundsätzen der VO 1/2003 für die Beurteilung wettbewerbsbeschränkender Vereinbarungen nach Art. 81 EGV an. 1691

Neue und ungeklärte Fragen, die eine Ungewissheit hinsichtlich ihrer Qualifizierung als Nebenabrede in sich tragen sind solche, die nicht bereits in der Notice on Restrictions oder in veröffentlichten Entscheidungen der Kommission behandelt wurden[1785]. Dabei gelten Entscheidungen der Kommission, die im Amtsblatt der Kommission veröffentlicht oder die in die Website der Kommission eingestellt wurden als bereits veröffentlicht. 1692

c) Praktische Auswirkungen der aktuellen Behandlung

Nach der Notice on Restrictions wird den am Zusammenschluss beteiligten Unternehmen, die einen Zusammenschluss anmelden, grundsätzlich die Prüfung der Frage übertragen, ob es sich bei zusätzlichen Vereinbarungen um Nebenabreden i.S.d. FKVO handelt. Trifft dies zu, gelten die Vereinbarungen als mit der den Zusammenschluss freigebenden Entscheidung der Kommission als genehmigt. 1693

1780 EuG, 20. 11. 2002 »Lagardère/ Canal+ SA/Kommission« Rdnr. 108.
1781 Vorschlag für eine Verordnung des Rates über die Kontrolle von Unternehmenszusammenschlüssen, Kommission, ABl. C 20/4 vom 28. 1. 2003.
1782 So für die unterschiedlichen möglichen Entscheidungen der Kommission gleichlautend: Art. 6 Abs. 1 b), zweiter Unterabs., Art. 8 Abs. 1, zweiter Unterabs. und Art. 8 Abs. 2, dritter Unterabs.
1783 Ziff. 7 Notice on Restrictions.
1784 Dies sieht Erwägungsgrund 21 der FKVO ausdrücklich vor.
1785 Ziff. 5 Notice on Restrictions.

1694 Abgesehen von neuen und ungeklärten Fragen ist die Kommission nach ihrer Notice on Restrictions nicht bereit Vereinbarungen auf ihre Qualifizierung als Nebenabrede hin zu prüfen. Dementsprechend sieht das Formblatt CO keinen eigenen Abschnitt über Nebenabreden mehr vor. Sofern in Einzelfällen wegen neuer und ungeklärter Fragen Rechtsunsicherheiten auftreten, ist ein **ausdrücklicher Antrag** auf Überprüfung der entsprechenden Vereinbarung an die Kommission zu richten und die Parteien müssen begründen, warum es sich um eine neue und bisher ungeklärte Rechtsfrage handelt.

1695 Zu bedenken ist, dass die Qualifizierung wettbewerbsbeschränkender Vereinbarungen als Nebenabreden jeweils eine Einzelfallbetrachtung unter Berücksichtigung sämtlicher rechtlichen und faktischen Umstände erfordert. Dies kann – auch vor dem Hintergrund der bestehenden veröffentlichten Praxis der Kommission – im Einzelfall zu sehr komplexen Beurteilungsvorgängen führen. Es bleibt daher angesichts der **hohen Anforderungen**, die das Gericht erster Instanz in der oben zitierten Entscheidung »Lagardère SCA, Canal+ SA« im Hinblick auf die Pflicht der Kommission, Rechtssicherheit schaffende Entscheidungen zu fällen, gestellt hat, fraglich, ob die derzeitige Kommissionspraxis rechtmäßig ist. Die in der FKVO enthaltene **Genehmigungsfiktion** jedenfalls scheint nicht geeignet, den Zusammenschlussbeteiligten im konkreten Einzelfall Rechtssicherheit über die Qualifizierung komplexer Vereinbarungen als Nebenabrede zu gewähren. Damit scheinen die wesentlichen Argumente des Gerichts erster Instanz, die für eine Befassungs- und Entscheidungspflicht der Kommission sprachen, nach wie vor gültig. Die Zusammenschlussbeteiligten sollten daher in Zweifelsfällen einen ausdrücklichen Antrag auf Prüfung von Nebenabreden stellen, auch wenn zu den betreffenden Vereinbarungen bereits veröffentlichte Entscheidungen der Kommission vorliegen.

4. Inhaltliche Beurteilung von Nebenabreden

1696 Nebenabreden sind wegen ihres engen Zusammenhangs mit dem Zusammenschluss stets in Verbindung mit dem Zusammenschluss und seinen rechtlichen und wirtschaftlichen Zusammenhängen zu beurteilen, unabhängig davon, welche Bewertung die einschränkenden Vereinbarungen isoliert oder in einem anderen wirtschaftlichen Zusammenhang betrachtet, aufgrund Art. 81 und 82 EGV erfahren würden[1786].

1697 Die Notice on Restrictions enthält Ausführungen zur Behandlung von einschränkenden Bestimmungen in Sonderfällen wie zum Beispiel bei **mehrstufigen Erwerbsvorgängen**, im Zuge des **Erwerbs gemeinsamer Kontrolle** oder bei der **Aufteilung** vormals einheitlicher Unternehmen[1787]. Im Hinblick auf den **zeitlichen Zusammenhang** mit dem Zusammenschluss (zum Beispiel bei mehrstufigen Erwerbsvorgängen) gilt der Grundsatz, dass vor der Durchführung des Zusammenschlusses liegende (vorbereitende) Maßnahmen normalerweise nicht als Nebenabreden angesehen werden[1788]. So behandelt die Kommission Vereinbarungen, die

---

1786 Bekanntmachung der Kommission vom 21. 12. 1989 über Nebenabreden zu Zusammenschlüssen nach der Verordnung (EWG), ABl. Nr. L 395/1 vom 30. 12. 1989, Rdnr. 2 (außer Kraft).
1787 Siehe dazu Ziff. 14 ff. Notice on Restrictions.
1788 Ziff. 14 Notice on Restrictions.

gewährleisten sollen, dass der Veräußerer zwischen Unterzeichnung eines Unternehmenskaufvertrages und dessen Vollzug die Zielgesellschaft nach den bisherigen Grundsätzen weiterführen soll und keine gravierenden Veränderungen vornehmen darf, nicht als Nebenabreden[1789].

Als weiteren Grundsatz formuliert die Notice on Restrictions, dass einschränkende **Vereinbarungen zu Gunsten des Veräußerers** selten geeignet sind, als Nebenabreden angesehen zu werden[1790]. Als Beispiel kann die Vereinbarung zwischen Verkäufer und Käufer in einem Unternehmenskaufvertrag angesehen werden, dass der Käufer Anteile an dem übertragenen Unternehmen für eine bestimmte Zeitdauer nicht an Wettbewerber des Veräußerers weiterveräußern darf. Solche Vereinbarungen stellen, da sie den Veräußerer begünstigen, regelmäßig keine Nebenabreden i. S. d. FKVO dar[1791] und fallen somit nicht unter die Genehmigungsfiktion. Im Folgenden werden einige Grundzüge zu häufig vereinbarten Nebenabreden beschrieben: 1698

a) Wettbewerbsverbote

(1) Wettbewerbsverbote bei Unternehmensveräußerungen

Mangels Schutzbedürfnis werden Wettbewerbsverbote **zugunsten des Veräußerers** eines Unternehmens(teils) nur in ganz seltenen Fällen von der Kommission als Nebenabreden angesehen (siehe oben). Wettbewerbsverbote, die **zugunsten des Erwerbes** dem Veräußerer auferlegt werden, sind dagegen mit einem Zusammenschluss unmittelbar verbunden und notwendig, wenn nur sie die Garantie dafür bieten, dem Erwerber den vollständigen Wert der übertragenen Vermögenswerte zu erhalten[1792]. 1699

- Beschränkt sich die Übertragung eines Unternehmens(teils) auf rein materielle Vermögenswerte wie Grundstücke, Gebäude oder Maschinen oder auf ausschließliche gewerbliche Rechte, ist der Erwerber nicht schutzbedürftig und etwaige Wettbewerbsverbote werden nicht als erforderlich angesehen, um den Zusammenschluss durchführen zu können. 1700
- Sofern neben den materiellen aber auch immaterielle Werte, wie der vom Veräußerer angehäufte Geschäftswert oder sein Know-how, übertragen werden, können Wettbewerbsverbote notwendig sein, um den Zusammenschluss vollziehen zu können. Dem Erwerber muss die Möglichkeit eingeräumt werden, die Kunden des Veräußerers für sich zu gewinnen und das erworbene Know-how zu nutzen und sich anzueignen. Durch Wettbewerbsverbote soll ihm ein gewisser Schutz vor Wettbewerbshandlungen des Veräußerers gewährt werden. 1701

Wettbewerbsverbote sind aber nur dann durch ihr rechtmäßiges Ziel, den Zusammenschluss durchzuführen, gerechtfertigt, wenn bei der Abwägung zwischen den schützenswerten Interessen des Begünstigten (hier: des Käufers) und den einschränkenden Wirkungen der Nebenabreden für den Verpflichteten und die Wett- 1702

1789 Kommission, 11. 08. 1998 COMP/JV.6 »Ericson/Nokia/Psion« Rdnr. 42).
1790 Ziff. 17 Notice on Restrictions (zu den Ausnahmen siehe unten).
1791 So bereits Kommission, 27. 7. 1998 COMP/M.1226 »GEC/GPTH« Rdnr. 23 f.). Der Veräußerer hatte u. a. geltend gemacht, er habe ein Interesse daran, dass Wettbewerber keinen Zugriff auf seine aktuelle Technologie erhielten.
1792 Ziff. 18 Notice on Restrictions.

bewerbsstrukturen insgesamt der **Grundsatz der Verhältnismäßigkeit** gewahrt wird. Als verhältnismäßig in diesem Sinne sieht die Kommission Wettbewerbsverbote an, die die folgenden Voraussetzungen erfüllen:

1703 • Wettbewerbsverbote sind bei der Übertragung des Geschäftswerts (good will) auf eine **Übergangszeit** von in der Regel bis zu **zwei Jahren** zu beschränken.[1793] Sofern neben dem Geschäftswert auch das Know-how übertragen wird, sind Wettbewerbsverbote bis zu **drei Jahren** gerechtfertigt.[1794]

1704 • Längerfristige Verbote können ausnahmsweise gerechtfertigt sein, wenn die Parteien deren Notwendigkeit nachweisen. Im Fall Volvo/Renault VI[1795] hat die Kommission ein Wettbewerbsverbot von fünf Jahren mit der Begründung zugelassen, dass beim Verkauf von schweren LKWs die lange Lebensdauer des Produkts sowie die Treue der Kunden zu berücksichtigen sind.

1705 • Der **räumliche Geltungsbereich** des Wettbewerbsverbots ist auf das Gebiet zu beschränken, in dem der Veräußerer die betreffenden Waren oder Dienstleistungen bereits vor der Unternehmensübertragung absetzte bzw. erbrachte.[1796] In der Tat hat ein Erwerber in den Gebieten, in denen der Veräußerer bisher nicht aktiv geworden ist, keine schützenswerten Interessen. Hatte der Veräußerer aber bereits Investitionen in den geplanten Markteintritt in zusätzlichen Gebieten getätigt, so kann eine Ausdehnung der Wettbewerbsverbote auf diese Gebiete erfolgen.

1706 • Der **sachliche Gegenstand** der Vereinbarungen darf nur solche Waren und Dienstleistungen betreffen, die den Geschäftsgegenstand des übertragenen Unternehmens bilden oder (fast) fertige Entwicklungen[1797], die noch nicht auf den Markt gebracht worden sind.

1707 • Nur die am Zusammenschluss **beteiligten Unternehmen** dürfen von der Wettbewerbsbeschränkung betroffen sein, also der Veräußerer, seine Tochtergesellschaften und Handelsvertreter, nicht aber Dritte.

(2) Wettbewerbsverbote bei Gemeinschaftsunternehmen

1708 Bei der Gründung eines **Gemeinschaftsunternehmens** (GU) wird häufig ein **unbefristetes Wettbewerbsverbot für die Mutterunternehmen** hinsichtlich des sachlichen und/ oder räumlichen Tätigkeitsbereichs des GU vereinbart. Dies wird von der Kommission als Nebenabrede, angesehen.[1798]

1793 Kommission, 12. 4. 1999 IV/M.1482 »KingFisher/Großlabor« Rdnr. 26; 14. 12. 1997, IV/M.884 »KNP BT/Bunzl/Wilhelm Seiler« Rdnr. 17)

1794 Ziff. 20 Notice on Restrictions. Ferner: Kommission, 2. 4. 1998 IV/M.1127 »Nestlé/Dalgety« Rdnr. 33; 1. 9. 2000 COMP/M.2077 »Clayton Dubilier&Rice/Iteltel« Rdnr. 15; 2. 3. 2001 COMP/M.2305 »Vodafone Group plc/Eircell« Rdnr. 21 f.)

1795 Kommission, 1. 9. 2000 COMP/M.1980 »Volvo/Renault VI« Rdnr. 56.

1796 Ziff. 22 Notice on Restrictions. Kommission, 14. 12. 1997 VI/M.884 »KNP BT/Bunzl/ Wilhelm Seiler« Rdnr. 17; 6. 4. 2001 COMP/M:2355 »Dow/Enichem Polyurethane« Rdnr. 28.

1797 Ziff. 23 Notice on Restrictions. Kommission, 5. 2. 1996 IV/M.651 »AT&T/Philips«, Abschnitt VII.

1798 Ziff. 36 ff. Notice on Restrictions mit weiteren Einzelheiten. Früher ließ die Kommission solche Wettbewerbsverbote als Ausdruck des Rückzugs der Muttergesellschaften aus dem Markt des GU zu, vgl. Kommission, 17. 3. 1995 IV/M.563 »British Stell/UES« Rdnr. 24; 6. 4. 1995 IV/M564 «Havas Voyage/American Express» Rdnr. 22.

Wettbewerbsverbote, die zwischen dem GU und einem Muttergesellschaften-Unternehmen abgeschlossen werden, das lediglich eine nicht-kontrollierende Minderheitsbeteiligung an dem GU hält, sieht die Kommission nicht als mit der Durchführung des Zusammenschlusses unmittelbar verbunden und für diese notwendig an.[1799]   **1709**

(3) Wettbewerbsverboten gleichgestellte Nebenabreden

Einem Wettbewerbsverbot gleichgestellt werden Klauseln, die es dem Veräußerer verbieten, während der Übergangszeit bestimmte **Anteile an Konkurrenzunternehmen** zu erwerben oder zu halten. An der Notwendigkeit hierfür fehlt es allerdings, wenn der zukünftige Erwerb durch den Veräußerer allein zu Investitionszwecken erfolgt, ohne dass ihm Leitungsfunktion oder materieller Einfluss auf das Unternehmen eingeräumt wird[1800].   **1710**

Schließlich werden auch **Abwerbeverbote** und **Vertraulichkeitsklauseln** in der Regel wie Wettbewerbsverbote behandelt[1801]. Gegebenenfalls ist bei Vertraulichkeitsklauseln eine Geltungsdauer von mehr als drei Jahren erforderlich und zulässig, um wertvolle Geschäftsgeheimnisse zu schützen.   **1711**

b) Lizenzvereinbarungen

(1) Lizenzvereinbarungen bei Unternehmensveräußerungen

Auch **Lizenzvereinbarungen** können mit dem Zusammenschluss unmittelbar verbundene und notwendige Vereinbarungen und damit Nebenabreden sein[1802]. In folgenden Konstellationen sind Lizenzvereinbarungen als Nebenabreden denkbar: Der Veräußerer erteilt dem Erwerber eine Lizenz über Rechte am geistigen Eigentum oder Know-how, sofern der Erwerber diese zur Nutzung der übertragenen Geschäftstätigkeiten braucht und sie beim Erwerb nicht auf ihn übertragen worden sind. Der Erwerber wiederum erteilt Lizenzen an den Veräußerer, sofern er zusammen mit dem Geschäft die Rechte am geistigen Eigentum erworben hat und der Veräußerer dieser zur Nutzung für andere, nicht übertragene Geschäftstätigkeiten bedarf. Schließlich können sich Erwerber und Veräußerer auch wechselseitig Lizenzen erteilen (Überkreuz-Lizenzen).   **1712**

Die Lizenzen können einfach oder ausschließlich erteilt werden. Eine **Befristung** der Lizenzen ist im Hinblick auf die Verhältnismäßigkeit der Wettbewerbsbeschränkung nicht erforderlich. Die Lizenz kann grundsätzlich auf bestimmte Anwendungsbereiche **beschränkt** werden, wenn diese mit den Tätigkeiten des übertragenen Unternehmens übereinstimmen. Eine **räumliche Beschränkung** der Herstellung auf das Gebiet, in dem die übertragene Geschäftstätigkeit ausgeübt wird, ist jedoch regelmäßig nicht notwendig für die Durchführung des Zusammenschlusses.[1803]   **1713**

1799 Ziff. 40 Notice on Restrictions.
1800 Ziff. 25 Notice on Restrictions.
1801 Ziff. 26 und 41 Notice on Restrictions.
1802 Ziff. 27 ff. Notice on Restrictions.
1803 Ziff. 29 Notice on Restrictions.

1714 Laut der Notice on Restrictions kann es sich auch bei der Lizenzierung von Warenzeichen, Geschäftsbezeichnungen, Mustern, Urheberrechten und verwandten Rechten durch den Veräußerer um Nebenabreden handeln, auf die vorstehende Ausführungen anzuwenden sind[1804]. Ein Veräußerer vergibt eine solche Lizenz dann, wenn er die Warenzeichen usw. für nichtübertragene Geschäftsteile weiter nutzen will und der Erwerber dieser gleichzeitig zur Vermarktung von Waren bedarf, die in dem übertragenen Unternehmen(steil) produziert werden.

(2) Lizenzvereinbarungen bei Gemeinschaftsunternehmen

1715 Bei der Gründung von Gemeinschaftsunternehmen werden von den Muttergesellschaften häufig Lizenzen **an das Gemeinschaftsunternehmen** erteilt. Hierbei handelt es sich oft um Nebenabreden, und zwar unabhängig davon, ob die Lizenz befristet oder unbefristet erteilt wird, ausschließlich oder einfach ist, oder ob sie auf gewisse Bereiche begrenzt wird, die der Geschäftstätigkeit des Gemeinschaftsunternehmens entsprechen[1805].

1716 Eine **geographische Beschränkung** der Lizenz eines Gemeinschaftsunternehmens kann ausnahmsweise notwendig sein, um zu unterbinden, dass eine Muttergesellschaft der anderen Mutter, die die Lizenz erteilt hat, in deren Heimatmarkt unter missbräuchlicher Ausnutzung des Gemeinschaftsunternehmens unlauteren Wettbewerb macht.[1806]

1717 **Lizenzvereinbarungen zwischen den Muttergesellschaften** sind regelmäßig nicht mit der Gründung des Gemeinschaftsunternehmens unmittelbar verbunden und notwenig und daher separat nach Art. 81 EGV zu beurteilen. Denkbar ist jedoch, dass sämtliche Rechte und das Know-how auf das Gemeinschaftsunternehmen übertragen werden, dieses im Gegenzug jedoch dazu verpflichtet wird, einer Muttergesellschaft eine Lizenz zu gewähren. Schließlich sind auch Überkreuz-Lizenzen möglich[1807].

1718 Wird einem Gemeinschaftsunternehmen eine ausschließliche Lizenz erteilt, ist es möglich, die Muttergesellschaften zu verpflichten, dass sie selbst nach der Auflösung des Gemeinschaftsunternehmens das zugrundeliegende Recht nicht uneingeschränkt nutzen dürfen. Im Fall »**Gruner + Jahr/Financial Times/JV**«[1808] wurde dem Gemeinschaftsunternehmen eine ausschließliche Lizenz über die Nutzung der Geschäftsbezeichnung »FT« und »Financial Times« für den deutschsprachigen Markt und eine auf den deutschen Markt ausgerichtete Finanzzeitung erteilt. Trotz ihres Eigentums sollte die Muttergesellschaft FT laut Vereinbarung die eigene Nutzung, die Überlassung der Nutzung an Dritte oder die Lizenzgewährung für diesen Geschäftsbereich bis auf über fünf Jahre nach der Auflösung des Gemeinschaftsunternehmens untersagt sein.

1719 Die Kommission legte diese Vereinbarung als Rückzug der Muttergesellschaft aus dem deutsch(sprachig)en Markt des Gemeinschaftsunternehmens aus und sah die Vereinbarung damit als Nebenabrede an. Der zeitliche Ausschluss der Nutzung

---

1804 Ziff. 31 Notice on Restrictions.
1805 Ziff. 42 Notice on Restrictions.
1806 Dittert in: Schroeter, Art. 8 FKVO, Rdnr. 78.
1807 Ziff. 43 Notice on Restrictions.
1808 Kommission, 20. 4. 1999, »Gruner + Jahr/Financial Times/JV«, Case No IV/M.1455, unter V, Abschnitt c) bzw. Rdnr. 38.

nach dem Ende des Gemeinschaftsunternehmens über fünf Jahre hinaus sei aber weder mit der Gründung eng verbunden noch für diese notwendig. Daher sei eine solche Beschränkung höchstens bis zu einer Dauer von fünf Jahren nach Ende des Gemeinschaftsunternehmens gerechtfertigt.

c) Bezugs- und Lieferpflichten

Die Übertragung eines Unternehmens oder eines Unternehmensteils kann in vielen Fällen zu einer Unterbrechung der traditionellen Bezugs- und Lieferbeziehungen führen. Um die Auflösung der wirtschaftlichen Einheit »unter vernünftigen Bedingungen« zu ermöglichen, kann es daher erforderlich sein, bestimmte Liefer- und Bezugsverbindungen für eine **Übergangszeit** aufrechtzuerhalten. Dadurch wird die Versorgung bzw. der Absatz in der Übergangszeit sichergestellt, so dass der Veräußerer seine Tätigkeit fortführen bzw. der Erwerber seine neue Tätigkeit aufnehmen kann.[1809] Verhältnismäßig sind die Wettbewerbsbeschränkungen in der Regel nur, wenn sie zeitlich so befristet sind, dass die bisher bestehenden Abhängigkeitsverhältnisse durch Eingehen neuer Lieferbeziehungen mit Dritten beseitigt werden können. Diese Zeitspanne beträgt regelmäßig maximal fünf Jahre.[1810] In Einzelfällen hat die Kommission auch Zeiträume von vier, fünf und mehr Jahren zugelassen, wenn dem Fall besondere Sachumstände zugrunde lagen. Beispielsweise wurde im Fall »Dow Chemicals/Enichem Polyurethanes«[1811] eine Liefer- und Bezugsverpflichtung von weit mehr als drei Jahren zugelassen, da DOW auf die Lieferung einer giftigen und schwer zu transportierenden Chemikalie für seine Produktion auf Dauer angewiesen war. Enichem und der durch DOW von Enichem erworbene Unternehmsteil lagen nah beieinander und waren bereits mit einer Pipeline verbunden. Kein anderes Unternehmen in Italien außer Enichem wäre in der Lage gewesen, DOW an seinem Standort mit der benötigten Menge dieser Chemikalie zu versorgen.

Lieferverträge über **Gesamtbedarf, exklusive Lieferverträge** oder Verträge, die einen **Vorzugsstatus** für die Lieferung beinhalten sind nach Ansicht der Kommission in aller Regel nicht objektiv erforderlich, um einen Zusammenschluss durchzuführen[1812].

Sofern **Dienstleistungs- und Vertriebsverträge** in ihrer Wirkung Liefervereinbarungen gleichkommen, sind sie in Bezug auf Nebenabreden wie diese zu behandeln[1813].

Auch bei der **Gründung von Gemeinschaftsunternehmen** besteht die Möglichkeit, für eine Übergangszeit Liefer- und Bezugspflichten zu vereinbaren. Diese sind erforderlich, wenn das Gemeinschaftsunternehmen auf einem Markt tätig wird, der derjenigen der Muttergesellschaften vor- oder nachgelagert ist. Bei der Beurteilung sind hier die gleichen Grundsätze wie bei der Unternehmensveräußerung anzu-

---

1809 Ziff. 32 Notice on Restrictions. Solche Vereinbarungen können häufig auch zu Gunsten des Veräußerers gerechtfertigt sein.
1810 Ziff. 33 Notice on Restrictions. Siehe auch bereits: Kommission, 5. 2. 1996 IV/M.651 »AT&T/ Philips« unter VII.).
1811 Kommission, 6. 4. 2001 »Dow Chemicals/Enichem Polyurethanes«, Case No.COMP/M.2355
1812 Ziff. 34 Notice on Restrictions.
1813 Ziff. 35 Notice on Restrictions.

wenden, so dass solche Klauseln grundsätzlich nur in der Anfangsphase notwendig sein können.[1814]

1724 *unbesetzt*
–1726

VI. Verfahren

1. Vollzugsverbot

1727 Die europäische Fusionskontrolle ist **präventiv**. Für alle Zusammenschlüsse mit gemeinschaftsweiter Bedeutung sowie darüber hinaus für Zusammenschlüsse, die die Schwellenwerte zwar nicht erreichen, aber vor der Anmeldung bei nationalen Wettbewerbsbehörden an die Kommission verwiesen wurden (Art. 4 Abs. 5 FKVO), sieht Art. 7 Abs. 1 FKVO daher ein vorläufiges Vollzugsverbot vor. Danach darf ein Zusammenschluss **nicht vor der Anmeldung** vollzogen werden und nicht, bevor aufgrund einer **endgültigen Entscheidung der Kommission** gemäß Art. 6 Abs. 1 Buchst. b, Art. 8 Abs. 1 oder Abs. 2 FKVO oder aufgrund einer Vermutung gemäß Art. 10 Abs. 6 FKVO für vereinbar mit dem Gemeinsamen Markt erklärt ist. Das Vollzugsverbot soll für den Fall, dass ein Zusammenschluss untersagt wird, verhindern, dass vollendete Tatsachen geschaffen werden, die nach einer Untersagungsentscheidung schwer rückgängig zu machen sind. Die Entflechtung eines vollzogenen Zusammenschlusses zieht sich insbesondere bei Ausschöpfung des Rechtswegs oft so lange hin, dass die Auswirkungen eines Zusammenschlusses auf die Marktstruktur häufig irreversibel sind.

1728 Bei der Novellierung der FKVO im Jahr 1998 wurde Art. 7 FKVO in zwei Punkten geändert. Zum einen gilt das Vollzugsverbot nunmehr ebenso wie im deutschen Recht bis zum Erlass einer endgültigen Entscheidung, während es zuvor nur für den Zeitraum von drei Wochen nach Anmeldung eines Zusammenschlussvorhabens galt. Zum anderen sind **Freistellungen** vom Vollzugsverbot seitdem unter erweiterten Voraussetzungen möglich. Bei der Entscheidung über eine Freistellung soll die Kommission alle relevanten Faktoren, wie die **Art und die Schwere des Schadens für die beteiligten Unternehmen** oder **für Dritte** sowie die **Bedrohung des Wettbewerbs durch den Zusammenschluss**, berücksichtigen. Damit hat die Kommission nunmehr einen größeren Ermessensspielraum als vor der Novellierung der FKVO, als Freistellungen nur möglich waren, »um schweren Schaden von einem oder mehreren am Zusammenschluss beteiligten Unternehmen oder von Dritten abzuwenden«. Die Anzahl der Freistellungen vom Vollzugsverbot hat entsprechend seit 1998 zugenommen[1815].

1729 Mit der Revision der FKVO im Jahr 2004 wurde die **Ausnahme vom Vollzugsverbot**, die bislang nur für **öffentliche Übernahmeangebote** galt, auf **Börsengeschäfte mit Wertpapieren**, die nicht auf einem öffentlichen Übernahmeangebot beruhen,

---

1814 Ziff. 44 Notice on Restrictions. Vgl. auch I/M, EG-Wettbewerbsrecht, Art. 8 FKVO, Rdnr. 39 mit Verweisen auf Entscheidungen der Kommission.

1815 Vgl. www.europa.eu.int/comm/competition/mergers/cases/stats.html: Im Zeitraum von 1990 bis Januar 1998 ergingen insgesamt 21 Freistellungen vom Vollzugsverbot, während sich die Anzahl seitdem mehr als verdoppelt hat. Allein im Jahr 1998 wurden 13, im Jahr 2002 14 Freistellungen erteilt.

erstreckt. Für eine Gleichbehandlung sprach die Tatsache, dass weder öffentliche Übernahmeangebote noch anonyme Wertpapiergeschäfte über die Börse unter der aufschiebenden Bedingung der Genehmigung durch die zuständigen Wettbewerbsbehörden abgeschlossen werden können. Zwar unterliegen Börsengeschäfte mit Wertpapieren – anders als öffentliche Übernahmeangebote – keinem Zeitdruck, da sie nicht zu einem bestimmten Zeitpunkt vollzogen werden müssen. Eine Pflicht, die Genehmigungsentscheidung der Kommission vor dem Erwerb von Wertpapieren abzuwarten, wäre jedoch aufgrund der damit verbunden Publizität und der zu erwartenden Kursbewegungen für die Käufer nachteilig. Unternehmen, die derartige Rechtsgeschäfte tätigen, haben daher erfolgreich »aus praktischen Gründen«[1816] deren Vollzug unter den Voraussetzungen des Art. 7 Abs. 2 FKVO angeregt.

a) Vollzugshandlungen

Das Vollzugsverbot, das für die Dauer des gesamten wettbewerbsrechtlichen Prüfverfahrens und damit u. U. für einen Zeitraum von mehreren Monaten[1817] gilt, stellt die erwerbenden Unternehmen vor folgende Schwierigkeit. Häufig liegt der Stichtag, zu dem das Unternehmen wirtschaftlich auf den Erwerber übergeht, vor dem Zeitpunkt der Freigabeentscheidung der Kartellbehörden. Der **wirtschaftliche Stichtag** dient der Abgrenzung des wirtschaftlichen Ergebnisses und der Risikoverteilung zwischen Käufer und Verkäufer. Während typischerweise die vor dem Stichtag begründeten Risiken beim Verkäufer verbleiben und ihm auch das vor dem Stichtag erwirtschaftete Ergebnis zusteht, geht beides am Stichtag auf den Käufer über.

1730

Da die **Freigabe durch die zuständigen Wettbewerbsbehörden** eine **übliche**, zwischen Verkäufer und Käufer vereinbarte **aufschiebende Bedingung für das dingliche Übertragungsgeschäft** ist, führt der Verkäufer für die Zeit zwischen Stichtag und Übertragungsstichtag das Unternehmen für Rechnung des Käufers. Der Käufer hat in dieser Zeit ein verständliches Interesse daran, dass das Unternehmen bis zum dinglichen Eigentumsübergang nicht an Substanz verliert und in seinem Interesse geführt wird. Somit stellt sich die Frage, welche Einflussmöglichkeiten der Erwerber auf das Zielunternehmen vor dem Übertragungsstichtag hat, ohne dass deren Wahrnehmung von der Kommission als Vollzugshandlung gewertet wird.

1731

Die FKVO definiert nicht, was unter einer **Vollzugshandlung** zu verstehen ist. In der Literatur wird als eine Vollzugshandlung jedes Rechtsgeschäft und jede Handlung angesehen, die **den konkreten Zusammenschluss verwirklicht**[1818] bzw. den **Zusammenschluss vollendet**[1819]. Vollzugshandlung i. S. d. Art. 7 Abs. 1 FKVO ist jedenfalls beim Beteiligungserwerb der **Erwerb der Kontrolle** über das Zielunternehmen.

1732

Die Möglichkeit der **Ausübung der Stimmrechte** würde die Kontrolle über das Zielunternehmen ermöglichen und wird von der Kommission als ein Verstoß gegen das Vollzugsverbot angesehen. Selbst ein Anteilserwerb im Wege des öffent-

1733

1816 Grünbuch über die Revision der Verordnung (EWG) Nr. 4064/89 des Rates, vom 11. 12. 2001 KOM (2001) 745/6 endgültig, Rdnr. 188.
1817 Näheres zu den Verfahrensfristen unten unter Rdnr. 1819 ff.
1818 Hellmann, in: FK, Art. 7 FKVO Rdnr. 5.
1819 Zum deutschen Recht siehe Bechtold, § 41 Rdnr. 3.

lichen Übernahmeangebots oder eines Wertpapiergeschäftes über die Börse, wofür nach Art. 7 Abs. 2 eine Ausnahme vom Vollzugsverbot besteht[1820], ist daher nur möglich, wenn die mit den Anteilen verbundenen Stimmrechte nicht ausgeübt werden. Der Kontrollbegriff ist ferner erfüllt, wenn der Erwerber das **Recht** hat, das **Unternehmen zu leiten** und **die Geschäftspolitik zu bestimmen**[1821]. Entsprechend darf sich der Erwerber nicht in das Tagesgeschäft des Zielunternehmens einmischen oder Einfluss auf die Geschäftsleitung nehmen.

1734 Die Kommission bewertete in der Vergangenheit Maßnahmen von Unternehmen auch dann als Vollzugshandlungen, wenn diese den juristische Zusammenschlusstatbestand des Kontrollerwerbs noch nicht erfüllt hatten. Vielmehr sah die Kommission auch faktische Handlungen als Vollzugshandlung an, sofern sie der Zielsetzung des Vollzugsverbots zuwiderliefen und durch Änderungen der Marktstrukturen den angemeldeten Zusammenschluss faktisch vorwegnahmen.

1735 Die Kommission sah als Vollzugshandlungen die Einflussnahme des Erwerbers durch die **Vereinbarung eines Zustimmungsvorbehalts** für die Veräußerung von Unternehmensteilen, wesentlichen Gegenständen des Anlagevermögens und von Immobilien, für Maßnahmen des Personalabbaus, Änderung bestehender Anstellungsverträge, Einstellung von Mitarbeitern, Änderung der Leistungen an Mitarbeiter sowie an die Leitung von Konzernunternehmen an. In der Tat handelt es sich um Maßnahmen des Tagesgeschäfts, auch wenn sie oft nur einen begrenzten Einfluss auf das Wettbewerbsverhalten des Zielunternehmens nehmen. Bei der Entscheidung über Freistellungen derartiger Vollzugshandlungen vom Vollzugsverbot[1822] nimmt die Kommission eine Abwägung der Interessen im Einzelfall vor.

1736 Die vertragliche Vereinbarung eines Zustimmungserfordernisses des Erwerbers für den Abschluss von Rahmenverträgen mit Kunden und Lieferanten, für die Gewährung von Sondernachlässen auf Produkte an Kunden nach Freigabe des Zusammenschlusses, die von den bisher üblichen abweichen, hat die Kommission ebenfalls als Vollzugshandlungen gewertet. Die Ausgestaltung der Beziehungen zu den Kunden wird als Kernstück der Geschäftspolitik eines Unternehmens angesehen. Das Gleiche gilt für Verträge mit den Lieferanten. Hätte der Erwerber die Möglichkeit, die Aufnahme von Lieferbeziehungen mit dem Hersteller eines Vorproduktes zu verhindern, könnte der Erwerber einen weitreichenden Einfluss auf die Geschäftspolitik und damit das künftige Wettbewerbsverhalten des Zielunternehmens nehmen. Folglich ist die Einflussnahme auf Entscheidungen über das Produktionsvolumen, die Verkaufs- oder die Finanzplanung als Vollzugshandlung anzusehen. Bei der Gewährung von Freistellungen vom Vollzugsverbot ist die Kommission in der Vergangenheit entsprechend restriktiv vorgegangen.

1737 Die Kommission hat in den verbundenen Verfahren »Bertelsmann/Kirch/Premiere«[1823] und »Deutsche Telekom/Beta Research«[1824] die gemeinsame Vermarktung der für die Entschlüsselung digitalen Fernsehens erforderlichen d-box als Vollzugshandlung angesehen. Der Sender Premiere, bereits vor Juni 1997 von Bertelsmann

---

1820 S. dazu unten unter Rdnr. 1742 f.
1821 Siehe Mitteilung der Kommission über den Begriff des Zusammenschlusses der Verordnung (EWG) Nr. 4064/89 des Rates über die Kontrolle von Unternehmenszusammenschlüssen, ABl. C 66/5 vom 2. 3. 1998, Rdnr. 14 a. E.
1822 S. dazu unten unter Rdnr. 1744 ff.
1823 Kommission, 27. 5. 1998, M. 993 »Bertelsmann/Kirch/Premiere«.
1824 Kommission, 27. 5. 1998, M.1027 »Deutsche Telekom/BetaResearch«.

mitkontrolliert, hatte zur Entschlüsselung des von ihm verbreiteten digitalen Fernsehens die media-box auf Grundlage der SECA-Technologie eingesetzt, während Kirch für seinen digitalen Sender DF 1 die d-box-Technologie verwandte. Beide Technologien wurden bis zur Einigung von Kirch und Bertelsmann im Juni 1997 jeweils gesondert vertrieben. Die Einigung betraf die beabsichtigte paritätische Beteiligung von Bertelsmann und Kirch an Premiere, die Einbringung der Kirch-Sender DF 1 und DSF in Premiere sowie die Entwicklung von Premiere als digitale Pay-TV-Plattform in Deutschland auf der Grundlage der von Kirch entwickelten d-box. Noch vor Anmeldung der beiden Zusammenschlüsse begann eine gemeinsame Werbekampagne von Premiere und DF 1 für die d-box, der offenbar eine Einigung der Parteien zur Verwendung der d-box für ihre jeweiligen digitalen Sender zu Grunde lag. Wenn Bertelsmann und Kirch mit der gemeinsamen Vermarktung auch nicht die gemeinsame Kontrolle über Premiere erlangten, sah die Kommission sie doch als Vollzugshandlung an. Die d-box-Technologie hätte sich durch die gemeinsame Vermarktung unumkehrbar als einzige am Markt verbleibende Technologie durchgesetzt. Diese Marktsituation wäre auch im Falle einer Verbotsentscheidung der Kommission irrevisibel gewesen. Damit nahm nach Auffassung der Kommission die gemeinsame Vermarktung den von den Parteien angemeldeten Zusammenschluss vorweg, denn die Verwendung der d-box-Technologie war eines der Kernstücke der Einigung von Bertelsmann und Kirch[1825].

Die Vereinbarung eines **Zustimmungsvorbehalts bei wesentlichen Geschäftsentscheidungen** oder Entscheidungen, die unmittelbaren Einfluss auf den Wert des Zielunternehmens haben, dürfte demnach in der Regel auch Kontrolle gewähren und als Vollzugshandlung zu werten sein. Nicht selten ist in der Praxis auch die Vereinbarung eines Zustimmungsvorbehalts des Erwerbers für Maßnahmen, die außerhalb des gewöhnlichen Geschäftsbetriebs liegen oder eine bestimmte Investitionssumme übersteigen. Ob derartige Klauseln als Vollzugshandlungen zu werten sind, ist nicht eindeutig zu beantworten. Die Kommission war bisher in wenigen Fällen im Rahmen von Anträgen auf eine Freistellung vom Vollzugsverbot mit diesen Klauseln konfrontiert. Je nach Art der Maßnahme, für die ein Zustimmungsvorbehalt vereinbart wurde, hat sie die Freistellung erteilt oder diese verweigert und sie damit jedenfalls als Vollzugshandlung gewertet. In der Praxis hat die Kommission jedoch bisher Verträge in der Regel nur dann im Hinblick auf Verstöße gegen das Vollzugsverbot beurteilt, wenn ein Unternehmen einen Antrag auf Freistellung vom Vollzugsverbot gestellt hat. **1738**

Um sicherzustellen, dass der Veräußerer den Betrieb des Zielunternehmens bis zum Eigentumsübergang auf den Erwerber in dessen Interesse führt, kann jedoch problemlos vereinbart werden, dass **der Geschäftsbetrieb im bisherigen Rahmen weiterzuführen ist und wesentliche Änderungen der Geschäftspolitik nicht vorgenommen** werden dürfen. **1739**

Ist Gegenstand eines Zusammenschlusses die **Neugründung eines Gemeinschaftsunternehmens**, das operativ noch nicht tätig ist, wird z.T. die Ansicht vertreten, dass Umsetzungsmaßnahmen wie die Anwerbung von Personal bereits vor Abschluss der wettbewerbsrechtlichen Prüfung keine Vollzugshandlungen seien. Dem **1740**

1825 Nach Aufforderung durch die Kommission unterließ Premiere den Vertrieb der d-box. Premiere und Kirch stellten darüber hinaus in einer zweiten Werbekampagne klar, dass es noch keine Einigung auf einen einheitlichen Decoderstandard in Deutschland gebe.

C. Europäische Fusionskontrolle

liegt wohl die Annahme zu Grunde, dass die Geschäftspolitik eines Unternehmens, das noch keine Geschäftstätigkeit entfaltet, nicht zu beeinflussen sei. Ob die Kommission sich dieser Sichtweise anschließen würde, lässt sich nicht sagen. Jedenfalls hatte sie bislang einen solchen Fall noch nicht zu entscheiden.

1741 Der **Abschluss eines Kaufvertrages** stellt dann noch **keine Vollzugshandlung** dar, wenn es sich dabei nur um ein schuldrechtliches Verpflichtungsgeschäft handelt, das nach Art. 4 Abs. 1 FKVO zur Anmeldefähigkeit eines Zusammenschlussvorhabens führt. Das eigentliche dingliche Übertragungsgeschäft wird in der Regel sowohl unter der aufschiebenden Bedingung der Kaufpreiszahlung als auch unter der Bedingung der Genehmigung durch die zuständigen Wettbewerbsbehörden geschlossen. Im Falle einer Verbotsentscheidung ist die Bedingung nicht eingetreten, sodass die Anteile nicht übergegangen sind und beim Verkäufer verbleiben. Andernfalls würden die Unternehmensteile bzw. -anteile bei Zahlung des Kaufpreises auch dann auf den Käufer übergehen, wenn das Prüfverfahren durch die zuständige Wettbewerbsbehörde noch nicht abgeschlossen ist. Neben dem dadurch bewirkten Verstoß gegen das Vollzugsverbot hätte dies zur Konsequenz, dass das erwerbende Unternehmen im Falle einer Verbotsentscheidung einen neuen Käufer für die erworbenen Anteile suchen müsste. In Verträgen nach deutschem Recht ist die Vereinbarung einer aufschiebenden Bedingung für den Eigentumsübergang gängige Praxis.

b) Legalausnahmen vom Vollzugsverbot nach Art. 7 Abs. 2

1742 Die FKVO enthält Legalausnahmen zum grundsätzlich geltenden Vollzugsverbot des Art. 7 Abs. 1. So können **öffentliche Übernahmeangebote** und **Erwerbsvorgänge, die über die Börse unter Beteiligung einer Vielzahl von Veräußerern erfolgen**, nach Art. 7 Abs. 2 FKVO verwirklicht werden, wenn sie gemäß Art. 4 unverzüglich bei der Kommission angemeldet werden und der Erwerber die mit den Anteilen verbundenen Stimmrechte nicht ausübt. Möchte der Erwerber die mit den Anteilen verbundenen Stimmrechte ausüben, und sei es nur zur Erhaltung des vollen Wertes seiner Investition, ist dafür eine individuelle Freistellung nach Art. 7 Abs. 3 FKVO erforderlich[1826]. Die Möglichkeit, Anteile an dem Zielunternehmen zu übernehmen, ohne die Stimmrechte während der Prüfung durch die Kommission auszuüben, ist ausdrücklich auf den Erwerb im Wege eines öffentlichen Übernahmeangebotes[1827] und den Erwerb über die Börse unter Beteiligung einer Vielzahl von Veräußerern beschränkt. Beim Anteilserwerb auf anderem Wege läge in dem Erwerb der Anteile eine Vollzugshandlung, auch wenn die mit den Anteilen verbundenen Stimmrechte nicht ausgeübt werden. In diesem Fall besteht nur die Möglichkeit, eine Befreiung nach Art. 7 Abs. 3 FKVO zu beantragen[1828].

1826 S. zu den Voraussetzungen nachfolgend unter Rdnr. 1744 ff.
1827 Aus diesem Grund haben Schneider in Kommission, 10. 10. 2001, M.2283 »Schneider/Legrand« und Tetra Laval in Kommission, 30. 10. 2001, M.2416 »Tetra Laval/Sidel« (s. zu beiden unten unter Rdnr. 1764 die Anteile vor der jeweiligen Entscheidung der Kommission erworben. Da es sich in beiden Fällen um ein öffentliches Übernahmeangebot handelte und die übernehmenden Unternehmen i. S. d. Art. 7 Abs. 3 FKVO auf die Ausübung der mit den Anteilen verbundenen Stimmrechte verzichteten, verstießen sie nicht gegen das Vollzugsverbot des Art. 7 Abs. 1 FKVO.
1828 Nach deutschem Recht verwirklicht der Erwerb der Kapitalanteile immer den Zusammenschlusstatbestand des § 37 Abs. 1 Nr. 3 GWB. Dementsprechend ist der Anteilser-

Öffentliche Übernahmeangebote sind von dem generellen Vollzugsverbot ausgenommen, da die rechtlichen Bestimmungen der Mitgliedstaaten die Bieter häufig verpflichten, das Rechtsgeschäft zu einem bestimmten Zeitpunkt zu vollziehen. Im Zuge der Revision der FKVO wurden die gesetzlichen Ausnahmen vom Vollzugsverbot auch auf bestimmte Rechtsgeschäfte mit Wertpapieren erstreckt[1829]. Obwohl Rechtsgeschäfte mit Wertpapieren keinen verbindlichen Vorschriften unterliegen, die den Bieter beispielsweise verpflichten können, das Rechtsgeschäft zu einem bestimmten Zeitpunkt zu vollziehen, regten Unternehmen, die derartige Rechtsgeschäfte tätigen, »aus praktischen Gründen«[1830] die Möglichkeit des Vollzugs unter den Voraussetzungen des Art. 7 Abs. 2 FKVO an. 1743

c) Freistellung vom Vollzugsverbot im Einzelfall

Die Kommission kann auf Antrag Freistellungen[1831] erteilen. Sie hat seit Erlass der FKVO bis Ende 2003 insgesamt 74 Freistellungen vom Vollzugsverbot erteilt. 1744

Die Kriterien, die die Kommission bei der Entscheidung über einen Antrag nach Art. 7 Abs. 3 FKVO berücksichtigt, sind die **möglichen Auswirkungen des Aufschubs des Vollzugs auf ein oder mehrere an dem Zusammenschluss beteiligte Unternehmen oder auf Dritte** sowie die **mögliche Gefährdung des Wettbewerbs durch den Zusammenschluss**. 1745

Die Praxis der Kommission zur Erteilung von Freistellungen nach Art. 7 Abs. 3 FKVO ist **restriktiv**. Freistellungen haben **Ausnahmecharakter**. Sie können mit Bedingungen und Auflagen verbunden werden. 1746

In den nachfolgenden Fällen hat die Kommission bisher eine Freistellung vom Vollzugsverbot erteilt[1832]. 1747

Bereits vor der Novellierung der FKVO im Jahr 1998[1833] war eine Aufhebung des Vollzugsverbots möglich, um **schweren Schaden** von einem oder mehreren an dem Zusammenschluss beteiligten Unternehmen oder von Dritten abzuwenden. Die Voraussetzungen für eine Freistellung waren damit restriktiver als heute. Sie wurde jedenfalls dann gewährt, wenn sich das zu erwerbende Unternehmen in **ernsthaften finanziellen Schwierigkeiten** befand, die ein schnelles Eingreifen erforderlich machten[1834]. Eine Zuführung neuen Kapitals sieht das erwerbende Unternehmen in solchen Fällen in der Regel aber nur dann als sinnvoll an, wenn es gleichzeitig Ein- 1748

---

werb auch ohne Ausübung der Stimmrechte nach deutschem Recht immer ein Verstoß gegen das Vollzugsverbot, unabhängig davon, ob der Erwerb durch ein öffentliches Übernahmeangebot oder auf andere Weise geschieht.
1829 S. dazu oben unter Rdnr. 1729.
1830 Grünbuch über die Revision der Verordnung (EWG) Nr. 4064/89 des Rates vom 11.12.2001 KOM (2001) 745/6 endgültig, Rdnr. 188.
1831 Der Wortlaut des Art. 7 ist bei der Revision der FKVO sprachlich angepasst worden. Der deutsche Ausdruck »Antrag auf Befreiung« wurde durch den zutreffenderen Ausdruck »Antrag auf Freistellung« ersetzt. Im englischen Text wurde der Ausdruck »may grant a derogation« bei der Revision der FKVO nicht verändert.
1832 Weitere Beispiele bei Löffler, in: L/B, 9. Aufl. Art. 7 VO Nr. 4064/89 Rdnr. 7.
1833 Verordnung (EG) Nr. 1310/97 des Rates vom 30.6.1997 zur Änderung der Verordnung (EWG) Nr. 4064/89 des Rates über die Kontrolle von Unternehmenszusammenschlüssen, ABl. L 180/01 vom 9.7.1997; Berichtigung im ABl. L 40/17 vom 13.2.1998.
1834 Kommission, 27.6.1994, M.402 »Powergen/NRG Energy Morrison Knudsen/Mibrag«; 19.3.1996, M.722 »Teneo/Merrill Lynch/Bankers Trust«.

fluss auf den Einsatz dieser Mittel und damit die Geschäftspolitik des Zielunternehmens ausüben kann. Als drohender Schaden, der eine Freistellung rechtfertigte, wurde ebenfalls anerkannt, dass die Kunden oder Lieferanten eines Zielunternehmens wegen dessen ungewisser Zukunft von Vertragsabschlüssen absehen oder nur – ansonsten unübliche – kurzfristige Verträge eingehen[1835]. Auch die bereits erfolgte **Kündigung seitens des Leitungspersonals** wegen der ungewissen Zukunft des Unternehmens führte zur Aufhebung des Vollzugsverbots.

1749 Seit der Novellierung können Freistellungen unter erweiterten Voraussetzungen erteilt werden. Die Kommission berücksichtigt bei ihrer Entscheidung die Art und die Schwere des Schadens für die beteiligten Unternehmen oder für Dritte und die Bedrohung des Wettbewerbs durch den Zusammenschluss. Ernsthafte finanzielle Schwierigkeiten des Zielunternehmens können auch nach der Novellierung in der Regel erfolgreich für eine Freistellung geltend gemacht werden. Ein weiterer Grund für die Freistellung vom Vollzugsverbot kann die Gefahr der Diskriminierung größerer Unternehmen, die die Schwellenwerte der FKVO erfüllen und damit das Vollzugsverbot beim Kauf eines Unternehmens zu beachten haben, gegenüber kleineren Unternehmen sein, für die das mangels Anwendbarkeit der FKVO nicht gilt. Größere Unternehmen sind z. B. benachteiligt, wenn die **Ausschreibungsbedingungen für die Veräußerungen von Unternehmen** so gefasst sind, dass nur unbedingte und kurzfristige Kaufangebote akzeptiert werden[1836]. Sofern nur das erwerbende Unternehmen ein Vollzugsverbot beachten müsste, da sein Gebot in den Anwendungsbereich der FKVO fallen würde, die Konkurrenzangebote der kleineren Interessenten aber kurzfristig vollzogen werden könnten, bestünde die Gefahr einer Diskriminierung des erwerbenden Unternehmens. In dem Verfahren »EdF/London Electricity«[1837] wurde eine Freistellung vom Vollzugsverbot, allerdings unter der Bedingung erteilt, dass EdF die Stimmrechte nur zum Erhalt des vollen Wertes der Beteiligung ausübt.

1750 Die Kommission hat sich bislang ebenfalls großzügig bei der Erteilung von Freistellungen vom Vollzugsverbot für Unternehmen auf **Wachstumsmärkten** gezeigt. Auf jungen Märkten, die noch keine festen Strukturen haben, zählt die Schnelligkeit des Marktauftritts. Eine Verzögerung wegen der Beachtung des Vollzugsverbots kann auch hier für Unternehmen, die unter die FKVO fallen, eine **Benachteiligung gegenüber kleineren Unternehmen** bedeuten, die das Vollzugsverbot nicht zu beachten haben. In dem Verfahren »BBL/BT/ISP Belgium«[1838] war der Erfolg des neugegründeten Gemeinschaftsunternehmens ISP, eines Internet service providers, von einer Freistellung vom Vollzugsverbot abhängig. Der Markt für Internetdienstleistungen in Belgien befand sich zum Zeitpunkt der Entscheidung über die Freistellung erst in der Entwicklungsphase und war durch explosives Wachstum innerhalb kurzer Zeit gekennzeichnet. Eine Verzögerung in der Aufnahme der Geschäftstätigkeit hätte für ISP gegenüber einer Vielzahl kleinerer Anbieter, aber auch gegenüber der am Markt führenden Skynet, einer Tochtergesellschaft der Belga-

---

1835 Kommission, 14. 10. 1994, M.497 »Matra-Marconi Space/Ferranti Satcomms«; 12. 12. 1995, M.623 »Kimberly-Clark/Scott Paper«.
1836 Kommission, 27. 1. 1999, M.1346 »EdF/London Electricity«; 19. 2. 1999, M.1419 »Cofinoga/BNP«.
1837 Kommission, 27. 1. 1999, M.1346 »EdF/London Electricity«.
1838 Kommission, 17. 11. 1999, M.1667 »BBL/BT/ISP-Belgium«; Darstellung in Competition Policy Newsletter No. 1 February 2000, 27.

com, nach Einlassung der Parteien deutliche Nachteile für die Vertriebsorganisation und auch für die Kundenakquisition gebracht. Ähnlich war die Situation in dem Verfahren »BT/Vodafone Airtouch/Japan Telecom«[1839]. Die am Zusammenschluss beteiligten Unternehmen haben bedeutende Summen in die Mobilfunklizenz 3 G investiert, die sie für den japanischen Mobilfunkmarkt besaßen. Ohne eine Freistellung vom Vollzugsverbot befürchteten die Parteien den Verlust von Kunden an einen der weiteren Anbieter, der ebenfalls über eine 3 G Lizenz verfügte. Ein weiterer Effekt der in den genannten Fällen erteilten Freistellungen war die **positive Auswirkung auf die Wettbewerbsbedingungen**, indem durch den raschen Marktzutritt **Wachstumsmärkte vor Abschottung** geschützt wurden.

1751 Positiv für die Wettbewerbsbedingungen auf den betroffenen Märkten wirkte sich auch die Freistellung vom Vollzugsverbot bei der Aufteilung eines Gemeinschaftsunternehmens von BP Amoco und Exxon Mobil[1840] aus, bei der die beiden bisherigen Gesellschafter jeweils Teile ihres bisherigen Gemeinschaftsunternehmens BP Mobil übernahmen. Beide Unternehmen beantragten erfolgreich eine Freistellung vom Vollzugsverbot. Die Auflösung des Gemeinschaftsunternehmens war eine Bedingung für die Freigabeentscheidung in dem Verfahren »Exxon/Mobil«[1841]. Die Kommission war der Auffassung, dass die schnelle Auflösung des Gemeinschaftsunternehmens das beste und effektivste Mittel sei, um BP Amoco schnell als wirksamen Wettbewerber von ExxonMobil zu etablieren[1842].

1752 Die Kommission beschließt über den Antrag auf Freistellung vom Vollzugsverbot auch unter **Berücksichtigung der möglichen Gefährdung des Wettbewerbs** durch den Zusammenschluss. Entsprechend ist eine positive Freistellungsentscheidung nach Art. 7 Abs. 3 FKVO dann nicht zu erwarten, wenn **ernsthafte Bedenken hinsichtlich der Vereinbarkeit eines Zusammenschlusses mit dem Gemeinsamen Markt** bestehen[1843]. Entsprechend wenig Aussicht auf Erfolg hat ein Antrag auf Freistellung vom Vollzugsverbot, der in der Phase II eines Prüfverfahrens gestellt wird.

d) Verfahren

1753 Ein Antrag auf Freistellung vom Vollzugsverbot kann gemäß Art. 7 Abs. 3 Satz 5 FKVO jederzeit, auch **vor der Anmeldung** oder nach Abschluss des schuldrechtlichen Rechtsgeschäfts, beantragt und erteilt werden. Frühzeitige Kontakte mit dem zuständigen Direktorat geben Aufschluss über die Erfolgsaussichten eines Antrags auf Freistellung vom Vollzugsverbot.

1754 Anträge auf Freistellung vom Vollzugsverbot gemäß Art. 7 Abs. 3 FKVO müssen **schriftlich begründet** werden. Die Kommission beschließt über den Antrag unter besonderer Berücksichtigung der möglichen Auswirkungen des Aufschubs des Vollzugs auf ein oder mehrere an dem Zusammenschluss beteiligte Unternehmen oder auf Dritte sowie der möglichen Gefährdung des Wettbewerbs durch den Zusam-

---

1839 Kommission, 1. 9. 2000, M.1951 »BT/Japan Telecom/Vodafone Airtouch-JV«.
1840 Kommission, 2. 2. 2000, M.1820 »BP/JV Dissolution« und Kommission, 2. 2. 2000, M.1822 »Mobil/JV Dissolution«.
1841 Kommission, 29. 9. 1999, M.1383 »Exxon/Mobil«.
1842 Competition Policy Newsletter No. 1 February 2000, 27.
1843 Kommission, 13. 7. 1999, M.1517 »Rhodia/Donau Chemie/Albright & Wilson«; vgl. Darstellung in Competition Policy Newsletter No. 3 October 1999, 44.

menschluss. Die **Begründung** des Antrags sollte dementsprechend **Ausführungen zu den nachteiligen Auswirkungen des Vollzugsverbots auf einen oder mehrere Zusammenschlussbeteiligte** sowie zu der **Marktstellung der Unternehmen** enthalten. Die Freistellung vom vorläufigen Vollzugsverbot gilt, bis die Kommission eine endgültige Entscheidung getroffen hat oder bis der Zusammenschluss aufgrund des Art. 10 Abs. 6 FKVO für mit dem Gemeinsamen Markt vereinbar erklärt worden ist.

1755 Erteilt die Kommission eine **Freistellung** vom Vollzugsverbot **in dem beantragten Umfang**, erlässt sie eine auf Art. 7 Abs. 3 FKVO gestützte Entscheidung, ohne die Parteien zuvor gemäß Art. 18 FKVO angehört zu haben. Das entspricht der Vorgehensweise bei anderen Entscheidungen nach der FKVO – wie der Freigabe nach Art. 8 Abs. 1 FKVO –, bei denen die Parteien durch die Entscheidung der Kommission nicht belastet werden und somit nicht vorher angehört werden müssen.

1756 Wird der auf Art. 7 Abs. 3 gestützte Antrag **abgelehnt** oder wird die **Freistellung mit Bedingungen oder Auflagen** verbunden, haben die beteiligten Unternehmen ein Recht, angehört zu werden, da ihrem Antrag nicht in vollem Umfang stattgegeben wurde.

1757 Die Kommission hat hierbei **Ermessen**, ob sie das gesamte Beschwerdeverfahren durchlaufen will und die beteiligten Unternehmen gemäß Art. 18 Abs. 1 i.V.m. Abs. 3 und 4 FKVO vor Erlass ihrer Entscheidung anhört oder aber gemäß Art. 18 Abs. 2 FKVO eine vorläufige Entscheidung ohne Anhörung der beteiligten Unternehmen erlässt, sofern sie diese unverzüglich nach der Entscheidung nachholt.

1758 In der Praxis erlässt die Kommission Entscheidungen nach Art. 7 Abs. 3 FKVO vorläufig, sofern diese keine vollständige Freistellung vom Vollzugsverbot aussprechen. Art. 12 DVO regelt die Einzelheiten des Verfahrens. Danach erhalten die Anmelder und andere Beteiligte vor Erlass der vorläufigen Entscheidung über die Freistellung vom Vollzugsverbot keine Gelegenheit zur Äußerung. Die Kommission übermittelt ihnen jedoch unverzüglich den vollen Wortlaut der vorläufigen Entscheidung und setzt eine Frist zur Stellungnahme. Im Anschluss an die Äußerung der Anmelder und der anderen Beteiligten erlässt die Kommission eine endgültige Entscheidung, mit der sie die vorläufige Entscheidung aufhebt, ändert oder bestätigt. Haben die Beteiligten sich innerhalb der ihnen gesetzten Frist nicht geäußert, so wird die vorläufige Entscheidung der Kommission mit dem Ablauf dieser Frist zu einer endgültigen.

1759 Die Kommission bevorzugt den Erlass vorläufiger Entscheidungen ohne Anhörung der Antragsteller in deren Interesse (Vorgehen nach Art. 18 Abs. 2 FKVO). Ein Durchlaufen des vollen Verfahrens (Art. 18 Abs. 1, 3 und 4 FKVO) würde die Mitteilung der Einwände durch die Kommission, die Gewährung von Akteneinsicht sowie die Einberufung eines Beratenden Ausschusses beinhalten. Da es bei Freistellungen vom Vollzugsverbot insbesondere auf Schnelligkeit ankommt, liefe die Durchführung des Beschwerdeverfahrens dem Zweck des Freistellungsverfahrens zuwider. Der durch die Beachtung des Vollzugsverbots drohende Schaden würde u.U. vor der Entscheidung über den Antrag auf Freistellung eintreten. Ein solches zeitaufwändiges Verfahren wäre für die beteiligten Unternehmen letztlich gleichbedeutend mit einer Ablehnung des Antrags. Die genannten Verfahrensschritte sind von großer Bedeutung für die übrigen, in Art. 18 Abs. 1 FKVO aufgeführten Entscheidungen, wie die Verhängung von Geldbußen und die Festsetzung von Zwangsgeldern sowie die Untersagung eines Zusammenschlusses. Bei Entscheidungen nach Art. 7 Abs. 3 FKVO geht es hingegen mit dem Vollzugsverbot um ein gesetzliches Verbot, für das ausnahmsweise eine Freistellung erteilt werden kann. Wird diese verweigert, wird lediglich der status quo ante bestätigt.

Entscheidungen der Kommission nach Art. 7 Abs. 3 FKVO werden **nicht veröffentlicht**. Sie sind weder bei den zu veröffentlichenden Entscheidungen des Art. 20 FKVO aufgeführt noch sind sie, wie die Verweisungsentscheidungen, ohne eine entsprechende Grundlage in der FKVO auf der website der Kommission abrufbar. Eine Veröffentlichung auch der Freistellungsentscheidungen wäre zu begrüßen, da das Entscheidungsverfahren und die der Entscheidung zugrundegelegten Kriterien für die Öffentlichkeit auf diese Weise transparenter würden. Zwar sind die Entscheidungen für die interessierte Öffentlichkeit auch derzeit bereits auf der Grundlage der Verordnung über den Zugang der Öffentlichkeit zu Dokumenten des Europäischen Parlaments des Rates und der Kommission zugänglich[1844]. Dafür ist jedoch ein Antragsverfahren zu durchlaufen, das nicht nur für den Antragsteller, sondern auch für die Kommission zeit- und arbeitsaufwändig ist.

1760

e) Rechtsfolgen bei Verstoß gegen das Vollzugsverbot

Bei schuldhaften Verstößen gegen das Vollzugsverbot kann die Kommission gemäß Art. 14 Abs. 2 Buchst. b) FKVO Bußgelder in Höhe von bis zu 10 % des von dem beteiligten Unternehmen erzielten Gesamtumsatzes festsetzen.

1761

Art. 7 Abs. 4 Unterabs. 1 FKVO regelt die **zivilrechtlichen** Folgen eines Verstoßes gegen das Vollzugsverbot. Danach hängt die Wirksamkeit eines unter Missachtung des Vollzugsverbots abgeschlossenen Rechtsgeschäfts vom Ausgang des Fusionskontrollverfahrens ab. Bis zur endgültigen Entscheidung oder dem Eintritt der Genehmigungsvermutung des Art. 10 Abs. 6 FKVO sind die Rechtsgeschäfte nach h. M. schwebend unwirksam. Im Falle einer Freigabeentscheidung wird das den Vollzug bewirkende Rechtsgeschäft rückwirkend wirksam. Im Falle der Untersagung sind Rechtsgeschäfte, die unter Missachtung des Vollzugsverbots vorgenommen wurden, als von Anfang an unwirksam anzusehen[1845].

1762

Eine Legalausnahme von den vorstehend genannten zivilrechtlichen Folgen enthält Art. 7 Abs. 4 Unterabs. 2 FKVO. Danach ist die Wirksamkeit von Rechtsgeschäften über Wertpapiere, einschließlich solcher, die in andere Wertpapiere konvertierbar sind, unberührt, wenn diese Wertpapiere zum Handel an einer Börse oder auf einem ähnlichen Markt zugelassen sind, es sei denn, dass die Käufer und die Verkäufer wussten oder hätten wissen müssen, dass das betreffende Rechtsgeschäft unter Missachtung des Absatzes 1 abgeschlossen wurde[1846].

1763

Die Kommission kann weiter für vollzogene Zusammenschlüsse, die sie für unvereinbar mit dem Gemeinsamen Markt erklärt hat, nach Art. 8 Abs. 4 **Entflechtungsmaßnahmen** anordnen. Nach Art. 8 Abs. 5 FKVO kann sie in diesem Fall bzw. im

1764

1844 Verordnung (EG) Nr. 1049/2001 des Europäischen Parlaments und des Rates vom 30. 5. 2001 über den Zugang der Öffentlichkeit zu Dokumenten des Europäischen Parlaments, des Rates und der Kommission, ABl. 145/43 vom 31. 5. 2001; siehe ausführlicher dazu unten Rdnr. 2051 ff.
1845 Hellmann, in: FK, (Band II), Art. 7 FKVO, Rdnr. 13.
1846 Art. 7 Abs. 4 FKVO regelt lediglich die zivilrechtlichen Folgen eines Verstoßes gegen das Vollzugsverbot. Die Sanktionsmöglichkeiten nach Art. 14 Abs. 2 Buchst. b) FKVO bleiben davon unberührt.

C. Europäische Fusionskontrolle

Fall, dass für einen vollzogenen Zusammenschluss noch keine endgültige Entscheidung vorliegt, **einstweilige Maßnahmen** anordnen, die geeignet sind, wirksamen Wettbewerb wiederherzustellen. Entsprechende Entflechtungsentscheidungen hat die Kommission in den Zusammenschlussverfahren von Schneider und Legrand[1847] sowie Tetra Laval und Sidel[1848] erlassen. Beide Zusammenschlüsse betrafen öffentliche Übernahmeangebote nach französischem Recht, nach dem Übernahmeangebote nicht unter der aufschiebenden Bedingung der Zustimmung der zuständigen Wettbewerbsbehörden abgegeben werden dürfen. Schneider und Tetra Laval erwarben jeweils vor der Entscheidung der Kommission mehr als 90% der Anteile an den jeweiligen Zielunternehmen im Wege eines öffentlichen Übernahmeangebots[1849]. Beide Zusammenschlüsse wurden von der Kommission untersagt. Das Gericht erster Instanz hat die beiden Untersagungsentscheidungen und nachfolgend – mangels Rechtsgrundlage – auch die Entflechtungsentscheidungen im beschleunigten Verfahren aufgehoben[1850].

2. Anmeldung und Fristen

a) Anmeldung

(1) Anmeldepflicht

1765 Zusammenschlüsse von gemeinschaftsweiter Bedeutung sind **anmeldepflichtig**. Es ist ausreichend, wenn die Anmeldung **vor Vollzug** des Zusammenschlusses erfolgt. Dieser muss hinreichend konkretisiert sein, um anmeldefähig zu sein. Eine rechtlich verbindliche Vereinbarung ist jedoch seit der Revision der FKVO im Jahr 2004 nicht mehr erforderlich. Vielmehr reicht die Darlegung der Parteien, dass sie gewillt sind, eine entsprechende Vereinbarung zu schließen, die zu einem Zusammenschluss i.S.d. Art. 3 FKVO führen würde.

(a) Anmeldebefugnis

1766 Nach Art. 4 Abs. 2 FKVO sind Zusammenschlüsse in Form einer Fusion i.S.d. Art. 3 Abs. 1 Buchst. a) FKVO oder in Form der Begründung der gemeinsamen Kontrolle i.S.d. Art. 3 Abs. 1 Buchst. b) FKVO von den an der Fusion Beteiligten bzw. von den die gemeinsame Kontrolle erwerbenden Unternehmen gemeinsam anzumelden. Diese müssen dazu gemäß Art. 3 Abs. 1 DVO ein gemeinsames Formblatt verwenden. Gemeinsame Anmeldungen sollten von einem gemeinsamen Vertreter eingereicht werden, der ermächtigt ist, im Namen aller Anmelder Schriftstücke zu übermitteln und zu empfangen.

1767 Im Fall des Erwerbs der alleinigen Kontrolle muss gemäß Art. 4 Abs. 2 Satz 2 FKVO die Person oder das Unternehmen den Zusammenschluss anmelden, die oder das

---

1847 Kommission, 10.10.2001, M.2283 »Schneider/Legrand«; vgl. auch Competition Policy Newsletter, No. 2 June 2002, 51.
1848 Kommission, 30.10.2001, M.2416 »Tetra Laval/Sidel«.
1849 Da die übernehmenden Unternehmen i.S.d. Art. 7 Abs. 2 (Art. 7 Abs. 3 a.F.) FKVO auf die Ausübung der mit den Anteilen verbundenen Stimmrechte verzichteten, verstießen sie nicht gegen das Vollzugsverbot des Art. 7 Abs. 1 FKVO.
1850 EuG, 22.10.2002, »Schneider Electric SA/Kommission«, Rs. T-310/01, Slg. 2002, II-4071; 25.10.2002, »Tetra Laval/Kommission«, Rs. T-05/02, Slg. 2002, II-4381.

die Kontrolle über die Gesamtheit oder über Teile eines oder mehrerer Unternehmen erwirbt. Bei einem öffentlichen Übernahmeangebot ist die Anmeldung vom Bieter vorzunehmen[1851].

Die für die Unternehmen handelnden rechtlichen Vertreter, d. h. die Justitiare oder Rechtsanwälte, müssen ihre Vertretungsbefugnis gemäß Art. 2 Abs. 2 DVO durch Urkunden nachweisen, die der Anmeldung beizufügen sind. Die Vollmacht muss im Original eingereicht werden, damit die Anmeldung als vollständig angesehen wird. Allerdings wird die Zusendung der Vollmacht per Fax von der Kommission als ausreichend angesehen, wenn das Original innerhalb weniger Tage nachgereicht wird. **1768**

(b) Anmeldefrist
Zusammenschlüsse von gemeinschaftsweiter Bedeutung, die sich bereits hinreichend konkretisiert haben, sind nach Art. 4 Abs. 1 FKVO vor ihrem Vollzug bei der Kommission anzumelden. Darüber hinaus gibt es seit der Revision der FKVO im Jahr 2004 keine Frist mehr, innerhalb derer die Anmeldung zu erfolgen hat. **1769**

Bis zur Revision der FKVO musste ein Zusammenschluss innerhalb einer Woche nach den Handlungen, die die Anmeldepflicht auslösen, angemeldet werden. Damit nannte die FKVO anders als andere Fusionskontrollsysteme, die eine vorherige Anmeldung vorschreiben, ausdrücklich den Zeitpunkt, zu dem die Anmeldung spätestens zu erfolgen hatte. Die Nichteinhaltung der Anmeldefrist war sogar bußgeldbewehrt, auch wenn Geldbußen wegen verspäteter Anmeldung nur bei einem gleichzeitigen Verstoß gegen das Vollzugsverbot verhängt wurden. Die Kommission hat jedoch bereits vor der Revision der FKVO regelmäßig auf die Einhaltung der Wochenfrist verzichtet, um den Unternehmen die nötige Zeit für eine vollständige Anmeldung einzuräumen. Die Abschaffung der Anmeldefrist und damit die Anpassung der Rechtsvorschrift an die Praxis der Kommission ist in den Stellungnahmen zum Grünbuch auf breite Zustimmung gestoßen[1852]. Deshalb ist nunmehr eine Anmeldung vor Vollzug des Zusammenschlusses ausreichend. Da bis zu der Entscheidung der Kommission über einen Zusammenschluss das Vollzugsverbot des Art. 7 Abs. 1 FKVO gilt, liegt es im eigenen wirtschaftlichen Interesse der Unternehmen, einen Zusammenschluss frühzeitig anzumelden, um sobald wie möglich die Genehmigung für seinen Vollzug zu erhalten. **1770**

(c) Anmeldefähigkeit
Nach Art. 4 FKVO sind Zusammenschlüsse **nach dem Vertragsschluss, der Veröffentlichung des Übernahmeangebots** oder dem **Erwerb einer die Kontrolle begründenden Beteiligung** anmeldefähig. Nach Art. 4 Abs. 1 Unterabs. 2 FKVO ist eine Anmel- **1771**

1851 Formblatt CO, Einleitung, Pkt. 1.2.
1852 Vorschlag für eine Verordnung des Rates über die Kontrolle von Unternehmenszusammenschlüssen vom 11. 12. 2001, KOM (2002) 711 endgültig, Rdnr. 63. Die in dem Grünbuch der Kommission zur Diskussion gestellten Vorschläge zur Modifizierung der Anmeldefrist reichten von der vollständigen Abschaffung der Anmeldefrist über eine Kodifizierung der derzeitigen Verwaltungspraxis bis hin zu einer Änderung dahingehend, dass die einwöchige Frist nur für eine formlose Unterrichtung über den geplanten Zusammenschluss gelten soll, während für die Anmeldung selber eine längere Frist eingeräumt werde, Grünbuch über die Revision der Verordnung (EWG) Nr. 4064/89 des Rates, vom 11. 12. 2001, KOM (2001) 745/6 endgültig, Rdnr. 182.

dung aber auch bereits dann möglich, wenn die beteiligten Unternehmen der Kommission gegenüber glaubhaft machen, dass sie gewillt sind, einen Vertrag zu schließen. Im Falle eines Übernahmeangebotes müssen sie öffentlich ihre Absicht zur Abgabe eines solchen Angebots bekundet haben. Der beabsichtigte Vertrag oder das beabsichtigte Angebot müssen zu einem Zusammenschluss von gemeinschaftsweiter Bedeutung führen. Auf Grund der Regelung, die durch die Revision der FKVO im Jahr 2004 eingeführt wurde, können nunmehr auch beabsichtigte Zusammenschlüsse, für die noch keine verbindlichen Vereinbarungen bestehen, angemeldet werden.

1772 Vor der Revision der FKVO war ein Vorhaben nur anmeldefähig, wenn eine bindende Vereinbarung vorlag, von der die Beteiligten nicht ohne weiteres zurücktreten konnten. Das Erfordernis, die Anmeldung an das Vorliegen einer verbindlichen Vereinbarung zu knüpfen, hatte für die Kommission insbesondere den Vorteil, dass ihre Ermittlungen nicht zur Wahrung der Vertraulichkeit eingeschränkt werden mussten und dass sie ihre Ressourcen effizient einsetzen konnte[1853]. So waren theoretische Prüfungen und Vorratsanmeldungen durch die Kommission ausgeschlossen[1854].

1773 Anmeldefähig sind Zusammenschlüsse, für die die Verträge unterschrieben oder auch nur paraphiert sind, ebenso wie solche, auf die sich zwar die Führungsspitzen der beteiligten Unternehmen verständigt haben, während die zwingend erforderliche Zustimmung der Hauptversammlung(en) aber noch aussteht. Anmeldefähig sind nunmehr auch diejenigen Zusammenschlüsse, die auf einem »letter of intent« beruhen, der von allen beteiligten Unternehmen unterzeichnet ist, oder auf einem »Memorandum of understanding«. Als – rechtlich nicht bindende – Absichtserklärung der beteiligten Unternehmen reichen sie aus, um der Kommission gegenüber glaubhaft zu machen, dass sie gewillt sind, einen Vertrag zu schließen.

1774 Öffentliche Übernahmeangebote sind nunmehr bereits anmeldefähig, wenn die beteiligten Unternehmen öffentlich ihre Absicht zur Abgabe eines solchen Angebots bekundet haben. Vor der Revision der FKVO war ein Übernahmeangebot erst mit seiner Veröffentlichung rechtlich verbindlich und damit anmeldefähig. Auf Grund der in vielen Mitgliedstaaten erforderlichen Genehmigung eines Übernahmeangebotes vor seiner Veröffentlichung[1855] konnten öffentliche Übernahmeangebote einerseits erst spät bei der Kommission angemeldet werden, mussten aber andererseits, da sie nicht unter Bedingungen gemacht werden können, zügig vollzogen werden. Bereits Art. 7 Abs. 3 FKVO a. F.[1856] sah für diesen Fall eine Ausnahme vom Vollzugsverbot vor, sofern der Erwerber die mit den Anteilen verbundenen Stimmrechte nicht ausübt.

1775 Auch das BKartA ist nur zur Prüfung hinreichend konkretisierter Zusammenschlussvorhaben verpflichtet[1857]. Die Praxis ist hier jedoch relativ großzügig, sodass der Nachweis einer bindenden Vereinbarung in Verfahren vor dem BKartA nicht erforderlich ist.

1853 Grünbuch über die Revision der Verordnung (EWG) Nr. 4064/89 des Rates, vom 11. 12. 2001, KOM (2001) 745/6 endgültig, Rdnr. 185.
1854 Löffler, in: L/B, 9. Aufl., Art. 4 VO Nr. 4064/89 Rdnr. 4.
1855 So brauchen z. B. in Italien Unternehmen, die ein öffentliches Übernahmeangebot machen wollen, vor dessen Veröffentlichung die Genehmigung der Commissione Nazionale per la Società e la Borsa (CONSOB); vgl. Kommission, 12. 1. 2001, M.1712 »Generali/INA«.
1856 Art. 7 Abs. 2 FKVO.
1857 Mestmäcker/Veelken, in: I/M, GWB, 3. Aufl., § 39 Rdnr. 8.

VI. Verfahren

(2) Form der Anmeldung

Für Anmeldungen nach der FKVO muss zwingend das **Formblatt CO** bzw. das vereinfachte **Formblatt** verwendet werden. Das ergibt sich aus Art. 3 Abs. 1 DVO. Beide Formblätter sind im Anhang dieses Buches abgedruckt. Das Formblatt CO ist in elf Abschnitte gegliedert, in denen eine Vielzahl von Angaben zu dem Zusammenschluss, zu den beteiligten Unternehmen sowie zu den betroffenen Märkten gefordert wird. Anmeldungen unter Verwendung des Formblatts CO erreichen insbesondere bei Zusammenschlüssen, die zu starken Marktstellungen führen, oft einen Umfang von mehreren hundert Seiten. Der Umfang einer Anmeldung reduziert sich jedoch merklich, wenn der Zusammenschluss nicht zu **betroffenen Märkten** i.S.d. Abschnitts 6 des Formblatts CO führt oder wenn eine **Anmeldung mit vereinfachtem Formblatt** möglich ist. Die Möglichkeit einer Anmeldung mit vereinfachtem Formblatt besteht insbesondere für Zusammenschlüsse, die keine wettbewerblichen Bedenken hervorrufen und sich daher für eine Entscheidung der Kommission im Wege des **vereinfachten Verfahrens** qualifizieren[1858].

1776

Das Formblatt CO muss der Kommission gemäß Art. 3 DVO zusammen mit den als Anlagen beigefügten Schriftstücken im Original und mit 35 Kopien der Originalanmeldung übermittelt werden. Die Anmeldung ist unbedingt an die Adresse der Registratur Fusionskontrolle[1859], nicht an einzelne Referate oder etwa an die postalische Anschrift der Kommission zu adressieren. Vor der Zusendung der Anmeldung sollte die Registratur Fusionskontrolle unter Angabe des voraussichtlichen Zustellzeitpunktes telefonisch unterrichtet werden[1860].

1777

Die Anmeldung ist in einer der Amtssprachen der Europäischen Gemeinschaft vorzunehmen. Die Sprache ist dann für alle Anmelder die Verfahrenssprache. Erfolgt die Anmeldung gemäß Art. 12 des Protokolls 24 zum EWR-Abkommen in einer der Amtssprachen eines EFTA-Staates, die keine Amtssprache der Gemeinschaft ist, so ist der Anmeldung eine Übersetzung in eine der Amtssprachen der Gemeinschaft beizufügen. Ein Wechsel der einmal gewählten Verfahrenssprache ist vor allem in Anbetracht der kurzen Fristen in Fusionskontrollverfahren nicht zulässig[1861]. Dies stellt Art. 3 Abs. 4 DVO jetzt ausdrücklich klar.

1778

1858 Bekanntmachung der Kommission über ein vereinfachtes Verfahren für bestimmte Zusammenschlüsse gemäß der Verordnung (EWG) Nr. 4064/89 des Rates, ABl. C 217/32 vom 29. 7. 2000, veröffentlicht unter www.europa.eu.int/comm/competition/mergers/legislation/simplified_procedure.

1859 Abrufbar unter www.europa.eu.int/comm/competition/mergers/others. Die Adresse ist im ABl. C vom 19. 5. 2004 veröffentlicht. Es handelt sich um eine Mitteilung der Kommission zu Art. 23 DVO.

1860 Unter www.europa.eu.int/comm/competition/mergers/others finden sich weitere prozedurale Hinweise für die Anmeldung eines Zusammenschlusses. Es empfiehlt sich, die »security procedures for delivery of merger notifications and all other merger control related documents to the Merger Registry« zu beachten.

1861 Die Kommission lehnte aus diesem Grund den Wechsel in eine andere Verfahrenssprache in dem Bußgeldverfahren gegen KLM und Martinair wegen der Erteilung unrichtiger Auskünfte in dem vorhergehenden Fusionskontrollverfahren ab, Kommission, 1. 2. 1999, M.1328 »KLM/Martinair II«. Die DVO a.F. enthielt zu dem Zeitpunkt noch nicht die Klarstellung, dass die für die Anmeldung gewählte Gemeinschaftssprache auch für weitere Verfahren, die in Zusammenhang zu dem Zusammenschluss stehen, die Verfahrenssprache ist.

1779 Die beigefügten Unterlagen sind in der Originalsprache vorzulegen. Handelt es sich hierbei nicht um eine Amtssprache der Gemeinschaft, sind sie gemäß Art. 3 Abs. 4 DVO in die Verfahrenssprache zu übersetzen. Anlagen können im Original oder in Abschrift eingereicht werden. Bei Abschriften hat der Anmelder ihre Richtigkeit und Vollständigkeit zu bestätigen.

1780 Die in dem Formblatt CO verlangten Angaben sind gemäß den entsprechenden Abschnitten und Absätzen des Formblatts zu nummerieren. Umfangreiche Marktangaben sollten in einer gesonderten Anlage ausführlich dargestellt werden. Dabei ist jedoch zu beachten, dass die Anlagen zum Formblatt CO lediglich der Ergänzung der im Formblatt CO gemachten Angaben dienen dürfen. Daher müssen die in den Anlagen gemachten Aussagen zumindest im Ergebnis im Formblatt CO enthalten sein. Andernfalls besteht die Gefahr, dass die Anmeldung von der Kommission als unvollständig angesehen wird.

(a) Erstellung des Formblatts CO

1781 Die in dem Formblatt CO geforderten Angaben sind umfangreich. Es handelt sich um eine standardisierte Abfrage von Daten, die die Kommission in die Lage versetzt, die aus wettbewerblicher Sicht unbedenklichen Zusammenschlüsse trotz des formalisierten Entscheidungsgangs innerhalb einer Frist von in der Regel 25 Arbeitstagen zu entscheiden.

(i) Umfang der erforderlichen Angaben

1782 Das Formblatt CO ist in elf Abschnitte gegliedert. Etwas anderes gilt für Anmeldungen in Kurzform.

1783 In Abschnitt 1 ist eine **Kurzbeschreibung des Zusammenschlusses** sowie der Tätigkeitsbereiche der Parteien und der Märkte, auf die sich der Zusammenschluss auswirkt, erforderlich. Eine Zusammenfassung dieser Kurzbeschreibung (ca. 500 Wörter), die um Geschäftsgeheimnisse bereinigt ist, muss beigefügt werden. Sie wird am Tag der Anmeldung auf der website der Kommission veröffentlicht.

1784 In Abschnitt 2 werden **Angaben zu den beteiligten Unternehmen** abgefragt. Die Angaben zu den Anmeldern und den am Zusammenschluss beteiligten Unternehmen benötigt die Kommission für die Durchführung des Verfahrens. U.a. ist mitzuteilen, an welche Vertreter der Unternehmen Mitteilungen und Unterlagen adressiert werden sollen.

1785 Abschnitt 3 verlangt eine Darstellung der **Einzelheiten des Zusammenschlusses**. Die Angaben sind für die Bestimmung des Zusammenschlusstatbestandes und für die Entscheidung darüber erforderlich, ob die Schwellenwerte des Art. 1 erfüllt sind. In dem neugefassten Formblatt CO muss nunmehr auch der Wert der Transaktion (Kaufpreis oder Wert der betroffenen Vermögenswerte) angegeben werden.

1786 In Abschnitt 4 sind Angaben zu **Eigentumsverhältnissen und Kontrolle** erforderlich. Für alle am Zusammenschluss beteiligten Unternehmen müssen Angaben zur Konzernstruktur gemacht werden. Die Darstellung der mit den beteiligten Unternehmen verbundenen Unternehmen kann in Form von Tabellen und Schaubildern erfolgen. Sie gibt der Kommission u.a. einen Überblick darüber, welche Konzernunternehmen auf den vom Zusammenschluss betroffenen Märkten tätig sind. Weiter sind Angaben über **personelle und kapitalmäßige Verflechtungen und vorangehende Beteiligungen** zu machen. Sie geben Auskunft über Unternehmen, die u.U. faktisch von einem der am Zusammenschluss beteiligten Unternehmen kontrolliert

VI. Verfahren

werden, und über Verflechtungen mit Wettbewerbern, die eine Verhaltenskoordination bewirken können.

Abschnitt 5 sieht die Einreichung von erläuternden **Unterlagen** vor, die in Zusammenhang mit dem Zustandekommen des Zusammenschlusses stehen, der letzten Jahresabschlüsse und -berichte sowie der Angebotsunterlagen im Fall von öffentlichen Übernahmeangeboten. Weiter sind u. a. Kopien von Berichten und Analysen, Studien und Untersuchungen vorzulegen, die für oder von Geschäftsführern, Aufsichtsrat, Aktionärsversammlung oder weiteren Personen mit vergleichbaren Befugnissen zur Bewertung oder Untersuchung des Zusammenschlusses hinsichtlich der Wettbewerbsbedingungen, der vorhandenen und potentiellen Wettbewerber sowie weiterer Marktbedingungen erstellt worden sind. 1787

Für die Beurteilung der wettbewerblichen Auswirkungen eines Zusammenschlusses sind die Angaben der Abschnitte 6 bis 8 des Formblatts CO von Bedeutung. Diese Angaben sind jedoch nur erforderlich, wenn der Zusammenschluss zu betroffenen Märkten führt. 1788

Das Formblatt CO definiert in Abschnitt 6 III. den **Begriff des betroffenen Marktes**. Danach gelten für die Angaben nach diesem Formblatt also betroffene Märkte die sachlich relevanten Produktmärkte im EWR-Gebiet, in der Gemeinschaft, im Gebiet der EFTA-Staaten, in einem Mitgliedstaat oder in einem EFTA-Staat, wenn
(a) zwei oder mehr der am Zusammenschluss Beteiligten in demselben Produktmarkt tätig sind und der Zusammenschluss zu einem gemeinsamen Marktanteil von 15 % oder mehr führt (**horizontale Beziehungen**) oder
(b) ein oder mehrere an dem Zusammenschluss Beteiligte auf einem Produktmarkt tätig sind, der einem anderen Produktmarkt vor- oder nachgelagert ist, auf dem andere Beteiligte tätig sind und ihr Marktanteil einzeln oder gemeinsam 25 % oder mehr auf einem der Märkte beträgt, und zwar unabhängig davon, ob zwischen den Beteiligten Lieferanten- oder Kundenbeziehungen bestehen (**vertikale Beziehungen**).
(c) Die Beschreibung der Märkte sowie die Angaben zu Abschnitt 7 und 8 sind auch zu machen, wenn ein oder mehrere der am Zusammenschluss Beteiligten auf einem Produktmarkt tätig sind, der mit einem anderen Produktmarkt eng verknüpft ist, in dem andere Beteiligte tätig sind und ihr Marktanteil einzeln oder gemeinsam 25 % oder mehr auf einem der Märkte beträgt. Produkte sind eng miteinander verknüpft, wenn sie sich gegenseitig ergänzen oder wenn sie zu einer Produktpalette gehören, die grundsätzlich von der gleichen Verbrauchergruppe zum gleichen Zweck erworben werden. Das Gleiche gilt, wenn ein beteiligtes Unternehmen einen Marktanteil von über 25 % hat und ein anderes beteiligtes Unternehmen ein potentieller Wettbewerber oder Inhaber nennenswerter geistiger Eigentumsrechte ist. 1789

Sofern die am Zusammenschluss beteiligten Unternehmen diese zuvor genannten Marktanteilsschwellen nicht überschreiten, sind die **Angaben zu den betroffenen Märkten** in Abschnitt 7 und die Darstellung der **allgemeinen Bedingungen in den betroffenen Märkten** in Abschnitt 8 nicht erforderlich. Märkte, die nicht i. S. d. Formblatts CO als betroffen anzusehen sind, müssen jedoch in ihrer sachlichen und räumlichen Ausdehnung beschrieben werden. 1790

Es ist jedoch nicht unüblich, dass die Kommission Angaben i. S. d. Abschnitte 6 und 7 des Formblatts CO auch für nicht betroffene Märkte verlangt. 1791

In Abschnitt 9 sollen Ausführungen zur **Gesamtsituation des Marktes und zu Effizienzgewinnen** gemacht werden. Der entsprechende Abschnitt ist in das Form- 1792

C. Europäische Fusionskontrolle

blatt CO eingefügt worden, um die stärkere Berücksichtigung von Effizienzerwägungen zu ermöglichen, die die Kommission im Zuge der Revision der FKVO angekündigt hatte.

1793 Abschnitt 10 verlangt Angaben zu den **kooperativen Wirkungen eines Gemeinschaftsunternehmens**.

1794 Abschnitt 11 erfordert die Unterzeichnung der Erklärung, dass die Anmelder insbesondere die Angaben in der Anmeldung nach bestem Wissen wahr, richtig und vollständig gemacht haben. Der genaue Text der Erklärung ist in Abschnitt 11 abgedruckt.

1795 Die mit der Durchführung des Zusammenschlusses unmittelbar verbundenen und für diese notwendigen Einschränkungen, die sog. **Nebenabreden**, werden nach neuer Rechtslage grundsätzlich nicht mehr von der Kommission geprüft. Daher sind auch im Formblatt CO keine Angaben mehr zu den Nebenabreden erforderlich. Nebenabreden gelten automatisch als von den Freigabeentscheidungen der Kommission genehmigt, ohne dass diese eine wettbewerbliche Beurteilung dieser Einschränkungen vornehmen muss. Nur auf Antrag der beteiligen Unternehmen und wenn die Einschränkungen **neue oder ungelöste Fragen** aufwerfen, die zu **ernsthafter Rechtsunsicherheit** führen, wird die Kommission die Einschränkungen darauf überprüfen[1862], ob sie mit der Durchführung des Zusammenschlusses unmittelbar verbunden und für diese notwendig sind. Dies ist insbesondere der Fall, wenn sie nicht von der aktuellen Bekanntmachung der Kommission zu Nebenabreden[1863] oder einer der veröffentlichten Kommissionsentscheidungen geregelt sind. Die Entscheidung, ob Nebenabreden von der Freigabeentscheidung abgedeckt oder ggf. nach allgemeinen kartellrechtlichen Vorschriften zu prüfen sind, liegt somit bei den Anmeldern.

(ii) DG Competition Best Practices Guidelines

1796 Die Generaldirektion Wettbewerb hat erstmals im Jahr 1999 und nachfolgend erneut anlässlich der Revision der FKVO Verhaltensleitlinien zum Ablauf des EG-Fusionskontrollverfahrens erlassen. Während die Verhaltensleitlinien des Jahres 1999 zum Ziel hatten, die Zahl der unvollständigen Anmeldungen zu reduzieren, beziehen sich die im Jahr 2004 verabschiedeten Leitlinien darüber hinaus auf weitere Punkte des Verfahrens, vor allem das Recht auf Akteneinsicht und das Recht auf Gehör[1864]. Sie sollen das Fusionskontrollverfahren für Unternehmen und ihre Anwälte transparenter und für die Kommission effizienter machen.

1797 Die Verhaltensleitlinien des Jahres 1999 wurden auf Initiative des European Competition Lawyers Forum (ECLF) und in enger Abstimmung mit der Kommission verfasst. Anlass war der Anteil der für unvollständig erklärten Anmeldungen von 10 bis 11 % aller angemeldeten Zusammenschlussvorhaben in den Jahren 1997 bis 1999[1865], ein hoher Prozentsatz, bedenkt man, dass die Unvollständigkeitserklärung

---

1862 Erwägungsgrund 21 der FKVO.
1863 Bekanntmachung der Kommission über Einschränkungen des Wettbewerbs, die mit der Durchführung von Unternehmenszusammenschlüssen unmittelbar verbunden und für diese notwendig sind, ABl. C 188/5 vom 4. 7. 2001.
1864 Die Best Practices im Zusammenhang mit dem Recht auf Akteneinsicht und Anhörung werden unten unter Rdnr. 2009 ausführlich dargestellt.
1865 Grünbuch über die Revision der Verordnung (EWG) Nr. 4064/89 des Rates, vom 11. 12. 2001, KOM (2001) 745/6 endgültig, Rdnr. 199.

nur ausnahmsweise erfolgen sollte[1866]. Unvollständige Anmeldungen sind für Unternehmen und die sie vertretenden Anwälte ein Ärgernis, da sie die Entscheidungsfrist des Art. 10 Abs. 1 nicht in Gang setzen und damit das Fusionskontrollverfahren verzögern und das Vollzugsverbot verlängern. Den Verhaltensleitlinien ist es zuzuschreiben, dass der Anteil der unvollständigen Anmeldungen im Jahr 2000 bereits auf 6% zurückgegangen und für das Jahr 2001 weiter rückläufig gewesen ist. Die Kommission hat die folgenden Gründe als Ursache für die aufgetretenen Unvollständigkeitserklärungen genannt:

– Formale Gründe[1867]: Es haben nicht alle Unternehmen, die die gemeinsame Kontrolle an einem Unternehmen erwerben, den Zusammenschluss angemeldet. Anmeldungen wurden auch für unvollständig erklärt, weil der beauftragte Rechtsanwalt keine Originalvollmacht eingereicht hat. **1798**
– Materielle Gründe: Die Ermittlungen der Kommission haben zur Identifikation von betroffenen Märkten geführt, die nicht in dem Formblatt CO dargestellt wurden. **1799**
– Manche Anmeldungen enthielten nicht die erforderlichen, in dem Formblatt CO abgefragten Informationen. **1800**

Grundsätzlich hat die Kommission kritisiert, dass oft vor der Anmeldung kein Kontakt zwischen den Anmeldern und der Kommission stattgefunden hat, um den Umfang der geforderten Angaben abzuklären. **1801**

Um eine Unvollständigkeit ihrer Anmeldung zu vermeiden und um einen reibungslosen Verfahrensablauf zu gewährleisten, sollten die Anmelder nach den »Best Practice Guidelines« genannten Grundsätzen **1802**

– die Kommission frühzeitig über einen geplanten Zusammenschluss unterrichten. Dies sollte in Form eines kurzen Memorandums geschehen, das – möglichst in der Verfahrenssprache – kurz den Zusammenschluss und die Märkte, auf denen er sich auswirkt, darstellt. Das gibt der Kommission die Möglichkeit, ein case team unter Berücksichtigung der erforderlichen Sprachkenntnisse zusammenzustellen. Dieses ist Ansprechpartner der Unternehmen für das Zusammenschlussverfahren. Die Zusammenstellung der case teams erfolgt in den in der Regel montags stattfindenden Management Meetings. Im Gespräch mit dem Team kann geklärt werden, ob schriftliche und telefonische Kontakte für das weitere Verfahren ausreichend sind oder ob ein Treffen erforderlich ist; **1803**
– spätestens zwei Wochen vor der Einreichung einer Anmeldung Kontakt zur Kommission aufnehmen und ein Treffen mit dem case team vereinbaren, sofern ein solches als erforderlich angesehen wird. In der Praxis sieht die Kommission von solchen Treffen bei einfach gelagerten Fällen allerdings ab. Zur Vorbereitung sollte eine Kurzdarstellung des Zusammenschlusses oder ein Entwurf des Formblatts CO mindestens drei Tage vor dem Treffen übersandt werden. Umfangreiche Unterlagen benötigen u. U. einen längeren Vorlauf. An den Treffen sollten neben rechtlichen Vertretern auch Angestellte der Unternehmen teilnehmen, die **1804**

1866 Zusammenfassung der Stellungnahmen der Marktteilnehmer zum Grünbuch über die Revision der Verordnung (EWG) Nr. 4064/89 des Rates, vom 11. 12. 2001, KOM (2001) 745/6 endgültig, Rdnr. 152.
1867 Mit der Revision der FKVO im Jahr 2004 ist das Erfordernis einer bindenden Vereinbarung für die Anmeldefähigkeit eines Vorhabens entfallen, deren Fehlen ebenfalls zu Unvollständigkeitserklärungen geführt hatte.

C. Europäische Fusionskontrolle

Angaben zur Funktionsweise der Märkte und zur technischen Seite machen können;

1805 – vor Einreichung der Anmeldung dem case team einen in wesentlichen Punkten vollständigen Entwurf des Formblattes CO zusenden, den dieses innerhalb von fünf Arbeitstagen auf die Vollständigkeit der darin enthaltenen Informationen überprüft. Umfangreiche Entwürfe des Formblattes CO bedürfen u. U. einer längeren Frist.

1806 Im Rahmen dieser Voranmeldungsphase wird auch der Umfang der für die Beurteilung erforderlichen Informationen mit dem case team geklärt. Die Kommission kann nach Art. 4 Abs. 2 DVO von der Pflicht zur Vorlage einzelner im Formblatt CO verlangter Angaben einschließlich aller Unterlagen befreien, wenn sie der Ansicht ist, dass diese Angaben für die Prüfung des Falles nicht notwendig sind.

1807 Die Gespräche bieten sich auch zur Klärung materieller Fragen an, wie z. B. der nach der Marktabgrenzung und der Notwendigkeit einer alternativen Darstellung der Marktinformationen, sowie zur Klärung rechtlicher Fragen, wie z. B. der Möglichkeit und den Erfolgsaussichten eines Verweisungsantrags.

(b) **Das vereinfachte Verfahren**

1808 Die Kommission wendet seit September 2000 bei Zusammenschlüssen, die keinen Anlass zu wettbewerbsrechtlichen Bedenken geben, das vereinfachte Verfahren an[1868]. Es handelt sich um eine Entscheidung in Kurzform nach Art. 6 Abs. 1 Buchst. b[1869]. Sie ergeht unter Verwendung eines Vordrucks.

1809 Angewandt wird das vereinfachte Verfahren bei folgenden Kategorien von Zusammenschlüssen:
– Zusammenschlüsse, bei denen zwei oder mehrere Unternehmen die gemeinsame Kontrolle über ein Gemeinschaftsunternehmen (GU) erwerben, das keine oder geringe gegenwärtige oder zukünftige Tätigkeiten im Gebiet des EWR aufweist. Dies ist der Fall, wenn
  – der EWR-Umsatz des GU und/oder der Umsatz der beigesteuerten Aktivitäten weniger als 100 Mio. Euro beträgt und
  – der Gesamtwert der in das GU eingebrachten Vermögenswerte im EWR-Gebiet weniger als 100 Mio. Euro beträgt;
– Zusammenschlüsse von zwei oder mehreren Unternehmen oder Fälle, in denen ein oder mehrere Unternehmen die alleinige bzw. gemeinsame Kontrolle über ein anderes Unternehmen erwerben, wobei die beteiligten Unternehmen weder auf ein und demselben sachlich und räumlich relevanten Markt noch auf einem sachlich relevanten Markt tätig sind, der dem eines der anderen beteiligten Unternehmen vor- oder nachgelagert ist;
– Zusammenschlüsse von zwei oder mehreren Unternehmen oder Fälle, in denen ein oder mehrere Unternehmen die alleinige bzw. gemeinsame Kontrolle über ein anderes Unternehmen erwerben

---

[1868] Vgl. Bekanntmachung der Kommission über ein vereinfachtes Verfahren für bestimmte Zusammenschlüsse gemäß der Verordnung (EWG) Nr. 4064/89 des Rates, ABl. C 217/32 vom 29. 7. 2000, www.europa.eu.int/comm/competition/mergers/legislation/simplified_trn.pdf.

[1869] Eine Entscheidung durch Fristablauf auf der Grundlage des Art. 10 Abs. 6 in wettbewerblich unbedenklichen Fällen war in der Diskussion, wurde jedoch letztendlich verworfen.

- und mindestens zwei der an dem Zusammenschluss beteiligten Unternehmen auf ein und demselben sachlich und räumlich relevanten Markt tätig sind (horizontale Beziehungen), oder
- ein oder mehrere an dem Zusammenschluss beteiligte Unternehmen auf einem sachlich relevanten Markt tätig sind, der dem eines anderen beteiligten Unternehmens vor- oder nachgelagert ist (vertikale Beziehungen), sofern ihr gemeinsamer Marktanteil horizontal nicht 15 % oder mehr und vertikal nicht 25 % oder mehr beträgt.
- Zusammenschlüsse, bei denen ein Unternehmen alleinige Kontrolle über ein Unternehmen erwirbt, das es bislang gemeinschaftlich mit anderen kontrolliert hat.

Nicht zur Anwendung gelangt das vereinfachte Verfahren, wenn ein Mitgliedstaat gemäß Art. 9 FKVO die Verweisung des angemeldeten Zusammenschlusses an seine zuständige Behörde beantragt hat. Die Kommission kann ferner von der Anwendung des vereinfachten Verfahrens absehen, falls sich eine eingehendere Prüfung oder eine ausführliche Entscheidung ausnahmsweise dennoch als notwendig erweist. Das kann nach Angabe der Kommission der Fall sein, wenn bestimmte Zusammenschlüsse z. B. durch die Bündelung technologischer, finanzieller oder sonstiger Ressourcen die Marktmacht der beteiligen Unternehmen stärken, auch wenn diese nicht auf demselben Markt tätig sind. Auch konglomerate Zusammenschlüsse eignen sich nicht für das vereinfachte Verfahren. Solche liegen vor, wenn eines oder mehrere der beteiligten Unternehmen auf einem sachlich relevanten Markt, auf dem keine horizontalen oder vertikalen Beziehungen zwischen den Parteien bestehen, allein über einen Marktanteil von 25 % oder mehr verfügten. Eine weitere Ausnahme kann in Fällen gelten, in denen der Marktanteil der beteiligten Unternehmen nicht genau bestimmt werden kann, etwa weil diese auf neuen oder kaum entwickelten Märkten tätig sind. Zusammenschlüsse auf Märkten mit hohen Eintrittsschranken, einem hohen Maß an Konzentration oder anderen bekannten Wettbewerbsproblemen werden sich ferner ebenso wenig wie solche, die eine Koordinierung i. S. v. Art. 2 Abs. 4 FKVO erwarten lassen, für eine Prüfung im vereinfachten Verfahren eignen. **1810**

Da auch im vereinfachten Verfahren die Angaben auf der Grundlage des vereinfachten Formblatts erfolgen müssen, vereinfacht sich das Verfahren für die Anmelder nur geringfügig. Für die Kommission jedoch vereinfacht es sich, da einige der in der Phase I üblichen Verfahrensschritte entfallen. **1811**

Um den Aufwand für eine Anmeldung möglichst gering zu halten, besteht seit Mai 2004 die Möglichkeit, für Zusammenschlüsse, die keinen Anlass zu wettbewerbsrechtlichen Bedenken geben, ein entsprechendes **vereinfachtes Formblatt** einzureichen. **1812**

unbesetzt **1813**

Eine Anmeldung mit vereinfachtem Formblatt verringert im Wesentlichen die erforderlichen Angaben für die Märkte, auf denen die beteiligten Unternehmen tätig sind. Anders als im Formblatt CO sind für eine Anmeldung in Kurzform in den Abschnitten 6 und 7 lediglich summarische Angaben zu den Märkten erforderlich, auf denen die beteiligten Unternehmen tätig sind. Ausführungen zu den allgemeinen Bedingungen in den betreffenden Märkten, auf denen die Unternehmen tätig sind (Abschnitt 8 des Formblatts CO), sind ebenso wenig erforderlich wie solche zu Effizienzvorteilen des Zusammenschlusses (Abschnitt 9 des Formblatts CO). Stattdessen werden in Abschnitt 8 Angaben zu den kooperativen Wirkungen eines Gemeinschaftsunternehmens erwartet. Das Formblatt schließt mit der Erklärung, dass die **1814**

Anmelder insbesondere die Angaben in der Anmeldung nach bestem Wissen wahr, richtig, vollständig und zutreffend gemacht haben. Der genaue Text der Erklärung ist in Abschnitt 9 abgedruckt.

1815 Die Kommission kann eine vollständige oder ggf. teilweise Anmeldung nach dem Formblatt CO anfordern, wenn das angemeldete Vorhaben z. B. nicht die Voraussetzungen für eine vereinfachte Anmeldung in Kurzform erreicht oder wenn dies erforderlich ist, um eine eingehende Untersuchung möglicher Wettbewerbsprobleme durchführen zu können[1870].

b) Verfahrensfristen

1816 Für die Fusionskontrollverfahren der Kommission gelten kurze Fristen. Diese sind Ausdruck des Beschleunigungsgrundsatzes, der sicherstellen soll, dass Zusammenschlüsse schnellstmöglich nach Ausräumen der wettbewerblichen Bedenken für mit dem Gemeinsamen Markt vereinbar erklärt werden. Bei den Verfahrensfristen der FKVO handelt es sich um **gesetzliche Fristen**[1871]. Sie stehen nicht zur Disposition der Verwaltung und sind damit insbesondere nicht verlängerbar[1872]. Zwar ist eine Verlängerung der Entscheidungsfrist in der Phase II auf Antrag bzw. mit Zustimmung der Parteien möglich. Die Fristverlängerung darf jedoch 20 Arbeitstage nicht überschreiten und steht damit ebenso wenig zur Disposition der Kommission wie die anderen Fristen der FKVO und gehört somit ebenso zu den gesetzlichen Fristen.

1817 Daneben gibt es jedoch auch **Verwaltungsfristen**. Diese werden von der Kommission nach pflichtgemäßem Ermessen festgesetzt und unterliegen keinen starren Regeln. Die Verwaltungsfristen sind in Art. 22 DVO aufgeführt. Dazu gehören insbesondere die Fristen für Stellungnahmen beteiligter Unternehmen sowie Dritter zu den sog. Beschwerdepunkten[1873] der Kommission.

1818 Die Fristen der FKVO sind durchgängig in Arbeitstagen ausgedrückt[1874]. **Arbeitstage** sind nach Art. 24 der DVO alle Tage mit Ausnahme der Samstage, der Sonntage, und der Feiertage der Kommission, welche vor Beginn jeden Jahres im Amtsblatt der Europäischen Union bekannt gegeben werden. Feiertage in diesem Sinne sind alle Feiertage der Kommission am Dienstort der Generaldirektion Wettbewerb[1875]. Feiertage in diesem Sinne sind auch die Tage zwischen Weihnachten und Neujahr, in denen die Kommissionsdienststellen geschlossen sind. Einer der wichtigsten As-

---

1870 Im vereinfachten Formblatt sind unter Punkt 1.2. Beispielfälle dafür aufgeführt, wann die Kommission eine Anmeldung mit dem Formblatt CO als erforderlich ansehen kann.
1871 So Erwägungsgrund 8 der DVO. Ausführlich zu den Fristen im EG-Fusionskontrollverfahren Happe, in: EuZW 1995, 303 ff.
1872 Anders die Fristen in Verfahren vor dem BKartA, s. § 40 Abs. 2 Satz 3 Nr. 1 GWB.
1873 Vor Entscheidungen über die Vereinbarkeit eines Zusammenschlusses mit dem Gemeinsamen Markt in der Phase II sowie vor Erlass einer Entscheidung nach Art. 14 oder 15 FKVO teilt die Kommission ihre Einwände den Beteiligten schriftlich mit, damit diese Gelegenheit haben, ihr Recht auf rechtliches Gehör wahrzunehmen.
1874 Bis zur Revision der FKVO im Jahr 2004 wurden die Fristen der FKVO durch die Angabe von Monaten, Wochen oder Tagen bestimmt. Die Beschwerdepunkte fassen die Ermittlungsergebnisse der Kommission zusammen.
1875 Da Dienstort der Generaldirektion Wettbewerb Brüssel ist, sind belgische Feiertage wie der Nationalfeiertag am 21. Juli Feiertage in diesem Sinne.

pekte der FKVO besteht darin, dass für die Prüfung angemeldeter Fusionsvorhaben ein ganzes System kurzer, definitiver Verfahrensfristen vorgegeben wird. Die Berechnung der Fristen ist für die Kommission u.a. im Hinblick auf die Genehmigungsfiktion des Art. 10 Abs. 6 FKVO von großer Bedeutung. Wenn die Kommission nicht innerhalb der Verfahrensfrist eine Entscheidung erlässt, gilt der Zusammenschluss als mit dem Gemeinsamen Markt vereinbar[1876]. Gleiches gilt für die Verweisungsfiktion des Art. 9 Abs. 5 FKVO. Für die an einem Fusionskontrollverfahren beteiligten Unternehmen ist die Berechnung der Fristen u.a. im Hinblick auf das fristgemäße Angebot von Zusagen wichtig. Da der Einhaltung all dieser Fristen im Fusionskontrollverfahren große Bedeutung zukommt, wurde die Fristenberechnung anlässlich der Revision der FKVO vereinfacht. Viele Schwierigkeiten bei der Fristenberechnung, die bei der bis dato geltenden Fassung der FKVO bestanden, wie beispielsweise die Frage des Ausgleiches von Feiertagen, wurden durch die durchgängige Verwendung von Arbeitstagen behoben.

(1) **Die Fristen des Artikels 10**

(a) **Die Phase I**

Art. 10 Abs. 1 FKVO bestimmt die Fristen des Prüfverfahrens in der Phase I bzw. Vorprüfungsphase. Danach ergehen die Entscheidungen nach Art. 6 Abs. 1 FKVO innerhalb einer Frist von höchstens 25 Arbeitstagen. Innerhalb dieser Frist entscheidet die Kommission entweder, dass der angemeldete Zusammenschluss nicht unter die FKVO fällt (Art. 6 Abs. 1 Buchst. a) FKVO) oder sie erklärt ihn – ggf. mit Bedingungen und Auflagen – für mit dem Gemeinsamen Markt vereinbar (Art. 6 Abs. 1 Buchst. b) FKVO) oder sie leitet ein Verfahren und damit Phase II der Prüfung ein (Art. 6 Abs. 1 Buchst. c) FKVO)[1877]. **1819**

Die Phase I verlängert sich nur, wenn entweder die Kommission von einem Mitgliedstaat einen Verweisungsantrag gemäß Art. 9 Abs. 2 erhält oder wenn die beteiligten Unternehmen gemäß Art. 6 Abs. 2 innerhalb der Phase I anbieten, Verpflichtungen einzugehen, um den Zusammenschluss in einer mit dem Gemeinsamen Markt zu vereinbarenden Weise zu gestalten (Art. 10 Abs. 1 Unterabs. 2). Die Frist beträgt in diesen Fällen 35 Arbeitstage. Auch diese Regelung, eingeführt durch die Revision der FKVO im Jahr 2004, vereinfacht die bisherige Berechnung. Nach der zuvor geltenden Regelung verwandelte sich die für die Phase I geltende Monatsfrist im Falle eines Verweisungsantrags oder eines Zusagenangebots in eine einheitliche Frist von sechs Wochen[1878]. **1820**

1876 Insofern vergleichbar der Bestimmung des § 40 Abs. 2 Satz 2 GWB, nach dem ein Zusammenschluss als freigegeben gilt, wenn das BKartA im Hauptprüfverfahren nicht innerhalb von vier Monaten seit Eingang der vollständigen Anmeldung eine Verfügung erlässt.

1877 Die Kommission hat im Jahr 2003 231 endgültige Entscheidungen getroffen. Davon wurde kein Zusammenschluss nach Art. 6 Abs. 1 Buchst. a) FKVO, 203 Zusammenschlüsse (87%) nach Art. 6 Abs. 1 Buchst. b) FKVO und 11 Zusammenschlüsse (4%) nach Art. 6 Abs. 2 FKVO entschieden. In 9 Fällen (3%) hat sie die Phase II nach Art. 6 Abs. 1 Buchst. c) FKVO eingeleitet.

1878 In Kommission, 9. 7. 1998, M.330 »McCormick/CPC/Rabobank/Ostmann« z.B. hat die Kommission die Sechswochenfrist versehentlich verstreichen lassen, da sie eine Frist von einem Monat plus zwei Wochen zu Grunde gelegt hatte. Der Genehmigungs-

1821 Obwohl die Entscheidungen nach Art. 6 Abs. 1 gemäß Art. 10 Abs. 1 »spätestens innerhalb von höchstens 25 Arbeitstagen« bzw. innerhalb von 35 Arbeitstagen ergehen, ist eine **Entscheidung vor Ablauf der Frist** in der Praxis selten möglich. In der Phase I muss die Kommission vor dem Erlass einer Entscheidung abwarten, ob ein Mitgliedstaat einen Verweisungsantrag stellt. Dies ist gemäß Art. 9 Abs. 2 FKVO binnen 15 Arbeitstagen nach Erhalt der Kopie der Anmeldung möglich. Weiterhin muss die Reaktion Dritter auf die Veröffentlichung des Zusammenschlussvorhabens im Amtsblatt abgewartet werden. Nach der dann erforderlichen Konsultation der anderen Kommissionsdienste ist die Frist von 25 Arbeitstagen in der Regel fast verstrichen.

(b) **Die Phase II**

1822 Leitet die Kommission ein Verfahren ein, weil der Zusammenschluss Anlass zu ernsthaften Bedenken hinsichtlich seiner Vereinbarkeit mit dem Gemeinsamen Markt gibt (Art. 6 Abs. 1 Buchst. c) FKVO), beginnt die Phase II mit einer weiteren Frist, die gemäß Art. 10 Abs. 3 FKVO höchstens 90 Arbeitstage nach Einleitung des Verfahrens beträgt. Ausdruck des Beschleunigungsgrundsatzes ist die Bestimmung des Art. 10 Abs. 2 FKVO, wonach in Phase II eine Entscheidung ergehen muss, sobald die ernsthaften Bedenken der Kommission, insbesondere durch von den beteiligten Unternehmen vorgenommene Änderungen, ausgeräumt worden sind. Auch in der Phase II gilt es, wesentliche formale Schritte wie die Anhörung der Beteiligten sowie Dritter und die Anhörung des Beratenden Ausschusses einzuhalten. Dennoch ist eine Entscheidung vor Ablauf der Frist von 90 Arbeitstagen üblich.

1823 Durch die Revision der FKVO im Jahr 2004 wurde im Fall des Angebots von Verpflichtungszusagen eine **automatische Fristverlängerung** auch in Phase II eingeführt, um den zeitlichen Druck in typischen Phase II-Fällen zu mildern. Nach Art. 10 Abs. 3 Unterabs. 1 beträgt die Frist in diesem Fall 105 Arbeitstage nach Einleitung des Verfahrens. Um einen Anreiz für eine frühzeitige Vorlage von Verpflichtungszusagen und die Aussicht auf ein zügiges Verfahrensende zu bieten, tritt eine Fristverlängerung in Phase II jedoch erst dann ein, wenn die Verpflichtungszusagen am oder nach dem 55. Arbeitstag nach Verfahrenseinleitung vorgelegt werden.

1824 Zusätzlich besteht für die Kommission gemäß Art. 10 Abs. 3 Unterabs. 2 die Möglichkeit, die Frist in Phase II-Fällen um bis zu 20 Arbeitstage zu verlängern. Generell sollte die **Fristverlängerung auf Antrag der Anmelder** erfolgen. Jedenfalls darf sie nicht ohne deren Einverständnis geschehen.

---

fiktion des Art. 10 Abs. 6 entging sie in diesem wettbewerblich kritischen Fall, indem sie dem Verweisungsantrag des BKartA stattgab. Das ging auch nach Ablauf der damals geltenden Sechswochenfrist nach Auffassung der Kommission, da nach Art. 9 Abs. 4 Buchst. a) FKVO a. F. eine Verweisungsentscheidung »in der Regel« innerhalb der Sechswochenfrist erging, also durchaus auch noch später möglich war. Nach der Genehmigungsfiktion des Art. 10 Abs. 6 FKVO galt ein Zusammenschluss auf der anderen Seite auch in der alten Fassung der FKVO »unbeschadet des Artikels 9« als mit dem Gemeinsamen Markt vereinbar. Art. 9 FKVO war also in diesem Fall vorrangig.

(c) Frist nach Aufhebung der Entscheidung durch den Europäischen Gerichtshof

Nach Art. 10 Abs. 5 FKVO wird ein Zusammenschluss erneut von der Kommission geprüft, wenn die diesen Zusammenschluss betreffende Entscheidung der Kommission durch Urteil des Europäischen Gerichtshofs ganz oder teilweise für nichtig erklärt wurde[1879]. Die Prüfung des Zusammenschlusses wird **in Phase I zurückversetzt** und mit einer Entscheidung nach Art. 6 Abs. 1 FKVO abgeschlossen. Dabei werden die dann aktuellen Marktverhältnisse zugrundegelegt. Vor der erneuten Prüfung müssen die Anmelder entweder eine neue Anmeldung vorlegen, sofern sich die Marktbedingungen oder die früheren Angaben geändert haben, oder sie ergänzen ihre ursprüngliche Anmeldung. Sind keine Änderungen eingetreten, so bestätigen sie dies unverzüglich. Fristbeginn ist der Arbeitstag, der auf den des Eingangs der vollständigen neuen Anmeldung, der Anmeldungsergänzung oder der Bestätigung, dass keine zwischenzeitlichen Änderungen eingetreten sind, folgt.

1825

(d) Die Genehmigungsfiktion

Ergeht innerhalb der Verfahrensfristen keine Entscheidung nach Art. 6 Abs. 1 Buchst. b) oder c) beziehungsweise nach Art. 8 Abs. 1, 2 oder 3 FKVO, so gilt der Zusammenschluss als für mit dem Gemeinsamen Markt vereinbar. Diese Genehmigungsfiktion des Art. 10 Abs. 6 FKVO gilt unbeschadet des Artikels 9[1880].

1826

(e) Weitere Fristen

Innerhalb dieser Verfahrensfristen muss die Kommission weitere Fristen beachten. Es handelt sich teils um gesetzliche Fristen wie die Frist über einen Verweisungsantrag[1881], teils um Fristen der Verwaltung wie die Regeln über die Anhörung.

1827

(2) Fristenberechnung

(a) Der Fristbeginn

Der Beginn der Frist für Verfahren und Entscheidungen nach der FKVO ist in Art. 7 DVO geregelt. Die Fristen beginnen grundsätzlich mit dem Arbeitstag, der auf das Ereignis folgt, auf das die jeweilige Bestimmung der FKVO Bezug nimmt, es sei denn, die FKVO enthält abweichende Regelungen. Die Frist des Art. 10 Abs. 1 beginnt demnach mit dem Arbeitstag, der auf den Eingang der Anmeldung folgt, oder, wenn die bei der Anmeldung zu erteilenden Auskünfte unvollständig sind,

1828

1879 So geschehen in der Entscheidung Kali+Salz, Kommission, 9. 7. 1998, M.308 »Kali+Salz/MDK/Treuhand«; aufgehoben durch EuGH, 31. 3. 1998 »Französische Republik, SCPA und EMC/Kommission«, verbundene Rs. C-68/94 und C 30/95, Slg. 1998, I-1375; Kommission, 30. 10. 2001, M.2416 »Tetra Laval/Sidel« aufgehoben durch EuG, 25. 10. 2002, »Tetra Laval/Kommission«, Rs. T-05/02 Slg. 2002, II-4381; Kommission, 10. 10. 2001, M.2283 »Schneider/Leyrand«, aufgehoben durch EuG, 22. 10. 2002 »Schneider Electric/Kommission«, Rs. T-310/01, Slg. II-4071.

1880 Durch den Vorrang des Art. 9 FKVO kann die Kommission eine Verweisungsentscheidung nach Art. 9 Abs. 3 FKVO auch treffen, wenn die Frist von 35 Arbeitstagen des Art. 10 Abs. 1 Unterabs. 2 FKVO ohne den Erlass einer Entscheidung verstrichen ist. Auch wenn die Verweisungsfiktion des Art. 9 Abs. 5 FKVO greift, stellt der Vorrang des Art. 9 sicher, dass der verwiesene Zusammenschluss nicht etwa mit Ablauf der Frist für die Phase II als genehmigt gilt.

1881 z. B. Art. 9 Abs. 4 Buchst. b) sowie Art. 9 Abs. 5 FKVO.

mit dem auf den Eingang der vollständigen Auskünfte folgenden Arbeitstag. Nach Art. 5 Abs. 1 DVO werden – vollständige – Anmeldungen am Tag ihres Eingangs bei der Kommission wirksam[1882] Wird ein Zusammenschluss also an einem Freitag angemeldet, beginnt die Verfahrensfrist am darauf folgenden Montag[1883].

1829 Damit weicht die Fristberechnung für Verfahren vor der Kommission von der für Verfahren vor dem BKartA ab. Nach deutschem Recht beginnt die Frist mit dem Tag des Eingangs der Anmeldung. Eine Anmeldung am Freitag bedeutet daher, dass die Monatsfrist des § 40 Abs. 1 GWB am Freitag beginnt.

1830 Art. 7 DVO regelt auch den Beginn der nachfolgenden Fristen: So beginnt die Frist des Art. 9 Abs. 2 für den jeweiligen Mitgliedstaat mit dem Anfang des Arbeitstages, der auf den Tag des Eingangs der Kopie der Anmeldung bei dem Mitgliedstaat folgt. Die Frist des Art. 9 Abs. 4 Buchst. b) FKVO beginnt am Anfang des Arbeitstages, der auf den Tag des Wirksamwerdens der Anmeldung folgt. Der Anfang des Arbeitstages, der auf den Tag der Verweisung durch die Kommission folgt, ist der Beginn der Frist nach Art. 9 Abs. 6 FKVO. Die Frist des Art. 10 Abs. 3 FKVO beginnt am Anfang des Arbeitstages, der auf den Tag der Einleitung des Verfahrens folgt. Der Anfang des Arbeitstages, der auf den Tag folgt, an dem ein Zusammenschluss bei einem Mitgliedstaat angemeldet oder ihm, falls eine Anmeldung nicht erforderlich ist, anderweitig zur Kenntnis gebracht wurde, ist Beginn der Frist von 15 Arbeitstagen des Art. 22 Abs. 2 Unterabs. 2 FKVO.

(b) Das Fristende

1831 Das Fristende berechnet sich nach Art. 8 DVO. Danach endet die Frist mit Ablauf des letzten Arbeitstages der angegebenen Verfahrensfrist. Die Frist für die Entscheidung über eine Anmeldung, die bei der Kommission am 28. 7. 2003, einem Montag, vor 17 Uhr eingereicht wird, beginnt danach am Dienstag, dem 29. 7. 2003. Die Frist von 25 Tagen endet – aufgrund des in Belgien geltenden Feiertages Maria Himmelfahrt am 15. August – mit Ablauf des Dienstags, dem 2. 9. 2003. Da der letzte Tag der Frist seit der Neuregelung der Verfahrensfristen durch die Revision im Jahr 2004 immer ein Arbeitstag ist, sind keine Regelungen mehr zum Ausgleich von Wochenend- und Feiertagen erforderlich.

1832 In Verfahren vor dem BKartA endet die nach Monaten bemessene Frist für das Prüfverfahren mit Ablauf des Tages, welcher durch seine Zahl dem Tag entspricht, an dem der Zusammenschluss angemeldet wurde[1884]. Die Monatsfrist für die Prüfung eines Zusammenschlusses, der z. B. am 28. 7. 2003 angemeldet wurde, endet demnach am 28. 8. 2003. Fällt das Fristende auf einen Samstag, Sonntag oder Feiertag, so tritt an die Stelle dieses Tages der nächste Werktag[1885].

1882 Das Formblatt CO, Einleitung 1.4. präzisiert, dass eine Anmeldung montags bis donnerstags vor 17 Uhr, freitags und an Arbeitstagen, auf die ein gesetzlicher Feiertag oder ein von der Kommission festgesetzter arbeitsfreier Tag folgt, vor 16 Uhr bei der Kanzlei/Registratur Fusionskontrolle eingereicht werden muss, um noch am selben Tag wirksam zu werden. Andernfalls gilt sie als am nächsten Arbeitstag eingegangen.
1883 Unter der Einschränkung, dass dies kein Feiertag der Kommission i. S. d. Art. 24 DVO ist.
1884 Vgl. §§ 187 Abs. 1, 188 Abs. 2 BGB. Bei der Berechnung der Frist wird der Tag der Anmeldung selber nicht mitgerechnet.
1885 § 193 BGB.

Auch vor der Umstellung auf eine Fristberechnung nach Arbeitstagen sahen die einschlägigen Regelungen der DVO a. F. einen Ausgleich für ausgefallene Arbeitstage vor. Mit der neuen Fristberechnung, die durch die Revision im Jahr 2004 eingeführt wurde, war keine große Änderung, sondern nur eine Vereinfachung beabsichtigt. Die Berechnung der Verfahrensfristen war vor der Umstellung auf eine Fristberechnung nach Arbeitstagen unter anderem wegen des Prinzips des Ausgleichs von Feiertagen nicht immer einfach und transparent. Die Regelung des Art. 7 Abs. 8 und Art. 8 DVO a. F. bewirkte, dass sich die Fristen der Art. 9, 10 und 22 der FKVO um gesetzliche oder sonstige Feiertage der Kommission verlängerten, die in die genannten Fristen fielen. Damit war, ebenso wie nach der nunmehr geltenden Regelung sichergestellt, dass die kurzen Fristen der FKVO immer die gleiche Anzahl von Arbeitstagen hatten. 1833

Es bestehen **Besonderheiten in Phase II.** Die Tatsache, dass die Entscheidungen in Phase II von dem Kollegium der Kommissare getroffen werden, bewirkt, dass die in dieser Phase geltenden Fristen nicht voll ausgeschöpft werden können. Die folgenden Verfahrensschritte verkürzen faktisch die Fristen. 1834

Die Kommission entscheidet in der Regel nach mündlicher Erörterung eines Falles im Laufe ihres wöchentlichen Treffens, das normalerweise mittwochs stattfindet. Da die Möglichkeit besteht, dass die Kommission bei der ersten Erörterung eines Falles zu keiner Entscheidung gelangt, wird der Entscheidungsentwurf der Kommission bereits eine Woche zuvor auf die Tagesordnung des wöchentlichen Treffens gesetzt. Die Vorbereitung dieser Treffen geschieht durch die Kabinette der Kommissare, die sich erstmals gegen Ende der diesem Treffen vorausgehenden Woche mit dem Entscheidungsentwurf befassen und diesen dazu bereits mehrere Arbeitstage zuvor erhalten. Zum Zeitpunkt der Entscheidung der Kommission muss die Entscheidung nicht nur in der Verfahrenssprache, sondern auch in den Arbeitssprachen der Kommission (englisch, französisch und deutsch) vorliegen. Faktisch verkürzt sich allein durch diese Verfahrensschritte die Frist für die Ermittlungen und die Vorbereitung des Entscheidungsentwurfs um mindestens 10 Arbeitstage. Sobald die Kommission ihre Entscheidung trifft – und damit vor Ablauf der Frist des Art. 10 Abs. 3 –, wird diese den Anwälten der Anmelder zugestellt. 1835

(3) Fristverlängerung

Unternehmen haben in der Regel ein Interesse daran, Fusionskontrollentscheidungen innerhalb kurzer Frist zu erhalten. Eine Verlängerung der gesetzlichen Frist kann jedoch durchaus im Interesse der Anmelder sein, wenn ein Zusammenschluss wettbewerblichen Bedenken begegnet und vertieft in Phase II geprüft wird. Dann haben die Anmelder die Möglichkeit, Gutachten in Auftrag zu geben, die ihren Standpunkt stützen, oder geeignete Zusagen zur Lösung der wettbewerblichen Probleme anzubieten. Auch die Kommission hat in komplexen Phase II-Fällen ein Interesse daran, mehr Zeit z. B. für ökonometrische Analysen oder die Bewertung etwaiger Effizienzvorteile und die gründliche Prüfung der von den Parteien vorgebrachten Argumente zur Verfügung zu haben. 1836

Aus diesem Grund ist mit der Revision der FKVO im Jahr 2004 in Art. 10 Abs. 3 die Möglichkeit einer Verlängerung der Phase II eingeführt worden. Nach Unterabs. 1 verlängert sich die Frist von 90 Arbeitstagen um weitere 15 Tage, wenn die 1837 beteiligten Unternehmen 55 Arbeitstage nach Einleitung des Verfahrens oder später ein Zusagenangebot machen. Nach Unterabs. 2 kann die Phase II um weitere 20 Arbeitstage verlängert werden. Die Kommission kann die Frist von bis zu 90 bzw., im Falle eines Zusagenangebotes von Seiten der Parteien, von bis zu 105 Arbeitstagen für die Phase II jederzeit nach Einleitung des Verfahrens verlängern. Sie benötigt dazu die Zustimmung der Anmelder. Die Frist verlängert sich auf Initiative der Anmelder, wenn sie diese spätestens 15 Arbeitstage nach Einleitung des Verfahrens beantragen. Sie dürfen eine Verlängerung nur einmal beantragen. Die Gesamtdauer aller Fristverlängerungen darf 20 Arbeitstage nicht übersteigen, sodass die Kommission eine Entscheidung in der Phase II spätestens 125 Arbeitstage nach der Verfahrenseinleitung erlassen muss.

1838 Damit ist das Verfahren weniger flexibel als das Fusionskontrollverfahren vor dem deutschen BKartA. Dort können die Fristen im Hauptprüfverfahren mit Zustimmung der anmeldenden Unternehmen jederzeit und ohne zeitliche Vorgaben verlängert werden[1886].

1839 Ungeklärt ist, ob der Lauf der Verfahrensfrist durch Rücknahme der Anmeldung aufzuhalten ist. Art. 6 Abs. 1 Buchst. c FKVO bestimmt jedoch, dass Verfahren in der Phase II immer mit einer Entscheidung nach Art. 8 Abs. 1 bis 4 FKVO abgeschlossen werden, es sei denn, die beteiligten Unternehmen haben den Zusammenschluss aufgegeben. Eine Rücknahme der Anmeldung in der Phase II führt nur dann nicht zu einer Entscheidung innerhalb der Prüfungsfrist des Art. 10 Abs. 3 FKVO, wenn die Parteien zur Zufriedenheit der Kommission darlegen, dass sie nicht mehr beabsichtigen, den Zusammenschluss zu vollziehen. Um eine solche Absicht darzulegen, wird mindestens die Aufhebung des dem Zusammenschluss zu Grunde liegenden Kaufvertrages erforderlich sein. Beruht die Einigung der Parteien auf einem »letter of intent«, ist zur Glaubhaftmachung eine schriftliche Erklärung beider Parteien erforderlich, dass sie einen Vertragsabschluss nicht mehr beabsichtigen. Öffentliche Übernahmeangebote sollten ebenfalls mit öffentlicher Ankündigung zurückgenommen werden. In Phase II kann eine Anmeldung nur bei endgültiger Aufgabe des Vorhabens zurückgenommen werden.

1840 Eine Anmeldung in der Phase I müsste hingegen jederzeit vor einer Entscheidung zur Einleitung des Verfahrens nach Art. 6 Abs. 1 Buchst. c FKVO zurückgenommen werden können, da Art. 4 Abs. 1 FKVO keinen Zeitpunkt vor Vollzug des Zusammenschlusses angibt, bis zu dem die Anmeldung bei der Kommission erfolgt sein muss. Die Kaufverträge müssen folglich nicht aufgehoben werden. Vor der Revision der FKVO im Jahr 2004 enthielt Art. 4 Abs. 1 a. F. eine Anmeldefrist von einer Woche nach Abschluss des Kaufvertrages. Bei einer Rücknahme der Anmeldung ohne gleichzeitige Aufhebung des Kaufvertrages hätte immer ein Verstoß gegen die Pflicht zur Anmeldung innerhalb der Wochenfrist vorgelegen. Die Aufhebung der Kaufverträge war immer erforderlich. Die Kommission möchte Rücknahmen von Anmeldungen jedoch in Phase I nur unter denselben Voraussetzungen wie in Phase II zulassen. Der Wortlaut der FKVO enthält jedoch keine einsprechende Einschränkung für die Möglichkeit der Rücknahme einer Anmeldung in Phase I. Rücknahmen der Anmeldung in Phase I sowie eine spätere erneute Anmeldung müssten daher möglich sein und würden mehr Zeit z. B. für die Vorbereitung von Zusagen oder Studien bedeuten.

1886 § 40 Abs. 2 Satz 3 Nr. 1 GWB.

Da in den letzten Jahren Anmelder vermehrt kurz vor Versendung der Beschwerdepunkte[1887] oder sogar kurz vor der Entscheidung[1888] die Anmeldung zurückgezogen haben, ist die Kommission vereinzelt dazu übergegangen, sog. deklaratorische Entscheidungen nach Rücknahme der Anmeldung zu erlassen. In dem Verfahren »MCI WorldCom/Sprint«[1889] haben die Anmelder einen Tag, bevor die Kommission die Entscheidung über das Fusionsvorhaben treffen wollte, ihre Verpflichtungszusagen und die Anmeldung bei der Kommission zurückgezogen. Da die Parteien jedoch nur die Anmeldung zurückzogen, nicht jedoch die Vereinbarung aufgaben, aus der sich die Verpflichtung zur Anmeldung des Vorhabens herleitete, hat die Kommission die Entscheidung trotzdem getroffen[1890]. Am 13.7.2000 gaben MCI WorldCom und Sprint bekannt, dass sie ihre Fusionsvereinbarung aufgehoben haben.

1841

c) Entscheidungen

Aus Gründen der Rechtssicherheit sieht die FKVO am Ende jeder Phase des Fusionskontrollverfahrens den Erlass einer Entscheidung vor. Die möglichen Entscheidungen betreffen die Genehmigungsfähigkeit eines angemeldeten Zusammenschlussvorhabens, Befreiungen vom Vollzugsverbot, die Verweisung eines Zusammenschlusses an einen Mitgliedstaat oder von diesem an die Kommission, die Verhängung von Bußgeldern sowie z.B. die Mitteilung an die Anmelder, dass die Anmeldung eines Zusammenschlussvorhabens unvollständig ist.

1842

Im Grundsatz werden Entscheidungen der Kommission von der Gesamtheit der Kommissare als einem Kollegialorgan[1891] getroffen. Auf Grund der Vielzahl der täglich zu treffenden Entscheidungen wurden die Entscheidungsbefugnisse auf einzelne Kommissare, Generaldirektoren oder Direktoren von Generaldirektionen übertragen. Im Zuge der Reform der Kommission im Jahr 2000 sind neue Verfahrensregeln eingeführt worden[1892]. Weitreichende Möglichkeiten der Ermächtigung einzelner Mitglieder der Kommission oder der Delegation an Beamte der Generaldirektionen sollten bewirken, dass die Gesamtheit der Kommissare mehr Zeit für politische Entscheidungen erhält. Im Bereich der Fusionskontrolle hat die Ermächtigungsmöglichkeit wegen der kurzen zwingenden Fristen der FKVO große Bedeutung. Nach Art. 13 der Geschäftsordnung der Kommission kann diese eines oder mehrere ihrer Mitglieder ermächtigen, in ihrem Namen innerhalb der Grenzen und gemäß den Bedingungen, die sie festlegt, Entscheidungen zu treffen[1893]. Jedes andere Mitglied der Kommission kann an Stelle des jeweils ermächtigten Kommissars im Wege der Vertretung tätig werden. Entsprechend werden die Entscheidun-

1843

1887 Kommission, 4.3.1999, M.1447 »Deutsche Post/trans-o-flex«.
1888 Kommission, 20.11.1997, M.1038 »Worldcom/MCI«.
1889 Kommission, 28.6.2000, M.1741 »MCI Worldcom/Sprint«.
1890 30. WB 2000, Kasten 6 (nach Rdnr. 249), MCI WorldCom (jetzt WorldCom) hat am 27.9.2000 erfolgreich Nichtigkeitsklage gegen die Entscheidung der Kommission erhoben, vgl. EuG, 28.9.2004 »MCI/Kommission«, Rs. T-310/00, bei Redaktionsschluss noch nicht veröffentlicht.
1891 Art. 219 EGV.
1892 Vgl. zu den Verfahren der Beschlussfassung die Geschäftsordnung der Kommission, K (2000) 3614, ABl. L 308/26 ff. vom 8.12.2000.
1893 Engl. »Empowerment« oder franz. »Habilitation«.

gen in Wettbewerbsangelegenheiten häufig nicht von dem Wettbewerbskommissar, sondern einem anderen Mitglied der Kommission unterzeichnet. Das Kollegium der Kommissare kann jederzeit Entscheidungsbefugnisse wieder an sich ziehen, die sie auf einen Kommissar delegiert hat.

Im Folgenden werden die Entscheidungen auf der Grundlage der FKVO und die Entscheidungsträger dargestellt.

(1) Entscheidungen nach Art. 6 FKVO

1844 Das Vorverfahren endet in der Regel nach Ablauf von 25 Arbeitstagen mit dem Erlass einer Entscheidung nach
- Art. 6 Abs. 1 Buchst. a) FKVO: Feststellung, dass der angemeldete Zusammenschluss nicht unter die FKVO fällt, entweder weil der Zusammenschlusstatbestand oder die Umsatzschwellen des Art. 1 nicht erfüllt sind.
- Art. 6 Abs. 1 Buchst. b) FKVO: Freigabeentscheidung u. U. mit Verpflichtungen, mit der der Zusammenschluss für vereinbar mit dem Gemeinsamen Markt erklärt wird.
- Art. 6 Abs. 1 Buchst. c) FKVO: Entscheidung, das Verfahren einzuleiten, weil der Zusammenschluss Anlass zu ernsthaften Bedenken hinsichtlich seiner Vereinbarkeit mit dem Gemeinsamen Markt gibt.

1845 Die sog. 6(1)(b)-Entscheidung ist der mit weitem Abstand häufigste Entscheidungstyp. Im Jahr 2003 waren 214 der 231 abschließenden Entscheidungen Freigabeentscheidungen in Phase I[1894]. Davon ergingen zehn mit Zusagen. Die **Entscheidungsbefugnis** für alle drei Entscheidungstypen ist per Ermächtigung auf den Wettbewerbskommissar übertragen. Die sog. 6(1)(c)-Entscheidungen, mit denen ein Verfahren eingeleitet wird, werden allerdings von dem Wettbewerbskommissar im Einvernehmen mit dem Präsidenten der EG-Kommission getroffen.

1846 Art. 6 Abs. 1 Buchst. b) in Verbindung mit Art. 6 Abs. 2 FKVO sieht die Möglichkeit vor, einen Zusammenschluss auf der Grundlage von Verpflichtungszusagen der beteiligten Unternehmen zu genehmigen, die eine mit dem Gemeinsamen Markt zu vereinbarende Gestaltung des Zusammenschlusses erlauben. Eine auf Art. 6 Abs. 1 Buchst. a) oder b) FKVO gestützte Entscheidung kann widerrufen werden, wenn die Entscheidung auf unrichtigen Angaben beruht, die von einem beteiligten Unternehmen zu vertreten sind, oder arglistig herbeigeführt worden ist (Art. 6 Abs. 3 Buchst. a) FKVO oder wenn die beteiligten Unternehmen einer in der Entscheidung vorgesehenen Auflage zuwiderhandeln (Art. 6 Abs. 3 Buchst. b) FKVO. Bisher ist erst eine Widerrufsentscheidung nach Art. 6 Abs. 3 Buchst. a) FKVO in dem Fall »Sanofi/Synthélabo«[1895] ergangen. Die Unternehmen hatten eine Freigabeentscheidung aufgrund unrichtiger Angaben herbeigeführt, was neben dem Widerruf der Entscheidung zur Verhängung einer Geldbuße nach Art. 14 Abs. 1 Buchst. b) FKVO a. F. geführt hat. Die Entscheidungsbefugnis für Entscheidungen nach Art. 6 Abs. 3 FKVO trägt das Kollegium der Kommissare.

1894 Vgl. die statistischen Angaben auf der website der Kommission unter www.europa.eu.int/comm/competition/mergers/cases/stats.html.
1895 Kommission, 21. 4. 1999, M.1542 »Sanofi/Synthélabo«.

(2) Entscheidungen nach Art. 8 FKVO

Jedes nach Art. 6 Abs. 1 Buchst. c) FKVO eingeleitete Verfahren wird unbeschadet der Möglichkeit der Verweisung an die zuständigen Behörden der Mitgliedstaaten (Art. 9) nach Durchlaufen der Phase II mit einer der Entscheidung nach Art. 8 Abs. 1 bis 4 FKVO abgeschlossen. Eine abschließende Entscheidung entfällt in Phase II nur dann, wenn die beteiligten Unternehmen zur Zufriedenheit der Kommission dargelegt haben, dass sie das Vorhaben endgültig aufgegeben haben. Im Jahr 2003 ergingen von 231 endgültigen Entscheidungen 8 im Phase II[1896]. 1847

Alle auf Art. 8 FKVO gestützten Entscheidungen der Kommission werden von dem Kollegium der Kommissare getroffen. Es besteht also keine Ermächtigung des Wettbewerbskommissars. 1848

Nach Art. 8 Abs. 1 FKVO genehmigt die Kommission einen Zusammenschluss, wenn er den wirksamen Wettbewerb im gemeinsamen Markt oder einem wesentlichen Teil desselben nicht erheblich behindert und – in den in Art. 2 Abs. 4 FKVO genannten Fällen – den Kriterien des Art. 81 Abs. 3 EGV entspricht. Dies ist die Rechtsgrundlage für die seltenen Fälle, in denen ein Zusammenschluss nach Ablauf der Phase II ohne Zusagen freigegeben wird. Im Jahr 2003 hat die Kommission immerhin zwei Zusammenschlüsse in Phase II unbedingt freigegeben. Die Freigabeentscheidung umfasst automatisch Einschränkungen, die mit der Durchführung des Zusammenschlusses unmittelbar verbunden und für diese notwendig sind, die sog. Nebenabreden. Die Kommission prüft jedoch in der Regel nicht mehr, ob es sich bei den Einschränkungen wirklich um eine Nebenabrede handelt. Die Entscheidung darüber, ob die Einschränkung ggf. gegen Art. 81 EGV verstößt, liegt bei den beteiligten Unternehmen. 1849

Art. 8 Abs. 2 FKVO ist die Grundlage für den nach Ablauf der Phase II häufigsten Fall einer Freigabeentscheidung nach einem Zusagenangebot der Parteien. In der Regel wird die Einhaltung dieser Zusagen durch Bedingungen und Auflagen sichergestellt, die die Kommission mit der Entscheidung verbindet. Im Jahr 2003 hat die Kommission sechs Zusammenschlüsse bedingt freigegeben[1897]. Hinsichtlich der Nebenabreden gilt das zuvor zu Art. 8 Abs. 1 FKVO Gesagte. 1850

Art. 8 Abs. 3 FKVO ist die Rechtsgrundlage für Untersagungsentscheidungen der Kommission. Voraussetzung ist, dass der Zusammenschluss den wirksamen Wettbewerb im Gemeinsamen Markt oder einem wesentlichen Teil desselben erheblich behindert oder – in den in Art. 2 Abs. 4 FKVO genannten Fällen – den Kriterien des Art. 81 Abs. 3 EGV nicht entspricht. Im Jahr 2003 hat die Kommission keinen Zusammenschluss untersagt[1898]. 1851

Art. 8 Abs. 4 ist die Grundlage für die Entscheidung der Kommission, einen Zusammenschluss aufzulösen oder eine andere geeignete Maßnahme zu treffen, mit der der Zustand vor dem Zusammenschluss (»status quo ante«) wiederhergestellt wird. Er findet Anwendung auf Zusammenschlüsse, die vollzogen und in der Folge untersagt wurden (Art. 8 Abs. 4 Buchst. a) FKVO oder nach Art. 8 Abs. 2 FKVO bedingt freigegeben werden und unter Verstoß gegen eine der Bedingungen vollzogen 1852

1896 www.europa.eu.int/comm/competition/mergers/cases/stats.html.
1897 Vgl. die statistischen Angaben auf der website der Kommission unter www.europa.eu.int/comm/competition/mergers/cases/stats.html.
1898 Vgl. die statistischen Angaben auf der website der Kommission unter www.europa.eu.int/comm/competition/mergers/cases/stats.html.

wurden. Art. 8 Abs. 4 FKVO ist anlässlich der Revision der FKVO im Jahr 2004 neu gefasst worden, um Unklarheiten der bis dato geltenden Fassung auszuräumen. Gemäß Art. 8 Abs. 1 FKVO a. F. wurde jedes nach Art. 6 Abs. 1 Buchst. c FKVO eingeleitete Verfahren durch eine Entscheidung nach Art. 8 Abs. 2 bis 5 FKVO abgeschlossen. Daraus wurde verschiedentlich geschlossen, dass alle Entscheidungen des Art. 8 FKVO einschließlich der auf Art. 8 Abs. 4 FKVO gestützten nur in den Fällen ergehen können, in denen der Zusammenschluss angemeldet und die Phase II eingeleitet worden war. Die Folge wäre, dass es die Unternehmen letztlich in der Hand hätten, durch die Verweigerung einer Anmeldung eine Auflösungsentscheidung der Kommission abzuwenden. Durch die Streichung des Art. 8 Abs. 1 FKVO a. F., der bei Art. 6 Abs. 1 Buchst. c FKVO eingefügt wurde, hat die Kommission klargestellt, dass Art. 8 Abs. 4 auch bereits vollzogene Zusammenschlüsse erfasst, die bei der Kommission nicht angemeldet wurden.

1853 Mit Hilfe einer Entscheidung nach Art. 8 Abs. 4 FKVO soll der Zustand vor dem Vollzug des Zusammenschlusses (»status quo ante«) wiederhergestellt werden. Art. 8 Abs. 4 FKVO ist auch in diesem Punkt bei der Revision der FKVO im Jahr 2004 präziser gefasst worden, um klarzustellen, dass jede Maßnahme ergriffen werden kann, die geeignet ist, den Zustand vor dem Zusammenschluss wiederherzustellen. Das EuG hat diese Auslegung in der Sache »Tetra Laval/Kommission« bestätigt[1899]. Ist der status quo ante durch Auflösung des Zusammenschlusses allein nicht wiederherzustellen, so kann die Kommission gemäß Art. 8 Abs. 4 weitere Maßnahmen treffen, um den vorherigen Zustand so weit wie möglich zu erreichen.

1854 Die Kommission kann den beteiligten Unternehmen in der Entscheidung nach Art. 8 Abs. 3 FKVO oder in einer gesonderten Entscheidung aufgeben, den Zusammenschluss rückgängig zu machen. Entscheidungen auf der Grundlage des Art. 8 Abs. 4 FKVO a. F. sind bisher in wenigen Fällen[1900] ergangen.

1855 Nach Art. 8 Abs. 5 FKVO, der bei der Revision der FKVO im Jahr 2004 neu eingefügt wurde, kann die Kommission **einstweilige Maßnahmen** anordnen, um wirksamen Wettbewerb wiederherzustellen oder aufrechtzuerhalten. Voraussetzung ist, dass ein Zusammenschluss
– unter Verstoß gegen das Vollzugsverbot des Art. 7 FKVO vollzogen wurde und eine Entscheidung über seine Vereinbarkeit mit dem Gemeinsamen Markt noch nicht getroffen wurde, oder
– unter Verstoß gegen eine Bedingung vollzogen wurde, unter der eine Entscheidung nach Art. 6 Abs. 1 Buchst. b FKVO oder Art. 8 Abs. 2 FKVO ergangen ist, oder
– bereits vollzogen wurde und in der Folge untersagt wird.

1856 Zwar hat die Missachtung einer Bedingung rechtlich zur Folge, dass die Entscheidung unwirksam wird. Da dies aber u. U. nicht ausreicht, um die Einhaltung der Entscheidung zu gewährleisten, hat die Kommission nunmehr mit Art. 8 Abs. 5 FKVO die Möglichkeit, einstweilige Maßnahmen zur Sicherung des Wettbewerbs anzuordnen. Sofern die Kommission einstweilige Maßnahmen anordnet, kann sie

---

1899 Vorschlag für eine Verordnung des Rates über die Kontrolle von Unternehmenszusammenschlüssen, vom 11. 12. 2002, KOM (2002) 711 endgültig, Rdnr. 92.
1900 Kommission, 26. 6. 1997, M.890 »Blokker/Toys ›R‹ US II«; 19. 2. 1997, M.784 »Kesko/Tuko«; 30. 1. 2002, M.2416 »Tetra Laval/Sidel«; 30. 1. 2002, M.2283 »Schneider/Legrand«.

ihre auf Art. 8 Abs. 5 FKVO gestützte Entscheidung erlassen, ohne den Beteiligten zuvor Gelegenheit zur Äußerung zu geben. Sie muss dies aber unverzüglich nach dem Erlass der Entscheidung nachholen. Das bestimmt Art. 18 Abs. 2 FKVO.

Nach Art. 8 Abs. 6 FKVO kann die Kommission Freigabeentscheidungen nach Art. 8 Abs. 1 oder 2 FKVO widerrufen, wenn die Vereinbarkeitserklärung auf unrichtigen Angaben beruht, die von einem der beteiligten Unternehmen zu vertreten sind, oder wenn sie arglistig herbeigeführt worden ist oder wenn die beteiligten Unternehmen einer in der Entscheidung vorgesehenen Auflage zuwiderhandeln. Bislang ist noch keine auf Art. 8 Abs. 6 FKVO gestützte Entscheidung ergangen. 1857

In den Fällen, in denen ein Zusammenschluss unter Verstoß gegen eine Bedingung, die mit einer Entscheidung nach Art. 6 Abs. 1 Buchst. b FKVO oder Art. 8 Abs. 2 FKVO verbunden ist, vollzogen wurde oder in denen eine Entscheidung nach Art. 8 Abs. 6 FKVO widerrufen wurde, kann die Kommission eine abschließende Entscheidung nach Art. 8 FKVO erlassen, ohne an die Frist von höchstens 90 Arbeitstagen – bzw. 105 Arbeitstagen im Falle eines Zusagenangebotes – nach Einleitung des Verfahrens gebunden zu sein (Art. 8 Abs. 7 FKVO). 1858

Die Kommission teilt ihre Entscheidung den beteiligten Unternehmen und den zuständigen Behörden der Mitgliedstaaten unverzüglich mit. 1859

(3) **Sonstige Entscheidungen**

Die weiteren, in der FKVO vorgesehenen Entscheidungen werden entweder von der Kommission in ihrer Gesamtheit, vom Wettbewerbskommissar oder vom Direktor des mit der Prüfung eines Zusammenschlusses befassten Direktorats getroffen, je nach Bedeutung der Entscheidungen für die beteiligten Unternehmen. 1860

Die **Gesamtheit der Kommission** trifft u. a. folgende Entscheidungen: 1861
– Entscheidungen nach **Art. 9** FKVO, sofern ein Verweisungsantrag abgelehnt wird;
– Bußgeldentscheidungen nach **Art. 14** FKVO und abschließende Entscheidungen über die Verhängung von Zwangsgeldern nach **Art. 15** FKVO;
– Nach **Art. 21 Abs. 4** FKVO können die Mitgliedstaaten bei Zusammenschlüssen von gemeinschaftsweiter Bedeutung geeignete Maßnahmen zum Schutz anderer berechtigter Interessen als derjenigen treffen, welche in der FKVO berücksichtigt werden, sofern diese Interessen mit den allgemeinen Grundsätzen und den übrigen Bestimmungen des Gemeinschaftsrechts vereinbar sind. Jedes andere öffentliche Interesse muss der betreffende Mitgliedstaat der Kommission mitteilen. Diese hat es nach Prüfung seiner Vereinbarkeit mit den allgemeinen Grundsätzen und den sonstigen Bestimmungen des Gemeinschaftsrechts vor Anwendung der genannten Maßnahmen anzuerkennen. Die Entscheidung der Kommission ergeht innerhalb von 25 Arbeitstagen.

Der **Wettbewerbskommissar** ist u. a. in folgenden Fällen ermächtigt, für die Kommission zu entscheiden: 1862
– Ein Zusammenschluss wird nach **Art. 3 Abs. 5 Buchst. a** FKVO nicht bewirkt, wenn Kreditinstitute, sonstige Finanzinstitute oder Versicherungsgesellschaften, deren normale Tätigkeit Geschäfte und den Handel mit Wertpapieren für eigene oder fremde Rechnung einschließt, vorübergehend Anteile an einem Unternehmen zum Zwecke der Veräußerung erwerben, sofern sie die mit den Anteilen verbundenen Stimmrechte nicht ausüben, um das Wettbewerbsverhalten des Un-

ternehmens zu bestimmen, oder sofern sie die Stimmrechte nur ausüben, um die Veräußerung der Gesamtheit oder von Teilen des Unternehmens oder seiner Vermögenswerte oder die Veräußerung der Anteile vorzubereiten, und sofern die Veräußerung innerhalb eines Jahres nach dem Zeitpunkt des Erwerbs erfolgt. Die Frist kann von der Kommission auf Antrag verlängert werden, wenn die genannten Institute oder Gesellschaften nachweisen, dass die Veräußerung innerhalb der vorgeschriebenen Frist unzumutbar war.
- Entscheidungen über Freistellungen vom Vollzugsverbot auf der Grundlage von **Art. 7 Abs. 3 FKVO**;
- Entscheidungen, mit denen Verweisungsanträgen von Mitgliedstaaten nach **Art. 9** FKVO ganz oder zum Teil stattgegeben wird;
- Entscheidungen zur Erteilung von Auskünften auf der Grundlage von **Art. 11 Abs. 3** FKVO;
- Entscheidungen, Zwangsgelder nach **Art. 15** FKVO festzusetzen.

1863 Die nachfolgenden Entscheidungen und Maßnahmen ordnet der **Direktor** des mit der Prüfung eines Zusammenschlusses befassten Direktorats an:
- **Einfache Auskunftsverlangen** nach Art. 11 Abs. 2 FKVO;
- Entscheidungen der Kommission zu Nachprüfungen bei Unternehmen und Unternehmensvereinigungen nach **Art. 13**;
- **Unvollständigerklärungen einer Anmeldung** nach Art. 5 Abs. 2 DVO;
- **Genehmigungen von Treuhändern** in Fällen, die mit Bedingungen oder Auflagen freigegeben werden;
- **Veröffentlichungen im Amtsblatt**, z.B. gemäß Art. 4 Abs. 3 FKVO.

1864 Beantragen ein oder mehrere Mitgliedstaaten nach **Art. 22 Abs. 1** FKVO die Prüfung eines Zusammenschlusses i.S.d. Art. 3 FKVO, der die Aufgreifschwellen nicht erfüllt, kann die Kommission die üblichen in der FKVO vorgesehenen Entscheidungen erlassen. Bis zur Revision der FKVO im Jahr 2004 erging die ablehnende Entscheidung über einen auf Art. 22 FKVO gestützten Verweisungsantrag, etwa wegen Überschreitung der Frist des Art. 22 Abs. 4 FKVO a.F., durch die Kommission in ihrer Gesamtheit. Es ist davon auszugehen, dass sich auch nach der Revision an dieser Entscheidungsbefugnis zunächst nichts ändern wird.

1865 Auch für die durch die Revision im Jahr 2004 neu eingeführten Verweisungsmöglichkeiten vor Anmeldung eines Zusammenschlusses (Art. 4 Abs. 4 und 5 FKVO) dürfte sich die Entscheidungsbefugnis wie bei den Verweisungsentscheidungen nach Art. 9 und 22 FKVO verteilen.

d) Veröffentlichung der Entscheidungen

1866 Eine Veröffentlichung im Amtsblatt der Europäischen Union ist gemäß Art. 20 Abs. 1 FKVO nur für die nach Art. 8 Abs. 1 bis 6 sowie Art. 14 und 15 FKVO erlassenen Entscheidungen vorgesehen. Nur die **vorläufigen Entscheidungen** über Freistellungen vom Vollzugsverbot oder über Maßnahmen zur Wiederherstellung des Wettbewerbs im Falle, dass ein Zusammenschluss bereits vollzogen ist (Art. 8 Abs. 5 FKVO), werden nicht veröffentlicht.

1867 Eine Verpflichtung zur Veröffentlichung ist für die auf Art. 6 FKVO gestützten sowie für die weiteren Entscheidungen der Kommission in der FKVO nicht vorgesehen. Entscheidungen nach Art. 6 Abs. 1 Buchst. a und b FKVO, nicht jedoch die auf Art. 6 Abs. 1 Buchst. c FKVO gestützte Entscheidung, die Phase II einzuleiten, werden auf der website[1901] der Kommission veröffentlicht. Auch die auf Art. 9 FKVO gestützten Verweisungsentscheidungen sind seit dem Jahr 2002 auf der website der Kommission zugänglich. Ebenso ist eine Veröffentlichung der endgültigen Entscheidungen über Verweisungsanträge nach Art. 4 Abs. 4 und 5 und Art. 22 FKVO auf der website vorgesehen.

Andere Entscheidungen hingegen, wie z. B. die Befreiung vom Vollzugsverbot nach Art. 7 Abs. 3 FKVO, werden im Wortlaut nicht veröffentlicht. Häufig ist jedoch eine Kurzdarstellung der entsprechenden Entscheidung in Form einer Presseerklärung auf der website zugänglich. Mit der Verordnung (EG) Nr. 1049/2001 des Europäischen Parlaments und des Rates vom 30. 5. 2001 über den Zugang der Öffentlichkeit zu Dokumenten des Europäischen Parlaments, des Rates und der Kommission[1902] aus dem Jahr 2001 besteht jedoch für die Öffentlichkeit eine – bislang wenig genutzte – Zugangsmöglichkeit zu zuvor nicht veröffentlichten Kommissionsdokumenten. **1868**

e) Gebühren

Die Kommission erhebt keine Gebühren zur Deckung der Verwaltungskosten für die von ihr durchgeführten Fusionskontrollverfahren. Ein entsprechender Vorschlag im Grünbuch der Kommission[1903] wurde im Gesetzgebungsverfahren nicht umgesetzt. Anmeldegebühren werden hingegen in einer Vielzahl von Mitgliedstaaten für die Durchführung nationaler Fusionskotrollverfahren erhoben. In Fusionskontrollverfahren vor dem BKartA z. B. werden Gebühren von bis zu 50.000,— Euro fällig[1904]. Diese Gebühr kann sich sogar verdoppeln, wenn der personelle oder sachliche Aufwand unter Berücksichtigung des wirtschaftlichen Werts der gebührenpflichtigen Handlung außergewöhnlich hoch ist[1905]. **1869**

3. Das Verweisungssystem auf Gemeinschaftsebene

Die Kommission ist grundsätzlich für die Beurteilung aller Zusammenschlüsse i. S. d. Art. 3 FKVO zuständig, die die Umsatzschwellen des Art. 1 erfüllen. Von dem starren und ausschließlich am Umsatz orientierten Anknüpfungspunkt der Schwellenwerte gibt es im Wesentlichen zwei Ausnahmen. **1870**

So kann die Kommission Zusammenschlüsse, die aufgrund der von den beteiligten Unternehmen erzielten Umsätze gemeinschaftsweite Bedeutung haben, die sich aber vor allem auf nationaler Ebene auswirken, bei Vorliegen der Voraussetzungen des Art. 9 FKVO nach der Anmeldung an die zuständigen Behörden des betreffenden Mitgliedstaats verweisen[1906]. Dieser Artikel wird auch die »deutsche« Klausel **1871**

1901 www.europa.eu.int/comm/competition/mergers/cases/.
1902 ABl. L 145/43 vom 31. 5. 2001.
1903 Grünbuch über die Revision der Verordung (EWG) Nr. 4064/89 des Rates, vom 11. 12. 2001, KOM (2001) 745/6 endgültig, Rdnr. 227–231.
1904 § 80 Abs. 2 Nr. 1 GWB.
1905 § 80 Abs. 2 Satz 3 GWB.
1906 Nach Art. 6 des Protokolls 24 des EWRA sind auch Verweisungen an EFTA-Staaten möglich, sofern der Zusammenschluss sich hauptsächlich in diesem Staat auswirkt, s. dazu näher oben zum räumlichen Anwendungsbereich der FKVO. Wegen der geringen

genannt, weil er in die FKVO auf Initiative Deutschlands aufgenommen wurde. Die Verweisung kann gemäß Art. 4 Abs. 4 FKVO bereits vor der Anmeldung bei der Kommission auf Initiative der beteiligten Unternehmen erfolgen.

1872 Daneben kann die Kommission auf Antrag eines oder mehrerer Mitgliedstaaten jeden Zusammenschluss i. S. d. Art. 3 FKVO prüfen, der keine gemeinschaftsweite Bedeutung i. S. d. Art. 1 hat. Da diese Zuweisung eines Zusammenschlusses gemäß Art. 22 an die Kommission vor allem auf Initiative der Niederlande neben der weiterer Mitgliedstaaten, die zum Zeitpunkt des Erlasses der FKVO über keine eigene nationale Fusionskontrolle verfügten, in die FKVO aufgenommen wurde, wird sie auch »niederländische« Klausel genannt. Bereits im Vorfeld der Anmeldung bei einer nationalen Wettbewerbsbehörde kann ein Zusammenschluss gemäß Art. 4 Abs. 5 FKVO an die Kommission verwiesen werden.

1873 Das Verweisungssystem der Art. 9 und 22 FKVO wurde im Zuge der Revision der FKVO im Jahr 2004 wesentlich gestärkt. Damit verfolgt die Kommission das Ziel, die Fälle optimal der am besten geeigneten Wettbewerbsbehörde zuzuweisen und die Anzahl der Mehrfachanmeldungen zu reduzieren[1907]. Die Kommission hat grundsätzliche Überlegungen zur Funktionsweise des Verweisungssystems in einer Mitteilung bekannt gemacht[1908]. Darin werden u. a. Auslegungshilfen gegeben und typische Fälle benannt, die sich für eine Verweisung nach Art. 4 Abs. 4 oder Abs. 5, Art. 9 oder Art. 22 FKVO anbieten. Es ist davon auszugehen, dass Verweisungen vor der Anmeldung künftig einen großen Teil aller Verweisungen ausmachen werden. Verweisungen vor Anmeldung haben für die Unternehmen den Vorteil, dass sie unnötige Verzögerungen und Ausgaben vermeiden. Verzögerungen treten hingegen bei Verweisungen nach Anmeldung ein, da dann eine erneute Anmeldung mit einem neu beginnenden Prüfverfahren bei der Wettbewerbsbehörde erforderlich ist, an die verwiesen wurde.

a) Verweisung an die Mitgliedstaaten nach Art. 9 FKVO

(1) Antragsteller

1874 Nach der Anmeldung eines Zusammenschlusses bei der Kommission geht die Initiative für die Verweisung von dem **Mitgliedstaat** aus. Dieses Initiativrecht der Mitgliedstaaten ist seit Beginn der europäischen Fusionskontrolle in Art. 9 FKVO vorgesehen. Dazu kann der Mitgliedstaat der Kommission gemäß Art. 9 Abs. 2 FKVO mitteilen, dass die materiellen Verweisungsvoraussetzungen des Art. 9 Abs. 2 Buchst. a oder Buchst. b FKVO vorliegen. Für die Bundesrepublik Deutschland wird der Verweisungsantrag vom **BKartA** gestellt. Das **Bundesministerium für Wirtschaft und Arbeit**, zu dessen Geschäftsbereich das BKartA gehört, muss dem Verweisungsantrag jedoch zustimmen. Seit der Revision der FKVO hat auch die

---

praktischen Relevanz und der weitgehend gleichen Verweisungsvoraussetzungen wird im Rahmen dieses Handbuches auf die Verweisungsmöglichkeit nach dem EWRA nicht näher eingegangen.

1907 Die Änderungen durch die Revision der FKVO im Jahr 2004 werden im Überblick oben unter Rdnr. 847 ff. dargestellt. Im Rahmen des vorliegenden Kapitels finden die Änderungen dort Erwähnung, wo sie sich ausgewirkt haben.

1908 Commission Notice on Case Referral in respect of concentrations, www.europa.en.int/ comm/competition/mergers/legislation/consultation/case_allocation_tru.pdf.

Kommission gemäß Art. 9 Abs. 2 FKVO die Möglichkeit, einen Mitgliedstaat zur Stellung eines Verweisungsantrags aufzufordern. Damit hat nunmehr auch die **Kommission** ein Initiativrecht für die Stellung eines Verweisungsantrags. Die Aufforderung erfolgt schriftlich unter Angabe der Gründe, aufgrund derer die Kommission der Ansicht ist, dass die nationale Wettbewerbsbehörde besser zur Prüfung des Falles geeignet ist. Es ist jedoch im Ermessen der Mitgliedstaaten, ob sie der Aufforderung der Kommission Folge leisten.

(2) Materielle Verweisungsvoraussetzungen

Nach der Anmeldung eines Zusammenschlusses kann der betreffende Mitgliedstaat, ggf. nach Aufforderung durch die Kommission, eine Verweisung beantragen. Er kann seinen Verweisungsantrag gemäß Art. 9 Abs. 2 FKVO entweder darauf stützen, dass 1875

a) ein Zusammenschluss den Wettbewerb auf einem Markt in diesem Mitgliedstaat, der alle Merkmale eines gesonderten Marktes aufweist, erheblich zu beeinträchtigen droht oder

b) ein Zusammenschluss den Wettbewerb auf einem Markt in diesem Mitgliedstaat beeinträchtigen würde, der alle Merkmale eines gesonderten Marktes aufweist und keinen wesentlichen Teil des Gemeinsamen Marktes darstellt.

Die materiellrechtlichen Kriterien für die Anwendung des Art. 9 Abs. 2 Buchst. a) FKVO sind durch die Revision der FKVO im Jahr 2004 vereinfacht worden. Einfachere Verweisungskriterien sah man zunächst als eine Voraussetzung für die Verkürzung der bis dato geltenden dreiwöchigen Frist für die Stellung eines Verweisungsantrages an. Zuvor musste ein Mitgliedstaat seinen Verweisungsantrag noch darauf stützen, dass ein Zusammenschluss in diesem Mitgliedstaat eine beherrschende Stellung zu begründen oder zu verstärken drohte. Die nationalen Wettbewerbsbehörden mussten dazu bereits im Vorfeld eine eingehende wettbewerbsrechtliche Würdigung vorläufiger Art vornehmen. Die vorgeschlagene Kürzung der Frist für die Antragstellung[1909] von drei Wochen auf 10 Arbeitstage setzte sich jedoch im Gesetzgebungsverfahren nicht durch. Das Erfordernis der Begründung oder Verstärkung einer marktbeherrschenden Stellung zur Begründung eines Verweisungsantrages ist dennoch im Zuge der Revision durch das Erfordernis der erheblichen Behinderung des Wettbewerbs ersetzt worden. Die nationalen Wettbewerbsbehörden müssen nur darlegen, dass ein Zusammenschluss »prima facie« erhebliche wettbewerbswidrige Auswirkungen hat. Dieses Vorbringen ist ohne Präjudiz für das endgültige Ermittlungsergebnis. 1876

Die Verweisungsmöglichkeit des Art. 9 Abs. 2 Buchst. b FKVO wurde erst im Zuge der Novellierung der FKVO im Jahr 1998 zum Ausgleich für die Absenkung der Schwellenwerte in Form des zu dem Zeitpunkt neu eingefügten Art. 1 Abs. 3 FKVO aufgenommen. Für Zusammenschlüsse, die keinen wesentlichen Teil des Gemeinsamen Marktes betreffen, wurden die tatbestandlichen Voraussetzungen für eine Verweisung damit gegenüber denen des Art. 9 Abs. 2 Buchst. a FKVO a. F. erleichtert, da die Notwendigkeit des Nachweises entfiel, dass ein Zusammenschluss eine 1877

[1909] Grünbuch über die Revision der Verordnung (EWG) Nr. 4064/89 des Rates, vom 11. 12. 2001, KOM (2001) 745/6 endgültig, Rdnr. 81.

marktbeherrschende Stellung zu begründen oder zu verstärken drohte. Der wesentliche Unterschied zu einem auf Art. 9 Abs. 2 Buchst. a FKVO gestützten Verweisungsantrag besteht heute darin, dass die Kommission zu einer Verweisung verpflichtet ist, sofern der betroffene Markt keinen wesentlichen Teil des Gemeinsamen Marktes darstellt[1910].

1878 Die Mitgliedstaaten stützen ihren Antrag auf Verweisung eines Zusammenschlusses in der Regel alternativ entweder auf Art. 9 Abs. 2 Buchst. a oder auf Buchst. b FKVO[1911]. Die Verweisung an einen Mitgliedstaat auf der Grundlage des Art. 9 Abs. 2 Buchst. b FKVO ist bislang die Ausnahme geblieben[1912].

(a) **Gesonderter Markt i. S. d. Art. 9 Abs. 2 FKVO**

1879 In beiden Alternativen des Art. 9 Abs. 2 FKVO ist der Nachweis erforderlich, dass sich der Zusammenschluss auf einen Markt in dem antragstellenden Mitgliedstaat auswirkt, »der alle Merkmale eines gesonderten Marktes aufweist«. Der gesonderte Markt bzw. der räumliche Referenzmarkt i. S. d. Art. 9 Abs. 2 wird nach Art. 9 Abs. 7 FKVO bestimmt. Danach besteht der **räumliche Referenzmarkt** »aus einem Gebiet, auf dem die betroffenen Unternehmen als Anbieter oder Nachfrager von Waren oder Dienstleistungen auftreten, in dem die Wettbewerbsbedingungen hinreichend homogen sind und das sich von den benachbarten Gebieten unterscheidet; dies trifft insbesondere dann zu, wenn die in ihm herrschenden Wettbewerbsbedingungen sich von denen in den letztgenannten Gebieten deutlich unterscheiden«. Art. 9 Abs. 7 FKVO zählt im Folgenden Umstände auf, die bei der Bestimmung des räumlichen Referenzmarktes eine besondere Rolle spielen. Danach werden für die Bestimmung des räumlichen Referenzmarktes dieselben Grundsätze herangezogen wie für die im Rahmen von Entscheidungen nach Art. 6 oder Art. 8 FKVO erforderliche räumliche Marktabgrenzung.

1880 Nach Art. 9 Abs. 2 FKVO muss es sich bei dem gesonderten Markt um einen Markt in einem Mitgliedstaat handeln. Im Regelfall betreffen die Verweisungen lokale oder regionale[1913] Referenzmärkte. Verweisungsanträge können jedoch auch im Falle nationaler Referenzmärkte mit Erfolg gestellt werden.

(b) **Wesentlicher Teil i. S. d. Art. 9 Abs. 2 Buchst. b FKVO**

1881 Art. 2 und Art. 9 der FKVO nehmen Bezug auf den Begriff »wesentlicher Teil des Gemeinsamen Marktes«, ohne dass dieser in der FKVO selber definiert wird.

1910 Vgl. Art. 9 Abs. 3 Unterabs. 3.
1911 In dem Verfahren Kommission, 25. 1. 2000, M.1684 »Carrefour/Promodes« Rdnr. 32 hingegen wurde der Antrag auf beide Alternativen gestützt. Die Kommission hat den Zusammenschluss zur wettbewerblichen Beurteilung an Frankreich zurückverwiesen, dabei jedoch offen gelassen, ob die Voraussetzungen des Art. 9 Abs. 2 Buchst. b FKVO erfüllt waren, da sie jedenfalls der Auffassung war, dass die Voraussetzungen des Art. 9 Abs. 2 Buchst. a FKVO a. F. vorlagen.
1912 Kommission, 20. 7. 2001, M.2446 »Govia/Connex South Central«. Der Fall wurde an die zuständigen Behörden Großbritanniens verwiesen; s. auch Darstellung im 31. WB 2001, Rdnr. 319. Ferner: Kommission, 24. 4. 2002, M.2730 »Connex/DNVBVG«; 10. 6. 2003, M.3130 »Arla Foods/Express Dairies«.
1913 Unter »regional« wird an dieser Stelle ein größeres als lokales Gebiet in einem Mitgliedstaat verstanden. In der Fallpraxis der Kommission wird unter einem regionalen Markt häufig auch ein Gebiet verstanden, das sich über einige Mitgliedstaaten erstreckt, z. B. Skandinavien, vgl. Kommission, 11. 11. 1998, M.1157 »Skanska/Scancem«.

Die Kommission betrachtet das **Gebiet eines Mitgliedstaates** unabhängig von dessen wirtschaftlicher Bedeutung, Größe und Einwohnerzahl als wesentlichen Teil des Gemeinsamen Marktes. So wurde Luxemburg in dem Fall »AXA/GRE«[1914] als wesentlicher Teil angesehen. Eine andere Einschätzung würde politisch auf wenig Akzeptanz stoßen. Auch bei der Anwendung von Art. 81 und 82 EGV, bei der der wesentliche Teil nach quantitativen Kriterien, d.h. nach der relativen wirtschaftlichen Bedeutung des Teiles zum gesamten Gemeinsamen Markt beurteilt wird[1915], werden Mitgliedstaaten jeweils als wesentlicher Teil des Gemeinsamen Marktes angesehen. 1882

Schwieriger ist die Frage zu beantworten, wann ein Markt, der kleiner als das Gebiet eines Mitgliedstaates ist, einen wesentlichen Teil des Gemeinsamen Marktes darstellt. Der Flughafen London Gatwick wurde in dem Fall »Exxon/Mobil«[1916] als wesentlicher Teil des Gemeinsamen Marktes für den Markt für Flugzeugtreibstoffe angesehen. In dem Verfahren »Totalfina/Elf«[1917] wurde eine Reihe lokaler Märkte, bestehend aus den Tankstellen mehrerer Autobahnen, als wesentlicher Teil des Gemeinsamen Marktes angesehen[1918]. In dem Verfahren »Govia/Connex South Central«[1919] wurden fünf verschiedene Eisenbahnverbindungen für den Passagiertransport als relevante Märkte zu Grunde gelegt. Keiner dieser Märkte wurde als wesentlicher Teil des Gemeinsamen Marktes angesehen, da sie sogar zusammengenommen nur einen geringen Anteil an dem britischen Passagieraufkommen, sowohl auf der Grundlage von Meilen als auch gemessen an den Einnahmen, darstellten. 1883

(3) Verfahren vor der Kommission

Der Verweisungsantrag muss von den Mitgliedstaaten innerhalb von 15 Arbeitstagen nach Erhalt der Kopie der Anmeldung gestellt werden. Der Fristbeginn für den Verweisungsantrag wird sich daher in aller Regel von dem Beginn der Entscheidungsfrist unterscheiden. Die Entscheidungsfrist beginnt nach Art. 10 Abs. 1 FKVO mit dem Arbeitstag, der auf den Tag des Eingangs der Anmeldung folgt. Die Frist für die Stellung des Verweisungsantrags beginnt hingegen am Anfang des Arbeitstages, der auf den Tag des Eingangs der Kopie der Anmeldung bei dem Mitgliedstaat folgt (Art. 9 Abs. 2 i.V.m. Art. 7 der DVO). Die Kommission ist bemüht, den Verweisungsantrag innerhalb eines Arbeitstages an die Mitgliedstaaten weiterzuleiten. Die Frist endet mit Ablauf des letzten Tages der Frist. 1884

Durch die Stellung des Verweisungsantrages verlängert sich die Frist für Entscheidungen nach Art. 6 Abs. 1 gemäß Art. 10 Abs. 1 Unterabs. 2 FKVO von 25 auf 35 Arbeitstage. 1885

Die Entscheidungsfrist verlängert sich bei Stellung eines Verweisungsantrags für alle auf Grundlage des Art. 6 FKVO gestützten Entscheidungen. Das gilt auch, 1886

1914 Kommission, 8.4.1999, M.1453 – AXA/GRE, Tz. 11.
1915 Edmund Fitzpatrick und Leigh Davison, Competition Policy and the competing Interpretations in: European Business Review, 1997, S. 179, 180; Weitere Nachweise zur Fallpraxis der Kommission sowie zur Rechtsprechung des Europäischen Gerichtshofs in »Commission Notice on case Refferal in respect of concentrations«, Rdnr. 40.
1916 Kommission, 29.9.1999, M.1383 »Exxon/Mobil«, Tz. 813.
1917 Kommission, 9.2.2000, M.1628 »Totalfina/Elf«, Tz. 189.
1918 Siehe dazu näher Rdnr. 1185 ff.
1919 Kommission, 20.7.2001, M.2446 »Govia/Connex South Central«.

C. Europäische Fusionskontrolle

wenn ein Zusammenschluss nicht unter die FKVO fällt und die Kommission dies durch Entscheidung nach Art. 6 Abs. 1 Buchst. a FKVO feststellt[1920]. Die Notwendigkeit einer Verweisung entfällt jedoch in diesen Fällen, da der Zusammenschluss nicht unter die FKVO fällt. Der entsprechende Zusammenschluss muss dann in denjenigen Mitgliedstaaten angemeldet werden, in denen die nationalen Fusionskontrollvorschriften Anwendung finden.

1887 Bei Vorliegen eines Verweisungsantrages verlängert sich auch die Frist für eine Entscheidung nach Art. 8 FKVO entsprechend. Die Frist von höchstens 90 Arbeitstagen für das Hauptprüfverfahren beginnt mit der Einleitung des Verfahrens. Da die Frist für die Einleitung des Verfahrens nach Art. 6 Abs. 1 Buchst. c FKVO bei Vorliegen eines Verweisungsantrages 35 an Stelle von 25 Arbeitstagen beträgt, verlängert sich die Frist für eine Entscheidung nach Art. 8 FKVO in diesen Fällen entsprechend.

1888 Das nachfolgende Schaubild verdeutlicht schematisch – und z.T. in Vorgriff auf die nachfolgenden Ausführungen – den Verfahrensablauf für auf Art. 9 FKVO gestützte Verweisungsanträge[1921].

1920 So geschehen in Kommission, 15. 1. 1996, M.661 »Strabag/Bank Austria/Stuag«; Kommission, 25. 3. 1996, M.711 »Generali/Unicredito«.

1921 Darstellung auf der Grundlage des Schaubildes der Kommission, Anlage zu »Commission Notice on case Refferal in respect of concentrations«.

VI. Verfahren

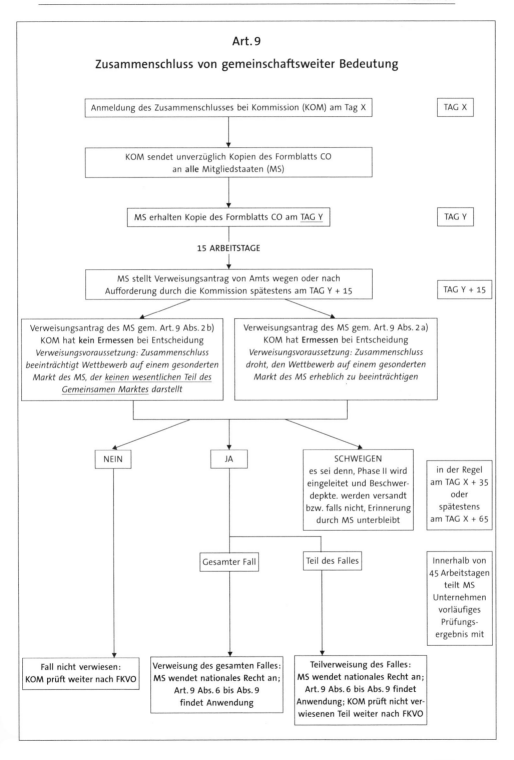

(4) Entscheidungsmöglichkeiten der Kommission

1889 Die möglichen Entscheidungen der Kommission über einen Verweisungsantrag sind in Art. 9 Abs. 3 FKVO geregelt. Die Entscheidung ist davon abhängig, ob ein Verweisungsantrag auf Art. 9 Abs. 2 Buchst. a oder auf Buchst. b FKVO gestützt wird.

(a) Verweisungsanträge nach Art. 9 Abs. 2 Buchst. a

1890 In den Fällen, für die ein Verweisungsantrag auf Art. 9 Abs. 2 Buchst. a FKVO gestützt wird, liegt die Entscheidung bei Vorliegen der Voraussetzungen im **Ermessen** der Kommission.

1891 Dazu prüft sie, ob ein gesonderter Markt in einem Mitgliedstaat vorliegt, auf dem durch den Zusammenschluss der Wettbewerb erheblich beeinträchtigt zu werden droht.

1892 Ist die Kommission der Auffassung, dass ein solcher gesonderter Markt und die Gefahr einer erheblichen Wettbewerbsbeeinträchtigung bestehen, so behandelt sie entweder selber den Fall (Art. 9 Abs. 3 Buchst. a FKVO) oder sie verweist die Gesamtheit oder einen Teil des Falls an die zuständigen Behörden des betreffenden Mitgliedstaats, damit das Wettbewerbsrecht dieses Mitgliedstaats angewandt wird (Art. 9 Abs. 3 Buchst. b FKVO).

1893 Ist die Kommission dagegen der Auffassung, dass ein solcher gesonderter Markt oder eine solche Gefahr nicht bestehen, stellt sie dies gemäß Art. 9 Abs. 3 Unterabs. 2 FKVO durch Entscheidung fest, die sie an den betreffenden Mitgliedstaat richtet, und behandelt selbst den Fall nach Maßgabe der FKVO. Diese Entscheidungsalternative hat kaum praktische Relevanz.

1894 Die Entscheidung über die Verweisung oder Nichtverweisung ergeht nach Art. 9 Abs. 4 Buchst. a in der Regel innerhalb einer Frist von 35 Arbeitstagen, wenn die Kommission nicht gemäß Art. 6 Abs. 1 Buchst. c FKVO ein Verfahren eingeleitet hat[1922].

1895 Wenn ein Fall verwiesen wird, geschieht dies meist in Phase I. Gesonderte Entscheidungen über einen Verweisungsantrag in Phase II sind hingegen die Ausnahme. Dennoch sieht Art. 9 Abs. 4 und 5 FKVO die Möglichkeit einer Verweisungsentscheidung auch im weiteren Verfahrensablauf vor. So verlängert sich die Frist für die Entscheidung über den Verweisungsantrag, wenn die Kommission das Verfahren gemäß Art. 6 Abs. 1 Buchst. c eingeleitet hat. Die Entscheidung über die Verweisung oder Nichtverweisung ergeht gemäß Art. 9 Abs. 4 Buchst. b FKVO spätestens innerhalb von 65 Arbeitstagen nach der Anmeldung, sofern die Kommission noch keine vorbereitenden Schritte zum Erlass der nach Art. 8 Abs. 2, 3 oder 4 FKVO erforderlichen Maßnahmen unternommen hat, um wirksamen Wettbewerb auf dem betroffenen Markt aufrechtzuerhalten oder wiederherzustellen.

1896 **Vorbereitende Schritte** i. S. d. Art. 9 Abs. 4 Buchst. b FKVO sind nach Auffassung der Kommission[1923] erste Maßnahmen, «die binnen der verbleibenden zweieinhalb

---

1922 In Kommission, 29. 10. 1993, M.330 »McCormick/CPC/Rabobank/Ostmann« hatte die Kommission aufgrund einer fehlerhaften Fristenberechnung die Einleitung des Verfahrens nach Art. 6 Abs. 1 Buchst. c FKVO versäumt. Da die Kommission damit keine Untersagungsmöglichkeit mehr besaß, hat sie dem Verweisungsantrag Deutschlands stattgegeben.

1923 Anhang – Anmerkungen – zur Verordnung (EWG) Nr. 4064/89 des Rates, ABl. L 395/1 vom 30. 12. 1989, berichtigte Fassung ABl. L 257/13 vom 21. 9. 1990.

Monate[1924] zu einer endgültigen Entscheidung führen sollen und die gewöhnlich in Form einer Mitteilung der Einwände i. S. v. Art. 18 Abs. 1 FKVO erfolgen«. Das bedeutet, dass die Kommission keine gesonderte Entscheidung über den Verweisungsantrag eines Mitgliedstaates treffen muss, sofern sie innerhalb von 65 Arbeitstagen nach der Anmeldung die sog. **Beschwerdepunkte** zustellt, mit denen die Kommission den Parteien vor einer endgültigen Entscheidung Gelegenheit zur Stellungnahme gibt. In der Regel werden die Beschwerdepunkte innerhalb der genannten Frist versandt, sodass die Notwendigkeit einer gesonderten Entscheidung über den Verweisungsantrag für die Kommission entfällt.

Lässt die Kommission trotz Erinnerung durch den betreffenden Mitgliedstaat die Frist von 65 Arbeitstagen verstreichen, ohne eine Entscheidung über den Verweisungsantrag zu erlassen und ohne Beschwerdepunkte an die Parteien zu verschicken, gilt nach Art. 9 Abs. 5 FKVO die unwiderlegbare Vermutung, dass sie den Fall nach Art. 9 Abs. 3 Buchst. b FKVO an den betreffenden Mitgliedstaat verwiesen hat. Wenn die Mitgliedstaaten hingegen auf eine entsprechende Erinnerung verzichten[1925], entfällt die Notwendigkeit für die Kommission, in Phase II eine gesonderte Entscheidung über den Verweisungsantrag treffen zu müssen. 1897

In allen Fällen also, in denen die Kommission innerhalb von 65 Arbeitstagen nach Anmeldung eines Zusammenschlussvorhabens die Beschwerdepunkte versendet oder aber die Beschwerdepunkte zu einem späteren Zeitpunkt versendet, die Mitgliedstaaten aber keine Erinnerung geschickt haben, erlässt die Kommission keine gesonderte Entscheidung über den Verweisungsantrag. Das gilt nach Auffassung der Kommission sowohl für den Fall, dass die tatbestandlichen Voraussetzungen für eine Verweisung vorliegen als auch für den Fall, dass dies nicht zutrifft. Zwar teilt die Kommission nach dem klaren Wortlaut des Art. 9 Abs. 3 Unterabs. 2 FKVO dem Mitgliedstaat durch eine feststellende Entscheidung mit, dass die tatbestandlichen Voraussetzungen für einen Verweisungsantrag nach Art. 9 Abs. 2 Buchst. a FKVO nach ihrer Auffassung nicht vorliegen. Die Kommission ist jedoch auch in diesem Fall der Meinung, dass sich aus Art. 9 Abs. 4 Buchst. b e FKVO contrario ergibt, dass eine gesonderte Entscheidung nicht mehr ergehen muss, sofern entweder die Beschwerdepunkte innerhalb von 65 Arbeitstagen nach Anmeldung versendet wurden oder dies zu einem späteren Zeitpunkt geschieht und jedenfalls eine Erinnerung durch den Mitgliedstaat unterblieben ist. 1898

Grundsätze der Ermessensausübung

Entscheidungen über auf Art. 9 Abs. 2 Buchst. a FKVO gestützte Verweisungsanträge stehen im **Ermessen der Kommission**. In den Anmerkungen zur FKVO a. F. führten Rat und Kommission zur Frage der Ermessensausübung bei Artikel 9 noch aus, dass »das in Artikel 9 vorgesehene Verfahren der Rückverweisung nur in Ausnahmefällen angewandt werden sollte, wenn ein gesonderter Markt einen erheblichen Teil des Gemeinsamen Marktes darstellt. [...] Der Rat und die Kommission sind der Auffassung, dass eine solche Anwendung von Artikel 9 auf die Fälle beschränkt sein sollte, in denen die Wettbewerbsinteressen des betreffenden Mitgliedstaates nicht auf andere Weise hinreichend geschützt werden könnten.« 1899

1924 Die Fristen in Art. 10 FKVO a. F. wurden nach Monaten, Wochen und Tagen berechnet.
1925 So geschehen in Kommission, 27. 5. 1998, M.993 »Bertelsmann/Kirch/Premiere«; Kommission, 13. 6. 2000, M.1673 »VEBA/VIAG«.

C. Europäische Fusionskontrolle

1900 In der Regel hat die Kommission Fälle zurückverwiesen, die kleinere als nationale Märkte betrafen. Diese Märkte stellen oft keinen wesentlichen Teil des Gemeinsamen Marktes dar, und die Kommission hätte somit ohnehin keine Befugnis zur Untersagung der Zusammenschlüsse[1926]. In den letzten Jahren zeichnet sich jedoch eine Abkehr von dieser restriktiven Ermessensausübung ab. Folgende Gesichtspunkte sprachen in der bisherigen Verweisungspraxis der Kommission bei der Ermessensausübung für eine Prüfung eines Falles durch die Kommission:

1901 – **Verfahrensökonomie**: Eine Verweisung ist unwahrscheinlich, wenn sich ein Zusammenschluss auf einer Anzahl von verbundenen Märkten in mehreren Mitgliedstaaten auswirkt, von denen einer oder mehrere eine Verweisung beantragen. Da die Kommission nach einer Verweisung noch neben dem oder den Mitgliedstaaten mit einer Prüfung des Falles befasst wäre, würde mit diesem Ergebnis das Ziel des »one-stop-shop«-Prinzips unterlaufen. Außerdem würden durch eine solche Aufteilung des Verfahrens auf mehrere Wettbewerbsbehörden eventuelle Zusagenverhandlungen deutlich erschwert. In Fällen, in denen die betroffenen Märkte nicht miteinander verbunden sind, ist die Wahrscheinlichkeit einer Verweisung an einen oder sogar mehrere Mitgliedstaaten[1927] höher.

1902 – **Interessen der Parteien und anderer Beteiligter**: Gegen eine Verweisung sprach in der Vergangenheit, wenn daraus längere Entscheidungsfristen und damit verbunden ein längeres Vollzugsverbot resultierte.

1903 – **Gemeinschaftsinteresse**: Für eine Prüfung durch die Kommission sprechen rechtliche, wirtschaftliche und politische Umstände eines Falles, die eine besondere Bedeutung für die Gemeinschaft und damit für die Kommission haben. So können Zusammenschlüsse, die sich auf nationalen oder kleineren Märkten auswirken und Abschottungseffekte gegen andere Mitgliedstaaten hervorrufen, gegen das Gemeinschaftsinteresse an der Verwirklichung des Gemeinsamen Marktes verstoßen und damit besser von der Kommission geprüft werden[1928]. Auch in Fällen, in denen ein Mitgliedstaat Gesellschafter eines der am Zusammenschluss beteiligten Unternehmen ist oder einem dieser Unternehmen ein besonderes oder ausschließliches Recht i.S.d. Art. 86 EGV gewährt hat, würden mögliche Interessenkonflikte gegen eine Verweisung des Falles sprechen.

1904 Folgende Gesichtspunkte sprachen in der bisherigen Verweisungspraxis der Kommission bei der Ermessensausübung für die Prüfung eines Falles durch die Mitgliedstaaten:
– Der Zusammenschluss erfordert eine besondere Kenntnis der nationalen oder lokalen Märkte für eine erfolgreiche Ermittlung der wettbewerblichen Auswirkungen.

1926 Vgl. den Wortlaut des Art. 2 Abs. 3 FKVO.
1927 Erstmalig hat die Kommission einen Zusammenschluss sogar an drei verschiedene Mitgliedstaaten verwiesen in Kommission, 13.12.2002, M.2898 »Leroy Merlin/Brico«.
1928 So war in dem Verfahren, 13.6.2000, M.1673 »VEBA/VIAG« für die Ablehnung des Verweisungsantrags der Bundesrepublik Deutland entscheidend, dass der Zusammenschluss zu einer Abschottung der nationalen deutschen Strommärkte hätte führen können und damit das Ziel der Liberalisierung der Strommärkte in der Europäischen Gemeinschaft konterkariert hätte.

– Die Wettbewerbsbehörde des Mitgliedstaates prüft einen vergleichbaren Fall oder hat einen solchen erst kürzlich auf dem relevanten Markt geprüft.

Es bleibt abzuwarten, welche Auswirkungen die Revision der FKVO im Jahr 2004 auf die Ermessensausübung durch die Kommission haben wird. Sicher wird nicht ohne Einfluss bleiben, dass das erklärte Ziel der Revision die Schaffung einer flexibleren und erleichterten Möglichkeit der Fallzuweisung zwischen den nationalen Wettbewerbsbehörden und der Kommission ist. 1905

(b) Verweisungsanträge nach Art. 9 Abs. 2 Buchst. b FKVO

Ein Mitgliedstaat kann einen Antrag auf Verweisung gemäß Art. 9 Abs. 2 Buchst. b FKVO darauf stützen, dass ein Zusammenschluss den Wettbewerb auf einem Markt in diesem Mitgliedstaat beeinträchtigen würde, der alle Merkmale eines gesonderten Marktes aufweist und keinen wesentlichen Teil des Gemeinsamen Marktes darstellt. 1906

Nach Art. 9 Abs. 3 Unterabs. 3 FKVO verweist die Kommission in Fällen, in denen ein Mitgliedstaat der Kommission gemäß Art. 9 Abs. 2 Buchst. b FKVO mitteilt, dass ein Zusammenschluss in seinem Gebiet einen gesonderten Markt beeinträchtigt, der keinen wesentlichen Teil des Gemeinsamen Marktes darstellt, den Teil des Falls, der den gesonderten Markt betrifft, an die zuständigen Behörden des betreffenden Mitgliedstaates, wenn sie der Auffassung ist, dass ein gesonderter Markt betroffen ist. Die Kommission überprüft bei ihrer Entscheidung, ob ein gesonderter Markt betroffen ist, ob dieser einen wesentlichen Teil des Gemeinsamen Marktes darstellt und ob der Wettbewerb auf diesem Markt beeinträchtigt wird. Die Entscheidung der Kommission darüber ist eine **gebundene Entscheidung**. 1907

Der Verweisungsautomatismus in den Fällen, in denen ein Zusammenschluss sich auf einem Markt auswirkt, der keinen wesentlichen Teil des Gemeinsamen Marktes darstellt, ist folgerichtig. Die Kommission kann derartige Zusammenschlüsse nach Art. 2 Abs. 3 FKVO nur dann für unvereinbar mit dem Gemeinsamen Markt erklären, wenn sie sich in einem wesentlichen Teil des Gemeinsamen Marktes auswirken. Verweisungsanträge nach Art. 9 Abs. 2 Buchst. b FKVO haben Relevanz für diejenigen Zusammenschlüsse, die sich auf lokalen Märkten auswirken. 1908

In den Fällen, in denen die Kommission mit dem die Verweisung beantragenden Mitgliedstaat der Meinung ist, dass die Voraussetzungen des Art. 9 Abs. 2 Buchst. b FKVO erfüllt sind, erlässt sie zwingend eine Verweisungsentscheidung. Anderenfalls sieht sie – wie bei Verweisungsanträgen, die auf Art. 9 Abs. 2 Buchst. a FKVO gestützt sind – vom Erlass einer gesonderten Entscheidung ab, wenn sie das Verfahren nach Art. 6 Abs. 1 Buchst. c FKVO eingeleitet hat und entweder die Beschwerdepunkte innerhalb von 65 Arbeitstagen nach der Anmeldung versandt hat oder dies zu einem späteren Zeitpunkt geschieht und jedenfalls eine Erinnerung durch den Mitgliedstaat unterblieben ist. 1909

(5) Umfang der Verweisung

Es ist nicht selten, dass die Kommission nur den **Teil eines Falles**, der auf einem gesonderten Markt innerhalb eines Mitgliedstaates zu starken Marktstellungen führt, an den Mitgliedstaat verweist und den Zusammenschluss im Übrigen mit einer Entscheidung nach Art. 6 Abs. 1 Buchst. b FKVO für vereinbar mit dem Ge- 1910

C. Europäische Fusionskontrolle

meinsamen Markt erklärt[1929]. Von Unternehmensseite wurde in Stellungnahmen zum Grünbuch der Kommission kritisiert[1930], dass die teilweise Übertragung der Zuständigkeiten den Grundsatz der einmaligen Anmeldung unterlaufe und in Bezug auf Zeitplanung, Kosten und Rechtssicherheit negative Folgen haben könne. Die Möglichkeit der teilweisen Verweisung ist jedoch bei der Revision der FKVO unverändert bestehen geblieben. Auch das EuG hat in einer Entscheidung[1931], die das Zusammenschlussverfahren »SEB/Moulinex«[1932] betraf, festgestellt, dass Teilverweisungen zur »Fragmentierung« von Fällen führen und das »one-stop-shop«-Prinzip unterlaufen. Es ist davon auszugehen, dass die Kommission künftig zurückhaltender bei der nur teilweisen Verweisung eines Falles sein wird. Dies gilt insbesondere in Fällen, in denen zu befürchten ist, dass die Teilverweisung zu divergierenden Entscheidungen der mit der Prüfung befassten Wettbewerbsbehörden führt.

1911 Der Umfang der Verweisung richtet sich grundsätzlich nach dem Verweisungsantrag des Mitgliedstaates. Bisher hat die Kommission, sofern sie nicht den gesamten Fall zur Prüfung an den antragstellenden Mitgliedstaat verwiesen hat, nur diejenigen Märkte zur weiteren Prüfung überlassen, auf denen nach den Angaben des Mitgliedstaats das Vorhaben – wie es nach damaliger Rechtslage erforderlich war – eine beherrschende Stellung zu begründen oder zu verstärken drohte.

1912 Die Kommission hat im Jahr 2001 erstmals einen kompletten Sektor in einem Mitgliedstaat zur Untersuchung an eine nationale Behörde verwiesen, obwohl diese nicht geltend gemacht hatte, dass das Vorhaben auf allen Märkten dieses Sektors eine – nach damaliger Rechtslage erforderliche – beherrschende Stellung zu begründen oder zu verstärken drohte[1933]. Es handelte sich um die Zusammenschlussvorhaben »BP/E.ON«[1934] und »Shell/DEA«[1935]. In beiden Fällen hat die Kommission den Teil der Zusammenschlussvorhaben an das BKartA verwiesen, bei dem es um Mineralölprodukte insgesamt ging, obwohl das BKartA auf einigen Märkten dieses Bereiches wie z.B. dem Markt für Rohöle, Additive, Petrolat und Paraffinkuchen keine Wettbewerbsprobleme festgestellt hatte. Die Kommission begründete diese Entscheidung damit, dass eine Verweisung nur einiger Märkte für Mineralölprodukte die Beurteilung des Falles unnötig zerstückelt hätte. Zwischen allen Märkten für Mineralölprodukte bestand nach ihrer Ansicht ein untrennbarer Zusammenhang, da sie alle Glieder einer Kette von Produkten sind, die bei der Mineralölverarbeitung anfallen. Die Kommission hat hingegen den vorgelagerten Markt für Petrochemie einer vertieften Prüfung unterzogen.

1929 Kommission, 24.1.1992, M.180 »Tarmac/Steetley«; Kommission, 6.7.1994, M.460 »Holdercim/Cedest«; Kommission, 24.4.1997, M.894 »Rheinmetall/British Aerospace/STN Atlas«; Kommission, 30.10.1997, M.991 »Promodès/Casino«; Kommission, 10.11.1997, M.1001 »Preussag/Hapag-Lloyd«.
1930 Grünbuch über die Revision der Verordnung (EWG) Nr. 4064/89 des Rates, vom 11.12.2001, KOM (2001) 745/6 endgültig, Rdnr. 75.
1931 EuG, 3.4.2003, »Royal Philips Electronics/Kommission«, Rs. T-119/02. Slg. 2003, II-1433.
1932 Kommission, 8.1.2002, M.2621 »SEB/Moulinex«.
1933 Vgl. Darstellung im 31. WB 2001, Rdnr. 317 f.
1934 Kommission, 6.9.2001, M.2533 »BP/E.ON« (Verweisungsentscheidung).
1935 Kommission, 23.8.2001, M.2389 »Shell/DEA« (Verweisungsentscheidung).

VI. Verfahren

(6) Fortführung des Verfahrens in den Mitgliedstaaten

Die Kommission richtet die Verweisungsentscheidung an die zuständige Behörde des Mitgliedstaats[1936]. Nach der Verweisung wendet der betroffene Mitgliedstaat seine nationalen Wettbewerbsvorschriften an. Im Falle einer Verweisung an das BKartA muss ein Zusammenschluss dort in deutscher Sprache angemeldet werden. Das Verfahren wird nach den §§ 35 ff. GWB durchgeführt. Die zuständige Wettbewerbsbehörde muss gemäß Art. 9 Abs. 6 FKVO die beteiligten Unternehmen innerhalb von 45 Arbeitstagen über das **vorläufige Prüfungsergebnis** und die ggf. von ihr beabsichtigten Maßnahmen informieren. Das entspricht im Ergebnis den Informationen, die die beteiligten Unternehmen auf Gemeinschaftsebene durch eine Entscheidung nach Art. 6 Abs. 1 Buchst. c FKVO über die Einleitung der Phase II erhalten. Diese Frist beginnt am Arbeitstag, der auf den des Eingangs der vollständigen Anmeldung bei der zuständigen Wettbewerbsbehörde des Mitgliedstaates folgt. Ausnahmsweise kann die Frist gehemmt werden, wenn die beteiligten Unternehmen die für eine Anmeldung nach nationalem Recht erforderlichen Angaben noch nicht gemacht haben. 1913

Der durch die Revision im Jahr 2004 überarbeitete Text des Art. 9 Abs. 6 FKVO stellt damit klar, dass es sich bei den innerhalb der Frist zu treffenden Maßnahmen der nationalen Wettbewerbsbehörden nicht um abschließende Entscheidungen[1937] handeln muss. Auf Grund der Unterschiede zwischen den innerstaatlichen Rechtsvorschriften wurde es als unmöglich angesehen, eine einheitliche Frist für den Erlass abschließender Entscheidungen nach innerstaatlichem Recht vorzuschreiben. Art. 9 Abs. 6 hat dennoch zum Ziel, die Dauer von Verfahren in Fällen, die nach Art. 9 verwiesen wurden, zeitlich zu begrenzen. Der immer wieder von Unternehmensseite erhobenen Forderung nach einer zeitlichen Beschränkung des mitgliedstaatlichen Verfahrens auf die Länge des Prüfverfahrens bei Weiterführung durch die Kommission wurde mit dieser Neufassung nicht entsprochen. 1914

Ferner kann der Mitgliedstaat, der das an ihn verwiesene Verfahren der Kommission weiterführt, gemäß Art. 9 Abs. 8 nur die Maßnahmen ergreifen, die zur Aufrechterhaltung oder Wiederherstellung wirksamen Wettbewerbs auf dem betreffenden Markt unbedingt erforderlich sind. Es liegt im Ermessen der nationalen Wettbewerbsbehörden zu entscheiden, wie sie dieser Verpflichtung nachkommen, doch müssen sie sich dabei an den Grundsatz der Verhältnismäßigkeit halten. Die Kommission hat nach der Verweisungsentscheidung keine Einfluss- oder Aufsichts- 1915

1936 Die Entscheidung wird offiziell per Fax an die Ständige Vertretung Deutschlands bei der Europäischen Union in Brüssel zugestellt, mit der schriftlichen Bitte, »die Entscheidung an den Herrn Bundesminister des Auswärtigen weiterzuleiten«.
1937 In diesem Sinne ist aber wohl die Entscheidung des EuG vom 3. 4. 2003 in der Rs. T-119/02 »Royal Philips/Kommission«, Rdnr. 141, zu verstehen, die jedoch auf der Grundlage des Art. 9 Abs. 6 FKVO a. F. erging. Dieser lautete: »Die Veröffentlichung der Berichte oder die Bekanntmachung der Schlussfolgerungen aus der Untersuchung über den Zusammenschluss durch die zuständigen Behörden des betreffenden Mitgliedstaates erfolgt spätestens vier Monate nach der Verweisung durch die Kommission.« Royal Philips Electronics NV klagte u. a. gegen die Verweisungsentscheidung der Kommission in dem Verfahren Kommission, 8. 1. 2002, M.2621 »SEB/Moulinex«. Damit wurde erstmalig eine Verweisungsentscheidung der Kommission angefochten.

Zeise

möglichkeiten mehr auf das Verfahren. Die in den Mitgliedstaaten fortgeführten Verfahren unterliegen allein der Kontrolle durch nationale Gerichte[1938].

b) Verweisung an die Mitgliedstaaten nach Art. 4 Abs. 4 FKVO

1916 Während vor der Revision der FKVO im Jahr 2004 eine Verweisung erst nach Anmeldung eines Zusammenschlusses bei der Kommission beantragt werden konnte, sind Verweisungen nunmehr bereits vor der Anmeldung eines Zusammenschlusses möglich. Die Möglichkeit und die Erfolgsaussichten eines solchen Antrags können jederzeit und sollten auch mit der Kommission in informellen Vorgesprächen erörtert werden. Das System der Fusionskontrolle innerhalb der Gemeinschaft soll dadurch effizienter gestaltet werden[1939], dass nur eine Anmeldung bei der letztendlich auch entscheidenden Wettbewerbsbehörde nötig ist. Damit ist der häufig von Seiten der Wirtschaft geäußerten Kritik an der Verfahrenslänge und den unnötigen Kosten der Anmeldung bei der Kommission im Falle, dass ein Verweisungsantrag gestellt wird, begegnet worden. Ein Antrag nach Art. 4 Abs. 4 FKVO bietet sich an, wenn die Unternehmen der Auffassung sind, ihr Zusammenschluss werde besser auf nationaler Ebene geprüft, oder wenn sie der Meinung sind, nach der Anmeldung könnten ein oder mehrere Mitgliedstaaten eine Verweisung des Falles nach Art. 9 beantragen.

1917 Vor der Anmeldung haben die **zur Anmeldung verpflichteten Unternehmen** ein ausschließliches Initiativrecht für die Stellung eines Verweisungsantrags, da sie die Umstände des Falls besser kennen als die später mit der Prüfung befassten Behörden[1940].

1918 Die zur Anmeldung verpflichteten Unternehmen müssen für ihren Antrag auf Verweisung an einen Mitgliedstaat das Formblatt RS[1941] verwenden. Das Formblatt RS kann in jeder Sprache der Gemeinschaft abgefasst sein, sollte aber nach Möglichkeit von allen Adressaten (Mitgliedstaaten) verstanden werden können. Die Beifügung einer Übersetzung z. B. ins Englische ist hilfreich (actively encouraged).

1919 Gemäß Art. 4 Abs. 4 Unterabs. 1 FKVO müssen die Unternehmen in ihrem Antrag darlegen, dass der Zusammenschluss den Wettbewerb auf einem Markt innerhalb eines Mitgliedstaats erheblich beeinträchtigen könnte, der alle Merkmale eines gesonderten Marktes aufweist. Keinesfalls müssen sie nachweisen, dass in die Auswir-

---

1938 In zwei Fällen, die in jüngerer Zeit an die Mitgliedstaaten verwiesen wurden, wurde der Rechtsweg beschritten. Am 19. 1. 2001 wurde der Fall Kommission, M.2216 »ENEL/FT/Wind/Infostrada« an die italienischen Behörden verwiesen, deren Freigabeentscheidung mit Auflagen vor dem zuständigen nationalen Gericht angefochten wurde. Das Gericht hat die Entscheidung der italienischen Wettbewerbsbehörde zu den Abhilfemaßnahmen aufgehoben, da ENEL nach seiner Feststellung keine beherrschende Stellung auf dem Energieversorgungsmarkt besaß. In Kommission, 22. 8. 2000, M.2044 »Interbrew/Bass« wurde an die Behörden Großbritanniens verwiesen, deren Entscheidung vor dem zuständigen nationalen Gericht aus Verfahrensgründen aufgehoben und zur weiteren Prüfung an die britische Wettbewerbsbehörde zurückverwiesen wurde. Vgl. auch die Darstellung im 31. WB 2001, Rdnr. 320 ff.
1939 Vgl. Erwägungsgrund 16 der FKVO.
1940 Vorschlag für eine Verordnung des Rates über die Kontrolle von Unternehmenszusammenschlüssen, vom 11. 12. 2002, KOM (2002) 711 endgültig, Rdnr. 19.
1941 RS ist die Abkürzung für »Reasoned Submission«, d. h. einen mit Gründen versehenen Antrag.

kungen des Zusammenschlusses wettbewerbsschädlich sind[1942]. Andernfalls wäre kaum zu erwarten, dass von dieser Verweisungsmöglichkeit überhaupt Gebrauch gemacht wird.

1920 Die Kommission leitet den Verweisungsantrag unverzüglich an alle Mitgliedstaaten weiter. Der in dem begründeten Antrag genannte Mitgliedstaat muss nach Art. 4 Abs. 4 Unterabs. 2 FKVO innerhalb von 15 Arbeitstagen nach Erhalt dieses Antrags mitteilen, ob er der Verweisung des Zusammenschlusses zustimmt. Fasst der Mitgliedstaat nicht fristgemäß einen Beschluss, gilt dies als Zustimmung.

1921 Die Kommission entscheidet gemäß Art. 4 Abs. 4 Unterabs. 4 FKVO innerhalb von 25 Arbeitstagen nach Eingang des mit Gründen versehenen Antrags der Beteiligten. Die Entscheidung steht im **Ermessen** der Kommission. Eine Verweisung ist aber nach Art. 4 Abs. 4 Unterabs. 3 FKVO ausgeschlossen, wenn der betreffende Mitgliedstaat der Verweisung nicht zustimmt. Hat die Kommission innerhalb dieser Frist keine Entscheidung getroffen, so gilt der Fall als entsprechend dem von den beteiligten Personen oder Unternehmen gestellten Antrag verwiesen. Wenn die Kommission entscheidet, den Fall ganz oder zum Teil zu verweisen, ist eine Anmeldung bei der Kommission nicht mehr erforderlich (Art. 4 Abs. 4 Unterabs. 5 FKVO). Nationales Wettbewerbsrecht findet Anwendung. In Bezug auf den Umfang der Verweisung und die Fortführung des Verfahrens in den Mitgliedstaaten gilt das vorstehend zu Art. 9 FKVO Ausgeführte.

1922 Das nachfolgende Schaubild verdeutlicht noch einmal schematisch den Verfahrensablauf für auf Art. 4 Abs. 4 FKVO gestützte Verweisungsanträge[1943]:

1942 So ausdrücklich Erwägungsgrund 16 der FKVO.
1943 Darstellung auf der Grundlage des Schaubildes der Kommission, Anlage zu »Commission Notice on case Referal in respect of concentrations«.

C. Europäische Fusionskontrolle

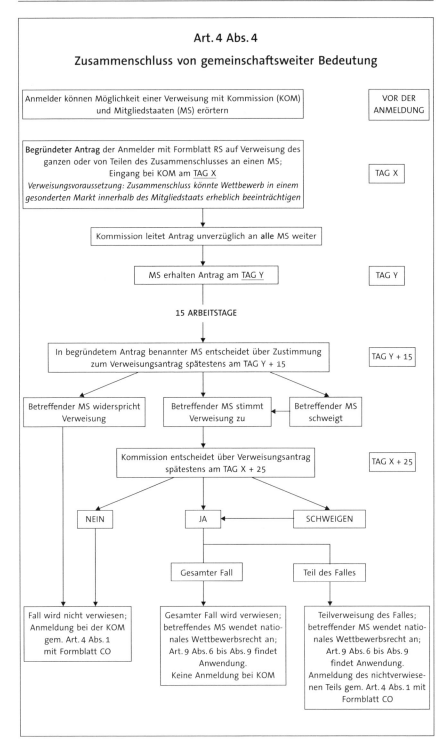

c) Verweisung an die Kommission nach Art. 22 FKVO

Nach Art. 22 FKVO können ein Mitgliedstaat oder mehrere Mitgliedstaaten bei der Kommission die Prüfung eines Zusammenschlusses i. S. d. Art. 3 FKVO beantragen, der nicht die Umsatzschwellen des Art. 1 FKVO erfüllt. 1923

In der ursprünglichen FKVO war in Art. 22 lediglich die Möglichkeit vorgesehen, dass **ein Mitgliedstaat** einen Zusammenschluss an die Kommission verweist. Art. 22 hatte bis zur Revision der FKVO im Jahr 2004 auch für **Einzelverweisungen** der Mitgliedstaaten nur eine äußerst begrenzte Bedeutung. Bis dato wurde erst viermal ein Zusammenschluss ohne gemeinschaftsweite Bedeutung von einem einzelnen Mitgliedstaat an die Kommission verwiesen. Es handelte sich ausnahmslos um Zusammenschlüsse, die negative Auswirkungen auf den Wettbewerb in Mitgliedstaaten ohne eigene Fusionskontrollvorschriften[1944] hatten. Da mittlerweile – mit Ausnahme Luxemburgs – jeder Mitgliedstaat über eigene Fusionskontrollvorschriften verfügt, dürften Anträge eines einzelnen Mitgliedstaates auf Prüfung eines Zusammenschlusses ohne gemeinschaftsweite Bedeutung nur noch äußerst selten vorkommen. Dennoch besteht auch nach der Neufassung der FKVO für einen einzelnen Mitgliedstaat die Möglichkeit, einen Fall an die Kommission zu verweisen. 1924

Erst mit der Novelle der FKVO im Jahr 1998 wurde die Bestimmung um die Möglichkeit der Zuweisung eines Zusammenschlusses durch mehrere Mitgliedstaaten erweitert. Das geschah vor dem Hintergrund, dass sich die Notwendigkeit der Anmeldung von Zusammenschlüssen in mehreren Mitgliedstaaten auch mit der damaligen Einführung der neuen Schwellenwerte des Art. 1 Abs. 3 FKVO nicht gänzlich verhindern ließ. Mit der Möglichkeit einer gemeinsamen, auf Art. 22 FKVO gestützten Verweisung mehrerer Mitgliedstaaten konnten derartige Zusammenschlüsse dennoch in den Genuss des »one-stop-shop«-Prinzips geraten. Bis heute hat die Kommission jedoch erst drei **gemeinsame Verweisungsanträge** erhalten[1945]. In dem Grünbuch über die Veränderung der FKVO sah die Kommission die Chance, »aus Artikel 22 eine nützliche Vorschrift zu machen«, noch als »offensichtlich gering« an[1946]. Im Zuge der Revision der FKVO im Jahr 2004 ist Art. 22 in mehrfacher Hinsicht geändert worden, um die Vorschrift effizienter zu gestalten. So kann Art. 22 FKVO auf Antrag der zur Anmeldung verpflichteten Unternehmen nunmehr bereits vor der Anmeldung bei den zuständigen Behörden angewendet werden[1947]. Zudem sind die Verfahrensvorschriften für gemeinsame Verweisungen präzisiert und gestrafft worden. Bei der Revision im Jahr 2004 sind Fristen für die Mitgliedstatten eingeführt worden, die Verweisungsanträge stellen oder die sich solchen Anträgen anschließen wollen. Ferner gilt ein Antrag bereits dann als durch 1925

1944 Zwei Fälle wurden aus den Niederlanden und je einer aus Finnland und Belgien an die Kommission verwiesen.
1945 Kommission, 16. 4. 2002, M.2698 »Promatech/Sulzer Textil«, Antrag der Wettbewerbsbehörden Deutschlands, Italiens, Spaniens und Großbritanniens; Kommission, 17. 4. 2002, M.2738 »GEES/Unison«, unter Beteiligung der Bundesrepublik Deutschland sowie weiterer nationaler Wettbewerbsbehörden; Kommission, 5. 12. 2003, M.3136 »GE/AGFA NDT«.
1946 Grünbuch, über die Revision der Verordnung (EWG) Nr. 4064/89 des Rates, vom 11. 12. 2001, KOM (2001) 745/6 endgültig, Rdnr. 52.
1947 Zu der Verweisungsmöglichkeit an die Kommission gemäß Art. 4 Abs. 5 FKVO s. unter Rdnr. 1.

C. Europäische Fusionskontrolle

die Kommission angenommen, wenn diese innerhalb der Frist keine Entscheidung getroffen hat.

(1) Antragsteller

1926 **Antragsteller** ist der jeweilige Mitgliedstaat. Im Falle der Bundesrepublik Deutschland wird der Verweisungsantrag vom **BKartA** gestellt. Das **Bundesministerium für Wirtschaft und Arbeit**, zu dessen Geschäftsbereich das BKartA gehört, muss dem Verweisungsantrag jedoch zustimmen. Die Initiative für einen Antrag nach Art. 22 Abs. 1 FKVO kann aber auch von der **Kommission** ausgehen. Nach Art. 22 Abs. 5 FKVO kann sie, sofern sie der Auffassung ist, dass ein Zusammenschluss die Kriterien des Art. 22 Abs. 1 FKVO erfüllt, den oder die Mitgliedstaaten auffordern, einen Verweisungsantrag zu stellen. Die Aufforderung erfolgt schriftlich unter Angabe der Gründe, warum die Kommission der Ansicht ist, dass sie die geeignetere Wettbewerbsbehörde zur Prüfung des Falles ist. Es steht jedoch im Ermessen der jeweiligen Mitgliedstaaten, ob sie der Aufforderung Folge leisten wollen.

1927 Jeder Mitgliedstaat, in dem die im nachfolgenden Kapitel genannten materiellen Verweisungsvoraussetzungen erfüllt sind, kann die Verweisung an die Kommission beantragen. Dazu gehören Mitgliedstaaten ohne eigene Gesetzgebung zur Fusionskontrolle wie Luxemburg. Hierzu zählen aber auch u. a. Mitgliedstaaten mit eigener Fusionskontrolle, deren Aufgreifschwellen vom fraglichen Zusammenschluss jedoch nicht erfüllt werden.

(2) Materielle Verweisungsvoraussetzungen

1928 Die Kommission prüft nur **Zusammenschlüsse i. S. v. Art. 3 FKVO**, die die Schwellenwerte des Art. 1 FKVO nicht erreichen.

1929 Der Zusammenschluss muss ferner gemäß Art. 22 Abs. 1 FKVO den Wettbewerb im Hoheitsgebiet dieses bzw. dieser Mitgliedstaaten erheblich und auch den Handel zwischen Mitgliedstaaten zu beeinträchtigen drohen. Zum Nachweis der Verweisungsvoraussetzungen ist eine vorläufige Einschätzung des oder der Mitgliedstaaten ausreichend, die ohne Präjudiz für das endgültige Ermittlungsergebnis ist.

(3) Verfahren

1930 Der Antrag auf Verweisung muss gemäß Art. 22 Abs. 1 Unterabs. 2 FKVO innerhalb von 15 Arbeitstagen nach Anmeldung bei dem betreffenden Mitgliedstaat erfolgen oder, falls eine Anmeldung nicht erforderlich ist, ihm anderweitig **zur Kenntnis gebracht wurde**.

1931 Der genaue Zeitpunkt der anderweitigen Kenntnisnahme lässt sich in Ländern ohne Anmeldepflicht, wie Großbritannien und – mangels eigener Fusionskontrolle – Luxemburg, nicht immer exakt nachweisen. Kenntnisnahme liegt jedenfalls bei freiwilliger Unterrichtung durch die am Zusammenschluss beteiligten Unternehmen oder durch andere Wettbewerbsbehörden vor.

1932 Die Kommission unterrichtet die zuständigen Behörden der Mitgliedstaaten und die beteiligten Unternehmen unverzüglich über einen nach Art. 22 Abs. 1 FKVO gestellten Antrag. Jeder weitere Mitgliedstaat kann sich dem ersten Antrag innerhalb von 15 Arbeitstagen nach Unterrichtung über den Antrag durch die Kommission anschließen, unabhängig davon, ob die entsprechenden Mitgliedstaaten den Zusammenschluss nach ihrem jeweiligen nationalen Recht überhaupt prüfen könnten. Erforderlich ist lediglich, dass der Zusammenschluss den Wettbewerb im Hoheitsgebiet dieses bzw. dieser Mitgliedstaaten erheblich zu beeinträchtigen droht. Alle einzelstaatlichen Fristen, die den Zusammenschluss betreffen, werden bis zum Ablauf dieser Frist gehemmt. Sobald jedoch ein Mitgliedstaat die Kommission und die beteiligten Unternehmen darüber unterrichtet hat, dass er sich dem Antrag nicht anschließt, endet die Hemmung seiner auf den Zusammenschluss bezogenen Fristen.

Mit der beschriebenen Regelung ist das Verweisungsverfahren im Zuge der Revision der FKVO im Jahr 2004 deutlich präzisiert und harmonisiert worden. **1933**

Die Kommission prüft, ob die Antragsvoraussetzungen vorliegen und entscheidet innerhalb von zehn Arbeitstagen nach Ablauf der in Art. 22 Abs. 2 FKVO gesetzten Frist von 15 Arbeitstagen. Die Entscheidung steht im **Ermessen** der Kommission. Lässt die Kommission die Frist verstreichen, gilt dies als positive Entscheidung, den Zusammenschluss zu prüfen. Nur die Mitgliedstaaten, die die Kommission um Prüfung eines Zusammenschlusses ersucht haben, wenden ihr innerstaatliches Wettbewerbsrecht nicht mehr auf den Zusammenschluss an. **1934**

Das nachfolgende Schaubild verdeutlicht noch einmal schematisch den Verfahrensablauf für auf Art. 22 FKVO gestützte Verweisungsanträge[1948]: **1935**

[1948] Darstellung auf der Grundlage des Schaubildes der Kommission, Anlage zu »Commission Notice on case Referral in respect of concentrations«.

C. Europäische Fusionskontrolle

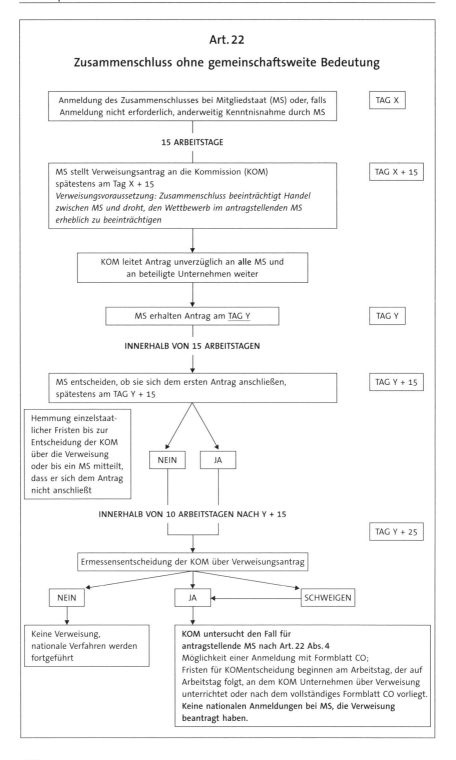

Nach Art. 22 Abs. 4 finden die Art. 2, 4 Abs. 2 und 3, 5 und 6 sowie 8 bis 21 FKVO Anwendung, wenn die Kommission einem Verweisungsantrag stattgibt. Danach wird anhand der Kriterien des Art. 2 Abs. 1 Buchst. a und b FKVO untersucht, ob der Zusammenschluss wirksamen Wettbewerb im Gebiet des oder der Mitgliedstaaten, die die Verweisung beantragt haben, erheblich behindern würde[1949]. Obwohl die Kommission nur die Auswirkungen im Gebiet der verweisenden Mitgliedstaaten untersucht, stellt die auf die Prüfung folgende Entscheidung wie alle Kommissionsentscheidungen fest, ob der Zusammenschluss vereinbar mit dem Gemeinsamen Markt ist.

1936

Nach Art. 22. Abs. 4 Satz 2 FKVO findet das Vollzugsverbot des Art. 7 FKVO auf Zusammenschlüsse, die von einem oder mehreren Mitgliedstaaten an die Kommission verwiesen werden, nur Anwendung, soweit der Zusammenschluss zu dem Zeitpunkt, zu dem die Kommission den beteiligten Unternehmen mitteilt, dass ein Antrag eingegangen ist, noch nicht vollzogen worden ist. In den Fällen, in denen die Zusammenschlüsse bereits vollzogen sind, kann die Kommission nach Art. 8 Abs. 4 FKVO den beteiligten Unternehmen aufgeben, den Zusammenschluss insbesondere durch die Auflösung der Fusion oder durch die Veräußerung aller erworbenen Anteile oder Vermögenswerte rückgängig zu machen, um den Zustand vor dem Vollzug des Zusammenschlusses wiederherzustellen.

1937

Nach Auffassung der Kommission[1950] kann Art. 22 FKVO nur dann das Problem der Mehrfachanmeldungen lösen, wenn gleichzeitig ein Verfahren des rechtzeitigen Informationsaustausches zwischen allen Beteiligten besteht, in das die anmeldenden Unternehmen, alle betroffenen Mitgliedstaaten und die Kommission eingebunden sind. In der Vergangenheit scheiterten gemeinsame Verweisungen häufig bereits an der fehlenden oder verspäteten Kontaktaufnahme der Beteiligten. Deswegen haben die nationalen Wettbewerbsbehörden bereits im Jahr 2001 ein Forum, die »**European Competition Authorities**« oder kurz **ECA**, gegründet. Das Forum befasst sich in einer seiner Arbeitsgruppen mit der Entwicklung der gegenseitigen Unterstützung und dem Informationsaustausch zwischen den nationalen Wettbewerbsbehörden, wenn ein Zusammenschluss in mehr als einem Mitgliedstaat angemeldet wird. Der verbesserte Informationsfluss hat bereits zu ersten gemeinsamen Verweisungen geführt[1951].

1938

(4) Prüfungsumfang durch die Kommission

Die Kommission ist bei einer gemeinsamen Verweisung allein berechtigt, die Maßnahmen zu ergreifen, die zur Aufrechterhaltung oder Wiederherstellung des wirk-

1939

1949 Zu der Anwendbarkeit der weiteren in Art. 22 Abs. 4 FKVO genannten Artikel vgl. Cook/Kerse, E. C. Merger Control, (2. Aufl.) S. 225 f., 8.6.2.
1950 Grünbuch, über die Revision der Verordnung (EWG) Nr. 4064/89 des Rates, vom 11. 12. 2001, KOM (2001) 745/6 endgültig, Rdnr. 89.
1951 Kommission, 16. 4. 2002, M.2698 »Promatech/Sulzer Textil«, Antrag der Wettbewerbsbehörden Deutschlands, Italiens, Spaniens und Großbritanniens. Eine weitere gemeinsame Verweisung ist von der Bundesrepublik Deutschland sowie weiterer nationaler Wettbewerbsbehörden in dem Zusammenschlussverfahren Kommission, 17. 4. 2002, M.2738 »GEES/Unison« beantragt worden; Kommission, 5. 12. 2003, M.3136 »GE/AGFA NDT«; Antrag der Wettbewerbsbehörden Deutschlands, Österreichs, Griechenlands, Irlands, Spaniens, Portugals und Italiens.

samen Wettbewerbs in dem bzw. den antragstellenden Mitgliedstaat/en erforderlich sind. Der Mitgliedstaat ist nicht in der Lage, den Prüfungsumfang zu beschränken oder Einfluss auf das Verfahren der Kommission zu nehmen. Das ergibt sich aus den Ausführungen des EuG in dem Verfahren »Endemol/Kommission«[1952]. Das Unternehmen Endemol wollte zusammen mit zwei weiteren Gesellschaftern das Gemeinschaftsunternehmen Holland Media Groep (HMG) gründen. Die Niederlande beantragten eine Prüfung durch die Kommission, die zunächst gemäß Art. 22 i.V.m. Art. 8 Abs. 3 FKVO a.F. den Zusammenschluss untersagte. Ein Jahr später genehmigte die Kommission die Gründung der HMG mit Bedingungen gemäß Art. 22 i.V.m. Art. 8 Abs. 2 Satz 2 FKVO a.F., nachdem sich Endemol endgültig aus dem Gesellschafterkreis zurückgezogen hatte und nachdem der Zusammenschluss von den beiden verbleibenden Gesellschaftern angemeldet worden war. Endemol klagte gegen die vorhergehende Untersagungsentscheidung, unter anderem mit dem Argument, dass die Niederlande gemäß Art. 22 FKVO lediglich die wettbewerbliche Untersuchung des Marktes für Fernsehwerbung beantragt hätten.

1940 Das EuG stellte fest, dass die Kommission von einem Mitgliedstaat nicht in dem Umfang ihrer wettbewerblichen Untersuchung beschränkt werden kann und der Mitgliedstaat keinen Einfluss auf den Ablauf des Kommissionsverfahrens hat. Die Kommission hat in dem entschiedenen Fall zu Recht auch den Markt für Fernsehproduktionen untersucht. Da der Mitgliedstaat nach der Antragstellung keine Möglichkeit mehr hat, das Kommissionsverfahren zu beeinflussen, ist auch die Rücknahme des Antrags mit dem Ziel der Beendigung der Kommissionsuntersuchung ausgeschlossen.

1941 Da die Kommission lediglich die Auswirkungen eines Zusammenschlusses auf die Märkte in den antragstellenden Mitgliedstaaten überprüft, ist allerdings nicht in jedem Fall garantiert, dass das Ziel der einmaligen Anmeldung (»one-stop-shop«-Prinzip) mit Art. 22 erreicht wird, da Mitgliedstaaten, die keinen Antrag gestellt haben, parallel zum Verfahren der Kommission ihrerseits ein Verfahren einleiten können.

d) Verweisung nach Art. 4 Abs. 5 FKVO

1942 Vor der Anmeldung eines Zusammenschlusses i.S.d. Art. 3 können nur die **beteiligten Unternehmen Antragsteller** für die Verweisung des Falles an die Kommission sein. Das Antragsverfahren regelt Art. 4 Abs. 5 FKVO.

1943 Die Unternehmen müssen einen mit Gründen versehenen Antrag auf der Grundlage des Formblatts RS im Original mit 35 Kopien an die Kommission richten. Darin haben sie darzulegen, dass ein Zusammenschluss i.S.d. Art. 3 FKVO, der keine gemeinschaftsweite Bedeutung hat und nach den Wettbewerbsgesetzen von mindestens drei Mitgliedstaaten untersucht werden könnte, von der Kommission geprüft werden sollte. Erforderlich ist also nicht, dass der Zusammenschluss in mindestens drei Mitgliedstaaten anmeldepflichtig ist. Es reicht vielmehr aus, dass ein Mitgliedstaat den Zusammenschluss von Amts wegen prüfen könnte. Die Angaben des Formblatts RS müssen für jeden einzelnen Mitgliedstaat die erforderlichen Informationen enthalten, damit diese beurteilen können, ob der Zusammenschluss nach ihrem jeweiligen nationalen Recht untersucht werden könnte. Die Feststellung, ob

---

1952 EuG, 28.4.1999, »Endemol/Kommission«, Rs. T-221/95, Slg. 1999, II-1299.

dies zutrifft, ist Aufgabe der Mitgliedstaaten. Die Kommission leitet diesen Antrag unverzüglich an alle Mitgliedstaaten weiter.

Der oder die betreffenden Mitgliedstaaten, in denen ein Zusammenschluss überprüft werden kann, beschließen innerhalb von 15 Arbeitstagen nach Erhalt des Antrags, ob sie die Kommission um Prüfung des Falles ersuchen. Wenn auch nur einer dieser Mitgliedstaaten einer Verweisung an die Kommission nicht zustimmt, wird der Zusammenschluss nicht verwiesen. Stattdessen muss der Zusammenschluss in einem solchen Fall in jedem Mitgliedstaat angemeldet werden. Die Kommission unterrichtet die anderen Mitgliedstaaten und die beteiligten Unternehmen unverzüglich über die Ablehnung. Wenn alle Mitgliedstaaten, in denen der Zusammenschluss untersucht werden könnte und die daher nach ihrem nationalen Recht für die Prüfung zuständig sind, der Verweisung zustimmen, erhält der Zusammenschluss hingegen gemeinschaftsweite Bedeutung und muss bei der Kommission angemeldet werden. Unterbleibt die Äußerung eines dieser Mitgliedstaaten innerhalb der 15 Arbeitstage, gilt dies als Zustimmung zum Verweisungsantrag. Der Zusammenschluss wird ausschließlich von der Kommission geprüft. Diese hat kein Ermessen, eine Verweisung in ihre Zuständigkeit abzulehnen.

1944

Das nachfolgende Schaubild verdeutlicht noch einmal schematisch den Verfahrensablauf für auf Art. 4 Abs. 5 FKVO gestützte Verweisungsanträge[1953]:

1945

1953 Darstellung auf der Grundlage des Schaubildes der Kommission, Anlage zu »Commission Notice on Case Referral in respect of concentrations«.

C. Europäische Fusionskontrolle

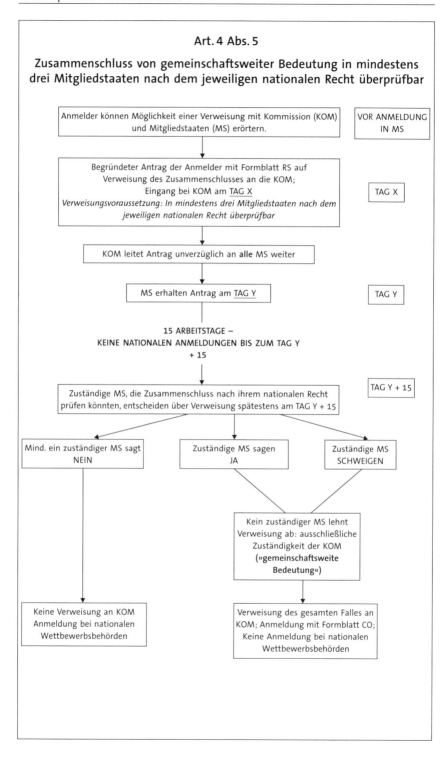

4. Ermittlungsbefugnisse der Kommission (Art. 11, 12 und 13 FKVO)

Die Kommission hat sehr weitreichende Möglichkeiten der Informationsbeschaffung. Eine Vielzahl von Informationen erhält sie bereits aufgrund der standardisierten Abfrage durch das Formblatt CO. Anders als bei Anmeldungen beim BKartA, die häufig nur einen Umfang von wenigen Seiten haben, werden in dem Formblatt CO bereits eine Vielzahl von markt- und unternehmensbezogenen Daten abgefragt. 1946

Daneben hat die Kommission in jedem Verfahrensstadium die Möglichkeit, weitere Informationen einzuholen. Dies geschieht entweder mittels Auskunftsverlangen (Art. 11 FKVO) oder durch Nachprüfungen bei Unternehmen oder Unternehmensvereinigungen (Art. 12 und 13 FKVO). In wettbewerblich bedenklichen Fällen vor allem greift die Kommission auch vermehrt auf die Möglichkeit zurück, **externe Studien** zur Klärung umstrittener Fragen erstellen zu lassen. 1947

Auch die Ermittlungsbefugnisse der Kommission wurden anlässlich der Revision der FKVO im Jahr 2004 effizienter gestaltet. Bereits bei Erlass der FKVO waren die Durchführungsvorschriften den einschlägigen Bestimmungen der Durchführungsverordnung zu den Art. 81 und 82 EGV, der VO Nr. 17[1954], nachgebildet worden. Nach der Novellierung der VO Nr. 17 wurden die Art. 11 bis 13 FKVO erneut entsprechend angepasst. 1948

a) Auskunftsverlangen

Die bedeutendste Informationsquelle der Kommission neben den Angaben bei der Anmeldung sind die Antworten auf die auf Art. 11 FKVO gestützten Auskunftsverlangen, die aufgrund ihrer Rechtsgrundlage auch »**Artikel 11-Briefe**« genannt werden. Auf schriftliche Ermittlungen wird vor allem in den Fällen verzichtet, die in dem seit September 2000 anwendbaren **vereinfachten Verfahren** geprüft werden[1955]. In den herkömmlichen Verfahren sind schriftliche Ermittlungen die Regel, sodass jährlich Tausende Auskunftsverlangen an Unternehmen versandt werden. Ziel der Auskunftsverlangen ist es, Informationen über die Auswirkungen eines Zusammenschlusses auf die Märkte zu erhalten, auf denen die am Zusammenschluss beteiligten Unternehmen tätig sind. 1949

Die Auskunftsverlangen haben nicht nur Bedeutung für die Kommission. Sie sind für Wettbewerber und Kunden der am Zusammenschluss beteiligten Unternehmen auch eine geeignete Gelegenheit, zu den wettbewerblichen Auswirkungen des geplanten Zusammenschlusses Stellung zu nehmen. 1950

(1) Adressat eines Auskunftsverlangens

Die Kommission kann ihre Auskunftsverlangen an die in Art. 3 Abs. 1 Buchst. b FKVO bezeichneten Personen sowie an Unternehmen und Unternehmensvereini- 1951

[1954] Heute Verordnung Nr. 1/2003 des Rates vom 16. 12. 2002 zur Durchführung der in den Artikel 81 und 82 des Vertrages niedergelegten Wettbewerbsregeln, ABl. L 1/1 vom 4. 1. 2003.

[1955] Im Jahr 2001 beruhten bereits 45 % der nach Abschluss der ersten Untersuchungsphase erteilten Genehmigungen auf dem seit September 2000 anwendbaren vereinfachten Verfahren; vgl. 31. WB 2001, Rdnr. 245.

C. Europäische Fusionskontrolle

gungen richten. Unter den in Art. 3 Abs. 1 Buchst. b FKVO bezeichneten Personen sind diejenigen zu verstehen, die bereits mindestens ein Unternehmen kontrollieren und für die somit die Unternehmenseigenschaft bejaht wird. Auch die Regierungen und die zuständigen Behörden der Mitgliedstaaten sind nach Art. 11 Abs. 6 FKVO auf ein entsprechendes Verlangen der Kommission hin zur Auskunft verpflichtet. In der Praxis werden »Artikel 11-Briefe« vor allem an die anmeldenden Unternehmen, an Wettbewerber, Abnehmer, Lieferanten und Verbände versandt.

1952 Die Kommission kann Auskunftsverlangen an die **Anmelder** richten, um von diesen klarstellende und ergänzende Informationen zu ihren Angaben in dem Formblatt CO zu erhalten. Es handelt sich um **ergänzende Informationen**, deren Fehlen nicht zur Unvollständigkeit einer Anmeldung führt. Somit reicht für die Beantwortung des Auskunftsverlangens ein einfaches Schreiben. Eine Beantwortung in 36 Exemplaren (Original + 35 Kopien) ist nur erforderlich, wenn die eingereichten Informationen eine bis dato unvollständige Anmeldung vervollständigen.

1953 Auskunftsverlangen an **Wettbewerber** und **Abnehmer** werden meist versandt, um die Richtigkeit der Angaben der Anmeldung zu überprüfen, um die Auswirkungen eines Zusammenschlusses auf den Wettbewerb zu beurteilen und um die Marktstellung der am Zusammenschluss beteiligten Unternehmen zu ermitteln. Name, Anschrift, Telefon- und Telefaxnummer sowie E-Mail-Adresse des Leiters der Rechtsabteilung sind für die größten Wettbewerber mit einem geschätzten Marktanteil von wenigstens 5% für jeden betroffenen Markt (Abschnitt 7.4. des Formblatts CO), für die fünf größten unabhängigen Abnehmer (Abschnitt 8.6. des Formblatts CO) sowie für die fünf größten unabhängigen Lieferanten (Abschnitt 8.1. des Formblatts CO) bereits in der Anmeldung anzugeben[1956]. In der Praxis werden häufig mehr als die fünf größten Wettbewerber, Abnehmer oder Lieferanten angeschrieben.

1954 Die Auskunftsverlangen richten sich gelegentlich auch an **Regierungen** und **Behörden**. Sie werden aufgrund ihrer bedeutenden Stellung als Nachfrager für bestimmte Produkte wie z. B. Straßenbauleistungen und Rüstungsgüter bei Zusammenschlüssen in diesen Sektoren regelmäßig als Abnehmer« befragt. Die Unterlassung einer Antwort hat keine Sanktionen nach Art. 14 und 15 FKVO zur Folge.

1955 Artikel 11-Briefe werden auch an **Unternehmen** versandt, die ihren **Sitz nicht in der Gemeinschaft** haben. Häufige Adressaten sind international tätige Unternehmen mit Sitz z. B. in den USA, Asien oder der Schweiz. Diese Unternehmen unterliegen ebenso wie zwischenstaatliche Organisationen (z. B. die European Space Agency) nicht der Jurisdiktion der Europäischen Union, da sie ihren Sitz in Ländern außerhalb der Gemeinschaft haben oder es sich um supranationale Organisationen handelt. Sie sind damit nicht zur Auskunft verpflichtet. Diese Unternehmen erhalten mit den Auskunftsverlangen Gelegenheit, sich zu den Auswirkungen eines Zusammenschlusses auf ihr Unternehmen zu äußern. Die Beantwortung erfolgt jedoch auf freiwilliger Basis. Die Unterlassung einer Antwort hat keine Sanktionen nach Art. 14 und 15 FKVO zur Folge[1957].

1956 Die Kommission verlangt in der Regel die Übersendung dieser Angaben als word- oder excel-Datei, weil es die Versendung der Ermittlungsschreiben erleichtert. Zu diesem Zweck übersendet das case team auf Verlangen elektronische Formate, in die die entsprechenden Angaben eingefügt werden können.
1957 Die Entscheidung der Kommission in Kommission, 12. 7. 2000, M.1634 »Mitsubishi Heavy Industries«, ein Buß- und ein Zwangsgeld wegen der Nichtbeantwortung eines

VI. Verfahren

Zur Erteilung der erforderlichen Auskünfte sind bei Unternehmen gemäß Art. 11 Abs. 4 die **Inhaber oder deren Vertreter**, bei juristischen Personen, Gesellschaften und nicht rechtsfähigen Vereinen die **nach Gesetz oder Satzung zur Vertretung berufenen Personen** verpflichtet. Gemäß Art. 11 Abs. 4 Satz 3 FKVO sind die Unternehmen auch für die Richtigkeit und Vollständigkeit der Angaben verantwortlich, die von ihren ordnungsgemäß bevollmächtigten Rechtsanwälten vorgelegt werden.

1956

(2) Einfaches Auskunftsverlangen oder Auskunftsverlangen durch Entscheidung

Die Kommission kann die erforderlichen Auskünfte entweder durch einfaches Auskunftsverlangen (Art. 11 Abs. 2 FKVO) oder durch eine förmliche Entscheidung (Art. 11 Abs. 3 FKVO) anfordern. Nach dem Gesetzestext stehen beide Möglichkeiten gleichrangig nebeneinander. Beide Arten von Auskunftsverlangen unterscheiden sich voneinander im Wesentlichen durch die Sanktionen, die an eine Nicht- bzw. eine Falschbeantwortung geknüpft sind. Die Kommission kann Geldbußen bei beiden Formen des Auskunftsverlangens verhängen, wenn diese schuldhaft unrichtig oder irreführend beantwortet werden. Nur bei Auskunftsverlangen durch Entscheidung ist darüber hinaus eine unvollständige oder verspätete Beantwortung bußgeldbewehrt.

1957

Vor der Revision der FKVO konnte ein Auskunftsverlangen durch Entscheidung erst ergehen, wenn ein nicht bußgeldbewehrtes Auskunftsverlangen nicht oder nicht vollständig beantwortet worden war. Die Kommission hat eine Abkehr von diesem zweistufigen Verfahren im Hinblick auf die kurzen, definitiven Fristen der FKVO befürwortet[1958]. Somit gibt es jetzt beispielsweise in den Fällen, in denen Grund zu der Annahme besteht, dass ein einfaches Auskunftsverlangen nicht rechtzeitig umfassend beantwortet wird, die Möglichkeit, direkt eine Entscheidung zu erlassen.

1958

(a) Einfache Auskunftsverlangen

Einfache Auskunftsverlangen werden auch nach der Revision der FKVO die Regel bleiben. Die Kommission versendet sie zwar als »förmliches Auskunftsersuchen«. Sie haben jedoch nicht die Rechtsqualität einer Entscheidung. Das Auskunftsverlangen besteht aus einem **standardisierten Anschreiben** in der Sprache des Mitgliedstaates, in dem der Adressat seinen Sitz hat, sowie dem beigefügten Fragebogen. Wegen der Kürze der Entscheidungsfristen werden die Auskunftsersuchen immer als **Faxbriefe** versandt[1959].

1959

Das standardisierte Anschreiben benennt das **Zusammenschlussvorhaben**, die **Rechtsgrundlage** und den **Zweck** des Auskunftsersuchens sowie die **Art der be-**

1960

Auskunftsverlangens durch Entscheidung zu verhängen, richtete sich nicht an das japanische Mutterunternehmen, sondern an die Mitsubishi Heavy Industries Europe Ltd. mit Sitz in London.

1958 Grünbuch über die Revision der Verordnung (EWG) Nr. 4064/89 des Rates, vom 11. 12. 2001, KOM (2001) 745/6 endgültig, Rdnr. 225.

1959 Entsprechend wichtig ist es, dass die Parteien die Faxnummern auf ihre Richtigkeit überprüfen, die für Wettbewerber, Abnehmer und Lieferanten in dem Formblatt CO anzugeben sind. Unrichtige Angaben verzögern nicht nur die Ermittlungen der Kommission, sondern können im Extremfall dazu führen, dass die Kommission die Anmeldung für unvollständig erklärt.

nötigten **Auskünfte**. Es enthält ferner den Hinweis auf die Möglichkeit der Kommission, im Falle der vorsätzlichen oder fahrlässigen Erteilung unrichtiger und irreführender Auskünfte **Bußgelder** zu verhängen. Bei einem einfachen Auskunftsverlangen ist nur die unrichtige oder irreführende Beantwortung bußgeldbewehrt, nicht hingegen dessen Nichtbeantwortung.

1961 Das Anschreiben setzt ferner eine **Frist** für die Beantwortung des Auskunftsverlangens. Zumindest in der Phase I ist diese aufgrund der kurzen Prüfungsfrist von 25 Arbeitstagen in der Regel knapp bemessen und beträgt oft nur eine Woche[1960]. In Absprache mit den Berichterstattern ist die Frist jedoch meist zumindest um einige Tage verlängerbar.

1962 Das Anschreiben enthält außerdem die Aufforderung, **Geschäftsgeheimnisse** als solche kenntlich zu machen. Auch Geschäftsgeheimnisse müssen von dem Adressaten grundsätzlich offen gelegt werden. Sie werden von der Kommission vertraulich behandelt (Art. 17 Abs. 2 FKVO). Da die Antworten auf die Auskunftsverlangen während des Verfahrens bei der Kommission jedenfalls den Parteien im Wege der Akteneinsicht zugänglich sind, empfiehlt die Kommission, die Geschäftsgeheimnisse in der Antwort durch **Fettdruck** kenntlich zu machen oder in einer **separaten Anlage** zusammenzufassen. Es empfiehlt sich, der Kommission eine vertrauliche und eine nicht-vertrauliche Fassung des Antwortschreibens zu überlassen. Ersuchen um Vertraulichkeit müssen eine (kurze) schriftliche Begründung enthalten, inwiefern die Bekanntgabe dieser Informationen eine deutlich nachteilige Auswirkung auf das Unternehmen hätte.

1963 Das eigentliche Auskunftsersuchen ist dem Anschreiben als **Fragebogen** beigefügt. Es ist in der Regel in der Sprache des Verfahrens oder aber in englischer Sprache abgefasst. Eine Übersetzung in andere Sprachen wird in dem Anschreiben zwar angeboten, wegen des damit verbundenen Arbeitsaufwandes und angesichts der knappen Fristen jedoch meist nicht vorbereitet und nur in bedeutenderen Fällen auf Anfrage des Adressaten nachträglich angefertigt. Der Adressat muss jedoch nicht in der Sprache antworten, in der der Fragebogen abgefasst ist. Er kann auf das Auskunftsersuchen in jeder anderen Sprache der Gemeinschaft erwidern.

1964 Die Fragen in den Auskunftsverlangen sind nicht standardisiert, sondern werden im Einzelfall im Hinblick auf die klärungsbedürftigen Punkte eines angemeldeten Zusammenschlusses abgefasst. Häufig werden Fragen zur Klärung des sachlich und geographisch relevanten Marktes wie z.B. den Ausweichmöglichkeiten auf andere Anbieter im selben oder in einem angrenzenden Gebiet sowie Fragen nach Marktdaten wie z.B. nach den Umsatzzahlen der befragten Unternehmen auf dem betroffenen Markt gestellt. Ebenso häufig sind Fragen zum Marktvolumen. Üblich sind auch Fragen zur Nachfragemacht von Kunden sowie dazu, welche Investitionen für einen Markteintritt neuer Anbieter erforderlich sind und ob ein Markteintritt an rechtlichen oder faktischen Umständen scheitern könnte. Die Kommission befragt Wettbewerber und Abnehmer regelmäßig nicht nur nach **Fakten** zu den

---

1960 In Kommission, 10.10.2001, M.2283 »Schneider/Legrand« hatte die Kommission in einer Entscheidung zur Auskunftserteilung eine Frist von 12 Tagen für die Beantwortung von 322 Fragen gesetzt. In der Entscheidung des EuG, mit der die Entscheidung der Kommission aufgehoben wurde, (EuG, 22.10.2002 »Schneider Electric SA/Kommission«, Rs. T-310/01, Slg. 2002, II-4041) wurde die Frist für ein Unternehmen von der Größe Schneiders als angemessen angesehen.

Marktverhältnissen, sondern auch nach ihrer **Einschätzung des Zusammenschlusses** sowie seiner Auswirkungen auf den betroffenen Markt[1961].
Auch Fragen nach Unterlagen wie z.B. Marktstudien sind üblich und rechtmäßig. **1965**
Art. 11 umfasst neben der Verpflichtung zur Erteilung von Auskünften die Verpflichtung zur **Vorlage von Unterlagen**[1962]. Diese weitreichende Pflicht zur Auskunftserteilung ist hauptsächlich dadurch zu rechtfertigen, dass ansonsten eine Ermittlung der Marktverhältnisse und damit der Auswirkungen eines Zusammenschlusses fast unmöglich wäre.

(b) **Auskunftsverlangen durch Entscheidung**
Die Kommission kann gemäß Art. 11 Abs. 3 eine Entscheidung zur Erteilung von **1966** Auskünften auch ohne vorheriges einfaches Auskunftsverlangen erlassen. Förmliche Entscheidungen entsprechen in der Form im Wesentlichen den einfachen Auskunftsverlangen. Sie werden allerdings vom **Wettbewerbskommissar** und nicht vom zuständigen Direktor – wie im Falle der einfachen Auskunftsverlangen – getroffen. Wegen des damit verbundenen bürokratischen Aufwandes und der Kürze der Prüfungsfristen waren förmliche Entscheidungen in der Vergangenheit selten[1963]. In der Entscheidung wird auf die möglichen **Sanktionen** nach Art. 14 hingewiesen, die von denen bei einfachen Auskunftsverlangen abweichen. Bußgeldbewehrt ist die Erteilung unrichtiger, unvollständiger oder irreführender Auskünfte sowie die verspätete Antwort auf ein Auskunftsverlangen durch Entscheidung. Bei einfachen Auskunftsverlangen ist hingegen nur die Erteilung unrichtiger oder irreführender Auskünfte bußgeldbewehrt. Die Entscheidung enthält ferner den Hinweis auf die Möglichkeit der Kommission, gemäß Art. 15 Abs. 1 Buchst. a FKVO Zwangsgelder festzusetzen, sowie auf das Recht, vor dem Gerichtshof gegen die Entscheidung Klage zu erheben. Die Prüfungsfristen des Art. 10 Abs. 1 und Abs. 3 FKVO werden **gehemmt**, wenn die Kommission durch Umstände, die von einem an dem Zusammenschluss beteiligten Unternehmen zu vertreten sind, gezwungen war, eine Auskunft durch Entscheidung anzufordern (Art. 10 Abs. 4 FKVO). Einzel-

---

1961 Die Zulässigkeit von Fragen nach Meinungen und Bewertungen ist allerdings umstritten; vgl. Wiedemann, in: Wiedemann, Handbuch des Kartellrechts, § 17 Rdnr. 69; das EuG hat in seinem Urteil vom 20.2.2001 in der Rechtssache T-112/98 (»Mannesmannröhren-Werke/Kommission«, Slg. 2001, II-729) für die VO Nr. 17 unter Berufung auf das Recht auf Verteidigung bestätigt, dass eine Verpflichtung zur Antwort lediglich bei Fragen nach Tatsachen besteht.
1962 EuGH, 18.10.1989, »Orkem SA/Kommission«, Slg. 1989, 3283, 3351, Rdnr. 34.
1963 Eine förmliche Entscheidung erging z.B. in Kommission, 3.5.1999, M.1431 »Ahlström/Kvaerner«. Die Anmeldung des Zusammenschlusses wurde vor der Entscheidung der Kommission zurückgenommen. Da das Auskunftsverlangen an Mitsubishi Heavy Industries trotz förmlicher Entscheidung unbeantwortet blieb, hat die Kommission nachfolgend eine auf Art. 14 Abs. 1 Buchst. c gestützte Geldbuße erlassen und ein Zwangsgeld festgesetzt. Siehe zu den Einzelheiten unter Rdnr. 1981. Eine förmliche Entscheidung erging auch in Kommission, 12.7.2000, M.1813 »IndustriKapital(Nordkem)/Dyno« und in Kommission, 10.10.2001, M.2283 »Schneider/Legrand«. In beiden letztgenannten Fällen wurde die Prüfungsfrist gemäß Art. 10 Abs. 4 FKVO gehemmt, weil die Kommission aufgrund von Umständen, die die am Zusammenschluss beteiligten Unternehmen zu vertreten hatten, gezwungen war, die Auskunft im Wege einer Entscheidung nach Art. 11 FKVO anzufordern.

heiten regelt Art. 9 der DVO. Bislang ist eine Hemmung der Verfahrensfristen nach Art. 10 Abs. 4 FKVO selten eingetreten[1964].

1967 Die Kommission übermittelt der zuständigen nationalen Wettbewerbsbehörde, in deren Hoheitsgebiet sich der Wohnsitz der Person oder der Sitz des Unternehmens befindet, sowie der zuständigen Wettbewerbsbehörde des Mitgliedstaats, in dessen Hoheitsgebiet sich die untersuchten betroffenen Märkte befinden, unverzüglich eine Kopie der nach Art. 11 Abs. 3 FKVO erlassenen förmlichen Auskunftsentscheidung.

Die Kommission hat vor der Revision der FKVO vor allem schwerwiegende Verstöße und hartnäckiges Ignorieren ihrer Auskunftsersuchen mit förmlichen Entscheidungen beantwortet. Angesichts des bürokratischen Aufwands, den der Erlass einer förmlichen Entscheidung bedeutet, ist damit auch künftig nur in den vergleichsweise seltenen Fällen zu rechnen, in denen Grund zu der Annahme besteht, dass befragte Unternehmen, die wichtige Angaben zu einem Fall machen können, nicht umfassend antworten werden.

(c) **Verfahrensfragen**

1968 Auskunftsverlangen werden in der Regel nach der Anmeldung eines Zusammenschlusses versandt. Die am Zusammenschluss beteiligten Unternehmen erklären sich in Anbetracht der kurzen Prüfungsfristen häufig jedoch auch damit einverstanden, dass die schriftlichen **Ermittlungen** bereits **vor der Anmeldung** beginnen. Die Kommission wird Ermittlungen vor der Anmeldung jedoch nur ausnahmsweise und nur dann beginnen, wenn der geplante Zusammenschluss bereits öffentlich gemacht wurde und wenn die Parteien zu dieser Vorgehensweise Stellung nehmen konnten[1965].

1969 Mit der Revision der FKVO ist – zur Beschleunigung der Tatsachenfeststellung in der Fusionskontrolle[1966] – ausdrücklich die Befugnis zur **Befragung natürlicher und juristischer Personen** eingeführt worden. Gemäß Art. 11 Abs. 7 FKVO kann die Kommission die mündlichen Aussagen aller natürlichen und juristischen Personen zu Protokoll nehmen und als Beweismittel im Verfahren verwenden, wenn die Befragten dem zustimmen. Zu Beginn der Befragung, die telefonisch oder auf elektronischen Wegen erfolgen kann, gibt die Kommission die Rechtsgrundlage und den Zweck der Befragung an und weist auf die in Art. 14 FKVO für den Fall unrichtiger oder irreführender Auskünfte vorgesehenen Sanktionen hin.

1970 Wenn Unternehmen oder natürliche Personen Entscheidungen der Kommission nachkommen, können sie nicht gezwungen werden, Zuwiderhandlungen einzugestehen. Sie sind jedoch in jedem Fall verpflichtet, Sachfragen zu beantworten und Unterlagen beizubringen, auch wenn diese Informationen gegen sie oder gegen andere als Beweis für eine begangene Zuwiderhandlung verwendet werden können[1967].

1964 Kommission, 12.7.2000, M.1813 »IndustriKapital(Nordkem)/Dyno«; 10.10.2001, M.2283 »Schneider/Legrand«.
1965 DG Best Practices on the conduct of EC merger control proceedings, Rdnr. 26.
1966 Vorschlag für eine Verordnung des Rates über die Kontrolle von Unternehmenszusammenschlüssen, vom 11.12.2002, KOM (2002) 711 endgültig, Rdnr. 84.
1967 Erwägungsgrund 41 der FKVO.

b) Nachprüfungen

Nachprüfungen bei Unternehmen oder Unternehmensvereinigungen durch die Kommission (Art. 13 FKVO) oder durch Behörden der Mitgliedstaaten auf Ersuchen der Kommission (Art. 12 FKVO) hatten bislang kaum ein praktische Bedeutung. Beide Bestimmungen sind im Zuge der Revision der FKVO den entsprechenden kartellrechtlichen Vorschriften der VO Nr. 1/2003 angepasst worden. Die Kommission nimmt nach dem Grundsatz der Verhältnismäßigkeit Überprüfungen i.S.d. Art. 12 und 13 FKVO nur dann vor, wenn besondere Umstände dies erfordern[1968]. In einem der wenigen Verfahren, in denen Nachprüfungen vor Ort stattfanden[1969], hat die Kommission gemäß Art. 13 eine Nachprüfung durchgeführt, um die Frage des Kontrollerwerbs und damit die Anmeldepflichtigkeit des Beteiligungserwerbs aufzuklären. Offenbar hat das Verhalten der am Zusammenschluss beteiligten Unternehmen der Kommission Anlass zu der Vermutung gegeben, dass ihr nicht alle relevanten Unterlagen zur Beantwortung ihrer Fragen vorgelegt wurden. 1971

Die Kommission kann frei wählen, ob sie die Ermittlungen selbst durchführt oder einer nationalen Wettbewerbsbehörde überlässt. Die mit den Ermittlungen beauftragten zuständigen nationalen Behörden sowie die von ihnen ermächtigten oder benannten Personen üben ihre Befugnisse nach Maßgabe ihres innerstaatlichen Rechts aus. 1972

Die Prüfungsfristen des Art. 10 Abs. 1 und 3 FKVO werden ausnahmsweise gehemmt, wenn die Kommission durch Umstände, die von einem an dem Zusammenschluss beteiligten Unternehmen zu vertreten sind, gezwungen war, eine Nachprüfung im Wege einer Entscheidung nach Art. 13 FKVO anzuordnen (Art. 10 Abs. 4 FKVO). Einzelheiten regelt Art. 9 der DVO. Die Entscheidung bezeichnet den Gegenstand und den Zweck der Nachprüfung und bestimmt den Zeitpunkt ihres Beginns der Ermittlungen. Sie muss eine Rechtsbehelfsbelehrung enthalten und auf die möglichen **Sanktionen** nach Art. 14 Abs. 1 Buchst. d sowie nach Art. 15 Abs. 1 Buchst. b FKVO hinweisen. Die Kommission erlässt die Entscheidung nach Anhörung der zuständigen Behörde des Mitgliedstaats, in dessen Hoheitsgebiet die Nachprüfung vorgenommen werden soll. 1973

Die Unternehmen und Unternehmensvereinigungen sind gemäß Art. 13 Abs. 4 FKVO verpflichtet, die von der Kommission durch Entscheidung angeordnete Nachprüfung zu dulden. Ein Einspruch hat wie nach deutschem Recht keine aufschiebende Wirkung. 1974

5. Sanktionen

Die Kommission kann bei Zuwiderhandlung gegen bestimmte in der FKVO verankerte Pflichten **Geldbußen** (Art. 14 FKVO) und **Zwangsgelder** (Art. 15 FKVO) verhängen[1970]. Mit Geldbußen müssen z.B. am Zusammenschluss beteiligte oder dritte Unternehmen rechnen, die einfache Auskunftsverlangen unrichtig oder irreführend 1975

1968 Vgl. Anmerkungen der Kommission zur Verordnung (EWG) Nr. 4064/89 des Rates, abgedruckt im Anhang der VO, zu den Artikeln 12 und 13.
1969 Kommission, 11.11.1998, M.1157 »Skanska/Scancem«.
1970 Beide Bestimmungen sind den Art. 15 und 16 der VO Nr. 17 (jetzt Art. 23 und 24 der VO Nr. 1/2003), die das Verfahren der Kommission bei der Anwendung der Art. 81 und 82 EGV regelt, weitgehend nachgebildet.

beantworten, oder Unternehmen, die einen Zusammenschluss nicht vor seinem Vollzug bei der Kommission anmelden. Wie die Bußgeldentscheidungen der letzten Jahre zeigen, ist die Kommission offensichtlich entschlossen, die Unternehmen durch Verhängung von Geldbußen an ihre Pflichten nach der FKVO zu erinnern. Anlässlich der Revision der FKVO ist auch Art. 14 FKVO neu gefasst worden. Dabei sind u. a. die Höchstbeträge für Geldbußen und Zwangsgelder deutlich angehoben und neue Tatbestände eingeführt worden[1971], die die Kommission bei der Durchführung ihrer Nachprüfungen nach Art. 13 FKVO unterstützen. Neben der damit erreichten Angleichung an die kartellrechtlichen Vorschriften der VO Nr. 1/2003 soll dadurch die Sachverhaltsermittlung der Kommission unterstützt werden, die die Grundlage für eine zutreffende Analyse der möglichen Auswirkungen eines Zusammenschlusses auf den Wettbewerb ist[1972]. Die Sanktionsmöglichkeiten der Kommission sind deswegen von großer praktischer Relevanz.

a) Geldbußen (Art. 14 FKVO)

1976 Die Kommission hat im Jahr 1998 erstmalig eine auf Art. 14 FKVO gestützte Bußgeldentscheidung gegen das koreanische Unternehmen Samsung Electronics Co., L + d erlassen[1973]. Seitdem sind weitere Entscheidungen[1974] nach Art. 14 FKVO ergangen. In anderen Fällen hat die Kommission wegen Verstoßes gegen das Vollzugsverbot zumindest eine Anwendung des Art. 14 FKVO[1975] erwogen. Die Zunahme der Bußgeldentscheidungen seit 1998 zeigt die Entschlossenheit der Kommission, die Einhaltung der Pflichten nach der FKVO notfalls mit Sanktionen durchzusetzen.

Art. 14 Abs. 4 FKVO stellt klar, dass es sich bei den Entscheidungen aufgrund der Absätze 1 und 2 und 3 nicht um strafrechtliche Entscheidungen handelt[1976]. Vielmehr entsprechen sie weitgehend den Bußgeldsanktionen im deutschen Ordnungswidrigkeitenrecht. Die Rechtsverstöße haben demnach keinen kriminellen Charakter und werden mangels Strafwürdigkeit nur mit einer Geldbuße bedroht.

(1) Bußgeldbewehrte Verstöße

1977 Art. 14 FKVO kann entweder durch einen Verstoß gegen **formelle** (Abs. 1 FKVO) oder durch einen Verstoß gegen überwiegend **materielle Bestimmungen**[1977] (Abs. 3

1971 Art. 14 Abs. 1 Buchst. e und f FKVO.
1972 Vorschlag für eine Verordnung des Rates über die Kontrolle von Unternehmenszusammenschlüssen, vom 11. 12. 2002, KOM (2002) 711 endgültig, Rdnr. 82.
1973 Kommission, 26. 5. 1997, M.920 »Samsung / AST«.
1974 Kommission, 10. 2. 1999, M.969 »A. P. Möller«; 28. 7. 1999, M.1543 »Sanofi / Synthélabo«; 14. 12. 1999, M.1610 »Deutsche Post / trans-o-flex«; 14. 12. 1999, M.1608 »KLM / Martinair«; 12. 7. 2000, M.1634 »Mitsubishi Heavy Industries«; 19. 6. 2002, M.2624 »BP / Erdölchemie«; 7. 7. 2004, M.3255 »Tetra Laval / Sidel«. Die einzelnen Entscheidungen werden bei der Darstellung der bußgeldbewehrten Verstöße näher ausgeführt.
1975 Entsprechende Hinweise enthalten z. B. die Freigabeentscheidungen in Kommission, 10. 1. 2000, M.1772 »Continental Teves / ADC Automotive Distance Control«, Tz. 8, sowie in Kommission, 11. 11. 1998, M.1157 »Skanska / Scancem«, Rdnr. 21.
1976 Vertiefend zur gleich lautenden Vorschrift des Art. 15 Abs. 4 VO Nr. 17 (jetzt Art. 23 Abs. 5 VO Nr. 1/2003): Wagemann, Rechtfertigungs- und Entschuldigungsgründe im Bußgeldrecht der Europäischen Gemeinschaften, 1992, S. 14 ff.
1977 Bei der Anmeldepflicht, deren Verstoß in Art. 14 Abs. 2 Buchst. a FKVO sanktioniert ist, handelt es sich um eine formelle Bestimmung. Die Kommission sieht die Pflicht zur

FKVO) erfüllt werden. Für Verstöße gegen materielle Bestimmungen sieht Abs. 2 bedeutend höhere Bußgelder vor als der Abs. 1 für Verstöße gegen Verfahrensvorschriften. Darin kommt zum Ausdruck, dass Verstöße gegen materielles Recht erheblich schwerer wiegen als eine Verletzung von Verfahrensvorschriften und unter Umständen bleibende Wettbewerbsschäden verursachen Dies kann etwa dann der Fall sein, wenn durch den Vollzug eines Zusammenschlusses eine marktbeherrschende Stellung entsteht.

(a) **Verstöße gegen formelle Bestimmungen (Art. 14 Abs. 1 FKVO)**
Bei folgenden Verstößen gegen formelle Bestimmungen kann ein Bußgeld verhängt werden:
- **Unrichtige oder irreführende**[1978] **Angaben in Anmeldungen etc.** (Abs. 1 Buchst. a FKVO): Sanktioniert werden unrichtige oder irreführende Angaben in einem Antrag, einer Bestätigung[1979], einer Anmeldung oder Anmeldungsergänzung nach den Artikeln 4, 10 Abs. 5 und 22 Abs. 3 FKVO. Die Wahrheitspflicht soll sicherstellen, dass die Kommission auf zutreffender Faktengrundlage entscheidet. Sie bezieht sich nur auf Tatsachen, die von Relevanz für die Entscheidung sind[1980]. Als **unrichtig** werden sowohl Angaben, die nicht der Wahrheit entsprechen[1981], als auch Auslassungen angesehen, soweit dabei der Eindruck der Vollständigkeit der Angaben erweckt und der Sachverhalt damit unrichtig abgebildet wird[1982]. Die Unternehmen Sanofi und Synthélabo hatten in der Anmeldung ihres Zusammenschlussvorhabens[1983] behauptet, zwischen ihnen bestünden keine vertikalen Verbindungen. Es stellte sich jedoch heraus, dass beide Unternehmen in Wirklichkeit jeweils über ein Monopol für die Herstellung eines bestimmten betäubenden Wirkstoffes verfügten und sich wechselseitig damit belieferten. Da die Unternehmen die vertikalen Beziehungen in der Anmeldung nicht dargestellt hatten, enthielt ihre Anmeldung auch weder Angaben zu den Märkten für be-

1978

Anmeldung eines Zusammenschlusses aber offensichtlich als bedeutend genug an, um einen Verstoß gegen sie dem höheren Bußgeldrahmen des Art. 14 Abs. 3 FKVO zu unterwerfen.
1978 Bei der Revision der FKVO wurde der Tatbestand des Art. 14 Abs. 1 Buchst. b FKVO a. F. lediglich redaktionell verändert und als Art. 14 Abs. 1 Buchst. a FKVO sanktioniert. In dem deutschen Text wurde der Ausdruck »entstellte Angaben« durch den zutreffenderen Ausdruck »irreführende Angaben« ersetzt. Im englischen Text wurde der Ausdruck »misleading information« bei der Revision der FKVO nicht verändert.
1979 Eine Bestätigung, dass sich die Marktbedingungen sowie die in der Anmeldung enthaltenen Angaben nicht geändert haben, sieht z. B. Art. 10 Abs. 5 FKVO für den Fall vor, dass der Gerichtshof eine Entscheidung der Kommission durch Urteil für nichtig erklärt und die Kommission im Anschluss daran den Zusammenschluss erneut prüfen muss.
1980 Kommission, 14. 12. 1999, M.1610 »Deutsche Post / trans-o-flex«; Kindhäuser, in: FK (Band VI), Art. 14 FKVO Rdnr. 4.
1981 Kommission, 14. 12. 1998, M.1608 »KLM / Martinair«.
1982 Kommission, 28. 7. 1999, M.1543 »Sanofi / Synthélabo«; 14. 12. 1999, M.1610 »Deutsche Post / trans-o-flex«; 14. 12. 1999, M.1608 »KLM / Martinair« zur Sachverhaltsdarstellung der vorgenannten Entscheidungen siehe auch 29. WB, nach Rdnr. 189); 19. 6. 2002, M.2624 »BP / Erdölchemie«. 7. 7. 2004 M.3255 »Tetra Laval / Sidel«.
1983 Kommission, 17. 5. 1999, M.1397 »Sanofi / Synthélabo«; Bußgeldentscheidung 28. 7. 1999, M.1543 »Sanofi / Synthélabo«.

täubende Wirkstoffe noch deren Wettbewerbsanalyse. Die Kommission wertete die unterlassene Übermittlung sachdienlicher Angaben als Abgabe unrichtiger Angaben und setzte jeweils eine Geldbuße in Höhe von 50.000 Euro gegen Sanofi und Synthélabo fest. Die Kommission sah diese Verfehlung als so schwerwiegend an, dass sie ihre ursprüngliche auf Art. 6 Abs. 1 Buchst. b FKVO gestützte Freigabeentscheidung widerrief[1984], weil sie auf unrichtigen Angaben beruhte. Von dieser Möglichkeit des Widerrufs einer Entscheidung nach Art. 6 Abs. 3 Buchst. a FKVO hat sie in diesem Fall erstmalig Gebrauch gemacht.

1978a In der Anmeldung des Zusammenschlusses von Tetra Laval und Sidel[1985] wurden keine Angaben zu F & E – und geistigen Eigentumsrechten an der Tetra-Fast-Technologie der Firma Tetra Laval gemacht. Diese Technologie war für die wettbewerbliche Beurteilung des Zusammenschlusses sehr wichtig und bildete die Grundlage für eine Verpflichtung des Unternehmens, mit der die Freigabeentscheidung verbunden war[1986]. Das Bußgeld für Tetra Laval betrug insgesamt 90.000 Euro, davon 45.000 Euro wegen der unrichtigen Angaben in der Anmeldung.

1979 • Als **irreführend**[1987] sieht die Kommission Tatsachenangaben an, wenn die Art der Tatsachenwiedergabe einen unrichtigen Eindruck hervorruft. So hat die Kommission in dem Verfahren gegen die Deutsche Post[1988] die Unterlassung einiger Angaben als irreführend angesehen. Die Deutsche Post hatte im Jahr 1999 den beabsichtigten Erwerb der alleinigen Kontrolle über das Logistikunternehmen trans-o-flex bei der Kommission angemeldet. Die Kommission hatte jedoch den Verdacht, dass die Deutsche Post bereits zu einem früheren Zeitpunkt die Kontrolle über trans-o-flex erworben hatte, obwohl es sich dabei offiziell nur um den Erwerb einer Minderheitsbeteiligung handelte. Ein Kontrollerwerb der Deutschen Post im Jahre 1999 war jedoch nur dann möglich, wenn diese nicht bereits im Jahre 1997 alleinige Kontrolle erworben hatte. Da die frühere Transaktion für die Beurteilung, ob die Deutsche Post die trans-o-flex bereits kontrollierte, von Bedeutung war, waren nach Ansicht der Kommission in der Anmeldung alle Tatsachen in Zusammenhang mit der früheren Transaktion darzustellen. Darauf hatte die Kommission in Vorgesprächen offenbar auch hingewiesen. Die Kommission hat den unausgesprochenen Vorwurf des Verstoßes gegen das Vollzugsverbot (Abs. 2 Buchst. b) jedoch nicht geahndet, sondern nur die irreführende Darstellung der Erwerbsvorgänge. Sie verhängte gegen die Deutsche Post eine Geldbuße in Höhe von 50.000 Euro nach Art. 14 Abs. 1 Buchst. b FKVO a. F. sowie eine weitere Geldbuße in Höhe von 50.000 Euro nach Art. 14 Abs. 1 Buchst. c FKVO a. F. In dem Verfahren gegen KLM[1989] hatte KLM nicht angegeben, dass ihre Tochtergesellschaft Transavia dieselben Flugziele im Mittelmeerraum bediente, wie die Martinair. Die Kommission hat die Auslassung der Beschreibung dieses Überschneidungsbereiches von KLM und Martinair als unrichtige und irreführende Angaben gewertet. KLM erhielt einen Bußgeldbe-

---

1984 Kommission, 21. 4. 1999, M.1542 »Sanofi / Synthélabo«.
1985 Kommission, 30. 10. 2001, M.2416 »Tetra Laval / Sidel«.
1986 5. Presseerklärung IP/04 18/2 v. 7. 7. 2004.
1987 Die zitierte Fallpraxis der Kommission verwendet den Begriff »entstellte« bzw. »entstellende« Angaben, der bei der Revision der FKVO durch den gleichbedeutenden Begriff »irreführend« ersetzt wurde.
1988 Kommission, 14. 12. 1999, M.1610 »Deutsche Post / trans-o-flex«.
1989 Kommission, 14. 12. 1999, M.1608 »KLM / Martinair«.

scheid über 40.000 €. Die Kommission hat im Juni 2002 ein weiteres Bußgeld in Höhe von 35.000 € wegen der fahrlässigen Abgabe unrichtiger und irreführender Angaben gegen die Deutsche BP AG[1990] im Zusammenhang mit dem Erwerb des deutschen Chemikalienherstellers Erdölchemie GmbH verhängt. Das Unternehmen hatte in der Anmeldung Angaben zum Markt für Acrylnitril (ACN), einer für die Herstellung von Acrylfasern, Plastik und Nitrilgummi verwendeten Chemikalie, unterlassen. Erst im Laufe der Ermittlungen stellte sich heraus, dass der Konzern BP eine starke Stellung auf dem Markt für die Erteilung von Lizenzen für die ACN-Herstellungstechnik und für die Lieferung von ACN-Katalysatoren besitzt und dass der Konzern Kooperationsvereinbarungen mit Wettbewerbern geschlossen hatte, die den Vertrieb von ACN auf dem europäischen Markt beschränkten. Das Bußgeld fiel hingegen moderat aus, da BP den Sachverhalt, der wichtig für die Bewertung der Wettbewerbsstellung des Unternehmens auf dem ACN-Markt war, nicht bestritt.

- **Unrichtige oder irreführende Angaben in einer Antwort auf ein einfaches Auskunftsverlangen** (Abs. 1 Buchst. b): Die Wahrheitspflicht besteht auch im weiteren Prüfverfahren, weswegen nicht nur die Beantwortung von Auskunftsverlangen durch Entscheidung sondern auch die Beantwortung einfacher[1991] Auskunftsverlangen nach Art. 11 wahrheitsgemäß zu erfolgen hat. Eine nur verspätete oder unterbleibende Antwort auf ein einfaches Auskunftsverlangen ist folgenlos. 1980

- **Unrichtige, unvollständige, irreführende oder verspätete Angaben bei der Erteilung einer durch Entscheidung gemäß Art. 11 Abs. 3 FKVO verlangen Auskunft** (Abs. 1 Buchst. c): Auch Auskunftsverlangen, die durch förmliche Entscheidung nach Art. 11 Abs. 3 FKVO angefordert werden, müssen richtig und in nicht irreführender Weise beantwortet werden. Daneben ist die Versäumung der zur Antwort gesetzten Frist ebenso wie eine unvollständige Antwort bußgeldbewehrt[1992]. Der Tatbestand des Art. 14 Abs. 1 Buchst. c FKVO hat keine große praktische Relevanz, da die Kommission in der Regel einfache Auskunftsverlangen nach Art. 11 verschickt. 1981

1990 Kommission, 19. 6. 2002, M.2624 »BP/Erdölchemie«.
1991 Kommission, 14. 12. 1999, M.1610 »Deutsche Post/trans-o-flex« wegen unrichtiger Beantwortung eines einfachen Auskunftsverlangens im Fall M.1447 »Deutsche Post/trans-o-flex«. Die Auskunftsverlangen bezogen sich im Wesentlichen auf den Zeitpunkt und die Umstände des Kontrollerwerbs der Deutschen Post an der trans-o-flex. Nach Ansicht der Kommission waren sowohl die diesen Punkt betreffenden Angaben in der Anmeldung als auch die entsprechenden Antworten auf die einfachen Auskunftsverlangen unrichtig. Sie verhängte nach Art. 14 Abs. 1 Buchst. b FKVO a. F. und nach Art. 14 Abs. 1 Buchst. c FKVO a. F. ein Bußgeld in Höhe von jeweils 50.000 Euro. Kommission, 7. 7. 2004, M.3255 »Tetra Laval/Sidel« wegen unrichtiger Angaben in einem Antwortschreiben auf ein Auskunftsverlangen im Fall Kommission, 13. 1. 2003, M.2416 »Tetra Laval/Sidel«. Wegen der unterlassenen Angaben zur Tetra-Fast-Technologie erhielt Tetra Laval eine Geldbuße von insgesamt 90.000 Euro, davon 45.000 Euro wegen der unterlassenen Beantwortung des Auskunftsverlangens.
1992 Kommission, 12. 7. 2000, M.1634 »Mitsubishi Heavy Industries« wegen mangelnder Beantwortung eines förmlichen Auskunftsverlangens, in: Kommission, M.1431 »Ahlström/Kvaerner«. Zur Sachverhaltsdarstellung s. Competition Policy Newsletter No. 3 October 2000. Die Kommission hat in diesem Fall erstmalig Geldbußen wegen der Nichterteilung von Auskünften gegen ein nicht am Zusammenschluss beteiligtes Unternehmen verhängt. Die Geldbuße betrug 50.000 Euro.

C. Europäische Fusionskontrolle

1982 • Unvollständige Vorlage von Unterlagen bei Nachprüfungen vor Ort oder die verweigerte Duldung von Nachprüfungen, die in einer Entscheidung nach Art. 13 Abs. 4 FKVO angeordnet wurden (Abs. 1 Buchst. d): Diese Alternative ist für Fusionskontrollverfahren bisher von geringer praktischer Relevanz, da die Kommission aufgrund der engen Prüfungsfristen selten Ermittlungen am Sitz der Unternehmen durchführt[1993].

1983 Bei der Revision der FKVO sind zwei weitere Tatbestände als Art. 14 Abs. 1 Buchst. e und f FKVO eingeführt worden. Diese sollen die erweiterten Ermittlungsbefugnisse der Kommission nach Art. 12 und Art. 13 FKVO auch durch entsprechende Sanktionsmöglichkeiten bei Zuwiderhandlungen absichern. Es ist zu erwarten, dass ihre Bedeutung gering bleiben wird, da die Kommission in Fusionskontrollverfahren bereits aufgrund des engen Zeitrahmens selten an den Firmensitzen der Unternehmen ermittelt. Der Vollständigkeit halber werden sie gleichwohl nachfolgend genannt.

Eine Geldbuße droht Unternehmen oder Unternehmensvereinigungen, die vorsätzlich oder fahrlässig **in Beantwortung einer nach Art. 13 Abs. 2 Buchstabe e FKVO gestellten Frage**

1984 – eine unrichtige oder irreführende Antwort erteilen,
– eine von einem Beschäftigten erteilte unrichtige, unvollständige oder irreführende Antwort nicht innerhalb einer von der Kommission gesetzten Frist berichtigen oder
– in Bezug auf Fakten im Zusammenhang mit dem Gegenstand und dem Zweck einer durch Entscheidung nach Art. 13 Abs. 4 FKVO angeordneten Nachprüfung keine vollständige Antwort erteilen oder eine vollständige Antwort verweigern (Art. 14 Abs. 1 Buchst. e FKVO).

1985 Die Kommission kann Geldbußen auch gegen Unternehmen oder Unternehmensvereinigungen verhängen, wenn sie vorsätzlich oder fahrlässig die von den Bediensteten der Kommission oder den anderen von ihr ermächtigten Begleitpersonen nach Art. 13 Abs. 2 Buchst. d FKVO angebrachten **Siegel gebrochen** haben. (Art. 14 Abs. 1 Buchst. f FKVO)

(b) Verstöße gegen materielle Bestimmungen (Art. 14 Abs. 2 FKVO)
Bei folgenden Verstößen gegen materielle Bestimmungen kann ein Bußgeld verhängt werden:

1986 • **Verletzung der Pflicht zur Anmeldung gemäß Art. 4 oder gemäß Art. 22 Abs. 3 FKVO vor Vollzug** (Abs. 2 Buchst. a)[1994]: Da Zusammenschlüsse bei Vorliegen der Voraussetzungen des Art. 7 Abs. 2 und 3 FKVO vor Anmeldung vollzogen werden dürfen, ist ein Vollzug in diesen Fällen nicht sanktioniert. Bei den bisher ergangenen Bußgeldentscheidungen wegen Verstoßes gegen die Anmeldepflicht lag ein

---

1993 Näher dazu Kindhäuser, in: FK, (Band VI) Art. 14 FKVO Rdnr. 13 ff. Die Kommission hat jedoch z. B. in dem Verfahren Skanska/Scancem gemäß Art. 13 eine Nachprüfung durchgeführt, um die Frage der Kontrolle von Scancem durch Skanska und damit die Anmeldepflichtigkeit des Beteiligungserwerbs aufzuklären.

1994 Vor der Revision der FKVO war diese Tatbestandsalternative als einer der Verstöße gegen formelle Vorschriften nach Art. 14 Abs. 1 Buchst. a FKVO a.F. bußgeldbewehrt. Sanktioniert war der Verstoß gegen die damals geltende einwöchige Anmeldefrist des Art. 4 Abs. 1 FKVO a.F. für einen Zusammenschluss.

gleichzeitiger Verstoß gegen das Vollzugsverbot des Art. 7[1995] vor. In dem Bußgeldverfahren gegen Samsung[1996] verhängte die Kommission wegen der verspäteten Anmeldung[1997] sowie wegen Verstoßes gegen das Vollzugsverbot eine Geldbuße von insgesamt 33.000 Euro. Samsung meldete im April 1997 die beabsichtigte Übernahme des amerikanischen Unternehmens AST Research, Inc., im Wege eines öffentlichen Übernahmeangebotes an. Nach Informationen der Kommission kontrollierte Samsung die AST jedoch bereits seit spätestens Januar 1996. In dem Fall »A.P. Møller«[1998] wurde die Geldbuße von insgesamt 219.000 Euro wegen der Unterlassung der Anmeldung sowie wegen des Vollzugs des Zusammenschlusses in drei Fällen verhängt[1999].

- **Verstoß gegen das Vollzugsverbot** (Abs. 2 Buchst. b): Ein Verstoß gegen das Vollzugsverbot bedeutet häufig gleichzeitig einen Verstoß gegen die Anmeldepflicht des Art. 4, der in Abs. 2 Buchst. a sanktioniert ist[2000]. Selbständige Bedeutung hat diese Alternative bei Vollzug eines angemeldeten Zusammenschlusses vor einer Freigabeentscheidung. Die Kommission sieht den Tatbestand des Abs. 2 Buchst. b auch im Falle der fahrlässigen Nichtanmeldung als erfüllt an, bei der das Vorhaben regelmäßig in Unkenntnis der Anmeldepflicht vollzogen wird[2001]. Sanktioniert ist der Vollzug ohne vorherige Anmeldung. Art. 14 Abs. 2 Buchst. b) FKVO wird regelmäßig auch erfüllt sein. **1987**

- **Vollzug eines für unvereinbar mit dem Gemeinsamen Markt erklärten Zusammenschlusses oder Missachtung einer angeordneten Maßnahme zur Wiederherstellung des Zustandes vor Vollzug des Zusammenschlusses** (Abs. 2 Buchst. c): Sanktioniert ist der Vollzug eines Zusammenschlusses, der durch Kommissionsentscheidung für unvereinbar mit dem Gemeinsamen Markt erklärt wurde (Art. 8 Abs. 3 FKVO), sowie die Unterlassung von Entflechtungsmaßnahmen, die in einer Kommissionsentscheidung nach Art. 8 Abs. 4 oder 5 FKVO angeordnet wurden. Art. 8 Abs. 4 FKVO setzt den Vollzug eines Zusammenschlusses voraus, der zudem noch zur Entstehung oder Verstärkung einer marktbeherrschenden Stellung führt. Die Kommission kann einstweilige Maßnahmen nach Art. 8 Abs. 5 FKVO zur Wiederherstellung oder Aufrechterhaltung wirksamen Wettbewerbs ergreifen, wenn ein Zusammenschluss unter Verstoß gegen das Vollzugsverbot des Art. 7 FKVO vollzogen wurde, solange eine endgültige Entscheidung entweder noch nicht ergangen ist oder aber ergangen ist und den Zusammenschluss für unvereinbar mit dem Gemeinsamen Markt erklärt. Einstweilige Maßnahmen sind auch möglich, wenn der Zusammenschluss unter Missachtung einer Bedingung **1988**

1995 Art. 14 Abs. 2 Buchst. b FKVO.
1996 Kommission, 18. 2. 1998, M.920 »Samsung/AST«.
1997 Zusammenschlüsse mussten nach Art. 4 FKVO a. F. innerhalb einer Woche nach Unterzeichnung der Kaufverträge bei der Kommission angemeldet werden. Die unterlassene oder verspätete Anmeldung konnte gemäß Art. 14 Abs. 1 Buchst. a a. F. mit einer Geldbuße von bis zu 50 000 Euro geahndet werden.
1998 Kommission, 10. 2. 1999, M.969 »A.P. Møller«.
1999 Die drei daraufhin angemeldeten und freigegebenen Zusammenschlüsse waren Kommission, 4. 11. 1997, M.988 »Maersk/DFDS Travel«; 15. 1. 1998, M.1005 »Maersk Data/Den Danske Bank – DM Data« und 10. 3. 1998, M.1009 »Georg Fischer/DISA«.
2000 Vgl. die Bußgeldverfahren gegen Samsung, Kommission, 18. 2. 1999, M.920 – Samsung/AST sowie Kommission, 10. 2. 1999, M.969 »A. P. Møller«.
2001 So der Einwand von Samsung, in Kommission, 18. 2. 1998, M.920 »Samsung/AST«.

Zeise

vollzogen wurde, mit der eine Entscheidung nach Art. 6 Abs. 1 Buchst. b oder Art. 8 Abs. 2 FKVO versehen war.

1989 • **Zuwiderhandlung gegen eine Bedingung oder Auflage in einer Entscheidung nach Art. 6 Abs. 1 Buchst. b, Art. 7 Abs. 3 oder Art. 8 Abs. 2 Unterabs. 2** (Abs. 2 Buchst. d FKVO): Befreiungen vom Vollzugsverbot sowie Freigabeentscheidungen können mit Bedingungen und Auflagen verbunden werden. Erst im Zuge der Revision der FKVO im Jahr 2004 wurde Art. 14 um die Sanktionierung einer Zuwiderhandlung gegen eine Bedingung erweitert. Zuvor war lediglich der Verstoß gegen eine Auflage bußgeldbewehrt. Die Möglichkeit, eine Entscheidung in Phase I mit Bedingungen und Auflagen zu verbinden, besteht seit der Novellierung der FKVO im Jahr 1998[2002]. Art. 14 ist bei der Revision der FKVO entsprechend angepasst worden. Art. 14 Abs. 2 Buchst. d FKVO sanktioniert nunmehr auch den Verstoß gegen eine mit einer Entscheidung nach Art. 6 Abs. 1 Buchst. b FKVO verbundene Bedingung oder Auflage[2003].

(2) **Adressat**

1990 Die Kommission kann eine Geldbuße nach Abs. 1 gegen **Personen, die bereits mindestens ein Unternehmen kontrollieren** (Art. 3 Abs. 1 Buchst. b FKVO), gegen **Unternehmen** oder gegen **Unternehmensvereinigungen** festsetzen. Bei Verstößen gegen materielles Recht (Abs. 2) kommen als Adressaten nur die **in Art. 3 Abs. 1 Buchst. b FKVO genannten Personen** und beteiligte **Unternehmen** in Betracht. Nur sie können als Parteien gegen die in Abs. 2 aufgeführten Vorschriften des materiellen Rechts verstoßen. In den bisherigen Fällen wurden Geldbußen nur gegen Unternehmen verhängt[2004].

(3) **Vorsatz oder Fahrlässigkeit**

1991 Die Verletzung der in Abs. 1 und Abs. 2 aufgeführten formellen und materiellen Vorschriften erfüllt den Tatbestand des Art. 14 FKVO, wenn sie fahrlässig oder vorsätzlich geschieht. **Vorsatz** liegt vor, wenn die für das Unternehmen handelnden Personen die wesentlichen Tatsachen, die der Zuwiderhandlung zu Grunde liegen, gekannt haben. **Fahrlässigkeit** wird bejaht, wenn die Personen hätten wissen müssen, dass sie einen Verstoß gegen die Pflichten der FKVO begehen[2005]. So hat die

---

2002 Art. 6 Abs. 2 Unterabs. 2.
2003 Grünbuch über die Revision der Verordnung (EWG) Nr. 4064/89 des Rates, vom 11. 12. 2001, KOM (2001) 745/6 endgültig, Rdnr. 225.
2004 Eine Verhängung von Geldbußen gegen Verantwortliche eines Unternehmens ist zwar nach Art. 14 möglich, wird aber – anders als in Bußgeldverfahren vor dem BKartA – nicht praktiziert. Nach deutschem Recht knüpft eine gegen ein Unternehmen verhängte Geldbuße daran an, dass ein Verantwortlicher des Unternehmens sich ordnungswidrig verhalten hat. Das erklärt, warum in Ordnungswidrigkeitenverfahren des BKartA immer Unternehmen und Verantwortliche des Unternehmens eine Geldbuße erhalten. Die Kommission kann Geldbußen hingegen direkt und ausschließlich gegenüber Unternehmen verhängen. Da die bußgeldbewehrten Handlungen immer im Unternehmensinteresse geschehen, ist es nur folgerichtig, ein Bußgeldverfahren auf die Unternehmen zu beschränken.
2005 EuGH, 14. 2. 1978, »United Brands/Kommission«, Rs. 27/76, Slg. 1978, 207, Rdnr. 299 ff.

Kommission das Vorbringen von Samsung[2006], dass die lokalen Vertreter des Unternehmens in Kalifornien mit den Bestimmungen der FKVO nicht hinreichend vertraut gewesen seien, als fahrlässig gewertet. Samsung als multinationales Unternehmen mit umfangreichen Aktivitäten in Europa hätten die europäischen Fusionskontrollvorschriften bekannt sein müssen.

(4) Höhe der Geldbuße

Die Verhängung einer Geldbuße sowie deren Höhe stehen im **Ermessen** der Kommission. Für **Verstöße gegen Verfahrensvorschriften** (Abs. 1) beträgt das **Bußgeldhöchstmaß 1 %** des von dem beteiligten Unternehmen oder der beteiligten Unternehmensvereinigung erzielten **Gesamtumsatzes** i. S. v. Art. 5.

Art. 14 Abs. 2 sieht für **Verstöße gegen materielles Recht** eine Bußgeldhöhe von bis zu **10 %** des von dem jeweiligen beteiligten Unternehmen erzielten **Gesamtumsatzes** i. S. v. Art. 5 vor. Bemessungsgrundlage für das gegen ein Unternehmen verhängte Bußgeld ist also der Umsatz der Unternehmensgruppe, zu der es gehört. Kriterien für die Bußgeldbemessung sind nach Art. 14 Abs. 3 die **Art**, die **Schwere** und die **Dauer der Zuwiderhandlung**.

Die Art des Verstoßes findet schon ihren Niederschlag in den unterschiedlichen Bußgeldrahmen der Absätze 1 und 2. Das wichtigste Kriterium für die **Bemessung der Schwere** der Tat ist die **Schuldform**. In Fällen der vorsätzlichen[2007] oder absichtlichen Begehung hat die Kommission bisher die höchstmöglichen Bußgelder ausgesprochen. Bei einem lediglich leicht fahrlässigen Verstoß hat die Kommission sogar von der Verhängung einer Geldbuße abgesehen[2008]. Schon in der bisherigen Fallpraxis wurde bei der Beurteilung der Schwere eines Verstoßes auch die **Dauer** der Zuwiderhandlung berücksichtigt. Der Wortlaut des Art. 14 Abs. 3 ist im Zuge der Revision der FKVO im Jahr 2004 entsprechend angepasst worden. Als erschwerender Umstand wirkte sich ferner die **Größe des Unternehmens**, das den Verstoß beging, und die damit vorauszusetzende Kenntnis der Pflichten aus der FKVO aus. Als erschwerend wurde auch angesehen, dass der Kontrollerwerb und damit der Verstoß gegen das Vollzugsverbot keiner komplexen rechtlichen oder sachlichen Prüfung bedurfte[2009]. Als mildernder Umstand wurde anerkannt, dass der Verstoß den Wettbewerb nicht beeinträchtigte, dass das Unternehmen den Verstoß zugab[2010] und mit der Kommission zusammenarbeitete. Ebenso wurde mildernd berücksichtigt[2011], dass der Verstoß freiwillig, und bevor die Kommission ihn aufgedeckt hat, mitgeteilt wurde und dass der Zusammenschluss anschließend angemeldet wurde. Ausdrück-

---

2006 Kommission, 18. 2. 1999, M.920 »Samsung/AST«.
2007 Kommission, 14. 12. 1999, M.1610 »Deutsche Post«; 12. 7. 2000, M.1634 »Mitsubishi Heavy Industries«.
2008 Die Anmeldepflicht des Art. 4 war nach Auffassung der Kommission aufgrund der schwierigen Umsatzberechnung, in Kommission, 24. 2. 1992, M.166 »Torras/Sarrio« und in 5. 10. 1992, M.157 »Air France/Sabena« aufgrund der komplizierten Bewertung des Zusammenschlusstatbestandes schwer einzuhalten und die Verhängung einer Geldbuße daher unangemessen.
2009 Kommission, 18. 2. 1998, M.920 »Samsung/AST«, Rdnr. 29.
2010 Kommission, 19. 6. 2002, M.2624 »Deutsche BP/Erdölchemie«, s. Presseerklärung IP/02/897 vom 19. 6. 2002.
2011 Kommission, 18. 2. 1998, M.920 »Samsung/AST«, Rdnr. 29.

C. Europäische Fusionskontrolle

lich fand im Verfahren gegen Samsung[2012] zusätzlich der Umstand Berücksichtigung, dass es sich um die erste auf Art. 14 gestützte Entscheidung der Kommission handelte.

(5) Verjährung

1996 Die FKVO selber enthält keine Vorschriften zur Verjährung. Die Verjährung in Wettbewerbssachen wird vielmehr generell durch die VO (EWG) Nr. 2988/74[2013] geregelt. Da die Verordnung vor der FKVO verabschiedet wurde, erstreckt sie sich nicht ausdrücklich auf diese. Allerdings findet sich in den Erwägungsgründen die allgemeine Erstreckung der Verordnung auf »die einschlägigen Bestimmungen künftiger Verordnungen im Verkehrs- oder Wettbewerbsrecht der Europäischen Wirtschaftsgemeinschaft«. Die **Verjährung** beträgt **drei Jahre** bei Zuwiderhandlungen gegen Vorschriften über die Anmeldungen von Unternehmen, über die Einholung von Auskünften oder die Vornahme von Nachprüfungen (Art. 1 Abs. 1 Buchst. a VO Nr. 2988/74), bei den übrigen Zuwiderhandlungen **fünf Jahre** (Art. 1 Abs. 1 Buchst. b VO Nr. 2988/74).

(6) Verfahrensfragen

1997 Adressaten einer beabsichtigten Bußgeldentscheidung nach Art. 14 FKVO sind gemäß Art. 11 Abs. 1 Buchst. d DVO Beteiligte des Verfahrens im Hinblick auf das **Recht auf Anhörung** gemäß Art. 18 FKVO. Das Verfahren der förmlichen mündlichen Anhörung ist in Art. 11 ff. DVO geregelt. Vor jeder Entscheidung nach Art. 14 wird der Beratende Ausschuss über die Kontrolle von Unternehmenszusammenschlüssen angehört (Art. 19 Abs. 3 FKVO).

1998 Vor der Revision der FKVO wurden Bußgeldentscheidungen nicht veröffentlicht. Art. 20 FKVO stellt nunmehr klar, dass auch Entscheidungen nach Art. 14 FKVO im Amtsblatt der Europäischen Gemeinschaften veröffentlicht werden.

1999 Bei Klagen gegen Bußgeldentscheidungen der Kommission hat der **Gerichtshof** die Befugnis zu **unbeschränkter Ermessensnachprüfung** i. S. v. Art. 229 EGV. Der Gerichtshof kann die Geldbuße aufheben, herabsetzen oder erhöhen (Art. 16, 2. Hs. FKVO).

2000 Anders als bei Ordnungswidrigkeitenverfahren vor dem BKartA fordert die Kommission von den Unternehmen **keine Verwaltungsgebühren** für die Durchführung ihrer Bußgeldverfahren.

b) Zwangsgelder (Art. 15 FKVO)

2001 Das Zwangsgeld ist ein Mittel, um ein bestimmtes Handeln, Dulden oder Unterlassen zu erzwingen. Es ist die einzige Form des Verwaltungszwangs, den die FKVO vorsieht. Die Kommission hat im Jahr 2000 erstmalig ein Zwangsgeld gemäß Art. 15 FKVO festgesetzt[2014].

2012 Kommission, 18. 2. 1998, M.920 »Samsung/AST«, Rdnr. 29.
2013 Verordnung (EWG) Nr. 2988/74 des Rates vom 26. 11. 1974 über die Verfolgungs- und Vollstreckungsverjährung im Verkehrs- und Wettbewerbsrecht der Europäischen Wirtschaftsgemeinschaft, ABl. L 319/1 vom 29. 11. 1974.
2014 Kommission, 12. 7. 2000, M.1634 »Mitsubishi Heavy Industries«, s. auch Competition Policy Newsletter, No. 3 October 2000, S. 62 f.

VI. Verfahren

(1) Mit Zwangsgeld durchsetzbare Handlungen

Vergleichbar der Bestimmung des Art. 14 FKVO kann die Kommission Zwangsgelder verhängen, um zur Einhaltung der Verfahrensvorschriften und des materiellen Rechts anzuhalten. **2002**

Die Kommission kann durch Entscheidung Zwangsgelder nach Abs. 1 festsetzen, **2003**
- um vollständige und richtige Auskünfte auf eine Entscheidung nach Art. 11 Abs. 3 zu erhalten[2015] (Abs. 1 Buchst. a),
- um die Duldung einer Nachprüfung zu erreichen, die sie nach Art. 13 Abs. 4 angeordnet hat (Abs. 1 Buchst. b),
- um die Einhaltung einer durch Entscheidung nach Art. 6 Abs. 1 Buchst. b, Art. 7 Abs. 3 oder nach Art. 8 Abs. 2 Unterabs. 2 FKVO auferlegten Auflagen zu erzwingen (Abs. 1 Buchst. c) oder
- um die Entflechtungsmaßnahmen durchzusetzen, die in einer Entscheidung nach Art. 8 Abs. 4 oder Abs. 5 FKVO angeordnet worden sind (Abs. 2 Buchst. d).

Die Möglichkeit, nach Art. 15 Abs. 1 Buchst. c FKVO mit Zwangsgeld auch die Einhaltung einer Auflage zu erzwingen, die die Kommission in einer Entscheidung nach Art. 6 Abs. 1 Buchst. b auferlegt hat, besteht seit der Revision der FKVO im Jahr 2004. Entscheidungen nach Art. 6 Abs. 1 Buchst. b FKVO können bereits seit der Novellierung der FKVO im Jahr 1998 mit Bedingungen und Auflagen verbunden werden. Der Wortlaut des Art. 15 FKVO ist aber erst bei der Revision der FKVO entsprechend angepasst worden[2016]. **2004**

Adressaten eines Zwangsgeldes können nach Abs. 1 **Personen, die bereits mindestens ein Unternehmen kontrollieren** (Art. 3 Abs. 1 Buchst. b), **Unternehmen** und **Unternehmensvereinigungen** sein. Die Kommission kann Zwangsgelder **gegen am Zusammenschluss beteiligte Unternehmen** ebenso wie **gegen Dritte** festsetzen. Sie hat Zwangsgelder sogar erstmalig gegenüber einem Dritten festgesetzt, der einem Auskunftsverlangen durch Entscheidung nach Art. 11 Abs. 5 FKVO a. F. nicht nachkam. **2005**

(2) Höhe des Zwangsgeldes

Die Verhängung von Zwangsgeldern steht im **Ermessen** der Kommission. Der Höchstbetrag für Zwangsgelder beträgt nach Abs. 1 **5 % des durchschnittlichen täglichen Gesamtumsatzes des beteiligten Unternehmens** oder der beteiligten Unternehmensvereinigung i. S. v. Art. 5 für jeden Arbeitstag des Verzugs. Bei der Festsetzung von Zwangsgeldern gegen Mitsubishi Heavy Industries[2017] wurde ein Zwangsgeld für jeden Tag nach Ablauf der Frist zur Auskunftserteilung bis zum Abschluss des zu Grunde liegenden Fusionsverfahren Ahlström/Kvaerner[2018] erhoben. Die Höhe des Zwangsgeldes betrug insgesamt 900.000 Euro[2019]. **2006**

2015 Kommission, 12. 7. 2000, M.1634 »Mitsubishi Heavy Industries«.
2016 Grünbuch über die Revision der Verordnung (EWG) Nr. 4064/89 des Rates, vom 11. 12. 2001, KOM (2001) 745/6 endgültig, Rdnr. 225.
2017 Kommission, 12. 7. 2000, M.1634 »Mitsubishi Heavy Industries«.
2018 Kommission, 3. 5. 1999, »Ahlström/Kvaerner« Das Vorhaben wurde am 8. 9. 1999 aufgegeben.
2019 Der Höchstbetrag für Zwangsgelder nach Art. 15 Abs. 1 Buchst. a a. F. betrug zum damaligen Zeitpunkt 25.000 € für jeden Tag des Verzugs.

(3) Verfahrensfragen

2007 Da es sich bei der Festsetzung von Zwangsgeld um eine Maßnahme des Verwaltungszwangs handelt, muss es in einer ersten Entscheidung angedroht werden[2020]. Dies geschieht regelmäßig in den Auskunftsverlangen durch Entscheidung. Die endgültige Entscheidung ergeht, nachdem feststeht, ob die Adressaten der Zwangsgeldandrohung ihrer Verpflichtung nachgekommen sind. Abs. 2 sieht im Falle der Erfüllung die Verpflichtung vor, dass die Kommission die endgültige Höhe des Zwangsgeldes auf einen Betrag festsetzen kann, der unter dem Betrag liegt, der sich aus der ursprünglichen Entscheidung ergeben würde[2021]. Hinsichtlich des Rechts auf Anhörung, der Verjährung sowie des Rechtswegs kann auf die Ausführungen zur Geldbuße (Art. 14 FKVO) verwiesen werden. Die Kommission veröffentlicht Entscheidungen nach Art. 15 gemäß Art. 20 Abs. 1 FKVO im Amtsblatt der Europäischen Gemeinschaften.

2008 **Zwangsgelder** und **Geldbußen** können auch **kumulativ** verhängt werden[2022].

6. Rechte Beteiligter und Dritter im Verfahren

2009 Die Möglichkeit eines Unternehmens, auf das Fusionskontrollverfahren einzuwirken und sich in dessen Rahmen zu äußern, hängen stark davon ab, ob es an dem Verfahren beteiligt oder aber ein außenstehender Dritter ist. Während die Kommission den Erwerber als eines der am Zusammenschluss beteiligten Unternehmen beispielsweise laufend über die Ermittlungsergebnisse unterrichtet und ihm Einblick in wesentliche Dokumente bereits zu Beginn der Phase II gewährt, sind die Rechte Dritter im europäischen Fusionskontrollverfahren wesentlich eingeschränkter.

a) Verfahrensbeteiligte

2010 Die FKVO regelt nicht ausdrücklich, wer am Fusionskontrollverfahren beteiligt ist. In der FKVO enthält nur Art. 18 Ausführungen zu Verfahrensrechten, die Beteiligten im Fusionskontrollverfahren zustehen. Danach haben die **betroffenen Unternehmen** Gelegenheit, sich zu den ihnen gegenüber geltend gemachten Einwänden in allen Abschnitten des Verfahrens bis zur Anhörung des Beratenden Ausschusses zu äußern (Art. 18 Abs. 1 FKVO). Zumindest die **unmittelbar Betroffenen** haben das Recht auf Akteneinsicht (Art. 18 Abs. 3 FKVO)[2023]. Die Frage, ob der Begriff der »unmittelbar Betroffenen« mit dem der »am Zusammenschluss Beteiligten« gleichzusetzen ist, wird in der FKVO nicht beantwortet. Klarheit bringt Art. 11 DVO. Danach wird in Hinblick auf das Recht auf Anhörung gemäß Art. 18 unterschieden zwischen den

---

2020 So (zur VO Nr. 17) Dieckmann, in: Wiedemann, Handbuch des Kartellrechts, § 46 Rdnr. 33.
2021 Von dieser Möglichkeit hat die Kommission, in 12. 7. 2000, M.1634 »Mitsubishi Heavy Industries« keinen Gebrauch gemacht, da das Unternehmen das Auskunftsverlangen nach Art. 11 Abs. 5 FKVO a. F. unbeantwortet ließ.
2022 Kommission, 12. 7. 2000, M.1634 »Mitsubishi Heavy Industries«.
2023 Bis zur Revision der FKVO im Jahr 2004 standen die Rechte des Art. 18 Abs. 1 und Abs. 3 FKVO bei ansonsten annähernd gleichem Wortlaut noch den »betroffenen Unternehmen« bzw. den »unmittelbar Betroffenen« zu.

- **Anmeldern (Art. 11 Buchst. a DVO):** Dazu gehören die Personen oder Unternehmen, die eine Anmeldung gemäß Art. 4 Abs. 2 FKVO unterbreiten. Im Falle einer Fusion sind dies die fusionierenden Unternehmen und im Falle eines gemeinsamen Kontrollerwerbs die unmittelbar die gemeinsame Kontrolle erwerbenden Unternehmen; im Falle des Erwerbs der alleinigen Kontrolle über ein Unternehmen ist der Erwerber zur Anmeldung verpflichtet; 2011
- **Anderen Beteiligten (Art. 11 Buchst. b DVO):** Hierzu gehören die an dem Zusammenschlussvorhaben Beteiligten, die keine Anmelder sind, wie der Veräußerer und das Unternehmen, das übernommen werden soll. Untersagt die Kommission eine Veräußerung seines Unternehmens an den Erwerber, so hat dies für den Verkäufer nachteilige Folgen, gegen die er sich verteidigen können muss. 2012

Art. 11 DVO bestimmt diejenigen Unternehmen, gegen die sich ein Verfahren richtet und denen entsprechende Rechte und Pflichten im Verfahren zustehen. Die Unterscheidung in Anmelder oder andere Beteiligte wirkt sich auf den Umfang aus, in dem die Verfahrensrechte gewährt werden. 2013

Daneben wird der Begriff der beteiligten Unternehmen z. B. bei der Bestimmung des Anwendungsbereiches der FKVO (Art. 1 Abs. 2 und Abs. 3), im Rahmen der Anmeldepflichtigkeit nach Art. 4 sowie bei der Möglichkeit des Widerrufs von Entscheidungen (Art. 6 Abs. 3 und Art. 8 Abs. 6 FKVO) gebraucht. Er bezeichnet diejenigen beteiligten Unternehmen, deren Marktposition bei der Beurteilung des Zusammenschlusses von Bedeutung ist. Die Kommission hat die beteiligten Unternehmen in ihrer Mitteilung über den Begriff der beteiligten Unternehmen in der Verordnung (EWG) Nr. 4064/89 des Rates über die Kontrolle von Unternehmenszusammenschlüssen[2024] nach den einzelnen Zusammenschlusstatbeständen definiert. Der **Veräußerer** ist zwar eine wichtige Partei des das Vorhaben begründenden Vertrages, wird aber dennoch nicht als am Zusammenschluss beteiligtes Unternehmen angesehen. Seine Verbindung zu dem Zielunternehmen endet mit Abschluss der Veräußerung, sodass auch für die Ermittlung der Aufgreifschwellen nur diejenigen Umsatzerlöse berücksichtigt werden, die auf die veräußerten Teile entfallen. 2014

Die am Zusammenschluss beteiligten Unternehmen sind zwar in der Regel auch am Verfahren beteiligt. Unterschiede existieren jedoch, wie die Stellung des Veräußerers zeigt. 2015

b) Dritte

Auch Personen oder Unternehmen, die nicht an einem Zusammenschluss beteiligt sind, können als Dritte Rechte im Fusionskontrollverfahren haben. Sie werden in Art. 18 Abs. 4 und Art. 11 Buchst. c DVO im Hinblick auf das Recht auf Anhörung definiert als natürliche oder juristische Personen, einschließlich **Kunden, Lieferanten** und **Wettbewerber,** sofern sie ein **hinreichendes Interesse** geltend machen können. Dies ist insbesondere der Fall für 2016
- Mitglieder der Aufsichts- oder Leitungsorgane der beteiligten Unternehmen oder ihre anerkannten Arbeitnehmervertreter;
- Verbraucherverbände, sofern das Zusammenschlussvorhaben Waren oder Dienstleistungen betrifft, die von Endverbrauchern genutzt werden.

2024 ABl. C 66/14 vom 2. 3. 1998.

C. Europäische Fusionskontrolle

2017 Ein **hinreichendes Interesse** wird gleichgesetzt mit einem **wirtschaftlichen Interesse** an dem Zusammenschluss. Es wird insbesondere bei Abnehmern, Wettbewerbern und Lieferanten der beteiligten Unternehmen bejaht. Ihr hinreichendes Interesse und damit ihr Recht zur Teilnahme an einer formellen Anhörung sieht die Kommission immer als gegeben an, wenn Dritte sich bereits in der Phase I beteiligen, d. h. z. B. die auf Art. 11 FKVO gestützten Auskunftsverlangen der Kommission beantwortet haben.

2018 Nach deutschem Betriebsverfassungsrecht wird der **Betriebsrat**, nicht hingegen eine Gewerkschaft als rechtlich anerkannter Vertreter der Arbeitnehmer anzusehen sein[2025].

2019 In Fällen oligopolistischer Marktbeherrschung sehen sich diejenigen **Oligopolmitglieder**, die nicht am Zusammenschluss beteiligt sind, häufig eher als am Verfahren Beteiligte[2026] und nicht als Dritte. Denn die Feststellung, dass ein Oligopol wesentlichen Wettbewerb erheblich behindern wird, kann auch die übrigen Oligopolmitglieder in Zukunft darin einschränken, Anteile an weiteren Unternehmen zu erwerben. Die Kommission behandelt die Oligopolmitglieder, die nicht am Zusammenschluss beteiligt sind, ungeachtet ihres verstärkten Interesses am Ausgang des Falles als Dritte[2027].

2020 Die in dem Grünbuch der Kommission[2028] vorgeschlagene stärkere Berücksichtigung von **Verbraucherverbänden** im Fusionskontrollverfahren wurde nicht in die FKVO aufgenommen. Sie wurden jedoch ausdrücklich als Dritte, die ein hinreichendes Interesse i. S. d. Art. 18 Abs. 4 FKVO darlegen können, in Art. 11 Buchst. c DVO aufgeführt. Ziel der ausdrücklichen Nennung ist es, den Verbraucherverbänden mehr Gehör im Fusionskontrollverfahren zu verschaffen und sie zu einer aktiveren Mitwirkung bei konkreten Verfahren zu animieren.

c) Rechtsgrundlagen

2021 Das Fusionskontrollverfahren der Kommission wird von Dritten, aber auch von den an einem Zusammenschluss beteiligten Unternehmen oft wegen seiner mangelnden Transparenz kritisiert. In der Tat bestanden bis zur Revision der FKVO selbst für die Anmelder eines Zusammenschlusses nur sehr begrenzte Einsichtsrechte in die Verfahrensakte und in die Ergebnisse der Marktbefragung durch die Kommission. So erfuhren sie in der Regel erst nach der Versendung der Beschwerdepunkte, welche konkreten wettbewerblichen Bedenken von dritter Seite gegen ihren Zusammenschluss vorgebracht wurden. Die Verbesserung der Transparenz und die Förderung der Anwenderfreundlichkeit gehörten zu den erklärten Zielen des Revisionsprozesses. Zu diesem Zweck hat die Kommission Kritikpunkte aus den Stellungnahmen zum Grünbuch über die Revision der FKVO[2029] zum Anlass genommen, »**Best Practices on the conduct of EC merger control proceedings**« (im

---

2025 Drauz/Schroeder, D. 8.c, S. 216.
2026 So geschehen in Kommission, 22. 9. 1999, M.1524 »Airtours/First Choice«, S. auch Drauz/Schroeder, D. 6.c, S. 207.
2027 Drauz/Schroeder, D. 6.c, S. 207.
2028 Grünbuch über die Revision der Verordnung (EWG) Nr. 4064/89 des Rates, vom 11. 12. 2001, KOM (2001) 745/6 endgültig, Rdnr. 243.
2029 Grünbuch über die Revision der Verordnung (EWG) Nr. 4064/89 des Rates, vom 11. 12. 2001, KOM (2001) 745/6 endgültig.

Folgenden: »Best Practices«) zu entwerfen. Diese »Best Practices« wurden im Frühjahr 2004 veröffentlicht[2030]. Neben Empfehlungen zu den nötigen Schritten im Vorfeld einer Anmeldung sowie Erklärungen zur Sachverhaltsermittlung durch die Kommission nehmen die Zugangs- und Einsichtsrechte der Anmelder in die Verfahrensakte und die Ermittlungsergebnisse den breitesten Raum in den »Best Practices« ein.

Rechtliche Grundlagen für die Verfahrensrechte Beteiligter und Dritter sind im Wesentlichen Art. 18 sowie Art. 11 bis 18 DVO. **2022**

(1) Verfahrensrechte der Anmelder

Folgende Rechte der anmeldenden Unternehmen im Verfahren und folgende Verfahrensschritte, die sich zugunsten der Anmelder auswirken, existieren:
– Gelegenheit zu **informellen und vertraulichen Gesprächen** über den beabsichtigten Zusammenschluss bereits vor **Anmeldung eines Zusammenschlusses** (Erwägungsgrund 11 der DVO) **2023**
– **Laufende Unterrichtung über das Ergebnis der Ermittlungen** **2024**

Die Anmelder sollen laufend über das Ergebnis der Ermittlungen unterrichtet werden. In sog. »**State-of-Play**«-Treffen mit der Kommission werden sie, falls gewünscht, über den Fortgang der Ermittlungen informiert und erhalten Gelegenheit, juristische und faktische Fragen oder Zusagenangebote mit dem case team und unter Leitung erfahrener Beamter der Generaldirektion Wettbewerb zu diskutieren. Dies »State-of-Play«-Treffen sollen nach dem Willen der Kommission **an entscheidenden Verfahrenspunkten** stattfinden. Ein Aktenvermerk hält dabei die wichtigsten Diskussionsergebnisse fest. Im Rahmen der **Phase I** sehen die »Best Practices« ein Treffen vor, sobald sich abzeichnet, dass ein Zusammenschluss Anlass zu ernsthaften Bedenken i. S. d. Art. 6 Abs. 1 Buchst. c FKVO gibt. Dies soll in der Regel **vor Ablauf von 15 Arbeitstagen nach Anmeldung** stattfinden, da die Beteiligten zu diesem Zeitpunkt noch mögliche Verpflichtungen mit der Kommission diskutieren können, die ihr Zusammenschlussvorhaben mit dem Gemeinsamen Markt vereinbar machen würden.

Das erste Treffen in der Phase II wird in der Regel binnen **zwei Wochen nach der Einleitung der Phase II** angesetzt. Die Beteiligten können sich zu den Gründen der Kommissionsentscheidung, die Phase II einzuleiten, und zu den wichtigsten in der Akte enthaltenen Dokumenten zu äußern, soweit sie diese schon einsehen konnten. Die Anmelder sollten der Kommission ihre Kommentare zu diesen Punkten bereits einige Tage vor dem Treffen schriftlich mitteilen. Die Kommission kann aus der Stellungnahme wiederum ersehen, in welche Richtung die weiteren Ermittlungen zielen sollten. Aus den Äußerungen der Anmelder ersieht sie, ob z. B. die Marktdefinition oder bestimmte Wettbewerbsbedenken weiter untersucht werden müssen. Neben der etwaigen Erforderlichkeit von ökonomischen oder anderen Studien kann auch der zeitliche Ablauf der Verfahrensschritte in Phase II erörtert werden. Weitere »State-of-Play«-Treffen finden **vor der Abfassung der Beschwerdepunkte** sowie nach der Stellungnahme der Beteiligten zu diesen und **der Anhörung** statt. Ein letztes Treffen ist vor der Zusammenkunft des Beratenden Ausschusses **2025**

[2030] www.europa.eu.int/comm/competition/mergers/legislation/regulation/best_practices.pdf. Sie waren bis zur Schlussredaktion des Handbuches noch nicht in ihrer endgültigen Form veröffentlicht.

C. Europäische Fusionskontrolle

vorgesehen. Bei der Gelegenheit können insbesondere vorgelegte Zusagenangebote und die Marktreaktionen darauf erörtert werden.

2026 – **Mitteilung der Entscheidung zur Eröffnung der Phase II** nach Art. 6 Abs. 1 Buchst. c FKVO

Diese Entscheidung der Kommission ermöglicht den Anmeldern, Tragweite und Umfang der bestehenden Bedenken der Kommission gegen den Zusammenschluss abzuschätzen.

2027 – **Einsichtnahme in wesentliche Dokumente**

Bereits nach der Einleitung der Phase II erhalten die Anmelder die Gelegenheit, wesentliche Dokumente und Stellungnahmen Dritter einzusehen, die bereits in der Phase I bei der Kommission eingegangen sind. Zu den zugänglichen Dokumenten zählen diejenigen, auf die in der Entscheidung zur Verfahrenseinleitung Bezug genommen wird, Marktstudien sowie Stellungnahmen, die der Darstellung der Parteien zuwiderlaufen. Dazu verpflichtet sich die Kommission in ihren »Best Practices«.

2028 – **Mitteilung der Beschwerdepunkte**

Etwa zwei Monate vor Erlass der endgültigen Entscheidung stellt die Kommission den Anmeldern die sog. Beschwerdepunkte zu, in der alle Einwände der Kommission detailliert dargelegt sind, sodass diese genau wissen, auf welche Punkte sie in ihrer Stellungnahme eingehen sollten bzw. welche Bedenken eventuelle Zusagenangebote ausräumen müssen.

2029 – **Recht auf Akteneinsicht**

Die Anmelder als Adressaten der Beschwerdepunkte haben nach Art. 18 Abs. 3 FKVO ein Recht auf **Akteneinsicht**. Wie Art. 17 Abs. 1 DVO hervorhebt, handelt es sich bei dem Recht auf Akteneinsicht um ein **Verteidigungsrecht**. Es richtet sich gegen die Feststellung der Kommission, dass die Anmelder durch ihren geplanten Zusammenschluss wesentlichen Wettbewerb erheblich behindern, und dient der Vorbereitung der Stellungnahme zu den Beschwerdepunkten sowie der förmlichen Anhörung.

2030 Bis zur Revision der FKVO wurde die Akteneinsicht nur einmal und erst nach den Beschwerdepunkten gewährt. Die Kommission hat das Recht auf Akteneinsicht jedoch weiter gestärkt. Nach den »Best Practices« verpflichtet sich die Kommission, den Anmeldern auch solche Unterlagen zugänglich machen, die sie nach Erlass der Beschwerdepunkte bis zur Konsultation des Beratenden Ausschusses erhalten hat. Der Zugang zur Verfahrensakte der Kommission geschieht entsprechend den Grundsätzen der Mitteilung der Kommission zur Akteneinsicht[2031].

2031 **In Phase I** haben die Anmelder **kein Recht auf Akteneinsicht**, unabhängig davon, ob nach Ablauf der 25 Arbeitstage eine Freigabeentscheidung ergeht oder das Verfahren eröffnet wird. Der Entwurf der »Best Practices« enthielt noch den Vor-

---

[2031] Die Mitteilung der Kommission von 1997 über interne Verfahrensvorschriften für die Behandlung von Anträgen auf Akteneinsicht wird derzeit neu gefasst. Der Entwurf einer Mitteilung der Kommission über die Regeln für die Einsicht in Kommissionsakten in Füllen einer Anwendung der Artikel 81 und 82 EG-Vertrag, Artikel 53, 54 und 57 des EWR-Abkommens und der Verordnung (EG) Nr. 139/2004 wurde in ABl. C 259/8 vom 21. 10. 2004 veröffentlicht.

schlag, den Anmeldern von Beginn des Verfahren an auf einer »ad hoc«-Basis Zugang zu den wichtigsten Dokumenten, darunter den substantiierten Beschwerden anderer Marktteilnehmer sowie Marktstudien, zu gewähren. Der Vorschlag wurde in der Folge jedoch fallen gelassen, was wohl auch darauf zurückzuführen sein dürfte, dass die Vorbereitung einer – wenn auch eingeschränkten – Akteneinsicht in diesem Verfahrensstadium zu Lasten der Ermittlungen des Sachverhalts gehen würde. Folgende Schriftstücke sind nicht zugänglich[2032], da die Kommission sie als vertraulich wertet (Ausführungen dazu enthalten auch Art. 17 Abs. 3 und Art. 18 DVO):

– Schriftstücke oder Teile davon, die Geschäftsgeheimnisse anderer Unternehmen enthalten; **2032**
– interne Schriftstücke der Kommission[2033] wie Vermerke, Entwürfe und sonstige Arbeitspapiere; hierzu gehört auch die Korrespondenz zwischen der Kommission und den nationalen Wettbewerbsbehörden sowie die Korrespondenz der nationalen Wettbewerbsbehörden untereinander, sofern sie sich in der Verfahrensakte befindet; **2033**
– andere vertrauliche Angaben, wie solche zur Person von Beschwerdeführern, die ihre Identität nicht gegenüber Dritten preisgeben möchten, oder Auskünfte, die der Kommission mit der ausdrücklichen Bitte um vertrauliche Behandlung übermittelt wurden. **2034**

– **Recht auf eine förmliche Anhörung** **2035**

Die Anhörung gibt hauptsächlich den Anmeldern und anderen Beteiligten die Möglichkeit des rechtlichen Gehörs vor dem Erlass einer negativen Entscheidung. Im Rahmen der Anhörung haben sie die Möglichkeit, ihre Einwände gegen eine beabsichtigte Entscheidung der Kommission den Vertretern der Mitgliedstaaten und denen der Kommission vorzutragen. Entsprechend geht in der Regel die Initiative für eine förmliche Anhörung von den Anmeldern aus, die diese in der schriftlichen Stellungnahme zu den Beschwerdepunkten beantragen.

(2) Verfahrensrechte der anderen Beteiligten

Auch die anderen Beteiligten wie Veräußerer oder Zielunternehmen haben selbstverständlich ebenso wie die Anmelder jederzeit vor der Anmeldung eines Zusammenschlusses sowie nach erfolgter Anmeldung die **Gelegenheit zu informellen und vertraulichen Gesprächen** mit der Kommission. Eine laufende und formalisierte Unterrichtung der anderen Beteiligten über die jeweiligen Ermittlungsergebnisse, wie sie die »Best Practices« in Form regelmäßiger »State-of-Play«-Treffen für die Anmelder institutionalisieren, ist jedoch nicht vorgesehen. Auch die Möglichkeit, bereits nach Eröffnung der Phase II Einblick in wesentliche Dokumente zu nehmen, ist den Anmeldern vorbehalten. Folgende Rechte und Verfahrensschritte existieren aber auch zugunsten der anderen Beteiligten: **2036**

– **Mitteilung der Entscheidung zur Eröffnung der Phase II** nach Art. 6 Abs. 1 Buchst. c

Die Entscheidung zur Eröffnung der Phase II wird an die Anmelder eines Zusammenschlusses adressiert. Die anderen Beteiligten müssen in der Regel warten, bis eine um Geschäftsgeheimnisse bereinigte Version erstellt ist, die ihnen dann sofort **2037**

2032 23. WB 1993, Rdnr. 200.
2033 So jetzt auch ausdrücklich Art. 17 Abs. 3 DVO.

Zeise 549

zur Verfügung gestellt wird. Die Kommission wirkt darauf hin, dass die Anmelder Geschäftsgeheimnisse zügig identifizieren, um die Entscheidung auch den anderen Beteiligten schnellstmöglich zugänglich machen zu können.

2038 – Mitteilung der Beschwerdepunkte

Auch die anderen Beteiligten erhalten die Beschwerdepunkte der Kommission, allerdings wieder in einer **um Geschäftsgeheimnisse** bereinigten Version und damit in der Regel später als die Anmelder.

2039 – Recht auf Akteneinsicht

Nach dem Erhalt der Beschwerdepunkte haben auch die anderen Beteiligten ein Recht auf Akteneinsicht. Ob der Zugang zur Akte nur einmal zum Zweck der Vorbereitung der Stellungnahme oder nach Bedarf wiederholt bis zur Einberufung des Beratenden Ausschusses gewährt wird, ist mit der Kommission zu klären. Die »Best Practices« sehen die wiederholte Akteneinsicht im Zeitraum zwischen der Versendung der Beschwerdepunkte und der Zusammenkunft des Beratenden Ausschusses jedenfalls nur für die Anmelder vor.

2040 – Recht auf eine förmliche Anhörung

Auch die anderen Beteiligten haben das Recht auf eine förmliche Anhörung, die sie im Rahmen ihrer schriftlichen Stellungnahme zu den Beschwerdepunkten beantragen müssen.

(3) Verfahrensrechte Dritter

2041 Dritte haben im Fusionskontrollverfahren der Kommission im Vergleich zu den beteiligten Unternehmen nur wenige ausdrückliche Verfahrensrechte. Der wichtigste Unterschied zu den Rechten der Beteiligten besteht darin, dass ihnen **kein Akteneinsichtsrecht** zusteht. Begründet wird dies damit, dass es sich bei der Akteneinsicht um ein klassisches Verteidigungsrecht handele, welches nur den unmittelbar am Zusammenschluss Beteiligten zustehen sollte. Darin weicht das Verfahrensrecht im europäischen Wettbewerbsrecht vom deutschen Verfahrensrecht in Wettbewerbssachen ab. In Deutschland steht auch dritten Unternehmen, die in Verfahren vor dem BKartA **beigeladen** sind, grundsätzlich ein Recht auf Akteneinsicht zu[2034].

2042 Ungeachtet ihrer Rechtsposition sind Dritte im Verfahren und insbesondere bei der Sachverhaltsermittlung jedoch von großer Bedeutung. Die Kommission ist an ihren **substantiierten Hinweisen und Anregungen** sehr interessiert. Sie kann etwaige negative Auswirkungen, die ein geplanter Zusammenschluss nach Meinung Dritter haben kann, entsprechend in die Sachverhaltsermittlungen einbeziehen. Wertvoll sind Anregungen auch bereits vor der Anmeldung eines Zusammenschlusses, da die Kommission sie bereits in den Vorgesprächen mit den Anmeldern aufgreifen und Ausführungen zu den vorgebrachten Punkten im Formblatt CO verlangen kann. Die Mitteilung sollte immer in **schriftlicher Form** geschehen.

2043 Dritte werden ausdrücklich zur Stellungnahme aufgefordert. Dies geschieht durch **Veröffentlichung der Tatsache der Anmeldung** eines geplanten Zusammenschlusses im Amtsblatt der Europäischen Gemeinschaften, Ausgabe C (Art. 4 Abs. 3)[2035].

2034 § 54 Abs. 2 Nr. 3 GWB.
2035 Das Amtsblatt ist über die website der Kommission unter www.europa.eu.int/comm/competition/mergers/oj/ zugänglich.

Die Veröffentlichung ist äußerst knapp und enthält lediglich die Tatsache der Anmeldung unter Angabe der Namen der Beteiligten, ihres Herkunftslandes, der Art des Zusammenschlusses sowie der betroffenen Wirtschaftszweige. Dritte werden darin aufgefordert, innerhalb von 10 Tagen nach Veröffentlichung Stellung zu dem Vorhaben zu nehmen. Es handelt sich dabei um keine Ausschlussfrist. Je später jedoch Stellungnahmen eingehen, desto weniger Zeit hat die Kommission für deren Überprüfung und Berücksichtigung zur Verfügung. Die Kommission bezieht sie aber nach Möglichkeit bei der Beurteilung des Falles ein. Eine weitere Äußerungsmöglichkeit besteht durch **Beantwortung der Auskunftsverlangen** der Kommission, die in einer Vielzahl der Fälle verschickt werden[2036].

Eine Stellungnahme interessierter Dritter während des Kommissionsverfahrens empfiehlt sich auch im Hinblick auf eine mögliche **förmliche Anhörung** sowie im Hinblick auf eine **Klage gegen die Entscheidung der Kommission**[2037], da die Klagebefugnis nach der Rechtsprechung des EuGH von der Beteiligung am Verfahren, etwa durch Beantwortung der Auskunftsverlangen der Kommission, abhängig gemacht wird.

2044

Der EuGH hat die **Position Dritter** in jüngster Zeit durch das Urteil in der Rechtssache »Schlüsselverlag J. S. Moser u. a. / Kommission«[2038] klargestellt. Darin heißt es, dass die Kommission verpflichtet ist, Beschwerden von Unternehmen im Fusionskontrollverfahren unter Angabe von Gründen und damit förmlich zu beantworten. Dem Urteil lag folgender Sachverhalt zu Grunde: Im Januar 2001 wurde in Österreich der Zusammenschluss zweier Verlage kartellrechtlich genehmigt. Daraufhin wandten sich der Schlüsselverlag J. S. Moser sowie weitere mit den Zusammenschlussbeteiligten konkurrierende Verlage im Mai 2001 in einer Beschwerde an die Generaldirektion Wettbewerb und machten geltend, der Zusammenschluss habe gemeinschaftsweite Bedeutung und hätte daher von der Kommission als zuständiger Behörde geprüft werden müssen. Der zuständige Direktor innerhalb der Generaldirektion Wettbewerb antwortete darauf mit Schreiben vom Juli, dass die für einen Zusammenschluss von gemeinschaftsweiter Bedeutung erforderlichen Schwellenwerte nicht erfüllt seien, sodass die Kommission für die Prüfung nicht zuständig gewesen sei. Das Schreiben schloss mit der Feststellung, dass dieses die Auffassung der Fusionskontrolldirektion wiedergebe und die Europäische Kommission nicht binde. Weitere Schreiben mit Ausführungen zu der jeweiligen Rechtsauffassung wurden zwischen beiden Seiten ausgetauscht. In einem letzten Schreiben der Generaldirektion in dieser Sache, das an die Beschwerdeführer im November 2001 ging, war der Zusatz, nach dem die Kommission durch diese Auffassung nicht gebunden werden könne, nicht mehr enthalten. Die Beschwerdeführer erhoben Untätigkeitsklage beim EuG, die als offensichtlich unzulässig abgewiesen wurde. Die dagegen gerichtete Rechtsbeschwerde wurde ebenfalls, allerdings aus anderen Gründen zurückgewiesen. Der EuGH sah die Beschwerde als verspätet an. Eine Beschwerde an die Kommission hätte in den vier Monaten eingelegt werden müssen, in denen das Oberlandesgericht Wien mit der Prüfung des Zusammenschlusses befasst war.

2045

2036 Siehe oben unter Rdnr. 1946 ff.
2037 S. ausführlicher zu Klagebefugnis und Rechtsmittelverfahren unten unter Rdnr. 2132 ff.
2038 EuGH, 25. 9. 2003, »Schlüsselverlag J. S. Moser GmbH u.a. / Kommission«, Rs. C-170/02 P, Slg. 2003, I-9889 Rdnr. 27 ff.

2046 Der EuGH stellte fest, dass Beschwerdeführer nach der FKVO keine Rechtsstellung haben, die der in Verfahren nach Art. 81 und 82 EGV vergleichbar ist. Der EuGH wies jedoch darauf hin, dass insbesondere Wettbewerber der Unternehmen, die sich zusammenschließen, als interessierte Dritte nach Art. 18 ein Recht darauf haben, von der Kommission angehört zu werden. Daraus folgt, dass die Beschwerden zumindest von Wettbewerbern, Lieferanten und Kunden von der Kommission unter Angabe von Gründen beantwortet werden müssen. Eine Einschränkung, dass es sich bei der in dem Schreiben wiedergegebenen Rechtsauffassung lediglich um die Rechtsauffassung des zuständigen Direktorats handele, die die Europäische Kommission nicht binde, dürfte diesen Anforderungen demnach nicht genügen[2039].

2047 Dritte haben in der Kommissionspraxis auch eine **wichtige Funktion bei der Beurteilung von Zusagen** der Parteien, die diese gegebenenfalls in Phase I oder Phase II anbieten, um die wettbewerblichen Bedenken der Kommission gegen ihren Zusammenschluss auszuräumen. Im Rahmen des »**Markttests**« werden ihnen die Zusagen entweder im Wortlaut, allerdings bereinigt um Geschäftsgeheimnisse sowie um die Angabe des Zeitraums, in dem sie erfüllt werden müssen, oder aber sinngemäß zur Stellungnahme übermittelt. In jüngster Zeit hat auch die **Beteiligung der Arbeitnehmervertreter** in Zusammenschlussfällen zunehmende Bedeutung insbesondere bei der Beurteilung angebotener Zusagen erlangt[2040]. Die Arbeitnehmer von Unternehmen oder Unternehmensteilen, die aufgrund einer Zusage veräußert werden sollen, können meist am besten einschätzen, ob ihr Unternehmen in der angebotenen Form überlebensfähig ist. Ihre Beteiligung bei der Einschätzung von Veräußerungszusagen liegt daher auch im Interesse der Kommission[2041].

2048 Neben dieser informellen Beteiligung an Fusionskontrollverfahren haben Dritte aber auch das ausdrückliche **Recht auf eine förmliche Anhörung**, sofern sie diese schriftlich beim Anhörungsbeauftragten beantragen. Sie müssen dazu ein hinreichendes Interesse geltend machen können. Dies liegt nach der Praxis der Kom-

---

2039 Der EuGH hat zu dieser Frage keine Stellung genommen, weil die Beschwerde jedenfalls verspätet und damit offensichtlich unzulässig war. Das EuG hat in seinem Beschluss vom 11. 3. 2002 in der Rechtssache T-3/02 (»Schlüsselverlag J. S. Moser u. a./ Kommission«, Slg. 2002, II-1473) jedenfalls die Auffassung vertreten, dass ein solches Schreiben des Direktors der GD Wettbewerb ohne Einschränkung einen Akt der Kommission darstelle. Fraglich ist allenfalls, ob dies auch gilt, wenn der Direktor Entscheidungen trifft, die dem Kommissar vorbehalten sind und für die der Direktor keine Ermächtigung hat.

2040 Kommission, 8. 5. 2000, M.1892 »Sara Lee/Courtaulds«; 8. 7. 1998, M.1069 »Wordcom/ MCI« sowie 8. 3. 2000, M.1802 »Unilever/Amora-Maille«, vgl. zu letzterem Competition Policy Newsletter Number 2 June 2000, S. 49. Anregungen von Gewerkschaftsseite, die sozialen Auswirkungen eines Zusammenschlusses stärker zu berücksichtigen, haben wenig Aussicht auf Erfolg. Dies stellte Philip Lowe, seinerzeitiger Generaldirektor der GD Wettbewerb, klar (wiedergegeben in Competition Policy Newsletter, Number 1 Spring 2003, S. 81). Er teilte mit, dass sich die Kommission dazu entschlossen habe, die Unternehmen in dem Formblatt CO ausdrücklich auf ihre arbeitsrechtlichen Verpflichtungen hinzuweisen. Ob die Betriebsräte der am Zusammenschluss beteiligten Unternehmen jedoch tatsächlich über das beabsichtigte Vorhaben und die personalpolitischen Maßnahmen informiert werden, hat für die Analyse der wettbewerblichen Auswirkungen eines Zusammenschlusses allerdings keinerlei Bedeutung.

2041 So Philip Lowe, seinerzeitiger Generaldirektor der GD Wettbewerb, wiedergegeben in Competition Policy Newsletter, Number 1 Spring 2003, S. 81.

mission immer dann vor, wenn sie sich bereits zuvor, insbesondere durch die Beantwortung von an sie gerichteten Auskunftsverlangen, am Verfahren beteiligt haben. Die förmliche Anhörung wird in der Regel von den Anmeldern beantragt. Dritte können im Rahmen der von den Parteien beantragten Anhörung mündlich Stellung zu den Auswirkungen des geplanten Zusammenschlusses nehmen. Eine förmliche Anhörung kann jedoch auch auf alleinigen Antrag Dritter anberaumt werden (Art. 18 Abs. 4 Satz 2 FKVO)[2042]. Dritte, die aus dem laufenden Verfahren bekannt sind, werden in der Regel von der Kommission auf die Möglichkeit einer förmlichen Anhörung hingewiesen. Einzelheiten zur Anhörung Dritter regelt Art. 16 DVO.

2049 Dritte müssen aktiv an der Anhörung teilnehmen. Zur Vorbereitung der Anhörung haben Dritte ein **Recht auf Information** durch die Kommission, Art. 16 Abs. 1 DVO. Die Kommission unterrichtet sie schriftlich über Art und Gegenstand des Verfahrens und setzt ihnen eine Frist zur schriftlichen Äußerung. Die Unterrichtung geschieht mittlerweile auch durch **Zusendung der um Geschäftsgeheimnisse bereinigten Beschwerdepunkte**[2043]. In Einzelfällen hat die Kommission bereits im Rahmen der mündlichen Anhörung Dritten Gelegenheit gegeben, zu Zusagenangeboten Stellung zu nehmen[2044]. Auch über den Inhalt des Zusagenangebotes werden Dritte von der Kommission vorab schriftlich informiert. Im Rahmen der Anhörung ist eine mündliche Äußerung erforderlich. Dritte haben dabei die Gelegenheit, ihre Auffassung zu den Auswirkungen des Zusammenschlusses vorzutragen, die sie schriftlich bereits vorab der Kommission übermittelt haben.

2050 Die »Best Practices« der Kommission sehen weiter – auf freiwilliger Basis – **Treffen von Kommission und Anmeldern unter Beteiligung Dritter** vor, sofern diese zuvor substantiierte Bedenken gegen den Zusammenschluss geäußert haben. Bei einem solchen Treffen können die divergierenden Ansichten zu für die Entscheidung wichtigen Punkten und die wettbewerblichen Konsequenzen von Zusagenangeboten diskutiert werden. Diese Treffen bieten sich nach Auffassung der Kommission an, wenn widersprüchliche Angaben zu wichtigen Marktdaten oder -charakteristika vorliegen.

d) Die Verordnung über den Zugang der Öffentlichkeit zu Dokumenten des Europäischen Parlaments, des Rates und der Kommission

2051 Seitdem 3. 12. 2001 gilt ist die Verordnung (EG) Nr. 1049/2001 des Europäischen Parlaments und des Rates vom 30. 5. 2001 über den Zugang der Öffentlichkeit zu Dokumenten des Europäischen Parlaments, des Rates und der Kommission[2045]. Das Ziel der Verordnung ist die Schaffung von **Transparenz in Bezug auf Entscheidungen der Gemeinschaftsorgane** durch eine bessere Beteiligung der Bürger am Entscheidungsprozess. Angesichts des umfassenden Zugangs zu Dokumenten der Kommission, den die Bestimmungen der Verordnung gewährleisten, ist es überra-

---

2042 Kommission, 27. 5. 1998, M.993 »Bertelsmann/Kirch/Premiere«.
2043 Anders noch Drauz/Schroeder, D. 8. c), S. 216. Die Beschwerdepunkte werden an die am Zusammenschluss beteiligten Unternehmen in der jeweiligen Verfahrenssprache versandt. Dritte erhalten unter Umständen die englische Übersetzung der Beschwerdepunkte, die für die Mitglieder des Beratenden Ausschusses gemacht wird.
2044 Kommission, 13. 6. 2000, M.1367 »VEBA/VIAG«.
2045 ABl. L 145/43 ff. vom 31. 5. 2001.

schend festzustellen, wie wenig diese Zugangsmöglichkeit bislang zur Kenntnis genommen wird[2046].

(1) Die wesentlichen Bestimmungen der VO (EG) Nr. 1049/2001

2052 Zu den wesentlichen Bestimmungen zählen die nachfolgend Dargestellten:

2053 – **Anträge**: Gemäß Art. 6 Abs. 1 der VO (EG) Nr. 1049/2001 muss ein Antragsteller keine Gründe für seinen Antrag auf Zugang zu einem Dokument angeben. Dies gilt auch, wenn er nicht am Verfahren beteiligt ist.

2054 – **Dokumente**: Dokumente sind nach Art. 3 Buchst. a der VO (EG) Nr. 1049/2001 definiert als Inhalte unabhängig von der Form des Datenträgers (auf Papier oder in elektronischer Form, Ton-, Bild- oder audiovisuelles Material), die einen Sachverhalt im Zusammenhang mit den Politiken, Maßnahmen oder Entscheidungen aus dem Zuständigkeitsbereich des Organs betreffen«.

2055 – **Dokumente Dritter**: Die Verordnung findet gemäß Art. 2 Abs. 3 der VO (EG) Nr. 1049/2001 Anwendung auf Dokumente aus allen Tätigkeitsbereichen der Union, die von dem Organ erstellt wurden oder bei ihm eingegangen sind und sich in seinem Besitz befinden. Dazu zählen auch Dokumente von Mitgliedstaaten und Unternehmen, die im Rahmen von Ermittlungen angeschrieben wurden.

2056 – **Legislative Dokumente**: Nach Erwägungsgrund 6 der Verordnung soll ein umfassenderer Zugang zu Dokumenten in den Fällen gewährt werden, in denen die Organe, auch im Rahmen übertragener Befugnisse, als Gesetzgeber tätig sind. Insbesondere diese Dokumente sollen nach Art. 12 Abs. 2 der VO (EG) Nr. 1049/2001 vorbehaltlich einer Ausnahmeregelung nach Art. 4 der VO (EG) Nr. 1049/2001 und der Behandlung als sensibles Dokument i. S. d. Art. 9 der VO (EG) Nr. 1049/2001 direkt zugänglich gemacht werden.

2057 – **Fristen**: Der Antrag wird nach Art. 7 Abs. 1 der VO (EG) Nr. 1049/2001 in der Regel innerhalb von fünfzehn Arbeitstagen nach Registrierung des Antrags beschieden. In Ausnahmefällen kann die Frist gemäß Art. 7 Abs. 3 der VO (EG) Nr. 1049/2001 um weitere fünfzehn Arbeitstage verlängert werden.

2058 – **Ausnahmeregelungen**: Der Zugang zu Dokumenten kann nur aus den Gründen verweigert werden, die in Art. 4 Abs. 1 bis 3 der VO (EG) Nr. 1049/2001 abschließend aufgezählt sind. In den Fällen des Art. 4 Abs. 2 und 3 der VO (EG) Nr. 1049/2001 kann der Zugang trotz der Beeinträchtigung der genannten Interessen gewährt werden, sofern ein überwiegendes öffentliches Interesse an der Verbreitung besteht. Für Dokumente Dritter sowie für Dokumente, die von einem Mitgliedstaat stammen, trifft Art. 4 Abs. 4 und 5 der VO (EG) Nr. 1049/2001 besondere Regelungen.

2046 In Deutschland gibt es eine vergleichbare Regelung auf Bundesebene noch nicht. Ein Informationsfreiheitsgesetz des Bundes, das den Zugang zu Dokumenten der Bundesbehörden regeln soll, ist – anders als auf Länderebene – erst im Entwurf vorhanden. Entsprechend ist der Zugang zu den Verfahrensakten des BKartA nach wie vor ausschließlich im GWB geregelt.

(2) Konsequenzen der Verordnung für die Verfahrensrechte Beteiligter und Dritter in Verwaltungsverfahren der Generaldirektion Wettbewerb

Auf den ersten Blick gewährt die VO (EG) Nr. 1049/2001 der Öffentlichkeit eine umfassenden Zugang auch zu Verfahrensakten der Generaldirektion Wettbewerb, da die Verordnung keine expliziten Ausnahmen für die laufenden Verwaltungs- und insbesonder Fusionskontrollverfahren der Kommission enthält. 2059

Primäres Ziel der Verordnung ist jedoch ein erleichterter Zugang zu legislativen Dokumenten. Die Dokumente der mit der Fusionskontrolle befassten Direktorate sind hingegen selten legislative Dokumente, vielmehr handelt es sich in der Regel um Unterlagen, die in Zusammenhang mit konkreten Verwaltungsverfahren stehen. Das Wettbewerbsrecht ist eine der wenigen Bereiche, in denen die Kommission Exekutivbefugnisse besitzt. Für diese Dokumente dürften zumindest für die Dauer des Verfahrens weitgehend die Ausnahmebestimmungen des Art. 4 Abs. 2 und 4 der VO (EG) Nr. 1049/2001 gelten. Damit dürften die Öffentlichkeit, Verfahrensbeteiligte und Dritte in laufenden Verfahren kaum weitreichendere Zugangsmöglichkeiten nach der VO (EG) Nr. 1049/2001 als nach den bestehenden Bestimmungen der DVO haben. 2060

Grundsätzlich kann sich die Kommission für ein Dokument aus einem laufenden Verwaltungsverfahren sogar auf mehrere Ausnahmebestimmungen für die Verweigerung des Aktenzugangs berufen. Die nachfolgende Darstellung gibt einen Überblick über die für die Fusionskontrollverfahren der Kommission relevanten Ausnahmeregelungen. 2061

Die Ausnahmebestimmung des Art. 4 Abs. 1 der VO (EG) Nr. 1049/2001, die den Schutz des öffentlichen Interesses sowie den Schutz der Privatsphäre und der Integrität des Einzelnen im Auge hat, wird in Wettbewerbsangelegenheiten keine Rolle spielen. 2062

(a) Die Ausnahmeregelung des Art. 4 Abs. 2 der VO (EG) Nr. 1049/2001

Danach sollen die Organe vorbehaltlich eines überwiegenden öffentlichen Interesses den Zugang zu einem Dokument verweigern, durch dessen Verbreitung Folgendes beeinträchtigt würde: 2063
– der Schutz der geschäftlichen Interessen einer natürlichen oder juristischen Person, einschließlich des geistigen Eigentums;
– der Schutz von Gerichtsverfahren und der Rechtsberatung;
– der Schutz des Zwecks von Inspektions-, Untersuchungs- und Audittätigkeiten.

Zu den geschützten Dokumenten dürften vor allem **Stellungnahmen Dritter in Verwaltungsverfahren** zählen, unabhängig davon, ob sie in Beantwortung eines auf Art. 11 gestützten Auskunftsverlangens gemacht wurden oder nicht. Es ist zu erwarten, dass die Kommission unter Berufung auf den Schutz geschäftlicher Interessen nicht nur den Zugang zu Unterlagen Dritter verweigern wird, die Geschäftsgeheimnisse enthalten, sondern auch zu solchen, die weitergehende, die Märkte und den Zusammenschluss betreffende Angaben enthalten. 2064

Unter den Schutz von Gerichtsverfahren und Rechtsberatung könnten z.B. **interne Vermerke** der Kommissionsdienststellen zur Vorbereitung von Stellungnahmen vor Gemeinschaftsgerichten oder Gerichten der Mitgliedstaaten fallen. Unter Rechtsberatung ließen sich z.B. die Vermerke der Grundsatzabteilung (Direktion A) der Generaldirektion Wettbewerb sowie des Juristischen Dienstes subsumieren. 2065

2066 Der Zweck von Untersuchungsaktivitäten könnte bereits durch die Offenlegung von Dokumenten Dritter, unabhängig davon, ob sie Geschäftsgeheimnisse enthalten, gefährdet werden. Die Äußerungen werden in der Regel im Vertrauen auf die Vertraulichkeit der Angaben gemacht. Um die Aussagebereitschaft von Unternehmen auch für die Zukunft zu gewährleisten, dürfte von dieser Ausnahmebestimmung weitreichend Gebrauch gemacht werden.

2067 Nach Art. 4 Abs. 7 der VO (EG) Nr. 1049/2001 gelten die Ausnahmen nur für den Zeitraum, in dem der Schutz aufgrund des Inhalts des Dokuments gerechtfertigt ist, und höchstens für einen Zeitraum von 30 Jahren. Nach Art. 4 Abs. 4 konsultiert das Gemeinschaftsorgan Dritte, um zu beurteilen, ob eine der Ausnahmeregelungen der Absätze 1 oder 2 für die von ihnen überlassenen Dokumente anwendbar ist.

(b) Die Ausnahmeregelung des Art. 4 Abs. 3 der VO (EG) Nr. 1049/2001

2068 Nach Art. 4 Abs. 3 Unterabs. 1 der VO Nr. 1049/2001 wird der Zugang zu einem Dokument verweigert, das von einem Organ für den internen Gebrauch erstellt wurde oder bei ihm eingegangen ist und sich auf eine Angelegenheit bezieht, in der das Organ noch keinen Beschluss gefasst hat, wenn eine Verbreitung des Dokuments den Entscheidungsprozess ernstlich beeinträchtigen würde, es sei denn, es besteht ein überwiegendes öffentliches Interesse an der Verbreitung. Auch nach erfolgter Beschlussfassung kann der Zugang zu internen Dokumenten der Gemeinschaftsorgane bei Vorliegen bestimmter, in Unterabs. 2 aufgeführter Voraussetzungen verweigert werden.

2069 Zu den in diesen Ausnahmebereich fallenden Dokumenten könnten die vom case team erarbeiteten Entscheidungsentwürfe, die an den Kommissar gerichteten Vermerke, die Stellungnahmen des Kommissars gegenüber dem Kollegium oder Äußerungen der in ein Verfahren eingebundenen Kommissionsdienststellen gehören.

2070 Anträge auf **Einsicht in abgeschlossene Verfahren** dürften hingegen gute Erfolgsaussichten haben. So kann z. B. der Zugang zu Entscheidungen oder diesen zu Grunde liegenden Anträgen, die bislang weder im Amtsblatt noch auf der Internetseite der Kommission veröffentlicht werden, beantragt werden. So werden Entscheidungen über die Eröffnung der Phase II (Art. 6 Abs. 1 Buchst. c) FKVO sowie über Freistellungen vom Vollzugsverbot gemäß Art. 7 Abs. 3 FKVO grundsätzlich nicht auf der Internetseite der Kommission veröffentlicht, dürften jedoch auf Grund der VO (EG) Nr. 1049/2001 zugänglich sein.

(3) Das Antragsverfahren auf Zugang zu einem Dokument

2071 Die Kommission hat ihre Geschäftsordnung im Dezember 2001 geändert, um sie an die Bestimmungen der VO (EG) Nr. 1049/2001 anzupassen. Gemäß Art. 10 der Durchführungsbestimmungen zur VO (EG) Nr. 1049/2001, die der Geschäftsordnung der Kommission als Anhang beigefügt sind[2047], entscheiden die Generaldirektoren und Leiter der Dienste über die Erstanträge. Zu diesem Zweck benennen sie einen Beamten, der die Anträge auf Zugang zu einem Dokument prüft und die

---

2047 Durchführungsbestimmungen zur Verordnung (EG) Nr. 1049/2001 des Europäischen Parlaments und des Rates über den Zugang der Öffentlichkeit zu Dokumenten des Europäischen Parlaments, des Rates und der Kommission, ABl. C 345/95 vom 29. 12. 2001.

Stellungnahme seiner Generaldirektion oder seines Dienstes koordiniert. Gemäß Art. 11 der VO (EG) Nr. 1049/2001 wurde ein öffentlich zugängliches Dokumentenregister eingerichtet[2048].

Grundlegende Informationen zum Verfahren der Antragstellung auf Zugang zu einem Kommissionsdokument sowie zu einem eventuellen Beschwerdeverfahren geben Dokumente, die über die website des Generalsekretariats abzurufen sind[2049]. Die Kommission hat am 29. 4. 2003 erstmals einen Bericht über die Anwendung der Verordnung (EG) Nr. 1049/2001 vorgelegt[2050], der auch Rechtsprechungshinweise und statistische Angaben enthält. **2072**

7. Das Fusionskontrollverfahren der Kommission

Nach Art. 21 Abs. 2 ist die **Kommission,** vorbehaltlich der Nachprüfung durch den Gerichtshof, **ausschließlich** dafür **zuständig,** die in der FKVO vorgesehenen Entscheidungen zu erlassen. Damit hat sich der Gesetzgeber der FKVO gegen die Einrichtung einer selbständigen Wettbewerbsbehörde auf europäischer Ebene ausgesprochen[2051]. **2073**

a) Aufbau der Generaldirektion Wettbewerb

Innerhalb der Kommission ist die **Generaldirektion Wettbewerb** (DG COMP oder GD Wettbewerb[2052]) für die Umsetzung der Wettbewerbspolitik der Gemeinschaft und die Durchführung der Verfahren in Wettbewerbsangelegenheiten zuständig[2053]. Sie hatte im Jahr 2004 rund 600 Mitarbeiter[2054]. Im Zuge des im Juni 2000 abgeschlossenen Revisionsverfahrens zur Überprüfung der Umsatzschwellen des Art. 1[2055] hat die Kommission beschlossen, die Ressourcen der Generaldirektion Wettbewerb zu verstärken, um sie bei ihrem Einsatz für eine nachdrückliche Wett- **2074**

2048 Zugänglich über www.europa.eu.int/comm/secretariat_general/sgc/acc-doc/index_de.htm.
2049 www.europa.eu.int/comm/secretariat_general/sgc/acc_doc/inde_de.htm.
2050 Bericht der Kommission über die Anwendung der Verordnung Nr. 1049/2001 über den Zugang der Öffentlichkeit zu Dokumenten des Europäischen Parlaments, des Rates und der Kommission, KOM/2003/0216 endgültig, vom 29. 4. 2003.
2051 Insbesondere aus Deutschland kommt jedoch in regelmäßigen Abständen die Forderung, die Wettbewerbskontrolle auf europäischer Ebene einer selbständigen Wettbewerbsbehörde zu übertragen und damit die Gefahr politisch motivierter Entscheidungen zu verringern.
2052 Die alte Bezeichnung »DG IV« für die Generaldirektion Wettbewerb wurde mit Antritt der Kommission unter Präsident Romano Prodi in »DG COMP« oder »GD Wettbewerb« geändert, um die Tätigkeitsbereiche der einzelnen Generaldirektionen für die Bürger transparenter zu machen.
2053 Nur wenige Wettbewerbsangelegenheiten fallen in die Zuständigkeit anderer Generaldirektionen. Beihilfen im Transportbereich werden z. B. von der Generaldirektion Verkehr geprüft.
2054 www.europa.eu.int/comm/dgs/competition/directory/staff.pdf
2055 Vgl. Bericht der Kommission an den Rat über die Anwendung der in der FKVO vorgesehenen Schwellenwerte vom 28. 6. 2000, KOM (2000) 399 endgültig, abrufbar unter www.europa.eu.int/eur-lex/de/com/rpt/2000/com2000_0399de02.pdf.

C. Europäische Fusionskontrolle

bewerbspolitik zu unterstützen[2056]. Im Ergebnis wurde insbesondere der Bereich der Fusionskontrolle befassten Direktorate personell verstärkt. Ausschlaggebend dafür waren der starke Anstieg der Fusionsfälle in den Jahren 1998 bis 2000 sowie der Wille, die Wettbewerbsanalyse der Kommission mit Hilfe eines Teams von zusätzlichen Ökonomen stärker als bisher volkswirtschaftlich zu untermauern.

2075 Die zuständige Kommissarin für die Generaldirektion Wettbewerb ist derzeit die Niederländerin Neelie Kroes. Die Generaldirektion Wettbewerb wird derzeit von dem Briten Philip Lowe geleitet. Sie setzt sich aus **neun Direktoraten** zusammen. Bereits im Vorfeld der Revision der FKVO wurde die gesamte Generaldirektion reorganisiert[2057] Kernpunkt der **Reorganisation** war der schrittweise Abbau des Direktorats B (Merger Task Force), das bis dato ausschließlich für die Fusionskontrolle auf Gemeinschaftsebene zuständig war, verbunden mit der sukzessiven Verlagerung seiner Aufgaben auf andere Direktorate. Ziel der Restrukturierung[2058] war die Zusammenführung der Branchenkenntnis der sektoriellen Direktorate mit der Erfahrung im Bereich Fusionskontrolle. Weitere Änderungen in der Aufgabenverteilung innerhalb der Generaldirektion in Zusammenhang mit dem Inkrafttreten der FKVO zum 1. 5. 2004 und dem Zusammentreten der Kommission im Herbst 2004 sind nicht auszuschließen. Nachfolgend werden die Direktorate im Überblick vorgestellt:

2076 Das **Direktorat R** beschäftigt sich im Wesentlichen mit strategischer Planung und den Ressourcen der gesamten Generaldirektion Wettbewerb.

2077 Das **Direktorat A** ist für die Wettbewerbspolitik und die strategische Unterstützung wie z. B. die Begleitung von Gesetzesvorhaben sowie die Beziehungen zu internationalen Institutionen zuständig.

2078 Das **Direktorat B (Merger Task Force)** war bis zur Revision der FKVO **im Jahr 2004** für die Prüfung von Zusammenschlussvorhaben von gemeinschaftsweiter Bedeutung zuständig. Die Aufgaben der Merger Task Force wurden bereits im Laufe des Jahres 2003 auf andere Einheiten der Generaldirektion verlagert. Die Aufgaben und die Mitarbeiter der Merger Task Force wurden zum Teil von den Direktoraten C bis F übernommen, die jeweils für die Fusionskontrolle eigene Referate eingerichtet haben. Während die **Zuständigkeitsverteilung** innerhalb der Merger Task Force branchenunabhängig war, ist sie jetzt **sektorspezifisch.**

2079 Die **Direktorate B bis F** wenden die Art. 81 und 82 EGV einschließlich der Verfolgung von Kartellabsprachen sowie Art. 86 EGV an, soweit das Wettbewerbsverhalten öffentlicher und monopolartiger Unternehmen in Frage steht. Seit der Reorganisation der Generaldirektion im Jahr 2003 besitzt jedes der genannten Direktorate zudem ein Referat Fusionskontrolle, sodass nunmehr das Direktorat entscheidet, das die größte Sachnähe und Branchenkenntnis hat. Das Direktorat B hat die Zuständigkeit für Energie, Wasser, Lebens- und Arzneimittel. Das Direktorat C ist für die Sektoren Informationstechnologie, Kommunikation und Medien, das Direktorat D für den Dienstleistungssektor, das Direktorat E für Sektor Industrie und das Direktorat F für den Bereich Konsumgüter zuständig.

Die **Direktorate G und H** sind mit der **Beihilfenkontrolle** befasst.

2080 Mehr als die Hälfte der Mitarbeiter der Generaldirektion Wettbewerb gehört dem höheren Dienst an. Diese Mitarbeiter haben die Funktion von **Berichterstattern.**

2056 30. WB 2000, Rdnr. 238.
2057 Vgl. die Presseerklärung der Kommission IP/03/603.
2058 Siehe Presseerklärung »DG Competition Reorganisation«.

Ein abgeschlossenes juristisches oder wirtschaftswissenschaftliches Studium ist dafür, anders als für eine Tätigkeit im deutschen BKartA, keine Voraussetzung. In der Praxis überwiegen aber auch hier die **Juristen** und **Wirtschaftswissenschaftler**. Eine beträchtliche Anzahl der Berichterstatter sind **nationale Experten**, die von den nationalen Kartellbehörden auf Zeit, meist für drei Jahre, zur Kommission abgeordnet werden. In der Regel sind zwei bis drei Beamte des deutschen BKartA für die Dauer von zwei Jahren für den Bereich Fusionskontrolle abgeordnet.

b) Die Organisation des Verfahrens

Die **Kommission** hat die **Entscheidungsbefugnis** in allen Wettbewerbsangelegenheiten, darunter der Fusionskontrolle. Die Entscheidungsbefugnis ist in Fällen der Phase I grundsätzlich auf den Wettbewerbskommissar delegiert, in Fällen der Phase II entscheidet die Kommission in ihrer Gesamtheit. Die Kommission in ihrer Gesamtheit entscheidet in Fusionsverfahren mit **einfacher Mehrheit**. In Anbetracht der verschiedensten (industrie-) politischen Zuständigkeiten und Nationalitäten der 25 Kommissare, von denen nur einer für die Wettbewerbspolitik zuständig ist, bestand insbesondere in Deutschland zu Beginn der europäischen Fusionskontrolle die Befürchtung, dass die Entscheidungen politisch motiviert und weniger am Wettbewerb orientiert sein könnten. Die Entscheidungspraxis der Kommission in Fusionsfällen hat diese Befürchtungen jedoch weitgehend zerstreut. 2081

Entscheidungsträger und Bearbeiter der Zusammenschlussverfahren sind im europäischen Fusionskontrollverfahren nicht identisch. Damit ist das Verfahren anders aufgebaut als das des deutschen BKartA. Beschlüsse des BKartA werden von dem den Fall bearbeitenden Berichterstatter, dem Vorsitzenden der Beschlussabteilung sowie einem weiteren Beisitzer der Beschlussabteilung getroffen. 2082

(1) Zuständiges Direktorat

Ein Zusammenschluss wird von demjenigen Direktorat bearbeitet, das für den **Sektor** zuständig ist, in dem die Zusammenschlussbeteiligten tätig sind. Sind die Unternehmen auf mehreren Märkten aktiv, wird das Direktorat danach ausgewählt, wo sich der Zusammenschluss schwerpunktmäßig auswirkt. Das Gleiche gilt für Zusammenschlüsse von Unternehmen, die nicht im Wettbewerb zueinander stehen, z. B. im Falle vertikaler Zusammenschlüsse von Lieferant und Abnehmer. Das zuständige Referat ist oft bereits Wochen vor einer Anmeldung mit einem Zusammenschlussvorhaben befasst. Sobald es von einem geplanten Zusammenschluss erfährt, wird in dem jeweils zuständigen Referat ein **case team** für die spätere Prüfung des Vorhabens zusammengestellt. Die Kenntnis eines geplanten Zusammenschlusses kann sich entweder aus Presseberichten ergeben oder durch die an einem beabsichtigten Zusammenschluss beteiligten Unternehmen selbst. Die Unternehmen erhalten somit bereits im Vorfeld einer Anmeldung konkrete Ansprechpartner, mit denen sie u. a. den Umfang der für die Anmeldung erforderlichen Angaben absprechen können. 2083

C. Europäische Fusionskontrolle

(2) Zusammenstellung der case teams

2084 Die Größe eines case teams richtet sich nach der zu erwartenden Arbeitsintensität eines Falles. Weniger aufwendige Fälle haben nur einen oder zwei, andere bis zu sechs **Fallbearbeiter**. Jedes case team hat darüber hinaus einen **case manager**. Dieser ist in der Regel einer der **Referatsleiter**.

2085 Die case teams werden grundsätzlich aus den Mitarbeitern des jeweils zuständigen Direktorats zusammengestellt. Die Zuweisung der Fälle wird jedoch mit der erforderlichen Flexibilität gehandhabt. So wirken sich der unterschiedliche Arbeitsanfall in den verschiedenen Branchendirektoraten sowie die erforderlichen Sprachkenntnisse auch bei der Zusammenstellung des case teams aus. Ist der Arbeitsanfall des für die Fusionskontrolle zuständigen Referats hoch oder besitzen die dortigen Mitarbeiter nicht in genügender Anzahl die erforderlichen Sprachkenntnisse für die Prüfung eines Falles, werden andere Mitarbeiter des Direktorats, sofern die Branchenkenntnis erforderlich ist, oder Mitarbeiter aus anderen Fusionskontrollreferaten herangezogen. Die Zusammensetzung des case teams kann sich durchaus im Laufe eines Verfahrens ändern.

2086 Anmeldungen in englischer Sprache können jedem Mitarbeiter des zuständigen Direktorats, nicht nur den Muttersprachlern, zur Bearbeitung zugewiesen werden. Anmeldungen in anderen Amtssprachen der Europäischen Gemeinschaft werden in der Regel jedoch von mindestens einem Muttersprachler bearbeitet. Es kann davon ausgegangen werden, dass die case teams für Zusammenschlussvorhaben, die in deutscher Sprache angemeldet werden, aus deutschen oder österreichischen Fallbearbeitern bestehen.

(3) Vor Beginn des Verfahrens – Planung des Verfahrensablaufes[2059]

2087 Kontakte zum zuständigen Direktorat innerhalb der Generaldirektion Wettbewerb sind bereits in der **Prenotifizierungsphase** vor der Anmeldung eines Zusammenschlusses üblich und ratsam. In den Vorkontakten wird geklärt, ob geplante Zusammenschlüsse in den Anwendungsbereich der FKVO fallen und demnach anmeldepflichtig sind. Insbesondere die Vollfunktionsfähigkeit von geplanten Gemeinschaftsunternehmen ist ein häufiger Erörterungspunkt in der Prenotifizierungsphase. Auch der Umfang und die Darstellung der Angaben des Formblatts CO werden in der Regel vor der Anmeldung geklärt. Dadurch verringert sich das Risiko, dass eine Anmeldung für unvollständig erklärt wird.

2088 Insbesondere in kritischen Fällen beschränken sich die Parteien in der Regel nicht auf Gespräche mit dem zuständigen Direktorat innerhalb der Generaldirektion Wettbewerb. So ist es z.B. vor allem für die **zeitliche Planung eines Fusionskontrollverfahrens** von Interesse, frühzeitig in Erfahrung zu bringen, ob ein Mitgliedstaat beabsichtigt, einen Verweisungsantrag zu stellen. Die Initiative für eine Verweisung des Zusammenschlusses an die Behörden der Mitgliedstaaten kann auch von den Unternehmen ausgehen (Art. 4 Abs. 4 FKVO). Um die Wahrscheinlichkeit oder die Erfolgsaussichten eines Verweisungsantrages und die daraus resultierenden Konsequenzen für die Dauer des Verfahrens abschätzen zu können, sind früh-

---

[2059] Die hier angesprochenen Verfahrensschritte werden ausführlich im weiteren Verlauf des Kapitels dargestellt.

zeitige Kontakte zu den nationalen Wettbewerbsbehörden ratsam. Es ist ebenfalls üblich, die Gespräche mit nationalen Wettbewerbsbehörden in Fällen der Phase II fortzuführen. Da die nationalen Wettbewerbsbehörden vor Erlass einer Kommissionsentscheidung im Rahmen des Beratenden Ausschusses angehört werden, erscheint es häufig zweckmäßig, den Behörden die Konsequenzen eines Zusammenschlusses aus Sicht der Unternehmen zu vermitteln.

Auch finden nicht selten **Gespräche** von Parteien eines Zusammenschlusses mit anderen **Kommissionsdienststellen** statt, mit dem Ziel, die eigene Sichtweise der wettbewerblichen Auswirkungen des Zusammenschlusses vorzustellen. Die Dienststellen (insbesondere die Generaldirektionen) der Kommission werden im europäischen Fusionskontrollverfahren im Rahmen von Interservice Meetings konsultiert. Sie sind auch bei einer eventuellen förmlichen Anhörung vertreten. In Fällen, die zu starken Marktstellungen führen, muss ihre Zustimmung vor einer Entscheidung zwingend vorliegen. **2089**

In wettbewerblich kritischen Fällen besinnen sich die beteiligten Unternehmen oft darauf, wer die eigentlichen **Entscheidungsträger des europäischen Fusionskontrollverfahrens** sind. In Fällen der Phase I trifft die Entscheidung der Wettbewerbskommissar, in Fällen der Phase II das Kollegium der Kommissare. Mit fortschreitender Verfahrensdauer und sich abzeichnendem negativen Entscheidungsvorschlag des case teams versuchen vor allem Mitglieder der Unternehmensleitung, die Kommissionsmitglieder von ihrer Sicht der Dinge zu überzeugen. Allerdings hat gezieltes Lobbying zumindest in politisch sensiblen Fällen wie z. B. General Electric Honeywell[2060] bisher keine erkennbare Wirkung gezeigt. **2090**

(4) Verfahrensschritte in Phase I

(a) Anmeldung

Für die Anmeldung eines Zusammenschlussvorhabens ist das Formblatt CO zusammen mit allen Unterlagen im Original und mit 35 Kopien bei der Registratur (»greffe«) Fusionskontrolle der GD Wettbewerb einzureichen. Das gilt für alle Fälle einschließlich der im vereinfachten Verfahren bearbeiteten sowie derer, die ein Vollfunktionsgemeinschaftsunternehmen zum Gegenstand haben, das die Koordinierung unabhängig bleibender Unternehmen bezweckt oder bewirkt. Die Anmeldung ist unbedingt an die Adresse der Registratur Fusionskontrolle[2061], nicht an einzelne Referate oder etwa an die postalische Anschrift der Kommission zu adressieren. Vor der Zusendung der Anmeldung sollte die Registratur Fusionskontrolle unter Angabe des voraussichtlichen Zustellzeitpunktes telefonisch unterrichtet werden.[2062] **2091**

Die Anmeldung wird im Original nach Eingang bei der Kommission von der Registratur erfasst. Unverzüglich nach der Anmeldung versendet die Registratur jeweils eine Kopie der Anmeldung an die Wettbewerbsbehörden der Mitgliedstaaten. **2092**

2060 Kommission, 3. 7. 2001, M. 2220 »General Electric / Honeywell«.
2061 Abrufbar unter www.europa.eu.int/comm/competition/mergers/others.
2062 Unter www.europa.eu./int/comm/competition/mergers/others finden sich weitere prozedurale Hinweise für die Anmeldung eines Zusammenschlusses. Es empfiehlt sich, die »security procedures for delivery of merger notifications and all other merger control reltated documents to the Merger Registry« zu beachten.

C. Europäische Fusionskontrolle

In der Regel erhalten diese die Kopien innerhalb von ein bis zwei Arbeitstagen. Der Zeitpunkt des Eingangs der Kopien bei den Wettbewerbsbehörden der Mitgliedstaaten ist u. a. von Bedeutung für die Berechnung der Frist für einen Verweisungsantrag nach Art. 9 FKVO. Während ein Verweisungsantrag gemäß Art. 9 Abs. 2 FKVO innerhalb von 15 Arbeitstagen nach Erhalt der Kopie der Anmeldung zu stellen ist, beginnen die Fristen für Entscheidungen nach Art. 6 Abs. 1 gemäß Art. 10 Abs. 1 FKVO bereits mit dem Arbeitstag, der auf den des Eingangs der Anmeldung folgt.

2093 Weitere Kopien gehen an die Mitglieder des case teams, den zuständigen Abteilungsleiter sowie die weiteren Dienststellen der Kommission, die bei der Entscheidungsfindung hinzuzuziehen sind. Innerhalb der Generaldirektion Wettbewerb sind dies die Direktorate, die für die eventuell von dem Zusammenschluss weiterhin betroffenen Branchen zuständig sind. Darüber hinaus erhalten der Juristische Dienst sowie die Generaldirektion Unternehmen und Industrie eine Kopie sowie ggf. andere Generaldirektionen, soweit ein Zusammenschluss ihre Zuständigkeit berührt. Für den Bereich Energie z. B. ist dies die Generaldirektion Energie und Verkehr, für den Bereich Medien die Generaldirektion Informationsgesellschaft und Medien. Die Einbindung weiterer Dienststellen der Kommission stellt sicher, dass die Generaldirektion Wettbewerb alle für die Entscheidung relevanten Fachinformationen zugrundelegt.

2094 Der wirtschaftswissenschaftliche Beitrag u. a. bei der Beurteilung der durch einen Zusammenschluss erzielten Effizienzgewinne soll weiter gestärkt werden. Dazu ist im Jahr 2003 die Position eines **Chefökonomen** geschaffen worden, der direkt dem Generaldirektor unterstellt ist. Ihm ist eine Gruppe von rund zehn spezialisierten Wirtschaftswissenschaftlern zugeordnet, die ihn bei seiner Aufgabe unterstützt.

(b) Veröffentlichung im Amtsblatt der Europäischen Gemeinschaften

2095 In einem nächsten Schritt bereitet das case team die Bekanntmachung im Amtsblatt der Europäischen Gemeinschaften vor[2063]. Dazu werden in Kurzform der Zeitpunkt der Anmeldung, die beteiligten Unternehmen, die beabsichtigte Zusammenschlussform sowie der Geschäftsgegenstand der beteiligten Unternehmen vorgestellt. Die Kurzdarstellung wird innerhalb des jeweiligen Direktorats, das mit der Prüfung befasst ist, in alle Amtssprachen übersetzt und dann an das Generalsekretariat zur Veröffentlichung im Amtsblatt, Serie C, weitergeleitet. Die Veröffentlichung soll innerhalb einer Woche erfolgen, damit die Marktteilnehmer von dem Zusammenschluss erfahren und zu dem Vorhaben Stellung nehmen können. Die Stellungnahmen müssen bei der Kommission innerhalb von zehn Tagen nach Veröffentlichung im Amtsblatt eingehen, um bei einer Entscheidung in Phase I Berücksichtigung zu finden. Auch später eingehende Stellungnahmen werden jedoch nach Möglichkeit auch noch berücksichtigt.

(c) Unterrichtung des Wettbewerbskommissars

2096 Mit der Anmeldung eines Zusammenschlussvorhabens unterrichtet das case team den Wettbewerbskommissar schriftlich über den geplanten Zusammenschluss und stellt die denkbaren Auswirkungen auf den Wettbewerb in der Europäischen Gemeinschaft nach Lage der Akten dar. Der Wettbewerbskommissar bzw. die Kom-

---

2063 Das Amtsblatt ist über die website der Kommission zugänglich.

mission in ihrer Gesamtheit in Phase II entscheidet über die Vereinbarkeit eines Zusammenschlusses mit dem Gemeinsamen Markt. Entsprechend wird der **Wettbewerbskommissar** fortlaufend über bedeutende Entwicklungen eines Falles unterrichtet.

(d) **Ermittlungen**

Das case team überprüft im Folgenden die wettbewerblichen Auswirkungen des Zusammenschlusses. Dazu werden offene Fragen, häufig informell und damit ohne Auswirkungen auf die Entscheidungsfrist, durch Rücksprache mit den Anmeldern geklärt. Gleichzeitig werden in einer Vielzahl der Fälle die Angaben der Anmeldung sowie weitere für die Beurteilung der Zusammenschlüsse wichtige Fragen mit Hilfe der sog. **Artikel 11-Briefe** überprüft und ermittelt. Diese Briefe werden möglichst unmittelbar nach der Anmeldung eines Falles an Kunden und Wettbewerber sowie ggf. Lieferanten der Zusammenschlussbeteiligten versandt. 2097

Wenn die Ermittlungen Anlass zu ernsthaften Bedenken hinsichtlich der Vereinbarkeit des Zusammenschlusses mit dem Gemeinsamen Markt ergeben, haben die Unternehmen die Möglichkeit, **Zusagen in der Phase I** anzubieten, um die Bedenken der Kommission auszuräumen. Gemäß Art. 19 Abs. 1 DVO können die beteiligten Unternehmen entsprechende Verpflichtungen bis zu 20 Arbeitstagen nach dem Tag des Eingangs der Anmeldung vorlegen. Die Verfahrensfrist verlängert sich bei fristgemäßer Vorlage von Verpflichtungen und beträgt insgesamt 35 Arbeitstage[2064]. In der verbleibenden Zeit führt die Kommission einen sog. Markttest durch, bei dem sie Wettbewerber und Abnehmer und eventuell Lieferanten zu den Auswirkungen der angebotenen Verpflichtungen auf dem Markt befragt. 2098

(e) **Entscheidungsvorschlag**

Das case team unterbreitet nach der Auswertung der Ermittlungsergebnisse einen Entscheidungsvorschlag. Dieser wird den anderen beteiligten Dienststellen der Kommission zugeleitet. Sie erhalten im Rahmen von sog. »Interservice Meetings« die Möglichkeit zur Stellungnahme. Das case team berücksichtigt die Anregungen und Anmerkungen der Dienststellen. In der Regel findet jedoch eine vertiefte Diskussion des Entscheidungsentwurfs mit dem **Juristischen Dienst** statt, da dessen Zustimmung vor dem Erlass einer Entscheidung zwingend vorliegen muss. Der Entscheidungsentwurf muss daher alle Bedenken des Juristischen Dienstes ausräumen. Eine formale Zustimmung der anderen Dienststellen ist nach den internen Verfahrensrichtlinien der Kommission nur erforderlich, wenn die Marktanteile 25 % übersteigen. 2099

(f) **Entscheidung**

Der Entscheidungsentwurf wird zusammen mit der Zustimmung des Juristischen Dienstes sowie der vorbereiteten Presseerklärung zur Unterschrift an den Kommissar geleitet. Die Benachrichtigung der Anmelder erfolgt dann sofort durch das Generalsekretariat. Die Entscheidung wird am selben Tag bei der täglichen Mittags-Pressekonferenz der Kommission bekannt gegeben. 2100

2064 Die Verfahrensfrist verlängert sich ebenfalls auf 35 Arbeitstage, sobald ein Mitgliedstaat einen Antrag auf Verweisung nach Art. 9 stellt, Art. 10 Abs. 1 Unterabs. 2 FKVO.

(g) Veröffentlichung der Entscheidung

2101 Der Tenor der Entscheidung wird meist im Folgemonat im Amtsblatt, Serie C, veröffentlicht. Der Entscheidungstext wird in der Folge um Geschäftsgeheimnisse bereinigt. Er ist in Papierform käuflich erhältlich und kann auch auf der website der GD Wettbewerb eingesehen werden.

(5) Das vereinfachte Verfahren

2102 Im vereinfachten Verfahren entfallen für die Beurteilung der Zusammenschlüsse, die keinen Anlass zu wettbewerblichen Bedenken geben, einige der vorstehend genannten Verfahrensschritte. Damit werden allerdings die Verfahrensfristen nicht abgekürzt.

2103 Der Vorteil des vereinfachten Verfahrens besteht für die Kommission vor allem darin, dass Ermittlungen in der Regel entfallen und dass an Stelle eines ausformulierten Entscheidungsvorschlags, der mit den anderen Kommissionsdienststellen abgestimmt wird, ein Entscheidungsentwurf auf der Grundlage eines Vordrucks ergeht. Diese sog. **Kurzformentscheidung**, die einen Umfang von maximal zwei Seiten hat, erhält nur noch eine formalisierte Begründung. Durch die im vereinfachten Verfahren ergangene Genehmigungsentscheidung für einen Zusammenschluss gelten auch die mit seiner Durchführung unmittelbar verbundenen und für sie notwendigen Einschränkungen als genehmigt. Dies gilt nach Auffassung der Kommission unabhängig davon, ob die Kommission in ihrer Entscheidung ausdrücklich auf sie eingeht oder nicht. Bereits seit Mitte 2001 enthalten auch die Kurzformentscheidungen der Kommission keine Darstellung und Beurteilung der Nebenabreden mehr[2065].

2104 Auch die Vorbereitung einer Presseerklärung ist im vereinfachten Verfahren nicht erforderlich. Über den Ausgang des Verfahrens wird jedoch in der täglichen Pressekonferenz der Kommission berichtet.

2105 Die übrigen Verfahrensschritte, insbesondere die Veröffentlichung im Amtsblatt, werden im vereinfachten Verfahren beibehalten.

(6) Verfahrensschritte in Phase II

2106 Soweit ein Zusammenschluss ernsthafte Bedenken hinsichtlich seiner Vereinbarkeit mit dem Gemeinsamen Markt aufwirft, wird er nach einer entsprechenden Entscheidung der Kommission, vertreten durch den Wettbewerbskommissar, vertieft in einer Phase II geprüft. Sie beginnt in der Regel mit **Ermittlungen** des case teams zur Klärung der noch offenen Fragen oder zur Erhebung weiterer Marktdaten. Wie bereits in Phase I werden auch in Phase II die Beschwerdepunkte und der nachfolgende Entscheidungsentwurf mit den Dienststellen der Kommission im Rahmen der **Interservice Meetings** erörtert.

2107 Vor entscheidenden Verfahrensschritten in Phase II wie z. B. vor der Versendung des Entscheidungsentwurfs findet ein **Panel** statt, das die Schlussfolgerungen des

---

[2065] Bekanntmachung der Kommission über Einschränkungen des Wettbewerbs, die mit der Durchführung von Unternehmenszusammenschlüssen unmittelbar verbunden und für diese notwendig sind, ABl. C 188/5 vom 4. 7. 2002, Rdnr. 2.

case teams kritisch und mit »fresh pair of eyes« überprüft[2066]. Aufgabe des Panels ist es, die Feststellungen des case teams auf etwaige Schwachpunkte sowohl in formeller als auch in materieller Hinsicht zu untersuchen. Die Mitglieder des Panels sind erfahrene Beamte aus der Generaldirektion Wettbewerb und, sofern dies angebracht ist, auch aus anderen einschlägigen Dienststellen der Kommission. Sie sind unabhängig von dem mit dem Verfahren befassten Direktorat. An dem Panel ist u. a. einer der Wirtschaftswissenschaftler beteiligt, die dem Chefökonomen unterstellt sind, um insbesondere die wirtschaftliche Fundierung des Entscheidungsentwurfes zu überprüfen[2067].

Die **Anmelder** erhalten bereits zu Beginn der Phase II Einblick in die wichtigsten Dokumente der Verfahrensakte, insbesondere in die kritischen Stellungnahmen Dritter. Darüber hinaus haben sie die Möglichkeit, sich regelmäßig in sog. »State-of-Play«-Treffen über den Fortgang der Ermittlungen zu informieren. Die – eingeschränkte – Einsicht in die wichtigsten Dokumente des Verfahrens wird ebenso von dem case team vorbereitet wie die umfassende Akteneinsicht nach der Versendung der Beschwerdepunkte. Bereits vor deren Versendung bereitet das case team die **Akteneinsicht** vor. Dazu werden die Geschäftsgeheimnisse der befragten Wettbewerber, Abnehmer und Lieferanten geschwärzt. Das Recht auf Akteneinsicht zur Vorbereitung der Stellungnahme zu den Beschwerdepunkten besteht nach dem Erhalt der Beschwerdepunkte bis zur Anhörung des Beratenden Ausschusses. Die Anmelder sowie die anderen Beteiligten wie der Veräußerer und das Zielunternehmen können während der Akteneinsicht Kopien der Unterlagen machen. Bei Differenzen z. B. über den Umfang der zugänglichen Dokumente ist die **Beschwerde beim Anhörungsbeauftragten** möglich. 2108

Im Anschluss an die **Versendung der Beschwerdepunkte** haben die am Zusammenschluss beteiligten Unternehmen das Recht auf eine **mündliche Anhörung**. Diese ist **nicht öffentlich**. Es nehmen Vertreter der Kommissionsdienststellen und der nationalen Wettbewerbsbehörden sowie Dritte teil, soweit sie sich bis dato an dem Verfahren beteiligt haben. 2109

Die **Anhörung** gibt den am Zusammenschluss beteiligten Unternehmen Gelegenheit, ihre Argumente gegen die Feststellungen der Kommission in den Beschwerdepunkten vorzubringen. Sie kann bis zu zwei Arbeitstage dauern. Dazu können die Unternehmen nach der Einführung der Kommission, in der die Fallbearbeiter den Inhalt der Beschwerdepunkte mündlich vortragen, ihre Auffassung darlegen. Es steht den Unternehmen frei, sich anwaltlich oder von einem Firmenvertreter vertreten zu lassen. In der Praxis nehmen neben den Rechtsanwälten häufig auch Vertreter der Geschäftsleitung Stellung. Es besteht die Möglichkeit, die Ausführungen durch die Präsentation von Gutachten zu untermauern. Im Anschluss an die betroffenen Unternehmen erhalten Dritte Gelegenheit, ihre Argumente zu den Auswirkungen des Zusammenschlusses vorzubringen. Sie müssen ihre Teilnahme an der Anhörung zuvor in einer schriftlichen Stellungnahme gegenüber dem An- 2110

2066 So Kommissar Mario Monti in seiner Rede »Merger control in the European Union: a radical reform« anlässlich der Konferenz der Europäischen Kommission und der IBA zur EU Fusionskontrolle in Brüssel am 7. 11. 2002.
2067 Im Rahmen der Interservice Meetings hingegen nehmen die Dienststellen, abgesehen vom Juristischen Dienst, überwiegend dazu Stellung, ob sich der Entscheidungsentwurf mit ihrer Branchenkenntnis deckt.

hörungsbeauftragten[2068] beantragen. In einigen Fällen sind neben den Beschwerdepunkten bereits vorgelegte Zusagenangebote zum Gegenstand der mündlichen Anhörung gemacht worden.

2111 Nach der Anhörung verfasst die Kommission den **Entscheidungsentwurf**, wobei sie gehalten ist, sich mit allen von den am Zusammenschluss beteiligten Unternehmen vorgebrachten Argumenten auseinander zu setzen.

2112 Neben der Vorbereitung des Entscheidungsentwurfes wird die Kommission in dieser Phase des Verfahrens mit den beteiligten Unternehmen intensiv über mögliche **Zusagen** sprechen sowie diese ggf. anderen Marktbeteiligten zur Stellungnahme schicken. Die Zusagenangebote sind der Kommission in der Regel nicht später als 65 Arbeitstage[2069] nach Einleitung des Verfahrens vorzulegen.

2113 Der Entscheidungsentwurf wird, ggf. mit den angebotenen Zusagen sowie den Ergebnissen des Markttests, im **Beratenden Ausschuss für die Kontrolle von Unternehmenszusammenschlüssen** erörtert. Dieser erhält spätestens 10 Arbeitstage vor der Sitzung eine Darstellung des Sachverhalts unter Angabe der wichtigsten Schriftstücke sowie den Entscheidungsentwurf, nach Möglichkeit übersetzt in ihre eigene Sprache. Soweit dies zeitlich nicht mehr möglich ist, erfolgt die Zusendung des Entscheidungsentwurfs jedenfalls in englischer Übersetzung.

2114 Anschließend überarbeitet das case team ggf. den Entscheidungsvorschlag unter Berücksichtigung der Stellungnahme des Beratenden Ausschusses. Der Entscheidungsvorschlag wird dann über das Generalsekretariat der Kommission zugeleitet, die in ihrer Gesamtheit über Fälle entscheidet, die vertieft in Phase II geprüft werden. Der Vorschlag wird als A- oder B-Punkt auf die Agenda der Kommission gesetzt. A-Punkte werden ohne vorherige Erörterung entschieden, B-Punkte erst nach Diskussion durch die Kommission. In der Regel werden Entscheidungen in Phase II nach mündlicher Erörterung getroffen.

c) Juristischer Dienst

2115 Der **Juristische Dienst** ist für die Kommission von großer Bedeutung und untersteht daher unmittelbar dem Kommissionspräsidenten. Der Juristische Dienst stellt sicher, dass die Entscheidungen der Kommission gerichtsfest sind. Dazu werden ihm zuvor alle Dokumente, die dem Kollegium der Kommissare unterbreitet werden, vorgelegt. Dazu zählen auch diejenigen Entscheidungen der Kommission, für die die Entscheidungsbefugnis auf ein einziges Kommissionsmitglied delegiert worden ist. Die Zustimmung des Juristischen Dienstes muss zwingend vor der Entscheidung der Kommission vorliegen.

2116 Der Generaldirektor des Juristischen Dienstes nimmt an den wöchentlichen Sitzungen der Kommission teil. Der Juristische Dienst arbeitet der Kommission und ihren Dienststellen zu und ist daher in erster Linie ein **interner** Dienst, der sämtliche Tätigkeiten und Zuständigkeitsbereiche der Kommission abdeckt. Er ist Ansprechpartner der Kommissionsmitarbeiter. Dementsprechend nimmt er nicht an deren Besprechungen mit Unternehmensvertretern teil.

2068 Zur Position des Anhörungsbeauftragten näher unten unter Rdnr. 2120 ff.
2069 Bei der Verlängerung der Verfahrensfrist nach Art. 10 Abs. 3 Unterabs. 2 FKVO wird die Frist von 65 Arbeitstagen um die entsprechende Anzahl von Arbeitstagen verlängert. Vgl. Art. 19 Abs. 2 DVO.

d) Chefökonom

Seit dem 1. 9. 2003 gibt es in der Generaldirektion Wettbewerb die Position des Chefökonomen, der direkt dem Generaldirektor unterstellt ist. Der Chefökonom wird jeweils für die **Dauer von drei Jahren** bestellt. Eine Verlängerung ist nicht vorgesehen. Nach dem Willen der Kommission soll es sich bei dem Chefökonomen um eine Persönlichkeit aus der Wissenschaft handeln, die die Generaldirektion bei der wirtschaftlichen Fundierung ihrer Entscheidungen unterstützt. Dem Chefökonomen arbeiten zehn Wirtschaftswissenschaftler zu. 2117

Der Chefökonom hat drei Hauptaufgaben[2070]: 2118
– Beratung in wirtschaftswissenschaftlichen Fragen bei der Anwendung von EU-Wettbewerbsregeln. Das kann auch den Beitrag zur Entwicklung genereller Instrumente der Wettbewerbspolitik bedeuten;
– Generelle Beratung in individuellen Wettbewerbsfällen;
– Detaillierte Beratung in den wichtigsten Wettbewerbsfällen, die komplexe wirtschaftswissenschaftliche Fragestellungen aufwerfen, insbesondere in solchen, die eine quantitative Analyse erfordern.

Die Aufgabenbeschreibung ist allgemein gehalten. Der Chefökonom wird seine Aufgaben in der täglichen Praxis konkretisieren. Wie sich die Schaffung dieser Position auf die Entscheidungsfindung der Kommission auswirken wird, bleibt abzuwarten. 2119

e) Der Anhörungsbeauftragte

Die Anhörung wird von dem Anhörungsbeauftragten vorbereitet und durchgeführt, bislang ein Beamter der Generaldirektion Wettbewerb. Die Kommission hat die Rolle des Anhörungsbeauftragten in entscheidenden Punkten gestärkt[2071], um die Verteidigungsrechte der am Zusammenschluss beteiligten Unternehmen besser zu schützen. Mit der Stärkung der Rolle des Anhörungsbeauftragten begegnete die Kommission der Kritik am Wettbewerbsverfahren. Da die Kommission gleichzeitig Ermittler, Ankläger und Richter ist, wird die Objektivität des Verfahrens nicht selten in Zweifel gezogen[2072]. Hinzu kam in der Vergangenheit, dass die richterliche Kontrolle von Fusionsentscheidungen vielfach als unbefriedigend und ineffizient angesehen wurde[2073]. Die Dauer der Verfahren vor den EG-Gerichten sei, so wurde behauptet, ein Grund dafür gewesen, dass vielfach von Rechtsmitteln gegen eine Fusionsentscheidung abgesehen wurde, sodass der Druck der richterlichen Kontrolle auf das Verwaltungshandeln entfiel[2074]. 2120

2070 Vgl. Presseerklärung IP/03/1027 vom 16. 7. 2003 zur Ernennung vom Prof. Lars-Hendrik Röller.
2071 Beschluss der Kommission vom 23. 5. 2001 über das Mandat des Anhörungsbeauftragten in bestimmten Wettbewerbsverfahren, ABl. L 162/21 vom 19. 6. 2001.
2072 Alec Burnside, Judges and merger control: a brewing controversy in: In Competition, März 2001, S. 1.
2073 Grünbuch über die Revision der Verordnung (EWG) Nr. 4064/89 des Rates, vom 11. 12. 2001, KOM (2001) 745/6 endgültig, Rdnr. 250.
2074 Nach der Aufhebung der Untersagungsentscheidung der Kommission über den Zusammenschluss von Airtours und First Choice durch das Gericht erster Instanz sollen Urteile im Bereich der Fusionskontrolle nunmehr innerhalb von neun bis zehn Monaten gefällt werden. Vgl. die entsprechende Ankündigung des Präsidenten des EuG des

2121 Zu den bedeutendsten Änderungen gehört die direkte Unterstellung der nunmehr zwei Anhörungsbeauftragten unter den Wettbewerbskommissar. Ihre Ernennung und Abberufung wird im Amtsblatt der Europäischen Gemeinschaften veröffentlicht. Anhörungsbeauftragter kann auch werden, wer nicht Beamter der Kommission ist.

2122 Der Anhörungsbeauftragte erstattet dem Wettbewerbskommissar über die Anhörung Bericht. Dabei geht er allgemein auf die Verfahrensgrundsätze ein wie die Offenlegung der Unterlagen, die Gewährung von Akteneinsicht, die Fristen für die Erwiderung auf die Beschwerdepunkte und den ordnungsgemäßen Ablauf der Anhörung. Der Anhörungsbeauftragte kann sowohl zu verfahrensrechtlichen als auch zu materiell-rechtlichen Fragen Stellung zu nehmen. Er äußert sich ggf. zum weiteren Verlauf des Verfahrens. So kann er den Verzicht auf bestimmte Beschwerdepunkte anregen. Der Abschlussbericht des Anhörungsbeauftragten wird der Kommission vor Erlass einer Entscheidung vorgelegt, damit diese ihre Entscheidung in voller Kenntnis der sachdienlichen Informationen über den Ablauf des Verfahrens und die Ausübung des Anhörungsrechts treffen kann. Der Anhörungsbeauftragte berichtet ferner, ob die Parteien sich zu allen Punkten des Entscheidungsentwurfs haben äußern können. Er nimmt ggf. zur Objektivität einer Untersuchung über die wettbewerblichen Auswirkungen von Verpflichtungszusagen Stellung. Der Abschlussbericht wird an die Anmelder und an die Mitgliedstaaten übermittelt und zusammen mit der Entscheidung im Amtsblatt veröffentlicht. Bei ordnungsgemäßem Verfahrensablauf besteht der Bericht aus wenigen Sätzen, in denen der Anhörungsbeauftragte bestätigt, dass die Verfahrensrechte der Beteiligten gewahrt wurden.

f) Information und Austausch mit den Mitgliedstaaten

2123 Das Verhältnis der Kommission zu den Wettbewerbsbehörden der Mitgliedstaaten ist im Wesentlichen in Art. 19 FKVO geregelt. Nach Art. 19 Abs. 1 FKVO übermittelt die Kommission den zuständigen Behörden der Mitgliedstaaten innerhalb von drei Arbeitstagen eine **Kopie der Anmeldungen** und so bald wie möglich die **wichtigsten Schriftstücke**, die in Anwendung der FKVO bei ihr eingereicht oder von ihr erstellt werden. Zu den wichtigsten Schriftstücken zählen die Entscheidungen der Kommission gemäß Art. 6 Abs. 1 Buchst. c FKVO, mit der die Phase II eingeleitet wird, sowie die Beschwerdepunkte. Art. 6 Abs. 5 FKVO regelt ausdrücklich, dass die Kommission ihre Entscheidung den beteiligten Unternehmen und den zuständigen Behörden der Mitgliedstaaten unverzüglich mitteilt. Art. 19 Abs. 1 FKVO nennt auch die Verpflichtungszusagen, die die beteiligten Unternehmen der Kommission angeboten haben, um den Zusammenschluss gemäß Art. 6 Abs. 2 oder Art. 8 Abs. 2 Unterabs. 2 FKVO in einer mit dem Gemeinsamen Markt zu vereinbarenden Weise

---

EuGH, Bo Versterdorf, im Handelsblatt, S. 3, am 18. 6. 2002. Auch Wettbewerbskommissar Monti befürwortete im Anschluss an das Urteil eine Beschleunigung der gerichtlichen Überprüfung von Untersagungsentscheidungen durch die Einrichtung einer separaten Kammer beim EuGH, vgl. Financial Times Deutschland vom 12. 6. 2002. Die richterliche Kontrolle wurde bereits durch die Änderung der Verfahrensordnung des EuG deutlich effizienter. Die Änderung vom 6. 12. 2000 (ABl. L 322/4 vom 19. 12. 2000) beschleunigt das Verfahren in verschiedenen Rechtsbereichen, zu denen auch die Fusionskontrolle gehört.

zu gestalten. Auch die Erwiderung der Parteien auf die Beschwerdepunkte wird den Behörden der Mitgliedstaaten zur Verfügung gestellt. Auskunftsverlangen nach Art. 11 sind keine Schriftstücke i. S. d. Art. 19 Abs. 1 FKVO. Die zuständige Behörde eines Mitgliedstaates erhält aber gemäß Art. 11 Abs. 5 FKVO eine Kopie, sofern die Kommission eine Person, ein Unternehmen oder eine Unternehmensvereinigung durch Entscheidung zur Erteilung von Auskünften verpflichtet.

Die Kommission führt die in der FKVO vorgesehenen Verfahren nach Art. 19 Abs. 2 FKVO in enger und stetiger Verbindung mit den zuständigen Behörden der Mitgliedstaaten durch. Besonders hervorgehoben wird die Äußerungsmöglichkeit der Mitgliedstaaten im Hinblick auf die Prüfung und Vorbereitung eines Verweisungsantrags nach Art. 9 FKVO. Auch auf informeller Ebene ist die Zusammenarbeit eng. Es ist davon auszugehen, dass sowohl die Kommission als auch die nationalen Wettbewerbsbehörden einander wechselseitig alle Informationen über Unternehmen oder Branchen zur Verfügung stellen. So findet häufig ein Austausch von Informationen zwischen den Fallbearbeitern der Kommission und Mitarbeitern der nationalen Wettbewerbsbehörden statt. Die Kommission benennt das Verfahren »Generali/INA«[2075] als beispielhaft für eine gute Kooperation mit nationalen Wettbewerbsbehörden[2076]. In dem Fall »VEBA/VIAG«[2077] wurde das Verfahren der Kommission mit dem des BKartA in dem Parallelverfahren »RWE/VEW«[2078] abgestimmt. Die Abstimmung betraf den Austausch und Abgleich von Ermittlungsschreiben, gemeinsame Treffen mit den Zusammenschlussbeteiligten in beiden Verfahren, den Austausch der Entscheidungsentwürfe sowie die Zusammenarbeit bei der Verhandlung der in beiden Verfahren notwendigerweise identischen Zusagen.

2124

Abgesehen von den vorläufigen Entscheidungen, die in Übereinstimmung mit Art. 18 Abs. 2 FKVO getroffen werden, wird gemäß Art. 19 Abs. 3 FKVO vor jeder Entscheidung nach Art. 8 Abs. 1 bis 6 und nach Art. 14 und 15 FKVO ein **Beratender Ausschuss** aus Vertretern der Mitgliedstaaten angehört. Auch bei dem Erlass von Durchführungsbestimmungen nach Art. 23 wirkt gemäß Art. 23 Abs. 2 FKVO ein Beratender Ausschuss mit. Der Beratende Ausschuss ist **nicht öffentlich**. Teilnehmer sind die Vertreter der Wettbewerbsbehörden der Mitgliedstaaten sowie die beteiligten Dienststellen der Kommission. Nach Art. 19 Abs. 4 FKVO bestimmt jeder Mitgliedstaat einen oder zwei Vertreter. Mindestens einer der Vertreter muss für Kartell- und Monopolfragen zuständig sein. Die Bundesrepublik Deutschland wird im Beratenden Ausschuss in der Praxis durch mindestens einen Vertreter des BKartA sowie ggf. einen Vertreter des Bundesministeriums für Wirtschaft und Arbeit vertreten. Der Beratende Ausschuss tritt vor allem vor Entscheidungen in der Phase II oder Entscheidungen über den Erlass einer Geldbuße oder eines Zwangsgeldes zusammen[2079].

2125

Der Beratende Ausschuss tritt in der Regel für maximal einen Arbeitstag zusammen. Turnusmäßig trägt jeweils ein Mitarbeiter einer nationalen Wettbewerbsbehörde als Berichterstatter den Sachverhalt sowie die Entscheidungsgründe des an-

2126

2075 Kommission, 12. 1. 2000, M.1712 »Generali/INA«.
2076 Competition Policy Newsletter No. 2 June 2000, S. 49.
2077 Kommission, 13. 6. 2000, M.1673 »VEBA/VIAG«.
2078 BKartA, 3. 7. 2000 »RWE/VEW« WuW/E DE-V 301.
2079 Ein häufiger Kritikpunkt der Mitgliedstaaten ist eine Verletzung der Frist nach Art. 19 Abs. 5 Satz 3 FKVO.

liegenden Falles vor. Danach haben die Vertreter der Mitgliedstaaten Gelegenheit, das case team zum Entscheidungsentwurf zu befragen. Im Anschluss daran formuliert der Berichterstatter Fragen an die Mitglieder des Beratenden Ausschusses. Übliche Fragen sind zum Beispiel, ob der Beratende Ausschuss der sachlichen und räumlichen Marktabgrenzung zustimmen kann und ob er mit der Kommission der Auffassung ist, dass ein Zusammenschluss wirksamen Wettbewerb erheblich beeinträchtigen wird. Auf der Grundlage der dazu gegebenen Antworten formuliert der Berichterstatter die Stellungnahme des Beratenden Ausschusses. Nach Art. 19 Abs. 6 FKVO berücksichtigt die Kommission soweit wie möglich die Stellungnahme des Ausschusses. Sie unterrichtet ihn später darüber, inwieweit sie seine Stellungnahme berücksichtigt hat. Bislang hat die Kommission nur in zwei Fällen gegen das ausdrückliche Votum des Beratenden Ausschusses entschieden. Die Stellungnahme fördert jedenfalls erheblich die Transparenz der Kommissionsentscheidungen. Sie zwingt die Kommission im Falle einer abweichenden Entscheidung zur Offenlegung der für sie maßgebenden Gründe und zur Verteidigung der Entscheidung in der Öffentlichkeit. Die Kommission veröffentlicht gemäß Art. 19 Abs. 7 die Stellungnahme des Beratenden Ausschusses. Dabei werden die berechtigten Interessen der Unternehmen an der Wahrung ihrer Geschäftsgeheimnisse berücksichtigt. Nur die Stellungnahme wird veröffentlicht, weitere Einzelheiten der Beratung sind jedoch geheim.

2127 Die Details der Einberufung und Vorbereitung der Beratenden Ausschüsse sind in Art. 19 Abs. 5 bis 7 FKVO geregelt.

g) Internationale Zusammenarbeit[2080]

2128 Die Kommission ist Mitglied des **International Competition Network** (ICN). Es handelt sich dabei um ein weltumspannendes, aber informelles Forum der Wettbewerbsbehörden. Die Arbeitsgruppe »Fusionskontrolle« des ICN wurde Ende 2001 ins Leben gerufen und befasst sich vor allem mit Fragestellungen, die sich aus der steigenden Anzahl von Fusionen ergeben, die in die Zuständigkeit mehrere Länder fallen[2081]. Ziel der internationalen Zusammenarbeit ist insbesondere die Angleichung in verfahrensrechtlicher Hinsicht. Aber auch Fragen der materiellrechtlichen Beurteilung sind nicht ausgenommen.

2129 Daneben ist die Kommission Mitglied der »**European Competition Authorities**« (ECA). Die ECA ist ein Diskussionsforum der Wettbewerbsbehörden der Länder im Europäischen Wirtschaftsraum sowie der Europäischen Kommission und der EFTA-Überwachungsbehörde. Das Forum besteht seit April 2001 und hat eine Verbesserung der Zusammenarbeit der Behörden und damit eine wirksame Durchsetzung des jeweiligen nationalen sowie des europäischen Wettbewerbsrechts zum Ziel.

2130 Seit September 2001 unterrichten sich die nationalen Behörden gegenseitig über alle Fusionsfälle, die in mehreren ECA-Ländern anmeldepflichtig sind (Mehrfach-

---

2080 In diesem Kapitel finden nur die neueren Entwicklungen in den letzten Jahren Erwähnung. Daneben ist die Kommission in weiteren internationalen Organisationen wie der OECD, der WTO sowie der UNCTAD vertreten.
2081 Vgl. dazu 32. WB 2002, Rdnr. 318 ff. Ausführlicher unter www.internationalcompetition network.org.

notifizierungen). Nach den ersten Erfahrungen wurde hierzu im April 2002 ein Verfahrensleitfaden (Procedures Guide) verabschiedet[2082]. Die gegenseitige Unterrichtung hat dazu beigetragen, dass erstmals mehrere nationale Wettbewerbsbehörden gemeinsam Fusionsfälle gemäß Art. 22 FKVO an die Kommission verwiesen haben.

Wichtig für die wettbewerbliche Überprüfung von Fusionen weltweit agierender Unternehmen ist auch die Arbeitsgruppe der Europäischen Kommission und der USA zur Fusionskontrolle[2083]. Diese Arbeitsgruppe wurde 1999 gegründet. Bis September 2001 befasste sie sich vornehmlich mit der Erörterung der Strategien der Kommission und der USA im Hinblick auf Abhilfemaßnahmen in Fusionsfällen. Die Zusammenarbeit führte im Oktober 2002 zur Verabschiedung von Verfahrensrichtlinien (**Best Practices**) für Zusammenschlüsse, die sowohl von der Kommission als auch von den amerikanischen Behörden geprüft werden müssen. Sie zielen u.a. auf die zeitliche Angleichung von Verfahrensschritten. 2131

VII. Rechtsmittel*

1. Praktische Bedeutung der gerichtlichen Anfechtung von Fusionskontrollentscheidungen

Der Rechtsschutz gegen Fusionskontrollentscheidungen der Kommission fristete lange Zeit ein Schattendasein und spielte in der Praxis von Anwälten und Kommission nur eine vergleichsweise geringe Rolle. Da es nahezu ausgeschlossen ist, größere Fusionsvorhaben über mehrere Jahre in der Schwebe zu halten, erschien ein gerichtliches Vorgehen gegen Fusionsentscheidungen bei einer durchschnittlichen Verfahrensdauer von fast zwei Jahren[2084] als wenig aussichtsreiches Unterfangen. Demgemäß haben sich die Gemeinschaftsgerichte in den neunziger Jahren nur in wenigen Entscheidungen mit Fusionsfällen auseinandergesetzt und dabei vor allem verfahrensrechtliche Fragen erörtert[2085]. 2132

In jüngster Zeit hat die praktische Bedeutung der gerichtlichen Kontrolle von Fusionsentscheidungen jedoch erheblich zugenommen. Ursache dafür ist nicht nur die Einführung eines auf Fusionsfälle zugeschnittenen »beschleunigten Verfah- 2133

2082 Grundsätze für die Anwendung von Artikel 22 der Europäischen FKVO durch die nationalen Wettbewerbsbehörden des ECA-Netzwerks, veröffentlicht auf der website des BKartA unter www.bundeskartellamt.de.
2083 32. WB 2002, Rdnr. 325 ff.
* Der Beitrag gibt ausschließlich die persönliche Meinung des Autors wieder und bindet in keiner Weise die Europäische Kommission
2084 Laut Statistik des EuG lag die durchschnittliche Verfahrensdauer im Jahr 2002 bei 21 Monaten. Dazu addiert sich im Fall der Aufhebung einer Entscheidung noch die Dauer des neu durchzuführenden Freigabeverfahrens vor der Kommission.
2085 Das erste Urteil in einem Verfahren gegen eine Entscheidung im Rahmen der Fusionskontrollverordnung datiert von 1993, vgl. EuG, 28.10.1993, Rs. T-83/92, »Zunis Holding SA«, Slg. 1993, II-1169; vgl. bereits zuvor den Beschluss des Präsidenten des EuG v. 15.12.1992, Rs. T-96/92 R, »Comité Central d'Entreprise de la Société Générale des Grandes Sources (SGGS)«, Slg. 1995, II-1213; vgl. auch EuG, 24.3.1994, Rs. T-3/93, »Air France I«, Slg. 1994, II-121.

C. Europäische Fusionskontrolle

rens«[2086], sondern vor allem auch eine spürbar gestiegene Kontrolldichte einiger Kammern des zuständigen Gerichts erster Instanz (EuG). Insbesondere mit der erstmaligen Aufhebung eines Fusionsverbots der Kommission in der Sache »Airtours« ist die Rolle der Gemeinschaftsgerichte als effektive Kontrollinstanz in den Mittelpunkt des Interesses gerückt[2087]. Mittlerweile hat das Gericht weitere Untersagungsentscheidungen der Kommission aufgehoben; die Zahl der gerichtlichen Anfechtungen von Fusionsentscheidungen ist seitdem sprunghaft gestiegen[2088].

2. EuG und EuGH als Beschwerdegerichte in Fusionssachen

2134 Für den Rechtsschutz gegenüber den Verwaltungsentscheidungen der Kommission im Fusionskontrollverfahren[2089] sind die **Gemeinschaftsgerichte** (EuG und EuGH) zuständig. Ein dem Gerichtsverfahren vorgelagertes förmliches Widerspruchsverfahren bei der Kommission findet nicht statt. Allerdings ist die Kommission im Fall der Nichteinleitung eines Verfahrens dazu verpflichtet, Beschwerden von Wettbewerbern unter Angaben von Gründen förmlich zu beantworten[2090]. Auch wenn die FKVO keine den §§ 63 ff. GWB vergleichbaren Regelungen für ein Beschwerdeverfahren enthält und den Parteien keine ausdrücklichen Klagerechte einräumt, stellt der Verweis auf die Nachprüfungsbefugnis des Gerichtshofs in Art. 21 Abs. 1 FKVO klar, dass gegen die von der Kommission im Rahmen der Fusionskontrolle getroffenen Entscheidungen der Rechtsweg vor den Gemeinschaftsgerichten (Art. 226 ff. EGV) offensteht[2091].

2135 Zuständig für alle **Individualklagen** gegen Entscheidungen der Kommission – damit auch für Beschwerden natürlicher und juristischer Personen gegen Fusionsent-

---

2086 Vgl. Art. 76 a Verfahrensordnung (VerfO) EuG (ABl. L 136/1, v. 30. 5. 1991, zuletzt geändert durch ABl. L 127/108 vom 29. 4. 2004) und Art. 62 a Verfahrensordnung EuGH (ABl. L 176/7 ff. v. 4. 7. 1991, zuletzt geändert durch ABl. L 127/107 vom 29. 4. 2004.

2087 EuG, 6. 6. 2002 »Airtours« Rs. T-342/99; *Freigabe*entscheidungen der Kommission waren von den Gerichten bereits aufgehoben worden, vgl. EuGH, 31. 3. 1998, verb. Rs. C-68/94 u. C-30/95, »Frankreich/Kommission«, Slg. 1998, I-1375 ff. und EuG, 31. 01. 2001, Rs. T-156/98, »RJB Mining«, Slg. 2001, II-337.

2088 EuG, 21. 10. 2002, Rs. T-310/01, »Schneider«, Slg. 2002, II-4071 ff.; EuG, 25. 10. 2002, verb. Rs. T-5 u. 80/02, »Tetra Laval«, Slg. 2002, II-4381 ff.; EuG, 28. 9. 2004, »MCI«, Rs. T-310/00. Im Oktober 2004 waren gleichzeitig 18 Verfahren gegen Fusionsentscheidungen bei den Gerichten anhängig; die Zahl der seit dem Jahr 2000 anhängig gemachten Verfahren übersteigt die Gesamtzahl der Verfahren in Fusionssachen zwischen 1989 und 2000.

2089 Anders als in anderen Rechtsordnungen sind die Gemeinschaftsgerichte nur für die *nachträgliche* Kontrolle von Entscheidungen der Kommission zuständig. Eine Übertragung der Untersagungskompetenz auf Gerichte – wie im US-System – wird auf EU-Ebene bisher abgelehnt; vgl. zu entsprechenden Überlegungen etwa Hofmann, Good Governance in European Merger Control, in: ECLR 2003, 114, 129.

2090 EuGH, 25. 9. 2003, Rs. C-170/02 P, »Moser«.

2091 Vgl. dazu Langeheine/Dittert, in: Schröter/Jakob/Mederer (Hrsg.): Kommentar zum Europäischen Wettbewerbsrecht, Art. 21, Rdnr. 2. Art. 16 FKVO betrifft lediglich den Sonderfall der Überprüfung von Bußgeldern.

scheidungen – ist das EuG[2092]. Der EuGH entscheidet nur in Rechtsmittelverfahren und bei Klagen von Mitgliedstaaten. Da es sich bei Klagen gegen Fusionsentscheidungen fast ausschließlich um Individualklagen handelt[2093], ist das EuG regelmäßig für erstinstanzliche Beschwerden in Fusionssachen zuständig. Alle Kammern[2094] des EuG entscheiden dabei bislang gleichberechtigt in Wettbewerbs- und Fusionssachen; eine Spezialisierung innerhalb des Gerichts[2095] gibt es nicht. Angesichts der großen Arbeitsbelastung und der dadurch vergleichsweise langen Verfahrensdauer wird allerdings darüber nachgedacht, dem Gericht eine auf Wettbewerbsfälle spezialisierte Kammer beizuordnen[2096]. Es bleibt abzuwarten, ob das Gericht bzw. die Kommission von dieser durch den Vertrag von Nizza geschaffenen Möglichkeit Gebrauch machen werden[2097].

3. Klagearten im Hauptsacheverfahren

Der EG-Vertrag kennt vier verschiedene Klagearten, die **Nichtigkeitsklage** gem. Art. 230 EGV (auch als »Anfechtungsklage« bezeichnet), die **Untätigkeitsklage** gem. Art. 232 EGV, die **Schadensersatzklage** gem. Art. 235 i.V.m. Art. 288 EGV und – als indirekte Klageart[2098] – das **Vorabentscheidungsverfahren** gem. Art. 234 EGV. Die Wahl der richtigen Klageart richtet sich dabei nach dem jeweiligen Klageziel. 2136

Die praktisch bei weitem bedeutendste Klageart in Fusionssachen ist die Nichtigkeitsklage.

a) Nichtigkeitsklage

Die Nichtigkeitsklage gem. Art. 230 EGV ist die statthafte Klageart, wenn es darum geht, eine Kommissionsentscheidung ganz oder teilweise für nichtig erklären zu lassen (vgl. Art. 231 EGV). Da das Gemeinschaftsrecht eine gesonderte Fortsetzungsfeststellungsklage nicht kennt, ist die Nichtigkeitsklage auch dann statthaft, wenn sich die betroffene Transaktion (etwa durch Fortfall der vertraglichen Grundlage oder tatsächliche Umstände) bereits erledigt hat. Das Rechtsschutzinteresse 2137

2092 Vgl. Ratsbeschluss 88/519 v. 24. 10. 1988 zur Einrichtung eines Gerichts erster Instanz der Europäischen Gemeinschaften in Form des Ratsbeschlusses 93/950 v. 8. 6. 1993, ABl. L 144 v. 16. 6. 1993, S. 21.
2093 Vgl. aber EuGH, 31. 03. 1998, verb. Rs. C-68/94 u. 30/95, »Frankreich/Kommission«, Slg. 1998, I-1375 ff. und EuGH, 22. 6. 2004, Rs. C-42/01, »Portugal/Kommission« sowie das anhängige Verfahren C-157/01 P »Deutschland/Kommission«.
2094 Bis September 2005 tagt das EuG noch in fünf Kammern. Danach ist eine Erweiterung auf acht Kammern vorgesehen.
2095 Vgl. etwa die Kartellsenate bei den Oberlandesgerichten gem. § 91 GWB.
2096 Siehe die entsprechende Rechtsgrundlage in Art. 225a EGV.
2097 Zustimmend etwa: Vesterdorf, in: Drauz/Reynolds, EC Merger Control, Richmond 2003, S. 83; weniger enthusiastisch steht offenbar der EuGH entsprechenden Plänen gegenüber – nicht zuletzt wohl, weil er möglicherweise seine Zuständigkeit als Rechtsmittelinstanz verlieren könnte.
2098 Von einer indirekten Klageart spricht man, weil zur Vorlage eines Vorabentscheidungsersuchens nur nationale Gerichte befugt sind.

kann sich in diesem Fall z. B. aus der Wiederholungsgefahr oder der Geltendmachung von Schadensersatzansprüchen ergeben[2099].

Die wesentlichen Zulässigkeitsvoraussetzungen sind das Erfordernis eines zulässigen Klagegegenstandes (1) und die Klagebefugnis (2).

(1) Klagegegenstand: »anfechtbare Entscheidungen« i. S. d. Art. 230 EGV

2138 In Fusionsfällen kommt es zwischen Bekanntgabe eines Fusionsvorhabens und Verfahrensabschluss regelmäßig zu einem umfassenden Meinungsaustausch zwischen der Kommission, den Parteien und Dritten. Nicht nur die Entscheidung über den Abschluss des Verfahrens, sondern auch die zahlreichen im Laufe des Verfahrens getroffenen Entscheidungen sind potenziell geeignet, die Interessen der Parteien oder Dritter zu beeinträchtigen und kommen als Klagegegenstand in Betracht. Allerdings sind nicht alle diese Maßnahmen – obgleich Akte hoheitlicher Gewalt – mit der Nichtigkeitsklage angreifbar:

(a) *Rechtswirkung* und *Beschwer* als Elemente des Entscheidungsbegriffs

2139 Gegenstand einer Nichtigkeitsklage kann nur eine »Entscheidung« i. S. d. Art. 230 Abs. 4 EGV sein. Dazu zählen nach der Rechtsprechung solche Maßnahmen, die »verbindliche Rechtswirkungen« erzeugen, die die Interessen des Klägers durch einen Eingriff in seine Rechtsstellung beeinträchtigen[2100]. Abzustellen ist also 1) auf die Rechtswirkung der Maßnahme und 2) auf eine mögliche Interessenbeeinträchtigung bzw. Beschwer[2101] beim Kläger.

2140 Ob einer angefochtenen Maßnahme **verbindliche Rechtswirkung** zukommt, ist durch Auslegung zu ermitteln. Dabei kommt es in erster Linie auf den Wortlaut der Maßnahme und den rechtlichen Zusammenhang an, in dem sie ergangen ist. Verbindliche Rechtswirkung haben in erster Linie **verfahrensabschließende** Entscheidungen[2102]. Maßgeblich für die verbindliche Rechtswirkung ist allein ihr tatsächlicher Gehalt, nicht ihre Form. Der Gerichtshof hat nicht nur förmlichen Entscheidungen nach den Vorschriften der FKVO, sondern auch formlosen bzw. mündlichen Erklä-

---

2099 EuG, 25. 3. 1999, Rs. T-102/96, »Gencor«, Slg. 1998, I-6178, Rdnr. 45; EuG, 15. 12. 1999, Rs. T-22/97, »Kesko«, Slg. 1999, II-3775, Rdnr. 57; EuG, 28. 9. 2004, Rs. T-310/00, »MCI«, Rdnr. 44 ff.; auf die Rolle der Nichtigkeitsklage zur Vorbereitung einer Schadensersatzklage weist EuGH in seiner »Kali & Salz«-Entscheidung ausdrücklich hin, vgl. EuGH, 31. 3. 1998, verb. Rs. C-68/94 u. 30/95, »Frankreich/Kommission«, Slg. 1998, I-1375, Rdnr. 74.

2100 So die vom EuGH, 11. 11. 1981, Rs. 60/81, »IBM«, Slg. 1981, 2639, Rdnr. 9, geprägte Formel; vgl. auch EuG, 24. 3. 1994, Rs. T-3/93, »Air France I«, Slg. 1994, II-121, Rdnr. 55–60 ff.

2101 Den Begriff der »*Beschwer*« gebrauchet das EuG z. B. im »Coca Cola«-Urteil v. 22. 3. 2000, verb. Rs. T-125 u. 127/97, Slg. 2000, II-1733, Rdnr. 79; in der französischen Version ist von einem »*grief*«, in der englischen von einem »*adverse effect*« die Rede. Im Zusammenhang mit der Klagebefugnis verwendet das Gericht dagegen den Begriff der »*Betroffenheit*«, der aber nach richtiger Auffassung ebenfalls im Sinne eine (materiellen) Beschwer zu verstehen ist (vgl. etwa Körber, Die Konkurrentenklage im Fusionskontrollrecht der USA, Deutschlands und der EU, S. 270). Zum Teil wird in der deutschen Literatur auch der Begriff des Rechtsschutzinteresses verwendet, vgl. etwa Ahlt/Deisenhofer, Europarecht, 3. Aufl., 2003, S. 63.

2102 Dazu ausführlich Körber, a. a. O. (Fn. 19), S. 282. Vgl. aber die Klagemöglichkeiten gegen die Zwischenentscheidungen gem. Art. 11 Abs. 3, 13–15 FKVO

rungen Entscheidungsqualität beigemessen[2103]. Selbst einzelne Aussagen *innerhalb* einer förmlichen Entscheidung nach der FKVO können verbindliche Rechtswirkungen haben. Dies gilt nach neuerer Rechtsprechung[2104] selbst dann, wenn sie nicht im Tenor, sondern in der Begründung der Entscheidung stehen, da die Begründung unerlässlich zur Bestimmung des Inhalts des Tenors sein kann. Auf der anderen Seite kann die Rechtsverbindlichkeit fehlen, wenn eine Stellungnahme nur als unverbindliche Meinungsäußerung des mit der Fusionskontrolle befassten Case Teams der Generaldirektion Wettbewerb anzusehen ist[2105] oder es sich um die bloße Wiederholung einer bereits ergangenen Entscheidung handelt[2106].

Eine Entscheidung beeinträchtigt bereits dann die Interessen des Klägers, wenn sie einen **nachteiligen Inhalt** für den Kläger hat. Die Nachteile können dabei rechtlicher, aber auch rein wirtschaftlicher Natur sein. Das Erfordernis einer Beschwer (bzw. Betroffenheit) ist nicht etwa mit der Klagebefugnis zu verwechseln; es dient lediglich dazu, Maßnahmen als Klagegegenstand auszuschließen, die sich in keiner Weise negativ für den Kläger auswirken – wie etwa die bloße Freigabe einer Fusion für die Parteien[2107]. 2141

(b) **Beispiele anfechtbarer Entscheidungen im Fusionsverfahren**

• **Freigabe- und Verbotsentscheidungen**

Die wichtigsten verfahrensbeendenden Entscheidungen, die **Freigabeentscheidungen** (Art. 6 Abs. 1 b) bzw. Art. 8 Abs. 2 FKVO) und die **Verbots- und Entflechtungsentscheidungen**[2108] (Art. 8 Abs. 3 bzw. Abs. 4 und 5 FKVO) sind von Wettbewerbern (Freigabe) bzw. Parteien (Verbot/Entflechtung) unproblematisch anfechtbar. Auch die bloße **Abänderung der Begründung einer Freigabeentscheidung** ist u. U. von der betroffenen Partei anfechtbar[2109]. Nicht anfechtbar ist dagegen die Feststellung einer »beherrschenden Stellung« in der Begründung einer Freigabeentscheidung[2110]. Die 2142

2103 So etwa einer mündlichen Presseerklärung, vgl. EuG, 24. 03. 1994, Rs. T-3/93, »Air France I«, Slg. 1994, II-121, Rdnr. 55–60 ff.
2104 Vgl. EuG, 20. 11. 2002, Rs. T-251/00, »Lagardère«, Slg. 2002, II-4825, Rdnr. 67 bis 109; enger (in einem Kartellfall) noch EuG, 17. 9. 1992, Rs. T-138/89, »NBV u. NVB«, Rdnr. 31.
2105 Vgl. dazu EuG, v. 25. 9. 2003, Rs. T-3/02, »Moser«, Slg. 2002, II-1473 (bestätigt durch EuGH, 25. 9. 2003, Rs. C-170/02 P). Die Schreiben der mit der Fusionskontrolle befassten Abteilungen der Generaldirektion Wettbewerb enthalten regelmäßig einen entsprechenden Haftungsausschluss.
2106 EuGH, 11. 6. 1996, Rs. C-480/93P, »Zunis Holding«, Slg. 1996, I-1, Rdnr. 14.
2107 Vgl. EuG, a. a. O.; allerdings kann die *Begründung* einer Freigabeentscheidung für die Parteien nachteilig sein, vgl. EuG, 20. 11. 2002, Rs. T-251/00, »Lagardère«, Slg. 2002, II-4825, Rdnr. 66 ff.
2108 Eine Entflechtungsentscheidung betraf erstmals das Verfahren EuG, 15. 12. 1999, Rs. T-22/97, »Kesko«, Slg. 1999, II-3775.
2109 Einen solchen Fall betraf das Verfahren EuG, 20. 11. 2002, Rs. T-251/00, »Lagardère«, Slg. 2002, II-4825, Rdnr. 119. Hier hatte die Kommission die Ausführungen zu den mit der Transaktion verbundenen »notwendigen Wettbewerbsbeschränkungen« (»ancillary restraints«) zum Nachteil der Partei verändert. Nach der reformierten Fassung der FKVO ist die Kommission allerdings im Regelfall nicht mehr verpflichtet, die »notwendigen Nebenabreden« selbst zu prüfen, vgl. Erwägungsgrund 21 der FKVO.
2110 EuG v. 22. 3. 2000, verb. Rs. T-125 u. 127/97, »Coca-Cola«, Slg. 2000, II-1733 (Rdnr. 80 ff., mit Hinweis auf die fehlenden verbindlichen Rechtswirkungen der Feststellung der Marktbeherrschung).

Freigabefiktion gem. Art. 10 Abs. 6 FKVO dürfte dagegen wegen ihres abschließenden Charakters anfechtbar sein[2111].

- **Freigabeentscheidungen mit Bedingungen und Auflagen**

2143 In der Praxis können die Parteien oft eine Eröffnung des Hauptprüfverfahrens bzw. eine Untersagung nur durch das Angebot bestimmter Zusagen abwenden, die als Bedingungen bzw. Auflagen in die Freigabeentscheidung eingehen[2112]. Es ist umstritten, ob die durch die Freigabe an sich begünstigten Parteien solche Nebenbestimmungen – gesondert oder zusammen mit der Freigabeentscheidung – anfechten können:

2144 Außerhalb des Fusionskontrollrechts hat der Gerichtshof eine getrennte Anfechtung von Nebenbestimmungen zwar grundsätzlich zugelassen, jedoch nur dann, wenn sich die Bedingungen vom übrigen Teil der Entscheidung **abtrennen** lassen, ohne dass der Kern der Entscheidung verändert wird[2113]. Da in Fusionsfällen die Nebenbestimmungen zumeist unerlässliche Abhilfemaßnahmen (»remedies«) zur Beseitigung eines Wettbewerbsproblems enthalten, mit denen die Entscheidung gleichsam steht und fällt, bilden die Zusagen regelmäßig eine **untrennbare Einheit** mit der Freigabeentscheidung. Eine selbständige Anfechtung der Nebenbestimmung scheidet in diesen Fällen aus[2114].

2145 In Betracht kommt also nur eine Klage gegen die – an sich begünstigende – **Entscheidung insgesamt**. Dass es dem Mandanten regelmäßig nur schwer zu vermitteln sein dürfte, die Aufhebung der eigenen Fusionsfreigabe anzustrengen, liegt auf der Hand. Zwar ist nicht auszuschließen, dass das Gericht eine solche Klage als zulässig erachtet[2115]. Auch trifft es zu, dass eine gerichtliche Aufhebung der Freiga-

---

2111 So auch Wagemann, in: Wiedemann, Handbuch des Kartellrechts, § 17, Rdnr. 205 m.w.N.
2112 Art. 6 Abs. 2 Satz 2 u. Art. 8 Abs. 2 Satz 2 FKVO. Nicht anfechtbar sind dagegen freiwillige Zusagen der Parteien, von denen die Kommission nur Kenntnis nimmt, ohne sie als Auflage/Bedingung in die Entscheidung eingehen zu lassen, da solche Zusagen (»take note commitments«) keine verbindliche Rechtswirkungen haben, vgl. EuG, v. 22. 3. 2000, verb. Rs. T-125 u. 127/97, »Coca-Cola«, Slg. 2000, II-1733, Rdnr. 106.
2113 EuGH, 28. 6. 1972, Rs. 31/71, »Jamet/Kommission«, Slg. 1973, 1353 ff.; vgl. auch die in Art. 10 Abs. 5 FKVO vorgesehene Möglichkeit der Teilaufhebung von Entscheidungen.
2114 So im Fall »Kali & Salz« ausdrücklich EuGH, 31. 3. 1998, verb. Rs. C-68/94 u. 30/95; »Frankreich/Kommission«, Slg. 1998, I-1375, Rdnr. 257 f.
2115 Die Rechtsprechung hat zwar bislang nur dann eine Anfechtbarkeit angenommen, wenn die Kommission auch von sich aus – d.h. ohne entsprechende Angebote der Parteien – die entsprechende Nebenbestimmung erlassen konnte, vgl. EuGH, 31. 1. 1993, verb. Rs. C-89 u. a./85, »Ahlstroem« u. a., Slg. 1988, 1375, Rdnr. 178 ff. Dies ist im Bereich der Fusionskontrolle nicht der Fall, da die Kommission nur auf von Parteien unterbreitete Zusagen reagieren kann.
Andererseits lässt sich nicht abstreiten, dass – zumindest im Hauptverfahren – letztlich nicht von einem »freiwilligen« Rechtsverzicht die Rede sein kann, da Zusagen allein zur Abwendung einer drohenden Negativentscheidung angeboten werden (so auch Langeheine/Dittert, in: Schröter/Jakob/Mederer: Kommentar zum Europäischen Wettbewerbsrecht, Art. 21, Fn. 6.). Insofern sollte auch hier eine separate Anfechtung möglich sein. Von einer »Freiwilligkeit« des Angebots von Zusagen kann allenfalls bei Zusagen in der ersten Phase die Rede sein, die zur Abwendung eines Hauptverfahrens unterbreitet werden, da die Einleitung des Hauptverfahrens nach gegenwärtiger Rechtsprechung keine belastende Maßnahme mit Rechtswirkungen ist.

beentscheidung zumindest insoweit »ungefährlich« ist, als sie nicht automatisch die Entflechtung des Zusammenschlusses zur Folge hat; vielmehr würde die Kommission in diesem Fall nur in eine erneute Prüfung eintreten. Der Vorteil für die Parteien ist dennoch gering, da die Klage keine aufschiebende Wirkung hat, die Auflagen also in Vollzug bleiben[2116]. Es verbleibt zudem ein *erhebliches*, zum Klagezeitpunkt nicht prognostizierbares Risiko, dass die Marktverhältnisse sich inzwischen zu Ungunsten des Klägers verändert haben und die neue Entscheidung nun statt einer Freigabe ohne Auflagen eine Untersagungsentscheidung sein könnte. Von der in der Literatur[2117] angedachten Möglichkeit der Anfechtung der eigenen Freigabeentscheidung als Weg zur Beseitigung unliebsamer (Veräußerungs-)Bedingungen ist daher eher abzuraten.

- Nichtzuständigkeits-/Verweisungsentscheidungen

2146 Das EuG hat mittlerweile entschieden, dass auch eine **Nichtzuständigkeitsentscheidung** gem. Art. 6 Abs. 1 a) FKVO durch die betroffene Partei mit der Nichtigkeitsklage angreifbar ist, da sie die Möglichkeit der zügigen Überprüfung nach den Vorschriften der FKVO abschneide und die Anwendbarkeit der europäischen Kartellvorschriften eröffne[2118]. Der Verneinung der Zuständigkeit der Kommission kommt auch dann »verbindliche Rechtswirkung« zu, wenn sie nicht als förmliche Entscheidung gem. Art. 6 Abs. 1 a) ergeht, sondern durch Pressesprecher[2119] oder (verbindliches) Schreiben der Generaldirektion Wettbewerb[2120] mitgeteilt wird. Anfechtbar ist auch eine **Verweisungsentscheidung** nach Art. 9 Abs. 3 FKVO, und zwar sowohl durch die Zusammenschlussparteien als auch durch betroffene Dritte, da ihnen die Anhörungs- und Klagerechte nach Art. 18 Abs. 4 FKVO bzw. Art. 230 EGV genommen werden[2121]. Dieselben Überlegungen dürften auch für die übrigen Verweisungsentscheidungen gemäß Art. 4, 21 und 22 gelten.

- Selbständige Zwischenentscheidungen

2147 Ausdrücklich in der FKVO erwähnt ist das Klagerecht gegen **förmliche Auskunftsverlangen** gem. Art. 11 Abs. 3 FKVO, **Nachprüfungsentscheidungen** gem. Art. 13 Abs. 1 FKVO und die **Festsetzung von Bußgeldern und Zwangsgeldern** gem. Art. 14/15 FKVO.

- Einleitung des Hauptverfahrens

2148 Überwiegend abgelehnt wurde bisher die selbständige Anfechtbarkeit der Entscheidung über die Eröffnung des Hauptverfahrens gem. Art. 6 Abs. 1 c) FKVO, da es sich um eine rein verfahrensintern wirkende Zwischenentscheidung handele, die den Parteien gegenüber keine verbindlichen Rechtswirkungen erzeuge[2122]. Tatsächlich haben EuG und EuGH im Kartellrecht bisher den Standpunkt vertreten, dass

---

2116 Zur Möglichkeit, die Zusagen im einstweiligen Rechtsschutzverfahren *vorläufig* außer Vollzug zu setzen, s. u., S. 18.
2117 Völcker, Das beschleunigte Verfahren in EU-Wettbewerbssachen: Effektiver Rechtsschutz in der Fusionskontrolle?, in: WuW 2003, 6 (14 f.).
2118 EuG, 4. 3. 1999, Rs. T-87/96, »Generali«, Slg. 1999, II-203, Rdnr. 41–43.
2119 EuG, 24. 3. 1994, Rs. T-3/93, »Air France«, Slg. 1994, II-121, Rdnr. 55.
2120 EuG, 25. 9. 2003, Rs. T-3/02, »Moser«, Slg. 2002, II-1473, Rdnr. 25.
2121 EuG, 3. 4. 2003, Rs. T-119/02, »Royal Philips/Kommission«, Rdnr. 281 ff.; EuG, 30. 9. 2003, Rs. T-346 u. 347/02, »Cableuropa«, Rdnr. 49–64.
2122 Vgl. zum Streitstand Montag/Leibenrath, Die Rechtsschutzmöglichkeiten Dritter in der europäischen Fusionskontrolle, in: ZHR 164 (2000), 176 (178, Fn. 7) m. w. N.

C. Europäische Fusionskontrolle

Handlungen, die in einem mehrphasigen Verfahren ergehen, nur dann anfechtbar sind, wenn sie den Standpunkt der Kommission endgültig festlegen[2123]. Die in der »6 I c«-Entscheidung zum Ausdruck gebrachten »ernsthaften Bedenken« an der Rechtmäßigkeit eines Zusammenschlusses sind unstreitig nur vorläufiger Natur. Angesichts des den Parteien bekannten, strikt limitierten Zeitrahmens des Fusionskontrollverfahrens erscheint es auch wenig plausibel, in der bloßen Aufrechterhaltung des Vollzugsverbots (innerhalb des bekannten Zeitrahmens) eine rechtlich verbindliche, die Partei beschwerende Entscheidung zu sehen. Abschließende Wirkung dürfte damit allenfalls der Teil der Entscheidung besitzen, der die Zuständigkeit der Kommission feststellt. Das EuG wird demnächst Gelegenheit haben, diese Streitfrage zu entscheiden[2124].

- **Zustimmungsverweigerung bei Veräußerungsbedingungen**

2149 Nicht als bloß vorläufige Zwischenentscheidung sah es das EuG dagegen an, dass die Kommission bei einer bedingten Freigabeentscheidung ihre Zustimmung zu einem bestimmten Veräußerungsvorhaben verweigerte. Ungeachtet der Tatsache, dass die Veräußerungsfrist noch nicht abgelaufen war und der Erwerber sich rein theoretisch hätte nochmals bewerben können, sei die Zurückweisung des potenziellen Erwerbers als endgültig anzusehen[2125]. Auch die Ablehnung eines bestimmten Veräußerungsvorhabens im Rahmen der Überwachung von Zusagen ist damit eine »anfechtbare Entscheidung« i. S. d. Art. 230 EGV – selbst wenn sie vor Ablauf der Veräußerungsfrist ergangen ist.

(2) **Klagebefugnis**

2150 Bei der Klagebefugnis ist zwischen Klagen von Adressaten der angefochtenen Entscheidung und Klagen von Dritten (Wettbewerbern) zu unterscheiden:

(a) **Adressatenklagen: Keine Pflicht zur Darlegung einer Klagebefugnis**

2152 Für die **Adressaten** einer Fusionsentscheidung spielt das Merkmal der Klagebefugnis im Gemeinschaftsrecht keine Rolle. Anders als im deutschen Verwaltungsprozessrecht haben die Entscheidungsadressaten[2126] also nur ihre Beschwer bzw. ihr Rechtsschutzbedürfnis, nicht aber eine darüber hinausgehende Klagebefugnis darzulegen[2127]. Die Klagebefugnis ist im Rahmen der Nichtigkeitsklage also **nur bei**

2123 Vgl. zuletzt etwa EuG, 15. 1. 2003, Rs. T-377/00, »Philip Morris«, Slg. 2003, II-1, Rdnr. 79.
2124 Im derzeit vor dem EuG anhängigen Verfahren »Schneider/Kommission« (T-48/03) geht es u. a. um die Rechtmäßigkeit der von der Kommission erlassenen »6 I c)«-Entscheidung, vgl. Competition Policy Newsletter Nr. 2/2003, S. 78.
2125 EuG, 3. 4. 2003, Rs. T-342/00, »Petrolessence«, Rdnr. 36–42.
2126 Adressaten der Verbots- bzw. Freigabeentscheidungen der Kommission sind regelmäßig nur die anmeldenden Unternehmen, also beim Erwerb alleiniger Kontrolle der Erwerber oder bei Fusionen/gemeinsamer Kontrolle die fusionierenden/gemeinsam kontrollierenden Parteien, vgl. Art. 4 Abs. 2 sowie EuGH, 31. 3. 1998, verb. Rs. C-68/94 u. 30/95, »Frankreich/Kommission«, Slg. 1998, I-1375, Rdnr. 48. Das zu übernehmende sowie das veräußernde Unternehmen dürften aber regelmäßig individuell und unmittelbar betroffen und insoweit klagebefugt sein.
2127 Vgl. Art. 230 Abs. 4, 1. Alt EGV; dazu Kirschner/Klüpfel, Das Gericht erster Instanz der Europäischen Gemeinschaften, 2. Aufl., 1998, S. 45. Entgegen Wagemann, a. a. O., Rdnr. 214, richtet sich das Erfordernis unmittelbarer und individueller Betroffenheit in

VI. Verfahren

Klagen Dritter (insbesondere bei Konkurrentenklagen) als selbständige Zulässigkeitsvoraussetzung von Bedeutung.

(b) Konkurrentenklagen: »Unmittelbare und individuelle Betroffenheit« als entscheidende Hürden

Unternehmen[2128] hingegen, die nicht selbst Adressaten der jeweiligen Entscheidung sind, sind nur dann klagebefugt, wenn sie **unmittelbar** und **individuell** von der Entscheidung betroffen (bzw. beschwert) sind. Die Klagebefugnis gem. Art. 230 Abs. 4 EGV im Sinne der »unmittelbaren und individuellen Betroffenheit« ist dabei nicht mit der aus dem deutschen Verwaltungsprozessrecht und dem GWB bekannten Klagebefugnis im Sinne einer Beeinträchtigung in subjektiven Rechten zu verwechseln. 2153

Der Begriff der unmittelbaren und individuellen Betroffenheit knüpft allein an den **tatsächlichen** Auswirkungen der Entscheidung an. Eine Betroffenheit oder Verletzung in eigenen **Rechten** ist nicht notwendig[2129]. 2154

(1) Unmittelbare Betroffenheit

Eine **unmittelbare** Betroffenheit liegt dann vor, wenn sich die angefochtene Entscheidung direkt auf die Position der Kläger auswirkt und ihre Durchführung rein automatisch erfolgt, ohne dass es weiterer Durchführungs- oder Umsetzungsakte bedarf[2130]. 2155

Ausgeschlossen von der Nichtigkeitsklage werden durch das Erfordernis der Unmittelbarkeit damit nur solche Kommissionsentscheidungen, deren Wirkungen nur mittelbar bzw. indirekt auf die Entscheidung der Kommission zurückzuführen sind. Soweit etwa ein Unternehmen ankündigt, bei Freigabe einer Fusion Arbeitsplätze zu streichen, ist der **Arbeitsplatzverlust** kein unmittelbar durch die Kommissionsentscheidung bewirkter Nachteil[2131]. Ebenso wird man im Scheitern eines Fusionsvorhabens wegen der Einleitung des Hauptverfahrens durch die Kommission eine allenfalls mittelbare Auswirkung sehen müssen[2132]. 2156

Unschädlich für die Annahme der »Unmittelbarkeit« ist es dagegen nach Auffassung des Gerichts, dass regelmäßig nicht bereits die Freigabeentscheidung der Kommis- 2157

Art. 230 Abs. 4, 2. Alt. EGV nur an *Nicht*adressaten. Allerdings können auch die Fusionsparteien Nichtadressaten sein, so etwa, wenn eine Entscheidung über einen Verweisungsantrag eines Mitgliedstaates ergeht, vgl. etwa EuG, 30. 9. 2003, verb. Rs. T-346 u. 347/02, »Cableuropa« u. a., Rdnr. 48.

2128 Im Fusionskontrollrecht sind Kläger fast ausschließlich Unternehmen, weshalb hier nicht auf die sog. »privilegierten Kläger« (Organe, Mitgliedstaaten) eingegangen wird; vgl. dazu Kirschner/Klüpfel, Gericht erster Instanz, S. 43.

2129 Dazu Körber, Konkurrentenklagen in der europäischen Fusionskontrolle, in: EuZW 1996, 267 (269).

2130 Zuletzt etwa EuG, 30. 9. 2003, verb. Rs. T-346 u. 347/02, »Cableuropa«, Rdnr. 49.

2131 Vgl. dazu den zutreffenden Hinweis des Präsidenten des EuG auf die Betriebsübergangsrichtlinie im Beschluss zum Fall »Nestlé/Perrier«; EuG, 15. 12. 1992, Rs. T-96/92R, »Comité Central SGGS«, Slg. 1995, II-1213, Rdnr. 42–46.

2132 Vgl. zu einer solchen Konstellation den beim EuG anhängigen Fall »Schneider/Kommission« (T-48/03). Zur (fehlenden) Anfechtbarkeit der Entscheidung über die Einleitung des Hauptverfahrens bereits oben, A.VII.3.a)(1)(b).

sion, sondern erst ein weiterer Vollzugsakt der Parteien den Zusammenschluss vollendet[2133].

2158 Als »unmittelbar« sind auch solche Nachteile anzusehen, die von Veräußerungszusagen betroffene Unternehmen im Fall einer **bedingten Fusionsfreigabe** erleiden. Angesichts der Tatsache, dass regelmäßig keine vernünftigen Zweifel an der Einhaltung der Veräußerungszusage bestünden, ist nach Auffassung des EuGH unschädlich, dass die Veräußerung selbst nicht durch die Kommissionsentscheidung bewirkt wird, sondern erst später durch das Unternehmen erfolgt[2134].

2159 Auch die Auswirkungen einer **Verweisungsentscheidung** nach Art. 9 Abs. 3 FKVO werden vom EuG als »unmittelbar« angesehen, da die Verweisung keine Durchführungsmaßnahme erfordere[2135].

(2) Individuelle Betroffenheit

2160 Der bloße Umstand, dass einem Marktteilnehmer durch die Fusionsentscheidung Nachteile drohen, reicht nicht aus, um gegen die Entscheidung zu klagen. Konkurrenten sind vielmehr nur dann klagebefugt, wenn sie **individuell** von einer Fusionskontrollentscheidung betroffen sind. Das Merkmal der individuellen Betroffenheit dient dazu, den Kreis der Kläger zu begrenzen und Popularklagen auszuschließen[2136]. Nach der sog. *Plaumann*-Formel ist ein anderer Marktteilnehmer nur dann individuell betroffen, »wenn die Entscheidung ihn wegen bestimmter Eigenschaften oder besonderer, ihn aus dem Kreis aller übriger Personen heraushebender Umstände berührt und ihn dabei in ähnlicher Weise individualisiert wie den Adressaten«[2137].

2161 Zur Ermittlung einer hinreichenden Individualisierung prüft der Gerichtshof in Fusionsfällen regelmäßig zwei Aspekte, nämlich das Ausmaß der **Beteiligung am Verwaltungsverfahren** und eine potenzielle **Beeinträchtigung der Stellung des Klägers am Markt** auf die Wettbewerbsposition des Klägers[2138]. Ein Marktteilnehmer, der sich aktiv am Verwaltungsverfahren beteiligt hat und einer der Hauptwettbewerber der fusionierenden Unternehmen ist, unterscheidet sich danach so sehr von den übrigen Marktteilnehmern, dass er einem Adressaten gleichzustellen ist. In der Praxis verläuft die Trennlinie zwischen »ausreichend individualisierten« und »allgemeinen« Wettbewerbern jedoch zumeist unscharf. Dabei gilt die Faustregel, dass die Marktstellung des Klägers umso evidenter be-

---

2133 EuG, 8. 7. 2003, Rs. T-374/00, »Verband der freien Rohrwerke«, Rdnr. 47.
2134 EuGH, 31. 3. 1998, verb. Rs. C-68/94 u. 30/95, »Frankreich/Kommission«, Slg. 1998, I-1375, Rdnr. 51.
2135 EuG, 3. 4. 2003, Rs. T-119/02, »Royal Philips«, Rdnr. 287 f.; EuG, 30. 9. 2003, Rs. T-346 u. 347/02, »Cableuropa«, Rdnr. 65–67.
2136 Dazu Kirschner/Klüpfel, Gericht erster Instanz, S. 45.
2137 EuGH, 15. 7. 1963, Rs. 25/62, »Plaumann«, Slg. 1963, 213 (Leitsatz 4). Der Versuch des EuG, die Klagebefugnis auszuweiten (und insbesondere auf den Vergleich mit der Lage anderer Betroffener zu verzichten), wurde vom EuGH zurückgewiesen, EuGH, 25. 7. 2002, Rs. C-50/00, »UPA«, Slg. 2002, I-6677 ff. Vgl. dazu etwa Calliess, Kohärenz und Konvergenz beim europäischen Individualrechtsschutz, NJW 2002, 3577 ff.; die im Verfassungsvertrag in Art. III-365(4) vorgeschlagene geringfügige Modifizierung des Wortlauts von Art. 230 Abs. 4 würde das Erfordernis der individuellen Betroffenheit nur im Hinblick auf Klagen gegen Verordnungen verändern.
2138 EuG, 30. 9. 2003, Rs. T-158/00, »ARD«, Rdnr. 63.

troffen sein muss, je weniger er sich am Verfahren beteiligt hat. Umgekehrt prüft das EuG die Beteiligung am Verfahren umso intensiver, je weniger deutlich die wettbewerblichen Auswirkungen der Entscheidung auf den Kläger sind. Das EuG hat in jüngster Zeit bei Konkurrentenklagen die Individualisierung stets genau geprüft[2139]. Deshalb sollte die ausreichende Individualisierung unter Bezugnahme auf beide Prüfungspunkte in jedem Einzelfall **sorgfältig dargelegt** werden.

(a) Erstes Kriterium: Beteiligung am Verwaltungsverfahren

Im Verlauf eines Fusionsverfahrens kommt es zu vielerlei Kontakten zwischen der Kommission und verschiedenen Konkurrenzunternehmen, Verbänden und anderen Beteiligten. Dabei ist zwischen einer **förmlichen Anhörung** nach Art. 18 Abs. 4 Satz 2 FKVO und **formlosen Kontakten** zu unterscheiden. Während die Durchführung einer förmlichen Anhörung im Regelfall für eine individuelle Betroffenheit gem. Art. 230 Abs. 4 EGV ausreichen dürfte[2140], ist der bloße Verweis darauf, dass der Kläger mit der Kommission überhaupt in Kontakt getreten ist, für die Darlegung individueller Betroffenheit nicht ausreichend[2141]. Gerade, wenn nicht die Hauptwettbewerber der Parteien klagen, ist der Nachweis einer **aktiven Beteiligung** am Verwaltungsverfahren erforderlich, deren Auswirkungen sich möglichst auch in der Entscheidung widerspiegeln sollten[2142].

2162

Allerdings ist die Beteiligung am Verwaltungsverfahren nicht in jedem Fall eine zwingende Voraussetzung der individuellen Betroffenheit; der Kläger kann sie auch auf andere Weise darlegen[2143].

2163

(b) Zweites Kriterium: Potenzielle Beeinträchtigung der Marktstellung von Wettbewerbern

Bei Klagen von **Wettbewerbern**[2144] muss die Fusionsentscheidung zudem im konkreten Fall geeignet sein, die Stellung des Konkurrenten auf den von der Entscheidung betroffenen Märkten **spürbar** zu beeinträchtigen. Eine solche Beeinträchtigung der

2164

2139 Vgl. insbesondere die ausführliche Prüfung in EuG, 30. 9. 2003, Rs. T-158/00, »ARD«, Rdnr. 58–95.
2140 Das für die förmliche Anhörung von Dritten gem. Art. 18 Abs. 4 FKVO notwendige »hinreichende Interesse« entspricht nach der Rechtsprechungspraxis im Ergebnis weitgehend dem zweiten Prüfungsschritt bei der individuellen Betroffenheit. Art. 18 Abs. 4 FKVO verlangt also eine materielle Prüfung des hinreichenden Interesses. Die rein formale Teilnahme am Verfahren an sich reicht also auch hier im Ergebnis nicht für die Annahme einer individuellen Betroffenheit aus, vielmehr ist stets ein »Interesse« geltend zu machen. Vgl. dazu Körber, Gerichtlicher Rechtsschutz in der Fusionskontrolle, in: RIW 1998, 910 (913).
2141 So zuletzt sehr deutlich EuG, 30. 9. 2003, Rs. T-158/00, »ARD«, Rdnr. 76.
2142 EuG, 3. 4. 2003, Rs. T-114/02, »BaByliss«, Rdnr. 96 ff.; EuG, 30. 9. 2003, Rs. T-158/00, »ARD«, Rdnr. 77 ff.
2143 Im Fall EuG, 24. 3. 1994, Rs. T-3/93, »Air France I«, Slg. 1994, II-121 (Rdnr. 82), hielt das EuG eine rein materielle Betroffenheit für ausreichend. Auch zur Geltendmachung der Anhörungsrechte der in Art. 18 Abs. 4 Satz 2 FKVO genannten Gruppen kann es nicht auf eine vorherige Verfahrensbeteiligung ankommen, will man nicht ein »Vorverfahren durch die Hintertür« einführen, vgl. EuG, 27. 4. 1995, Rs. T-12/93, »Comité Central de Vittel« u. a., Slg. 1993, II-1215 (Rdnr. 47).
2144 Bei Klagen der in Art. 18 Abs. 4 Satz 2 FKVO genannten Gruppen reicht es, die Verletzung der Anhörungsrechte zu rügen.

C. Europäische Fusionskontrolle

Marktstellung bejaht das Gericht regelmäßig dann, wenn es sich beim Kläger um den oder die **Hauptwettbewerber** in Märkten mit vergleichsweise wenigen Teilnehmern handelt[2145]. Ein wichtiges Indiz zur Ermittlung der Betroffenheit der Marktstellung sind daher die Marktanteile[2146]. Möglich ist eine spürbare Beeinträchtigung aber selbst bei nur **potenziellen/theoretischen Wettbewerbern** oder bei sich nur teilweise überschneidenden Märkten[2147]. Je weniger direkt der Kontakt des Klägers im Wettbewerb mit dem Entscheidungsadressaten allerdings ist, desto höhere Anforderungen stellt das EuG an die Substantiierung einer potenziellen Beeinträchtigung der Wettbewerbsposition (und an die Teilnahme am Verwaltungsverfahren).

2165 **Abnehmer oder Zulieferer** dürften – wenn sie überhaupt als **unmittelbar** durch den Zusammenschluss betroffen sein können[2148] – allenfalls in Ausnahmefällen eine hinreichend spürbare Beeinträchtigung ihrer Marktposition darlegen können und damit im Regelfall als Kläger in Fusionsfällen ausscheiden.

2166 **Aktionäre** der Zusammenschlussparteien können u. U. zwar die Verletzung eines ihnen möglicherweise zustehenden Rechts auf Anhörung nach Art. 18 Abs. 4 Satz 2 FKVO rügen. Hinsichtlich der Geltendmachung **materieller** Einwendungen hat das EuG aber entschieden, dass zumindest kleineren Minderheitsaktionären ein Klagerecht nicht zusteht[2149].

2167 **Gewerkschaften** und **Betriebsräte** sind ebenfalls nur in Bezug auf eine Verletzung ihres Anhörungsrechts gem. Art. 18 Abs. 4 Satz 2 FKVO, nicht aber hinsichtlich materieller Fragen des Zusammenschlusses klagebefugt[2150].

Keine Klagebefugnis besitzen im Fusionskontrollrecht **Interessenverbände** und **Verbraucherschutzverbände**[2151].

(3) Frist

2168 Die Frist zur Einreichung einer Nichtigkeitsklage beträgt gem. Art. 230 Abs. 5 EGV **zwei Monate**[2152]. Zu dieser Frist addiert sich eine **pauschale 10-tägige Entfernungsfrist**[2153].

2145 Vgl. EuGH, 31. 3. 1998, verb. Rs. C-68/94 u. 30/95, »Frankreich/Kommission«, Slg. 1998, I-1375 (Rdnr. 56); EuG, 3. 4. 2003, Rs. T-119/02, »Royal Philips«, Rdnr. 296 f.; EuG, 8. 7. 2003, Rs. T-374/00, »Verband der freien Rohrwerke«, Rdnr. 50 f.

2146 Dazu Zilles, Die Anfechtungslegitimation von Dritten im europäischen Fusionskontrollrecht, S. 141 ff., der eine Marktanteilsschwelle von 25 % vorschlägt.

2147 Vgl. zu diesen Beispielen etwa EuG, 30. 9. 2003, Rs. T-158/00, »ARD«, Rdnr. 79 ff.

2148 Zu recht zweifelnd Montag/Leibenrath, ZHR 164 (2000), 176 (186).

2149 Vgl. in einem Fall, in dem die Kläger nur 0,5 % des Grundkapitals repräsentierten, EuG, 28. 10. 1993, Rs. T-83/92, »Zunis Holding«, Slg. 1993, II-1169 (Rdnr. 36). Auch bei größeren Aktionärsgruppen nur schwer ersichtlich, wie eine Fusionsentscheidung sich auf deren die Wettbewerbsposition auswirken oder die Aktionäre in anderer Weise individuell betreffen könnte.

2150 EuG, 27. 4. 1995, Rs. T-96/92, »Comité Central de la SGGS«, Slg. 1995, II-1213 (Rdnr. 25 ff.).

2151 Bei beiden Gruppen wird es regelmäßig schon an der *unmittelbaren* Betroffenheit durch Kommissionsentscheidungen fehlen. Jedenfalls fehlt ihnen die *individuelle* Betroffenheit.

2152 Eine Ausnahme gilt gem. Art. 241 EGV nur dann, wenn die Unanwendbarkeit einer **Verordnung** (also auch einer Bestimmung der Fusionskontrollverordnung) geltend gemacht wird; vgl. zu einem solchen Fall etwa die beim EuG anhängige Rs. T-48/03, »Schneider/Kommission«.

2153 Art. 102 § 2 VerfO. Art. 81 § 2 VerfO EuGH. Die frühere entfernungsabhängige Fristenberechnung ist entfallen. Ist für den Fristbeginn auf die Veröffentlichung im Amtsblatt

Maßgeblich für den **Fristbeginn** ist bei Klagen der an der Transaktion beteiligten **Parteien** die **Mitteilung** (bei Verfahrensabschließenden Entscheidungen also regelmäßig die Zustellung an die Parteien). 2169

Schwieriger gestaltet sich die Fristberechnung bei Klagen **Dritter**: Hier ist nach der Rechtsprechung[2154], grundsätzlich auf die Veröffentlichung der Entscheidungszusammenfassung im Amtsblatt abzustellen. Die bloße Kenntnis von der Entscheidung (etwa durch Pressemitteilungen oder die Veröffentlichung im Internet) reicht für die Fristauslösung nicht aus. 2170

Nach der Teilveröffentlichung im Amtsblatt ist der Dritte aber gehalten innerhalb eines angemessenen Zeitraumes die vollständige Entscheidung anzufordern bzw. sich im Internet über den Inhalt der Entscheidung zu informieren[2155].

(4) Begründetheitsprüfung

Die Nichtigkeitsklage ist begründet, wenn die Entscheidung aus einem der in Art. 230 Abs. 2 EGV genannten Gründen **objektiv rechtswidrig** war. Abzustellen ist dabei auf den Zeitpunkt der angefochtenen Entscheidung[2156]. Auf die Verletzung subjektiver Rechte des Klägers kommt es, anders als im deutschen Verwaltungsrecht, nicht an[2157]. 2171

(a) Mögliche Nichtigkeitsgründe

Zur Aufhebung der Entscheidung können sowohl **formelle** Rechtsfehler[2158] als auch **materielle** Verstöße gegen Gemeinschaftsrecht[2159] führen. Prüfungsmaßstab sind dabei nicht nur die Vorschriften der FKVO[2160], sondern alle anwendbaren Primär- oder sekundärrechtlichen Rechtsnormen des Gemeinschaftsrechts, einschließlich der sog. »Allgemeinen Rechtsgrundsätze« (z. B. Diskriminierungsverbot, Verhältnismäßigkeitsprinzip, Grundrechte). 2172

Von den gerügten formellen Rechtsverstößen spielt insbesondere die Rüge der Verletzung des Grundsatzes **rechtlichen Gehörs** eine wichtige Rolle vor den Gemein- 2173

---

abzustellen, beginnt die Frist erst am 15. Tage nach der Veröffentlichung. Zu den Einzelheiten der Fristberechnung vgl. Art. 101 f. VerfO EuG und Art. 80 f. VerfO EuGH.

2154 EuG, 27. 11. 2003, T-119/00 »Regione Siciliane«, Rdnr. 30
2155 Vgl. EuG, 19. 5. 1994, Rs. T-465/93, »Murgia Messapica«, Slg. 1994, II-361 ff. Die verfahrensbeendenden Entscheidungen werden heute im Internet veröffentlicht (http://europa.eu.int/comm/competition/mergers/cases/). In voller Länge werden Entscheidungen nur noch in Englisch, Deutsch und Französisch im Amtsblatt veröffentlicht.
2156 EuG, 19. 5. 1994, Rs. T-2/93, »Air France II«, Slg. 1994, II-323, Rdnr. 70.
2157 Vgl. zum objektiven Charakter des gemeinschaftsrechtlichen Rechtsschutzsystems, das sich insoweit am Modell Frankreichs anlehnt, etwa Koch, Verhältnismäßigkeitsprinzip, S. 494 ff.
2158 Vgl. die in Art. 230 Abs. 2 EGV genannten Nichtigkeitsgründe der »Unzuständigkeit« und der »Verletzung wesentlicher Formvorschriften«.
2159 Art. 230 Abs. 2 EGV spricht von »Verletzung dieses Vertrages oder einer bei seiner Durchführung anzuwendenden Rechtsnorm.« Der Klagegrund des »Ermessensmissbrauchs« ist nicht mit dem deutschen Begriff des »Ermessensfehlers« zu verwechseln; er ist – in Anlehnung an das französische Recht – nur bei einer bewusst zweckwidrigen Maßnahme (»Ermessensfehlgebrauch«) einschlägig. Dazu Koch, a.a.O., S. 248.
2160 Vgl. im Fall »Schneider/Kommission« die anhängige Klage (Rs. T-48/03) gegen die Kommissionsentscheidung vom 5. 12. 2003; s. dazu auch Competition Policy Newsletter Nr. 2/2003, S. 77 f.

C. Europäische Fusionskontrolle

schaftsgerichten[2161]. Wegen des engen Zeitrahmens des Fusionskontrollverfahren kollidiert das Interesse an einem zügigen Abschluss des Verfahrens besonders häufig mit den Verteidigungsrechten der Parteien und beteiligter Dritter[2162]. So hat das Gericht erster Instanz etwa festgestellt, dass die Kommission eine Verbotsentscheidung nur auf solche Gesichtspunkte stützen darf, die bereits in den Beschwerdepunkten angesprochen waren, da die Parteien andernfalls keine hinreichende Gelegenheit zur Stellungnahme erhielten[2163]. Auf der anderen Seite akzeptiert das Gericht regelmäßig auch knapp bemessene Fristen zur Beantwortung von Auskunftsverlangen gem. Art. 11 Abs. 3 FKVO und trägt so dem Beschleunigungsgebot des Fusionskontrollverfahrens Rechnung[2164].

2174 Häufig gerügt wurde auch die mangelhafte **Begründung** einer Kommissionsentscheidung, bislang allerdings ohne Erfolg. So hat das EuG festgestellt, dass die Kommission zwar auf diejenigen sachlichen und rechtlichen Gesichtspunkte eingehen muss, die sie zu einer Entscheidung bewogen haben. Dabei muss sie aber nicht auf *alle* Aspekte eingehen, die von den Parteien vorgebracht wurden[2165]. Nicht um einen »Begründungsmangel« handelt es sich im Fall materieller (bzw. inhaltlicher) Mängel der Begründung[2166].

2175 Wenn es um die Rüge **materieller** Rechtsverstöße geht, prüfen die Gemeinschaftsrichter zunächst, ob die der Subsumtion zugrunde liegenden **Fakten** zutreffend ermittelt wurden. Angesichts der Komplexität von Fusionskontrollverfahren besitzt die Rüge der unzutreffenden Sachverhaltsermittlung eine nicht zu unterschätzende Bedeutung[2167]. Anschließend prüfen die Richter, ob die ermittelten Fakten korrekt unter die Vorschriften des geltenden Gemeinschaftsrechts subsumiert wurden und ob bei der Subsumtion **Rechtsfehler** aufgetreten sind.

(b) **Kontrolldichte**

2176 Zahlreiche Normen der FKVO räumen der Kommission indes **Beurteilungs- oder Ermessensspielräume** ein[2168]. So sind etwa die Entscheidungen, ob eine »wesent-

---

2161 Im Verfahren »Schneider/Legrand« (EuG, 21. 10. 2002, Rs. T-310/01) führte u. a. die Rüge der Verletzung des rechtlichen Gehörs bzw. der Verteidigungsrechte (unzureichende Mitteilung der Beschwerdepunkte) zur Aufhebung der Untersagungsentscheidung.
2162 Vgl. etwa die Entscheidungen EuG, 27. 11. 1994, Rs. T-290/94, »Kayserberg«. Slg. 1997, II-2137 (u. a. zu den Grenzen des Rechts der Beteiligten, zu Zusagen gehört zu werden); EuG, 24. 4. 1999, Rs. T-221/95, »Endemol«, Slg. 1999, II-1299 (Grenzen des Akteneinsichtsrechts).
2163 EuG, 21. 10. 2002, Rs. T-310/01, »Schneider«, Slg. 2002, II-4071, Rdnr. 437–462.
2164 So ausdrücklich EuG, 21. 10. 2002, Rs. T-310/01, »Schneider«, Slg. 2002, II-4071, Rdnr. 100.
2165 So – im Hinblick auf das Recht der Kommission, bestimmte Märkte in ihrer Entscheidung unerwähnt zu lassen – zuletzt EuG, 30. 9. 2003, verb. Rs. T-346 u. 347/02, »Cableuropa«, Rdnr. 232; vgl. auch EuGH, 22. 6. 2004, Rs. C-42/01, »Portugal/Kommission«, Rdnr. 66.
2166 Ein Verstoß gegen die Begründungspflicht gem. Art. 253 EGV wurde zwar auch in der Sache »Airtours« gerügt; die Entscheidung wurde aber wegen eines *offensichtlichen Beurteilungsfehlers* aufgehoben, vgl. EuG, 6. 6. 2002, Rs. T-342/99, »Airtours«, Slg. 2002, II-2905, Rdnr. 294.
2167 Vgl. etwa EuG, 24. 4. 1999, Rs. T-221/95, »Endemol«, Slg. 1999, II-1299, Rdnr. 106 ff.
2168 Im Gemeinschaftsrecht wird nicht zwischen Beurteilungsspielraum und Ermessen unterschieden; vielmehr bezeichnen die Gerichte Fehler in beiden Bereichen als »Ermessensfehler«, vgl. dazu Koch, a. a. O., S. 522.

liche Wettbewerbsbehinderung« i. S. d. Art. 2 FKVO vorliegt[2169] oder ob eine Zusage geeignet zur Beseitigung des Wettbewerbsproblems ist[2170], geradezu Muster komplexer, wertungsabhängiger Prognoseentscheidungen. Ausschlaggebend für die Erfolgschancen von Klagen gegen Fusionsentscheidungen ist somit die Frage, welche Freiheiten der Gerichtshof der Kommission bei der wettbewerblichen Beurteilung lässt und inwieweit er dem der Kommission dabei eingeräumten Ermessen Grenzen setzt.

Nach ständiger Rechtsprechung des Gerichtshofs ist dieser nur dann berechtigt, die Würdigung »**komplexer wirtschaftlicher Sachverhalte**« durch die Kommission in Frage zu stellen, wenn sie einen »**offensichtlichen Beurteilungsfehler**« begangen hat[2171]. Diese Formel scheint nahezulegen, dass sich der Gerichtshof bei der Kontrolle wettbewerblicher Würdigungen auf eine reine Evidenzkontrolle beschränkt. Tatsächlich haben sich die Gemeinschaftsgerichte in Fusionsfällen lange Zeit nur in begrenztem Ausmaß mit den Einzelheiten der wettbewerblichen Beurteilung durch die Kommission auseinandersetzte und sich vor allem mit Fragen der Zuständigkeit und des korrekten Verfahrens beschäftigt. 2177

Mittlerweile haben jedoch einige Kammern des Gerichts Erster Instanz ihre Kontrolldichte in Fusionsfällen **spürbar verschärft**. Besonders deutlich wurde die gestiegene Bereitschaft des Gerichtshofs, wettbewerbliche Würdigungen detailliert zu überprüfen, in den Urteilen »Airtours«, »Schneider« und »Tetra-Laval«. Hier hat das EuG nicht nur die korrekte Ermittlung der den Untersagungsentscheidungen jeweils zugrunde liegenden Fakten, sondern auch die Prognosen der Kommission zum Entstehen einer marktbeherrschenden Stellung einer außerordentlich detaillierten Überprüfung unterzogen. Im Ergebnis kam das Gericht in allen drei Fällen zum Schluss, dass die Kommission bei ihrer Prognoseentscheidung »**offensichtliche Beurteilungsfehler**«[2172] begangen habe. 2178

Die Freiheit der Kommission, Prognosen über das künftige Verhalten von Unternehmen abzugeben, findet dem EuG zufolge bereits dort ihre Grenzen, wo die entsprechenden Prognosen **nicht durch wirtschaftswissenschaftliche Theorien untermauert** werden können[2173]. Wenn das EuG in der »Tetra«-Entscheidung von der Kommission sogar »hinreichend eindeutige Beweise« für die Annahme konglomerater Effekte verlangt, zeigt sich, dass der der Kommission verbleibende Prognosespielraum sich praktisch auf Null reduziert[2174]. Diese gesteigerte Kontrolldichte hat in der Fachwelt keine ungeteilte Zustimmung gefunden[2175]. Es 2179

2169 Vgl. dazu etwa EuGH, 31. 3. 1998, verb. Rs. C-68/94 u. 30/95, »Frankreich/Kommission«, Slg. 1998, I-1375 (Rdnr. 90 ff.); EuG, 6. 6. 2002, Rs. T-342/99, »Airtours«, Slg. 2002, II-2905, Rdnr. 49 ff.
2170 Dazu etwa EuG, 20. 11. 2002, Rs. T-251/00, »Lagadère«, Slg. 2002, II-4825 (Rdnr. 67 ff.).
2171 Vgl. zu dieser häufig verwendeten Formel etwa EuG, 15. 6. 1994, Rs. T-88/94 R, »SCPA«, Rdnr. 223 f.
2172 EuG, 6. 6. 2002, Rs. T-342/99, »Airtours«, Slg. 2002, II-2905 ff.; EuG, 21. 10. 2002, Rs. T-310/01, »Schneider«, Slg. 2002, II-4071 ff.; EuG 25. 10. 2002, verb. Rs. T-5 u. 80/02, »Tetra Laval«, Slg. 2002, II-4381 ff.
2173 Vgl. etwa EuG, 3. 4. 2003, Rs. T-342/00, »Petrolessence«, Rdnr. 101.
2174 EuG 25. 10. 2002, Rs. T-5/02, »Tetra Laval«, Slg. 2002, II-4381, Rdnr. 162.
2175 Wenn man die gerichtliche *Rechts*kontrolle von Fusionsentscheidungen unter Rechtsschutzgesichtspunkten auch begrüßen mag, so ist doch – schon angesichts der knappen personellen Ausstattung des Gerichts – daran zu zweifeln, ob die Tendenz des Ge-

C. Europäische Fusionskontrolle

bleibt abzuwarten, ob der EuGH diesen strengen Kontrollmaßstab des EuG bestätigt[2176].

(5) Folgen der Aufhebung einer Kommissionsentscheidung

2180 Erklären die Gemeinschaftsgerichte eine Kommissionsentscheidung gem. Art. 231 EGV für nichtig, nimmt die Kommission das Verfahren wieder auf und berücksichtigt dabei die Wertungen des Gerichtshofs[2177]. Anders als etwa im deutschen Recht ist die gerichtliche Aufhebung einer Untersagungsentscheidung also **nicht zugleich als Freigabe einer Fusion** anzusehen. Vielmehr beginnen die maßgeblichen Fristen gem. Art. 10 Abs. 5 FKVO mit dem Tage der Urteilsverkündung erneut zu laufen. Wie im Falle der Aufhebung von Freigabe- oder Verbotsentscheidung aber im Einzelnen zu verfahren war und inwieweit bei der neuen Prüfung inzwischen eingetretene **Veränderungen** auf Seiten der Parteien und im Wettbewerb zu berücksichtigen sind, war bislang umstritten. Die Kommissionspraxis ging dahin, hinsichtlich der Kommissionszuständigkeit auf den Zeitpunkt der früheren Anmeldung abzustellen, bei der materiellen Würdigung des Zusammenschlusses aber die **aktuellen Wettbewerbsverhältnisse** zugrunde zu legen[2178]. Diese Praxis ist durch Art. 10 Abs. 5 der reformierten FKVO nunmehr bestätigt worden[2179]. Danach ist im Falle der Nichtigerklärung einer Fusionsentscheidung eine neue, aktualisierte Anmeldung einzureichen, wenn sich die Marktverhältnisse inzwischen so wesentlich geändert haben, dass die alte Anmeldung unkomplett wäre. Gem. Art. 10 Abs. 5 FKVO beginnen die neuen Fristen erst nach dem Einreichen der **aktualisierten Anmeldung** zu laufen[2180].

b) Untätigkeitsklage

2181 Im Unterschied zur Nichtigkeitsklage kommt die Untätigkeitsklage gem. Art. 232 EGV als Klageart immer dann in Betracht, wenn die Kommission es **unterlässt**,

---

rechts, die wettbewerbliche Beurteilung der Kommission durch eigene Wertungen zu ersetzen, stets zu einer sachgerechteren Fusionsentscheidung führt.

2176 Im Berufungsverfahren in der Sache »Tetra Laval« macht die Kommission gegenwärtig eine Überschreitung der Kontrollkompetenz durch das EuG geltend. Generalanwalt Tizzano hat in seinen Schlussanträgen der Kommission z. T. recht gegeben. Auch er vertritt allerdings die Ansicht, eine Fusion könne nur dann verboten werden, wenn eine Marktbeherrschung »sehr wahrscheinlich« sei, vgl. Schlussanträge vom 25. 4. 2004, Rs. C-12/03 P, Rdnr. 74 ff. In neueren Urteilen scheint der EuG der Kommission wieder größere Beurteilungsspielräume einzuräumen, vgl. etwa EuG, 30. 9. 2003, Rs. T-158/00, »ARD« und EuG, 3. 4. 2003, Rs. T-119/02, »Royal Philips/Kommission«, Rdnr. 78/79.

2177 Dies kann zur Freigabe einer vorher untersagten Fusion führen, vgl. die Entscheidung M. 2314 v. 13. 1. 2003 im Fall »Tetra Laval« (http://europa.eu.int/comm/competition/mergers/cases/decisions/m2416_62_en.pdf).

2178 Vgl. dazu etwa die erneute (Freigabe-)Entscheidung im Fall »Kali & Salz« (M. 308) vom 9. 7. 1998.

2179 Gem. Art. 10 Abs. 5 n. F. der FKVO prüft *die Kommission* den Zusammenschluss nach einem Urteil *unter Berücksichtigung der aktuellen Marktverhältnisse*. Zuständige Behörde ist nach dem Wortlaut ungeachtet etwaiger Änderungen von Zuständigkeitskriterien im Verlauf des Verfahrens (z. B. Umsatzrückgänge) weiterhin die Kommission.

2180 Ablehnend zu dieser Fristenregelung Montag/Leibenrath, ZHR 164 (2000), 176 (190).

nach den Vorschriften der FKVO tätig zu werden. Allerdings kann mit Hilfe der Untätigkeitsklage nicht die Herbeiführung der gewünschten Handlung, sondern zunächst nur die **Feststellung ihrer rechtswidrigen Unterlassung** erreicht werden. Dementsprechend **gering** ist bisher die Bedeutung der Untätigkeitsklage im Fusionsverfahren. Der bislang einzige Fall einer Untätigkeitsklage im Fusionskontrollrecht betraf eine (vermeintlich) unterlassene Stellungnahme zu einem nicht unter die Zuständigkeit der Kommission fallenden Zusammenschlussvorhaben. Nach dieser Rechtsprechung ist die Kommission dazu verpflichtet, zu entsprechenden Beschwerden von möglicherweise anhörungsberechtigten Dritten (Art. 18 Abs. 4 FKVO) Stellung zu nehmen[2181]. 2182

Die Untätigkeitsklage ist nur zulässig, wenn der Kläger die Kommission zuvor **schriftlich**[2182] aufgefordert hat, tätig zu werden, und die Kommission daraufhin zwei Monate[2183] lang untätig geblieben ist. 2183

c) Schadensersatzklage

Erst in jüngster Zeit – nämlich nach der Aufhebung mehrerer Untersagungsentscheidungen durch das EuG – ist im Fusionskontrollrecht erstmals von der Möglichkeit der Schadensersatzklage gem. 235 i.V.m. Art 288 Abs. 2 EGV Gebrauch gemacht worden. Angesichts der erheblichen Transaktionswerte in Fusionsverfahren vor der Kommission können die dabei geltend gemachten Schäden leicht Milliardenhöhe erreichen[2184]. Es bleibt jedoch abzuwarten, ob sich die Schadensersatzklage tatsächlich als wirksames Mittel erweist, bestehende Lücken im Rechtsschutz gegen Fusionsentscheidungen zu kompensieren[2185]. Dem stehen die beträchtlichen Hürden entgegen, die die Rechtsprechung[2186] gegenüber der Geltendmachung von Schadensersatzansprüchen aufgerichtet hat. 2184

Ein Anspruch auf Ersatz eines Schadens, den ein Organ in Ausübung seiner Amtstätigkeit verursacht hat, besteht nur dann, wenn 2185
- die verletze Rechtsnorm bezweckt, **dem Einzelnen Rechte zu verleihen**,
- der Rechtsverstoß **hinreichend qualifiziert** war und

2181 EuGH, 25. 9. 2003, Rs. C-170/02 P, »Moser«, Rdnr. 27–29; unter dem Regime der alten FKVO konnte auch ein Verschleppen der förmlichen Anmeldung eines Fusionsvorhabens durch die Kommission nach der Rechtsprechung ggf. mit der Untätigkeitsklage gerügt werden, vgl. EuG, 24. 3. 1994, Rs. T-3/92, »Air France I«, 3. Leitsatz.
2182 Das Schriftformerfordernis ist zwar nicht in Art. 232 EGV enthalten, folgt aber de facto aus Art. 21 Abs. 2 der Satzung von EuG/EuGH, ABl. C 325, S. 167 v. 24. 12. 2002 (abrufbar unter http://curia.eu.int/de/instit/txtdocfr/txtsenvigueur/statut.pdf).
2183 Zuzüglich der 10-tägigen Entfernungspauschale, vgl. Art. 102 § 2 VerfO EuG und Art. 81 § 2 VerfO.
2184 Derzeit sind wegen der vom EuG aufgehobenen Entscheidungen in der Sache »Airtours/First Choice« (Rs. T-212/03) und in der Sache »Schneider/Legrand« (T-351/03) Schadensersatzklagen beim EuG anhängig; die dabei geltend gemachten Schäden belaufen sich auf ca. 800 Mio. bzw. ca. 1,5 Mrd. EUR.
2185 Angesprochen hat der EuGH die – abstrakte – Möglichkeit einer Schadensersatzklage bereits im »Kali & Salz«-Verfahren, vgl. EuGH, 31. 3. 1998, verb. Rs. C-68/94 u. C-30/95, »Frankreich/Kommission«, Slg. 1998, I-1375, Rdnr. 74.
2186 Art. 288 Abs. 2 EGV überlässt die inhaltliche Ausformung des Schadensersatzanspruchs weitgehend den Gemeinschaftsgerichten.

- zwischen Rechtsverletzung und Schaden ein **unmittelbarer Kausalzusammenhang** besteht[2187].

2186 Angesichts der restriktiven Praxis der Gemeinschaftsgerichte bei der Zuerkennung von Schadensersatzansprüchen[2188] und der weitreichenden Folgen auf die Praxis der Fusionskontrolle erscheint es unwahrscheinlich, dass die Gerichte die genannten drei Anspruchsvoraussetzungen bei rechtswidrigen Fusionsentscheidungen als erfüllt ansehen könnten: Zweifelhaft ist bereits, ob die regelmäßig verletzte Norm des Art. 2 FKVO überhaupt individualschützenden Charakter besitzt. Eine »hinreichend qualifizierte Rechtsverletzung« wiederum erfordert eine **offenkundige und erhebliche** Überschreitung der Grenzen der bestehenden Wertungsspielräume, wobei die Anforderungen an die Offenkundigkeit steigen, je größer der Beurteilungsspielraum der Kommission jeweils ist[2189]. Große Schwierigkeiten dürfte schließlich der Nachweis eines unmittelbar kausalen **Schadens** bereiten, da die größten Nachteile einer Untersagungsentscheidung zumeist durch den Verlust möglicher Synergieeffekte entstehen. Diese Synergieeffekte lassen sich jedoch zumeist nur schwer beziffern; zudem müsste nachgewiesen werden, dass die Synergiegewinne im Fall einer Freigabe **sicher** entstanden wären, was angesichts des wechselhaften Erfolgs von Großfusionen kein einfaches Unterfangen sein dürfte.

4. Möglichkeiten zeitnahen Rechtsschutzes in Dringlichkeitsfällen: Einstweiliger Rechtsschutz und beschleunigtes Verfahren

2187 Mag die inhaltliche Kontrolle der Rechtmäßigkeit von Fusionsentscheidungen durch unabhängige Gerichte heute auch in zufriedenstellender Weise gewährleistet sein, ist eine wesentliche Schwachstelle des Rechtsschutzes im Bereich der Fusionskontrolle doch die lange **Dauer** der entsprechenden Gerichtsverfahren. Da der Erfolg einer Fusion oftmals von einer zeitnahen Durchführung der Fusionspläne abhängt, ist eine möglichst rasche Rechtskontrolle für die Unternehmen oftmals entscheidend.

Das Gemeinschaftsrecht bietet den Betroffenen zwei Möglichkeiten, das gerichtliche Kontrollverfahren zu beschleunigen:

a) Einstweiliger Rechtsschutz gegen Fusionsentscheidungen

2188 Gem. Art. 242 Satz 2 EGV ist es möglich, die **Aussetzung des Vollzugs** einer Fusionsentscheidung zu beantragen. Da Klagen gegen Entscheidungen der Kommission gem. Art. 242 Satz 1 EGV keine aufschiebende Wirkung haben, ist ein solcher Antrag auch bei gleichzeitiger Klageerhebung notwendig. Auf der anderen Seite ist die isolierte Beantragung der Vollzugsaussetzung ohne gleichzeitige Einlegung einer Klage in der Hauptsache nicht möglich; einstweiliger Rechtsschutz erfordert

---

2187 So die neuere Rechtsprechung, die nun auch bei einfachen Verwaltungsentscheidungen nicht mehr jede einfache Rechtsverletzung ausreichen lässt, vgl. EuGH, 10.12.2002, Rs. C-312/00 P, »Camar«, Slg. 2002, I-11535, Rdnr. 53.

2188 Im Wettbewerbsrecht hatte bislang keine einzige Schadensersatzklage Erfolg.

2189 EuGH, 10.12.2002, Rs. C-312/00 P, »Camar«, Slg. 2002, I-11535, Rdnr. 55. Es ist bislang unklar, ob die Annahme einer »offenkundigen Rechtsverletzung« bei komplexen wirtschaftlichen Entscheidungen stets diese Voraussetzungen erfüllt.

immer eine anhängige Klage in der Hauptsache. Soll darüber hinaus auch eine Änderung des status quo (etwa die Anordnung einer Befreiung vom Vollzugsverbot) erreicht werden, kommt ein Antrag auf Erlass einer **einstweiligen Anordnung** gem. Art. 243 EGV in Betracht. Zuständig für den Erlass einstweiliger Anordnung ist der Präsident des Gerichts[2190].

Die praktische Wirksamkeit des einstweiligen Rechtsschutzes im Bereich der Fusionskontrolle ist jedoch gering[2191]. Ursächlich dafür sind nicht allein die im Vergleich zum deutschen Verwaltungsrecht **strengeren Anforderungen** des Gemeinschaftsrechts an die Gewährung einstweiligen Rechtsschutzes, sondern auch die Natur fusionskontrollrechtlicher Entscheidungen, die regelmäßig nur schwer wieder rückgängig zu machen sind.

Ausreichend für die Gewährung einstweiligen Rechtsschutzes ist nicht, dass das Hauptverfahren nach summarischer Prüfung erfolgreich sein könnte; notwendig ist, dass die Antragsteller eine besondere **Dringlichkeit nachweisen** können[2192]. Dafür genügt nicht bereits jede Schwächung der gegenwärtigen Wettbewerbsposition; vielmehr liegt eine besondere Dringlichkeit nur dann vor, wenn der Antragsteller nachweisen kann, dass ihm mit an Sicherheit grenzender Wahrscheinlichkeit ein schwerer, nicht wieder gutzumachender Schaden droht. Einen solchen irreparablen Schaden nimmt der Gerichtshof nur dann an, wenn der Antragsteller ohne die Gewährung des einstweiligen Rechtsschutzes in eine existenzbedrohende Lage käme[2193].

Ob einstweiliger Rechtsschutz bei Vorliegen einer besonderen Dringlichkeit tatsächlich gewährt wird, machen die Richter von einer **Güterabwägung** abhängig. Einstweilige Maßnahmen sind danach nur dann möglich, wenn dem Interesse der Antragsteller nicht überwiegende Interessen des Gemeinwohls, der Kommission oder der Zusammenschlussbeteiligten entgegenstehen. Durch die Anordnung darf weder ein schwerer und nicht wieder gutzumachender Schaden für einen Beteiligten oder das Gemeinwohl, noch eine »unumkehrbare Lage« entstehen. Art. 39 Abs. 3 der Satzung des Gerichtshofs verwehrt es den Richtern ausdrücklich, die **Entscheidung in der Hauptsache** vorwegzunehmen.

- Untersagungsentscheidungen

Gerade das Verbot der Vorwegnahme der Hauptsache erweist sich in Fusionssachen als nahezu unüberwindbare Hürde für einstweilige Maßnahmen des Gerichts. Der Grund dafür liegt in der **praktischen Unumkehrbarkeit** abschließender Fusionsentscheidungen. Ordnete das Gericht im Fall einer Klage gegen eine **Untersagungsentscheidung** etwa die »vorläufige« Freigabe einer Fusion an, wäre dieser Zu-

---

2190 Bei Klagen vor dem EuGH dementsprechend der Präsident des EuGH. Vgl. Art. 39 Abs. 1 der Satzung des Gerichtshofs.

2191 So auch Vesterdorf, in: Drauz/Reynolds, EC Merger Control, S. 84. Allerdings hat das »Kali & Salz«-Verfahren gezeigt, dass sich im Wege des einstweiligen Rechtsschutzes durchaus Veränderungen der Kommissionsentscheidungen erreichen lassen, vgl. den Beschluss des Präsidenten des EuG v. 15. 6. 1994, Rs. T-88/94, »SCPA«, Rdnr. 30 ff.

2192 Vgl. Art. 104 § 2 VerfO EuG.

2193 Im Fall »Kali & Salz« sah der Präsident des EuGH etwa die Auflösung einer Gesellschaft als schweren und nicht wieder gutzumachenden Schaden für diese an, vgl. den Beschluss des Präsidenten des EuG v. 15. 06. 1994, Rs. T-88/94, »SCPA«, Rdnr. 30 ff.

sammenschluss nach Abschluss des Gerichtsverfahrens (in der Regel also mehrere Jahre später) faktisch kaum mehr rückgängig zu machen. Zudem könnte das Gericht wegen seiner rein kassatorischen Kompetenzen nicht ohne weiteres selbst die Freigabe einer Fusion verfügen, sondern allenfalls die Kommission verpflichten, bis zur Genehmigung durch die Kommission eine Ausnahme vom (weiterhin wirksamen) Vollzugsverbot gem. Art. 7 Abs. 3 FKVO zu gewähren. Auf eine faktische Vorwegnahme der Hauptsache und eine dauerhafte Verfestigung des fusionierten Unternehmens liefe auch die Aussetzung einer **Entflechtungsentscheidung** gem. Art. 8 Abs. 4 FKVO durch das Gericht hinaus[2194].

- Freigabeentscheidungen

2193 Der einstweilige Rechtsschutz Dritter gegen eine **Freigabeentscheidung** wird schon dadurch erschwert, dass wegen der Akzessorietät des einstweiligen Rechtsschutzverfahrens ein Antrag auf Aussetzung der Entscheidung erst dann gestellt werden kann, wenn die Freigabeentscheidung ergangen ist. Da die Parteien den Zusammenschluss regelmäßig aber bereits kurz nach der Freigabe vollziehen, könnte nur ein Antrag auf vorbeugenden Rechtsschutz die Interessen der Konkurrenten wahren. Wenngleich ein solcher Antrag in extremen Ausnahmefällen möglich erscheint[2195], wird er doch regelmäßig am erforderlichen Nachweis irreversibler existenzgefährdender Folgen für den Konkurrenten scheitern.

- Isolierte Anfechtung von Nebenbestimmungen

2194 Wenn somit das Gericht im einstweiligen Rechtsschutzverfahren auch kaum bereit sein dürfte, ganze Fusionsvorhaben freizugeben oder zu stoppen[2196], ist es zumindest bei der **Anfechtung von Nebenbestimmungen** (z.B. Verkaufsauflagen) schon eher bereit, bestimmte Auflagen bis zum Verfahrensabschluss auszusetzen. So hat das Gericht auf Antrag einer durch eine Zusage in ihrer Existenz bedrohten **Drittpartei** die Durchführung der entsprechenden Nebenbestimmung der Kommission bis zum Abschluss des Verfahrens ausgesetzt[2197]. Die Anfechtung einer Zusage hat der Gerichtshof dagegen dann ausgeschlossen, wenn sie nicht als Auflage oder Bedingung Eingang in die Entscheidung gefunden hat[2198].

2194 Einen solchen Fall betraf das Verfahren »Schneider/Legrand«; hier einigten sich die Verfahrensbeteiligten jedoch schließlich (pragmatisch) darauf, stattdessen auf das neu eingeführte beschleunigte Verfahren zurückzugreifen, so dass der Präsident des Gerichtshofs im konkreten Fall nicht mehr über den Antrag entscheiden musste, vgl. EuG, 21. 10. 2002, Rs. T-310/01, »Schneider«. Zur Zulässigkeit von einstweiligen Anordnungen gegen Entflechtungsentscheidungen »Müller«, Einstweiliger Rechtsschutz für Unternehmen im Fusionskontrollverfahren, in: WRP 1992, 1037 (1047 ff.).
2195 Zu einem solchen Fall außerhalb des Fusionsrechts etwa EuGH, 5. 8. 1983, Rs. 118/83 R, »CMC«, Rdnr. 45 ff.
2196 Vgl. die gescheiterten Anträge auf einstweiligen Rechtsschutz in den Verfahren EuG, 15. 12. 1992, Rs. T-96/92R, »Comité Central SGGS«, Slg. 1995, II-1213; EuG, 2. 12. 1994, Rs. T-322/94 R, »UCC«; EuG, 12. 07. 1996, Rs. T-52/96 R, »Sogecable«, Slg. 1996, II-797.
2197 Der Fall »Kali & Salz« betraf u.a. die Zusage, die Zusammenarbeit mit einem Partnerunternehmen unverzüglich zu beenden, vgl. EuG, 15. 6. 1994, Rs. T-88/94 R, »SCPA«.
2198 Vgl. etwa EuG, v. 22. 3. 2000, verb. Rs. T-125 u. 127/97, »Coca-Cola«, Slg. 2000, II-1733, Rdnr. 94 ff.

VI. Verfahren

Ungeklärt und umstritten ist dagegen, ob ein **Zusammenschlussbeteiligter** im Falle einer Freigabeentscheidung die nachträglich die Aussetzung einer von ihm angebotenen Zusage beantragen kann. Aus Sicht der Parteien könnte eine Aussetzung verhindern, dass mit dem Vollzug z. B. einer Veräußerungsbedingung de facto vollendete, nicht wieder rückgängig zu machende Tatsachen geschaffen werden[2199]. 2195

Auch wenn es im Hinblick auf das Postulat der Gewährleistung effektiven Rechtsschutzes wünschenswert erscheinen mag, die Veräußerungsparteien vor dem Vollzug möglicherweise rechtswidriger Nebenstimmungen zu schützen, dürften die Richter angesichts der engen Verknüpfung zwischen Auflage und Hauptentscheidung kaum zu einem solch weitreichenden Eingriff bereit sein. So wird z. T. bezweifelt, ob es bei der isolierten Anfechtung einer Nebenbestimmung – insbesondere bei Freigaben nach Art. 6 Abs. 2 – nicht schon an einer **Beschwer** der Antragsteller fehlt. Der entsprechende Hinweis auf die Freiwilligkeit der Zusage vermag allerdings zumindest bei verfahrensabschließenden Entscheidungen[2200] nicht zu überzeugen, da die Nebenbestimmungen zu nichts anderem als der Abwendung einer drohenden Verbotsentscheidung dient, weshalb kaum von einer »Freiwilligkeit« die Rede sein kann[2201]. Auch eine Missbrauchsgefahr des einstweiligen Rechtsschutzes durch Parteien (die zunächst Bedingungen – scheinbar – akzeptieren und sie dann im Wege des einstweiligen Rechtsschutzes außer Kraft setzen lassen könnten) besteht bei realistischer Betrachtung nicht, da letztlich das Gericht über die Notwendigkeit der Aussetzung bestimmter Zusagen entscheidet. 2196

Allerdings sind die jeweiligen Veräußerungs- oder Zugangsauflagen in Fusionsfällen regelmäßig **integraler Bestandteil der Entscheidung** selbst. Veränderungen der Nebenbestimmungen (etwa die Aussetzung von Veräußerungsauflagen bei Beibehaltung der Freigabe) würde die Freigabeentscheidung erheblich modifizieren und möglicherweise zu erheblichen Nachteilen für Wettbewerber führen. Nach geltendem Recht dürfte daher die selbständige Anfechtung von Auflagen als Möglichkeit, gegen unliebsame Auflagen vorzugehen[2202], nicht zum Erfolg führen[2203]. 2197

2199 Dafür etwa Völcker, WuW 2003, 6 (13 ff.). Auf die Möglichkeit einer solchen Anfechtungsmöglichkeit weist auch der Präsident des EuG, Vesterdorf, hin, vgl. ders. in: Drauz/Reynolds, EC Merger Control, Richmond 2003, S. 83; vgl. auch sowie Langeheine/Dittert, in: Schröter/Jakob/Mederer (Hrsg.): Kommentar zum Europäischen Wettbewerbsrecht, Art. 21, Rdnr. 4.

2200 Tatsächlich bestehen bei einer Auflagenentscheidung **in der ersten Phase** Zweifel daran, ob die Partei durch die Auflagenentscheidung tatsächlich beschwert ist, da die andernfalls drohende Entscheidung zur Einleitung des Hauptverfahrens nur eine Zwischenentscheidung ist und nicht den Ausgang des Hauptverfahrens präjudiziert.

2201 Insofern geht auch der Hinweis auf das »estoppel«-Prinzip (keine Anfechtung einer selbst angebotenen Nebenbestimmung) letztlich fehl. Vgl. zu dieser Argumentation etwa Weitbrecht, Rechtsschutz für Unternehmen im Verfahren der Fusionskontrolle, in: Schwarze (Hrsg.), Instrumente zur Durchsetzung des europäischen Wettbewerbsrechts, 2002, S. 60(72).

2202 Vgl. etwa die Empfehlung von Völcker, WuW 2003, 6 (13 ff.).

2203 Auch der Präsident des EuG, Vesterdorf, a.a.O., hält eine gesteigerte Rolle des EuG bei der isolierten Anfechtung von Auflagen im einstweiligen Rechtsschutz **erst de lege lata** für möglich. Der Fall »Kali & Salz« betraf insofern einen Extremfall, als die (ausgesetzte) Zusage mit Sicherheit zur Auflösung der klagenden Gesellschaft geführt hätte und damit zweifelsfrei für diese existenzgefährdend war.

C. Europäische Fusionskontrolle

b) Beschleunigtes Verfahren

2198 Als **effizientes Mittel** zur Abkürzung längerer Gerichtsverfahren in Fusionsfällen hat sich dagegen das beschleunigte (»fast track«-)Verfahren erwiesen, das EuG und EuGH speziell zur zügigeren Bearbeitung von Fusions- und Beihilfeverfahren eingeführt haben. Danach können seit Beginn 2001 auf Antrag einer Partei bestimmte, besonders dringliche Fälle **vorrangig** und in einem prozessual **abgekürzten Verfahren** behandelt werden[2204].

2199 Ein beschleunigtes Verfahren setzt die »**besondere Dringlichkeit**« der Sache voraus. Anders als im einstweiligen Rechtsschutzverfahren verlangen die Richter zur Substantiierung der besonderen Dringlichkeit aber keine drohende Existenzgefährdung des Antragstellers. So hat die Anwendungspraxis des neuen beschleunigten Verfahrens gezeigt, dass der Gerichtshof die besondere Dringlichkeit in Fusionsfällen jedenfalls dann für gegeben hält, wenn eine Untersagungsentscheidung eine Großfusion auf Jahre hinaus zu blockieren droht. So ist die eigentliche Hürde für eine vorrangige Behandlung im beschleunigten Verfahren dann auch die Prüfung des Gerichts, ob die jeweilige Sache ihrer Art nach für ein beschleunigtes Verfahren »**geeignet**« ist. In Betracht dafür kommt nach Ansicht der Richter nur eine solche Sache, die sich »in Anbetracht ihres Schwierigkeitsgrades und des Umfanges der Schriftsätze für eine im wesentlichen mündliche Erörterung eignet.«[2205]

2200 Die Praxis zeigt allerdings, dass das Gericht die Anträge auf Durchführung eines beschleunigten Verfahrens **weniger restriktiv** handhabt als Anträge auf einstweiligen Rechtsschutz. So hatten in den ersten zwei Jahren seit seiner Einführung immerhin etwa 40 % der Anträge auf ein beschleunigtes Verfahren Erfolg[2206].

2201 Die Beschleunigung des Verfahrens wird vor allem durch eine Konzentration des Verfahrens auf die **mündliche Verhandlung** sowie durch eine vorrangige Beratung und Urteilsabsetzung erreicht. Streithelfer dürfen im Regelfall nur noch in der mündlichen Verhandlung vortragen. Nach der Klageeinreichung und -erwiderung findet grundsätzlich keine weitere Schriftsatzrunde statt, in der auf den gegnerischen Schriftsatz reagiert werden kann[2207]. Damit besitzt die mündliche Verhandlung im beschleunigten Verfahren eine überragende Bedeutung – was für die Beteiligten angesichts des oftmals außerordentlichen komplexen Prozessstoffes durchaus mit Risiken verbunden sein kann[2208].

[2204] Vgl. Art. 76a VerfO EuG und Art. 62a VerfO EuGH. Vgl. auch das sog. »vereinfachte Verfahren« gem. Art. 47 § 1 VerfO EuG: Danach kann das Gericht von sich aus anordnen, auf die zweite Schriftsatzrunde zu verzichten.

[2205] Mitteilung des EuG zur Einführung des Beschleunigten Verfahrens, abrufbar im Internet unter: http://www.curia.eu.int/de/actu/activites/act01/0104de.htm.

[2206] Vgl. Vesterdorf in: Drauz/Reynolds, EC Merger Control, S. 81.

[2207] Sowohl Streithelfern als auch den Parteien kann aber ausnahmsweise auf Antrag die Vorlage von (weiteren) Schriftsätzen vor der mündlichen Verhandlung gestattet werden, vgl. Art. 76a § 2 VerfO EuG.

[2208] Weniger als die (durch professionellen anwaltlichen Beistand vermeidbaren) Sprachprobleme bereitet vor allem die Notwendigkeit, in kürzester Zeit auf die außerordentlich komplexen Fragen des Gerichts zu reagieren, den Beteiligten mitunter erhebliche Schwierigkeiten. Die – für das Urteil entscheidende – korrekte Beantwortung schwieriger Sachverhaltsfragen wird auf Kommissionsseite dadurch erschwert, dass vor Gericht

Die durchschnittliche Verfahrensdauer im beschleunigten Verfahren betrug in den bisher entschiedenen Verfahren zwischen **10 und 12 Monaten**. Das beschleunigte Verfahren ist damit bis auf weiteres das erfolgversprechendste Mittel, zeitnahen Rechtsschutz gegen Fusionsentscheidungen zu erlangen. Eine weitere Verkürzung der Verfahrensdauer – die letztlich im Interesse aller Beteiligten liegt – dürfte sich angesichts der hohen Arbeitsbelastung des Gerichts erster Instanz erst durch die Einrichtung **spezialisierter Kammern** für Wettbewerbssachen beim EuG erreichen lassen. Ob das Gericht von dieser durch den Vertrag von Nizza geschaffenen Entlastungsmöglichkeit Gebrauch macht, bleibt abzuwarten. 2202

5. Rechtsmittel

Gegen die Urteile des EuG kann binnen einer Frist von **zwei Monaten** ein Rechtsmittel beim EuGH eingelegt werden.[2209] Das Rechtsmittel ist – entsprechend der Rechtsbeschwerde beim BGH – auf die **Rüge von Rechtsfragen** beschränkt. Der EuGH ist also an die Tatsachenfeststellung durch das EuG gebunden.[2210] Rechtsmittelfähig sind nicht nur Urteile, sondern auch Beschlüsse des Gerichts, insbesondere solche zum Erlass einstweiliger Maßnahmen. 2203

6. Form- und sonstige Verfahrensvorschriften

Die wesentlichen Verfahrensregeln für das Verfahren vor den Gemeinschaftsgerichten sind in der Satzung des Gerichtshofs sowie in den beiden Verfahrensordnungen der Gerichte niedergelegt.[2211] 2204

Für klagende Unternehmen besteht Vertretungszwang.[2212] Der Kläger kann die Verfahrenssprache selbst bestimmen. Es besteht die Möglichkeit, einem Rechtsstreit als Streithelfer beizutreten; allerdings hat der Streithelfer nicht das Recht, eigene 2205

---

allein die Mitarbeiter des Juristischen Dienstes der Kommission postulationsfähig sind. Die vom EuG aufgrund der mündlichen Verhandlung festgestellten Tatsachen können in einem etwaigen Berufungsverfahren nicht mehr angegriffen werden, da das Rechtsmittel auf Rechtsfragen beschränkt ist.

2209 Zu der Zweimonatsfrist ist allerdings wiederum die 10-tägige Entfernungspauschale gem. Art. 102 § 2 VerfO EuG zu addieren. Zu den Einzelheiten der Rechtsmitteleinlegung vgl. Art. 56 ff. der Satzung des Gerichtshofs.

2210 Vgl. zur begrenzten Rolle des EuGH als Rechtsmittelinstanz jüngst das Urteil in den verb. Rs. C-204/00 P v. 7.1.2004, Rdnr. 46 ff. (noch nicht in der Slg. veröffentlicht).

2211 Verfahrensordnung des Gerichts erster Instanz der Europäischen Gemeinschaften vom 2.5.1991 (ABl. L 136, S. 1 ff. v. 30.5.1991, zuletzt geändert durch ABl. L 127/108 vom 29.4.2004, abrufbar unter: http://curia.eu.int/de/instit/txtdocfr/txtsenvigueur/txt7.pdf); Verfahrensordnung des Gerichtshofs der Europäischen Gemeinschaften vom 21.6.1991, (ABl. L 176, S. 7 ff. v 6.7.1991, zuletzt geändert durch ABl. L 127/107 vom 29.4.2004, abrufbar unter: http://curia.eu.int/de/instit/txtdocfr/txtsenvigueur/txt5.pdf); Protokoll über die Satzung des Gerichtshofs (ABl. C 325, S. 167 v. 24.12.2002, zuletzt geändert durch ABl. L 132/1 vom 29.4.2004, abrufbar unter http://curia.eu.int/de/instit/txtdocfr/txtsenvigueur/statut.pdf).

2212 Durch einen Anwalt oder einen Hochschullehrer, vgl. Art. 19 Abs. 3 der Satzung des Gerichtshofs.

Anträge zu stellen. Das Verfahren gliedert sich regelmäßig[2213] in **maximal zwei Schriftsatzrunden**.

2206 Den Schriftsätzen und den darin vorgebrachten Klagegründen kommt deshalb besondere Bedeutung zu, weil vor den Gemeinschaftsgerichten der **Verfügungsgrundsatz** gilt.[2214] Danach sind die Richter bei der Prüfung der Rechtmäßigkeit einer Fusionskontrollentscheidung an die von den Parteien vorgebrachten Klagegründe gebunden. Ein nicht geltend gemachter oder nicht hinreichend konkretisierter[2215] Klagegrund (etwa: Verstoß gegen den Verhältnismäßigkeitsgrundsatz) wird von den Richtern nicht von Amts wegen geprüft. Schon nach Abschluss der ersten Schriftsatzrunde können neue Angriffs- oder Verteidigungsmittel nicht mehr vorgebracht werden (es sei denn, es liegen neue Umstände vor[2216]). Erstmals in der mündlichen Verhandlung vorgebrachte Klagegründe werden nicht mehr gehört.[2217]

2207 Den für die Entscheidung erheblichen Sachverhalt ermitteln die Richter dagegen grundsätzlich von Amts wegen (**Untersuchungsgrundsatz**). Dessen ungeachtet spielt für den eigentlichen Nachweis der zur Rechtswidrigkeit einer Maßnahme führenden Umstände die **Beweislast** in der Urteilspraxis der Gerichte eine nicht zu unterschätzende Rolle. So trägt nach der Rechtsprechung etwa die Kommission die Beweislast für den Nachweis einer wesentlichen Behinderung des Wettbewerbs bzw. einer marktbeherrschenden Stellung,[2218] auf der anderen Seite haben die Parteien für sie günstige Umstände, wie etwa das Vorliegen eines irreparablen Schadens zu beweisen[2219].

2208 Über die **Kosten** des Rechtsstreits schließlich entscheidet im Streitfalle mangels Gebührenordnung das Gericht, wobei es u.a. die Bedeutung und Schwierigkeit des Rechtsstreits sowie den Arbeitsaufwand der Parteivertreter berücksichtigt[2220].

2213 Auf eine Schriftsatzrunde beschränkt sich das Verfahren im beschleunigten Verfahren und im vereinfachten Verfahren (Art. 47 § 2 VerfO EuG). Auch wenn der Kläger auf eine Replik verzichtet, kommt es zu keinem weiteren Schriftsatzaustausch

2214 Zu den Schwierigkeiten der Übertragung der aus dem deutschen Recht bekannten Begriffe des Verfügungs- und Amtsermittlungsgrundsatzes vgl. Kirschner/Klüpfel, Gericht erster Instanz, S. 127

2215 Ein bloßer Verweis auf Vorbringen im Verwaltungsverfahren ist zur Begründung einer klage nicht ausreichend; allerdings legt das Gericht unvollständige bzw. widersprüchliche Klagegründe aus, vgl. etwa EuG, 30. 9. 2003, Rs. T-158/00, »ARD«, Rdnr. 114.

2216 Vgl. Art. 48 § 2 VerfO EuG; neue, seit der Klagebegründung ergangene Urteile des Gerichtshofs sind allerdings keine solchen »neuen Gründe«, vgl. EuG, 30. 9. 2003, Rs. T-346 u. 347/02, »Cableuropa«, Rdnr. 110.

2217 Eine Ausnahme gilt allerdings dann, wenn der neue Grund in Wahrheit nur eine Erweiterung eines schon vorgebrachten Klagegrundes ist, vgl. EuG, 30. 9. 2003, Rs. T-346 u. 347/02, »Cableuropa«, Rdnr. 108–113.

2218 Zuletzt etwa EuG, 6. 6. 2002, Rs. T-342/99, »Airtours«, Slg. 2002, II-2905 (Rdnr. 294); EuG, 21. 10. 2002, Rs. T-310/01, »Schneider«, Rdnr. 402.

2219 Vgl. zur Beweislastverteilung im Gemeinschaftsrecht etwa Baumhof, Die Beweislast im Verfahren vor dem Europäischen Gerichtshof, 1996, passim.

2220 Dazu etwa Kirschner/Klüpfel, Gericht erster Instanz, S. 152.

Anlage

1. Verordnung (EG) Nr. 139/2004 des Rates vom 20. Januar 2004 über die Kontrolle von Unternehmenszusammenschlüssen (»EG-Fusionskontrollverordnung«)
2. Verordnung (EG) Nr. 802/2004 der Kommission vom 7. April 2004 zur Durchführung der Verordnung (EG) Nr. 139/2004 des Rates über die Kontrolle von Unternehmenszusammenschlüssen
3. Formblatt CO zur Anmeldung eines Zusammenschlusses gemäß der Verordnung (EWG) Nr. 139/2004 des Rates
4. Vereinfachtes Formblatt zur Anmeldung eines Zusammenschlusses gemäß der Verordnung (EG) Nr. 139/2004 des Rates
5. Formblatt RS für begründete Anträge nach Artikel 4 Absätze 4 und 5 der Verordnung (EG) Nr. 139/2004
6. Commission Note on a simplified procedure for treatment of certain concentrations under Council Regulation (EC) No 139/2004
7. Leitlinien zur Bewertung horizontaler Zusammenschlüsse gemäß der Ratsverordnung über die Kontrolle von Unternehmenszusammenschlüssen
8. DG Competition Best Practices on the conduct of EC merger control proceedings
9. Commission Notice on Case Referral in respect of concentrations
10. Commission Notice on restrictions directly related and necessary to concentrations
11. Verordnung (EG) Nr. 1/2003 des Rates vom 16. Dezember 2002 zur Durchführung der in den Artikeln 81 und 82 des Vertrags niedergelegten Wettbewerbsregeln
12. Verordnung (EG) Nr. 1049/2001 des Europäischen Parlaments und des Rates über den Zugang der Öffentlichkeit zu Dokumenten des Europäischen Parlaments, des Rates und der Kommission
13. Organisationsplan der Generaldirektion Wettbewerb der Europäischen Kommission
14. EG-Vertrag (Auszug)
15. Bundeskartellamt: Merkblatt zur deutschen Fusionskontrolle (November 2000)
16. Bundeskartellamt: Merkblatt zur Inlandsauswirkung (Januar 1999)
17. Bundeskartellamt: Auslegungsgrundsätze (Oktober 2000)
18. Organisationsplan des Bundeskartellamtes
19. Gesetz gegen Wettbewerbsbeschränkungen (GWB) Siebenter Abschnitt: Zusammenschlußkontrolle
20. Verordnung (EG) Nr. 447/98 der Kommission vom 1. März 1998 über die Anmeldungen, über die Fristen sowie über die Anhörung nach der Verordnung (EWG) Nr. 4064/89 des Rates über die Kontrolle von Unternehmenszusammenschlüssen
21. Bekanntmachung der Kommission über ein vereinfachtes Verfahren für bestimmte Zusammenschlüsse gemäß der Verordnung (EWG) Nr. 4064/89 des Rates
22. Mitteilung der Kommission über den Begriff des Vollfunktionsgemeinschaftsunternehmens nach der Verordnung (EWG) Nr. 4064/89 des Rates über die Kontrolle von Unternehmenszusammenschlüssen
23. Mitteilung der Kommission über im Rahmen der Verordnung (EWG) Nr. 4064/89 des Rates und der Verordnung (EG) Nr. 447/98 der Kommission zulässige Abhilfemaßnahmen
24. Mitteilung der Kommission über den Begriff des Zusammenschlusses der Verordnung (EWG) Nr. 4064/89 des Rates über die Kontrolle von Unternehmenszusammenschlüssen

25. Mitteilung der Kommission über den Begriff der beteiligten Unternehmen in der Verordnung (EWG) Nr. 4064/89 des Rates über die Kontrolle von Unternehmenszusammenschlüssen
26. Mitteilung der Kommission über die Berechnung des Umsatzes im Sinne der Verordnung (EWG) Nr. 4064/89 des Rates über die Kontrolle von Unternehmenszusammenschlüssen

Verordnung (EG) Nr. 139/2004 des Rates

vom 20. Januar 2004 über die Kontrolle von Unternehmenszusammenschlüssen (»EG-Fusionskontrollverordnung«)

(Text von Bedeutung für den EWR)

DER RAT DER EUROPÄISCHEN UNION –

gestützt auf den Vertrag zur Gründung der Europäischen Gemeinschaft, insbesondere auf die Artikel 83 und 308,
auf Vorschlag der Kommission[1],
nach Stellungnahme des Europäischen Parlaments[2],
nach Stellungnahme des Europäischen Wirtschafts- und Sozialausschusses[3],

in Erwägung nachstehender Gründe:

(1) Die Verordnung (EWG) Nr. 4064/89 des Rates vom 21. Dezember 1989 über die Kontrolle von Unternehmenszusammenschlüssen[4] ist in wesentlichen Punkten geändert worden. Es empfiehlt sich daher aus Gründen der Klarheit, im Rahmen der jetzt anstehenden Änderungen eine Neufassung dieser Verordnung vorzunehmen.

(2) Zur Verwirklichung der allgemeinen Ziele des Vertrags ist der Gemeinschaft in Artikel 3 Absatz 1 Buchstabe g) die Aufgabe übertragen worden, ein System zu errichten, das den Wettbewerb innerhalb des Binnenmarkts vor Verfälschungen schützt. Nach Artikel 4 Absatz 1 des Vertrags ist die Tätigkeit der Mitgliedstaaten und der Gemeinschaft dem Grundsatz einer offenen Marktwirtschaft mit freiem Wettbewerb verpflichtet. Diese Grundsätze sind für die Fortentwicklung des Binnenmarkts wesentlich.

(3) Die Vollendung des Binnenmarkts und der Wirtschaftsund Währungsunion, die Erweiterung der Europäischen Union und die Reduzierung der internationalen Handelsund Investitionshemmnisse werden auch weiterhin erhebliche Strukturveränderungen bei den Unternehmen, insbesondere durch Zusammenschlüsse, bewirken.

(4) Diese Strukturveränderungen sind zu begrüßen, soweit sie den Erfordernissen eines dynamischen Wettbewerbs entsprechen und geeignet sind, zu einer Steigerung der Wettbewerbsfähigkeit der europäischen Industrie, zu einer Verbesserung der Wachstumsbedingungen sowie zur Anhebung des Lebensstandards in der Gemeinschaft zu führen.

(5) Allerdings ist zu gewährleisten, dass der Umstrukturierungsprozess nicht eine dauerhafte Schädigung des Wettbewerbs verursacht. Das Gemeinschaftsrecht muss deshalb Vorschriften für solche Zusammenschlüsse enthalten, die geeignet sind, wirksamen Wettbewerb im Gemeinsamen Markt oder in einem wesentlichen Teil desselben erheblich zu beeinträchtigen.

(6) Daher ist ein besonderes Rechtsinstrument erforderlich, das eine wirksame Kontrolle sämtlicher Zusammenschlüsse im Hinblick auf ihre Auswirkungen auf die Wettbewerbsstruktur in der Gemeinschaft ermöglicht und das zugleich das einzige auf derartige Zusammenschlüsse anwendbare Instrument ist. Mit der Verordnung (EWG) Nr. 4064/89 konnte eine Gemeinschaftspolitik in diesem Bereich entwickelt werden. Es ist jedoch nunmehr an der Zeit, vor dem Hintergrund der gewonnenen Erfahrung die genannte Verordnung neu zu fassen, um den Herausforderungen eines stärker integrierten Markts und der künftigen Erweiterung der Europäischen Union besser gerecht werden. Im Einklang mit dem Subsidiaritätsprinzip und dem Grundsatz der Verhältnismäßigkeit nach Artikel 5 des Vertrags geht die vorliegende Verordnung nicht über das zur Erreichung ihres Ziels, der Gewährleistung eines

---

1 ABl. C 20 vom 28. 1. 2003, S. 4.
2 Stellungnahme vom 9. Oktober 2003 (noch nicht im Amtsblatt veröffentlicht).
3 Stellungnahme vom 24. Oktober 2003 (noch nicht im Amtsblatt veröffentlicht).
4 ABl. L 395 vom 30. 12. 1989, S. 1. Berichtigte Fassung im ABl. L 257 vom 21. 9. 1990, S. 13. Verordnung zuletzt geändert durch die Verordnung (EG) Nr. 1310/97 (ABl. L 180 vom 9. 7. 1997, S. 1), Berichtigung im ABl. L 40 vom 13. 2. 1998, S. 17.

unverfälschten Wettbewerbs im Gemeinsamen Markt entsprechend dem Grundsatz einer offenen Marktwirtschaft mit freiem Wettbewerb, erforderliche Maß hinaus.

(7) Die Artikel 81 und 82 des Vertrags sind zwar nach der Rechtsprechung des Gerichtshofs auf bestimmte Zusammenschlüsse anwendbar, reichen jedoch nicht aus, um alle Zusammenschlüsse zu erfassen, die sich als unvereinbar mit dem vom Vertrag geforderten System des unverfälschten Wettbewerbs erweisen könnten. Diese Verordnung ist daher nicht nur auf Artikel 83, sondern vor allem auf Artikel 308 des Vertrags zu stützen, wonach sich die Gemeinschaft für die Verwirklichung ihrer Ziele zusätzliche Befugnisse geben kann; dies gilt auch für Zusammenschlüsse auf den Märkten für landwirtschaftliche Erzeugnisse im Sinne des Anhangs I des Vertrags.

(8) Die Vorschriften dieser Verordnung sollten für bedeutsame Strukturveränderungen gelten, deren Auswirkungen auf den Markt die Grenzen eines Mitgliedstaats überschreiten. Solche Zusammenschlüsse sollten grundsätzlich nach dem Prinzip der einzigen Anlaufstelle und im Einklang mit dem Subsidiaritätsprinzip ausschließlich auf Gemeinschaftsebene geprüft werden. Unternehmenszusammenschlüsse, die nicht im Anwendungsbereich dieser Verordnung liegen, fallen grundsätzlich in die Zuständigkeit der Mitgliedstaaten.

(9) Der Anwendungsbereich dieser Verordnung sollte anhand des geografischen Tätigkeitsbereichs der beteiligten Unternehmen bestimmt und durch Schwellenwerte eingegrenzt werden, damit Zusammenschlüsse von gemeinschaftsweiter Bedeutung erfasst werden können. Die Kommission sollte dem Rat über die Anwendung der Schwellenwerte und Kriterien Bericht erstatten, damit dieser sie ebenso wie die Vorschriften für Verweisungen vor einer Anmeldung gemäß Artikel 202 des Vertrags regelmäßig anhand der gewonnenen Erfahrungen überprüfen kann. Hierzu ist es erforderlich, dass die Mitgliedstaaten der Kommission statistische Angaben übermitteln, auf deren Grundlage die Kommission ihre Berichte erstellen und etwaige Änderungen vorschlagen kann. Die Berichte und Vorschläge der Kommission sollten sich auf die von den Mitgliedstaaten regelmäßig übermittelten Angaben stützen.

(10) Ein Zusammenschluss von gemeinschaftsweiter Bedeutung sollte dann als gegeben gelten, wenn der Gesamtumsatz der beteiligten Unternehmen die festgelegten Schwellenwerte überschreitet und sie in erheblichem Umfang in der Gemeinschaft tätig sind, unabhängig davon, ob der Sitz der beteiligten Unternehmen sich in der Gemeinschaft befindet oder diese dort ihr Hauptgeschäft ausüben.

(11) Die Regeln für die Verweisung von Zusammenschlüssen von der Kommission an die Mitgliedstaaten und von den Mitgliedstaaten an die Kommission sollten angesichts des Subsidiaritätsprinzips als wirksames Korrektiv wirken. Diese Regeln wahren in angemessener Weise die Wettbewerbsinteressen der Mitgliedstaaten und tragen dem Bedürfnis nach Rechtssicherheit sowie dem Grundsatz einer einzigen Anlaufstelle Rechnung.

(12) Zusammenschlüsse können in den Zuständigkeitsbereich mehrerer nationaler Fusionskontrollregelungen fallen, wenn sie die in dieser Verordnung genannten Schwellenwerte nicht erreichen. Die mehrfache Anmeldung desselben Vorhabens erhöht die Rechtsunsicherheit, die Arbeitsbelastung und die Kosten der beteiligten Unternehmen und kann zu widersprüchlichen Beurteilungen führen. Das System, nach dem die betreffenden Mitgliedstaaten Zusammenschlüsse an die Kommission verweisen können, sollte daher weiterentwickelt werden.

(13) Die Kommission sollte in enger und stetiger Verbindung mit den zuständigen Behörden der Mitgliedstaaten handeln und deren Bemerkungen und Mitteilungen entgegennehmen.

(14) Die Kommission sollte gemeinsam mit den zuständigen Behörden der Mitgliedstaaten ein Netz von Behörden bilden, die ihre jeweiligen Zuständigkeiten in enger Zusammenarbeit durch effiziente Regelungen für Informationsaustausch und Konsultation wahrnehmen, um sicherzustellen, dass jeder Fall unter Beachtung des Subsidiaritätsprinzips von der für ihn am besten geeigneten Behörde behandelt wird und um Mehrfachanmeldungen weitestgehend auszuschließen. Verweisungen von Zusammenschlüssen von der Kommission an die Mitgliedstaaten und von den Mitgliedstaaten an die Kommission sollten in

EG-Fusionskontrollverordnung (FKVO)

einer effizienten Weise erfolgen, die weitestgehend ausschließt, dass ein Zusammenschluss sowohl vor als auch nach seiner Anmeldung von einer Stelle an eine andere verwiesen wird.

(15) Die Kommission sollte einen angemeldeten Zusammenschluss mit gemeinschaftsweiter Bedeutung an einen Mitgliedstaat verweisen können, wenn er den Wettbewerb in einem Markt innerhalb dieses Mitgliedstaats, der alle Merkmale eines gesonderten Marktes aufweist, erheblich zu beeinträchtigen droht. Beeinträchtigt der Zusammenschluss den Wettbewerb auf einem solchen Markt und stellt dieser keinen wesentlichen Teil des gemeinsamen Marktes dar, sollte die Kommission verpflichtet sein, den Fall ganz oder teilweise auf Antrag an den betroffenen Mitgliedstaat zu verweisen. Ein Mitgliedstaat sollte einen Zusammenschluss ohne gemeinschaftsweite Bedeutung an die Kommission verweisen können, wenn er den Handel zwischen den Mitgliedstaaten beeinträchtigt und den Wettbewerb in seinem Hoheitsgebiet erheblich zu beeinträchtigen droht. Weitere Mitgliedstaaten, die für die Prüfung des Zusammenschlusses ebenfalls zuständig sind, sollten die Möglichkeit haben, dem Antrag beizutreten. In diesem Fall sollten nationale Fristen ausgesetzt werden, bis eine Entscheidung über die Verweisung des Falles getroffen wurde, um die Effizienz und Berechenbarkeit des Systems sicherzustellen. Die Kommission sollte befugt sein, einen Zusammenschluss für einen antragstellenden Mitgliedstaat oder mehrere Antrag stellende Mitgliedstaaten zu prüfen und zu behandeln.

(16) Um das System der Fusionskontrolle innerhalb der Gemeinschaft noch effizienter zu gestalten, sollten die beteiligten Unternehmen die Möglichkeit erhalten, vor Anmeldung eines Zusammenschlusses die Verweisung an die Kommission oder an einen Mitgliedstaat zu beantragen. Um die Effizienz des Systems sicherzustellen, sollten die Kommission und die einzelstaatlichen Wettbewerbsbehörden in einem solchen Fall innerhalb einer kurzen, genau festgelegten Frist entscheiden, ob der Fall an die Kommission oder an den betreffenden Mitgliedstaat verwiesen werden sollte. Auf Antrag der beteiligten Unternehmen sollte die Kommission einen Zusammenschluss mit gemeinschaftsweiter Bedeutung an einen Mitgliedstaat verweisen können, wenn der Zusammenschluss den Wettbewerb auf einem Markt innerhalb dieses Mitgliedstaats, der alle Merkmale eines gesonderten Marktes aufweist, erheblich beeinträchtigen könnte, ohne dass dazu von den beteiligten Unternehmen der Nachweis verlangt werden sollte, dass die Auswirkungen des Zusammenschlusses wettbewerbsschädlich sein würden. Die Kommission sollte einen Zusammenschluss nicht an einen Mitgliedstaat verweisen dürfen, wenn dieser eine solche Verweisung abgelehnt hat. Die beteiligten Unternehmen sollten ferner vor der Anmeldung bei einer einzelstaatlichen Behörde beantragen dürfen, dass ein Zusammenschluss ohne gemeinschaftsweite Bedeutung, der nach dem innerstaatlichen Wettbewerbsrecht mindestens dreier Mitgliedstaaten geprüft werden könnte, an die Kommission verwiesen wird. Solche Anträge auf eine Verweisung vor der Anmeldung an die Kommission wären insbesondere dann angebracht, wenn der betreffende Zusammenschluss den Wettbewerb über das Hoheitsgebiet eines Mitgliedstaats hinaus beeinträchtigen würde. Wird ein Zusammenschluss, der nach dem Wettbewerbsrecht mindestens dreier Mitgliedstaaten geprüft werden könnte, vor seiner Anmeldung bei einer einzelstaatlichen Behörde an die Kommission verwiesen, so sollte die ausschließliche Zuständigkeit für die Prüfung dieses Zusammenschlusses auf die Kommission übergehen, wenn keiner der für die Prüfung des betreffenden Falls zuständigen Mitgliedstaaten sich dagegen ausspricht; für diesen Zusammenschluss sollte dann die Vermutung der gemeinschaftsweiten Bedeutung gelten. Ein Zusammenschluss sollte jedoch nicht vor seiner Anmeldung von den Mitgliedstaaten an die Kommission verwiesen werden, wenn mindestens einer der für die Prüfung des Falles zuständigen Mitgliedstaaten eine solche Verweisung abgelehnt hat.

(17) Der Kommission ist vorbehaltlich der Nachprüfung ihrer Entscheidungen durch den Gerichtshof die ausschließliche Zuständigkeit für die Anwendung dieser Verordnung zu übertragen.

(18) Die Mitgliedstaaten dürfen auf Zusammenschlüsse von gemeinschaftsweiter Bedeutung ihr innerstaatliches Wettbewerbsrecht nur anwenden, soweit es in dieser Verordnung vorgesehen ist. Die entsprechenden Befugnisse der einzelstaatlichen Behörden sind auf die Fälle

zu beschränken, in denen ohne ein Tätigwerden der Kommission wirksamer Wettbewerb im Gebiet eines Mitgliedstaats erheblich behindert werden könnte und die Wettbewerbsinteressen dieses Mitgliedstaats sonst durch diese Verordnung nicht hinreichend geschützt würden. Die betroffenen Mitgliedstaaten müssen in derartigen Fällen so schnell wie möglich handeln. Diese Verordnung kann jedoch wegen der Unterschiede zwischen den innerstaatlichen Rechtsvorschriften keine einheitliche Frist für den Erlass endgültiger Entscheidungen nach innerstaatlichem Recht vorschreiben.

(19) Im Übrigen hindert die ausschließliche Anwendung dieser Verordnung auf Zusammenschlüsse von gemeinschaftsweiter Bedeutung die Mitgliedstaaten unbeschadet des Artikels 296 des Vertrags nicht daran, geeignete Maßnahmen zum Schutz anderer berechtigter Interessen als derjenigen zu ergreifen, die in dieser Verordnung berücksichtigt werden, sofern diese Maßnahmen mit den allgemeinen Grundsätzen und den sonstigen Bestimmungen des Gemeinschaftsrechts vereinbar sind.

(20) Der Begriff des Zusammenschlusses ist so zu definieren, dass er Vorgänge erfasst, die zu einer dauerhaften Veränderung der Kontrolle an den beteiligten Unternehmen und damit an der Marktstruktur führen. In den Anwendungsbereich dieser Verordnung sollten daher auch alle Gemeinschaftsunternehmen einbezogen werden, die auf Dauer alle Funktionen einer selbstständigen wirtschaftlichen Einheit erfüllen. Ferner sollten Erwerbsvorgänge, die eng miteinander verknüpft sind, weil sie durch eine Bedingung miteinander verbunden sind oder in Form einer Reihe von innerhalb eines gebührend kurzen Zeitraums getätigten Rechtsgeschäften mit Wertpapieren stattfinden, als ein einziger Zusammenschluss behandelt werden.

(21) Diese Verordnung ist auch dann anwendbar, wenn die beteiligten Unternehmen sich Einschränkungen unterwerfen, die mit der Durchführung des Zusammenschlusses unmittelbar verbunden und dafür notwendig sind. Eine Entscheidung der Kommission, mit der ein Zusammenschluss in Anwendung dieser Verordnung für mit dem Gemeinsamen Markt vereinbar erklärt wird, sollte automatisch auch alle derartigen Einschränkungen abdecken, ohne dass die Kommission diese im Einzelfall zu prüfen hätte. Auf Antrag der beteiligten Unternehmen sollte die Kommission allerdings im Fall neuer oder ungelöster Fragen, die zu ernsthafter Rechtsunsicherheit führen können, gesondert prüfen, ob eine Einschränkung mit der Durchführung des Zusammenschlusses unmittelbar verbunden und dafür notwendig ist. Ein Fall wirft dann eine neue oder ungelöste Frage auf, die zu ernsthafter Rechtsunsicherheit führen kann, wenn sie nicht durch die entsprechende Bekanntmachung der Kommission oder eine veröffentlichte Entscheidung der Kommission geregelt ist.

(22) Bei der Regelung der Kontrolle von Unternehmenszusammenschlüssen ist unbeschadet des Artikels 86 Absatz 2 des Vertrags der Grundsatz der Nichtdiskriminierung zwischen dem öffentlichen und dem privaten Sektor zu beachten. Daher sind im öffentlichen Sektor bei der Berechnung des Umsatzes eines am Zusammenschluss beteiligten Unternehmens unabhängig von den Eigentumsverhältnissen oder von den für sie geltenden Regeln der verwaltungsmäßigen Zuordnung die Unternehmen zu berücksichtigen, die eine mit einer autonomen Entscheidungsbefugnis ausgestattete wirtschaftliche Einheit bilden.

(23) Es ist festzustellen, ob die Zusammenschlüsse von gemeinschaftsweiter Bedeutung mit dem Gemeinsamen Markt vereinbar sind; dabei ist von dem Erfordernis auszugehen, im Gemeinsamen Markt wirksamen Wettbewerb aufrechtzuerhalten und zu entwickeln. Die Kommission muss sich bei ihrer Beurteilung an dem allgemeinen Rahmen der Verwirklichung der grundlegenden Ziele der Gemeinschaft gemäß Artikel 2 des Vertrags zur Gründung der Europäischen Gemeinschaft und Artikel 2 des Vertrags über die Europäische Union orientieren.

(24) Zur Gewährleistung eines unverfälschten Wettbewerbs im Gemeinsamen Markt im Rahmen der Fortführung einer Politik, die auf dem Grundsatz einer offenen Marktwirtschaft mit freiem Wettbewerb beruht, muss diese Verordnung eine wirksame Kontrolle sämtlicher Zusammenschlüsse entsprechend ihren Auswirkungen auf den Wettbewerb in der Gemeinschaft ermöglichen. Entsprechend wurde in der Verordnung (EWG) Nr. 4064/89

der Grundsatz aufgestellt, dass Zusammenschlüsse von gemeinschaftsweiter Bedeutung, die eine beherrschende Stellung begründen oder verstärken, durch welche ein wirksamer Wettbewerb im Gemeinsamen Markt oder in einem wesentlichen Teil desselben in erheblichem Ausmaß behindert wird, für mit dem Gemeinsamen Markt unvereinbar zu erklären sind.

(25) In Anbetracht der Auswirkungen, die Zusammenschlüsse in oligopolistischen Marktstrukturen haben können, ist die Aufrechterhaltung wirksamen Wettbewerbs in solchen Märkten umso mehr geboten. Viele oligopolistische Märkte lassen ein gesundes Maß an Wettbewerb erkennen. Unter bestimmten Umständen können Zusammenschlüsse, in deren Folge der beträchtliche Wettbewerbsdruck beseitigt wird, den die fusionierenden Unternehmen aufeinander ausgeübt haben, sowie der Wettbewerbsdruck auf die verbleibenden Wettbewerber gemindert wird, zu einer erheblichen Behinderung wirksamen Wettbewerbs führen, auch wenn eine Koordinierung zwischen Oligopolmitgliedern unwahrscheinlich ist. Die Gerichte der Gemeinschaft haben jedoch bisher die Verordnung (EWG) Nr. 4064/89 nicht ausdrücklich dahingehend ausgelegt, dass Zusammenschlüsse, die solche nicht koordinierten Auswirkungen haben, für mit dem Gemeinsamen Markt unvereinbar zu erklären sind. Daher sollte im Interesse der Rechtssicherheit klargestellt werden, dass diese Verordnung eine wirksame Kontrolle solcher Zusammenschlüsse dadurch vorsieht, dass grundsätzlich jeder Zusammenschluss, der einen wirksamen Wettbewerb im Gemeinsamen Markt oder einem wesentlichen Teil desselben erheblich behindern würde, für mit dem Gemeinsamen Markt unvereinbar zu erklären ist. Für die Anwendung der Bestimmungen des Artikels 2 Absätze 2 und 3 wird beabsichtigt, den Begriff »erhebliche Behinderung wirksamen Wettbewerbs« dahin gehend auszulegen, dass er sich über das Konzept der Marktbeherrschung hinaus ausschließlich auf diejenigen wettbewerbsschädigenden Auswirkungen eines Zusammenschlusses erstreckt, die sich aus nicht koordiniertem Verhalten von Unternehmen ergeben, die auf dem jeweiligen Markt keine beherrschende Stellung haben würden.

(26) Eine erhebliche Behinderung wirksamen Wettbewerbs resultiert im Allgemeinen aus der Begründung oder Stärkung einer beherrschenden Stellung. Im Hinblick darauf, dass frühere Urteile der europäischen Gerichte und die Entscheidungen der Kommission gemäß der Verordnung (EWG) Nr. 4064/89 weiterhin als Orientierung dienen sollten und gleichzeitig die Übereinstimmung mit den Kriterien für einen Wettbewerbsschaden, die die Kommission und die Gerichte der Gemeinschaft bei der Prüfung der Vereinbarkeit eines Zusammenschlusses mit dem Gemeinsamen Markt angewendet haben, gewahrt werden sollte, sollte diese Verordnung dementsprechend den Grundsatz aufstellen, dass Zusammenschlüsse von gemeinschaftsweiter Bedeutung, die wirksamen Wettbewerb im Gemeinsamen Markt oder in einem wesentlichen Teil desselben erheblich behindern würden, insbesondere infolge der Begründung oder Stärkung einer beherrschenden Stellung, für mit dem Gemeinsamen Markt unvereinbar zu erklären sind.

(27) Außerdem sollten die Kriterien in Artikel 81 Absätze 1 und 3 des Vertrags auf Gemeinschaftsunternehmen, die auf Dauer alle Funktionen einer selbstständigen wirtschaftlichen Einheit erfüllen, insoweit angewandt werden, als ihre Gründung eine spürbare Einschränkung des Wettbewerbs zwischen unabhängig bleibenden Unternehmen zur Folge hat.

(28) Um deutlich zu machen und zu erläutern, wie die Kommission Zusammenschlüsse nach dieser Verordnung beurteilt, sollte sie Leitlinien veröffentlichen, die einen soliden wirtschaftlichen Rahmen für die Beurteilung der Vereinbarkeit von Zusammenschlüssen mit dem Gemeinsamen Markt bieten sollten.

(29) Um die Auswirkungen eines Zusammenschlusses auf den Wettbewerb im Gemeinsamen Markt bestimmen zu können, sollte begründeten und wahrscheinlichen Effizienzvorteilen Rechnung getragen werden, die von den beteiligten Unternehmen dargelegt werden. Es ist möglich, dass die durch einen Zusammenschluss bewirkten Effizienzvorteile die Auswirkungen des Zusammenschlusses auf den Wettbewerb, insbesondere den möglichen Schaden für die Verbraucher, ausgleichen, so dass durch den Zusammenschluss wirksamer Wettbewerb im Gemeinsamen Markt oder in einem wesentlichen Teil desselben, insbeson-

dere durch Begründung oder Stärkung einer beherrschenden Stellung, nicht erheblich behindert würde. Die Kommission sollte Leitlinien veröffentlichen, in denen sie die Bedingungen darlegt, unter denen sie Effizienzvorteile bei der Prüfung eines Zusammenschlusses berücksichtigen kann.

(30) Ändern die beteiligten Unternehmen einen angemeldeten Zusammenschluss, indem sie insbesondere anbieten, Verpflichtungen einzugehen, die den Zusammenschluss mit dem Gemeinsamen Markt vereinbar machen, sollte die Kommission den Zusammenschluss in seiner geänderten Form für mit dem Gemeinsamen Markt vereinbar erklären können. Diese Verpflichtungen müssen in angemessenem Verhältnis zu dem Wettbewerbsproblem stehen und dieses vollständig beseitigen. Es ist ebenfalls zweckmäßig, Verpflichtungen vor der Einleitung des Verfahrens zu akzeptieren, wenn das Wettbewerbsproblem klar umrissen ist und leicht gelöst werden kann. Es sollte ausdrücklich vorgesehen werden, dass die Kommission ihre Entscheidung an Bedingungen und Auflagen knüpfen kann, um sicherzustellen, dass die beteiligten Unternehmen ihren Verpflichtungen so effektiv und rechtzeitig nachkommen, dass der Zusammenschluss mit dem Gemeinsamen Markt vereinbar wird. Während des gesamten Verfahrens sollte für Transparenz und eine wirksame Konsultation der Mitgliedstaaten und betroffener Dritter gesorgt werden.

(31) Die Kommission sollte über geeignete Instrumente verfügen, damit sie die Durchsetzung der Verpflichtungen sicherstellen und auf Situationen reagieren kann, in denen die Verpflichtungen nicht eingehalten werden. Wird eine Bedingung nicht erfüllt, unter der die Entscheidung über die Vereinbarkeit des Zusammenschlusses mit dem Gemeinsamen Markt ergangen ist, so tritt der Zustand der Vereinbarkeit des Zusammenschlusses mit dem Gemeinsamen Markt nicht ein, so dass der Zusammenschluss damit in der vollzogenen Form von der Kommission nicht genehmigt ist. Wird der Zusammenschluss vollzogen, sollte er folglich ebenso behandelt werden wie ein nicht angemeldeter und ohne Genehmigung vollzogener Zusammenschluss. Außerdem sollte die Kommission die Auflösung eines Zusammenschlusses direkt anordnen dürfen, um den vor dem Vollzug des Zusammenschlusses bestehenden Zustand wieder herzustellen, wenn sie bereits zu dem Ergebnis gekommen ist, dass der Zusammenschluss ohne die Bedingung mit dem Gemeinsamen Markt unvereinbar wäre. Wird eine Auflage nicht erfüllt, mit der die Entscheidung über die Vereinbarkeit eines Zusammenschlusses mit dem Gemeinsamen Markt ergangen ist, sollte die Kommission ihre Entscheidung widerrufen können. Ferner sollte die Kommission angemessene finanzielle Sanktionen verhängen können, wenn Bedingungen oder Auflagen nicht eingehalten werden.

(32) Bei Zusammenschlüssen, die wegen des begrenzten Marktanteils der beteiligten Unternehmen nicht geeignet sind, wirksamen Wettbewerb zu behindern, kann davon ausgegangen werden, dass sie mit dem Gemeinsamen Markt vereinbar sind. Unbeschadet der Artikel 81 und 82 des Vertrags besteht ein solches Indiz insbesondere dann, wenn der Marktanteil der beteiligten Unternehmen im Gemeinsamen Markt oder in einem wesentlichen Teil desselben 25% nicht überschreitet.

(33) Der Kommission ist die Aufgabe zu übertragen, alle Entscheidungen über die Vereinbarkeit oder Unvereinbarkeit der Zusammenschlüsse von gemeinschaftsweiter Bedeutung mit dem Gemeinsamen Markt sowie Entscheidungen, die der Wiederherstellung des Zustands vor dem Vollzug eines für mit dem Gemeinsamen Markt unvereinbar erklärten Zusammenschlusses dienen, zu treffen.

(34) Um eine wirksame Überwachung zu gewährleisten, sind die Unternehmen zu verpflichten, Zusammenschlüsse von gemeinschaftsweiter Bedeutung nach Vertragsabschluss, Veröffentlichung des Übernahmeangebots oder des Erwerbs einer die Kontrolle begründenden Beteiligung und vor ihrem Vollzug anzumelden. Eine Anmeldung sollte auch dann möglich sein, wenn die beteiligten Unternehmen der Kommission gegenüber ihre Absicht glaubhaft machen, einen Vertrag über einen beabsichtigten Zusammenschluss zu schließen und ihr beispielsweise anhand einer von allen beteiligten Unternehmen unterzeichneten Grundsatzvereinbarung, Übereinkunft oder Absichtserklärung darlegen, dass der Plan für den beabsichtigten Zusammenschluss ausreichend konkret ist, oder im Fall eines Übernahme-

angebots öffentlich ihre Absicht zur Abgabe eines solchen Angebots bekundet haben, sofern der beabsichtigte Vertrag oder das beabsichtigte Angebot zu einem Zusammenschluss von gemeinschaftsweiter Bedeutung führen würde. Der Vollzug eines Zusammenschlusses sollte bis zum Erlass der abschließenden Entscheidung der Kommission ausgesetzt werden. Auf Antrag der beteiligten Unternehmen sollte es jedoch gegebenenfalls möglich sein, hiervon abzuweichen. Bei der Entscheidung hierüber sollte die Kommission alle relevanten Faktoren, wie die Art und die Schwere des Schadens für die beteiligten Unternehmen oder Dritte sowie die Bedrohung des Wettbewerbs durch den Zusammenschluss, berücksichtigen. Im Interesse der Rechtssicherheit ist die Wirksamkeit von Rechtsgeschäften zu schützen, soweit dies erforderlich ist.

(35) Es ist eine Frist festzulegen, innerhalb derer die Kommission wegen eines angemeldeten Zusammenschlusses das Verfahren einzuleiten hat; ferner sind Fristen vorzusehen, innerhalb derer die Kommission abschließend zu entscheiden hat, ob ein Zusammenschluss mit dem Gemeinsamen Markt vereinbar oder unvereinbar ist. Wenn die beteiligten Unternehmen anbieten, Verpflichtungen einzugehen, um den Zusammenschluss mit dem Gemeinsamen Markt vereinbar zu machen, sollten diese Fristen verlängert werden, damit ausreichend Zeit für die Prüfung dieser Angebote, den Markttest und für die Konsultation der Mitgliedstaaten und interessierter Dritter bleibt. Darüber hinaus sollte in begrenztem Umfang eine Verlängerung der Frist, innerhalb derer die Kommission abschließend entscheiden muss, möglich sein, damit ausreichend Zeit für die Untersuchung des Falls und für die Überprüfung der gegenüber der Kommission vorgetragenen Tatsachen und Argumente zur Verfügung steht.

(36) Die Gemeinschaft achtet die Grundrechte und Grundsätze, die insbesondere mit der Charta der Grundrechte der Europäischen Union[5] anerkannt wurden. Diese Verordnung sollte daher im Einklang mit diesen Rechten und Grundsätzen ausgelegt und angewandt werden.

(37) Die beteiligten Unternehmen müssen das Recht erhalten, von der Kommission gehört zu werden, sobald das Verfahren eingeleitet worden ist. Auch den Mitgliedern der geschäftsführenden und aufsichtsführenden Organe sowie den anerkannten Vertretern der Arbeitnehmer der beteiligten Unternehmen und betroffenen Dritten ist Gelegenheit zur Äußerung zu geben.

(38) Um Zusammenschlüsse ordnungsgemäß beurteilen zu können, sollte die Kommission alle erforderlichen Auskünfte einholen und alle erforderlichen Nachprüfungen in der Gemeinschaft vornehmen können. Zu diesem Zweck und im Interesse eines wirksamen Wettbewerbsschutzes müssen die Untersuchungsbefugnisse der Kommission ausgeweitet werden. Die Kommission sollte insbesondere alle Personen, die eventuell über sachdienliche Informationen verfügen, befragen und deren Aussagen zu Protokoll nehmen können.

(39) Wenn beauftragte Bedienstete der Kommission Nachprüfungen vornehmen, sollten sie alle Auskünfte im Zusammenhang mit Gegenstand und Zweck der Nachprüfung einholen dürfen. Sie sollten ferner bei Nachprüfungen Versiegelungen vornehmen dürfen, insbesondere wenn triftige Gründe für die Annahme vorliegen, dass ein Zusammenschluss ohne vorherige Anmeldung vollzogen wurde, dass der Kommission unrichtige, unvollständige oder irreführende Angaben gemacht wurden oder dass die betreffenden Unternehmen oder Personen Bedingungen oder Auflagen einer Entscheidung der Kommission nicht eingehalten haben. Eine Versiegelung sollte in jedem Fall nur unter außergewöhnlichen Umständen und nur während der für die Nachprüfung unbedingt erforderlichen Dauer, d.h. normalerweise nicht länger als 48 Stunden, vorgenommen werden.

(40) Unbeschadet der Rechtsprechung des Gerichtshofs ist es auch zweckmäßig, den Umfang der Kontrolle zu bestimmen, die ein einzelstaatliches Gericht ausüben kann, wenn es nach Maßgabe des einzelstaatlichen Rechts vorsorglich die Unterstützung durch die Vollzugsorgane für den Fall genehmigt, dass ein Unternehmen sich weigern sollte, eine durch Entscheidung der Kommission angeordnete Nachprüfung oder Versiegelung zu dulden. Nach

---

5 ABl. C 364 vom 18.12.2000, S. 1.

ständiger Rechtsprechung kann das einzelstaatliche Gericht die Kommission insbesondere um weitere Auskünfte bitten, die für die Ausübung seiner Kontrolle erforderlich sind und in Ermangelung dieser Auskünfte die Genehmigung verweigern. Des Weiteren sind die einzelstaatlichen Gerichte nach ständiger Rechtsprechung für die Kontrolle der Anwendung der einzelstaatlichen Vorschriften für die Vollstreckung von Zwangsmaßnahmen zuständig. Die zuständigen Behörden der Mitgliedstaaten sollten bei der Ausübung der Untersuchungsbefugnisse der Kommission aktiv mitwirken.

(41) Wenn Unternehmen oder natürliche Personen Entscheidungen der Kommission nachkommen, können sie nicht gezwungen werden, Zuwiderhandlungen einzugestehen; sie sind jedoch in jedem Fall verpflichtet, Sachfragen zu beantworten und Unterlagen beizubringen, auch wenn diese Informationen gegen sie oder gegen andere als Beweis für eine begangene Zuwiderhandlung verwendet werden können.

(42) Im Interesse der Transparenz sollten alle Entscheidungen der Kommission, die nicht rein verfahrensrechtlicher Art sind, auf breiter Ebene bekannt gemacht werden. Ebenso unerlässlich wie die Wahrung der Verteidigungsrechte der beteiligten Unternehmen, insbesondere des Rechts auf Akteneinsicht, ist der Schutz von Geschäftsgeheimnissen. Die Vertraulichkeit der innerhalb des Netzes sowie mit den zuständigen Behörden von Drittländern ausgetauschten Informationen sollte gleichfalls gewahrt werden.

(43) Die Einhaltung dieser Verordnung sollte, soweit erforderlich, durch Geldbußen und Zwangsgelder sichergestellt werden. Dabei sollte dem Gerichtshof nach Artikel 229 des Vertrags die Befugnis zu unbeschränkter Ermessensnachprüfung übertragen werden.

(44) Die Bedingungen, unter denen Zusammenschlüsse in Drittländern durchgeführt werden, an denen Unternehmen beteiligt sind, die ihren Sitz oder ihr Hauptgeschäft in der Gemeinschaft haben, sollten aufmerksam verfolgt werden; es sollte die Möglichkeit vorgesehen werden, dass die Kommission vom Rat ein Verhandlungsmandat mit dem Ziel erhalten kann, eine nichtdiskriminierende Behandlung für solche Unternehmen zu erreichen.

(45) Diese Verordnung berührt in keiner Weise die in den beteiligten Unternehmen anerkannten kollektiven Rechte der Arbeitnehmer, insbesondere im Hinblick auf die nach Gemeinschaftsrecht oder nach innerstaatlichem Recht bestehende Pflicht, die anerkannten Arbeitnehmervertreter zu unterrichten oder anzuhören.

(46) Die Kommission sollte ausführliche Vorschriften für die Durchführung dieser Verordnung entsprechend den Modalitäten für die Ausübung der der Kommission übertragenen Durchführungsbefugnisse festlegen können. Beim Erlass solcher Durchführungsbestimmungen sollte sie durch einen Beratenden Ausschuss unterstützt werden, der gemäß Artikel 23 aus Vertretern der Mitgliedstaaten besteht –

HAT FOLGENDE VERORDNUNG ERLASSEN:

Artikel 1
Anwendungsbereich

(1) Unbeschadet des Artikels 4 Absatz 5 und des Artikels 22 gilt diese Verordnung für alle Zusammenschlüsse von gemeinschaftsweiter Bedeutung im Sinne dieses Artikels.

(2) Ein Zusammenschluss hat gemeinschaftsweite Bedeutung, wenn folgende Umsätze erzielt werden:
a) ein weltweiter Gesamtumsatz aller beteiligten Unternehmen zusammen von mehr als 5 Mrd. EUR und
b) ein gemeinschaftsweiter Gesamtumsatz von mindestens zwei beteiligten Unternehmen von jeweils mehr als 250 Mio. EUR;
dies gilt nicht, wenn die beteiligten Unternehmen jeweils mehr als zwei Drittel ihres gemeinschaftsweiten Gesamtumsatzes in ein und demselben Mitgliedstaat erzielen.

(3) Ein Zusammenschluss, der die in Absatz 2 vorgesehenen Schwellen nicht erreicht, hat gemeinschaftsweite Bedeutung, wenn
a) der weltweite Gesamtumsatz aller beteiligten Unternehmen zusammen mehr als 2,5 Mrd. EUR beträgt,

b) der Gesamtumsatz aller beteiligten Unternehmen in mindestens drei Mitgliedstaaten jeweils 100 Mio. EUR übersteigt,
c) in jedem von mindestens drei von Buchstabe b) erfassten Mitgliedstaaten der Gesamtumsatz von mindestens zwei beteiligten Unternehmen jeweils mehr als 25 Mio. EUR beträgt und
d) der gemeinschaftsweite Gesamtumsatz von mindestens zwei beteiligten Unternehmen jeweils 100 Mio. EUR übersteigt;

dies gilt nicht, wenn die beteiligten Unternehmen jeweils mehr als zwei Drittel ihres gemeinschaftsweiten Gesamtumsatzes in ein und demselben Mitgliedstaat erzielen.

(4) Vor dem 1. Juli 2009 erstattet die Kommission dem Rat auf der Grundlage statistischer Angaben, die die Mitgliedstaaten regelmäßig übermitteln können, über die Anwendung der in den Absätzen 2 und 3 vorgesehenen Schwellen und Kriterien Bericht, wobei sie Vorschläge gemäß Absatz 5 unterbreiten kann.

(5) Der Rat kann im Anschluss an den in Absatz 4 genannten Bericht auf Vorschlag der Kommission mit qualifizierter Mehrheit die in Absatz 3 aufgeführten Schwellen und Kriterien ändern.

Artikel 2
Beurteilung von Zusammenschlüssen

(1) Zusammenschlüsse im Sinne dieser Verordnung sind nach Maßgabe der Ziele dieser Verordnung und der folgenden Bestimmungen auf ihre Vereinbarkeit mit dem Gemeinsamen Markt zu prüfen.

Bei dieser Prüfung berücksichtigt die Kommission:
a) die Notwendigkeit, im Gemeinsamen Markt wirksamen Wettbewerb aufrechtzuerhalten und zu entwickeln, insbesondere im Hinblick auf die Struktur aller betroffenen Märkte und den tatsächlichen oder potenziellen Wettbewerb durch innerhalb oder außerhalb der Gemeinschaft ansässige Unternehmen;
b) die Marktstellung sowie die wirtschaftliche Macht und die Finanzkraft der beteiligten Unternehmen, die Wahlmöglichkeiten der Lieferanten und Abnehmer, ihren Zugang zu den Beschaffungs- und Absatzmärkten, rechtliche oder tatsächliche Marktzutrittsschranken, die Entwicklung des Angebots und der Nachfrage bei den jeweiligen Erzeugnissen und Dienstleistungen, die Interessen der Zwischen- und Endverbraucher sowie die Entwicklung des technischen und wirtschaftlichen Fortschritts, sofern diese dem Verbraucher dient und den Wettbewerb nicht behindert.

(2) Zusammenschlüsse, durch die wirksamer Wettbewerb im Gemeinsamen Markt oder in einem wesentlichen Teil desselben nicht erheblich behindert würde, insbesondere durch Begründung oder Verstärkung einer beherrschenden Stellung, sind für mit dem Gemeinsamen Markt vereinbar zu erklären.

(3) Zusammenschlüsse, durch die wirksamer Wettbewerb im Gemeinsamen Markt oder in einem wesentlichen Teil desselben erheblich behindert würde, insbesondere durch Begründung oder Verstärkung einer beherrschenden Stellung, sind für mit dem Gemeinsamen Markt unvereinbar zu erklären.

(4) Soweit die Gründung eines Gemeinschaftsunternehmens, das einen Zusammenschluss gemäß Artikel 3 darstellt, die Koordinierung des Wettbewerbsverhaltens unabhängig bleibender Unternehmen bezweckt oder bewirkt, wird eine solche Koordinierung nach den Kriterien des Artikels 81 Absätze 1 und 3 des Vertrags beurteilt, um festzustellen, ob das Vorhaben mit dem Gemeinsamen Markt vereinbar ist.

(5) Bei dieser Beurteilung berücksichtigt die Kommission insbesondere, ob
– es auf dem Markt des Gemeinschaftsunternehmens oder auf einem diesem vor- oder nachgelagerten Markt oder auf einem benachbarten oder eng mit ihm verknüpften Markt eine nennenswerte und gleichzeitige Präsenz von zwei oder mehr Gründerunternehmen gibt;
– die unmittelbar aus der Gründung des Gemeinschaftsunternehmens erwachsende Koordinierung den beteiligten Unternehmen die Möglichkeit eröffnet, für einen wesentlichen Teil der betreffenden Waren und Dienstleistungen den Wettbewerb auszuschalten.

Artikel 3
Definition des Zusammenschlusses

(1) Ein Zusammenschluss wird dadurch bewirkt, dass eine dauerhafte Veränderung der Kontrolle in der Weise stattfindet, dass
a) zwei oder mehr bisher voneinander unabhängige Unternehmen oder Unternehmensteile fusionieren oder dass
b) eine oder mehrere Personen, die bereits mindestens ein Unternehmen kontrollieren, oder ein oder mehrere Unternehmen durch den Erwerb von Anteilsrechten oder Vermögenswerten, durch Vertrag oder in sonstiger Weise die unmittelbare oder mittelbare Kontrolle über die Gesamtheit oder über Teile eines oder mehrerer anderer Unternehmen erwerben.

(2) Die Kontrolle wird durch Rechte, Verträge oder andere Mittel begründet, die einzeln oder zusammen unter Berücksichtigung aller tatsächlichen oder rechtlichen Umstände die Möglichkeit gewähren, einen bestimmenden Einfluss auf die Tätigkeit eines Unternehmens auszuüben, insbesondere durch:
a) Eigentums- oder Nutzungsrechte an der Gesamtheit oder an Teilen des Vermögens des Unternehmens;
b) Rechte oder Verträge, die einen bestimmenden Einfluss auf die Zusammensetzung, die Beratungen oder Beschlüsse der Organe des Unternehmens gewähren.

(3) Die Kontrolle wird für die Personen oder Unternehmen begründet,
a) die aus diesen Rechten oder Verträgen selbst berechtigt sind, oder
b) die, obwohl sie aus diesen Rechten oder Verträgen nicht selbst berechtigt sind, die Befugnis haben, die sich daraus ergebenden Rechte auszuüben.

(4) Die Gründung eines Gemeinschaftsunternehmens, das auf Dauer alle Funktionen einer selbstständigen wirtschaftlichen Einheit erfüllt, stellt einen Zusammenschluss im Sinne von Absatz 1 Buchstabe b) dar.

(5) Ein Zusammenschluss wird nicht bewirkt,
a) wenn Kreditinstitute, sonstige Finanzinstitute oder Versicherungsgesellschaften, deren normale Tätigkeit Geschäfte und den Handel mit Wertpapieren für eigene oder fremde Rechnung einschließt, vorübergehend Anteile an einem Unternehmen zum Zweck der Veräußerung erwerben, sofern sie die mit den Anteilen verbundenen Stimmrechte nicht ausüben, um das Wettbewerbsverhalten des Unternehmens zu bestimmen, oder sofern sie die Stimmrechte nur ausüben, um die Veräußerung der Gesamtheit oder von Teilen des Unternehmens oder seiner Vermögenswerte oder die Veräußerung der Anteile vorzubereiten, und sofern die Veräußerung innerhalb eines Jahres nach dem Zeitpunkt des Erwerbs erfolgt; diese Frist kann von der Kommission auf Antrag verlängert werden, wenn die genannten Institute oder Gesellschaften nachweisen, dass die Veräußerung innerhalb der vorgeschriebenen Frist unzumutbar war;
b) wenn der Träger eines öffentlichen Mandats aufgrund der Gesetzgebung eines Mitgliedstaats über die Auflösung von Unternehmen, die Insolvenz, die Zahlungseinstellung, den Vergleich oder ähnliche Verfahren die Kontrolle erwirbt;
c) wenn die in Absatz 1 Buchstabe b) bezeichneten Handlungen von Beteiligungsgesellschaften im Sinne von Artikel 5 Absatz 3 der Vierten Richtlinie 78/660/EWG des Rates vom 25. Juli 1978 aufgrund von Artikel 54 Absatz 3 Buchstabe g) des Vertrages über den Jahresabschluss von Gesellschaften bestimmter Rechtsformen[6] vorgenommen werden, jedoch mit der Einschränkung, dass die mit den erworbenen Anteilen verbundenen Stimmrechte, insbesondere wenn sie zur Ernennung der Mitglieder der geschäftsführenden oder aufsichtsführenden Organe der Unternehmen ausgeübt werden, an denen die Beteiligungsgesellschaften Anteile halten, nur zur Erhaltung des vollen Wertes der Investitionen und nicht dazu benutzt werden, unmittelbar oder mittelbar das Wettbewerbsverhalten dieser Unternehmen zu bestimmen.

---

[6] ABl. L 222 vom 14. 8. 1978, S. 11. Richtlinie zuletzt geändert durch die Richtlinie 2003/51/EG des Europäischen Parlaments und des Rates (ABl. L 178 vom 17. 7. 2003, S. 16).

Artikel 4
Vorherige Anmeldung von Zusammenschlüssen und Verweisung vor der Anmeldung auf Antrag der Anmelder

(1) Zusammenschlüsse von gemeinschaftsweiter Bedeutung im Sinne dieser Verordnung sind nach Vertragsabschluss, Veröffentlichung des Übernahmeangebots oder Erwerb einer die Kontrolle begründenden Beteiligung und vor ihrem Vollzug bei der Kommission anzumelden.
Eine Anmeldung ist auch dann möglich, wenn die beteiligten Unternehmen der Kommission gegenüber glaubhaft machen, dass sie gewillt sind, einen Vertrag zu schließen, oder im Fall eines Übernahmeangebots öffentlich ihre Absicht zur Abgabe eines solchen Angebots bekundet haben, sofern der beabsichtigte Vertrag oder das beabsichtigte Angebot zu einem Zusammenschluss von gemeinschaftsweiter Bedeutung führen würde.
Im Sinne dieser Verordnung bezeichnet der Ausdruck »angemeldeter Zusammenschluss« auch beabsichtigte Zusammenschlüsse, die nach Unterabsatz 2 angemeldet werden. Für die Zwecke der Absätze 4 und 5 bezeichnet der Ausdruck »Zusammenschluss« auch beabsichtigte Zusammenschlüsse im Sinne von Unterabsatz 2.
(2) Zusammenschlüsse in Form einer Fusion im Sinne des Artikels 3 Absatz 1 Buchstabe a) oder in Form der Begründung einer gemeinsamen Kontrolle im Sinne des Artikels 3 Absatz 1 Buchstabe b) sind von den an der Fusion oder der Begründung der gemeinsamen Kontrolle Beteiligten gemeinsam anzumelden. In allen anderen Fällen ist die Anmeldung von der Person oder dem Unternehmen vorzunehmen, die oder das die Kontrolle über die Gesamtheit oder über Teile eines oder mehrerer Unternehmen erwirbt.
(3) Stellt die Kommission fest, dass ein Zusammenschluss unter diese Verordnung fällt, so veröffentlicht sie die Tatsache der Anmeldung unter Angabe der Namen der beteiligten Unternehmen, ihres Herkunftslands, der Art des Zusammenschlusses sowie der betroffenen Wirtschaftszweige. Die Kommission trägt den berechtigten Interessen der Unternehmen an der Wahrung ihrer Geschäftsgeheimnisse Rechnung.
Vor der Anmeldung eines Zusammenschlusses gemäß Absatz 1 können die Personen oder Unternehmen im Sinne des Absatzes 2 der Kommission in einem begründeten Antrag mitteilen, dass der Zusammenschluss den Wettbewerb in einem Markt innerhalb eines Mitgliedstaats, der alle Merkmale eines gesonderten Marktes aufweist, erheblich beeinträchtigen könnte und deshalb ganz oder teilweise von diesem Mitgliedstaat geprüft werden sollte.
Die Kommission leitet diesen Antrag unverzüglich an alle Mitgliedstaaten weiter. Der in dem begründeten Antrag genannte Mitgliedstaat teilt innerhalb von 15 Arbeitstagen nach Erhalt dieses Antrags mit, ob er der Verweisung des Falles zustimmt oder nicht. Trifft der betreffende Mitgliedstaat eine Entscheidung nicht innerhalb dieser Frist, so gilt dies als Zustimmung.
Soweit dieser Mitgliedstaat der Verweisung nicht widerspricht, kann die Kommission, wenn sie der Auffassung ist, dass ein gesonderter Markt besteht und der Wettbewerb in diesem Markt durch den Zusammenschluss erheblich beeinträchtigt werden könnte, den gesamten Fall oder einen Teil des Falles an die zuständigen Behörden des betreffenden Mitgliedstaats verweisen, damit das Wettbewerbsrecht dieses Mitgliedstaats angewandt wird.
Die Entscheidung über die Verweisung oder Nichtverweisung des Falls gemäß Unterabsatz 3 ergeht innerhalb von 25 Arbeitstagen nach Eingang des begründeten Antrags bei der Kommission. Die Kommission teilt ihre Entscheidung den übrigen Mitgliedstaaten und den beteiligten Personen oder Unternehmen mit. Trifft die Kommission innerhalb dieser Frist keine Entscheidung, so gilt der Fall entsprechend dem von den beteiligten Personen oder Unternehmen gestellten Antrag als verwiesen.
Beschließt die Kommission die Verweisung des gesamten Falles oder gilt der Fall gemäß den Unterabsätzen 3 und 4 als verwiesen, erfolgt keine Anmeldung gemäß Absatz 1, und das Wettbewerbsrecht des betreffenden Mitgliedstaats findet Anwendung. Artikel 9 Absätze 6 bis 9 finden entsprechend Anwendung.
(5) Im Fall eines Zusammenschlusses im Sinne des Artikels 3, der keine gemeinschaftsweite Bedeutung im Sinne von Artikel 1 hat und nach dem Wettbewerbsrecht mindestens dreier Mitgliedstaaten geprüft werden könnte, können die in Absatz 2 genannten Personen oder Unternehmen vor einer Anmeldung bei den zuständigen Behörden der Kommission in einem

begründeten Antrag mitteilen, dass der Zusammenschluss von der Kommission geprüft werden sollte.
Die Kommission leitet diesen Antrag unverzüglich an alle Mitgliedstaaten weiter.
Jeder Mitgliedstaat, der nach seinem Wettbewerbsrecht für die Prüfung des Zusammenschlusses zuständig ist, kann innerhalb von 15 Arbeitstagen nach Erhalt dieses Antrags die beantragte Verweisung ablehnen.
Lehnt mindestens ein Mitgliedstaat gemäß Unterabsatz 3 innerhalb der Frist von 15 Arbeitstagen die beantragte Verweisung ab, so wird der Fall nicht verwiesen. Die Kommission unterrichtet unverzüglich alle Mitgliedstaaten und die beteiligten Personen oder Unternehmen von einer solchen Ablehnung.
Hat kein Mitgliedstaat gemäß Unterabsatz 3 innerhalb von 15 Arbeitstagen die beantragte Verweisung abgelehnt, so wird die gemeinschaftsweite Bedeutung des Zusammenschlusses vermutet und er ist bei der Kommission gemäß den Absätzen 1 und 2 anzumelden. In diesem Fall wendet kein Mitgliedstaat sein innerstaatliches Wettbewerbsrecht auf den Zusammenschluss an.
(6) Die Kommission erstattet dem Rat spätestens bis 1. Juli 2009 Bericht über das Funktionieren der Absätze 4 und 5. Der Rat kann im Anschluss an diesen Bericht auf Vorschlag der Kommission die Absätze 4 und 5 mit qualifizierter Mehrheit ändern.

Artikel 5
Berechnung des Umsatzes

(1) Für die Berechnung des Gesamtumsatzes im Sinne dieser Verordnung sind die Umsätze zusammenzuzählen, welche die beteiligten Unternehmen im letzten Geschäftsjahr mit Waren und Dienstleistungen erzielt haben und die dem normalen geschäftlichen Tätigkeitsbereich der Unternehmen zuzuordnen sind, unter Abzug von Erlösschmälerungen, der Mehrwertsteuer und anderer unmittelbar auf den Umsatz bezogener Steuern. Bei der Berechnung des Gesamtumsatzes eines beteiligten Unternehmens werden Umsätze zwischen den in Absatz 4 genannten Unternehmen nicht berücksichtigt.
Der in der Gemeinschaft oder in einem Mitgliedstaat erzielte Umsatz umfasst den Umsatz, der mit Waren und Dienstleistungen für Unternehmen oder Verbraucher in der Gemeinschaft oder in diesem Mitgliedstaat erzielt wird.
(2) Wird der Zusammenschluss durch den Erwerb von Teilen eines oder mehrerer Unternehmen bewirkt, so ist unabhängig davon, ob diese Teile eigene Rechtspersönlichkeit besitzen, abweichend von Absatz 1 aufseiten des Veräußerers nur der Umsatz zu berücksichtigen, der auf die veräußerten Teile entfällt.
Zwei oder mehr Erwerbsvorgänge im Sinne von Unterabsatz 1, die innerhalb von zwei Jahren zwischen denselben Personen oder Unternehmen getätigt werden, werden hingegen als ein einziger Zusammenschluss behandelt, der zum Zeitpunkt des letzten Erwerbsvorgangs stattfindet.
(3) An die Stelle des Umsatzes tritt
a) bei Kredit- und sonstigen Finanzinstituten die Summe der folgenden in der Richtlinie 86/635/EWG des Rates[7] definierten Ertragsposten gegebenenfalls nach Abzug der Mehrwertsteuer und sonstiger direkt auf diese Erträge erhobener Steuern:
   i) Zinserträge und ähnliche Erträge,
   ii) Erträge aus Wertpapieren:
      – Erträge aus Aktien, anderen Anteilsrechten und nicht festverzinslichen Wertpapieren,
      – Erträge aus Beteiligungen,
      – Erträge aus Anteilen an verbundenen Unternehmen,
   iii) Provisionserträge,
   iv) Nettoerträge aus Finanzgeschäften,
   v) sonstige betriebliche Erträge.
Der Umsatz eines Kredit- oder Finanzinstituts in der Gemeinschaft oder in einem Mitgliedstaat besteht aus den vorerwähnten Ertragsposten, die die in der Gemeinschaft oder dem betreffenden Mitgliedstaat errichtete Zweig- oder Geschäftsstelle des Instituts verbucht;

---

[7] ABl. L 372 vom 31. 12. 1986, S. 1. Richtlinie zuletzt geändert durch die Richtlinie 2003/51/EG des Europäischen Parlaments und des Rates.

b) bei Versicherungsunternehmen die Summe der Bruttoprämien; diese Summe umfasst alle vereinnahmten sowie alle noch zu vereinnahmenden Prämien aufgrund von Versicherungsverträgen, die von diesen Unternehmen oder für ihre Rechnung abgeschlossen worden sind, einschließlich etwaiger Rückversicherungsprämien und abzüglich der aufgrund des Betrags der Prämie oder des gesamten Prämienvolumens berechneten Steuern und sonstigen Abgaben. Bei der Anwendung von Artikel 1 Absatz 2 Buchstabe b) und Absatz 3 Buchstaben b), c) und d) sowie den letzten Satzteilen der genannten beiden Absätze ist auf die Bruttoprämien abzustellen, die von in der Gemeinschaft bzw. in einem Mitgliedstaat ansässigen Personen gezahlt werden.

(4) Der Umsatz eines beteiligten Unternehmens im Sinne dieser Verordnung setzt sich unbeschadet des Absatzes 2 zusammen aus den Umsätzen

a) des beteiligten Unternehmens;
b) der Unternehmen, in denen das beteiligte Unternehmen unmittelbar oder mittelbar entweder
  i) mehr als die Hälfte des Kapitals oder des Betriebsvermögens besitzt oder
  ii) über mehr als die Hälfte der Stimmrechte verfügt oder
  iii) mehr als die Hälfte der Mitglieder des Aufsichtsrats, des Verwaltungsrats oder der zur gesetzlichen Vertretung berufenen Organe bestellen kann oder
  iv) das Recht hat, die Geschäfte des Unternehmens zu führen;
c) der Unternehmen, die in dem beteiligten Unternehmen die unter Buchstabe b) bezeichneten Rechte oder Einflussmöglichkeiten haben;
d) der Unternehmen, in denen ein unter Buchstabe c) genanntes Unternehmen die unter Buchstabe b) bezeichneten Rechte oder Einflussmöglichkeiten hat;
e) der Unternehmen, in denen mehrere der unter den Buchstaben a) bis d) genannten Unternehmen jeweils gemeinsam die in Buchstabe b) bezeichneten Rechte oder Einflussmöglichkeiten haben.

(5) Haben an dem Zusammenschluss beteiligte Unternehmen gemeinsam die in Absatz 4 Buchstabe b) bezeichneten Rechte oder Einflussmöglichkeiten, so gilt für die Berechnung des Umsatzes der beteiligten Unternehmen im Sinne dieser Verordnung folgende Regelung:

a) Nicht zu berücksichtigen sind die Umsätze mit Waren und Dienstleistungen zwischen dem Gemeinschaftsunternehmen und jedem der beteiligten Unternehmen oder mit einem Unternehmen, das mit diesen im Sinne von Absatz 4 Buchstaben b) bis e) verbunden ist.
b) Zu berücksichtigen sind die Umsätze mit Waren und Dienstleistungen zwischen dem Gemeinschaftsunternehmen und jedem dritten Unternehmen. Diese Umsätze sind den beteiligten Unternehmen zu gleichen Teilen zuzurechnen.

Artikel 6
Prüfung der Anmeldung und Einleitung des Verfahrens

(1) Die Kommission beginnt unmittelbar nach dem Eingang der Anmeldung mit deren Prüfung.

a) Gelangt sie zu dem Schluss, dass der angemeldete Zusammenschluss nicht unter diese Verordnung fällt, so stellt sie dies durch Entscheidung fest.
b) Stellt sie fest, dass der angemeldete Zusammenschluss zwar unter diese Verordnung fällt, jedoch keinen Anlass zu ernsthaften Bedenken hinsichtlich seiner Vereinbarkeit mit dem Gemeinsamen Markt gibt, so trifft sie die Entscheidung, keine Einwände zu erheben und erklärt den Zusammenschluss für vereinbar mit dem Gemeinsamen Markt.
Durch eine Entscheidung, mit der ein Zusammenschluss für vereinbar erklärt wird, gelten auch die mit seiner Durchführung unmittelbar verbundenen und für sie notwendigen Einschränkungen als genehmigt.
c) Stellt die Kommission unbeschadet des Absatzes 2 fest, dass der angemeldete Zusammenschluss unter diese Verordnung fällt und Anlass zu ernsthaften Bedenken hinsichtlich seiner Vereinbarkeit mit dem Gemeinsamen Markt gibt, so trifft sie die Entscheidung, das Verfahren einzuleiten. Diese Verfahren werden unbeschadet des Artikels 9 durch eine Entscheidung nach Artikel 8 Absätze 1 bis 4 abgeschlossen, es sei denn, die beteiligten Unternehmen haben der Kommission gegenüber glaubhaft gemacht, dass sie den Zusammenschluss aufgegeben haben.

(2) Stellt die Kommission fest, dass der angemeldete Zusammenschluss nach Änderungen durch die beteiligten Unternehmen keinen Anlass mehr zu ernsthaften Bedenken im Sinne des Absatzes 1 Buchstabe c) gibt, so erklärt sie gemäß Absatz 1 Buchstabe b) den Zusammenschluss für vereinbar mit dem Gemeinsamen Markt.

Die Kommission kann ihre Entscheidung gemäß Absatz 1 Buchstabe b) mit Bedingungen und Auflagen verbinden, um sicherzustellen, dass die beteiligten Unternehmen den Verpflichtungen nachkommen, die sie gegenüber der Kommission hinsichtlich einer mit dem Gemeinsamen Markt zu vereinbarenden Gestaltung des Zusammenschlusses eingegangen sind.

(3) Die Kommission kann eine Entscheidung gemäß Absatz 1 Buchstabe a) oder b) widerrufen, wenn

a) die Entscheidung auf unrichtigen Angaben, die von einem beteiligten Unternehmen zu vertreten sind, beruht oder arglistig herbeigeführt worden ist

oder

b) die beteiligten Unternehmen einer in der Entscheidung vorgesehenen Auflage zuwiderhandeln.

(4) In den in Absatz 3 genannten Fällen kann die Kommission eine Entscheidung gemäß Absatz 1 treffen, ohne an die in Artikel 10 Absatz 1 genannten Fristen gebunden zu sein.

(5) Die Kommission teilt ihre Entscheidung den beteiligten Unternehmen und den zuständigen Behörden der Mitgliedstaaten unverzüglich mit.

Artikel 7
Aufschub des Vollzugs von Zusammenschlüssen

(1) Ein Zusammenschluss von gemeinschaftsweiter Bedeutung im Sinne des Artikels 1 oder ein Zusammenschluss, der von der Kommission gemäß Artikel 4 Absatz 5 geprüft werden soll, darf weder vor der Anmeldung noch so lange vollzogen werden, bis er aufgrund einer Entscheidung gemäß Artikel 6 Absatz 1 Buchstabe b) oder Artikel 8 Absätze 1 oder 2 oder einer Vermutung gemäß Artikel 10 Absatz 6 für vereinbar mit dem Gemeinsamen Markt erklärt worden ist.

(2) Absatz 1 steht der Verwirklichung von Vorgängen nicht entgegen, bei denen die Kontrolle im Sinne von Artikel 3 von mehreren Veräußerern entweder im Wege eines öffentlichen Übernahmeangebots oder im Wege einer Reihe von Rechtsgeschäften mit Wertpapieren, einschließlich solchen, die in andere zum Handel an einer Börse oder an einem ähnlichen Markt zugelassene Wertpapiere konvertierbar sind, erworben wird, sofern

a) der Zusammenschluss gemäß Artikel 4 unverzüglich bei der Kommission angemeldet wird und

b) der Erwerber die mit den Anteilen verbundenen Stimmrechte nicht ausübt oder nur zur Erhaltung des vollen Wertes seiner Investition aufgrund einer von der Kommission nach Absatz 3 erteilten Freistellung ausübt.

(3) Die Kommission kann auf Antrag eine Freistellung von den in Absatz 1 oder Absatz 2 bezeichneten Pflichten erteilen. Der Antrag auf Freistellung muss mit Gründen versehen sein. Die Kommission beschließt über den Antrag unter besonderer Berücksichtigung der möglichen Auswirkungen des Aufschubs des Vollzugs auf ein oder mehrere an dem Zusammenschluss beteiligte Unternehmen oder auf Dritte sowie der möglichen Gefährdung des Wettbewerbs durch den Zusammenschluss. Die Freistellung kann mit Bedingungen und Auflagen verbunden werden, um die Voraussetzungen für einen wirksamen Wettbewerb zu sichern. Sie kann jederzeit, auch vor der Anmeldung oder nach Abschluss des Rechtsgeschäfts, beantragt und erteilt werden.

(4) Die Wirksamkeit eines unter Missachtung des Absatzes 1 abgeschlossenen Rechtsgeschäfts ist von einer nach Artikel 6 Absatz 1 Buchstabe b) oder nach Artikel 8 Absätze 1, 2 oder 3 erlassenen Entscheidung oder von dem Eintritt der in Artikel 10 Absatz 6 vorgesehenen Vermutung abhängig.

Dieser Artikel berührt jedoch nicht die Wirksamkeit von Rechtsgeschäften mit Wertpapieren, einschließlich solcher, die in andere Wertpapiere konvertierbar sind, wenn diese Wertpapiere zum Handel an einer Börse oder an einem ähnlichen Markt zugelassen sind, es sei denn, dass die Käufer und die Verkäufer wussten oder hätten wissen müssen, dass das betreffende Rechtsgeschäft unter Missachtung des Absatzes 1 geschlossen wurde.

EG-Fusionskontrollverordnung (FKVO)

Artikel 8
Entscheidungsbefugnisse der Kommission

(1) Stellt die Kommission fest, dass ein angemeldeter Zusammenschluss dem in Artikel 2 Absatz 2 festgelegten Kriterium und – in den in Artikel 2 Absatz 4 genannten Fällen – den Kriterien des Artikels 81 Absatz 3 des Vertrags entspricht, so erlässt sie eine Entscheidung, mit der der Zusammenschluss für vereinbar mit dem Gemeinsamen Markt erklärt wird.
Durch eine Entscheidung, mit der ein Zusammenschluss für vereinbar erklärt wird, gelten auch die mit seiner Durchführung unmittelbar verbundenen und für sie notwendigen Einschränkungen als genehmigt.
(2) Stellt die Kommission fest, dass ein angemeldeter Zusammenschluss nach entsprechenden Änderungen durch die beteiligten Unternehmen dem in Artikel 2 Absatz 2 festgelegten Kriterium und – in den in Artikel 2 Absatz 4 genannten Fällen – den Kriterien des Artikels 81 Absatz 3 des Vertrags entspricht, so erlässt sie eine Entscheidung, mit der der Zusammenschluss für vereinbar mit dem Gemeinsamen Markt erklärt wird.
Die Kommission kann ihre Entscheidung mit Bedingungen und Auflagen verbinden, um sicherzustellen, dass die beteiligten Unternehmen den Verpflichtungen nachkommen, die sie gegenüber der Kommission hinsichtlich einer mit dem Gemeinsamen Markt zu vereinbarenden Gestaltung des Zusammenschlusses eingegangen sind.
Durch eine Entscheidung, mit der ein Zusammenschluss für vereinbar erklärt wird, gelten auch die mit seiner Durchführung unmittelbar verbundenen und für sie notwendigen Einschränkungen als genehmigt.
(3) Stellt die Kommission fest, dass ein Zusammenschluss dem in Artikel 2 Absatz 3 festgelegten Kriterium entspricht oder – in den in Artikel 2 Absatz 4 genannten Fällen — den Kriterien des Artikels 81 Absatz 3 des Vertrags nicht entspricht, so erlässt sie eine Entscheidung, mit der der Zusammenschluss für unvereinbar mit dem Gemeinsamen Markt erklärt wird.
(4) Stellt die Kommission fest, dass ein Zusammenschluss
a) bereits vollzogen wurde und dieser Zusammenschluss für unvereinbar mit dem Gemeinsamen Markt erklärt worden ist oder
b) unter Verstoß gegen eine Bedingung vollzogen wurde, unter der eine Entscheidung gemäß Absatz 2 ergangen ist, in der festgestellt wird, dass der Zusammenschluss bei Nichteinhaltung der Bedingung das Kriterium des Artikels 2 Absatz 3 erfüllen würde oder – in den in Artikel 2 Absatz 4 genannten Fällen – die Kriterien des Artikels 81 Absatz 3 des Vertrags nicht erfüllen würde,

kann sie die folgenden Maßnahmen ergreifen:
– Sie kann den beteiligten Unternehmen aufgeben, den Zusammenschluss rückgängig zu machen, insbesondere durch die Auflösung der Fusion oder die Veräußerung aller erworbenen Anteile oder Vermögensgegenstände, um den Zustand vor dem Vollzug des Zusammenschlusses wiederherzustellen. Ist es nicht möglich, den Zustand vor dem Vollzug des Zusammenschlusses dadurch wiederherzustellen, dass der Zusammenschluss rückgängig gemacht wird, so kann die Kommission jede andere geeignete Maßnahme treffen, um diesen Zustand soweit wie möglich wiederherzustellen.
– Sie kann jede andere geeignete Maßnahme anordnen, um sicherzustellen, dass die beteiligten Unternehmen den Zusammenschluss rückgängig machen oder andere Maßnahmen zur Wiederherstellung des früheren Zustands nach Maßgabe ihrer Entscheidung ergreifen.

In den in Unterabsatz 1 Buchstabe a) genannten Fällen können die dort genannten Maßnahmen entweder durch eine Entscheidung nach Absatz 3 oder durch eine gesonderte Entscheidung auferlegt werden.
(5) Die Kommission kann geeignete einstweilige Maßnahmen anordnen, um wirksamen Wettbewerb wiederherzustellen oder aufrecht zu erhalten, wenn ein Zusammenschluss
a) unter Verstoß gegen Artikel 7 vollzogen wurde und noch keine Entscheidung über die Vereinbarkeit des Zusammenschlusses mit dem Gemeinsamen Markt ergangen ist;
b) unter Verstoß gegen eine Bedingung vollzogen wurde, unter der eine Entscheidung gemäß Artikel 6 Absatz 1 Buchstabe b) oder Absatz 2 des vorliegenden Artikels ergangen ist;
c) bereits vollzogen wurde und für mit dem Gemeinsamen Markt unvereinbar erklärt wird.

(6) Die Kommission kann eine Entscheidung gemäß Absatz 1 oder Absatz 2 widerrufen, wenn
a) die Vereinbarkeitserklärung auf unrichtigen Angaben beruht, die von einem der beteiligten Unternehmen zu vertreten sind, oder arglistig herbeigeführt worden ist oder
b) die beteiligten Unternehmen einer in der Entscheidung vorgesehenen Auflage zuwiderhandeln.

(7) Die Kommission kann eine Entscheidung gemäß den Absätzen 1 bis 3 treffen, ohne an die in Artikel 10 Absatz 3 genannten Fristen gebunden zu sein, wenn
a) sie feststellt, dass ein Zusammenschluss vollzogen wurde
   i) unter Verstoß gegen eine Bedingung, unter der eine Entscheidung gemäß Artikel 6 Absatz 1 Buchstabe b) ergangen ist oder
   ii) unter Verstoß gegen eine Bedingung, unter der eine Entscheidung gemäß Absatz 2 ergangen ist, mit der in Einklang mit Artikel 10 Absatz 2 festgestellt wird, dass der Zusammenschluss bei Nichterfüllung der Bedingung Anlass zu ernsthaften Bedenken hinsichtlich seiner Vereinbarkeit mit dem Gemeinsamen Markt geben würde oder
b) eine Entscheidung gemäß Absatz 6 widerrufen wurde.

(8) Die Kommission teilt ihre Entscheidung den beteiligten Unternehmen und den zuständigen Behörden der Mitgliedstaaten unverzüglich mit.

Artikel 9
Verweisung an die zuständigen Behörden der Mitgliedstaaten

(1) Die Kommission kann einen angemeldeten Zusammenschluss durch Entscheidung unter den folgenden Voraussetzungen an die zuständigen Behörden des betreffenden Mitgliedstaats verweisen; sie unterrichtet die beteiligten Unternehmen und die zuständigen Behörden der übrigen Mitgliedstaaten unverzüglich von dieser Entscheidung.

(2) Ein Mitgliedstaat kann der Kommission, die die beteiligten Unternehmen entsprechend unterrichtet, von Amts wegen oder auf Aufforderung durch die Kommission binnen 15 Arbeitstagen nach Erhalt der Kopie der Anmeldung mitteilen, dass
a) ein Zusammenschluss den Wettbewerb auf einem Markt in diesem Mitgliedstaat, der alle Merkmale eines gesonderten Marktes aufweist, erheblich zu beeinträchtigen droht oder
b) ein Zusammenschluss den Wettbewerb auf einem Markt in diesem Mitgliedstaat beeinträchtigen würde, der alle Merkmale eines gesonderten Marktes aufweist und keinen wesentlichen Teil des Gemeinsamen Marktes darstellt.

(3) Ist die Kommission der Auffassung, dass unter Berücksichtigung des Marktes der betreffenden Waren oder Dienstleistungen und des räumlichen Referenzmarktes im Sinne des Absatzes 7 ein solcher gesonderter Markt und eine solche Gefahr bestehen,
a) so behandelt sie entweder den Fall nach Maßgabe dieser Verordnung selbst oder
b) verweist die Gesamtheit oder einen Teil des Falls an die zuständigen Behörden des betreffenden Mitgliedstaats, damit das Wettbewerbsrecht dieses Mitgliedstaats angewandt wird.

Ist die Kommission dagegen der Auffassung, dass ein solcher gesonderter Markt oder eine solche Gefahr nicht besteht, so stellt sie dies durch Entscheidung fest, die sie an den betreffenden Mitgliedstaat richtet, und behandelt den Fall nach Maßgabe dieser Verordnung selbst.
In Fällen, in denen ein Mitgliedstaat der Kommission gemäß Absatz 2 Buchstabe b) mitteilt, dass ein Zusammenschluss in seinem Gebiet einen gesonderten Markt beeinträchtigt, der keinen wesentlichen Teil des Gemeinsamen Marktes darstellt, verweist die Kommission den gesamten Fall oder den Teil des Falls, der den gesonderten Markt betrifft, an die zuständigen Behörden des betreffenden Mitgliedstaats, wenn sie der Auffassung ist, dass ein gesonderter Markt betroffen ist.

(4) Die Entscheidung über die Verweisung oder Nichtverweisung nach Absatz 3 ergeht
a) in der Regel innerhalb der in Artikel 10 Absatz 1 Unterabsatz 2 genannten Frist, falls die Kommission das Verfahren nach Artikel 6 Absatz 1 Buchstabe b) nicht eingeleitet hat; oder
b) spätestens 65 Arbeitstage nach der Anmeldung des Zusammenschlusses, wenn die Kommission das Verfahren nach Artikel 6 Absatz 1 Buchstabe c) eingeleitet, aber keine vorbereitenden Schritte zum Erlass der nach Artikel 8 Absätze 2, 3 oder 4 erforderlichen Maßnahmen unternommen hat, um wirksamen Wettbewerb auf dem betroffenen Markt aufrechtzuerhalten oder wiederherzustellen.

(5) Hat die Kommission trotz Erinnerung durch den betreffenden Mitgliedstaat innerhalb der in Absatz 4 Buchstabe b) bezeichneten Frist von 65 Arbeitstagen weder eine Entscheidung gemäß Absatz 3 über die Verweisung oder Nichtverweisung erlassen noch die in Absatz 4 Buchstabe b) bezeichneten vorbereitenden Schritte unternommen, so gilt die unwiderlegbare Vermutung, dass sie den Fall nach Absatz 3 Buchstabe b) an den betreffenden Mitgliedstaat verwiesen hat.
(6) Die zuständigen Behörden des betreffenden Mitgliedstaats entscheiden ohne unangemessene Verzögerung über den Fall.
Innerhalb von 45 Arbeitstagen nach der Verweisung von der Kommission teilt die zuständige Behörde des betreffenden Mitgliedstaats den beteiligten Unternehmen das Ergebnis einer vorläufigen wettbewerbsrechtlichen Prüfung sowie die gegebenenfalls von ihr beabsichtigten Maßnahmen mit. Der betreffende Mitgliedstaat kann diese Frist ausnahmsweise hemmen, wenn die beteiligten Unternehmen die nach seinem innerstaatlichen Wettbewerbsrecht zu übermittelnden erforderlichen Angaben nicht gemacht haben.
Schreibt das einzelstaatliche Recht eine Anmeldung vor, so beginnt die Frist von 45 Arbeitstagen an dem Arbeitstag, der auf den Eingang der vollständigen Anmeldung bei der zuständigen Behörde des betreffenden Mitgliedstaats folgt.
(7) Der räumliche Referenzmarkt besteht aus einem Gebiet, auf dem die beteiligten Unternehmen als Anbieter oder Nachfrager von Waren oder Dienstleistungen auftreten, in dem die Wettbewerbsbedingungen hinreichend homogen sind und das sich von den benachbarten Gebieten unterscheidet; dies trifft insbesondere dann zu, wenn die in ihm herrschenden Wettbewerbsbedingungen sich von denen in den letztgenannten Gebieten deutlich unterscheiden. Bei dieser Beurteilung ist insbesondere auf die Art und die Eigenschaften der betreffenden Waren oder Dienstleistungen abzustellen, ferner auf das Vorhandensein von Zutritts schranken, auf Verbrauchergewohnheiten sowie auf das Bestehen erheblicher Unterschiede bei den Marktanteilen der Unternehmen oder auf nennenswerte Preisunterschiede zwischen dem betreffenden Gebiet und den benachbarten Gebieten.
(8) In Anwendung dieses Artikels kann der betreffende Mitgliedstaat nur die Maßnahmen ergreifen, die zur Aufrechterhaltung oder Wiederherstellung wirksamen Wettbewerbs auf dem betreffenden Markt unbedingt erforderlich sind.
(9) Zwecks Anwendung seines innerstaatlichen Wettbewerbsrechts kann jeder Mitgliedstaat nach Maßgabe der einschlägigen Vorschriften des Vertrags beim Gerichtshof Klage erheben und insbesondere die Anwendung des Artikels 243 des Vertrags beantragen.

Artikel 10
Fristen für die Einleitung des Verfahrens und für Entscheidungen

(1) Unbeschadet von Artikel 6 Absatz 4 ergehen die Entscheidungen nach Artikel 6 Absatz 1 innerhalb von höchstens 25 Arbeitstagen. Die Frist beginnt mit dem Arbeitstag, der auf den Tag des Eingangs der Anmeldung folgt, oder, wenn die bei der Anmeldung zu erteilenden Auskünfte unvollständig sind, mit dem Arbeitstag, der auf den Tag des Eingangs der vollständigen Auskünfte folgt.
Diese Frist beträgt 35 Arbeitstage, wenn der Kommission ein Antrag eines Mitgliedstaats gemäß Artikel 9 Absatz 2 zugeht oder wenn die beteiligten Unternehmen gemäß Artikel 6 Absatz 2 anbieten, Verpflichtungen einzugehen, um den Zusammenschluss in einer mit dem Gemeinsamen Markt zu vereinbarenden Weise zu gestalten.
(2) Entscheidungen nach Artikel 8 Absatz 1 oder 2 über angemeldete Zusammenschlüsse sind zu erlassen, sobald offenkundig ist, dass die ernsthaften Bedenken im Sinne des Artikels 6 Absatz 1 Buchstabe c) – insbesondere durch von den beteiligten Unternehmen vorgenommene Änderungen – ausgeräumt sind, spätestens jedoch vor Ablauf der nach Absatz 3 festgesetzten Frist.
(3) Unbeschadet des Artikels 8 Absatz 7 müssen die in Artikel 8 Absätze 1 bis 3 bezeichneten Entscheidungen über angemeldete Zusammenschlüsse innerhalb einer Frist von höchstens 90 Arbeitstagen nach der Einleitung des Verfahrens erlassen werden. Diese Frist erhöht sich auf 105 Arbeitstage, wenn die beteiligten Unternehmen gemäß Artikel 8 Absatz 2 Unterabsatz 2 anbieten, Verpflichtungen einzugehen, um den Zusammenschluss in einer mit dem Gemeinsamen

Markt zu vereinbarenden Weise zu gestalten, es sei denn, dieses Angebot wurde weniger als 55 Arbeitstage nach Einleitung des Verfahrens unterbreitet.
Die Fristen gemäß Unterabsatz 1 werden ebenfalls verlängert, wenn die Anmelder dies spätestens 15 Arbeitstage nach Einleitung des Verfahrens gemäß Artikel 6 Absatz 1 Buchstabe c) beantragen. Die Anmelder dürfen eine solche Fristverlängerung nur einmal beantragen. Ebenso kann die Kommission die Fristen gemäß Unterabsatz 1 jederzeit nach Einleitung des Verfahrens mit Zustimmung der Anmelder verlängern. Die Gesamtdauer aller etwaigen Fristverlängerungen nach diesem Unterabsatz darf 20 Arbeitstage nicht übersteigen.
(4) Die in den Absätzen 1 und 3 genannten Fristen werden ausnahmsweise gehemmt, wenn die Kommission durch Umstände, die von einem an dem Zusammenschluss beteiligten Unternehmen zu vertreten sind, eine Auskunft im Wege einer Entscheidung nach Artikel 11 anfordern oder im Wege einer Entscheidung nach Artikel 13 eine Nachprüfung anordnen musste.
Unterabsatz 1 findet auch auf die Frist gemäß Artikel 9 Absatz 4 Buchstabe b) Anwendung.
(5) Wird eine Entscheidung der Kommission, die einer in diesem Artikel festgesetzten Frist unterliegt, durch Urteil des Gerichtshofs ganz oder teilweise für nichtig erklärt, so wird der Zusammenschluss erneut von der Kommission geprüft; die Prüfung wird mit einer Entscheidung nach Artikel 6 Absatz 1 abgeschlossen.
Der Zusammenschluss wird unter Berücksichtigung der aktuellen Marktverhältnisse erneut geprüft.
Ist die ursprüngliche Anmeldung nicht mehr vollständig, weil sich die Marktverhältnisse oder die in der Anmeldung enthaltenen Angaben geändert haben, so legen die Anmelder unverzüglich eine neue Anmeldung vor oder ergänzen ihre ursprüngliche Anmeldung. Sind keine Änderungen eingetreten, so bestätigen die Anmelder dies unverzüglich.
Die in Absatz 1 festgelegten Fristen beginnen mit dem Arbeitstag, der auf den Tag des Eingangs der vollständigen neuen Anmeldung, der Anmeldungsergänzung oder der Bestätigung im Sinne von Unterabsatz 3 folgt.
Die Unterabsätze 2 und 3 finden auch in den in Artikel 6 Absatz 4 und Artikel 8 Absatz 7 bezeichneten Fällen Anwendung.
(6) Hat die Kommission innerhalb der in Absatz 1 beziehungsweise Absatz 3 genannten Fristen keine Entscheidung nach Artikel 6 Absatz 1 Buchstabe b) oder c) oder nach Artikel 8 Absätze 1, 2 oder 3 erlassen, so gilt der Zusammenschluss unbeschadet des Artikels 9 als für mit dem Gemeinsamen Markt vereinbar erklärt.

Artikel 11
Auskunftsverlangen

(1) Die Kommission kann zur Erfüllung der ihr durch diese Verordnung übertragenen Aufgaben von den in Artikel 3 Absatz 1 Buchstabe b) bezeichneten Personen sowie von Unternehmen und Unternehmensvereinigungen durch einfaches Auskunftsverlangen oder durch Entscheidung verlangen, dass sie alle erforderlichen Auskünfte erteilen.
(2) Richtet die Kommission ein einfaches Auskunftsverlangen an eine Person, ein Unternehmen oder eine Unternehmensvereinigung, so gibt sie darin die Rechtsgrundlagen und den Zweck des Auskunftsverlangens, die Art der benötigten Auskünfte und die Frist für die Erteilung der Auskünfte an und weist auf die in Artikel 14 für den Fall der Erteilung einer unrichtigen oder irreführenden Auskunft vorgesehenen Sanktionen hin.
(3) Verpflichtet die Kommission eine Person, ein Unternehmen oder eine Unternehmensvereinigung durch Entscheidung zur Erteilung von Auskünften, so gibt sie darin die Rechtsgrundlage, den Zweck des Auskunftsverlangens, die Art der benötigten Auskünfte und die Frist für die Erteilung der Auskünfte an. In der Entscheidung ist ferner auf die in Artikel 14 beziehungsweise Artikel 15 vorgesehenen Sanktionen hinzuweisen; gegebenenfalls kann auch ein Zwangsgeld gemäß Artikel 15 festgesetzt werden. Außerdem enthält die Entscheidung einen Hinweis auf das Recht, vor dem Gerichtshof gegen die Entscheidung Klage zu erheben.
(4) Zur Erteilung der Auskünfte sind die Inhaber der Unternehmen oder deren Vertreter, bei juristischen Personen, Gesellschaften und nicht rechtsfähigen Vereinen die nach Gesetz oder Satzung zur Vertretung berufenen Personen verpflichtet. Ordnungsgemäß bevollmächtigte Per-

sonen können die Auskünfte im Namen ihrer Mandanten erteilen. Letztere bleiben in vollem Umfang dafür verantwortlich, dass die erteilten Auskünfte vollständig, sachlich richtig und nicht irreführend sind.

(5) Die Kommission übermittelt den zuständigen Behörden des Mitgliedstaats, in dessen Hoheitsgebiet sich der Wohnsitz der Person oder der Sitz des Unternehmens oder der Unternehmensvereinigung befindet, sowie der zuständigen Behörde des Mitgliedstaats, dessen Hoheitsgebiet betroffen ist, unverzüglich eine Kopie der nach Absatz 3 erlassenen Entscheidung. Die Kommission übermittelt der zuständigen Behörde eines Mitgliedstaats auch die Kopien einfacher Auskunftsverlangen in Bezug auf einen angemeldeten Zusammenschluss, wenn die betreffende Behörde diese ausdrücklich anfordert.

(6) Die Regierungen und zuständigen Behörden der Mitgliedstaaten erteilen der Kommission auf Verlangen alle Auskünfte, die sie zur Erfüllung der ihr durch diese Verordnung übertragenen Aufgaben benötigt.

(7) Zur Erfüllung der ihr durch diese Verordnung übertragenen Aufgaben kann die Kommission alle natürlichen und juristischen Personen befragen, die dieser Befragung zum Zweck der Einholung von Informationen über einen Untersuchungsgegenstand zustimmen. Zu Beginn der Befragung, die telefonisch oder mit anderen elektronischen Mitteln erfolgen kann, gibt die Kommission die Rechtsgrundlage und den Zweck der Befragung an.

Findet eine Befragung weder in den Räumen der Kommission noch telefonisch oder mit anderen elektronischen Mitteln statt, so informiert die Kommission zuvor die zuständige Behörde des Mitgliedstaats, in dessen Hoheitsgebiet die Befragung erfolgt. Auf Verlangen der zuständigen Behörde dieses Mitgliedstaats können deren Bedienstete die Bediensteten der Kommission und die anderen von der Kommission zur Durchführung der Befragung ermächtigten Personen unterstützen.

Artikel 12
Nachprüfungen durch Behörden der Mitgliedstaaten

(1) Auf Ersuchen der Kommission nehmen die zuständigen Behörden der Mitgliedstaaten diejenigen Nachprüfungen vor, die die Kommission gemäß Artikel 13 Absatz 1 für angezeigt hält oder die sie in einer Entscheidung gemäß Artikel 13 Absatz 4 angeordnet hat. Die mit der Durchführung der Nachprüfungen beauftragten Bediensteten der zuständigen Behörden der Mitgliedstaaten sowie die von ihnen ermächtigten oder benannten Personen üben ihre Befugnisse nach Maßgabe ihres innerstaatlichen Rechts aus.

(2) Die Bediensteten der Kommission und andere von ihr ermächtigte Begleitpersonen können auf Anweisung der Kommission oder auf Ersuchen der zuständigen Behörde des Mitgliedstaats, in dessen Hoheitsgebiet die Nachprüfung vorgenommen werden soll, die Bediensteten dieser Behörde unterstützen.

Artikel 13
Nachprüfungsbefugnisse der Kommission

(1) Die Kommission kann zur Erfüllung der ihr durch diese Verordnung übertragenen Aufgaben bei Unternehmen und Unternehmensvereinigungen alle erforderlichen Nachprüfungen vornehmen.

(2) Die mit den Nachprüfungen beauftragten Bediensteten der Kommission und die anderen von ihr ermächtigten Begleitpersonen sind befugt,
a) alle Räumlichkeiten, Grundstücke und Transportmittel der Unternehmen und Unternehmensvereinigungen zu betreten,
b) die Bücher und sonstigen Geschäftsunterlagen, unabhängig davon, in welcher Form sie vorliegen, zu prüfen,
c) Kopien oder Auszüge gleich in welcher Form aus diesen Büchern und Geschäftsunterlagen anzufertigen oder zu verlangen,
d) alle Geschäftsräume und Bücher oder Unterlagen für die Dauer der Nachprüfung in dem hierfür erforderlichen Ausmaß zu versiegeln,
e) von allen Vertretern oder Beschäftigten des Unternehmens oder der Unternehmensvereinigung Erläuterungen zu Sachverhalten oder Unterlagen zu verlangen, die mit Gegenstand

Anhang 1

und Zweck der Nachprüfung in Zusammenhang stehen, und ihre Antworten aufzuzeichnen.

(3) Die mit der Nachprüfung beauftragten Bediensteten der Kommission und die anderen von ihr ermächtigten Begleitpersonen üben ihre Befugnisse unter Vorlage eines schriftlichen Auftrags aus, in dem der Gegenstand und der Zweck der Nachprüfung bezeichnet sind und in dem auf die in Artikel 14 vorgesehenen Sanktionen für den Fall hingewiesen wird, dass die angeforderten Bücher oder sonstigen Geschäftsunterlagen nicht vollständig vorgelegt werden oder die Antworten auf die nach Absatz 2 gestellten Fragen unrichtig oder irreführend sind. Die Kommission unterrichtet die zuständige Behörde des Mitgliedstaats, in dessen Hoheitsgebiet die Nachprüfung vorgenommen werden soll, rechtzeitig vor deren Beginn über den Prüfungsauftrag.

(4) Unternehmen und Unternehmensvereinigungen sind verpflichtet, die Nachprüfungen zu dulden, die die Kommission durch Entscheidung angeordnet hat. Die Entscheidung bezeichnet den Gegenstand und den Zweck der Nachprüfung, bestimmt den Zeitpunkt des Beginns der Nachprüfung und weist auf die in Artikel 14 und Artikel 15 vorgesehenen Sanktionen sowie auf das Recht hin, vor dem Gerichtshof Klage gegen die Entscheidung zu erheben. Die Kommission erlässt diese Entscheidung nach Anhörung der zuständigen Behörde des Mitgliedstaats, in dessen Hoheitsgebiet die Nachprüfung vorgenommen werden soll.

(5) Die Bediensteten der zuständigen Behörde des Mitgliedstaats, in dessen Hoheitsgebiet die Nachprüfung vorgenommen werden soll, sowie die von dieser Behörde ermächtigten oder benannten Personen unterstützen auf Anweisung dieser Behörde oder auf Ersuchen der Kommission die Bediensteten der Kommission und die anderen von ihr ermächtigten Begleitpersonen aktiv. Sie verfügen hierzu über die in Absatz 2 genannten Befugnisse.

(6) Stellen die Bediensteten der Kommission oder die anderen von ihr ermächtigten Begleitpersonen fest, dass sich ein Unternehmen einer aufgrund dieses Artikels angeordneten Nachprüfung, einschließlich der Versiegelung der Geschäftsräume, Bücher oder Geschäftsunterlagen, widersetzt, so leistet der betreffende Mitgliedstaat die erforderliche Amtshilfe, gegebenenfalls unter Einsatz der Polizei oder anderer gleichwertiger Vollzugsorgane, damit die Bediensteten der Kommission und die anderen von ihr ermächtigten Begleitpersonen ihren Nachprüfungsauftrag erfüllen können.

(7) Setzt die Amtshilfe nach Absatz 6 nach einzelstaatlichem Recht eine gerichtliche Genehmigung voraus, so ist diese zu beantragen. Die Genehmigung kann auch vorsorglich beantragt werden.

(8) Wurde eine gerichtliche Genehmigung gemäß Absatz 7 beantragt, prüft das einzelstaatliche Gericht die Echtheit der Kommissionsentscheidung und vergewissert sich, dass die beabsichtigten Zwangsmaßnahmen weder willkürlich noch – gemessen am Gegenstand der Nachprüfung – unverhältnismäßig sind. Bei der Prüfung der Verhältnismäßigkeit der Zwangsmaßnahmen kann das einzelstaatliche Gericht die Kommission unmittelbar oder über die zuständige Behörde des betreffenden Mitgliedstaats um ausführliche Erläuterungen zum Gegenstand der Nachprüfung ersuchen. Das einzelstaatliche Gericht darf jedoch weder die Notwendigkeit der Nachprüfung in Frage stellen noch Auskünfte aus den Akten der Kommission verlangen. Die Prüfung der Rechtmäßigkeit der Kommissionsentscheidung ist dem Gerichtshof vorbehalten.

Artikel 14
Geldbußen

(1) Die Kommission kann gegen die in Artikel 3 Absatz 1 Buchstabe b) bezeichneten Personen, gegen Unternehmen und Unternehmensvereinigungen durch Entscheidung Geldbußen bis zu einem Höchstbetrag von 1 % des von dem beteiligten Unternehmen oder der beteiligten Unternehmensvereinigung erzielten Gesamtumsatzes im Sinne von Artikel 5 festsetzen, wenn sie vorsätzlich oder fahrlässig

a) in einem Antrag, einer Bestätigung, einer Anmeldung oder Anmeldungsergänzung nach Artikel 4, Artikel 10 Absatz 5 oder Artikel 22 Absatz 3 unrichtige oder irreführende Angaben machen,

b) bei der Erteilung einer nach Artikel 11 Absatz 2 verlangten Auskunft unrichtige oder irreführende Angaben machen,

c) bei der Erteilung einer durch Entscheidung gemäß Artikel 11 Absatz 3 verlangten Auskunft unrichtige, unvollständige oder irreführende Angaben machen oder die Auskunft nicht innerhalb der gesetzten Frist erteilen,
d) bei Nachprüfungen nach Artikel 13 die angeforderten Bücher oder sonstigen Geschäftsunterlagen nicht vollständig vorlegen oder die in einer Entscheidung nach Artikel 13 Absatz 4 angeordneten Nachprüfungen nicht dulden,
e) in Beantwortung einer nach Artikel 13 Absatz 2 Buchstabe e) gestellten Frage
   – eine unrichtige oder irreführende Antwort erteilen,
   – eine von einem Beschäftigten erteilte unrichtige, unvollständige oder irreführende Antwort nicht innerhalb einer von der Kommission gesetzten Frist berichtigen oder
   – in Bezug auf Fakten im Zusammenhang mit dem Gegenstand und dem Zweck einer durch Entscheidung nach Artikel 13 Absatz 4 angeordneten Nachprüfung keine vollständige Antwort erteilen oder eine vollständige Antwort verweigern,
f) die von den Bediensteten der Kommission oder den anderen von ihr ermächtigten Begleitpersonen nach Artikel 13 Absatz 2 Buchstabe d) angebrachten Siegel gebrochen haben.

(2) Die Kommission kann gegen die in Artikel 3 Absatz 1 Buchstabe b) bezeichneten Personen oder die beteiligten Unternehmen durch Entscheidung Geldbußen in Höhe von bis zu 10 % des von den beteiligten Unternehmen erzielten Gesamtumsatzes im Sinne von Artikel 5 festsetzen, wenn sie vorsätzlich oder fahrlässig
a) einen Zusammenschluss vor seinem Vollzug nicht gemäß Artikel 4 oder gemäß Artikel 22 Absatz 3 anmelden, es sei denn, dies ist ausdrücklich gemäß Artikel 7 Absatz 2 oder aufgrund einer Entscheidung gemäß Artikel 7 Absatz 3 zulässig,
b) einen Zusammenschluss unter Verstoß gegen Artikel 7 vollziehen,
c) einen durch Entscheidung nach Artikel 8 Absatz 3 für unvereinbar mit dem Gemeinsamen Markt erklärten Zusammenschluss vollziehen oder den in einer Entscheidung nach Artikel 8 Absatz 4 oder 5 angeordneten Maßnahmen nicht nachkommen,
d) einer durch Entscheidung nach Artikel 6 Absatz 1 Buchstabe b), Artikel 7 Absatz 3 oder Artikel 8 Absatz 2 Unterabsatz 2 auferlegten Bedingung oder Auflage zuwiderhandeln.

(3) Bei der Festsetzung der Höhe der Geldbuße ist die Art, die Schwere und die Dauer der Zuwiderhandlung zu berücksichtigen.

(4) Die Entscheidungen aufgrund der Absätze 1, 2 und 3 sind nicht strafrechtlicher Art.

Artikel 15
Zwangsgelder

(1) Die Kommission kann gegen die in Artikel 3 Absatz 1 Buchstabe b) bezeichneten Personen, gegen Unternehmen oder Unternehmensvereinigungen durch Entscheidung ein Zwangsgeld bis zu einem Höchstbetrag von 5 % des durchschnittlichen täglichen Gesamtumsatzes des beteiligten Unternehmens oder der beteiligten Unternehmensvereinigung im Sinne von Artikel 5 für jeden Arbeitstag des Verzugs von dem in ihrer Entscheidung bestimmten Zeitpunkt an festsetzen, um sie zu zwingen,
a) eine Auskunft, die sie in einer Entscheidung nach Artikel 11 Absatz 3 angefordert hat, vollständig und sachlich richtig zu erteilen,
b) eine Nachprüfung zu dulden, die sie in einer Entscheidung nach Artikel 13 Absatz 4 angeordnet hat,
c) einer durch Entscheidung nach Artikel 6 Absatz 1 Buchstabe b), Artikel 7 Absatz 3 oder Artikel 8 Absatz 2 Unterabsatz 2 auferlegten Auflage nachzukommen oder
d) den in einer Entscheidung nach Artikel 8 Absatz 4 oder 5 angeordneten Maßnahmen nachzukommen.

(2) Sind die in Artikel 3 Absatz 1 Buchstabe b) bezeichneten Personen, Unternehmen oder Unternehmensvereinigungen der Verpflichtung nachgekommen, zu deren Erfüllung das Zwangsgeld festgesetzt worden war, so kann die Kommission die endgültige Höhe des Zwangsgeldes auf einen Betrag festsetzen, der unter dem Betrag liegt, der sich aus der ursprünglichen Entscheidung ergeben würde.

Anhang 1

Artikel 16
Kontrolle durch den Gerichtshof

Bei Klagen gegen Entscheidungen der Kommission, in denen eine Geldbuße oder ein Zwangsgeld festgesetzt ist, hat der Gerichtshof die Befugnis zu unbeschränkter Ermessensnachprüfung der Entscheidung im Sinne von Artikel 229 des Vertrags; er kann die Geldbuße oder das Zwangsgeld aufheben, herabsetzen oder erhöhen.

Artikel 17
Berufsgeheimnis

(1) Die bei Anwendung dieser Verordnung erlangten Kenntnisse dürfen nur zu dem mit der Auskunft, Ermittlung oder Anhörung verfolgten Zweck verwertet werden.
(2) Unbeschadet des Artikels 4 Absatz 3 sowie der Artikel 18 und 20 sind die Kommission und die zuständigen Behörden der Mitgliedstaaten sowie ihre Beamten und sonstigen Bediensteten, alle sonstigen, unter Aufsicht dieser Behörden handelnden Personen und die Beamten und Bediensteten anderer Behörden der Mitgliedstaaten verpflichtet, Kenntnisse nicht preiszugeben, die sie bei Anwendung dieser Verordnung erlangt haben und die ihrem Wesen nach unter das Berufsgeheimnis fallen.
(3) Die Absätze 1 und 2 stehen der Veröffentlichung von Übersichten oder Zusammenfassungen, die keine Angaben über einzelne Unternehmen oder Unternehmensvereinigungen enthalten, nicht entgegen.

Artikel 18
Anhörung Beteiligter und Dritter

(1) Vor Entscheidungen nach Artikel 6 Absatz 3, Artikel 7 Absatz 3, Artikel 8 Absätze 2 bis 6, Artikel 14 und Artikel 15 gibt die Kommission den betroffenen Personen, Unternehmen und Unternehmensvereinigungen Gelegenheit, sich zu den ihnen gegenüber geltend gemachten Einwänden in allen Abschnitten des Verfahrens bis zur Anhörung des Beratenden Ausschusses zu äußern.
(2) Abweichend von Absatz 1 können Entscheidungen nach Artikel 7 Absatz 3 und Artikel 8 Absatz 5 vorläufig erlassen werden, ohne den betroffenen Personen, Unternehmen oder Unternehmensvereinigungen zuvor Gelegenheit zur Äußerung zu geben, sofern die Kommission dies unverzüglich nach dem Erlass ihrer Entscheidung nachholt.
(3) Die Kommission stützt ihre Entscheidungen nur auf die Einwände, zu denen die Betroffenen Stellung nehmen konnten. Das Recht der Betroffenen auf Verteidigung während des Verfahrens wird in vollem Umfang gewährleistet. Zumindest die unmittelbar Betroffenen haben das Recht der Akteneinsicht, wobei die berechtigten Interessen der Unternehmen an der Wahrung ihrer Geschäftsgeheimnisse zu berücksichtigen sind.
(4) Sofern die Kommission oder die zuständigen Behörden der Mitgliedstaaten es für erforderlich halten, können sie auch andere natürliche oder juristische Personen anhören. Wenn natürliche oder juristische Personen, die ein hinreichendes Interesse darlegen, und insbesondere Mitglieder der Leitungsorgane der beteiligten Unternehmen oder rechtlich anerkannte Vertreter der Arbeitnehmer dieser Unternehmen einen Antrag auf Anhörung stellen, so ist ihrem Antrag stattzugeben.

Artikel 19
Verbindung mit den Behörden der Mitgliedstaaten

(1) Die Kommission übermittelt den zuständigen Behörden der Mitgliedstaaten binnen dreier Arbeitstage eine Kopie der Anmeldungen und sobald wie möglich die wichtigsten Schriftstücke, die in Anwendung dieser Verordnung bei ihr eingereicht oder von ihr erstellt werden. Zu diesen Schriftstücken gehören auch die Verpflichtungszusagen, die die beteiligten Unternehmen der Kommission angeboten haben, um den Zusammenschluss gemäß Artikel 6 Absatz 2 oder Artikel 8 Absatz 2 Unterabsatz 2 in einer mit dem Gemeinsamen Markt zu vereinbarenden Weise zu gestalten.
(2) Die Kommission führt die in dieser Verordnung vorgesehenen Verfahren in enger und stetiger Verbindung mit den zuständigen Behörden der Mitgliedstaaten durch; diese sind berechtigt,

zu diesen Verfahren Stellung zu nehmen. Im Hinblick auf die Anwendung des Artikels 9 nimmt sie die in Artikel 9 Absatz 2 bezeichneten Mitteilungen der zuständigen Behörden der Mitgliedstaaten entgegen; sie gibt ihnen Gelegenheit, sich in allen Abschnitten des Verfahrens bis zum Erlass einer Entscheidung nach Artikel 9 Absatz 3 zu äußern und gewährt ihnen zu diesem Zweck Akteneinsicht.

(3) Ein Beratender Ausschuss für die Kontrolle von Unternehmenszusammenschlüssen ist vor jeder Entscheidung nach Artikel 8 Absätze 1 bis 6 und Artikel 14 oder 15, ausgenommen vorläufige Entscheidungen nach Artikel 18 Absatz 2, zu hören.

(4) Der Beratende Ausschuss setzt sich aus Vertretern der zuständigen Behörden der Mitgliedstaaten zusammen. Jeder Mitgliedstaat bestimmt einen oder zwei Vertreter, die im Fall der Verhinderung durch jeweils einen anderen Vertreter ersetzt werden können. Mindestens einer dieser Vertreter muss für Kartell- und Monopolfragen zuständig sein.

(5) Die Anhörung erfolgt in einer gemeinsamen Sitzung, die die Kommission anberaumt und in der sie den Vorsitz führt. Der Einladung zur Sitzung sind eine Darstellung des Sachverhalts unter Angabe der wichtigsten Schriftstücke sowie ein Entscheidungsentwurf für jeden zu behandelnden Fall beizufügen. Die Sitzung findet frühestens zehn Arbeitstage nach Versendung der Einladung statt. Die Kommission kann diese Frist in Ausnahmefällen entsprechend verkürzen, um schweren Schaden von einem oder mehreren an dem Zusammenschluss beteiligten Unternehmen abzuwenden.

(6) Der Beratende Ausschuss gibt seine Stellungnahme zu dem Entscheidungsentwurf der Kommission – erforderlichenfalls durch Abstimmung – ab. Der Beratende Ausschuss kann seine Stellungnahme abgeben, auch wenn Mitglieder des Ausschusses und ihre Vertreter nicht anwesend sind. Diese Stellungnahme ist schriftlich niederzulegen und dem Entscheidungsentwurf beizufügen. Die Kommission berücksichtigt soweit wie möglich die Stellungnahme des Ausschusses. Sie unterrichtet den Ausschuss darüber, inwieweit sie seine Stellungnahme berücksichtigt hat.

(7) Die Kommission übermittelt den Adressaten der Entscheidung die Stellungnahme des Beratenden Ausschusses zusammen mit der Entscheidung. Sie veröffentlicht die Stellungnahme zusammen mit der Entscheidung unter Berücksichtigung der berechtigten Interessen der Unternehmen an der Wahrung ihrer Geschäftsgeheimnisse.

Artikel 20
Veröffentlichung von Entscheidungen

(1) Die Kommission veröffentlicht die nach Artikel 8 Absätze 1 bis 6 sowie Artikel 14 und 15 erlassenen Entscheidungen, ausgenommen vorläufige Entscheidungen nach Artikel 18 Absatz 2, zusammen mit der Stellungnahme des Beratenden Ausschusses im *Amtsblatt der Europäischen Union*.

(2) Die Veröffentlichung erfolgt unter Angabe der Beteiligten und des wesentlichen Inhalts der Entscheidung; sie muss den berechtigten Interessen der Unternehmen an der Wahrung ihrer Geschäftsgeheimnisse Rechnung tragen.

Artikel 21
Anwendung dieser Verordnung und Zuständigkeit

(1) Diese Verordnung gilt allein für Zusammenschlüsse im Sinne des Artikels 3; die Verordnungen (EG) Nr. 1/2003[8], (EWG) Nr. 1017/68[9], (EWG) Nr. 4056/86[10] und (EWG) Nr. 3975/87[11] des Rates gelten nicht, außer für Gemeinschaftsunternehmen, die keine gemeinschaftsweite Bedeutung haben und die Koordinierung des Wettbewerbsverhaltens unabhängig bleibender Unternehmen bezwecken oder bewirken.

(2) Vorbehaltlich der Nachprüfung durch den Gerichtshof ist die Kommission ausschließlich dafür zuständig, die in dieser Verordnung vorgesehenen Entscheidungen zu erlassen.

---

8 ABl. L 1 vom 4. 1. 2003, S. 1.
9 ABl. L 175 vom 23. 7. 1968, S. 1. Verordnung zuletzt geändert durch die Verordnung (EG) Nr. 1/2003 (ABl. L 1 vom 4. 1. 2003, S. 1).
10 ABl. L 378 vom 31. 12. 1986, S. 4. Verordnung zuletzt geändert durch die Verordnung (EG) Nr. 1/2003.
11 ABl. L 374 vom 31. 12. 1987, S. 1. Verordnung zuletzt geändert durch die Verordnung (EG) Nr. 1/2003.

(3) Die Mitgliedstaaten wenden ihr innerstaatliches Wettbewerbsrecht nicht auf Zusammenschlüsse von gemeinschaftsweiter Bedeutung an.
Unterabsatz 1 berührt nicht die Befugnis der Mitgliedstaaten, die zur Anwendung des Artikels 4 Absatz 4 oder des Artikels 9 Absatz 2 erforderlichen Ermittlungen vorzunehmen und nach einer Verweisung gemäß Artikel 9 Absatz 3 Unterabsatz 1 Buchstabe b) oder Artikel 9 Absatz 5 die in Anwendung des Artikels 9 Absatz 8 unbedingt erforderlichen Maßnahmen zu ergreifen.
(4) Unbeschadet der Absätze 2 und 3 können die Mitgliedstaaten geeignete Maßnahmen zum Schutz anderer berechtigter Interessen als derjenigen treffen, welche in dieser Verordnung berücksichtigt werden, sofern diese Interessen mit den allgemeinen Grundsätzen und den übrigen Bestimmungen des Gemeinschaftsrechts vereinbar sind.
Im Sinne des Unterabsatzes 1 gelten als berechtigte Interessen die öffentliche Sicherheit, die Medienvielfalt und die Aufsichtsregeln.
Jedes andere öffentliche Interesse muss der betreffende Mitgliedstaat der Kommission mitteilen; diese muss es nach Prüfung seiner Vereinbarkeit mit den allgemeinen Grundsätzen und den sonstigen Bestimmungen des Gemeinschaftsrechts vor Anwendung der genannten Maßnahmen anerkennen. Die Kommission gibt dem betreffenden Mitgliedstaat ihre Entscheidung binnen 25 Arbeitstagen nach der entsprechenden Mitteilung bekannt.

Artikel 22
Verweisung an die Kommission

(1) Auf Antrag eines oder mehrerer Mitgliedstaaten kann die Kommission jeden Zusammenschluss im Sinne von Artikel 3 prüfen, der keine gemeinschaftsweite Bedeutung im Sinne von Artikel 1 hat, aber den Handel zwischen Mitgliedstaaten beeinträchtigt und den Wettbewerb im Hoheitsgebiet des beziehungsweise der antrag stellenden Mitgliedstaaten erheblich zu beeinträchtigen droht.
Der Antrag muss innerhalb von 15 Arbeitstagen, nachdem der Zusammenschluss bei dem betreffenden Mitgliedstaat angemeldet oder, falls eine Anmeldung nicht erforderlich ist, ihm anderweitig zur Kenntnis gebracht worden ist, gestellt werden.
(2) Die Kommission unterrichtet die zuständigen Behörden der Mitgliedstaaten und die beteiligten Unternehmen unverzüglich von einem nach Absatz 1 gestellten Antrag.
Jeder andere Mitgliedstaat kann sich dem ersten Antrag innerhalb von 15 Arbeitstagen, nachdem er von der Kommission über diesen informiert wurde, anschließen.
Alle einzelstaatlichen Fristen, die den Zusammenschluss betreffen, werden gehemmt, bis nach dem Verfahren dieses Artikels entschieden worden ist, durch wen der Zusammenschluss geprüft wird. Die Hemmung der einzelstaatlichen Fristen endet, sobald der betreffende Mitgliedstaat der Kommission und den beteiligten Unternehmen mitteilt, dass er sich dem Antrag nicht anschließt.
(3) Die Kommission kann spätestens zehn Arbeitstage nach Ablauf der Frist gemäß Absatz 2 beschließen, den Zusammenschluss zu prüfen, wenn dieser ihrer Ansicht nach den Handel zwischen Mitgliedstaaten beeinträchtigt und den Wettbewerb im Hoheitsgebiet des bzw. der Antrag stellenden Mitgliedstaaten erheblich zu beeinträchtigen droht. Trifft die Kommission innerhalb der genannten Frist keine Entscheidung, so gilt dies als Entscheidung, den Zusammenschluss gemäß dem Antrag zu prüfen.
Die Kommission unterrichtet alle Mitgliedstaaten und die beteiligten Unternehmen von ihrer Entscheidung. Sie kann eine Anmeldung gemäß Artikel 4 verlangen.
Das innerstaatliche Wettbewerbsrecht des bzw. der Mitgliedstaaten, die den Antrag gestellt haben, findet auf den Zusammenschluss nicht mehr Anwendung.
(4) Wenn die Kommission einen Zusammenschluss gemäß Absatz 3 prüft, finden Artikel 2, Artikel 4 Absätze 2 und 3, die Artikel 5 und 6 sowie die Artikel 8 bis 21 Anwendung. Artikel 7 findet Anwendung, soweit der Zusammenschluss zu dem Zeitpunkt, zu dem die Kommission den beteiligten Unternehmen mitteilt, dass ein Antrag eingegangen ist, noch nicht vollzogen worden ist.
Ist eine Anmeldung nach Artikel 4 nicht erforderlich, beginnt die Frist für die Einleitung des Verfahrens nach Artikel 10 Absatz 1 an dem Arbeitstag, der auf den Arbeitstag folgt, an dem die

Kommission den beteiligten Unternehmen ihre Entscheidung mitteilt, den Zusammenschluss gemäß Absatz 3 zu prüfen.
(5) Die Kommission kann einem oder mehreren Mitgliedstaaten mitteilen, dass ein Zusammenschluss nach ihrem Dafürhalten die Kriterien des Absatzes 1 erfüllt. In diesem Fall kann die Kommission diesen Mitgliedstaat beziehungsweise diese Mitgliedstaaten auffordern, einen Antrag nach Absatz 1 zu stellen.

Artikel 23
Durchführungsbestimmungen

(1) Die Kommission ist ermächtigt, nach dem Verfahren des Absatzes 2 Folgendes festzulegen:
a) Durchführungsbestimmungen über Form, Inhalt und andere Einzelheiten der Anmeldungen und Anträge nach Artikel 4,
b) Durchführungsbestimmungen zu den in Artikel 4 Absätze 4 und 5 und den Artikeln 7, 9, 10 und 22 bezeichneten Fristen,
c) das Verfahren und die Fristen für das Angebot und die Umsetzung von Verpflichtungszusagen gemäß Artikel 6 Absatz 2 und Artikel 8 Absatz 2,
d) Durchführungsbestimmungen für Anhörungen nach Artikel 18.
(2) Die Kommission wird von einem Beratenden Ausschuss unterstützt, der sich aus Vertretern der Mitgliedstaaten zusammensetzt.
a) Die Kommission hört den Beratenden Ausschuss, bevor sie einen Entwurf von Durchführungsvorschriften veröffentlicht oder solche Vorschriften erlässt.
b) Die Anhörung erfolgt in einer Sitzung, die die Kommission anberaumt und in der sie den Vorsitz führt. Der Einladung zur Sitzung ist ein Entwurf der Durchführungsbestimmungen beizufügen. Die Sitzung findet frühestens zehn Arbeitstage nach Versendung der Einladung statt.
c) Der Beratende Ausschuss gibt seine Stellungnahme zu dem Entwurf der Durchführungsbestimmungen – erforderlichenfalls durch Abstimmung – ab. Die Kommission berücksichtigt die Stellungnahme des Ausschusses in größtmöglichem Umfang.

Artikel 24
Beziehungen zu Drittländern

(1) Die Mitgliedstaaten unterrichten die Kommission über die allgemeinen Schwierigkeiten, auf die ihre Unternehmen bei Zusammenschlüssen gemäß Artikel 3 in einem Drittland stoßen.
(2) Die Kommission erstellt erstmals spätestens ein Jahr nach Inkrafttreten dieser Verordnung und in der Folge regelmäßig einen Bericht, in dem die Behandlung von Unternehmen, die ihren Sitz oder ihr Hauptgeschäft in der Gemeinschaft haben, im Sinne der Absätze 3 und 4 bei Zusammenschlüssen in Drittländern untersucht wird. Die Kommission übermittelt diese Berichte dem Rat und fügt ihnen gegebenenfalls Empfehlungen bei.
(3) Stellt die Kommission anhand der in Absatz 2 genannten Berichte oder aufgrund anderer Informationen fest, dass ein Drittland Unternehmen, die ihren Sitz oder ihr Hauptgeschäft in der Gemeinschaft haben, nicht eine Behandlung zugesteht, die derjenigen vergleichbar ist, die die Gemeinschaft den Unternehmen dieses Drittlands zugesteht, so kann sie dem Rat Vorschläge unterbreiten, um ein geeignetes Mandat für Verhandlungen mit dem Ziel zu erhalten, für Unternehmen, die ihren Sitz oder ihr Hauptgeschäft in der Gemeinschaft haben, eine vergleichbare Behandlung zu erreichen.
(4) Die nach diesem Artikel getroffenen Maßnahmen müssen mit den Verpflichtungen der Gemeinschaft oder der Mitgliedstaaten vereinbar sein, die sich – unbeschadet des Artikels 307 des Vertrags – aus internationalen bilateralen oder multilateralen Vereinbarungen ergeben.

Artikel 25
Aufhebung

(1) Die Verordnungen (EWG) Nr. 4064/89 und (EG) Nr. 1310/97 werden unbeschadet des Artikels 26 Absatz 2 mit Wirkung vom 1. Mai 2004 aufgehoben.
(2) Bezugnahmen auf die aufgehobenen Verordnungen gelten als Bezugnahmen auf die vorliegende Verordnung und sind nach Maßgabe der Entsprechungstabelle im Anhang zu lesen.

Artikel 26
Inkrafttreten und Übergangsbestimmungen

(1) Diese Verordnung tritt am zwanzigsten Tag nach ihrer Veröffentlichung im *Amtsblatt der Europäischen Union* in Kraft.
Sie gilt ab dem 1. Mai 2004.
(2) Die Verordnung (EWG) Nr. 4064/89 findet vorbehaltlich insbesondere der Vorschriften über ihre Anwendbarkeit gemäß ihrem Artikel 25 Absätze 2 und 3 sowie vorbehaltlich des Artikels 2 der Verordnung (EWG) Nr. 1310/97 weiterhin Anwendung auf Zusammenschlüsse, die vor dem Zeitpunkt der Anwendbarkeit der vorliegenden Verordnung Gegenstand eines Vertragsabschlusses oder einer Veröffentlichung im Sinne von Artikel 4 Absatz 1 der Verordnung (EWG) Nr. 4064/89 gewesen oder durch einen Kontrollerwerb im Sinne derselben Vorschrift zustande gekommen sind.
(3) Für Zusammenschlüsse, auf die diese Verordnung infolge des Beitritts eines neuen Mitgliedstaats anwendbar ist, wird das Datum der Geltung dieser Verordnung durch das Beitrittsdatum ersetzt.

Diese Verordnung ist in allen ihren Teilen verbindlich und gilt unmittelbar in jedem Mitgliedstaat.

Geschehen zu Brüssel am 20. Januar 2004.

Im Namen des Rates
Der Präsident
C. McCREEVY

EG-Fusionskontrollverordnung (FKVO)

ANHANG
Entsprechungstabelle

Verordnung (EWG) Nr. 4064/89	Diese Verordnung
Artikel 1 Absätze 1, 2 und 3	Artikel 1 Absätze 1, 2 und 3
Artikel 1 Absatz 4	Artikel 1 Absatz 4
Artikel 1 Absatz 5	Artikel 1 Absatz 5
Artikel 2 Absatz 1	Artikel 2 Absatz 1
–	Artikel 2 Absatz 2
Artikel 2 Absatz 2	Artikel 2 Absatz 3
Artikel 2 Absatz 3	Artikel 2 Absatz 4
Artikel 2 Absatz 4	Artikel 2 Absatz 5
Artikel 3 Absatz 1	Artikel 3 Absatz 1
Artikel 3 Absatz 2	Artikel 3 Absatz 4
Artikel 3 Absatz 3	Artikel 3 Absatz 2
Artikel 3 Absatz 4	Artikel 3 Absatz 3
–	Artikel 3 Absatz 4
Artikel 3 Absatz 5	Artikel 3 Absatz 5
Artikel 4 Absatz 1 Satz 1	Artikel 4 Absatz 1 Unterabsatz 1
Artikel 4 Absatz 1 Satz 2	–
–	Artikel 4 Absatz 1 Unterabsätze 2 und 3
Artikel 4 Absätze 2 und 3	Artikel 4 Absätze 2 und 3
–	Artikel 4 Absätze 4 bis 6
Artikel 5 Absätze 1 bis 3	Artikel 5 Absätze 1 bis 3
Artikel 5 Absatz 4 Einleitungsteil	Artikel 5 Absatz 4 Einleitungsteil
Artikel 5 Absatz 4 Buchstabe a)	Artikel 5 Absatz 4 Buchstabe a)
Artikel 5 Absatz 4 Buchstabe b) Einleitungsteil	Artikel 5 Absatz 4 Buchstabe b) Einleitungsteil
Artikel 5 Absatz 4 Buchstabe b) erster Gedankenstrich	Artikel 5 Absatz 4 Buchstabe b) Ziffer i)
Artikel 5 Absatz 4 Buchstabe b) zweiter Gedankenstrich	Artikel 5 Absatz 4 Buchstabe b) Ziffer ii)
Artikel 5 Absatz 4 Buchstabe b) dritter Gedankenstrich	Artikel 5 Absatz 4 Buchstabe b) Ziffer iii)
Artikel 5 Absatz 4 Buchstabe b) vierter Gedankenstrich	Artikel 5 Absatz 4 Buchstabe b) Ziffer iv)
Artikel 5 Absatz 4 Buchstaben c), d) und e)	Artikel 5 Absatz 4 Buchstaben c), d) und e)
Artikel 5 Absatz 5	Artikel 5 Absatz 5
Artikel 6 Absatz 1 Einleitungsteil	Artikel 6 Absatz 1 Einleitungsteil
Artikel 6 Absatz 1 Buchstaben a) und b)	Artikel 6 Absatz 1 Buchstaben a) und b)
Artikel 6 Absatz 1 Buchstabe c)	Artikel 6 Absatz 1 Buchstabe c) Satz 1
Artikel 6 Absätze 2 bis 5	Artikel 6 Absätze 2 bis 5
Artikel 7 Absatz 1	Artikel 7 Absatz 1
Artikel 7 Absatz 3	Artikel 7 Absatz 2

Anhang 1

Verordnung (EWG) Nr. 4064/89	Diese Verordnung
Artikel 7 Absatz 4	Artikel 7 Absatz 3
Artikel 7 Absatz 5	Artikel 7 Absatz 4
Artikel 8 Absatz 1	Artikel 6 Absatz 1 Buchstabe c) Unterabsatz 2
Artikel 8 Absatz 2	Artikel 8 Absätze 1 und 2
Artikel 8 Absatz 3	Artikel 8 Absatz 3
Artikel 8 Absatz 4	Artikel 8 Absatz 4
–	Artikel 8 Absatz 5
Artikel 8 Absatz 5	Artikel 8 Absatz 6
Artikel 8 Absatz 6	Artikel 8 Absatz 7
–	Artikel 8 Absatz 8
Artikel 9 Absätze 1 bis 9	Artikel 9 Absätze 1 bis 9
Artikel 9 Absatz 10	–
Artikel 10 Absätze 1 und 2	Artikel 10 Absätze 1 und 2
Artikel 10 Absatz 3	Artikel 10 Absatz 1 Unterabsatz 1 Satz 1
–	Artikel 10 Absatz 3 Unterabsatz 1 Satz 2
–	Artikel 10 Absatz 3 Unterabsatz 2
Artikel 10 Absatz 4	Artikel 10 Absatz 4 Unterabsatz 1
–	Artikel 10 Absatz 4 Unterabsatz 2
Artikel 10 Absatz 5	Artikel 10 Absatz 5 Unterabsätze 1 und 4
–	Artikel 10 Absatz 5 Unterabsätze 2, 3 und 5
Artikel 10 Absatz 6	Artikel 10 Absatz 6
Artikel 11 Absatz 1	Artikel 11 Absatz 1
Artikel 11 Absatz 2	–
Artikel 11 Absatz 3	Artikel 11 Absatz 2
Artikel 11 Absatz 4	Artikel 11 Absatz 4 Satz 1
–	Artikel 11 Absatz 4 Sätze 2 und 3
Artikel 11 Absatz 5 Satz 1	–
Artikel 11 Absatz 5 Satz 2	Artikel 11 Absatz 3
Artikel 11 Absatz 6	Artikel 11 Absatz 5
–	Artikel 11 Absätze 6 und 7
Artikel 12	Artikel 12
Artikel 13 Absatz 1 Unterabsatz 1	Artikel 13 Absatz 1
Artikel 13 Absatz 1 Unterabsatz 2 Einleitungsteil	Artikel 13 Absatz 2 Einleitungsteil
Artikel 13 Absatz 1 Unterabsatz 2 Buchstabe a)	Artikel 13 Absatz 2 Buchstabe b)
Artikel 13 Absatz 1 Unterabsatz 2 Buchstabe b)	Artikel 13 Absatz 2 Buchstabe c)
Artikel 13 Absatz 1 Unterabsatz 2 Buchstabe c)	Artikel 13 Absatz 2 Buchstabe e)
Artikel 13 Absatz 1 Unterabsatz 2 Buchstabe d)	Artikel 13 Absatz 2 Buchstabe a)

Verordnung (EWG) Nr. 4064/89	Diese Verordnung
–	Artikel 13 Absatz 2 Buchstabe d)
Artikel 13 Absatz 2	Artikel 13 Absatz 3
Artikel 13 Absatz 3	Artikel 13 Absatz 4 Sätze 1 und 2
Artikel 13 Absatz 4	Artikel 13 Absatz 4 Satz 3
Artikel 13 Absatz 5	Artikel 13 Absatz 5 Satz 1
–	Artikel 13 Absatz 5 Satz 2
Artikel 13 Absatz 6 Satz 1	Artikel 13 Absatz 6
Artikel 13 Absatz 6 Satz 2	–
–	Artikel 13 Absätze 7 und 8
Artikel 14 Absatz 1 Einleitungsteil	Artikel 14 Absatz 1 Einleitungsteil
Artikel 14 Absatz 1 Buchstabe a)	Artikel 14 Absatz 2 Buchstabe a)
Artikel 14 Absatz 1 Buchstabe b)	Artikel 14 Absatz 1 Buchstabe a)
Artikel 14 Absatz 1 Buchstabe c)	Artikel 14 Absatz 1 Buchstaben b) und c)
Artikel 14 Absatz 1 Buchstabe d)	Artikel 14 Absatz 1 Buchstabe d)
–	Artikel 14 Absatz 1 Buchstaben e) und f)
Artikel 14 Absatz 2 Einleitungsteil	Artikel 14 Absatz 2 Einleitungsteil
Artikel 14 Absatz 2 Buchstabe a)	Artikel 14 Absatz 2 Buchstabe a)
Artikel 14 Absatz 2 Buchstaben b) und c)	Artikel 14 Absatz 2 Buchstaben b) und c)
Artikel 14 Absatz 3	Artikel 14 Absatz 3
Artikel 14 Absatz 4	Artikel 14 Absatz 4
Artikel 15 Absatz 1 Einleitungsteil	Artikel 15 Absatz 1 Einleitungsteil
Artikel 15 Absatz 1 Buchstaben a) und b)	Artikel 15 Absatz 1 Buchstaben a) und b)
Artikel 15 Absatz 2 Einleitungsteil	Artikel 15 Absatz 1 Einleitungsteil
Artikel 15 Absatz 2 Buchstabe a)	Artikel 15 Absatz 1 Buchstabe c)
Artikel 15 Absatz 2 Buchstabe b)	Artikel 15 Absatz 1 Buchstabe d)
Artikel 15 Absatz 3	Artikel 15 Absatz 2
Artikel 16 bis 20	Artikel 16 bis 20
Artikel 21 Absatz 1	Artikel 21 Absatz 2
Artikel 21 Absatz 2	Artikel 21 Absatz 3
Artikel 21 Absatz 3	Artikel 21 Absatz 4
Artikel 22 Absatz 1	Artikel 21 Absatz 1
Artikel 22 Absatz 3	–
–	Artikel 22 Absätze 1 bis 3
Artikel 22 Absatz 4	Artikel 22 Absatz 4
Artikel 22 Absatz 5	–
–	Artikel 22 Absatz 5
Artikel 23	Artikel 23 Absatz 1
–	Artikel 23 Absatz 2
Artikel 24	Artikel 24
–	Artikel 25
Artikel 25 Absatz 1	Artikel 26 Absatz 1 Unterabsatz 1

Anhang 1

Verordnung (EWG) Nr. 4064/89	Diese Verordnung
–	Artikel 26 Absatz 1 Unterabsatz 2
Artikel 25 Absatz 2	Artikel 26 Absatz 2
Artikel 25 Absatz 3	Artikel 26 Absatz 3
–	Anhang

Verordnung (EG) Nr. 802/2004 der Kommission

vom 7. April 2004 zur Durchführung der Verordnung (EG) Nr. 139/2004 des Rates über die Kontrolle von Unternehmenszusammenschlüssen

(Text von Bedeutung für den EWR)

DIE KOMMISSION DER EUROPÄISCHEN GEMEINSCHAFTEN –

gestützt auf den Vertrag zur Gründung der Europäischen Gemeinschaft,
gestützt auf das Abkommen über den Europäischen Wirtschaftsraum,
gestützt auf die Verordnung (EG) Nr. 139/2004 des Rates vom 20. Januar 2004 über die Kontrolle von Unternehmenszusammenschlüssen (»EG-Fusionskontrollverordnung«)[1], insbesondere auf Artikel 23 Absatz 1,
gestützt auf die Verordnung (EWG) Nr. 4064/89 vom 21. Dezember 1989 über die Kontrolle von Unternehmenszusammenschlüssen[2], zuletzt geändert durch die Verordnung (EG) Nr. 1310/97[3], insbesondere auf Artikel 23,

nach Anhörung des Beratenden Ausschusses, in Erwägung nachstehender Gründe:

(1) Bei der Neufassung der Verordnung (EWG) Nr. 4064/89 des Rates vom 21. Dezember 1989 über die Kontrolle von Unternehmenszusammenschlüssen wurden verschiedene Bestimmungen dieser Verordnung erheblich geändert.
(2) Um diesen Änderungen Rechnung zu tragen, muss auch die Verordnung (EG) Nr. 447/98 der Kommission über die Anmeldungen, über die Fristen sowie über die Anhörung nach der Verordnung (EWG) Nr. 4064/89 des Rates über die Kontrolle von Unternehmenszusammenschlüssen[4] geändert werden. Deshalb sollte sie aus Gründen der Klarheit aufgehoben und durch eine neue Verordnung ersetzt werden.
(3) Die Kommission hat Maßnahmen zum Mandat von Anhörungsbeauftragten in bestimmten Wettbewerbsverfahren erlassen.
(4) Die Verordnung (EG) Nr. 139/2004 geht von dem Grundsatz aus, dass Zusammenschlüsse anzumelden sind, bevor sie vollzogen werden. Von einer ordnungsgemäßen Anmeldung hängen einerseits wichtige, für die an dem Zusammenschlussvorhaben Beteiligten vorteilhafte Rechtsfolgen ab. Andererseits stellt die Verletzung der Anmeldepflicht eine mit Geldbußen bedrohte Handlung dar; sie kann für die Anmelder auch nachteilige Rechtsfolgen zivilrechtlicher Art mit sich bringen. Im Interesse der Rechtssicherheit ist es deshalb geboten, den Gegenstand und Inhalt der bei der Anmeldung vorzulegenden Angaben genau zu umschreiben.
(5) Es obliegt den Anmeldern, die Kommission wahrheitsgemäß und vollständig über die Tatsachen und Umstände zu unterrichten, die für die Entscheidung über den angemeldeten Zusammenschluss von Bedeutung sind.
(6) Ferner gewährt die Verordnung (EG) Nr. 139/2004 den betroffenen Unternehmen das Recht, vor der Anmeldung mit begründetem Antrag um eine Verweisung der Sache von einem oder mehreren Mitgliedstaaten an die Kommission oder umgekehrt zu ersuchen, wenn der Zusammenschluss die Voraussetzungen der genannten Verordnung erfüllt. Es ist wichtig, dass die Kommission und die zuständigen Behörden der betroffenen Mitgliedstaaten über ausreichende Informationen verfügen, um binnen einer kurzen Frist darüber zu entscheiden, ob eine Verweisung erfolgen sollte. Deswegen sollte der begründete Antrag auf Verweisung genaue Angaben zu diesem Punkt enthalten.
(7) Um die Bearbeitung von Anmeldungen zu vereinfachen und zu beschleunigen, empfiehlt es sich, die Verwendung von Formblättern vorzuschreiben.

---
1 ABl. L 24 vom 29. 1. 2004, S. 1.
2 ABl. L 395 vom 30. 12. 1989, S. 1.
3 ABl. L 180 vom 9. 7. 1997, S. 1.
4 ABl. L 61 vom 2. 3. 1998, S. 1; Verordnung geändert durch die Akte über den Beitritt 2003.

(8) Da die Anmeldung gesetzliche Fristen in Gang setzt, die in der Verordnung (EG) Nr. 139/2004 vorgesehen sind, sind außerdem die Bedingungen, under denen diese Fristen zu laufen beginnen, und der Zeitpunkt des Fristbeginns festzulegen.

(9) Im Interesse der Rechtssicherheit müssen Regeln für die Berechnung der in der Verordnung (EG) Nr. 139/2004 vorgesehenen Fristen festgelegt werden. Dabei sind insbesondere der Beginn und das Ende der Fristen sowie die ihren Lauf hemmenden Umstände unter Berücksichtigung der Erfordernisse zu bestimmen, die sich aus dem außergewöhnlich engen Zeitrahmen für die Fusionskontrollverfahren ergeben.

(10) Die Vorschriften über das Verfahren bei der Kommission sind in einer Weise zu gestalten, die das rechtliche Gehör und das Recht auf Verteidigung in vollem Umfang gewährleistet. Zu diesem Zweck unterscheidet die Kommission zwischen den Anmeldern, den anderen an dem Zusammenschlussvorhaben Beteiligten, Dritten und den Beteiligten, in Bezug auf die von der Kommission die Festsetzung einer Geldbuße oder von Zwangsgeldern beabsichtigt wird.

(11) Die Kommission sollte den Anmeldern und anderen an dem Zusammenschlussvorhaben Beteiligten auf deren Wunsch bereits vor der Anmeldung Gelegenheit zu informellen und vertraulichen Gesprächen über den beabsichtigten Zusammenschluss geben. Außerdem sollte die Kommission nach der Anmeldung enge Verbindung zu diesen Beteiligten aufrechterhalten, soweit dies erforderlich ist, um etwaige tatsächliche oder rechtliche Probleme, die sie bei der ersten Prüfung des Falles entdeckt hat, mit ihnen zu erörtern und wenn möglich im gegenseitigen Einvernehmen zu lösen.

(12) Entsprechend dem Grundsatz der Wahrung des Rechts auf Verteidigung müssen die Anmelder Gelegenheit haben, sich zu allen Einwänden zu äußern, welche die Kommission in ihren Entscheidungen in Betracht ziehen will. Den anderen am Zusammenschlussvorhaben Beteiligten sollten die Einwände der Kommission auch mitgeteilt werden, und sie sollten Gelegenheit zur Äußerung erhalten.

(13) Auch Dritte, die ein hinreichendes Interesse nachweisen, müssen Gelegenheit zur Äußerung erhalten, falls sie einen entsprechenden schriftlichen Antrag stellen.

(14) Alle zur Stellungnahme berechtigten Personen sollten sich sowohl in ihrem eigenen als auch im Interesse eines ordentlichen Verfahrens schriftlich äußern, unbeschadet ihres Rechts, gegebenenfalls eine förmliche mündliche Anhörung zu beantragen, die das schriftliche Verfahren ergänzt. In Eilfällen muss die Kommission jedoch die Möglichkeit haben, sofort eine förmliche mündliche Anhörung der Anmelder, anderer Beteiligter oder Dritter durchzuführen.

(15) Es ist festzulegen, welche Rechte den Personen zustehen, die angehört werden sollen, inwieweit ihnen Akteneinsicht zu gewähren ist und unter welchen Voraussetzungen Vertretung und Beistand zulässig sind.

(16) Gewährt die Kommission Akteneinsicht, sollte sie den Schutz von Geschäftsgeheimnissen und anderen vertraulichen Angaben sicherstellen. Die Kommission sollte von den Unternehmen, die Schriftstücke oder Erklärungen vorgelegt haben, die Kenntlichmachung vertraulicher Angaben verlangen können.

(17) Damit die Kommission Verpflichtungen, die von den Anmeldern angeboten werden und dazu bestimmt sind, den Zusammenschluss mit dem Gemeinsamen Markt vereinbar zu machen, ordnungsgemäß würdigen und die erforderliche Konsultierung mit den anderen Beteiligten, Dritten und den Behörden der Mitgliedstaaten nach Maßgabe der Verordnung (EG) Nr. 139/2004 und insbesondere deren Artikel 18 Absätze 1 und 4 sowie Artikel 19 Absätze 1, 2, 3 und 5 gewährleisten kann, sind das Verfahren und die Fristen für die Vorlage der Verpflichtungen gemäß Artikel 6 Absatz 2 und Artikel 8 Absatz 2 der Verordnung (EG) Nr. 139/2004 festzulegen.

(18) Außerdem sind die Regeln für bestimmte von der Kommission festzusetzende Fristen festzulegen.

(19) Der Beratende Ausschuss für die Kontrolle von Unternehmenszusammenschlüssen nimmt auf der Grundlage eines vorläufigen Entscheidungsentwurfs Stellung. Er ist daher stets nach Abschluss der Ermittlung des Falles anzuhören. Diese Anhörung hindert

die Kommission jedoch nicht daran, ihre Ermittlungen nötigenfalls später wieder aufzunehmen –

HAT FOLGENDE VERORDNUNG ERLASSEN:

Kapitel I
Anwendungsbereich

Artikel 1
Anwendungsbereich

Diese Verordnung gilt für die Kontrolle von Unternehmenszusammenschlüssen, die gemäß der Verordnung (EG) Nr. 139/2004 durchgeführt wird.

Kapitel II
Anmeldungen und andere Vorlagen

Artikel 2
Anmeldungsbefugnis

(1) Anmeldungen sind von den in Artikel 4 Absatz 2 der Verordnung (EG) Nr. 139/2004 bezeichneten Personen oder Unternehmen einzureichen.
(2) Unterzeichnen Vertreter von Personen oder Unternehmen die Anmeldung, so haben sie ihre Vertretungsbefugnis durch Urkunden nachzuweisen.
(3) Gemeinsame Anmeldungen müssen von einem gemeinsamen Vertreter eingereicht werden, der ermächtigt ist, im Namen aller Anmelder Schriftstücke zu übermitteln und zu empfangen.

Artikel 3
Vorlage der Anmeldungen

(1) Für Anmeldungen ist das im Anhang I abgedruckte Formblatt CO in der darin beschriebenen Art und Weise zu verwenden. Unter den in Anhang II aufgeführten Voraussetzungen können Anmeldungen in der dort beschriebenen Kurzfassung eingereicht werden. Bei gemeinsamen Anmeldungen ist ein einziges Formblatt zu verwenden.
(2) Das Formblatt CO ist der Kommission zusammen mit allen Schriftstücken im Original und in 35facher Ausfertigung vorzulegen. Die Anmeldung ist in der von der Kommission angegebenen Form an die in Artikel 23 Absatz 1 bezeichnete Anschrift zu übermitteln.
(3) Als Anlagen beigefügte Schriftstücke sind im Original oder in Abschrift einzureichen. Die Vollständigkeit der Abschrift und ihre Übereinstimmung mit dem Original sind von den Anmeldern zu bestätigen.
(4) Die Anmeldungen sind in einer der Amtssprachen der Gemeinschaft abzufassen, die für die Anmelder zugleich die Verfahrenssprache – auch für spätere Verfahren im Zusammenhang mit dem selben Zusammenschluss – ist. Beigefügte Schriftstücke sind in der Originalsprache einzureichen. Ist die Originalsprache keine der Amtssprachen der Gemeinschaft, so ist eine Übersetzung in die Verfahrenssprache beizufügen.
(5) Anmeldungen gemäß Artikel 57 des Abkommens über den Europäischen Wirtschaftsraum können in einer der Amtssprachen der EFTA-Staaten oder der Arbeitssprache der EFTA-Überwachungsbehörde vorgelegt werden. Handelt es sich hierbei nicht um eine Amtssprache der Gemeinschaft, haben die Anmelder sämtlichen Unterlagen eine Übersetzung in eine der Amtssprachen der Gemeinschaft beizufügen. Die für die Übersetzung gewählte Sprache wird von der Kommission als Verfahrenssprache gegenüber den Anmeldern verwendet.

Artikel 4
Angaben und Unterlagen

(1) Die Anmeldungen müssen die in den einschlägigen im Anhang abgedruckten Formblättern verlangten Angaben und Unterlagen enthalten. Diese Angaben müssen richtig und vollständig sein.

(2) Die Kommission kann von der Pflicht zur Vorlage einzelner verlangter Angaben einschließlich aller Unterlagen oder von anderen in den Anhängen I und II festgelegten Anforderungen befreien, wenn sie der Ansicht ist, dass die Einhaltung dieser Pflichten oder Anforderungen für die Prüfung des Falles nicht notwendig sind.

(3) Die Kommission bestätigt den Anmeldern oder ihren Vertretern unverzüglich schriftlich den Eingang der Anmeldung und einer Antwort auf ein Schreiben der Kommission gemäß Artikel 5 Absätze 2 und 3.

Artikel 5
Wirksamwerden der Anmeldung

(1) Vorbehaltlich der Absätze 2, 3 und 4 werden Anmeldungen am Tag ihres Eingangs bei der Kommission wirksam.

(2) Sind die in der Anmeldung enthaltenen Angaben oder Unterlagen in einem wesentlichen Punkt unvollständig, so teilt die Kommission dies den Anmeldern oder ihren Vertretern umgehend schriftlich mit. In diesem Fall wird die Anmeldung am Tag des Eingangs der vollständigen Angaben oder Unterlagen bei der Kommission wirksam.

(3) Ergeben sich nach der Anmeldung Änderungen an den dort angegebenen Tatsachen oder werden neue Informationen bekannt, welche die Anmelder kennen oder kennen müssen und die anmeldepflichtig gewesen wären, wenn sie zum Anmeldezeitpunkt bekannt gewesen wären, so sind diese Änderungen und neuen Informationen der Kommission unverzüglich mitzuteilen. Wenn diese Änderungen oder neuen Informationen erhebliche Auswirkungen auf die Beurteilung des Zusammenschlusses haben könnten, kann die Kommission die Anmeldung als am Tage des Eingangs der entsprechenden Mitteilung wirksam geworden ansehen; die Kommission setzt die Anmelder oder ihre Vertreter hiervon umgehend schriftlich in Kenntnis.

(4) Unrichtige oder irreführende Angaben oder Unterlagen werden als unvollständige Angaben oder Unterlagen angesehen.

(5) Wenn die Kommission die erfolgte Anmeldung gemäß Artikel 4 Absatz 3 der Verordnung (EG) Nr. 139/2004 veröffentlicht, gibt sie den Zeitpunkt des Eingangs der Anmeldung an. Ist die Anmeldung gemäß den Absätzen 2, 3 und 4 des vorliegenden Artikels später als zu dem in der Veröffentlichung genannten Zeitpunkt wirksam erfolgt, so gibt die Kommission den Zeitpunkt der wirksam erfolgten Anmeldung in einer weiteren Veröffentlichung bekannt.

Artikel 6
Besondere Bestimmungen über begründete Anträge, Ergänzungen und Bestätigungen

(1) Begründete Anträge im Sinne von Artikel 4 Absätze 4 und 5 der Verordnung (EG) Nr. 139/ 2004 enthalten die in Anhang III der vorliegenden Verordnung aufgeführten Angaben und Unterlagen.

(2) Artikel 2, Artikel 3 Absatz 1 Satz 3 und Absätze 2 bis 5, Artikel 4, Artikel 5 Absatz 1, Absatz 2 Satz 1 sowie Absätze 3 und 4 sowie Artikel 21 und 23 der vorliegenden Verordnung gelten entsprechend für begründete Anträge im Sinne von Artikel 4 Absätze 4 und 5 der Verordnung (EG) Nr. 139/2004.

Artikel 2, Artikel 3 Absatz 1 Satz 3 und Absätze 2 bis 5, Artikel 4, Artikel 5 Absätze 1 bis 4 sowie Artikel 21 und 23 der vorliegenden Verordnung gelten entsprechend für Ergänzungen von Anmeldungen und Bestätigungen im Sinne von Artikel 10 Absatz 5 der Verordnung (EG) Nr. 139/ 2004.

Kapitel III
Fristen

Artikel 7
Beginn der Fristen

Fristen beginnen am ersten Arbeitstag im Sinne von Artikel 24 der vorliegenden Verordnung, der auf den Vorgang folgt, auf den sich die einschlägige Bestimmung der Verordnung (EG) Nr. 139/2004 bezieht.

Artikel 8
Ende der Fristen

Eine in Arbeitstagen bemessene Frist endet mit Ablauf des letzten Arbeitstages dieser Frist.
Eine von der Kommission auf einen bestimmten Kalendertag festgesetzte Frist endet mit Ablauf dieses Kalendertages.

Artikel 9
Fristhemmung

(1) Die in Artikel 9 Absatz 4 und Artikel 10 Absätze 1 und 3 der Verordnung (EG) Nr. 139/2004 bezeichneten Fristen werden gehemmt, wenn die Kommission eine Entscheidung nach Artikel 11 Absatz 3 oder Artikel 13 Absatz 4 der genannten Verordnung zu erlassen hat, weil
a) eine Auskunft, welche die Kommission nach Artikel 11 Absatz 2 der Verordnung (EG) Nr. 139/2004 von einem der Anmelder oder einem anderen Beteiligten im Sinne von Artikel 11 der vorliegenden Verordnung verlangt hat, innerhalb der von der Kommission festgesetzten Frist nicht oder nicht vollständig erteilt worden ist;
b) eine Auskunft, welche die Kommission nach Artikel 11 Absatz 2 der Verordnung (EG) Nr. 139/2004 von einem Dritten gemäß der Definition in Artikel 11 der vorliegenden Verordnung verlangt hat, innerhalb der von der Kommission festgesetzten Frist nicht oder nicht vollständig erteilt worden ist und dies auf Umstände zurückzuführen ist, für die einer der Anmelder oder der anderen Beteiligten im Sinne von Artikel 11 der vorliegenden Verordnung verantwortlich ist;
c) einer der Anmelder oder ein anderer Beteiligter im Sinne von Artikel 11 der vorliegenden Verordnung sich weigert, eine von der Kommission aufgrund von Artikel 13 Absatz 1 der Verordnung (EG) Nr. 139/2004 für erforderlich gehaltene Nachprüfung zu dulden oder bei ihrer Durchführung nach Maßgabe von Artikel 13 Absatz 2 der genannten Verordnung mitzuwirken;
d) die Anmelder es unterlassen haben, Änderungen an den in der Anmeldung enthaltenen Tatsachen oder neue Informationen der in Artikel 5 Absatz 3 der vorliegenden Verordnung bezeichneten Art der Kommission mitzuteilen.
(2) Die in Artikel 9 Absatz 4 und Artikel 10 Absätze 1 und 3 der Verordnung (EG) Nr. 139/2004 bezeichneten Fristen werden gehemmt, wenn die Kommission eine Entscheidung nach Artikel 11 Absatz 3 der genannten Verordnung zu erlassen hat, ohne zuvor auf ein einfaches Auskunftsverlangen zurückzugreifen, sofern sie dazu durch Umstände veranlasst wird, für die ein an dem Zusammenschluss beteiligtes Unternehmen verantwortlich ist.
(3) Die in Artikel 9 Absatz 4 und Artikel 10 Absätze 1 und 3 der Verordnung (EG) Nr. 139/2004 bezeichneten Fristen werden gehemmt:
a) in den Fällen des Absatzes 1 Buchstaben a) und b) während des Zeitraums zwischen dem Ende der im einfachen Auskunftsverlangen festgesetzten Frist und dem Eingang der vollständigen und richtigen durch Entscheidung angeforderten Auskunft;
b) in den Fällen des Absatzes 1 Buchstabe c) während des Zeitraums zwischen dem gescheiterten Nachprüfungsversuch und der Beendigung der durch Entscheidung angeordneten Nachprüfung;
c) in den Fällen des Absatzes 1 Buchstabe d) während des Zeitraums zwischen dem Eintritt der Änderung der dort bezeichneten Tatsachen und dem Eingang der vollständigen und richtigen Auskunft.
d) in den Fällen des Absatzes 2 während des Zeitraums zwischen dem Ende der in der Entscheidung festgesetzten Frist und dem Eingang der vollständigen und richtigen durch Entscheidung angeforderten Auskunft.
(4) Die Hemmung der Frist beginnt mit dem Arbeitstag, der auf den Tag der Entstehung des Hemmnisses folgt. Sie endet mit dem Ablauf des Tages der Beseitigung des Hemmnisses. Ist dieser Tag kein Arbeitstag, so endet die Hemmung der Frist mit dem Ablauf des folgenden Arbeitstages.

Artikel 10
Wahrung der Fristen

(1) Die in Artikel 4 Absatz 4 Unterabsatz 4, Artikel 9 Absatz 4, Artikel 10 Absätze 1 und 3 und Artikel 22 Absatz 3 der Verordnung (EG) Nr. 139/2004 bezeichneten Fristen sind gewahrt, wenn die Kommission vor Fristablauf die jeweilige Entscheidung erlassen hat.
(2) Die in Artikel 4 Absatz 4 Unterabsatz 2 und Absatz 5 Unterabsatz 3, Artikel 9 Absatz 2, Artikel 22 Absatz 1 Unterabsatz 2 und Absatz 2 Unterabsatz 2 der Verordnung (EG) Nr. 139/2004 bezeichneten Fristen gelten als vom Mitgliedstaat gewahrt, wenn dieser vor Fristablauf die Kommission schriftlich unterrichtet bzw. den schriftlichen Antrag einreicht oder sich diesem anschließt.
(3) Die in Artikel 9 Absatz 6 der Verordnung (EG) Nr. 139/ 2004 bezeichnete Frist ist gewahrt, wenn die zuständige Behörde des betreffenden Mitgliedstaats vor Fristablauf die betroffenen Unternehmen gemäß den dort festgelegten Bestimmungen unterrichtet.

Kapitel IV
Wahrnehmung des Anspruchs auf rechtliches Gehör; Anhörungen

Artikel 11
Anzuhörende

In Hinblick auf das Recht auf Anhörung gemäß Artikel 18 der Verordnung (EG) Nr. 139/2004 wird unterschieden zwischen

a) Anmeldern: die Personen oder Unternehmen, die eine Anmeldung gemäß Artikel 4 Absatz 2 der Verordnung (EG) Nr. 139/2004 unterbreiten;
b) anderen Beteiligten: die an dem Zusammenschlussvorhaben Beteiligten, die keine Anmelder sind, wie der Veräußerer und das Unternehmen, das übernommen werden soll;
c) Dritten: natürliche oder juristische Personen einschließlich Kunden, Lieferanten und Wettbewerber, sofern diese ein hinreichendes Interesse im Sinne von Artikel 18 Absatz 4 Satz 2 der Verordnung (EG) Nr. 139/2004 darlegen können; ein derartiges Interesse können insbesondere darlegen
  – die Mitglieder der Aufsichts- oder Leitungsorgane der beteiligten Unternehmen oder die anerkannten Vertreter ihrer Arbeitnehmer,
  – Verbraucherverbände, wenn das Zusammenschlussvorhaben von Endverbrauchern genutzte Waren oder Dienstleistungen betrifft;
d) den Beteiligten, bezüglich derer die Kommission den Erlass einer Entscheidung nach Artikel 14 oder Artikel 15 der Verordnung (EG) Nr. 139/2004 beabsichtigt.

Artikel 12
Entscheidungen über den Aufschub des Vollzugs von Zusammenschlüssen

(1) Beabsichtigt die Kommission, eine einen oder mehrere Beteiligte beschwerende Entscheidung nach Artikel 7 Absatz 3 der Verordnung (EG) Nr. 139/2004 zu erlassen, so teilt sie nach Artikel 18 Absatz 1 der genannten Verordnung den Anmeldern und anderen Beteiligten ihre Einwände schriftlich mit und setzt ihnen eine Frist zur schriftlichen Äußerung.
(2) Hat die Kommission eine der in Absatz 1 des vorliegenden Artikels bezeichneten Entscheidungen nach Artikel 18 Absatz 2 der Verordnung (EG) Nr. 139/2004 vorläufig erlassen, ohne den Anmeldern und anderen Beteiligten zuvor Gelegenheit zur Äußerung gegeben zu haben, so übermittelt sie diesen unverzüglich den vollen Wortlaut der vorläufigen Entscheidung und setzt ihnen eine Frist zur schriftlichen Äußerung.
Im Anschluss an die Äußerung der Anmelder und anderen Beteiligten erlässt die Kommission eine endgültige Entscheidung, mit der sie die vorläufige Entscheidung aufhebt, ändert oder bestätigt. Haben diese sich innerhalb der ihnen gesetzten Frist nicht schriftlich geäußert, so wird die vorläufige Entscheidung der Kommission mit dem Ablauf dieser Frist zu einer endgültigen.

Artikel 13
Entscheidungen in der Hauptsache

(1) Beabsichtigt die Kommission, eine Entscheidung nach Artikel 6 Absatz 3 oder Artikel 8 Absätze 2 bis 6 der Verordnung (EWG) Nr. 139/2004 zu erlassen, so führt sie, bevor sie den Beratenden Ausschuss für die Kontrolle von Unternehmenszusammenschlüssen konsultiert, eine Anhörung der Beteiligten nach Artikel 18 Absätze 1 und 3 der genannten Verordnung durch.
Artikel 12 Absatz 2 der vorliegenden Verordnung gilt entsprechend, wenn die Kommission in Anwendung von Artikel 18 Absatz 2 der Verordnung (EG) Nr. 139/2004 eine vorläufige Entscheidung gemäß Artikel 8 Absatz 5 der genannten Verordnung erlassen hat.
(2) Die Kommission teilt ihre Einwände den Anmeldern schriftlich mit.
In der Mitteilung der Einwände setzt die Kommission den Anmeldern eine Frist zur schriftlichen Stellungnahme.
Die Kommission teilt ihre Einwände anderen Beteiligten schriftlich mit.
Die Kommission setzt eine Frist, innerhalb derer die anderen Beteiligten schriftlich Stellung nehmen können.
Die Kommission ist nicht verpflichtet, nach Ablauf der von ihr gesetzten Frist erhaltene Stellungnahmen zu berücksichtigen.
(3) Die Anmelder und die anderen Beteiligten, denen die Einwände der Kommission mitgeteilt oder die davon in Kenntnis gesetzt wurden, nehmen zu den Einwänden der Kommission schriftlich innerhalb der ihnen gesetzten Frist Stellung. Sie können in ihren schriftlichen Stellungnahmen alles zu ihrer Verteidigung Zweckdienliche vortragen; sie fügen alle zum Nachweis vorgetragener Tatsachen alle zweckdienlichen Unterlagen bei. Sie können der Kommission die Anhörung von Personen vorschlagen, die die vorgetragenen Tatsachen bestätigen können. Sie übermitteln der Kommission ihre Stellungnahmen im Original und in zehn weiteren Ausfertigungen an die Anschrift der Generaldirektion Wettbewerb der Kommission. Eine Ausfertigung ist zusätzlich in elektronischer Form und dem von der Kommission angegebenen Format an diese Anschrift zu übermitteln. Die Kommission leitet Kopien dieser schriftlichen Unterlagen unverzüglich an die zuständigen Behörden der Mitgliedstaaten weiter.
(4) Beabsichtigt die Kommission, eine Entscheidung nach Artikel 14 oder Artikel 15 der Verordnung (EG) Nr. 139/2004 zu erlassen, so hört sie nach Artikel 18 Absätze 1 und 3 der genannten Verordnung vor der Konsultierung des Beratenden Ausschusses für Unternehmenszusammenschlüsse diejenigen Beteiligten an, in Bezug auf die eine Entscheidung erlassen werden soll.
Das Verfahren nach Absatz 2 Unterabsätze 1 und 2 sowie Absatz 3 gilt entsprechend.

Artikel 14
Mündliche Anhörungen

(1) Vor Erlass einer Entscheidung gemäß Artikel 6 Absatz 3 oder Artikel 8 Absätze 2 bis 6 der Verordnung (EG) Nr. 139/ 2004 gibt sie den Anmeldern, die dies in ihren schriftlichen Stellungnahmen beantragt haben, die Gelegenheit, ihre Argumente in einer förmlichen mündlichen Anhörung vorzutragen. Sie kann ihnen auch in anderen Verfahrensstadien die Gelegenheit geben, ihre Argumente mündlich vorzubringen.
(2) Vor Erlass einer Entscheidung gemäß Artikel 6 Absatz 3 oder Artikel 8 Absätze 2 bis 6 der Verordnung (EG) Nr. 139/ 2004 gibt sie den anderen Beteiligten, die dies in ihren schriftlichen Stellungnahmen beantragt haben, die Gelegenheit, ihre Argumente in einer förmlichen mündlichen Anhörung vorzutragen. Sie kann ihnen auch in anderen Verfahrensstadien die Gelegenheit geben, ihre Argumente mündlich vorzubringen.
(3) Vor Erlass einer Entscheidung gemäß Artikel 14 oder 15 der Verordnung (EG) Nr. 139/2004 gibt die Kommission Beteiligten, gegen die sie Geldbußen oder Zwangsgelder festzusetzen beabsichtigt, Gelegenheit, ihre Argumente in einer förmlichen mündlichen Anhörung vorzutragen, wenn sie dies in ihren schriftlichen Stellungnahmen beantragt haben. Sie kann ihnen ebenfalls in anderen Verfahrensstadien die Gelegenheit geben, ihre Argumente mündlich vorzubringen.

Artikel 15
Durchführung der förmlichen mündlichen Anhörungen

(1) Der Anhörungsbeauftragte führt die förmliche Anhörung in voller Unabhängigkeit durch.
(2) Die Kommission lädt die anzuhörenden Personen an einem von ihr festgesetzten Termin zu der förmlichen Anhörung.
(3) Die Kommission lädt die zuständigen Behörden der Mitgliedstaaten zur Teilnahme an allen förmlichen mündlichen Anhörungen ein.
(4) Die geladenen Personen erscheinen persönlich oder werden gegebenenfalls durch ihre gesetzlichen oder satzungsgemäßen Vertreter vertreten. Unternehmen und Unternehmensvereinigungen können sich auch durch einen mit ordnungsgemäßer Vollmacht versehenen Vertreter vertreten lassen, der ständig im Dienst des Unternehmens oder der Unternehmensvereinigung steht.
(5) Die von der Kommission anzuhörenden Personen können ihre Rechtsberater oder andere vom Anhörungsbeauftragten zugelassene qualifizierte und mit ordnungsgemäßer Vollmacht versehene Personen hinzuziehen.
(6) Förmliche mündliche Anhörungen sind nicht öffentlich. Jede Person kann allein oder in Anwesenheit anderer geladener Personen gehört werden; dabei ist den berechtigten Interessen der Unternehmen am Schutz ihrer Geschäftsgeheimnisse und anderer vertraulicher Angaben Rechnung zu tragen.
(7) Der Anhörungsbeauftragte kann allen Anzuhörenden im Sinne von Artikel 11, den Dienststellen der Kommission und den zuständigen Behörden der Mitgliedstaaten gestatten, während der förmlichen Anhörung Fragen zu stellen.
Der Anhörungsbeauftragte kann eine vorbereitende Sitzung mit den Anzuhörenden und den Dienststellen der Kommission abhalten, um den Ablauf der förmlichen mündlichen Anhörung zu erleichtern.
(8) Die Aussagen jeder angehörten Person werden aufgezeichnet. Die Aufzeichnung der Anhörung wird den Personen, die an der Anhörung teilgenommen haben, auf Antrag zur Verfügung gestellt. Dabei ist den berechtigten Interessen der Unternehmen am Schutz ihrer Geschäftsgeheimnisse und anderer vertraulicher Angaben Rechnung zu tragen.

Artikel 16
Anhörung Dritter

(1) Beantragen Dritte nach Artikel 18 Absatz 4 Satz 2 der Verordnung (EG) Nr. 139/2004 schriftlich ihre Anhörung, so unterrichtet die Kommission sie schriftlich über Art und Gegenstand des Verfahrens und setzt ihnen eine Frist zur Äußerung.
(2) Die in Absatz 1 bezeichneten Dritten legen ihre schriftlichen Äußerungen innerhalb der festgesetzten Frist vor. Die Kommission kann gegebenenfalls Dritten, die dies in ihrer schriftlichen Äußerung beantragt haben, Gelegenheit zur Teilnahme an einer förmlichen mündlichen Anhörung geben. Sie kann Dritten auch in anderen Fällen die Gelegenheit geben, ihre Argumente mündlich vorzubringen.
(3) Die Kommission kann ferner jede andere natürliche oder juristische Person auffordern, ihre Argumente schriftlich und mündlich, auch in einer förmlichen mündlichen Anhörung, vorzutragen.

Kapitel V
Akteneinsicht und Behandlung vertraulicher Angaben

Artikel 17
Akteneinsicht und Verwendung der Schriftstücke

(1) Die Kommission gewährt den Beteiligten, an die sie eine Mitteilung ihrer Einwände gerichtet hat, auf Antrag Einsicht in die Verfahrensakte, um ihre Verteidigungsrechte zu gewährleisten. Die Akteneinsicht wird nach Zustellung der Mitteilung der Einwände gewährt.
(2) Die Kommission gewährt auch den anderen Beteiligten, denen die Einwände mitgeteilt wurden, auf Antrag Einsicht in die Verfahrensakte, soweit dies zur Vorbereitung ihrer Stellungnahmen erforderlich ist.

(3) Von der Akteneinsicht ausgenommen sind vertrauliche Informationen sowie interne Unterlagen der Kommission und der zuständigen Behörden der Mitgliedstaaten. Ebenfalls von der Akteneinsicht ausgenommen ist die Korrespondenz zwischen der Kommission und den zuständigen Behörden der Mitgliedstaaten sowie zwischen den Letztgenannten unter einander.
(4) Die durch Akteneinsicht gemäß der vorliegenden Verordnung erhaltenen Unterlagen dürfen nur für die Zwecke des Verfahrens gemäß der Verordnung (EG) Nr. 139/2004 verwendet werden.

Artikel 18
Vertrauliche Informationen

(1) Angaben einschließlich von Unterlagen werden von der Kommission nicht mitgeteilt oder zugänglich gemacht, soweit sie Geschäftsgeheimnisse oder sonstige vertrauliche Angaben enthalten, deren Preisgabe für die Zwecke des Verfahrens von der Kommission nicht für erforderlich gehalten wird.
(2) Jede Person, die sich gemäß der Artikel 12, 13 und 16 der vorliegenden Verordnung schriftlich äußert oder gemäß Artikel 11 der Verordnung (EG) Nr. 139/2004 oder anschließend im Zuge des gleichen Verfahrens der Kommission Angaben vorlegt, hat Informationen, die sie für vertraulich hält, unter Angabe der Gründe klar zu kennzeichnen und innerhalb der von der Kommission festgesetzten Frist eine gesonderte nicht vertrauliche Fassung vorzulegen.
(3) Unbeschadet von Absatz 2 kann die Kommission die in Artikel 3 der Verordnung (EG) Nr. 139/2004 bezeichneten Personen sowie die Unternehmen und Unternehmensvereinigungen, die gemäß Verordnung (EG) Nr. 139/2004 Unterlagen oder Erklärungen vorlegen oder vorgelegt haben, auffordern, die Unterlagen oder Teile davon zu kennzeichnen, die sie als in ihrem Eigentum befindliche Geschäftsgeheimnisse oder sonstige vertrauliche Angaben betrachten, und jene Unternehmen zu benennen, denen gegenüber sie die Vertraulichkeit dieser Informationen gewahrt sehen möchten.
Die Kommission kann die in Artikel 3 der Verordnung (EG) Nr. 139/2004 bezeichneten Personen sowie Unternehmen und Unternehmensvereinigungen auffordern, alle Auszüge einer Mitteilung der Einwände, einer Zusammenfassung der Sache oder einer von der Kommission erlassenen Entscheidungen zu kennzeichnen, die ihrer Auffassung nach Geschäftsgeheimnisse enthalten.
Werden bestimmte Angaben als Geschäftsgeheimnis oder vertraulich gekennzeichnet, so begründen die betreffenden Personen, Unternehmen oder Unternehmensvereinigungen diese Kennzeichnung und übermitteln der Kommission innerhalb der von dieser festgesetzten Frist eine gesonderte, nicht vertrauliche Fassung.

Kapitel VI
Angebot von Verpflichtungen durch die beteiligten Unternehmen

Artikel 19
Frist für die Vorlage von Verpflichtungsangeboten

(1) Die von den beteiligten Unternehmen gemäß Artikel 6 Absatz 2 der Verordnung (EG) Nr. 139/2004 vorgeschlagenen Verpflichtungen sind der Kommission binnen 20 Arbeitstagen ab dem Datum des Eingangs der Anmeldung zu übermitteln.
(2) Die von den beteiligten Unternehmen gemäß Artikel 8 Absatz 2 der Verordnung (EG) Nr. 139/2004 vorgeschlagenen Verpflichtungen sind der Kommission binnen 65 Arbeitstagen ab dem Datum der Einleitung des Verfahrens zu übermitteln.
Verlängert sich gemäß Artikel 10 Absatz 3 Unterabsatz 2 der Verordnung (EG) Nr. 139/2004 die Frist für eine Entscheidung nach Artikel 8 Absatze 1, 2 und 3, so verlängert sich die Äußerungsfrist von 65 Arbeitstagen um die gleiche Anzahl von Arbeitstagen.
Unter außergewöhnlichen Umständen kann die Kommission Verpflichtungsvorschläge auch nach Ablauf der Vorlagefrist im Sinne dieses Absatzes akzeptieren, sofern das Verfahren nach Artikel 19 Absatz 5 der Verordnung (EG) Nr. 139/2004 eingehalten wird.
(3) Die Artikel 7, 8 und 9 gelten entsprechend.

Artikel 20
Verfahren für die Vorlage von Verpflichtungsangeboten

(1) Die von den beteiligten Unternehmen gemäß Artikel 6 Absatz 2 oder Artikel 8 Absatz 2 der Verordnung (EG) Nr. 139/2004 vorgeschlagenen Verpflichtungen sind der Kommission an die Anschrift der Generaldirektion Wettbewerb der Kommission zu übermitteln. Eine Ausfertigung ist zusätzlich in elektronischer Form und dem von der Kommission angegebenen Format an diese Anschrift zu übermitteln. Die Kommission leitet Kopien dieser Verpflichtungsangebote unverzüglich an die zuständigen Behörden der Mitgliedstaaten weiter.
(2) Beim Vorschlag von Verpflichtungen gemäß Artikel 6 Absatz 2 oder Artikel 8 Absatz 2 der Verordnung (EG) Nr. 139/2004 machen die beteiligten Unternehmen Informationen, die sie für vertraulich halten, unter Angabe der Gründe eindeutig kenntlich und legen gleichzeitig eine gesonderte, nicht vertrauliche Fassung vor.

Kapitel VII
Sonstige Bestimmungen

Artikel 21
Übermittlung von Schriftstücken

(1) Schriftstücke und Ladungen der Kommission werden den Empfängern auf einem der folgenden Wege übermittelt:
a) durch Übergabe gegen Empfangsbekenntnis;
b) durch Einschreiben mit Rückschein;
c) durch Telefax mit Aufforderung zur Bestätigung des Eingangs;
d) durch Fernschreiben;
e) durch elektronische Post mit Aufforderung zur Bestätigung des Eingangs.
(2) Soweit in dieser Verordnung nicht anders bestimmt, gilt Absatz 1 auch für die Übermittlung von Schriftstücken der Anmelder, der anderen Beteiligten oder von Dritten an die Kommission.
(3) Im Fall der Übermittlung durch Fernschreiben, Telefax oder elektronische Post wird vermutet, dass das Schriftstück am Tag seiner Absendung bei dem Empfänger eingegangen ist.

Artikel 22
Festsetzung von Fristen

Bei der Festsetzung der in Artikel 12 Absätze 1 und 2, Artikel 13 Absatz 2 und Artikel 16 Absatz 1 bezeichneten Fristen trägt die Kommission dem für die Äußerung erforderlichen Zeitaufwand und der Dringlichkeit des Falles Rechnung. Sie berücksichtigt außerdem die Arbeitstage und die gesetzlichen Feiertages des Landes, in dem die Mitteilung der Kommission empfangen wird. Die Fristen sind auf einen bestimmten Kalendertag festzusetzen.

Artikel 23
Eingang von Schriftstücken bei der Kommission

(1) Im Einklang mit Artikel 5 Absatz 1 der vorliegenden Verordnung sind Anmeldungen an die im *Amtsblatt der Europäischen Union* veröffentlichte Anschrift der Generaldirektion Wettbewerb der Kommission zu richten.
(2) Für die Vollständigkeit der Anmeldung erforderliche ergänzende Angaben sind an die in Absatz 1 genannte Anschrift zu richten.
(3) Schriftliche Äußerungen zu Mitteilungen der Kommission nach Artikel 12 Absätze 1 und 2, Artikel 13 Absatz 2 und Artikel 16 Absatz 1 müssen vor Ablauf der jeweils festgesetzten Frist bei der in Absatz 1 genannten Anschrift der Kommission eingegangen sein.

Artikel 24
Definition der Arbeitstage

»Arbeitstage« im Sinne der Verordnung (EG) Nr. 139/2004 und der vorliegenden Verordnung sind alle Tage mit Ausnahme der Samstage, der Sonntage und der Feiertage der Kommission, welche vor Beginn jeden Jahres im *Amtsblatt der Europäischen Union* bekannt gegeben werden.

Artikel 25
Aufhebungen und Übergangsbestimmungen

(1) Die Verordnung (EG) Nr. 447/98 wird unbeschadet der Absäze 2 und 3 mit Wirkung vom 1. Mai 2004 aufgehoben.
Bezugnahmen auf die aufgehobene Verordnung gelten als Bezugnahmen auf diese Verordnung.
(2) Die Verordnung (EG) Nr. 447/98 gilt weiterhin für Zusammenschlüsse, die unter die Verordnung (EWG) Nr. 4064/89 fallen.
(3) Für Zwecke des Absatzes 2 gelangen anstelle der Abschnitte 1 bis 12 des Anhangs der Verordnung (EG) Nr. 447/98 die Abschnitte 1 bis 11 des Anhangs I der vorliegenden Verordnung zur Anwendung. Die in diesen Abschnitten enthaltenen Verweise auf die »EG-Fusionskontrollverordnung« und die »Durchführungsverordnung« sind als Verweise auf die entsprechenden Bestimmungen der Verordnungen (EWG) Nr. 4064/89 und (EG) Nr. 447/98 zu lesen.

Artikel 26
Inkrafttreten

Diese Verordnung tritt am 1. Mai 2004 in Kraft.

Diese Verordnung ist in allen ihren Teilen verbindlich und gilt unmittelbar in jedem Mitgliedstaat.

Brüssel, den 7. April 2004

Für die Kommission
Franz FISCHLER
Mitglied der Kommission

Anhang 3

Formblatt CO zur Anmeldung eines Zusammenschlusses gemäß Verordnung (EG) Nr. 139/2004 des Rates

ABl. 2004 L 133/9

1. EINLEITUNG

   1.1. Der Zweck dieses Formblattes

   Dieses Formblatt erläutert im Einzelnen, welche Angaben die Anmelder bei der Anmeldung einer Fusion, einer Übernahme oder eines sonstigen Zusammenschlusses der Europäischen Kommission zu übermitteln haben. Die Fusionskontrolle der Europäischen Union ist in der Verordnung (EG) Nr. 139/2004 (nachstehend »EG-Fusionskontrollverordnung«) und in der Verordnung (EG) Nr. xx/2004 der Kommission (nachstehend »Durchführungsverordnung«), der dieses Formblatt als Anlage beigefügt ist, geregelt[1]. Der Wortlaut dieser Verordnungen und sonstiger einschlägiger Unterlagen kann der Internet-Seite der Generaldirektion Wettbewerb auf der Website Europa der Europäischen Kommission entnommen werden.

   Um den Zeit-und Kostenaufwand zu reduzieren, der entsteht, wenn verschiedene Fusionskontrollverfahren in mehreren Ländern eingehalten werden müssen, hat die Europäische Union ein System der Fusionskontrolle eingeführt, bei dem Unternehmenszusammenschlüsse von gemeinschaftsweiter Bedeutung (die in der Regel dann gegeben ist, wenn die an dem Zusammenschluss beteiligten Unternehmen bestimmte Umsatzschwellen erreichen)[2] von der Europäischen Kommission in einem einzigen Verfahren geprüft werden (Prinzip der einzigen Anlaufstelle). Die Prüfung von Zusammenschlüssen, bei denen die Umsatzschwellen nicht erreicht werden, obliegt normalerweise den nationalen Kartellbehörden.

   Die EG-Fusionskontrollverordnung schreibt die Einhaltung bestimmter Fristen für die von der Kommission zu treffenden Entscheidungen vor. In der ersten Phase hat die Kommission in der Regel 25 Arbeitstage Zeit, um zu entscheiden, ob sie den Zusammenschluss genehmigt oder das mit umfangreichen Untersuchungen einhergehende Prüfverfahren einleitet[3].

   Beschließt die Kommission die Einleitung eines Verfahrens, so muss sie innerhalb von höchstens 90 Arbeitstagen ab dessen Einleitung eine abschließende Entscheidung erlassen[4]. Damit diese Fristen eingehalten werden können und das Prinzip einer einzigen Anlaufstelle funktioniert, ist es wichtig, dass die Kommission rechtzeitig mit den Informationen versorgt wird, die sie braucht, um die nötigen Nachforschungen anstellen und die Auswirkungen des Zuammenschlusses auf die betroffenen Märkte bewerten zu können. Deshalb benötigt sie zum Zeitpunkt der Anmeldung eine bestimmte Menge an Informationen.

   Die in diesem Formblatt geforderten Informationen sind relativ umfangreich. Die Erfahrung hat jedoch gezeigt, dass je nach den Besonderheiten des Falles nicht immer alle ver-

---

[1] Verordnung (EG) Nr. 139/2004 vom 20.01.04, ABl. L 24 vom 29.01.2004, S. I. Zu beachten sind auch die entsprechenden Bestimmungen in dem Abkommen über den Europäischen Wirtschaftsraum (»EWR-Abkommen«). Siehe hierzu insbesondere Artikel 57 des EWR-Abkommens, Ziffer 1 des Anhangs XIV des EWR-Abkommens und Protokoll 4 der Vereinbarung zwischen den EFTA-Staaten über die Einrichtung einer Überwachungsbehörde und eines Gerichtshofes, die Protokolle 21 und 24 des EWR-Abkommens sowie Artikel 1 und die Vereinbarte Niederschrift des Protokolls zur Anpassung des EWR-Abkommens. Unter EFTA-Staaten sind diejenigen Länder zu verstehen, die Vertragsparteien des EWR-Abkommens sind. Am 1. Mai 2004 sind dies Island, Liechtenstein und Norwegen.

[2] Die Begriffe »Zusammenschluss« und »gemeinschaftsweite Bedeutung« sind in Artikel 3 bzw. Artikel 1 der EG-Fusionskontrollverordnung definiert. Unter bestimmten Umständen können die Anmelder, selbst wenn die für die gemeinschaftsweite Bedeutung relevanten Umsatzschwellen nicht erreicht werden, gemäß Artikel 4 Absatz 5 beantragen, dass die Kommission das Zusammenschlussvorhaben als ein solches mit gemeinschaftsweiter Bedeutung behandelt.

[3] Siehe Artikel 10 Absatz 1 der EG-Fusionskontrollverordnung.

[4] Siehe Artikel 10 Absatz 3 der Fusionskontrollverordnung.

langten Angaben für eine angemessene Untersuchung des Zusammenschlussvorhabens nötig sind. Sollten bestimmte in diesem Formblatt verlangte Angaben nach Ihrem Dafürhalten für die Untersuchung des Falles nicht erforderlich sein, empfehlen wir Ihnen daher, sich von der Kommission von der Verpflichtung zur Vorlage bestimmter Informationen entbinden zu lassen (Befreiung). Näheres entnehmen Sie bitte Abschnitt 1 Ziffer 3 Buchstabe g).

Kontakte vor der Anmeldung sind sowohl für die Anmelder als auch für die Kommission äußerst nützlich, um den genauen Informationsbedarf in der Anmeldung bestimmen zu können, und verringern in den meisten Fällen die Menge der verlangten Angaben spürbar. Die Anmelder können hierzu das Dokument »DG Competition's Best Practices on the conduct of EC merger control proceedings« konsultieren, das Orientierungshilfen für Kontakte vor der Anmeldung und die Vorbereitung der Anmeldung gibt.

Zu beachten ist ferner, dass bestimmte Zusammenschlüsse, die kaum Wettbewerbsbedenken verursachen dürften, unter Verwendung eines vereinfachten Formblattes angemeldet werden können. Dieses Formblatt ist der Durchführungsverordnung als Anhang II beigefügt.

1.2. **Wer muss anmelden?**

Im Falle eines Zusammenschlusses im Sinne von Artikel 3 Absatz 1 Buchstabe a) EG-Fusionskontrollverordnung oder der Begründung einer gemeinsamen Kontrolle an einem Unternehmen im Sinne von Artikel 3 Absatz 1 Buchstabe b) der EG-Fusionskontrollverordnung ist die Anmeldung von allen an dem Zusammenschluss beteiligten bzw. von den die gemeinsame Kontrolle erwerbenden Unternehmen gemeinsam vorzunehmen[5].

Beim Erwerb einer die Kontrolle an einem anderen Unternehmen verleihenden Beteiligung ist die Anmeldung von dem Erwerber vorzunehmen.

Bei einem öffentlichen Übernahmeangebot ist die Anmeldung vom Bieter vorzunehmen.

Jeder Anmelder haftet für die Richtigkeit der von ihm in der Anmeldung gemachten Angaben.

1.3. **Richtigkeit und Vollständigkeit der Anmeldung**

Sämtliche Angaben in diesem Formblatt müssen wahrheitsgetreu und vollständig sein. Sie sind unter den einschlägigen Rubriken in diesem Formblatt einzufügen.

Hierbei ist folgendes zu beachten:

a) Gemäß Artikel 10 Absatz 1 der EG-Fusionskontrollverordnung und Artikel 5 Absätze 2 und 4 der Durchführungsverordnung beginnen die für die Anmeldung geltenden Fristen der EG-Fusionskontrollverordnung erst mit dem Eingang aller geforderten Angaben bei der Kommission zu laufen. Damit soll sichergestellt werden, dass die Kommission den angemeldeten Zusammenschluss innerhalb der in der EG-Fusionskontrollverordnung vorgesehenen strengen Fristen würdigen kann.

b) Die Anmelder sollten beim Ausfüllen der Anmeldung darauf achten, dass Namen und andere Angaben, insbesondere Faxnummern und E-Mail-Adressen, richtig, einschlägig und auf dem neuesten Stand sind.

c) Unrichtige oder irreführende Angaben in der Anmeldung gelten als unvollständige Angaben (Artikel 5 Absatz 4 der Durchführungsverordnung).

d) Ist eine Anmeldung unvollständig, so wird die Kommission die Anmelder oder ihre Vertreter hiervon unverzüglich schriftlich in Kenntnis setzen. Die Anmeldung wird dann erst an dem Tag wirksam, an dem die vollständigen und genauen Angaben bei der Kommission eingehen (Artikel 10 Absatz 1 der EG-Fusionskontrollverordnung, Artikel 5 Absätze 2 und 4 der Durchführungsverordnung).

e) Gemäß Artikel 14 Absatz 1 Buchstabe b) der EG-Fusionskontrollverordnung kann die Kommission bei vorsätzlich oder fahrlässig unterbreiteten unrichtigen oder irreführenden Angaben gegen die Anmelder Geldbußen in Höhe von bis zu 1 % des Gesamtumsatzes aller beteiligten Unternehmen festsetzen. Gemäß Artikel 6 Absatz 3 Buchstabe a) und Artikel 8 Absatz 6 Buchstabe a) der EG-Fusionskontrollverordnung kann sie

---

[5] Siehe Artikel 4 Absatz 2 der EG-Fusionskontrollverordnung.

außerdem ihre Entscheidung über die Vereinbarkeit eines angemeldeten Zusammenschlusses widerrufen, wenn diese auf unrichtigen Angaben beruht, die von einem der beteiligten Unternehmen zu vertreten sind.

f) Die Anmelder können schriftlich beantragen, dass die Kommission trotz fehlender, in diesem Formblatt verlangter Angaben die Anmeldung als vollständig anerkennt, wenn diese Angaben ganz oder teilweise davon nicht in zumutbarer Weise zugänglich sind (z.B. Angaben über das zu übernehmende Unternehmen bei einer feindlichen Übernahme).

Die Kommission wird einen solchen Antrag prüfen, sofern Gründe für das Fehlen der besagten Angaben angeführt und diese durch bestmögliche Schätzungen unter Angabe der Quellen ersetzt werden. Außerdem ist nach Möglichkeit anzugeben, wo die Kommission die fehlenden Informationen einholen kann.

g) Die Anmelder können schriftlich beantragen, dass die Kommission trotz fehlender, in diesem Formblatt verlangter Angaben die Anmeldung als vollständig anerkennt, wenn bestimmte in der ausführlichen oder vereinfachten Anmeldung verlangte Informationen ihrer Ansicht nach für die Prüfung der Sache durch die Kommission nicht erforderlich sind.

Die Kommission wird einen solchen Antrag prüfen, wenn angemessen begründet wird, warum die besagten Angaben für die Prüfung des angemeldeten Zusammenschlusses durch die Kommission irrelevant und nicht erforderlich sind. Die Gründe hierfür sind in Gesprächen mit der Kommission vor der Anmeldung anzuführen; außerdem ist ein schriftlicher Antrag auf eine Befreiung zu stellen, in der die Kommission gebeten wird, die Anmelder von der Verpflichtung zur Vorlage vollständiger Informationen gemäß Artikel 4 Absatz 2 der Durchführungsverordnung zu entbinden.

1.4. **Anmeldeverfahren**

Die Anmeldung ist in einer der Amtssprachen der Europäischen Gemeinschaft vorzunehmen. Diese Sprache wird dann für alle Anmelder zur Verfahrenssprache. Erfolgt die Anmeldung gemäß Artikel 12 des Protokolls 24 zum EWR-Abkommen in einer Amtssprache eines EFTA-Staates, die keine Amtssprache der Gemeinschaft ist, so ist der Anmeldung eine Übersetzung in einer der Amtssprachen der Gemeinschaft beizufügen.

Die in diesem Formblatt verlangten Angaben sind gemäß den entsprechenden Abschnitten und Ziffern des Formblatts zu numerieren; außerdem sind die in Abschnitt 11 verlangte Erklärung zu unterzeichnen) sowie etwaiges Begleitmaterial beizufügen. Beim Ausfüllen der Abschnitte 7 bis 9 ist zu erwägen, ob der Klarheit halber die numerische Reihenfolge eingehalten wird oder ob sich für jeden einzelnen betroffenen Markt (oder jede Gruppe von betroffenen Märkten) eine separate Darstellung anbietet.

Bestimmte Informationen können der besseren Übersichtlichkeit wegen in Form einer Anlage übermittelt werden. Allerdings ist darauf zu achten, dass sich die wesentlichen Informationen, darunter vor allem die Angabe der Marktanteile der beteiligten Unternehmen und ihrer Hauptwettbewerber, im Hauptteil des Formblattes CO befinden. Anlagen sind nur als Ergänzung zu den im Formblatt selbst gelieferten Angaben zu verwenden.

Die Angaben zu den Kontaktpersonen müssen in dem von der Generaldirektion Wettbewerb der Kommission (GD Wettbewerb) vorgegebenen Format erfolgen. Um ordentliche Nachforschungen anstellen zu können, ist es zentraler Bedeutung, dass die Angaben hierzu stimmen. Mehrfache Fehler in den Angaben zu den Kontaktpersonen können dazu führen, dass die Anmeldung für unvollständig erklärt wird.

Etwaiges Begleitmaterial ist in der Originalsprache vorzulegen. Handelt es sich hierbei nicht um eine Amtssprache der Gemeinschaft, so sind die betreffenden Unterlagen in die Verfahrenssprache zu übersetzen (Artikel 3 Absatz 4 der Durchführungsverordnung).

Die beigefügten Unterlagen können Originale oder Abschriften sein. In letzterem Fall hat der Anmelder deren Richtigkeit und Vollständigkeit zu bestätigen.

Das Formblatt CO ist zusammen mit allen Unterlagen im Original und in 35facher Ausfertigung bei der Generaldirektion Wettbewerb der Kommission einzureichen.

Die Anmeldung ist in dem von der Kommission vorgegebenen Format an die in Artikel 23 Absatz 1 der Durchführungsverordnung angegebene Anschrift zu richten. Die genaue Anschrift ist im Amtsblatt der Europäischen Union veröffentlicht. Die Anmeldung muss der Kommission an einem Arbeitstag im Sinne von Artikel 24 der Durchführungsverordnung zugehen. Um die Registrierung am selben Tage zu gewährleisten, muss die Anmeldung montags bis donnerstags vor 17.00 Uhr sowie freitags und an Arbeitstagen, die einem der im Amtsblatt der Europäischen Union veröffentlichen gesetzlichen Feiertage oder von der Kommission festgesetzten arbeitsfreien Tage vorausgehen, vor 16.00 Uhr eingehen. Bei der Übermittlung ist den auf dem Website der GD Wettbewerb veröffentlichten Sicherheitsanweisungen Folge zu leisten.

1.5. **Geheimhaltungspflicht**
Gemäß Artikel 287 des Vertrages und Artikel 17 Absatz 2 der EG-Fusionskontrollverordnung sowie gemäß den einschlägigen Bestimmungen des EWR-Abkommens[6] ist es der Kommission, den Mitgliedstaaten, der EFTA-Überwachungsbehörde und den EFTA-Staaten sowie deren Beamten und sonstigen Bediensteten untersagt, Kenntnisse preiszugeben, die sie bei der Anwendung der Verordnung erlangt haben und die unter das Geschäftsgeheimnis fallen. Dieser Grundsatz gilt auch für den Schutz der Vertraulichkeit unter den Anmeldern.
Sollten Sie der Auffassung sein, daß Ihre Interessen gefährdet würden, wenn die von Ihnen verlangten Angaben veröffentlicht oder an andere weitergegeben würden, so reichen Sie die betreffenden Angaben in einer getrennten Anlage mit dem deutlichen Vermerk »Geschäftsgeheimnis« auf jeder Seite ein. Außerdem ist zu begründen, warum diese Angaben nicht weitergegeben oder veröffentlicht werden sollen.
Bei einer Fusion oder einem gemeinsamen Erwerb oder in anderen Fällen, in denen die Anmeldung von mehr als einer Partei vorgenommen wird, können Geschäftsgeheimnisse enthaltende Unterlagen in einem gesonderten Umschlag als Anlage mit einem entsprechenden Vermerk in der Anmeldung eingereicht werden. Damit die Anmeldung vollständig ist, müssen ihr sämtliche Anlagen dieser Art beigefügt sein.

1.6. **Begriffsbestimmungen und Hinweise**
Anmelder: Wenn eine Anmeldung nur von einem der an einem Zusammenschluss beteiligten Unternehmen vorgenommen wird, bezieht sich der Begriff »Anmelder« nur auf das Unternehmen, welches die Anmeldung tatsächlich vornimmt.
(An dem Zusammenschluss) beteiligte Unternehmen bzw. Beteiligte: Dieser Begriff bezieht sich sowohl auf die erwerbenden als auch die zu erwerbenden oder die sich zusammenschließenden Unternehmen, einschließlich der Unternehmen, an denen eine Mehrheitsbeteiligung erworben oder in bezug auf die ein öffentliches Übernahmeangebot abgegeben wird.
Wenn nicht anders angegeben, schließen die Begriffe »Anmelder« bzw. »beteiligte Unternehmen« alle Unternehmen ein, die demselben Konzern wie die Anmelder bzw. beteiligten Unternehmen angehören.
Betroffene Märkte: Gemäß Abschnitt 6 dieses Formblatts müssen die Anmelder die relevanten Produktmärkte definieren und angeben, welche dieser relevanten Märkte von der angemeldeten Transaktion voraussichtlich betroffen sein werden. Diese Definition der betroffenen Märkte dient als Grundlage für eine Reihe weiterer Fragen in diesem Formblatt. Für die Zwecke dieses Formblatts gelten die Märkte, so wie sie von den Anmeldern definiert werden, als die betroffenen Märkte. Hierbei kann es sich sowohl um Produkt- als auch um Dienstleistungsmärkte handeln.
Jahr: In diesem Formblatt ist Jahr, sofern nicht anders angegeben, gleichbedeutend mit Kalenderjahr. Alle in diesem Formblatt verlangten Angaben beziehen sich, wenn nicht anders angegeben, auf das dem Jahr der Anmeldung vorausgehende Jahr.

---

6 Siehe insbesondere Artikel 122 des EWR-Abkommens, Artikel 9 des Protokolls 24 zum EWR-Abkommen und Artikel 17 Absatz 2 in Kapitel XIII des Protokolls 4 zur Vereinbarung zwischen den EFTA-Staaten über die Einsetzung einer Überwachungsbehörde und eines Gerichtshofes.

Die unter den Ziffern 3.3 bis 3.5 verlangten Finanzdaten sind in EUR zum durchschnittlichen Wechselkurs in den betreffenden Jahren oder dem betreffenden Zeitraum anzugeben.

Alle Verweise in diesem Formblatt beziehen sich, wenn nicht anders angegeben, auf die entsprechenden Artikel und Absätze in der EG-Fusionskontrollverordnung.

1.7. **Unterrichtung der Belegschaft und ihrer Vertreter**
Die Kommission weist darauf hin, dass bei Transaktionen, die einen Zusammenschlussdarstellen, für die beteiligten Unternehmen gemäß einzelstaatlicher oder EG-Vorschriften gegebenenfalls eine Verpflichtung zur Unterrichtung und/oder Anhörung ihrer Beschäftigten oder deren Vertretern besteht.

Abschnitt 1
Beschreibung des Zusammenschlusses

1.1. Geben Sie eine Kurzübersicht über den geplanten Zusammenschluss unter Angabe der beteiligten Unternehmen, der Art des Zuammenschlusses (z.B. Fusion, Übernahme, Gemeinschaftsunternehmen), der Tätigkeitsbereiche der beteiligten Unternehmen, der von dem Zusammenschluss generell und schwerpunktmäßig betroffenen Märkte[7] sowie der strategischen und wirtschaftlichen Beweggründe für den Zusammenschluss.

1.2. Erstellen Sie eine Zusammenfassung (bis zu 500 Worte) zu den Angaben unter Punkt 1.1. Diese Zusammenfassung soll am Tag der Anmeldung auf der Website der Kommission veröffentlicht werden und darf keine vertraulichen Informationen oder Geschäftsgeheimnisse enthalten.

Abschnitt 2
Angaben zu den beteiligten Unternehmen

2.1. Angaben zu dem/den Anmelder(n)
Geben Sie Folgendes an:
2.1.1. Namen und Anschrift des Unternehmens
2.1.2. Art der Geschäftstätigkeit
2.1.3. Namen, Anschrift, Telefonnummer, Faxnummer, E-Mail-Anschrift und berufliche Stellung einer Kontaktperson und
2.1.4. eine Zustelladresse für jeden Anmelder, an die alle Unterlagen und insbesondere die Kommissionsentscheidungen gerichtet werden können. Dabei sind Name, Telefonnummer und E-Mail-Adresse einer unter dieser Anschrift erreichbaren empfangsberechtigten Person anzugeben.

2.2. Angaben zu anderen an dem Zusammenschluss beteiligten Unternehmen[8]:
Geben Sie für jedes beteiligte Unternehmen (ausgenommen den/die Anmelder) Folgendes an:
2.2.1. Namen und Anschrift des Unternehmens
2.2.2. Art der Geschäftstätigkeit
2.2.3. Namen, Anschrift, Telefonnummer, Faxnummer, E-Mail-Anschrift und berufliche Stellung einer Kontaktperson sowie
2.2.4. eine Zustelladresse für jedes beteiligte Unternehmen, an die alle Unterlagen und insbesondere die Kommissionsentscheidungen gerichtet werden können. Dabei sind Name, Telefonnummer und E-Mail-Adresse einer unter dieser Anschrift erreichbaren empfangsberechtigten Person anzugeben.

---

[7] Siehe Abschnitt 6.III – Betroffene Märkte.
[8] Bei einem feindlichen Übernahmeangebot gehört hierzu auch das Unternehmen, das übernommen werden soll; in diesem Fall sind die Angaben nach bestem Wissen und Gewissen zu machen.

2.3. Bestellung von Vertretern
Anmeldungen, die von Vertretern der Unternehmen unterzeichnet sind, ist eine schriftliche Vollmacht über die Vertretungsbefugnis beizufügen. In der Vollmacht müssen Name und Stellung der Vollmachtgeber ausgewiesen werden.
Machen Sie folgende Angaben zu den von den beteiligten Untrenehmen bevollmächtigten Vertretern unter Bezeichnung des jeweils von ihnen vertretenen Unternehmens:
2.3.1. Name der Vertreters
2.3.2. Anschrift des Vertreters
2.3.3. Name, Anschrift, Telefonnummer, Faxnummer und E-Mail-Anschrift der Kontaktperson und
2.3.4. eine Anschrift des Vertreters (in Brüssel, sofern vorhanden), an die der Schriftverkehr und sämtliche Unterlagen gesandt werden können.

Abschnitt 3
Einzelheiten des Zusammenschlusses

3.1. Beschreiben Sie kurz die Art des angemeldeten Zusammenschlusses und geben Sie dabei Folgendes an:
   a) ob es sich um eine Fusion im rechtlichen Sinne, den Erwerb der alleinigen oder gemeinsamen Kontrolle, ein Vollfunktionsgemeinschaftsunternehmen im Sinne von Artikel 3 Absatz 4 der EG-Fusionskontrollverordnung, einen Vertrag oder einen anderen Vorgang handelt, durch den die mittelbare oder unmittelbare Kontrolle im Sinne von Artikel 3 Absatz 2 der EG-Fusionskontrollverordnung erworben wird,
   b) ob die beteiligten Unternehmen insgesamt oder nur Teile davon von dem Zusammenschluss betroffen sind,
   c) die Wirtschafts-und Finanzstruktur des Zusammenschlusses (Kurzdarstellung),
   d) ob ein öffentliches Angebot eines beteiligten Unternehmens zum Erwerb der Aktien eines anderen beteiligten Unternehmens die Unterstützung der Aufsichtsorgane oder eines anderen vertretungsberechtigten Organs der letztgenannten Partei findet,
   e) den Zeitplan für den Vollzug des Zusammenschlusses unter Angabe der wischtigsten Teilschritte,
   f) die voraussichtlichen Eigentumsverhältnisse und die Kontrollverhältnisse nach Vollendung des Zusammenschlusses und
   g) Art und Umfang etwaiger finanzieller oder sonstiger Hilfen, die die beteiligten Unternehmen aus irgendwelchen Quellen gleich welchen Ursprungs (einschließlich der Öffentlichen Hand) erhalten haben und
   h) die von dem Zusammenschluss berührten Wirtschaftssektoren.

3.2. Geben Sie den Wert der Transaktion an (je nach Konstellation des Falles den Kaufpreis oder den Wert sämtlicher betroffenen Vermögenswerte).

3.3. Geben Sie für jedes an dem Zusammenschluss beteiligte Unternehmen[9] für das letzte Geschäftsjahr an[10]:
3.3.1. den weltweiten Gesamtumsatz,
3.3.2. den gemeinschaftsweiten Gesamtumsatz,
3.3.3. den Gesamtumsatz im EFTA-Gebiet,

---

9 Siehe Bekanntmachung der Kommission über den Begriff der beteiligten Unternehmen.
10 Siehe Bekanntmachung der Kommission über die Berechnung des Umsatzes. Bei der Berechnung des Umsatzes des/der erwerbenden Unternehmen ist der Gesamtumsatz sämtlicher Unternehmen im Sinne von Artikel 5 Absatz 4 der EG-Fusionskontrollverordnung anzuführen. Beim Umsatz des/der erworbenen Unternehmen ist der Umsatz der von dem Zusammenschluss betroffenen Unternehmensteile im Sinne von Artikel 5 Absatz 2 der EG-Fusionskontrollverordnung aufzuführen. Besondere Bestimmungen gelten gemäß Artikel 5 Absätze 3, 4 und 5 der EG-Fusionskontrollverordnung für Kredit-, Versicherungs-und sonstige Finanzinstitute sowie Gemeinschaftsunternehmen.

3.3.4. den Gesamtumsatz in jedem Mitgliedstaat,
3.3.5. den Gesamtumsatz in jedem EFTA-Staat,
3.3.6. gegebenenfalls den Mitgliedstaat, in dem mehr als zwei Drittel des gemeinschaftsweiten Gesamtumsatzes erzielt werden,
3.3.7. gegebenenfalls den EFTA-Staat, in dem mehr als zwei Drittel des EFTA-weiten Gesamtumsatzes erzielt werden.
3.4. Werden die in Artikel 1 Absatz 2 der EG-Fusionskontrollverordnung festgesetzten Schwellen nicht erreicht, sind gemäß Artikel 1 Absatz 3 der EG-Fusionskontrollverordnung bezogen auf das letzte Geschäftsjahr anzugeben:
3.4.1. die Mitgliedstaaten, in denen der kumulierte Gesamtumsatz aller an dem Zusammenschluss beteiligten Unternehmen jeweils 100 Mio. EUR übersteigt, sowie
3.4.2. die Mitgliedstaaten, in denen der individuelle Gesamtumsatz von mindestens zwei beteiligten Unternehmen jeweils mehr als 25 Mio. EUR beträgt.
3.5. Um festzustellen, ob der Zusammenschluss ein Fall für eine Zusammenarbeit mit der EFTA ist, beantworten Sie bitte folgende Fragen bezogen auf das letzte Geschäftsjahr[11]:
3.5.1. Beläuft sich der Gesamtumsatz der beteiligten Unternehmen im EFTA-Gebiet auf 25 % oder mehr ihres Gesamtumsatzes im EWR?
3.5.2. Erzielen mindestens zwei der beteiligten Unternehmen im EFTA-Gebiet jeweils einen Gesamtumsatz von über 250 Mio. EUR?
3.6. Erläutern Sie die wirtschaftlichen Beweggründe für den Zusammenschluss.

Abschnitt 4
Eigentumsverhältnisse und Kontrolle[12]

4.1. Fügen Sie für jedes der am Zusammenschluss beteiligten Unternehmen eine Liste sämtlicher demselben Konzern angehörenden Unternehmen bei.
In der Liste sind aufzuführen:
4.1.1. alle Unternehmen oder Personen, welche unmittelbar oder mittelbar die an dem Zusammenschluss beteiligten Unternehmen kontrollieren;
4.1.2. alle auf den betroffenen Märkten[13] tätigen Unternehmen, die unmittelbar oder mittelbar:
   a) von den beteiligten Unternehmen,
   b) einem anderen in 4.1.1. bezeichneten Unternehmen kontrolliert werden.
Dabei sind jeweils die Art der Kontrolle und die Mittel zu ihrer Ausübung anzugeben.
Die in diesem Abschnitt verlangten Angaben können anhand von Organisationstabellen oder Diagrammen veranschaulicht werden, aus denen die Beteiligungsverhältnisse und die Art der Kontrolle bei den betreffenden Unternehmen hervorgehen.
4.2. Geben Sie für die an dem Zusammenschluss beteiligten und für alle unter Ziffer 4.1 genannten Unternehmen oder Personen Folgendes an:
4.2.1. eine Liste aller anderen Unternehmen, die auf den betroffenen Märkten (Definition in Abschnitt 6) tätig sind und an denen die Unternehmen oder Personen des Konzerns einzeln oder gemeinsam 10 % oder mehr der Stimmrechte, des Aktienkapitals oder sonstiger Anteile halten;
Führen Sie aus, wer die Anteilseigner sind und wie hoch ihre Beteiligung ist.

---

11 Siehe Artikel 57 EWR-Abkommen sowie vor allem Artikel 2 Absatz 1 des Protokolls 24 zum EWR-Abkommen. Danach findet eine Zusammenarbeit statt, wenn der gemeinsame Umsatz der beteiligten Unternehmen im Gebiet der EFTA-Staaten 25 % oder mehr ihres Gesamtumsatzes in dem unter dieses Abkommen fallenden Gebiet ausmacht oder mindestens zwei der beteiligten Unternehmen jeweils einen Gesamtumsatz von über 250 Millionen EUR im Gebiet der EFTA-Staaten erzielen oder der Zusammenschluss eine beherrschende Stellung begründen oder verstärken könnte und dadurch der wirksame Wettbewerb in den Gebieten der EFTA-Staaten oder in einem wesentlichen Teil derselben erheblich behindert würde.
12 Vgl. Artikel 3 Absätze 3, 4 und 5 sowie Artikel 5 Absatz 4 der EG-Fusionskontrollverodnung.
13 Siehe Abschnitt 6 – Marktdefinitionen.

4.2.2. für jedes Unternehmen ein Verzeichnis derjenigen Mitglieder ihrer Geschäftsführung, die gleichzeitig in der Geschäftsführung oder im Aufsichtsorgan eines anderen Unternehmens vertreten sind, das ebenfalls auf den betroffenen Märkten tätig ist; ferner, falls einschlägig, für jedes Unternehmen ein Verzeichnis derjenigen Mitglieder ihrer Aufsichtsorgane, die gleichzeitig der Geschäftsführung eines anderen Unternehmens angehören, das ebenfalls auf den betroffenen Märkten tätig ist.
Geben Sie jeweils die Namen dieser anderen Unternehmen und die dort eingenommenen Positionen an.

4.2.3. die Beteiligungen, die in den vergangenen drei Jahren von den unter Ziffer 4.1 genannten Konzernen an Unternehmen in den betroffenen Märkten gemäß der Definition in Abschnitt 6 erworben wurden.
Zum besseren Verständnis können diese Angaben durch Organigramme oder Schaubilder veranschaulicht werden.

Abschnitt 5
Erläuternde Unterlagen

Die Anmelder müssen folgende Unterlagen beifügen:

5.1. Kopien der endgültigen oder aktuellsten Fassung aller Unterlagen, mit denen der Zusammenschluss – sei es durch Vereinbarung zwischen den Beteiligten, Kontrollerwerb oder öffentliches Übernahmeangebot – herbeigeführt wird,

5.2. im Falle eines öffentlichen Übernahmeangebots eine Kopie der Angebotsunterlagen. Sind diese Unterlagen zum Zeitpunkt der Anmeldung nicht verfügbar, so müssen sie so bald wie möglich nachgereicht werden, spätestens jedoch bis zu dem Zeitpunkt, zu dem sie den Anteilseignern zugesandt werden,

5.3. Kopien der letzten Jahresabschlüsse und -berichte aller beteiligten Unternehmen und

5.4. Kopien aller Analysen, Berichte, Studien, Erhebungen und sonstigen vergleichbaren Unterlagen, die für ein Mitglied oder von einem Mitglied der Geschäftsführung oder der Aufsichtsorgane, für oder von einer Person, die ähnliche Funktionen ausübt (oder der solche Funktionen übertragen oder anvertraut wurden), oder für die Hauptversammlung mit dem Ziel erstellt worden sind, den Zusammenschluss im Hinblick auf Marktanteile, Wettbewerbsbedingungen, vorhandene und potenzielle Wettbewerber, Beweggründe, Möglichkeiten der Absatzsteigerung oder Eroberung anderer Produktmärkte oder Absatzgebiete und/oder allgemeine Marktbedingungen zu analysieren und zu bewerten[14].
Geben Sie für jedes dieser Dokumente das Entstehungsdatum sowie Namen und Funktion des Verfassers an (soweit dies nicht aus dem Dokument selbst hervorgeht).

Abschnitt 6
Marktdefinitionen

Die Marktmacht der neuen aus dem Zusammenschluss hervorgehenden Einheit wird anhand der relevanten Produktmärkte und der relevanten geographischen Märkte bewertet[15].
Der/die Anmelder müssen die geforderten Angaben gemäß der folgenden Definitionen machen:

I. **Relevante Produktmärkte:**
Der relevante Produktmarkt umfasst sämtliche Erzeugnisse und/oder Dienstleistungen, die von den Verbrauchern hinsichtlich ihrer Eigenschaften, Preise und ihres vorgesehenen

---

14 Wie in dem einleitenden Teil unter Ziffer 1.1. und 1.3. Buchstabe g) ausgeführt, besteht im Vorfeld der Anmeldung die Möglichkeit, mit der Kommission zu erörtern, inwieweit die verlangten Unterlagen eventuell verzichtbar sind. Soweit eine Befreiung beantragt wird, kann die Kommission die gegebenenfalls nötigen Unterlagen in einem Auskunftsverlangen gemäß Artikel 11 der EG-Fusionskontrollverordnung anfordern.

15 Siehe Bekanntmachung der Kommission über die Definition des relevanten Marktes im Sinne des Wettbewerbsrechts der Gemeinschaft.

Anhang 3

Verwendungszwecks als austauschbar oder substituierbar angesehen werden. Ein relevanter Produktmarkt kann bisweilen aus einer Reihe von Erzeugnissen und/oder Dienstleistungen bestehen, die weitgehend die gleichen physischen oder technischen Merkmale aufweisen und voll austauschbar sind.

Zur Bestimmung des relevanten Produktmarktes nach Maßgabe der vorstehenden Definition wird unter anderem untersucht, warum bestimmte Waren oder Dienstleistungen einbezogen und andere davon ausgenommen werden, wobei die Substituierbarkeit auf der Verbraucherseite, die Wettbewerbsbedingungen, die Preise, die Kreuzpreiselastizität der Nachfrage und sonstige für die Definition der Produktmärkte erheblichen Faktoren (z.B. in geeigneten Fällen die Substituierbarkeit auf der Angebotsseite) herangezogen werden.

II. **Die räumlich relevanten Märkte:**

Der räumlich relevante Markt umfasst das Gebiet, in dem die beteiligten Unternehmen die relevanten Produkte oder Dienstleistungen anbieten und nachfragen, in dem die Wettbewerbsbedingungen hinreichend homogen sind und das sich von benachbarten Gebieten durch spürbar unterschiedliche Wettbewerbsbedingungen unterscheidet.

Maßgebliche Faktoren für die Bestimmung des geographisch relevanten Marktes sind unter anderem Art und Eigenschaften der betroffenen Produkte oder Dienstleistungen, die Existenz von Marktzutrittsschranken oder Verbraucherpräferenzen, deutlich unterschiedliche Marktanteile der Unternehmen zwischen räumlich benachbarten Gebieten oder wesentliche Preisunterschiede.

III. **Betroffene Märkte:**

Zum Zwecke der in diesem Formblatt verlangten Angaben gelten als betroffene Märkte die sachlich relevanten Produktmärkte im EWR, in der Gemeinschaft, im Gebiet der EFTA-Staaten, in einem Mitgliedstaat oder in einem EFTA-Staat, wenn:

a) zwei oder mehr der Beteiligten in demselben Produktmarkt tätig sind und der Zusammenschluss zu einem gemeinsamen Marktanteil von 15% oder mehr führt (horizontale Beziehungen),

b) ein oder mehrere an dem Zusammenschluss beteiligte Unternehmen auf einem Produktmarkt tätig sind, der einem anderen Produktmarkt vor-oder nachgelagert ist, auf dem sich ein anderes an dem Zusammenschluss beteiligtes Unternehmen betätigt, und ihr Marktanteil auf dem einen oder anderen Markt einzeln oder gemeinsam 25% oder mehr beträgt, und zwar unabhängig davon, ob sie als Zulieferer bzw. Abnehmer des jeweils anderen Unternehmens fungieren oder nicht[16] (vertikale Beziehungen).

Geben Sie anhand dieser Definitionen und Marktanteilsschwellen an[17]:
– alle betroffenen Märkte im Sinne von Ziffer III dieses Abschnitts
– auf EWR-, Gemeinschafts- oder EFTA-Ebene;
– auf Ebene der einzelnen Mitgliedstaaten oder EFTA-Staaten.

6.2. den Umfang des bzw. der räumlich relevanten Märkte für jeden einzelnen betroffenen Produktmarkt.

IV. **Führen Sie aus, wie die beteiligten Unternehmen den Umfang des räumlich relevanten Marktes im Sinne von Ziffer II dieses Abschnitts in Bezug auf die einzelnen oben ausgemachten betroffenen Märkte einschätzen.**

6.3. Sonstige Märkte, auf die der angemeldete Zuammenschluss nennenswerte Auswirkungen hat

---

16 Verfügt beispielsweise ein beteiligtes Unternehmen über einen Marktanteil von mindestens 25% auf einem Markt, der einem Markt, auf dem das andere beteiligte Unternehmen tätig ist, vorgelagert ist, dann sind sowohl der vor- als auch der nachgelagerte Markt betroffene Märkte. Fusioniert ein vertikal integriertes Unternehmen mit einem anderen auf einem nachgelagerten Markt tätigen Unternehmen und führt die Fusion auf dem nachgelagerten Markt zu einem gemeinsamen Marktanteil von 25% oder mehr, dann sind ebenfalls der vor- und der nachgelagerte Markt betroffene Märkte.

17 Wie im einleitenden Teil unter den Ziffern 1.1. und 1.3. ausgeführt, besteht im Vorfeld der Anmeldung die Möglichkeit, mit der Kommission zu erörtern, inwieweit bei bestimmten betroffenen Märkten oder sonstigen Märkten im Sinne von Ziffer IV die verlangten Angaben eventuell verzichtbar sind.

a) Beschreiben Sie ausgehend von der vorstehenden Definition alle Produktmärkte und räumlich relevanten Märkte, sofern sie den gesamten oder einen Teil des EWR abdecken, die nicht zu den gemäß Ziffer 6.1. ausgemachten betroffenen Märkten zählen und auf die der angemeldete Zusammenschluss nennenswerte Auswirkungen hat, d. h. beispielsweise Märkte, auf denen
b) irgendein beteiligtes Unternehmen einen Marktanteil von über 25 % hat und ein anderes beteiligtes Unternehmen ein potenzieller Wettbewerber ist. Das betreffende Unternehmen ist vor allem dann ein potenzieller Wettbewerber, wenn Pläne für eine Betätigung auf diesem Markt bestehen oder in den vergangenen zwei Jahren konkrete Pläne dieser Art verfolgt wurden,
c) irgendein beteiligtes Unternehmen, einen Marktanteil von über 25 % hat und ein anderes beteiligtes Unternehmen Inhaber nennenswerter geistiger Eigentumsrechte ist oder

wenn ein beteiligtes Unternehmen auf einem benachbarten Produktmarkt tätig ist, der mit dem Produktmarkt eng verknüpft ist, auf dem sich ein anderes an dem Zusammenschluss beteiligtes Unternehmen betätigt, und ihr Marktanteil auf einem dieser Märkte einzeln oder gemeinsam 25 % oder mehr beträgt. Produktmärkte sind als eng miteinander verknüpfte benachbarte Märkte zu betrachten, wenn die Produkte einander ergänzen[18] oder zu einer Produktpalette gehören, die generell von der gleichen Abnehmerkategorie gekauft und der gleichen Endnutzung zugeführt werden[19].

Damit sich die Kommission von Anfang an ein Bild von den Auswirkungen des angemeldeten Zusammenschlusses auf den Wettbewerb auf den gemäß Ziffer 6.3. ermittelten Märkten machen kann, werden die Anmelder gebeten, die in den nachstehenden Abschnitten 7 und 8 verlangten Angaben auch für diese Märkte zu machen.

Abschnitt 7
Angaben zu den betroffenen Märkten

Geben Sie für jeden betroffenen relevanten Produktmarkt und jedes der letzten drei Geschäftsjahre[20]
a) für den EWR
b) für die Gemeinschaft insgesamt
c) für das gesamte EFTA-Gebiet,
d) einzeln für jeden Mitgliedstaat und EFTA-Staat, in dem die beteiligten Unternehmen tätig sind, sowie
e) für jeden anderen geographischen Markt, der nach Ansicht der Anmelder relevant ist,

Folgendes an:

7.1. die geschätzte Gesamtgröße des Marktes nach Umsatzerlösen (in EUR) und Absatzvolumen (Stückzahlen)[21]. Geben Sie die Grundlage und Quellen für Ihre Berechnungen an und fügen Sie, sofern vorhanden, Unterlagen bei, die diese Berechnungen bestätigen.

7.2. die Umsätze gemessen am Erlös und am Volumen sowie die geschätzten Marktanteile eines jeden an dem Zusammenschluss beteiligten Unternehmens,

---

18 Produkte oder Dienstleistungen ergänzen sich dann, wenn sie zusammen verwendet oder verbraucht für den Abnehmer wertvoller sind als einzeln. Dies gilt beispielsweise für sich in technischer Hinsicht ergänzende Komponenten wie etwa Hefter und Heftklammern, Autoreifen und Autotüren, Bolzenschussgewehre und Bolzen oder Triebwerke und Luftfahrtelektronik.
19 Produkte, die zu derselben Produktpalette gehören, wären beispielsweise Whisky und Gin, verschiedene Verpackungsmaterialien für eine bestimmte Warenkategorie oder verschiedene Arten von Baustoffen für das Baugewerbe.
20 Unbeschadet Artikel 4 Absatz 2 der Durchführungsverordnung.
21 Bei dem Umsatzerlös und dem Absatzvolumen eines Marktes ist die Gesamtproduktion abzüglich Ausfuhren zuzüglich Einfuhren für die jeweiligen geographischen Gebiete anzugeben. Wenn möglich, sind die Einfuhr- und Ausfuhrdaten aufgeschlüsselt nach Herkunfts- bzw. Bestimmungsland anzugeben.

Anhang 3

7.3. die geschätzten Marktanteile (gemessen am Umsatz, und gegebenenfalls am Volumen) sämtlicher Wettbewerber (einschließlich Importeure) mit einem Marktanteil von wenigstens 5 % in dem betreffenden geographischen Markt. Berechnen Sie hiervon ausgehend den HHI-Index[22] vor und nach dem Zusammenschluss sowie die Differenz zwischen beiden Werten (Delta)[23] .Geben sie an, anhand welcher Marktanteile Sie den HHI berechnet haben und worauf Sie sich bei deren Berechnung gestützt haben. Fügen Sie gegebenenfalls Unterlagen bei, die diese Berechnungen bestätigen.

7.4. Namen, Anschrift, Telefon- und Telefaxnummer sowie E-Mail-Adresse des Leiters der Rechtsabteilung (oder einer anderen Person in ähnlicher Funktion, falls vorhanden, bzw. andernfalls des Konzern- oder Unternehmenschefs) bei den unter Ziffer 7.3. aufgeführten Wettbewerbern,

7.5. den geschätzten Gesamtwert und -umfang sowie die Herkunft der Einfuhren von außerhalb des EWR unter Angabe:
a) des Anteils der Einfuhren, die von den Unternehmensgruppen stammen, denen die an dem Zusammenschluss beteiligten Unternehmen angehören,
b) der voraussichtlichen Auswirkungen von Kontingenten, Zöllen oder nichttarifären Handelshemmnissen auf diese Einfuhren und
c) der voraussichtlichen Auswirkungen von Beförderungskosten und sonstigen Kosten auf diese Einfuhren;

7.6. die Auswirkungen von
a) Transportkosten und sonstigen Kosten und
b) nichttarifären Handelshemmnissen

auf den zwischenstaatlichen Handel im EWR;

7.7. auf welche Weise die an dem Zusammenschluss beteiligten Unternehmen die Produkte und/oder Dienstleistungen herstellen, verkaufen und deren Preis bestimmen, z. B. ob sie vor Ort produzieren und die Preise dezentral festsetzen oder ob sie sich örtlicher Vertriebseinrichtungen bedienen;

7.8. eine vergleichende Übersicht über das Preisniveau in den einzelnen Mitgliedstaaten und EFTA-Staaten für jedes beteiligte Unternehmen und über die Preise in der Gemeinschaft, den EFTA-Staaten und anderen Gebieten, in denen die Erzeugnisse hergestellt werden (z. B. Russland, Vereinigte Staaten, Japan und andere relevante Gebiete) sowie

7.9. Art und Umfang der vertikalen Integration aller an dem Zusammenschluss beteiligten Unternehmen im Vergleich zu ihren Hauptwettbewerbern.

---

22 HHI steht für Herfindahl-Hirschman Index, mit dem der Grad der Marktkonzentration gemessen wird. Der HHI ergibt sich durch Addition der quadrierten Marktanteile der einzelnen auf dem betreffenden Markt tätigen Unternehmen. Zur Veranschaulichung ein Beispiel: Bei fünf Marktteilnehmern mit Marktanteilen von 40 %, 20 %, 15 %, 15 % und 10 % ergibt sich ein HHI von 2550 ($40^2 + 20^2 + 15^2 + 15^2 + 10^2 = 2550$). Der HHI reicht von einem Wert nahe Null (bei einem in unzählige Unternehmen aufgesplitterten Markt) bis 10000 (bei einem reinen Monopol). Der Berechnung des HHI nach dem Zusammenschluss liegt die Hypothese zugrunde, dass die einzelnen Marktanteile der Unternehmen unverändert bleiben. Auch wenn grundsätzlich sämtliche Unternehmen in die Berechnung einbezogen werden sollten, wird das Ergebnis durch fehlende Angaben über kleine Unternehmen kaum verfälscht, da diese den HHI nicht in nennenswerter Weise beeinflussen.

23 Die nach dem HHI gemessene Erhöhung des Konzentrationsgrads kann unabhängig vom Konzentrationsgrad des Gesamtmarktes durch Multiplikation des Produkts der Marktanteile der fusionierenden Unternehmen mit 2 errechnet werden. Bei der Fusion zweier Unternehmen mit Anteilen von 30 und 15 % würde sich der HHI um 900 ($30 \times 15 \times 2 = 900$) erhöhen. Dieser Berechnung liegt folgende Formel zugrunde: Vor der Fusion wurden die Quadrate der Marktanteile der fusionierenden Unternehmen einzeln berücksichtigt: $(a)^2 + (b)^2$. Nach der Fusion tragen sie zum HHI in der Höhe des Quadrats ihrer Summe bei: $(a + b)^2$, d. h. $(a)^2 + 2ab + (b)^2$. Der HHI steigt somit um den Wert $2ab$.

Abschnitt 8
Allgemeine Bedingungen in den betroffenen Märkten

8.1. Nennen Sie die fünf größten unabhängigen[24] Zulieferer der einzelnen an dem Zusammenschluss beteiligten Unternehmen und geben Sie jeweils an, wie hoch der Anteil der von ihnen bezogenen Rohstoffe oder Waren ist, die für die Herstellung der sachlich relevanten Produkte verwendet werden. Nennen Sie Namen, Anschrift, Telefon- und Telefaxnummer sowie E-Mail-Adresse des Leiters der Rechtsabteilung (oder einer anderen Person in ähnlicher Funktion, falls vorhanden, bzw. andernfalls des Konzern- oder Unternehmenschefs) bei diesen Zulieferern.

Angebotsstruktur auf den betroffenen Märkten

8.2. Beschreiben Sie die Vertriebswege und die Kundendienstnetze in den betroffenen Märkten und gehen Sie dabei gegebenenfalls auf Folgendes ein:
   a) die auf dem Markt vorherrschenden Vertriebssysteme und deren Bedeutung. Inwieweit erfolgt der Vertrieb durch Dritte und/oder Unternehmen, die demselben Konzern wie die in Abschnitt 4 genannten beteiligten Unternehmen angehören?
   b) die auf diesen Märkten vorherrschenden Kundendienststrukturen (z.B. Wartung und Reparatur) und deren Bedeutung. Inwieweit werden diese Dienstleistungen von Dritten und/oder Unternehmen erbracht, die demselben Konzern wie die in Abschnitt 4 genannten beteiligten Unternehmen angehören?

8.3. Schätzen Sie die in der Gemeinschaft und den EFTA-Staaten vorhandenen Gesamtkapazitäten in den vergangenen drei Jahren. Welcher Anteil entfiel dabei auf die beteiligten Unternehmen und wie hoch war ihre jeweilige Kapazitätsauslastung? Geben Sie gegebenenfalls Standort und Kapazitäten der Produktionsstätten der beteiligten Unternehmen auf den betroffenen Märkten an.

8.4. Geben Sie an, ob die beteiligten Unternehmen oder ein Wettbewerber über neue Produkte kurz vor der Marktreife verfügen oder die Absicht haben, Produktions- oder Verkaufskapazitäten auszuweiten (oder neu zu schaffen). Wenn ja, veranschlagen Sie die voraussichtlichen Verkaufs- und Marktanteile der beteiligten Unternehmen für die kommenden drei bis fünf Jahre.

8.5. Erläutern Sie gegebenenfalls sonstige Faktoren auf der Angebotsseite, die Ihnen wichtig erscheinen.

Nachfragestruktur auf den betroffenen Märkten

8.6. Nennen Sie die fünf[25] größten unabhängigen Abnehmer der beteiligten Unternehmen auf jedem der betroffenen Märkte und geben Sie deren jeweiligen Anteil am Gesamtabsatz der betreffenden Erzeugnisse an. Nennen Sie für diese Kunden Namen, Anschrift, Telefon- und Telefaxnummer sowie E-Mail-Anschrift des Leiters der Rechtsabteilung (oder einer anderen Person in ähnlicher Funktion, falls vorhanden, bzw. andernfalls des Konzern- oder Unternehmenschefs).

8.7. Beschreiben Sie die Nachfragestruktur anhand folgender Faktoren:
   a) Entwicklungsphasen des Marktes, beispielsweise Anlauf-, Wachstums-, Reife- oder Rückgangsphase, und schätzen Sie die künftige Steigerung der Nachfrage ein,

---

24 Das heißt keine Tochtergesellschaften, Handelshäuser oder Unternehmen, die zum Konzern oder zur Gruppe des beteiligten Unternehmen gehören. Die Anmelder können neben diesen fünf unabhängigen Zulieferern auch die konzerninternen Zulieferer nennen, wenn sie dies für eine ordnungsgemäße Beurteilung des Vorhabens für notwendig erachten. Dasselbe gilt in Ziffer 8.6 für die Abnehmer.

25 Die Erfahrung hat gezeigt, dass bei der Untersuchung komplexer Fälle häufig noch detailliertere Angaben erforderlich sind. Es ist daher möglich, dass die Kommissionsdienststellen bei den Kontakten im Vorfeld der Anmeldung für bestimmte betroffene Märkte weitere Kundendetails anfordern.

Anhang 3

b) Bedeutung von Kundenpräferenzen, beispielsweise im Hinblick auf Markentreue, Kundendienstleistungen vor und nach Verkauf des Erzeugnisses, das Vorhandensein einer vollständigen Produktpalette oder Netzwerkeffekte,
c) Bedeutung der Produktdifferenzierung nach Eigenschaften oder Qualität und Grad der Substituierbarkeit der Produkte der beteiligten Unternehmen,
d) erforderlicher zeitlicher und finanzieller Aufwand bei einem Wechsel des Kunden von einem Anbieter zu einem anderen,
e) Grad der Konzentration bzw. Streuung der Kunden;
f) Unterteilung der Kunden in einzelne Segmente mit einer Beschreibung des »typischen Kunden« für jedes Segment,
g) Bedeutung von Alleinvertriebsverträgen und sonstigen Arten langfristiger Verträge;
h) Ausmaß der Nachfrage durch Behörden, Regierungsstellen, staatliche Unternehmen oder ähnliche Einrichtungen.

Markteintritt

8.8. Ist in den letzten fünf Jahren ein nennenswerter Markteintritt auf einem der betroffenen Märkte erfolgt? Wenn ja, geben Sie an, um welche Unternehmen es sich dabei handelt einschließlich einer Schätzung ihres jeweiligen gegenwärtigen Marktanteils, und nennen Sie Namen, Anschrift, Telefon- und Telefaxnummer sowie E-Mail-Adresse des Leiters der Rechtsabteilung (oder einer anderen Person in ähnlicher Funktion, falls vorhanden, bzw. andernfalls des Konzern- oder Unternehmenschefs) bei dem betreffenden Unternehmen. Für den Fall, dass sich ein an dem Zusammenschluss beteiligtes Unternehmen in den letzten fünf Jahren neu auf einem betroffenen Markt betätigt hat, schildern Sie die dabei aufgetretenen Marktzutrittsschranken.

8.9. Gibt es Ihrer Ansicht nach Unternehmen (einschließlich solcher, die gegenwärtig nur auf Märkten außerhalb der Gemeinschaft bzw. außerhalb des EWR tätig sind), von denen ein Markteintritt zu erwarten ist? Wenn ja, geben Sie an, um welche Unternehmen es sich dabei handelt, und nennen Sie Namen, Anschrift, Telefon- und Telefaxnummer sowie E-Mail-Adresse des Leiters der Rechtsabteilung (oder einer anderen Person in ähnlicher Funktion, falls vorhanden, bzw. andernfalls des Konzern- oder Unternehmenschefs). Erläutern Sie, warum ein solcher Markteintritt wahrscheinlich ist, und nennen Sie den voraussichtlichen Zeitpunkt, zu dem er zu erwarten ist.

8.10. Beschreiben Sie die verschiedenen Faktoren, die den Eintritt in die betroffenen Märkte aus räumlicher und produktmäßiger Sicht beeinflussen und berücksichtigen Sie dabei gegebenenfalls Folgendes:
a) die Gesamtkosten des Markteintritts (FuE, Produktion, Errichtung von Vertriebssystemen, Verkaufsförderung, Werbung, Kundendienst usw.) gemessen an einem konkurrenzfähigen Wettbewerber mit Angabe seines Marktanteils;
b) etwaige rechtliche oder behördliche Eintrittsschranken wie z. B. Zulassungen, Genehmigungen oder Normen jeglicher Art, sowie Schranken in Form von Vorschriften über Produktzertifizierungsverfahren oder den Nachweis langjähriger Erfahrungen,
c) Beschränkungen aufgrund bestehender Patente, vorhandenen Know-hows und anderer geistiger Eigentumsrechte auf den betroffenen Märkten sowie infolge der Vergabe von Lizenzen für derartige Rechte,
d) bis zu welchem Grad die an dem Zusammenschluss beteiligten Unternehmen Inhaber, Lizenznehmer oder Lizenzgeber von Patenten, Know-how und sonstigen Schutzrechten auf den relevanten Märkten sind,
e) die Bedeutung von Größenvorteilen für die Herstellung bzw. den Vertrieb der Erzeugnisse auf den betroffenen Märkten sowie
f) die Möglichkeiten des Zugangs zu Bezugsquellen, beispielsweise zu Rohstoffen oder der erforderlichen Infrastruktur.

Forschung und Entwicklung

8.11. Erläutern Sie die Bedeutung von Forschung und Entwicklung für die Fähigkeit eines auf dem bzw. den betroffenen Märkten tätigen Unternehmens, auf Dauer im Wettbewerb bestehen zu können. Schildern Sie, welche Art der Forschung und Entwicklung die an dem Zusammenschluss beteiligten Unternehmen auf den betroffenen Märkten betreiben. Berücksichtigen Sie dabei gegebenenfalls Folgendes:
a) Forschungs- und Entwicklungstrends und -intensität[26] auf diesen Märkten und bei den an dem Zusammenschluss beteiligten Unternehmen,
b) den Verlauf der technischen Entwicklung auf diesen Märkten innerhalb eines aussagekräftigen Zeitraums (einschließlich Weiterentwicklungen bei Erzeugnissen und/oder Dienstleistungen, Herstellungsverfahren, Vertriebssystemen usw.);
c) die wichtigsten Innovationen auf den relevanten Märkten und deren Urheber sowie
d) den Innovationszyklus auf den betreffenden Märkten und die Phase, in der sich die an dem Zusammenschluss beteiligten Unternehmen in diesem Zyklus befinden.

Kooperationsvereinbarungen

8.12. In welchem Umfang gibt es auf den betroffenen Märkten (horizontale, vertikale oder sonstige) Kooperationsvereinbarungen?

8.13. Machen Sie Angaben zu den wichtigsten Kooperationsvereinbarungen, die von den beteiligten Unternehmen auf den betroffenen Märkten geschlossen wurden, z. B. Vereinbarungen über Forschung und Entwicklung, Lizenzen, gemeinsame Produktion, Aufgabenteilung, Vertrieb, langfristige Belieferung und Informationsaustausch, und fügen Sie gegebenenfalls eine Kopie dieser Vereinbarungen bei.

Verbände

8.14. Nennen Sie aufgeschlüsselt nach betroffenen Märkten:
a) diejenigen Verbände, bei denen die an dem Zusammenschluss beteiligten Unternehmen Mitglied sind, sowie
b) die wichtigsten Verbände, denen die Kunden und Zulieferer der an dem Zusammenschluss beteiligten Unternehmen angehören.
Nennen Sie Namen, Anschrift, Telefon- und Telefaxnummer sowie E-Mail-Adresse einer geeigneten Kontaktperson bei sämtlichen aufgeführten Verbänden.

Abschnitt 9
Gesamtsituation des Marktes und Effizienzgewinne

9.1. Beschreiben Sie das Zusammenschlussvorhaben im weltweiten Kontext und geben Sie die Stellung jedes der beteiligten Unternehmen außerhalb des EWR nach Größe und Wettbewerbsstärke an.

9.2. Beschreiben Sie die zu erwartenden Auswirkungen des Zusammenschlussvorhabens auf Zwischen- und Endverbraucher sowie auf die Entwicklung des technischen und wirtschaftlichen Fortschritts.

9.3. Sollten Sie darauf Wert legen, dass die Kommission von Anfang an[27] speziell prüft, ob fusionsbedingte Effizienzvorteile die Fähigkeit und Bereitschaft des fusionierten Unter-

---

26 Die Forschungs- und Entwicklungsintensität entspricht dem Anteil der FuE-Aufwendungen am Umsatz.
27 Es sei darauf verwiesen, dass die Beantwortung von Ziffer 9.3. freiwillig ist. Das Offenlassen dieser Rubrik braucht nicht weiter begründet zu werden. Aus dem Fehlen von Angaben zu diesem Punkt wird nicht geschlossen, dass das Zusammenschlussvorhaben keine Effizienzgewinne mit sich bringt oder dass der Grund für den Zusammenschluss der Ausbau der Marktmacht ist. Ein Verzicht auf Angaben zu den Effizienzgewinnen im Stadium der Anmeldung schließt jedoch nicht aus, dass sie zu einem späteren Zeitpunkt nachgereicht werden können. Je früher die Angaben gemacht werden, desto besser kann die Kommission jedoch das Effizienz-Argument nachprüfen.

nehmen zu einem wettbewerbsfördernden, für die Verbraucher profitablen Verhalten verbessern, müssen die erwarteten Vorteile (z.B. Kosteneinsparungen, Einführung neuer Produkte, Verbesserung der Produkte oder Serviceleistungen) für jedes relevante Produkt einzeln beschrieben und durch entsprechende Unterlagen belegt werden[28].

Für den Fall, dass Effizienzvorteile geltend gemacht werden, sind beizufügen:

i) eine ausführliche Beschreibung der Art und Weise, wie das fusionierte Unternehmen durch den Zusammenschluss Effizienzgewinne erzielen will. Führen Sie aus, welche Schritte die Beteiligten im Einzelnen zu diesem Zweck zu unternehmen gedenken, welche Risiken damit verbunden sind und in welchem Zeit- und Kostenrahmen dieses Ziel erreicht werden soll.

ii) sofern mit vertretbarem Aufwand machbar, eine Beschreibung der Effizienzgewinne in Zahlen und die Art ihrer Berechnung. Veranschlagen Sie gegebenenfalls die Höhe der durch die Einführung neuer Produkte oder Qualitätsverbesserungen bedingten Effizienzgewinne. Bei Effizienzvorteilen in Form von Kosteneinsparungen sind die Einsparungen aufgeschlüsselt nach einmaligen Fixkosten, laufenden Fixkosten und variablen Kosten auszuweisen (in EUR pro Stück und EUR pro Jahr),

iii) den voraussichtlichen Umfang des Nutzens für die Verbraucher und eine ausführliche Erläuterung, worauf sich diese Annahme stützt,

iv) die Gründe, weshalb das oder die am Zusammenschluss beteiligten Unternehmen Effizienzvorteile in ähnlichem Umfang nicht auf andere Weise als durch den Zusammenschluss und ohne Risiken für den Wettbewerb erzielen könnten.

Abschnitt 10
Kooperative Wirkungen eines Gemeinschaftsunternehmens

10. Beantworten Sie im Hinblick auf Artikel 2 Absatz 4 der EG-Fusionskontrollverordnung folgende Fragen:

a) Sind zwei oder mehr der Muttergesellschaften auf demselben Markt wie das Gemeinschaftsunternehmen, auf einem diesem vor- oder nachgelagerten Markt oder auf einem eng mit ihm verknüpften benachbarten Markt in nennenswerter Weise präsent[29]?
Falls ja, geben Sie für jeden dieser Märkte Folgendes an:
– den Umsatz der einzelnen Muttergesellschaften im vorangegangenen Geschäftsjahr,
– die wirtschaftliche Bedeutung der Tätigkeiten des Gemeinschaftsunternehmens im Verhältnis zu diesem Umsatz;
– den Marktanteil der einzelnen Muttergesellschaften.
Sofern die Frage zu verneinen ist, begründen Sie Ihre Antwort.

b) Sofern Frage a) zu bejahen ist, begründen Sie, warum Ihrer Ansicht nach die Gründung des Gemeinschaftsunternehmensnicht zu einer Koordinierung des Wettbewerbsverhaltens unabhängig bleibender Unternehmen führt, die den Wettbewerb gemäß Artikel 81 Absatz 1 EG-Vertrag einschränkt.

c) Um der Kommission eine vollständige Prüfung der Anmeldung zu ermöglichen, erläutern Sie die Anwendbarkeitder Kriterien des Artikels 81 Absatz 3 unabhängig davon, wie Sie die Fragen a) und b) beantwortet haben. Aufgrund dieser Vorschrift kann Artikel 81 Absatz 1 EG-Vertrag für nicht anwendbar erklärt werden, falls das Vorhaben

i) dazu beiträgt, die Warenerzeugung oder -verteilung zu verbessern oder den technischen oder wirtschaftlichen Fortschritt zu fördern,

ii) die Verbraucher angemessen an dem entstehenden Gewinn beteiligt,

iii) den beteiligten Unternehmen keine Beschränkungen auferlegt, die für die Verwirklichung dieser Ziele nicht unerlässlich sind, und

iv) keine Möglichkeiten eröffnet, für einen wesentlichen Teil der betreffenden Waren den Wettbewerb auszuschalten.

---

28 Zur Bewertung von Effizienzgewinnen siehe auch die Leitlinien der Kommission zur Bewertung horizontaler Zusammenschlüsse.
29 Zu den Marktdefinitionen siehe Abschnitt 6.

Abschnitt 11
Erklärung

Gemäß Artikel 2 Absatz 2 der Durchführungsverordnung ist Anmeldungen, die von Vertretern der Unternehmen unterzeichnet worden sind, eine schriftliche Vollmacht über die Vertretungsbefugnis beizufügen.

Die Anmeldung muss mit der folgenden Erklärung schließen, die von allen oder im Namen aller anmeldenden Unternehmen zu unterzeichnen ist:

Der bzw. die Anmelder erklären nach bestem Wissen und Gewissen, dass die Angaben in dieser Anmeldung wahr, richtig, und vollständig sind, dass vollständige Kopien der nach dem Formblatt CO vorzulegenden Unterlagen beigefügt wurden, dass alle Schätzungen als solche kenntlich gemacht und nach bestem Ermessen anhand der zugrundeliegenden Tatsachen abgegeben wurden und dass alle geäußerten Ansichten der aufrichtigen Überzeugung der Unterzeichneten entsprechen.

Den Unterzeichneten sind die Bestimmungen von Artikel 14 Absatz 1 Buchstabe a) der EG-EG-Fusionskontrollverordnung bekannt.

Place and date:

Signatures:

Name/s and positions:

On behalf of:

Anhang 4

Vereinfachtes Formblatt zur Anmeldung eines Zusammenschlusses gemäß der Verordnung (EG) Nr. 139/2004 des Rates

ABl. 2004 L 133/22

1. EINLEITUNG

   1.1. **Der Zweck dieses vereinfachten Formblattes**

   Dieses Formblatt erläutert im Einzelnen, welche Angaben der Europäischen Kommission von den Anmeldern bei der Anmeldung einer Fusion, einer Übernahme oder eines sonstigen Zusammenschlusses zu übermitteln sind, wenn das Vorhaben wahrscheinlich wettbewerbsrechtlich unbedenklich ist.

   Bei der Ausfüllung dieses Formblatts sind die Verordnung (EG) Nr. 139/2004 (nachstehend »EG-Fusionskontrollverordnung«) und die Verordnung (EG) Nr. xx/2004 der Kommission (nachstehend »Durchführungsverordnung«)[1], der dieses Formblatt angefügt ist, zu beachten. Diese Verordnungen sowie alle anderen einschlägigen Unterlagen können auf den Internetseiten der Generaldirektion Wettbewerb auf dem Server »Europa« der Kommission abgerufen werden.

   Grundsätzlich kann das vereinfachte Formblatt zur Anmeldung von Zusammenschlüssen verwendet werden, wenn

   1. bei Gemeinschaftsunternehmen (GU) mit keinen oder geringfügigen gegenwärtigen oder zukünftigen Tätigkeiten im Gebiet des Europäischen Wirtschaftsraums (EWR). Dies ist der Fall, wenn

      a) der EWR-Umsatz des GU und/oder der Umsatz der beigesteuerten Tätigkeiten weniger als 100 Mio. EUR beträgt und

      b) der Gesamtwert der in das GU eingebrachten Vermögenswerte im EWR-Gebiet weniger als 100 Mio. EUR beträgt.

   2. keiner der Beteiligten im gleichen sachlich und räumlich relevanten Markt (keine horizontale Überschneidung) oder in einem Markt tätig ist, der einem anderen Markt vor- oder nachgelagert ist, in dem ein anderer Beteiligter vertreten ist (keine vertikale Beziehung);

   3. zwei oder mehr der Beteiligten in demselben sachlich und räumlich relevanten Markt tätig sind (horizontale Überschneidung) und der gemeinsame Marktanteil weniger als 15 % beträgt; und/oder mindestens ein Beteiligter in einem sachlichen Markt tätig ist, der einem anderen sachlichen Markt vor- oder nachgelagert ist, in dem ein anderer Beteiligter vertreten ist (vertikale Beziehung), und die Marktanteile auf keinem der Märkte einzeln oder gemeinsam 25 % oder mehr betragen; oder

   4. ein Beteiligter die alleinige Kontrolle über ein Unternehmen erlangt, über das er bereits eine Mitkontrolle ausübt.

   Die Kommission kann eine Anmeldung mittels des vollständigen Formblatts verlangen, wenn sich herausstellt, dass die Voraussetzungen für die Verwendung des vereinfachten Formblatts nicht erfüllt sind oder ausnahmsweise eine Anmeldung mittels des CO-Formblatts trotz ihrer Erfüllung für eine angemessene Untersuchung möglicher Wettbewerbsprobleme erforderlich ist.

   Eine Anmeldung mittels des Formblatts CO kann beispielsweise bei Zusammenschlüssen erforderlich sein, bei denen die Abgrenzung der relevanten Märkte schwierig ist (Märkte im Entwicklungsstadium Märkte oder Märkte ohne etablierte Fallpraxis); fer-

---

[1] Verordnung (EG) Nr. 139/2004 vom 20. 1. 04, ABl. L 24 vom 29. 1. 2004, S. 1. Zu beachten sind auch die entsprechenden Bestimmungen in dem Abkommen über den Europäischen Wirtschaftsraum (»EWR-Abkommen«). Siehe hierzu insbesondere Artikel 57 des EWR-Abkommens, Ziffer 1 des Anhangs XIV des EWR-Abkommens und Protokoll 4 der Vereinbarung zwischen den EFTA-Staaten über die Einrichtung einer Überwachungsbehörde und eines Gerichtshofes, die Protokolle 21 und 24 des EWR-Abkommens sowie Artikel 1 und die Vereinbarte Niederschrift des Protokolls zur Anpassung des EWR-Abkommens. Unter EFTA-Staaten sind diejenigen Länder zu verstehen, die Vertragsparteien des EWR-Abkommens sind. Ab 1. Mai sind dies Island, Liechtenstein und Norwegen.

ner wenn es sich bei einem der Beteiligten um einen Marktneuling oder den Inhaber wichtiger Patente handelt; wenn die Marktanteile der Beteiligten nicht genau ermittelt werden können, wenn die Märkte durch hohe Zutrittsschranken, einen hohen Konzentrationsgrad oder eine bekanntermaßen schwierige Wettbewerbslage geprägt werden, mindestens zwei Beteiligte auf eng miteinander verbundenen benachbarten Märkten vertreten sind[2]; und schließlich bei Zusammenschlüssen, die die Gefahr einer Verhaltenskoordinierung im Sinne von Artikel 2 Absatz 4 der EG-Fusionskontrollverordnung aufweisen. Zudem kann sich eine Anmeldung mit dem CO-Formblatt als erforderlich erweisen, wenn ein Unternehmen die alleinige Kontrolle über ein bisher gemeinsam kontrolliertes Gemeinschaftsunternehmen erwirbt und zusammen mit dem Gemeinschaftsunternehmen über eine starke Marktstellung verfügt oder beide Unternehmen jeweils auf Märkten stark positioniert sind, die zueinander in einer vertikalen Beziehung stehen.

1.2. **Verpflichtung zur Anmeldung mittels des CO-Formblatts**
Die Kommission gewährleistet bei der Prüfung, ob ein Zusammenschluss mit dem vereinfachten Formblatt angemeldet werden kann, dass sämtliche einschlägigen Voraussetzungen ausreichend geklärt sind. Für unrichtige und unvollständige Anlagen haften die Anmelder.
Gelangt die Kommission nach der Anmeldung zu der Auffassung, dass das Vorhaben nicht für die vereinfachte Anmeldung in Frage kommt, kann sie eine vollständige oder gegebenenfalls eine teilweise Anmeldung mittels des CO-Formblatts verlangen. Dazu können sie u. a. folgende Gründe veranlassen:
– die Voraussetzungen für die Verwendung des vereinfachten Formulars sind nicht erfüllt;
– eine vollständige oder teilweise Anmeldung mittels des CO-Formblatts ist für eine angemessene Untersuchung möglicher Wettbewerbsprobleme oder für den Nachweis eines Zusammenschlusstatbestands im Sinne von Artikel 3 der EG-Fusionskontrollverordnung erforderlich, obwohl die Voraussetzungen für eine vereinfachte Anmeldung erfüllt wären;
– die vereinfachte Anmeldung enthält unrichtige oder irreführende Angaben;
– ein Mitgliedstaat macht binnen 15 Arbeitstagen nach Erhalt eines Exemplars der Anmeldung begründete Wettbewerbsbedenken geltend; oder
– ein Dritter macht binnen der ihm von der Kommission gesetzten Äußerungsfrist begründete Wettbewerbsbedenken geltend.
In derartigen Fällen kann die Anmeldung als in einem wesentlichen Gesichtspunkt unvollständig im Sinne von Artikel 5 Absatz 2 der Durchführungsverordnung behandelt werden. Die Kommission setzt die Anmelder oder ihre Vertreter hiervon umgehend schriftlich in Kenntnis. Die Anmeldung wird erst dann wirksam, wenn sämtliche erforderlichen Angaben eingegangen sind.

1.3. **Bedeutung der Zusammenkünfte vor einer Anmeldung**
Die Erfahrung hat gezeigt, dass Kontakte vor der Anmeldung sowohl für den/die Anmelder als auch für die Kommission äußerst wertvoll sind, um den genauen Umfang der in der Anmeldung zu machenden Angaben zu bestimmen. Insbesondere wenn die Beteiligten eine vereinfachte Anmeldung planen, sollten sie mit der Kommission vor der Anmeldung besprechen, ob das Vorhaben für eine Anmeldung mit dem vereinfachten Formblatt geeignet ist. Die Anmelder können dabei auf »DG Competition's Best Practices on the conduct of EC merger control proceedings« Bezug nehmen, welche auch Orientierungshilfen für die Kontakte mit der Kommission vor der Anmeldung eines Fusionsvorhabens und die Abfassung einer Anmeldung enthalten.

---

[2] Sachliche Märkte sind als in enger Beziehung stehende benachbarte Märkte zu betrachten, wenn die Produkte einander ergänzen oder zu einer Produktpalette gehören, die generell von der gleichen Abnehmerkategorie gekauft und der gleichen Endnutzung zugeführt werden.

1.4. **Wer muss anmelden**
Im Falle eines Zusammenschlusses im Sinne von Artikel 3 Absatz 1 Buchstabe a) EG-Fusionskontrollverordnung oder der Begründung einer gemeinsamen Kontrolle an einem Unternehmen im Sinne von Artikel 3 Absatz 1 Buchstabe b) der EG-Fusionskontrollverordnung ist die Anmeldung von allen an dem Zusammenschluss beteiligten bzw. von den die gemeinsame Kontrolle erwerbenden Unternehmen gemeinsam vorzunehmen[3].
Bei dem Erwerb einer die Kontrolle an einem anderen Unternehmen begründenden Beteiligung ist die Anmeldung von dem Erwerber vorzunehmen.
Bei einem öffentlichen Übernahmeangebot ist die Anmeldung vom Bieter vorzunehmen.
Jeder Anmelder haftet für die Richtigkeit der in der Anmeldung enthaltenen Angaben.

1.5. **Richtigkeit und Vollständigkeit der Anmeldung**
Sämtliche Angaben in diesem Formblatt müssen richtig und vollständig sein. Sie sind unter den einschlägigen Rubriken in diesem Formblatt einzufügen.
Hierbei ist folgendes zu bedenken:
a) Gemäß Artikel 10 Absatz 1 der EG-Fusionskontrollverordnung und Artikel 5 Absätze 2 und 4 der Durchführungsverordnung beginnen die für die Anmeldung geltenden Fristen der EG-Fusionskontrollverordnung erst mit dem Eingang aller geforderten Angaben bei der Kommission zu laufen. Damit soll sichergestellt werden, dass die Kommission den angemeldeten Zusammenschluss innerhalb der in der EG-Fusionskontrollverordnung vorgesehenen strengen Fristen würdigen kann.
b) Die Anmelder sollten beim Ausfüllen der Anmeldung darauf achten, dass Namen und andere Angaben, insbesondere Faxnummern und E-Mail-Adressen, richtig, sachdienlich und auf dem neuesten Stand sind.
c) Unrichtige oder entstellte Angaben in der Anmeldung gelten als unvollständige Angaben (Artikel 5 Absatz 4 Durchführungsverordnung).
d) Ist eine Anmeldung unvollständig, so wird die Kommission die Anmelder oder ihre Vertreter hiervon unverzüglich schriftlich in Kenntnis setzen. Die Anmeldung wird erst an dem Tag wirksam, an dem die vollständigen und genauen Angaben bei der Kommission eingegangen sind (Artikel 10 Absatz 1 der EG-Fusionskontrollverordnung, Artikel 5 Absätze 2 und 4 der Durchführungsverordnung).
e) Gemäß Artikel 14 Absatz 1 Buchstabe b) der EG-Fusionskontrollverordnung kann die Kommission bei vorsätzlich oder fahrlässig unterbreiteten unrichtigen oder irreführenden Angaben gegen die Anmelder Geldbußen von bis zu 1 % des Gesamtumsatzes aller beteiligten Unternehmen festsetzen. Gemäß Artikel 6 Absatz 3 Buchstabe a) und Artikel 8 Absatz 6 Buchstabe a) der EG-Fusionskontrollverordnung kann sie außerdem ihre Entscheidung über die Vereinbarkeit eines angemeldeten Zusammenschlusses widerrufen, wenn diese auf unrichtigen Angaben beruht, die von einem der beteiligten Unternehmen zu vertreten sind.
f) Die Anmelder können schriftlich beantragen, dass die Kommission trotz fehlender, in diesem Formblatt verlangter Angaben die Anmeldung als vollständig anerkennt, wenn diese Angaben oder Teile davon nicht in zumutbarer Weise zugänglich sind (z. B. Angaben über das zu übernehmende Unternehmen bei einer feindlichen Übernahme).
Die Kommission wird einen solchen Antrag prüfen, sofern Gründe für das Fehlen der besagten Angaben angeführt und diese durch bestmögliche Schätzungen unter Angabe der Quellen ersetzt werden. Außerdem ist nach Möglichkeit anzugeben, wo die Kommission die fehlenden Informationen einholen kann.
g) Die Anmelder können schriftlich beantragen, dass die Kommission trotz fehlender, in diesem Formblatt verlangter Angaben die Anmeldung als vollständig anerkennt, wenn bestimmte in der Anmeldung verlangte Informationen ihrer Ansicht nach für die Prüfung der Sache durch die Kommission verzichtbar sind.
Die Kommission wird einen solchen Antrag prüfen, wenn angemessen begründet wird, warum die besagten Angaben für die Prüfung des angemeldeten Zusammen-

---
[3] Siehe Artikel 4 Absatz 2 Fusionskontrollverordnung.

schlusses durch die Kommission irrelevant oder verzichtbar sind. Die Gründe hierfür sind in Kontakten mit der Kommission vor der Anmeldung anzuführen; außerdem ist ein schriftlicher Antrag auf eine Verzichtserklärung zu stellen, in der die Kommission gebeten wird, die Anmelder von der Verpflichtung zur Vorlage vollständiger Informationen gemäß Artikel 4 Absatz 2 der Durchführungsverordnung zu entbinden.

1.6. **Anmeldeverfahren**
Die Anmeldung ist in einer der Amtssprachen der Europäischen Gemeinschaft vorzunehmen. Diese Sprache wird dann für alle Anmelder zur Verfahrenssprache. Erfolgt die Anmeldung gemäß Artikel 12 des Protokolls 24 zum EWR-Abkommen in einer Amtssprache eines EFTA-Staates, die keine Amtssprache der Gemeinschaft ist, so ist der Anmeldung eine Übersetzung in einer der Amtssprachen der Gemeinschaft beizufügen.

Die in diesem Formblatt verlangten Angaben sind gemäß den entsprechenden Abschnitten und Ziffern des Formblatts zu nummerieren; beizufügen sind außerdem die in Abschnitt 9 verlangte Erklärung (unterzeichnet) sowie etwaiges Begleitmaterial. Beim Ausfüllen des Abschnitts 7 ist zu überlegen, ob der Klarheit halber die numerische Reihenfolge eingehalten wird oder ob sich für jeden einzelnen betroffenen Markt (oder jede Gruppe von betroffenen Märkten) eine summarische Darstellung anbietet.

Bestimmte Informationen können der besseren Übersichtlichkeit wegen in einer Anlage übermittelt werden. Allerdings ist darauf zu achten, dass sich die Kerninformationen, darunter vor allem die Angabe der Marktanteile der Beteiligten und ihrer Hauptwettbewerber, im Korpus dieses Formblattes befinden. Anlagen sind nur als Ergänzung zu den im Formblatt selbst gelieferten Angaben zu verwenden.

Die Angaben zu den Ansprechpartnern müssen in der von der GD Wettbewerb vorgeschriebenen Form erfolgen. Um ordentliche Nachforschungen anstellen zu können, ist es zentraler Bedeutung, dass die Angaben hierzu stimmen. Mehrfache Fehler bei diesen Angaben können dazu führen, dass die Anmeldung für unvollständig erklärt wird.

Etwaiges Begleitmaterial ist in der Originalsprache vorzulegen. Handelt es sich hierbei nicht um eine Amtssprache der Gemeinschaft, so sind die betreffenden Unterlagen in die Verfahrenssprache zu übersetzen (Artikel 3 Absatz 4 der Durchführungsverordnung).

Beigefügte Unterlagen können Originale oder Abschriften sein. In letzterem Fall hat der Anmelder deren Richtigkeit und Vollständigkeit zu bestätigen.

Das vereinfachte Formblatt ist zusammen mit allen Schriftstücken im Original und in 35facher Ausfertigung an die Generaldirektion Wettbewerb der Europäischen Kommission zu richten.

Die Anmeldung ist in der von der Kommission aktuell angegebenen Form an die in Artikel 23 Absatz 1 der Durchführungsverordnung bezeichnete Anschrift zu entrichten. Diese Anschrift ist im Amtsblatt der Europäischen Union veröffentlicht. Die Anmeldung muss der Kommission an einem Arbeitstag nach Maßgabe von Artikel 24 der Durchführungsverordnung zugehen. Um die Registrierung am selben Tage zu gewährleisten, muss die Anmeldung montags bis donnerstags vor 17.00 Uhr sowie freitags und an Arbeitstagen, die einem der im Amtsblatt veröffentlichen Feier- oder Ruhetage vorausgehen, vor 16.00 Uhr eingehen. Bei der Übermittlung ist den auf Website der GD Wettbewerb veröffentlichten Sicherheitsanweisungen Folge zu leisten.

1.7. **Geheimhaltungspflicht**
Gemäß Artikel 287 des Vertrages und Artikel 17 Absatz 2 der EGFusionskontrollverordnung sowie gemäß den einschlägigen Bestimmungen des EWR-Abkommens[4] ist es der Kommission, den Mitgliedstaaten, der EFTA-Überwachungsbehörde und den EFTA-Staaten sowie deren Beamten und sonstigen Bediensteten untersagt, Kenntnisse preiszugeben, die sie bei der Anwendung der Verordnung erlangt haben und die unter das Geschäftsgeheimnis fallen. Dieser Grundsatz gilt auch für den Schutz der Vertraulichkeit unter den Anmeldern.

---
4 Insbesondere Artikel 122 des EWR-Abkommens, Artikel 9 des Protokolls 24 zum EWR-Abkommen und Artikel 17 Absatz 2 von Kapitel XIII des Protokolls 4 zur Vereinbarung zwischen den EFTA-Staaten über die Einsetzung einer Überwachungsbehörde und eines Gerichtshofes.

Sollten Sie der Auffassung sein, dass Ihre Interessen gefährdet würden, wenn die von Ihnen verlangten Angaben veröffentlicht oder an andere weitergegeben würden, so reichen Sie die betreffenden Angaben in einer getrennten Anlage mit dem deutlichen Vermerk »Geschäftsgeheimnis« auf jeder Seite ein. Außerdem ist zu begründen, warum diese Angaben nicht weitergegeben oder veröffentlicht werden sollen.

Bei einer Fusion oder einem gemeinsamen Erwerb oder in anderen Fällen, in denen die Anmeldung von mehr als einem Unternehmen vorgenommen wird, können Geschäftsgeheimnisse enthaltende Unterlagen gesondert als Anlage mit einem entsprechenden Vermerk in der Anmeldung eingereicht werden. Damit die Anmeldung vollständig ist, müssen ihr sämtliche Anlagen beigefügt sein.

1.8. **Begriffsbestimmungen und Hinweise**

Anmelder: Wenn eine Anmeldung nur von einem der an einem Zusammenschluss beteiligten Unternehmen vorgenommen wird, bezieht sich der Begriff »Anmelder« nur auf das Unternehmen, welches die Anmeldung tatsächlich vornimmt.

Beteiligte: Dieser Begriff bezieht sich sowohl auf die erwerbenden als auch die zu erwerbenden oder die sich zusammenschließenden Unternehmen einschließlich der Unternehmen, an denen eine Mehrheitsbeteiligung erworben oder in Bezug auf die ein öffentliches Übernahmeangebot abgegeben wird.

Wenn nicht anders angegeben, schließen die Begriffe »Anmelder« bzw. »Beteiligte« alle Unternehmen ein, die demselben Konzern wie diese angehören.

Jahr: In diesem Formblatt ist Jahr, sofern nicht anders angegeben, gleichbedeutend mit Kalenderjahr. Alle in diesem Formblatt verlangten Angaben beziehen sich, wenn nicht anders angegeben, auf das dem Jahr der Anmeldung vorausgehende Jahr.

Die in den Abschnitten 3.3 bis 3.5 verlangten Finanzdaten sind in EUR zum durchschnittlichen Wechselkurs in den betreffenden Jahren oder dem betreffenden Zeitraum anzugeben.

Alle Verweise in diesem Formblatt beziehen sich, wenn nicht anders angegeben, auf die entsprechenden Artikel und Absätze in der EG-Fusionskontrollverordnung.

1.9. **Unterrichtung der Belegschaft und ihrer Vertreter**

Die Kommission weist darauf hin, dass bei Transaktionen, die einen Zusammenschluss darstellen, für die Beteiligte gemäß einzelstaatlicher oder EG-Vorschriften gegebenenfalls eine Verpflichtung zur Unterrichtung und/oder Anhörung ihrer Beschäftigten oder deren Vertretern besteht.

Abschnitt 1
Beschreibung des Zusammenschlusses

1.1. Beschreiben Sie kurz den geplanten Zusammenschluss unter Angabe der Beteiligten, der Art des Zusammenschlusses (Fusion, Übernahme, Gemeinschaftsunternehmen), der Tätigkeitsbereiche der Beteiligten, der von dem Zusammenschluss generell und wichtigsten anzeigepflichtigen Märkte[5] sowie der strategischen und wirtschaftlichen Beweggründe für den Zusammenschluss.

1.2. Erstellen Sie eine Zusammenfassung (ca. 500 Wörter) zu den Angaben unter Punkt 1.1. Die Zusammenfassung soll am Tag der Anmeldung auf der Website der Kommission veröffentlicht werden und darf keine vertraulichen Informationen oder Geschäftsgeheimnisse enthalten.

---

5 Siehe Abschnitt 6.III – Definition der anzeigepflichtigen Märkte.

Abschnitt 2
Angaben zu den Beteiligten

2.1. Angaben zu den Anmeldern
Geben Sie Folgendes an:
2.1.1. Name und Anschrift des Unternehmens
2.1.2. Art der Geschäftstätigkeit
2.1.3. Name, Anschrift, Telefonnummer, Faxnummer, E-Mail-Anschrift und berufliche Stellung der Kontaktperson in dem Unternehmen und
2.1.4. eine Anschrift des Anmelders bzw. der Anmelder, an die alle Unterlagen und insbesondere die Kommissionsentscheidungen gerichtet werden können; Dabei sind Name, Telefonnummer und E-Mail-Adresse einer unter dieser Anschrift erreichbaren empfangsberechtigten Person anzugeben

2.2. Angaben zu den anderen Beteiligten[6]
Geben Sie für jeden Beteiligten (ausgenommen die Anmelder) Folgendes an:
2.2.1. Name und Anschrift des Unternehmens
2.2.2. Art der Geschäftstätigkeit
2.2.3. Name, Anschrift, Telefonnummer, Faxnummer, E-Mail-Anschrift und berufliche Stellung der Kontaktperson in dem Unternehmen und
2.2.4. eine Anschrift des (oder der) Beteiligten, an die alle Unterlagen und insbesondere die Kommissionsentscheidungen gerichtet werden können; Dabei sind Name, Telefonnummer und E-Mail-Adresse einer unter dieser Anschrift erreichbaren empfangsberechtigten Person anzugeben

2.3. Bestellung von Vertretern
Anmeldungen, die von Vertretern der Unternehmen unterzeichnet worden sind, ist eine schriftliche Vollmacht über die Vertretungsbefugnis beizufügen. In der Vollmacht müssen Name und Stellung der Vollmachtgeber ausgewiesen werden.
Machen Sie folgende Angaben zu den von den Beteiligten bevollmächtigten Vertretern unter Bezeichnung des jeweils von ihnen vertretenen Unternehmens:
2.3.1. Name der Vertreters
2.3.2. Anschrift des Vertreters
2.3.3. Name, Anschrift, Telefonnummer, Faxnummer und E-Mail-Anschrift der Kontaktperson und
2.3.4. eine Anschrift des Vertreters (in Brüssel, sofern vorhanden), an die sämtlicher Schriftverkehr und Unterlagen zu übermitteln sind.

Abschnitt 3
Einzelheiten des Zusammenschlusses

3.1. Beschreiben Sie kurz die Art des angemeldeten Zusammenschlusses und geben Sie folgendes an:
  a) ob es sich um eine Fusion im rechtlichen Sinne, den Erwerb der alleinigen oder gemeinsamen Kontrolle, ein Vollfunktionsgemeinschaftsunternehmen im Sinne von Artikel 3 Absatz 4 der EG-Fusionskontrollverordnung, oder um einen Vertrag oder einen anderen Vorgang handelt, der die mittelbare oder unmittelbare Kontrolle im Sinne von Artikel 3 Absatz 2 der EG-Fusionskontrollverordnung bewirkt;
  b) ob die Beteiligten in ihrer Gesamtheit oder nur Teile davon an dem Zusammenschluss beteiligt sind;
  c) die wirtschaftliche und finanzielle Struktur des Zusammenschlusses (Kurzdarstellung),
  d) ob ein öffentliches Angebot eines der Beteiligten zum Erwerb der Anteile eines anderen Beteiligten die Zustimmung des Aufsichtsorgans, der Geschäftsleitung oder eines anderen zur Vertretung berechtigten Organs jenes Beteiligten hat;

---

[6] Bei einem feindlichen Übernahmeangebot gehört hierzu auch das Unternehmen, das übernommen werden soll; hierzu sind Angaben im Bereich des Möglichen zu machen.

e) den Zeitplan für den Vollzug des Zusammenschlusses unter Angabe der wesentlichen Schritte;
f) die nach Vollendung des Zusammenschlusses vorgesehene Eigentumsstruktur und Ausgestaltung der Kontrolle;
g) Art und Umfang jedweder finanzieller oder sonstiger Unterstützung, die die Beteiligten aus Quellen gleich welchen Ursprungs (einschließlich offentlicher Stellen) erhalten haben und
h) Geben Sie an, welche Wirtschaftszweige von dem Zusammenschluss betroffen sind.

3.2. Geben Sie den Wert der Transaktion an (fallweise Kaufpreis oder Wert sämtlicher Vermögenswerte).

3.3. Geben Sie für jedes an dem Zusammenschluss beteiligte Unternehmen[7] für das letzte Geschäftsjahr an[8]:

3.3.1. den weltweiten Gesamtumsatz;
3.3.2. den gemeinschaftsweiten Gesamtumsatz;
3.3.3. den Gesamtumsatz im EFTA-Raum;
3.3.4. den Umsatz in jedem einzelnen Mitgliedstaat;
3.3.5. den Umsatz in jedem einzelnen EFTA-Staat;
3.3.6. gegebenenfalls den Mitgliedstaat, in dem mehr als zwei Drittel des gemeinschaftsweiten Gesamtumsatzes erzielt werden; und
3.3.7. gegebenenfalls den EFTA-Staat, in dem mehr als zwei Drittel des EFTA-weiten Gesamtumsatzes erzielt werden.

3.4. Werden die in Artikel 1 Absatz 2 der EG-Fusionskontrollverordnung festgelegten Schwellen nicht erreicht, sind gemäß Artikel 1 Absatz 3 der EG-Fusionskontrollverordnung bezogen auf das vorangegangene Geschäftsjahr anzugeben:

3.4.1. Nennen Sie die Mitgliedstaaten, in denen der Gesamtumsatz aller beteiligten Unternehmen jeweils 100 Mio. EUR übersteigt; und
3.4.2. nennen Sie die Mitgliedstaaten, in denen der Gesamtumsatz von mindestens zwei beteiligten Unternehmen jeweils mehr als 25 Mio. EUR beträgt.

3.5. Um festzustellen, ob der Zusammenschluss ein Fall für eine Zusammenarbeit mit der EFTA ist, beantworten Sie bitte folgende Fragen bezogen auf das letzte Geschäftsjahr[9]:

3.5.1. Beläuft sich der Gesamtumsatz der beteiligten Unternehmen im Gebiet der EFTA-Staaten auf 25 % oder mehr ihres Gesamtumsatzes im EWR-Gebiet?
3.5.2. Erzielt jedes von zumindest zwei der beteiligten Unternehmen einen Gesamtumsatz von über 250 Mio. EUR im Gebiet der EFTA-Staaten?

3.6. Wenn das Vorhaben den Erwerb der gemeinsamen Kontrolle über ein Gemeinschaftsunternehmen betrifft, ist Folgendes anzugeben:
3.6.1. der Gesamtumsatz des GU und/oder der Umsatz der beigesteuerten Tätigkeiten; und/oder
3.6.2. der Gesamtwert der in das Gemeinschaftsunternehmens eingebrachten Vermögenswerte.

3.7. Beschreiben Sie die wirtschaftlichen Gründe für den Zusammenschluss.

---

[7] Siehe Bekanntmachung der Kommission über den Begriff der beteiligten Unternehmen.
[8] Siehe Bekanntmachung der Kommission über die Berechnung des Umsatzes. Bei der Berechnung des Umsatzes des/der erwerbenden Unternehmen ist der Gesamtumsatz sämtlicher Unternehmen im Sinne von Artikel 5 Absatz 4 Fusionskontrollverordnung anzuführen. Beim Umsatz des/der erworbenen Unternehmen ist der Umsatz der von dem Zusammenschluss betroffenen Unternehmensteile im Sinne von Artikel 5 Absatz 2 Fusionskontrollverordnung aufzuführen. Besondere Bestimmungen gelten gemäß Artikel 5 Absätze 3, 4 und 5 Fusionskontrollverordnung für Kredit-, Versicherungs-und sonstige Finanzinstitute sowie Gemeinschaftsunternehmen.
[9] Siehe Artikel 57 EWR-Abkommen sowie vor allem Artikel 2 Absatz 1 des Protokolls 24 zum EWR-Abkommen. Danach ist das Verfahren zur Zusammenarbeit anzuwenden, wenn der gemeinsame Umsatz der beteiligten Unternehmen im Gebiet der EFTA-Staaten 25 % oder mehr ihres Gesamtumsatzes in dem unter dieses Abkommen fallenden Gebiet ausmacht oder mindestens zwei der beteiligten Unternehmen jeweils einen Gesamtumsatz von über 250 Millionen EUR im Gebiet der EFTA-Staaten erzielen oder der Zusammenschluss eine beherrschende Stellung begründen oder verstärken könnte und dadurch der wirksame Wettbewerb in den Gebieten der EFTA-Staaten oder in einem wesentlichen Teil derselben erheblich behindert würde.

Abschnitt 4
Eigentumsverhältnisse und Kontrolle[10]

Fügen Sie für jedes der am Zusammenschluss beteiligten Unternehmen eine Liste sämtlicher demselben Konzern angehörenden Unternehmen bei.
In der Liste sind aufzuführen:

4.1. alle Unternehmen oder Personen, welche unmittelbar oder mittelbar die an dem Zusammenschluss beteiligten Unternehmen kontrollieren;

4.2. alle auf den betroffenen Märkten[11] tätigen Unternehmen, die unmittelbar oder mittelbar:
   a) von den am Zusammenschluss beteiligten Unternehmen,
   b) von einem anderen der in 4.1 bezeichneten Unternehmen

kontrolliert werden.
Dabei sind jeweils die Art der Kontrolle und die Mittel zu ihrer Ausübung anzugeben.
Die nach diesem Abschnitt vorzulegenden Angaben können anhand von Tabellen oder Schaubildern verdeutlicht werden, aus denen die Zusammensetzung von Eigentum und Kontrolle bei den betreffenden Unternehmen hervorgeht.

Abschnitt 5
Belege

Die Anmelder müssen folgende Belege beifügen:

5.1. Kopien der end- oder letztgültigen Fassung aller Unterlagen, mit denen der Zusammenschluss – sei es durch Vereinbarung zwischen den Beteiligten, Kontrollerwerb oder öffentliches Übernahmeangebot – herbeigeführt wird; und

5.2. Kopien der letzten Jahresabschlüsse und -berichte aller beteiligten Unternehmen;

Abschnitt 6
Marktdefinitionen

Die Marktmacht der neuen aus dem Zusammenschluss hervorgehenden Einheit wird anhand der relevanten Produktmärkte und der relevanten geographischen Märkte bewertet[12].
Für die Angaben des/der Anmelder gelten folgende Definitionen:

I. **Sachlich relevante Märkte**
   Der relevante Produktmarkt umfasst sämtliche Erzeugnisse und/oder Dienstleistungen, die von den Verbrauchern hinsichtlich ihrer Eigenschaften, Preise und ihres vorgesehenen Verwendungszwecks als austauschbar oder substituierbar angesehen werden. Ein relevanter Produktmarkt kann bisweilen aus einer Reihe von Erzeugnissen und/oder Dienstleistungen bestehen, die weitgehend die gleichen physischen oder technischen Merkmale aufweisen und voll austauschbar sind.
   Zur Bestimmung des relevanten Produktmarktes wird nach Maßgabe der oben genannten Definition unter anderem geprüft, warum bestimmte Waren oder Dienstleistungen einbezogen und andere davon ausgenommen werden, wobei die Substituierbarkeit, die Wettbewerbsbedingungen, die Preise, die Kreuzpreiselastizität der Nachfrage und sonstige für die Definition der Produktmärkte erheblichen Faktoren (z. B. angebotsseitige Substituierbarkeit) herangezogen werden.

II. **Räumlich relevante Märkte**
    Der geographisch relevante Markt umfasst das Gebiet, in dem die beteiligten Unternehmen die relevanten Produkte oder Dienstleistungen anbieten und nachfragen, in dem die

---
10 Vgl. Artikel 3 Absätze 3, 4 und 5 sowie Artikel 5 Absatz 4 Fusionskontrollverordnung.
11 Siehe Abschnitt 6.III – Definition der betroffenen Märkte.
12 Siehe Bekanntmachung der Kommission über die Definition des relevanten Marktes im Hinblick auf die Anwendung der EG-Wettbewerbsregeln.

Wettbewerbsbedingungen hinreichend homogen sind und das sich von benachbarten Gebieten durch spürbar unterschiedliche Wettbewerbsbedingungen unterscheidet.
Maßgebliche Faktoren für die Bestimmung des räumlich relevanten Marktes sind unter anderem Art und Eigenschaften der betroffenen Produkte oder Dienstleistungen, die Existenz von Marktzutrittsschranken oder Verbraucherpräferenzen, deutlich unterschiedliche Marktanteile der Unternehmen zwischen räumlich benachbarten Gebieten oder wesentliche Preisunterschiede.

III. **Anzeigepflichtige Märkte**
Als anzeigepflichtige Märkte, zu denen in diesem Formblatt Angaben zu machen sind, gelten jene (sachlich und räumlich) relevanten Märkte (einschließlich alternativer Marktdefinitionen), in denen
a) zwei oder mehr der Beteiligten wirtschaftlich tätig sind (horizontale Überschneidung);
b) ein oder mehrere an dem Zusammenschluss Beteiligte in einem sachlichen Markt tätig sind, der einem anderen Markt vor-oder nachgelagert ist, in dem ein anderer Beteiligter tätig ist, und zwar unabhängig davon, ob zwischen den Beteiligten Lieferanten- oder Kundenbeziehungen bestehen (vertikale Beziehung).

6.1. Führen Sie auf der Grundlage der obigen Marktdefinitionen alle anzeigepflichtigen Märkte auf.

Abschnitt 7
Angaben zu den betroffenen Märkten

Machen Sie für jeden betroffenen Markt im Sinne von Abschnitt 6 folgende Angaben für das letzte Geschäftsjahr[13]:

7.1. die geschätzte Gesamtgröße des Marktes nach Umsatzerlös (in EUR) und Absatzvolumen (Stückzahlen)[14]. Geben Sie die Grundlage und Quellen für Ihre Berechnungen an und fügen Sie, sofern vorhanden, Unterlagen bei, die diese Berechnungen bestätigen;

7.2. die Umsätze gemessen am Erlös und am Volumen sowie die geschätzten Marktanteile eines jeden an dem Zusammenschluss beteiligten Unternehmens, und gegebenenfalls signifikante Änderungen bei Umsätzen und Marktanteilen in den letzten drei Geschäftsjahren; und

7.3. im Falle horizontaler Überschneidungen oder vertikaler Beziehungen die geschätzten Marktanteile gemessen am Erlös (und gegebenenfalls am Volumen) der drei größten Wettbewerber (sowie die Berechnungsgrundlage). Nennen Sie Namen, Anschrift, Telefon- und Telefaxnummer sowie E-Mail-Adresse des Leiters der Rechtsabteilung (oder einer Person in ähnlichen Funktionen, falls vorhanden, oder ansonsten den Leiter des Unternehmens) bei diesen Wettbewerbern.

Abschnitt 8
Kooperative Wirkungen eines Gemeinschaftsunternehmens

8. Beantworten Sie im Hinblick auf Artikel 2 Absatz 4 der EG-Fusionskontrollverordnung folgende Fragen:
a) Sind zwei oder mehr der Mütter auf demselben Markt wie das Gemeinschaftsunternehmen, auf einem diesem voroder nachgelagerten Markt, auf einem diesem benachbarten oder eng mit ihm verknüpften benachbarten Markt in nennenswerter Weise präsent[15]?

---
13 Gegebenenfalls können Sie vor der Anmeldung mit der Kommission erörtern, inwieweit bei bestimmten betroffenen Märkten eventuell auf die verlangten Angaben verzichtet werden kann (»Befreiungen«).
14 Bei dem Umsatzerlös und dem Absatzvolumen eines Marktes ist die Gesamterzeugung abzüglich Ausfuhren zuzüglich Einfuhren für die jeweiligen geographischen Gebiete anzugeben.
15 Zu den Marktdefinitionen siehe Abschnitt 6.

Falls ja, geben Sie für jeden dieser Märkte Folgendes an:
- den Umsatz der einzelnen Muttergesellschaften im vorangegangenen Geschäftsjahr,
- die wirtschaftliche Bedeutung der Tätigkeiten des Gemeinschaftsunternehmens im Verhältnis zu diesem Umsatz;
- den Marktanteil der einzelnen Muttergesellschaften.

Sofern die Frage zu verneinen ist, begründen Sie Ihre Antwort.

b) Sofern Frage a) zu bejahen ist: Sind Sie der Auffassung, dass die Gründung des Gemeinschaftsunternehmens nicht zu einer Koordinierung des Wettbewerbsverhaltens unabhängig bleibender Unternehmen, die den Wettbewerb gemäß Artikel 81 Absatz 1 EG-Vertrag einschränkt, führt? Bitte begründen Sie Ihre Ansicht.

c) Um der Kommission eine vollständige Prüfung der Anmeldung zu ermöglichen, erläutern Sie die Anwendbarkeit der Kriterien des Artikels 81 Absatz 3 unabhängig davon, wie Sie die Fragen a) und b) beantwortet haben. Aufgrund dieser Vorschrift kann Artikel 81 Absatz 1 EG-Vertrag für nicht anwendbar erklärt werden, falls das Vorhaben

   i) dazu beiträgt, die Warenerzeugung oder -verteilung zu verbessern oder den technischen oder wirtschaftlichen Fortschritt zu fördern,
   ii) die Verbraucher angemessen an dem entstehenden Gewinn beteiligt,
   iii) den beteiligten Unternehmen keine Beschränkungen auferlegt, die für die Verwirklichung dieser Ziele nicht unerlässlich sind, und
   iv) keine Möglichkeiten eröffnet, für einen wesentlichen Teil der betreffenden Waren den Wettbewerb auszuschalten.

Abschnitt 9
Erklärung

Gemäß Artikel 2 Absatz 2 der Durchführungsverordnung ist Anmeldungen, die von Vertretern der Unternehmen unterzeichnetworden sind, eine schriftliche Vollmacht über die Vertretungsbefugnis beizufügen.

Die Anmeldung muss mit der folgenden Erklärung schließen, die von allen oder im Namen aller anmeldenden Unternehmenzu unterzeichnen ist:

Der bzw. die Anmelder erklären nach bestem Wissen und Gewissen, dass die Angaben in dieser Anmeldung wahr, richtig, und vollständig sind, dass originalgetreue und vollständige Kopien der nach diesem Formblatt vorzulegenden Unterlagen beigefügt wurden, dass alle Schätzungen als solche kenntlich gemacht und nach bestem Ermessen anhand der zugrunde liegenden Tatsachen abgegeben wurden und dass alle Auffassungen der aufrichtigen Überzeugung der Unterzeichneten entsprechen.

Den Unterzeichneten sind die Bestimmungen von Artikel 14 Absatz 1 Buchstabe a) der EG-Fusionskontrollverordnung bekannt.

Ort und Datum:

Unterschriften:

Name und Titel:

Im Namen von:

Anhang 5

Formblatt RS
für begründete Anträge nach Artikel 4 Absätze 4 und 5
der Verordnung (EG) Nr. 139/2004

ABl. 2004 L 133/31

EINLEITUNG

A. **Der Zweck dieses Formblattes**

In diesem Formblatt sind die Angaben aufgeführt, die von den Antragstellern einem begründeten Antrag für eine Verweisung eines noch nicht angemeldeten Zusammenschlusses gemäß Artikel 4 Absätze 4 oder 5 der Verordnung (EG) Nr. 139/2004 des Rates (»EG-Fusionskontrollverordnung«) beizufügen sind.

Zu beachten sind hierbei die EG-Fusionskontrollverordnung und die Verordnung (EG) Nr. [.../2004] der Kommission (»Durchführungsverordnung«). Diese Verordnungen sowie alle anderen einschlägigen Unterlagen können auf den Internetseiten der Generaldirektion Wettbewerb auf dem Server »Europa« der Kommission abgerufen werden.

Die Erfahrung hat gezeigt, dass vorherige Kontakte sowohl für den/die Beteiligten als auch für die zuständigen Behörden äußerst wertvoll sind, um den genauen Umfang und die genaue Art der erforderlichen Angaben zu bestimmen. Deshalb sollten sich die Beteiligten bei der Kommission und den zuständigen Mitgliedstaaten über Umfang und Art der Angaben erkundigen, die sie ihrem begründeten Antrag zugrunde zu legen gedenken.

B. **Richtigkeit und Vollständigkeit des begründeten Antrags**

Sämtliche Angaben in diesem Formblatt müssen wahrheitsgetreu und vollständig sein. Die Angaben sind in den einschlägigen Abschnitten des Formblatts zu machen.

Unrichtige oder irreführende Angaben im begründeten Antrag gelten als unvollständige Angaben (Artikel 5 Absatz 4 Durchführungsverordnung).

Im Falle unrichtiger Angaben kann die Kommission eine auf eine Verweisung gemäß Artikel 4 Absatz 5 folgende Entscheidung nach Artikel 6 oder 8 gemäß Artikel 6 Absatz 3 Buchstabe a oder Artikel 8 Absatz 6 Buchstabe a) der EG-Fusionskontrollverordnung widerrufen. Nach dem Widerruf gilt für das Vorhaben erneut innerstaatliches Wettbewerbsrecht. Beruht eine Verweisung nach Artikel 4 Absatz 4 auf unrichtigen Angaben, kann die Kommission eine Anmeldung nach Artikel 4 Absatz 1 verlangen. Ferner ist die Kommission befugt, für unrichtige oder irreführende Angaben eine Geldbuße gemäß Artikel 14 Absatz 1 Buchstabe a) Fusionskontrollverordnung zu verhängen. (S. u. Buchstabe d)). Schließlich können die Kommission und/oder die Mitgliedstaaten, wenn eine Verweisung aufgrund unrichtiger, irreführender oder unvollständiger Angaben einschließlich jener im Formblatt RS vorgenommen wurde, die Sache nach der Anmeldung erneut verweisen, um die vor der Anmeldung erfolgte Verweisung zu korrigieren.

Hierbei ist folgendes zu bedenken:

a) Im Einklang mit Artikel 4 Absätze 4 und 5 der EG-Fusionskontrollverordnung ist die Kommission verpflichtet, begründete Anträge unverzüglich an die Mitgliedstaaten weiterzuleiten. Die Frist für die Beurteilung eines begründeten Antrags setzt mit Eingang des Antrags bei dem oder den betreffenden Mitgliedstaaten ein. Über den Antrag wird in der Regel aufgrund der darin enthaltenen Angaben ohne weitere Nachforschungen seitens der Behörden entschieden.

b) Die Antragsteller sollten daher bei der Ausarbeitung ihres begründeten Antrags nachprüfen, ob alle zugrunde liegenden Angaben und Argumente in ausreichendem Umfang durch unabhängige Quellen bestätigt werden.

c) Gemäß Artikel 14 Absatz 1 Buchstabe a) der EG-Fusionskontrollverordnung kann die Kommission bei vorsätzlich oder fahrlässig unterbreiteten unrichtigen oder irreführenden Angaben gegen die Antragsteller Geldbußen von bis zu 1% des Gesamtumsatzes des beteiligten Unternehmens festsetzen.

d) Die Antragsteller können schriftlich beantragen, dass die Kommission trotz fehlender, in diesem Formblatt verlangter Angaben den begründeten Antrag als vollständig anerkennt, wenn diese Angaben oder Teile davon nicht in zumutbarer Weise zugänglich sind (z. B. Angaben über das zu übernehmende Unternehmen bei einer feindlichen Übernahme).

Die Kommission wird einen solchen Antrag prüfen, sofern Gründe für das Fehlen der besagten Angaben angeführt und diese durch bestmögliche Schätzungen unter Angabe der Quellen ersetzt werden. Außerdem ist nach Möglichkeit anzugeben, wo die Kommission oder die Mitgliedstaaten gegebenenfalls die fehlenden Informationen einholen können.

e) Die Antragsteller können beantragen, dass die Kommission trotz fehlender, in diesem Formblatt verlangter Angaben den begründeten als vollständig anerkennt, wenn bestimmte in der Anmeldung verlangte Informationen ihrer Ansicht nach für die Prüfung der Sache durch die Kommission bzw. den oder die betreffenden Mitgliedstaaten verzichtbar sind.

Die Kommission wird einen solchen Antrag prüfen, wenn angemessen begründet wird, warum die besagten Angaben für die Prüfung des Verweisungsantrags irrelevant oder verzichtbar sind. Die Gründe hierfür sind in Gesprächen mit der Kommission und den betroffenen Mitgliedstaaten vor dem Antrag anzuführen; außerdem ist ein schriftlicher Antrag auf eine Verzichtserklärung zu stellen, in der die Kommission gebeten wird, die Antragsteller von der Verpflichtung zur Vorlage vollständiger Informationen gemäß Artikel 4 Absatz 2 der Durchführungsverordnung zu entbinden. Die Kommission kann sich mit den Behörden der betreffenden Mitgliedstaaten abstimmen, bevor sie über einen solchen Antrag befindet.

C. **Antragsbefugnis**
Im Falle eines Zusammenschlusses im Sinne von Artikel 3 Absatz 1 Buchstabe a) der EG-Fusionskontrollverordnung oder der Begründung einer gemeinsamen Kontrolle an einem Unternehmen im Sinne von Artikel 3 Absatz 1 Buchstabe b) der EG-Fusionskontrollverordnung ist der begründete Antrag von allen an dem Zusammenschluss Beteiligten bzw. von den die gemeinsame Kontrolle erwerbenden Unternehmen gemeinsam vorzunehmen.
Bei dem Erwerb einer die Kontrolle an einem anderen Unternehmen begründenden Beteiligung ist der begründete Antrag von dem Erwerber vorzunehmen.
Bei einem öffentlichen Übernahmeangebot ist der begründete Antrag vom Bieter vorzunehmen.
Jeder Antragsteller haftet für die Richtigkeit der Angaben, die in einem von ihm gestellten begründeten Antrag enthalten sind.

D. **Abfassung eines begründeten Antrags**
Der begründete Antrag ist in einer der Amtssprachen der Europäischen Union vorzunehmen. Diese Sprache wird dann für alle Antragsteller zur Verfahrenssprache.
Um die Bearbeitung des Formblatts RS durch die Behörden der Mitgliedstaaten zu erleichtern, wird den Beteiligten dringend nahe gelegt, dem begründeten Antrag eine Übersetzung in eine oder mehrere Sprachen beizufügen, die von allen Empfängern des Antrags verstanden wird. Anträge auf Verweisung an einen oder mehrere Mitgliedstaaten sollten auch in den Sprachen dieses Staates/dieser Staaten eingereicht werden.
Die in diesem Formblatt verlangten Angaben sind gemäß den entsprechenden Abschnitten und Ziffern des Formblatts zu nummerieren, die am Ende des Formblatts verlangte Erklärung ist zuu unterzeichnen und die Unterlagen sind beizufügen. Bestimmte Informationen können der besseren Übersichtlichkeit wegen in einer Anlage übermittelt werden. Allerdings ist darauf zu achten, dass sich die Kerninformationen im Korpus des Formblattes RS befinden. Anlagen sind nur als Ergänzung zu den im Formblatt selbst gelieferten Angaben zu verwenden.
Beigefügte Schriftstücke sind in der Originalsprache einzureichen; ist die Originalsprache keine Amtssprache der Europäischen Union, so ist eine Übersetzung in die Verfahrenssprache beizufügen.
Beigefügte Unterlagen können Originale oder Abschriften sein. In letzterem Fall hat der Antragsteller deren Richtigkeit und Vollständigkeit zu bestätigen.

Das Formblatt RS ist der Kommission zusammen mit allen Schriftstücken im Original und in 35facher Ausfertigung vorzulegen. Der begründete Antrag ist in der von den Dienststellen der Kommission angegebenen Form an die in Artikel 23 Absatz 1 der Durchführungsverordnung bezeichnete Anschrift zu entrichten.

Der Antrag ist an die Generaldirektion Wettbewerb (GD Wettbewerb) der Kommission zu richten. Die genaue Anschrift ist im Amtsblatt der Europäischen Union veröffentlicht. Der Antrag muss der Kommission an Arbeitstagen im Sinne von Artikel 24 der Durchführungsverordnung zugehen. Um die Registrierung am selben Tage zu gewährleisten, muss die Anmeldung montags bis donnerstags vor 17.00 Uhr sowie freitags und an Arbeitstagen, die einem der im Amtsblatt veröffentlichen Feier- oder Ruhetage vorausgehen, vor 16.00 Uhr eingehen. Bei der Übermittlung ist den auf Website der GD Wettbewerb veröffentlichten Sicherheitsanweisungen Folge zu leisten.

E. **Geheimhaltungspflicht**

Gemäß Artikel 287 EG-Vertrag und Artikel 17 Absatz 2 der EG-Fusionskontrollverordnung ist es der Kommission und den zuständigen Behörden der Mitgliedstaaten sowie deren Beamten und sonstigen Bediensteten, anderen unter Aufsicht dieser Behörden tätigen Personen und Beamten und Bediensteten anderer Behörden der Mitgliedstaaten untersagt, Kenntnisse preiszugeben, die unter das Geschäftsgeheimnis fallen und die sie bei der Anwendung der Verordnung erlangt haben. Dieser Grundsatz gilt auch für den Schutz der Vertraulichkeit unter den Antragstellern.

Sollten Sie der Auffassung sein, dass Ihre Interessen gefährdet würden, wenn Ihre Angaben veröffentlicht oder an andere weitergegeben würden, so reichen Sie die betreffenden Angaben in einer getrennten Anlage ein mit dem deutlich sichtbaren Vermerk »Geschäftsgeheimnis« auf jeder Seite. Außerdem ist zu begründen, warum diese Angaben nicht weitergegeben oder veröffentlicht werden sollen.

Bei einer Fusion oder einem gemeinsamen Erwerb oder in anderen Fällen, in denen der begründete Antrag von mehr als einem Beteiligten vorgenommen wird, können Geschäftsgeheimnisse enthaltende Unterlagen gesondert als Anlage mit einem entsprechenden Vermerk im Antrag eingereicht werden. Diese Anlage sind dem begründeten Antrag beizufügen.

F. **Begriffsbestimmungen und Hinweise**

Antragsteller: Wenn ein begründeter Antrag nur von einem der an einem Zusammenschluss beteiligten Unternehmen vorgenommen wird, bezieht sich der Begriff »Antragsteller« nur auf das Unternehmen, das den Antrag tatsächlich vornimmt.

Beteiligte Unternehmen oder Beteiligte: dieser Begriff bezieht sich sowohl auf die erwerbenden als auch die zu erwerbenden oder die sich zusammenschließenden Unternehmen einschließlich der Unternehmen, an denen eine die Kontrolle begründende Beteiligung erworben oder in Bezug auf die ein öffentliches Übernahmeangebot abgegeben wird.

Wenn nicht anders angegeben, schließen die Begriffe »Antragsteller« und »beteiligte Unternehmen« jeweils alle Unternehmen ein, die demselben Konzern wie diese angehören.

Betroffene Märkte: Gemäß Abschnitt 4 dieses Formblatts müssen die Antragsteller die sachlich relevanten Märkte definieren und angeben, welche dieser relevanten Märkte von der angemeldeten Transaktion voraussichtlich betroffen sein werden. Diese Definition der betroffenen Märkte dient als Grundlage für eine Reihe weiterer Fragen in diesem Formblatt. Für die Zwecke dieses Formblatts gelten die Märkte, so wie sie von den Antragstellern definiert wurden, als die betroffenen Märkte. Hierbei kann es sich sowohl um Produkt- als auch um Dienstleistungsmärkte handeln.

Jahr: In diesem Formblatt ist »Jahr«, sofern nicht anders angegeben, gleichbedeutend mit Kalenderjahr. Alle in diesem Formblatt verlangten Angaben beziehen sich, wenn nicht anders angegeben, auf das dem Jahr des begründeten Antrags vorausgehende Jahr.

Die Wertangaben in diesem Formblatt sind in Euro zum durchschnittlichen Wechselkurs in den betreffenden Jahren oder dem betreffenden Zeitraum zu machen.

Alle Verweise in diesem Formblatt beziehen sich, wenn nicht anders angegeben, auf die entsprechenden Artikel und Absätze in der EG-Fusionskontrollverordnung.

Abschnitt 1
Hintergrundinformationen

1.0. Bitte geben Sie an, ob der begründete Antrag nach Artikel 4 Absatz 4 oder Absatz 5 erfolgt.
 – Verweisung nach Artikel 4 Absatz 4
 – Verweisung nach Artikel 4 Absatz 5

1.1. Angaben zu dem (den) Antragsteller(n)
 Geben Sie Folgendes an:
1.1.1. Name und Anschrift des Unternehmens
1.1.2. Art der Geschäftstätigkeit
1.1.3. Name, Anschrift, Telefon- und Telefaxnummer sowie E-Mail-Adresse und Stellung der Kontaktperson in dem Unternehmen und
1.1.4. eine Anschrift des oder der Antragsteller, an die alle Schriftstücke und insbesondere die Entscheidungen der Kommission gerichtet werden können. Dabei sind Name, Telefonnummer und E-Mail-Adresse einer unter dieser Anschrift erreichbaren empfangsberechtigten Person anzugeben

1.2. Angaben zu den anderen Beteiligten[1]
 Geben Sie für jeden Beteiligten (ausgenommen Antragsteller) an:
1.2.1. Name und Anschrift des Unternehmens
1.2.2. Art der Geschäftstätigkeit
1.2.3. Name, Anschrift, Telefon- und Telefaxnummer sowie E-Mail-Adresse und Stellung der Kontaktperson in dem Unternehmen
1.2.4. eine Anschrift des (oder der) Beteiligten, an die alle Schriftstücke und insbesondere die Entscheidungen der Kommission gerichtet werden können; Dabei sind Name, E-Mail-Adresse und Telefonnummer einer unter dieser Anschrift erreichbaren empfangsberechtigten Person anzugeben

1.3. Bestellung von Vertretern
 Begründeten Anträgen, die von Vertretern von Unternehmen unterzeichnet worden sind, ist eine schriftliche Vollmacht über die Vertretungsbefugnis beizufügen. In der Vollmacht müssen Name und Stellung der Vollmachtgeber ausgewiesen werden.
 Machen Sie folgende Angaben zu den von den Parteien bevollmächtigten Vertretern unter Bezeichnung des jeweils von ihnen vertretenen Unternehmens:
1.3.1. Name des Vertreters,
1.3.2. Anschrift des Vertreters,
1.3.3. Name, Anschrift, Telefonnummer, Faxnummer und E-Mail-Anschrift der Kontaktperson und
1.3.4. eine Anschrift des Vertreters (in Brüssel, sofern vorhanden), an die sämtliche Korrespondenz und Schriftstücke übermittelt werden können.

Abschnitt 2
Allgemeiner Hintergrund und Einzelheiten des Zusammenschlusses

2.1. Beschreiben Sie die allgemeinen Hintergründe des Vorhabens. Geben Sie insbesondere die wichtigsten Gründe für den Zusammenschluss an, vor allem die wirtschaftlichen und strategischen Beweggründe.
 Beschreiben Sie kurz den geplanten Zusammenschluss unter Angabe der Beteiligten, der Art des Zusammenschlusses (Fusion, Übernahme, Gemeinschaftsunternehmen), der Tätigkeitsbereiche der Antragsteller, der Märkte, auf die sich der Zusammenschluss auswirkt (einschließlich der wichtigsten betroffenen Märkte[2] sowie der strategischen und wirtschaftlichen Beweggründe für den Zusammenschluss.

---
[1] Bei einem feindlichen Übernahmeangebot gehört hierzu auch das Unternehmen, das übernommen werden soll; hierzu sind Angaben im Bereich des Möglichen zu machen.
[2] Siehe Abschnitt 4 – Definition der betroffenen Märkte.

2.2. Beschreiben Sie die Rechtsnatur des Vorhabens, für das Sie einen begründeten Antrag einreichen. Geben Sie dabei an:
a) ob die Beteiligten in ihrer Gesamtheit oder nur Teile davon an dem Zusammenschluss beteiligt sind,
b) den Zeitplan für den Vollzug des Zusammenschlusses unter Angabe der wesentlichen Schritte;
c) die nach Vollendung des Zusammenschlusses vorgesehene Eigentumsstruktur und Ausgestaltung der Kontrolle; und
d) ob das Vorhaben einen Zusammenschluss im Sinne von Artikel 3 der EG-Fusionskontrollverordnung darstellt.
2.3. Geben Sie an, welche Wirtschaftszweige von dem Zusammenschluss betroffen sind.
2.3.1. Geben Sie den Wert der Transaktion an (fallweise Kaufpreis oder Wert sämtlicher betroffener Vermögenswerte).
2.4. Belegen Sie mittels ausreichender Wirtschafts-oder anderer Daten, dass der Zusammenschluss die Schwellenwerte nach Artikel 1 EG-Fusionskontrollverordnung erreicht ODER nicht erreicht.
2.4.1. Schlüsseln Sie den gemeinschaftsweiten Gesamtumsatz der beteiligten Unternehmen auf und geben Sie gegebenenfalls den Mitgliedstaat an, in dem mehr als zwei Drittel des gemeinschaftsweiten Gesamtumsatzes erzielt werden.

Abschnitt 3
Eigentumsverhältnisse und Kontrolle[3]

Fügen Sie für jedes der am Zusammenschluss beteiligten Unternehmen eine Liste sämtlicher demselben Konzern angehörenden Unternehmen bei.
In der Liste sind aufzuführen:
3.1. alle Unternehmen oder Personen, welche unmittelbar oder mittelbar die an dem Zusammenschluss beteiligten Unternehmen kontrollieren;
3.2. alle auf den betroffenen Märkten[4] tätigen Unternehmen, die unmittelbar oder mittelbar:
a) von den am Zusammenschluss beteiligten Unternehmen,
b) von einem anderen der in 3.1 bezeichneten Unternehmen kontrolliert werden.

Dabei sind jeweils die Art der Kontrolle und die Mittel zu ihrer Ausübung anzugeben.
Die in diesem Abschnitt verlangten Angaben können anhand von Organisationstabellen oder Diagrammen veranschaulicht werden, die die Beteiligungsverhältnisse und die Art der Kontrolle bei den betreffenden Unternehmen zeigen.

Abschnitt 4
Marktdefinitionen

Die Marktmacht der neuen aus dem Zusammenschluss hervorgehenden Einheit wird anhand der sachlich und räumlich relevanten Märkte bewertet[5].
Für die Angaben des/der Antragsteller gelten folgende Definitionen:

I. **Sachlich relevante Märkte**
Der sachlich relevante Markt umfasst sämtliche Erzeugnisse und/oder Dienstleistungen, die von den Verbrauchern hinsichtlich ihrer Eigenschaften, Preise und ihres vorgesehenen Verwendungszwecks als austauschbar oder substituierbar angesehen werden. Ein sachlich relevanter Markt kann in einigen Fällen aus einer Reihe von Erzeugnissen und/oder Dienstleistungen bestehen, die weitgehend die gleichen physischen oder technischen Merkmale aufweisen und voll austauschbar sind.

---
3 Vgl. Artikel 3 Absätze 3, 4 und 5 sowie Artikel 5 Absatz 4.
4 Siehe Abschnitt 4 – Definition der betroffenen Märkte.
5 Siehe Bekanntmachung der Kommission über die Definition des relevanten Marktes im Hinblick auf die Anwendung der EG-Wettbewerbsregeln.

Zur Bestimmung des sachlich relevanten Marktes wird nach Maßgabe der oben genannten Definition unter anderem geprüft, warum bestimmte Waren oder Dienstleistungen einbezogen und andere davon ausgenommen werden, wobei die Substituierbarkeit, die Wettbewerbsbedingungen, die Preise, die Kreuzpreiselastizität der Nachfrage und sonstige für die Definition der Produktmärkte erheblichen Faktoren (z. B. in geeigneten Fällen angebotsseitige Substituierbarkeit) herangezogen werden.

II. Räumlich relevante Märkte

Der räumlich relevante Markt umfasst das Gebiet, in dem die beteiligten Unternehmen die relevanten Produkte oder Dienstleistungen anbieten und nachfragen, in dem die Wettbewerbsbedingungen hinreichend homogen sind und das sich von benachbarten Gebieten durch spürbar unterschiedliche Wettbewerbsbedingungen unterscheidet.

Maßgebliche Faktoren für die Bestimmung des räumlich relevanten Marktes sind unter anderem Art und Eigenschaften der betroffenen Produkte oder Dienstleistungen, die Existenz von Marktzutrittsschranken, Verbraucherpräferenzen, deutlich unterschiedliche Marktanteile der Unternehmen zwischen räumlich benachbarten Gebieten oder wesentliche Preisunterschiede.

III. Betroffene Märkte

Zum Zwecke der in diesem Formblatt verlangten Angaben gelten als betroffene Märkte die sachlich relevanten Märkte in der Gemeinschaft und in einem Mitgliedstaat, wenn:

a) zwei oder mehr der Beteiligten in demselben Produktmarkt tätig sind und der Zusammenschluss zu einem gemeinsamen Marktanteil von 15 % oder mehr führt (horizontale Beziehungen);

b) ein oder mehrere an dem Zusammenschluss beteiligte Unternehmen auf einem Produktmarkt tätig sind, der einem anderen Produktmarkt vor-oder nachgelagert ist, auf dem sich ein anderes an dem Zusammenschluss beteiligtes Unternehmen betätigt, und ihr Marktanteil auf einem dieser Märkte einzeln oder gemeinsam 25 % oder darüber beträgt, und zwar unabhängig davon, ob sie als Zulieferer bzw. Abnehmer des jeweils anderen Unternehmens fungieren oder nicht[6] (vertikale Beziehungen),

Machen Sie auf der Grundlage dieser Definitionen und Schwellenwerte für die Marktanteile folgende Angaben:

4.1. Nennen Sie alle betroffenen Märkte im Sinne von Abschnitt III
   a) auf Gemeinschaftsebene;
   b) im Falle einer Verweisung gemäß Artikel 4 Absatz 4 auf der Ebene der einzelnen Mitgliedstaaten;
   c) im Falle einer Verweisung gemäß Artikel 4 Absatz 5 auf der Ebene der einzelnen Mitgliedstaaten, die in Abschnitt 6.3.1 dieses Formblatts als möglicherweise zuständig für die Prüfung des Zusammenschlusses bezeichnet werden.

4.2. Führen Sie ferner aus, welchen Umfang nach Ansicht der Antragsteller der räumlich relevante Markt im Verhältnis zu den einzelnen betroffenen Märkten im Sinne von Abschnitt 4.1 hat.

---

[6] Wenn ein beteiligtes Unternehmen beispielsweise einen Anteil von mehr als 25 % in einem Markt erzielt, der einem Markt vorgelagert ist, auf dem das andere beteiligte Unternehmen tätig ist, sind beide Märkte als betroffene Märkte anzugeben. Einander vor- bzw. nachgelagerte Märkte sind ebenfalls beide betroffen, wenn ein vertikal integriertes Unternehmen mit einem auf einem nachgelagerten Markt tätigen Unternehmen fusioniert und dieser Zusammenschluss auf dem nachgelagerten Markt zu einem gemeinsamen Marktanteil von mindestens 25 % führt.

Abschnitt 5
Angaben zu den betroffenen Märkten

Geben Sie für jeden betroffenen relevanten Produktmarkt und das letzte Geschäftsjahr

a) für die Gemeinschaft insgesamt,
b) im Falle einer Verweisung gemäß Artikel 4 Absatz 4 auf der Ebene der einzelnen Mitgliedstaaten, in denen die Beteiligten tätig sind; und
c) im Falle einer Verweisung gemäß Artikel 4 Absatz 5 auf der Ebene der einzelnen Mitgliedstaaten, die in Abschnitt 6.3.1 dieses Formblatts als möglicherweise zuständig für die Prüfung des Zusammenschlusses bezeichnet werden und in denen die Parteien tätig sind, sowie
d) für jeden anderen räumlichen Markt, der nach Ansicht der Antragsteller relevant ist,

Folgendes an:

5.1. die geschätzte Gesamtgröße des Marktes nach Umsatzerlös (in EUR) und Absatzvolumen (Stückzahlen)[7]; Geben Sie die Grundlage und Quellen für Ihre Berechnungen an und fügen Sie, sofern vorhanden, Unterlagen bei, die diese Berechnungen bestätigen.
5.2. die Umsätze gemessen am Erlös und am Volumen sowie die geschätzten Marktanteile eines jeden an dem Zusammenschluss beteiligten Unternehmens,
5.3. die geschätzten Marktanteile gemessen am Erlös (und gegebenenfalls am Volumen) sämtlicher Wettbewerber (einschließlich Importeure) mit einem Marktanteil von wenigstens 5 % in dem betreffenden räumlichen Markt.
Berechnen Sie hiervon ausgehend den HHI-Index[8] vor und nach dem Zusammenschluss sowie die Differenz zwischen beiden Werten (Delta)[9]. Geben sie an, anhand welcher Marktanteile Sie den HHI berechnet haben und. worauf Sie sich bei deren Berechnung gestützt haben. Fügen Sie gegebenenfalls Unterlagen bei, die diese Berechnungen bestätigen.
5.4. die fünf größten unabhängigen Kunden der Antragsteller in jedem betroffenen Markt und den jeweiligen Anteil am Gesamtabsatz der von jedem einzelnen dieser Kunden abgenommenen Erzeugnisse.
5.5. Art und Umfang der vertikalen Integration aller an dem Zusammenschluss beteiligten Unternehmen im Vergleich zu ihren Hauptwettbewerbern.
5.6. Nennen Sie die fünf größten unabhängigen[10] Lieferanten der Beteiligten.
5.7. Ist in den letzten fünf Jahren ein nennenswerter Markteintritt auf einem der betroffenen Märkte erfolgt? Gibt es nach Ihrer Ansicht Unternehmen (einschließlich der gegenwärtig

---

7 Bei dem Umsatzerlös und dem Absatzvolumen eines Marktes ist die Gesamterzeugung abzüglich Ausfuhren zuzüglich Einfuhren für die jeweiligen geographischen Gebiete anzugeben.
8 HHI steht für Herfindahl-Hirschman Index, mit dem der Grad der Marktkonzentration gemessen wird. Der HHI ergibt sich aus durch Addition der Quadrate der Marktanteile der einzelnen auf dem betreffenden Markt tätigen Unternehmen. Zur Veranschaulichung ein Beispiel: Bei fünf Marktteilnehmern mit Marktanteilen von 40 %, 20 %, 15 %, 15 % und 10 % ergibt sich ein HHI von 2550 ($40^2 + 20^2 + 15^2 + 15^2 + 10^2 = 2550$). Der HHI reicht von einem Wert nahe Null (bei einem in unzählige Unternehmen aufgesplitterten Markt) bis 10000 (bei einem reinen Monopol). Der Berechnung des HHI nach dem Zusammenschluss liegt die Hypothese zugrunde, dass die einzelnen Marktanteile der Unternehmen unverändert bleiben. Auch wenn grundsätzlich sämtliche Unternehmen in die Berechnung einbezogen werden sollten, wird das Ergebnis durch fehlende Angaben über kleine Unternehmen kaum verfälscht, da diese den HHI nicht in nennenswerter Weise beeinflussen.
9 Die nach dem HHI gemessene Erhöhung des Konzentrationsgrads kann unabhängig vom Konzentrationsgrad des Gesamtmarktes durch Multiplikation des Produkts der Marktanteile der fusionierenden Unternehmen mit 2 errechnet werden. Bei der Fusion zweier Unternehmen mit Anteilen von 30 und 15 % würde sich der HHI um 900 ($30 \times 15 \times 2 = 900$) erhöhen. Dieser Berechnung liegt folgende Formel zugrunde: Vor der Fusion wurden die Quadrate der Marktanteile der fusionierenden Unternehmen einzeln berücksichtigt: $(a)^2 + (b)^2$. Nach der Fusion tragen sie zum HHI in der Höhe des Quadrats ihrer Summe bei: $(a + b)^2$, d.h. $(a)^2 + 2ab + (b)^2$. Der HHI steigt somit um den Wert 2ab.
10 Das heißt keine Tochtergesellschaften, Agenturen oder Unternehmen, die zum Konzern des beteiligten Unternehmen gehören. Die Antragsteller können neben diesen fünf unabhängigen Zulieferern auch die konzerninternen Zulieferer nennen, wenn sie dies für eine ordnungsgemäße Beurteilung des Vorhabens für notwendig erachten. Dasselbe gilt für die Abnehmer.

nur in Märkten außerhalb der Gemeinschaft tätigen), von denen ein Markteintritt zu erwarten ist? Bitte erläutern.
5.8. In welchem Umfang gibt es in den betroffenen Märkten (horizontale oder vertikale) Kooperationsvereinbarungen?
5.9. Im Falle eines Gemeinschaftsunternehmens: Sind zwei oder mehr der Mütter auf demselben Markt wie das Gemeinschaftsunternehmen, auf einem diesem vor- oder nachgelagerten Markt oder auf einem eng mit ihm verknüpften benachbarten Markt in nennenswerter Weise tätig[11]?
5.10. Beschreiben Sie die zu erwartenden Auswirkungen des Zusammenschlussvorhabens auf den Wettbewerb in den betroffenen Märkten, auf die Zwischen- und Endverbraucher sowie auf die Entwicklung des technischen und wirtschaftlichen Fortschritts.

Abschnitt 6
Einzelheiten zum Verweisungsantrag und Gründe für eine Verweisung

6.1. Geben Sie an, ob Sie einen Antrag nach Artikel 4 Absatz 4 oder nach Artikel 4 Absatz 5 der EG-Fusionskontrollverordnung einreichen, und füllen Sie ausschließlich den entsprechenden Teilabschnitt aus:
– Verweisung nach Artikel 4 Absatz 4
– Verweisung nach Artikel 4 Absatz 5

Teilabschnitt 6.2
Verweisung nach Artikel 4 Absatz 4

6.2.1. Geben Sie an, welcher Mitgliedstaat bzw. welche Mitgliedstaaten nach Artikel 4 Absatz 4 das Vorhaben prüfen sollten, und ob Sie mit dem (den) betreffenden Mitgliedstaat(en) bereits informelle Kontakte aufgenommen haben.
6.2.2. Geben Sie an, ob die Sache ganz oder teilweise verwiesen werden soll.
Bei Antrag auf Verweisung von Teilen der Sache ist genau anzugeben, auf welche Teile des Vorhabens sich der Antrag bezieht.
Bei Antrag auf Verweisung der gesamten Sache ist zu bestätigen, dass außerhalb des Hoheitsgebiets des (der) betreffenden Mitgliedstaates(-en) keine Märkte betroffen sind.
6.2.3. Erläutern Sie, inwieweit die betroffenen Märkte in dem oder den Mitgliedstaaten, an die verwiesen werden soll, alle Merkmale eines eigenständigen Marktes im Sinne von Artikel 4 Absatz 4 aufweisen.
6.2.4. Erläutern Sie, inwiefern der Wettbewerb auf diesen eigenständigen Märkten im Sinne von Artikel 4 Absatz 4 erheblich beeinträchtigt werden kann.
6.2.5. Werden Mitgliedstaaten aufgrund einer Verweisung nach Artikel 4 Absatz 4 Fusionskontrollverordnung für die Prüfung eines Vorhabens zuständig, stimmen Sie zu, dass diese sich in ihren innerstaatlichen Verfahren auf die in diesem Formblatt enthaltenen Angaben stützen? JA oder NEIN

Teilabschnitt 6.3
Verweisung nach Artikel 4 Absatz 5

6.3.1. Geben Sie zu jedem einzelnen Mitgliedstaat an, ob das Vorhaben nach innerstaatlichem Wettbewerbsrecht geprüft werden kann oder nicht. Dazu ist neben jedem Mitgliedstaat eines der Felder anzukreuzen.
Kann der Zusammenschluss nach innerstaatlichem Wettbewerbsrecht der nachstehend aufgeführten Mitgliedstaaten geprüft werden? Diese Frage ist in Bezug auf sämtliche Mitgliedstaaten zu beantworten. Hinter jedem Mitgliedstaat ist daher entweder JA oder NEIN anzukreuzen. Keine Antwort gilt als »JA«.

---

[11] Zu den Marktdefinitionen siehe Abschnitt 4.

Österreich:	JA	NEIN
Belgien:	JA	NEIN
Zypern:	JA	NEIN
Tschechische Republik:	JA	NEIN
Dänemark:	JA	NEIN
Estland:	JA	NEIN
Finnland:	JA	NEIN
Frankreich:	JA	NEIN
Deutschland:	JA	NEIN
Griechenland:	JA	NEIN
Ungarn:	JA	NEIN
Irland:	JA	NEIN
Italien:	JA	NEIN
Lettland:	JA	NEIN
Litauen:	JA	NEIN
Luxemburg:	JA	NEIN
Malta:	JA	NEIN
Niederlande:	JA	NEIN
Polen:	JA	NEIN
Portugal:	JA	NEIN
Slowakei:	JA	NEIN
Slowenien:	JA	NEIN
Spanien:	JA	NEIN
Schweden:	JA	NEIN
Vereinigtes Königreich:	JA	NEIN

6.3.2. Belegen Sie für jeden einzelnen Mitgliedstaat mittels ausreichender Wirtschafts- oder anderer Daten, dass der Zusammenschluss die relevanten Zuständigkeitskriterien nach innerstaatlichem Wettbewerbsrecht erfüllt oder nicht erfüllt.

6.3.4. Führen Sie aus, warum das Vorhaben von der Kommission geprüft werden sollte. Erläutern Sie dabei insbesondere, ob der Zusammenschluss den Wettbewerb über das Hoheitsgebiet eines Mitgliedstaates hinaus beeinträchtigen könnte.

Abschnitt 7
Erklärung

Gemäß Artikel 2 Absatz 2 und Artikel 6 Absatz 2 der Durchführungsverordnung ist begründeten Anträgen, die von Vertretern der Unternehmen unterzeichnet worden sind, eine schriftliche Vollmacht über die Vertretungsbefugnis beizufügen.

Der Antrag muss mit der folgenden Erklärung schließen, die von allen oder im Namen aller anmeldenden Unternehmen zu unterzeichnen ist:

Der begründete Antrag muss mit der folgenden Erklärung schließen, die von allen oder im Namen aller Antragsteller zu unterzeichnen ist:

Der bzw. die Antragsteller erklären nach bestem Wissen und Gewissen und nach sorgfältiger Prüfung, dass die Angaben in diesem Antrag wahr, richtig, und vollständig sind, dass originalgetreue und vollständige Kopien der nach diesem Formblatt vorzulegenden Unterlagen beigefügt wurden, dass alle Schätzungen als solche kenntlich gemacht und nach bestem Ermessen anhand der zugrunde liegenden Tatsachen abgegeben wurden und dass alle Auffassungen der aufrichtigen Überzeugung der Unterzeichneten entsprechen.

Den Unterzeichneten sind die Bestimmungen von Artikel 14 Absatz 1 Buchstabe a) der EG-Fusionskontrollverordnung bekannt.

Ort und Datum:

Unterschriften:

Name und Titel:

Im Namen von:

COMMISSION NOTICE
on a simplified procedure for treatment of certain concentrations under Council Regulation (EC) No 139/2004

(Text with EEA relevance)

I. Introduction

1. This Notice sets out a simplified procedure under which the Commission intends to treat certain concentrations pursuant to Council Regulation (EC) No 139/2004 of 20 January 2004, on the control of concentrations between undertakings[1] (the ›EC Merger Regulation‹) on the basis that they do not raise competition concerns. This Notice replaces the Notice on a simplified procedure for treatment of certain concentrations under Council Regulation (EEC) No 4064/89.[2] The Commission's experience gained in applying Council Regulation (EEC) No 4064/89 of 21 December 1989 on the control of concentrations between undertakings[3], as amended by Regulation (EC) No 1310/97[4], has shown that certain categories of notified concentrations are normally cleared without having raised any substantive doubts, provided that there were no special circumstances.

2. The purpose of this Notice is to set out the conditions under which the Commission usually adopts a short-form decision declaring a concentration compatible with the common market pursuant to the simplified procedure and to provide guidance in respect of the procedure itself. When all necessary conditions set forth at point 5 of this Notice are met and provided there are no special circumstances, the Commission adopts a short-form clearance decision within 25 working days from the date of notification, pursuant to Article 6(1)(b) of the EC Merger Regulation.[5]

3. However, if the safeguards or exclusions set forth at points 6 to 11 of this Notice are applicable, the Commission may launch an investigation and/or adopt a full decision under the EC Merger Regulation.

4. By following the procedure outlined in the following sections, the Commission aims to make Community merger control more focused and effective.

II. Categories of concentrations suitable for treatment under the simplified procedure

Eligible concentrations

5. The Commission will apply the simplified procedure to the following categories of concentrations:
   a. two or more undertakings acquire joint control of a joint venture, provided that the joint venture has no, or negligible, actual or foreseen activities within the territory of the European Economic Area (EEA). Such cases occur where:
      (i) the turnover[6] of the joint venture and/or the turnover of the contributed activities[7] is less than EUR 100 million in the EEA territory; and

---

1 OJ L 24, 29.1.2004 p.1.
2 OJ C 217, 29.7.2000, p.32.
3 OJ L 395, 30.12.1989 p.1; corrected version OJ L 257, 21.9.1990, p.13.
4 OJ L 180, 9.7.1997, p.1; corrected version OJ L 40, 13.2.1998, p.17.
5 The notification requirements are set out in Annex I and II of Council Regulation (EC) No 802/2004 implementing Council Regulation (EC) No 139/2004 on the control of concentrations between undertakings (›The EC Merger Implementing Regulation‹).
6 The turnover of the joint venture should be determined according to the most recent audited accounts of the parent companies, or the joint venture itself, depending upon the availability of separate accounts for the resources combined in the joint venture.
7 The expression »and/or« refers to the variety of situations covered; for example:
   – in the case of a joint acquisition of a target company, the turnover to be taken into account is the turnover of this target (the joint venture),

(ii) the total value of assets[8] transferred to the joint venture is less than EUR 100 million in the EEA territory[9]; or

b. two or more undertakings merge, or one or more undertakings acquire sole or joint control of another undertaking, provided that none of the parties to the concentration are engaged in business activities in the same product and geographical market, or in a product market which is upstream or downstream of a product market in which any other party to the concentration is engaged[10]; or

c. two or more undertakings merge, or one or more undertakings acquire sole or joint control of another undertaking:
  (i) and two or more of the parties to the concentration are engaged in business activities in the same product and geographical market (horizontal relationships) provided that their combined market share is less than 15%; or
  (ii) one or more of the parties to the concentration are engaged in business activities in a product market which is upstream or downstream of a product market in which any other party to the concentration is engaged (vertical relationships)[11], provided that none of their individual or combined market shares is at either level 25% or more[12]; or

d. a party is to acquire sole control of an undertaking over which it already has joint control.

Safeguards and exclusions

6. In assessing whether a concentration falls into one of the categories referred to in point 5 above, the Commission will ensure that all relevant circumstances are established with sufficient clarity. Given that market definitions are likely to be a key element in this assessment, the parties should provide information on all plausible alternative market definitions during the pre-notification phase (see point 15). Notifying parties are responsible for describing all alternative relevant product and geographic markets on which the notified concentration could have an impact and for providing data and information relating to the definition of such markets[13]. The Commission retains the discretion to take the ultimate decision on market definition, basing its decision on an analysis of the facts of the case. Where it is difficult to define the relevant markets or to determine the parties' market shares, the Commission will not apply the simplified procedure. In addition, to the extent that concentrations involve

---

  – in the case of the creation of a joint venture to which the parent companies contribute their activities, the turnover to be taken into account is that of the contributed activities,
  – in the case of entry of a new controlling party into an existing joint venture, the turnover of the joint venture and the turnover of the activities contributed by the new parent company (if any) must be taken into account.

8 The total value of assets of the joint venture should be determined according to the last prepared and approved balance sheet of each parent company. The term »assets« includes: (1) all tangible and intangible assets that will be transferred to the joint venture (examples of tangible assets include production plants, wholesale or retail outlets, and inventory of goods; examples of intangible assets include intellectual property, goodwill, etc.), and (2) any amount of credit or any obligations of the joint venture which any parent company of the joint venture has agreed to extend or guarantee.

9 Where the assets transferred generate turnover, then neither the value of the assets nor that of the turnover may exceed EUR 100 million.

10 See Commission Notice on the definition of relevant market for the purposes of Community competition law (OJ C 372, 9.12.1997 p. 5).

11 See footnote 7.

12 This means that only concentrations, which do not lead to affected markets, as defined in Section 6 III of Form CO, fall into this category. The thresholds for horizontal and vertical relationships apply to market shares both at national and at EEA levels and to any plausible alternative product market definition that may have to be considered in a given case. It is important that the underlying market definitions set out in the notification are precise enough to justify the assessment that these thresholds are not met, and that all plausible alternative market definitions are mentioned (including geographic markets narrower than national).

13 As with all other notifications, the Commission may revoke the short-form decision if it is based on incorrect information for which one of the undertakings concerned is responsible (Article 6, paragraph 3(a), of the EC Merger Regulation).

novel legal issues of a general interest, the Commission would normally abstain from adopting short-form decisions, and would normally revert to a normal first phase merger procedure.
7. While it can normally be assumed that concentrations falling into the above categories will not raise serious doubts as to their compatibility with the common market, there may nonetheless be certain situations, which exceptionally require a closer investigation and/or a full decision. In such cases, the Commission may revert to a normal first phase merger procedure.
8. The following are indicative examples of types of cases which may be excluded from the simplified procedure. Certain types of concentrations may increase the parties' market power, for instance by combining technological, financial or other resources, even if the parties to the concentration do not operate in the same market. Concentrations where at least two parties to the concentration are present in closely related neighbouring markets[14] may also be unsuitable for the simplified procedure, in particular, where one or more of the parties to the concentration holds individually a market share of 25% or more in any product market in which there is no horizontal or vertical relationship between the parties but which is a neighbouring market to a market where another party is active. In other cases, it may not be possible to determine the parties' precise market shares. This is often the case when the parties operate in new or little developed markets. Concentrations in markets with high entry barriers, with a high degree of concentration[15] or other known competition problems may also be unsuitable.
9. The Commission's experience to date has shown that a change from joint to sole control may exceptionally require closer investigation and/or a full decision. A particular competition concern could arise in circumstances where the former joint venture is integrated into the group or network of its remaining single controlling shareholder, whereby the disciplining constraints exercised by the potentially diverging incentives of the different controlling shareholders are removed and its strategic market position could be strengthened. For example, in a scenario in which undertaking A and undertaking B jointly control a joint venture C, a concentration pursuant to which A acquires sole control of C may give rise to competition concerns in circumstances in which C is a direct competitor of A and where C and A will hold a substantial combined market position and where this removes a degree of independence previously held by C.[16] In cases where such scenarios require a closer analysis, the Commission may revert to a normal first phase merger procedure.[17]
10. The Commission may also revert to a normal first phase merger procedure where neither the Commission nor the competent authorities of Member States have reviewed the prior acquisition of joint control of the joint venture in question.
11. Furthermore, the Commission may revert to a normal first phase merger procedure where an issue of coordination as referred to in Article 2(4) of the Merger Regulation arises.
12. If a Member State expresses substantiated concerns about the notified concentration within 15 working days of receipt of the copy of the notification, or if a third party expresses substantiated concerns within the time-limit laid down for such comments, the Commission will adopt a full decision. The time-limits set out in Article 10(1) of the EC Merger Regulation apply.

Referral requests

13. The simplified procedure will not be applied if a Member State requests the referral of a notified concentration pursuant to Article 9 of the EC Merger Regulation or if the Com-

---

14 Product markets are closely related neighbouring markets when the products are complementary to each other or when they belong to a range of products that is generally purchased by the same set of customers for the same end use.
15 See Guidelines on the assessment of horizontal mergers under the Council Regulation on the control of concentrations between undertakings, points 14–21, OJ C31 p. 5, 5. 2. 2004.
16 Case No. IV/M.1328 *KLM/Martinair, XXIXth Report on Competition Policy 1999 – SEC(2000) 720 FINAL,* points 165–166.
17 Case No COMP/M.2908 *Deutsche Post/DHL (II) 18. 09. 2002.*

mission accepts a request from one or more Member States for referral of a notified concentration pursuant to Article 22 of the EC Merger Regulation.

Pre-notification referrals at the request of the notifying parties

14. Subject to the safeguards and exclusions of this Notice, the Commission may apply the simplified procedure to concentrations where:(i) following a reasoned submission pursuant to Article 4(4) of the EC Merger Regulation, the Commission decides not to refer the case to a Member State; or (ii) following a reasoned submission pursuant to Article 4(5) of the EC Merger Regulation the case is referred to the Commission.

III. Procedural Provisions

Pre-notification contacts

15. The Commission has found pre-notification contacts between notifying parties and the Commission beneficial even in seemingly unproblematic cases.[18] The Commission's experience of the simplified procedure has shown that candidate cases for simplified procedure may raise complex issues for instance, of market definition (see point 6 above) which should preferably be resolved during pre-notification. Such contacts allow the Commission and the notifying parties to determine the precise amount of information to be provided in a notification. Pre-notification contacts should be initiated at least two weeks prior to the expected date of notification. Notifying parties are therefore advised to engage in pre-notification contacts, particularly where they request the Commission to waive full-form notification in accordance with Article 3(1) of the EC Merger Implementing Regulation on the grounds that the operation to be notified will not raise competition concerns.

Publication of the fact of notification

16. The information to be published in the *Official Journal of the European Union* upon receipt of a notification[19] will include: the names of the parties to the concentration, their country of origin, the nature of the concentration and the economic sectors involved, as well as an indication that, on the basis of the information provided by the notifying party, the concentration may qualify for a simplified procedure. Interested parties will then have the opportunity to submit observations, in particular on circumstances which might require an investigation.

Short-form decision

17. If the Commission is satisfied that the concentration fulfils the criteria for the simplified procedure (see point 5 above), it will normally issue a short-form decision. This includes appropriate cases not giving rise to any competition concerns where it receives a full form notification. The concentration will thus be declared compatible with the common market, within 25 working days from the date of notification, pursuant to Article 10(1) and (6) of the EC Merger Regulation. The Commission will endeavour to issue a short-form decision as soon as practicable following expiry of the 15 working day period during which Member States may request referral of a notified concentration pursuant to Article 9 of the EC Merger Regulation. However, in the period leading up to the 25 working day deadline, the option of reverting to a normal first phase merger procedure and thus launching investigations and/or adopting a full decision remains open to the Commission, should it judge such action appropriate in the case in question.

Publication of the short-form decision

18. The Commission will publish a notice of the fact of the decision in the *Official Journal of the European Union* as it does for full clearance decisions. The public version of the deci-

---

18 See DG Competition Best Practices on the conduct of EC merger control proceedings available at: http://europa.eu.int/comm/competition/mergers/legislation/regulation/best_practices.pdf
19 Article 4, paragraph 3, of the EC Merger Regulation.

sion will be made available on the DG Competition's Internet website for a limited period. The short-form decision will contain the information about the notified concentration published in the *Official Journal* at the time of notification (names of the parties, their country of origin, nature of the concentration and economic sectors concerned) and a statement in the decision that the concentration is declared compatible with the common market because it falls within one or more of the categories described in the Notice on simplified procedure, with the applicable category(ies) being explicitly identified.

IV. Ancillary Restrictions

19. The simplified procedure is not suited to cases in which the undertakings concerned request an express assessment of restrictions which are directly related to, and necessary for, the implementation of the concentration.

Anhang 6

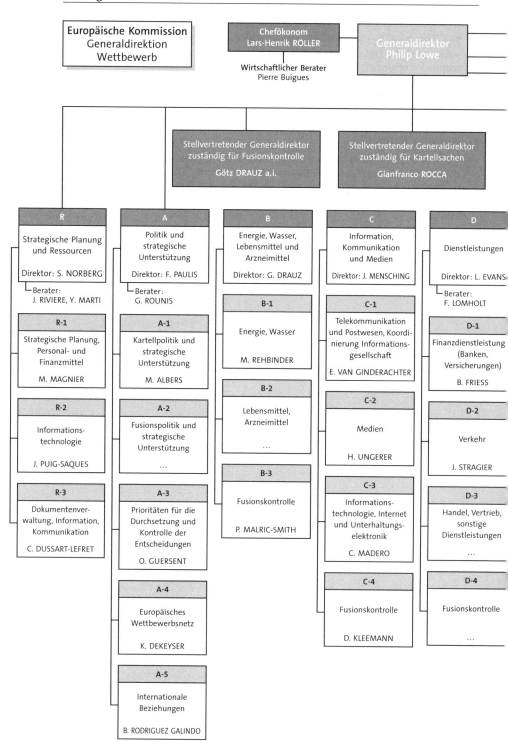

Bekanntmachung über vereinfachtes Verfahren

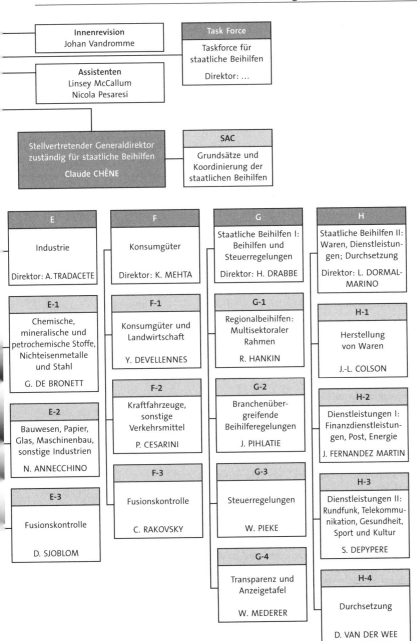

Anhang 7

Leitlinien zur Bewertung horizontaler Zusammenschlüsse gemäß der Ratsverordnung über die Kontrolle von Unternehmenszusammenschlüssen

(2004/C 31/03)

I. Hintergrund

1. Gemäß Artikel 2 der Verordnung Nr. 139/2004 des Rates vom 20. Januar 2004 über die Kontrolle von Unternehmenszusammenschlüssen[1] (nachstehend: »Fusionskontrollverordnung«) hat die Kommission Zusammenschlüsse im Anwendungsbereich der Fusionskontrollverordnung daraufhin zu beurteilen, ob sie mit dem Gemeinsamen Markt zu vereinbaren sind. Hierzu muss sie gemäß Artikel 2 Absätze 2 und 3 ermitteln, ob ein Zusammenschluss einen wirksamen Wettbewerb spürbar behindern würde, insbesondere als Ergebnis der Begründung oder Verstärkung einer beherrschenden Stellung im Gemeinsamen Markt oder einem wesentlichen Teil davon.

2. Deshalb muss die Kommission jede erhebliche Behinderung eines wirksamen Wettbewerbs berücksichtigen, die als Folge des Zusammenschlusses zu erwarten ist. Die Begründung oder Verstärkung einer beherrschenden Stellung ist die wichtigste Form einer solchen Schädigung des Wettbewerbs. Der Begriff der beherrschenden Stellung wurde bei der Anwendung der Verordnung Nr. 4064/89 des Rates vom 21. Dezember 1989 über die Kontrolle von Unternehmenszusammenschlüssen (nachstehend »Verordnung Nr. 4064/89«) wie folgt definiert:

»Die wirtschaftliche Machtstellung eines oder mehrerer Unternehmen, die diese in die Lage versetzt, die Aufrechterhaltung eines wirksamen Wettbewerbs auf dem relevanten Markt zu verhindern, indem sie ihnen die Möglichkeit verschafft, sich ihren Konkurrenten, ihren Kunden und letztlich den Verbrauchern gegenüber in nennenswertem Umfang unabhängig zu verhalten.«[2]

3. Zur Auslegung des Begriffs der Marktbeherrschung im Rahmen der Verordnung Nr. 4064/89 hat der Gerichtshof daraufhingewiesen, dass »die Verordnung Nr. 4064/89 auf alle Zusammenschlüsse von gemeinschaftsweiter Bedeutung angewandt werden soll, sofern sich diese wegen ihrer Auswirkungen auf die Wettbewerbsstruktur in der Gemeinschaft als unvereinbar mit dem vom Vertrag geforderten System des unverfälschten Wettbewerbs erweisen könnte.«[3]

4. Die Begründung oder Verstärkung einer beherrschenden Stellung eines einzelnen Unternehmens durch einen Zusammenschluss war die üblichste Grundlage für die Feststellung, dass ein Zusammenschluss zu einer erheblichen Behinderung wirksamen Wettbewerbs führen würde. Außerdem wurde dieser Begriff auch auf die gemeinsame Marktbeherrschung in einem Oligopol angewandt. Folglich ist zu erwarten, dass den meisten Fällen von Unvereinbarkeit eines Zusammenschlusses mit dem Gemeinsamen Markt weiterhin die Feststellung von Marktbeherrschung zugrunde liegen wird. Dieser Begriff ist somit ein wichtiger Anhalt dafür, welcher Maßstab der Wettbewerbsschädigung bei der Ermittlung der Frage anzuwenden ist, ob ein Zusammenschluss geeignet ist, einen wirksamen Wettbewerb spürbar zu behindern, und ob eingegriffen werden muss[4]. Deshalb sollen in dieser Mitteilung die Hinweise aus der bisherigen Entscheidungspraxis aufrechterhalten und die einschlägige Rechtsprechung der Gemeinschaftsgerichte in vollem Umfang berücksichtigt werden.

---

1 Verordnung Nr. 139/2004 des Rates vom 20. Januar 2004 (ABl. L 24 vom 29. 1. 2004, S. 1).
2 Rs. T-102/96, Gencor/Kommission, Slg. 1999 II-753, Absatz 200; verbundene Rs. C-68/94 und C-30/95, Frankreich und andere/Kommission (nachstehend »Kali & Salz«), Slg. 1998 I-1375, Rdnr. 221. Unter Umständen kann ein Zusammenschluss zur Begründung oder Verstärkung einer beherrschenden Stellung eines Unternehmens führen, das nicht an der Fusion beteiligt ist (s. Sache IV M.1383 – Exxon/Mobil, Ziffern 225–229; Sache COMP/M.2434 – Grupo Villar MIR/EnBW/Hidroelectricadel Cantabrico, Ziffern 67–71).
3 S. auch verbundene Rsn. C-68/94 und C-30/95, Kali & Salz, Absatz 170.
4 S. Erwägungsgründe 25 und 26 der Fusionskontrollverordnung.

5. In dieser Bekanntmachung soll dargelegt werden, wie die Kommission Zusammenschlüsse bewertet[5], wenn die beteiligten Unternehmen tatsächliche oder potenzielle Wettbewerber auf demselben relevanten Markt sind[6]. Derartige Fusionen werden als »horizontale Zusammenschlüsse« bezeichnet. Es wird zwar der analytische Ansatz der Kommission bei ihrer Bewertung horizontaler Fusionen erläutert, jedoch nicht alle möglichen Ausprägungen dieses Ansatzes aufgezeigt. Die Kommission wendet den hierin beschriebenen Ansatz gemäß den Gegebenheiten des jeweiligen Einzelfalles an.
6. Mit dieser Bekanntmachung sollen Leitlinien aus der sich fortentwickelnden Erfahrungen der Kommission bei der Bewertung horizontaler Zusammenschlüsse in Anwendung der Verordnung Nr. 4064/89 seit ihrem Inkrafttreten am 21. September 1990 sowie mit der Rechtsprechung des Gerichtshofes und des Gerichtes erster Instanz der Europäischen Gemeinschaften herausgearbeitet werden. Die dargelegten Grundsätze werden von der Kommission bei der Behandlung von Einzelfällen angewandt, fortentwickelt und verfeinert. Abhängig von den zukünftigen Entwicklungen kann diese Bekanntmachung von Zeit zu Zeit überarbeitet werden.
7. Diese Darlegung der Fusionskontrollverordnung hinsichtlich der Bewertung horizontaler Fusionen durch die Kommission ergeht unbeschadet jeglicher Auslegung, die vom Gerichtshof oder dem Gericht erster Instanz der Europäischen Gemeinschaften vorgenommen werden.

II. Überblick

8. Ein wirksamer Wettbewerb erbringt den Verbrauchern Vorteile, zum Beispiel in Form niedriger Preise, hochwertiger Produkte, einer großen Auswahl an Waren und Dienstleistungen und Innovation. Mit der Fusionskontrolle verhindert die Kommission Zusammenschlüsse, die geeignet wären, den Verbrauchern diese Vorteile vorzuenthalten, indem sie die Marktmacht der Unternehmen spürbar erhöht würde. Erhöhte Marktmacht bezeichnet die Fähigkeit eines oder mehrerer Unternehmen, Gewinn bringend ihre Preise zu erhöhen, den Absatz, die Auswahl oder Qualität der Waren oder Dienstleistungen zu verringern, die Innovation einzuschränken oder die Wettbewerbsparameter auf andere Weise zu beeinflussen. Im Folgenden ist der Ausdruck »erhöhte Preise« häufig eine Kurzform für die verschiedenen Arten der Schädigung des Wettbewerbs aufgrund eines Zusammenschlusses[7]. Sowohl Anbieter als auch Käufer können Marktmacht ausüben. Aus Gründen der Klarheit wird der Begriff hier überwiegend auf die Anbieter bezogen und bei den Kunden von »Nachfragemacht« gesprochen.
9. Bei der Bewertung der wettbewerblichen Auswirkungen eines Zusammenschlusses vergleicht die Kommission die Wettbewerbsbedingungen, die sich aus der angemeldeten Fusion ergeben, mit den Bedingungen, wie sie ohne den Zusammenschluss herrschen würden[8]. In den meisten Fällen sind die zum Zeitpunkt des Zusammenschlusses vorherrschenden Wettbewerbsbedingungen der Vergleichsmaßstab zur Bewertung der Auswirkungen einer Fusion. Unter besonderen Umständen kann die Kommission jedoch zukünftige Änderungen im Markt berücksichtigen, die mit einiger Sicherheit erwartet werden können[9]. Bei der Erwä-

---

5 Der Begriff »Zusammenschluss« in der Fusionskontrollverordnung umfasst verschiedene Arten von Vorgängen wie Fusion, Erwerb, Übernahme und bestimmte Arten von Gemeinschaftsunternehmen. Nachstehend wird, wenn nicht anders angegeben, der Begriff »Fusion« gleichbedeutend mit Zusammenschluss verwendet, weshalb er sämtliche Arten der erwähnten Vorgänge umfasst.
6 Diese Bekanntmachung erstreckt sich nicht auf die Bewertung der Auswirkungen einer Fusion auf den Wettbewerb in anderen Märkten, einschließlich seiner vertikalen oder konglomeralen Auswirkungen. Das Gleiche gilt für die Bewertung der Auswirkungen eines Gemeinschaftsunternehmens gemäß Artikel 2 Absatz 4 der Fusionskontrollverordnung.
7 Der Begriff beschreibt auch den Sachverhalt, wenn die Preise weniger zurückgehen oder zurückgehen würden als ohne den Zusammenschluss, und wenn sie stärker steigen oder steigen würden als ohne den Zusammenschluss.
8 Im Falle einer Fusion, die ohne vorherige Anmeldung durchgeführt wurde, bewertet die Kommission den Zusammenschluss anhand der Wettbewerbsbedingungen, die ohne den Zusammenschluss geherrscht hätten.
9 Siehe z.B. Entscheidung der Kommission 98/526 im Fall IV/M.950 – Hoffmann La Roche/Boehringer Mannheim; ABl. L 234 vom 21.8.1998, S. 14, Ziffer 13; Sache IV/M.1846 – Glaxo Wellcome Smith Kline Beecham, Ziffern 70–72; Sache KOM/M.2547 – Bayer/Aventis Crop Science, Ziffer 324 ff.

gung, welcher Vergleichsmaßstab heranzuziehen ist, kann sie insbesondere den zu erwartenden Marktzugang- oder -austritt von Unternehmen für den Fall berücksichtigen, dass der Zusammenschluss nicht erfolgt[10].
10. Die Bewertung von Zusammenschlüssen durch die Kommission schließt in der Regel ein:
    a) eine Abgrenzung der sachlich und räumlich relevanten Märkte
    b) die wettbewerbliche Würdigung des Zusammenschlusses.
    Hauptzweck der Marktabgrenzung ist es, systematisch zu erfassen, welchem unmittelbaren Wettbewerbsdruck das fusionierte Unternehmen ausgesetzt ist. Ausführungen zu dieser Frage sind in der Bekanntmachung der Kommission über die Definition des relevanten Marktes im Sinne des Wettbewerbsrechts der Gemeinschaft enthalten[11]. Einige Erwägungen, die zur Abgrenzung der relevanten Märkte führen, können auch für die wettbewerbliche Würdigung eines Zusammenschlusses von Bedeutung sein.
11. Diese Bekanntmachung ist in folgende Bestandteile untergliedert:
    a) Den Ansatz der Kommission in Bezug auf Marktanteilsund Konzentrationsschwellen (Abschnitt III).
    b) Die Wahrscheinlichkeit, dass ein Zusammenschluss wettbewerbswidrige Wirkungen in den relevanten Märkten hätte, wenn keine Ausgleichsfaktoren vorhanden wären (Abschnitt IV).
    c) Die Wahrscheinlichkeit, dass die Nachfragemacht als Ausgleichsfaktor wirken würde, wenn sich die Marktmacht aufgrund des Zusammenschlusses erhöhen würde (Abschnitt V).
    d) Die Wahrscheinlichkeit, dass ein wirksamer Wettbewerb in den relevanten Märkten durch den Eintritt neuer Unternehmen aufrechterhalten würde (Abschnitt VI).
    e) Die Wahrscheinlichkeit, dass Effizienzvorteile einen Faktor darstellen, der die schädlichen Wirkungen auf den Wettbewerb ausgleicht, die sich sonst aus dem Zusammenschluss ergeben würden (Abschnitt VII).
    f) Die Voraussetzungen für eine Sanierungsfusion (Abschnitt VIII).
12. Bei der Ermittlung der vorhersehbaren Wirkungen[12] einer Fusion in den relevanten Märkten untersucht die Kommission deren wettbewerbswidrigen Folgen und die relevanten Ausgleichsfaktoren wie z.B. die Nachfragemacht, die Höhe der Zutrittsschranken und mögliche von den Parteien vorgebrachten Effizienzvorteile. In außergewöhnlichen Umständen prüft sie auch, ob die Voraussetzungen für eine Sanierungsfusion erfüllt sind.
13. Unter Berücksichtigung dieser Gesichtspunkte ermittelt die Kommission gemäß Artikel 2 der Fusionskontrollverordnung, ob der Zusammenschluss wirksamen Wettbewerb erheblich behindern würde, insbesondere durch die Begründung oder Verstärkung einer beherrschenden Stellung, so dass er für mit dem Gemeinsamen Markt unvereinbar erklärt werden müsste. Bei diesen Faktoren handelt es sich nicht um eine »Kontrollliste«, die mechanisch in jedem Einzelfall anzuwenden ist. Vielmehr muss sich die wettbewerbliche Analyse des Einzelfalles auf eine Gesamtbewertung der vorhersehbaren Wirkungen der Fusion im Hinblick auf die relevanten Faktoren und Bedingungen stützen. Nicht alle Faktoren sind in jedem einzelnen horizontalen Zusammenschluss maßgeblich, und es ist auch nicht stets erforderlich, sämtliche Bestandteile eines Falles mit der gleichen Ausführlichkeit zu untersuchen.

III. Marktanteil und Konzentrationshöhe

14. Marktanteile und Konzentrationsgrad sind Anhaltspunkte für die Marktstruktur und die wettbewerbliche Bedeutung der Fusionspartner und ihrer Mitbewerber.
15. In der Regel legt die Kommission bei ihrer Wettbewerbsanalyse die gegenwärtigen Marktanteile zugrunde[13]. Die gegenwärtigen Marktanteile können jedoch angepasst werden, um zu

---
10 Siehe z.B. Rs. T-102/96, Gencor/Kommission, Slg. 1999 II-753, Rdnrn. 247–263.
11 ABl. C 372 vom 9.12.1997, S. 5.
12 Siehe Rs. T-102/96, Gencor/Kommission, Slg. 1999 II-753, Rdnr. 262; Rs. T-342/99, Airtours/Kommission, Slg. 2002 II-2585, Rdnr. 280.
13 Zur Errechnung der Marktanteile siehe auch Mitteilung der Kommission zur Definition des relevanten Marktes für das Gemeinschaftliche Wettbewerbsrecht, ABl. C 372 vom 9.12.1997, S. 3, Ziffern 54–55.

erwartende zukünftige Entwicklungen zum Beispiel hinsichtlich Markteintritt oder -austritt sowie Wachstum[14] zu berücksichtigen. Die Marktanteile nach der Fusion werden unter der Annahme errechnet, dass der gemeinsame Marktanteil der Beteiligten die Summe ihrer Marktanteile vor dem Zusammenschluss ist[15]. Bei schwankenden Marktanteilen können zurückliegende Daten herangezogen werden, zum Beispiel wenn der Markt durch wenige Großaufträge gekennzeichnet ist. Änderungen bei den zurückliegenden Marktanteilen können nützliche Hinweise über den Wettbewerbsprozess und die zu erwartende zukünftige Bedeutung der verschiedenen Wettbewerber zum Beispiel dadurch liefern, dass sie aufzeigen, ob die Unternehmen Marktanteile hinzugewonnen oder verloren haben. Auf jeden Fall beurteilt die Kommission die Marktanteile im Hinblick auf die voraussichtlichen Marktbedingungen, z. B. ob es sich um einen dynamischen Markt handelt oder aufgrund von Innovation oder Wachstum eine instabile Marktstruktur aufweist[16].

16. Der Konzentrationsgrad eines Marktes kann auch nützliche Hinweise zur Wettbewerbssituation liefern. Um den Konzentrationsgrad zu ermitteln, wendet die Kommission häufig den Herfindahl-Hirschman-Index (HHI) an[17]. Der HHI wird durch die Summe des Quadrates der jeweiligen Marktanteile sämtlicher Unternehmen in einem Markt errechnet[18]. Dieser Index räumt den Marktanteilen der größeren Unternehmen ein verhältnismäßig größeres Gewicht ein. Im Idealfall sollten zwar alle Unternehmen eines Marktes in die Berechnung einbezogen werden, das Fehlen von Angaben über sehr kleine Unternehmen hat jedoch nur geringe Auswirkungen, da sich diese nur geringfügig auf die Index-Berechnung auswirken. Während die absolute Höhe des HHI eine erste Aussage über den Wettbewerbsdruck in dem betreffenden Markt nach dem Zusammenschluss machen kann, ist die Veränderung im Index (als »Delta« bezeichnet) ein nützlicher Hinweis für die durch den Zusammenschluss unmittelbar herbeigeführten Änderungen in der Konzentration[19].

Marktanteilshöhen

17. Nach der Rechtsprechung der Gemeinschaftsgerichte können sehr hohe Marktanteile von 50 % oder mehr für sich allein ein Nachweis für das Vorhandensein einer beherrschenden Marktstellung sein[20]. Kleinere Wettbewerber können jedoch als wirksame Gegenkraft wirken, wenn sie z. B. die Fähigkeit und den Anreiz besitzen, ihre Lieferungen zu steigern. Auch wenn eine Fusion zu einem Unternehmen führt, dessen Marktanteil unterhalb von 50 % bleibt, können Wettbewerbsbedenken hinsichtlich anderer Faktoren bestehen wie z. B. die

---

14 Siehe Sache COMP/M.1806 – Astra Zeneca/Novartis, Ziffern 150 und 415.
15 Gegebenenfalls können die Marktanteile angepasst werden, um Kontrollbeteiligungen in anderen Unternehmen zu berücksichtigen (siehe z. B. Sache IV/M.1383 – Exxon/Mobil, Ziffern 446–458; Sache COMP/M.1879 – Boeing/Hughes, Ziffern 60–79; Sache COMP/GU 55 – Hutchison/RCPM/ECT, Ziffern 69–70) oder andere Vorkehrungen mit Dritten (siehe z. B. betreffend Zulieferer, Entscheidung der Kommission 2001/769/EG in der Sache COMP/M.1940 – Framatome/Siemens/Cogema, ABl. L 289 vom 6. 11. 2001, S. 8, Ziffer 142.
16 Siehe Sache COMP/M.2256 – Philips/Agilent Health Care Technologies, Ziffern 31–32 und Sache COMP/M.2609 – HP/Compaq, Ziffer 39.
17 Siehe z. B. Sache IV COMP/M.1365 – FCC/Vivendi,, Ziffer 40; Sache COMP/JV 55 – Hutchison/RCPM/ECT, Ziffer 50. Gegebenenfalls nimmt die Kommission auch andere Konzentrationsmessungen vor wie z. B. der Konzentrationskennziffern, mit denen der Gesamtmarktanteil einer kleinen Anzahl von in der Regel drei oder vier führenden Unternehmen gemessen wird.
18 Z. B. hat ein Markt mit 5 Firmen und Marktanteilen von 40 bzw. 20 bzw. 15 bzw. 15 bzw. 10 % einen HHI von 2550 ($40^2 + 20^2 + 15^2 + 15^2 + 10^2 = 2550$). Der HHI schwankt von beinahe 0 (in einem zersplitterten Markt) auf 10 000 (im Falle eines reinen Monopols).
19 Die mit dem HHI errechnete Erhöhung des Konzentrationsgrades kann unabhängig von der Marktkonzentration durch die Verdopplung des Ergebnisses der Marktanteile der fusionierenden Unternehmen errechnet werden. So würde z. B. eine Fusion von zwei Unternehmen mit Marktanteilen von 30 bzw. 15 % den HHI um 900 ($30 \times 15 \times 2 = 900$) erhöhen. Diese Methode erklärt sich wie folgt: Vor der Fusion haben die Marktanteile der fusionierenden Unternehmen zum HHI durch ihre Quadrate einzeln beigetragen: $(a)^2 + (b)^2$. Nach der Fusion ist ihr Beitrag das Quadrat der Summe ihrer Anteile: $(a + b)^2$, was $(a)^2 + (b)^2 + 2ab$ entspricht. Die Erhöhung des HHI wird somit durch 2ab dargestellt.
20 Rs. T-221/95, Endemol/Kommission, Slg. 1999 II-1299, Rdnr. 134 und Rs. T-102/96, Gencor/Kommission, Slg. 1999 II-753, Rdnr. 205. Es ist eine andere Frage, ob eine beherrschende Marktstellung durch den Zusammenschluss begründet oder verstärkt wird.

Stärke und Anzahl der Wettbewerber, das Vorhandensein von Kapazitätsengpässen oder das Ausmaß, in dem die Produkte der fusionierenden Unternehmen nahe Substitute sind. Die Kommission hat deshalb in einigen Fällen, bei denen die Fusion der beteiligten Unternehmen zu Marktanteilen von zwischen 40 und 50%[21] und sogar von unter 40%[22] führt, die Begründung oder Verstärkung einer beherrschenden Stellung festgestellt.

18. Bei Zusammenschlüssen, die angesichts der beschränkten Marktanteile der beteiligten Unternehmen nicht geeignet sind, einen wirksamen Wettbewerb zu behindern, ist zu vermuten, dass sie mit dem Gemeinsamen Markt vereinbar sind. Unbeschadet der Artikel 81 und 82 EGV kann ein Marktanteil der beteiligten Unternehmen von nicht mehr als 25%[23], sei es im Gemeinsamen Markt oder einem wesentlichen Teil davon[24], als Anhaltspunkt hierzu dienen.

HHI-Höhen

19. Für die Kommission stellen sich in der Regel keine horizontalen Wettbewerbsbedenken in einem Markt, dessen HHI nach dem Zusammenschluss unterhalb von 1 000 liegt. Derartige Märkte bedürfen in der Regel keiner genaueren Untersuchung.
20. Das Gleiche gilt für Vorhaben, bei denen der HHI nach dem Zusammenschluss zwischen 1 000 und 2 000 und der Delta-Wert unterhalb von 250 liegt, oder wenn der HHI oberhalb von 2 000 und der Deltawert unter 150 liegt, es sei denn, besondere Umstände wie z. B. einer oder mehrerer der folgenden Faktoren lägen vor:
    a) an dem Zusammenschluss ist ein potenzieller Wettbewerber oder ein Unternehmen mit einem kleinen Marktanteil beteiligt, das vor kurzem in den Markt eingetreten ist;
    b) an dem Zusammenschluss sind Unternehmen beteiligt, deren Innovationspotenzial sich nicht in den Marktanteilen niederschlägt;
    c) zwischen den Marktteilnehmern bestehen Überkreuz-Beteiligungen in erheblichem Ausmaß[25];
    d) bei einem der fusionierenden Unternehmen handelt es sich um einen Einzelgänger, der ein koordiniertes Verhalten mit hoher Wahrscheinlichkeit stören wird;
    e) es liegen Anzeichen für Marktkoordinierung oder eine solche erleichternde Praktiken vor;
    f) der Marktanteil einer der fusionierenden Parteien beträgt wenigstens 50%[26].
21. Jede dieser HHI-Höhen kann in Verbindung mit dem Deltawert als erster Hinweis für fehlende Wettbewerbsbedenken dienen, begründet jedoch für sich allein keine Vermutung für das Vorhandensein oder die Abwesenheit solcher Bedenken.

IV. Mögliche wettbewerbswidrige Wirkungen horizontaler Zusammenschlüsse

22. Horizontale Zusammenschlüsse können in zweifacher Weise einen wirksamen Wettbewerb erheblich behindern, insbesondere indem sie eine beherrschende Stellung begründen oder verstärken:
    a) durch die Beseitigung wichtigen Wettbewerbsdrucks für ein oder mehrere Unternehmen, die dadurch ihre Marktmacht erhöhen, ohne auf ein koordiniertes Verhalten zurückgreifen zu müssen (nicht koordinierte Wirkungen).

---

21 Siehe z. B. Sache COMP/M.2337 – Nestlé/Ralston Purina, Rdnr. 48–50.
22 Siehe z. B. Entscheidung der Kommission 1999/674/EG in der Sache IV/M.1221 – Rewe/Meinl, ABl. L 274, 23. 10. 1999, Seite 1, Ziffern 98–114; COMP/M.2337 – Nestlé/Ralston Purina, Ziffern 44–47.
23 Die Errechnung der Marktanteile hängt insbesondere von der Marktabgrenzung ab. Es ist hervorzuheben, dass die Kommission die von den Parteien vorgeschlagene Marktabgrenzung nicht notwendiger Weise übernehmen muss.
24 Erwägungsgrund 32 der Fusionskontrollverordnung; eine solche Annahme liegt jedoch nicht vor, wenn ein Zusammenschlussvorhaben eine gemeinsame marktbeherrschende Stellung begründet oder verstärkt, an der die »beteiligten Unternehmen« und Dritte beteiligt sind (siehe C-68/94 und C-30/95, Kali & Salz, Slg. 1998 I-1375, Rdnr. 171 ff. und Rs. T-102/96, Gencor/Kommission, Slg. 1999 II-753, Rdnr. 134 ff.).
25 In Märkten mit Überkreuz-Beteiligungen oder bei Gemeinschaftsunternehmen wird von der Kommission u. U. ein geänderter HHI angewandt, der dies berücksichtigt (siehe z. B. Sache M.1383 Exxon Mobil, Ziffer 260).
26 Vgl. Ziffer 17 oben.

b) durch die Änderung der Wettbewerbsfaktoren in einer Weise, dass Unternehmen, die zuvor ihr Verhalten nicht koordiniert hatten, nunmehr eher geneigt sind, in einem koordinierten Vorgehen ihre Preise zu erhöhen oder auf andere Weise einen wirksamen Wettbewerb zu schädigen. Ein Zusammenschluss kann auch für Unternehmen, die bereits vor der Fusion ihr Verhalten koordiniert haben, die Koordinierung erleichtern, stabilisieren oder sie erfolgreicher machen (koordinierte Wirkungen).

23. Die Kommission ermittelt, ob diese durch die Fusion herbeigeführten Änderungen eine dieser Wirkungen haben würden. Beide beschriebenen Fälle können bei der Bewertung eines Vorhabens von Bedeutung sein.

Nicht koordinierte Wirkungen[27]

24. Ein Zusammenschluss kann den Wettbewerb in einem Markt spürbar behindern, indem wichtiger Wettbewerbsdruck für einen oder mehrerer Anbieter beseitigt werden, welche dadurch erhöhte Marktmacht erlangen. Die unmittelbarste Wirkung der Fusion liegt im Verlust des Wettbewerbs zwischen den fusionierenden Unternehmen. Wenn z. B. eines dieser Unternehmen vor dem Zusammenschluss seine Preise erhöht hätte, hätte es einen Teil seines Absatzes an den anderen Fusionsteilnehmer verloren. Mit dem Zusammenschluss wird dieser Wettbewerbsdruck beseitigt. Auch den übrigen Unternehmen des betreffenden Marktes können Vorteile aus dem Rückgang des Wettbewerbsdrucks aufgrund der Fusion erwachsen, da sich durch die Preiserhöhung der fusionierenden Unternehmen ein Teil der Nachfrage zu den Wettbewerbern verlagern kann, die es wiederum einträglich finden könnten, ihre Preise zu erhöhen[28]. Der Rückgang dieses Wettbewerbsdrucks könnte zu spürbaren Preiserhöhungen in dem relevanten Markt führen.

25. Im Allgemeinen würde ein Zusammenschluss, welcher eine solche nicht koordinierte Wirkung zeigt, einen wirksamen Wettbewerb dadurch erheblich behindern, dass hierdurch die beherrschende Stellung eines Unternehmens begründet oder verstärkt wird, welches typischer Weise einen deutlich größeren Marktanteil als ein anderer Wettbewerber nach dem Zusammenschluss hätte. Darüber hinaus können Zusammenschlüsse in oligopolistischen Märkten[29], die zur Beseitigung wichtiger Wettbewerbszwänge, die von den fusionierenden Parteien vorher gegeneinander ausgeübt wurden, sowie zu einer Verringerung des Wettbewerbsdruck auf die verbleibenden Wettbewerber führen, selbst bei geringer Wahrscheinlichkeit einer Abstimmung zwischen den Mitgliedern des Oligopols eine erhebliche Behinderung des Wettbewerbs darstellen. Die Fusionskontrollverordnung stellt klar, dass alle Zusammenschlüsse, welche zu solchen nicht koordinierten Wirkungen führen, ebenfalls für unvereinbar mit dem Gemeinsamen Markt zu erklären sind[30].

26. Eine Reihe von Faktoren, die für sich genommen nicht unbedingt Ausschlag gebend sind, können darüber entscheiden, ob spürbare nicht koordinierte Wirkungen von einem Zusammenschluss zu erwarten sind. Es müssen nicht alle Faktoren gegeben sein, damit diese Wirkungen angenommen werden können. Auch ist dies nicht als eine erschöpfende Aufzählung anzusehen.

Hohe Marktanteile der fusionierenden Unternehmen

27. Die Wahrscheinlichkeit, dass ein Unternehmen Marktmacht ausübt, nimmt mit seinem Marktanteil zu. Mit dem Umfang der Marktanteilsadditionen wächst auch die Wahrscheinlichkeit, dass ein Zusammenschluss zu einer spürbaren Erhöhung an Marktmacht führt. Mit der zunehmenden Größe der Absatzbasis, auf der höhere Gewinnspannen nach einer Preiserhöhung erzielt werden können, wird es auch wahrscheinlicher, dass die fusionierenden Unternehmen eine Preiserhöhung trotz der damit einhergehenden Verringerung des Absatzes als Gewinn bringend ansehen. Die Marktanteile und addierten Marktanteile sind

---

27 Häufig als »einseitige« Wirkungen bezeichnet.
28 Diese erwarteten Reaktionen der Wettbewerber können ein relevanter Faktor sein, der die Anreize der fusionierten Einheit beeinflusst, die Preise zu erhöhen.
29 In einem oligopolistischen Markt gibt es nur eine begrenzte Anzahl von großen Unternehmen. Oligopolistische Unternehmen hängen voneinander ab, da das Verhalten eines Unternehmens spürbare Auswirkungen auf die Bedingungen des Gesamtmarktes hat und damit auch indirekt auf die Lage aller übrigen Unternehmen.
30 Erwägungsgrund 25 der Fusionskontrollverordnung.

zwar nur ein erstes Anhaltspunkte für Marktmacht und hinzugewonnene Marktmacht, bleiben jedoch wichtige Bewertungsfaktoren[31].

Die fusionierenden Unternehmen sind nahe Wettbewerber

28. Die Produkte können in dem relevanten Markt so differenziert sein[32], dass bestimmte Produkte nähere Substitute als andere sind[33]. Mit dem zunehmenden Maß an Substituierbarkeit zwischen den Produkten der fusionierenden Unternehmen wird es wahrscheinlicher, dass diese ihre Preise spürbar erhöhen werden[34]. So könnte ein Zusammenschluss zwischen zwei Herstellern, deren Produkte für eine große Anzahl von Kunden die erste und die zweite Kaufwahl sind, zu spürbaren Preiserhöhungen führen. Ein zentraler Faktor für die Untersuchung kann somit die Tatsache sein, dass die Rivalität zwischen den Parteien eine wichtige Antriebskraft des Wettbewerbs im Markt war[35]. Auch hohe Gewinnspannen vor dem Zusammenschluss[36] können spürbare Preiserhöhungen wahrscheinlicher machen. Der Anreiz für die fusionierenden Unternehmen, die Preise zu erhöhen, wird stärker eingeschränkt, wenn konkurrierende Unternehmen nahe Substitute zu den Produkten der fusionierenden Unternehmen herstellen, als wenn sie weniger nahe Substitute anbieten[37]. Es besteht deshalb eine geringere Wahrscheinlichkeit, dass ein Zusammenschluss wirksamen Wettbewerb, vor allem durch die Begründung oder Verstärkung einer beherrschenden Stellung, erheblich behindert, wenn ein hohes Maß an Substituierbarkeit zwischen den Produkten der fusionierenden Unternehmen und den Produkten der Wettbewerber besteht.

29. Wenn Daten verfügbar sind, kann der Grad an Substituierbarkeit durch Erhebungen der Kundenpräferenzen, Analysen des Kaufverhaltens, Schätzungen der Kreuzpreiselastizitäten der betreffenden Produkte[38] oder der Umlenkungskennziffern[39] bewertet werden. In Bietermärkten ist es möglich zu ermitteln, ob in der Vergangenheit die von einer der bietenden Parteien abgegebenen Gebote durch das Vorhandensein der anderen fusionierenden Partei beeinflusst wurden[40].

---

31 Siehe insbesondere Ziffern 17 und 18.
32 Produkte können auf verschiedene Weise differenziert sein. Eine Differenzierung ist z.B. nach der räumlichen Lage denkbar, je nach Standorten der Filialen oder der Verkaufsstellen; der Standort ist von Bedeutung für Einzelhandelsvertriebs, Banken, Reisebüros oder Tankstellen. Eine Differenzierung kann auch nach Markenbild, technischen Merkmalen, Qualität oder Ausmaß an Dienstleistungen vorgenommen werden. Der Umfang der Werbung in einem Markt kann ein Anzeichen für die Bemühungen der Unternehmen sein, sich in ihren Produkten zu unterscheiden. Es gibt Produkte, bei denen die Käufer Kosten für die Umstellung auf das Produkt des Wettbewerbers gewärtigen müssen.
33 Zur Abgrenzung des relevanten Marktes siehe die bereits zitierte Mitteilung der Kommission zur Definition des relevanten Marktes im Sinne des Wettbewerbsrechts der Gemeinschaften.
34 Siehe z.B. Sache COMP/M.2817 – Barilla/BPS/Kamps, Ziffer 34; Entscheidung der Kommission 2001/403/EG in der Sache COMP/M.1672 – Volvo/Scania, ABl. L 143 vom 29.5.2001, S. 74, Ziffern 107–148.
35 Siehe z.B. die Entscheidung der Kommission 94/893/EG in der Sache COMP/M.430, Procter & Gamble/VP Schickedanz (II), ABl. L 354 vom 21.6.1994, S. 32, RS. T-290/94, Kaysersberg/Kommission, Slg. 1997 II-2137, Rdnr. 153; Entscheidung der Kommission 97/610/EG in der Sache IV/M.774 – Saint-Gobain/Wacker-Chemie/NOM, ABl. L 247 vom 10.9.1997, Seite 1, Ziffer 179; Entscheidung der Kommission 2002/156/EC in der Sache COMP/M.2097 – SCA/Metsä Tissue, ABl. L 57 vom 27.2.2002, S. 1, Ziffer 94–108; Sache T-310/01, Schneider/Kommission, Slg. 2002 II-4071, Rdnr. 418.
36 Üblicherweise ergibt sich die relevante Gewinnspanne (s) aus dem Unterschied zwischen dem Preis (p) und den Zusatzkosten (k) der Lieferung einer zusätzlichen Ausstoßmenge ausgedrückt als Prozentsatz des Preises: $(s = (p - k)/p)$.
37 Siehe z.B. Sache IV/M.1980 – Volvo/Renault VI, Ziffer 34; Sache COMP/M.2256 – Philips Agilent/Health Care Solutions, Ziffern 33–35; Sache COMP/M.2537 – Philips/Marconi Medical Systems, Ziffern 31–34.
38 Mit der Kreuzpreiselastizität der Nachfrage wird gemessen, in welchem Maße sich die nachgefragte Menge eines Produktes in Erwiderung auf eine Änderung des Preises eines anderen Produkts verändert, wenn alle übrigen Bedingungen gleich bleiben. Mit der Eigenpreiselastizität wird gemessen, in welchem Maße sich die Nachfrage nach einem Produkt in Erwiderung auf die Änderung des Preises dieses Produkt ändert.
39 Mit der Kennziffer für die Umlenkung von Produkt A auf das Produkt B wird gemessen, welcher Anteil des Absatzes des Produkts A aufgrund einer Preiserhöhung von A verloren geht und durch das Produkt B aufgesogen wird.
40 Entscheidung der Kommission 97/816/EG in der Sache IV/M.877, Boeing/McDonnell Douglas, ABl. L 336 vom 8.12.1997, S. 16, Ziffer 58 ff.; Sache COMP/M.3083, GE/Instrumentarium, Ziffer 125 ff.

30. In einigen Märkten kann es für die aktiven Unternehmen relativ einfach und nicht zu kostspielig sein, ihre Produkte neu zu positionieren oder ihre Produktpalette zu erweitern. Insbesondere untersucht die Kommission, ob die Möglichkeit der Neupositionierung oder Erweiterung der Produktpalette durch die Wettbewerber oder die fusionierenden Parteien den Anreiz der fusionierten Einheit beeinflusst, ihre Preise zu erhöhen. Die Neupositionierung der Produkte oder Erweiterung der Produktpalette bedingt jedoch häufig Risiken und umfangreiche verlorene Kosten[41] und kann weniger rentabel als die bisherige Produktpalette sein.

Begrenzte Möglichkeiten der Kunden, zu einem anderen Anbieter überzuwechseln
31. Für die Kunden der fusionierenden Parteien kann es schwierig sein, zu anderen Anbietern überzuwechseln, wenn nur wenige alternative Anbieter[42] vorhanden sind oder erhebliche Umstellungskosten[43] entstehen würden. Die Kunden sind in einem solchen Fall Preiserhöhungen besonders ausgesetzt. Der Zusammenschluss kann die Fähigkeit der Kunden beeinträchtigen, sich vor Preiserhöhungen zu schützen. Dies kann insbesondere auf Kunden zutreffen, die sich bei beiden fusionierenden Unternehmen eingedeckt hatten, um einen günstigeren Preis zu erlangen. Angaben über das Umstellungsverhalten der Kunden in der Vergangenheit und ihre Reaktionen auf Preiserhöhungen können hierzu wichtige Auskünfte liefern.

Erhöhung des Angebots durch die Wettbewerber bei Preiserhöhungen unwahrscheinlich
32. Wenn es aufgrund der Marktbedingungen unwahrscheinlich ist, dass die Wettbewerber der fusionierenden Parteien ihr Angebot bei Preiserhöhungen spürbar steigern, können die fusionierenden Unternehmen einen Anreiz haben, ihren Absatz auf ein Niveau unterhalb ihres gemeinsamen Produktionsumfangs vor dem Zusammenschluss zu verringern, um dadurch die Marktpreise zu erhöhen[44]. Der Zusammenschluss erhöht den Anreiz zur Verringerung des Absatzes, indem er der fusionierten Einheit eine größere Absatzbasis verschafft, auf der höhere Gewinnspannen aufgrund einer durch die Absatzkürzung verursachten Preiserhöhung erzielt werden können.
33. Wenn umgekehrt Marktbedingungen vorherrschen, bei denen Wettbewerber über ausreichende Kapazitäten verfügen und eine entsprechende Absatzsteigerung für sie gewinnbringend ist, wird die Kommission kaum zu dem Ergebnis gelangen, dass der Zusammenschluss eine beherrschende Stellung begründet oder verstärkt bzw. in anderer Weise wirksamen Wettbewerb erheblich behindert.
34. Eine Erweiterung des Absatzes ist vor allem unwahrscheinlich, wenn die Wettbewerber Kapazitätsengpässen gegenüberstehen und die Erweiterung der Kapazität kostenaufwändig wäre[45], oder wenn es wesentlich kostenaufwändiger ist, die bestehenden überschüssigen Kapazitäten zu nutzen als die gegenwärtig genutzten Kapazitäten.
35. Es ist zwar wahrscheinlicher, dass Kapazitätsengpässe bei relativ homogenen Produkten wichtiger sind, sie können jedoch auch bedeutend sein, wenn von den Unternehmen differenzierte Produkte angeboten werden.

Fähigkeit des fusionierten Unternehmens, die Wettbewerber am Wachstum zu hindern
36. Einige Zusammenschlüsse könnten einen wirksamen Wettbewerb spürbar behindern, indem sie das fusionierte Unternehmen in eine Lage versetzen, in der es die Fähigkeit und den Anreiz hat, das Wachstum kleinerer Unternehmen und potenzieller Wettbewerber zu erschweren oder die Wettbewerbsfähigkeit anderer Unternehmen auf sonstige Weise einzuschränken. In einem solchen Fall wäre es möglich, dass die Wettbewerber einzeln oder ins-

---

41 Kosten, die beim Marktaustritt verloren sind.
42 Siehe z. B. die Entscheidung der Kommission 2002/156/EG in der Sache IV/M.877 – Boeing/McDonnell Douglas, ABl. L 336 vom 8. 12. 1997, S. 16, Ziffer 70.
43 Siehe z. B. Sache IV/M.986 – Agfa Gevaert/DuPont, ABl. L 211 vom 29. 7. 1998, Ziffern 63–71.
44 Siehe z. B. Sache COMP/M.2187 – CVC/Lenzing, Ziffern 162–170.
45 Bei der Untersuchung möglicher Kapazitätserweiterungen durch Mitbewerber erwägt die Kommission ähnliche Faktoren wie die im Abschnitt VI über den Markteintritt beschriebenen. Siehe z. B. Sache COMP/M.2187 – CVC/Lenzing, Ziffern 162–173.

gesamt nicht in der Lage wären, den Verhaltensspielraum des fusionierten Unternehmen in einem Maße zu begrenzen, dass es seine Preise nicht erhöhen oder keine anderen wettbewerbsschädlichen Maßnahmen ergreifen würde. Zum Beispiel könnte das fusionierte Unternehmen ein solches Maß an Kontrolle über oder Einfluss auf den Bezug von Einsatzmitteln[46] oder die Vertriebsmöglichkeiten[47] erlangen, dass für die Wettbewerber eine Erweiterung oder ein Markteintritt kostenaufwändiger wäre. In ähnlicher Weise kann die Kontrolle des fusionierten Unternehmens über Patente[48] oder andere Formen des geistigen Eigentums (z.B. Marken[49]) das Wachstum oder den Markteintritt von Mitbewerbern erschweren. In Märkten, wo das Zusammenwirken verschiedener Infrastrukturen oder Plattformen von Bedeutung ist[50], kann ein Zusammenschluss der fusionierten Einheit die Möglichkeit verschaffen und ihr den Anreiz geben, die Kosten zu erhöhen oder die Qualität der Dienstleistungen der Mitbewerber zu mindern[51]. Bei der Untersuchung dieser Gesichtspunkte berücksichtigt die Kommission u.a. die Finanzkraft des fusionierten Unternehmens verglichen mit der ihrer Wettbewerber[52].

Beseitigung einer wichtigen Wettbewerbskraft durch den Zusammenschluss
37. Einige Unternehmen haben auf den Wettbewerbsprozess einen größeren Einfluss, als anhand ihrer Marktanteile oder ähnlicher Messgrößen zu vermuten wäre. Ein Zusammenschluss unter Beteiligung eines solchen Unternehmens könnte die Wettbewerbsdynamik in einer spürbar wettbewerbswidrigen Weise verändern, insbesondere, wenn es sich um einen bereits konzentrierten Markt handelt[53]. So kann z.B. ein Unternehmen jüngst in den Markt eingetreten sein, von dem zu erwarten ist, dass es in Zukunft spürbaren Wettbewerbsdruck auf die übrigen im Markt tätigen Unternehmen ausübt.
38. In Märkten, wo Innovation einen wichtigen Wettbewerbsfaktor darstellt, kann ein Zusammenschluss die Fähigkeit und die Anreize für die Unternehmen erhöhen, Innovationen auf den Markt zu bringen, und damit den Wettbewerbsdruck für die Wettbewerber erhöhen, ihrerseits Innovationen auf diesen Markt zu bringen. Wirksamer Wettbewerb kann hingegen erheblich behindert werden, wenn sich zwei wichtige Innovatoren zusammenschließen, zum Beispiel zwei Unternehmen, deren Produkte für einen bestimmten Markt kurz vor der Einführung stehen. Auch ein Unternehmen mit einem relativ kleinen Marktanteil kann eine bedeutende Wettbewerbskraft werden, wenn Erfolg versprechende Produkte kurz vor der Einführung stehen[54].

Koordinierte Wirkungen
39. Einige Märkte haben eine Struktur, bei der die Unternehmen es als möglich, wirtschaftlich und somit vorzugswürdig erachten, eine dauerhafte Strategie zu verfolgen, ihre Produkte zu erhöhten Preisen abzusetzen. Ein Zusammenschluss in einem konzentrierten Markt kann wirksamen Wettbewerb erheblich durch die Begründung oder Verstärkung einer gemeinsamen marktbeherrschenden Stellung behindern, weil er die Wahrscheinlichkeit erhöht, dass die Unternehmen in der Lage sind, ihr Verhalten in dieser Weise zu koordinieren und die Preise zu erhöhen, ohne eine Vereinbarung eingehen oder ihre Verhaltensweise im Sinne

---

46 Siehe z.B. Rs. T-221/95, Endemol/Kommission, Slg. 1999 II-1299, Rdnr. 167.
47 Siehe z.B. Rs. T-22/97, Kesko/Kommission, Slg. 1999 II-3775, Rdnr. 141 ff.
48 Siehe z.B. Entscheidung der Kommission 2001/684/EG in der Sache M.1671 – Dow Chemical/Union Carbide, ABl. L 245 vom 14.9.2001, Rdnr. 107–114.
49 Siehe z.B. die Entscheidung der Kommission 96/435/EG in der Sache IV/M.623, Kimberly-Clark/Scott, ABl. L 183 vom 23.7.1996; Rs. T-114/02, Babyliss SA/Kommission (»Seb/Moulinex«), Slg. 2003 II-000, Rdnrn. 343 ff.
50 Dies trifft z.B. auf Netzindustrien wie Energie, Telekommunikation und andere Kommunikationssysteme zu.
51 Entscheidung der Kommission 99/287/EG in der Sache IV/M.1069 – Worldcom/MCI, ABl. L 116 vom 4.5.1999, S.1, Ziffern 117 ff.; Sache IV/M.1741 – MCI Worldcom/Sprint, Ziffern 145 ff.; Sache IV/M.1795 – Vodafone Airtouch/Mannesmann, Ziffern 44 ff.
52 Rs. T-156/98 RJB Mining/Kommission, Slg. 2001 II-337.
53 Entscheidung der Kommission 2002/156/EG in der Sache IV/M.877, Boeing/McDonnell Douglas, ABl. L 336 vom 8.12.1997, S.16, Ziffern 58 ff.; Sache COMP/M.2568 – Haniel/Ytong, Ziffer 126.
54 Als Beispiel für den Wettbewerb zwischen vorhandenen oder vor der Markteinführung stehenden Produkten von fusionierenden Parteien siehe z.B. Sache IV/M.1846 – Glaxo Wellcome/SmithKline Beecham, Ziffer 188.

von Artikel 81 des Vertrages aufeinander abzustimmen zu müssen[55]. Ein Zusammenschluss kann auch die Abstimmung zwischen Unternehmen erleichtern, stabilisieren oder erfolgreicher machen, die ihr Verhalten bereits zuvor koordinierten, entweder indem sie ihre Abstimmung weiter verstärken oder ihre Preise abgestimmt noch weiter erhöhen.

40. Die Koordinierung kann unterschiedliche Formen annehmen. In den meisten Märkten führt die Koordinierung dazu, dass die Preise oberhalb der Höhe gehalten werden, die sich bei ungehindertem Wettbewerb ergeben würde. In anderen Märkten kann die Koordinierung auf die Beschränkung der Produktion oder des Umfangs der auf den Markt zu bringenden neuen Kapazitäten abzielen. Eine Koordinierung kann auch aus der Aufteilung des Marktes z.B. nach räumlichen Gebieten[56], nach sonstigen Kundenmerkmalen oder durch die Zuteilung der Aufträge in Bietermärkten bestehen.

41. Die Koordinierung wird in Märkten erleichtert, wo es relativ einfach ist, über die Bedingungen der Koordinierung zu einem Einvernehmen zu gelangen. Zusätzlich müssen drei Bedingungen erfüllt sein, damit die Koordinierung nachhaltig ist. Erstens müssen die koordinierenden Unternehmen in ausreichendem Maße überwachen können, ob die Koordinierungsmodalitäten befolgt werden. Zweitens erfordert die Koordinierungsdisziplin, dass glaubhafte Abschreckungsmechanismen greifen, wenn eine Abweichung zutage tritt. Drittens dürfen die Reaktionen von Außenstehenden wie z.B. derzeitige und zukünftige Wettbewerber, die an der Abstimmung nicht teilnehmen, sowie der Kunden die mit der Koordinierung erwarteten Ergebnisse nicht gefährden[57].

42. Die Kommission ermittelt, ob die Beteiligten in der Lage sind, Koordinierungsmodalitäten zu vereinbaren und eine tragfähige Koordinierung aufrecht zu erhalten. Hierzu untersucht sie, welche Änderungen durch den Zusammenschluss herbeigeführt werden. Die Verringerung der Anzahl der in einem Markt tätigen Unternehmen kann bereits ein Faktor sein, der eine Koordinierung erleichtert. Ein Zusammenschluss kann jedoch auch die Wahrscheinlichkeit oder Wirksamkeit koordinierter Wirkungen auf andere Weise erhöhen. So kann an einer Fusion ein Einzelgänger beteiligt sein, der in der Vergangenheit die Koordinierung verhindert oder gestört hat, indem er z.B. Preiserhöhungen seiner Wettbewerber nicht nachvollzogen hat, oder dessen besondere Merkmale ihm Anreize dafür geben, andere strategische Entscheidungen als seine sich koordinierenden Wettbewerber zu treffen. Sollte das fusionierte Unternehmen ähnliche Strategien aufgreifen wie andere Wettbewerber, wäre eine Koordinierung für die übrigen Unternehmen leichter, weshalb sich mit der Fusion die Wahrscheinlichkeit, Stabilität und Wirksamkeit einer Koordinierung erhöhen würde.

43. Bei der Ermittlung der Wahrscheinlichkeit koordinierter Wirkungen berücksichtigt die Kommission sämtliche verfügbaren Informationen über die Besonderheiten der betreffenden Märkte einschließlich ihrer Strukturmerkmale und das Verhalten der beteiligten Unternehmen in der Vergangenheit[58]. Nachweise für ein koordinierendes Verhalten in der Vergangenheit sind von Bedeutung, wenn sich die Merkmale des relevanten Marktes nicht spürbar verändert haben und sich in naher Zukunft auch voraussichtlich nicht ändern werden. Nachweise für Koordinierung in ähnlichen Märkten können ebenfalls nützliche Hinweise liefern[59].

Erzielen von Übereinstimmung über Koordinierungsmodalitäten

44. Eine Koordinierung wird erleichtert, wenn die Wettbewerber ohne Mühe zu einer gemeinsamen Vorstellung über die Modalitäten ihres Funktionierens gelangen. Die Teilnehmer an der Koordinierung sollten ähnliche Vorstellungen darüber haben, welche Vorgehensweisen als im Einklang mit dem koordinierten Verhalten stehend bzw. als Abweichungen anzusehen wären.

---

[55] Sache T-102/96, Gencor/Kommission, Slg. 1999 II-753, Rdnr. 277; Sache T-342/99, Airtours/Kommission, Slg. 2000 II-2585, Rdnr. 61.
[56] Dies kann der Fall sein, wenn Oligopolisten aus historischen Gründen ihren Absatz auf bestimmte Gebiete beschränkt haben.
[57] Rs. T-342/99, Airtours/Kommission, Slg. 2000 II-2585, Rdnr. 62.
[58] Siehe die Entscheidung der Kommission 92/553/EG in der Sache IV/M.190 – Nestlé/Perrier, ABl. L 356 vom 5.12.1992, Ziffern 117–118.
[59] Siehe Sache IV/M.580 – ABB/Daimler-Benz, Ziffer 95.

Anhang 7

45. In der Regel ist es für die Unternehmen umso einfacher, zu einer gemeinsamen Vorstellung über die Modalitäten ihrer Koordinierung zu gelangen, je weniger komplex und je stabiler das wirtschaftliche Umfeld ist, in dem sie tätig sind. So ist es z. B. einfacher, dass zwischen einigen wenigen Unternehmen eine Koordinierung erfolgt als zwischen einer Vielzahl von Marktteilnehmern. Auch ist es leichter, den Preis für ein einziges homogenes Produkt zu koordinieren als Hunderte von Preisen in einem Markt mit vielen differenzierten Erzeugnissen. Das Gleiche gilt für die Koordinierung in einem Markt mit stabilen Angebots- und Nachfragebedingungen[60]. So sind z. B. Nachfrageschwankungen, erhebliches internes Wachstum einiger Marktteilnehmer oder häufiger Eintritt neuer Unternehmen Anzeichen dafür, dass die Marktlage nicht ausreichend stabil ist, um eine Koordinierung wahrscheinlich zu machen[61]. In Märkten, bei denen die Innovation eine wichtige Rolle spielt, kann eine Koordinierung schwieriger sein, da wichtige Innovationen einem Unternehmen erhebliche Vorteile gegenüber seinen Wettbewerbern verschaffen können.

46. Die Koordinierung in Form der Marktaufteilung wird erleichtert, wenn die Kunden eindeutige Merkmale aufweisen, die ihre Zuteilung durch die koordinierenden Unternehmen erleichtern. Bei diesen Merkmalen kann es sich um räumliche Gegebenheiten, Kundentypen oder das Vorhandensein von Kunden, die in der Regel von nur einem bestimmten Unternehmen beziehen, handeln. Eine Koordinierung über die Aufteilung des Marktes erfolgt relativ umstandslos, wenn der Lieferant jedes Kunden einfach auszumachen ist und die Koordinierung aus der Zuteilung der bestehenden Kunden zu ihren angestammten Lieferanten besteht.

47. Den beteiligten Unternehmen kann es jedoch gelingen, auf anderen Wegen die Probleme aufgrund eines komplexen wirtschaftlichen Umfeldes zu überwinden, ohne bis zur Marktaufteilung zu gehen. Sie könnten z. B. einfache Preisfindung sreg eln anwenden, was weniger kompliziert wäre, als sich über eine große Anzahl von Preisen abzustimmen. Ein Beispiel für ein solches Vorgehen ist es, einige wenige Preisfestsetzungsparameter anzuwenden und so die Koordinierungsprobleme zu verringern. Ein weiteres Beispiel ist die Einführung einer festen Beziehung zwischen bestimmten Basispreisen und einer Reihe anderer Preise, so dass sich die Preise grundsätzlich parallel bewegen. Öffentlich zugängliche Schlüsselinformationen, der Informationsaustausch durch Branchenverbände oder Überkreuzbeteiligungen oder Beteiligungen an Gemeinschaftsunternehmen können ebenfalls die Übereinstimmung über Koordinierung smodalitäten erleichtern. Je komplexer die Marktlage ist, umso mehr Transparenz oder Kommunikation ist erforderlich, um zu einem gemeinsamen Verständnis der Koordinierungsmodalitäten zu kommen.
Es kann für Unternehmen einfacher sein, zu einem gemeinsamen Verständnis über die Koordinierungsmodalitäten zu gelangen, wenn sie hinsichtlich Kostenstrukturen, Marktanteilen, Kapazitätshöhen und Ausmaß an vertikaler Integration relativ symmetrisch[62] aufgebaut sind[63]. Strukturelle Verbindungen wie z. B. Überkreuzbeteiligungen oder Beteiligungen an einem Gemeinschaftsunternehmen können auch dazu beitragen, die Anreize zwischen den koordinierenden Unternehmen anzugleichen[64].

Überwachung der Abweichungen

49. Koordinierende Unternehmen sind häufig versucht, ihre Marktanteile in Abweichung von den Koordinierungsmodalitäten zu erhöhen, z. B. durch die Senkung ihrer Preise, das Anbieten verdeckter Rabatte, die Erhöhung der Produktqualität, die Steigerung der Kapazitäten oder die Hinzugewinnung neuer Kunden. Nur die glaubwürdige Androhung sofortiger

---

60 Siehe z. B. Entscheidung der Kommission 2002/156/EG in der Sache COMP/M.2097 – SCA/Metsä Tissue, ABl. L 57 vom 27. 2. 2002, S. 1, Ziffer 148.
61 Siehe z. B. Sache IV/M.1298 – Kodak/Imation, Ziffer 60.
62 Effizienzgewinne können wichtige Anhaltspunkte bei der Prüfung der Frage sein, ob sich die Symmetrie der in einem Markt tätigen Unternehmen durch den Zusammenschluss erhöht (siehe auch Ziffer 82 der Mitteilung).
63 Rs. T-102/96, Gencor/Kommission, Slg. 1999 II-753, Ziffer 222; Entscheidung der Kommission in der Sache IV/M.190 – Nestlé/Perrier, ABl. L 356 vom 5. 12. 1992, Ziffern 63–123.
64 Siehe z. B. Entscheidung der Kommission 2001/519/EG in der Sache COMP/M.1673 – VEBA/VIAG, ABl. L 188 vom 10. 7. 2001, S. 1, Ziffer 226; Sache COMP/M.2567 – Nordbanken/Postgiro, Ziffer 54.

und wirksamer Vergeltungsmaßnahmen hindert die Unternehmen an einem abweichenden Verhalten. Die Märkte müssen hinreichend transparent sein, damit die koordinierenden Unternehmen wirksam überwachen können, ob andere Unternehmen von den Modalitäten abweichen, und damit wissen, wann Vergeltungsmaßnahmen eingeleitet werden müssen[65].

50. Die Transparenz im Markt ist oft um so größer, je geringer die Zahl der Marktteilnehmer ist. Außerdem ist das Ausmaß an Transparenz häufig von der Art und Weise abhängig, wie die Transaktionen in einem bestimmten Markt durchgeführt werden. Eine hohe Transparenz findet sich z. B. in einem Markt, wo die Geschäfte an einem öffentlichen Ort wie z. B. bei einer Auktion getätigt werden[66]. Umgekehrt ist die Transparenz in einem Markt gering, wo die Geschäfte vertraulich zwischen Käufern und Verkäufern zweiseitig ausgehandelt werden[67]. Bei der Ermittlung des Ausmaßes an Transparenz in einem Markt muss vor allem festgestellt werden, was die Unternehmen den verfügbaren Informationen über das Vorgehen ihrer Wettbewerber entnehmen können[68]. Es sollte den koordinierenden Unternehmen möglich sein, aus einem unerwarteten Verhalten mit einiger Sicherheit abzulesen, ob es das Ergebnis einer Abweichung von den Koordinierungsmodalitäten ist. In einem instabilen Umfeld ist beispielsweise es für ein Unternehmen häufig schwer zu erkennen, ob sein Absatzrückgang auf eine allgemein schwache Nachfrage oder einen Wettbewerber zurückzuführen ist, der besonders niedrige Preise verlangt. Wenn die Gesamtnachfrage oder die Kostenbedingungen schwanken, kann es ebenfalls schwer sein zu erkennen, ob ein Wettbewerber seine Preise senkt, weil er erwartet, dass die koordinierten Preise fallen, oder weil er von den Koordinierungsmodalitäten abweicht.

51. In Märkten, wo aufgrund der allgemeinen Bedingungen die Überwachung von Abweichungen schwierig erscheinen mag, können die Unternehmen dennoch Verhaltensweisen praktizieren, die eine Erleichterung der Überwachung bewirken, selbst wenn diese Vorkehrungen nicht unbedingt zu diesem Zweck getroffen werden. Verhaltensweisen wie z. B. Meistbegünstigungsklauseln, die freiwillige Veröffentlichung von Informationen, Ankündigungen oder der Austausch von Informationen über Branchenverbände können die Transparenz erhöhen oder den Wettbewerbern helfen, eine getroffene Entscheidung zu interpretieren. Überkreuzmandate in Leitungsorganen, die Beteiligung an Gemeinschaftsunternehmen und ähnliche Arrangements können ebenfalls eine Überwachung erleichtern.

Abschreckungsmechanismen

52. Eine Koordinierung ist nur auf Dauer wirksam, wenn bei einem abweichenden Verhalten ernsthafte Konsequenzen drohen, um die koordinierenden Unternehmen davon zu überzeugen, dass es in ihrem eigenen Interesse liegt, die Koordinierungsmodalitäten zu befolgen. Die Dauerhaftigkeit der Koordinierung wird somit durch drohende Vergeltungsmaßnahmen gewährleistet[69]. Die Androhung ist jedoch nur glaubwürdig, wenn im Falle eines entdeckten Abweichens Abschreckungsmechanismen mit hinreichender Sicherheit greifen[70].

53. Vergeltungsmaßnahmen, die erst mit einer zeitlichen Verzögerung oder nicht mit Sicherheit ergriffen werden, werden mit geringerer Wahrscheinlichkeit als ausreichend empfunden werden, um die mit einem Abweichen verbundenen Vorteile auszugleichen. In einem Markt, der durch unregelmäßige Großbestellungen gekennzeichnet ist, kann es schwierig sein, einen ausreichend strengen Abschreckungsmechanismus zu finden, da der Vorteil eines Abweichens zur rechten Zeit groß, gewiss und unverzüglich sein kann, während die

---

[65] Siehe z. B. Sache COMP/M.2389 – Shell/DEA, Ziffern 112 ff.; Sache COMP/M.2533 – BP/E.ON, Ziffern 102 ff.
[66] Siehe auch Entscheidung der Kommission 2000/42/EG in der Sache COMP/M.1313 – Danish Crown/Vestjyske Slagterier, ABl. 20 vom 25. 1. 2000, S. 1, Ziffern 176–179.
[67] Siehe z. B. Sache COMP/M.2640 – Nestlé/Schöller, Ziffer 37; Entscheidung der Kommission 1999/641/EG in der Sache COMP/M.1225 – Enso/Stora, ABl. L 254 vom 29. 9. 1999, S. 9, Ziffern 67–68.
[68] Siehe z. B. Sache IV/M.1939 – Rexam (PLM)/American National Can, Ziffer 24.
[69] Siehe Sache COMP/M.2389 – Shell/DEA, Ziffer 121 und Sache COMP/M.2533 – BP/E.ON, Ziffer 111.
[70] Abschreckungsmechanismen werden zuweilen auch als »Bestrafung« bezeichnet, jedoch nicht in der strengen Bedeutung, dass damit ein abweichendes Unternehmen einzeln bestraft würde. Allein die Erwartung, dass die Koordinierung für einen bestimmten Zeitraum versagen könnte, falls eine Abweichung entdeckt wird, kann bereits ein wirksamer Abschreckungsmechanismus sein.

Verluste aufgrund einer Bestrafung klein und ungewiss sein und erst nach einer bestimmten Zeit zu Tage treten mögen. Die Geschwindigkeit, mit der Abschreckungsmechanismen durchgeführt werden, hängt mit der Frage der Transparenz zusammen. Wenn die Firmen die Vorgehensweisen ihrer Wettbewerber erst mit erheblicher Verzögerung erkennen können, wird auch eine Vergeltung mit entsprechender Verzögerung erfolgen, und dies wird die Erwägung beeinflussen, ob sie zur Abschreckung ausreichend ist.

54. Die Glaubwürdigkeit der Abschreckung hängt davon ab, ob die anderen koordinierenden Unternehmen einen Anreiz haben, Vergeltungsmaßnahmen anzuwenden. Einige Abschreckungsmechanismen wie z. B. die Bestrafung der Abweichler durch einen vorübergehenden Preiskrieg oder die spürbare Erhöhung der eigenen Produktion kann für das Vergeltung ausübende Unternehmen einen vorübergehenden wirtschaftlichen Verlust bewirken. Dies beseitigt nicht unbedingt den Vergeltungsanreiz, da der kurzfristige Verlust geringer sein mag als der langfristige Vorteil von Vergeltungsmaßnahmen, die zur Rückkehr des Koordinierungsmechanismus führen.

55. Die Vergeltung muss nicht unbedingt in demselben Markt erfolgen wie die Abweichung[71]. Wenn die koordinierenden Unternehmen auch in anderen Märkten tätig sind, können diese sich für verschiedene Arten der Vergeltung anbieten[72]. Die Vergeltung kann verschiedene Formen annehmen, wie z. B. die Aufkündigung von Gemeinschaftsunternehmen oder anderer Formen der Zusammenarbeit oder der Verkauf von Kapitalanteilen an Unternehmen im gemeinsamen Besitz.

Reaktionen von Außenstehenden

56. Damit eine Koordinierung erfolgreich ist, darf das mit der Abstimmung erwartete Ergebnis durch das Vorgehen der nicht koordinierenden Unternehmen, von potenziellen Wettbewerbern oder von Kunden nicht gefährdet werden. Wenn z. B. die Koordinierung auf den Abbau der Gesamtkapazitäten in einem Markt abzielt, würde dies nur die Verbraucher schädigen, wenn die nicht koordinierenden Unternehmen nicht in der Lage wären oder keinen Anreiz hätten, im Gegenzug ihre eigenen Kapazitäten so zu erweitern, dass ein Nettokapazitätsabbau vermieden oder dass zumindest der koordinierte Kapazitätsabbau unwirtschaftlich gemacht wird[73].

57. Die Wirkungen eines Markteintritts und der Gegenmacht der Kunden werden in späteren Abschnitten erörtert. Die möglichen Auswirkungen dieser Elemente auf die Beständigkeit der Koordinierung werden dabei besonders gewürdigt. Wenn ein Großabnehmer z. B. einen großen Teil seines Bedarfs bei einem Lieferanten bezieht oder eine langfristige Abnahme anbietet, kann er die Koordinierung aufweichen, indem er eines der koordinierenden Unternehmen erfolgreich zu einem Abweichen bewegt, um eine wichtige neue Absatzquelle zu erringen.

Fusion mit einem potenziellen Wettbewerber

58. Zusammenschlüsse zwischen einem Unternehmen, das auf dem relevanten Markt bereits tätig ist, und einem potenziellen Wettbewerber in diesem Markt können ähnliche wettbewerbswidrige Wirkungen zeitigen wie Fusionen zwischen zwei Unternehmen, die auf demselben relevanten Markt bereits tätig sind. Insbesondere durch die Begründung oder Verstärkung einer beherrschenden Stellung können auch diese Zusammenschlüsse einen wirksamen Wettbewerb erheblich behindern.

59. Wenn der potenzielle Wettbewerber den Verhaltensspielraum der bereits in dem Markt tätigen Unternehmen spürbar eingrenzt, kann eine Fusion mit diesem Wettbewerber sowohl koordinierte als auch nicht koordinierte horizontale wettbewerbswidrige Wirkungen haben. Dies ist der Fall, wenn der potenzielle Wettbewerber Vermögenswerte besitzt, die sich dafür eignen, für einen Markteintritt verwendet zu werden, ohne spürbare verlorene Kosten (sunk costs) gewärtigen zu müssen. Wettbewerbswidrige Wirkungen können auch entste-

---

71 Siehe z. B. Entscheidung der Kommission 2000/42/EG in der Sache IV/M.1313 – Danish Crown/Vestjyske Slagterier, ABl. L 20 vom 25. 1. 2000, Ziffer 177.
72 Siehe Rs. T-102/96, Gencor/Kommission, Slg. 1999 II-753, Rdnr. 281.
73 Diese Erwägungen sind in ähnlicher Weise wie bei nicht koordinierten Wirkungen zu untersuchen.

hen, wenn der fusionierende Partner mit hoher Wahrscheinlichkeit die für einen Markteintritt erforderlichen verlorenen Kosten innerhalb einer kurzen Zeit aufwenden würde, um danach den Verhaltensspielraum der schon in dem Markt tätigen Unternehmen zu begrenzen[74].

60. Damit ein Zusammenschluss mit einem potenziellen Wettbewerber spürbare wettbewerbswidrige Wirkungen zeitigt, müssen zwei Voraussetzungen erfüllt sein. Erstens müssen von dem potenziellen Wettbewerber bereits spürbare den Verhaltensspielraum begrenzende Wirkungen ausgehen, oder es müssen Anhaltspunkte dafür vorliegen, dass dieser sich zu einer wirksamen Wettbewerbskraft entwickelt. Nachweise für Pläne eines potenziellen Wettbewerbers, in den Markt in großen Umfang einzutreten, könnten es der Kommission erleichtern, zu einer solchen Schlussfolgerung zu gelangen[75]. Zweitens dürfen keine anderen potenziellen Wettbewerber vorhanden sein, die einen hinreichenden Wettbewerbsdruck nach dem Zusammenschluss aufrechterhalten können[76].

Zusammenschlüsse, die Nachfragemacht in vorgelagerten Märkten begründen oder verstärken

61. Die Kommission untersucht auch, in welchem Maße ein fusioniertes Unternehmen seine Kaufkraft in vorgelagerten Märkten verstärken kann. Einerseits kann eine Fusion einen wirksamen Wettbewerb insbesondere durch die Entstehung oder Verstärkung einer beherrschenden Stellung erheblich behindern, wenn sie die Marktmacht eines Käufers begründet oder verstärkt. Das fusionierte Unternehmen könnte nämlich in der Lage sein, durch die Kürzung ihrer Bezüge von Einsatzmitteln niedrigere Preise zu erzielen. Sie könnte sich dann veranlasst sehen, ihre Produktion im Markt der Endprodukte ihrerseits zu senken und dadurch dem Wohlergehen der Verbraucher zu schaden[77]. Derartige Wirkungen können insbesondere entstehen, wenn die vorgelagerten Anbieter relativ fragmentiert sind. Es könnte auch der Wettbewerb in den nachgeordneten Märkten beeinträchtigt werden, wenn die fusionierte Einheit ihre Nachfragemacht gegenüber ihren Lieferanten ausübt, um Mitbewerber abzuschotten[78].

62. Andererseits kann eine erhöhte Nachfragemacht für den Wettbewerb von Vorteil sein. Wenn die Kosten für die Einsatzmittel gesenkt werden, ohne den Wettbewerb auf den nachgelagerten Märkten oder den Gesamtabsatz einzuschränken, ist es wahrscheinlich, dass ein Teil dieser Kostensenkungen an die Verbraucher in Form niedriger Preise weitergegeben werden.

63. Um zu ermitteln, ob eine Fusion durch die Begründung oder Verstärkung von Nachfragemacht den wirksamen Wettbewerb spürbar behindert, ist eine Untersuchung der Wettbewerbsbedingungen in den vorgelagerten Märkten und eine Bewertung der vorstehend beschriebenen positiven und negativen Wirkungen erforderlich.

V. Nachfragemacht der Abnehmer

64. Druck auf die Lieferanten kann nicht nur von den Wettbewerbern, sondern auch von den Kunden ausgeübt werden. Sogar Unternehmen mit hohen Marktanteilen kann es nach einem Zusammenschluss unmöglich sein, einen wirksamen Wettbewerb spürbar zu behindern, und in spürbarem Maße unabhängig von ihren Kunden vorzugehen, wenn diese Nachfragemacht ausüben können[79]. Nachfragemacht ist hier als die Verhandlungsmacht an-

---

[74] Siehe z.B. Sache IV/M.1630 – Air Liquide/BOC, Ziffern 201 ff. Als Beispiel für einen kurzfristig wenig wahrscheinlichen Eintritt eines anderen fusionierenden Unternehmens siehe Rs. T-1 58/00, ARD/Kommission, Slg. 2003 II-000, Rdnrn. 115–127.
[75] Entscheidung der Kommission 2001/98/EG in der Sache IV/M.1439 – Telia/Telenor, ABl. L 40 vom 9. 2. 2001, S. 1, Ziffern 330–331; und in der Sache IV/M.1681 – Akzo Nobel/Hoechst Roussel Vet, Ziffer 64.
[76] Sache IV/M.1630 – Air Liquide/BOC, Rdnr. 219; Entscheidung der Kommission 2002/164/EG in der Sache COMP/M.1853 – EDF/EnBW, ABl. L 59 vom 28. 2. 2002, S. 1, Rdnr. 54–64.
[77] Siehe Entscheidung der COMP 1999/674/EG in der Sache M.1221 – Rewe/Meinl, ABl. L 274 vom 23. 10. 1999, S. 1, Ziffern 71–74.
[78] Rs. T-22/97, Kesko/Kommission, Slg. 1999 II-3775, Rdnr. 157; Entscheidung der Kommission 2002/156/EC in der Sache M.877 – Boeing/ MacDonnell Douglas, ABl. L 336 vom 8. 12. 1997, S. 16, Ziffern 105–108.
[79] Siehe z.B. Sache IV/M.1882 Pirelli/BICC, Ziff. 77–80.

zusehen, die ein Käufer gegenüber seinem Lieferanten angesichts seiner Größe, seiner wirtschaftlichen Bedeutung für den Verkäufer und seiner Fähigkeit ausspielen kann, zu anderen Lieferanten überzuwechseln.

65. Die Kommission ermittelt gegebenenfalls, in welchem Maße die Kunden in der Lage wären, einer durch den Zusammenschluss entstehenden erhöhten Marktmacht entgegenzuwirken. Eine Form der Nachfragemacht bestünde darin, dass ein Kunde glaubwürdig androhen könnte, innerhalb eines nicht zu langen Zeitraums zu einer anderen Lieferquelle überzuwechseln, falls sein Lieferant beschließen sollte, die Preise zu erhöhen[80] oder die Qualität oder die Bedingungen seiner Lieferungen zu verschlechtern. Dies wäre der Fall, wenn der Käufer unverzüglich zu anderen Anbietern überwechseln könnte[81], glaubwürdig androhen könnte, sich in den vorgelagerten Markt vertikal zu integrieren oder Wachstum bzw. einen Marktzutritt im vorgelagerten Markt zu fördern[82], indem er z. B. einen potenziellen Marktzugänger durch Großbestellungen bei diesem Unternehmen davon überzeugt, in den Markt einzutreten. Es ist eher anzunehmen, dass Großabnehmer eine solche Gegenmacht ausüben können, als kleine Unternehmen in einem fragmentierten Wirtschaftszweig[83]. Ein Kunde kann Gegenmacht auch ausüben, indem er sich weigert, andere von seinem Lieferanten hergestellte Produkte zu beziehen, oder, insbesondere bei langlebigen Gütern, seine Bezüge hinauszögert.

66. In einigen Fällen kann es von Bedeutung sein, die Anreize der Kunden zu untersuchen, ihre Nachfragemacht auszuüben[84]. So kann z. B. ein Unternehmen in einem nachgeordneten Markt keinen Vorteil darin sehen, Investitionen zur Förderung eines Marktzutritts vorzunehmen, wenn die Vorteile eines solchen Eintritts in Form niedriger Kosten für die Einsatzmittel auch seinen Wettbewerbern zugute kommen würden.

67. Es ist nicht davon auszugehen, dass Nachfragemacht in ausreichendem Maße potenzielle nachteilige Wirkungen eines Zusammenschlusses ausgleicht, wenn sie lediglich gewährleistet, dass ein bestimmtes Kundensegment[85] mit besonderer Verhandlungsstärke nach dem Zusammenschluss vor wesentlich höheren Preisen oder verschlechterten Konditionen abgeschirmt wird[86]. Außerdem reicht es nicht aus, wenn Nachfragemacht vor dem Zusammenschluss besteht, sie muss auch nach der Fusion fortbestehen und wirksam bleiben. Ein Zusammenschluss zwischen zwei Anbietern kann nämlich die Nachfragemacht schwächen, wenn dadurch eine glaubwürdige Alternative wegfällt.

VI. Marktzutritt

68. Wenn ein Marktzutritt hinreichend leicht ist, wird ein Zusammenschluss keine spürbaren wettbewerbswidrigen Risiken in sich tragen. Deshalb ist die Analyse des Marktzutritts ein wichtiger Bestandteil der wettbewerblichen Würdigung. Wenn ein Marktzutritt als ausreichender Wettbewerbsdruck zu den Zusammenschlussparteien angesehen werden soll, muss nachgewiesen werden, dass er geeignet ist, mit hinreichender Wahrscheinlichkeit und recht-

---

80 Siehe z. B. Sache IV/M.1245 – Valeo/ITT Industries, Ziffer 26.
81 Die Gegenmacht einer kleinen Anzahl Kunden mag unzureichend sein, wenn sie wegen der hohen Kosten eines Wechsels an den Lieferanten gebunden sind (Siehe Sache COMP/M.2187 – CVC/Lenzing, Ziffer 223).
82 Entscheidung der Kommission 1999/641/EG in der Sache IV/M.1225, Enso/Stora, ABl. L 254 vom 29. 9. 1999, S. 9, Ziffern 89–91.
83 Es kann auch angezeigt sein, die Konzentration auf der Kundenseite mit der auf der Angebotsseite zu vergleichen. Siehe hierzu Sache COMP/JV 55 – Hutchison/RCPM/ECT., Ziffer 119, und Sache COMP/M.1225, Enso/Stora, ABl. L 254 vom 29. 9. 1999, Ziffer 97.
84 Sache COMP/JV 55 – Hutchison/RCPM/ECT, Ziffer 129–130.
85 Entscheidung der Kommission 2002/156/EG in der Sache COMP/M.2097 – SCA/Metsä Tissue, ABl. 57 vom 27. 2. 2002, S. 1, Ziffer 88. Preisdiskriminierung zwischen unterschiedlichen Kategorien von Kunden kann in einigen Fällen für die Marktabgrenzung relevant sein. (Siehe hierzu die bereits zitierte Mitteilung der Kommission zur Definition des relevanten Marktes, Ziffer 43).
86 Hierzu ermittelt die Kommission, ob die verschiedenen Kunden Gegenmacht ausüben, z. B. Entscheidung der Kommission 1999/641/EG in der Sache COMP/M.1225, Enso/Stora, 1999, ABl. L 254 vom 29. 9. 1999, Ziffern 84–97.

zeitig die potenziellen wettbewerbswidrigen Wirkungen eines Zusammenschlusses zu verhindern oder aufzuheben.

Wahrscheinlichkeit eines Marktzutritts

69. Die Kommission untersucht, ob ein konkreter oder potenzieller Zutritt geeignet ist, den Verhaltensspielraum der angestammten Unternehmen nach dem Zusammenschluss einzuschränken. Ein Markteintritt ist wahrscheinlich, wenn er unter Berücksichtigung der Auswirkungen einer Hinzufügung zusätzlicher Produktionsmengen in den Markt auf die Preise und der potenziellen Reaktionen der angestammten Unternehmen hinreichend Gewinn bringend ist. Ein Marktzutritt ist daher weniger wahrscheinlich, wenn er nur in großem Umfang wirtschaftlich wäre und damit zu einem Preisrückgang führen würde. Er wäre wahrscheinlich schwieriger, wenn die angestammten Unternehmen in der Lage sind, ihre Marktanteile zu schützen, indem sie langfristige Verträge anbieten oder den Kunden, um die sich der Neuzugänger bemühen wird, langfristige Verträge oder gezielte vorwegnehmende Preissenkungen angeboten werden. Außerdem können die hohen Risiken und die durch einen fehlgeschlagenen Zutritt verursachten Kosten diesen weniger wahrscheinlich machen. Mit der Zunahme der mit einem Marktzutritt verbundenen verlorenen Kosten nehmen auch die Kosten eines fehlgeschlagenen Eintritts zu[87].

70. Die potenziellen Neuzugänger können auf Zutrittshindernisse stoßen, die über die Zutrittsrisiken und -kosten entscheiden und damit Auswirkungen auf dessen Rentabilität haben. Zutrittsschranken sind spezifische Marktmerkmale, die den angestammten Unternehmen Vorteile gegenüber ihren potenziellen Wettbewerbern verleihen. Bei niedrigen Zutrittsschranken wird der Verhaltensspielraum der fusionierenden Parteien eher durch einen Markteintritt eingeengt. Sind die Zutritts schranken dagegen hoch, werden Preiserhöhungen der fusionierenden Unternehmen durch einen Marktzutritt kaum in spürbarem Maße verhindert. Beispiele für zurückliegende Marktein- und -austritte in dem betreffenden Wirtschaftszweig können nützliche Informationen über die Höhe der Zutrittsschranken liefern.

71. Die Zutrittsschranken können verschiedene Formen annehmen:
   a) Rechtliche Vorteile, wenn durch regulatorische Schranken die Anzahl der Marktteilnehmer z.B. aufgrund von Beschränkungen der Anzahl zu vergebender Konzessionen begrenzt wird[88]. Hierzu zählen auch tarifäre und nichttarifäre Handelsschranken[89].
   b) Ein technischer Vorsprung der angestammten Unternehmen wie z.B. der erleichterte Zugang zu wesentlichen Einrichtungen, natürlichen Ressourcen[90], Innovation und FuE[91] oder geistigen Eigentumsrechten[92], der ein erfolgreiches Vorgehen der Wettbewerber erschwert. So kann es in einigen Wirtschaftszweigen schwierig sein, wesentliche Einsatzmittel zu erhalten, oder Produkte oder Verfahren sind durch Patente geschützt. Andere Faktoren wie Größen- und Umfangsvorteile, Vertriebs- und Absatznetze[93] und der Zugang zu wichtigen Technologien können ebenfalls Eintrittsschranken bilden.
   c) Zutrittsschranken können sich auch aufgrund der Stellung der angestammten Unternehmen in einem Markt ergeben. Es kann z.B. schwierig sein, in einen Wirtschaftszweig einzutreten, wo Erfahrung und Ruf erforderliche Voraussetzungen für einen Erfolg sind, die von einem Neuzugänger nur schwer erlangt werden können. Faktoren wie Kunden-

---

87 Entscheidung der Kommission 97/610/EG in der Sache IV/M.774 – Saint-Gobain/Wacker-Chemie/NOM, ABl. L 247 vom 10.9.1997, S. 1, Ziffer 184.
88 Sache IV/M.1430 – Vodafone/Airtouch, Ziffer 27; Sache IV/M.2016 – France Télécom/Orange, Ziffer 33.
89 Entscheidung der Kommission 2002/174/EG in der Sache COMP/M.1693 – Alcoa/Reynolds, ABl. L 58 vom 28.2.2002, Ziffer 87.
90 Entscheidung der Kommission 95/335/EG in der Sache COMP/M.754 – Anglo American Corp./Lonrho, ABl. L 149 vom 20.5.1998, S. 21, Ziffern 118–119.
91 Entscheidung der Kommission 97/610/EG in der Sache IV/M.774 – Saint-Gobain/Wacker-Chemie/NOM, ABl. L 247 vom 10.9.1997, S. 1, Ziffern 184–187.
92 Entscheidung der Kommission 94/811/EG in der Sache IV/M.269 – Shell/Montecatini, ABl. L 332 vom 22.2.2002, S. 48, Ziff. 32.
93 Entscheidung der Kommission 98/327/EG in der Sache IV/M.883 – The Coca Cola Company/Carlsberg A/S, ABl. L 145 vom 15.5.1998, S. 41, Ziffer 74.

treue zu einer bestimmten Marke[94], Enge des Verhältnisses zwischen Lieferanten und Kunden, die Bedeutung von Marktförderung und Werbung und aus einer Reputation sich ergebende Vorteile[95] sind in diesem Zusammenhang zu berücksichtigen. Zutrittsschranken können auch entstehen, wenn sich die angestammten Unternehmen auf den Aufbau von erheblichen Überschusskapazitäten[96] festgelegt haben oder wo die Kosten für die Umstellung zu einem neuen Lieferanten für die Kunden den Marktzutritt hemmen können.

72. Bei der Ermittlung der Frage, ob ein Marktzutritt rentabel wäre, sollte die zu erwartende Marktentwicklung berücksichtigt werden. Es ist wahrscheinlich rentabler, in einen Markt einzutreten, bei dem in Zukunft mit hohem Wachstum gerechnet wird[97], als in einen ausgereiften Markt, bei dem ein Rückgang anzunehmen ist[98]. Größenvorteilen oder Netz wirkungen können einen Marktzutritt unrentabel machen, wenn nicht der Marktzugänger einen ausreichend großen Marktanteil erringen kann[99].

73. Ein Zugang ist besonders wahrscheinlich, wenn die Anbieter Produktionsanlagen bereits in anderen Märkten unterhalten, die für diesen Markteintritt genutzt werden können, wodurch die verlorenen Eintrittskosten verringert werden. Je kleiner der Unterschied in der Rentabilität zwischen einem Zutritt und einem Nichtzutritt vor dem Zusammenschluss ist, desto wahrscheinlicher ist eine solche Neuausrichtung der Produktionseinrichtungen.

Rechtzeitiger Zutritt

74. Die Kommission prüft, ob ein Marktzutritt ausreichend zügig und anhaltend möglich ist, um die Ausübung von Marktmacht zu verhindern. Der angemessene Zeitraum hängt von den Merkmalen und dynamischen Kräften des Marktes und den besonderen Fähigkeiten der potenziellen Neuzugänger ab[100]. Ein Eintritt ist in der Regel jedoch nur als rechtzeitig anzusehen, wenn er innerhalb von zwei Jahren erfolgt.

Umfang

75. Ein Eintritt muss in seinem Umfang hinreichend sein, um wettbewerbswidrige Wirkungen eines Zusammenschlusses zu verhindern[101]. Erfolgt ein Eintritt in einem geringen Umfang, z.B. in eine Marktnische, kann dies als nicht hinreichend angesehen werden.

VII. Effizienzgewinne

76. Durch Zusammenschlüsse herbeigeführte Restrukturierungen von Unternehmen kann den Erfordernissen eines dynamischen Wettbewerbs entsprechen und die Wettbewerbsfähigkeit eines Wirtschaftszweiges erhöhen, wodurch sich die Wachstumsbedingungen verbessern und der Lebensstandard in der Gemeinschaft erhöht[102]. Es ist möglich, dass die durch eine Fusion entstehenden Effizienzvorteile die Auswirkungen auf den Wettbewerb und insbesondere potenzielle Nachteile für Verbraucher ausgleichen, die die Fusion sonst haben könnte[103]. Um zu prüfen, ob die Fusion wirksamen Wettbewerb erheblich behindert, insbesondere

---

94 Entscheidung der Kommission 98/327/EG in der Sache IV/M.883 – The Coca Cola Company/Carlsberg A/S, ABl. L 145 vom 15. 5. 1998, S. 41, Ziffern 72–73.
95 Entscheidung der Kommission 2002/156/EG in der Sache COMP/M.2097 – SCA/Metsä Tissue, ABl. L 57 vom 27. 2. 2002, S. 1, Ziffern 83–84.
96 Entscheidung der Kommission 2001/432/EG in der Sache COMP/M.1813 – Industri Kapital Nordkem/Dyno, ABl. L 154 vom 9. 6. 2001, S. 41, Ziffer 100.
97 Siehe z. B. Entscheidung der Kommission 98/475/EG in der Sache COMP/M.986 – Agfa-Gevaert/Dupont, ABl. L 211 vom 29. 7. 1998, S. 22, Ziffern 84–85.
98 Rs. T-102/96, Gencor/Kommission, Slg. 1999 II-753, Rdnr. 237.
99 Siehe z. B. Entscheidung der Kommission 2000/718/EG in der Sache COMP/M.1578 – Sanitec/Sphinx, ABl. L 294 vom 22. 11. 2000, S. 1, Ziffer 114.
100 Siehe z. B. Entscheidung der Kommission 2002/174/EG in der Sache COMP/M.1693 – Alcoa/Reynolds, ABl. L 58 vom 28. 2. 2002, Ziffer 31–32, 38.
101 Entscheidung der Kommission 91/535/EC in der Sache IV/M.68 – Tetra Pak/Alfa Laval, ABl. L 290 vom 22. 10. 1991, Ziffer 3.4.
102 Erwägungsgrund 4 der Fusionskontrollverordnung.
103 Erwägungsgrund 29 der Fusionskontrollverordnung.

durch Begründung oder Verstärkung einer beherrschenden Stellung im Sinne von Artikel 2 Absätze 2 und 3 der Fusionskontrollverordnung, unterzieht die Kommission den Zusammenschluss einer umfassenden wettbewerblichen Prüfung. Im Rahmen dieser Prüfung berücksichtigt die Kommission alle in Artikel 2 Absatz 1 genannten Faktoren, einschließlich der Entwicklung des technischen und wirtschaftlichen Fortschritts, sofern er den Verbrauchern zum Vorteil gereicht und keine Hindernisse für den Wettbewerb errichtet[104].

77. Die Kommission berücksichtigt bei ihrer Gesamtbewertung eines Zusammenschlusses alle nachgewiesenen Effizienzvorteile. Sie kann in Anbetracht der mit einem Zusammenschluss herbeigeführten Effizienzvorteile zu dem Ergebnis gelangen, dass keine Gründe bestehen, ein Vorhaben gemäß Artikel 2 Absatz 3 der Fusionskontrollverordnung für mit dem Gemeinsamen Markt unvereinbar zu erklären. Dies ist der Fall, wenn die Kommission auf der Grundlage ausreichender Beweismittel feststellen kann, dass die mit der Fusion herbeigeführten Effizienzvorteile geeignet sind, die Fähigkeit und den Anreiz des fusionierten Unternehmens zu verstärken, den Wettbewerb zum Vorteil für die Verbraucher zu beleben, wodurch den nachteiligen Wirkungen dieser Fusion auf den Wettbewerb entgegengewirkt werden kann.

78. Die Effizienzvorteile müssen den Verbrauchern zugute kommen, fusionsspezifisch und überprüfbar sein, damit die Kommission geltend gemachte Effizienzvorteile bei der Beurteilung eines Zusammenschlusses berücksichtigen und diesen aufgrund von Effizienzvorteilen für vereinbar mit dem Gemeinsamen Markt erklären kann. Diese Bedingungen müssen kumulativ vorliegen.

Vorteil für die Verbraucher

79. Behauptete Effizienzvorteile werden daran gemessen, dass die Verbraucher[105] durch den Zusammenschluss nicht benachteiligt werden. Deshalb sollten die Effizienzvorteile erheblich sein, sich rechtzeitig einstellen und den Verbrauchern in den relevanten Märkten zugute kommen, in denen ansonsten Wettbewerbsbedenken entstehen würden.

80. Zusammenschlüsse können verschiedene Arten von Effizienzvorteilen erbringen, die zu niedrigeren Preisen oder sonstigen Vorteilen für die Verbraucher führen können. So können z.B. Kosteneinsparungen bei der Produktion oder dem Vertrieb der fusionierten Einheit die Möglichkeit und den Anreiz verschaffen, nach dem Zusammenschluss niedrigere Preise zu verlangen. Bei der Ermittlung der Frage, ob Effizienzvorteile zu Nettovorteilen für die Verbraucher führen, fallen Rückgänge bei den variablen und den Grenzkosten[106] stärker ins Gewicht als eine Senkung der Fixkosten, da erstere grundsätzlich eher zu niedrigeren Preisen zugunsten der Verbraucher führen[107]. Kosteneinsparungen, die sich allein aus wettbewerbswidrigen Produktionseinschränkungen ergeben, können nicht als Effizienzvorteile für die Verbraucher angesehen werden.

81. Die Verbraucher können auch Vorteile aufgrund neuer oder verbesserter Waren oder Dienstleistungen haben, die sich z.B. aus Effizienzgewinnen in den Bereichen Forschung und Entwicklung und Innovation ergeben. Ein Gemeinschaftsunternehmen, das gegründet wurde, um ein neues Produkt zu entwickeln, kann die Art von Effizienzvorteilen erbringen, die von der Kommission berücksichtigt werden können.

82. Im Hinblick auf koordinierte Wirkungen können Effizienzvorteile den Anreiz für das fusionierte Unternehmen steigern, die Produktion zu erhöhen und die Preise zu senken, und damit ihr Interesse an einer Koordinierung des Marktverhaltens mit anderen Marktteilnehmern verringern. Effizienzvorteile können deshalb das Risiko koordinierter Wirkungen in dem relevanten Markt mindern.

---

104 Artikel 2 Absatz 1 Buchstabe b) der Fusionskontrollverordnung.
105 Gemäß Artikel 2 Absatz 1 Buchstabe b) umfasst der Begriff der Verbraucher Zwischen- und Endabnehmer, d.h. die Verbraucher der von dem Zusammenschluss erfassten Erzeugnisse. Hierzu zählen sowohl die gegenwärtigen als auch potenziellen Kunden der Fusionsparteien.
106 Diejenigen Kosten, die in dem relevanten Zeitraum gemäß der Höhe von Produktion und Absatz schwanken. Grenzkosten sind die Kosten, die mit einer Produktions- oder Verkaufsausweitung im Randbereich verbunden sind.
107 Allgemein fallen Einsparungen bei den Fixkosten weniger ins Gewicht, da die Beziehung zwischen Fixkosten und Verbraucherpreisen normaler Weise zumindest kurzfristig weniger direkt ist.

83. Effizienzvorteilen kann von der Kommission um so weniger Gewicht eingeräumt werden, je weiter deren Erbringung in die Zukunft projiziert wird. Deshalb müssen sich die Effizienzvorteile innerhalb eines überschaubaren Zeitraumes einstellen, damit sie als ausgleichender Faktor gewürdigt werden können.

84. Das Interesse für das fusionierte Unternehmen, Effizienzvorteile an die Verbraucher weiterzugeben, hängt häufig davon ab, ob seitens der im Markt verbleibenden Unternehmen oder von einem potenziellen Markt eintritt Wettbewerbsdruck ausgeht. Je größer die möglichen negativen Auswirkungen auf den Wettbewerb, um so mehr muss die Kommission sicherstellen, dass die behaupteten Effizienzgewinne erheblich sind, mit hinreichender Wahrscheinlichkeit zustande kommen und in ausreichendem Maße an die Verbraucher weitergegeben werden. Es ist höchst unwahrscheinlich, dass ein Zusammenschluss, der zu einer Marktstellung führt, die einem Monopol nahe kommt oder ein ähnliches Maß an Marktmacht erbringt, mit der Begründung für mit dem Gemeinsamen Markt vereinbar erklärt werden könnte, dass Effizienzvorteile ausreichen würden, den möglichen wettbewerbswidrigen Wirkungen entgegenzuwirken.

Fusionsspezifische Effizienzvorteile

85. Effizienzvorteile sind für die wettbewerbliche Würdigung erheblich, wenn sie eine unmittelbare Folge des angemeldeten Zusammenschlusses sind und nicht in ähnlichem Umfang durch weniger wettbewerbswidrige Alternativen erzielt werden können. Unter diesen Umständen wird davon ausgegangen, dass die Effizienzvorteile durch den Zusammenschluss bedingt und somit fusionsspezifisch sind[108]. Es liegt bei den Zusammenschlussparteien, rechtzeitig alle relevanten Auskünfte vorzulegen, um darzulegen, dass es keine weniger wettbewerbswidrigen, realistischen und erreichbaren Alternativen nicht konzentrativer Art (z.B. eine Lizenzvereinbarung oder ein kooperatives Gemeinschaftsunternehmen) oder konzentrativer Art (z.B. ein konzentratives Gemeinschaftsunternehmen oder ein anders strukturierter Zusammenschluss) als den angemeldeten Zusammenschluss gibt, die die behaupteten Effizienzvorteile aufrechterhalten. Die Kommission erwägt allein Alternativen, die in Anbetracht der in dem betroffenen Wirtschaftszweig üblichen Geschäftspraktiken nach vernünftigen Maßstäben in der wirtschaftlichen Situation, in der sich die Parteien befinden, praktikabel sind.

Nachprüfbarkeit

86. Die Effizienzvorteile müssen nachprüfbar sein, damit die Kommission davon ausgehen kann, dass sie sich einstellen werden, und so erheblich sein, dass sie einer möglichen Benachteiligung der Verbraucher durch den Zusammenschluss entgegenwirken. Je präziser und überzeugender die behaupteten Effizienzvorteile dargelegt werden, desto besser können sie von der Kommission angemessen gewürdigt werden. Die Effizienzvorteile und die daraus resultierenden Vorteile für die Verbraucher sollten nach Möglichkeit mit Zahlenangaben untermauert werden. Sind keine Daten vorhanden, um eine genaue Zahlenanalyse vorzunehmen, müssen klar identifizierbare und nicht lediglich marginale positive Wirkungen auf die Verbraucher vorhersehbar sein. Je weiter die Effizienzvorteile in die Zukunft projiziert werden, desto unwahrscheinlicher ist es, dass die Kommission in der Lage ist, ihr Eintreten festzustellen.

87. Die Informationen, anhand deren die Kommission bewerten kann, ob eine Fusion die Art Effizienzvorteile erbringt, die ihr die Freigabe des Zusammenschlusses ermöglicht, befinden sich ganz überwiegend im Besitz der Zusammenschlussparteien. Es ist deshalb Sache der Anmelder, rechtzeitig alle erforderlichen Angaben vorzulegen, die nachweisen, dass die behaupteten Effizienzvorteile fusionsspezifisch sind und sich wahrscheinlich einstellen werden. Auch haben die Anmelder darzulegen, in welchem Maße die Effizienzvorteile geeignet sind, den nachteiligen Wirkungen der Fusion auf den Wettbewerb entgegenzuwirken, und damit den Verbrauchern zugute kommen.

88. Zu den für die Bewertung der behaupteten Effizienzvorteile geeigneten Nachweisen zählen interne Unterlagen, die von der Unternehmensführung herangezogen wurden, um über den

---

108 Gemäß dem in Ziffer 9 dargelegten allgemeinen Grundsatz.

Zusammenschluss zu beschließen, Ausführungen der Unternehmensleitung an die Eigentümer und Finanzmärkte zu den erwarteten Effizienzvorteilen, Beispiele für zurückliegende Effizienzvorteile und Verbrauchervorteile und vor dem Zusammenschluss erstellte Studien außenstehender Sachverständiger über die Art und den Umfang der Effizienzgewinne und das Ausmaß der Vorteile für die Verbraucher.

VIII. Sanierungsfusion

89. Die Kommission kann zu dem Ergebnis gelangen, dass ein eigentlich problematisches Vorhaben dennoch mit dem Gemeinsamen Markt zu vereinbaren ist, wenn eines der beteiligten Unternehmen ohne den Zusammenschluss aus dem Markt ausscheiden würde. Grundvoraussetzung ist, dass die Verschlechterung der Wettbewerbsstruktur nach dem Zusammenschluss nicht auf diesen zurückgeführt werden kann[109]. Dies wäre der Fall, wenn sich die Wettbewerbsstruktur des Marktes ohne den Zusammenschluss zumindest im gleichen Ausmaß verschlechtern würde[110].
90. Die Kommission hält die nachstehenden drei Kriterien für die Anwendung des Prinzips der Sanierungsfusion für besonders wichtig: 1. das Unternehmen, welches einen Sanierungsfall darstellen soll, wäre aufgrund seiner finanziellen Schwierigkeiten gezwungen, in naher Zukunft aus dem Markt auszuscheiden, falls es nicht durch ein anderes Unternehmen übernommen wird; 2. zu dem angemeldeten Zusammenschluss gibt es keine weniger wettbewerbwidrige Verkaufsalternative, und 3. die Vermögenswerte des gescheiterten Unternehmens würden ohne den Zusammenschluss zwangsläufig vom Markt genommen werden[111].
91. Die anmeldenden Parteien haben rechtzeitig alle zweckdienlichen Informationen vorzulegen, um nachzuweisen, dass eine Verschlechterung der Wettbewerbsstruktur, die nach dem Zusammenschluss auftritt, nicht durch diesen verursacht würde.

---

109 Verbundene Rsn. C-68/94 und C-30/95, Kali & Salz, Ziffer 110.
110 Verbundene Rsn. C-68/94 und C-30/95, Kali & Salz, Ziffer 114. Siehe auch die Entscheidung der Kommission 2002/365/EG in der Sache COMP/M.2314 – BASF/Pantochim/Eurodiol, ABl. L 132 vom 17. 5. 2002, S. 45, Ziffern 157–160. Dieses Erfordernis ist an den in Ziff. 9 dargelegten allgemeinen Grundsatz geknüpft.
111 Die Unvermeidbarkeit, dass die Vermögenswerte des einen Sanierungsfall darstellenden Unternehmens vom Markt genommen werden würden, kann, insbesondere im Falle eines Zusammenschlusses der zwei alleinigen Wettbewerber, darauf beruhen, dass der Marktanteil dieses Unternehmens in jedem Fall der anderen fusionierenden Partei zufiele. Siehe auch verbundene Rsn. C-68/94 und C-30/95, Kali & Salz, Rdnr. 116–117.

DG COMPETITION
Best Practices
on the conduct of EC merger control proceedings

1. Scope and purpose of the best practices

1. The principal aim of these Best Practices is to provide guidance for interested parties on the day-to-day conduct of EC merger control proceedings. They are intended to foster and build upon a spirit of co-operation and better understanding between DG Competition and the legal and business community. In this regard, the Best Practices seek to increase understanding of the investigation process and thereby to further enhance the efficiency of investigations and to ensure a high degree of transparency and predictability of the review process. In particular, they aim at making the short time available in EC merger procedures as productive and efficient as possible for all parties concerned.
2. The Best Practices are built on the experience to date of DG Competition in the application of Council Regulation (EEC) No 4064/89[1] (the Merger Regulation) and replace the current Best Practices of 1999. They reflect the views and practice of DG Competition at the time of publication[2].
   The specificity of an individual case may require an adaptation of, or deviation from these Best Practices depending on the case at hand.

2. Relationship to community law

3. These Best Practices should not be taken as a full or comprehensive account of the relevant legislative, interpretative and administrative measures which govern Community merger control. They should be read in conjunction with such measures.
4. The Best Practices do not create or alter any rights or obligations as set out in the Treaty establishing the European Community, the Merger Regulation, its Implementing Regulation[3] as amended from time to time and as interpreted by the case-law of the Community Courts. Nor do they alter the Commission's interpretative notices. The Best Practices do not apply to proceedings under Council Regulation No 17[4], to be replaced by Council Regulation No 1/2003[5] as of 1 May 2004, implementing Articles 81 and 82 of the Treaty.

3. Pre-notification

Purpose of pre-notification contacts

5. In DG Competition's experience the pre-notification phase of the procedure is an important part of the whole review process. As a general rule, DG Competition finds it useful to have pre-notification contacts with notifying parties even in seemingly non-problematic cases. DG Competition will therefore always give notifying parties and other involved parties the

---

[1] Council Regulation No 4064/89, OJ L 395, 30.12.1989 p. 1; corrigendum OJ L 257 of 21.9.1990, p. 13; Regulation as last amended by Regulation (EC) No 1310/97 (OJ L 180, 9.7.1997, p. 1, corrigendum OJ L 40, 13.2.1998, p. 17).
[2] It is to be noted that a recast Merger Regulation replacing Regulation 4064/89 will apply from 1 May 2004. The Best Practices are equally applicable under Regulation 4064/89 and will continue to be applicable, possibly with further amendments, under the recast Merger Regulation. Appropriate references to the recast Merger Regulation are made throughout the Best Practices by means of footnotes. Those references will only become applicable from 1st of May 2004.
[3] Commission Regulation (EC) No 447/98 of 1 March 1998 on the notifications, time limits and hearings provided for in the Merger Regulation, OJ L 61, 2.3.1998, p. 1.
[4] OJ P 013, 21/02/1962, p. 204–211.
[5] Council Regulation (EC) No 1/2003 of 16 December 2002 on the implementation of the rules on competition laid down in Articles 81 and 82 of the Treaty, OJ L 1, 4.1.2003, p. 1–25.

opportunity, if they so request, to discuss an intended concentration informally and in confidence prior to notification (cf. also Recital 10 Implementing Regulation).

6. Pre-notification contacts provide DG Competition and the notifying parties with the possibility, prior to notification, to discuss jurisdictional and other legal issues. They also serve to discuss issues such as the scope of the information to be submitted and to prepare for the upcoming investigation by identifying key issues and possible competition concerns (theories of harm) at an early stage.

7. Further, it is in the interests of DG Competition and the business and legal community to ensure that notification forms are complete from the outset so that declarations of incompleteness are avoided as far as possible. It is DG Competition's experience that in cases in which notifications have been declared incomplete, usually there were no or very limited pre-notification contacts. Accordingly, for this reason it is recommended that notifying parties contact DG Competition prior to notification.

8. Pre-notification discussions are held in strict confidence. The discussions are a voluntary part of the process and remain without prejudice to the handling and investigation of the case following formal notification. However, the mutual benefits for DG Competition and the parties of a fruitful pre-notification phase can only materialise if discussions are held in an open and co-operative atmosphere, where all potential issues are addressed in a constructive way.

9. In DG Competition's experience it is generally preferable that both legal advisers and business representatives, who have a good understanding of the relevant markets, are available for pre-notification discussions with the case-team. This normally results in more informed discussions on the business rationale for the transaction and the functioning of the markets in question.

Timing and extent of pre-notification contacts

10. Pre-notification contacts should preferably be initiated at least two weeks before the expected date of notification. The extent and format of the pre-notification contacts required is, however, linked to the complexity of the individual case in question. In more complex cases a more extended pre-notification period may be appropriate and in the interest of the notifying parties. In all cases it is advisable to make contact with DG Competition as soon as possible as this will facilitate planning of the case.

11. Pre-notification contacts should be launched with a submission that allows the selection of an appropriate DG Competition case-team[6]. This memorandum should provide a brief background to the transaction, a brief description of the relevant sector(s) and market(s) involved and the likely impact of the transaction on competition in general terms. It should also indicate the case language. In straightforward cases, the parties may chose to submit a draft Form CO as a basis for further discussions with DG Competition.

12. After initial contacts have been made between the case-team and the notifying parties, it will be decided, whether it will suffice for DG Competition to make comments orally or in writing on the submissions made. This would typically be considered in straightforward cases. In more complex cases and cases that raise jurisdictional or other procedural issues, one or more pre-notification meetings are normally considered appropriate.

13. The first pre-notification meeting is normally held on the basis of a more substantial submission or a first draft Form CO. This allows for a more fruitful discussion about the proposed transaction in question or potential issue in point. Subsequent meetings may cover additional information submitted or outstanding issues.

14. Any submission sent to DG Competition should be provided sufficiently ahead of meetings or other contacts in order to allow for well prepared and fruitful discussions. In this regard, preparatory briefing memoranda/draft Form COs sent in preparation of meetings should be filed in good time before the meeting (at least three working days) unless agreed otherwise with the case team. In case of voluminous submissions and in less straightforward ca-

---

6 Case teams for new cases are normally set up in weekly DG Competition's Merger Management Meetings.

ses, this time may need to be extended to allow DG Competition to properly prepare for the meeting.
15. Irrespective of whether pre-notification meetings have taken place or not, it is advisable that the notifying parties systematically provide a substantially complete draft Form CO before filing a formal notification. DG Competition would thereafter normally require five working days to review the draft before being asked to comment, at a meeting or on the telephone, on the adequacy of the draft. In case of voluminous submissions, this time will normally be extended.

Information to be provided/preparation of the Form CO

16. The format and the timing of all prenotification submissions should be decided together with the case-team. Notifying parties are advised to fully and frankly disclose information relating to all potentially affected markets and possible competition concerns, even if they may ultimately consider that they are not affected and notwithstanding that they may take a particular view in relation to, for example, the issue of market definition. This will allow for an early market testing of alternative market definitions and/or the notifying parties' position on the market/s in question. In DG Competition's experience this approach minimises surprise submissions from third parties, and may avoid requests for additional information from the notifying parties at a late stage in the procedure and possible declarations of incompleteness under Article 4(2) of the Implementing Regulation or a decision under Article 11(5) of the Merger Regulation.
17. In addition, DG Competition recommends that notifying parties should, as early as possible in pre-notification, submit internal documents such as board presentations, surveys, analyses, reports and studies discussing the proposed concentration, the economic rationale for the concentration and competitive significance or the market context in which it takes place. Such documents provide DG Competition with an early and informed view of the transaction and its potential competitive impact and can thus allow for a productive discussion and finalisation of the Form CO.
18. Where appropriate, it is also recommended that notifying parties put forward, already at the pre-notification stage, any elements demonstrating that the merger leads to efficiency gains that they would like the Commission to take into account for the purposes of its competitive assessment of the proposed transaction. Such claims are likely to require extensive analysis. It is thus in the interests of the notifying parties to present these claims as early as possible to allow sufficient time for DG Competition to appropriately consider these elements in its assessment of a proposed transaction.
19. Pre-notification discussions provide the opportunity for the Commission and the notifying parties to discuss the amount of information to be provided in a notification. The notifying parties may in pre-notification request the Commission to waive the obligation to provide certain information that is not necessary for the examination of the case. All requests to omit any part of the information specified should be discussed in detail and any waiver has to be agreed with DG Competition prior to notification[7].

Completeness of the notification

20. Given that a notification is not considered effective until the information to be submitted in Form CO is complete in all material respects, the notifying parties and their advisers should ensure that the information contained in Form CO has been carefully prepared and verified: incorrect and misleading information is considered incomplete information[8]. In this regard, the notifying parties should take special care that the appropriate contact details are provided for customers, suppliers and competitors. If such information is not cor-

---

[7] See Article 3(2) Implementing Regulation. See also Commission Notice on a simplified procedure for treatment of certain concentrations under Council Regulation (EEC) No 4064/89, OJ C217, 29. 7. 2000, p. 32.

[8] In addition, the Commission may impose fines on the notifying parties where they supply incorrect or misleading information in a notification under Article 14 (1)(b) Merger Regulation.

rect or provided in full it will significantly delay the investigation and therefore may lead to a declaration of incompleteness.
21. Further, to facilitate the effective and expeditious handling of their notification, notifying parties should also endeavour to provide the contact details required in Form CO electronically, at the latest on the day of notification, using the appropriate electronic form which can be provided by the case team.
22. Provided that the notifying parties follow the above described guidance, DG Competition will in principle, be prepared to confirm informally the adequacy of a draft notification at the pre-notification stage or, if appropriate, to identify in what material respects the draft Form CO is incomplete. However it has to be recognised that it will not be possible for DG Competition to exclude the fact that it may have to declare a notification incomplete in appropriate cases after notification.
23. In the event that DG Competition discovers omissions in the Form CO after formal notification, the notifying parties may be given an opportunity to urgently put right such omissions before a declaration of incompleteness is adopted. Due to the time constraints in merger procedures, the time allowed for such rectification is normally limited to 1 or 2 days. This opportunity will not be granted, however, in cases where DG Competition finds that the omissions immediately hinder the proper investigation of the proposed transaction.

Procedural questions and inter-agency co-operation

24. In addition to substantive issues, the notifying parties may in the pre-notification phase seek DG Competition's opinion on procedural matters such as jurisdictional questions.
25. Informal guidance may be provided if they are directly related to an actual, planned transaction and if sufficiently detailed background information is submitted by the notifying parties to properly assess the issue in question[9]. Further matters for prenotification discussions include the possibility of referrals to or from national EU jurisdictions[10], parallel proceedings in other non-EU jurisdictions and the issue of waivers on information sharing with other jurisdictions. As regards transactions likely to be reviewed in more than one jurisdiction, DG Competition invites the notifying parties to discuss the timing of the case with a view to enhance efficiency of the respective investigations, to reduce burdens on the merging parties and third parties, and to increase overall transparency of the merger review process. In this regard, notifying parties should also have regard to the EU-US Best Practices on co-operation in merger investigations[11].

4. Fact finding/requests for information

26. In carrying out its duties the Commission may obtain all necessary information from relevant persons, undertakings, associations of undertakings and competent authorities of Member States (see Article 11(1) Merger Regulation). That investigation normally starts after the notification of a proposed concentration. However, DG Competition may exceptionally decide that, in the interest of its investigation, market contacts could be initiated informally prior to notification. Such pre-notification contacts/enquiries would only take place if the existence of the transaction is in the public domain and once the notifying parties have had the opportunity to express their views on such measures.
27. The Commission's investigation is mainly conducted in the form of written Requests for Information (requests pursuant to Article 11 of the Merger Regulation) to customers, sup-

---

9 Such informal guidance cannot be regarded as creating legitimate expectations regarding the proper interpretation of applicable jurisdictional or other rules.
10 Such jurisdictional discussions will become particularly pertinent under the recast Merger Regulation, which becomes applicable from 1 May 2004. Pursuant to Articles 4(4) and 4(5) of the recast Merger Regulation, notifying parties may, before notification, request on the basis of a reasoned submission, referral of a case to or from the Commission. DG Competition will be ready to discuss with notifying parties informally the possibility of such pre-notification referrals and to guide them through the pre-notification referral process.
11 http://europa.eu.int/comm/competition/mergers/others/eu_us.pdf

pliers, competitors and other relevant parties. Such requests may also be addressed to the notifying parties. In addition to such Article 11 requests, the views of the notifying parties, other involved parties and third parties are also sought orally.
28. In the interest of an efficient investigation, DG Competition may consult the notifying parties, other involved parties or third parties on methodological issues regarding data and information gathering in the relevant economic sector. It may also seek external economic and/or industrial expertise and launch its own economic studies.

5. Communication and meetings with the notifying parties, other involved parties and 3rd parties

29. One of the aims of these Best Practices is to enhance transparency in the day to day handling of merger cases and in particular, to ensure good communication between DG Competition, the merging parties and third parties. In this regard, DG Competition endeavours to give all parties involved in the proceeding ample opportunity for open and frank discussions and to make their points of view known throughout the procedure.

5.1. State of Play meetings with notifying parties

Aim and format of the State of Play meetings

30. The objective of the State of Play meetings is to contribute to the quality and efficiency of the decision-making process and to ensure transparency and communication between DG Competition and the notifying parties. As such these meetings should provide a forum for the mutual exchange of information between DG Competition and the notifying parties at key points in the procedure. They are entirely voluntary in nature.
31. State of Play meetings may be conducted in the form of meetings at the Commission's premises, or alternatively, if appropriate, by telephone or videoconference. In order for the meetings to operate properly they should be carefully prepared on the basis of an agenda agreed in advance. Further, senior DG Competition management will normally chair the meetings.
32. The State of Play meetings will not exclude discussions and exchanges of information between the notifying parties and DG Competition at other occasions throughout the procedure as appropriate. In this regard, notifying parties are advised to inform DG Competition, as soon as possible, about any important procedural or substantive developments that may be of relevance for the assessment of the proposed transaction. Such developments may include any remedy proposals the notifying parties are offering or are considering to offer in other jurisdictions, so as to facilitate co-ordination of the timing and substance of such remedy proposals. This also concerns matters already discussed at a State of Play meeting, in respect of which the parties consider it necessary to provide additional comments.

Timing of the State of Play meetings

33. Notifying parties will normally be offered the opportunity of attending a State of Play meeting at the following five different points in the Phase I and Phase II procedure:
    a) where it appears that »serious doubts« within the meaning of Article 6(1)(c) of the Merger Regulation are likely to be present a meeting will be offered <u>before the expiry of 3 weeks</u>[12] <u>into Phase I</u>. In addition to informing the notifying parties of the preliminary result of the initial investigation, this meeting provides an opportunity for the notifying parties to prepare the formulation of a possible remedy proposal in Phase I before expiry of the deadline provided in Article 18 of the Implementing Regulation.
    b) <u>normally within 2 weeks following the adoption of the Article 6(1)(c) decision</u>. In order to prepare for this meeting, the notifying parties should provide DG Competition with

---
[12] Fifteen working days under the recast Merger Regulation.

their comments on the Article 6(1)(c) decision and on any documents in the Commission's file, which they may have had the opportunity to review (see below section 7.2) by way of a written memorandum in advance of the meeting. The notifying parties should contact the case team to discuss an appropriate schedule for the filing of this memorandum.

The main purpose of the post Article 6(1)(c) meeting is to facilitate the notifying parties' understanding of the Commission's concerns at an early stage of the Phase II proceedings. The meeting also serves to assist DG Competition in deciding the appropriate framework for its further investigation by discussing with the notifying parties matters such as the market definition and competition concerns outlined in the Article 6(1)(c) decision. The meeting is also intended to serve as a forum for mutually informing each other of any planned economic or other studies. The approximate timetable of the Phase II procedure may also be discussed[13].

c) before the issuing of a Statement of Objections (SO). This pre-SO meeting gives the notifying parties an opportunity to understand DG Competition's preliminary view on the outcome of the Phase II investigation and to be informed of the type of objections DG Competition may set out in the SO. The meeting may also be used by DG Competition to clarify certain issues and facts before it finalises its proposal on the issuing of a SO.

d) following the reply to the SO and the Oral Hearing. This post-SO State of Play meeting provides the notifying parties with an opportunity to understand DG Competition's position after it has considered their reply and heard them at an Oral Hearing. If DG Competition indicates that it is minded to maintain some or all of its objections, the meeting may also serve as an opportunity to discuss the scope and timing of possible remedy proposals[14].

e) before the Advisory Committee meets. The primary purpose of this meeting is to enable the notifying parties to discuss with DG Competition its views on any proposed remedies and where relevant, the results of the market testing of such remedies. It also provides the notifying parties where necessary, with the opportunity to formulate improvements to their remedies proposal[15].

5.2. Involvement of third parties

34. According to Community merger control law, third parties considered as having a »sufficient interest« in the Commission's procedure include customers, suppliers, competitors, members of the administration or management organs of the undertakings concerned or recognised workers' representatives of those undertakings[16]. Their important role in the Commission's procedure is stressed in particular in Article 18(4) of the Merger Regulation and Articles 16(1) and (2) of the Implementing Regulation. In addition, the Commission also welcomes the views of any other interested third parties including consumer organisations[17].

35. The primary way for third parties to contribute to the Commission's investigation is by means of replies to requests for information (Article 11 Merger Regulation)[18]. However, DG

---

13 Once the recast Merger Regulation becomes applicable, this post Article 6(1)(c) State of Play meeting will also serve to discuss the possibility of any extensions to the Phase II deadline pursuant to Article 10(3) of the recast Merger Regulation.
14 It is to be noted that, under the recast Merger Regulation (Article 10(3)), the submission of remedies could lead to an automatic extension of the Phase II deadline.
15 Modifications to remedies are only possible under those conditions set out in Article 18 of the Implementing Regulation and point 43 of the Commission's Notice on Remedies.
16 See Article 11 of the Implementing Regulation.
17 Article 16(3) Implementing Regulation. To this effect, DG Competition has appointed a Consumer Liaison Officer responsible for contacts with consumer organisations.
18 Article 11(7) of the recast Merger Regulation expressly provides for the Commission's competence to interview any natural or legal person who consents to be interviewed for the purpose of collecting information relating to the subject-matter of an investigation.

Competition also welcomes any individual submission apart from direct replies to questionnaires, where third parties provide information and comments they consider relevant for the assessment of a given transaction. DG Competition may also invite third parties for meetings to discuss and clarify specific issues raised.

36. In addition, DG Competition may in the interest of the investigation in appropriate cases provide third parties that have shown a sufficient interest in the procedure with an edited version of the SO from which business secrets have been removed, in order to allow them to make their views known on the Commission's preliminary assessment. In such cases, the SO is provided under strict confidentiality obligations and restrictions of use, which the third parties have to accept prior to receipt.

37. If third parties wish to express competition concerns as regards the transaction in question or to put forward views on key market data or characteristics that deviate from the notifying parties' position, it is essential that they are communicated as early as possible to DG Competition, so that they can be considered, verified and taken into account properly. Any point raised should be substantiated and supported by examples, documents and other factual evidence. Furthermore, in accordance with Article 17(2) of the Implementing Regulation, third parties should always provide the DG Competition with a non-confidential version of their submissions at the time of filing or shortly thereafter to facilitate access to the file and other measures intended to ensure transparency for the benefit of the decision making process (see further below section 7).

5.3. »Triangular« and other meetings

38. In addition to bilateral meetings between DG Competition and the notifying parties, other involved parties or third parties, DG Competition may decide to invite third parties and the notifying parties to a »triangular« meeting where DG Competition believes it is desirable, in the interests of the fact-finding investigation, to hear the views of the notifying parties and such third parties in a single forum. Such triangular meetings, which will be on a voluntary basis and which are not intended to replace the formal oral hearing, would take place in situations where two or more opposing views have been put forward as to key market data and characteristics and the effects of the concentration on competition in the markets concerned.

39. Triangular meetings should ideally be held as early in the investigation as possible in order to enable DG Competition to reach a more informed conclusion as to the relevant market characteristics and to clarify issues of substance before deciding on the issuing of an SO. Triangular meetings are normally chaired by senior DG Competition management. They are prepared in advance on the basis of an agenda established by DG Competition after consultation of all parties that agreed to attend the meeting. The preparation will normally include a mutual exchange of nonconfidential submissions between the notifying parties and the third party in question sufficiently in advance of the meeting. The meeting will not require the disclosure of confidential information or business secrets, unless otherwise agreed by the parties.

6. Remedies discussions

40. As stated above, the State of Play meetings in both Phase I and Phase II, in addition to providing a forum for discussing issues related to the investigation, also serve to discuss possible remedy proposals. Detailed guidance on the requirements for such proposals is set out in the Commission Notice on remedies acceptable under Council Regulation (EEC) No 4064/89 and under Commission Regulation (EC) No 447/98[19] (the Remedies Notice). In particular, the Remedies Notice sets out the general principles applicable to remedies, the main types of commitments that have previously been accepted by the Commission, the

---

19 OJ C 68, 2. 3. 2001, p. 3–11.

specific requirements which proposals of remedies need to fulfil in both phases of the procedure, and guidance on the implementation of remedies. As regards the design of divestiture commitment proposals, the notifying parties are advised to take due account of the Commission's »Best Practice Guidelines on Divestiture Commitments«[20].

41. Although it is for the notifying parties to formulate suitable remedies proposals, DG Competition will provide guidance to the parties as to the general appropriateness of their draft proposal in advance of submission. In order to allow for such discussions, a notifying party should contact DG Competition in good time before the relevant deadline in Phase I or Phase II, in order to be able to address comments DG Competition may have on the draft proposal[21].

7. Provision of documents in the commission's file/confidentiality

7.1. Access to the file

42. According to Community law, the notifying parties have upon request a right to access the Commission's file after the Commission has issued an SO (see Article 18(3) of the Merger Regulation and Article 13(3) of the Implementing Regulation).
43. Further, the notifying parties will be given the opportunity to have access to documents received after the issuing of the SO up until the consultation of the Advisory Committee.
44. Access to the file will be provided subject to the legitimate interest of the protection of third parties' business secrets and other confidential information.

7.2. Review of key documents

45. DG Competition believes in the merits of an open exchange of views with ample opportunities for the notifying parties and third parties to make their points of view known throughout the procedure. This enables DG Competition to assess the main issues arising during the investigation with as much information at its disposal as possible. In this spirit, DG Competition's objective will be to provide the notifying parties with the opportunity of reviewing and commenting on »key documents« obtained by the Commission. Such documents would comprise substantiated submissions of third parties running counter to the notifying parties' own contentions received during Phase I and thereafter[22], including key submissions to which specific reference is made in the Article 6(1)(c) decision and market studies.
46. DG Competition will use its best endeavours to provide notifying parties in a timely fashion, with the opportunity to review such documents following the initiation of proceedings and thereafter on an *ad hoc* basis. DG Competition will respect justified requests by third parties for non-disclosure of their submissions prior to the issuing of the SO relating to genuine concerns regarding confidentiality, including fears of retaliation and the protection of business secrets.

7.3. Confidentiality Rules

47. In accordance with Article 287 of the EC Treaty and Article 17(1) of the Implementing Regulation, the Commission will, throughout its investigation, protect confidential information and business secrets contained in submissions provided by all parties involved in EC merger proceedings. Given the short legal deadlines of EC merger procedures, parties are encouraged to clarify as soon as possible any queries related to confidentiality claims with members of the case team. Guidance on what is considered to be business secrets or other confidential information is provided in the Commission's Notice on Access to file[23].

---

20 Available under http://europa.eu.int/comm/competition/mergers/legislation/divestiture_commitments/
21 It is to be noted that under the recast Merger Regulation (Articles 10(1) and (3)), the submission of remedies could lead to an automatic extension of the Phase I and II deadlines.
22 This would in particular include substantiated »complaints« contending that the notified transaction may give rise to competition concerns. The word »complaint« is to be understood in the nontechnical sense of the term as no formal complaints procedure exists in merger cases.
23 OJ C 23, 23/01/97, p. 3.

8. Right to be heard and other procedural rights

48. The right of the parties concerned to be heard before a final decision affecting their interests is taken is a fundamental principle of Community law. That right is also set out in the Merger Regulation (Article 18) and the Implementing Regulation (Articles 14–16). These Best Practices do not alter any such rights under Community law.
49. Any issues related to the right to be heard and other procedural issues, including access to the file, time limits for replying to the SO and the objectivity of any enquiry conducted in order to assess the competition impact of commitments proposed in EC merger proceedings can be raised with the Hearing Officer, in accordance with Commission Decision of 23 May 2001 on the terms of reference of hearing officers in certain competition proceedings[24].

9. Future review

50. These Best Practices may be revised to reflect changes to legislative, interpretative and administrative measures or due to case law of the European Courts, which govern EC merger control or any experience gained in applying such framework. DG Competition further intends to engage, on a regular basis, in a dialogue with the business and legal community on the experience gained through the application of the Merger Regulation in general, and these Best Practices in particular.

---

24 Official Journal L 162, 19/06/2001 p. 21–24. The text can also be found at: http://europa.eu.int/comm/competition/hearings/officers/

Commission Notice on Case Referral in respect of concentrations

Only the text published in the Official Journal is authentic

(Text with EEA relevance)

Table of Contents

I. Introduction.. 3
II. Referral of cases.. 5
    Guiding principles... 5
    Case referrals: legal requirements and other factors to be considered........... 7
    Pre-notification referrals... 7
        Referral of cases from the Commission to Member States under Article 4(4)... 7
        Referral of cases from Member States to the Commission under Article 4(5).. 10
    Post-notification referrals.. 12
        Referrals from the Commission to Member States pursuant to Article 9..... 12
        Referrals from Member States to the Commission pursuant to Article 22.... 14
III. Mechanics of the referral system.. 15
    A. *Overview of the referral system*... 15
    Pre-notification referrals.. 16
    Post-notification referrals... 17
    B. *Details of the referral mechanism*... 19
    The network of competition authorities...................................... 19
    Triggering the pre-notification referral system; information to be provided by the requesting parties... 20
    Concentrations eligible for referral.. 21
    The concept of »prior to notification« under Articles 4(4) and 4(5)............. 21
    Notification and Publication of Decisions................................... 23
    Article 9(6).. 24
IV. Final remarks.. 24
    Annexes: Referral Charts.. 25

1. The purpose of this Notice is to describe in a general way the rationale underlying the case referral system in Articles 4(4), 4(5), 9 and 22 of the Council Regulation (EC) No 139/2004 of 20 January 2004[1] (hereafter »the Merger Regulation«), including the recent changes made to the system, to catalogue the legal criteria that must be fulfilled in order for referrals to be possible, and to set out the factors which may be taken into consideration when referrals are decided upon. The Notice also provides practical guidance regarding the mechanics of the referral system, in particular regarding the pre-notification referral mechanism provided for in Article 4(4) and (5) of the Regulation. The guidance provided in this notice applies, *mutatis mutandis*, to the referral rules contained in the EEA Agreement[2].

---

[1] O.J. 2004, L 24. This Regulation has recast Council Regulation (EEC) n° 4064/89 of 21 December 1989.
[2] See EEA Joint Committee Decision No 78/2004 of 4 June 2004.

I. Introduction

2. Community jurisdiction in the field of merger control is defined by the application of the turnover-related criteria contained in Articles 1(2) and 1(3)[3] of the Merger Regulation. When dealing with concentrations, the Commission and Member States do not have concurrent jurisdiction. Rather, the Merger Regulation establishes a clear division of competence. Concentrations with a »Community dimension«, i.e. those above the turnover thresholds in Article 1 of the Merger Regulation, fall within the exclusive jurisdiction of the Commission; Member States are precluded from applying national competition law to such concentrations by virtue of Article 21 of the Merger Regulation. Concentrations falling below the thresholds remain within the competence of the Member States; the Commission has no jurisdiction to deal with them under the Merger Regulation.

3. Determining jurisdiction exclusively by reference to fixed turnover-related criteria provides legal certainty for merging companies. While the financial criteria generally serve as effective proxies for the category of transactions for which the Commission is the more appropriate authority, Council Regulation 4064/89 complemented this »bright-line« jurisdictional scheme with a possibility for cases to be re-attributed by the Commission to Member States and vice versa, upon request and provided certain criteria are fulfilled.

4. When the Merger Regulation was first introduced, it was envisaged by the Council and Commission that case referrals would only be resorted to in »exceptional circumstances« and where »the interests in respect of competition of the Member State concerned could not be adequately protected in any other way«[4]. There have, however, been a number of developments since the adoption of the Merger Regulation. First, merger control laws have been introduced in almost all Member States. Second, the Commission has exercised its discretion to refer a number of cases to Member States pursuant to Article 9 in circumstances where it was felt that the Member State in question was in a better position to carry out the investigation than the Commission[5]. Likewise, in a number of cases[6], several Member States decided to make a joint referral of a case pursuant to Article 22 in circumstances where it was felt that the Commission was the authority in a better position to carry out the investigation[7]. Third, there has been an increase in the number of transactions not meeting the thresholds in Article 1 of the Merger Regulation and requiring to be filed in multiple EU Member State jurisdictions, a trend which is likely to continue in line with the EU's growing membership. Many of these transactions affect competition beyond the territories of individual Member States[8].

5. The revisions made to the referral system in the Merger Regulation were designed to facilitate the re-attribution of cases between the Commission and Member States, consistent with the principle of subsidiarity, so that the more appropriate authority or authorities for carrying out a particular merger investigation should in principle deal with the case. At the same time, the revisions were intended to preserve the basic features of the Community merger control

---

3 The jurisdictional criteria set out in Article 1(2) of Council Regulation (EEC) No. 4064/89 were supplemented in 1997 [Council Regulation 1310/97] by a more elaborate set of criteria designed to bring within the Regulation's scope transactions not covered by Article 1(2) but which nonetheless have a significant cross-border impact.
4 See the Notes on Council Regulation (EEC) 4064/89 [»Merger Control in the European union«, European Commission, Brussels-Luxembourg, 1998, at p. 54]. See also *Philips v The Commission* Case T-119/02 of 3 April 2003 [2003] ECR II-1433 (Case M.2621 *SEB/Moulinex*) at para. 354.
5 It is a fact that some concentrations of Community dimension affect competition in national or sub-national markets within one or more Member States.
6 M.2698 *Promatech/Sulzer*; M.2738 *GE/Unison*; M.3136 *GE/AGFA*.
7 In the same vein, Member States' competition authorities, in the context of the European Competition Authorities' association, have issued a recommendation designed to provide guidance as to the principles upon which national competition authorities should deal with cases eligible for joint referrals under Article 22 of the Merger Regulation – *Principles on the application, by National Competition Authorities within the ECA network, of Article 22 of the EC Merger Regulation*.
8 While the introduction of Article 1(3) in 1997 has brought some such cases under the jurisdiction of the Merger Regulation, many are unaffected. See para. 21 *et seq* of the Commission's Green Paper of 11 December 2001 [COM (2001)745 final].

system introduced in 1989, in particular the provision of a »one stop shop« for the competition scrutiny of mergers with a cross-border impact and an alternative to multiple merger control notifications within the EU[9]. Such multiple filings often entail considerable cost for competition authorities and businesses alike.

6. The case re-attribution system now provides that a referral may also be triggered before a formal filing has been made in any EU jurisdiction, thereby affording merging companies the possibility of ascertaining, at as early as possible a stage, where jurisdiction for scrutiny of their transaction will ultimately lie. Such prenotification referrals have the advantage of alleviating the additional cost, notably in terms of time delay, associated with post-filing referral.

7. The revisions made to the referral system in Council Regulation EC No. 139/2004 were motivated by a desire that it should operate as a jurisdictional mechanism which is flexible[10], but which at the same time ensures effective protection of competition and limits the scope for »forum shopping« to the greatest extent possible. However, having regard in particular to the importance of legal certainty, it should be stressed that referrals remain a derogation from the general rules which determine jurisdiction based upon objectively-determinable turnover thresholds. Moreover, the Commission and Member States retain a considerable margin of discretion in deciding whether to refer cases falling within their »original jurisdiction«, or whether to accept to deal with cases not falling within their »original jurisdiction«, pursuant to Articles 4(4), 4(5), 9(2)(a) and 22[11]. To that extent, the current Notice is intended to provide no more than general guidance regarding the appropriateness of particular cases or categories of cases for referral.

II. Referral of cases

Guiding principles

8. The system of merger control established by the Merger Regulation, including the mechanism for re-attributing cases between the Commission and Member States contained therein, is consistent with the principle of subsidiarity enshrined in the EC Treaty[12]. Decisions taken with regard to the referral of cases should accordingly take due account of all aspects of the application of the principle of subsidiarity in this context, in particular the suitability of a concentration being examined by the authority more appropriate for carrying out the investigation, the benefits inherent in a »one-stop-shop« system, and the importance of legal certainty with regard to jurisdiction[13]. These factors are inter-linked and the respective weight placed upon each of them will depend upon the specificities of a particular case. Above all, in considering whether or not to exercise their discretion to make or accede to a referral, the Commission and Member States should bear in mind the need to ensure effective protection of competition in all markets affected by the transaction[14].

---

9 See Recitals 11, 12 and 14 to the Merger Regulation.
10 See Recital 11 to the Merger Regulation.
11 See, however, *infra*, footnote 14. It should moreover be noted that, pursuant to Article 4(5), the Commission has no discretion as to whether or not to accept a case not falling within its original jurisdiction.
12 See Article 5 EC Treaty.
13 See Recitals 11 and 14 to the Merger Regulation.
14 See Article 9(8) of the Merger Regulation; see also *Philips v The Commission* (para. 343) where the CFI states that »... although the first sub-paragraph of Article 9(3) of Regulation No. 4064/89 confers on the Commission broad discretion as to whether or not to refer a concentration, it cannot decide to make such a referral if, when the Member State's request for referral is examined, it is clear, on the basis of a body of precise and coherent evidence, that such a referral cannot safeguard effective competition on the relevant market.«; see also T-346/02 and T-347/02 *Cableuropa SA v The Commission* of 30 September 2003 (para. 215). Circumstances relevant for the purpose of the Commission assessment include, *inter alia*, the fact that a Member State: i) has specific laws for the control of concentrations on competition grounds and specialised bodies to ensure that these laws are implemented under the supervision of the national courts; ii) has accurately identified the competition concerns raised by the concentration on the relevant markets in that Member State (see paras. 346–347 of *Philips v Commission*, cited above).

Anhang 9

More appropriate authority

9. In principle, jurisdiction should only be re-attributed to another competition agency in circumstances where the latter is the more appropriate for dealing with a merger, having regard to the specific characteristics of the case as well as the tools and expertise available to the agency. Particular regard should be had to the likely locus of any impact on competition resulting from the merger. Regard may also be had to the implications, in terms of administrative effort, of any contemplated referral[15].

10. The case for re-attributing jurisdiction is likely to be more compelling where it appears that a particular transaction may have a significant impact on competition and thus may deserve careful scrutiny.

One-stop-shop

11. Decisions on the referral of cases should also have regard to the benefits inherent in a »one-stop-shop«, which is at the core of the Merger Regulation[16]. The provision of a one-stop-shop is beneficial to competition authorities and businesses alike. The handling of a merger by a single competition agency normally increases administrative efficiency, avoiding duplication and fragmentation of enforcement effort as well as potentially incoherent treatment (regarding investigation, assessment and possible remedies) by multiple authorities. It normally also brings advantages to businesses, in particular to merging firms, by reducing the costs and burdens arising from multiple filing obligations and by eliminating the risk of conflicting decisions resulting from the concurrent assessment of the same transaction by a number of competition authorities under diverse legal regimes.

12. Fragmentation of cases through referral should therefore be avoided where possible[17], unless it appears that multiple authorities would be in a better position to ensure that competition in all markets affected by the transaction is effectively protected. Accordingly, while partial referrals are possible under Articles 4(4) and 9, it would normally be appropriate for the whole of a case (or at least all connected parts thereof) to be dealt with by a single authority[18].

Legal certainty

13. Due account should also be taken of the importance of legal certainty regarding jurisdiction over a particular concentration, from the perspective of all concerned[19]. Accordingly, referral should normally only be made when there is a compelling reason for departing from »original jurisdiction« over the case in question, particularly at the post-notification stage. Similarly, if a referral has been made prior to notification, a post-notification referral in the same case should be avoided to the greatest extent possible[20].

14. The importance of legal certainty should also be borne in mind with regard to the legal criteria for referral, and particularly – given the tight deadlines – at the prenotification stage.

---

15 This may involve consideration of the relative cost, time delay, legal uncertainty and the risk of conflicting assessment which may be associated with the investigation, or a part of the investigation, being carried out by multiple authorities.
16 See Recital 11 of the Merger Regulation.
17 The CFI in *Philips v The Commission* took the view, *obiter dictum*, that »fragmentation« of cases, while possible as a result of the application of Article 9, is »undesirable in view of the ›one-stop-shop‹ principle on which Regulation 4064/89 is based«. Moreover, the CFI, while recognising that the risk of »inconsistent, or even irreconcilable« decisions by the Commission and Member States« is inherent in the referral system established by Article 9«, made it clear that this is not, in its view, desirable. (See paras. 350 and 380).
18 This is consistent with the Commission's decision in cases M.2389 *Shell/DEA* and M.2533 *BP/E.ON* to refer to Germany all of the markets for downstream oil products. The Commission retained the parts of the cases involving upstream markets. Likewise, in M.2706 *P&O Princess/Carnival*, the Commission exercised its discretion not to refer a part of the case to the UK, because it wished to avoid a fragmentation of the case (See Commission press release of 11/04/2002, IP/02/552).
19 See Recital 11 of the Merger Regulation.
20 See Recital 14 to the Merger Regulation. This is of course subject to the parties having made a full and honest disclosure of all relevant facts in their request for a pre-filing referral.

Accordingly, pre-filing referrals should in principle be confined to those cases where it is relatively straightforward to establish, from the outset, the scope of the geographic market and/or the existence of a possible competitive impact, so as to be able to promptly decide upon such requests.

Case referrals: legal requirements and other factors to be considered

Pre-notification referrals

15. The system of pre-notification referrals is triggered by a reasoned submission lodged by the parties to the concentration. When contemplating such a request, the parties to the concentration are required, first, to verify whether the relevant legal requirements set out in the Merger Regulation are fulfilled, and second, whether a pre-notification referral would be consistent with the guiding principles outlined above.

Referral of cases by the Commission to Member States under Article 4(4)

Legal requirements

16. In order for a referral to be made by the Commission to one or more Member States pursuant to Articles 4(4), two legal requirements must be fulfilled. There must:
    i) first, be indications *that the concentration may significantly affect competition* in a market/s, and
    ii) second, the market/s in question must be within a Member State and *present all the characteristics of a distinct market*.

17. As regards the *first criterion*, the requesting parties are in essence required to demonstrate that the transaction is liable to have a potential impact on competition on a distinct market in a Member State, which may prove to be significant, thus deserving close scrutiny. Such indications may be no more than preliminary in nature, and would be without prejudice to the outcome of the investigation. While the parties are not required to demonstrate that the effect on competition is likely to be an adverse one[21], they should point to indicators which are generally suggestive of the existence of some competitive effects stemming from the transaction[22].

18. As regards the *second criterion*, the requesting parties are required to show that a geographic market/s in which competition is affected by the transaction in the manner just described is/are national, or narrower than national in scope[23].

Other factors to be considered

19. Other than verification of the legal requirements, in order to anticipate to the greatest extent possible the likely outcome of a referral request, merging parties contemplating a request should also consider whether referral of the case is likely to be considered appropriate. This will involve an examination of the application of the guiding principles referred to above, and in particular whether the competition authority or authorities to which they are contemplating requesting the referral of the case is the most appropriate authority for dealing with the case. To this end, consideration should be given in turn both to the likely

---

21 See Recital 16, which states that »the undertakings concerned should not ... be required to demonstrate that the effects of the concentration would be detrimental to competition«.
22 The existence of »affected markets« within the meaning of Form RS would generally be considered sufficient to meet the requirements of Article 4(4). However, the parties can point to any factors which may be relevant for the competitive analysis of the case (market overlap, vertical integration, etc).
23 To this end, the requesting parties should consider those factors which are typically suggestive of national or narrower than national markets, such as, primarily, the product characteristics (e.g. low value of the product as opposed to significant costs of transport), specific characteristics of demand (e.g. end consumers sourcing in proximity of their centre of activity) and supply, significant variation of prices and market shares across countries, national consumers habits, different regulatory frameworks, taxation or other legislation. Further guidance can be found in the Commission notice on the definition of the relevant market for the purposes of Community competition law (OJ C 372, 9. 12. 1997, p. 5).

locus of the competitive effects of the transaction and to how appropriate the national competition authority (NCA) would be for scrutinising the operation.
20. Concentrations with a Community dimension which are likely to affect competition in markets that have a national or narrower than national scope, and which effects are likely to be confined to, or have their main economic impact in, a single Member State[24], are the most appropriate candidate cases for referral to that Member State. This applies in particular to cases where the impact would occur on a distinct market which does not constitute a substantial part of the common market. To the extent that referral is made to one Member State only, the benefit of a »one-stop shop« is also preserved.
21. The extent to which a concentration with a Community dimension which, despite having a potentially significant impact on competition in a nation-wide market, nonetheless potentially engenders substantial cross-border effects (e.g. because the effects of the concentration in one geographic market may have significant repercussions in geographic markets in other Member States, or because it may involve potential foreclosure effects and consequent fragmentation of the common market[25]), may be an appropriate candidate for referral will depend on the specific circumstances of the case. As, under such circumstances, both the Commission and Member States may be equally well equipped or be in an equally good position to deal with such cases, a considerable margin of discretion should be retained in deciding whether or not to refer such cases.
22. The extent to which concentrations with a Community dimension, and potentially affecting competition in a series of national or narrower than national markets in more than one Member State, may be appropriate candidates for referral to Member States will depend on factors specific to each individual case, such as the number of national markets likely to be significantly affected, the prospect of addressing any possible concerns by way of proportionate, nonconflicting remedies, and the investigative efforts that the case may require. To the extent that a case may engender competition concerns in a number of Member States, and require coordinated investigations and remedial action, this may militate in favour of the Commission retaining jurisdiction over the entirety of the case in question[26]. On the other hand, to the extent that the case gives rise to competition concerns which, despite involving national markets in more than one Member State, do not appear to require coordinated investigation and/or remedial action, a referral may be appropriate. In a limited number of cases[27], the Commission has even found it appropriate to refer a concentration to more than one Member State, in view of the significant differences in competitive conditions that characterised the affected markets in the Member States concerned. While fragmentation of the treatment of a case deprives the merging parties of the benefit of a one-stop-shop in such cases, this consideration is less pertinent at the pre-notification stage, given that the referral is triggered by a voluntary request from the merging parties.

---

24 See, for example, the Commission's referral of certain distinct oil storage markets for assessment by the French authorities in Cases M.1021 *Compagnie Nationale de Navigation-SOGELF*, M.1464 *Total/Petrofina*, and Case M.1628 *Totalfina/Elf Aquitaine*, Case M.1030 *Lafarge/Redland*, Case M.1220 *Alliance Unichem/Unifarma*, Case M.2760 *Nehlsen/Rethmann/SWB/Bremerhavener Energiewirtschaft*, and Case M.2154 *C3D/Rhone/Go-ahead*; Case M.2845 *Sogecable/Canal Satelite Digital/Vias Digital*.
25 See Case M.580 *ABB/Daimler Benz*, where the Commission did not accede to Germany's request for referral of a case under Article 9 in circumstances where, while the competition concerns were confined to German markets, the operation (which would create the largest supplier of railway equipment in the world) would have significant repercussions throughout Europe. See also Case M.2434 *Hidroelectrica del Cantabrico/EnBW/Grupo Vilar Mir*, where, despite a request by Spain to have the case referred under Article 9, the Commission pursued the investigation and adopted an Article 8(2) decision.
26 For some examples, see M.1383 *Exxon/Mobil*, where the Commission, despite the UK request to have the part of the concentration relating to the market for motor fuel retailing in North west of Scotland referred to it, pursued the investigation as the case required a single and coherent remedy package designed to address all the problematic issues in the sector concerned; see also M.2706 *P&O Princess/Carnival*, where, despite the fact that the UK authorities were assessing a rival bid by Royal Caribbean, the Commission did not accede to a request for a partial referral, so as to avoid a fragmentation of the case and secure a single investigation of the various national markets affected by the operation.
27 See M. 2898, *Le Roy Merlin/Brico*, M.1030, *Redland/Lafarge*, M. 1684, *Carrefour/Promodes*.

23. Consideration should also, to the extent possible, be given to whether the national competition authority or authorities to which referral of the case is contemplated may possess specific expertise concerning local markets[28], or is examining, or about to examine, another transaction in the sector concerned[29].

Referral of cases from Member States to the Commission under Article 4(5)

Legal requirements

24. Under Article 4(5), only two legal requirements must be met in order for the parties to the transaction to request the referral of the case to the Commission: the transaction must be a concentration within the meaning of Article 3 of the Merger Regulation, and the concentration must be *capable of being reviewed under the national competition laws for the control of mergers of three or more Member States.* (See also paras. 65 et seq and 70 et seq.)

Other factors to be considered

25. Other than verification of the legal requirements, in order to anticipate to the greatest extent possible the likely outcome of a referral request, merging parties contemplating a request should also consider whether referral of the case is likely to be considered appropriate. This will involve an examination of the application of the guiding principles referred to above, and in particular whether the Commission is the more appropriate authority for dealing with the case.

26. In this regard, Recital 16 to the Merger Regulation makes it clear that requests for pre-notification referral to the Commission would be particularly pertinent in situations where the concentration would affect competition beyond the territory of one Member State. Particular consideration should therefore be given to the likely locus of any competitive effects resulting from the transaction, and to how appropriate it would be for the Commission to scrutinise the operation.

27. It should in particular be assessed whether the case is genuinely cross-border in nature, having regard to elements such as its likely effects on competition and the investigative and enforcement powers likely to be required to address any such effects. In this regard, particular consideration should be given to whether the case is liable to have a potential impact on competition in a market/s affected by the concentration. In any case, indications of possible competitive impact may be no more than preliminary in nature[30], and would be without

---

28 In Case M.330 *MacCormick/CPC/Rabobank/Ostmann*, the Commission referred a case to Germany, because it was better placed to investigate local conditions in 85,000 sales points in Germany; a referral to the Netherlands was made in Case M.1060 *Vendex/KBB*, because it was better placed to assess local consumer tastes and habits; See also Case M.1555 *Heineken/Cruzcampo*, Case M.2621 *SEB/Moulinex* (where consumer preferences and commercial and marketing practice swere specific to the French market); Case M.2639 *Compass/Restorama/Rail Gourmet/Gourmet*, and Case M.2662 *Danish-Crown/Steff-Houlberg*.

29 In Case M.716 *Gehe/Lloyds Chemists*, for example, the Commission referred a case because Lloyds was also subject to another bid not falling under ECMR thresholds but being scrutinised by the UK authorities: the referral allowed both bids to be scrutinised by the same authority; In M.1001/M.1019 *Preussag/Hapag-Lloyd/TUI*, a referral was made to Germany of two transactions, which together with a third one notified in Germany, would present competition concerns: the referral ensured that all three operations were dealt with in like manner; In case M.2044 *Interbrew/Bass*, the Commission referred the case to the UK authorities, because they were at the same time assessing Interbrew's acquisition of another brewer, Whitbread, and because of their experience in recent investigations in the same markets; Similarly, see also Cases M.2760 *Nehlsen/Rethmann/SWB/Bremerhavener Energiewirtschaft*, M.2234 *Metsalilitto Osuuskunta/Vapo Oy/JV*, M.2495 *Haniel/Fels*, M.2881 *Koninklijke BAM NBM/HBG*, and M.2857/M.3075–3080 *ECS/IEH* and six other acquisitions by Electrabel of local distributors. In M.2706 *P&O Princess/Carnival*, however, despite the fact that the UK authorities were already assessing a rival bid by Royal Caribbean, the Commission did not accede to a request for a partial referral. The Commission had identified preliminary competition concerns in other national markets affected by the merger and thus wished to avoid a fragmentation of the case (See Commission press release of 11/04/2002, IP/02/552).

30 The existence of »affected markets« within the meaning of Form RS would generally be considered sufficient. However, the parties can point to any factors which may be relevant for the competitive analysis of the case (market overlap, vertical integration, etc).

prejudice to the outcome of the investigation. Nor would it be necessary for the parties to demonstrate that the effect on competition is likely to be an adverse one.

28. Cases where the market/s in which there may be a potential impact on competition is/are wider than national in geographic scope[31], or where some of the potentially affected markets are wider than national and the main economic impact of the concentration is connected to such markets, are the most appropriate candidate cases for referral to the Commission. In such cases, as the competitive dynamics extend over territories reaching beyond national boundaries, and may consequently require investigative efforts in several countries as well as appropriate enforcement powers, the Commission is likely to be in the best position to carry out the investigation.

29. The Commission may be more appropriately placed to treat cases (including investigation, assessment and possible remedial action) that give rise to potential competition concerns in a series of national or narrower than national markets located in a number of different countries in the EU[32]. The Commission is likely to be in the best position to carry out the investigation in such cases, given the desirability of ensuring consistent and efficient scrutiny across the different countries, of employing appropriate investigative powers, and of addressing any competition concerns by way of coherent remedies.

30. – Similarly to what has been said above in relation to Article 4(4), the appropriateness of referring concentrations which, despite having a potentially significant impact on competition in a nation-wide market, nonetheless potentially engender substantial cross-border effects, will depend on the specific circumstances of the case. As, under such circumstances, both the Commission and Member States may be in an equally good position to deal with such cases, a considerable margin of discretion should be retained in deciding whether or not to refer such cases.

31. Consideration should also, to the extent possible, be given to whether the Commission is particularly well equipped to properly scrutinise the case, in particular having regard to factors such as specific expertise, or past experience in the sector concerned. The greater a merger's potential to affect competition beyond the territory of one Member State, the more likely it is that the Commission will be better equipped to conduct the investigation, particularly in terms of fact finding and enforcement powers.

32. Finally, the parties to the concentration might submit that, despite the apparent absence of an effect on competition, there is a compelling case for having the operation treated by the Commission, having regard in particular to factors such as the cost and time delay involved in submitting multiple Member State filings[33].

Post-notification referrals

Referrals from the Commission to Member States pursuant to Article 9

33. Under Article 9 there are two options for a Member State wishing to request referral of a case following its notification to the Commission: Articles 9(2)a and 9(2)b respectively.

Article 9(2)a

Legal requirements

34. In order for a referral to be made to a Member State or States pursuant to Article *9(2) a*, the following legal requirements must be fulfilled. The concentration must:

---

[31] See the joint referral by seven Member States to the Commission of a transaction affecting worldwide markets in M.2738 *GE/Unison*, and the joint referral by seven Member States to the Commission of a transaction affecting a Western European market in M.2698 *Promatech/Sulzer*; See also *Principles on the application, by National Competition Authorities within the ECA network, of Article 22 of the EC Merger Regulation*, a paper published by the European Competition Authorities (ECA), at para. 11.

[32] This may, for example, be the case in relation to operations where the affected markets, while national (or even narrower than national in scope for the purposes of a competition assessment), are nonetheless characterised by common Europe-wide or world-wide brands, by common Europe-wide or world-wide intellectual property rights, or by centralised manufacture or distribution – at least to the extent that such centralised manufacture or distribution would be likely to impact upon any remedial measures.

[33] See Recitals 12 and 16 of the Merger Regulation.

i) *threaten to affect significantly competition in a market*, and
ii) the market in question must be *within the requesting Member State, and present all the characteristics of a distinct market.*

35. As regards the *first criterion*, in essence a requesting Member State is required to demonstrate that, based on a preliminary analysis, there is a real risk that the transaction may have a significant adverse impact on competition, and thus that it deserves close scrutiny. Such preliminary indications may be in the nature of *prima facie* evidence of such a possible significant adverse impact, but would be without prejudice to the outcome of a full investigation.

36. As regards the *second criterion*, the Member State is required to show that a geographic market/s in which competition is affected by the transaction in the manner just described is/are national, or narrower than national in scope[34].

Other factors to be considered

37. Other than verification of the legal requirements, other factors should also be considered in assessing whether referral of a case is likely to be considered appropriate. This will involve an examination of the application of the guiding principles referred to above, and in particular whether the competition authority or authorities requesting the referral of the case is/are in the best position to deal with the case. To this end, consideration should be given in turn both to the likely locus of the competitive effects of the transaction and to how well equipped the national competition authority would be to scrutinise the operation. (See above at paras. 19–23)

Article 9(2)b

Legal requirements

38. In order for a referral to be made to a Member State or States pursuant to Article *9(2) b*, the following legal requirements must be fulfilled. The concentration must:
i) *affect competition in a market*, and
ii) the market in question must be *within the requesting Member State, present all the characteristics of a distinct market, and not constitute a substantial part of the common market.*

39. As regards the *first criterion*, a requesting Member State is required to show, based on a preliminary analysis, that the concentration is liable to have an impact on competition in a market. Such preliminary indications may be in the nature of *prima facie* evidence of a possible adverse impact, but would be without prejudice to the outcome of a full investigation.

40. As to the *second criterion*, a requesting Member State is required to show not only that the market in which competition is affected by the operation in the manner just described constitutes a distinct market within a Member State, but also that the market in question does not constitute a substantial part of the common market. In this respect, based on the past practice and case-law[35], it appears that such situations are generally limited to markets with a narrow geographic scope, within a Member State.

---

34 See Commission notice on the definition of the relevant market for the purposes of Community competition law (OJ C 372, 9.12.1997, p. 5).

35 See Commission referrals granted under Article 9(2)b in: M.2446, *Govia/Connex South Central*, where the operation affected competition on specific railway routes in the London/Gatwick-Brighton area in the UK; in M.2730, *Connex/DNVBVG*, where the transaction affected competition in local public transport services in the Riesa area (Saxony, Germany); and in M. 3130, *Arla Foods/Express Diaries*, where the transaction affected competition in the market for the supply of bottled milk to doorstep deliverers in the London, Yorkshire and Lancashire regions of the UK. For the purpose of defining the notion of a nonsubstantial part of the common market, some guidance can also be found in the case-law relating to the application of Article 82 EC Treaty. In that context, the Court of Justice has articulated quite a broad notion of what may constitute a substantial part of the common market, resorting *inter alia* to empirical evidence. In the case-law there can be found, for instance, indications essentially based on practical criteria such as »the pattern and volume of the production and consumption of the said product as well as the habits and economic opportunities of vendors and purchasers«, See Case 40/73, *Suiker Unie/Commission*, 1975, ECR 1663. See also Case C-179/90, *Porto di Genova*,

Anhang 9

41. If these conditions are met, the Commission has an obligation to refer the case.

Referrals from Member States to the Commission pursuant to Article 22

Legal requirements

42. In order for a referral to be made by a Member State/s to the Commission pursuant to Article 22, two legal requirements must be fulfilled as pre-conditions. The concentration must:
    i) first, *affect trade between Member States*, and
    ii) second, it must *threaten to significantly affect competition within the territory of the Member State or States making the request.*
43. As to the *first criterion*, a concentration fulfills this requirement to the extent that it is liable to have some discernible influence on the pattern of trade between Member States[36].
44. As to the *second criterion*, as under Article 9(2)a, a referring Member State or States is/are required in essence to demonstrate that, based on a preliminary analysis, there is a real risk that the transaction may have a significant adverse impact on competition, and thus that it deserves close scrutiny. Such preliminary indications may be in the nature of *prima facie* evidence of such a possible significant adverse impact, but would be without prejudice to the outcome of a full investigation.

Other factors to be considered

45. As post-notification referrals to the Commission may entail additional cost and time delay for the merging parties, they should normally be limited to those cases which appear to present a real risk of negative effects on competition and trade between Member States, and where it appears that these would be best addressed at the Community level[37]. The categories of cases normally most appropriate for referral to the Commission pursuant to Article 22 are accordingly the following:
    – Cases which give rise to serious competition concerns in a market/s which is/are wider than national in geographic scope, or where some of the potentially affected markets are wider than national, and where the main economic impact of the concentration is connected to such markets.
    – Cases which give rise to serious competition concerns in a series of national or narrower than national markets located in a number of countries of the EU, in circumstances where coherent treatment of the case (regarding possible remedies, but also, in appropriate cases, the investigative efforts as such) is considered desirable, and where the main economic impact of the concentration is connected to such markets.

1991, ECR 5889, where the Port of Genova was considered as constituting a substantial part of the common market. In its caselaw the Court has also stated that a series of separate markets may be regarded as together constituting a substantial part of the common market. See, for example, Case C-323/93, *Centre d'insémination de la Crespelle*, par. 17, where the Court stated »In this case, by making the operation of the insemination centres subject to authorization and providing that each centre should have the exclusive right to serve a defined area, the national legislation granted those centres exclusive rights. By thus establishing, in favour of those undertakings, a contiguous series of monopolies territorially limited but together covering the entire territory of a Member State, those national provisions create a dominant position, within the meaning of Article 86 of the Treaty, in a substantial part of the common market«.

36 See also, by analogy, the Commission Notice on the notion of effect on trade concept contained in Articles 81 and 82 of the Treaty (*Official Journal* C 101, 27.04.2004, pages 81–96).

37 See the joint referral by seven Member States to the Commission of a transaction affecting worldwide markets in M.2738 *GE/Unison*, and the joint referral by seven Member States to the Commission of a transaction affecting a Western European market in M.2698 *Promatech/Sulzer*; See also *Principles on the application, by National Competition Authorities within the ECA network, of Article 22 of the EC Merger Regulation*, a paper published by the European Competition Authorities (ECA), at para. 11.

III. Mechanics of the referral system

A. *Overview of the referral system*

46. The Merger Regulation sets out the relevant legal rules for the functioning of the referral system. The rules contained in Articles 4(4), 4(5), 9 and 22 set out in detail the various steps required for a case to be referred from the Commission to Member States and vice versa.

47. Each of the four relevant referral provisions establishes a self-contained mechanism for the referral of a given category of concentration. The provisions can be categorised in the following way:
    - Pre-notification referrals:
        - From the Commission to Member States (Article 4(4))
        - From Member States to the Commission (Article 4(5))
    - Post-notification referrals:
        - From the Commission to Member States (Article 9)
        - From Member States to the Commission (Article 22)

48. The flowcharts attached as Annex I to this Notice describe in graphical form the various procedural steps to be followed in the referral mechanism set out by Articles 4(4), 4(5), 9 and 22.

Pre-notification referrals

49. Pre-notification referrals can only be requested by the undertakings concerned[38]. It is for the undertakings concerned to verify whether the concentration meets the criteria specified in Articles 4(4) (that the concentration has a Community dimension but may significantly affect competition in a distinct market within a Member State) or 4(5) (that the concentration does not have a Community dimension but is capable of being reviewed under the national competition laws of at least three Member States) are met. The undertakings concerned may then decide to request a referral to or from the Commission by submitting a reasoned request on Form RS. The request is transmitted without delay by the Commission to all Member States. The remainder of the process differs under Articles 4(4) and 4(5).
    - Under Article 4(4), the Member State/s concerned[39] have 15 working days from the date they receive the submission within which they can express agreement or disagreement with the request. Silence on the part of a Member State is deemed to constitute agreement[40]. If the Member State or States concerned agrees to the referral, the Commission has an additional period of approximately 10 working days (25 working days from the date the Commission received Form RS) in which it may decide to refer the case. Silence on the part of the Commission is deemed to constitute assent. If the Commission assents, the case (or part/s thereof) is referred to one or more Member States as requested by the undertakings concerned. If the referral is made, the Member State concerned applies its national law to the referred part of the case[41]. Articles 9(6)–9(9) apply.

---

[38] The term »undertakings concerned« includes »persons« within the meaning of Article 3(1)(b).

[39] The Member State or States concerned are the ones identified in Form RS to which the case will be referred if the request is granted.

[40] This mechanism is an essential feature of all referral procedures set out in the Merger Regulation. The mechanism may be termed »positive silence« or non-opposition: that is to say that failure to take a decision on the part of the Commission or a Member State will be deemed to constitute the taking of a positive decision. This mechanism was already a feature of Regulation 4064/89 in its Article 9(5). It is now included in Articles 4(4) (second and fourth sub-paragraphs), 4(5) (fourth sub-paragraph), 9(5), 22(3) first sub-paragraph, last sentence. The positive silence mechanism is, however, not applicable with regard to decisions by Member States to join a request under Article 22(2).

[41] Article 4(4) allows merging parties to request partial or full referrals. The Commission and Member States must either accede to or refuse the request, and may not vary its scope by, for example, referring only a part of case when a referral of the whole of the case had been requested. In the case of a partial referral, the Member State concerned will apply its national competition law to the referred part of the case. For the remainder of the case, the Merger Regulation will continue to apply in the normal way, that is the undertakings con-

- Under Article 4(5), the Member States concerned[42] have 15 working days from the date they receive the submission within which they can express agreement or disagreement with the request. At the end of this period, the Commission checks whether any Member State competent to examine the concentration under its national competition law has expressed disagreement. If there is no expression of disagreement by any such competent Member State, the case is deemed to acquire a Community dimension and is thus referred to the Commission which has exclusive jurisdiction over it. It is then for the parties to notify the case to the Commission, using Form CO. On the other hand, if one or more competent Member States has/have expressed its/their disagreement, the Commission informs all Member States and the undertakings concerned without delay of any such expression of disagreement and the referral process ends. It is then for the parties to comply with any applicable national notification rules.

Post-notification referrals

50. Pursuant to Articles 9(2) and 22(1), post-notification referrals are triggered by Member States either on their own initiative or following an invitation by the Commission pursuant to Articles 9(2) and 22(5). The procedures differ according to whether the referral is from or to the Commission.
    - Under Article 9, a Member State may request that the Commission refer to it a concentration with Community dimension, or a part thereof, which has been notified to the Commission and which threatens to significantly affect competition within a distinct market within that Member State (Article 9(2)(a)), or which affects such a distinct market not constituting a substantial part of the common market (Article 9(2)(b)). The request must be made within 15 working days from the date the Member State received a copy of Form CO. The Commission must first verify whether those legal criteria are met. It may then decide to refer the case, or a part thereof, exercising its administrative discretion. In the case of a referral request made pursuant to Article 9(2)(b), the Commission must (i.e. has no discretion) make the referral if the legal criteria are met. The decision must be taken within 35 working days from notification or, where the Commission has initiated proceedings, within 65 working days[43]. If the referral is made, the Member State concerned applies its own national competition law, subject only to Article 9(6) and 9(8).
    - Under Article 22, a Member State may request that the Commission examine a concentration which has no Community dimension but which affects trade between Member States and threatens to significantly affect competition within its territory. The request must be made within 15 working days from the date of national notification or, where no notification is required, the date when the concentration was »made known«[44] to the Member State concerned. The Commission transmits the request to all Member States. Any other Member State/s can decide to join the request[45] within a period of 15 working

---

cerned will be obliged to make a notification of the non-referred part of the concentration on Form CO pursuant to Article 4(1) of the Merger Regulation. By contrast, if the whole of the case is referred to a Member State, Article 4(4) final subparagraph specifies that there will be no obligation to notify the case also to the Commission. The case will thus not be examined by the Commission. The Member State concerned will apply its national law to the whole of the case; no other Member State can apply national competition law to the concentration in question.

42 i.e. those that would be competent to review the case under their national competition law in the absence of a referral. For the concept of »competent to review the case«, see section B5 below.

43 As regards cases where the Commission takes preparatory steps within 65 working days, see Article 9(4) b and 9(5).

44 The notion of »made known«, derived from the wording of Article 22, should in this context be interpreted as implying sufficient information to make a preliminary assessment as to the existence of the criteria for the making of a referral request pursuant to Article 22.

45 It should be noted that Article 22 enables a Member State to join the initial request even if the concentration has not yet been notified to it. However, Member States may be unable to do so if they have not yet received the necessary information from the merging parties at the time of being informed by the Commission that a

days from the date it received a copy of the initial request. All national time limits relating to the concentration are suspended until it has been decided where it will be examined; a Member State can re-start the national time limits before the expiry of the 15 working day period by informing the Commission and the merging parties that it does not wish to join the request. At the latest 10 working days following this 15 working day period, the Commission must decide whether to accept the case from the requesting Member State/s. If the Commission accepts jurisdiction, national proceedings in the referring Member State/s are terminated and the Commission examines the case pursuant to Article 22(4) of the Merger Regulation on behalf of the requesting State/s[46]. Non-requesting States can continue to apply national law.

51. The following section of the Notice focuses on a number of detailed elements of the system with the aim in particular of providing further guidance to undertakings contemplating making requests at the pre-notification stage, or who may be party to transactions subject to the possibility of post-notification referral.

B. *Details of the referral mechanism*

52. This section of the Notice provides guidance regarding certain aspects of the functioning of the referral system set out in Articles 4(4), 4(5), 9 and 22 of the Merger Regulation.

1. **The network of competition authorities**

53. The Commission carries out the procedures set out in the Merger Regulation in close and constant liaison with the competent authorities of the Member States (National Competition Authorities, or »NCAs«) as provided in Article 19(2) of the Merger Regulation. Co-operation and dialogue between the Commission and the NCAs, and between the NCAs themselves, is particularly important in the case of concentrations which are subject to the referral system set out in the Merger Regulation.

54. According to Recital 14 to the Merger Regulation, the Commission and the NCAs form together a network of public authorities, applying their respective competences in close co-operation using efficient arrangements for information sharing and consultation with a view to ensuring that a case is dealt with by the most appropriate authority, in the light of the principle of subsidiarity, and with a view to ensuring that multiple notifications of a given concentration are avoided to the greatest extent possible.

55. The network should ensure the efficient re-attribution of concentrations according to the principles described in section II above. This involves facilitating the smooth operation of the pre-notification referral mechanism, as well as providing, to the extent foreseeable, a system whereby potential post-notification referral requests are identified as soon as possible[47].

---

referral request has been lodged by another Member State. Notwithstanding the Member State's ability to contact the merging parties in order to verify whether they are competent to review any particular transaction, the notifying parties are therefore strongly encouraged to file, where feasible, their notification to all competent Member States simultaneously.

46 Where the Commission examines a concentration on behalf of one or more Member States pursuant to Article 22, it can adopt all the substantive decisions provided for in Articles 6 and 8 of the ECMR. This is established in Article 22(4) of the Merger Regulation. It is to be noted that the Commission examines the concentration upon the request of and on behalf of the requesting Member States. The Article should therefore be interpreted as requiring the Commission to examine the impact of the concentration within the territory of those Member States. The Commission will not examine the effects of the concentration in the territory of Member States which have not joined the request unless this examination is necessary for the assessment of the effects of the concentration within the territory of the requesting Member States (e.g. where the geographic market extends beyond the territory/ies of the requesting Member State/s).

47 Advance knowledge of the possibility of a referral request might, for example, be taken into account by the Commission in deciding not to accede to a request for derogation from the suspensive effect pursuant to Article 7(3) of the Merger Regulation.

56. Pursuant to Articles 4(4) and 4(5), the Commission transmits reasoned requests made by the undertakings concerned »without delay«[48]. The Commission will endeavour to transmit such documents within one working day from the day they are received or issued. Information within the network will be exchanged by various means, depending on the circumstances: e-mail, surface mail, courier, fax, telephone. It should be noted that for sensitive information or confidential information exchanges will be carried out by secure e-mail or by any other protected means of communication between these contact points.
57. All members of the network, including both the Commission and all NCAs, their officials and other servants, and other persons working under the supervision of these authorities as well as officials and civil servants of other authorities of the Member States, will be bound by the professional secrecy obligations set out in Article 17 of the Merger Regulation. They shall not disclose non-public information they have acquired through the application of the Merger Regulation, unless the natural or legal person who provided that information has consented to its disclosure.
58. Consultations and exchanges within the network is a matter between public enforcement agencies and do not alter any rights or obligations arising from Community or national law for companies. Each competition authority remains fully responsible for ensuring that due process is observed in the cases it deals with.

2. Triggering the pre-notification referral system; information to be provided by the requesting parties

59. For the referral system to work swiftly and smoothly, it is crucial that the requesting parties, provide, whenever required, complete and accurate information in a timely fashion and in the most efficient way possible. Legal requirements as to what information needs to be provided and the consequences of providing incorrect, incomplete or misleading information are set out in the Merger Regulation, the Merger Implementing Regulation and Form RS[49].
60. As specified in Form RS, all information submitted in a reasoned submission must be correct and complete. If parties submit incorrect or incomplete information, the Commission has the power to either adopt a decision pursuant to Article 6(1)(a) of the Merger Regulation (where failure to fulfill the conditions of Article 4(5) comes to its attention during the course of the investigation), or to revoke any Article 6 or 8 decision it adopts following an Article 4(5) referral, pursuant to Article 6(3)(a) or 8(6)(a) of the Merger Regulation. Following the adoption of a decision pursuant to Article 6(1)(a) or following revocation, national competition laws would once again be applicable to the transaction. In the case of referrals under Article 4(4) made on the basis of incorrect or incomplete information, the Commission may require a notification pursuant to Article 4(1). In addition, the Commission has the power to impose fines under Article 14(1)(a) of the Merger Regulation. Finally, parties should also be aware that, if a referral is made on the basis of incorrect or incomplete information included in Form RS, the Commission and/or the Member States may consider making a post-notification referral reversing a pre-notification referral based on such incorrect or incomplete information[50].
61. When providing information on Form RS or generally in making a request for a pre-notification referral, it is not envisaged or necessary for the undertakings concerned to show that their concentration will lead to detrimental effects on competition[51]. They should, however, provide as much information as possible showing clearly in what way the concentration

---

48 It should be noted that, as provided for in Article 19(1) of the Merger Regulation, the Commission is also under an obligation to transmit to the NCAs copies of notifications and of the most important documents lodged with or issued by the Commission.
49 Form RS is annexed to the Merger Implementing Regulation No 802/2004 of 7 April 2004, OJ 2004, L 133.
50 This would be the appropriate »remedy« where the requesting parties have submitted incorrect or incomplete information not affecting fulfilment of the conditions of Article 4(5), which comes to the Commission's attention during the course of the investigation.
51 See Recital 16 to the Merger Regulation.

meets the relevant legal criteria set out in Articles 4(4) and 4(5) and why the concentration would be most appropriately dealt with by the competition authority or authorities specified in the request. The Merger Regulation does not provide that the fact of a Form RS having been lodged should be published, and it is not intended to do so. A nonpublic transaction can consequently be the subject of a pre-notification referral request.

62. Even though, according to the Merger Implementing Regulation, the Commission will accept Form RS in any official Community language, undertakings concerned providing information which is to be distributed to the network are strongly encouraged to use in their communications a language which will be understood by all addressees of the information. This will facilitate Member State treatment of such requests. Moreover, as regards requests for referral to a Member State or States, the requesting parties are strongly encouraged to include a copy of the request in the language/s of the Member State/s to which the referral is being requested.

63. Beyond the legal requirements specified in Form RS, the undertakings concerned should be prepared to provide additional information, if required, and to discuss the matter with the Commission and NCAs in a frank and open manner in order to enable the Commission and NCAs to assess whether the concentration in question should be the subject of referral.

64. Informal contacts between merging parties contemplating lodging a pre-filing referral request, on the one hand, and the Commission and/or Member State authorities, on the other, are actively encouraged, including following the submission of Form RS. The Commission is committed to providing informal, early guidance to firms wishing to use the pre-notification referrals system set out in Article 4(4) and 4(5) of the Merger Regulation[52].

3. Concentrations eligible for referral

65. Only concentrations within the meaning of Article 3 of the Merger Regulation are eligible for referral pursuant to Articles 4(5) and 22. Only concentrations falling within the ambit of the relevant national competition laws for the control of mergers are eligible for referral pursuant to Articles 4(4), and 9[53].

66. Pre-filing referral requests pursuant to Articles 4(4) and 4(5) of the Merger Regulation must concern concentrations the plans for which are sufficiently concrete. In that regard, there must at least exist a good faith intention to merge on the part of the undertakings concerned, or, in the case of a public bid, at least a public announcement of an intention to make such a bid[54].

4. The concept of »prior to notification« under Articles 4(4) and 4(5)

67. Articles 4(4) and 4(5) only apply at the pre-notification stage.

68. Article 4(4) specifies that the undertakings concerned may make a referral request by means of reasoned submission (Form RS), »prior to the notification of a concentration within the meaning of paragraph 1«. This means that the request can only be made where no Form CO has formally been submitted pursuant to Article 4(1).

69. Likewise, Article 4(5) specifies that the request may be made »prior to any notification to the competent [national] authorities«. This means that the concentration in question must not have been formally notified in any EU jurisdiction for this provision to apply. Even one notification anywhere in the EU will preclude the undertakings concerned from triggering the mechanism of Article 4(5). In the Commission's view, no penalty should be imposed for nonnotification of a transaction at the national level during the pendency of a request pursuant to Article 4(5).

---

52 A request for derogation from the suspensive effect pursuant to Article 7(3) of the Merger Regulation would normally be inconsistent with an intention to make a pre-notification referral request pursuant to Article 4(4).
53 By contrast, the reference to »national legislation on competition« in Articles 21(3) and 22(3) should be understood as referring to all aspects of national competition law.
54 See Recital 34 to, and Article 4(1) of, the Merger Regulation.

5. The concept of a »*concentration capable of being reviewed under national competition law*« and the concept of »*competent Member State*« in Article 4(5)

70. Article 4(5) enables the undertakings concerned to request a pre-notification referral of a concentration which does not have Community dimension and which is »capable of being reviewed under the national competition laws of at least three Member States«.
71. »Capable of being reviewed« or reviewable should be interpreted as meaning a concentration which falls within the jurisdiction of a Member State under its national competition law for the control of mergers. There is no need for a mandatory notification requirement, i.e. it is not necessary for the concentration to be required to be »notifiable« under national law[55].
72. Pursuant to Article 4(5)(third and fourth sub-paragraph), where at least one Member State »competent to examine the concentration under its national competition law« has expressed its disagreement with the referral, the case shall not be referred. A »competent« Member State is one where the concentration is reviewable and which therefore has the power to examine the concentration under its national competition law.
73. All Member States, and not only those »competent« to review the case, receive the Form RS. However, only Member States »competent« to review the case are counted for the purposes of Article 4(5) third and fourth sub-paragraph. Pursuant to Article 4(5) third sub-paragraph, »competent« Member States will have 15 working days from the date they receive the Form RS to express their agreement or disagreement with the referral. If they all agree the case will acquire Community dimension pursuant to Article 4(5) fifth sub-paragraph. According to Article 4(5) fourth sub-paragraph, by contrast, if even only one »competent« MS disagrees, no referral will take place from any Member State.
74. Given the above mechanism, it is crucial to the smooth operation of Article 4(5) that *all* Member States where the case is reviewable under national competition law, and which are hence »competent« to examine the case under national competition law, are identified correctly. Form RS therefore requires the undertakings concerned to provide sufficient information to enable each and every Member State to identify whether or not it is competent to review the concentration pursuant to its own national competition law.
75. In situations where Form RS has been filled in correctly, no complications should arise. The undertakings concerned will have identified correctly all Member States which are competent to review the case. In situations, however, where the undertakings concerned have not filled in Form RS correctly, or where there is a genuine disagreement as to which Member States are »competent« to review the case, complications may arise.
    - Within the period of 15 working days provided in Article 4(5) (third subparagraph), a Member State which is not identified as being »competent« in Form RS may inform the Commission that it is »competent« and may, like any other »competent« Member State, express its agreement or disagreement with the referral.
    - Likewise, within the period of 15 working days provided in Article 4(5)(third sub-paragraph), a Member State which has been identified as »competent« in Form RS may inform that Commission that it is not »competent«. This Member State would then be disregarded for the purposes of Article 4(5).
76. Once the period of 15 working days has expired without any disagreement having been expressed, the referral, if made, will be considered valid. This ensures the validity of Commission decisions taken under Articles 6 or 8 of the Merger Regulation following an Article 4(5) referral.
77. This is not to say, however, that undertakings concerned can abuse the system by negligently or intentionally providing incorrect information, including as regards the reviewability of the concentration in the Member States, on Form RS. As noted at para. 60 above, the Commission may take measures to rectify the situation and to deter such violations. The undertakings concerned should also be aware that, in such circumstances, where a referral has

---

55 Even in circumstances where a notification is voluntary *de jure*, the parties may in practice wish or be expected to file a notification.

been made on the basis of incorrect or incomplete information, a Member State which believes it was competent to deal with the case but did not have the opportunity to veto the referral due to incorrect information being supplied, may request a postnotification referral.

6. Notification and Publication of Decisions

78. According to Articles 4(4)(fourth sub-paragraph), 4(5)(fourth subparagraph), 9(1) and 22(3)(second sub-paragraph), the Commission is obliged to inform the undertakings or persons concerned and all Member States of any decision taken pursuant to those provisions as to the referral of the concentration.
79. The information will be provided by means of a letter addressed to the undertakings concerned (or for Article 9.1 or 22(3) decisions, a letter addressed to the Member State concerned). All Member States will receive a copy thereof.
80. There is no requirement that such decisions be published in the Official Journal[56]. The Commissionwill, however, give adequate publicity to such decisions on DG Competition's website, subject to confidentiality requirements.

7. Article 9(6)

81. Article 9(6) provides that, when the Commission refers a notified concentration to a Member State in accordance with Article 4(4) or 9(3), the NCA concerned must deal with the case »without undue delay«. Accordingly, the competent authority concerned should deal as expeditiously as possible with the case under national law.
82. In addition, Article 9(6) provides that the competent national authority shall, within 45 working days after the Commission's referral or following a notification being submitted at the national level if such is required, inform the undertakings concerned of the result of the »preliminary competition assessment« and what »further action«, if any, it proposes to take. Accordingly, within 45 working days after the referral or following notification, the merging parties should be provided with sufficient information to enable them to understand the nature of any preliminary competition concerns the authority may have and be informed of the likely extent and duration of the investigation. The Member State concerned may only exceptionally suspend this time limit, where necessary information has not been provided to it by the undertakings concerned as required under its national competition law.

IV. Final remarks

83. This Notice will be the subject of periodic review, in particular following any revision of the referral provisions in the Merger Regulation. In that regard, it should be noted that, according to Article 4(6) of the Merger Regulation, the Commission must report to the Council on the operation of pre-notification referral provisions, Articles 4(4) and 4(5), by no later than 1 July, 2009
84. This Notice is without prejudice to any interpretation of the applicable Treaty and regulatory provisions by the Court of First Instance and the Court of Justice.

---

56 Pursuant to Article 20 of the ECMR this is only required for decisions taken under Article 8(1)-(6), 14 and 15.

Anhang 9

Annexes: Referral Charts

Article 4(4)
Concentration with Community Dimension

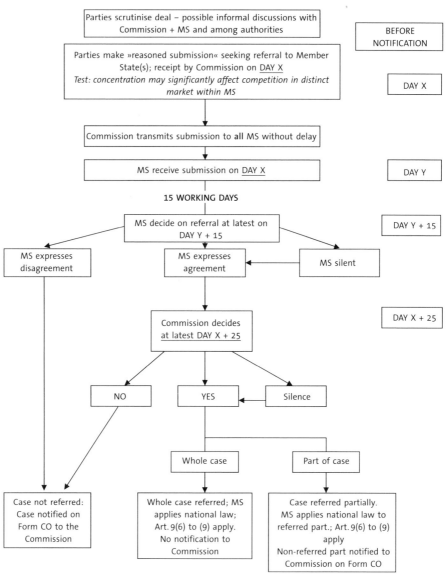

Commission Notice on Case Referral

Article 4(5)

Concentration without Community Dimension reviewable in at least three MS under national law

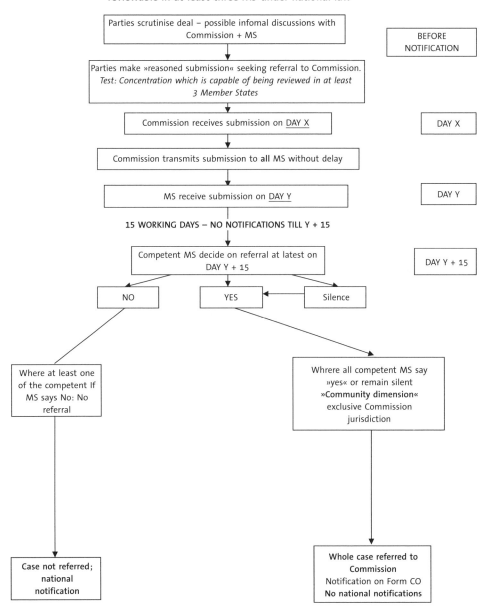

Anhang 9

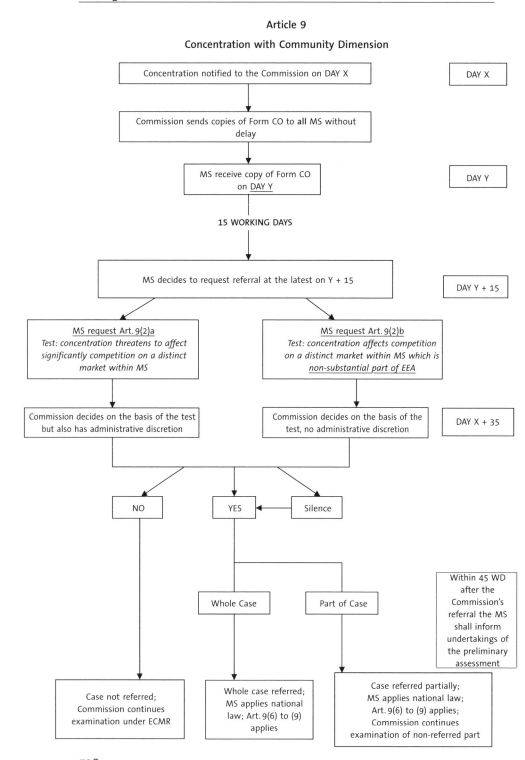

Commission Notice on Case Referral

Article 22
Concentration without Community dimension

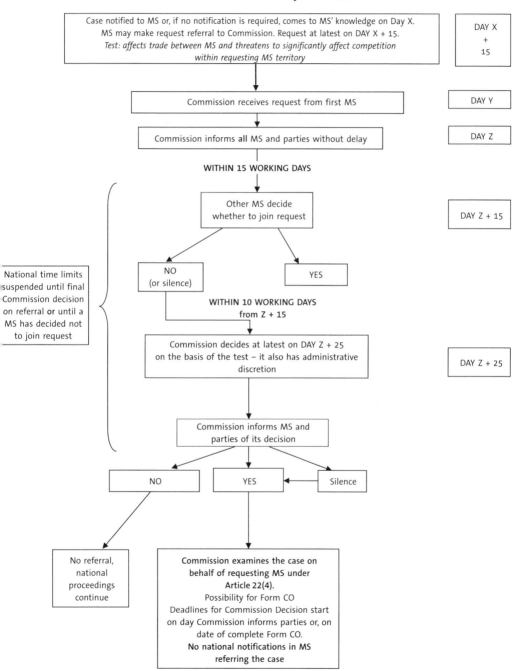

COMMISSION NOTICE
on restrictions directly related and necessary to concentrations

(Text with EEA relevance)

I. Introduction

1. Council Regulation (EC) No 139/2004 of 20 January 2004 on the control of concentrations between undertakings[1] (hereinafter: ›the Merger Regulation‹) provides in Article 6(1)(b), second subparagraph, and in Article 8(1), second subparagraph and (2), third subparagraph that a decision declaring a concentration compatible with the Common Market »*shall be deemed to cover restrictions directly related and necessary to the implementation of the concentration*«.

2. The amendment of the rules governing the assessment of restrictions directly related and necessary to the implementation of the concentration (hereinafter also referred to as: ›ancillary restraints‹) introduces a principle of self-assessment of such restrictions. This reflects the intention of the legislator not to oblige the Commission to assess and individually address ancillary restraints. The treatment of ancillary restraints under the Merger Regulation is further explained in the 21st recital of the Merger Regulation, which states that »*Commission decisions declaring concentrations compatible with the common market in application of this Regulation should automatically cover such restrictions, without the Commission having to assess such restrictions in individual cases*«. While the recital envisages that the Commission will exercise a residual function with regard to specific novel or unresolved issues giving rise to genuine uncertainty, it is in all other scenarios for the undertakings concerned to self-assess whether and to what extent their agreements can be regarded as ancillary to a transaction. Disputes as to whether restrictions are directly related and necessary to the implementation of the concentration and thus automatically covered by the Commission‹s clearance decision may be resolved before national courts.

3. The Commission's residual function is addressed in recital 21 of the Merger Regulation, where it is stated that the Commission should, at the request of the undertakings concerned, expressly assess the ancillary character of restrictions if a case presents »*novel and unresolved questions giving rise to genuine uncertainty*«. The recital subsequently defines a ›novel or unresolved question giving rise to genuine uncertainty‹ as a question that is »*not covered by the relevant Commission notice in force or a published Commission decision*«.

4. In order to provide legal certainty to the undertakings concerned, the present Notice provides guidance on the interpretation of the notion of ancillary restraints. The guidance given in the following sections reflects the essence of the Commission's practice, and sets out principles for assessing whether and to what extent the most common types of agreements are deemed to be ancillary restraints.

5. However, cases involving exceptional circumstances that are not covered by the present Notice may justify departing from these principles. Parties may find further guidance in published Commission decisions[2] as to whether their agreements can be regarded as ancillary restraints or not. To the extent that cases involving exceptional circumstances have been previously addressed by the Commission in its published decisions[3], they do not constitute ›novel or unresolved questions‹ within the meaning of recital 21 of the Merger Regulation.

---

[1] OJ L 24, 29.01.2004, p.1.
[2] For the purpose of this Notice, a decision is considered to be published when it is published in the Official Journal of the European Union or when it is made available to the public on the Commission's web site.
[3] See for example Commission Decision of 1 September 2000 (COMP/M.1980 – *Volvo/Renault*, paragraph 56) – *high degree of customer loyalty*; Commission Decision of 23 October 1998 (IV/M.1298 – *Kodak/Imation*, paragraph 73) – *long product life cycle*; Commission Decision of 13 March 1995 (IV/M.550 – *Union Carbide/Enichem*, paragraph 99) – *limited number of alternative producers*; Commission Decision of 30 April 1992 (IV/M.197 – *Solvay-Laporte/Interox*, paragraph 50) – *longer protection of know-how required*.

6. Accordingly, a case presents a ›novel and unresolved question giving rise to genuine uncertainty‹ if those restrictions are not covered by the present Notice and have not been previously addressed by the Commission in its published decisions. As envisaged in Recital 21 of the Merger Regulation, the Commission will, at the request of the parties, expressly assess such restrictions in these cases. Subject to confidentiality requirements, the Commission will provide adequate publicity as regards such assessments that further develop the principles set out in this Notice.
7. To the extent that restrictions are directly related and necessary to the implementation of the concentration, Article 21(1) of the Merger Regulation provides that this Regulation alone applies, to the exclusion of Council Regulations No 1/2003[4], (EEC) No 1017/68[5] and (EEC) No 4056/86[6]. By contrast, for restrictions that cannot be regarded as directly related and necessary to the implementation of the concentration, Articles 81 and 82 of the EC Treaty remain potentially applicable. However, the mere fact that an agreement or arrangement is not deemed to be ancillary to a concentration is not, as such, prejudicial to the legal status thereof. Such agreements or arrangements are to be assessed in accordance with Article 81 and 82 of the EC Treaty and the related regulatory texts and notices[7]. They may also be subject to any applicable national competition rules. Hence, agreements which contain a restriction on competition, but are not considered directly related and necessary to the implementation of the concentration pursuant to this notice, may nevertheless be covered by these provisions.
8. The Commission‹s interpretation of Article 6(1)(b), second subparagraph, and Article 8(1), second subparagraph, and (2), third subparagraph, of the Merger Regulation is without prejudice to the interpretation which may be given by the Court of Justice or the Court of First Instance of the European Communities.
9. This Notice replaces the Commission's previous Notice regarding restrictions directly related and necessary to concentrations[8].

II. General principles

10. A concentration consists of contractual arrangements and agreements establishing control within the meaning of Article 3(2) of the Merger Regulation. All agreements which carry out the main object of the concentration[9], such as those relating to the sale of shares or assets of an undertaking, are integral parts of the concentration. In addition to these arrangements and agreements, the parties to the concentration may enter into other agreements which do not form an integral part of the concentration but can restrict the parties' freedom of action in the market. If such agreements contain ancillary restraints, these are automatically covered by the decision declaring the concentration compatible with the Common Market.

---

4 Council Regulation of 16 December 2002 on the implementation of the rules on competition laid down in Articles 81 and 82 of the Treaty, OJ L 1, 04.01.2003, p. 1; Regulation as last amended by Council Regulation 411/2004 of 26 February 2004, OJ L 68, 06.03.2004, p. 1.

5 Council Regulation of 19 July 1968 applying rules of competition to transport by rail, road and inland waterway, OJ L 175, 23.7.1968, p. 1; Regulation as last amended by Council Regulation 1/2003 of 16 December 2002, OJ L 1, 04.01.2003, p. 1.

6 Council Regulation of 22 December 1986 laying down detailed rules for the application of Articles 81 and 82 of the Treaty to maritime transport, OJ L 378, 31.12.1986, p. 4; Regulation as last amended by Council Regulation 1/2003 of 16 December 2002, OJ L 1, 04.01.2003, p. 1.

7 See e.g. for licence agreements Commission Regulation (EC) 772/2004 of 27 April 2004 on the application of Article 81(3) of the Treaty to categories of technology transfer agreements, OJ L 123, 27.04.2004, p. 11; see for supply and purchase agreements e.g. Commission Regulation (EC) No 2790/1999 of 22 December 1999 on the application of Article 81(3) of the Treaty to categories of vertical agreements and concerted practices, OJ L 336, 29.12.1999, p. 21.

8 Commission Notice on restrictions directly related and necessary to concentrations, OJ C 188, 4.7.2001, p. 5.

9 See e.g. Commission Decision of 10 August 1992 (IV/M.206 – Rhône-Poulenc/SNIA, paragraph 8.3); Commission Decision of 19 December 1991 (IV/M.113 – Courtaulds/SNIA, paragraph 35); Commission Decision of 2 December 1991 (IV/M.102 – TNT/Canada Post/DBP Postdienst/La Poste/PTT Poste & Sweden Post, paragraph 46).

11. The criteria of direct relation and necessity are objective in nature. Restrictions are not directly related and necessary to the implementation of a concentration simply because the parties regard them as such.
12. For restrictions to be considered ›directly related to the implementation of the concentration‹, they must be closely linked to the concentration itself. It is not sufficient that an agreement has been entered into in the same context or at the same time as the concentration[10]. Restrictions which are directly related to the concentration are economically related to the main transaction and intended to allow a smooth transition to the changed company structure after the concentration.
13. Agreements must be ›necessary to the implementation of the concentration‹[11], which means that in the absence of those agreements, the concentration could not be implemented or could only be implemented under considerably more uncertain conditions, at substantially higher cost, over an appreciably longer period or with considerably greater difficulty[12]. Agreements necessary to the implementation of a concentration are typically aimed at protecting the value transferred[13], maintaining the continuity of supply after the break-up of a former economic entity[14], or enabling the start-up of a new entity[15]. In determining whether a restriction is necessary, it is appropriate not only to take account of its nature, but also to ensure that its duration, subject matter and geographical field of application does not exceed what the implementation of the concentration reasonably requires. If equally effective alternatives are available for attaining the legitimate aim pursued, the undertakings must choose the one which is objectively the least restrictive of competition.
14. For concentrations which are carried out in stages, the contractual arrangements relating to the stages before the establishment of control within the meaning of Article 3(1) and (2) of the Merger Regulation cannot normally be considered directly related and necessary to the implementation of the concentration. However, an agreement to abstain from material changes in the target‹s business until completion is considered directly related and necessary to the implementation of the joint bid[16]. The same applies, in the context of a joint bid, to an agreement by the joint acquirers of an undertaking to abstain from making separate competing offers for the same undertaking, or otherwise acquiring control.
15. Agreements which serve to facilitate the joint acquisition of control are to be considered directly related and necessary to the implementation of the concentration. This will apply to arrangements between the parties for the joint acquisition of control aimed at implementing the division of assets in order to divide the production facilities or distribution networks among themselves, together with the existing trademarks of the undertaking acquired jointly.
16. To the extent that such a division involves the break-up of a pre-existing economic entity, arrangements that make the break-up possible under reasonable conditions are to be considered directly related and necessary to the implementation of the concentration under the principles set out below.

---

10 Likewise, a restriction could, if all other requirements are fulfilled, be ›directly related‹ even if it has not been entered into at the same time as the agreement carrying out the main object of the concentration.
11 See European Court of Justice, Case 42/84 (*Remia*), [1985] ECR 2545, paragraph 20; Court of First Instance, Case T-112/99 (*Métropole Télévision – M6*), [2001] ECR II-2459, paragraph 106.
12 Commission Decision of 18 December 2000 (COMP/M.1863 – *Vodafone/BT/Airtel JV*, paragraph 20).
13 Commission Decision of 30 July 1998 (IV/M.1245 – *VALEO/ITT Industries*, paragraph 59); Commission Decision of 3 March 1999 (IV/M.1442 – *MMP/AFP*, paragraph 17); Commission Decision of 9 March 2001 (COMP/M.2330 – *Cargill/Banks*, paragraph 30); Commission Decision of 20 March 2001 (COMP/M.2227 – *Goldman Sachs/Messer Griesheim*, paragraph 11).
14 Commission Decision of 25 February 2000 (COMP/M.1841 – *Celestica/IBM*, paragraph 21).
15 Commission Decision of 30 March 1999 (IV/JV.15 – *BT/AT&T*, paragraphs 207–214); Commission Decision of 22 December 2000 (COMP/M.2243 – *Stora Enso/Assidoman/JV*, paragraphs 49, 56 and 57).
16 Commission Decision of 27 July 1998 (IV/M.1226 – *GEC/GPTH*, paragraph 22); Commission Decision of 2 October 1997 (IV/M.984 – *Dupont/ICI*, paragraph 55); Commission Decision of 19 December 1997 (IV/M.1057 – *Terra Industries/ICI*, paragraph 16); Commission Decision of 18 December 1996 (IV/M.861 – *Textron/Kautex*, paragraphs 19 and 22); Commission Decision of 7 August 1996 (IV/M.727 – *BP/Mobil*, paragraph 50).

III. Principles applicable to commonly-encountered restrictions in cases of acquisition of an undertaking

17. Restrictions agreed between the parties in the context of a transfer of an undertaking may be to the benefit of the acquirer or of the vendor. In general terms, the need for the acquirer to benefit from certain protection is more compelling than the corresponding need for the vendor. It is the acquirer who needs to be assured that she/he will be able to acquire the full value of the acquired business. Thus, as a general rule, restrictions which benefit the vendor are either not directly related and necessary to the implementation of the concentration at all[17], or their scope and/or duration need to be more limited than that of clauses which benefit the acquirer[18].

A. Non-competition clauses

18. Non-competition obligations which are imposed on the vendor in the context of the transfer of an undertaking or of part of it can be directly related and necessary to the implementation of the concentration. In order to obtain the full value of the assets transferred, the acquirer must be able to benefit from some protection against competition from the vendor in order to gain the loyalty of customers and to assimilate and exploit the know-how. Such non-competition clauses guarantee the transfer to the acquirer of the full value of the assets transferred, which in general include both physical assets and intangible assets, such as the goodwill accumulated or the know-how[19] developed by the vendor. These are not only directly related to the concentration, but are also necessary to its implementation because, without them, there would be reasonable grounds to expect that the sale of the undertaking or of part of it could not be accomplished.

19. However, such non-competition clauses are only justified by the legitimate objective of implementing the concentration when their duration, their geographical field of application, their subject matter and the persons subject to them do not exceed what is reasonably necessary to achieve that end[20].

20. Non-competition clauses are justified for periods of up to three years[21], when the transfer of the undertaking includes the transfer of customer loyalty in the form of both goodwill and know-how[22]. When only goodwill is included, they are justified for periods of up to two years[23].

21. By contrast, non-competition clauses cannot be considered necessary when the transfer is in fact limited to physical assets (such as land, buildings or machinery) or to exclusive industrial and commercial property rights (the holders of which could immediately take action against infringements by the transferor of such rights).

22. The geographical scope of a non-competition clause must be limited to the area in which the vendor has offered the relevant products or services before the transfer, since the acquirer does not need to be protected against competition from the vendor in territories not

---

17 Commission Decision of 27 July 1998 (IV/M.1226 – *GEC/GPTH*, paragraph 24).
18 See e.g. for a clause aiming at the protection of a part of the business remaining with the vendor: Commission Decision of 30 August 1993 (IV/M.319 – *BHF/CCF/Charterhouse*, paragraph 16).
19 As defined in Article 1(1)(i) of Commission Regulation (EC) 772/2004 of 27 April 2004 on the application of Article 81(3) of the Treaty to categories of technology transfer agreements, OJ L 123, 27.04.2004, p. 11.
20 See European Court of Justice, Case 42/84 (*Remia*), [1985] ECR 2545, paragraph 20; Court of First Instance, Case T-112/99 (*Métropole Télévision – M6*), [2001] ECR II-2459, paragraph 106.
21 See for exceptional cases in which longer periods may be justified e.g. Commission Decision of 1 September 2000 (COMP/M.1980 – *Volvo/Renault V.I.*, paragraph 56); Commission Decision of 27 July 1995 (IV/M.612 – *RWE-DEA/Enichem Augusta*, paragraph 37); Commission decision of 23 October 1998 (IV/M.1298 – *Kodak/Imation*, paragraph 74).
22 Commission Decision of 2 April 1998 (IV/M.1127 – *Nestlé/Dalgety*, paragraph 33); Commission Decision of 1 September 2000 (COMP/M.2077 – *Clayton Dubilier & Rice/Iteltel*, paragraph 15); Commission Decision of 2 March 2001 (COMP/M.2305 – *Vodafone Group PLC/EIRCELL*, paragraphs 21 and 22).
23 Commission Decision of 12 April 1999 (IV/M.1482 – *KingFisher/Grosslabor*, paragraph 26); Commission Decision of 14 December 1997 (IV/M.884 – *KNP BT/Bunzl/Wilhelm Seiler*, paragraph 17).

previously penetrated by the vendor[24]. That geographical scope can be extended to territories which the vendor was planning to enter at the time of the transaction, provided that he had already invested in preparing this move.

23. Similarly, non-competition clauses must remain limited to products (including improved versions or updates of products as well as successor models) and services forming the economic activity of the undertaking transferred. This can include products and services at an advanced stage of development at the time of the transaction, or products which are fully developed but not yet marketed. Protection against competition from the vendor in product or service markets in which the transferred undertaking was not active before the transfer is not considered necessary[25].

24. The vendor may bind herself/himself, her/his subsidiaries and commercial agents. However, an obligation to impose similar restrictions on others would not be regarded as directly related and necessary to the implementation of the concentration. This applies, in particular, to clauses which would restrict the freedom of resellers or users to import or export.

25. Clauses which limit the vendor's right to purchase or hold shares in a company competing with the business transferred shall be considered directly related and necessary to the implementation of the concentration under the same conditions as outlined above for non-competition clauses, unless they prevent the vendor from purchasing or holding shares purely for financial investment purposes, without granting him/her, directly or indirectly, management functions or any material influence in the competing company[26].

26. Non-solicitation and confidentiality clauses have a comparable effect and are therefore evaluated in a similar way to non-competition clauses[27].

B. Licence agreements

27. The transfer of an undertaking or of part of it can include the transfer to the acquirer, with a view to the full exploitation of the assets transferred, of intellectual property rights or knowhow. However, the vendor may remain the owner of the rights in order to exploit them for activities other than those transferred. In these cases, the usual means for ensuring that the acquirer will have the full use of the assets transferred is to conclude licensing agreements in his/her favour. Likewise, where the vendor has transferred intellectual property rights with the business, she/he may still want to continue using some or all of these rights for activities other than those transferred; in such a case the acquirer will grant a licence to the vendor.

28. Licences of patents[28], of similar rights, or of know-how[29], can be considered necessary to the implementation of the concentration. They may equally be considered an integral part

---

24 Commission Decision of 14 December 1997 (IV/M.884 – *KNP BT/Bunzl/Wilhelm Seiler*, paragraph 17); Commission Decision of 12 April 1999 (IV/M.1482 – *KingFisher/Grosslabor*, paragraph 27); Commission Decision of 6 April 2001 (COMP/M.2355 – *Dow/Enichem Polyurethane*, paragraph 28); Commission Decision of 4 August 2000 (COMP/M.1979 – *CDC/Banco Urquijo/JV*, paragraph 18).

25 Commission Decision of 14 December 1997 (IV/M.884 – *KNP BT/Bunzl/Wilhelm Seiler*, paragraph 17); Commission Decision of 2 March 2001 (COMP/M.2305 – *Vodafone Group PLC/EIRCELL*, paragraph 22); Commission Decision of 6 April 2001 (COMP/M.2355 – *Dow/Enichem Polyurethane*, paragraph 28); Commission Decision of 4 August 2000 (COMP/M.1979 – *CDC/Banco Urquijo/JV*, paragraph 18).

26 Commission Decision of 4 February 1993 (IV/M.301 – *Tesco/Catteau*, paragraph 14); Commission Decision of 14 December 1997 (IV/M.884 – *KNP BT/Bunzl/Wilhelm Seiler*, paragraph 19); Commission Decision of 12 April 1999 (IV/M.1482 – *Kingfisher/Grosslabor*, paragraph 27); Commission Decision of 6 April 2000 (COMP/M.1832 – *Ahold/ICA Ffrbundet/Canica*, paragraph 26).

27 Accordingly, confidentiality clauses on customer details, prices and quantities cannot be extended. By contrast, confidentiality clauses concerning technical know-how may exceptionally be justified for longer periods, see Commission Decision of 29 April 1998 (IV/M.1167 – *ICI/Williams*, paragraph 22); Commission Decision of 30 April 1992 (IV/M.197 – *Solvay-Laporte/Interox*, paragraph 50).

28 Including patent applications, utility models, applications for registration of utility models, designs, topographies of semiconductor products, supplementary protection certificates for medicinal products or other products for which such supplementary protection certificates may be obtained and plant breeder's certificates (as referred to in Article 1(1)(h) of Commission Regulation (EC) 772/2004 of 27 April 2004 on the application of Article 81(3) of the Treaty to categories of technology transfer agreements, OJ L 123, 27.04.2004, p. 11.).

29 As defined in Article 1(1)(i) of Commission Regulation (EC) 772/2004 of 27 April 2004 on the application of Article 81(3) of the Treaty to categories of technology transfer agreements, OJ L 123, 27.04.2004, p. 11.

of the concentration and, in any event, need not be limited in time. These licences can be simple or exclusive and may be limited to certain fields of use, to the extent that they correspond to the activities of the undertaking transferred.

29. However, territorial limitations on manufacture reflecting the territory of the transferred activity are not necessary to the implementation of the operation. As regards licences granted by the seller of a business to the buyer, the seller can be made subject to territorial restrictions in the licence agreement under the same conditions as laid down for non-competition clauses in the context of the sale of a business.

30. Restrictions in licence agreements going beyond the above provisions, such as those which protect the licensor rather than the licensee, are not necessary to the implementation of the concentration[30].

31. Similarly, in the case of licences of trademarks, business names, design rights, copyrights or similar rights, there may be situations in which the vendor wishes to remain the owner of such rights in relation to activities retained, but the acquirer needs those rights in order to market the goods or services produced by the undertaking or part of the undertaking transferred. Here, the same considerations as above apply[31].

C. *Purchase and supply obligations*

32. In many cases, the transfer of an undertaking or of part of it can entail the disruption of traditional lines of purchase and supply which have existed as a result of the previous integration of activities within the economic unity of the vendor. In order to enable the break-up of the economic unity of the vendor and the partial transfer of the assets to the acquirer under reasonable conditions, it is often necessary to maintain, for a transitional period, the existing or similar links between the vendor and the acquirer. This objective is normally attained by purchase and supply obligations for the vendor and/or the acquirer of the undertaking or of part of it. Taking into account the particular situation resulting from the break-up of the economic unity of the vendor, such obligations can be recognised as directly related and necessary to the implementation of the concentration. They may be in favour of the vendor as well as the acquirer, depending on the particular circumstances of the case.

33. The aim of such obligations may be to ensure the continuity of supply to either of the parties of products necessary for carrying out the activities retained by the vendor or taken over by the acquirer. However, the duration of purchase and supply obligations must be limited to a period necessary for the replacement of the relationship of dependency by autonomy in the market. Thus, purchase or supply obligations aimed at guaranteeing the quantities previously supplied can be justified for a transitional period of up to five years[32].

34. Both supply and purchase obligations providing for fixed quantities, possibly with a variation clause, are recognised as directly related and necessary to the implementation of the concentration. However, obligations providing for unlimited quantities[33], exclusivity or conferring preferred supplier or purchaser status[34], are not necessary to the implementation of the concentration.

---

30 To the extent that they fall within Article 81(1) of the EC Treaty, such agreements may nevertheless fall under Commission Regulation (EC) 772/2004 of 27 April 2004 on the application of Article 81(3) of the Treaty to categories of technology transfer agreements, OJ L 123, 27.04.2004, p. 11, or other Community legislation.

31 Commission Decision of 1 September 2000 (COMP/M.1980 – *Volvo/Renault V.I.*, paragraph 54)

32 Commission Decision of 5 February 1996 (IV/M.651 – *AT&T/Philips*, VII.); Commission Decision of 30 March 1999 (IV/JV.15 – *BT/AT&T*, paragraph 209; see for exceptional cases Commission Decision of 13 March 1995 (IV/M.550 – *Union Carbide/Enichem,* paragraph 99); Commission Decision of 27 July 1995 (IV/M.612 – *RWE-DEA/Enichem Augusta,* paragraph 45).

33 In line with the principle of proportionality, obligations providing for fixed quantities with a variation clause are, in these cases, less restrictive on competition, see e.g. Commission Decision of 18 September 1998 (IV/M.1292 – *Continental/ITT,* paragraph 19).

34 Commission Decision of 30 July 1998 (IV/M.1245 – *VALEO/ITT Industries,* paragraph 64); see for exceptional cases (e.g. absence of a market) Commission Decision of 13 March 1995 (IV/M.550 – *Union Carbide/Enichem,* paragraphs 92 to 96); Commission Decision of 27 July 1995 (IV/M.612 – *RWE-DEA/Enichem Augusta,* paragraphs 38 et seq.).

35. Service and distribution agreements are equivalent in their effect to supply arrangements; consequently the same considerations as above shall apply.

IV. Principles applicable to commonly-encountered restrictions in cases of joint ventures within the meaning of article 3 (4) of the merger regulation

A. Non-competition obligations

36. A non-competition obligation between the parent undertakings and a joint venture may be considered directly related and necessary to the implementation of the concentration where such obligations correspond to the products, services and territories covered by the joint venture agreement or its by-laws. Such non-competition clauses reflect, inter alia, the need to ensure good faith during negotiations; they may also reflect the need to fully utilise the joint venture's assets or to enable the joint venture to assimilate know-how and goodwill provided by its parents; or the need to protect the parents' interests in the joint venture against competitive acts facilitated, inter alia, by the parents' privileged access to the know-how and goodwill transferred to or developed by the joint venture. Such non-competition obligations between the parent undertakings and a joint venture can be regarded as directly related and necessary to the implementation of the concentration for the lifetime of the joint venture[35].
37. The geographical scope of a non-competition clause must be limited to the area in which the parents offered the relevant products or services before establishing the joint venture[36]. That geographical scope can be extended to territories which the parent companies were planning to enter at the time of the transaction, provided that they had already invested in preparing this move.
38. Similarly, non-competition clauses must be limited to products and services constituting the economic activity of the joint venture. This may include products and services at an advanced stage of development at the time of the transaction, as well as products and services which are fully developed but not yet marketed.
39. If the joint venture is set up to enter a new market, reference will be made to the products, services and territories in which it is to operate under the joint venture agreement or by-laws. However, the presumption is that one parent‹s interest in the joint venture does not need to be protected against competition from the other parent in markets other than those in which the joint venture will be active from the outset.
40. Additionally, non-competition obligations between non-controlling parents and a joint venture are not directly related and necessary to the implementation of the concentration.
41. The same principles as for non-competition clauses apply to non-solicitation and confidentiality clauses.

B. Licence agreements

42. A licence granted by the parents to the joint venture may be considered directly related and necessary to the implementation of the concentration. This applies regardless of whether or not the licence is an exclusive one and whether or not it is limited in time. The licence may be restricted to a particular field of use which corresponds to the activities of the joint venture.
43. Licences granted by the joint venture to one of its parents, or cross-licence agreements, can be regarded as directly related and necessary to the implementation of the concentration

---

[35] Commission Decision of 15 January 1998 (IV/M.1042 – *Eastman Kodak/Sun Chemical*, paragraph 40); Commission Decision of 7 August 1996 (IV/M.727 – *BP/Mobil*, paragraph 51); Commission Decision of 3 July 1996 (IV/M.751 – *Bayer/Hüls*, paragraph 31); Commission Decision of 6 April 2000 (COMP/M.1832 – *Ahold/ICA Förbundet/Canica*, paragraph 26).

[36] Commission Decision of 29 August 2000 (COMP/M.1913 – *Lufthansa/Menzies/LGS/JV*; paragraph 18); Commission Decision of 22 December 2000 (COMP/M.2243 – *Stora Enso/Assidoman/JV*, paragraph 49, last sentence).

under the same conditions as in the case of the acquisition of an undertaking. Licence agreements between the parents are not considered directly related and necessary to the implementation of a joint venture.

C. *Purchase and supply obligations*

44. If the parent undertakings remain present in a market upstream or downstream of that of the joint venture, any purchase and supply agreements, including service and distribution agreements are subject to the principles applicable in the case of the transfer of an undertaking.

Anhang 11

Verordnung (EG) Nr. 1/2003 DES RATES

vom 16. Dezember 2002 zur Durchführung der in den Artikeln 81 und 82 des Vertrags niedergelegten Wettbewerbsregeln

(Text von Bedeutung für den EWR)

DER RAT DER EUROPÄISCHEN UNION

gestützt auf den Vertrag zur Gründung der Europäischen Gemeinschaft, insbesondere auf Artikel 83,
auf Vorschlag der Kommission[1],
nach Stellungnahme des Europäischen Parlaments[2],
nach Stellungnahme des Wirtschafts- und Sozialausschusses[3],

in Erwägung nachstehender Gründe:

(1) Zur Schaffung eines Systems, das gewährleistet, dass der Wettbewerb im Gemeinsamen Markt nicht verfälscht wird, muss für eine wirksame und einheitliche Anwendung der Artikel 81 und 82 des Vertrags in der Gemeinschaft gesorgt werden. Mit der Verordnung Nr. 17 des Rates vom 6. Februar 1962, Erste Durchführungsverordnung zu den Artikeln 81 und 82[4] des Vertrags[5], wurden die Voraussetzungen für die Entwicklung einer Gemeinschaftspolitik im Bereich des Wettbewerbsrechts geschaffen, die zur Verbreitung einer Wettbewerbskultur in der Gemeinschaft beigetragen hat. Es ist nunmehr jedoch an der Zeit, vor dem Hintergrund der gewonnenen Erfahrung die genannte Verordnung zu ersetzen und Regeln vorzusehen, die den Herausforderungen des Binnenmarkts und einer künftigen Erweiterung der Gemeinschaft gerecht werden.

(2) Zu überdenken ist insbesondere die Art und Weise, wie die in Artikel 81 Absatz 3 des Vertrags enthaltene Ausnahme vom Verbot wettbewerbsbeschränkender Vereinbarungen anzuwenden ist. Dabei ist nach Artikel 83 Absatz 2 Buchstabe b) des Vertrags dem Erfordernis einer wirksamen Überwachung bei möglichst einfacher Verwaltungskontrolle Rechnung zu tragen.

(3) Das durch die Verordnung Nr. 17 geschaffene zentralisierte System ist nicht mehr imstande, diesen beiden Zielsetzungen in ausgewogener Weise gerecht zu werden. Dieses System schränkt die Gerichte und die Wettbewerbsbehörden der Mitgliedstaaten bei der Anwendung der gemeinschaftlichen Wettbewerbsregeln ein, und das mit ihm verbundene Anmeldeverfahren hindert die Kommission daran, sich auf die Verfolgung der schwerwiegendsten Verstöße zu konzentrieren. Darüber hinaus entstehen den Unternehmen durch dieses System erhebliche Kosten.

(4) Das zentralisierte Anmeldesystem sollte daher durch ein Legalausnahmesystem ersetzt werden, bei dem die Wettbewerbsbehörden und Gerichte der Mitgliedstaaten nicht nur zur Anwendung der nach der Rechtsprechung des Gerichtshofs der Europäischen Gemeinschaften direkt anwendbaren Artikel 81 Absatz 1 und Artikel 82 des Vertrags befugt sind, sondern auch zur Anwendung von Artikel 81 Absatz 3 des Vertrags.

(5) Um für die wirksame Durchsetzung der Wettbewerbsvorschriften der Gemeinschaft zu sorgen und zugleich die Achtung der grundlegenden Verteidigungsrechte zu gewährleisten, muss in dieser Verordnung die Beweislast für die Artikel 81 und 82 des Vertrags geregelt werden. Der Partei oder Behörde, die den Vorwurf einer Zuwiderhandlung gegen Artikel 81 Absatz 1 oder Artikel 82 des Vertrags erhebt, sollte es obliegen, diese Zuwiderhandlung ge-

---

[1] ABl. C 365 E vom 19. 12. 2000, S. 284.
[2] ABl. C 72 E vom 21. 03. 2002, S. 305.
[3] ABl. C 155 vom 29. 5. 2001, S. 73.
[4] Der Titel der Verordnung Nr. 17 wurde angepasst, um der Umnummerierung der Artikel des EG-Vertrags gemäß Artikel 12 des Vertrags von Amsterdam Rechnung zu tragen; ursprünglich wurde auf die Artikel 85 und 86 Bezug genommen.
[5] ABl. 13 vom 21. 2. 1962, S. 204/62. Zuletzt geändert durch die Verordnung (EG) Nr. 1216/1999 (ABl. L 148 vom 15. 6. 1999, S. 5).

mäß den einschlägigen rechtlichen Anforderungen nachzuweisen. Den Unternehmen oder Unternehmensverbänden, die sich gegenüber der Feststellung einer Zuwiderhandlung auf eine Rechtfertigung berufen möchten, sollte es obliegen, im Einklang mit den einschlägigen rechtlichen Anforderungen den Nachweis zu erbringen, dass die Voraussetzungen für diese Rechtfertigung erfüllt sind. Diese Verordnung berührt weder die nationalen Rechtsvorschriften über das Beweismaß noch die Verpflichtung der Wettbewerbsbehörden und Gerichte der Mitgliedstaaten, zur Aufklärung rechtserheblicher Sachverhalte beizutragen, sofern diese Rechtsvorschriften und Anforderungen im Einklang mit den allgemeinen Grundsätzen des Gemeinschaftsrechts stehen.

(6) Die wirksame Anwendung der Wettbewerbsregeln der Gemeinschaft setzt voraus, dass die Wettbewerbsbehörden der Mitgliedstaaten stärker an der Anwendung beteiligt werden. Dies wiederum bedeutet, dass sie zur Anwendung des Gemeinschaftsrechts befugt sein sollten.

(7) Die einzelstaatlichen Gerichte erfüllen eine wesentliche Aufgabe bei der Anwendung der gemeinschaftlichen Wettbewerbsregeln. In Rechtsstreitigkeiten zwischen Privatpersonen schützen sie die sich aus dem Gemeinschaftsrecht ergebenden subjektiven Rechte, indem sie unter anderem den durch die Zuwiderhandlung Geschädigten Schadenersatz zuerkennen. Sie ergänzen in dieser Hinsicht die Aufgaben der einzelstaatlichen Wettbewerbsbehörden. Ihnen sollte daher gestattet werden, die Artikel 81 und 82 des Vertrags in vollem Umfang anzuwenden.

(8) Um die wirksame Durchsetzung der Wettbewerbsregeln der Gemeinschaft und das reibungslose Funktionieren der in dieser Verordnung enthaltenen Formen der Zusammenarbeit zu gewährleisten, müssen die Wettbewerbsbehörden und die Gerichte in den Mitgliedstaaten verpflichtet sein, auch die Artikel 81 und 82 des Vertrags anzuwenden, wenn sie innerstaatliches Wettbewerbsrecht auf Vereinbarungen und Verhaltensweisen, die den Handel zwischen den Mitgliedstaaten beeinträchtigen können, anwenden. Um für Vereinbarungen, Beschlüsse von Unternehmensvereinigungen und aufeinander abgestimmte Verhaltensweisen gleiche Bedingungen im Binnenmarkt zu schaffen, ist es ferner erforderlich, auf der Grundlage von Artikel 83 Absatz 2 Buchstabe e) des Vertrags das Verhältnis zwischen dem innerstaatlichen Recht und dem Wettbewerbsrecht der Gemeinschaft zu bestimmen. Dazu muss gewährleistet werden, dass die Anwendung innerstaatlichen Wettbewerbsrechts auf Vereinbarungen, Beschlüsse und abgestimmte Verhaltensweisen im Sinne von Artikel 81 Absatz 1 des Vertrags nur dann zum Verbot solcher Vereinbarungen, Beschlüsse und abgestimmter Verhaltensweisen führen darf, wenn sie auch nach dem Wettbewerbsrecht der Gemeinschaft verboten sind. Die Begriffe Vereinbarungen, Beschlüsse und abgestimmte Verhaltensweisen sind autonome Konzepte des Wettbewerbsrechts der Gemeinschaft für die Erfassung eines koordinierten Verhaltens von Unternehmen am Markt im Sinne der Auslegung dieser Begriffe durch die Gerichte der Gemeinschaft. Nach dieser Verordnung darf den Mitgliedstaaten nicht das Recht verwehrt werden, in ihrem Hoheitsgebiet strengere innerstaatliche Wettbewerbsvorschriften zur Unterbindung oder Ahndung einseitiger Handlungen von Unternehmen zu erlassen oder anzuwenden. Diese strengeren einzelstaatlichen Rechtsvorschriften können Bestimmungen zum Verbot oder zur Ahndung missbräuchlichen Verhaltens gegenüber wirtschaftlich abhängigen Unternehmen umfassen. Ferner gilt die vorliegende Verordnung nicht für innerstaatliche Rechtsvorschriften, mit denen natürlichen Personen strafrechtliche Sanktionen auferlegt werden, außer wenn solche Sanktionen als Mittel dienen, um die für Unternehmen geltenden Wettbewerbsregeln durchzusetzen.

(9) Ziel der Artikel 81 und 82 des Vertrags ist der Schutz des Wettbewerbs auf dem Markt. Diese Verordnung, die der Durchführung dieser Vertragsbestimmungen dient, verwehrt es den Mitgliedstaaten nicht, in ihrem Hoheitsgebiet innerstaatliche Rechtsvorschriften zu erlassen, die andere legitime Interessen schützen, sofern diese Rechtsvorschriften im Einklang mit den allgemeinen Grundsätzen und übrigen Bestimmungen des Gemeinschaftsrechts stehen. Sofern derartige Rechtsvorschriften überwiegend auf ein Ziel gerichtet sind, das von dem des Schutzes des Wettbewerbs auf dem Markt abweicht, dürfen die Wettbewerbsbehörden und Gerichte in den Mitgliedstaaten solche Rechtsvorschriften in ihrem Hoheitsgebiet anwenden. Dementsprechend dürfen die Mitgliedstaaten im Rahmen dieser Verordnung in ih-

rem Hoheitsgebiet innerstaatliche Rechtsvorschriften anwenden, mit denen unlautere Handelspraktiken – unabhängig davon, ob diese einseitig ergriffen oder vertraglich vereinbart wurden – untersagt oder geahndet werden. Solche Rechtsvorschriften verfolgen ein spezielles Ziel, das die tatsächlichen oder vermuteten Wirkungen solcher Handlungen auf den Wettbewerb auf dem Markt unberücksichtigt lässt. Das trifft insbesondere auf Rechtsvorschriften zu, mit denen Unternehmen untersagt wird, bei ihren Handelspartnern ungerechtfertigte, unverhältnismäßige oder keine Gegenleistungen umfassende Bedingungen zu erzwingen, zu erhalten oder den Versuch hierzu zu unternehmen.

(10) Aufgrund von Verordnungen des Rates wie 19/65/EWG (1)[6], (EWG) Nr. 2821/71[7], (EWG) Nr. 3976/87[8], (EWG) Nr. 1534//91[9] oder (EWG) Nr. 479/92[10] ist die Kommission befugt, Artikel 81 Absatz 3 des Vertrags durch Verordnung auf bestimmte Gruppen von Vereinbarungen, Beschlüssen von Unternehmensvereinigungen und aufeinander abgestimmten Verhaltensweisen anzuwenden. In den durch derartige Verordnungen bestimmten Bereichen hat die Kommission so genannte Gruppenfreistellungsverordnungen erlassen, mit denen sie Artikel 81 Absatz 1 des Vertrags auf Gruppen von Vereinbarungen, Beschlüssen oder aufeinander abgestimmten Verhaltensweisen für nicht anwendbar erklärt, und sie kann dies auch weiterhin tun. Soweit Vereinbarungen, Beschlüsse oder aufeinander abgestimmte Verhaltensweisen, auf die derartige Verordnungen Anwendung finden, dennoch Wirkungen haben, die mit Artikel 81 Absatz 3 des Vertrags unvereinbar sind, sollten die Kommission und die Wettbewerbsbehörden der Mitgliedstaaten die Befugnis haben, in einem bestimmten Fall den Rechtsvorteil der Gruppenfreistellungsverordnung zu entziehen.

(11) Zur Erfüllung ihrer Aufgabe, für die Anwendung des Vertrags Sorge zu tragen, sollte die Kommission an Unternehmen oder Unternehmensvereinigungen Entscheidungen mit dem Ziel richten können, Zuwiderhandlungen gegen die Artikel 81 und 82 des Vertrags abzustellen. Sie sollte, sofern ein berechtigtes Interesse besteht, auch dann Entscheidungen zur Feststellung einer Zuwiderhandlung erlassen können, wenn die Zuwiderhandlung beendet ist, selbst wenn sie keine Geldbuße auferlegt. Außerdem sollte der Kommission in dieser Verordnung ausdrücklich die ihr vom Gerichtshof zuerkannte Befugnis übertragen werden, Entscheidungen zur Anordnung einstweiliger Maßnahmen zu erlassen.

---

6 Verordnung Nr. 19/65/EWG des Rates vom 2. März 1965 über die Anwendung von Artikel 81 Absatz 3 (Die Titel der Verordnungen wurden geändert, um der Umnummerierung der Artikel des EG-Vertrags gemäß Artikel 12 des Vertrags von Amsterdam Rechnung zu tragen; ursprünglich wurde auf Artikel 85 Absatz 3 Bezug genommen.) des Vertrags auf Gruppen von Vereinbarungen und aufeinander abgestimmten Verhaltensweisen (ABl. 36 vom 6. 3. 1965, S. 533). Verordnung zuletzt geändert durch die Verordnung (EG) Nr. 1215/1999 (ABl. L 148 vom 15. 6. 1999, S. 1).

7 Verordnung (EWG) Nr. 2821/71 des Rates vom 20. Dezember 1971 über die Anwendung von Artikel 81 Absatz 3 (Die Titel der Verordnungen wurden geändert, um der Umnummerierung der Artikel des EG-Vertrags gemäß Artikel 12 des Vertrags von Amsterdam Rechnung zu tragen; ursprünglich wurde auf Artikel 85 Absatz 3 Bezug genommen.) des Vertrags auf Gruppen von Vereinbarungen, Beschlüssen und aufeinander abgestimmten Verhaltensweisen (ABl. L 285 vom 29. 12. 1971, S. 46). Verordnung zuletzt geändert durch die Beitrittsakte von 1994.

8 Verordnung (EWG) Nr. 3976/87 des Rates vom 14. Dezember 1987 zur Anwendung von Artikel 81 Absatz 3 (Die Titel der Verordnungen wurden geändert, um der Umnummerierung der Artikel des EG-Vertrags gemäß Artikel 12 des Vertrags von Amsterdam Rechnung zu tragen; ursprünglich wurde auf Artikel 85 Absatz 3 Bezug genommen.) des Vertrags auf bestimmte Gruppen von Vereinbarungen und aufeinander abgestimmten Verhaltensweisen im Luftverkehr (ABl. L 374 vom 31. 12. 1987, S. 9). Verordnung zuletzt geändert durch die Beitrittsakte von 1994.

9 Verordnung (EWG) Nr. 1534/91 des Rates vom 31. Mai 1991 über die Anwendung von Artikel 81 Absatz 3 (Die Titel der Verordnungen wurden geändert, um der Umnummerierung der Artikel des EG-Vertrags gemäß Artikel 12 des Vertrags von Amsterdam Rechnung zu tragen; ursprünglich wurde auf Artikel 85 Absatz 3 Bezug genommen.) des Vertrags auf bestimmte Gruppen von Vereinbarungen, Beschlüssen und aufeinander abgestimmten Verhaltensweisen im Bereich der Versicherungswirtschaft (ABl. L 143 vom 7. 6. 1991, S. 1).

10 Verordnung (EWG) Nr. 479/92 des Rates vom 25. Februar 1992 über die Anwendung des Artikels 81 Absatz 3 (Die Titel der Verordnungen wurden geändert, um der Umnummerierung der Artikel des EG-Vertrags gemäß Artikel 12 des Vertrags von Amsterdam Rechnung zu tragen; ursprünglich wurde auf Artikel 85 Absatz 3 Bezug genommen.) des Vertrags auf bestimmte Gruppen von Vereinbarungen, Beschlüssen und aufeinander abgestimmten Verhaltensweisen zwischen Seeschifffahrtsunternehmen (Konsortien) (ABl. L 55 vom 29. 2. 1992, S. 3). Verordnung zuletzt geändert durch die Beitrittsakte von 1994.

(12) Mit dieser Verordnung sollte der Kommission ausdrücklich die Befugnis übertragen werden, unter Beachtung des Grundsatzes der Verhältnismäßigkeit alle strukturellen oder auf das Verhalten abzielenden Maßnahmen festzulegen, die zur effektiven Abstellung einer Zuwiderhandlung erforderlich sind. Maßnahmen struktureller Art sollten nur in Ermangelung einer verhaltensorientierten Maßnahme von gleicher Wirksamkeit festgelegt werden, oder wenn letztere im Vergleich zu Maßnahmen struktureller Art mit einer größeren Belastung für das betroffene Unternehmen verbunden wäre. Änderungen an der Unternehmensstruktur, wie sie vor der Zuwiderhandlung bestand, sind nur dann verhältnismäßig, wenn ein erhebliches, durch die Struktur eines Unternehmens als solcher bedingtes Risiko anhaltender oder wiederholter Zuwiderhandlungen gegeben ist.

(13) Bieten Unternehmen im Rahmen eines Verfahrens, das auf eine Verbotsentscheidung gerichtet ist, der Kommission an, Verpflichtungen einzugehen, die geeignet sind, die Bedenken der Kommission auszuräumen, so sollte die Kommission diese Verpflichtungszusagen durch Entscheidung für die Unternehmen bindend erklären können. Ohne die Frage zu beantworten, ob eine Zuwiderhandlung vorgelegen hat oder noch vorliegt, sollte in solchen Entscheidungen festgestellt werden, dass für ein Tätigwerden der Kommission kein Anlass mehr besteht. Entscheidungen bezüglich Verpflichtungszusagen lassen die Befugnisse der Wettbewerbsbehörden und der Gerichte der Mitgliedstaaten, das Vorliegen einer Zuwiderhandlung festzustellen und über den Fall zu entscheiden, unberührt. Entscheidungen bezüglich Verpflichtungszusagen sind für Fälle ungeeignet, in denen die Kommission eine Geldbuße aufzuerlegen beabsichtigt.

(14) In Ausnahmefällen, wenn es das öffentliche Interesse der Gemeinschaft gebietet, kann es auch zweckmäßig sein, dass die Kommission eine Entscheidung deklaratorischer Art erlässt, mit der die Nichtanwendung des in Artikel 81 oder Artikel 82 des Vertrags verankerten Verbots festgestellt wird, um die Rechtslage zu klären und eine einheitliche Rechtsanwendung in der Gemeinschaft sicherzustellen; dies gilt insbesondere in Bezug auf neue Formen von Vereinbarungen oder Verhaltensweisen, deren Beurteilung durch die bisherige Rechtsprechung und Verwaltungspraxis noch nicht geklärt ist.

(15) Die Kommission und die Wettbewerbsbehörden der Mitgliedstaaten sollen gemeinsam ein Netz von Behörden bilden, die die EG-Wettbewerbsregeln in enger Zusammenarbeit anwenden. Zu diesem Zweck müssen Informations- und Konsultationsverfahren eingeführt werden. Nähere Einzelheiten betreffend die Zusammenarbeit innerhalb des Netzes werden von der Kommission in enger Abstimmung mit den Mitgliedstaaten festgelegt und überarbeitet.

(16) Der Austausch von Informationen, auch solchen vertraulicher Art, und die Verwendung solcher Informationen zwischen den Mitgliedern des Netzwerks sollte ungeachtet anders lautender einzelstaatlicher Vorschriften zugelassen werden. Diese Informationen dürfen für die Anwendung der Artikel 81 und 82 des Vertrags sowie für die parallel dazu erfolgende Anwendung des nationalen Wettbewerbsrechts verwendet werden, sofern letztere Anwendung den gleichen Fall betrifft und nicht zu einem anderen Ergebnis führt. Werden die ausgetauschten Informationen von der empfangenden Behörde dazu verwendet, Unternehmen Sanktionen aufzuerlegen, so sollte für die Verwendung der Informationen keine weitere Beschränkung als nur die Verpflichtung gelten, dass sie ausschließlich für den Zweck eingesetzt werden, für den sie zusammengetragen worden sind, da Sanktionen, mit denen Unternehmen belegt werden können, in allen Systemen von derselben Art sind. Die Verteidigungsrechte, die Unternehmen in den einzelnen Systemen zustehen, können als hinreichend gleichwertig angesehen werden. Bei natürlichen Personen dagegen können Sanktionen in den verschiedenen Systemen erheblich voneinander abweichen. In solchen Fällen ist dafür Sorge zu tragen, dass die Informationen nur dann verwendet werden, wenn sie in einer Weise erhoben wurden, die hinsichtlich der Wahrung der Verteidigungsrechte natürlicher Personen das gleiche Schutzniveau wie nach dem für die empfangende Behörde geltenden innerstaatlichen Recht gewährleistet.

(17) Um eine einheitliche Anwendung der Wettbewerbsregeln und gleichzeitig ein optimales Funktionieren des Netzwerks zu gewährleisten, muss die Regel beibehalten werden, dass

die Wettbewerbsbehörden der Mitgliedstaaten automatisch ihre Zuständigkeit verlieren, sobald die Kommission ein Verfahren einleitet. Ist eine Wettbewerbsbehörde eines Mitgliedstaats in einem Fall bereits tätig und beabsichtigt die Kommission, ein Verfahren einzuleiten, sollte sie sich bemühen, dies so bald wie möglich zu tun. Vor der Einleitung eines Verfahrens sollte die Kommission die betreffende nationale Behörde konsultieren.

(18) Um eine optimale Verteilung der Fälle innerhalb des Netzwerks sicherzustellen, sollte eine allgemeine Bestimmung eingeführt werden, wonach eine Wettbewerbsbehörde ein Verfahren mit der Begründung aussetzen oder einstellen kann, dass sich eine andere Behörde mit demselben Fall befasst hat oder noch befasst. Ziel ist es, dass jeder Fall nur von einer Behörde bearbeitet wird. Diese Bestimmung sollte nicht der der Kommission durch die Rechtsprechung des Gerichtshofs zuerkannten Möglichkeit entgegenstehen, eine Beschwerde wegen fehlenden Gemeinschaftsinteresses abzuweisen, selbst wenn keine andere Wettbewerbsbehörde die Absicht bekundet hat, sich des Falls anzunehmen.

(19) Die Arbeitsweise des durch die Verordnung Nr. 17 eingesetzten Beratenden Ausschusses für Kartell- und Monopolfragen hat sich als sehr befriedigend erwiesen. Dieser Ausschuss fügt sich gut in das neue System einer dezentralen Anwendung des Wettbewerbsrechts ein. Es gilt daher, auf der Grundlage der Bestimmungen der Verordnung Nr. 17 aufzubauen und gleichzeitig die Arbeit effizienter zu gestalten. Hierzu ist es zweckmäßig, die Möglichkeit eines schriftlichen Verfahrens für die Stellungnahme vorzusehen. Der Beratende Ausschuss sollte darüber hinaus als Diskussionsforum für die von den Wettbewerbsbehörden der Mitgliedstaaten gerade bearbeiteten Fälle dienen können, um auf diese Weise dazu beizutragen, dass die Wettbewerbsregeln der Gemeinschaft einheitlich angewandt werden.

(20) Der Beratende Ausschuss sollte sich aus Vertretern der Wettbewerbsbehörden der Mitgliedstaaten zusammensetzen. In Sitzungen, in denen allgemeine Fragen zur Erörterung stehen, sollten die Mitgliedstaaten einen weiteren Vertreter entsenden dürfen. Unbeschadet hiervon können sich die Mitglieder des Ausschusses durch andere Experten des jeweiligen Mitgliedstaats unterstützen lassen.

(21) Die einheitliche Anwendung der Wettbewerbsregeln erfordert außerdem, Formen der Zusammenarbeit zwischen den Gerichten der Mitgliedstaaten und der Kommission vorzusehen. Dies gilt für alle Gerichte der Mitgliedstaaten, die die Artikel 81 und 82 des Vertrags zur Anwendung bringen, unabhängig davon, ob sie die betreffenden Regeln in Rechtsstreitigkeiten zwischen Privatparteien anzuwenden haben oder ob sie als Wettbewerbsbehörde oder als Rechtsmittelinstanz tätig werden. Insbesondere sollten die einzelstaatlichen Gerichte die Möglichkeit erhalten, sich an die Kommission zu wenden, um Informationen oder Stellungnahmen zur Anwendung des Wettbewerbsrechts der Gemeinschaft zu erhalten. Der Kommission und den Wettbewerbsbehörden der Mitgliedstaaten wiederum muss die Möglichkeit gegeben werden, sich mündlich oder schriftlich vor einzelstaatlichen Gerichten zu äußern, wenn Artikel 81 oder 82 des Vertrags zur Anwendung kommt. Diese Stellungnahmen sollten im Einklang mit den einzelstaatlichen Verfahrensregeln und Gepflogenheiten, einschließlich derjenigen, die die Wahrung der Rechte der Parteien betreffen, erfolgen. Hierzu sollte dafür gesorgt werden, dass die Kommission und die Wettbewerbsbehörden der Mitgliedstaaten über ausreichende Informationen über Verfahren vor einzelstaatlichen Gerichten verfügen.

(22) In einem System paralleler Zuständigkeiten müssen im Interesse der Rechtssicherheit und der einheitlichen Anwendung der Wettbewerbsregeln der Gemeinschaft einander widersprechende Entscheidungen vermieden werden. Die Wirkungen von Entscheidungen und Verfahren der Kommission auf Gerichte und Wettbewerbsbehörden der Mitgliedstaaten müssen daher im Einklang mit der Rechtsprechung des Gerichtshofs geklärt werden. Von der Kommission angenommene Entscheidungen bezüglich Verpflichtungszusagen berühren nicht die Befugnis der Gerichte und der Wettbewerbsbehörden der Mitgliedstaaten, die Artikel 81 und 82 des Vertrags anzuwenden.

(23) Die Kommission sollte die Befugnis haben, im gesamten Bereich der Gemeinschaft die Auskünfte zu verlangen, die notwendig sind, um gemäß Artikel 81 des Vertrags verbotene Vereinbarungen, Beschlüsse und aufeinander abgestimmte Verhaltensweisen sowie die

nach Artikel 82 des Vertrags untersagte missbräuchliche Ausnutzung einer beherrschenden Stellung aufzudecken. Unternehmen, die einer Entscheidung der Kommission nachkommen, können nicht gezwungen werden, eine Zuwiderhandlung einzugestehen; sie sind auf jeden Fall aber verpflichtet, Fragen nach Tatsachen zu beantworten und Unterlagen vorzulegen, auch wenn die betreffenden Auskünfte dazu verwendet werden können, den Beweis einer Zuwiderhandlung durch die betreffenden oder andere Unternehmen zu erbringen.

(24) Die Kommission sollte außerdem die Befugnis haben, die Nachprüfungen vorzunehmen, die notwendig sind, um gemäß Artikel 81 des Vertrags verbotene Vereinbarungen, Beschlüsse und aufeinander abgestimmte Verhaltensweisen sowie die nach Artikel 82 des Vertrags untersagte missbräuchliche Ausnutzung einer beherrschenden Stellung aufzudecken. Die Wettbewerbsbehörden der Mitgliedstaaten sollten bei der Ausübung dieser Befugnisse aktiv mitwirken.

(25) Da es zunehmend schwieriger wird, Verstöße gegen die Wettbewerbsregeln aufzudecken, ist es für einen wirksamen Schutz des Wettbewerbs notwendig, die Ermittlungsbefugnisse der Kommission zu ergänzen. Die Kommission sollte insbesondere alle Personen, die eventuell über sachdienliche Informationen verfügen, befragen und deren Aussagen zu Protokoll nehmen können. Ferner sollten die von der Kommission beauftragten Bediensteten im Zuge einer Nachprüfung für die hierfür erforderliche Zeit eine Versiegelung vornehmen dürfen. Die Dauer der Versiegelung sollte in der Regel 72 Stunden nicht überschreiten. Die von der Kommission beauftragten Bediensteten sollten außerdem alle Auskünfte im Zusammenhang mit Gegenstand und Ziel der Nachprüfung einholen dürfen.

(26) Die Erfahrung hat gezeigt, dass in manchen Fällen Geschäftsunterlagen in der Wohnung von Führungskräften und Mitarbeitern der Unternehmen aufbewahrt werden. Im Interesse effizienter Nachprüfungen sollten daher die Bediensteten der Kommission und die anderen von ihr ermächtigten Personen zum Betreten aller Räumlichkeiten befugt sein, in denen sich Geschäftsunterlagen befinden können, einschließlich Privatwohnungen. Die Ausübung der letztgenannten Befugnis sollte jedoch eine entsprechende gerichtliche Entscheidung voraussetzen.

(27) Unbeschadet der Rechtsprechung des Gerichtshofs ist es sinnvoll, die Tragweite der Kontrolle darzulegen, die das nationale Gericht ausüben kann, wenn es, wie im innerstaatlichen Recht vorgesehen und als vorsorgliche Maßnahme, die Unterstützung durch Verfolgungsbehörden genehmigt, um sich über einen etwaigen Widerspruch des betroffenen Unternehmens hinwegzusetzen, oder wenn es die Vollstreckung einer Entscheidung zur Nachprüfung in anderen als Geschäftsräumen gestattet. Aus der Rechtsprechung ergibt sich, dass das nationale Gericht insbesondere von der Kommission weitere Klarstellungen anfordern kann, die es zur Ausübung seiner Kontrolle benötigt und bei deren Fehlen es die Genehmigung verweigern könnte. Ferner bestätigt die Rechtsprechung die Befugnis der nationalen Gerichte, die Einhaltung der für die Durchführung von Zwangsmaßnahmen geltenden Vorschriften des innerstaatlichen Rechts zu kontrollieren.

(28) Damit die Wettbewerbsbehörden der Mitgliedstaaten mehr Möglichkeiten zu einer wirksamen Anwendung der Artikel 81 und 82 des Vertrags erhalten, sollten sie einander im Rahmen von Nachprüfungen und anderen Maßnahmen zur Sachaufklärung Unterstützung gewähren können.

(29) Die Beachtung der Artikel 81 und 82 des Vertrags und die Erfüllung der den Unternehmen und Unternehmensvereinigungen in Anwendung dieser Verordnung auferlegten Pflichten sollten durch Geldbußen und Zwangsgelder sichergestellt werden können. Hierzu sind auch für Verstöße gegen Verfahrensvorschriften Geldbußen in angemessener Höhe vorzusehen.

(30) Um für eine tatsächliche Einziehung der Geldbußen zu sorgen, die Unternehmensvereinigungen wegen von ihnen begangener Zuwiderhandlungen auferlegt werden, müssen die Bedingungen festgelegt werden, unter denen die Kommission von den Mitgliedern der Vereinigung die Zahlung der Geldbuße verlangen kann, wenn die Vereinigung selbst zahlungsunfähig ist. Dabei sollte die Kommission der relativen Größe der der Vereinigung angehörenden Unternehmen und insbesondere der Lage der kleinen und mittleren Unternehmen

Rechnung tragen. Die Zahlung der Geldbuße durch eines oder mehrere der Mitglieder einer Vereinigung erfolgt unbeschadet der einzelstaatlichen Rechtsvorschriften, die einen Rückgriff auf andere Mitglieder der Vereinigung zur Erstattung des gezahlten Betrags ermöglichen.

(31) Die Regeln über die Verjährung bei der Auferlegung von Geldbußen und Zwangsgeldern sind in der Verordnung (EWG) Nr. 2988/74 des Rates (1)[11] enthalten, die darüber hinaus Sanktionen im Verkehrsbereich zum Gegenstand hat. In einem System paralleler Zuständigkeiten müssen zu den Handlungen, die die Verjährung unterbrechen können, auch eigenständige Verfahrenshandlungen der Wettbewerbsbehörden der Mitgliedstaaten gerechnet werden. Im Interesse einer klareren Gestaltung des Rechtsrahmens empfiehlt es sich daher, die Verordnung (EWG) Nr. 2988/74 so zu ändern, dass sie im Anwendungsbereich der vorliegenden Verordnung keine Anwendung findet, und die Verjährung in der vorliegenden Verordnung zu regeln.

(32) Das Recht der beteiligten Unternehmen, von der Kommission gehört zu werden, sollte bestätigt werden. Dritten, deren Interessen durch eine Entscheidung betroffen sein können, sollte vor Erlass der Entscheidung Gelegenheit zur Äußerung gegeben werden, und die erlassenen Entscheidungen sollten auf breiter Ebene bekannt gemacht werden. Ebenso unerlässlich wie die Wahrung der Verteidigungsrechte der beteiligten Unternehmen, insbesondere des Rechts auf Akteneinsicht, ist der Schutz der Geschäftsgeheimnisse. Es sollte sichergestellt werden, dass die innerhalb des Netzwerks ausgetauschten Informationen vertraulich behandelt werden.

(33) Da alle Entscheidungen, die die Kommission nach Maßgabe dieser Verordnung erlässt, unter den im Vertrag festgelegten Voraussetzungen der Überwachung durch den Gerichtshof unterliegen, sollte der Gerichtshof gemäß Artikel 229 des Vertrags die Befugnis zu unbeschränkter Ermessensnachprüfung bei Entscheidungen der Kommission über die Auferlegung von Geldbußen oder Zwangsgeldern erhalten.

(34) Nach den Regeln der Verordnung Nr. 17 zur Durchführung der in den Artikeln 81 und 82 des Vertrags niedergelegten Grundsätze kommt den Organen der Gemeinschaft eine zentrale Stellung zu. Diese gilt es zu bewahren, doch müssen gleichzeitig die Mitgliedstaaten stärker an der Anwendung der Wettbewerbsregeln der Gemeinschaft beteiligt werden. Im Einklang mit dem in Artikel 5 des Vertrags niedergelegten Subsidiaritäts- und Verhältnismäßigkeitsprinzip geht die vorliegende Verordnung nicht über das zur Erreichung ihres Ziels einer wirksamen Anwendung der Wettbewerbsregeln der Gemeinschaft Erforderliche hinaus.

(35) Um eine ordnungsgemäße Anwendung des gemeinschaftlichen Wettbewerbsrechts zu erreichen, sollten die Mitgliedstaaten Behörden bestimmen, die sie ermächtigen, Artikel 81 und 82 des Vertrags im öffentlichen Interesse anzuwenden. Sie sollten die Möglichkeit erhalten, sowohl Verwaltungsbehörden als auch Gerichte mit der Erfüllung der den Wettbewerbsbehörden in dieser Verordnung übertragenen Aufgaben zu betrauen. Mit der vorliegenden Verordnung wird anerkannt, dass für die Durchsetzung der Wettbewerbsregeln im öffentlichen Interesse in den Mitgliedstaaten sehr unterschiedliche Systeme bestehen. Die Wirkung von Artikel 11 Absatz 6 dieser Verordnung sollte sich auf alle Wettbewerbsbehörden erstrecken. Als Ausnahme von dieser allgemeinen Regel sollte, wenn eine mit der Verfolgung von Zuwiderhandlungen betraute Verwaltungsbehörde einen Fall vor ein von ihr getrenntes Gericht bringt, Artikel 11 Absatz 6 für die verfolgende Behörde nach Maßgabe der Bedingungen in Artikel 35 Absatz 4 dieser Verordnung gelten. Sind diese Bedingungen nicht erfüllt, sollte die allgemeine Regel gelten. Auf jeden Fall sollte Artikel 11 Absatz 6 nicht für Gerichte gelten, soweit diese als Rechtsmittelinstanzen tätig werden.

(36) Nachdem der Gerichtshof in seiner Rechtsprechung klargestellt hat, dass die Wettbewerbsregeln auch für den Verkehr gelten, muss dieser Sektor den Verfahrensvorschriften der vor-

---

11 Verordnung (EWG) Nr. 2988/74 des Rates vom 26. November 1974 über die Verfolgungs- und Vollstreckungsverjährung im Verkehrs- und Wettbewerbsrecht der Europäischen Wirtschaftsgemeinschaft (ABl. L 319 vom 29.11.1974, S. 1).

liegenden Verordnung unterworfen werden. Daher sollte die Verordnung Nr. 141 des Rates vom 26. November 1962 über die Nichtanwendung der Verordnung Nr. 17 des Rates auf den Verkehr[12] aufgehoben werden und die Verordnungen des Rates (EWG) Nr. 1017/68[13], (EWG) Nr. 4056/86[14] und (EWG) Nr. 3975/87[15] sollten so geändert werden, dass die darin enthaltenen speziellen Verfahrensvorschriften aufgehoben werden.

(37) Diese Verordnung wahrt die Grundrechte und steht im Einklang mit den Prinzipien, die insbesondere in der Charta der Grundrechte der Europäischen Union verankert sind. Demzufolge ist diese Verordnung in Übereinstimmung mit diesen Rechten und Prinzipien auszulegen und anzuwenden.

(38) Rechtssicherheit für die nach den Wettbewerbsregeln der Gemeinschaft tätigen Unternehmen trägt zur Förderung von Innovation und Investition bei. In Fällen, in denen ernsthafte Rechtsunsicherheit entsteht, weil neue oder ungelöste Fragen in Bezug auf die Anwendung dieser Regeln auftauchen, können einzelne Unternehmen den Wunsch haben, mit der Bitte um informelle Beratung an die Kommission heranzutreten. Diese Verordnung lässt das Recht der Kommission, informelle Beratung zu leisten, unberührt –

HAT FOLGENDE VERORDNUNG ERLASSEN:

Kapitel I
Grundsätze

Artikel 1
Anwendung der Artikel 81 und 82 des Vertrags

(1) Vereinbarungen, Beschlüsse und aufeinander abgestimmte Verhaltensweisen im Sinne von Artikel 81 Absatz 1 des Vertrags, die nicht die Voraussetzungen des Artikels 81 Absatz 3 des Vertrags erfüllen, sind verboten, ohne dass dies einer vorherigen Entscheidung bedarf.

(2) Vereinbarungen, Beschlüsse und aufeinander abgestimmte Verhaltensweisen im Sinne von Artikel 81 Absatz 1 des Vertrags, die die Voraussetzungen des Artikels 81 Absatz 3 des Vertrags erfüllen, sind nicht verboten, ohne dass dies einer vorherigen Entscheidung bedarf.

(3) Die missbräuchliche Ausnutzung einer marktbeherrschenden Stellung im Sinne von Artikel 82 des Vertrags ist verboten, ohne dass dies einer vorherigen Entscheidung bedarf.

Artikel 2
Beweislast

In allen einzelstaatlichen und gemeinschaftlichen Verfahren zur Anwendung der Artikel 81 und 82 des Vertrags obliegt die Beweislast für eine Zuwiderhandlung gegen Artikel 81 Absatz 1 oder Artikel 82 des Vertrags der Partei oder der Behörde, die diesen Vorwurf erhebt. Die Beweislast dafür, dass die Voraussetzungen des Artikels 81 Absatz 3 des Vertrags vorliegen, obliegt den Unternehmen oder Unternehmensvereinigungen, die sich auf diese Bestimmung berufen.

---

12 ABl. 124 vom 28. 11. 1962, S. 2751/62. Geändert durch die Verordnung Nr. 1002/67/EWG (ABl. 306 vom 16. 12. 1967, S. 1).
13 Verordnung (EWG) Nr. 1017/68 des Rates vom 19. Juli 1968 über die Anwendung von Wettbewerbsregeln auf dem Gebiet des Eisenbahn-, Straßen- und Binnenschiffsverkehrs (ABl. L 175 vom 23. 7. 1968, S. 1). Zuletzt geändert durch die Beitrittsakte von 1994.
14 Verordnung (EWG) Nr. 4056/86 des Rates vom 22. Dezember 1986 über die Einzelheiten der Anwendung der Artikel 81 und 82 (Die Titel der Verordnungen wurden geändert, um der Umnummerierung der Artikel des EG-Vertrags gemäß Artikel 12 des Vertrags von Amsterdam Rechnung zu tragen; ursprünglich wurde auf Artikel 85 Absatz 3 Bezug genommen.) des Vertrags auf den Seeverkehr (ABl. L 378 vom 31. 12. 1986, S. 4). Verordnung zuletzt geändert durch die Beitrittsakte von 1994.
15 Verordnung (EWG) Nr. 3975/87 des Rates vom 14. Dezember 1987 über die Einzelheiten der Anwendung der Wettbewerbsregeln auf Luftfahrtunternehmen (ABl. L 374 vom 31. 12. 1987, S. 1). Verordnung zuletzt geändert durch die Verordnung (EWG) Nr. 2410/92 (ABl. L 240 vom 24. 8. 1992, S. 18).

Artikel 3
Verhältnis zwischen den Artikeln 81 und 82 des Vertrags und dem einzelstaatlichen Wettbewerbsrecht

(1) Wenden die Wettbewerbsbehörden der Mitgliedstaaten oder einzelstaatliche Gerichte das einzelstaatliche Wettbewerbsrecht auf Vereinbarungen zwischen Unternehmen, Beschlüsse von Unternehmensvereinigungen und aufeinander abgestimmte Verhaltensweisen im Sinne des Artikels 81 Absatz 1 des Vertrags an, welche den Handel zwischen Mitgliedstaaten im Sinne dieser Bestimmung beeinträchtigen können, so wenden sie auch Artikel 81 des Vertrags auf diese Vereinbarungen, Beschlüsse und aufeinander abgestimmten Verhaltensweisen an. Wenden die Wettbewerbsbehörden der Mitgliedstaaten oder einzelstaatliche Gerichte das einzelstaatliche Wettbewerbsrecht auf nach Artikel 82 des Vertrags verbotene Missbräuche an, so wenden sie auch Artikel 82 des Vertrags an.

(2) Die Anwendung des einzelstaatlichen Wettbewerbsrechts darf nicht zum Verbot von Vereinbarungen zwischen Unternehmen, Beschlüssen von Unternehmensvereinigungen und aufeinander abgestimmten Verhaltensweisen führen, welche den Handel zwischen Mitgliedstaaten zu beeinträchtigen geeignet sind, aber den Wettbewerb im Sinne des Artikels 81 Absatz 1 des Vertrags nicht einschränken oder die Bedingungen des Artikels 81 Absatz 3 des Vertrags erfüllen oder durch eine Verordnung zur Anwendung von Artikel 81 Absatz 3 des Vertrags erfasst sind. Den Mitgliedstaaten wird durch diese Verordnung nicht verwehrt, in ihrem Hoheitsgebiet strengere innerstaatliche Vorschriften zur Unterbindung oder Ahndung einseitiger Handlungen von Unternehmen zu erlassen oder anzuwenden.

(3) Die Absätze 1 und 2 gelten unbeschadet der allgemeinen Grundsätze und sonstigen Vorschriften des Gemeinschaftsrechts nicht, wenn die Wettbewerbsbehörden und Gerichte der Mitgliedstaaten einzelstaatliche Gesetze über die Kontrolle von Unternehmenszusammenschlüssen anwenden, und stehen auch nicht der Anwendung von Bestimmungen des einzelstaatlichen Rechts entgegen, die überwiegend ein von den Artikeln 81 und 82 des Vertrags abweichendes Ziel verfolgen.

Verordnung (EG) Nr. 1049/2001 des Europäischen Parlaments und des Rates

vom 30. Mai 2001 über den Zugang der Öffentlichkeit zu Dokumenten des Europäischen Parlaments, des Rates und der Kommission

ABl. 2001 L 145/43

DAS EUROPÄISCHE PARLAMENT UND DER RAT DER EUROPÄISCHEN UNION – gestützt auf den Vertrag zur Gründung der Europäischen Gemeinschaft, insbesondere auf Artikel 255 Absatz 2,

auf Vorschlag der Kommission[1],

gemäß dem Verfahren des Artikels 251 des Vertrags[2],

in Erwägung nachstehender Gründe:

(1) In Artikel 1 Absatz 2 des Vertrags über die Europäische Union, wonach der Vertrag eine neue Stufe bei der Verwirklichung einer immer engeren Union der Völker Europas darstellt, in der die Entscheidungen möglichst offen und möglichst bürgernah getroffen werden, ist das Prinzip der Transparenz verankert.

(2) Transparenz ermöglicht eine bessere Beteiligung der Bürger am Entscheidungsprozess und gewährleistet eine größere Legitimität, Effizienz und Verantwortung der Verwaltung gegenüber dem Bürger in einem demokratischen System. Transparenz trägt zur Stärkung der Grundsätze der Demokratie und der Achtung der Grundrechte bei, die in Artikel 6 des EU-Vertrags und in der Charta der Grundrechte der Europäischen Union verankert sind.

(3) In den Schlussfolgerungen des Europäischen Rates von Birmingham, Edinburgh und Kopenhagen wurde die Notwendigkeit betont, die Arbeit der Organe der Union transparenter zu machen. Diese Verordnung konsolidiert die Initiativen, die die Organe bereits ergriffen haben, um die Transparenz des Entscheidungsprozesses zu verbessern.

(4) Diese Verordnung soll dem Recht auf Zugang der Öffentlichkeit zu Dokumenten größtmögliche Wirksamkeit verschaffen und gemäß Artikel 255 Absatz 2 des EG-Vertrags die allgemeinen Grundsätze und Einschränkungen dafür festlegen.

(5) Da der Zugang zu Dokumenten im Vertrag über die Gründung der Europäischen Gemeinschaft für Kohle und Stahl und im Vertrag zur Gründung der Europäischen Atomgemeinschaft nicht geregelt ist, sollten sich das Europäische Parlament, der Rat und die Kommission gemäß der Erklärung Nr. 41 zur Schlussakte des Vertrags von Amsterdam bei Dokumenten im Zusammenhang mit Tätigkeiten, die sich aus diesen beiden Verträgen ergeben, von dieser Verordnung leiten lassen.

(6) Ein umfassenderer Zugang zu Dokumenten sollte in den Fällen gewährt werden, in denen die Organe, auch im Rahmen übertragener Befugnisse, als Gesetzgeber tätig sind, wobei gleichzeitig die Wirksamkeit ihrer Entscheidungsprozesse zu wahren ist. Derartige Dokumente sollten in größtmöglichem Umfang direkt zugänglich gemacht werden.

(7) Gemäß Artikel 28 Absatz 1 und Artikel 41 Absatz 1 des EU-Vertrags gilt das Zugangsrecht auch für Dokumente aus den Bereichen der Gemeinsamen Außen-und Sicherheitspolitik sowie der polizeilichen und justiziellen Zusammenarbeit in Strafsachen. Jedes Organ sollte seine Sicherheitsbestimmungen beachten.

(8) Um die vollständige Anwendung dieser Verordnung auf alle Tätigkeiten der Union zu gewährleisten, sollten alle von den Organen geschaffenen Einrichtungen die in dieser Verordnung festgelegten Grundsätze anwenden.

(9) Bestimmte Dokumente sollten aufgrund ihres hochsensiblen Inhalts einer besonderen Behandlung unterliegen. Regelungen zur Unterrichtung des Europäischen Parlaments über

---

[1] ABl. C 177 E vom 27.6.2000, S. 70.
[2] Stellungnahme des Europäischen Parlaments vom 3. Mai 2001 (noch nicht im Amtsblatt veröffentlicht) und Beschluss des Rates vom 28. Mai 2001.

den Inhalt derartiger Dokumente sollten durch interinstitutionelle Vereinbarung getroffen werden.

(10) Um die Arbeit der Organe transparenter zu gestalten, sollten das Europäische Parlament, der Rat und die Kommission Zugang nicht nur zu Dokumenten gewähren, die von den Organen erstellt wurden, sondern auch zu Dokumenten, die bei ihnen eingegangen sind. In diesem Zusammenhang wird daran erinnert, dass ein Mitgliedstaat gemäß der Erklärung Nr. 35 zur Schlussakte des Vertrags von Amsterdam die Kommission oder den Rat ersuchen kann, ein aus dem betreffenden Mitgliedstaat stammendes Dokument nicht ohne seine vorherige Zustimmung an Dritte weiterzuleiten.

(11) Grundsätzlich sollten alle Dokumente der Organe für die Öffentlichkeit zugänglich sein. Der Schutz bestimmter öffentlicher und privater Interessen sollte jedoch durch Ausnahmen gewährleistet werden. Es sollte den Organen gestattet werden, ihre internen Konsultationen und Beratungen zu schützen, wo dies zur Wahrung ihrer Fähigkeit, ihre Aufgaben zu erfüllen, erforderlich ist. Bei der Beurteilung der Ausnahmen sollten die Organe in allen Tätigkeitsbereichen der Union die in den Rechtsvorschriften der Gemeinschaft verankerten Grundsätze über den Schutz personenbezogener Daten berücksichtigen.

(12) Alle Bestimmungen über den Zugang zu Dokumenten der Organe sollten mit dieser Verordnung in Einklang stehen.

(13) Um die uneingeschränkte Wahrung des Rechts auf Zugang zu gewährleisten, sollte ein Verwaltungsverfahren in zwei Phasen zur Anwendung kommen, mit der zusätzlichen Möglichkeit, den Rechtsweg zu beschreiten oder Beschwerde beim Bürgerbeauftragten einzulegen.

(14) Jedes Organ sollte die notwendigen Maßnahmen ergreifen, um die Öffentlichkeit über die neuen geltenden Rechtsvorschriften zu informieren und sein Personal entsprechend auszubilden und so die Bürger bei der Ausübung der ihnen durch diese Verordnung gewährten Rechte zu unterstützen. Um den Bürgern die Ausübung dieser Rechte zu erleichtern, sollte jedes Organ ein Dokumentenregister zugänglich machen.

(15) Diese Verordnung zielt weder auf eine Änderung des Rechts der Mitgliedstaaten über den Zugang zu Dokumenten ab, noch bewirkt sie eine solche Änderung; es versteht sich jedoch von selbst, dass die Mitgliedstaaten aufgrund des Prinzips der loyalen Zusammenarbeit, das für die Beziehungen zwischen den Organen und den Mitgliedstaaten gilt, dafür sorgen sollten, dass sie die ordnungsgemäße Anwendung dieser Verordnung nicht beeinträchtigen, und dass sie die Sicherheitsbestimmungen der Organe beachten sollten.

(16) Bestehende Rechte der Mitgliedstaaten sowie der Justiz- oder Ermittlungsbehörden auf Zugang zu Dokumenten werden von dieser Verordnung nicht berührt.

(17) Gemäß Artikel 255 Absatz 3 des EG-Vertrags legt jedes Organ in seiner Geschäftsordnung Sonderbestimmungen hinsichtlich des Zugangs zu seinen Dokumenten fest. Der Beschluss 93/731/EG des Rates vom 20. Dezember 1993 über den Zugang der Öffentlichkeit zu den Ratsdokumenten[3], der Beschluss 94/90/EGKS, EG, Euratom der Kommission vom 8. Februar 1994 über den Zugang der Öffentlichkeit zu der der Kommission vorliegenden Dokumenten[4], der Beschluss 97/632/EG, EGKS, Euratom des Europäischen Parlaments vom 10. Juli 1997 über den Zugang der Öffentlichkeit zu den Dokumenten des Europäischen Parlaments[5] sowie die Bestimmungen über die vertrauliche Behandlung von Schengen-Dokumenten sollten daher nötigenfalls geändert oder aufgehoben werden –

HABEN FOLGENDE VERORDNUNG ERLASSEN:

---

3 ABl. L 340 vom 31.12.1993, S. 43. Beschluss zuletzt geändert durch den Beschluss 2000/527/EG (ABl. L 212 vom 23.8.2000, S. 9).
4 ABl. L 46 vom 18.2.1994, S. 58. Beschluss geändert durch den Beschluss 96/567/EG, EGKS, Euratom (ABl. L 247 vom 28.9.1996, S. 45).
5 ABl. L 263 vom 25.9.1997, S. 27.

Verordnung über den Zugang zu Dokumenten

Artikel 1
Zweck

Zweck dieser Verordnung ist es:
a) die Grundsätze und Bedingungen sowie die aufgrund öffentlicher oder privater Interessen geltenden Einschränkungen für die Ausübung des in Artikel 255 des EG-Vertrags niedergelegten Rechts auf Zugang zu Dokumenten des Europäischen Parlaments, des Rates und der Kommission (nachstehend »Organe« genannt) so festzulegen, dass ein größtmöglicher Zugang zu Dokumenten gewährleistet ist,
b) Regeln zur Sicherstellung einer möglichst einfachen Ausübung dieses Rechts aufzustellen, und
c) eine gute Verwaltungspraxis im Hinblick auf den Zugang zu Dokumenten zu fördern.

Artikel 2
Zugangsberechtigte und Anwendungsbereich

(1) Jeder Unionsbürger sowie jede natürliche oder juristische Person mit Wohnsitz oder Sitz in einem Mitgliedstaat hat vorbehaltlich der in dieser Verordnung festgelegten Grundsätze, Bedingungen und Einschränkungen ein Recht auf Zugang zu Dokumenten der Organe.
(2) Die Organe können vorbehaltlich der gleichen Grundsätze, Bedingungen und Einschränkungen allen natürlichen oder juristischen Personen, die keinen Wohnsitz oder Sitz in einem Mitgliedstaat haben, Zugang zu Dokumenten gewähren.
(3) Diese Verordnung gilt für alle Dokumente eines Organs, das heißt Dokumente aus allen Tätigkeitsbereichen der Union, die von dem Organ erstellt wurden oder bei ihm eingegangen sind und sich in seinem Besitz befinden.
(4) Unbeschadet der Artikel 4 und 9 werden Dokumente der Öffentlichkeit entweder auf schriftlichen Antrag oder direkt in elektronischer Form oder über ein Register zugänglich gemacht. Insbesondere werden Dokumente, die im Rahmen eines Gesetzgebungsverfahrens erstellt wurden oder eingegangen sind, gemäß Artikel 12 direkt zugänglich gemacht.
(5) Sensible Dokumente im Sinne von Artikel 9 Absatz 1 unterliegen der besonderen Behandlung gemäß jenem Artikel.
(6) Diese Verordnung berührt nicht das etwaige Recht auf Zugang der Öffentlichkeit zu Dokumenten im Besitz der Organe, das sich aus internationalen Übereinkünften oder aus Rechtsakten der Organe zu deren Durchführung ergibt.

Artikel 3
Begriffsbestimmungen

Im Sinne dieser Verordnung bedeutet:
a) »Dokument«: Inhalte unabhängig von der Form des Datenträgers (auf Papier oder in elektronischer Form, Ton-, Bild- oder audiovisuelles Material), die einen Sachverhalt im Zusammenhang mit den Politiken, Maßnahmen oder Entscheidungen aus dem Zuständigkeitsbereich des Organs betreffen;
b) »Dritte«: alle natürlichen und juristischen Personen und Einrichtungen außerhalb des betreffenden Organs, einschließlich der Mitgliedstaaten, der anderen Gemeinschafts- oder Nicht-Gemeinschaftsorgane und -einrichtungen und der Drittländer.

Artikel 4
Ausnahmeregelung

(1) Die Organe verweigern den Zugang zu einem Dokument, durch dessen Verbreitung Folgendes beeinträchtigt würde:
a) der Schutz des öffentlichen Interesses im Hinblick auf:
  – die öffentliche Sicherheit,
  – die Verteidigung und militärische Belange,
  – die internationalen Beziehungen,
  – die Finanz-, Währungs-oder Wirtschaftspolitik der Gemeinschaft oder eines Mitgliedstaats;
b) der Schutz der Privatsphäre und der Integrität des Einzelnen, besonders gemäß den Rechtsvorschriften der Gemeinaft über den Schutz personenbezogener Daten.

(2) Die Organe verweigern den Zugang zu einem Dokument, durch dessen Verbreitung Folgendes beeinträchtigt würde:
– der Schutz der geschäftlichen Interessen einer natürlichen oder juristischen Person, einschließlich des geistigen Eigentums,
– der Schutz von Gerichtsverfahren und der Rechtsberatung,
– der Schutz des Zwecks von Inspektions-, Untersuchungsund Audittätigkeiten,
es sei denn, es besteht ein überwiegendes öffentliches Interesse an der Verbreitung.
(3) Der Zugang zu einem Dokument, das von einem Organ für den internen Gebrauch erstellt wurde oder bei ihm eingegangen ist und das sich auf eine Angelegenheit bezieht, in der das Organ noch keinen Beschluss gefasst hat, wird verweigert, wenn eine Verbreitung des Dokuments den Entscheidungsprozess des Organs ernstlich beeinträchtigen würde, es sei denn, es besteht ein überwiegendes öffentliches Interesse an der Verbreitung.
Der Zugang zu einem Dokument mit Stellungnahmen zum internen Gebrauch im Rahmen von Beratungen und Vorgesprächen innerhalb des betreffenden Organs wird auch dann, wenn der Beschluss gefasst worden ist, verweigert, wenn die Verbreitung des Dokuments den Entscheidungsprozess des Organs ernstlich beeinträchtigen würde, es sei denn, es besteht ein überwiegendes öffentliches Interesse an der Verbreitung.
(4) Bezüglich Dokumente Dritter konsultiert das Organ diese, um zu beurteilen, ob eine der Ausnahmeregelungen der Absätze 1 oder 2 anwendbar ist, es sei denn, es ist klar, dass das Dokument verbreitet werden muss bzw. nicht verbreitet werden darf.
(5) Ein Mitgliedstaat kann das Organ ersuchen, ein aus diesem Mitgliedstaat stammendes Dokument nicht ohne seine vorherige Zustimmung zu verbreiten.
(6) Wenn nur Teile des angeforderten Dokuments einer der Ausnahmen unterliegen, werden die übrigen Teile des Dokuments freigegeben.
(7) Die Ausnahmen gemäß den Absätzen 1 bis 3 gelten nur für den Zeitraum, in dem der Schutz aufgrund des Inhalts des Dokuments gerechtfertigt ist. Die Ausnahmen gelten höchstens einen Zeitraum von 30 Jahren. Im Falle von Dokumenten, die unter die Ausnahmeregelungen bezüglich der Privatsphäre oder der geschäftlichen Interessen fallen, und im Falle von sensiblen Dokumenten können die Ausnahmen erforderlichenfalls nach Ablauf dieses Zeitraums weiter Anwendung finden.

Artikel 5
Dokumente in den Mitgliedstaaten

Geht einem Mitgliedstaat ein Antrag auf ein in seinem Besitz befindliches Dokument zu, das von einem Organ stammt, so konsultiert der Mitgliedstaat – es sei denn, es ist klar, dass das Dokument verbreitet werden muss bzw. nicht verbreitet werden darf – das betreffende Organ, um eine Entscheidung zu treffen, die die Verwirklichung der Ziele dieser Verordnung nicht beeinträchtigt.
Der Mitgliedstaat kann den Antrag stattdessen an das Organ weiterleiten.

Artikel 6
Anträge

(1) Anträge auf Zugang zu einem Dokument sind in schriftlicher, einschließlich elektronischer, Form in einer der in Artikel 314 des EG-Vertrags aufgeführten Sprachen zu stellen und müssen so präzise formuliert sein, dass das Organ das betreffende Dokument ermitteln kann. Der Antragsteller ist nicht verpflichtet, Gründe für seinen Antrag anzugeben.
(2) Ist ein Antrag nicht hinreichend präzise, fordert das Organ den Antragsteller auf, den Antrag zu präzisieren, und leistet ihm dabei Hilfe, beispielsweise durch Informationen über die Nutzung der öffentlichen Dokumentenregister.
(3) Betrifft ein Antrag ein sehr umfangreiches Dokument oder eine sehr große Zahl von Dokumenten, so kann sich das Organ mit dem Antragsteller informell beraten, um eine angemessene Lösung zu finden.
(4) Die Organe informieren die Bürger darüber, wie und wo Anträge auf Zugang zu Dokumenten gestellt werden können, und leisten ihnen dabei Hilfe.

Artikel 7
Behandlung von Erstanträgen

(1) Ein Antrag auf Zugang zu einem Dokument wird unverzüglich bearbeitet. Dem Antragsteller wird eine Empfangsbescheinigung zugesandt. Binnen fünfzehn Arbeitstagen nach Registrierung des Antrags gewährt das Organ entweder Zugang zu dem angeforderten Dokument und macht es innerhalb dieses Zeitraums gemäß Artikel 10 zugänglich oder informiert den Antragsteller schriftlich über die Gründe für die vollständige oder teilweise Ablehnung und über dessen Recht, gemäß Absatz 2 dieses Artikels einen Zweitantrag zu stellen.
(2) Im Fall einer vollständigen oder teilweisen Ablehnung kann der Antragsteller binnen fünfzehn Arbeitstagen nach Eingang des Antwortschreibens des Organs einen Zweitantrag an das Organ richten und es um eine Überprüfung seines Standpunkts ersuchen.
(3) In Ausnahmefällen, beispielsweise bei einem Antrag auf Zugang zu einem sehr umfangreichen Dokument oder zu einer sehr großen Zahl von Dokumenten, kann die in Absatz 1 vorgesehene Frist um fünfzehn Arbeitstage verlängert werden, sofern der Antragsteller vorab informiert wird und eine ausführliche Begründung erhält.
(4) Antwortet das Organ nicht innerhalb der vorgeschriebenen Frist, so hat der Antragsteller das Recht, einen Zweitantrag einzureichen.

Artikel 8
Behandlung von Zweitanträgen

(1) Ein Zweitantrag ist unverzüglich zu bearbeiten. Binnen fünfzehn Arbeitstagen nach Registrierung eines solchen Antrags gewährt das Organ entweder Zugang zu dem angeforderten Dokument und macht es innerhalb dieses Zeitraums gemäß Artikel 10 zugänglich oder teilt schriftlich die Gründe für die vollständige oder teilweise Ablehnung mit. Verweigert das Organ den Zugang vollständig oder teilweise, so unterrichtet es den Antragsteller über mögliche Rechtsbehelfe, das heißt, Erhebung einer Klage gegen das Organ und/oder Einlegen einer Beschwerde beim Bürgerbeauftragten nach Maßgabe der Artikel 230 bzw. 195 des EG-Vertrags.
(2) In Ausnahmefällen, beispielsweise bei einem Antrag auf Zugang zu einem sehr umfangreichen Dokument oder zu einer sehr großen Zahl von Dokumenten, kann die in Absatz 1 vorgesehene Frist um fünfzehn Arbeitstage verlängert werden, sofern der Antragsteller vorab informiert wird und eine ausführliche Begründung erhält.
(3) Antwortet das Organ nicht innerhalb der vorgeschriebenen Frist, gilt dies als abschlägiger Bescheid und berechtigt den Antragsteller, nach Maßgabe der einschlägigen Bestimmungen des EG-Vertrags Klage gegen das Organ zu erheben und/oder Beschwerde beim Bürgerbeauftragten einzulegen.

Artikel 9
Behandlung sensibler Dokumente

(1) Sensible Dokumente sind Dokumente, die von den Organen, den von diesen geschaffenen Einrichtungen, von den Mitgliedstaaten, Drittländern oder internationalen Organisationen stammen und gemäß den Bestimmungen der betreffenden Organe zum Schutz grundlegender Interessen der Europäischen Union oder eines oder mehrerer Mitgliedstaaten in den in Artikel 4 Absatz 1 Buchstabe a) genannten Bereichen, insbesondere öffentliche Sicherheit, Verteidigung und militärische Belange, als »TRÈS SECRET/TOP SECRET«, »SECRET« oder »CONFIDENTIEL« eingestuft sind.
(2) Anträge auf Zugang zu sensiblen Dokumenten im Rahmen der Verfahren der Artikel 7 und 8 werden ausschließlich von Personen bearbeitet, die berechtigt sind, Einblick in diese Dokumente zu nehmen. Unbeschadet des Artikels 11 Absatz 2 entscheiden diese Personen außerdem darüber, welche Hinweise auf sensible Dokumente in das öffentliche Register aufgenommen werden können.
(3) Sensible Dokumente werden nur mit Zustimmung des Urhebers im Register aufgeführt oder freigegeben.
(4) Die Entscheidung eines Organs über die Verweigerung des Zugangs zu einem sensiblen Dokument ist so zu begründen, dass die durch Artikel 4 geschützten Interessen nicht beeinträchtigt werden.

(5) Die Mitgliedstaaten ergreifen geeignete Maßnahmen, um zu gewährleisten, dass bei der Bearbeitung von Anträgen auf Zugang zu sensiblen Dokumenten die in diesem Artikel und in Artikel 4 vorgesehenen Grundsätze beachtet werden.
(6) Die Bestimmungen der Organe über sensible Dokumente werden öffentlich gemacht.
(7) Die Kommission und der Rat unterrichten das Europäische Parlament hinsichtlich sensibler Dokumente gemäß den zwischen den Organen vereinbarten Regelungen.

Artikel 10
Zugang im Anschluss an einen Antrag

(1) Der Zugang zu den Dokumenten erfolgt je nach Wunsch des Antragstellers entweder durch Einsichtnahme vor Ort oder durch Bereitstellung einer Kopie, gegebenenfalls in elektronischer Form. Die Kosten für die Anfertigung und Übersendung von Kopien können dem Antragsteller in Rechnung gestellt werden. Diese Kosten dürfen die tatsächlichen Kosten für die Anfertigung und Übersendung der Kopien nicht überschreiten. Die Einsichtnahme vor Ort, Kopien von weniger als 20 DIN-A4-Seiten und der direkte Zugang in elektronischer Form oder über das Register sind kostenlos.
(2) Ist ein Dokument bereits von dem betreffenden Organ freigegeben worden und für den Antragsteller problemlos zugänglich, kann das Organ seiner Verpflichtung zur Gewährung des Zugangs zu Dokumenten nachkommen, indem es den Antragsteller darüber informiert, wie er das angeforderte Dokument erhalten kann.
(3) Die Dokumente werden in einer vorliegenden Fassung und Form (einschließlich einer elektronischen oder anderen Form, beispielsweise Braille-Schrift, Großdruck oder Bandaufnahme) zur Verfügung gestellt, wobei die Wünsche des Antragstellers vollständig berücksichtigt werden.

Artikel 11
Register

(1) Im Hinblick auf die wirksame Ausübung der Rechte aus dieser Verordnung durch die Bürger macht jedes Organ ein Dokumentenregister öffentlich zugänglich. Der Zugang zum Register sollte in elektronischer Form gewährt werden. Hinweise auf Dokumente werden unverzüglich in das Register aufgenommen.
(2) Das Register enthält für jedes Dokument eine Bezugsnummer (gegebenenfalls einschließlich der interinstitutionellen Bezugsnummer), den Gegenstand und/oder eine kurze Beschreibung des Inhalts des Dokuments sowie das Datum des Eingangs oder der Erstellung und der Aufnahme in das Register. Die Hinweise sind so abzufassen, dass der Schutz der in Artikel 4 aufgeführten Interessen nicht beeinträchtigt wird.
(3) Die Organe ergreifen unverzüglich die erforderlichen Maßnahmen zur Einrichtung eines Registers, das spätestens zum 3. Juni 2002 funktionsfähig ist.

Artikel 12
Direkter Zugang in elektronischer Form oder über ein Register

(1) Die Organe machen, soweit möglich, die Dokumente direkt in elektronischer Form oder über ein Register gemäß den Bestimmungen des betreffenden Organs öffentlich zugänglich.
(2) Insbesondere legislative Dokumente, d.h. Dokumente, die im Laufe der Verfahren zur Annahme von Rechtsakten, die in den oder für die Mitgliedstaaten rechtlich bindend sind, erstellt wurden oder eingegangen sind, sollten vorbehaltlich der Artikel 4 und 9 direkt zugänglich gemacht werden.
(3) Andere Dokumente, insbesondere Dokumente in Verbindung mit der Entwicklung von Politiken oder Strategien, sollten soweit möglich direkt zugänglich gemacht werden.
(4) Wird der direkte Zugang nicht über das Register gewährt, wird im Register möglichst genau angegeben, wo das Dokument aufzufinden ist.

Artikel 13
Veröffentlichung von Dokumenten im Amtsblatt

(1) Neben den Rechtsakten, auf die in Artikel 254 Absätze 1 und 2 des EG-Vertrags und Artikel 163 Absatz 1 des Euratom-Vertrags Bezug genommen wird, werden vorbehaltlich der Artikel 4 und 9 der vorliegenden Verordnung folgende Dokumente im Amtsblatt veröffentlicht:
a) Vorschläge der Kommission;
b) Gemeinsame Standpunkte des Rates gemäß den in den Artikeln 251 und 252 des EG-Vertrags genannten Verfahren und ihre Begründung sowie die Standpunkte des Europäischen Parlaments in diesen Verfahren;
c) Rahmenbeschlüsse und Beschlüsse im Sinne des Artikels 34 Absatz 2 des EU-Vertrags;
d) vom Rat aufgrund des Artikels 34 Absatz 2 des EU-Vertrags erstellte Übereinkommen;
e) zwischen den Mitgliedstaaten gemäß Artikel 293 des EG-Vertrags unterzeichnete Übereinkommen;
f) von der Gemeinschaft oder gemäß Artikel 24 des EU-Vertrags geschlossene internationale Übereinkünfte.

(2) Folgende Dokumente werden, soweit möglich, im Amtsblatt veröffentlicht:
a) dem Rat von einem Mitgliedstaat gemäß Artikel 67 Absatz 1 des EG-Vertrags oder Artikel 34 Absatz 2 des EU-Vertrags unterbreitete Initiativen;
b) Gemeinsame Standpunkte im Sinne des Artikels 34 Absatz 2 des EU-Vertrags;
c) Richtlinien, die nicht unter Artikel 254 Absätze 1 und 2 des EG-Vertrags fallen, Entscheidungen, die nicht unter Artikel 254 Absatz 1 des EG-Vertrags fallen, sowie Empfehlungen und Stellungnahmen.

(3) Jedes Organ kann in seiner Geschäftsordnung festlegen, welche weiteren Dokumente im Amtsblatt veröffentlicht werden.

Artikel 14
Information

(1) Jedes Organ ergreift die notwendigen Maßnahmen, um die Öffentlichkeit über die Rechte zu informieren, die sie gemäß dieser Verordnung hat.
(2) Die Mitgliedstaaten arbeiten mit den Organen bei der Bereitstellung von Informationen für die Bürger zusammen.

Artikel 15
Verwaltungspraxis in den Organen

(1) Die Organe entwickeln eine gute Verwaltungspraxis, um die Ausübung des durch diese Verordnung gewährleisteten Rechts auf Zugang zu Dokumenten zu erleichtern.
(2) Die Organe errichten einen interinstitutionellen Ausschuss, der bewährte Praktiken prüft, mögliche Konflikte behandelt und künftige Entwicklungen im Bereich des Zugangs der Öffentlichkeit zu Dokumenten erörtert.

Artikel 16
Vervielfältigung von Dokumenten

Diese Verordnung gilt unbeschadet geltender Urheberrechtsvorschriften, die das Recht Dritter auf Vervielfältigung oder Nutzung der freigegebenen Dokumente einschränken.

Artikel 17
Berichte

(1) Jedes Organ legt jährlich einen Bericht über das Vorjahr vor, in dem die Zahl der Fälle aufgeführt ist, in denen das Organ den Zugang zu Dokumenten verweigert hat, sowie die Gründe für diese Verweigerungen und die Zahl der sensiblen Dokumente, die nicht in das Register aufgenommen wurden.
(2) Spätestens zum 31. Januar 2004 veröffentlicht die Kommission einen Bericht über die Anwendung der Grundsätze dieser Verordnung und legt Empfehlungen vor, gegebenenfalls mit Vorschlägen für die Überprüfung dieser Verordnung und für ein Aktionsprogramm für die von den Organen zu ergreifenden Maßnahmen.

Artikel 18
Durchführungsmaßnahmen

(1) Jedes Organ passt seine Geschäftsordnung an die Bestimmungen dieser Verordnung an. Diese Anpassungen werden am 3. Dezember 2001 wirksam.

(2) Innerhalb von sechs Monaten nach Inkrafttreten dieser Verordnung prüft die Kommission die Vereinbarkeit der Verordnung (EWG, Euratom) Nr. 354/83 des Rates vom 1. Februar 1983 über die Freigabe der historischen Archive der Europäischen Wirtschaftsgemeinschaft und der Europäischen Atomgemeinschaft[6] mit dieser Verordnung, um zu gewährleisten, dass die Dokumente so umfassend wie möglich aufbewahrt und archiviert werden.

(3) Innerhalb von sechs Monaten nach Inkrafttreten dieser Verordnung prüft die Kommission die Vereinbarkeit der geltenden Vorschriften über den Zugang zu Dokumenten mit dieser Verordnung.

Artikel 19
Inkrafttreten

Diese Verordnung tritt am dritten Tag nach ihrer Veröffentlichung im Amtsblatt der Europäischen Gemeinschaften in Kraft.
Sie gilt ab dem 3. Dezember 2001.

Diese Verordnung ist in allen ihren Teilen verbindlich und gilt unmittelbar in jedem Mitgliedstaat.

Geschehen zu Brüssel am 30. Mai 2001.

Für das Europäische Parlament *Im Namen des Rates*
Die Präsidentin *Der Präsident*
N. FONTAINE B. LEJON

---

6 ABl. L 43 vom 15. 2. 1983, S. 1.

Generaldirektion Wettbewerb

Generaldirektor	Philip LOWE
Stellvertretender Generaldirektor, zuständig für Fusionskontrolle	Götz DRAUZ a.i.
Stellvertretender Generaldirektor, zuständig für Kartellsachen	Gianfranco ROCCA
Stellvertretender Generaldirektor, zuständig für staatliche Beihilfen	Claude CHÊNE
Grundsätze und Koordinierung der staatlichen Beihilfen	...
Stellvertretender Referatsleiter	Alain ALEXIS

Task Force für Staatliche Behilfen

	...
Chefökonom	Lars-Hendrik RÖLLER
Wirtschaftlicher Berater	Pierre BUIGUES
Innenrevision	Johan VANDROMME
Assistenten des Generaldirektors	Nicola PESARESI
	Linsey Mc CALLUM

Direktion R
Strategische Planung und Ressourcen — Sven NORBERG

Berater: Beauftragter für Beziehungen zu Verbrauchern und Verbraucherschutzorganisationen — Juan RIVIERE Y MARTI

1. Strategische Planung, Personal und Finanzmittel — Michel MAGNIER
2. Informationstechnologie — Javier Juan PUIG SAQUÉS
3. Dokumentenverwaltung, Information und Kommunikation — Corinne DUSSART-LEFRET

Direktion A
Politik und strategische Unterstützung — Emil PAULIS

Berater — Georgios ROUNIS

1. Kartellpolitik und strategische Unterstützung — Michael ALBERS
   Stellvertretender Referatsleiter — Donncadh WOODS
2. Fusionspolitik und strategische Unterstützung — ...
3. Prioritäten für die Durchsetzung und Kontrolle der Entscheidungen — Olivier GUERSENT
4. Europäisches Wettbewerbsnetz — Kris DEKEYSER
5. Internationale Beziehungen — Blanca RODRIGUEZ GALINDO

Direktion B
Energie, Wasser, Lebensmittel und Arzneimittel   Götz DRAUZ

1. Energie, Wasser   Maria REHBINDER

2. Lebensmittel, Arzneimittel   …
   Stellvertretender Referatsleiter   Dirk VAN ERPS

3. Fusionskontrolle   Paul MALRIC-SMITH

Direktion C
Information, Kommunikation und Medien   Jürgen MENSCHING

1. Telekommunikation und Postwesen, Koordinierung   Eric VAN GINDERACHTER
   Informationsgesellschaft
   Stellvertretender Referatsleiter   Joachim LUECKING
   – Liberalisierungsrichtlinien, Verfahren nach Artikel 86   Christian HOCEPIED

2. Medien   Herbert UNGERER

3. Informationstechnologie, Internet und   Cecilio MADERO VILLAREJO
   Unterhaltungselektronik

4. Fusionskontrolle   Dietrich KLEEMANN

Direktion D
Dienstleistungen   Lowri EVANS

Berater   Finn LOMHOLT

1. Finanzdienstleistungen (Banken, Versicherungen)   Bernhard FRIESS

2. Verkehr   Joos STRAGIER
   Stellvertretende Referatsleiterin   Maria José BICHO

3. Handel, Vertrieb, sonstige Dienstleistungen   …

4. Fusionskontrolle   …

Direktion E
Industrie   Angel TRADACETE COCERA

1. Chemische, mineralische und petrochemische Stoffe,   Georg DE BRONETT
   Nichteisenmetalle und Stahl

2. Bauwesen, Papier, Glas, Maschinenbau, sonstige   Nicola ANNECCHINO
   Industrien

3. Fusionskontrolle   Dan SJOBLOM
   Stellvertretender Referatsleiter   John GATTI

Direktion F
Konsumgüter   Kirtikumar MEHTA

1. Konsumgüter, Landwirtschaft   Yves DEVELLENNES

2. Kraftfahrzeuge, sonstige Verkehrsmittel   Paolo CESARINI

3. Fusionskontrolle   Claude RAKOVSKY

Direktion G
Staatliche Beihilfen I: Beihilfe- und Steuerregelungen   Humbert DRABBE

1. Regionalbeihilfen: Multisektoraler Rahmen   Robert HANKIN
   Stellvertretender Referatsleiter   Klaus-Otto JUNGINGER-DITTEL

2. Branchenübergreifende Beihilferegelungen   Jorma PIHLATIE

3. Steuerregelungen   Wouter PIEKE

4. Transparenz und Anzeigetafel   Wolfgang MEDERER

Direktion H
Staatliche Beihilfen II: Waren und Dienstleistungen, Durchsetzung   Loretta DORMAL-MARINO

1. Herstellung von Waren   Jean-Louis COLSON

2. Dienstleistungen I: Finanzdienstleistungen, Post, Energie   Joaquin FERNANDEZ MARTIN

3. Dienstleistungen II: Rundfunk, Telekommunikation, Gesundheit, Sport und Kultur   Stefaan DEPYPERE

4. Durchsetzung   Dominique VAN DER WEE

EG-VERTRAG (AUSZUG)
Konsolidierte Fassungen des Vertrags über die Europäische Union und des Vertrags zur Gründung der Europäischen Gemeinschaft (2002)

ABl. 2002 C 325/1

(Auszug)

Erster Teil
Grundsätze

...

Artikel 12
Unbeschadet besonderer Bestimmungen dieses Vertrags ist in seinem Anwendungsbereich jede Diskriminierung aus Gründen der Staatsangehörigkeit verboten.
Der Rat kann nach dem Verfahren des Artikels 251 Regelungen für das Verbot solcher Diskriminierungen treffen.

...

Dritter Teil
Die Politiken der Gemeinschaft

Titel I
Der freie Warenverkehr

KAPITEL 2
VERBOT VON MENGENMÄSSIGEN BESCHRÄNKUNGEN ZWISCHEN DEN MITGLIEDSTAATEN

Artikel 28
Mengenmäßige Einfuhrbeschränkungen sowie alle Maßnahmen gleicher Wirkung sind zwischen den Mitgliedstaaten verboten.

Artikel 29
Mengenmäßige Ausfuhrbeschränkungen sowie alle Maßnahmen gleicher Wirkung sind zwischen den Mitgliedstaaten verboten.

Artikel 30
Die Betimmungen der Artikel 28 und 29 stehen Einfuhr-, Ausfuhr- und Durchfuhrverboten oder -beschränkungen nicht entgegen, die aus Gründen der öffentlichen Sittlichkeit, Ordnung und Sicherheit, zum Schutze der Gesundheit und des Lebens von Menschen, Tieren oder Pflanzen, des nationalen Kulturguts von künstlerischem, geschichtlichem oder archäologischem Wert oder des gewerblichen und kommerziellen Eigentums gerechtfertigt sind. Diese Verbote oder Beschränkungen dürfen jedoch weder ein Mittel zur willkürlichen Diskriminierung noch eine verschleierte Beschränkung des Handels zwischen den Mitgliedstaaten darstellen.

Artikel 31
(1) Die Mitgliedstaaten formen ihre staatlichen Handelsmonopole derart um, dass jede Diskriminierung in den Versorgungs- und Absatzbedingungen zwischen den Angehörigen der Mitgliedstaaten ausgeschlossen ist.
Dieser Artikel gilt für alle Einrichtungen, durch die ein Mitgliedstaat unmittelbar oder mittelbar die Einfuhr oder die Ausfuhr zwischen den Mitgliedstaaten rechtlich oder tatsächlich kontrolliert, lenkt oder merklich beeinflusst. Er gilt auch für die von einem Staat auf andere Rechtsträger übertragenen Monopole.

(2) Die Mitgliedstaaten unterlassen jede neue Maßnahme, die den in Absatz 1 genannten Grundsätzen widerspricht oder die Tragweite der Artikel über das Verbot von Zöllen und mengenmäßigen Beschränkungen zwischen den Mitgliedstaaten einengt.
(3) Ist mit einem staatlichen Handelsmonopol eine Regelung zur Erleichterung des Absatzes oder der Verwertung landwirtschaftlicher Erzeugnisse verbunden, so sollen bei der Anwendung dieses Artikels gleichwertige Sicherheiten für die Beschäftigung und Lebenshaltung der betreffenden Erzeuger gewährleistet werden.

...

Titel VI
Gemeinsame Regeln betreffend Wettbewerb, Steuerfragen und Angleichung der Rechtsvorschriften

KAPITEL 1
WETTBEWERBSREGELN

ABSCHNITT 1
VORSCHRIFTEN FÜR UNTERNEHMEN

Artikel 81
(1) Mit dem Gemeinsamen Markt unvereinbar und verboten sind alle Vereinbarungen zwischen Unternehmen, Beschlüsse von Unternehmensvereinigungen und aufeinander abgestimmte Verhaltensweisen, welche den Handel zwischen Mitgliedstaaten zu beeinträchtigen geeignet sind und eine Verhinderung, Einschränkung oder Verfälschung des Wettbewerbs innerhalb des Gemeinsamen Marktes bezwecken oder bewirken, insbesondere
a) die unmittelbare oder mittelbare Festsetzung der An- oder Verkaufspreise oder sonstiger Geschäftsbedingungen;
b) die Einschränkung oder Kontrolle der Erzeugung, des Absatzes, der technischen Entwicklung oder der Investitionen;
c) die Aufteilung der Märkte oder Versorgungsquellen;
d) die Anwendung unterschiedlicher Bedingungen bei gleichwertigen Leistungen gegenüber Handelspartnern, wodurch diese im Wettbewerb benachteiligt werden;
e) die an den Abschluss von Verträgen geknüpfte Bedingung, dass die Vertragspartner zusätzliche Leistungen annehmen, die weder sachlich noch nach Handelsbrauch in Beziehung zum Vertragsgegenstand stehen.
(2) Die nach diesem Artikel verbotenen Vereinbarungen oder Beschlüsse sind nichtig.
(3) Die Bestimmungen des Absatzes 1 können für nicht anwendbar erklärt werden auf
– Vereinbarungen oder Gruppen von Vereinbarungen zwischen Unternehmen,
– Beschlüsse oder Gruppen von Beschlüssen von Unternehmensvereinigungen,
– aufeinander abgestimmte Verhaltensweisen oder Gruppen von solchen,
die unter angemessener Beteiligung der Verbraucher an dem entstehenden Gewinn zur Verbesserung der Warenerzeugung oder -verteilung oder zur Förderung des technischen oder wirtschaftlichen Fortschritts beitragen, ohne dass den beteiligten Unternehmen
a) Beschränkungen auferlegt werden, die für die Verwirklichung dieser Ziele nicht unerlässlich sind, oder
b) Möglichkeiten eröffnet werden, für einen wesentlichen Teil der betreffenden Waren den Wettbewerb auszuschalten.

Artikel 82
Mit dem Gemeinsamen Markt unvereinbar und verboten ist die missbräuchliche Ausnutzung einer beherrschenden Stellung auf dem Gemeinsamen Markt oder auf einem wesentlichen Teil desselben durch ein oder mehrere Unternehmen, soweit dies dazu führen kann, den Handel zwischen Mitgliedstaaten zu beeinträchtigen.
Dieser Missbrauch kann insbesondere in Folgendem bestehen:
a) der unmittelbaren oder mittelbaren Erzwingung von unangemessenen Einkaufs- oder Verkaufspreisen oder sonstigen Geschäftsbedingungen;

b) der Einschränkung der Erzeugung, des Absatzes oder der technischen Entwicklung zum Schaden der Verbraucher;
c) der Anwendung unterschiedlicher Bedingungen bei gleichwertigen Leistungen gegenüber Handelspartnern, wodurch diese im Wettbewerb benachteiligt werden;
d) der an den Abschluss von Verträgen geknüpften Bedingung, dass die Vertragspartner zusätzliche Leistungen annehmen, die weder sachlich noch nach Handelsbrauch in Beziehung zum Vertragsgegenstand stehen.

Artikel 83
(1) Die zweckdienlichen Verordnungen oder Richtlinien zur Verwirklichung der in den Artikeln 81 und 82 niedergelegten Grundsätze werden vom Rat mit qualifizierter Mehrheit auf Vorschlag der Kommission und nach Anhörung des Europäischen Parlaments beschlossen.
(2) Die in Absatz 1 vorgesehenen Vorschriften bezwecken insbesondere:
a) die Beachtung der in Artikel 81 Absatz 1 und Artikel 82 genannten Verbote durch die Einführung von Geldbußen und Zwangsgeldern zu gewährleisten;
b) die Einzelheiten der Anwendung des Artikels 81 Absatz 3 festzulegen; dabei ist dem Erfordernis einer wirksamen Überwachung bei möglichst einfacher Verwaltungskontrolle Rechnung zu tragen;
c) gegebenenfalls den Anwendungsbereich der Artikel 81 und 82 für die einzelnen Wirtschaftszweige näher zu bestimmen;
d) die Aufgaben der Kommission und des Gerichtshofes bei der Anwendung der in diesem Absatz vorgesehenen Vorschriften gegeneinander abzugrenzen;
e) das Verhältnis zwischen den innerstaatlichen Rechtsvorschriften einerseits und den in diesem Abschnitt enthaltenen oder aufgrund dieses Artikels getroffenen Bestimmungen andererseits festzulegen.

Artikel 84
Bis zum Inkrafttreten der gemäß Artikel 83 erlassenen Vorschriften entscheiden die Behörden der Mitgliedstaaten im Einklang mit ihren eigenen Rechtsvorschriften und den Bestimmungen der Artikel 81, insbesondere Absatz 3, und 82 über die Zulässigkeit von Vereinbarungen, Beschlüssen und aufeinander abgestimmten Verhaltensweisen sowie über die missbräuchliche Ausnutzung einer beherrschenden Stellung auf dem Gemeinsamen Markt.

Artikel 85
(1) Unbeschadet des Artikels 84 achtet die Kommission auf die Verwirklichung der in den Artikeln 81 und 82 niedergelegten Grundsätze. Sie untersucht auf Antrag eines Mitgliedstaats oder von Amts wegen in Verbindung mit den zuständigen Behörden der Mitgliedstaaten, die ihr Amtshilfe zu leisten haben, die Fälle, in denen Zuwiderhandlungen gegen diese Grundsätze vermutet werden. Stellt sie eine Zuwiderhandlung fest, so schlägt sie geeignete Mittel vor, um diese abzustellen.
(2) Wird die Zuwiderhandlung nicht abgestellt, so trifft die Kommission in einer mit Gründen versehenen Entscheidung die Feststellung, dass eine derartige Zuwiderhandlung vorliegt. Sie kann die Entscheidung veröffentlichen und die Mitgliedstaaten ermächtigen, die erforderlichen Abhilfemaßnahmen zu treffen, deren Bedingungen und Einzelheiten sie festlegt.

Artikel 86
(1) Die Mitgliedstaaten werden in Bezug auf öffentliche Unternehmen und auf Unternehmen, denen sie besondere oder ausschließliche Rechte gewähren, keine diesem Vertrag und insbesondere dessen Artikeln 12 und 81 bis 89 widersprechende Maßnahmen treffen oder beibehalten.
(2) Für Unternehmen, die mit Dienstleistungen von allgemeinem wirtschaftlichem Interesse betraut sind oder den Charakter eines Finanzmonopols haben, gelten die Vorschriften dieses Vertrags, insbesondere die Wettbewerbsregeln, soweit die Anwendung dieser Vorschriften nicht die Erfüllung der ihnen übertragenen besonderen Aufgabe rechtlich oder tatsächlich verhindert. Die Entwicklung des Handelsverkehrs darf nicht in einem Ausmaß beeinträchtigt werden, das dem Interesse der Gemeinschaft zuwiderläuft.
(3) Die Kommission achtet auf die Anwendung dieses Artikels und richtet erforderlichenfalls geeignete Richtlinien oder Entscheidungen an die Mitgliedstaaten.

EG-Vertrag (Auszug)

ABSCHNITT 2
STAATLICHE BEIHILFEN

Artikel 87
(1) Soweit in diesem Vertrag nicht etwas anderes bestimmt ist, sind staatliche oder aus staatlichen Mitteln gewährte Beihilfen gleich welcher Art, die durch die Begünstigung bestimmter Unternehmen oder Produktionszweige den Wettbewerb verfälschen oder zu verfälschen drohen, mit dem Gemeinsamen Markt unvereinbar, soweit sie den Handel zwischen Mitgliedstaaten beeinträchtigen.
(2) Mit dem Gemeinsamen Markt vereinbar sind:
a) Beihilfen sozialer Art an einzelne Verbraucher, wenn sie ohne Diskriminierung nach der Herkunft der Waren gewährt werden;
b) Beihilfen zur Beseitigung von Schäden, die durch Naturkatastrophen oder sonstige außergewöhnliche Ereignisse entstanden sind;
b) Beihilfen für die Wirtschaft bestimmter, durch die Teilung Deutschlands betroffenen Gebiete der Bundesrepublik Deutschland, soweit sie zum Ausgleich der durch die Teilung verursachten wirtschaftlichen Nachteile erforderlich sind.
(3) Als mit dem Gemeinsamen Markt vereinbar können angesehen werden:
a) Beihilfen zur Förderung der wirtschaftlichen Entwicklung von Gebieten, in denen die Lebenshaltung außergewöhnlich niedrig ist oder eine erhebliche Unterbeschäftigung herrscht;
b) Beihilfen zur Förderung wichtiger Vorhaben von gemeinsamen europäischen Interesse oder zur Behebung einer beträchtlichen Störung im Wirtschaftsleben eines Mitgliedstaats;
c) Beihilfen zur Förderung der Entwicklung gewisser Wirtschaftszweige oder Wirtschaftsgebiete, soweit sie die Handelsbedingungen nicht in einer Weise verändern, die dem gemeinsamen Interesse zuwiderläuft;
d) Beihilfen zur Förderung der Kultur und der Erhaltung des kulturellen Erbes, soweit sie die Handelsund Wettbewerbsbedingungen in der Gemeinschaft nicht in einem Maß beeinträchtigen, das dem gemeinsamen Interesse zuwiderläuft;
e) sonstige Arten von Beihilfen, die der Rat durch eine Entscheidung mit qualifizierter Mehrheit auf Vorschlag der Kommission bestimmt.

Artikel 88
(1) Die Kommission überprüft fortlaufend in Zusammenarbeit mit den Mitgliedstaaten die in diesen bestehenden Beihilferegelungen. Sie schlägt ihnen die zweckdienlichen Maßnahmen vor, welche die fortschreitende Entwicklung und das Funktionieren des Gemeinsamen Marktes erfordern.
(2) Stellt die Kommission fest, nachdem sie den Beteiligten eine Frist zur Äußerung gesetzt hat, dass eine von einem Staat oder aus staatlichen Mitteln gewährte Beihilfe mit dem Gemeinsamen Markt nach Artikel 87 unvereinbar ist oder dass sie missbräuchlich angewandt wird, so entscheidet sie, dass der betreffende Staat sie binnen einer von ihr bestimmten Frist aufzuheben oder umzugestalten hat.
Kommt der betreffende Staat dieser Entscheidung innerhalb der festgesetzten Frist nicht nach, so kann die Kommission oder jeder betroffenen Staat in Abweichung von den Artikeln 226 und 227 den Gerichtshof unmittelbar anrufen.
Der Rat kann einstimmig auf Antrag eines Mitgliedstaats entscheiden, dass eine von diesem Staat gewährte oder geplante Beihilfe in Abweichung von Artikel 87 oder von den nach Artikel 89 erlassenen Verordnungen als mit dem Gemeinsamen Markt vereinbar gilt, wenn außergewöhnliche Umstände eine solche Entscheidung rechtfertigen. Hat die Kommission bezüglich dieser Beihilfe das in Unterabsatz 1 dieses Absatzes vorgesehene Verfahren bereits eingeleitet, so bewirkt der Antrag des betreffenden Staates an den Rat die Aussetzung dieses Verfahrens, bis der Rat sich geäußert hat.
Äußert sich der Rat nicht binnen drei Monaten nach Antragstellung, so entscheidet die Kommission.
(3) Die Kommission wird von jeder beabsichtigten Einführung oder Umgestaltung von Beihilfen so rechtzeitig unterrichtet, dass sie sich dazu äußern kann. Ist sie der Auffassung, dass ein

derartiges Vorhaben nach Artikel 87 mit dem Gemeinsamen Markt unvereinbar ist, so leitet sie unverzüglich das in Absatz 2 vorgesehene Verfahren ein. Der betreffende Mitgliedstaat darf die beabsichtigte Maßnahme nicht durchführen, bevor die Kommission eine abschließende Entscheidung erlassen hat.

Artikel 89
Der Rat kann auf Vorschlag der Kommission und nach Anhörung des Europäischen Parlaments mit qualifizierter Mehrheit alle zweckdienlichen Durchführungsverordnungen zu den Artikeln 87 und 88 erlassen und insbesondere die Bedingungen für die Anwendung des Artikels 88 Absatz 3 sowie diejenigen Arten von Beihilfen festlegen, die von diesem Verfahren ausgenommen sind.

...

Titel VIII
Beschäftigung

...

Artikel 126
(1) Die Mitgliedstaaten tragen durch ihre Beschäftigungspolitik im Einklang mit den nach Artikel 99 Absatz 2 verabschiedeten Grundzügen der Wirtschaftspolitik der Mitgliedstaaten und der Gemeinschaft zur Erreichung der in Artikel 125 genannten Ziele bei.
(2) Die Mitgliedstaaten betrachten die Förderung der Beschäftigung als Angelegenheit von gemeinsamem Interesse und stimmen ihre diesbezüglichen Tätigkeiten nach Maßgabe des Artikels 128 im Rat aufeinander ab, wobei die einzelstaatlichen Gepflogenheiten in Bezug auf die Verantwortung der Sozialpartner berücksichtigt werden.

Artikel 127
(1) Die Gemeinschaft trägt zu einem hohen Beschäftigungsniveau bei, indem sie die Zusammenarbeit zwischen den Mitgliedstaaten fördert und deren Maßnahmen in diesem Bereich unterstützt und erforderlichenfalls ergänzt. Hierbei wird die Zuständigkeit der Mitgliedstaaten beachtet.
(2) Das Ziel eines hohen Beschäftigungsniveaus wird bei der Festlegung und Durchführung der Gemeinschaftspolitiken und -maßnahmen berücksichtigt.

Artikel 128
(1) Anhand eines gemeinsamen Jahresberichts des Rates und der Kommission prüft der Europäische Rat jährlich die Beschäftigungslage in der Gemeinschaft und nimmt hierzu Schlussfolgerungen an.
(2) Anhand der Schlussfolgerungen des Europäischen Rates legt der Rat auf Vorschlag der Kommission und nach Anhörung des Europäischen Parlaments, des Wirtschafts-und Sozialausschusses, des Ausschusses der Regionen und des in Artikel 130 genannten Beschäftigungsausschusses jährlich mit qualifizierter Mehrheit Leitlinien fest, welche die Mitgliedstaaten in ihrer Beschäftigungspolitik berücksichtigen. Diese Leitlinien müssen mit den nach Artikel 99 Absatz 2 verabschiedeten Grundzügen in Einklang stehen.
(3) Jeder Mitgliedstaat übermittelt dem Rat und der Kommission jährlich einen Bericht über die wichtigsten Maßnahmen, die er zur Durchführung seiner Beschäftigungspolitik im Lichte der beschäftigungspolitischen Leitlinien nach Absatz 2 getroffen hat.
(4) Anhand der in Absatz 3 genannten Berichte und nach Stellungnahme des Beschäftigungsausschusses unterzieht der Rat die Durchführung der Beschäftigungspolitik der Mitgliedstaaten im Lichte der beschäftigungspolitischen Leitlinien jährlich einer Prüfung. Der Rat kann dabei auf Empfehlung der Kommission mit qualifizierter Mehrheit Empfehlungen an die Mitgliedstaaten richten, wenn er dies aufgrund der Ergebnisse dieser Prüfung für angebracht hält.
(5) Auf der Grundlage der Ergebnisse der genannten Prüfung erstellen der Rat und die Kommission einen gemeinsamen Jahresbericht für den Europäischen Rat über die Beschäftigungslage in der Gemeinschaft und über die Umsetzung der beschäftigungspolitischen Leitlinien.

Artikel 129
Der Rat kann gemäß dem Verfahren des Artikels 251 und nach Anhörung des Wirtschafts- und Sozialausschusses sowie des Ausschusses der Regionen Anreizmaßnahmen zur Förderung der Zusammenarbeit zwischen den Mitgliedstaaten und zur Unterstützung ihrer Beschäftigungsmaßnahmen durch Initiativen beschließen, die darauf abzielen, den Austausch von Informationen und bewährten Verfahren zu entwickeln, vergleichende Analysen und Gutachten bereitzustellen sowie innovative Ansätze zu fördern und Erfahrungen zu bewerten, und zwar insbesondere durch den Rückgriff auf Pilotvorhaben.
Diese Maßnahmen schließen keinerlei Harmonisierung der Rechts-und Verwaltungsvorschriften der Mitgliedstaaten ein.

Artikel 130
Der Rat setzt nach Anhörung des Europäischen Parlaments einen Beschäftigungsausschuss mit beratender Funktion zur Förderung der Koordinierung der Beschäftigungs- und Arbeitsmarktpolitik der Mitgliedstaaten ein. Der Ausschuss hat folgende Aufgaben:
– Er verfolgt die Beschäftigungslage und die Beschäftigungspolitik in den Mitgliedstaaten und der Gemeinschaft;
– er gibt unbeschadet des Artikels 207 auf Ersuchen des Rates oder der Kommission oder von sich aus Stellungnahmen ab und trägt zur Vorbereitung der in Artikel 128 genannten Beratungen des Rates bei.
Bei der Erfüllung seines Auftrags hört der Ausschuss die Sozialpartner.
Jeder Mitgliedstaat und die Kommission entsenden zwei Mitglieder in den Ausschuss.

Titel IX
Gemeinsame Handelspolitik

Artikel 131
Durch die Schaffung einer Zollunion beabsichtigen die Mitgliedstaaten, im gemeinsamen Interesse zur harmonischen Entwicklung des Welthandels, zur schrittweisen Beseitigung der Beschränkungen im internationalen Handelsverkehr und zum Abbau der Zollschranken beizutragen.
Bei der gemeinsamen Handelspolitik werden die günstigen Auswirkungen berücksichtigt, welche die Abschaffung der Zölle zwischen den Mitgliedstaaten auf die Steigerung der Wettbewerbsfähigkeit der Unternehmen dieser Staaten haben kann.

Artikel 132
(1) Unbeschadet der von den Mitgliedstaaten im Rahmen anderer internationaler Organisationen eingegangenen Verpflichtungen werden die Systeme der von den Mitgliedstaaten für die Ausfuhr nach dritten Ländern gewährten Beihilfen schrittweise vereinheitlicht, soweit dies erforderlich ist, um eine Verfälschung des Wettbewerbs zwischen den Unternehmen der Gemeinschaft zu vermeiden.
Auf Vorschlag der Kommission erlässt der Rat die hierzu erforderlichen Richtlinien mit qualifizierter Mehrheit.
(2) Die vorstehenden Bestimmungen gelten nicht für die Rückvergütung von Zöllen oder Abgaben gleicher Wirkung sowie von indirekten Abgaben, einschließlich der Umsatzsteuer, der Verbrauchsabgaben und der sonstigen indirekten Steuern bei der Ausfuhr einer Ware eines Mitgliedstaats nach einem dritten Land, soweit derartige Rückvergütungen nicht höher sind als die Belastungen, welche die ausgeführten Waren unmittelbar oder mittelbar treffen.

Artikel 133 (*)
(1) Die gemeinsame Handelspolitik wird nach einheitlichen Grundsätzen gestaltet; dies gilt insbesondere für die Änderung von Zollsätzen, den Abschluss von Zoll-und Handelsabkommen, die Vereinheitlichung der Liberalisierungsmaßnahmen, die Ausfuhrpolitik und die handelspolitischen Schutzmaßnahmen, zum Beispiel im Fall von Dumping und Subventionen.

---
* Durch den Vertrag von Nizza geänderter Artikel.

(2) Die Kommission unterbreitet dem Rat Vorschläge für die Durchführung der gemeinsamen Handelspolitik.
(3) Sind mit einem oder mehreren Staaten oder internationalen Organisationen Abkommen auszuhandeln, so legt die Kommission dem Rat Empfehlungen vor; dieser ermächtigt die Kommission zur Aufnahme der erforderlichen Verhandlungen. Es ist Sache des Rates und der Kommission, dafür zu sorgen, dass die ausgehandelten Abkommen mit den internen Politiken und Vorschriften der Gemeinschaft vereinbar sind.
Die Kommission führt diese Verhandlungen im Benehmen mit einem zu ihrer Unterstützung vom Rat bestellten besonderen Ausschuss nach Maßgabe der Richtlinien, die ihr der Rat erteilen kann. Die Kommission erstattet dem besonderen Ausschuss regelmäßig Bericht über den Stand der Verhandlungen.
Die einschlägigen Bestimmungen des Artikels 300 finden Anwendung.
(4) Bei der Ausübung der ihm in diesem Artikel übertragenen Befugnisse beschließt der Rat mit qualifizierter Mehrheit.
(5) Die Absätze 1 bis 4 gelten unbeschadet des Absatzes 6 auch für die Aushandlung und den Abschluss von Abkommen betreffend den Handel mit Dienstleistungen und Handelsaspekte des geistigen Eigentums, soweit diese Abkommen nicht von den genannten Absätzen erfasst sind.
Abweichend von Absatz 4 beschließt der Rat einstimmig über die Aushandlung und den Abschluss von Abkommen in einem der Bereiche des Unterabsatzes 1, wenn solche Abkommen Bestimmungen enthalten, bei denen für die Annahme interner Vorschriften Einstimmigkeit erforderlich ist, oder wenn ein derartiges Abkommen einen Bereich betrifft, in dem die Gemeinschaft bei der Annahme interner Vorschriften ihre Zuständigkeiten nach diesem Vertrag noch nicht ausgeübt hat.
Der Rat beschließt einstimmig über die Aushandlung und den Abschluss eines Abkommens horizontaler Art, soweit dieses Abkommen auch den vorstehenden Unterabsatz oder Absatz 6 Unterabsatz 2 betrifft.
Dieser Absatz berührt nicht das Recht der Mitgliedstaaten, mit dritten Ländern oder mit internationalen Organisationen Abkommen beizubehalten und zu schließen, soweit diese Abkommen mit den gemeinschaftlichen Rechtsvorschriften und anderen einschlägigen internationalen Abkommen in Einklang stehen.
(6) Ein Abkommen kann vom Rat nicht geschlossen werden, wenn es Bestimmungen enthält, die die internen Zuständigkeiten der Gemeinschaft überschreiten würden, insbesondere dadurch, dass sie eine Harmonisierung der Rechts-oder Verwaltungsvorschriften der Mitgliedstaaten in einem Bereich zur Folge hätten, in dem dieser Vertrag eine solche Harmonisierung ausschließt.
Abweichend von Absatz 5 Unterabsatz 1 fallen in dieser Hinsicht Abkommen im Bereich des Handels mit kulturellen und audiovisuellen Dienstleistungen, Dienstleistungen im Bereich Bildung sowie in den Bereichen Soziales und Gesundheitswesen in die gemischte Zuständigkeit der Gemeinschaft und ihrer Mitgliedstaaten. Zur Aushandlung solcher Abkommen ist daher außer einem Beschluss der Gemeinschaft gemäß den einschlägigen Bestimmungen des Artikels 300 auch die einvernehmliche Zustimmung der Mitgliedstaaten erforderlich. Die so ausgehandelten Abkommen werden gemeinsam von der Gemeinschaft und den Mitgliedstaaten geschlossen.
Die Aushandlung und der Abschluss internationaler Abkommen im Verkehrsbereich fallen weiterhin unter Titel V und Artikel 300.
(7) Unbeschadet des Absatzes 6 Unterabsatz 1 kann der Rat auf Vorschlag der Kommission und nach Anhörung des Europäischen Parlaments durch einstimmigen Beschluss die Anwendung der Absätze 1 bis 4 auf internationale Verhandlungen und Abkommen über geistiges Eigentum ausdehnen, soweit sie durch Absatz 5 nicht erfasst sind.

Artikel 134
Um sicherzustellen, dass die Durchführung der von den Mitgliedstaaten im Einklang mit diesem Vertrag getroffenen handelspolitischen Maßnahmen nicht durch Verlagerungen von Handelsströmen verhindert wird, oder wenn Unterschiede zwischen diesen Maßnahmen zu wirtschaftlichen Schwierigkeiten in einem oder mehreren Staaten führen, empfiehlt die Kommission die Methoden für die erforderliche Zusammenarbeit der Mitgliedstaaten. Genügt dies nicht, so

kann sie die Mitgliedstaaten ermächtigen, die notwendigen Schutzmaßnahmen zu treffen, deren Bedingungen und Einzelheiten sie festlegt.

Im Dringlichkeitsfall ersuchen die Mitgliedstaaten die Kommission, die umgehend entscheidet, um die Ermächtigung, selbst die erforderlichen Maßnahmen zu treffen, und setzen sodann die anderen Mitgliedstaaten davon in Kenntnis. Die Kommission kann jederzeit entscheiden, dass die betreffenden Mitgliedstaaten diese Maßnahmen zu ändern oder aufzuheben haben.

Es sind mit Vorrang solche Maßnahmen zu wählen, die das Funktionieren des Gemeinsamen Marktes am wenigsten stören.

Titel X
Zusammenarbeit im Zollwesen

Artikel 135

Der Rat trifft im Rahmen des Geltungsbereichs dieses Vertrags gemäß dem Verfahren des Artikels 251 Maßnahmen zum Ausbau der Zusammenarbeit im Zollwesen zwischen den Mitgliedstaaten sowie zwischen den Mitgliedstaaten und der Kommission. Die Anwendung des Strafrechts der Mitgliedstaaten und ihre Strafrechtspflege bleiben von diesen Maßnahmen unberührt.

Titel XI
Sozialpolitik, allgemeine und berufliche Bildung und Jugend

KAPITEL 1
SOZIALVORSCHRIFTEN

Artikel 136

Die Gemeinschaft und die Mitgliedstaaten verfolgen eingedenk der sozialen Grundrechte, wie sie in der am 18. Oktober 1961 in Turin unterzeichneten Europäischen Sozialcharta und in der Gemeinschaftscharta der sozialen Grundrechte der Arbeitnehmer von 1989 festgelegt sind, folgende Ziele: die Förderung der Beschäftigung, die Verbesserung der Lebens- und Arbeitsbedingungen, um dadurch auf dem Wege des Fortschritts ihre Angleichung zu ermöglichen, einen angemessenen sozialen Schutz, den sozialen Dialog, die Entwicklung des Arbeitskräftepotenzials im Hinblick auf ein dauerhaft hohes Beschäftigungsniveau und die Bekämpfung von Ausgrenzungen.

Zu diesem Zweck führen die Gemeinschaft und die Mitgliedstaaten Maßnahmen durch, die der Vielfalt der einzelstaatlichen Gepflogenheiten, insbesondere in den vertraglichen Beziehungen, sowie der Notwendigkeit, die Wettbewerbsfähigkeit der Wirtschaft der Gemeinschaft zu erhalten, Rechnung tragen. Sie sind der Auffassung, dass sich eine solche Entwicklung sowohl aus dem eine Abstimmung der Sozialordnungen begünstigenden Wirken des Gemeinsamen Marktes als auch aus den in diesem Vertrag vorgesehenen Verfahren sowie aus der Angleichung ihrer Rechts- und Verwaltungsvorschriften ergeben wird.

Artikel 137 (*)

(1) Zur Verwirklichung der Ziele des Artikels 136 unterstützt und ergänzt die Gemeinschaft die Tätigkeit der Mitgliedstaaten auf folgenden Gebieten:
a) Verbesserung insbesondere der Arbeitsumwelt zum Schutz der Gesundheit und der Sicherheit der Arbeitnehmer,
b) Arbeitsbedingungen,
c) soziale Sicherheit und sozialer Schutz der Arbeitnehmer,
d) Schutz der Arbeitnehmer bei Beendigung des Arbeitsvertrags,
e) Unterrichtung und Anhörung der Arbeitnehmer,
f) Vertretung und kollektive Wahrnehmung der Arbeitnehmer- und Arbeitgeberinteressen, einschließlich der Mitbestimmung, vorbehaltlich des Absatzes 5,

---

* Durch den Vertrag von Nizza geänderter Artikel.

g) Beschäftigungsbedingungen der Staatsangehörigen dritter Länder, die sich rechtmäßig im Gebiet der Gemeinschaft aufhalten,
h) berufliche Eingliederung der aus dem Arbeitsmarkt ausgegrenzten Personen, unbeschadet des Artikels 150,
i) Chancengleichheit von Männern und Frauen auf dem Arbeitsmarkt und Gleichbehandlung am Arbeitsplatz,
j) Bekämpfung der sozialen Ausgrenzung,
k) Modernisierung der Systeme des sozialen Schutzes, unbeschadet des Buchstabens c).

(2) Zu diesem Zweck kann der Rat
a) unter Ausschluss jeglicher Harmonisierung der Rechts- und Verwaltungsvorschriften der Mitgliedstaaten Maßnahmen annehmen, die dazu bestimmt sind, die Zusammenarbeit zwischen den Mitgliedstaaten durch Initiativen zu fördern, die die Verbesserung des Wissensstandes, die Entwicklung des Austausches von Informationen und bewährten Verfahren, die Förderung innovativer Ansätze und die Bewertung von Erfahrungen zum Ziel haben;
b) in den in Absatz 1 Buchstaben a) bis i) genannten Bereichen unter Berücksichtigung der in den einzelnen Mitgliedstaaten bestehenden Bedingungen und technischen Regelungen durch Richtlinien Mindestvorschriften erlassen, die schrittweise anzuwenden sind. Diese Richtlinien sollen keine verwaltungsmäßigen, finanziellen oder rechtlichen Auflagen vorschreiben, die der Gründung und Entwicklung von kleinen und mittleren Unternehmen entgegenstehen.

Der Rat beschließt gemäß dem Verfahren des Artikels 251 nach Anhörung des Wirtschafts- und Sozialausschusses sowie des Ausschusses der Regionen, außer in den in Absatz 1 Buchstaben c), d), f) und g) genannten Bereichen, in denen er einstimmig auf Vorschlag der Kommission nach Anhörung des Europäischen Parlaments und der genannten Ausschüsse beschließt. Der Rat kann einstimmig auf Vorschlag der Kommission nach Anhörung des Europäischen Parlaments beschließen, dass das Verfahren des Artikels 251 auf Absatz 1 Buchstaben d), f) und g) angewandt wird.

(3) Ein Mitgliedstaat kann den Sozialpartnern auf deren gemeinsamen Antrag die Durchführung von aufgrund des Absatzes 2 angenommenen Richtlinien übertragen.

In diesem Fall vergewissert sich der Mitgliedstaat, dass die Sozialpartner spätestens zu dem Zeitpunkt, zu dem eine Richtlinie nach Artikel 249 umgesetzt sein muss, im Wege einer Vereinbarung die erforderlichen Vorkehrungen getroffen haben; dabei hat der Mitgliedstaat alle erforderlichen Maßnahmen zu treffen, um jederzeit gewährleisten zu können, dass die durch diese Richtlinie vorgeschriebenen Ergebnisse erzielt werden.

(4) Die aufgrund dieses Artikels erlassenen Bestimmungen
– berühren nicht die anerkannte Befugnis der Mitgliedstaaten, die Grundprinzipien ihres Systems der sozialen Sicherheit festzulegen, und dürfen das finanzielle Gleichgewicht dieser Systeme nicht erheblich beeinträchtigen;
– hindern die Mitgliedstaaten nicht daran, strengere Schutzmaßnahmen beizubehalten oder zu treffen, die mit diesem Vertrag vereinbar sind.

(5) Dieser Artikel gilt nicht für das Arbeitsentgelt, das Koalitionsrecht, das Streikrecht sowie das Aussperrungsrecht.

Artikel 138
(1) Die Kommission hat die Aufgabe, die Anhörung der Sozialpartner auf Gemeinschaftsebene zu fördern, und erlässt alle zweckdienlichen Maßnahmen, um den Dialog zwischen den Sozialpartnern zu erleichtern, wobei sie für Ausgewogenheit bei der Unterstützung der Parteien sorgt.
(2) Zu diesem Zweck hört die Kommission vor Unterbreitung von Vorschlägen im Bereich der Sozialpolitik die Sozialpartner zu der Frage, wie eine Gemeinschaftsaktion gegebenenfalls ausgerichtet werden sollte.
(3) Hält die Kommission nach dieser Anhörung eine Gemeinschaftsmaßnahme für zweckmäßig, so hört sie die Sozialpartner zum Inhalt des in Aussicht genommenen Vorschlags. Die Sozialpartner übermitteln der Kommission eine Stellungnahme oder gegebenenfalls eine Empfehlung.
(4) Bei dieser Anhörung können die Sozialpartner der Kommission mitteilen, dass sie den Prozess nach Artikel 139 in Gang setzen wollen. Die Dauer des Verfahrens darf höchstens neun

Monate betragen, sofern die betroffenen Sozialpartner und die Kommission nicht gemeinsam eine Verlängerung beschließen.

Artikel 139 (*)
(1) Der Dialog zwischen den Sozialpartnern auf Gemeinschaftsebene kann, falls sie es wünschen, zur Herstellung vertraglicher Beziehungen einschließlich des Abschlusses von Vereinbarungen führen.
(2) Die Durchführung der auf Gemeinschaftsebene geschlossenen Vereinbarungen erfolgt entweder nach den jeweiligen Verfahren und Gepflogenheiten der Sozialpartner und der Mitgliedstaaten oder – in den durch Artikel 137 erfassten Bereichen – auf gemeinsamen Antrag der Unterzeichnerparteien durch einen Beschluss des Rates auf Vorschlag der Kommission.
Der Rat beschließt mit qualifizierter Mehrheit, sofern nicht die betreffende Vereinbarung eine oder mehrere Bestimmungen betreffend einen der Bereiche enthält, für die nach Artikel 137 Absatz 2 Einstimmigkeit erforderlich ist. In diesem Fall beschließt der Rat einstimmig.

Artikel 140
Unbeschadet der sonstigen Bestimmungen dieses Vertrags fördert die Kommission im Hinblick auf die Erreichung der Ziele des Artikels 136 die Zusammenarbeit zwischen den Mitgliedstaaten und erleichtert die Abstimmung ihres Vorgehens in allen unter dieses Kapitel fallenden Bereichen der Sozialpolitik, insbesondere auf dem Gebiet
– der Beschäftigung,
– des Arbeitsrechts und der Arbeitsbedingungen,
– der beruflichen Ausbildung und Fortbildung,
– der sozialen Sicherheit,
– der Verhütung von Berufsunfällen und Berufskrankheiten,
– des Gesundheitsschutzes bei der Arbeit,
– des Koalitionsrechts und der Kollektivverhandlungen zwischen Arbeitgebern und Arbeitnehmern.
Zu diesem Zweck wird die Kommission in enger Verbindung mit den Mitgliedstaaten durch Untersuchungen, Stellungnahmen und die Vorbereitung von Beratungen tätig, gleichviel ob es sich um innerstaatliche oder um internationalen Organisationen gestellte Probleme handelt.
Vor Abgabe der in diesem Artikel vorgesehenen Stellungnahmen hört die Kommission den Wirtschafts- und Sozialausschuss.

Artikel 141
(1) Jeder Mitgliedstaat stellt die Anwendung des Grundsatzes des gleichen Entgelts für Männer und Frauen bei gleicher oder gleichwertiger Arbeit sicher.
(2) Unter »Entgelt« im Sinne dieses Artikels sind die üblichen Grund- oder Mindestlöhne und -gehälter sowie alle sonstigen Vergütungen zu verstehen, die der Arbeitgeber aufgrund des Dienstverhältnisses dem Arbeitnehmer unmittelbar oder mittelbar in bar oder in Sachleistungen zahlt. Gleichheit des Arbeitsentgelts ohne Diskriminierung aufgrund des Geschlechts bedeutet,
a) dass das Entgelt für eine gleiche nach Akkord bezahlte Arbeit aufgrund der gleichen Maßeinheit festgesetzt wird,
b) dass für eine nach Zeit bezahlte Arbeit das Entgelt bei gleichem Arbeitsplatz gleich ist.
(3) Der Rat beschließt gemäß dem Verfahren des Artikels 251 und nach Anhörung des Wirtschafts- und Sozialausschusses Maßnahmen zur Gewährleistung der Anwendung des Grundsatzes der Chancengleichheit und der Gleichbehandlung von Männern und Frauen in Arbeits- und Beschäftigungsfragen, einschließlich des Grundsatzes des gleichen Entgelts bei gleicher oder gleichwertiger Arbeit.
(4) Im Hinblick auf die effektive Gewährleistung der vollen Gleichstellung von Männern und Frauen im Arbeitsleben hindert der Grundsatz der Gleichbehandlung die Mitgliedstaaten nicht daran, zur Erleichterung der Berufstätigkeit des unterrepräsentierten Geschlechts oder zur Verhinderung bzw. zum Ausgleich von Benachteiligungen in der beruflichen Laufbahn spezifische Vergünstigungen beizubehalten oder zu beschließen.

---
* Durch den Vertrag von Nizza geänderter Artikel.

Artikel 142
Die Mitgliedstaaten sind bestrebt, die bestehende Gleichwertigkeit der Ordnungen über die bezahlte Freizeit beizubehalten.

Artikel 143
Die Kommission erstellt jährlich einen Bericht über den Stand der Verwirklichung der in Artikel 136 genannten Ziele sowie über die demografische Lage in der Gemeinschaft. Sie übermittelt diesen Bericht dem Europäischen Parlament, dem Rat und dem Wirtschafts- und Sozialausschuss.
Das Europäische Parlament kann die Kommission um Berichte zu Einzelproblemen ersuchen, welche die soziale Lage betreffen.

Artikel 144 (*)
Der Rat setzt nach Anhörung des Europäischen Parlaments einen Ausschuss für Sozialschutz mit beratender Aufgabe ein, um die Zusammenarbeit im Bereich des sozialen Schutzes zwischen den Mitgliedstaaten und mit der Kommission zu fördern. Der Ausschuss hat folgende Aufgaben:
– Er verfolgt die soziale Lage und die Entwicklung der Politiken im Bereich des sozialen Schutzes in den Mitgliedstaaten und der Gemeinschaft;
– er fördert den Austausch von Informationen, Erfahrungen und bewährten Verfahren zwischen den Mitgliedstaaten und mit der Kommission;
– unbeschadet des Artikels 207 arbeitet er auf Ersuchen des Rates oder der Kommission oder von sich aus in seinem Zuständigkeitsbereich Berichte aus, gibt Stellungnahmen ab oder wird auf andere Weise tätig.
Bei der Erfüllung seines Auftrags stellt der Ausschuss geeignete Kontakte zu den Sozialpartnern her.
Jeder Mitgliedstaat und die Kommission ernennen zwei Mitglieder des Ausschusses.

Artikel 145
Der Jahresbericht der Kommission an das Europäische Parlament hat stets ein besonderes Kapitel über die Entwicklung der sozialen Lage in der Gemeinschaft zu enthalten.
Das Europäische Parlament kann die Kommission auffordern, Berichte über besondere, die soziale Lage betreffende Fragen auszuarbeiten.

KAPITEL 2
DER EUROPÄISCHE SOZIALFONDS

Artikel 146
Um die Beschäftigungsmöglichkeiten der Arbeitskräfte im Binnenmarkt zu verbessern und damit zur Hebung der Lebenshaltung beizutragen, wird nach Maßgabe der folgenden Bestimmungen ein Europäischer Sozialfonds errichtet, dessen Ziel es ist, innerhalb der Gemeinschaft die berufliche Verwendbarkeit und die örtliche und berufliche Mobilität der Arbeitskräfte zu fördern sowie die Anpassung an die industriellen Wandlungsprozesse und an Veränderungen der Produktionssysteme insbesondere durch berufliche Bildung und Umschulung zu erleichtern.

Artikel 147
Die Verwaltung des Fonds obliegt der Kommission.
Die Kommission wird hierbei von einem Ausschuss unterstützt, der aus Vertretern der Regierungen sowie der Arbeitgeber- und der Arbeitnehmerverbände besteht; den Vorsitz führt ein Mitglied der Kommission.

Artikel 148
Der Rat erlässt gemäß dem Verfahren des Artikels 251 und nach Anhörung des Wirtschafts- und Sozialausschusses sowie des Ausschusses der Regionen die den Europäischen Sozialfonds betreffenden Durchführungsbeschlüsse.

---

* Durch den Vertrag von Nizza geänderter Artikel.

EG-Vertrag (Auszug)

KAPITEL 3
ALLGEMEINE UND BERUFLICHE BILDUNG UND JUGEND

Artikel 149
(1) Die Gemeinschaft trägt zur Entwicklung einer qualitativ hoch stehenden Bildung dadurch bei, dass sie die Zusammenarbeit zwischen den Mitgliedstaaten fördert und die Tätigkeit der Mitgliedstaaten unter strikter Beachtung der Verantwortung der Mitgliedstaaten für die Lehrinhalte und die Gestaltung des Bildungssystems sowie der Vielfalt ihrer Kulturen und Sprachen erforderlichenfalls unterstützt und ergänzt.
(2) Die Tätigkeit der Gemeinschaft hat folgende Ziele:
– Entwicklung der europäischen Dimension im Bildungswesen, insbesondere durch Erlernen und Verbreitung der Sprachen der Mitgliedstaaten;
– Förderung der Mobilität von Lernenden und Lehrenden, auch durch die Förderung der akademischen Anerkennung der Diplome und Studienzeiten;
– Förderung der Zusammenarbeit zwischen den Bildungseinrichtungen;
– Ausbau des Informations- und Erfahrungsaustauschs über gemeinsame Probleme im Rahmen der Bildungssysteme der Mitgliedstaaten;
– Förderung des Ausbaus des Jugendaustauschs und des Austauschs sozialpädagogischer Betreuer;
– Förderung der Entwicklung der Fernlehre.
(3) Die Gemeinschaft und die Mitgliedstaaten fördern die Zusammenarbeit mit dritten Ländern und den für den Bildungsbereich zuständigen internationalen Organisationen, insbesondere dem Europarat.
(4) Als Beitrag zur Verwirklichung der Ziele dieses Artikels erlässt der Rat
– gemäß dem Verfahren des Artikels 251 und nach Anhörung des Wirtschafts- und Sozialausschusses und des Ausschusses der Regionen Fördermaßnahmen unter Ausschluss jeglicher Harmonisierung der Rechts- und Verwaltungsvorschriften der Mitgliedstaaten;
– mit qualifizierter Mehrheit auf Vorschlag der Kommission Empfehlungen.

Artikel 150
(1) Die Gemeinschaft führt eine Politik der beruflichen Bildung, welche die Maßnahmen der Mitgliedstaaten unter strikter Beachtung der Verantwortung der Mitgliedstaaten für Inhalt und Gestaltung der beruflichen Bildung unterstützt und ergänzt.
(2) Die Tätigkeit der Gemeinschaft hat folgende Ziele:
– Erleichterung der Anpassung an die industriellen Wandlungsprozesse, insbesondere durch berufliche Bildung und Umschulung;
– Verbesserung der beruflichen Erstausbildung und Weiterbildung zur Erleichterung der beruflichen Eingliederung und Wiedereingliederung in den Arbeitsmarkt;
– Erleichterung der Aufnahme einer beruflichen Bildung sowie Förderung der Mobilität der Ausbilder und der in beruflicher Bildung befindlichen Personen, insbesondere der Jugendlichen;
– Förderung der Zusammenarbeit in Fragen der beruflichen Bildung zwischen Unterrichtsanstalten und Unternehmen;
– Ausbau des Informations- und Erfahrungsaustauschs über gemeinsame Probleme im Rahmen der Berufsbildungssysteme der Mitgliedstaaten.
(3) Die Gemeinschaft und die Mitgliedstaaten fördern die Zusammenarbeit mit dritten Ländern und den für die berufliche Bildung zuständigen internationalen Organisationen.
(4) Der Rat erlässt gemäß dem Verfahren des Artikels 251 und nach Anhörung des Wirtschafts- und Sozialausschusses sowie des Ausschusses der Regionen Maßnahmen, die zur Verwirklichung der Ziele dieses Artikels beitragen, unter Ausschluss jeglicher Harmonisierung der Rechts- und Verwaltungsvorschriften der Mitgliedstaaten.

Titel XII
Kultur

Artikel 151

(1) Die Gemeinschaft leistet einen Beitrag zur Entfaltung der Kulturen der Mitgliedstaaten unter Wahrung ihrer nationalen und regionalen Vielfalt sowie gleichzeitiger Hervorhebung des gemeinsamen kulturellen Erbes.
(2) Die Gemeinschaft fördert durch ihre Tätigkeit die Zusammenarbeit zwischen den Mitgliedstaaten und unterstützt und ergänzt erforderlichenfalls deren Tätigkeit in folgenden Bereichen:
– Verbesserung der Kenntnis und Verbreitung der Kultur und Geschichte der europäischen Völker,
– Erhaltung und Schutz des kulturellen Erbes von europäischer Bedeutung,
– nichtkommerzieller Kulturaustausch,
– künstlerisches und literarisches Schaffen, einschließlich im audiovisuellen Bereich.
(3) Die Gemeinschaft und die Mitgliedstaaten fördern die Zusammenarbeit mit dritten Ländern und den für den Kulturbereich zuständigen internationalen Organisationen, insbesondere mit dem Europarat.
(4) Die Gemeinschaft trägt bei ihrer Tätigkeit aufgrund anderer Bestimmungen dieses Vertrags den kulturellen Aspekten Rechnung, insbesondere zur Wahrung und Förderung der Vielfalt ihrer Kulturen.
(5) Als Beitrag zur Verwirklichung der Ziele dieses Artikels erlässt der Rat
– gemäß dem Verfahren des Artikels 251 und nach Anhörung des Ausschusses der Regionen Fördermaßnahmen unter Ausschluss jeglicher Harmonisierung der Rechts-und Verwaltungsvorschriften der Mitgliedstaaten. Der Rat beschließt im Rahmen des Verfahrens des Artikels 251 einstimmig;
– einstimmig auf Vorschlag der Kommission Empfehlungen.

Titel XIII
Gesundheitswesen

Artikel 152

(1) Bei der Festlegung und Durchführung aller Gemeinschaftspolitiken und -maßnahmen wird ein hohes Gesundheitsschutzniveau sichergestellt.
Die Tätigkeit der Gemeinschaft ergänzt die Politik der Mitgliedstaaten und ist auf die Verbesserung der Gesundheit der Bevölkerung, die Verhütung von Humankrankheiten und die Beseitigung von Ursachen für die Gefährdung der menschlichen Gesundheit gerichtet. Sie umfasst die Bekämpfung der weit verbreiteten schweren Krankheiten; dabei werden die Erforschung der Ursachen, der Übertragung und der Verhütung dieser Krankheiten sowie die Gesundheitsinformation und -erziehung gefördert.
Die Gemeinschaft ergänzt die Maßnahmen der Mitgliedstaaten zur Verringerung drogenkonsumbedingter Gesundheitsschäden einschließlich der Informations- und Vorbeugungsmaßnahmen.
(2) Die Gemeinschaft fördert die Zusammenarbeit zwischen den Mitgliedstaaten in den in diesem Artikel genannten Bereichen und unterstützt erforderlichenfalls deren Tätigkeit.
Die Mitgliedstaaten koordinieren untereinander im Benehmen mit der Kommission ihre Politiken und Programme in den in Absatz 1 genannten Bereichen. Die Kommission kann in enger Verbindung mit den Mitgliedstaaten alle Initiativen ergreifen, die dieser Koordinierung förderlich sind.
(3) Die Gemeinschaft und die Mitgliedstaaten fördern die Zusammenarbeit mit dritten Ländern und den für das Gesundheitswesen zuständigen internationalen Organisationen.
(4) Der Rat trägt gemäß dem Verfahren des Artikels 251 und nach Anhörung des Wirtschafts- und Sozialausschusses sowie des Ausschusses der Regionen mit folgenden Maßnahmen zur Verwirklichung der Ziele dieses Artikels bei:
a) Maßnahmen zur Festlegung hoher Qualitäts-und Sicherheitsstandards für Organe und Substanzen menschlichen Ursprungs sowie für Blut und Blutderivate; diese Maßnahmen hin-

dern die Mitgliedstaaten nicht daran, strengere Schutzmaßnahmen beizubehalten oder einzuführen;
b) abweichend von Artikel 37 Maßnahmen in den Bereichen Veterinärwesen und Pflanzenschutz, die unmittelbar den Schutz der Gesundheit der Bevölkerung zum Ziel haben;
c) Fördermaßnahmen, die den Schutz und die Verbesserung der menschlichen Gesundheit zum Ziel haben, unter Ausschluss jeglicher Harmonisierung der Rechts- und Verwaltungsvorschriften der Mitgliedstaaten.

Der Rat kann ferner mit qualifizierter Mehrheit auf Vorschlag der Kommission für die in diesem Artikel genannten Zwecke Empfehlungen erlassen.

(5) Bei der Tätigkeit der Gemeinschaft im Bereich der Gesundheit der Bevölkerung wird die Verantwortung der Mitgliedstaaten für die Organisation des Gesundheitswesens und die medizinische Versorgung in vollem Umfang gewahrt. Insbesondere lassen die Maßnahmen nach Absatz 4 Buchstabe a) die einzelstaatlichen Regelungen über die Spende oder die medizinische Verwendung von Organen und Blut unberührt.

Titel XIV
Verbraucherschutz

Artikel 153

(1) Zur Förderung der Interessen der Verbraucher und zur Gewährleistung eines hohen Verbraucherschutzniveaus leistet die Gemeinschaft einen Beitrag zum Schutz der Gesundheit, der Sicherheit und der wirtschaftlichen Interessen der Verbraucher sowie zur Förderung ihres Rechtes auf Information, Erziehung und Bildung von Vereinigungen zur Wahrung ihrer Interessen.

(2) Den Erfordernissen des Verbraucherschutzes wird bei der Festlegung und Durchführung der anderen Gemeinschaftspolitiken und -maßnahmen Rechnung getragen.

(3) Die Gemeinschaft leistet einen Beitrag zur Erreichung der in Absatz 1 genannten Ziele durch
a) Maßnahmen, die sie im Rahmen der Verwirklichung des Binnenmarkts nach Artikel 95 erlässt;
b) Maßnahmen zur Unterstützung, Ergänzung und Überwachung der Politik der Mitgliedstaaten.

(4) Der Rat beschließt gemäß dem Verfahren des Artikels 251 und nach Anhörung des Wirtschaftsund Sozialausschusses die Maßnahmen nach Absatz 3 Buchstabe b).

(5) Die nach Absatz 4 beschlossenen Maßnahmen hindern die einzelnen Mitgliedstaaten nicht daran, strengere Schutzmaßnahmen beizubehalten oder zu ergreifen. Diese Maßnahmen müssen mit diesem Vertrag vereinbar sein. Sie werden der Kommission mitgeteilt.

Titel XV
Transeuropäische Netze

Artikel 154

(1) Um einen Beitrag zur Verwirklichung der Ziele der Artikel 14 und 158 zu leisten und den Bürgern der Union, den Wirtschaftsbeteiligten sowie den regionalen und lokalen Gebietskörperschaften in vollem Umfang die Vorteile zugute kommen zu lassen, die sich aus der Schaffung eines Raumes ohne Binnengrenzen ergeben, trägt die Gemeinschaft zum Auf- und Ausbau transeuropäischer Netze in den Bereichen der Verkehrs-, Telekommunikations- und Energieinfrastruktur bei.

(2) Die Tätigkeit der Gemeinschaft zielt im Rahmen eines Systems offener und wettbewerbsorientierter Märkte auf die Förderung des Verbunds und der Interoperabilität der einzelstaatlichen Netze sowie des Zugangs zu diesen Netzen ab. Sie trägt insbesondere der Notwendigkeit Rechnung, insulare, eingeschlossene und am Rande gelegene Gebiete mit den zentralen Gebieten der Gemeinschaft zu verbinden.

Artikel 155

(1) Zur Erreichung der Ziele des Artikels 154 geht die Gemeinschaft wie folgt vor:
– Sie stellt eine Reihe von Leitlinien auf, in denen die Ziele, die Prioritäten und die Grundzüge der im Bereich der transeuropäischen Netze in Betracht gezogenen Aktionen erfasst werden; in diesen Leitlinien werden Vorhaben von gemeinsamem Interesse ausgewiesen;

- sie führt jede Aktion durch, die sich gegebenenfalls als notwendig erweist, um die Interoperabilität der Netze zu gewährleisten, insbesondere im Bereich der Harmonisierung der technischen Normen;
- sie kann von den Mitgliedstaaten unterstützte Vorhaben von gemeinsamem Interesse, die im Rahmen der Leitlinien gemäß dem ersten Gedankenstrich ausgewiesen sind, insbesondere in Form von Durchführbarkeitsstudien, Anleihebürgschaften oder Zinszuschüssen unterstützen; die Gemeinschaft kann auch über den nach Artikel 161 errichteten Kohäsionsfonds zu spezifischen Verkehrsinfrastrukturvorhaben in den Mitgliedstaaten finanziell beitragen.

Die Gemeinschaft berücksichtigt bei ihren Maßnahmen die potenzielle wirtschaftliche Lebensfähigkeit der Vorhaben.

(2) Die Mitgliedstaaten koordinieren untereinander in Verbindung mit der Kommission die einzelstaatlichen Politiken, die sich erheblich auf die Verwirklichung der Ziele des Artikels 154 auswirken können. Die Kommission kann in enger Zusammenarbeit mit den Mitgliedstaaten alle Initiativen ergreifen, die dieser Koordinierung förderlich sind.

(3) Die Gemeinschaft kann beschließen, mit dritten Ländern zur Förderung von Vorhaben von gemeinsamem Interesse sowie zur Sicherstellung der Interoperabilität der Netze zusammenzuarbeiten.

Artikel 156
Die Leitlinien und die übrigen Maßnahmen nach Artikel 155 Absatz 1 werden vom Rat gemäß dem Verfahren des Artikels 251 und nach Anhörung des Wirtschafts-und Sozialausschusses und des Ausschusses der Regionen festgelegt.

Leitlinien und Vorhaben von gemeinsamem Interesse, die das Hoheitsgebiet eines Mitgliedstaats betreffen, bedürfen der Billigung des betroffenen Mitgliedstaats.

Titel XVI
Industrie

Artikel 157 (*)
(1) Die Gemeinschaft und die Mitgliedstaaten sorgen dafür, dass die notwendigen Voraussetzungen für die Wettbewerbsfähigkeit der Industrie der Gemeinschaft gewährleistet sind.

Zu diesem Zweck zielt ihre Tätigkeit entsprechend einem System offener und wettbewerbsorientierter Märkte auf Folgendes ab:
- Erleichterung der Anpassung der Industrie an die strukturellen Veränderungen;
- Förderung eines für die Initiative und Weiterentwicklung der Unternehmen in der gesamten Gemeinschaft, insbesondere der kleinen und mittleren Unternehmen, günstigen Umfelds;
- Förderung eines für die Zusammenarbeit zwischen Unternehmen günstigen Umfelds;
- Förderung einer besseren Nutzung des industriellen Potenzials der Politik in den Bereichen Innovation, Forschung und technologische Entwicklung.

(2) Die Mitgliedstaaten konsultieren einander in Verbindung mit der Kommission und koordinieren, soweit erforderlich, ihre Maßnahmen. Die Kommission kann alle Initiativen ergreifen, die dieser Koordinierung förderlich sind.

(3) Die Gemeinschaft trägt durch die Politik und die Maßnahmen, die sie aufgrund anderer Bestimmungen dieses Vertrags durchführt, zur Erreichung der Ziele des Absatzes 1 bei. Der Rat kann gemäß dem Verfahren des Artikels 251 und nach Anhörung des Wirtschafts- und Sozialausschusses spezifische Maßnahmen zur Unterstützung der in den Mitgliedstaaten durchgeführten Maßnahmen im Hinblick auf die Verwirklichung der Ziele des Absatzes 1 beschließen.

Dieser Titel bietet keine Grundlage dafür, dass die Gemeinschaft irgendeine Maßnahme einführt, die zu Wettbewerbsverzerrungen führen könnte oder steuerliche Vorschriften oder Bestimmungen betreffend die Rechte und Interessen der Arbeitnehmer enthält.

---

* Durch den Vertrag von Nizza geänderter Artikel.

Titel XVII
Wirtschaftlicher und sozialer Zusammenhalt

Artikel 158
Die Gemeinschaft entwickelt und verfolgt weiterhin ihre Politik zur Stärkung ihres wirtschaftlichen und sozialen Zusammenhalts, um eine harmonische Entwicklung der Gemeinschaft als Ganzes zu fördern.
Die Gemeinschaft setzt sich insbesondere zum Ziel, die Unterschiede im Entwicklungsstand der verschiedenen Regionen und den Rückstand der am stärksten benachteiligten Gebiete oder Inseln, einschließlich der ländlichen Gebiete, zu verringern.

Artikel 159 (*)
Die Mitgliedstaaten führen und koordinieren ihre Wirtschaftspolitik in der Weise, dass auch die in Artikel 158 genannten Ziele erreicht werden. Die Festlegung und Durchführung der Politiken und Aktionen der Gemeinschaft sowie die Errichtung des Binnenmarkts berücksichtigen die Ziele des Artikels 158 und tragen zu deren Verwirklichung bei. Die Gemeinschaft unterstützt auch diese Bemühungen durch die Politik, die sie mit Hilfe der Strukturfonds (Europäischer Ausrichtungs-und Garantiefonds für die Landwirtschaft – Abteilung Ausrichtung, Europäischer Sozialfonds, Europäischer Fonds für regionale Entwicklung), der Europäischen Investitionsbank und der sonstigen vorhandenen Finanzierungsinstrumente führt.
Die Kommission erstattet dem Europäischen Parlament, dem Rat, dem Wirtschafts-und Sozialausschuss und dem Ausschuss der Regionen alle drei Jahre Bericht über die Fortschritte bei der Verwirklichung des wirtschaftlichen und sozialen Zusammenhalts und über die Art und Weise, in der die in diesem Artikel vorgesehenen Mittel hierzu beigetragen haben. Diesem Bericht werden erforderlichenfalls entsprechende Vorschläge beigefügt.
Falls sich spezifische Aktionen außerhalb der Fonds und unbeschadet der im Rahmen der anderen Politiken der Gemeinschaft beschlossenen Maßnahmen als erforderlich erweisen, so können sie vom Rat gemäß dem Verfahren des Artikels 251 nach Anhörung des Wirtschafts- und Sozialausschusses und des Ausschusses der Regionen beschlossen werden.

Artikel 160
Aufgabe des Europäischen Fonds für regionale Entwicklung ist es, durch Beteiligung an der Entwicklung und an der strukturellen Anpassung der rückständigen Gebiete und an der Umstellung der Industriegebiete mit rückläufiger Entwicklung zum Ausgleich der wichtigsten regionalen Ungleichgewichte in der Gemeinschaft beizutragen.

Artikel 161 (*)
Unbeschadet des Artikels 162 legt der Rat auf Vorschlag der Kommission und nach Zustimmung des Europäischen Parlaments sowie nach Anhörung des Wirtschafts- und Sozialausschusses und des Ausschusses der Regionen einstimmig die Aufgaben, die vorrangigen Ziele und die Organisation der Strukturfonds fest, was ihre Neuordnung einschließen kann. Nach demselben Verfahren legt der Rat ferner die für die Fonds geltenden allgemeinen Regeln sowie die Bestimmungen fest, die zur Gewährleistung einer wirksamen Arbeitsweise und zur Koordinierung der Fonds sowohl untereinander als auch mit den anderen vorhandenen Finanzierungsinstrumenten erforderlich sind.
Ein vom Rat nach demselben Verfahren errichteter Kohäsionsfonds trägt zu Vorhaben in den Bereichen Umwelt und transeuropäische Netze auf dem Gebiet der Verkehrsinfrastruktur finanziell bei.
Der Rat beschließt ab dem 1. Januar 2007 mit qualifizierter Mehrheit auf Vorschlag der Kommission und nach Zustimmung des Europäischen Parlaments und nach Anhörung des Wirtschafts- und Sozialausschusses und des Ausschusses der Regionen, falls die ab dem 1. Januar 2007 geltende mehrjährige Finanzielle Vorausschau und die dazugehörige Interinstitutionelle Vereinbarung bis zu diesem Zeitpunkt angenommen sind. Ist dies nicht der Fall, so wird das in diesem Absatz vorgesehene Verfahren ab dem Zeitpunkt ihrer Annahme angewandt.

---
* Durch den Vertrag von Nizza geänderter Artikel.

Artikel 162
Die den Europäischen Fonds für regionale Entwicklung betreffenden Durchführungsbeschlüsse werden vom Rat gemäß dem Verfahren des Artikels 251 und nach Anhörung des Wirtschafts- und Sozialausschusses sowie des Ausschusses der Regionen gefasst.
Für den Europäischen Ausrichtungs-und Garantiefonds für die Landwirtschaft, Abteilung Ausrichtung, und den Europäischen Sozialfonds sind die Artikel 37 bzw. 148 weiterhin anwendbar.

Titel XVIII
Forschung und technologische Entwicklung

Artikel 163
(1) Die Gemeinschaft hat zum Ziel, die wissenschaftlichen und technologischen Grundlagen der Industrie der Gemeinschaft zu stärken und die Entwicklung ihrer internationalen Wettbewerbsfähigkeit zu fördern sowie alle Forschungsmaßnahmen zu unterstützen, die aufgrund anderer Kapitel dieses Vertrags für erforderlich gehalten werden.
(2) In diesem Sinne unterstützt sie in der gesamten Gemeinschaft die Unternehmen – einschließlich der kleinen und mittleren Unternehmen –, die Forschungszentren und die Hochschulen bei ihren Bemühungen auf dem Gebiet der Forschung und technologischen Entwicklung von hoher Qualität; sie fördert ihre Zusammenarbeitsbestrebungen, damit die Unternehmen vor allem die Möglichkeiten des Binnenmarkts voll nutzen können, und zwar insbesondere durch Öffnen des einzelstaatlichen öffentlichen Auftragswesens, Festlegung gemeinsamer Normen und Beseitigung der dieser Zusammenarbeit entgegenstehenden rechtlichen und steuerlichen Hindernisse.
(3) Alle Maßnahmen der Gemeinschaft aufgrund dieses Vertrags auf dem Gebiet der Forschung und der technologischen Entwicklung einschließlich der Demonstrationsvorhaben werden nach Maßgabe dieses Titels beschlossen und durchgeführt.

Artikel 164
Zur Erreichung dieser Ziele trifft die Gemeinschaft folgende Maßnahmen, welche die in den Mitgliedstaaten durchgeführten Aktionen ergänzen:
a) Durchführung von Programmen für Forschung, technologische Entwicklung und Demonstration unter Förderung der Zusammenarbeit mit und zwischen Unternehmen, Forschungszentren und Hochschulen;
b) Förderung der Zusammenarbeit mit dritten Ländern und internationalen Organisationen auf dem Gebiet der gemeinschaftlichen Forschung, technologischen Entwicklung und Demonstration;
c) Verbreitung und Auswertung der Ergebnisse der Tätigkeiten auf dem Gebiet der gemeinschaftlichen Forschung, technologischen Entwicklung und Demonstration;
d) Förderung der Ausbildung und der Mobilität der Forscher aus der Gemeinschaft.

Artikel 165
(1) Die Gemeinschaft und die Mitgliedstaaten koordinieren ihre Tätigkeiten auf dem Gebiet der Forschung und der technologischen Entwicklung, um die Kohärenz der einzelstaatlichen Politiken und der Politik der Gemeinschaft sicherzustellen.
(2) Die Kommission kann in enger Zusammenarbeit mit den Mitgliedstaaten alle Initiativen ergreifen, die der Koordinierung nach Absatz 1 förderlich sind.

Artikel 166
(1) Der Rat stellt gemäß dem Verfahren des Artikels 251 und nach Anhörung des Wirtschafts- und Sozialausschusses ein mehrjähriges Rahmenprogramm auf, in dem alle Aktionen der Gemeinschaft zusammengefasst werden.
In dem Rahmenprogramm werden
– die wissenschaftlichen und technologischen Ziele, die mit den Maßnahmen nach Artikel 164 erreicht werden sollen, sowie die jeweiligen Prioritäten festgelegt;
– die Grundzüge dieser Maßnahmen angegeben;
– der Gesamthöchstbetrag und die Einzelheiten der finanziellen Beteiligung der Gemeinschaft am Rahmenprogramm sowie die jeweiligen Anteile der vorgesehenen Maßnahmen festgelegt.

(2) Das Rahmenprogramm wird je nach Entwicklung der Lage angepasst oder ergänzt.
(3) Die Durchführung des Rahmenprogramms erfolgt durch spezifische Programme, die innerhalb einer jeden Aktion entwickelt werden. In jedem spezifischen Programm werden die Einzelheiten seiner Durchführung, seine Laufzeit und die für notwendig erachteten Mittel festgelegt. Die Summe der in den spezifischen Programmen für notwendig erachteten Beträge darf den für das Rahmenprogramm und für jede Aktion festgesetzten Gesamthöchstbetrag nicht überschreiten.
(4) Die spezifischen Programme werden vom Rat mit qualifizierter Mehrheit auf Vorschlag der Kommission und nach Anhörung des Europäischen Parlaments und des Wirtschafts- und Sozialausschusses beschlossen.

Artikel 167
Zur Durchführung des mehrjährigen Rahmenprogramms legt der Rat Folgendes fest:
– die Regeln für die Beteiligung der Unternehmen, der Forschungszentren und der Hochschulen;
– die Regeln für die Verbreitung der Forschungsergebnisse.

Artikel 168
Bei der Durchführung des mehrjährigen Rahmenprogramms können Zusatzprogramme beschlossen werden, an denen nur bestimmte Mitgliedstaaten teilnehmen, die sie vorbehaltlich einer etwaigen Beteiligung der Gemeinschaft auch finanzieren.
Der Rat legt die Regeln für die Zusatzprogramme fest, insbesondere hinsichtlich der Verbreitung der Kenntnisse und des Zugangs anderer Mitgliedstaaten.

Artikel 169
Die Gemeinschaft kann im Einvernehmen mit den betreffenden Mitgliedstaaten bei der Durchführung des mehrjährigen Rahmenprogramms eine Beteiligung an Forschungs- und Entwicklungsprogrammen mehrerer Mitgliedstaaten, einschließlich der Beteiligung an den zu ihrer Durchführung geschaffenen Strukturen, vorsehen.

Artikel 170
Die Gemeinschaft kann bei der Durchführung des mehrjährigen Rahmenprogramms eine Zusammenarbeit auf dem Gebiet der gemeinschaftlichen Forschung, technologischen Entwicklung und Demonstration mit dritten Ländern oder internationalen Organisationen vorsehen.
Die Einzelheiten dieser Zusammenarbeit können Gegenstand von Abkommen zwischen der Gemeinschaft und den betreffenden dritten Parteien sein, die nach Artikel 300 ausgehandelt und geschlossen werden.

Artikel 171
Die Gemeinschaft kann gemeinsame Unternehmen gründen oder andere Strukturen schaffen, die für die ordnungsgemäße Durchführung der Programme für gemeinschaftliche Forschung, technologische Entwicklung und Demonstration erforderlich sind.

Artikel 172
Der Rat legt auf Vorschlag der Kommission und nach Anhörung des Europäischen Parlaments und des Wirtschafts- und Sozialausschusses mit qualifizierter Mehrheit die in Artikel 171 vorgesehenen Bestimmungen fest.
Der Rat legt gemäß dem Verfahren des Artikels 251 und nach Anhörung des Wirtschafts- und Sozialausschusses die in den Artikeln 167, 168 und 169 vorgesehenen Bestimmungen fest. Für die Verabschiedung der Zusatzprogramme ist die Zustimmung der daran beteiligten Mitgliedstaaten erforderlich.

Artikel 173
Zu Beginn jedes Jahres unterbreitet die Kommission dem Europäischen Parlament und dem Rat einen Bericht. Dieser Bericht erstreckt sich insbesondere auf die Tätigkeiten auf dem Gebiet der Forschung und technologischen Entwicklung und der Verbreitung der Ergebnisse dieser Tätigkeiten während des Vorjahres sowie auf das Arbeitsprogramm des laufenden Jahres.

Titel XIX
Umwelt

Artikel 174
(1) Die Umweltpolitik der Gemeinschaft trägt zur Verfolgung der nachstehenden Ziele bei:
- Erhaltung und Schutz der Umwelt sowie Verbesserung ihrer Qualität;
- Schutz der menschlichen Gesundheit;
- umsichtige und rationelle Verwendung der natürlichen Ressourcen;
- Förderung von Maßnahmen auf internationaler Ebene zur Bewältigung regionaler oder globaler Umweltprobleme.

(2) Die Umweltpolitik der Gemeinschaft zielt unter Berücksichtigung der unterschiedlichen Gegebenheiten in den einzelnen Regionen der Gemeinschaft auf ein hohes Schutzniveau ab. Sie beruht auf den Grundsätzen der Vorsorge und Vorbeugung, auf dem Grundsatz, Umweltbeeinträchtigungen mit Vorrang an ihrem Ursprung zu bekämpfen, sowie auf dem Verursacherprinzip.
Im Hinblick hierauf umfassen die den Erfordernissen des Umweltschutzes entsprechenden Harmonisierungsmaßnahmen gegebenenfalls eine Schutzklausel, mit der die Mitgliedstaaten ermächtigt werden, aus nicht wirtschaftlich bedingten umweltpolitischen Gründen vorläufige Maßnahmen zu treffen, die einem gemeinschaftlichen Kontrollverfahren unterliegen.

(3) Bei der Erarbeitung ihrer Umweltpolitik berücksichtigt die Gemeinschaft
- die verfügbaren wissenschaftlichen und technischen Daten;
- die Umweltbedingungen in den einzelnen Regionen der Gemeinschaft;
- die Vorteile und die Belastung aufgrund des Tätigwerdens bzw. eines Nichttätigwerdens;
- die wirtschaftliche und soziale Entwicklung der Gemeinschaft insgesamt sowie die ausgewogene Entwicklung ihrer Regionen.

(4) Die Gemeinschaft und die Mitgliedstaaten arbeiten im Rahmen ihrer jeweiligen Befugnisse mit dritten Ländern und den zuständigen internationalen Organisationen zusammen. Die Einzelheiten der Zusammenarbeit der Gemeinschaft können Gegenstand von Abkommen zwischen dieser und den betreffenden dritten Parteien sein, die nach Artikel 300 ausgehandelt und geschlossen werden.
Unterabsatz 1 berührt nicht die Zuständigkeit der Mitgliedstaaten, in internationalen Gremien zu verhandeln und internationale Abkommen zu schließen.

Artikel 175 (*)
(1) Der Rat beschließt gemäß dem Verfahren des Artikels 251 und nach Anhörung des Wirtschafts- und Sozialausschusses sowie des Ausschusses der Regionen über das Tätigwerden der Gemeinschaft zur Erreichung der in Artikel 174 genannten Ziele.
(2) Abweichend von dem Beschlussverfahren des Absatzes 1 und unbeschadet des Artikels 95 erlässt der Rat auf Vorschlag der Kommission nach Anhörung des Europäischen Parlaments, des Wirtschaftsund Sozialausschusses sowie des Ausschusses der Regionen einstimmig
a) Vorschriften überwiegend steuerlicher Art;
b) Maßnahmen, die
  - die Raumordnung berühren,
  - die mengenmäßige Bewirtschaftung der Wasserressourcen berühren oder die Verfügbarkeit dieser Ressourcen mittelbar oder unmittelbar betreffen,
  - die Bodennutzung mit Ausnahme der Abfallbewirtschaftung berühren;
c) Maßnahmen, welche die Wahl eines Mitgliedstaats zwischen verschiedenen Energiequellen und die allgemeine Struktur seiner Energieversorgung erheblich berühren.
Der Rat kann nach dem Verfahren des Unterabsatzes 1 festlegen, in welchen der in diesem Absatz genannten Bereiche mit qualifizierter Mehrheit beschlossen wird.
(3) Der Rat beschließt gemäß dem Verfahren des Artikels 251 und nach Anhörung des Wirtschafts- und Sozialausschusses sowie des Ausschusses der Regionen in anderen Bereichen allgemeine Aktionsprogramme, in denen die vorrangigen Ziele festgelegt werden.

---

* Durch den Vetrag von Nizza geänderter Artikel.

Der Rat legt nach Absatz 1 bzw. Absatz 2 die zur Durchführung dieser Programme erforderlichen Maßnahmen fest.
(4) Unbeschadet bestimmter Maßnahmen gemeinschaftlicher Art tragen die Mitgliedstaaten für die Finanzierung und Durchführung der Umweltpolitik Sorge.
(5) Sofern eine Maßnahme nach Absatz 1 mit unverhältnismäßig hohen Kosten für die Behörden eines Mitgliedstaats verbunden ist, sieht der Rat unbeschadet des Verursacherprinzips in dem Rechtsakt zur Annahme dieser Maßnahme geeignete Bestimmungen in folgender Form vor:
– vorübergehende Ausnahmeregelungen und/oder
– eine finanzielle Unterstützung aus dem nach Artikel 161 errichteten Kohäsionsfonds.

Artikel 176
Die Schutzmaßnahmen, die aufgrund des Artikels 175 getroffen werden, hindern die einzelnen Mitgliedstaaten nicht daran, verstärkte Schutzmaßnahmen beizubehalten oder zu ergreifen. Die betreffenden Maßnahmen müssen mit diesem Vertrag vereinbar sein. Sie werden der Kommission notifiziert.

Titel XX
Entwicklungszusammenarbeit

Artikel 177
(1) Die Politik der Gemeinschaft auf dem Gebiet der Entwicklungszusammenarbeit, die eine Ergänzung der entsprechenden Politik der Mitgliedstaaten darstellt, fördert
– die nachhaltige wirtschaftliche und soziale Entwicklung der Entwicklungsländer, insbesondere der am meisten benachteiligten Entwicklungsländer;
– die harmonische, schrittweise Eingliederung der Entwicklungsländer in die Weltwirtschaft;
– die Bekämpfung der Armut in den Entwicklungsländern.
(2) Die Politik der Gemeinschaft in diesem Bereich trägt dazu bei, das allgemeine Ziel einer Fortentwicklung und Festigung der Demokratie und des Rechtsstaats sowie das Ziel der Wahrung der Menschenrechte und Grundfreiheiten zu verfolgen.
(3) Die Gemeinschaft und die Mitgliedstaaten kommen den im Rahmen der Vereinten Nationen und anderer zuständiger internationaler Organisationen gegebenen Zusagen nach und berücksichtigen die in diesem Rahmen gebilligten Zielsetzungen.

Artikel 178
Die Gemeinschaft berücksichtigt die Ziele des Artikels 177 bei den von ihr verfolgten Politiken, welche die Entwicklungsländer berühren können.

Artikel 179
(1) Unbeschadet der übrigen Bestimmungen dieses Vertrags erlässt der Rat gemäß dem Verfahren des Artikels 251 die zur Verfolgung der Ziele des Artikels 177 erforderlichen Maßnahmen. Diese Maßnahmen können die Form von Mehrjahresprogrammen annehmen.
(2) Die Europäische Investitionsbank trägt nach Maßgabe ihrer Satzung zur Durchführung der Maßnahmen im Sinne des Absatzes 1 bei.
(3) Dieser Artikel berührt nicht die Zusammenarbeit mit den Ländern Afrikas, des karibischen Raumes und des Pazifischen Ozeans im Rahmen des AKP-EG-Abkommens.

Artikel 180
(1) Die Gemeinschaft und die Mitgliedstaaten koordinieren ihre Politik auf dem Gebiet der Entwicklungszusammenarbeit und stimmen ihre Hilfsprogramme, auch in internationalen Organisationen und auf internationalen Konferenzen, ab. Sie können gemeinsame Maßnahmen ergreifen. Die Mitgliedstaaten tragen erforderlichenfalls zur Durchführung der Hilfsprogramme der Gemeinschaft bei.
(2) Die Kommission kann alle Initiativen ergreifen, die der in Absatz 1 genannten Koordinierung förderlich sind.

Artikel 181
Die Gemeinschaft und die Mitgliedstaaten arbeiten im Rahmen ihrer jeweiligen Befugnisse mit dritten Ländern und den zuständigen internationalen Organisationen zusammen. Die Einzel-

heiten der Zusammenarbeit der Gemeinschaft können Gegenstand von Abkommen zwischen dieser und den betreffenden dritten Parteien sein, die nach Artikel 300 ausgehandelt und geschlossen werden.

Absatz 1 berührt nicht die Zuständigkeit der Mitgliedstaaten, in internationalen Gremien zu verhandeln und internationale Abkommen zu schließen.

Titel XXI (*)
Wirtschaftliche, finanzielle und technische Zusammenarbeit mit Drittländern

Artikel 181 a

(1) Unbeschadet der übrigen Bestimmungen dieses Vertrags und insbesondere des Titels XX führt die Gemeinschaft im Rahmen ihrer Zuständigkeiten Maßnahmen der wirtschaftlichen, finanziellen und technischen Zusammenarbeit mit Drittländern durch. Diese Maßnahmen ergänzen die Maßnahmen der Mitgliedstaaten und stehen im Einklang mit der Entwicklungspolitik der Gemeinschaft.

Die Politik der Gemeinschaft in diesem Bereich trägt dazu bei, das allgemeine Ziel der Fortentwicklung und Festigung der Demokratie und des Rechtsstaats sowie das Ziel der Wahrung der Menschenrechte und Grundfreiheiten zu verfolgen.

(2) Der Rat erlässt auf Vorschlag der Kommission und nach Anhörung des Europäischen Parlaments mit qualifizierter Mehrheit die zur Durchführung des Absatzes 1 erforderlichen Maßnahmen. Der Rat beschließt einstimmig in Bezug auf Assoziierungsabkommen im Sinne des Artikels 310 sowie in Bezug auf Abkommen, die mit Staaten zu schließen sind, die den Beitritt zur Union beantragt haben.

(3) Die Gemeinschaft und die Mitgliedstaaten arbeiten im Rahmen ihrer jeweiligen Zuständigkeiten mit Drittländern und den zuständigen internationalen Organisationen zusammen. Die Einzelheiten der Zusammenarbeit der Gemeinschaft können in Abkommen zwischen dieser und den betreffenden dritten Parteien geregelt werden, die nach Artikel 300 ausgehandelt und geschlossen werden.

Unterabsatz 1 berührt nicht die Zuständigkeit der Mitgliedstaaten, in internationalen Gremien zu verhandeln und internationale Abkommen zu schließen.

Vierter Teil
Die Assoziierung der überseeischen Länder und Hoheitsgebiete

Artikel 182

Die Mitgliedstaaten kommen überein, die außereuropäischen Länder und Hoheitsgebiete, die mit Dänemark, Frankreich, den Niederlanden und dem Vereinigten Königreich besondere Beziehungen unterhalten, der Gemeinschaft zu assoziieren. Diese Länder und Hoheitsgebiete, im Folgenden als »Länder und Hoheitsgebiete« bezeichnet, sind in Anhang II zu diesem Vertrag aufgeführt.

Ziel der Assoziierung ist die Förderung der wirtschaftlichen und sozialen Entwicklung der Länder und Hoheitsgebiete und die Herstellung enger Wirtschaftsbeziehungen zwischen ihnen und der gesamten Gemeinschaft.

Entsprechend den in der Präambel dieses Vertrags aufgestellten Grundsätzen soll die Assoziierung in erster Linie den Interessen der Einwohner dieser Länder und Hoheitsgebiete dienen und ihren Wohlstand fördern, um sie der von ihnen erstrebten wirtschaftlichen, sozialen und kulturellen Entwicklung entgegenzuführen.

Artikel 183

Mit der Assoziierung werden folgende Zwecke verfolgt:
1. Die Mitgliedstaaten wenden auf ihren Handelsverkehr mit den Ländern und Hoheitsgebieten das System an, das sie aufgrund dieses Vertrags untereinander anwenden.

---

* Durch den Vertrag von Nizza eingefügter Titel.

2. Jedes Land oder Hoheitsgebiet wendet auf seinen Handelsverkehr mit den Mitgliedstaaten und den anderen Ländern und Hoheitsgebieten das System an, das es auf den europäischen Staat anwendet, mit dem es besondere Beziehungen unterhält.
3. Die Mitgliedstaaten beteiligen sich an den Investitionen, welche die fortschreitende Entwicklung dieser Länder und Hoheitsgebiete erfordert.
4. Bei Ausschreibungen und Lieferungen für Investitionen, die von der Gemeinschaft finanziert werden, steht die Beteiligung zu gleichen Bedingungen allen natürlichen und juristischen Personen offen, welche die Staatsangehörigkeit der Mitgliedstaaten oder der Länder oder Hoheitsgebiete besitzen.
5. Soweit aufgrund des Artikels 187 nicht Sonderregelungen getroffen werden, gelten zwischen den Mitgliedstaaten und den Ländern und Hoheitsgebieten für das Niederlassungsrecht ihrer Staatsangehörigen und Gesellschaften die Bestimmungen und Verfahrensregeln des Kapitels Niederlassungsfreiheit, und zwar unter Ausschluss jeder Diskriminierung.

Artikel 184
(1) Zölle bei der Einfuhr von Waren aus den Ländern und Hoheitsgebieten in die Mitgliedstaaten sind verboten; dies geschieht nach Maßgabe des in diesem Vertrag vorgesehenen Verbots von Zöllen zwischen den Mitgliedstaaten.
(2) In jedem Land und Hoheitsgebiet sind Zölle bei der Einfuhr von Waren aus den Mitgliedstaaten und den anderen Ländern und Hoheitsgebieten nach Maßgabe des Artikels 25 verboten.
(3) Die Länder und Hoheitsgebiete können jedoch Zölle erheben, die den Erfordernissen ihrer Entwicklung und Industrialisierung entsprechen oder als Finanzzölle der Finanzierung ihres Haushalts dienen.
Die in Unterabsatz 1 genannten Zölle dürfen nicht höher sein als diejenigen, die für die Einfuhr von Waren aus dem Mitgliedstaat gelten, mit dem das entsprechende Land oder Hoheitsgebiet besondere Beziehungen unterhält.
(4) Absatz 2 gilt nicht für die Länder und Hoheitsgebiete, die aufgrund besonderer internationaler Verpflichtungen bereits einen nichtdiskriminierenden Zolltarif anwenden.
(5) Die Festlegung oder Änderung der Zollsätze für Waren, die in die Länder und Hoheitsgebiete eingeführt werden, darf weder rechtlich noch tatsächlich zu einer mittelbaren oder unmittelbaren Diskriminierung zwischen den Einfuhren aus den einzelnen Mitgliedstaaten führen.

Artikel 185
Ist die Höhe der Zollsätze, die bei der Einfuhr in ein Land oder Hoheitsgebiet für Waren aus einem dritten Land gelten, bei Anwendung des Artikels 184 Absatz 1 geeignet, Verkehrsverlagerungen zum Nachteil eines Mitgliedstaats hervorzurufen, so kann dieser die Kommission ersuchen, den anderen Mitgliedstaaten die erforderlichen Abhilfemaßnahmen vorzuschlagen.

Artikel 186
Vorbehaltlich der Bestimmungen über die Volksgesundheit und die öffentliche Sicherheit und Ordnung wird die Freizügigkeit der Arbeitskräfte aus den Ländern und Hoheitsgebieten in den Mitgliedstaaten und der Arbeitskräfte aus den Mitgliedstaaten in den Ländern und Hoheitsgebieten durch später zu schließende Abkommen geregelt; diese bedürfen der einstimmigen Billigung aller Mitgliedstaaten.

Artikel 187
Der Rat legt aufgrund der im Rahmen der Assoziierung der Länder und Hoheitsgebiete an die Gemeinschaft erzielten Ergebnisse und der Grundsätze dieses Vertrags die Bestimmungen über die Einzelheiten und das Verfahren für die Assoziierung der Länder und Hoheitsgebiete an die Gemeinschaft einstimmig fest.

Artikel 188
Die Artikel 182 bis 187 sind auf Grönland anwendbar, vorbehaltlich der spezifischen Bestimmungen für Grönland in dem Protokoll über die Sonderregelung für Grönland im Anhang zu diesem Vertrag.

Anhang 14

Fünfter Teil
Die Organe der Gemeinschaft

Titel I
Vorschriften über die Organe

KAPITEL 1
DIE ORGANE

ABSCHNITT 1
DAS EUROPÄISCHE PARLAMENT

Artikel 189 (*)
Das Europäische Parlament besteht aus Vertretern der Völker der in der Gemeinschaft zusammengeschlossenen Staaten; es übt die Befugnisse aus, die ihm nach diesem Vertrag zustehen.
Die Anzahl der Mitglieder des Europäischen Parlaments darf 732 nicht überschreiten.

Artikel 190 (*)
(1) Die Abgeordneten der Völker der in der Gemeinschaft vereinigten Staaten im Europäischen Parlament werden in allgemeiner unmittelbarer Wahl gewählt.
(2) (**) Die Zahl der in jedem Mitgliedstaat gewählten Abgeordneten wird wie folgt festgesetzt:

Belgien	25
Dänemark	16
Deutschland	99
Griechenland	25
Spanien	64
Frankreich	87
Irland	15
Italien	87
Luxemburg	6
Niederlande	31
Österreich	21
Portugal	25
Finnland	16
Schweden	22
Vereinigtes Königreich	87

Wird dieser Absatz geändert, so muss durch die Zahl der in jedem Mitgliedstaat gewählten Abgeordneten eine angemessene Vertretung der Völker der in der Gemeinschaft zusammengeschlossenen Staaten gewährleistet sein.
(3) Die Abgeordneten werden auf fünf Jahre gewählt.
(4) Das Europäische Parlament arbeitet einen Entwurf für allgemeine unmittelbare Wahlen nach einem einheitlichen Verfahren in allen Mitgliedstaaten oder im Einklang mit den allen Mitgliedstaaten gemeinsamen Grundsätzen aus.
Der Rat erlässt nach Zustimmung des Europäischen Parlaments, die mit der Mehrheit seiner Mitglieder erteilt wird, einstimmig die entsprechenden Bestimmungen und empfiehlt sie den Mitgliedstaaten zur Annahme gemäß ihren verfassungsrechtlichen Vorschriften.
(5) Das Europäische Parlament legt nach Anhörung der Kommission und mit Zustimmung des Rates, der mit qualifizierter Mehrheit beschließt, die Regelungen und allgemeinen Bedingungen für die Wahrnehmung der Aufgaben seiner Mitglieder fest. Alle Vorschriften und Bedingungen, die die Steuerregelung für die Mitglieder oder ehemaligen Mitglieder betreffen, sind vom Rat einstimmig festzulegen.

---

* Durch den Vertrag von Nizza geänderter Artikel.
** Dieser Absatz wird zum 1. Januar 2004 entsprechend dem Protokoll über die Erweiterung der Europäischen Union (siehe Anhang) geändert.

Artikel 191 (*)
Politische Parteien auf europäischer Ebene sind wichtig als Faktor der Integration in der Union. Sie tragen dazu bei, ein europäisches Bewusstsein herauszubilden und den politischen Willen der Bürger der Union zum Ausdruck zu bringen.
Der Rat legt gemäß dem Verfahren des Artikels 251 die Regelungen für die politischen Parteien auf europäischer Ebene und insbesondere die Vorschriften über ihre Finanzierung fest.

Artikel 192
Das Europäische Parlament ist an dem Prozess, der zur Annahme der Gemeinschaftsakte führt, in dem in diesem Vertrag vorgesehenen Umfang durch die Ausübung seiner Befugnisse im Rahmen der Verfahren der Artikel 251 und 252 sowie durch die Erteilung seiner Zustimmung oder die Abgabe von Stellungnahmen beteiligt.
Das Europäische Parlament kann mit der Mehrheit seiner Mitglieder die Kommission auffordern, geeignete Vorschläge zu Fragen zu unterbreiten, die nach seiner Auffassung die Ausarbeitung eines Gemeinschaftsakts zur Durchführung dieses Vertrags erfordern.

Artikel 193
Das Europäische Parlament kann bei der Erfüllung seiner Aufgaben auf Antrag eines Viertels seiner Mitglieder die Einsetzung eines nichtständigen Untersuchungsausschusses beschließen, der unbeschadet der Befugnisse, die anderen Organen oder Institutionen durch diesen Vertrag übertragen sind, behauptete Verstöße gegen das Gemeinschaftsrecht oder Missstände bei der Anwendung desselben prüft; dies gilt nicht, wenn ein Gericht mit den behaupteten Sachverhalten befasst ist, solange das Gerichtsverfahren nicht abgeschlossen ist.
Mit der Vorlage seines Berichtes hört der nichtständige Untersuchungsausschuss auf zu bestehen.
Die Einzelheiten der Ausübung des Untersuchungsrechts werden vom Europäischen Parlament, vom Rat und von der Kommission im gegenseitigen Einvernehmen festgelegt.

Artikel 194
Jeder Bürger der Union sowie jede natürliche oder juristische Person mit Wohnort oder satzungsmäßigem Sitz in einem Mitgliedstaat kann allein oder zusammen mit anderen Bürgern oder Personen in Angelegenheiten, die in die Tätigkeitsbereiche der Gemeinschaft fallen und die ihn oder sie unmittelbar betreffen, eine Petition an das Europäische Parlament richten.

Artikel 195
(1) Das Europäische Parlament ernennt einen Bürgerbeauftragten, der befugt ist, Beschwerden von jedem Bürger der Union oder von jeder natürlichen oder juristischen Person mit Wohnort oder satzungsmäßigem Sitz in einem Mitgliedstaat über Missstände bei der Tätigkeit der Organe oder Institutionen der Gemeinschaft, mit Ausnahme des Gerichtshofs und des Gerichts erster Instanz in Ausübung ihrer Rechtsprechungsbefugnisse, entgegenzunehmen.
Der Bürgerbeauftragte führt im Rahmen seines Auftrags von sich aus oder aufgrund von Beschwerden, die ihm unmittelbar oder über ein Mitglied des Europäischen Parlaments zugehen, Untersuchungen durch, die er für gerechtfertigt hält; dies gilt nicht, wenn die behaupteten Sachverhalte Gegenstand eines Gerichtsverfahrens sind oder waren. Hat der Bürgerbeauftragte einen Missstand festgestellt, so befasst er das betreffende Organ, das über eine Frist von drei Monaten verfügt, um ihm seine Stellungnahme zu übermitteln. Der Bürgerbeauftragte legt anschließend dem Europäischen Parlament und dem betreffenden Organ einen Bericht vor. Der Beschwerdeführer wird über das Ergebnis dieser Untersuchungen unterrichtet.
Der Bürgerbeauftragte legt dem Europäischen Parlament jährlich einen Bericht über die Ergebnisse seiner Untersuchungen vor.
(2) Der Bürgerbeauftragte wird nach jeder Wahl des Europäischen Parlaments für die Dauer der Wahlperiode ernannt. Wiederernennung ist zulässig.
Der Bürgerbeauftragte kann auf Antrag des Europäischen Parlaments vom Gerichtshof seines Amtes enthoben werden, wenn er die Voraussetzungen für die Ausübung seines Amtes nicht mehr erfüllt oder eine schwere Verfehlung begangen hat.

---
* Durch den Vertrag von Nizza geänderter Artikel.

(3) Der Bürgerbeauftragte übt sein Amt in völliger Unabhängigkeit aus. Er darf bei der Erfüllung seiner Pflichten von keiner Stelle Anweisungen anfordern oder entgegennehmen. Der Bürgerbeauftragte darf während seiner Amtszeit keine andere entgeltliche oder unentgeltliche Berufstätigkeit ausüben.
(4) Das Europäische Parlament legt nach Stellungnahme der Kommission und nach mit qualifizierter Mehrheit erteilter Zustimmung des Rates die Regelungen und allgemeinen Bedingungen für die Ausübung der Aufgaben des Bürgerbeauftragten fest.

Artikel 196
Das Europäische Parlament hält jährlich eine Sitzungsperiode ab. Es tritt, ohne dass es einer Einberufung bedarf, am zweiten Dienstag des Monats März zusammen.
Das Europäische Parlament kann auf Antrag der Mehrheit seiner Mitglieder sowie auf Antrag des Rates oder der Kommission zu einer außerordentlichen Sitzungsperiode zusammentreten.

Artikel 197
Das Europäische Parlament wählt aus seiner Mitte seinen Präsidenten und sein Präsidium.
Die Mitglieder der Kommission können an allen Sitzungen teilnehmen und müssen auf ihren Antrag im Namen der Kommission jederzeit gehört werden.
Die Kommission antwortet mündlich oder schriftlich auf die ihr vom Europäischen Parlament oder von dessen Mitgliedern gestellten Fragen. Der Rat wird nach Maßgabe seiner Geschäftsordnung vom Europäischen Parlament jederzeit gehört.

Artikel 198
Soweit dieser Vertrag nicht etwas anderes bestimmt, beschließt das Europäische Parlament mit der absoluten Mehrheit der abgegebenen Stimmen.
Die Geschäftsordnung legt die Beschlussfähigkeit fest.

Artikel 199
Das Europäische Parlament gibt sich seine Geschäftsordnung; hierzu sind die Stimmen der Mehrheit seiner Mitglieder erforderlich.
Die Verhandlungsniederschriften des Europäischen Parlaments werden nach den Bestimmungen dieser Geschäftsordnung veröffentlicht.

Artikel 200
Das Europäische Parlament erörtert in öffentlicher Sitzung den jährlichen Gesamtbericht, der ihm von der Kommission vorgelegt wird.

Artikel 201
Wird wegen der Tätigkeit der Kommission ein Misstrauensantrag eingebracht, so darf das Europäische Parlament nicht vor Ablauf von drei Tagen nach seiner Einbringung und nur in offener Abstimmung darüber entscheiden.
Wird der Misstrauensantrag mit der Mehrheit von zwei Dritteln der abgegebenen Stimmen und mit der Mehrheit der Mitglieder des Europäischen Parlaments angenommen, so müssen die Mitglieder der Kommission geschlossen ihr Amt niederlegen. Sie führen die laufenden Geschäfte bis zur Ernennung ihrer Nachfolger gemäß Artikel 214 weiter. In diesem Fall endet die Amtszeit der als Nachfolger ernannten Mitglieder der Kommission zu dem Zeitpunkt, zu dem die Amtszeit der geschlossen zur Amtsniederlegung verpflichteten Mitglieder der Kommission geendet hätte.

ABSCHNITT 2
DER RAT

Artikel 202
Zur Verwirklichung der Ziele und nach Maßgabe dieses Vertrags
– sorgt der Rat für die Abstimmung der Wirtschaftspolitik der Mitgliedstaaten;
– besitzt der Rat eine Entscheidungsbefugnis;
– überträgt der Rat der Kommission in den von ihm angenommenen Rechtsakten die Befugnisse zur Durchführung der Vorschriften, die er erlässt. Der Rat kann bestimmte Modalitäten

für die Ausübung dieser Befugnisse festlegen. Er kann sich in spezifischen Fällen außerdem vorbehalten, Durchführungsbefugnisse selbst auszuüben. Die oben genannten Modalitäten müssen den Grundsätzen und Regeln entsprechen, die der Rat auf Vorschlag der Kommission und nach Stellungnahme des Europäischen Parlaments vorher einstimmig festgelegt hat.

Artikel 203
Der Rat besteht aus je einem Vertreter jedes Mitgliedstaats auf Ministerebene, der befugt ist, für die Regierung des Mitgliedstaats verbindlich zu handeln.
Der Vorsitz im Rat wird von den Mitgliedstaaten nacheinander für je sechs Monate wahrgenommen; die Reihenfolge wird vom Rat einstimmig beschlossen.

Artikel 204
Der Rat wird von seinem Präsidenten aus eigenem Entschluss oder auf Antrag eines seiner Mitglieder oder der Kommission einberufen.

Artikel 205 (*)
(1) Soweit in diesem Vertrag nichts anderes bestimmt ist, beschließt der Rat mit der Mehrheit seiner Mitglieder.
(2) Ist zu einem Beschluss des Rates die qualifizierte Mehrheit erforderlich, so werden die Stimmen der Mitglieder wie folgt gewogen:

Belgien	5
Dänemark	3
Deutschland	10
Griechenland	5
Spanien	8
Frankreich	10
Irland	3
Italien	10
Luxemburg	2
Niederlande	5
Österreich	4
Portugal	5
Finnland	3
Schweden	4
Vereinigtes Königreich	10

Beschlüsse kommen zustande mit einer Mindeststimmenzahl von
– zweiundsechzig Stimmen in den Fällen, in denen die Beschlüsse nach diesem Vertrag auf Vorschlag der Kommission zu fassen sind;
– zweiundsechzig Stimmen, welche die Zustimmung von mindestens zehn Mitgliedern umfassen, in allen anderen Fällen.
(3) Die Stimmenthaltung von anwesenden oder vertretenen Mitgliedern steht dem Zustandekommen von Beschlüssen des Rates, zu denen Einstimmigkeit erforderlich ist, nicht entgegen.

Artikel 206
Jedes Mitglied kann sich das Stimmrecht höchstens eines anderen Mitglieds übertragen lassen.

Artikel 207 (**)
(1) Ein Ausschuss, der sich aus den Ständigen Vertretern der Mitgliedstaaten zusammensetzt, hat die Aufgabe, die Arbeiten des Rates vorzubereiten und die ihm vom Rat übertragenen Aufträge auszuführen. Der Ausschuss kann in Fällen, die in der Geschäftsordnung des Rates festgelegt sind, Verfahrensbeschlüsse fassen.
(2) Der Rat wird von einem Generalsekretariat unterstützt, das einem Generalsekretär und Hohen Vertreter für die Gemeinsame Außen-und Sicherheitspolitik untersteht; diesem steht ein

---
* Dieser Artikel wird zum 1. Januar 2005 entsprechend dem Protokoll über die Erweiterung der Europäischen Union (siehe Anhang) geändert.
** Durch den Vertrag von Nizza geänderter Artikel.

Stellvertretender Generalsekretär zur Seite, der für die organisatorische Leitung des Generalsekretariats verantwortlich ist. aer Generalsekretär und der Stellvertretende Generalsekretär werden vom Rat mit qualifizierter Mehrheit ernannt.
Der Rat entscheidet über die Organisation des Generalsekretariats.
(3) Der Rat gibt sich eine Geschäftsordnung.
Der Rat legt zur Anwendung des Artikels 255 Absatz 3 in seiner Geschäftsordnung die Bedingungen fest, unter denen die Öffentlichkeit Zugang zu Dokumenten des Rates erhält. Für die Zwecke dieses Absatzes bestimmt der Rat die Fälle, in denen davon auszugehen ist, dass er als Gesetzgeber tätig wird, damit in solchen Fällen umfassenderer Zugang zu den Dokumenten gewährt werden kann, gleichzeitig aber die Wirksamkeit des Beschlussfassungsverfahrens gewahrt bleibt. In jedem Fall werden, wenn der Rat als Gesetzgeber tätig wird, die Abstimmungsergebnisse sowie die Erklärungen zur Stimmabgabe und die Protokollerklärungen veröffentlicht.

Artikel 208
Der Rat kann die Kommission auffordern, die nach seiner Ansicht zur Verwirklichung der gemeinsamen Ziele geeigneten Untersuchungen vorzunehmen und ihm entsprechende Vorschläge zu unterbreiten.

Artikel 209
Der Rat regelt nach Stellungnahme der Kommission die rechtliche Stellung der in diesem Vertrag vorgesehenen Ausschüsse.

Artikel 210 (*)
Der Rat setzt mit qualifizierter Mehrheit die Gehälter, Vergütungen und Ruhegehälter für den Präsidenten und die Mitglieder der Kommission, für den Präsidenten, die Richter, die Generalanwälte und den Kanzler des Gerichtshofs sowie für die Mitglieder und den Kanzler des Gerichts erster Instanz fest. Er setzt mit derselben Mehrheit alle sonstigen als Entgelt gezahlten Vergütungen fest.

ABSCHNITT 3
DIE KOMMISSION

Artikel 211
Um das ordnungsgemäße Funktionieren und die Entwicklung des Gemeinsamen Marktes zu gewährleisten, erfüllt die Kommission folgende Aufgaben:
– für die Anwendung dieses Vertrags sowie der von den Organen aufgrund dieses Vertrags getroffenen Bestimmungen Sorge zu tragen;
– Empfehlungen oder Stellungnahmen auf den in diesem Vertrag bezeichneten Gebieten abzugeben, soweit der Vertrag dies ausdrücklich vorsieht oder soweit sie es für notwendig erachtet;
– nach Maßgabe dieses Vertrags in eigener Zuständigkeit Entscheidungen zu treffen und am Zustandekommen der Handlungen des Rates und des Europäischen Parlaments mitzuwirken;
– die Befugnisse auszuüben, die ihr der Rat zur Durchführung der von ihm erlassenen Vorschriften überträgt.

Artikel 212
Die Kommission veröffentlicht jährlich, und zwar spätestens einen Monat vor Beginn der Sitzungsperiode des Europäischen Parlaments, einen Gesamtbericht über die Tätigkeit der Gemeinschaften.

Artikel 213
(1) (**) Die Kommission besteht aus zwanzig Mitgliedern, die aufgrund ihrer allgemeinen Befähigung ausgewählt werden und volle Gewähr für ihre Unabhängigkeit bieten müssen.
Die Zahl der Mitglieder der Kommission kann vom Rat einstimmig geändert werden.

---

* Durch den Vertrag von Nizza geänderter Artikel.
** Dieser Absatz wird zum 1. Januar 2005 und in der Folge, wenn die Union 27 Mitgliedstaaten umfasst, entsprechend dem Protokoll über die Erweiterung der Europäischen Union (siehe Anhang) geändert.

Nur Staatsangehörige der Mitgliedstaaten können Mitglieder der Kommission sein.
Der Kommission muss mindestens ein Staatsangehöriger jedes Mitgliedstaats angehören, jedoch dürfen nicht mehr als zwei Mitglieder der Kommission dieselbe Staatsangehörigkeit besitzen.
(2) Die Mitglieder der Kommission üben ihre Tätigkeit in voller Unabhängigkeit zum allgemeinen Wohl der Gemeinschaften aus.
Sie dürfen bei der Erfüllung ihrer Pflichten Anweisungen von einer Regierung oder einer anderen Stelle weder anfordern noch entgegennehmen. Sie haben jede Handlung zu unterlassen, die mit ihren Aufgaben unvereinbar ist. Jeder Mitgliedstaat verpflichtet sich, diesen Grundsatz zu achten und nicht zu versuchen, die Mitglieder der Kommission bei der Erfüllung ihrer Aufgaben zu beeinflussen.
Die Mitglieder der Kommission dürfen während ihrer Amtszeit keine andere entgeltliche oder unentgeltliche Berufstätigkeit ausüben. Bei der Aufnahme ihrer Tätigkeit übernehmen sie die feierliche Verpflichtung, während der Ausübung und nach Ablauf ihrer Amtstätigkeit die sich aus ihrem Amt ergebenden Pflichten zu erfüllen, insbesondere die Pflicht, bei der Annahme gewisser Tätigkeiten oder Vorteile nach Ablauf dieser Tätigkeit ehrenhaft und zurückhaltend zu sein. Werden diese Pflichten verletzt, so kann der Gerichtshof auf Antrag des Rates oder der Kommission das Mitglied je nach Lage des Falles gemäß Artikel 216 seines Amtes entheben oder ihm seine Ruhegehaltsansprüche oder andere an ihrer Stelle gewährte Vergünstigungen aberkennen.

Artikel 214 (*)
(1) Die Mitglieder der Kommission werden, gegebenenfalls vorbehaltlich des Artikels 201, nach dem Verfahren des Absatzes 2 für eine Amtszeit von fünf Jahren ernannt.
Wiederernennung ist zulässig.
(2) Der Rat, der in der Zusammensetzung der Staats- und Regierungschefs tagt, benennt mit qualifizierter Mehrheit die Persönlichkeit, die er zum Präsidenten der Kommission zu ernennen beabsichtigt; diese Benennung bedarf der Zustimmung des Europäischen Parlaments.
Der Rat nimmt mit qualifizierter Mehrheit im Einvernehmen mit dem designierten Präsidenten die gemäß den Vorschlägen der einzelnen Mitgliedstaaten erstellte Liste der anderen Persönlichkeiten an, die er zu Mitgliedern der Kommission zu ernennen beabsichtigt.
Der Präsident und die übrigen Mitglieder der Kommission, die auf diese Weise benannt worden sind, stellen sich als Kollegium einem Zustimmungsvotum des Europäischen Parlaments. Nach Zustimmung des Europäischen Parlaments werden der Präsident und die übrigen Mitglieder der Kommission vom Rat mit qualifizierter Mehrheit ernannt.

Artikel 215 (*)
Abgesehen von den regelmäßigen Neubesetzungen und von Todesfällen endet das Amt eines Mitglieds der Kommission durch Rücktritt oder Amtsenthebung.
Für das zurückgetretene, seines Amtes enthobene oder verstorbene Mitglied wird für die verbleibende Amtszeit vom Rat mit qualifizierter Mehrheit ein neues Mitglied ernannt. Der Rat kann einstimmig entscheiden, für diese Zeit einen Nachfolger nicht zu ernennen.
Bei Rücktritt, Amtsenthebung oder Tod des Präsidenten wird für die verbleibende Amtszeit ein Nachfolger ernannt. Für die Ersetzung findet das Verfahren des Artikels 214 Absatz 2 Anwendung.
Außer im Falle der Amtsenthebung nach Artikel 216 bleiben die Mitglieder der Kommission bis zur Neubesetzung ihres Sitzes oder bis zu einer Entscheidung des Rates gemäß Absatz 2, keinen Nachfolger zu ernennen, im Amt.

Artikel 216
Jedes Mitglied der Kommission, das die Voraussetzungen für die Ausübung seines Amtes nicht mehr erfüllt oder eine schwere Verfehlung begangen hat, kann auf Antrag des Rates oder der Kommission durch den Gerichtshof seines Amtes enthoben werden.

---
* Durch den Vertrag von Nizza geänderter Artikel.

Artikel 217 (*)
(1) Die Kommission übt ihre Tätigkeit unter der politischen Führung ihres Präsidenten aus; dieser entscheidet über ihre interne Organisation um sicherzustellen, dass ihr Handeln kohärent und effizient ist und auf der Grundlage der Kollegialität beruht.
(2) Die Zuständigkeiten der Kommission werden von ihrem Präsidenten gegliedert und zwischen ihren Mitgliedern aufgeteilt. Der Präsident kann diese Zuständigkeitsverteilung im Laufe der Amtszeit ändern. Die Mitglieder der Kommission üben die ihnen vom Präsidenten übertragenen Aufgaben unter dessen Leitung aus.
(3) Nach Billigung durch das Kollegium ernennt der Präsident unter den Mitgliedern der Kommission Vizepräsidenten.
(4) Ein Mitglied der Kommission erklärt seinen Rücktritt, wenn der Präsident es nach Billigung durch das Kollegium dazu auffordert.

Artikel 218
(1) Der Rat und die Kommission ziehen einander zurate und regeln einvernehmlich die Art und Weise ihrer Zusammenarbeit.
(2) Die Kommission gibt sich eine Geschäftsordnung, um ihr ordnungsgemäßes Arbeiten und das ihrer Dienststellen nach Maßgabe dieses Vertrags zu gewährleisten. Sie sorgt für die Veröffentlichung dieser Geschäftsordnung.

Artikel 219 (*)
Die Beschlüsse der Kommission werden mit der Mehrheit der in Artikel 213 bestimmten Anzahl ihrer Mitglieder gefasst.
Die Kommission kann nur dann wirksam tagen, wenn die in ihrer Geschäftsordnung festgesetzte Anzahl von Mitgliedern anwesend ist.

ABSCHNITT 4
DER GERICHTSHOF

Artikel 220 (*)
Der Gerichtshof und das Gericht erster Instanz sichern im Rahmen ihrer jeweiligen Zuständigkeiten die Wahrung des Rechts bei der Auslegung und Anwendung dieses Vertrags.
Außerdem können dem Gericht erster Instanz nach Maßgabe des Artikels 225 a gerichtliche Kammern beigeordnet werden, die in einigen besonderen Bereichen in diesem Vertrag vorgesehene gerichtliche Zuständigkeiten ausüben.

Artikel 221 (*)
Der Gerichtshof besteht aus einem Richter je Mitgliedstaat.
Der Gerichtshof tagt in Kammern oder als Große Kammer entsprechend den hierfür in der Satzung des Gerichtshofs vorgesehenen Regeln.
Wenn die Satzung es vorsieht, kann der Gerichtshof auch als Plenum tagen.

Artikel 222 (*)
Der Gerichtshof wird von acht Generalanwälten unterstützt. Auf Antrag des Gerichtshofs kann der Rat einstimmig die Zahl der Generalanwälte erhöhen.
Der Generalanwalt hat öffentlich in völliger Unparteilichkeit und Unabhängigkeit begründete Schlussanträge zu den Rechtssachen zu stellen, in denen nach der Satzung des Gerichtshofs seine Mitwirkung erforderlich ist.

Artikel 223 (*)
Zu Richtern und Generalanwälten des Gerichtshofs sind Persönlichkeiten auszuwählen, die jede Gewähr für Unabhängigkeit bieten und in ihrem Staat die für die höchsten richterlichen Ämter erforderlichen Voraussetzungen erfüllen oder Juristen von anerkannt hervorragender Befähigung sind; sie werden von den Regierungen der Mitgliedstaaten im gegenseitigen Einvernehmen auf sechs Jahre ernannt.

---

* Durch den Vertrag von Nizza geänderter Artikel.

Alle drei Jahre findet nach Maßgabe der Satzung des Gerichtshofs eine teilweise Neubesetzung der Stellen der Richter und Generalanwälte statt.
Die Richter wählen aus ihrer Mitte den Präsidenten des Gerichtshofs für die Dauer von drei Jahren.
Wiederwahl ist zulässig.
Die Wiederernennung ausscheidender Richter und Generalanwälte ist zulässig.
Der Gerichtshof ernennt seinen Kanzler und bestimmt dessen Stellung. Der Gerichtshof erlässt seine Verfahrensordnung. Sie bedarf der Genehmigung des Rates, der darüber mit qualifizierter Mehrheit entscheidet.

Artikel 224 (*)
Das Gericht erster Instanz besteht aus mindestens einem Richter je Mitgliedstaat. Die Zahl der Richter wird in der Satzung des Gerichtshofs festgelegt. In der Satzung kann vorgesehen werden, dass das Gericht von Generalanwälten unterstützt wird.
Zu Mitgliedern des Gerichts erster Instanz sind Personen auszuwählen, die jede Gewähr für Unabhängigkeit bieten und über die Befähigung zur Ausübung hoher richterlicher Tätigkeiten verfügen. Sie werden von den Regierungen der Mitgliedstaaten im gegenseitigen Einvernehmen für sechs Jahre ernannt. Alle drei Jahre wird das Gericht teilweise neu besetzt. Die Wiederernennung ausscheidender Mitglieder ist zulässig.
Die Richter wählen aus ihrer Mitte den Präsidenten des Gerichts erster Instanz für die Dauer von drei Jahren. Wiederwahl ist zulässig.
Das Gericht erster Instanz ernennt seinen Kanzler und bestimmt dessen Stellung.
Das Gericht erster Instanz erlässt seine Verfahrensordnung im Einvernehmen mit dem Gerichtshof. Sie bedarf der Genehmigung des Rates, der darüber mit qualifizierter Mehrheit entscheidet.
Soweit die Satzung des Gerichtshofs nichts anderes vorsieht, finden die den Gerichtshof betreffenden Bestimmungen dieses Vertrags auf das Gericht erster Instanz Anwendung.

Artikel 225 (*)
(1) Das Gericht erster Instanz ist für Entscheidungen im ersten Rechtszug über die in den Artikeln 230, 232, 235, 236 und 238 genannten Klagen zuständig, mit Ausnahme derjenigen Klagen, die einer gerichtlichen Kammer übertragen werden, und der Klagen, die gemäß der Satzung dem Gerichtshof vorbehalten sind. In der Satzung kann vorgesehen werden, dass das Gericht erster Instanz für andere Kategorien von Klagen zuständig ist.
Gegen die Entscheidungen des Gerichts erster Instanz aufgrund dieses Absatzes kann nach Maßgabe der Bedingungen und innerhalb der Grenzen, die in der Satzung vorgesehen sind, beim Gerichtshof ein auf Rechtsfragen beschränktes Rechtsmittel eingelegt werden.
(2) Das Gericht erster Instanz ist für Entscheidungen über Rechtsmittel gegen die Entscheidungen der nach Artikel 225a gebildeten gerichtlichen Kammern zuständig.
Die Entscheidungen des Gerichts erster Instanz aufgrund dieses Absatzes können nach Maßgabe der Bedingungen und innerhalb der Grenzen, die in der Satzung vorgesehen sind, in Ausnahmefällen vom Gerichtshof überprüft werden, wenn die ernste Gefahr besteht, dass die Einheit oder Kohärenz des Gemeinschaftsrechts berührt wird.
(3) Das Gericht erster Instanz ist in besonderen in der Satzung festgelegten Sachgebieten für Vorabentscheidungen nach Artikel 234 zuständig.
Wenn das Gericht erster Instanz der Auffassung ist, dass eine Rechtssache eine Grundsatzentscheidung erfordert, die die Einheit oder Kohärenz des Gemeinschaftsrechts berühren könnte, kann es die Rechtssache zur Entscheidung an den Gerichtshof verweisen.
Die Entscheidungen des Gerichts erster Instanz über Anträge auf Vorabentscheidung können nach Maßgabe der Bedingungen und innerhalb der Grenzen, die in der Satzung vorgesehen sind, in Ausnahmefällen vom Gerichtshof überprüft werden, wenn die ernste Gefahr besteht, dass die Einheit oder die Kohärenz des Gemeinschaftsrechts berührt wird.

---

* Durch den Vertrag von Nizza geänderter Artikel.

Artikel 225a (*)
Der Rat kann durch einstimmigen Beschluss auf Vorschlag der Kommission und nach Anhörung des Europäischen Parlaments und des Gerichtshofs oder auf Antrag des Gerichtshofs und nach Anhörung des Europäischen Parlaments und der Kommission gerichtliche Kammern bilden, die für Entscheidungen im ersten Rechtszug über bestimmte Kategorien von Klagen zuständig sind, die in besonderen Sachgebieten erhoben werden.
In dem Beschluss über die Bildung einer gerichtlichen Kammer werden die Regeln für die Zusammensetzung dieser Kammer und der ihr übertragene Zuständigkeitsbereich festgelegt.
Gegen die Entscheidungen der gerichtlichen Kammern kann vor dem Gericht erster Instanz ein auf Rechtsfragen beschränktes Rechtsmittel oder, wenn der Beschluss über die Bildung der Kammer dies vorsieht, ein auch Sachfragen betreffendes Rechtsmittel eingelegt werden.
Zu Mitgliedern der gerichtlichen Kammern sind Personen auszuwählen, die jede Gewähr für Unabhängigkeit bieten und über die Befähigung zur Ausübung richterlicher Tätigkeiten verfügen. Sie werden einstimmig vom Rat ernannt.
Die gerichtlichen Kammern erlassen ihre Verfahrensordnung im Einvernehmen mit dem Gerichtshof. Diese Verfahrensordnung bedarf der Genehmigung des Rates, der darüber mit qualifizierter Mehrheit entscheidet.
Soweit der Beschluss über die Bildung der gerichtlichen Kammer nichts anderes vorsieht, finden die den Gerichtshof betreffenden Bestimmungen dieses Vertrags und die Satzung des Gerichtshofs auf die gerichtlichen Kammern Anwendung.

Artikel 226
Hat nach Auffassung der Kommission ein Mitgliedstaat gegen eine Verpflichtung aus diesem Vertrag verstoßen, so gibt sie eine mit Gründen versehene Stellungnahme hierzu ab; sie hat dem Staat zuvor Gelegenheit zur Äußerung zu geben.
Kommt der Staat dieser Stellungnahme innerhalb der von der Kommission gesetzten Frist nicht nach, so kann die Kommission den Gerichtshof anrufen.

Artikel 227
Jeder Mitgliedstaat kann den Gerichtshof anrufen, wenn er der Auffassung ist, dass ein anderer Mitgliedstaat gegen eine Verpflichtung aus diesem Vertrag verstoßen hat.
Bevor ein Mitgliedstaat wegen einer angeblichen Verletzung der Verpflichtungen aus diesem Vertrag gegen einen anderen Staat Klage erhebt, muss er die Kommission damit befassen.
Die Kommission erlässt eine mit Gründen versehene Stellungnahme; sie gibt den beteiligten Staaten zuvor Gelegenheit zu schriftlicher und mündlicher Äußerung in einem kontradiktorischen Verfahren.
Gibt die Kommission binnen drei Monaten nach dem Zeitpunkt, in dem ein entsprechender Antrag gestellt wurde, keine Stellungnahme ab, so kann ungeachtet des Fehlens der Stellungnahme vor dem Gerichtshof geklagt werden.

Artikel 228
(1) Stellt der Gerichtshof fest, dass ein Mitgliedstaat gegen eine Verpflichtung aus diesem Vertrag verstoßen hat, so hat dieser Staat die Maßnahmen zu ergreifen, die sich aus dem Urteil des Gerichtshofes ergeben.
(2) Hat nach Auffassung der Kommission der betreffende Mitgliedstaat diese Maßnahmen nicht ergriffen, so gibt sie, nachdem sie ihm Gelegenheit zur Äußerung gegeben hat, eine mit Gründen versehene Stellungnahme ab, in der sie aufführt, in welchen Punkten der betreffende Mitgliedstaat dem Urteil des Gerichtshofes nicht nachgekommen ist.
Hat der betreffende Mitgliedstaat die Maßnahmen, die sich aus dem Urteil des Gerichtshofes ergeben, nicht innerhalb der von der Kommission gesetzten Frist getroffen, so kann die Kommission den Gerichtshof anrufen. Hierbei benennt sie die Höhe des von dem betreffenden Mitgliedstaat zu zahlenden Pauschalbetrags oder Zwangsgelds, die sie den Umständen nach für angemessen hält.

---

* Durch den Vertrag von Nizza eingefügter Artikel.

Stellt der Gerichtshof fest, dasss der betreffende Mitgliedstaat seinem Urteil nicht nachgekommen ist, so kann er die Zahlung eines Pauschalbetrags oder Zwangsgelds verhängen.
Dieses Verfahren lässt den Artikel 227 unberührt.

Artikel 229
Aufgrund dieses Vertrags vom Europäischen Parlament und vom Rat gemeinsam sowie vom Rat erlassene Verordnungen können hinsichtlich der darin vorgesehenen Zwangsmaßnahmen dem Gerichtshof eine Zuständigkeit übertragen, welche die Befugnis zu unbeschränkter Ermessensnachprüfung und zur Änderung oder Verhängung solcher Maßnahmen umfasst.

Artikel 229a (*)
Unbeschadet der sonstigen Bestimmungen dieses Vertrags kann der Rat auf Vorschlag der Kommission nach Anhörung des Europäischen Parlaments einstimmig Bestimmungen erlassen, mit denen dem Gerichtshof in dem vom Rat festgelegten Umfang die Zuständigkeit übertragen wird, über Rechtsstreitigkeiten im Zusammenhang mit der Anwendung von aufgrund dieses Vertrags erlassenen Rechtsakten, mit denen gemeinschaftliche Titel für den gewerblichen Rechtsschutz geschaffen werden, zu entscheiden. Der Rat empfiehlt den Mitgliedstaaten, diese Bestimmungen gemäß ihren verfassungsrechtlichen Vorschriften anzunehmen.

Artikel 230 (**)
Der Gerichtshof überwacht die Rechtmäßigkeit der gemeinsamen Handlungen des Europäischen Parlaments und des Rates sowie der Handlungen des Rates, der Kommission und der EZB, soweit es sich nicht um Empfehlungen oder Stellungnahmen handelt, und der Handlungen des Europäischen Parlaments mit Rechtswirkung gegenüber Dritten.
Zu diesem Zweck ist der Gerichtshof für Klagen zuständig, die ein Mitgliedstaat, das Europäische Parlament, der Rat oder die Kommission wegen Unzuständigkeit, Verletzung wesentlicher Formvorschriften, Verletzung dieses Vertrags oder einer bei seiner Durchführung anzuwendenden Rechtsnorm oder wegen Ermessensmissbrauchs erhebt.
Der Gerichtshof ist unter den gleichen Voraussetzungen zuständig für Klagen des Rechnungshofs und der EZB, die auf die Wahrung ihrer Rechte abzielen.
Jede natürliche oder juristische Person kann unter den gleichen Voraussetzungen gegen die an sie ergangenen Entscheidungen sowie gegen diejenigen Entscheidungen Klage erheben, die, obwohl sie als Verordnung oder als eine an eine andere Person gerichtete Entscheidung ergangen sind, sie unmittelbar und individuell betreffen.
Die in diesem Artikel vorgesehenen Klagen sind binnen zwei Monaten zu erheben; diese Frist läuft je nach Lage des Falles von der Bekanntgabe der betreffenden Handlung, ihrer Mitteilung an den Kläger oder in Ermangelung dessen von dem Zeitpunkt an, zu dem der Kläger von dieser Handlung Kenntnis erlangt hat.

Artikel 231
Ist die Klage begründet, so erklärt der Gerichtshof die angefochtene Handlung für nichtig. Erklärt der Gerichtshof eine Verordnung für nichtig, so bezeichnet er, falls er dies für notwendig hält, diejenigen ihrer Wirkungen, die als fortgeltend zu betrachten sind.

Artikel 232
Unterlässt es das Europäische Parlament, der Rat oder die Kommission unter Verletzung dieses Vertrags, einen Beschluss zu fassen, so können die Mitgliedstaaten und die anderen Organe der Gemeinschaft beim Gerichtshof Klage auf Feststellung dieser Vertragsverletzung erheben.
Diese Klage ist nur zulässig, wenn das in Frage stehende Organ zuvor aufgefordert worden ist, tätig zu werden. Hat es binnen zwei Monaten nach dieser Aufforderung nicht Stellung genommen, so kann die Klage innerhalb einer weiteren Frist von zwei Monaten erhoben werden.
Jede natürliche oder juristische Person kann nach Maßgabe der Absätze 1 und 2 vor dem Gerichtshof Beschwerde darüber führen, dass ein Organ der Gemeinschaft es unterlassen hat, einen anderen Akt als eine Empfehlung oder eine Stellungnahme an sie zu richten.

---

* Durch den Vertrag von Nizza eingefügter Artikel.
** Durch den Vertrag von Nizza geänderter Artikel.

Der Gerichtshof ist unter den gleichen Voraussetzungen zuständig für Klagen, die von der EZB in ihrem Zuständigkeitsbereich erhoben oder gegen sie angestrengt werden.

Artikel 233
Das oder die Organe, denen das für nichtig erklärte Handeln zur Last fällt oder deren Untätigkeit als vertragswidrig erklärt worden ist, haben die sich aus dem Urteil des Gerichtshofes ergebenden Maßnahmen zu ergreifen.
Diese Verpflichtung besteht unbeschadet der Verpflichtungen, die sich aus der Anwendung des Artikels 288 Absatz 2 ergeben.
Dieser Artikel gilt auch für die EZB.

Artikel 234
Der Gerichtshof entscheidet im Wege der Vorabentscheidung
a) über die Auslegung dieses Vertrags,
b) über die Gültigkeit und die Auslegung der Handlungen der Organe der Gemeinschaft und der EZB,
c) über die Auslegung der Satzungen der durch den Rat geschaffenen Einrichtungen, soweit diese Satzungen dies vorsehen.
Wird eine derartige Frage einem Gericht eines Mitgliedstaats gestellt und hält dieses Gericht eine Entscheidung darüber zum Erlass seines Urteils für erforderlich, so kann es diese Frage dem Gerichtshof zur Entscheidung vorlegen.
Wird eine derartige Frage in einem schwebenden Verfahren bei einem einzelstaatlichen Gericht gestellt, dessen Entscheidungen selbst nicht mehr mit Rechtsmitteln des innerstaatlichen Rechts angefochten werden können, so ist dieses Gericht zur Anrufung des Gerichtshofes verpflichtet.

Bundeskartellamt:
Merkblatt zur deutschen Fusionskontrolle (November 2000)

Das Gesetz gegen Wettbewerbsbeschränkungen (GWB) ist die gesetzliche Grundlage für die Prüfung von Zusammenschlüssen (§§ 35 ff. GWB[1]). Für diese Prüfung ist in Deutschland ausschließlich das Bundeskartellamt zuständig. Die Anmeldung bzw. Anzeige muß in deutscher Sprache erfolgen. Das GWB findet keine Anwendung, soweit die Kommission der Europäischen Gemeinschaften nach der EG-Fusionskontrollverordnung[2] ausschließlich zuständig ist.

Dieses Merkblatt erläutert kurz zentrale Begriffe, die für die Anmeldung von Bedeutung sind, d. h. Schwellenwerte, Fristen, Zusammenschlußtatbestände, Feststellung der beteiligten Unternehmen usw., und es beschreibt die Grundzüge des Fusionskontrollverfahrens in Deutschland.

Bitte senden Sie Ihre Anmeldung/Vollzugsanzeige an die untenstehende Adresse:

Bundeskartellamt
Kaiser-Friedrich-Str. 16
D-53113 Bonn
Tel.: (++49-228) 94 99-0
Fax: (++49-228) 94 99-400

Die Unterlagen der Anmeldung müssen dem Bundeskartellamt vollständig zugehen, um den Fristenlauf auszulösen. Das kann per Post oder per Telefax erfolgen. Eine wirksame Anmeldung per E-Mail ist derzeit nicht möglich.

Sollten Sie weitere Fragen zur Anmeldung von Zusammenschlüssen haben, wenden Sie sich bitte ebenfalls an die angegebene Adresse (oder E-Mail: info@bundeskartellamt.de).

Inhaltsübersicht

I. Voraussetzungen der Anmeldepflicht
  1. Kontrollpflichtige Zusammenschlüsse
  2. Nicht kontrollpflichtige und nicht anzeigepflichtige Zusammenschlüsse
II. Vom GWB erfaßte Zusammenschlußtatbestände
III. Grundzüge des Kontrollverfahrens, Entscheidungsfristen und Vollzugsverbot
  1. Eingriffsvoraussetzung
  2. Fristen und Vollzugsverbot
    2.1 Ablauf des Verfahrens
    2.2 Vollzugsverbot
    2.3 Vollzugsanzeige
    2.4 Bekanntmachung im Bundesanzeiger
    2.5 Gebühren
IV. Zur Vollständigkeit von Anmeldungen
  1. Erforderliche Angaben für vollständige Anmeldungen
    1.1 Angaben über den Zusammenschluß
    1.2 Angaben über die Unternehmen
  2. Rechtsfolgen bei Verstoß gegen Vollzugsverbot, Anmeldepflicht oder Anzeigepflicht
  3. Behandlung von Auslandszusammenschlüssen
V. Erläuterung wichtiger Begriffe
  1. Beteiligte Unternehmen
  2. Verbundene Unternehmen

---

1 Gesetz gegen Wettbewerbsbeschränkungen in der Fassung der Bekanntmachung vom 26. August 1998 (Bundesgesetzblatt I, S. 2546)
2 Verordnung (EWG) Nr. 4064/89 des Rates vom 21. Dezember 1989 über die Kontrolle von Unternehmenszusammenschlüssen, ABl. EG 1989 L 395/1, geändert durch Verordnung Nr. 1310/97 vom 30. Juni 1997, ABl. EG 1997 L 180/1 und ABl. EG 1998 L 40/17; vgl. dazu auch Merkblatt des Bundeskartellamtes zum Anwendungsbereich der EG-Fusionskontrolle.

3. Wesentlicher Teil des Vermögens
4. Kontrolle
5. Umsatzerlöse
   5.1 Allgemeine Berechnungsgrundlage
   5.2 Besondere Regelungen für einzelne Branchen
6. Marktanteile

> Hinweis:
> Für Zusammenschlüsse, die in Deutschland, Frankreich und im Vereinigten Königreich unter die Fusionskontrollvorschriften fallen, kann bei der Anmeldung in diesen Ländern ein Gemeinsames Formblatt verwendet werden. Entsprechende Vordrucke mit Erläuterungen sind beim Bundeskartellamt oder den entsprechenden Wettbewerbsbehörden der anderen Länder erhältlich.

I. Voraussetzungen der Anmeldepflicht

In der Fusionskontrolle nach dem GWB sind zwei Klassen von Zusammenschlüssen zu unterscheiden: kontrollpflichtige und nicht kontrollpflichtige Zusammenschlüsse. Kontrollpflichtige Fälle sind stets vor Vollzug anzumelden (§ 39 GWB). Für nicht kontrollpflichtige Zusammenschlüsse besteht weder eine Anmeldepflicht noch eine Pflicht zur Vollzugsanzeige.

> In welche dieser zwei Klassen ein Zusammenschluß fällt, hängt von den Umsätzen der beteiligten Unternehmen ab.

1. Kontrollpflichtige Zusammenschlüsse
   Im letzten Geschäftsjahr vor dem Zusammenschluß haben
   – die beteiligten Unternehmen insgesamt weltweit Umsatzerlöse von mehr als fünfhundert Millionen Euro und
   – mindestens ein beteiligtes Unternehmen im Inland Umsatzerlöse von mehr als fünfundzwanzig Millionen Euro erzielt.

2. Nicht kontrollpflichtige und nicht anzeigepflichtige Zusammenschlüsse
   Es handelt sich um einen nicht kontrollpflichtigen und nicht anzeigepflichtigen Zusammenschluß, wenn:
   – der Zusammenschluß keine Inlandsauswirkung im Sinne von § 130 Abs. 2 GWB hat[3] oder
   – die unter 1. genannten Umsatzschwellen nicht erreicht werden oder
   – die de minimis-Klausel (§ 35 Abs. 2 Nr. 1 GWB, bisherige »Anschlußklausel«) erfüllt ist, d.h. soweit sich ein Unternehmen, das nicht im Sinne des § 36 Abs. 2 GWB abhängig ist und im letzten Geschäftsjahr weltweit Umsatzerlöse von weniger als zehn Millionen Euro erzielt hat, mit einem anderen Unternehmen zusammenschließt oder
   – die Bagatellmarktklausel (§ 35 Abs. 2 Nr. 2 GWB) erfüllt ist, d.h. soweit ausschließlich ein Markt betroffen ist, auf dem seit mindestens fünf Jahren Waren oder gewerbliche Leistungen angeboten werden und auf dem im letzten Kalenderjahr weniger als fünfzehn Millionen Euro umgesetzt wurden.

Die de minimis-Klausel gilt nicht, soweit der Zusammenschluß zu Beschränkungen des Wettbewerbs beim Verlag, bei der Herstellung oder beim Vertrieb von Zeitungen oder Zeitschriften oder deren Bestandteilen führt (§ 35 Abs. 2 Satz 2 GWB). Nach dem Gesetzeswortlaut kann nur ein Unternehmen, das nicht abhängig ist, die de minimis-Klausel (bisherige »Anschlußklausel«) in Anspruch nehmen. Dies führt dazu, daß zur Prüfung der de minimis-Klausel (bisherige »Anschlußklausel«) stets auf den Gesamtumsatz, der dem Veräußerer zuzurechnen ist (§ 36 Abs. 2 GWB), abgestellt werden muß. Dieser Gesamtumsatz, nicht etwa nur der Umsatz des veräußerten Unternehmens, muß jeweils unter 10 Millionen Euro liegen.

---

[3] Vgl. dazu auch das Merkblatt des Bundeskartellamtes über Inlandsauswirkungen bei Unternehmenszusammenschlüssen.

Zusammenschlüsse, die einen Bagatellmarkt betreffen, unterliegen nicht der Fusionskontrolle. Die Kontrollpflicht und damit auch die Anmeldepflicht entfällt aber nur dann, wenn der Zusammenschluß **ausschließlich** einen Bagatellmarkt betrifft. Eine notwendige, aber nicht hinreichende Bedingung dafür ist, daß das erworbene Unternehmen ausschließlich auf einem Markt tätig ist, der ein Bagatellmarkt ist. Es kann aber fraglich sein, ob ein solcher Fall nicht z. B. auch die Stellung des Erwerbers auf der vorgelagerten Marktstufe verbessert. In Zweifelsfällen ist (bei Erreichen der unter 1. genannten Umsatzschwellen) eine vorherige Anmeldung vor Vollzug ratsam, um einen Verstoß gegen das Vollzugsverbot zu vermeiden und Rechtssicherheit zu erlangen.

> **Wichtige Hinweise!**
> Kontrollpflichtige Zusammenschlüsse, die das Verfahren der Fusionskontrolle durchlaufen haben, sind nach ihrem Vollzug beim Bundeskartellamt anzuzeigen. Bei der Vollzugsanzeige kann auf die bei der Anmeldung eingereichten Unterlagen Bezug genommen werden. Für bestimmte Branchen (Handel, Banken, Versicherungen, Presse, Rundfunk) gelten besondere Regeln zur Ermittlung des für die Anmeldepflicht zugrundezulegenden Umsatzes (siehe dazu unten Abschnitt V.5).

II. Vom GWB erfaßte Zusammenschlußtatbestände

Als Zusammenschlüsse im Sinne des GWB gelten folgende Unternehmensverbindungen (§ 37 **Abs. 1 Nr. 1–4 GWB**):
(1) der **Erwerb des Vermögens** eines anderen Unternehmens ganz oder zu einem wesentlichen Teil (siehe dazu Abschnitt V Punkt 3.);
(2) der **Erwerb der** unmittelbaren oder mittelbaren **Kontrolle** durch ein oder mehrere Unternehmen über die Gesamtheit oder Teile eines oder mehrerer anderer Unternehmen. Die Kontrolle wird durch Rechte, Verträge oder andere Mittel begründet, die einzeln oder zusammen unter Berücksichtigung aller tatsächlichen und rechtlichen Umstände die Möglichkeit gewähren, einen bestimmenden Einfluß auf die Tätigkeit eines Unternehmens auszuüben, insbesondere durch
   a) Eigentums- und Nutzungsrechte an einer Gesamtheit oder an Teilen des Vermögens des Unternehmens,
   b) Rechte oder Verträge, die einen bestimmenden Einfluß auf die Zusammensetzung, die Beratungen oder Beschlüsse der Organe des Unternehmens gewähren (siehe dazu Abschnitt V Punkt 4);
(3) der **Erwerb von Anteilen** an einem anderen Unternehmen, wenn diese Anteile allein oder zusammen mit sonstigen, dem Unternehmen bereits gehörenden Anteilen
   – **50 vom Hundert** oder
   – **25 vom Hundert**
   des Kapitals oder der Stimmrechte des anderen Unternehmens erreichen oder übersteigen. Zu den Anteilen, die dem Unternehmen gehören, rechnen auch die Anteile, die einem anderen auf Rechnung dieses Unternehmens gehören und, wenn der Inhaber des Unternehmens ein Einzelkaufmann ist, auch die Anteile, die sonstiges Vermögen des Inhabers sind. Erwerben mehrere Unternehmen gleichzeitig oder nacheinander im vorbezeichneten Umfang Anteile an einem anderen Unternehmen, gilt dies hinsichtlich der Märkte, auf denen das andere Unternehmen tätig ist, auch als Zusammenschluß der sich beteiligenden Unternehmen untereinander;
(4) jede sonstige Verbindung von Unternehmen, auf Grund deren ein oder mehrere Unternehmen unmittelbar oder mittelbar einen **wettbewerblich erheblichen Einfluß** auf ein anderes Unternehmen ausüben können.

Ein Zusammenschluß liegt auch dann vor, wenn die beteiligten Unternehmen bereits vorher zusammengeschlossen waren, es sei denn, der Zusammenschluß führt nicht zu einer wesentlichen Verstärkung der bestehenden Unternehmensverbindung (§ 37 Abs. 2 GWB).
Erwerben Kreditinstitute, Finanzinstitute oder Versicherungsunternehmen Anteile an einem anderen Unternehmen zum Zwecke der Veräußerung, gilt dies nicht als Zusammenschluß, solange

sie das Stimmrecht aus den Anteilen nicht ausüben und sofern die Veräußerung innerhalb eines Jahres erfolgt (»**Bankenklausel**«). Diese Frist kann vom Bundeskartellamt auf Antrag verlängert werden, wenn glaubhaft gemacht wird, daß die Veräußerung innerhalb der Frist unzumutbar war (§ 37 Abs. 3 GWB).

III. Grundzüge des Kontrollverfahrens, Entscheidungsfristen und Vollzugsverbot

1. Eingriffsvoraussetzung

Das Bundeskartellamt untersagt einen Zusammenschluß, wenn zu erwarten ist, daß durch den Zusammenschluß eine marktbeherrschende Stellung begründet oder verstärkt wird, es sei denn, die Unternehmen weisen nach, daß durch den Zusammenschluß auch Verbesserungen der Wettbewerbsbedingungen eintreten und daß diese Verbesserungen die Nachteile der Marktbeherrschung überwiegen (§ 36 Abs. 1 GWB). Zum Begriff der Marktbeherrschung siehe § 19 Abs. 2 und 3 GWB.

Die Untersagungsverfügung kann vor dem örtlich zuständigen Oberlandesgericht angefochten werden (OLG Düsseldorf).

Daneben kann die Erlaubnis des Bundesministers für Wirtschaft beantragt werden, wenn im Einzelfall die Wettbewerbsbeschränkung von gesamtwirtschaftlichen Vorteilen aufgewogen wird oder der Zusammenschluß durch ein überragendes Interesse der Allgemeinheit gerechtfertigt ist (§ 42 GWB).

2. Fristen und Vollzugsverbot

2.1 Ablauf des Verfahrens

In den kontrollpflichtigen Fällen hat das Bundeskartellamt grundsätzlich einen Prüfungszeitraum von 4 Monaten nach Eingang der vollständigen Anmeldung; d. h. es kann innerhalb dieser Frist den Zusammenschluß untersagen. Dazu muß es aber dem Anmelder innerhalb eines Monats nach Eingang der Anmeldung mitteilen (sog. »Monatsbrief«), daß es in die Prüfung des Zusammenschlusses (Hauptprüfverfahren) eingetreten ist. Das Hauptprüfverfahren soll eingeleitet werden, wenn eine weitere Prüfung des Zusammenschlusses erforderlich ist (§ 40 Abs. 1 S. 2 GWB). Im Hauptprüfverfahren entscheidet das Bundeskartellamt durch förmliche Verfügung, ob der Zusammenschluß untersagt oder freigegeben wird. Auch die Freigabeentscheidung ist zu begründen; sie kann mit Bedingungen sowie Auflagen verbunden werden (§ 40 Abs. 3 GWB). Diese dürfen sich nicht darauf richten, die beteiligten Unternehmen einer laufenden Verhaltenskontrolle zu unterstellen. Entscheidungen im Hauptprüfverfahren werden bekanntgemacht (§ 43 Nr. 2 GWB).

> Hinweis!
> Die Entscheidungsfrist beginnt erst mit dem Eingang der vollständigen Anmeldung zu laufen.

2.2 Vollzugsverbot

Ein anmeldepflichtiger Zusammenschluß darf nicht vollzogen werden, bevor
- die Monatsfrist des § 40 Abs. 1 Satz 1 GWB abgelaufen ist, ohne daß das Bundeskartellamt das Hauptprüfverfahren eingeleitet hat, oder
- die Viermonatsfrist des § 40 Abs. 2 Satz 2 GWB abgelaufen ist, oder
- das Bundeskartellamt den Zusammenschluß freigegeben hat.

Ein Verstoß gegen dieses Vollzugsverbot stellt eine Ordnungswidrigkeit dar (§ 81 Abs. 1 Nr. 1 GWB). Im übrigen sind Rechtsgeschäfte, die gegen dieses Verbot verstoßen, unwirksam (§ 41 Abs. 1 S. 2 GWB). Das Bundeskartellamt kann auf Antrag eine **Befreiung vom Vollzugsverbot** erteilen, wenn die beteiligten Unternehmen hierfür wichtige Gründe geltend machen, insbesondere um schweren Schaden von einem beteiligten Unternehmen oder von Dritten abzuwenden (§ 41 Abs. 2 GWB). Die Befreiung kann jederzeit, auch vor der Anmeldung, erteilt und mit Bedingungen und Auflagen verbunden werden.

Das Bundeskartellamt ist bestrebt, Prüfungsverfahren nach § 40, die nicht auf eine Untersagung hinauslaufen, möglichst kurzfristig abzuschließen. Kommt aufgrund der mitgeteilten oder dem Amt bereits vorliegenden Daten die Entstehung oder Verstärkung einer marktbeherrschenden Stellung i.S. des § 36 Abs. 1 GWB erkennbar nicht in Betracht, so wird das Bundeskartellamt den anmeldenden Unternehmen unverzüglich nach Eingang der vollständigen Anmeldung mitteilen, daß die Untersagungsvoraussetzungen nicht erfüllt sind, und damit den Vollzug freigeben (d.h. ohne Abwarten der Monats-/Viermonatsfrist; § 41 Abs. 1 S. 1 GWB n.F. steht dem nicht entgegen).

2.3 Vollzugsanzeige
Die Anzeige eines Zusammenschlusses hat unverzüglich nach dem Vollzug zu erfolgen (§ 39 Abs. 6 GWB). Der Verstoß gegen die Anzeigepflicht stellt ebenfalls eine Ordnungswidrigkeit dar (§ 81 Abs. 1 Nr. 4 GWB).

2.4 Bekanntmachung im Bundesanzeiger
Im Bundesanzeiger werden auf Grundlage der Vollzugsanzeige Angaben über die Form des Zusammenschlusses sowie Firma, Sitz und Art des Geschäftsbetriebes der unmittelbar beteiligten Unternehmen veröffentlicht. Dazu gehört auch die Konzernzugehörigkeit des erwerbenden Unternehmens (§ 43 Nr. 1 i.V.m. § 39 Abs. 3 GWB).

2.5 Gebühren
Die Anmeldung kontrollpflichtiger Zusammenschlüsse ist gebührenpflichtig (§ 80 Abs. 2 Satz 2 Nr. 1 GWB). Die Höhe der Gebühren bestimmt sich nach dem personellen und sachlichen Aufwand der Kartellbehörde unter Berücksichtigung der wirtschaftlichen Bedeutung des Zusammenschlusses. Die Gebühr darf grundsätzlich 50.000 Euro nicht übersteigen (§ 80 Abs. 2 Satz 2 Nr. 1 GWB); sie kann in Ausnahmefällen verdoppelt werden (§ 80 Abs. 2 Satz 3 GWB). Die anmeldenden Unternehmen tragen die Kosten der Bekanntmachung im Bundesanzeiger (§ 80 Abs. 1 Satz 3 GWB i.V.m. § 10 Abs. 1 Nr. 4 VwKostG).

IV. Zur Vollständigkeit von Anmeldungen

1. **Erforderliche Angaben für vollständige Anmeldungen**
Anmeldungen sind vollständig, wenn sie die in § 39 Abs. 3 GWB aufgeführten Angaben enthalten. Erforderlich sind:

1.1 Angaben über den Zusammenschluß
Aus der Anmeldung muß hervorgehen, welche Unternehmen zusammengeschlossen worden sind bzw. zusammengeschlossen werden sollen. Außerdem ist anzugeben, in welcher Weise der Zusammenschluß erfolgt (§ 39 Abs. 3 Satz 1 GWB); soweit der Zusammenschluß auf Verträgen beruht, ist es zweckmäßig, beglaubigte Abschriften oder Ablichtungen dieser Verträge beizufügen. Beim Erwerb von Anteilen nach § 37 Abs. 1 Nr. 2 und 3 GWB ist die Höhe der erworbenen und der insgesamt gehaltenen Beteiligung anzugeben (vgl. für die Berechnung der Gesamtbeteiligung § 37 Abs. 1 Nr. 3 Satz 2 GWB); ferner ist anzugeben, wer die restlichen Anteile hält.

1.2 Angaben über die Unternehmen
(a) Für *jedes* am Zusammenschluß *beteiligte in- und ausländische Unternehmen* sowie für die mit diesen *verbundenen in- und ausländischen Unternehmen* (zu dem Begriff der beteiligten bzw. verbundenen Unternehmen siehe Abschnitt V. 1. und 2.) sind anzugeben:
– Firma, Sitz und Geschäftsbetrieb. Der Geschäftsbetrieb ist möglichst genau anzugeben (z.B. nicht »Metallverarbeitung«, sondern »Herstellung von Baubeschlägen«) und sollte auch die Wirtschaftsstufe kennzeichnen (z.B. Produktion, Großhandel).
– Konzernbeziehungen und Abhängigkeits- und Beteiligungsverhältnisse;
(b) Für jeden Unternehmensverbund, d.h. für jedes beteiligte Unternehmen einschließlich der mit ihm verbundenen Unternehmen, sind nach § 39 Abs. 3 Satz 2 Nr. 3 und 4 GWB für das letzte Geschäftsjahr anzugeben:

- die **Umsatzerlöse** im **Inland**, in der **Europäischen Union** und **weltweit**;
- die **Marktanteile** einschließlich der Grundlagen für ihre Berechnung oder Schätzung, **wenn** diese im Geltungsbereich dieses Gesetzes oder in einem wesentlichen Teil desselben für die beteiligten Unternehmen mindestens 20% erreichen.

(c) Eine zustellungsbevollmächtigte Person im Inland, sofern sich der Sitz des Unternehmens nicht in Deutschland befindet.

Umsätze und Marktanteile müssen also nur für jedes am Zusammenschluß beteiligte Unternehmen und für die mit ihm verbundenen Unternehmen *insgesamt*, aber nicht gesondert für jedes einzelne verbundene Unternehmen angegeben werden. Zweckmäßig ist es allerdings, wenn die Daten der unmittelbar an dem Zusammenschluß beteiligten Unternehmen darüber hinaus noch gesondert ausgewiesen werden. Sofern erhebliche Umsatzanteile auf das Ausland entfallen, ist ferner eine Aufschlüsselung nach in- und ausländischen Umsätzen nützlich.

Bei der Berechnung der Marktanteile können im Einzelfall Zweifel sowohl hinsichtlich der Marktabgrenzung als auch hinsichtlich der von den anderen Beteiligten erreichten Inlandsmarktanteile bestehen. Deshalb empfiehlt es sich im Interesse der Vollständigkeit von Anmeldungen, Angaben über nennenswerte Marktanteile auch dann zu machen, wenn das Überschreiten der 20%-Grenze zweifelhaft ist.

Die Anmeldung sollte auch eine Übersicht über die **Verflechtungen** der Beteiligten enthalten, also eine Angabe der Unternehmen, an denen die Beteiligten einzeln oder gemeinsam 10% oder mehr der Stimmrechte oder der Anteile halten. Daneben sollten diejenigen Unternehmen benannt werden, die an den Beteiligten derart beteiligt sind.

Das Bundeskartellamt bittet, bereits in der Anmeldung darzulegen, in welchen anderen Staaten eine Notifizierung des Zusammenschlußvorhabens geplant oder bereits erfolgt ist (**Mehrfachnotifizierung**).

> **Hinweis!**
> Es ist zweckmäßig, einen Geschäftsbericht – sofern vorhanden und zu den einzelnen Punkten aussagefähig – beizufügen.

2. **Rechtsfolgen bei Verstoß gegen Vollzugsverbot, Anmeldepflicht oder Anzeigepflicht**
   Ordnungswidrig handelt auch, wer vorsätzlich oder fahrlässig ein anmeldepflichtiges Zusammenschlußvorhaben verbotswidrig vollzieht oder am Vollzug mitwirkt (§ 81 Abs. 1 Nr. 1 GWB). Die Ordnungswidrigkeit kann mit einer Geldbuße bis zu einer halben Million Euro geahndet werden (§ 81 Abs. 2 GWB).
   Wer vorsätzlich oder fahrlässig entgegen § 39 Abs. 1 GWB eine Anmeldung bzw. entgegen § 39 Abs. 6 GWB eine Vollzugsanzeige nicht richtig oder nicht vollständig erstattet, begeht eine Ordnungswidrigkeit, die mit einer Geldbuße bis zu 25.000 Euro geahndet werden kann (§ 81 Abs. 1 Nr. 7 bzw. Nr. 4 i.V.m. Abs. 2 GWB). Dies gilt auch bei nicht unverzüglicher Vollzugsanzeige (§ 81 Abs. 1 Nr. 4 i.V.m. § 39 Abs. 6 GWB).

3. **Behandlung von Auslandszusammenschlüssen**
   Wird das Vorhaben eines Auslandszusammenschlusses angemeldet und dabei glaubhaft dargelegt, daß die Unternehmen aufgrund der für den Zusammenschluß geltenden ausländischen Rechtsvorschriften oder aufgrund sonstiger Umstände daran gehindert sind, vor dem Vollzug des Zusammenschlusses alle erforderlichen Angaben zu beschaffen, so wird das Bundeskartellamt die Freigabe des Zusammenschlusses nicht von der Vollständigkeit der eingereichten Anmeldung abhängig machen, sofern sich bereits aus den vorgelegten bzw. vorliegenden Unterlagen ergibt, daß eine Untersagung des Zusammenschlußvorhabens erkennbar nicht in Betracht kommt (siehe auch die allgemeine Weisung des Bundesministers für Wirtschaft vom 30. Mai 1980, BAnz Nr. 103/80 vom 7. Juni 1980). Auch in diesem Fall ist jedoch bei Vollzug des Zusammenschlußvorhabens eine Vollzugsanzeige zu erstatten. Die Rechte des Bundeskartellamtes aus § 39 Abs. 3 Satz 4 GWB bleiben unberührt.

V. Erläuterung wichtiger Begriffe

Die Vorschriften über Anmeldungen verwenden bestimmte Begriffe in einem genau definierten Sinn. Dies gilt insbesondere für folgende Begriffe:

1. **Beteiligte Unternehmen**
   Welches Unternehmen an einem Zusammenschluß beteiligt ist, richtet sich danach, wie der Zusammenschluß zustande kommt. Beteiligt sind z. B.
   - beim *Vermögenserwerb* (durch Verschmelzung oder sonstige Art, § 37 Abs. 1 Nr. 1 GWB): der Erwerber und der Veräußerer, wobei der Veräußerer nur hinsichtlich des übertragenen Vermögens beteiligt ist; in Fällen der *Verschmelzung* die Unternehmen, die miteinander verschmolzen werden;
   - beim *Anteilserwerb* (§ 37 Abs. 1 Nr. 3 GWB): der oder die Erwerber und das Unternehmen, an dem die Anteile erworben werden. Sind mit diesem noch weitere Unternehmen im Sinne des § 36 Abs. 2 GWB zusammengeschlossen, so sind sie ebenfalls beteiligte Unternehmen;
   - beim *Kontrollerwerb* (§ 37 Abs. 1 Nr. 2 GWB): die Unternehmen, die eine Kontrolle ausüben können, und das der Kontrolle unterworfene Unternehmen.
   - bei *Unternehmensverbindungen mit wettbewerblich erheblichem Einfluß* (§ 37 Abs. 1 Nr. 4 GWB): die Unternehmen, die einen wettbewerblich erheblichen Einfluß ausüben können, und das diesem Einfluß unterworfene Unternehmen.

2. **Verbundene Unternehmen**
   Mit einem beteiligten Unternehmen verbunden und als einheitliches Unternehmen anzusehen im Sinne von § 36 Abs. 2 GWB sind
   - abhängige oder herrschende Unternehmen (§ 17 AktG) sowie Konzernunternehmen (§ 18 AktG).
   - Unternehmen, die vom beteiligten Unternehmen allein oder gemeinsam mit anderen beherrscht werden, und – vice versa – Unternehmen, die auf das beteiligte Unternehmen einen beherrschenden Einfluß ausüben können.

   Hält ein Unternehmen 50% der Anteile eines anderen Unternehmens, geht das Bundeskartellamt in der Regel davon aus, daß das Unternehmen (mit)beherrschenden Einfluß auf das andere Unternehmen ausüben kann.

3. **Wesentlicher Teil des Vermögens**
   Als wesentliche Teile des Vermögens i. S. des § 37 Abs. 1 Nr. 1 GWB gelten nicht nur Vermögensteile, die in ihrem Verhältnis zum Gesamtvermögen des Veräußerers quantitativ ausreichend hoch sind. Wesentlich ist ein Vermögensteil vielmehr stets dann, wenn ihm im Hinblick auf die Produktion, die Vertriebsziele und die jeweiligen Marktverhältnisse eine eigenständige Bedeutung zukommt und er deshalb als ein vom übrigen Vermögen des Veräußerers abtrennbarer einheitlicher Teil erscheint. Das können beispielsweise eine Betriebsstätte (z. B. Filiale eines Lebensmittelhandelsunternehmens), ein Geschäftsbereich (z. B. der Bereich »Industrienähmaschinen« eines Maschinenbauunternehmens), ein Warenzeichen oder die Verlags- und Titelrechte einer Zeitung sein.

4. **Kontrolle**
   Mit dem Zusammenschlußtatbestand des Kontrollerwerbs übernimmt das GWB den entsprechenden Tatbestand des europäischen Rechts. Kontrolle liegt danach vor, wenn auf die Tätigkeit eines anderen Unternehmens ein **bestimmender Einfluß** ausgeübt werden kann. Dies ist im Regelfall gegeben, wenn der Erwerber **strategische Entscheidungen der Geschäftspolitik** oder die **Besetzung der Geschäftsführungsorgane** des zu erwerbenden Unternehmens bestimmen kann.
   Die Kontrolle i. S. d. § 37 Abs. 1 Nr. 2 GWB kann **durch ein oder mehrere Unternehmen** erworben werden; die Erwerber brauchen nicht miteinander verbunden zu sein. Wie bisher beim gemeinsamen beherrschenden Einfluß i. S. d. § 23 Abs. 2 Nr. 5 GWB a. F. reicht es für die gemeinsame Kontrolle aus, daß die Unternehmen aufgrund einer gemeinsamen Unternehmenspolitik die eigenen Wettbewerbsinteressen im Verhältnis zueinander und gegen-

über dem abhängigen Unternehmen abstimmen und durchsetzen können, z. B. aufgrund von Poolverträgen, erhöhten Zustimmungserfordernissen in der Gesellschafterversammlung, oder weil aufgrund einer auf Dauer angelegten Interessengleichheit eine einheitliche Einflußnahme gesichert ist. Begründen mehrere Unternehmen die gemeinsame Kontrolle über ein anderes Unternehmen, so sind alle mitkontrollierenden Unternehmen und die Zielgesellschaft am Zusammenschluß beteiligt. Gründen also z. B. fünf Unternehmen mit je 150 Mio. Euro Umsatz ein Gemeinschaftsunternehmen, an dem sie sich mit jeweils 20 % beteiligen, und sehen sie vor, daß alle wichtigen Entscheidungen mit einer Mehrheit von 81 % getroffen werden, liegt ein kontrollpflichtiger Zusammenschluß vor.

Der Zusammenschlußtatbestand ist auch beim **Übergang von gemeinsamer zu alleiniger Kontrolle** erfüllt. Beispiel: An einem Unternehmen sind A mit 60 % und B mit 40 % beteiligt. Alle wichtigen Entscheidungen sind mit Zweidrittelmehrheit zu treffen (das GU wird also von A und B gemeinsam kontrolliert). Erwirbt A nun die restlichen 40 % der Anteile, ist dieser Zusammenschluß nunmehr nach § 37 Abs. 1 Nr. 2 kontrollpflichtig. Entsprechendes gilt bei einem Übergang von der Kontrolle durch drei Unternehmen zu einer Kontrolle durch zwei Unternehmen.

Ein wichtiger Fall des Kontrollerwerbs liegt im Erwerb einer **gesicherten Hauptversammlungsmehrheit** bei börsennotierten Gesellschaften. Dies wird in der Regel der Fall sein, wenn bei Zugrundelegung der Präsenzen in den drei letzten Hauptversammlungen davon auszugehen ist, daß mit den erworbenen Stimmrechten Hauptversammlungsbeschlüsse durchgesetzt werden können. Dieser Zusammenschlußtatbestand kann auch ohne Erreichen der Anteilsschwelle des § 37 Abs. 1 Nr. 3a GWB erfüllt werden, z. B. bei einer Anteilserhöhung von 25 % auf 45 %.

5. Umsatzerlöse

5.1 Allgemeine Berechnungsgrundlagen

Bei der Ermittlung der Umsatzerlöse ist von § 277 Abs. 1 HGB auszugehen (§ 38 Abs. 1 GWB). Die Mehrwertsteuer und Verbrauchsteuern bleiben außer Betracht. Es sind auch die Auslandsumsätze einzubeziehen. Umsätze sind in Euro anzugeben. Umsatzerlöse in fremder Währung sind nach dem Jahresmittelkurs der Europäischen Zentralbank (s. dazu: http://www.ecb.int – Publications – Periodical Publications – Monthly Bulletin – Euro area statistics: Table 10 Exchange Rates) in Euro umzurechnen. Bei Umsatzangaben für mehrere miteinander verbundene Unternehmen insgesamt bleiben die Erlöse für Lieferungen und Leistungen der Unternehmen untereinander (Innenumsatzerlöse) außer Betracht. Die Umsatzerlöse sind unter Berücksichtigung des **Konsolidierungskreises** zum **Zeitpunkt der Anmeldung** anzugeben.

5.2 Besondere Regelungen für einzelne Branchen

Soweit der Geschäftsbetrieb eines Unternehmens im Handel mit Waren besteht, sind die dabei erzielten Umsatzerlöse nur zu drei Viertel in Ansatz zu bringen. Ein Handelsumsatz in diesem Sinne liegt nicht vor, wenn die von einem Unternehmen erzeugten oder bearbeiteten Waren von einem anderen mit ihm verbundenen Unternehmen bezogen und weiterveräußert werden (§ 38 Abs. 2 GWB).

Bei Versicherungsunternehmen treten an die Stelle der Umsatzerlöse die Prämieneinnahmen. Dies sind die Einnahmen aus dem Erst- und Rückversicherungsgeschäft einschließlich der in Rückdeckung gegebenen Anteile (§ 38 Abs. 4 Satz 2 und 3 GWB).

Bei Kreditinstituten, Finanzinstituten und Bausparkassen tritt an die Stelle der Umsatzerlöse der Gesamtbetrag der in § 34 Abs. 2 Satz 1 Nr. 1 Buchstabe a bis e der Verordnung über die Rechnungslegung der Kreditinstitute vom 10. Februar 1992 (BGBl. I S. 203) genannten Erträge abzüglich der Umsatzsteuer und sonstiger direkt aus diesen Erträgen erhobener Steuern (§ 38 Abs. 4 Satz 1 GWB). Hinzuzurechnen sind in vollem Umfang die Umsätze von Unternehmen, an denen ein (mit-) beherrschender Einfluß besteht.

Bei Unternehmen, deren Geschäftsbetrieb ganz oder teilweise im Verlag, in der Herstellung und im Vertrieb von Zeitungen oder Zeitschriften oder deren Bestandteilen sowie in der Herstellung, im Vertrieb und der Veranstaltung von Rundfunkprogrammen und im Absatz von <u>Rundfunkwerbezeiten</u> besteht, ist insoweit das Zwanzigfache der Umsatzerlöse in Ansatz zu bringen (§ 38 Abs. 3 GWB).

> **Wichtiger Hinweis!**
> Soweit die tatsächlichen Umsätze aufgrund der kartellrechtlichen Sondervorschriften **gekürzt** oder **vervielfacht** werden oder statt dessen **Erträge** genannt oder einbezogen werden, ist dies **ausdrücklich kenntlich zu machen.**

6. **Marktanteile**
Die Beteiligten haben für jeden Unternehmensverbund die Inlandsmarktanteile anzugeben, soweit diese im Geltungsbereich des GWB oder in einem wesentlichen Teil desselben für die beteiligten Unternehmen mindestens 20 % erreichen, einschließlich der Grundlagen für ihre Berechnung oder Schätzung.

Für die Berechnung der Marktanteile ist zunächst von dem gesamten Geltungsbereich des Gesetzes (Bundesrepublik Deutschland) auszugehen. Wenn ein Unternehmen nicht im gesamten Bundesgebiet tätig ist oder seine Marktstellung erhebliche regionale Unterschiede aufweist, ist es erforderlich, neben den Marktanteilen für den gesamten Geltungsbereich auch Angaben für die Marktanteile in den einzelnen regionalen Märkten zu machen.

Für die Marktanteilsberechnung sind die neuesten statistischen Angaben zu verwenden sowie Angaben über Grundlagen für seine Berechnung oder Schätzung zu machen. Bei der Marktanteilsberechnung kann von Absatzmengen oder Absatzwerten ausgegangen werden. Es ist zweckmäßig, die Berechnung auf beiden Wegen vorzunehmen und vorzulegen.

Zu einem Markt sind nur solche Waren bzw. gewerbliche Leistungen zu zählen, die aus der Sicht der Abnehmer nach Beschaffenheit, Verwendungszweck und Preis als austauschbar angesehen werden. Eine weitergehende Gliederung der Märkte bei der Berechnung der anzugebenden Marktanteile präjudiziert die Unternehmen nicht hinsichtlich der Feststellung marktbeherrschender Stellungen.

Bei der Berechnung der Marktanteile können im Einzelfall Zweifel sowohl hinsichtlich der Marktabgrenzung als auch hinsichtlich der von den anderen Beteiligten erreichten Inlandsmarktanteile bestehen. Deshalb <u>empfiehlt</u> es sich im Interesse der Vollständigkeit von Anmeldungen, Angaben über nennenswerte Marktanteile auch dann zu machen, wenn das Überschreiten der 20%-Grenze zweifelhaft ist.

Umsätze und Marktanteile müssen nur für jedes am Zusammenschluß beteiligte Unternehmen und für die mit ihm verbundenen Unternehmen insgesamt angegeben werden. Zweckmäßig ist es allerdings, wenn die Daten der unmittelbar an dem Zusammenschluß beteiligten Unternehmen darüber hinaus noch gesondert ausgewiesen werden.

Anhang 16

Bundeskartellamt:
Merkblatt zur Inlandsauswirkung (Januar 1999)

Nach § 130 Abs. 2 GWB findet das Gesetz gegen Wettbewerbsbeschränkungen (GWB) Anwendung auf alle Wettbewerbsbeschränkungen, die sich im Geltungsbereich dieses Gesetzes – d. h. in Deutschland – auswirken, auch wenn sie außerhalb des Geltungsbereichs dieses Gesetzes veranlaßt werden.

Der Begriff »Wettbewerbsbeschränkungen« in § 130 Abs. 2 GWB ist die zusammenfassende Bezeichnung für alle in den Sachnormen des GWB geregelten Wettbewerbsbeschränkungen. Zur Auslegung des Begriffs **Inlandsauswirkung** im Sinne des § 130 Abs. 2 GWB muß der Schutzzweck der jeweils anzuwendenden Sachnorm des Gesetzes herangezogen werden (vgl. BGH-Beschluß vom 12. 7. 1973 WuW/E »Ölfeldrohre« zu § 98 Abs. 2 GWB a. F.). Der Zweck der Fusionskontrolle (§§ 35 ff. GWB) ist die Erfassung der Unternehmenskonzentration, da sie den Wettbewerb beeinträchtigen kann[1]. Im Hinblick auf die §§ 35 ff. GWB ist die Wettbewerbsbeschränkung im Sinne des § 130 Abs. 2 GWB der **Zusammenschlußvorgang** als solcher. Der Nachweis einer tatsächlichen Verschlechterung der Wettbewerbsbedingungen im Inland ist im Rahmen des § 130 Abs. 2 GWB nicht erforderlich.

Das Merkmal der Inlandsauswirkung bei Zusammenschlüssen mit Auslandsbezug wird nachfolgend unter I. für verschiedene Fallkonstellationen näher umschrieben. In der **seit dem 1. 1. 1999** geltenden Fassung ist zusätzlich ein bestimmter **Inlandsumsatz** (gemäß § 35 Abs. 1 Nr. 2 GWB) Voraussetzung für die Anwendbarkeit der deutschen Fusionskontrolle (dazu unter II.). **Für Zusammenschlüsse, bei denen das erworbene Unternehmen diesen Inlandsumsatz erzielt, ist eine hinreichende Inlandsauswirkung im Sinne von § 130 Abs. 2 GWB regelmäßig zu bejahen.** Eingehender zu prüfen ist die Inlandsauswirkung deshalb zukünftig nur bei ganz oder teilweise im Ausland realisierten Zusammenschlüssen.

Abschließend wird auf einige verfahrensrechtliche Besonderheiten bei Auslandszusammenschlüssen hingewiesen (unter III.).

Hinweis
Ob Inlandsauswirkungen vorliegen, hängt von den **Umständen des Einzelfalls** ab. Die Ausführungen in diesem Merkblatt bieten nur erste Orientierungspunkte. Es empfiehlt sich deshalb, die Frage einer Inlandsauswirkung vorab im Gespräch mit der zuständigen Beschlußabteilung oder der Grundsatzabteilung zu klären.

I. Inlandsauswirkung i. S. d. § 130 Abs. 2 GWB

Zwei Grundkonstellationen können unterschieden werden:
- Zusammenschlüsse, die im Inland realisiert werden, d. h. bei dem das zu erwerbende Unternehmen seinen Sitz in Deutschland hat
- Zusammenschlüsse, die im Ausland realisiert werden, d. h. bei denen das zu erwerbende Unternehmen seinen Sitz im Ausland hat.

1. Zusammenschlüsse, die **im Inland realisiert** werden (z. B. Erwerb des Vermögens oder der Anteile eines inländischen Unternehmens, Gründung eines Gemeinschaftsunternehmens im Inland), haben – unabhängig vom Sitz der beteiligten Mutterunternehmen – immer Inlandsauswirkungen; dies gilt auch dann, wenn Erwerber bzw. Gründer einem ausländischen Konzern angehören. Ein im Ausland realisierter Zusammenschluß gilt deshalb hinsichtlich der inländischen Tochterunternehmen der beteiligten Unternehmen als im Inland realisierter Zusammenschluß, da die sog. Verbundklausel (§ 36 Abs. 2 GWB) unabhängig davon gilt, ob der Unternehmenssitz im Inland oder im Ausland ist.

---
[1] Vgl. auch die Merkblätter des Bundeskartellamtes zur deutschen Fusionskontrolle und zum Anwendungsbereich der europäischen Fusionskontrolle sowie das gemeinsame Formblatt für die Anmeldung von Zusammenschlüssen in Frankreich, dem Vereinigten Königreich und Deutschland (dazu unter III.)

Beispiel: ESSO AG, Hamburg, erwirbt sämtliche Anteile oder das Vermögen der Deutsche Shell AG, Hamburg.

2. Im Ausland realisierte Zusammenschlüsse haben Inlandsauswirkungen, wenn die strukturellen Voraussetzungen für den Wettbewerb im Inland beeinflußt werden.

a) Inlandsauswirkungen liegen insbesondere vor, wenn **beide** Unternehmen schon vor dem Zusammenschluß **im Inland tätig** waren. Dafür reicht eine Tätigkeit über Tochtergesellschaften, verbundene Unternehmen, Niederlassungen oder Importeure aus. Wenn **nur ein Beteiligter** bislang im Inland tätig war, aber infolge des Zusammenschlusses Lieferungen in das Inland wahrscheinlich sind, der Zusammenschluß das Know-how eines im Inland tätigen beteiligten Unternehmens vergrößert, gewerbliche Schutzrechte an diesen übertragen werden oder die Finanzkraft des im Inland tätigen beteiligten Unternehmens verstärkt wird, nimmt das Bundeskartellamt ebenfalls Inlandsauswirkungen an.

Zukünftige Lieferungen eines ausländischen Beteiligten in das Inland sind wahrscheinlich, wenn produktionstechnische (vor- oder nachgelagerte Produktionsstufen) oder sortimentsmäßige Beziehungen zum inländischen Beteiligten bestehen. Ob zukünftige Lieferungen in das Inland wahrscheinlich sind, richtet sich regelmäßig auch danach, ob gleichartige oder ähnliche Erzeugnisse bereits Gegenstand des Handelsverkehrs zwischen den beteiligten Ländern sind und diesen Lieferungen keine technischen und administrativen Handelshemmnisse entgegenstehen.

Beispiel: Allied Signal Inc., Morristown (N.J.)/USA, erwirbt sämtliche Anteile an der Astor Holdings Inc., Raleigh (N.C.)/USA (beide Unternehmen haben keine Niederlassungen im Inland, beliefern aber den deutschen Markt mit Industriewaren).

b) Ein im Ausland realisierter Zusammenschluß zwischen zwei Unternehmen mit Sitz im Ausland und ohne inländische Tochterunternehmen oder Niederlassungen kann ebenfalls Inlandsauswirkungen haben, wenn durch ihn die **inländische Marktstruktur verändert wird**.

Beispiel: Austrian Airlines, Wien, erwirbt das Vermögen der Tyrolean Airways, Innsbruck; letztere fliegt auch auf deutschen Strecken.

Bei der Gründung eines **Gemeinschaftsunternehmens** hängt die Inlandsauswirkung in erster Linie von dem sachlichen und räumlichen Markt ab, auf dem das Gemeinschaftsunternehmen tätig ist. Inlandsauswirkungen liegen nicht nur vor, wenn das Gemeinschaftsunternehmen im Inland tätig werden soll, sondern auch, wenn es im Ausland tätig wird, der räumlich relevante Markt aber welt- bzw. europaweit abzugrenzen ist.

Beispiel: Mahle GmbH, Stuttgart; Cofap, Sao Paulo/Brasilien; der gemeinsame Erwerb einer Mehrheitsbeteiligung an der Metal Leve S.A. Industria e Comercio, Sao Paulo war anmeldepflichtig (alle in Deutschland tätig).

II. Inlandsumsatz von mindestens 50 Mio DM

Seit dem 1.1.1999 finden die Vorschriften über die Zusammenschlußkontrolle darüber hinaus nur Anwendung, wenn **mindestens eines** der am Zusammenschluß beteiligten Unternehmen (einschließlich verbundener Unternehmen im Sinne des § 36 Abs. 2 GWB) im letzten Geschäftsjahr mit dem Zusammenschluß Umsatzerlöse von **mehr als 50 Mio DM im Inland** erzielt hat (§ 35 Abs. 1 Nr. 2 GWB). Dabei kann es sich um das zu erwerbende oder ein gemeinsam gegründetes Unternehmen handeln. Unerheblich ist, ob ein inländisches oder ein ausländisches beteiligtes Unternehmen das Erfordernis erfüllt.

Das neue Kriterium ist **neben** der Inlandsauswirkung im Sinne von § 130 Abs. 2 GWB zu prüfen. Erfüllt keines der beteiligten Unternehmen das 50 Mio DM-Kriterium, ist der Zusammenschluß nicht kontrollpflichtig und es bedarf keiner weiteren Prüfung der Inlandsauswirkung. Umgekehrt ist regelmäßig Inlandswirkung anzunehmen, wenn das erworbene Unternehmen den Mindestumsatz von 50 Mio DM in Deutschland erreicht. Die Prüfung der Inlandsauswirkung im Sinne von § 130 Abs. 2 GWB hat zukünftig dann eigenständige Bedeutung, wenn der Erwerber im Inland einen Umsatz von mindestens 50 Mio. DM erzielt hat und das zu erwerbende Unternehmen oder das Gemeinschaftsunternehmen im Ausland ansässig ist.

Beispiel: Brenntag AG, Mühlheim; Anteilserwerb an der Chemproha Dordrecht/Niederlande wäre auch nach jetziger Rechtslage nicht anmeldepflichtig; zwar erzielt die Brenntag AG mehr als 50 Mio. DM ihres Umsatzes im Inland aber die deutschen Tochtergesellschaften der Chemproha B.V. sind nicht erworben worden und der Zusammenschluß hat die Wettbewerbsstruktur auf dem inländischen Markt für Industriechemikalien auch sonst nicht verändert.

III. Verfahrensrechtliche Besonderheiten bei Zusammenschlüssen mit Auslandsbezug

Sofern der Sitz eines der beteiligten Unternehmen sich nicht im Inland befindet, muß die Anmeldung auch eine **zustellungsbevollmächtigte Person im Inland** benennen (§ 39 Abs. 3 Nr. 6 GWB).

Das Bundeskartellamt wird die Freigabe von Auslandszusammenschlüssen nicht von der **Vollständigkeit** der eingereichten **Anmeldung** abhängig machen, wenn
- glaubhaft dargelegt wird, daß die Anmelder auf Grund für den Zusammenschluß geltender ausländischer Rechtsvorschriften oder wegen sonstiger Umstände gehindert sind, vor Vollzug alle erforderlichen Angaben zu beschaffen und
- sich aus den vorgelegten oder sonst dem Bundeskartellamt bereits bekannten Unterlagen ergibt, daß eine Untersagung des Zusammenschlusses erkennbar nicht in Betracht kommt.

Diese erleichterte Verfahrensweise bei Auslandszusammenschlüssen beruht auf einer allgemeinen Weisung des Bundesministeriums für Wirtschaft vom 30. Mai 1980 (BAnz Nr. 103/80 vom 7. Juni 1980).

> **Hinweis**
> In jedem Fall ist nach Vollzug des Zusammenschlusses eine Vollzugsanzeige zu erstatten (§ 39 Abs. 6 GWB)

Das Bundeskartellamt hat zusammen mit den Wettbewerbsbehörden von **Frankreich** und dem **Vereinigten Königreich** ein **gemeinsames Formblatt für Zusammenschlüsse** erarbeitet, die in zwei oder mehr dieser Staaten angemeldet werden sollen. Dieses Formblatt kann beim Bundeskartellamt in deutscher, französischer oder englischer Sprache angefordert oder über das Internet (http://www.bundeskartellamt.de) abgerufen werden. Die Anmeldung muß jedoch in deutscher Sprache erfolgen.

Bundeskartellamt: Auslegungsgrundsätze (Oktober 2000)

Die vorliegenden Auslegungsgrundsätze sollen eine Orientierungshilfe geben, wenn bei der Fusionskontrolle geprüft wird, ob eine marktbeherrschende Stellung entsteht oder verstärkt wird. Auf der Grundlage der bisherigen Entscheidungspraxis sowie wirtschaftswissenschaftlicher Aussagen wird die wettbewerbliche Bedeutung einzelner Kriterien im Rahmen der erforderlichen Gesamtbetrachtung summarisch erläutert.

Entsprechende Auslegungsgrundsätze wurden 1990 in ihrer ersten Fassung veröffentlicht (»Checkliste«). Aufgrund zwischenzeitlicher Rechts- und Anwendungsentwicklungen im nationalen und europäischen Recht erscheint eine aktualisierte Neuauflage erforderlich.

Für das deutsche Recht ist hier insbesondere auf einzelne Änderungen der Regelungen zur Prüfung von Marktbeherrschung durch die 5. und 6. Novellierung des GWB hinzuweisen. In die vorliegenden Auslegungsgrundsätze wurden die Anwendungspraxis des Bundeskartellamtes und die Rechtsprechung der deutschen Gerichte eingearbeitet. Dabei wird nicht nur auf Untersagungsbeschlüsse des Bundeskartellamtes Bezug genommen. Dargestellt werden auch aktuelle Freigabeentscheidungen im Hauptprüfverfahren, die seit Inkrafttreten der 6. GWB-Novelle am 1. Januar 1999 im Internet veröffentlicht werden (www.bundeskartellamt.de).

Das vorliegende Papier versucht zudem, die Fusionskontrollpraxis in Deutschland anhand einzelner Beispiele in einen internationalen Kontext einzubetten. Einbezogen werden zum einen die Fusionskontrollpraxis der Kommission und die Rechtsprechung der europäischen Gerichte seit 1990. Zum anderen bieten Verwaltungsgrundsätze außereuropäischer Behörden, wie z. B. die Guidelines der US-amerikanischen Wettbewerbsbehörden, wichtige Orientierungshilfen für die Entscheidungspraxis des Bundeskartellamtes.

Entscheidend für die fusionsrechtliche Prüfung von Marktbeherrschung ist die sachliche und räumliche Marktabgrenzung. Sie bestimmt letztlich über die Ermittlung der Ausweichmöglichkeiten der Marktgegenseite den sachlichen und räumlichen Bereich, in dem Unternehmen miteinander in Wettbewerb stehen, und den Rahmen, innerhalb dessen die Prüfung von Marktbeherrschung erfolgt. Sie ist häufig ausschlaggebend für die Würdigung eines konkreten Zusammenschlussvorhabens. Die Kriterien zur Festlegung des sachlich und räumlich relevanten Marktes sind nicht Gegenstand der vorliegenden Auslegungsgrundsätze.

Mit den vorliegenden Auslegungsgrundsätzen sollen weder andere Interpretationen der Verwaltungs- und Rechtsprechungspraxis seit 1973 ausgeschlossen noch Weiterentwicklungen blockiert werden.

I. Einzelmarktbeherrschung

A. Einführung
  1. Fusionskontrolle und wettbewerbstheoretisches Leitbild
  2. Der Marktbeherrschungsbegriff in der deutschen Fusionskontrolle
    2.1 Definition
    2.2 Anwendungsgrundsätze
  3. Der Marktbeherrschungsbegriff im europäischen Wettbewerbsrecht
B. Prüfungskriterien
  1. Marktanteil
    1.1 Grundsätze für die Marktanteilsbetrachtung
      1.1.1 Absolute Höhe des Marktanteils
      1.1.2 Marktanteilsabstände und Verteilung der Marktanteile im Übrigen
      1.1.3 Marktanteilsentwicklung
    1.2 Berechnung von Marktanteilen
  2. Ressourcenbetrachtung, insbesondere Finanzkraft
    2.1 Bemessung von Finanzkraft
    2.2 Entmutigungs- und Abschreckungseffekte durch Finanzkraft
    2.3 Entmutigungs- und Abschreckungseffekte durch andere Ressourcen
  3. Zugang zu den Beschaffungs- oder Absatzmärkten
    3.1 Vertikale Integration

    3.2 Umfassendes Sortiment/umfassende Systemfähigkeit
    3.3 Sonstige Wettbewerbsvorteile beim Zugang zu den Beschaffungs- oder Absatzmärkten
  4. Verflechtungen
  5. Marktzutrittsschranken/Potenzieller Wettbewerb
    5.1 Gesetzliche Marktzutrittsschranken
    5.2 Strukturelle Marktzutrittsschranken
    5.3 Strategische Marktzutrittsschranken
    5.4 Besonderheiten im Hinblick auf Marktzutrittsschranken für ausländische Unternehmen
    5.5 Erwerb eines potentiellen Wettbewerbers
  6. Wettbewerb durch Randsubstitution
    6.1 Abgrenzung Austauschbarkeit/Marktgleichwertigkeit – unvollkommene Substitution
    6.2 Wettbewerbsrechtliche Einordung
  7. Gegengewichtige Marktmacht
    7.1 Voraussetzungen
    7.2 Wettbewerbsrechtliche Einordnung
  8. Marktphase
    8.1 Experimentier- und Expansionsphase
    8.2 Ausreifungs- und Stagnationsphase
  9. Gesamtbetrachtung der Wettbewerbsbedingungen
  10. Kausalität

II. Oligopolistische Marktbeherrschung

A. Einführung
  1. Oligopole in der Wettbewerbstheorie
  2. Die Definition oligopolistischer Marktbeherrschung in der deutschen Fusionskontrolle
B. Prüfungskriterien
  1. Wettbewerbsbedingungen – Binnenwettbewerb
    1.1 Marktanteil
    1.2 Kräfteverhältnis im Oligopol
    1.3 Ressourcenbetrachtung
    1.4 Zugang zu den Beschaffungs- und Absatzmärkten
    1.5 Verflechtungen
      1.5.1 Verflechtungen auf vom Zusammenschluss betroffenen Märkten
      1.5.2 Verflechtungen auf Drittmärkten
    1.6 Marktzutrittsschranken/potenzieller Wettbewerb
    1.7 Wettbewerb durch unvollkommene Substitute
    1.8 Gegengewichtige Marktmacht
    1.9 Marktphase
  2. Wettbewerbsbedingungen – Außenwettbewerb
  3. Gesamtschau der Wettbewerbsbedingungen
  4. Wettbewerbsgeschehen
    4.1 Wettbewerbsgeschehen und Markttransparenz
    4.2 Wettbewerbsgeschehen und Homogenität der betroffenen Produkte oder Dienstleistungen
    4.3 Wettbewerbsrechtliche Einordnung

I. Einzelmarktbeherrschung

A. Einführung

1. Fusionskontrolle und wettbewerbstheoretisches Leitbild

Die Fusionskontrolle hat die Aufgabe, einer »übermäßigen« Unternehmenskonzentration zu begegnen. Ziel ist es, wettbewerbliche Marktstrukturen zu erhalten und vom Wettbewerb nicht hinreichend kontrollierte Verhaltensspielräume von Unternehmen im Interesse der materiellen Handlungsfreiheit anderer Unternehmen und der Verbraucher zu verhindern. Die Fusionskontrolle soll also einer Gefährdung des Wettbewerbs begegnen, die sich aus einer Veränderung der Marktstruktur in Folge eines Zusammenschlusses ergeben kann (sog. »Strukturansatz«). Als theoretische Grundlagen für die wettbewerbspolitische Beurteilung von Zusammenschlüssen lassen sich insbesondere die verschiedenen Ansätze der *Harvard School (Struktur-Verhalten-Ergebnis-Paradigma)* und die *Theorie bestreitbarer Märkte (»Contestable Markets«)* unterscheiden.

Für die wettbewerbstheoretische Diskussion im deutschen Sprachraum hatte lange Zeit eine von Kantzenbach entwickelte Spielart des *»Struktur-Verhalten-Ergebnis-Ansatzes«* besondere Bedeutung. Sie versucht, die Marktstruktur zu ermitteln, bei der eine »optimale Wettbewerbsintensität« erreicht wird. Dabei sieht Kantzenbach unter anderem einen Zusammenhang zwischen einer starken Zunahme der Marktkonzentration und einer entsprechenden Abnahme der Wettbewerbsintensität. Kritiker werfen Kantzenbach vor, in seinem Modell Marktzutrittsschranken und potenziellen Wettbewerb als wettbewerbsbelebendes Element nicht hinreichend zu berücksichtigen. Die Theorie *bestreitbarer Märkte* und verwandte Ansätze gehen davon aus, dass bei geringen Marktzutrittsschranken die Eintrittsdrohung potenzieller Wettbewerber sowohl ein kollusives Verhalten etablierter Anbieter als auch nicht hinreichend kontrollierte Verhaltensspielräume eines Unternehmens verhindern könne. Die aktuelle Konkurrenz wird kaum thematisiert; zentraler Beschäftigungsgegenstand ist die potenzielle Konkurrenz.[1]

Die deutsche Fusionskontrolle wird nicht auf einen bestimmten Theorieansatz gestützt. Dies ergibt sich schon aus dem Kriterienkatalog, den der Gesetzgeber bei der Definition der überragenden Marktstellung des § 19 Abs. 2 Nr. 2 GWB zur Prüfung einer marktbeherrschenden Stellung eingefügt hat. Maßgebend hierfür war der Gedanke, dass sich die Marktstellung eines Unternehmens in der Regel nicht allein aufgrund der Prüfung eines Strukturkriteriums (z. B. Marktanteil, aktueller oder potenzieller Wettbewerb), sondern nur anhand einer Gesamtbetrachtung aller relevanten Umstände des Einzelfalls beurteilen lässt.[2] Im Einzelfall kann dies dazu führen, dass selbst Zusammenschlüsse, bei denen hohe Marktanteile erreicht werden, nicht untersagt werden, weil andere Strukturfaktoren, wie z. B. ein leistungsfähiger, potenzieller Wettbewerb aus dem Ausland und eine nachfragestarke Marktgegenseite, aller Erwartung nach keine unkontrollierten wettbewerblichen Verhaltensspielräume der Zusammenschlussbeteiligten zulassen.[3]

Die *Theorie bestreitbarer Märkte* liefert im Rahmen der Industrieökonomie wichtige Erkenntnisse. Die entsprechenden Modellvoraussetzungen sind jedoch in der Realität kaum zu beobachten. Insbesondere die Höhe der Marktzutrittsschranken als Voraussetzung für eine wirksame Eintrittsdrohung potenzieller Wettbewerber ist in jedem Einzelfall anhand der hier geltenden Marktbedingungen zu prüfen. Insoweit kann die Theorie bestreitbarer Märkte nur eingeschränkt Hilfestellung für die Fusionskontrollpraxis bieten. In der Wettbewerbsaufsicht, die auf »Krisenmanagement« innerhalb eines Prognosezeitraums zielt, muss eine Verbindung der Beurteilung aktueller und potenzieller Konkurrenz gefunden werden. Hierbei spielt die Prüfung der tatsächlichen »Angreifbarkeit« der betroffenen Märkte – insbesondere Marktphase, Marktzutrittsschranken, potenzieller Wettbewerb – eine erhebliche Rolle.

---

[1] Zur Beschreibung des »Contestable Markets-Ansatzes« vgl. z. B. Kowalski: Die Marktprozeßanalyse der Harvard School und neuere Systemtheorie, Hamburg 1997, S. 139 ff.

[2] BT-Drs. VI/2520, S. 21 f., grundlegend WuW/E BGH 1504 »GKN-Sachs« (1978) und WuW/E BGH 1908 »SZ-Münchener Anzeigenblätter« (1982), ebenso WuW/E BGH 3037, 3041 »Raiffeisen« (1995), zu einer kritischen Auseinandersetzung mit der Praxis des Bundeskartellamtes vgl. Erb T., Jahraus J. u. a.: Konsequenzen der Globalisierung für die Wettbewerbspolitik, Frankfurt/Main u. a. 2000.

[3] Z. B. Bundeskartellamt, Beschluss v. 18.01.1999 »Babcock/Steinmüller«, S. 12 ff.

2. Der Marktbeherrschungsbegriff in der deutschen Fusionskontrolle

Nach dem Wortlaut des Gesetzes gegen Wettbewerbsbeschränkungen (GWB) gibt es drei verschiedene Möglichkeiten der Marktbeherrschung. Ein Unternehmen ist danach unter folgenden – alternativen – Voraussetzungen marktbeherrschend:

2.1 Definition

§ 19 Abs. 2 GWB:
Ein Unternehmen ist marktbeherrschend, soweit es als Anbieter oder Nachfrager einer bestimmten Art von Waren oder gewerblichen Leistungen (1.) ohne Wettbewerber ist oder (2.) keinem wesentlichen Wettbewerb ausgesetzt ist oder (3.) eine im Verhältnis zu seinen Wettbewerbern überragende Marktstellung hat.

Variante 1
Ein Unternehmen ist **keinem Wettbewerb ausgesetzt** (§ 19 Abs. 2 Nr. 1 GWB). Das Fehlen jeglichen Wettbewerbs (kein einziger konkurrierender Anbieter bzw. Nachfrager) ist lediglich ein Extremfall des Fehlens wesentlichen Wettbewerbs und hat in der Fusionskontrollpraxis des Bundeskartellamtes kaum Bedeutung.

Variante 2
Ein Unternehmen ist **keinem wesentlichen Wettbewerb ausgesetzt** (§ 19 Abs. 2 Nr. 1 GWB). Wesentlicher Wettbewerb fehlt dann, wenn ein Unternehmen auf einem bestimmten Markt in der Lage ist, sein Marktverhalten unabhängig von den möglichen Reaktionen seiner Konkurrenten zu bestimmen oder sogar durch seine marktstrategische Entscheidung die Handlungsspielräume der Wettbewerber einzuschränken. Bei der Prüfung dieser Alternative steht das Wettbewerbsgeschehen (Marktverhalten) im Vordergrund. Die Wettbewerbsparameter, die ein Unternehmen zur Sicherung eines nicht hinreichend kontrollierten Verhaltensspielraums einsetzen kann (Preis, Qualität, Forschung & Entwicklung usw.), können von Markt zu Markt sehr unterschiedlich sein. Praktische Bedeutung hat das Fehlen wesentlichen Wettbewerbs vor allem für die Feststellung von marktbeherrschenden Oligopolen und in Fällen der Einzelmarktbeherrschung mit sehr hohen Marktanteilen. Von Ausnahmen abgesehen, ist die Marktbeherrschung im Sinne des § 19 Abs. 2 Nr. 1 GWB bislang nur in Pressefällen oder bei Zusammenschlüssen im Bereich der leitungsgebundenen Energieversorgung festgestellt worden.[4]

Variante 3
Das Unternehmen nimmt **eine im Verhältnis zu seinen Wettbewerbern überragende Marktstellung** ein. Sie besteht, wenn ein Unternehmen aufgrund markt- oder unternehmensbezogener Strukturkriterien über einen von Wettbewerbern nicht hinreichend kontrollierten Verhaltensspielraum verfügt. Eine überragende Marktstellung ergibt sich insbesondere aus dem Marktanteil, der Finanzkraft, dem Zugang zu den Beschaffungs- und Absatzmärkten, den Verflechtungen mit anderen Unternehmen, den Marktzutrittsschranken und dem Fehlen von tatsächlichem oder potenziellem Wettbewerb durch im Inland oder im Ausland ansässige Unternehmen (§ 19 Abs. 2 Nr. 2 GWB). Die mit der <u>5. GWB-Novelle</u> 1990 erfolgte Erweiterung dieses exemplarischen Katalogs um die Kriterien
(1) Umstellungsflexibilität des betreffenden Unternehmens und
(2) Ausweichmöglichkeiten der Marktgegenseite
zielt auf eine **bessere Erfassung von Nachfragemacht**.
Dem liegt die Annahme zugrunde, dass insbesondere große Handelsunternehmen mit einem breiten Gesamtsortiment in ihrem Marktverhalten flexibler sind als Hersteller einzelner Konsumgüter (Sortimentsflexibilität > Produktionsflexibilität). Die Macht, die aus einer solchen vertikalen Abhängigkeit resultiert, kann zu Marktbeherrschung auf Beschaffungsmärkten führen, wenn eine für den jeweiligen Markt erhebliche Zahl von Unternehmen keine ausreichenden oder zumutbaren Absatzalternativen besitzt.[5] Vorteile gegenüber Wettbewerbern resultieren aus

---

[4] Vgl. zum Beispiel WuW/E OLG 4835, 4855 »WAZ/Iserlohner Kreisanzeiger« (1991), WuW/E BKartA 2701, 2707 »Stadtwerke Garbsen«(1994), jedoch auch WuW/E BKartA 2591 »Fresenius/Schiwa« (1993).

[5] Vgl. Begründung zum Entwurf eines Fünften Gesetzes zur Änderung des Gesetzes gegen Wettbewerbsbeschränkungen, Drucks. 11/4610 S. 11, WuW/OLG 3585 »Hussel/Mara« (1985).

Auslegungsgrundsätze

Nachfragemacht, wenn diese keine vergleichbaren Vorteile aus entsprechenden Abhängigkeitsverhältnissen ziehen können.

Die Marktbeherrschungsdefinition ist im Rahmen der 6. *GWB-Novelle* 1998 **im Wesentlichen unverändert** geblieben. Zwar hat der Gesetzgeber in den Kriterienkatalog zur Bestimmung einer überragenden Marktstellung den »*tatsächlichen oder potenziellen Wettbewerb durch innerhalb oder außerhalb des Geltungsbereiches dieses Gesetzes ansässige Unternehmen*« eingefügt. Dies dient jedoch in erster Linie der gesetzlichen Klarstellung der bisherigen Anwendungspraxis des Bundeskartellamtes, das den tatsächlichen und potenziellen Auslandswettbewerb bei der Prüfung der überragenden Marktstellung – soweit relevant – als ein wichtiges Strukturkriterium berücksichtigt. Auch der BGH hat in seiner Backofen-Entscheidung schon auf der Basis des damals geltenden Rechts festgestellt, dass die Wirkungen aktuellen und potenziellen Wettbewerbs aus dem Ausland – den tatsächlichen wirtschaftlichen Verhältnissen entsprechend – bei der Beurteilung der Frage der Marktbeherrschung in vollem Umfang in die notwendige Gesamtbetrachtung einzubeziehen sind.[6] Der BGH unterscheidet im Hinblick auf die räumliche Marktabgrenzung sogar zwischen dem **wirtschaftlichen Marktbegriff** und dem **normativen Begriff** des relevanten Marktes. Der wirtschaftlich relevante Markt wird durch die tatsächlichen Angebots- und Nachfragebedingungen bestimmt und kann europa- oder auch weltweit abzugrenzen sein. Die Beschlussabteilungen des Bundeskartellamtes gehen dementsprechend in einer Reihe von Entscheidungen von wirtschaftlich grenzüberschreitenden Märkten aus.[7]

Eine weitergehende Angleichung an das europäische Recht, das keine gesetzliche Definition der Marktbeherrschung enthält und die Entstehung oder Verstärkung marktbeherrschender Stellungen mit vergleichbaren markt- und unternehmensbezogenen Strukturkriterien prüft, hat der Gesetzgeber als nicht notwendig erachtet.[8]

2.2 Anwendungsgrundsätze

Die Aufnahme der überragenden Marktstellung mit Einführung der Fusionskontrolle resultierte aus der Schwierigkeit, mit Hilfe der Varianten 1 und 2 Fälle zu beurteilen, in denen Unternehmen mit unterschiedlichen Marktstellungen am Markt tätig sind, ohne dass sogleich erkennbar wäre, ob das herausragende Unternehmen noch Wettbewerb ausgesetzt ist oder nicht.[9] Der BGH hat aus der Entstehungsgeschichte gefolgert, dass die Optionen 2 und 3 in einem echten Alternativverhältnis zueinander stehen und die Annahme einer überragenden Marktstellung möglich bleibt, selbst wenn **wesentlicher Wettbewerb** fortbesteht.[10] Dem liegt die Auffassung zugrunde, dass in Einzelfällen ein Unternehmen, das durch seine Wettbewerber noch einem den eigenen Handlungsspielraum berührenden wesentlichen Wettbewerb ausgesetzt ist, einen so erheblichen strukturellen Vorsprung haben kann, dass es die Handlungsspielräume anderer Anbieter einschränken und möglicherweise auf Dauer wesentlichen Wettbewerb beseitigen kann.[11] Die **Bedeutung wesentlichen Wettbewerbs** ist dann in die Prüfung einzubeziehen, wenn die Gesamtbetrachtung der strukturellen Wettbewerbsbedingungen nicht schon für sich genommen ein deutliches Überragen des betroffenen Unternehmens gegenüber seinen Wettbewerbern belegt.[12] In diesem Fall kann das **tatsächliche Marktgeschehen**, d. h., einzelne hervortretende wettbewerbliche Abläufe, neben den Strukturfaktoren für die Entscheidung erheblich sein. Ist für

---

6 Vgl. WuW/E BGH 3026, 3031 »Backofenmarkt« (1995).
7 Vgl. beispielsweise Bundeskartellamt, Beschl. v. 28. 04. 1999 »Dow Chemical/Shell«; 16. 07. 1999 »PPG Industries/ICI Farben und Lacke«; 06.08.1999 »Texas Instruments/ISS«; 19.11.1999 »Siemens/NEC«; 09. 12. 1999 »Krautkrämer/NUKEM«; 07. 01. 2000 »Microsoft/Visio«; 08. 05. 1999 »Saft/Tadiran«; 21. 06. 2000 »Melitta/Schultink«.
8 Vgl. Begründung zum Entwurf eines Sechsten Gesetzes zur Änderung des Gesetzes gegen Wettbewerbsbeschränkungen, Drucks. 13/9720, WuW-Sonderheft 1998, S. 71.
9 Begründung zum Entwurf eines Zweiten Gesetzes zur Änderung des Gesetzes gegen Wettbewerbsbeschränkungen, Drucks. 265/71, S. 21.
10 Vgl. WuW/E BGH 1435, 1439 »Vitamin-B-12« (1976); WuW/E BGH 1445, 1449 »Valium« (1976); WuW/E BGH 1501, 1504 »Kfz-Kupplungen« (1978). Nachfolgende Entscheidungen halten an diesem Grundsatz fest, ohne ihn ausdrücklich zu wiederholen, vgl. z. B. WuW/E BGH 3037, 3041 »Raiffeisen« (1995).
11 Vgl. Ruppelt in: Langen/Bunte § 22 Rz. 56.
12 Vgl. WuW/E BGH 1749, 1754 f. »Klöckner-Becorit« (1980); WuW/E BKartA 2521, 2530 ff. »Zahnradfabrik Friedrichshafen/Allison« (1993); WuW/E BKartA 2591, 2602 ff. «Fresenius/Schiwa« (1993).

807

die Zeit vor dem Zusammenschluss wesentlicher Wettbewerb festgestellt, so ist zu prüfen, ob durch den Zusammenschluss die Wettbewerbsbedingungen so einschneidend verändert werden, dass der wesentliche Wettbewerb danach seine Marktmacht ausschließende Wirkung nicht mehr entfalten kann.[13] »Marktbeherrschung setzt insoweit nicht voraus, dass sich auf dem betroffenen Markt überhaupt kein Widerstand mehr dem Preisdiktat des marktführenden Anbieters entgegenstellen kann. Entscheidend ist vielmehr der ihm verbleibende Spielraum, sich gegen Preisoffensiven der Wettbewerber letztlich immer wieder zu behaupten«.[14] Eine überragende Marktstellung ist in der Regel dann zu verneinen, wenn der wesentliche Wettbewerb seinerseits auf Strukturfaktoren zurückgeführt werden kann, die durch den Zusammenschluss unberührt bleiben, und insoweit auch zukünftig von wesentlichem Wettbewerb auszugehen ist.[15]

Der Prüfung überragender Marktstellungen hat in der Fusionskontrolle des Bundeskartellamtes die größte praktische Bedeutung.[16] Sie steht daher in dieser Checkliste im Vordergrund:

- Bei der Frage der **Entstehung einer überragenden Marktstellung** kommt es darauf an, ob durch den Zusammenschluss die bisher bestehende wettbewerbliche Kontrolle des Verhaltensspielraums der Zusammenschlussbeteiligten beseitigt wird. Dies muss anhand der zu erwartenden Veränderung der Unternehmens- und Marktstrukturen (Wettbewerbsbedingungen) ermittelt werden.[17]
- Eine **überragende Marktstellung wird** durch einen Zusammenschluss von Unternehmen **verstärkt**, wenn sich dadurch die Wettbewerbsbedingungen auf dem davon betroffenen Markt weiter verschlechtern. Über die Feststellungen zum Bestehen einer überragenden Marktstellung hinaus ist dann zu prüfen, ob die bereits bestehenden nicht kontrollierten Verhaltensspielräume erweitert werden und damit funktionsfähiger Wettbewerb noch weniger wahrscheinlich wird.[18] Entstehung und Verstärkung einer marktbeherrschenden Stellung werden anhand der gleichen Faktoren begründet.

Eine Verstärkung tritt schon dann ein, wenn das Unternehmen nachstoßenden Wettbewerb nach dem Zusammenschluss besser abwehren kann als zuvor und damit seine überragende Marktstellung erhalten oder absichern kann. Die Anforderungen an den Nachweis einer Verstärkung sind umso geringer, je umfassender der betroffene Markt bereits beherrscht wird.[19] Bei bereits bestehender hoher Konzentration reichen schon geringe Verschiebungen der Marktmacht bestimmenden Größen aus, um die Verstärkungswirkung zu bejahen.[20] In diesen Fällen ist ein Zuwachs an Marktanteilen nicht unbedingt erforderlich. Andere Ressourcenzugewinne können ebenfalls Verstärkungswirkungen begründen. Beispielsweise hat der BGH bei Vertikalzusammenschlüssen in der Energieversorgung aufgrund des hier hohen Konzentrationsgrades schon geringe Strukturveränderungen, beispielsweise durch die gesellschaftsrechtliche Absicherung bestehender Lieferverträge, als ausreichende Verstärkungselemente erachtet.[21] Im Fall »Kali + Salz/PCS« war der Wegfall eines potenziellen Wettbewerbers und die

---

13 WUW/E BGH 1755 »Klöckner-Becorit« (1980).
14 WuW/E DE-R 451 »Herlitz/Landré« (1999), zuvor davon abweichende Wertung im Einzelfall WuW/E (OLG) DE-R 94, 101 ff. »Hochtief/Philipp Holzmann« (1998), hier keine Überprüfung der Entscheidung durch den BGH.
15 Grundlegend WuW/E BGH 1756 »Klöckner-Becorit« (1980).
16 Beispiele aus der neueren Entscheidungspraxis des Bundeskartellamtes: WuW/E BKartA 2729 »Hochtief/Philipp Holzmann« (1995); WuW/E BKartA 2829 »Kolbenschmidt« (1995); WuW/E BKartA »Herlitz/Landré« (1997).
17 Vgl. WuW/E BGH 2795, 2804 »Pinneberger Tageblatt« (1992)
18 Grundlegend WuW/E BGH 1685, 1691 »Springer-Elbe Wochenblatt« (1979), WuW/E BGH 2276, 2283 »Süddeutscher Verlag/Donau-Kurier« (1986);
19 Grundlegend WuW/E BGH 1501, 1509 »Kfz-Kupplungen« (1978), WuW/E BGH 1685, 1691 f. »Springer-Elbe Wochenblatt« (1979); vgl. auch WuW/E OLG 4537, 4545 »Linde/Lansing« (1990), Verstärkung durch 0,5 % Marktanteilszuwachs, insoweit bestätigt vom BGH, WuW/E BGH 2731/ 2737 »Inlandstochter« (1991); WuW/E OLG 5549, 5560 »Fresenius/Schiwa« (1995), rechtskräftig, Marktanteilszuwachs von ca. 4 %, WuW/E OLG 5879 »WMF/Auerhahn« (1997), Marktanteilszuwachs von etwa 2 %; Bundeskartellamt, Untersagungsbeschl. v. 20. 09. 1999 »Henkel/Luhns«, Rz 48, rechtskräftig, Marktanteilszuwachs von ca. 2 %; Bundeskartellamt, Untersagungsbeschl. v. 24. 06. 2000 »Melitta/Schultink« S. 34 f., Marktanteilszuwachs von 0,4 %; dagegen reichte im Fall Deutsche Post/trans-o-flex (Auslandstöchter) »ein Marktanteilszuwachs von unter 1 % – aufgrund der ansonsten geringen Ressourcenzuwächse – für die Verstärkung nicht aus, vgl. Beschl. v. 21.03. 2000, S. 8.
20 Vgl. zuletzt Bundeskartellamt Beschl. v. 12. 01. 2000, »WAZ/OTZ«, S. 28 mit weiteren Nachweisen.
21 WuW/E DE-R 32 »Stadtwerke Garbsen« (1997), WuW/E DE-R 24 »Stromversorgung Aggertal« (1997).

Erhöhung des Abwehrpotenzials im Hinblick auf den Marktzutritt neuer Wettbewerber für die Feststellung der Verstärkung entscheidend.[22]

Auch eine Intensivierung der Einflussnahme auf ein Zielunternehmen, z. B. der Wechsel von gemeinsamer zu alleiniger Kontrolle, kann eine marktbeherrschende Stellung insofern verstärken, als die Ressourcen des allein herrschenden Unternehmens nunmehr noch stärkere Wettbewerbswirkungen entfalten.[23] Sind dagegen die Marktanteile und Umsätze des erworbenen Unternehmen dem Erwerber schon vor dem Zusammenschluss bei der wettbewerblichen Betrachtung voll zuzurechnen, d. h. kommt es nicht zu entsprechenden wettbewerblichen Wirkungen durch zusätzliche Rechte oder die Ressourcenzufuhr des Erwerbers, so ist die Verstärkung einer marktbeherrschenden Stellung zu verneinen.[24]

3. Der Marktbeherrschungsbegriff im europäischen Wettbewerbsrecht

Für die europäische Missbrauchsaufsicht (Art. 82 EG) definierte der EuGH in der Rechtssache »United Brands« eine marktbeherrschende Stellung als »wirtschaftliche Machtstellung eines Unternehmens (…), die dieses in die Lage versetzt, die Aufrechterhaltung eines wirksamen Wettbewerbs auf dem relevanten Markt zu verhindern, indem sie ihm die Möglichkeit verschafft, sich seinen Wettbewerbern, seinen Abnehmern und schließlich den Verbrauchern gegenüber in einem nennenswerten Umfang unabhängig zu verhalten«.[25] Diese Definition, die sich zur Standardformel für die Kommission und die Gerichte entwickelt hat, entspricht inhaltlich der überragenden Marktstellung des § 19 Abs. 2 Nr. 2 GWB im Sinne eines nicht mehr hinreichend kontrollierten Verhaltensspielraums des betreffenden Unternehmens. Die Eingriffsschwelle des Art. 82 setzt dort an, wo ein Unternehmen in der Lage ist, sich unabhängig vom Wettbewerb zu verhalten oder die Wettbewerbsbedingungen zu kontrollieren. Wie im deutschen Recht, so spricht auch auf Ebene der EU wesentlicher Wettbewerb unter diesen Umständen nicht zwingend gegen das Vorliegen einer marktbeherrschenden Stellung.[26]

In der europäischen Fusionskontrolle orientiert sich die Kommission im Grundsatz an der Rechtsprechung zu Art. 86 EGV (Art. 82 EG). Indem die Kommission das Vorliegen einer marktbeherrschenden Stellung daran knüpft, dass das betreffende Unternehmen mit dem Zusammenschluss **in die Lage versetzt** wird, auf den betroffenen Märkten **unabhängig von Wettbewerbern und Kunden handeln zu können**, wird darüber hinaus die Parallelität zur im deutschen Recht entwickelten Definition einer überragenden Marktstellung deutlich.[27] Die Prüfung einer marktbeherrschenden Stellung orientiert sich – ähnlich wie in § 19 Abs. 2 Nr. 2 GWB – im Wesentlichen an **markt- und unternehmensbezogenen Strukturkriterien** (Art. 2 Abs. 1 a) und b) FKVO). Das dort außerdem aufgeführte Kriterium »*Berücksichtigung des technischen und wirtschaftlichen Fortschritts*« ist von der Kommission bisher nie herangezogen worden, um beim Vorliegen einer marktbeherrschenden Stellung dennoch zu einer Freigabe des Zusammenschlusses zu kommen. Sie hat immer wieder klargestellt, dass die Anwendung dieses Kriteriums nicht zur Behinderung des Wettbewerbs führen darf und Marktbeherrschung im Umkehrschluss die Erreichung eines technischen und wirtschaftlichen Fortschritts generell in Frage stelle.[28]

B. Prüfungskriterien

Die nachfolgend dargestellten unternehmens- und marktbezogenen Wettbewerbsbedingungen (Strukturfaktoren) können darüber Aufschluss geben, ob ein Unternehmen auf dem von dem

---

22 Vgl. WuW/E BKartA 2885, 2887 ff. »Kali + Salz/PCS« (1997); die Untersagung in diesem Fall gründet sich jedoch nicht auf eine bestehende überragende Marktstellung, sondern auf das Fehlen wesentlichen Wettbewerbs im Sinne des § 19 Abs. 2 Nr. 1 GWB.
23 Bundeskartellamt, Untersagungsbeschl. v. 12. 01. 2000 »WAZ/OTZ«, S. 28.
24 Bundeskartellamt, Beschl. v. 21. 03. 2000 »Deutsche Post/trans-o-flex (Auslandstöchter)«, Rz. 20.
25 EuGH 14. 02. 1978, Slg. 1978, 207, 286 Tz. 63 und 66 »United Brands«, zustimmend auch EuGH 13. 02. 1979, Slg. 1979 I, 461 Rn. 36 »Hoffmann-La Roche«.
26 Immenga/Mestmäcker: EG-Wettbewerbsrecht Kommentar, Band 1, München 1997, Art. 86, Rn. 66 f., vgl. auch z. B. Kommission, Entsch. v. 22. 09. 1999 »Airtours/First Choice«, ABl. EG 2000, L 93/1, Rn. 128 ff.
27 Kommission, Entsch. v. 02. 10. 1991 »Aérospatiale-Alenia/de Havilland«, Abl. EG 1991, L 334/42, Rn. 72.
28 Vgl. zum Beispiel Kommission, Entsch. v. 09. 11. 1994 »MSG Media Service«, ABl. 1995 Nr. L. 364/1, Rn. 100 f.; Kommission, Entsch. v. 19. 07. 1995 »Nordic Satellite Distribution«, ABl. 1996, L 53/20; Kommission, Entsch. v. 24. 04. 1996 »Gencor/Lonrho«, ABl. 1997 L 11/30.

Zusammenschluss betroffenen Markt über einen überragenden Verhaltensspielraum im Sinne des § 19 Abs. 2 GWB verfügt. Die Aufzählung ist nicht abschließend, und es sind nicht alle hier aufgeführten Kriterien für jeden Markt aussagekräftig. Im konkreten Einzelfall berücksichtigt das Bundeskartellamt in einer Gesamtschau alle für den betroffenen Markt relevanten Merkmale. Unternehmen sind Strukturvorteile gegenüber Wettbewerbern nicht nur dann zuzurechnen, wenn sie – gegebenenfalls infolge des Zusammenschlusses – eine **wirtschaftliche Einheit** bilden (Verbundklausel des § 36 Abs. 2 GWB). Der BGH geht in seiner »Raiffeisen«-Entscheidung davon aus, dass »**besondere gesellschaftsrechtliche und geschäftliche Beziehungen**«, die das am Zusammenschluss beteiligte Unternehmen zu anderen Unternehmen hat, und die daraus hervorgehenden Wirkungen einschließlich der Marktanteile bei der gebotenen Gesamtbetrachtung für die Frage einer überragenden Marktstellung zu berücksichtigen sind. Dies gelte auch dann, wenn die Voraussetzungen der Verbundklausel und damit von § 17 und § 18 Aktiengesetz nicht erfüllt seien.[29]

1. Marktanteil
Auch wenn der Marktanteil im Kriterienkatalog des § 19 Abs. 2 Nr. 2 GWB nicht ausdrücklich hervorgehoben wird, bildet er dennoch den Ausgangspunkt für die Bestimmung von Marktmacht. Auf vielen Märkten lässt der Marktanteil als wichtige marktbezogene Größe erste Rückschlüsse auf die Leistungsfähigkeit eines Unternehmens und dessen zukünftigen Verhaltensspielraum zu.[30] Ein erheblicher Marktanteil deutet auf eingeschränkte Ausweichmöglichkeiten der Marktgegenseite und einen erhöhten Verhaltensspielraum eines Unternehmens hin. Allerdings ist der Marktanteil für sich genommen nicht immer ein verlässlicher Indikator für Marktbeherrschung und unterliegt daher einer möglichen Relativierung durch andere Gesichtspunkte im Rahmen einer Gesamtbetrachtung der im Einzelfall einschlägigen Wettbewerbsbedingungen.

1.1 Grundsätze für die Marktanteilsbetrachtung
Die Marktanteilsbetrachtung ist besonders aussagekräftig, wenn neben der absoluten Höhe des Marktanteils (1.1.1) der Marktanteilsabstand zum nächsten Wettbewerber sowie die Verteilung der Marktanteile im Übrigen (1.1.2) und die Entwicklung der Marktanteile über mehrere Perioden (1.1.3) ermittelt und gewürdigt werden.

1.1.1 Absolute Höhe des Marktanteils
Je größer der absolute Marktanteil eines Unternehmens ausfällt, desto wahrscheinlicher ist, dass es über einen unkontrollierten Verhaltensspielraum verfügt. Mit steigendem Marktanteil wächst die Fähigkeit des Unternehmens, den Einsatz der Wettbewerbsparameter anderer Marktteilnehmer zu beschränken.
Die Bedeutung des absoluten Marktanteils als Strukturkriterium im Rahmen der Fusionskontrolle wird durch die an einem Marktanteil von einem Drittel anknüpfende **Marktbeherrschungsvermutung** des § 19 Abs. 3 Satz 1 GWB unterstrichen. Erreicht oder überschreitet der Marktanteil eines U diese Schwelle, so wird Einzelmarktbeherrschung vermutet. Damit wachsen gleichzeitig die Anforderungen an den Nachweis, dass – entgegen der Vermutung – keine überragende Marktstellung besteht. Die Monopolvermutung des § 19 Abs. 3 Satz 1 GWB enthält zwar – im Gegensatz zur Oligopolvermutung des § 19 Abs. 3 Satz 2 GWB – keine explizite Umkehr der materiellen Beweislast. Schon wegen des Risikos, die Wettbewerbsbehörde könne widerlegende Fakten übersehen, verstärkt jedoch auch die Monopolvermutung faktisch die Darlegungslast der Unternehmen.[31] Im Ergebnis entfaltet die Monopolvermutung nur dann Wirkung, wenn nach Ausschöpfen der Ermittlungspflichten des Bundeskartellamtes und der Prüfung durch die Gerichte eine marktbeherrschende Stellung weder auszuschließen noch zu bejahen ist.[32] Sind die Voraussetzungen sowohl für die Vermutung der Marktbeherrschung durch ein Unternehmen als auch für die Vermutung der Marktbeherrschung durch mehrere Unternehmen erfüllt, so kommt es für

---
29 WuW/E BGH 3037, 3040 »Raiffeisen« (1995).
30 WuW/E BGH 1905, 1908 »Münchener Anzeigenblätter«, zuletzt Bundeskartellamt, Untersagungsbeschl. v. 21.06.2000 »Melitta/Schultink«, S. 20.
31 Vgl. zur insoweit unveränderten Regelung des § 22 Abs. 3 Nr. 1 GWB[alt] Ruppelt in Langen/Bunte, § 22 Rz. 61 f.
32 Grundlegend WuW/E BGH 2231, 2237 f. »Metro/Kaufhof« (1986), vgl. auch WuW/E BGH 3037, 3039 »Raiffeisen« (1995).

die Prüfung darauf an, wo der Schwerpunkt liegt.[33] Entscheidend für die Anwendung der einen oder anderen Vermutung ist das Innenverhältnis zwischen den führenden Marktteilnehmern.[34] Aufgrund der gebotenen Gesamtbetrachtung aller relevanten Strukturkriterien dient die Vermutung des § 19 Abs. 3 Satz 1 GWB in der Regel als erster Anhaltspunkt für eine marktbeherrschende Stellung.[35] (zur Prüfung von Marktbeherrschung unterhalb der Vermutungsschwellen, siehe im folgenden Abschnitt 1.1.2).

Die Marktanteile einzelner Anbieter auf dem betroffenen Markt sind dann zu relativieren, wenn sie beim Angebot der betroffenen Produkte oder Dienstleistungen auf **Vorlieferungen von Wettbewerbern** angewiesen sind. In einer solchen Konstellation kann die Marktanteilsbetrachtung nur sehr bedingt Anhaltspunkte für die Beurteilung des Wettbewerbspotenzials der auf einem Markt tätigen Unternehmen geben.[36]

1.1.2 Marktanteilsabstände und Verteilung der Marktanteile im Übrigen

Der Marktanteilsabstand und die Verteilung der Marktanteile geben über die Fähigkeit der Wettbewerber Aufschluss, der Marktgegenseite Ausweichmöglichkeiten anzubieten, sollte der Marktführer seine Verhaltensspielräume in wettbewerbsbeschränkender Weise ausnutzen. Ergänzend hierzu können Herstellungskapazitäten der Wettbewerber und deren Auslastungsgrad herangezogen werden.[37]

Je größer der Marktanteilsabstand zum nächsten Wettbewerber ausfällt und je zersplitterter die Marktanteile der übrigen Wettbewerber sind, desto wahrscheinlicher ist ein wettbewerbsbeschränkender Verhaltensspielraum des Markt(anteils)führers.[38] Dies gilt in verstärktem Maße, wenn die vom Zusammenschluss betroffenen Märkte mittelständisch geprägt sind.[39]

Absoluter **Marktanteil** und **Marktanteilsabstand** stehen darüber hinaus in einer **Wechselbeziehung**. Nach der Rechtsprechung kommt dem Marktanteilsvorsprung bei relativ geringen absoluten Marktanteilen eine »möglicherweise sehr erhebliche« Indizwirkung zu. Gerade im Fall eines absolut niedrigen Marktanteils sei besonders eingehend zu prüfen, ob der Marktanteilsvorsprung – unter Berücksichtigung anderer Strukturkriterien – so gefestigt sei, dass von einem wettbewerblich nicht mehr hinreichend kontrollierten Verhaltensspielraum ausgegangen werden könne.[40] Vermitteln besondere Umstände den Parteien hingegen eine wesentlich stärkere Marktstellung, als dies der gemeinsame Marktanteil vermuten ließe, so kommt auch bei vergleichsweise geringen Marktanteilen eine Untersagung in Betracht.[41]

---

33 Richter, in: Wiedemann (Hrsg.), Handbuch des Kartellrechts, München 1999, § 20, Rz. 92; WuW/E OLG 3051, 3070 »Morris/Rothmans« (1983); WuW/E OLG 3759, 3765 »Pillsbury/Sonnen-Bassermann« (1985); zuletzt Bundeskartellamt, Beschl. v. 23.03.2000 »TNT-NET Express/NET Nachtexpress«, S. 5 f.
34 WuW/E BKartA 2669, 2674 »Lindner Licht GmbH« (1994), vgl. hierzu auch Monopolkommission HG 1994/95, Rz. 632.
35 Analog zu den Marktbeherrschungsvermutungen des GWB sehen die Horizontal Merger Guidelines der U.S.-amerikanischen Wettbewerbsbehörden die Vermutung der Marktbeherrschung ab einer bestimmten Marktkonzentration bzw. einer signifikanten Verstärkung dieser Konzentration durch den Zusammenschluss vor (Konzentrationsmessung mit Hilfe des Herfindahl-Hirshman-Index). Auch diese Marktbeherrschungsvermutung, die in der Regel ab einem Konzentrationsgrad von etwa 1.800 Punkten einsetzt, ist im Rahmen einer Gesamtbetrachtung der im Einzelfall relevanten Wettbewerbsbedingungen widerlegbar.
36 Bundeskartellamt, Beschl. v. 02.07.1999 »Corning/BICC«, S. 13.
37 WuW/E OLG 1752 »GKN-Sachs« (1978), WuW/E BKartA 2885, 2887 f. »Kali + Salz/PCS« (1997).
38 WuW/E BGH, 2150, 2155 f. »Edelstahlbestecke« (1985); Beispiele aus der neueren Entscheidungspraxis des Bundeskartellamtes: WuW/E BKartA 2729, 2750 »Hochtief/Philipp Holzmann« (1995), WuW/E BKartA 2894, 2898 »Herlitz/Landré« (1997), BKartA WuW/E DE-V 145 »Pflederer/Coswig« (1999), für die Oligopolbetrachtung: Bundeskartellamt, Beschluss v. 03.07.2000 »RWE/VEW«, S. 47 ff.
39 WuW/E BKartA 2820 »Straßenmarkierungsmaterial« (1995).
40 Im Fall »Kaufhof/Saturn« hat der BGH dies verneint. Die beteiligten Unternehmen würden sowohl vor als auch nach dem Zusammenschluss über keine signifikanten Wettbewerbsvorsprünge ihren Wettbewerbern gegenüber verfügen, WuW/E BGH 2772, 2774 f. »Kaufhof/Saturn« (1992). Auch im Fall »Beck/Nomos« wurde die Frage der Marktbeherrschung trotz vergleichsweise geringer Marktanteile eingehend geprüft, vgl. Bundeskartellamt, Beschl. v. 09.11.1999 »Beck/NOMOS«, Rz. 19, 22.
41 Grundlegend WuW/E OLG 2862, 2863 f. »REWE/Florimex«; Marktbeherrschung bei Marktanteilen von etwa 34 % aufgrund von Ressourcenvorsprüngen, WuW/E BKartA 2729 »Hochtief/Philipp Holzmann« (1995); ebenso Auffassung der Kommission im Fall Hutchinson/ECT/RMPM (Marktbeherrschung bei einem Markt-

1.1.3 Marktanteilsentwicklung

Die Entwicklung der Marktanteile über mehrere Perioden kann ebenfalls Hinweise auf das Bestehen oder Nicht-Bestehen einer überragenden Marktstellung geben. Wettbewerb ist ein dynamischer Prozess von Vorstößen einzelner und des Aufholens anderer Unternehmen. Auf einem durch Wettbewerb gekennzeichneten Markt kommt es in der Regel zu **Marktanteilsschwankungen im Zeitablauf**. So wie ein dauerhaft hoher Marktanteil ein Anhaltspunkt für einen unkontrollierten Verhaltensspielraum ist, können Marktanteilsschwankungen – verbunden mit wechselnder Marktführerschaft – oder anhaltend starke Marktanteilsverluste dagegen sprechen.

Das Bundeskartellamt analysiert daher in der Regel die **zeitliche Entwicklung** der Marktanteile auf dem relevanten Markt über mehrere Jahre. Die Betrachtung der Marktanteilsentwicklung hat gegenüber einer Momentaufnahme den Vorteil, dass sie mögliche Entwicklungen der Marktstellungen der Marktteilnehmer aufdeckt.

In Fällen, in denen Produkte, z.B. **langlebige Investitionsgüter**, in der Regel nur in großen zeitlichen Abständen und im Rahmen langfristiger Verträge nachgefragt werden, kann zudem nur eine Marktanteilsbetrachtung über eine längeren Zeitraum überhaupt Aufschluss über die wettbewerbliche Auseinandersetzung auf diesem Markt geben.

Bei der Betrachtung der Marktanteile im Zeitablauf sind die möglichen **Ursachen für die Marktanteilsentwicklung** zu berücksichtigen. Häufig lassen sich hieraus grundsätzliche Rückschlüsse auf die Angreifbarkeit der Marktstellung des betroffenen Unternehmens herleiten. So lassen Marktanteilsverluste bei starkem Preiswettbewerb Marktbeherrschung unwahrscheinlich werden. Gleiches gilt für die Erwartung erheblicher Marktanteilsabschmelzungen aufgrund einer entsprechenden Umstellung der Lieferbeziehungen von Seiten der Abnehmer.[42] Leichte Schwankungen oder Verluste beim Marktanteil in der Vergangenheit stehen einer Marktbeherrschung in der Regel jedoch nicht entgegen.[43] Konnte der Marktführer seine Marktanteile im Zeitablauf konstant halten oder sogar ausbauen, so ist dies ein starkes Indiz für die Unangreifbarkeit seiner Marktposition.[44] Abschmelzverluste infolge von Zusammenschlüssen sind insbesondere dann nicht zu erwarten, wenn neben den Marktanteilszuwächsen spürbare Strukturvorteile des betreffenden Unternehmens gegenüber Wettbewerbern vorliegen oder sich diese Strukturvorteile nach einem (teilweise) schon vollzogenen Zusammenschluss im Wettbewerb bereits bemerkbar gemacht haben.[45] Selbst erhebliche Marktanteilsabschmelzungen nach Vollzug eines Zusammenschlusses stellen eine marktbeherrschende Stellung des betreffenden Unternehmens nicht in Frage, soweit weiterhin erhebliche Wettbewerbsvorteile gegenüber den Wettbewerbern bestehen (z.B. hoher Marktanteilsabstand, Ressourcenvorteile).[46]

1.2 Berechnung von Marktanteilen

Die Rechtsprechung versteht den Marktanteil – insbesondere bei heterogenen Produkten – in der Regel als den durch den Umsatz ausgedrückten **Wertanteil** eines Produktes am Markt und nicht als Mengenanteil. Andere Berechnungsmethoden können in bestimmten Konstellationen aussagekräftiger sein oder Ermittlungsschwierigkeiten im Hinblick auf Umsatzzahlen auffangen. Dies galt in der Vergangenheit beispielsweise für Märkte in der Bauwirtschaft bzw. im Rüstungssektor (Auftragsvolumina)[47] oder im Luftverkehr (Passagieraufkommen). Verbleibende Unsicherheiten im Hinblick auf die Marktabgrenzung (z.B. hinsichtlich des für das Marktvolu-

---

anteil von 36% aufgrund hoher Marktanteilsabstände und einer starken Position im Umschlaggeschäft für Fernostfracht). Die Anmeldung wurde von den Unternehmen vor Untersagung zurückgenommen.
42 Bundeskartellamt, Beschl. v. 16.06.1999 »Eramet/Cogema/Elkem, S. 10f.
43 Vgl. z.B. WuW/E OLG 5549, 5560 »Fresenius/Schiwa« (1995), WuW/E OLG 5879, 5883 »WMF/Auerhahn« (1997); WuW/E BKartA 2829, 2837 »Kolbenschmidt«.
44 Bundeskartellamt, Beschl. v. 20.09.1999 »Henkel/Luhns«, Rz 34f. Im vorliegenden Fall konnte Henkel seine Marktposition sogar in einem wettbewerblich schwierigen Umfeld – Verringerung des Marktvolumens, Marktanteilsgewinne durch Handelsmarkenhersteller zulasten von Erstmarkenherstellern – ausbauen.
45 WuW/E OLG 5271, 5283 »Marktabgrenzung Großbacköfen« (1993), bestätigt durch den BGH, WuW/E 3026, 3032f.
46 WuW/E OLG 5549, 5560 »Fresenius/Schiwa« (1995), rechtskräftig, WuW/E (OLG) DE-R 451, 457 »Herlitz/Landré«.
47 Vgl. zum Beispiel WuW/E BKartA 2729, 2740ff. »Hochtief/Philipp Holzmann« (1995); WuW/E BKartA 2335, 2345ff. »Daimler-MBB« (1989)

men zugrundezulegenden räumlichen Marktes) können durch Toleranzschwellen bei der Marktanteilsberechnung aufgefangen werden.[48]

Grundsätzlich entspricht der **Marktanteil zusammengeschlossener Unternehmen** der Summe der zuvor von ihnen allein erzielten Marktanteile.[49] Wirken durch einen Zusammenschluss mehrere Unternehmen derart zusammen, dass sie gemeinsam einen beherrschenden Einfluss auf ein drittes Unternehmen ausüben, ohne dass die herrschenden Unternehmen ihrerseits eine wirtschaftliche Einheit bilden (§ 36 Abs. 2 Satz 2 GWB – **Gemeinschaftsunternehmen**), so ist doch regelmäßig der Ausschluss des Binnenwettbewerbs zwischen ihnen die Folge und sind die Marktanteile aller beteiligten Unternehmen zusammenzuzählen. Beim **Vermögenserwerb** ist für die Marktanteile des Veräußerers nur auf den veräußerten Vermögensteil abzustellen (§ 38 Abs. 5 GWB). Besondere gesellschaftsrechtliche und geschäftliche Beziehungen zwischen Marktteilnehmern **unterhalb der Verbundklausel** sind bei der Beurteilung der Marktstruktur im Rahmen der gebotenen Gesamtbetrachtung zu berücksichtigen.[50]

Eine **Eigenfertigung von Nachfragern oder anderen Anbietern**, die dann als potenzielle Wettbewerber in Betracht kommen, sind in die Marktanteilsberechnungen nicht einzubeziehen. Dies gilt allerdings nicht für die Anteile der Produktion, mit denen Dritte beliefert werden. Der Gesichtspunkt der Eigenfertigung kann im Rahmen der Gesamtwürdigung, insbesondere bei der Prüfung von Marktzutrittsschranken, als potenzieller Wettbewerb von erheblicher Bedeutung sein.[51]

2. Ressourcenbetrachtung, insbesondere Finanzkraft

Überlegene **Finanzkraft** kann einem Unternehmen Verhaltensspielräume – insbesondere bei den Wettbewerbsparametern Preis, Investitionen, Forschung und Werbung – verschaffen. Gleiches gilt beispielsweise für ein umfassendes **Produktionsprogramm bzw. Sortiment**[52] oder **branchen- und marktspezifische, insbesondere technologische Ressourcen**[53]. Überlegene Ressourcen führen zu einer überragenden Marktstellung, wenn sie die Ausweichmöglichkeiten der Nachfrager begrenzen und bei den Wettbewerbern **Entmutigungs- und Abschreckungseffekte** hervorrufen. Gegebenenfalls wird ein Gewinntransfer und Verlustausgleich über verschiedene Märkte hinweg möglich.[54] Wirkungen dieser Art zeigen sich darin, dass aktuelle Wettbewerber vom aktiven Parametereinsatz und potenzielle Wettbewerber vom Markteintritt absehen.[55]

Die Erwartung, dass überlegene Ressourcen auch eingesetzt werden, muss fundiert sein. Ihre Berücksichtigung auf Märkten, auf denen sie lediglich eine untergeordnete Rolle spielen, scheidet aus.[56] Die Rechtsprechung stellt hierbei ab auf Marktrelevanz und unternehmerische Zielsetzungen, z. B. im Sinne von Diversifikationsstrategien. Der Vorwurf des Spekulativen bei der fusionsrechtlichen Begründung von Ressourcenmacht kann entkräftet werden, wenn Ressourcenpotenzial, starkes Interesse am Ressourceneinsatz, Marktrelevanz des Ressourcenpotenzials und schwache Reaktionsmöglichkeiten von aktuellen und potenziellen Wettbewerbern zusammenfallen.[57]

2.1 Bemessung von Finanzkraft

Das Bundeskartellamt verwendet zur Beurteilung der Finanzkraft eines Unternehmens eine Vielzahl von Kriterien, wie zum Beispiel Umsätze, Cash Flow, Gewinne, liquide Mittel, Jahresüberschuss oder den Zugang zu nationalen und internationalen Kapitalmärkten. Umsätze sind

---

48 Vgl. auch KG, Beschl. v. 18.01.2000 »Tariftreueerklärung II«, noch unveröffentlicht.
49 WuW/E OLG 3767, 3771 »Niederrheinische Anzeigenblätter« (1986), Immenga/Mestmäcker § 22, Rn. 59.
50 WuW/E BGH 3037, 3040 »Raiffeisen« (1995), Bundeskartellamt, Beschl. v. 13.01.1999 »CP Ships/Transportación Marítima Mexicana«, Rz. 17, kein Wettbewerb zwischen Mitgliedern (Reedereien) einer Linienkonferenz.
51 WuW/E BGH 1501 »GKN-Sachs« (1978), WuW/E BGH 2575, 2579 »Kampffmeyer-Plange« (1989), zuletzt Bundeskartellamt Beschl. v. 01.06.1999 »Heitkamp/Deilmann-Haniel«, S. 13 f.
52 WuW/E BKartA 2521, 2530 f. »Zahnradfabrik Friedrichshafen/Allison« (1993).
53 WuW/E BGH 1858 ff. »Springer-Münchener Zeitungsverlag«, Bundeskartellamt, Beschl. v. 20.09.1999, »Henkel/Luhns«, S. 27 ff.
54 WuW/E BKartA 1753, 1758 »bituminöses Mischgut« (1978).
55 WuW/E BGH 1510 »GKN/Sachs« (1978), Monopolkommission: HG 1982/83, S. 237, Rn. 786.
56 Keine große Bedeutung pressebezogener Ressourcen von Wettbewerbern auf dem relevanten Lesermarkt, vgl. WuW/E BKartA 2641, 2644 »Sarstedter Kurier-Kreisanzeiger« (1994), rechtskräftig; WuW/E BKartA 2591, 2600 »Fresenius/Schiwa« (1993), Bundeskartellamt, Beschl. v. 12.07.1999 »Beeck/Homann«, S. 5 f.
57 Möschel in: Immenga/Mestmäcker, § 22 Rn. 63.

im Hinblick auf den Umfang der für Finanzverschiebungen innerhalb eines Unternehmens zur Verfügung stehenden Mittel – für sich genommen – nur eingeschränkt aussagekräftig und insofern nicht immer ein geeignetes Indiz für die Finanzkraft eines Unternehmens.[58] Die Monopolkommission ist der Auffassung, dass der Nettozufluss finanzieller Mittel am besten aus der Eigenfinanzierungskraft eines Unternehmens, gemessen am »Cash-Flow«, ermittelt werden kann.[59] Neben dem Cash Flow können die Möglichkeit der Fremdfinanzierung unter Einbeziehung der verbundenen Unternehmen, die in der Bilanz ausgewiesenen liquiden Mittel oder die in der Vergangenheit getätigten Investitionen weitere Indikatoren für die Finanzkraft eines Unternehmens darstellen.[60] Zunehmend sind auch Gewinnmöglichkeiten innovativer Unternehmen, beispielsweise im Hinblick auf die Kursentwicklung von Technologieaktien, in die Ressourcenbetrachtung einzubeziehen.[61]

2.2 Entmutigungs- und Abschreckungseffekte durch Finanzkraft
Entmutigungs- und Abschreckungseffekte auf Seiten der Wettbewerber infolge überlegener Finanzkraft sind dann zu erwarten, wenn aus der Sicht der Wettbewerber ein Einsatz der überlegenen Ressourcen durch die sich zusammenschließenden Unternehmen erfolgversprechend und damit wahrscheinlich ist. Näheren Aufschluss hierüber geben u.a. die Verfügbarkeit freier Kapazitäten zur kurzfristigen Erhöhung des Angebots durch das finanzkräftige Unternehmen, die Möglichkeit der Nachfrager zum Lieferantenwechsel, die Fähigkeit der Konkurrenten, erfolgversprechend mit nicht finanzkraftabhängigen Parametern reagieren zu können und die Bedeutung des betroffenen Marktes für die Tätigkeit des finanzstarken Unternehmens insgesamt. Ferner sind die Marktzutrittsschranken und die Marktphase von Bedeutung für den erfolgversprechenden Einsatz von Verdrängungs- und Disziplinierungsstrategien.

Der finanzielle Rückhalt eines Unternehmens kann insbesondere in Märkten wichtig werden, die starken konjunkturellen Schwankungen unterliegen, auf denen hohe Anforderungen an Forschung und Entwicklung oder gestellt werden[62] oder hohe Marketingaufwendungen erforderlich sind[63]. Darüber hinaus kommt der Finanzkraft des Erwerbers dann eine besondere Bedeutung zu, wenn das Marktgeschehen durch einen hohen Preisdruck bestimmt wird[64] oder Vorfinanzierungen, hohe Kalkulationskosten und Gewährleistungsrisiken eine erhebliche Bedeutung spielen[65]. Gleiches gilt, wenn Verdrängungsstrategien über eine nicht kostendeckende Preissetzung auf den betroffenen Märkten – beispielsweise aufgrund mittelfristig guter Gewinnchancen und einer weitgehend mittelständisch strukturierten Anbieterstruktur – erfolgversprechend sind.[66]

Die Monopolkommission misst der Finanzkraft auch bei **konglomeraten Zusammenschlüssen** erhebliche Bedeutung bei. Bei Zusammenschlüssen, bei denen weder entwicklungs-, produktions- noch absatztechnische Verbundvorteile auftreten, können nach ihrer Auffassung Wettbewerbswirkungen durch die Zusammenfassung von Ressourcen entstehen.[67] Allerdings führt nicht schon der Zuwachs an Finanzkraft als solcher zur Verschlechterung der Marktstrukturen, sondern nur dann, wenn eine wettbewerbsbeschränkende Wirkung unter Berücksichtigung der konkreten Marktverhältnisse wahrscheinlich ist. Dabei ist auch hier zu prüfen, ob die zufließenden finanziellen Ressourcen geeignet sind, neue Wettbewerber vom Marktzutritt und aktuelle Wettbewerber von innovativen Vorstößen oder nachstoßendem Wettbewerb abzuhalten.[68]

Die **Verstärkung bestehender Marktbeherrschung** ist dann sehr wahrscheinlich, wenn einem marktbeherrschenden Unternehmen mit einem erheblichen Marktanteil zusätzlich Finanzkraft zuwächst. Dies gilt insbesondere dann, wenn der Erwerber bereits in erheblichem Umfang im

---
58 Vgl. auch WuW/E BGH 2575, 2582 »Kampffmeyer-Plange« (1989).
59 Monopolkommission: HG 1982/83, S. 239, Rn. 795; vgl. auch WuW/E (OLG) DE-R 451, 456 »Herlitz/Landré«.
60 WuW/E BKartA 2729, 2748 ff. »Hochtief/Philipp Holzmann« (1995)
61 Vgl. Bundeskartellamt, Beschl. v. 03.03.2000 »Cisco/IBM«, S. 21
62 Möschel in: Immenga/Mestmäcker § 22 Rn. 63.
63 Bundeskartellamt, Untersagungsbeschl. v. 21.06.2000 »Melitta/Schultink«, S. 25.
64 WuW/E BKartA 2820 »Straßenmarkierung« (1995).
65 WuW/E BKartA 2729, 2750 »Hochtief/Philipp Holzmann« (1995).
66 Zuletzt Bundeskartellamt, Untersagungsbeschl. v. 21.06.2000 »Melitta/Schultink«, S. 24 ff., Beschluss v. 03.07.2000 »RWE/VEW«, S. 77.
67 Monopolkommission: HG 1982/83, S. 237 Rn. 786.
68 Ruppelt in: Langen/Bunte § 24 Rn. 32, grundlegend WuW/E BGH 1501, 1510 »Kfz-Kupplungen« (1978).

wettbewerblichen Umfeld oder sogar im Markt des erworbenen Unternehmens tätig ist[69] oder mit dem Zusammenschluss unternehmerische Zielsetzungen verfolgt, die insbesondere in Kapitalzuführungen, Investitions- und Expansionsplänen zum Ausdruck kommen können[70].
Das Vorhandensein anderer finanzkräftiger Wettbewerber kann die Annahme einer überragenden Marktstellung eines Unternehmens ausschließen.[71] Bei der Prüfung von Verdrängungsstrategien kann sich das Vorhandensein weiterer finanzkräftiger Wettbewerber zugunsten kleinerer Anbieter wie eine Art Schutzschild auswirken, wenn in solchen Fällen Verdrängungsstrategien auf Dauer nicht erfolgversprechend sind.[72]

2.3 Entmutigungs- und Abschreckungseffekte durch andere Ressourcen

Auch im Hinblick auf andere Ressourcen ist zu prüfen, wie sich entsprechende Vorsprünge auf den betroffenen Märkten auswirken. In Märkten, in denen Kundenkontakte und das Vertrauen von Anwendern in ein etabliertes und umfassendes Produktangebot eine große Rolle spielen, können **Sortimentsvielfalt, Produktionsvolumina und etablierte Vertriebsstrukturen** an die Stelle der Finanzkraft als einem zentralen Wettbewerbsparameter treten.[73] In forschungs- und entwicklungsintensiven Märkten können qualifizierte **personelle Ressourcen** oder ein erhebliches **Innovationspotenzial** Bedeutung erlangen.[74]

Einzelmarktbeherrschung aufgrund von Ressourcenmacht ist besonders in den Märkten wahrscheinlich, in denen die Zusammenschlussbeteiligten aufgrund anderer Strukturkriterien bereits eine starke Marktstellung innehaben, die durch die vorhandenen Ressourcen weiter verstärkt wird. Dies gilt beispielsweise, wenn ein ressourcenstarkes Unternehmen über einen erheblichen Marktanteil verfügt. Verstärkungswirkungen können auch Folge von Kompetenzzuwächsen im Bereich Forschung und Entwicklung oder Sortimentserweiterungen sein.[75] Selbst wenn ein Unternehmen durch einen Ressourcenzuwachs nur einen – beispielsweise technologischen – Rückstand aufholt, ist die Entstehung oder Verstärkung einer überragenden Marktstellung nicht ausgeschlossen. Die Funktionsfähigkeit des Wettbewerbs kann dadurch eingeschränkt werden, dass eine von Wettbewerbern eingesetzte Technik nach einem Zusammenschluss auch dem Marktführer zur Verfügung steht.[76]

3. Zugang zu den Beschaffungs- oder Absatzmärkten

Ein im Vergleich zu Wettbewerbern besserer Zugang zu den Beschaffungs- oder Absatzmärkten kann einem Unternehmen eine überragende Marktstellung verschaffen. Dies gilt insbesondere dann, wenn ein markt(anteils)starkes Unternehmen aufgrund seines hervorragenden Zugangs zu den Beschaffungs- oder Absatzmärkten seinen Konkurrenten den Zugang zu diesen Märkten erschweren oder gar verschließen kann (Erhöhung der Marktzutrittsschranken).

Der Marktschließungseffekt tritt in der Entscheidungspraxis des Bundeskartellamtes vornehmlich in folgenden Konstellationen auf:

- Ein Unternehmen ist nicht nur auf dem betroffenen Markt, sondern zugleich auf einem wichtigen vor- oder nachgelagerten Markt tätig (**vertikale Integration**) und nimmt auf beiden Märkten zumindest marktstarke Stellungen ein (unten 3.1).
- Eine dem Marktschließungseffekt vergleichbare, wenngleich meist weniger rigide Wettbewerbsbeschränkung kann durch das **Angebot eines Sortiments** verursacht werden, sofern Konkurrenten des Sortimentsanbieters kein oder nur ein weniger breites Sortiment von Waren oder Dienstleistungen anbieten können. Gleiches gilt – bei entsprechender Nachfrage – für das

---

69 Vgl. WuW/E BGH 1501, 1511 »GKN-Sachs« (1978), WuW/E BGH 2771, 2775 »Kaufhof/Saturn« (1992).
70 Vgl. WuW/E BGH 2150, 2157 »Edelstahlbestecke« (1985).
71 WuW/E BGH 1711, 1717 »Mannesmann-Brueninghaus« (1980); zuletzt: Bundeskartellamt Beschl. v. 02. 03. 1999 »Rheinpfalz/Hock«, Rz. 27.
72 Möschel in: Immenga/Mestmäcker, § 22 Rn. 64.
73 WuW/E BKartA 2591, 2600 f. »Fresenius/Schiwa« (1993).
74 Bundeskartellamt, Beschl. v. 20. 09. 1999 »Henkel/Luhns«, Rz. 41 ff. Im Fall »Corning/BICC« hat das Bundeskartellamt erhebliche Forschungs- und Entwicklungskapazitäten für den Erwerber identifiziert, die Entstehung einer überragenden Marktstellung des in Deutschland marktstarken erworbenen Unternehmens aufgrund der ebenfalls ressourcenstarken Wettbewerber jedoch verneint, Beschl. v. 02. 07. 1999, S. 15; vgl. auch Bundeskartellamt, Beschl. v. 03. 03. 2000 »Cisco/IBM«, Rz. 88 ff.
75 WuW/E BKartA 2521, 2533 f. »Zahnradfabrik Friedrichshafen/Allison« (1993).
76 WuW/E BGH 3026, 3033 »Backofenmarkt« (1995).

Angebot von **Komplettsystemen**, wenn die Wettbewerber lediglich Komponenten des Systems anbieten und nicht über eine vergleichbare »Systemfähigkeit« verfügen (unten 3.2).
- Auch **ressourcenbedingte Wettbewerbsvorteile** können einem Unternehmen einen hervorragenden Zugang zu Beschaffungs- oder Absatzmärkten verschaffen (unten 3.3).

3.1 Vertikale Integration

Marktschließungseffekte infolge eines vertikalen Zusammenschlusses stärken in der Regel die Marktstellung der beteiligten Unternehmen. Sie können zur Entstehung oder Verstärkung einer überragenden Marktstellung führen, indem sie nicht vertikal integrierten Konkurrenten vorstoßenden Wettbewerb (weiter) erschweren und für potenzielle Wettbewerber die Marktzutrittsschranken erhöhen. Dies gilt auch für den Fall, dass das vertikal integrierte Unternehmen nicht auf dem Produktmarkt, sondern auf dem vor- oder nachgelagerten Markt eine marktbeherrschende Stellung inne hat.

Nach der Entscheidungspraxis des Bundeskartellamtes drohen entsprechende Marktschließungseffekte beispielsweise dann, **wenn maßgebliche Wettbewerber** auf das Angebot bzw. die Nachfrage gerade durch das vertikal integrierte Unternehmen **angewiesen sind**. Dies gilt insbesondere, wenn die vertikale Integration auf knappe Rohstoffe/Ressourcen zielt.[77] So hat das Bundeskartellamt in der Verbindung eines marktbeherrschenden Herstellers von Triebwerken für militärische Flugzeuge und Hubschrauber mit dem marktbeherrschenden Anbieter von militärischen Flugzeugen und Hubschraubern die Verstärkung der überragenden Marktstellung gesehen.[78]

Bestehende **Lieferbeziehungen** werden in der Regel durch eine Kapitalbeteiligung abgesichert und entfalten insoweit marktrelevante Wirkungen. Das Vordringen eines Herstellers von Kolbenringen in den nachgelagerten Markt der Kolben führt zur Verstärkung einer marktbeherrschenden Stellung, da hierdurch die Abnahme der eigenen Produkte oder Dienstleistungen sichergestellt wird und die Nachfrage des Erwerbers dem Markt dauerhaft entzogen wird.[79]

Überragende Marktstellungen infolge vertikaler Integration kommen nicht nur dann in Betracht, wenn ein Unternehmen auf zwei Marktstufen zugleich tätig ist oder zwei auf verschiedenen Marktstufen vertretene Unternehmen eine wirtschaftliche Einheit bilden (§ 36 Abs. 2 GWB). Ein hervorragender Zugang zu den Beschaffungs- oder Absatzmärkten kann schon aufgrund von **Verflechtungen mit Lieferanten oder Abnehmern** im Wege von Minderheitsbeteiligungen bestehen.[80] Eine entsprechende gesellschaftsrechtliche Absicherung von Lieferverträgen führt im Einzelfall nur dann nicht zur Verstärkung einer marktbeherrschenden Stellung, wenn eine alternative Belieferung durch ein drittes Unternehmen aufgrund technischer oder wirtschaftlicher Hürden ohnehin nicht zu erwarten ist.[81]

Die Frage des Zugangs zu den Absatzmärkten über einen Vertikal-Zusammenschluss spielte auch in den ähnlich gelagerten Fällen »ASV/Postdienst-Service« und »ASV/Stilke« eine herausragende Rolle.[82] In beiden Fällen wurde die Beteiligung des Axel Springer Verlags an Unternehmen des Presseeinzelhandels untersagt. Im Fall ASV/Stilke stützte das Bundeskartellamt seine Untersa-

---

77 Ruppelt in: Langen/Bunte, § 24, Rn. 30, vgl. auch Kommission, Entsch. v. 03.05. 2000 »Alcoa/Reynolds«, S. 34 ff. noch unveröffentlicht.
78 WuW/E BKartA 2335, 2346 »Daimler Benz/MBB« (1989), entsprechend auch Kommission, Entsch. v. 03.05. 2000 »Alcoa/Reynolds«, S. 34 f., noch unveröffentlicht.
79 WuW/E BKartA 2829, 2837 f. »Kolbenschmidt« (1995), WuW/E BGH 1949, 1952 f. »Braun-Almo« (1982).
80 So kann auch die gesellschaftsrechtliche Absicherung des Strom- bzw. Gasabsatzes über (Minderheits-)Beteiligungen von Energieversorgungsunternehmen an Weiterverteilern zur Verstärkung marktbeherrschender Stellungen auf den betroffenen Weiterverteilungsmärkten führen. Im Fall »Stromversorgung Aggertal« hat der BGH hervorgehoben, dass – in Anbetracht des hohen Konzentrationsgrades auf den Energieversorgungsmärkten – die Verstärkungswirkung schon aus einem Anteilserwerb von 25 % erwachsen könne, WuW/E BGH 24, 29 »Stromversorgung Aggertal« (1997), gleiche Begründung des BGH gilt auch für den materiell ähnlich gelagerten Fall »Stadtwerke Garbsen« WuW/E DE-R 32 f. (1997); zustimmend Monopolkommission, die insbesondere auf die Signalwirkung der gesellschaftsrechtlichen Absicherung von Lieferverträgen für potenzielle Wettbewerber verweist, HG 1994/95, Rz. 607.
81 Bundeskartellamt, Beschl. v. 20.08. 1999 »Saarferngas/Südwestgas/VSE AG«, S. 8.
82 WuW/E BKartA 2909, 2911 ff. »ASV/Postdienst-Service« (1997), rechtskräftig, und WuW/E DE-V 1, 5 ff. »ASV/Stilke« (1997).

gungsverfügung auf die Verstärkung der marktbeherrschende Stellung von ASV auf regionalen und bundesweiten Lesermärkten durch die Möglichkeit gezielter Verkaufsförderungsmaßnahmen und einem verbesserten Zugang zu Informationen über die Situation auf den Absatzmärkten.[83] Da bereits mit dem Beteiligungserwerb Abschreckungs- und Entmutigungseffekte verbunden waren, kam es nicht darauf an, ob die konkrete Gefahr besteht, dass die ASV von ihren Verhaltensspielräumen auf dem nachgelagerten Markt auch Gebrauch macht.[84]

3.2 Umfassendes Sortiment/umfassende Systemfähigkeit

Ein hervorragender Zugang zum Absatzmarkt durch das Angebot eines Sortiments meist komplementärer und substitutiver Waren oder Dienstleistungen setzt voraus, dass eine für den Wettbewerb erhebliche Anzahl von Abnehmern diese Sortimente regelmäßig nachfragt und andere Unternehmen ein annähernd vollständiges Sortiment nicht anbieten. Diese Voraussetzungen gelten auch für das Angebot von kompletten (Fertigungs-)Anlagen oder sogenannten Problemlösungen aus einer Hand (Systemnachfrage).

Die Tatsache, dass sich eine Reihe von Märkten, z.B. in der Automobilzulieferindustrie, zu Systemmärkten entwickelt hat oder in der Entwicklung steht, ist in vielen Fällen – auch für die Nachfragerseite – effizienzfördernd und kostensenkend. Das Angebot von Sortimenten oder Komplettsystemen kann aber dann zur Entstehung oder Verstärkung einer überragenden Marktstellung beitragen, wenn es uneinholbare Wettbewerbsvorteile im Hinblick auf den Zugang zu den Absatzmärkten und entsprechende **Verdrängungsstrategien** zum Nachteil von weniger diversifizierten Unternehmen bedingt.[85] Im Hinblick auf eine entsprechende Sortimentsvielfalt ist eine entsprechende Verdrängungsstrategie nicht nur diversifizierten, auf mehreren sachlichen Märkten tätigen Anbietern möglich. Sie kann auch von Unternehmen ausgehen, die in preislicher oder qualitativer Hinsicht ein breites Sortiment von Waren oder Dienstleistungen, die alle demselben sachlichen Markt angehören, anbieten (Portfolio-Aspekt).[86] Gleiches gilt für den Eintritt eines marktstarken Erstmarkenherstellers in das Marktsegment des Handelsmarkengeschäfts, beispielsweise mit der Möglichkeit der Zweitvermarktung von Markenartikelinnovationen und einer verbesserten Position bei Konditionenverhandlungen.[87]

Bei der Zusammenführung von komplementären Produkten ist der Anbieter eines Sortiments gegenüber Konkurrenten, die jeweils nur ein oder wenige Produkte im Angebot haben, in mehrfacher Hinsicht im Vorteil. Seine Position gegenüber den Abnehmern ist stärker, da er ganze Sortimente liefern kann und seine Produkte oftmals einen größeren Anteil am Beschaffungsvolumen ausmachen. Er ist zudem flexibler in der Gestaltung von Preisen oder Rabatten und verfügt über mehr Möglichkeiten zu Kopplungsgeschäften. Zudem kann er Größen- und Diversifizierungsvorteile bei Absatz und Marketing realisieren und mit einer impliziten oder expliziten Drohung der Nichtbelieferung vergleichsweise große Wirkungen erzielen.

In der Phase der Entwicklung von Systemmärkten kann ein Zusammenschluss zwischen Komponentenherstellern, die auf ihren jeweiligen Teilmärkten über marktstarke oder sogar marktbeherrschende Stellungen verfügen, erhebliche Wettbewerbsvorteile durch einen überlegenen Zugang zum Absatzmarkt vermitteln. Denn in einem wachsenden Systemmarkt wird die reibungslose, gesellschaftsrechtlich abgesicherte Zusammenarbeit zwischen Komponentenherstellern noch entscheidender als beim traditionellen Bezug von Einzelkomponenten durch den Nachfrager. Die Möglichkeit zur Systementwicklung im Unternehmensverbund kann hier zu WuW/E erheblichen Wettbewerbsvorsprüngen führen.[88] Auch auf Märkten, die sich schon von Komponenten- zu Systemmärkten entwickelt haben, kann ein Zusammenschluss zwischen einem System- und einem Komponentenanbieter zu uneinholbaren Wettbewerbsvorsprüngen gegenüber Herstellern

---

[83] WuW DE-V 1, 7 »ASV/Stilke« (1997).
[84] WuW DE-V 1, 7 »ASV/Stilke« (1997).
[85] Gleiches gilt beispielsweise auch für ein marktbeherrschendes Unternehmen auf Anzeigenmärkten, das aufgrund des Angebots von Anzeigenblättern und Abonnement-Tageszeitungen einen im Vergleich mit Wettbewerbern wesentlich verbesserten Zugang zu den Anzeigenkunden hat, vgl. Bundeskartellamt, Untersagungsbeschluss v. 12.01.2000 »WAZ/OTZ«, S. 33.
[86] WuW/E OLG 3759, 3762 »Pillsbury-Sonnen Bassermann« (1985), WuW/E OLG 5879 ff. »WMF/Auerhahn« (1997).
[87] Bundeskartellamt, Untersagungsbeschl. v. 20.09.1999 »Henkel/Luhns«, Rz. 51 ff., rechtskräftig.
[88] WuW/E BKartA 2829, 2839 »Kolbenschmidt« (1995).

von Einzelkomponenten führen.[89] Dieser Effekt verstärkt sich noch, wenn andere Systemanbieter auf eine enge Zusammenarbeit mit dem beteiligten Komponentenhersteller angewiesen sind und insofern ihrem Wettbewerber technisches und wirtschaftliches know-how offenlegen müßten (siehe oben 3.1 Vertikale Integration).

Ein hervorragender Zugang zum Absatzmarkt durch das Angebot von Sortimenten oder Systemen eröffnet in den meisten Fällen – für sich genommen – keinen Verhaltensspielraum im Sinne der Entstehung einer marktbeherrschenden Stellung. Dafür müssen andere Faktoren, wie zum Beispiel ein erheblicher Marktanteil, hinzukommen. Verfügt ein Unternehmen über Produkte, insbesondere Marken, die in ihren (Teil-) Märkten stark oder sogar führend sind, so kann ein Zusammenschluss, der ein Sortiments- bzw. Systemangebot gestattet oder abrundet, zur Entstehung oder Verstärkung einer marktbeherrschenden Stellung führen.[90]

3.3 Sonstige Wettbewerbsvorteile beim Zugang zu den Beschaffungs- oder Absatzmärkten

Ein hervorragender Zugang zu den Beschaffungs- oder Absatzmärkten aufgrund ressourcenbedingter Wettbewerbsvorteile eines Unternehmens kann sich beispielsweise aus folgenden Parametern ergeben:

- ein hohes Ansehen oder eine besondere Markt-/Markengeltung[91],
- ein eigenes, dichtes Filialnetz[92], eine etablierte Vertriebslogistik[93], eine herausragende räumliche Präsenz[94],
- einen (gesellschaftsrechtlich abgesicherten) Zugriff auf wichtige Transportkapazitäten beim Angebot von Distributionsdienstleistungen[95],
- eine gesicherte Vorproduktbeschaffung[96], bzw. eine (rechtlich abgesicherte) Verbindung mit Herstellern auf vor- oder nachgelagerten Märkten[97].

Die Wahrscheinlichkeit, dass ein ohnehin marktanteilsstarkes Unternehmen eine überragende Marktstellung einnimmt, kann durch ressourcenbedingte Wettbewerbsvorteile erhöht werden. Sofern eine solche Marktstellung bereits besteht, kann sie durch einen Zusammenschluss verstärkt werden, der den Zugang des marktbeherrschenden Unternehmens zu vor- oder nachgelagerten Märkten auf diese Weise verbessert.

4. Verflechtungen

Verflechtungen eines Unternehmens mit anderen, insbesondere mit Wettbewerbern, Abnehmern oder Lieferanten, können zu einer überragenden Marktstellung beitragen, sie jedoch nicht allein begründen.[98] Sofern die zwischen den Unternehmen bestehenden gesellschaftsrechtlichen Verflechtungen Einfluss auf deren Marktstellung haben können, sind diese auch dann im Rahmen der Gesamtbetrachtung zu berücksichtigen, wenn sie nicht die Voraussetzungen der Verbundklausel erfüllen. Anderenfalls »… würde die Analyse sämtlicher marktrelevanter Faktoren sinnwidrig beschränkt und die Gesamtbetrachtung gerade ihres umfassenden Charakters entkleidet«.[99] Es

---

89 Bundeskartellamt, Beschl. v. 27. Mai 1999 »Federal Mogul/Alcan«.
90 WuW/E BKartA 2414, 2418 »WMF-Hutschenreuther« (1989), WuW/E BKartA 2829, 2837 ff. »Kolbenschmidt« (1995), vgl. auch Kommission, Entsch. v. 15. 10. 1995 »Guiness/Grand Metropolitan«, ABl. EG 1998 L 288, 24.
91 WuW/E BKartA 2370, 2375 »Melitta-Kraft« (1989), WuW/E OLG 5879, 5883 »WMF/Auerhahn« (1997), Bundeskartellamt, Beschluss v. 20. 09. 1999 »Henkel/Luhns«, Rz. 39 f., Bundeskartellamt, Untersagungsbeschl. v. 21. 06. 2000 »Melitta/Schultink«, S. 27 f.
92 WuW/E BGH 2156 »Rheinmetall-WMF«, WuW/E OLG 2849, 2859 »Lufthansa-f.i.r.s.t. Reisebüro« (1982); WuW/E OLG 5879, 5883 »WMF/Auerhahn« (1997).
93 KG, WuW/E OLG 5549, 5562 »Fresenius/Schiwa« (1993), Bundeskartellamt, Beschluss v. 25. Februar 1999 »Lekkerland/Tobaccoland«, S. 17 f., S. 20; WuW/E DE-R 451, 457, 458 »Herlitz/Landré«, Bundeskartellamt, Untersagungsbeschl. v. 21. 06. 2000 »Melitta/Schultink«, S. 28.
94 Bundeskartellamt, Beschluss v. 03. 07. 2000 »RWE/VEW«, S. 90.
95 WuW/E BKartA 2659, 2664 »ATG-Menke-Silcock & Colling« (1994).
96 WuW/E BGH 2575, 2581 »Kampffmeyer-Plange«; WuW/OLG 5549, 5560 »Fresenius/Schiwa« (1993), hier Absicherung des Zugriffs auf Vorprodukte von VE-Lösungen über einen Ausschließlichkeitsvertrag.
97 Bundeskartellamt, Beschl. v. 20. 09. 1999 »Henkel/Luhns«, Rz. 38; Bundeskartellamt, Beschl. v. 16. 12. 1999 »Bilfinger + Berger/Buderus«, S. 11.
98 Fall MZ »Oldenburg/Botterbloom«, TB 1995/96, S. 80/81.
99 WuW/E BGH 3037, 3041 »Raiffeisen« (1995), siehe auch WuW/E BGH 2433, 2440 »Gruner + Jahr/Zeit« (1985).

wird auch nicht vorausgesetzt, dass sich die verflochtenen Unternehmen als wettbewerbliche Einheit darstellen, da wirtschaftliche, rechtliche und geschäftliche Beziehungen zwischen Unternehmen selbst dann Einfluss auf die Marktposition haben können, wenn kein einheitlicher Marktauftritt feststellbar ist.[100]

Berücksichtigungsfähige Verflechtungen müssen nicht **gesellschaftsrechtlicher Art** sein; sie können auch **personeller, rechtlicher oder wirtschaftlicher Natur** sein. Vertragliche Beziehungen – wie z. B. wechselseitige Patentlizenzverträge oder (ausschließliche) Lieferverträge – können wettbewerbsdämpfende Effekte entfalten.[101] Alle vorgenannten Verflechtungen sind grundsätzlich geeignet, eine marktbeherrschende Stellung zu verstärken, soweit dem Unternehmen dadurch Ressourcen oder Einflussmöglichkeiten zuwachsen[102]. Die sich aus den Verflechtungen ergebenden Wettbewerbsbeschränkungen werden weitgehend bereits von den anderen in dieser Checkliste angeführten Strukturkriterien erfasst. So können Verflechtungen mit finanzkräftigen Unternehmen die finanziellen Spielräume erweitern und Verflechtungen mit Abnehmern oder Lieferanten den Absatz oder die Beschaffung absichern sowie die Marktzutrittsschranken erhöhen.

Besonders große Bedeutung hat dieses Merkmal bei Verflechtungen mit aktuellen oder potenziellen Wettbewerbern sowie mit Anbietern von unvollkommenen Substitutionsprodukten, da hierdurch regelmäßig der Wettbewerb zwischen den Wettbewerbern beschränkt wird.[103] Verflechtungen über Gemeinschaftsunternehmen zur Herstellung von Vorprodukten bzw. Teilkomponenten wirken wegen des vergemeinschafteten Kostensockels vereinheitlichend auf die Absatzbedingungen von Wettbewerbern. Gleiches gilt in verstärktem Maße für die Zusammenarbeit zwischen Wettbewerbern auf dem relevanten Produktmarkt selbst.[104]

5. Marktzutrittsschranken/Potenzieller Wettbewerb

Die Prüfung von Marktzutrittsschranken und potenziellem Wettbewerb hat in der Bewertung der Marktstellung der Zusammenschlussbeteiligten einen großen Stellenwert. So wie der Marktanteil Anhaltspunkte für das Verhältnis der Zusammenschlussbeteiligten zu ihren aktuellen Wettbewerbern gibt, geben die Marktzutrittsschranken über die Bedeutung potenziellen Wettbewerbs für das Wettbewerbsgeschehen auf dem betroffenen Markt Auskunft. Der Marktzutritt ist insoweit kein unternehmens-, sondern ein **marktbezogenes Strukturkriterium**.[105] Solange ein marktstarkes Unternehmen keine überhöhten Preise fordern oder auf Forschung und Entwicklung verzichten kann, weil es sonst mit dem Markteintritt potenzieller Konkurrenten rechnen muss, ist es wenig wahrscheinlich, dass es einen nicht kontrollierbaren Verhaltensspielraum besitzt.[106] Hohe Marktzutrittsschranken können dagegen ein wichtiges Indiz für eine überragende Marktstellung eines marktstarken Unternehmens sein, da sie seine Marktstellung gegen Neueintritte absichern. Bei der Beurteilung der Frage nach einem potenziellen Wettbewerb ist zu prüfen, ob ein wettbewerblich relevanter und effektiver Marktzutritt **möglich** und **wahrscheinlich** wäre. Er muss auch hinreichend **konkretisierbar** sein. So besteht für potenzielle Wettbewerber auf benachbarten Märkten bei voll ausgeschöpften Kapazitäten und etablierten Kundenbindungen häufig kein Anreiz für einen Marktzutritt. Es stellt sich darüber hinaus die Frage, ob Unternehmen mit **Mengen** *und* **Preisen** in den Markt eintreten könnten, die einen unkontrollierbaren Verhaltensspielraum der Zusammenschlussbeteiligten wirksam einengen würden.

Hohe Marktzutrittsschranken müssen Markteintritte nicht völlig ausschließen. Es reicht vielmehr aus, wenn ein Markteintritt nicht in einer **Größenordnung** zu erwarten ist, die geeignet

---

100 WuW/E BGH 3037, 3041 »Raiffeisen« (1995), vgl. auch RWS-Skript 162: Kartellrechtspraxis und Kartellrechtsprechung 1995/96, Rz. 240.
101 WuW/E BKartA 2669 »Lindner Licht GmbH« (1994), Bundeskartellamt, Beschl. v. 24.02.2000 »Ansell/Johnson & Johnson«, S. 11 f.
102 WuW/E BKartA 1908, 1913 »Lufthansa/f.i.r.s.t.« (1981).
103 WuW/E BGH 2795 »Pinneberger Tageblatt« (1992), BGH WuW/E DE – R 24 »Stromversorgung Aggertal« (1997).
104 Bundeskartellamt, Beschl. v. 02.07.1999 »Corning/BICC«, S. 13 f.
105 Vgl. Ruppelt in Langen/Bunte, § 22, Rz. 52.
106 Vgl. schon Begr. 1971, S. 22, dazu Kantzenbach/Krüger WuW 1990 472, Ruppelt in Langen/Bunte § 22, Rz. 52; Fall »Henkel/Loctite«, TB 1995/96, S. 100; Fall »Radex-Heraklith/Didier«, TB 1995/96, S. 102.

ist, den Verhaltensspielraum der Zusammenschlussbeteiligten zu begrenzen. Zudem müsste der Marktzutritt innerhalb einer **Zeitspanne** erfolgen, die kurz genug ist, um die betroffenen Unternehmen von der Ausnutzung ihrer Marktmacht abzuhalten.[107] Unverhältnismäßig hohe **Kosten des Marktzutritts oder hohe Risiken eines** *Fehlschlags* sind Indizien für hohe Marktzutrittsschranken.[108]

Nach ihrer Herkunft lassen sich Marktzutrittsschranken grob in drei Gruppen aufspalten:
- *Gesetzliche* Marktzutrittsschranken werden unter Rückgriff auf das staatliche Gewaltmonopol in Form von Gesetzen, Verordnungen oder Verwaltungspraktiken errichtet (unten 5.1).
- *Strukturelle* Marktzutrittsschranken sind in der Regel auf bestimmte technologische oder nachfragebedingte Charakteristika eines Marktes zurückzuführen, können aber auch in für den Markterfolg erforderlichen ressourcenbedingten Stärken eines Unternehmens liegen. Sie werden in der Regel nicht absichtlich geschaffen, um einen Marktzutritt abzuwehren (unten 5.2).
- *Strategische* Marktzutrittsschranken schließlich werden von etablierten Anbietern auf einem Markt bewusst errichtet, um potenzielle Anbieter von einem Marktzutritt abzuschrecken (unten 5.3).[109]

Marktzutritte sind umso eher zu erwarten, je größer die künftigen Gewinnaussichten eingeschätzt werden. Neue und wachsende Märkte oder Märkte mit Nachfrageüberhang weisen daher in der Regel niedrigere Marktzutrittsschranken auf[110] als stagnierende Märkte mit Überkapazitäten[111]. Ist die verbleibende Amortisationszeit für Neuinvestitionen kurz, weil der Markt rückläufig ist, ist ein Marktzutritt wenig wahrscheinlich.

Für potenzielle Wettbewerber außerhalb Deutschlands können besondere Marktzutrittsschranken bestehen (unten 5.4). Der Erwerb eines potenziellen Wettbewerbers kann zur Entstehung oder Verstärkung einer marktbeherrschenden Stellung führen (unten 5.5).

5.1 Gesetzliche Marktzutrittsschranken

Rechtsnormen oder **Verwaltungsvorschriften** können den Marktzutritt oder den Parametereinsatz von Unternehmen beschränken und dadurch potenziellen Wettbewerb zugunsten der etablierten Unternehmen verringern. Beispiele dafür sind
- Genehmigungsvorbehalte für umweltbelastende Betriebe oder spezielle Entsorgungsvorschriften für Abfälle[112]
- nationale Einzelzulassungsverfahren im Arzneimittelbereich[113] oder
- Patentschutz[114].

Auch gesetzliche Regelungen können im Einzelfall von etablierten Anbietern genutzt werden, um Marktzutrittsschranken bewusst zu erweitern und potenzielle Anbieter von einem Marktzutritt abzuschrecken. Dies zeigt, dass die Grenzen zwischen den eingangs abgegrenzten Kategorien von Marktzutrittsschranken fließend sind. Beispiel hierfür ist ein gezielter und flächendeckender Einsatz des gewerblichen Rechtsschutzes, insbesondere die Methode des Absicherns

---

107 Bundeskartellamt, Beschl. v. 03.03.2000 »Cisco/IBM«, Rz. 75.
108 Die Kommission legt für die Prüfung von Marktzutrittsschranken und potenziellem Wettbewerb grundsätzlich die gleichen Kriterien an wie das Bundeskartellamt, vgl. z.B. Kommission, Entsch. v. 22.07.1992 »Nestlé/Perrier«, Abl. EG 1992 L 356/1, Rz. 91. Gleiches gilt für die U.S.Wettbewerbsbehörden, Department of Justice und Federal Trade Commission: gemeinsame Merger Guidelines 1992, Abschnitt 3.
109 Insbesondere die moderne Harvard School betont bei der Analyse von Marktzutrittsschranken und potenziellem Wettbewerb strategische Eintrittsbarrieren, die beispielsweise in Investitionen mit sunk cost-Charakter liegen können, vgl. Kowalski, a.a.O. S. 162ff., Vickers, J.; Hay, D. (Hrsg.) The Economics of Market Dominance, Oxford 1987, S. 24.
110 Gleason/Pfauter, TB 1997/98, S. 124/5; Siemens/AEG Electrocom TB 1997/98, S. 136/7; Securitas/RKS, TB 1997/98, S. 404/5, Bundeskartellamt Beschl. v. 03.03.2000 Cisco/IBM S. 20.
111 Vulkan/Schiess, TB 1993/94, S. 81; Didier/Martin Pagenstecher, TB 1993/94, 84; Campbell Soup/Erasco, TB 1995/96, S. 83; RAG/Hemscheidt/Braun/Becorit, TB 1995/96, S. 107; Newell/rotring, TB 1997/98, S. 197/8.
112 WuW/E BKartA 2247, 2250 »Hüls/Condea« (1986), vgl. auch Kommission, Entsch. v. 20.09.1995 »Orkla/Volvo« ABL. EG 1996 L 66/17, Rz. 106.
113 WuW/E BKartA 2591, 2601 »Fresenius/Schiwa« (1993).
114 Bundeskartellamt »Degussa/Elephant Holding BV«, TB 1993/94 S. 79; Bundeskartellamt Fall »BTR/MCC Holding« TB 1997/98, S. 128/9, Bundeskartellamt, Beschl. v. 20.09.1999 »Henkel/Luhns«, S. 32.

Auslegungsgrundsätze

des gesamten Umfeldes einer Innovation und möglicher technologischer Alternativen mit Schutzrechten (sog. »ring fencing«).[115]

5.2 Strukturelle Marktzutrittsschranken

Strukturelle Marktzutrittsschranken beruhen in ihrer zutrittsbehindernden Wirkung insbesondere auf einem oder mehreren der nachfolgenden Faktoren:

- Ressourcen

  Ein ressourcengestütztes Abwehrpotenzial des Marktführers auf dem betroffenen Markt kann erhebliche Abschreckungswirkungen im Hinblick auf einen Marktzutritt von Newcomern entfalten. Ein erhebliches Abwehrpotenzial besteht beispielsweise dann, wenn der Marktführer in hohem Maße über marktspezifische Ressourcen verfügt[116]. Können Hersteller von Produkten auf benachbarten Märkten – beispielsweise aufgrund vergleichbarer Technologien – mit vergleichsweise geringem Aufwand auf den betroffenen Markt treten, spricht dies hingegen für erheblichen potenziellen Wettbewerb.[117] Finanzkraft auf einem von Werbungs- und Markenwettbewerb gekennzeichneten Markt[118] oder Verflechtungen mit wichtigen Abnehmern[119] können Newcomer vom Marktzutritt ebenso abschrecken wie ein etabliertes Unternehmen, das über erhebliche Kapazitäten in Verbindung mit einer günstigen Kostenstruktur verfügt[120]. Gleiches gilt für nicht vermehrbare Ressourcen im Besitz der etablierten Unternehmen, wie z. B. Rohstoff- oder Abfallagerstätten oder Start- und Landezeiten (Slots)[121] auf Flughäfen.

- Marktentwicklungen

  Bestehen im Prognosezeitraum aufgrund der zunehmenden Konvergenz von Einzelprodukten zu Gesamtsystemen oder aufgrund einer immer stärkeren Verkürzung von Produktzyklen gute Gewinnaussichten für innovative Newcomer, so spricht dies für wirksamen potenziellen Wettbewerb.[122] Ein anderes Bild ergibt sich häufig auf Märkten, die sich in einer Ausreifungs- und Stagnationsphase befinden (vgl. unten Abschnitt 9 »Marktphase«).

- Transportkosten/Abnehmernähe

  Transportkostennachteile sind eine wesentliche produktbedingte Marktzutrittsschranke, wenn sie nicht durch andere Kostenvorteile, z. B. bei der Produktion, ausgeglichen werden können.[123] Die Nähe zu den Abnehmern gewinnt dann als Marktzutrittsschranke an Bedeutung, wenn die Lieferzuverlässigkeit für die Marktgegenseite von großer Bedeutung ist oder ein Produkt in enger Zusammenarbeit zwischen dem Wettbewerber und dem Abnehmer ständig weiterentwickelt wird[124]. Werden zuvor enge Bindungen zwischen Nachfragern und »Haus- und Hoflieferanten« abgebaut und Aufträge zunehmend international vergeben, führt dies zu einer Senkung zuvor bestehender Marktzutrittsschranken.[125]

- Economies of scale

  Größe allein begründet nicht schon wettbewerbliche Effektivität und Abschreckungswirkung auf potenzielle Wettbewerber. Ein Betriebsgrößenvorteil der etablierten Unternehmen bei Forschung und Entwicklung, in der Fertigung[126] oder beim Absatz ihrer Produkte[127] kann aber aus tatsächlichen Gründen einen Marktzutritt wenig wahrscheinlich machen. Dies gilt beispielsweise dann, wenn einerseits mit zunehmender Betriebsgröße die Kosten für Forschung und Entwicklung, Fertigung oder den Absatz sinken und andererseits ein Marktzutritt hohe Outputmengen für das Erreichen der Gewinnzone voraussetzt. Gerade wenn hohe irreversible Investitionen eine Rolle spielen, ist die Beibehaltung einer langfristig hohen Out-

---

[115] Vgl. Bundeskartellamt, Beschl. v. 20. 09. 1999 »Henkel/Luhns«, S. 30 ff.
[116] WuW/E BGH 2276, 2283 »SZ-Donau Kurier« (1986); »RAG/VEBA« TB 1995/96, S. 152.
[117] Bundeskartellamt, Beschl. v. 09. 12. 1999, »Krautkrämer/NUKEM«, S. 13.
[118] WuW/E OLG 3079 »Morris-Rothmans« (1983).
[119] WuW/E BGH 1769 »Teerbau-Makadam« (1980).
[120] WuW/E BKartA 2865 »Kali + Salz/PCS« (1997).
[121] WuW/E BKartA 2391, 2394 »DLT/Südavia« (1989).
[122] Bundeskartellamt, Beschl. v. 03. 03. 2000 »Cisco/IBM«, S. 22.
[123] WuW/E BKartA 2865 »Kali + Salz/PCS« (1997), Bundeskartellamt Fall »Ruhrkohle/Veba«, TB 95/96, S. 152.
[124] Bundeskartellamt Fall »Bayer/Bergla«, TB 1995/96, S. 94; »St. Gobain/ESK«, TB 1995/96, S. 94/95.
[125] Bundeskartellamt, Beschl. v. 11. 02. 2000 »Dürr/Alstom«, Rz. 28.
[126] WuW/E BGH 1501, 1504 »GKN-Sachs« (1978).
[127] WuW/E BKartA 2319, 2328 »Messer Griesheim/Buse« (1989).

putmenge für den etablierten Anbieter rational. Dies kann den Effekt haben, dass Newcomer nicht davon ausgehen können, eine Absatzmenge zu erreichen, die ihnen mittelfristig eine Amortisation ihrer Investitionen gestatten würde und daher vom Marktzutritt absehen.[128] Je größer der Marktanteil ausfallen muss, um die gleichen Kostenvorteile wie die etablierten Wettbewerber zu erzielen, desto höher sind die Marktzutrittsschranken wegen der erforderlichen finanziellen Vorleistungen und Risiken der Newcomer.

- **Economies of scope**
  Gerade diversifizierte Unternehmen verfügen häufig über Verbundvorteile. Sie entstehen, wenn die Durchführung verschiedener wirtschaftlicher Aktivitäten durch ein Unternehmen geringere Kosten verursacht als wenn jede einzelne Aktivität von unterschiedlichen Unternehmen ausgeübt wird. Hierunter fallen auch die Vorteile vertikal integrierter Unternehmen, die es für einen Newcomer erforderlich machen können, auf mehreren Marktstufen zugleich tätig zu werden.

- **technische Marktzutrittsschranken**
  Hohe Marktzutrittsschranken liegen dann vor, wenn Marktzutritte zwar langfristig nicht unmöglich erscheinen, ein Zutritt aus entwicklungstechnischen Gründen jedoch erst mittel- bis langfristig zu erwarten ist. Ein entsprechender Zeitraum übersteigt in einer Situation, in der einer steigenden Nachfrage ein noch mittelfristig stagnierendes Angebot gegenübersteht, den in der Fusionskontrolle zu berücksichtigenden Prognosezeitraum[129].

5.3 Strategische Marktzutrittsschranken

Die etablierten Unternehmen können durch ihr Marktverhalten faktische Zutrittsschranken für Newcomer errichten und ihnen dadurch den Markteintritt erschweren. Die Praxis aller Hersteller des betroffenen Marktes, mit ihren jeweiligen Abnehmern langfristige Lieferverträge[130] oder Ausschließlichkeitsverträge abzuschließen[131], sind ein Beispiel für strategische Marktzutrittsschranken. Eine vergleichbare Wirkung haben Demarkations- und Konzessionsverträge[132], Industrie- und Firmenstandards für komplementäre Waren[133] oder der Aufbau proprietärer technischer Zugangssysteme[134].

Nachfragepräferenzen können strategische Marktzutrittsschranken widerspiegeln, sofern sie durch Werbung- und Markenwettbewerb geschaffen worden sind. Dadurch können Newcomern Kostennachteile gegenüber den etablierten Unternehmen entstehen, bis es ihnen gelungen ist, auf sich aufmerksam zu machen und ebenfalls anerkannt zu werden[135]. Umgekehrt kann marktstrategisches Verhalten von Nachfragern und die Drohung des Lieferantenaustauschs dazu führen, dass potenzieller Wettbewerb den Verhaltensspielraum marktstarke Unternehmen wirkungsvoll begrenzen kann.[136]

5.4 Besonderheiten im Hinblick auf Marktzutrittsschranken für ausländische Unternehmen

Potenzielle Wettbewerber außerhalb Deutschlands sind grundsätzlich nicht anders zu bewerten als potenzielle inländische Wettbewerber[137]. Allerdings können für sie besondere Marktzutrittsschranken bestehen, wenn die Märkte nationale Besonderheiten aufweisen, die Markteintritte aus dem Ausland aus rechtlichen oder tatsächlichen Gründen erschweren.

---

128 Vgl. auch Erb T., Jahraus J. u. a., a. a. O., S. 85.
129 Die Entscheidungspraxis des Bundeskartellamtes entspricht auch der Auffassung der Kommission; vgl. Entsch. v. 19.07.1995, »Nordic Satellite Distribution«, ABl. 1996 L 53/20.
130 VEBA/SW Bremen, TB 1995/96, S. 121; BGH WuW/E DE – R 32 »Stadtwerke Garbsen«; BGH WuW/E DE-R 24 »Stromversorgung Aggertal«; Bundeskartellamt Beschl. v. 25. Februar 1999 »Lekkerland/Tobaccoland«, S. 18.
131 WuW/E BKartA 2215 f. »Linde-Agefko« (1985).
132 WuW/E BKartA 2157 f. »EVS-TWS« (1984).
133 WuW/E BKartA 2894 »Herlitz/Landré« (1997).
134 Kommission, Entsch. v. 09.11.1994, »MSG Media Service«, ABl. EG 1995 Nr. L. 364/1.
135 WuW/E BKartA 2376 »Melitta/Kraft« (1989); WuW/E BKartA 2591 »Fresenius/Schiwa« (1993); WuW/E BKartA 2865 »Kali + Salz/PCS« (1997); WuW/E BKartA 2905 »Merck/KMF« (1997).
136 Bundeskartellamt Beschl. v. 03.03.2000 »Cisco/IBM«, S. 20 f.
137 »Deckel/Maho«, TB 1993/94, S. 81; »Stöhr/Südwolle«, TB 1993/94, S. 103; »Freudenberg/Marelli« TB 1997/98, S. 21; »Daun/Stöhr«, TB 1997/98, S. 22; »Schickedanz/Karstadt«, TB 1997/98, S. 280/84; »TÜV Rheinland/ TÜV Berlin-Brandenburg«, TB 1997/98, S. 406/08, Bundeskartellamt, Beschl. v. 29.07.1999 »MZO/Nordmilch/ MEN/Bremerland/Hansano«, Rz. 30.

Das ist insbesondere dann möglich, wenn tarifäre oder nichttarifäre **Handelshemmnisse, Sprachbarrieren**[138] oder eine **Präferenz der Nachfrager für inländische Anbieter**[139] besteht. Entsprechende Präferenzen können auch aus gewachsenen Vertriebsstrukturen oder speziellen Anforderungsprofilen der Nachfrager resultieren.[140] Marktzutrittsschranken können zudem aus dem **Beschaffungsverhalten staatlicher Abnehmer**[141], das sich überwiegend an im Inland ansässige Unternehmen richtet, resultieren. Im Rüstungssektor ist bis heute eine grenzüberschreitenden Nachfrage nur dann zu beobachten, wenn das benötigte Produkt von inländischen Unternehmen nicht angeboten wird.[142] **Internationale Ausschreibungsverfahren** sind dann ein Hinweis auf gleiche Chancen von inländischen Anbietern und Wettbewerbern außerhalb Deutschlands, wenn die Ausschreibung keine national geprägten Anforderungen enthält, deren Erfüllung Wettbewerbern außerhalb Deutschlands entweder objektiv unmöglich ist oder aber mit erheblich höheren Kosten verbunden wäre.[143]

Nimmt das im Inland marktführende Unternehmen **auch europa- oder sogar weltweit vergleichbare Marktpositionen** ein, so bestehen erhebliche Anhaltspunkte, dass ein gegebenenfalls unkontrollierbarer Verhaltensspielraum auch gegenüber ausländischen Wettbewerbern besteht.[144]

Fehlgeschlagene Marktzutrittsversuche in der Vergangenheit sind ein Indiz für hohe Marktzutrittsschranken. Dies kann darauf hindeuten, dass der betroffene Markt hohe Anforderungen an die Wettbewerbsfähigkeit stellt. Andererseits ist der Nachweis erfolgreicher Marktzutritte in der Vergangenheit je nach Einzelfall ein Indiz[145], jedoch keine notwendige Voraussetzung für die Annahme ausreichenden potenziellen Wettbewerbs.[146]

5.5 Erwerb eines potenziellen Wettbewerbers

Wenn der Verhaltensspielraum eines etablierten marktstarken Unternehmens ganz wesentlich von einem potenziellen Konkurrenten kontrolliert wird, kann der Zusammenschluss mit eben diesem potenziellen Konkurrenten dem etablierten Unternehmen eine überragende Marktstellung verschaffen. Nimmt das etablierte Unternehmen schon vor dem Zusammenschluss eine überragende Marktstellung ein, dann wird diese in der Regel durch jeden weiteren Zusammenschluss mit einem wesentlichen potenziellen Konkurrenten verstärkt (Absicherung der Marktstellung).[147] Als potenzielle Konkurrenten kommen u.a. Unternehmen in Betracht, die einen Markteintritt erkennbar beabsichtigen[148], die relevanten Waren oder Dienstleistungen schon für den eigenen Bedarf herstellen oder erbringen[149], auf räumlich nahen Märkten anbieten, über rasch umrüstbare Kapazitäten verfügen oder auf vor- bzw. nachgelagerten Märkten tätig sind.[150]

---

138 WuW/E BKartA 2894 »Herlitz/Landré« (1997).
139 WuW/E BKartA 2250 »Hüls-Condea« (1986).
140 WuW/E (OLG) DE-R 451, 457,458 »Herlitz/Landré«; Bundeskartellamt, Beschl. v. 21.04.1999 »Betonschwellenwerk Coswig/Wayss & Freitag«, S. 12. Im Hinblick auf die Prüfung eines marktbeherrschenden Oligopols vgl. WuW/E BKartA 2669, 2677 »Lindner Licht GmbH« (1994).
141 Bundeskartellamt Fall »ABB/AEG/LHB/Siemens/Deutsche Waggonbau AG«, TB 1993/94, S. 80.
142 TB 97/98, S. 116, so auch Praxis der Kommission, zuletzt Entsch. v. 19.06.1998 über die Verweisung des Falls »Krauss-Maffei/Wegmann« an das Bundeskartellamt, Rz. 18 ff.
143 Bundeskartellamt Beschl. v. 18.01.1999 »Babcock/Steinmüller«, S. 10, zur wettbewerblichen Einordnung von Ausschreibungsmärkten vgl. auch WuW/E OLG 94, 99 ff. »Hochtief/Philipp Holzmann« (1998). Dagegen hat das Bundeskartellamt im Fall »Betonschwellenwerk Coswig/Wayss & Freitag« (Beschl. v. 21.04.1999) aufgrund hoher Transportkosten und der Notwendigkeit von »Just-in-Time«-Lieferungen eine Chancengleichheit zwischen in- und ausländischen Unternehmen bei Ausschreibungen verneint, vgl. S. 12.
144 WuW/E BKartA 2521, 2532, 2536 f. »Zahnradfabrik Friedrichshafen/Allison« (1993); im Hinblick auf die Prüfung eines marktbeherrschenden Oligopols vgl. WuW/E BKartA 2669, 2674 f. »Lindner Licht GmbH« (1994).
145 Bundeskartellamt Beschl. v. 03.03.2000 »Cisco/IBM«, S. 21.
146 Bundeskartellamt Beschl. v. 11.02.2000 »Dürr/Alstom«, S. 9 f., Bundeskartellamt Beschl. v. 18.01.1999 »Babcock/Steinmüller«, S. 10.
147 WuW/E BKartA 1724 »BP-Gelsenberg« (1978); WUW/E BKartA 2865 »Kali + Salz/PCS« (1997); Bundeskartellamt Fall »EWE/ÜNH«, TB 1997/98, S. 230/31; Fall »Badenwerk/EW Mittelbaden« TB 1997/98, S. 235; Fall »Gaz de France/GASAG«, TB 1997/98, S. 245/6, Bundeskartellamt, Beschl. v. 14.10.1999 »VEW/Westfälische Ferngas/Westfälische Gasversorgung«, S. 7 f, Bundeskartellamt, Beschl. v. 03.07.2000 »RWE/VEW«, S. 71 f.
148 WuW/E BKartA 1723 »BP-Gelsenberg« (1978).
149 WuW/E BKartA 2249 »Hüls-Condea« (1986).
150 BGH WuW/E 1952 »Braun-Almo« (1982).

Der Erwerb eines ohnehin marktbeherrschenden Unternehmens durch ein ressourcenstarkes Unternehmen kann zu Abschreckungswirkungen auf potenzielle Wettbewerber im Sinne der Verstärkung einer marktbeherrschenden Stellung führen.[151]

6. Wettbewerb durch Randsubstitution

Der Verhaltensspielraum von marktstarken Unternehmen kann in beschränktem Umfang von Unternehmen begrenzt werden, die Waren oder Dienstleistungen anbieten, die mit denen des betroffenen Marktes zwar nicht marktgleichwertig sind, sie jedoch in eingeschränktem Umfang oder unter bestimmten Bedingungen ersetzen können. Substitutionswettbewerb ist daher grundsätzlich als eine Form des Restwettbewerbs auf einem bereits von einer überragenden Marktstellung gekennzeichneten Markt bedeutsam, der – für sich genommen – noch keine hinreichende Kontrolle des Verhaltensspielraums des Marktführers sichert. Die Frage der Randsubstitution spielt in der fusionsrechtlichen Prüfung insbesondere bei vergleichsweise eng abgegrenzten Märkten eine Rolle.

6.1 Abgrenzung Austauschbarkeit/Marktgleichwertigkeit – unvollkommene Substitution

An der Marktgleichwertigkeit kann es bei unvollkommenen Substitutionsgütern oder -leistungen aus unterschiedlichen Gründen fehlen. Beispielsweise kann ein Wechsel zum (unvollkommen) substitutiven Gut Nachfragern **nur langfristig möglich** sein, weil sie zuvor erhebliche Investitionen tätigen müssten, um es überhaupt einsetzen zu können. Dies gilt zum Beispiel für die Umstellung von Strom auf Gas als Wärmeenergieträger. Hier findet Wettbewerb hauptsächlich in der Phase der Erschließung des Wärmemarktes statt, da in dieser Zeit über die grundlegenden Investitionen zur Leitungsauslegung entschieden wird.[152] Die Wahl des unvollkommenen Substitutionsprodukts kann eine **Änderung des Geschmacks oder der Gewohnheiten von Nachfragern** voraussetzen, z.B. bei einem Wechsel von einer politischen Wochenzeitung zu einer überregionalen Tageszeitung. Oder der Wechsel kann aufgrund der **Preisunterschiede** bei der Anschaffung oder beim Gebrauch erschwert sein.[153] Die Marktgleichwertigkeit besteht auch dann nicht, wenn trotz Überschneidung der Anwendungsbereiche der Einsatz des Substituts erheblich **zeitaufwendiger und kostenintensiver** ist. Eine lediglich teilweise Überlappung der **Anwendungsbereiche** reicht für die Annahme der Marktgleichwertigkeit von Produkten oder Dienstleistungen in der Regel nicht aus.[154]

Substitutionswettbewerb kann von mehreren Waren oder Dienstleistungen, die verschiedenen sachlichen Märkten zuzuordnen sind, ausgehen. Dabei kann die Intensität des Wettbewerbs unterschiedlich sein, je nachdem wie gut die eine Ware die andere aus Nachfragersicht zu ersetzen geeignet ist. Bei **heterogenen Waren oder Dienstleistungen** kann die Intensität des Substitutionswettbewerbs auch für die einzelnen Anbieter auf dem Primärmarkt unterschiedlich sein.[155]

6.2 Wettbewerbsrechtliche Einordung

Substitutionswettbewerb ist grundsätzlich eine Form des Restwettbewerbs auf beherrschten Märkten und kann Verhaltensspielräume von Unternehmen nur sehr begrenzt kontrollieren. Eine **überragende Marktstellung** kann dadurch **allenfalls ganz ausnahmsweise ausgeschlossen** werden, z.B., wenn ein völlig neues Produkt, das einem anderen sachlichen Markt angehört, das Produkt des betroffenen Marktes in absehbarer Zeit vollständig substituieren wird.[156] Bei der fusionsrechtlichen Bewertung von Substitutionswettbewerb ist zu berücksichtigen, dass sich dieser zunächst gegen alle auf dem betroffenen Markt tätigen Unternehmen richtet. Sind diese Unternehmen dem Substitutionswettbewerb in gleicher Weise ausgesetzt, so hat dieser auf die Wettbewerbsverhältnisse letztlich keinen Einfluss.[157]

---

151 Bundeskartellamt, Beschl. v. 12.01.2000, »WAZ/OTZ«, S. 28 f.
152 Vgl. grundlegend BGH, WuW/E 1533, 1535 f. »Erdgas Schwaben« (1978); zuletzt: Bundeskartellamt, Beschl. v. 12.03.1999 »RWE/Erdgas Schwaben«, S. 9 f., Bundeskartellamt, Beschl. v. 20.08.1999 »Saar Ferngas/Südwestgas/VSE«, Rz. 16.
153 WuW/E BKartA 2669, 2672 f. »Lindner Licht GmbH« (1994), anderer Auffassung: Monopolkommission HG 1994/95, Rz. 636.
154 Bundeskartellamt, Beschl. v. 09.12.1999 Krautkrämer/NUKEM, Rz. 24.
155 BGH WuW/E 2123 f. »Gruner + Jahr/Die Zeit« (1984).
156 »Sommer Allibert/Tarkett«, TB 1997/98, S. 96/98; »Motorola/Bosch-Betriebsfunk«, TB 1997/98, S. 155.
157 WuW/E BGH 2112, 2123 »Gruner + Jahr/Zeit« (1984).

Die **Verstärkung einer bestehenden marktbeherrschenden Stellung** ist wahrscheinlich, wenn sich das marktbeherrschende Unternehmen mit einem markt-(anteils)starken Konkurrenten, der Substitutionsgüter produziert, zusammenschließt.[158] Das gilt nicht nur, jedoch in besonderem Maße dann, wenn dieser Konkurrent auf dem benachbarten Markt ebenfalls eine überragende Marktstellung einnimmt. Dann kann davon ausgegangen werden, dass die beiden Unternehmen nach dem Zusammenschluss den Umfang und die Intensität des Substitutionswettbewerbs in ihrem Interesse beeinflussen oder steuern können und dadurch ihre überragende Marktstellung weiter abgesichert wird. Findet hingegen Substitutionswettbewerb kaum (noch) statt, beispielsweise weil das Substitut im räumlich betroffenen Markt aufgrund seiner Unwirtschaftlichkeit kaum mehr nachgefragt wird, ist eine Verstärkungswirkung in der Regel auszuschließen.[159]

7. Gegengewichtige Marktmacht

7.1 Voraussetzungen

Eine hohe Konzentration auf Nachfragerseite ist für sich genommen kein ausreichendes Indiz für die Widerlegung einer marktbeherrschenden Stellung eines Anbieters, da die etwaige Nachfragemacht zunächst alle Anbieter gleichermaßen trifft.[160] Dies gilt insbesondere dann, wenn der Konzentrationsgrad auf der Angebotsseite dem Konzentrationsgrad auf der Nachfragerseite gleicht oder ihn sogar übersteigt.[161]

Voraussetzung für gegengewichtige Marktmacht ist vielmehr, dass ein marktstarker Nachfrager seine Aufträge nach **marktstrategischen Überlegungen** verteilt, um nicht von einem (beherrschenden) Zulieferer abhängig zu werden.[162] Ein solches marktstrategisch orientiertes Nachfrageverhalten ist wahrscheinlich, wenn der Beschaffungsmarkt für die beziehenden Unternehmen besonders wichtig ist, z. B. weil die Kosten für das Vorprodukt den Abgabepreis des weiterverarbeiteten Endprodukts wesentlich bestimmen. Auch wenn der Bezüge eines Nachfragers einen Großteil der Produktion auf den Angebotsmärkten betreffen, kann dies für die Annahme von Nachfragemacht sprechen. Auf einen marktstarken Anbieter, der einen Großteil seiner Produktion an einen Nachfrager liefert, kann die Androhung eines Lieferantenwechsel – sofern Wettbewerber über ausreichende Kapazitäten verfügen – eine erhebliche disziplinierende Wirkung entfalten.[163]

7.2 Wettbewerbsrechtliche Einordnung

Bei der Würdigung gegengewichtiger Marktmacht stellt sich die Frage, ob die **Funktionen wirksamen Wettbewerbs** – beispielsweise die Funktion einer wirksamen Preis- und Kostenbegrenzung und der Anreiz zu technischem Fortschritt – im Einzelfall durch Nachfragemacht und strategisches Einkaufsverhalten **gleichwertig ersetzt** werden kann.[164] Diese Frage dürfte für das Verhältnis nachfragestarker Unternehmen zu *Oligopolen* auf der Anbieterseite in bestimmten Fallkonstellationen zu bejahen sein. Schwieriger ist der entsprechende Nachweis für das Verhältnis nachfragestarker Unternehmen zu *einzelnen* marktstarken Anbietern.[165]

---

158 WuW/E BGH 1536f. »Erdgas Schwaben« (1978), Bundeskartellamt, Beschl. v. 15. 04. 1999 »Oberbayerisches Volksblatt/RFR Regional Fernsehen«, S. 5.

159 Bundeskartellamt, Beschl. v. 12. 03. 1999, Rz. 18, ebenso Bundeskartellamt, Beschl. v. 29. 04. 1999 »RWE/Stadtwerke Essen«, S. 6, keine Verstärkung einer marktbeherrschenden Stellung aufgrund geringen Substitutionswettbewerbs hat das Bundeskartellamt auch im Fall »Oberbayerisches Volksblatt/RFR Regional Fernsehen« angenommen, Beschl. v. 15. 04. 1999, S. 6., gleiches galt für den Fall »Holtzbrinck/Akzent«, Beschl. v. 12. 04. 2000, S. 6.

160 Vgl. WuW/OLG 3759, 3763 »Pillsbury/Sonnen-Bassermann« (1985), WuW/E BGH 2783, 2791 »Warenzeichenerwerb« (1992), siehe auch Entsch. der Kommission v. 25. 11. 1998 » Enso/Stora«, ABl. EG 1999 L 254/9, 18 f.

161 Vgl. z. B. Entsch. der Kommission vom 22. 07. 1992 »Nestlé/Perrier« ABl. EG 1992, L 356/1.

162 Grundlegend: BGH WuW/E 1749, 1752 »Klöckner-Becorit« (1980); zuletzt Bundeskartellamt, Beschl. v. 11. 05. 2000 »CarboTech/Willich Fosroc«, S. 17 f.

163 Vgl. Bundeskartellamt, Beschl. v. 16. 07. 1999 »PPG Industries/ICI«, S. 8, Bundeskartellamt, Beschl. v. 11. 05. 2000 »CarboTech/Willich Fosroc«, S. 17 f.; ebenso Entsch. der Kommission v. 25. 11. 1998 »Enso/Stora«, ABl. EG 1999 L 254/1, 19.

164 Monopolkommission, HG 1984/85 Rz. 496; für das Problem der Nachfragemacht im Handel vgl. Vogel L.: Competition Law and Buying Power: The Case for new Approach in Europe in: E.C.L.R. 1998, Issue 1, S. 5.

165 Vgl. auch Steptoe, M.L.: The Power Buyer Defense in Merger Cases, in: Antitrust Law Journal 1993, Vol 61, S. 493 ff.

Die Aufrechterhaltung der wesentlichen Wettbewerbsfunktionen durch ein marktstrategisches Einkaufsverhalten setzt voraus, dass die Nachfrager über eine umfassende **Kostentransparenz** und **Entwicklungskompetenz** im Hinblick auf die betroffenen Produkte verfügen.[166] Oftmals werden nur im Zusammenwirken von Entwicklung und Produktion Erkenntnisse gewonnen und Ergebnisse erzielt, die denen wesentlichen Anbieterwettbewerbs annähernd entsprechen. Hinweise hierfür sind hohe **Eigenfertigungsquoten**[167]; dagegen sprechen beispielsweise Tendenzen zur **Verringerung von Fertigungstiefe** (Outsourcing). Ob ein Nachfrager gegengewichtige Marktmacht durch den Aufbau neuer Lieferanten ausüben kann, ist Bestandteil der Prüfung des potenziellen Wettbewerbs und hängt entscheidend von der Höhe der Marktzutrittsschranken für den betroffenen Markt ab.[168]

Marktspezifische Gesichtspunkte können die Bedeutung von Nachfragemacht relativieren. So ist ein marktstrategisches Einkaufsverhalten dann ausgeschlossen, wenn die Marktgegenseite die Entscheidung über den Bezug der betreffenden Produkte nicht selbst trifft und eine eigene Einkaufspolitik insoweit nur eingeschränkt möglich ist.[169] Bei Zusammenschlüssen zwischen Herstellern handelsfähiger Produkte können ebenfalls marktspezifische Erwägungen gegen gegengewichtige Marktmacht sprechen. Hier ist die Nachfragemacht des Handels dann kein ausreichendes Regulativ gegen marktbeherrschende Stellungen auf Herstellerseite, wenn das entsprechende Produkt marktführend ist, aufgrund aufwendiger Werbung sowie starker Verbrauchertreue »vorverkauft ist« und insoweit in den Regalen jedes Einzelhändlers geführt werden muss.[170] Das Drohpotenzial der Auslistung einer führenden Marke durch den Handel ist besonders gering, wenn der Hersteller über mehrere oder sogar über ein Sortiment führender Erstmarken verfügt.[171]

Vertikale Verflechtungen oder Zusammenschlüsse nachfragemächtiger Unternehmen mit marktstarken Anbietern schließen ein marktstrategisches, Anbieterwettbewerb stützendes Einkaufsverhalten in der Regel aus. Sie können vielmehr dazu führen, dass Wettbewerber des integrierten Unternehmens von wichtigen Absatzwegen ausgeschlossen oder zumindest in ihrem Zugang schlechter gestellt werden (Zugang zu Absatz- und Beschaffungsmärkten, vgl. Abschnitt I B 3).

Gegengewichtige Nachfragemacht kann Marktbeherrschung auf der Anbieterseite nur dann ausschließen, wenn **alle wesentlichen Nachfrager** über ein **vergleichbares Drohpotenzial** verfügen. Nachfragemacht führt zudem dann nicht zu einer wirksamen Relativierung von Marktbeherrschung, wenn sie – beispielsweise aufgrund der Bekanntheit der Marken des Marktführers – einseitig zu Lasten der Wettbewerber, nicht jedoch zu Lasten des Marktführers besteht.[172]

8. Marktphase

Die Marktphase sagt etwas über den Entwicklungsstand eines Marktes und damit über die Beständigkeit seiner Wettbewerbsbedingungen aus. Sie ist insoweit kein eigenständiger Faktor, sondern gibt wichtige Rückschlüsse für die Bewertung von Marktanteilen und Marktanteilsentwicklungen. Unterschiede können insbesondere zwischen den beiden frühen Marktphasen, der Experimentier- und der Expansionsphase (8.1), und den beiden späten Stadien, der Ausreifungs- und der Stagnationsphase (8.2) bestehen.

8.1 Experimentier- und Expansionsphase

Auf Märkten, die sich gerade erst zu entwickeln beginnen und ein hohes Innovationstempo aufweisen, ist ein hoher Marktanteil oder sogar eine Alleinstellung nicht zwangsläufig als marktbeherrschende Stellung anzusehen. Teilweise sind Marktanteile und Marktführerschaft noch instabil oder noch gar nicht zu ermitteln. Die Wettbewerbsbedingungen sind raschem

---

166 Begriff des »sophisticated buyer«, siehe Steptoe, ebenda, S. 495.
167 Vgl. Beschluss des Bundeskartellamtes vom 01.06.1999 im Fall Deilmann-Haniel/Heitkamp, Rz. 30, siehe auch Steptoe a.a.O., S. 500.
168 Zum Aufbau von gegengewichtiger Marktmacht durch einen Zusammenschluss, vgl. auch NERA: Merger appraisal in oligopolistic markets. Prepared for the Office of Fair Trading by National Economic Research Associates, November 1999, Research Paper 19, S. 50 ff.
169 Vgl. WuW/E BKartA 2591, 2605 »Fresenius/Schiwa« (1993).
170 Zuletzt Bundeskartellamt, Untersagungsbeschl. v. 21.06.2000 »Melitta/Schultink«, S. 33.
171 Vgl. z.B. Entsch. der Kommission v. 15.10.1997 »Guinness/GrandMetropolitan«, ABl. EG 1998, Nr. L 288/24, 33f.
172 Bundeskartellamt, Untersagungsbeschl. v. 21.06.2000 »Melitta/Schultink«, S. 33.

Wandel ausgesetzt und können daher kaum beständige Verhaltensspielräume anzeigen. Die relevante Ware oder Dienstleistung hat zwar schon ihre Abnehmer gefunden, aber sie ist noch in starkem Maße entwicklungs- oder verbesserungsfähig, ihre Verwendungs- und Einsatzmöglichkeiten sind zumindest teilweise noch nicht entdeckt. Zahlreiche Wettbewerbsparameter sind einsetzbar und ihr Einsatz schafft eher neue Nachfrage, als dass bereits bestehende von Konkurrenten abgezogen wird.[173] Die Annahme, dass keine marktbeherrschende Stellung besteht, setzt allerdings voraus, dass dieser junge Markt offen für künftigen Wettbewerb bleibt und die dominierende Stellung eines Unternehmens daher nur vorübergehend ist. Ist jedoch zu erwarten, dass der betreffende Markt durch den Zusammenschluss bereits in der Entstehungsphase dauerhaft abgeschottet wird, ist der entsprechende Zusammenschluss zu untersagen. Die Prüfung möglicher Abschottungstendenzen spielt derzeit insbesondere im Bereich der sich schnell fortentwickelnden Märkte der digitalen Fernsehdienste und des Internets eine Rolle.[174]

8.2 Ausreifungs- und Stagnationsphase

In der Ausreifungs- und Stagnationsphase wandeln sich die Wettbewerbsbedingungen des betroffenen Marktes in der Regel wesentlich langsamer als in der Experimentier- und Expansionsphase. Der Markt wächst im Vergleich zur allgemeinen Entwicklung unterdurchschnittlich, Produkte oder Produktionsverfahren sind kaum noch zu verbessern; die Verwendungs- und Einsatzmöglichkeiten der relevanten Waren sind entdeckt und erprobt. In Märkten mit entsprechend ausgereifter Technik und rückläufigen bzw. stagnierenden Umsatzvolumina sind Wettbewerbsimpulse durch Innovation und Marktzutritt eher selten. Die noch möglichen Wettbewerbsparameter können im Wesentlichen nur noch gegen die Marktposition der Konkurrenten eingesetzt werden.

Da sich die aktuellen Wettbewerber auf dem Markt an den gegebenen Wettbewerbsbedingungen orientieren, ist der Abbau hoher Marktanteile in späten Marktphasen wesentlich weniger wahrscheinlich als in einer frühen Marktphase. Wettbewerbsvorteile einzelner Unternehmen – beispielsweise aufgrund überlegener Finanzkraft oder einem hervorragenden Zugang zu den Beschaffungs- oder Absatzmärkten – erschweren vorstoßenden Wettbewerb und wirken eher auf die Verdrängung weniger integrierter oder ressourcenschwacher Unternehmen hin. Marktneueintritte sind eher unwahrscheinlich, insbesondere wenn der Markt stagniert.[175]

Allerdings ist auch in späteren Marktphasen eine Wiederbelebung des Wettbewerbs beispielsweise dann möglich,

- wenn der betroffene Markt aufgrund von Innovationen in einen neuen Markt übergeht und nicht zu erwarten ist, dass der bisherige Marktführer seine Position behaupten kann (z.B. Komprimierung von Marktphasen durch Verkürzung von Produktlebenszyklen)[176],
- wenn Wettbewerber, die bislang nicht auf dem räumlich relevanten Markt der Zusammenschlussbeteiligten tätig waren, beispielsweise aufgrund von eigenen Überkapazitäten, zu Marktzutritten veranlasst werden oder Überkapazitäten eine marktstrategische Auftragsvergabe der Nachfrager begünstigen[177] oder

---

173 Vgl. Möschel in: Immenga/Mestmäcker § 22 Rz. 57, 61; Begriff des »Prozessmonopolisten«. In einem Zusammenschluss im Bereich von Hochdrucksensoren sprach das starke Wachstum und Innovationspotenzial des Marktes gegen einen auf Dauer vom Wettbewerb nicht hinreichend kontrollierbaren Verhaltensspielraum des Marktführers, vgl. Beschluss des Bundeskartellamtes vom 06.08.1999 »Texas Instruments/ISS«, S. 9f. Gleiches gilt für den Bereich von Einzelkomponenten für Datennetzwerke, vgl. Beschl. v. 03.03.2000 »Cisco/IBM«, S. 19ff., vgl. auch Beschl. v. 25. September 2000 »Covisint«, S. 11ff.
174 Zur grundlegenden Problematik vgl. WuW/E BKartA 2143, 2146 »Glasfaserkabel« (1986); TB 1993/94 S. 133, 135; gleiche Einschätzung der EU-Kommission im Fall »MSG Media Service«, Entsch. v. 9. November 1994, ABl. EG 1995 Nr. L. 364/1, Rn. 55ff., vgl. auch TB 1993/94, S. 137. Ein weiteres Beispiel ist der Fall »Premiere«, in dem sowohl die EU-Kommission als auch später das Bundeskartellamt von einer dauerhaften marktbeherrschenden Stellung auf dem deutschen Pay-TV-Markt ausgingen: EU-Fall »Bertelsmann/Kirch/Premiere«, Entsch. v. 27. Mai 1998, ABl. 1999 L 53/1 und Entsch. des Bundeskartellamtes im Fall »Premiere«, WuW/E DE-V 53, 59 (1998). Zum Bereich Internet vgl. Entsch. der EU-Kommission vom 8. Juli 1998 »Worldcom/MCI«, ABl. EG 1999, L 116/1.
175 Vgl. schon WuW/E OLG 1745, 1752 »GKN-Sachs« (1978) und WuW/E OLG 3051, 3080 »Morris/Rothmans« (1983).
176 Bundeskartellamt, Beschl. v. 28.04.1999 »Dow Chemical/Shell«, S. 10.
177 Bundeskartellamt, Beschl. v. 01.06.1999 »Deilmann-Haniel/Heitkamp«, S. 12.

- wenn gesetzliche Rahmenbedingungen oder die Notwendigkeit einer stärkeren Ausschöpfung von Rationalisierungspotenzialen Nachfrager dazu zwingen, Beschaffungsalternativen zu nutzen.[178]

9. Gesamtbetrachtung der Wettbewerbsbedingungen

Bei der Prüfung, ob ein Zusammenschluss zur Entstehung oder Verstärkung einer marktbeherrschenden Stellung führt, steht die Gesamtbetrachtung der in § 19 Abs. 2 Nr. 2 GWB beispielhaft genannten Strukturkriterien im Mittelpunkt. Maßgebend hierfür ist der Gedanke, dass sich die Marktstellung eines Unternehmens in der Regel nicht allein aufgrund der Prüfung eines Strukturkriteriums (z. B. Marktanteil), sondern nur anhand einer **Gesamtbetrachtung aller relevanten Umstände** beurteilen lässt.[179]

Eine überragende Marktstellung ist sehr wahrscheinlich, wenn alle Wettbewerbsbedingungen jeweils für sich oder insgesamt betrachtet für ein Unternehmen einen von Wettbewerbern nicht mehr kontrollierten Verhaltensspielraum ausweisen. Für die Frage der überragenden Marktstellung kann es jedoch je nach Einzelfall ausreichen, wenn nicht alle der aufgeführten Merkmale in überragendem Maße vorhanden sind[180] oder die überragende Marktstellung aus dem Zusammenwirken einer Reihe von Vorteilen folgt, die jeder für sich nicht als überragend erscheinen.[181]

Eine überragende Marktstellung aufgrund eines einzigen Merkmals, z. B. dem Marktanteil, konnte in der Vergangenheit lediglich in wenigen Einzelfällen begründet werden.[182] Grundsätzlich stützt das Bundeskartellamt die Annahme einer überragenden Marktstellung auch in den Fällen, in denen hohe Marktanteile erreicht werden, auch auf weitere strukturelle Kriterien, wie zum Beispiel

- hohe Marktzutrittsschranken[183],
- der Zugang zu vor- oder nachgelagerten Märkten[184],
- Finanzkraft und marktstrategische Möglichkeiten[185] oder
- die Fähigkeit, einzelne Produkte in Komplettsystemen zusammenzufassen[186].

Weisen sowohl der Marktanteil als auch die Finanzkraft auf unkontrollierte Verhaltensspielräume hin und bestehen darüber hinaus Marktzutrittsschranken, dann ist eine überragende Marktstellung wahrscheinlich. Bei Vorliegen dieser Kombination von Wettbewerbsbedingungen bestehen hohe Anforderungen an eine Widerlegung der sich daraus ergebenden Annahme einer Einzelmarktbeherrschung.

Hohe Marktanteile führen dann nicht zu einer Untersagung, wenn andere Strukturfaktoren, wie z. B. ein leistungsfähiger, potenzieller Wettbewerb aus dem Ausland und eine nachfragestarke Marktgegenseite, aller Erwartung nach keine unkontrollierten wettbewerblichen Verhaltensspielräume der Zusammenschlussbeteiligten zulassen.[187]

Umgekehrt kann eine überragende Marktstellung vorliegen, wenn die Marktanteile unter oder nur knapp über der Vermutungsschwelle von 33 % liegen. Nicht nur erhebliche Marktanteilsvorsprünge sondern auch finanzielle, ingenieurwissenschaftliche, technische und organisatorische Ressourcen können bei entsprechender Ressourcenakkumulation zweier führender Unternehmen zum entscheidenden Wettbewerbsvorteil werden.[188]

Bei besonders ressourcenstarken oder diversifizierten Unternehmen kann die Einzelmarktbetrachtung um eine **marktübergreifende Analyse** ihres Wettbewerbspotenzials zu erweitern sein. Die erhebliche Konzentration von Unternehmensressourcen oder von marktbeherrschenden

---

178 Bundeskartellamt, Beschl. v. 18. 01. 1999 » Babcock/Steinmüller«, S. 12 f.
179 BT-Drs. VI/2520, S. 21 f., grundlegend WuW/E BGH 1504 »GKN-Sachs« (1978) und WuW/E BGH 1908 »SZ-Münchener Anzeigenblätter« (1982), ebenso WuW/E BGH 3037, 3041 »Raiffeisen« (1995).
180 Grundlegend BGH WuW/E 1685, 1691 »Springer-Elbe Wochenblatt« (1979).
181 Siehe Unterrichtung des Ausschusses für Wirtschaft zur Zweiten GWB-Novelle, Drucks. 7/765, S. 5 f.
182 Vgl. WuW/E BGH 1449 f. »Valium« (1976).
183 Vgl. WuW/E BKartA 2865 »Kali + Salz/PCS« (1997), WuW/E BKartA 2894 »Herlitz/Landré« (1997).
184 Vgl. WuW/E BKartA 2829, 2837 »Kolbenschmidt« (1995).
185 Vgl. WuW/E BKartA 2820 »Straßenmarkierungsmaterial« (1995), WuW/E BKartA 2894 »Herlitz/Landré« (1997).
186 Vgl. Bundeskartellamt, Beschl. v. 27. 05. 1999 »Federal Mogul/Alcan«, S. 8 ff.
187 Bundeskartellamt, Beschluss v. 18. 01. 1999 »Babcock/Steinmüller«, S. 12 ff.
188 WuW/E BKartA 2729 »Hochtief/Philipp Holzmann« (1995), zustimmend Monopolkommission, HG 1994/95 Rz. 627, HG 1996/97 Rz. 368, ablehnend KG WuW/E DE-R 94, 99 ff.

Stellungen und Ressourcen kann marktübergreifend wirken und die Wahrscheinlichkeit, dass auf den betroffenen Märkten überragende Marktstellungen bestehen oder durch einen Zusammenschluss entstehen oder verstärkt werden, wesentlich erhöhen. Das ist insbesondere dann anzunehmen, wenn ein Unternehmen infolge eines Zusammenschlusses die Produktionskapazitäten und Arbeitsplätze eines gesamten Wirtschaftszweiges in außerordentlich hohem Maße auf sich konzentriert, deshalb zum dominierenden Branchenführer aufsteigt und den damit verbundenen politischen Einfluss zu Lasten seiner Konkurrenten ausnutzen kann. So ließ sich die überragende Marktstellung der Daimler Benz AG auf verschiedenen Einzelmärkten der Rüstungs- und Raumfahrtindustrie nur unter Einbeziehung der zentralen Bedeutung des Konzerns in diesen Wirtschaftszweigen insgesamt erschließen.[189] Darüber hinaus kann die Zusammenführung von Ressourcen bei komplementären, jedoch nicht in direktem Wettbewerb zueinander stehenden Produkten/Produktgruppen den Wettbewerb beschränken und insoweit ein Kriterium zur Begründung von Einzelmarktbeherrschung sein (Portfolio-Ansatz).[190]

Zudem können wesentliche Wettbewerbswirkungen eines Zusammenschlusses – insbesondere bei der Gründung von Gemeinschaftsunternehmen – den nicht vergemeinschafteten Bereich treffen und hier – z. B. im Rahmen der Oligopolbetrachtung – Anhaltspunkte für ein wettbewerbsloses Parallelverhalten geben (vgl. Abschnitt II, 1.5). Ein Zusammenschluss kann insbesondere dann zu entsprechenden **Gruppeneffekten** führen, wenn eine unabhängige Wahrnehmung der Wettbewerbsinteressen der Kooperationspartner nicht mehr gewährleistet ist. Hinweise darauf geben die konkreten gesellschaftsrechtlichen Vereinbarungen zwischen den Muttergesellschaften und die wirtschaftliche Bedeutung, die das Gemeinschaftsunternehmen für die beteiligten Unternehmen hat.[191]

Sofern beispielsweise der Wegfall eines Wettbewerbers auch erhebliche **Auswirkungen außerhalb des Geltungsbereichs des GWB** hat, sind entsprechende Rückwirkungen auf den inländischen Markt bei der Gesamtbetrachtung zu berücksichtigen. Dies gilt insbesondere dann, wenn der ökonomisch relevante räumliche Markt grenzüberschreitend abzugrenzen ist.[192]

10. Kausalität

Eine marktbeherrschende Stellung muss durch den Zusammenschluss entstehen oder verstärkt werden[193], wobei Mitursächlichkeit ausreicht.[194] Dies ist nach den Marktverhältnissen zum Zeitpunkt der Entscheidung – nicht nach den Marktverhältnissen zum Zeitpunkt des Zusammenschlusses – zu beurteilen.[195] Die bloße Möglichkeit der Marktbeherrschung reicht nicht aus, erforderlich ist vielmehr ein gesteigerter Grad an Wahrscheinlichkeit.[196]

Ist zu erwarten, dass die **Entstehung oder Verstärkung einer Marktbeherrschung erst in Zukunft eintritt**, stellt sich die Frage, ob der Zusammenschluss hierfür kausal ist. Hier können sich – je nach Markt und Wettbewerbsprozess – Besonderheiten ergeben. So hat der BGH im Fall »Stromversorgung Aggertal« die Untersagungsverfügung des Bundeskartellamtes bestätigt und festgestellt, dass die beherrschende Stellung der RWE Energie auf Regionalverteilermärkten durch die Beteiligung an einem lokalen Gebietsversorger und die damit verbundene gesellschaftsrechtliche Absicherung zukünftiger Absatzchancen verstärkt wird.[197] Dem stehe nicht entgegen, dass die Marktverhältnisse hinsichtlich des Absatzes von Strom mit Blick auf laufende Konzessions- und

---

189 Vgl. WuW/E BKartA 2335, 2347 »Daimler/MBB« (1989).
190 Vgl. z. B. Entsch. der Kommission v. 15. Oktober 1997 im Fall »Guiness/Grand Metropolitan« ABl. EG 1998, L 288/24, 29 f.
191 WuW/E BKartA DE-V 9, 17 »Ostfleisch« (1997), zustimmend Monopolkommission, HG 1996/97, Rz. 356. Das KG hat den vom Bundeskartellamt beanstandeten Gruppeneffekt unter Hinweis aufgrund der geringen wirtschaftlichen Bedeutung des GU und des mangelnden Nachweises eines wirtschaftlichen Sachzwangs für eine Koordinierung auf Drittmärkten nicht bestätigt, KG, Beschl. v. 29.09.1999, S. 19 f., nicht rechtskräftig.
192 Bundeskartellamt, Untersagungsbeschl. v. 21.06.2000 »Melitta/Schultink«, S. 36, S. 39.
193 Heidelberger Druckmaschinen/Stahl KG, TB 1997/98, S. 126/7.
194 BGH WuW/E 2743 »Stormarer Tageblatt« (1991), Ruppelt in: Langen/Bunte § 24, Rz. 38.
195 RAG/Becorit u. a. TB 1993/94, 107/108.
196 Süddeutsche Verlag GmbH/Baumann, TB 1993/94, S. 120.
197 Verstärkung einer marktbeherrschenden Stellung durch die Absicherung von Lieferbeziehungen und die Realisierung von Synergien bei der Entwicklung von Systemmärkten, vgl. auch WuW/E Bundeskartellamt 2829, 2838 Kolbenschmidt (1995).

Lieferverträge bis zum Jahr 2014 unverändert blieben. Eine langfristige – darüber hinausgehende – Absicherung der Absatzchancen wirke sich schon heute verstärkend auf die Marktposition des betroffenen Unternehmens aus.[198] Liegen entsprechende besondere Umstände nicht vor, so wird der Prognosezeitraum regelmäßig nicht mehr als drei Jahre betragen.

Die Kausalität fehlt dann, wenn ein Zusammenschluss eine **Verschlechterung der Marktbedingungen** zwar herbeiführt, diese aber **auch ohne den Zusammenschluss** eingetreten wäre. Dies gilt beispielsweise dann, wenn Betriebsteile, die Gegenstand eines Zusammenschlusses sind, kraft Gesetz ohnehin auf den Erwerber übergehen[199] oder wettbewerbsbeschränkende Verflechtungen schon vor dem Zusammenschluss bestanden und durch diesen gesellschaftsrechtlich nicht weiter verfestigt werden.[200]

Ein besonderer Fall fehlender Kausalität ist die sogenannte »**failing company defence**« (Sanierungsfusion). Ein Zusammenschluss ist nur dann nicht kausal für die Verstärkung der marktbeherrschenden Stellung eines Unternehmens, wenn folgende drei Voraussetzungen *kumulativ* erfüllt sind[201]:

a) Das sanierungsbedürftige Unternehmen wäre ohne Zusammenschluss nicht überlebensfähig.
b) Es gibt keine Alternative zu einer Übernahme durch das marktbeherrschende Unternehmen.
c) Beim Ausscheiden des sanierungsbedürftigen erworbenen Unternehmens würde das noch verbleibende Potenzial ohnehin dem erwerbenden Unternehmen zuwachsen.

Nicht ausreichend ist es, wenn lediglich eine Tochtergesellschaft oder gar nur ein Geschäftsbereich innerhalb eines Konzerns aus dem Markt ausgeschieden wäre (sog. Failing division).

Für die Anwendung der failing company defence reicht die bloße Behauptung, finanziell notleidend zu sein, als Nachweis nicht aus. Der unmittelbar drohende Marktaustritt ist anhand geeigneter Dokumente nachzuweisen. Würde dem erwerbenden Unternehmen nur ein Teil der Marktposition des erworbenen Unternehmens bei dessen Marktaustritt zuwachsen, kommt die Anwendung der failing company defence nicht in Betracht. Im Regelfall wird der Nachweis dafür nur gelingen, wenn sich die beiden einzigen Wettbewerber auf dem Markt zusammenschließen. Schließlich darf es keinen Erwerbswilligen geben, bei dem die Realisierung des Zusammenschlussvorhabens zu einer weniger starken Wettbewerbsbeeinträchtigung führen würde. Dies setzt den Nachweis voraus, dass und weshalb entsprechende Veräußerungsbemühungen gescheitert sind.[202] Die Beweislast für das Vorliegen dieser drei Voraussetzungen tragen die Zusammenschlussbeteiligten.

Diese Praxis des Bundeskartellamtes entspricht der Verwaltungspraxis der Europäischen Kommission, die inzwischen auch vom Europäischen Gerichtshof bestätigt worden ist[203], und steht weitgehend im Einklang mit den im US-Antitrustrecht entwickelten Prinzipien.[204]

---

198 Vgl. WuW/E BGH DE-R 24, 27 »Stromversorgung Aggertal« (1997), gleiche Begründung des BGH gilt auch für den materiell ähnlich gelagerten Fall »Stadtwerke Garbsen« WuW/E DE-R 32 f. (1997).
199 Vgl. »Solvay/Sodafabrik Bernburg«, Rückübertragung bei Aufhebung einer Zwangsverwaltung durch Inkrafttreten des Vermögensgesetzes, TB 91/92, S. 23; zustimmend Monopolkommission, HG 90/91, Rz. 582 ff.
200 Bundeskartellamt, Beschl. v. 16. 12. 1999 »Norddeutsche Affinerie/Hüttenwerke Kayser«, S. 9, Beschl. v. 22. 12. 1999 »Progas/Westfalen AG/caratgas«, S. 6 f.
201 Vgl. »Lufthansa/Interflug«, TB 1989/90, S. 113; »M. DuMont Schauberg/Kölnische Rundschau«, TB 1997/98, S. 89.
202 »M. DuMont Schauberg/Kölnische Rundschau«, TB 1997/98, S. 89.
203 EuGH, Urt. v. 31. März 1998, RS C-68/94 und C-30/95, Frankreich sowie SCPA und EMC/Kommission, WuW/E EU-R 31.
204 In einer Stellungnahme des Direktors des »Bureau of Competition« der Federal Trade Commission wurden die verschiedenen Voraussetzungen näher spezifiziert. Danach ist es für die Beweisführung notwendig, dass das sanierungsbedürftige Unternehmen nicht nur den für eine Übernahme augenscheinlich in Frage kommenden, brancheninternen Erwerbern angeboten wird. Zudem seien die Veräußerungsbemühungen nachweislich mit größter Seriosität durchzuführen. Zudem sei jeder Preis zu akzeptieren, der ausreiche, um das Unternehmen vor der Liquidation zu bewahren; Arquit, K.J., Federal Trade Commission: The Failing Firm Defense and Related Issues, 1991, S. 12 ff.; vgl. auch Department of Justice und Federal Trade Commission: gemeinsame Merger Guidelines 1992, Abschnitt 5.

II. Oligopolistische Marktbeherrschung

A. Einführung

1. Oligopole in der Wettbewerbstheorie

Wettbewerb im Oligopol ist ein »strategisches Spiel« von Aktion und Reaktion. Vor diesem Hintergrund stützt sich die moderne Oligopoltheorie stark auf die industrieökonomischen Ansätze der Spieltheorie. Im Mittelpunkt steht die Frage unternehmerischen Handelns auf hochkonzentrierten Märkten. In Erweiterung der traditionellen mikroökonomischen Theorie, die das Handeln eines Marktteilnehmers auf der Grundlage eines gegebenen Marktszenarios beschreibt, berücksichtigt die Spieltheorie, dass gleichzeitig auch andere Marktteilnehmer handeln und so das Marktgeschehen beeinflussen. Die Spieltheorie geht also davon aus, dass jeder Marktteilnehmer seine optimale Strategie verfolgt, die als Antwort auf die optimale Strategie der anderen Marktteilnehmer konzipiert ist.[205] In einer Situation, in der die Unternehmen ihre gegenseitige Abhängigkeit (weitgehend) durchschaut haben, ist entweder wettbewerbsloses Parallelverhalten oder oligopolistischer Wettbewerb die Folge. Die entsprechende Interaktion kann zu intensivem Wettbewerb mit günstigen Verbraucherpreisen und Produkt- und Verfahrensinnovationen führen oder zu langfristiger Preisstarrheit und Verlagerung des Wettbewerbs auf Werbung und Produktdifferenzierung ohne technischen Fortschritt. Oligopole sind also nicht per se gut oder schlecht. Ein für die Wettbewerbspolitik und die Anwendung des Kartellrechts bedeutsamer Fall sind die wettbewerbslosen oder nur eingeschränkt wettbewerblichen Oligopole: Oligopolistische Interdependenz kann dazu führen, dass z.B. die Preissenkung eines Oligopolisten die Wettbewerber dazu veranlasst, ebenfalls ihre Preise zu senken, um keine Nachfrager zu verlieren. Das Ergebnis wären niedrigere Preise und niedrigere Gewinne für alle Anbieter. Sind sich die Anbieter dieser Zusammenhänge bewusst, werden sie versuchen, dieser Situation, bei der alle Anbieter verlieren, zu entgehen. Sie werden ihre Wettbewerbsparameter im Bewusstsein der möglichen Reaktionen der Wettbewerber setzen.[206] Auch ohne formelle Absprachen kann diese gegenseitige Rücksichtnahme dazu führen, dass sich die Oligopolmitglieder wie ein kollektives Monopol verhalten. Die spieltheoretischen Ansätze, aber auch die Entscheidungspraxis der Wettbewerbsbehörden, haben eine Reihe von Faktoren herausgearbeitet, die bewirken können, dass die beschriebene Oligopoldisziplin eingehalten wird. Voraussetzung sind insbesondere Vergeltungspotenziale, die »Ausreißer« davon abhalten, sich aus der Oligopoldisziplin zu »mogeln«, beispielsweise, um die Spanne zwischen Oligopol-Preis und Grenzkosten für sich auszunutzen.[207] Die entsprechenden Vergeltungspotenziale hängen ihrerseits insbesondere von den Marktverhältnissen im Einzelfall ab. Die Kriterien, anhand derer das Bundeskartellamt oligopolistische Marktbeherrschung prüft, werden nachfolgend erläutert.

2. Die Definition oligopolistischer Marktbeherrschung in der deutschen Fusionskontrolle

Die Fusionskontrolle des GWB verfolgt bei der Prüfung oligopolistischer Marktbeherrschung – ebenso wie die europäische Fusionskontrollverordnung – zunächst einen strukturorientierten Ansatz. Durch eine Analyse von markt- und unternehmensbezogenen **Wettbewerbsfaktoren** ist es möglich, wettbewerbliche Gefährdungslagen durch Oligopole ex ante zu erkennen. Eine Analyse des tatsächlichen Marktverhaltens i.S.d. auf dem Markt eingesetzten Wettbewerbsparameters liefert Hinweise auf das **Wettbewerbsgeschehen** und die Frage, ob auf dem Markt die Funktionen wesentlichen Wettbewerbs erfüllt sind.[208] Die strukturorientierte Fusionskontrolle ist das primäre Instrument, um Gefährdungslagen durch Oligopole zu verhindern. Das Verfolgen wett-

---

205 Einen guten Überblick über die unterschiedlichen Oligopoltheorien bietet: Kantzenbach, Kottmann und Krüger: Kollektive Marktbeherrschung: Neue Industrieökonomik und Erfahrungen aus der Europäischen Fusionskontrolle, Baden-Baden 1996.
206 Kantzenbach, Kottmann und Krüger, a.a.O., S. 26; Wolf, Dieter: Die kartellrechtliche Beurteilung von Oligopolen aus Sicht des Bundeskartellamtes, November 1994, S. 2f., unveröffentlicht; ebenso OECD: Committee on Competition Law and Policy, Roundtable on Oligopoly, Paris 1999, United States/DTI: Room document No. 4, S. 225.
207 Vgl. auch Department of Justice und Federal Trade Commission: gemeinsame Merger Guidelines 1992, Abschnitt 2.1.
208 Zum konzeptionellen Aufbau der Prüfung vgl. auch Möschel in: Immenga/Mestmäcker, § 22, Rz. 79; Ruppelt in: Langen/Bunte a.a.O., § 22 Rz. 59; Richter in: Wiedemann § 20, Rz. 78ff.

bewerbsbeschränkender Absprachen und missbräuchlichen Verhaltens, das sich allein an dem tatsächlichen Marktgeschehen orientiert, ist demgegenüber immer nur punktuell möglich, und greift häufig zu spät.

§ 19 Abs. 2 Satz 2 GWB **definiert** oligopolistische Marktbeherrschung wie folgt:
»Zwei oder mehr Unternehmen sind marktbeherrschend, soweit zwischen ihnen für eine bestimmte Art von Waren oder gewerblichen Leistungen ein wesentlicher Wettbewerb nicht besteht und soweit sie in ihrer Gesamtheit die Voraussetzungen des Satzes 1 erfüllen.«[209]

In Anlehnung an die gesetzliche Definition des marktbeherrschenden Oligopols erfolgt eine Wettbewerbsprüfung in dreifacher Hinsicht:
- Der von dem Zusammenschluss betroffene Markt weist Wettbewerbsbedingungen auf, welche eine Gesamtheit von Unternehmen (Oligopol) von Wettbewerbshandlungen absehen lässt und wettbewerbsbeschränkendes Parallelverhalten begünstigen (**Wettbewerbsbedingungen – Binnenwettbewerb**, Abschnitt B 1).
- Sofern neben dem Oligopol weitere Unternehmen auf dem Markt tätig sind (Außenseiter), besteht zwischen diesen und dem Oligopol kein wesentlicher Wettbewerb mehr. Diese Feststellung kann auch durch die einer überragenden Marktstellung des Oligopols gegenüber den Außenseitern ersetzt werden (**Wettbewerbsbedingungen – Außenwettbewerb**, Abschnitt B 2).
- Eng verknüpft mit der Prüfung der Wettbewerbsbedingungen ist die Frage, inwiefern die Oligopolisten mögliche Wettbewerbsparameter tatsächlich einsetzen. Sofern aufgrund des Parametereinsatzes die maßgeblichen Funktionen des Wettbewerbs nicht (mehr) erfüllt werden, spricht dies für das Fehlen wesentlichen Wettbewerbs im Oligopol und einen unkontrollierbaren Verhaltensspielraum des Oligopols gegenüber Außenseitern (**Wettbewerbsgeschehen**, Abschnitt B 4).

Die Prüfung der Frage, ob im Innen- und Außenverhältnis wesentlicher Wettbewerb besteht, erfolgt entsprechend § 19 Abs. Abs. 2 Nr. 2 GWB in **einer Gesamtbetrachtung aller maßgeblichen Wettbewerbsverhältnisse**.[210] Der Prüfungsschwerpunkt liegt dabei auf den strukturellen Bedingungen für zukünftigen Wettbewerb und ihren Auswirkungen auf das Wettbewerbsgeschehen, beispielsweise auf die Preispolitik der Oligopolisten.

Wie für die Marktbeherrschung durch ein Unternehmen, sieht das GWB für die olipolistische Marktbeherrschung eine **Vermutungsregelung** vor (§ 19 Abs. 3 Satz 2 Nr. 1 oder Nr. 2 GWB)[211]. Auch diese Vermutungen können widerlegt werden. Die betroffenen Unternehmen müssen nachweisen, dass die Wettbewerbsbedingungen zwischen ihnen wesentlichen Wettbewerb erwarten lassen oder die Gesamtheit der Unternehmen im Verhältnis zu den übrigen Wettbewerbern keine überragende Marktstellung hat. Ein non liquet wirkt zu Lasten der Unternehmen im Sinne einer Bejahung von Marktbeherrschung[212] (vgl. Abschnitt I B 1.1). In der Kartellrechtspraxis des Bundeskartellamtes spielt die in § 19 Abs. 3 Satz 2 Nr. 2 GWB beschriebene Variante des Oligopols mit mehr als drei Mitglieder keine nennenswerte Rolle. Ähnlich wie die Kommission prüft das Bundeskartellamt in wettbewerblich problematischen Fällen in der Regel Dreier-Oligopole oder Duopole.[213]

Sofern es um die **Entstehung** oligopolistischer Marktbeherrschung geht – hierzu gehört auch die Ablösung einer Einzelmarktbeherrschung durch oligopolistische Marktbeherrschung – kommt es entscheidend auf die Wettbewerbsbedingungen nach dem Zusammenschluss an. Die Gesamtbetrachtung der Wettbewerbsbedingungen nach dem Zusammenschluss muss ergeben, dass künftig wettbewerbsbeschränkendes Parallelverhalten im Oligopol zu erwarten ist. Es muss mit hoher Wahrscheinlichkeit zu erwarten sein, dass der festgestellte oder zumindest unterstellte wesentliche Wettbewerb vor dem Zusammenschluss danach nicht mehr zum Tragen kommen wird. Die Indizwirkung wesentlichen Wettbewerbs vor dem Zusammenschluss ist um so schwächer, je stärker die Wettbewerbsbedingungen auf dem betroffenen Markt durch den Zusammenschluss verändert werden.

---

[209] In Satz 1 sind die verschiedenen Optionen für die Definitionen marktbeherrschender Stellungen aufgeführt.
[210] Entsprechendes gilt auch für die Entscheidungspraxis der U.S.-Wettbewerbshörden und der EU-Kommission.
[211] Zur näheren Erläuterung der Oligopolvermutungen, vgl. Richter in: Wiedemann a.a.O., § 20, Rz 90 ff.
[212] Richter, in: Wiedemann a.a.O., § 20 Rz. 85.
[213] Bundeskartellamt, z.B. Fälle »Lindner Licht GmbH«, »Premiere«, »RWE/VEW«; Kommission, z.B. Fälle »Kali + Salz/MdK/Treuhandanstalt«, »Gencor/Lonrho«, »Airtours/First Choice«.

Im Falle der **Verstärkung** oligopolistischer Marktbeherrschung muss geprüft werden, ob eine weitere Verschlechterung der Wettbewerbsbedingungen zu erwarten ist. Die Anforderungen an den Nachweis der Verstärkung sind umso geringer je höher der Konzentrationsgrad des Marktes bereits ist. (siehe Abschnitt Einzelmarktbeherrschung).

Der Nachweis eines aktiven kollusiven Zusammenwirkens der Oligopolmitglieder ist keine Voraussetzung für die Feststellung einer oligopolistischen Marktbeherrschung.[214] Vielmehr kann bereits eine bloße Anpassung der Oligopolmitglieder an die Marktbedingungen zu einem wettbewerbsschädlichen Parallelverhalten führen, durch das das Oligopol marktbeherrschend wird.[215] Dem steht nicht entgegen, dass Märkte, auf denen Anhaltspunkte für Kartellabsprachen bestehen, ein besonders hohes Risiko für oligopolistische Marktbeherrschung in sich tragen und Verflechtungen ein wichtiges Prüfungskriterium für oligopolistische Marktbeherrschung sind.[216]

Der folgende Abschnitt dieser Checkliste ist nach der Prüfungsfolge der Legaldefinition für oligopolistische Marktbeherrschung (§ 19 Abs. 2 S. 2 GWB) gegliedert. Die einzelnen Prüfungsschritte können – in etwas abgewandelter Reihenfolge – auch zur Untersuchung herangezogen werden, ob die Oligopolvermutung (§ 19 Abs. 3 S. 2 GWB) widerlegt ist. Für die Prüfung der ersten Widerlegungsalternative (die Wettbewerbsbedingungen lassen auch nach dem Zusammenschluss noch wesentlichen Wettbewerb im Oligopol erwarten) ist zunächst Abschnitt II B 3 (Wettbewerbsgeschehen) und dann Abschnitt II B 1 (Wettbewerbsbedingungen im Hinblick auf Binnenwettbewerb) heranzuziehen. Die zweite Widerlegungsalternative (das Oligopol nimmt gegenüber den Außenseitern keine überragende Marktstellung ein) kann aufgrund von Abschnitt B 2 (Wettbewerbsbedingungen – Außenwettbewerb) geprüft werden.

Wie auch im Bereich der Einzelmarktbeherrschung stehen die Prüfungskriterien der EU-Kommission, die insbesondere im Zusammenschlussfall Nestlé/Perrier entwickelt wurden, weitgehend im Einklang mit den Prüfungskriterien des Bundeskartellamtes und den Prüfungskriterien der U.S.-Wettbewerbsbehörden.[217]

B. Prüfungskritierien

Die Auflistung der nachfolgenden Wettbewerbsbedingungen orientiert sich an den entsprechenden Ausführungen zur Einzelmarktbeherrschung und ergänzt diese, soweit Besonderheiten bei der Prüfung oligopolistischer Marktbeherrschung zu beachten sind. Bei den Kriterien, deren Prüfung im Falle oligopolistischer Marktstrukturen keine wesentlichen Besonderheiten aufwerfen, wird auf die entsprechenden Ausführungen zur Einzelmarktbeherrschung verwiesen.

1. Wettbewerbsbedingungen – Binnenwettbewerb

1.1 Marktanteil

Anhand der Höhe der Marktanteile, die die führenden Unternehmen eines Marktes auf sich vereinigen, sowie anhand der Verteilung der Marktanteile auf die einzelnen Unternehmen, kann abgeschätzt werden, welches Unternehmen gegebenenfalls einer marktbeherrschenden Gesamtheit von Unternehmen zuzurechnen ist und welche Rückschlüsse sich auf die Reaktionsverbundenheit der Oligopolisten ziehen lassen. Erst ab einer gewissen Konzentration des Angebots oder der Nachfrage auf einem Markt wird eine Reaktionsverbundenheit zwischen den Unternehmen spürbar. Wettbewerbliche Vorstöße Einzelner wirken sich nachteilig auf ihre Wettbewer-

---

214 Ständige Praxis des Bundeskartellamtes in Übereinstimmung mit der Praxis der Kommission, vgl. z. B. Entscheidung v. 22.09.1999 »Airtours/First Choice«, ABl. EG 2000 L 93/1, 27. Auch das Department of Trade and Industry des Vereinigten Königreiches geht davon aus, dass im Rahmen der Fusionskontrolle die Wahrscheinlichkeit von Koordinierungsrisiken zu prüfen ist. Der Nachweis von Kartellabsprachen ist demgegenüber nicht zu führen, vgl. OECD: Committee on Competition Law and Policy, Roundtable on Oligopoly, Paris 1999, United States/DTI: Room document No. 4, S. 234, Merger Guidelines 1992, Abschnitt 2.11.

215 Bundeskartellamt, Beschluss v. 03.07.2000 »RWE/VEW«, S. 54f.; ebenso Kommission, Entsch. im Fall Nr. »Gencor/Lonrho«, ABl. EG 1997, Nr. L 11, Rz. 140 bestätigt durch: EuG, Rs. T-102/96, WuW/E EU-R »Gencor v. Commission«.

216 Vgl. Abschnitt II 1 5, zudem OECD: Committee on Competition Law and Policy, Roundtable on Oligopoly, Paris 1999, Background Note, S. 17.

217 Kommission, Entsch. v. 22.07.1992 »Nestlé/Perrier«, ABl. EG v. 05.12.1992 Nr. L 356/1; Department of Justice und Federal Trade Commission: gemeinsame Merger Guidelines, Abschnitt 2.

ber aus und veranlassen diese zur Reaktion. Mögliche Reaktionen der Wettbewerber werden mit steigendem Konzentrationsgrad zunehmend beim eigenen Parametereinsatz berücksichtigt. Je enger der Reaktionsverbund ist oder durch den Zusammenschluss wird, desto wahrscheinlicher wird oligopolistisches Parallelverhalten und damit der Ausschluss wesentlichen Wettbewerbs.

Die **Marktanteilswerte der Oligopolvermutung** (§ 19 Abs. 3 S. 2 GWB) kennzeichnen enge Oligopole, bei denen ein wettbewerbsbeschränkendes Parallelverhalten der Unternehmen wahrscheinlich ist. Je enger das Oligopol ist und je weniger Außenseiter es hat, desto wahrscheinlicher ist der Ausschluss von wesentlichem Wettbewerb.[218] Liegt der Konzentrationsgrad wesentlich unter den Marktanteilswerten der Vermutungstatbestände, ist ein Parallelverhalten allenfalls auf transparenten Märkten mit hoher Homogenität der betroffenen Produkte oder Dienstleistungen zu erwarten. Für sich genommen beschreiben die Vermutungsregelungen jedoch nur unzuverlässig die tatsächlichen Wettbewerbsbedingungen auf hochkonzentrierten Märkten. Das Bundeskartellamt hat in seiner Entscheidungspraxis die Oligopolvermutung in der weit überwiegenden Zahl von Fällen als widerlegt angesehen.[219]

Insbesondere die Analyse der **Marktanteilsentwicklung** auf dem relevanten Markt über mehrere Jahre kann für das Wettbewerbsgeschehen im Oligopol aufschlussreich sein.[220] Weitgehend stabile Marktanteile oder Marktanteilsabstände deuten auf ein wettbewerbsloses Oligopol hin. Das gilt insbesondere dann, wenn die Marktanteile trotz erheblicher Veränderungen der äußeren Marktumstände, beispielsweise einem starken Nachfragerückgang, konstant geblieben sind.[221] Marktanteilsveränderungen im Oligopol sprechen dann nicht gegen Marktbeherrschung, wenn beispielsweise Anteilsgewinne eines Oligopolisten nicht zu Lasten anderer Oligopolisten, sondern zu Lasten von Außenseitern gehen.[222] Schwanken die Marktanteile hingegen derart, dass die Unternehmen von Periode zu Periode unterschiedliche Markträngen einnehmen, so liegt ein wettbewerbliches Oligopol nahe.[223] Kurzfristige Marktanteilsverschiebungen sind grundsätzlich aussagekräftiger als langfristige. Erstere deuten auf aktives Wettbewerbsverhalten hin, während letztere eher auf strukturelle Änderungen der Marktverhältnisse, z. B. der Präferenzen der Nachfrager, zurückzuführen sind.[224]

1.2 Kräfteverhältnis im Oligopol

Je mehr sich die markt- und unternehmensbezogenen Strukturmerkmale der einem Oligopol zuzurechnenden Unternehmen gleichen, desto eher kann es zu wettbewerbsbeschränkendem Parallelverhalten kommen.[225] Zu den maßgeblichen Strukturmerkmalen zählen neben den Marktanteilen insbesondere die Produktionskapazitäten und deren Auslastung, die jeweiligen Kostenstrukturen (insbesondere Fixkostenanteil) sowie die finanziellen Ressourcen.[226] Im Hin-

---

218 WuW/E BKartA 2669, 2674 »Lindner Licht GmbH« (1994); das Oligopol selbst erzielte Marktanteile von etwa 80%, der nächstfolgende Wettbewerber hielt lediglich einen Marktanteil in Höhe von 7%.
219 Vgl. zur aktuellen Entscheidungspraxis: Bundeskartellamt Beschl. v. 28. 04. 1999 »Dow Chemical/Shell«, Beschl. v. 12. 05. 1999 »Comet/Piepenbrock«; Beschl. v. 02. 07. 1999 »Corning/BICC« WuW/E DE-V 170; Beschl. v. 03. 12. 1999 »Checkpoint/Meto«; Beschl. v. 16. 12. 1999 »Norddeutsche Affinerie/Hüttenwerke Kayser«; Beschl. v. 22.12.1999 »Xerox/Tektronix«; Beschl. v. 22.12.1999 »Progas/Westfalen AG«; Beschl. v. 11. 02. 2000 »Dürr/Alstom«; Beschl. v. 18. 04. 2000 »Gemplus/ODS«, vgl. auch Ausführungen der Monopolkommission zur Oligopolvermutung, HG 1994/95, Rz. 635.
220 Zur Erläuterung siehe oben I.1.c.
221 WuW/E Bundeskartellamt 2669, 2675 »Lindner Licht GmbH« (1994)
222 Die Kommission hat im Fall Linde/AGA gegenläufige Marktanteilsentwicklungen als Indiz für wesentlichen Wettbewerb im Oligopol herangezogen. Diese Entscheidung ist aus Sicht des Bundeskartellamtes insoweit zu kritisieren, als hier die Marktanteilsverluste eines Oligopolisten nicht zu Gunsten des anderen Oligopolisten, sondern zu Gunsten von Außenseitern gingen, vgl. Entsch. der Kommission v. 09. 02. 2000 »Linde/AGA«, S. 13 f., noch unveröffentlicht. Demgegenüber war im Fall »Comet/Piepenbrock« ein marktbeherrschendes Oligopol auf Grund von Marktanteilsverschiebungen zwischen den Oligopolisten zu verneinen, Bundeskartellamt, Beschl. v. 12. 05. 1999, Rz. 21.
223 Bundeskartellamt, Beschl. v. 22. 12. 1999 »Xerox/Tektronix«, S. 7.
224 KG, WuW/E OLG 3075 f. »Morris-Rothmans« (1983).
225 Grundlegend KG WuW/E OLG 3080 »Morris-Rothmans« (1983).
226 Zu Irreversibilitäten als Plusfaktor für Reaktionsinterdependenz im Oligopol vgl. Kantzenbach, Kottmann und Krüger a. a. O., S. 53; siehe auch EuGH, Verb. Rs. C-68/94 und C-30/95, Slg. 1998, I-1375 Rz. 221 »Kali + Salz/MdK/Treuhandanstalt«.

blick auf unternehmensbezogene Symmetrien können auch Geschäftsumfang und vertikale Integration eine wichtige Rolle spielen.[227]

Ein **symmetrisches Oligopol** mit geringen Marktanteilsabständen der Unternehmen untereinander, vergleichbaren Ressourcen und einem ähnlich guten Zugang zu Beschaffungs- oder Absatzmärkten neigt zur Wettbewerbslosigkeit, weil wettbewerbliche Vorstöße für alle Unternehmen gleich spürbar, wegen der Transparenz leicht erkennbar und aufgrund ähnlicher Vergeltungspotenziale wenig erfolgversprechend sind.[228] Ein aufgrund vertikaler Integration symmetrisches Oligopol führt außerdem dann zur Wettbewerbslosigkeit, wenn wesentlicher Wettbewerb lediglich zur Folge hätte, dass dadurch die Verhaltensspielräume des Oligopols gegenüber nicht integrierten Konkurrenten auf nachgelagerten Märkten wesentlich verengt würden.[229] Weist das Oligopol Wettbewerbsvorteile auf, über die Außenseiter nicht oder nicht in dem Maße verfügen, z. B. breite Sortimente, Möglichkeiten zu Gegengeschäften, ressourcenbedingte Wettbewerbsvorteile etc., so sind parallele Verdrängungsstrategien zum Nachteil der letzteren wahrscheinlich.

Asymmetrische Oligopole sind umgekehrt noch kein hinreichendes Anzeichen für wesentlichen Wettbewerb im Oligopol. Sie weisen zwar ein höheres Potenzial für individuelles wettbewerbliches Verhalten auf, da sie gegensätzliche Interessen der Unternehmen hervorrufen können. So können Kostenasymmetrien dazu führen, dass die kollektive Gewinnmaximierung unterschiedliche Ausbringungsmengen und unterschiedliche Gewinne impliziert.

Jedoch kann eine Prüfung der absoluten Höhe der Marktanteile der zum Oligopol gehörenden Unternehmen, deren Zugang zu Technologien und zum Absatzmarkt und deren Produktsortiment ergeben, dass selbst ein nach Sicht der Marktanteile asymmetrisches Oligopol – beispielsweise aufgrund ressourcenbedingter Symmetrien – wettbewerbslos ist.[230]

Vertikale Zusammenschlüsse, durch die der Grad vertikaler Integration im Oligopol ausgeglichener wird, verstärken in der Regel die Transparenz des Wettbewerbsverhaltens. Dadurch können aber besonders wettbewerbsaktive Lieferanten oder Abnehmer ausgeschaltet werden, was ebenfalls ein Parallelverhalten erleichtern oder absichern kann. *Konglomerate* Zusammenschlüsse können eine Angleichung der Ressourcen und damit der Vergeltungspotenziale bewirken und dadurch Parallelverhalten begünstigen. Verfügen alle Unternehmen des Oligopols nach einem Zusammenschluss über Wettbewerbsvorteile gegenüber den Außenseitern, so ist Verdrängungswettbewerb wahrscheinlich.

Zusammenschlüsse, durch die ein Oligopol ausgewogener wird, können im Einzelfall den Wettbewerb intensivieren. Dies setzt aber voraus, dass die am Zusammenschluss beteiligten Unternehmen infolgedessen objektiv wettbewerbsfähiger gegenüber den anderen, dem Oligopol zuzurechnenden Unternehmen werden.[231] Wird ein Unternehmen durch den Zusammenschluss und den entsprechenden Ressourcenzugewinn erst in die Lage versetzt, in wirksamen Wettbewerb zum Marktführer zu treten und bisherige Wettbewerbsnachteile auszugleichen, so kann dies, insbesondere auf innovativen, expandierenden Märkten, gegen wettbewerbsbeschränkendes Parallelverhalten auch nach dem Zusammenschluss sprechen.[232]

---

227 Bundeskartellamt, Beschluss v. 03. 07. 2000 »RWE/VEW«, S. 52, S. 60.
228 Entsch. der Kommission v. 18. 10. 1995 »ABB/Daimler Benz«, ABl. EG 1997, Nr. L 11/1, 17.
229 WuW/E BKartA 2250 »Hüls-Condea« (1986).
230 WuW/E BKartA 2669, 2674 »Lindner Licht GmbH« (1994). Sind hingegen trotz asymmetrisch verteilter Marktanteile Symmetrien im Hinblick auf unternehmensbezogene Strukturkriterien, wie z.B. Kapazitäten oder finanzielle Ressourcen nicht erkennbar, so spricht dies gegen ein marktbeherrschendes Oligopol, vgl. EuGH, Verb. Rs. C-68/94 und C-30/95, Slg. 1998, I-1375 Rz. 226 »Kali + Salz/MdK/Treuhandanstalt«; Venit, J.: Two steps forward and no steps back: Economic Analysis and Oligopolistic Dominance after Kali & Salz, in: Common Market Law Review 35/1998, S. 1113 f., vgl. auch Kantzenbach, Kottmann und Krüger, a. a. O., S. 62 ff.
231 Aufholfusion; KG WuW/E OLG 3081 »Morris-Rothmans« (1983).
232 Bundeskartellamt, Beschl. v. 03. 12. 1999 »Checkpoint/Meto«, S. 16 f.

1.3 Ressourcenbetrachtung (vgl. Abschnitt I B 2)

1.4 Zugang zu den Beschaffungs- und Absatzmärkten (vgl. Abschnitt I B 3)

1.5 Verflechtungen

Personelle oder kapitalmäßige Verflechtungen unter den einem Oligopol zuzurechnenden Unternehmen erhöhen die Wahrscheinlichkeit wettbewerbsbeschränkenden Parallelverhaltens. Das gilt sowohl für Verflechtungen auf dem von dem Zusammenschluss betroffenen Markt (1.5.1) als auch für solche auf Drittmärkten, insbesondere auf vor- oder nachgelagerten Märkten (1.5.2). Verflechtungen zwischen den Oligopolmitgliedern sind jedoch weder eine notwendige Voraussetzung für die Entstehung oder Verstärkung eines marktbeherrschenden Oligopols, noch führen sie – für sich genommen – zu einer entsprechenden fusionsrechtlichen Beurteilung. Neben gesellschaftsrechtlich abgesicherten Verflechtungen können auch personelle Verflechtungen, Kartellabsprachen[233] oder Lieferbeziehungen[234] wettbewerbsdämpfende Wirkung im Oligopol entfalten.[235]

Eine den Verflechtungen vergleichbare Wirkung auf das Wettbewerbsverhalten kann dadurch eintreten, dass die Unternehmen auch auf Drittmärkten aufeinander treffen und auf zumindest einem dieser Märkte ein wettbewerbsloses Oligopol besteht. In diesem Fall ist auf dem betroffenen Markt wettbewerbsbeschränkendes Parallelverhalten unter denselben Bedingungen wahrscheinlich wie bei Gemeinschaftsunternehmen auf Drittmärkten (hierzu nachfolgend unter 1.5.2).

1.5.1 Verflechtungen auf vom Zusammenschluss betroffenen Märkten

Ein marktbeherrschendes Oligopol ist ohne weiteres – d.h. allein aufgrund einer Prüfung der Wettbewerbsbedingungen – anzunehmen, wenn die Unternehmen untereinander direkt oder über Dritte unterhalb der Verbundklausel so weitgehend miteinander verflochten sind, dass sie auf dem betroffenen Markt als »wettbewerbliche Einheit« auftreten.[236] Rechtliche, wirtschaftliche oder personelle Verflechtungen sind jedoch auch dann in die Gesamtbetrachtung einzubeziehen, wenn die betroffenen Unternehmen der Marktgegenseite als unterschiedliche Anbieter oder Nachfrager gegenübertreten, ihre untereinander bestehenden Beziehungen aber Einfluss auf die Marktstellung haben.[237]

Bei einem hohen Verflechtungsgrad unterbleibt wesentlicher Wettbewerb in der Regel, weil er den untereinander Verflochtenen nur schaden könnte.[238] Entsprechendes gilt, wenn die ein Oligopol bildenden Unternehmen über ein Gemeinschaftsunternehmen miteinander verflochten sind.[239]

1.5.2 Verflechtungen auf Drittmärkten

Sind die dem Oligopol zuzurechnenden Unternehmen auf Drittmärkten personell oder kapitalmäßig, z.B. über Gemeinschaftsunternehmen, miteinander verflochten, so fördert dies regelmäßig die Bereitschaft zu wettbewerbsbeschränkendem Parallelverhalten auf dem betroffenen Markt (marktübergreifender Gruppeneffekt). Ein Parallelverhalten ist dann besonders wahrscheinlich, wenn die Zusammenarbeit auf einem räumlich benachbarten oder sachlich verwandten Markt stattfindet. Dies gilt insbesondere, wenn ein Gemeinschaftsunternehmen auf einem vor- oder nachgelagerten Markt tätig ist und dadurch Bezugs- oder Absatzbedingungen

---
233 WuW/E BKartA 2145 1 »GfL« (1984).
234 WuW/E BKartA 2249 »Hüls-Condea« (1986).
235 WuW/E Bundeskartellamt 2669, 2676 »Lindner Licht GmbH« (1994).
236 Vgl. z.B. KG WuW/E OLG 5907, 5914 f. »Rheinpfalz/Medien Union« (1997). Hier waren KG und Bundeskartellamt von einem Gleichordnungskonzern von Herausgebern zweier Tageszeitungen ausgegangen. Das KG hat für den Fall, dass ein Gleichordnungskonzern zu verneinen sei, ein marktbeherrschendes Oligopol angenommen. Die personellen und geschäftlichen Verflechtungen seien so intensiv, dass mit wesentlichem Wettbewerb nicht gerechnet werden könne; siehe auch Bundeskartellamt, Beschl. v. 12.01.2000 »WAZ/ OTZ«, S. 72. Auch im Fall »RWE/VEW« hat das Bundeskartellamt zahlreiche Verflechtungen auf den betroffenen Energiemärkten – teilweise über, teilweise unterhalb eines Unternehmensverbundes – als wichtigen Anhaltspunkt für ein wettbewerbsbeschränkendes Parallelverhalten identifiziert, vgl. Beschluss v. 03.07. 2000, S. 52, S. 59.
237 BGH WuW/E 3037, 3041 »Raiffeisen«. (1995).
238 WuW/E BGH 2440 »G + J-Zeit II« (1987); KG, WuW/E OLG 4106 »w + i-Weiss-Druck« (1988).
239 WuW/E BGH 2195 ff. »Abwehrblatt II« (1985).

für die das Oligopol bildenden Unternehmen vereinheitlicht und infolgedessen die wettbewerblichen Verhaltensspielräume eingeschränkt werden. Im Fall Lindner Licht GmbH wirkten sich Kooperationen (Gemeinschaftsunternehmen, Patentlizenzvereinbarungen) bei Vorprodukten über den insoweit gemeinsamen Kostensockel vereinheitlichend auf die Absatzbedingungen aus.[240]

1.6 Marktzutrittsschranken/potenzieller Wettbewerb (vgl. Abschnitt I B 5)

1.7 Wettbewerb durch unvollkommene Substitute (vgl. Abschnitt I B 6)

1.8 Gegengewichtige Marktmacht (vgl. auch Abschnitt I B 7)

In einem hoch konzentrierten Markt kann eine oligopolistische Marktbeherrschung je eher eintreten, desto zersplitterter die Marktgegenseite ist. Nachfragemächtige Unternehmen auf der Marktgegenseite können dagegen ein wettbewerbsbeschränkendes Parallelverhalten der Anbieter erschweren (vgl. die entsprechenden Ausführungen zur Einzelmarktbeherrschung).

Binnenwettbewerb wird im Einzelfall dann in das Oligopol hineingetragen, wenn sich eine hochkonzentrierte Nachfrageseite mit dem strategischen Ziel, neben den Oligopolisten auf mehrere andere Anbieter ausweichen zu können, mit Auftragsangeboten auch gezielt an in- und ausländische Oligopolaußenseiter wendet und aufgrund eigener Entwicklungskompetenz unkontrollierbare Verhaltensspielräume auf Seiten der Anbieter verhindern kann.[241] Dies kann im Ausnahmefall auch dann gelten, wenn Aufträge bislang in der Regel lediglich an inländische Anbieter vergeben wurden. Hier sind allerdings hohe Anforderungen an die Prognose zu stellen, dass das nachfragestarke Unternehmen den zur Verfügung stehenden wirtschaftlichen Verhaltensspielraum auch nutzen wird.[242] Kann die Nachfrageseite zu Eigenfertigung übergehen, ist im Einzelfall die Unabhängigkeit des Nachfragers von einem nicht marktgerechten Verhalten der Anbieter (teilweise) gesichert.[243]

Wie im Falle der Einzelmarktbeherrschung stellt sich auch hier die Frage, ob die Funktionen, die wirksamer Wettbewerb erfüllt – beispielsweise die Funktion einer wirksamen Preis- und Kostenbegrenzung und der Anreiz zu technischem Fortschritt – im Einzelfall durch Nachfragemacht und strategisches Einkaufsverhalten gleichwertig ersetzt werden kann.[244] Für das Verhältnis nachfragestarker Unternehmen zu Oligopolen auf der Anbieterseite kann dies im Einzelfall – eine hohe Kostentransparenz und Entwicklungskompetenz auf Seiten der Nachfrager vorausgesetzt – zu bejahen sein.[245] Zudem ist aber zu beachten, dass sämtliche Wettbewerber der gleichen Nachfragemacht ausgesetzt sind, so dass das Ungleichgewicht auf der Anbieterseite nicht ohne weiteres durch Nachfragemacht ausgeglichen wird.[246] Dies gilt insbesondere im Hinblick auf Ausschreibungen. Ein Hinweis auf grenzüberschreitende Ausschreibungen von Nachfragern reicht zur Begründung gegengewichtiger Marktmacht dann nicht aus, wenn sie nicht mit einem marktstrategischen Verhalten der Nachfrager im oben geschilderten Umfang verbunden sind.[247]

Enge Kundenbindungen zwischen Anbietern und Nachfragern können erhebliche kunden- und lieferantenspezifische Investitionen begründen und so die Grundlage für langfristige vertikale Abhängigkeiten bilden. Eine gegengewichtige Marktmacht ist dann ausgeschlossen, wenn die jeweiligen Nachfrager nicht kurzfristig auf andere Anbieter außerhalb des Oligopols ausweichen können. Eine entprechend geringe Elastizität der unternehmensindividuellen Nachfrage kann

---

240 WuW/E BKartA 2669, 2676 »Lindner Licht GmbH« (1994), zustimmend Monopolkommission HG 1994/95, Rz. 634.
241 Bundeskartellamt, Beschl. v. 11. 02. 2000 »Dürr/Alstom«, S. 11.
242 Bundeskartellamt, Beschl. v. 28. 04. 1999 »Dow Chemical/Shell«, S. 9 f., vgl. insoweit über die Praxis des Bundeskartellamtes hinausgehend: Entsch. der Kommission v. 18. 10. 1995 »ABB/Daimler Benz«, ABl. EG 1997, Nr. L 11/1, 19.
243 Bundeskartellamt, Beschl. v. 28. 04. 1999 »Dow Chemical/Shell«, S. 9 f., vgl. auch Monopolkommission, HG 1988/89, Rz. 533.
244 Monopolkommission, Hauptgutachten VI 1984/85 Rz. 496; für das Problem der Nachfragemacht im Handel vgl. Vogel L.: Competition Law and Buying Power: The Case for new Approach in Europe in: E.C.L.R. 1998, Issue 1, S. 5.
245 Bundeskartellamt, Beschl. v. 11. 02. 2000 »Dürr/Alstom«, S. 35; vgl. auch Steptoe, M.L.: The Power Buyer Defense in Merger Cases, in: Antitrust Law Journal 1993, Vol 61, S. 493 ff.
246 WuW/E BKartA 2669/2677 »Lindner Licht GmbH« (1994), vgl. auch oben Abschnitt I B 7.
247 Monopolkommission, HG 1988/89, Rz. 535, vgl. auch Fn. 253.

dementsprechend gegen gegengewichtige Marktmacht und für eine höhere Kollusionsgefahr zwischen den Oligopolisten sprechen.[248]

1.9 Marktphase

Aus der jüngsten Entscheidungspraxis des Bundeskartellamtes ergibt sich, dass oligopolistische Marktstrukturen zunehmend in neuen, expandierenden und innovativen Märkten auftreten.[249] In der Regel lassen jedoch Technologie- und Innovationswettbewerb, Produktneuentwicklungen und die damit verbundenen Unsicherheiten über die Beständigkeit der Wettbewerbsbedingungen wettbewerbsbeschränkendes Parallelverhalten auf Dauer nicht erwarten[250] und beständige Verhaltensspielräume des Oligopols gegenüber Außenseitern unwahrscheinlich erscheinen.[251] Abgesehen von der möglichen Gefahr einer dauerhaften Abschottung von Innovationsmärkten im Einzelfall ist oligopolistische Marktbeherrschung in der Experimentier- und Expansionsphase eines Marktes eher unwahrscheinlich. Im Hinblick auf die einzelnen Prüfungskriterien kann auf die Ausführungen zur Marktbeherrschung durch ein Unternehmen verwiesen werden (vgl. Abschnitt I B 8).

2. Wettbewerbsbedingungen – Außenwettbewerb

Sofern auf dem von dem Zusammenschluss betroffenen Markt neben dem Oligopol Außenseiter tätig sind, setzt die Annahme oligopolistischer Marktbeherrschung zusätzlich das Fehlen wesentlichen Wettbewerbs oder das Bestehen einer überragenden Marktstellung des Oligopols im Außenverhältnis voraus. Die entsprechende Untersuchung einer **überragenden Marktstellung** des Oligopols entspricht der Prüfung der Einzelmarktbeherrschung. Dabei tritt die Gesamtheit der das Oligopol bildenden Unternehmen an die Stelle des einzelnen Unternehmens. Ob **wesentlicher Wettbewerb** im Außenverhältnis besteht, ist nach den gleichen Kriterien zu prüfen, wie sie auch für die Feststellung wesentlichen Wettbewerbs im Oligopol gelten. Besteht trotz Parallelverhaltens im Oligopol im Außenverhältnis wesentlicher Wettbewerb, so ist zu prüfen, ob es sich im konkreten Fall aufgrund der überragenden Wettbewerbsvorteile der Oligopolmitglieder um Verdrängungswettbewerb handelt.[252]

Für den Außenwettbewerb sind im Hinblick auf die Wettbewerbsbedingungen insbesondere Marktanteils- und Ressourcenvorsprünge, aber auch Verflechtungen bzw. wirtschaftliche Abhängigkeiten zwischen den Oligopolisten und den Außenseitern von Bedeutung.[253] Die Außenseiter können einen unkontrollierbaren Verhaltensspielraum des Oligopols beispielsweise dann nicht einschränken, wenn ihnen aus rechtlichen oder tatsächlichen Gründen nicht alle wesentlichen Werttbewerbsparameter vollständig zur Verfügung stehen.[254]

3. Gesamtschau der Wettbewerbsbedingungen

Alle für den betroffenen Markt bedeutsamen Wettbewerbsbedingungen sind in einer Gesamtschau daraufhin zu würdigen, ob sie oligopolistische Marktbeherrschung erwarten lassen.

Selbst wenn nicht alle untersuchten relevanten Wettbewerbsbedingungen auf oligopolistische Marktbeherrschung hindeuten, kann sie dennoch – vorbehaltlich der Prüfung des Wettbewerbsgeschehens – wahrscheinlich sein. Alle für diese Annahme sprechenden Wettbewerbsbedingungen sind dann den ihr widerstreitenden gegenüberzustellen. Hierbei sind ihre Aussagen über die

---

248 Insbesondere die Kommission geht in ihrer Entscheidungspraxis auch bei dieser Konstellation häufig von gegengewichtiger Marktmacht aus, vgl. z. B. Entsch. der Kommission v. 30. 09. 1992 »DuPont/ICI«, ABl. EG 1993 L 7/13.
249 Vgl. z. B. Bundeskartellamt, Beschl. v. 03. 12. 1999 »Checkpoint/Meto«, S. 14 ff.; Beschl. v. 22. 12. 1999 »Xerox/Tektronix«, S. 6 ff.
250 Vgl. auch NERA: Merger appraisal in oligopolistic markets. Prepared for the Office of Fair Trading by National Economic Research Associates, November 1999, Research Paper 19, S. 51 ff.
251 Zum Faktor der Unsicherheit als Prüfungsgegenstand in der fusionsrechtlichen Beurteilung von Oligopolen, vgl. Kantzenbach, Kottman und Krüger, a. a. O., S. 69 ff.
252 Vgl. z. B. WuW/E BKartA 1923 ff. »Burda-Springer«; BKartA, AG 86, S. 380 f. »NUR-IST«.
253 Bundeskartellamt WuW/E DE-V 53, 61 »Premiere«; Bundeskartellamt, Beschluss v. 03. 07. 2000 »RWE/VEW«, S. 55 f., S 61 ff.; zu Wettbewerbspotenzialen von Außenseitern vgl. auch Department of Justice und Federal Trade Commission: gemeinsame Merger Guidelines, Abschnitt 2.12.
254 Bundeskartellamt WuW/E DE-V 53, 61 »Premiere«, hier eingeschränkte Teilnahme der öffentlichrechtlichen Sender am Fernsehwerbemarkt.

Möglichkeiten zum Parallelverhalten und die Wahrscheinlichkeit, dass es tatsächlich nach dem Zusammenschluss zu einem solchen Verhalten kommt, miteinander in Beziehung zu setzen und zu würdigen. Die besonders aussagekräftigen Kriterien Marktanteil, Ressourcenbetrachtung, Marktzutrittsschranken/potenzieller Wettbewerb verdienen dabei besondere Beachtung, denn sie sind eine unerläßliche Voraussetzung für wettbewerbsbeschränkendes Parallelverhalten.

Liegen die Marktanteilsvoraussetzungen der Oligopolvermutungen (§ 19 Abs. 2 S. 2 GWB) vor, ist zu prüfen, ob die relevanten Wettbewerbsbedingungen insgesamt keinen wesentlichen Wettbewerb erwarten lassen. Dabei sind an die Widerlegung der Vermutung spiegelbildlich die gleichen Anforderungen zu richten wie sie – umgekehrt – für die Annahme einer marktbeherrschenden Stellung bestehen.

Treten zu den zentralen Kriterien Marktanteil und Marktzutrittsschranken bestimmte andere Wettbewerbsbedingungen hinzu und bilden mit diesen eine Kombination, die wettbewerbsbeschränkendes Parallelverhalten sehr wahrscheinlich macht, dann sind andere Wettbewerbsbedingungen nur noch daraufhin zu untersuchen, ob sie dem entgegenstehen. Ein Beispiel für eine solche Kombination von Wettbewerbsbedingungen ist das Zusammentreffen von engem Oligopol, homogenen Massengütern, transparentem Markt, Stagnations- oder Ausreifungsphase des Marktes und hohen Marktzutrittsschranken. Auch der Ansatz der US-amerikanischen Merger Guidelines geht in diese Richtung. Danach setzt die Prüfung von Oligopolstrukturen eine eingehende Analyse der Marktkonzentration, der bisherigen Anfälligkeit des betroffenen Marktes für wettbewerbsbeschränkende Koordinierungsmechanismen und der Frage des Marktzutritts als Antwort auf oligopolistische Wettbewerbsbedingungen voraus.[255]

Durch einen Zusammenschluss werden in der Regel nicht sämtliche Wettbewerbsbedingungen des davon betroffenen Marktes so umfassend geändert, dass ihre Gesamtschau für die Zeit nach dessen Vollzug ein gänzlich anderes Bild ergibt als vorher. Für die Prüfung, ob eine oligopolistische Marktbeherrschung **entstehen** wird, kommt es darauf an, ob zumindest ein Teil der bestehenden Wettbewerbsbedingungen so stark durch den Zusammenschluss verändert wird, dass der bisher bestehende Wettbewerb künftig nicht mehr gewährleistet ist. Dies kann beispielsweise schon durch eine signifikante Erhöhung der Marktkonzentration bei bestehenden Marktzutrittsschranken der Fall sein. Deswegen hat der Nachweis wesentlichen Wettbewerbs für die Zeit vor dem Zusammenschluss allenfalls Indizwirkung für die Zeit danach.[256] Kommt es infolge eines horizontalen Zusammenschlusses zu einer erheblichen Marktanteilskonzentration bei den führenden Unternehmen des betroffenen Marktes, dann ist das Entstehen oligopolistischer Marktbeherrschung wahrscheinlich. Das gilt jedenfalls dann, wenn dadurch die Schwellen der Oligopolvermutungen erstmals erreicht oder überschritten werden.

Besteht bereits ein marktbeherrschendes Oligopol, ist dessen **Verstärkung** bei jedem weiteren horizontalen Zusammenschluss wahrscheinlich, durch den das Oligopol sich verengt (Zusammenschluss zwischen Oligopolmitgliedern) oder Außenseiter Teil des Oligopols werden. Durch die Verengung wird das Wettbewerbsverhalten im Oligopol in der Regel transparenter und ein Parallelverhalten erleichtert. Zusammenschlüsse mit Außenseitern verringern zudem ihre Möglichkeit zu wettbewerblichen Verstößen, die das Parallelverhalten im Oligopol stören könnten. Das trifft insbesondere auf Zusammenschlüsse mit solchen Außenseitern zu, die besonders leistungsfähig sind und von denen wettbewerbliche Impulse noch am ehesten erwartet werden können.[257] Auch im Bereich der oligopolistischen Marktbeherrschung können Wettbewerbswirkungen eines Zusammenschlusses – insbesondere bei der Gründung von Gemeinschaftsunternehmen – den nicht vergemeinschafteten Bereich treffen (Gruppeneffekt).[258]

4. Wettbewerbsgeschehen

Ob auf dem von dem Zusammenschluss betroffenen Markt wesentlicher Wettbewerb im Oligopol besteht, ist anhand der tatsächlich von den Unternehmen eingesetzten Wettbewerbsparameter festzustellen. Sofern aufgrund des Parametereinsatzes alle maßgeblichen Funktionen des

---

[255] Department of Justice und Federal Trade Commission: gemeinsame Merger Guidelines 1992, Abschnitt 2.
[256] KG WuW/E 3072 »Morris-Rothmans« (1983).
[257] Vgl. auch Department of Justice und Federal Trade Commission: gemeinsame Merger Guidelines 1992, Abschnitt 2.12.
[258] WuW/E BKartA DE-V 53, 61 ff. »Premiere« (1998).

Wettbewerbs erfüllt werden und insbesondere der Preissetzungsspielraum der Unternehmen begrenzt bleibt, herrscht wesentlicher Wettbewerb. Wird jedoch eine starke Reaktionsverbundenheit aufgrund der Prüfung der unter Abschnitt 2 dargestellten Wettbewerbsbedingungen festgestellt und diese durch ein in der Vergangenheit gleichförmiges Verhalten hinsichtlich wesentlicher Wettbewerbsparameter unterlegt, ist die Prognose der Fortsetzung dieses Verhaltens gerechtfertigt.[259]

In der Oligopoltheorie und in der Entscheidungspraxis der Wettbewerbsbehörden haben sich einige zentrale Marktgegebenheiten als wichtige Voraussetzung für die Annahme oligopolistischer Marktbeherrschung herausgestellt:[260] Beispielsweise sind wettbewerbslose Oligopole wahrscheinlicher, wenn ein hoher Grad an **Markttransparenz** zu beobachten ist (Abschnitt 4.1) und die betroffenen **Produkte** weitgehend homogen sind (Abschnitt 4.2).[261] Bestandteil der fusionsrechtlichen Prüfung ist schließlich die Bewertung des **tatsächlichen Wettbewerbsgeschehens** auf dem betroffenen Markt (Abschnitt 4.3).

4.1 Wettbewerbsgeschehen und Markttransparenz

Markttransparenz kann alle strukturellen Merkmale erfassen, die den Anbietern Informationen über das wettbewerbliche Verhalten ihrer Wettbewerber verschaffen und damit eine Verhaltensabstimmung erleichtern. Dies sind nicht nur Faktoren, die eine explizite Verhaltensabstimmung ermöglichen, sondern auch Marktbedingungen, die es zulassen, dass Unternehmen sich gegenseitig Wettbewerbsstrategien signalisieren können.[262] Märkte, in denen die Markttransparenz hoch ist, beispielsweise, weil die Anbieter ihre Listenpreise (incl. Rabatte usw.) oder Verkaufszahlen veröffentlichen, sind vergleichsweise anfällig für oligopolistische Marktbeherrschung. Dies gilt tendenziell auch im Hinblick auf Märkte für börsengehandelte Grunderzeugnisse.[263] oder für Märkte, in denen gemeinsame E-Commerce-Plattformen für die Beschaffung oder den Absatz von Produkten eine wachsende Rolle spielen. In einem engen Oligopol kann eine solche Praxis die Kontrolle der Oligopoldisziplin erleichtern.

Öffentliche Ausschreibungen können – je nach Ausgestaltung – Markttransparenz fördern oder behindern. Die Markttransparenz wird dann gefördert, sofern sich der Ausschreibungswettbewerb auf eine geringe Anbieterzahl richtet und Mechanismen (Nachverhandlungen oder Vergabe von Aufträgen an Konsortien) bestehen, die den Oligopolisten zusätzlichen Einblick in die Angebotsgestaltung ihrer Wettbewerber gewähren.[264]

4.2 Wettbewerbsgeschehen und Homogenität der betroffenen Produkte oder Dienstleistungen

Bei homogenen Gütern kann kein oder nur ein sehr eingeschränkter Qualitätswettbewerb stattfinden, weil die von verschiedenen Herstellern angebotenen Waren keine für die Nachfrager wesentlichen Unterschiede aufweisen. Zudem kann bei homogenen Gütern meist nicht hinreichend sicher festgestellt werden, ob Preiswettbewerb stattfindet. Auf derartigen Märkten entscheiden daher alle Formen des Restwettbewerbs (z.B. Service-, Konditionen-, Qualitäts- und Beratungswettbewerb) darüber, ob der Wettbewerb noch wesentlich ist. Erhebliche Preisunterschiede in einem wettbewerblichen Markt für homogene Güter sind nur dann denkbar, wenn es an der Markttransparenz fehlt.[265]

Wesentlicher Wettbewerb besteht nicht schon dann, wenn die Unternehmen die auf Märkten mit homogenen Gütern vorhandenen Verhaltensspielräume nutzen. Der tatsächliche Parameter-

---

259 Kantzenbach, Kottmann und Krüger, a.a.O., S. 70 ff., vgl. auch BGH WuW/E 2433, 2440 »Gruner + Jahr/Zeit II«; KG, WuW/E OLG 3051, 3075 ff. »Morris/Rothmans«; Bundeskartellamt WuW/E 2247, 2249 »Hüls/Condea«, WuW/E Bundeskartellamt 2669, 2678 »Lindner Licht GmbH«.
260 Diese Faktoren können strukturell veranlasst sein (Markttransparenz aufgrund der hoher Produkthomogenität und starker Unternehmenskonzentration) oder von den Marktteilnehmern bewusst geschaffen werden (Transparenz aufgrund von Preislisten).
261 Vgl. auch Department of Justice und Federal Trade Commission: gemeinsame Merger Guidelines 1992, Abschnitt 2.11; zur Entscheidungspraxis des Bundeskartellamtes, vgl. z.B. Beschluss v. 03.07.2000 »RWE/VEW«, S. 51 f.
262 Kantzenbach, Kottmann und Krüger, a.a.O., S. 72.
263 Vgl. insoweit auch Entsch. der Kommission v. 24.04.1996 »Gencor/Lonrho«, ABl. EG 1997, Nr. L 11/30, 52.
264 Entsch. der Kommission v. 18.10.1995 »ABB/Daimler Benz«, ABl. EG 1997, Nr. L 11/1, 17.
265 Bundeskartellamt, Beschl. v. 28.04.1999 »Dow Chemical/Shell«, S. 9.

einsatz muss insgesamt von einer Intensität und Bedeutung für den Markt sein, dass die Funktionsfähigkeit des Wettbewerbs gegeben ist.[266]

Märkte, in denen Produktdifferenzierungen eine große Rolle spielen, sind in der Regel weniger geeignet für Parallelverhalten im Oligopol. Bei heterogenen Gütern, bei Produktinnovationen oder bei der Entwicklung von Systemmärkten ist Preis- und Qualitätswettbewerb möglich und von erheblicher Bedeutung für die Feststellung wesentlichen Wettbewerbs.[267] Die einzelnen Oligopolmitglieder sind eher in der Lage, den Oligopolpreis zu unterbieten, da sie nicht befürchten müssen, den Großteil ihrer Nachfrage bei Vergeltungsmaßnahmen der anderen Oligopolisten zu verlieren. Zudem wird es mit zunehmender Produktdifferenzierung immer schwieriger, kooperative Arrangements, z. B. über vereinheitlichte Oligopolpreise, zu treffen. Entsprechende Unsicherheiten über die zukünftige Marktentwicklung können wesentlichen Wettbewerb im Oligopol auch zukünftig sicherstellen (vgl. Abschnitt I B 8 »Marktphase«).[268] Gleichwohl schließt Produktheterogenität das Entstehen eines marktbeherrschenden Oligopols nicht von vornherein aus, beispielsweise wenn die Kollusion weniger im Bereich Preis/Menge, sondern vielmehr in der Aufteilung von sachlichen oder regionalen Teilmärkten besteht.[269] Auch hier ist der Markt auf seine Funktionsweise zu untersuchen.[270]

4.3 Wettbewerbsrechtliche Einordnung

Lässt sich zwischen den marktführenden Unternehmen vor dem Zusammenschluss wesentlicher Wettbewerb beobachten, und haben diese Unternehmen erhebliche Investitionen in langfristige Wachstumsstrategien auf einem grenzüberschreitenden Markt investiert, so ist der Nachweis fehlenden Binnenwettbewerbs beim Erwerb eines Oligopolaußenseiters auf einem räumlichen Teilmarkt nur schwer zu begründen.[271] Gleiches gilt, wenn in der Vergangenheit ein erheblicher Preisverfall zu beobachten ist, insbesondere verbunden mit erheblichen Marktanteilsrückgängen bei den Oligopolisten zugunsten der Oligopolaußenseiter sowie bereits erfolgten oder zu erwartenden Marktzutritten.[272]

Lässt sich im Zeitablauf hingegen ein gleichförmiges Preissetzungsverhalten des Oligopols beobachten, dann ist der Wettbewerb nicht mehr wesentlich, es sei denn es handelt sich um ein innovatives, sich dynamisch entwickelndes Gut. Preiswettbewerb nur auf der Handelsstufe ist dann nicht wesentlich, wenn die Handelsnachfrage aufgrund der Anbieterwerbung von den Verbraucherpräferenzen gesteuert wird. Auf Märkten, die nach Kenntnis der Wettbewerbsbehörden offenbar anfällig sind für wettbewerbsbeschränkende Absprachen, ist ein oligopolistisches Parallelverhalten wahrscheinlich.[273] Auf einem Markt, auf dem die Unternehmen ihre Kapazitäten kaum der Nachfrage anpassen können, ist eine Preiskoordinierung nicht erforderlich. Über geringere Preise könnten zusätzlich gewonnene Abnehmer ohnehin nicht bedient werden. Vielmehr ist hier die Koordinierung im Hinblick auf die Angebotsmenge wesentlich.[274]

Selbst wenn auf dem Markt wesentlicher Wettbewerb festzustellen ist, kann oligopolistische Marktbeherrschung bestehen, wenn dieser Wettbewerb nur temporär oder lokal stattfindet oder Verdrängungscharakter hat. Anhaltspunkte dafür können sich beispielsweise aus Wechselkursschwankungen, konjunkturell bedingten Überkapazitäten gleichförmigem Abwehrverhalten des Oligopols gegenüber Newcomern[275] oder bei Wettbewerbsvorteilen des Oligopols gegenüber den Außenseitern ergeben.

---

266 WuW/E BGH 2028 »Texaco-Zerssen« (1983).
267 Bundeskartellamt, Beschl. v. 12.05.1999 »Comet/Piepenbrock«, S. 8 f.; Bundeskartellamt, Beschl. v. 03.12.1999 »Checkpoint/Meto«, S. 14 f.
268 Bundeskartellamt, Beschl. v. 03.12.1999 »Checkpoint/Meto«, S. 15 f.
269 Preis/Mengen-Kollussion versus Marktschrankenkollusion, vgl. Kantzenbach, Kottmann und Krüger a.a.O., S. 16 ff., S. 40; insoweit auch Entsch. der Kommission v. 31.01.1994 »Mannesmann/Vallourec/Ilva«, ABl. EG 1994 L 102/15, 25.
270 Kommission, Entsch. v. 22.09.1999 »Airtours/First Choice« ABl. EG 2000 L 93/1, 16.
271 Bundeskartellamt, Beschl. v. 02.07.1999 »Corning/BICC«, S. 17 f.
272 Bundeskartellamt, Beschl. v. 18.04.2000 »Gemplus/ODS«, S. 13.
273 WuW/E BKartA 2669 »Lindner Licht GmbH«; vgl. auch OECD: Committee on Competition Law and Policy, Roundtable on Oligopoly, Paris 1999, United States/DTI: Room document No. 4, S. 235.
274 Kommission, Entsch. v. 22.09.1999 »Airtours/First Choice« ABl. EG 2000 L 93/1, 16.
275 KG WuW/E OLG 3078 »Morris-Rothmans«.

Anhang 18

Organisationsplan des Bundeskartellamtes
Stand: 01. August 2004

Zuständigkeiten der Beschlussabteilungen:

Alle Entscheidungen in Verwaltungssachen und in Bußgeldsachen; Beteiligung an Verfahren der obersten Landesbehörden

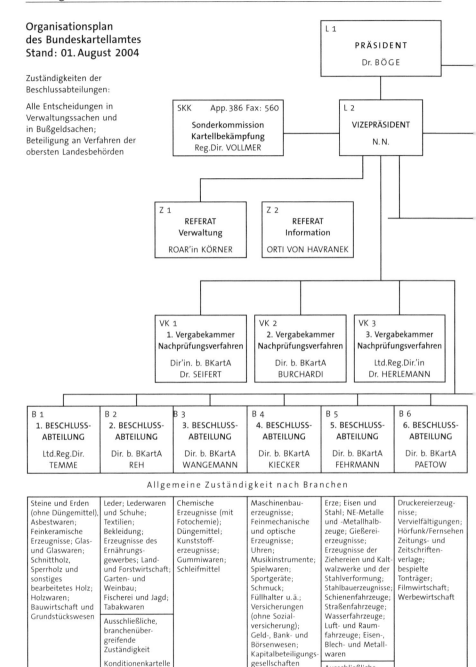

L 1 PRÄSIDENT Dr. BÖGE

| SKK App. 386 Fax: 560 Sonderkommission Kartellbekämpfung Reg.Dir. VOLLMER | L 2 VIZEPRÄSIDENT N.N. |

| Z 1 REFERAT Verwaltung ROAR'in KÖRNER | Z 2 REFERAT Information ORTI VON HAVRANEK |

| VK 1 1. Vergabekammer Nachprüfungsverfahren Dir'in. b. BKartA Dr. SEIFERT | VK 2 2. Vergabekammer Nachprüfungsverfahren Dir. b. BKartA BURCHARDI | VK 3 3. Vergabekammer Nachprüfungsverfahren Ltd.Reg.Dir.'in Dr. HERLEMANN |

| B 1 1. BESCHLUSS-ABTEILUNG Ltd.Reg.Dir. TEMME | B 2 2. BESCHLUSS-ABTEILUNG Dir. b. BKartA REH | B 3 3. BESCHLUSS-ABTEILUNG Dir. b. BKartA WANGEMANN | B 4 4. BESCHLUSS-ABTEILUNG Dir. b. BKartA KIECKER | B 5 5. BESCHLUSS-ABTEILUNG Dir. b. BKartA FEHRMANN | B 6 6. BESCHLUSS-ABTEILUNG Dir. b. BKartA PAETOW |

Allgemeine Zuständigkeit nach Branchen

B 1	B 2	B 3	B 4	B 5	B 6
Steine und Erden (ohne Düngemittel), Asbestwaren; Feinkeramische Erzeugnisse; Glas- und Glaswaren; Schnittholz, Sperrholz und sonstiges bearbeitetes Holz; Holzwaren; Bauwirtschaft und Grundstückswesen	Leder; Lederwaren und Schuhe; Textilien; Bekleidung; Erzeugnisse des Ernährungs-gewerbes; Land- und Forstwirtschaft; Garten- und Weinbau; Fischerei und Jagd; Tabakwaren	Chemische Erzeugnisse (mit Fotochemie); Düngemittel; Kunststoff-erzeugnisse; Gummiwaren; Schleifmittel	Maschinenbau-erzeugnisse; Feinmechanische und optische Erzeugnisse; Uhren; Musikinstrumente; Spielwaren; Sportgeräte; Schmuck; Füllhalter u. ä.; Versicherungen (ohne Sozial-versicherung); Geld-, Bank- und Börsenwesen; Kapitalbeteiligungs-gesellschaften	Erze; Eisen und Stahl; NE-Metalle und -Metallhalb-zeuge; Gießerei-erzeugnisse; Erzeugnisse der Ziehereien und Kalt-walzwerke und der Stahlverformung; Stahlbauerzeugnisse; Schienenfahrzeuge; Straßenfahrzeuge; Wasserfahrzeuge; Luft- und Raum-fahrzeuge; Eisen-, Blech- und Metall-waren	Druckereierzeug-nisse; Vervielfältigungen; Hörfunk/Fernsehen Zeitungs- und Zeitschriften-verlage; bespielte Tonträger; Filmwirtschaft; Werbewirtschaft
	Ausschließliche, branchenüber-greifende Zuständigkeit Konditionenkartelle und -empfehlungen			Ausschließliche, branchenüber-greifende Zuständigkeit Lizenzverträge; Nachfragemacht der öffentlichen Hand	

Organisationsplan des Bundeskartellamtes

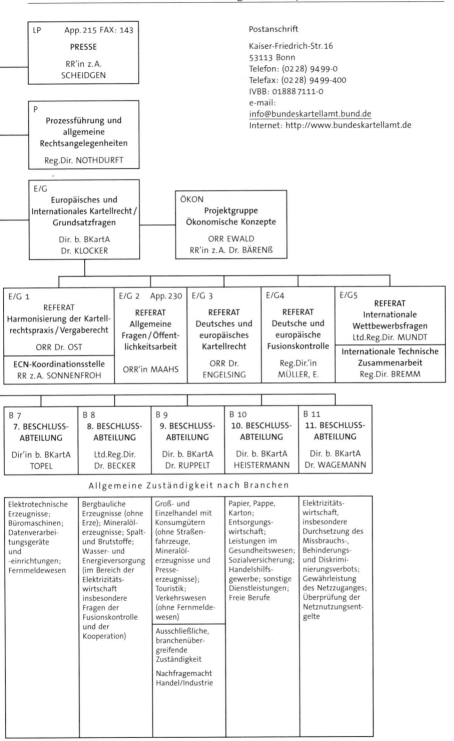

843

Gesetz gegen Wettbewerbsbeschränkungen (GWB)

In der Fassung der Bekanntmachung vom 26. 8. 1998 (BGBl. I S. 2564)
Zuletzt geändert am 5. 5. 2004
– Auszug –

...

Siebenter Abschnitt
Zusammenschlußkontrolle

§ 35
Geltungsbereich der Zusammenschlußkontrolle

(1) Die Vorschriften über die Zusammenschlußkontrolle finden Anwendung, wenn im letzten Geschäftsjahr vor dem Zusammenschluß
1. die beteiligten Unternehmen insgesamt weltweit Umsatzerlöse von mehr als 500 Millionen Euro und
2. mindestens ein beteiligtes Unternehmen im Inland Umsatzerlöse von mehr als 25 Millionen Euro erzielt haben.

(2) Absatz 1 gilt nicht,
1. soweit sich ein Unternehmen, das nicht im Sinne des § 36 Abs. 2 abhängig ist und im letzten Geschäftsjahr weltweit Umsatzerlöse von weniger als zehn Millionen Euro erzielt hat, mit einem anderen zusammenschließt oder
2. soweit ein Markt betroffen ist, auf dem seit mindestens fünf Jahren Waren oder gewerbliche Leistungen angeboten werden und auf dem im letzten Kalenderjahr weniger als 15 Millionen Euro umgesetzt wurden.

Soweit durch den Zusammenschluß der Wettbewerb beim Verlag, bei der Herstellung oder beim Vertrieb von Zeitungen oder Zeitschriften oder deren Bestandteilen beschränkt wird, gilt nur Satz 1 Nr. 2.

(3) Die Vorschriften dieses Gesetzes finden keine Anwendung, soweit die Kommission der Europäischen Gemeinschaften nach der Verordnung (EWG) Nr. 4064/89 des Rates vom 21. Dezember 1989 über die Kontrolle von Unternehmenszusammenschlüssen in ihrer jeweils geltenden Fassung ausschließlich zuständig ist.

§ 36
Grundsätze für die Beurteilung von Zusammenschlüssen

(1) Ein Zusammenschluß, von dem zu erwarten ist, daß er eine marktbeherrschende Stellung begründet oder verstärkt, ist vom Bundeskartellamt zu untersagen, es sei denn, die beteiligten Unternehmen weisen nach, daß durch den Zusammenschluß auch Verbesserungen der Wettbewerbsbedingungen eintreten und daß diese Verbesserungen die Nachteile der Marktbeherrschung überwiegen.

(2) Ist ein beteiligtes Unternehmen ein abhängiges oder herrschendes Unternehmen im Sinne des § 17 des Aktiengesetzes oder ein Konzernunternehmen im Sinne des § 18 des Aktiengesetzes, sind die so verbundenen Unternehmen als einheitliches Unternehmen anzusehen. Wirken mehrere Unternehmen derart zusammen, daß sie gemeinsam einen beherrschenden Einfluß auf ein anderes Unternehmen ausüben können, gilt jedes von ihnen als herrschendes.

(3) Steht einer Person oder Personenvereinigung, die nicht Unternehmen ist, die Mehrheitsbeteiligung an einem Unternehmen zu, gilt sie als Unternehmen.

§ 37
Zusammenschluß

(1) Ein Zusammenschluß liegt in folgenden Fällen vor:
1. Erwerb des Vermögens eines anderen Unternehmens ganz oder zu einem wesentlichen Teil;
2. Erwerb der unmittelbaren oder mittelbaren Kontrolle durch ein oder mehrere Unternehmen über die Gesamtheit oder Teile eines oder mehrerer anderer Unternehmen. Die Kontrolle

wird durch Rechte, Verträge oder andere Mittel begründet, die einzeln oder zusammen unter Berücksichtigung aller tatsächlichen und rechtlichen Umstände die Möglichkeit gewähren, einen bestimmenden Einfluß auf die Tätigkeit eines Unternehmens auszuüben, insbesondere durch

   a) Eigentums- oder Nutzungsrechte an einer Gesamtheit oder an Teilen des Vermögens des Unternehmens,

   b) Rechte oder Verträge, die einen bestimmten Einfluß auf die Zusammensetzung, die Beratungen oder Beschlüsse der Organe des Unternehmens gewähren;

3. Erwerb von Anteilen an einem anderen Unternehmen, wenn die Anteile allein oder zusammen mit sonstigen, dem Unternehmen bereits gehörenden Anteilen

   a) 50 vom Hundert oder

   b) 25 vom Hundert

des Kapitals oder der Stimmrechte des anderen Unternehmens erreichen. Zu den Anteilen, die dem Unternehmen gehören, rechnen auch die Anteile, die einem anderen für Rechnung dieses Unternehmens gehören und, wenn der Inhaber des Unternehmens ein Einzelkaufmann ist, auch die Anteile, die sonstiges Vermögen des Inhabers sind. Erwerben mehrere Unternehmen gleichzeitig oder nacheinander Anteile im vorbezeichneten Umfang an einem anderen Unternehmen, gilt dies hinsichtlich der Märkte, auf denen das andere Unternehmen tätig ist, auch als Zusammenschluß der sich beteiligenden Unternehmen untereinander;

4. jede sonstige Verbindung von Unternehmen, auf Grund deren ein oder mehrere Unternehmen unmittelbar oder mittelbar einen wettbewerblich erheblichen Einfluß auf ein anderes Unternehmen ausüben können.

(2) Ein Zusammenschluß liegt auch dann vor, wenn die beteiligten Unternehmen bereits vorher zusammengeschlossen waren, es sei denn, der Zusammenschluß führt nicht zu einer wesentlichen Verstärkung der bestehenden Unternehmensverbindung.

(3) Erwerben Kreditinstitute, Finanzinstitute oder Versicherungsunternehmen Anteile an einem anderen Unternehmen zum Zwecke der Veräußerung, gilt dies nicht als Zusammenschluß, solange sie das Stimmrecht aus den Anteilen nicht ausüben und sofern die Veräußerung innerhalb eines Jahres erfolgt. Diese Frist kann vom Bundeskartellamt auf Antrag verlängert werden, wenn glaubhaft gemacht wird, daß die Veräußerung innerhalb der Frist unzumutbar war.

§ 38
Berechnung der Umsatzerlöse und der Marktanteile

(1) Für die Ermittlung der Umsatzerlöse gilt § 277 Abs. 1 des Handelsgesetzbuchs. Umsatzerlöse aus Lieferungen und Leistungen zwischen verbundenen Unternehmen (Innenumsatzerlöse) sowie Verbrauchsteuern bleiben außer Betracht.

(2) Für den Handel mit Waren sind nur drei Viertel der Umsatzerlöse in Ansatz zu bringen.

(3) Für den Verlag, die Herstellung und den Vertrieb von Zeitungen, Zeitschriften und deren Bestandteilen, die Herstellung, den Vertrieb und die Veranstaltung von Rundfunkprogrammen und den Absatz von Rundfunkwerbezeiten ist das Zwanzigfache der Umsatzerlöse in Ansatz zu bringen.

(4) An die Stelle der Umsatzerlöse tritt bei Kreditinstituten, Finanzinstituten und Bausparkassen der Gesamtbetrag der in § 34 Abs. 2 Satz 1 Nr. 1 Buchstabe a bis e der Verordnung über die Rechnungslegung der Kreditinstitute vom 10. Februar 1992 (BGBl. I S. 203) genannten Erträge abzüglich der Umsatzsteuer und sonstiger direkt auf diese Erträge erhobener Steuern. Bei Versicherungsunternehmen sind die Prämieneinnahmen des letzten abgeschlossenen Geschäftsjahres maßgebend. Prämieneinnahmen sind die Einnahmen aus dem Erst- und Rückversicherungsgeschäft einschließlich der in Rückdeckung gegebenen Anteile.

(5) Beim Erwerb des Vermögens eines anderen Unternehmens ist für die Berechnung der Marktanteile und der Umsatzerlöse des Veräußerers nur auf den veräußerten Vermögensteil abzustellen.

§ 39
Anmelde- und Anzeigepflicht

(1) Zusammenschlüsse sind vor dem Vollzug beim Bundeskartellamt gemäß den Absätzen 2 und 3 anzumelden.
(2) Zur Anmeldung sind verpflichtet:
1. die am Zusammenschluß beteiligten Unternehmen,
2. in den Fällen des § 37 Abs. 1 Nr. 1 und 3 auch der Veräußerer.

(3) In der Anmeldung ist die Form des Zusammenschlusses anzugeben. Die Anmeldung muß ferner über jedes beteiligte Unternehmen folgende Angaben enthalten:
1. die Firma oder sonstige Bezeichnung und den Ort der Niederlassung oder den Sitz;
2. die Art des Geschäftsbetriebes;
3. die Umsatzerlöse im Inland, in der Europäischen Union und weltweit; anstelle der Umsatzerlöse sind bei Kreditinstituten, Finanzinstituten und Bausparkassen der Gesamtbetrag der Erträge gemäß § 38 Abs. 4, bei Versicherungsunternehmen die Prämieneinnahmen anzugeben;
4. die Marktanteile einschließlich der Grundlagen für ihre Berechnung oder Schätzung, wenn diese im Geltungsbereich dieses Gesetzes oder in einem wesentlichen Teil desselben für die beteiligten Unternehmen zusammen mindestens 20 vom Hundert erreichen;
5. beim Erwerb von Anteilen an einem anderen Unternehmen die Höhe der erworbenen und der insgesamt gehaltenen Beteiligung;
6. eine zustellungsbevollmächtigte Person im Inland, sofern sich der Sitz des Unternehmens nicht im Geltungsbereich dieses Gesetzes befindet.

Ist ein beteiligtes Unternehmen ein verbundenes Unternehmen, sind die Angaben nach Satz 2 Nr. 1 und 2 auch über die verbundenen Unternehmen und die Angaben nach Satz 2 Nr. 3 und Nr. 4 über jedes am Zusammenschluß beteiligte Unternehmen und die mit ihm verbundenen Unternehmen insgesamt zu machen sowie die Konzernbeziehungen, Abhängigkeits- und Beteiligungsverhältnisse zwischen den verbundenen Unternehmen mitzuteilen. In der Anmeldung dürfen keine unrichtigen oder unvollständigen Angaben gemacht oder benutzt werden, um die Kartellbehörde zu veranlassen, eine Untersagung nach § 36 Abs. 1 oder eine Mitteilung nach § 40 Abs. 1 zu unterlassen.

(4) Eine Anmeldung ist nicht erforderlich, wenn die Kommission der Europäischen Gemeinschaften einen Zusammenschluß an das Bundeskartellamt verwiesen hat und dem Bundeskartellamt die nach Absatz 3 erforderlichen Angaben in deutscher Sprache vorliegen. Das Bundeskartellamt teilt den beteiligten Unternehmen unverzüglich den Zeitpunkt des Eingangs der Verweisungsentscheidung mit.

(5) Das Bundeskartellamt kann von jedem beteiligten Unternehmen Auskunft über Marktanteile einschließlich der Grundlagen für die Berechnung oder Schätzung sowie über den Umsatzerlös bei einer bestimmten Art von Waren oder gewerblichen Leistungen verlangen, den das Unternehmen im letzten Geschäftsjahr vor dem Zusammenschluß erzielt hat.

(6) Die beteiligten Unternehmen haben dem Bundeskartellamt den Vollzug des Zusammenschlusses unverzüglich anzuzeigen.

§ 40
Verfahren der Zusammenschlußkontrolle

(1) Das Bundeskartellamt darf einen Zusammenschluß, der ihm angemeldet worden ist, nur untersagen, wenn es den anmeldenden Unternehmen innerhalb einer Frist von einem Monat seit Eingang der vollständigen Anmeldung mitteilt, daß es in die Prüfung des Zusammenschlusses (Hauptprüfverfahren) eingetreten ist. Das Hauptprüfverfahren soll eingeleitet werden, wenn eine weitere Prüfung des Zusammenschlusses erforderlich ist.

(2) Im Hauptprüfverfahren entscheidet das Bundeskartellamt durch Verfügung, ob der Zusammenschluß untersagt oder freigegeben wird. Ergeht die Verfügung nicht innerhalb einer Frist von vier Monaten seit Eingang der vollständigen Anmeldung, gilt der Zusammenschluß als freigegeben. Dies gilt nicht, wenn
1. die anmeldenden Unternehmen einer Fristverlängerung zugestimmt haben,
2. das Bundeskartellamt wegen unrichtiger Angaben oder wegen einer nicht rechtzeitig erteilten

Auskunft nach § 39 Abs. 5 oder § 50 die Mitteilung nach Absatz 1 oder die Untersagung des Zusammenschlusses unterlassen hat,
3. eine zustellungsbevollmächtigte Person im Inland entgegen § 39 Abs. 3 Satz 2 Nr. 6 nicht mehr benannt ist.
(3) Die Freigabe kann mit Bedingungen und Auflagen verbunden werden. Diese dürfen sich nicht darauf richten, die beteiligten Unternehmen einer laufenden Verhaltenskontrolle zu unterstellen. § 12 Abs. 2 Satz 1 Nr. 2 und 3 gilt entsprechend.
(4) Vor einer Untersagung ist den obersten Landesbehörden, in deren Gebiet die beteiligten Unternehmen ihren Sitz haben, Gelegenheit zur Stellungnahme zu geben.
(5) Die Fristen nach den Absätzen 1 und 2 Satz 2 beginnen in den Fällen des § 39 Abs. 4 Satz 1 mit dem Eingang der Verweisungsentscheidung beim Bundeskartellamt.
(6) Wird eine Freigabe des Bundeskartellamts durch gerichtlichen Beschluß rechtskräftig ganz oder teilweise aufgehoben, beginnt die Frist nach Absatz 2 Satz 2 mit Eintritt der Rechtskraft von neuem.

§ 41
Vollzugsverbot, Entflechtung

(1) Die Unternehmen dürfen einen Zusammenschluß, der vom Bundeskartellamt nicht freigegeben ist, nicht vor Ablauf der Fristen nach § 40 Abs. 1 Satz 1 und Abs. 2 Satz 2 vollziehen oder am Vollzug dieses Zusammenschlusses mitwirken. Rechtsgeschäfte, die gegen dieses Verbot verstoßen, sind unwirksam. Dies gilt nicht für Verträge über die Umwandlung, Eingliederung oder Gründung eines Unternehmens und für Unternehmensverträge im Sinne der §§ 291 und 292 des Aktiengesetzes sobald sie durch Eintragung in das zuständige Register rechtswirksam geworden sind.
(2) Das Bundeskartellamt kann auf Antrag Befreiungen vom Vollzugsverbot erteilen, wenn die beteiligten Unternehmen hierfür wichtige Gründe geltend machen, insbesondere um schweren Schaden von einem beteiligten Unternehmen oder von Dritten abzuwenden. Die Befreiung kann jederzeit, auch vor der Anmeldung, erteilt und mit Bedingungen und Auflagen verbunden werden. § 12 Abs. 2 Satz 1 Nr. 2 und 3 gilt entsprechend.
(3) Ein vollzogener Zusammenschluß, den das Bundeskartellamt untersagt oder dessen Freigabe es widerrufen hat, ist aufzulösen, wenn nicht der Bundesminister für Wirtschaft und Arbeit nach § 42 die Erlaubnis zu dem Zusammenschluß erteilt. Das Bundeskartellamt ordnet die zur Auflösung des Zusammenschlusses erforderlichen Maßnahmen an. Die Wettbewerbsbeschränkung kann auch auf andere Weise als durch Wiederherstellung des früheren Zustands beseitigt werden.
(4) Zur Durchsetzung seiner Anordnung kann das Bundeskartellamt insbesondere
1. einmalig oder mehrfach ein Zwangsgeld von fünftausend bis fünfhunderttausend Euro festsetzen,
2. die Ausübung des Stimmrechts aus Anteilen an einem beteiligten Unternehmen, die einem anderen beteiligten Unternehmen gehören oder ihm zuzurechnen sind, untersagen oder einschränken,
3. einen Treuhänder bestellen, der die Auflösung des Zusammenschlusses herbeiführt.

§ 42
Ministererlaubnis

(1) Der Bundesminister für Wirtschaft und Arbeit erteilt auf Antrag die Erlaubnis zu einem vom Bundeskartellamt untersagten Zusammenschluß, wenn im Einzelfall die Wettbewerbsbeschränkung von gesamtwirtschaftlichen Vorteilen des Zusammenschlusses aufgewogen wird oder der Zusammenschluß durch ein überragendes Interesse der Allgemeinheit gerechtfertigt ist. Hierbei ist auch die Wettbewerbsfähigkeit der beteiligten Unternehmen auf Märkten außerhalb des Geltungsbereichs dieses Gesetzes zu berücksichtigen. Die Erlaubnis darf nur erteilt werden, wenn durch das Ausmaß der Wettbewerbsbeschränkung die marktwirtschaftliche Ordnung nicht gefährdet wird.
(2) Die Erlaubnis kann mit Bedingungen und Auflagen verbunden werden. § 40 Abs. 3 gilt entsprechend.

(3) Der Antrag ist innerhalb einer Frist von einem Monat seit Zustellung der Untersagung beim Bundesministerium für Wirtschaft und Arbeit schriftlich zu stellen. Wird die Untersagung angefochten, beginnt die Frist in dem Zeitpunkt, in dem die Untersagung unanfechtbar wird.
(4) Der Bundesminister für Wirtschaft und Arbeit soll über den Antrag innerhalb von vier Monaten entscheiden. Vor der Entscheidung ist eine Stellungnahme der Monopolkommission einzuholen und den obersten Landesbehörden, in deren Gebiet die beteiligten Unternehmen ihren Sitz haben, Gelegenheit zur Stellungnahme zu geben.

§ 43
Bekanntmachungen

Im Bundesanzeiger sind bekanntzumachen
1. die Anzeige des Vollzugs eines Zusammenschlusses,
2. die Verfügung des Bundeskartellamts nach § 40 Abs. 2,
3. der Antrag auf Erteilung einer Ministererlaubnis,
4. die Ministererlaubnis, deren Ablehnung und Änderung,
5. die Rücknahme und der Widerruf der Freigabe des Bundeskartellamts oder der Ministererlaubnis,
6. die Auflösung eines Zusammenschlusses und die sonstigen Anordnungen des Bundeskartellamts nach § 41 Abs. 3 und 4.

Für den Inhalt der Bekanntmachung gilt § 39 Abs. 3 Satz 1 sowie Satz 2 Nr. 1 und 2 entsprechend.

...

Verordnung (EG) Nr. 447/98 der Kommission

vom 1. März 1998 über die Anmeldungen, über die Fristen sowie über die Anhörung nach der Verordnung (EWG) Nr. 4064/89 des Rates über die Kontrolle von Unternehmenszusammenschlüssen

ABl. 1998 L 61/1

(Text von Bedeutung für den EWR)

DIE KOMMISSION DER EUROPÄISCHEN GEMEINSCHAFTEN –

gestützt auf den Vertrag zur Gründung der Europäischen Gemeinschaft,
gestützt auf das Abkommen über den Europäischen Wirtschaftsraum,
gestützt auf die Verordnung (EWG) Nr. 4064/89 des Rates vom 21. Dezember 1989 über die Kontrolle von Unternehmenszusammenschlüssen[1], zuletzt geändert durch die Verordnung (EG) Nr. 1310/97[2], insbesondere auf Artikel 23,
gestützt auf die Verordnung Nr. 17 des Rates vom 6. Februar 1962, Erste Durchführungsverordnung zu den Artikeln 85 und 86 des Vertrages[3], zuletzt geändert durch die Akte über den Beitritt Österreichs, Finnlands und Schwedens, insbesondere auf Artikel 24,
gestützt auf die Verordnung (EWG) Nr. 1017/68 des Rates vom 19. Juli 1968 über die Anwendung von Wettbewerbsregeln auf dem Gebiet des Eisenbahn-, Straßen- und Binnenschiffsverkehrs[4], zuletzt geändert durch die Akte über den Beitritt Österreichs, Finnlands und Schwedens, insbesondere auf Artikel 29,
gestützt auf die Verordnung (EWG) Nr. 4056/86 des Rates vom 22. Dezember 1986 über die Einzelheiten der Anwendung der Artikel 85 und 86 des Vertrages auf den Seeverkehr[5], geändert durch die Akte über den Beitritt Österreichs, Finnlands und Schwedens, insbesondere auf Artikel 26,
gestützt auf die Verordnung (EWG) Nr. 3975/87 des Rates vom 14. Dezember 1987 über die Einzelheiten der Anwendung der Wettbewerbsregeln auf Luftfahrtunternehmen[6], zuletzt geändert durch die Verordnung (EWG) Nr. 2410/92[7], insbesondere auf Artikel 19,
nach Anhörung des Beratenden Ausschusses für die Kontrolle von Unternehmenszusammenschlüssen,

in Erwägung nachstehender Gründe:

(1) Die Verordnung (EWG) Nr. 4064/89, insbesondere Artikel 23, ist durch die Verordnung (EG) Nr. 1310/97 geändert worden.

(2) Die Verordnung (EG) Nr. 3384/94 der Kommission[8] zur Durchführung der Verordnung (EWG) Nr. 4064/89 des Rates muß dementsprechend geändert werden. Zudem hat die bei der Anwendung der genannten Verordnung gewonnene Erfahrung gezeigt, daß einige Verfahrensbestimmungen verbesserungsbedürftig sind. Deshalb sollte sie aus Gründen der Klarheit durch eine neue Verordnung ersetzt werden.

(3) Die Kommission hat am 12. Dezember 1994 den Beschluß 94/810/EGKS, EG über das Mandat des Anhörungsbeauftragten in Wettbewerbsverfahren vor der Kommission[9] erlassen.

(4) Die Verordnung (EWG) Nr. 4064/89 geht von dem Grundsatz aus, daß Zusammenschlüsse anzumelden sind, bevor sie vollzogen werden. Von einer ordnungsgemäßen Anmeldung hängen einerseits wichtige, für die an dem Zusammenschlußvorhaben Beteiligten vorteil-

---

[1] ABl. L 395 vom 30. 12. 1989, S. 1, berichtigte Fassung ABl. L 257 vom 21. 9. 1990, S. 13.
[2] ABl. L 180 vom 9. 7. 1997, S. 1.
[3] ABl. 13 vom 21. 2. 1962, S. 204/62.
[4] ABl. L 175 vom 23. 7. 1968, S. 1.
[5] ABl. L 378 vom 31. 12. 1986, S. 4.
[6] ABl. L 374 vom 31. 12. 1987, S. 1.
[7] ABl. L 240 vom 24. 8. 1992, S. 18.
[8] ABl. L 377 vom 31. 12. 1994, S. 1.
[9] ABl. L 330 vom 21. 12. 1994, S. 67.

hafte Rechtsfolgen ab. Andererseits stellt die Verletzung der Anmeldepflicht eine mit Geldbuße bedrohte Handlung dar; sie kann für die Anmelder auch nachteilige Rechtsfolgen zivilrechtlicher Art mit sich bringen. Im Interesse der Rechtssicherheit ist es deshalb geboten, den Gegenstand und Inhalt der bei der Anmeldung mitzuteilenden Angaben genau zu umschreiben.

(5) Es obliegt den Anmeldern, die Kommission wahrheitsgemäß und vollständig über die Tatsachen und Umstände zu unterrichten, die für die Entscheidung über den angemeldeten Zusammenschluß von Bedeutung sind.

(6) Um die Bearbeitung der Anmeldung zu vereinfachen und zu beschleunigen, empfiehlt es sich, die Verwendung eines Formblattes vorzuschreiben.

(7) Da die Anmeldung gesetzliche Fristen in Gang setzt, die in der Verordnung (EWG) Nr. 4064/89 vorgesehen sind, sind außerdem die Bedingungen und der Zeitpunkt ihres Wirksamwerdens festzulegen.

(8) Im Interesse der Rechtssicherheit müssen Regeln für die Berechnung der in der Verordnung (EWG) Nr. 4064/89 vorgesehenen gesetzlichen Fristen festgelegt werden. Dabei sind insbesondere der Beginn und das Ende der Frist sowie die ihren Lauf hemmenden Umstände unter Berücksichtigung der Erfordernisse zu bestimmen, die sich aus der außergewöhnlichen Kürze der genannten Fristen ergeben. Sofern keine einschlägigen Vorschriften bestehen, sollten die Zeiträume, Daten und Fristen gemäß den Grundsätzen der Verordnung (EWG, Euratom) Nr. 1182/71 des Rates[10] festgesetzt werden.

(9) Die Vorschriften über das Verfahren bei der Kommission sind in einer Weise zu gestalten, die das rechtliche Gehör und das Recht auf Verteidigung in vollem Umfang gewährleistet. Zu diesem Zweck unterscheidet die Kommission zwischen den Anmeldern, den anderen an dem Zusammenschlußvorhaben Beteiligten, Dritten und den Beteiligten, in bezug auf die von der Kommission die Festsetzung einer Geldbuße oder von Zwangsgeldern beabsichtigt wird.

(10) Die Kommission wird den Anmeldern und anderen Beteiligten auf deren Wunsch bereits vor der Anmeldung Gelegenheit zu informellen und vertraulichen Gesprächen über den beabsichtigten Zusammenschluß geben. Außerdem wird sie nach der Anmeldung enge Verbindung zu diesen Beteiligten aufrechterhalten, soweit dies erforderlich ist, um etwaige tatsächliche oder rechtliche Probleme, die sie bei der ersten Prüfung des Falles entdeckt hat, mit ihnen zu erörtern und wenn möglich im gegenseitigen Einvernehmen auszuräumen.

(11) Entsprechend dem Grundsatz des Rechts auf Verteidigung müssen die Anmelder Gelegenheit haben, sich zu allen Einwänden zu äußern, welche die Kommission in ihren Entscheidungen in Betracht ziehen will. Den anderen Beteiligten sollte die Kommission die Einwände ebenfalls mitteilen und ihnen Gelegenheit geben, sich hierzu zu äußern.

(12) Auch Dritte, die ein hinreichendes Interesse haben, müssen auf ihren schriftlichen Antrag Gelegenheit zur Äußerung erhalten, falls sie einen stellen.

(13) Alle zur Anhörung berechtigten Personen sollten sich sowohl in ihrem eigenen als auch im Interesse einer geordneten Verwaltung schriftlich äußern, unbeschadet ihres Rechts, gegebenenfalls eine förmliche mündliche Anhörung zu beantragen, das das schriftliche Verfahren ergänzt. In Eilfällen muß die Kommission jedoch die Möglichkeit haben, eine förmliche mündliche Anhörung der Anmelder, anderer Beteiligter oder Dritter sofort durchzuführen.

(14) Es ist festzulegen, welche Rechte den Personen zustehen, die angehört werden sollen, inwieweit ihnen Akteneinsicht zu gewähren ist und unter welchen Voraussetzungen Vertretung und Beistand zulässig sind.

(15) Die Kommission sollte dem berechtigten Interesse der Unternehmen am Schutz ihrer Geschäftsgeheimnisse und anderer vertraulicher Informationen Rechnung tragen.

(16) Damit die Kommission Verpflichtungen, die dazu bestimmt sind, den Zusammenschluß mit dem Gemeinsamen Markt vereinbar zu machen, ordnungsgemäß würdigen und die

---
10 ABl. L 124 vom 8.6.1971, S. 1.

erforderliche Konsultierung mit den anderen Beteiligten, Dritten und den Behörden der Mitgliedstaaten gewährleisten kann, wie es die Verordnung (EWG) Nr. 4064/89, insbesondere deren Artikel 18 Absätze 1 und 4 vorschreiben, sind das Verfahren und die Fristen für die Vorlage der Verpflichtungen gemäß Artikel 6 Absatz 2 und Artikel 8 Absatz 2 der Verordnung (EWG) Nr. 4064/89 festzulegen.

(17) Außerdem ist zu bestimmen, in welcher Weise Äußerungsfristen von der Kommission festzusetzen und wie sie zu berechnen sind.

(18) Der Beratende Ausschuß für die Kontrolle von Unternehmenszusammenschlüssen nimmt auf der Grundlage eines vorläufigen Entscheidungsentwurfs Stellung. Er ist daher stets nach Abschluß der Untersuchung des Falles anzuhören. Diese Anhörung hindert die Kommission jedoch nicht daran, ihre Ermittlungen nötigenfalls später wiederaufzunehmen –

HAT FOLGENDE VERORDNUNG ERLASSEN:

Kapitel I
Anmeldungen

Artikel 1
Anmeldungsbefugnis

(1) Anmeldungen sind von den in Artikel 4 Absatz 2 der Verordnung (EWG) Nr. 4064/89 bezeichneten Personen oder Unternehmen einzureichen.

(2) Unterzeichnen Vertreter von Personen oder Unternehmen die Anmeldung, so haben sie ihre Vertretungsbefugnis durch Urkunden nachzuweisen.

(3) Gemeinsame Anmeldungen sollten von einem gemeinsamen Vertreter eingereicht werden, der ermächtigt ist, im Namen aller Anmelder Schriftstücke zu übermitteln und zu empfangen.

Artikel 2
Einreichung der Anmeldungen

(1) Für Anmeldungen ist das im Anhang abgedruckte Formblatt CO in der darin beschriebenen Art und Weise zu verwenden. Bei gemeinsamen Anmeldungen ist ein einziges Formblatt zu verwenden.

(2) Das Formblatt CO ist der Kommission zusammen mit den als Anlagen beigefügten Schriftstücken im Original und in 23facher Ausfertigung an die im Formblatt CO angegebene Anschrift zu übermitteln.

(3) Als Anlagen beigefügte Schriftstücke sind im Original oder in Abschrift einzureichen. Die Vollständigkeit der Abschrift und ihre Übereinstimmung mit dem Original sind von den Anmeldern zu bestätigen.

(4) Die Anmeldungen sind in einer der Amtssprachen der Gemeinschaft abzufassen, die für die Anmelder zugleich die Verfahrenssprache ist. Beigefügte Schriftstücke sind in der Originalsprache einzureichen. Ist die Originalsprache keine der Amtssprachen der Gemeinschaft, so ist eine Übersetzung in die Verfahrenssprache beizufügen.

(5) Anmeldungen gemäß Artikel 57 des EWR-Abkommens können in einer der Amtssprachen der EFTAStaaten oder der Arbeitssprache der EFTA-Überwachungsbehörde vorgelegt werden. Handelt es sich hierbei nicht um eine Amtssprache der Gemeinschaft, haben die Anmelder sämtlichen Unterlagen eine Übersetzung in eine der Amtssprachen der Gemeinschaft beizufügen. Die für die Übersetzung gewählte Sprache wird von der Kommission als Verfahrenssprache gegenüber den Anmeldern verwendet.

Artikel 3
Angaben und Unterlagen

(1) Die Anmeldungen müssen die im Formblatt CO verlangten Angaben und Unterlagen enthalten. Die Angaben müssen vollständig und richtig sein.

(2) Die Kommission kann von der Pflicht zur Vorlage einzelner im Formblatt CO verlangter Angaben einschließlich Unterlagen befreien, wenn sie der Ansicht ist, daß diese Angaben für die Prüfung des Falles nicht notwendig sind.

(3) Die Kommission bestätigt den Anmeldern oder dem gemeinsamen Vertreter unverzüglich schriftlich den Eingang der Anmeldung und der Antwort auf das Schreiben der Kommission nach Artikel 4 Absätze 2 und 4.

Artikel 4
Wirksamwerden der Anmeldungen

(1) Unbeschadet der Absätze 2, 3 und 4 werden Anmeldungen am Tag ihres Eingangs bei der Kommission wirksam.
(2) Sind die in der Anmeldung enthaltenen Angaben oder Unterlagen in einem wesentlichen Punkt unvollständig, so teilt die Kommission dies den Anmeldern oder ihren Vertretern umgehend schriftlich mit und setzt ihnen eine angemessene Frist zur Ergänzung der Angaben oder Unterlagen. In diesem Fall wird die Anmeldung am Tag des Eingangs der vollständigen Angaben oder Unterlagen bei der Kommission wirksam.
(3) Wesentliche Änderungen der in der Anmeldung enthaltenen Tatsachen, welche die Anmelder kennen oder kennen müssen, sind der Kommission umgehend mitzuteilen. Wenn in einem solchen Fall diese wesentlichen Änderungen erhebliche Auswirkungen auf die Beurteilung des Zusammenschlusses haben könnten, kann die Kommission die Anmeldung als am Tage des Eingangs der Mitteilung der wesentlichen Änderungen wirksam geworden ansehen. Die Kommission setzt die Anmelder oder ihre Vertreter hiervon umgehend schriftlich in Kenntnis.
(4) Unrichtige oder entstellte Angaben oder Unterlagen werden als unvollständige Angaben oder Unterlagen angesehen.
(5) Wenn die Kommission die erfolgte Anmeldung gemäß Artikel 4 Absatz 3 der Verordnung (EWG) Nr. 4064/89 veröffentlicht, gibt sie darin den Zeitpunkt des Eingangs der Anmeldung an. Ist die Anmeldung gemäß den Absätzen 2, 3 und 4 dieses Artikels später als zu dem in der Veröffentlichung genannten Zeitpunkt wirksam erfolgt, so gibt die Kommission den Zeitpunkt der wirksam erfolgten Anmeldung in einer weiteren Veröffentlichung bekannt.

Artikel 5
Umdeutung von Anmeldungen

(1) Stellt die Kommission fest, daß die angemeldete Handlung keinen Zusammenschluß im Sinne von Artikel 3 der Verordnung (EWG) Nr. 4064/89 darstellt, so teilt sie dies den Anmeldern oder ihren Vertretern schriftlich mit. Sie behandelt auf Antrag der Anmelder die Anmeldung je nach den Umständen und unbeschadet des Absatzes 2 als Antrag im Sinne von Artikel 2 oder Anmeldung im Sinne von Artikel 4 der Verordnung Nr. 17, als Antrag im Sinne von Artikel 12 oder Anmeldung im Sinne von Artikel 14 der Verordnung (EWG) Nr. 1017/68, als Antrag im Sinne von Artikel 12 der Verordnung (EWG) Nr. 4056/86 oder als Antrag im Sinne von Artikel 3 Absatz 2 oder von Artikel 5 der Verordnung (EWG) Nr. 3975/87.
(2) In den in Absatz 1 Satz 2 bezeichneten Fällen kann die Kommission verlangen, daß die in der Anmeldung enthaltenen Angaben binnen einer von ihr festgesetzten, angemessenen Frist ergänzt werden, soweit dies für die Beurteilung der Handlung auf der Grundlage der in dem genannten Satz aufgeführten Verordnungen erforderlich ist. Der Antrag oder die Anmeldung gelten vom Zeitpunkt der ursprünglichen Anmeldung an als ordnungsgemäß im Sinne der genannten Verordnungen, sofern die zusätzlichen Angaben innerhalb der festgesetzten Frist bei der Kommission eingehen.

Kapitel II
FRISTEN

Artikel 6
Fristbeginn

(1) Die in Artikel 9 Absatz 2 der Verordnung (EWG) Nr. 4064/89 bezeichnete Frist beginnt am Anfang des Arbeitstages, der auf den Tag des Eingangs der Abschrift der Anmeldung bei dem Mitgliedstaat folgt.

(2) Die in Artikel 9 Absatz 4 Buchstabe b) der Verordnung (EWG) Nr. 4064/89 bezeichnete Frist beginnt am Anfang des Arbeitstages, der auf den Tag des Wirksamwerdens der Anmeldung im Sinne von Artikel 4 der vorliegenden Verordnung folgt.
(3) Die in Artikel 9 Absatz 6 der Verordnung (EWG) Nr. 4064/89 bezeichnete Frist beginnt am Anfang des Arbeitstages, der auf den Tag der Verweisung durch die Kommission folgt.
(4) Die in Artikel 10 Absatz 1 der Verordnung (EWG) Nr. 4064/89 bezeichneten Fristen beginnen am Anfang des Arbeitstages, der auf den Tag des Wirksamwerdens der Anmeldung im Sinne von Artikel 4 der vorliegenden Verordnung folgt.
(5) Die in Artikel 10 Absatz 3 der Verordnung (EWG) Nr. 4064/89 bezeichnete Frist beginnt am Anfang des Arbeitstages, der auf den Tag der Einleitung des Verfahrens folgt.
(6) Die in Artikel 22 Absatz 4 Unterabsatz 2 Satz 2 der Verordnung (EWG) Nr. 4064/89 des Rates bezeichnete Frist beginnt am Anfang des Arbeitstages, der auf den Tag der ersten der bezeichneten Handlungen folgt.

Artikel 7
Fristende

(1) Die in Artikel 9 Absatz 2 der Verordnung (EWG) Nr. 4064/89 bezeichnete Frist endet mit Ablauf desjenigen Tages, welcher innerhalb der dritten auf die Woche des Fristbeginns folgenden Woche dieselbe Bezeichnung wie der Tag des Fristbeginns trägt.
(2) Die in Artikel 9 Absatz 4 Buchstabe b) der Verordnung (EWG) Nr. 4064/89 bezeichnete Frist endet mit Ablauf desjenigen Tages, welcher innerhalb des dritten auf den Monat des Fristbeginns folgenden Monats dieselbe Zahl trägt wie der Tag des Fristbeginns. Fehlt in diesem Monat ein solcher Tag, so endet die Frist mit dem Ablauf des letzten Tages dieses Monats.
(3) Die in Artikel 9 Absatz 6 der Verordnung (EWG) Nr. 4064/89 bezeichnete Frist endet nach Ablauf desjenigen Tages, welcher innerhalb des vierten auf den Monat des Fristbeginns folgenden Monats dieselbe Zahl trägt wie der Tag des Fristbeginns. Fehlt in diesem Monat ein solcher Tag, so endet die Frist mit dem Ablauf des letzten Tages dieses Monats.
(4) Die in Artikel 10 Absatz 1 Unterabsatz 1 der Verordnung (EWG) Nr. 4064/89 bezeichnete Frist endet mit Ablauf desjenigen Tages, welcher innerhalb des auf den Monat des Fristbeginns folgenden Monats dieselbe Zahl trägt wie der Tag des Fristbeginns. Fehlt in diesem Monat ein solcher Tag, so endet die Frist mit dem Ablauf des letzten Tages dieses Monats.
(5) Die in Artikel 10 Absatz 1 Unterabsatz 2 der Verordnung (EWG) Nr. 4064/89 bezeichnete Frist endet mit Ablauf desjenigen Tages, welcher innerhalb der sechsten auf die Woche des Fristbeginns folgenden Woche dieselbe Bezeichnung trägt wie der Tag des Fristbeginns.
(6) Die in Artikel 10 Absatz 3 der Verordnung (EWG) Nr. 4064/89 bezeichnete Frist endet mit Ablauf desjenigen Tages, welcher innerhalb des vierten auf den Monat des Fristbeginns folgenden Monats dieselbe Zahl trägt wie der Tag des Fristbeginns. Fehlt in diesem Monat ein solcher Tag, so endet die Frist mit dem Ablauf des letzten Tages dieses Monats.
(7) Die in Artikel 22 Absatz 4 Unterabsatz 2 Satz 2 der Verordnung (EWG) Nr. 4064/89 bezeichnete Frist endet mit Ablauf desjenigen Tages, welcher innerhalb des auf den Monat des Fristbeginns folgenden Monats dieselbe Zahl trägt wie der Tag des Fristbeginns. Fehlt in diesem Monat ein solcher Tag, so endet die Frist mit dem Ablauf des letzten Tages dieses Monats.
(8) Ist der letzte Tag der Frist kein Arbeitstag, so endet die Frist mit dem Ablauf des folgenden Arbeitstages.

Artikel 8
Ausgleich von Feiertagen

Wenn das Ende der Frist gemäß Artikel 7 bestimmt ist, jedoch gesetzliche oder sonstige Feiertage der Kommission im Sinne von Artikel 23 in die in Artikel 9, 10 und 22 der Verordnung (EWG) Nr. 4064/89 bezeichneten Fristen fallen, so verlängern sich diese Fristen um die entsprechende Anzahl von Arbeitstagen.

Artikel 9
Fristhemmung

(1) Die in Artikel 10 Absätze 1 und 3 der Verordnung (EWG) Nr. 4064/89 bezeichneten Fristen werden gehemmt, wenn die Kommission eine Entscheidung nach Artikel 11 Absatz 5 oder Artikel 13 Absatz 3 derselben Verordnung zu erlassen hat, weil
a) eine Auskunft, welche die Kommission nach Artikel 11 Absatz 1 der Verordnung (EWG) Nr. 4064/89 von einem der Anmelder oder einem anderen Beteiligten im Sinne von Artikel 11 der vorliegenden Verordnung verlangt hat, innerhalb der von der Kommission festgesetzten Frist nicht oder nicht vollständig erteilt worden ist;
b) eine Auskunft, welche die Kommission nach Artikel 11 Absatz 1 der Verordnung (EWG) Nr. 4064/89 von einem Dritten gemäß der Definition in Artikel 11 der vorliegenden Verordnung verlangt hat, innerhalb der von der Kommission festgesetzten Frist nicht oder nicht vollständig erteilt worden ist und dies auf Umstände zurückzuführen ist, für die einer der Anmelder oder der anderen Beteiligten im Sinne von Artikel 11 der vorliegenden Verordnung verantwortlich ist;
c) einer der Anmelder oder ein anderer Beteiligter im Sinne von Artikel 11 der vorliegenden Verordnung sich weigert, eine von der Kommission aufgrund von Artikel 13 Absatz 1 der Verordnung (EWG) Nr. 4064/89 für erforderlich gehaltene Nachprüfung zu dulden oder bei ihrer Durchführung nach Maßgabe der genannten Vorschrift mitzuwirken;
d) die Anmelder es unterlassen haben, wesentliche Änderungen an den in der Anmeldung enthaltenen Tatsachen der Kommission mitzuteilen.

(2) Die in Artikel 10 Absätze 1 und 3 der Verordnung (EWG) Nr. 4064/89 bezeichneten Fristen werden gehemmt:
a) in den Fällen des Absatzes 1 Buchstaben a) und b) während des Zeitraums zwischen dem Ende der im Auskunftsverlangen festgesetzten Frist und dem Eingang der vollständigen und richtigen durch Entscheidung angeforderten Auskunft;
b) in den Fällen des Absatzes 1 Buchstabe c) während des Zeitraums zwischen dem gescheiterten Nachprüfungsversuch und der Beendigung der durch Entscheidung angeordneten Nachprüfung;
c) in den Fällen des Absatzes 1 Buchstabe d) während des Zeitraums zwischen dem Eintritt der Änderung der dort bezeichneten Tatsachen und dem Eingang der vollständigen und richtigen durch Entscheidung angeforderten Auskunft oder der Beendigung der durch Entscheidung angeordneten Nachprüfung.

(3) Die Hemmung der Frist beginnt mit dem Tag, der auf den Tag der Entstehung des Hemmnisses folgt. Sie endet mit dem Ablauf des Tages der Beseitigung des Hemmnisses. Ist dieser Tag kein Arbeitstag, so endet die Hemmung der Frist mit dem Ablauf des folgenden Arbeitstages.

Artikel 10
Wahrung der Frist

(1) Die in Artikel 9 Absätze 4 und 5 und in Artikel 10 Absätze 1 und 3 der Verordnung (EWG) Nr. 4064/89 bezeichneten Fristen sind gewahrt, wenn die Kommission vor Fristablauf die jeweilige Entscheidung erlassen hat.

(2) Die in Artikel 9 Absatz 2 der Verordnung (EWG) Nr. 4064/89 bezeichnete Frist ist gewahrt, wenn ein Mitgliedstaat die Kommission vor Fristablauf schriftlich informiert.

(3) Die in Artikel 9 Absatz 6 der Verordnung (EWG) Nr. 4064/89 bezeichnete Frist ist gewahrt, wenn die zuständige Behörde des betreffenden Mitgliedstaats vor Fristablauf die Berichte oder die Schlußfolgerungen aus der Untersuchung über den Zusammenschluß veröffentlicht.

(4) Die in Artikel 22 Absatz 4 Unterabsatz 2 Satz 2 der Verordnung (EWG) Nr. 4064/89 bezeichnete Frist ist gewahrt, sofern der Kommission der Antrag des Mitgliedstaats oder der Mitgliedstaaten vor dem Ablauf der Frist zugeht.

Kapitel III
Anhörung der Beteiligten und Dritter

Artikel 11
Anzuhörende

(1) In Hinblick auf das Recht auf Anhörung gemäß Artikel 18 der Verordnung (EWG) Nr. 4064/89 wird unterschieden zwischen
a) Anmeldern: die Personen oder Unternehmen, die eine Anmeldung gemäß Artikel 4 Absatz 2 der Verordnung (EWG) Nr. 4064/89 unterbreiten,
b) anderen Beteiligten: die an dem Zusammenschlußvorhaben Beteiligten, die keine Anmelder sind, wie der Veräußerer und das Unternehmen, das übernommen werden soll,
c) Dritten: die natürlichen oder juristischen Personen, die ein hinreichendes Interesse geltend machen können, einschließlich Kunden, Lieferanten und Wettbewerber sowie insbesondere die Mitglieder der Aufsichts- oder Leitungsorgane der beteiligten Unternehmen oder ihre anerkannten Arbeitnehmervertreter und
d) den Beteiligten, bezüglich derer die Kommission den Erlaß einer Entscheidung nach Artikel 14 oder Artikel 15 der Verordnung (EWG) Nr. 4064/89 beabsichtigt.

Artikel 12
Entscheidungen über den Aufschub des Vollzugs von Zusammenschlüssen

(1) Beabsichtigt die Kommission, eine einen oder mehrere Beteiligte beschwerende Entscheidung nach Artikel 7 Absatz 4 der Verordnung (EWG) Nr. 4064/89 zu erlassen, so teilt sie nach Artikel 18 Absatz 1 der genannten Verordnung den Anmeldern und anderen Beteiligten ihre Einwände schriftlich mit und setzt ihnen eine Frist zur Äußerung.
(2) Hat die Kommission eine der in Absatz 1 dieses Artikels bezeichneten Entscheidungen nach Artikel 18 Absatz 2 der Verordnung (EWG) Nr. 4064/89 vorläufig erlassen, ohne den Anmeldern und anderen Beteiligten zuvor Gelegenheit zur Äußerung gegeben zu haben, so übermittelt sie diesen unverzüglich den vollen Wortlaut der vorläufigen Entscheidung und setzt ihnen eine Frist zur Äußerung.
Im Anschluß an die Äußerung der Anmelder und der anderen Beteiligten erläßt die Kommission eine endgültige Entscheidung, mit der sie die vorläufige Entscheidung aufhebt, ändert oder bestätigt. Haben jene sich innerhalb der ihnen gesetzten Frist nicht geäußert, so wird die vorläufige Entscheidung der Kommission mit dem Ablauf dieser Frist zu einer endgültigen.
(3) Die Anmelder und anderen Beteiligten äußern sich innerhalb der ihnen gesetzten Frist schriftlich oder mündlich. Sie können ihre mündlichen Äußerungen schriftlich bestätigen.

Artikel 13
Entscheidungen zur Hauptsache

(1) Beabsichtigt die Kommission, eine Entscheidung nach Artikel 8 Absatz 2 Unterabsatz 2 Absätze 3, 4 oder 5 der Verordnung (EWG) Nr. 4064/89 zu erlassen, so führt sie, bevor sie den Beratenden Ausschuß für die Kontrolle von Unternehmenszusammenschlüssen konsultiert, eine Anhörung der Beteiligten nach Artikel 18 Absätze 1 und 3 derselben Verordnung durch.
(2) Die Kommission teilt ihre Einwände den Anmeldern schriftlich mit.
In der Mitteilung der Einwände setzt die Kommission den Anmeldern eine Frist zur schriftlichen Äußerung.
Die Kommission teilt ihre Einwände anderen Beteiligten schriftlich mit.
Die Kommission setzt eine Frist, innerhalb derer die anderen Beteiligten sich schriftlich äußern können.
(3) Nach der Mitteilung ihrer Einwände an die Anmelder gewährt die Kommission ihnen auf Antrag Einsicht in die Verfahrensakte, um die Verteidigungsrechte zu gewährleisten.
Die Kommission gewährt auch den anderen Beteiligten, denen die Einwände mitgeteilt wurden, auf Antrag Einsicht in die Verfahrensakte, soweit dies zur Vorbereitung ihrer Äußerung erforderlich ist.

(4) Die Anmelder und die anderen Beteiligten, denen die Einwände der Kommission mitgeteilt oder die davon in Kenntnis gesetzt wurden, äußern sich zu den Einwänden der Kommission schriftlich innerhalb der ihnen gesetzten Frist. Sie können in ihren schriftlichen Äußerungen alles Zweckdienliche vortragen und zum Nachweis vorgetragener Tatsachen alle zweckdienlichen Unterlagen beifügen. Sie können der Kommission die Anhörung von Personen vorschlagen, die die vorgetragenen Tatsachen bestätigen können. Sie übermitteln der Kommission ihre Antwort im Original und in 29facher Ausfertigung an die im Formblatt CO angegebene Anschrift.
(5) Beabsichtigt die Kommission, eine Entscheidung nach Artikel 14 oder Artikel 15 der Verordnung (EWG) Nr. 4064/89 zu erlassen, hört sie nach Artikel 18 Absätze 1 und 3 der genannten Verordnung vor der Konsultierung des Beratenden Ausschusses für Unternehmenszusammenschlüsse diejenigen Beteiligten an, in bezug auf die eine Entscheidung erlassen werden soll.
Das Verfahren nach Absatz 2 Unterabsätze 1 und 2, Absatz 3 Unterabsatz 1 sowie Absatz 4 gilt entsprechend.

Artikel 14
Mündliche Anhörungen

(1) Die Kommission gibt den Anmeldern Gelegenheit, ihre Argumente in einer förmlichen mündlichen Anhörung vorzutragen, wenn sie dies in ihrer schriftlichen Äußerung beantragt haben und ein hinreichendes Interesse geltend machen. Sie kann ihnen auch bei einem anderen Anlaß die Gelegenheit geben, ihre Argumente mündlich vorzubringen.
(2) Die Kommission gibt auch den anderen Beteiligten Gelegenheit, in einer förmlichen Anhörung ihren Standpunkt mündlich mitzuteilen, wenn sie dies in ihren schriftlichen Bemerkungen beantragt haben und ein hinreichendes Interesse geltend machen. Sie kann ihnen auch bei einem anderen Anlaß die Gelegenheit geben, ihre Argumente mündlich vorzubringen.
(3) Die Kommission gibt den Beteiligten, gegen die sie Geldbußen oder Zwangsgelder festzusetzen beabsichtigt, Gelegenheit, ihre Argumente in einer förmlichen mündlichen Anhörung vorzutragen, wenn sie dies in ihrer schriftlichen Äußerung beantragt haben. Sie kann ihnen auch bei einem anderen Anlaß die Gelegenheit geben, ihre Argumente mündlich vorzubringen.
(4) Die Kommission lädt die anzuhörenden Personen zu einem von ihr festgesetzten Termin.
(5) Die Kommission übermittelt den zuständigen Behörden der Mitgliedstaaten unverzüglich eine Einladung zur Teilnahme an der Anhörung.

Artikel 15
Durchführung der förmlichen mündlichen Anhörungen

(1) Die Anhörungen werden vom Anhörungsbeauftragten durchgeführt.
(2) Die geladenen Personen erscheinen persönlich oder werden gegebenenfalls durch ihre gesetzlichen oder satzungsgemäßen Vertreter vertreten. Unternehmen und Unternehmensvereinigungen können sich durch einen mit ausreichender Vollmacht versehenen Bevollmächtigten vertreten lassen, der ständig im Dienst des Unternehmens steht.
(3) Die angehörten Personen können sich von ihrem Rechtsberater oder anderen vom Anhörungsbeauftragten zugelassenen qualifizierten Personen Beistand leisten lassen.
(4) Die Anhörungen sind nicht öffentlich. Jede Person wird einzeln oder in Anwesenheit anderer geladener Personen gehört. In letzterem Fall ist den berechtigten Interessen der Unternehmen an der Wahrung ihrer Geschäftsgeheimnisse und sonstiger vertraulicher Angaben Rechnung zu tragen.
(5) Die Erklärungen jeder angehörten Person werden aufgezeichnet.

Artikel 16
Anhörung Dritter

(1) Beantragen Dritte nach Artikel 18 Absatz 4 Satz 2 der Verordnung (EWG) Nr. 4064/89 schriftlich ihre Anhörung, so unterrichtet die Kommission sie schriftlich über Art und Gegenstand des Verfahrens und setzt ihnen eine Frist zur Äußerung.
(2) Die in Absatz 1 bezeichneten Dritten legen ihre schriftlichen Äußerungen innerhalb der festgesetzten Frist vor. Die Kommission kann gegebenenfalls Dritten, die dies in ihrer schrift-

lichen Äußerung beantragt haben, Gelegenheit zur Teilnahme an einer förmlichen mündlichen Anhörung geben. Sie kann ihnen auch bei einem anderen Anlaß die Gelegenheit geben, ihre Argumente mündlich vorzubringen.

(3) Die Kommission kann auch anderen Dritten Gelegenheit zur Äußerung geben.

Artikel 17
Vertrauliche Angaben und Unterlagen

(1) Angaben einschließlich Unterlagen werden nicht mitgeteilt oder zugänglich gemacht, soweit sie Geschäftsgeheimnisse oder sonstige vertrauliche Angaben von Personen oder Unternehmen einschließlich der Anmelder, der anderen Beteiligten oder von Dritten enthalten, deren Preisgabe für die Zwecke des Verfahrens von der Kommission nicht für erforderlich gehalten wird oder bei denen es sich um interne Unterlagen von Behörden handelt.

(2) Jede Partei, die sich im Rahmen der Vorschriften dieses Kapitels schriftlich geäußert hat, hat Informationen, die sie für vertraulich hält, unter Angabe der Gründe klar zu kennzeichnen und innerhalb der von der Kommission festgesetzten Frist eine gesonderte, nicht vertrauliche Fassung vorzulegen.

Kapitel IV
Verpflichtungen zur Vereinbarkeit des Zusammenschlusses

Artikel 18
Fristen für die Vorlage von Verpflichtungen

(1) Die der Kommission von den beteiligten Unternehmen gemäß Artikel 6 Absatz 2 der Verordnung (EWG) Nr. 4064/89 vorgeschlagenen Verpflichtungen, die nach Absicht der Beteiligten die Grundlage für eine Entscheidung nach Artikel 6 Absatz 1 Buchstabe b) der genannten Verordnung bilden sollen, sind der Kommission nicht später als drei Wochen nach dem Tag des Eingangs der Anmeldung vorzulegen.

(2) Die der Kommission von den beteiligten Unternehmen gemäß Artikel 8 Absatz 2 der Verordnung (EWG) Nr. 4064/89 vorgeschlagenen Verpflichtungen, die nach Absicht der Beteiligten die Grundlage für eine Entscheidung nach dem genannten Artikel bilden sollen, sind der Kommission nicht später als drei Monate nach dem Zeitpunkt der Einleitung des Verfahrens vorzulegen. Die Kommission kann unter außergewöhnlichen Umständen diese Frist verlängern.

(3) Die Artikel 6 bis 9 gelten entsprechend für die Absätze 1 und 2 dieses Artikels.

Artikel 19
Verfahren für die Vorlage von Verpflichtungen

(1) Die der Kommission von den beteiligten Unternehmen gemäß Artikel 6 Absatz 2 bzw. Artikel 8 Absatz 2 der Verordnung (EWG) Nr. 4064/89 vorgeschlagenen Verpflichtungen sind der Kommission im Original und in 29facher Ausfertigung an die im Formblatt CO angegebene Anschrift zu übermitteln.

(2) Jede Partei, die der Kommission Verpflichtungen gemäß Artikel 6 Absatz 2 bzw. Artikel 8 Absatz 2 der Verordnung (EWG) Nr. 4064/89 vorschlägt, hat Informationen, die sie für vertraulich hält, unter Angabe der Gründe klar zu kennzeichnen und innerhalb der von der Kommission festgesetzten Frist eine gesonderte, nicht vertrauliche Fassung vorzulegen.

Kapitel V
Verschiedene Vorschriften

Artikel 20
Übermittlung von Schriftstücken

(1) Schriftstücke und Ladungen der Kommission werden den Empfängern auf einem der folgenden Wege übermittelt:
a) durch Übergabe gegen Quittung,
b) durch Einschreiben mit Rückschein,

c) durch Telefax mit Aufforderung zur Bestätigung des Eingangs,
d) durch Telex,
e) durch elektronische Post mit Aufforderung zur Bestätigung des Eingangs.
(2) Soweit in dieser Verordnung nicht anders vorgesehen, gilt Absatz 1 auch für die Übermittlung von Schriftstücken der Anmelder, der anderen Beteiligten oder von Dritten an die Kommission.
(3) Im Fall der Übermittlung durch Telex, durch Telefax oder durch elektronische Post wird vermutet, daß das Schriftstück am Tag seiner Absendung bei dem Empfänger eingegangen ist.

Artikel 21
Festsetzung von Fristen

Bei der Festsetzung der in Artikel 4 Absatz 2, Artikel 5 Absatz 2, Artikel 12 Absätze 1 und 2, Artikel 13 Absatz 2 und Artikel 16 Absatz 1 bezeichneten Fristen trägt die Kommission dem für die Äußerung erforderlichen Zeitaufwand und der Dringlichkeit des Falles Rechnung. Sie berücksichtigt außerdem die Arbeitstage und die gesetzlichen Feiertages des Landes, in dem die Mitteilung der Kommission empfangen wird.
Die Fristen sind nach Kalendertagen anzugeben.

Artikel 22
Eingang von Schriftstücken bei der Kommission

(1) Gemäß Artikel 4 Absatz 1 der vorliegenden Verordnung müssen Anmeldungen vor Ablauf der in Artikel 4 Absatz 1 der Verordnung (EWG) Nr. 4064/89 bezeichneten Frist bei der Kommission unter der im Formblatt CO angegebenen Adresse eingehen oder als eingeschriebener Brief an die in dem Formblatt CO angegebene Adresse zur Post gegeben sein.
Angaben zur Vervollständigung von Anmeldungen gemäß Artikel 4 Absätze 2 und 4 oder zur Ergänzung von Anmeldungen gemäß Artikel 5 Absatz 2 müssen vor Ablauf der jeweils festgesetzten Frist bei der Kommission unter der im Formblatt CO genannten Adresse eingehen oder als eingeschriebener Brief zur Post gegeben sein.
Schriftliche Äußerungen zu Mitteilungen der Kommission nach Artikel 12 Absätze 1 und 2, Artikel 13 Absatz 2 und Artikel 16 Absatz 1 müssen vor Ablauf der jeweils festgesetzten Frist bei der Kommision unter der im Formblatt CO genannten Adresse eingegangen sein.
(2) Die Fristen nach Absatz 1 Unterabsätze 2 und 3 sind gemäß Artikel 21 festzusetzen.
(3) Ist der letzte Tag einer Frist kein Arbeitstag oder ein öffentlicher Feiertag im Absendeland, so endet die Frist an dem darauffolgenden Arbeitstag.

Artikel 23
Definition der Arbeitstage der Kommission

»Arbeitstage« im Sinne dieser Verordnung sind alle Tage mit Ausnahme der Samstage, der Sonntage, der gesetzlichen Feiertage und der sonstigen Feiertage, welche die Kommission vor Beginn jeden Jahres festsetzt und im *Amtsblatt der Europäischen Gemeinschaften* bekanntgibt.

Artikel 24
Aufhebung

Die Verordnung (EWG) Nr. 3384/94 wird aufgehoben.

Artikel 25
Inkrafttreten

Diese Verordnung tritt am 2. März 1998 in Kraft.

Diese Verordnung ist in allen ihren Teilen verbindlich und gilt unmittelbar in jedem Mitgliedstaat.

Brüssel, den 1. März 1998

Für die Kommission
Karel VAN MIERT
Mitglied der Kommission

ANHANG
Formblatt CO zur Anmeldung eines Zusammenschlusses gemäß der Verordnung (EWG) Nr. 4064/89 des Rates

Einleitung

A. Der Zweck dieses Formblattes

In diesem Formblatt sind die Angaben aufgeführt, die von dem/den Unternehmen bei der Anmeldung eines Zusammenschlusses von gemeinschaftsweiter Bedeutung zu unterbreiten sind. Die Begriffe »Zusammenschluß« und »gemeinschaftsweite Bedeutung« sind in Artikel 3 bzw. Artikel 1 der Verordnung (EWG) Nr. 4064/89 (im folgenden Fusionskontrollverordnung) definiert.

Zu beachten sind hierbei die Fusionskontrollverordnung, die Verordnung (EG) Nr. 447/98 der Kommission (Durchführungsverordnung) und die einschlägigen Bestimmungen des Abkommens über den Europäischen Wirtschaftsraum (EWR-Abkommen)[11].

Die Erfahrung hat gezeigt, daß Zusammenkünfte vor der Anmeldung sowohl für den/die Anmelder als auch für die Kommission äußerst wertvoll sind, um den genauen Umfang der in der Anmeldung zu machenden Angaben zu bestimmen; sie werden in den meisten Fällen eine spürbare Verringerung dieser Angaben zur Folge haben. Deshalb sollten die Anmelder bei der Kommission nachfragen, ob die Möglichkeit besteht, von der Verpflichtung zur Vorlage bestimmter Angaben befreit zu werden (siehe Abschnitt B Buchstabe g) zur Möglichkeit einer solchen Befreiung).

B. Das Erfordernis einer richtigen und vollständigen Anmeldung

Sämtliche nach diesem Formblatt zu unterbreitenden Angaben müssen richtig und vollständig sein. Die Angaben sind in den einschlägigen Abschnitten des Formblatts zu machen. Anlagen zu diesem Formblatt dürfen lediglich der Ergänzung der im Formblatt gemachten Angaben dienen.

Hierbei ist folgendes zu bedenken:

a) Gemäß Artikel 10 Absatz 1 der Fusionskontrollverordnung und Artikel 4 Absätze 2 und 4 der Durchführungsverordnung beginnen die Fristen der Fusionskontrollverordnung nicht zu laufen, bevor die Kommission alle mit der Anmeldung zu übermittelnden Angaben erhalten hat. Auf diese Weise soll gewährleistet werden, daß die Kommission das angemeldete Zusammenschlußvorhaben innerhalb der in der Fusionskontrollverordnung vorgesehenen strengen Fristen würdigen kann.

b) Die Anmelder sollten bei der Vorbereitung ihrer Anmeldung darauf achten, daß Namen und andere Angaben, insbesondere Faxnummern, die der Kommission mitgeteilt werden, richtig, sachdienlich und aktuell sind.

c) Unrichtige oder entstellte Angaben in der Anmeldung werden als unvollständige Angaben angesehen (Artikel 4 Absatz 4 Durchführungsverordnung).

d) Ist eine Anmeldung unvollständig, so wird die Kommission die Anmelder oder ihre Vertreter hiervon unverzüglich schriftlich in Kenntnis setzen. Die Anmeldung wird erst an dem Tag wirksam, an dem die vollständigen und genauen Angaben bei der Kommission eingegangen sind (Artikel 10 Absatz 1 der Fusionskontrollverordnung, Artikel 4 Absätze 2 und 4 der Durchführungsverordnung).

e) Gemäß Artikel 14 Absatz 1 Buchstabe b) der Fusionskontrollverordnung kann die Kommission bei vorsätzlich oder fahrlässig unterbreiteten unrichtigen oder entstellten Angaben Geldbußen gegen die Anmelder bzw. die verantwortlichen Beteiligten von bis zu 50 000 ECU festsetzen. Außerdem kann sie gemäß Artikel 6 Absatz 3 Buchstabe a) und Artikel 8 Absatz 5

---

[11] Insbesondere Artikel 57 des EWR-Abkommens (Ziffer 1 von Anhang XIV des EWR-Abkommens und Protokoll 4 der Vereinbarung zwischen den EFTA-Staaten über die Einrichtung einer Überwachungsbehörde und eines Gerichtshofes), die Protokolle 21 und 24 des EWR-Abkommens, Artikel 1 und die Vereinbarte Niederschrift des Protokolls zur Anpassung des EWR-Abkommens. Unter EFTA-Staaten sind diejenigen Länder zu verstehen, die Vertragsparteien des EWR-Abkommens sind.

Buchstabe a) der Fusionskontrollverordnung ihre Entscheidung über die Vereinbarkeit eines angemeldeten Zusammenschlußvorhabens widerrufen, wenn diese auf unrichtigen Angaben beruht, die von einem der beteiligten Unternehmen stammen.

f) Sie können beantragen, daß die Kommission trotz fehlender, in diesem Formblatt verlangter Angaben die Anmeldung als vollständig anerkennt, wenn Ihnen diese Angaben oder Teile davon nicht zugänglich sind (z.B. Informationen über das zu übernehmende Unternehmen bei einer angefochtenen Übernahme).

Die Kommission wird einen solchen Antrag prüfen, sofern Sie das Fehlen der besagten Angaben begründen, für die fehlenden Angaben nach bestem Wissen Schätzungen machen und die Quellen dafür angeben. Außerdem ist nach Möglichkeit anzugeben, wo die Kommission die fehlenden Angaben einholen kann.

g) Sie können beantragen, daß die Kommission trotz fehlender, in diesem Formblatt verlangter Angaben die Anmeldung als vollständig anerkennt, sofern bestimmte in diesem Formblatt für eine vollständige Anmeldung oder deren Kurzform verlangte Angaben Ihrer Auffassung nach für die Untersuchung der Kommission nicht erforderlich sein sollten.

Die Kommission wird einen solchen Antrag prüfen, sofern Sie begründen, warum die besagten Angaben für die Untersuchung des angemeldeten Zusammenschlußvorhabens durch die Kommission nicht relevant und erforderlich sind. Sie können diese Gründe in den Gesprächen mit der Kommission vor der Anmeldung und/oder in Ihrer Anmeldung darlegen und beantragen, die Kommission möge Ihnen die Vorlage vollständiger Informationen gemäß Artikel 3 Absatz 2 der Durchführungsverordnung erlassen.

C. **Anmeldung in Kurzform**

a) Bei Gemeinschaftsunternehmen (GU) mit keinen oder geringen gegenwärtigen oder zukünftigen Tätigkeiten im Gebiet des EWR wird die Kommission eine Anmeldung in Kurzform zulassen. Dies ist der Fall, wenn die gemeinsame Kontrolle von zwei oder mehr Unternehmen erworben wird und:
  i) der EWR-Umsatz[12] des GU und/oder der Umsatz der beigesteuerten Tätigkeiten[13] weniger als 100 Mio. ECU beträgt und
  ii) der Gesamtwert der in das GU eingebrachten Vermögenswerte[14] im EWR-Gebiet weniger als 100 Mio. ECU beträgt[15].
b) Sind Sie der Auffassung, daß das anzumeldende Vorhaben diese Voraussetzungen erfüllt, können Sie dies in Ihrer Anmeldung darlegen und beantragen, die Kommission möge gemäß Artikel 3 Absatz 2 der Durchführungsverordnung von der Verpflichtung zur Vorlage einer vollständigen Anmeldung befreien und eine Anmeldung in Kurzform zulassen.
c) Eine Anmeldung in Kurzform erlaubt es den Anmeldern, die vorzulegenden Angaben auf folgende Abschnitte und Fragen zu beschränken:

---

12 Der Umsatz des GU ist anhand der jüngsten geprüften Abschlüsse der Muttergesellschaften oder, sofern getrennte Abschlüsse für die in dem GU zusammengelegten Unternehmensteile verfügbar sind, des GU zu bestimmen.

13 Die Formulierung »und/oder« bezieht sich auf die Vielzahl der bei der Kurzanmeldung möglichen Sachverhalte; so ist
 – beim gemeinsamen Erwerb eines Unternehmens der Umsatz des zu übernehmenden Unternehmens (des GU),
 – bei der Gründung eines GU, in das die Muttergesellschaften ihre Tätigkeiten einbringen, der Umsatz dieser Tätigkeiten,
 – beim Eintritt eines neuen Eigners mit Kontrollbeteiligung in ein bestehendes GU der Umsatz des GU und gegebenenfalls der Umsatz der von der neuen Muttergesellschaft beigesteuerten Tätigkeiten
 zugrunde zu legen.

14 Der Gesamtbetrag der Vermögenswerte des GU ist anhand der letzten ordnungsgemäß erstellten und geprüften Bilanz jeder Muttergesellschaft zu bestimmen. »Vermögenswerte« sind 1) die Sachanlagen und immateriellen Aktiva, die in das GU eingebracht werden (zu den Sachanlagen zählen Produktionsstätten, Groß- und Einzelhandelsgeschäfte und Lagerbestände) und 2) sämtliche Kredite oder Verbindlichkeiten des GU, die von einer Muttergesellschaft gewährt bzw. durch Bürgschaft abgesichert werden.

15 Falls die eingebrachten Vermögenswerte Umsatz erzielen, darf weder der Wert der Vermögenswerte noch der Umsatz 100 Millionen ECU übersteigen.

- Abschnitt 1;
- Abschnitt 2 mit Ausnahme der Fragen unter 2.1 (a), b) und d)), 2.3.4 und 2.3.5;
- Abschnitt 3, nur die Frage unter 3.1 und 3.2 a);
- Abschnitt 5, nur die Fragen unter 5.1 und 5.3;
- Abschnitt 6;
- Abschnitt 10;
- Abschnitt 11 (auf Wunsch der Anmelder) und
- Abschnitt 12.
- Nennen Sie die fünf größten unabhängigen Abnehmer, die fünf größten unabhängigen Lieferanten und die fünf größten Wettbewerber in den Märkten, in denen das Gemeinschaftsunternehmen tätig ist. Nennen Sie Namen, Adresse, Telefonnummer, Faxnummer und der zuständigen Kontaktpersonen bei jedem der genannten Abnehmer, Lieferanten und Wettbewerber.

d) Geben Sie in bezug auf die betroffenen Märkte des GU gemäß der Definition in Abschnitt 6 für das EWR-Gebiet, für die Gemeinschaft insgesamt und für jeden Mitgliedstaat sowie EFTA-Staat und, falls nach Auffassung der Anmelder abweichend, für den geographisch relevanten Markt Umsatzwert und -volumen sowie die Marktanteile für das Jahr vor dem Zusammenschluß an.

e) Die Kommission kann eine vollständige oder gegebenenfalls teilweise Anmeldung nach dem Formblatt CO anfordern, wenn:
- das angemeldete Vorhaben nicht die Schwellenwerte für eine Anmeldung in Kurzform erreicht, oder
- dies erforderlich ist, um eine eingehende Untersuchung möglicher Wettbewerbsprobleme durchführen zu können.

In derartigen Fällen kann die Anmeldung als in einem wesentlichen Gesichtspunkt unvollständig im Sinne von Artikel 4 Absatz 2 der Durchführungsverordnung angesehen werden. Die Kommission unterrichtet die anmeldenden Unternehmen oder ihre Vertreter hiervon unverzüglich schriftlich und setzt ihnen eine Frist für die Vorlage einer vollständigen oder gegebenenfalls teilweisen Anmeldung. Die Anmeldung wird erst dann wirksam, wenn sämtliche erforderlichen Angaben eingegangen sind.

D. Wer anmelden muß

Im Falle eines Zusammenschlusses im Sinne von Artikel 3 Absatz 1 Buchstabe a) Fusionskontrollverordnung oder der Begründung einer gemeinsamen Kontrolle an einem Unternehmen im Sinne von Artikel 3 Absatz 1 Buchstabe b) der Fusionskontrollverordnung ist die Anmeldung von allen an dem Zusammenschluß beteiligten bzw. von den die gemeinsame Kontrolle erwerbenden Unternehmen gemeinsam vorzunehmen.
Bei dem Erwerb einer die Kontrolle an einem anderen Unternehmen begründenden Beteiligung ist die Anmeldung von dem Erwerber vorzunehmen.
Bei einem öffentlichen Übernahmeangebot ist die Anmeldung vom Bieter vorzunehmen.
Jeder Anmelder haftet für die Richtigkeit der darin enthaltenen Angaben.

E. Wie anzumelden ist

Die Anmeldung ist in einer der Amtssprachen der Europäischen Gemeinschaft vorzunehmen. Diese Sprache ist dann für alle Anmelder die Verfahrenssprache. Erfolgt die Anmeldung gemäß Artikel 12 des Protokolls 24 zum EWR-Abkommen in einer der Amtssprachen eines EFTA-Staates, die keine Amtssprache der Gemeinschaft ist, so ist der Anmeldung eine Übersetzung in eine der Amtssprachen der Gemeinschaft beizufügen.
Die nach diesem Formblatt verlangten Angaben sind gemäß den entsprechenden Abschnitten und Absätzen des Formblatts zu numerieren, die Erklärung nach Abschnitt 12 ist zu unterzeichnen und die Unterlagen sind beizufügen.
Die Unterlagen sind in der Originalsprache vorzulegen. Handelt es sich hierbei nicht um eine Amtssprache der Gemeinschaft, so sind die betreffenden Unterlagen in die Verfahrenssprache zu übersetzen (Artikel 2 Absatz 4 der Durchführungsverordnung).
Beigefügte Unterlagen können Originale oder Abschriften sein. In letzterem Fall hat der Anmelder ihre Richtigkeit und Vollständigkeit zu bestätigen.

Das Formblatt CO ist zusammen mit allen Unterlagen im Original und in 23facher Ausfertigung vorzulegen.
Die Anmeldung muß der Kommission an Arbeitstagen im Sinne von Artikel 23 der Durchführungsverordnung zugehen. Um die Registrierung am selben Tage zu gewährleisten, muß die Anmeldung montags bis donnerstags vor 17.00 Uhr, freitags vor 16.00 Uhr, unter folgender Anschrift eingehen:
Kommission der Europäischen Gemeinschaften
Generaldirektion für Wettbewerb (GD IV)
Task Force Fusionskontrolle
Avenue de Cortenberg/Kortenberglaan 150
B-1049 BRÜSSEL

F. Vertraulichkeit

Artikel 214 des Vertrages und Artikel 17 Absatz 2 der Fusionskontrollverordnung sowie die einschlägigen Bestimmungen des EWR-Abkommens[16] verpflichten die Kommission, die Mitgliedstaaten, die EFTAÜberwachungsbehörde und die EFTA-Staaten sowie ihre Beamten und sonstigen Bediensteten, Kenntnisse nicht preiszugeben, die sie bei Anwendung der Verordnung erlangt haben und die unter das Berufsgeheimnis fallen. Dieser Grundsatz gilt auch für den Schutz der Vertraulichkeit unter den Anmeldern.
Sollten Sie der Auffassung sein, daß Ihre Interessen gefährdet würden, wenn die von Ihnen verlangten Angaben veröffentlicht oder an andere weitergegeben würden, so reichen Sie die betreffenden Angaben in einer getrennten Anlage ein mit dem deutlichen Vermerk »Geschäftsgeheimnis« auf jeder Seite. Geben Sie gleichzeitig an, warum diese Angaben nicht weitergegeben oder veröffentlicht werden sollten.
Bei einer Fusion oder einem gemeinsamen Erwerb oder in anderen Fällen, in denen die Anmeldung von mehr als einem Beteiligten vorgenommen wird, können Geschäftsgeheimnisse enthaltende Unterlagen gesondert als Anlage mit entsprechendem Vermerk in der Anmeldung eingereicht werden. Sämtliche Anlagen müssen der Anmeldung beigefügt sein, damit sie als vollständig angesehen werden kann.

G. Begriffsbestimmungen und Hinweise

Anmelder: Wenn eine Anmeldung nur von einem der an einem Zusammenschlußvorhaben beteiligten Unternehmen vorgenommen wird, bezieht sich der Begriff »Anmelder« nur auf das Unternehmen, welches die Anmeldung tatsächlich unterbreitet.
Beteiligte Unternehmen oder Beteiligte: Dieser Begriff bezieht sich sowohl auf die erwerbenden als auch die zu erwerbenden oder die sich zusammenschließenden Unternehmen einschließlich der Unternehmen, an denen eine die Kontrolle begründende Beteiligung erworben oder in bezug auf die ein öffentliches Übernahmeangebot abgegeben wird.
Wenn nicht anders angegeben, schließen die Begriffe »Anmelder« und »beteiligte Unternehmen« alle Unternehmen ein, die demselben Konzern wie die »Beteiligten« angehören.
Betroffene Märkte: Nach Abschnitt 6 dieses Formblatts haben die anmeldenden Unternehmen die relevanten Produktmärkte zu definieren und anzugeben, welche dieser relevanten Märkte von dem angemeldeten Vorhaben voraussichtlich betroffen sein werden. Diese Definition der betroffenen Märkte dient als Grundlage für die Beantwortung einer Reihe weiterer Fragen in diesem Formblatt. Die von den anmeldenden Unternehmen definierten Märkte gelten für die Zwecke dieses Formblatts als die betroffenen Märkte. Hierbei kann es sich sowohl um Produkt- als auch um Dienstleistungsmärkte handeln.
Jahr: »Jahr« im Sinne dieses Formblatts bedeutet, wenn nicht anders angegeben, Kalenderjahr. Alle nach diesem Formblatt vorzulegenden Angaben beziehen sich, wenn nicht anders angegeben, auf das dem Jahr der Anmeldung vorausgehende Jahr.

---

16 Insbesondere Artikel 122 des EWR-Abkommens, Artikel 9 des Protokolls 24 zum EWR-Abkommen und Artikel 17 Absatz 2 von Kapitel XIII des Protokolls 4 zur Vereinbarung zwischen den EFTA-Staaten über die Einsetzung einer Überwachungsbehörde und eines Gerichtshofes.

Die Wertangaben nach den Abschnitten 2.3–2.5 sind in Ecu zum durchschnittlichen Umrechnungskurs in den betreffenden Jahren oder dem betreffenden Zeitraum zu machen.
Alle Verweise in diesem Formblatt beziehen sich, wenn nicht anders angegeben, auf die entsprechenden Artikel der Fusionskontrollverordnung.

Abschnitt 1
Hintergrundinformationen

1.1. *Angaben zu dem/den Anmelder/n*
 Geben Sie folgendes an:
1.1.1. Name und Anschrift des Unternehmens
1.1.2. Art der Geschäftstätigkeit
1.1.3. Name, Anschrift, Telefon-, Telefax- und/oder Telexnummer und Stellung der Kontaktperson in dem Unternehmen.

1.2. *Angaben zu den anderen am Zusammenschluß beteiligten Unternehmen*[17]
 Geben Sie für jeden Beteiligten (den/die Anmelder ausgenommen) folgendes an:
1.2.1. Name und Anschrift des Unternehmens
1.2.2. Art der Geschäftstätigkeiten
1.2.3. Name, Anschrift, Telefon-, Telefax- und/oder Telexnummer und Stellung der Kontaktperson in dem Unternehmen.

1.3. *Anschrift für den Briefverkehr*
 Geben Sie eine Anschrift an (gegebenenfalls in Brüssel), an die sämtliche Mitteilungen und Unterlagen zu übermitteln sind.

1.4. *Bestellung der Vertreter*
 Anmeldungen, die von Vertretern der Unternehmen unterzeichnet worden sind, ist eine schriftliche Vollmacht über die Vertretungsbefugnis beizufügen.
 Wurde im Falle einer gemeinsamen Anmeldung ein gemeinsamer Vertreter bestellt?
 Wenn ja, geben Sie die unter den Abschnitten 1.4.1 bis 1.4.4 erbetenen Einzelheiten an.
 Wenn nein, geben Sie die einzelnen Vertreter der am Zusammenschluß beteiligten Unternehmen und jeweils das von ihnen vertretene Unternehmen an:
1.4.1. Name der Vertreters
1.4.2. Anschrift des Vertreters
1.4.3. Name der Kontaktperson (und Anschrift, falls abweichend von 1.4.2)
1.4.4. Telefon-, Telefax- und/oder Telexnummer.

Abschnitt 2
Einzelheiten des Zusammenschlusses

2.1. *Beschreiben Sie kurz die Art des angemeldeten Zusammenschlusses und geben Sie folgendes an:*
 a) ob es sich um eine Fusion im rechtlichen Sinne, den Erwerb der alleinigen oder gemeinsamen Kontrolle, ein Vollfunktionsgemeinschaftsunternehmen im Sinne von Artikel 3 Absatz 2 der Fusionskontrollverordnung, einen Vertrag oder einen anderen Vorgang handelt, der die mittelbare oder unmittelbare Kontrolle im Sinne von Artikel 3 Absatz 3 der Fusionskontrollverordnung bewirkt;
 b) ob sämtliche oder nur einige der Unternehmen an dem Zusammenschluß beteiligt sind;
 c) erläutern Sie kurz die wirtschaftliche und finanzielle Struktur des Zusammenschlusses;
 d) ob ein öffentliches Angebot eines der Beteiligten zum Erwerb der Anteile eines anderen Beteiligten die Zustimmung der Aufsichtsorgane der Geschäftsleitung oder eines anderen zur Vertretung berechtigten Organs des erstgenannten Beteiligten hat;

---
[17] Einschließlich und soweit möglich des zu übernehmenden Unternehmens im Falle eines angefochtenen Übernahmeangebots.

863

e) den vorgesehenen oder erwarteten Zeitpunkt wesentlicher Schritte, die zur Vollendung des Zusammenschlusses führen sollen;
f) die nach Vollendung des Zusammenschlusses vorgesehene Eigentumsstruktur und Ausgestaltung der Kontrolle;
g) Art und Umfang der finanziellen oder sonstigen Hilfen, die die Beteiligten aus welchen Quellen (einschließlich öffentlicher Stellen) erhalten haben.

2.2. *Geben Sie an, welche Wirtschaftszweige von dem Zusammenschluß betroffen sind.*
2.3. *Machen Sie für jedes an dem Zusammenschluß beteiligte Unternehmen[18] folgende Angaben[19] für das letzte Geschäftsjahr:*
2.3.1. weltweiter Gesamtumsatz;
2.3.2. gemeinschaftsweiter Gesamtumsatz;
2.3.3. EFTA-weiter Gesamtumsatz;
2.3.4. Gesamtumsatz in jedem Mitgliedstaat;
2.3.5. Gesamtumsatz in jedem EFTA-Staat;
2.3.6. Mitgliedstaat, in dem mehr als zwei Drittel des gemeinschaftsweiten Gesamtumsatzes erzielt werden[20];
2.3.7. EFTA-Staat, in dem mehr als zwei Drittel des EFTA-weiten Gesamtumsatzes erzielt werden,
2.4. *Wenn der Zusammenschluß die in Artikel 1 Absatz 2 der Fusionskontrollverordnung festgelegten Schwellen nicht erreicht, so machen Sie im Hinblick auf Artikel 1 Absatz 3 der Fusionskontrollverordnung folgende Angaben zum vorangegangenen Geschäftsjahr:*
2.4.1. Nennen Sie die Mitgliedstaaten, in denen der Gesamtumsatz aller beteiligten Unternehmen jeweils 100 Mio. ECU übersteigt;
2.4.2. nennen Sie die Mitgliedstaaten, in denen der Gesamtumsatz von mindestens zwei beteiligten Unternehmen jeweils mehr als 25 Mio. ECU beträgt.
2.5. *Geben Sie folgende Auskünfte zum vorangegangenen Geschäftsjahr:*
2.5.1. Beläuft sich der Gesamtumsatz der beteiligten Unternehmen im Gebiet der EFTA-Staaten auf 25% oder mehr ihres Gesamtumsatzes im EWR-Gebiet?
2.5.2. Erzielt jedes von zumindest zwei der beteiligten Unternehmen einen Gesamtumsatz von über 250 Mio. ECU im Gebiet der EFTA-Staaten?

Abschnitt 3
Eigentum und Kontrolle[21]

Fügen Sie für jedes der am Zusammenschluß beteiligten Unternehmen eine Liste sämtlicher demselben Konzern angehörenden Unternehmen bei.
Die Liste muß umfassen:
3.1. alle Unternehmen oder Personen, welche unmittelbar oder mittelbar diese Unternehmen kontrollieren;
3.2. alle in den betroffenen Märkten[22] tätigen Unternehmen, die unmittelbar oder mittelbar:
a) von diesen Unternehmen,
b) von einem anderen der in 3.1 bezeichneten Unternehmen
kontrolliert werden.

---

18 Siehe Mitteilung der Kommission über den Begriff der beteiligten Unternehmen.
19 Siehe allgemein auch die Mitteilung der Kommission über die Berechnung des Umsatzes. Bei dem Umsatz des/der erwerbenden Unternehmen ist der Gesamtumsatz sämtlicher Unternehmen im Sinne von Artikel 5 Absatz 4 aufzuführen. Beim Umsatz des/der erworbenen Unternehmen ist der Umsatz der von dem Zusammenschluß betroffenen Unternehmensteile im Sinne von Artikel 5 Absatz 2 aufzuführen. Besondere Bestimmungen sind in Artikel 5 Absätze 3, 4 und 5 für Kredit-, Versicherungs- und sonstige Finanzinstitute sowie Gemeinschaftsunternehmen enthalten.
20 Siehe Leitfaden III für die Berechnung des Gesamtumsatzes in einem Mitgliedstaat im Verhältnis zum gemeinschaftsweiten Gesamtumsatz.
21 Vgl. Artikel 3 Absatz 3 und Artikel 3 Absatz 4 und Artikel 3 Absatz 5 und Artikel 5 Absatz 4.
22 Gemäß den Definitionen in Abschnitt 6.

Anzugeben sind jeweils die Art der Kontrolle und die Mittel zu ihrer Ausübung.
Die nach diesem Abschnitt vorzulegenden Angaben können anhand von Tabellen oder Schaubildern verdeutlicht werden, aus denen die Zusammensetzung von Eigentum und Kontrolle bei den betreffenden Unternehmen hervorgeht.

Abschnitt 4
Personelle und kapitalmäßige Verflechtungen und vorangehende Beteiligungen

Geben Sie für die an dem Zusammenschluß beteiligten und für alle gemäß Abschnitt 3 genannten Unternehmen oder Personen folgendes an:

4.1. eine Liste aller anderen Unternehmen, die in den betroffenen Märkten (Definition in Abschnitt 6) tätig sind und an denen die Unternehmen oder Personen des Konzerns einzeln oder gemeinsam 10 % oder mehr der Stimmrechte, des Aktienkapitals oder sonstiger Anteile halten; geben Sie jeweils den Inhaber und den Prozentsatz der Anteile an;

4.2. für jedes Unternehmen ein Verzeichnis der Personen, die der Geschäftsführung angehören und gleichzeitig in der Geschäftsführung oder im Aufsichtsorgan eines anderen Unternehmens vertreten sind, das ebenfalls auf den betroffenen Märkten tätig ist, sowie, falls zutreffend, für jedes Unternehmen ein Verzeichnis der Personen, die in seinem Aufsichtsorgan vertreten sind und gleichzeitig der Geschäftsführung eines anderen Unternehmens angehören, das ebenfalls auf den betroffenen Märkten tätig ist;
geben Sie jeweils den Namen dieser anderen Unternehmen und die dort eingenommenen Positionen an.

4.3. Angaben zu den Beteiligungen, die in den vergangenen drei Jahren von den in Abschnitt 3 genannten Konzernen an Unternehmen in den betroffenen Märkten gemäß der Definition in Abschnitt 6 erworben worden sind.

Diese Angaben können zum besseren Verständnis anhand von Tabellen oder Schaubildern verdeutlicht werden.

Abschnitt 5
Unterlagen

Die Anmelder haben folgendes beizufügen:

5.1. Kopien der endgültigen oder letzten Fassung sämtlicher Unterlagen im Zusammenhang mit dem Zustandekommen des Zusammenschlusses durch Vereinbarung zwischen den Beteiligten, durch Erwerb einer die Kontrolle begründenden Beteiligung oder durch ein öffentliches Übernahmeangebot;

5.2. im Falle eines öffentlichen Übernahmeangebots eine Kopie der Angebotsunterlagen. Sind diese Unterlagen zum Zeitpunkt der Anmeldung nicht verfügbar, so müssen sie so bald wie möglich nachgereicht werden, spätestens jedoch bis zu dem Zeitpunkt, zu dem sie den Aktionären zugesandt werden;

5.3. Kopien der letzten Jahresabschlüsse und Jahresberichte aller an dem Zusammenschluß Beteiligten;

5.4. wenn zumindest ein betroffener Markt ausgewiesen wurde:
Kopien von Berichten und Analysen, Studien und Untersuchungen, die zur Bewertung oder Untersuchung des Zusammenschlusses hinsichtlich der Wettbewerbsbedingungen, der vorhandenen und potentiellen Wettbewerber und der Marktbedingungen für den Vorstand, den Aufsichtsrat oder die Aktionärsversammlung erstellt worden sind.

Abschnitt 6
Marktdefinitionen

Die relevanten Produktmärkte und die relevanten geographischen Märkte bestimmen den Umfang für die Bewertung der Marktmacht der neuen aus dem Zusammenschluß hervorgehenden Einheit[23]. Für die Angaben der Anmelder gelten folgende Definitionen:

I. Relevante Produktmärkte

Der sachlich relevante Produktmarkt umfaßt sämtliche Erzeugnisse und/oder Dienstleistungen, die von den Verbrauchern hinsichtlich ihrer Eigenschaften, Preise und ihres vorgesehenen Verwendungszwecks als austauschbar oder substituierbar angesehen werden. Ein relevanter Produktmarkt kann in einigen Fällen aus einer Reihe von Erzeugnissen und/oder Dienstleistungen bestehen, die weitgehend die gleichen physischen oder technischen Merkmale aufweisen und voll austauschbar sind.

Bei der Beurteilung des relevanten Produktmarktes ist u.a. zu untersuchen, warum bestimmte Waren oder Dienstleistungen einbezogen und warum andere – unter Anwendung der obengenannten Definition – davon ausgenommen wurden, wobei die Substituierbarkeit, die Wettbewerbsbedingungen, die Preise, die Kreuzpreiselastizität der Nachfrage und sonstige für die Definition der Produktmärkte erheblichen Faktoren zu würdigen sind.

II. Geographisch relevante Märkte

Der geographisch relevante Markt umfaßt das Gebiet, in dem die beteiligten Unternehmen die relevanten Produkte oder Dienstleistungen anbieten und nachfragen, in dem die Wettbewerbsbedingungen hinreichend homogen sind und das sich von benachbarten Gebieten durch spürbar unterschiedliche Wettbewerbsbedingungen unterscheidet.

Maßgebliche Faktoren für die Bestimmung des geographisch relevanten Marktes sind die Art und Eigenschaften der betroffenen Produkte oder Dienstleistungen, die Existenz von Marktzutrittsschranken oder Verbraucherpräferenzen, deutlich unterschiedliche Marktanteile der Unternehmen zwischen räumlich benachbarten Gebieten oder wesentliche Preisunterschiede.

III. Betroffene Märkte

Für die Angaben nach diesem Formblatt bestehen die betroffenen Märkte aus den sachlich relevanten Produktmärkten im EWR-Gebiet, in der Gemeinschaft, im Gebiet der EFTA-Staaten, in einem Mitgliedstaat oder in einem EFTA-Staat, wenn:
  a) zwei oder mehr der Beteiligten in demselben Produktmarkt tätig sind und der Zusammenschluß zu einem gemeinsamen Marktanteil von 15% oder mehr führt (horizontale Beziehungen);
  b) ein oder mehrere an dem Zusammenschluß Beteiligte in einem Produktmarkt tätig sind, der einem anderen Produktmarkt vor- oder nachgelagert ist, in dem andere Beteiligte tätig sind und ihr Marktanteil einzeln oder gemeinsam 25% oder mehr beträgt, und zwar unabhängig davon, ob zwischen den Beteiligten Lieferanten- oder Kundenbeziehungen bestehen (vertikale Beziehungen).

Machen Sie auf der Grundlage dieser Definitionen und Schwellenwerte für die Marktanteile folgende Angaben:
  6.1. Bezeichnen Sie jeden betroffenen Markt im Sinne von Abschnitt III:
    a) auf EWR-, Gemeinschafts- oder EFTA-Ebene;
    b) auf Ebene der einzelnen Mitgliedstaaten oder der EFTA-Staaten.

IV. Märkte, die mit betroffenen Märkten im Sinne von Abschnitt III in Beziehung stehen
  6.2. Beschreiben Sie die von dem Zusammenschluß betroffenen relevanten Produktmärkte und geographischen Märkte, die mit den betroffenen Märkten in enger Beziehung stehen (vorgelagerte, nachgeordnete und benachbarte horizontale Märkte) und in denen einer der am Zusammenschluß Beteiligten tätig ist, ohne daß es sich hierbei um betroffene Märkte im Sinne von Abschnitt III handelt.

---

23 Siehe die Bekanntmachung der Kommission über die Definition des relevanten Marktes im Hinblick auf die Anwendung der EG-Wettbewerbsregeln.

V. Nicht betroffene Märkte
    6.3. Sofern keine betroffenen Märkte im Sinne von Abschnitt 6.1 vorliegen, so beschreiben Sie die sachliche und räumliche Tragweite der Märkte, auf die sich der Zusammenschluß auswirken würde.

Abschnitt 7
Angaben zu den betroffenen Märkten

Geben Sie für jeden relevanten Produktmarkt und jedes der letzten drei Geschäftsjahre[24]
a) im EWR-Gebiet;
b) in der Gemeinschaft insgesamt;
c) im Gebiet der EFTA-Staaten insgesamt;
d) einzeln für jeden Mitgliedstaat und EFTA-Staat, in dem die Beteiligten tätig sind
e) und, wenn nach Meinung der Anmelder der relevante geographische Markt ein anderer ist, folgendes an:

7.1. die geschätzte Gesamtgröße des Marktes nach Umsatzwert (in Ecu) und Volumen (Stückzahlen)[25]. Geben Sie die Grundlage und Quellen für Ihre Berechnungen an und fügen Sie soweit vorhanden Unterlagen zur Bestätigung dieser Berechnungen bei;

7.2. die Umsätze nach Wert und Umfang und die geschätzten Marktanteile jedes der an dem Zusammenschluß beteiligten Unternehmen;

7.3. die geschätzten Marktanteile nach Wert (und gegebenenfalls Volumen) sämtlicher Wettbewerber (einschließlich Importeure), die einen Anteil von wenigstens 10% in dem betreffenden geographischen Markt halten. Fügen Sie, soweit vorhanden, Unterlagen zur Bestätigung der von Ihnen ermittelten Marktanteile bei und nennen Sie Namen, Anschrift, Telefon- und Telefaxnummer sowie eine Kontaktperson für jeden dieser Wettbewerber;

7.4. den geschätzten Gesamtwert und -umfang und die Herkunft der Einfuhren von außerhalb des EWR-Gebiets unter Angabe:
    a) des Anteils der Einfuhren, die von den Konzernen stammen, denen die an dem Zusammenschluß Beteiligten angehören;
    b) der angenommenen Auswirkungen von Kontingenten, Zöllen oder nichttarifären Handelshemmnissen auf diese Einfuhren und
    c) der angenommenen Auswirkungen von Transportkosten und sonstigen Kosten auf diese Einfuhren;

7.5. die Auswirkungen von
    a) Transportkosten und sonstigen Kosten und
    b) nichttarifären Handelshemmnissen auf den Handel zwischen den Staaten im EWR-Gebiet;

7.6. auf welche Weise die an dem Zusammenschluß Beteiligten die Produkte und/oder Dienstleistungen herstellen und verkaufen, z.B., ob sie dezentral (örtlich) herstellen oder über örtliche Vertriebseinrichtungen verkaufen;

7.7. Vergleich der Preise in jedem Mitgliedstaat und EFTA-Staat von jedem an dem Zusammenschluß Beteiligten und Vergleich der Preise zwischen der Gemeinschaft, den EFTA-Staaten und anderen Gebieten, in denen die Erzeugnisse hergestellt werden (z.B. Mittel- und Osteuropa, Vereinigte Staaten, Japan und andere produktionsrelevante Gebiete);

7.8. die Art und das Ausmaß der vertikalen Integration jedes der an dem Zusammenschluß Beteiligten im Vergleich zu ihren größten Wettbewerbern.

---

[24] Die gemäß den Abschnitten 7.1 und 7.2 verlangten Angaben sind unbeschadet Artikel 3 Absatz 2 der Durchführungsverordnung für alle unter a), b), c), d) und e) genannten Gebiete zu machen.

[25] Bei dem Umsatzwert und Volumen eines Marktes ist die Gesamterzeugung abzüglich Ausfuhren zuzüglich Einfuhren für die jeweiligen geographischen Gebiete anzugeben.

Anhang 20

Abschnitt 8
Allgemeine Bedingungen in den betroffenen Märkten

8.1. Nennen Sie die fünf größten unabhängigen[26] Lieferanten der einzelnen an dem Zusammenschluß Beteiligten und geben Sie den Prozentsatz der Einkäufe jedes Beteiligten bei jedem dieser Lieferanten für die Herstellung der betreffenden Erzeugnisse an. Nennen Sie Namen, Anschrift, Telefon- und Telefaxnummer sowie eine Kontaktperson für jeden dieser Lieferanten.

Angebotsstruktur in den betroffenen Märkten

8.2. Beschreiben Sie die Vertriebswege und die Kundendienstnetze in den betroffenen Märkten und gehen Sie dabei soweit möglich auf folgendes ein:
 a) die auf den Märkten herrschenden Vertriebssysteme und ihren Umfang. Inwieweit erfolgt der Vertrieb durch Dritte und/oder Unternehmen, die demselben Konzern wie die Beteiligten gemäß Abschnitt 3 angehören?
 b) die auf diesen Märkten vorhandenen Kundendienstsysteme (z. B. Wartung und Reparatur) und ihren Umfang. Inwieweit werden diese Dienstleistungen von Dritten und/oder Unternehmen erbracht, die demselben Konzern wie die Beteiligten gemäß Abschnitt 3 angehören?
8.3. Geben Sie soweit möglich die geschätzte Gesamtkapazität in der Gemeinschaft und der EFTA in den vergangenen drei Jahren an. Welcher Anteil entfiel dabei auf die Beteiligten, und wie hoch war ihre jeweilige Kapazitätsauslastung?
8.4. Nennen Sie andere Faktoren, die Ihnen hinsichtlich der Angebotsstruktur wichtig erscheinen.

Nachfragestruktur in den betroffenen Märkten

8.5. Nennen Sie die fünf größten unabhängigen Kunden der Anmelder in jedem betroffenen Markt und den jeweiligen Anteil am Gesamtabsatz der von jedem einzelnen dieser Kunden abgenommenen Erzeugnisse. Geben Sie Namen, Anschrift, Telefon-/Telefaxnummer und eine Kontaktperson für jeden dieser Kunden an.
8.6. Erläutern Sie die Nachfragestruktur in bezug auf:
 a) die einzelnen Marktphasen nach Anlauf, Wachstum, Reifung und Rückbildung und schätzen Sie die zukünftige Wachstumsrate der Nachfrage ein;
 b) die Bedeutung der Kundenpräferenzen in bezug auf Markentreue, Produktdifferenzierung und Angebot einer vollständigen Produktpalette;
 c) das Ausmaß an Konzentration bzw. Streuung der Kunden;
 d) die Unterteilung der Kunden in einzelne Segmente mit einer Beschreibung des »typischen Kunden« für jedes Segment;
 e) die Bedeutung von Alleinvertriebsverträgen und sonstigen Arten langfristiger Verträge;
 f) das Ausmaß, in dem Behörden, Regierungsstellen, staatliche Unternehmen oder ähnliche Einrichtungen Nachfrage entfalten.

Markteintritt

8.7. Ist in den letzten fünf Jahren ein wesentlicher Markteintritt in einen der betroffenen Märkte erfolgt? Wenn ja, geben Sie soweit möglich den Namen, die Anschrift, die Telefon-/Telefaxnummer und eine Kontaktperson dieser Marktzugänger an und schätzen Sie deren gegenwärtigen Marktanteil.
8.8. Gibt es nach Ihrer Ansicht Unternehmen (einschließlich der gegenwärtig nur in Märkten außerhalb der Gemeinschaft bzw. außerhalb des EWR tätigen), von denen ein Markteintritt zu erwarten ist? Wenn ja, erläutern Sie den Grund und nennen Sie Namen, An-

---

[26] Keine Tochtergesellschaften, Agenturen oder Unternehmen, die zu der Gruppe des betreffenden Beteiligten gehören. Die Anmelder können abgesehen von diesen fünf unabhängigen Lieferanten, wenn sie dies für eine ordnungsgemäße Beurteilung des Vorhabens für notwendig erachten, die gruppeninternen Lieferanten nennen. Dasselbe gilt in Abschnitt 8.5 in bezug auf die Abnehmer.

schrift, Telefon-/Telefaxnummer und eine Kontaktperson für jeden zu erwartenden Eintritt sowie den angenommenen Zeitpunkt, an dem mit einem Eintritt zu rechnen ist.

8.9. Beschreiben Sie die verschiedenen Faktoren, die gegenwärtig den Eintritt in die betroffenen Märkte aus räumlicher und produktmäßiger Sicht beeinflussen und gehen Sie dabei, soweit möglich, auf folgendes ein:
   a) die Gesamtkosten für den Markteintritt (FuE, Errichtung von Vertriebssystemen, Verkaufsförderung, Werbung, Kundendienst usw.) gemessen an einem konkurrenzfähigen Wettbewerber mit Angabe seines Marktanteils;
   b) rechtliche oder behördliche Eintrittsschranken wie z.B. Zulassungen, Genehmigungen oder Normen jeglicher Art;
   c) Beschränkungen aufgrund des Vorhandenseins von Patenten, Know-how und anderen Schutzrechten in diesen Märkten und Beschränkungen aufgrund von Lizenzen für derartige Rechte;
   d) in welchem Ausmaß die an dem Zusammenschluß Beteiligten Lizenznehmer oder -geber von Patenten, Know-how und sonstigen Schutzrechten in den relevanten Märkten sind;
   e) die Bedeutung der Größenvorteile für die Herstellung der Erzeugnisse in den betroffenen Märkten;
   f) Zugang zu den Lieferquellen wie z.B. Verfügbarkeit von Rohstoffen.

Forschung und Entwicklung

8.10. Erläutern Sie die Bedeutung von Forschung und Entwicklung für die Fähigkeit eines auf dem/den relevanten Markt/Märkten tätigen Unternehmens, auf Dauer im Wettbewerb bestehen zu können. Schildern Sie, welche Art der Forschung und Entwicklung die an dem Zusammenschluß Beteiligten in den betroffenen Märkten betreiben.
Gehen Sie dabei, soweit möglich, auf folgendes ein:
   a) die Trends und Intensitäten bei Forschung und Entwicklung[27] in diesen Märkten und der an dem Zusammenschluß Beteiligten;
   b) den Verlauf der technischen Entwicklung in diesen Märkten innerhalb eines aussagekräftigen Zeitraums (einschließlich Weiterentwicklungen bei Erzeugnissen und/oder Dienstleistungen, Herstellungsverfahren, Vertriebssystemen usw.);
   c) die wichtigsten Innovationen in den betroffenen Märkten und deren Urheber;
   d) den Innovationszyklus in diesen Märkten und wo sich die an dem Zusammenschluß Beteiligten in diesem Zyklus befinden.

Kooperationsvereinbarungen

8.11. In welchem Umfang gibt es in den betroffenen Märkten (horizontale oder vertikale) Kooperationsvereinbarungen?

8.12. Machen Sie Angaben zu den wichtigsten Kooperationsvereinbarungen, die von den Beteiligten in den betroffenen Märkten geschlossen wurden, z.B. Vereinbarungen über Forschung und Entwicklung, Lizenzen, die gemeinsame Herstellung, Spezialisierung, den Vertrieb, die langfristige Lieferung und den Informationsaustausch.

Verbände

8.13. Nennen Sie in den betroffenen Märkten:
   a) diejenigen Verbände, bei denen die an dem Zusammenschluß Beteiligten Mitglied sind;
   b) die wichtigsten Verbände, denen die Kunden und Lieferanten der an dem Zusammenschluß Beteiligten angehören.
Nennen Sie Namen, Anschrift, Telefon-/Telefaxnummer und eine Kontaktperson für jeden der betreffenden Verbände.

---

[27] Die Forschungs- und Entwicklungsintensität entspricht dem Anteil der FuE-Aufwendungen am Umsatz.

Abschnitt 9
Allgemeine Marktinformationen

Marktdaten bei konglomeraten Beziehungen

Wenn einer der Beteiligten einen Anteil von 25% oder mehr an einem Produktmarkt hält, in dem keine der vorstehend beschriebenen horizontalen oder vertikalen Beziehungen bestehen, unterbreiten Sie:

9.1. eine Beschreibung jedes einzelnen Produktmarkts, und erläutern Sie, welche Erzeugnisse und/oder Dienstleistungen aufgrund ihrer Eigenschaften, Preise und ihres vorgesehenen Verwendungszwecks in diese Märkte einbezogen und welche davon ausgenommen sind;

9.2. den geschätzten Wert des Marktes und die geschätzten Marktanteile jedes Konzerns, dem die Parteien angehören, für jeden unter Punkt 9.1 angegebenen Produktmarkt im letzten Geschäftsjahr:
   a) für das EWR-Gebiet insgesamt;
   b) für die Gemeinschaft insgesamt;
   c) für das Gebiet der EFTA-Staaten insgesamt;
   d) einzeln für jeden Mitgliedstaat und EFTA-Staat, in denen die Konzerne, denen die Beteiligten angehören, tätig sind;
   e) und, falls abweichend, für den relevanten geographischen Markt.

Überblick über die Märkte

9.3. Beschreiben Sie das Zusammenschlußvorhaben in seinem weltweiten Zusammenhang und geben Sie die Stellung jedes der Beteiligten außerhalb des EWR-Gebiets nach Größe und Wettbewerbsstärke an.

9.4. Beschreiben Sie die zu erwartenden Auswirkungen des Zusammenschlußvorhabens auf Zwischen und Endverbraucher sowie auf die Entwicklung des technischen und wirtschaftlichen Fortschritts.

Abschnitt 10
Kooperative Wirkungen eines Gemeinschaftsunternehmens

10. Beantworten Sie im Hinblick auf Artikel 2 Absatz 4 der Fusionskontrollverordnung folgende Fragen:
   a) Sind zwei oder mehr der Mütter auf demselben Markt wie das Gemeinschaftsunternehmen, auf einem diesem vor- oder nachgelagerten Markt, auf einem diesem benachbarten oder eng mit ihm verknüpften Markt in nennenswerter Weise präsent[28]?
   Falls ja, geben Sie für jeden dieser Märkte folgendes an:
   – den Umsatz jeder der Mütter im vergangenen Geschäftsjahr;
   – die wirtschaftliche Bedeutung der Tätigkeiten des Gemeinschaftsunternehmens in bezug auf diesen Umsatz;
   – den Marktanteil jeder der Mütter.
   Sofern die Frage zu verneinen ist, begründen Sie Ihre Antwort.
   b) Sofern Frage a) zu bejahen ist: Sind Sie der Auffassung, daß die Gründung des Gemeinschaftsunternehmens nicht zu einer Koordinierung des Wettbewerbsverhaltens unabhängig bleibender Unternehmen, die den Wettbewerb gemäß Artikel 85 Absatz 1 EG-Vertrag einschränkt, führt? Bitte begründen Sie Ihre Ansicht.
   c) Um der Kommission eine vollständige Prüfung der Anmeldung zu ermöglichen, erläutern Sie die Anwendbarkeit der Kriterien des Artikels 85 Absatz 3 unabhängig davon, wie Sie die Fragen a) und b) beantwortet haben. Aufgrund dieser Vorschrift kann Artikel 85 Absatz 1 EG-Vertrag für nicht anwendbar erklärt werden, falls das Vorhaben
      i) dazu beiträgt, die Warenerzeugung oder -verteilung zu verbessern oder den technischen oder wirtschaftlichen Fortschritt zu fördern,

---

28 Für die Marktdefinitionen siehe Abschnitt 6.

ii) die Verbraucher angemessen an dem entstehenden Gewinn beteiligt,
iii) den beteiligten Unternehmen keine Beschränkungen auferlegt, die für die Verwirklichung dieser Ziele nicht unerläßlich sind,
iv) keine Möglichkeiten eröffnet, für einen wesentlichen Teil der betreffenden Waren den Wettbewerb auszuschalten.

In diesem Zusammenhang wird auf das Formblatt A/B, insbesondere auf die Abschnitte 16 und 17, im Anhang zur Verordnung (EG) Nr. 3385/94 der Kommission[29] verwiesen.

Abschnitt 11
Allgemeine Fragen

Nebenabreden

11.1. Treffen die an dem Zusammenschluß Beteiligten und/oder andere Beteiligte (einschließlich des Veräußerers und des Minderheitsaktionärs) Nebenabreden, die mit der Durchführung des Zusammenschlusses unmittelbar verbunden und für diesen notwendig sind, können diese Einschränkungen gemeinsam mit dem Zusammenschlußvorhaben beurteilt werden (vgl. Artikel 6 Absatz 1 Buchstabe b) und Artikel 8 Absatz 2 der Fusionskontrollverordnung, 25. Erwägungsgrund der Verordnung (EWG) Nr. 4064/89, 7. Erwägungsgrund der Verordnung (EG) Nr. 1310/97 und Bekanntmachung der Kommission über Nebenabreden[30].

a) Vermerken Sie jede Nebenabrede zu den mit der Anmeldung vorgelegten Vereinbarungen, für die Sie eine Beurteilung gemeinsam mit dem Zusammenschlußvorhaben beantragen und

b) erläutern Sie, warum diese mit der Durchführung des Zusammenschlusses unmittelbar verbunden und dafür erforderlich sind.

Umdeutung der Anmeldung

11.2. Stellt die Kommission fest, daß es sich bei dem angemeldeten Vorhaben nicht um einen Zusammenschluß im Sinne von Artikel 3 der Fusionskontrollverordnung handelt, soll ihre Anmeldung in diesem Fall als Antrag auf Negativattest bzw. auf Freistellung gemäß Artikel 85 des EG-Vertrages behandelt werden?

Abschnitt 12
Erklärung

Gemäß Artikel 1 Absatz 2 der Durchführungsverordnung ist Anmeldungen, die von Vertretern der Unternehmen unterzeichnet worden sind, eine schriftliche Vollmacht über die Vertretungsbefugnis beizufügen.

Die Anmeldung muß mit der folgenden Erklärung schließen, die von allen oder im Namen aller anmeldenden Unternehmen zu unterzeichnen ist:

Die Unterzeichneten erklären nach bestem Wissen und Gewissen, daß die Angaben in dieser Anmeldung wahr, richtig, vollständig und zutreffend sind, daß vollständige Kopien der nach dem Formblatt CO vorzulegenden Unterlagen beigefügt wurden, daß alle Schätzungen als solche kenntlich gemacht und nach bestem Ermessen anhand der zugrundeliegenden Tatsachen abgegeben wurden und daß alle Auffassungen der aufrichtigen Überzeugung der Unterzeichneten entsprechen.

Den Unterzeichneten sind die Bestimmungen von Artikel 14 Absatz 1 Buchstabe b) der Fusionskontrollverordnung bekannt.

Ort und Datum:

Unterschriften:

Name(n):

Im Namen von:

---

[29] ABl. L 377 vom 31. 12. 1994, S. 28.
[30] ABl. L 180 vom 9. 7. 1997, S. 1.

Anhang 20

Leitfaden I
Berechnung des Umsatzes von Versicherungsunternehmen

(Artikel 5 Absatz 3 Buchstabe a))

Beispiel für die Berechnung des Umsatzes von Versicherungsunternehmen (Zusammenschlußvorhaben zwischen Versicherung A und Versicherung B):

I. *Konsolidierte Gewinn- und Verlustrechnung*

(in Millionen Ecu)

Einnahmen	Versicherung A	Versicherung B
Vereinnahmte Bruttoprämien	5000	300
– von in der Gemeinschaft ansässigen Personen	(4500)	(300)
– von in einem (und demselben) Mitgliedstaat X ansässigen Personen	(3600)	(270)
Sonstige Einkommen	500	50
Gesamteinnahmen	5500	350

II. *Berechnung des Umsatzes*

1. Weltweiter Gesamtumsatz
   Wird ersetzt durch die Summe der weltweit vereinnahmten Bruttoprämien; die Summe beträgt hier 5300 Millionen ECU.
2. Gemeinschaftsweiter Umsatz
   Wird für jedes Versicherungsunternehmen ersetzt durch die Summe der vereinnahmten Bruttoprämien, die von in der Gemeinschaft ansässigen Personen gezahlt wurden. Für beide Versicherungsunternehmen übersteigt dieser Betrag hier 250 Millionen ECU.
3. Umsatz in einem (und demselben) Mitgliedstaat X
   Wird bei Versicherungsunternehmen ersetzt durch die Summe der Bruttoprämien, die von in diesem Mitgliedstaat X ansässigen Personen gezahlt wurden. Versicherung A vereinnahmt 80 % ihrer in der Gemeinschaft erzielten Bruttoprämien von in Mitgliedstaat X ansässigen Personen, während Versicherung B 90 % ihrer in der Gemeinschaft erzielten Bruttoprämien von in diesem Mitgliedstaat ansässigen Personen vereinnahmt.

III. *Schlußfolgerung*

Da
a) der weltweite Gesamtumsatz der Versicherung A und B, ersetzt durch die Summe der weltweit vereinnahmten Bruttoprämien, 5 Milliarden ECU übersteigt,
b) jede der Versicherungen mehr als 250 Millionen ECU ihrer Bruttoprämien von in der Gemeinschaft ansässigen Personen vereinnahmt, aber
c) jede der Versicherungen mehr als zwei Drittel ihrer von in der Gemeinschaft ansässigen Personen vereinnahmten Bruttoprämien in einem (und demselben) Mitgliedstaat X erzielt,

würde das Zusammenschlußvorhaben nicht in den Anwendungsbereich der Verordnung fallen.

Leitfaden II
Berechnung des Umsatzes von Gemeinschaftsunternehmen

A. Gründung eines Gemeinschaftsunternehmens (Artikel 3, Absatz 2)

Wenn zwei (oder mehr) Unternehmen ein Gemeinschaftsunternehmen gründen und damit einen Zusammenschluß bewirken, wird der Umsatz der beteiligten Unternehmen zugrunde gelegt.

B. Bestehendes Gemeinschaftsunternehmen (Artikel 5, Absatz 5)

Beispiel für die Berechnung des Umsatzes für ein zwischen den an einem Zusammenschluß beteiligten Unternehmen A und B bestehendes Gemeinschaftsunternehmen C:

I. *Gewinn- und Verlustrechnung*

(in Millionen Ecu)

Umsatz	Unternehmen A	Unternehmen B
Weltweite Umsatzerlöse	10 000	2000
– in der Gemeinschaft	(8000)	(1500)
– im Mitgliedstaat Y	(4000)	(900)

(in Millionen Ecu)

Umsatz	Gemeinschaftsunternehmen C
Weltweite Umsatzerlöse	100
– mit Unternehmen A	(20)
– mit Unternehmen B	(10)
Umsatz mit dritten Unternehmen	70
– gemeinschaftsweit	(60)
– im Mitgliedstaat Y	(50)

II. *Darstellung des Gemeinschaftsunternehmens*

a) Das Unternehmen C wird gemeinsam kontrolliert (gemäß Artikel 3 Absätze 3 und 4) durch die am Zusammenschluß beteiligten Unternehmen A und B, und zwar unabhängig davon, ob noch ein drittes Unternehmen an C beteiligt ist.
b) Das Unternehmen C wird in den Gewinn- und Verlustrechnungen von A und B nicht konsolidiert.
c) Der Umsatz, den C aus Geschäften mit A und B erzielt, wird nicht berücksichtigt.
d) Der Umsatz, den C aus Geschäften mit dritten Unternehmen erzielt, wird zu gleichen Teilen den Unternehmen A und B zugerechnet, unabhängig von deren jeweiligem Anteil an C.

III. *Berechnung des Umsatzes*

a) Der weltweite Gesamtumsatz von Unternehmen A wird wie folgt berechnet: 10 000 Millionen ECU und 50% des weltweiten Umsatzes, den C mit dritten Unternehmen erzielt (d.h. 35 Millionen ECU); die Summe beträgt somit 10 035 Millionen ECU.
Der weltweite Gesamtumsatz von Unternehmen B wird wie folgt berechnet: 2000 Millionen ECU und 50% des weltweiten Umsatzes, den C mit dritten Unternehmen erzielt (d.h. 35 Millionen ECU); die Summe beträgt somit 2 035 Millionen ECU.
b) Der weltweite Gesamtumsatz der beteiligten Unternehmen beträgt somit 12 070 Millionen ECU.
c) Unternehmen A erzielt 4025 Millionen ECU im Mitgliedstaat Y (unter Berücksichtigung von 50% des von C in diesem Mitgliedstaat erzielten Umsatzes) und einen gemeinschafts

weiten Umsatz von 8030 Millionen ECU (einschließlich 50% des gemeinschaftsweiten Umsatzes von C);
Unternehmen B erzielt 925 Millionen ECU im Mitgliedstaat Y (unter Berücksichtigung von 50% des von C in diesem Mitgliedstaat erzielten Umsatzes) und einen gemeinschaftsweiten Umsatz von 1530 Millionen ECU (einschließlich 50% des gemeinschaftsweiten Umsatzes von C).

IV. Schlußfolgerung

Da
a) der weltweite Gesamtumsatz der Unternehmen A und B zusammen mehr als 5 Milliarden ECU beträgt,
b) jedes der am Zusammenschluß beteiligten Unternehmen A und B mehr als 250 Millionen ECU innerhalb der Gemeinschaft erzielt und
c) jedes der beteiligten Unternehmen weniger als zwei Drittel seines gemeinschaftsweiten Umsatzes in einem (und demselben) Mitgliedstaat Y erzielt (Unternehmen A 50,1% und Unternehmen B 60,5%),
würde das Zusammenschlußvorhaben in den Anwendungsbereich der Verordnung fallen.

Leitfaden III
Anwendung der Zwei-Drittel-Regel

(Artikel 1)

Beispiele für die Anwendung der »Zwei-Drittel-Regel« für Unternehmen (Zusammenschlußvorhaben zwischen Unternehmen A und B):

I. Konsolidierte Gewinn- und Verlustrechnung

Beispiel 1 *(in Millionen Ecu)*

Umsatz	Unternehmen A	Unternehmen B
Umsatzerlöse weltweit	10 000	500
– in der Gemeinschaft	(8000)	(400)
– im Mitgliedstaat X	(6000)	(200)

Beispiel 2 a) *(in Millionen Ecu)*

Umsatz	Unternehmen A	Unternehmen B
Umsatzerlöse weltweit	4 800	500
– in der Gemeinschaft	(2400)	(400)
– im Mitgliedstaat X	(2100)	(300)

Beispiel 2 b)
Gleiche Zahlen wie in Beispiel 2 a), aber Unternehmen B erzielt 300 Millionen ECU im Mitgliedstaat Y.

II. Anwendung der »Zwei-Drittel-Regel«

Beispiel 1
1. Gemeinschaftsweiter Umsatz
   Beträgt bei Unternehmen A 8000 Millionen ECU und bei Unternehmen B 400 Millionen ECU.
2. Umsatz in einem (und demselben) Mitgliedstaat X
   Beträgt bei Unternehmen A (6000 Millionen ECU) 75% seines gemeinschaftsweiten Umsatzes und bei Unternehmen B (200 Millionen ECU) 50% seines gemeinschaftsweiten Umsatzes.

3. Schlußfolgerung
Obwohl Unternehmen A mehr als zwei Drittel seines gemeinschaftsweiten Umsatzes im Mitgliedstaat X erzielt, würde das Zusammenschlußvorhaben in diesem Fall in den Anwendungsbereich der Verordnung fallen, weil Unternehmen B weniger als zwei Drittel seines gemeinschaftsweiten Umsatzes im Mitgliedstaat X erzielt.

Beispiel 2a)
1. Gemeinschaftsweiter Umsatz
   Beträgt bei Unternehmen A 2400 Millionen ECU und bei Unternehmen B 400 Millionen ECU.
2. Umsatz in einem (und demselben) Mitgliedstaat X
   Beträgt bei Unternehmen A 2100 Millionen ECU (d.h. 87,5% seines gemeinschaftsweiten Umsatzes) und bei Unternehmen B 300 Millionen ECU (d.h. 75% seines gemeinschaftsweiten Umsatzes).
3. Schlußfolgerung
   In diesem Fall erzielt jedes der beteiligten Unternehmen mehr als zwei Drittel seines gemeinschaftsweiten Umsatzes in einem (und demselben) Mitgliedstaat X; das Zusammenschlußvorhaben würde daher nicht in den Anwendungsbereich der Verordnung fallen.

Beispiel 2b)
Schlußfolgerung
In diesem Fall würde die Zwei-Drittel-Regel keine Anwendung finden, da die Unternehmen A und B jeweils mehr als zwei Drittel ihres gemeinschaftsweiten Umsatzes in verschiedenen Mitgliedstaaten X bzw. Y erzielen. Daher würde das Zusammenschlußvorhaben in den Anwendungsbereich der Verordnung fallen.

Bekanntmachung der Kommission

über ein vereinfachtes Verfahren für bestimmte Zusammenschlüsse gemäß der Verordnung (EWG) Nr. 4064/89 des Rates

(Text von Bedeutung für den EWR)

1. In dieser Bekanntmachung erläutert die Kommission das vereinfachte Verfahren, das sie künftig bei Zusammenschlüssen, die keinen Anlaß zu wettbewerbsrechtlichen Bedenken geben, anwenden will. Es beruht auf den bisher mit der Durchführung der Verordnung (EWG) Nr. 4064/89 des Rates vom 21. Dezember 1989 über die Kontrolle von Unternehmenszusammenschlüssen[1], geändert durch die Verordnung (EG) Nr. 1310/97[2] (›Fusionskontrollverordnung‹) gesammelten Erfahrungen, die zeigen, daß bestimmte Kategorien von Zusammenschlüssen in der Regel genehmigt werden, da sie keinen Anlaß zu nennenswerten Bedenken geben.
2. Mit diesem vereinfachten Verfahren will die Kommission eine gezieltere und effizientere Fusionskontrolle durch die Gemeinschaft erreichen.

I. Überblick über das vereinfachte Verfahren

3. Nachstehend werden die Voraussetzungen für die Anwendung des vereinfachten Verfahrens sowie das Verfahren selbst dargelegt. Den anmeldenden Unternehmen wird empfohlen, bereits im Vorfeld der Anmeldung mit der Kommission Kontakt aufzunehmen. Sind alle Voraussetzungen erfüllt, wird die Kommission den Zusammenschluß im Normalfall innerhalb eines Monats nach Anmeldung durch eine Kurzformentscheidung nach Artikel 6 Absatz 1 Buchstabe b) der Fusionskontrollverordnung genehmigen. Natürlich kann sie – sollte sie dies für notwendig halten – im Einzelfall auch eine Prüfung einleiten und/oder innerhalb der in Artikel 10 Absatz 1 der Fusionskontrollverordnung festgelegten Fristen eine ausführliche Entscheidung erlassen.

II. Für das vereinfachte Verfahren geeignete Zusammenschlüsse

Kategorien von Zusammenschlüssen

4. Angewandt wird das vereinfachte Verfahren bei folgenden Kategorien von Zusammenschlüssen:
    a) Zusammenschlüsse, bei denen zwei oder mehrere Unternehmen die gemeinsame Kontrolle über ein Gemeinschaftsunternehmen (GU) erwerben, das keine oder geringe gegenwärtige oder zukünftige Tätigkeiten im Gebiet des Europäischen Wirtschaftsraums (EWR) aufweist. Dies ist der Fall, wenn
       i) der EWR-Umsatz[3] des GU und/oder der Umsatz der beigesteuerten Tätigkeiten[4] weniger als 100 Mio EUR beträgt und

---

[1] ABl. L 395 vom 30. 12. 1989 S. 1; berichtigt im ABl. L 257 vom 21. 9. 1990, S. 13.
[2] ABl. L 180 vom 9. 7. 1997, S. 1; berichtigt im ABl. L 40 vom 13. 2. 1998, S. 17.
[3] Der Umsatz des Gemeinschaftsunternehmens ist anhand der jüngsten geprüften Abschlüsse der Muttergesellschaften oder, sofern getrennte Abschlüsse für die in dem Gemeinschaftsunternehmen zusammengelegten Unternehmensteile verfügbar sind, des Gemeinschaftsunternehmens zu bestimmen.
[4] Die Formulierung »und/oder« bezieht sich auf die Vielzahl der bei der Kurzanmeldung möglichen Sachverhalte; so ist
– beim gemeinsamen Erwerb eines Unternehmens der Umsatz des zu übernehmenden Unternehmens (des Gemeinschaftsunternehmens),
– bei der Gründung eines Gemeinschaftsunternehmens, in das die Muttergesellschaften ihre Tätigkeiten einbringen, der Umsatz dieser Tätigkeiten,
– beim Eintritt eines neuen Eigners mit Kontrollbeteiligung in ein bestehendes Gemeinschaftsunternehmen der Umsatz des Gemeinschaftsunternehmens und gegebenenfalls der Umsatz der von der neuen Muttergesellschaft beigesteuerten Tätigkeiten zugrunde zu legen.

ii) der Gesamtwert der in das GU eingebrachten Vermögenswerte[5] im EWR-Gebiet weniger als 100 Mio. EUR beträgt[6];
b) Zusammenschlüsse von zwei oder mehreren Unternehmen oder Fälle, in denen ein (oder mehrere) Unternehmen die alleinige bzw. gemeinsame Kontrolle über ein anderes Unternehmen erwirbt (erwerben), wobei die beteiligten Unternehmen weder auf ein und demselben sachlich und räumlich relevanten Markt noch auf einem sachlich relevanten Markt tätig sind, der dem eines der anderen beteiligten Unternehmen vor- oder nachgelagert ist[7];
c) Zusammenschlüsse von zwei oder mehreren Unternehmen oder Fälle, in denen ein (oder mehrere) Unternehmen die alleinige bzw. gemeinsame Kontrolle über ein anderes Unternehmen erwirbt (erwerben)
  i) und mindestens zwei der an dem Zusammenschluß beteiligten Unternehmen auf ein und demselben sachlich und räumlich relevanten Markt tätig sind (horizontale Beziehungen), oder
  ii) ein oder mehrere an dem Zusammenschluß beteiligte Unternehmen auf einem sachlich relevanten Markt tätig sind, der dem eines anderen beteiligten Unternehmens vor- oder nachgelagert ist (vertikale Beziehungen)[8],
sofern ihr gemeinsamer Marktanteil horizontal nicht 15 % oder mehr und vertikal nicht 25 % oder mehr beträgt[9].
5. Die Erfahrungen, die die Kommission bislang mit der Anwendung der Fusionskontrollverordnung gesammelt hat, haben gezeigt, daß Zusammenschlüsse der genannten Art den beteiligten Unternehmen in der Regel nicht zu einer Marktposition verhelfen, die als wettbewerbsrechtlich bedenklich anzusehen ist.

Schutzmechanismen und Ausnahmeregelungen

6. Bei der Beurteilung der Frage, ob ein Zusammenschluß unter eine der genannten Kategorien fällt, stellt die Kommission sicher, daß alle Eckdaten vorliegen. Da Marktdefinitionen in diesem Zusammenhang eine Schlüsselrolle spielen können, werden die beteiligten Unternehmen aufgefordert, im Vorfeld der Anmeldung (siehe Randnr. 10) Auskunft über mögliche alternative Marktdefinitionen zu erteilen. Es ist Aufgabe der anmeldenden Unternehmen, alle alternativen sachlich und räumlich relevanten Märkte, auf die sich der angemeldete Zusammenschluß auswirken könnte, darzulegen und die für die Definition dieser Märkte erforderlichen Daten und Informationen zu liefern[10]. Die Entscheidung über die endgültige Marktdefinition bleibt im Ermessen der Kommission, die ihre Entscheidung nach Analyse der Sachlage trifft.

---

5 Der Gesamtbetrag der Vermögenswerte des Gemeinschaftsunternehmens ist anhand der letzten ordnungsgemäß erstellten und geprüften Bilanz jeder Muttergesellschaft zu bestimmen. »Vermögenswerte« sind:
  (1) die Sachanlagen und immateriellen Aktiva, die in das Gemeinschaftsunternehmen eingebracht werden (zu den Sachanlagen zählen Produktionsstätten, Groß- und Einzelhandelsgeschäfte und Lagerbestände, zu immateriellen Aktiva geistiges Eigentum, Geschäftswert u. ä.) und
  (2) sämtliche Kredite oder Verbindlichkeiten des Gemeinschaftsunternehmens, die von einer Muttergesellschaft gewährt bzw. durch Bürgschaft abgesichert werden.
6 Falls die eingebrachten Vermögenswerte Umsatz erzielen, darf weder der Wert der Vermögenswerte noch der Umsatz 100 Millionen EUR übersteigen.
7 Siehe Bekanntmachung der Kommission über die Definition des relevanten Marktes im Sinne des Wettbewerbsrechts der Gemeinschaft (ABl. C 372 vom 9.12.1997, S. 5).
8 Siehe Fußnote 7.
9 Demnach fallen unter diese Kategorie nur Zusammenschlüsse, von denen kein Markt im Sinne von Abschnitt 6 III des Formblatts CO betroffen ist. Die für horizontale und vertikale Beziehungen genannten Schwellenwerte gelten für den nationalen wie den EWR-weiten Marktanteil und für jede alternative Produktmarktdefinition, die im Einzelfall u. U. zu berücksichtigen ist. Wichtig ist in diesem Zusammenhang, daß die in der Anmeldung zugrundegelegten Definitionen präzise genug sind, um eine Beurteilung der Einhaltung dieser Schwellen zu ermöglichen, und daß alle alternativen Marktdefinitionen aufgeführt sind (einschließlich räumlich relevante Märkte, die enger als national sind).
10 Ist die Kommission bei ihrer Prüfung von unrichtigen Angaben ausgegangen, die eines der beteiligten Unternehmen zu vertreten hat, kann sie ihre Kurzformentscheidung widerrufen (Artikel 6 Absatz 3 Buchstabe a) Fusionskontrollverordnung).

In Fällen, in denen sich die Definition der relevanten Märkte oder die Bestimmung der Marktanteile der beteiligten Unternehmen als schwierig erweist, wird die Kommission von einer Anwendung des vereinfachten Verfahrens absehen.
7. Auch wenn in der Regel davon auszugehen ist, daß Zusammenschlüsse der oben genannten Art keinen Anlaß zu ernsthaften Bedenken hinsichtlich ihrer Vereinbarkeit mit dem Gemeinsamen Markt geben, kann es doch Situationen geben, in denen sich eine eingehendere Prüfung und/oder eine ausführliche Entscheidung ausnahmsweise als notwendig erweist. In diesen Fällen kann die Kommission von der Anwendung des vereinfachten Verfahrens absehen.
8. Die folgenden Beispiele sollen als Anhaltspunkt dafür dienen, welche Fälle vom vereinfachten Verfahren ausgenommen werden können. So können bestimmte Zusammenschlüsse – z.B. durch die Bündelung technologischer, finanzieller oder sonstiger Ressourcen – die Marktmacht der beteiligten Unternehmen stärken, auch wenn diese nicht auf ein und demselben Markt tätig sind. Auch Zusammenschlüsse, die Merkmale eines Konglomerates aufweisen, dürften sich nicht für das vereinfachte Verfahren eignen, was vor allem dann der Fall ist, wenn eines oder mehrere der beteiligten Unternehmen auf einem sachlich relevanten Markt, auf dem keine horizontalen oder vertikalen Beziehungen zwischen den Parteien bestehen, allein über einen Marktanteil von 25% oder mehr verfügt bzw. verfügen. In anderen Fällen kann der Marktanteil der beteiligten Unternehmen u.U. nicht genau bestimmt werden. Dies ist häufig dann der Fall, wenn die beteiligten Unternehmen auf neuen oder kaum entwickelten Märkten tätig sind. Zusammenschlüsse auf Märkten mit hohen Eintrittsschranken, einem hohen Maß an Konzentration oder anderen bekannten Wettbewerbsproblemen dürften ebenfalls ungeeignet sein. Auch bei einer Koordinierung im Sinne von Artikel 2 Absatz 4 der Fusionskontrollverordnung kann die Kommission von der Anwendung des vereinfachten Verfahrens absehen.
9. Wenn ein Mitgliedstaat binnen drei Wochen nach Erhalt der Abschrift der Anmeldung oder ein Dritter innerhalb der für ihn gesetzten Frist begründete Bedenken hinsichtlich des angemeldeten Zusammenschlusses anmeldet, wird die Kommission eine ausführliche Entscheidung erlassen. Dabei gelten die in Artikel 10 Absatz 1 der Fusionskontrollverordnung festgelegten Fristen. Nicht zur Anwendung gelangt das vereinfachte Verfahren, wenn ein Mitgliedstaat die Verweisung des angemeldeten Zusammenschlusses an seine zuständige Behörde verlangt (Artikel 9 der Fusionskontrollverordnung).

III. Verfahrensvorschriften

Kontakte im Vorfeld der Anmeldung

10. Erfahrungsgemäß halten es die Unternehmen für äußerst hilfreich, schon vor der eigentlichen Anmeldung mit der Kommission Verbindung aufzunehmen[11]. Solche Kontakte geben der Kommission und den anmeldenden Unternehmen insbesondere Gelegenheit festzustellen, welche Angaben die Anmeldung genau enthalten sollte. Den anmeldenden Unternehmen wird daher dringend zu solchen Kontakten geraten, insbesondere dann, wenn sie bei der Kommission gemäß Artikel 3 Absatz 2 der Verordnung (EG) Nr. 447/98 der Kommission[12] eine Befreiung von der vollständigen Anmeldepflicht mit der Begründung beantragt haben, der geplante Zusammenschluß gebe keinen Anlaß zu wettbewerbsrechtlichen Bedenken.

Öffentliche Bekanntmachung der Anmeldung

11. Die nach Eingang der Anmeldung eines Zusammenschlusses erfolgende Bekanntmachung im Amtsblatt der Europäischen Gemeinschaften[13] wird die Namen der an dem Zusammenschluß Beteiligten, die Art des Zusammenschlusses und die betroffenen Wirtschaftszweige

---

[11] Siehe ECLF-Leitlinien, abrufbar unter http://europa.eu.int/comm/competition/merger/others/best-practise-gl.htm.
[12] ABl. L 61 vom 2.3.1998, S. 1–28.
[13] Artikel 4, Paragraph 3 der Fusionskontollenverordnung.

anführen sowie einen Hinweis darauf enthalten, daß der Zusammenschluß aufgrund der vom Anmelder vorgelegten Informationen für ein vereinfachtes Verfahren in Frage kommt. Im Anschluß daran haben Dritte Gelegenheit, sich insbesondere zu Umständen, die eine Untersuchung erforderlich machen könnten, zu äußern.

Kurzformentscheidung

12. Hat sich die Kommission davon überzeugt, daß der Zusammenschluß die Voraussetzungen für das vereinfachte Verfahren erfüllt, wird sie normalerweise eine Kurzformentscheidung erlassen. Damit wird der Zusammenschluß innerhalb eines Monats nach dem Datum der Anmeldung gemäß Artikel 10 Absätze 1 und 6 der Fusionskontrollverordnung als mit dem Gemeinsamen Markt vereinbar erklärt. Innerhalb dieses Monats hat die Kommission jedoch die Möglichkeit, zum herkömmlichen Fusionskontrollverfahren zurückzukehren und die üblichen Ermittlungen anzustellen und/oder eine ausführliche Entscheidung zu erlassen, sollte sie dies im jeweiligen Fall für angemessen halten.

Veröffentlichung der Kurzformentscheidung

13. Wie für jede ausführliche Entscheidung zur Genehmigung eines Zusammenschlusses wird die Kommission auch für Kurzformentscheidungen im *Amtsblatt der Europäischen Gemeinschaften* einen Hinweis auf die Entscheidung veröffentlichen. Die für die Öffentlichkeit bestimmte Fassung wird für begrenzte Zeit über das Internet zugänglich sein. Die Kurzformentscheidung wird die bei der Anmeldung im *Amtsblatt der Europäischen Gemeinschaften* veröffentlichten Angaben (beteiligte Unternehmen, Art des Zusammenschlusses und betroffene Wirtschaftszweige) sowie einen Hinweis darauf enthalten, daß der Zusammenschluß für mit dem Gemeinsamen Markt vereinbar erklärt wurde, weil er unter eine oder mehrere der in dieser Bekanntmachung genannten Kategorien fällt, die dabei ausdrücklich genannt werden.

IV. Einschränkungen, die mit der Durchführung des Zusammenschlusses unmittelbar verbunden und für diese notwendig sind (Nebenabreden)

14. Sofern von der Kommission nicht anders beschlossen, gilt das vereinfachte Verfahren für die Genehmigung von Zusammenschlüssen auch für Nebenabreden. Wird ein Zusammenschluß durch Kurzformentscheidung genehmigt, umfaßt diese Genehmigung nach Artikel 6 Absatz 1 Buchstabe b) Unterabsatz 2 der Fusionskontrollverordnung auch die von den anmeldenden Unternehmen angegebenen Nebenabreden. In diesem Zusammenhang sei darauf hingewiesen, daß es sich bei der »unmittelbaren Verbindung zu dem Zusammenschluß« und der »Notwendigkeit« um objektive Kriterien handelt[14], d.h. derartige Beschränkungen keine Nebenabreden darstellen, nur weil die beteiligten Unternehmen sie dafür halten.

---

14 Siehe Bekanntmachung der Kommission über Nebenabreden zu Zusammenschlüssen (ABl. C 203 vom 14. 8. 1990, S. 5). Darin sind die Kategorien von Einschränkungen erläutert, die nach den bisherigen Erfahrungen der Kommission als unmittelbar mit der Durchführung des Zusammenschlusses verbunden und für diese notwendig erachtet werden können.

Anhang 22

Mitteilung der Kommission über den Begriff des Vollfunktionsgemeinschaftsunternehmens

nach der Verordnung (EWG) Nr. 4064/89 des Rates über die Kontrolle von Unternehmenszusammenschlüssen

ABl. 1998 C 66

(Text von Bedeutung für den EWR)

I. Einleitung
II. Gemeinschaftsunternehmen im Sinne von Artikel 3 der Fusionskontrollverordnung
   1. Gemeinsame Kontrolle
   2. Änderungen der Struktur der Unternehmen
III. Schlußbemerkung

I. Einleitung

1. Diese Mitteilung enthält Leitlinien der Kommission zur Auslegung von Artikel 3 der Verordnung (EWG) Nr. 4064/89 des Rates[1], zuletzt geändert durch die Verordnung (EG) Nr. 1310/97[2] (»Fusionskontrollverordnung«) in bezug auf Gemeinschaftsunternehmen[3].
2. Diese Mitteilung ersetzt die Bekanntmachung der Kommission über die Unterscheidung zwischen konzentrativen und kooperativen Gemeinschaftsunternehmen. Die daran vorgenommenen Änderungen ergeben sich aus der geänderten Fusionskontrollverordnung und sind ein Ergebnis der Erfahrungen, die die Kommission bei der Anwendung der Fusionskontrollverordnung seit ihrem Inkrafttreten am 21. September 1990 gesammelt hat. Die dargelegten Grundsätze werden von der Kommission bei der praktischen Anwendung auf Einzelfälle befolgt und weiterentwickelt werden.
3. Nach den gemeinschaftlichen Wettbewerbsregeln sind Gemeinschaftsunternehmen Unternehmen, die von zwei oder mehreren anderen Unternehmen gemeinsam kontrolliert werden[4]. Gemeinschaftsunternehmen umfassen ein breites Spektrum an C 66/2 DE Amtsblatt der Europäischen Gemeinschaften 2. 3. 98 Handlungen von zusammenschlußähnlichen Vorhaben bis zur Zusammenarbeit für bestimmte Aufgaben wie z. B. Forschung und Entwicklung, Produktion oder Vertrieb.
4. Gemeinschaftsunternehmen fallen in den Anwendungsbereich der Fusionskontrollverordnung, wenn sie die in Artikel 3 der genannten Verordnung dargelegten Voraussetzungen für einen Zusammenschluß erfüllen.
5. Nach Erwägungsgrund 23 der Verordnung (EWG) Nr. 4064/89 ist der Begriff des Zusammenschlusses so zu definieren, daß er nur Handlungen erfaßt, die zu einer dauerhaften Veränderung der Struktur der beteiligten Unternehmen führen.
6. Die durch Zusammenschlüsse bewirkten strukturellen Veränderungen sind häufig das Ergebnis eines dynamischen Umstrukturierungsprozesses in den jeweiligen Märkten. Sofern sie nicht durch die Begründung oder Stärkung einer beherrschenden Stellung zu einer ernsthaften Schädigung der Wettbewerbsstruktur führen, sind sie nach der Fusionskontrollverordnung zulässig.
7. In der Fusionskontrollverordnung wird der Begriff des Vollfunktionsgemeinschaftsunternehmens nach Artikel 3 Absatz 2 wie folgt definiert:

---
1 ABl. L 395 vom 30. 12. 1989, S. 1, in der in ABl. L 257 vom 21. 9. 1990, S. 13, enthaltenen berichtigten Fassung.
2 ABl. L 180 vom 9. 7. 1997, S. 1.
3 Die Kommission beabsichtigt so bald als möglich Leitlinien für die Anwendung des Artikels 2 Absatz 4 der Fusionskontrollverordnung herauszugeben. Bis zur Annahme solcher Leitlinien werden interessierte Parteien auf die Prinzipien verwiesen, die in den Nummern 17–20 der Mitteilung der Kommission über die Unterscheidung zwischen konzentrativen und kooperativen Gemeinschaftsunternehmen nach der Verordnung (EWG) Nr. 4064/89 des Rates vom 30. Dezember 1989 über die Kontrolle von Unternehmenszusammenschlüssen, ABl. C 385 vom 31. 12. 1994, S. 1, enthalten sind.
4 Der Begriff der gemeinsamen Kontrolle wurde in der Mitteilung der Kommission über den Begriff des Zusammenschlusses dargelegt.

»Die Gründung eines Gemeinschaftsunternehmens, das auf Dauer alle Funktionen einer selbständigen wirtschaftlichen Einheit erfüllt, stellt einen Zusammenschluß im Sinne von Absatz 1 Buchstabe b) dar.«

II. Gemeinschaftsunternehmen im Sinne von Artikel 3 der Fusionskontrollverordnung

8. Ein Zusammenschluß im Sinne von Artikel 3 der Fusionskontrollverordnung muß die folgenden Voraussetzungen erfüllen:

1. Gemeinsame Kontrolle

9. Ein Gemeinschaftsunternehmen kann von der Fusionskontrollverordnung erfaßt werden, wenn von zwei oder mehr Unternehmen, d.h. den Muttergesellschaften, gemeinsame Kontrolle erworben wird (Artikel 3 Absatz 1 Buchstabe b)). Der Begriff der Kontrolle wird in Artikel 3 Absatz 3 dargelegt. Demnach wird Kontrolle mit der Möglichkeit begründet, einen bestimmenden Einfluß auf ein Unternehmen auszuüben, wobei sowohl rechtliche als auch tatsächliche Erwägungen maßgeblich sind.
10. Die Grundsätze für die Bestimmung der gemeinsamen Kontrolle sind in der Mitteilung der Kommission über den Begriff des Zusammenschlusses dargelegt[5].

2. Änderungen der Struktur der Unternehmen

11. Nach Artikel 3 Absatz 2 muß das Gemeinschaftsunternehmen auf Dauer alle Funktionen einer selbständigen Wirtschaftseinheit erfüllen. Gemeinschaftsunternehmen, die diese Anforderungen erfüllen, bewirken eine dauerhafte Veränderung in der Struktur der beteiligten Unternehmen. Sie werden als »Vollfunktionsgemeinschaftsunternehmen« bezeichnet.
12. Dies bedeutet, daß das Gemeinschaftsunternehmen auf einem Markt die Funktionen ausüben muß, die auch von den anderen Unternehmen in diesem Markt wahrgenommen werden. Deshalb muß das Gemeinschaftsunternehmen über ein sich dem Tagesgeschäft widmendes Management und ausreichende Ressourcen wie finanzielle Mittel, Personal, materielle und immaterielle Vermögenswerte verfügen, um im Rahmen der dem Gemeinschaftsunternehmen zugrunde liegenden Vereinbarung langfristig seine Tätigkeiten ausüben zu können[6].
13. Übernimmt ein Gemeinschaftsunternehmen nur eine bestimmte Funktion innerhalb der Geschäftstätigkeiten der Muttergesellschaften und hat dabei keinen Zugang zum Markt, so handelt es sich nicht um ein Vollfunktionsgemeinschaftsunternehmen. Dies ist z.B. bei Gemeinschaftsunternehmen der Fall, die auf Forschung und Entwicklung oder die Produktion beschränkt sind. Derartige Gemeinschaftsunternehmen nehmen Hilfsfunktionen in den Geschäftstätigkeiten ihrer Muttergesellschaften wahr. Dies ist auch der Fall, wenn ein Gemeinschaftsunternehmen im wesentlichen auf den Vertrieb bzw. den Verkauf der Erzeugnisse der Muttergesellschaften beschränkt und damit überwiegend als Verkaufsagentur tätig ist. Ein Gemeinschaftsunternehmen, das sich der Vertriebs- und Verteilungseinrichtungen einer oder mehrerer seiner Muttergesellschaften bedient, verliert jedoch nicht seinen Charakter als Vollfunktionsgemeinschaftsunternehmen, solange die Muttergesellschaften nur als Verkaufsvertreter des Gemeinschaftsunternehmens tätig sind[7].
14. Eine starke Präsenz der Muttergesellschaft in vorgelagerten oder nachgeordneten Märkten, die zu umfangreichen Käufen bzw. Verkäufen zwischen den Muttergesellschaften und dem

---

5 Nummern 18 bis 39.
6 Sache IV/M.527, Thomson CSF/Deutsche Aerospace vom 11. Januar 1994 (Nr. 10) – Geistige Eigentumsrechte, Sache IV/M. 560, EDS/Lufthansa vom 11. Mai 1995 (Nr. 11) – Ausgliederung, Sache IV/M.585, Voest Alpine Industrieanlagenbau GmbH/Davy International Ltd vom 7. September 1995 (Nr. 8) – Rechte des GU zusätzliche Sachkenntnis und Personal anzufordern, Sache IV/M.686, Nokia/Autoliv vom 5. Februar 1996 (Nr. 5) – Möglichkeit des GU, Dienstleistungsvereinbarungen mit der Muttergesellschaft aufzulösen und deren Betriebsstätte zu verlassen; Sache IV/M.791 British Gas Trading Ltd/Group 4 Utility Services Ltd vom 7. Oktober 1996 (Nr. 9) – die zukünftigen Vermögensteile werden vom GU einem Leasingunternehmen übertragen und vom GU geleast.
7 Sache IV/M. 102, TNT/Canada Post etc. vom 2. Dezember 1991 (Nr. 14).

Gemeinschaftsunternehmen führt, ist bei der Untersuchung der Frage, ob es sich um ein Vollfunktionsgemeinschaftsunternehmen handelt, zu berücksichtigen. Hängt das Gemeinschaftsunternehmen nur in der Anlaufphase fast vollständig von den Verkäufen an die bzw. den Käufen von den Muttergesellschaften ab, wird dies in der Regel seinen Charakter als Vollfunktionsgemeinschaftsunternehmen nicht beeinträchtigen. Die Anlaufphase kann erforderlich sein, damit das Gemeinschaftsunternehmen auf dem Markt Fuß fassen kann. Sie dürfte je nach den auf dem betreffenden Markt vorherrschenden Bedingungen einen Zeitraum von drei Jahren nicht überschreiten[8].

Sollen die Verkäufe des Gemeinschaftsunternehmens Grundlage erfolgen, so ist die entscheidende Frage, ob das Gemeinschaftsunternehmen trotz dieser Verkäufe dazu bestimmt ist, eine aktive Rolle im Markt zu spielen. Ein wichtiger Faktor ist hierbei der Anteil dieser Verkäufe an der Gesamtproduktion des Gemeinschaftsunternehmens. Von Bedeutung ist auch, ob die Verkäufe an die Gründer zu den üblichen Geschäftsbedingungen erfolgen[9].

Hinsichtlich der von dem Gemeinschaftsunternehmen bei den Muttergesellschaften getätigten Käufe wird es sich umso weniger um ein Vollfunktionsgemeinschaftsunternehmen handeln, je geringer die Wertschöpfung der von ihm hergestellten Erzeugnisse oder erbrachten Dienstleistungen ist. Bei einer nur geringen Wertschöpfung wird das Gemeinschaftsunternehmen eher als eine gemeinsame Verkaufsagentur anzusehen sein. Ist das Gemeinschaftsunternehmen demgegenüber in einem Handelsmarkt tätig und nimmt die üblichen Funktionen eines Handelsunternehmens in diesem Markt wahr, dürfte es sich in der Regel nicht um eine Verkaufsagentur, sondern vielmehr um ein Vollfunktionsgemeinschaftsunternehmen handeln. Ein Handelsmarkt ist dadurch gekennzeichnet, daß neben möglicherweise bestehenden vertikal integrierten Unternehmen auch Unternehmen vorhanden sind, die sich auf den Verkauf und den Vertrieb von Produkten beschränken und nicht vertikal integriert sind, und daß unterschiedliche Lieferquellen für die betreffenden Erzeugnisse zur Verfügung stehen. Außerdem erfordern viele Handelsmärkte besondere Investitionen für z. B. Verkaufsräume, Lagerbestände, Großhandelslager, Depots, Fuhrpark und Verkaufspersonal. Ein Vollfunktionsgemeinschaftsunternehmen in einem Handelsmarkt muß über die nötigen Einrichtungen verfügen und einen wesentlichen Teil seiner Lieferungen nicht nur bei den Muttergesellschaften, sondern auch bei anderen Wettbewerbern beziehen können[10].

15. Der Bestand des Gemeinschaftsunternehmens muß auf Dauer angelegt sein. Die Tatsache, daß die Muttergesellschaften die vorgenannten Ressourcen dem Gemeinschaftsunternehmen übertragen, kann in der Regel als Nachweis dafür gelten. Häufig enthalten die Vereinbarungen zur Gründung von Gemeinschaftsunternehmen Bestimmungen für Unvorhergesehenes, z.B. den Konkurs des Gemeinschaftsunternehmens oder grundlegende Meinungsverschiedenheiten zwischen den Muttergesellschaften[11]. Dies kann erreicht werden durch die Einbeziehung von Bestimmungen für die mögliche Auflösung des Gemeinschaftsunternehmens oder den möglichen Rückzug der Muttergesellschaften aus dem Gemeinschaftsunternehmen. Derartige Bestimmungen berechtigen jedoch nicht zu der Annahme, das Gemeinschaftsunternehmen sei nicht auf Dauer angelegt. Dasselbe gilt, wenn in der Vereinbarung eine Frist für die Dauer des Gemeinschaftsunternehmens festgelegt ist, sofern diese Frist ausreichend lang ist, um eine dauerhafte Veränderung in der Struktur der betroffenen Un-

---

8 Sache IV/M.560, EDS/Lufthansa vom 11. Mai 1995 (Nr. 11), Sache IV/M.686 Nokia/Autoliv vom 5. Februar 1996 (Nr. 6); im Gegensatz zur Sache IV/M.904 RSB/Tenex/Fuel Logistics vom 2. April 1997 und (Nrn. 15–17); Sache IV/M.979 Preussag/Voest-Alpine vom 1. Oktober 1997 (Nrn. 9–12). Ein besonderer Fall liegt vor, wenn Verkäufe des Gemeinschaftsunternehmens an seine Muttergesellschaft auf ein nachgelagertes, rechtlich begründetes Monopol des Gemeinschaftsunternehmens zurückzuführen sind (Sache IV/M.468, Siemens/Italtel vom 17. Februar 1995 (Nr. 12)) oder wenn die Verkäufe an eine Muttergesellschaft Nebenprodukte betreffen, die für das Gemeinschaftsunternehmen nicht sehr wichtig sind (Sache IV/M.550, Union Carbide/Enichem vom 13. März 1995 (Nr. 14)).
9 Sache IV/M.556, Zeneca/Vanderhave vom 9. April 1996 (Nr. 8); Sache IV/M.751, Bayer/Hüls vom 3. Juli 1996 (Nr. 10).
10 Sache IV/M.788, AgrEVO/Marubeni vom 3. September 1996 (Nrn. 9 und 10).
11 Sache IV/M.891, Deutsche Bank/Commerzbank/J.M. Voith vom 23. April 1997 (Nr. 7).

ternehmen herbeizuführen[12], oder wenn die Vereinbarung vorsieht, daß auch nach diesem Zeitraum das Gemeinschaftsunternehmen fortbestehen kann. Gemeinschaftsunternehmen, die lediglich für einen kurzen, begrenzten Zeitraum gegründet werden, sind hingegen nicht als auf Dauer angelegt anzusehen. Dies ist z.B. der Fall, wenn ein Gemeinschaftsunternehmen für ein bestimmtes Vorhaben wie etwa den Bau eines Kraftwerks gegründet, nach Abschluß des Baus jedoch nicht mehr am Betrieb dieses Kraftwerks beteiligt sein wird.

III. Schlussbemerkungen

16. Die Gründung eines Vollfunktionsgemeinschaftsunternehmens stellt einen Zusammenschluß im Sinne von Artikel 3 der Fusionskontrollverordnung dar. Von den Muttergesellschaften des Gemeinschaftsunternehmens akzeptierte Beschränkungen, die unmittelbar mit dem Vollzug des Zusammenschlusses zusammenhängen und für diesen notwendig sind (»Nebenabreden«), werden zusammen mit dem Zusammenschluß gewürdigt[13].

    Darüber hinaus kann die Gründung eines Vollfunktionsgemeinschaftsunternehmens unmittelbar zu einer Koordinierung des Wettbewerbsverhaltens der unabhängig bleibenden Unternehmen führen. Für diesen Fall sieht Artikel 2 Absatz 4 der Fusionskontrollverordnung vor, daß eine solche Koordinierung im Rahmen desselben Verfahrens wie der Zusammenschluß zu beurteilen ist. Diese Beurteilung wird nach den in Artikel 85 Absatz 1 und Absatz 3 EG-Vertrag vorgesehenen Kriterien im Hinblick darauf erfolgen, ob der Zusammenschluß mit dem Gemeinsamen Markt vereinbar ist oder nicht.

    Die Anwendbarkeit von Artikel 85 EG-Vertrag auf andere Wettbewerbsbeschränkungen, die weder eine Nebenabrede zum Zusammenschluß noch eine direkte Folge der Gründung des Gemeinschaftsunternehmens darstellen, wird in der Regel im Rahmen der Verordnung Nr. 17 geprüft.

17. Durch die von der Kommission vorgenommene Auslegung von Artikel 3 in bezug auf Gemeinschaftsunternehmen wird der Auslegung durch den Gerichtshof oder das Gericht erster Instanz der Europäischen Gemeinschaften nicht vorgegriffen.

---

[12] Sache IV/M.791, British Gas Trading Ltd/Group 4 Utility Services Ltd vom 7. Oktober 1996 (Nr. 10); im Gegensatz zur Sache IV/M.722, Teneo/Merill Lynch/Bankers Trust vom 15. April 1996 (Nr. 15).
[13] Siehe Mitteilung der Kommission über Nebenabreden zu Zusammenschlüssen (ABl. C 203 vom 14.8.1990, S.5).

Mitteilung der Kommission

über im Rahmen der Verordnung (EWG) Nr. 4064/89 des Rates und der Verordnung (EG) Nr. 447/98 der Kommission zulässige Abhilfemaßnahmen

(2001/C 68/03)

ABl. 2001 C 68/3

(Text von Bedeutung für den EWR)

I. Einleitung

1. Die Verordnung (EWG) Nr. 4064/89 des Rates vom 21. Dezember 1989 über die Kontrolle von Unternehmenszusammenschlüssen[1], zuletzt geändert durch die Verordnung (EG) Nr. 1310/97[2] (nachstehend »Fusionskontrollverordnung«) sieht ausdrücklich vor, dass die Kommission einen Zusammenschluss nach Änderung durch die Parteien für mit dem Gemeinsamen Markt vereinbar erklären kann[3]. Im Erwägungsgrund 8 der Verordnung (EG) Nr. 1310/97 heißt es: »Die Kommission kann einen Zusammenschluss in der zweiten Verfahrensphase[4] für vereinbar mit dem Gemeinsamen Markt erklären, wenn die Parteien Verpflichtungen eingehen, die dem Wettbewerbsproblem gerecht werden und dieses völlig aus dem Weg räumen«. Außerdem sieht der Erwägungsgrund 8 vor: »Es ist ebenso angemessen, entsprechende Verpflichtungen in der ersten Verfahrensphase[5] zu akzeptieren, wenn das Wettbewerbsproblem klar umrissen ist und leicht gelöst werden kann.« »Transparenz und wirksame Konsultation der Mitgliedstaaten und betroffener Dritter sind in beiden Phasen des Verfahrens sicherzustellen«.

2. Diese Mitteilung soll im Hinblick auf die Änderung von Zusammenschlüssen und insbesondere über diesbezügliche Verpflichtungszusagen eine Orientierung geben. Derartige Änderungen werden gewöhnlich als Abhilfemaßnahmen bezeichnet, da sie darauf abzielen, die Marktmacht der an der Fusion beteiligten Unternehmen zu reduzieren und die Bedingungen für einen wirksamen Wettbewerb wiederherzustellen, der infolge des zur Begründung oder Verstärkung einer beherrschenden Stellung führenden Zusammenschlusses verfälscht würde. Die Mitteilung ist das Resultat der ständig wachsenden Erfahrung der Kommission bei der Würdigung, Genehmigung und Durchführung von Abhilfemaßnahmen seit dem Inkrafttreten der Fusionskontrollverordnung am 21. September 1990. Die hierin beschriebenen Grundsätze werden von der Kommission in Einzelfällen angewandt, weiterentwickelt und nuanciert werden. Diese Mitteilung greift der Auslegung durch den Gerichtshof und das Gericht erster Instanz der Europäischen Gemeinschaften nicht vor.

3. Außerdem informiert die Mitteilung über die allgemeinen Grundsätze, die für Abhilfemaßnahmen gelten, sollen diese für die Kommission annehmbar sein, die Hauptarten von Verpflichtungszusagen, die die Kommission in Fusionskontrollfällen bisher akzeptiert hat, die besonderen Anforderungen an Vorschläge für Verpflichtungszusagen in beiden Verfahrensphasen und die wichtigsten Anforderungen zur Erfüllung der eingegangenen Verpflichtungen.

II. Allgemeine Grundsätze

4. Die Kommission würdigt im Rahmen der Fusionskontrollverordnung die Vereinbarkeit eines angemeldeten Zusammenschlusses mit dem Gemeinsamen Markt anhand seiner Auswirkungen auf die Wettbewerbsstruktur in der Gemeinschaft[6]. Bei der Prüfung der Vereinbarkeit ge-

---
[1] ABl. L 395 vom 30. 12. 1989, S. 1, berichtigte Fassung: ABl. L 257 vom 21. 9. 1990, S. 13.
[2] ABl. L 180 vom 9. 7. 1997, S. 1.
[3] Wird auf die »Parteien« oder die »am Zusammenschluss beteiligten Unternehmen« Bezug genommen, so sind auch Fälle gemeint, in denen nur ein Anmelder vorhanden ist.
[4] Nachstehend als Phase II bezeichnet.
[5] Nachstehend als Phase I bezeichnet.
[6] Erwägungsgrund 7 der Fusionskontrollverordnung.

mäß Artikel 2 Absätze 2 und 3 der Fusionskontrollverordnung ist entscheidend, ob ein Zusammenschluss eine beherrschende Stellung begründet oder verstärkt, durch die wirksamer Wettbewerb im Gemeinsamen Markt oder in einem wesentlichen Teil desselben erheblich behindert würde[7]. Ein Zusammenschluss, der eine solche beherrschende Stellung begründet oder verstärkt, ist mit dem Gemeinsamen Markt unvereinbar und muss von der Kommission untersagt werden.

5. Wirft ein Zusammenschluss Wettbewerbsbedenken auf, weil er zur Begründung oder Verstärkung einer beherrschenden Stellung führen könnte, so können die Parteien versuchen, den Zusammenschluss zu ändern, um die von der Kommission festgestellten Wettbewerbsbedenken auszuräumen und auf diese Weise die Genehmigung ihres Vorhabens zu erwirken. Derartige Änderungen können vor Erlass einer Genehmigungsentscheidung vorgeschlagen und durchgeführt werden. In der Regel aber verpflichten sich die Parteien, die Vereinbarkeit des Zusammenschlusses mit dem Gemeinsamen Markt innerhalb einer bestimmten Frist nach der Genehmigung des Zusammenschlusses herzustellen.

6. Den Beweis, dass ein Zusammenschluss durch die Begründung oder Verstärkung bestimmter Marktstrukturen wirksamen Wettbewerb im Gemeinsamen Markt erheblich behindern könnte, muss die Kommission erbringen. Den Beweis, dass durch die vorgeschlagenen Abhilfemaßnahmen eine beherrschende Stellung, wie sie von der Kommission festgestellt wurde, weder begründet noch verstärkt wird, müssen jedoch die Parteien erbringen. Dazu müssen die Parteien die Kommission, die ihren Verpflichtungen aus der Fusionskontrollverordnung nachkommen muss, davon überzeugen, dass durch die Abhilfemaßnahme die Bedingungen für einen wirksamen Wettbewerb im Gemeinsamen Markt auf Dauer wiederhergestellt werden.

7. Bei der Prüfung, ob durch die vorgeschlagene Abhilfemaßnahme wirksamer Wettbewerb wiederhergestellt wird, trägt die Kommission einerseits u.a. der Art, dem Umfang und der Tragweite der vorgeschlagenen Abhilfemaßnahme Rechnung anderseits der Wahrscheinlichkeit ihrer erfolgreichen, vollständigen und rechtzeitigen Durchführung durch die Parteien. Diese Elemente müssen außerdem hinsichtlich der Struktur und besonderen Merkmale des Marktes, auf dem Anlass zu Wettbewerbsbedenken besteht, ebenso wie hinsichtlich der Stellung der Parteien und anderer Marktteilnehmer beurteilt werden. Folglich obliegt es den Parteien gleich von Anfang an allen Zweifeln vorzubeugen, die in Bezug auf irgendeines dieser Elemente aufkommen und die Kommission veranlassen könnten, die vorgeschlagene Abhilfemaßnahme abzulehnen.

8. Natürlich wird die Kommission der Tatsache Rechnung tragen, dass Abhilfemaßnahmen, solange sie noch nicht erfüllte Verpflichtungszusagen sind, in Bezug auf das etwaige Ergebnis keine völlige Gewissheit versprechen können. Diese allgemeine Tatsache muss aber auch von den Parteien berücksichtigt werden, wenn sie der Kommission eine Abhilfemaßnahme vorschlagen.

9. In der Rechtssache *Gencor*[8] stellte das Gericht erster Instanz den Grundsatz auf, dass Verpflichtungen im Wesentlichen dazu dienen, wettbewerbsfähige Marktstrukturen zu gewährleisten. Verpflichtungen also, die lediglich einem Versprechen gleichkämen, sich in einer bestimmten Weise zu verhalten, z.B. die Verpflichtung, eine durch den geplanten Zusammenschluss begründete oder verstärkte beherrschende Stellung nicht missbräuchlich zu nutzen, sind also nicht geeignet, die Vereinbarkeit eines Zusammenschlusses mit dem Gemeinsamen Markt herzustellen. Nach Auffassung des Gerichts[9] sind Verpflichtungen struktureller Art, z.B. die

---

7 Bei der Gründung eines Gemeinschaftsunternehmens wird die Kommission den Zusammenschluss auch nach Artikel 2 Absatz 4 der Fusionskontrollverordnung prüfen. Dabei prüft sie insbesondere, inwieweit die Gründung eines Gemeinschaftsunternehmens die Koordinierung des Wettbewerbsverhaltens unabhängig bleibender Unternehmen bezweckt oder bewirkt. Eine solche Koordinierung wird nach den Kriterien des Artikels 81 Absätze 1 und 3 des EG-Vertrags beurteilt, um festzustellen, ob das Vorhaben mit dem Gemeinsamen Markt vereinbar ist. Die in dieser Mitteilung beschriebenen Grundsätze gelten normalerweise auch für Fälle, die in den Anwendungsbereich des Artikels 2 Absatz 4 fallen.

8 Urteil des Gerichts erster Instanz vom 25. März 1999 in der Rs. T-102/96, Gencor/Kommission, Slg. 1999, S. II–753, Randnummer 316.

9 Ebenda, Randnummer 319.

Verpflichtung, eine Tochtergesellschaft zu veräußern, generell angesichts der Zielsetzung der Verordnung vorzuziehen, insoweit derartige Verpflichtungen die Begründung oder aber Verstärkung einer bereits von der Kommission festgestellten beherrschenden Stellung verhindern und darüber hinaus keine mittel- oder langfristige Überwachung benötigen. Doch kann nicht automatisch ausgeschlossen werden, dass auch andere Arten von Verpflichtungen die Begründung oder Verstärkung einer beherrschenden Stellung verhindern können. Ob derartige Verpflichtungen aber akzeptiert werden können, muss in jedem Einzelfall gesondert bestimmt werden.

10. Trotz der Möglichkeit einiger einstweiliger Sicherheitsvorkehrungen können, sobald der Zusammenschluss vollzogen worden ist, die gewünschten Wettbewerbsbedingungen am relevanten Markt nicht tatsächlich wiederhergestellt werden, solange die Verpflichtungen unerfüllt bleiben. Deswegen müssen Verpflichtungen effektiv innerhalb kurzer Zeit durchgeführt werden können. Sind sie einmal durchgeführt, sollten sie keine zusätzliche Überwachung mehr benötigen[10].

11. Die Kommission kann in jeder Verfahrensphase Verpflichtungszusagen akzeptieren. Da jedoch nur in der Phase II eine eingehende Marktuntersuchung durchgeführt wird, müssen Verpflichtungen, die in Phase I gegenüber der Kommission eingegangen werden, alle »ernsthaften Bedenken« im Sinne des Artikels 6 Absatz 1 Buchstabe c) der Fusionskontrollverordnung[11] in überzeugender Weise ausschließen. Gemäß Artikel 10 Absatz 2 der Fusionskontrollverordnung muss die Kommission eine Genehmigungsentscheidung erlassen, sobald offenkundig ist, dass die ernsthaften Bedenken im Sinne des Artikels 6 Absatz 1 Buchstabe c) infolge der von den Parteien eingegangenen Verpflichtungen ausgeräumt sind. Diese Regel gilt insbesondere für Verpflichtungen, die in einem frühen Stadium der Verfahrensphase II angeboten werden[12]. Hat die Kommission nach einer eingehenden Untersuchung in ihrer Mitteilung der Beschwerdepunkte vorläufig festgestellt, dass der Zusammenschluss zur Begründung oder Verstärkung einer beherrschenden Stellung nach Artikel 2 Absatz 3 der Fusionskontrollverordnung führt, so muss dieser Sachverhalt durch die Verpflichtungen verhindert werden.

12. Während die Parteien auf der einen Seite Verpflichtungszusagen machen, kann die Kommission auf der anderen Seite dafür sorgen, dass diese Verpflichtungen auch durchgeführt werden, indem sie ihre Genehmigung nämlich davon abhängig macht[13]. In diesem Zusammenhang ist hinsichtlich der Rechtsfolgen zwischen Bedingungen und Auflagen zu unterscheiden. Die Durchführung einer Maß- nahme, durch die sich der Markt strukturell so verändert, dass keine beherrschende Stellung mehr besteht, ist – wie die Veräußerung eines Geschäfts – z. B. eine Bedingung. Die hierzu erforderlichen Durchführungsmaßnahmen stellen hingegen für die Parteien generell Auflagen dar, so etwa die Bestellung eines Treuhänders mit dem unwiderrufbaren Mandat, das betreffende Geschäft zu verkaufen. Verstoßen die Parteien gegen eine Auflage, so kann die Kommission auf der Grundlage von Artikel 6 Absatz 3 oder Artikel 8 Absatz 5 Buchstabe b) die Genehmigungsentscheidung widerrufen, die sie entweder gemäß Artikel 6 Absatz 2 oder Artikel 8 Absatz 2 der Fusionskontrollverordnung erlassen hat. Außerdem können gegen die Parteien Geldbußen und

---

10 Nur unter außergewöhnlichen Umständen zieht die Kommission Verpflichtungszusagen in Erwägung, die der weiteren Überwachung bedürfen: Entscheidung 97/816/EG der Kommission (IV/M.877 – Boeing/McDonnell Douglas, ABl. L 336 vom 8. 12. 1997, S. 16).

11 Verpflichtungszusagen in der Phase I können nur unter bestimmten Umständen akzeptiert werden. Das Wettbewerbsproblem muss so evident und die Abhilfemaßnahmen müssen so klar sein, dass sich eine eingehende Untersuchung erübrigt.

12 Entscheidung der Kommission vom 30. März 1999 (IV/JV.15 – BT/AT & T), Entscheidung 2001/45/EG der Kommission (IV/M.1532 – BP Amoco/Arco, ABl. L 18 von 19. 1. 2001, S. 1).

13 Wenn die endgültige Bewertung eines Falles durch die Kommission zeigt, dass es keine Wettbewerbsprobleme gibt, oder dass die Beseitigung wettbewerblicher Bedenken nicht von einem speziellen Element der unterbreiteten Verpflichtungen abhängt, können die – hierüber informierten – Parteien diese zurückziehen. Wenn die Parteien sie nicht zurückziehen, kann die Kommission ihre Vorschläge entweder in der Entscheidung zur Kenntnis nehmen oder sie ignorieren. Falls die Kommission sie zur Kenntnis nimmt, wird sie in ihrer Entscheidung erklären, dass sie keine Bedingung für die Freigabeentscheidung darstellen.

Zwangsgelder gemäß Artikel 14 Absatz 2 Buchstabe a) und Artikel 15 Absatz 2 Buchstabe a) der Fusionskontrollverordnung festgesetzt werden. Wird jedoch die Situation, die den Zusammenschluss mit dem Gemeinsamen Markt vereinbar macht, nicht hergestellt[14], d. h. die Bedingung nicht erfüllt, wird die Genehmigungsentscheidung hinfällig. Unter diesen Umständen kann die Kommission aufgrund von Artikel 8 Absatz 4 der Fusionskontrollverordnung Maßnahmen anordnen, die geeignet sind, wirksamen Wettbewerb wiederherzustellen[15]. Außerdem können gegen die Parteien Geldbußen nach Artikel 14 Absatz 2 Buchstabe c) festgesetzt werden.

III. Abhilfemassnahmen, die die Kommission akzeptiert[16]

1. Veräußerungen

13. Droht ein geplanter Zusammenschluss eine beherrschende Stellung zu begründen oder zu verstärken, durch die wirksamer Wettbewerb erheblich behindert würde, so ist es – abgesehen von einem Verbot – für die Aufrechterhaltung des Wettbewerbs die beste Lösung, wenn im Wege der Veräußerung die Voraussetzungen für die Schaffung einer neuen wettbewerbsfähigen Einheit oder für die Stärkung bestehender Wettbewerber geschaffen werden.

Ein lebensfähiges Geschäft

14. Bei den zu veräußernden Tätigkeiten muss es sich um ein **lebensfähiges Geschäft** handeln, das in den Händen eines fähigen Käufers wirksam und auf Dauer mit dem durch die Fusion entstandenen Unternehmen konkurrieren kann. Ein lebensfähiges Geschäft ist in der Regel ein **bereits bestehendes Unternehmen**, das **selbständig tätig sein kann**, d. h. unabhängig von den sich zusammenschließenden Unternehmen hinsichtlich der Rohstoffversorgung oder anderer Formen der Zusammenarbeit, mit Ausnahme einer Übergangszeit, in der eine solche Abhängigkeit bestehen könnte.

15. Wollen die Parteien ein lebensfähiges Geschäft veräußern, so müssen sie den Unsicherheiten und Risiken bei der Übertragung eines Geschäfts auf einen neuen Eigentümer Rechnung tragen. Diese Risiken können die Wettbewerbswirkung des veräußerten Geschäfts vermindern und folglich zu einer Situation führen, in der die Wettbewerbsbedenken der Kommission nicht wirklich ausgeräumt sind.

Gegenstand der Veräußerung

16. Wo horizontale Überschneidungen in einem besonderen Markt das Wettbewerbsproblem bilden, müssen die bestgeeigneten Geschäftstätigkeiten veräußert werden[17]. Dies können die Geschäftstätigkeiten des übernehmenden Unternehmens bei feindlichen Übernahmen sein, wenn das anmeldende Unternehmen nicht übermäßig viel von dem zu erwerbenden Geschäft versteht. Eine Verpflichtungszusage, Tätigkeiten des Zielunternehmens zu veräußern, könnte, unter derartigen Umständen, das Risiko erhöhen, dass sich aus dieser Geschäftstätigkeit kein lebensfähiger Wettbewerber entwickelt, der auf Dauer effizient am Markt konkurrieren könnte.

17. Bei der Entscheidung darüber, welche sich überschneidenden Tätigkeiten veräußert werden sollten, ist die Fähigkeit des Unternehmens zur Selbständigkeit ein ausschlaggebender Aspekt[18]. Um ein lebensfähiges Geschäft zu gewährleisten, könnte es sogar notwendig sein, in die Veräußerung Tätigkeiten einzubeziehen, welche Märkte betreffen, auf denen für die

---

14 Derselbe Grundsatz gilt, wenn sich die Situation, durch der der Zusammenschluss ursprünglich vereinbar war, anschließend umkehrt, siehe Randnummer 49 letzter Satz.
15 Diese Maßnahmen können auch zu Zwangsgeldern gemäß Artikel 15 Absatz 2 Buchstabe b) führen.
16 Diese Übersicht ist nicht erschöpfend.
17 In Fällen, in denen das Wettbewerbsproblem sich aus einer vertikalen Integration ergibt, mag eine Veräußerung auch geeignet sein, das Wettbewerbsproblem zu lösen.
18 Entscheidung der Kommission vom 29. September 1999, IV/M.1383 – Exxon/Mobil, Randnummer 860; Entscheidung der Kommission vom 9. Februar 2000, COMP/M.1641 – Linde/AGA, Randnummer 94.

Kommission kein Anlass zu Wettbewerbsbedenken bestand, weil nur auf diese Weise ein wirksamer Wettbewerber auf den betroffenen Märkten tätig werden könnte[19].

18. Obwohl dies in einigen besonderen Fällen akzeptiert wurde[20], können bei der Veräußerung einer Kombination bestimmter sich überschneidender Tätigkeiten sowohl des Käufers als auch des Zielunternehmens zusätzliche Risiken für die Lebensfähigkeit und Effizienz des neuen Unternehmens entstehen. Eine derartige Veräußerung wird daher mit größter Sorgfalt gewürdigt werden. In Ausnahmefällen kann ein Veräußerungspaket, das lediglich Warenzeichen und produktionsbegleitende Aktiva umfasst, ausreichen, um die Bedingungen für einen wirksamen Wettbewerb herzustellen[21]. Doch müsste die Kommission davon überzeugt werden, dass der Erwerber diese Aktiva tatsächlich und sofort integriert.

Ein geeigneter Käufer

19. Die Kommission macht eine Genehmigungsentscheidung davon abhängig, dass das lebensfähige Geschäft innerhalb einer bestimmten Frist auf einen geeigneten Käufer[22] übergeht. Diese beiden Elemente, lebensfähiges Geschäft und geeigneter Käufer, stehen also in unmittelbarer Verbindung zueinander. Das Potenzial, das ein Geschäft besitzt, um einen geeigneten Käufer anzuziehen, ist daher bei der Würdigung der Zweckmäßigkeit der Verpflichtung durch die Kommission ein entscheidendes Element[23].
20. In manchen Fällen hängt die Lebensfähigkeit des Veräußerungspakets wegen der Aktiva, die zu dem Geschäft gehören, weitgehend davon ab, wer der Käufer sein wird. Die Kommission wird hier den Zusammenschluss erst genehmigen, wenn sich die Parteien verpflichten, das notifizierte Vorhaben erst durchzuführen, nachdem sie mit einem von der Kommission gutgeheißenen Käufer eine verbindliche Vereinbarung über das Veräußerungspaket geschlossen haben[24].
21. Wird eine Genehmigungsentscheidung von der Veräußerung eines Geschäfts abhängig gemacht, so müssen die Parteien einen geeigneten Käufer finden. Die Parteien könnten daher von sich aus andere Aktiva in das Paket aufnehmen, damit es für potenzielle Käufer attraktiver wird[25].

Andere Veräußerungsverpflichtungen

22. In bestimmten Situationen kann die Durchführung der von den Parteien gewählten Veräußerung (eines lebensfähigen Geschäfts zur Lösung der Wettbewerbsprobleme) z.B. wegen der Vorkaufsrechte Dritter oder der Ungewissheit in Bezug auf die Übertragbarkeit von je nach Fall wichtigen Verträgen, Eigentumsrechten oder Mitarbeitern zweifelhaft oder schwierig sein. Dennoch können die Parteien die Auffassung vertreten, dass sie in der Lage wären, das betreffende Geschäft innerhalb kurzer Zeit zu veräußern.
23. In diesen Fällen kann die Kommission nicht das Risiko eingehen, dass letztendlich wirksamer Wettbewerb nicht wiederhergestellt wird. Deswegen müssen die Parteien im Rahmen ihrer Verpflichtungszusage eine Alternative vorschlagen, die mindestens genauso gut, wenn

---

19 Entscheidung 1999/229/EG der Kommission (IV/M.913 – Siemens/Elektrowatt, ABl. L 88 vom 31.3.1999, S. 1, Randnummer 134); Entscheidung 2000/718/EG der Kommission (COMP/M.1578 – Sanitec/Sphinx, ABl. L 294 vom 22.11.2000, S. 1, Randnummer 255); Entscheidung der Kommission vom 8. März 2000 (COMP/M.1802 – Unilever/Amora Maille); Entscheidung der Kommission vom 28. September 2000 (COMP/M.1990 – Unilever/Bestfoods, ABl. C 311 vom 31.10.2000, S. 6).
20 Entscheidung 96/222/EG der Kommission (IV/M.603 – Crown Cork & Seal/CarnaudMetalbox, ABL. L 75 vom 23.3.1996, S. 38).
21 Entscheidung 96/435/EG der Kommission (IV/M.623 – Kimberly-Clark/Scott Paper, ABl. L 183 vom 23.7.1996, S. 1).
22 Siehe Randnummer 47, was die Anforderungen an den Käufer betrifft.
23 IV/M.913 – Siemens/Elektrowatt, a.a.O.
24 Entscheidung der Kommission vom 13. Dezember 2000, COMP/M.2060 – Bosch/Rexroth.
25 IV/M.1532 – BP Amoco/Arco, a.a.O.: In diesem Fall, in dem die Verpflichtung darin bestand, die Beteiligungen an bestimmten Gasleitungen und Produktionsanlagen in der Nordsee zu veräußern, wurden auch die Beteiligungen an den Erdgasvorkommen veräußert.

nicht sogar besser ist, um wirksamen Wettbewerb wiederherzustellen, und sie müssen einen präzisen Zeitplan für die Durchführung dieser anderen Alternative vorlegen[26].

Zerschlagung struktureller Bindungen

24. Veräußerungsverpflichtungen beschränken sich nicht allein auf die Lösung von Wettbewerbsproblemen infolge horizontaler Überschneidungen. So kann sich auch die Veräußerung einer Beteiligung an einem Gemeinschaftsunternehmen zur Zerschlagung einer strukturellen Verbindung mit einem großen Wettbewerber als notwendig erweisen[27].

25. In anderen Fällen kann die Veräußerung von Minderheitsbeteiligungen oder die Beseitigung wechselseitiger Aufsichtsratsmandate der anmeldenden Unternehmen eine etwaige Abhilfemaßnahme sein, um den Anreiz zum Wettbewerb zu erhöhen[28].

2. Andere Abhilfemaßnahmen

26. Während die Veräußerung als Abhilfemaßnahme am meisten bevorzugt wird, ist sie jedoch für die Kommission nicht die einzige Abhilfemaßnahme. Schließlich ist die Veräußerung eines Unternehmens in manchen Fällen unmöglich[29]. Im Übrigen können Wettbewerbsprobleme aufgrund besonderer Faktoren entstehen, wie aufgrund von Ausschließlichkeitsvereinbarungen, der Zusammenlegung von Netzwerken (»Netzwerkeffekte«) oder wichtiger Patente. In diesen Fällen muss die Kommission entscheiden, ob sich andere Arten von Abhilfemaßnahmen in einer Weise auf den Markt auswirken, die ausreicht, um wirksamen Wettbewerb wiederherzustellen.

27. Die Veränderung der Marktstruktur infolge eines Zusammenschlussvorhabens kann dazu führen, dass bestehende Verträge einem wirksamen Wettbewerb im Wege stehen. Dies gilt insbesondere für langfristige Alleinbezugs- und Alleinvertriebsvereinbarungen, wenn sie das den Wettbewerbern zur Verfügung stehende Marktpotenzial begrenzen. Falls die fusionierte Einheit über einen beträchtlichen Marktanteil verfügt, können die aus **bestehenden Ausschließlichkeitsvereinbarungen** resultierenden Abschottungseffekte zur Begründung einer beherrschenden Stellung beitragen[30]. Unter diesen Umständen kann die Beendigung der Ausschließlichkeitsvereinbarungen[31] als das geeignete Mittel angesehen werden, um Wettbewerbsbedenken auszuräumen, sofern nachgewiesen werden kann, dass tatsächlich keine Ausschließlichkeit fortbesteht.

28. Die durch einen Zusammenschluss bewirkte Veränderung der Marktstruktur kann zu erheblichen Behinderungen beim Eintritt in den relevanten Markt führen. Diese Hindernisse können das Ergebnis einer Kontrolle über Infrastrukturen, insbesondere über Netze, oder über Schlüsseltechnologien, zu denen Patente, Know-how oder andere geistige Eigentumsrechte gehören, sein. Unter diesen Umständen können Abhilfemaßnahmen den Zweck haben, den Markteintritt dadurch zu erleichtern, dass den Wettbewerbern **Zugang zu den erforderlichen Infrastrukturen**[32] oder Schlüsseltechnologien gewährt wird.

---

26 Entscheidung der Kommission vom 8. April 1999 (COMP/M.1453 – AXA/GRE, ABl. C 30 vom 2. 2. 2000, S. 6).
27 Entscheidung 98/455/EG der Kommission (IV/M.942 – VEBA/Degussa, ABl. L 201 vom 17. 7. 1998, S. 102).
28 Entscheidung der Kommission vom 9. Februar 2000, COMP/M.1628 – TotalFina/Elf; Entscheidung der Kommission vom 13. Juni 2000, COMP/M.1673 – VEBA/VIAG; Entscheidung der Kommission vom 1. September 2000 (COMP/M.1980 – Volvo/Renault, ABL. C 301 vom 21. 10. 2000, S. 23).
29 IV/M.877 – Boeing/McDonnell Douglas, a. a. O. Die Untersuchungen der Kommission ergaben, dass kein Flugzeughersteller am Erwerb der Douglas Aircraft Company (DAC, das Zivilflugzeuggeschäft der McDonell Douglas) von Boeing interessiert war; ebensowenig war es möglich, einen potenziellen neuen Teilnehmer am Markt für Düsenverkehrsflugzeuge zu finden, der durch den Erwerb der DAC in den Markt hätte eintreten können.
30 Entscheidung 98/475/EG der Kommission (IV/M.986 – AGFA Gevaert/DuPont, ABl. L 211 vom 29. 7. 1998, S. 22).
31 Entscheidung der Kommission vom 28. Oktober 1999 (IV/M.1571 – New Holland/Case, ABl. C 130 vom 11. 5. 2000, S. 11); Entscheidung der Kommission vom 19. April 1999 (IV/M.1467 – Rohm und Haas/Morton, ABl. C 157 vom 4. 6. 1999, S. 7).
32 Entscheidung der Kommission vom 5. Oktober 1992 (IV/M.157 – Air France/SABENA, ABl. C 272 vom 21. 10. 1992, S. 1); Entscheidung der Kommission vom 27. November 1992 (IV/M.259 – British Airways/TAT, ABl. C 326 vom 11. 12. 1992, S. 1), Entscheidung der Kommission vom 20. Juli 1995 (IV/M.616 – Swissair/SABENA, ABl. C 200 vom 4. 8. 1995, S. 10); Entscheidung der Kommission vom 13. Oktober 1999 (IV/M.1439 – Telia/Telenor); Entscheidung der Kommission vom 12. April 2000 (COMP/M.1795 – Vodafone/Mannesmann).

29. Stellt sich das Wettbewerbsproblem aufgrund der Kontrolle über eine Schlüsseltechnologie, so ist die Veräußerung der betreffenden Technologie[33] die beste Abhilfemaßnahme, da hierdurch jede weitere Beziehung zwischen der fusionierten Einheit und ihren Wettbewerbern unterbunden wird. Allerdings kann die Kommission auch Lizenzvereinbarungen (vornehmlich ausschließliche Lizenzen ohne irgendeine Verwendungsbeschränkung für den Lizenznehmer) als Alternative akzeptieren, wenn z. B. durch eine Veräußerung effiziente, fortlaufende Forschungstätigkeiten behindert würden. Sie hat diese Lösung bei Zusammenschlüssen gewählt, an denen z. B. Arzneimittelunternehmen beteiligt waren[34].

30. Um die bei einem Zusammenschluss in verschiedenen Märkten auftretenden besonderen Wettbewerbsprobleme zu lösen, müssen die Parteien möglicherweise mehrere **Abhilfemaßnahmen** anbieten, also eine Kombination von Veräußerung und anderen Abhilfemaßnahmen, die den Markteintritt dadurch erleichtern, dass sie den Zugang zu Netzen oder besonderen Inhalten ermöglichen[35]. Abhilfemaßnahmen dieser Art eignen sich beispielsweise, um bestimmten Abschottungsproblemen, die u. a. bei Zusammenschlüssen im Telekommunikations- und im Mediensektor entstehen können, vorzubeugen. Außerdem können bei manchen Vorhaben, die im Wesentlichen nur einen Produktmarkt betreffen, die Wettbewerbsprobleme in ihrer Gesamtheit nur durch ein Paket verschiedener Arten von Verpflichtungen gelöst werden[36].

IV. Fälle, in denen Abhilfemassnahmen schwierig oder unmöglich sind

31. Die Kommission ist bereit, auf Lösungen für fusionsbedingte Wettbewerbsprobleme einzugehen, wenn diese überzeugend und wirksam sind. In manchen Fusionsfällen aber können keine zur Beseitigung der Wettbewerbsprobleme innerhalb des Gemeinsamen Marktes angemessenen Abhilfemaßnahmen gefunden werden[37], so dass eine Untersagung die einzige Möglichkeit ist.

32. Unterbreiten die Parteien Vorschläge für derart weitreichende und komplexe Abhilfemaßnahmen, dass die Kommission unmöglich mit der notwendigen Gewissheit feststellen kann, dass wirksamer Wettbewerb am Markt wiederhergestellt wird, so kann keine Genehmigung erteilt werden[38].

V. Besondere Anforderungen an Verpflichtungszusagen

1. In der Verfahrensphase I

33. Gemäß Artikel 6 Absatz 2 der Fusionskontrollverordnung kann die Kommission einen Zusammenschluss für mit dem Gemeinsamen Markt vereinbar erklären, wenn sie davon über-

---

33 Entscheidung der Kommission vom 9. August 1999 (IV/M.1378 – Hoechst/Rhône-Poulenc, ABl. C 254 vom 7. 9. 1999, S. 5); Entscheidung der Kommission vom 1. Dezember 1999 (COMP/M.1601 – Allied Signal/Honeywell); Entscheidung der Kommission vom 3. Mai 2000, (COMP/M.1671 – Dow/UCC).
34 Entscheidung der Kommission vom 28. Februar 1995 (IV/M.555 – Glaxo/Wellcome, ABl. C 65 vom 16. 3. 1995, S. 3).
35 COMP/M.1439 – Telia/Telenor; COMP/M.1795 – Vodafone Airtouch/Mannesmann, a.a.O.; Entscheidung der Kommission vom 13. Oktober 2000 (COMP/M.2050 – Vivendi/Canal+/Seagram, ABl. C 311 vom 31. 10. 2000, S. 3).
36 Entscheidung 97/816/EG der Kommission (IV/M.877 – Boeing/McDonnell Douglas, ABl. 336 vom 8. 12. 1997, S. 16); COMP/M.1673 – VEBA/VIAG. DE C 68/10 Amtsblatt der Europäischen Gemeinschaften 2. 3. 2001.
37 Entscheidung 94/922/EG der Kommission (MSG Media Service, ABl. L 364 vom 31. 12. 1994, S. 1); Entscheidung 96/177/EG der Kommission (Nordic Satellite Distribution, ABl. L 53 vom 2. 3. 1996, S. 20); Entscheidung 96/342/EG der Kommission (RTL/Veronica/Endemol, ABl. L 134 vom 5. 6. 1996, S. 32); Entscheidung 1999/153/EG der Kommission (Bertelsmann/Kirch/Premiere, ABl. L 53 vom 27. 2. 1999, S. 1); Entscheidung 1999/154/EG der Kommission (Deutsche Telekom BetaResearch, ABl. L 53 vom 27. 2. 1999, S. 31); Entscheidung 97/610/EG der Kommission (St. Gobain/Wacker Chemie/NOM, ABl. L 247 vom 1. 9. 1997, S. 1); Entscheidung 91/619/EWG der Kommission (Aerospatiale/Alenia/ De Havilland, ABl. L 334 vom 5. 12. 1991, S. 42); Entscheidung 97/26/EG der Kommission (Gencor/Lonrho, ABl. L 11 vom 14. 1. 1997, S. 30); Entscheidung 2000/276/EG der Kommission (M.1524 – Airtours/First Choice, ABl. L 93 vom 13. 4. 2000, S. 1).
38 Entscheidung der Kommission vom 15. März 2000, COMP/M.1672 – Volvo/Scania; Entscheidung der Kommission vom 28. Juni 2000, COMP/M.1741 – WorldCom/Sprint.

führt – die häufigste Verpflichtung ist. Viele der nachstehend beschriebenen Grundsätze gelten aber auch für andere Arten von Verpflichtungen.

1. Hauptmerkmale der Veräußerungsverpflichtung

46. Bei einer typischen Veräußerungsverpflichtung bestehen üblicherweise die zu veräußernden Aktiva aus einer Kombination materieller und immaterieller Vermögenswerte häufig in Form eines bereits bestehenden Unternehmens oder einer Gruppe von Unternehmen oder eines Geschäftsbereichs, der zuvor keine Rechtspersönlichkeit besaß. Aus diesem Grunde müssen die Parteien[45] in ihrer Veräußerungsverpflichtung den Veräußerungsgegenstand genau und umfassend beschreiben (nachstehend »die Beschreibung des Geschäftsbereichs« oder »die Beschreibung«). Die Beschreibung muss alle Elemente des Geschäftsbereichs erfassen, die für diesen notwendig sind, um als lebensfähiges Unternehmen im Markt konkurrieren zu können: Materielle Vermögenswerte (z. B. Forschung und Entwicklung, Produktion, Vertrieb, Verkauf und Vermarktungstätigkeiten) und immaterielle Vermögenswerte (z. B. geistige Eigentumsrechte, Goodwill), Personal-, Liefer und Verkaufsvereinbarungen (mit Sicherheiten für ihre Übertragbarkeit), Kundenverzeichnisse, Dienstleistungsvereinbarungen mit Dritten, technische Unterstützung (Umfang, Dauer, Kosten, Qualität) usw. Um Missverständnisse über das zu veräußernde Geschäft zu vermeiden, müssen die Vermögenswerte, die im Geschäft verwendet, aber nach Ansicht der Parteien nicht veräußert werden sollten, getrennt angegeben werden.

47. Die Beschreibung muss ein System vorsehen, damit der Erwerber des Geschäfts das notwendige Personal übernehmen und/oder auswählen kann. Ein solches System ist sowohl für das in dem betreffenden Geschäftsbereich bisher tätige Betriebspersonal als auch für die leitenden Funktionen dieses Geschäftsbereichs notwendig, z. B. im Bereich Forschung und Entwicklung und im Informationstechnologiebereich, auch wenn dieses Personal inzwischen in einem anderen Geschäftsbereich der Parteien tätig ist. Dieses System lässt die Anwendung der Richtlinien des Rates über Massenentlassungen[46], über die Wahrung von Ansprüchen der Arbeitnehmer beim Übergang von Unternehmen[47] und über die Unterrichtung und Anhörung der Arbeitnehmer[48], sowie nationale Umsetzungsvorschriften zu diesen Richtlinien, unberührt.

48. Die Veräußerung muss innerhalb einer zwischen den Parteien und der Kommission vereinbarten Frist, die den jeweiligen Umständen Rechnung trägt, abgeschlossen werden. Außerdem muss angegeben werden, welche Art von Vereinbarung – verbindliche Absichtserklärung, abschließende Vereinbarung, Übertragung des Eigentumsrechts – bis zu welchem Zeitpunkt geschlossen werden muss. Die Veräußerungsfrist sollte am Tag des Erlasses der Entscheidung der Kommission beginnen.

49. Um die Wirksamkeit der Verpflichtungszusage zu gewährleisten, unterliegt die Veräußerung an einen vorgeschlagenen Käufer der Zustimmung der Kommission. Bei dem Käufer muss es sich in der Regel um einen bereits bestehenden oder potenziellen Wettbewerber handeln, der von den Parteien unabhängig ist, in keiner Beziehung zu ihnen steht und über die notwendigen finanziellen Mittel[49], und erwiesene Sachkenntnis verfügt sowie einen Anreiz hat, das veräußerte Geschäft als aktiver Marktteilnehmer im Wettbewerb mit den Parteien auf-

---

[45] Verpflichtungszusagen müssen von einer hierzu ordnungsgemäß befugten Person unterzeichnet werden.
[46] Richtlinie 98/59/EG des Rates vom 20. Juli 1998 zur Angleichung der Rechtsvorschriften der Mitgliedstaaten über Massenentlassungen (ABl. L 225 vom 12. 8. 1998, S. 16).
[47] Richtlinie 77/187/EWG des Rates vom 14. Februar 1977 zur Angleichung der Rechtsvorschriften der Mitgliedstaaten über die Wahrung von Ansprüchen der Arbeitnehmer beim Übergang von Unternehmen, Betrieben oder Betriebsteilen (ABl. L 61 vom 5. 3. 1977, S. 26), geändert durch Richtlinie 98/50/EG des Rates (ABl. L 20 vom 17. 7. 1998, S. 88).
[48] Richtlinie 94/45/EG des Rates vom 22. September 1994 über die Einsetzung eines Europäischen Betriebsrats oder die Schaffung eines Verfahrens zur Unterrichtung und Anhörung der Arbeitnehmer in gemeinschaftsweit operierenden Unternehmen und Unternehmensgruppen (ABl. L 254 vom 30. 9. 1994, S. 64), geändert durch Richtlinie 97/74/EG (ABl. L 10 vom 16. 1. 1998, S. 22).
[49] Die Kommission akzeptiert wegen der Unabhängigkeit des veräußerten Unternehmens keine vom Verkäufer finanzierte Veräußerung.

rechtzuerhalten und weiterzuentwickeln. Außerdem darf der Erwerb des Geschäfts durch den vorgesehenen Käufer weder neue Wettbewerbsprobleme schaffen noch das Risiko in sich bergen, dass sich die Erfüllung der Verpflichtung verzögert. Diese Bedingungen werden nachstehend als die »Anforderungen an den Käufer« bezeichnet. Um diese strukturelle Wirkung einer Abhilfemaßnahme aufrechtzuerhalten, darf die fusionierte Einheit, auch wenn eine diesbezügliche ausdrückliche Klausel in den Verpflichtungszusagen fehlt, anschließend keinen Einfluss auf die Gesamtheit oder Teile des veräußerten Geschäfts ausüben, es sei denn, dass die Kommission zuvor eine so weit gehende Veränderung der Marktstruktur festgestellt hat, dass die fehlende Einflussnahme auf das veräußerte Geschäft für die Vereinbarkeit des Zusammenschlusses mit dem Gemeinsamen Markt nicht länger notwendig ist.

2. Einstweilige Erhaltung des zu veräußernden Geschäfts – getrennte Vermögensverwaltung

50. Es obliegt den Parteien, jedwedes Risiko eines Verlusts des Wettbewerbspotenzials des zu veräußernden Geschäfts infolge der Ungewissheiten bei der Übertragung eines Geschäfts nach Möglichkeit auszuschalten. Solange die Veräußerung nicht erfolgt ist, fordert die Kommission die Parteien auf, dass sie sich verpflichten, die Unabhängigkeit, Rentabilität, Verkäuflichkeit und Wettbewerbsfähigkeit des Geschäfts aufrechtzuerhalten.
51. Diese Verpflichtung zielt darauf ab, das zu veräußernde Geschäft vom übrigen Geschäft der Parteien zu trennen und sicherzustellen, dass das Veräußerungspaket als ein getrenntes, veräußerbares Geschäft mit eigener Geschäftsleitung geführt wird. Die Parteien werden außerdem dafür sorgen müssen, dass alle materiellen und immateriellen Vermögenswerte des Veräußerungspakets im Rahmen ihrer laufenden Tätigkeit durch ein gutes Geschäftsgebaren erhalten bleiben. Dies gilt vor allem für die Erhaltung des Anlagevermögens, des Knowhows, der vertraulichen oder eigentumsrechtlich geschützten Geschäftsinformationen, des Kundenstamms und der technischen und geschäftlichen Qualifikation der Mitarbeiter. Außerdem müssen die Parteien hinsichtlich des Veräußerungspakets dieselben Wettbewerbsbedingungen wie vor der Fusion aufrechterhalten, so dass das Geschäft unverändert fortgeführt wird. Hierfür müssen Verwaltungs- und Leitungsposten, ausreichendes Kapital und ein Kreditrahmen bereitgestellt und möglicherweise andere für die Aufrechterhaltung des Wettbewerbs in einem bestimmten Sektor notwendige Bedingungen geschaffen werden.
52. Da die Kommission nicht täglich die Anwendung dieser einstweiligen Erhaltungsmaßnahmen direkt überwachen kann, stimmt sie der Bestellung eines Treuhänders zu, der die Konformität des Verhaltens der Parteien mit den betreffenden Maßnahmen überwacht. Dieser für die sogenannte getrennte Vermögensverwaltung zuständige Treuhänder handelt im Interesse des zu veräußernden Geschäfts. Die Verpflichtungszusage enthält alle Einzelheiten über das Mandat des Treuhänders. Zu diesem Mandat, das zur gleichen Zeit wie die Bestellung des Treuhänders der Zustimmung durch die Kommission bedarf, werden beispielsweise Kontrollaufgaben gehören, einschließlich des Rechts, alle Maßnahmen vorzuschlagen und notfalls durchzusetzen, die der Treuhänder für notwendig erachtet, um die Erfüllung sämtlicher Verpflichtungen zu gewährleisten, und die Pflicht zur regelmäßigen Berichterstattung.

3. Durchführung der Veräußerung – Veräußerungstreuhänder

53. Die Verpflichtungszusage muss außerdem die Modalitäten und Verfahren für die Kontrolle der Durchführung der Veräußerung durch die Kommission ebenso wie die Kriterien für die Genehmigung der Wahl des Käufers, Berichtspflichten und die Zustimmung zum Prospekt oder Werbematerial vorsehen. Auch hier kann sich die Kommission nicht täglich direkt um den Veräußerungsvorgang kümmern. Deswegen hält sie es in den meisten Fällen für angebracht, der Bestellung eines Treuhänders zuzustimmen, der die Erfüllung der Verpflichtungen überwacht.
54. Die Funktion des Treuhänders wird je nach Fall variieren. Im Allgemeinen wird der Treuhänder aber eine Überwachungsfunktion haben, einschließlich des Rechts, alle Maßnahmen vorzuschlagen und notfalls durchzusetzen, die er für notwendig erachtet, um die Erfüllung der Verpflichtungen zu gewährleisten, und die Pflicht zur regelmäßigen Berichterstattung. Gegebenenfalls wird der Treuhänder zwei Aufgaben haben: Zunächst wird er die Bemühun-

gen der Parteien überwachen müssen, einen potenziellen Käufer zu finden. Gelingt es den Parteien nicht, innerhalb des in der Verpflichtungszusage festgesetzten Zeitraums einen akzeptablen Käufer zu finden, wird der Treuhänder die zweite unwiderrufliche Aufgabe haben, das Geschäft mit der vorherigen Genehmigung der Kommission innerhalb einer bestimmten Frist zu jedwedem Preis zu veräußern.

4. Genehmigung der Wahl des Treuhänders und seines Mandats

55. Je nach Verpflichtungszusagen und Sachverhalt kann es sich bei dem für die Veräußerung zuständigen Treuhänder um dieselbe Person oder Einrichtung wie bei dem für die getrennte Vermögensverwaltung zuständigen Treuhänder handeln. In der Regel wird der Treuhänder eine Investitionsbank, eine Managementberatungsfirma, ein Wirtschaftsprüfungsunternehmen oder eine ähnliche Einrichtung sein. Die Parteien schlagen der Kommission den Treuhänder (oder mehrere Treuhänder) vor. Der Treuhänder muss unabhängig von den Parteien sein, die notwendige Qualifikation für seine Aufgabe besitzen und darf nicht in einen Interessenkonflikt geraten. Es obliegt den Parteien, der Kommission alle sachdienlichen Informationen zu übermitteln, damit sie prüfen kann, ob diese Anforderungen erfüllt werden. Die Kommission wird die Modalitäten für die Bestellung des Treuhänders prüfen und genehmigen. Die Bestellung sollte unwiderrufbar sein, es sei denn, dass der Kommission ein triftiger Grund für die Bestellung eines neuen Treuhänders genannt werden kann.

56. Die Parteien müssen dem Treuhänder für sämtliche im Rahmen seiner Zuständigkeiten erbrachten Dienstleistungen ein Entgelt zahlen, dass so angelegt sein muss, dass seine Unabhängigkeit und die Wirksamkeit, mit der er sein Mandat erfüllt, nicht beeinträchtigt werden. Der Treuhänder nimmt im Namen der Kommission bestimmte Aufgaben war, um die gewissenhafte Erfüllung der eingegangenen Verpflichtungen zu gewährleisten. Diese Aufgaben werden in seinem Mandat festgelegt. In dem Mandat müssen sämtliche Vorkehrungen getroffen werden, damit der Treuhänder seine Aufgaben in Bezug auf die von der Kommission akzeptierten Verpflichtungen wahrnehmen kann. Das Mandat muss von der Kommission genehmigt werden.

57. Ist der Treuhänder den besonderen Verpflichtungen, die ihm auferlegt wurden, nachgekommen, ist also das zu veräußernde Geschäft rechtmäßig veräußert worden, und sind auch bestimmte Verpflichtungen im Anschluss an die Veräußerung erfüllt worden, so fordert der Treuhänder die Kommission laut Mandat auf, ihn von weiteren Aufgaben zu entlasten. Trotz dieser Entlastung kann die Kommission aber den Treuhänder erneut bestellen, falls sich herausstellt, dass bestimmte Verpflichtungen nicht vollständig oder ordnungsgemäß erfüllt wurden.

5. Genehmigung der Wahl der Käufers und der Kaufvereinbarung

58. Die Parteien bzw. der Treuhänder können den Verkauf nur vornehmen, wenn die Kommission dem vorgeschlagenen Käufer und der Kaufvereinbarung, die nach den in der Verpflichtungszusage niedergelegten Modalitäten geschlossen wird, zustimmt. Die Parteien bzw. der Treuhänder müssen der Kommission ordnungsgemäß nachweisen, dass der Käufer den an ihn gestellten Anforderungen, wie sie in der Verpflichtungszusage festgelegt wurden, entspricht, und dass das Geschäft in einer mit der Verpflichtungszusage übereinstimmenden Weise verkauft wird. Die Kommission wird den Parteien offiziell ihre Stellungnahme bekanntgeben. Zuvor aber können die Kommissionsdienststellen mit dem vorgeschlagenen Käufer die Frage erörtern, welche Anreize er hat, um mit der fusionierten Einheit nach Maßgabe seiner Geschäftspläne zu konkurrieren. Werden mehrere Käufer für verschiedene Teile des Ver- äußerungspakets vorgeschlagen, so wird die Kommission beurteilen, ob jeder einzelne Käufer akzeptabel ist und durch das gesamte Paket die Wettbewerbsprobleme gelöst werden.

59. Stellt die Kommission fest, dass der Erwerb des Veräußerungspakets durch den Käufer aufgrund der ihr vorliegenden Informationen offenbar zu Wettbewerbsproblemen[50] oder ande-

---

[50] Dies ist sehr wahrscheinlich, wenn die Marktstruktur bereits einen hohen Konzentrationsgrad aufweist und der Marktanteil durch die Abhilfemaßnahme auf einen anderen Marktteilnehmer übertragen würde.

ren Schwierigkeiten zu führen droht, durch die sich die rechtzeitige Erfüllung der Verpflichtung verzögern könnte oder die auf fehlende Wettbewerbsanreize für den Käufer hindeuten, so wird der vorgeschlagene Käufer als nicht annehmbar erachtet. In diesem Fall wird die Kommission offiziell ihren Standpunkt mitteilen, dass der Käufer die an ihn gestellten Anforderungen nicht erfüllt[51].
60. Führt der Kauf zu einem Zusammenschluss von gemeinschaftsweiter Bedeutung, so muss dieses neue Vorhaben aufgrund der Fusionskontrollverordnung angemeldet und nach den üblichen Verfahren genehmigt werden[52]. Ist dies nicht der Fall, so greift die Genehmigung der Wahl des Käufers durch die Kommission dem Urteil der nationalen Fusionskontrollbehörden nicht vor.

**Keine Einwände gegen einen angemeldeten Zusammenschluss
(Sache COMP/M.2199 – Quantum/Maxtor)**
(2001/C 68/04)

(Text von Bedeutung für den EWR)

Am 8. Dezember 2000 hat die Kommission entschieden, keine Einwände gegen den oben genannten angemeldeten Zusammenschluss zu erheben und ihn insofern als für mit dem Gemeinsamen Markt vereinbar zu erklären. Diese Entscheidung stützt sich auf Artikel 6 Absatz 1 Buchstabe b) der Verordnung (EWG) Nr. 4064/89 des Rates. Der vollständige Text der Entscheidung ist nur auf Englisch erhältlich und wird nach Herausnahme eventuell darin enthaltener Geschäftsgeheimnisse veröffentlicht. Er ist erhältlich
– auf Papier bei den Verkaufsstellen des Amtes für amtliche Veröffentlichungen der Europäischen Gemeinschaften (siehe letzte Umschlagseite);
– in Elektronikformat über die »CEN«-Version der CELEX-Datenbank unter der Dokumentennummer 300M2199. CELEX ist das EDV-gestützte Dokumentationssystem für Gemeinschaftsrecht.

Für mehr Informationen über CELEX-Abonnements wenden Sie sich bitte an folgende Stelle:
EUR-OP
Information, Marketing and Public Relations (OP/A/4-B)
2, rue Mercier
L-2985 Luxemburg
Tel.: (+352) 29 29-4 24 55, Fax: (+352) 29 29-4 27 63.
DE 2.3.2001 Amtsblatt der Europäischen Gemeinschaften C 68/11

---

51 COMP/M.1628 – TotalFina/Elf – Autobahntankstellen.
52 Entscheidung der Kommission vom 29. September 1999 (M.1383 – Exxon/Mobil) und die Entscheidungen der Kommission vom 2. Februar 2000 in den Folgefällen M.1820 – BP/JV Dissolution und M.1822 – Mobil/JV Dissolution (ABl. C 112 vom 19.4.2000, S. 6).

Mitteilung der Kommission über den Begriff des Zusammenschlusses

der Verordnung (EWG) Nr. 4064/89 des Rates über die Kontrolle von Unternehmenszusammenschlüssen

(98/C 66/02)

(Text von Bedeutung für den EWR)

I. Einleitung
II. Fusion von zuvor unabhängigen Unternehmen
III. Erlangung der Kontrolle
   1. Alleinige Kontrolle
   2. Gemeinsame Kontrolle
      2.1. Gleiche Stimmrechte oder Besetzung der Entscheidungsgremien
      2.2. Vetorechte
      2.3. Gemeinsame Ausübung der Stimmrechte
      2.4. Sonstige Überlegungen zur gemeinsamen Kontrolle
      2.5. Gemeinsame Kontrolle auf Zeit
   3. Kontrolle eines einzelnen Aktionärs auf der Grundlage von Vetorechten
   4. Veränderungen in der Zusammensetzung der Kontrolle
IV. Ausnahmen
V. Schlußbemerkung

I. Einleitung

1. Mit dieser Mitteilung soll erläutert werden, wie die Kommission den Begriff des Zusammenschlusses nach Artikel 3 der Verordnung (EWG) Nr. 4064/89 des Rates[1], zuletzt geändert durch die Verordnung (EG) Nr. 1310/97[2] (nachstehend »die Fusionskontrollverordnung«), auslegt. Anhand dieses offiziellen Leitfadens zur Auslegung zu Artikel 3 werden sich die Unternehmen mit Fusionsabsichten schneller ein Bild davon machen können, ob ihre Vorhaben unter die Fusionskontrolle der Gemeinschaft fallen, noch bevor sie mit der zuständigen Stelle der Kommission Verbindung aufnehmen.
Diese Mitteilung ersetzt die Bekanntmachung der Kommission über den Begriff des Zusammenschlusses.[3]
In dieser Mitteilung werden Artikel 3 Absätze 1, 3, 4 und 5 behandelt. Wie die Kommission Artikel 3 Absatz 2 auslegt, der sich mit Gemeinschaftsunternehmen befaßt, ist in der Mitteilung der Kommission über Vollfunktionsgemeinschaftsunternehmen dargelegt.
2. Die Kommission stützt sich in den nachfolgenden Ausführungen auf ihre Erfahrungen mit der Fusionskontrollverordnung, die seit dem 21. Dezember 1990 in Kraft ist. Die Kommission handelt im Einzelfall nach den hier aufgestellten Grundsätzen und bemüht sich, diese weiter zu entwickeln.
3. Nach Erwägungsgrund 23 der Verordnung (EWG) Nr. 4064/89 ist der Begriff des Zusammenschlusses so zu definieren, daß er nur Handlungen erfaßt, die zu einer dauerhaften Veränderung der Struktur der beteiligten Unternehmen führen. Strukturveränderungen werden nach Artikel 3 Absatz 1 dadurch bewirkt, daß zwei bisher unabhängige Unternehmen fusionieren oder ein Unternehmen die Kontrolle über ein anderes Unternehmen oder einen Teil desselben erwirbt.
4. Ob ein Zusammenschluß im Sinne der Fusionskontrollverordnung vorliegt oder nicht, richtet sich eher nach qualitativen als nach quantitativen Kriterien, wobei der Begriff der Kontrolle von zentraler Bedeutung ist. In diese Kriterien fließen sowohl rechtliche wie sachliche Überlegungen ein. Ein Zusammenschluß kann daher auf rechtlicher oder faktischer Grundlage erfolgen.

---

1 ABl. L 395 vom 30. 12. 1989, S. 1; berichtigte Fassung: ABl. L 257 vom 21. 9. 1990, S. 13.
2 ABl. L 180 vom 9. 7. 1997, S. 1.
3 ABl. C 385 vom 31. 12. 1994, S. 5.

5. Artikel 3 Absatz 1 der Fusionskontrollverordnung definiert zwei Arten von Zusammenschlüssen:
   - Fusion zweier bisher voneinander unabhängiger Unternehmen (Buchstabe a)),
   - Erlangung der Kontrolle über ein anderes Unternehmen (Buchstabe b)).

   Hierauf wird in den Abschnitten II und III näher eingegangen.

II. Fusion von zuvor unabhängigen Unternehmen

6. Eine Fusion im Sinne von Artikel 3 Absatz 1 Buchstabe a) der Fusionskontrollverordnung liegt dann vor, wenn zwei oder mehr bisher voneinander unabhängige Unternehmen zu einem neuen Unternehmen verschmelzen und keine eigene Rechtspersönlichkeiten mehr bilden. Zu einer Fusion kommt es auch, wenn ein Unternehmen in einem anderen Unternehmen aufgeht, wobei das letztere seine Rechtspersönlichkeit behält, während das erstere als juristische Person untergeht.

7. Eine Fusion im Sinne von Artikel 3 Absatz 1 Buchstabe a) liegt aber auch dann vor, wenn zuvor unabhängige Unternehmen ihre Aktivitäten so zusammenlegen, daß eine wirtschaftliche Einheit entsteht, ohne daß rechtlich von einer Fusion gesprochen werden kann[4]. Dies geschieht dann, wenn zwei oder mehr Unternehmen vertraglich vereinbaren, sich einer gemeinsamen wirtschaftlichen Leitung zu unterstellen, ohne ihre Rechtspersönlichkeit aufzugeben[5]. Wenn dies faktisch zu einer Verschmelzung der Unternehmen führt und zur Entstehung einer echten wirtschaftlichen Einheit, ist der Vorgang als Fusion anzusehen. Eine wirtschaftliche Einheit setzt eine auf Dauer angelegte, einheitliche Leitung voraus. Weitere Kriterien können interner Gewinn- und Verlustausgleich zwischen Konzernunternehmen und ihre gesamtschuldnerische Haftung nach außen sein. Die faktische Verschmelzung kann durch eine Kapitalverflechtung der beteiligten Unternehmen untermauert werden.

III. Erlangung der Kontrolle

8. Nach Artikel 3 Absatz 1 Buchstabe b) liegt ein Zusammenschluß vor, wenn Kontrolle über ein anderes Unternehmen erlangt wird. Dies kann in der Weise geschehen, daß ein Unternehmen allein oder zwei oder mehr Unternehmen gemeinsam die Kontrolle erwerben.

   Die Kontrolle kann auch eine Person erlangen, wenn sie bereits allein oder gemeinsam mit anderen mindestens ein anderes Unternehmen kontrolliert, oder auch eine Mehrheit von Personen (die ein anderes Unternehmen kontrollieren). Hierfür kommen nicht nur juristische Personen des privaten und öffentlichen Rechts in Betracht[6], sondern auch natürliche Personen.

   Ein Zusammenschluß im Sinne der Fusionskontrollverordnung liegt nur dann vor, wenn die Kontrolle in andere Hände übergeht. Eine interne Reorganisation in einer Unternehmensgruppe ist daher kein Zusammenschluß.

   Ein Sonderfall liegt vor, wenn beide Unternehmen, das übernehmende wie das übernommene, dem selben Staat gehören (oder derselben öffentlichrechtlichen Körperschaft). Ob dann lediglich eine interne Reorganisation vorliegt oder nicht, hängt davon ab, ob die beiden Unternehmen vorher eine wirtschaftliche Einheit im Sinne von Erwägungsgrund 12 der Verordnung (EWG) Nr. 4060/89 bildeten. Wenn die Unternehmen zuvor verschiedenen wirtschaftlichen Einheiten angehörten, die eine autonome Entscheidungsbefugnis besaßen, dann liegt

---

[4] Für die Beantwortung der Frage, ob ein Unternehmen vorher unabhängig war, kommt es u.a. auf die Kontrollverhältnisse an. Allgemeine Ausführungen hierzu folgen unter Randnummern 12 ff. So gilt ein Minderheitsaktionär im Besitz der Kontrolle, wenn er in den letzten drei Jahren auf Aktionärsversammlungen für wichtige Entscheidungen eine Stimmenmehrheit bekommen hat.

[5] Nach deutschem Recht wäre dies z.B. bei einem Gleichordnungskonzern der Fall sowie bei bestimmten »partnerships« und französischen »Groupements d'Intérêts Economiques«.

[6] Dazu kann der Staat selbst gehören, wie im Fall IV/M.157, Air France/Sabena im Hinblick auf den belgischen Staat (5. Oktober 1992), oder andere öffentlich-rechtliche Körperschaften wie die Treuhand im Fall IV/M.308, Kali und Salz/MDK/Treuhand (14. Dezember 1993).

ein Zusammenschluß vor und keine interne Reorganisation[7]. Eine autonome Entscheidungsbefugnis ist jedoch in der Regel nicht gegeben, wenn die Unternehmen unter der gleichen Holdinggesellschaft angesiedelt sind[8].

9. Ob ein Vorgang zur Erlangung von Kontrolle führt, hängt von einer Reihe rechtlicher und/oder tatsächlicher Faktoren ab. Die Erlangung von Eigentumsrechten und Aktionärsabsprachen sind wichtige, aber nicht die einzigen Kriterien: auch rein wirtschaftliche Beziehungen können entscheidend sein. Ausnahmsweise kann auch eine wirtschaftliche Abhängigkeit faktisch zur Erlangung der Kontrolle führen, wenn beispielsweise langfristige Lieferverträge oder Lieferantenkredite in Verbindung mit strukturellen Verflechtungen einen bestimmenden Einfluß gewähren[9].
Es kann auch zur Erlangung von Kontrolle kommen, wenn dies nicht die erklärte Absicht der Parteien ist[10]. Kontrolle ist in der Fusionskontrollverordnung auch definiert als »die Möglichkeit ... einen bestimmenden Einfluß ... auszuüben«, das beherrschende Unternehmen braucht also seinen Einfluß nicht tatsächlich auszuüben.

10. In der Regel übernehmen jedoch Personen oder Unternehmen die Kontrolle, wenn sie Rechte innehaben oder ausüben können, die ihnen Kontrolle ermöglichen (Artikel 3 Absatz 4 Buchstabe a)). Ausnahmsweise braucht der Inhaber der Beteiligung, die ihm Kontrolle über ein anderes Unternehmen sichert, nicht identisch zu sein mit dem, der die Rechte tatsächlich ausübt. Dies ist dann der Fall, wenn ein Unternehmen eine Person oder ein Unternehmen vorschiebt, um eine Beteiligung zu erwerben, die ihm die Kontrolle über das andere Unternehmen sichert, und die Kontrolle über diese vorgeschobene Person ausübt, auch wenn formal diese Person der Rechtsinhaber ist. Hier liegt die Kontrolle in Wirklichkeit bei dem Unternehmen, das im Hintergrund bleibt, aber faktisch das Zielunternehmen kontrolliert (Artikel 3 Absatz 4 Buchstabe b)). Das Vorliegen indirekter Kontrolle kann unter anderem durch Finanzquellen oder Verwandschaftsbeziehungen nachweisbar sein.

11. Die Kontrolle kann sich auf ein oder mehrere Unternehmen erstrecken, die eine eigene Rechtspersönlichkeit besitzen, oder aber auf das Unternehmensvermögen oder einen Teil desselben[11]. In dem letztgenannten Fall kann es sich um Marken oder Lizenzen handeln. Die Vermögenswerte müssen dann aber ein Geschäft bilden, dem sich eindeutig ein Marktumsatz zuweisen läßt.

12. Kontrolle kann von einem oder von mehreren gemeinsam ausgeübt werden. In beiden Fällen wird Kontrolle definiert als die Möglichkeit, einen bestimmenden Einfluß auf das Unternehmen auszuüben, auf der Grundlage von Rechten, Verträgen oder in anderer Weise (Artikel 3 Absatz 3).

<u>1. Alleinige Kontrolle</u>

13. Eine alleinige Kontrolle entsteht in der Regel de jure dann, wenn ein Unternehmen die Stimmrechtsmehrheit eines anderen Unternehmens erwirbt. Es ist unerheblich, ob die erworbene Beteiligung 50% plus eine Aktie[12] oder 100% des Aktienkapitals beträgt[13]. Wenn nicht andere Faktoren hinzukommen, ist der Erwerb einer Beteiligung ohne Stimmrechtsmehrheit in der Regel nicht mit der Erlangung von Kontrolle gleichzusetzen, selbst wenn die Aktienmehrheit erworben wird.

14. Alleinige Kontrolle kann auch mit einer »qualifizierten Minderheit« erworben werden. Dies kann dann entweder rechtlich oder faktisch geschehen.

---

7 Sache IV/M.097, Pećhiney/Usinor (24. Juni 1991), und Sache IV/M.216, CEA Industrie/France Telećom/SGS-Thomson (22. Februar 1993).
8 Vgl. Nr. 55 der Mitteilung unter dem Begriff der beteiligten Unternehmen.
9 Vgl. die Entscheidung der Kommission nach dem EGKSVertrag in der Sache Usinor/Bamesa. Siehe auch Sache IV/M.258, CCIE/GTE (25. September 1992), und Sache IV/M.697, Lockheed Martin Corporation/Loral Corporation (27. März 1996).
10 Sache IV/M.157, Air France/Sabena (5. Oktober 1992).
11 Sache IV/M.286, Zürich/MMI (2. April 1993).
12 Sache IV/M.296, Credit Lyonnais/BFG (11. Januar 1993).
13 Sache IV/M.299, Sarah Lee/BP Food Division (8. Februar 1993).

Auf rechtlicher Grundlage ist dies möglich, wenn die Minderheitsbeteiligung mit besonderen Rechten ausgestattet ist. Es können dies Vorzugsaktien sein, die zu einer Stimmrechtsmehrheit führen, oder aber auch andere Rechte, die es einem Minderheitsgesellschafter möglich machen, die Wirtschaftsstrategie des Zielunternehmens zu bestimmen, zum Beispiel das Recht, über die Hälfte der Mitglieder des Aufsichtsrats oder des Vorstands zu bestimmen.

Ein Minderheitsgesellschafter kann auch faktisch allein ein Unternehmen kontrollieren. Dies ist beispielsweise dann der Fall, wenn er damit rechnen kann, in der Hauptversammlung eine Mehrheit zu bekommen, weil sich die restlichen Anteile in Streubesitz befinden[14]. Es ist dann unwahrscheinlich, daß alle Kleinaktionäre an der Hauptversammlung teilnehmen oder sich vertreten lassen. Ob im Einzelfall alleinige Kontrolle besteht, richtet sich danach, wieviele Aktionäre früher an Hauptversammlungen teilgenommen haben. Wenn ein Minderheitsgesellschafter auf der Grundlage der Hauptversammlungspräsenz eine gesicherte Stimmenmehrheit hat, dann ist anzunehmen, daß er allein das Unternehmen kontrolliert[15].

Ein Minderheitsgesellschafter kann auch ein Unternehmen allein kontrollieren, wenn er das Recht hat, das Unternehmen zu leiten und die Geschäftspolitik zu bestimmen.

15. Eine Option, die zum Kauf oder zur Umwandlung von Aktien berechtigt, verleiht an sich noch keine Kontrolle, solange die Option nicht in naher Zukunft aufgrund einer rechtlich verbindlichen Absprache ausgeübt wird[16]. Wenn es jedoch wahrscheinlich ist, daß die Option ausgeübt wird, kann dies ein weiteres Indiz sein, das – zusammen mit anderen – den Schluß nahe legt, daß eine alleinige Kontrolle vorliegt.

16. Bei einem Wechsel von gemeinsamer Kontrolle zu alleiniger Kontrolle, liegt ein Zusammenschluß im Sinne der Fusionskontrollverordnung vor, da ein wesentlicher Unterschied darin besteht, ob ein bestimmter Einfluß allein oder gemeinsam ausgeübt wird[17]. Entsprechend sind der Erwerb gemeinsamer Kontrolle über einen Teil eines Unternehmens und alleiniger Kontrolle über den anderen Teil im Prinzip als zwei verschiedene Zusammenschlüsse nach der Fusionskontrollverordnung anzusehen[18].

17. Der Kontroll-Begriff der Fusionskontrollverordnung ist überdies nicht unbedingt mit dem Kontroll-Begriff in anderen Rechtsbereichen – z.B. Aufsichtsregeln, Steuerrecht, Luftverkehr, Medien usw. – identisch. Zudem kann der nationale Gesetzgeber in einem Mitgliedstaat im einzelnen bestimmen, wie die Entscheidungsgremien eines Unternehmens auszusehen haben, insbesondere welche Rechte die Vertreter der Belegschaft erhalten. Der Gesetzgeber kann also auch Personen, die keine Anteilseigner sind, mit Kontrollbefugnissen ausstatten. Der Kontroll-Begriff der Fusionskontrollverordnung jedoch bezieht sich nur auf den Einfluß der Unternehmenseigner. Schließlich liegt auch keine Kontrolle im Sinne der Fusionskontrollverordnung vor, wenn der Staat seine auf den Schutz des Gemeininteresses gerichteten hoheitsrechtlichen Prärogativen wahrnimmt, d.h. nicht als Aktionär auftritt, soweit mit diesen Prärogativen weder bezweckt noch bewirkt wird, daß der Staat einen bestimmenden Einfluß auf die Tätigkeit des Unternehmens ausübt[19].

2. Gemeinsame Kontrolle

18. Wie in dem Fall, in dem die Kontrolle in einer Hand liegt, so läßt sich die Erlangung der gemeinsamen Kontrolle (einschließlich des Übergangs von alleiniger auf gemeinsame Kontrolle) rechtlich oder faktisch begründen. Eine gemeinsame Kontrolle liegt dann vor, wenn die Anteilseigner (die Muttergesellschaften) bei allen wichtigen Entscheidungen, die das beherrschte Unternehmen (Gemeinschaftsunternehmen) betreffen, Übereinstimmung erzielen müssen.

---

14 Sache IV/M.025, Arjomari/Wiggins Teape (10. Februar 1990).
15 Sache IV/M.343, Societé Genérale de Belgique/Genérale de Banque (3. August 1993).
16 Rechtssache T-2/93, Air France/Kommission, Urteil vom 19. Mai 1994, EuGH Slg. 1994, S. II-323.
17 Hierauf wird im einzelnen unter Randnummern 30 bis 32 im Zusammenhang mit der Mitteilung über den Begriff der beteiligten Unternehmen eingegangen.
18 Sache IV/M.409, ABB/Renault Automation (9. März 1994).
19 Sache IV/M.493, Tractebel/Distrigaz II (1. September 1994).

Mitteilung über den Zusammenschlussbegriff (zu FKVO a.F.)

19. Eine gemeinsame Kontrolle ist dann gegeben, wenn zwei oder mehr Unternehmen oder Personen die Möglichkeit haben, einen bestimmenden Einfluß in einem anderen Unternehmen auszuüben. Bestimmender Einfluß bedeutet hier in der Regel die Möglichkeit, Aktionen blockieren zu können, die das strategische Wirtschaftsverhalten eines Unternehmens bestimmen. Im Unterschied zur alleinigen Kontrolle, die einem einzelnen Aktionär das Recht gibt, die strategischen Entscheidungen des Unternehmens zu bestimmen, können bei einer gemeinsamen Kontrolle Pattsituationen entstehen, weil zwei oder mehr der beherrschenden Unternehmen die Möglichkeit haben, strategische Entscheidungen zu blockieren. Diese Anteilsinhaber müssen folglich die Geschäftspolitik des Gemeinschaftsunternehmens einvernehmlich festlegen.

2.1. Gleiche Stimmrechte oder Besetzung der Entscheidungsgremien

20. Am deutlichsten ist eine gemeinsame Kontrolle, wenn es nur zwei beherrschende Unternehmen mit gleichen Stimmrechten in dem Gemeinschaftsunternehmen gibt. Hier brauchen die beiden Unternehmen keine formelle Vereinbarung. Gibt es jedoch eine solche Vereinbarung, dann darf sie dem Prinzip der Gleichheit der beherrschenden Unternehmen nicht entgegenstehen, die zum Beispiel darin zum Ausdruck kommt, daß jedes Unternehmen die gleiche Zahl von Vertretern in die Unternehmensleitung entsendet und daß keines der Mitglieder mit seiner Stimme den Ausschlag geben kann[20]. Eine Gleichheit läßt sich auch in der Weise erreichen, daß beide beherrschende Unternehmen das Recht erhalten, die gleiche Zahl von Mitgliedern in die Entscheidungsgremien des Gemeinschaftsunternehmens zu entsenden.

2.2. Vetorechte

21. Gemeinsame Kontrolle kann auch vorliegen, wenn die beiden beherrschenden Unternehmen nicht die gleichen Stimmrechte haben oder gleich stark in den Entscheidungsgremien vertreten sind, oder wo es mehr als zwei beherrschende Unternehmen gibt. Dies ist dann der Fall, wenn Minderheitsgesellschafter zusätzliche Rechte haben, die es ihnen ermöglichen, ein Veto einzulegen gegen Entscheidungen, die wesentlich sind für das strategische Wirtschaftsverhalten des Gemeinschaftsunternehmens[21]. Diese Vetorechte können in der Satzung des Gemeinschaftsunternehmens verankert sein, sie können aber auch auf einer Vereinbarung der Muttergesellschaften beruhen. Die Vetorechte selbst können darin bestehen, daß für Entscheidungen der Hauptversammlung oder der Unternehmensleitung, soweit die Muttergesellschaften darin vertreten sind, eine bestimmte Stimmzahl erforderlich ist. Möglicherweise müssen strategische Entscheidungen aber auch von einem Gremium (Aufsichtsrat z.B.) genehmigt werden, in dem ohne die Stimmen der darin vertretenen Minderheitsaktionäre keine Entscheidung getroffen werden kann.

22. Diese Vetorechte müssen sich auf strategische geschäftspolitische Entscheidungen in dem Gemeinschaftsunternehmen beziehen. Sie müssen über das hinausgehen, was in der Regel Minderheitsgesellschaftern an Vetorechten eingeräumt wird, um deren finanzielle Interessen als Kapitalgeber des Gemeinschaftsunternehmens zu schützen. Dieser übliche Rechtsschutz für Minderheitsgesellschafter gilt für Entscheidungen, die das Wesen des Gemeinschaftsunternehmens berühren, wie Satzungsänderungen, Kapitalerhöhungen, Kapitalherabsetzungen oder Liquidation. Ein Vetorecht beispielsweise, mit dem ein Verkauf oder eine Abwicklung des Gemeinschaftsunternehmens verhindert werden kann, gibt dem Minderheitsaktionär noch keine gemeinsame Kontrolle[22].

23. Vetorechte hingegen, die eine gemeinsame Kontrolle begründen, betreffen in der Regel Entscheidungen über Budget, Geschäftsplan, größere Investitionen und die Besetzung der Unternehmensleitung. Zur Erlangung gemeinsamer Kontrolle ist es jedoch nicht erforderlich, daß der Erwerber die Möglichkeit hat, einen bestimmenden Einfluß auf die Alltagsgeschäfte des Unternehmens auszuüben. Entscheidend ist, daß die Vetorechte ausreichen, um den Muttergesellschaften die Möglichkeit zu geben, das strategische Wirtschaftsverhalten zu be-

---

20 Sache IV/M.272, Matra/CAP Gemini Sogeti (17. März 1993).
21 Rechtssache T-2/93, Air France/Kommission (ibid.); Sache IV/M.010, Conagra/Idea (3. Mai 1991).
22 Sache IV/M.062, Eridania/ISI (30. Juli 1991).

einflussen. Es ist auch nicht der Nachweis erforderlich, daß der Erwerber der gemeinsamen Kontrolle von seinem bestimmenden Einfluß auch tatsächlich Gebrauch macht. Die Möglichkeit, seinen Einfluß auszuüben, somit die bloße Existenz der Vetorechte, reicht aus.

24. Um eine gemeinsame Kontrolle zu erlangen, braucht ein Minderheitsgesellschafter nicht alle obengenannten Vetorechte zu haben. Es genügt möglicherweise, daß er nur einige oder nur ein einziges Recht besitzt. Ob dies der Fall ist oder nicht, hängt von dem Inhalt des Vetorechts ab und auch von dessen Bedeutung für die geschäftlichen Aktivitäten gerade dieses Gemeinschaftsunternehmens.

Besetzung der Unternehmensleitung und Finanzplanung

25. Am wichtigsten sind in der Regel die Vetorechte, die die Besetzung der Unternehmensleitung und die Finanzplanung betreffen. Das Recht, die Zusammensetzung der Unternehmensleitung mitzubestimmen, sichert dessen Inhaber einen bestimmenden Einfluß auf die Geschäftspolitik des Unternehmens. Das gleiche gilt für Entscheidungen über die Finanzplanung, denn die Finanzplanung bestimmt, in welchem Rahmen das Gemeinschaftsunternehmen betrieben wird, und vor allem die Höhe der Investitionen.

Geschäftsplan

26. Der Geschäftsplan zeigt normalerweise in allen Einzelheiten auf, welche Ziele das Unternehmen verfolgt, und mit welchen Mitteln sie verwirklicht werden sollen. Ein Vetorecht für diese Art von Geschäftsplan reicht unter Umständen aus, um eine gemeinsame Kontrolle zu begründen, selbst wenn es sonst keine anderen Vetorechte gibt. Wenn hingegen der Geschäftsplan nur Grundsatzerklärungen zu den Geschäftszielen des Gemeinschaftsunternehmens enthält, ist das Vetorecht nur ein Punkt unter anderen bei der generellen Beurteilung der Frage, ob eine gemeinsame Kontrolle vorliegt, reicht aber für sich allein nicht aus, um eine gemeinsame Kontrolle zu begründen.

Investitionen

27. Welche Bedeutung ein Vetorecht im Fall von Investitionen hat, hängt davon ab, ab welcher Höhe Investitionen der Genehmigung durch die Muttergesellschaften bedürfen, und dann davon, inwieweit Investitionen auf dem Markt, auf dem das Gemeinschaftsunternehmen tätig ist, von Bedeutung sind. Wenn nur ganz große Investitionen genehmigungspflichtig sind, läuft das Vetorecht auf einen üblichen Schutz der Interessen des Minderheitsgesellschafters hinaus, und hat nur wenig mit einem Mitbestimmungsrecht an der Geschäftspolitik des Gemeinschaftsunternehmens zu tun. Die Investitionspolitik ist in der Regel ein wichtiges Kriterium für die Beurteilung, ob eine gemeinsame Kontrolle vorliegt. Es gibt allerdings auch Märkte, auf denen das Marktverhalten eines Unternehmens nicht wesentlich von den Investitionen bestimmt wird.

Marktspezifische Rechte

28. Abgesehen von den typischen Vetorechten, die vorstehend behandelt wurden, gibt es eine Reihe anderer Vetorechte, die mit bestimmten Entscheidungen zu tun haben, die für den Markt, auf dem das Gemeinschaftsunternehmen tätig ist, wichtig sind. Ein Beispiel hierfür ist die Entscheidung darüber, mit welcher Technologie das Gemeinschaftsunternehmen arbeiten soll, wenn die Technologie eine Schlüsselrolle im Geschäft des Gemeinschaftsunternehmens spielt. Ein anderes Beispiel liefern Märkte, die durch Produktdifferenzierung und ein hohes Maß an Innovation gekennzeichnet sind. Auf solchen Märkten kann ein Vetorecht bei Entscheidungen über die Entwicklung neuer Produkte durch das Gemeinschaftsunternehmen ein wichtiges Indiz für das Vorliegen einer gemeinsamen Kontrolle sein.

Gesamtschau

29. Sofern es mehrere Vetorechte gibt, sollten sie bei der Bewertung ihrer relativen Bedeutung nicht isoliert betrachtet werden. Ob eine gemeinsame Kontrolle vorliegt oder nicht, ist nur

daran zu messen, wie diese Rechte als Ganzes wirken. Ein Vetorecht, das weder gegenüber der Geschäftspolitik noch der Strategie oder der Finanzplanung oder dem Geschäftsplan zum Tragen kommt, verleiht auch dem Inhaber keine gemeinsame Kontrolle[23].

2.3. Gemeinsame Ausübung der Stimmrechte

30. Selbst ohne besondere Vetorechte können zwei oder mehr Unternehmen, die eine Minderheitsbeteiligung an einem anderen Unternehmen erwerben, eine gemeinsame Kontrolle erlangen. Dies ist dann der Fall, wenn die Minderheitsbeteiligungen zusammen die Grundlage für eine Kontrolle über das Zielunternehmen bilden. Dies bedeutet, daß die Minderheitsgesellschafter zusammen eine Stimmenmehrheit haben und bei der Ausübung der Stimmrechte gemeinsam handeln. Dies kann das Ergebnis einer rechtsverbindlichen Vereinbarung sein oder sich faktisch aus den Verhältnissen ergeben.

31. Die gemeinsame Ausübung der Stimmrechte läßt sich rechtlich über eine Holdinggesellschaft absichern, der die Minderheitsgesellschafter ihre Rechte übertragen, oder durch eine Vereinbarung, in der sie sich verpflichten, in der gleichen Weise zu handeln (Pool-Vereinbarung).

32. Ganz selten ist die Möglichkeit eines gemeinsamen Handelns de facto dort gegeben, wo starke gemeinsame Interessen der Minderheitsgesellschafter bewirken, daß sie bei der Ausübung ihrer Stimmrechte in dem Gemeinschaftsunternehmen nicht gegeneinander handeln.

33. Beim Erwerb einer Minderheitsbeteiligung kann der Umstand, daß es schon vorher Verbindungen unter den Minderheitsaktionären gab oder die Beteiligungen in einem aufeinander abgestimmten Vorgehen erworben wurden, ein Indiz für das Vorliegen eines solchen gemeinsamen Interesses sein.

34. Bei einem neu gegründeten Gemeinschaftsunternehmen ist im Gegensatz zum Erwerb einer Minderheitsbeteiligung an einem bereits bestehenden Unternehmen die Wahrscheinlichkeit größer, daß die Gründer bewußt eine gemeinsame Politik verfolgen. Dies ist vor allem dann der Fall, wenn jeder einzelne Gründer einen lebenswichtigen Beitrag zu dem Gemeinschaftsunternehmen leistet (zum Beispiel Technologie, Kenntnis der örtlichen Marktverhältnisse oder Lieferverträge). Die Muttergesellschaften können unter diesen Umständen möglicherweise das Gemeinschaftsunternehmen nur betreiben, wenn sie uneingeschränkt zusammenarbeiten und die wichtigen strategischen Entscheidungen gemeinsam treffen, selbst wenn nicht ausdrücklich Vetorechte vereinbart wurden. Je größer die Zahl der Muttergesellschaften, um so geringer ist jedoch die Wahrscheinlichkeit, daß es hierzu kommt.

35. In Ermangelung einer starken Interessengemeinschaft wird in der Regel die Möglichkeit wechselnder Koalitionen unter den Minderheitsgesellschaften die Entstehung einer gemeinsamen Kontrolle verhindern. Wenn es in den Entscheidungsverfahren keine feste Mehrheit gibt und die Mehrheit von Fall zu Fall unter den Minderheitsgesellschaftern verschieden ausfallen kann, ist nicht zu vermuten, daß die Minderheitsgesellschafter gemeinsam das Unternehmen kontrollieren. In diesem Zusammenhang reicht es nicht aus, wenn es Absprachen gibt unter zwei oder mehr Parteien mit einer gleich hohen Kapitalbeteiligung an dem Unternehmen, die identische Rechte und Machtbefugnisse unter den Parteien begründen. Wenn beispielsweise in einem Unternehmen drei Gesellschafter jeweils ein Drittel des Kapitals besitzen und jeder ein Drittel der Posten in der Unternehmensleitung besetzt, haben die Gesellschafter keine gemeinsame Kontrolle, da die Entscheidungen mit einfacher Mehrheit getroffen werden müssen. Die gleiche Überlegung gilt auch für kompliziertere Konstruktionen, wenn sich beispielsweise das Kapital eines Unternehmens gleichmäßig auf drei Aktionäre verteilt und die Unternehmensleitung aus zwölf Direktoren besteht, von denen die Aktionäre A, B und C einzeln jeweils zwei bestimmen, gemeinsam auch zwei, und die restlichen vier von den acht Direktoren gewählt werden. In diesem Fall liegt keine gemeinsame Kontrolle vor, und damit auch keine Kontrolle im Sinne der Fusionskontrollverordnung.

---

23 Sache IV/M.295, SITA-RPC/SCORI (19. März 1993).

2.4. Sonstige Überlegungen zur gemeinsamen Kontrolle

36. Eine gemeinsame Kontrolle ist nicht unvereinbar mit einer Situation, in der eine der Muttergesellschaften eine besondere Erfahrung in dem Geschäftszweig des Gemeinschaftsunternehmens besitzt. In einem solchen Fall kann sich die andere Muttergesellschaft in den Alltagsgeschäften des Gemeinschaftsunternehmens mit einer bescheidenen Rolle begnügen oder überhaupt nicht in Aktion treten, wenn der Grund für ihre Präsenz in diesem Unternehmen in einer Finanzstrategie auf lange Sicht, Marken-Image oder Überlegungen grundsätzlicher Art liegt. Es muß sich jedoch immer die realistische Möglichkeit vorbehalten, gegen Entscheidungen der anderen Muttergesellschaft Einspruch zu erheben, denn sonst würde nur einer das Gemeinschaftsunternehmen kontrollieren.
37. Eine gemeinsame Kontrolle setzt normalerweise voraus, daß kein Unternehmen mit seiner Stimme den Ausschlag geben kann. Eine gemeinsame Kontrolle ist jedoch möglich, wenn vor der Abgabe dieser entscheidenden Stimme ein Schlichtungsverfahren und Einigungsversuche stattfinden müssen, oder die entscheidende Stimme nur auf einem sehr begrenzten Gebiet besteht[24].

2.5. Gemeinsame Kontrolle auf Zeit

38. Wenn ein Vorhaben dazu führt, daß zwar für eine Anlaufzeit[25] eine gemeinsame Kontrolle entsteht, die aber aufgrund einer rechtsverbindlichen Vereinbarung so umgewandelt werden wird, daß nur ein Aktionär die Kontrolle übernimmt, gilt das ganze Vorhaben in der Regel als Erwerb der alleinigen Kontrolle durch ein Unternehmen.

3. Kontrolle eines einzelnen Gesellschafters auf der Grundlage von Vetorechten

39. In einem Sonderfall kann zwar ein Gesellschafter allein strategische Entscheidungen in einem Unternehmen durch ein Veto verhindern, nicht aber derartige Entscheidungen allein durchsetzen. Dies ist dann der Fall, wenn ein Aktionär 50% des Kapitals besitzt und sich der Rest auf zwei oder mehr Minderheitsgesellschafter verteilt, oder wenn für strategische Entscheidungen eine bestimmte Zahl von Stimmen erforderlich ist, die faktisch einem Minderheitsgesellschafter allein ein Vetorecht verleiht[26]. Unter diesen Umständen besitzt ein einzelner Gesellschafter denselben Einfluß, den in der Regel mehrere, gemeinsam kontrollierende Gesellschafter haben, d.h. er kann die Annahme einer strategischen Entscheidung blockieren. Dieser Gesellschafter hat allerdings nicht die gleiche Machtposition, die normalerweise ein Unternehmen hat, das allein ein anderes Unternehmen kontrolliert, d.h. die Möglichkeit, strategische Beschlüsse durchzusetzen. Da dieser Gesellschafter eine Pattsituation herbeiführen kann, vergleichbar mit Fällen einer gemeinsamen Kontrolle, erwirbt er einen bestimmenden Einfluß und damit Kontrolle im Sinne der Fusionskontrollverordnung[27].

4. Veränderungen in der Struktur der Kontrolle

40. Ein Zusammenschluß liegt auch dann vor, wenn sich die Struktur der Kontrolle ändert. Hierzu gehört, wenn aus einer gemeinsamen Kontrolle eine Kontrolle durch nur ein Unternehmen wird, oder sich die Zahl der die gemeinsame Kontrolle ausübenden Gesellschafter erhöht. Die Grundsätze für die Beantwortung der Frage, ob in diesen Fällen ein Zusammenschluß vorliegt, sind eingehend in der Mitteilung zum Begriff der beteiligten Unternehmen erläutert worden[28].

---

24 Sache IV/M.425, British Telecom/Banco Santander (28. März 1994).
25 Die Anlaufzeit darf nicht länger als drei Jahre dauern; Sache IV/M.425, British Telecom/Banco Santander.
26 Sache IV/M.258, CCIE/GTE (25. September 1992); die Vetorechte eines einzigen Aktionärs wurden in diesem Fall über ein von diesem Aktionär bestelltes Aufsichtsratsmitglied ausgeübt.
27 Da dieser Aktionär als einziger einen beherrschenden Einfluß erwirbt, ist nur er zur Anmeldung des Zusammenschlusses nach der Fusionskontrollverordnung verpflichtet.
28 Randnummern 30 bis 48.

IV. Ausnahmen

41. Artikel 3 Absatz 5 nennt drei Ausnahmen, in denen der Erwerb einer Beteiligung, die eine Kontrolle ermöglicht, keinen Zusammenschluß im Sinne der Fusionskontrollverordnung darstellt.
42. Erstens ist der Erwerb von Wertpapieren durch Unternehmen, deren normale Tätigkeit Geschäfte und den Handel mit Wertpapieren für eigene oder fremde Rechnung einschließt, kein Zusammenschluß, wenn der Erwerb im Rahmen dieser Geschäfte erfolgt und die Wertpapiere nur vorübergehend erworben werden (Artikel 3 Absatz 5 Buchstabe a)). Diese Ausnahme gilt unter folgenden Voraussetzungen:
    - Der Erwerb muß von einem Kreditinstitut, einem sonstigen Finanzinstitut oder einer Versicherungsgesellschaft im Rahmen der oben beschriebenen Tätigkeit vorgenommen werden.
    - Die Wertpapiere müssen zum Zwecke der Veräußerung erworben werden.
    - Das erwerbende Unternehmen darf seine Stimmrechte nicht ausüben, um das strategische Marktverhalten des Zielunternehmens zu bestimmen, oder nur, um die Veräußerung der Gesamtheit oder von Teilen des Unternehmens oder seiner Vermögenswerte oder die Veräußerung der Anteile vorzubereiten.
    - Das erwerbende Unternehmen muß seine beherrschende Beteiligung innerhalb von einem Jahr nach dem Erwerb veräußern, d.h. es muß seine Beteiligung innerhalb Jahresfrist mindestens so weit verringern, daß keine Kontrolle mehr gegeben ist. Die Kommission kann die Frist jedoch verlängern, wenn das erwerbende Unternehmen nachweisen kann, daß die Veräußerung innerhalb der vorgeschriebenen Frist unzumutbar war.
43. Zweitens ist keine Veränderung der Kontrolle und mithin auch kein Zusammenschluß im Sinne der Fusionskontrollverordnung gegeben, wenn ein Träger eines öffentlichen Mandats aufgrund der Gesetzgebung eines Mitgliedstaats über die Auflösung von Unternehmen, den Konkurs, die Insolvenz, die Zahlungseinstellung, den Vergleich oder ähnliche Verfahren die Kontrolle erwirbt (Artikel 3 Absatz 5 Buchstabe b)).
44. Drittens wird kein Zusammenschluß bewirkt, wenn eine Beteiligungsgesellschaft im Sinne der Vierten Richtlinie 78/660/EWG des Rates[29] die Kontrolle erwirbt, solange sie ihre Stimmrechte nur zur Erhaltung des vollen Werts der Investitionen ausübt und sie nicht dazu benutzt, um direkt oder indirekt das strategische Marktverhalten des kontrollierten Unternehmens zu bestimmen.
45. Im Zusammenhang mit den Ausnahmen nach Artikel 3 Absatz 5 kann sich die Frage stellen, ob eine Rettungsaktion einen Zusammenschluß im Sinne der Fusionskontrollverordnung darstellt. Eine Rettungsaktion besteht gewöhnlich darin, daß die Altschulden in ein neues Unternehmen umgewandelt werden, über das ein Bankenkonsortium eine gemeinsame Kontrolle erlangt. Wenn der Vorgang nach den obengenannten Kriterien zu gemeinsamer Kontrolle führt, wird in der Regel ein Zusammenschluß anzunehmen sein[30]. Obgleich die Banken in erster Linie auf eine Umstrukturierung der Unternehmensfinanzen bedacht sind, um das Unternehmen anschließend verkaufen zu können, kommt die Ausnahme nach Artikel 3 Absatz 5 Buchstabe a) in einem solchen Fall normalerweise nicht zum Zuge. Der Grund hierfür ist, daß die Banken, die die Kontrolle haben, im Rahmen des Umstrukturierungsprogramms normalerweise das strategische Marktverhalten des geretteten Unternehmens bestimmen müssen. Außerdem ist es in der Regel unrealistisch zu erwarten, daß sich ein Unternehmen innerhalb der zulässigen Jahresfrist wieder wirtschaftlich auf festen Boden stellen und verkaufen läßt. Wieviel Zeit hierfür gebraucht wird, ist oft so schwer zu überblicken, daß es schwer fallen würde, eine Verlängerung der Veräußerungsfrist zu bewilligen.

---

29 ABl. L 222 vom 14.8.1978, S. 11, Richtlinie zuletzt geändert durch die Akte über den Beitritt Österreichs, Finnlands und Schwedens. Artikel 5 Absatz 3 definiert Beteiligungsgesellschaften als »Gesellschaften, deren einziger Zweck darin besteht, Beteiligungen an anderen Unternehmen zu erwerben sowie die Verwaltung und Verwertung dieser Beteiligungen wahrzunehmen, ohne daß diese Gesellschaften unmittelbar oder mittelbar in die Verwaltung dieser Unternehmen eingreifen unbeschadet der Rechte, die den Beteiligungsgesellschaften in ihrer Eigenschaft als Aktionärin oder Gesellschafterin zustehen«.
30 Sache IV/M.116, Kelt/American Express (28. August 1991).

V. Schlußbemerkung

46. Die Auslegung des Artikels 3 durch die Kommission in dieser Mitteilung greift einer Auslegung durch den Gerichtshof oder das Gericht erster Instanz der Europäischen Gemeinschaften nicht vor.

Mitteilung der Kommission über den Begriff der beteiligten Unternehmen

in der Verordnung (EWG) Nr. 4064/89 des Rates über die Kontrolle von Unternehmenszusammenschlüssen

(Text von Bedeutung für den EWR)

I. Einleitung
II. Der Begriff der beteiligten unternehmen
III. Bestimmung der an verschiedenen Arten von Vorhaben beteiligten Unternehmen
   1. Fusionen
   2. Erwerb der alleinigen Kontrolle
      2.1. Erwerb der alleinigen Kontrolle über das gesamte Unternehmen
      2.2. Erwerb der alleinigen Kontrolle über einen Teil eines Unternehmens
      2.3. Erwerb der alleinigen Kontrolle nach Verkleinerung oder Vergrößerung des zu übernehmenden Unternehmens
      2.4. Erwerb der alleinigen Kontrolle über die Tochtergesellschaft einer Gruppe
   3. Erwerb der gemeinsamen Kontrolle
      3.1. Erwerb der gemeinsamen Kontrolle über ein neugegründetes Unternehmen
      3.2. Erwerb der gemeinsamen Kontrolle über ein bereits bestehendes Unternehmen
      3.3. Erwerb der gemeinsamen Kontrolle im Hinblick auf eine sofortige Aufteilung der Vermögenswerte
   4. Erwerb der gemeinsamen Kontrolle durch ein Gemeinschaftsunternehmen
   5. Der Übergang von gemeinsamer zu alleiniger Kontrolle
   6. Änderung der Beteiligung bei der gemeinsamen Kontrolle über ein bestehendes Gemeinschaftsunternehmen
      6.1. Herabsetzung der Zahl der Anteilseigner mit Übergang von gemeinsamer zu alleiniger Kontrolle
      6.2. Herabsetzung der Zahl der Anteilseigner ohne Übergang von gemeinsamer zu alleiniger Kontrolle
      6.3. Sonstige Veränderungen in der Zusammensetzung der Beteiligung
   7. »Entfusionierungen« und Entflechtungen von Unternehmen
   8. Tausch von Vermögenswerten
   9. Erwerb der Kontrolle durch natürliche Personen
   10. Management BUY-OUT
   11. Erwerb der Kontrolle durch ein staatliches Unternehmen

I. Einleitung

1. Die Kommission will in der vorliegenden Mitteilung klarstellen, wie sie den Begriff der beteiligten Unternehmen in Artikel 1 und 5 der Verordnung (EWG) Nr. 4064/89 des Rates[1], zuletzt geändert durch die Verordnung (EG) Nr. 1310/97[2] (nachstehend als »Fusionskontrollverordnung« bezeichnet), auslegt und wie sich die beteiligten Unternehmen in den besonders typischen Situationen, denen die Kommission bisher begegnet ist, identifizieren lassen. Die hier dargelegten Grundsätze werden von der Kommission bei der Behandlung von Einzelfällen befolgt und weiter entwickelt.
Diese Mitteilung ersetzt die Bekanntmachung der Kommission über den Begriff der beteiligten Unternehmen[3].

2. Gemäß Artikel 1 der Fusionskontrollverordnung gilt diese nur für Zusammenschlüsse, die eine doppelte Voraussetzung erfüllen. Erstens müssen mehrere Unternehmen fusionieren

---

[1] ABl. L 395 vom 30.12.1989, S. 1; berichtigte Fassung: ABl. L 257 vom 21.9.1990, S. 13.
[2] ABl. L 180 vom 9.7.1997, S. 1.
[3] ABl. C 385 vom 31.12.1994, S. 12.

oder müssen ein oder mehrere Unternehmen aufgrund des geplanten Zusammenschlusses die Kontrolle über die Gesamtheit oder Teile anderer Unternehmen erwerben, wobei der Zusammenschluß der Definition des Artikels 3 derselben Verordnung entsprechen muß. Zweitens müssen diese Unternehmen die in Artikel 1 vorgesehenen Umsatzschwellen erreichen.

3. Unter dem Gesichtspunkt der Bestimmung der Zuständigkeit sind die beteiligten Unternehmen im allgemeinen die Teilnehmer der Transaktion, soweit sie die fusionierenden, die erwerbenden oder die erworbenen Parteien sind. Zusätzlich ist ihre am Umsatz orientierte wirtschaftliche Gesamtgröße entscheidend um festzustellen, ob die Schwellenwerte erreicht werden.

4. Die Auslegung des Begriffs der beteiligten Unternehmen in Artikel 1 und 5 durch die Kommission berührt nicht seine etwaige Auslegung durch den Gerichtshof oder das Gericht erster Instanz der Europäischen Gemeinschaften.

II. Der Begriff der beteiligten Unternehmen

5. Die beteiligten Unternehmen sind die direkten Teilnehmer an einer Fusion oder einem Kontrollerwerb. Artikel 3 Absatz 1 der Fusionskontrollverordnung sieht in diesem Zusammenhang folgendes vor:

»Ein Zusammenschluß wird dadurch bewirkt, daß

a) zwei oder mehrere bisher voneinander unabhängige Unternehmen fusionieren oder daß
b) – eine oder mehrere Personen, die bereits mindestens ein Unternehmen kontrollieren, oder
   – ein oder mehrere Unternehmen

   durch den Erwerb von Anteilsrechten oder Vermögenswerten, durch Vertrag oder in sonstiger Weise die unmittelbare oder mittelbare Kontrolle über die Gesamtheit oder über Teile eines oder mehrerer anderer Unternehmen erwerben.«

6. Im Fall einer Fusion sind die beteiligten Unternehmen die fusionierenden Unternehmen.

7. In den anderen Fällen werden die beteiligten Unternehmen durch den Begriff des »Kontrollerwerbs« bestimmt. Auf der übernehmenden Seite können ein oder mehrere Unternehmen allein oder gemeinsam die Kontrolle erwerben. Auf der zu übernehmenden Seite können ein oder mehrere Unternehmen in ihrer Gesamtheit vorhanden sein, wenn lediglich eine der Tochtergesellschaften oder einige Vermögenswerte Gegenstand des Vorhabens sind. Grundsätzlich wird jedes dieser Unternehmen als beteiligtes Unternehmen im Sinne der Fusionskontrollverordnung angesehen. Wegen der besonderen Merkmale bestimmter Zusammenschlußvorhaben muß dieser Grundsatz aber weiter ausgeformt werden. Die nachstehende Analyse verschiedener möglicher Szenarien macht dies deutlich.

8. Bei Zusammenschlüssen, bei denen Unternehmen nicht fusionieren und keine neuen Gemeinschaftsunternehmen gegründet werden, also in den Fällen des alleinigen oder gemeinsamen Erwerbs bereits bestehender Unternehmen durch ein oder mehrere andere Unternehmen, wird eine wichtige Partei des das Vorhaben begründenden Vertrages nicht als beteiligtes Unternehmen berücksichtigt, nämlich der Veräußerer. Obwohl das Vorhaben von seiner Zustimmung abhängt, ist seine Rolle mit Abschluß der Transaktion beendet, da seine Beziehungen zu dem Unternehmen von dem Zeitpunkt an aufhören, zu dem er die gesamte Kontrolle über das Unternehmen abgegeben hat. Behält der Veräußerer jedoch die gemeinsame Kontrolle mit dem bzw. den übernehmenden Unternehmen, so wird er als eines der beteiligten Unternehmen angesehen.

9. Sobald die an einem bestimmten Vorhaben beteiligten Unternehmen identifiziert worden sind, muß ihr Umsatz zur Feststellung der Zuständigkeit gemäß Artikel 5 der Fusionskontrollverordnung berechnet werden[4]. Eine wesentliche Bestimmung dieses Artikels besteht darin, daß der Umsatz der gesamten Gruppe berücksichtigt werden muß, wenn das Unternehmen einer Gruppe angehört. Sämtliche Angaben zum Umsatz der beteiligten Unternehmen in Artikel 1 beziehen sich also auf den Umsatz der jeweiligen Gruppen, denen diese Unternehmen angehören.

---

[4] Die Regeln für die Umsatzberechnung gemäß Artikel 5 stehen in der Mitteilung der Kommission über die Berechnung des Umsatzes.

10. Dasselbe gilt für die materielle Beurteilung der Wirkung des Zusammenschlusses auf den betreffenden Markt. Wenn in Artikel 2 der Fusionskontrollverordnung davon die Rede ist, daß die Kommission »die Marktstellung sowie die wirtschaftliche Macht und Finanzkraft der beteiligten Unternehmen« berücksichtigt, so sind damit auch die Gruppen gemeint, denen die beteiligten Unternehmen angehören.

11. Es ist wichtig, in bezug auf die verschiedenen Unternehmen, die an einem Verfahren beteiligt sein können, den Begriff der »beteiligten Unternehmen« gemäß Artikel 1 und 5 nicht mit der Terminologie zu verwechseln, die in der Fusionskontrollverordnung und in der Verordnung (EG) Nr. 447/98 der Kommission vom 1. März 1998 über die Anmeldungen, über Fristen sowie über die Anhörung nach der Verordnung (EWG) Nr. 4064/89 des Rates (nachstehend die »Durchführungsverordnung«)[5] bezüglich der verschiedenen Unternehmen verwendet werden, die an einem Verfahren beteiligt sein können. Diese Terminologie bezieht sich auf die Anmelder, andere Beteiligte, Dritte und Beteiligte, gegen die Geldbußen oder Zwangsgelder festgesetzt werden können und die in Kapitel III der Durchführungsverordnung unter Hinweis auf ihre jeweiligen Rechte und Pflichten definiert werden.

III. Bestimmung der an verschiedenen Arten von Vorhaben beteiligten Unternehmen

1. Fusionen

12. Bei einer Fusion verschmelzen ehemals selbständige Unternehmen zu einem neuen Unternehmen oder gründen als weiterhin getrennte Rechtspersonen gemeinsam eine neue Wirtschaftseinheit. In beiden Fällen sind die fusionierenden Unternehmen die am Zusammenschluß beteiligten Unternehmen.

2. Erwerb der alleinigen Kontrolle

2.1. Erwerb der alleinigen Kontrolle über das gesamte Unternehmen

13. Der Erwerb der alleinigen Kontrolle über das gesamte Unternehmen ist der direkteste Kontrollerwerb. Die beteiligten Unternehmen sind in diesem Fall das übernehmende Unternehmen und das zu übernehmende Unternehmen.

2.2. Erwerb der alleinigen Kontrolle über einen Teil eines Unternehmens

14. Artikel 5 Absatz 2 Unterabsatz 1 der Fusionskontrollverordnung sieht vor, daß auf seiten des Veräußerers nur der Umsatz berücksichtigt wird, der auf die veräußerten Teile entfällt, wenn der Zusammenschluß durch den Erwerb von Teilen eines oder mehrerer Unternehmen bewirkt wird. Der Begriff »Teil« umfaßt eine oder mehrere getrennte Rechtspersonen (wie Tochtergesellschaften), Geschäftsbereiche des Veräußerers (z.B. eine Abteilung oder Einheit) oder besondere Vermögenswerte, die als solche ein Geschäft darstellen (z.B. in bestimmten Fällen Marken oder Lizenzen), dem ein Umsatz auf dem Markt eindeutig zugeordnet werden kann. Die beteiligten Unternehmen sind in diesem Fall das übernehmende Unternehmen und die zu übernehmenden Teile des Veräußerers. 15. Artikel 5 Absatz 2 Unterabsatz 2 sieht eine besondere Regelung für aufeinanderfolgende Erwerbsvorgänge vor. Demnach werden mehrere Erwerbsvorgänge, die innerhalb von zwei Jahren zwischen demselben Käufer und demselben Verkäufer getätigt werden, als ein einziger Zusammenschluß angesehen, der zum Zeitpunkt der letzten Transaktion stattfindet. In diesem Fall sind die beteiligten Unternehmen das übernehmende Unternehmen und die verschiedenen zu übernehmenden Teile des Veräußerers.

---

[5] ABl. C … vom …, S.

2.3. Erwerb der alleinigen Kontrolle nach Verkleinerung oder Vergrößerung des zu übernehmenden Unternehmens

16. Die beteiligten Unternehmen sind in diesem Fall das übernehmende Unternehmen und das/die zu übernehmende(n) Unternehmen in ihrer zum Zeitpunkt des Zusammenschlusses bestehenden Größe.

17. Die Kommission stützt sich auf die Beschaffenheit der beteiligten Unternehmen zum Zeitpunkt des die Pflicht zur Anmeldung gemäß Artikel 4 Absatz 1 der Fusionskontrollverordnung auslösenden Ereignisses, insbesondere des Vertragsabschlusses, der Bekanntgabe des öffentlichen Übernahmeangebots oder des Erwerbs einer Kontrollbeteiligung. Hat das zu übernehmende Unternehmen vor diesem Ereignis eine Einheit veräußert oder einen Geschäftsbereich geschlossen oder ist eine solche Veräußerung oder Schließung eine Voraussetzung für das Vorhaben[6], dann dürfen die Umsatzerlöse der veräußerten Einheit oder des stillgelegten Geschäftsbereichs nicht in die Berechnung des Umsatzes einbezogen werden. Hat hingegen das zu übernehmende Unternehmen eine Einheit vor dem die Anmeldung auslösenden Ereignis erworben, so müssen deren Umsätze berücksichtigt werden[7].

2.4. Erwerb der alleinigen Kontrolle mittels einer Tochtergesellschaft einer Gruppe

18. Wird das zu übernehmende Unternehmen von einer Gruppe durch Zwischenschaltung einer Tochtergesellschaft erworben, so sind die beteiligten Unternehmen im Hinblick auf die Umsatzberechnung das zu übernehmende Unternehmen und die übernehmende Tochtergesellschaft. Die Anmeldung kann aber von der betreffenden Tochtergesellschaft oder von ihrer Muttergesellschaft vorgenommen werden.

19. Alle Gesellschaften innerhalb einer Gruppe (Muttergesellschaften, Tochtergesellschaften usw.) stellen eine einzige Wirtschaftseinheit dar. Deswegen kann innerhalb einer solchen Gruppe nur ein Unternehmen beteiligt sein. Die Tochtergesellschaft und die Muttergesellschaft können also nicht als getrennte beteiligte Unternehmen angesehen werden, damit die Schwellenerfordernisse entweder erfüllt werden (z. B. wenn das zu übernehmende Unternehmen die Gemeinschaftsumsatzschwelle von 250 Mio. ECU nicht erreicht) oder nicht erfüllt werden (z. B. wenn eine Gruppe in zwei Unternehmen mit einem Gemeinschaftsumsatz von weniger als 250 Mio. ECU aufgeteilt wurde).

20. Obwohl nur ein Unternehmen innerhalb einer Gruppe beteiligt sein kann, sieht Artikel 5 Absatz 4 der Fusionskontrollverordnung vor, daß bei der Schwellenberechnung der Umsatz der gesamten Gruppe, dem das beteiligte Unternehmen angehört, berücksichtigt werden soll[8].

3. Erwerb der gemeinsamen Kontrolle

3.1. Erwerb der gemeinsamen Kontrolle über ein neugegründetes Unternehmen

21. Im Fall des Erwerbs der gemeinsamen Kontrolle über ein neugegründetes Unternehmen sind die beteiligten Unternehmen jedes der Unternehmen, die die Kontrolle über das neu zu gründende Gemeinschaftsunternehmen erwerben (das noch nicht als beteiligtes Unternehmen angesehen werden kann, da es noch nicht besteht und darüber hinaus noch keinen eigenen Umsatz erzielt).

3.2. Erwerb der gemeinsamen Kontrolle über ein bereits bestehendes Unternehmen

22. Im Fall des Erwerbs der gemeinsamen Kontrolle über ein bereits bestehendes Unternehmen oder bestehende geschäftliche Aktivitäten[9] sind die beteiligten Unternehmen einerseits je-

---

[6] Siehe Urteil des Gerichts erster Instanz vom 24. März 1994 in der Rechtssache T-3/93, Air France/Kommission, EuGH Slg. 1994, S. II-21.

[7] Wie der Umsatz im Fall des Erwerbs oder der Veräußerung nach der letzten Rechnungsprüfung berechnet wird, steht in der Mitteilung der Kommission über die Berechnung des Umsatzes (Ziffer 27).

[8] Die Umsatzberechnung bei Unternehmensgruppen ist Gegenstand der Mitteilung der Kommission über die Berechnung des Umsatzes (Nummern 36 bis 42).

[9] Zwei oder mehrere Unternehmen (Unternehmen A, B usw.) erwerben ein bereits bestehendes Unternehmen (Unternehmen X). Was Änderungen der Beteiligung bei der gemeinsamen Kontrolle über ein bestehendes Gemeinschaftsunternehmen betrifft, siehe III.6.

des der Unternehmen, die die gemeinsame Kontrolle erwerben, und andererseits das zu übernehmende, bereits bestehende Unternehmen.

23. Unterstand aber das bereits bestehende Unternehmen der alleinigen Kontrolle eines Unternehmens und erwerben ein oder mehrere Anteilseigner die gemeinsame Kontrolle, während die ursprüngliche Muttergesellschaft bestehen bleibt, so sind die beteiligten Unternehmen jedes der gemeinsam kontrollierenden Unternehmen (einschließlich dieses ursprünglichen Anteilseigners). Das zu übernehmende Unternehmen ist in diesem Fall kein beteiligtes Unternehmen und sein Umsatz ist ein Bestandteil des Umsatzes der ursprünglichen Muttergesellschaft.

3.3. Erwerb der gemeinsamen Kontrolle im Hinblick auf eine sofortige Aufteilung der Vermögenswerte

24. Schließen sich mehrere Unternehmen für den Erwerb eines anderen Unternehmens zusammen, nur um die erworbenen Vermögenswerte in Übereinstimmung mit einem vorher vereinbarten Plan unmittelbar nach Durchführung des Vorhabens untereinander aufzuteilen, so entsteht zwischen den übernehmenden Unternehmen und dem zu übernehmenden Unternehmen kein tatsächlicher Zusammenschluß wirtschaftlicher Macht, da die erworbenen Vermögenswerte lediglich für eine »logische Sekunde« gemeinsam gehalten und kontrolliert werden. Diese Form des Erwerbs im Hinblick auf eine sofortige Aufteilung der Vermögenswerte wird als mehrere getrennte Vorhaben angesehen, da jedes übernehmende Unternehmen einen Teil des zu übernehmenden Unternehmens erwirbt. Die bei jedem dieser Vorhaben beteiligten Unternehmen sind daher das übernehmende Unternehmen und der von ihm zu erwerbende Teil des zu übernehmenden Unternehmens (als handele es sich um den Erwerb der alleinigen Kontrolle über einen Teil eines Unternehmens).

25. Dieses Szenario wird im Erwägungsgrund 24 der Verordnung (EWG) Nr. 4064/89 erwähnt. Demzufolge ist die Verordnung auf Vereinbarungen anwendbar, deren einziger Zweck die Aufteilung der erworbenen Vermögenswerte unmittelbar nach dem Erwerb ist.

4. Erwerb der gemeinsamen Kontrolle durch ein Gemeinschaftsunternehmen

26. Bei Vorhaben, bei denen ein Gemeinschaftsunternehmen die Kontrolle über ein anderes Unternehmen erwirbt, stellt sich die Frage, ob das Gemeinschaftsunternehmen als übernehmendes Unternehmen als ein einziges beteiligtes Unternehmen (dessen Umsatz den Umsatz der Muttergesellschaften umfassen würde) oder jede einzelne Muttergesellschaft als beteiligtes Unternehmen betrachtet werden sollte. Die Frage ist also, ob der »Schleier des zwischengeschalteten Unternehmens gelüftet« werden soll. Das beteiligte Unternehmen ist grundsätzlich das am Kontrollerwerb unmittelbar beteiligte Unternehmen. Es kommt jedoch vor, daß Unternehmen »Mantel«-Gesellschaften gründen, die keinen oder nur einen unerheblichen Umsatz erzielen, oder daß sie sich eines bestehenden, auf einem anderen Markt als dem des zu übernehmenden Unternehmens tätigen Gemeinschaftsunternehmens bedienen, um für die Muttergesellschaften Erwerbungen vorzunehmen. Wenn das übernommene oder das zu übernehmende Unternehmen einen Gemeinschaftsumsatz von weniger als 250 Mio. ECU erzielt, kann die Beantwortung der Frage, wer die beteiligten Unternehmen sind, für die Bestimmung der Zuständigkeit entscheidend sein[10]. In einer derartigen Situation wird die Kommission den wirtschaftlichen Sachverhalt des Vorhabens untersuchen, um die beteiligten Unternehmen zu identifizieren.

---

10 Dies ist der Fall, wenn das zu übernehmende Unternehmen einen Gemeinschaftsumsatz von weniger als 250 Mio. ECU hat, während die übernehmenden Unternehmen zwei (oder mehrere) Unternehmen mit einem Gemeinschaftsumsatz von jeweils über 250 Mio. ECU sind. Wird das zu übernehmende Unternehmen von einer »Mantel«-Gesellschaft erworben, die die übernehmenden Unternehmen gegründet haben, so gäbe es nur ein Unternehmen (die »Mantel«-Gesellschaft) mit einem Gemeinschaftsumsatz von über 250 Mio. ECU, und es würde eine der Voraussetzungen für die Zuständigkeit der Gemeinschaft nicht erfüllt (daß nämlich mindestens zwei Unternehmen einen Gemeinschaftsumsatz von jeweils über 250 Mio. ECU erzielen). Wenn hingegen die übernehmenden Unternehmen selber das zu übernehmende Unternehmen erwerben, dann würde die Umsatzschwelle erreicht und das Vorhaben in den Anwendungsbereich der Fusionskontrollverordnung fallen. Ähnliche Überlegungen gelten für die nationalen Umsatzschwellen in Artikel 1 Absatz 3.

Anhang 25

27. Die Kommission wird normalerweise das Gemeinschaftsunternehmen und das zu übernehmende Unternehmen (und nicht die Muttergesellschaften des Gemeinschaftsunternehmens) als die beteiligten Unternehmen ansehen, wenn der Erwerb von einem voll funktionsfähigen Gemeinschaftsunternehmen vorgenommen wird, von einem Gemeinschaftsunternehmen also, das über ausreichende finanzielle und andere Mittel verfügt, um dauerhaft einer Geschäftstätigkeit nachzugehen[11], und das bereits auf einem Markt tätig ist.

28. Kann hingegen das Gemeinschaftsunternehmen lediglich als Mittel für einen anderweitigen Erwerb durch die Muttergesellschaften angesehen werden, so wird die Kommission statt des Gemeinschaftsunternehmens jede der Muttergesellschaften und das zu übernehmende Unternehmen als die beteiligten Unternehmen ansehen. Dies ist insbesondere der Fall, wenn das Gemeinschaftsunternehmen speziell für den Erwerb des zu übernehmenden Unternehmens gegründet wird, wenn das Gemeinschaftsunternehmen noch nicht tätig ist, wenn ein bestehendes Gemeinschaftsunternehmen keine Rechtspersönlichkeit besitzt oder kein – wie oben beschriebenes – Vollfunktionsunternehmen ist oder wenn das Gemeinschaftsunternehmen eine Vereinigung von Unternehmen darstellt. Dasselbe gilt, wenn anhand bestimmter Elemente nachgewiesen werden kann, daß die Muttergesellschaften die eigentlichen Unternehmen sind, die das Vorhaben betreiben. Zu diesen Elementen kann eine erhebliche Beteiligung der Muttergesellschaften an der Einleitung, der Organisation und der Finanzierung des Vorhabens gehören. Wenn der Erwerb zu einer wesentlichen Diversifizierung der Tätigkeiten des Gemeinschaftsunternehmens führt, so kann dies ein Hinweis dafür sein, daß die Muttergesellschaften die eigentlichen Akteure des Vorhabens sind. Dies ist normalerweise der Fall, wenn das Gemeinschaftsunternehmen ein auf einem anderen Produktmarkt tätiges Unternehmen erwirbt. In diesen Fällen werden die Muttergesellschaften als die beteiligten Unternehmen angesehen.

29. Im TNT-Fall[12] sollte die gemeinsame Kontrolle über ein Gemeinschaftsunternehmen (JVC) von einem Gemeinschaftsunternehmen (GD NET BV), das fünf Postverwaltungen gegründet hatten, und von einem anderen übernehmenden Unternehmen (TNT Ltd) erworben werden. Hier vertrat die Kommission die Auffassung, daß GD NET BV lediglich von den Muttergesellschaften (den fünf Postverwaltungen) im Hinblick auf ihre Beteiligung an JVC zwischengeschaltet wurde, um die Entscheidungsfindung untereinander zu erleichtern und zu gewährleisten, daß die Muttergesellschaften mit einer Stimme sprechen und handeln. Mit Hilfe dieser Konstruktion konnten die Muttergesellschaften mit TNT das neue Gemeinschaftsunternehmen JVC bestimmend beeinflussen und eine Situation vermeiden, in der TNT die alleinige Kontrolle ausüben würde, wenn die Postverwaltungen nicht in der Lage wären, sich auf eine gemeinsame Haltung zu einigen.

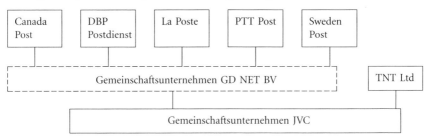

5. Übergang von gemeinsamer zu alleiniger Kontrolle

30. Beim Übergang von der gemeinsamen zur alleinigen Kontrolle erwirbt ein Anteilseigner den Anteil eines anderen Anteilseigners. Sind zwei Anteilseigner vorhanden, so übt jeder

---

11 Die Kriterien zur Bestimmung der vollen Funktionsfähigkeit eines Gemeinschaftsunternehmens sind in der Mitteilung der Kommission über den Begriff der Vollfunktionsgemeinschaftsunternehmen enthalten.
12 Entscheidung in der Sache IV/M.102, TNT/Canada Post, DBP Postdienst, La Poste, PTT Post und Sweden Post vom 2. Dezember 1991.

von ihnen die gemeinsame Kontrolle über das gesamte Gemeinschaftsunternehmen und nicht die alleinige Kontrolle über 50% des Gemeinschaftsunternehmens aus. Der Verkauf sämtlicher Anteile eines Anteilseigners an den anderen Anteilseigner hat also nicht zur Folge, daß der verbleibende Anteilseigner statt der alleinigen Kontrolle über 50% nunmehr die alleinige Kontrolle über 100% des Gemeinschaftsunternehmens ausübt, sondern daß an die Stelle der gemeinsamen Kontrolle die alleinige Kontrolle über das gesamte Unternehmen tritt (das danach kein »Gemeinschafts«-Unternehmen mehr ist).

31. Die beteiligten Unternehmen sind in dieser Konstellation der verbleibende (übernehmende) Anteilseigner und das Gemeinschaftsunternehmen. Wie jeder andere Veräußerer ist auch der »ausscheidende« Anteilseigner kein beteiligtes Unternehmen.

32. Im ICI/Tioxide-Fall[13] fand ein derartiger Übergang von gemeinsamer (50/50) zu alleiniger Kontrolle statt. Die Kommission vertrat darin die Auffassung: »Allein ausgeübter bestimmender Einfluß unterscheidet sich wesentlich von gemeinsam ausgeübtem bestimmenden Einfluß, da bei letzterem die Interessen des oder der anderen Beteiligten berücksichtigt werden müssen ... Die mit dem Erwerb verbundene Änderung der Beschaffenheit des von ICI über Tioxide ausgeübten bestimmenden Einflusses wird zu dauerhaften Veränderungen in den Beziehungen zwischen den Parteien führen ...«. In diesem Fall waren ICI (als übernehmendes Unternehmen) und Tioxide in seiner Gesamtheit (als zu übernehmendes Unternehmen), nicht aber der Veräußerer Cookson die beteiligten Unternehmen.

6. Änderung der Beteiligung bei der gemeinsamen Kontrolle über ein bestehendes Gemeinschaftsunternehmen

33. Bei der Beurteilung von Veränderungen in der Beteiligung an einem Unternehmen ist ausschlaggebend, ob das Vorhaben zu einer Änderung der Beschaffenheit der Kontrolle führt. Die Kommission beurteilt jedes Vorhaben einzeln. Unter bestimmten Voraussetzungen aber geht sie davon aus, daß das Vorhaben zu einer Änderung der Beschaffenheit der Kontrolle führt und folglich einen meldepflichtigen Zusammenschluß darstellt oder nicht darstellt.

34. Zu unterscheiden sind die Umstände, unter denen sich die Beteiligungsverhältnisse ändern können: erstens können ein oder mehrere bestehende Anteilseigner sich zurückziehen; zweitens können ein oder mehrere neue Anteilseigner hinzukommen, und drittens können ein oder mehrere bereits vorhandene Anteilseigner durch einen oder mehrere neue Anteilseigner ersetzt werden.

6.1. Herabsetzung der Zahl der Anteilseigner mit Übergang von gemeinsamer zu alleiniger Kontrolle

35. Nicht die Herabsetzung der Zahl der Anteilseigner als solche ist entscheidend, sondern vielmehr die Tatsache, daß im Fall eines Verkaufs der Anteile einiger Anteilseigner an einem bestimmten Gemeinschaftsunternehmen diese Anteile von anderen (neuen oder bereits vorhandenen) Anteilseignern erworben werden und dies zum Erwerb der Kontrolle führen oder eine bereits bestehende Kontrolle verstärken kann (z.B. zusätzliche Stimm- oder Vetorechte, zusätzliche Vorstandsmitglieder usw.).

36. Wird die Zahl der Anteilseigner herabgesetzt, so kann an die Stelle gemeinsamer Kontrolle alleinige Kontrolle treten (siehe auch III.5); in diesem Fall erwirbt der verbleibende Anteilseigner die alleinige Kontrolle über das Unternehmen. Die beteiligten Unternehmen sind der verbleibende (übernehmende) Anteilseigner und das zu übernehmende Unternehmen (das ehemalige Gemeinschaftsunternehmen).

37. Neben dem Anteilseigner mit alleiniger Kontrolle über das Unternehmen können andere Anteilseigner mit Minderheitsbeteiligungen bestehen, die keine Kontrollfunktion über das Unternehmen haben. Diese Anteilseigner gehören deswegen auch nicht zu den beteiligten Unternehmen.

---

13 Entscheidung in der Sache IV/M.023, ICI/Tioxide vom 28. November 1990.

6.2. Herabsetzung der Zahl der Anteilseigner ohne Übergang von gemeinsamer zu alleiniger Kontrolle

38. Umfaßt das Vorhaben eine Herabsetzung der Zahl der Anteilseigner mit gemeinsamer Kontrolle, ohne zu alleiniger Kontrolle und ohne zu einem Neuzugang oder Wechsel von kontrollerwerbenden Anteilseignern zu führen (siehe III.6.3), so wird normalerweise davon ausgegangen, daß das Vorhaben die Beschaffenheit der Kontrolle nicht verändern wird, und es wird folglich nicht als meldepflichtig angesehen. Dies wäre beispielsweise der Fall, wenn fünf Anteilseigner zunächst über gleiche Anteile von jeweils 20 % verfügen und nach Durchführung des Vorhabens ein Anteilseigner ausscheidet und die übrigen vier Anteilseigner über gleiche Anteile von jeweils 25 % verfügen.

39. Anders verhielte es sich jedoch, wenn sich die Beschaffenheit der Kontrolle wesentlich verändert, vor allem wenn aufgrund einer Verringerung der Zahl der Anteilseigner die verbleibenden Anteilseigner zusätzliche Vetorechte oder Vorstandsmitglieder erhalten, die entweder in Anwendung der bestehenden oder einer neuen Vereinbarung einen Kontrollerwerb durch mindestens einen der Anteilseigner begründen. In diesem Fall werden jeder der verbleibenden Anteilseigner, die die gemeinsame Kontrolle ausüben, und das Gemeinschaftsunternehmen die beteiligten Unternehmen sein. Im Avesta II-Fall[14] hatte die Herabsetzung der Zahl der Hauptanteilseigner von vier auf drei zur Folge, daß einer der verbleibenden Anteilseigner infolge der weiterhin gültigen Bestimmungen der Vereinbarung der Anteilseigner Vetorechte erwarb (über die er früher nicht verfügte)[15]. Die Kommission erachtete diesen Erwerb als eine Änderung der Beschaffenheit der Kontrolle.

6.3. Andere Veränderungen in der Zusammensetzung der Beteiligung

40. Erwerben schließlich ein oder mehrere Anteilseigner infolge von Veränderungen in der Beteiligung die Kontrolle, so muß das Vorhaben angemeldet werden, da angenommen wird, daß das Vorhaben normalerweise zu einer Änderung der Beschaffenheit der Kontrolle führen wird.

41. Unabhängig davon, ob die Zahl der Anteilseigner im Anschluß an das Vorhaben abnimmt, zunimmt oder unverändert bleibt, kann der vorerwähnte Kontrollerwerb folgende Formen annehmen:
   – Zugang neuer Anteilseigner (entweder Übergang von alleiniger zu gemeinsamer Kontrolle oder gemeinsame Kontrolle sowohl vor als auch nach dem Vorhaben);
   – Erwerb einer Kontrollbeteiligung durch bisher minderheitlich beteiligte Anteilseigner (Übergang von alleiniger zu gemeinsamer Kontrolle oder gemeinsame Kontrolle sowohl vor als auch nach dem Vorhaben);
   – Wechsel von Anteilseignern (gemeinsame Kontrolle sowohl vor als auch nach dem Vorhaben).

42. In diesem Zusammenhang stellt sich die Frage, ob die beteiligten Unternehmen das Gemeinschaftsunternehmen und die neuen Anteilseigner sind, die gemeinsam die Kontrolle über ein bereits bestehendes Unternehmen erwerben, oder ob alle (bereits vorhandenen und neuen) Anteilseigner als beteiligte Unternehmen anzusehen sind, die die Kontrolle über ein neues Gemeinschaftsunternehmen erwerben.
Diese Frage ist besonders wichtig, wenn keine ausdrückliche Vereinbarung zwischen einem (oder mehreren) der vorhandenen Anteilseigner und den neuen Anteilseignern besteht, die vielleicht lediglich eine Vereinbarung mit dem/den »ausscheidenden« Anteilseigner(n), also dem Veräußerer, geschlossen haben.

43. Es wird die Auffassung vertreten, daß eine Veränderung in der Beteiligung durch den Zugang oder Wechsel von Anteilseignern zu einer Änderung der Beschaffenheit der Kontrolle

---

14 Entscheidung in der Sache IV/M.452, Avesta II vom 29. Juni 1994.
15 In diesem Fall verkaufte ein an der Vereinbarung beteiligter Anteilseigner seinen Anteil von ungefähr 7 %. Da der ausscheidende Anteilseigner Vetorechte mit einem anderen verbleibenden Anteilseigner geteilt hatte und die Anteilseigner ihre Vereinbarung nicht änderten, verfügte der verbleibende Anteilseigner nunmehr allein über die Vetorechte.

führt. Der Zugang einer neuen Muttergesellschaft oder die Ersetzung einer Muttergesellschaft durch eine andere ist nämlich nicht mit dem einfachen Erwerb eines Teils eines Unternehmens vergleichbar, da sich in diesem Fall die Beschaffenheit der Kontrolle des gesamten Gemeinschaftsunternehmens verändert, auch wenn sowohl vor als auch nach dem Vorhaben die gemeinsame Kontrolle von einer bestimmten Zahl von Anteilseignern ausgeübt wird.

44. Deswegen vertritt die Kommission die Auffassung, daß in den Fällen einer Veränderung in der Beteiligung sowohl die (bereits vorhandenen und neuen) Anteilseigner, die die gemeinsame Kontrolle ausüben, als auch das Gemeinschaftsunternehmen selbst, beteiligte Unternehmen sind. Anteilseigner ohne Kontrollfunktion sind, wie bereits erwähnt, keine beteiligten Unternehmen.

45. Ein Beispiel für eine derartige Veränderung in der Beteiligung ist der Synthomer/Yule Catto-Fall[16], in dem eine der beiden Muttergesellschaften mit gemeinsamer Kontrolle über das bereits bestehende Gemeinschaftsunternehmen durch eine neue Muttergesellschaft ersetzt wurde. Hier wurden beide Muttergesellschaften (die bestehende und die neue) mit gemeinsamer Kontrolle und das Gemeinschaftsunternehmen als beteiligte Unternehmen angesehen.

7. »Entfusionierungen« und Entflechtungen von Unternehmen

46. Wenn zwei Unternehmen fusionieren oder ein Gemeinschaftsunternehmen gründen, sich anschließend entflechten oder ihr Gemeinschaftsunternehmen auflösen und die Vermögenswerte[17] unter den sich entflechtenden Unternehmen anders aufgeteilt werden, insbesondere als sie ursprünglich von den fusionierenden Unternehmen eingebracht worden waren, so liegt normalerweise mehr als nur ein einziger Kontrollerwerb vor (vgl. Anhang).

47. Zum Beispiel fusionieren die Unternehmen A und B und entflechten sich anschließend, wobei die Vermögenswerte neu aufgeteilt werden. Das Unternehmen A erwirbt verschiedene Vermögenswerte (die ihm vorher bereits gehört haben, ebenso wie Vermögenswerte, die vorher dem Unternehmen B gehört haben, und Vermögenswerte, die dem aus der Fusion hervorgegangenen Unternehmen gehört haben) in ähnlicher Weise wie das Unternehmen B. Ebenso kann die Auflösung eines Gemeinschaftsunternehmens als Übergang von der gemeinsamen Kontrolle über das Gesamtvermögen des Gemeinschaftsunternehmens zur alleinigen Kontrolle über die aufgeteilten Vermögenswerte angesehen werden[18].

48. Die Entflechtung eines Unternehmens, die in dieser Weise verläuft, ist als »asymmetrisch« zu bezeichnen. Die an einer solchen Entflechtung (an jedem Abwicklungsvorgang) beteiligten Unternehmen sind einerseits die ursprünglich an der Fusion beteiligten Unternehmen und andererseits die Vermögenswerte, die jedes dieser Unternehmen erwirbt. Die an der Auflösung eines Gemeinschaftsunternehmens beteiligten Unternehmen sind einerseits die ursprünglich am Gemeinschaftsunternehmen beteiligten Unternehmen in ihrer Eigenschaft als Käufer und andererseits der Teil des Gemeinschaftsunternehmens, den jedes der vorerwähnten Unternehmen erwirbt.

8. Tausch von Vermögenswerten

49. Wenn zwei (oder mehrere) Unternehmen Vermögenswerte tauschen, unabhängig davon, ob diese rechtliche Einheiten darstellen oder nicht, stellt jeder Kontrollerwerb einen eigenen Zusammenschluß dar. Obwohl beide Übertragungen von Vermögenswerten im Rahmen eines Tauschgeschäfts für die Unternehmen üblicherweise Hand in Hand gehen und diese häufig in einem einzigen Vertrag vereinbart werden und sogar gleichzeitig stattfinden können, muß aufgrund der Fusionskontrollverordnung in jedem Einzelfall die Wirkung des Vorhabens beurteilt werden, die sich aus dem Kontrollerwerb durch jedes der Unterneh-

---

16 Entscheidung in der Sache IV/M.376, Synthomer/Yule Catto vom 22. Oktober 1993.
17 Der Begriff »Vermögenswerte« umfaßt insbesondere Werte, die ein Geschäft darstellen können (z.B. eine Tochtergesellschaft, die Abteilung eines Unternehmens, in manchen Fällen Marken und Lizenzen), mit dem am Markt Umsätze erzielt werden.
18 Entscheidung in der Sache IV/M.197, Solvay-Laporte/Interox vom 30. April 1997.

men ergibt. Die rechtlichen oder gar wirtschaftlichen Beziehungen zwischen den einzelnen Vorhaben reichen nicht aus, um sie als einen einzigen Zusammenschluß zu betrachten.

50. Die an einer Eigentumsübertragung beteiligten Unternehmen sind daher für jede Eigentumsübertragung die übernehmenden Unternehmen und die zu übernehmenden Unternehmen bzw. zu erwerbenden Vermögenswerte.

9. Kontrollerwerb durch natürliche Personen

51. Artikel 3 Absatz 1 der Fusionskontrollverordnung sieht insbesondere vor, daß ein Zusammenschluß unter anderem dadurch bewirkt wird, daß »eine oder mehrere Personen, die bereits ein Unternehmen kontrollieren,« die Kontrolle über die Gesamtheit oder über Teile eines oder mehrerer anderer Unternehmen erwerben. Dieser Formulierung zufolge führt der Kontrollerwerb durch Personen nur dann zu einer anhaltenden strukturellen Veränderung der betreffenden Unternehmen, wenn diese Personen einer eigenen Wirtschaftstätigkeit nachgehen. Die Kommission vertritt die Auffassung, daß in diesem Fall die beteiligten Unternehmen das zu übernehmende Unternehmen und der einzelne Käufer ist (wobei der Umsatz der von der betreffenden Person kontrollierten Unternehmen in die Berechnung des Umsatzes der betreffenden Person einzubeziehen ist).

52. Diese Auffassung vertrat die Kommission in ihrer Entscheidung im Asko/Jacobs/Adia-Fall[19], in dem Asko, eine deutsche Holdinggesellschaft mit großen Vermögenswerten im Einzelhandelssektor, und Herr Jacobs, ein privater Schweizer Kapitalgeber, die gemeinsame Kontrolle über Adia, eine vor allem im Bereich der persönlichen Dienstleistungen tätige Schweizer Gesellschaft, erwarben. Herr Jacobs wurde wegen seiner wirtschaftlichen Interessen in den Sektoren Schokolade, Süßwaren und Kaffee als beteiligtes Unternehmen angesehen.

10. Management BUY-OUT

53. Der Erwerb der Kontrolle über ein Unternehmen durch das eigene Management gilt ebenfalls als ein Erwerb durch Personen. Deswegen treffen die obigen Ausführungen auch auf diesen Fall zu. Das Management des betreffenden Unternehmens kann aber seine Interessen mit Hilfe eines zwischengeschalteten Unternehmens wahrnehmen, um mit einer Stimme zu sprechen und die Entscheidungsfindung zu erleichtern. Dieses Unternehmen kann, muß aber nicht beteiligtes Unternehmen sein. Hier gelten die allgemeinen Regeln für den Kontrollerwerb durch ein Gemeinschaftsunternehmen (siehe III.4).

54. Mit oder ohne zwischengeschaltetes Unternehmen kann sich das Management aber auch um Kapitalgeber zur Finanzierung seines Vorhabens bemühen. Durch die diesen Kapitalgebern für ihre Beteiligung eingeräumten Rechte wird ihnen sehr oft die Kontrolle im Sinne des Artikels 3 der Fusionskontrollverordnung übertragen und nicht dem Management selbst, das möglicherweise nur über Minderheitsrechte verfügt. In der CWB/Goldman Sachs/ Tarkett-Entscheidung[20] waren die beiden Unternehmen, die den Investitionsfonds verwalteten und an der Transaktion teilnahmen, diejenigen, die die gemeinsame Kontrolle erwarben, und nicht die Manager.

11. Kontrollerwerb durch ein staatliches Unternehmen

55. Wenn ein staatliches Unternehmen mit einem anderen von demselben Staat[21] kontrollierten Unternehmen fusioniert oder die Kontrolle über dieses Unternehmen erwirbt, so stellt sich die Frage, ob diese Vorhaben tatsächlich Zusammenschlüsse im Sinne des Artikels 3 der Fusionskontrollverordnung oder nicht vielmehr interne Umstrukturierungsvorhaben des »öffentlichen Unternehmenssektors«[22] darstellen. In diesem Zusammenhang stellt der Erwägungsgrund 12 der Verordnung (EWG) Nr. 4064/89 den Grundsatz der Nichtdiskrimi-

---

19 Entscheidung in der Sache IV/M.082, Asko/Jacobs/Adia vom 16. Mai 1991.
20 Entscheidung in der Sache Nr. IV/M.395, CWB/Goldman Sachs/ Tarkett vom 21. Februar 1994.
21 Mit »Staat« ist jede öffentlich-rechtliche Körperschaft gemeint, also sowohl die Mitgliedstaaten als auch die regionalen oder lokalen öffentlichen Körperschaften wie Provinzen, Departements, Länder usw.
22 Vgl. Mitteilung der Kommission über den Begriff des Zusammenschlusses, Nummer 8.

nierung zwischen dem öffentlichen und dem privaten Sektor auf und erklärt: »Daher sind im öffentlichen Sektor bei der Berechnung des Umsatzes eines am Zusammenschluß beteiligten Unternehmens unabhängig von den Eigentumsverhältnissen oder von den für sie geltenden Regeln der verwaltungsmäßigen Zuordnung diejenigen Unternehmen zu berücksichtigen, die eine mit einer autonomen Entscheidungsbefugnis ausgestattete wirtschaftliche Einheit bilden«.

56. Eine Fusion oder ein Kontrollerwerb zwischen zwei Unternehmen, die demselben Staat gehören, kann einen Zusammenschluß darstellen, bei dem beide Unternehmen die beteiligten Unternehmen sind. Die Tatsache, daß zwei Unternehmen demselben Staat gehören, bedeutet nicht unbedingt, daß sie derselben »Gruppe« angehören. Entscheidend ist nämlich, ob diese Unternehmen derselben Holding angehören und einer bestimmten koordinierten Strategie unterliegen oder nicht. Dieser Ansatz wurde in der SGS/Thomson-Entscheidung[23] gewählt.

---

23 Entscheidung in der Sache IV/M.216, CEA Industrie/France Telecom/Finmeccanica/SGS-Thomson vom 22. Februar 1993.

Anhang
»Entfusionierungen« und Entflechtungen von Unternehmen[24]

Im Fall der Fusion

Vor der Fusion

| Gesellschaft A | | Gesellschaft B |

Nach der Fusion

| Fusioniertes | Unternehmen |
| Zusammengelegte | Vermögenswerte |

Nach der Entfusionierung

Gesellschaft A:	Gesellschaft B:
Aufteilung des Vermögens des fusionierten Unternehmens:	Aufteilung des Vermögens des fusionierten Unternehmens:
– einige (ursprüngliche) Vermögenswerte A	– einige (ursprüngliche) Vermögenswerte A
– einige (ursprüngliche) Vermögenswerte B	– einige (ursprüngliche) Vermögenswerte B
– einige Vermögenswerte des fusionierten Unternehmens	– einige Vermögenswerte des fusionierten Unternehmens

Im Fall des Gemeinschaftsunternehmens (GU)

Vor dem GU

| Gesellschaft A | Vermögenswerte A für das GU | Vermögenswerte B für das GU | Gesellschaft B |

Nach der Gründung des GU

| Gesellschaft A | ----- | Gemeinschaftsunternehmen | ----- | Gesellschaft B |
| | | Zusammengelegte Vermögenswerte | | |

Nach der Entflechtung des GU

Gesellschaft A	Aufteilung des Vermögens des Gemeinschaftsunternehmens:	Aufteilung des Vermögens des Gemeinschaftsunternehmens:	Gesellschaft B
	– einige (ursprüngliche) Vermögenswerte A	– einige (ursprüngliche) Vermögenswerte A	
	– einige (ursprüngliche) Vermögenswerte B	– einige (ursprüngliche) Vermögenswerte B	
	– einige Vermögenswerte des GU	– einige Vermögenswerte des GU	

---

24 Der Begriff »Vermögenswerte« umfaßt insbesondere Werte, die ein Geschäft darstellen können (z.B. eine Tochtergesellschaft, die Abteilung eines Unternehmens, in manchen Fällen Marken und Lizenzen), mit dem am Markt Umsätze erzielt werden.

Mitteilung der Kommission über die Berechnung des Umsatzes

im Sinne der Verordnung (EWG) Nr. 4064/89 des Rates über die Kontrolle von Unternehmenszusammenschlüssen

(Text von Bedeutung für den EWR)

I. Bestimmung des Umsatzes im Sinne des Rechnungswesens
   1. Der Umsatz als Indikator für den Umfang der Geschäftstätigkeit
      1.1. Der Begriff des Umsatzes
      1.2. Der normale geschäftliche Tätigkeitsbereich
   2. Der »Netto«-Umsatz
      2.1. Abzug von Rabatten, Steuern und Abgaben
      2.2. Abzug des »konzerninternen« Umsatzes
   3. Umsatzberechnungsregeln für verschiedene Transaktionen
      3.1. Allgemeine Regel
      3.2. Übernahme von Unternehmensteilen
      3.3. Gestaffelte Transaktionen
      3.4. Konzernumsatz
      3.5. Umsatz von Unternehmen im Staatsbesitz
II. Geographische Zurechnung des Umsatzes
   1. Allgemeines
   2. Umrechnung des Umsatzes in Ecu
III. Kredit- und sonstige Finanzinstitute und Versicherungsunternehmen
   1. Definitionen
   2. Berechnung des Umsatzes

1. Mit dieser Mitteilung sollen verfahrensmäßige und praktische Fragen zu den Artikeln 1 und 5 der Verordnung (EWG) Nr. 4064/89 des Ratese[1], zuletzt geändert durch die Verordnung (EG) Nr. 1310/97[2], (nachstehend als »Fusionskontrollverordnung« bezeichnet), die Zweifel oder Probleme aufgeworfen haben, geklärt werden.
2. Die Kommission stützt sich hierbei auf ihre bisherigen Erfahrungen mit der Anwendung der Fusionskontrollverordnung. Die im folgenden dargelegten Grundsätze wurden von der Kommission bei der Behandlung von Einzelfällen befolgt und weiterentwickelt.
   Diese Mitteilung ersetzt die Bekanntmachung der Kommission über die Berechnung des Umsatzes[3].
3. Die Zuständigkeit der Kommission im Rahmen der Fusionskontrollverordnung wird anhand von zwei Kriterien geprüft. Zum einen muß es sich bei der betreffenden Transaktion um einen Zusammenschluß im Sinne von Artikel 3 handeln[4]. Zum anderen müssen die Umsatz-Schwellenwerte nach Artikel 1 überschritten sein, mit denen die Zusammenschlüsse ermittelt werden, die Auswirkungen auf die Gemeinschaft haben und von »gemeinschaftlichem Interesse« sind. Der Umsatz stellt die in einem Zusammenschluß kombinierten wirtschaftlichen Ressourcen dar und ist geographisch zugeordnet, um die geographische Aufteilung dieser Ressourcen widerzuspiegeln.
   Artikel 1 sieht in Absatz 2 und Absatz 3 zwei Gruppen von Schwellenwerten vor. Artikel 1 Absatz 2 legt die Schwellenwerte fest, die zuerst geprüft werden müssen, um festzustellen, ob die Transaktion eine gemeinschaftsweite Bedeutung hat. Diesbezüglich soll mit den Schwellenwerten für den weltweiten Umsatz die Gesamtdimension der beteiligten Unternehmen erfaßt werden; die Schwellenwerte für den gemeinschaftsweiten Umsatz dienen der Feststellung, ob die Aktivitäten der Unternehmen einen Mindestumfang in der Gemeinschaft

---
1 ABl. L 395 vom 30. 12. 1989, S. 1; berichtigte Fassung: ABl. L 257 vom 21. 9. 1990, S. 13.
2 ABl. L 180 vom 9. 7. 1997, S. 1.
3 ABl. C 385 vom 31. 12. 1994, S. 21.
4 Vgl. Mitteilung über den Begriff des Zusammenschlusses.

erreichen; die Zwei-Drittel-Regel dient allein dazu, rein inländische Transaktionen von der Gemeinschaftszuständigkeit auszuschließen.

Artikel 1 Absatz 3 findet nur in dem Fall Anwendung, daß die in Artikel 1 Absatz 2 festgelegten Schwellenwerte nicht erreicht werden. Diese zweite Gruppe von Schwellenwerten zielt auf diejenigen Transaktionen, die die gemeinschaftsweite Dimension gemäß Artikel 1 Absatz 2 nicht erreichen, aber entsprechend den nationalen Wettbewerbsregeln in mindestens drei Mitgliedstaaten angemeldet werden müßten (sogenannte »Mehrfachanmeldungen«). Zu diesem Zweck sieht Artikel 1 Absatz 3 niedrigere weltweite und gemeinschaftsweite Umsatzschwellenwerte vor, die von den beteiligten Unternehmen erreicht werden müssen. Ein Zusammenschluß hat eine gemeinschaftsweite Bedeutung, wenn diese niedrigeren Schwellenwerte erreicht werden und die beteiligten Unternehmen gemeinsam und allein ein Mindestmaß an Aktivitäten in mindestens drei Mitgliedstaaten aufweisen. Artikel 1 Absatz 3 enthält gleichfalls eine Zwei-Drittel-Regel, die derjenigen in Artikel 1 Absatz 2 ähnlich ist und rein innerstaatliche Transaktionen identifiziert.

4. Die Schwellenwerte als solche dienen nur zur Feststellung der Zuständigkeit und nicht dazu, die Stellung, die die an dem Zusammenschluß beteiligten Unternehmen auf dem Markt innehaben oder die Auswirkungen der Fusion zu bewerten. Dabei werden Umsätze aus allen Tätigkeitsbereichen der Beteiligten – und somit auch die hierauf verwendeten Ressourcen – herangezogen und nicht bloß die Umsätze bzw. Ressourcen, die bei dem Zusammenschluß direkt im Spiel sind. Artikel 1 der Verordnung legt die Schwellenwerte fest, mit denen ein Zusammenschluß von »gemeinschaftsweiter Bedeutung« ermittelt wird, während Artikel 5 bestimmt, wie der Umsatz zu berechnen ist.

5. Aus dem Umstand, daß die Schwellenwerte nach Artikel 1 rein quantitativ sind – sie beruhen ausschließlich auf der Berechnung des Umsatzes und nicht etwa auf dem Marktanteil oder anderen Kriterien –, ist ersichtlich, daß sie einen einfachen und objektiven Mechanismus abgeben sollen, der sich von den an einem Zusammenschluß beteiligten Unternehmen leicht handhaben läßt, um zu ermitteln, ob ihre Transaktion gemeinschaftsweite Bedeutung hat und daher angemeldet werden muß.

6. Der entscheidende Aspekt, um den es in Artikel 1 der Verordnung geht, ist die Messung der Wirtschaftskraft der beteiligten Unternehmen, wie sie sich aus ihren jeweiligen Umsatzzahlen ergibt, unabhängig davon, in welchem Wirtschaftszweig der Umsatz erzielt wurde und ob diese Zweige überhaupt von der Fusion berührt werden. Daher wird in der Verordnung der Ermittlung der wirtschaftlichen und finanziellen Ressourcen, die durch die Fusion kombiniert werden, Vorrang eingeräumt, um festzustellen, ob letztere gemeinschaftsweite Bedeutung hat.

7. In diesem Zusammenhang sollte der Umsatz natürlich die Wirtschaftskraft der beteiligten Unternehmen so genau wie möglich widerspiegeln. Dies ist der Zweck der in Artikel 5 enthaltenen Bestimmungen. Darüber hinaus sollen sie sicherstellen, daß die sich ergebenden Zahlen ein wahres Bild von der wirtschaftlichen Realität abgeben.

8. Die Auslegung der Artikel 1 und 5 durch die Kommission in bezug auf die Berechnung des Umsatzes erfolgt unbeschadet etwaiger Auslegungen des Gerichtshofs oder des Gerichts erster Instanz der Europäischen Gemeinschaften.

I. Bestimmung des Umsatzes im Sinne des Rechnungswesens

1. Der Umsatz als Indikator für den Umfang der Geschäftstätigkeit

1.1. Der Begriff des Umsatzes

9. Der Begriff des Umsatzes im Sinne von Artikel 5 der Fusionsverordnung bezieht sich ausdrücklich auf »die Umsätze ... mit Waren und Dienstleistungen«. Der Verkaufserlös, in dem sich die Geschäftstätigkeit des Unternehmens widerspiegelt, ist also das entscheidende Kriterium für die Ermittlung des Umsatzes, gleich ob es sich um Waren oder Dienstleistungen handelt. Beträge aus Verkäufen erscheinen in den Jahresabschlüssen von Gesellschaften im allgemeinen unter der Überschrift »Umsatzerlöse«.

10. Bei Waren bietet die Bestimmung des Umsatzes keinerlei Probleme. Hier sind alle Handelsgeschäfte zu ermitteln, die eine Eigentumsübertragung implizieren.
11. Bei Dienstleistungen ist der bei der Umsatzberechnung zu berücksichtigende Sachverhalt viel komplexer, da das Handelsgeschäft eine »Wert«-Übertragung mit sich bringt.
12. Grundsätzlich unterscheidet sich die Umsatzberechnungsmethode bei Dienstleistungen nicht von der bei Waren: Die Kommission berücksichtigt den Gesamtbetrag des Verkaufserlöses. Wird die Dienstleistung direkt vom Dienstleistenden an seinen Kunden verkauft, so besteht der Umsatz des betreffenden Unternehmens aus dem Gesamtbetrag der Erlöse aus Dienstleistungsverkäufen im letzten Geschäftsjahr.
13. Wegen der Komplexität des Dienstleistungssektors muß dieser allgemeine Grundsatz in bestimmten Fällen an die besonderen Umstände der erbrachten Leistungen angepaßt werden. So können beispielsweise Dienstleistungen in bestimmten Gewerbezweigen (Fremdenverkehr, Werbung usw.) über Dritte erbracht werden. Da die Lage in diesen Sektoren sehr unterschiedlich sein kann, ist an verschiedene Arten von Fällen zu denken: So kann beispielsweise bei einem als Vermittler auftretenden Dienstleistungsunternehmen der Gesamtbetrag der von ihm bezogenen Provisionen der einzige Umsatz sein.
14. Desgleichen können in bestimmten Gewerbezweigen (Kreditwesen, Finanzdienstleistungen und Versicherungen) Berechnungsprobleme technischer Art auftreten, wie sie weiter unten in Abschnitt III dargelegt werden.

1.2. Der normale geschäftliche Tätigkeitsbereich

15. Nach Artikel 5 Absatz 1 haben die bei der Berechnung des Gesamtumsatzes zu berücksichtigenden Umsätze aus dem »normalen geschäftlichen Tätigkeitsbereich« der betreffenden Unternehmen zu stammen.
16. Bei Beihilfen, die Unternehmen seitens öffentlicher Stellen erhalten, verhält es sich so, daß jede Beihilfe, die sich auf eine normale geschäftliche Tätigkeit des betreffenden Unternehmens bezieht, zur Umsatzberechnung herangezogen werden kann, sofern das Unternehmen diese Beihilfe selbst empfängt, die Beihilfe an den Verkauf von Waren und die Erbringung von Dienstleistungen geknüpft ist, die das Unternehmen vornimmt, und die Beihilfe sich daher auf den Preis auswirkt[5]. Eine Verbrauchsbeihilfe beispielsweise gestattet dem Hersteller, das betreffende Erzeugnis zu einem höheren Preis zu verkaufen, als der Verbraucher tatsächlich bezahlt.
17. Bei Dienstleistungen hält sich die Kommission an die üblichen Tätigkeiten des Unternehmens, die sich auf die Konstituierung der für die Erbringung der Dienstleistung erforderlichen Mittel beziehen. So hat die Kommission bei ihrer Entscheidung Accor/Wagons-Lits[6] beschlossen, die Position »sonstige Betriebsergebnisse« in der Gewinn- und Verlustrechnung von Wagons-Lits mitzuberücksichtigen. Nach Ansicht der Kommission waren die Eintragungen in dieser Position, die bestimmte Erlöse aus dem Autovermietungsgeschäft enthielt, aus dem Verkauf von Waren und die Erbringung von Dienstleistungen durch Wagons-Lits zurückzuführen und entsprachen dem normalen geschäftlichen Tätigkeitsbereich des Unternehmens.

2. Der »Netto«-Umsatz

18. Der zu berücksichtigende Umsatz ist ein »Netto«-Umsatz, da eine Reihe von Elementen abgezogen werden, die ausdrücklich in der Verordnung genannt werden. Für die Kommission geht es darum, den Umsatz in einer Weise zu bereinigen, daß sie auf der Grundlage des realen wirtschaftlichen Gewichts des Unternehmens entscheiden kann.

---

[5] Vgl. Sache IV/M.156, Cereol/Continentale Italiana vom 27. November 1991. In diesem Fall hat die Kommission die gemeinschaftliche Beihilfe aus der Umsatzberechnung ausgenommen, da die Beihilfe nicht der Stützung des Verkaufs von Waren diente, die eines der an dem Zusammenschluß beteiligten Unternehmen herstellte, sondern für die Erzeuger der Grundstoffe (Getreide) bestimmt war, die dieses auf das Schroten von Getreide spezialisierte Unternehmen benutzte.
[6] Sache IV/M.126, Accor/Wagons-Lits vom 28. April 1992.

2.1. Abzug von Rabatten, Steuern und Abgaben

19. Nach Artikel 5 Absatz 1 erfolgt ein »Abzug von Erlösschmälerungen, der Mehrwertsteuer und anderer unmittelbar auf den Umsatz bezogener Steuern«. Es geht also um absatzbezogene Aspekte (Erlösschmälerungen) und steuerliche Aspekte (Mehrwertsteuer und andere direkte umsatzbezogene Steuern).

20. Der Ausdruck »Erlösschmälerungen« bezeichnet die Gesamtheit aller Abschläge, Rabatte und Vergütungen, die die Unternehmen bei den Verkaufsverhandlungen ihren Kunden zugestehen und die den Verkaufserlös direkt beeinflussen.

21. Was den Abzug von Steuern und Abgaben betrifft, so nimmt die Fusionskontrollverordnung Bezug auf die Mehrwertsteuer und »andere unmittelbar auf den Umsatz bezogene Steuern«. Der Abzug der Mehrwertsteuer wirft im allgemeinen keinerlei Probleme auf. Der Ausdruck »andere unmittelbar auf den Umsatz bezogene Steuern« bezieht sich eindeutig auf die indirekte Besteuerung, sofern diese unmittelbar auf den Umsatz bezogen ist, wie z. B. die Steuern auf alkoholische Getränke.

2.2. Abzug des »konzerninternen« Umsatzes

22. Nach Artikel 5 Absatz 1 Satz 2 »werden Umsätze zwischen den in Absatz 4 des vorliegenden Artikels genannten Unternehmen« (d. h. den Unternehmen, die mit dem betreffenden Unternehmen verbunden sind, d. h. vor allem Mutter- und Tochtergesellschaften) »bei der Berechnung des Gesamtumsatzes eines beteiligten Unternehmens (...) nicht berücksichtigt«.

23. Hierbei geht es letztendlich darum, den Erlös aus Handelsbeziehungen innerhalb eines Konzerns auszunehmen, um dem wahren wirtschaftlichen Gewicht der einzelnen Einheiten Rechnung zu tragen. Das heißt, die von der Verordnung berücksichtigten »Beträge« spiegeln lediglich die Gesamtheit der Geschäftsvorgänge zwischen den Konzernunternehmen einerseits und Dritten andererseits wider.

3. Umsatzberechnungsregeln für verschiedene Transaktionen

3.1. Allgemeine Regel

24. Nach Artikel 5 Absatz 1 sind für die Berechnung des Gesamtumsatzes die Umsätze zusammenzuzählen, welche die beteiligten Unternehmen im letzten Geschäftsjahr mit Waren und Dienstleistungen erzielt haben. Grundsätzlich ist also für jedes einzelne Unternehmen der Umsatz zu berücksichtigen, den es in dem Geschäftsjahr erzielt hat, das dem Tag der Transaktion unmittelbar vorausgeht.

25. D. h., da es für das am Vortag der Transaktion zu Ende gehende Jahr normalerweise keinen Abschluß gibt, erhält man die genaueste Vorstellung von einem ganzen Tätigkeitsjahr des betreffenden Unternehmens, indem man die Umsatzzahlen des letzten Geschäftsjahres heranzieht.

26. Die Kommission ist bestrebt, sich auf die genauesten und zuverlässigsten Zahlen zu stützen, die verfügbar sind. Im allgemeinen wird die Kommission daher geprüfte oder andere endgültige Abschlüsse heranziehen. In Fällen jedoch, in denen größere Abweichungen zwischen den Grundsätzen der Rechnungslegung der Gemeinschaft und denen eines Drittlandes festzustellen sind, kann es die Kommission für erforderlich halten, die gemäß den Grundsätzen der Gemeinschaft in bezug auf den Umsatz neu festzustellen. Von außergewöhnlichen Umständen abgesehen (siehe Randnummer 27) ist die Kommission in keinem Fall bereit, sich auf von der Geschäftsleitung erstellte oder sonstige vorläufige Abschlüsse zu stützen. Findet ein Zusammenschluß in den ersten Monaten eines Kalenderjahres statt und liegen für das zurückliegende Geschäftsjahr daher noch keine geprüften Abschlüsse vor, so sind die Zahlen für das Jahr zuvor zu verwenden. Gibt es größere Abweichungen zwischen den Abschlüssen der beiden Jahre, so kann die Kommission, vor allem wenn die letzten vorläufigen Zahlen für das letztere Jahr vorliegen, beschließen, diese vorläufigen Zahlen zu berücksichtigen.

27. Unbeschadet der Ausführungen unter Randnummer 26 ist stets eine Anpassung vorzunehmen, um Übernahmen und Veräußerungen zu berücksichtigen, die nach Prüfung des Ab-

schlusses stattfinden. Dies ist erforderlich, um die tatsächlichen Ressourcen zu ermitteln, die in den Zusammenschluß einbezogen sind. Wenn ein Unternehmen vor der Unterzeichnung des Vertrags oder vor der Bekanntgabe des Kauf- oder Tauschangebots oder des Erwerbs einer die Kontrolle begründenden Beteiligung einen Teil seiner Geschäftsbereiche veräußert, oder wenn eine derartige Veräußerung oder Stillegung eine Voraussetzung für die Transaktion ist[7], so ist der diesem Teil seiner Geschäftsbereiche zurechenbare Umsatzanteil von dem im letzten geprüften Abschluß aufgeführten Umsatz des Anmelders abzuziehen. Umgekehrt ist der Umsatz, der Vermögenswerten zuzuordnen ist, über die die Kontrolle erst nach Erstellung des letzten geprüften Abschlusses erlangt wurde, im Hinblick auf eine Fusionsanmeldung dem Umsatz des Unternehmens hinzuzufügen.

28. Andere Faktoren, deren Umsatzbeeinflussung vorübergehender Art ist, wie z. B. nachlassende Auftragseingänge oder eine Verlangsamung des Produktionsprozesses in der Zeit vor der Transaktion, werden bei der Berechnung des Umsatzes nicht berücksichtigt. Die maßgeblichen Jahresabschlüsse werden nicht im Hinblick auf diese Faktoren bereinigt.

29. Was die gebietsmäßige Zurechnung des Umsatzes betrifft, so liefert der geprüfte Abschluß häufig keine Aufschlüsselung, wie sie die Fusionskontrollverordnung verlangt, so daß sich die Kommission auf die besten von den Unternehmen übermittelten Angaben stützt, die die Unternehmen gemäß Artikel 5 Absatz 1 vorlegen (vgl. Abschnitt II.1).

3.2. Übernahme von Unternehmensteilen

30. Artikel 5 Absatz 2 enthält folgende Bestimmung: »Wird der Zusammenschluß durch den Erwerb von Teilen eines oder mehrerer Unternehmen bewirkt, so ist unabhängig davon, ob diese Teile eigene Rechtspersönlichkeit besitzen, (…) auf seiten des Veräußerers nur der Umsatz zu berücksichtigen, der auf die veräußerten Teile entfällt«.

31. Dieser Bestimmung zufolge sind, wenn sich die Übernahme nicht auf einen ganzen Konzern, sondern nur auf eines seiner Unternehmen oder einen Teil hiervon bezieht – gleich ob es sich dabei um eine Tochtergesellschaft handelt oder nicht –, bei der Berechnung des Umsatzes nur die Umsätze des erworbenen Teiles zu berücksichtigen. Ist nämlich der Veräußerer insgesamt (mit all seinen Tochtergesellschaften) rechtlich gesehen auch eine wesentliche Partei der Transaktion – der Kaufvertrag kommt nicht ohne ihn zustande –, so spielt er doch keine Rolle mehr, sobald der Vertrag umgesetzt worden ist. Die möglichen Auswirkungen der Fusion auf den Markt werden allein von der Kombination der übertragenen betrieblichen und finanziellen Ressourcen mit den Ressourcen des Käufers abhängen und nicht von den verbleibenden Geschäftsfeldern des Veräußerers, der unabhängig bleibt.

3.3. Gestaffelte Transaktionen

32. Mitunter stellen bestimmte aufeinanderfolgende Transaktionen nur einzelne Vorgänge innerhalb einer breiter angelegten Strategie zwischen denselben beteiligten Unternehmen dar. Würde jede Transaktion allein betrachtet, und sei es auch nur zur Feststellung der Zuständigkeit, so ginge dies an der wirtschaftlichen Realität vorbei. Gleichzeitig verhält es sich zwar so, daß eine solche Staffelung der Transaktionen u. U. deswegen gewählt wird, weil dies den betrieblichen Interessen der beteiligten Unternehmen besser entspricht, während andere Transaktionen möglicherweise nur deswegen gestaffelt vorgenommen werden, um die Anwendung der Fusionskontrollverordnung zu umgehen.

33. Auf diese Möglichkeiten nimmt Artikel 5 Absatz 2 Unterabsatz 2 Bezug, wo es heißt, daß »zwei oder mehr Erwerbsvorgänge im Sinne des Unterabsatzes 1, die innerhalb von zwei Jahren zwischen denselben Personen oder Unternehmen getätigt werden, als ein einziger Zusammenschluß anzusehen sind, der zum Zeitpunkt des letzten Geschäfts stattfindet«.

34. In der Praxis bedeutet dies folgendes: Kauft Unternehmen A eine Tochtergesellschaft von Unternehmen B, die 50% der Gesamttätigkeit von B ausmacht, und ein Jahr später die andere Tochtergesellschaft (die verbleibenden 50% von B), so gelten beide Transaktionen als eine einzige. Gesetzt den Fall, daß jede der Tochtergesellschaften in der Gemeinschaft nur

---

[7] Siehe Urteil des Gerichts erster Instanz vom 24. März 1994 Rechtssache T-3/93 – Air France/Kommission, Slg. 1994, S. II-21.

einen Umsatz von 200 Millionen Ecu erzielt, so wäre das erste Geschäft nicht anzumelden, es sei denn, daß das Vorhaben die Bedingungen des Artikels 1 Absatz 3 erfüllt. Da das zweite jedoch innerhalb des Zwei-Jahres-Zeitraums stattfindet, sind beide als ein einziges Geschäft anzumelden, wenn das zweite erfolgt.

35. Wichtig an dieser Bestimmung ist, daß vorausgegangenen Transaktionen (der letzten zwei Jahre) mit der letzten Transaktion anzumelden sind, wenn insgesamt die Schwellenwerte überschritten sind.

3.4. Konzernumsatz

36. Gehört ein an einem Zusammenschluß im Sinne von Artikel 1 der Fusionskontrollverordnung beteiligtes Unternehmen[8] zu einem Konzern, so ist bei der Untersuchung, ob die Schwellenwerte erreicht sind, der Umsatz des Gesamtkonzerns zugrundezulegen. Auch hier geht es darum, den Gesamtumfang der durch die Transaktion zusammengelegten wirtschaftlichen Ressourcen zu erfassen.

37. Der Konzernbegriff wird in der Fusionskontrollverordnung nicht abstrakt definiert; um zu bestimmen, welche der Gesellschaften, die direkte oder indirekte Verbindungen mit einem beteiligten Unternehmen haben, als seinem Konzern zugehörig zu betrachten sind, wird vielmehr darauf abgestellt, ob die Gesellschaften das Recht haben, die Geschäfte des Unternehmens zu leiten.

38. Artikel 5 Absatz 4 der Fusionskontrollverordnung lautet wie folgt:
»Der Umsatz eines beteiligten Unternehmens im Sinne des Artikels 1 Absätze 2 und 3 setzt sich unbeschadet des Absatzes 2 zusammen aus den Umsätzen:
a) des beteiligten Unternehmens;
b) der Unternehmen, in denen das beteiligte Unternehmen unmittelbar oder mittelbar entweder
   – mehr als die Hälfte des Kapitals oder des Betriebsvermögens besitzt oder
   – über mehr als die Hälfte der Stimmrechte verfügt oder
   – mehr als die Hälfte der Mitglieder des Aufsichtsrates oder der zur gesetzlichen Vertretung berufenen Organe bestellen kann oder
   – das Recht hat, die Geschäfte des Unternehmens zu führen;
c) der Unternehmen, die in dem beteiligten Unternehmen die unter Buchstabe b) bezeichneten Rechte oder Einflußmöglichkeiten haben;
d) der Unternehmen, in denen ein unter Buchstabe c) genanntes Unternehmen die unter Buchstabe b) bezeichneten Rechte oder Einflußmöglichkeiten hat;
e) der Unternehmen, in denen mehrere der unter den Buchstaben a) bis d) genannten Unternehmen jeweils gemeinsam die in Buchstabe b) bezeichneten Rechte oder Einflußmöglichkeiten haben.«

Das bedeutet, daß der Umsatz des unmittelbar an der Transaktion beteiligten Unternehmens (Buchstabe a)) auch den Umsatz seiner Tochtergesellschaften (Buchstabe b)), seiner Muttergesellschaften (Buchstabe c)), der anderen Tochtergesellschaften seiner Muttergesellschaften (Buchstabe d)) und aller anderen Unternehmen umfaßt, die von zwei oder mehreren der Konzernunternehmen gemeinsam kontrolliert werden (Buchstabe e)). Als Beispiel hierzu folgendes Schaubild:

Das beteiligte Unternehmen und sein Konzern:
a: Das beteiligte Unternehmen
b: Seine Tochtergesellschaften und deren Tochtergesellschaften (b1 und b2)
c: Seine Muttergesellschaften und deren Muttergesellschaften (c1)
d: Andere Tochtergesellschaften der Muttergesellschaften des beteiligten Unternehmens
e: Gemeinsam von zwei oder mehr Konzernunternehmen kontrollierte Unternehmen
Hinweis: Die Buchstaben entsprechen den jeweiligen Unterabsätzen von Artikel 5 Absatz 4.

---

8 Siehe Mitteilung der Kommission zum Begriff der beteiligten Unternehmen.

Mitteilung über die Umsatzberechnung (zu FKVO a.F.)

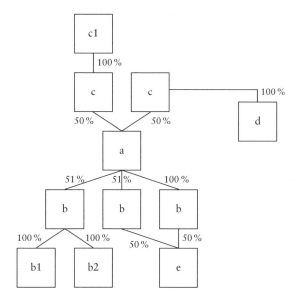

Aus diesem Schaubild läßt sich folgendes ableiten:
1. Hat die Prüfung ergeben, daß ein beherrschender Einfluß im Sinne von Buchstabe b) vorliegt, so wird der Gesamtumsatz der Tochtergesellschaft berücksichtigt, unabhängig von der tatsächlichen Anteilsbeteiligung des kontrollierenden Unternehmens. In dem Beispiel wird der gesamte Umsatz der drei Tochtergesellschaften (genannt b) des beteiligten Unternehmens (a) miteinbezogen.
2. Kontrollieren Unternehmen, die als Konzernunternehmen gelten, auch andere Unternehmen, so sind deren Umsätze ebenfalls in die Berechnung einzubeziehen. In dem Beispiel hat eine der (b genannten) drei Tochtergesellschaften von Unternehmen a wiederum eigene Tochtergesellschaften (b1 und b2).
3. Üben zwei oder mehr Gesellschaften gemeinsam die Kontrolle über das beteiligte Unternehmen (a) aus, so daß jedes einzelne von ihnen der Geschäftsführung des Unternehmens zustimmen muß, so ist der Umsatz all dieser Unternehmen miteinzubeziehen[9]. In dem Beispiel werden die beiden Muttergesellschaften (c) des beteiligten Unternehmens (a) sowie deren Muttergesellschaften (c1) berücksichtigt. Zwar ist diese Regel für Fälle, in denen das beteiligte Unternehmen in Wirklichkeit ein Gemeinschaftsunternehmen ist, in der Verordnung nicht ausdrücklich aufgeführt, doch ist sie aus dem Wortlaut von Artikel 5 Absatz 4 Buchstabe c) abzuleiten, bei der die Muttergesellschaften in der Pluralform vorkommen. Dieser Auslegung ist die Kommission bisher konsequent gefolgt.
4. Erlöse aus konzerninternen Veräußerungen sind vom Konzernumsatz abzuziehen (vgl. Randnummer 22).

39. Die Fusionskontrollverordnung geht auch auf die besondere Konstellation ein, die entsteht, wenn zwei oder mehr an einer Transaktion beteiligte Unternehmen gemeinsam ein anderes Unternehmen kontrollieren. Nach Artikel 5 Absatz 5 Buchstabe a) sind die Umsätze aus Lieferungen und Leistungen zwischen dem Gemeinschaftsunternehmen und jedem der beteiligten Unternehmen sowie jedem anderen mit einem von diesen im Sinne von Artikel 5 Absatz 4 verbundenen Unternehmen nicht einzubeziehen. Mit dieser Regel soll eine doppelte Verbuchung vermieden werden. Was die Umsätze des gemeinsamen Unternehmens aus Geschäften mit Dritten betrifft, so sind sie nach Artikel 5 Absatz 5 Buchstabe b) zur

---

9 Siehe Mitteilung der Kommission über den Begriff der beteiligten Unternehmen (Nrn. 26–29).

Berücksichtigung der gemeinsamen Kontrolle zu gleichen Teilen den beteiligten Unternehmen zuzurechnen[10].

40. Analog zu diesem in Artikel 5 Absatz 5 Buchstabe b) entwickelten Grundsatz ist die Kommission bei Gemeinschaftsunternehmen von beteiligten Unternehmen und Dritten so verfahren (vgl. Accor/ Wagons Lits), daß dem beteiligten Unternehmen jeweils ein gleicher Umsatzanteil wie den übrigen Muttergesellschaften zugerechnet wird. In all diesen Fällen muß allerdings nachgewiesen werden, daß eine gemeinsame Kontrolle ausgeübt wird.

Die Praxis zeigt, daß es unmöglich ist, in der vorliegenden Mitteilung die gesamte Bandbreite der Szenarien zu erfassen, die im Hinblick auf die Umsatzberechnung im Fall von Gemeinschaftsunternehmen oder gemeinsamer Kontrolle auftreten können. Immer wenn Unklarheiten auftreten, sollte den allgemeinen Grundsätzen der Vermeidung der Doppelzählung und der möglichst genauen Widerspiegelung der wirtschaftlichen Stärke der an dem Vorhaben beteiligten Unternehmen der Vorrang eingeräumt werden[11].

41. Festzuhalten ist, daß sich Artikel 5 Absatz 4 nur auf zum Zeitpunkt der Transaktion bereits bestehende Konzerne bezieht, also auf den Konzern, dem die einzelnen an einer Transaktion beteiligten Unternehmen zugehören, und nicht auf die durch den Zusammenschluß entstandenen neuen Strukturen. Fusionieren beispielsweise die Unternehmen A und B – zusammen mit ihren jeweiligen Tochtergesellschaften –, so gelten A und B und nicht die neue Unternehmensformation als beteiligte Unternehmen, was bedeutet, daß der Umsatz beider Gruppen jeweils unabhängig zu berechnen ist.

42. Da diese Bestimmung lediglich dazu dient, im Hinblick auf die Umsatzberechnung die Unternehmen zu ermitteln, die zu bereits bestehenden Konzernen gehören, unterscheiden sich die Kriterien für das Recht, die Geschäfte des Unternehmens zu führen nach Artikel 5 Absatz 4[12], in gewisser Hinsicht von den Kriterien für Kontrolle nach Artikel 3 Absatz 3, der sich auf die Begründung der Kontrolle mittels der zu untersuchenden Transaktion bezieht. Die erste Form von Kontrolle ist einfacher und leichter aufgrund von Sachverhalten nachzuweisen, während die zweite Form eingehendere Untersuchungen verlangt, da es zu keinem Zusammenschluß kommt, wenn nicht tatsächlich eine Kontrolle begründet wird.

3.5. Umsatz von Unternehmen im Staatsbesitz

43. Artikel 5 Absatz 4, in dem niedergelegt ist, wie sich die wirtschaftliche Formation zusammensetzt, der ein Unternehmen im Hinblick auf die Umsatzberechnung als zugehörig betrachtet wird, ist in Verbindung mit dem 12. Erwägungsgrund der Verordnung (EWG) Nr. 4064/89 in bezug auf im Staatsbesitz befindliche Unternehmen zu lesen. Dort heißt es, zur Vermeidung von Diskriminierungen zwischen öffentlichem und privatem Sektor sind Unternehmen zu berücksichtigen, »die eine mit einer autonomen Entscheidungsbefugnis ausgestattete wirtschaftliche Einheit bilden«, »unabhängig von den Eigentumsverhältnissen oder von den für sie geltenden Regeln der verwaltungsmäßigen Zuordnung«. Befinden sich zwei Unternehmen im Staatsbesitz, so läßt dies also nicht automatisch den Schluß zu, daß sie Teil eines Konzerns im Sinne von Artikel 5 sind. Stattdessen ist zu prüfen, ob nicht jedes Unternehmen eine unabhängige wirtschaftliche Einheit darstellt.

44. Gehört also ein Staatsunternehmen nicht zu einer Holdinggesellschaft und unterliegt es keiner Koordinierung mit anderen vom Staat kontrollierten Holdings, so ist es als ein unabhängiger Konzern im Sinne von Artikel 5 zu behandeln; der Umsatz anderer Unternehmen, die sich im Besitz des betreffenden Staates befinden, sind somit nicht zu berücksichtigen. Sind jedoch die Beteiligungen eines Mitgliedstaats in einer Holdinggesellschaft

---

10 Ein Beispiel: Unternehmen A und Unternehmen B errichten ein JointVenture C. Gleichzeitig üben beide Muttergesellschaften eine gemeinsame Kontrolle über Unternehmen D aus, obwohl A 60% und B 40% des Kapitals halten. Bei der Berechnung des Umsatzes von A und B zu dem Zeitpunkt, zu dem sie das neue gemeinsame Unternehmen C errichten, wird der von D mit Dritten erwirtschaftete Umsatz zu gleichen Teilen A und B zugerechnet.
11 Siehe z. B. Sache IV/M.806, BA/TAT vom 26. August 1996.
12 Siehe z. B. Sache IV/M.126, Accor/Wagons-Lits vom 28. April 1992 und Sache IV/M.940, UBS/Mister Minit vom 9. Juli 1997.

zusammengefaßt oder unterliegen sie einer gemeinsamen Geschäftsführung, oder ist aus anderen Gründen klar, daß im Staatsbesitz befindliche Unternehmen zu einer »mit einer autonomen Entscheidungsbefugnis ausgestatteten wirtschaftlichen Einheit« gehören, dann gelten diese Unternehmen als dem Konzern des beteiligten Unternehmens im Sinne von Artikel 5 zugehörig.

II. Geographische Zurechnung des Umsatzes

1. Allgemeines

45. Durch die Schwellenwerte des Artikels 1, außer denen in Absatz 2 Buchstabe a und Absatz 3 Buchstabe a), werden Fälle erfaßt, bei denen ein ausreichend hoher Umsatz innerhalb der Gemeinschaft vorliegt, um ein gemeinschaftliches Interesse zu begründen, und deren Tätigkeitsbereich im wesentlichen grenzüberschreitend ist. Diese Kriterien setzen eine gebietsmäßige Zurechnung des Umsatzes voraus. Nach Artikel 5 Absatz 1 Unterabsatz 2 richtet sich der Ort des Umsatzes danach, wo sich der Kunde zur Zeit der Transaktion befindet: »Der in der Gemeinschaft oder in einem Mitgliedstaat erzielte Umsatz umfaßt den Umsatz, der mit Waren und Dienstleistungen für Unternehmen oder Verbraucher in der Gemeinschaft oder in diesem Mitgliedstaat erzielt wird.«

46. Die Bezugnahme auf »verkaufte Waren« und »erbrachte Dienstleistungen« bezweckt in keiner Weise eine unterschiedliche Behandlung von Waren und Dienstleistungen, indem etwa bei Waren auf den Ort, wo die Ware verkauft wird, und bei Dienstleistungen auf den Ort, wo die Dienstleistung erbracht wird (der unterschiedlich von dem Ort des Verkaufs der Dienstleistung sein mag), abgestellt würde. In jedem Fall ist der Umsatz dem Standort des Kunden zuzurechnen, da in den allermeisten Fällen dort der Vertrag zustande kommt, der entsprechende Umsatz erzielt wird und Wettbewerb mit anderen Anbietern stattfindet[13]. Artikel 5 Absatz 1 Unterabsatz 2 stellt nicht auf den Ort ab, an dem eine Ware oder eine Dienstleistung genutzt oder ausgewertet wird. Dies zeigt sich am Fall beweglicher Waren: Ein Kraftfahrzeug kann von seinem Käufer durch ganz Europa gefahren werden, doch ist es nur an einem Ort, in Paris, Berlin oder Madrid usw., gekauft worden. Das gleiche gilt für die Dienstleistungen, bei denen der Erwerb von der Erbringung getrennt werden kann. So findet bei Pauschalreisen der Wettbewerb zwischen Reisebüros am Ort des Kunden statt, genauso wie beim Einzelhandel, obwohl die Dienstleistung an weit entfernten Orten zu erbringen ist. Der Umsatz aber wird vor Ort erzielt und nicht dort, wo die Reise dann stattfindet.

47. Dies gilt auch, wenn ein multinationales Unternehmen eine gemeinschaftsweite Einkaufsstrategie verfolgt und seinen ganzen Bedarf an Waren und Dienstleistungen von einem Standort aus deckt. Daß die Komponenten anschließend in zehn verschiedenen Betrieben in verschiedenen Mitgliedstaaten eingesetzt werden, ändert nichts daran, daß die Geschäfte mit Unternehmen, die keine Konzernunternehmen sind, in lediglich einem Land stattgefunden haben. Die danach erfolgende Aufteilung auf andere Standorte ist für das betreffende Unternehmen eine rein interne Frage.

48. In bestimmten Wirtschaftszweigen stellen sich jedoch bei der geographischen Zurechnung des Umsatzes ganz besondere Probleme (siehe Abschnitt III).

2. Umrechnung des Umsatzes in Ecu

49. Bei der Umrechnung der Umsatzzahlen in Ecu ist beim Umrechnungskurs größte Sorgfalt geboten. Der Jahresumsatz eines Unternehmens sollte zum Durchschnittskurs der betroffenen zwölf Monate umgerechnet werden. Dieser Durchschnittskurs läßt sich bei der Kommission erfragen. Es sollte also nicht etwa so verfahren werden, daß die geprüften Jahresumsatzzahlen in ihre Quartals-, Monats- oder Wochenkomponenten aufgeschlüsselt und zu den entsprechenden Quartals-, Monats- oder Wochenkursen umgerechnet und die Ecu-Zahlen dann zum Gesamtbetrag für das Jahr addiert werden.

---

13 Auch wenn die Rechnung nicht am Standort des Verbrauchers beim Erwerb einer Ware oder einer Dienstleistung ausgestellt wird, ist der Umsatz diesem zuzurechnen.

Anhang 26

50. Fallen beim Unternehmen Umsätze in verschiedenen Währungen an, so wird nicht anders vorgegangen. Der Gesamtumsatz, der im geprüften konsolidierten Abschluß in der Währung des Abschlusses des Unternehmens angegeben ist, wird zum Durchschnittskurs der zwölf Monate in Ecu umgerechnet. Die Umsätze in den einzelnen Währungen sollten nicht direkt in Ecu umgerechnet werden, da diese Zahlen nicht aus den geprüften konsolidierten Abschlüssen des Unternehmens stammen.

III. Kredit- und sonstige Finanzinstitute und Versicherungsunternehmen

1. Definitionen

51. Der besondere Charakter der Finanz- und Versicherungstätigkeiten wird von der Fusionskontrollverordnung formell anerkannt; sie enthält besondere Bestimmungen für die Umsatzberechnung in diesen Sektoren[14]. Die Fusionskontrollverordnung enthält keine Definition der Ausdrücke »Kredit- und sonstige Finanzinstitute« im Sinne von Artikel 5 Absatz 3 Buchstabe a); allerdings verwendet die Kommission in ihrer Praxis konsequent die Begriffsbestimmungen aus der Ersten und Zweiten Bankrechtskoordinierungsrichtlinie:
   – »*Kreditinstitut:* ein Unternehmen, dessen Tätigkeit darin besteht, Einlagen oder andere rückzahlbare Gelder des Publikums entgegenzunehmen und Kredite für eigene Rechnung zu gewähren.«[15],
   – »*Finanzinstitut:* ein Unternehmen, das kein Kreditinstitut ist und dessen Haupttätigkeit darin besteht, Beteiligungen zu erwerben oder eines oder mehrere der Geschäfte zu betreiben, die unter den Ziffern 2 bis 12 der im Anhang enthaltenen Liste aufgeführt sind.«[16]

52. Aus dieser Definition des Finanzinstituts geht hervor, daß einerseits Holdinggesellschaften als Finanzinstitute gelten und andererseits Unternehmen, deren regelmäßig ausgeübte Haupttätigkeit einer oder mehreren der unter den Ziffern 2 bis 12 des genannten Anhangs aufgeführten Tätigkeiten entspricht, ebenfalls als Finanzinstitute im Sinne des Artikels 5 Absatz 3 Buchstabe a) der Fusionskontrollverordnung gelten. Diese Aktivitäten umfassen:
   – Ausleihungen (unter anderem Konsumentenkredite, Hypothekendarlehen, Factoring);
   – Finanzierungsleasing;
   – Dienstleistungen zur Durchführung des Zahlungsverkehrs;
   – Ausgabe und Verwaltung von Zahlungsmitteln (Kreditkarten, Reiseschecks und Bankschecks);
   – Bürgschaften und Eingehung von Verpflichtungen;
   – Handel für eigene Rechnung oder im Auftrag der Kundschaft in folgenden Bereichen: Geldmarktinstrumente, Geldwechsel, Termin- und Optionsgeschäfte, Wechselkurs- und Zinssatzinstrumente und Wertpapiergeschäfte;
   – Teilnahme an der Wertpapieremission und den diesbezüglichen Dienstleistungen;
   – Beratung von Unternehmen über Kapitalstruktur, industrielle Strategie und damit verbundene Fragen sowie Beratung und Dienstleistungen auf dem Gebiet des Zusammenschlusses und der Übernahme von Unternehmen;
   – Geldmaklergeschäfte im Interbankenmarkt;
   – Portfolioverwaltung und -beratung;
   – Wertpapieraufbewahrung und -verwaltung.

2. Berechnung des Umsatzes

53. Die Umsatzberechnungsverfahren für Kredit- und sonstige Finanzinstitute und für Versicherungsunternehmen werden in Artikel 5 Absatz 3 der Fusionskontrollverordnung beschrie-

---
14 Siehe Artikel 5 Absatz 3 der Fusionskontrollverordnung.
15 Artikel 1 der Ersten Richtlinie 77/780/EWG des Rates vom 12. Dezember 1977 zur Koordinierung der Rechts- und Verwaltungsvorschriften über die Aufnahme und Ausübung der Tätigkeit der Kreditinstitute (ABl. L 322 vom 17. 12. 1977, S. 30).
16 Artikel 1 Nr. 6 der Zweiten Richtlinie 89/646/EWG des Rates vom 15. Dezember 1989 zur Koordinierung der Rechts- und Verwaltungsvorschriften über die Aufnahme und Ausübung der Tätigkeit der Kreditinstitute (ABl. L 386 vom 30. 12. 1989, S. 1).

ben. In diesem Abschnitt sollen weitere Fragen der Umsatzberechnung bei Unternehmen aus den genannten Sektoren beantwortet werden, die in den ersten Jahren der Anwendung der Fusionskontrollverordnung aufgetreten sind.

2.1 Kredit- und sonstige Finanzinstitute mit Ausnahme von Finanzholdings

2.1.1. Allgemeine Bemerkungen

54. Normalerweise treten bei der Anwendung des Kriteriums der Bankerträge für die Bestimmung des weltweiten Umsatzes von Kreditinstituten und anderen Finanzinstituten keine besonderen Probleme auf. Schwierigkeiten können hingegen bei der Zurechnung des Umsatzes innerhalb der Gemeinschaft und auch innerhalb einzelner Mitgliedstaaten entstehen. Zu diesem Zweck ist das geeignete Kriterium das in Artikel 5 Absatz 3 Buchstabe a) Ziffer v) Unterabsatz 2 der Fusionskontrollverordnung vorgesehene Kriterium des Sitzes der Zweig- oder Geschäftsstelle.

2.1.2. Umsatz von Leasing-Unternehmen

55. Es ist ein grundsätzlicher Unterschied zwischen Finanzierungsleasing und Operating-Leasing zu treffen. Finanzierungsleasing-Verträge haben normalerweise eine längere Laufzeit als Operating- Leasing-Verträge, und nach Ablauf der vereinbarten Mietzeit geht das Eigentum im allgemeinen auf den Leasingnehmer über, der eine vertragliche Kaufoption besitzt. Beim Operating-Leasing dagegen geht das Eigentum nach Ablauf der Mietzeit nicht auf den Leasingnehmer über, und Wartungs-, Reparatur- und Versicherungskosten für die gemietete Anlage sind in den Leasingzahlungen enthalten. Das bedeutet, daß ein Finanzierungsleasing als Ausleihung fungiert, mit der der Leasinggeber den Leasingnehmer in die Lage versetzt, einen Anlagegegenstand zu erwerben. Ein Finanzierungsleasing-Unternehmen ist daher ein Finanzinstitut im Sinne von Artikel 5 Absatz 3 Buchstabe a); sein Umsatz ist anhand der besonderen Regeln für die Berechnung des Umsatzes von Kredit- und anderen Finanzinstituten zu berechnen. Da Operating- Leasing-Vorgänge keine derartige Kreditvergabefunktion haben, sind sie nicht als Tätigkeiten von Finanzinstituten anzusehen – zumindest nicht, was die Hauptaktivitäten betrifft –, so daß die allgemeinen Umsatzberechnungsregeln nach Artikel 5 Absatz 1 greifen[17].

2.2. Versicherungsunternehmen

2.2.1. Bruttoprämien

56. Die Verwendung des Begriffs der Bruttoprämien als Maßstab des Umsatzes von Versicherungsunternehmen hat trotz der Definition nach Artikel 5 Absatz 3 Buchstabe b) der Fusionskontrollverordnung zusätzliche Fragen aufgeworfen. Hierzu ist folgendes klarzustellen:
  – Die »Brutto«-Prämien sind der Gesamtbetrag aller vereinnahmten Prämien (zu denen vereinnahmte Rückversicherungsprämien zählen können, wenn das Unternehmen im Rückversicherungsbereich tätig ist). Ausgaben für Rückversicherungsprämien, d.h. alle Beträge, die das Unternehmen zum Zwecke der Rückversicherung gezahlt hat oder zu zahlen hat, sind bereits in den Bruttoprämien im Sinne der Fusionskontrollverordnung enthalten.
  – »Prämien« aller Art (Bruttoprämien, Nettoprämien, Rückversicherungsprämien usw.) beziehen sich stets nicht nur auf im betreffenden Geschäftsjahr abgeschlossene Versicherungsverträge, sondern auch auf die Prämien aufgrund von Verträgen, die in den zurückliegenden Jahren abgeschlossen wurden und in dem betreffenden Zeitraum noch laufen.

2.2.2. Anlagen von Versicherungsunternehmen

57. Versicherungsunternehmen sind gesetzlich verpflichtet, die eingenommenen Prämien anzulegen, um geeignete Rücklagen für Entschädigungsleistungen zu bilden. Versicherungsunternehmen besitzen, als institutionelle Anleger, normalerweise ein riesiges Portfolio an

---

17 Siehe Sache IV/M. 234, GECC/Avis Lease vom 15. Juli 1992.

Aktien und verzinslichen Wertpapieren, Grundstücken und anderen Vermögenswerten, die ein Jahreseinkommen erwirtschaften, das nicht als Umsatz von Versicherungsunternehmen gilt.

58. Im Hinblick auf die Anwendung der Fusionskontrollverordnung ist eine wichtige Unterscheidung zu treffen zwischen reinen Finanzanlagen – bei denen das Versicherungsunternehmen nicht an der Geschäftsführung der Unternehmen, in die investiert worden ist, beteiligt ist – und denjenigen Investitionen, die zum Erwerb einer Mehrheitsbeteiligung an einem Unternehmen führen, wodurch das Versicherungsunternehmen einen bestimmenden Einfluß auf die Geschäftsführung der Tochtergesellschaft oder der verbundenen Gesellschaft ausüben kann. In derartigen Fällen greift Artikel 5 Absatz 4 der Fusionskontrollverordnung, so daß der Umsatz der Tochtergesellschaft oder des verbundenen Unternehmens zu dem Umsatz des Versicherungsunternehmens zu addieren ist, wenn ermittelt wird, ob die Schwellenwerte der Fusionskontrollverordnung überschritten sind[18].

2.3. Finanzholdings[19]

59. Eine Finanzholding ist ein Finanzinstitut, so daß die Berechnung des Umsatzes nach den Kriterien vorzunehmen wäre, wie sie in Artikel 5 Absatz 3 Buchstabe a) für die Berechnung des Umsatzes von Kredit- und sonstigen Finanzinstituten niedergelegt sind. Da der Hauptgeschäftszweck einer Finanzholding jedoch der Erwerb und die Verwaltung von Beteiligungen an anderen Unternehmen ist, gilt Artikel 5 Absatz 4 (wie bei Versicherungsunternehmen) auch im Hinblick auf diejenigen Beteiligungen, durch die die Finanzholding einen bestimmenden Einfluß auf die Geschäftsführung der betreffenden Unternehmen ausüben kann. Deshalb wird der Umsatz einer Finanzholding grundsätzlich gemäß Artikel 5 Absatz 3 berechnet, aber es kann sich als notwendig erweisen, den Umsatz von Unternehmen hinzuzufügen, die unter in Artikel 5 Absatz 4 aufgeführten Kategorien fallen (»Artikel 5 Absatz 4 – Unternehmen«). In der Praxis muß zunächst der unkonsolidierte Umsatz der Finanzholdinggesellschaft berücksichtigt werden. Danach muß der Umsatz der Artikel 5 Absatz 4 – Unternehmen hinzugefügt werden, wobei darauf zu achten ist, Dividenden und andere Einnahmen abzuziehen, die von diesen Unternehmen an die Finanzholding ausgeschüttet wurden. Nachfolgend ein Beispiel für diese Berechnungsweise:

	Millionen ECU
1. Umsatz aus Finanztätigkeiten (aus der unkonsolidierten Gewinn- und Verlustrechnung)	3000
2. Umsatz von Artikel 5 Absatz 4 – Versicherungsgesellschaften (gezeichnete Brutto-Prämien)	300
3. Umsatz von Artikel 5 Absatz 4 – Industrieunternehmen	2000
4. Abzüglich Dividenden und andere Einnahmen, die von Artikel 5 Absatz 4 – Unternehmen nach 1 und 2 stammen	<200>
Gesamtumsatz der Finanzholding und ihres Konzerns	5100

60. Bei solchen Berechnungen kann es vorkommen, daß unterschiedliche Rechnungslegungsregeln in Betracht zu ziehen sind, vor allem die Regeln für die Erstellung konsolidierter Abschlüsse, die innerhalb der Gemeinschaft zwar in gewissem Maße harmonisiert, aber nicht identisch sind. Während diese Erwägung für alle Formen der der Fusionskontrollverordnung unterliegenden Unternehmen gilt, ist sie ganz besonders wichtig für Finanzholdings[20], bei denen die Anzahl und Diversität der kontrollierten Unternehmen und das Ausmaß der Kontrolle der Holding über ihre Tochtergesellschaften, über verbundene Unternehmen und über andere Unternehmen, an denen sie Beteiligungen hält, eine sorgfältige Prüfung erfordern.

---

18 Siehe Sache IV/M.018, AG/AMEV vom 21. November 1990.
19 Die in diesem Abschnitt für Finanzholdings dargestellten Grundsätze können in bestimmtem Umfang auf Investmentfonds angewandt werden.
20 Siehe beispielsweise Sache IV/M.166, Torras/Sarrió vom 24. Februar 1992; Sache IV/M.213, Hong Kong und Shanghai Bank/Midland vom 21. Mai 1992; Sache IV/M.192, Benesto/Totta vom 14. April 1992.

61. Diese Umsatzberechnung für Finanzholdings kann sich in der Praxis als kostspielig erweisen. Eine strenge und ausführliche Anwendung dieser Methode ist daher nur dann notwendig, wenn es als wahrscheinlich erscheint, daß der Umsatz einer Finanzholding in der Nähe der Schwellenwerte der Fusionskontrollverordnung liegt; in anderen Fällen mag leicht abzusehen sein, daß der Umsatz bei weitem nicht an die Schwellenwerte der Fusionskontrollverordnung heranreicht, so daß die veröffentlichten Abschlüsse für die Feststellung der Zuständigkeit ausreichen.

Stichwortverzeichnis

Alle Zahlen beziehen sich auf die Seiten.

6. GWB-Novelle 25
7. GWB-Novelle 25
abgrenzbare Verbrauchergruppen 330
Abschreckung 372
Abwägungsklausel
– Rechtsfolgen 169
– Regelungsgegenstand 163
– Regelungszweck 163
– Voraussetzungen 164
Adressatenklagen 578
Akteneinsicht 201, 548
– Recht auf 550
Akteneinsichtsrecht
– Grenzen 204
– Rechtsmittel bei Versagung 204
– Umfang 203
alleinige Kontrolle 273
– Änderungen 289
allgemeine Leistungsbeschwerde 211
Allgemeiner Verfahrensablauf 76
alliierte Besatzungsmächte
– Einfluss 20
Amtsermittlungsgrundsatz
– des BKartA 179
anfechtbare Entscheidungen
– Klagegegenstand 574
Anfechtungsbeschwerde 206, 218
– gerichtlicher Drittschutz 217
Angebotssubstituierbarkeit 325, 331
Anhörungsbeauftragte 567
Anmeldebefugnis 480
Anmeldefähigkeit 481
Anmeldefrist 481
Anmeldepflicht 480
Anmeldung 76, 480
– Form 483
Anteile
– Zurechnung 41
Anteilserwerb 40, 56
– Kontrolle 283
Anträge 554
Antragsteller 504, 520
Antragsverfahren
– auf Zugang zu einem Dokument 556
Arbeitsgemeinschaften 271
Arbeitsplätze
– Sicherung 237

arm's length-Basis 432
Artikel 10
– Fristen 491
Artikel 11-Briefe 528
Asset Deal 285
Aufgreifschwellen 300
Aufhebung einer Kommissionsentscheidung
– Folgen 586
Auflagen 170, 178, 386
– Nichterfüllung 194
Auflösungsverfügung 224
Aufsichtsregeln 256
Auskunftsersuchen
– § 59 Abs. 1 Nr. 1 GWB 198
– Adressaten 198
– Auskunftsverweigerungsrechte der auskunftspflichtigen Unternehmen 199
– Gegenstand 199
auskunftspflichtige Unternehmen 199
Auskunftsverlangen 527
– Adressat 527
– des § 59 Abs. 1 Nr. 1 GWB 197
– durch Entscheidung 529, 531
Auskunftsverweigerungsrechte 199
Ausnahmeregelungen 554
– Art. 4 Abs. 2 der VO (EG) Nr. 1049/2001 555, 556
Ausnahmetatbestände 296
Ausreifungsphase 141
Ausweichmöglichkeiten 143
Auswirkungsprinzip 259
Automobilzulieferung 354

Bagatellmärkte 360
Bagatellmarktklausel 70, 360
Bankenklausel 53, 297
– Regelungszweck 54
Bedarfsmarktkonzept 99, 104, 324
– besondere Ausprägungen 100
– Fallbeispiele 102
– Korrektur 330
– Produktmarktabgrenzung 326
bedingte Zusagen 404
Bedingungen 170, 178
– Nichterfüllung 194

933

Stichwortverzeichnis

Beeinträchtigung
– Marktstellung von Wettbewerbern 581
befreundete Dritte 65
Begründetheitsprüfung 583
Begründungsfrist 210
beherrschende Stellung
– Entstehung 156
– Verstärkung 156
Behörden
– der Mitgliedstaaten 255
– Verweisung an 255
benachbarte Märkte 438
Beschaffungsmärkten 347
beschleunigtes Verfahren 588, 592
Beschlussabteilungen
– Übersicht 76
Beschwerde
– Anfechtungsbeschwerde 206
– Beschwerdearten 206
– Beschwerdebefugnis 208
– Besonderheiten 215
– Feststellungsbeschwerde 207
– Form 211
– Fristen 210
– Inhalt 211
– Leistungsbeschwerde 207
– Rechtsschutzinteresse 208
– Untätigkeitsbeschwerde 207
– Verfahrensbeteiligte 210
– Verpflichtungsbeschwerde 207
– Wirkung 212
– Zulässigkeitsvoraussetzungen 208
Beschwerdearten 206
Beschwerdebefugnis 208
Beschwerdeentscheidung 214
Beschwerdeführer 210
Beschwerdepunkte
– Mitteilung der 548, 550
Beschwerdeverfahren
– Akteneinsicht 214
– Beschwerdeentscheidung 214
– Mündlichkeitsprinzip 214
– Prüfung des Beschwerdegerichts 214
– Untersuchungsgrundsatz 213
– Verfahrensgrundsätze 213
besondere Marktstrukturen 444
bestreitbare Märkte
– Konzept 9
beteiligte Unternehmen 67
– Begriff 305
Beteiligung Dritter 85

betroffener Markt 346
Beurteilungskriterien 345
Beurteilungsmaßstab 341
Beweislast 360, 368
Bezugspflichten 469
Binnenwettbewerb 158
BKartA
– Auflagen 180
– Bedingungen 180
– Entscheidungspraxis 159
– Struktur 76
– Untersuchungstätigkeit 195
– Zuständigkeit 30
Branchenüblichkeit 424, 428
Bundesminister für Wirtschaft
– Entscheidung 219
bußgeldbewehrte Verstöße 534
Bußgelder 91

Call-Optionen 64
case teams 560
Chefökonom 567

de facto Kontrolle 274
de jure Kontrolle 274
»de minimis«-Klausel 70
»deutsche Klausel« 255
DG Competition Best Practices
    Guidelines 486
Dienstleistungsmarkt 104
disparitätische Beteiligungen 278
Dispositionsbefugnis 60, 426
Dokumente 554
Dokumente Dritter 554
Doppelkontrolle 42
Dritte 545
Drittwirkung 145
Duopol 367
dynamische Marktentwicklung 10
dynamische Marktphase 140

Edelstahlbestecke 103
EG-Kartellrecht
– Gemeinschaftsunternehmen 47
Eigenproduktion 128
einfaches Auskunftsverlangen 502, 529
Einflussbegrenzung
– Zusagen 175

Einigungsverfahren 282
Einschätzungsrisiko 463
Einsichtnahme
– wesentliche Dokumente 548
einstweiliger Rechtsschutz 588
– Fusionsentscheidungen 588
Eintrittsbarrieren 334
Einzelmarktbeherrschung 120, 361
Einzelmarktbeherrschungsvermutung 123
Energiebasis
– Sicherung 238
eng verknüpfte Märkte 439
Entflechtung 223
– Entscheidungspraxis 229
– Ermessen hinsichtlich der Mittel 225
– Problematik 229
Entflechtungsanordnung
– Durchsetzung 228
Entflechtungszusagen 400
Entscheidungen 497
– Begründung 85
– nach Art. 6 FKVO 498
– nach Art. 8 FKVO 499
– Veröffentlichung 502
Entscheidungspraxis
– Beurteilung 241
E.ON / Ruhrgas 220
erforderliche Angaben
– Formblatt CO 484
Erlaubnisverfahren
– Beurteilungsmaßstäbe 234
– Durchführung 232
– Tatbestandsmerkmale 232
Erlösrisiko 62
Ermessensausübung
– Grundsätze 511
Ermittlungsbefugnisse
– Kommission 527
Ermittlungsverfahren 195
Erwerber 46, 264
Erwerbsbegriff 34
Erwerbsgegenstand 33
europäische Fusionskontrolle 245
europäische Konzentrationskontrolle 21
»European Competition Authorities« 570

Fahrlässigkeit 540
Feststellungsbeschwerde 207

Finanzinstitut 55
Finanzkraft 134, 351
Firewalls 406
FKVO
– Anwendungsbereich 252
– Exklusivität 252
– Extraterritorialität 258
– Novellierung 249
– räumlicher Anwendungsbereich 257
– Rechtsgrundlagen 245
– Revision 250
– Systematik 419
– Unanwendbarkeit 321
FKVO (Aufgreifkriterien)
– Anwendungsbereich 260
Formblatt CO
– erforderliche Angaben 484
Formelle Fusionskontrolle 25
förmliche Anhörung
– Recht auf 549, 550
Formvorschriften 593
Fortsetzungsfeststellungsbeschwerde 211
Freiburger Schule 7
Freigabe 82
– erste Prüfungsphase 215
– Nebenbestimmungen 84
Freigabeentscheidungen 95, 575, 590
– Bedingungen und Auflagen 576
Freigabefiktion 576
– Ablauf der Monatsfrist des § 40 Abs. 1 Satz 1 GWB 216
– Anfechtung 217
Freigabeverfügung 216
– Aufhebung 194
– Bedingungen und Auflagen 194
– mit Nebenbestimmungen 218
Freiheitssicherung 11
Freistellung
– Vollzugsverbot 475
Freistellungskriterien
– Art. 81 Abs. 3 EGV 452
Frist 582
Fristbeginn 493
Fristen 480, 554
Fristberechnung 493
Fristende 494
Fristverlängerung 495
Fusion 262, 305
Fusionskontrolle 29
– Bedeutung 1
– konzeptionelle Fragen 17

935

– Systematik 25
Fusionskontrollentscheidungen
– gerichtliche Anfechtung 571
Fusionskontrollverfahren
– Kommission 557
Fusionskontrollverordnung
– Entstehungsgeschichte 246
– Vorrang 27
Fusionskontrollverordnung von 1990 23
Fusionssachen
– EuG und EuGH als Beschwerdegerichte 572
fusionsspezifische Effizienzvorteile 358

Gebühren 503
Geheimnisschutz 201
Geldbuße 534
– Adressat 540
– Höhe 541
gemeinsame Kontrolle 276
gemeinsame Marktbeherrschung 366
Gemeinsamer Markt
– Entstehung und Zielsetzung 21
Gemeinschaftsinteresse 512
Gemeinschaftsunternehmen 40, 42, 133
– auf Dauer angelegte Lieferbeziehungen 431
– Dauerhaftigkeit 432
– EG-Kartellrecht 47
– Erweiterungen der Aktivitäten 291
– Erwerb der Kontrolle durch 307
– instrumental zwischengeschaltete 281
– Lizenzvereinbarungen bei 468
– Neugründung 306, 473
– operationelle Autonomie 427
– selbständige wirtschaftliche Einheit 423
– Wettbewerbsverbote bei 466
– wirtschaftliche Bedeutung 413
– kartellrechtliche Einordnung 413
Genehmigungsfiktion 463, 493
Generaldirektion Wettbewerb 557
geografischer Markt 333
geographische Marktabgrenzung 106
gerichtlicher Drittschutz
– Anfechtungsbeschwerde 217
Gesamtwürdigung 144
Geschäftsbetrieb 56
Geschäftsgeheimnisse 530
gesellschaftliches Wertesystem 4
gesetzliche Fristen 490

gestaffelte Transaktionen 311
globale Märkte 96
Gruppeneffekt 43, 414
GWB
– Entstehung 20

Handelshemmnisse 96
Handelsmarken 103
Handelsmarkt 432
Handelsströme 334
Handelsunternehmen 73
Handlungsfähigkeit 212
Hauptprüfverfahren 81
– Entscheidungen 82
– Freigabeentscheidung 216
– Verfügungen 216
Hauptsacheverfahren
– Klagearten 573
Hauptverfahren
– Einleitung 577
Herfindahl-Hirschman-Index (HHI) 349
Herstellersortiment 331
horizontale Beziehungen 485
horizontale Wettbewerbschränkungen 449
horizontale Zusammenschlüsse 151, 361

Importraten 339
individuelle Betroffenheit 580
informelle Anfragen 197
Informelles Verfahren 77
Inlandsauswirkungen 74
Insolvenzklausel 299
International Competition Network 570
internationale Wettbewerbsfähigkeit 236
internationale Zusammenarbeit 570
interne Abstimmung 388
Interservice Meetings 564
Investitionsschutzrechte 270

Juristischer Dienst 566

Kartellrecht
– Anwendungsgrundsätze 16
Kartellverbot
– des § 1 GWB 29, 43

Stichwortverzeichnis

Kaufbeziehungen 451
Käufer 411
Käuferverhalten 334
Kausalität 145
Kernbeschlussfassungen
– Einfluss 268
Klagebefugnis 578
Klagegegenstand
– anfechtbare Entscheidungen 574
Klöckner / Seitz 61
Know-how
– Erhaltung betrieblichen 239
Kommission
– Entscheidungsmöglichkeiten 510
– Ermittlungsbefugnisse 527
– Fusionskontrollverfahren 557
– Prüfungsumfang 523
– Verfahren vor der 507
– Verweisung 252
– Verweisung an die 519
konglomerate Zusammenschlüsse 153, 377
Konkurrentenklagen 579
Konsortialverträge 287
Kontrollarten 273
Kontrollbegriff 35
Kontrolldichte 584
Kontrolle
– alleinige und gemeinsame 37
– Vermögenserwerb 285
– vertragliche Vereinbarungen 286
Kontrollerwerb 35, 36, 263
– Gegenstand 35
– Formen 283
– Anteilserwerb 283
Kontrollgegenstand 264
Kontrollkonzept 261
Kontrollpflicht
– Zusammenschlussvorhaben 30
Kontrollverhältnisse
– Änderungen 288
konzentrative Zusammenschlüsse 416
konzernrechtliche Unternehmensverträge 287
Konzernumsatz 313
Konzernverbundklausel 39
Kooperationen 15
koordiniertes Verhalten 448
Koordinierung 368
– Form 368
– Spürbarkeit 449

– vertikale Beziehungen 451
– Wahrscheinlichkeit 441
Koppelungsstrategien 378
Kreditinstitute 55, 74
Kreuzpreiselastizitäten 97, 328
Kronjuwelen 397

laufende Verhaltenskontrolle
– Verbot 192
Legalausnahmen
– Vollzugsverbot 474
legislative Dokumente 554
Leistungsbeschwerde 207
Lekkerland / Tobaccoland 180
Lieferbeziehungen 430, 451
Lieferpflichten 469
Lizenzvereinbarungen
– bei Gemeinschaftsunternehmen 468
– bei Unternehmensveräußerungen 467
lokale Märkte 335
luxemburgische Klausel 299

Machtkontrolle 11
Management Buy-outs 265
Markenartikel 103
Markenwettbewerb 103
Markt
– Konzentrationsgrad 349
Marktabgrenzung 93
– Kriterien 333
– Offenlassen 340
Marktabgrenzungskriterien
– Kundenpräferenzen 101
Marktanteil 126, 346 •
– Berechnung 348
Marktanteilsabstand 126
Marktanteilsveränderungen 159
Marktbeherrschung 415
– Begriff 122
– Verstärkung 146
Marktbeherrschungsvermutung 346
– im Oligopol 155
– Widerlegung 155
Marktdefinition
– Grundsätze 324
Märkte
– Zugang zu vor- oder nachgelagerten 141
Markteintritt
– ausreichender 357

937

Stichwortverzeichnis

- Kurzfristigkeit 357
- Wahrscheinlichkeit 355
Marktergebnisse 9
Marktkonzentration 366
Marktnische 358
Marktphase 347
Marktprozesse
- Steuerung 10
Marktstruktur 9
Marktstrukturkriterien
- Oligopol 157
Markttest 388
Markttransparenz 371
Marktverhalten 9
- kartellrechtlich relevantes 14
Marktversagen 3
Marktvolumen
- Berechnung 127
Marktwirtschaft 2
Marktzutrittsschranken 139, 337
materielle Doppelkontrolle 434
materielle Fusionskontrolle 93
materielle Verweisungsvoraussetzungen 520
Medienvielfalt 256
Mehrfachanmeldungen 301
Mehrheitsbeteiligung 37
Merger Task Force 558
militärische Erzeugnisse 254
Minderheitsbeteiligungen 38
- ohne Beherrschungsmöglichkeit 131
Ministererlaubnis
- Antrag auf Erteilung 219
- ordnungspolitisches Vorverständnis 230
- rechtssystematische Einordnung 231
Mitgliedstaaten
- Austausch 568
- Information 568
- Verweisung 516
Mitteilung
- Beschwerdepunkte 548
Mittelherkunft 424
Mittelverwendung 424
Monatsbrief 216
Monopolisierung 15
Monopolkommission
- Hauptgutachten 95
- Sondergutachten 95
Muttergesellschaften 314
- Bedeutung der GU-Aktivitäten 443

- Lieferbeziehungen 429
Mutterunternehmen 314

Nachfrage-Gegenmacht 354
Nachfragemacht 364
Nachfrageseite
- Struktur 137
Nachfragesubstituierbarkeit 324
Nachfristzusagen 172, 173
nachgelagerte Märkte 438
Nachprüfungen 533
nationale Märkte 336
Nebenabrede
- Begriff 459
Nebenabreden 435, 459
- inhaltliche Beurteilung 464
- verfahrensrechtliche Behandlung 461
Nebenbestimmungen 192
- isolierte Anfechtung 590
negative Kontrolle 275
Neugründung
- Gemeinschaftsunternehmen 306
Nichterfüllung
- einer Auflage 194
- einer Bedingung 194
Nichtigkeitsgründe 583
Nichtigkeitsklage 573
Nichtzuständigkeitsentscheidungen 577
niederländische Klausel 248
notwendige Ressourcen 424

offensichtliche Beurteilungsfehler 585
öffentliche Sicherheit 256
öffentlich-rechtlicher Vertrag 227
Oligopole 346, 406
- Anwendbarkeit der FKVO 367
- Marktbeherrschungsvermutung 155
- Marktstrukturkriterien 157
- ohne koordiniertes Marktverhalten 364
- Voraussetzungen 371
oligopolistische Marktbeherrschung 154
Oligopolmitglieder
- Auswirkungen des Zusammenschlusses 374
»one-stop-shop« 254
optimale Wettbewerbsintensität
- Konzept 9
Optionen 59
- Erwerb 284

Stichwortverzeichnis

– fusionskontrollrechtliche Bewertung 59
Optionsausübung 284
Ordnungspolitische Grundlagen 1
Ordnungsvorstellungen
– gesellschaftspolitische 5
– wirtschaftspolitische 5
paritätische Beteiligungen 277
Pfandrecht 65
Phase 1 79
Phase 2 81
Philip Morris 248
positive Kontrolle 275
Postulationsfähigkeit 212
potentielle Koordinierungsmärkte
  (Candidate Markets) 438
potentieller Wettbewerb 97, 139, 325, 355
potentieller Wettbewerber
– Zusammenschluss mit einem 362
– Verdrängung 362
Preisdiskriminierung 330
Preiselastizitäten 328
Preiskorrelationen 97, 329, 337
Preisunterschiede 336
Presserecht
– Besonderheiten 71
Presseunternehmen 74
produktbezogene Marktabgrenzungs-
  kriterien 100
Produktionsumstellungsflexibilität 97
Produktmarkt 325
Produktmarktabgrenzung
– nach dem Bedarfsmarktkonzept 326
Produktumstellungsflexibilität 325, 331
Prognoseentscheidung 124, 345
Prüfungsumfang
– Kommission 523
Put-Optionen 65
quantitative Tests 328

Rationalisierungsvorteile 237
Rechte
– Beteiligter und Dritter im Verfahren 544
rechtliche Marktzutrittsschranken 356
rechtliches Gehör 201
– Verletzung 205
Rechtsbeschwerde
– Form 222
– Frist 222
– Statthaftigkeit 222
– Zulassung 221

Rechtsbeschwerdebefugnis 222
Rechtsbeschwerdeberechtigung 222
Rechtsbeschwerdegericht 221
Rechtsfolgen
– Verstoß gegen das Vollzugsverbot 479
Rechtsgrundlagen 546
Rechtsmittel 86, 205, 571, 593
Rechtsmittelverfahren
– Kosten 223
Rechtsquellen 382
Rechtsschutz
– in Dringlichkeitsfällen 588
Rechtsschutzinteresse 208
regionale Märkte 335
relevanter Markt 323
Rentabilitätsaussichten 356
Ressourcentheorie 134
Reviewklausel 412
Risikoverteilung 60
Rohstoffbasis
– Sicherung 238
Rundfunkunternehmen 74

sachliche Marktabgrenzung 99, 106
sachlicher Anwendungsbereich
– FKVO 252
Sanierungsfusionen 237
Sanktionen 533
Schadensersatzklage 587
schleichende Übernahmen 313
Schlichtungsverfahren 282
Schwellenwerte 66
Schwestergesellschaften 314
selbständige Zwischenentscheidungen 577
Selbständigkeit 424
Share Deal 283
Sortimentseffekte 378
soziale Marktwirtschaft 6
»Spill-over-Effect« 414
Spürbarkeitsschwelle 415
»SSNIP-Test« 98
Staatsversagen 3
Stagnationsphase 141
Stimmbindungsverträge 278, 287
Stimmrechtsausübung
– Verbot der 58
Strukturkontrolle 44, 413
Strukturkrise 240
Substitutionswettbewerb 97, 142

939

Stichwortverzeichnis

symmetrische Marktanteile 447
Systemfehler 3
Systemmärkte 332
technische Marktzutrittsschranken 355

Teilentflechtung 226
Teilfunktions-GU 454, 458
Teilveräußerung 400
T&N/Kolbenschmidt 62
Tochtergesellschaften 314
Tochterunternehmen 314
Toleranzklauseln 69
Transportkosten 334
Treuhänder 410
Treuhandlösungen
– fusionskontrollrechtliche Bewertung 59
Treuhandmodelle 227
Treuhandverhältnisse 41

Überkapazitäten 143
überragende Marktstellung 125
umfassendes Sortiment 137
Umsatz
– aus der gewöhnlichen Geschäftstätigkeit 73
– Begriff 308
– geographische Zurechnung 318
Umsatzberechnung 72, 304, 308
– Sonderfälle 319
Umsatzerlöse
– Berechnung 72
Umsatzkriterium 308
Umsatzschwellen 66, 300
Umsatzzurechnung 313
Umstellungsflexibilität 143
Umstrukturierungen
– Unbeachtlichkeit konzerninterner 265
unmittelbare Betroffenheit 579
Untätigkeitsbeschwerde 207, 211
Untätigkeitsklage 586
Unternehmen
– Verpflichtung der betroffenen 225
Unternehmen im Staatsbesitz
– Umsatz 317
Unternehmensbegriff 32, 264
Unternehmenseigenschaft 38
Unternehmensteile
– Berechnung des Umsatzes beim Erwerb 311

Unternehmensveräußerungen
– Lizenzvereinbarungen bei 467
– Wettbewerbsverbote bei 465
Unternehmensverbindung 52
– wesentliche Verstärkung einer bestehenden 51
Untersagung 84
– formelle Anforderung 201
– Umfang 200
Untersagungsentscheidungen 589
Untersagungsverfügung 218
Untersagungsvoraussetzungen 120
Untersuchungsgrundsatz 213
Untersuchungstätigkeit
– des BKartA 195
Unvollständigerklärungen
– einer Anmeldung 502
Upfront-buyer 397

Venture Capital-Transaktionen 299
Veränderung
– Dauerhaftigkeit der strukturellen 271
Veräußerer
– Verpflichtung 226
Veräußerung 57
Veräußerungsbedingungen 578
Veräußerungsfrist 57
Veräußerungszusagen 174, 394
Verbot
– laufende Verhaltenskontrolle 192
– Stimmrechtsausübung 58
Verbotsentscheidungen 575
Verbraucherpräferenzen 326, 334
verbundene Erwerbsvorgänge 293
Verbundklausel 38
Vereinbarungen
– unmittelbar verbundene und notwendige 460
vereinfachtes Verfahren 564
Verfahren 470, 520
– Fortführung in den Mitgliedstaaten 515
– Organisation des 559
– Rechte Beteiligter und Dritter 544
– vor der Kommission 507
Verfahrensbeteiligte 85, 544
Verfahrensfragen 532, 542, 544
Verfahrensfristen 490
Verfahrensgrundsätze 195
Verfahrensökonomie 512

Stichwortverzeichnis

Verfahrensrechte
– der anderen Beteiligten 549
Verfahrensrechte Dritter 550
Verfahrensschritte in Phase I
– Anmeldung 561
– Entscheidung 563
– Entscheidungsvorschlag 563
– Ermittlungen 563
– Unterrichtung des Wettbewerbskommissars 562
– Veröffentlichung der Entscheidung 564
– Veröffentlichung im Amtsblatt 562
Verfahrensschritte in Phase II 564
Verfahrensvorschriften 593
Verflechtungen 139
Verfügung
– Inhalt 225
– Voraussetzungen 224
Verhaltenskontrolle 44, 413, 415
Verhaltenskoordinierungen 416
Verhaltenszusagen 402
– Zulässigkeit 402
Verhältnismäßigkeitsprinzip
– des BKartA 179
Verjährung 542
Vermögenserwerb 33
Vermögenswerte
– Tausch 313
Veröffentlichungen
– im Amtsblatt 502
Verpflichtung
– des Veräußerers 226
Verpflichtungsbeschwerde 207
Versicherungsunternehmen 55, 74
Verstoß gegen das Vollzugsverbot
– Rechtsfolgen 479
Verstöße
– gegen formelle Bestimmungen 535
– gegen materielle Bestimmungen 538
Verstöße gegen das GWB
– Rechtsfolgen 91
vertikale gemeinschaftliche Marktbeherrschung 376
vertikale Integration 374
vertikale Wettbewerbsbeschränkungen 449
vertikale Zusammenschlüsse 152
Vertriebskanäle 451
Verwaltungsfristen 490
Verwaltungsgebühren 93

Verwaltungsgrundsätze
– von 1978 45
Verwaltungsverfahren
– Beteiligung 581
Verweisung
– an die Kommission nach Art. 22 FKVO 519
– an die Mitgliedstaaten nach Art. 4 Abs. 4 FKVO 516
– Art. 4 Abs. 5 524
– Umfang 513
Verweisungsanträge
– nach Art. 9 Abs. 2 Buchst. a 510
– nach Art. 9 Abs. 2 Buchst. b FKVO 513
Verweisungsentscheidungen 577
Verweisungskriterien
– Vereinfachung 251
virtuelle Unternehmen
– Verkauf 399
VO 1/2003 420
VO (EG) Nr. 1049/2001
– Anträge 554
– Ausnahmeregelungen 554
– Dokumente 554
– Dokumente Dritter 554
– Fristen 554
– legislative Dokumente 554
völkerrechtliches Territorialitätsprinzip 74
Vollfunktion 428
Vollfunktions-GU 454
– materielle Doppelkontrolle 434
– materiellrechtliche Bewertung 434
– mit Gruppeneffekt 456
– mit Gruppeneffekt bei Nichterfüllung der Schwellenwerte 457
– ohne Gruppeneffekt 455
– ohne Gruppeneffekt bei Nichterfüllung der Schwellenwerte 456
– verfahrensrechtliche Behandlung 453
– Voraussetzungen 421
Vollzug 87
– eines für unvereinbar erklärten Zusammenschlusses 539
– ohne Anmeldung 89
– trotz Untersagung oder ohne Anmeldung 224
– Verfahren 89
– Verfügung 224
Vollzug ohne Anmeldung
– Rechtsfolgen 91

Stichwortverzeichnis

Vollzugshandlungen 471
Vollzugsverbot 87, 470
– Befreiung 88
– Freistellung 475
– Legalausnahmen 474
– Verfahren 477
– Verstoß gegen 539
voraussichtliche Marktentwicklung 356
Vorfristzusagen 172, 173
vorgelagerte Märkte 438
Vorhaben 227
– Neugestaltung 227
Vorkaufsrecht 65
Vorprüfverfahren 79
Vorsatz 540

Wahrscheinlichkeitstest 441
Währung 309
Wasch- und Reinigungsmittel 103
Weisungsgebundenheit 60
Wettbewerb
– Kausalität des Zusammenschlusses für die Behinderung 379
– Ordnungsprinzip 2
– Rechtsgrundlagen zur Sicherung 22
wettbewerblich erheblicher Einfluss 48
wettbewerbliche Beurteilung 343
wettbewerblicher Ordnungsrahmen
– Einrichtung 13
Wettbewerbsbedingungen
– Verbesserungen 164
Wettbewerbsbeschränkungen 435
– Maßnahmen einer Politik gegen 13
Wettbewerbsdämpfung 132
Wettbewerbsordnung
– Aufgaben 10
Wettbewerbspolitik vor 1945 19
Wettbewerbsrecht
– Entwicklungsgeschichte des deutschen 19
Wettbewerbsverbote
– bei Gemeinschaftsunternehmen 466
– bei Unternehmensveräußerungen 465
– gleichgestellte Nebenabreden 467
Widerrufsrecht 453
wirtschaftliche Treuhand 60
wirtschaftspolitische Grundsatzentscheidung 2
workable competition 9

zeitliche Marktabgrenzung 109
Zentralverwaltungswirtschaft 2
zivilrechtliche Folgen 92
Zugang
– zu vor- oder nachgelagerten Märkten 141
Zurechnung
– Anteile 41
Zurechnungsklausel 292
Zusagen 170, 172, 176
– Abgabe nach Fristablauf 392
– andere Formen 401
– Art 394
– Bedingungen und Auflagen 385
– Besonderheiten in Phase I 383
– Durchführung 409
– Entscheidung 390
– förmliche Erfordernisse bei der Abgabe 387
– Fristen 390
– frühzeitige Vorbereitung 391
– inhaltliche Anforderungen 387
– Initiative bei der Abgabe 386
– interne Abstimmung 388
– Konsultation der Mitgliedstaaten 389
– Markttest 388
– Öffnung 176
– Rechtsquellen 382
– Studie über die Wirksamkeit 412
– Verfahren bei nicht fristgemäß erfüllten 407
– Verfahren nach Abgabe 388
– Vollfunktions-Gemeinschaftsunternehmen 412
– zur Einflussbegrenzung 175
– Zustimmungsrechte Dritter 404
Zusagenpraxis
– Schwachstellen 176
Zusammenschlüsse
– vereinfachtes Verfahren 488
Zusammenschlusstatbestände 31, 32, 261
Zusammenschlussvorhaben
– Änderungen 226
– Inlandsauswirkung 30
– Kontrollpflicht 30
zuständiges Direktorat 559
Zustimmungsverweigerung 578
– Veräußerungsbedingungen 578
Zustimmungsvorbehalt
– bei wesentlichen Geschäftsentscheidungen 473

Zwangsgeld 543
– durchsetzbare Handlungen 543
– Höhe 543
Zwangsgelder 542

Zwei-Drittel-Klausel 301
Zweischranken-Theorie 44
»Zwischenerwerbe« 272